JOSÉ FERRATER MORA

DICIONÁRIO DE FILOSOFIA

TOMO III
(K-P)

Edições Loyola

Título original:
Diccionario de Filosofía, tomo III (K-P)
Nueva edición revisada, aumentada y actualizada
por el profesor Josep-Maria Terricabras
(director de la Cátedra Ferrater Mora de Pensamiento
Contemporáneo de la Universitat de Girona).
Supervisión de la profesora Priscilla Cohn Ferrater Mora
(Penn State University).
© 1994: Priscilla Cohn Ferrater Mora
© da revisão atualizada: Josep-Maria Terricabras
Direitos exclusivos:
© 1994, Editorial Ariel, S.A., Barcelona
ISBN 84-344-0500-8 (obra completa)
ISBN 84-344-0503-2 (tomo III)

A presente edição foi traduzida mediante ajuda da
DIRECCIÓN GENERAL DEL LIBRO, ARCHIVOS Y BIBLIOTECAS DEL
MINISTERIO DE EDUCACIÓN Y CULTURA DE ESPAÑA.

Edição: Marcos Marcionilo
Tradução: Maria Stela Gonçalves
    Adail U. Sobral
    Marcos Bagno
    Nicolás Nyimi Campanário
Preparação: Nicolás Nyimi Campanário
    Luciana Pudenzi
Capa: Manu
Diagramação: Maurélio Barbosa
Revisão: Renato da Rocha Carlos

Edições Loyola Jesuítas
Rua 1822, 341 – Ipiranga
04216-000 São Paulo, SP
T 55 11 3385 8500/8501 • 2063 4275
editorial@loyola.com.br
vendas@loyola.com.br
www.loyola.com.br

Todos os direitos reservados. Nenhuma parte desta obra pode ser reproduzida ou transmitida por qualquer forma e/ou quaisquer meios (eletrônico ou mecânico, incluindo fotocópia e gravação) ou arquivada em qualquer sistema ou banco de dados sem permissão escrita da Editora.

ISBN 978-85-15-02006-5

2ª edição: 2004

© EDIÇÕES LOYOLA, São Paulo, Brasil, 2001

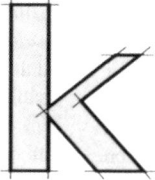

K. A letra "*K*" é usada por Łukasiewicz para representar o conectivo "e" ou conjunção (VER) que simbolizamos por '∧'. "*K*" é anteposto às fórmulas, de modo que "*p* ∧ *q*" se escreve, na notação de Łukasiewicz, "*K pq*".

KAFTAN, JULIUS WILHELM. (Ver RITSCHL, ALBRECHT).

KAILA, EINO [SAKARI] (1890-1958). Nascido em Helsinque (Hensingfors), Finlândia, foi professor em Åbo (1921-1930) e em Helsinque (1930-1948).

Depois de trabalhar com problemas de psicologia (motivação, decisão, "construção" da vida psíquica etc.), Kaila priorizou investigações nos campos da teoria do conhecimento, da filosofia da ciência e, em certo sentido, da ontologia. Ele desenvolveu uma teoria das funções de probabilidade, análoga no cálculo de probabilidades, à teoria lógica das funções de verdade. Esboçou também uma doutrina monista e "gradualista" qualificada como "filosofia sintética". De acordo com essa teoria, há diferenças de grau, não de essência, nas diversas realidades e nas leis que as regem.

Sob a influência do Círculo de Viena (VER) e, especialmente, de Carnap, Kaila ocupou-se da questão do critério de verificação (VER), aproximando-se do fisicalismo (VER). Nos últimos anos de vida, dedicou-se a investigações acerca dos elementos componentes tanto da experiência cotidiana como da científica. Neste último aspecto, destacaram-se suas pesquisas sobre os conceitos usados na compreensão da realidade física e microfísica.

Um dos mais destacados membros do que denominamos "grupo de Helsinque" (VER), Kaila foi colaborador freqüente das *Acta Philosophica Fennica*.

➲ Principais escritos: *Über ideatorische Koordinationen*, 1918 [monog.] [Suomalaisen Tiedeakatemian toimituksia. Sarja B, nid. 10, n. 1]. — "Der Satz vom Ausgleich des Zufalls und das Kausalprinzip", *Annales Universitatis Aboensis* [*Turum Yliopiston julkaisuja*], série B, vol. 4, 2 (1924) ("O princípio de compensação do acaso e o princípio causal"). — "Die Prinzipien der Wahrscheinlichkeitslogik", *ibid.*, série B, vol. 4, 1 (1926) ("Os princípios da lógica da probabilidade"). — "Probleme der Deduktion", *ibid.*, série B, 2 (1928). — "Beiträge zur einer synthetischen Philosophie", *ibid.*, série B, vol. 4, 3 (1928) ("Contribuições a uma filosofia sintética"). — "Der logistische Neupositivismus", *ibid.*, série B, vol. 13, 1 (1930). — "Uber das System der Wirklichkeitsbegriffe", *Acta Philosophica Fennica*, 2 (1936) ("Sobre o sistema dos conceitos da realidade"). — "Über den physikalischen Realitätsbegriff", *ibid.*, 4 (1941) ("Sobre o conceito de realidade física"). — "Weinn-so", *Teoria*, 11 (1945), pp. 88 ss. ("Se...então"). — "Zur Metatheorie der Quantenmechanik", *Acta* etc., 5 (1950). — *Personalismus*, 1952. — "Terminalkausalität als die Grundlage eines unitarischen Naturbegriffs. Eine naturfilosofische Untersuchung. Erster Teil. Terminalkausalität in der Atomdynamik", *Acta* etc., 10 (1956) ("Causalidade terminal como fundamento de uma concepção unitária da Natureza. Parte I: A causalidade terminal na dinâmica atômica"). — "Die perzeptuellen und konzeptuellen Komponenten der Alltagserfahrung", *ibid.*, XIII, 1962. ("Os componentes perceptuais e conceituais da experiência cotidiana"). — Quatro desses artigos foram reunidos em *Reality and Experience: Four Philosophical Essays*, ed. R. S. Cohen, 1979.

Ver: E. Stenius, "Natural Implication and Material Implication", *Theoria*, 13 (1947), pp. 136-156. — J. Berg, "On Defining Disposition Predicates", *Analysis*, 15 (1955), pp. 85-89. — J. Hintikka, "Philosophy of Science (Wissenschaftstheorie) in Finland", *Zeitschrift für Allgemeine Wissenschaftstheorie*, 1 (1970), pp. 119-132. ⊖

KAKOLOGIA. Ver AGATODICÉIA.

KALOKAGATIA. [*kalokagathia, kalokagasia*]. A expressão grega καλοκάγαθία desempenha um importante papel na formulação de muitas concepções éticas, ético-sociais e (num sentido muito amplo de "políticas") ético-políticas da antiguidade. Literalmente, a qualidade da *kalokagatia* equivale à qualidade "beleza e bondade"; possui καλοκάγαθία quem é καλὸς κἀγαθός, "belo e bom". Ora, "ser belo" significa aqui, primariamente, "ser nobre" enquanto "bom exemplar do próprio tipo".

Por isso, καλοκἀγαθία é freqüentemente traduzida por "nobreza e bondade". Também poderia ser traduzida por "honra". Com efeito, o καλὸς κἀγαθός é equiparado com freqüência ao "homem honrado" — ou "homem de honra" —, não só enquanto *um* homem honrado" mas principalmente no sentido de ser o modelo de todo homem honrado, de pertencer às seletas fileiras dos καλοὶ κἀγαθοί. Esse homem honrado — "nobre e bom" — é ao mesmo tempo o "bom cidadão".

Esse sentido, por assim dizer, "cívico" da *kalokagatia* está presente em autores como Xenofonte, Platão e Aristóteles. Em todos eles, a noção de *kalokagatia* é uma noção "educativa", na medida em que exprime a idéia da boa educação como oposta à idéia do poder puro e simples. Nem em Platão nem em Aristóteles, a *kalokagatia* se opõe propriamente ao poder; ela se opõe ao poder pelo poder. A *kalokagatia* é em grande parte, nesses autores, a justificação, por assim dizer, "educativa" do poder. O homem "kalokagatós" é aquele que exerce o poder de um modo intimamente ligado à justiça. Por isso o "kalokagatós" é ao mesmo tempo o "homem justo".

Isso não significa que em cada um dos referidos autores o conceito de *kalokagatia* seja apresentado ou definido exatamente do mesmo modo. Em Xenofonte (*Mem.*, I, i, 48; cf. também II, 6, 16), a *kalokagatia* é a virtude própria do homem sábio, nobre e justo, cujo melhor exemplo é Sócrates. Platão acentua o aspecto "ético" da *kalokagatia*. O καλὸς κἀγαθός é sem dúvida "o homem honrado" (*Rep.* 396 B-C), mas enquanto justo: "O homem e a mulher são felizes quando são 'nobres e bons'; são infelizes quando injustos e maus" (*Gorg.* 470 E). Contudo, além do aspecto ético, a *kalokagatia* tem em Platão um aspecto "universal" e quase "cósmico". "O belo e o bom não são mais que dois aspectos gêmeos de uma só e mesma realidade que a linguagem corrente dos gregos funde em unidade ao designar a suprema *areté* do homem como 'ser belo e bom' (καλοκἀγαθία). Neste 'belo' ou 'bom' da *kalokagatia*, captada em sua essência pura, temos o princípio supremo de toda vontade e de todo comportamento humanos, o motivo último que age movido por uma necessidade interior e que ao mesmo tempo é móvel de tudo que ocorre na Natureza. Para Platão, entre o cosmos moral e o cosmos físico existe uma harmonia absoluta" (W. Jaeger, *Paideia*, Livro III, cap. vii; trad. esp.: t. II [1944], pp. 236-237).

Em Aristóteles, o conceito de *kalokagatia* pertence ao que se pode denominar "doutrina das virtudes": a *kalokagatia* é, a rigor, uma combinação de virtudes (*Eth. Eud.* VII, 15, 1248 b 12): a nobreza e a bondade. Trata-se, além disso, de uma combinação de virtudes que torna possível o estar realmente orgulhoso das honras justamente recebidas (*Eth. Nic.*, IV, 3, 1124 a 4).

Estóicos e neoplatônicos também empregaram a noção de *kalokagatia*, embora em sentidos muitas vezes distintos dos anteriormente descritos. Para os estóicos, a *kalokagatia* continua a ser um traço de nobreza de caráter, porém é o que corresponde antes de tudo ao "sábio". Quanto aos neoplatônicos, Plotino em especial, a *kalokagatia* é uma qualidade cujos elementos são, por assim dizer, "convertíveis": ser boa e ser bela é para uma coisa o mesmo, porque o bem e a beleza são o mesmo, ἀγαθὸν καὶ καλόν. Estes consistem em que a alma se faça semelhante a Deus, do qual procede a beleza enquanto "realidade verdadeira", já que "a beleza também é o bem" (*Enn.*, I vi, 6).

O conceito de *kalokagatia* foi revivido na época moderna por Shaftesbury, que destacou — seguindo o significado etimológico da expressão — os aspectos éticos e estéticos considerados em conjunto. A idéia do *kalokagatós* em Shaftesbury corresponde a um dos significados do termo *virtuoso* tal como foi usado na Inglaterra, especialmente a partir da obra de Henry Peacham, *Complete Gentleman* (1634).

Para a evolução do significado de virtuoso na Inglaterra, incluindo as opiniões de Shaftesbury, ver Marjorie Hope Nicholson em *Dictionary of the History of Ideas*, vol. III, 1973, s. v. "Virtuoso".

⮕ Ver: Walter Donlan, "The Origin of καλὸς κἀγαθός", *American Journal of Philology*, 94 (1973), 365-374. — R. L. Cole, *The Ethical Foundations of Rudolf Binding's Gentleman-Concept*, 1966. — P. Simpsom, "Autonomous Morality and the Idea of the Noble", *Interpretation*, 14 (1986), 353-370. ⊂

KANT, IMMANUEL (1724-1804). Nascido em Königsberg, onde permaneceu até a morte, excetuando-se um período que passou fora dali — e, de todo modo, nas cercanias da cidade — exercendo o cargo de preceptor. De 1732 a 1740, foi aluno do "Collegium Fredericianum", cujo ambiente pietista reforçou as tendências que lhe haviam sido inculcadas pela mãe. Em 1740, ingressou na Universidade, estudando, entre outros, com Martin Knutzen (VER), que lhe despertou o interesse pela ciência natural, especialmente a mecânica de Newton. Depois de exercer o cargo de preceptor por algum tempo, recebeu em 1755 seu título universitário e tornou-se *Privatdozent* em Königsberg. Em 1769, recusou a oferta de uma cátedra em Iena, e no ano seguinte foi nomeado professor titular em sua cidade natal. No ano de 1794, para grande pesar seu, foi ameaçado por ordem real com sanções caso desse prosseguimento ao trabalho de "desfigurar e menosprezar muitas doutrinas fundamentais e capitais da Escritura", em decorrência de certas partes da obra *A Religião nos limites da simples razão*.

A vida e o caráter de Kant foram objeto de muitos estudos. Acentuou-se sua religiosidade pietista — ainda que Kant tenha se oposto à prática puramente formal das observâncias religiosas — e, sobretudo, sua integridade moral. Outro ponto destacado foi sua extraordinária tenacidade no trabalho e a regularidade de seus hábitos. Isso não quer dizer que ele não fosse capaz de paixão e de entusiasmo, embora nunca os tenha manifestado senão com grande sobriedade. Entre as sóbrias provas de paixão e entusiasmo de Kant, podemos mencionar sua grande simpatia pelos ideais da Independência Americana e da Revolução Francesa. Kant foi pacifista, antimilitarista e antipatrioteiro, tudo isso por convição moral e não apenas política.

Embora não possamos nos deter no problema da relação entre o pensamento de Kant e seu temperamento ou modo de ser, deve-se reconhecer que, se a validade ou não validade do primeiro é independente do segundo, certo conhecimento do temperamento é de grande ajuda para entender o pensamento. Isso ocorre especialmente quando se propõe o problema de qual foi o interesse capital de Kant na formação de sua filosofia. Alguns autores (como Richard Kroner) afirmaram que a autêntica *Weltanschauung* de Kant foi de índole ética — ou, se se quiser, ético-religiosa — e que sua atitude moral determina em grande parte sua teoria do conhecimento e sua metafísica. Outros autores destacaram a importância que tem para a compreensão de Kant a idéia de homem (para a qual recebeu de Rousseau importantes estímulos). Outros, por fim, chamaram a atenção para a importância que tem em Kant o problema do conhecimento, a ponto de indicar que ele determina todos os outros problemas. É plausível vincular todos esses aspectos e procurar ver suas relações mútuas; aqui, no entanto, não podemos deter-nos neste problema. Há outra questão relativa ao pensamento de Kant, em parte relacionada à apresentada anteriormente: a de saber qual foi, filosoficamente falando, a principal orientação filosófica de Kant. Referir-nos-emos brevemente a este ponto ao final deste verbete.

Distiguem-se amiúde no pensamento filosófico de Kant três fases ou períodos: 1) o período pré-crítico, anterior a 1781 — data de publicação da primeira edição da *Crítica da razão pura* — e até anterior a 1771, quando ele escreveu a seu amigo Marcus Herz para dizer que preparava uma obra intitulada *Die Grenzen der Sinnlichkeit und der Vernunft* (*Os limites da sensibilidade e da razão*), que terminou por ser a citada *Crítica da razão pura*; 2) o período crítico, até 1790, data de publicação da "terceira *Crítica*": a *Crítica do juízo*; 3) o período pós-crítico, de 1790 até a morte do filósofo. Indicou-se ainda que o primeiro período se caracteriza por seu apego à metafísica dogmática, seguindo o modelo de Leibniz-Wolff; o segundo período é marcado pelo criticismo propriamente dito; e o terceiro período se destaca por uma espécie de "recaída" na metafísica.

A distinção em três fases ou períodos no pensamento de Kant é útil para uma primeira apresentação desse pensamento, mas não deve ser tomada literalmente e menos ainda equiparada com uma suposta série "metafísica dogmática–criticismo–recaída metafísica". Os que estudaram Kant um pouco a fundo descobriram que, embora haja nele uma evolução, esta nem sempre pode ser simplificada da maneira apontada. Com efeito, por um lado, a evolução do pensamento kantiano é maior e mais complexa que a resultante da divisão em três períodos (como o demonstrou H. J. de Vleerschauwer, mesmo limitando-se a uma fase do pensamento kantiano). Por outro lado, há maior continuidade nesse pensamento do que o permite supor uma divisão em períodos. A continuidade manifesta-se, além disso, no próprio modo como Kant teceu fios filosóficos a fim de elaborar sua própria doutrina. O pensamento de Kant é em grande medida um "novo parágrafo" na história da filosofia moderna, porém um "novo parágrafo" que continua muito estreitamente o "parágrafo anterior". Isso faz com que se possam encontrar numerosos antecedentes da doutrina kantiana (não só em Hume como também no pensamento de autores como Baumgarten, Lambert, Maier e Tetens). Mas esses antecedentes, sem os quais não existiria o pensamento de Kant, não produzem Kant por si sós.

Kant se interessou desde o início por questões científicas; a mecânica de Newton era para ele, assim como para muitos de seus contemporâneos, o modelo de uma teoria científica, não só pelo conteúdo como e, sobretudo, pelo método. Mas Kant também procurou buscar o fundamento do conhecimento científico de tipo newtoniano, a "explicação dos primeiros princípios do conhecimento metafísico". Durante algum tempo, ele pensou que essa explicação poderia encontrar-se em algumas das doutrinas de Leibniz e de Wolff. Não por certo em todas elas, porque cedo Kant se deu conta (como o fizera, entre outros, Lambert) de que há uma espécie de abismo intransponível entre os princípios de uma metafísica "dogmática" e os "princípios matemáticos da filosofia natural": aqueles são, por assim dizer, demasiado "vazios" para poder dar conta destes. Contudo, Kant avaliou que, depois de uma crítica suficiente, seria possível salvar algumas idéias da chamada Escola de Leibniz-Wolff. Era preciso distinguir cuidadosamente, de imediato, entre a metafísica e a matemática. Além disso, havia necessidade de refinar os princípios da teologia natural. Por fim, era preciso mostrar em que relação se encontravam as realidades sensíveis com as inteligíveis em vez de simplesmente derivar as primeiras das últimas. Ao passar à elaboração das idéias que iriam conduzi-lo a uma fundamentação mais sólida da ciência, Kant deparou um obstáculo que era ao mesmo tempo um estímulo: a crítica de Hume (especialmente a crítica da noção racionalista de causalidade). Até entrar em contato com o pensamento de Hume, Kant permanecera, não obstante seus esforços por modificar a partir de dentro os princípios metafísicos de Leibniz-Wolff, num estado de "sono dogmático" e foi somente Hume — como reconhece Kant na introdução aos *Prolegômenos a toda a metafísica futura* — que o "despertou de seu sono dogmático".

Diante disso, diz-se freqüentemente que o pensamento de Kant em sua "maturidade crítica" constitui-se em conseqüência do completo abandono de Leibniz e Wolff, que se mostravam incapazes de salvar a física de Newton — e, de modo geral, toda a ciência — do naufrágio que podia experimentar em razão do "ceticismo de Hume". Embora não seja pouca a verdade contida nessa suposição, deve-se levar em conta que Kant não abandonou Leibniz e Wolff *por completo*. Chegou-se mesmo a pensar (Gottfried Martin) que o criticismo de Kant é melhor entendido quando o vemos como uma espécie de reformulação de certas idéias de Leibniz. De todo modo, no tocante, por exemplo, ao problema do espaço e do tempo, a doutrina de Kant está mais próxima do "relacionismo" de Leibniz que do "absolutismo" de Newton (ou melhor, de Clarke). Quanto a Wolff, Kant considerava inadmissível sua pretensão dogmática, mas não a intenção sistemática: a filosofia continua a ser, para Kant, como para Wolff, um sistema e não uma rapsódia. É preciso apenas preparar cuidadosamente esse sistema, afastando os obstáculos do caminho e enfrentando sem circunlóquios o problema proposto por Hume.

Em vários verbetes desta obra tratamos de conceitos kantianos fundamentais; mencionamos: ANALÍTICA; ANALÍTICO E SINTÉTICO; ANTINOMIA; APARÊNCIA; AUTONOMIA; A PRIORI; BOA VONTADE; CATEGORIA; CAUSA; COISA EM SI; DADO; DEVER; DEDUÇÃO TRANSCENDENTAL; ENTENDIMENTO; ESPAÇO; ESQUEMA; ESTÉTICA; FENÔMENO; GÊNIO; HIPÓTESE; HOMOGÊNEO; IDÉIA; IMAGINAÇÃO; IMPERATIVO; INTUIÇÃO; JUÍZO (FACULDADE DE); LATITUDINARISMO, LATITUDINÁRIOS; LEGALIDADE; MATEMÁTICA; METAFÍSICA; NÚMENO; ONTOLÓGICA (PROVA); PERCEPÇÃO; REFLEXÃO; RIGORISMO; SUBLIME; TEMPO; TRANSCENDENTAL. Esses verbetes podem complementar a presente exposição.

Kant admite de imediato que todo conhecimento *começa* com a experiência. Mas indica em seguida que nem todo conhecimento *procede* da experiência. Isso significa que a explicação genética do conhecimento, ao modo de Hume, não é para Kant totalmente satisfatória; resolver a questão da origem não é resolver o problema da validade; pois a experiência não pode por si só outorgar necessidade e universalidade às proposições de que se compõe a ciência e, em geral, a todo saber que aspire a ser rigoroso. É necessário perguntar, portanto, como a experiência é possível, isto é, encontrar o fundamento da possibilidade de toda experiência.

Com vistas a isso, Kant procede de início à classificação dos juízos em analíticos e sintéticos (VER), *a priori* (VER) e *a posteriori*. Nos juízos analíticos, o predicado está contido no sujeito; por isso, esses juízos são certos mas vazios. Nos juízos sintéticos, o predicado não está contido no sujeito; por isso, esses juízos não são vazios, mas tampouco absolutamente certos. Os juízos *a priori* são os formuláveis independentemente da experiência; os juízos *a posteriori* são os derivados da experiência. Se, como supunham (por razões distintas) Leibniz e Hume, os juízos analíticos são todos *a priori* e os sintéticos todos *a posteriori*, não parece possível escapar ou a uma metafísica dogmática racionalista ou a uma teoria do conhecimento cética empirista. Com efeito, ou os juízos sintéticos *a posteriori* são redutíveis a juízos analíticos *a priori*, caso no qual os princípios da experiência são princípios de razão, ou os juízos sintéticos *a posteriori* nunca são redutíveis a juízos analíticos *a priori*, caso no qual nunca há certeza completa a respeito dos princípios do conhecimento. Mas se se supõe que o conhecimento real está fundado em juízos sintéticos *a priori*, isto é, juízos capazes de dizer sobre o real algo de caráter universal e necessário, então teremos de perguntar pela possibilidade de tais juízos: esse é o tema da crítica da razão, que deve proceder a uma análise de seus próprios poderes como preparação para uma metafísica "como ciência".

Kant pergunta como são possíveis os juízos sintéticos *a priori* na matemática e na física (ou conhecimento da Natureza); pergunta além disso se esses juízos são possíveis na metafísica. O exame desse grupo de questões é o objeto da primeira parte (a "doutrina transcendental dos elementos") da *Crítica da razão pura*, à qual se segue uma segunda parte (a "doutrina transcendental do método"). A primeira parte divide-se numa "estética transcendental" e numa "lógica transcendental". A "lógica transcendental" se subdivide numa "analítica transcendental" e numa "dialética transcendental". O adjetivo 'transcendental' é fundamental em Kant. Deixando de lado por ora a difícil porém certa relação entre o sentido de 'transcendental' na linguagem kantiana e o sentido de 'transcendental' na doutrina clássica dos "transcendentais", admitiremos que 'transcendental' é o nome de todo conhecimento que não se ocupa tanto dos objetos quanto do modo de conhecê-los. Por isso, a filosofia transcendental kantiana é apenas "a idéia de uma ciência" cujo plano arquitetônico deve ser traçado por uma "Crítica da razão pura". Contudo, além disso, e sobretudo, 'transcendental' é o nome de um "modo de ver" e também o nome de "algo" que não é nem o objeto nem tampouco o sujeito cognoscente, mas uma relação entre os dois, relação de tal índole que o sujeito constitui transcendentalmente, com vistas ao conhecimento, a realidade enquanto objeto. Desse modo, a filosofia transcendental é a reflexão crítica mediante a qual o dado se constitui como objeto do conhecimento. E o conhecimento é por isso em cada caso um processo de síntese (e de unificação) que pode ser chamado de "síntese transcendental".

A estética, a analítica e a dialética transcendentais correspondem aos três planos da sensibilidade, do entendimento e da razão. O entendimento e a razão, por outro lado, são os planos para cuja constituição é mister uma lógica transcendental e não apenas uma crítica da sensibilidade.

Na estética transcendental, Kant pergunta pela possibilidade da matemática enquanto composta de juízos sintéticos *a priori*. Esses juízos são intuições no espaço e no tempo, que são as formas *a priori* da sensibilidade por meio das quais se assegura não só a validade das proposições matemáticas mas também, e sobretudo, sua aplicabilidade à experiência. Kant parte da idéia de que o dado como tal carece de ordem e forma, devendo portanto ser ordenado e formado — e somente um elemento *a priori* pode executar semelhante operação, que é uma operação sintética ou unificadora. Não repetiremos aqui o que já foi dito sobre a concepção kantiana do espaço e do tempo nos verbetes correspondentes. Limitar-nos-emos a lembrar que o espaço e o tempo são para Kant formas dos sentidos externo e interno, respectivamente. Espaço e tempo adquirem com isso, segundo Kant, "idealidade transcendental". Mas também "realidade empírica". De fato, espaço e tempo, enquanto intuições *a priori*, não são coisas em si. Mas tampouco são resultado da atividade subjetiva individual: são modos de intuir que não precisam limitar-se à sensibilidade humana, visto serem condições de conhecimento para todo sujeito cognoscente em geral.

Mais complexa, e discutida, que a "Estética transcendental" é a "Analítica transcendental". Seu fundamento é a idéia de uma lógica transcendental que tem a mesma forma da lógica, mas que desta difere na medida em que é uma "lógica do uso do entendimento". Não se podem conhecer os fenômenos da Natureza mediante o puro pensar (especulativo), que é "vazio". Tampouco podem ser conhecidos por meio das puras intuições, que são "cegas": somente a conjunção do pensamento com a intuição permite o conhecimento efetivo do real que seja a um só tempo universal e necessário. Os sentidos não pensam; o entendimento não intui. Mas assim que o entendimento é aplicado às intuições, engendram-se as condições mediante as quais o conhecimento dos fenômenos é possível. Trata-se para Kant de determinar em que consiste e como é possível o conhecimento empírico — no sentido kantiano de 'empírico' — enquanto conhecimento determinado ou, se se quiser, objetivado por meio dos conceitos e dos princípios do entendimento (ver). Os dados sensíveis não proporcionam conhecimento universal e necessário. As formas puras do entendimento, como formas lógicas, dão lugar a enunciados universais e necessários mas ainda não "objetivos", ou seja, aplicáveis a fenômenos que, desse modo e por essa aplicação, constituem-se em "objetos". Conhecer os fenômenos é, assim, "constituir" o dado como objeto do conhecimento. Conhecer é, em suma, conjugar o dado (ver) com o posto. Este último é formado pelas categorias (ver Categoria) derivadas das formas do juízo (ver). As categorias ou conceitos puros do entendimento devem ser "deduzidas" (isto é, "justificadas"). A isso responde a "dedução transcendental" (ver) ou justificação transcendental do emprego dos conceitos puros. Determinar como são possíveis os conceitos puros do entendimento equivale a investigar quais são as condições *a priori* nas quais se funda a possibilidade da experiência. Essa determinação é levada a efeito por meio do exame de várias "sínteses" (a síntese da apreensão na intuição; a da reprodução na imaginação; e a do reconhecimento num conceito). A rigor, conhecer é "sintetizar", isto é, "ligar", "ligar" o múltiplo na unidade do conceito. A operação de "ligar" e de "sintetizar" alcança seu ponto culminante na "unidade sintética da apercepção" (ver), que é o fundamento da unidade de todo objeto como objeto do conhecimento e, ao mesmo tempo, o fundamento da unidade do sujeito como sujeito cognoscente. Mas nenhuma das sínteses vai além da "experiência possível"; se isso ocorresse, já não haveria conhecimento, pois conhecer é basicamente unificar o múltiplo e não transcendê-lo por meio de uma síntese puramente racional.

A aplicação dos conceitos ao dado não é realizada de modo direto, visto que entre o dado e o conceito deve encontrar-se um elemeto que seja parcialmente homogêneo a cada um deles. Esse elemento é o esquema (ver) do entendimento. Com base no esquematismo transcendental, poder-se-á esboçar o sistema dos princípios do entendimento puro e estabelecer a conexão entre os princípios do conhecimento e as leis básicas da ciência da Natureza. O sistema dos princípios do entendimento constitui assim o fundamento de todo "juízo empírico" (no sentido de "juízo científico"), que vai então adquirir as condições de universalidade e necessidade que, segundo Kant, constituem a característica fundamental das proposições da física de Newton.

Com tudo isso, realiza-se o que Kant chama de "revolução copernicana", na qual o sujeito gira em torno do objeto para determinar as possibilidades de seu conhecimento em vez de deixar que o objeto gire em torno de si. Esta última alternativa pressupõe que o objeto é uma coisa em si ou númeno (ver) e que é acessível à nossa faculdade cognoscitiva. A primeira aceita que o conhecido seja somente fenômeno (ver) e que, para chegar a ser conhecido, tenha sido "constituído" como objeto de conhecimento.

A "Estética transcedental" e a "Analítica transcendental" traçam os limites da experiência possível. Nesse sentido, são "construtivas" e, no vocabulário kantiano, "constitutivas". A "Dialética transcendental", ao mostrar que não se pode ir, no âmbito da razão teórica, além desses limites, mostra-se "destrutiva" (destrutiva da metafísica dogmática). Kant fala de uma ilusão transcendental (a ilusão metafísica), que difere das ilusões físicas (por exemplo, óticas) e das ilusões lógicas (como as falácias). Estes dois últimos tipos de ilusão podem ser eliminados. Isso não acontece com a ilusão transcendental, visto não haver critério por meio do qual retificá-la. Ao mesmo tempo, semelhante ilusão representa uma aspiração humana ao conhecimento absoluto (que não se pode obter). Não se pode provar por meio da razão teórica especulativa nenhum dos princípios da metafísica: a existência de Deus (como o pretende a teologia racional), a natureza do mundo em seu conjunto (como o pretende a cosmologia racional) e a imortalidade da alma (como o pretende a psicologia racional). Mas essas questões são postas repetidamente. São as três grandes questões de "Deus, do mundo e da alma" (ou ainda "Deus, liberdade e imortalidade"). O mundo e a alma são "idéias" (racionais); Deus é um "ideal" (racional). Essas questões são tratadas como solúveis pela metafísica dogmática. A crítica da razão mostra, na "Dialética transcendental", que, quando se tenta solucioná-las, dá-se o choque com dificuldades insuperáveis: antinomias ou paralogismos.

Assim como baseou seu sistema de categorias na tabela dos juízos (ver Juízo), Kant baseou seu exame das idéias da razão pura nos esquemas dos silogismos: o silogismo categórico, o hipotético e o disjuntivo, que correspondem respectivamente a três tipos de unidade incondicionada postulados pela razão pura. No silogismo categórico, a razão postula um sujeito pensante incondicionado, metafisicamente real e não apenas gnosiologicamente condicionante. No silogismo hipotético, a razão postula a unidade da série das condições da aparência. No silogismo disjuntivo, a razão postula a unidade absoluta das condições de todos os objetos do pensamento em geral. Em todos esses casos, temos a razão funcionando no vazio. Cumpre denunciar, pois, esse funcionamento ilegítimo da razão, o que se leva a efeito mostrando as antinomias (ver Antinomia) e os paralogismos (ver Paralogismo) da razão pura, bem como o caráter não probatório dos diversos tipos de argumentos racionais em favor da existência de Deus, especialmente o caráter não probatório do argumento ontológico (ver Ontológica [Prova]). Kant edifica essas críticas, a última delas em particular, com base numa concepção do ser segundo a qual "ser" (*Sein*) não é "um predicado real", "mas a posição de uma existência". Em todos os casos, alega Kant, abandonaram-se as precauções estabelecidas no curso do exame das condições do conhecimento. As idéias da razão pura foram tomadas erroneamente como idéias constitutivas, quando no máximo são apenas idéias reguladoras.

A metafísica, portanto, parece impossível. Isso não significa que as proposições metafísicas não tenham sentido, mas apenas que não podem ser provadas "teoricamente". Ora, há uma esfera na qual a metafísica volta a inserir-se, embora sob forma não "teórica": trata-se da esfera "prática" ou esfera da moralidade. Assim, cumpre-se o propósito kantiano de "descartar a razão a fim de abrir caminho para a fé [a crença]". Na esfera da razão prática, não há necessidade de pôr de lado Deus, a liberdade e a imortalidade: estas "idéias" aparecem como "postulados da razão prática" e, portanto, estão mais firmemente arraigadas na existência humana do que se dependessem unicamente dos argumentos produzidos pela razão pura. A razão prática é, com efeito, a razão em seu uso moral. Não é uma razão distinta da teórica; é um "uso" distinto da razão. Com base no exame desse uso, Kant procede ao desenvolvimento de sua ética na *Crítica da razão prática* (e na *Fundamentação de uma metafísica dos costumes*). Uma das noções centrais dessa "crítica", se não a central, é a de "boa vontade" (ver). Kant critica a chamada "ética dos bens", que é uma ética que nunca pode proporcionar normas absolutas de ação; só a boa vontade é absoluta (ou, melhor dizendo, absolutamente boa). Assim, Kant avalia que só merecem o qualificativo de "morais" os atos que se assentam sem restrições na boa vontade. Por isso, na divisão dos imperativos (ver) morais em hipotéticos e categóricos, apenas a estes últimos compete a moralidade absoluta. A ética de Kant insiste continuamente em sua oposição ao eudemonismo (ver), mas não simplesmente, como por vezes se pretendeu, por um excessivo afã de rigorismo, e sim porque a busca do moral tende a excluir todo o contingente: o moral não pode ser para Kant algo mais ou menos correto ou conveniente. Certo é que há da mesma maneira em Kant a expressão ética de certas experiências vitais: a insistência no caráter sagrado do dever (ver), a célebre invocação a ele é uma demonstração de que, em sua elucidação crítica, Kant sempre acrescentou o que ditava sua experiência vital com as exigências da análise; o dever é, com efeito, sagrado, tanto pela estima que o homem Kant sentia pelo cumprimento do dever, como porque, nele, manifesta-se a racionalidade última do moral. Mas o cumprimento do dever, a submissão da ética à boa vontade sem restrições, o imperativo categórico não são somente expressões de uma ética que já não se vê submetida a nenhuma contingência relativa; por meio delas, a razão chega a ordenar ao homem algo que não se encontra fora, mas dentro dele mesmo: a racionalidade última do dever é a racionalidade do homem, aquilo que lhe confere sua humanidade. A coincidência do pessoal com o universal, dessa maneira, é confirmada: a universalidade do imperativo categórico é uma universalidade que não sacrifica, pelo contrário, afirma a personalidade do homem (VER), da pessoa, contra toda heteronomia possível; por outro lado, confirma-se também a liberdade da vontade, que se manifesta em sua determinação apenas pela racionalidade. As dificuldades trazidas pelo tradicional conflito entre o bem e a virtude têm de ser resolvidas mediante os postulados — Deus, liberdade, imortalidade —, que significam, por sua vez, a solução da questão religiosa. A crítica da razão prática vem então abrir caminho a uma série de questões que a crítica da razão pura propusera: o determinismo da Natureza parecia destruir a liberdade e tornar impossível a moralidade, mas esta aparece agora não só plenamente justificada como justificada com toda a universalidade requerida; os postulados da razão prática abrem passo para a vida religiosa, o que a própria submissão da religião à moral parecia eliminar. A prática soluciona assim as antinomias da razão pura e torna possível a metafísica dogmático-prática, primeiro passo para uma "metafísica intuitiva" que, embora se mostre inexeqüível no curso da vida finita do homem, pode ser considerada um ideal rumo ao qual se orienta a razão uma vez aberto o caminho pela crítica. Por fim, à existência disposta somente para o conhecer sobrepõe-se, e chega a sobrepujá-la, a existência disposta para o bem agir. O primado da razão prática é a expressão última dessa atitude que anuncia o característico primado da vontade sobre a contemplação.

Os elementos apriórios do sentimento são examinados por Kant na *Crítica do juízo*, no curso de uma investigação que leva a um duplo resultado: coroar as duas "Críticas" anteriores e as análises com elas relacionadas e apresentar de maneira clara o problema que Kant talvez perseguisse acima de tudo: o da possibilidade de uma metafísica crítica isenta de pressupostos arbitrários e inimiga de uma construção do objeto a partir de seu conceito. Kant formula, de imediato, a pergunta pela aprioridade do juízo estético; a conjunção da liberdade com a universalidade do prazer estético não pode ser resolvida com a mera imposição de um conjunto de normas à arte. Pelo contrário, Kant procura salvar a liberdade e a genialidade artística no quadro de um rigorismo não menos firme que o existente na esfera da ética. A noção de finalidade sem fim (ver ESTÉTICA) permite, de fato, conciliar o posto pela imaginação com o posto pelo entendimento sem que haja, por parte da primeira, submissão ao conceito. Aqui se realizam as condições do juízo reflexivo, destinado a explicar a dependência na qual está o particular em relação ao geral, a relação que o vincula a uma finalidade, tal como ocorre, ao lado dos juízos do sentimento estético, na teleologia da Natureza. Daí a união desses dois temas no quadro de uma crítica da faculdade do juízo. O juízo reflexivo não implica a determinação do objeto como objeto do conhecimento, mas apenas o fato de submetê-lo a uma regra. O particular continua a depender do universal, mas esse universal é, por assim dizer, precisamente aquilo que se busca. Essa condição se exprime sobretudo na teleologia da Natureza. O exame do orgânico permite averiguar que a finalidade não é, nesse domínio, algo suscetível de uma paulatina redução ao mecânico. Isso de modo algum significa que o domínio da Natureza fique, desse modo, cindido; a finalidade é aqui como a regra e a norma universal que explica a particularidade do mecânico. Mas essa finalidade revela-se não apenas no vital como também e, especialmente, na Natureza considerada como um conjunto. Essa Natureza não pode ser simplesmente deduzida do conceito universal que uma teleologia pode proporcionar, mas não porque forme o contexto de uma série de acontecimentos cegamente mecânicos, e sim porque faltaria uma intuição que somente o criador do mundo pode possuir de modo completo. Por isso, o saber do natural é sempre aspiração a esse saber intuitivo que, por outro lado, constitui o fundamento último de todo conhecimento. Ao atacar decididamente esses problemas, a crítica do juízo parece ao mesmo tempo propor-se a unificação do abismo aberto, nas duas críticas anteriores, entre o determinismo da Natureza e a liberdade da vontade, visto que, no plano em que se desenvolve o juízo reflexivo (ver JUÍZO [FACULDADE DO]) juntam-se as razões teórica e prática e, em última instância, o sensível e o inteligível. Porque, da mesma maneira como o saber intuitivo radical, impossível de fato num entendimento finito, poderia proporcionar um saber total da Natureza, um conceito desta que fosse ao mesmo tempo apreensão do objeto e liberdade da vontade poderia explicar a dependência do fenômeno em relação ao número e a do determinado em relação ao fundamento absoluto. É este em grande parte o tema dessa "metafísica dogmático-prática" a que já nos referimos e que se destina a penetrar intuitivamente no reino do número sem por isso invalidar o saber científico-natural.

Esse tipo de consideração, que aparece na terceira "Crítica", foi desenvolvido por Kant nos "escritos póstumos". Um importante tema ali é o da "filosofia transcendental" como "totalidade dos princípios racionais que culmina *a priori* num sistema". A filosofia transcendental é desse modo "o princípio do conhecimento racional *a priori* na totalidade absoluta de seu sistema". Com estas e outras considerações similares, Kant pareceu afastar-se de sua cautela anterior e tornar a filosofia "uma construção *a priori* da experiência". Cabem poucas dúvidas de que, em ao menos alguns dos fragmentos "póstumos", Kant seguia essa direção, parecendo antecipar com isso alguns dos pressupostos fundamentais do idealismo pós-kantiano. Seja como for, as idéias da razão pura organizadas num sistema são apresentadas nesses fragmentos como o fundamento da possibilidade de toda experiência (de uma forma parecida com a desenvolvida por Fichte). Contudo, seria precipitado concluir que Kant "recaiu" com isso na metafísica. Por um lado, ele não parece ter abandonado o propósito de desenvolver uma metafísica, mas pensava que, antes de desenvolvê-la, devia "fundá-la" e afastar do caminho todos os obstáculos postos pela razão pura. Por outro lado, o tipo de pensamento metafísico proposto por Kant nas obras póstumas, embora muito mais "construtivo" que o que aparece nas "Críticas", e particularmente na da razão pura, não é especulativo no sentido tradicional: a filosofia transcendental como "filosofia pura", embora não misturada com elementos empíricos e embora capaz (em princípio) de estabelecer de modo absoluto as condições da experiência, não está de maneira alguma separada desta ao modo como se acharia separado um mundo inteligível platônico (ao menos numa das interpretações de Platão) do mundo sensível. Ao lado da fundamentação da experiência como experiência, há a necessidade de integrar a razão com a experiência. A filosofia — tanto quanto metafísica como quanto "filosofia transcendental" — continua a ser uma parte da "crítica da razão pura", como o indica Kant explicitamente num de seus fragmentos (III, p. 1). Enfim, embora "ciência", a filosofia continua a ser "uma ciência problemática" (VIII, 1) e a experiência da qual constitui a possibilidade, embora uma experiência total, permanece baseada na "síntese a priori": a consciência, diz Kant, é por certo o primeiro ato da razão e nela se funda em última análise toda experiência, mas o segundo ato é a intuição e o terceiro, o conhecimento.

A imagem da filosofia de Kant variou de acordo com a época e dependeu em larga medida da ênfase dada a determinado aspecto seu. Os idealistas pós-kantianos deram menos atenção à teoria kantiana do conhecimento que às possibilidades de uma metafísica; por isso esses sistemas foram às vezes considerados (particularmente o de Fichte) um prolongamento das últimas meditações de Kant. A partir de meados do século XIX, em contrapartida, houve uma crescente tendência a considerar Kant primordialmente como um crítico do conhecimento; o neokantismo (VER), em suas várias vertentes, destacou o trabalho gnosiológico de Kant, examinando-o de todos os pontos de vista e prologando-o em todas as direções. Nas últimas décadas, por outro lado, houve várias tentativas de salientar novamente os aspectos metafísicos e ontológicos do pensamento kantiano. Um dos primeiros esforços nesse sentido foi o de Alfonso Bilharz (1836-1925), que assinalou haver — ou "dever haver" — uma ontologia na base o kantismo e que a filosofia de Kant ficaria incompleta "se um conceito do ser, ao completá-la, não tivesse vindo em seu socorro" (cf. *Die Philosophie der Gegenwart in Selbstdarstellungen*, V, 4). Mas esses esforços intensificaram-se com as interpretações de Ortega, de Heidegger, de Gottfried Martin, de H. Heimsoeth, que procuraram mostrar o caráter "aberto" da filosofia kantiana e o fato de que com freqüência é possível descobrir por trás da letra gnosiológica o espírito metafísico. Uniram-se a essas interpretações a de Lucien Goldmann, que, sob a influência de Heidegger e de G. Lukács, procurou mostrar que o ponto de vista construtivo de Kant predomina sobre o ponto de vista crítico e que, de todo modo, há em Kant uma "visão trágica" que é pouco compatível com as interpretações gnosiológicas neokantianas de seu pensamento. É mais que provável, naturalmente, que as interpretações da filosofia de Kant ainda não tenham chegado ao fim.

⮕ Obras: *Gedanken von der wahren Schätzung der lebendigen Kräfte und Beurteilung der Beweise, deren sich Leibniz und andere Mechaniker in dieser Streitsache bedient haben*, 1747 (*Idéias para uma verdadeira avaliação das forças vivas e juízo das provas de que se serviram Leibniz e outros mecanicistas nesta questão controversa*). — *Allgemeine Naturgeschichte und Theorie des Himmels oder Versuch von der Verfassung und dem mechanischen Ursprunge des ganzen Weltgebäudes, nach Newtonschen Grundsätzen abgehandelt*, 1755 (*História geral da Natureza e teoria do céu, ou ensaio no qual se trata da constituição e da origem mecânica de todo o universo segundo princípios newtonianos*). Este escrito foi publicado anonimamente. — *Meditationum quarandam de igne succinta delineatio*, 1755 (tese de doutorado). — *Principiorum primorum cognitionis metaphysicae nova dilucidatio*, 1755 (texto de habilitação). — *Metaphysicae cum geometria junctae usus in philosophia naturali, cujus especimen I. continet monadologiam physicam*, 1756 (texto apresentado para optar pelo grau de professor extraordinário). — A esses escritos, seguiram-se de imediato vários outros "escritos introdutórios" às aulas, tal como os que tratam da teoria dos ventos (1756), da geografia física (1756), do movimento e do repouso (1758) e do otimismo (1759); a eles pertence igualmente o escrito: *Die falsche Spitzfindigkeit der vier syllogistischen Figuren*, 1762 (*A falsa sutileza das quadro figuras silogísticas*). — *Der einzig mögliche Beweisgrund zu einer Demonstration des Dasein Gottes*, 1762 (*O único fundamento possível para uma demonstração da existência de Deus*). — *Versuch, den Begriff der negativen Grössen in die Weltweisheit einzuführen*, 1763 (*Ensaio para introduzir na filosofia o conceito de qualidade negativa*). — *Untersuchungen über die Deutlichkeit der Grundsätze der natürlichen Theologie und der Moral*, 1763 (*Investigação sobre a clareza dos conceitos de teologia e de moral*). Este escrito obteve o *accessit* no prêmio dado pela Academia de Ciências de Berlim (o primeiro prêmio foi obtido pela obra de Mendelssohn, *Ueber die Evidenz in den metaphysischen Wissenschaften*, 1764). — *Beobachtungen uber das Gefühl des Schönen und Erhabenen*, 1764 (*Observações sobre o sentimento do belo e do sublime*). — *Träume eines Geistersehers erläutert durch Träume der Metaphysic*, 1776 (*Sonhos de um visionário explicados pelos sonhos da metafísica*). Este escrito, contra o visionarismo de tipo swedenborguiano, foi publicado anonimamente. — *De mundi sensibilis atque inteligibilis forma et principiis*, 1770 (dissertação para obtenção do grau de professor ordinário). — Depois do famoso "silêncio de dez anos" (interrompido apenas por uma resenha e um anúncio de aulas), seguiu-se a *Kritik der reinen Vernunft* [*Critik der reinen Vernunft*], 1781 (*Crítica da razão pura*, cuja segunda edição apareceu, com modificações, em 1787). — *Prolegomena zu einer jeden künftigen Metaphysik, die als Wissenschaft wird auftreten können*, 1783 (*Prolegômenos a toda metafísica futura que possa apresentar-se como ciência*). — "Idee zu einer allgemeinen Geschichte in weltbürglicher Ansicht" (*Berliner Monatschrift*, novembro de 1784: "Idéia de uma história universal em sentido cosmopolita"). — "Was ist Aufklärung?" (*ibid.*, dezembro de 1784: "Que é Iluminismo?"). — *Grundlegung zur Metaphysik der Sitten*, 1785 (*Fundamentação da metafísica dos costumes*). — *Metaphysische Anfangsgründe der Naturwissenschaft*, 1786 (*Princípios metafísicos da ciência natural*). — "Mutmasslischer Anfang der Menschengeschichte" (*Berl. Monatsch.*, janeiro de 1786: "O começo presumido da história humana"). — "Was heisst, sich im Denken orienteren?" (*ibid.*, outubro de 1786: "Que significa orientar-se no pensamento?"). — *De medicina corporis quae philosophorum est* (discurso reitoral pronunciado em 1786 ou 1788 e publicado em 1891). — "Ueber den Grebauch teleologischer Prinzipien in der Philosophie" (*Teutschem Merkur*, janeiro de 1788: "Sobre o uso de princípios teleológicos na filosofia"). — *Kritik der praktischen Vernunft* [*Critik der praktischen Vernunft*], 1788 (*Crítica da razão prática*). — *Kritik der Urteilskaft* [*Critik der Urtheilskaft*], 1790 (*Crítica do juízo*). — *Ueber eine Entdeckung, nach der alle neue Kritik der reinen Vernunft durch eine ältere entbehrlich gemacht werden soll*, 1790 (*Sobre um descobrimento de acordo com o qual toda nova crítica da razão pura deve ser tornada inútil por outra mais antiga*). O "descobrimento" refere-se a Joahann August Eberhard. — "Ueber das Misslingen aller philosophischen Versuche in der Theodizee (*Berl. Monatsch.*, setembro de 1791: "Sobre o fracasso de todos os ensaios filosóficos na teodicéia"). Escrito composto para dar resposta à pergunta da Academia Real de Ciências de Berlim. — *Welche sind die wirliche Fortschritte, die Metaphysik seit Leibniz' und Wolfs Zeiten gemacht hat?* (*Quais os verdadeirosa progressos que a metafísica realizou a partir da época de Leibniz e Wolff?*; não apresentado para concurso; ed. por F. Th. Rink. 1804). — *Die Religion innerhalb der Grenzen der blossen Vernunft*, 1783 (*A religião dentro dos limites da simples razão*). — "Ueber den Gemeinspruch: Das mag in der Theorie richtig sein, taugt aber nicht für die Praxis" (*Berl. Monatsch.*, setembro de 1793: "Sobre o tópico: Isto pode ser verdade na teoria, mas não o é na prática"). — *Zum ewigen Frieden, ein philosophischen Entwurf*, 1795: nova ed. melhorada, 1796 (*Para a paz perpétua*). — "Von einem neuerdings erhobenen vornehmen Tone in der Philosophie" (*Berl. Monatsch.*, maio de 1796: "Sobre um novo tom distinto na filosofia). — *Metaphysische Anfangsgründe der Rechtslehre*, 1797 e *Metaphysische Anfangsgründe der Tugendlehre*, 1797, unidos sob o título comum *Metaphysik der Sitten* (*Metafísica dos Costumes*. Partes I e II). — *Der Streit der Fakultäten*, 1798, (*O conflito das Faculdades*). — *Anthropologie in pragmatischer Hinsicht*, 1798 (*Antropologia em sentido pragmático*). — *Logik* (editada por G. B. Jäsche, 1800). — *Physische Geographie* (ed. e elaborada em parte, a partir das aulas de Kant, pot F. Th. Rink, 2 vols, 1802-1803). — *Pädagogik* (*Kant über Pädagogik*, ed. Rink, 1803). — As aulas de filosofia da religião foram editadas por K. H. L. Pölitz em 1817; as aulas de metafísica também foram editadas por Pölitz em 1821. As reflexões de Kant sobre filosofia crítica foram editadas, a partir dos manuscritos, por Benno Erdmann: I,: *Reflexionen zur Anthropologie*, 1882; *Reflexionen zur Kritk der reinen Vernunft*, 1884. Rudolf Reicke editou textos esparsos de Kant (Caderno 1, 1889; 2, 1895; 3, 1899). Contudo, os escritos póstumos de Kant, ao lado de suas reflexões e textos esparsos, só começaram a ser editados criticamente com a edição da Academia de Berlim, a cargo de Adickes, Lehmann e Buchenau (ver a seguir). No curso da vida de Kant, apareceram várias coletâneas de suas obras (3 vols., 1799, por Tieftrunk; pequenos escritos, 1800, por Rink).

As primeiras edições de obras completas são as de G. Hartenstein, 10 vols., 1838-1839 e Karl Rosenkranz, 12 vols., 1838-1842 (ambas em ordem sistemática, sob a influência do esquema hegeliano). A nova edição de Hartenstein, 8 vols., de 1867-1869, está em ordem cronológica (mas foi redisposta em ordem sistemática por J. H. von Kirchmann, 1868 ss., com várias reelaborações, entre elas a edição de Feliz Meiner a cargo de Buek, Kinkel, Schiele e Vorländer [com 2 suplementos: biografia de Kant, por K. Vörlander, e comentário da *Crítica da razão pura*, por Cohen, 1911]). Edição selecionada em 8 vols., por Hugo Renner, 2 vols., 1907. Edição de G. Gross, 6 vols., 1912. As edições mais usadas hoje são: a de Felix Meiner; a de Ernst Cassirer (em colaboração com Cohen, Buchenau, O. Buek, A. Görland e B. Kellermann, 11 vols, 1912-1922, cujo volume X contém o livro de Cassirer sobre Kant); e a grande edição da Königliche Preussische Akademie der Wissenchaften, de Berlim, motivada por Dilthey, 29 vols., 1902-1955; reimp. 1963 ss.: Obras (I-IX), Correspondência (X-XIII), Escritos Póstumos (XIV-XXIII), Aulas (XXIV-XXIX). Para as obras póstumas, ver também E. Adickes, *Kants Opus postumum*, 1920 [*Kantstudien*. Ergänzungshefte 50]. — *Opus postumum*. ed. por A. Buchenau, I. Hälfte (Convolut I-VI), 1936. A edição mais manejável é a *Werkausgabe*, em 12 vols., ed. por W. Weischedel, Insel, Wiesbaden, 1960; reed. por Suhrkamp, Frankfurt a.M., 1984.

Bibliografia: Erick Adickes, *German Kantian Bibliography*, 3 partes (I: Escritos de K.; II: Escritos sobre K.; III: Índices), em um volume, 1895-1896. Informação bibliográfica na *Altpreussische Monatschrift*, nos *Jahresberichte über die Erscheinungen aus dem Gebiete der Philosophie* (do *Archiv für Philosophie*) e nos *Kantstudien*. Ver também a bibliografia em Ueberweg, III; e, além disso, G. U. Gabel, *Kant: An Index to Theses and Dissertations Accepted by Universities in Canada and the United Statesm 1879-1985*, 1989. — K. H. Lehmann e H. Hermann, "Dissertationen zur Kantischen Philosophie", *Kanstudien*, 51 (1959-1960), 228-257 [teses de doutorado sobre Kant e o kantismo na Alemanha entre 1885 e 1953]. — L. W. Beck, "Bibliography on Kant's Ethics", *Delaware Notes*, 18 (1945), 23-42. — H. J. de Vleerschauwer, *Entwurf einer Kant-Biblographie*, 1965. — A. Genova, "Selected Bibliography: Kant's Critique of Judgement", *Philosophy Research Archives*, 5 (1979). — P. Cicovacki, "Kant's Aesthetics Between 1980 e 1990: A Bibliography", em R. Meerbote, ed., *Kant's Aesthetics*, 1991.

Bibliografia de traduções de Kant para o espanhol e de escritos sobre Kant em espanhol (1930-1973) por J. M. Palacios e J. L. Molinuevo, em *Anales del Seminario de Metafísica* da Universidade Complutense, 9 (1974), 195-214.

Entre os léxicos, mencionamos: o *Enzyklopädisches Wörterbuch der kritischen Philosophie*, de Mellin, 6 vols., 1797-1803; o *Kant-Lexikon*, de G. Wegner, 1893; o *Systematisches Handlexikon zur Kants Kritik der reinen Vernunft*, 1929, de Heinrich Ratke; e o *Kant-Lexikon*, de Rudolf Eisler, 1930, reed., 1964.

O Índice mais completo é o *Allgemeiner Kantindex zu Kants Gesammelte Schriften*, ed. G. Martin em colaboração com I. Heidemann, H. Mosser, G. Ungeheuer, H. Unger, L. Weissgerber, em 3 partes (I: vols. 1-15; II: vols. 16-19; III: vol. 20). — Ver também: W. Lenders, "Bedeutungsanalyse philosophischer Begriffe, ein Problem des Kantindex", *Revue Internationale de Philosophie*, 27 (1973), 73-83.

Dentre os comentários sobre Kant, destacamos: Mellin, *Marginalien und Register zu Kants Kritik des Erkenntnisvermögens*, 2 vols., 1794-1795, reed., 1900-1902; Hans Vaihinger, *Kommentar zu Kants Kritik der reinen Vernunft*, 2 vols., 1882; Norman Kemp Smith, *A Commentary to Kant's "Critique of Pure Reason"*, 1918; Herman-J. de Vleerschauwer, *La déduction transcendentale dans l'oeuvre de Kant*, 3 vols., 1934-1937, da qual há uma condensação na obra do mesmo autor *L'évolution de la pensée kantiene*, 1939; H. J. Paton, *Kant's Metaphisics of Experience: A Commentary on the First Half of the Kritik der reinen Vernunft*, 2 vols., 1936; T. D. Weldon, *Kant's "Critique of Pure Reason"*, 1945, 2ª ed., 1958; H. W. Cassirer, *Kant's First Critique: An Appraisal of the Permanent Significance of Kant's Critique of Pure Reason*, 1954; G. H. Bird, *Kant's Theory of Knowledge: An Outline of One Central Argument in the "Critique of Pure Reason"*,1962; R. P. Wolff, *Kant's Theory of Mental Activity: A Commentary on the Transcendental Analytic of the "Critique of Pure Reason"*, 1963; Heinz Heimsoeth, *Transzendetale Dialektik. Ein Kommentar zu Kants Kritik der reinen Vernunft*, 4 vols., 1968-1971; T. E. Wilkerson, *Kant's Critique of Pure Reason: A Commentary for Students*, 1976; Lewis White Beck, *A Comentary on Kant's Critique of Practical Reason*, 1960; H. W. Cassirer, *A Commentary on Kant's Critique of Judgement*, 1938.

Em português: *O conflito das faculdades*, 1993. — *Crítica da faculdade do juízo*, 2ª ed., 1995. — *Crítica da razão prática*, 1994. — *Crítica da razão pura*, s.d. — *Doutrina do direito*, 1993. — *Duas introduções à Crítica do juízo*, 18ª ed., 1995. — *Fundamentação de Metafísica dos costumes*, 1995. — *Lógica*, 1992. — *A paz perpétua e outros opúsculos*, 1995. *Primeiros princípios metafísicos de ciência de natureza*, s.d. — *Os progressos de metafísica*, 1995. — *Prolegômenos a toda metafísica futura*, 1998. — *A religião nos limites de simples razão*, s.d. — *Sobre a pedagogia*, 1996.

Da ampla bibliografia sobre Kant destacaremos apenas um número relativamente reduzido de obras. Para um adequado conhecimento de Kant e do kantismo, é necessário acrescenta a elas os grandes kantianos e neokantianos dos séculos XIX e XX; remetemos para esse fim aos verbetes KANTISMO, NEOKANTISMO e HEGELIANISMO, bem como às bibliografias de autores como Otto Liebmann, Friedrich Paulsen, Hermann Cohen, Paul Natorp, Bruno Bauch, Hans Vaihinger, C. Cantoni, É. Boutroux. Todo estudo bibliográfico prévio de Kant e do kantismo deve levar em conta os numerosos títulos que figuram na série *Kantstudien*. Essa revista foi fundada em 1896 por Hans Vaihinger e tem três séries: a primeira circulou de 1896 a 1937; a segunda, de 1942 a 1944; a terceira e última teve início em 1954. Ao lado da revista, publicaram-se e continuam-se a publicar as

Ergänzungschefte, monografias de diversos tipos, muitas delas sobre Kant ou temas kantianos. Uma revista auxiliar dos *Kantstudien*, os *Philosophische Monatshefte der Kant-Studien*, foi fundada em 1925 por Arthur Liebert, tendo deixado de ser publicada em 1933. Hans Vaihinger fundou em 1904 a "Kant Gesellschaft", que tem filiais em muitos países; os citados *Kantstudien* apareceram como órgão da "Kant Gesellschaft".

Ver: Kuno Fischer, *I. K und seine Lehren*, 2 vols., 1860. — E. Caird, *A Critical Account of the Philosophy of K.*, 1877 (edição rev. com o título: *The Critical Philosophy of K.*, 2 vols., 1899). — C. Cantoni, *K.*, 3 vols, 1879-1884. — W. Wallace, *K.*, 1882. — E. Adickes, *Kant-Studien*, 1895. — F. Paulsen, *I. Kant, sein Leben und seine Lehre*, 1898. — Th. Ruyssen, *Kant*, 1900. — H. S. Chamberlain, *I. Kant. Die Persönlichkeit als Einführung in das Werk*, 1901. — E. Tröltsch, *Das Historische in Kants Religionsphilosophie, zugleich ein Beitrag zu den Untersuchungen über Kants Philosophie der Geschichte*, 1904. — B. Erdmann, *Historische Untersuchungen über Kants Prolegomena*, 1904. — G. Simmel, *Kant*, 1905. — K. Oesterreich, *Kant und die Metaphysic*, 1906. — Ch. Renouvier, *Critique de la doctrine de Kant*, 1906 (póstuma, ed. L. Prat). — O. Külpe, *Kant*, 1907. — E. von Aster, *Kant*, 1909. — E. Tocco, *Studi kantiani*, 1909. — Karl Vorländer, *I. Kants Leben*, 1911. — M. García Morente, *La filosofía de Kant*, 1917. — E. Cassirer, *Kants Leben und Lehre*, 1918. — A. Bäumler, *Kants Kritik der Urteilskraft, ihre Geschichte und Sytematik*, I, 1923. — Max Wundt, *Kant als Metaphysiker. Ein Beitrag zur Geschichte der deustschen Philosophie im 18. Jarh*, 1924. — K. Vorländer, *I. Kant. Der Mann und das Werk*, 2 vols., 1924; 2ª ed., 2 vols., 1977, ed. por Rudolf Malter, com colaborações de Wolfgang Ritzel e Konrad Kopper. — H. Rickert, *Kant als Philosoph der modernen Kultur. Ein geschichtsphilosophischer Versuch*, 1924. — A. Messer, *I. Kants Leben und Philosophie*, 1924-1925. — E. Adickes, *Kant als Naturforscher*, 2 vols., 1924-1925. — Max Horkheimer, *Kants Kritik der Urteilskraft als Bindeglied zwischen theoretischer und praktischer Philosophie*, 1925. — E. P. Lamanna, *Il pensiero filosofico di I. K.*, 2 vols., 1925-1926. — C. C. J. Webb, *Kant's Philosophy of Religion*, 1926. — É Boutroux, *La philosophie de Kant*, 1926, ed. É. Gilson. — R. Knast, *Kant: Sein System als Theorie des Kulturbewusstseins*, 1928. — M. Heidegger, *Kant und das Probleme der Metaphysik*, 1929. — *Id., Die Frage nach dem Ding. Zu Kants Lehre von den transzendetale Grundsätzen* [de um curso dado em 1935-1936]. — D. F. Bower, M. R. Vohen *et. al.*, *The Heritage of K.*, 1939. ed. G. T. Whitney e D. F. Bower. — Sofia Vanni Rovighi, *Introduzione allo studio di K.*, 1945; 2ª ed., 1951. — Magdalena Aebi, *Kants Begründung der deutschen Philosophie. Kants transzendentale Logik. Kritik ihrer Begründung*, 1947 [contra a interpretação de M. A. van der Meulen, *M. A und K. oder das unendliche Urteil*, 1952]. — L. Goldmann, *La communauté humaine et l'univers chez K.*, 1948; reimp., com o título *Introduction à la philosophie de K.*, 1967. — R. Daval, *La métaphysique de Kant*, 1950. — Gottfried Martin, *I. K. Ontologie und Wissenschaftstheorie*, 1951; 4ª ed., 1969. — P. Rotta, *K.*, 1953. — J. Vuillemin, *L'héritage kantien et la révolution copernicienne*, 1954. — *Id., Physique et métaphysique kantiennes*, 1955. — R. Composto, *La cuarta critica kantiana*, 1954 [sobre filosofia da história]. — A. de Coninck, *L'analytique transcendentale de K.*, 1955. — S. Körner, *K.*, 1955. — Heinz Heimsoeth, *Studien zur Philosophie I. Kants*, 1956. — André de Muralt, *La conscience transcendentale dans le criticisme kantien*, 1958. — R. Zocher, *Kants Grundlehre. Ihr Sihn, ihre Problematik. ihre Aktualität*, 1959. — Bella K. Milmed, *K. and Current Philosophical Issues*, 1961. — Lewis White Beck, *Studies in the Philosophy of K.*, 1965. — Nathan Rotenstreich, *Experience and Its Systematization: Studies in K.*, 1965. — Jonathan Bennett, *Kant's Analytic*, 1966. — *Id., Kant's Dialectic*, 1974. — D. P. Dryer, *Kant's Solution for Verification in Methaphysics*, 1966. — Lothar Schäfer, *Kants Methaphysik der Natur*, 1966. — P. F. Strawson, *The Bounds of Sense: An Essay on Kant's Critique of Pure Reason*, 1966. — J. Fang, *Kant-Interpretationen*, 4 vols., 1967 e ss. — Roberto Torretti, *I. K.: Estudio sobre los fundamentos de la filosofía crítica*, 1967. — Ferdinand Alquié, *La critique kantienne de la métaphysique*, 1969. — Alexis Philonenko, *L'ouvre de K.: La philosophie critique*, 2 vols., 1969-1972. — J. Kintikka, J. Vuillemin et al., *K. Studies Today*, ed. Lewis White Beck, 1969.- Alexandre Kojève, *K.*, 1973. — F. Montero Moliner, *El empirismo kantiano*, 1973. — O. Nell, *Acting on Principle: An Essay in Kantian Ethics*, 1975. — R. Stuhlmann-Laeisz, *Kants Logik*, 1976. — D. Henrich, *Identität und Objektivität. Eine Untersuchung über Kants transzendental Deduktion*, 1976. — R. Arrillaga, *Kant y el idealismo trascendental*, 1979. — W. H. Werkmeister, *Kant: The Architectonic and Development of his Philosophy*, 1980. — J. V. Buroker, *Space and Incongruence: The Origin of Kant's Idealism*, 1981. — A. Goulyga, *KAHT*, 1981 (russo); trad. francesa: *E. Kant, une vie*, 1985. — J. N. Findlay, *Kant and the Transcendental Object*, 1981. — P. Heintel, N. Nagel, eds., *Zur Kantsforschung der Gegenwart*, 1981. — J. Kopper, W. Marx, eds., *200 Jahre KrV*, 1981. — K. Aschenbrenner, *A Companion to K.'s "Critique of Pure Reason": Transcendental Aesthetic and Analytic*, 1983. — G. Prauss, *Kant über Freiheit als Autonomie*, 1983. — H. E. Allison, *Kant's Transcendental Idealism: An Interpretation and Defense*, 1983. — J.-F. Lyotard, *L'enthousiasme. Critique kantienne de l'histoire*, 1986. — A. Philonenko, *La théorie kantienne de l'histoire*, 1986. — F. Martínez Marzoa, *Desconocida raíz común (estudio sobre la teoría kantiana de lo bello)*, 1987. — P. Guyer, *Kant and the Claims of Knowledge*, 1987. — H. E. Allison, *Kant's Theory of Freedom*, 1990. — J. L Villacañas, *La formación de la "Crítica de la razón pura"*, 1990. — J. A. Coffa, *The Semantic Tradition from Kant to Carnap to the Vienna Station*, 1991. — G. Traversa, *L'unità che lega l'uno ai molti: La "Darstellung" in Kant*, 1991. — T. E. Hill, *Dignity and Practical Reason in Kant's Moral Theory*, 1992. — R. M. Green, *Kierkegaard and Kant: The Hidden Debt*, 1991. — F. Schalow, *The Renewal of the Kant-Heidegger Dialogue: Action, Thought, and Responsibility*, 1992. — P. Guyer, ed., *The Cambridge Companion to Kant*, 1992.

Dentre os escritos e comentários sobre as "Obras Póstumas", destacamos: F. Lienhard, *Die Gottesidee in Kants Opus Postumum*, 1928. — F. Lüpfen, "Das systematiche Grundproblem in Kants Opus postumum", *Die Akademie*, Caderno [Heft] 2 (1925). — W. Reinhard, *Über das Verhältnis von Sittlichkeit und Religion bei K. unter besonderer Berücksichtigung des Opus postumum*, 1927. — Ubaldo Pellegrino, *L'ultimo K. Saggio critico sull'Opus postumum di E. K.*, 1957. — Vittorio Mathieu, *La filosofia transcendentale e "l'Opus postumum" di K.*, 1958. — H. Hoppe, *Kants Theorie der Physik. Eine Untersuchung über das Opus postumum*, 1969. — B. Tuschling, *Metaphysic und transzendentale Dynamik in Kants Opus postumum*, 1977. — K. Gloy, *Die kantische Theorie der Naturwissenschaft*, 1976. ◊

KANTISMO. O termo "kantismo" tem sido e continua a ser usado com vários significados: para designar o conteúdo da filosofia de Kant; a influência, direta ou indireta, exercida por esta filosofia; os movimentos de "renovação kantiana"; as diferentes interpretações dadas à filosofia de Kant etc. Neste verbete forneceremos alguns dados sobre a recepção (favorável ou adversa) que o pensamento de Kant teve no começo e as diversas vicissitudes do referido pensamento até o presente.

Já pouco tempo depois do aparecimento da primeira edição da *Crítica da razão pura* (1871), o pensamento de Kant suscitou adesões, refutações e polêmicas. Aproximadamente a partir de 1875, "a filosofia crítica" se tornou na Alemanha, como o indicou H.-J. de Vleerschauwer, a *quaestio disputata*. O próprio Kant manifestou grande interesse no modo como era recebido seu pensamento e muito se preocupou com sua difusão, bem como com corrigir o que considerava más interpretações desse pensamento ou ataques injustificados a seu conteúdo, ou dúvidas acerca de sua originalidade. Um dos episódios mais importantes dessa "história primitiva" do kantismo foi o ataque de Eberhard (VER), amplamente respondido por Kant. De maneira geral, os adversários de Kant o consideraram um imitador de Hume ou um idealista de tipo berkeleyano ou um "cético" ou "destruidor da metafísica". Os principais ataques procediam de duas frentes: a dos "wolffianos" e a dos que seguiam as inspirações da filosofia empirista inglesa. Em alguns casos, os adversários de Kant eram "ecléticos" que se opunham à "revolução copernicana". Ao mesmo tempo, o pensamento de Kant foi aceito por um número cada vez maior de filósofos não apenas com interesse e simpatia mas também com entusiasmo. Tal foi o caso de Johannes Schultz (1739-1805), que contribuiu para a defesa da filosofia de Kant com suas *Erläuterungen über des Herrn Professor Kants Kritik der reinen Vernunft* (1785) (*Explicações sobre a C. da r. p. do Professor K.*) e com sua *Prüfung der kanstischen Kritik der reinen Vernunft* (2 vols., 1789-1792) (*Prova da C. da r. p. kantiana*); de Karl Christian Erhard Schmid (1761-1812), que publicou uma *Kritik der reinen Vernunft im Grundrisse zu Vorlesungen* (1786), defendendo Kant contra Jacobi e que, em outras obras (*Grundriss der Metafisik* [1799]; *Grundriss der allgemeinen Enzyklopädie und Methodologie aller theologischen Wissenschaften* [1810]) usou e aplicou conceitos kantianos fundamentais. A *Jenaische allgemeine Literaturzeitung*, fundada em 1785 por Christian C. Schütz e Gottlieb Hufeland, publicou artigos em defesa da filosofia kantiana. Contribuíram muito para a difusão do kantismo K. L. Reinhold e J. S. Beck (VER) e sofreram sua influência Schiller e Goethe. Autores como Salomon Maimon, Jacobi e outros submeteram à crítica posições básicas da filosofia kantiana, mas seu próprio pensamento não teria sido possível sem o de Kant, motivo pelo qual eles de algum modo pertencem à "história do kantismo". O mesmo se pode dizer, e por razões similares, dos grandes idealistas alemães pós-kantianos, particularmente de Fichte. Opuseram-se ainda a Kant o citado Jakob Segismund Beck e Gottlob Ernst Schulze (VER).

Além do idealismo alemão, é preciso levar em consideração como parte do kantismo, ou ao menos da "história do kantismo", os importantes elementos kantianos que se acham em muitos filósofos do século XIX, dentre os quais podem citar-se Schopenhauer, Renouvier e Lachelier. Contudo, a partir do falecimento de Hegel (1831), e em parte devido àquilo que recebeu o nome de "derrocada" [que foi, melhor dizendo, uma "diversificação"] do hegelianismo, o kantismo pareceu ter pouca sorte. Porém, aproximadamente a partir de 1870, em parte como decorrência dos escritos e da atividade docente de Otto Liebman (VER) e de F. A. Lange (VER), irrompeu a corrente do neokantismo (VER), que pode ser parcialmente diferenciada do kantismo em sentido estrito. A renovação do criticismo trouxe consigo um novo exame histórico e filológico da obra kantiana e um retorno ao kantismo passando por cima dos sistemas de Fichte, Schelling e Hegel. Distinguiram-se entre os kantianos mais fiéis à letra Ludwig Goldschmidt (1853-1941), Ernst Marcus (VER) e outros. Pode-se rastrear a influência de Kant, por conseguinte, em numerosas direções e orientações, incluindo-se aquelas que se declaram explicitamente contrárias às suas. Na filosofia atual, depois de um período de aparente desaparecimento do kantismo (escola de Brentano, derivações do positivismo, auge da fenomenologia), voltou-se a tomar consciência da significação de Kant, e isso não apenas em filósofos que, como Nicolai Hartmann e Emil Lask, trouxeram do campo kantiano consideráveis elementos para uma elaboração mais completa da orientação fenomenológica, mas também no estudo da nova imagem que o maior conhecimento de Kant, principalmente na ordem metafísica, proporcionou e que ensejou novas análises da filosofia kantiana a partir de pontos de vista mais amplos (Heimsoeth, Heidegger etc.).

Ver a bibliografia dos verbetes KANT e NEOKANTISMO, nos quais são mencionadas não apenas obras dedicadas a Kant e à renovação kantiana como livros nos quais se conta a história da influência do kantismo e das lutas travadas em torno dele (assim são, sobretudo, as histórias de F. Ueberweg e de Kuno Fischer, na *Geschichte der kantischen Philosophie*, 1840, inserida por Rosenkranz em sua edição das *Obras* de Kant, bem como em livros como o de R. Kroner, *Von Kant bis Hegel*, 2 vols., 1921-1924).

Os léxicos kantianos foram indicados na bibliografia do verbete KANT. Também se indicam ali os repertórios bibliográficos. Importante matéria para a história do kantismo e da filosofia crítica está nos *Materialen zur Geschichte der kritischen Philosophie*, 3 vols., de Karl Gottlob Hausius, 1793 (reimp., 1969) e na série *Kantstudien*.

A reed. de escritos da época de Kant concernentes ao filósofo apareceu na série *Aetas Kantiana*, Bruxelas.

Sobre a influência de Kant fora da Alemanha, ver o tomo II da *Historia de la Filosofía* de Karl Vorlander, o livro de M. Vallois, *La formation de l'influence kantienne en France*, s/d. (1925) e o de René Wellek, *I. Kant in England (1793-1838)*, 1931.

◆ Ver também: G. Durante, *Gli Epigoni di Kant*, 1943. — W. Stegmüller, *Studien zum Wandel der Kantauffassung*, 1952. — H. van der Linden, *Kantian Ethics and Socialism*, 1988. — O. O'Neill, *Constructions of Reason: Explorations of Kant's Practical Philosophy*, 1989. ℂ

KARMA. Ver CARMA.

KARMA-MĪMĀNSĀ. Ver MĪMĀNSĀ.

KASTIL, ALFRED. (1874-1950), nasc. em Graz, foi *Privatdozent* na Universidade de Praga, onde estudou sob a orientação de Anton Marty (VER). De 1909 a 1912, foi "professor extraordinário" e, a partir deste último ano, professor titular em Insbruck. Sob a influência de seu mestre, Marty, Kastil desenvolveu teses de Brentano (VER), destacando as posições antiidealistas desse filósofo e até algumas de suas atitudes próximas do positivismo, ao menos entendido como aspiração a uma análise filosófica rigorosa. No curso de suas investigações filosóficas em epistemologia e ontologia, Kastil polemizou contra as posições de Leonard Nelson (VER) e da chamada "escola neofriesiana".

◆ Obras: *Die Frage nach der Erkentnis des Guten bei Aristoteles und Thomas*, 1900 (*A questão do conhecimento do bem em A. e T.*). — *Zur Lehre der Willensfreiheit in der Nicomachischen Ethik*, 1901 (*Para a doutrina da liberdade da vontade na "Ética a Nicômaco"*). — *Studien zur neueren Erkenntnislehre. I, Descartes*, 1909 (*Estudos para a teoria moderna do conhecimento, I. D.*). — *Fries' Lehre von der unmittelbaren Erkenntnis*, 1912 (*A doutrina do conhecimento imediato de Fries*). — *Franz Brentanos Kategorienlehre*, 1934 (*A teoria das categorias de Franz Brentano*). — *Gnoseologischer und ontologischer Wahrheitsbegriff*, 1934 (*O conceito gnosiológico e ontológico de verdade*).

Devem-se a K. edições de várias obras de Brentano. Junto com Oskar Kraus (VER), editou os escritos póstumos de Brentano. ℂ

KAUFMANN, FELIX (1895-1949). Nascido em Viena, estudou filosofia e direito na Universidade de Viena, onde ensinou filosofia do direito. Em 1938, emigrou para os Estados Unidos, dando aulas desde sua chegada a Nova York na "Graduate School" da "New School for Social Research".

Felix Kaufmann manteve estreita relação com o Círculo de Viena (VER), mas sem se considerar um de seus membros, já que, ao lado de seu interesse pelo positivismo lógico, manifestou grande interesse pela fenomenologia de Husserl, particularmente pelos aspectos lógicos e metodológicos da fenomenologia. Em diversas ocasiões, tentou destacar os pontos de contato entre o método dos positivistas lógicos e o dos fenomenólogos. De todo modo, seu principal — e quase exclusivo — interesse foram as questões metodológicas. Segundo Kauffman, é um erro distinguir realmente o objeto das ciências naturais do objeto das ciências sociais, mas é necessário distinguir entre os métodos dessas ciências. Ele também considerou necessário diferenciar a metodologia e os procedimentos de que se valem as ciências empíricas; a metodologia é em parte uma racionalização de procedimentos empíricos, mas admite e examina pressupostos não incluídos nesses procedimentos. Ao mesmo tempo, a metodologia se distingue da lógica, que lhe serve de auxílio, mas não se confunde com ela.

⇒ Obras: *Logik und Rechtwissenschaft*, 1922 (*Lógica e ciência do direito*). — *Die Kriterien des Rechts*, 1924 (*Os critérios do direito*). — *Das Unendliche in der Mathematik und seine Ausschaltung*, 1930 (*O infinito em matemática e sua exclusão*). — *Methodenlehre der Sozialwissenschaften*, 1936. Esta obra, bastante refundida e em grande parte nova, foi publicada logo depois em inglês, redigida pelo próprio autor, com o título *Methodology of the Social Sciences*, 1944. — Entre os artigos publicados por Felix Kaufmann, destacamos: "Bemerkungen zum Grundlagenstreit in Logik und Mathematik", *Erkenntnis*, 2 (1931), 262-290. — "Phenomenology and Logical Empiricism", em *Philosophical Essays in Memory of E. Husserl*, 1940, ed. Marvin Faber, pp. 124-142. — "The Structure of Science", *Journal of Philosophy*, 38 (1941), 281-292. — "Strata of Experience", *Philosophy and Phenomenological Research*, 1 (1941), 313-324. — "The Logical Rules of Scientific Procedure", *Phil. Phenomenol. Res.*, 2 (1942), 457-471. — "Truth and Logic", *Phil. Phenomenal. Res.*, 1 (1940), 59-69. — "Verification, Meaning, and Truth", *Phil. Prenomenol. Res.*, 4 (1943-1944), 267-283. — "Scientific Procedure and Probability", *ibid.*, 6 (1945-1946), 46-66. — "Three meanings of 'Truth'", *Journal of Philosophy*, 45 (1948), 337-350 [ver VERDADE]. — "On the Nature of Inductive Inference", *Phil. Phenomen. Res.*, 6 (1946), 602-608. [Carnap respondeu com "Rejoinder to Mr. K's Reply 'On the Nature of Inductive Inference'", *Phil. Phenomenol. Res.*, 6 (1946), 609-610]. — "Rudolf Carnap's Analysis of 'Truth'", *Phil. Fenomenol. Res.*, 9 (1948), 294-299. [Carnap respondeu com "Reply to F. K.'s 'Rudolf Carnap's Analysis of "Truth"'", *Phil. Fenomenol. Res.* 9 (1948), 300-304]. — "John Dewey's Theory of Inquiry", *Journal of Philosophy*, 56 (1959), 826-836. — Alguns trabalhos estão reunidos em *The Infinite in Mathematics. Logico-Mathematical Writings by F. K.*, ed. Brian McGuiness, 1978.

Ver: M. S. Dworkin, "Last Conference", *12th Street*, 3 (1950), 13-14. — R. Abel, "Felix Kaufmann", *Salmagundi* (1970), 307-310. — H. G. Zilian, *Klarheit und Methode: Felix Kaufmanns Wissenschaftstheorie*, 1990. ⊂

KAUFMANN, FRITZ (1891-1958). Nascido em Leipzig, estudou com Husserl em Göttingen e Freiburg. Por causa do regime nazista, emigrou em 1938 para os Estados Unidos e lecionou na Northwestern University (Illinois), em Buffalo e na Ohio State University.

Fritz Kaufmann é considerado um dos discípulos de Husserl. Contudo, embora tenha utilizado abundantemente em suas investigações filosóficas as idéias de Husserl, também levou em consideração Heidegger e Dilthey. Kaufmann interessou-se especialmente por dois temas: o do homem e sua história e o da natureza e função da arte. Suas maiores contribuições foram dadas a este último. Ele examinou a natureza e as formas da arte como representação. A arte é para Kaufmann uma representação, ou forma de representação, do universo distinta de todas as outras representações, mas não necessariamente em conflito com elas. Há para Kaufmann uma "verdade" artística de caráter transcendente, porque, embora venha do "livre jogo" do artista, a atividade artística não é mera imaginação sem fundamento. Ora, o fundamento da verdade artística é em certo sentido mais radical que o de qualquer outra "verdade". As reflexões sobre a arte levaram Kaufmann a desenvolver ou, quando menos, a esboçar, uma antropologia filosófica da qual resultava a caracterização do homem como um "ser imaginativo".

⇒ Principais obras: *Das Bildwerk als ästhetisches Phänomen* 1924 (tese) (*A escultura como fenômeno estético*). — *Die Philosophie des Grafen Paul Yorck von Wartenburg*, 1928 [publicado em 1927 no *Jarhbuch*, 9, de Husserl]. — *Geschichtesphilosophie der Gegenwart*, 1931 (*A filosofia da história na atualidade*). — *Sprache als Schöpfung*, 1934 (*A linguagem como criação* [edição em separata de *Zeitschrift für Ästhetik und allgemeine Kunstwissenschaft*). — *Thomas Mann: The World as Will and Representation*, 1957. — Além disso, F. K. publicou inúmeros artigos em revistas filosóficas (*Archiv für Geschichte der Philosophie; Kantstudien; Philosophy and Phenomenological Research; Philosophical Review; Archiv für Philosophie* etc.; destacamos: "The Phenomenological Approach to History", *Philosophy and Phenomenological Research*, 2 (1941-1942), 159-172; "On Imagination", *ibid.*, 7 (1946-1947), 369-375; ver também "Art and Phenomenology", em *Philosophical Essays in Memory of E. Husserl*, 1940, ed. M. Farber, pp. 187-202.

Bibliografia de F. K. por Ludwig Landgrebe em "F. K. in memoriam", *Zeitschrift für philosophische Forschung*, 12 (1958), 612-615. ⊂

KAUFMANN, MAX. Ver SCHUPPE [ERNST JULIUS] WILHELM.

KAUTSKY, KARL [JOHANN] (1854-1938). Nascido em Praga, estudou na Universidade de Viena. Amigo de Marx e Engels, aderiu ao movimento socialista, tendo fundado em 1883 *Die neue Zeit*. Membro do Partido Social-Democrata alemão, Kautsky defendeu no âmbito do marxismo a tendência revolucionária, contra o revisionismo de Eduard Bernstein (1850-1932). Quando eclodiu a revolução russa, Kautsky afastou-se do Partido Social-Democrata e fundou o Partido Social Democrata Independente. Porém, contrariando muitos membros do novo partido, opôs-se à política bolchevique e foi considerado por Lênin um "revisionista" e "anti-revolucionário".

Kautsky elaborou as doutrinas marxistas da mais-valia com base em notas deixadas por Marx com vistas à continuação de *O Capital*. Do ponto de vista filosófico, é importante a doutrina kautskiana sobre o papel desempenhado pela realidade "corpo", considerada por ele inseparável do movimento, de modo que é possível falar de um "corpo-movimento" submetido às leis dialéticas. O "corpo-movimento" é uma realidade "universal", visto que constitui o sujeito não apenas das realidades naturais como também das sociais. Por isso Kautsky se opôs a toda separação entre ciências naturais e ciências sociais. A ciência das formas do movimento nos corpos é a base comum de todas essas ciências e a ela se reduzem todos os enunciados delas.

Em seus escritos de caráter ético, Kautsky seguiu a concepção marxista segundo a qual a moral e seus ideiais constituem uma superestrutura ideológica da estrutura econômica básica da sociedade. Contudo, não considerou que com isso se prescindissem de todos os ideais morais. Pelo contrário, na medida em que sejam "reduzidos a suas justas dimensões", esses ideais poderão exercer uma influência sadia. Nem mesmo o proletariado em sua luta para libertar-se da opressão "pode prescindir do ideal moral, da indignação moral contra a exploração e o domínio de classe". O "ideal moral" como mero "ideal" é "uma fonte de erro" na "ciência" — isto é, no "socialismo" —, já que a "ciência" trata apenas do "reconhecimento do necessário". A ciência está "acima da ética". Ao mesmo tempo, porém, o cientista é "um lutador" e, portanto, tem o direito de manifestar "indignação moral".

➲ Principais obras: *K. Marx' ökonomische Lehren*, 1887 (*As doutrinas econômicas de K. M.*). — *Thomas More und seine Utopie, mit einer historische Einleitung*, 1888 [Internationale Bibliothek, 5] (*T. M. e sua utopia, com uma introdução histórica*). — *Das Erfurter Programm in seinem grundsätzlichen Theil, erläutert von K. K...*, 1892 (*O "Programa de Erfurt" em sua parte básica, explicado por K. K.*). — *Friedrich Engels. Sein Leben, sein Wirken, seine Schriften*, 1895; 2ª ed., 1908. — *Die Agrarfrage*, 1899 (*A questão agrária*). — *Ethik und materialistische Geschichtsauffassung*, 1906 (*Ética e concepção materialista da história*). — *Die historische Leistung von Karl Marx*, 1908 (*A realização histórica de K. M.*). — *Der Ursprung des Christentums*, 1908 (*A origem do Cristianismo*). — *Die Internationale und der Krieg*, 1915 (*A Internacional e a guerra*). — *Die Diktatur des Proletariats*, 1918. — *Die materialistische Geschichtsauffassung*, 2 vols., 1927 (*A concepção materialista da história*). — Entre os escritos econômicos de K., destacam-se seus 4 volumes sobre *As Teorias da Mais-Valia* (1907-1915).

Depoimento em *Die Volkswirtschaftslehre der Gegenwart in Selbstdarstellungen*, 1924.

Em português: *A questão agrária*, 1998. *A política agrária do Partido Socialista*, 1945. — *O socialismo jurídico*, em co-autoria com F. Engels, 1995. — *O caminho do poder*, 1979.

Material biográfico sobre K. em August Bebel, *Aus meinem Leben*, 3 vols., 1910-1914. — Sobre K., ver: K. Korsch, *Die materialistiche Geschichtsauffassung*, 1929. — K. Renner, *K. K.*, 1929. — M. J. Shore, *Soviet Education, Its Psychology and Philosophy*, 1947. — G. Lichtheim, *Marxism, an Historical and Critical Study*, 1961. — A. Arato, "The Second International: a Reexamination", *Telos* (1973-1974), 2-52. — D. B. McKown, *The Classical Marxist Critiques of Religion: Marx, Engels, Lenin, Kautsky*, 1975. — R. Selucky, *Marxism, Socialism, Freedom*, 1979. — Ver também o número especial de *Die Gesellschaft*, 1924, dedicado a K., com o título: "Der lebendige Marxismus. Festgabe zum Geburtstage Kautskys". ⊂

KÉDROV, BONIFATIY MIJAYLOVITCH (1903). Nascido em Yaroslavl, estudou química na Universidade de Moscou e se dedicou à pesquisa científica de 1929 a 1935. Em 1918, ingressou no Partido Comunista e, em 1960, na Academia Soviética de Ciências. Em 1947, foi nomeado diretor da revista *Vroprosiy Filosofii* (*Problemas da Filosofia*), mas teve de deixar o posto no ano seguinte, depois da publicação de quatro números da revista, em parte por ter publicado no número 2 (1947) um controvertido artigo de M. A. Markov intitulado "O pridé fizitchéskovo znaná" ("Sobre a natureza do conhecimento físico"), no qual Markov afirmava que, em nosso conhecimento da realidade microfísica, somos determinados pela natureza de nossos instrumentos. Isso não significa que Kédrov tenha deixado de ser marxista "ortodoxo" no sentido soviético. Em repetidas ocasiões, ele dissera ser o marxismo-leninismo a única doutrina progressista, verdadeira e livre de todo "pensamento estagnado" — como o produzido pela "filosofia burguesa contemporânea"; a par disso, seguiu fielmente as instruções de Zadanov (1947) e depois as doutrinas derivadas dos artigos de Stalin sobre lingüística (1950) [ver FILOSOFIA SOVIÉTICA] e, por fim, a orientação marxista-leninista, mas não staliniana, após a morte de Stalin. Kédrov ocupou-se sobretudo da relação entre o marxismo e as ciências, considerando o primeiro como uma concepção total que generaliza os resultados das ciências e ao mesmo tempo dá sentido a esses resultados. Ele tratou também do problema da transição da quantidade para a qualidade, defendendo uma doutrina "gradualista" segundo a qual também há mudanças de grau no âmbito das transformações qualitativas. Segundo Kédrov, há diferentes tipos de movimento que correspondem a diferentes formas de matéria.

➲ Principais obras filosóficas: *O kolitchéstvénnij i katchéstvénnij izméniáj v prirodé*, 1946 (*Sobre mudanças quantitativas e qualitativas na Natureza*). — *Engells i és-*

téstvoznánié, 1947 (*Engels e a ciência natural*). — *Otritsanié otritsaniá*, 1957 (*A negação da negação*). — *O povtoráémosti v protséssé razvitiá*, 1961 (*Sobre a repetibilidade no processo de desenvolvimento*). — *Klassificatsiá nauk*, I, 1961 (*A classificação das ciências*). — Kédrov escreveu numerosos artigos para a *História soviética de la filosofia*, 5 vols, 1957-1961.

Bibliografia: Thomas J. Blakeley, "The Philosophical Works of B. M. K.", *Studies in Soviet Thought*, 6 (1966), 53-56.

Ver: T. J. Blakeley, "Soviet Philosophical Method: The Case of B. M. Kédrov", *Studies in Soviet Thought*, 6 (1966), 1-24. **c**

KELSEN, HANS (1881-1973). Nascido em Praga, lecionou, a partir de 1917, na Universidade de Viena, sendo um dos principais promotores da chamada Escola Legal Vienense. De 1930 a 1933, lecionou na Universidade de Colônia; em 1933, mudou-se para Genebra e, em 1940, para os Estados Unidos, onde deu aulas em diversas instituições, como Harvard e a Universidade da Califórnia.

Do ponto de vista filosófico, as teorias jurídicas de Kelsen a que vamos nos referir estão ligadas à rigorosa distinção kantiana entre o "ser" e o "dever ser", especialmente tal como elaborada pelos filósofos da Escola de Marburgo (VER) e, entre eles, Rudolf Stammler, em obras como *Theorie des Rechtswissenschaft* (1911) e *Lehrbuch der Rechtsphilosophie* (1923), nas quais o autor estabeleceu os fundamentos aprióricos dos conceitos jurídicos fundamentais. Por esse motivo, Kelsen foi freqüentemente considerado um kantiano, ou neokantiano, na linha de Stammler, bem como, em grande parte, de Giorgio del Vecchio.

As teorias jurídicas de Kelsen são conhecidas pelo nome de "teoria pura do direito". A ciência do direito é para Kelsen uma pura teoria normativa, independente de todo fato (natural, histórico) e de toda lei positiva. As normas de que se ocupa tal ciência do direito são "normas enquanto significações" e não "normas enquanto atos". As leis da teoria pura do direito são "leis puras", análogas a "idealidades" ou "essências". Contudo, a independência dessas normas e leis no tocante aos fatos não significa que elas não estejam vinculadas a eles; significa somente que precedem os fatos de um modo análogo àquele em que, no sentido fenomenológico, uma ciência de essências antecede logicamente uma ciência de fatos.

Normas e leis puras não são, como se poderia pensar, "vazias": elas têm seu próprio conteúdo, mas este é um conteúdo ideal e não real. Nesse sentido, Kelsen levou ao extremo o formalismo jurídico, visto que introduziu formas legais próprias. Kelsen respondeu à objeção de que com isso a ciência do direito se torna "mera ciência conceitual", alegando que, nesse caso, a física estaria na mesma situação com respeito aos fenômenos naturais. A conceituação jurídica pode portanto ser pura sem ser por isso "vazia".

A teoria pura do direito proposta por K. é uma teoria universal no sentido de ser uma teoria de toda lei possível. Pode ser considerada um ramo da lógica ou, quando menos, da "filosofia formal". Os conceitos que ela estabelece e elabora constituem o fundamento de todos os conceitos jurídicos. Por conseguinte, segundo Kelsen e os membros da Escola Legal Vienense — ou do que assim é denominado —, nenhuma investigação jurídica pode prescindir da teoria pura como sua base.

Não se deve confundir a teoria pura do direito com uma ciência do "que deve ser" enquanto "o que deve ser moralmente" e tampouco com uma ciência do "justo". As noções relativas ao justo e à justiça fundam-se na teoria pura do direito. A universalidade desta distingue-se da universalidade de um suposto "direito natural", que é — se se admite a sua existência — um estado de fato e não de "puro direito".

→ Principais obras teóricas: *Hauptprobleme der Staatsrechtslehre entwickelt aus der Lehre von Rechtssätze*, 1911; 2ª ed., 1923 (*Problemas capitais da teoria jurídica do Estado derivada da teoria dos princípios do direito*). — *Über Grenzen zwischen juristischer und soziologischer Methode*, 1911 (*Sobre os limites entre o método jurídico e o sociológico*). — *Sozialismus und Staat. Eine Untersuchung des polistischen Theorie des Maexismus*, 1920; 2ª ed., 1923 (*Socialismo e Estado. Investigação sobre a teoria política do marxismo*). — *Vom Wesen und Wert der Demokratie*, 1920; 2ª ed., 1929 (*Essência e valor da democracia*). — *Rechtswissenschaft und Recht*, 1922 (*Ciência do direito e direito*). — *Der soziologische und der juristische Staatsbegriff. Kritische Untersuchung des Verhältnisses von Staat und Recht*, 1922; 2ª ed., 1928 (*O conceito sociológico e o conceito jurídico de Estado. Investigação crítica das relações entre Estado e direito*). — *Marx oder Lassale?*, 1924. — *Allgemeine Staatslehre*, 1925 (*Teoria geral do Estado*). — *Grundriss einer allgemeinem Theorie des Staates*, 1926 (*Compêndio esquemático de uma teoria geral do Estado*). — *Die Philosophischen Grundlagen der Naturreschtslehre und des Rechtspositivismus*, 1928 (*A idéia do direito natural e outros ensaios*). — "Théorie générale du Droit international public. Problèmes choisis", *Académie de droit international*, Recueil des cours, XLII, 1932, parte iv, pp. 116-351. — *Reine Rechtslehre. Einleitung in die rechtswissenschaftliche Problematik*, 1933 (*A teoria pura do direito. Introdução à problemática científica do direito*). — *Law and Peace in International Relations*, 1942. — *Society and Nature: a Sociological Inquiry*, 1943. — *Peace through Law*, 1944. — *The Political Theory of Bolschevism: A Critical Analysis*, 1948. — *What is Justice — Justice, Law, and Politics in the*

Mirror of Science: Collected Essays, 1957. — *The Communist Theory of Law*, 1976 (póstuma). *Allgemeine Staştslehre* e *Reine Rechtslehre* foram reelaboradas na tradução de Anders Wedberg: *General Theory of Law and State*, 1945. Em português: *A democracia*, 1993. — *Teoria pura do direito*, 1994. — *A ilusão da justiça*, 1998. — *Teoria geral do direito e do Estado*, 1992. — *O problema da justiça*, 1993. — *A justiça e o direito natural*, 1979. Dentre as inúmeras obras sobre K. e a "escola de Viena", citamos: Luis Recasens Siches, *Direcciones contemporáneas del pensamiento jurídico*, 1929, pp. 108-164. — Wilhelm Jöckel, *H. Kelsens rechtstheoretische Methode*, 1930. — Tommaso Antonio Castiglia, *Stato i diritto in H. K.*, 1932. — Luis Legaz y Lacambra, *K. Estudio crítico de la teoría pura del Derecho y del Estado de la Escuela de Viena*, 1933. — Renato Treves. *Il fondamento filosofico della dottrina pura del diritto di H. K.*, 1934 [separata de *Atti della R. Ac. delle Scienze di Torino*]. — Ataúlfo Fernández Llano, *Teoría General del Estado: la teoría normativista de K.*, 1937. — W. Ebenstein, *Die rechtsphilosophische Schule der reinen Rechtslehre*, 1938. Tradução inglesa do próprio autor, com muitos acréscimos e correções: *The Pure Theory of Law*, 1945. — Georges Man, *L'École de Vienne et le développement du droit des gens*, 1938. — Raúl Rangel Frías, *Identidad del Estado y Derecho en la teoría jurídica de H. K.*, 1938. — Eduardo Pallarés, *El derecho deshumanizado*, 1941. — P. L. Zampetti, *Metafisica e scienza del diritto nel K.*, 1956. — Rupert Hoffman, *Logisches und metaphysisches Rechtsverständnis. Zum Rechtbegriff H. Kelsens*, 1967 (tese). — Ronald Moore, *Legal Norms and Legal Science: A Critical Study of Kelsen's Pure Theory of Law*, 1977. — W. Ebenstein, *The Pure Theory of Law*, 1945. — E. García Máynes, *Algunos aspectos de la doctrina kelseniana. Exposición y crítica*, 1978. — J. Esquivel Pérez, *Kelsen y Ross. Formalismo y realismo en la teoría del derecho*, 1980. — K. Lee, *The Legal-Rational State: A Comparison of Hobbes, Bentham and Kelsen*, 1990. C

KEPLER, JOHANNES (1571-1630). Nascido em Weil, Württemberg, foi ajudante de Tyho (Tyge) Brahe (VER) no observatório deste último nas proximidades de Praga. Em 1601 sucedeu Tyho Brahe como "matemático imperial", no reinado do imperador Rodolfo II. Deve-se a ele estudos sobre a refração e outros trabalhos de ótica; estudos matemáticos relativos à continuidade em geometria — que logo foram batizados como "infinitesimais" —; bem como o chamado telescópio "kepleriano". Sua principal contribuição científica foram as três leis planetárias hoje conhecidas como "leis keplerianas" ou "leis de Kepler". Elas descrevem os movimentos dos planetas ao redor do Sol e são as seguintes:

1) A órbita de um planeta é uma elipse, com o Sol situado num dos focos da elipse; 2) o raio vetor do planeta cobre espaços iguais em tempos iguais; 3) a proporção dos quadrados dos períodos orbitais de quaisquer dois planetas equivale à proporção dos cubos das distâncias médias dos planetas com relação ao Sol. A importância destas leis deve-se ao fato de que, além de possuírem a forma acabada de leis científicas característica da ciência moderna — especificamente da física e da astronomia —, rompem com o esquema da circularidade do movimento (e, portanto, com a idéia de que um movimemto tem de ser circular para ser "perfeito" ou tem de ser "perfeito" e, por conseguinte, circular). As leis keplerianas também são importantes porque formulam matematicamente e de acordo com uma causação "eficiente" estrita o comportamento (movimento) dos corpos. Isso não significa que o sistema de Kepler fosse isento de considerações "metafísicas", mas estas nem sempre foram contrárias ao desenvolvimento científico, tendo-o, ao invés, impulsionado. O próprio Kepler vacilou na idéia de força, que passou de "anímica" a "física"; a força explicativa do movimento dos corpos era uma "força" (*vis*) motriz, mecanicamente descritível, a ponto de o modelo do relógio tão usado na época moderna como "esquema" do modelo astronômico mecânico ser de origem kepleriana. Trata-se de um relógio "sem alma", o que não diminui a glória de Deus, mas a confirma, visto que, se o próprio "relógio" tivesse alma, não seria necessário um Supremo Autor.

Ao que parece, Kepler foi o primeiro — ao menos o primeiro astrônomo — a defender o sistema copernicano (veja-se COPÉRNICO [NICOLAU] e REVOLUÇÃO COPERNICANA), podendo-se falar tanto de uma revolução copernicana como de uma revolução kepleriana. A rigor, o sistema não-circular de Kepler, associado ao copernicanismo, foi o principal ponto de ruptura do sistema ptolemaico tradicional. Newton incorporou as leis de Kepler a seu sistema; a rigor, essas leis são aceitáveis na teoria newtoniana da atração, nos termos da qual a atração que o Sol exerce sobre um planeta é inversamente proporcional ao quadrado da distância do planeta com relação ao Sol. As modificações que Newton introduziu, especialmente no tocante à terceira lei de Kepler, deixam-na substancialmente incólume.

⮕ A obra capital de K. é *Mysterium Cosmographicum*, 1596. Também são dele *Astronomia Nova*, 1609 e *Harmonice mundi*, 1619.

Edições de obras: *Johannis Kepleri Astronomi Opera Omnia*, 8 vols., 1858-1871; reimp., 1970, ed. C. Frisch. — *Gesamelte Werke*, a partir de 1938, ed. W. van Dyck, Max Caspar, Franz Hammer.

Bibliografia: M. Caspar, *Bibliographia kepleriana*, 1936.

Sobre K. ver: H. Zaiser, *K. als Philosoph*, 1932. — F. Kubach, *J. K. als Mathematiker*, 1936. — M. Caspar, *Kopernikus und K.*, 1943. — M. Caspar, *K.*, 1948; 2ª ed., 1950. — C. Baumgardt, *J. K. Life and Letters*, 1951. — Arthur Koestler, *The Sleepwalkers*, 1959. — Fritz Kraft, Karl Meyer e Bernhard Stikner (eds.), *Internationales Kepler-Symposium* (de 1971), vol. 1, 1973. — A. Armitage, *John Kepler*, 1966. — D. C. Lindberg, *Theories of Vision from Al-Kindi to Kepler*, 1976. — G. Simon, *Kepler, Astronome Astrologue*, 1979. — J. V. Field, *Kepler's Geometrical Cosmology*, 1988. — F. Hallyn, *The Poetic Structure of the World: Copernicus and Kepler*, 1990. C

KERLER, DIETRICH HEINRICH. Ver IMPESSOAL, IMPERSONALISMO.

KERSCHENSTEINER, GEORG [MICHAEL] (1854-1932). Nascido em Munique, lecionou em Nuremberg e Munique; em 1895 foi nomeado conselheiro pedagógico desta última cidade. Suas experiências e reflexões pedagógicas, reforçadas pelas idéias de Natorp, Spranger e Dewey, assim como pela tradição de Pestalozzi, levaram Kerschensteiner a defender e a introduzir reformas no ensino primário, que depois foram incorporadas pela maioria dos sistemas e instituições de ensino do século XX, a ponto de agora parecerem meramente "tópicas" — tendo elas sido, além disso, modificadas e superadas por outros autores e correntes. Contudo, em sua época elas representaram um progresso muito considerável em relação às idéias pedagógicas dominantes, especialmente no tocante às que tinham sofrido uma influência mais ou menos direta do intelectualismo da pedagogia de Herbart e dos herbartianos. Kerschensteiner defendeu, opondo-se a estes últimos, a idéia, que posteriormente se disseminou amplamente, da "escola ativa", que incorpora o trabalho, tanto manual como não-manual, ao processo educativo. Em vez de um sistema rígido de disciplinas, Kerschensteiner lutou por uma pedagogia fundada nos interesses, práticos em particular, dos educandos. A educação não era para ele mero processo de aprendizagem e disciplina, em princípio separado da atividade posterior do educando, quando se supõe que este põe em prática os ensinamentos recebidos. Não há diferença essencial entre a educação e a atividade humana total na sociedade; na realidade, educação é o mesmo que formação (ambas expressas em alemão pela mesma palavra, *Bildung*). Não há contraste entre educação individual e educação social, havendo pelo contrário, ou devendo haver, entre elas uma completa integração. Contrariando o que supunham seus críticos, Kerschensteiner não defendia uma educação puramente "espontânea", isto é, sem nenhuma direção; a seu ver, a educação devia estar perfeitamente articulada, mas isso só podia ser conseguido se se formasse uma comunidade de trabalho na qual cada educando adquirisse, não externa mas internamente, os bens culturais, e ao mesmo tempo em que contribuísse para desenvolvê-los e aperfeiçoá-los. Kerschensteiner insistia na necessidade de integrar o processo educativo no Estado, mas somente porque concebia este último como a forma que assume a sociedade ativa, voltada para a realização de bens morais e dotada de consciência cívica; consciência de "cidadão", não de "súdito".

⊃ Principais obras: *Betrachtungen zur Theorie der Bildung*, 1899 (*Considerações sobre a teoria da educação*). — *Die staatsbürgerliche Erziehung der deutschen Jugend*, 1901 (*A educação cívica da juventude alemã*). — *Der Begriff der Arbeitsschule*, 1912; 8ª ed., 1930 (*O conceito da escola de trabalho*). — *Charakterbegriff und Charaktererziehung*, 1912; 4ª ed., 1929 (*Conceito de caráter e educação do caráter*). — *Wesen und Wert des naturwissenschaftlichen Unterrichts*, 1913; 3ª ed., 1927 (*Natureza e valor da instrução nas ciências naturais*). — *Das Grundaxiom des Bildungsprozesses und seine Folgerungen für die Schulorganisation*, 1917; 3ª ed., 1924 (*O axioma fundamental do processo educativo e suas conseqüências para a organização escolar*). — *Die Seele des Erziehers*, 1921; 3ª ed., 1930 (*A alma do educador*). — *Autorität und Freiheit als Bildungsgrundsätze*, 1924; 4ª ed., 1927 (*Autoridade e liberdade como princípios educativos*). — *Theorie der Bildung*, 1926; 2ª ed., 1928 (*Teoria da educação*). — *Theorie der Bildungsorganisation*, 1932 (*Teoria da organização educativa*).

Entre as numerosas obras sobre K., destacamos: R. Prantl, *K. als Pädagog*, 1917. — A. Ferrière, *L'école active*, 1922. — H. Kirschbaum, *Die Entwicklung der theoretischen Voraussetzungen von Kerstensteiners Pädagogik*, 1927. — E. Huguenin, *Éducation et culture d'après K.*, 1933. — G. Caspari, *Educazione e lavoro in K.*, 1940. — G. Wehle, *Praxis und Theorie im Lebenswerk G. Kerschensteiners*, 1956. — Th. Wilhelm, *Die Padagogik Kerschensteiners*, 1957. — M. Laeng, *K.*, 1959. — D. Simons, *G. K.*, 1966. — L. Lumbelli, *K. e il rinovamento pedagogico tedesco*, 1967. C

KEYNES, JOHN MAYNARD (1883-1946). Nascido em Cambridge, estudou no King's College da Universidade de Cambridge e foi mais tarde nomeado *Fellow*. Keynes exerceu vários cargos no serviço público e foi representante do Tesouro e delegado de seu país na Conferência de Paris, depois da Primeira Guerra Mundial, mas renunciou por discordar do sistema de reparações proposto para a Alemanha. Suas reflexões sobre esse problema originaram sua famosa obra sobre as conseqüências econômicas da paz (*The Economic Consequences of Peace*, 1919). A importância desta obra só pode ser comparada com a que ele dedicou, vários anos depois, à teoria geral do emprego, do juro e da moeda (*The General Theory of Employment, Interest, and Money*, 1936), obra que teve grande influência sobre economistas e políticos e mereceu lugar de destaque nas duas décadas posteriores ao fim da Segunda Guerra Mundial. Contra a tendência dos "conservadores" de poupança a todo custo e equilíbrio orçamentário, Keynes assentou os fundamentos econômicos para uma política de expansão econômica, com insistência no aumento — e na generalização — do poder aquisitivo e do nível de vida, no aumento da produção e no pleno emprego.

Embora se tenham desenvolvido bastante antes da publicação, em 1936, de sua "Teoria Geral", as idéias econômicas de Keynes foram precedidas em grande parte, e independentemente dele, pelo economista polonês Michal Kalecki, a quem Joan Robinson, professora de economia na Universade de Cambridge, na Inglaterra, chamou de "o profeta esquecido". Joan Robinson aduz a esse propósito a frase de Lawrence Klein em *The Keynesian Revolution* (1947), segundo a qual "o sistema de análise de Kalecki era tão completo quanto o de Keynes, e em alguns pontos superior a ele".

Interessa aqui a contribuição de Keynes ao problema da probabilidade (VER), exposta em seu tratado intitulado *A Treatise on Probability* (1921; nova ed., 1962, com introdução de N. R. Hanson). O autor reconhece no livro ter sofrido a influência de G. E. Moore, B. Russel e, de maneira geral, do espírito de Cambridge, ligado à tradição empirista britânica. Segundo Keynes, a probabilidade refere-se ao grau de crença que é possível ter racionalmente em certas condições; a probabilidade é definida como uma *relação* entre duas séries de proposições por meio da qual, conhecida a primeira série, atribuímos à segunda certo grau de crença racional. Não se pode dizer, pois, que uma proposição é provável, a menos que se entenda isso como um modo abreviado de enunciar o citado aspecto relacional. O que se qualifica de certeza aparece assim como o máximo de probabilidade. Keynes criticou o princípio de indiferença (VER) ou "razão insuficiente" (VER), mas indicou que esse princípio pode ser admitido se o tornamos mais preciso que o que aparece nas formulações habituais. Isso significa que, para Keynes, nem todas as probabilidades são numéricas. Keynes também criticou a teoria freqüencial da probabilidade, ou teoria segundo a qual a probabilidade se define pela freqüência estatística, mas indicou ao mesmo tempo que essa concepção contém importantes elementos de verdade que a tornam plausível, uma vez purificada de seus erros e imprecisões. A teoria finalmente proposta por Keynes é aquela que qualifica de "teoria construtiva", destinada a estabelecer as regras por meio das quais podem-se comparar as probabilidades de diferentes argumentos, e também mediante as quais podem ser sistematizados os processos de inferência provável (ou, no limite, inferência certa), isto é, certas relações lógicas entre as premissas e as conclusões.

➲ Edição de obras: *The Collected Writings of J. M. Keynes*, 29 vols., ed. E. Johnson e D. Moggridge.

Outras obras do autor: *Indian Currency and Finance*, 1913. — *A Revision of the Treaty*, 1922 (refere-se ao tratado de Versalhes). — *A Tract on Monetary Reform*, 1923. — *A Short View of Russia*, 1925. — *The End of Laissez-Faire*, 1926. — *A Treatise on Money*, 1930.

A maioria das obras sobre Keynes versa sobre suas teorias econômicas. A teoria ou teorias da probabilidade de Keynes são expostas e discutidas sobretudo num certo número de obras contemporâneas sobre Probabilidade (VER) e Indução (VER).

Em português: *Teoria geral do emprego, do juro e da moeda*, 1992. — *Inflação e deflação*, Os Economistas, 1985. — *Ensaios econômicos*, Os Economistas, 1996. — *John Maynard Keynes: Economia*, 1984.

Biografia de K.: R. F. Harrod, *J. M. K.*, 1951 (trad. esp., 1958).

Ver: J. Eaton, *Marx Against Keynes: A Reply to Mr. Morrison's "Socialism"*, 1951. — P. K. Crosser, *Economic Fictions: A Critique of Subjectivistic Economic Theory*, 1957. — J. K. Mehta, *A Philosophical Interpretation of Economics*, 1962. — F. A. Von Hayek, *Studies in Philosophy, Politics and Economics*, 1967. — R. Weatherford, *Philosophical Foundation of Probability Theory*, 1982. — L.-A. Rojo, *Keynes. Su tiempo y el nuestro*, 1984. — S. W, Helburn, D. Bramhall, eds., *Marx, Schumpeter, and Keynes: A Centenary Celebration of Dissent*, 1987. — S. Roy, *Philosophy of Economics: On the Scope of Reason in Economic Inquiry*, 1989. ℂ

KEYSERLING, HERMANN ALEXANDER, GRAF VON (1880-1946). Nascido em Kono (Kaunas; em russo: Kovno), Lituânia. Depois de estudos ciências naturais em Genebra, Heidelberg e Viena, estudou filosofia em Berlim. Em 1920, fundou em Darmstadt uma Escola de Sabedoria (*Schule der Weisheit*) cujos ideais foram defendidos nas duas primeiras publicações periódicas mencionadas na bibbliografia deste verbete. Keyserling passou grande parte da vida viajando e fazendo conferências; desse modo conheceu não apenas toda a Europa e a América do Norte e do Sul mas também muitos países do Oriente. De quase todos os países por onde viajou apresentou descrições e interpretações de suas culturas; de alguns países — da Europa de modo geral, dos Estados Unidos, da América do Sul — tratou detalhadamente em livros especiais a eles dedicados. Por algum tempo a figura de Keyserling foi tão célebre quanto sua obra — ou talvez mais que ela —, podendo esta última ser considerada em grande parte manifestação de sua personalidade.

Keyserling opôs-se ao atomismo mecanicista e, de modo geral, ao intelectualismo, em nome de uma espécie de "primado da vida e da criação", na qual podem-se identificar influências de Bergson, Simmel, Dilthey e outros autores "vitalistas". A "vida" de que fala Keyserling não é, contudo, ou não é exclusivamente, a vida biológica, nem tampouco uma hipóstase metafísica: é uma sínteses de momentos opostos que se encarnam na existência pessoal do homem. Leis reais e ideais encontram unidade na vida humana, que não é um objeto, mas um impulso criador. Esse impulso criador dá lugar a um "conhecimento criador" que se manifesta com particular vigor na obra de arte, podendo contudo — e, segundo Keyserling, devendo — manifestar-se também no pensamento científico e, naturalmente, no filosófico. Ora, o homem não é uma entidade abstrata, mas uma realidade que se manifesta de formas muito diversas através de suas inúmeras criações culturais por toda a superfície do planeta e no curso da história. Conhecer o homem criadoramente e conhecer-lhe a experiência cósmica requer por conseguinte a penetração nessas criações culturais e sua interpretação. O verdadeiro conhecedor do homem é aquele que entra em contato direto com aquilo que o homem vive e aquele que procura entender da maneira mais direta possível o que o homem viveu em sua história.

Uma das noções capitais do pensamento de Keyserling, senão sua noção capital, é a de "sentido" (*Sinn*). O interesse de Keyserling por diversas culturas orientais é conseqüência da maneira como ele entendeu essa noção. Ao mesmo tempo, seu contato com essas culturas o ajudou a esclarecer e a aprofundar a noção de sentido. Pode-se falar, por conseguinte, de um "orientalismo" em Keyserling, sempre entendido como esforço de "reabilitar" a percepção do "sentido", que em muitos povos orientais ainda está vivo e que parece em vias de desaparecer no Ocidente por causa daquilo que Keyserling considerava a progressiva e perigosa mecanização e intelectualização do homem ocidental. A atual civilização — especialmente a ocidental ou sob influência desta — é, segundo Keyserling, resultado de certo número de tendências que, ao elevar acima de todos o ideal da ciência (ou, melhor dizendo, de certa interpretação da ciência), descuidou do sentido e o ignorou. Mas o sentido só pode ser descoberto por meio de uma intuição peculiar, uma hermenêutica dos símbolos e dos mitos. A inteligência, que pretende abarcar a realidade, é para Keyserling, tal como para Bergson, o instrumento que permite apenas medi-la. O sentido, que não é tanto definido quanto intuído e, sobretudo, interpretado, é em contrapartida o que o oriental trouxe de eterno à cultura humana. Uma interpenetração do espírito ocidental com o oriental seria assim a única coisa capaz de proporcionar ao homem a descoberta de sua verdadeira personalidade, das forças telúricas que atuam no fundo íntimo e radical da pessoa. Por isso, Keyserling preconiza um conhecimento que, em vez de subordinar-se unilateralmente à medida, se oriente primordialmente para o sentido. Por essa mesma razão ele preconiza ainda uma hermenêutica das expressões que tampouco seja uma hermenêutica fechada, visto que o característico do sentido está no fato de ele não ser nem simples fato nem mera hipóstase ou uma realidade cujo ser seja "o ser em si mesma". O sentido é, a rigor, um mundo essencialmente aberto, que consiste fundamentalmente em sua abertura constante, num processo criador — e expressivo — interminável. Daí que o sentido, sendo a realidade, não seja unicamente a realidade que "há", mas antes a realidade que pode haver; o sentido é no fundo o verdadeiro princípio, o fundamento de todo ser e de todo devir.

⊃ Obras: *Das Gefüge der Welt. Versuch einer kritischen Philosophie*, 1906 (*A Textura do Mundo. Busca de uma filosofia crítica*). — *Unsterblichkeit. Eine Kritik der Beziehungen zwischen Naturgeschehen und menschlicher Vorstellungswelt*, 1907 (*Imortalidade. Crítica das relações entre o acontecer natural e o mundo das representações humanas*). — *Prolegomena zur Naturphilosophie*, 1910. — "Das Wesen der Intuition und ihre Rolle in der Philosophie", *Logos*, 3 (1912), 59-79. — *Das Reisetagebuch eines Philosophen*, 1919 (*Diário de viagem de um filósofo*). — *Philosophie als Kunst*, 1920 (*A filosofia como arte*). — *Schöpferische Erkenntnis*, 1922 (*O conhecimento criador*). — *Politik, Wirtschaft, Weisheit*, 1922 (*Política, economia, sabedoria*). — *Menschen als Sinnbilder*, 1926 (*Homens como criadores de sentido*, 1940). — *Die neuentstehende Welt*, 1926 (*Mundo nascente*, 1934). — *Wiedergeburt*, 1927 (*Renascimento*). — *Das Spektrum Europas*, 1928 (*Espectro da Europa*). — *Amerika. Der Aufgang einer neuen Welt*, 1930 (*América, o surgimento de um novo mundo*). — *Sudamerikanische Meditationen*, 1932 (*Meditações sul-americanas*). — *La vie intime*, 1933 (*A vida íntima*). — *La révolution mondiale et la responsabilité de l'esprit*, 1934. — *Sur l'art de vie*, 1936. — *Das Buch vom persönlichen Leben*, 1936 (*O livro da vida pessoal*). — *De la souffrance à la plenitude*, 1938. — *Betrachtungen der Stille und Besinnlichkeit*, 1941 (*Considerações surgidas na calma e na meditação*). — *Gedächtnisbuch*, 1948 [inclui "Vom spirituellen Aufbau Europas", "Ueber die Schule der Weisheit" "Weite tut not", "Erneuerung aus dem Ursprung"]. — *Reise durch die Zeit*, 2 vols., 1948-1950 (*Viagem no tempo*). — *Kritik des Denkens. Dier Erkenntiniskritischen Grundlagen der Sinnesphilosophie*, ed. pelo Keyserling-Archiv, 1948 (*Crítica do pensamento. Os fundamentos epistemológicos da filosofia do sentido*). — *Philosophische Wechselgespräche: I. Ewiges Werden; II. Mysterien*, 1954 (*Diálogos filosóficos: I. O eterno devir; II. Mistérios*).

Edição de obras completas: *Die gesammelten Werke*, 6 volumes, a cargo do Keyserling-Archiv (desde 1958). — As publicações periódicas órgãos da Escola da Sabedoria são *Der Weg zur Vollendung. Mitteilungen der Schule der Weisheit*, Darmstadt, desde 1920; *Der Leuchter. Weltanschauung und Lebensgestaltung. Jahrbuch der Schule des Weisheit*, Darmstadt: I, 1919; II, 1920; III, 1921; IV, 1923; V, 1924; VI, 1925; VII, 1926; VIII, 1927. — Em 1920, foi fundada uma "Sociedade Keyserling" (Keyserling-Gesellschaft für freie Philosophie); depois de interromper suas atividades durante muitos anos, a sociedade ressurgiu com o mesmo nome, em 1948, em Wiesbaden.

Depoimento de Keyserking sobre seu pensamento em *Die Philosophie der Gewgenwart in Selbsdarstellungen*, IV, 1923.

Ver: P. Feldkeller, *Graf Keyserlings Erkenntnisweg zum Uebersinnlichen. Die erkenntnisgrundlagen des Reisetagebuchs eines Philosophen*, 1922. — W. Volrath, *Graf Keyserling und seine Schule*, 1923. — H. Adolph, *Die Philosophie des Grafen Keyserling*, 1927. — Maurice Boucher, *La philosophie de H. von Keyserling*, 1927. — M. G. Parks, *Introduction to K.*, 1934. — Vicente N. Ortiz, *Keyserling y la escuela de la Sabiduría*, 1948. — U. Gahlings, *Sinn und Ursprung*, 1992. — J. Thiele, "Zur Kritik des Empiriomonismus: Briefe von Wilhem Schuppe, Graf Hermann Keyserling und andere an Ernst Mach", *Zeitschrift für Philosophische Forschung*, 24 (1970), 412-427. C

KIERKEGAARD, SØREN [AABYE] (1813-1855).

Nascido em Copenhagen, começou os estudos de teologia na Universidade dessa mesma cidade e os concluiu em 1841 com sua tese de mestrado sobre o conceito de ironia (ver bibliografia). Por volta de 1835, Kierkegaard vivenciou aquilo que chamou de "um grande terremoto" (a suspeita de que a profunda melancolia do pai, de que o filho se fazia amiúde reflexo, decorria de algum profundo defeito moral e de que a Providência maldissera toda a família Kierkegaard). Essa suspeita pareceu confirmar-se com a morte, no decorrer de um curto espaço de tempo, de todos os membros da família, menos o pai, o próprio Søren e seu irmão mais velho. Afastado do pai, reconciliou-se com ele ao ouvir a confissão de que, quando garoto, amaldiçoara Deus. Em 1838, Kierkegaard teve uma profunda experiência religiosa que o levou a intensificar sua dedicação aos problemas religiosos. Foi importante em sua vida o episódio de seu amor por Regina Olsen, a quem conheceu em 1837, quando ela contava catorze anos, e com quem se comprometeu, mas com a qual terminou por romper em 1841 por considerar que nunca poderia levá-la ao matrimônio sem revelar-lhe "seu segredo" (que iria denominar "sua cruz privada", *det Sarlige Kors* e "o estilhaço na carne", *Paelen i Kjödet*). No final do mesmo ano de 1841, Kierkegaard foi a Berlim, onde assistiu às aulas de Schelling. Em 1843, publicou *Ou um ou outro*, obra composta como uma mensagem cifrada a Regina (à qual ainda se sentia ligado). Seguiram-se a essa obra, quase imediatamente, *A repetição* e *Temor e tremor*, ambas publicadas no final de 1843. A partir daí, a atividade literária de Kierkegaard não mais cessou. Por um lado, ele empreendeu uma polêmica contra o hegelianismo, que era objeto de constante comentário e discussão em Copenhagen, e em cujas sutilezas fora introduzido pelo teólogo Hans Martensen na Universidade. Segundo Kierkegaard, os teólogos hegelianos ocupavam-se do universal menosprezando o individual, subjetivo e concreto. As *Migalhas filosóficas* (às vezes chamadas de *Fragmentos filosóficos*), *O conceito de angústia* (ambas publicadas em 1844) culminaram no volumoso ataque que figura no *Apêndice às Migalhas filosóficas*, publicado em 1846. Por outro lado, moveu no mesmo ano de 1846 uma acerba campanha contra P. L. Moller, que fizera uma resenha pouco favorável de seu livro *Estágios no caminho da vida*, publicado em 1845, no qual formulou claramente a doutrina dos três níveis de consciência, o estético, o ético e o religioso, a que logo vamos nos referir. Kierkegaard venceu a polêmica, mas também foi objeto de riso e de ridículo. Encurvado e um tanto disforme — tinha uma perna maior que a outra —, a figura física de Kierkegaard se tornou objeto de comentários nas ruas. Finalmente, iniciara já em 1843 a publicação de uma série de *Discursos edificantes*, a que deu continuidade com *Discursos cristãos* (1848), *Os lírios do campo e as aves do céu* (1849) e outros trabalhos semelhantes, em que atacou violentamente a Igreja luterana dinamarquesa oficial e seus representantes, apresentando-os como uma espécie de "cristianismo diluído". Depois de uma nova experiência religiosa, em 1848, que o levou a considerar-se eleito de Deus para defender a fé, se preciso pagando o preço do ridículo e do martírio, Kierkegaard atacou com mais violência que nunca a "cristandade" em nome do "cristianismo". Seus ataques se tornaram especialmente virulentos quando, com o falecimento do bispo Mynster, o antigo mestre de Kierkegaard, Hans Martensen, fez-lhe o elogio fúnebre. São particularmente importantes nesse sentido os artigos publicados em *A Pátria* (*Faedrelandet*) e os cadernos de *O Instante* (chamado também de *O Momento*; *Øjeblikit*), de maio a setembro de 1855; o nº 10 desses cadernos já estava no prelo quando do Kierkegaard teve um ataque de paralisia, vindo a falecer no hospital.

O espaço dedicado a uma biografia de Kierkegaard em qualquer exposição do pensamento deste filósofo não é perdido: a biografia de Kierkegaard é parte integrante de sua filosofia, tal como, para o próprio Kierkegaard, o é a biografia de qualquer filósofo. Para uma adequada exposição da filosofia kierkegaardiana, é preciso considerar ao mesmo tempo a biografia, o conteúdo essencial das obras por ele publicadas — em muitos casos com diferentes pseudônimos — e o *Diário* que ele manteve durante muitos anos. Aqui, não podemos mais que esquematizar algumas das idéias de Kierkegaard e pedir ao leitor que leve em conta, ao menos implicitamente, o fundo biográfico dessas idéias. Quanto ao mais, vamos nos referir principalmente às idéias filosóficas, mesmo que estas estejam na maior parte dos casos incluídas menos no campo da filosofia que no domínio do que se pode chamar de "pensamento religioso".

Característica do pensamento de Kierkegaard foi desde o princípio a oposição ao sistema e a hostilidade a fórmulas (embora, paradoxalmente, e como ocorre freqüentemente com esse tipo de pensador, sua influência exerceu-se sobretudo por meio de certas fórmulas bastante repetidas). Assim, por exemplo, a fórmula dos "três estágios": o estético, o ético e o religioso. Ou a fórmula — que parece, além disso, incompatível com a anterior — "ou um ou o outro". Ou a fórmula "contra a filosofia especulativa, a filosofia existencial" etc. No entanto, Kirkegaard poderia alegar que aquilo que aparece como fórmula é o resultado do movimento mesmo da existência, a expressão da subjetividade. Portanto, o fato de tal pensamento ter influenciado, sobretudo por meio de certas fórmulas, não significa que consista nelas. De todo modo, as fórmulas devem ser usadas como sinais que indicam o caminho a seguir.

Os "três estágios" de que falamos encontram-se em diferentes medidas nas obras de Kierkegaard, que foram inclusive "classificadas" de acordo com sua maior ou menor tendência a acentuar um dos "estágios": o estético no princípio; depois o ético; e finalmente o religioso. Cada um dos estágios é um modo de ser da existência humana (modo de ser além disso "escolhido" pelo sujeito e com o qual este "se compromete"). Como o estágio ético parece a negação do estético e o religioso a negação do ético, pode-se pensar que nos encontramos perante uma tríade de caráter hegeliano regida por leis dialéticas. Ora, mesmo que, em sua oposição ao hegelianismo, Kierkegaard tenha absorvido deste mais do que ele mesmo acreditava, deve-se reconhecer que a tríade em questão é dialética num sentido não idêntico ao hegeliano. Por um lado, trata-se de escolha e não de determinação racional. Por outro lado, não há síntese no sentido hegeliano. Os três estágios, escreveu Kierkegaard em seu *Apêndice*, "não se distinguem entre si abstratamente, como o imediato, o mediato e a síntese dos dois, mas, de modo bem mais concreto, en determinações existenciais, como desfrute-perdição; ação-triunfo, sofrimento". Além disso, há alternativas nesses estágios: a alternativa entre o estético e o ético nas primeiras obras; a alternativa entre o ético e o religioso, ou entre o ético-estético e o religioso, nas últimas. Por conseguinte, se há alguma "lei" que rege as relações entre os três estágios, trata-se da lei da alternativa: ou um ou o outro. É uma alternativa existencial e não racional na medida em que ocorre na vida concreta. É também uma alternativa que exige um "salto" (VER). Disso falaremos logo, quando tratarmos da "passagem" do ético ao religioso, em que o "ou um ou o outro" se manifesta com máximo vigor. Destacaremos por agora o aspecto existencial de toda fórmula e de todo conceito de Kierkegaard.

Esse aspecto existencial aparece vividamente quando se considera que, para Kierkegaard, a existência não depende da essência, como se a primeira fosse uma especificação da segunda. A essência é ideal; por isso, é pensável e definível. A existência não é ideal, mas real; por isso é indefinível e, em alguma medida, não pensável. Se a existência fosse definível, não seria existência, porém essência. Contra o que afirmava Hegel, não há equivalência entre o ser e a razão, a realidade e o pensamento. A verdade não é o "puro pensamento": a verdade é a subjetividade. Essa subjetividade foi descrita por Kierkegaard de maneiras muito diversas. A mais reiterada é a que consiste em destacar na verdade como existência subjetiva os motivos do desespero, da angústia, do temor e do tremor, da vivência do pecado, da consciência da própria niilidade, do caráter completamente concreto, "instantêneo" e histórico etc. O homem pode muito bem empenhar-se em ver-se livre desses motivos, objetivá-los e explicá-los, mas o que faz então é, rigorosamente falando, fugir de si mesmo, buscando, à maneira pascaliana, "distrair-se". Nesse sentido, o conhecimento — enquanto tentativa de objetivação — é uma "distração". É comum e freqüente que o homem se oculte a si mesmo na busca da felicidade, na complacência no estético e até na "boa consciência" do ético. E não menos comum e freqüente é o homem procurar evitar toda "decisão" ou equipará-la a uma escolha de bens ou de coisas. Mas a decisão, se for escolha, o será de si mesmo. Nessa escolha, não se resolvem problemas, mas enfrentam-se paradoxos. Os problemas podem ser resolvidos mediante "sínteses" à feição hegeliana; os paradoxos só podem ser enfrentados por meio da escolha irremediável de "um ou outro". Quando o homem procede desse modo, a filosofia não é uma especulação, mas um modo de ser incluído no próprio sujeito.

Deve-se contudo considerar que Kierkegaard não se interessava de fato em substituir a ontologia de Hegel por outra "ontologia", ao contrário do que fizeram alguns dos chamados filósofos "existencialistas". O problema capital de Kierkegaard — se se pode continuar falando de problema — é de cunho religioso e, especificamente, de caráter cristão. Sua oposição à Igreja oficial é a oposição da vivência polêmica do cristianismo contra o simples "pensamento cristão". Essa vivência é a vivência — e a certeza — da fé. É uma certeza muito peculiar porque corresponde a uma incerteza objetiva. Está, além disso e sobretudo, suspensa num paradoxo que é *o* paradoxo por excelência: o paradoxo do cristianismo. Trata-se de um absurdo. Com efeito, a realidade da subjetividade consiste em sua finitude. Mas essa realidade depende de uma infinitude que, como tal, parece puramente "essencial": a infinitude de Deus. Como conciliar as duas é o grande paradoxo. Para enfrentá-la, é preciso "suspender o ético" e entregar-se por completo ao religioso, isto é, ao "existencial". Ora, semelhante entrega não gera a tranqüilidade; pelo contrário! A eternidade e infinitude de Deus são ao mesmo tempo absolutamente reais e absolutamente incompreensíveis. Por isso, não se pode propriamente "falar de Deus", isto é, formular uma teologia. A teologia é uma objetivação de Deus, assim como a dialética é uma objetivação do mundo. Deve mudar até mesmo a linguagem que o homem emprega. O que se impõe não é a razão, mas a súplica e até a imprecação. A filosofia fala pela boca de Jó. Há entre Deus e o homem uma distância infinita: um abismo. Por outro lado, nada há mais próximo do homem que Deus (o Deus cristão, bem entendido, o Deus que se fez Homem). Este é o "paradoxo absoluto": o de um Deus encarnado na história e que sempre ultrapassa a história.

É difícil, quanto a isso, chegar a conclusões definitivas sobre a atitude de Kierkegaard. Em seus textos, incluindo os do final da vida, encontram-se passagens que parecem dar a entender que há um modo de resolver o grande paradoxo do cristianismo. Por exemplo, na escolha do "momento" e do "instante" o homem escolhe ao mesmo tempo a eternidade, uma vez que esta é repetição (VER), não no sentido da reminiscência platônica, mas no sentido de uma espécie de eternização do instante. Por outro lado, encontramos outras passagens nas quais se rejeita toda mediação, nas quais parece haver o reconhecimento de que ser cristão é impossível para o homem (que não pode ser homem se não for cristão). Deus é absurdo e o cristianismo também o é e, mesmo assim, não há realidade fora desse absurdo. Se se quer abraçar a realidade é, pois, necessário abraçar o absurdo e seguir o caminho do sofrimento em vez de seguir o caminho daqueles que objetivam o sofrimento (dos "outros"). Pois só o primeiro é, segundo Kierkegaard, "*o* caminho"; o segundo não é propriamente um caminho, visto que se limita a "dar voltas ao redor".

Foi muito grande a influência de Kierkegaard sobre o existencialismo (VER) contemporâneo, ao menos em certas formas que este assumiu. Fala-se também da influência de Kierkegaard sobre Unamuno, porém, ainda que este tenha falado muitas vezes daquele a quem chamou de "o irmão Kierkegaard", certo é que os temas especificamente unamunianos foram desenvolvidos por Unamuno antes de seu "encontro com Kierkegaard". Kierkegaard influenciou muito a teologia (VER) dialética e a chamada "teologia da crise". É também importante sua influência sobre *Ser e Tempo*, de Heidegger.

➲ Nas obras que K. publicou sob pseudônimo, o pseudônimo é indicado entre colchetes antes do título.

Af en endnu Levendes Papirer, 1838 (*Dos papéis de alguém ainda vivo*) [depois do título, o autor adicionou: "publicados contra sua vontade por S. K."; o "ainda vivo" se refere à surpresa de ter sobrevivido à "maldição da Providência" a que nos referimos no verbete]. — *Om begrebet Ironi, med hensyn til Sokrates*, 1841 (*Do conceito de ironia, principalmente em Sócrates*). — [Victor Eremita] *Enten-Eller. Et Livs-Fragment*, 2 vols., 1843 (*Ou um ou o outro. Um fragmento de vida*). [O vol. I inclui, entre outros escritos, "Diapsalmata"; "O reflexo da tragédia clássica na moderna"; "O primeiro amor"; "Diário do sedutor". O vol. II inclui: "O valor estético do matrimônio"; "Equilíbrio entre o estético e o ético na formação da personalidade". O vol. I contém escritos do estágio "A" (estético) e o II escritos do estágio B (ético)]. — [Constantino Constantius]. *Gjentagelsen*, 1843 (*A repetição*). — [Johannes de Silentio] *Frygt og Baeven*, 1843 (*Temor e Tremor*). — [Johannes Climacus] *Philosophiske Smuler eller En smule Philosophie*, 1844 (*Migalhas filosóficas ou uma filosofia em uma migalha*). — [Virgilius Haufniensis] *Begrebet Angest*, 1844 (*O conceito de angústia*). — [Hilarius Bogleinder] ('Bogleinder' = "encadernador", ed.]. *Stadier pa Livets Vej*, 1845 (*Estágios no caminho da vida*) [inclui: "*In vino veritas*", relato por Afham ('af ham' = 'por ele') de discursos pronunciados por Constantinus Constantius, Victor Eremita, "o Sedutor" etc.; "Culpado ou Inocente?", por Frater Taciturnus]. — [Johannes Climacus], *Afsluttende uvidenskabelig Etferskrift til de philosophiske Smuler*, 1846 (*Apêndice acientífico às "Migalhas Filosóficas"*). — *Kjerlighedens Gjerninger*, 1847 (*As obras do amor* [comentários a São Paulo. — *Lilien på marken of fuglen under himlen*, 1849 (*Os lírios do campo e as aves do céu*). — [Anti-Climacus], *Sygdommen til Doeden*, 1849 (*A doença mortal*). — [Anti-Climacus], *Indøvelse i Christendom*, 1850 (*Treinamento para o cristianismo*). — *Øjebliket* (*O momento*), 10 cadernos, nos 1 a 10, de 24 de maio a outubro de 1855.

Postumamente, foram publicadas: *Synspunktet for min Forfatter-Virksomhed*, 1859 [escrito em 1848] (*O ponto de vista de minha obra como escritor*). — *Dømmer selv!*; *Til Selvprøvelse, Samtiden anbefalet*, 1876 [escritos em 1851-1852] (*Julgai-vos a vós mesmos; para o exame de si mesmo, recomendado aos contemporâneos*).

É necessário acrescentar às obras citadas a série dos *Discursos Edificantes (Dois discursos edificantes* [1843], *Três*...[1843], *Quatro*... [1843], *Dois*... [1844], *Três*... [1844], *Quatro*... [1844], *Um*... [1850]); os *Discursos Edificantes com várias disposições* (1847); os *Discursos cristãos (1848)*; alguns *Prefácios* (1844); a série de artigos publicados em *Faedrelandet (A Pátria)* de 18 de dezembro de 1854 a 26 de maio de 1855, bem como diversos escritos menores. É importante para o conhecimento de K. seu extenso *Diário*, publicado postumamente em várias edições.

Edição de obras: *Samlede Vaerker*, 14 volumes [sendo o volume 15 de índices], 1901-1906, ed. B. Drachmann, L. L. Heiberg, H. O. Lange; 2ª ed., 1920-1931; nova ed., 1962-1964, ed. N. Thulstrup; 4ª ed., 20 vols, 1991. — Dos *Papirer* existem várias edições: *Afterladte Papirer*, 8 vols., ed. H. P. Barfod (3 vols.) e H. Gottsched (5 vols.), 1869-1891; *Papirer*, 20 vols., ed. P. A. Heiberg, V. Kuhr, E. Torsting, 1909-1948; *Papirer*, 16 vols. em 25 tomos, ed. N. Thulstrup, 2ª ed., 1968-1978. — Suas cartas e atas estão publicadas como *Breve og Akstykker verdrørende S. K.*, 2 vols., ed. N. Thulstrup, 1953-1954.

Com base na terceira edição das *Samlede Vaerker* supracitada, e a cargo de uma equipe dirigida por Alastair McKinnon, preparou-se uma série de instrumentos de trabalho para a investigação kierkegaardiana. Trabalhou-se em primeiro lugar numa edição de obras suscetível de tratamento informatizado. Com as citações dessa edição e outras que contêm as correlações dela com as traduções inglesa, francesa e alemã das obras, geraram-se por computador os seguintes volumes: *K. in Translation — en traduction — in Uebersetzung*, 1970; *Fundamental Polyglot Konkordans til Kierkegaards Samlede Vaerker*, 1971; *Index verborum*..., 1973: *A Computational Analysis of Kierkegaard's Collected Works (Samlede Vaerker)*, 1975. Tendo como pano de fundo essa investigação, Alastair McKinnon escreveu, a partir de 1968, diversos artigos sobre os possíveis usos do computador em filosofia e, de modo bem particular, na análise e na compreensão da obra de K.; ver, por exemplo, seus artigos "La philosophie et les ordinateurs", *Dialogue*, 7 (1968), 219-237; "K's Pseudonyms; A New Hierarchy", *American Philosophy Quarterly*, 6 (1969), 116-126; "K's Irrationalism Revisited", *International Philosophical Quarterly*, 9 (1969), 165-176; "The Central Works in K's Authorship", *Revue Internationale de Philosophie*, 27 (1973), 84-94; "K's Remarks on Philosophy", *Journal of the History of Philosophy*, 11 (1973), 513-515; "The Conquest of Fate in K.", *Cirpho*, 1 (1973), 47-58; "A Method of Displaying Differences between Various Account of an Object", *ibid.*, 2 (1974), 31-57; "Aberrant Frequencies as a Basis for Clustering the Works of a Corpus", *ibid.*, 3 (1975-1976), 33-52; "Les études kierkegaardiennes au Canada", *Philosophiques*, 9 (1982), 147-161; "K.'s Interpretation of His 'Authorship': Some Statistical Evidence", *Inquiry*, 27 (1984), 225-233.

Em português: *Conceito de ironia*, 1991. — *O matrimônio*, 1994. — *Migalhas filosóficas*, 1995. — *Ponto de vista explicativo de minha obra como escritor*, 1986. *Temor e tremor*, 1984. — *Diário de um sedutor*, 1984. — *O desespero humano*, 1984. — *O conceito de angústia*, 1968. — *O banquete: in vino veritas*, 1989.

Há muitas bibliografias de K.: F. J. Brecht (1931), A. Kabell (1948); Jens Himmelstrup e K. Birket-Smith (1960). Remetemos à breve bibliografia de R. Jolivet (1948), contida no vol. 4 de *Bibliographische Einfuhrüngen in das Studim der Philosophie*, ed. J. M. Bochenski, bem como à extensa de A. Jorgensen, *S. K. Litteratur, 1971-1980*, 1982.

Existem também muitas biografias de K., bem como obras nas quais se apresenta uma interpretação do pensamento de K. à luz de sua vida; citamos apenas: E. Przywara, *Das Geheimnis Kierkegaards*, 1929. — Theodor Haeckner, *K.* — *Id.*, *Der Buckel Kierkegaards*, 1947. — Walter Lowrie, *K.*, 1938. — *Id.*, *A Short Life of K.*, 1958. — R. Magnussen, *S. K. set udefra*, 1942. — *Id.*, *Det Saerlige Kors*, 1942. — Pierre Mesnard, *Le vrai visage de K.*, 1948. — H. V. Martin, *K., the Melancholy Dane*, 1950. — M. H. Hartshorne, *K., Godley Deceiver: The Nature and Meaning of His Pseudonymous Writings*, 1990.

A bibliografia sobre o pensamento de K. é imensa; só em dinamarquês há dezenas de títulos (V. Kuhr, *K.-Studier*, 3 vols., 1912-1918). — Eduard Geismar, *S. K. hans livsudvikling og forfattervirksomhed*, 2 vols., 1927-1928. — Frithiof Brandt, *Den unge S. K.: en raekke nye bidrag*, 1929. — *Id.*, *S. Kierkegaards udødelige tanker*, 2 vols., 1943. — E. Geismar, *S. K.*, 2 vols, 1926-1928 etc., além dos títulos publicados pela "Sociedade Kierkegaardiana" [F. J. Billeskov, V. Christensen etc]. A maior parte das obras sobre K. refere-se igualmente a questões biográficas. A seguir, selecionamos alguns títulos: A. Bhärtold, *Noten zu S. Kierkegaards Lebensgeschichte*, 1876. — *Id.*, *Die Bedeutung der ästhetischen Schriften Kierkegaards*, 1879. — *Id.*, *Aus und über S. K.*, 1880. — *Id. Zur theologischen Bedeutung Kierkegaards*, 1880. — *Id.*, *Die Wendung zur Wahrheit*, 1885. — *Id. S. Kierkegaards Persönlichkeit*, 1886. — *Id. Ein Geleitbrief für S. Kierkegaards 'Ein Bischen Philosophie'*, 1890. — Harald Hoffding, *K.*, 1892. — G. Niedermayer, *S. K. und die Romantik*, 1909. — Th. Haeckner, *K. und die Philosophie der Innerlichkeit*, 1913. — Th. Bohlin, *S. Kierkegaards etiska askadning med sarskild hansyn till bregreppet "den enskilde"*, 1918 (trad. alemã: *S. Kierkegaard und das religiöse Denken der Gegenwart*, 1923). — *Id., Kierkegaards Leben und Werden. Kurze Darstellung aud Grund der ersten Quellen*, 1927. — *Id., Kierkegaards dogmatische Anschauung in ihrem geschichtlichen Zusammenhang*, 1927. — C. Shrempf, *S. K.*, 2 vols, 1927-1928. — H. Seifert, *Die Konkretion des Daseins bei K.*, 1929 (tese). — H. Diem, *Philosophie und Christentum bei K.*, 1919. — W. Ruttembeck, *S. K., der christliche Denker und sein Werk*, 1929. — E. Geismar, *S. K. Seine Lebensentwicklung und seine Wirksamkeit als Schriftsteller*, 1919. — E. Hirsch, *K.-Studien*, 3 vols., 1930-1933. — M. Thust, *S. K., der Dichter der Religiösen. Grundlagen eines Systems der Subjektivität*, 1931. — L. Richter, *Der Begriff der Subjektivität bei K.*, 1934. — A. Dempf, *Kierkegaards Folgen*, 1935. — K. Fischer, *Die Nullpunktexistenz dargestellt an der Lebensform Kierkegaards*, 1933. — E. L. Allen, *K., His Life and Thought*, 1935. — León Chestov, *K. et la philosophie existentielle*, 1936. (trad. do original russo, publicado em 1939). — E. Geismar, *Lectures on the Religious Thought of S. K.*, 1937. — Jean Wahl, *Études kierkegaardiennes*, 1938; 2ª ed., 1949). — Régis Jolivet, *Introduction à K.*, 1946. — T. H. Croxall, *K. Studies*, 1948. — Reidar Thomte, *Kierkegaard's Philosophy of Religion*, 1948. — David F. Swenson, *Kierkegaardian Philosophy in the Faith of a Scholar*, 1949. — G. Masi, *La determinazione della possibilità dell'Esistenza in K.*, 1949. — A. Rivero Astengo, *K., el buscador de Dios*, 1949. — H. Diem, *Die Existentialdialektik von S. K.*, 1953. — James Collins, *The Mind of K.*, 1953. — P. Mesnard, *K. Sa vie son oeuvre, avec un exposé de sa philosophie*, 1954. — W. Wyschogrod, *K. and Heiddeger. The Ontology of Existence*, 1954. — J. Sløk, *Die Anthropologie Kierkegaards*, 1954. — A. Paulsen, *S. K., Deuter unsere Existenz*, 1955. — J. Wahl, *K.* — N. Abbagnano, F. Battaglia *et al.*, *Studi Kierkegaardiani*, 1957, ed. Cornelio Fabro. — Theodor W. Adorno, *K. Konstruktion des Ästhetischen*, 1962; 3ª ed., 1966. — J.-P. Sartre, Jean Beaufret *et al.*, *K. vivant*, 1966, Colóquio, Paris, 21/23-IV-1964. — George Price, *The Narrow Pass: A Study of Kierkegaard's Concept of Man*, 1963. — Josiah Thompson, *The Lonely Labyrinth: Kierkegaard's Pseudonymous Works*, 1967. — *Id., K.*, 1973. — Niels Thulstrup, *Kierkegaards Forhold til Hegel og tin den spekulative Idealisme indtil 1846*, 1967 (tese). — Annemarie Pieper, *Geschichte und Ewigkeit bei S. K. Das Leitproblem der pseudonymischen Schriften*, 1968. — Louis Mackey, *K.: A Kind of Poet*, 1971. — Ralph Henry Johnson, *The Concept of Existence in the "Concluding Unscientific Postscript"*, 1972. — John W. Elrod, *Being and Existence in Kierkegaard's Pseudonymous Works*, 1975. — Marc C. Taylor, *Kierkegaard's Pseudonymous Authorship: A Study of Time and the Self*, 1975. — E. D. Klemke, *Studies in the Philosophy of K.*, 1976. — M. Theunissen, W. Greve, eds., *Materialen zur Philosophie S. K.s*, 1979. — F. Sontag, *S. K. Kandbook*, 1979. — A. Hannay, *K.*, 1982. — H.-B. Vergote, *Sens et répétition. Essai sur l'ironie kierkegaardienne*, 2 vols., 1982. — H. Deuser, *K. Die Philosophie des religiösen Schriftstellers*, 1985. — M. Maceiras, *Schopenhauer y K.: sentimiento y pasión*, 1985. — G. Connell, *To Be One Thing: Personal Unity in K.'s Thought*, 1985. — C. Amorós, *S. K. o la subjectividad del caballero*, 1987. — P. Gardiner, *K.*, 1988. — D. J. Gouwens, *K.'s Dialectic of the Imagination*, 1989. — C. L. Creegan, *Wittgenstein and K.: Religion, Individuality, and Philosophical Method*, 1989. — B. K. Kirmmse, *K. in Golden Age Denmark*, 1990. — R. M. Green, *K. and Kant: The Hidden Debt*, 1992. — R. L. Hall, *Word and Spirit: A Kierkegaardian Critique of the Modern Age*, 1993. C

KILWARDBY, ROBERTO. Ver Roberto Kilwardby.

KIOTO, ESCOLA DE. Num sentido estrito, denomina-se "Escola de Kioto" o pensamento de Kitaro Nishida (ver Nishida, Kitaro), na medida em que, direta ou indiretamente, este influenciou vários filósofos japoneses contemporâneos. O mais conhecido deles é Hajimbe Tanabe (ver Tanabe, Hajimbe); a rigor, Nishida e Tanabe são por vezes agrupados sob o nome de "Escola de Nishida-Tanabe", apesar de o último dos filósofos citados ter-se afastado muito do primeiro.

Num sentido mais amplo, fala-se de "Escola de Kioto" para fazer referência a vários filósofos japoneses que se basearam em Nishida Kitaro mesmo sem adotar seus pontos de vista filosóficos e que também receberam impulso da última fase do pensamento de Hajimbe Tanabe.

Entre os filósofos da Escola de Kioto, citam-se Iwao Koyama (nasc. 1905), Masaaki Kosaka (1900-1969) e Tomonaga Sanjuro. Alguns sofreram influência do neokantismo; outros de Husserl; outros ainda do existencialismo. Esta última tendência teve certa popularidade no Japão, especificamente na Escola de Kioto, não tanto por seu conteúdo filosófico como por se supor que exprimia o espírito da época, tanto no Japão como no mundo inteiro, nos anos posteriores a 1945.

Os autores que mais se opuseram aos pensadores da Escola de Kioto foram marxistas, como Yanagida Kenjuro (nasc. 1883), Matsumura Kazuto (nasc. 1905) e Tosaka Jun (1900-1945). Alguns, como Kenjuro, procedem da Escola de Kioto. De modo geral, contudo, os filósofos japoneses marxistas se opuseram aos pensado-

res da Escola de Kioto. Como os marxistas costumavam reunir-se em Tóquio, pode-se dizer que havia rivalidade entre as "escolas" de Tóquio e Kioto.
➔ Ver: P. Lüth, *Die japanische Philosophie*, 1944. — G. K. Piovesana, *Recent Japanese Philosophical Thought, 1862-1962, A Survey*, 1963. — H. Waldenfels, "Absolute Nothingness. Preliminary Considerations on a Central Notion in the Philisophy of N. K. and the Kyôto-School", *Monumenta Nipponica*, 21 (1966). — R. Ohashi, "Zur Philosophie der Kyôto-Schule", *Zeitschrift für philoso-phische Forschung*, 40 (1986). — L. Brüll, *Die japanische Philosophie*, 1989. — R. Ohashi, ed., *Die Philosophie der Kyôto-Schule*, 1990. — Vejam-se também as bibliografias dos verbetes citados no texto. C

KIRCHER, ATHANASIUS (1602-1680). Nascido em Geisa, nas cercanias de Fulda (Hesse, Alemanha), estudou no Colégio dos Jesuítas de Fulda e fez o noviciado em Mainz. Por algum tempo foi professor de filosofia, matemática e línguas orientais em Mainz. Em 1631, mudou-se para Avignon e, em 1635, para Roma, em cujo Colégio Romano deu aulas de matemática.

Padre Kircher foi muito celebrado em sua época pela amplitude do seu saber e por suas pesquisas matemáticas e filológicas; nestas últimas, empregou seu conhecimento do copta e do chinês. Do ponto de vista filosófico, é importante especialmente seu esforço para assentar as bases de uma "linguagem universal" (ver GRAMÁTICA ESPECULATIVA). Muito interessado na *Ars magna* de Lúlio, que fora trazida ao seu conhecimento pelo jesuíta espanhol Sebastián Izquierdo, Kircher esboçou uma "caracterologia" ou sistema de "caracteres" que consistia em 54 colunas contendo cada uma 30 termos. O número da coluna e o número de ordem de cada coluna determinavam que termo usar. Cada coluna era um elemento do "alfabeto universal". Kircher pretendia com isso estabelecer um vocabulário básico de termos a partir do qual todas as proposições pudessem ser formadas. Ele também buscou esboçar uma "criptografia" que permitisse traduzir automaticamente um dos cinco idiomas seguintes — latim, espanhol, italiano, francês, alemão — para qualquer outro dos quatro. As idéias de Kircher a esse respeito fundavam-se na univocidade das expressões fundamentais, sem a qual, avaliava ele, a ciência não era possível. Leibniz teve em alta conta os esforços de Kircher, apesar de considerá-los insuficientes para a formação de uma *characteristica universalis* (VER).

➔ Entre as numerosas obras de K., mencionamos: *Ars Magnesia, hoc est disquisitio... de natura viribus et prodigiosis effectibus Magnetis*, 1631. — *Specula Melitensis Encyclica*, 1638 [propondo uma máquina de calcular]. — *Lingua Aegyptiaca restituta*, 1643 [tentativa de decifração dos hieróglifos egípcios]. — *Ars magna Lucis et Umbrae in decem libros digesta*, 1646. — *Oedipus Aegypticus, hoc est universalis doctrinae hieroglyphycae instauratio*, 1652-1655 [para decifrar os hieróglifos egípcios]. — *Reductio linguarum ad unam... Novum inventum linguarum omnium ad unam reductarum*, 1660 [na qual expõe a "caracterologia" citada anteriormente]. — *Polygraphia nova et universalis ex combinatoria Arte detecta. Qua quivis... omnibus linguis... scribere posse docetur*, 1663; 2ª ed., 1680 [em que expõe a já citada "criptografia"]. — *Arithmologia, sive de abditis numerorum mysteriis*, 1665 (trad. esp.: *Aritmología. Historia real esotérica de los números*, 1984). — *Mundus subterraneus, quo subterrestris mundi opificium universae denique naturae divitae, abditorum effectuum causae demonstrantur*, 1665-1678. — *Ars Magna Sciendi in XII libros digesta; qua nova et universali methodo per artificiosum combinationum contextum de omni re proposita plurimis et prope infinitis rationibus disputari, omniumque summaria quaedam cognitio comparari potest*, 2 vols., 1669 [para uma *ars universalis* e uma *characteristica universalis*].

Ver: K. Brischar, A. K., *Ein Lebensbild*, 1877. — P. Friedländer, "A. K. und Leibniz. Ein Beitrag zur Geschichte der Polyhistorie im XVIII. Jahr", *Atti. Pont. Accademia Romana di Archeologia*. Rendiconti (1947), 229-247. — J. Gutmann, *A. K., 1602-1680, und das Schöpfungs - und Entwicklungsproblem*, 1938. — Joaquín Carreras y Artau, *De Ramón Lull a los modernos ensayos de formación de uma lengua universal*, 1946 [monog.], pp. 25-27. — *Universale Bildung im Barock. Der Gelehrte A. Kircher* (Ausstellung der Stadt Rastatt), 1981, pp. 51 ss. C

KLAGES, LUDWIG (1872-1956). Nascido em Hannover, estudou filosofia e química na Universidade de Munique, onde se doutorou em ciências químicas. Em 1905, fundou em Munique um "Seminar für Ausdruckskunde" (Seminário para o estudo da expressão), que foi transferido em 1919 para Kilchberg. Nos trabalhos levados a efeito neste Seminário, em numerosas conferências e em publicações, Klages mostrou constante interesse pelos problemas da expressão, na psicologia e na arte, bem como pelas questões relativas à caracterologia e à grafologia. Todas as pesquisas realizadas por Klages se organizaram numa concepção metafísica fundada no chamado "primado da alma sobre o espírito".

Segundo Klages, as expressões, em todas as suas formas, são manifestações de realidades anímicas; o estudo das expressões — os signos, os gestos etc. — revela a constituição anímica dos indivíduos, dos grupos humanos e das épocas históricas. O fundamento do conhecimento humano é, por conseguinte, a ciência da expressão, sistematizada numa caracterologia. Klages analisou os componentes do caráter e descobriu que há em todo caráter uma natureza, constituída por impulsos de toda índole (que se conjugam, opõem-se, neutralizam-se etc.); uma estrutura, constituída pela afetividade, o temperamento e a capacidade de exteriorização; e uma matéria, formada pelas chamadas "faculdades", como a vontade e a inteligência. A combinação dos diversos elementos do caráter produz diversos tipos caracterológicos.

Do ponto de vista metafísico, a doutrina mais importante de Klages é a que consiste em seu proclamado antagonismo entre a alma (*Seele*) e o espírito (*Geist*), antagonismo insolúvel, porque nem a alma parece poder absorver por inteiro o espírito, nem este último parece poder anular por completo a alma. Por outro lado, não há nenhum terceiro termo que sirva de síntese à oposição. Baseando-se parcialmente em Nietzsche e em Bachofen [e também em alguns elementos da psicologia e da teoria do conhecimento de Melchior Palágyi (VER)], Klages considera que o espírito é a expressão do racional, do transcendente, daquilo que perturba e destrói a vida criadora da alma. Em contrapartida, a alma é, enquanto oposta ao espírito, enquanto irredutível ao racional, ao lógico, ao impessoal-objetivo, uma força que está em íntima comunhão com a Natureza (com a Natureza viva), que é capaz de criar símbolos e mitos, capaz de interpretar os enigmas que se perfilam diante dela e que o espírito apenas consegue, no máximo, conjurar. A identificação do anímico com o vital e dionisíaco e do espiritual com o racional, lógico e demoníaco é a mesma distinção que, em seu entender, existe entre a vida e a morte, a criação e o criado, o dinâmico e o mecânico, o fluido e o rígido. O espírito destrói, segundo Klages, o mundo dos mitos e das imagens por meio da ação mecanizadora do conceito. Assim, fica destruído o vivo, o pessoal, o íntimo e o expressivo, já que o espírito é, na realidade, a máxima despersonalização, o eternamente igual a si mesmo. Como escreve Klages, o espírito julga enquanto a vida vive, o espírito apreende o ser enquanto a vida vive o acontecer; pois o ser é pensável em princípio, mas não pode ser vivido imediatamente, ao passo que o acontecer é vivível em princípio, mas não pode ser pensado imediatamente (cf. *Der Geist etc.*, I, 1929, pp. 68 ss). Daí uma concepção do processo "histórico" da humanidade como "a progressiva luta vitoriosa do espírito contra a vida, com o fim, logicamente previsível, da aniquilação desta última". Essa concepção do processo humano — e universal — não tem apenas um fundamento metafísico, contando ainda com um fundamento psicológico e caracterológico: o da impossibilidade radical de contato entre uma vivência e sua realidade se se interpõe entre elas um processo de abstração, como é o habitual da apreensão racional do objeto. Ora, só a realidade-vivência permite enfrentar os conflitos e as antinomias que o espírito estende, como uma rede, sobre as coisas. Essa realidade-vivência produz "imagens", que não são simplesmente reprodutoras e geradoras do real-vivo. Por isso, a verdadeira realidade não é a vivência e tampouco o experimentado nela, mas a unidade radical dos dois, manifesta por meio da "imagem". O verdadeiramente real não é, pois, o ser nem os entes, mas a imagem-realidade-viva na qual há criação e produção do real, porém não no sentido do idealismo (ou, pelo menos, não no sentido transcendental deste). Essa realidade também não é um fundo metafísico do qual emerjam, como elementos seus, a alma e o espírito; com efeito, a realidade-viva é o próprio aspecto metafísico que assume a alma liberada da mecanização do espiritual e do racional. Mas essa liberação talvez seja impossível em princípio, porque o que existe é precisamente a incessante dialética da luta entre espírito e alma, com a possibilidade de aniquilação desta última, se nos ativermos ao curso efetivo da história humana. Somente o despertar das forças criadoras e o aprofundamento nos símbolos vitais poderiam deter esse curso. A metafísica de Klages, que, mediante a luta da alma contra o espírito, desemboca numa concepção de mundo e numa ética, pretende, assim, estabelecer uma teoria dos símbolos que permita uma interpretação da Natureza distinta da sustentada pela ciência. Apenas a força criadora da vida anímica pode, de acordo com Klages, chegar, pelo caminho de uma simbologia, ao fundo do vivente, ou seja, do real não-racional.

Obras: *Stephan George*, 1902. — *Die Probleme der Graphologi*, 1910. — *Prinzipien der Charakterologie*, 1910; 2ª ed., com o título *Die Grundlagen der Charakterkunde*, 1926; 14ª ed., 1969 (*Fundamentos da caracterologia*, 1953). — *Ausdrucksbewegung und Gestaltungskraft*, 1913; 5ª ed., com o título *Grundelegung der Wissenschaft vom Ausdruck*, 1936 (*Movimento expressivo e força criadora*; 5ª ed.: *Fundamentação da ciência da expressão*). — *Handschrift und Charakter*, 1916; 23ª ed., 1949 (*Escrita e caráter*). — *Mensch und Erde*, 1920; 5ª ed., 1937 (*Homem e terra*). — *Vom Wesen des Bewusstseins*, 1921; 3ª ed., 1933 (*Da natureza da consciência*). — *Vom kosmogonischen Eros*, 1922; 5ª ed., 1951 (*Do Eros cosmogônico*). — *Einführung in die Psychologie der Handschrift*, 1924; 2ª ed., 1928 (*Introdução à psicologia da escrita*). — *Die psychologischen Errungenschaften Nietzsches*, 1926; 2ª ed., 1930 (*As descobertas psicológicas de N.*). — *Zur Ausdruckslehre und Charakterkunde. Gesammelte Abhandlugen*, 1927 (*Para a teoria da expressão e da caracterologia. Coletânea de ensaios*). — *Persönlichkeit. Einführung in die Charakterkunde*, 1927; 2ª ed., 1930

(*Personalidade. Introdução à caracterologia*). — *Der Geist als Widersacher der Seele*, 3 vols.: vol. I e II, 1929; vol. III, 1932; 3ª ed., em 2 vols., 1954 [*I: Leben und Denkevermögen; II: Die Lehre vom Willen; III: Die Wirklichkeit der Bilder. 1: Die Lehre von der Wirklichkeit der Bilder, 2: Das Weltbild des Pelasgertums*] (*O espírito como adversário da alma. I: Vida e faculdade pensante; II: A teoria da vontade; III: A realidade dos símbolos*). — *Graphologie*, 1932; 3ª ed., 1949. — *Vom Wesen des Rhytmus*, 1934 (*Da natureza do ritmo*). — *Der Mensch und das Leben*, 1937 (*O homem e a vida*). — *Ursprünge de Seelenforschung*, 1942; 2ª ed., 1952 (*Origens da investigação da alma*). — *Rythmen und Runen*, ed. pelo próprio autor, 1944. — *Die Sprache als Quelle der Seelenkunde*, 1948 (*A linguagem como fonte de conhecimento da alma*).

Depoimento em *Deutsche systematische Philosophie nach ihren Gestaltern*, II (1923).

Ed. de obras completas: *Sämtliche Werke*, 9 vols., 1969 ss., ed. E. Frauchiger, G. Funke, K. J. Groffman, R. Heiss e H. E. Schöder. O vol. 9 é um índice dos vols. anteriores, preparado por H. Knobloch, Axel Freiherr von Maltzahn, E. e W. Schürer, ed. Hans e Hilde Kasdorff.

Ver: O. Hermann, *Klages Entwicklung einer Charakterkunde*, 1920. — Gerda Walter, "Ludwig Klages und sein Kampf gegen den Geist", *Philosophischer Anzeiger*, 3 (1928). — J. Lewin, *Geist und Seele. L. Klages Philosophie*, 1931. — C. Wandrey, *L. K. und seine Lebensphilosophie*, 1933. — J. Deussen, *Klages Kritik des Geistes*, 1934. — Gustave Thibon, *La science du caractère (L'oeuvre de L. K.)*, 1934. — Max Bense, *Anti-Klages oder von der Würde des Menschen*, 1937. — C. H. Ratschow, *Die Einheit der Person. Eine theologische Studie zur Philosophie L. K.*, 1938. — M. Kliefoth, *Erleben und Erkennen. Eine Studie zur Philosophie L. Klages*, 1938. — G. Schaber, *Die Theorie des Willens in der Psychologie von L. K.*, 1939. — W. Witte, *Die Methaphysik von L. K.*, 1939. — H. Kern, *Von Paracelsus bis K. Studien zur Philosophie des Lebens*, 1942. — E. M. J. Breukers, *Levenvormen, De karakterleer van L. K.*, 1947. — A. Bartels, *L. K.: seine Lebenslehre und der Vitalismus*, 1954. — H. Kasdorff, *Um Seele und Geist*, 1955. — W, Schürer, *L. K., Gedenkschrift*, 1961. — Hans Kasdorff, *L. K. Werk und Wirkung. Einführung und kommentierte Bibliographie*, 2 vols., 1969-1974. — Roland Müller, *Das verzwistete Ich. L. K. und sein philosophisches Hauptwerk "Der Geist als Widersacher der Seele"*, 1971. — G.-K. Kaltenbrunner, "Ludwig Klages", *Praxis*, 5 (1969), 542-547. — M. Paul-Mengelberg, W. Kuckartz et al., *Vorträge und Aufsätze zum philosophischen System von K. und zu seiner Lehre von Willen*, 1978. — H. Kasdorff, *L. K. Widerstreit der Meinungen. Eine Wirkungsgeschichte von 1895-1975*, 1978. — W. Perpeet, M. Paul-Mengelberg et al., *Wirklichkeit und Realität. Vorträge und Kommentare zu L. K.* [Reuniões de Héstia, 1978-1979], ed. Hans Kasdorff, 1979. — W. Kuckartz, *L. K. als Erzieher*, 1979. — H. Kasdorff, *L. K. Gesammelte Ausätze und Vorträge zu seinem Werk*, 1984.

KLEMM, OTTO. Ver W<small>UNDT</small>, W<small>ILHELM</small>.

KLEUTGEN, JOSEPH (1811-1883). Nascido em Dortmund (Westfalia), ingressou na Companhia de Jesus e deu aulas de 1837 a 1843 em Friburgo (Suíça) e em Brig. Chamado a Roma para trabalhar na Cúria, interveio oficiosa, mas muito ativamente, no Concílio Vaticano I. Parece ter sido autor da primeira redação da encíclica *Aeterni Patris* (1879), do Papa Leão XIII, documento capital no desenvolvimento do neotomismo (VER). A partir de 1878, exerceu o cargo de prefeito de estudos e professor de dogmática na Universidade Gregoriana, mas teve de abandonar essas atividades em pouco tempo, em decorrência de um ataque de apoplexia.

A contribuição original de Kleutgen à filosofia foi escassa, justamente, em grande parte, porque ele considerou missão sua combater toda originalidade — ou, no seu entender, falsa originalidade — e regressar à "via antiga" ou "via tradicional" e, fundamentalmente, ao tomismo. Mas sua influência filosófica foi muito grande nos meios filosóficos eclesiásticos, sendo considerado um dos principais restauradores da neo-escolástica (VER), especialmente do neotomismo — sobretudo na Alemanha e em países de língua alemã. Kleutgen se opôs às tentativas de empregar o pensamento moderno, particularmente o idealismo alemão, na teologia e na filosofia católicas, defendendo obstinadamente "a filosofia do passado" (*die Philosophie der Vorzeit*). Também foi contrário ao ontologismo (VER) e, em geral, a tudo aquilo que considerava "erros modernos" e "desvios" da "via antiga".

➲ Obras: *Die Theologie der Vorzeit vertheidigt*, 3 vols., 1853-1860; 2ª ed., 5 vols., 1877; reimp., 1878 (*A teologia do passado defendida*). — *Die Philosophie der Vorzeit vertheidigt*, 2 vols, 1860-1863; 2ª ed., 1878. — *Die Verurteilung des Ontologismus*, 1867 (*Condenação do ontologismo*). — *Kleinere Werke*, 5 vols., 1869-1874; 2ª ed., 1880-1885 (*Escritos menores*). — *Vom intellectus agens und die angeborenen Ideen*, 1875 (*Do intelecto ativo e das idéias inatas*). — *Zur Lehre vom Glauben*, 1875 (*Da doutrina da fé*). — *Institutiones theologicae: De ipso Deo*, 1881 (vol. I de uma obra projetada em 8 vols.).

Ver: J. Hertkens, *J. K., sein Leben und seine literarische Wirksamkeit*, 1910. — G. Van Riet, *L'épistémologie thomiste*, 1946, pp. 69-81 [2ª ed., 1950]. — Leonhard Gilen, *K. und die Theorie des Erkentnnisbildes*,

1956. — *Id.*, "J. K. und die philosophische Prinzipienlehre... Zum 150 Geburstag J. Kleutgens", *Scholastik*, 37 (1962), 1-31. — J. Petrirena, "J. Kleutgen y la certeza libre: aportación terminológica y doctrinal", *Pensamiento*, 28 (1972), 259-276. — W. Belz, *Friedrich Michelis und seine Bestreitung der Neuscholastik in der Polemik gegen J. Kleutgen*, 1978. ↻

KLIBANSKY, RAYMOND. Ver Platonismo.

KLINE, GEORGE L[OUIS]. Ver Concreto; Filosofia soviética; Revisionismo.

KNUDSON, ALBERT CORNELIUS. Ver Personalismo.

KNUTZEN, MARTIN (1713-1751). Nascido em Königsberg. Foi nomeado em 1734 "professor extraordinário" de lógica e física na Universidade desta mesma cidade. Martin Knutzen costuma ser apresentado como um fiel adepto da chamada Escola de Leibniz-Wolff, cuja principal, se não única, importância reside no fato de ter sido mestre de Kant na Universidade e de ter-lhe transmitido os ensinamentos da filosofia leibnizo-wolffiana. Embora haja nessa imagem algo de verdade, ela é demasiado simplificada. De fato, Knutzen foi professor de Kant, tendo tido grande influência na formação filosófica deste. Ele também lhe ensinou os princípios da filosofia wolffiana. Por fim, adotou um bom número de pontos de vista wolffianos, ou leibnizo-wolffianos, particularmente na "psicologia racional". Porém, ao mesmo tempo, abriu os olhos de Kant para a crítica de alguns dos princípios de Leibniz e de Wolff e o encaminhou para um estudo profundo da mecânica de Newton. Com efeito, embora wolffiano, Knutzen não o foi de modo dogmático. E menos dogmaticamente ainda leibniziano, visto que refutou a doutrina da harmonia preestabelecida e tentou esboçar um sistema que explicava as relações entre as substâncias por meio de um "influxo físico". Encontram-se, nas primeiras obras de Knutzen, certos germes de meditações posteriores de Kant sobre o espaço e a natureza dos processos físicos. Encontra-se também não pouco daquilo que Kant apresentou em sua *Monadologia physica*. O interesse de Knutzen pelos problemas da filosofia natural matemática manifestou-se em suas aulas e em vários de seus escritos, com destaque para seu esforço de encontrar uma determinação matemática da noção de força que mediasse a fórmula de Descartes (a massa multiplicada pela velocidade) e a de Leibniz (a massa multiplicada pelo quadrado da velocidade). Em suas meditações de filosofia religiosa, Knutzen inclinou-se fortemente para o pietismo.

↻ Obras: *Dissertatio metaphysica de aeternitate mundi impossibili*, 1733. — *Commentatio philosophica de commercio mentis et corporis per influxum physicum explicando*, 1735; 2ª ed., 1745. — "Theoremata nova de parabola infinitis", *Acta Eruditorum* (1737). — *Philosophischer Beweis von der Wahrheit der christlichen Religion*, 1740 [antes publicado nas *Königsberger Intelligenzblätter*, 1739-1740] (*Prova filosófica da verdade da religião cristã*). — *Commentatio philosophica de humanae mentis individua natura sive immaterialitate*, 1741 (trad. alemã, 1745). — *Arithmetica Mechanica*, 1744. — *Vernünftige Gedanken von der Kometen*, 1744. — *Systema causarum efficientium*, 1745. — *Elementa philosophiae rationalis seu logicae cum generalis tum specialioris mathematica methodo in usum auditorum suorum demonstrata*, 1747 (reed., 1972?).

Ver: B. Erdmann, *M. K. und seine Zeit*, 1876. — M. van Biéma, *M. K.. La critique de l'armonie préetablie*, 1908. ↻

KOFFKA, KURT (1886-1941). Nascido em Berlim, foi *Privatdozent* (1911-1918) e professor titular (1918-1927) da Universidade de Giessen, professor da Cornell University, de Ithaca, Nova York, Estados Unidos (1924-1925), da Universidade de Wisconsin (1936-1937) e do Smith College, de Northampton, Massachusetts, Estados Unidos (1927-1941). Koffka foi um dos autores que desenvolveram a teoria da forma ou da estrutura; nós nos referimos mais detalhadamente a esta teoria e às contribuições do autor no verbete Estrutura (ver). Foi especialmente importante sua contribuição ao estudo das percepções e da evolução psíquica no gestaltismo psicológico.

↻ Principais obras: "Experimental Untersuchungen zur Lehre von Rhytmus", *Zeitschrift für Psychologie* (1909), 1-109 (tese) (*Investigações experimentais para a teoria do ritmo*). — *Zur Analyse der Vorstellungen und ihrer Gesetze*, 1912 (*Para a análise das representações e de suas leis*). — *Die Grundlagen der psychischen Entwicklung*, 1921; 2ª ed., 1925 (*Bases da evolução psíquica*). — *Principles of Gestalt Psychology*, 1935. — Outros trabalhos importantes para o conhecimento das idéias de Koffka: "Psychologie", em *Lehrbuch der Philosophie*, ed. M. Dessoir, II, 1925, pp. 497-603. — "Psychologie der optischen Wahrnehmungen", em *Handbuch der normalen und pathologischen Physiologie*, 10 (1931), 1166-1214, 1215-1371. — "Problems of the Psychology of Art", em *A Bryn Mawr Symposium*, 1940, pp. 179-273 [Bryn Mawr College, Notes and Monographies, 9].

Ver: B. Peterman, *Die Wertheimer-Koffka-Köhlersche Gestalttheorie*, 1929. — S. H. MacColl, *A Comparative Study of the Systems of Lewin and Koffka*, 1939 [Contributions to Psychological Theory, II, 1]. — M. Garnett, "Gestalt Psychology". *Philosophy*, 18 (1943), 37-49. — J. J. Gibson, *The Perception of the Visual World*, 1950. — H. Osborne, "Artistic Unity and Gestalt", *Philosophical Quarterly*, 14 (1964), 214-228. — V. Li Carrillo, "La 'Gestaltpsychologie' y el concepto de estructura", *Revista Venezolana de Filosofía*, 8 (1978), 7-81. — T. Natsoulas, "'Why Do Things Look as They Do?' Some Gibsonian Answers to Koffka's Question", *Phil. Psych.* (1991), 183-202. ☞

KÖHLER, WOLFGANG (1887-1967). Nascido em Reval (Estônia), foi professor na Universidade de Berlim (1922-1936) e no Swarthmore College, Swarthmore, Pensilvânia, Estados Unidos (a partir de 1937), e foi um dos autores que desenvolveram a teoria da forma ou da estrutura; nós nos referimos mais detalhadamente a essa teoria e às contribuições do autor no verbete Estrutura (VER). Foram especialmente importantes as contribuições de Köhler à psicologia animal, sobretudo suas pesquisas sobre a inteligências dos chimpanzés, desenvolvidas na estação biológica de Tenerife (Ilhas Canárias). No curso dessas investigações, Köhler mostrou até onde pode chegar a inteligência prática dos antropóides. Também é importante o estudo realizado por Köhler sobre as formas físicas do ponto de vista gestaltista, mas é preciso observar que não se trata (ao contrário do que às vezes se supôs) de uma "psicologização da física". Em seus últimos anos, Köhler se ocupou bastante de estudos neurofisiológicos, particularmente encefalográficos (ritmo "alfa", bases físicas da percepção etc.).

☞ Principais obras: *Intelligenzprüfungen an Anthropoïden*, I, 1917; 2ª ed. com o título *Intelligenzprüfungen an Menschennaffen*, 1921; reimp., 1963 (*As provas de inteligência dos antropóides*). — *Die physischen Gestalten in Ruhe und im stationären Zustand*, 1920 (*As formas físicas em repouso e em estado estacionário*). — *Psychologische Probleme*, 1933 (*Problemas psicológicos*). — *The Place of Value in a World of Facts*, 1938. — *Gestalt Psychology*, 1938; ed. rev., 1947. Obra póstuma: *The Selected Papers of W. K.*, 1971, ed. Mary Henle.

Ver: B. Petermann, *Die Wertheimer-Koffka-Köhlersche Gestalttheorie*, 1929. — J. van der Veldt, "The Evolution and Classification of Philosophical Life Theories, part II", *Franciscan*, 3 (1943), 277-305. — E. H. Madden, "A Logical Analysis of 'Psychological Isomorfism'", *British Journal for the Philosophy of Sciences*, 8 (1957), 177-191. ☞

KOJÈVE, ALEXANDRE (1902-1968). Nascido na Rússia (seu nome original era Kojevnikoff), emigrou para a França, desempenhando ali vários cargos na Administração do Estado. De 1933 a 1939, comentou as a *Fenomenologia do Espírito*, de Hegel, na École Pratique de Hautes Études de Paris, diante de uma platéia na qual figuravam Merleau-Ponty, Jacques Lacan, Georges Bataille, Raymond Aron, Raymond Queneau e outros, entre os quais também se menciona Sartre. Essas aulas de Kojève tiveram grande influência no interesse que Hegel, ou ao menos o Hegel da *Fenomenologia do Espírito*, despertou na França durante os anos citados e em especial — se se levarem em conta os efeitos — imediatamente depois da Segunda Guerra Mundial. As explicações e interpretações de Kojève contribuíram para dissolver o racionalismo neokantiano, que foi durante décadas, ao lado do individualismo burguês, a filosofia predominante entre os professores da Sorbonne. Contribuíram também para o conhecimento de Marx e para a renovação do marxismo. Os fortes elementos hegelianos presentes no existencialismo, especialmente em Sartre, por certo não são alheios ao trabalho interpretativo de Kojève (nem aos trabalhos de Jean Hyppolite [VER]). Com Kojève também se relaciona a eventual formação do existencialismo marxista. É preciso ainda levar em conta que Kojève, assim como Hyppolite, recebeu influências tanto de Marx como de Heidegger.

O pensamento de Kojève, com destaque para o que está expresso em sua "busca de uma história ponderada da filosofia pagã", não é porém uma simples mistura de Hegel, Marx e Heidegger. Estes são integrados numa maneira de pensar que enfrenta a situação atual e procura "racionalizá-la". Não é uma "explicação", mas, ao invés, uma mediação da razão em sentido hegeliano o que Kojève tem em mente. A história manifesta (dialeticamente) o espírito e este é recuperado pela razão na sabedoria como saber do que é a um só tempo racional, concreto e real.

☞ Obras: *Introduction à la lecture de Hegel*, 1947, ed. R. Queneau. — *Essai d'une histoire raisonée de la philosophie païenne. I: Les Présocratiques*, 1968, ed. R. Queneau. — *Kant*, 1973. — "Les peintures concretes de Kandisnky", *Revue Metaphysique et Morale*, 90 (1985), 149-171 (póstumo).

Ver: E. Clemens, "L'histoire (comme) inachevement", *Revue Metaphysique et Morale*, 76 (1971), 206-225. — P. Riley, "Introduction to the Reading of Alexandre Kojève", *Political Theory*, 9 (1981), 5-48. — D. J. Goldford, "Kojève's Reading of Hegel", *International Philosophical Quarterly*, 22 (1982), 275-294. — M. S. Roth, "A Note on Kojève's Phenomenology of Right", *Political Theory*, 11 (1983), 447-450. — Id., "A Problem of Recognition: Alexandre Kojéve and the End of History", *History and Theory*, 24 (1985), 294-300. — M. J. Inwood, "Hegel on Death", *International Journal of Moral and Sociological Studies*, 1 (1986), 109-122. — P. Van Hate, "Lacan and Kojève", *Tijdschrift voor Philosophie*, 48 (1986), 391-415. — P. Redding, "Hermeneutic or Methaphysical Hegelianism? Kojève's Dilemma", *Owl Minerva* (1991), 175-190. — M. S. Roth, "The Ironist Cage", *Political Theory* (1991), 419-432. — A. Kojève, G. Fessard, "Kojève-Fessard Documents", *Interpretation*, 19(2) (1991-1992), 185-200. — T. Rockmore, "Aspects of French Hegelianism", *Owl Minerva*, 24(2) (1993), 191.206. ☞

KOLAKOWSKI, LESZEK (1927). Nascido em Radom (Polônia) e estudou em Lodz. Foi (1964) professor auxiliar de Tadeusz Kotarbiński (VER) na Universidade de Varsóvia. Kolakowski logo depois se exilou, tendo sido professor visitante na Universidade McGill, de Montreal (1969) e de várias outras universidades canadenses, norte-americanas e inglesas. É por vezes considerado filiado aos marxistas revisionistas poloneses e, outras vezes, representante de um marxismo "analítico". Na verdade, figuram em seu pensamento fios muito diversos: marxismo, kantismo, existencialismo (especialmente de Sartre), elementos de filosofia analítica da tradição polonesa etc. O ponto de partida da reflexão filosófica de Kolakowski foi a situação do marxismo na Polônia nos anos 1950. Kolakowski estabeleceu uma distinção entre o marxismo "institucional" e o marxismo "real". O primeiro é uma racionalização dos imperativos do poder político e leva à eliminação da autonomia da ação moral humana. O segundo se aprofunda na natureza social do homem e torna possível um humanismo que não é mero individualismo egoísta. Kolakowski se opôs sobretudo à concepção da história como uma marcha inteiramente predeterminada rumo a um fim que não deixa ao indivíduo liberdade de escolha: essa concepção é, segundo ele, desumana e imoral e, ao mesmo tempo, falsa. A posição de Kolakowski nem sempre é clara dentro dos debates marxistas de sua geração na Polônia. Por um lado, ele admite o determinismo contra um voluntarismo excessivo; por outro, julga que o destino individual não é condicionado por nenhuma lei histórica. Do mesmo modo, mantém de um lado uma separação entre o ser e o dever ser, visto que sem ela não há moralidade possível; do outro, avalia que a moral é heterônoma. Kolakowski abriu caminho entre concepções diferentes e em mútuo conflito; embora simpatizante do humanismo marxista, negava-se a admitir toda e qualquer espécie de irracionalismo e, embora fosse simpatizante de certas formas de marxismo analítico e "positivista" — que na Polônia desembocava numa libertação, oposta à ortodoxia do materialismo dialético oficial —, considerava que este último tipo de marxismo descambava freqüentemente numa ideologia burguesa. De modo geral, Kolakowski tendeu durante algum tempo a um marxismo crítico e, num sentido amplo do termo, "analítico".

Isso o levou ao estudo dos fundamentos morais do liberalismo moderno, tal como formulado por Locke, e à tentativa de desligar esse liberalismo de sua tradicional associação histórica com determinada classe social. No âmbito desse "liberalismo filosófico", de caráter humanista, ressurgiram as primeiras preocupações de Kolakowski: as preocupações morais. A possibilidade de fundar uma moral que seja ao mesmo tempo autônoma — que não dependa de nenhuma coação externa — e historicamente eficaz, isto é, a possibilidade de lançar uma ponte entre imperativos morais e as necessidades da ação política e social, parecem ser as principais preocupações de Kolakowski em seus últimos trabalhos.

De acordo com Kolakowski, o comunismo, tal como proposto por Marx, ou desenvolvido por muitos marxistas (ditadura do proletariado), não leva a uma sociedade sem classes em que a vida política está integrada à sociedade civil. Dessa perspectiva, os anarquistas têm razão. Por outro lado, muitos anarquistas cometem o mesmo erro que foi a causa do fracasso do socialismo na União Soviética: o fato de não levar em conta a agressividade da natureza humana.

⮕ Devem-se a K. numerosos artigos e livros, muitos deles formados por ensaios diversos. Uma parte importante da produção de K. é de caráter histórico (melhor dizendo, são análises histórico-filosóficas). Entre os livros, mencionamos: *Szkice o filozofii katolickiej*, 1955 (*Esboços de filosofia católica*). — *Wykladi o filozofii średniowiecznej*, 1956 (*Ensaios sobre filosofia medieval*). — *Światopogląd i życie codzienne*, 1957 (*Concepção de mundo e vida cotidiana*). — *Jednostka i nieskończoność: Wolfność i antynomie wolnosci w filosofii Spinozy*, 1958 (*O indivíduo e o infinito. Liberdade e a antinomia da liberdade na filosofia de Spinoza*). — *Notatki o wspotczesnej kontrerreformacji*, 1962 (*Notas sobre a contra-reforma contemporânea*). — *13 bajek z królestwa Lailonii dla duzych i małych*, 1963 (*13 Fábulas do Reino da Lalônia para adultos e crianças*). — *Filozofski esejii*, 1964 (*Ensaios filosóficos*). — *Klucz niebieski albo opowieści budujące z historii świetej zebrane ku pouczeniu l przestrodze*, 1964; 2ª ed., 1965. — *Rozmowy z diablem*, 1965 (*Conversas com o diabo*). — *Swiadomosc religijna i wiez koscil na. Studia nad chrześcijaństwem bezwyznaniowym siedmnastego wieku*, 1965 (*A consciência religiosa e os vínculos da igreja. Estudos sobre a cristandade não-denominacional do século XVII*). — *Filozofia pozytywistyczna. Od Hume'a do Koła Wiedeńskiego*m 1966 (*Filosofia positivista, De Hume ao Círculo de Viena*). — *Kultura i fetysze. Zbior rozpraw*, 1967 (*Cultura e fetiches. Coletânea de ensaios*). — *Glovne Nurtz, Marxismus*, 3 vols., 1977-1978 (*Principais correntes do marxismo*). A partir desse momento, Kolakowski foi acentuando seu distanciamento em relação ao marxismo.

K. compilou várias antologias com extensas introduções: *Z dziejów polskiej myśli filozoficzne i społecznej*, 1956 (*Da história do pensamento filosófico e social polonês*). — *Filozofia XVII wieku. Francia, Holandia, Niemcy*, 1959 (*Filosofia do século XVII. França, Holanda, Alemanha*). — *Filozofia egzystencjalna*, 1965 (*Filosofia existencial*) (em colaboração com Krzystof Pomian). Contribuiu também com artigos sobre numerosos filósofos em *Stownik filozofów*, 1966, ed. L. Krónska, 1966 (*Dicionário de filósofos*).

Há trads. das obras de K. em vários idiomas; geralmente são coletâneas de ensaios procedentes de diversos livros. Uma das mais conhecidas coletâneas foi a que apareceu em alemão: *Der Mensch ohne Alternative. Von der Möglichkeit und Unmöglichkeit Marxist zu sein*, 1960; 2ª ed., 1964; 3ª ed. aum., 1967 (*O homem sem alternativa. Da possibilidade e da impossibilidade de ser marxista*). Menciona-se freqüentemente a trad. inglesa de uma das obras cit. supra: *The Alienation of Reason: A History of Positivist Thought*, 1969. Também em inglês: *Toward a Marxist Humanism: Essays on the Left Today*, 1968; *Marxism and Beyond: On Historical Understanding and Individual Responsibility*, 1969 (trad. de *Der Mensch...* cotejada com textos poloneses); *Husserl and the Search for Certitude*, 1975 [Cassirer Lectures]. — Com Stuart Hampshire: *The Socialist Idea: A Reappraisal*, 1973. — *Zweifel an der Methode*, 1977 (*Dúvidas sobre o método*). — *Leben trotz Geschichte*, 1977 (*Viver apesar da história*). — *Religion: If There is No God... On God, the Devil, Sin and Other Worries of the So-Called Phylosophy of Religion*, 1982. — *Bergson*, 1985. — *Narr und Priester*, 1987 (*Bufão e sacerdote*). — *Metaphysical Horror*, 1988.

Em português: *Espírito revolucionário*, 1985. — *Horror metafísico*, 1990. — *A presença do mito*, 1972.

Bibliografias de livros e artigos por G. L. Kline. Até 1964, ao final de seu artigo "K. and Revision of Marxism", *European Philosophy Today*, 1965, ed. G. L. Kline, pp. 113-163. Até 1971, em "Selective Bibliography", *Tri-Quarterly*, 22 (Fall, 1971), pp. 239-250.

Ver: J. Ladosz, "Der Marxismus und die philosophische Anschauungen Kolakowskis", *Deutzsche Zeitschrift für Philosophie*, 16 (1968), 952-967. — H. Skolimowski, "L. Kolakowski: A New Vision in Marxism" (em hebraico), *Iyyun*, 21 (1970), 133-144. — *Id.*, "L. K., le phénomène du marxisme polonais", *Archiv für Philosophie*, 34 (1971), 265-279. — G. L. Kline, "Beyond Revisionism: L. K.'s Recent Philosophical Development", *Tri-Quarterly*, 22 (1971), 13-47. — H. Mottu, "'Chretiens sans Église' de K.", *Revue de Theologie et de Philosophie* (1973), 308-331. — R. M. Faris, *Revisionist Marxism: The Opposition Within*, 1974. — M. Markovic, "L. K. and so Called Alienation", *Philosophy and Social Criticism*, 5 (1978), 231-242. — O. K. Flechtheim, *Von Marx bis K.*, 1978. — E. Swiderski, "Practice and the Social Factor in Cognition: Polish Marxist Epistemology since K.", *Studies in Soviet Thought*, 21 (1980), 341-362. — W. Mejbaum, A. Zukrowska, "L. K.'s Misinterpretation of Marxism (I): Determinism and Organic Whole", *Dialectics and Humanism*, 7 (1980), 107-118; "(II): Facts and Theoretical Prospects", *ibid.*, 8 (1981), 149-160. — S. Rainko, "On L. K.'s Views on Religion", *Dialectics and Humanism*, 13 (1986), 149-155. — M. Przelecki, "If There is No God", *Dialectics and Humanism*, 13 (1986), 143-147. — B. Piwowarczyc, *Lire K.*, 1986. — C. Gómez, "K. y la religión: reflexiones sobre um texto de Dostoievski", *Pensamiento*, 46 (1990), 201-224. C

KOPPERSCHMIDT, FRITZ. Ver Fries, Jakob Friedrich.

KORN, ALEJANDRO (1860-1936). Nascido em San Vicente (Buenos Aires). Médico psiquiatra, dirigiu durante anos o Hospital de doentes mentais "Melchor Romero", ocupando ainda a cátedra de anatomia no Colegio Nacional de La Plata. De 1906 a 1930, data de sua aposentadoria, foi professor de filosofia na Universidade de Buenos Aires. Sua atividade filosófica seguiu desde o início o caminho de uma superação do positivismo dogmático. Mas essa superação não significava para Korn uma reação de tipo romântico, e sim a assimilação daquilo que, no positivismo e de modo particular no que ele chamava de positivismo autóctone argentino, havia de justificado. Influenciado por Kant, relacionado com Dilthey, adversário da metafísica como pretensão de saber rigoroso, mas reconhecendo, senão sua possibilidade, sua ineludível necessidade, o trabalho pessoal de Korn consistiu em grande parte numa meditação e numa defesa da liberdade humana, entendida por ele como a união indissolúvel das liberdades econômica e ética. Korn começa pela afirmação de que nada pode ser concebido fora da consciência e que o mundo externo não é uma realidade, mas um problema. Esse reconhecimento, no entanto, constitui sobretudo, não a premissa para um idealismo absoluto, mas um ponto de partida que exclui o realismo ingênuo. Este é próprio da ciência, que submete o mundo à quantidade e à medida e que ignora a outra parte da realidade total, o sujeito, tema da filosofia. A filosofia, no entanto, não se detém na distinção entre a ordem subjetiva e a ordem objetiva; de um lado, ao debruçar-se sobre a consciência, vê nela não apenas uma atitude contemplativa mas também ativa; de outro, a distinção entre o mundo da ciência e o da consciência, entre a necessidade e a liberdade, suscita o problema de sua afirmação conjunta, que é "o problema filosófico por excelência". Tal afirmação não pode ser objeto de uma solução especulativa que negue um dos termos ou os concilie: tem de ser uma solução prática, a tomada de uma posição que revele ou o homem dominado pelo instinto de rebanho ou o homem verdadeiramente livre. Ora, Korn inclina-se decididamente pela afirmação da liberdade humana integral, da personalidade como traço característico do sujeito e expressão autêntica de seu ser. Mas a liberdade não é simplesmente dada, e sim conquistada; a libertação da necessidade, a realização da liberdade é a finalidade ética que tem por bem supremo a própria liberdade. A vida humana é, a rigor, a luta pela liberdade.

A filosofia da liberdade de Korn não exclui, desse modo, a necessária objetividade e necessidade do mundo da ciência nem faz da experiência do ser livre o resultado de uma pura intuição intelectual. Korn afirma a intuição como única fonte de conhecimento, mas refere-se a uma intuição sempre acompanhada pelo conceito. Necessidade de ordem objetiva, liberdade da ordem subjetiva, unidade da consciência, afirmação da intuição são "expressões da evidência imediata e não conclusões de uma argumentação dialética". Por outro lado, a experiência da liberdade leva a filosofia ao problema da valoração, definida como "a reação humana diante de um fato ou de um acontecimento" e do valor, concebido como "o objeto, real ou ideal, de uma valoração afirmativa". A valoração aparece, em todo o curso da luta pela liberdade, da vontade de desprender-se da necessidade. Daí a formação de uma teoria relativista dos valores e de um quadro de valores construído com base nas valorações biológicas (econômicas, instintivas, eróticas), sociais (vitais, sociais) e culturais (religiosas, éticas, lógicas, estéticas) que dão origem aos conceitos básicos de útil e nocivo, agradável e desagradável etc. Cada par de valores tem uma realização histórica e uma finalidade ideal que é, a depender de cada caso, o bem-estar, a felicidade e o amor (para as valorações biológicas), o poder e a justiça (para as sociais), a santidade, o bem, a verdade e a beleza (para as culturais). Mas justamente porque a liberdade que vai se formando no curso da luta por sua existência já pode ultrapassar de maneira quase definitiva as fronteiras da ciência, o homem pode, se não erigir uma metafísica, reconhecer sua necessidade. A negação da verdade absoluta não significa para Korn a exclusão da fé pessoal, que traz em si tanto a objetividade do saber científico como o imperativo da ação. Pois "a ciência nos convence, a axiologia nos persuade", mas a ontologia, isto é, a metafísica, "nos consola".

⇨ Principais obras: *Influencias filosóficas de la evolución nacional*, 1919. — *La libertad creadora*, 1922. — *Esquema gnoseológico*, 1924. — *El concepto de ciencia*, 1926. — *Axiología*, 1930. — *Apuntes filosóficos*, 1935. — *Filósofos y sistemas*, 1937. — *Ensayos críticos*, 1937. — *De Hegel a Marx*, 1938.
Edição de *Obras Completas* pela Universidad Nacional de La Plata: I, 1938; II, 1939; III, 1940. — Outra edição mais completa em I vol., 1949. — Há reedição de várias obras. — Vários escritos em *Sistema filosófico*, 1959. — Estudos sobre filósofos no tomo *De San Agustín a Bergson*, 1959, com introdução de J. C. Torchia-Estrada.

Ver: F. Romero, A. Vasallo, L. Aznar, *A. K.*, 1940. — S. A. Tri, G. del Mazo et al., *A. K.*, 1941. — R. Frondizi, "Contemporary Argentine Philosophy", *Philosophy and Phenomenological Research*, 4 (1943), 180-185. — R. A. Pierola, "Alejandro Korn and Contemporary Philosophy", *Phil. Phenomenol. Res.*, 14 (1954), 354-364. — Norberto Rodríguez Bustamante, *A. K. y el problema de la cultura nacional*, 1960. — Juan Carlos Torchia-Estrada, "A. K. visto por sus críticos", *Revista Iberoamericana*, 28 (1962), 246-286 [bibliografia nas pp. 274-286]. — F. Aguilar, J. J. Bruera et al., *Estudios sobre A. K. Homenaje en el centenario de su nacimiento*, 1963. — S. Lipp, *Three Argentine Thinkers*, 1969. — Daniel E. Salazar, *Libertad y creación en los ansayos de A. K.*, 1973. **G**

KORSCH, KARL (1889-1961). Nascido na Alemanha, opôs-se aos que interpretaram o marxismo como se se tratasse unicamente de uma teoria sociológica cujo propósito é estabelecer leis que descrevam e prevejam o comportamento da sociedade. Segundo Korsch, embora seja uma teoria social, o marxismo é ao mesmo tempo uma doutrina filosófica. Enquanto teoria social que comporta determinada metodologia, o marxismo explica o desenvolvimento das sociedades e, em particular, o desenvolvimento da sociedade moderna. Funda-se, por conseguinte, em fatos, devendo ser verificável mediante fatos. Como doutrina filosófica, o marxismo proporciona uma interpretação da história e prediz que, dadas certas condições, é possível reagir diante delas a fim de transformar a sociedade numa sociedade sem classes. Logo, o marxismo exprime igualmente a prática revolucionária de uma classe que tem uma finalidade historicamente alcançável e moralmente desejável.

⇨ Principais obras: *Was ist Sozialisierung? Ein Programm der praktischen Sozialismus*, 1919 [Sozialistische Schriftenreihe, 1] (*Que é socialização?*). — *Quintessenz der Marxismus. Eine gemeinverständliche Darlegung*, 1922 (*Quintessência do marxismo. Exposição ao alcance de todos*). — *Arbeitsrecht für Betriebsräte*, 1922 (*Direito trabalhista para comitês de empresa*). — *Kernpunkte der materialistischen Geschichtsauffassung*, 1922 (*Conceitos básicos da concepção materialista do mundo*) [folheto]. — *Marxismus und Philosophie*, 1923; 2ª ed., 1930; nova ed., Erich Gerlach, 1966. — *Die materialistische Geschichtsauffassung. Eine Auseinandersetzung mit Karl Kautsky*, 1929 (Concepção materialista da história. Discussão com K. K., 1975). — *Karl Marx*, 1938.

Ver: G. Vacca, *Lukács o K.?*, 1969. — D. McLellan, *Marxism after Marx*, 1979. — J. Watson, "Karl Korsch: Development and Dialectic", *Philosophy and Social Criticism*, 8 (1981), 283-305. — B. Buckmiller, ed., *Zur Aktualität von K. Korsch*, 1981. — D. Kellner, "Karl

Korsch and Marxism", en N. Fischer *et al.*, eds., *Continuity and Change in Marxism*, 1982, pp. 232-247. — J. G. Fracchia, *Die Marxsche Aufhebung der Philosophie und der philosophische Marxismus*, 1987. ⊇

KORZYBSKY, ALFRED. Ver SEMÂNTICA.

KOSIK, KAREL (1926). Nascido na Tchecoslováquia, estudou sociologia e filosofia em Praga e, de 1947 a 1949, em Moscou. Em 1952, ingressou no Instituto Filosófico da Academia de Praga, dirigindo a seção de história da filosofia e, pouco depois, a seção de materialismo dialético. Foi acusado de revisionismo pelo Partido Comunista tcheco, ao qual pertencia, mas de que foi excluído em 1959, embora lhe tenham permitido publicar depois, em 1963, sua obra mais influente. Em 1968, foi nomeado professor da Universidade Carlos, de Praga, mas não demorou para voltar a ser acusado de revisionismo, não mais lhe sendo permitida a docência na universidade. Em 1975, a polícia confiscou vários manuscritos filosóficos que, de acordo com declaração do próprio Kosik, eram notas para duas obras, uma intitulada *Da prática* e a outra, *Da verdade*.

Levando em conta a obra de pensadores ocidentais como Husserl, Heidegger, Sartre, Merleau-Ponty, Gonseth e outros, bem como aspectos do pensamento marxista que durante algum tempo tinham sido objeto de suspeita por parte da "linha geral soviética" — especialmente o Lukács de *História e consciência de classe* —, Kosik desenvolveu uma ontologia da práxis no âmbito da qual se explicam e justificam as ações humanas voltadas para a transformação do mundo. Kosik rejeitou os esquemas rígidos de um materialismo dialético cujas leis aspirem a ser determinantes para toda a realidade e que ameaçam "naturalizar" completamente o ser humano. "A dialética" — escreve ele — "não é o método de redução, mas o método da reprodução espiritual e intelectual da realidade". Trata-se de uma "dialética da realidade concreta" que, de acordo com as inspirações originais de Marx — cuja continuidade de pensamento, dos *Manuscritos Econômico-Filosóficos*, de 1844, a *O Capital*, é acentuada por Kosik —, se opõe a toda esquematização abstrata. Kosik opõe-se ao "necessitarismo" e ao determinismo, mas também ao "voluntarismo" meramente "existencial". Insiste na necessidade de uma totalização, mas adverte contra as falsas totalizações, causadas pela hipóstase de uma parte da realidade o simplesmente por uma espécie de confusionismo romântico. "Na dialética" — afirma Kosik —, "trata-se da 'coisa mesma'. Mas a 'coisa mesma' não é uma coisa qualquer e, para dizer a verdade, sequer é uma coisa: a 'coisa mesma', da qual se ocupa a filosofia, é o homem e seu lugar no universo, ou seja (o que, em outras palavras, significa o mesmo), a totalidade do mundo revelada pelo homem na história, e o homem que existe na totalidade do mundo".

⊃ A obra capital de K. é *Dialektika konkrétniho. Studies o problematice člověka a zvěta*, 1963; 3ª ed., 1966 (*Dialética do concreto. Estudo sobre a problemática do homem e do mundo*). — Antes dessa obra, K. publicou um livro sobre os *Democratas Radicais da Boêmia* (1958) e, depois dela, outro sobre *Nossa atual crise* (1968). Também publicou diversos artigos; entre eles: "Gramsci et la philosophie de la praxis", *Praxis*, 3 (1967), 328-332. — "The Concrete Totality", *Telos*, 4 (1969), 35-54. — Com J.-P Sartre, "The Kosik-Sartre Exchange", *Telos* (1975), 193-195. — "The Dialectic of Morality and the Morality of the Dialectic", *Telos* (1977), 85-92.

Ver: Francisco Fernández-Santos, "Un nuevo filósofo marxista", *Ruedo Ibérico*, 1 (junho-julho de 1965), 94-96. — *Id.*, "K. K. y la filosofía dialéctica de la praxis", *Índice*, 209 (1966), 20-22. Ver também: G. Golan, "Czechoslovak Marxism in the Reform Period", *Studies in Soviet Though*, 16 (1976), 67-82. — J. Schmidt, "Praxis and Temporality: Karel Kosik's Political Theory", *Telos* (1977), 71-84. — A. Donoso, "The Notion of Freedom in Sartre, Kolakowski, Markovic and Kosik", *Philosophy Today*, 23 (1979), 113-127. — *Id.* "The Notion of Man in Kolakowslki, Kosik and Markovic", *Studies in Soviet Thought*, 21 (1980), 387-398. — M. Bakan, "Karel Kosik's Phenomenological Heritage", em W. L. Mc Bride, ed., *Phenomenology in a Pluralistic Context*, 1983, pp. 81-94. — M. E. Zimmerman, "Karek Kosik's Heideggerian Marxism", *Philosophical Forum*, 15 (1984), 209-233. ⊇

KOTARBIŃSKI, TADEUSZ (1886-1981). Nascido em Varsóvia, foi professor (1918-1960) na Universidade de Varsóvia. Durante algum tempo ficou parcialmente afastado da cátedra, tendo de limitar-se a dar um curso de lógica, mas pouco depois foi restabelecido em seu cargo; além disso, em 1957 foi nomeado presidente da Academia Polonesa de Ciências.

Kotarbiński foi um dos mais proeminentes membros do chamado Círculo de Varsóvia (VER). No âmbito deste Círculo, pertenceu ao grupo dos que dedicaram os maiores esforços a questões metodológicas e epistemológicas, mas manteve estreita relação com o grupo dos que estavam voltados principalmente para o trabalho com problemas lógicos e semióticos, especialmente com Leśniewski (VER), cujo sistema lógico e de fundamentação da matemática pode dar apoio a alguns dos resultados metodológicos e epistemológicos conseguidos por Kotarbinski.

Entre as contribuições filosóficas de Kotarbisńki destacam-se duas: o "reísmo" e a "praxiologia" (VER). Estendemo-nos sobre o reísmo de Kotarbisńki no verbete REÍSMO (ver também REALISMO; SIGNIFICAÇÃO). Completaremos as informações ali proporcionadas indicando que Kotarbińki desenvolveu suas teses reístas seguindo as inspirações tendentes à formação de uma filosofia rigorosa oposta às especulações do idealismo alemão e ao messianismo polonês. Essas inspirações procediam sobretudo de Twardowski, mestre de Kotarbiśnki e de muitos filósofos poloneses contemporâneos. Twardowski foi discípulo de Brentano; é curioso comprovar uma certa relação (indireta) entre Kotarbisńki e Brentano, destacando-se o fato de este último filósofo ter formulado, no final da vida, algumas teses filosóficas próximas das doutrinas reístas de Kotarbisńki. Por algum tempo, o reísmo e o "pansomatismo" de Kotarbisńki foram considerados por alguns marxistas da Polônia como a manifestação de um pensamento idealista, o que com certeza é exatamente o oposto do reísmo indicado.

Quanto à praxiologia, ocupamo-nos dela no verbete dedicado a esse conceito. Reiteremos aqui apenas que Kotarbisńki entende a praxiologia como "a ciência da ação eficaz".

➲ Obras: *Szkice praktyczme*, 1913 (*Ensaios práticos*). — *Elementy teorji poznania, logiki formalnej i metodologji nauk*, 1929 (*Elementos de teoria do conhecimento, lógica formal e metodologia das ciências*). — "Le réalisme radical", *Proceedings of the VII International Congress of Philosophy*, 1930. — *Czyn*, 1934 (*A ação*). — "Podstawowe myśli pansomatyzmu", *Przegląd filosoficzny*, 1935 (*Idéias fundamentais do pansomatismo*). — "Les idées fondamentales de la théorie générale de la lutte", *Philosophia* (Belgrado), 1 (1936). — "Idée de la méthodologie générale. Praxéologie", *Travaux du IX Congrès International de Philosophie*, 1937. — "Les principes du bon travail", *Studia philosophica*, 3 (1939-1946). — "Les valeurs techniques de l'activité", *ibid.*, 4 (1951). — "La notion de l'action", *Proceedings of the XI International Congress of Philosophy*, 1953. — *Z zagadnien klasyfikcjini nazw*, 1954 (*Os problemas da classificação dos nomes*). — *Traktat o dobrej robocie*, 1955; 2ª ed., 1959 (*Tratado sobre o bom trabalho*). — *Wybór pism, I. Myśli o dzialaniu*, 1957 (*Escritos escolhidos I: Pensamento sobre a ação*). — *Zasady sprawnego dzialania*, 1960 (*Princípios da ação eficaz*). — "Praxiological Sentences and How They are Proved", em *Logic, Methodology, and Philosophy of Science* [Proceedings of the 1960 International Congress], 1962, pp. 211-223, ed. E. Nagel, P. Suppes, A. Tarski. — *Medytacje o zyciu godziwym*, 1966 (*Meditações sobre a vida honesta*). — Edição de obras escolhidas: *Wybór pism*, 2 vols., 1957-1958.

Depoimento em "Zasadinicze mysli pansomatyzma", *Przegląd Filosoficzny*, 38 (1935), 283-294. Trad. inglesa com dois acréscimos: "The Fundamental Ideas of Pansomatism", *Mind*, N. S., 64 (1955), 488-560. — *Philosophical Self-Portrait in K.: Logic, Semantics and Ontology*, ed. J. Wolenski, 1990.

Ver: R. Rand, "Kotarbińskis Philosophie auf Grund seines Hauptwerkes: 'Elemente der Erkenntnistheorie, der Logik und der Methodologie der Wissenschaften'", *Erkenntnis*, 6 (1937-1938), 92-120. — H. Hiz, "Kotarbiński's Praxeology", *Philosophy and Phenomenological Research*, 15 (1953-1954), 238-243. — Henryk Skolimowski, *Polish Analytical Philosophy*, 1967, pp. 77-130. — V. F. Sinisi, "K.'s Theory of Genuine Names", *Theoria*, 30 (1964), 80-95. — *Id.*, "K's Theory of Pseudo-Names", *Theoria*, 31 (1965), 218-241. — T. Czezowski, "The Independent Ethics of T. K.", *Dialectics and Humanism*, 4 (1977), 47-52. — J. Szczepański, M. Ossowa *et al.*, arts. sobre T. K. no n° 1, vol. 4 (1977) de *Dialectics and Humanism*. — I. Lazari-Pawlowska, "The Ethical Teaching of T. K.", *ibid.*, 53-65. — G. Kalinowski, "La praxeologie de T. K.", *Archives de Philosophie*, 43 (1980), 453-464. — K. Szaniawski, "Philosophical Ideas of T. K.", *Reports on Philosophy*, 8 (1984), 25-32. — J. Wolenski, "T. K. and the Lvov Warsaw School", *Dialectics and Humanism*, 17 (1) (1990), 14-24. — *Id., K.: Logic, Semantics and Ontology*, 1990. ℭ

KOVALEVSKI, MAKSIM MAKSIMOVICH. Ver FRIES, JAKOB FRIEDRICH.

KOYRÉ, ALEXANDRE (1892-1964). Nascido em Taganroc (Rússia), mudou-se muito jovem para Paris. Depois de passar um período em Göttingen, voltou para a França. Foi professor da École Pratique d'Études Supérieures, em Paris, mas passou freqüentes temporadas como professor convidado do Institute for Advanced Studies de Princeton.

Embora não seja possível considerar Koyré como um fenomenólogo em sentido estrito, ele recebeu influências de Husserl, cujo pensamento deu a conhecer na França. O próprio Koyré confessou ter extraído de Husserl sobretudo sua primeira fase de realismo platônico e seu antipsicologismo e anti-relativismo. As principais obras de Koyré são seus estudos de história da filosofia e história da ciência, bem como suas pesquisas sobre a estrutura das teorias científicas modernas. Koyré contribuiu para o desenvolvimento da idéia de estrutura epismemológica e de paradigma epistemológico que depois alcançou grande ressonância na obra de Thomas S. Kuhn, que reconheceu a influência de Koyré sobre seus trabalhos de história e de filosofia da ciência. Essa mesma idéia, ao lado da noção de "corte epistemológico" (ver FECHAMENTO; CORTE), que encontramos, em diversas formas e graus de desenvolvimento, em autores como Gaston Bachelard e Michel Foucault, teve abertos os caminhos de seu desenvolvimento nos detalhados estudos históricos — sobre Galileu, a "revolução astronômica" etc. — realizados por Koyré.

Koyré distinguiu-se ainda por seus trabalhos sobre a idéia de Deus em vários autores, sobre a mística alemã — especialmente a de Böhme —, sobre Galileu e sobre a origem e o desenvolvimento de conceitos filosóficos e científicos modernos capitais. Ele dedicou grandes esforços ao estudo da passagem das concepções medievais às modernas na idéia da Natureza e nos conceitos básicos da física e da astronomia em sua relação com as especulações filosóficas.

◐ Obras: "Bemerkungen zu den Zenonischen Paradoxien", *Jahrbuch für Philosophie und phänomenologische Forschung*, 10 (1922), 603-628. — *L'idée de Dieu dans la philosophie de saint Anselme*, 1923. — *L'idée de Dieu et les preuves de son existence chez Descartes*, 1923. — *La philosophie de Jacob Böhme*, 1929. — *La philosophie et le problème national en Russie au début du XIXe siècle*, 1929. — *Études Galiléenes*, 3 vols. (I. *À l'aube de la science classique;* II. *La loi de la chute des corps;* III. *La loi de l'inertie*), 1940; reimp. em I vol., 1966. — *Entretien sur Descartes*, 1944. — *Introduction à la lecture de Platon*, 1945. — *Epiménide le Menteur (Ensemble et catégorie)*, 1947 [publicado antes em inglês: "The Liar", *Philosophy and Phenomenological Research*, 6 (1946-1947), 344-362]. — *Descartes After Three Hundred Years*, 1951. — *Mystiques, Spirituels, Alchimistes du XVIe siècle allemand*, 1955. — "A Documentary History of the Problem of Fall from Kepler to Newton: De Motu Gravium naturaliter cadentium in hypothesi terrae motae", *Transactions of the American Philosophical Society*, N. S., 45, pt. 4 (1955), 329-395. — *From the Closed World to the Infinite Universe*, 1957 [The Hideyo Noguchi Lectureship]. — *La révolution astronomique: Copernic, Kepler, Borelli*, 1961. — *Études d'histoire de la pensée philosophique*, 1961 [artigos: 1922-1955].

Obras póstumas: *Newtonian Studies*, 1965. — *Études d'histoire de la pensée scientifique*, 1966 [artigos: 1930-1961]. — *Metaphysics and Measurement in Seventeenth Century Physics*, 1966 [complemento de *Newtonian Studies*].

Devem-se também a Koyré edições e comentários de: Santo Anselmo, *Fides quarens intellectum*, 1927; Copérnico, *De revolutionibus orbium coelestium*, 1933; Spinoza, *De intellectus emendatione*, 1936.

Em português: *Do mundo fechado ao universo infinito*, 1979. — *Galileu e Platão e do mundo do "mais ou menos" ao universo de precisão*, s.d. — *Estudos de história do pensamento filosófico*, 1991. — *Introdução à leitura de Platão*, 1984. — *Estudos galilaicos*, 1986. — *Estudos de história do pensamento científico*, 1991. — *Considerações sobre Descartes*, 1991. — *Estudos de história do pensamento filosófico*, 1991.

Ver: *Mélanges A. K. publiés à l'occasion de son soixante-dixième anniversaire*, 2 vols., 1964. — F. Russo, "Les études newtoniennes d'Alexandre Koyré", *Archives de Philosophie*, 37 (1974), 107-132. — M. A. Finocchiaro, *Galileo and the Art of Reasoning*, 1980. ◓

KOZLOV, ALEKSÉY ALÉKSANDROVITCH (1831-1900). Nascido em Moscou. De 1875 a 1887, deu aulas na Universidade de Kiev, mas nesta última data transferiu-se para São Petersburgo, onde publicou seus principais escritos filosóficos. Inicialmente seguidor de Schopenhauer, E. von Hartmann e Kant, inclinou-se posteriormente ao leibnizianismo, em grande parte por influência de Teichmüller. Com base neste último pensador e em Leibniz, desenvolveu suas próprias idéias filosóficas num sistema de índole fundamentalmente monadológica e pampsiquista. Esse sistema constituía a seu ver a única solução possível para o problema do conhecimento e a única saída para o dualismo epistemológico tão arraigado em muitos filósofos modernos. Ora, como o pampsiquismo beira freqüentemente o monismo (ou uma espécie de pluralismo de substâncias fundamentalmente idênticas), Kozlov insistiu continuamente em que as diferentes substâncias de que se compõe o universo encontram-se em incessante interação. Daí que haja no pensamento de Kozlov motivos a um só tempo pluralistas e monistas. O próprio filósofo chegou a qualificar seu sistema de monismo pluralista, dando a entender com isso que a pluralidade das substâncias está arraigada numa unidade, unidade que possui o verdadeiro ser e que se encontra fora das categorias — tempo, espaço etc. — por meio das quais apreendemos o real. O conhecimento usual da realidade externa é, pois, um conhecimento simbólico, e somente quando o reconhecemos como tal podemos evitar, segundo Kozlov, o realismo epistemológico ingênuo.

◐ Obras: *Génézis teorii prostranstva i vréméni u Kanta*, 1894 (*A gênese da teoria do espaço e do tempo em Kant*) [tese]. — Artigos em *Filosofskiy Tréméstátchnik* (*O Trimestre Filosófico*) e em *Svoé slovo* (*A Própria Palavra*) [1888-1898].

Ver: S. A. Askolldov, *A. A. K.*, 1912. — V. V. Zéñkovskiy, *Istoriá russkoy filosofii*, II, 1950, pp. 173-183. ◓

KRAEPELIN, EMIL. Ver Wundt, Wilhelm.

KRAFT, JULIUS. Ver Nelson, Leonard; Neo-realismo.

KRAFT, VICTOR (1880-1975). Nascido em Viena, foi professor da Universidade de Viena de 1914 a 1933, data na qual foi-lhe proibida a docência pelo regime nazista. Reintegrou-se à cátedra em 1947.

Kraft foi um dos mais fiéis seguidores do Círculo de Viena (ver) e alguns o consideraram seu "último representante". Em sua obra sobre a origem e o desenvolvimento do Círculo, Kraft reconhece que os dias deste passaram para a história e que, com isso, desfizeram-se os radicalismos e as simplificações extremas do começo. Contudo, avalia que se tornou costumeiro apresentar interpretações distorcidas do positivismo lógico que emergiu do Círculo e que é preciso levar em conta pelo menos duas coisas: uma delas é o fato de haverem ocorrido mudanças no interior do movimento — como o abandono por Carnap de um ponto de vista unilateralmente sintático — que não lhe alteraram, e sim aperfeiçoaram, o espírito; outra é o fato de que não teria havido a diáspora dos filósofos do Círculo, por circunstâncias externas, se eles tivessem podido dar continuidade às suas pesquisas de modo mais normal e maduro. As críticas de Kraft a algumas idéias básicas do positivismo lógico são críticas internas que, seja como for, não levam, em seu entender, à rejeição do modelo de pesquisa rigorosa e científica que os membros do Círculo propugnaram. Kraft interessou-se ainda por aplicar critérios de racionalidade científica a problemas não somente da matemática como também, e sobretudo, da história, da moral, e dos valores.

⊃ Principais obras: *Weltbegriff und Erkenntnisbegrif*, 1912 (*Conceito do mundo e conceito do conhecimento*). — *Die Grundlagen einer wissenschaftlichen Wertlehre*, 1937; 2ª ed., 1951 (*Os fundamentos de uma teoria científica dos valores*). — *Mathematik, Logik und Erfahrung*, 1947; 2ª ed., 1970 (*Matemática, lógica e experiência*). — *Einführung in die Philosophie*, 1950; 2ª ed., 1967 (*Introdução à filosofia*). — *Der Wiener Kreis. Der Ursprung des Neupositivismus. Ein Kapitel der jüngsten Philosophiegeschichte*, 1950; 2ª ed., 1968. — *Der wissenschaftliche Charakter der Erkenntnislehre*, 1955 (*O caráter científico da teoria do conhecimento*). — *Erkentnnislehre*, 1960 (*Teoria do conhecimento*). — *Rationale Moralbegründung*, 1963 (*Fundamentação moral racional*). — *Die Grundlagen der Erkenntnis und der Moral*, 1968 (*Os fundamentos do conhecimento e da moral*).

Bibliografia em *Zeitschrift für allgemeine Wissenschaftstheorie*, 1 (1970), 311-321; 6 (1975), 179-281. Ver: Ernst Topitsch, ed., *Probleme der Wissenschaftstheorie. Festschrift für V. K.*, 1960. — F. H. Heinemann, "'Philosophical Survey: Philosophy in Germany", *Philosophy*, 37 (1962), 71-74. — M. Viggiano, "Victor Kraft e il circolo de Vienna", *Filosofia*, 21 (1970), 25-31. — A. Verdross, "Due Fondamenti Empirici delle norme di diritto naturale", *Rivista Internazionale di Filosofia di Dirrito*, 50 (1973), 813-820. ⊂

KRAUS, OSKAR (1872-1942). Nascido em Praga, estudou na Universidade de Praga com Anton Marty (VER), que o levou a estudar o pensamento de Brentano e a quem sucedeu, em 1916, na cátedra nessa mesma Universidade.

Kraus foi um dos mais fiéis seguidores de Brentano, cuja filosofia elaborou, interpretou e aplicou a diversos campos, especialmente ao direito e à axiologia. Kraus considerou a consciência, enquanto consciência judicativa, como o fundamento de toda filosofia, mas isso não significa reduzir toda proposição a uma mera impressão subjetiva ou a uma expressão dessa impressão. Contra o realismo platônico na teoria dos valores, Kraus fundou as valorações em estados de consciência (representações, juízos, atos de preferência e repugnância, de acordo com a classificação de Brentano dos atos intencionais). Mas contra o subjetivismo relativista ele sustentou que esses estados de consciência apontam para juízos de valor objetivos. Kraus expôs detalhadamente, e submeteu à crítica, as diversas teorias dos valores do passado e do presente para concluir com um sistema axiológico de cunho brentaniano. A axiologia é para Kraus o fundamento da ética, que é ética dos valores. Essa ética pode ser material (quando estuda os objetos das valorações justas) ou formal (quando se ocupa do justo enquanto justo). Na filosofia do direito, Kraus procurou conciliar a idéia da objetividade e da universalidade do dever com o reconhecimento da variedade e da relatividade das regras práticas de comportamento.

Oskar Kraus dirigiu a Brentano-Gesellschaft, fundada em Praga, e se ocupou, em colaboração com Alfred Kastil, da edição das obras de Brentano. Ele também se encarregou da edição das obras de Anton Marty.

⊃ *Obras: Das Bedürfnis*, 1894 (*A necessidade*). — *Zur Theorie des Wertes. Eine Bentham-Studie*, 1909 (*Para a teoria do valor. Estudo de B.*). — *Die Lehre von Lob, Lohn, Tadel und Strafe bei Aristoteles*, 1905 (*A doutrina do louvor, da recompensa, da censura e do castigo em A.*). — "Die Grunlagen der Werttheorie", *Jahrbücher der Philosophie*, 2 (1914) ("Os fundamentos da teoria do valor"). — *Der Krieg, die Friedensidee und die Philosophen*, 1918 (*A guerra, a idéia de paz e os filósofos*). — *Franz Brentano. Zur Kenntnis seines Lebens und seiner Lehre*, 1919 [com trabalhos de C. Stumpf e E. Husserl] (*F. B. Para um conhecimento de sua vida e de sua doutrina*). — *Brentanos Stellung zur Phänomenologie und Gegenstandtheorie*, 1924 (*A atitude de B. diante da fenomenologia e da teoria do objeto*). — *Albert Schweitzer*, 1926. — *Wege und Abwege der Philosophie*, 1934 (*Caminhos e descaminhos da filosofia*). — *Die Wertheorien. Geschichte und Kritik*, 1937 (*As teorias dos valores. História e crítica*). ⊂

KRAUSE, KARL CHRISTIAN FRIEDRICH (1781-1832). Nascido em Eisenberg (Saxônia-Altemburgo), estudou na Universidade de Iena, quando ali lecionavam Fichte e Schelling. Em 1802, obteve sua "habilitação" em Iena; entre 1805 e 1814, ensinou, na condição de mestre, na Escola de Engenheiros de Dresden. Em 1814, obteve uma nova "habilitação" em Berlim e, em 1824, uma em Göttingen. Contudo, nem em Berlim, nem Göttingen nem Munique, para onde se mudou, Krause conseguiu uma nomeação universitária. Observou-se que, apesar de suas constantes dificuldades para prover o próprio sustento e o de sua numerosa família, Krause nunca desanimou de seus esforços filosóficos. Convencido da verdade de suas idéias, ele parecia tanto mais empenhado em elaborá-las e difundi-las quanto maiores eram as amarguras e fracassos. Seus esforços filosóficos tiveram a sua recompensa: grupos de discípulos muito fiéis se formaram na Bélgica, na Holanda e, sobretudo, na Espanha (ver KRAUSISMO).

A filosofia de Krause, quase sempre apresentada de forma muito abstrusa e com uma complicada terminologia, aspirava a ser a autêntica continuação de Kant contra o que o autor considerava as falsas interpretações de Fichte, Schelling e Hegel. De acordo com Krause, o pensamento procede de dois modos: primeiro, subjetiva ou analiticamente e depois objetiva ou sinteticamente. O ponto de partida analítico consiste num exame dos processos subjetivos, entendendo-se estes como processos próprios do sujeito cognoscente enquanto cognoscente. Nesses processos produz-se a "objetivação" ou transformação do dado em "objeto de conhecimento". Mas a objetivização requer um ente objetivante. Este não pode ser o mero eu psicológico; tem de ser um eu mais fundamental, um proto-eu (*Ur-Ich*) que é a unidade última de todo o subjetivo, incluindo o corporal e o intelectual. O proto-eu, no entanto, não se basta a si mesmo; seus elementos componentes, o corpo e o intelecto, são essências finitas que fazem parte, respectivamente, da Natureza e do Espírito. Embora essas essências estejam fundadas, por sua vez, numa essência unitária e originária que as abarca, essa essência continua a ser finita e infundada. Portanto, deve-se buscar sua fundamentação numa essência mais básica e originária. Essa essência é um puro *Wesen*, um ser essencial infinito, capaz de abarcar elementos diversos e contrários: é o Absoluto ou Deus.

O ponto de partida subjetivo ou analítico conduz, portanto, a uma pensar objetivo ou sintético. A ciência que leva a cabo esse pensar o Absoluto é a ciência fundamental, base de todo conhecimento. O pensar objetivo ou sintético percorre o mesmo caminho do pensar subjetivo ou analítico, mas em sentido inverso: vai do Ser Absoluto ao homem. Por isso, ele começa com uma teoria da proto-essência (*Urwesen*), continua com uma ciência da razão, passa a uma ciência da Natureza e desemboca numa ciência da essência unificada. Esta última é uma ciência do homem enquanto humanidade. A possibilidade de ir do sujeito a Deus e de Deus ao sujeito levou Krause a pensar que há uma estreita relação entre Deus e o mundo, de um lado, e entre o mundo e Deus, do outro. Esta relação não é para Krause, todavia, uma relação na qual um termo absorva o outro. Por isso ele rejeita a possibilidade de se qualificar sua doutrina como "panteísmo". De todo modo, o que ele defende é aquilo a que dá o nome de "panenteísmo" (VER), isto é, uma doutrina que, longe de identificar o mundo e Deus (ou vice-versa), afirma a realidade do mundo como mundo-em-Deus. A comunidade entre Deus e o mundo é a comunidade das essências, que não se reduzem por isso a uma essência única; não se trata de redução, mas de integração.

É importante no pensamento de Krause a idéia da unidade entre o Espírito e a Natureza na Humanidade. Esta é composta por um conjunto de seres que exercem entre si uma influência mútua e que se vinculam a Deus, unidade suprema. As formas da Humanidade, e especialmente os diferentes períodos históricos pelos quais ela passou, são diferentes graus de ascensão rumo a Deus, que encontram seu ponto culminante na "Humanidade racional", na pura gravitação rumo ao Bem supremo. Krause aplica seu pensamento metafísico fundamental à ética e à filosofia do direito. Rejeitando decididamente a teoria absolutista do Estado tal como sustentada pelo hegelianismo, Krause acentua a importância das chamadas associações de finalidade universal, como a família ou a nação, diante das associações limitadas, como a Igreja ou o Estado. Estas últimas em verdade realizam a moral e o direito, porém não são mais que seu instrumento; o verdadeiro fundamento da moralidade encontra-se nas primeiras e por isso o ideal da Humanidade não é o domínio dos outros pelo Estado, mas a federação das associações universais sem sacrifício de sua peculiaridade. Assim, chega-se, por meio de uma série de gradações no processo federativo, a uma federação mundial, ao ideal de uma Humanidade unida que proporcione a cada um dos seus membros a participação na razão suprema e no Bem.

➲ Obras: *Grundlage des Naturrechts oder philosophischer Grundriss des Ideals des Rechts*, Parte I, 1803 (*Fundamentos do direito natural ou compêndio filosófico do ideal do direito*). — *Grundriss der historischen Logik*, 1803 (*Compêndio de lógica histórica*). — *Entwurf des Systems der Philosophie*, I, 1804 (*Esboço do sistema da filosofia*). — *System der Sittenlehre, I. Wissenschaftliche Begründung der Sittenlehre*, 1810 (*Sistema de moral. I. Fundamento científico da moral*). — *Das Urbild des Menschheit*, 1811. — *Abriss des Systems der Philosophie*, I, 1825 (*Esboço do sistema da filosofia*). — *Abriss der Systems der Logik*, 1825; 2ª ed., 1828 (*Esboço do sistema da lógica*). — *Abriss des Systems des Rechtes oder des Naturrechts*, 1828 (*Esboço do sistema do direito ou do direito natural*). — *Vorlesungen über das System der Philosophie*, 1828 (*Lições sobre o sistema da filosofia*). — *Vorlesungen über die Grundwahrheiten der Wissenschaft*, 1829; 2ª ed., 1868 (*Lições sobre as verdades fundamentais da ciência*).

Depois da morte de Krause, publicaram-se muitos escritos inéditos, restando ainda, no entanto, materiais não publicados. Dentre o que foi publicado, mencionamos: *Die absolute Religionsphilosophie*, 1834 (*A filosofia absoluta da religião*). — *Die Lehre vom Erkennen und vom Erkenntnis, als erste Einleitung in die Wissenschaft*, 1836 (*A doutrina do conhecer e do conhecimento como primeira introdução à ciência*). — *Abriss der Aesthetik*, 1837 (*Esboço de estética*). — *Geist der Geschichte der Menschheit*, 1843 (*Espírito da história da humanidade*). — *Vorlesungen über psychische Anthropologie*, 1848 (*Lições sobre antropologia psíquica*). — *Das System der Rechtsphilosophie*, 1874 (*O sistema da filosofia do direito*). — *Vorlesungen über Aesthetik*, 1882. — *Einleitung in die Wissenschaftlehre*, 1884 (*Introdução à doutrina da ciência*). — *Vorlesuhgen über synthetische Logik*, 1884 (*Lições sobre a lógica sintética*). — *Vorlesungen über angewandte Philosophie der Geschichte*, 1885 (*Lições sobre filosofia da histórica aplicada*). — *Reine allgemeine Vernunftwissenschaft*, 1885 (*Ciência universal pura da razão*). — *Abriss des Systems der Philosophie*, 1886 (*Esboço do sistema da filosofia*). — *System der Sittenlehre*, 1886 (*Sistema da moral*). — *Philosophische Abhandlungen*, 1889 (*Artigos filosóficos*). — *Anschauungen und Entwürfe zur Hoherbildung des Menschheitslebens*, 2 vols., 1890-1902 (*Intuições e esboços para a educação superior da vida humana*). — *Anfangsgründe der Erkenntnislehre*, 1892 (*Princípios da doutrina do conhecimento*). — *Der Menschheitsbund*, 1900 (*A união da humanidade*).

Ver: Paul Hohlfeld, *Die Krause'sche Philosophie in ihrem geschichtlichen Zusammenhang und in ihrer Bedeutung für das Geistesleben der Gegenwart*, 1879. — A. Procksch, *K. Ch. F. K. Ein Lebensbild, nach seinen Briefen dargestellt*, 1880. — Br. Martin, *K. Ch. F. Krauses Leben, Lehre und Bedeutung*, 1881. — R. Eucken, *Zur Erinnerung an K. Ch. F. K. Festrede*, 1881. — E. Reis, *K. Ch. F. K. als Philosoph und Freimaurer*, 1894. — H. von Leonhardi, *K. Ch., F. Krauses Leben und Lehre*, 1902, ed. P. Hohlfeld e A. Wünsche. — *Id.*, *K. Ch. F. K. als philosophischer Denker gewürdigt*, 1905. — E. Wettley, *Die Ethik Krauses*, 1907. — Clay MacCauley, *K. Ch. F. K.: Heroic Pioneer for Thought and Life*, 1925. — E. F. Konradi, *K. Ch. F. Krauses Rechtsphilosophie in ihren Grundrissen*, 1938. — Theodor Schwarz, *Die Lehre vom Naturrecht bei K. Ch. F. K.*, 1940. — Otto Schedl, *Die Lehre von den Lebenskreisen im metaphysischen und soziologischen Licht bei K. Ch. F. K.*, 1941 [tese]. — G. Funke, T. Rodríguez de Lecea *et al.*, *Reivindicación de K.*, 1982. — K.-M. Kodalle, ed., *K. Ch. F. K. (1781-1832). Studien zu seiner Philosophie uns zum Krausismo*, 1985. — E. M. Ureña, "'El ideal de la humanidad' de Krause 175 años después", *Pensamiento*, 42 (1986), 413-431. — S. Wollgast, "Karl Christian Friedrich Krause (1781-1832): Anmerkungen zu Leben und Werk", *Deutsche Zeitschrift für Philosophie*, 37 (1989), 193-202. — R. García Mateo, "La relación Krause/krausismo como problema hermenéutico", *Pensamiento*, 45 (1989), 425-445. **Ç**

KRAUSISMO. A filosofia de Krause (VER) exerceu menos influência que a de qualquer outro dos grandes pensadores idealistas alemães da época (Fichte, Schelling, Hegel). Mas nem por isso faltaram-lhe partidários, que expuseram e propagaram com ardor as doutrinas do mestre, particularmente no campo da filosofia do direito.

Entre os mais ativos krausistas, podem ser mencionados sobretudo aqueles que Sanz del Río (VER) encontrou em Heidelberg: Karl Röder (1806-1879: *Gründzuge der Naturrechts oder der Rechtsphilosophie*, 1856; 2ª ed., 1860), Theodor Schliephake (1808-1871: *Die Grundlagen des sittlichen Lebens*, 1855; *Einleitung in das System der Philosophie*, 1856) e Hermann (Barão de) Leonhardi (1809-1875: *Der Philosophenkongress als Versöhnungsrat*, 1869 [refere-se ao Congresso Filosófico que ele organizou em Praga em 1868]; *Sätze aus der theoretischen und praktischen Vernunftkritik*, 1869). Também são dignos de menção os filósofos krausistas que difundiram as doutrinas do mestre na Bélgica e na Holanda: Guillaume Tiberghien (VER), Heinrich Ahrens (VER), Jacob Nieuwenhuis (1777-1857: *Elementa metaphysices historice et critice adumbrata*, 1833). Mas o krausismo obteve sua máxima difusão na Espanha com Julián Sanz del Río, que já se familiarizara em Madri com as idéias krausistas de Ahrens e que estudou e adotou o sistema de Krause durante sua estada em Heidelberg e em seu contato com krausistas da Bélgica.

O movimento krausista espanhol é complexo. Em termos gerais e se o compreendemos em termos muito estritos, só pode ser considerado krausista certo número de discípulos diretos e indiretos de Sanz del Río. O mais importante deles é, naturalmente, Francisco Giner de los Ríos (VER). A eles podem-se acrescentar Federico de Castro y Fernández (1834-1903: *El progreso interno de la razón*, 1861; *Resumen de las principales cuestiones de metafísica analítica*, 1869; *La filosofía andaluza*, 1891 [Discurso de abertura do ano acadêmico de 1891-1892 na Universidade de Sevilha]), Gumersindo de Azcárate (1840-1917: *Minuta de un testamento, publicado y anotado por W....*, 1876; *Estudios filosóficos y políticos*, 1877; *El Self-Government y la monarquía doctrinaria*, 1877), Alfredo Calderón (1850-1907; Fernando de Castro (1814-1874), Manuel Sales y Ferré (1843-1910), Alfonso Moreno Espinosa (1840-1905), Francisco Barnés (1834-1892), Romualdo Álvares Espino (1839-1895), Nicolás Salmerón (1838-1908: *La historia universal tiende desde la edad antigua a la edad media y moderna a restablecer el hombre en la entera posesión de sus fuerzas y relaciones para el cumplimiento del destino providencial de la Humanidad*, 1864 [tese]; *Concepto de la metafísica*, 1970; *Principios analíticos de la idea del tiempo*, 1873; *Obras*, 4 vols., 1911), Francisco de Paula Canalejas, José de Castro, Hermenegildo Giner de los Ríos (1839-1915) e outros. Opuseram-se violentamente aos krausistas os chamados "neos" (neocatólicos), especialmente Francisco Navarro Villoslada e Juan Manuel Ortí Lara, em artigos publicados em *El Pensamiento Espanhol*, fundado em 1860. Nas polêmicas contra os krausistas, incluíam-se amiúde autores que, embora simpatizantes do krausismo ou simplesmente da pessoa de Sanz del Río, não eram estritamente krausistas; por exemplo, Emilio Castelar (1832-1899: *La fórmula del progreso*, 1867; *La revolución religiosa*, 1880-1883), Francisco Pi y Margall (1824-1901: *Las Nacionalidades*, 1876), que eram preferentemente hegelianos, e até Joaquín Costa (1844-1911) e Juan Valera (1824-1905), que estavam longe de adotar uma posição filosófica determinada. Isso ocorreu porque o krausismo logo deixou de ser um movimento filosófico adstrito às idéias de Krause para tornar-se um movimento de renovação espiritual e, em particular, educativa. Foi importante, quanto a este último ponto, a fundação da Instituição Livre de Ensino por Francisco e Hermenegildo Giner de los Ríos, Salmerón, Azcárate, Costa etc., instituição que desempenhou um considerável papel na vida intelectual espanhola. Foram professores da "Instituição" indivíduos que podem ser considerados "sucessores" dos "krausistas"; assim foram, sobretudo, Manuel Bartolomé Cossío (1858-1935), José Castillejo, Adolfo Posada, Pedro Dorado Montero, Julián Besteiro, Fernando de los Ríos, Francisco Rivera Pastor, Manuel García Morente (VER), Juan Vicente Viqueira etc. Esses nomes indicam a todo conhecedor da vida intelectual espanhola moderna, que "institucionismo" e "krausismo" não são estritamente equivalentes; com efeito, vários dos "institucionistas" professaram opiniões filosóficas não-krausistas, como Dorado Montero, que foi antes um positivista; Rivera Pastor, que se inclinava ao neokantismo; Fernando de los Ríos y Julián Besteiro, que podem ser considerados "socialistas humanistas" etc.

Portanto, o krausismo espanhol, embora seja um "movimento filosófico", não pode ser reduzido a uma "escola filosófica". Há nele muitos elementos do tipo que se pode considerar "pessoal", o que explica por que autores nada krausistas estiveram bastante vinculados com os "institucionistas", incluindo os mais decididamente "krausistas" entre eles, e porque autores que combateram o krausismo como sistema filosófico — como Menéndez y Pelayo (VER) — manifestaram ao mesmo tempo grande respeito pela personalidade e integridade moral dos krausistas.

Tem-se falado de vários problemas no que se refere à difusão do krausismo. O primeiro e principal é o problema das razões pelas quais o krausismo, em vez de outro sistema, especialmente mais que qualquer outro dos sistemas do idealismo alemão, arraigou-se na Espanha. Afirmou-se por vezes que o motivo foi o fato de haver no país um "pré-krausismo", representado por certos autores de que deram notícia, entre outros, Pierre Jobit (*op. cit. infra*, I, pp. 37 ss); Antonio Xavier Pérez y López († 1792), autor de *Principios del orden esencial de la Naturaleza*, escritos em 1785, e José Álvares Guerra (nasc. 1778), autor de dois volumes intitulados *Unidad simbólica* e *Destino del hombre sobre la tierra o filosofía de la razón*, obras que parecem de "inspiração krausista". Às vezes também se afirma que a razão do triunfo do krausismo na Espanha foi o fato de ele ter-se transformado num movimento de renovação. Como esta devia ocorrer na pessoa humana e nas comunidades de pessoas humanas, parece explicável que Sanz del Río tenha dado particular atenção a um sistema cujas bases éticas e religiosas predominavam sobre as propriamente teórico-especulativas. Tratava-se, segundo ele, de descobrir um novo espiritualismo que pudesse vir a ser um "novo humanismo". Os krausistas espanhóis *stricto sensu*, especialmente Sanz del Río, não descuidaram de modo algum dos aspectos "teóricos" do pensamento de Krause; prova disso é o cuidado com o qual expuseram, explicaram, interpretaram e elaboraram o sistema de Krause como sistema metafísico. "O krausismo" — escreveu López Morillas (*op. cit. infra*, p. 61) — "sem dúvida apresentava aos indivíduos de talento e de sensibilidade um ar exortatório, prescrevia regras de comportamento, esboçava ideais dignos do sublime destino humano. Mas sob essa estrutura prática, sustentando-a assim como o direito sustenta a lei, repousavam princípios abstratos, metafísicos, para chegar aos quais não eram suficientes a boa disposição de ânimo e a inteligência aguçada; era preciso, além disso, submeter-se a um rígido treinamento da qual ficava excluída precisamente qualquer inclinação para o utilitário". Uma vez reconhecido isso, deve-se admitir, não obstante, que os aspectos mais fecundos do krausismo espanhol se manifestaram em duas esferas de algum modo "práticas": a filosofia do direito e a educação. Sobretudo nesta última, sempre que entendida não só como "pedagogia", mas como "formação pessoal" e como "formação integral da personalidade". Poder-se-ia afirmar, portanto, que o krausismo espanhol foi uma metafísica e, ao mesmo tempo, uma ética, mas mesmo isso seria insuficiente para explicar sua influência e compreender por que personalidades tão diversas se sentiram atraídas por ele. López Morillas concluiu, em vista disso (*op. cit.*, p. 212), que o krausismo espanhol é um "estilo de vida" enquanto "certa maneira de preocupar-se com a vida e de ocupar-se dela, de pensá-la e de vivê-la, servindo-se da razão como de uma bússola a fim de explorar segura e sistematicamente todo o âmbito da criação".

O krausismo também teve influências em Portugal e na América hispânica e portuguesa, principalmente por meio do krausismo espanhol, mas também por meio do acesso direto a obras de Krause e de discípulos seus, como Heinrich Ahrens e Guillaume Tiberghien. Essa influência manifestou-se especialmente na filosofia do direito. Temos um exemplo interessante disso no krausismo brasileiro. Miguel Reale ("Filosofia alemã no

Brasil", *Revista Brasileira de Filosofia*, vol. XXIV, 93 [1974], pp. 10 ss.) assinala que os historiadores das idéias filosóficas no Brasil, de Silvio Romero a Leonel Franca e a João Cruz Costa, ignoraram a presença de Krause no Brasil; contudo, esta presença foi, aponta Reale, sumamente importante e influente em autores como Galvão Bueno, João Teodoro e outros filósofos paulistas. Esses filósofos, particularmente João Teodoro, tinham interesses políticos e não só jurídico-filosóficos, desenvolvendo um "socialismo harmônico" congruente com o "harmonismo" metafísico de Krause.

⊃ Para uma informação sumária: J. V. Viqueira, "La filosofía española en el siglo XIX y comienzos del siglo XX" (Apêndice à sua versão de K. Vorländer, *Historia de la filosofía*, 1921, t. II, 1936, pp. 441-463). — Pierre Jobit, *Les éducateurs de l'Espagne moderne: I. Les krausistes*, 1936 (tese) (o t. II, 1936, contém *Lettres inédites de J. Sanz del Río*, com tradução e introdução). — J. López Morrilas, *El Krausismo español*, 1956 [Esse mesmo autor compilou uma antologia de textos de Krause, Sanz del Río etc., intitulada *Krausismo: Estética y literatura*, 1973, com um "Estudo preliminar", pp. 9-29]. — Elías Díaz, *La filosofía social del krausismo español*, 1973. — Juan José Gil Cremades, *Krausistas y liberales*, 1975. — Ver além disso: Hans Flasche, "Studie zu K. Ch. F. Krauses Philosophie in Spanien", *Deutsche Vierteljahrschrift für Literaturwissenschaft und Geistesgeschichte*, 14 (1936). — Joaquín Xirau, *Manuel B. Cossío y la educación en España*, 1945, especialmente pp. 13-31. — A. Muñoz Alonso, "Medio siglo de krausismo en España", *Giornale di metafisica*, 8 (1953), 65-82. — Lorenzo Luzuriaga, *La Institución Libre de Enseñanza y la educación en España*, 1958. — E. Benz, "Schelling, el krausismo y el mundo hispánico", *Finis Terrae*, 6 (1959), 16-21. — Vicente Cacho Víu, *La Institución Libre de Enseñanza*, I, 1962. — Dolores Gómez Molleda, *Los reformadores de la España contemporánea*, 1966. — F. Martín Buezas, *La teología de Sanz del Río y del krausismo español*, 1977. — A. Posada, *Breve historia del krausismo español*, 1981 (póstuma; prólogo de Luis G. de Valdeavellano). — K.-M. Kodalle, ed., *K. Ch. F. Krause (1781-1832). Studien zu einer Philosophie und zum Krausismo*, 1984. — S. Lipp, *Francisco Giner de los Ríos: A Spanish Socrates*, 1985. — J.-R García Cue, *Aproximación al estudio del krausismo andaluz*, 1985.

A polêmica de Menendez y Pelayo contra o krausismo — mais contra o seu conteúdo filosófico e seu "estilo" literário que contra seus valores morais — encontra-se nas páginas da *Historia de los heterodoxos* consagradas a Sanz del Río e outros krausistas.

Sobre o krausismo na Holanda (e nos Países Baixos): F. Sassen, *J. Nieuwenhuis (1777-1857) en het krausianisme in Nederland*, 1954 [Mededelingen der Kon. Ned. v. Wet. Afd. Petter-kunde, N. R., 17 nº 4].

Sobre o krausismo na Argentina: Arturo Andrés Roig, *Los krausistas argentinos*, 1969. ⊂

KREIBIG, JOSEF CLEMENS (1863-1917). Nascido em Viena, foi diretor da Escola de Comércio e "docente" na Universidade de Viena. Tendo sofrido sobretudo a influência de Brentano e mais tarde também de Meinong e Ehrenfels, Kreibig distinguiu-se por seus estudos em psicologia, lógica e teoria dos valores. Na psicologia examinou o problema da atenção em relação ao exercício da vontade — com a execução de atos voluntários — e aos sentimentos, considerando estes últimos como propulsores das volições. Ocupou-se do problema das relações entre psicologia e lógica, procurando verificar de que maneiras podem ser fundados ao mesmo tempo psicológica e logicamente os juízos e raciocínios. Kreibig evitou subordinar a lógica à psicologia, e considerou que, na psicologia do pensamento, o conteúdo dos atos, os pensamentos, é independente dos processos. Contudo, tratou as proposições, por sua vez, como juízos formulados por um sujeito cognoscente. No campo da teoria dos valores, Kreibig inclinou-se a uma concepção psicologista, fundando os valores nos atos de sentimento; os valores são significações orientadas pelos sentimentos. Os valores positivos se distinguem dos negativos por corresponder aos primeiros a qualidade do desejo e aos segundos a do "não-desejo".

⊃ Principais obras: *Epikur*, 1886. — *Geschichte und Kritik des ethischen Skeptizismus*, 1896 (*História e crítica do ceticismo ético*). — *Die Aufmerksamkeit als Willenserscheinung*, 1897 (*A atenção como fenômeno da vontade*). — *Die fünf Sinne des Menschen*, 1901; 3ª ed., 1917 (*Os cinco sentidos do homem*). — *Psychologische Grundlegung eines Systems der Wert-theorie*, 1902 (*Fundamentação de um sistema de teoria do valor*). — *Die intellektuelen Funktionen. Untersuchungen über Grenzfragen der Logik, Psychologie und Erkenntnistheorie*, 1909 (*As funções intelectuais. Pesquisas sobre as questões limítrofes da lógica, da psicologia e da teoria do conhecimento*). — *Gedanken über Moral und Krieg*, 1915 (*Reflexões sobre a moral e a guerra*). — *Ueber die Qualität des Urteils*, 1919 (*Sobre a qualidade do juízo*).

Ver: F. Orestano, *I valori humani*, 2 vols., 2ª ed., 1942. — C. Rosso, *Figure e dottrine della filosofia dei valori*, 1949, pp. 68-77. — W. H. Werkmeister, *Historical Spectrum of Value Theories, I: The German-Language Group*, 1970. ⊂

KRETSCHMER, ERNST (1888-1964). Nascido em Wüstenrot (Heilbronn), estudou medicina, neurologia e psiquiatria; de 1923 a 1926, foi professor extraordinário de psiquiatria e neurologia na Universidade de Marburgo e, a partir de 1926, professor titular da mesma universidade.

Kretschmer é conhecido sobretudo por suas pesquisas sobre as relações entre a constituição corporal e o caráter. Por 'constituição', Kretschmer entende "a totalidade de todas as peculiaridades individuais que possam relacionar-se com a hereditariedade, isto é, que tenham base genética" (*Körperbau und Charakter*, cap. XIV). O estudo da constituição é realizado de acordo com um detalhado "esquema constitucional". Os resultados mais importantes desse estudo são a descrição dos três principais tipos físicos: o astênico, o atlético e o pícnico. Embora esses tipos estejam presentes tanto nos homens como nas mulheres, há diferenças entre eles; além disso, as mulheres costumam ser mais "indefinidas" e "atípicas" que os homens. Referindo-nos agora apenas aos homens, podemos descrever brevemente os tipos da seguinte maneira: o tipo astênico caracteriza-se por "deficiência em termos de corpulência combinada com altura média consideravelmente elevada"; o tipo atlético é marcado por "forte desenvolvimento do esqueleto, da musculatura, bem como da pele"; o tipo pícnico apresenta "um pronunciado desenvolvimento periférico das cavidades do corpo (cabeça, peito e ventre") (*op. cit.*, cap. II). Ao lado desses tipos, há alguns tipos especiais displásticos que compreendem um número relativamente pequeno de indivíduos. Kretschmer descobriu que, entre os esquizofrênicos, há preponderância de tipos astênicos e atléticos e certos displásticos; e que entre os "bipolares" (maníaco-depressivos) abundam os pícnicos. Descobriu ainda que os temperamentos geralmente podem ser classificados em dois grandes grupos constitucionais: os ciclotímicos e os esquizotímicos; e que entre os ciclotímicos são abundantes os pícnicos e, entre os esquizotímicos, os astênicos, atléticos, displásticos e suas combinações. No grupo dos ciclotímicos há uma divisão segundo o tipo tenda mais para o lado alegre ou triste e dentro dos esquizotímicos há uma divisão segundo o tipo tenda mais para o lado sensitivo ou para o frio. Kretschmer também estudou os tipos geniais e suas diversas formas com base na relação entre constituição e caráter.

➲ Obras: *Der sensitive Beziehungswahn*, 1918; 2ª ed., 1927. — *Körperbau und Charakter. Untersuchungen zum Konstitutionsproblem und zur Lehre von den Temperamenten*, 1921; 25ª ed., 1967. — *Medizinische Psychologie*, 1922; 13ª ed.. 1971. — *Hysterie, Reflex und Instinkt*, 1923; 2ª ed., 1927; 3ª ed., com o título *Ueber Hysterie*, 1944; 6ª ed., 1958. — *Die Veranlagung zu seelischen Störungen*, 1924 [em colaboração com Kerler]. — *Geniale Menschen*, 1929; 5ª ed., 1958. — *Die Persönlichkeit der Athletiker*, 1936 [em colaboração com F. Enke]. — *Psychotherapeutischen Studien*, 1949. — Póstumas: *Mensch und Lebensgrund*, 1967 (*Pessoa e fundamento vital*). — *Vorlesungen uber Psychoanalyse*, 1973 (*Lições de psicanálise*).

Ver: H. Rohracher, *Kleine Einführung in die Charakterkunde*, 12ª ed., 1969. ͨ

KRIPKE, SAUL A[RON] (1940). Nascido em Bay Shore (Nova York), foi professor (até 1976) na Rockfeller University. Desde 1977 é "James McCosh Professor" na Universidade de Princeton. Deve-se a Kripke uma elaboração da semântica que levou a um novo exame da noção de essência e a um reforço das tendências essencialistas. A semântica de Kripke faz uso abundante de noções modais e procura examinar a partir de novos pontos de vista conceitos como os de certeza, necessidade, possibilidade etc. Um conceito básico na semântica de Kripke é o de "designador rígido": um designador rígido em qualquer mundo possível designa, de acordo com Kripke, o mesmo objeto, ao contrário do que ocorre com um designador "não rígido" ou "acidental". Um designador rígido de uma entidade necessariamente existente é um designador "fortemente rígido". Segundo Kripke, os nomes — e os nomes próprios — são designadores rígidos, o que não ocorre com os descritores.

Esta e outras noções levaram Kripke a concepções distintas da maioria das que ele encontrou vigentes acerca do que se deve entender por enunciados *a priori*, sobre as relações entre *a priori*, *a posteriori*, analítico e sintético, sobre os conceitos de necessidade, identidade e propriedade. Uma das mais notáveis, e discutidas, conseqüências da semântica de Kripke foi sua oposição à teoria da identidade "mente-corpo", ou teoria da identidade psicofísica, em suas várias formas. Kripke negou que uma pessoa seja idêntica a seu corpo, que haja paralelismo entre um processo mental e um estado ou acontecimento físico (cerebral) e que todo tipo de estado físico (mental) seja idêntico a algum estado físico (cerebral) correspondente. Kripke alega que, se o corpo persiste (em seu estado de cadáver) sem acontecimentos mentais, isso prova que não há identidade psicofísica.

Nós nos estendemos mais detalhadamente sobre algumas posições adotadas por Kripke nos verbetes A PRIORI; ANALÍTICO E SINTÉTICO; ESSENCIALISMO; IDENTIDADE; IDENTIDADE (TEORIA DA); INDÉXICO; MODALIDADE; MUNDOS POSSÍVEIS; NECESSIDADE; ONTOLOGIA; PROPRIEDADE; VERDADE.

➲ Trabalhos: "A Completeness Theorem in Modal Logic", *Journal of Symbolic Logic*, 24 (1959), 1-14. — "Semantical Considerations on Modal Logic", *Acta Philosophica Fennica*, 16 (1963), 83-94 (reimp. em L. Linsky, ed., *Reference and Modality*, 1971). — "Semantical Analysis of Modal Logic I", *Zeitschrift für mathematische Logik und Grundlagen der Mathematik*, 9 (1963), 67-96. — "Semantical Analysis of Intuitionistic Logic I", em J. N. Crossley e M. Dummett, eds., *Formal Systems and Recursive Functions*, 1965, pp. 92-130. — "Semantical Analysis of Modal Logic II", em J. W. Addison, L. Henkin, A. Tarski, eds., *The Theory*

of Models, 1965. — "Identity and Necessity", em M. K. Munitz, ed., *Identity and Individuation*, 1971. — "Naming and Necessity", em Donald Davidson e Gilbert Harman, eds., *Semantics of Natural Language*, 1972, pp. 252-342 (Conferências proferidas na Universidade de Princeton; 20, 22 e 29 de janeiro de 1970; notas nas pp. 342-355); o artigo, ampliado, foi publicado como livro, com um prefácio (pp. 1-21) e com o mesmo título, em 1980. — "Outline of a Theory of Truth", *The Journal of Philosophy*, 72 (1975), 690-716. — "Is There a Problem about Substitutional Quantification?", em Gareth Evans e John McDowell, eds., *Truth and Meaning: Essays in Semantics*, 1976, pp. 325-419. — "Speaker's Reference and Semantic Reference", *Midwest Studies in Philosophy*, 2 (1977), 255-276. — "A Puzzle about Belief", em A. Margalit, ed., *Meaning and Use*, 1979. — *Wittgenstein on Rules and Private Language. An Elementary Exposition*, 1982. — "A Problem in the Theory of Reference", em V. Cauchy, ed., *Philosophy and Culture* (Atas do Congresso Mundial de Filosofia, Montreal, 1983), vol. 1, 1986, pp. 241-247.
Ver: R. E. Resley, "A Palatable Substitute for Kripke's Schema", em A. Kino, J. Myhill, R. E. Resley, eds., *Intuitionism and Proof Theory*, 1970, pp. 197-207. — C. Peacocke, "Proper Names, Reference and Rigid Designation", em S. Blackburn, ed., *Meaning, Reference, Necessity*, 1975, pp. 109-132. — K. A. Bowen, *Model Theory for Modal Logic: Kripke's Models for Modal Predicate Calculi*, 1979. — J. Nubiola, *El compromiso esencialista de la lógica modal. Estudio de Quine y K.*, 1984. — G. P. Backer, P. M. S, Hacker, "On Misunderstanding Wittgenstein: K.'s Private Language Argument", *Synthese*, 58 (1984). — W. Stegmüller, "Designatorem, apriorisches Wissen, mögliche Welten, Notwendigkeit und Leib-Seele-Identität: Zur Theorie vom S. A. Kripke", em *id.*, *Hauptströmungen der Gegenwartsphilosophie*, vol. II, 6ª ed. ampl., 1979, cap. 3.2, pp. 312-344. — *Id.*, "Ks. Deutung der Spätphilosophie Wittgensteins", em *id.*, *ibid.*, vol. IV, 1989, cap. 1, pp. 1-160. — Ver também: L. Linsky, *Names and Descriptions*, 1978. — P. A. French, T. E. Uehling, H. K. Wettstein, eds., *Contemporary Perspectives in the Philosophy of Language*, 1981. — L. Linsky, *Oblique Contextes*, 1983. — G. P. Backer, P. M. S. Hacker, *Scepticism, Rules and Language*, 1984. — J. Canfield, *The Looking-Glass Self: An Examanination of Self-Awareness*, 1990. C

•• O célebre artigo de Kripke "Outline of a Theory of Truth" (1975) apresenta uma teoria semântica da verdade que pretende resolver os paradoxos semânticos, indo além do célebre trabalho de Tarksi (ver TARSKI; VERDADE). Para mostrar como se atribui um valor de verdade a enunciados muito comuns e, em contrapartida, não a outros enunciados, Kripke introduz a noção de "fundadez" (*groundedness*). Se queremos ensinar a alguém o uso de "verdadeiro" e "falso", podemos transmitir-lhe a seguinte regra: a afirmação de que uma proposição *A* é verdadeira ou falsa é fundada quando a afirmação ou a negação da própria proposição *A* se justifica. Fica pois claro que a pessoa poderá dizer fundadamente que "'O sol brilha' é verdadeira" quando for justificado afirmar "O sol brilha". Logo, um enunciado é fundado quando recebe um valor de verdade. Ora, uma proposição como "Esta proposição é verdadeira" não recebe nenhum valor de verdade, mesmo que nela apareça a palavra "verdadeira". (Trata-se de uma proposição do tipo "O sol brilha", e não do tipo "'O sol brilha' é verdadeira"). Assim, essa proposição — semelhante à do Mentiroso que diz "Esta proposição é falsa" — mostra-se infundada. Isso também ocorre com todos os paradoxos que, por esse procedimento, podem receber um tratamento formal adequado.

Em seu livro *Wittgenstein on Rules and Private Language*, Kripke deu um impulso à discussão e interconexão de dois temas fundamentais em Wittgenstein. Segundo Kripke, só se entende a contribuição de Wittgenstein contra a possibilidade de uma linguagem privada se se considera o que significa "seguir uma regra". A partir do paradoxo apontado por Wittgenstein no § 201 de suas *Investigações Filosóficas*, Kripke constrói uma argumentação cética só superável, em seu entender, se se concluir, com Wittgenstein, que não tem sentido falar do significado que um só indivíduo dá às palavras, assim como não tem sentido falar de uma só pessoa seguindo uma regra. De acordo com esta interpretação, o argumento da linguagem privada não seria, em Wittgenstein, um argumento isolado, mas apenas uma aplicação particular do princípio de acordo com o qual seguir uma regra só tem sentido na trama lingüística de uma comunidade.••

•• Kripke critica a teoria referencial usual do nome porque, segundo ele, ela sempre faz o uso do nome (p. ex. "Moisés") depender do uso de predicados referidos ao nome. Assim, o fato de o nome "Moisés" referir-se a (à pessoa de Moisés dependerá de alguma relação que se estabeleça entre o nome ("Moisés") e uma descrição que identifique univocamente o portador do nome (p. ex., "Moisés é a pessoa que tirou os judeus do Egito"). Para Kripke, este tipo de relação não é necessário; para que algo adquira a condição de nome na linguagem, o único requisito é *fixar* a referência do nome (apontando-a ou mostrando-a de algum modo). Nomear é, pois, equivalente a "batizar" um objeto. Uma vez introduzido o nome, este se transmite de uns indivíduos para outros por meio de uma cadeia comunicativa. Eis por que a teoria referencial de Kripke é qualificada como causal. Cada participante vem a ser um corredor numa prova de revezamento e o nome é o bastão: o corredor o recebe dos companheiros e o passa aos outros. Todos os corredores têm a intenção de referir-se, com aquele nome, ao mesmo objeto a que se referiu antes aquele que lhes ensinou o nome.••

KRISTELLER, PAUL O[SCAR]. Ver RENASCIMENTO.

KRONER, RICHARD (1884-1974). Nascido em Breslau (Wroclau, Baixa Silésia), foi professor de filosofia na Universidade de Kiel (1928-1935). Emigrou para os Estados Unidos, deu aulas no Union Theological Seminary de Nova York (1941-1952) e na Temple University, da Filadélfia. A partir de 1912 (no volume III), foi, ao lado de Georg Mehlis, diretor da revista *Logos*. Em 1930, foi nomeado presidente da *Hegelbund* e em 1939 proferiu as Gifford Lectures em St. Andrews.

Seguindor de primeira hora de Rickert (VER) e um dos membros da chamada Escola de Baden (VER), Kroner interessou-se pelo problema dos valores. Historiador e intérprete do idealismo alemão e do processo que vai de Kant a Hegel, Kroner estudou detalhadamente o pensamento estético de Schiller e sua influência no desenvolvimento do idealismo. A interpretação kroneriana de Hegel suscitou a um só tempo interesse e oposição; de acordo com Kroner, a dialética de Hegel é uma dialética da vida ou ao menos uma dialética que inclui a vida, sendo portanto uma doutrina de caráter irracionalista ou, em todo caso, uma doutrina que acentua a constante tensão entre o irracional e o racional.

Em suas especulações filosóficas sistemáticas, Kroner procurou desenvolver uma "filosofia do sentido" enquanto filosofia do Espírito e de sua auto-realização através das formas culturais. O Espírito se auto-realiza em diversos graus, que são ao mesmo tempo "graus de sentido". No processo correspondente, desenvolve-se uma dialética na qual o sentido vai absorvendo o ser embora sem jamais suprimi-lo por completo. Nos últimos anos de vida, Kroner dedicou-se especialmente aos problemas da filosofia da religião, estudando e defendendo o papel desempenhado pela fé religiosa no pensamento filosófico.

➲ Obras: *Zweck und Gesetz in der Biologie*, 1921 (*Fim e lei em biologia*). — *Kants Weltanschauung*, 1914. — *Von Kant bis Hegel*, 2 vols., 1921-1924; 2ª ed. em 1 vol., 1961. — *Die Selbstverwirklichung des Geistes. Prolegomena zu Kulturphilosophie*, 1928 (*A auto-realização do espírito. Prolegômenos para uma filosofia da cultura*). — *The Religious Function of Imagination*, 1941. — *The Primacy of Faith*, 1943. — *How do We Know God? Introduction to the Philosophy of Religion*, 1943 [Hewett Lectures, Union Theological Seminary, 1941-1942]. — *Culture and Faith*, 1951. — *Speculation and Revelation in Pre-Christian Philosophy*, 1956. — *Selbstbesinnung. Drei Lehrstunden*, 1958 (*Reflexões pessoais. Três lições* [diálogo sobre a verdade e a realidade]). — *Speculation and Revelation in the Age of the Christian Philosophy*, 1959. — *Speculation and Revelation in The History of Philosophy*, 3 vols., 1957-1961. — *Between Faith and Thought*, 1966. — *Freiheit und Gnade. Philosophisch-theologischer Traktat*, 1969.

Ver: John E. Skinner, *Self and World: The Religious Philosophy of R. K.*, 1962. ℭ

KRONFELD, ARTHUR. Ver FRIES, JAKOB FRIEDRICH.

KRONLAND, MARCUS MARCI VON. Ver PAMPSIQUISMO.

KROPOTKIN, PEDRO [Príncipe Piotr Alesksevitch] (1842-1921). Nascido em Moscou, formou-se geógrafo e se distinguiu pelas descobertas feitas no curso de duas expedições à Sibéria e à Mandchúria (1864) e à Finlândia e à Suécia (1872-1873). Interessado por questões tanto políticas como sociais, aderiu à Internacional Operária, defensora de princípios socialistas. Posteriormente Kropotkin a abandonou por julgá-la demasiado conservadora e começou a propagar doutrinas anarquistas, tornando-se um dos principais chefes e teóricos do anarquismo. Preso na Rússia em 1874, fugiu dois anos depois e mudou-se para Londres e, mais tarde, para a Suíça, onde publicou (1878-1881) *Le Revolté*. Expulso da Suíça, foi para a França, sendo ali detido e preso. Anistiado três anos depois, transferiu-se para a Inglaterra e, em 1917, voltou à Rússia. Contrário ao governo bolchevique, como de resto a todo governo, viu-se banido de toda atividade política, mas honrado como "velho revolucionário".

As doutrinas anarquistas de Kropotkin devem tanto às teorias sociais rousseaunianas e ao utopismo francês do século XIX quanto ao movimento populista russo. Kropotkin pregou o igualitarismo e a justiça social, mas também defendeu a liberdade do indivíduo contra toda autoridade como meio de desenvolver ao máximo a personalidade humana. Suas doutrinas sociais são, por esse motivo, ao mesmo tempo doutrinas éticas. Um dos fundamentos da ética social — ou melhor, sócio-individual — de Kropotkin está na noção de "ajuda mútua". Partindo de uma idéia do zoólogo Kessler, da Universidade de São Petersburgo, que veio à luz numa comunicação apresentada em 1880, segundo a qual, ao lado da lei darwiniana da luta pela sobrevivência do mais apto, há a lei da ajuda mútua entre os membros de uma mesma espécie, Kropotkin fez desta última lei o fundamento de cada sociedade animal, assim como da sociedade humana. Portanto, de acordo com Kropotkin, o homem só luta contra os semelhantes quando deixa de seguir certos impulsos básicos ou quando as circunstâncias históricas — a pressão do Estado e dos grupos sociais — o obrigam a isso. Deixado a seu arbítrio e de acordo com sua vontade própria, o homem naturalmente ajudaria os semelhantes. Kropotkin buscou fundar sua idéias não só em dados das ciências naturais como também em dados históricos, mostrando que o progresso histórico é o progresso da ajuda mútua sem necessidade de coação. O "verdadeiro princípio da moralidade" é, segundo ele, dar aos semelhantes mais do que se espera receber deles. Trata-se de um princípio inclusive superior à justiça. Logo, a ajuda mútua se assemelha ao amor, porém enquanto este último é sempre pessoal (ou, no máximo, tribal), a ajuda mútua é universal-humana. "Na prática da ajuda mútua" — conclui Kropotkin — "que podemos identificar nos primeiros momentos da evolução, podemos encontrar a origem positiva e indubitável de nossas concepções éticas".

↪ Kropotkin escreveu *Palavras de um Rebelde* (1885); *A Anarquia: sua Filosofia e seu Ideal* (1896); *Memórias de um Revolucionário* (1899); *Campos, fábricas e oficinas* (1899); *A Ajuda Mútua: Um Fator na Evolução* (1902); *Ética: Origem e Desenvolvimento* (1924) e outras obras e folhetos. Os dois últimos livros mencionados são os únicos importantes filosoficamente. De suas obras e folhetos existem inúmeras edições em muitas línguas. Em português: *A anarquia*, 2000. — *Os anarquistas e as eleições*, 2000. — *O Estado*, 2000. — *Kropotkin*, 1987.

A bibliografia sobre o anarquismo é muito abundante. Ver no verbete ANARQUISMO.

Entre os trabalhos sobre Kropotkin, mencionamos: M. Nettlau, *Der Anarkismus von Proudhon zu K.*, 1927. — G. Woodcock, I. Avakumovic, *The Anarchist Prince. A Biographical Study of P. K.*, 1950. — J. W. Hulse, *Revolutionists in London*, 1970. — C. Díaz, "El anarquismo, filosofía política del 'apoyo mutuo'", *Pensamiento*, 28 (1972), 193-205. — M. A. Miller, *A. Kropotkin*, 1976. — V. C. Punzo, "The Modern State and the Search for Community: The Anarchist Critique of Kropotkin", *International Philosophical Quarterly*, 16 (1976), 3-32. — A. J. Cappelletti, "Génesis y desarrollo de la filosofía social de Kropotkin", *Revista de Filosofía* (Costa Rica), 16 (1978), 143-152. — W. M. Evers, "Kropotkin's Ethics and the Public Good", *Journal of Libertarian Studies*, 2 (1978), 225-232. — S. Osofsky, *Peter Kropotkin*, 1979. — H. Hug, *K. zur Einführung*, 1989. ↩

KRUEGER, FELIX (1874-1948). Nascido em Posen (Prússia Ocidental), foi professor em Leipzig (1917-1933), em Buenos Aires (1906-1908), em Halle (1910-1911), em Nova York (1912-1913), mais uma vez (a partir de 1917) em Leipzig; trabalhou primeiramente com Wundt no campo da psicologia experimental e especialmente com os problemas da psicologia evolutiva, trabalho realizado quase paralelamente com sua análise do problema do valor e da valoração do ponto de vista ético e ético-psicológico. Ora, o exame psicológico do ato da valoração mostra precisamente, de acordo com Krueger, a existência de um valor absoluto do qual o próprio ato retira sentido e, portanto, a partir do qual é possível uma justificação moral do agir humano. E isso a tal ponto que o que há de característico na pessoa humana é precisamente a possibilidade de estabelecer valorações que correspondam a um reino axiológico objetivo. Na verdade, a subjetivização da valoração não decorre, ao ver de Krueger, tanto de uma psicologização como de uma falsa interpretação do caréter psicológico do sujeito valorante. Este último é uma totalidade e não uma série de supostos elementos básicos regidos por leis de associação. A noção de totalidade, e a de estrutura, são para Krueger fundamentais tanto da perspectiva psicológica como do ângulo social, antropológico e até metafísico. Embora a estrutura de que fala Krueger seja funcional, isso não quer dizer que seja um simples conjunto de "relações". Em todo caso, Krueger tentou traduzir a idéia de uma substancialidade estruturaral dinâmica. Esta fica em destaque, alega Krueger, nos sentimentos, que ocupam um lugar central na atividade e na existência humanas, e que mostram tanto o caráter estrutural da vida anímica como o fundo mesmo do qual provém toda estrutura possível. Pois bem, a tendência de Krueger segue cada vez mais a direção da concepção transcendente das estruturas, o que não significa torná-las objetividades ideais. As estruturas são experiências fundamentais que, dada a sua fundamentalidade, possuem justamente, embora ao mesmo tempo paradoxalmente, o caráter da transcendência. A união entre vivência e transcendência, assim como a do valor com o ser, parecem estar assim na base de uma filosofia em que a análise psicológica é ao mesmo tempo meramente preparatória e absolutamente central.

↪ Principais obras: *Ist Philosophie ohne Psychologie möglich?*, 1896 (*É possível filosofia sem psicologia?*). — *Der Begriff des absolut Wertvollen als Grundbegriff der Moralphilosophie*, 1898 (*O conceito do absolutamente valioso como conceito fundamental da filosofia moral*). — *Ueber Entwicklungspsychologie, ihre sachliche und geschichtliche Notwendigkeit*, 1915 (*Sobre psicologia evolutiva; sua necessidade objetiva e histórica*). — *Der Strukturbegriff in der Psychologie*, 1924 (*O conceito de estrutura em psicologia*). — "Über psychische Ganzheit", *Neue Psychologischen Studien*, I (1926) (*Sobre a totalidade psíquica*). — *Das Wesen der Gefüle. Entwurf einer systematischen Theorie*, 1928 (*A essência dos sentimentos*). — "Das Problem der Ganzheit", *Blätter für deustsche Philosophie*, 6 (1932) (*O problema da totalidade*). — *Ganzheit und Form. Vorträge*, 1932 (*Totalidade e forma: conferências* [inclui o trabalho anterior]). — *Zur Psychologie des Gemeinschaftslebens*, 1934 (*Sobre a psicologia da vida comunitária*). — *Lehre von dem Ganzen. Seele, Gemeinschaft und das göttliche*, 1948 (*Doutrina do todo. Alma, comunidade e o divino*). — Póstumas: *Zur Philosophie und Psychologie der Ganzheit (Schriften 1918-1940)*, 1953 (*Sobre a filosofia e a psicologia da totalidade [Escritos 1918-1940]*). — *Zwei Aufsätze über das Gefühl*, 1967 (*Dois artigos sobre o sentimento*).

Ver: R. Odebrecht, *Gefühl und Ganzheit. Der Ideengehalt der Psychologie F. Kruegers*, 1929. — O. Buss, *Die Ganzheitspsychologie F. Kruegers*, 1934. — A. Wellek, *Das Problem der seelischen Seins. Die Strukturtheorie F. Kruegers. Deutung und Kritik*, 1941. — *Id., Die Wiederherstellung der Seelenwissenschaft im Lebenswerk F. Kruegers*, 1950. — *Id.*, ed., *Genetische Ganzheitpsychologie*, 1954. **C**

KRUG, WILHELM TRAUGOTT (1770-1842). Nascido em Radis, Wittemberg, obteve sua "habilitação" (1794) na Universidade de Wittemberg. De 1801 a 1805, foi professor extraordinário de filosofia em Frankfurt a.M., e em 1805 foi nomeado professor titular em Königsberg, como sucessor na cátedra que fora ocupada por Kant. Em 1809, foi nomeado professor em Leipzig.

No verbete que escreveu sobre si mesmo para seu vocabulário filosófico (ver a bibliografia), Krug indicou que, embora tenha sofrido a influência dos ensinamentos de Reinhard e Reinhold, bem como dos escritos críticos de Kant, ainda assim julgou o pensamento desses autores insuficiente, razão pela qual propôs-se a desenvolver uma filosofia como "ciência das leis básicas do espírito humano em sua totalidade". Isso equivalia a um exame e a um esclarecimento da "forma fundamental" (*Urform*) do "eu" em sua referência a todas as realidades. Krug denominou sua própria filosofia "sintetismo transcendental". Em sua opinião, "o sistema sintético" supera o tético (realismo) e o antitético (idealismo), assim como "o método sintético" supera o tético (dogmatismo) e o antitético (ceticismo) (*Fundamentalphilosophie*, § 119). Os princípios desse sistema constituem uma "filosofia fundamental" ou "doutrina fundamental protocientífica". A filosofia fundamental se divide numa doutrina filosófica fundamental e numa doutrina metódica elementar. A primeira se subdivide em problemática filosófica (que trata de conceitos básicos como o homem, o mundo, o eu, o corpo, o espaço, o tempo, o sensível e o supra-sensível, a liberdade, o verdadeiro e o falso etc.) e em apodítica filosófica (que trata dos princípios do conhecimento, do ponto de partida da filosofia e da forma originária do eu). A segunda subdivide-se em didática filosófica (que se ocupa dos graus do saber e da certeza) e em arquitetônica filosófica (que trata das formas e métodos da própria filosofia).

A filosofia fundamental é a entrada para o sistema da filosofia teórica, que compreende uma lógica ou doutrina do pensar, uma metafísica ou teoria do conhecimento e uma gneumatologia (VER). Cada um desses ramos se subdivide em outros. Assim, por exemplo, "a metafísica da natureza sensível" compreende uma "hilelogia metafísica" (sobre a matéria e suas formas), uma "organologia metafísica" e uma "teleologia metafísica"; a "metafísica da natureza supra-sensível" compreende uma "psicologia metafísica", uma "cosmologia metafísica" e uma "teologia metafísica". Podem-se observar no sistema de Krug as marcas da filosofia alemã anterior a Kant e, em maior proporção, as marcas da filosofia de Kant. Krug é citado hoje, sobretudo, por causa de suas polêmicas de filosofia natural contra Schelling e Hegel, tendo este último dirigido a ele uma resposta agressiva em seu artigo "Wie der gemeine Menschenverstand die Philosophie nehme, dargestellt an den Werken des Herrn Krugs", *Kritisches Journal der Philosophie*, 1808 ("De como a filosofia entende o senso comum das pessoas, tal como exposto nas obras do senhor Krug"), onde compara Krug a um jarro (*Krug*) no qual há uma mistura de água reinhóldica [de Reinhold], de cerveja kantiana estragada, de xarope diluído chamado "berlinismo" e outros ingredientes semelhantes. Mas é sob todos os aspectos injusto reduzir a obra de Krug a "uma polêmica com Schelling e Hegel". Em sua época, Krug foi conhecido principalmente não só por seu tão detalhado sistema filosófico como também por seu *Dicionário de Filosofia*.

⊃ Principais obras: *Briefe über die Perfektibilität der geoffenbarten Religion*, 1795 (*Cartas sobre a perfectibilidade da religião revelada*). — *Versuch einer systematischen Encyclopädie der Wissenschaften*, 2 partes, 1796-1797 (*Ensaio para uma enciclopédia sistemática das ciências*). — *Aphorismen zur Philosophie des Rechts*, 1800 (*Aforismos para a filosofia do direito*). — *Philosophie der Ehe*, 1800 (*Filosofia do matrimônio*). — *Briefe über die Wissenschaftlehre*, 1800 (*Cartas sobre a doutrina da ciência*). — *Briefe über die neuesten Idealismus*, 1801 (*Cartas sobre o recente idealismo*). — *Entwurf eines neuen Organons der Philosophie oder Versuch über die Prinzipien der Philosophischen Erkenntnis*, 1801 (*Esboço de um novo Organon da filosofia ou ensaio sobre os princípios do conhecimento filosófico*). — *Fundamentalphilosophie oder urwissenschaftliche Grundlehre*, 1803; 2ª ed., 1819 (*Filosofia fundamental ou doutrina fundamental protocientífica*) [K. considerava este livro sua obra capital]. — *System der theoretischen Philosophie*, 3 partes, 1806-1810 (*Logik oder Denklehre; II. Metaphysik oder Erkenntnislehre; III. Geschmackslehre oder Ästhetik*); 2ª ed., I, 1819; II, 1820; III, 1823; 3ª ed. de I, 1825; 4ª ed. de I, 1833 (*Sistema de filosofia teórica* [*I. Lógica ou doutrina do pensamento; II. Metafísica ou teoria do conhecimento; III. Doutrina do gosto ou estética*]). — *Von der Idealen der Wissenschaft, der Kunst und des Lebens*, 1809 (*Dos ideais da ciência, da arte e da vida*). — *Geschichte der Philosophie alter Zeit, vornehmlich unter Griechen und Römern*, 1815; 2ª ed., 1827 (*História da filosofia antiga, especialmente entre os gregos e os romanos*). — *Geschichtliche Darstellung des Liberalismus alter und neuer Zeit*, 1822 [suplementado por: *Der falsche Liberalismus unserer Zeit*] (*Exposição histórica do libera-*

lismo do antigo e do novo tempo, suplementado por *O falso liberalismo de nosso tempo*). — *Versuch einer neuen Theorie der Gefühle und des sogenannten Gefühlsvermögens*, 1823 (*Ensaio de uma nova teoria dos sentimentos e da chamada faculdade sensível*). — *Pisteleologie oder Glaube, Aberglaube und Unglaube*, 1825 (*Pisteleologia ou fé, superstição e ceticismo*). — *Schelling und Hegel. Oder die neueste Philosophie im Vernichtungskriege mit sich selbst begriffen. Ein Beitrag zur Geschichte der Philosophie des 19. Jahr.*, 1835 (*S. e H. ou a filosofia recente vista em guerra mortal consigo mesma. Contribuição para a história da filosofia no século XIX*). — *Über das Verhältnis der Philosophie zum gesunden Menschenverstande, zur öffentlichen Meinung und zum Leben selbst, mit besonderer Hinsicht auf Hegel. Noch ein Beitrag zur Geschichte der Philosophie des 19. Jahr.*, 1835 (*Sobre a relação entre a filosofia, o senso comum, a opinião pública e a própria vida, com especial referência a Hegel. Outra contribuição à história da filosofia do século XIX*) [estes escritos constituem a contribuição de K. à polêmica com Schelling e, especialmente, com Hegel, à qual nos referimos no corpo do verbete]. — K. escreveu ainda numerosas obras de caráter político, político-religioso e jurídico.

Obras reunidas: *Gesammelte Schriften*, Parte I, vols. 1 e 2, 1830; Parte II, vols. 3-6, 1838. Estas obras não compreendem os escritos latinos do autor, que foram coligidos no volume *Commentatt. acadd. partim ad theol. partim ad phils. hujusque impris hist. spectantes*, 1838 [inclui sua dissertação latina: *De Socrates in philosophiam meritis rite aestimandis; disputatio historico-philosophica*], 1797. — O Dicionário Filosófico de K. leva em sua primeira edição o título *Encyclopädisch-philosophisches Lexikon oder Allgemeines Handwörterbuch der philosophischen Wissenschaften nebst ihrer Literatur und Geschichte*, 4 vols., 1832-1834; 2ª ed.: *Allgemeines Handwörterbuch etc.*, I, 1832; II, 1833; III, 1833; IV, 1834; V, 1 [Suplemento], 1838; V, 2 [*id.*], 1838 (reimp., 1969). No verbete "Lebensphilosophie" ("Filosofia da vida") dessa obra (vol. II, 1833, p. 693), há uma bibliografia bastante completa sobre a chamada "filosofia popular". Para Krug, os dois conceitos eram praticamente sinônimos (ver também "Popularphilosophie", vol. III, 1833, p. 302).

Autobiografia de K. em *Meine Lebensreise, in sechs Stationen, von Urceus. Nebst Reihard's Briefen an den Verfasser*, 1826; cf. também *Leipziger Freuden und Leiden im Jahre 1830, oder das merkwürdigste Jahr meines Lebens*, 1831. C

KUHN, ROLAND. Ver EXISTENCIALISMO.

KUHN, THOMAS S. (1922). Nascido em Cincinnati, Ohio (EUA), foi professor da Universidade de Princeton e, de 1979 a 1991, data de sua aposentadoria, professor do MIT [Massachusetts Institute of Technology]. Kuhn é um dos protagonistas daquilo que Dudley Shapere denominou "a nova filosofia da ciência". Kuhn reconhece muitos antecedentes em seu trabalho; não só as pesquisas históricas de Koyré, Meyerson, Hélène Metzger, Anneliese Maier, as inspirações de James B. Conant, os trabalhos de Jean Piaget, de Benjamin Whorf, de Ludwig Fleck e de outros, como algumas análises filosóficas de Quine. Contrariando o pensamento de que a filosofia da ciência é basicamente uma reconstrução lógica de teorias científicas, Kuhn considerou que o estudo histórico da ciência — estudo que requer a um só tempo a habilidade do historiador e o conhecimento do cientista — é indispensável ao entendimento não só de como se desenvolveram as teorias científicas como também de por que, em certos momentos, determinadas teorias foram aceitas em vez de outras e, por conseguinte, justificadas e validadas. Kuhn qualificou e aprimorou suas idéias em várias ocasiões, a ponto de nenhuma versão delas poder ser muito exata. Em sua versão original, ou talvez mais primitiva, as idéias de Kuhn centram-se em torno da divisão entre "ciência normal" e o que se poderia chamar de "ciência anormal". A ciência normal é elaborada por uma comunidade científica e serve de base para os desenvolvimentos subseqüentes. A ciência normal baseia-se num paradigma (VER), do qual derivam regras (embora, como indica Kuhn, os paradigmas possam orientar a investigação inclusive na ausência de regras). Uma vez estabelecido um paradigma, a pesquisa procede de maneira similar à solução de "enigmas", não sendo objeto de dúvida os fundamentos mesmos do paradigma. Se se descobrem, como amiúde ocorre, anomalias, o pesquisador as deixa de lado como questões relativamente inoportunas, que serão resolvidas oportunamente. Apenas quando se multiplicam as anomalias de maneira tal que não se pode continuar a ignorá-las, ou quando não se pode explicá-las em termos teóricos "normais", produz-se uma quebra do paradigma, que é então substituído por outro. Ocorre então um "deslocamento" semelhante ao que se observa no campo da percepção quando, de acordo com a *Gestaltpsychologie*, se vê de repente uma figura distinta da até então observada. Os mesmos fatos são vistos de uma perspectiva diferente, isto é, no âmbito de outro paradigma. Nessa crise de fundamentos consistem as revoluções científicas, que são mudanças na visão de mundo invisíveis inclusive para os próprios cientistas que as realizam.

A ressonância que alcançaram as idéias de Kuhn sobre a estrutura das revoluções científicas deve-se ao fato de abarcarem um campo muito amplo que vai da lógica da descoberta científica à psicologia (e à sociologia) da produção científica. Deve-se isso ainda ao fato de os seus conceitos básicos terem suficiente flexibilidade para admitir interpretações as mais diversas. Assim, pode-se considerar que as mudanças de paradigma acontecem de súbito, já que em algum momento tem de produzir-se o "deslocamento" de visão indicado. Por outro lado, é indubitável que a formação de um novo paradigma pode levar muito tempo, podendo haver a coexistência de dois ou até mais paradigmas. As anomalias podem ser interpretadas como falseamentos de teorias científicas, mas também podem ser vistas como condições para o surgimento de uma nova teoria. Pode-se estudar o paradigma como uma estrutura lógica ou como uma série de pressupostos que são condições de possibilidade da investigação científica. Kuhn tendeu a rejeitar toda interpretação extrema de suas idéias. De um lado, recusou todo reconstrucionismo e mesmo todos os falseamentos ingênuos. De outro, mostrou-se infenso a admitir que sua teoria sobre a estrutura e a história das teorias científicas seja uma manifestação de historicismo, de psicologismo ou de sociologismo. Se um paradigma difere fundamentalmente de outro e, em termos específicos, se um paradigma novo difere fundamentalmente do velho paradigma que, por meio da crise, chegou a substituir, parece que se tem de concluir que os dois são completamente incomparáveis entre si. Contudo, essa incomparabilidade tornaria difícil, senão impossível, uma história da ciência, que é justamente o que Kuhn procura fazer. Mais que isso, levaria a um irracionalismo e a um relativismo que Kuhn recusa terminantemente. O trabalho de Kuhn está voltado, portanto, para o desenvolvimento, por meio da descrição e da análise histórica, de uma teoria da racionalidade dentro da qual talvez se possam explicar as noções de paradigma e de mudança de paradigma, incluindo-se aí toda mudança radical ou revolucionária.

•• Em seus últimos trabalhos, Kuhn já não procura explicar a mudança de paradigma mediante o deslocamento da imagem (*Gestalt*), mas basicamente por meio da "mudança de significado". A incomparabilidade ou incomensurabilidade de duas teorias consistirá, pois, numa diferença estrutural nas relações de termos-tipo (*Kind-terms*) usados em distintas comunidades. A mudança de significado é constatada quando não existe nenhuma linguagem na qual possam ser traduzidas ao mesmo tempo as duas teorias. A incomensurabilidade é sempre *local*; isto é, uma mudança teórica revolucionária afeta sempre alguns conceitos, mas não a maioria deles.

O caráter local das incomensurabilidades permite que sempre permaneça uma ampla base conceitual comum para que se possa, apesar de tudo, comparar teorias. A incomensurabilidade, portanto, não impede — ao contrário do que alguns podem pensar — um real progresso do conhecimento. Mais que isso, é ela que, na realidade, leva ao progresso cognoscitivo, visto que esse progresso não é meramente quantitativo, implicando na verdade uma profunda reorganização do já conhecido. Não se trata tampouco de uma progressiva *aproximação* da verdade. Kuhn nega a existência de uma verdade independente da teoria. É preciso entender o progresso científico de forma meramente instrumental, como um crescimento intrateórico da capacidade de resolver problemas e de fazer previsões. Claro está que esse desenvolvimento teórico tem como preço uma crescente especialização que isola as comunidades umas das outras.

O projeto de Kuhn continua a ser motivo de abundante discussão (do caráter mais ou menos relativista de seu pensamento à sua concepção de incomensurabilidade), ao mesmo tempo em que consegue notável atenção, tanto por parte da filosofia da ciência estruturalista (Stegmüller, Sneed) como no debate realismo/anti-realismo. ••

⊃ Obras: *The Copernican Revolution: Planetary Astronomy in the Development of Western Thought*, 1957. — *The Structure of Scientific Revolutions*, 1962 (publicado também como vol. II, 2, da *International Encyclopedia of Unified Science*); 2ª ed., com um "Postscript", 1970. — *The Essential Tensions: Selected Studies in Scientific Tradition and Change*, 1977 [coletânea de artigos que inclui dois até então inéditos]. — *Black-Body Theory and the Quantum Discontinuity, 1894-1912*, 1978; 2ª ed., ampl., 1987.

Entre os artigos e ensaios de Kuhn, figuram: "The Function of Measurement im Modern Physical Science", *Isis*, 52 (1962), 161-193. — "The Function of Dogma in Scientific Research", em A. C. Crombie, ed., *Scientific Change: Historical Studies in the Intellectual, Social, and Technical Conditions for Scientific Discovery and Technical Invention from Antiquity to the Present*, 1963, pp. 348-369. — "A Function for Thought Experiments", em Cohen e Taton, eds. *Mélanges Alexandre Koyré*, vol. 2: *L'aventure de l'esprit*, 1964, pp. 307-334. — "Logic of Discovery or Psychology of Research?" e "Reflections on my Critics", em J. W. N. Watkins, S. E. Toulmim *et. al.*, *Criticism and the Growth of Knowledge*, ed. Imre Lakatos e Alan Musgrave, 1970, pp. 1-23 3 231-278. — "Second Thoughts on Paradigms", em F. Suppe, ed., *The Structure of Scientific Theories*, 1974. — "Notes on Lakatos", em R. Buck e R. Cohen, eds., vol. 8 de *Boston Studies in the Philosophy of Science*, 1971, pp. 137-146. — "Theory-Change as Structure-Change: Comments on the Sneed Formalism", *Erkenntnis*, 10 (1976), 179-199. — "Wiskundige versus Experimentale Tradities in de Ontwikkeling van der Natuurwetenschap", *Kennis Methode*, 1 (1977), 334-361. — "History of Science", em P. D. Asquith, ed., *Current Research in Philosophy of Science*, 1979, pp. 121-128. — "Commensurability, Comparability, Communicability", em P. Asquith, T. Nickles, eds., *Philosophy of Science Association 1982*, vol. 2, 1983. — "Rationality and Theory Choice", *Journal of Philosophy*, 80 (1983), 563-571. — "What are

Scientific Revolutions?", em L. Kruger, L. J. Daston, M. Heidelberger, eds., *The Probabilistic Revolution*, vol. 1: *Ideas in History*, 1987. — "Possible Worlds in History of Science", em S. Allen, ed., *Possible Worlds in Humanities, Arts and Sciences*, 1989. — "Dubbing and Redubbing: The Vulnerability of Rigid Destination", em C. W. Savage, ed., *Scientific Theories*, 1990. — "The Natural and the Human Sciences", em D. R. Hiley, ed., *The Interpretive Turn*, 1991. — "Afterwords", em *World Changes*, ed. P. Horwich, 1993.
Em português: *Estrutura das revoluções científicas*, 5ª ed., 1998. — *A revolução copernicana*, 1990. — *A tensão essencial*, 1989.
Entre a abundante literatura sobre a obra de Kuhn, destaquemos: o vol. 1 de I. Lakatos e A. Musgrave citado *supra*. — W. Stegmüller, *Probleme und Resultate der Wissenschaftstheorie und Analytischen Philosophie*, vol. 2: *Theorie und Erfahrung*, 2ª parte, *Theorienstrukturen und Theoriendynamik*, 1973. — W. Diederich, ed., *Theorien der Wissenschaftsgeschichte*, 1974. — P. Kitcher "Theories, Theorists and Theoretical Change", *Philosophical Revue*, 87 (1978). — G. Radinitzky, G. Anderson, eds., *Progress and Rationality in Science*, 1978. — D. Shapere, A. Musgrave et. al., *Paradigms and Revolutions: Appraisals and Applications of T. Kuhn's Philosophy of Science*, ed. G. Gutting (antologia de textos), 1980. — I. Hacking, ed., *Scientific Revolutions*, 1981. — C. Dilworth, *Scientific Progress: A Study Concerning the Nature of the Relation Between Sucessive Scientific Theories*, 1981. — B. Barnes, *K. and Social Science*, 1982. — R. S. Cohen, M. W. Wartofsky, eds., *A Portrait of Twenty-Five Years: Boston Coloquium for the Philosophy of Science 1960-1985*, 1985. — J. Grunfeld, *Changing Rational Standards: A Survey of Modern Philosophy of Science*, 1985. — D. Stenhouse, *Active Philosophy in Education and Science: Paradigms and Language Games*, 1985. — W. Stegmüller, *Hauptströmungen der Gegenwartsphilosophie*, vol. 3, 1986. — V. Verronen, *The Growth of Knowledge: An Inquiry to the Kuhnian Theory*, 1986. — P. Hoyningen-Huene, *Die Wissenschaftsphilosofie Th. S. Kuhns*, 1989. — J. Agassi, "The Import of the Problem of Rationality", *Methodology and Science*, 23 (2) (1990), 61-74. — P. H. Flury, "T. S. K. and L. Flexk: Two Sociologists of Science", *Indian Philosophical Quarterly* (1991), 271-284. — H. Sankey, "Incommensurability and the Indeterminacy of Translation", *Australasian Journal of Philosophy* (1991), 219-223. — J. Hintikka, "Theory-Ladenness of Observation as a Test Case of Kuhn's Approach to Scientific Inquiry", *Proceedings. Philosophy and Science Ass.*, 1 (1992), 277-286. — M. E. Malone, "Kuhn Reconstructed: Incommensurability Without Relativism", *Studies in History and Philosophy of Science*, 24 (1) (1993), 69-93. C

KÜLPE, OSWALD (1862-1915). Nascido em Candau (Kurland), foi de 1887 a 1894 assistente de Wundt em seu Instituto Psicológico (e Laboratório de Psicologia Experimental) em Leipzig. De 1894 a 1912, foi professor de filosofia em Würzburg, onde fundou e estimulou a chamada Escola de Würzburg (VER). De 1901 a 1912, foi professor em Bonn e, de 1912 até sua morte, em Munique.

Külpe trabalhou principalmente em dois campos: psicologia experimental e filosofia. Em psicologia experimental, deve-se a ele o enorme estímulo dado aos trabalhos dos psicólogos de Würzburg (A. Maier, J. Orth e, sobretudo, K. Marbe, N. Ach e Karl Bühler). Referimo-nos a esses trabalhos no verbete sobre a Escola de Würzburg. É característico das idéias de Külpe sobre a pesquisa psicológica ter ele, de um lado, insistido fortemente no caráter experimental da psicologia — que deve seguir um método empírico e relacionar-se estreitamente com pesquisas médicas e fisiológicas — e, do outro, destacado a importância de uma prévia e cuidadosa descrição dos fenômenos psíquicos. Külpe interessou-se especialmente pelo estudo experimental e descritivo dos fenômenos da vontade e do pensamento, com ênfase no estudo dos processos do pensar não acompanhados por um conteúdo "intuitivo" — o que Külpe chamava *Bewusstheit* ou "consciencialidade".

O interesse de Külpe pela psicologia tem estreitos vínculos com seu trabalho propriamente filosófico. Este sempre se funda numa análise do sentido dos resultados obtidos na pesquisa psicológica, sem por isso reduzir o pensamento filosófico a uma simples síntese de resultados psicológicos. Ele se opõe aos autores que fundamentam a reflexão filosófica numa experiência interior imediata da realidade ou numa suposta faculdade de conhecer a realidade que estaria além de toda experiência. Mas se opõe também aos autores que partem de um conceito da realidade segundo o qual esta é ou puro fenômeno ou pura matéria. Por isso, Külpe rejeitou tanto o idealismo como o positivismo e o materialismo. De acordo com ele, a análise do resultado da pesquisa psicológica sobre os processos de pensamento indica que a realidade só pode ser apreendida por meio de uma conjunção entre experiência e pensamento. Esta idéia é fundamentalmente kantiana, de modo que Külpe pode ser considerado kantiano, ao menos em teoria do conhecimento. Não obstante, Külpe destaca no kantismo o chamado aspecto "realista"; e como esse aspecto não é simplesmente admitido como verdadeiro, mas analisado reflexivamente, o realismo gnosiológico de Külpe é considerado um "realismo crítico". As categorias não são para Külpe formas lógicas aplicáveis aos fenômenos por meio das quais se determina a realidade *a priori*; a possibilidade de uso dessas categorias está fundada no fato de elas mesmas serem "resultados cognoscitivos" (*Erkenntnisresultate*). As categorias "mencionam" verdadeiramente os objetos e os "confirmam" em sua realidade. O que Külpe denomina "a realização" (*Realisierung*) é o processo mediante o qual se demonstra a adequação cada vez maior entre as categorias — ou o pensamento categorial — e a estrutura real dos objetos.

Assim, portanto, nem a determinação intrínseca ou imanente nem a determinação extrínseca ou transcendente (quer de natureza empírica ou de índole puramente racional) podem fundamentar a realidade. Essa determinação é realizada somente por meio de uma análise próxima de uma fenomenologia, análise no curso da qual se vão mostrando as diferentes possibilidades de "posição" do real. Essas possibilidades abarcam desde a apreensão empírica imediata até as diversas formas de menção indicativa do objeto, motivo pelo qual, segundo esse autor, o problema da realidade não cai num mero formalismo como o que freqüentemente se vê tanto no âmbito das tendências neokantianas como no das tendências neocriticistas. As análises de Külpe constituem a base de uma incipiente "escola gnosiológica" a que pertenceu sobretudo Ernst Dürr (1878-1913: *Ueber die Grenzen der Gewissheit*, 1903; *Grundzüge der realistischen Weltanschauung*, 1907; *Grundzüge der Ethik*, 1909; *Erkenntnistheorie*, 1910), que defendeu também um claro realismo, embora com uma inclinação psicologista maior. Tendência realista análoga, também fundada mais em análises psicológicas que propriamente fenomenológicas, é a defendida por Gustav Störring (1860-1946: *Einführung in die Erkenntnistheorie*, 1909; *Psychologie des menschlichen Gefühlslebens*, 1916; *Logik*, 1916), próximo em muitos pontos a Külpe e, em outros, também a Wundt (em cujo Instituto Psicológico de Leipzig colaborou assiduamente). Também próximo de Külpe está August Messer (VER).

➲ Principais obras: *Grundriss der Psychologie*, 1893 (*Esboço de psicologia*). — *Einleitung in die Philosophie*, 1895; 12ª ed., 1928, ed. A. Messer (*Introdução à filosofia*). — *Die Philosophie der Gegenwart in Deutschland*, 1902; 7ª ed., 1920 (*A filosofia atual na Alemanha*). — *I. Kant. Darstellung und Würdigung*, 1907. — *Erkenntnistheorie und Naturwissenschaft*, 1910 (*Teoria do conhecimento e ciência natural*). — *Psychologie und Medizin*, 1912. — *Die Realisierung. Ein Beitrag zur Grundlegung der Realwissenschaften*, I, 1912; II e III, póstumos, ed. por A. Messer, 1920 (*A realização. Contribuição para uma fundamentação das ciências do real*). — *Vorlesungen über Psychologie*, 1920, ed. K. Bühler (*Lições de psicologia*). — *Grundlagen der Aesthetik*, 1921, ed. S. Behn (*Fundamentos de estética*). — *Vorlesungen über Logik*, 1923 (*Lições de Lógica*).

Ver: P. Bode, *Der kritische Realismus O. Külpes*, 1928 (tese). — Herbert Scholz, *Sachverhalt-Urteil-Beurteilung in der Külpeschen Logik*, 1932 (tese). **C**

KUTSCHERA, AUSTIN H. Ver TANATOLOGIA.

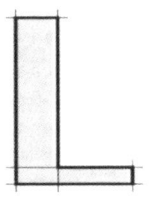

LA METTRIE [ou LAMETTRIE], JULIEN-OFFROY DE (1709-1751). Nascido em Saint-Malo (Bretanha), estudou medicina em Reims e Leyden. Sendo médico militar do Exército Francês durante as guerras da Silésia contra Maria Teresa, La Mettrie observou a estreita relação entre as faculdades mentais e os fenômenos corporais, chegando à conclusão de que as primeiras dependiam dos segundos. Suas idéias sobre isso suscitaram grande oposição, tendo ele de sair da França e refugiar-se em Leyden. Mas também na Holanda La Mettrie foi perseguido por suas idéias, refugiando-se na corte de Frederico II da Prússia, que escreveu um "Éloge de Julien Offroy de la Mettrie" (*Oeuvres de Fréderic II, Roi de Prusse, publiées du vivant del'auteur* [1789, vol. III., pp. 159 ss.]) e ofereceu a La Mettrie uma pensão. Além disso, nomeou-o membro da Academia de Berlim, cidade na qual La Mettrie faleceu quando estava prestes a mudar-se para Paris.

Em suas primeiras obras, La Mettrie insistiu na estreita união da alma com o corpo e na idéia de que aquela não existe sem este, mas ao mesmo tempo o corpo, sendo apenas matéria e, portanto, puramente passivo, não pode mover-se sem a alma. Ele se declarou então partidário (como indica Vartanian) do mecanicismo cartesiano, porém só até certo ponto, visto ter-se oposto ao dualismo cartesiano em nome de uma completa correlação psicofísica. Ao elaborar mais sistematicamente suas idéias sobre esta correlação, La Mettrie foi se inclinando ao materialismo e, como depois indicaremos, a uma espécie de hilozoísmo (VER).

Em sua obra capital *L'Homme Machine*, La Mettrie destacou fortemente a dependência do "espírito" com respeito à "matéria", de acordo com os versos de Voltaire que figuravam no frontispício:

Est-ce là ce Raison de l'Essence supreme,
Que l'on nous peint si lumineux?
Est-ce la cet Esprit survivant a nous même?
Il nait avec nos sens, croit, s'affloibit comme eux.
Helas! il périra de même.

Segundo La Mettrie, há dois sistemas sobre a alma: um (o mais antigo), materialista, e o outro, espiritualista. La Mettrie propugna o sistema materialista contra muitos filósofos modernos (cartesianos, malebranchistas, leibnizianos e, às vezes, também Locke). Os fenômenos corporais e os fenômenos psíquicos estão relacionados entre si de modo completo; assim, "a alma não pode dormir" quando a circulação do sangue é demasiado rápida. "Os diversos estados da alma são sempre correlativos aos dos corpos".

Contudo, a referida correlação não é um mero paralelismo; é conseqüência do fato de a matéria ser "animada" e dar origem ao "espírito". Se é uma máquina, o corpo o é enquanto máquina que "dá corda a si mesma: imagem viva do movimento perpétuo". É comparável a uma vela cuja luz se reanima no momento de extinguir-se.

A única realidade existente é a Natureza, que apresenta possibilidades infinitas. Dos animais ao homem não há transição brusca; tampouco da Natureza à Arte. O espírito humano é como "um diamante bruto" que foi burilado pelas línguas, pelas leis, pelas ciências e pelas belas artes.

De acordo com Locke, La Mettrie rejeita as idéias inatas e afirma que a origem de todo conhecimento está nas sensações. A Natureza não é inimiga do homem e de sua cultura: "*o peso do Universo não esmaga* um verdadeiro ateu", que reconhece que a fonte de tudo está na Natureza e na "máquina da Natureza". "Ser máquina, sentir, pensar, saber distinguir entre o bem e o mal, assim como entre o azul e o amarelo; numa palavra, ter nascido com inteligência e um instinto seguro de moral e, ao mesmo tempo, não ser mais que um animal, não são, pois, coisas mais contraditórias que ser um símio ou um papagaio e saber proporcionar prazer a si mesmo."

Em sua moral, La Mettrie declara-se hedonista: a finalidade do homem é buscar o "gozo", e a "vida feliz" consiste em saber gozar. O gozo, no entanto, não é incompatível com a virtude e, em especial, com o amor ao

LA VIA, VINCENZO

próximo a serviço da humanidade; pelo contrário, o verdadeiro prazer inclui o amor. Como as religiões e seus dogmas infundem o temor e este impede a felicidade, La Mettrie rejeita todas as religiões e seus dogmas. Dessa maneira, ele se mostra "epicurista" e "lucreciano" — materialista e ateu —, embora freqüentemente se confesse "pirrônico".

➲ Obras: *Histoire naturelle de l'âme*, 1745 [apareceu como se escrita por M. Charp e "traduzida do inglês por M. H."; na edição de *Obras* de 1751, tem o título *Traité de l'âme*]. — *L'Homme Machine*, 1748. — *L'Homme Plante*, 1748. — *Traité de la vie heureuse de Sénèque avec l'Anti-Sénèque, ou Discours sur le bonheur*, 1750 [chamado de *L'Anti-Sénèque*; trad. do *De vita beata*, de Sêneca, com o *Discours* indicado]. — *Les animaux plus que machines*, 1750. — *L'art de jouir*, 1751. — *Vénus métaphysique, ou Essai sur l'origine de l'âme humaine*, 1751.

Edições de obras: *Oeuvres philosophiques*, 2 vols., Londres, 1751; reimp., 1970. — *Oeuvres philosophiques de Monsieur de la Mettrie*, Amsterdã, 1764 [inclui *Traité de l'âme; L'Homme Machine; Les animaux plus que machines; L'Anti-Sénèque; L'art de jouir*; contém ainda *Abrégé des systèmes* e *Systeme d'Èpicure*]; reimp., 1796. — Edições de *L'Homme Machine*: J. Assézat, 1865; Gertrude Carman Bussey, 1912 [texto francês, trad. inglesa e excertos em trad. inglesa do "Éloge" de Frederico II, bem como da "História natural da alma"]; Maurice Solovine, 1921 [Collection des chefs-d'oeuvre méconnus, 16], ed. em Collection Classique, 3, 1948; ed. crítica por Aram Vartanian: *La Mettrie's L'Homme Machine: A Study in the Origins of an Idea*, 1960, com introdução e numerosas notas.

Ver: Nérée Quepat, *La philosophie matérialiste au XVIIIe siècle: Essai sur La Mettrie, sa vie et ses oeuvres*, 1873. — F. Picavet, *La Mettrie et la critique allemande*, 1889. — Y. E. Poritzky, *J. O. de la Mettrie. Sein Leben und seine Werk*, 1900. — E. Bergmann, *Die Satiren des Herrn Maschine*, 1913. — R. Boissier, *Lamettrie*, 1931. — G. F. Tuloup, *J. O. de La Mettrie, médecin-philosophe*, 1938. — P. Lemée, *J. O. de La Mettrie, Saint Malo 1709-Berlim 1751, médecin, philosophe, polémiste, sa vie, son oeuvre*, 1954. — A. Vartanian, ed., *La Mettrie's* L'Homme Machine*: A Study in the Origins of an Idea*, 1960. — Dušan Nedeljkovicć, *Lametri*, 1961 (em croata). — Ángel J. Cappelletti, "L., médico y filósofo del hombre", *Cuadernos del Instituto de Investigaciones Odontológicas*, ano 2, 5 (julho-agosto-setembro de 1974), 33-56. — M. F. Spallanzani, "Lo scandalo di L. M.", *Rivista di Filosofia*, 69 (1978), 119-128. — D. Leduc-Fayette, "L. M. et 'Le labyrinthe de l'homme'", *Revue de Philosophie Française*, 3 (1980), 343-364.

Ver também a introdução de Vartanian à sua ed. de *L'Homme Machine*, cit. *supra* e F. A. Lange, *Geschichte des Materialismus und Kritik seiner Bedeutung in der Gegenwart*, 1886, livro I, seção 4, cap. 1. — O nº 5/6 da *Revue de Philosophie* (1987) é dedicado a L. M. ◐

LA VIA, VINCENZO (1895). Nascido em Nicósia (Sicília), foi professor, a partir de 1940, da Universidade de Messina (Sicília), onde fundou, em 1946, a revista *Teoresi*. Inicialmente seguidor dos ensinamentos de Marisco (VER) e de Gentile (VER), La Via passou depois a uma crítica interna do idealismo imanentista e do atualismo (VER), o que o levou a uma posição qualificada como "realismo absoluto". Essa posição supera, segundo La Via, as insolúveis dificuldades com que se depara o atualismo, que nunca pode passar do saber do eu ao reconhecimento de seu ser e tampouco pode, sem correr o risco de negar seus próprios pressupostos, fazer do saber do eu uma *realidade* absoluta. Em suma, o atualismo não pode passar do conceber ao ser nem admitir um *ser* do conceber. O realismo absoluto, em contrapartida, reconhece que a própria idealidade é posta pelo ser absoluto ou transcendente. O eu consiste então em transcender até chegar a esse ser absoluto, o que ocorre não apenas por meio do conceber como também, e especialmente, mediante o querer. Isso não leva, ao ver de La Via, a um voluntarismo, mas a uma união do teórico com o prático que o atualismo não teria podido alcançar.

➲ Obras: *L'idealismo attuale di G. Gentile*, 1925. — *Il problema della fondazione della filosofia e l'oggetivismo antico dalle origine ad Aristotele*, 1936; 2ª ed., 1941. — *Dall'idealismo al realismo assoluto*, 1941. — *Idealismo e filosofia*, 1942 [coletânea de escritos]. — Entre os trabalhos publicados por V. La Via em *Teoresi*, destacamos: "La fondazione critica della filosofia come posizione dell'assoluto realismo" (I, 1946).

Depoimento: "La restituzione del realismo", em *Filosofi italiani contemporanei*, 1944, ed. M. F. Sciacca, pp. 255-272.

Ver: G. Bontandini, "La dottrina ontologica del professore V. La Via" e "La critica dell'attualismo secondo il professore V. La Via", *Rivista di filosofia neoescolastica*, 3 e 4 (1930), 289-302. — G. Ghersi, "La theoreticità di V. La Via", *Teoresi*, 2 e 3 (1946). — M. F. Sciacca, *Il Secolo XX*, 2ª ed., 1947, pp. 577-582 e 863-864. — S. Spagnolo, "Genesi e momenti dello 'assoluto realismo' di V. La Via", *Teoresi*, 30 (1975), 37-101, 209-280. — E. Gennaro, "Contributi per una interpretazione dell'assoluto realismo de V. La Via", *ibid.*, 35 (1980), 211-253. — S. Nicolosi, "La crisi della filosofia europea e la riforma del metodo del filosofare: V. La Via e M. Blondel", *Aquinas*, 28 (1985), 141-161. ◐

LAAS, ERNST (1837-1885). Nascido em Fürstenalde (Potsdam), foi, a partir de 1872, professor na Universidade de Estrasburgo. Costuma-se apresentar Laas como defensor do positivismo contra o idealismo. Isso é verdade, desde que se leve em consideração que, subjacente à defesa aludida, há em Laas a idéia de que positivismo e idealismo são duas "constantes" na história do pensamento filosófico; daí a idéia de que esse pensamento apresenta certa continuidade: a continuidade da oposição permanente entre duas tendências fundamentais entre as quais é preciso decidir-se (posição parecida, portanto, à dos "dilemas da metafísica" de que falou Renouvier [VER]). Nessa oposição, Laas se decide pelo positivismo. Espera ele, além disso, poder apresentar razões válidas em favor da decisão, mas sem julgar que essas razões sejam absolutamente convincentes. Com efeito, Laas destaca ser duvidoso que a decisão em favor de uma dessas duas doutrinas seja completamente determinada por motivos objetivos (*aus sachlichen Motiven*) (*Idealismus und Positivismus*, Introdução, § 4). De acordo com Laas, o idealismo se manifesta especialmente na forma do "platonismo", termo pelo qual se deve entender não só a doutrina de Platão, como a de muitos outros filósofos "idealistas" e "anti-sensualistas": Parmênides, Aristóteles, Descartes, Kant, Fichte, Hegel etc. Os motivos de adoção do idealismo — ou "anti-sensualismo platônico" — são vários: motivos matematizantes e escolásticos, tendência ao "absoluto", tendência à adoção de leis racionais normativas, tendência a afirmar a espontaneidade, tendência transcendental. Todos esses motivos se caracterizam por uma série de posições básicas: tendência à metafísica, ao espiritualismo, ao inatismo, ao apriorismo, ao racionalismo, ao trancendentismo e ao transcendentalismo etc. O método, ou métodos, do idealismo, é: a dedução, a intuição intelectual, o ponto de partida em algo inteligível e racional etc. O positivismo, por sua vez, manifesta-se sob a forma do "antiplatonismo" de maneiras sobremodo diversas: heraclitismo, relativismo, sensualismo, materialismo etc. Isso não significa que toda doutrina positivista apresente todas as características citadas. Assim, por exemplo, na época de Platão, o "antiplatonismo" adotava duas formas — o sensualismo e o materialismo —, mas estas não estavam unidas.

Partindo dessa descrição e análise histórica, Laas determina um tipo de positivismo mais próximo do de Hume e de John Stuart Mill do que do de Comte. Segundo esse positivismo, tudo está em contínuo movimento; sujeito e objeto não são duas realidades em si: todo objeto é objeto para um sujeito e todo sujeito é sujeito na medida em que percebe um objeto; as percepções são justaposições entre o sujeito e o objeto. Portanto, Laas não defende um subjetivismo, mas aquilo que chama de "correlativismo" (*op. cit.*, Livro 1, § 17) e, em grande medida, uma espécie de "fenomenismo". Deve-se levar em conta, além disso, que para Laas o positivismo consiste menos numa doutrina que no modo *como* se fundamenta a doutrina. Desse modo, também há em Platão um "correlativismo" entre sujeito e objeto, fundado metafisicamente e não "positivamente".

Laas traduziu essas idéias de cunho principalmente epistemológico para a ética, e também classificou toda ética em idealista e positivista. A ética idealista sustenta que há normas absolutas e que, de modo geral, estas podem ser demonstradas de maneira racional. A ética positivista, em compensação, é fundamentalmente uma ética utilitária na qual o sumo bem tem origem social (*op. cit.*, Livro II, § 20).

⊃ Obras: *Kants Analogien der Erfahrung. Eine kritische Studie über die Grundlagen der theoretischen Philosophie*, 1876 (*As analogias da experiência. Estudo crítico sobre os fundamentos da filosofia teórica*). — *Idealismus und Positivismus. Eine kritische Auseinandersetzung*, 3 vols., (I: 1879; II: 1882; III: 1884) [I é sobre os princípios fundamentais; II é sobre ética idealista e ética positivista; III é sobre teoria do conhecimento idealista e teoria do conhecimento positivista] (*Idealismo e positivismo. Uma discussão crítica*). — *Literarischer Nachlass*, 1887, ed. B. Kerry [Escritos póstumos]. — Devem-se também a L. algumas obras sobre problemas de educação: *Der deutsche Aufsatz in den obern Gymnasialklassen*, 1860; 2ª ed., Parte I, 1898; Parte II, 1894, e *Der deutsche Unterricht auf höheren Lehranstalten*, 1872; 2ª ed., 1886. — L. colaborou no *Vierteljahrschrift für wissenschaftliche Philosophie* (1880-1902).

Ver: Rudolf Hanisch, *Der Positivismus von E. L. dargestellt und kritisiert*, 1902 (tese). — Dragischa Gjurits, *Die Erkenntnistheorie des E. L.*, 1907 (tese). — K. Awakowa-Skijéwa, *Die Erkenntnistheorie von E. L.*, 1916 (tese). — N. Koch, *Das Verhältnis der Erkenntnistheorie von E. L. zu Kant*, 1940. ¢

LABERTHONNIÈRE, LUCIEN (1860-1932).

Nascido em Chazelet (Indre), entrou em 1886 na Congregação do Oratório. Colaborador dos *Annales de philosophie chrétienne* a partir de 1897, dirigiu essa publicação de 1905 a 1913, data em que foi condenada pelo Santo Ofício. Na época, os escritos de Laberthonnière foram incluídos no *Index librorum prohibitorum*, tendo-se imposto ao autor a proibição de publicar. Em obediência, Laberthonnière cessou por completo de publicar, mas continuou a escrever. Parte considerável de seus escritos apareceu mais tarde na forma de obras póstumas.

Sob a influência da tradição agostiniana do Oratório e seguindo a tendência de uma nova apologética pregada por Blondel (VER), Laberthonnière se opôs ao intectualismo neotomista por avaliar que este se baseava principalmente em abstrações. Com o objetivo de fazer o pensamento cristão reviver, Laberthonnière tentou fundá-lo num sentido concreto e vívido da existência e do ser. O ser não pode ser apreendido a partir de fora, porque se o for será uma abstração; só apreendido a partir de dentro ele vem a tornar-se uma realidade. O método de Laberthonnière assemelha-se nisso ao "método da imanência" blondeliano (VER). A fé não é uma coisa simplesmente dada, ao contrário do que sustentam, no fundo, o tradicionalismo e o fideísmo. Tampouco é algo que esteja, por assim dizer, "aí", disposto a ser esclarecido pela pura inteligência. A fé é uma coisa viva, isto é, algo que "se faz"; a primeira atitude a tomar diante da fé é "interiorizá-la". Por isso, Laberthonnière defendia um "realismo cristão", oposto ao "idealismo grego", que constituía, em seu entender, um intelectualismo estranho ao corpo real e vivo da fé.

Essas idéias pareciam levar Laberthonnière a um "modernismo" (VER), visto que tendiam a fazer da fé um elemento que se desenvolve historicamente, bem como algo radicado essencialmente no sujeito individual humano. Contudo, Laberthonnière acentuava que seu "dogmatismo moral" e seu "realismo cristão" são uma posição intermediária e ao mesmo tempo sintética que se opõe tanto ao intelectualismo como ao tradicionalismo, tanto ao fideísmo como ao ontologismo. De todo modo, o sujeito humano ao qual se referia Blondel não era o indivíduo natural nem o indivíduo simplesmente histórico: era o homem inteiro enquanto já se encontra penetrado pela graça. Encontrar a fé em si mesmo não significa, pois, produzir a fé; significa descobri-la enquanto depositada por Deus.

➲ Principais obras: *Le dogmatisme moral*, 1898. — *Essais de philosophie religieuse*, 1903. — *Le réalisme chrétien et l'idéalisme grec*, 1904. — *Positivisme et catholicisme*, 1911. — *Sur le chemin du catholicisme*, 1912. — L. L. publicou ainda vários trabalhos nos *Annales de Philosophie chrétienne* (especialmente "Dogme et théologie", 1908), publicados de 1905 a 1913 e foram em parte órgão de várias tendências modernistas. A ed. de M.-M. d'Hendecourt de *Dogme et théologie*, 1977, reúne 5 artigos publicados nos *Annales de Philosophie chrétienne*, entre 1907 e 1909, além de outros trabalhos de e sobre L. L.

Edição de obras: *Oeuvres*, por Louis Canet, 1933 ss.: t. I, *Sicut ministrator ou Critique de la notion de souveraneité de la loi*; t. II, *Études sur Descartes*; t. III, *Pangermanisme et christianisme*; t. IV, *Esquisse d'une philosophie personnaliste*; t. V, *Critique du laicisme ou comment se pose le problème de Dieu*; t. VI, *La notion chrétienne de l'autorité. Contribution au rétablissement de l'unanimité chrétienne.* — *Pages choisies*, ed. Thérèse Friedel, 1931.

Correspondência: C. Tresmontant, ed., *Correspondance philosophique*, 1961 [correspondência entre Blondel e L.].

Ver: R. Ballarò, *La filosofia di L. L.*, 1927. — Marie-Madeleine D'Hendecourt, *Essai sur la philosophie du Père L.*, 1947. — F. Olgiati, *L.*, 1948. — Giulio Bonafede, *L. L. Studio critico con pagine scelte*, 1958. — S. Breton, "Methaphysics of Charity", *Philosophy Today*, 6 (1962), 295-300. — M. Ngindu, *Le problème de la connaissance religieuse d'après L. L.*, 1978. ➲

LABRIOLA, ANTONIO (1843-1904). Nascido em Cassino (Itália), estudou na Universidade de Nápoles e foi nomeado em 1874 professor de filosofia moral na Universidade de Roma, cargo que exerceu até a morte. Durante alguns anos, Labriola seguiu a orientação da escola de Spaventa, mas logo se entusiasmou pelo hegelianismo. Após um período de intenso interesse pela filosofia de Herbert, orientou-se, por volta de 1890, para o socialismo marxista. Suas principais obras filosóficas e sociológicas procedem deste último período.

Labriola defendeu o materialismo histórico como o mais adequado orgão de conhecimento da realidade histórica e humana. Não se trata para ele de uma teoria que explique todos os fatos históricos, mas de um princípio de investigação por meio do qual podem ser iluminados os fatos históricos e as complexas relações existentes entre eles. Para Labriola, o materialismo histórico não é uma concepção dogmática; sequer era fundamental adotar a tese da dependência de todos os fatos à estrutura econômica básica. Em sua opinião, é mais importante a noção de "consciência de classe" que a de estrutura econômica básica; de fato, a noção de "consciência de classe" permite unificar grupos de fenômenos diversos que os processos econômicos por si sós não conseguem explicar.

O materialismo histórico de Labriola é ao mesmo tempo uma "filosofia das coisas" e uma "filosofia da *praxis*". Enquanto "filosofia das coisas", opõe-se a toda "filosofia das idéias". A dialética da "filosofia das coisas" é uma "dialética real" e não apenas conceitual. Por isso Labriola se opõs, precisamente em nome do materialismo histórico, ao materialismo científico, considerado uma "filosofia das idéias". Enquanto "filosofia da *praxis*", o materialismo histórico de Labriola aspira a enfatizar as exigências da "consciência de classe" diante das transformações históricas.

➲ Principais obras: *La dottrina de Socrate secondo Senofonte, Platone ed Aristotele*, 1871; reimp. com o título *Socrate*, 1909. — *Morale e religione*, 1873. — *Della libertà morale*, 1873. — *Dell'insegnamento della storia*, 1876. — *I problemi della filosofia della storia*, 1887. — *In memoria del manifesto dei Communisti*, 1896. — *Del materialismo storico*, 1897 [reimp. destas duas últimas obras com o título *La concezione materialistica della storia*, 1939; nova ed. por E. Garin, 1965; reed., 1969] — *Discorrendo di socialismo e di filosofia*, 1898. — Póstuma: *Scritti vari di filosofia e politica*, 1906, ed. B. Croce.

Edição de obras: *Opere complete*, ed. Luigi dal Pane, 1959 ss. — *Scritti filosofici e politici*, 2 vols. 1976, ed. F. Sbarberi.

Correspondência: *Lettere ad Engels*, iniciadas em 1890, foram publicadas em 1924, parcialmente, em *Nuova Rivista Storica*, 1927-1928. — G. Vacca, "Dodici

lettere inedite di A. L. a B. Spaventa", *Studi Storici* (1966), 757-767.
Ver: S. Dambrine-Palazzi, *Il pensiero filosofico di A. L.*, 1923. — L. dal Pane, *A. L., la vita e il pensiero*, 1935. — Id., *Profilo di A. L.*, 1948. — S. Bruzzo, *Il pensiero di A. L.*, 1942. — G. Berti, *Per uno studio della vita i del pensiero di A. L.*, 1954. — Ludovico Actis Perinetti, *A. L., e il marxismo in Italia*, 1958. — B. Widmar, *A. L.*, 1964. — D. Marchi, *Pedagogia di A. L.*, 1971. — L. dal Pane, *A. L. nella cultura italiana*, 1975. — E. E. Jacobitti, "Labriola, Croce and Italian Marxism (1895-1910)", *Journal of the History of Ideas*, 36 (1975), 297-318. — S. Poggi, *A. L.*, 1978. — N. Badaloni, C. Muscetta, *L., Croce, Gentile*, 1979. — G. Mastroianni, "Ma qui fu questo Labriola?", *Giornale Critico della Filosofia Italiana*, 59 (1980), 267-279 (com bibliografia). — A. Meschiari, "Mito, Metafisica e scienza in A. L.", *ibid.*, 67 (1988), 105-132. — G. Hunt, "A. L., Evolutionary Marxism and Italian Colonialism", *Praxis International*, 7 (1987-1988), 340-359. **C**

LACAN, JACQUES (1901-1981). Nascido em Paris, foi professor da École Pratique des Hautes Études, tendo introduzido na psiquiatria e na interpretação de Freud a revolução estruturalista levada a cabo, no campo da antropologia, por Lévi-Strauss. Entre os nomes normalmente mencionados como representantes do estruturalismo (VER) francês, Lacan é, ao lado de Lévi-Strauss e Roland Barthes, um dos que mais decididamente se confessam estruturalistas, ao contrário de Althusser e Foucault, que exprimiram reservas acerca do referido movimento. Em todo caso, Lacan fez em seu próprio campo algo semelhante ao que os demais autores mencionados fizeram, cada qual no seu: dessubjetivizar o sujeito, deixar vazio o lugar ocupado por este último em muitos pensadores para aí inserir uma estrutura ou um conjunto de estruturas. Na psicanálise freudiana, Lacan representa uma posição oposta às teses "ortodoxas", tanto em termos teóricos como práticos. A chamada "Escola Freudiana de Paris", capitaneada por Lacan, é o resultado da tentativa de uma "nova leitura" e de um "novo uso" de Freud. Lacan introduziu suas idéias em vários escritos, a partir de 1945, e em conferências, assim como, e sobretudo, em seus "seminários", que só começaram a ser publicados muito depois. Embora em importantes aspectos siga idéias de Lévi-Strauss, o pensamento de Lacan se desenvolveu — ou também se desenvolveu — independentemente, coincidindo oportunamente com o de Lévi-Strauss. Lacan considera que Freud já percebera bem que "a forma da linguagem constitui a lei da cultura". De alguma forma o homem, assim como o paciente, revela-se na linguagem, mas não como se a linguagem simplesmente ocultasse um "eu" ou um "sujeito". Lacan se opõe à idéia do sujeito como uma realidade individual centrada em si mesma.

Marx e Freud haviam, cada um por seu lado, desmantelado este mito. O mesmo fez Sartre em sua primeira idéia da consciência perfeitamente translúcida, mas depois, a despeito de sua oposição à psicanálise clássica, Sartre sucumbiu ao mesmo tipo de "egologia" que a caracteriza. O psiquiatra propõe-se a tratar o paciente e o faz mediante técnicas lingüísticas. A principal razão disso é o fato de o sujeito estar articulado em estruturas similares às estruturas da linguagem. A análise da fala do sujeito revela que o "sujeito" encontra-se descentrado entre dois níveis. Há de um lado o nível consciente: a linguagem da "cultura". E, do outro, o nível inconsciente: a linguagem do "desejo". Formalmente, ou em termos estruturais, a linguagem do inconsciente é constituída por conjuntos ou séries de significantes organizados em formas metonímicas e metafóricas. Os complexos fios que ligam o nível consciente ao inconsciente também se organizam estruturalmente segundo um modelo lingüístico. Este modelo permite analisar as formações inconscientes (como os sonhos e os "atos falhos") que Freud já estudara. Ora, o descentramento do sujeito manifesta-se no fato de que, ao contrário do que afirmam os psicanalistas tradicionais, o sujeito do nível consciente não é nem mais nem menos sujeito que o sujeito do nível inconsciente. Como afirma Lacan: "Penso onde não estou pelo pensamento; portanto, sou onde não penso".

A linguagem do inconsciente é, a rigor, a linguagem do outro, com o qual o "sujeito" começa por identificar-se naquilo que Lacan chama "o estágio do espelho". O ego acredita que "chama" a si mesmo (nomeia-se a si mesmo ao falar) e que é, portanto, um ego, quando, ingenuamente, está se referindo ao outro. Lacan escreve quanto a isso que "o pressuposto jubilatório da imagem especular (...) manifesta numa situação exemplar a matriz simbólica em que o Eu se precipita numa forma primordial antes de objetivar-se na dialética da identificação com o outro e antes de a linguagem lhe restituir sua função de sujeito no universal". O ego não entra em si mesmo porque existe uma estrutura que lhe é imposta e que lhe dita tanto seu comportamento como sua linguagem (ou que lhe dita, com a linguagem, seu comportamento). A tarefa do psicanalista lacaniano consiste em restituir o ego (o sujeito), e a própria sociedade, a suas origens e raízes. Mas para realizar esta tarefa é preciso decifrar as complexas tramas de significantes do inconsciente, significantes que não se associam em formas lógicas.

O caráter estruturalista do pensamento de Lacan manifesta-se numa conceituação segundo a qual as noções de condensação, metáfora, substituição e sincronia aparecem juntas e em contraposição às noções de deslocamento, metonímia, combinação e diacronia. O fundamento do programa de Lacan está expresso na aplicação da distinção entre significante e significado e no predomínio outorgado aos complexos de significantes na compreensão estrutural do sujeito, que fica dividido ou cindido entre o inconsciente e a fala consciente por meio da qual tenta em vão constituir-se num "eu".

⮕ A tese de doutoramento de L. é *De la psychose paranoïque dans ses rapports avec la personnalité* (1932), reimp., com *Prémiers écrits sur la paranoia*, 1975. Antes do volume de seus *Écrits* (cf. *infra*), L. publicou vários trabalhos; dentre eles, mencionamos: "Le stade du miroir comme formateur de la fonction du Je, telle qu'elle nous est revelée dans l'expérience psychanalytique", *Revue française de psychanalyse*, 13 (1949), 449-455 (trabalho procedente de uma comunicação apresentada em 1936). — "Fonction et champ de la parole e du language en psychanalyse", *La Psychanalyse*, 1 (1956), 81-116 (é o chamado "Rapport de Rome"). — "La Psychanalyse et son enseignement", *Bulletin de la Société Française de Philosophie*, 51, nº 2 (1957), 65-101. — "L'instance de la lettre dans l'inconscient ou la raison depuis Freud", *La Psychanalyse*, 3 (1957), 47-81. — "La direction de la cure et ses principes de son pouvoir", *La* Psychanalyse, 6 (1961), 149-296.

Estes e outros escritos de L., com textos precedentes do seu "Séminaire", foram publicados em *Écrits*, 1966 (textos de 1937-1966). Há outro vol. de "Textes non assimilés aus Écrits (1953-1969)", 1970.

Em português: *Complexos familiares*, s.d. — *Da psicose paranóica em suas relações com a personalidade*, 1987. — *Escritos*, 1998. — *Escritos*, 4ª ed., 1996. — *A família*, 1981. *Hamlet por Lacan*, 1986. — *O mito individual do neurótico*, 1980. *Aquarela dos diagnósticos*, 1989. — *Seminário Livro 1: Escritos técnicos de Freud*, 1996. — *Seminário Livro 11: Os quatro conceitos fundamentais da psicanálise*, 4ª ed., 1995. — *Seminário Livro 17*, 1992. — *Seminário Livro 2; O eu na teoria de Freud e na técnica da psicanálise*, 1995. — *Seminário Livro 20: Mais ainda*, 1996. — *Seminário Livro 3: As psicoses*, 1997. — *Seminário Livro 4: A relação de objeto*, 1995. — *Seminário Livro 5: As formações do inconsciente*, 1999. —*Seminário Livro 7: A ética da psicanálise*, 1995. — *Seminário Livro 8: A transferência*, 1992. — *Televisão*, 1993.

Estão sendo publicadas as aulas do "Séminaire" de L. na "École Pratique des Hautes Études": XI (1964), 1973, ed. Jacques-Alain Miller; I (1953-1954), 1975, ed. Miller; XX (1972-1973), 1975, ed. Miller; II (1954-1955), 1978; III (1955-1956), 1981; VII (1959-1960), 1986; VIII (1960-1961), 1991; XVII (1969-1970), 1991.

Bibliografia: J. Dor, *Bibliographie des travaux de J. L.*, 1983. — Uma *Lacan Newsletter*, e bibliografia, publicada pelo North American Lacan Study Group desde 1982, ed. Helena Schulz-Keil.

Ver: Anika Rifflet-Lemaire, *J. L.*, 1970; 2ª ed., aum., 1977. — Angelo Louis Marie Hesnard, *De Freud à L.*, 1970. — Jean-Baptiste Fages, *Comprendre J. L.*, 1971. — Oscar Masotta, *Introducción a la lectura de J. L.*, 1970. — J. M. Palmer, *L.*, 1972. — J.-L. Nancy, P. Lacoue-Labarthe, *Le titre de la lettre: Une lecture de L.*, 1973. — M. Francioni, *Psicoanalisi linguistica ed epistemologia in J. L.*, 1978. — A. Kremer-Marietti, *L. ou la rhétorique de l'inconscient*, 1978. — S. Weber, *Rückkehr zu Freud. J. L.s Entstellung des Psychoanalyse*, 1978. — J. Sturrick, *Structuralism and Science: From Lévi-Strauss to Derrida*, 1979. — C. Clément, *Vies et légendes de J. L.*, 1981. — A. Lipowatz, *Diskurs und Macht. J. L.s Begriff des Diskurses*, 1982. — S. Schneiderman, *J. L.: The Death of an Intellectual Hero*, 1983. — M. Stanton, *Outside the Dream: L. and the French Styles of Psychonalisis*, 1983. — G. L. Garcia, *El psicoanálisis visto de otra manera*, 1983. — J. H. Smith, W. Kerrigan, *Interpreting L.*, 1983. — A. Juranville, *L. et la philosophie*, 1984. — E. Ragland-Sullivan, *J. L. and the Philosophy of Psychoanalysis*, 1986. — S. Felman, *J. L. and the Adventure of Insight: Psychoanalysis in Contemporary Culture*, 1987. — J. Rajchman, *Truth and Eros: Foucault, Lacan, and the Question of Ethics*, 1991. — J. H. Smith, *Arguing with Lacan: Ego, Psychology and Language*, 1991. — J. S. Lee, *J. L.*, 1991. — M. Bowie, *L.*, 1991. — R. Boothby, *Death and Desire: Psychoanalytic Theory in Lacan's Return to Freud*, 1991. — S. Weber, M. Levine, *Return to Freud: J. L.'s Dislocation of Psychoanalysis*, 1991.

Cathérine Clément, Christiane Rabant *et al.*, arts. em número especial de *L'Arc* (58), sobre L. — Começou-se a publicar em Barcelona, a partir de 1991, a revista quadrimestral *Freudiana*, ed. pela Escuela Europea de Psicoanálisis del Campo Freudiano–Cataluña, que tem por objetivo promover o desenvolvimento da psicanálise na linha apontada por Lacan a partir de 1964. ⮕

LACHELIER, JULES (1832-1918). Nascido em Fontainebleau, foi professor no Liceu de Caen (1858-1864) e na École Normale Supérieure, de Paris (1864-1875).

Lachelier é um dos representantes da tradição espiritualista e idealista francesa do século XIX; é também um dos mais destacados defensores da corrente doutrinal às vezes chamada de "positivismo espiritualista" francês na linha que vai de Maine de Biran e, sobretudo, de Ravaisson, a Boutroux e a Bergson.

É importante na filosofia de Lachelier o elemento kantiano. Em vez de buscar mediante a introspecção e a análise interior os fundamentos da vida moral e religiosa, como haviam feito Maine de Biran e, em parte, Ravaisson, Lachelier começa por apresentar a si mesmo "um problema kantiano" — ao menos no sentido de ser um problema legado pelo kantismo: o problema da relação entre a necessidade natural e a liberdade. A apresentação do problema aparece sob a forma da questão do fundamento da indução. Na opinião de Lachelier, a possibilidade da indução está radicada no duplo princípio das causas eficientes e das causas finais. Ainda nos encontramos aqui no âmbito do *factum* da ciência. Mas propõe-se imediatamente a questão de como se pode pensar a realidade enquanto realidade. Oferecem-se a este respeito inúmeras soluções. Podemos, por exemplo, pensar a realidade como algo "sentido" ou "experimentado" ou então como algo "intelectualmente intuído". No primeiro caso, aderimos ao empirismo; no segundo, ao platonismo. Ora, nenhuma dessas posições pode solucionar o fato da ciência e o problema do fundamento da indução. Entre o puramente fenomênico e o puramente inteligível, a realidade se desvanece. A lei das causas eficientes fundamenta a indução, mas representa apenas *um* aspecto da relação entre o pensamento e os fenômenos; para ser completa, essa relação requer a presença da finalidade, não como uma afirmação arbitrária destinada a salvar a liberdade da pessoa, mas como algo reflexivamente fundado numa análise dos fatos. A causa eficiente garante a regularidade; a causa final garante a unidade. Por isso, Lachelier diz "a lei das causas finais é, tanto como a das causas eficientes, um elemento indispensável do princípio da indução" (*Du fondement etc.*, ed. de 1924, p. 72). A afirmação exclusiva da causa eficiente poderia manter a unidade, mas esta teria um caráter meramente abstrato e mecânico e, mais que isso, puramente formal. A unidade orgânica e, com ela, a liberdade e a plenitude do concreto se desvaneceriam.

Há aqui uma contraposição entre o externo e diverso e o interno e orgânico que coincide com pressupostos fundamentais do idealismo. Lachelier, porém, rejeita neste último a arbitrariedade do ponto de partida; o idealismo e a liberdade devem ser afirmados, mas de um modo positivo que permita justificar, e não descartar, o conhecimento científico da Natureza. Ora, a contraposição entre o abstrato e o concreto reveladas na Natureza mesma não impede que se destaque a maior realidade do segundo. A realidade numênica é assim a realidade efetivamente concreta, a única que rompe a cadeia da explicação mecânica. Por este motivo, segundo Lachelier, pode-se afirmar que as razões das coisas são, em última análise, os fins, ou seja, as formas constitutivas da realidade. Isso parece significar que Lachelier decidiu-se por subsumir o eficiente no final diante da impossibilidade de encontrar uma ponte entre eles. Contudo, não é isso o que acontece. Um dos principais esforços de Lachelier consiste em descobrir termos médios — tais como o movimento e a força — que liguem a unidade do pensar à diversidade da aparência sensível. Sem isso não haveria conciliação entre finalidade e necessidade, liberdade e determinismo. Logo, a única coisa que "o império das causas finais" faz ao penetrar no terreno das causas eficientes é substituir "a inércia pela força, a morte pela vida e a fatalidade pela liberdade" (*op. cit.*, p. 101). Assim é fundada a posição denominada "realismo espiritualista" (e também "espiritualismo positivo"). Essa posição é aprofundada nos outros trabalhos de Lachelier: em seus estudos sobre o silogismo, assim como em seu estudo acerca das relações entre psicologia e metafísica. Encontramo-nos aqui diante da dupla possibilidade de afirmar o mecânico e o espiritual na vida anímica. No entanto, essa possibilidade — que leva às doutrinas opostas do materialismo e do espiritualismo — desaparece tão logo nos atemos aos fatos. Estes nos mostram a presença efetiva de uma vontade que, do mesmo modo que a força e o movimento, é uma ponte entre extremos. Mas essa vontade tampouco é realidade em si; a persistência e identidade da consciência são a persistência e a identidade de seus modos. Por isso é necessário levar a análise mais adiante, até alcançar o próprio pensamento ou consciência intelectual como elemento que justifica a dupla condição de toda relação do eu com o mundo. A metafísica última de Lachelier é assim, mais uma vez, o idealismo. Mas trata-se de um idealismo concreto, não substancialista, isto é, não edificado sobre o modelo da coisa. O idealismo e o espiritualismo não são senão os modos de manifestação dos verdadeiros princípios de toda ciência do pensamento e das coisas. Eis por que a metafísica é para Lachelier "a ciência do pensamento em si". E, também por isso, a mais elevada questão da filosofia — "talvez já mais religiosa que filosófica" — é a passagem "do absoluto formal ao absoluto real e vivo, da idéia de Deus a Deus". "Se o silogismo fracassa nela" — escreve Lachelier nas *Notes sur le pari de Pascal* —, "que a fé corra o risco; que o argumento ontológico ceda lugar à aposta".

↪ Obras: *De Natura Syllogismi*, 1871. — *Du fondement de L'Induction*, 1871. — "Psychologie et Métaphysique", *Revue philosophique*, 19 (1885). — *Études sur le Syllogisme, suivies de l'Observation de Platner e d'une note sur le Philèbe*, 1907.

Edição de obras: edição dos escritos anteriores, junto com as notas sobre a aposta de Pascal, 1924. — Todos os escritos de L. estão reunidos em *Oeuvres*, 2 vols., 1933.

Ver: G. Noël, "La philosophie de L.", *Revue de Métaphysique et de Morale*, 1898. — Gabriel Séailles, *La philosophie de J. L.*, 1921. — P. Giglio, *L'ideale della libertà nella filosofia di L.*, 1946. — Vittorio Agosti, *La filosofia di J. L*, 1953. — Louis Millet, *Le symbolisme dans la philosophie de L.*, 1959. — Gaston Mauchassat, *L'idéalisme de L.*, 1961. — L. Robberechts, "L. à partir de ses sources", *Revue Philosophique de Louvain*, 65 (1967), 169-191. — A. Forest, "Le Dieu de L.", *Giornale di Metafisica*, 30 (1975), 39-58. — R. Bouchard, "Idealist Requirements and the Affirmation of the Other World: The Lachelier Case", *Idealistic Studies*, 6 (1976), 254-262. — J. King-Farlow, "Lachelier's Idealism-Paradox Redoubled", *ibid.*, 12 (1982), 72-78. ↩

LACORDAIRE, JEAN BAPTISTE (HENRI-DOMINIQUE) (1802-1861). Nascido em Sorèze, Albi, foi ordenado sacerdote católico. Foi por algum tempo partidário da apologética de Lamennais (VER) e fundou, com este, *L'Avenir*, revista na qual colaborou. Quando o Papa condenou tanto *L'Avenir* (1832) como as idéias teológico-filosóficas de Lamennais (1834), Lacordaire abandonou a mencionada apologética e ingressou na Ordem dos Pregadores. A partir de então, combateu "o sistema" de Lamennais e as idéias ao mesmo tempo tradicionalistas e racionalistas do referido autor. Lacordaire exerceu grande influência sobre parte considerável da apologética católica de base filosófica no século XIX, especialmente na França e na Itália, procurando restaurar a concepção tradicional, mas não tradicionalista ou por ele considerada "pseudo-racional", da razão humana.

↪ A obra filosófica mais importante de Lacordaire são as *Considérations sur le système philosophique de M. de Lamennais*, 1834. — Devem-se a ele inúmeros sermões e discursos, entre eles: *Discours sur le droit e le devenir de la proprieté* (1858) e *Discours sur les études philosophiques* (1859).

Edição de obras: *Oeuvres*, 9 vols., 1911-1912.

Ver A. Rulla, *Il padre L., educatore ed asceta*, 1929. — Id., *La Chiesa maestra di morale nel pensiero del padre L.*, 1932. — L. Tomeucci, *Il pensiero filosofico nelle orazioni di L.*, 1936. — V. Chinellato, *Il padre L.*, 1948. — Lancelot C. Sheppard, *L.: A Biographical Essay*, 1964. ᴄ

LACTÂNCIO (LUCIUS CAECILIUS FIRMIANUS LACTANTIUS) (ca. 250). Nascido na Numídia. Foi discípulo de Arnóbio (VER) e mestre de retórica em Nicomédia (Bitínia). Constantino o chamou a Treveris, na Gália, para ser preceptor de seu filho, Crispo. Em sua obra *De opificio Dei ad Demetrianum* (*Sobre a criação de Deus, a Demetriano*), Lactâncio, fiel ao espírito dos apologistas (VER), defendeu as crenças cristãs, e especialmente a obra criadora de Deus, contra os filósofos pagãos, particularmente os epicuristas. Para essa defesa, baseou-se em textos de filósofos gregos e latinos, entre os quais se destacam Aristóteles, Lucrécio e Cícero. Em suas *Institutiones divinae*, dedicadas a Constantino, Lactâncio deu prosseguimento a seu trabalho apologético, denunciando a "falsa religião" e a "falsa sabedoria" dos politeístas e dos filósofos, principalmente os que defendiam a pluralidade de deuses. Ao mesmo tempo, Lactâncio mostrava, com o grande reforço de citações de autores latinos — poetas, historiadores e filósofos —, que há muitos pontos nos sistemas filosóficos pagãos que coincidem com as crenças cristãs. Estas também constituem uma sabedoria, a "verdadeira sabedoria", que pode incorporar não poucas das idéias, em particular das normas morais, pagãs. Assim, Lactâncio indicou o caminho para a reconciliação entre a sabedoria grega e a crença cristã no sentido de uma absorção da primeira pela segunda. Em seu *De ira Dei* (*Da ira de Deus*), Lactâncio mostrou, contra epicuristas e estóicos, a justificação da ira divina. Em *De mortibus persecutorum* (*Da morte dos perseguidores*), apresentou uma justificação histórica do cristianismo em seu confronto com a sabedoria pagã.

↪ Obras em Migne, *PL*, VI e VII. Edição por S. Brandt e G. Laubmann em *Corpus scriptorum ecclesiastorum latinorum*, XIX e XXVII, 1890-1897. Vejam-se obras citadas na bibliografia de APOLOGISTAS; ver além disso: R. Pichon, *Lactance. Étude sur le mouvement philosophique et religieux sous le régime de Constantin*, 1901. — F. Fessler, *Die Benutzung der philosophischen Schriften Ciceros durch Laktanz*, 1913. — J. Sigert, *Die Theologie des Apologeten Laktanz in ihrem Verhältnis zu Stoa*, 1919. — L. Rossetti, "Il 'De opficio Dei' e le sue fonti", *Didaskaleion* (1928), 117-200. — Karl Wilhelmson, *L. und die Kosmogonie des spätantiken Syncretismus*, 1940. — E. F. Micka, *The Problem of Divine Anger in Arnobius and L.*, 1943. — J. Nicolosi, *L'influsso di Lucrezio su Lattanzio*, 1945. — L. Thomas, *Die* sapientia *als Schlüsselbegriff zu den Divinae Institutiones des Laktanz*, 1959 (tese). — S. Casey, "Lactantius' Reaction to Pagan Philosophy", *Classica Mediaevalia*, 32 (1979-1980), 203-219. — A. L. Fisher, "Lactantius' Ideas Relating Christian Truth and Christian Society", *Journal of the History of Ideas*, 43 (1982), 355-378. ᴄ

LAÉRCIO. Ver DIÓGENES LAÉRCIO.

LAFFITTE, PIERRE (1823-1903). Nascido em Béguey (Gironda), foi professor de matemática e, em 1892, foi nomeado professor de história da ciência no Collège de France. Laffitte aderiu em 1844 ao positivismo de Comte, de quem foi, até o final da vida, o mais fiel discípulo. Quando Comte transformou, em 1852, o movimento positivista em "religião positiva", Laffitte acompanhou seu mestre, ao contrário dos discípulos dissidentes, como Émile Littré (VER). Pouco antes de falecer (1857), Comte designou Laffitte seu sucessor e sumo sacerdote da "Igreja positiva", dignidade que ocupou até 1897, quando o sucedeu seu discípulo Charles Jeannolle. O principal trabalho filosófico de Laffitte consistiu na defesa e organização do positivismo comtiano contra todas as dissidências e contra todos os adversários. Em seu *Curso de filosofia primeira*, resumiu e sistematizou todos os temas do positivismo de Comte, podendo-se considerar esta obra como a expressão completa do movimento e das intenções do fundador.

↪ Principais obras: *Cours philosophique sur l'histoire générale de l'humanité*, 1859. — *Les grands types de l'Humanité. Appréciation systématique des principaux agents de l'évolution humaine*, 3 vols., 1874, 1875, 1897. — *De la morale positive*, 1880. — *Cours de philosophie première*, 2 vols., 1889-1895. ᴄ

LAFINUR, JUAN CRISÓSTOMO (1797-1824). Nascido em San Luis (Argentina). Depois de fazer estudos na Universidade Católica e em estreita relação com os acontecimentos políticos da época, propagou, a partir do Colegio de la Unión del Sur, como reação contra o escolasticismo dominante, o sensualismo de Condillac e a filosofia dos ideólogos. Seu *Curso filosófico*, iniciado em 1819, causou grande comoção nos meios oficiais, que classificaram seu autor como "ateu" e "materialista". O conteúdo filosófico do ensinamento de Lafinur se atém, mais que a Condillac, ao sensualismo tal como difundido por alguns de seus discípulos, sobretudo por Cabanis e Destutt de Tracy (VER). Contudo, Lafinur procura, partindo de bases sensualistas, chegar a uma coincidência com o espiritualismo mediante uma concepção da alma como atividade puramente espiritual. A renovação de Lafinur teve prosseguimento sobretudo por obra de seus discípulos Diego Alcorta e Juan Manuel Fernández de Agüero (*Princípios de ideología elemental abstractiva y oratoria*), que se mantiveram fiéis à ideologia e à influência da Enciclopédia, preparando o caminho para a geração positivista.

◌ Edição do *Curso filosófico de Lafinur* pelo Instituto de Filosofia da Universidade de Buenos Aires, 1939. — Edição de los *Princípios de Juan Manuel Fernández de Agüero* no Instituto de Filologia da mesma Universidade.
Ver: Delfina Varela Domínguez de Ghioldi, *J. L. C.*, 1934. — Jorge R. Zamudio Silva, *Juan Manuel Fernández de Agüero*, 1940. — Fazem referência a Lafinur quase todas as obras de filosofia argentina citadas na seção correspondente da bibliografia de FILOSOFIA AMERICANA. ⊂

LAGNEAU, JULES (1851-1894). Nascido em Metz, foi professor de filosofia nos Liceus de Sens, Saint-Quentin, Nancy e Venves. Praticamente desconhecido — e inédito — durante a vida, Lagneau foi objeto de atenção por causa de um de seus discípulos, Alain (pseudônimo de Émile-Auguste Chartier, 1868-1951). Os célebres *Propos* de Alain, assim como suas "idéias" e "pensamentos", têm por fundo filosófico algumas das doutrinas básicas de Lagneau. A atitude filosófica de Alain, particularmente sua insistência na ação moral e no conhecimento libertador e educador, traz em si a marca de seu mestre.

Lagneau representou a tradição ao mesmo tempo racionalista e espiritualista francesa que vai de Descartes a Maine de Biran. Por meio de um método de reflexão sobre as experiências, Lagneau procurou descobrir os limites, a par da justificação, do conhecimento racional. Este tem origem na experiência íntima do esforço mediante o qual se desenrola a ação, que culmina no agir moral. A ação obedece a leis internas que coincidem com a ordem divina; a ação moral é a própria experiência do bem, que concorda com a experiência de Deus. A existência divina é desse modo "demonstrada" moralmente, porém não porque Deus seja derivado da razão prática como um postulado, mas porque Deus se "mostra" moralmente no curso da ação.

◌ Alain publicou, em 1926, a obra intitulada *Les célèbres leçons*.
Ver: André Canivez, *J. L., professeur de philosophie. Essai sur la condition du professeur de philosophie jusqu'à la fin du XIXe siècle*, 2 vols. (I: *Les professeurs de philosophie d'autrefois*; II: *J. L.*). — S. Petrement, "Remarques sur Lagneau, Alain, et la philosophie allemande contemporaine", *Revue de Métaphysique et de Morale*, 75 (1970), 292-300. — R. J. Le Huenen, "Lagneau et l'idée de personalité", *Dialogue*, 11 (1972), 569-575. — R. Nebuloni, "J. L.: La radice morale della certezza", *Rivista di Filosofia Neo-Scolastica*, 73 (1981), 340-367. — Id., *Certezza e azione. La filosofia reflessiva in L. e Nabert*, 1984. — E. Baglioni, *La lotta contro i poteri: il radicalismo di Alain*, 1988. — A. R. Roda, "Presencia del pensamiento de Lagneau", *Pensamiento*, 45 (1989), 87-92. ⊂

LAÍN ENTRALGO, PEDRO. Nascido (1908) em Urrea de Gaén (Teruel). Professor de História da Medicina na Universidade Complutense (Madri) até 1978, ano de sua aposentadoria, publicou inúmeros trabalhos de pesquisa e de discussão teórica em sua especialidade, mas não se restringiu a ela: parte importante de sua produção foi dedicada ao estudo e à interpretação de questões relativas à vida e à cultura espanholas e outra parte, sobremodo fundamental, ao exame de problemas filosóficos. Esta última parte é a que nos interessa aqui de modo especial.

Os trabalhos de Laín Entralgo, filosóficos ou não, são marcados por um estilo de pensar no qual se destacam duas características: uma aguda consciência histórica e um afã de harmonia. Isso não faz com que o pensamento de Laín Entralgo seja historicista ou eclético; trata-se de um pensamento ao mesmo tempo integrador e perspectivista. O resultado mais importante até agora conseguido foi uma antropologia filosófica, na qual Laín Entralgo levou em consideração não apenas os dados da história, como também, e especialmente, a biologia, a fisiologia e a neurologia. Em sua "antropologia da esperança", Laín Entralgo descreveu os mecanismos da espera prévios ao projetar humano, mas em vez de derivar este último dos primeiros ou de considerá-lo radicalmente distinto deles, ele os integrou de tal maneira que a esperança humana aparece numa série de modos a um só tempo fundados na espera pré-humana e ontologicamente irredutíveis a ela. A esperança tem, dessa maneira, sua "biologia" — mas não é meramente biologia. Atitude análoga foi adotada por Laín Entralgo em sua extensa investigação sobre o "outro" (ver OUTRO [O]). O "encontro com o 'outro'" tem pressupostos psicofisiológicos e histórico-sociais, mas também metafísicos. Estão fundadas nesses pressupostos a realidade do encontro como encontro pessoal e suas diversas formas.

Assim, Laín Entralgo situa a pessoa humana no quadro da realidade total, e, ao mesmo tempo, de uma "metafísica intramundana" para cujo esclarecimento são indispensáveis, mas não suficientes, os dados naturais e os dados históricos. Com efeito, o intramundano não se basta a si mesmo, e está como que pendente do transmundano: o homem, e atrás dele toda a Natureza, "encaminham-se", por assim dizer, para Deus. No curso das pesquisas citadas — para as quais Laín Entralgo aproveita um amplo acervo de doutrinas filosóficas, teorias científicas e resultados experimentais, e nas quais transparecem freqüentemente influências de Ortega y Gasset e Xavier Zubiri —, Laín Entralgo ocupou-se de vários temas filosóficos centrais. Dentre eles, destacamos o problema da realidade e o da pessoa. O primeiro foi tratado pelo autor por meio do exame dos traços e dos modos da realidade; o segundo, mediante um exame das características e das formas da vida pessoal e interpessoal.

➲ Obras: *Medicina e historia*, 1941. — *Los valores morales del nacional-sindicalismo*, 1941. — *Estudios de historia de la medicina y antropología médica*, 1943. — *Sobre la cultura española*, 1943. — *Menéndez y Pelayo: Historia de sus problemas intelectuales*, 1944. — *Las generaciones en la historia*, 1945. — *La generación del 98*, 1945; 10ª ed., 1983. — *La antropología en la obra de Fray Luis de Granada*, 1946; 2ª ed., 1988. — *Clásicos de la Medicina: Bichat* (1946); *Claudio Bernard* (1947); *Harvey* (1948); *Laënnec* (1955). — *Vestigios: Ensayos de crítica y amistad*, 1948. — *España como problema*, 1949; 2ª ed., amp., 2 vols., 1956. — *Viaje a Sudamérica*, 1949. — *La historia clínica: Historia y teoría del relato patográfico*, 1950; 2ª ed., 1961. — *Dos biólogos: Claudio Bernard y Ramón y Cajal*, 1950. — *Introducción histórica al estudio de la patología psicosomática*, 1950; 2ª ed., com o título *Enfermedad y pecado*, 1951. — *La Universidad, el intelectual, Europa: Meditaciones sobre la marcha*, 1950. — *Palabras menores*, 1952. — *Sobre la Universidad hispánica*, 1953. — *Historia de la Medicina. Medicina moderna y contemporánea*, 1954; 2ª ed., 1962. — *Mysterium doloris; Hacia una teología cristiana de la enfermedad*, 1955. — *Las cuerdas de la lira: Reflexiones sobre la diversidad de España*, 1955. — *Cajal y el problema del saber*, 1956. — *La aventura de leer*, 1956. — *Hombre y cultura en el siglo XX*, 1957. — *La espera y la esperanza*, 1957. — *La curación por la palabra en la antigüedad clásica*, 1958. — *La empresa de ser hombre*, 1958; 2ª ed., 1963. — *El médico en la historia*, 1958. — *Ejercícios de compreensión*, 1959. — *Ocio y trabajo*, 1960. — *Grandes médicos*, 1961. — *Teoria y realidad del otro*, 2 vols., 1961; 2ª ed., 1968 (I. *El otro como otro yo. Nosotros, tú y yo*; II. *Otredad y projimidad*). — *Panorama histórico de la ciencia moderna*, 1962 [em colaboração com José M. López Piñero]. — *Marañon y el enfermo*, 1962. — *Historia de la filosofía y de la ciencia*, 1962 [em colaboração com Julián Marías]. — *La relación médico-enfermo: Historia y teoría*, 1964. — *Obras*, I, 1965 (compreende *Menéndez y Pelayo, La espera y la esperanza* e uma seleção de ensaios e artigos). — *El problema de la Universidad: Reflexiones de urgencia*, 1968. — *El médico y el enfermo*, 1969. — *Ciencia y vida*, 1970. — *La medicina hipocrática*, 1970; 2ª ed., 1987. — *A qué llamamos España*, 1971. — *Sobre la amistad*, 1972; 2ª ed., 1986. — *La medicina actual*, 1973; 2ª ed, 1988. — *Gregorio Marañon: Vida, obra y persona*, 1973. — *Descargo de conciencia*, 1976. — *Santiago Ramón y Cajal*, 1978. — *Antropología de la esperanza*, 1978. — *Más de cien españoles*, 1981. — *El diagnóstico médico. Historia y teoría*, 1982. — *Ciencia, técnica y medicina*, 1986. — *Teatro del mundo*, 1986. — *En este país*, 1986. — *Antropología médica para clínicos*, 1986. — *El cuerpo humano: Oriente y Grecia Antigua*, 1987. — *Cajal, Unamuno, Marañon. Tres españoles*, 1988. — *Hacia la recta final*, 1990. — *El enfermo como intérprete*, 1990 (ciclo de conferências: "La enfermedad..."). — *Cuerpo y alma*, 1991. — *Tán solo hombres*, 1991. — *Creer, esperar, amar*, 1993.

Seleção de textos prediletos no volume *Mis páginas preferidas*, 1958.

L. E. concluiu, com uma equipe de colaboradores (Agustín Albarracín Teulón, Ignacio Ellacuria Beascoechea, Diego Gracia Guillén, José María López Piñero, José María Maravall Herrero, José Luís Peset Reig) uma obra em 11 vols. com o título *Persona y comunidad. Filosofía-Sociología-Medicina*.

Ver: J. L. López-Aranguren, A. Tovar *et. al.*, artigos em *Asclepio*, 18-19 (1966-1967). — Helio Carpintero, "P. L. E., o El afán de convivir", em *Cinco aventuras españolas: Ayala, L., Aranguren, Ferrater, Marías*, 1967, pp. 63-108. — Francisco Soler Puigoriol, *El hombre, ser indigente: El pensamiento antropológico de P. L. E.*, 1966. — H. Widmer, "Zum Begriff der Erwartung und der Hoffnung bei L. E.", *Freiburger Zeitschrift für Philosophie und Theologie*, 16 (1969), 428-454. — T. Mermall, "Spain's Philosopher of Hope", *Thought*, 45 (1970), 103-120. — J. L. Abellán, "La evolución por el humanismo", em J. Abellán e A. Monclús, coords., *El pensamiento español contemporáneo y la idea de América*, vol I., *El pensamiento en España desde 1939*, 1989, cap. 5, pp. 207-284. **G**

LAING, RONALD D. Ver LOUCURA.

LAIRD, JOHN (1887-1946). Nascido em Dorris (Kincardineshire, Escócia), estudou nas universidades de Edimburgo e de Cambridge, tendo sido professor na Queen's University, em Belfast, Irlanda do Norte (1913-1924) e na Universidade de Aberdeen, na Escócia (de 1924 até a morte). Admirador de Samuel Alexander, do qual publicou alguns manuscritos (ver a bibliografia de ALEXANDER [SAMUEL]), Laird não manifestou, contudo, muita simpatia pelas grandes especulações filosóficas sistemáticas. Seu pensamento segue, como ele próprio reconhece, a linha de Reid (VER) e, de modo geral, do realismo gnosiológico e da filosofia do senso comum e, de modo mais direto, do realismo no espírito de Alexander e, especialmente, de G. E. Moore. Por esse motivo Laird é considerado um filósofo neo-realista (ver NEO-REALISMO), aceitando o que chama de "os pressupostos do realismo", isto é: a idéia de que o conhecimento é sempre descoberta de algo; que o descoberto é distinto e independente do processo de seu reconhecimento, que nada conhecido é "mental", exceto na medida em que é selecionado pelo sujeito cognoscente e que se aquilo que esse sujeito seleciona é de fato "mental", isso não afeta a validade de seu conhecimento (*A Study in Realism*, p. 181). Laird inclinou-se a um teísmo "cosmológico" e, sobretudo, "imanentista" para o qual, assinalou ele, podem-se encontrar razões bastante convincentes, porém de modo algum completamente evidentes; trata-se em última análise de um teísmo "ilustrado" e "razoável", um teísmo do "senso comum" que se opõe a todo dogmatismo (*Theism and Cosmology*, pp. 69 ss).

↪ Obras: *Problems of the Self: An Essay Based on the Shaw Lectures*, 1917 [Edimburgo, 1914]. — *A Study in Realism*, 1920. — *The Idea of the Soul*, 1924. — *Our Minds and their Bodies*, 1925. — *A Study in Moral Theology*, 1926. — *The Idea of Value*, 1929. — *Knowledge, Belief, and Opinion*, 1930. — *Hume's Philosophy of Human Nature*, 1931; reed., 1983. — *Hobbes*, 1934. — *An Inquiry into Moral Notions*, 1935. — *Theism and Cosmology,* 1940 [Gifford Lectures. Second Series]. — *Mind and Deity*, 1941 [Gifford Lectures. First Series]. — *The Device of Government. An Essay in Civil Polity*, 1944. — *Philosophical Incursions Into English Literature*, 1946. — *On Human Freedon*, 1947 [Forwood Lectures. Liverpool, 1945]; reed., 1965.

Depoimento em *Contemporary British Philosophy*, I, 1924.

Ver: W. S. Urquhart, *J. L.*, 1948. ↩

LAKATOS, IMRE [Imre Lipschitz; alterado para Imre Molnár] (1922-1974). Nascido na Hungria. Ativo na oposição ao nazismo e, mais tarde ao movimento comunista húngaro, foi detido em 1950 por suas opiniões "heterodoxas" e "revisionistas", tendo passado três anos no cárcere. Após a Revolta Húngara de 1956, exilou-se em Viena e em seguida na Inglaterra. Doutorou-se em Cambridge e lecionou (1960-1974) na London School of Economics.

Partindo do falseabilismo e do falibilismo de Popper, Lakatos ampliou, modificou e, em muitos aspectos, alterou por completo as concepções popperianas. Lakatos viu na obra de Kuhn um importante ponto de partida para a fundamentação de uma nova filosofia da ciência, porém manifestou-se em desacordo com o historicismo, ou possível historicismo, derivável de Kuhn ou dos que seguiam critérios "externos" para explicar o desenvolvimento e o avanço científicos. O primeiro interesse de Lakatos foi a filosofia da matemática (à qual retornou num de seus últimos trabalhos). De acordo com Lakatos, a rejeição dos modelos euclidianos não leva necessariamente à eliminação de todo padrão de objetividade na matemática (no tocante aos axiomas, às provas e às refutações). A matemática se desenvolve segundo padrões internos de objetividade, distintos dos padrões "euclidianos ortodoxos". A matemática é "quase empírica", podendo-se encontrar para ela "falseadores". Há na história da matemática períodos de estagnação e períodos de avanço. Essas condições que se verificam na matemática verificam-se em todas as ciências. A mais importante contribuição de Lakatos à filosofia, assim como à história da ciência, é sua teoria dos "programas de pesquisa". Esta teoria é em boa parte resultado de um exame crítico das várias tendências de filosofia da ciência, tanto as diversas versões do indutivismo como as do falseabilismo e do falibilismo. Um programa de pesquisa contém uma série de regras metodológicas, algumas das quais indicam que caminhos é preciso evitar (heurística negativa) e outras que caminhos devem ser seguidos (heurística positiva). O estudo da história da ciência mostra de que maneiras se estabeleceram, desenvolveram-se e, segundo o caso, prosperaram ou degeneraram os programas de pesquisa. Lakatos examinou detalhadamente as diferentes "camadas" que constituem os programas de pesquisa, o caráter flexível da heurística positiva, o papel das anomalias — e do progresso "num oceano de anomalias" — e as diferentes interpretações que se podem dar às confirmações, às refutações, aos ataques ou desafios. Esse exame foi efetuado por meio do uso de um abundante material histórico sem o qual a filosofia da ciência seria vazia: "A filosofia da ciência sem a história da filosofia é vazia; a história da ciência sem a filosofia da ciência é cega". Contudo, a história da ciência é "racionalmente reconstruível". Há, de acordo com Lakatos, uma marcada diferença entre a história externa e a história interna da ciência, o que não significa que não haja uma história, mas indica que esta é explicável internamente, nos termos da teoria dos programas de pesquisa, "como uma defesa racional de um programa promissor". A metodologia de todos os programas de pesquisa é completada e não simplesmente formada pela história empírica. Assim, Lakatos desenvolveu uma teoria da racionalidade que, por sua vez, deve ser entendida como uma metodologia e como um programa de pesquisa.

É possível distinguir (William Berkson) entre um "primeiro Lakatos" (o das "Provas e refutações") e um

"segundo Lakatos" (o da teoria dos "programas de pesquisa"). Embora haja diferenças apreciáveis entre eles, os dois seguem um mesmo espírito, que é o da atenção aos fatos empíricos no âmbito de uma metodologia.
➲ Obras: "Infinite Regress and the Foundations of Mathematics", *Aristotelian Society Supp.*, vol. 36 (1962), 155-184. — "Proofs and Refutations", *British Journal for the Philosophy of Science*, 14 (1963-1964), 1-25; 120-139; 221-245; 296-342. Reed., com outros escritos, em *Proofs and Refutations, and Other Essays in the Philosophy of Mathematics*, 1971; nova ed., *Proofs and Refutations: The Logic of Mathematical Discovery*, 1976, ed. E. Zahar e J. Worrall. — "Changes in the Problem of Inductive Logic", em I. Lakatos, ed., *The Problem of Inductive Logic*, 1968, pp. 315-417. — "Criticism and the Methodology of Scientific Research Programmes", *Proceedings of the Aristotelian Society*, 69 (1968), 149-186. — *The Changing Logic of Scientific Discovery*, 1970. — "Falsification and the Methodology of Scientific Research Programmes", em I. Lakatos e A. Musgrave, eds., *Criticism and the Growth of Knowledge*, 1970, pp. 91-195. — "History of Science and Its Rational Reconstructions", *Boston Studies in the Philosophy of Science*, vol. VIII (1971), 92-182. Depois deste trabalho, seguem-se ensaios a seu respeito de autoria de Th. S. Kuhn, Herbert Feigl, Richard J. Hall e Noretta Koertge, assim como o texto "Respostas aos Críticos", de I. L., nas pp. 174-182. — "Science and Pseudoscience", *Conceptus*, Jahrg. VIII, 24 (1974). — "A Renaissance of Empirism in the Recent Philosophy of Mathematics?", *British Journal for the Philosophy of Science*, 27 (1976), 201-223.

Ainda existem materiais inéditos. Na bibliografia do último artigo mencionado, L. menciona como de próxima publicação "The Significance of Non-Standard Analysis for the History and Philosophy of Mathematics".

Edição de obras: *Philosophical Papers*, 2 vols., 1978 (I: *The Methodology of Scientific Research Programmes*; II: *Mathematics, Science, and Epistemology*).

Em português: *A crítica e o desenvolvimento do conhecimento*, em colaboração com A. Musgrave, 1979. — *História da ciência e suas reconstrões racionais*, 1997.

Ver: A. Schram, "Demarkation und rationale Rekonstruction bei I. L.", *Conceptus*, Jahrg. VIII, 24 (1974). — Paul Feyerabend, "I. L.", *British Journal for the Philosophy of Science*, 26 (1975), 1-18. — John Worrall, J. Agassi, Joseph Armstrong *et al.*, *Essays in Memory of I. L.*, 1976, ed. R. S. Cohen, P. K. Feyerabend, M. W. Wartofsky (são especialmente sobre I. L. os artigos de J. Worrall, J. Agassi, W. W. Bartley III, W. Berkson, M. Grene, N. Koertge, A. Musgrave e S. Toulmin). — Diego Ribes, "Carácter histórico del criterio de demarcación de L.", *Teorema*, 7 (1977), 241-256. — G. L. Linguiti, *I. L. e la "filosofia della scoperta"*, 1981. — G. Andersson, *Kritik und Wissenschaftsgeschichte. Kuhns, L.s und Feyerabends Kritik des kritischen Rationalismus*, 1988. — K. Gavroglu, ed., *I. L. and Theories of Scientific Change*, 1989. — T. Koetsier, *L.'s Philosophy of Mathematics: A Historical Approach*, 1991. — Ver também os ensaios de Th. S. Kuhn, H. Feigl *et al.*, mencionados *supra*. ➲

LALANDE, ANDRÉ (1867-1963). Nascido en Dijon, foi professor da Sorbonne a partir de 1904, defendeu uma filosofia radicalmente oposta ao evolucionismo de Spencer. Com efeito, diante da idéia da evolução como superação do homogêneo, Lalande sustentou que um exame da realidade em seus diferentes planos, da mecânica à moral, mostra antes a importância da idéia daquilo que no início chamava de dissolução (VER) e, mais tarde, involução, ou, melhor ainda, assimilação. O processo involutivo ou assimilativo, a passagem do heterogêneo ao homogêneo, manifesta-se já na realidade estudada pela ciência física: a divisão da energia faz com que as evoluções sejam, em última análise, involutivas. O mesmo acontece no reino do orgânico: a morte e a conseqüente indiferenciação são então, por assim dizer, a espada que vai cortando os nós górdios das sucessivas evoluções e individualizações. Também na vida psíquica: aparentemente, trata-se da região na qual o processo assimilativo encontra maiores dificuldades; na verdade, à medida que se progride nessa região, produz-se uma involução superior que se manifesta na ciência (com seu afã de redução à unidade), na moral (com a aspiração a uma fundamentação moral comum a todos os homens e para todas as épocas) e na arte (com a tendência à universalidade). Por fim, a vida social mostra um processo de unificação que tende à supressão de todas as diferenças e à constituição de uma humanidade regida pelo humanismo. A teoria assimilacionista de Lalande implica além disso uma doutrina da razão como "razão constituinte", em última instância unificante, assim como uma série de esforços para levar à prática, na filosofia, esse racionalismo que pode ser considerado radical; com efeito, Lalande se propôs a realizar uma unificação da linguagem filosófica que em parte se aproxima das tendências neopositivistas, tendo feito, em seu *Vocabulário Técnico e Crítico da Filosofia* e em seu empenho em favor de um trabalho cooperativo dos filósofos, manifesta por meio da Societé Française de Philosophie e dos Congressos Internacionais iniciados em 1900, um trabalho voltado para a difusão de seu próprio ponto de vista filosófico.

➲ Obras: *Lectures sur la philosophie des sciences*, 1893; 10ª ed., 1929. — *La dissolution opposée a l'évolution dans les sciences physiques et morales*, 1898 (2ª ed. modificada, com o título: *Les illusions évolutionistes*, 1921). — *Quid de mathematica vel rationali vel*

naturali senserit Baconus Verulamius, 1899 (tese). — *Précis raisonné de morale pratique*, 1907. — *Les théories de l'induction et de l'expérimentation*, 1929. — *La psychologie des jugements de valeur*, 1929. — *La raison et les normes*, 1948.
Em português: *Vocabulário técnico e crítico da filosofia*, 2ª ed., 1996.
Autobiografia intelectual: "L'Involution", *Les Études philosophiques*, N. S., 1 (1947), 1-10. — G. Deledalle, D. Huisman, *Les philosophes françaises d'aujourd'hui par eux-mêmes*, 1963, pp. 1-21 (com bibliografia). — *A. L. par lui même*, 1967, ed. Walter Lalande (com bibliografia).
Ver: Italo Bertoni, *Il neoilluminismo etico di A. L.*, 1965. — R. Poirier, "A.L." e N. Lubnicki, "A. L. dans le souvenir d'un de ses disciples", *Revue de Métaphysique et Morale*, 70 (1965), 140-164 e 165-172. ℃

LAMARCK, JEAN BAPTISTE PIERRE ANTOINE DE MONET, CHEVALIER DE (1744-1829). Nascido em Bazantin-le-Petit (Picardia, França), interessou-se por botânica; suas pesquisas sobre a flora francesa o levaram à eleição como membro da Academia de Ciências, assim como a trabalhar por um dado período (1783-1793) no "Jardin du Roi". Lamarck propôs a fundação de um Museu de História Natural; tendo sido aceita a sua proposta, encarregou-se de uma cátedra de zoologia. Suas pesquisas zoológicas constituíram a base para seus trabalhos sobre a evolução orgânica, o que fez dele o primeiro grande criador e sistematizador do evolucionismo, fato reconhecido por Darwin, mesmo que seja tradicional opor, no tocante a esse tema, darwinismo e lamarckismo. Referimo-nos com mais detalhes às idéias de Lamarck no verbete LAMARCKISMO; ver também DARWINISMO e EVOLUÇÃO.

⮑ Obras: *Flore française*, 1778. — *Système des animaux sans vertebres*, 1801. — *Recherche sur l'organisation des corps vivants*, 1802. — *Philosophie zoologique*, 2 vols., 1809-1830. — *Histoire naturelle des animaux sans vertebres*, 7 vols., 1815-1822.
Ver: A. S. Packard, *L., The Founder of Evolution*, 1901. — A. Pauli, *Darwinismus und Lamarckismus*, 1905. — M. Landrieu, *L., le fondateur du transformisme*, 1909. — H. G. Cannon, *L. and Modern Genetics*, 1960. — E. Boesiger, "Evolutionary Theories after Lamarck and Darwin", em F. J. Ayala, T. G. Dobzhansly, eds., *Studies in the Philosophy of Biology: Reduction and Related Problems*, 1974, pp. 21-44. — R. W. Burkhardt, *The Spirit of System. L. and Evolutionary Biology*, 1977 (com bibliografia). — M. Barthélemy, *L. ou le myte du précurseur*, 1979. — Université de Picardie, *L. et son temps. L. et notre temps*, 1981 (simpósio internacional). — Ver também a bibliografia de EVOLUÇÃO. ℃

LAMARCKISMO. Pode-se entender por "lamarckismo" sobretudo o evolucionismo ou transformismo propostos e desenvolvidos por Lamarck (VER), especialmente em sua *Filosofia Zoológica*, de 1809 (2 vols., 1809-1830). A classificação de Lineu (Carolus Linnaeus: 1707-1778) baseava-se na idéia de que as espécies orgânicas são fixas; contudo, era possível ver que as diferenças entre espécies estavam ao mesmo tempo relacionadas com semelhanças, de maneira que se podia pensar na passagem de uma espécie para outra. Os estudos geológicos e paleontológicos levados a efeito por Lamarck, somados ao exame das relações entre grupos e subgrupos orgânicos, levaram-no à convicção de que a Natureza forma um todo, criado por Deus para um propósito que desconhecemos e que, de fato, não precisamos conhecer para explicar as realidades naturais; basta ver que estas formam um contínuo ou uma "escala" que vai dos seres inferiores ou menos complexos aos seres superiores e mais complexos. As plantas e os animais emergiram, por geração espontânea, da matéria inanimada, formando suas linhas evolutivas. A escala dos seres foi se produzindo sucessivamente de acordo com uma tendência ao aperfeiçoamento. O postulado desta tendência ou, como também é chamada, "força", dá ao sistema de Lamarck uma característica teleológica que por vezes foi aceito como ingrediente essencial da explicação da evolução, mas que na maioria das ocasiões foi alvo de críticas, especialmente a partir do momento em que Darwin aparentemente eliminou as explicações teleológicas. A evolução das espécies não segue, no entanto, uma linha contínua, devido às mudanças do meio ambiente, responsáveis por numerosas diversificações. Deve-se observar que o citado elemento teleológico não constitui em Lamarck um princípio suficiente de explicação das transformações, porém, no máximo, um princípio necessário; as espécies se originam, e as transformações ocorrem graças à ação de um conjunto de causas naturais que vão desde os efeitos mecânicos produzidos pelo ambiente até as reações dos seres orgânicos a necessidades do ambiente. As modificações introduzidas nos seres orgânicos são transmitidas hereditariamente. A transmissão hereditária das características adquiridas é um dos pontos da doutrina de Lamarck, elemento por certo importante, mas é um erro equiparar, como por vezes se tem feito, "lamarckismo" com "doutrina da transmissão hereditária dos caracteres adquiridos".

LAMBERT, JOHANN HEINRICH (1728-1777). Nascido em Mühlhausen (Alsácia); foi chamado a Berlim na qualidade de membro da Academia de Ciências. Lambert distinguiu-se por suas pesquisas matemáticas, físicas, cosmológicas e filosóficas. Na física, ocupou-se, entre outras, de questões de fotometria e higrometria. Na cosmologia, de problemas de astrometria. São bastante numerosos seus trabalhos nas matemáticas, e são particularmente interessantes do ponto de vista filosófico os trabalhos levados a efeito em estreita relação com investigações lógicas.

Suas principais obras filosóficas, o *Novo Organon* e a *Arquitetônica* (ver bibliografia) são em parte a elaboração e sistematização de uma série de idéias originadas em suas tentativas de relacionar os termos lógicos com os matemáticos. Em seus "Sechs Versuche einer Zeichenkunst in der Vernunftlehre" ("Seis ensaios de uma arte dos signos na teoria da razão"), publicados por J. Bernoulli em 1782 (ver bibliografia), Lambert concebeu todo raciocínio como extração de uma idéia de outra na qual ela está contida (o atributo no sujeito, a espécie no gênero, a idéia abstrata na idéia concreta etc.). Raciocinar é, pois, agir num sentido análogo ao das operações matemáticas. Portanto, podem-se estabelecer relações de igualdade, de adição e subtração entre as idéias. Além disso, podem ser adotados signos que exprimam, por meio de expoentes, a posição de um gênero, de uma espécie etc. na ordem de continente a conteúdo. Por fim, os signos também podem ser adotados na expressão de elementos dados e de incógnitas a serem descobertas mediante o raciocínio (ou cálculo). Porém, de acordo com Lambert, o raciocínio não deve servir apenas para a demonstração, devendo aplicar-se igualmente à descoberta da verdade. Com esse propósito, ele desenvolveu no *Novo Organon*, uma teoria do conhecimento dividida em quatro partes: a dianoologia, ou arte de pensar; a aletiologia, ou doutrina da verdade; a semiótica, ou doutrina dos caracteres exteriores do verdadeiro; e a fenomenologia, ou teoria da distinção entre o verdadeiro e o falso. Tratamos com mais detalhes do conteúdo do *Novo Organon* de Lambert nos verbetes dedicados a Aletiologia, Dianoologia, Fenomenologia e Semiótica. Indiquemos por ora apenas que algumas das tendências apresentadas por Lambert são muito similares às encontradas em Leibniz e Wolff, havendo no primeiro muitos elementos procedentes de Locke. Figura entre estes a tese da divisão das idéias em simples e complexas. Opondo-se à excessiva importância dada por Wolff aos princípios e relações formais, Lambert afirma que o pensamento deve ser pensamento do objeto. O princípio de contradição não pode por si só levar ao conhecimento do real; o princípio de razão suficiente é aplicável aos objetos da experiência, mas não permite a derivação desses objetos. É portanto necessário fazer antes de tudo uma seleção de idéias simples e primitivas por meio da experiência com o fim de organizar o conhecimento. Os conceitos puramente abstratos, longe de serem simples, compõem-se de elementos simples.

A *Arquitetônica* apresentava o sistema das idéias simples e suas combinações possíveis. Segundo Lambert, há seis classes de elementos primitivos do conhecimento:

1) noções como solidez, existência, duração, extensão, força, consciência, vontade, mobilidade, unidade, magnitude; 2) noções como a luz, as cores, os sons etc.; 3) noções como ser, devir, ter, poder, fazer; 4) noções como "não", "quê?", "como?", o semelhante, o uniforme, o simultâneo; 5) noções como "rumo a", "antes de", "depois de", "por meio de" etc.; 6) noções como "porque", "também", "mas" etc. Além desses elementos primitivos, há dois tipos de princípios: os ideais e os reais. É importante na arquitetônica (VER) de Lambert — que é uma ontologia e ao mesmo tempo uma teoria dos objetos — a idéia da possibilidade (ou possibilidades) de combinação de elementos simples por meio dos dois tipos de princípios.

Deve-se a Lambert a prova de que π, que exprime a relação entre a circunferência de um círculo e seu diâmetro, é um número irracional.

⊃ Obras: *Photometria sive de mensura et gradibus luminis, colorum et umbrae*, 1760. — *Kosmologische Briefe über die Einrichtung des Weltbaues*, 1761; reimp., 1979 (*Cartas cosmológicas sobre a disposição da estrutura do universo*). — *Neues Organon oder Gedanken über die Erforschung und Bezeichnung des Wahren und dessen Unterscheidung vom Irrtum und Schein*, 2 vols., 1764; reimp. 1965 (*Novo Organon ou pensamentos sobre a exploração e a designação do verdadeiro e sua distinção entre o erro e a aparência*). — *Anlage zur Architektonic oder Theorie des Einfachen und des Ersten in der philosophischen und mathematischen Erkenntnis*, 2 vols., 1771; reimp. 1965 (*Plano para a arquitetônica ou teoria do simples e do primeiro no conhecimento filosófico e matemático*). — *Logische und philosophische Abhandlungen*, 2 vols., 1782, ed. J. Bernoulli [contém os "Sechs Versuche" referidos *supra*]. — *Deutscher Gelehrter Briefwechsel*, 4 vols., 1781-1784, ed. J. Bernoulli [inclui correspondência de L. com Kant].

Edições mais recentes de escritos de L.: *J. H. Lamberts Monatsbuch mit den zugerhörigen Kommentaren, wie mit einem Vorwort über den Stand der Lambertforschung*, 1915, ed. K. Bopp, em *Abhandlungen der bayerische Acad.*, Math-Phys. Kl XXVII, 6. — *Criterium veritatis*, 1915, ed. K. Bopp [*Kantstudien*, Ergänzungshefte, 36]. — *Über die Methode, die Metaphysik, Theologie und Moral richtiger zu beweisen*, 1918, ed. K. Bopp [*ibid.*, 42]. — *Opera mathematica*, 1946, ed. A. Speiser. — Ed. de correspondência entre Euler e L.: *Briefwechsel zwischen L. Euler und J. H. L.*, 1924, ed. K. Bopp.

Edição de obras: *Philosophische Schriften*, 10 vols., ed. Hans-Werner Arndt, 1965-1968.

Ver: R. Zimmermann, *L., der Vorgänger Kants*, 1879. — Johann Lepsius, *J. H. L.*, 1881. — O. Baensch, *J. L. Lamberts Philosophie und seine Stellung zu Kant*, 1902. — K. Krienelke, *Lamberts Philosophie der Mathematik*, 1909. — K. Bopp, *Lamberts Stellung zum Raumproblem und seine Parallelentheorie in der Beurteilung sei-*

ner Zeitgenossen, 1914. — P. Sterkman, *De plaats van J. H. L. in de ontwikkeling van het idealisme voor Kant*, 1928 (tese). — Max E. Eisenring, *J. H. L. und die wissenschaftliche Philosophie der Gegenwart*, 1942 (tese). — M. Steck, *J. H. L., Schriften zur Perspektive*, 1943 [com bibliografia]. — R. Ciafardone, *J. H. L. e la fondazione scientifica della filosofia*, 1975. — M. Dello Preite, *L'imagine scientifica del mondo di J. H. L. Razionalità ed esperienza*, 1979. — E. W. Orth, "Der Terminus 'Phänomenologie' bei Kant und L. und seine Verbindbarkeit mit Husserls Phänomenologie-Begriff", *Archiv für Begriffsgeschichte*, 26 (1982), 231-249. — G. Wolters, "Some Pragmatic Aspects of the Methodology of J. H. L.", em J. C. Pitt, ed., *Change and Progress in Modern Science*, 1985. ℭ

LAMBERTO DE AUXERRE (*fl.* 1250). Foi um dos principais representantes da chamada *logica modernorum*. Não se sabe com segurança se foi ou não discípulo de Guilherme de Shyreswood, mas de todo modo suas concepções da lógica foram substancialmente as mesmas que as desse autor. De acordo com Lamberto de Auxerre, a lógica é principalmente um método — um método rigoroso para distinguir o verdadeiro do falso — e, por conseguinte, um estudo mais fundamental que a dialética, que se refere apenas ao provável. Lamberto de Auxerre foi um dos vários autores da época que elaboraram a teoria das suposições (ver Suposição).

⇨ A *Dialética* de Lamberto de Auxerre (escrita por volta de 1250) ainda não foi publicada. Ver Prantl, III, pp. 25-32. ℭ

LAMENNAIS [LA MENNAIS] [HUGHES] FELICITÉ, ROBERT DE (1782-1854). Nascido em Saint-Malo (Bretanha), foi levado em 1804, por um sacerdote amigo, a uma ativa participação na defesa de idéias ultramontanas e antigalicanas. Um ano depois de ser ordenado sacerdote (1816), começou a publicação do *Ensaio sobre a Indiferença em Matéria de Religião* (1817-1823), que suscitou a oposição dos galicanos conservadores, mas muito contribuiu para a derrota do galicanismo. A insistência de Lamennais na crença, contra a indiferença, levou-o a buscar renovar inteiramente a apologética católica. Para isso, publicou uma série de obras sobre as relações entre a ordem política e a religiosa. Declarando não mudar seu pensamento mas simplesmente dar-lhe continuidade, Lamennais passou a uma defesa de toda crença dada ao indivíduo pela fé. Em 1830, Lamennais fundou, com Charles, Conde de Montalembert (1810-1870) e Jean Baptiste (Henry Dominique) Lacordaire (VER), o periódico *L'Avenir*, que suscitou inúmeras polêmicas. Lamennais dirigiu-se a Roma em 1831 com o fim de conseguir a aprovação do Papa, Gregório XVII. Este, no entanto, condenou *L'Avenir* na Encíclica *Mirari vos* (1832) e, depois, as idéias filosóficas ou teológico-filosóficas de Lamennais na Encíclica *Singulari nos* (1834). Os escritos de Lamennais publicados entre 1828 e 1832 enquadravam-se no ciclo do chamado "humanitarismo liberal", hostil ao sobrenaturalismo. Em 1834, Lamennais publicou outra obra de impacto: *Palavras de um homem de fé*. Longe de retratar-se diante das condenações papais, ele acentuou sua atitude de rebeldia, defendendo a "verdadeira tradição universal", contra a tradição da Igreja, buscando sustentar suas idéias por meio de um sistema filosófico que devia, segundo sua intenção, destacar a posição do homem diante de Deus e os aspectos fundamentais da atividade humana.

Contrapondo-se ao racionalismo ilustrado, Lamennais pregava em seu *Ensaio* a doutrina segundo a qual o homem não consiste em sua razão (menos ainda em sua razão individual), mas em suas crenças, graças às quais o ser humano age. Pensar o contrário é abandonar-se à indiferença, que gera o pessimismo (ou o otimismo progressista) e, com ele, a dissolução da sociedade e da religião verdadeira. É preciso, por conseguinte, combater a indiferença em matéria de religião. Essa indiferença se apresenta na forma de vários sistemas: o daqueles que vêem na religião uma instituição política e crêem por isso que ela só é necessária para o povo; o daqueles que consideram duvidosa a verdade de todas as religiões positivas e opinam que cada qual deve seguir a religião na qual nasceu, já que a única religião verdadeira é a religião natural; e o daqueles que admitem uma religião revelada, mas que supõem que, com exceção de alguns artigos fundamentais, podem-se rejeitar as verdades por ela ensinadas. Qualquer um desses sistemas termina com a desvinculação do homem em relação a Deus e com o endeusamento da individualidade, ligado ao endeusamento da razão e da humanidade. Ora, "não há mais que um meio de tirar os homens da indiferença na qual os lança o abuso da razão: dominar essa razão altaneira, forçando-a a submeter-se a uma autoridade tão elevada e tão resplandecente que não pode ter ignorados seus direitos" (*Essai*, I, ii); pois essa autoridade — a da Igreja Católica — não afirma senão aquilo que todos os homens concebem verdadeiro e digno de crédito num ato de fé. Lamennais, portanto, seguia em grande parte a mesma linha de pensamento desenvolvida contemporaneamente por Louis de Bonald e Joseph de Maistre. Contudo, diferentemente destes, Lamennais acentuava mais que qualquer outro o aspecto da crença.

Em seus escritos da época do "humanitarismo liberal", Lamennais desenvolveu uma filosofia baseada na razão universal e no senso comum, que garantem, em seu entender, a crença comum da Humanidade. Assim, a crença religiosa está ligada a uma espécie de fraternidade humana, na participação de todos os homens numa mesma fé capaz de salvá-los. Por meio da consciência dessa fraternidade pode-se além disso instaurar uma nova ordem social. Nos últimos escritos, que pretendiam ser mais sistemáticos, Lamennais desenvolveu uma filosofia do Absoluto, que é artigo de fé. O Absoluto é originariamente uma trindade composta de Poder, Inteligência e Amor. Essa Trindade originária constitui o modelo para outras estruturas trinitárias, como as das atividades humanas na indústria, na arte e na ciência.

◗ Obras: *Essai sur l'indifférence en matière de religion*, 4 vols., 1817-1823. — *De l'éducation du peuple*, 1818. — *De l'éducation considérée dans ses rapports avec la liberté*, 1818. — *De la religion considérée dans ses rapports avec l'ordre politique et civil*, 2 partes, 1825-1826. — *Des progrès de la religion et de la lutte contre l'Église*, 1829. — *Paroles d'un croyant*, 1834. — *Affaires de Roma*, 2 vols., 1836-1837. — *Livre du peuple*, 1838. — *La politique à l'usage du peuple*, 1838. — *De l'esclavage moderne*, 1839. — *Esquisse d'une philosophie*, 4 vols., 1841-1846. — *Discussions critiques et pensées diverses sur la religion et la philosophie*, 1841. — *De la religion*, 1841. — *Du passé et de l'avenir du peuple*, 1841.

Edição de obras: *Oeuvres inédites et correspondance*, 2 vols., 1866, ed. A. Blaize. — *Oeuvres complètes*, 12 vols., 1836-1837. — Ed. crítica do *Essai* com introdução e comentário de Yves Le Hir, 1949. — Ed. pelo mesmo Yves Le Hir de um texto inédito intitulado: *Essai d'un système de philosophie catholique*, 1954. — Antologia de artigos de L. e de seus colaboradores: *L'Avenir, 1830-1831*, 1967, ed. Guido Verucci.

Edições de correspondência: *Correspondance inédite entre L. et le baron de Vitrolles*, 1886, ed. E. Forgues. — *Confidences de L., Lettres inédites à M. Marion*, 1886, ed. A. Dubois de Villerabel. — *Lettres inédites de L. à Montalembert*, 1898, ed. E. Forgues. — *Lettres de Montalembert à La Mennais*, 1933, ed. Georges Goyau e P. de Lallemand. — *Correspondance générale*, 8 vols., 1971 ss., ed. L. Le Guillou.

Em português: *Palavras de um homem de fé*, 1998.

Bibliografia: F. Duine, *Essai de bibliographie de Felicité de La Mennais*, 1923.

Ver: Paganel, *Examen critique des opinions de l'abbé de L.*, 2 vols., 1825. — Jean Baptiste (Henri Dominique) Lacordaire, *Considération sur le système philosophique de M. de L.*, 1834. — O. Bordage, *La philosophie de L.*, 1869. — A. Ricard, *L'école mennaisienne. I: La Mennais et son école*, 1881. — Paul Janet, *La philosophie de L.*, 1890. — Abbé Roussel. *L., d'après des documents inédits*, 2 vols., 1893. — C. Boutard, *L., sa vie et ses doctrines*, 3 vols., 1905-1913. — Ch. Maréchal, *La jeunesse de La Mennais*, 1913. — Id., *La dispute de l'Essai sur l'indifférence*, 1925. — F. Duine, *La Mennais. Sa vie, ses idées, ses ouvrages d'après des sources imprimées et des documents inédits*, 1922. — Yves Le Hir, *L., sa vie, ses idées, ses ouvrages*, 1922. — Id., *L., écrivain*, 1948. — Jacques Poisson, *Le romantisme social de L.: Essai sur la métaphysique des deux sociétés, 1833-1834*, 1932. — V. Giraud, *La vie tragique de L.*, 1933. — R. Bréhat, *L., trop chrétien*, 1941. — C. Carcopino, *Les doctrines sociales de L.*, 1942. — A. R. Vidler, *Prophecy and Papacy*, 1954 [The Birbeck Lectures, 1952-1953]. — M. Mourre, *L. ou l'hérésie des temps modernes*, 1955. — H. Medine, *Esquisse d'un traditionalisme catholique*, 1956. — Jean-René Derre, *L., ses amis, et le mouvement des idées à l'époque romantique (1824-1834)*, 1962. — Louis Le Guillou, *L'évolution de la pensée religieuse de F. L.*, 1966 (tese). — Id., *Les Discussions critiques, journal de la crise lamennaisienne*, 1967. — John J. Oldfield, *The Problem of Tolerance and Social Existence in the Writings of F. de L.: 1809-1831*, 1973. — G. Marconi, "L. in Italia", *Giornale di Metafisica*, 30 (1975), 629-639. ◖

LAMY, BERNARD. Ver MALEBRANCHE, NICOLAS.

LAMY, FRANÇOIS (1636-1711). Nascido no Castelo de Montireau, nas cercarnias de Chartres, ingressou na Ordem dos Beneditinos de Saint-Maure. Lamy foi um dos mais fiéis seguidores de Malebranche (VER), a quem defendeu contra aqueles que considerava seus detratores ou, ao menos, inimigos filosóficos. Lamy destacou o caráter supremo eficiente e, a rigor, único eficiente, de Deus, em oposição aos que admitiam a importância ou relativa autonomia das causas segundas. Com esse objetivo, propôs um ocasionalismo (VER) extremo. Foi, desse modo, um dos precursores daquilo que veio a ser denominado "ontologismo"; em alguns aspectos, as doutrinas de Lamy não se distinguiram muito das de Gerdil (VER). Lamy opôs-se não apenas a Spinoza como a Leibniz, cujas doutrinas, na sua opinião, não faziam justiça à eficácia absoluta de Deus.

◗ A principal obra de Lamy é: *De la connaissance de soi-même*, 6 vols., 1694-1698; 3ª ed., 1712. — L. apresentou as doutrinas de Malebranche e de Descartes em *Premiers élements des sciences on entrée aux connaissances solides*, 1706. — Além disso: *Lettres philosophiques*, 1703. — *L'incrédule amené à la religion par la raison*, 1710. — Anonimamente apareceu seu *Nouvel athéisme renversé*, 1696.

Cartas de Malebranche ao Padre Lamy no tomo XIV da edição de *Oeuvres complètes de Malebranche* (VER), ed. A. Robinet, 1963.

Bibliografia: relação completa dos escritos de L. em *Histoire littéraire de la Congrégation de Saint-Maur*, Bruxelas, 1770, pp. 356 ss, e em *Bibliothèque des écrivains de la Congrégation de Saint-Maur*, Paris, 1882, n°s 264-283.

Ver: J. Zehnder, *Dom F. L.. Essai d'introduction à sa vie et à ses oeuvres*, 1944. — A. Pizzorusso, "Arte retorica e 'conoscenza di se' nel pensiero di Fr. Lamy", *Annali della Scuola Normale Superiore di Pisa* (1965), pp. 193-220. ◖

LANCELOT, CLAUDE. Ver Port-Royal (Gramática de).

LANDGREBE, LUDWIG (1902-1991). Nascido em Viena, estudou em Friburgo i.B., onde foi auxiliar de Husserl, cuja obra sobre experiência e juízo (*Erfahrung und Urteil*) publicou em 1938. Langrebe lecionou na Universidade Alemã de Praga (1935-1939) e em Louvain (1939-1940). Após a Segunda Guerra Mundial, foi professor em Hamburgo (1945-1947), Kiel (1947-1956) e Colônia (a partir de 1956). Foi diretor dos "Arquivos Husserl", de Colônia. Seguindo Husserl, Landgrebe procurou desenvolver uma "ontologia existencial", em alguns pontos coincidente com a de Heidegger, mas em outros separada tanto deste como de Husserl. Seu principal interesse é a "constituição" fenomenológica do mundo com base nos eus alheios. A intersubjetividade assume em Landegrebe um caráter transcendental, a ponto de haver em seu interior um Absoluto que é como Deus presente ao homem. A relação de cada um com o "Ser" se dá mediante essa intersubjetividade fundada no Absoluto.

↪ Obras: *Nennfunktion und Wortbedeutung*, 1934 (*Função nominativa e significação verbal*). — *Wilhelm Diltheys Theorie der Geisteswissenschaften*, 1938 (*A teoria diltheyana das ciências do espírito*). — *Phänomenologie und Metaphysik*, 1948. — *Was bedeutet uns heute Philosophie?*, 1948; 2ª ed., 1954 (*Que significa hoje para nós a filosofia?*). *Philosophie der Gegenwart*, 1952 (*Filosofia do presente*). — *Der Weg der Phänomenologie. Das Problem einer ursprünglichen Erfahrung*, 1963, ed. Günter Rohrmoser (*O caminho da fenomenologia: o problema de uma experiência originária*). — *Phänomenologie und Geschichte*, 1968. — *Der Streit um die philosophischen Grundlagen der Gesellschaftstheorie*, 1975 (*A disputa sobre os fundamentos filosóficos da teoria social*). — *Faktizität und Individuation. Studien zu den Grundfragen der Phänomenologie*, 1982.

Bibliografia: Ulrich Claesges e Klaus Held, eds., *Perspektiven transzendental-phänomenologischer Forschung. Für L. L. zum 70. Geburstag von seinen Kölner Schülern*, 1972. — *Philosophische Selbstbetrachtungen*, volume 10, 1983.

Ver: H. L. Van Breda, M. Farber et al., *Phänomenologie Heute. Festschrift für L. L.*, ed. Walter Biemel, 1972. — M. A. Presas, "L. L., intérprete de Husserl", *Revista Latino-americana de Filosofia*, 9 (1983), 63-68. ↩

LANDSBERG, PAUL LUDWIG (1901-1944). Nascido em Bonn, foi professor de filosofia da Universidade de Bonn a partir de 1926. Tendo fugido da Alemanha, incorporou-se à Universidade de Barcelona, na qual fez seminários sobre Nietzsche e Scheler. Quando eclodiu a Guerra Civil Espanhola, em 1936, dirigiu-se a Paris, onde fez parte do grupo de personalistas cristãos representados eminentemente por Emmanuel Mounier (ver) e a revista *Esprit*. Foi detido em março de 1943 em Pau e deportado para o campo de concentração de Oranienburg, nas cercanias de Berlim, onde faleceu a 2 de abril de 1944.

Discípulo de Max Scheler, Landsberg desenvolveu algumas das idéias fundamentais de seu mestre (por exemplo, na aplicação da sociologia do conhecimento ao estudo da Academia Platônica e na elaboração da antropologia filosófica [ver]). Judeu de raça, luterano de religião, com inclinação para algumas posições do existencialismo (particularmente do chamado "existencialismo cristão"), Landsberg esteve em muitas ocasiões próximo do catolicismo. Isso fica especialmente evidente em dois casos: em suas idéias sobre a ordem do amor e em suas pesquisas sobre a morte e o suicídio. No que diz respeito às primeiras, Landsberg baseou-se na possibilidade de uma apreensão emotiva e ao mesmo tempo objetiva e rigorosa dos valores, apreensão que o levou a aprofundar-se nas raízes agostinianas do *ordo amoris*. No tocante às segundas, ele sustentou que a experiência da morte revela melhor que tudo a realidade da pessoa espiritual. Quanto ao suicídio, Landsberg o considera aceitável se nos ativermos (como os estóicos) às razões que podem promovê-lo, mas é preciso rejeitá-lo se levarmos em conta a morte de Cristo.

↪ Obras: *Die Welt des Mittelalters und wir: ein geschichtesphilosophischer Versuch über den Sinn eines Zeitalters*, 1922. — *Wesen und Bedeutung der platonischen Akademie*, 1923. — *Pascals Berufung*, 1929 (*A vocação de Pascal*). — *Einführung in die philosophische Anthropologie*, 1934 (*Introdução à antropologia filosófica*). — *Die Erfahrung des Todes*, 1937 (trad. esp.: *Experiencia de la muerte*, 1940 [com outros dois ensaios]). — *Problèmes du personnalisme*, 1952 [arts. de *Esprit*].

Ver E. Mounier, "P.-L. L.", *Esprit* (1946), 155-156. — K. Albert, "Die philosophische Anthropologie bei P.-L. L.", *Zeitschrift für philosophische Forschung*, 27 (1973). ↩

LANFRANCO [LANFRANC, LANFRANCUS] (ca. 1005-1089). Nascido em Pavia, onde estudou leis. Desterrado da localidade, passou, ao que parece, algum tempo em Bolonha. Regressou posteriormente a Pavia, mas por volta de 1036 mudou-se para a França, estudando em Tours com Berengário (ver). Após ensinar em vários lugares, incluindo-se especialmente Avranches, gramática, retórica e possivelmente (segundo A. J. MacDonald [cf. *infra*]) dialética, entrou (*ca.* 1040) no mosteiro beneditino de Bec, na Normandia, sendo nomeado prior por volta de 1045. Em Bec, ensinavam-se o *trivium* e o *quadrivium*; Lanfranco teve como discípulos ali, entre outros que se tornaram ilustres, Anselmo de Aosta (ver ANSELMO [SANTO]). Em 1066, Lanfranco foi nomeado abade em Caen. Depois da conquista da Inglaterra por Guillerme I, foi chamado a ocupar a sé do arcebispado da Cantuária, onde foi sucedido por Alselmo de Aosta.

Lanfranco manteve pelo espaço de uns vinte anos (mais ou menos entre 1049 e 1069) uma agitada controvérsia teológica com Berengário de Tours. A controvérsia versou principalmente sobre a maneira de interpretar o dogma da transubstanciação na Eucaristia. Contrariando Berengário, que adotava uma posição "nominalista", Lanfranco sustentava a posição "realista": "uma coisa" — dizia ele — "não pode transformar-se em outra sem deixar de ser o que foi". Portanto, há uma mudança real de substância na Sagrada Forma.

Lanfranco por vezes é considerado como um dos "antidialéticos" do tipo de São Pedro Damião. Contudo, o juízo que Lanfranco faz sobre o papel e o uso da dialética (VER) na teologia foi moderado. A oposição de Lanfranco a Berengário era principalmente doutrinal, mas também "metódica"; segundo Lanfranco, Berengário confiava excessivamente no poder da "dialética" (dos "argumentos lógicos") para compreender e provar as verdades reveladas e transmitidas pela autoridade da Igreja, defendendo que nenhum argumento dialético deve sobrepor-se a elas. Tanto ou mais que os argumentos dialéticos, devem ser usados para compreender e provar essas verdades os textos das Escrituras. Contudo, se os argumentos dialéticos forem usados com moderação, não há motivo para opor-se totalmente a eles. Por isso, a maioria dos historiadores da filosofia medieval tende a considerar Lanfranco partidário de uma posição intermediária entre os "antidialéticos" extremos, do tipo de São Pedro Damião, e os "dialéticos radicais", do tipo de Berengário de Tours.

⮕ Os escritos de Lanfranco (*De corpore et sanguine Domini* [redigido por volta de 1059]; *De sacra coena* [1062]; *Comentarii in omnes Pauli Epistolas; Sermo sive sententiae; Epistolae*) estão em Migne, *P. L.*, 150.

Ver: J. A. Endres, *Forschungen zur Geschichte der frühmittelalterlichen Philosophie*, 1915 [Beiträge zur Geschichte der Philosophie des Mittelalters, XVII, 2-3]. — A. J. MacDonald, *Lanfranc: A Study in His Life, Works, and Writings*, 1926. — G. Morin, "Bérenger contre Bérenger", *Recherches de théologie ancienne et médiévale* [Louvain], 4 (1932), 109-133. — L. C. Ramírez, *La controversia eucarística del siglo XI. Berengario de Tours a la luz de sus contemporáneos*, 1940. — R. W. Southern, *St. Anselm and his Biographer*, 1963, pp. 12-26. ⊂

LANGE, FRIEDRICH ALBERT (1828-1875). Nascido em Wald, nas proximidades de Solingen, no distrito de Düsseldorf, mudou-se aos 12 anos, com o pai, para Zurique, Suíça; estudou na Universidade dessa cidade e na Universidade de Bonn. Professor do "Gymnasium" de Colônia, foi nomeado em 1855 *Privatdozent* em Bonn. De 1858 a 1861, ensinou no "Gymnasium" de Duisburg; depois foi secretário na Câmara de Comércio de Duisburg e, de 1862 a 1866, dirigiu o *Rhein-und Ruhrzeitung*. Interessado pelas questões sociais e especialmente pela "questão operária", Lange colaborou com várias publicações social-democratas periódicas. Em 1870, entrou na Universidade de Zurique como *Privatdozent* e foi nomeado, em 1872, professor da Universidade de Marburgo.

A obra mais conhecida de Lange é sua *História do Materialismo* (ver bibliografia), desde os atomistas gregos até sua época. O materialismo é para Lange um sistema completo; é, além disso, o primeiro sistema filosófico no tempo, mas também aquele que se encontra no "nível mais baixo". O materialismo — no qual Lange inclui também tendências como o naturalismo e o positivismo — tem sua justificação como norma para a pesquisa científica e como explicação dos fenômenos naturais. O materialismo — ou suas diversas formas — também mostra os aspectos frágeis do "idealismo" quando este é simplesmente um dogmatismo especulativo. Contudo, o materialismo não pode explicar a atividade da consciência como realidade organizadora e categorizadora. A superação das insuficiências do materialismo só é conseguida, ao ver de Lange, quando se adota a teoria kantiana do conhecimento. Lange é por isso considerado um kantiano e, a rigor, como um dos promotores do neokantismo (VER). Porém, ao contrário do idealismo objetivo de outros neokantianos — por exemplo, os filósofos da chamada "Escola de Marburgo" —, ele defende uma interpretação psicológica e mesmo psicofisiológica do sujeito transcendental. As categorias são, pois, formas do sujeito real e não condições puras da possibilidade do conhecimento.

Lange rejeita o valor científico da metafísica, que considera como "poesia conceitual". Não obstante, essa "poesia" parece ser necessária como expressão de certas aspirações humanas. A metafísica é, nesse sentido, análoga à religião e à ética. Ao contrário de Kant, Lange considera que a ética não pode ser um conhecimento rigoroso, que ela é um "complemento da realidade", ou seja, a manifestação de uma aspiração à harmonia total. Metafísica, religião e ética são, em última análise, de caráter "estético"; são, no limite, expressões de "ideais" e não de realidades.

⮕ Obras: *Die Grundlagen der mathematischen Psychologie. Ein Versuch zur Nachweisung des fundamentalen Fehlers bei Herbart und Drobisch*, 1865 (*Os fundamentos da psicologia matemática: ensaio de demonstração da falha fundamental de H. e D.*). — *Die Arbeiterfrage in ihrer Bedeutung für Gegenwart und Zukunft*, 1865; 5ª ed., 1894; ed. por F. Mehring, 1910 (*A questão operária em sua significação para o presente e para o futuro*). — *Die Geschichte des Materialismus und Kritik seiner Bedeutung in der Gegenwart*, 2 vols., 1866; 2ª ed., bastante ampliada, 2 vols, 1873-1975; 10ª ed., com introdução de Hermann Cohen, 1921 (*História do materialismo e crítica de sua significação na atualidade*).

— *J. Stuart Mill Ansichten über die soziale Frage und die angebliche Unwältzung der Sozialwissenschaft durch Carey*, 1866 (*As opiniões de J. S. M. sobre a questão social e a suposta transformação da ciência social por C.*). — *Neue Beiträge zur Geschichte des Materialismus*, 1867 (*Novas contribuições à história do materialismo*). — *Logische Studien. Ein Beitrag zur Neubegründund der formalen Logik und der Erkenntnistheorie*, 1877, ed. H. Cohen; 2ª ed., 1894 (*Estudos lógicos. Contribuição à nova fundamentação da lógica formal e da teoria do conhecimento*). — Lange escreveu ainda um extenso artigo sobre o pensamento de Juan Luis Vives para a *Enzyklopädie des gesamten Erziehunsgs- und Unterrichtswesens* (ed. por K. A, Schmidt, tomo IX).

Bibliografia: W. Ring, *Verzeichnis des wissenschaftlichen Nachlasses von F. A. L.*, 1929.

Ver: Hans Vaihinger, *Hartmann, Duhring und L.*, 1876. — H. Braun, *F. A. L. als Sozialoekonom*, 1881. — O. A. Ellisen, *F. A. L., eine Lebensbeschreibung*, 1891. — A. Faggi, *F. A. L. e il materialismo*, 1896. — W. Genz, *Der Agnostizismus H. Spencers mit Rücksicht auf A. Comte und F. A. L.*, 1902. — J. H. Knoll, H. J. Schoeps, eds., *F. A. L., Leben und Werk*, 1975 (com bibliografia). — G. J. Stack, *Lange und Nietzsche*, 1983. Ͽ

LANGER S[USANNE] K[ATHERINE] (1895-1985). Nascido em Nova York, deu aulas em Viena, no Radcliffe College (Cambridge, Massachusetts, EUA) e no Connecticut College for Women (New London, Connecticut). Sob a influência dos trabalhos contemporâneos sobre os símbolos e o simbolismo (Cassirer, Wittgenstein e outros), S. K. Langer viu na pesquisa dos símbolos e da simbolização em todas as esferas da atividade humana (ciência, religião, arte etc.) a "nova chave" da filosofia. Essa pesquisa não precisa, a seu ver, estar contida no âmbito de determinada metafísica — por exemplo, uma metafísica idealista. A transformação simbólica é para S. K. Langer uma atividade natural e não a manifestação de um espírito humano transcendental. Por conseguinte, parte-se do estudo dos símbolos, em lugar de se chegar a ele mediante uma metafísica prévia do homem (ao contrário do que propõe Cassirer). Somente assim pode a filosofia ser fiel à sua tarefa de formular problemas em vez de começar com soluções dadas. A oposição ao idealismo é paralela à oposição ao mero empirismo, que esquece que os dados dos sentidos já são primariamente símbolos. Além disso, não se devem confundir os símbolos com simples signos — já usados pelo animal: estes últimos são apenas sinais, ao passo que os primeiros podem ser signos, porém signos usados para falar de realidades.

Cada uma das manifestações da cultura humana — mito, ciência, religião, arte (ou artes) etc. — está ligada a determinado sistema ou universo simbólico cuja estrutura e relação com outros sistemas ou universos são estudadas pelo filósofo. S. K. Langer ocupou-se particularmente dos sistemas simbólicos correspondentes às diversas artes. Cada arte produz um sistema (ou domínio) simbólico no qual se exprimem um ou vários aspectos do sentir (*feeling*). O sentir se manifesta por meio de formas, que possuem então "significação" (são "formas concretas significativas"). Essa significação não é nem mera expressão dos sentimentos do artista nem reprodução pretensamente "objetiva" da realidade. Os símbolos de que se vale cada uma das artes constituem uma ordenação peculiar da vida perceptiva e sensível, que pode dessa maneira aprimorar-se e, por assim dizer, "progredir".

Ͽ Obras: *An Introduction to Symbolic Logic*, 1937. — *Philosophy in a New Key: A Study on the Symbolism of Reason, Rite and Art*, 1924; reed., 1951. — *Feeling and Form: A Theory of Art, Developed from Philosophy in a New Key*, 1953. — *Problems of Art: 10 Philosophical Lectures*, 1957. — *Philosophical Sketches*, 1962 [nove ensaios]. — *Mind: An Essay on Human Feeling*, 3 vols., 1967-1982; reed., 1988.

Em português: *Filosofia em nova chave*, 2ª ed., 1989. — *Sentimento e forma*, 1980.

Ver: R. K. Ghosh, "The Alleged Duality in S. L.'s Aesthetics", *Indian Philosophical Quarterly*, 7 (1980), 501-511. — J. R. Royce, "The Implications of Langer's Philosophy of Mind for a Science of Psychology", *Journal of Mind Behaviour*, 4 (1983), 491-506. — H. Osborne, "S. K. L.'s *Mind: An Essay in Human Feeling*", *Journal of Aesthetic Education*, 18 (1984), 83-93. — J. Edwards, "S. L.: The Arts and Education", *Journal of Thought*, 19 (1984), 95-103. — G. Hagberg, "Art and the Unsayable: L.'s Tractarian Aesthetics", *British Journal of Aesthetics*, 24 (1984), 325-340. — M. F. Slattery, "Looking Again at S. L.'s Expressionism", *ibid.*, 27 (1987), 247-258. — D. W. Black, "The Vichian Elements in S. L.'s Thought", *New Vico Studies*, 3 (1985), 113-118. — L.-O. Ahlberg, "S. L. on Representation and Emotion in Music", *British Journal of Aesthetics*, 34 (1) (1994), 69-80. Ͽ

LANIGAN, RICHARD. Ver Proferimento.

LAO TSÉ. Ver Taoísmo.

LAPLACE, PIERRE SIMON, MARQUÊS DE (1749-1827). Nascido em Beaumont-en-Auge (Normandia, França). D'Alembert o recomendou como professor de matemática na Escola Militar; depois, ele foi um dos primeiros professores da Escola Politécnica. Deve-se a Laplace uma rigorosa sistematização da física e da cosmologia newtonianas, tarefa para a qual usou o método puramente analítico exposto por Joseph Louis Lagrange (1736-1813) em sua *Mécanique analytique*. Laplace conseguiu dar conta das anomalias que persistiam na cosmologia newtoniana, explicando o caráter cíclico de certas variações de velocidade em alguns planetas, o que lhe permitiu dar a Napoleão a célebre resposta de que não precisara da "hipótese de Deus" (que Newton ainda acreditara necessária para restabelecer a regularidade nos movimentos planetários). Por outro lado, Laplace usou o método newtoniano de exclusão de hipóteses falsas com base nos experimentos com o fim de formular em cada caso a hipótese verdadeira capaz de explicar as relações entre fenômenos e, assim, permitir a formulação de leis experimentalmente confirmáveis. Laplace é conhecido sobretudo pelo princípio que formulou em seu "Prefácio" à *Teoria analítica das probabilidades*; citamos esse princípio, conhecido como "princípio de Laplace", no verbete DETERMINISMO. A idéia de Laplace é que qualquer estado de um sistema mecânico pode ser previsto com total exatidão se as condições iniciais são conhecidas. O desconhecimento dessas condições, ou, melhor dizendo, o conhecimento apenas parcial delas, obriga-nos a recorrer à teoria da probabilidade, para cujo desenvolvimento foi grande a contribuição do autor, especialmente por meio da "equação de Laplace". As funções potenciais são soluções dessa equação. Deve-se ainda a Laplace a hipótese da formação dos planetas por condensação da atmosfera solar. Uma hipótese similar foi formulada por Kant, sendo amiúde citada como "hipótese de Kant-Laplace".

➲ Obras: *Exposition du système du monde*, 1798. — *Traité de la mécanique céleste*, 5 vols., 1799-1825. — *Théorie analytique des probabilités*, 1812. — *Essai philosophique sur les probabilités*, 1814. — As três últimas obras citadas foram reeditadas em 1967, reproduzidas das obras originais.

Edição de obras: *Oeuvres completes*, 14 volumes, 1878-1914.

Ver: H. Andoyer, *L'oeuvre scientifique de L.*, 1922. — H. Schmidt, *Die Kant-Laplacesche Theorie*, 1925. — J. A. K. Kegley, "Spinoza's God and Laplace's World-Formula", em *Akten des II. Internationalen Leibniz-Kongresses*, vol. III, 1975. — J. Merleau-Ponty, "L. as Cosmologist". em W. Yourgran e A. D. Breck, eds., *Cosmology, History and Theology*, 1977. — P. Dessi, *L'ordine e il caso: Discussioni epistemologiche e logiche sulla probabilità da Laplace a Peirce*, 1989. ◓

LAROMIGUIÈRE, PIERRE (1756-1837). Nascido em Livignac-le-Haut (Aveyron), foi membro do "Institut" e professor de Filosofia na Faculdade de Letras da Academia (Universidade) de Paris, tendo exercido na França considerável influência filosófica, sobretudo por meio dos cursos (depois publicados) dados em 1811 e 1812. Laromiguière seguiu em filosofia o método segundo o qual "o espírito decompõe os objetos para relacionar-se com outras tantas idéias distintas de suas qualidades; compara estas idéias para descobrir suas relações de geração e para desse modo remontar à sua origem, a seu princípio" (*Leçons*, Parte I, Lição 1) (o que equivale simplesmente, adverte o autor, à "análise"). Costuma-se apresentar Laromiguière como um filósofo que partiu de Condillac mas que dele se separou em alguns pontos fundamentais. Na medida em que ele se ocupou primordialmente das "faculdades e operações da alma" e na medida em que levou em conta as análises de Condillac, a filosofia de Laromiguière não pode ser entendida historicamente sem a daquele. No entanto, Laromiguière considerou "o sistema de Condillac" não apenas insuficiente como também errôneo. Longe de derivar todas as faculdades da sensação, Laromiguière destaca que atenção e sensação são faculdades distintas entre si e mesmo mutuamente opostas (*ibid.*, Lição 6). A "análise das operações da alma" mostra, segundo ele, que esta não se limita a uma "simples capacidade de sentir": ela "é dotada de uma atividade original, inerente à sua natureza" (*ibid.*, Parte II, Lição 3). A alma é, portanto, "uma força que se move e modifica a si mesma". A atividade própria da alma concentra-se inteiramente na atenção (*loc. cit.*), que necessita, para exercer-se, não de excitar os sentidos, mas de silenciá-los. Isso não significa que a alma comece a agir pela atenção; em seus primeiros movimentos, quando não existe lembrança, a atenção só pode agir sobre sensações presentes. Mas quando se fortalece e se independentiza, a atenção se torna princípio de direção; por isso, o raciocínio procede da atenção e não das sensações. Em suma, a alma consiste propriamente numa "nova maneira de sentir" distinta da sensibilidade; e essa nova maneira de sentir "parece nada ter em comum com as sensações". "Ao dar à sensibilidade o nome de faculdade de sentir, associaram-se, identificaram-se, duas idéias incompatíveis. Nós separamos essas duas idéias (...) A análise da atividade, ao fazer-nos conhecer as faculdades do entendimento, nos deu a conhecer as causas da inteligência" (*ibid.*, Parte II, Lição 13). Desse modo, Laromiguière reconheceu a existência e o primado de um "princípio interior" ativo, semelhante ao "sentido íntimo" de Maine de Biran e outros autores, motivo pelo qual é considerado um dos mais destacados expoentes do "espiritualismo francês", e da tendência a formular uma metafísica partindo da "análise psicológica".

➲ Obras: *Projet d'Élements de Métaphysique*, 1793. — *Paradoxes de Condillac; ou Réflexions sur la Langue des Calculs*, 1805. — *Leçons de philosophie sur les principes de l'intelligence ou sur les causes et sur les origines des idées*, 2 vols., 1815-1817; 6ª ed., 1844.

Ver: J. Ferréol-Perrard, *Logique classique d'après les principes de la philosophie de M. Laromiguière. Suivie de réponses aux questions de métaphysique et de morale, etc., par J. F-P*, 2 vols, 1828. — *Leçons de philosophie de M. L. jugées par MM. Vict. Cousin et Maine de Biran*, 1829.

Ver também: Lami, *La philosophie de L.*, 1867. — P. Alfaric, *L. et son école*, 1919 [Publications de la Faculté de Lettres de Strasbourg, II, 5]. ⊂

LARROYO, FRANCISCO (1912-1981). Nascido em Jerez, Zacatecas (México), foi professor na Escuela Nacional de Maestros (1934 ss.), na Escuela Normal (1945-1949) e na Universidade Nacional Autônoma do México (a partir de 1954). Larroyo estudou na Alemanha e propagou no México as idéias neokantianas da Escola de Marburgo. Dessa perspectiva, criticou, em estreita colaboração com Guillermo Héctor Rodríguez (1910-1988), as outras tendências filosóficas influentes em seu país: orteguismo, existencialismo, diltheyanismo, escolasticismo etc. O órgão da tendência fundado por Larroyo foi *La Gaceta filosófica*. Ora, as tendências marburguianas misturaram-se em Larroyo e Rodríguez com as tendências da Escola de Baden, especialmente na medida em que esses autores insistiram na necessidade de transformar a filosofia numa teoria e crítica dos valores e, de modo geral, numa análise das formas culturais. As idéias de Larroyo e de seus colaboradores exerceram diversas influências sobre outros pensadores mexicanos. Podem-se mencionar Adolfo Menéndez Samará (1908-1953) — embora se deva levar em conta que esse pensador depois abandonou o neokantismo para aproximar-se de posições existencialistas cristãs análogas às defendidas por Gabriel Marcel — e Miguel Ángel Cevallos (1896-1973).

⊃ Obras: *La filosofía de los valores*, 1936. — *Los principios de la ética social*, 1936; 6ª ed., 1946. — *La lógica de las ciencias*, 1938; 8ª ed., 1954 (em colaboração com Miguel Ángel Cevallos). — *Bases para una teoría dinámica de las ciencias*, 1941. — *Exposición y crítica del personalismo espiritualista de nuestro tiempo: Misiva a F. Romero*, 1941. — *El romanticismo filosófico: observaciones a la Weltanschauung de J. Xirau*, 1941. — *Historia general de la pedagogía*, 1946. — *Historia de la filosofía en Norteamérica*, 1946. — *El existencialismo: sus fuentes y direcciones*, 1951. — *La filosofía americana: su razón y su sinrazón de ser*, 1958. — *Pedagogía de la Enseñanza Superior*, 1959. — *História de las Doctrinas Filosóficas en Latinoamérica*, 1968 (com E. Escobar). — *La antropología concreta*, 1963. — *Sistema de la estética*, 1966 (em colaboração com Edmundo Escobar). — *Sistema y historia de las doctrinas filosóficas*, 1968 (em colaboração com Edmundo Escobar). — *Sistema de la filosofía de la educación*, 1973 (em colaboração com Edmundo Escobar). — *Filosofía de las matemáticas*, 1976.

Ver: Edmundo Escobar, *F. L. y su personalismo crítico*, 1970.

Obras de Menéndez Samará: *La estética y sus relaciones: ensayo de historia*, 1937. — *La estética y su método dialéctico: el valor de lo bello*, 1937. — *Dos ensayos sobre Heiddeger*, 1939. — *Fanatismo y misticismo*, 1940. — *Breviario de psicología*, 1941; 2ª ed., 1945. — *Iniciación en la filosofía*, 1945. — *Menester y precisión del ser*, 1946.

Obras de G. H. Rodríguez, *El ideal de justicia y nuestro Derecho positivo*, 1934. — *El metafisicismo de Kelsen*, 1947. — *Ética y jurisprudencia*, 1947.

A principal obra de M. Á. Cevallos é: *Ensayo sobre el conocimiento*, 1944. ⊂

LARSSON, HANS (1862-1944). Foi professor (1901-1927) da Universidade de Lund. Larsson representou na Suécia a corrente neokantiana que se opunha ao idealismo de tradição boströmiana e também, em grande parte, às tendências realistas e analíticas que foram desenvolvidas por Hägerström (VER) e a Escola de Uppsala (VER). Segundo Larsson, o sentimento também é "deduzível" ou, no sentido kantiano, "justificável" no marco transcendental da consciência. Larsson, além disso, transformou as tendências intelectualistas neokantianas em favor de um intuicionismo que tinha pontos de contato com o bergsonismo, embora diferisse deste por seu caráter "transcendental". Na última fase de seu desenvolvimento filosófico, Larsson esboçou um sistema no qual afirma uma espécie de "comunidade orgânica" entre o mundo natural e o mundo social e na qual se ligam tendências platonizantes com uma reinterpretação e revitalização do pensamento de Spinoza.

⊃ Principais obras: *Kants transcendetala deduktion af kategorierna*, 1893 (*A dedução transcendental das categorias de Kant* (texto de habilitação). — *Intuition. Nagra ord om diktning och vetenskap*, 1891 (*A intuição. Algumas palavras sobre a poesia e a ciência*). — *Poesienslogik*, 1899 (*Lógica da poesia*). — *Gränsen mellan sensation och emotion*, 1899 (*Os limites entre a sensação e a emoção*). — *Intuitionsproblemet, särskilt med hänsyn till H. Bergson*, 1912 (*O problema da intuição, com particular referência a Bergson*). — *Filosofien och politiken*, 1915 (*Filosofia e política*). — *Filosofiska uppsatzer*, 1924 (*Ensaios filosóficos*). — *Spinoza*, 1931. — *Gemenskap*, 1832 (*Comunidade*). — *Minimum*, 1935.

Ver: A. Nyman, *H. L. en svensk tänkareprofil*, 1945. — G. Aspelin, *H. L. som tänkare och skriftställare*, 1946. — K. Krüger, "Philosophischen Strömungen in Schweden zu Beginn des 20. Jahrhunderts", *Deutsche Zeitschrift für Philosophie*, 26 (1978), 250-256. ⊂

LASK, EMIL (1875-1915). Nascido em Wadiwice (Áustria), estudou em Friburgo com Rickert, doutorando-se em 1902. Em 1905 recebeu em Heidelberg a "habilitação" sob a orientação de Windelband. Pouco depois, sucedeu na cátedra, em Heidelberg, Kuno Fischer. Com a eclosão da guerra, alistou-se no exército e morreu na frente russa.

Membro da Escola de Baden (VER), suas mais importantes idéias filosóficas encontram-se no entanto bem distantes das que caracterizaram o pensamento de Rickert e Windelband. Lask interessou-se sobretudo pelo problema da "lógica da filosofia", concebida por ele como um exame das "categorias das categorias", das "formas das formas", isto é, como uma aplicação às categorias lógicas da mesma análise a que se submetem habitualmente seus conteúdos. A lógica da filosofia é por conseguinte, na opinião de Lask, um aprofundamento da crítica kantiana e uma justificação superior de toda lógica transcendental. Seguindo em parte Husserl e buscando completá-lo, Lask admite a intuição das essências, a captação direta do categorial e do lógico, mas exige que o inteligível seja conteúdo de uma forma, de uma categoria que é justamente a categoria do lógico ou a "forma da forma". Segundo Lask, a categoria da categoria não é apenas justificada mas também totalmente necessária; a relação em que uma categoria se encontra com a que a envolve não é, com efeito, nem uma fusão nem uma penetração mútua: é simplesmente uma relação de forma com conteúdo na qual o conteúdo não é construído, mas iluminado pela categoria superior. Forma e matéria e categoria e conteúdo são, portanto, elementos irredutíveis entre si, embora não sejam, por isso, inseparáveis. O caráter essencialmente impenetrável de todo conteúdo, não só do conteúdo real, mas também do ideal, não significa para Lask mais que o reconhecimento da irracionalidade essencial de todos os conteúdos, certamente suscetíveis de ser envoltos por categorias, mas nem por isso menos inpenetráveis. Essa irracionalidade, também evidente no caso do conteúdo ideal, não equivale, em conseqüência, à mera ausência de caráter lógico. A lógica da filosofia, que se aplica justamente ao problema das categorias das categorias, tem de reconhecer nelas a coexistência da irracionalidade e do caráter lógico. Lask consegue assim uma síntese entre o racionalismo e o irracionalismo, que se mantinham há muito tempo em oposição irredutível. A unificação de todas as categorias por seu caráter "intencional", isto é, por sua referência a um conteúdo, real ou ideal, que lhes é alheio representa em sua filosofia a passagem da distinção à unidade e da análise ao sistema. Somente mediante essa unificação baseada na intencionalidade essencial da forma é possível submeter a totalidade do existente e do que é dotado de valor à inerência das categorias, tornadas por sua vez conteúdos aos quais se aplicam intencionalmente as formas das formas até chegar a uma forma única, primitiva e absoluta, à forma primária, a protoforma, *Urform*. A oposição ao construtivismo racionalista manifesta-se sobretudo na idéia do caráter intencional das categorias, com a inclusão da categoria suprema, mas o fato da existência desta e especialmente a atribuição a ela de uma preeminência sobre as outras na análise que a lógica faz de si mesma converte a protoforma em um princípio destinado a transformar a lógica da filosofia num sistema completo, análogo aos do idealismo alemão.

A filosofia de Lask inclui, além de uma lógica da lógica como parte da lógica transcendental geral, uma doutrina do Absoluto e uma teoria da verdade. A doutrina do Absoluto é conseqüência da tese sobre a protoforma ou forma originária. Esta representa a cúspide da pirâmide das categorias, mas também sua unidade. A unidade em questão não é a última síntese na dialética dos contrários. Porém, sendo unidade de todas as formas, tem de englobar também as que são, ou que aparecem como contrárias. Trata-se de uma unidade do ser e, ao mesmo tempo e sobretudo, do valor. Quanto à teoria da verdade, baseia-se na idéia de um "objeto puro" que funda a verdade de todos os objetos enquanto objetos.

Lask distingue uma atividade prática baseada em volições e uma atividade teórica (ou teórico-contemplativa) que consiste na apreensão de valores transubjetivos, especialmente valores estéticos e religiosos. A atividade prática é pessoal; a teórico-contemplativa, transpessoal. Mas como a atividade prática só recebe seu sentido da realização dos valores, são estes que predominam em última instância. O Absoluto a que já nos referimos pode ser concebido, a rigor, como um valor ou, melhor ainda, como a cúspide de todos os valores. Ao mesmo tempo, esse valor supremo dá sentido a todo ser. Por esse motivo, a filosofia enquanto reflexão sobre as formas até chegar à protoforma é primariamente uma teoria dos valores.

● Obras: *Fichtes Idealismus und die Geschichte*, 1902 (*O idealismo de Fichte e a história*). — *Rechtsphilosophie*, 1905 (*Filosofia do direito*). — *Die Logik der Philosophie und die Kategorienlehre*, 1912 (*A lógica da filosofia e a teoria das categorias*). — *Die Lehre vom Urteil*, 1913 (*A teoria do juízo*).

Edição de obras: *Gesammelte Werke*, 3 vols. (I, II: 1923; III: 1924), ed. Eugen Herrigel. O tomo III inclui o "Nachlass", um trabalho sobre Platão, outro sobre o sistema da lógica, outro sobre o sistema da filosofia e outro ainda sobre o sistema das ciências (*Platon; Zum System der Logik; Zum System der Philosophie; Zum System der Wissenschaften*).

Ver a introdução de H. Rickert à ed. das *Gesammelte Werke*. — Ver ainda: Georg Pick, *Die Übergegensätzlichkeit der Werte. Gedanken über das religiöse Moment in E. Lasks logischen Schriften vom Standpunkt des transzendentalen Idealismus*, 1921. — Friedrich Freis, "Zu Lasks Logik der Philosophie", *Logos*, 10 (1921-1922), 227-243. — Eugen Herrigel, "E. Lasks Wertsystem. Versuch einer Darstellung aus seinem Nachlass", *ibid.*, 12 (1923-1924), 100-122. — Aníbal Sánchez Reulet, *E. L y el problema de las categorías filosóficas*, 1942. — H. Sommerhäuser, *E. L. in der Auseinandersetzung mit H. Rickert*, 1966 (tese). — Hartmut Roshoff, *E. L. als Lehrer von Georg Lukács. Zur Form ihres Gegenstandsbegriffs*, 1975. — M. Schweitz "E. L.s Kategorienlehre vor dem Hintergrund der kopernikanischen Wende Kants", *Kant-Studien*, 75 (1984), 213-227. — G. Motzkin, "E. Lask and the Crisis of New-Kantianism: The Rediscovery of the Primordial World", *Revue de Métaphysique et de Morale*, 94 (1989), 171-190. — F. J. Wetz, "Schelling, Lask, Sartre: Die zweifache Unbegreiflichkeit der nachten Existenz", *Theologie und Philosophie*, 65(4) (1990), 549-565. — K. Schuhmann, "Neo-Kantianism and Phenomenology: The Case of E. Lask and J. Daubert", *Kant-Studien* (1991), 303-318. — S. G. Crowell, "Lask, Heidegger and the Homelessness of Logic", 23(3) (1992), 222-239. ℃

LASSALLE, FERDINAND ["Lassalle" é a forma francesa do sobrenome judeu "Lassel"] (1825-1864). Nascido em Breslau, estudou em Berlim, seguindo sobretudo as tendências hegelianas. Em 1845, mudou-se para Paris e, em 1848, entrou em contato com Marx e Engels (com os quais posteriormente entrou em desacordo). Em 1849, foi preso por sua participação num movimento de agitação política em Düsseldorf. Anos mais tarde, mudou-se para Berlim. Foi importante em sua carreira política a participação que teve no Congresso Operário de Leipzig, realizado em 1863, por ocasião da fundação do primeiro partido operário alemão.

Lassalle é considerado, do ponto de vista filosófico, um hegeliano de esquerda (ver HEGELIANISMO) e um dos principais teóricos do socialismo alemão. Suas idéias socialistas entraram en choque com as de Marx, visto ter ele defendido um "socialismo de Estado" no qual o Estado teria de intervir para fomentar e regulamentar as cooperativas operárias. Somente dessa maneira seria possível superar, segundo Lassalle, "a férrea lei dos salários", proporcionando aos operários participação direta nas empresas econômicas e até digirindo essas empresas na forma de associações de produtores. Lassalle defendeu ainda o sufrágio universal no âmbito do Estado popular alemão e tentou levar Bismarck a adotar suas idéias de "socialismo de Estado".

As bases filosóficas das teorias sociais de Lassalle eram principalmente hegelianas. Com efeito, a evolução das idéias e das instituições jurídicas era para Lassalle de cunho fundamentalmente histórico; só a história confere validade (temporal) às idéias e instituições. Essas idéias e instituições representam, por seu turno, "o espírito da época". Ora, destacou-se amiúde a influência em Lassalle das idéias políticas e históricas de Fichte, especialmente em sua insistência na noção de povo (*Volk*) como unidade histórica capaz de articular formas sobremodo diversas de agir e na avaliação de que era necessário ao "povo" alcançar a liberdade, o que é conseguido por meio da realização de seu próprio "espírito".

➲ Principais obras: *Die Philosophie Herakleitos' des Dunkeln von Ephesos*, 2 vols., 1858 (*A Filosofia de Heráclito de Éfeso, o Obscuro*). — *System der erworbenen Rechte*, 2 vols., 1861 (*Sistema dos direitos adquiridos*). — Para as idéias socialistas de Lassalle, são importantes a "Offenes Antwortschreiben an das Zentral-Komitee zur Berufung eines Allgemeinen Deutschen Arbeiter-Kongresses zu Leipzig" (1863) (*Resposta aberta ao Comitê Central para a Convocação de um Congresso Geral dos Trabalhadores Alemães em Leipzig*) e *Herr Bastian-Schultze von Delitzsch, der ökonomische Julian; oder Kapital und Arbeit* (1864) (*O Sr. B.-S. de D., o J. econômico, ou capital e trabalho*).

Edição de obras: *Gesamtwerke*, 6 vols., s/d., ed. Erich Blum. — *Gesammelte Reden und Schriften*, 12 vols., 1919-1920, ed. Eduard Bernstein. — *Nachgelassene Briefe und Schriften*, 6 vols., 1921-1925, ed. Gustav Mayer; reimp., 1967.

Ver: Eduard Bernstein, *L. und seine Bedeutung für die deutsche Arbeiterklasse*, 1904; 2ª ed., 1919. — E. di Carlo, *Per la filosofia della historia di F. L.*, 1911. — *Id.*, *L.*, 1919. — Karl Vorländer, *Marx, Engels und L. als Philosophen*, 3ª ed., 1926. — Gustav Mayer, *L.*, 1925. — *Id.*, *Bismarck und L.*, 1928. — D. Footman, *L.*, 1946. — W. Ziegenfuss, *Die Genossenschaften*, 1948. — Th. Ramm, *F. L. als Rechts- und Sozialphilosoph*, 1953. — S. Fishman, "L. on Heraclitus of Ephesus", *Journal of the History of Ideas*, 23 (1962), 379-391. — E. Colbert, *Die Erlösung der Welt durch F. L.*, 1969. — G. v. Uexküll, *F. L.*, 1974 (com bibliografia). ℃

LASSON, ADOLF. Ver LASSON, GEORG.

LASSON, GEORG (1862-1932). Nascido em Berlim, foi pastor evangélico da Igreja de Bartolomeu da mesma cidade. Seu pai, Adolf Lasson (1832-1917, nasc. em Alstrelitz: *Ueber Gegenstand und Behandlungsart der Religionsphilosophie*, 1879; *System der Rechtsphilosophie*, 1882; *Entwicklung des religiösen Bewusstseins der Menschheit*, 1882; *Der Satz vom Widerspruch*, 1886; *Zeitliches und Zeitloses*, 1894; *Der Leib*, 1898 e outras obras) distinguira-se por seus estudos históricos e especialmente por suas pesquisas sobre o idealismo alemão, com especial atenção a Hegel e com grande interesse pela filosofia da religião e pela filosofia do direito. Georg Lasson seguiu em parte as orientações do pai, porém com um interesse mais vívido pelo pensamento de Hegel. Ele realizou um trabalho de redescoberta, interpretação e renovação do hegelianismo em suas pesquisas sobre Hegel e em sua influente edição das obras deste, incluindo um *Lexikon*. Georg Lasson destacava o contexto histórico no interior do qual emergiu e se desenvolveu o pensamento hegeliano, mas ao mesmo tempo salientava o valor permanente desse pensamento, que tinha, em sua opinião, a possibilidade de ressuscitar quando se acreditava tê-lo descartado definitivamente. O pensamento de Hegel era para Georg Lasson o padrão exemplar da consciência racional de si, oposta a todo intuicionismo e necessária à fundamentação de todo conhecimento. No campo teológico, defendeu a interpretação racional filosófica contra a dogmática.

⊃ Principais obras: *Gottes Sohn im Fleisch*, 1892; 2ª ed., 1899 (*O Filho de Deus Encarnado*). — *Zur Theorie des christlichen Dogmas*, 1897 (*Sobre a teoria dos dogmas cristãos*). — *Beiträge zur Hegelforschung*, 2 vols., 1909 (*Contribuições à pesquisa hegeliana*). — *Grundfragen der Glaubenslehre*, 1913 (*Questões fundamentais da dogmática*). — *Was heisst Hegelianismus?*, 1916 (*O que é hegelianismo?*). — *Hegel als Geschichtsphilosoph*, 1920 (*Hegel como filósofo da história*). — *Einführung in Hegels Religionsphilosophie*, 1930 (*Introdução à filosofia da religião de H.*).

A edição de obras de Hegel é: *Hegel, Sämtliche Werke*. Começou a ser publicada em 1905 e conteém extensas introduções. A edição ficou inconclusa quando da morte de G. L. e foi retomada por Johannes Hoffmeister. ⊂

LASSWITZ, KURD (1848-1910). Nascido em Breslau, foi professor do Instituto (Gymnasium) de Gotha. Lasswitz deu prosseguimento às tendências pampsiquistas de Fechner (VER) e procurou combiná-las com o idealismo crítico de Hermann Cohen (VER). Segundo Lasswitz, a consciência constitui o fundamento da distinção entre o físico e o psíquico, já que esta distinção só se dá na consciência (transcendental). Em algum sentido, o físico é psíquico na medida em que a consciência não é física, mas é preciso distinguir o psíquico como campo de realidade e o psíquico como objeto de consciência. Devem-se a Lasswitz importantes pesquisas históricas sobre o desenvolvimento das filosofias corpusculares e do atomismo.

⊃ Obras: *Atomistik und Kritizismus*, 1878. — *Die Lehre von den Elementen während des Uebergangs von der scholastischen Philosophie zur Kospuskulartheorie*, 1882 (*A doutrina dos elementos durante a transição da filosofia escolástica para a teoria corpuscular*). — *Die Lehre Kants von der Idealität des Raumes und der Zeit im Zusammenhang mit seiner Kritik des Erkennens*, 1882 (*A doutrina kantiana da idealidade do espaço e do tempo em relação com a sua crítica do conhecimento*). — *Geschichte der Atomistik vom Mittelalter bis Newton*, 2 vols., 1889-1890; 2ª ed., 1926; reimp., 1963 (*História do atomismo da Idade Média a N.*). — *G. Th. Fechner*, 1896; 3ª ed., 1910. — *Wirklichkeiten. Beiträge zum Weltverständnis*, 1900 (*Realidades. Contribuições à compreensão do mundo*). — *Religion und Naturwissenschaft*, 1904 (*Religião e ciência natural*). — *Seelen und Ziele*, 1908 (*Almas e fins*).

Deve-se ainda a K. L. um romance de "ficção científica": *Auf Zweiplaneten (Marsroman)*, 1897 (*Em Biplanetas. Romance de Marte*). ⊂

LASZLO, ERVIN (1932) Foi professor visitante das Universidades de Indiana e Northwestern (Cleveland) e professor de filosofia na Univerdade do Estado de Nova York, em Geneseo (Nova York). Tendo sido influenciado por Ludwig von Bertalanffy (VER), Laszlo dedicou-se à fundamentação e desenvolvimento da chamada "filosofia de sistemas" (Systems Philosophy), ou seja, da filosofia que toma por modelo a teoria geral dos sistemas (ver SISTEMA, SISTÊMICO). Segundo Laszlo, a filosofia de sistemas permite salvar os escolhos e dificuldades oferecidos pela maioria das especulações filosóficas, tanto tradicionais como contemporâneas, e, ao mesmo tempo, escapar aos estreitos limites em que o movimento analítico em suas diversas variedades confinou o pensamento filosófico. Trata-se de um empreendimento de síntese de material informativo extrafilosófico, com a ressalva de que, ao contrário da velha "metafísica indutiva", a filosofia de sistemas não é um mero compêndio e racionalização de resultados. Em sentido semelhante ao modo como a teoria geral dos sistemas fornece parâmetros conceituais no âmbito dos quais trabalham cientistas dos mais variados setores, a filosofia de sistemas proporciona os parâmetros conceituais que permitem ligar sistematicamente entre si problemas filosóficos muito diversos e estes problemas com outros de caráter extrafilosófico. Laszlo distingue a teoria geral dos sistemas, que é uma metodologia aplicável a todo empreendimento cognoscitivo, e a filosofia de sistemas, que é uma filosofia mesma, a qual tem então caráter substantivo. Há então, ao que parece, dois tipos de parâmetro conceitual, estreitamente ligados entre si: o da metodologia e o da filosofia. O primeiro precede o segundo, mas o segundo pode, por sua vez, estabelecer relações sistêmicas que tinham escapado ao primeiro.

A filosofia de sistemas esboçada por Laszlo aspira a ser uma filosofia aberta na medida em que os parâmetros conceituais por ela estabelecidos são amplos o bastante para ensejar novos desenvolvimentos, na ciência, na experiência humana, nos sistemas de valoração e de crenças e no próprio pensamento filosófico. Contudo, esses parâmetros encontram-se provisoriamente delimitados pelos tipos de problemas que enfrentam. Assim, Laszlo propõe parâmetros conceituais que se referem ao sistema mesmo da filosofia de sistemas, isto é, à sua estrutura ontológica; aos diversos níveis de realidade; às formas de conhecimento; à livre ação humana; aos valores; aos imperativos éticos e às questões metafísicas. Em cada um desses casos, apresentam-se "sistemas", que são as unidades que se trata de relacionar e conjugar de modo que nenhuma delas seja considerada a base a partir da qual se explicam as outras. A realidade física e a realidade mental são sistemas, e cada uma delas está, além disso, articulada sistemicamente. No entender de Laszlo, a adoção de uma filosofia de sistemas, com base na metodologia da teoria geral dos sistemas, permite que se evite a questão de tomar partido por determinada posição entre as várias posições tradicionais sobre questões filosóficas — sobre a natureza da realidade, a estrutura do conhecimento, o valor etc. —, mas permite ao mesmo tempo conjugar essas posições de maneira que formem elementos sistêmicos. Pressupõe-se desde o início, em todos os casos, que aquilo de que se fala — sejam realidades físicas ou orgânicas, modos de conhecimento, ações livres individuais ou sociais etc. — é sempre constituído por sistemas. Laszlo insiste (especialmente em casos de conflito) naquilo que denomina "biperspectivabilidade", ou seja, o que possibilita que se adotem perspectivas aparentemente contrárias se tomadas "absolutamente", mas que talvez sejam complementares se tomadas "sistemicamente". ••Laszlo fundou um escola de pensamento que pretende integrar as teorias do desenvolvimento humano e social com as da evolução no reino biológico e físico. Ele dedicou-se a essa tarefa na qualidade de pesquisador (1979-1984) do United Nations Institute for Training and Research (UNITAR), ocupando-se de programas de cooperação social e econômica. Mais tarde, suas pesquisas continuaram a ocupar-se de programas globais nos termos de sua teoria geral da evolução.••

⊃ Obras: *Essencial Society: An Ontological Reconstruction*, 1963. — *Individualism, Colectivism, and Political Power: A Relational Analysis of Ideological Conflict*, 1964. — *The Communist Ideology in Hungary*, 1966. — *Beyond Scepticism and Realism: A Constructive Exploration of Husserlian and Whiteheadian Methods of Inquiry*, 1966. — *System, Structure and Experience: Toward a Scientific Theory of Mind*, 1969. — *Introduction to Systems Philosophy: Toward a New Paradigm of Contemporary Thought*, 1972. — *The Systems View of the World: the Natural Philosophy of the New Developments in Science*, 1972. — *A Strategy for the Future: The Systems Approach to World Order*, 1974. — *Goals for Manking. Report to the Club of Rome on the New Horizons of Global Community*, 1977. — *The Inner Limits of Mankind. Heretical Reflections on Contemporary Values, Culture and Politics*, 1978. — *Systems Science and World Order. Selected Studies*, 1983. — *La crise finale*, 1983. — *Evolution: The Grande Synthesis*, 1987. — *L'ipotesi del campo ψ*, 1988. — *The Age of Bifurcation. The Key to Understand the Changing World*, 1991. — *New Lectures on Systems Philosophy*, 1992. — *The Creative Cosmos. Toward a Unified Science of Matter, Life, and Mind*, 1993. — *Vision 2020. Restructuring Chaos for Global Order*, 1994. — *Changing Visions. Cognitive Maps at the Dawn of the 21st Century*, 1994. — *The Choice: Evolution or Extinction. The Thinking Person's Guide to Global Problems*, 1994.

E. L. coordenou vários volumes coletivos: *Philosophy in the Soviet Union: A Survey Of The Mid-Sixties*, 1967; *Human Dignity: This Century and the Next*, 1970 (com R. Gotesky); *Human Values and Natural Science*, 1970 (com J. B. Wilbur); *Evolution-Revolution: Patterns of Development in Nature, Society, Man and Knowledge*, 1971 (com R. Gotesky). *Human Values and the Mind of Man*, 1971 (com J. B. Wilbur). *Emergent Man: His Chances, Problems and Potentials*, 1973 (com J. Stulman); *Value Theory in Philosophy and Social Science*, 1973 (com J. B. Wilbur); *Vistas in Physical: A Festschrift for Henry Margenau*, 1976 (com E. B. Sellon); *Goals in a Global Community*, 2 vols., 1977 (I: *Studies on the Conceptual Foundation;* II: *The International Values and Goals Studies*) (com J. Bierman); *The Objectives of the New International Economic Order*, 1978 (com R. Baker, E. Eisenberg e V. K. Raman); *The Obstacles to the New International Economic Order*, 1978 (com J. Lozoya, J. Estevez, A. Bhattacharya e V. K. Raman); *The Structure of the World Economy and Prospects for a New International Economic Order*, 1980 (com J. Kurtzman); *Regional Cooperation Among Developing Countries. The New Imperatives of Development in the 1980s*, 1981 (com J. Kurtzman e A. Bhattacharya); *Peace Through Global Transformation. Hope for a New World in the Late 20th Century*, 1985 (com J. Y. Yoo); *The New Evolutionary Paradigm*, 1991; *A Multicultural Planet. Diversity and Dialogue in Our Commom Future. A Multicultural Planet. Diversity and Dialogue in Our Commom Future. eport of an Independent Experto Group to UNESCO*, 1993. — E. L. é também editor, com L. Pauling e J. Y. Yoo, de *World Encyclopedia of Peace*, 4 vols., 1986.

Em português: *Conexão cósmica*, 1999. — *A crise final*, 1989.

Ver: L. Thayer, "A Commentary on Laszlo's *Case for Systems Philosophy*", *Metaphilosophy*, 3 (1972), 146-150. — José R. Echeverría, "La filosofía sistémica de Laszlo", *Diálogos*, 14 (1979), 93-109. — M. Beuchot, J. J. Guerrero, "Metafísica y teoría de sistemas en E. L.", *Sapientia*, 37 (1982), 123-136. — J. E. Huchingson, "'Quo vadis', Systems Thought?", *Zygon*, 20 (1985), 435-444. — Ver também a bibliografia de BERTALANFFY. ⊂

LATITUDINÁRIO, LATITUDINARISMO. Estes termos podem ser empregados em três sentidos: teológico, moral e estético.

Teologicamente, classificaram-se como "latitudinários" uma série de pensadores anglicanos, especialmente do século XVII: Whichcote, Culverwee e de modo geral, os "platônicos cantabrigenses" (ver CAMBRIDGE [PLATÔNICOS DE]). Os latitudinários — os *latitude-men* — receberam essa designação devido a seu critério de "amplitude" — *latitudo* — em suas crenças religiosas e por sua atitude "liberal" diante de membros de outras Igrejas e seitas. O latitudinarismo acentuava a tolerância religiosa, indicando que havia um número reduzido de crenças comuns a todos os cristãos e que, se estes se ativessem a elas, bem mais do que a complicados desenvolvimentos dogmáticos, poderiam chegar a unir-se numa só Igreja.

Os católicos chamaram freqüentemente de "latitudinarismo" a atitude segundo a qual todos os homens podem salvar-se e também a atitude de tolerância, considerada excessiva — e qualificada por isso como "falsa tolerância" (ver TOLERÂNCIA) —, para com outras Igrejas, ou seitas, ou outras crenças.

Moralmente, designa-se como "latitudinário" quem prega ou defende uma atitude moral um tanto "frouxa" ou quem julga haver certas ações que não são morais, ou melhor, que não são nem morais nem imorais, mas "moralmente indiferentes". Kant contrapôs os latitudinários aos rigoristas e, portanto, o latitudinarismo ao rigorismo. Os que não admitem haver algo moralmente indiferente, nas ações (*adiaphoroi*) [ver RIGORISMO]) ou no caráter, são rigoristas; os que admitem que há algo indiferente são latitudinários (sejam indiferentistas ou sincretistas [ver INDIFERENÇA]. O latitudinarismo pode ser teórico ou prático, segundo se manifeste nas idéias ou nas ações.

Esteticamente, podem-se chamar de "latitudinários" aqueles cuja opinião é a de que nas belas artes "tudo é permitido". W. T. Krug (VER) usou a esse respeito os termos 'latitudinário' e 'latitudinarismo' ao referir-se à atitude exemplificada pela *Lucinda* de Schlegel ou nos *Lustpiele* de Kotzebue. O latitudinarismo estético pode apresentar, e costuma fazê-lo, um caráter moral.

Para o sentido de *latitudo* em vários filósofos naturais do século XIV, ver INTENSÃO.

LAUER, QUENTIN. Ver HUSSERL, EDMUND.

LAURIE, SIMON SOMMERVILLE (1829-1909). Nascido em Edimburgo, foi professor de pedagogia na Universidade de Edimburgo e desenvolveu inúmeros esforços em favor da reforma da instrução pública na Escócia.

Laurie elaborou um sistema metafisicamente idealista e gnosiologicamente realista que ele mesmo qualificou como "retorno ao dualismo". Característico desse pensamento é o fato de procurar ter acesso "fenomenológico" (e em parte dialético) a uma realidade que vai de um sentir indeterminado à suprema realidade de Deus. Laurie parte do que chama o puro sentir (*feeling*) ou sensibilidade, sem diferenciação entre sujeito e objeto. Depois — lógica e talvez cronologicamente — vem a sensação, na qual há uma experiência do externo e, portanto, uma primeira cisão. Acima dela está o que se chama "atuição", estágio no qual o sujeito apreende o objeto como tal e até mesmo as distinções entre objetos. No estágio seguinte, o da percepção, o sujeito se torna ativo, e a diferença entre ele e o objeto já se torna contraposição. A racionalidade, que surge quando aparece o homem, não é, contudo, o fundamento último da mencionada atividade subjetiva; a diferenciação e a contraposição são determinadas antes pela vontade, ou, como diz Laurie, pela "vontade-razão" na qual o sujeito, voltado para dentro de si mesmo, aparece ao mesmo tempo como algo capaz de dominar o objeto. A ascensão dialética até essa vontade-razão corresponde, além disso, à estrutura fenomenológica "ascendente" da própria realidade, de tal modo que, no homem, revela-se ao mesmo tempo, sobretudo mediante a moralidade e os fins que o sujeito propõe a si, a posse da realidade por si mesma. A partir dessa situação já é possível enfrentar o problema de Deus, que se mostra para Laurie, enquanto suma perfeição, como algo transcendente e, enquanto vida, como algo imanente. Daí que Deus não seja apenas o ponto final desse processo, mas também o elemento que persiste através dele e constitui o fundamento de toda diferenciação. O homem é então ligado por Deus, mas não absorvido por Ele; por isso, o negativo de Deus não é senão a falta de positividade que Nele se revela quando Ele é visto a partir do homem.

O pensamento de Laurie teve influência sobre o filósofo francês George Rémacle, que também procurou unir um realismo gnosiológico (segundo o qual o fenômeno é uma realidade objetiva) a um idealismo metafísico, e que expôs a filosofia de Laurie (ver bibliografia).

➲ Obras: *On the Philosophy of Ethics*, 1866. — *Metaphysica Nova et Vetusta, a Return to Dualism*, 1884: 2ª ed. aumentada, 1889. — *Ethica, or the Ethics of Reason*, 1885; 2ª ed. aumentada, 1891. — *Synthetica: Being Meditations Epistemological and Ontological*, 2 vols., 1906. — A *Metaphysica* e a *Ethica* apareceram sob o pseudônimo "Scotus Novanticus".

Ver: J. B. Baillie, "Professor's Laurie Natural Realism", *Mind*, N. S., 17 (1908), 475-492 e 18 (1909), 184-207. — Georges Rémacle, *La philosophie de S. S. L.*, 1909. ℂ

LAVALLE, JUAN BAUTISTA DE. Ver DEÚSTUA, ALEXANDRO OCTAVIO.

LAVATER, JOHANN KASPAR (1741-1801). Nascido em Zurique, estudou teologia em sua cidade natal, seguindo as inspirações de Zwinglio. Relacionado com muitas personalidades de destaque e famoso como orador, Lavater ficou conhecido sobretudo por seus estudos de fisiognomia (VER), nos quais colaboraram Goethe e Herder. Embora Lavater tenha afirmado que suas idéias sobre a fisiognomia nada deviam a seus precursores, elas não diferem substancialmente das que se encontram em Aristóteles — no tratado fisiognômino atribuído a esse autor —, em Miguel Scot e em Giambattista Porta. Tratava-se de estabelecer as relações existentes entre o corpo humano, especialmente o rosto, e o caráter, supondo-se que este forma aquele ou ao menos influi de modo considerável sobre ele. Com base na fisiognômica, Lavater desenvolveu uma doutrina na qual se dava grande importância ao "sentimento" e se destacavam as características não racionais do gênio. As tendências místicas e iluministas de Lavater acentuaram-se perto do fim de sua vida, quando ele se inclinou a uma espécie de "espiritismo" transcendental combinado a um antropomorfismo teológico.

➲ Suas obras de fisiognomia são: *Von der Physiognomik*, 1772 e *Physiognomische Fragmente zur Beförde-*

rung der Menschenkenntnis und Menschenliebe, 4 vols., (U: 1775; II: 1776; III: 1777; IV: 1778) (*Fragmentos fisiognômicos para promover o conhecimento humano e o amor humano*). Devem-se a ele poemas, inclusive dois épicos, bem como *Geheimnis Tagebuch von einem Beobachter seiner selbst*, 2 vols., 1771-1773 (*Diário mistério de um observador de si mesmo*). Edição de obras: *Sämtliche Werke*, 6 vols., 1834-1838. Correspondência entre L. e Goethe: *Goethe und L.*, 1901, ed. H. Funck.

Ver: Alexander Vömel, *J. K. L., 1741-1801. Ein Lebensbild*, 1923. — O. Guinaudeau, *J. K. L. Études sur sa vie et sa pensée jusq'en 1786*, 1924. — J. Forssmann, *L. und die religiösen Strömungen des 18. Jahrhunderts*, 1935. — E. Schick, *J. K. L.*, 1941. — T. Hasler, *L.*, 1947. — J. Graham, "Lavater's 'Physiognomy' in England", *Journal of the History of Ideas*, 22 (1961), 561-572. — W. Brednow, *Von L. zu Darwin*, 1969. — J. Y. Hall, *The Lineaments of Character. Physiognomy from L. to Lombroso*, 1978. — J. Graham, *L.'s Essays on Physiognomy. A Study in the History of Ideas*, 1979. — S. Zac, "La querelle Mendelssohn-Lavater", *Archives de Philosophie*, 46 (1983), 219-254. C

LAVELLE, LOUIS (1883-1951). Nascido em Saint-Martin-de-Villéreal (Lot-et-Garonne), professor nos liceus Condorcet, Louis-le-Grand e Henry IV (Paris), encarregado de curso na Sorbonne (1932-1934) e professor, a partir de 1941, do Collège de France. Lavelle desenvolveu uma metafísica que tenta interpretar a realidade e, com ela, a existência, por meio de uma filosofia do ser que inclua a compreensão do ato (VER). Trata-se, em suas próprias palavras, de uma "dialética do eterno presente" em que o ato aparece como idêntico ao ser. Mas esta identidade faz justamente do ato a única coisa que existe real e verdadeiramente, sem que seja possível perguntar por seu fundamento. O ato é, para Lavelle, a origem interior do próprio eu e do mundo, e por isso o ato jamais poderá ser um objeto ou uma razão, ainda que estes sempre se façam presentes no interior do ato como alguma coisa gerada por sua atividade incessante. Essa metafísica do ato articula-se, assim, numa dialética geral que compreende antes de tudo uma teoria do ser na qual é mostrado o primado dessa noção sobre as outras, o que permite, caso não haja nada mais além do ser, "realizar o enlace com o absoluto na experiência que temos de nós mesmos e na que possuímos do mundo". O segundo momento dessa dialética, que é também seu momento central, é a teoria do ato; nela, busca-se mostrar que "a interioridade do ser é um ato sempre em exercício e do qual nunca cessamos de participar". O terceiro momento é uma teoria da participação, fundamento, por sua vez, de uma doutrina da relação da eternidade (VER) com o tempo. O quarto e último momento parece ser uma teoria da alma que culmina numa doutrina da sabedoria com a qual se poderia encerrar o ciclo dialético, regressando ao próprio fundamento que lhe deu origem: a sabedoria final, que é a base de todo agir, é também o cimento de toda compreensão, podendo o ato mostrar-se então como aquilo cujo ser é a radical mesmidade e intimidade de um Absoluto, Absoluto cujo ser é, por seu turno e em última análise, liberdade, valor e criação. A dialética do eterno presente realiza assim o programa que se propusera ao começar a tratar da noção do ser e ao estabelecer a fundamentação da própria ontologia. Lavelle, com efeito, fizera do ser aquilo que não pode por princípio ser destruído, aquilo em cujo âmbito se dá tudo o que existe, inclusive o tempo. Esse ser "interior" não poderia reduzir-se então a mero atributo de um sujeito, a menos que o considerássemos ao mesmo tempo como sujeito de todos os atributos. Somente depois disso seria cabível passar a considerar o ser em sua relação com o eu como aquele por meio do qual o ser é dividido. Ora, em suas últimas obras, Lavelle confirma esse programa ao considerar o ser como a primeira das categorias ontológicas fundamentais e ao derivar dele a existência como ato de "participação no ser" por meio da posição de um sujeito. Somente a partir disso seria possível compreender o que é chamado de realidade enquanto objetivada ou, melhor dizendo, enquanto dada à existência como objeto. A identificação do ser com o bem, da existência com o valor e do objeto com o ideal representaria, por outro lado, o necessário paralelo axiológico de uma estruturação ontológica que sempre tende a fugir de todo formalismo, mas que ao mesmo tempo tende a evitar toda subsunção do ser na "existência" e, com mais razão ainda, na existência puramente contingente e temporal.

Lavelle iniciou, em colaboração com Le Senne (VER), um movimento conhecido como "filosofia do espírito" (ver ESPÍRITO, ESPIRITUAL), que é mais uma orientação geral que uma "escola filosófica" propriamente dita.

⊃ Obras: *La dialectique du monde sensible*, 1921 (tese). — *La perception visuelle de la profondeur*, 1921 (tese). — *De l'Être*, 1928; 2ª ed., modificada, 1947. — *La conscience de soi*, 1933. — *La présence totale*, 1934. — *Le moi et son destin*, 1936. — *De l'Acte*, 1937. — *L'erreur de Narcisse*, 1939. — *Le mal et la souffrance*, 1940. — *La parole et l'écriture*, 1942. — *La philosophie française entre les deux guerres*, 1942. — *Du temps et de l'éternité*, 1945. — *Introduction à la ontologie*, 1947. — *Les puissances du moi*, 1948. — *De l'âme humaine*, 1951. — *Traité des valeurs*, 2 vols. (I: *Théorie générale de la valeur*, 1951; II: *Le système des différentes valeurs*, 1955). — *Quatre Saints*, 1952. — *L'intimité spirituelle*, 1955 (coletânea de artigos publicados entre 1935 e 1951). — *Conduite à l'égard d'autrui*, 1957. — *Morale et religion*, 1960. — *Manuel de méthodologie dialectique*, 1962. — *Panorama des doctrines philosophiques*, 1966. — As obras sobre o ser, o ato, o tempo, a eternidade e a sabedoria constituem cinco partes de uma série intitulada *La dialectique de l'éternel présent.* — *De l'existence*, 1984, ed. J. École.

Bibliografia: José Rubén Sanabria, "Bibliografia lavelliana (1921-1964)", *Giornale di Metafisica*, 21 (1966), 562-588.

Ver: O. M. Nobile, *La filosofia di L. L.*, 1943. — E. Centineo, *Il problema della persona nella filosofia di L.*, 1944. — Gonzague Truc, *De Jean-Paul Sartre à L. L.*, 1946. — Bernard Delfgaauw, *Het spiritualische Existencialisme van L. L.*, 1947. — Pier Giovanni Grasso, L., 1949. — V. Fatone, *La existencia humana y sus filósofos*, 1953, capítulo VIII. — B. Sargi, *La participation à l'être dans la philosophie de L. L.*, 1957. — Mateo Andrés, *El problema del Absoluto-Relativo en la filosofia de L. L.*, 1957. — G. Davy, J. École, J. Lacroix, J. Pucelle, artigos sobre L. em *Études Philosophiques* 12, 2 (1957). — G. Davy, A. Forest, P. Levert, M. F. Sciacca, *ibid.*, 13, 1 (1958). — Tarcisio Meirelles Padilha, *A ontologia axiológica de L. L.*, 1958. — Jean École, *La métaphysique de l'être dans la philosophie de L. L.*, 1959. — Wesley Piersol, *La valeur dans la philosophie de L. L.*, 1959. — Paule Levert, *L'être et le réel selon L. L.*, 1960. — C. Joanne Opalek, *The Experience of Being in the Philosophy of L.L.*, 1962. — Giuseppe Beschin, *Il tempo e la libertà in L.*, 1964. — Christiane d'Ainval, *Une doctrine de la présence spirituelle: La philosophie de L. L.*, 1967. — Franco Polato, *L. L.: l'essere e il tempo*, 1972. — Karl Albert, *Zur Metaphysik Lavelles*, 1975 (com bibliografia por Lucia Sziborsky). — *Id.*, *Metaphysik und Existenzphilosophie bei L. L.*, 1976. — Amalia di Maria, *L'antropologia di L.*, 1976. — I. C. Ivanciu, *Fiinta si valore in gindirea filosofica a L. L.*, 1979 (*Ser e valor no pensamento filosófico de L. L.*). — Vários artigos sobre L. em *Philosophy and Culture*, vol. I, 1986, ed. V. Cauchy [Atas do XVII Congresso Mundial de Filosofia]. — A. López Quintás, ed., *The Knowledge of Values: A Methodological Introduction*, 1989. ⊂

LAX, GASPAR (1487-1560), nasc. em Sariñena (Aragão), estudou em Saragoça e foi professor da Universidade de Paris e em Saragoça. Considerado um dos "escolásticos decadentes", Lax foi acerbamente combatido, entre outros humanistas, por Juan Luis Vives, para quem as doutrinas de Lax e de outros escolásticos espanhóis que lecionavam aulas em Paris (Luis Nuñez Coronel, Fernando de Encinas etc.) não passavam do auge de obscuridades inúteis e de vãs sutilezas apresentadas numa linguagem bárbara. Esse juízo desfavorável está em parte correto. Em parte, contudo, a "falsa sutileza" de Lax não deve fazer esquecer que há em sua obra um constante interesse pelo formalismo lógico e, portanto, que Lax se situa na tradição do florescimento escolástico da lógica que foi esquecido ou preterido durante o Renascimento. O principal defeito da obra lógica de Lax reside no fato de haver misturado sem critério suficiente questões distintas — por exemplo, questões lógicas com semânticas — que os lógicos anteriores haviam quase sempre distinguido cuidadosamente.

⊃ Escritos: *Tractatus exponibilium propositionum*, 1507. — *De solubilibus et insolubilibus*, 1511. — *Obligationes*, 1512. — *Tractatus de materiis et oppositionibus in generali*, 1512. — *Tractatus de oppositionibus propositionum cathegoricarum in speciali et de earum equipollentiis*, 1512. — *Tractatus syllogismorum*, 1518. — *Tractatus summularum*, 1521. — *Tractatus parvorum logicalium*, 1521. — *Summa oppositionum, tam generalis, quam specialis*, 1528. — *De arte inveniendi medium*, 1528. *Summa syllogismorum*, 1528. — *Summa propositionum*, 1529. — *Praedicabilia*, 1529. — *Quaestiones in libros Peryermenias et Posteriorum Aristotelis*, 1532. — *Tractatus consequentiarum*, 1532. — Além desses escritos lógicos, devem-se a Lax: *Arithmetica speculativa duodecim libris demonstrata*, 1515. — *Proportiones*, 1515. — *Quaestiones phisicales*, 1527. — As críticas de Vives a Lax estão em *Liber in pseudodialecticos*.

Ver: M. Solana, *Historia de la filosofía española. Época del Renacimiento (siglo XVI)*, t. III, 1941, pp. 19-33. — A. Renaudet, *Pré-réforme et Humanisme à Paris pendant les premières guerres d'Italie, 1494-1517*, 1953. — V. Muñoz Delgado, "La obra lógica de los españoles en París, 1500-1525", *Estudios*, 26 (1970). ⊂

LAZARUS, MORITZ (1824-1903). Nascido em Filhene (Posen), foi professor de filosofia em Berna (1860-1873) e em Berlim (1873-1896). É considerado um dos seguidores de Herbart (VER). Sua principal contribuição foram seus trabalhos na chamada "psicologia dos povos" (*Völkerpsychologie*). Com Steinthal (VER), fundou a *Zeitschrift für Völkerpsychologie und Sprachwissenschaft* (1860-1890). Embora a base teórica do pensamento de Lazarus inclua a noção de "espírito do povo" (VER) (*Volksgeist*), ele se afasta de uma concepção puramente "especulativa" desse espírito. O "espírito do povo" dá unidade a uma multiplicidade de indivíduos. Trata-se de uma realidade "externa" a uma comunidade dada, mas é uma realidade que deve ser empiricamente investigada. A "psicologia dos povos" tem, portanto, estreitas relações com os trabalhos de antropologia e de lingüística comparativa.

⊃ Obras: *Das Leben der Seele in Monographien Ueber seine Erscheinungen und Gesetze*, 2 vols., 1856-1857; 3ª ed., 3 vols., 1883-1897 (*A vida da alma em monografias sobre seus fenômenos e leis*). — *Ueber die Ideen in der Geschichte*, 1865; 2ª ed., 1872 (*Sobre as idéias na história*). — *Ideale Fragen*, 1878; 3ª ed., 1885 (*Perguntas ideais*). — *Die Ethik des Judentuns*, 1898 (*A ética do judaísmo*).

Autobiografia: *Aus meiner Jugend. Autobiographie*, 1913, ed. N. Lazarus.

Ver: C. Th. Achelis, *M. L.*, 1899. — Alfred L. Leicht, *L. Der Begründer der Völkerpsychologie*, 1904. — Carlo Sganzini, *Die Fortschritte der Völkerpsychologie von L. bis Wundt*, 1913 [Neue Berner Abhandlungen, 2]. — N. Rotenstreich, *Jewish Philosophy in Modern Times: From Mendelsohn to Rosenzweig*, 1968. — I. Belke, "Die Begründung der Völkerpsychologie in Deutschland", *Rivista di Filosofia*, 73 (1983), 192-233. — H.-U. Lessing, "Bemerkungen zum Begriff des 'objektiven Geistes' bei Hegel, Lazarus und Dilthey", *Reports on Philosophy*, 9 (1985), 49-62. — G. Cavallo, "Psicologia dei popoli, storie e idee in Lazarus e Steinhal", *Filosofia*, 37 (1986), 205-221. ⊃

LAZEROWITZ, MORRIS. Ver METAFILOSOFIA; PSICANÁLISE INTELECTUAL.

LAZZARINI, RENATO (1891-1974). Nascido em Este (Pádua), deu aulas nas Universidades de Bolonha (1943-1946), Cagliari (1946-1955), Bari (1956-1957) e Bolonha (1957-1961). Discípulo em Pádua de A. Aliota, seguiu a tradição do espiritualismo cristão italiano assim como a do blondelismo (ver BLONDEL [MAURICE]). Também tiveram importância no pensamento de Lazzarini alguns elementos do existencialismo (VER). Fundando-se num estudo do conceito de finalidade, Lazzarini a reinterpretou não como algo dado a partir do futuro, mas como uma opção voltada para o futuro. Tratava-se de uma opção moral no âmbito da qual se devia considerar a questão do mal em seus diversos aspectos. Lazzarini desenvolveu sobretudo a noção de intenção, ampliando-a e dano-lhe estatura metafísica. No interior da intenção como categoria metafísica, estão incluídas várias espécies de intenções, tais como as estudadas pela fenomenologia, pela tradição escolástica e por Brentano. Pode-se inclusive caracterizar o pensamento de Lazzarini como um "intencionalismo". Por meio de atos intencionais, desenvolvem-se as atividades teóricas e práticas do indivíduo e, ao mesmo tempo, a afirmação pelo sujeito de outros sujeitos no mundo. Toda a realidade adquire dessa maneira um caráter "intencional".

➲ Principais obras: *Teoria della conoscenza e dell'azione morale*, 1925. — *Saggio di una filosofia della salvezza*, 1926; nova ed., 1966. — *Il male nel pensiero moderno. Le due vie della liberazione*, 1936. — *"De ludo globi" e la concezione dell'uomo del Cusano*, 1938. — *L'intenzione. Idee sul compimento della personalità e il concetto critico di perdizione*, 1940. — *Dalla religione naturale prekantiana alla religione morale di Kant*, 1942. — *S. Bonaventura, filosofo e mistico del Cristianesimo*. 1946. — *Intenzionalità e istanza metafisica*, 1956. — *Situazione umana e senso della storia e del tempo*, 1960. — *Valore e religione nell'orizzonte esistenziale*, 1965. — *Le forme del sapere e il mesaggio dell'intenzione*, 1972.

Ver: C. Rossi, A. M. Moschetti, F. Polato, *R. L.*, 1963. — F. Modenato, *Intenzionalità e storia in R. L.*, 1967. — G. Giannini, "Sciacca e Lazzarini: Integralità e intenzionalità", *Aquinas*, 31 (1975), 254-269. ⊃

LE ROY, ÉDOUARD (1870-1954). Nascido em Paris, deu aulas em vários Liceus (Michelet, Condorcet, Charlemagne, todos em Paris) e no Collège Stanislas, antes de ser nomeado, em 1921, professor do Collège de France, para ocupar à catedra que Bergson deixara vacante.

Le Roy foi um dos mais fiéis bergsonianos, mas além das influências que recebeu de Bergson temos de levar em conta as procedentes de Blondel, de algumas tendências "modernistas" e do "convencionalismo" de Poincaré e Duhem. Todas essas influências ajudam a compreender o pensamento de Le Roy, embora este não seja um mero resultado mecânico delas. Com efeito, Le Roy empenhou-se em repensar a fundo as questões da relação entre o conhecimento científico e a fé religiosa, assim como as interrogações instauradas pela relação entre a estrutura do conhecimento científico e a do conhecimento filosófico.

É fundamental no pensamento de Le Roy sua crítica aos pressupostos metafísicos do mecanicismo moderno. Essa crítica fez com que ele examinasse as formas do saber e descobrisse que estas podem ser basicamente três: o conhecimento comum, o conhecimento científico e o conhecimento filosófico. Com isso, parecia que a esfera do saber fora cindida em três seções independentes entre si e até hostis umas em relação às outras. Com efeito, cada uma dessas formas de saber emprega um "método" distinto e chega com isso a resultados aparentemente diferentes. Contudo, o saber não pode ser múltiplo, devendo antes ser uno ou estar fundado em alguma unidade. Essa unidade é proporcionada pelo conhecimento do real, ao contrário do conhecimento dos modos de fazer uso das realidades. Esses modos — próprios do conhecimento comum e do científico — não devem ser eliminados; ocorre apenas que não devem ser considerados um saber sobre o que a realidade é no fundo. Os modos comum e científico baseiam-se em grande parte em convenções cuja "verdade" é o resultado obtido na manipulação das coisas.

O saber que alcança o real é uma filosofia do devir, análoga à bergsoniana. Essa filosofia contrapõe-se às "filosofias estáticas" próprias das metafísicas subjacentes aos modos de conhecimento comum e científico (especialmente na ciência de tipo mecanicista). A verdadeira realidade é a do vivido imediatamente como puro devir e evolução criadora. Essa filosofia do devir não é incompatível com "um idealismo de um gênero bastante particular, não ideológico nem dedutivo, mas amigo da experiência concreta, que vê no princípio e no fundo do ser menos *coisas que ações* (*Les origines* etc., p. 8).

Mas Le Roy vai ainda mais longe que Bergson na afirmação do dualismo entre o vivo e o inerte, a ponto de a dificuldade consistir em explicar, ou justificar, a existência do inerte. A hipóstase do vivo não é contudo mais que um momento de passagem para chegar a tornar concreta sua realidade. Ora, a realidade do vivo é em última análise o espírito do homem. Daí o interesse particular que Le Roy manifesta pelo desenvolvimento da inteligência. Esta parece ser o resultado da evolução; a rigor, é aquilo que permite outorgar à evolução seu sentido. A inteligência de que fala Le Roy não é, desse modo, idêntica à "inteligência clássica", puramente analítica: ela é movida pela intuição, que inclui, assim, o pensamento. Com base nisso, Le Roy se opõe à crítica do intuicionismo por parte de um intelectualismo que, seguindo certos precedentes, nega a possibilidade de a inteligência alcançar o mundo dos transcendentais. O mesmo ocorre com a teoria de Le Roy sobre a dogmática e a idéia de Deus. Ele se inclina no tocante a isso a um pragmatismo imanentista, visto que justifica a existência da pessoa divina mediante uma ação que engloba o pensamento, mas nega que esse pragmatismo seja puramente convencionalista ou resultado de um vago sentimentalismo. A concepção "prática" do dogma estaria também na via do imanentismo e até mesmo na do modernismo, mas Le Roy insiste continuamente em que a prática não é apenas a ação exterior, e sim o ato interior, o pensamento-ação no âmbito do qual se dá a possibilidade de toda realidade transcendente. A concepção do dogma como comportamento prático é, pois, para Le Roy, uma simples negação do intelectualismo vazio e do sentimentalismo impreciso, mas não uma negação da realidade que o próprio dogma estabeleceu.

⊃ Obras: "Science et Philosophie", *Revue de Métaphysique et de Morale*, 7 (1899), 375-425, 503-562. 706-731; 8 (1900), 37-72. — *Dogme et Critique. Études de philosophie et de critique religieuse*, 1907. — *Une philosophie nouvelle: Henri Bergson*, 1912. — *L'exigence idéaliste et le fait de l'évolution*, 1927. — *Les origines humaines et l'évolution de l'intelligence*, 1928. — *La pensée intuitive*, 2 vols., 1929-1930. — *Le problème de Dieu*, 1929. — *Introduction à l'étude du problème religieux*, 1943. — "Notice générale sur l'ensemble de mes travaux philosophiques", *Les Études philosophiques*, N. S., 10 (1955), 161-188. — *Essais d'une philosophie première. L'exigence idéaliste et l'exigence morale*, 2 vols., 1856-1958 (I: *La pensée*; II: *L'action*). — *La pensée mathématique pure*, 1960 [reunião de cursos dados no Collège de France, 1914-1915 e 1918-1919, revisados a partir de 1919-1920 para sua publicação, com 5 apêndices procedentes de outros cursos, 1922 a 1926].

Ver: J. de Tonquédec, *La notion de vérité dans la philosophie nouvelle*, 1908. — F. Olgiati, *E. Le R. e il problema di Dio*, 1929. — R. Jolivet, *À la recherche de Dieu. Notes critiques sur la théodicée de M. E. Le R.*, 1931. — Maria do Carmo Tavares de Miranda, *Théorie de la vérité chez E. Le R.*, 1957. — W. L. Gundersheimer, *The Life and Works of Louis Le Roy*, 1966. ⊆

LE SAULCHOIR. Em Flavigny (Côte-d'Or, França), estabeleceu-se oficialmente, no ano de 1868, um *studium generale* dominicano. Após diversas vicissitudes, foi transferido em 1904 para Le Saulchoir (nas proximidades de Tournai, Bélgica). Em 1907, aplicou-se uma nova *ratio studiorum*, em grande parte graças aos esforços de A. Gardeil (VER), diretor de estudos entre 1897 e 1911. Posteriormente, o *studium* foi transferido para Etioles (Seine-et-Oise), onde está até hoje. Os mestres do *studium* constituíram um grupo teológico conhecido como *Le Saulchoir* ou *Escola de Le Saulchoir*. Além de A. Gardeil, o principal mentor do grupo, deram aulas no *studium*, em diferentes períodos: P. Mandonnet, A.-D. Sertillanges (VER), G. Théry, R. de Vaux, M.-D. Roland-Gosselin (VER), H.-D. Gardeil, A.-J. Festugière, D. Dubarle, M.-J Congar e M.-D. Chenu, todos eles da Ordem dos Pregadores.

Embora principalmente teológico, o grupo de Le Saulchoir também realizou um programa filosófico e estudos de filosofia, razão pela qual também podemos considerá-lo uma escola de filosofia.

Do ponto de vista teológico, os trabalhos de Le Saulchoir se caracterizaram pela atenção prestada ao "dado revelado", pois considerou-se que a teologia é a fé *in statu scientiae* e não uma coisa exterior à fé. As Escrituras e a tradição não são, pois, para os mestres de Le Saulchoir, meros repertórios de argumentos para a teologia, de modo que, como escreve Chenu, "explorar os textos de São Paulo *para* demonstrar a causalidade física dos sacramentos é seguir a contrapelo: a causalidade física é antes um meio de conceber plenamente o realismo sacramental de São Paulo" (*op. cit. infra.*, pp. 55-56). Não se prescinde, portanto, do "método histórico"; aspira-se a uma harmonia entre teologia e exegese histórica, única maneira de mostrar que a tradição não é um "agregado", mas uma continuidade orgânica. Inspirando-se em Santo Tomás, os mestres de Le Saulchoir desenvolveram a ciência teológica como *intellectus fidei*; sem depreciar "o sistema teológico", fez-se uma distinção entre ciência teológica e sistema teológico. Isso levou, em filosofia, a destacar que não deve haver contaminação entre ela e a teologia e que não se deve supor que a filosofia "conduz" sem mais à teologia. Mas rejeitar a contaminação não significa defender a separação. É preciso encontrar a "relação verdadeira" entre a teologia como *intellectus fidei* e a filosofia como *philosophia perennis*; *philosophia perennis* porque está sempre em formação e não porque se devam tomar os resultados filosóficos como já dados para sempre. Por isso, o tomismo não deve ser tomado pela letra — que daria ensejo a uma espécie de wolffismo —, mas de acordo com seu espírito. Tampouco devemos considerá-lo como uma filosofia — e menos ainda como a filosofia —, mas como expressão de um espírito teológico. O tomismo não é um "prolongamento do aristotelismo": é uma inspiração, um método, certos princípios orgânicos e percepções primeiras. Não importa que os resultados não sejam tomistas, desde que o espírito o seja. Em última análise, "obter consciência da realidade da época" é um imperativo que, segundo os mestres de Le Saulchoir, o próprio Santo Tomás jamais teria recusado.

➲ M.-D. Chenu, *Une école de théologie. Le Saulchoir*, 1937. — As publicações fundadas ou desenvolvidas pelos mestres de Le Saulchoir são: a *Revue des Sciences philosophiques et théologiques* (a partir de 1907), o *Bulletin thomiste* (a partir de 1924), a *Bibliothèque thomiste*, as publicações das *Journées d'Études da Societé Thomiste* e a coleção de publicações de *La vie spirituelle*. ᴄ

LE SENNE, RENÉ (1882-1954). Nascido em Elbeuf-sur-Seine (Seine Maritime), foi professor nos Liceus de Chambéry e Marselha, em vários Liceus de Paris e na Escola Normal Superior de Sèvres e (até 1952) na Sorbonne. Inspirando-se em parte nas orientações criticistas, logo tendeu a um acentuação dos aspectos idealistas e espiritualistas daquelas, representando de maneira eminente a corrente denominada na França "filosofia do espírito". A redução do ser à consciência é, além disso, típica de um pensamento cujo ponto de partida é a análise do espírito (análise "empírica", embora de um empirismo "totalista", antinaturalista, antiassociacionista e anticondicionalista). Essa "análise do espírito" não é, portanto, ou não o é inteiramente, assunto da psicologia; trata-se de uma análise reflexiva semelhante à realizada pelos espiritualistas franceses que se autoqualificaram como "espiritualistas positivos" (Lachelier, por exemplo). De todo modo, o que interessa a Le Senne é uma psicologia bastante impregnada de metafísica.

De acordo com Le Senne, a consciência, enquanto "consciência reflexiva", é uma espécie de "âmbito" no qual se dá toda atividade e, por conseguinte, também todas as atividades de cognição, de modo que a ciência também se mostra como um elemento que integra a análise reflexiva. Somente a partir desta base é possível chegar à idéia do ser e mesmo à idéia de sua inteligibilidade. Com isso, as idéias de "consciência" e "espírito" propostas por Le Senne aproximam-se da noção tradicional de "inteligência" enquanto capaz de compreender o domínio dos "transcendentais". Le Senne desenvolveu sua filosofia sobretudo com base em uma consideração do dever. O dever mostra que o ser não é puro dado nem puro fato, que é algo que se vai fazendo, que se "consegue", à medida que se cumpre o dever. O dever interpõe um obstáculo que, por sua vez, constitui o ser. Segue-se a isso um exame da relação entre dever e obstáculo que desemboca numa teoria geral da experiência. Esta pode levar ao obstáculo (que é determinação) ou ao valor (que é vida espiritual, isto é, criação e invenção). O obstáculo é uma condição do dever e este é, por sua vez, condição do ser. Mas o ser já não será então o puro ente, mas o espírito concreto e livre. A metafísica une-se assim à moral e mostra-se fundada nela. Por isso, Le Senne afirma que "a liberdade é a primeira e última palavra sobre o espírito" (*Traité de morale générale*, p. 642); por isso a metafísica é uma revelação do valor que surge como o pólo aparentemente oposto ao ser, mas, em última instância, constitutivo do ser ou ao menos revelador do ser.

➲ Obras: *Introduction à la philosophie*, 1925; 5ª ed., aum., ed. Edouard Morot-Sir e Paule Levert, 1970. — *Le mensonge et le caractère*, 1930 (tese). — *Le devoir*, 1930 (tese). — *Obstacle et valeur. La description de la conscience*, 1934. — *Traité de morale générale*, 1942. — *Traité de caractérologie*, 1945. — *La destinée personnelle*, 1951. — *La découverte de Dieu*, 1955 (póstuma).

Bibliografia na antologia ed. por André A. Devaux, *Le Senne ou le combat pour la spiritualisation*, 1968.

Ver: Jean Paumen, *Le spiritualisme de R. Le Senne. Humanisme et philosophie*, 1949. — A. Guzzo, G. Clava, C. Rosso, M. Ghio, *R. Le Senne. Idealismo personalistico e metafisica assiologica*, 1953. — J. Pirlot, *Destinée et valeur: La philosophie de R. Le Senne*, 1954. — Número de *Les Études philosophiques*, N. S., 3 (1955), 361-566, dedicado a Le Senne. — Giovanni Magnani, *Itinerario al valore in R. Le Senne*, 1971. — Maria Giordano, *Le S. tra spiritualismo e caratterologia*, 1975. — A. Saliba, *Dieu dans la pensée de R. L. S.*, 1975. — J. Chaix-Ruy, "Evocation de R. Le Senne", *Archives de Philosophie*, 39 (1976), 285-298. — T. A. Corona Cortés, "La filosofía de los valores en R. L. S.", *Logos* (1978), 75-113. ᴄ

LEALDADE. Ver Fɪᴅᴇʟɪᴅᴀᴅᴇ; Rᴏʏᴄᴇ, Jᴏsɪᴀʜ.

LEANDER, P[EHR] J[OHAN] H[ERMAN]. Ver Bᴏsᴛʀöᴍ, Cʜʀɪsᴛᴏᴘʜᴇʀ Jᴀᴄᴏʙ.

LEÃO HEBREU (depois de 1460-1520) Leão ou Judas Abarbanel ou Abrabanel. Nascido em Lisboa, logo mudou-se para Toledo com o pai, Isaac ben Yehudá Abrabanel, que teve de fugir de Portugal por ter sido acusado de cumplicidade na conspiração chefiada pelo Duque de Bragança. Quando foi promulgado na Espanha o decreto de expulsão dos judeus, foi para Nápoles e depois para Gênova, Barletta, Veneza, provavelmente Florença e, finalmente, outra vez Nápoles, onde foi médico de Gonzalo de Córdoba, o Grande Capitão. Influenciado pelas correntes neoplatônicas da Academia Florentina (ᴠᴇʀ) e, de modo particular, pelos comentários de Marsílio Ficino, Pico della Mirandola e outros autores sobre o problema do amor (seja a partir do *Banquete* platônico ou de obras poéticas como a *Canzione d'amore* de Benivieni), Leão Hebreu compôs uns diálogos famosos sobre o amor, conhecidos como *Dialoghi d'amore*. Esses diálogos foram escritos, segundo declaração do autor, nos anos 1501-1502 (ou no ano 5262, segundo a cronologia hebraica), mas só foram publicados em 1535, em Roma, por seu amigo Mariano Lenzi. Trata-se de três diálogos entre Fílon, o amante, e Sofia (a Sabedoria), a amada. O primeiro diálogo (o mais breve) versa sobre o amor e o desejo; o segundo, sobre a universalidade do amor; o terceiro (e mais extenso), sobre a origem do amor. Segundo Leão Hebreu, o amor é o princípio que domina todos os seres; é princípio de vivificação e de união de toda realidade. O amor é como a idéia das idéias (em sentido platônico); tem origem divina; é infinito e perfeitíssimo; é inteligível e intelectivo; e o fim de todo movimento. O amor é união perfeita; o próprio amor carnal é símbolo do amor espiritual como identificação dos amantes. O amor é superabundante, tanto no universo físico como no espiritual, de modo que "desde a Primeira Causa que o produziu até a última criatura, nada há sem amor". A realidade de cada ser consiste em seu amor. O amor não é, pois, somente (como dizia Platão) uma aspiração do inferior ao superior; é também uma difusão do superior no inferior. Isso decorre, afirma Leão Hebreu no terceiro diálogo, do fato de semelhante amor ser produtivo: "O superior, por seu amor, produz o inferior e lhe dá origem". As concepções platônicas e neoplatônicas se mesclam freqüentemente na obra de Leão Hebreu com idéias aristotélicas, avicebrônicas, judaicas e cristãs. Os diálogos de Leão Hebreu foram muito lidos; indicou-se que a concepção do amor intelectual de Deus, propugnada por Spinoza (que possuía um exemplar em espanhol dos *Diálogos*), provém de Leão Hebreu, mas é difícil dar a este assunto uma solução definitiva.

Considera-se quase sempre que o texto italiano é o original. Mas houve autores que defenderam a tese de que a obra teria sido escrita em hebraico e que o original se perdera. Outros alegaram que teria sido escrita em espanhol com caracteres hebraicos. A segunda e a terceira edições foram publicadas em Veneza nos anos de 1541 e 1545 com o título *Dialoghi d'amore composti per Leone Medico, de Natione Hebreo, ed di poi fatto Christiano*, mas como esta última menção desapareceu na quarta e quinta edições, supõe-se que a conversão aludida não tenha ocorrido de fato e que o editor tenha se referido a ela apenas por causa do ambiente antijudaico que predominava na Itália por volta de 1541. Uma primeira tradução para o espanhol, como o título *Los diálogos de amor de Mestre León Abarbanel médico y filósofo excelente*, apareceu em Veneza em 1568; outra tradução para o espanhol, em Zaragoça, em 1582. A versão mais conhecida é a feita pelo Inca Garcilaso de la Vega em 1590. Reedição da edição de 1568 em Buenos Aires, 1944. Edição da versão do Inca Garcilaso segundo o texto de 1590 por E. Juliá Martínez, Madri, 2 vols, 1949. — Nova trad. por D. Romano, Barcelona, 1953.
➲ Sobre Leão Hebreu, ver: R. Zimmels, *L. Hebraeus, ein jüdischer Philosoph der Renaissance*, 1886. — E. Solmi, *Spinoza e L. E.*, 1903. — J. de Carvalho, *L. H., filósofo*, 1918. — H. Pflaum, *Die Idee der Liebe: L. E.*, 1926. — G. Fontanesi, *Il problema dell'amore nell'opera di L. E.*, 1934. — C. Dionisotti, *Apunti su L. E.*, 1959. — Suzanne Damiens, *Amour et intellect chez L. l'Hébreu*, 1971 (tese). — C. Gallicet Calvetti, *B. Spinoza di fronte a L. E. (Jehudah Abarbanel). Problemi etico-religiosi e "amor Dei intellectualis"*, 1982. — Para comentários em espanhol, ver: M. Menéndez y Pelayo, cap. VI da *Historia de las Ideas estéticas* e tomo I de *Ensayos de crítica filosófica*, e C. Gebhard, "L. H.: su vida y su obra", *Revista de Occidente*, 45 (1934), 1-46 e 113-161. ⊂

LEBENSWELT. Esta expressão, usada especialmente por Husserl, pode ser traduzida por "mundo vital" ou "mundo da vida". Por ter-se tornado uma expressão "técnica" numa certa fase da fenomenologia husserliana e por ter sido usada na forma alemã por autores de língua não-alemã, deixamo-la no original. Fizemos o mesmo com outras expressões (cf. *Dasein*).

Em sua obra *Die Krisis der europäischen Wissenschaften und die transzendentale Phänomenologie* (1954, ed. W. Biemel; *Husserliana*, VI [as partes I e II já foram publicadas na revista *Philosophia*, ed. A. Liebert, 1936]), Husserl desenvolve o conceito de *Lebenswelt* (cf. especialmente parte III: §§ 28, 29, 33, 34, 44, 51). Segndo Husserl, há em Kant um "pressuposto" não expresso, o de um "mundo vital circundante" (*Lebensumwelt*) que se considera pura e simplesmente como dotado de valor. Esse pressuposto determina os modos pelos quais se apresentam os problemas da crítica da razão. O mundo vital circundante é o mundo vivido e não — ou ainda não — "tematizado". Trata-se do mundo daquilo "que se dá por assentado ou pressuposto" (o mundo das *Selbstverständlichkeiten*). Ora, não há motivo para pôr este mundo de lado como indigno de descrição ou de pesquisa. A rigor, trata-se de um mundo extremamente rico, o mundo dos "fenômenos 'anonimamente' subjetivos". Nem a ciência objetiva nem a psicologia, nem a ciência universal do subjetivo nem a filosofia fizeram desse "mundo do subjetivo" um de seus temas; nem mesmo a filosofia kantiana o fez, apesar de pretender descobrir as condições subjetivas da possibilidade de um mundo objetivamente experimentável e cognoscível.

Mas exatamente por ser é uma ciência de fundamentos últimos, a fenomenologia transcendental não pode deixar esse mundo de lado. Em todo caso, o problema do *Lebenswelt* constitui um dos problemas básicos no problema geral da ciência objetiva. Essa ciência inclui uma ciência do *Lebenswelt*. Não se trata de uma ciência "lógico-objetiva", mas de uma ciência que, no que diz respeito à "fundamentamentação", possui um valor muito elevado. Husserl indica que a ciência do *Lebenswelt* refere-se às "experiências subjetivo-relativas" e que é preciso averiguar o modo como essas experiências podem ser utilizadas para as ciências objetivas. O *Lebenswelt* é um universo que possui uma "intuitividade em princípio". Parece ser assim algo semelhante ao que por vezes foi chamado de "conhecimento do homem"; de qualquer modo, está ligado a certas investigações da "antropologia (VER) filosófica", podendo ser relacionada com o que recebeu a designação de "crítica da vida cotidiana" (H. Lefèbvre) (embora esta última inclua motivos de caráter "social" que Husserl não parecia levar em consideração ou não parecia fazê-lo o suficiente). Bem, esse "conhecimento do homem" tem por base, ao ver de Husserl, uma "ontologia": a "ontologia do *Lebenswelt*". Esta descreve e examina todas as "formas práticas" (*praktische Gebilde*), ou seja, tudo o que são "fatos" no mundo da vida (*die Welt des Lebens*), incluindo, portanto, as ciências objetivas como fatos culturais. Pode-se perceber com isso que a ciência do *Lebenswelt* aparece de maneiras distintas dependendo do ponto de vista adotado: por um lado, é uma ciência objetiva, tornando-se base de toda ciência objetiva; por outro, precede toda ciência objetiva, que se torna um "fato" do *Lebenswelt*. O fato de as ciências terem esquecido que surgiram ou emergiram de um *Lebenswelt* mostra um dos aspectos, senão o aspecto fundamental, da "crise da ciência européia". O *Lebenswelt* é de fato uma espécie de resumo das "franjas" e "horizontes" nos quais emergem e se constituem os fatos "mundanos". Mas justamente porque não é propriamente um fato, mas um "horizonte de fatos" (ver HORIZONTE), o *Lebenswelt* não é comparável ao "mundo natural" (que é um dos elementos do *Lebenswelt*). O *Lebenswelt* não é dado de uma vez para sempre; ele se desenvolve — talvez historicamente — e tem "formas" e "estilos".

Contudo, esse *Lebenswelt* não é o que aparece "primeiro" na experiência natural; tem de ser, por assim dizer, "reconquistado" dessa experiência, bem como das interpretações científicas e outras, por meio de uma "redução" (VER). Desse modo, o estudo do *Lebenswelt* é uma fenomenologia: a fenomenologia "mundana" (*weltliche*). Por esse motivo, a redução do *Lebenswelt* precede todas as outras reduções fenomenológicas; ou, se se preferir, o resgate do *Lebenswelt* precede, na ordem do saber, a redução transcendental fenomenológica.

Tanto a idéia do *Lebenswelt* como o modo de descrever este "mundo" foram objeto de inúmeras discussões. De imediato, pode-se perguntar em que relação está a descrição do *Lebenswelt* com outras descrições de "mundos", tais como as feitas pelos antropólogos (especialmente os "antropólogos culturais"), os historiadores (particularmente os "historiadores do espírito" no sentido de Dilthey), alguns psicólogos e até certos "conhecedores do homem" como alguns romancistas ou simplesmente "homens experientes". Ao que parece, poder-se-iam destacar numerosas relações entre estas últimas descrições e as propostas por Husserl. Depois, pode-se perguntar qual a relação entre a análise do *Dasein*, e em particular do "estar-no-mundo", realizada por Heidegger, e a idéia husserliana; quanto a isso, indicouse às vezes que a relação é muito estreita (a tal ponto que a idéia de Husserl pode muito bem ter surgido de indicações colhidas em Heidegger). Em todo caso, a análise heideggeriana do "estar-no-mundo" pode ser considerada uma sistematização da noção de *Lebenswelt*. Por fim, pode-se perguntar se uma descrição do *Lebenswelt* não corre o risco de tornar-se uma vaga descrição do "óbvio". Neste último aspecto, há diferentes opiniões. Autores como Merleau-Ponty, Alphonse de Waelhens e outros rastrearam e elaboraram a idéia husserliana do *Lebenswelt*, fazendo dela objeto de um exame detalhado e sistemático. Outros, em contrapartida, particularmente os que se opõem à fenomenologia e às diversas modalidades da "filosofia da existência", rejeitam a idéia do *Lebenswelt* como idéia propriamente filosófica. Ora, como observou John Wild (cf. *Existence and the World of Freedom* [1963], especialmente os caps. III, IV e V), certos pensadores que rejeitam a idéia em questão, ou que simplesmente não a levam em conta, empregam noções similares. Isso acontece com os "filósofos da linguagem comum", especialmente os do chamado "grupo de Oxford": sua análise de certas expressões, ou melhor, do uso (VER) de certas expressões parece estar fundada na idéia de que a filosofia é, ao menos em parte, um exame de algo "comum" ou "óbvio" (ou aparentemente "óbvio"). De todo modo, há mais analogias entre o *modo de filosofar* de diversos pensadores e o modo de filosofar dos que fizeram sua, com maiores ou menores modificações, a idéia husserliana do *Lebenswelt* do que entre qualquer desses modos de filosofar e a maioria dos modos "tradicionais" ou, em todo caso, mais decididamente "acadêmicos".

⮕ Ver: Hubert Hohl, *Lebenswelt und Geschichte. Grundzüge der Spätphilosophie E. Husserls*, s/d (1962). — José Gaos, Ludwig Langrebe, Enzo Paci, John Wild, *Symposium sobre la noción husserliana de Lebenswelt*, 1963 [do XIII Congresso Internacional de Filosofia. Centro de Estudos Filosóficos da Universidade Autônoma do México]. — Paul Janssen, *Geschichte und Lebenswelt. Ein Beitrag zur Diskussion von Husserls Spätwerk*, 1970. — Robert R. Ehman, Calvin O. Schrag, Enzo Paci, C. A. van Peursen, artigos na Parte II do livro *Patterns of the Life-World: Essays in Honor of John Wild*,

1970, ed. J. M. Edie, F. H. Parker e C. O. Schrag. — Gerd Brand, *Die Lebenswelt. Eine Philosophie des konkreten Apriori*, 1971. — Karl Ulmer, *Philosophie der modernen Lebenswelt*, 1972. — H. Blumenberg, W. Marx et. al., artigos na Parte III do livro *Life-World and Consciousness: Essays for Aron Gurwitsch*, 1972. — Alfred Schütz, *The Structures of the Life-World*, I: 1973. II: 1984, ed. Thomas Luckman (a partir de um manuscrito deixado incompleto pelo autor quando de sua morte em 1959). — D. Seamon, *A Geography of the Lifeworld*, 1979. — I. Kern, B. Waldenfels et. al., *Lebenswelt und Wissenschaft in der Philosophie E. Husserls*, 1979, ed. E. Ströker. — W. Lippitz, *"Lebenswelt" oder die Rehabilitierung vorwissenschaftlischer Erfahrung*, 1980. — H. R. Wagner, *Phenomenology of Consciousness and Sociology of the Life-World: An Introductory Study*, 1983. — U. Matthiesen, *Das Dickicht der Lebenswelt und dir Theorie des kommunicativen Handelns*, 1983. — F. Fellmann, *Gelebte Philosophie in Deutschland. Denkformen der Lebensweltphänomenologie und die kritischen Theorie*, 1983. — B. Waldenfels, *In der Netzen der L.*, 1985. P. Kiwitz, *L. und Lebenskunst*, 1986. — R. Welter, *Der Begriff der L.*, 1986. — W. Marx, *Ethos und Lebenswelt. Zum Mass des Mit-Leiden-Könnens*, 1986. C

LEBLANC, HUGUES. Ver Definição; Desvio, desviado; Formalismo; Formalização; Hipótese; Veritativo-funcional.

LECTIO (LIÇÃO). Ver Disputa; Expressão.

LEFÈBVRE, HENRI (1901). Nascido em Béarn, trabalhou no Centro Nacional de Pesquisa Científica, de Paris. Lefèvbre encontrou no marxismo a solução de uma crise filosófica pessoal que o fizera desconfiar da filosofia, para a qual se sentira vocacionado desde a juventude. O marxismo o levou a aderir ao Partido Comunista Francês e ele — segundo sua própria declaração — se deixou "impressionar pelo imenso aparato de autoridade, prestígio e propaganda" do "marxismo oficial", mesmo quando, em seu próprio íntimo, Lefèbvre começava a repropor as questões fundamentais do marxismo, especialmente por meio do estudo dos manuscritos de Marx sobre a alienação (ver). Em situação ambígua diante da direção intelectual do partido, Lefèbvre acabou por abandoná-lo, não para romper com o marxismo e sim, pelo contrário, para torná-lo, ou continuar a torná-lo, uma doutrina viva e não a série de dogmas caracterizada pelo rótulo *Diamat* (materialismo dialético) — dogmas que "não vão além do nível da filosofia de Victor Cousin" — (*La Somme et le reste*, I, p. 56). De acordo com Lefèbvre, a verdade — que é atenção à realidade — se sobrepõe ao dogmatismo estéril de uma ideologia oficial. Lefèbvre retorna assim à fonte mesma do marxismo — Marx; não, porém, para repetir mas para repensar os textos, isto é, repensar a fundo a intuição básica de Marx. Trata-se, pois, de um "retorno a Marx como teórico do fim da filosofia e como teórico da práxis" (*ibid.*, p. 75). O marxismo é, com efeito, diametralmente oposto ao "marxologismo". Este último é rígido; o marxismo vivo, em compensação, segue um desenvolvimento contraditório que é solidário das contradições do mundo moderno.

Partindo dessa base, L. examinou, numa forma que se poderia chamar "dialógica" — de diálogo consigo mesmo, com o pensamento de Marx, com a experiência do filósofo e com o mundo contemporâneo — as questões básicas da "práxis filosófica". Deste exame, destacaram-se os temas da alienação, da objetividade, do humanismo e do "homem total". É importante na obra de Lefèbvre sua "crítica da vida cotidiana". Trata-se de um esforço para descrever e compreender "o homem total". A "vida cotidiana" é definida por Lefèbvre como "região da apropriação pelo homem não tanto da natureza exterior como de sua *própria natureza* — como zona de demarcação e de união entre o *setor não dominado* da vida e o *setor dominado* —, como região em que os *bens* se confrontam com as necessidades mais ou menos transformadas em desejos" (*Critique etc.*, t. II, p. 51).

↪ *Obras: La conscience mystifiée*, 1936 (em colaboração com N. Guterman); nova ed., 1979. — *Le nationalisme contre les nations*, 1937. — *Cahiers de Lénine sur la dialectique de Hegel*, 1938 (em colaboração com N. Guterman); nova ed., 1967. — *Hitler au pouvoir: Bilan de cinq années de fascisme en Allemagne*, 1938. — *Nietzsche*, 1939. — *Le matérialisme dialectique*, 1939. — *L'Existencialisme*, 1946. — *Logique formelle, logique dialectique*, 1947; 2ª ed. rev., 1969. — *Marx et la liberté*, 1947. — *Descartes*, 1947. — *Critique de la vie quotidienne*. I (*Introduction*), 1947; 2ª ed. [com um extenso "Avant-Propos"], 1958; II (*Fondements d'une sociologie de la cotidianneté*), 1961. — *Pour comprendre la pensée de Marx*, 1948. — *Pascal*, 2 vols., 1949-1954. — *Diderot*, 1949. — *Contribution à l'esthétique*, 1953. — *Musset*, 1955. — *Rabelais*, 1955. — *Pignon*, 1956. — *La pensée de Lénine*, 1957. — *Les problèmes actuels du marxisme*, 1958. — *La Somme et le reste*, 2 vols., 1959. — *Introduction à la modernité*, 1962. — *Marx: Sa vie, son oeuvre, avec un exposé de sa philosophie*, 1964. — *Métaphilosophie*, 1965. — *Le langage et la societé*, 1966. — *Sociologie de Marx*, 1966. — *Position: Contre les technocrates (En finir avec l'humanité-fiction)*, 1967. — *Le droit à la ville*, 2 vols., 1968-1972 [coletânea de trabalhos]. — *La fin de l'histoire*, 1970. — *Manifeste différencialiste*, 1970. — *Au-delà du structuralisme*, 1971. — *Hegel-Marx-Nietzsche ou Le royaume des ombres*, 1975. — *La révolution n'est ce qu'elle était*, 1978 (em colaboração com C. Régulier). — *La présence et l'absence. Contribution à la théorie des représentations*, 1980.

Em português: *A cidade do capital*, 1999. — *O direito à cidade*, 1991. — *Lógica formal — lógica dialética*, s.d. — *A revolução urbana*, 1999. — *A vida cotidiana no mundo moderno*, 1991. — *Para compreender o pensamento de Karl Marx*, 1966. — *A re-produção das relações de produção*, 1973. — *Debates sobre o estruturalismo*, 1968. — *O marxismo*, 1955. — *Sociologia de Marx*, 1979.
Ver: Eugenio Werden, *El materialismo dialéctico según H. L.*, 1955. — V. Mencussi, "La molla del progresso in un revisionista: H. L.", *Rivista di Filosofia Neo-Scolastica*, 62 (1970), 708-718. — K. Mayer, *H. L.*, 1973. — M. Poster, *Existencial Marxism in Postwar France, from Sartre to Althusser*, 1976. — B. Schoch, *Marxismus in Frankreich seit 1945*, 1980. — E. Kurzweil, *The Age of Structuralism*, 1980. — L. de Araujo, "Filosofia e vida cotidiana: O sentido da 'metafilosofia' em H. L.", *Revista Portuguesa de Filosofia*, 40 (1984), 131-160. C

LEFORT DE MORINIÈRE. Ver MALEBRANCHE, NICOLAS.

LEGALIDADE é a designação atribuída àquilo que tem qualidade legal; tudo o que está submetido a uma lei (VER) tem o caráter de legalidade. Tal como a própria lei, a legalidade pode ser entendida em vários sentidos: legalidade divina, legalidade humana, legalidade natural, legalidade moral. Atualmente, o conceito de legalidade é estudado sobretudo em três sentidos: a legalidade jurídica, a legalidade científica e a legalidade moral.

No que diz respeito à legalidade jurídica, os filósofos têm-se ocupado em especial da questão de se essa legalidade é pura ou não. Quando não é pura, a legalidade depende de outras instâncias além da pura lei ou da pura possibilidade de leis: Deus, a Natureza, a sociedade humana, a história etc. Quando é pura, a legalidade é a estrutura de toda possível lei jurídica no sentido em que esta tese foi defendida por Kelsen (VER) e por outros membros da "escola legal vienense".

No que se refere à legalidade científica, esta pode ser natural ou histórica, ou as duas ao mesmo tempo. De maneira geral, os filósofos têm-se dedicado à legalidade científico-natural. Todos os autores que estudaram a natureza e o caráter das lei na ciência natural trataram de questões de legalidade científico-natural. Os filósofos que se voltaram para a legalidade histórica e que admitiram essa legalidade dividiram-se de modo geral em dois grupos: os que sustentam que a legalidade histórica tem o mesmo caráter da legalidade científico-natural e os que afirmam haver uma legalidade histórica peculiar e irredutível ao natural.

Quanto à legalidade no sentido moral, seu sentido mais estrito é o que encontramos em Kant. Kant distingue legalidade (*Legalität*) e moralidade (*Moralität*). A determinação da vontade que ocorre segundo a lei moral (*gemäss dem moralischen Gesetze*) recebe o nome de "legalidade"; somente a determinação da vontade que ocorre por amor à lei (*um des Gesetzes willen*) pode ser chamada "moralidade" (*KpV*, pp. 126-127). Relativamente ao dever, a legalidade é a ação conforme o dever (*pflichtmässig*), ao passo que a moralidade é a ação pelo dever (*aus Pflicht*), o que equivale ao respeito à lei (*Achtung fürs Gesetz*) (*ibid.*, p. 144; cf. também p. 213). A rigor, não se pode falar propriamente de uma moralidade das ações, mas antes de legalidade (ou não legalidade) das ações; a moralidade, por sua vez, é uma moralidade das intenções (*Gesinnungen*) (*ibid.*, pp. 269-270). O conformar-se à legalidade não produz, ou não produz necessariamente, a moralidade; com efeito, o sujeito pode ter essa atitude por temor a castigos que possam sobrevir se houver infrações à lei, ou pela esperança de ter recompensas se obedecer à lei. Em contrapartida, a conformidade com a moralidade independe de todo temor, de toda fonte externa à lei moral mesma.

Apresentam-se aqui ao menos dois problemas. De um lado, parece que pode haver legalidade sem moralidade e moralidade sem legalidade, o que leva a pensar haver entre moralidade e legalidade uma total independência. Embora por vezes pareça destacar ao máximo esta independência, a fim de poder pôr em relevo a pureza da lei moral, Kant se dá conta de que essa independência pode levar a conceber um sujeito cujas intenções morais sejam puras mas que viola constantemente as regras da legalidade. Para evitar a dificuldade, Kant tende a considerar que a moralidade encontra-se unida à consciência da moralidade, que envolve igualmente a consciência da legalidade.

Por outro lado, parece que, embora haja incentivos bem definidos para que agir de acordo com a legalidade, não os há para que o sujeito se atenha à moralidade. Também aqui Kant destaca que o respeito à lei é idêntico à consciência do próprio dever. O conhecimento da lei moral não exige que a obedeçamos, mas induz ao respeito por ela. Logo, consciência da lei moral e respeito à lei moral são idênticos. Pode-se além disso falar de um cultivo da moralidade (*Kultur der Moralität in uns*); os impulsos morais (*moralische Triebfeber*) podem desenvolver-se não só por *contemplatio* como também por *exercitio* (*Metaphysik der Sitten*, especialmente pp. 219, 392, 397).

LEHMEN, ALFONS. Ver NEO-ESCOLÁSTICA.

LEI. A palavra νόμος, *nomos*, usada pelos gregos, e que é traduzida por "lei", tem várias significações: a de "uso", "costume", "convenção", "mandato" e com isso a de certa ordem. Entendia-se originariamente a lei como algo que regula as relações entre os homens. Deve-se a lei, primariamente, ao autor das leis, ao legislador.

Com a lei, segue-se uma ordem; quando se trata da ordem das coisas, temos, como em Heráclito, a idéia de "cosmos", sendo a lei, nesse caso, a lei divina de acordo com a qual são reguladas todas as coisas do universo, incluindo os homens.

Há, *grosso modo*, dois conceitos de Lei: o da lei humana e o da lei natural. A lei natural é aquela que corresponde à *physis* (VER). Embora a própria noção de *physis* (Natureza) tenha passado por algumas alterações que a fizeram passar do reino natural ao humano ou moral, de maneira geral havia distinção entre *physis* (Natureza) e *nomos* (lei); assim, os sofistas se perguntavam se algo era "por convenção", νόμῳ, ou "por natureza", φύσει. Contudo, chegou-se também a conceber a lei como abarcando ambos os domínios: a justiça é aquilo que corresponde tanto à lei (no sentido humano) como à Natureza (em sentido cósmico e divino).

Da lei enquanto social, humana e moral se perguntou se seu fundamento está na vontade de Deus (seja esta "arbitrária" ou "racional"), na de um legislador, no consenso (seja ele geral ou majoritário) de uma comunidade ou nas exigências de uma razão que se supõe eterna e idêntica em todos os homens. Conforme se acentue a vontade ou a razão na origem, no estabelecimento e na fundamentação das leis, fala-se de tendência voluntarista ou intelectualista. Alguns autores negam que a vontade ou a razão possam sozinhas desempenhar um papel determinante ou decisivo, inclinando-se a considerar que mesmo sem decisão voluntária não possa haver lei, esta carece de justificação se não estiver acompanhada pela razão. A razão de referência é às vezes caracterizada como uma "razão natural".

Em sentido especificamente religioso, fala-se de lei divina como o preceito ou conjunto de preceitos revelados por Deus aos homens. No judaísmo, a Lei constituía o motor de vinculação do povo eleito com Deus: pela Lei, o homem devia cumprir os mandamentos e Deus devia ser fiel à sua promessa. Muito se discutiu se os preceitos contidos na lei divina são exatamente os mesmos que se encontram na chamada "lei natural"; essa discussão é, em muitos aspectos, análoga à que foi suscitada entre a religião (VER) e a moral.

Kant indicou que o peculiar de toda lei é a universalidade em sua forma. Com efeito, não há exceções às leis. Ora, costuma-se distinguir dois tipos de lei, conforme a lei se cumpra inexoravelmente ou *tenha de* se cumprir, mas *possa* não se cumprir: a *lei natural* (científica) e a *lei moral* (ética). A primeira não pode ser violada, mas a segunda sim. Por isso, pode-se dizer que as leis naturais se exprimem em linguagem indicativa e as leis morais em linguagem prescritiva. A lei natural é a que vige no reino das causas; a lei moral vige no reino dos fins ou da liberdade. A primeira é, portanto, a expressão das relações constantes observadas nos fenômenos da Natureza, as chamadas regularidades naturais. A segunda é a expressão de um imperativo, isto é, de um princípio objetivo e válido de legislação universal, ao contrário da máxima, que é o princípio subjetivo, e do preceito, que se aplica a um ato único. A lei natural é, em suma, comprobatória; a lei moral, imperativa. Há, porém, no entender de Kant, uma diferença entre lei moral e imperativo (VER): a lei moral *aparece* ao homem *como* um imperativo, que pode aplicar-se a um ser perfeito (caso no qual a lei moral é uma lei de santidade) ou a um ser imperfeito (situação em que a lei moral é a lei do dever [VER], que exige reverência). A esses tipos de lei, pode-se adicionar a *lei teleológica*, que se observa já na Natureza considerada como um todo perfeito e que talvez represente, no pensamento de Kant, uma passagem da razão teórica à razão prática e, portanto, do reino das causas para o reino da liberdade (e ao mesmo tempo uma síntese entre eles). Nesse caso, haveria um fundamento comum para os dois tipos de lei.

Em nossos dias, tende-se a distinguir o sentido não natural (jurídico, moral, social etc.) e o sentido natural de "lei". Todavia, como a expressão "lei natural" também foi e é usada para designar a lei fundada na razão natural, de acordo com a tradição do jusnaturalismo (VER), emprega-se "lei científica" como referência às leis de que tratam as ciências. A noção de lei científica mais freqüentemente elucidada é a que se refere às leis das ciências naturais como a física ou a biologia. Cabe falar também de leis científicas no caso das ciências sociais.

Nem sempre se distingue "lei" e "princípio" (fala-se, por exemplo, de "lei de inércia" e de "princípio de inércia"). Considerou-se às vezes que uma lei é uma formulação de relações constantes observadas entre fenômenos. A chamada "passagem do fenômeno à lei" é então uma passagem de regularidades observadas para uma fórmula que sintetiza essas regularidades e permite prevê-las no futuro. Esta concepção, que tem origem em Hume, requer o chamado "fundamento da indução". Mas se o fundamento da indução é o postulado da uniformidade da Natureza, pressupõe-se precisamente o que se procurava demonstrar. Kant avaliava que, embora as leis naturais (científicas) exprimam as relações constantes entre fenômenos já mencionadas, para serem admitidas elas precisam apresentar as qualidades da universalidade e da necessidade, características determinadas pelo sistema de conceitos do entendimento. Muitos autores admitem a universalidade e necessidade das leis, porém consideram que não há motivo para se fundarem num sistema transcendental de conceitos como o kantiano.

Na medida em que são universais, as leis não se configuram como generalizações obtidas circunstancialmente. Embora essas generalizações resultem da observação de regularidades, as leis têm de explicar (e prever) regularidades. Uma lei científica não se limita a descrever o que ocorre dados certos fatores; ela formula o que ocorrerá sempre que se derem certos fatores.

Para alguns autores (como Mach), as leis são regras de construção de proposições empíricas. De modo geral, verificam-se com respeito à noção de lei as mesmas posições que se manifestam quanto à noção de teoria (VER): há uma concepção realista, com diversos matizes, e uma concepção convencionalista ou instrumentalista das leis.

Entre as muitas distinções propostas acerca da noção de lei científica, mencionamos as seguintes.

Por um lado, distingue-se lei causal e lei estatística. A primeira é considerada o tipo de lei que vige num sistema determinista. A segunda, em compensação, pode admitir (embora não seja necessário que o faça) um indeterminismo (VER). Essa distinção, embora útil para certos fins, pode induzir a confusões, já que a chamada "lei estatística" não tem por que deixar de ser "causal".

J. Kemeny referiu-se a três tipos de leis: 1) um tipo de lei que constitui uma "descrição completa", como ocorre na equação

$$S = \frac{1}{2} gt^2 \text{ (Galileu)};$$

2) um tipo de lei que se chama "lei causal", como ocorre na equação $v = gt$; 3) um tipo de lei que se chama "lei de conservação", como ocorre na fórmula $a = g$, onde g é uma constante. A rigor, podem-se escrever as três equações para exprimir a mesma coisa, mas também se pode falar de três leis distintas. A possibilidade de redução de uma à outra é matéria de discussão.

Mario Bunge indicou que, em vista da excessiva variedade de significados atribuídos a "lei", convém formular certas regras de designação; ele propõe as seguintes: a) 'Lei$_1$', que pode ser chamada simplesmente de "lei", denota qualquer relação objetiva constante na Natureza; b) 'Lei$_2$', ou enunciado nomológico, designa qualquer hipótese geral que se refira mediatamente a uma lei; c) 'Lei$_3$', ou enunciado nomopragmático, designa qualquer regra por meio da qual se possa regular (com ou sem êxito) o curso de uma ação; d) 'Lei$_4$', ou enunciado metanomológico, designa qualquer princípio geral sobre a forma ou a amplitude, ou as duas, dos enunciados legais pertencentes a uma parte determinada da ciência. O significado de 'lei' depende da esfera correspondente da realidade; o de 'lei$_2$', 'lei$_3$' e 'lei$_4$' depende da esfera do conhecimento: 'lei$_2$' refere-se ao conhecimento de uma lei; 'lei$_3$', à comprovação e uso da lei; 'lei$_4$', aos modelos da lei.

Alguns autores procuraram distinguir várias noções de lei, mas desejaram ao mesmo tempo unificar essas noções num conceito geral. Esse é o caso de Maurice Blondel. Segundo ele, pode-se entender 'lei' em três sentidos diferentes. 1) "Como a idéia de uma distribuição, ao mesmo tempo inteligível e misteriosa que se opõe aos próprios deuses". Essa lei é constitutiva ou declarativa da própria razão, expressando-se mediante o λόγος. 2) "Como decreto soberano de uma vontade transcendente e todo-poderosa" (monoteísmo judaico). 3) "Como expressão da ordem imanente", como "fórmula das relações derivadas da natureza, estável ou móvel, das coisas", como "tradução progressiva das funções e das próprias condições da vida". A lei, tomada em toda a sua generalidade, seria, portanto, ao mesmo tempo, "a tradução de uma ordem virtual, a prospecção de um ideal transcendente e a progressiva realização de uma perfeição imanente" (A. Lalande, *Vocabulaire*, 8ª ed. [1960], pp. 583-584).

⊃ Sobre lei natural e lei científica: É. Boutroux, *De l'idée de loi naturelle dans les sciences et dans la philosophie*, 1895. — W. Windelband, *Zum Begriff des Gesetzes*, 1908. — Walther Nernst, *Zum Gültigkeitsbereich der Naturgesetze*, 1921. — A. D. Ritchie, *Scientific Method. An Inquiry into the Character and Validity of Natural Laws*, 1923. — Max Planck, *Kausalgesetz und Willensfreiheit*, 1923. — Bruno Bauch, *Das Naturgesetz*, 1924. — E. Schrödinger, *Was ist ein Naturgesetz?*, 1929. — A. Panneboek, "Das Wesen des Naturgesetzes", *Erkenntnis*, 3 (1932-1933), 388-400. — I. Dambska, *O prawach w nauce*, 1933 (*As leis nas ciências*). — VV. AA., *Science et loi* (Cinquième Semaine Internationale de Synthèse), 1934 (os colaboradores do volume são: A. Rey, F. Gonseth, H. Mineur, A. Berthoud, L. Guénot, H. Pierón, R. Wanon, M. Halbwachs, J. Simiand, V. Chapot, L. Fèbvre). — Alfons Padberg, *Ueber den Begriff und die Geltung der Naturgesetze*, 1935 (tese). — Desiderio Papp, *Filosofía de las leyes naturales. Historia y filosofía de la ciencia*, 1945; 3ª ed., 1980. — Moritz Schlick, *Gesetze. Kausalität und Wahrscheinlichkeit*, 1948. — A. Cecchini, *Il concetto di legge in fisica e biologia*, 1956. — R. E. Peierls, *The Laws of Nature*, 1956. — G. Frey, *Gesetz und Entwicklung in der Natur*, 1958. — Mario Bunge, *Metascientific Queries*, 1959, pp. 91 ss. — E. Schrödinger, *Was ist ein Naturgesetz? Beiträge zum naturwissenschaftlichen Weltbild*, 1962. — Richard Geyman, *The Character of Physical Law*, 1967. — G. Kröber, M. Bunge et. al., *Des Gesetzbegriff in der Philosophie und den Einzelwissenschaften*, 1968, ed. Günther Kröber. — Peter Achinstein, *Law and Explanation: An Essay on the Philosophy of Science*, 1971. — J. Newman, *Conscience versus Law: Reflections on the Evolution of Natural Law*, 1971. — J. Finnis, *Natural Law and Natural Rights*, 1980. — A. Battaglia, *Toward a Reformulation of Natural Law*, 1981. — A. Kocourek, *An Introduction to the Science of Law*, 1982. — D. M. Armstrong, *What is a Law of Nature?*, 1983. — Ver também os dois tomos sobre o problema da legalidade: *Das Probleme der Gesetzlichkeit* (tomo I sobre a lei nas ciências do espírito, com colaborações de W. Flitner, J. König, P. Laín, B. Phister, H. Plessner,

H. Sauer, Heinz-Horst Schrey, B. Snell, H. Werke, E. Wolff, 1948; tomo II sobre a lei nas ciências naturais, com colaborações de C. W. Correns, M. Deuring, P. Harteck, F. O. Höring, P. Jordan, A. Meyer-Tschesche, 1948). Ver ainda a bibliografia de CAUSA.
Sobre o conceito lógico-positivista de lei: W. Brüning, *Der Gesetzbegriff in dem Positivismus der Wiener Schule*, 1954. — S. I. Shuman. *Legal Positivism: Its Scope and Limitations*, 1963. — N. MacCormick, O. Weinberger, *An Institutional Theory of Law: New Approaches to Legal Positivism*, 1986. — K. Lee, *The Positivist Science of Law*, 1989.
Lei e probabilidade: Ernst Mally, *Wahrscheinlichkeit und Gesetz*, 1938. — I. Hacking, *The Emergence of Probability: A Philosophical Study of Early Ideas about Probability, Induction and Statistical Inference*, 1975. — G. Gigerenzer et al., *The Empire of Chance: How Probability Changed Science and Everyday Life*, 1989. — (Cf. também o livro citado de Schlick e a bibliografia do verbete PROBABILIDADE).
Lei moral: Herbert Spiegelberg, *Gesetz und Sitengesetz, Strukturanalytische und historische Vorstudien zu einer gesetzfreien Ethik*, 1935. — D. D. Welch, ed., *Law and Morality*, 1987.
Lei e história: E. Neef, *Gesetz und Geschichte*, 1917. — K. Groos, *Naturgesetz und historisches Gesetz*, 1926. — J. Vogt, *Gesetz und Handlungsfreiheit in der Geschichte*, 1956. — William Dray, *Laws and Explation in History*, 1957. — M. A. Kaplan, *On Historical and Political Knowing: An Inquiry into Some Problems of Universal Law and Human Freedom*, 1971. — Ver também a bibliografia de EXPLICAÇÃO.
Lei jurídica: Auguste Bill, *La morale et la loi dan la philosophie antique*, 1928. — Max Radin, *Law as Logic and Experience*, 1940. — José Fuentes Mares, *Ley, sociedad y política*, 1943. — Sebastián Soler, *Ley, historia y libertad*, 1043; 2ª ed., 1957. — A. D. Sertillanges, *La philosophie des lois*, 1946. — H. L. A. Hart, *The Concept of Law*, 1961. *Id., Law, Liberty, and Morality*, 1962. — J. Horowitz, *Law and Logic: A Critical Account of Legal Argument*, 1972. — N. MacCormick, *Legal Reasoning and Legal Theories*, 1978. — J. W. Harris, *Law and Legal Science: An Inquiry into the Concepts of Legal Rule and Legal System*, 1979. — Ch. Perelman, *Justice, Law, and Argument: Essays on Moral and Legal Reasoning*, 1980. — W. S. Pattee, *The Essential Nature of Law or the Ethical Basis of Jurisprudence*, 1982. — D. Lyons, *Ethics and the Rule of Law*, 1984. — E. B. Kinkead, *Jurisprudence: Law and Ethics*, 1985. — K. Greenawalt, *Conflicts of Law and Morality*, 1987. — P. Smith, ed., *The Nature and Process of Law: An Introduction to Legal Philosophy*, 1993.
Lei no sentido da lei hebraica: Leo Strauss, *Philosophie und Gesetz. Beiträge zum Verstandnis Maimunis und seiner Vorläufer*, 1935.

Lei em Santo Tomás: Th. E. Davitt, *The Nature of Law*, 1951. S. Cotta, *Il concetto di legge nella* Summa Theologiae *di S. Tommaso d'Aquino*, 1956. — D. J. O'Connor, *Aquinas and Natural Law*, 1967. **C**

LEI FUNDAMENTAL BIOGENÉTICA. Ver BIOGENÉTICA (LEI FUNDAMENTAL).

LEIBNIZ, GOTTFRIED WILHELM (1646-1716). Nascido em Leipzig, onde estudou e apresentou, em 1663, sua tese *De principio individui*. De 1663 a 1667, estudou matemática na Universidade de Iena e jurisprudência na de Altdorf. Pouco depois, passou a servir ao Eleitor de Mainz e foi enviado a Paris, em missão diplomática, em 1672. No ano seguinte, visitou a Inglaterra e, pouco depois, retornou a Paris, onde residiu até 1676. Depois foi para a Alemanha, tendo sido nomeado bibliotecário do duque de Hannover e encarregado da redação da história da família Brunswick. Em 1682, fundou as *Acta Eruditorum* e em 1700 foi nomeado primeiro presidente da Sociedade de Ciências de Berlim (a posterior *Preussische Akademie der Wissenschaften*).

Desde muito jovem, Leibniz manifestou vivo interesse por todas as ciências, pela história e pelas questões políticas e religiosas. Ao seu conhecimento da escolástica, especialmente da "escolástica moderna" (Suárez e outros), uniu o da ciência e da filosofia modernas, interessando-se muito pelo pensamento de Francis Bacon, Hobbes, Gassendi, Descartes, Galileu, Huygens e outros. Leibniz manteve relações pessoais com não poucos autores a quem conheceu no curso de suas viagens (Boyle na Inglaterra; Malebranche e Arnauld em Paris; Spinoza na Holanda etc.), trocando correspondência com eles e muito mais pessoas; na realidade, acham-se na extensa correspondência leibniziana indicações muito importantes acerca de seu próprio pensamento filosófico e de suas descobertas científicas. Isso ocorre, para citar apenas dois casos, com sua correspondência com Arnauld e Clarke. Sua atividade diplomática e política manifestou-se em diversos momentos e de várias formas; basta citar seus esforços para convencer Luís XIV e, depois, o Czar Pedro, O Grande, a constituir uma aliança de Estados cristãos, abandonando as lutas internas e agindo contra os muçulmanos. Isso tinha uma estreita relação com sua ambição de unir as Igrejas cristãs: primeiro, os católicos e os protestantes (o que originou sua retumbante controvérsia com Bossuet) e depois os calvinistas e luteranos. Leibniz fracassou em todos esses empreendimentos, mas não cessou de empenhar-se em seu favor. O desejo de unificação e de harmonia mostrou-se presente também em seu interesse na formação de sociedades eruditas e científicas e na publicação das "Atas" dessas sociedades com o fim de manter estreito contato com todos aqueles que labutavam nas diversas ciências. Algumas das polêmicas suscitadas por Leibniz tiveram grande repercussão; isso ocorreu especialmente com a que girou em torno da questão da prioridade na descoberta do cálculo infinitesimal. Leibniz chegara à idéia desse cálculo em 1676. Newton chegara (indrependentemente) à mesma idéia alguns anos antes; mas enquanto Leibniz publicou seus resultados em 1684, Newton só o fez em 1687. Discutiu-se, pois, quem tinha sido o primeiro (disputa que ocorreu mais propriamente entre partidários de Leibniz e de Newton que entre os próprios autores; disputa, além disso, vã, já que cada um tinha descoberto o cálculo sem conhecer os trabalhos do outro). A notação proposta por Leibniz foi a preferencialmente adotada e é a que se usa, em parte, até hoje.

Essa multiplicidade de atividades e interesses de Leibniz tem íntimos vínculos com a natureza de seu próprio pensamento filosófico. Este pensamento é dominado por várias idéias centrais, das quais mencionaremos as seguintes: a harmonia, a continuidade e a universalidade. Longe de rejeitar a tradição, Leibniz desejava incorporá-la e integrá-la às idéias propostas pela filosofia e pela ciência modernas. Assim, por exemplo, Leibniz desenvolveu o mecanicismo, mas procurou harmonizá-lo com a doutrina das formas substanciais; destacou a importância da idéia de substância, porém não em detrimento da de relação etc. Como disse certa feita o próprio Leibniz: *je ne méprise presque rien* (nada ou "quase nada" deve ser menosprezado; tudo ou "quase tudo" pode ser integrado e harmonizado; o "melhor mundo" é de qualquer maneira "o mundo mais pleno"). Por isso, Leibniz aspirava a ser o herdeiro de uma *philosophia perennis*, uma filosofia que se modifica mas de maneira contínua e na qual cada momento sucede o anterior e anuncia o posterior. Não causa estranheza que, em sua época, Leibniz fosse considerado um "filósofo eclético" (uma imagem de Leibniz que hoje nos surpreende, por ser incompatível com aquilo que pensamos dele e do ecletismo, mas que não deixa de ter fundamento na tendência do filósofo à composição, certamente harmoniosa, de doutrinas muito diversas). A idéia de harmonia estava ligada em Leibniz à de continuidade. Além disso, as duas se vinculavam à idéia de universalidade enquanto expressão do desejo de construir uma ciência universal e uma linguagem universal acessível a todos os seres humanos e capaz de descrever todas as idéias possíveis.

No início de sua carreira filosófica, Leibniz ocupou-se da possibilidade de uma *ars combinatoria* (VER) e de uma *characteristica universalis*. Esta última era uma linguagem universal expressa de forma simbólica que permitiria a todos o uso dos mesmos símbolos com o mesmo significado. A primeira era um sistema dedutivo que permitiria combinar os símbolos dedutivamente, de maneira que se "pudesse pôr um ponto final nessas cansativas polêmicas com que as pessoas se aborrecem umas às outras" (Gerhardt, VII, 186 [cf. bibliografia]). Mas isso só será possível quando se fizerem raciocínios "tão tangíveis quanto os da matemática, de sorte que possamos descobrir um erro a um simples olhar e que, quando houver disputas entre as pessoas, possamos simplesmente dizer 'Calculemos", com o fim de ver quem tem razão" (*Opuscules et fragments inédits*, ed. Couturat, p. 176 [cf. bibliografia]). Assim, a ciência universal com que Leibniz sonhava procedia ao modo da lógica e da matemática, embora estas últimas sejam apenas partes da ciência universal. Além disso, a ciência universal em questão só é possível porque, como escreveu Leibniz, "todo o corpo das ciências pode ser comparado a um oceano, que é contínuo em todas as partes, sem hiatos ou divisões, embora os homens entendam que há partes nele e as nomeiem de acordo com sua conveniência" (Couturat, p. 530). Deve-se levar em conta, na constituição da referida ciência universal, que, embora os caracteres usados sejam arbitrários, "há em sua explicação e ligação algo que não é arbitrário, quer dizer, uma relação existente entre os caracteres e as coisas", razão pela qual "a verdade não se baseia no que é arbitrário nos caracteres, mas no que há de permanente neles, isto é, na relação existente entre os caracteres e as coisas" (Gerhardt, VII, 191). Em suma, os conceitos expressos pelos caracteres da ciência universal têm *fundamentum in re*.

As noções de universalidade e continuidade implicadas na idéia da ciência universal postulada por Leibniz correspondem à universalidade e à continuidade que se encontram na própria realidade. O cálculo infinitesinal não é por isso uma simples série de convenções: é o melhor modo de conceptualizar e matematizar a continuidade da realidade como um todo e do movimento. Pode-se considerar esse cálculo como o instrumento, ou ao menos um dos instrumentos conceituais (e de cálculo) cujo uso foi sugerido a Leibniz por sua idéia da perfeita continuidade do real.

Em toda exposição da filosofia de Leibniz há uma série de princípios que ocupam lugar proeminente. Já nos referimos implicitamente a alguns deles: são os que podemos chamar de "princípio de harmonia" e "princípio de continuidade". A eles podemos acrescentar outros: o "princípio de plenitude", o "princípio de perfeição", o "princípio da identidade dos indiscerníveis", o "princípio da compossibilidade". Todos eles se referem à realidade. Há outros princípios vinculados mais propriamente ao modo como se entende a realidade: trata-se do "princípio de não-contradição" (que Leibniz equipara freqüentemente ao de identidade) e o "princípio de razão suficiente". Isso não quer dizer que haja uma separação estrita entre o que se poderiam denominar "princípios reais" e os "princípios conceituais" (ou "princípios ontológicos" e "princípios gnosiológicos"). Com efeito, os princípios que se referem primordialmente à realidade não deixam de ser princípios que afetam de alguma maneira a linguagem com a qual se descreve ou se explica a realidade e, ao mesmo tempo, os princípios relativos ao modo como se entende a realidade não deixam por isso de ser de alguma maneira princípios da realidade. Isso se deve à correlação muito estreita que há em Leibniz entre realidade e linguagem, manifestando-se sobretudo em alguns desses princípios, como o de razão suficiente, que pode ser formulado dizendo-se que nada ocorre na realidade sem que haja uma razão suficiente para que ocorra e que nenhum dado da realidade pode ser explicado se não se descobrir uma razão suficiente que o explique.

Tratamos de vários desses princípios em diversos verbetes deste Dicionário; ver, quanto a isso, os verbetes HARMONIA; CONTÍNUO; COMPOSSIBILIDADE; IDENTIDADE; INDISCERNÍVEIS (PRINCÍPIO DOS); PERFEIÇÃO; RAZÃO SUFICIENTE, aos quais podem-se adicionar outros, como ESSÊNCIA e EXISTÊNCIA. Vamos nos limitar a destacar aqui certos aspectos de alguns desses princípios. De imediato, o de continuidade. Este princípio se revela claramente na matemática (embora numa ocasião Leibniz tenha dito que toda repetição pode ser discreta ou contínua [Gerhardt, IV, 394]) e se manifesta não memos claramente na Natureza (embora o mundo de Leibniz não seja apenas um mundo contínuo, mas também um mundo monadológico, cheio de indivíduos). O princípio de continuidade é um princípio universal em que se torna patente a harmonia entre o físico e o geométrico. É um princípio segundo o qual todo o universo está relacionado "em virtude de razões metafísicas" e isso não só no presente como através da duração, visto que o presente está sempre prenhe de futuro. O princípio de continuidade permite explicar qualquer realidade e qualquer acontecimento, pois, à falta dele, seria forçoso concluir pela existências de hiatos na Natureza, o que seria incompatível com o princípio de razão suficiente (A. Buchenau e E. Cassirer, *Leibniz'...Werke*, II, 556). Mas, ao mesmo tempo, o princípio de razão suficiente seria inaplicável se não existisse o princípio de continuidade. De igual forma, esses dois princípios estão ligados ao princípio de plenitude; com efeito, o universo só é contínuo porque é "pleno", e vice-versa. Essa "plenitude" é a que resulta do modo pelo qual Leibniz concebe o mundo das essências (ou dos "possíveis") e sua relação com as existências. Como vimos nos verbetes pertinentes, Leibniz supõe que os possíveis caracterizam-se por sua aspiração (*conatus*) a existir e que o mundo resultante é aquele no qual se realiza "a série máxima de possibilidades". Em outros termos: todo possível que não seja contraditório está, por assim dizer, "destinado a existir; todo possível torna-se real sempre que não haja nada que se oponha à sua realização, ou seja, na medida em que haja uma razão suficiente para que venha a se realizar. A razão suficiente para que Deus escolha antes certos possíveis que outros para se realizar reside, argumenta Leibniz, na conveniência ou graus de perfeição de que são dotados os diversos mundos possíveis. Há um número infinito de mundos possíveis, mas só um chegou à existência. Este é o "melhor" mundo, onde 'melhor' tem não só um sentido moral como também, e talvez primariamente, um sentido metafísico. 'Melhor' quer dizer "o mais perfeito possível" (ou simplesmente "o que é perfeito") e também o mais "pleno". Tem-se a impressão de que havia um universo no qual pululavam os possíveis e do qual se extraiu o mundo efetivamente "mais real".

Na forma como Leibniz apresenta "o melhor mundo" já se vê claramente a função que desempenham os dois princípios a que nos referimos: o de não-contradição e o de razão suficiente. O princípio de não-contradição faz uma primeira seleção entre os possíveis; o princípio de razão suficiente explica por que certos possíveis, em vez de outros, vieram a existir. Mas o princípio de razão suficiente não é para Leibniz apenas um princípio muito geral; é um princípio que se aplica em todos os casos nos quais se procura saber por que algo é como é e não de outro modo. Em sua forma mais corrente, esse princípio é expresso pela frase "Nada acontece sem razão suficiente". Isso quer dizer, segundo Leibniz, que mudanças instáveis devem ser evitadas o máximo possível. O princípio de razão suficiente intervém, ao lado do de não-contradição, em todos os raciocínios. O princípio de razão suficiente é aplicável às coisas contingentes, ao passo que o de não-contradição o é às coisas necessárias. Por isso, as leis do movimento dependem do princípio de razão suficiente; essas leis não são, diz Leibniz, geometricamente necessárias, originando-se antes da vontade de Deus governada pela razão (Gerhardt, II, 181). O princípio em questão é ao mesmo tempo metafísico, físico e moral; com efeito, ele serve para explicar por que existe algo e não simplesmente nada; por que os movimentos se realizam de determinado modo e no sentido em que o fazem; por que este ou aquele ato é livre, isto é, por que a alma — que nunca pode se encontrar num estado de total indiferença — escolhe dada coisa em lugar de outra.

Seria longa uma exposição das concepções físicas de Leibniz e sobremaneira complexo tentar esclarecê-las com a ajuda dos referidos princípios. Vamos nos limitar a destacar o fato de a física de Leibniz — estreitamente ligada à sua metafísica — se opor à cartesiana, já que nega que a essência de um corpo consista somente na extensão; há nos corpos algo além de propriedades puramente geométricas, o que faz com que, para explicar os corpos e seus movimentos, seja necessária "uma noção mais elevada ou metafísica, ou seja, a de substância, ação e força". Leibniz não nega que os corpos sejam extensos, mas sustenta que não se devem confundir as noções de lugar, espaço ou pura extensão com a noção de substância, que, além da extensão, "inclui a resistência, isto é, a ação e a passividade". Isso leva Leibniz a insistir na importância da noção de força; a força é o que permanece constante e não, como pretendia Descartes, a quantidade de movimento. Mas a força não é uma entidade oculta; é a constante de todo movimento, suscetível de ser expressa matematicamente. Por isso, Leibniz não crê que o puro mecanicismo seja suficiente para explicar os corpos naturais e seus movimentos; sem dúvida, tudo o que ocorre na Natureza ocorre mecanicamente, mas "os princípios mesmos da mecânica, ou seja, as primeiras leis do movimento, têm uma origem mais sublime que os proporcionados pela pura matemática" (cf. artigo em *Journal des Savants*, 18-VI-1691). Em outras palavras, a força e a resistência pertencem a substâncias, e não a simples propriedades geométricas dos corpos. Diz-se por isso que Leibniz combinou o mecanicismo com a teleologia, mas também se poderia dizer, talvez com maior justificação, que ele combinou o geometrismo com o dinamismo (ver DINÂMICO).

Tanto a física como a metafísica de Leibniz são dominadas por uma noção básica à qual dedicamos um verbete: a distinção entre verdades de razão e verdades de fato (ver VERDADES DE FATO, VERDADES DE RAZÃO). Indiquemos, ou recordemos, aqui que essa distinção é paralela, senão idêntica, à que há entre proposições necessárias (ou necessariamente verdadeiras) e proposições contingentes (ou, melhor, proposições sobre realidades contingentes). As proposições necessárias são aquelas que não podem ser negadas sem se cair em contradição; as proposições contingentes são aquelas cuja negação é possível. Assim, é necessariamente verdadeiro e é, portanto, uma verdade de razão, que, se A existe, A existe, isto é, que se A existe não é verdade que A não existe. Mas é contingente que A exista (sempre que A não for Deus, cuja existência é necessária). Equipara-se freqüentemente a distinção entre verdades de razão ou proposições necessárias e verdades de fato ou proposições contingentes com a distinção entre proposições analíticas e proposições sintéticas. Há razões em favor dessa equiparação, mas é preciso alertar para o fato de ela não ser completa. Com efeito, embora a mente finita não possa realizar a análise requerida para explicar que A existe, e por que existe A, uma mente infinita poderia fazer essa análise. Em outros termos, as proposições contingentes podem ser sintéticas para uma mente finita mas certamente são analíticas para uma mente infinita. Essa mente pode reduzir as coisas existentes a seus possíveis, ou aos fundamentos de sua possibilidade. Por outro lado, a proposição de que Deus existe, embora referente a uma existência, é diferente de todas as outras proposições existenciais; como veremos em outro lugar (ver ONTOLÓGICA [PROVA]), basta saber que Deus é possível para afirmar que Ele é real.

Se se perguntasse quais os elementos com que Leibniz constrói seu universo com base nos princípios antes introduzidos, seria possível responder da seguinte maneira: substâncias e relações. Desses dois elementos, apenas as substâncias são reais; as relações (dentre as quais se destacam o espaço [VER] e o tempo [VER]) não são propriamente reais, ao menos no sentido de que não são substanciais. Daí a importância capital que desempenha na filosofia de Leibniz a noção de substância (VER). Substância é, enquanto ser existente, atividade. Naturalmente, a doutrina leibniziana da substância é complexa, mas pode ser simplificada quando considerada do ponto de vista da monadologia (ver MÔNADA; MONADOLOGIA). Leibniz parte das mônadas como substâncias simples, que não têm partes e que, portanto, não são extensas à maneira dos átomos. As mônadas não se distinguem entre si pela aparência, mas pela representação e pelo grau de representação. As mônadas são indivíduos. Ora, o universo se compõe de uma infinitude de representações, das mais indistintas e obscuras às mais distintas e claras. As mônadas "não têm janelas"; são, em si mesmas, universos, expressões diferentes de uma mesma realidade total. Sua diferença é a diferença de representação que cada uma tem do universo. Das mônadas inferiores, que têm apenas percepções ou representações inconscientes, às superiores, que, como o espírito, têm representações superiores ou apercepções, há uma hierarquia na qual cada elemento possui a apetição ou tendência a transformar a obscuridade das percepções em percepções mais claras. Por isso, Leibniz chama de apetição (VER) "a ação do princípio interno que produz a mudança ou passagem de uma percepção a outra". A apetição nem sempre alcança tudo aquilo para que tende, mas consegue sempre novas percepções. Sendo um reflexo, a mônada contém, clara ou obscuramente, todo o seu passado e o germe de seu porvir, embora somente a mônada suprema, ou seja, Deus, possua um saber atual absolutamente consciente de seu passado e de seu futuro, por ser espírito puro, imaterialidade pura, pura consciência de percepção. A diversidade das mônadas é formulada no princípio de identidade dos indiscerníveis (VER), segundo o qual a distinção radica apenas na discernibilidade. Com efeito, Leibniz afirma que as substâncias simples se distinguem por suas qualidades, pois "o que se encontra no composto só pode vir dos ingredientes simples, e as mônadas, se não possuíssem qualidades, seriam indiscerníveis umas das outras por não diferirem em quantidade". O princípios dos indiscerníveis equivale portanto à afirmação de que nunca há na Natureza dois seres perfeitamente iguais entre si "e nos quais não seja possível encontrar uma diferença interna ou que esteja fundada numa denominação intrínseca". Eis por que a indiscernibilidade corresponde somente à identidade, definida precisamente como identidade dos indiscerníveis. A doutrina das mônadas serve, por outro lado, para explicar a harmonia preestabelecida, ponto no qual se revela de maneira muito luminosa o otimismo do sistema leibniziano. A harmonia preestabelecida não é nada mais que o elemento que vincula as mônadas entre si, a lei de sua interdependência e sucessão. É harmonia porque tudo se corresponde de acordo com uma lei; é preestabelecida porque Deus fixou de antemão e para sempre toda a série das sucessões. Leibniz compara essa harmonia com o fato de dois relógios iguais que marcassem sempre o mesmo horário, não por interação nem por intervenção constante de um ser supremo mas pelo estabelecimento prévio do seu mútuo acordo. Mas Leibniz não nega com isso liberdade, concedida em maior ou menor grau às mônadas segundo seu posto na hierarquia universal. A existência do mal no mundo, que Leibniz classifica de mal metafísico, físico e moral, não demonstra para ele que Deus seja o autor do pecado; demonstra apenas que o espírito humano é demasiado limitado para compreender que o mal é uma parte necessária no conjunto harmônico do mundo, que é, no âmbito de todos os mundos possíveis, o melhor que Deus pôde criar. Por conseguinte, a suposta imperfeição é somente desconhecimento do papel que o imperfeito desempenha na ordem perfeita total.

A monadologia também permite, para Leibniz, resolver os problemas das idéias inatas, determinantes para a especulação filosófica de seu século. Leibniz admite o empirismo, que sustenta que não existe nada no intelecto que não tenha estado antes nos sentidos, mas acrescenta que isso vale para tudo, "exceto para o próprio intelecto". Como as mônadas são representação, o inatismo é inerente a elas, mas tal inatismo (ver) não consiste na idéia clara e distinta no sentido cartesiano. Ele se estende da mais obscura e indistinta percepção, a partir do sentimento inconsciente, que para o intelectualismo leibniziano não é um elemento diferente, mas inferior ao conhecimento ou à percepção consciente. Como nos demais aspectos de sua filosofia, Leibniz tende também aqui à conciliação e à resolução das oposições numa unidade harmoniosa. Essa tendência à harmonia culmina justamente na doutrina das mônadas, onde desaparecem todas as contradições reveladas pelos sistemas filosóficos anteriores para constituir o corpo do que Leibniz denomina "filosofia perene" — *perennis philosophia* —, em que a exclusão é substituída pela integração.

Acentuamos neste verbete as doutrinas de Leibniz que costumam ser consideradas de maior destaque. São elas: 1) a doutrina segundo a qual tudo é contínuo; 2) a doutrina segundo a qual há sempre uma razão suficiente para a explicação de qualquer ser ou de qualquer acontecer; 3) a doutrina segundo a qual tudo se compõe de mônadas; 4) a doutrina segundo a qual a comunicação entre as substâncias e, em geral, a relação entre as mônadas é regida pelo princípio da harmonia preestabelecida; 5) a doutrina segundo a qual o intelecto prevalece sobre o vontade ou sobre o sentimento; 6) a doutrina segundo a qual este mundo, embora contenha mal, é o melhor de todos os mundos possíveis. Alguns pontos, também vitais, da filosofia de Leibniz não puderam ser abordados aqui com a extensão que mereceriam; para compensar esta deficiência, referimo-nos a eles em outros verbetes (cf. *supra*). Deve-se sempre ter presente que freqüentemente houve discussões sobre a mais plausível interpretação que se pode dar à filosofia de Leibniz. Alguns consideraram que o centro de sua doutrina está em sua metafísica e que sua lógica é uma conseqüência dela; outros (como Couturat ou Russell) propuseram a tese de que o fundamental em Leibniz é sua lógica e de que a metafísica é ou resultado da lógica ou um modo de "ocultação" de seu verdadeiro pensamento. Embora sigamos em larga medida a primeira opinião — a tradicional —, não a aceitamos inteiramente. No entanto, tampouco aderimos à segunda. A rigor, consideramos que lógica e metafísica em Lebniz apóiam-se mutuamente e que é difícil considerar uma fundamento da outra. Se a metafísica de Leibniz fosse tão deslocada em sua obra como propõem alguns autores, não se entenderia seu modo de escrever. Com efeito, assim como cada mônada reflete o universo inteiro de uma só perspectiva, sendo um ponto de vista sobre o todo, assim também cada uma das proposições leibnizianas reflete, de um ponto de vista particular, a filosofia inteira. Mas, ao mesmo tempo, se a lógica de Leibniz fosse tão subordinada à metafísica como alguns autores imaginam, não se entenderia que, uma vez acentuada a novidade e particularidade de cada ente e de cada acontecer, Leibniz tente sempre reduzi-los a uma verdade única, alcançada mediante um processo de identificação.

⊃ As primeiras dissertações filosóficas de Leibniz compreendem: *De principio individui*, 1663. — *Specimen quaestione philosophicarum ex jure collectarum*, 1664. — *Dissertatio de arte combinatoria... Praefixa est demonstratio existentiae Dei ad mathematicam certitudinem exacta*, 1666. — *Hypothesis physica nova*, 1671 (incluindo *Theoria motus concreti*). — *Theoria motus abstracti*, 1671. — Muitos escritos de Leibniz, breves mas muito importantes para o conhecimento de sua filosofia, apareceram nas *Acta eruditorum Lipsiensium*, a partir de 1684, e em *Journal des Savants*, a partir de 1691. Também é importante sua correspondência (a correspondência entre ele e Clarke, nos anos de 1715-1716, foi publicada em Londres em 1717). Escritos como as *Meditationes de cognitione, veritate et ideis* (1664); *Confessio Naturae* (1668); *Confessio philosophi* (escrita por volta de 1673); *De primae philosophia emendatione et de notionen substantiae* (1694); *De rerum origininatione radicali* (1697); *De ipsa natura* (1698) e outros também são esclarecedores. Os escritos mais conhecidos de Leibniz são *Discours de métaphysique* (1686), o *Système nouveau de la nature* (1695), as *Considérations sur la doctrine d'un esprit universel* (1697), os *Noveaux Essais sur l'entendement humain*, concluídos entre 1701 e 1704 e só publicados em 1865, os *Essais de Théodicée sur la bonté de Dieu, la liberté de l'homme et l'origine du mal*, publicados já em 1710 e, em seguida, *La Monadologie*, escrita provavelmente em 1714. Ainda devem ser citados os *Principes de la nature e de la grâce fondés en raison* (publicados pela primeira vez em 1719). As obras de Leibniz são numerosíssimas e até esta data ainda não há uma edição completa delas; deve-se considerar que essas obras abarcam não só seus livros "formais", como muitos esboços e uma grande quantidade de cartas trocadas com, entre outros, Clarke, Hobbes, Bernouilli, Spinoza, Arnauld, Gallois, Malebranche, para não mencionar os escritos históricos, políticos e religiosos.

Entre as edições de Leibniz (todas elas incompletas), destacam-se a Coleção *Oeuvres philosophiques latines et françaises de M. de Leibniz*, 1 vol., Amsterdã e Leipzig, 1676; a edição de L. Dutens (*Opera omnia, nunca prima collecta, in classes distributa, praefationibus et indicibus ornata studio Ludovici Dutems*, em 6 tomos, Genebra, 1768 (reed.: 1989); a de J. E. Erdmann (*Opera philosophica quae exstante Latina, Gallica, Germanica omnia*, Berlim, 1840; reimp. com ampl., por R. Vollbrecht, 1958); a apenas iniciada por G. H. Pertz, 1843-1863 (obras filosóficas, históricas, matemáticas, correspondência); a de A. Foucher de Careil, 7 vols., Paris, 1859-1875; a de Otto Klopp, Hannover, 11 vols, 1864-1885, que abarcou apenas, numa primeira série de 8 tomos, escritos políticos e históricos; a de Paul Janet (*Oeuvres philosophiques de Leibniz*, 2 vols., Paris, 1866; reimp.: 1900); a de C. J. Gerhardt (*Philosophische Schriften*, 7 vols., Berlim, 1875-1890; reimp.: 1960-1961 e *Mathematischen Schriften*, 7 vols., Berlim, 1849-1863; reim.: 1952 ss.), importante por ter publicado pela primeira vez muitos escritos inéditos; a de Buchenau e E. Cassirer (*G. W. Leibniz' Philosophische Werke*, 4 vols., 1924). Ainda está incompleta a edição (Darmstatt, 1923 e seg.; Leipzig, 1938; Berlim, 1950 e seg.) que devia abarcar todos os escritos de Leibniz, a da Academia de Ciências de Berlim, com cerca de uma centena de volumes previstos, agrupados nas seguintes séries: I (12 tomos), *Correspondência geral, política e histórica*; II, *Correspondência filosófica*; III, *Correspondência matemática, científico-natural e técnica*; IV, *Escritos políticos*; V, *Escritos históricos*; VI, *Escritos filosóficos*; VII, *Escritos científicos e técnicos*. Edição de obras mais recente: *Werke*, em 20 vols., ed. W. E. Peuckert (a partir de 1949).

Há por outro lado numerosas edições separadas de textos inéditos, como a de Foucher de Careil, *Lettres et opuscules inédits de Leibniz*, 1854 e *Nouvelles Lettres et opuscules inédits de Leibniz*, 1857; os *Opuscules et fragments inédits* publicados por Couturat em 1903, reimp. 1961; os textos inéditos publicados por Jean Baruzi em 1909; as *Lettres et fragments inédits concernant les problèmes philosophiques, théologiques, politiques de la réconciliation des doctrines protestantes (1669-1704)*, publicados com introdução e notas de Paul Schrecker, 1934; a coleção de *Textes inédits d'après les manuscrits de la Bibliothèque provinciale de Hanovre*, publicados e anotados por J. Grua, 1 vols., 1948; *Lettres à Arnauld d'après um manuscrit inédit*, ed. G. Lewis, 1952; *Correspondance Leibniz-Clarke présentée d'après les manuscrits originaux des bibliothèques de Hanovre e de Londres*, ed. A. Robinet, 1957; a *Confessio philosophi*, ed. e trad. por Yvon Belaval, 1961 [desta *Confessio philosophi* publicara-se uma edição um tanto defeituosa em 1915, a cargo de Ivan Jagodinsky: *Leibnitiana inedita*, com introduções e notas em russo]. Novos textos de L. em Pierre Costabel, *L. et la dynamique*, 1960. — Também foram publicadas edições anotadas de obras originais de acordo com manuscritos originais; assim, por exemplo, uma edição da *Monadologia* e dos *Princípios da Natureza e da Graça*, por A. Robinet (1954); uma edição com um amplo (embora nem sempre pertinente) comentário do *Discurso de Metafísica*, por Pierre Burgelin (1959); os textos do *Essai de dynamique*, de 1692, por Pierre Costabel (1973).

Em português: *O discurso da metafísica*, 1997. — *Princípios de filosofia ou monadologia*, 1987. — *Novos ensaios sobre o entendimento humano*, Os Pensadores, 1980. — *Discurso sobre a teologia natural dos chineses*, 1991.

Bibliografia: Émile Ravier, *Bibliographie des oeuvres de L.*, 1937 [complemento de Paul Schrecker em *Revue Philosophique de la France e de l'Étranger*, 126 (1938)]. — Kurt Müller, *L.- Bibliographie*, 1967 [com 3.392 títulos]; atualização, numa 2ª ed.: A. Heinekamp, *L.- Bibliographie. Die Literatur über L. bis 1980*, 1984 [com 6.716 títulos]. — K. D. Dutz, *Zeichentheorie und Sprachwissenschaft bei G. W. L. Eine kritische annotierte Bibliographie der Sekundärliteratur*, 1983.

Concordâncias: R. Finster *et al.*, *Leibniz Lexikon*, 1988 [concordância dos escritos filosóficos].

Uma biografia de L. ainda hoje fundamental é a de E. G. Guhrauer, *L.*, 2 vols., 1842; 2ª ed., 1846. — Alentada informação biográfica traz Paul Wiedeburg, *Der junge L., das Reich und Europa*, 2 vols., 1962 [Historische Forschungen, 4]; o vol. I é uma exposição e o vol. II contém notas.

São muito numerosas as obras sobre o pensamento de L.; além dos primeiros escritos de Bilfinger (1723), Carl Günther Ludovici (1737), Baumeister (1741), Ploucquet (1748) e De Justi (1748), é preciso mencionar os livros publicados no século XIX, entre os quais figuram as obras de Hartenstein (1846), R. Zimmermann (1847, 1849 e 1852), E. Saisset (1857), de Foucher de Careil (1861), de A. Pichler (1869-1870) e de Otto Caspari (1870). Selecionamos aqui algumas obras publicadas depois de 1870, atentando principalmente para os livros de conjunto ou aqueles em que se extrai algum ponto capital de sua filosofia para a interpretação global dela: Jean Félix Nourisson, *La philosophie de L.*, 1870; reimp.: 1970. — Fr. Kirchner, *L., Sein Leben und Denken*, 1877. — Ed. Dillmann, *Eine neue Darstellung der Leibnizschen Monadlehre auf Grund der Quellen*, 1891. — E. Sigall, *Platon und L. über die angeborenen Ideen*, 2 vols., 1897-1898. — Bertrand Russell, *A Critical Exposition of the Philosophy of L.*, 1900; nova ed., 1937. — Louis Couturat, *La logique de L. d'après des documents inédits*, 1901; reimp., 1961, 1969. — Ernst Cassirer, *Leibnizs System in seinen wissenschaftlichen Grundlagen*, 1902. — A. Foucher de Careil, *Mémoire sur la philosophie de L.*, 1905. — M. Halbwachs, *L.*, 1906. — Jean Baruzi, *L. et la organisation religieuse de la terre*, 1907. — A. Görland, *Der Gottesbegriff bei L.*, 1907. — W. Kabitz, *Die Philosophie des jungen L.*, 1909. — E. van Biema, *L'espace et le temps chez L. et chez Kant*, 1908. — Hans Ludwig Koch, *Materie und Organismus bei L.*, 1908. — Walter Kinkel, *L.* [em *Grosse Denker*, ed. E. von Aster, vol. II, 1912]. — Clodius Piat, *L.*, 1915. — VV. AA., *The Monist*, v. 26, n° 4, outubro de 1916. — Bogumil Jasinowski, *Die analytische Urteilslehre Leibniziens in ihrem Verhältnis zu seiner Metaphysik*, 1918. — Hans Pichler, *L.*, 1919. — M. Ettinger, *L. als Geschichtsphilosoph*, 1921. — O. H. Schmalenbach, *L.*, 1921. — G. Carlotti, *Il sistema di L.*, 1923. — D. Mahnke, *Leibnizens Synthese von Universal-mathematik und Individualmetaphysik*, 1925; reimp., 1963 [do *Jahrbuch für Philosophie und phänomenologische Forschung*, VII]. — F. Olgiati, *Il significato historico di L.*, 1930; 2ª ed., 1934. — G. Stammler, *L.*, 1930. — M. Guéroult, *Dynamique et métaphysique leibniziennes*, 1934. — Heinz L. Matzat, *Untersuchungen über die metaphysischen Grundlagen der Leibniz'schen Zeichenkunst*, 1938. — *Id., Die Gedankenwelt des jungen L.*, 1947. — *Id., Gesetz und Freiheit. Eine Einführung in die Philosophie von G. W. L. aus den Problemen seiner Zeit*, 1948. — M. Guéroult, *Dynamique et metaphysique leibniziennes*, 1939; 2ª ed., 1967. — F. Amerio, *L.*, 1943. — A. Galimberti, *L.*, 1946. — G. Friedmann, *L. et Spinoza*, 1946. — S. dal Boca, *L.*, 1947. — G. Galli, *Studi sulla filosofia di L.*, 1949. — H. W. B. Joseph, *Lectures on the Philosophy of L.*, 1949. — Ingetrud Pape, *L. Zuzang und Deutung aus dem Wahrheitsproblem*, 1949. — F. Brunner, *Études sur la signification historique de la philosophie de L.*, 1951. — Yvon Belaval, *Pour connaître la pensée de L.*, 1952; 3ª ed., intitulada *L.: Initiation à sa philosophie*, 1969. — *Id., L., critique de Descartes*, 1960. — R. L. Saw, *L.*, 1954. — R. M. Yost, Jr., *L. and Philosophical Analysis*, 1954 [University of California Publications in Philosophy, 27]. — J. Moreau, *L'Univers leibnizien*, 1956. — G. Grua, *La justice humaine selon L.*, 1956. — María Eugenia Valentié, *Una metafísica del hombre, Ensayo sobre la filosofía de L.*, 1956. — José Ortega y Gasset, *La idea de principio em L. y la evolución de la teoría deductiva*, 1958. — H. H. Holtz, *L.*, 1958. — J. O. Fleckenstein, *G. W. L.*, 1958. — R. Kauppi, *Über die leibnizsche Logik mit besonderer Berücksichtigung des Problems der Intension und der Extension*, 1960. — Gottfried Martin, *L., Logik und Metaphysik*, 1960. — Herbert Wildon Carr, *L.*, 1960. — J. Jalabert, *Le Dieu de L.*, 1960. — Émilienne Naert, *Mémoire et conscience de soi selon L.*, 1961. — Hans M. Wollf, *L. Albeseelung und Skepsis*, 1961. — Edmondo Cione, *L.*, 1964. — Anna-Teresa Tymienecka, *Leibniz's Cosmological Syntesis*, 1964. — G. H. R. Parkinson, *Logic and Reality in Leibniz's Metaphysics*, 1965. — Nicholas Rescher, *The Philosophy of L.*, 1967. — Michel Serres, *Le système de L. et les modèles mathématiques*, 2 vols., 1968. — Hidé Ishiguro, *Leibniz's Philosophy of Logic and Language*, 1972. — Leroy E. Loemker, *Struggle for Synthesis: The Seventeenth Century Background of Leibniz's Synthesis of Order and Freedom*, 1972. — Aron Gurwitsch, *L.: Philosophie des Panlogismus*, 1974. — C. D. Broad, *L.: An Introduction*, 1975, ed. C. Lewy. — J. Hostler, *Leibniz's Moral Philosophy*, 1975. — Yvon Belaval, *Studes Leibniziennes. De L. à Hegel*, 1976. — M. Mugnai, *Astrazione e realtà. Saggio su Leibniz*, 1976. — H. Burkhardt, *Logik und Semiotik in der Philosophie von Leibniz*, 1980. — N. Rescher, *Leibniz's Metaphysics of Nature: A Group of Essays*, 1981. — J. W. Nason, W. Sellars *et. al.*, *Leibniz: Metaphysics and Philosophy of Science*, 1982, ed. R. S. Woolhouse. — G. H. R. Parkinson, F, Mondadori *et. al.*, *Leibniz: Critical and Interpretive Essays*, 1982, ed. M. Hooker. — F. J. Aiton, *Leibniz. A Biography*, 1985. — B. Mates, *The Philosophy of Leibniz: Metaphysics and Language*, 1986. — G. Deleuze, *Le pli. Leibniz et le baroque*, 1988. — F. Martínez Marcoa, *Cálculo y ser. (Aproximación a Leibniz)*, 1991.

Por ocasião do 300° aniversário de nascimento de L., publicaram-se na Alemanha uma série de monografias. Mencionamos: I, N. Hartmann, *L. als Metaphysiker*, 1946; II, E. Benz, *L. und Peter der Grosse*, 1947; III, E. Hochstetter, *Zu Leibniz' Gedächtnis*, 1948; IV, J. E. Hoffmann, *Leibniz' Mathematischen Studien in Paris*, 1948; V, K. Durr, *Leibniz' Forschungen im Gebiet der Syllogistik*, 1949; VI, W. Conze, *L. als Historiker*, 1951; VII, R. Zocher, *Leibniz' Erkenntnistheorie*, 1952; VIII, R. F. Merkel, *L. und China*, 1952.

A partir de 1969, aparecem os *Studia Leibnitiana. Zeitschrift für Geschichte der Philosophie und der Wissenschaften vom 16.bis 18 Jahrhundert*, ed. por Kurt Müller, Heinrich Schepers e Wilhelm Totok. €

LEIBNIZ-WOLFF (ESCOLA DE). Embora seja habitual falar da Escola de Leibniz-Wolff como baseada num conjunto de idéias e de tipos de argumentos derivados daqueles dois filósofos, não se trata formalmente de uma "escola", mas de uma "corrente" e, especificamente, de uma corrente acadêmica, muito influente durante algumas décadas em países de língua alemã, com algumas ramificações na França, na Polônia e na Rússia. A expressão mais usada no século XVIII, e em seguida registrada nos manuais de história da filosofia, foi 'filosofia de Leibniz-Wolff'. Essa expressão deve sua origem a Georg Bernhard Bilfinger (VER), que estudou com Wolff e aspirou a organizar sistematicamente, bem como a propagar, as doutrinas wollfianas.

De modo geral, os elementos da filosofia leibniziana aceitos pelos que seguiam a "filosofia de Leibniz-Wolff" foram vistas através das interpretações e sistematizações de Wolff, motivo pelo qual a citada "filosofia de Leibniz-Wolff" muitas vezes é simplesmente "a filosofia de Wolff", com as conseqüentes transformações e derivações. Wolff conseguiu compendiar um vasto complexo de idéias e assentou as bases para os estudos acadêmico-filosóficos (que incluíam também a teologia, a jurisprudência, a matemática etc.). Teve além disso numerosos discípulos que se basearam nele, ainda quando discordavam do mestre em diversos pontos. Ao final do verbete WOLFF, referimo-nos aos mais destacados discípulos desse filósofo, que podem ser considerados, nesta condição, "membros" da Escola de Leibniz-Wolff; esses discípulos influenciaram outros, podendo-se assim compilar uma enorme lista. O citado Bilfinger, Baumgarten, Ludwig Philipp Thümming, Friedrick Christian Baumeister são os nomes mais freqüentemente mencionados. Mas muitos outros podem ser aduzidos; é interessante, além disso, notar os postos universitários e as datas. Lewis White Beck (*Early German Philosophy: Kant and His Predecessors*, 1969, pp. 276-278) proporciona uma lista interessante. Em Halle: o próprio Wolff (datas de exercício: 1740-1755); Thümming, que abandonou Halle com Wolff e em seguida deu aulas em Kessel; A. G. Baumgarten, que deu aulas de 1738 a 1740, quando se transferiu para a Universidade de Frankfurt a.O.; G. F. Meier (datas de exercício: 1739-1777); S. J. Baumgarten (1743-1772); J. S. Semler (1752-1791); J. A. Eberhard (1778-1809). Em Marburgo, havia poucos professores não-wolffianos até 1787. Em Giessen: J. F. Müller, discípulo de Bilfinger, sucedido por outro discípulo de Wolff, Andreas Böhm, que deu aulas até 1790. Em Tübingen: Bilfinger (1719-1725), despedido em 1725, transferiu-se para São Petersburgo e regressou à Alemanha em 1731 para dar aulas e, pouco depois, presidir o consistório de Stuttgart; Israel Gottlob Canz (1739-1747); Gottfried Ploucquet (1750-1790). Em Helmstedt: J. N. Frobeius (1726-1756), discípulo de Wolff em Halle e Marburgo. Em Konigsberg: F. A. Schultz (1686-1763); C. F. Rast (1686-1741); Martin Knutzen (VER), mestre de Kant. Em Leipzig: J. C. Gottsched (datas de exercício: 1734-1766); Carl Ludovici (1761-1768), historiador do wolffianismo; Christian Garve (VER), que se transferiu para Leipizig em 1772. Em Iena: Johann Peter Reusch (a partir de 1738); Joachim G. Darjes (1714-1792), que em seguida se inclinou na direção de Crusius; Johann Jakob Brucker (1696-1792), historiador da filosofia. Em Wittemberg: Friedrich Christian Baumcister (deu aulas de 1730 a 1736). E ainda há outros que se deveriam citar, como Jean Henri Samuel Formey (1711-1797). Evidentemente, "a filosofia de Leibniz-Wolff" — ou "a filosofia de Wolff" — foi francamente acadêmica.

Nem todos os filósofos citados foram estritamente wolffianos; alguns, como Ploucquet e Meier, foram bastante ecléticos, mas seu pensamento se desenrola no contexto do wolffianismo.

Também ao final do verbete WOLFF, fazemos uma breve menção às críticas dirigidas à filosofia de Leibniz-Wolff por pensadores como Ruidiger e Crusius, bem como à influência, tanto positiva como negativa, que teve a filosofia de Leibniz-Wolff sobre Kant.

Elementos da filosofia de Leibniz-Wolff passaram a manuais escolásticos modernos, nos quais se encontram citações de Wolff, Reimarus, Sulzer e outros autores. Afirmou-se inclusive que parte da escolástica do final do século XVIII e do começo do XIX, especialmente a escolástica incorporada a manuais de filosofia para o ensino em seminários e algumas universidades, compõe-se de uma combinação eclética de idéias escolásticas e idéias procedentes da filosofia de Leibniz-Wolff. Essa tendência de uma parcela da escolástica moderna reduziu-se consideravelmente, e depois desapareceu, com a revitalização formal do tomismo e, em particular, com a atenção dada ao variado "complexo" das filosofias medievais.

LEISEGANG, HANS (1890-1951). Nascido em Blankenburg (Turíngia), foi professor em Leipzig (1929-1930) e em Iena (1930-1934). Em 1934, foi destituído de seu cargo por sua oposição ao regime nacional-socialista. Em 1945 voltou a ser nomeado professor em Iena e, a partir de 1948, professor na Universidade Livre (Freie Universität) de Berlim.

Leisegang se distinguiu por seus estudos sobre o pensamento e a religião da época helenística, especialmente sobre as formas que esse pensamento imprimiu nos elementos espirituais procedentes de outras culturas. Esses estudos o levaram a uma pesquisa sobre o que denominou as formas do pensar (*Denkformen*), expressão pela qual entendia as formas lógicas de pensar, ainda que o termo "lógicas" tenha nesse caso um sentido bem amplo. Segundo Leisegang, essas formas são mais fundamentais que as tipologias das concepções de mundo. Trata-se de estruturas gerais de concepção (e expressão) ligadas a estruturas da realidade, ou, melhor dizendo, a diversos tipos possíveis de organização dessas estruturas. Referimo-nos com mais detalhes às idéias de Leisegang sobre o assunto, com a exposição de sua classificação das formas de pensar, no verbete Perifilosofia (VER). Leisegang conclui que a concepção das formas de pensamento não leva a um relativismo epistemológico, pois um pensamento é verdadeiro quando é adequado à estrutura dos objetos aos quais se aplica e quando consegue exprimir essa estrutura.

◻ Obras: *Die Raumtheorie im späteren Platonismus, insbesondere bei Philon und den Neuplatoniken*, 1911 (tese) (*A teoria do espaço no plantonismo posterior, especialmente em Fílon e nos neoplatônicos*). — *Die Begriffe der Zeit und Ewigkeit im späteren Platonismus*, 1913 (*Os conceitos de tempo e eternidade no platonismo posterior*). — *Die Heilig Geist: das Wesen und Werden der mystisch-intuitiven Erkenntnis in der Philosophie und Religion der Griechen*, 1919 (*O Espírito Santo: natureza e evolução do conhecimento místico-intuitivo na filosofia e na religião dos gregos*). — *Pneuma Hagion. Der Ursprung des Geistbegriffes der synoptischen Evangelien aus der griechischen mystik*, 1922 (*P. H. [Espírito Santo]. A origem do conceito de espírito dos evangelhos sinóticos a partir da mística grega*). — *Griechische Philosophie von Thales bis Platon*, 1922. — *Hellenistische Philosophie*, 1923. — *Die Gnosis*, 1924; 3ª ed., 1942. — *Weltanschauung: philosophisches Lesebuch*, 2 vols., 1926 [em colaboração com E. Bergmann] (*Visão de mundo: livro de leitura filosófica*). — *Deutsche Philosophie im 20. Jahrhundert*, 1928 (*A filosofia alemã no século XX*). — *Denkformen*, 1928; 2ª ed., 1950 (*Formas do pensar*). — *Die Platondeutung der Gegenwart*, 1929 (*A intepretação atual de Platão*). — *Religionsphilosophie der Gegenwart*, 1930 (*A atual filosofia da religião*). — *Lessings Weltanschauung*, 1931 (*A visão de mundo de Lessing*). — *Goethes Denken*, 1932 (*O pensamento de Goethe*). — *Dante und das christliche Weltbild*, 1941 (*Dante e a imagem cristã do mundo*). — *Hegel, Marx, Kierkegaard*, 1948. — *Einführung in die Philosophie*, 1951. — *Meine Weltanschauung*, 1952 (*Minha visão de mundo*).

Leisegang colaborou na *Realenzyklopädie* de Pauly-Wissowa com vários verbetes (*Logos*, Fílon, Platão, *Sophia* e outros). Preparou também o Índice da edição crítica de Fílon (VER) de L. Cohn e P. Wendland. ◻

LENIN (1870-1924). Seu verdadeiro nome era Vladimir Ilitch Ulianov. Nascido em Simbirsk (atual Ulianovx). Deixaremos de lado neste verbete sua conhecida atuação política e falaremos apenas de suas idéias filosóficas. Estas são determinadas pela influência recebida de Marx e de Engels, razão pela qual o pensamento de Lenin está decididamente na linha do marxismo (VER). Contudo, a atenção dada por Lenin aos problemas concretos, sociais, políticos e históricos, faz com que seu marxismo possa ser considerado uma versão dada da doutrina diante de certas realidades. Por isso, tem sido freqüente julgar o leninismo como a forma adotada pelo marxismo em determinado momento da história e em relação a determinada comunidade.

É característico do marxismo leninista a acentuação do papel fundamental que o indivíduo pode desempenhar na luta pelo socialismo, em contraposição às concepções que destacam excessivamente a necessidade histórica. Isso se deve ao fato de Lenin pensar em termos concretos de luta pelo poder e de conquista do Estado pelo proletariado. A seu ver, deve-se submeter tudo a esta finalidade, inclusive a filosofia, que adquire assim um caráter terminantemente "partidário". Por isso, Lenin se opôs a todas as tendências que julgava ameaçadoras ao triunfo do materialismo dialético marxista. Sua mais conhecida luta filosófica é a que sustentou com os partidários russos de Mach (especialmente Bogdanov), aos quais acusou de "fideísmo"; o machismo e o empiriocriticismo são, por conseguinte, expressões da "filosofia reacionária" da burguesia. A luta contra as crenças religiosas está ligada intimamente à oposição anterior. De todo modo, trata-se de construir uma doutrina na qual se destaque um inamovível núcleo dogmático no qual se unam indissoluvelmente teoria e prática. Essa doutrina se baseia, como se indicou, em Marx e Engels (e até mesmo na acentuação da unidade das teorias dos dois pensadores) e num completo realismo epistemológico em que Lenin vê a melhor defesa contra todo idealismo e a confirmação de que (não obstante o mencionado papel desempenhado pela atividade humana) o ser determina a consciência, e não o contrário, na conseqüente idéia de que o conhecimento reflete exatamente o real e não é uma simples série de símbolos e, por fim, no constante materialismo. Ora, Lenin destacou muitas vezes o caráter dialético desse materialismo; a "leitura materialista de Hegel", que Lenin fez repetidas vezes, levou-o à convicção de que, a menos que se insista nas oposições dialéticas e na destruição da tese pela antítese, não se poderá tornar concreto o ímpeto revolucionário essencial, que deve estar indissoluvelmente ligado à doutrina, ao mesmo tempo que por ela determinado, pois do contrário não se defende, segundo Lenin, o marxismo, mas um mero oportunismo e relativismo.

◻ As principais obras filosóficas de Lenin são sua polêmica contra Bogdanov e os partidários de Mach, intitulada *Materialismo e Empiriocriticismo*, publicada em 1909 e os *Cadernos Filosóficos (Filosofskié tetradi)*, ed. V. V. Adoratskiy e W. G. Sorin, 1933. — Edição de obras completas por V. V. Adoratskiy: *Sotchinéniá*, 35 vols., 4ª ed., 1941-1950. — Edição em alemão pelo Instituto Marx-Engels de Moscou: *Sämtliche Werke*, 40 vols., 1955-1971.

Que fazer? As questões palpitantes do nosso movimento, 1978. — *O Estado e a revolução: o conceito marxista do poder*, s.d. — *Capitalismo e agricultura nos Estados Unidos: novos dados sobre as leis de desenvolvimento do capitalismo na agricultura*, 1980. — *O Estado e a revolução: o que ensina o marxismo sobre o estado e o papel do proletariado na revolução*, 1983. — *O desenvolvimento do capitalismo na Rússia: o processo de formação do mercado interno para a grande indústria*, 1985. — *A falência da II Internacional*, 1979. — *O imperialismo: fase superior do capitalismo*, 1987. — *Sobre os sindicatos*, 1979. — *Obras completas*, s.d. — *A questão do programa*, 1979. — *O Estado e a revolução: a doutrina marxista de Estado e as tarefas do proletariado na revolução*, 1961. — *Esquerdismo: doença infantil do comunismo*, 1978. — *Materialismo e empiriocriticismo: novas críticas sobre uma filosofia reacionária*, 1975. — *Marx-Engels: marxismo*, 1979. — *Como iludir o povo com os slogans de liberdade e igualdade*, 1979. — *O trabalho do Partido: entre as massas*, 1961. — *Cultura e revolução cultural*, 1968. — *O Estado e a revolução*, 1970. — *O programa agrário da social-democracia na primeira revolução russa de 1905-1907*, 1980. — *Obras escolhidas*, 1979-1980. — *Lenin: política*, 1978. — *A aliança operário-camponesa*, 1961. — *Teses de abril, sobre as tarefas do proletariado na presente Revolução*, 1987. — *A doença infantil do comunismo*, 1984.

Há numerosas obras sobre L.; citamos: K. Vorländer, *Vom Machiavelli bis L.*, 1926. — S. Marck, *L. als Erkenntnistheoretiker*, 1928. — I. Luppol, *L. und die Philosophie*, 1929. — C. Malaparte, *Intelligenza di L.*, 1930. — A. M. Deborin, *L. i krisis novejchéj fiziki*, 1930. — A. A. Maksimov, *L. i jestéstvoznanié*, 1933. — J. Harper, *L. als Philosoph*, 1933. — A. Pastore, *La filosofia di L.*, 1946. — Werner Ziegenfuss, *L. Soziologie und revolutionäre Aktion im polistischen Geschehen*, 1948. — C. J. Gianoux, *Lénine*, 1952. — VV.AA., "Lénine: philosophe et savant", em *La Pensée* [Paris], 57 (1954). — Henri Lefèbvre, *La pensée de Lénine*, 1957. — Wilhelm Goerdt, *Die "allseitige universale Wendigkeit"* (Gibkost') *in der Dialektik V. I. Lenins*, 1962. — Roger Garaudy, *Lénine*, 1966. — Louis Althusser, *Lénine et la philosophie*, 1969. — Manuel Sacristán, "L. y el filosofar", *Realidad*, 19 (dezembro de 1970). — Dominique Lecourt, *Une crise et son enjeu: Essai sur la polition de Lénine en philosophie*, 1973. — A. A. Smirnow, "Die Leninsche Widerspiegelungstheorie und die Psychologie", em J. Lompscher, ed., *Lenins philosophische Erbe und die Ergebnisse der sowjetischen Psychologie*, 1974. — D. Schub, *Lenin*, 2 vols., 1977. — N. Harding, *L.'s Political Thought*, 2 vols., 1977-1981 (com bibliografia). — A. Negri, *La fabbrica della strategia: 33 lezione su L.*, 1979. — L. Singer, *Korrekturen zu L.*, 1980. — P. Lübbe, *Kautsky gegen L.*, 1981. — D. W. Lovell, *From Marx to Lenin: An Evaluation of Marx's Responsibility for Soviet Authoritarianism*, 1984. — L. Schapiro, P. Reddaway, eds., *Lenin: The Man, The Theorist, The Leader. A Reappraisal*, 1987.

Ver também a bibliografia de Filosofia soviética e Marxismo. **C**

LEÓN BARANDIARÁN, JOSÉ. Ver Deústua, Alejandro Octavio.

LEONARDO DA VINCI (1452-1519). Nascido em Vinci, no Vale do Arno. Discutiu-se às vezes se Leonardo foi ou não um filósofo, além de pintor, cientista, inventor etc. Cremos que a única coisa que se pode dizer é que ele teve opiniões que podem ser consideradas filosóficas ou que no seu tempo podiam ser assim caracterizadas. Essas idéias estão em notas (e até pode ser que o estar expressas em notas corresponda ao "modo filosófico" ou suposto "modo filosófico" de Leonardo). As mais importantes para o tópico que nos ocupa são as seguintes:

O conhecimento é obtido por meio da experiência dos sentidos, sendo também confirmado pelo recurso a essa experiência: "a experiência não erra nunca; só os nossos juízos erram". A experiência é a mãe de toda certeza, assim como da sabedoria. Contudo, a experiência não basta por si só ao saber, também é preciso elaborá-la mediante a razão, que não se opõe à experiência, mas está simplesmente acima dela, dominando-a como o geral domina o particular. A ciência é capitã da prática. Essa razão é exprimível em princípio em forma matemática, por ser a matemática a linguagem das leis gerais (que, além disso, devem ser comprovadas pela experiência). A experiência e a razão podem compreender a Natureza, que segue leis estritas "a ela inerentes". Essa obediência à estrita lei é a "necessidade", mestra e guia da Natureza. Leonardo enfatiza que há na Natureza estritas relações causais, de modo que, se se compreende a causa, já não se sente necessidade do experimento (embora a causa possa não ter sido descoberta sem o experimento).

O "paraíso da ciência matemática" é a mecânica, de que Leonardo se ocupou, tendo tratado das noções de peso, força e "percussão", que produzem o movimento e são por ele produzidas. A gravidade e a luz são forças geradas pela transformação de um elemento em outro. A força e o tempo são infinitos, ao passo que o peso é finito. O movimento deve ser tratado matematicamente, e suas quatro espécies principais são: o direto (linha reta), o curvo, o espiral e o circular. A força que se transmite de um corpo que se move ao corpo movido por ele é o ímpeto. Todo movimento "conserva seu curso, ou melhor, todo corpo, quando é movido, continuará em seu curso até onde o permitir o poder do impulso nele residente".

Os cinco sentidos são os ministros da alma, que é a sede do juízo. O principal sentido é a visão (o olho é "a janela da alma", ou seja, "o principal órgão por meio do qual o entendimento pode alcançar a mais completa e magnífica visão das infinitas obras da Natureza"). No olho se reflete a beleza do mundo. Uma noção fundamental é a proporção; toda parte de um todo deve ser proporcional a ele.

A pintura é a mais nobre das artes. A música é irmã da pintura. A poesia pode ser comparada à música. A pintura "supera todas as obras humanas graças à sutil especulação que está relacionada a ela". A pintura trata da filosofia natural, assim como a poesia trata da filosofia moral. A escultura é menos intelectual que a pintura e carece de muitas de suas qualidades intrínsecas. O pintor "luta e compete com a Natureza"; ele deve agir como um espelho, e a pintura por ele produzida é como "uma segunda Natureza".

Várias são as opiniões manifestas acerca do valor das idéias filosóficas de Leonardo. Por algum tempo, considerou-se Leonardo um gênio absolutamente criador, não apenas na pintura como na filosofia natural e mecânica. Depois se admitiu que devia haver um "grande precursor", e Nicolau de Cusa foi mencionado freqüentemente como tal. Duhem procurou descobrir quais teriam sido os precursores de Leonardo e descobriu que eram — ao menos em filosofia natural — os físicos da Escola de Paris. Isso parece correto se levarmos em conta que, no tocante, por exemplo, à explicação da causa do movimento, Leonardo aderiu por completo à teoria do ímpeto (VER). Mas estudos realizados ulteriormente (A. Koyré, E. Moody, A. Maier, C. Clagett e outros) mostraram que, em sua filosofia natural e em sua mecânica, Leonardo se apoiou em larga medida nos mertonianos (VER). Tudo isso reduziu consideravelmente o papel de Leonardo como "precursor da ciência moderna". Contudo, sua insistência na combinação de experiência e matemática, embora procedente de outras fontes, seguia a direção na qual iria se desenvolver a física (mecânica, dinâmica, cinemática), embora sem chegar a estabelecer regras metódicas sistemáticas no tocante a isso e sem definir com precisão os termos fundamentais usados. O que pode ser a mais importante contribuição filosófica leonardiana reside no que recebeu o nome de "a anatomia da Natureza"; também pode ter relevância sua insistência na compreensão da realidade com base em "modelos", que para ele eram quase sempre "figuras" ou algo de alguma maneira "figurativo" e passível de ser desenhado.

➲ As anotações, notas etc. de Leonardo estão em vários *Codici*, dentre os quais se sobressai o *Codex Atlanticus*, ed. Giuseppe Piumati, 1894-1904. Entre outros *Codici*, salientamos os publicados por Ravaisson-Mollien, 1881-1891.

Em português: *Escritos de Leonardo da Vinci sobre a arte da pintura*, 2000. — *Obras literárias, filosóficas e morais*, 1997.

Da imensa bibliografia sobre L., destacamos: P. Duhem, *Études sur Léonard da Vinci*, 3 vols., 1906-1913. — F. Orestanoi, *L. da Vinci*, 1919. — A. M. d'Anghiari, *La filosofia di L. da V.*, 1920. — F. M. Bongianni, *L., pensatore*, 1935. — E. Panofsky, *The Codex Huygens and L. D. V.s Art Theory*, 1940. — G. Gentile, *Il pensiero di L.*, 1941. — C. Puporini, *La mente di L.*, 1953. — K. Jaspers, *Leonard als Philosoph*, 1953. — F. Romero, "Leonardo y la filosofía del Renacimiento" [1952], em *Estudios de la historia de las ideas*, 1953, pp. 9-29. — E. Trilo, *Riconstruzione e interpretazione del pensiero filosofico di L. da V.*, 1954. — D. Nedeljkovic, *L. de V., philosophe et peintre*, 1956. — J. Gantner, *L. Visionen von den Sintflut und vom Untergang der Welt*, 1958. — B. Kouznetsov, "The Rationalism of L. da V. and the Dawn of Classical Science", *Diogenes*, 69 (1970), 1-11. — S. Ghita, "Le sens philosophique de la pensée de L. de V.", *Philosophie et Logique*, 25 (1981), 357-367. ℭ

LEÔNCIO DE BIZÂNCIO (ca. 475-542/543). Foi um dos principais teólogos e filósofos do primeiro período da filosofia bizantina (VER). Influenciado em alguns aspectos (na concepção da alma, por exemplo) por Platão e pelos neoplatônicos, e, em outros (concepção da substância, da matéria e da forma, procedimento lógico), por Aristóteles e pela *Isagoge* de Porfírio, mas fiel sobretudo aos Padres da Igreja gregos, entre eles, de modo particular, São Basílio, São Gregório de Nazianzo e São Cirilo (com ocasionais referências aos escritos do Pseudo-Dionísio), Leôncio de Bizâncio ocupou-se das questões teológicas propostas pela cristologia em defesa da fé ortodoxa e contras as heresias nestoriana e monofisita. Mas embora a importância e a significação de sua obra seja sobretudo teológica, seu afã de definir as noções empregadas para evitar a heterodoxia o levou a amplos desenvolvimentos filosóficos. A identificação entre Deus e o Ser, a distinção entre natureza e hipóstase (VER), a elaboração da noção de emhipóstase (ou natureza que não é uma hipóstase, mas que existe *em* uma hipóstase), equiparando emhipóstase e substância, foram algumas das contribuições teológico-filosóficas de Leôncio, que influenciou nesse sentido vários outros pensadores bizantinos, especialmente Máximo, o Confessor e São João Damasceno. Na perpétua luta entre platônicos e aristotélicos na filosofia bizantina, Leôncio é considerado por uns platônico e por outros aristotélico, mas já vimos que ele emprega ambas as filosofias com um objetivo predominantemente teológico e, por esse motivo, não pode ser estritamente adscrito a nenhuma dessas escolas.

➲ As principais obras de Leôncio de importância filosófica são seus livros contra os nestorianos e eutiquianos (*Libri tres adversus Nestorianos et Euthychianos*), a *Eplysis* e os *Trinta Capítulos* (*Triginta capita adversus Nestorium*). São-lhe por vezes atribuídos um *De sectis* e um *Contra Nestorianos*, embora provavelmente não sejam dele, devendo-se a algum discípulo ou partidário seu. Obras em Migne, *P. G.* LXXXVI. Edição de *Triginta capita* por Dekamp em *Doctrina Patrum de Incarnatione*, 1907, pp. 155-12643.

Sobre Leôncio: V. Ermoni, *De Leoncio Byzantino et de eius doctrina christologica*, 1895. — I. P. Junglas, *L. von B.*, 1908. — M. Grabmann, *Geschichte der scho-*

lastischen Methode, I, 1909, pp. 104-108. — B. Tatakis, *La philosophie byzantine*, 1949, pp. 62-73. — A. Orbe, *La epinoia: Algunos preliminares históricos de la distinción (En torno a la filosofía de L. de B.)*, 1955. — Stephan Otto, *Person und Subsistenz: Die philosophische Anthropologie des L. von B. Ein Beitrag zur spätantiken Geistesgeschichte*, 1968. — N. J. Moutafakis, "Christology and Its Philosophical Complexities in the Thought of L. of B.", *History and Philosophy Quarterly*, 10 (2) (1993), 99-119. ⊃

LEONHARDI, HERMANN (BARÃO). Ver Krausismo.

LEPIDI, ALBERTO. Ver Neo-escolástica.

LEQUIER, JULES [seu "verdadeiro nome" era, segundo L. Dugas, Jules Léquyer] (1814-1862). Nascido em Quintin (Côtes-du-Nord, Bretanha). De 1834 a 1838, estudou na Escola Politécnica; durante esse período, vivenciou uma crise em sua fé católica e, de modo geral, em suas crenças religiosas: a fé, que requer a liberdade, parecia-lhe opor-se à ciência, que exige o determinismo. Essa crise foi relatada por Lequier em seu escrito "La feuille de charmille" ("A folha de carpa", que constitui a "Introdução" à obra posteriormente publicada por Renouvier com o título, já indicado por Lequier, *Le problème de la science. Comment trouver, comment chercher une première verité*; outro título sugerido por Lequier: *Discours sur la recherche d'une première verité*. Ele superou essa crise tomando de novo posse da "fé em minha liberdade mediante minha própria liberdade, sem racionalização, sem vacilação", de modo que podia afirmar "Sou livre" e fazer desaparecer desta maneira "a quimera da necessidade". Em 1843, ele começou a lecionar na École Epyptienne; por volta dessa época ocorreu seu encontro com Renouvier, tão influente sobre Lequier e sobre a ulterior divulgação da obra de Lequier. Em 1846, ela voltou a enfrentar uma grande crise religiosa e mística. Em 1848, retornou a Plerin (Bretanha) para apresentar sua candidatura de deputado à Assembléia Constituinte como "católico republicano". Em 1851, teve de ser internado, mas recuperou a saúde e lecionou (1853-1855) em Besançon e em Lons-le-Saulnier. Depois de um período de solidão, de crise e de desespero, suicidou-se, entrando no mar e nadando até esgotar suas forças.

Renouvier apresentou a filosofia de Lequier sobretudo como uma "filosofia da liberdade", insistindo no que recebera o nome de "o argumento do duplo dilema". Este consiste essencialmente no seguinte raciocínio: Admitamos antes de tudo que é verdadeira ou *a*) a necessidade ou *b*) a liberdade. Se admito *a*), encontro as duas condicionais a seguir: $a1$) se afirmo a necessidade, afirmo-a necessariamente; de fato, se há necessidade, minha afirmação da necessidade é necessária; $a2$) se afirmo a liberdade, afirmo-a necessariamente; com efeito, se há liberdade, minha afirmação da liberdade é necessária. Por outro lado, se admito *b*), encontro duas outras condicionais: $b1$) se afirmo a necessidade, afirmo-a livremente; de fato, se há liberdade, é livre a afirmação da necessidade; $b2$) se afirmo a liberdade, afirmo-a livremente; com efeito, se há liberdade, é livre a afirmação da liberdade. Ora, não posso comprovar que $a1$) se verifica, isto é, que há necessidade e que a afirmo necessariamente; tampouco posso fazê-lo com relação a $a2$), mas se me atenho a $a2$), posso afirmar que existem fundamentos do conhecimento e da moral, o que não ocorre se me ativer a $a1$). Por outro lado, se me atenho a $b1$), faço uma afirmação não necessária. Só quando me atenho a $b2$) e afirmo livremente a liberdade, estou na verdade e posso estabelecer que há fundamentos do conhecimento e da moral. Assim, $b2$) é a um só tempo uma verdade e uma afirmação salvadora. Não o é, contudo, totalmente, já que devo levar em conta a causalidade, que se volta contra a liberdade, e assim sucessivamente, até que saio do círculo reduzindo a própria causalidade à liberdade. Esta última conclusão é o resultado de uma preferência: a preferência pela liberdade.

Léon Brunschvicg (cf. bibliografia) criticou esse argumento de Lequier mostrando que esse autor compara e identifica acontecimentos e juízos, isto é, compara e identifica processos físicos com processos mentais. Em vista disso, Brunschvicg pode sustentar que, se os primeiros são necessários, nenhum dos segundos será livre, de modo que é preciso que os segundos sejam livres para que os primeiros o sejam. Grenier (cf. bibliografia) indica que a crítica de Brunschvicg tem menos importância do que parece, porquanto o argumento de referência ocupa um lugar menos central na filosofia de Lequier do que suspeitava Renouvier; trata-se, diz Grenier, de um argumento que serve para reforçar a afirmação da liberdade e não para prová-la. Ezequiel de Olaso (cf. bibliografia) destaca que é preciso distinguir o argumento mesmo, que está "no quadro geral de uma busca da primeira *verdade*", e a hipótese da liberdade com a qual se responde "à descoberta de uma indubitável *realidade*", de modo que o duplo dilema "não *prova* nem *demonstra* nada, visto ser a exposição — que não chega a pensar seu próprio fundamento — de um trágico nó. Enlaçam-se neste nó dois fios exemplares: o determinismo como modelo de conhecimento e a liberdade como 'summum' do anseio metafísico. A *realidade* é a liberdade; o *conhecimento* é o determinismo".

⊃ Renouvier publicou a *Recherche* numa edição limitada, fora de comércio: *La recherche d'une première verité, fragments posthumes de J. L., ancien éleve à l'École Polytechnique*, 1865. — Vários fragmentos foram reeditados em obras de Renouvier: *Psychologie rationelle*, 2ª ed., 1875; I, 374-393; II, 50-52, 109-123, 128-139; *Critique philosophique*, I, 122-158, 161-184; II, 1-17, 81-107. — L. Dugas publicou "La feuille de charmille" na *Revue de Métaphysique et de Morale*, 22 (1914), 153-173. — Ed. por M. Valensi de "Comment trouver, comment chercher une première verité?" [primeira parte de *La Recherche*..., seção intitulada em edições anteriores "Le problème de la science"], seguido de "Murmure de Lequier (Vie imaginaire), 1985. — Edição de textos inéditos de L. por Jean Grenier: *La Liberté. Textes inédits*, 1936. — Seleção de textos por Jean Wahl, *J. L. (Introduction et choix)*, 1948.

Edição de obras: *Oeuvres complètes*, por Jean Grenier, 1952 [inclui *La Recherche d'une première verité.* — *La liberté.* — *Réfléxions et pensées diverses.* — *Correspondance*].

Para a biografia de L.: Daniel Lequier, *J. L.*, 1963. — H. Huerre, "Compléments à la note: J. Léquyer, docteur en médecine briochin, et indications biographiques sur son fils, le philosophe Jules Lequier", em *Mémoires de la Société d'émulation des Côtes-du-Nord*, t. LXXXV, 1956, Saint-Brieuc, 1957.

Além das introduções e notas às edições indicadas, ver: G. Séailles, "Un philosophe inconnu: J. L.", *Revue philosophique*, 45 (1898), 119-150. — Léon Brunschvicg, "L'orientation du rationalisme. Représentation, Concept, Jugement", *Revue de Metaphysique et de Morale*, 37 (1920), 261-343, especialmente 289-290. — Jean Grenier, *La philosophie de J. L.*, 1936. — W. Hansen, *Frihedsmaend i nyere fransk filosofi*, 1940, cap. III. — Jean Wahl, "Refléxions sur la philosophie de J. L.", *Deucalion*, 4 (1952). — Ezequiel de Olaso, "J. L.", *La Gaceta* [Tucumán], 31-XII-1962, p. 2. — Émile Callot, *Propos sur J. L., philosophe de la liberté. Réfléxions sur sa vie et sur sa pensée*, 1962. — Xavier Tilliette, "Connaisance de J. L. (1814-1862)", *Revue de Métaphysique et de Morale*, 68 (1963), 70-84. — Arnaldo Petterlini, *J. L. e il problema della libertà*, 1969. — H. H. Brimer, "J. L.'s 'The Hornbeam Leaf'", *Philosophical Context*, 3 (1973), 94-100. — E. De Dominicis, "L. in Italia", *Giornale di Metafisica*, 32 (1977), 53-83. — J.-M. Turpin, "J. L.: La trame et la plume", *Archives de Philosophie*, 40 (1977), 623-656. — G. Pyguillen, "Renouvier et sa publication des fragments postumes de J. L. (1965)", *ibid.*, 48 (1985), 653-668. ↩

LEŚNIEWSKI, STANISLAW (1886-1939). Nascido em Serpukhov (Polônia), doutorou-se em filosofia (1912) na Universidade Jan Kazimierz, de Lwów, sob a orientação de Kazimierz Twardowski (VER). De 1919 até sua morte, foi professor de filosofia da matemática na Universidade de Varsóvia, onde, ao lado de Łukasiewicz (VER) e Kotarbiński (VER), formou o "Círculo de Varsóvia" (VER). Os ensinamentos e trabalhos de Leśniewski tiveram grande influência sobre vários lógicos, semióticos e matemáticos poloneses como J. Slupecki, B. Sobociński, A. Tarski (VER) e, em especial, seus discípulos mais imediatos, M. Wajsberg e A. Lindenbaum.

Seguindo a tradição inaugurada na Polônia por Twardowski de uma "filosofia como ciência rigorosa" no sentido de Brentano e do antipsicologismo de Husserl e Frege, Leśniewski cedo se interessou pela fundamentação da matemática. Os *Principia Mathematica*, de Whitehead-Russell, e os trabalhos de Łukasiewicz foram importantes na formação de Leśniewski, que se dedicou à pesquisa das questões lógicas e semânticas, mas sem chegar, até 1922 ou 1923 e especialmente até 1927, a resultados que lhe parecessem satisfatórios. Por esse motivo, repudiou seus primeiros trabalhos e só considerou representativos de seu pensamento os que E. C. Luschei (*op. cit. infra*) chama de "obras maduras": a série de trabalhos sobre a fundamentação da matemática (1927-1938).

Leśniewski deu em sua fundamentação da matemática continuidade ao trabalho de Frege, Whitehead e Russell, desenvolvendo um sistema completo de lógica formalizada. Mas a elaboração de uma lógica formalizada não significa para Leśniewski a adesão a um puro formalismo sintático. Ele rejeitou desde o começo tanto o realismo platônico como a pretensão de construir cálculos inteiramente dependentes de toda interpretação semântica. Do ponto de vista ontológico (no sentido usual e não ainda lesniewskiano de "ontológico"), Leśniewski inclinou-se a um nominalismo moderado, aproximando-se, como destacaram Kotarbiński e Chwistek (que o influenciaram nesse aspecto), de certas posições aristotélicas, a ponto de seu pensamento ter sido caracterizado, filosoficamente falando, como uma síntese de ontologia aristotélica e lógica matemática. Leśniewski adotou um ponto de vista que se pode chamar de "contextualista" e que consiste essencialmente em fazer depender os significados dados às expressões usadas do contexto ou contextos nos quais elas aparecem. Esses contextos, por outro lado, não são arbitrários: Leśniewski se opôs a todo ficcionalismo e pragmatismo tanto na fundamentação da matemática como na conceitualização científica.

No curso de seus trabalhos, Leśniewski elaborou o que chamou de "mereologia", passando depois à "ontologia" e, por fim, à chamada "prototética". No entanto, na ordem sistemática a parte básica é a prototética; nela se funda a ontologia e, sobre a prototética e a ontologia, a mereologia. A prototética é uma lógica proposicional indefinidamente extensível (uma lógica de constantes e variáveis de todos os tipos semânticos possíveis, com um sistema de conectivos e de "funtores" por meio do qual geram-se conectivos). A ontologia é uma lógica de nomes, de verbos e de "funtores" de expressões nominais e verbais. A mereologia é uma ciência dos todos e das partes e das relações mais gerais possíveis entre eles; foi denominada também "um cálculo de indivíduos". A mereologia trata de conjuntos e de classes coletivos tratados como indivíduos formados por seus elementos constituintes ou ingredientes. Está incluída na mereologia uma álgebra booleana indefinidamente extensível.

↪ Os primeiros trabalhos de Leśniewski são: "Przyczynek do analizy zdan egzystencjalnych", *Przeglad filozoficzny*, 14 (1911) ("Contribuição à análise das proposições existenciais"). — "Prowa dowodu ontologicznej zasady sprzecznosci", *ibid.*, 15 (1912) ("Ensaio para provar o princípio ontológico de contradição"). — "Czy prawda jest tylko wieczna i odwieczna?", *Nowe Tory*, 18 (1913) ("A verdade é apenas eterna ou é ao mesmo tempo eterna e sempiterna?"). — "Krytika logicznej zasady wylaczonego srodky [deve ser: srodka]" *Przeglad filozoficzny*, 16 (1913) ("Crítica do princípio lógico do terceiro excluído"). — "Czy klasa klas, nie podporzadkowanych sobie, jest podporzadkowa sobie", *ibid.*, 17 (1914), 63-75, ("Pertence a si mesma a classe das classes que não pertencem a si mesmas?"). — *Podstawy ogólnej teoryi mnogosci*, I, 1916 (*Fundamentos de uma teoria geral de conjuntos coletivos*) [a parte II não foi publicada; reformulação de seus resultados no trabalho publicado em 1928 mencionado *infra*].

Os "trabalhos maduros" de Leśniewski são constituídos principalmente pela série "O podstawach matematyki" ("Sobre os fundamentos da matemática"), publicada em *Przeglad filozoficzny*, n⁰ˢ 30 (1927), 164-206; 31 (1928), 261-291; 32 (1929), 60-101; 33 (1930), 77-105; 34 (1931), 142-170. — Trad. esp. da Parte I da trad. francesa: "Sobre los fundamentos de las matemáticas", *Teorema*, 13 (1929), 21-92. — Trad. alemã, com algumas alterações e observações, de vários dos trabalhos anteriores, em "Über Funktionen, deren Felder Gruppen mit Rücksicht auf diese Funktionen sind", *Fundamenta Mathematica*, 13 (1929), 319-332. — "Grundzüge eines neuen Systems der Grundlagen der Mathematik", *ibid.*, 14 (1929), 1-81. — "Über die Grundlagen der Ontologie", *Comptes Rendus des séances de la Société des Sciences et des Lettres de Varsovie*. Classe III, vol. 23 (1930), 111-132. — "Über Definitionen in der sogenannten Theorie der Deduktion", *ibid.*, 24 (1931), 289-309. — Ver também: "Grundzüge eines neuen Systems der Grundlagen der Mathematik", *Collectanea Logica*, I (1938), 61-144 [destruído durante a guerra; restam poucas separatas em bibliotecas]. — "Einleitende Bemerkungen zur Forsetzung meiner Mitteilung under dem Titel 'Grundzüge eines neuen Systems der Grundlagen der Mathematik'", *ibid.*, pp. 1-60. — Seleção de trabalhos em trad. inglesa no volume *Polish Logic, 1920-1939*, 1967. ed. Stors McCall.

Edição de obras: *S. L.: Collected Works*, 2 vols., 1992, ed. S. J. Surma *et al.*

Sobre Leśniewski, ver: Boleslaw Sobocinski, "L'analyse de l'antinomie russelliene par L.", *Methodos*, I (1949), 94-107, 220-228, 308-316; *ibid.*, 2 (1950), 237-257. — Jerzy Slupecki, "S. Leśniewski's Protothetics", *Studia Logica*, 2 (1953), 44-111. — *Id.*, "S. Leśniewski's Calculus of Names", *ibid.*, 3 (1955), 7-70. — Eugene C. Luschei, *The Logical Systems of L.*, 1962 [Studies in Logic and the Foundations of Mathematics, ed. L. E. J. Brower, E. W. Beth, A. Heyting]. — A. N. Prior, "Existence in L. and in Russell", em J. N. Crossley, M. A. E. Dummett, eds., *Formal Systems and Recursive Functions*, 1965, pp. 149-155. — D. Mieville, *Un développement des systèmes logiques de S. L. Protothétique-Ontologie-Meréologie*, 1984. — V. F. Rickey, J. T. J. Srzednicki, eds., *L.'s Systems: Ontology and Mereology*, 1984. **C**

LESSING, GOTTHOLD EPHRAIM (1729-1781). Nascido em Kamenz (Saxônia), residiu por alguns anos em Berlim, na época de Frederico, o Grande. Em 1760, mudou-se para Hamburgo (que deu nome à sua *Dramaturgia hamburguesa*) e, em 1770, para Wolfenbüttel, onde exerceu o cargo de bibliotecário do Duque.

Lessing interessou-se especialmente por questões de filosofia da religião e de estética. Suas idéias em filosofia da religião parecem pouco coerentes ou, quando menos, não parecem muito sistemáticas. Por um lado, Lessing destacou o caráter transcendente das verdades religiosas, que em seu entender não dependem nem da tradição nem da história, nem, por conseguinte, de qualquer revelação na história. Essas verdades estão, portanto, acima de toda compreensão total. Por outro lado, Lessing indicou que a verdade é efetivamente revelada na história, de modo que a revelação desempenha na Humanidade um papel semelhante ao que desempenha em cada indivíduo a educação: a revelação (e, portanto, a verdade) vai aparecendo progressivamente. Por fim, ele manifestou freqüente hostilidade em relação à religião revelada e, a rigor, a todas as religiões reveladas, tornando manifesto que o verdadeiro conteúdo da religião são os ensinamentos morais, acessíveis à razão humana universal e indiferentes a toda manifestação de uma realidade transcendente na história. Assim, em sua peça *Natã, o Sábio*, ele apresenta as três religiões reveladas, a cristã, a maometana e a hebraica, como coincidentes numa verdade racional superior, sendo portanto, juntas, verdadeiras, porém cada uma delas falsa quando considerada isoladamente.

É possível unificar de alguma maneira essas idéias de Lessing evidenciando que talvez o autor quisesse mostrar que o que se chama de "revelação" é o mesmo que se pode chamar de "razão" e que a revelação (ou a razão) se desenvolve na história, constituindo o progresso da Humanidade, da mesma maneira como, de acordo com sua famosa parábola, a Verdade é conquistada paulatinamente, e essa conquista da Verdade é até mesmo preferível à própria Verdade. De todo modo, muitos críticos consideraram Lessing um "racionalista ilustrado" em matéria de filosofia da religião e, em última análise, um panteísta que, ao que parece, se entusiasmou com a doutrina de Spinoza.

Foram importantes e influentes as idéias estéticas de Lessing, particularmente as desenvolvidas em suas meditações sobre o famoso grupo de escultura conhecido pelo nome da figura de "Laocoonte", que, como se sabe, exprime a dor sem o acompanhamento da expressão do grito. Lessing distingue artes plásticas (especialmente pintura) e poesia. A pintura não é temporal ou sucessiva e representa principalmente corpos; a poesia é sucessiva e representa principalmente ações. Para representar as ações, a pintura deve, pois, "fixá-las" num momento privilegiado. Para representar os corpos, a poesia deve, portanto, descrevê-los mediante as ações.

◐ Principais obras: *Das Christentum der Vernunft*, 1753 (*O cristianismo da razão*). — *Pope, ein Metaphysiker*, 1755 (*P., um metafísico*). — *Über die Wirklichkeit der Dinge ausser Gott*, 1763 (*Sobre a realidade das coisas fora de Deus*). — *Laookoon*, 1766. — *Hamburgische Dramaturgie*, 1767-1769. — *Wolfenbütteler Fragmente eines Ungenannten*, 1774-1778 [ed. e comentário de *Apologie, oder Schutzschrift für die vernünftige Verehrer Gottes*, de Reimarus] (*Fragmentos de Wolfenbüttel de um desconhecido* [ed. e com. da *Apologia, ou defesa dos adoradores racionais de Deus*, de R.]). — *Nathan der Weise*, 1779 (*Natan, o sábio*). — *Die Erziehung des Menschengeschlechts*, 1780 (*Educação do gênero humano*). — A "Fábula sobre a verdade" está em *Eine Duplik* (1778).

Edição de obras: *Sämtliche Schriften*, 30 vols., ed. K. G. Lessing, 1781-1794; 13 vols., ed. K. Lachmann, 1838-1840; 23 vols., ed. K. Lachmann e F. Muncker, 1886-1924; 25 vols. [mais 2 vols. de índices], ed. J. Petersen e W. von Olshausen, 1925-1935; 8 vols., ed. H. G. Göpfert, em colaboração com K. Eibl, H. Göbel, K. S. Guthke, G. Hillen, A. v. Schirnding e J. Schönert, 1970-1979. — Há uma ed. esp. de *Escritos filosóficos y teológicos*, por A. Andreu Rodrigo, 1982; reed., 1990.

Depoimento: W. Drews, *L. in Selbstzeugnissen und Bilddokumenten*, 1965.

Ver: Kuno Fischer, *L. als Reformator der deutschen Literatur*, 2 partes, 1881. — A. Frey, *Die Kuntsform des Lessingschen Laokoon*, 1905. — Christoph Schrempf, *L. als Philosoph*, 1906; 2ª ed., 1921. — P. Lorentz, *Lessings Philosophie*, 1909. — P. Werle, *L. und das Christentum*, 1912. — W. Oehlke, *L. und seine Zeit*, 2 vols., 1919; 2ª ed., 1939. — Hans Leisegang, *Lessings Weltanschauung*, 1931. — Folke Leander, *L. als ästhetischer Denker*, 1942. — A. von Arx, *L. und die geschichtliche Welt*, 1944. — O. Mann, *L. Sein und Leistung*, 1948. — G. Pons, *G. E. L. et le christianisme*, 1964. — Henry E. Allison, *L. and the Enlightenment: His Philosophy of Religion and Its Relation to Eighteenth-Century Thought*, 1966. — Wolfgang Ritzel, *G. E. L.*, 1966. — Harald Schulze, *Lessings Toleranz-begriff. Eine theologische Studie*, 1969. — Fabricio Canfora, *L.*, 1973. — Leonard P. Wessel, *G. E. Lessing's Theology, a Reinterpretation: A Study in the Problematic Nature of Enlightenment*, 1977. — L. P. Wessel, *G. L. L.'s Theology, a Reinterpretation: A Study in the Problematic Nature of the Enlightenment*, 1977. — E. Heftrich, *Lessings Aufklärung. Zu den theologisch-philosophischen Spätschriften*, 1978. — B. testa, *Rivelazione e storia nella filosofia della religione de G. E. L.*, 1980. — J. C. O'Flaherty, *The Quarrel of Reason with Itself: Essays on Hamann, Michaelis, Lessing, Nietzsche*, 1988. — F. Niewöhner, *Veritas sive Varietas. L.s Toleranzparabel und das Buch von den drei Betrügern*, 1988.

Ver também: W. Dilthey, *Das Erlebnis und die Dichtung*, 1905 e Emilio Estiú, "Notas sobre la metafísica de L.", *Notas y Estudios de Filosofía*, 2 (1951), 295-314, e introdução à sua trad. de *La educación del género humano*, citada *supra*. ◐

LESSING, THEODOR (1872-1933). Nascido em Hanover, foi professor na Escola Superior Técnica da mesma cidade. Em seus estudos de filosofia e axiomática dos valores, Theodor Lessing recebeu sobretudo a influência de Husserl e, em particular, da doutrina husserliana da "objetividade". Ora, o "objetivismo" de Lessing foi logo substituído, ao menos enquanto tema de preocupação, por um vitalismo *sui generis* e por um "ativismo" que destacava a importância da vida prática (tanto contra a mera teoria como contra a ação pura e simples). Com efeito, Lessing considera que o império da teoria e da ação violenta e transformadora do real foi a característica da existência do homem no Ocidente. A isso se deve, além disso, o fato de este tipo de homem ter-se deixado arrastar pelo torvelinho da "história". Nos termos do que antecipara em sua "filosofia como ação" e desenvolvido em sua obra sobre a história como ato de outorgar sentido ao sem-sentido, Lessing julga que só uma decisão que afete fundamentalmente a natureza da vida e do tempo poderá inverter a direção do referido movimento. Daí que preconize um anti-historicismo, não como resultado da adesão a um "naturalismo" no qual ainda tenha influência o modo de consideração das ciências naturais, mas como conseqüência de uma visão do real na qual o histórico e todo o "processual" aparecem como desprovidos de sentido, como produtos de um afã insensato de movimento que distancia a vida humana de suas fontes próprias e autênticas. O anti-historicismo de Lessing afeta, assim, menos a historiografia que a vida humana; o "retorno ao Oriente" e a todas as formas estáticas e extáticas de vida é uma das conseqüências necessárias dessa decisão e dessa ação destinada a suprimir a ação.

◐ Obras: "Studien zur Wertaxiomatik", *Archiv für systematische Philosophie*, N. F., 14 (1908), 58-93 (*Estudo sobre a axiomática do valor*). — *Philosophie der Tat*, 1914 (*Filosofia da ação*). — *Die Geschichte als Sinngebung der Sinnlosen*, 1919; 5ª ed., 1929; nova ed., 1962 [com postscriptum de Ch. Gneuss] (*A história como ato de outorgar sentido ao sem-sentido*). — *Europa und Asien oder Der Mensch und das Wandellose. Sechs Bücher wider Geschichte und Zeit*, 1923 (5ª ed. com o título: *Europa und Asien. Untergang der Erde am Geist*, 1930 (*Europa e Ásia. A decadência da terra por obra do Espírito*, 1945). — *Nietzsche*, 1925. — *Daemonen,*

1929. — *Deutschland und seine Juden*, 1933 (*A Alemanha e seus judeus*).
Edição de obras: *Gesammelte Schriften*, 10 vols., I, 1935; reimp, 1969.
Biografia: H. E. Schröder, *T. L.s autobiographische Schriften*, 1970. — R. Marwedel, *T. L., 1872-1933. Eine Biographie*, 1987.
Ver: Wolf Goetze, *Die Gegensätzlichkeit der Geschichtsphilosophie O. Spenglers und Th. Lessings*, 1930 (tese). ℭ

LETRA. Em vários verbetes sobre conceitos ou problemas lógicos, usamos o termo 'letra' com diversas qualificações: 'letra sentencial', 'letra argumento', 'letra predicado'. Resumiremos aqui os sentidos em que foram tomadas as referidas expressões. As letras sentenciais são as letras que representam sentenças (ver SENTENÇA). Essas letras são "p", "q", "r", "s", "p'", "q'", "r'", "s'", "p''", "q''", "r''", "s''" etc. Quando representam proposições, essas letras recebem o nome de letras proposicionais.

As letras argumentos são as letras que representam argumentos (isto é, no vocabulário tradicional, sujeitos) num esquema quantificacional (ver QUANTIFICAÇÃO, QUANTIFICACIONAL, QUANTIFICADOR). Essas letras são "w", "x", "y", "z", "w'", "x'", "y'", "z'", "w''", "x''", "y''", "z''". Por vezes estas letras recebem o nome de variáveis.

As letras predicados são as letras que representam verbos (isto é, predicados) num esquema quantificacional. Essas letras são "F", "G", "H", "F'", "G'", "H'", "F''", "G''", "H''" etc.

Sobre a leitura das letras argumentos e das letras predicados nos esquemas quantificacionais, ver o início de QUANTIFICAÇÃO, QUANTIFICACIONAL, QUANTIFICADOR.

LEUCIPO (*fl.* 450 a.C.) é considerado discípulo de Parmênides ou de Zenão de Eléia, e mestre — ou precursor — de Demócrito. Segundo alguns autores, nasceu em Eléia; de acordo com outros, em Abdera; e, para outros ainda, em Mileto. As notícias que se têm sobre sua vida e doutrina são na verdade tão escassas que já na Antiguidade se duvidava da existência do filósofo. Segundo Diógenes Laércio (IX, 31), Leucipo julgava que o universo é infinito, com uma parte cheia e a outra, vazia. A parte cheia é composta por "elementos": os átomos. Esses átomos são muito numerosos e giram em forma de torvelinho, sendo por isso que os mais leves se colocam na superfície e os mais pesados no centro. Mas esse movimento dos átomos não ocorre ao acaso, mas seguindo a razão e a necessidade. Para Aristóteles (*De gen. et corr.*, I, 8, 325 a 23), Leucipo sustentou que, embora o real em sentido estrito seja algo cheio, esse algo cheio não é único, mas múltiplo (a rigor, composto de um número infinito de elementos), sendo as coisas produzidas pela união desses elementos no vazio e destruídas pela separação desses elementos no vazio.

⊃ Ver: Diels-Kranz, 67 (54) e V. E. Alfieri, *Gli Atomisti*, 1936. — P. Bokownew, *Die Leukippfrage*, 1911, assim como as obras citadas na bibliografia dos verbetes ATOMISMO e Demócrito. — Para uma boa perspectiva sobre o conceito de infinito (*apeiron*) nos pré-socráticos, ver L. Sweeney, *Infinity in the Presocratics: A Bibliographical and Philosophical Study*, 1972. ℭ

LEVI, ADOLFO. Ver HEGELIANISMO.

LEVI BEN GERSON. Ver GERSÔNIDES.

LÉVI-STRAUSS, CLAUDE (1908). Nascido em Bruxelas, (Bélgica), estudou na Sorbonne. De 1934 a 1937, foi professor de sociologia na Universidade de São Paulo, São Paulo, SP. Em 1938 e 1939, participou de uma expedição de investigação antropológica dos índios Nhambiquara e Tupi-Kawahib, no Brasil Central. Em 1941 e por alguns anos, deu aulas na New School for Social Research, de Nova York. De 1950 a 1959, foi diretor de estudos na École Pratique des Hautes Études, de Paris, e, a partir de 1959, ocupou a cátedra de Antropologia no Collège de France, sucedendo Marcel Mauss. Aposentou-se em 1982, passando a ser professor honorário.

Lévi-Strauss é considerado o principal e mais conhecido representante do estruturalismo (VER); em todo caso, não é possível fazer referência a essa corrente — na forma adotada na França por autores como Roland Barthes, Louis Althusser, Jacques Lacan e mesmo Michel Foucault — sem referir-se também, e em posição de destaque, a Lévi-Strauss. As discussões filosóficas, e não só antropológicas e lingüísticas, a favor ou contra o estruturalismo costumam tomar Lévi-Strauss como objeto de debate, mesmo que o estruturalismo no mesmo sentido que este lhe deu o tenha precedido e mesmo que todo o pensamento de Lévi-Strauss seja uma especificação de determinada corrente estruturalista.

Entre as influências recebidas por Lévi-Strauss em seus trabalhos mais teóricos de antropologia estrutural, destaca-se o estruturalismo lingüístico da Escola de Praga, com Roman Jakobson — com quem Lévi-Strauss travou amizade na New School — e N. S. Trubetzkoy. O próprio Lévi-Strauss afirmou que todo problema nas ciências sociais e humanas é um problema de linguagem, mas ao mesmo tempo é preciso entender a linguagem num sentido muito amplo, que inclui sistemas não-verbais. Ele reconhece como antecedentes de sua investigação Freud e Marx, visto que estes procuraram, por trás das manifestações "superestruturais" e dos fatos "superficiais", as "estruturas profundas" e as "infra-estruturas". (O marxismo, a psicanálise e a geologia — "o modo geológico de pensar" — são, admite Lévi-Strauss, seus três grandes inspiradores.) Lévi-Strauss se opôs ao funcionalismo característico de grande parte da antropologia norte-americana, tal como foi elaborada por, entre outros, Malinowski. Isso parece surpreendente, já que a noção de relação funcional é fundamental em Lévi-Strauss.

Há, no entanto, uma diferença básica entre os usos da noção de função feitos por Lévi-Strauss e Malinowski. Para este, trata-se de estudar relações entre fatos observáveis e tirar conclusões indutivamente. O resultado é uma variação ao infinito das sociedades humanas, sem que se descubra qualquer estrutura ou sistema estrutural comum a todas elas e sem que sequer possam ser descobertas relações estruturais entre diversos sistemas de normas dentro de uma mesma sociedade. Lévi-Strauss, pelo contrário, julga que todas as sociedades funcionam de acordo com a mesma "mentalidade", isto é, segundo um mecanismo constituído por um conjunto de normas invariáveis dentro das quais se podem descobrir, tanto ao longo da história como no presente, conteúdos muito diversos. Além disso, e concomitantemente, as diversas "manifestações" humanas, estudadas por etnólogos, antropólogos, sociólogos, historiadores etc. — modos de classificar objetos, modos de vestir ou de adornar, modos de cozinhar, relações de parentesco, sistemas de intercâmbio econômico etc. — estão estruturalmente relacionadas. No fundo, trata-se de linguagens cuja decifração exige o conhecimento de sintaxe. O estudo da sintaxe — verbal e não-verbal —, ao contrário da descrição de um *corpus* lingüístico dado — verbal e não-verbal —, é o que caracteriza a antropologia estrutural e o pensamento estruturalista de Lévi-Strauss. Há no tocante a isso semelhanças entre esse pensamento e o da gramática gerativo-transformacional, ainda que o modelo lingüístico adotado por Lévi-Strauss tenha sido o de Jakobson e não o de Chomsky; de todo modo, há similaridades entre o uso de regras gerativo-transformacionais por Chomsky na sintaxe e o uso de regras dessa natureza por Lévi-Strauss em várias de suas análises de antropologia estrutural, especialmente nas dos mitos.

Lévi-Strauss considera seu procedimento científico, ao contrário do subjetivismo do existencialismo e do pós-existencialismo, em particular do existencialismo marxista (ou marxismo existencialista) de Sartre, que ainda dá excessiva atenção ao *Cogito* e que, embora procure mostrar que o homem está submerso na história, supõe que esta é feita pelo homem. Além disso, a história, por mais totalizante que se declare ser, é para Lévi-Strauss um problema superficial. No fundo do problema da história jazem estruturas; a rigor, o que chamamos de história de uma comunidade é uma combinação particular de elementos em determinadas relações estruturais. O procedimento científico da antropologia estrutural opõe-se ainda ao humanismo (VER), tanto em suas formas tradicionais como em suas várias manifestações contemporâneas, existencialistas, hermenêuticas e humanistas-marxistas. O homem e a cultura são objetos da ciência. O estudo do funcionamento da mente humana é o estudo de um objeto natural, de modo que, se são produtos culturais, os produtos da mente humana

são igualmente fatos naturais. Não existe quanto a isso diferenças básicas entre os primitivos e os chamados "civilizados"; não há, como já antecipara Bergson em polêmica contra Lévy-Bruhl, uma "mentalidade primitiva" específica.

O estudo antropológico-cultural é o estudo de sistemas de "sinais" e de seus códigos. Deste ponto de vista, podem-se estudar as estruturas lingüísticas da mesma maneira como se estudam as relações de parentesco e os mitos. Não importam aqui as coincidências de pormenor, mas as relações estruturais. Lévi-Strauss adota como modelo o sistema binário, com base no qual são formados os "triângulos estruturais". Estudam-se, pois, mais as tramas de "significantes" (no sentido de Saussure) que os significados. É fundamental nesse sentido a distinção entre as correntes sintagmáticas (ver SINTAGMA, SINTAGMÁTICO) e as combinações paradigmáticas (ver PARADIGMA, PARADIGMÁTICO) (na linguagem de Lévi-Strauss, a diferença, e ao mesmo tempo correlação, entre metonímia e metáfora [VER]). Os modelos conceituais adotados por Lévi-Strauss permitem-lhe estabelecer relações até então insuspeitadas, e das quais encontram-se abundantes exemplos nas séries de sistemas binários e nas regras de transformação de suas pesquisas mitológicas. Num resumo de um conjunto de suas pesquisas, Lévi-Strauss pode escrever que "os mitos sobre a origem dos porcos selvagens se relacionam com uma carne que o pensamento indígena classifica dentro da caça de categoria superior e que, por conseguinte, proporciona a matéria-prima por excelência da cozinha. Do ponto de vista lógico é, pois, legítimo tratar esses mitos como funções dos mitos sobre a origem do ambiente doméstico. Os últimos evocam os meios; os primeiros, a matéria da atividade culinária. Ora, assim como os Bororo transformam o mito sobre a origem do fogo de cozinha em mito sobre a origem da chuva e da tempestade — isto é, da água —, podemos comprovar que, entre eles, o mito sobre a origem da *carne* [comestível] torna-se um mito sobre a origem dos *bens culturais*. Isto é: num caso, uma matéria bruta e natural que se situa *aquém* da cozinha; e no outro, uma atividade técnica e cultural que se situa *além*" (*Mythologiques. II. Du miel aux cendres*, p. 18).

Num dos aspectos mais filosóficos de seu pensamento — sua polêmica com Sartre —, Lévi-Strauss reconhece que Sartre admite a noção de totalização, mas afirma que há uma marcada diferença entre a totalização sartriana, em função da serialidade, e a totalidade estruturalista. Em certo sentido, Lévi-Strauss pode dizer que sua "totalização estruturalista" é mais marxista que a sartriana; em todo caso, ele destaca o aspecto inconsciente, subjacente e estrutural dos comportamentos humanos. A razão dialética é no fundo a razão analítica levada à sua máxima tensão, mas esta inclui os traços do método progressivo-regressivo que Sartre tentou instaurar e que não conseguiu erigir devido a seu "historicismo".

O que Lévi-Strauss denomina "as evidências do eu", ainda que esse eu seja coletivo, são suspeitas. O fato de ele estender a outros "produtos culturais" o que diz dos mitos poderia levar à conclusão de que não se trata de mostrar como os homens chegam a engendrar (e menos ainda conscientemente) esses produtos e sequer como eles os pensam ou mesmo como pensam neles, mas como esses produtos "se pensam" nos homens. Ao lado de Freud e Marx, pode-se mencionar, portanto, na qualidade de um dos "mentores" de Lévi-Strauss, Rousseau, ao qual Lévi-Strauss rende homenagem como tendo preludiado aquilo que a antropologia cultural e, de modo geral, o estruturalismo aspiram a levar a cabo.

Num ponto — crucial — as opiniões filosóficas de Lévi-Strauss apresentam certa hesitação, que parece ser superada rapidamente. De um lado, ele acentua ao máximo a especificidade do objeto que se estuda (em seu caso, os elementos comuns ou estruturas que subjazem a sistemas de representação e simbolização os mais diversos). Isso separa por completo o estudo antropológico-social de todo estudo natural. Nem o próprio comportamento animal, incluindo a aprendizagem e uso de "linguagens", permite chegar a conclusões "reducionistas"; os "mesmos" fatos superficiais podem ocultar estruturas profundas distintas. Desse modo, Lévi-Strauss parece destacar a descontinuidade, ao menos as descontinuidades estruturais. Por outro lado, a distinção entre natureza e cultura é muito atenuada, até quase desaparecer, em suas últimas obras. Em sua "Aula Inaugural" no Collège de France, ele admite que a mencionada distinção pode ser apenas metodológica e heurística, que uma integração das ciências no futuro não é uma impossibilidade e que a distinção entre natureza e cultura não tem por que ser necessariamente ontológica, isto é, real. A antropologia cultural pode um dia "despertar entre as ciências naturais", formando-se uma só e única ciência. Pode ocorrer, contudo, e é provável que ocorra, de esta ciência "unificada" não apresentar as características de nenhuma das ciências naturais específicas tal como as conhecemos hoje.

⮕ Obras: *La vie familiale des indiens Nambikwara*, 1948. — *Les structures élémentaires de la parenté*, 1949. — *Tristes tropiques*, 1955. — *Anthropologie structurale*, 1958; nova ed., 1961 (cf. *infra* para vol. 2). — *Éloge de l'anthropologie*, 1960 (aula inaugural no Collège de France, 5-1-1960. — *Le totémiste aujourd'hui*, 1962. — *La pensée sauvage*, 1962. — *Mythologiques. I. Le cru et le cuit*, 1964. — *Mythologiques. II. Du miel aux cendres*, 1967. — *Mythologiques. III. Les origines des manières de table*, 1968. — *Mythologiques. IV. L'homme nu*, 1971. — *Anthropologie structurale deux*, 1973 (vol. 2 de *Anthropologie structurale*. cf. *supra*). — *La voie des masques*, 1975. — *L'identité*, 1977. — *Le regard éloigné*, 1983. — *Paroles données*, 1984. — *La Potière jalouse*, 1987. — *De Près et de Loin*, 1988 (com D. Eribon). — *Histoire de Lynx*, 1991. — *Regarder, écouter, lire*, 1993.

Em português: *Antropologia estrutural*, 5ª ed., 1996. — *Antropologia estrutural 2*, s.d. — *Atualidade do mito*, 1977. — *O cru e o cozido*, 1991. — *De perto e de longe*, 1990. — *As estruturas elementares do parentesco*, 2ª ed., 1982. — *História de lince*, 1993. — *Minhas palavras*, 2ª ed., 1991. — *Mito e significado*, 1989. — *A oleira ciumenta*, 1987. — *O olhar distanciado*, 1986. — *Olhar, escutar e ler*, 1997. — *O pensamento selvagem*, 1989. — *Saudades de São Paulo*, 5ª ed., 1996. — *Saudades do Brasil*, 1994. — *O totemismo hoje*, 1986. — *Tristes trópicos*, 1996. — *A noção de estrutura em etnologia*, Os Pensadores, 1985. — *Raça e história*, Os Pensadores, 1985. — *A família como instituição*, 1977. — *A via das máscaras*, 1981. — *Mitológicas*, 1991. — *A família: origem e evolução*, 1980. — *Seleção de textos*, Os Pensadores, 1976.

Há várias "conversas" com L.-S.: Georges Charbonnier, *Entretiens avec L.-S.*, 1961; Paolo Caruso, *Conversazioni con L.-S., Michel Foucault, Jacques Lacan*, 1969.

Bibliografia: François H. Lapointe, "C. L.-S.: Bibliographic Essay", *Mand and World*, 6 (1973), 445-469. — R. Bellour, C. Clément, *C. L.-S.*, 1979 [coleção "Idées"].

Dentre os números de revistas dedicados a L.-S., mencionamos: *Esprit*, 31 (novembro de 1963); *L'Arc*, 26 (1965) (sobre L.-S. e Sartre: costuma-se destacar neste número de *L'Arc* o artigo de Jean Pouillon, "Sartre et L.-S. Analyse dialectique d'une relation dialectique-analytique", pp. 55-60); *Magazine Littéraire*, 223 (1985).

Há seleção de textos (com um inédito) de L.-S. por Catherine Backes-Clément, *C. L.-S. ou la structure et le malheur*, 1970; 2ª ed., 1974.

Ver: Octavio Paz, *C. L.-S. o el nuevo festín de Esopo*, 1967; 2ª ed., 1969. — Yvan Simonis, *C. L.-S. ou la passion de l'inceste. Introduction au structuralisme*, 1968. — Jean Pouillon, Pierre Maranda, eds., *Échanges et communications. Mélanges offerts a C. L.-S. à l'occasion de son 60ᵉ anniversaire*, 1970. — Edmunc Leach, *C. L.-S.*, 1970; reed., 1989. — S. de Gramont, H. S. Hughes *et. al.*, *C. L.-S.: the Anthropologist as Hero*, 1970, ed. E. Nelson, Tanya Hayes. — J.-B. Fages, *Comprendre L.-S.*, 1972. — James A. Boon, *From Symbolism to Structuralism: C. L.-S. in Literary Tradition*, 1972. — Mireille Marc-Lipiansky, *Le structuralisme de L.-S.*, 1973. — Howard Gardner, *The Quest for Mind: Piaget, L.-S. and the Structuralist Movement*, 1973. — Ino Rossi, *The Unconscious in Culture: The Structuralism of C. L.-S. in Perspective*, 1974. — Miriam Glucksmann, *Structuralist Analysis in Contemporary Social Thought: A Comparison of the Theories of C. L.-S. and Louis Althusser*, 1974. — C. R. Badcock, *L.-S.: Structuralism and Sociological Theory*, 1976. — J. Rubio Carracedo, *L.-S.*

Estructuralismo y ciencias humanas, 1976. — T. Shalvey, C. L.-S.: *Social Psychotherapy and the Collective Unconscious*, 1979. — A. de Ruijter, *Een speurtocht naar het denken. Een inleiding tot het structuralisme van C. L.-S.*, 1979. — S. Clarke, *The Foundations of Structuralism: A Critique of Lévi-Strauss and the Structuralist Movement*, 1981. — P. Gómez García, *Ciencia, filosofía y ideología*, 1981. — D. Pace, *C. L.-S.: The Bearer of Ashes*, 1983. — M. Henaff, *C. L.-S.*, 1991. — M. Pia Pozzato, *Mito e parabola: la descrizione del tramonto in Tristes Tropiques*, 1993. **Ͽ**

LEVINAS, EMMANUEL (1905). Nascido em Kaunaus [em russo: Kovno], na Lituânia, foi professor nas Universidades de Poitiers e Paris-Nanterre. De 1973 a 1976, data de sua aposentadoria, lecionou na Sorbonne. Influenciado por Husserl, e sobretudo por Heidegger, Levinas levou ao extremo a "exploração ontológica", que passa do ser do ente à "abertura diante do Ser" e que vai depois "além do Ser". Não se trata, ao que parece, nem de um "ser outro" nem de uma negação ao modo da teologia negativa. O "além da essência (do ser)" é o puro "des-interesse", que não deve ser entendido como atitude subjetiva nem como afirmação "ultra-objetiva". "O enunciado do *outro* do ser — o 'outramente' [*autrement*] que o ser — pretende anunciar uma diferença que está além do que separa o ser do nada: precisamente a diferença do *além* (*l'au-delà*), a diferença da transcendência. Mas cabe perguntar de imediato se na fórmula '*outramente que o ser*', o advérbio *outramente* não se relaciona inevitavelmente com o verbo ser, simplesmente evitado num torneio artificialmente elíptico" (*Autrement qu'être etc.*; cf. bibliografia, p. 4). Levinas responde a essa questão afirmando que, embora a linguagem, organizada em torno do verbo 'ser', não reflita essa 'realidade irredutível', é preciso admiti-la, embora não na forma de um "além mundo". O "além" de que fala Levinas é um "ser para outro" e não outro ser que esteja além do ser que está em questão. O contraste entre sujeito e objeto, que já fora deixado de lado pelo "estar atento ao Ser", perde definitivamente seu sentido do ponto de vista desse "além" que é o "ser para outro". Esse ponto de vista não é uma teoria, nem sequer uma teoria ontológica; trata-se antes de uma "tentativa" de "dizer a transcendência" levada a efeito mediante uma série de conceitos, mas que não consiste em conceituá-la. Elimina-se desse modo até mesmo a própria ontologia, não em favor de uma moral altruísta no sentido tradicional e tampouco de uma mística, mas de um puro humanismo do "Outro". Levinas realiza sua exploração "ultra-ontológica", ou seu "itinerário", por meio de uma série de passos que o levam da intencionalidade ao "sentir" ou experimentar e que incluem, entre outras noções fundamentais, as de proximidade, substituição, recorrência e liberdade finita. Em muitos casos, trata-se de um pensamento "essencial" no qual o sujeito fica, como diz o autor, "exclaustrado de si mesmo" (*op. cit.*, p. 227).

Ͽ Obras: *La théorie de l'intuition dans la phénoménologie de Husserl*, 1930; 2ª ed., 1963. — *De l'existence à l'existant*, 1947. — *En découvrant l'existence avec Husserl et Heidegger*, 1949; 2ª ed. ampl., 1967. — "Le temps et le choix", no volume: VV.AA., *Le choix, le monde, l'existence*, 1949. — *Totalité et infini. Essai sur l'exteriorité*, 1961; 4ª ed., 1971. — *Difficile liberté. Essais sur le judaïsme*, 1963. — *Quatre lectures talmudiques*, 1968. — *L'humanisme de l'autre homme*, 1972. — *Autrement qu'être ou au-delà de l'essence*, 1974. — *Sur Maurice Blanchot*, 1975. — *Noms propres*, 1976. — *Du Sacré au Saint. Cinq nouvelles lectures talmudiques*, 1977. — *De Dieu qui vient à l'idée*, 1982. — *L'au-delà du verset. Lectures et discours talmudiques*, 1982. — *Éthique et infini. Dialogues avec Philippe Nemo*, 1982. — *Transcendance et intelligibilité. Suivi d'un entretien*, 1984. — *Hors sujet*, 1987. — *À l'heure des nations*, 1988. — *Entre nous. Essais sur le penser-à-l'autre*, 1991.

Em português: *Da existência ao existente*, 1998. — *Entre nós: ensaios sobre a alteridade*, 1997. — *Ética e infinito*, 1988. — *Humanismo do outro homem*, 1993. — *Totalidade e infinito*, 1988. — *Transcendência e inteligibilidade*, 1991.

Bibliografia: R. Burggraeve, *E. L. Une bibliographie primaire et secondaire (1929-1985)*, 1986. — R. Bernasconi, "Levinas: An English Bibliography", in R. Bernasconi, D. Wood, eds., *The Provocation of Levinas: Rethinking the Other*, 1988, pp. 181-188 [até 1987].

Ver: Jacques Derrida, "Violence et métaphysique. Essai sur la pensée d'E. L.", *Revue de Métaphysique et de Morale*, 69 année (1964), 323-354 e 425-473. — Jan de Greef, "Éthique, refléxion et histoire chez L.", *Revue philosophique de Louvain*, 67 (1969), 431-460. — *Id.*, "Le concept de pouvour éthique chez L.", *Revue philosophique de Louvain*, 68 (1970), 507-520. — *Id.*, "Empirisme et éthique chez L.", *Archives de philosophie* (1970), 223-241. — Edith Wyschogrod, *E. L. The Problem of Ethical Methaphysics*, 1974. — Stephan Strasser, "Antiphénoménologie et phénomenologie dans la philosophie d'E. L.", *Revue philosophique de Louvain*, 75 (1977), 101-125. — *Id.*, *Jenseits von Sein und Zeit. Eine Einführung in E, L.' Philosophie*, 1978. — B. Forthomme, *Une philosophie de's la transcendance. La métaphysique d'E. L.*, 1979. — J. Libertson, *Proximity: L., Blanchot, Bataille and Communication*, 1982. — U. Vázquez Moro, *El discurso sobre Dios en la obra de E. L.*, 1982. — S. G. Smith, *Argument to the Other: Reason Beyond Reason in the Thought of K. Barth and E. L.*, 1983. — J. F. Goud, *L. en Barth. Eeen godsdienstwijsgerige en ethische vergelijking*, 1984. — J. Colette, Guy Petitdemange *et. al.*, *E. L.*, 1984, ed. J. Rolland. — H. H. Henrix, B. Casper *et. al.*, *Verantwortung für den Anderen und die Frage nach Gott. Zum Werk E. Le-*

vinas, 1984, ed. H. Henrix. — R. A. Cohen, ed., *Face to Face with Levinas*, 1985 [com um art. de L., uma entrevista por R. Kearney e uma seleção bibliográfica]. — R. Bernasconi, D. Wood, eds., *The Provocation of Levinas: Rethinking the Other*, 1988. — R. Mortley, *French Philosophers in Conversation: Levinas, Schneider, Serres, Irigaray, Le Doeuff, Derrida*, 1991. — R. Bernasconi, ed., *Re-Reading L.*, 1991. — S. Critchley, *The Ethics of Deconstruction: Derrida and Levinas*, 1992. — A. Peperzak, *To the Other: An Introduction to the Philosophy of E. L.*, 1993. ○

LEVY, BERNARD-HENRY. Ver PÓS-ESTRUTURALISMO.

LÉVY-BRUHL, LUCIEN (1857-1939). Nascido em Paris, lecionou, a partir de 1899, na Sorbonne. Em oposição ao apriorismo formalista e a toda moral teórica, Lévi-Bruhl procurou mostrar que a moral não passa de um fato concreto dado em cada uma das situações históricas e em cada um dos diferentes agrupamentos sociais. A "ciência dos costumes" explica, pois, todas as teorias morais antes concebidas como intemporalmente válidas. Essa relativização do moral não equivale, porém, na intenção do autor, a uma mera dissolução na arbitrariedade e na fantasia; o moral se dá, efetivamente, de modo concreto e depende da situação determinada; mas no âmbito dessa mesma situação tem valor absoluto. No entanto, não só a moral é uma função da sociedade e do momento histórico em que se desenrola, como também são a atitude mental e o modo como o homem enfrenta o mundo. Essa diferença pode ser entendida sobretudo mediante o estudo das sociedades primitivas (ver PRIMITIVO), a que Lévi-Bruhl dedicou a maior parte de sua obra. Esse estudo mostra que, na sociedade "primitiva", há uma mentalidade completamente distinta da que é possuída pela sociedade "civilizada". A relação entre elas não é a do simples com o complexo, mas uma relação de estruturas. Assim, o homem primitivo possui, ao ver de Lévy-Bruhl, uma mentalidade "pré-lógica", uma forma de pensar que não está submetida à lei de contradição, mas que, baseada na imagem e na representação mítica, admite a identidade de seres contrários uns aos outros em virtude de uma "participação" que nada tem a ver com as exclusões lógicas. Essa mentalidade, que se revela de modo tão característico nos povos primitivos do passado e do presente, não admite, por conseguinte, nenhuma comparação com o modo de pensar "civilizado" e matiza com sua peculiar condição todas as formas de sua vida social.

○ Obras: *Quid de Deo Seneca senserit*, 1884 (tese). — *L'idée de responsabilité*, 1884 (tese). — *La philosophie de Jacobi*, 1894. — *La philosophie d'A. Comte*, 1900. — *La morale et la science des moeurs*, 1903. — *Les fonctions mentales dans les sociétés inférieures*, 1910. — *La mentalité primitive*, 1922. — *L'âme primitive*, 1927. — *Le surnaturel et la nature dans la mentalité primitive*, 1931. — *La mythologie primitive*, 1935. — *L'expérience mystique et les symboles chez les primitifs*, 1938. — *Les carnets de Lévy-Bruhl*, prefácio de M. Leenhardt, 1949.

Correspondência: E. Durkheim, "Lettre inédite d'E. Durkheim à L. L.-B.", *Revue de Philosophie Française*, 95 (1970), 163-164. — J. Maritain, "Extrait d'une lettre à L. Lévy-Bruhl (1904)", *ibid.*, 179 (4) (1989), 475-477. — P. Soulez, H. Bergson, "La correspondance Bergson/Lévy-Bruhl. Lettres à L.-B. (1889-1932)", *ibid.*, 481-492. — D. Merllie, E. Durkheim, "L.-B. et Durkheim: Notes biographiques en marge d'une correspondance. Lettres à L.-B. (1894-1915)", *ibid.*, 493-514.

Ver: P.-M. Schuhl, G. Bourgin, M. Cohen, É. Gilson, D. Davy *et. al.*, artigos sobre L.-B. em *Revue philosophique de la France et de l'Étranger*, 82 (1957), 397-576. — Jean Cazeneuve, *L. L.-B.*, 1963. — D. Petit-Klinkenberg, "Mythe et expérience mystique selon L. L.-B.", *Revue Philosophique de Louvain*, 71 (1973), 114-125. — J. Skorupski, "L.-B. among the Scientists", *Second Order*, 2 (1973), 3-13. — R. Horton, "L.-B. among the Scientists: A Reply to Mr. Skorupski", *ibid.*, 14-30. — I. Sciuto, "La morale positiva di L.B.", *Giornale Critico della Filosofia Italiana*, 53 (1974), 203-251. — J. P. Cavaille, B. Bourgois, D. Merllie, arts. sobre L.-B. em *Revue de Philosophie Française*, 179(4) (1989), 419-463. — D. Iannotta, "L. L.-B.: Una introduzione (di C. Prandi)", *Aquinas* (1990), 419-425. ○

LEWES, GEORGE HENRY (1817-1878). Nascido em Londres. Célebre na história das biografias literárias inglesas por sua íntima relação com George Elliot, Lewes foi um partidário entusiasta de Comte, cujas doutrinas divulgou em escritos e por meio de sua atuação na *London Positivist Society*, fundada em 1867. Lewes adicionou ao positivismo comtiano tendências provenientes do evolucionismo spenceriano. Com base no positivismo e no evolucionismo, ele esboçou uma doutrina filosófica que, embora declaradamente metafísica, reconhecia a existência do "meta-empírico", conceito que designa tudo aquilo que não se enquadra exatamente na doutrina positiva. Trata-se na realidade, por um lado, do incognoscível e, nesse sentido, Lewes defende um agnosticismo categórico. Por outro lado, contudo, o meta-empírico fundamenta o ser do empírico e não pode ser totalmente separado dele. O método positivo e empírico consiste, em termos imediatos, num processo de eliminação do elemento meta-empírico; mas como este último não pode ser, por princípio, eliminado por inteiro, é necessário complementar o referido método por meio de uma consideração metafísica não especulativa, mas compreensiva e sintética. Daí que haja em Lewes a tentativa, manifesta em várias tendências da filosofia contemporânea, de "salvar" a metafísica fazendo dela a ciência do conhecer sintético, que, além disso, não pode ser reduzido analiticamente aos elementos relativos às diferentes ciências. A concepção do meta-empírico supõe por conseguinte, para Lewes, a admissão do caráter em última análise sintético do real, que se revela no curso da evolução (VER). Deve-se a Lewes a noção de realidade "emergente", desenvolvida por G. Lloyd Morgan (ver EMERGENTE).

➲ Obras filosóficas: *A Biographical History of Philosophy*, 2 vols., 1845-1846. — *Comte's Philosophy of the Positive Sciences*, 1853. — *Aristotle: A Chapter from the History of Science, including an Analysis of Aristotle's Scientific Writings*, 1864. — *Problems of Life and Mind*. Primeira série: *The Foundations of a Creed* (I, 1874; II, 1874). Segunda série: *The Physical Basis of Mind* (III, 1877). Terceira Série: *Problems i: A Study of Psychology* (IV, 1879). Terceira série: *Problems ii, iii, iv* (V, 1879).

Ver: G. Crassi Bertazzi, *Esame critico della filosofia di G. H. L.*, 1906. — J. Kaminsky, "The Empirical Metaphysics of G. H. L.", *Journal of the History of Ideas*, 13 (1952), 314-332. — G. Tillotson, "A Mill-Lewes Item", *Mill News*, 4 (1969), 17-18. — H. G. Tjoa, *G. H. L.: A Victorian Mind*, 1977. — J. S. Grant, "Glimpses of J. S. Mill's Views in 1843", *Mill News*, 13 (1978), 2-7. ✩

LEWIN, KURT (1890-1947). Nascido em Mogilno (Posnânia), estudou em Berlim, em cuja Universidade foi "professor extraordinário" (1927-1933). Tendo emigrado para os Estados Unidos em conseqüência do regime nacional-socialista, foi professor nas Universidades de Stanford (Califórnia), Cornell (Ithaca, Nova York), Towa e no MIT (Massachusetts Institute of Technology). Lewin fez inúmeras pesquisas psicológicas com base na teoria da estrutura (VER), mas com muita independência dos demais autores estruturalistas, a ponto de poder ser qualificado mais como funcionalista que como estruturalista. Com efeito, Lewin desenvolveu uma psicologia funcional e topológica para cuja elaboração usou como instrumento a topologia matemática. Sua principal intenção foi descrever as situações psicológicas geradas por motivações, apresentando um quadro dos acontecimentos possíveis no âmbito do que denominou "o espaço vital". Os conceitos de força psicológica (ou vetor) e de campo de força foram empregados para determinar os acontecimentos que ocorrem no mencionado "espaço". Tem importância capital na psicologia de Lewin a noção de ambiente, mas é preciso levar em conta que se trata primariamente de um ambiente psicológico, isto é, da relação do sujeito considerado com outros em situações determinadas. As reações dos sujeitos são estudadas em termos de "possibilidades funcionais". Para isso, Lewin usou, entre outros conceitos, os de valência positiva e negativa, propriedades de uma "região" ou "sistema" dados que permitem explicar os processos internos e externos da motivação; porque o comportamento é entendido em sua relação com as necessidades internas, mas também, e especialmente, com a situação total organizada e estruturada pelo organismo estudado. Além dos mencionados conceitos, Lewin emprega os de direção e distância, que funcionam como elementos no ambiente psicológico.

➲ Obras: *Der Begriff der Genese in Physik, Biologie und Entwicklungsgeschichte. Untersuchungen zur vergleichenden Wissenschaftslehre*, 1926 (*O conceito de gênese na física, na biologia e na história da evolução. Investigações para a doutrina comparada da ciência*). — *Gesets und Experiment in der Psychologie*, 1927 (*Lei e experimento na psicologia*). — *Die Entwicklung der experimentellen Willenspsychologie und die Psychoterapie*, 1929 (*A evolução da psicologia experimental da vontade e a psicoterapia*). — *Die psychologische Situation bei Lohn und Strafe*, 1931 (*A situação psicológica na recompensa e no castigo*). — *A Dynamic Theory of Personality*, 1935. — *Principles of Topological Psychology*, 1936. — *The Conceptual Representation and the Measurement of Psychological Forces*, 1938 [trabalhos de 1935-1946 sobre dinâmica de grupo, ed. por G. Weiss Lewin]. — *Field Theory in Social Science*, 1951.

Ver: S. H. MacColl, *A Comparative Study of the Systems of L. and Koffka*, 1939. — R. W. Leeper, *Lewin's Topological and Vector Psychology*, 1943. — Josef Schwermer, *Die experimentelle Willenspsychologie K. Lewins*, 1966. — Pierre Kaufmann, *K. L. Une théorie du champ dans les sciences de l'homme*, 1968. — Joseph de Rivera, ed., *Field Theory as Human-Science: Contributions of Lewin's Berlin Group*, 1976. — I. Idalovichi, "Der Neu-Kantianismus und seine Wirkung auf die Theorien der Verhaltenswissenschaft", *Philosophia Naturalis*, 24 (1987), 253-268. ✩

LEWIS C[LARENCE] I[RVING] (1883-1964). Nascido em Stoneham (Massachusetts, Estados Unidos), estudou na Universidade de Harvard, foi professor auxiliar na Universidade da Califórnia (1914-1920) e professor na de Harvard (de 1920 até sua aposentadoria, em 1953; foi professor titular a partir de 1930).

Lewis se tornou conhecido primeiro por seu manual de lógica simbólica, no qual apresentou sua lógica modal e seu cálculo de modalidades. Descartou desde o início a noção de implicação (VER) material, tendo baseado o cálculo lógico na implicação estrita. A razão aduzida para introduzir essa modificação era que a implicação material impedia a execução de inferências partindo de suposições falsas; com efeito, a relação designada por Boole e Russell mediante o termo 'implica' é de tal índole que não pode esclarecer o que implicaria uma proposição falsa se fosse verdadeira. Desse modo, abriu-se caminho para a modalidade, já que as categorias modais de intensão são independentes das verdades materiais. Referimo-nos mais detalhadamente ao cálculo modal de Lewis no verbete MODALIDADE.

Como o próprio Lewis reconhece, suas pesquisas no campo da lógica e no da aplicação desta à matemática o levaram a levantar problemas epistemológicos. De fato, a estreita relação entre a matemática e a ciência faz com que todo avanço na primeira repercuta na questão de como as proposições matemáticas podem ser aplicadas aos enunciados empíricos. Esse era em alguma medida o problema kantiano, que Lewis abordou servindo-se dos progressos alcançados na lógica e aproveitando concepções de Peirce, James e Dewey (o primeiro em especial). A teoria do conhecimento resultante foi chamada por Lewis de "pragmatismo conceitual". Essa teoria consiste essencialmente em sustentar que, embora a verdade *a priori* seja própria apenas dos conceitos, a escolha de um sistema de conceitos é determinada pragmaticamente. Para provar essa tese, Lewis examinou de modo detalhado a natureza dos conceitos enquanto "conceitos puros", isto é, "a intensão lógica ou conotação dos termos"; a natureza do "dado" na experiência e o modo ou modos como se adquire o conhecimento dos objetos. Surgiu então a questão de como se aplicam os conceitos à experiência, tendo sido rejeitadas as soluções "clássicas" do fenomenalismo (e de Kant), do idealismo e do realismo. Segundo Lewis, não há nenhuma contradição entre a tese de que o conhecimento é relativo e a tese de que o objeto que se procura conhecer é independente do modo de conhecê-lo. Ao mesmo tempo, só se pode falar de conhecimento quando se tratar de conhecimento possuído por um sujeito (*mind*). Isto, que parece um paradoxo, não o é, segundo Lewis; com efeito, e entre outras razões, "a validade do entendimento não concerne à relação entre a experiência e o que usualmente se denomina 'objeto independente'; concerne à relação entre essa experiência e *outras experiências* que aspiramos a antecipar usando tal experiência como chave" (*Mind and the World Order*, cap. VI). Isso significa que é errôneo tratar o conhecimento como se tudo consistisse em ver se determinada proposição sobre um objeto está ou não condicionada pela estrutura do sujeito que conhece; o que chamamos de "conhecimento" é de alguma maneira um "todo", isto é, um sistema ou ordem de conceitos, e é preciso ver esses conceitos em suas relações mútuas. Sendo analítico, o *a priori* não pode prescrever coisa alguma à experiência; o *a priori* não é uma verdade material, mas puramente formal. Por outro lado, toda interpretação de entidades ou de acontecimentos particulares e todo conhecimento de objetos têm apenas caráter provável. Parace, assim, não poder haver nenhum contato entre o *a priori* (ou uma certeza completa) e a experiência (na qual há somente probabilidade). Mas disso resulta que "não podemos capturar a verdade da experiência se nos falta uma rede para apreendê-la" (*op. cit.*, cap. IX). Desse modo, o sistema de conceitos de que se fala aqui consiste num modo de usar esses conceitos tendo em vista alcançar o melhor conhecimento possível dos objetos dados à experiência. A experiência é cognoscível apenas na medida em que é "ordenada", e a própria ordem não deriva da experiência. Não deriva, contudo, de um sujeito transcendental; deriva, se nos permitirem o uso do termo, de sua aplicabilidade. Quanto ao mais, essa aplicabilidade não exige que o conhecimento resultante seja absolutamente certo, no sentido de que sua negação fosse contraditória. Para conhecer cientificamente a Natureza, basta pressupor a existência de coisas e de regularidades; não há necessidade de pressupor a existência de uniformidades absolutas (para completar esta resenha da epistemologia de Lewis, ver A PRIORI).

Lewis desenvolveu mais suas idéias acerca do conhecimento num estudo sobre noções fundamentais como denotação, compreensão, significação etc., de que fornecemos uma breve descrição ao final do verbete CONOTAÇÃO. Lewis examinou a relação entre proposições empíricas e proposições nas quais se exprimem juízos de valor, procurando mostrar que, nestas últimas, afloram problemas similares aos que afetam as primeiras. Também para as proposições nas quais se exprimem juízos de valor há necessidade de admitir um conteúdo dado pela experiência e, ao mesmo tempo, um elemento *a priori* sem o qual as valorações seriam meramente subjetivas e, na maior parte dos casos, arbitrárias.

○ Obras: *A Survey of Symbolic Logic*, 1918. — *The Pragmatic Element in Knowledge*, 1926 (The Mowison Lecture, 1926). — *Mind and the World Order*, 1929. — *Symbolic Logic*, 1932 (em colaboração com C. H. Langford). — *An Analysis of Knowledge and Valuation*, 1946. — *The Ground and Nature of the Right*, 1955 [Woodbridge Lectures]. — *Our Social Inheritance*, 1957.

O sistema de implicação estrita apresentado na *Survey* foi preparado por vários escritos anteriores de Lewis; entre eles: "Implication and the Algebra of Logic", *Mind*, N. S., 21 (1913). — "A New Algebra of Implication and Some Consequences", *Journal of Philosophy, Psych.*, 10 (1913). — "The Calculus of Strict Implication", *Mind*, N. S., 23 (1914). — "The Matrix Algebra for Implications", *Journal of Philosophy, Psych.*, 11 (1914). — "The Issues Concerning Material Implication", *ibid.*, 14 (1917).

Obras póstumas: *Values and Imperatives: Studies in Ethics*, 1969, ed. John Lange. — *Collected Papers of C. I. L.*, ed. John D. Goheen e John L. Mothershead, Jr. (seleção de trabalhos publicados e inéditos). — *Undeceptions: Essays in Theology and Ethics*, 1971, ed. W. Hooper.

Sobre os numerosos manuscritos deixados por L., ver John Lange, "The Late Papers de C. I. L.", *Journal of the History of Philosophy*, 4 (1966), 235-245. — Ver também: V. Lowe, P. Henle *et al.*, *The Philosophy of C. I. L.*, 1968, ed. P. A. Schilpp (com autobiografia, respostas aos críticos e bibliografia). — Chung-Ying Cheng, *Peirce's and Lewis' Theories of Induction*, 1969.

— J. Roger Saydah, *The Ethical Theory of C. I. L.*, 1969. — Ronald J. Larkin, *C. I. Lewis' Theory of Concepts*, 1972. — J. Jay Zeman, *Modal Logic: The Lewis Modal Systems*, 1973. — Sandra B. Rosenthal, *The Pragmatic A Priori: A Study in the Epistemology of C. I. L.*, 1975. — G. Washington, *C. I. Lewis's Theory of Meaning and Theory of Value*, 1978. — F. R. Molina, "A Reconstruction of C. I. Lewis's Lectures on Epistemology" [notas de 1951], "C. I. Lewis's Notebook on Kant" (anos 1940-1950), em *Philosophy Research Archives*, 7 (1981). — V. Luizzi, *A Naturalistic Theory of Justice: Critical Commentary on, and Selected Readings from, C. I. Lewis's Ethics*, 1981. — P. L. Bourgeois, S. B. Rosenthal, "Merleau Ponty, L. and Kant: Beyond 'Rationalism or Empiricism'", *International Studies in Philosophy*, 15 (1983), 13-23. — L. Bon Jour, *The Structure of Empirical Knowledge*, 1985. ℂ

•• **LEWIS, DAVID**, (1941). Nascido em Oberlin, Ohio, estudou em Oxford, Swarthmore e Harvard, onde obteve seu doutorado em 1967. Foi professor auxiliar nas universidades da Califórnia, Los Angeles (1966-1970) e de Princeton (1970-1973). Nesta última universidade, é professor de filosofia desde 1973.

Lewis se distinguiu por dar importantes contribuições a campos muito diversos da atividade filosófica. Contudo, suas análises — de grande detalhamento e precisão — também deixam entrever a coerência de um sistema. Ele defende o que denomina "realismo modal", que consiste em aceitar que todos os mundos e objetos possíveis — não são impossíveis como o círculo quadrado de que fala Meinong — são também mundos e objetos que existem, embora só sejam considerados reais do ponto de vista dos sujeitos que os habitam. As relações básicas que configuram esses grupos são a relação de semelhança (entre mundos possíveis) e a relação que podemos chamar de "contraparte" (*counterpart*), que é como uma relação de semelhança não entre mundos mas entre objetos possíveis. Lewis baseia na semelhança entre mundos não somente sua teoria da contrafaticidade como sua teoria da causalidade.

A causalidade desempenha importante papel, entre outras coisas, na explicação dos estados psíquicos. Neste campo, Lewis defende um materialismo funcional. Assim, o estado mental de um sujeito equivale à função causal que esse sujeito normalmente exerce; essa função pode ser realizada de muitas maneiras, mas em nosso mundo só o pode materialmente.

São estas as bases em que se assenta a filosofia da linguagem de Lewis, que trata das convenções lingüísticas como formas específicas de um enfoque convencionalista mais amplo.

⊃ Obras: *Convention: A Philosophical Study*, 1969 (tese). — *Counterfactuals*, 1973; ed. rev., 1986. — *Philosophical Papers*, vol. 1, 1983 [quinze ensaios de 1966 a 1980]. — *On the Plurality of Worlds*, 1986. — *Philosophical Papers*, vol. 2, 1986 [treze ensaios, 2 deles inéditos: "Causal Explanation" e "Events"; com bibliografia de D. L.]. — *Die Identität von Körper und Geist*, 1989 [ensaios anteriores trad. para o alemão, com um epílogo de A. Kemmerling]. — *Parts of Classes*, 1991. •• ℂ

LEXIS. Ver SENTENÇA.

LIARD, LOUIS. Ver RENOUVIER, CHARLES.

LIBER DE CAUSIS. Na literatura filosófica medieval a partir do século XI, há freqüentes referências a uma obra intitulada *Liber de causis* (*Sobre as causas*). Trata-se de uma obra que contém 32 proposições e que segue em grande parte a estrutura e o conteúdo da *Institutio theologica*, ou Στοιχείωσις θεολογική, de Proclo. De acordo com o *Liber de causis*, a Causa Primeira (Deus) é anterior à Eternidade, às Formas e ao Inteligível. É chamado às vezes de Bem e de Uno perfeito, mas a rigor é indefinível. O *Liber de causis* coincide, pois, com as proposições fundamentais de toda teologia apofática ou negativa. Só a Causa Primeira é criadora: cria as idéias e é a Fonte indefinível situada para além de "tudo o que há". O que não é a Causa Primeira é múltiplo, e o grau de multiplicidade — e o consequente afastamento da Unidade originária — marca a hierarquia dos seres. Primeiro vem a Inteligência, depois vêm as Formas ou Idéias; em seguida a alma humana; vem por fim o mundo da matéria, disperso na multiplicidade e maximamente afastado da simplicidade. Essa concepção segue as linhas no neoplatonismo, mas a insistência na irredutibilidade da Causa Primeira a todo ser e particularmente a tese de que as idéias são *criadas* — não emanadas — situa a referida Causa não na região do Ser, mas na de um Supra-Ser que pode ser definido como pura vontade e autocriação. Neste ponto, a concepção grega se aproxima das tendências existentes no cristianismo da concepção "voluntarista" de Deus. O *Liber de causis* pode ser considerado produto da teologia místico-dedutiva, que usa argumentos dialético-racionais para afirmar a indefinibilidade da Causa Primeira e a criação, a partir dela, das Causas Segundas.

Há disputas sobre o autor do *Liber de causis*. Muitos autores atribuíram sua redação a um muçulmano no século IX, com base numa tradução árabe da citada obra de Proclo. A. Pattin (cf. bibliografia *infra*), baseando-se num número considerável de manuscritos, na edição de Bardenhewer e em edições anteriores, como a de 1550 (com comentário de Egídio Romano [Gil de Roma]), propôs que, embora o original seja árabe, o *Liber* é obra do judeu David (Abendaud, ibn Daud) no século XII, em Toledo. Seja como for, Gerardo de Cremona († 1187) o traduziu para o latim em Toledo (ver TOLEDO [ESCOLA DE TRADUTORES DE], atribuindo-o a Aristóteles. É possível que Domingo Gundisalvo tenha trabalhado no texto latino, texto esse que parece ter exercido alguma influência sobre seu pensamento. O *Liber* foi citado por Alano de Lille com o título *Aphorismi de essentia summae bonitatis* (este título e os de *Liber bonitatis purae, De causis causarum, De esse* aparecem com freqüência na literatura filosófica medieval), exercendo desde então notável influência sobre as tendências platonizantes (ver PLATONISMO) da escolástica, ao lado do escrito — também pseudo-aristotélico — chamado *Theologia Aristotelis* (VER). A maioria dos autores continuou a atribuí-lo a Aristóteles, mas Alberto Magno (que o a atribuiu a um tal David Judaeus) e Santo Tomás de Aquino não acataram a opinião reinante. A influência do *Liber de causis* combinou-se também com a exercida pela *Fons Vitae* de Avicebron — que seguia a mesma tendência — e alcançou não só (como disse Gilson) o agostinismo avicenizante, como também a mística especulativa alemã do século XIV, especialmente Eckhardt.

➲ Edições do *Liber de causis* (texto árabe e tradução alemã): Otto Bardenhewer, *Die pseudo-aristotelische Schrift über das reine Gut, bekannt unter dem Namen Liber de causis*, Freiburg i. B., 1892. — Ed. crítica com base em 90 manuscritos por A. Pattin, 1966 [separata de *Tijdschrift voor filosofie*, 28 (1966), 90-203], com introdução e notas.

Texto (em ed. não crítica) e ed. crítica do comentário de Santo Tomás por H. D. Saffrey, *Sancti Thomae de Aquino Super librum de causis expositio*, 1954. — Ver o texto latino em R. Steele, *Opera hactenus inedita Rogeri Baconi*, fasc. 12, Oxford, 1935.

Sobre a obra, ver: H. Bédoret, "L'auteur et le traducteur du *Liber de causis*", *Revue Néoscolastique de Philosophie*, 41 (1938), 519-533. — M. Alonso, "El *Liber de causis*", *Al Ándalus*, 9 (1944), 43-69. — Id., "Las fuentes literarias del *Liber de causis*", *ibid.*, 10 (1945), 345-382. — Henri-Dominique Saffrey, "L'état actuel des recherches sur le *Liber de causis* comme source de la métaphysique au Moyen Âge", em *Die Metaphysik um Mittelalter*, ed. Paul Wilpert y W. P. Eckert, 1963, pp. 267-281. — A. Pattin, "De Proclus Arabus en Het *Liber de causis*", *Tijdschrift voor Filosofie*, 38 (1976), 468-473.

Escreveram comentários sobre o *Liber de causis*, no século XIII, Egídio Romano (Gil de Roma), Adão de Bouchermefort, Siger de Brabante (cf. Antonio Marlasca, ed. *Les Quaestiones super librum de causis de S. de B.*, 1972) e Henrique de Gand (cf. John Zwaenepoel, ed., *Les Quaestiones in librum de causis attribuées a H. de G.*, 1974). — Sobre Alberto Magno, Tomás de A. e o *Liber de causis*, ver: R. C. Taylor, "St. Thomas and the *Liber de causis* on the Hylomorphic Composition of Separate Substances", *Medieval Studies*, 41 (1979), 506-513. — L. Sweeney, "'Esse Primum Creatum' in Albert The Great's *Liber de causis et Processu Universitatis*", *Thomist*, 44 (1980), 599-646. — L. Elders, "S. Thomas et la métaphysique du *Liber de causis*", *Revue Thomiste*, 89 (1989), 427-442. — C. D'Ancona Costa, "Saint Thomas lecteur du *Liber de causis*", *ibid.*, 92(4) (1992), 785-817. ↻

LIBERALISMO. Ver ANARQUISMO.

LIBERATORE, MATTEO (1810-1892). Nascido em Salerno (Campânia), ingressou na Companhia de Jesus. Depois de sua ordenação sacerdotal, deu aulas de filosofia e teologia. Liberatore opôs-se desde muito cedo às doutrinas de Lamennais (VER) e, em particular às de Rosmini (ver ROSMINI-SERBATI [ANTONIO]), assim como a toda tendência que pudesse desembocar num ontologismo (VER). Pouco a pouco, ele foi chegando à convicção de que apenas as doutrinas de Santo Tomás são efetivas para denunciar e corrigir toda espécie de erro ou desvio, terminando por defender o tomismo. Em 1850, Liberatore uniu-se a Carlo Maria Curci (1809-1891) e a Taparelli d'Azeglio (VER) na fundação de *La Civiltà Cattolica* (ver NEOTOMISMO), na qual colaborou assiduamente. Por isso e por seus escritos, especialmente a partir de 1850, Liberatore é considerado um dos principais restauradores do tomismo no século XIX.

➲ Obras: *Institutiones philosophiae*, 2 vols., 1840-1842, reeditadas com freqüência e continuamente revistas pelo autor em sentido cada vez mais neotomista; ed. e rev. completa por M. Corsi, 7 vols., 1937. — *Della conoscenza intellettuale*, 2 vols., 1857-1858. — *Del composto umano*, 1862. — *La Chiesa e lo Stato*, 1871. — *Dell'uomo*, 2 vols., 1874-1875 [o vol. I é uma reelaboração de *Del composto umano*, cf. *supra*]. — *Degli universali*, 1883. — *Commedie filosofiche*, 1884. — *Del diritto pubblico ecclesiastico*, 1887. — *Principi di economia politica*, 1889. — Ver, além disso, a série em *La Civiltà Cattolica* de 1850 a 1892.

Dados biográficos e bibliográficos por F. S. Rondina em *La Civiltà Cattolica* (1892), pp. 352-360.

Ver: P. Dezza, *Alle origini del neotomismo*, 1940, pp. 65-73. — G. van Riet, *L'épistemologie thomiste*, 1946, pp. 32-56. — T. Mirabella, *Il pensiero politico del P. M. L.*, 1956. ↻

LIBERDADE. O conceito de liberdade foi entendido e usado de maneiras muito distintas e nos mais diversos contextos da literatura filosófica e parafilosófica dos gregos até o presente. Eis alguns dos modos como foi entendido: como possibilidade de autodeterminação, como possibilidade de escolha, como ato voluntário, como espontaneidade, como margem de indeterminação, como ausência de interferência, como libertação diante de alguma coisa, como libertação para alguma coisa, como realização de uma necessidade. Além disso, o conceito em questão foi entendido de diferentes maneiras segundo a esfera de ação ou alcance da liberdade; assim, fala-se de liberdade privada ou pessoal, liberdade pública, liberdade política, liberdade social, liberdade de ação, liberdade de expressão, liberdade de idéias, liberdade moral etc.

Como se pode ver, o conceito de liberdade é complexo. Para compreender algumas de suas características, faz-se necessácio relacioná-lo, para comparação ou confronto, com alguns outros conceitos a que dedicamos verbete especiais; é o que ocorre com os conceitos de Arbítrio (Livre-); Autonomia; Boa vontade; Consciência moral; Dever; Determinação; Determinismo; Indeterminismo; Indiferença; Vontade, e alguns outros.

Alguns dos conceitos de liberdade mencionados podem combinar-se com outros. Certos conceitos se reiteram ao longo da história da filosofia. Poder-se-ia proceder, em princípio, a uma classificação sumária de conceitos básicos como: liberdade enquanto autodeterminação, liberdade enquanto possibilidade de escolha, liberdade enquanto ausência de interferência. Isso no entanto obrigaria a descuidar de alguns outros conceitos, bem como repetir vários dos conceitos tratados. Consideramos mais adequado destacar alguns dos conceitos capitais de liberdade que se manifestaram ao longo da história da filosofia a partir dos gregos e preceder esse esboço histórico de algumas considerações de vocabulário.

O vocábulo latino *liber*, de que deriva "livre", teve em princípio, segundo Onians (cf. obra na bibliografia, pp. 472 ss.), o sentido de "pessoa na qual o espírito de procriação está naturalmente ativo", donde a possibilidade de chamar de *liber* o jovem que, ao alcançar a maturidade sexual, incorpora-se à comunidade como homem capaz de assumir responsabilidades. Ele recebe então a *toga virilis* ou *toga libera*. Nesse sentido, é livre o homem de condição não-submetida nem escrava. Daí vêm vários significados ulteriores: é-se livre quando se está "disponível" para fazer algo por si mesmo. A liberdade é então a possibilidade de decidir-se e de, ao decidir-se, autodeterminar-se. Mas como o sentido de 'livre' comporta o de não ser escravo, a libertação a que se refere o ser livre pode se referir a muitas coisas; entre elas, por exemplo, as "paixões". Certo é que a liberdade no sentido assinalado implica a idéia de uma responsabilidade diante de si mesmo e da comunidade: ser livre quer dizer neste caso estar disponível, mas estar disponível para cumprir certos deveres. Desde o começo, portanto, a noção de liberdade parece apontar para duas direções: uma, a de um poder fazer; a outra, a de uma limitação. Em concepções posteriores da liberdade, introduziram-se muitas características que não figuram no significado "originário"; mas a existência de duas direções num mesmo conceito continua sendo muito comum.

Consideramos agora, numa ordem histórica aproximada, várias concepções básicas.

Os gregos usaram o termo ἐλεύθερος num sentido parecido ao que tinha *liber* entre os romanos. O homem que é ἐλεύθερος é na verdade livre no sentido de não ser escravo. O homem livre possui, pois, liberdade, ἐλευθερία, e também liberdade de espírito, ἐλευθεριότης. Ora, assim que se começou a analisar o significado de ἐλευθερία, viu-se que ele podia significar ou "liberdade em qualquer sentido", que equivale a "liberdade em todos os sentidos", ou "liberdade num sentido determinado". A noção de liberdade em todos os sentidos é demasiado ampla para ser usada sem tropeços. Parece melhor, pois, estudar de imediato em que sentidos primários é possível entender a noção de liberdade. Podem-se distinguir os seguintes:

1) Uma liberdade que se pode chamar "natural" e que, quando admitida, costuma ser entendida como a possibilidade de subtrair-se (ao menos em parte) a uma ordem cósmica predeterminada e invariável que aparece como uma "coação" ou, mais precisamente, uma "imposição". Esta ordem cósmica por sua vez pode ser entendida de duas maneiras. De um lado, pode ser concebida como modo de operação do Destino (VER). De outro, pode ser concebida como a ordem da Natureza na medida em que, nesta, todos os acontecimentos estão estreitamente imbricados. No primeiro caso, o que se pode chamar de "liberdade perante o Destino" não é necessariamente (pelo menos para muitos gregos) uma mostra de grandeza ou dignidade humanas. Pelo contrário: só podem subtrair-se ao Destino aqueles que não foram escolhidos pelo Destino e, portanto, "os que na verdade não importam". Aqui, ser livre significa simplesmente "não contar" ou "contar pouco". Os homens escolhidos pelo Destino para realizá-lo não são livres no sentido de poder fazer "o que quiserem". Contudo, são livres num sentido superior. Aqui já encontramos uma das concepções da liberdade como realização de uma necessidade (superior) a que aludimos antes. No segundo caso — quando a ordem cósmica é a "ordem natural" —, o problema da liberdade é posto de outro modo: trata-se então de saber até que ponto e em que medida um indivíduo pode (se, além disso, "deve") subtrair-se à estreita imbricação interna, ou supostamente interna, dos acontecimentos naturais. Foram várias as respostas dadas a esse problema. Mencionaremos apenas duas.

De acordo com alguns, tudo o que pertence à alma, embora também "natural", é "superior" e "mais dinâmico" do que o que pertence aos corpos. Por conseguinte, pode haver nas almas movimentos voluntários e livres por causa da maior indeterminação dos elementos de que são compostas.

De acordo com outros, tudo o que pertence à ordem da liberdade pertence à ordem da razão. Só é livre o homem enquanto ser racional e disposto a atuar como ser racional. Portanto, é possível que tudo no cosmos esteja determinado, incluindo a vida dos homens. Mas na medida em que essa vida é racional e tem consciência de que tudo é determinado, ela goza de liberdade. Nesta concepção, a liberdade é própria apenas do "sábio"; todos os homens são, por definição, racionais, mas apenas o sábio o é eminentemente.

2) Uma liberdade passível de ser chamada de "social" (ou "política"). Essa liberdade é concebida principalmente como autonomia ou independência. Numa determinada comunidade humana, essa autonomia ou independência consiste na possibilidade de reger o próprio destino sem interferência de outras comunidades. Nos indivíduos no interior de uma comunidade, essa autonomia ou independência consiste essencialmente não em furtar-se à lei, mas em agir de acordo com as *próprias* leis, isto é, as leis do próprio "Estado" ou "Cidade-Estado".

3) Uma liberdade que pode ser chamada de "pessoal" e que também é concebida como "autonomia" ou "independência", mas neste caso como independência das pressões ou coações procedentes da comunidade, quer como sociedade ou como Estado. Embora se reconheça que todo indivíduo é membro de uma comunidade e ainda que se proclame que ele tem deveres para com ela, é-lhe permitido abandonar por algum tempo seu "negócio" para dedicar-se ao "ócio" (isto é, ao "estudo"), para desse modo poder melhor cultivar sua personalidade. Quando, em vez de permitir-se ao indivíduo o desfrute do referido ócio, este mesmo o toma como um direito, sua liberdade consiste, ou está em vias de consistir, numa separação da comunidade, talvez fundada na idéia de que há no indivíduo uma realidade, ou parte de uma realidade, que não é, estritamente falando, "social", mas plenamente "pessoal".

Essas três concepções de liberdade, e os inúmeros matizes gerados a partir de cada uma delas, manifestaram-se em diversos períodos da filosofia grega, mas há nesta certa tendência de ir destacando cada vez mais a última concepção, em união com o que se indicou ao final a propósito da primeira. Essa foi com freqüência a concepção de liberdade adotada por diferentes escolas socráticas, bem como, e principalmente, pelos estóicos. "O exterior" — seja a sociedade enquanto mera sociedade, sejam os fenômenos da Natureza e inclusive as "paixões" — é considerado de algum modo como "opressão" ou princípio de opressão. A liberdade consiste em "dispor de si mesmo". Mas dispor de si mesmo só é possível se a pessoa se tiver libertado do "exterior" ou do "externo", o que só é possível quando se reduzem ao mínimo o que antes se consideravam "necessidades". Dessa maneira, o homem livre acaba por ser aquele que se atém apenas, como diziam os estóicos, "às coisas que estão em nós", ao que, como indicava Sêneca, "está em nossas mãos". Por isso, diziam Epicteto (*Diat.*, II, 1, 22, 105) e Marco Aurélio (XI, 36) que nada pode nos arrebatar nossa livre escolha. Liberdade é aqui liberdade para ser quem se é. E para os filósofos que, como os neoplatônicos, equiparavam o ser quem se é ao poder dedicar-se à "contemplação", a liberdade consiste fundamentalmente em "contemplar" e recusar a ação, ou, o que é o mesmo, agir como se não se agisse, tirando a importância da ação. Além disso, em muitos casos se concebeu a liberdade como a consciência da necessidade; quando se é um ser racional, chega-se à compreensão do Destino, compreensão que é essencialmente "libertadora". Por isso, sabio é aquele que compreende, e aceita, a ordem cósmica, ou o Destino, que não são, nesse caso, uma "coação", ao menos no sentido "pessoal".

Deixamos até agora de lado as concepções de liberdade sustentadas por filósofos maiores como Platão e Aristóteles. Isso se deve ao fato de que, por um lado, há nas concepções desses filósofos alguns elementos já descritos; por exemplo, o ideal da "autonomia". Deve-se ainda, por outro lado, à conveniência de dizer agora algumas palavras sobre eles na medida em que suas idéias a respeito nem sempre são redutíveis às introduzidas até agora. Têm especial importância, no tocante a isso, as idéias de Aristóteles. Nele encontramos, entre outras, uma concepção da liberdade na qual se coordenam de alguma maneira a ordem natural e a ordem moral. A principal razão dessa coordenação reside na importância que adquire a noção de fim ou finalidade. Com efeito, como todos os processos têm um fim ao qual tendem "naturalmente", também o homem tende "naturalmente" a um fim (que pode resumir-se numa palavra: "felicidade" [VER]). Mas o homem não tende a esse fim do mesmo modo como os processos naturais tendem a seus fins. É característico do homem poder praticar ações voluntárias. Segundo Aristóteles, as ações involuntárias são produzidas por coação ou ignorância e as voluntárias são aquelas nas quais não há coação nem ignorância. Estas últimas se aplicam às ações morais, mas para que haja uma ação moral é preciso que, ao lado da ação voluntária (liberdade da vontade), haja uma escolha (liberdade de ação ou livre-arbítrio). Essas duas formas de liberdade estão estreitamente relacionadas na medida em que não poderia haver liberdade de escolha se a vontade não fosse livre, e esta não seria livre se não se pudesse escolher; mas é possível fazer a distinção entre elas (pelo menos como dois "momentos" da liberdade). Aristóteles reconheceu que a noção de liberdade, especialmente a de liberdade de escolha, oferece alguns paradoxos. Por exemplo, se um tirano nos força a praticar um ato mau (por exemplo, assassinar o vizinho) ameaçando-nos com represálias (por exemplo, com a morte de um filho nosso) caso não lhe obedeçamos, vemo-nos obrigados a fazer algo tanto involuntária (porque não queríamos fazê-lo) como voluntariamente (porque escolhemos, apesar de tudo, fazê-lo). Apesar desses paradoxos, Aristóteles acreditava ser possível argumentar razoavelmente em favor da liberdade nas duas formas citadas, particularmente considerando-se o fato de ele ter ligado a liberdade em todas as suas formas à operação da razão. Tal como a maioria dos gregos — exceção feita aos sofistas e a alguns céticos —, Aristóteles julgou que um homem que conhece o bem não pode deixar de agir de acordo com ele. A única coisa que pode acontecer é que não nos deixem agir (que, por exemplo, alguém que não conhece o bem — como o tirano mencionado — nos obrigue a agir segundo o mal). Mas na medida do razoável, a ação livre em favor do bem predomina sempre, visto não se supor que o homem esteja, em algum sentido, radicalmente "corrompido". Assim, a "causalidade própria" e a autodeterminação em que se fundam algumas noções gregas de liberdade sempre estão ligadas a uma finalidade, e essa finalidade sempre é compreendida por meio de uma consideração racional.

Os autores cristãos levaram em conta muitas das idéias sobre a liberdade desenvolvidas pelos gregos, tendo feito uso freqüente delas. Porém, especialmente a partir de Santo Agostinho, puseram o problema da liberdade num contexto bem distinto: o do "conflito" entre a liberdade humana e a chamada "predestinação divina" ou ao menos "presciência divina". Por isso, o problema da liberdade no pensamento cristão esteve muitas vezes estreitamente ligado à questão da graça (VER).

De maneira geral, os cristãos consideraram que a liberdade, enquanto simples *libertas a coactione* (liberdade diante da coação) é insuficiente. Tampouco é suficiente, na maioria das vezes, a liberdade de escolha: o *liberum arbitrium*, livre-arbítrio, especialmente o *liberum arbitrium indifferentiae*. De fato, pode-se usar o livre-arbítrio bem ou mal. Apesar do racionalismo e do intelectualismo de quase todos os filósofos antigos em questões éticas, a possibilidade de usar bem ou mal o livre-arbítrio fora trazida à luz em várias ocasiões (por Aristóteles na *Eth. Nic.*, III, 1112 a 7-9, e por Ovídio nos famosos versos em que proclama que aprova o bem, mas segue o mal). Contudo, não recebera o peso do radicalismo de São Paulo quando este afirma que "faço não o bem que quero, mas o mal que não quero" (*Rm* 7,15). A partir do momento em que se proclamou que a natureza do homem havia sido completamente corrompida pelo pecado original, o que surpreendeu não foi a possibilidade de o livre-arbítrio ser usado para o bem ou para o mal, mas o fato de ser usado, ou poder sê-lo, para o bem. Daí a insistência na graça (VER) e o problema de saber se essa graça não suprime o ser livre do homem.

A maior parte das questões sobre a liberdade humana em sentido cristão foi discutida e esclarecida por Santo Agostinho. Como vimos em ARBÍTRIO (LIVRE-), Santo Agostinho distingue livre-arbítrio como possibilidade de escolha e liberdade propriamente dita (*libertas*) como a realização do bem visando à beatitude, senão como a beatitude mesma. O livre-arbítrio mantém íntimos laços com o exercício da vontade, ao menos no sentido da "ação voluntária"; com efeito, a vontade pode inclinar-se, e sem o auxílio de Deus se inclina, ao pecado. Portanto, o problema aqui não é tanto o referente ao que o homem poderia fazer, mas como pode o homem usar seu livre-arbítrio para ser realmente livre. Não basta, naturalmente, saber o que é o bem: é preciso poder efetivamente inclinar-se a ele. Ora, ao lado dessa questão, e em estreita relação com ela, há a questão de saber como se pode conciliar a liberdade de escolha do homem com a presciência divina. Segundo Santo Agostinho, elas são conciliáveis (cf. *De libero arbitrio*, I, 1-3; II, 4-5; III, 6-8; IV, 9-11). O fato de o homem possuir uma vontade e de buscar isto ou aquilo é uma experiência pessoal indiscutível. Por outro lado, Deus sabe que o homem fará voluntariamente isto ou aquilo, o que não elimina que o homem faça voluntariamente isto ou aquilo. O que, segundo Santo Agostinho, não explica o que se pode denominar "o mistério da liberdade", mas ao menos esclarece que a presciência de Deus não equivale a uma determinação dos atos voluntários de uma forma que faça deles atos involuntários.

Os escolásticos trataram copiosamente das questões relativas ao livre-arbítrio, à liberdade, à vontade, à graça etc. São numerosas e quase sempre sutis as teorias elaboradas a respeito. Vamos nos limitar a indicar algumas posições adotadas. Para Santo Tomás (cf. *S. theol.*, I, q. LXXXII, a 1 e 2; LXVIII, a1; I-II, q. VI, a 1), o homem goza de livre-arbítrio ou liberdade de escolha. Tem também, naturalmente, vontade, que é livre de coação, porque sem isso não mereceria esse nome. Mas o estar livre de coação é uma condição da vontade, e não a vontade em si. É preciso, com efeito, que algo mova a vontade. Trata-se do intelecto, que apreende o bem como objeto da vontade. Parece, assim, que a liberdade é eliminada. Mas ocorre que a liberdade não se reduz ao livre-arbítrio; a liberdade propriamente dita é também o que se denominou depois "espontaneidade". Esta consiste em seguir o movimento natural próprio de um ser e, no caso do homem, em seguir o movimento na direção do bem. Assim, não há liberdade sem escolha, mas a liberdade não consiste unicamente em escolher e menos ainda em escolher-se completa e absolutamente a si mesmo: consiste em escolher alguma coisa transcendente. Nesta escolha para a qual o homem emprega o livre-arbítrio, pode haver erro. Pode-se de fato escolher mal ou, o que vem a ser o mesmo, escolher o mal. E se escolher por si mesmo e sem nenhuma ajuda de Deus, o homem por certo escolherá o mal. Desse modo, afirma-se haver completa liberdade de escolha, já que essa liberdade é, como indica Santo Tomás, "a causa de seu próprio movimento, visto que, mediante seu livre-arbítrio, o homem move-se a si mesmo a agir". Mas o fato de haver semelhante liberdade de escolha completa não significa que só ela exista; a liberdade não é mera liberdade de indiferença, mas antes liberdade de diferenças ou tendo em vista as diferenças.

A teoria da liberdade de Santo Tomás, fundada em grande parte em Aristóteles, movimenta-se no âmbito de um horizonte "intelectualista". Já se disse que a teoria da liberdade de Duns Scot é completamente "voluntarista". Isso é certo considerando-se que há no referido autor uma total equiparação entre *libertas* e *voluntas*. Mas nem por isso Duns Scot suprime a escolha enquanto dirigida por aquele que escolhe ou pode escolher. A rigor, ele distingue vários tipos de liberdade: uma liberdade que é simplesmente a de querer ou recusar; outra que é a de querer ou recusar algo; outra, por fim, fundada nas duas anteriores, e mais completa, que é a de querer ou recusar os possíveis efeitos daquilo que se escolhe. Além disso, Duns Scot declara taxativamente que a causa do ato de querer na vontade é distinto da vontade (*Op. Ox. Lib.*, II, dist. 25). Se se fala de um "voluntarismo" em Duns Scot, não se deve, pois, conceber isso como a afirmação de que a vontade humana seja absoluta ou de que, no ato da escolha, a pessoa se escolha a si mesma naquilo que vai fazer. É verdade que a insistência na equiparação entre vontade e liberdade levou ao que Dilthey chamou de "o império da vontade e da liberdade" no século XIII. Mas isso não ocorreu tanto com Duns Scot quanto com alguns autores nominalistas ou seguidores da chamada *via moderna*.

Durante a Idade Média, discutiu-se freqüentemente a questão da indiferença na escolha a que nos referimos em ARBÍTRIO (LIVRE-) e de que temos um testemunho nos debates em torno do chamado problema do "Asno de Buridan" (VER). Também se debateu a questão da compatibilidade ou incompatibilidade entre a liberdade humana e a presciência divina. Referimo-nos a esse ponto em vários verbetes, entre eles CIÊNCIA MÉDIA e FUTURÍVEIS. Inúmeras, e muito sutis, teorias a esse respeito foram propostas nos séculos XVI e XVII sobre, por exemplo, como Deus move a vontade do homem: se de um modo completo, de um modo indiferente, por um concurso (VER) etc. Mas já a partir do século XVI apresentou-se também um problema que, sem substituir inteiramente a citada questão teológica, ocupou muitos filósofos até o presente: é o problema de saber se se pode dizer que o homem é livre quando se declara haver determinismo (VER) na Natureza. É o famoso problema "Liberdade contra Necessidade" (ou "Necessidade contra Liberdade"). Esse problema suscitou a maioria dos debates entre os chamados "libertários" (no sentido de "defensores da realidade da liberdade") e os chamados "necessitários" (no sentido de "defensores da realidade" — e universalidade — "da necessidade").

Alguns autores modernos (Spinoza sobretudo, Leibniz em parte e, também em parte, por outras razões, Hegel) sustentaram que a liberdade consiste fundamentalmente em seguir "a própria natureza" na medida em que essa natureza está numa estreita relação (harmonia preestabelecida ou coisa que o valha) com toda a realidade. Spinoza é considerado por isso um dos mais obstinados "deterministas". Leibniz tentou conciliar o determinismo com a liberdade acentuando principalmente, no conceito de liberdade (ou, segundo o caso, de livre-arbítrio) o momento do "seguir a própria natureza enquanto prenhe do próprio futuro". Outros autores (como Hobbes, Locke e Voltaire) tenderam a destacar no "ser livre" o elemento "o que quero". A discussão entre "libertários" e "necessitários" adquiriu uma nova dimensão na maneira como Kant enfrentou o problema.

Nesse autor, não se tratava de ver se a necessidade sufoca a liberdade nem se esta poderia subsistir diante da necessidade: tratava-se de saber como eram possíveis a liberdade e a necessidade. Usando a própria terminologia de Kant, pode-se dizer que, no entender desse filósofo, todos os que se ocuparam do problema haviam errado fundamentalmente por uma simples razão: ter considerado a questão da liberdade uma questão passível de ser decidida numa esfera única e determinada. Diante disso, Kant estabelece que no reino dos fenômenos, que é o reino da Natureza, há completo determinismo; é totalmente impossível "resguardar", nesse plano, a liberdade. A liberdade, em contrapartida, aparece no reino do número (VER), que é fundamentalmente o reino moral. Em suma, a liberdade não é, nem pode ser, uma "questão física": é só e unicamente uma questão moral. E aqui é possível dizer que não só há liberdade como também que não pode não haver. A liberdade é com efeito um postulado da moralidade. O famoso conflito entre a liberdade e o determinismo, expresso na "terceira antinomia" (VER), é um conflito aparente. Isso por certo não significa que "a realidade" fique cindida por completo em dois domínios que não têm nem podem ter qualquer contato. Significa somente que o homem não é livre por poder afastar-se do nexo causal; é livre (ou, talvez, torna-se livre) por não ser inteiramente uma realidade natural. Por isso, pode ser *causa sui* (ao menos moralmente falando) e, em todo caso, introduzir no mundo possíveis começos de novas causações. Desse modo, a liberdade aparece como um começo (o que só é possível na existência moral, pois na Natureza não existem esses "começos", sendo toda ela, por assim dizer, "continuação"). Há, portanto, como diz Kant, a possibilidade de "uma causalidade por parte da liberdade". Em seu caráter empírico, o indivíduo deve submeter-se às leis da Natureza. Em seu caráter inteligível, *o mesmo indivíduo* pode considerar-se livre. A expressão 'o mesmo indivíduo' é aqui fundamental, pois a conexão entre o reino da liberdade e o da necessidade não é uma mera justaposição, mas ocorre no âmbito de uma realidade unitária, embora pertencendo, em sua unidade, a dois mundos.

Desse modo, a liberdade não apenas é justificada como tem acentuado ao máximo seu caráter "positivo". Esse caráter consiste, em quase todos os idealistas alemães pós-kantianos, na possibilidade de fundar-se a si mesma. A liberdade não é nenhuma realidade. Tampouco é atributo de alguma realidade. É um ato que se põe a si mesmo como livre. Esse ato que se põe a si mesmo, ou autoposição pura, é, segundo Fichte, o que caracteriza o puro Eu, que se constitui em objeto de si mesmo por um ato de liberdade. Os sistemas deterministas, argumenta Fichte, partem do dado. Um sistema fundado na liberdade parte do pôr-se a si mesmo. Como o pôr-se a si mesmo equivale a constituir-se a si mesmo como o que se é, a liberdade de que fala Fichte parece-se muito com o que alguns autores chamariam de "necessidade". Com efeito, o Eu que se põe a si mesmo como livre necessita, para ser, ser livre. Schelling considerou que a concepção fichtiana da liberdade é uma determinação, ou autodeterminação, que anula a própria liberdade que se propunha fundar. Em suas *Investigações filosóficas sobre a natureza da liberdade humana*, Schelling insiste em que a liberdade antecede a autoposição: ela é pura e simples possibilidade. Essa possibilidade é o verdadeiro fundamento do Absoluto. Por isso, o próprio Deus está fundado na liberdade. Hegel, por sua vez, concebe a liberdade essencialmente como "liberdade da Idéia". A Idéia se liberta a si mesma no curso de seu autodesenvolvimento dialético; não que a Idéia não fosse livre antes de desenvolver-se, mas sua liberdade não era a liberdade completa daquele que entrou em si mesmo para "recuperar-se" a si mesmo. A liberdade da idéia não consiste, pois, num livre-arbítrio, que é só um momento no autodesenvolvimento da Idéia rumo à sua própria liberdade. A liberdade, metafisicamente falando, é a autodeterminação. Indica-se freqüentemente que o elemento de determinação a que se refere Hegel é uma negação da liberdade, mas é preciso ter presente que essa determinação é precisamente o contrário de uma coação externa. A verdadeira liberdade, supõe Hegel, não é o acaso mas a determinação racional do próprio ser. Liberdade é, em última instância, ser o que se é. Essa noção de liberdade, embora metafisicamente fundada, não é para Hegel uma abstração: é a realidade mesma enquanto realidade universal e concreta. Por isso, Hegel procura demonstrar que a liberdade como autolibertação se manifesta em todos os estágios do desenvolvimento da Idéia, incluindo-se aí, naturalmente, a história. Pois a própria história enquanto retorno da Idéia a si mesma pode ser compreendida como libertação: trata-se de uma "libertação positiva", pois não consiste em emancipar-se de outra coisa mas de si mesma.

No curso do século XIX, foram abundantes os debates em torno da noção de liberdade e especialmente acerca de se o homem é, ou pode ser, livre tanto com relação aos fenômenos da Natureza como com respeito à sociedade. Seria uma simplificação dizer que houve dois grandes grupos de doutrinas: umas que negavam a possibilidade da liberdade e outras que a afirmavam. É verdade que os materialistas e mecanicistas inclinaram-se em favor do determinismo e do "necessitarismo" universais, ao passo que os "espiritualistas" sustentavam que a liberdade é possível. Mas, deixando de lado o fato de ter havido inúmeras posições intermediárias entre o determinismo absoluto e o total "libertarianismo", foram igualmente muitos e bem diversos os modos de entender a liberdade e os argumentos aduzidos para negá-la, para afirmá-la ou para determinar seu grau ou graus em certas condições. Com efeito, era possível entender 'liberdade', entre outras maneiras, como um conceito metafísico que poderia referir-se a todo o real, como um conceito primariamente psicológico que se referia ao indivíduo humano, como um conceito sociológico referente à relação homem–sociedade, como um conceito religioso, moral etc. Materialistas e "espiritualistas" tenderam a entender a liberdade metafisicamente e seus argumentos foram primariamente "metafísicos", ou ao menos "especulativos". Alguns autores, no entanto (como John Stuart Mill), trataram o problema do ponto de vista empírico, como uma questão de fato e não de direito. Foram importantes na questão que nos ocupa as análises apresentadas por autores como Maine de Biran e Lachelier, que estudaram o problema da liberdade como problema que afeta fundamentalmente o "eu interior", independentemente de quaisquer determinismos, físicos ou mesmo psíquicos. Também foram importantes os argumentos elaborados por Jules Lequier (VER) e por Renouvier, assim como as tentativas de demonstrar que há liberdade mostrando que há nas leis da Natureza um "contingentismo" (Boutroux). Algumas dessas análises continuaram até Bergson (VER), que buscou mostrar que a consciência (ou o "eu") é livre — e até mesmo fundamentalmente livre —, porquanto não regida pelos esquemas da mecanização e da espacialização por meio dos quais se entendem e organizam conceitualmente os fenômenos naturais. É necessário considerar ainda, nas discussões dos filósofos do século XIX sobre a liberdade, os que dela trataram da perspectiva religiosa (como Kierkegaard e, de um ponto de vista distinto, Rosmini) e os que enfocaram a questão do ponto de vista social ou histórico (como Marx e, de modo geral, aqueles que, mantendo um determinismo natural e social, propugnavam ao mesmo tempo a possibilidade de que o homem alcançasse um dia a liberdade por meio de um "salto para a liberdade").

Também foram abundantes os debates em torno da noção de liberdade no século XX. Vamos destacar aqui apenas dois modos de considerar essa noção: a dos autores, ou de alguns autores, que podem ser considerados *grosso modo* "analíticos" e dos que, de uma ou de outra forma, se orientaram para um tipo de pensamento "existencial".

Os autores de tendência analítica inclinaram-se a examinar o que significa dizer que o homem age, ou pode agir, livremente. Característica desse modo de ver a questão é a análise da significação de "é livre" proporcionada por G. E. Moore. Segundo este autor, dizer que um homem agiu livremente é simplesmente dizer que ele não estava constrangido nem coagido, ou seja, que poderia ter agido de outra forma se o tivesse escolhido [decidido]. Como é possível dizer isso mesmo que os atos do homem em questão estivessem determinados, não poucos autores chegaram à conclusão de que não há incompatibilidade entre livre-arbítrio e determinismo, e alguns chegaram a afirmar que o livre-arbítrio supõe o determinismo. Por conseguinte, insistiu-se em que a proposição "X é determinado causalmente" não implica de modo necessário a propopsição "X não é livre". Ser livre não significa aqui "agir sem nenhuma causa"; não ser livre tampouco significa "agir segundo uma causa". De certo modo, as concepções de liberdade (e, em certos casos, de livre-arbítrio) que vêm das análises a que aludimos assemelham-se a algumas das mais "tradicionais"; assim, há semelhanças entre elas e alguns dos modos de considerar a liberdade em Aristóteles. De todo modo, esses autores concordam com Aristóteles quanto ao fato de não se poder falar de uma ação ou de um ato a menos que estejam determinados de alguma maneira; a própria noção de ação ou ato está, portanto, relacionada com a de "determinação". Têm estreita relação com esse tipo de análise os trabalhos dos autores que se dedicaram a investigar sobretudo o significado de 'Posso'. Uma análise de 'Posso' mostra que essa expressão não tem uma só, mas várias significações. Essa multiplicidade de significações é de certo modo paralela à possível multiplicidade de explicações que se podem dar de uma ação humana. Os "analistas" acusam os filósofos "tradicionais" de ter reduzido a um único significado expressões como 'Posso', 'Pôde', 'Tinha liberdade para fazer isso ou aquilo' etc.; portanto, esses filósofos tinham de decidir-se pelo determinismo ou pela liberdade. Isso equivalia a querer *explicar* o problema e encontrar para ele uma solução definitiva. Os "analistas", de G. E. Moore a J. L. Austin, sustentam que há vários significados — ou vários usos — das expressões mencionadas e de outras análogas e que, em vez de procurar *explicar*, é preciso *descrever* o que ocorre quando se empregam expressões relativas a ações voluntárias ou involuntárias, intenções, propósitos etc. Isso não equivale a dizer que os "analistas" tenham solucionado o problema da liberdade; equivale antes a dizer que eles se recusaram a compreender que haja propriamente "um problema da liberdade".

Os autores que se orientaram para um tipo de pensamento "existencial" também usaram a "análise", mas em muitos casos não foi uma análise linguística, mas fenomenológica e, em certa medida, ontológica. Comum a todos esses autores é a idéia de que a pergunta sobre a liberdade não é "objetiva"; não se trata tanto de saber se alguém é ou não livre quanto de saber se "é" ou não liberdade. Nesse sentido, Jaspers pôde dizer que "a pergunta sobre se a liberdade existe tem sua *origem* em mim mesmo, que *quero* que ela *exista*" (*Philosophie*, II, 175). A liberdade se torna então liberdade existencial. Pois a escolha existencial não é o resultado de um simples conflito de motivos nem a obediência a um imperativo objetivamente formulado; o decisivo na escolha é o fato de eu escolher (*op. cit.*, II, 181). Disso decorre a diferença entre a liberdade existencial e as outras formas de liberdade. A liberdade formal, diz Jaspers, era saber e livre-arbítrio; a liberdade transcendental era a autocerteza na obediência a uma lei evidente; a liberdade como idéia era a vida num todo; a liberdade existencial é a autocerteza de uma origem histórica da decisão. "Somente na liberdade existencial, que é simplesmente inapreensível, isto é, para a qual não existe nenhum conceito, *se realiza* a consciência da liberdade". Por isso, a liberdade nunca é absoluta. Ou, melhor dizendo, só há liberdades na medida em que há um absoluto em movimento. O homem *se faz* então *na* liberdade.

A idéia da liberdade como um "fazer-se a si mesmo (livremente)" é fundamental em vários autores, sejam ou não explicitamente "existenciais". O "primeiro Heidegger" não exprimiu grande (nem detalhado) interesse pelo "problema da liberdade", mas isso decorria do fato de ocupar em seu pensamento um lugar mais predominante a noção de transcendência do *Dasein* (VER) como um "estar-no-mundo". De qualquer modo, na medida em que o *Dasein* está sempre "além de si", cabe dizer não só que ele é livre, mas que o é "necessariamente". Isso parece paradoxal quando entendido no contexto do debate clássico "liberdade-necessidade" ou "liberdade-determinação", assim como quando se entendem de maneira não "existenciária" termos como 'necessariamente', mas essa impressão se reduz quando se considera que essa "liberdade" não é nem uma liberdade de algo nem tampouco uma liberdade *para* algo; trata-se antes de uma liberdade para "nada" (no sentido de não ser para nenhum dos entes). A bem dizer, o *Dasein* se liberta "rumo a si mesmo"; a liberdade como transcendência do *Dasein* é a projeção deste segundo suas próprias possibilidades; o mesmo ocorre na acepção "existenciária" de 'possibilidade'.

Esta "liberdade-transcendência" muda de sinal com a *Kehre* heideggeriana, mas certas similaridades estruturais entre o pensamento do "primeiro Heidegger" e o do "segundo Heidegger" permitem entender a mudança. O "segundo (ou último) Heidegger" falou mais frequentemente que o "primeiro" de "liberdade", mas tratava-se da "liberdade do fundamento" (ver Fundamento). Não há liberdade além da relativa à fundamentação (ou "fundação"). Em última análise, a liberdade é fundamentação do fundamento (*Grund*), mas como a fundamentação não está, por sua vez, fundamentada (ou "fundada"), o "fundo último" deste fundamentar é um "não-fundamento" (não um *Grund*, mas um *Abgrund* ou "*abismo*"). A liberdade está unida aqui à transcendência; não é liberdade "de" nem "para" o que quer que seja: é uma liberdade mais "fundamental" — ou mais "fundamentante" — e não menos radical por operar na finitude.

Ortega y Gasset escrevera, já em 1930, que, sendo a vida humana algo que é preciso fazer — um "que fazer" —, não há escolha além de decidir a cada momento o que se vai fazer, isto é, o que *vou* fazer. Como o que há a fazer é a própria vida, intransferível e insubornável, cada qual decide a cada momento o que vai fazer, e com isso o que vai ser, inclusive quando decide não decidir. Não há, pois, alternativa além de "inventar-se" continuamente a si mesmo, decidindo a cada momento que "si mesmo" se vai produzir. A liberdade não é uma coisa que temos, mas algo que somos — ou talvez que vamos sendo: somos obrigados a ser livres.

Esta última afirmação poderia servir de lema para grande parte de *O Ser e o Nada*, de Sartre. Para começar, a relação entre a existência e a essência não é no homem o que é nas coisas. "A liberdade humana precede a essência do homem e a torna possível, a essência do ser se acha suspensa em sua liberdade. O que chamamos de liberdade não pode, pois, ser distinguida do *ser* da 'realidade-humana'. O homem não é *primeiramente* para *depois* ser livre, não havendo diferença entre o ser do homem e seu '*ser-livre*'" (*L'Être el le Néant*, p. 61). Assim, não se trata de debater se o homem é ou não livre, porque ele só pode ser enquanto livre. O estudo da estrutura do "Para-si" mostra que, embora a "realidade humana" esteja no mundo, lançada entre as coisas, está também necessariamente "à distância" das coisas; o "Para-si" é, de imediato, com relação às coisas, "negação": é como um "vazio" ou uma "falha" que fende a solidez monolítica do "Em-si". É verdade que a realidade humana procura ocultar de si mesma sua própria liberdade e, portanto, sua responsabilidade, mas isso ocorre porque ela sente angústia diante destas. O homem, afirmou Sartre, está condenado a ser livre (*op. cit.*, p. 515), embora fuja desta condenação ou não queira saber dela. Por isso, ele inventa artifícios e expedientes que lhe permitam não ter de assumir a liberdade radical, isto é, que lhe permitam não ter de enfrentar a decisão do que terá de fazer com ela. Isso não significa que haja uma "liberdade interna" ou "liberdade profunda" de estilo bergsoniano. O ser "interior" é, afinal, tão "coisa" quanto o ser "exterior"; a liberdade não é nem interior nem exterior, diante destes, ela é "nada". A liberdade é, mais uma vez, a própria realidade humana enquanto se faz a si mesma livremente. Existir humanamente é escolher, e o que se escolhe é a "escolha original" (e originária) para a qual não há razões e que, do ponto de vista racional, parece então "injustificada" e "absurda" (ver Absurdo). Nada disso quer dizer que a liberdade consista em desapegar-se das coisas e do mundo; só no entrevero com estes a realidade-humana se realiza como liberdade.

Destacou-se por vezes que há uma diferença notória, no tocante a isso, entre o "primeiro Sartre" e o "último (ou o "segundo") Sartre"; entre *O Ser e o Nada* e a *Crítica da razão dialética*. Em muitos sentidos, a diferença é grande. Mas a questão da liberdade continua a ser central na última obra citada. Em todo caso, é tão central quanto o é o marxismo enquanto "filosofia viva" e "filosofia insuperável de nosso tempo". Certos autores apresentam o marxismo, dogmaticamente, como uma doutrina consideravelmente determinista; embora se alegue não ser um determinismo "mecânico", mas um processo dialético, continua-se a insistir em que é inútil opor-se à "Marcha da História". Sartre considera, junto com outros intérpretes, que o marxismo, enquanto método de interpretação e guia para a ação, não nega a liberdade humana. De fato, as limitações da liberdade são servidões que o próprio homem forja para si. É verdade que, enquanto condicionado pela "escassez" no domínio daquilo que Sartre denomina "prático-inerte" (ver), o homem nasce, não livre, mas escravo (cf. *Critique de la raison dialectique*, p. 369). Mas essa escravidão não é "natural", ou seja, não resulta de um processo da Natureza: o próprio homem, ao constituir-se como homem, se agrilhoa a si mesmo, já que "internaliza" a "escassez". Por outro lado, no curso de sua existência social, o homem dá — embora não necessariamente — uma série de passos que são outras tantas "totalizações" dialéticas por meio dos quais vai se livrando de suas próprias servidões. As relações de produção condicionam — como sustentava Marx — a história, porém não da maneira como operam na Natureza as cadeias causais. Nem a alienação nem a objetivação são processos que ocorrem na Natureza. "Se se quer atribuir ao pensamento marxista toda a sua complexidade, é preciso dizer que o homem no período da exploração é, *a um só tempo*, tanto o produto de seu próprio produto como um agente histórico que não pode de modo algum ser confundido com um produto. Essa contradição não está imobilizada; cumpre apreendê-la no próprio movimento da *práxis*. Assim fica clara a frase de Engels: os homens fazem sua história com base em condições reais anteriores (entre as quais figuram as características adquiridas, as deformações impostas pelo modo de trabalho e de vida, a alienação etc.), mas *os homens mesmos*, e não as condições anteriores, fazem a história. Do contrário, os homens se tornariam meros veículos de forças inumanas que, por meio deles, regeriam o mundo social. Naturalmente, essas condições existem e elas, somente elas, podem proporcionar uma direção e uma realidade material às mudanças que se preparam. Mas o movimento da *práxis* humana as supera conservando-as" (*Critique*, p. 61). Mediante essa superação, a liberdade pode, por assim dizer, "ir-se fazendo", visto estar tão por fazer quanto a filosofia da liberdade. Trata-se para Sartre da filosofia que, quando existir uma *real* liberdade para todos, vai substituir o marxismo. "Mas não dispomos de nenhum meio, nenhum instrumento intelectual, nenhuma experiência concreta que nos permita conceber essa liberdade ou essa filosofia" (*Critique*, p. 32).

Difere dos anteriores o exame da noção de liberdade levado a efeito por Nicolai Hartmann. De acordo com o autor, é preciso recusar a mera liberdade em sentido legal, que carece inteiramente de elementos positivos. A liberdade legal *também pode* ser positiva, mas não quando se limita a si mesma, sem nenhum elemento de vontade moral que a realize. É preciso rechaçar ainda a liberdade como mera vontade de ação (ato voluntário), insuficiente do ponto de vista metafísico. Deve-se igualmente recusar a noção de liberdade da vontade, demasiado vinculada ao sujeito. De modo geral, cumpre fazer o mesmo com todas as concepções de liberdade exterior. Mas isso não significa que a "liberdade interior" como tal seja suficiente. Os autores para quem o homem pode ser determinado para os outros e livre para si mesmo (ou enquanto sujeito) tendem a identificar liberdade com livre-arbítrio e a esquecer que, ao lado da possibilidade de escolha, tem de haver uma escolha efetiva. Por várias razões, deve-se também rejeitar todo conceito de liberdade que consista apenas em afirmar a indeterminação e a contingência. E, por fim, deve-se rechaçar, por incomprovada e além disso perigosa para sua própria subsistência, a noção de liberdade que a subsume num Absoluto. Ora, a recusa de todos esses conceitos de liberdade não equivale a desconhecer que cada um deles apresenta um aspecto positivo. A verdadeira e autêntica liberdade deverá surgir, por conseguinte, da acentuação do que houver de positivo em qualquer de suas noções. Daí as conclusões de N. Hartmann: 1) a antinomia causal mostra que deve haver uma liberdade positiva, que não seja simples disponibilidade nem indeterminabilidade, mas determinação de uma espécie particular. 2) O fator determinante não deve estar fora do sujeito e, por conseguinte, não deve estar nos valores nem em qualquer outro princípio autônomo. 3) O fator determinante tampouco deve radicar de maneira indefinidamente "profunda" no sujeito. Deve permanecer em sua camada consciente. Do contrário, não haveria liberdade moral. A liberdade não deve estar aquém nem além da consciência, mas na consciência. 4) O fator determinante, contudo, não é inerente a uma consciência superindividual (na razão prática). Se assim fosse, a liberdade não seria liberdade da pessoa. Por isso, deve-se reconciliar a interpretação kantiana da liberdade com a teoria leibniziana da autodeterminação individual. 5) Deve haver liberdade em dois sentidos: não basta haver liberdade diante da regularidade da Natureza, devendo igualmente havê-la diante dos princípios morais e do ser; seja um imperativo ou os valores (cf. *Ethik*, II, I, xi, a).

Indicamos a seguir, em ordem cronológica, uma série de escritos nos quais é tratado o problema da liberdade ou de problemas direta ou indiretamente relacionados com ele. Esta relação deve ser completada com os escritos já mencionados no texto *supra*, assim como com os que figuram nas bibliografias de outros verbetes como Arbítrio (Livre-); Acaso; Determinismo; Indeterminismo; Vontade etc. Alguns dos títulos figuram nas bibliografias de mais de um verbete.

Alfred Fouillée, *La liberté et le déterminisme*, 1872. — C. Piat, *La liberté*, 1894. — Wilhelm Wildebrand, *Über Willensfreiheit*, 1904; 4ª ed., 1923. — Heinrich Gomperz, *Das Problem der Willensfreiheit*, 1907. — Karl Jöel, *Der freie Wille*, 1908. — A. Messer, *Das Problem der Willensfreiheit*, 1911. — Johannes Hemke, *Die Willensfreiheit*, 1911. — G. H. Palmer, *The Problem of Freedom*, 1911. — Léon Brunschvicg. *Nature et liberté*, 1924. — Fritz Medicus, *Die Freiheit der Willens und die Grenzen*, 1926. — Piero Martinetti, *La libertà*, 1928. — H. W. Carr, *The Freewill Problem*, 1928. — Helmut Groos, *Die Konsequenzen und Inkonsequenzen des Determinismus*, 1931; 2ª ed. aum. com o título *Willensfreiheit oder Schicksal?*, 1939. — Arnold Gehlen, *Theorie der Willensfreiheit*, 1938. — Franco Lombardi, *La libertà del valore e l'individuo*, 1941. — Miguel Ángel Virasoro, *La libertad, la existencia y el ser*, 1943. — A. J. Ayer, "Freedom and Necessity", *Polemic*, 5 (1946); reimp. em sua obra *Philosophical Essays*, 1954, pp. 271-284. — Aloys Wenzl, *Philosophie der Freiheit*, 1947. — John Laird, *On Human Freedom*, 1947. — Jean Laporte, *La conscience de la liberté*, 1947. — Georges Motier, *Déterminisme et liberté. Essais sur les sources métaphysiques du débat*, 1947. — C. Vaz Ferreira, *Los problemas de la libertad y del determinismo*, 1947; 2ª ed., 1957. — VV. AA., trabalhos sobre a noção de liberdade, em *Actes du IVᵉ Congrès des Societés de Philosophie de Langue Française*, Neuchâtel, 13/16-IX-1949. — H. Ertel, *Kausalität, Teleologie und Willensfreiheit als Problemkomplex der Naturphilosophie*, 1954. — L. Franca, *Liberdade e determinismo*, 1954. — F. Lombardi, *Il concetto della libertà*, 1955. — A. Antweiler, *Das Problem der Willensfreiheit*, 1955. — Arnold Metzger, *Freiheit und Tod*, 1955, especialmente cap. IV, pp. 18-20. — M. del Río, *Estudio sobre la libertad humana: Anthropos y Ananké*, 1955. — Daniel Christoff, *Recherche de la liberté*, 1957. — G. E. M. Anscombe, *Intention*, 1957. — Stuart Hampshire, *Thought and Action*, 1958. — Austin Ferrer, *The Freedom of the Will*, 1958. — M. Black, B. Blanshard, C. G. Hempel *et al.*, *Determinism and Freedom in the Age of Modern Science*, 1958, ed. S. Hook. — Christian Bat, *The Structure of Freedom*, 1958. — Isaiah Berlin, *Two Concepts of Liberty*, 1959; reimp. in *Four Essays on Liberty*, 1969, pp. 118-172. — Mortimer J. Adler, *The Idea of Freedom*, 2 vols., 1958-1961. — Jorge Pérez

Ballestar, *La libertad: Estudio filosófico, social y religioso*, 1960. — Antonio Aróstegui, *La libertad. Estudio filosófico y religioso*, 1960. — A. I. Melden, *Free Action*, 1961. — K. Rankin, *Choice and Chance*, 1961. — H. Ofstad, *An Inquiry Into the Freedom of Decision*, 1961. — Georges Gusdorf, *Signification humaine de la liberté*, 1962. — R. M. Hare, *Freedom and Reason*, 1963. — A. von Spakovsky, *Freedom, Determinism, Indeterminism*, 1963. — Stuart Hampshire, *Freedom of the Individual*, 1965. — E. D'Angelo, *The Problem of Freedom and Determinism*, 1968. — Anthony Kenny, *Will, Freedom, and Power*, 1976. — C. O. Schrag, *Existence and Freedom: Towards an Ontology of Human Finitude*, 1961. — F. Bergmann, *On Being Free*, 1977. — A. Kenny, *Freewill and Responsibility*, 1979. — J. Vallejo Arbeláez, *Las fronteras de la libertad. I: La libertad y las ciencias*, 1980. — D. C. Dennett, *Elbow Room: The Varieties of Free Will Worth Wanting*, 1984. — L. Geymonat, *La libertà*, 1988. — F.-P. Hager, *Wesen, Freiheit und Bildung des Menschen*, 1989. — H. Bergson, *Zeit und Freiheit*, 1989. — S. Kruks, *Situation and Human Existence: Freedom, Subjectivity and Society*, 1990. — R. Rumpel, *Geschichte, Freiheit und Struktur*, 1991. — J. Krishnamurti, *On Freedom*, 1991. — R. Bashkar, *Philosophy and the Idea of Freedom*, 1991. — L. T. Zagzebski, *The Dilemma of Freedom and Foreknowledge*, 1991. — J. MacMurray, *Freedom in the Modern World*, 1991. — C. Swanton, *Freedom: A Coherence Theory*, 1992. — R. D. Winfield, *Freedom and Modernity*, 1992.

Alguns dos escritos mencionados anteriormente tratam também, e às vezes principalmente, do problema ou dos problemas da liberdade do ponto de vista histórico, ou contêm exposições, interpretações e discussões sobre autores, correntes ou épocas; esse é especialmente o caso da citada obra de J. Adler, *The Idea of Freedom*, 2 vols., 1958-1961, bem como, em parte, das obras de Milton C. Nahm e Isaiah Berlin. Além disso, indicamos abaixo uma série de obras de caráter predominantemente histórico: A. Alexander, *Theories of the Will in the History of Philosophy*, 1898. — Gerda von Bredow, *Das Sein der Freiheit*, 1960 [de Sócrates a Hartmann]. — Armand David, *Fatalisme et liberté dans l'antiquité grecque*, 1947. — Heinrich Gomperz, *Die Lebensauffassung der griechischen Philosophen und das Ideal der inneren Freiheit*, 1904. — Max Pohlenz, *Griechische Freiheit. Wesen und Werden eines Lebensideals*, 1958. — Dieter Nestle, *Eleutheria. Studien zu Wesen der Freiheit bei den Griechen und im Neuen Testament. I. Die Griechen*, 1967. — C. Capone-Braga, *La concezione agostiniana della libertà*, 1931. — H. de Lubac, "Esprit et liberté dans la tradition théologique", *Bulletin de littérature ecclésiastique* (1939), 121-150, 189-207. — J. M. Verweyen, *Das Problem der Willensfreiheit in der Scholastik*, 1909. — Ernst Stadter, *Psychologie und Metaphysyk der menschlichen Freiheit. Die ideengeschichtliche Entwicklung zwischen Bonaventura und Duns Scotus*, 1971. — K. Schmidt, *Die menschliche Willensfreiheit in ihrem Verhältnis zu den Leidenschaften, nach der Lehre des hl. Thomas von Aquino*, 1925. — H. Thüring, *Die Willensfreiheit des Menschen nach der Lehre des hl. Thomas von Aquino*, 1891. — M. de Munnynck, "La démonstration métaphisique du libre arbitre", *Revue Néoescolastique de Philosophie* (1913), 13-38, 181-204, 279-283. — É. Gilson, *La liberté chez Descartes et la théologie*, 1913. — Jean-Marc Gabaude, *Liberté et raison: La liberté cartésienne et sa réfraction chez Spinoza et Leibniz*, 3 vols., 1970-1974. — Alberto Bonet, *La filosofía de la libertad en las controversias teológicas del siglo XVI y primera mitad del XVII*, 1932. — Id., *Doctrina de Suárez sobre la libertad*, 1927. — M. Taube, *Causation, Freedom and Determinism*, 1936 [sobre o século XVII]. — F. G. F. Wernigk, *Leibnizens Lehre von der Freiheit des menschlichen Willens*, 1890. — A. Cresson, *De libertate apud Leibnitium*, 1903 (tese). — Christos Axelos, *Die ontologischen Grundlagen der Freiheitstheorie von L.*, 1973. — P. Salits, *I. Kants Kehre von der Freiheit*, 1894 (tese). — Id., *Darstellung und Kritik der Kantschen Lehre von der Willensfreiheit*, 1899. — Stephan Körnes, *Kant's Concept of Freedom*, 1968. — M. Stockammer, *Kants Zurechungsidee uns Freiheitsantinomie*, 1961. — J. Schanz, *Das Freiheitsproblem bei Kant und Schopenhauer*, 1896 (tese). — Otto Vossler, *Rousseaus Freiheitslehre*, 1962. — Bernhard Lakebrink, *Die europäische Idee der Freiheit, I: Hegels Logik und die Tradition der Selbstbestimmung*, 1968. — G. Calo, *Il problema della libertà nel pensiero contemporaneo*, 1906. — Vincenzo Cavallo, *La libertà umana nella filosofia contemporanea*, 1933. — Ulrich Hedinger, *Der Freiheitsbegrif in der kirchlichen Dokmatik K. Barths*, 1962. — J. D. Bernal, *The Freedom of Necessity*, 1949. — James J. O'Rourke, *The Problem of Freedom in Marxist Thought: An Analysis of the Treatment of Human Freedom by Marx, Engels, Lenin and Contemporary Soviet Philosophy*, 1974. — Maria Angela Simona, *La notion de liberté dans l'existencialisme positif de N. Abbagnano*, 1962. — C. Xec Ceci, *Libertà ideale e libertà storica*, 1950 [em parte sobre G. Calogero]. — D. G. Long, *Bentham on Liberty: Jeremy Bentham's Idea of Liberty in Relation to his Utilitarianism*, 1977. — I. Görland, *Die konkrete Freiheit des Individuums bei Hegel und Sartre*, 1978. — W. M. Hoffman, *Kant's Theory of Freedom: A Metaphysical Inquiry*, 1978. — E. Bello, *De Sartre a Merleau-Ponty. Dialéctica de la libertad y el sentido*, 1979. — M. Sena, *Ragione-Libertà-Scienza in Kant-Hegel-Marx*, 1984. — C. Esposito, *Libertà dell'uomo e necessità dell'essere: Heidegger interpreta Schelling*, 1988. — G. Figal, *Martin Heidegger: Phänomenologie der Freiheit*, 1988. — D. Gordon, *Resurrecting Marx: The Analytical Mar-*

xists on Freedom, Exploitation, and Justice, 1990. — H. E. Allison, *Kant's Theory of Freedom*, 1990. — W. J. Norman, *Taking Freedom too Seriously? An Essay on Analytical and Post-Analytical Political Philosophy*, 1991. — R. Noble, *Language, Subjectivity, and Freedom in Rousseau's Moral Philosophy*, 1991. — S. Houlgate, *Freedom, Truth and History: An Introduction to Hegel's Philosophy*, 1991. — W. L. Rowe, *Thomas Reid on Freedom and Morality*, 1992. — J. M. MacLachlan, *The Desire to be God: Freedom and the Other in Sartre and Berdyaev*, 1992. — Vh. G. Hill, *J.-P. Sartre: Freedom and Commitment*, 1992. — R. Kevelson, *Peirce's Aesthetics of Freedom: Possibility, Complexity and Emergent Value*, 1993. — P. Guyer, *Kant and the Experience of Freedom: Essays on Aesthetics and Morality*, 1993.

LIBERUM ARBITRIUM INDIFFERENTIAE. Ver Arbítrio (Livre-); Asno de Buridan; Indiferença; Liberdade.

LIBERTAÇÃO. O conceito de libertação foi empregado freqüentemente em estreita relação com o de liberdade. Em princípio, a noção de libertação parece ajustar-se melhor ao chamado "conceito negativo" de liberdade (a "liberdade de" ou "com respeito a") que ao "conceito positivo" ("liberdade para"). Com efeito, libertação parece ser, de imediato, um movimento rumo à aquisição de liberdade diante de algum gênero de coação, seja a que um semelhante pode exercer ou a que possa derivar-se de algum fenômeno mais ou menos "impessoal". Nesse sentido, fala-se de liberdade da dominação no sentido de liberdade contra a dominação ou de liberdade do temor no sentido de liberdade contra o temor ou diante dele. A expressão 'liberdade de' nem sempre é muito feliz; por exemplo, a liberdade de expressão não é uma liberdade diante da expressão, mas liberdade de exprimir-se. Por isso, 'liberdade diante de', 'liberdade contra' ou 'liberdade com respeito a' mostram ser expressões mais adequadas. De qualquer modo, esse tipo de liberdade é o que parece caracterizar a libertação.

Os movimentos de libertação são tão antigos quanto as formas de domínio do homem sobre o homem. Além disso, em todas as grandes civilizações — chinesa, indiana, ocidental antiga e "médio-oriental" etc. — ocorreram não só processos de libertação, inclusive violentos, como também todo tipo de doutrinas e teorias destinadas a justificar a libertação ou a opor-se a ela. Em épocas mais recentes, empregou-se o termo 'libertação' especialmente em referência a libertações de maiorias — nações inteiras; a mulher — e de minorias — nacionalidades oprimidas no âmbito de um corpo estatal mais amplo, considerado a única nação; negros; imigrantes etc —, bem como à libertação de grupos que podem ser quantitativamente majoritários ou minoritários — proletariado, campesinato etc. —, mas que têm um status especial no contexto da luta de classes.

Enquanto relacionada com a de liberdade, a noção de libertação constitui um termo que interessou, ou poderia interessar, aos filósofos. Estes, no entanto, só em época relativamente recente revelaram interesse pelo conceito de libertação enquanto distinto do de liberdade, ainda que se reconheça a impossibilidade de isolar um do outro. Os movimentos de libertação de minorias e o da mulher contribuíram para despertar o aludido interesse, permitindo ver em que sentidos esses movimentos estão relacionados com outros situados no âmbito da luta de classes. Pôde-se perceber então que, à semelhança do que ocorre com o conceito de liberdade, o de libertação não comporta apenas um aspecto negativo, mas também, e até mesmo sobretudo, um aspecto positivo, isto é, a existência de uma libertação "para" que é, em última análise, o que os grupos que se libertam fazem de sua liberdade.

Deve-se a Hegel, a Marx e a vários desenvolvimentos marxistas, particularmente, no campo destes últimos, os representados pelos vários filósofos da chamada "Escola de Frankfurt", o reconhecimento de que o problema da libertação é um problema ao mesmo tempo muito geral e muito fundamental, que afeta toda a espécie humana. Numa primeira aproximação, o domínio de um grupo sobre outro parece impedir apenas a libertação do grupo dominado; porém, na realidade, isso impede a libertação conjunta dos dois grupos; quando um grupo se liberta da dominação de outro, este último pode ser, por sua vez, libertado. Nos processos históricos particulares, a libertação é parcial, mas é preciso considerar as libertações parciais como passos rumo a uma libertação total.

Essa libertação total da humanidade precisa, para ser completa — ou supondo-se que não possa sê-lo, a fim de emcaminhar-se a ser o mais ampla possível —, afetar não apenas a espécie humana como o mundo natural em que vive o homem e o mundo cultural por ele produzido. No que diz respeito ao primeiro ponto, cabe falar de uma libertação da tendência ao chamado "especieísmo" como atitude que, em nome apenas da espécie humana, nega os "direitos dos animais" (ver). No que concerne ao segundo, deve-se fazer referência à função libertadora da cultura e da razão. Esta última foi freqüentemente concebida como independente de toda libertação ou neutra diante dela (independência e neutralidade também aplicadas às ciências enquanto produtos culturais e não só na qualidade de corpos de teorias verificáveis e falseáveis). Todavia, um exame mais atento das condições concretas nas quais se vem efetuando o trabalho científico e vem se desenvolvendo a razão revela que estas, sob o pretexto de sua independência e neutralidade, podem levar a uma forma sutil de escravidão, por meio de órgãos e instituições sociais de índole aparentemente científica, racional e tecnocrática. Voltam-se para o combate a isto certas tendências filosóficas como as representadas por, entre outros, Jürgen Habermas. Não se trata aqui simplesmente de subordinar uma razão teórica a uma razão prática — subordinação que também pode existir no quadro de um pragmatismo tecnocrático que oculte uma ideologia de domínio —, trata-se antes de dar à teoria uma orientação prática e, em última instância, de moldar tanto a teoria como a prática no âmbito de uma libertação do homem pelo homem. Essa libertação é aquilo que às vezes recebe o nome de "movimento emancipador da razão", mas é óbvio que, aqui, os termos 'emancipação' e 'libertação' são praticamente sinônimos. Ver EMANCIPAÇÃO.

LIBERTÁRIO. Ver ANARQUISMO.

LIBERTAS INDIFFERENTIAE. Ver ARBÍTRIO (LIVRE-); ASNO DE BURIDAN; INDIFERENÇA; LIBERDADE.

LIBERTINOS. Segundo J. S. Spink (cf. *op. cit. infra*, cap. I), o vocábulo francês *libertin* — do qual derivam *libertine* (em inglês), "libertino" (em português) e outros semelhantes em outras línguas — era usado para referir-se a pessoas "sexualmente viciosas" na época em que Richardson criou seu Lovelace e Chaderlos de Laclos, seu Valmont. A rigor, já no final do século XIX se empregara *libertin* em sentido pejorativo para designar uma pessoa cuja moral é excessivamente lassa porque não impõe qualquer freio ou controle a seus vícios e paixões; 'libertino' significa, nesse caso, "vicioso" e "descontrolado".

É possível que, a partir do momento em que se começou a usar um termo como 'libertino' — e o termo correlativo 'libertinagem' (*libertinage*) —, já se entendesse por ele uma atitude moral lassa. Com efeito, os inimigos dos "libertinos" tinham desde o começo um bom argumento para atacá-los: mostrar que eram realmente "dissolutos". Contudo, os próprios libertinos entendiam de maneira bem distinta a "libertinagem": como uma atitude hostil a toda coação religiosa ou moral e, por conseguinte, como uma afirmação de liberdade. Para se distinguirem dos libertinos no sentido de "dissolutos", alguns autores adotaram a expressão *libertin d'esprit* (Bayle): "libertino teórico", portanto, e não "prático". Outros, especialmente a partir do final do século XVII e começo do século XVIII, adotaram outros nomes, como "livres-pensadores" (VER), *free thinkers*, bem como, simplesmente, "filósofos", *philosophes*.

Em certo sentido, e mesmo limitando-nos aqui à "libertinagem filosófica", pode-se aplicar esta designação a muitos autores, mesmo antes do século XVI: todos os partidários daquilo que recebeu o nome de "livre espírito" podem ser considerados "libertinos". No entanto, convém restringir a aplicação do termo a certos autores e a certos períodos. Desse ponto de vista pode-se costuma-se chamar de "libertinos" — "libertinos em espírito" ou "libertinos intelectuais" — os seguintes:

1) Um grupo de autores franceses, usualmente considerados descendentes intelectuais de Montaigne (VER), Charron (VER) e, de modo geral, do movimento cético e pirrônico (ou neopirrônico) desenvolvido no curso do século XVI. O pirronismo dos autores aludidos não constituía um grupo de convicções filosóficas; era mais uma atitude negativa diante dos dogmatismos filosóficos, religiosos e morais. Estes foram os "libertinos eruditos" (*libertins érudits*): humanistas como Gabriel Naudé, bibliotecário de Richelieu e Mazarin; Léonard Marande, secretário de Richelieu; Guy Patin, reitor da Faculdade de Medicina da Sorbonne; filósofos como Pierre Gassendi (VER); François de La Mothe Le Vayer (VER); Samuel Sorbière, que publicou obras de Gassendi; e outros. É difícil definir em que consistia a atitude filosófica desses autores enquanto "libertinos eruditos"; basta aqui indicar que se caracterizava pelo desejo de libertar-se de imposições autoritárias, especialmente eclesiásticas. As chamadas *débauches pyrrhoniennes* — que nada tinham de *débauches* no sentido habitual — eram uma manifestação desse desejo. Por outro lado, as opiniões positivas desses libertinos variavam muito: alguns, como Gassendi, foram antiaristotélicos; outros, como Naudé ou Le Vayer, eram entusiastas de Montaigne, ou ao menos do espírito deste e, de modo geral, do "neopirronismo". Alguns usavam (explicitamente ou, com mais freqüência, em seu foro íntimo) a dúvida para negar as "verdades externas", incluindo as verdades eternas religiosas ou morais; outros, em contrapartida, que essas verdades seriam melhor asseguradas se extraídas dos argumentos racionais. Parecia haver de tudo, pelo menos assim o sentiam seus inimigos, para os quais a libertinagem erudita era, como indicou René Pintard (cf. *op. cit. infra*), "epicurismo prático e impiedade dogmatizante, incredulidade manifesta ou ateísmo velado". A oposição aos aristotélicos não impedia que em alguns se ligasse ao interesse pelo "verdadeiro Aristóteles" de que haviam tratado os filósofos italianos da Escola de Pádua (VER) e alguns de seus seguidores, como Vanini (VER). À variedade de opiniões e de atitudes dos libertinos eruditos correspondia a mesma variedade entre seus inimigos: alguns, como vários padres jesuítas da Sorbonne, se opunham a eles em nome de doutrinas tradicionais; outros, como Pe. Mersenne, contrapunham aos libertinos eruditos não só as ciências tradicionais como a "nova ciência", que era, segundo Mersenne, contra os libertinos eruditos, os deístas, os ímpios e os ateus.

Aos libertinos eruditos franceses se uniram os *déniaisés* da Itália: Jean-Jacques Bouchard, Joseph Trouiller, Jacques Gaffarel, Paganino Gaudenzi e outros amigos dos libertinos franceses.

2) Um grupo de autores de Genebra hostis a Calvino (VER) e a seu regime eclesiástico: Pierre Ameaux, François Favre, Jacques Gruet e outros que derrubaram o regime calvinista em 1538 mas que, poucos anos mais tarde, com o regresso de Calvino, foram condenados ao exílio ou à pena capital. Como Miguel Servet (VER) foi queimado vivo pelo regime calvinista em 1553, seu nome é muitas vezes incluído entre os libertinos genebrinos.

3) Outros autores, posteriores aos indicados, também receberam em algumas ocasiões o nome de "libertinos"; quando os inimigos dos livres-pensadores e deístas quiseram atacá-los com mais empenho, sua tendência foi declarar serem eles "libertinos" não só de espírito como também, e sobretudo, de fato. Mas, especialmente durante o século XVIII, os sucessores dos libertinos eruditos receberam também outros nomes. Referimo-nos a esse ponto no verbete LIVRES-PENSADORES.

➲ Ver: Ira O. Wade, *The Clandestine Organization of Philosophic Ideas in France from 1700 to 1750*, 1938. — René Pintard, *Le libertinage érudit dans la première moitié du XVIIe siècle*, 2 vols., 1943 (vol. II com notas e referências, extensa bibliografia e índices). — Richard R. Popkin, *The History of Scepticsm from Erasmus to Descartes*, 1960; ed. rev., 1964. — J. S. Spink, *French Free-Thought from Gassendi to Voltaire*, 1960. — Gerhard Schneider, *Der Libertin. Zur Geistes- und Sozialgeschichte des Bürgertums im 16. und 17. Jahrhundert*, 1970. — VV. AA., *Aspects du libertinisme au XVIe siècle*, 1974 (Colóquio de Sommières). — G. Stein, ed., *An Anthology of Atheism and Rationalism*, 1980 [antologia de textos de livres-pensadores]. — R. E. Greeley, "Freethought: An Overview", *Religious Humanism*, 16 (1982), 128-133. ➲

LIÇÃO (LECTIO). Ver DISPUTA; EXPRESSÃO.

LICEU. Durante sua permanência em Assos (347-345 a.C.), Aristóteles desenvolveu uma atividade pedagógica que pode ser considerada, segundo indica Jaeger (*Aristóteles*, II, v), como o começo da escola aristotélica e como um precedente do Liceu, Λύκειον, ou peripatos. Contudo, Assos era então apenas uma espécie de colônia da Academia platônica. Apenas quando Aristóteles voltou a Atenas e Xenócrates foi nomeado, pelos membros da Academia, escolarca (339/338) sucessor de Espeusipo, o Estagirita decidiu fundar sua própria escola. Esta foi aberta primeiro nos corredores do Liceu, a nordeste de Atenas, tendo ficado sob o patronato do amigo de Aristóteles, o macedônio Antípatro, que regia a Grécia e a Macedônia em nome de Alexandre. O Liceu mudou-se posteriormente para um lugar próximo, o Peripatos ou calçada coberta. Indicamos em Peripatéticos (VER) a sucessão dos mais significativos escolarcas do Liceu. Neste verbete, apresentaremos referências das principais atividades da escola, especialmente nos últimos anos da vida de seu fundador.

Enquanto na época de Platão, e mesmo de seus sucessores imediatos, a Academia esteve voltada principalmente para questões filosóficas, tendo a elas subordinado os trabalhos de classificação botânica ou zoológica e as pesquisas matemáticas, astronômicas e musicais, o Liceu desde o início se caracterizou por ser um centro de pesquisa das mais diversas disciplinas. Chamou-se a atenção para o fato de que o foco das atividades da Academia, ao menos durante algum tempo, foram a dialética e a matemática, ao passo que o do Liceu foram as ciências naturais, destacando-se aí a biologia. Mas isso deve ser considerado apenas um ponto de referência; a rigor, as investigações do Liceu tiveram caráter enciclopédico. Aristóteles e Teofrasto procuraram reunir em seu recinto todos os instrumentos necessários ao trabalho científico (desenhos, livros, plantas, minerais). As atividades externas consistiam principalmente no ensino, mediante aulas e discussões, assim como em comentários de textos. As aulas eram reguladas por horários. Também eram regulados os principais acontecimentos da vida comum dos membros, especialmente os banquetes mensais e as festas para o culto, que desempenhavam no Liceu, tal como na Academina platônica, um importante papel. O próprio Aristóteles redigiu as normas para essas reuniões, assim como Espeusipo e Xenócrates tinham redigido as normas das reuniões na Academia. De modo geral, pode-se dizer que o Liceu não abandonou em seus primeiros tempos o ideal platônico da vida em comum com o propósito do saber desinteressado. Mas, ao contrário do que ocorrera com a Academia em seus primeiros momentos, muitos membros do Liceu vinham de fora de Atenas. Além disso, o Liceu — sobre o qual pesava a suspeita de macedonismo — também diferia da Academia por procurar não intervir na vida política da cidade. Isso não significa que se desinteressassem por completo dos problemas políticos; mas eles os tratavam antes como tema de investigação histórica (como demonstra o fenomenal empreendimento de recopilação das 158 constituições gregas) do que no sentido de uma intervenção direta, seja como funcionários ou proponentes de reformas. Como se sabe, as pesquisas em ciências naturais não ficavam atrás das realizadas no campo da história. Ora, seria errôneo considerar a obra do Liceu como algo restrito a sistematizações e compilações enciclopédicas. Uma intensa atividade filosófico-analítica (do tipo que há na *Física* e no *Organon* aristotélicos) também o caracterizava e só foi abandonada quando, no último período de Teofrasto, predominou a tendência enciclopédica e, com a crescente influência e atividade de Eudemo, a tendência ética.

LÍCON de Laodicéia (Frígia). Discípulo de Estrabão de Lâmpsaco e do dialético megárico Pantóides, foi escolarca do Liceu, sucedendo Estrabão, de 278/272 a 228/225 a.C. Não parece ter contribuído muito para o desenvolvimento da escola peripatética e ainda é acusado de ter permitido uma considerável queda em seu nível científico. Diógenes Laércio (*Vitae*, V, 65-75) refere-se mais à sua pessoa — e a seu testamento (que reproduz) — que à sua obra filosófica e científica.

⊃ Edição de texto e comentário de F. Wehrli no Caderno VI de *Die Schule des Aristoteles: Lykon und Ariston von Keos*, 1952. Ver artigo de W. Capelle sobre Lícon (Lykon, 4) em Pauly-Wissowa e o art. de K. O. Brink no Sup. VII, s. v., Peripatos, da mesma obra. ℃

LIEBERT, ARTHUR (1878-1946). Nascido em Berlim, "professor extraordinário" na Escola Superior de Comércio e na Universidade de Berlim de 1910 a 1933, foi nomeado neste último ano professor titular da referida Universidade, mas, em decorrência do regime nacional-socialista, teve de se exilar, indo primeiramente para Belgrado (onde fundou em 1936 a revista *Philosophia*, de curta duração) e depois para Londres. Durante sua atividade docente em Berlim, Liebert desenvolveu uma intensa atividade no âmbito da Kant Gesellschaft e na publicação dos *Kantstudien*; a Liebert se deve em grande parte a fundação da revista auxiliar dos *Kantstudien*, *Philosophische Monatshefte der Kantstudien* (publicada a partir de 1925), bem como a fundação da revista *Der philosophische Unterricht* (publicada a partir de 1930).

Liebert deu continuidade e desenvolveu algumas teses capitais da Escola de Marburgo (VER), com forte tendência à metafísica. Ele aceita como ponto de partida a idéia de que a reflexão filosófica tem um conteúdo específico, irredutível ao de qualquer ciência; enquanto as ciências se ocupam do ser (em suas diferentes formas), a filosofia ocupa-se, segundo Liebert, da validade (*Geltung*), entendendo por este último termo não só a validade das proposições como seu valor mesmo, isto é, o sentido. A "validade" não é, assim, um modo de ser: é, de certo modo, aquilo que se contrapõe ao ser, entendido, por sua vez, em sua significação mais elementar, como o puro *factum*. Esta contraposição também não cinde a realidade em duas esperas absolutamente diferentes; o que ocorre na verdade, no entender de Liebert, é que a mesma validade justifica a entidade de todo ser, que é na medida em que é dotado de um sentido. A teoria da validade seria, portanto, o pressuposto último de toda teoria do ser e de todo conhecimento dos conteúdos do ser. Essa investigação supõe, por outro lado, um trabalho sobre a filosofia crítica parecida com a que Lask realizou no âmbito da Escola de Baden sobre as categorias. Tratava-se, com efeito, de fazer reverter sobre o criticismo a mesma pergunta acerca da possibilidade da filosofia transcendental e do estabelecimento da "lei de formação" do criticismo filosófico. Isso levou Liebert a repropor os problemas específicos do idealismo pós-kantiano e a percorrer, em sentido crítico e não meramente especulativo, o mesmo caminho. Daí a aceitação de um possível pensar o Absoluto ao menos como problemático. Disso adveio ainda a revalorização da dialética (VER), concebida como fundamento da filosofia ou, melhor dizendo, como aquilo que possibilita estabelecer uma relação entre a realidade e o conceito, que as ciências mantêm por princípio, e até necessariamente, separados.

⊃ Obras: *Das Problem der Geltung*, 1906; 2ª ed. ampliada, 1920 (*O problema da validade*). — *Der Geltungswert der Metaphysik*, 1915 [Philosophische Vörtrage der Kantgesellschaft, 10] (*O valor de validade da metafisica*). — "Zur Psychologie der Metaphysik", *Kantstudien*, 21 (1917). — *Vom Geist der Revolutionem*, 1919 (*Do espírito das revoluções*). — *Wie ist kritische Philosophie überhaupt möglich: Ein Beitrag zur systematischen Phänomenologie der Philosophie*, 1919 (*Como é possível em geral a filosofia crítica? Contribuição à fenomenologia sistemática da filosofia*). — *Die gestige Krisis der Gegenwart*, 1928 (*A crise espiritual do presente*). — *Ethik*, 1924. — *Geist und Welt der Dialektik*, I, 1929 (*Espírito e mundo da dialética*). — *Kants Ethik*, 1931. — *Erkenntnistheorie*, 2 vols., 1932 (*Teoria do conhecimento*). — *Philosophie des Unterrichts*, 1935 (*Filosofia do ensino*). — *Die Krisis des Idealismus*, 1936 (*A crise do idealismo*). — *Der Liberalismus als Forderung, Gesinnung und Weltanschauung*, 1938 (*O liberalismo como exigência, disposição e visão de mundo*). — *Von der Pflicht der Philosophie in unserer Zeit*, 1938 (*Do dever da filosofia em nossa época*). — *Der universale Humanismus. I. Grundlegung. Prinzipien und Hauptgebiete des universalen Humanismus*, 1941 (*O humanismo universal. I. Fundamentos. Princípios e setores principais do humanismo universal*).

Ver: Francisco Romero, "La odisea de los filósofos contemporáneos. I. La odisea de A. L." [1950], em *Estudios de historia de las ideas*, 1953, pp. 124-132. — Formou-se um "Círculo A. L." (*A. L. Kreis*), composto por amigos e discípulos do filósofo; o "Círculo" publicou em 1950-1951 um volume de *Philosophischen Studien*. ℃

LIEBMANN, OTTO (1840-1912). Nascido em Lowënberg (Silésia). De 1872 a 1882, foi "professor extraordinário" na Universidade de Estrasburgo e, a partir de 1882, professor titular da Universidade de Iena. Depois de publicar na juventude o livro *Kant e os epígonos* (1865), de influência decisiva para a constituição da corrente do neokantismo (VER), Liebmann dedicou seus maiores esforços à elaboração de uma filosofia crítica dentro do espírito, embora nem sempre necessariamente segundo a letra, de Kant. Liebmann recusa a "coisa em si" ou ao menos considera impossível conhecê-la, propugnando sua eliminação da esfera filosófica. A tarefa da filosofia consiste para ele numa análise da realidade que permita averiguar com rigor o que há nela de posto e de dado, isto é, o que constitui os fenômenos e o que faz parte de sua organização. O resultado dessa análise é a admissão do caráter transcendental do conhecimento, porém ao mesmo tempo o reconhecimento da independência do dado no sentido do realismo crítico. Somente esse exame permitirá, segundo Liebmann, uma metafísica criticamente fundada, apartada tanto do materialismo dogmático como das fantasias especulativas do romantismo.

↪ Obras: *Kant und die Epigonen, eine kritische Abhandlung*, 1865; nova ed., 1912 (*K. e os epígonos. Ensaio crítico*). — *Ueber den individuellen Beweis für die Freiheit des Willens*, 1868 (*Sobre a demonstração individual da liberdade da vontade*). — *Ueber den objektiven Anblick*, 1869 (*Sobre a concepção objetiva*). — *Zur Analysis der Wirklichkeit*, 1876; 4ª ed., 19111 (*Para a análise da realidade*). — *Gedanken und Tatsachen*, 2 vols., 1882-1904 (*Pensamentos e fatos*). — *Ueber philosophische Tradition*, 1883 (*Sobre a tradição filosófica*). — *Die Klimax der Theorien*, 1884; 2ª ed., 1914 (*O clímax das teorias*). — *Psychologische Aphorismen*, 1892. — *Weltwanderung (Gedichte)*, 1899 (*Peregrinação pelo mundo. Poemas*). — *I. Kant*, 1904.

Ver: Adolf Meyer, *Über Liebmanns Erkenntnistheorie und ihr Verhältnis zu Kant*, 1916 (tese). — Mariano Campo, *Schizzo storico della esegesi e critica kantiana*, I, 1959. ↪

LILJEQUIST, PER EFRAIM (1865-1941). Nascido em Lund (Suécia), foi professor em Lund, Gotemburgo e (1906-1930) na Universidade de Uppsala. Discípulo de Sahlin, influenciado pelas correntes filosóficas alemãs do final do século XIX, especialmente por Wundt, promoveu amplas modificações no idealismo personalista de Boström na tendência "empirista", e até certo ponto "relativista", adotada por Sahlin. Liljequist interessou-se pelas investigações psicológicas e pelos estudos de teoria do valor, que julgou fundamentais para o estabelecimento da filosofia em bases mais sólidas que as assentadas pelo idealismo tradicional. Liljequist foi a última figura importante do que se poderia denominar o "primeiro período" da Escola de Uppsala, tendo-se vinculado de certo modo às correntes empiristas e positivistas que dominaram o segundo, e mais conhecido, período.

↪ Obras: *Om Francis Bacons filosofi*, 1893. — *Om Boströms äldsta skrifter*, 1897. — *Om specifika sinnesenergier*, 1899 (*A energia específica dos sentidos*). — *Meinongs allmänna wardeteorori*, 1904 (*A teoria geral do valor de Meinong*). — Liljequist foi um dos poucos filósofos não-alemães a quem se solicitou a redação de um depoimento sobre sua própria filosofia na série *Die Philosophie der Gegenwart in Selbstdarstellung*, VI. ed. R. Schmidt, 1927.

Ver: G. Aspelin, ed., *Stud. tillägnade E. L.*, 2 vols., 1930 [em sua homenagem, por ocasião do seu 65° aniversário]. — *Id., E. L.*, 1942. ↪

LIMITATIVOS (JUÍZOS). Ver Juízo.

LIMITE. O conceito de limite foi usado na filosofia com significados muito diversos e em contextos muito distintos.

1) O conceito de limite está implicado na idéia de "término", ὅρος, *terminus*, no sentido a que nos referimos no verbete Termo [1]. Trata-se aqui de um "limite lógico", de uma "demarcação conceitual" em virtude dos quais se destaca, se extrai ou se abstrai um elemento lógico de [uma apreensão de] uma realidade.

Tem relação com o sentido anterior a idéia de que a determinação de uma realidade é ao mesmo tempo a limitação dessa realidade, de acordo com o princípio *omnis determinatio negatio est*. Nesse caso, o conceito de limite tem um alcance metafísico (ou ontológico) e não apenas lógico.

2) Fala-se também de limite, πέρας, enquanto delimitação física de um corpo. O que "termina" um corpo é seu limite, que é ao mesmo tempo limite do corpo contíguo (ou corpos contíguos). Nesse sentido, a noção de limite está relacionada com as idéias de continuidade (ver Contínuo), contigüidade e lugar (ver).

3) 'Limite' também é usado na linguagem matemática, referindo-se aí à "passagem ao limite" no "cálculo do infinito" de que tratamos no verbete Infinito.

4) Outro uso freqüente do termo é "limites do conhecimento". Quando estes limites foram concebidos como determinados por aquilo que *não* se conhece, surgiu a noção de conceito-limite (*Grenzbegriff*). O ser um conceito-limite é uma das interpretações possíveis do Númeno (ver) kantiano. Alguns autores (por exemplo, Vaihinger) usaram a noção de conceito-limite quando se referiram às ficções (ver Ficção). Também é possível usar a noção de conceito-limite em referência a certos conceitos que não designam nenhuma realidade, mas que podem ser empregados na descrição de algumas realidades.

5) A noção de limite tem importante papel na filosofia de Hegel, que considera que o limite (*Grenze* ou *Schranke*) é dado com o fim de ser superado. O limite constitui o momento da negação, sem o qual não há momento de afirmação e "superação".

6) Pode-se entender o limite no sentido do horizonte (ver), sempre que se acentue o caráter de determinação positiva do que está incluído no horizonte por meio de sua "limitação".

7) Jaspers (ver) introduziu a noção de "situação-limite" e de diversos tipos de situações-limite (*Grenz-Situationen*). Tratamos deste conceito no verbete Situação.

8) A idéia de limite vincula-se muitas vezes a idéias como "incompletude", "finitude", "cessação" etc. Contudo, embora todas essas idéias impliquem de algum modo a noção de limite, esta por si só não dá origem a nenhuma delas. Somente especificando o sentido de "limite" é possível entendê-lo como "incompletude" ou "finitude" etc.

LINEU (CAROLUS LINNAEUS; CARL VON LINNÉ). Ver Evolução; Evolucionismo.

LINGUAGEM. "A pergunta filosófica pela origem e pela natureza da linguagem" — escreveu Cassirer — "é no fundo tão antiga quanto a pergunta pela Natureza e pela origem do ser" (*Philosophie der symbolischen Formen*, 1923, t. I, p. 55). De acordo com essa afirmação, poder-se-ia sobrepor à história geral da filosofia uma história da filosofia da linguagem. Vamos nos limitar neste verbete a destacar alguns momentos capitais desta última, tratando em seguida de problemas relativos à linguagem, em especial tal como apresentados no pensamento contemporâneo.

A partir dos pré-socráticos, muitos pensadores gregos equipararam de algum modo "linguagem" e "razão": ser um "animal racional" significava em larga medida ser "um ente capaz de falar" e, ao falar, refletir o universo. Com isso, o universo poderia, por assim dizer, falar de si mesmo através do homem. A linguagem é ou um momento do logos (VER) ou o próprio logos. O logos-linguagem era, assim, equivalente à estrutura inteligível da realidade. Desde os primórdios da "filosofia da linguagem", portanto, vemos até que ponto a questão da linguagem e da realidade como realidade estão estreitamente imbricadas. Nos verbetes dedicados a vários pensadores pré-socráticos, particularmente Heráclito (VER) e Parmênides (VER), fizemos breve menção a esse ponto. Restrinjamo-nos aqui a observar que, apesar das diferenças entre estes dois filósofos, eles ao menos concordavam ao considerar a linguagem como um aspecto da realidade: a "realidade falante". Em resumo, a linguagem é, para muitos pré-socráticos, "a linguagem do ser".

Os sofistas examinaram a linguagem tanto do ponto de vista gramatical como retórico e "humano". Um dos seus problemas magnos foi examinar em que medida e até que ponto os nomes da linguagem são ou não convencionais. Embora as teorias dos sofistas sobre a linguagem não possam ser reduzidas a uma só fórmula, era muito comum entre eles propugnar uma doutrina convencionalista da linguagem e dos nomes. Estes últimos são, segundo essa idéia, convenções estabelecidas pelos homens com o fim de se "entenderem". Esse problema foi retomado por Platão em seu diálogo *Crátilo*. Nesse diálogo, aparecem Crátilo (que representa Heráclito) e Hermógenes (que representa Demócrito ou Protágoras). Crátilo defende a doutrina de que os nomes se relacionam naturalmente com as coisas; Hermógenes, a doutrina de que os nomes são convenções. De modo mais específico, as posições discutidas, e as dificuldades encontradas em cada uma, podem ser esquematizadas da seguinte maneira:

1) Suponhamos que "os nomes não existem por natureza". Isso não se refere apenas à origem mas também à natureza dos nomes. E significa que: *a)* cada nome designa uma coisa, não mais, porém não menos que essa coisa. *b)* Qualquer modificação introduzida num nome faz dele outro nome, que designa outra coisa, ou nenhum nome, que nada designa. *c)* Tem de haver tantos nomes quantas são as coisas; os sinônimos são em princípio impossíveis. *d)* Pronunciar ou escrever um "nome falso" é o mesmo que pronunciar ou escrever uma série de sons ou signos privados de significação.

Há ao menos uma dificuldade em cada uma das proposições anteriores: *a1)* A linguagem compõe-se de partículas que não são nomes: preposições, conjunções etc. Deve-se aceitar o "significado" (que mais tarde receberia a designação de "sincategoremático" [VER]) dessas partículas, porque do contrário não se poderia falar (nem escrever). O que Hermógenes pretende é encontrar uma linguagem composta de puros nomes justapostos. *b1)* A maioria dos nomes tem significados que vão se alterando com o tempo. *c1)* Todos os nomes — exceto os "formalizados" por convenção — têm freqüentemente um significado "vago": o nome, tal como a imagem, não reproduz a realidade, porque senão deixaria de ser nome e imagem e seria a realidade mesma. *d1)* Há proposições falsas dotadas de significação, pois esta última se dá no âmbito de uma linguagem e não no domínio das coisas.

2) Suponhamos que os nomes sejam convencionais. Isso significa que *a)* Podem-se trocar os nomes à vontade, *b)* cada nome pode designar qualquer coisa, *c)* há um número em princípio infinito de nomes para cada coisa.

Há também ao menos uma dificuldade em cada uma dessas proposições: *a2)* A linguagem não se compõe de uma série finita (ou infinita) de nomes independentes entre si, estando antes inserida num contexto. *b2)* Significação e denotação não são a mesma coisa. *c2)* Uma linguagem formalizada não é o mesmo que uma linguagem não formalizada (linguagem natural ou comum).

Exprimimos numa "linguagem moderna" as idéias desenvolvidas no *Crátilo* em parte para mostrar que os problemas suscitados por Platão são, ou também são, problemas modernos. De qualquer modo, trata-se de problemas sobre os quais ainda cabe discussão.

Foram abundantes as considerações de Aristóteles sobre a linguagem, bem como entre os estóicos (que, segundo Pohlenz, foram os primeiros a analisar filosoficamente a linguagem), e entre os céticos (que trataram detalhadamente da teoria dos signos [ver Signo]). Referimo-nos a algumas opiniões suas a esse respeito nos verbetes a eles dedicados, assim como em outros verbetes, como Nome (VER) — neste último, apresentamos ainda parte das doutrinas sobre a linguagem sustentadas por autores medievais, modernos e contemporâneos. Comum a todas essas doutrinas, ao menos às de Aristóteles e dos estóicos, é a introdução de outro elemento além da linguagem e da "realidade": é o conceito, ou noção, que pode ser entendida como conceito mental ou como conceito lógico (ou, como se disse oportunamente, "formal"). Os problemas da linguagem se complicam a partir disso com a questão da relação entre expressão lingüística e conceito mental, expressão lingüística e conceito formal, e entre cada um desses conceitos enquanto expressos em termos lingüísticos e "a realidade". Tudo isso faz com que os problemas da linguagem deixem de ser estritamente "gramaticais" para se tornarem problemas "lógicos".

No decorrer da Idade Média, as questões relativas à linguagem foram tratadas no âmbito de investigações lógicas — num sentido bastante amplo de 'lógicas'; com efeito, uma das questões capitais sobre o assunto consistiu nas repercussões que teve sobre a concepção da linguagem a posição adotada na doutrina dos universais (VER). Ocuparam-se de maneira mais direta de interrogações sobre a natureza e a forma da linguagem os autores que escreveram sobre gramática especulativa (VER) e que se ocuparam dos "modos de significar" e, de forma geral, do problema da significação (VER) e das significações. Pode-se concluir que houve na Idade Média numerosas pesquisas filosóficas sobre a linguagem, mas que não houve, propriamente falando, uma "filosofia da linguagem".

Esta apareceria apenas na Idade Moderna (embora não ainda, como em data mais recente, como disciplina filosófica). Pode-se falar, *grosso modo*, seguindo Urban, de duas atitudes referentes à linguagem: uma atitude de "confiança na linguagem (e em seu poder lógico)" e outra de "desconfiança diante da linguagem". A primeira atitude é representada sobretudo pelos racionalistas, especialmente na medida em que estes foram, além disso, como ocorreu com alguns, "realistas" (na questão dos universais). A segunda é representada principalmente pelos empiristas e particularmente pelos que também foram nominalistas. De modo geral, os racionalistas — ou aqueles que, por razões de comodidade, costumam receber essa designação — se ocuparam pouco explicitamente da linguagem como tema "à parte" (embora o problema da linguagem tenha sido fundamental para Leibniz, por exemplo). Os empiristas, em compensação, amiúde tratavam da linguagem extensamente: tal foi o caso de Hobbes, Locke, Berkeley e Hume. Em todos eles, destaca-se ser a linguagem um instrumento capital para o pensamento, mas afirma-se que, ao mesmo tempo, é preciso submetê-la a "crítica", para não cair nas armadilhas em que nos apanha, ou nos pode apanhar "o abuso (ou abusos) da linguagem". Uma dessas armadilhas foi incansavelmente denunciada por empiristas, e especialmente por nominalistas: a que consiste em nos fazer crer que, como há um termo ou expressão na linguagem, há uma realidade designada por esse termo ou expressão.

Estão em outra linha de investigação aqueles que, como Vico e Herder, interessaram-se sobretudo por estudar o modo ou modos como a linguagem ou as linguagens surgem na sociedade e ao longo da história. Nesse caso, a linguagem aparece como um dos elementos constitutivos da realidade social e histórica humana e não, ou não só, como tema de investigação gramatical, semiológica ou lógica.

O maior florescimento da filosofia da linguagem foi atingido no século XX, quando inclusive se chegou a considerar a crítica da linguagem, a análise da linguagem etc., como a ocupação principal, senão única, da filosofia. As chamadas tendências analíticas, bem como as neopositivistas (positivismo lógico e outras similares) destacaram-se nesse interesse pelas questões relativas à estrutura da linguagem ou das linguagens. Para não repetir aqui o que se disse em outros verbetes desta obra, preferimos remeter o leitor aos verbetes que figuram no "Quadro Sinótico" ao final dela sob a rubrica "Filosofia da Linguagem e Semiótica"; têm especial importância sobre o assunto verbetes como: Atomismo lógico; Comunicação; Discurso; Expressão; Isomorfismo; Logos; Metáfora; Metalinguagem; Nome; Obra literária; Proposição; Retórica; Semântica; Semiótica; Significação e significar; Signo; Símbolo e simbolismo; Sintaxe; Vagüidade; Verdade. Por ora nos limitaremos a salientar o fato de as doutrinas contemporâneas sobre a linguagem poderem ser examinadas ao menos sob os seguintes aspectos: 1) Doutrinas pragmatistas, nas quais a linguagem é examinada sobretudo como instrumento. Em alguns casos, essas doutrinas estão ligadas ao intuicionismo — ao menos no sentido de Bergson —, na medida em que supõem que somente a intuição pode alcançar o fundo da realidade e que a linguagem se limita a apreender a realidade na forma de manipulação. 2) Doutrinas mais ou menos "existenciais" da comunicação (VER), nas quais a linguagem aparece sobretudo como "linguagem humana" e como "manifestação da pessoa". Embora não se possa falar estritamente de uma doutrina "existencial", não podemos deixar de mencionar aqui a crescente importância que adquiriu o tema da linguagem em Heidegger. Remetemos aqui ao verbete sobre esse autor, especialmente ao que é dito nele sobre a linguagem como "morada do ser" e sobre "ser e linguagem". 3)

Doutrinas lógico-positivistas e lógico-atomistas em que desempenha importante papel a formalização das linguagens. 4) Doutrinas que se interessaram pela "linguagem comum", tal como desenvolvidas pelos chamados "filósofos de Oxford" (VER). 5) Doutrinas que examinaram a linguagem do ponto de vista da teoria do símbolo e do simbolismo (VER).

São numerosos os temas tratados em cada uma dessas doutrinas. Vamos nos restringir a alguns deles, para fins de exemplificação, que seguem determinadas tendências de destaque no campo da "filosofia da linguagem" contemporânea.

Em Heidegger, a linguagem aparece primeiro, na forma da fala (*Rede*), como um dos modos de manifestação da degradação ou inautencidade do *Dasein*. Diante desse modo inautêntico, a autenticidade parece consistir não na fala, e sequer em alguma linguagem, mas no "silêncio", no "chamado" da consciência. Mas esse modo "existencial" de considerar a linguagem transforma-se em Heidegger num modo propriamente "ontológico" em que a linguagem é vista como o falar mesmo do ser. A linguagem como um "poetizar primeiro" é o modo pelo qual pode efetuar-se "a irrupção do ser", de tal forma que a linguagem pode então tornar-se "um modo verbal do ser".

Em Wittgenstein, a linguagem aparece primeiro como uma espécie de impedimento à consecução da "linguagem ideal", na qual a estrutura da linguagem corresponde à da realidade. Contudo, ao abandonar esta noção de linguagem ideal, Wittgenstein promoveu a investigação da linguagem por um caminho muito distinto: de "pai dos formalistas", tornou-se "pai dos lingüistas" (dos "filósofos da linguagem corrente"). O que importou foi, assim, a noção de "jogos de linguagem" de que nos ocupamos brevemente nos artigos LINGUAGEM (JOGOS DE) e WITTGENSTEIN (LUDWIG).

Numa ou noutra perspectiva, o tema da linguagem aparece sobremodo rico e, a rigor, como o tema capital da filosofia. Por isso, pôde-se afirmar, de vários pontos de vista, que o pensamento filosófico atual é principalmente uma "filosofia da linguagem" (que não é apenas uma filosofia linguística, mas a filosofia como linguagem acerca da linguagem). Isso parece ter "trivializado" a filosofia por tê-la posto fora da "realidade". Contudo, é possível ver, tanto no caso de Heidegger como no de Wittgenstein — e de muitos outros pensadores contemporâneos —, que o interesse pela linguagem e por temas a ela relacionados (a linguagem e o ser; os jogos de linguagem, a possibilidade ou impossibilidade da chamada "linguagem privada" etc.) só aparentemente constitui uma "fuga da realidade" e um mero "falar sobre a fala". Alguns dos mais intrigantes enunciados da filosofia contemporânea exprimem-se como proposições sobre a linguagem. Para nos limitar aos dois autores que acabamos de citar, eis alguns: "Os limites da minha linguagem são os limites de meu mundo" (primeiro Wittgenstein); "A filosofia é a luta contra o enfeitiçamento da inteligência por meio da linguagem" (segundo Wittgenstein); "A linguagem fala (*spricht*). Seu falar (*Sprechen*) nos fala no falado" (último Heidegger).

Vamos agora voltar brevemente a atenção para duas questões: *a)* a de várias possíveis teorias filosóficas muito gerais sobre a linguagem; *b)* a da classificação das linguagens.

As teorias filosóficas gerais sobre a linguagem costumam diferir entre si de acordo com a pergunta formulada. No século XIX, por exemplo, era comum a interrogação sobre a origem da linguagem. A esta pergunta podem ser dadas duas respostas fundamentais: a naturalista e a teológica. De acordo com a primeira, a linguagem surgiu no curso da evolução biológica (biopsicológica e bio-sociológica) com base num núcleo originário semelhante ao grito inarticulado do animal. De acordo com a segunda, a linguagem foi outorgada por Deus ao homem. Comum a ambas as respostas é o interesse pelo motivo causal, mas, afora isso, elas são inteiramente distintas. Cabem, como é natural, outras respostas; por exemplo: o homem se tornou homem por meio da linguagem; a linguagem é uma manifestação do pensamento; a linguagem é um instrumento para o domínio da realidade etc.

Na época atual, interessa menos (entre os filósofos) a questão da origem da linguagem. Os filósofos têm-se preocupado sobretudo com questões suscitadas pela estrutura da linguagem, pela relação entre linguagem e pensamento, entre linguagem e realidade etc. Complementando o que foi dito em parágrafos anteriores, mencionaremos agora algumas teorias típicas formuladas a partir do final do século passado.

Certos autores consideram pensamento e linguagem uma só e mesma coisa. Neste caso, pode-se reduzir a filosofia a uma "gramática" (a "filosofia glotológica" de Georg Runze). Outros crêem que a natureza das relações linguagem-pensamento são muito diferentes e, em todo caso, muito complexas. Foi muito difundida a tese segundo a qual a linguagem oculta o pensamento, que é falsificado quando a linguagem (a linguagem natural) não é devidamente controlada. Denunciaram-se muitos problemas como falsos problemas em virtude de serem manifestações de uma "má gramática". Também se fez a proposição de que os ocultamentos do pensamento pela linguagem decorrem do fato de esta não ter seguido o "senso comum" (ou a "metafísica natural do espírito humano"). Alguns autores alegaram igualmente que a linguagem pode falsificar o pensamento por ser incapaz de acompanhar as visões do fundamento da realidade proporcionadas pela intuição. Não faltou quem declarasse que a linguagem deve ser externa ao pensamento e reduzir-se a uma série de símbolos manejados segundo certas convenções prévias e organizadas de acordo com os fins propostos pelo sujeito (ou pela sociedade). Parece difícil conciliar entre si essas teorias. Em vista disso, alguns filósofos destacaram que, antes de teorizar sobre a linguagem, é necessário descrever com todo o cuidado suas formas; e só quando se dispuser de um número suficiente de dados a respeito se poderão propor interpretações. Mas essa proposta tem o inconveniente de esquecer-se de que, em numerosos casos, as descrições supostamente puras das formas da linguagem baseiam-se em interpretações precedentes, pois o que se vê da linguagem depende essencialmente de se a considera como um conjunto de convenções, uma reprodução exata do pensamento etc. O mais plausível é, pois, admitir que descrição e interpretação se implicam mutuamente, tendo de passar continuamente de uma à outra.

No que diz respeito à classificação das linguagens, podem-se adotar vários pontos de vista. De imediato, é possível distinguir entre linguagem formalizada (ver FORMALIZAÇÃO) e linguagem não-formalizada; entre linguagem científica e linguagem comum; entre linguagem "interna" e linguagem "externa" (a linguagem como expressão e até como "comportamento"); entre linguagem real e linguagem ideal; linguagem como instrumento de compreensão e linguagem como instrumento de ação e assim por diante. Falaremos a seguir, com algum grau de detalhe, de uma série de classificações de que se falou abundantemente no pensamento contemporâneo. Pode-se completar o que se disser acerca dos tipos de linguagem com as indicações que figuram em vários outros verbetes desta obra, especialmente IMPERATIVO e OBRA LITERÁRIA.

1) As linguagens podem dividir-se em *naturais* (chamadas por vezes *ordinárias*) e *artificiais*. As linguagens naturais são as produzidas no curso da evolução psicológica e histórica; exemplos delas são o copta, o grego, o sueco, o português. As linguagens artificiais são aquelas construídas de acordo com certas regras formais, como o exemplificam a lógica e a matemática.

2) As linguagens podem ser divididas em linguagens que *mencionam* (linguagem como menção) e linguagens que *anunciam* ou *exprimem* (linguagem como anúncio ou como expressão). Esta divisão foi defendida por vários fenomenólogos, Max Scheler entre eles. Exemplo de uma linguagem que menciona é a frase "As folhas das árvores são verdes no verão". Exemplo de linguagem que expressa é a frase "Dói-me a cabeça".

3) As linguagens podem ser classificadas segundo três funções: *a expressão*, o *chamado* e a *representação*. Essa classificação foi proposta por Karl Bühler. Exemplo de linguagem como expressão é a frase "Que alegria ver você!". Exemplo de linguagem como chamado é a frase: "Venha cá!". Exemplo de linguagem como representação é a frase "O sol nasceu hoje às 6:45".

4) Pode-se distinguir, em todo fenômeno lingüístico, a *linguagem propriamente dita*, a *língua (ou fala)* e a *palavra*. Estas distinções foram propostas por Ferdinand de Saussure. A linguagem propriamente dita é a expressão da estrutura comum a todo idioma. A língua (ou fala) é a linguagem como fenômeno de uma comunidade humana. A palavra é a linguagem como fenômeno individual.

5) As linguagens podem dividir-se em *cognitivas* e *emotivas*. Esta classificação foi adotada por muitos autores, com maiores ou menores modificações. Recebeu também diversos nomes. As linguagens cognitivas foram às vezes chamadas de *indicativas, enunciativas, referenciais* e *simbólicas*. As linguagens emotivas receberam ainda o nome de *evocativas*. As linguagens cognitivas são aquelas que enunciam se alguma coisa é ou não, se uma proposição é verdadeira ou falsa. As linguagens emotivas exprimem simplesmente o acontecer psíquico de um sujeito, sendo por esse motivo impossível dizer de suas proposições que sejam verdadeiras ou falsas. Exemplos de linguagem cognitivas são as linguagens das ciências. Exemplos de linguagens emotivas são as linguagens poéticas.

6) As linguagens podem ser divididas em *indicativas* e *prescritivas*. As linguagens indicativas coincidem com as cognitivas no aspecto antes assinalado. As linguagens prescritivas são as que proporcionam normas. Estas últimas podem ser *imperativas* (ou linguagens que formulam ordens) e *valorativas* (ou linguagens que formulam juízos de valor).

7) As linguagens podem ser *reversíveis* ou *irreversíveis*. São reversíveis as linguagens compostas de expressões cujos elementos têm uma ordem passível de ser alterada sem que se modifique a significação da expressão. Exemplos de linguagens reversíveis são as linguagens científicas. Exemplo de linguagens irreversíveis é a linguagem poética.

As classificações anteriores entrecruzam-se com freqüência, da mesma maneira como podem ser objeto de diferentes combinações. Discute-se por vezes até que ponto é legítimo estabelecer linhas divisórias rigorosas entre as diversas linguagens ou entre as diversas funções da linguagem. São possíveis quatro opiniões: *a)* As linhas divisórias são rigorosas, de modo que, por exemplo, uma expressão da linguagem poética nunca pode ser cognitiva e vice-versa. *b)* As linhas divisórias devem ser mantidas, mas apenas como resultado de uma concepção pragmática; elas são aceitáveis se forem úteis e fecundas; *c)* As linhas divisórias devem ser mantidas, mas simplesmente como tendências, já que existe, por assim dizer, um "contínuo" da linguagem; *d)* Não existem linhas divisórias. A opinião *c)* é a mais atraente; é também a de mais difícil demonstração.

⊃ Análise da linguagem e filosofias da linguagem: Georg Runze, *Die Bedeutung der Sprache für das wissenschaftliche Erkennen*, 1886. — Fritz Mauthner, *Beiträge zu einer Kritik der Sprache*, 3 vols, 1901-1903; 3ª ed., 1923. — *Id., Wörterbuch der Philosophie: neue Beiträge zu einer Kritik der Sprache*, 2 vols., 1910; 2ª ed., 3 vols., 1923-1924. — *Id., Die drei Bilder der Welt. Eine sprachkritische Versuch*, 1925, ed. M. Jacobs [póstuma]. — B. Delbrück, *Grundfragen der Sprachforschung*, 1901. — Karl Vossler, *Die Sprache als Schöpfung und Entwicklung*, 1905. — *Id., Gesammelte Schriften zur Sprachphilosophie*, 1923. — *Id., Geist und Kultur im der Sprache*, 1925. — Anton Marty, *Zur Sprachphilosophie. Die logische, lokalistische und andere Kasustheorien*, 1910. — *Id., Untersuchungen zur Grundlegung der allgemeinen Grammatik und Sprachphilosophie*, I, 1908 (Otto Funke publicou postumamente as pesquisas de A. Marty sobre a linguagem: I, 1940; II-III, 1950). — Hermann Hilmer, *Schallnachahmung, Wortschöpfung und Bedeutungswandel*, 1914. — Sanfeld-Jensen, *Die Sprachwissenschaft*, 1915. — J. Vendryes, *Le langage*, 1921. — Otto Jespersen, *Language: Its Nature, Development, and Origin*, 1922. — *Id., The Philosophy of Grammar*, 1929. — *Id., Mankind, Nation, and Individual from a Linguistic Point of View*, 1925. — C. K. Ogden e I. A. Richards, *The Meaning of Meaning: A Study on the Influence of Language upon Thought and of the Science of Symbolism*, 1923. — E. Cassirer, *Philosophie der symbolischen Formen* (t. I: *Die Sprache*, 1923). — *Id.*, II: *Sprache und Mythos*, 1925. — Grace A. de Laguna, *Speech: Its Function and Development*, 1927; reimp., 1963, 1970. — Frank Lorimer, *The Growth of Reason: A Study on the Role of the Verbal Activity in the Growth and Structure of the Human Mind*, 1929. — H. Dempe, *Ueber der sogennante Funktion der Sprache*, 1929. — G. Ipsen, *Sprachphilosophie der Gegenwart*, 1930. — Karl Bühler, *Sprachtheorie. Die Darstellungfunktion der Sprache*, 1934. — R. Ceñal, *La teoría del lenguaje de C. Bühler: Introducción a la moderna filosofía del lenguaje*, 1941. — R. Carnap, *Logische Sintax der Sprache*, 1934 (rev. em trad. inglesa: *The Logical Syntax of Language*, 1937). — Julius Stenzel, *Philosophie der Sprache*, 1934. — K. Ajdukiewicz, "Sprache und Sinn", *Erkenntnis*, 4 (1934), 100-138. — A. J. Ayer, *Language, Truth, and Logic*, 1930; 2ª ed., rev., 1946. — Richard Hönigswald, *Philosophie und Sprache. Problemkritik und System*, 1937. — Joseph König, *Sein und Denken. Studien im Grenzgebiet vom Logik, Ontologie und Sprachphilosophie*, 1937.

— R. Grossler, *Der Sinn der Sprache*, 1938. — Karl Britton, *Communication: A Philosophic Study of Language*, 1939. — Louis H. Gray, *Foundations of Language*, 1939. — J. M. MccKaye, *The Logic of Language*, 1939, ed. A. W. Levi. — W. M. Urban, *Language and Reality: The Philosophy of Language and the Principles of Symbolism*, 1939. — S. I. Hayakawa, *Language in Action*, 1940. — B. Parain, *Recherches sur la nature et les fonctions du langage*, 1942. — Juan Zaragüeta, *El lenguaje y la filosofía*, 1945. — Hans A. Lindemann, *Lenguaje y filosofía: el lenguaje, foco central de la discusión filosófica moderna*, 1946. — Ludwig Klages, *Die Sprache als Quell der Seelen-Kunde*, 1948. — Max Black, *Language and Philosophy*, 1949. — *Id., The Labyrinth of Language*, 1968. — A. Drexel, *System einer Philosophie der Sprache*, 2 vols., 1951-1952. — G. Gusdorf, *La parole*, 1953. — H. H. Holtz, *Sprache und Welt*, 1953. — P. Chauchard, *Le langage de la pensée*, 1956. — Peter Zinkernagel, *Conditions for Description*, trad. do dinamarquês, 1957, esp. caps. III e IV [sobre "linguagem comum"]. — N. L. Wilson. *The Concept of Language*, 1959. — W. van Quine, *Word and Object*, 1960. — H. B. Curry, N. Goodman *et al.*, *Structure of Language and Its Mathematical Aspects*, 1961. — Romano Guardini, *Sprache, Dichtung, Deutung*, 1962. — N. K. Banerjee, *Language, Meaning and Persons*, 1963. — Vilém Flusser, *Língua e realidade*, 1963. — Guido Küng, *Ontologie und logistiche Analyse der Sprache. Eine Untersuchung zeitgenössischen Universaliendiskussion*, 1963. — William Alston, *Philosophy of Language*, 1964. — Bruno Liebrucks, *Sprache und Bewusstsein*, 7 vols., 1964-1970. — I. Lohmann, *Philosophie und Sprachwissenschaft*, 1965. — Friedrich Waismann, *The Principles of Linguistic Philosophy*, 1965, ed. R. Harré. — Jerrold J. Katz, *The Philosophy of Language*, 1966. — Erich H. Lenneberg, *Biological Foundations of Language*, 1967. — Zeno Vendler, *Linguistics in Philosophy*, 1967. — Ferruccio Rossi-Landi, *Il linguaggio come lavoro e come mercato*, 1968. — M. Black, N. Chomsky *et al.*, *Language and Philosophy. A Symposium of the New York University Institute of Philosophy*, 1969, ed. Sidney Hood. — Étienne Gilson, *Linguistique et philosophie: Essais sur les constantes philosophiques du langage*, 1969. — Yeoshua Bar-Hillel, *Aspects of Language: Essays and Lectures on Philosophy of Language, Linguistic Philosophy, and the Methodology of Linguistics*, 1970. — Stephen A. Erikson, *Language and Being: An Analytic Phenomenology*, 1970. — José Ferrater Mora, *Indagaciones sobre el lenguaje*, 1970. — Emilio Lledó, *Filosofía y lenguaje*, 1970; 2ª ed., aum., 1974. — Jerrold J. Katz, *The Underlying Reality of Language and Its Philosophical Impact*, 1971. — Carlos Castilla del Pino, *Introducción a la hermenéutica del lenguaje*, 1972. — Justus Harnack, *Language and*

Philosophy, 1972. — Víctor Sánchez de Zavala, *Hacia una epistemología del lenguaje*, 1972. — *Id., Investigaciones praxiológicas sobre la actividad lingüística*, 1974. — Y. Bar-Hillel, N. Chomsky *et al.*, *Presentación del lenguaje*, 1972, ed. Francisco Gracia (traduções e artigos em esp.). — J. Ll. Blasco, *Lenguaje, filosofía y conocimiento*, 1973. — J. M. E. Moravcsik, *Understanding Language: A Study of Theories of Language in Linguistics and in Philosophy*, 1975. — I. Hacking, *Why Does Language Matter to Philosophy?*, 1975. — David Lewes, J. J. Katz *at al.*, artigos em *Minnesota Studies in the Philosophy of Science*, vol. 7 (*Language, Mind, and Knowledge*, 1975), ed. Keith Gunderson. — James M. Edie, *Speaking and Meaning: The Phenomenology of Language*, 1976. — Jonathan Bennett, *Linguistic Behaviour*, 1976. — Stephen Davis, *Philosophy and Language*, 1976. — Franz von Kutschera, *Sprachphilosophie*, 2ª ed., 1977. — V. Sánchez de Závala, *Comunicar y conocer en la actividad lingüística*, 1978. — R. Rundle, *Grammar in Philosophy*, 1979. — J. Hierro, S. Pescador, *Principios de filosofía del lenguaje*, 2 vols.: I, *Teoría de los signos. Teoría de la gramática. Epistemología del lenguaje*, 1980; II, *Teoría del significado*, 1982. — J. J. Katz, *Language and Other Abstract Objects*, 1981. — J. J. Acero, E. Bustos e D. Quesada, *Introducción a la filosofía del lenguaje*, 1982.

As obras acima pertencem às mais diversas correntes, do idealismo ao positivismo lógico; é preciso levar em conta, além disso, outras obras mencionadas na bibliografia de diversos verbetes (como, por exemplo, LOGÍSTICA; METALINGUAGEM; SEMÂNTICA; SINTAXE; SIMBOLISMO; SIGNO etc.), assim como o fato de os livros não especificamente dedicados ao problema da linguagem conterem múltiplas e valiosas indicações a seu respeito; é o que acontece — para citar autores de diversas correntes — com as obras de Husserl, Russell, Wittgenstein, Ramsey, Scheler, Heidegger, Bergson, Whitehead, Carnap, Tarski, que consideram a linguagem — embora com pressupostos muito distintos entre si — como um problema filosófico central.

Para a psicologia da linguagem, ver: Otmmar Dittrich, *Grundzüge der Sprachpsychologie*, I, 1940. — G. K. Zipf, *The Psychobiology of Language*, 1935. — H. Delacroix, E. Cassirer, L. Jordan *et al.*, *Psicología del lenguaje*, 1952. — J. Church, *Language and the Discovery of Reality, A Developmental Psychology of Cognition*, 1961. — D. C. Hildum, ed., *Language and Thought: An Enduring Problem in Psychology*, 1967. — E. A. Esper, *Mentalism and Objectivism in Linguistics: The Sources of Leonard Bloomfield's Psychology of Language*, 1968. — J. H. Smith, *Arguing with Lacan: Ego, Psychology and Language*, 1991.

Sobre linguagem e cultura: L. Weisberger, *Die Stellung der Sprache im Aufbau der Gesamtkultur*, 1933. — B. L. Whorf, *Language, Thought, and Reality*, 1956, ed. J. B. Carroll, especialmente pp. 207-270. — R. Lepley, *The Language of Value*, 1957. — P. Henle, ed., *Language, Thought, and Culture*, 1958. — J. N. Findlay, *Language, Mind, and Value*, 1963. — Ch. Todd, R. T. Blackwood, eds., *Language and Value*, 1969. — J. Dancy. J. M. E. Moravcsik, C. C. W. Taylor, eds., *Human Agency: Language, Duty, and Value*, 1988. — Cf. também obras de E. Cassirer e de S. K. Langer mencionadas nos verbetes correspondentes.

Para atos de fala, ver o verbete PROFERIMENTO.

Para linguagem privada, ver o verbete LINGUAGEM PRIVADA.

Para "jogos de linguagem", ver o verbete LINGUAGEM (JOGOS DE).

Sobre pensamento e linguagem, e lógica e linguagem: H. Delacroix, *Le langage et la pensée*, 1924. — F. Brunot, *La pensée et le langage*, 1926. — Charles Serrus, *La langue, le sens et la pensée*, 1941. — B. I. Huppé y J. Kaminski, *Logic and Language*, 1956. — J. L. Jarret, *Language and Informal Logic*, 1956. — P. Ghils, *Language and Thought: A Survey of the Problem*, 1980. — J. L. Pollock, *Language and Thought*, 1982. — H. Hochberg, *Logic, Ontology, and Language: Essays on Truth and Reality*, 1984. — J. Katz, *Cogitations: A Study of the Cogito in Relation to the Philosophy of Logic and Language and a Study of them in Relation to the Cogito*, 1986. — M. Luntley, *Language, Logic, and Experience: The Case for Anti-Realism*, 1988. — H.-N. Castañeda, *Thinking, Language and Experience*, 1989. — P. K. Sen, ed., *Foundations of Logic and Language*, 1990. — J. M. Moravcski, *Thought and Language*, 1990. — R. Spencer-Smith, S. Torrance, eds., *Machinations: Computational Studies of Logic, Language, and Cognition*, 1992. — K. Bimbo, A. Mate, eds., *Proceedings of the Fourth Symposium on Logic and Language*, 1992. — R. Rashed, *Direct Reference: From Language to Thought*, 1993. — Cf. também a bibliografia de LÓGICA e REALIDADE.

Sobre a linguagem das ciências (além das várias obras antes mencionadas, especialmente as próximas ao empirismo lógico): P. Servien, *Le langage des sciences*, 1938. — T. H. Savory, *The Language of Science: Its Growth, Character and Usage*, 1953. — E. H. Hutten, *The Language of Modern Physics: An Introduction to the Philosophy of Science*, 1956. — L. Tondl, *Problems of Semantics: A Contribution to the Analysis of the Language of Science*, 1981. — Para linguagens "especiais" (física, biologia etc.), ver a bibliografia dos verbetes correspondentes (FÍSICA; BIOLOGIA etc.).

Sobre linguagem teológica: I. T. Ramsey, *Religious Language: An Empirical Placing of Theological Phrases*, 1957. — F. B. Dilley, *Metaphysics and Religious Language*, 1964. — W. Hordern, *Speaking of God: The*

Nature and Purpose of Theological Language, 1965. — J. MacQuarrie, *God-Talk: An Examination of the Language and Logic of Theology*, 1967. — D. M. High, *New Essays on Religious Language*, 1969. — A. Jeffner, *The Study of Religious Language*, 1972. — I. T. Ramsey, *Religious Language: An Empirical Placing of Theological Phrases*, 1973. — P. Donovan, *Religious Language*, 1976. — T. W. Tilley, *Talking to God: Introduction to the Philosophical Analysis of Religious Language*, 1978. — S. McFague, *Metaphorical Theology: Models of God in Religious Language*, 1982. — J. P. Losee, *Religious Language and Complementarity*, 1992.

Linguagem ética: C. K. Ogden e I. A. Richards, *The Meaning of Meaning: A Study on the Influence of Language upon Thought and of the Science of Symbolism*, 1923. — A. J. Ayer, *Language, Truth, and Logic*, 1936: 2ª ed., 1946, cap. VI. — R. Lepley, *Verifiability of Value*, 1944. — Ch. L. Stevenson, *Ethics and Language*, 1945. — R. M. Hare, *The Language of Morals*, 1952. — A. Stroll, *The Emotive Theory of Ethics*, 1954 [University of California Publications in Philosophy, 28, 1]. — Kurt Baier, *The Moral Point of View*, 1958. — José Hierro Sánchez-Pescador, *Problemas del análisis del lenguage moral*, 1970. — John M. Brennan, *The Open Texture of Moral Terms*, 1977.

Sobre antropologia e sociologia da linguagem: Helmut Dempe, *Probleme einer philosophischen Anthropologie der Sprache*, 1949. — M. Cohen, *Pour une sociologie du langage*, 1956. — Cf. também a obra de B. L. Whorf, cit. *supra*. — José Luis López Aranguren, *La comunicación humana*, 1967. — Agustín Garcia Calvo, *Lalia: Ensayos de estudio lingüístico de la sociedad*, 1973.

Sobre a chamada linguagem universal (afora as obras mencionadas em LOGÍSTICA): L. Couturat e M. Léau, *Histoire de la langue universelle*, 1903. — Joaquín Carreras y Artau, *De Ramón Llull a los modernos ensayos de formación de la lengua universal*, 1946.

Para a Gramática Especulativa, ver o verbete GRAMÁTICA ESPECULATIVA.

Para história da linguagem, da ciência da linguagem e da filosofia da linguagem, assim como sobre a concepção de linguagem em vários autores e correntes: Lazarus Geiger, *Ursprung und Entwicklung der menschlichen Sprache und Vernunft*, 1868. — H. Paul, *Prinzipien der Sprachgeschichte*, 1880; 4ª ed., 1909. — W. Wundt, *Sprachgeschichte und Sprachpsychologie*, 1901. — Otto Funke, *Studien zur Geschichte der Sprachphilosophie*, 1928. — R. A. Wilson, *The Birth of Language*, 1937. — G. Révesz, *Ursprung und Vorgeschichte der Sprache*, 1946. — Emanuele Riverso, *Il linguaggio nel pensiero filosofico e pedagogico del mondo antico*, 1973. — L. Lersch, *Sprachphilosophie der Alten*, 2 vols., 1838-1841. — Haymann Steinthal, *Geschichte der Sprachwissenschaft bei den Griechen und Römern, mit besonderer Rücksicht auf die Logik*, 2 vols., 1863-1864; 2ª ed., 1890-1891; reimp., 1962. — Wilhelm Luther, "Wahrheit, Licht und Erkenntnis in der griechischen Philosophie bis Demokrit. Ein Beitrag zur Erforschung des Zusammenhangs von Sprache und philosophischen Denken", *Archiv für Begriffsgeschichte*, 10 (1966), 1-240. — P. R. Hofstätter, *Vom Leben des Wortes. Das Problem am Platons Dialog "Kratylos" dargestellt*, 1949. — Josef Derbolav, *Der Dialogo "Kratylos" im Rahmen der platonischen Sprach- und Erkenntnisphilosophie*, 1953. — Id., *Platons Sprachphilosophie im "Kratylos" und in den späteren Schriften*, 1972. — Miriam Therese Larkin, *Language in the Philosophy of Aristotle*, 1971. — Karl Barwick, *Probleme der stoischen Sprachlehre und Rhetorik*, 1957. — Jan Pinborg, *Die Entwicklung der Sprachtheorie im Mittelalter*, 1967. — Id., *Logik und Semantik im Mittelalter. Ein Ueberblick*, 1972. — F. Manthey, *Die Sprachphilosophie des hl. Th. von Aquin und ihre Anwendung auf Probleme der Theologie*, 1937. — Paolo Rotta, *La filosofia del linguaggio nella Patristica e nella Scolastica*, 1919. — Ian Hacking, *Why does Language Matter to Philosophy?*, 1975 (de Hobbes e Port-Royal a Feyerabend e Davidson). — Noam Chomsky, *Cartesian Linguistics: A Chapter in the History of Rationalistic Thought*, 1966. — Karl Otto Apel, *Die Idee der Sprache in der Tradition des Humanismus von Dante bus Vico*, 1963. — Pierre Juliard, *Philosophies of Language in Eighteenth-Century Philosophy*, 1970. — Henri Lauener, *Die Sprache im der Philosophie Hegels mit besonderer Berücksichtung der Aesthetik*, 1962. — Josef Simon, *Das Problem der Sprache bei Hegel*. 1966. — Daniel J. Cook, *Language in the Philosophy of Hegel*, 1973. — Hermann Wein, *Sprachphilosophie der Gegenwart. Eine Einführung in die europäische und amerikanische Sprachphilosophie des 20. Jahrhunderts*, 1963. — Félix Martínez Bonati, *La concepción del lenguaje en la filosofía de Husserl*, 1960. — Robert J. Clack, *B. Russell's Philosophy of Language*, 1969. — Irmgard Bock, *Heideggers Sprachdenken*, 1966. — Peter J. McCormick, *Heidegger and the Language of the World: An Argumentative Reading of the Latter Heidegger's Meditations on Language*, 1976. — T. Wetterström, *Intention and Communication: An Essay in the Phenomenology of Language*, 1977. — K. D. Dutz, *Zeichentheorie und Sprachewissenschaft bei G. W. Leibniz*, 1983. — R. Mugerauer, *Heidegger's Language and Thinking*, 1988.

Revistas: *Lexis. Studien zur Sprachphilosophie, Sprachgeschichte und Begriffsforschung*, desde 1948. — *Foundations of Language: International Journal of Language and Philosophy*, desde 1964. — *Linguistics and Philosophy*, desde 1976. — *Mind and Language*, desde 1986. ℂ

LINGUAGEM (JOGOS DE). A expressão "jogos de linguagem" (ou "jogos lingüísticos") — *Sprachspiele*, *language-games* — foi introduzida por Wittgenstein em seus cursos e registrada em suas *Investigações Filosóficas* (1953). Ela consiste substancialmente em afirmar que o elemento mais primário da linguagem não é a significação, mas o uso (VER). Para se entender uma linguagem é preciso saber como ela funciona. A linguagem pode ser comparada a um jogo; há tantas linguagens quantos jogos de linguagem. Portanto, entender uma palavra numa linguagem não é primariamente compreender sua significação, mas saber como ela é usada, como funciona, num desses "jogos". A noção de significação, longe de esclarecer a linguagem, a circunda com uma espécie de névoa (*op. cit.*, 5). Em suma, o fundamental na linguagem como jogo de linguagem é o modo de usá-la (*Art des Gebrauchs*) (*op. cit.*, 10). Como as palavras que usamos têm aparência uniforme quando as lemos ou as pronunciamos, tendemos a pensar que têm uma significação uniforme. Mas, com isso, caímos na armadilha que nos é preparada pela idéia da significação enquanto suposto elemento ideal invariável de todo termo. Quando dissipamos a referida névoa, podemos compreender não só o caráter básico da linguagem como a multiplicidade (para Wittgenstein praticamente infinita) das linguagens (ou jogos de linguagem). A linguagem não é para Wittgenstein uma trama de significações independentes da vida de quem a usa: é uma trama integrada à trama de nossa vida. A linguagem é uma atividade ou, melhor dizendo, um complexo ou trama de atividades regidas por regras (as "regras do jogo"). Por isso, falar uma linguagem é parte de uma atividade, ou de uma forma de vida (*Lebensformen*) (*op. cit.*, 23). São exemplos desses jogos, entre outros: dar ordens e obedecê-las; descrever um objeto de acordo com sua aparência ou dando suas medidas; informar sobre um acontecimento; formular e verificar uma hipótese; fazer piadas e contar piadas; resolver um problema de aritmética prática; perguntar, agradecer, praguejar, saudar, pedir.

O que se poderia chamar de "legitimidade" ou "justificação" de um jogo de linguagem tem como base sua integração com atividades vitais. Uma linguagem (um jogo de linguagem) é como um sistema de engrenagens. Se essas engrenagens encaixam umas nas outras e com a realidade, a linguagem se justifica. Mas se se encaixam umas nas outras mas não com a realidade, a linguagem carece de base. Por isso, Wittgenstein comparou o jogo de linguagem filosófico com uma engrenagem que gira livremente, sem se encaixar ao real nem às atividades humanas a ele integradas.

A noção wittgensteiniana de jogo de linguagem parece contradizer uma das idéias-chave do referido autor: a de que o mais importante num termo não é sua significação mas seu uso. Com efeito, a menos que 'jogo' tenha um significado, parece não ser possível relacionar os jogos de linguagem uns com os outros. Wittgenstein responde a isso dizendo que o que constitui a unidade dos jogos de linguagem é "o ar de família" (*Familienähnlichkeiten* [*op. cit.*, p. 67]). Os "jogos" formam, pois, uma família; de qualquer modo, não se reduzem a uma significação única. A idéia de haver uma significação única de 'jogo' impede saber o que é propriamente um jogo e, portanto, um jogo de linguagem.

Entre as dificuldades suscitadas pelo conceito wittgensteiniano de jogos de linguagem, limitamo-nos a destacar a indicada por Robert E. Gahringer ("Can Games Explain Language?", *Journal of Philosophy*, 56 [1959], 661-667). Esse autor assinala que, embora haja na linguagem (em toda linguagem) algo de jogo, há nos jogos algo que não é linguagem; por exemplo, o desejo de ganhar o jogo e a conseqüente renúncia a "deixar-se ganhar". Por outro lado, todo jogo, embora não lingüístico, tem algo de linguagem (uma linguagem entre os que jogam ou entre os espectadores). Desse modo, mais que compreender a linguagem com base em jogos, podem-se compreender os jogos com base em linguagens.

LINGUAGEM PRIVADA. Tem-se levantado com freqüência o problema da existência, ou possibilidade de existência, de uma linguagem privada, isto é, uma linguagem particular de uma só pessoa, que apenas essa pessoa seja capaz de exprimir e de compreender. Embora a expressão 'linguagem privada' (ou 'linguagem particular') só tenha ocorrido na literatura filosófica mais ou menos a partir de 1950, em discussões em torno das seções 243 a 315 das *Investigações Filosóficas* (1953), de Wittgenstein, a noção designada pela expressão antecede essa data. De fato, pode-se interpretar a visão mística (ver MÍSTICA) como uma "linguagem privada" enquanto é entendida pela pessoa que tem ou que se supõe ter dada visão, mas não por outra pessoa. Por isso, a visão de referência é basicamente incomunicável. Também é possível interpretar como "linguagem privada" uma intuição no sentido bergsoniano do termo. Pode-se alegar que nem na visão mística nem na intuição está presente a linguagem, já que o ser incomunicáveis lhes veda toda possível expressão lingüística. Também se pode alegar que a mesma visão mística, a mesma intuição podem ser fruídas, ou possuídas, por mais de uma pessoa, situação na qual desaparece a característica de algo completamente "privado" ou "particular". Contudo, na medida em que o visto e o intuído geram uma maneira de "falar consigo mesmo", distinta de falar com qualquer outro público e na medida em que todas as visões místicas e intuições são irredutíveis a outras, ou delas se distinguem, cabe afirmar que está implicada nelas a noção de "linguagem privada". Outra possibilidade consiste em interpretar como "linguagem privada" aquilo que uma pessoa usa ou pode usar de um modo que só seja compreensível para ela mesma. Tal é, por exemplo, o caso da linguagem que poderia ser inventada por um homem nascido numa ilha e que nela vivesse, solitário, mesmo antes de ter aprendido a falar.

Ora, o problema da possibilidade ou impossibilidade de uma "linguagem privada" adquiriu foros de filosofia quando Wittengenstein o apresentou e procurou resolvê-lo defendendo a idéia da impossibilidade de tal linguagem. Esse autor levava essencialmente em consideração um tipo de linguagem privada que se referia aos próprios processos psíquicos e em especial às próprias sensações. Tratava-se da linguagem dos enunciados protocolares (ver PROTOCOLARES [ENUNCIADOS]); esses enunciados descrevem algo vivenciado por uma pessoa, mas o descrevem enquanto vivenciado por essa pessoa (descrevem, portanto, as sensações que uma pessoa experimenta). Alguns autores, como Carnap, propuseram a doutrina do fisicalismo (VER) a fim de tornar possível a intersubjetividade (ver INTERSUBJETIVO), chegando a dizer que todo enunciado protocolar é parte de uma linguagem fisicalista. Outros autores admitiram que há certos enunciados que não são parte de uma linguagem fisicalista e que pertencem a uma "linguagem privada". Wittgenstein se opôs a esta última interpretação, mas embora pareça haver em suas idéias elementos de fisicalismo, não se pode simplesmente interpretar suas idéias como fisicalistas puras. Com efeito, sua tese de que a linguagem privada não é possível deriva de sua idéia da linguagem como "forma de vida" e, sobretudo, da idéia de "jogo de linguagem" (ver LINGUAGEM [JOGOS DE]) ou "jogo lingüístico". De acordo com Wittgenstein, as sensações podem ser privadas; a experiência de uma pessoa é própria e exclusiva desta pessoa. Mas isso não garante que haja uma linguagem privada. "O que acontece com a linguagem que descreve minhas vivências interiores e que somente eu posso entender? Como designo minhas sensações com palavras? Como costumamos fazê-lo? Estão minhas palavras referentes a sensações relacionadas com minhas expressões naturais de sensações? Neste caso, minha linguagem não é 'privada'. Outra pessoa poderia entendê-la tanto quanto eu" (*Philosophische Untersuchungen*, 256). Uma linguagem privada não poderia ser "corrigida" por outra pessoa; não haveria distinção entre seguir uma regra e pensar que se segue uma regra. Além disso, numa linguagem puramente privada não haveria possibilidade de comprovar se a memória comete ou não erros. As palavras referentes a sensações, alega Wittgenstein, estão submetidas a um critério público; a rigor, só podem estar submetidas a um critério público, pois não há possibilidade de um "critério privado". Wittgenstein nega que sua tese a esse respeito seja comportamentalista se tudo, exceto o comportamento, é uma ficção, não ficção psicológica, mas ficção gramatical (*ibid.*, 307). O comportamentalismo (psicológico) não é, propriamente falando, antidualista; ele afirma que a linguagem se reduz a comportamentos, mas deixa suspenso (e, portanto, em princípio admite) a possibilidade de uma linguagem privada. O comportamentalismo gramatical, em contrapartida, evita o dualismo, pois elimina qualquer possibilidade de semelhante linguagem.

As teses de Wittgenstein sobre a impossibilidade de uma linguagem privada suscitaram numerosas discussões. Assim, por exemplo, R. Rhees defendeu Wittgenstein, mostrando que "uma linguagem inventada" seria algo parecido com uma série de figuras no papel de parede; só há linguagem como parte de um modo de viver. Inventar sinais adscritos a vários objetos não é propriamente inventar uma linguagem. Em suma, "a linguagem é uma coisa falada" ("Symposium: 'Can There Be a Private Language?'", em *Proceedings of the Aristotelian Society*, Supp., vol. 28 [1954], pp. 77-94). A. J. Ayer, em contrapartida, impugnou a tese de Wittgenstein, indicando que um Robinson Crusoé que tivesse sido lançado numa ilha deserta antes de aprender a falar poderia nomear coisas e inventar uma linguagem para si mesmo; mesmo que ele tivesse inventado a linguagem para mais tarde comunicar-se com o semelhante, este continuaria a ser um "empreendimento privado". Mas, além de nomear coisas, esse Robinson poderia nomear suas próprias sensações sem ter de verificar "publicamente" suas denominações. "Não é necessário, para uma pessoa que use uma linguagem dotada de significação, que outra pessoa a entenda e, além disso, não é necessário que, para que outra pessoa entenda um enunciado descritivo, aquela seja capaz de observar o que descreve" (*ibid.*, pp. 63-76). Clyde Laurence Hardin também se opôs à tese de Wittgenstein; uma linguagem privada — expressão mediante a qual ele entende uma linguagem puramente fenomenista — é psicologicamente improvável, mas não logicamente impossível. Wittgenstein supõe que nomear é possível apenas quando os nomes putativos podem ser usados com um dado propósito; prescinde, pois, de linguagens, ou partes de linguagens, que não têm função determinada e não são informativas sequer para quem usa a linguagem ("Wittgenstein on Private Languages", *Journal of Philosophy*, 56 (1959), 516-528). Houve outros debates sobre a noção de linguagem privada; os que foram resenhados bastam aqui para compreender que direções tomou a discussão.

↪ Além dos textos citados, ver: John Turk Saunders e Donald F. Henze, *The Private Language Problem: A Philosophical Dialogue*, 1967. — William Todd, *Analytical Solipsism*, 1968. — Warren B. Smerud, *Can There Be a Private Language? An Examination of Some Principal Arguments*, 1970. — Jacques Bouveresse, *Le mythe de l'intériorité. Expérience, signification et langage privé chez Wittgenstein*, 1976. — Alfonso García Suárez, *La lógica de la experiencia. Wittgenstein y el problema del lenguaje privado*, 1976. — Vários autores, *El argumento del lenguaje privado*, 1979, ed. E. Villanueva. — S. Kripke, *Wittgenstein on Rules and Private*

Language, 1982. — D. Pears, *The False Prison. A Study of the Development of Wittgenstein's Philosophy*, 2 vols.: I, 1987; II, 1988 [espec. o vol. II]. **G**

LINGUAGEM UNIVERSAL. Esta expressão foi usada em vários sentidos e em diferentes contextos. A gramática especulativa (VER) e a *ars magna* (VER) luliana foram consideradas fundadas na idéia de que há, ou é possível usar, uma linguagem universal subjacente a todas as línguas. Embora em muitos casos sejam apresentadas como categorias gramaticais, as categorias básicas dessa linguagem têm quase sempre uma contrapartida lógica. Na *ars magna*, os conceitos fundamentais não são, estritamente falando, lógicos, mas exercem uma função lógica e se combinam e correlacionam por meio de regras lógicas. A partir de Francisco Sánchez de las Brozas (VER) e da "Gramática" de Port-Royal, desenvolveram-se nos séculos XVII e XVIII numerosas investigações centradas na idéia de que é possível analisar racionalmente todas as linguagens, sendo possível descobrir sua estrutura lógica (ou filosófica). Essa estrutura recebe por vezes o nome de "linguagem universal", codificável mediante uma gramática universal. No âmbito dessas investigações enquadra-se a característica universal de Leibniz, bem como diversas "passigrafias", "passilalias" e "linguagens cifradas". Apresentamos as linhas gerais de algumas dessas pesquisas no verbete GRAMÁTICA ESPECULATIVA, tendo igualmente dedicado verbetes especiais a alguns dos cultores dessa tendência. Suas variedades são consideráveis. É muito disseminada a suposição de que há uma lógica comum a todas as linguagens que é a verdadeira gramática filosófica. Essa lógica pode ser submetida a cálculo; a rigor, costuma-se pensar que se trata de um cálculo.

A maioria dos autores que trabalharam com a idéia de uma linguagem universal ou que fizeram pesquisas de gramática filosófica voltadas para ela foi de convicção racionalista, mas é possível não ser racionalista e propor a idéia de uma linguagem universal (como ocorreu com Condillac). Atualmente, a noção de linguagem universal desenvolveu-se sobretudo na esteira dos debates entre chomskianos — que reconhecem os racionalistas de Port-Royal e os cartesianos como antecedentes históricos — e antichomskianos, incluindo diversas versões proporcionadas pelo próprio autor. Mas ao menos num ponto as opiniões acerca dessas teses não variam: não se podem entender as operações lingüísticas que efetivamente são realizadas sem levar em conta o modelo da competência lingüística. Esse modelo não é adquirido, mas inato (provavelmente em termos biológicos). A estrutura mais geral desse modelo pode ser equiparada com a idéia de "linguagem universal", o que permite usar esse nome para designar o conjunto dos chamados "universais lingüísticos" (VER).

LINGUAGEM-OBJETO. Esta expressão traduz *Objekt-Sprache* e *Object-Language*, expressões que também poderiam ser vertidas por "objeto-linguagem". Trata-se, com efeito, de uma linguagem que é objeto de outra linguagem no sentido de estar sujeita a esta última. É portanto, do mesmo modo, um "objeto" acerca do qual a outra linguagem fala, mas no sentido de ser "aquilo de que" outra linguagem se ocupa.

A linguagem que fala da linguagem-objeto (ou objeto-linguagem) é uma metalinguagem (VER). Uma metalinguagem pode, por sua vez, ser "linguagem-objeto" em relação a outra metalinguagem, já que a condição de linguagem-objeto indica unicamente a condição de estar sujeita a uma linguagem.

LINHA DIVIDIDA. No final do Livro VI da *República* (509 E-511 E), Platão introduz, pela boca de Sócrates, uma das mais celebradas imagens da história da filosofia: a imagem da linha dividida, γραμμὴ δίχα (γραμμὴ significa literalmente "a linha média que se traça sobre a tábua na qual se colocam as vítimas propiciatórias" e chamada por isso ιερά). Sócrates sugere dividir a linha em duas partes desiguais (se se lê ἄνισα; "iguais" se se lê ἴσα ou ἀν'ἴσα). Cada uma das linhas resultantes da divisão se divide em duas outras partes. A primeira divisão é realizada de acordo com a pertinência ao visível ou ao inteligível. Tomando agora a parte da linha que representa o visível, sua subdivisão em duas partes se efetua de acordo com o grau de clareza e escuridão relativas. Temos então a primeira metade da linha subdividida nestas duas seções:

Imagens	Seres vivos
εἰκόνες	ζῷα

As imagens são as sombras, σκιαί, as aparências, φαντάσματα, refletidas na água e na superfície dos corpos opacos, lisos e brilhantes e outras figurações semelhantes. Os seres vivos são os animais, as plantas, os homens e os objetos que os homens fabricam.

O visível se divide (ou se subdivide) em verdadeiro e não verdadeiro; a imagem está para o modelo como o que é matéria de opinião para o que é objeto do conhecimento.

A segunda parte da linha representa as coisas inteligíveis. Essa segunda parte subdivide-se, por sua vez, em duas seções:

Inteligível	Inteligível
νοητός	νοητός
Hipótese	Princípio
ὑπόθεσις	ἀρχή

Na primeira seção, a alma toma por ponto de partida os objetos compreedidos na segunda seção da primeira metade da linha de que se falou no início, isto é, os modelos originários; e, mediante, hipóteses, encaminha-se para conclusões. Na segunda seção, a alma vai da hipótese ao princípio sem necessidade de recorrer a imagens, valendo-se somente de idéias. Os procedimentos usados são semelhantes aos empregados na geometria e na aritmética; parte-se de figuras, formulam-se hipóteses e depois se passa a demonstrar aquilo que se propunha procurar. Assim, na segunda seção da linha, a alma "ascende" aos princípios por meio da dialética (VER). As hipóteses servem de ponto somente para que se "suba" até um princípio, que já não tem necessidade de hipótese. É como derrubar a escada depois de ter subido por ela. O conhecimento dos matemáticos é discursivo e está a meio caminho entre a opinião e a pura intelecção ou "intuição": trata-se, pois, de διάνοια. O conhecimento filosófico, ou conhecimento dialético, é puramente intelectivo e "intuitivo", νόησις.

A linha inteira tem então a forma:

Imagens	Seres vivos	Inteligível Hipótese	Inteligível Princípio
εἰκόνες	ζῷα	νοητός ὑπόθεσις	νοητός ἀρχή

Com relação aos "conhecimentos", há quatro, distribuídos "proporcionalmente" ao longo da linha:

Conjetura (similaridade)	Crença	Conhecimento discursivo	Pura intelecção
εἰκασία	πίστις	διάνοια	νόησις

A ordem, da esquerda para a direita, é uma ordem de menor a maior clareza e verdade.

A imagem da linha dividida está estreitamente relacionada com a metáfora da caverna (ver CAVERNA DE PLATÃO), com cuja descrição começa o livro VII da *República*.

•• **LIPMAN, MATTHEW**, (1923). Nascido em Vineland (New Jersey), estudou nas universidades de Stanford e Colúmbia, onde apresentou, em 1950, sua tese de doutorado, *Problems of Art Inquiry*. Depois de uma temporada de dois anos na Sorbonne, deu aulas de filosofia no Brooklin College, no City College e na Columbia University. Nesta última, permaneceu dezoito anos, seis dos quais como catedrático.

No curso das décadas de 1950 e 1960, Lipman centrou-se especialmente em trabalhos de estética e metafísica. A arte das crianças foi obtendo seu interesse até que ele levantou os problemas da educação de um modo mais geral. Lipman pensa que a educação deve servir para fortalecer as capacidades de raciocínio e de juízo, e também para introduzir os grandes valores e conceitos da cultura. Por isso, deu início a um projeto experimental que, com os anos, desembocaria no "Institute for the Advancement of Philosophy for Children", ligado ao Monclair State College. Em 1972, Lipman deixou Colúmbia para lecionar no Monclair; em 1974, assumiu a direção do novo Instituto. Na época, já iniciara a redação de histórias dirigidas aos escolares. Ampliou então os temas tratados nas histórias, a que acrescentou manuais contendo sugestões e exercícios para os coordenadores e professores que deveriam animar e coordenar a reflexão na aula. Com isso, completavam-se os sete programas que configuram o projeto *Philosophy for Children* (ver FILOSOFIA PARA CRIANÇAS). Com esse projeto, que adapta o interesse e a temática da filosofia à realidade escolar, Lipman deseja ajudar na melhoria das capacidades das crianças: para que compreendam, analisem e resolvam problemas; para que se familiarizem com o componente ético da experiência humana; para que, guiados por textos narrativos, transformem a aula numa comunidade de pesquisa à maneira socrática; para que o pensamento dos estudantes seja mais crítico, mais criativo e mais sensível.

Lipman teve papel de destaque no surgimento, durante os anos 1980, do movimento educativo que defendeu o "pensamento crítico" (*critical thinking*).

➲ Obras: *What Happens in Art*, 1967 [título que sua tese de doutorado adotou para fins de publicação cit. supra]. — *Discovering Philosophy*, 1969; 2ª ed., 1977 [manual de introdução à filosofia por meio de textos]. — *Contemporary Aesthetics*, 1973 [antologia de textos]. — *Philosophy in the Classroom*, 1977; 2ª ed., 1980 (com A. M. Sharp e F. Oscanyan). — *Growing up with Philosophy*, 1978 (com A. M. Sharp). — *Philosophy Goes to School*, 1988. — *Thinking in Education*, 1991. — *Thinking Children and Education*, 1993.

Lipman é também editor da revista *Thinking*.

Em português: *Filosofia na sala de aula*, 2ª ed., 1997. — *A filosofia vai à escola*, 2ª ed., 1990. — Natasha, s.d. — *O pensar na educação*, 1995.

Ver: M. F. Daniel, *La philosophie et les enfants: Le programme de Lipman et l'influence de Dewey*, 1992. — Ver também o verbete FILOSOFIA PARA CRIANÇAS, com sua bibliografia, tanto para dados sobre os materiais escolares preparados por Lipman como para mais literatura sobre seu projeto. ᴄ

LIPPS, GOTTLOB FRIEDRICH. Ver WUNDT, WILHELM.

LIPPS, HANS (1889-1942). Nascido em Pirna, foi *Privatdozent* em Göttingen (1921-1928), "professor extraordinário" nessa mesma cidade (1928-1935) e professor titular em Frankfurt (a partir de 1935). Interessado pela fenomenologia e particularmente pelo pensamento hermenêutico de Dilthey, Lipps trabalhou no desenvolvimento de uma antropologia filosófica segundo a qual o conhecimento não é um modo ou operação da consciência, mas um "acontecimento", isto é, algo por que o sujeito "passa". A teoria do conhecimento é por isso, fundamentalmente, interpretação. Lipps deu prosseguimento ao caráter hermenêutico da epistemologia no campo da filosofia da linguagem, onde desenvolveu uma doutrina contextualista para a qual os significados são funções de intercâmbios verbais. Por isso, comparou-se a doutrina de Hans Lipps com as manifestações do "segundo Wittgenstein" sobre o significado das palavras como usos na linguagem. Nos últimos escritos de Lipps, manifesta-

se uma tendência existencial, porém mais afim à da filosofia da existência (ver EXISTÊNCIA [FILOSOFIA DA]) que ao existencialismo. Seu principal interesse continuou a ser a antropologia filosófica e a "lógica hermenêutica".
⊃ Obras: *Untersuchungen zur Phänomenologie der Erkenntnis*, 2 vols., 1927-1938 (*Investigações para a fenomenologia do conhecimento*). — *Beispiel, Exempel, Fall und das Verhältnis des Rechtsfalles zue Gesetz*, 1931 (*Exemplo, instância, caso e a relação entre o caso jurídico e a lei*). — *Untersuchungen zu einer hermeneutischen Logik*, 1938 (*Investigações para uma lógica hermenêutica*). — *Die menschliche Natur*, 1941 (*A natureza humana*). — *Die Verbindlichkeit der Sprache*, 1944, ed. E. von Busse (*O caráter de obrigatoriedade da linguagem*). — *Die Wircklihkeit des Menschen*, 1954, ed. E. von Busse (*A realidade do homem*).
Edição de obras: *Werke*, 5 vols., 1976-1977.
Ver: Meinolf Wewel, *Die Konstitution des transzendenten Etwas im Vollzug des Sehens. Eine Untersuchung im Anschluss an die Philosophie von H. L. und in Auseinandersetzung mit E. Husserls Lehre vom "intentionalen Bewusstseinskorrelat"*, 1968. — O. F. Bollnow, *Studien zur Hermeneutik. II. Zur hermeneutischen Logik von G. Misch uns H. L.*, 1983. — W. v. der Weppen, *Die existentielle Situation in der Rede. Untersuchung zur Logik und Sprache in der existentiellen Hermeneutik von H. L.*, 1984. C

LIPPS, THEODOR (1851-1914). Nascido em Wallhaben (Pfalz), estudou em várias Universidades (Erlangen, Bonn etc.) e foi *Privatdozent* (1877-1884) e "professor extraordinário" (1884-1890) em Bonn, bem como professor titular em Breslau (1890-1894) e em Munique (a partir de 1894).

Lipps foi considerado um "psicologista" (ao menos no sentido que teve o termo "psicologismo" para quem, como Husserl, polemizou contra essa tendência). De qualquer modo, ele considerava a psicologia como a ciência filosófica fundamental ou, melhor dizendo, como a ciência fundamental do espírito, a base de toda investigação tanto de índole subjetiva como objetivo-espiritual. A psicologia tem por tema a experiência interior, ao contrário da experiência externa estudada pelas ciências naturais, mas no campo dessa experiência Lipps situa todos os objetos das "ciências do espírito" e, portanto, todos os objetos da lógica, da estética, da história e da filosofia mesma. Mas a psicologia só pode ser experimental numa de suas dimensões; seu propósito capital está, ao ver de Lipps, no estudo retrospectivo da realidade consciente, estudo que leva, antes de tudo, a uma distinção entre o experimentar e o experimentado, entre viver o ato e o vivido ou contido. Lipps rejeita toda intenção de tornar o eu uma função ou grupo de fenômenos, sustentando o fato do eu como algo vivido em toda experiência psíquica sem que isso equivalha a materializar a unidade indecomponível da consciência.

O problema desta unidade, que Lipps considera o problema capital da psicologia e que o levou a uma teoria do "eu real" de caráter parcialmente metafísico, foi por ele desenvolvido em estreita relação com o debatido problema da causalidade psíquica e com a questão da realidade última do psíquico, em contraposição às vivências ou experiências. Nos termos de sua tendência fundamental, Lipps fez derivar do fundamento filosófico as outras disciplinas da filosofia, sobretudo a lógica, a estética, a ética e a teoria do conhecimento. Na ética, Lipps se aproxima decididamente do kantismo, elaborando uma ética de tendência formal cujo bem único e soberano radica na personalidade moral. Na estética, deve-se a ele a fundamentação e o desenvolvimento da teoria da introafecção, da projeção sentimental, da empatia ou endopatia (VER).

Em certas ocasiões, Lipps é descrito como um autor que foi influenciado por Husserl (ao menos pelas *Investigações lógicas* deste último) e, outras vezes, como um filósofo que, dado seu "psicologismo", foi inteiramente hostil ao tipo de pensamento desenvolvido por Husserl. As duas caracterizações têm um fundo de verdade. De fato, a influência de Husserl se manifesta no modo como Lipps desenvolveu algumas idéias sobre a natureza e o conteúdo da lógica. Por outro lado, é certo que o "antipsicologismo" husserliano parecia totalmente incompatível com o "psicologismo" de Husserl. Ora, nas tendências filosóficas de Lipps, o "psicologismo" foi mais fundamental que algumas das idéias acerca do conteúdo da lógica, de forma que a incompatibilidade entre as idéias de Lipps e de Husserl é mais profunda que suas coincidências. A isso se deveu o fato de que, embora durante sua permanência e atividade docente em Munique Lipps tenha constituído um grupo de discípulos que formaram o que é chamado "Círculo de Munique", este nome se tenha aplicado depois, e com mais freqüência, a um "círculo husserliano", formado por discípulos de Lipps que foram se separando dele para se aproximar da fenomenologia. Foi o caso de Alexander Pfänder (VER), Adolf Reinach (VER), Alois Fischer (1880-1937), Moritz Geiger (VER) e Ernst von Aster (1880-1948).

⊃ Obras: *Herbarts Ontologie*, 1874 (tese) (*A ontologia de H.*). — *Grundtatsachen des Seelenlebens*, 1883; nova ed., 1912 (*Fatos fundamentais da vida psíquica*). — *Psychologischen Studien*, 1885; 2ª ed., 1905 (*Estudos psicológicos*). — *Der Streit um die Tragödie*, 1891 (*A luta pela tragédia*). — *Ästhetische Faktoren der Raumanschauung*, 1891 (*Fatores estéticos na intuição do espaço*). — *Grundzüge der Logik*, 1893; nova ed., 1911; 3ª ed., 1923 (*Elementos fundamentais da lógica*). — *Raumästhetik und geometrisch-optische Täuschungen*, 1897 (*Estética do espaço e ilusões ótico-geométricas*). — *Komik und Humor*, 1898 (*O cômico e o humor*). — *Die ethischen Grunfragen*, 1899; nova ed., 1912 (*As questões fundamentais da ética). — Selbstwusstsein, Empfindung und Gefühl*, 1901; 2ª ed., 1907 (*Autoconsciência, sensação e sentimento*). — *Vom Fühlen, Wollen und Denken*, 1902; 3ª ed., 1926 (*Do sentir, do querer e do pensar*). — *Aesthetik*, 2 vols., 1903-1906. — *Leitfaden der Psychologie*, 1903; 2ª ed. revista, 1906 (*Guia da psicologia*). — *Aesthetik* (em *Kultur der Gegenwart*, I, 6, 1905). — "Inhalt und Gegenstand; Psychologie und Logik" [*Sitzungsberichte der Munchener Akad. Philos.-Phil. Klasse*, 1905] ("Conteúdo e o objeto: psicologia e lógica). — *Naturwissenschaft und Weltanschauung*, 1907 (*Ciência natural e visão de mundo*). — *Psychologische Untersuchungen*, 2 vols., 1907-1912 (*Investigações psicológicas*). — *Psychologie und Wirklichkeit*, 1908 (*Filosofia e realidade*). Edição de obras: *Gesamtausgabe*, 8 vols., 1976 ss.

Ver: K. Mueller, *Th. Lipps Lehre vom Ich im Verhältnis zum Kantischen*, 1912. — G. Anschütz, *Th. Lipps neuere Urteilslehre*, 1913. — H. Gothot, *Die Grundbestimmungen über die Psychologie des Gefühls bei Th. Lipps*, 1921 (tese). — K. Schuhmann, "Ein Brief Husserls und T. L.", *Tijdschrift voor Filosofie*, 39 (1977), 141-150. — R. N. Smid, "Ähnlichkeit als Thema der Münchener Lipps-Schule", *Zeitschrift für Philosophische Forschung*, 37 (1983), 606-615. ⊂

LÍPSIO, JUSTO (Joest Lips) (1547-1606). Nascido em Isque (entre Bruxelas e Louvain), estudou em Bruxelas, em Colônia (com os jesuítas) e passou algum tempo na Itália, onde trabalhou na preparação de suas famosas edições de autores latinos (entre eles, Tácito). Lípsio mudou-se depois para Louvain e Iena, onde foi nomeado professor, tendo-se convertido, segundo alguns, ao protestantismo. Passado algum tempo, dirigiu-se a Colônia, mas teve de fugir para a Holanda. Em seguida, deu aulas em Leyden (onde se converteu ao calvinismo). Depois de vários incidentes, mudou-se para Mainz, terminando sua vida como professor da Universidade de Louvain, reconciliado com o catolicismo.

Nós nos estendemos mais que o costumeiro na biografia do nosso autor porque é um hábito destacar o contraste entre as mudanças de sua vida e um de seus ideais filosóficos: o da constância. Ora, esse contraste se atenua quando se tem presente que a constância pregada por Lípsio é interior, é, na verdade, "uma força justa e inalterável da alma que não diminui devido aos acidentes externos ou casuais". Não equivale, pois, à mera obstinação, sendo antes uma atitude gerada pela paciência e adquirida mediante reflexão sobre o mundo. Nesta última, Lípsio, que foi um dos mais destacados neo-estóicos modernos (ver ESTÓICOS), salientava os temas do estoicismo clássico, como o destino, mas modificados em profundidade num sentido cristão. Assim, ele pensava que, sendo o verdadeiro destino um eterno decreto da Providência Divina, Deus controla o destino.

Também por isso Lípsio acreditava na contingência e na liberdade da vontade, destacando, frente às concepções estóicas clássicas, a piedade e o perdão. Às vezes, ele procurava combinar as opiniões estóicas com as cristãs por meio de uma interpretação *sui generis* das primeiras. É o caso da concepção de Deus como princípio ígneo; de acordo com Lípsio, trata-se na verdade de uma das imagens que podem legitimamente aplicar-se ao Deus cristão criador do universo.

⊃ Obras: *De constantia*, 1584. — *Politicorum*, 1588-1589. — *Manuductio ad Philosophiam Stoicam*, 1604 (prefácio à sua edição de Sêneca). — *Physiologia Stoicorum*, 1604 (filosofia natural estóica). Edição de obras: *Opera* (Anvers, 1637 e Vesaliae, 1657).

Epistolario de J. L. y los españoles 1577-1606, 1966, ed. Alejandro Ramírez.

Ver: Ch. Nisard, *Le Triumvirat littéraire au XVIIe siècle*, 1852. — A. Steuer, *Die Philosophie des J. Lipsius*, 1901 (tese). — M. W. Croll, "Juste Lipse et le mouvement anticicéronien à la fin du XVIe et au début du XVIIe siècles", *Revue du Seizième Siècle*, 2 (1914), 200-242. — L. Zanta, *La Renaissance du Stoïcisme au XVe Siècle*, 1914 (Parte III, capítulos i-iv). — J. L. Saunders, "*J. Lipsius: The Philosophy of Renaissance Stoicism*, 1954. — Th. G. Corbett, "The Cult of Lipsius: A Leading Source of Early Modern Spanish Satecraft", *Journal of the History of Ideas*, 36 (1975), 139-152. ⊂

LITERATURA. Ver EXPRESSÃO; OBRA LITERÁRIA.

LITT, THEODOR (1880-1962). Nascido em Dusseldorf, foi "professor extraordinário" de pedagogia na Universidade de Bonn (1919-1920), professor de filosofia e pedagogia, como sucessor de Eduard Spranger, na Universidade de Leipzig (1920-1931). Tendo ficado inativo durante o regime nacional-socialista, ele foi depois da guerra professor na Universidade de Bonn (1947-1951). Litt ocupou-se sobretudo de problemas da cultura e da formação cultural na linha de uma filosofia da vida e da relação entre vida e espírito objetivo que recorreu aos resultados, metódicos principalmente, de Dilthey e, em parte, de Spranger. Este último fato ocorreu especialmente na medida em que Litt elaborou uma filosofia da personalidade distinta tanto da concepção racionalista tradicional como da mera afirmação do irracionalismo. A única maneira de compreender a pessoa consiste, segundo Litt, em integrá-la em seu mundo concreto, isto é, analisá-la em função do conjunto de ações e de reações que se estabelecem entre ela o contexto histórico-cultural em que vive. Mas essa relação também não é uma inter-relação de termos ou substâncias. Pelo contrário, mundo e pessoa se fazem e se constituem na medida em que, através de um processo histórico-evolutivo, se integram. A relação entre indivíduo e sociedade, entre história e vida, entre conhecimento e vida, entre espírito e vida, entre espírito subjetivo e objetivização possui características análogas: não se trata, é verdade, da posição dos termos e da conseqüente derivação de relações; trata-se da constituição recíproca, histórico-concreta, de qualquer dessas realidades na medida em que sejam efetivamente reais. O método da compreensão (VER) mostra-se, portanto, tão fundamental quanto a análise fenomenológica. Os dois mostram que uma dialética peculiar, não conceitual nem abstrata, mas viva e concreta, penetra toda a realidade do humano e de seu mundo. Desprovidos de seu conteúdo metafísico, ou, melhor dizendo, de seus pressupostos ontológicos, os temas de Hegel parecem, pois, ressoar novamente no pensamento de Litt, ao menos enquanto este se propõe estabelecer uma sistemática das ciências do espírito e não simplesmente uma descrição de conteúdos históricos. A superação do naturalismo e da parcialidade dos métodos científico-naturais fica assim, de acordo com Litt, devidamente realizada, pois esses métodos não foram eliminados por completo, ficando em vez disso melhor "compreendidos" num "sistema" que mostra os fundamentos a partir dos quais se concretiza a relação antes descrita do sujeito com seu próprio mundo. O exame da relação entre indivíduo e sociedade permite, no entender de nosso autor, uma confirmação decisiva e radical de suas teses, já que, nele, mostra-se que os princípios de constituição das relações sociais não são os mesmos que os da constituição das relações entre vivências no interior dos indivíduos. Nem a sociedade é um mero conjunto de indivíduos (individualismo) nem é o indivíduo um reflexo de princípios transpessoais (universalismo). O indivíduo, por assim dizer, "aponta" para a sociedade, da mesma maneira como esta "aponta" para ele e oferece às viências pessoais um conjunto de perspectivas. E é esta inter-relação ou, como diz Litt, "reciprocidade de perspectivas", que fundamenta a relação de cada eu com outros indivíduos e vice-versa. Logo, o social só pode justificar-se e constituir-se mediante o pessoal voltado para a sociedade, assim como o individual só pode justificar-se e constituir-se mediante o social centrado no indivíduo. De qualquer modo, é essa inter-relação que, ao gerar o fato ou fenômeno primário, descarta o atomismo individualizante e o totalismo transpersonalizante; o que explica, em suma, a incessante dialética que engloba o objetivo e o subjetivo, o conhecimento e a vida, o eu e o objeto, a vivência e a realidade.

O pensamento de Litt culmina numa "filosofia do espírito". Mas por "espírito" não se deve entender uma simples realidade psicológica, confinada ao homem, nem um epifenômeno, por mais amplo que seja, da existência material, mas uma realidade *fundamental* que não pode subtrair-se do mundo sem que a essência deste sofra uma perda. O espírito não surge simplesmente da matéria nem se contrapõe a ela. Nem o materialismo nem o dualismo são, para Litt, admissíveis. Mas tampouco é admissível, em sua opinião, uma doutrina idealista subjetiva que faça surgir o espírito da matéria. Pelo contrário, deve-se destacar a unidade *Espírito-Natureza* ou, mais exatamente, a radical unidade *eu-Mundo* de que emerge a possibilidade de um mundo objetivo e do eu que está em correlação com ele. Desse modo, Litt pretende construir uma filosofia que resolva as dificuldades do dualismo e do monismo; o que existe é a unidade *Espírito-Natureza*, unidade que se divide em seus componentes. Mas como é preciso postular um agente causador da divisão, Litt decide-se a esclarecer que esse agente é o Espírito, afirmação que faz este ser mais fundamental que a Natureza na produção do real, porém não mais existente que ela.

⇨ Obras: *Geschichte und Leben. Von dem Bildungsaufgang geschichtlichen und sprachlichen Unterrichts*, 1918; 3ª ed., 1930 (*História e vida. Do processo de formação da instrução histórica e lingüística*). — *Individuum und Gemeinschaft. Grundfragen der sozialen Theorie und Ethik*, 1919; 3ª ed., 1926 (*Indivíduo e comunidade. Questões fundamentais da teoria social e da ética*). — *Erkenntnis und Leben. Untersuchungen über Gliederung, Methode und Beruf der Wissenschaft*, 1923 (*Conhecimeto e vida. Investigações sobre a estrutura, o método e a missão da ciência*). — *Die Philosophie der Gegenwart und ihr Einfluss auf das Bildungsideal*, 1925; 2ª ed., 1927 (*A filosofia do presente e sua influência sobre o ideal educativo*). — *Möglichkeit und Grenser der Pädagogik. Abhandlungen zur gegenwärtigen Lage von Erziehung und Erziehungtheorie*, 1926 (*Possibilidade e limites da pedagogia. Ensaios sobre a situação presente da educação e da teoria educativa*). — *Ethik der Neuzeit*, 1926 (*Ética do novo tempo*). — *"Führen" oder "Wachsenlassen". Eine Erörterung des pädagogischen Grundproblems*, 1927; 4ª ed., 1951 (*"Dirigir" ou "deixar fazer". Discussão do problema pedagógico fundamental*). — *Wissenschaft, Bildung, Weltanschauung*, 1928 (*Ciência, formação cultural, visão de mundo*). — *Kant und Herder als Deuter der geistigen Welt*, 1930; 2ª ed., 1948 (*Kant e Herder como intérpretes do mundo espiritual*). — *Einleitung in die Philosophie*, 1933; 2ª ed., 1949 (*Introdução à filosofia*). — *Philosophie und Zeitgeist*, 1934; 2ª ed., 1935 (*Filosofia e espírito da época*). — *Der deutsche Geist und das Christentum*, 1938 (*O espírito alemão e o cristianismo*). — *Die Selbsterkenntnis des Menschen*, 1938; 2ª ed., 1948 (*O autoconhecimento do homem*). — *Das Allgemeine im Aufbau des geisteswissenschaftlichen Erkenntnis*, 1941; 2ª ed., 1959 (*O geral na estrutura do conhecimento científico-espiritual*). — *Die Befreiung des geschichtlichen Bewusstseins durch J. G. Herder*, 1943 (*A libertação da consciência histórica através de J. G. Herder*). — *Von der Sendung der Philosophie*, 1946 (*Da transmissão da filosofia*). — *Leibniz und die deutsche*

Gegenwart, 1947 (*Leibniz e a atualidade alemã*). — *Das Verhältnis der Generationen ehedem und heute*, 1947 (*A relação entre as gerações ontem e hoje*). — *Denken und Sein*, 1948 (*Pensar e ser*). — *Die Frage nach dem Sinn der Geschichte*, 1948 (*A pergunta pelo sentido da história*). — *Mensch und Welt. Grundlinien einer Philosophie des Geistes*, 1948; 2ª ed., 1961 (*Homem e mundo. Linhas fundamentais de uma filosofia do espírito*). — *Die Sonderstellung des Menschen im Reichen des Lebendigen*, 1948 (*A posição peculiar do homem no reino dos seres vivos*). — *Staatsgewalt und Sittlichkeit*, 1948 (*Poder do Estado e moralidade*). — *Wege und Irrwege geschichtlichen Denkens*, 1948 (*Caminhos e descaminhos do pensamento histórico*). — *Moderne Seinsprobleme*, 1948 (*Problemas modernos sobre o ser*). — *Die Geschichte und das Übergeschichtliche*, 1949 (*A história e o suprahistórico*). — *Geschichtswissenschaft und Geschichtephilosophie* (*Ciência da história e filosofia da história*). — *Der Mensch vor der Geschichte*, 1951 (*O homem diante da história*). — *Naturwissenschaft und Menschenbildung*, 1952; 2ª ed., 1954; 3ª ed., 1959 (*Ciência natural e formação cultural do homem*). — *Der lebendige Pestalozzi*, 1952; 2ª ed., 1961. — *Die Freiheit des Menschen und der Staat*, 1953 (*A liberdade do homem e o Estado*). — *Hegel, Versuch einer kritischen Erneuerung*, 1953; 2ª ed., 1961 (*H. Ensaio para uma renovação crítica*). — *Die Persönlichkeit in unserer Zeit*, 1953 (*A personalidade em nossa época*). — *Das Bildungsideal der deutschen Klassik und die moderne Arbeitswelt*, 1955 (*O ideal cultural da época clássica alemã e o moderno mundo do trabalho*). — *Die Wiedererweckung des geschichtlichen Bewusstseins*, 1956, com palavras introdutórias de E. Spranger e W. Roessler (*O novo despertar da consciência histórica*). — *Technisches Denken und menschlichen Bildung*, 1957; 2ª ed., 1960 (*Pensamento técnico e formação cultural humana*). — *Wissenschaft und Menschenbildung im Lichte des West-Ost Gegensatzes*, 1958; 2ª ed., 1959 (*Ciência e formação cultural humana à luz da oposição Ocidente-Oriente*). — *Freiheit und Lebensordnung: Zur Philosophie und Pädagogik der Demokratie*, 1962 (*Liberdade e ordem na vida: Para a filosofia e a pedagogia da democracia*).

Ver: Paul Vogel, *Th. L.*, 1955. — VV. AA., *Geist und Erziehung. Kleine Bonner Festgabe für Th. L.*, 1955 [bibliografia nas pp. 191-224]. — VV. AA., *Erkenntnis und Verantwortung. Festschrift für Th. L.*, ed. J. Derbolav e F. Nicolin [com bibliografia]. — Lorenz Funderburk, *Erlebnis, Verstehen, Erkenntnis. Th. Litts System der Philosophie aus erkenntnistheoretischer Sicht*, 1971. — Ursula Bracht, *Zum Problem des Menschbildung bei Th. L. Studien zur Wissenschaftheoretischen Problematik im Gesamtwerk Th. Litts*, 1973. — B. Huschke-Rhein, *Das Wissenverständnis in der geisteswissenschaftlichen Pädagogik. Dilthey, Litt, Nohl, Spranger*, 1979. — F. Klafki, *Die Pädagogik Th. L.s*, 1980. — J. Derbolav, C. Menze, F. Nicolin, eds., *Sinn und Geschichtlichkeit. Werk und Wirkungen T. L.s*, 1980. ⊃

LITTRÉ, ÉMILE [Maximilien-Paul-Émile Littré] (1801-1881). Nascido em Paris, foi um dos mais fiéis e entusiastas discípulos de Comte até 1852, data em que rompeu com seu mestre por negar-se a segui-lo na transformação do movimento positivista em "religião positiva". Na qualidade de "positivista dissidente", Littré continuou a propagar as doutrinas filosóficas, científicas e morais de Comte. De 1863 até mais ou menos 1871, Littré manifestou-se ateu, considerando o ateísmo a única "religião" que convinha ao autêntico positivismo. De 1871 até sua morte, dedicou-se a atividades políticas num sentido conservador, mas tambem nos termos daquilo que julgava ser a verdadeira tendência positivista. Além disso, em todos os momentos Littré mostrou ser um espírito curioso em relação ao saber tanto das disciplinas exatas como das humanas. No campo destas últimas, deve-se a Littré um dos monumentos da lexicografia francesa, o *Dictionnaire de la langue française*, 5 vols., 1863-1872, de que apareceram várias edições.

⊃ As principais obras filosóficas de Littré são: *De la philosophie positive*, 1845. — *La science au point de vue philosophique*, 1873. — *Fragments de philosophie positive et de sociologie contemporaine*, 1876.

Ver: M. Caro, *E. L. et le positivisme*, 1883. — Stanislas Aquarone, *The Life and Works of E. L.*, 1958. — D. G. Charlton, *Positivist Thought in France during the Second Empire, 1852-1870*, 1959. — J. F. Six, *L. devant Dieu*, 1962 (com bibliografia). — W. M. Simon, *European Positivism in the Nineteenth Century: An Essay in Intellectual History*, 1963. — Alain Rey, *L.: L'humaniste et les mots*, 1970. ⊃

LITUMA, LUIS. Ver Deústua, Alejandro Octavio.

LIVRE-ARBÍTRIO. Ver Arbítrio (Livre-).

LIVRES-PENSADORES. O termo "livres-pensadores" pode ser entendido em dois sentidos: um amplo e outro estrito. No primeiro sentido, chamam-se "livres-pensadores" todos os que não aderem a um dogma dado. Nesse sentido, são livres-pensadores os libertinos (ver), os libertários (na acepção de "anarquistas" ou inimigos de todo governo), os deístas etc. Paradoxalmente, os livres-pensadores foram em algumas ocasiões caracterizados como "sectários", compreendendo-se por isso que seguem uma seita, isto é, uma minoria que se afasta de uma comunidade ou igreja; com efeito, do ponto de vista dos que se mantêm fiéis a uma comunidade ou igreja, os "livres-pensadores" sustentam "opiniões estreitas". No segundo sentido, chamam-se "livres-pensadores" diversos grupos de pensadores dos séculos XVII e XVIII, especialmente da Inglaterra e da França. Contudo, como na França os livres-pensadores foram designados por diversos outros termos — *esprits forts*, "racionais" (em oposição a "religionários"), bem como "libertinos" —, é melhor reservar o nome de "livres-pensadores" (*Freethinkers*) para um grupo de autores ingleses, especialmente do século XVIII. São características comuns dos livres-pensadores ingleses: pregar a tolerância (VER) religiosa, aplaudir o racionalismo (VER) — no sentido que o termo adquiriu na época da Ilustração (VER) —, defender o deísmo (VER), a religião natural (e muitas vezes racional) e, em algumas ocasiões, o materialismo e o ateísmo, manifestos ou disfarçados. Os livres-pensadores em questão recusaram quase sempre os mistérios sobrenaturais ou os dogmas das igrejas "oficiais". Por vezes, opuseram a isso um cristianismo "primitivo", no seu entender mais puro. Houve vezes em que opuseram o Estado à Igreja como meio de fomento à tolerância religiosa.

Vamos nos limitar aqui a mencionar alguns dos livres-pensadores ingleses menos conhecidos, porque se emprega o termo "livre-pensador" especialmente em relação a eles e porque os livres-pensadores ingleses mais importantes ou os de outros países foram mencionados em outras partes desta obra (por exemplo, no citado verbete ILUSTRAÇÃO e em verbetes especiais sobre filósofos, como é o caso de Bayle, Hobbes, Locke, Voltaire etc.). Mencionaremos sobretudo John Toland (VER), discípulo de Locke e um dos primeiros (senão o primeiro) a ser chamado *livre-pensador: freethinker*. Com ele mencionaremos Anthony Collins (VER), Thomas Woolston (1669-1731), autor da obra referida em DEÍSMO e de seis *Discursos sobre os milagres de nosso Salvador* (*Discourses on the Miracles of our Saviour*, 1727-1730), que o levaram ao cárcere; Matthew Tindal (ver também DEÍSMO); Thomas Chubb (1679-1740), autor de uma obra sobre *O Verdadeiro Evangelho de Jesus Cristo* (*The True Gospel of Jesus Christ*, 1738); Thomas Morgan († 1743), autor de uma obra com o tema *O filósofo moral* (*The Moral Philosopher*, 3 vols., 1737-1740) e um dos cultivadores da físico-teologia (VER) (o título do vol. IV: *Physico-Theology*, 1741, da citada obra). Considera-se às vezes deísta e outras vezes livre pensador Lord Bolingbroke (Henry St. John, 1678-1751).

➲ Ver: Adam Storey Farrar, *A Critical History of Freethought in Reference to the Christian Religion*, 1862. — J. B. Bury, *A History of Freedom of Thought*, 1913. — J. R. Charbonnel, *La pensée italienne et le courant libertin*, 1919. — J. M. Robertson, *A History of Freethought in the Nineteenth Century*, 2 vols., 1929. — P. Hazard, *La pensée européenne au XVIIIe siècle, de Montesquieu a Lessing*, 3 vols., 1946. — Albert Bayet, *Histoire de la librepensée*, 1959. — R. E. Greeley, "Freethought: An Overview", *Religious Humanism*, 16 (1982), 128-133. — Vejam-se ainda as obras de René Pintard, Richard H. Popkin e J. S. Spink mencionadas na bibliografia do verbete LIBERTINOS. ☾

LIVRO DAS MUTAÇÕES. Ver YANG, YIN.

LLAMBÍAS DE AZEVEDO, JUAN (1907-1972). Nascido em Montevidéu, foi professor de filosofia prática na Universidad de la República, primeiro diretor do Instituto de Filosofia e diretor da revista do Instituto, os *Cuadernos uruguayos de filosofía*, cuja publicação teve início em 1961. Partindo de Husserl, Sheler e Nicolai Hartmann, Llambías de Azevedo procedeu a uma detalhada fenomenologia dos atos de consciência por meio dos quais se constitui o "objeto" Direito, tendo realizado uma redução eidética com o propósito de determinar a essência do referido "objeto". É característica dessa essência, de acordo com Llambías de Azevedo, uma série de relações (pensamento jurídico e comportamento social, prescrição e proibição, retribuição e sanção etc.). Essas características aparecem em toda intencionalidade jurídica e tomam forma concreta na formulação e cumprimento de normas jurídicas. A investigação da essência do "objeto" Direito levou Llambías de Azevedo — numa forma parecida com a presente na análise do conhecimento de Nicolai Hartmann — ao reconhecimento de uma aporética do Direito. Este é entendido como direito positivo, já que a essência "Direito" é "cumprida" na positividade. A parte mais importante da aporética do Direito é a que se dá na relação entre o conteúdo do Direito e o conteúdo dos valores. Para resolver essa aporética, Llambías de Azevedo empreendeu uma pesquisa axiológica que, sem cair na abstração, recusa todo subjetivismo e relativismo. Os valores são ao mesmo tempo formais e materiais, isto é, têm ao mesmo tempo universalidade e conteúdo. Seguindo Scheler, Llambías de Azevedo considera que o valor supremo é a pessoa, na qual se funda em última análise o Direito, assim como as idéias, e ideais, de justiça e igualdade.

➲ Obras: *La filosofía del Derecho de Hugo Grocio*, 1935. — *Sobre la distinción entre las normas de los usos sociales y el Derecho*. 1938. — *Eidética y aporética del Derecho: Prolegómenos a la filosofía del Derecho*, 1940; nova ed. com o título *Eidética y Aporética del Derecho y otros estudios de filosofía del Derecho*,1958. — *El pensamiento del Derecho y del estado en la Antigüedad desde Homero hasta Platón*, 1956. — *El antiguo y el nuevo Heidegger y um diálogo con él*, 1958. — *Max Scheler: Exposición sistemática y evolutiva de su filosofía, con algunas críticas y anticríticas*, 1966. — *Manual de metafísica*, 1971.

LL. de A. escreveu além disso numerosos artigos ainda não reunidos em volume.

Ver: R. Bula Píriz, "Imagen de una filosofía del derecho (J. L. P. de A.)", *Cuadernos uruguayos de filosofía* (1963), 19-18. — Luis Recaséns Siches, "J. Ll. de A.", *Dianoia*, 19 (1973), 191-198. ☾

LLARÓ VIDAL, JOAQUÍN. Ver BARCELONA (ESCOLA DE).

LLEDÓ [IÑIGO], EMILIO (1927). Nascido em Sevilha, estudou em Madri e em Heidelberg (com Löwith e, sobretudo, Gadamer), doutorando-se em 1956. Foi leitor do "Romanisches Seminar" da Universidade de Heidelberg e assistente do "Philosophisches Seminar" da mesma Universidade (1956-1962). De 1964 a 1967, foi catedrático de filosofia na Universidade de La Laguna e, da Universidade de Barcelona, de 1967 a 1978, ano em que passou a catedrático de história da filosofia na Universidade Nacional de Educação a Distancia (UNED, Madri). Também foi *Fellow* do "Wissenschaftskolleg" (Institute for Advanced Studies) em Berlim. Recebeu o prêmio "Alexander von Hulboldt" (Bonn, 1991) e o Prêmio Nacional de Literatura (ensaio; 1992).

Lledó interessou-se desde cedo pelo problema da linguagem como veículo exclusivo que nos leva à filosofia. Antes mesmo de travar conhecimento com a filosofia analítica e a hermenêutica, Lledó procurou propor metodologicamente uma semântica filosófica a partir de estudos lingüísticos e filológicos. No desenvolvimento dessa semântica, esforçou-se por justificar o pensamento abstrato a partir das condições materiais no âmbito das quais os homens pensam. Nesse sentido, entendeu o pensar, sempre expresso por meio da linguagem, como um modo de o homem instalar-se no mundo. A filosofia grega foi para ele um paradigma para a descoberta, no discurso filosófico, das chaves capazes de servir a uma leitura desmistificadora desse modo de produção chamado "filosofia".

Em vários cursos e pesquisas, Lledó ocupou-se da história como "memória coletiva" e do processo e progresso do conhecimento. Enquanto memória coletiva, o estudo do passado filosófico — de sua história — deve consistir numa interpretação clara e contextualizada dessa memória. A história da filosofia não deve reduzir-se à análise de filosofemas; é fundamental procurar as "mediações" que estabelecem o contato entre a obra filosófica e o resto da cultura, da sociedade e dos interesses humanos. Por outro lado, isso não deve configurar-se como um mero programa, mas como um trabalho detalhado com as relações entre filosofia e sociedade e, por fim, entre teoria e práxis.

O pensamento de Lledó está centrado atualmente em problemas já assinalados em trabalhos anteriores: a feitura da pergunta "Para que os filósofos?". Para persistir, a filosofia terá de referir-se a quatro domínios nos quais ainda se pode organizar um trabalho filosófico como eco à história presente: "a linguagem; o comportamento individual e social; a revisão das nossas visões de mundo; e o uso do saber".

⇨ Obras: *El concepto Poíesis en la filosofía griega*, 1961. — *Filosofía y lenguaje*, 1970; 2ª ed., 1974. — *La filosofía, hoy*, 1975. — *Lenguaje y Historia*, 1978. — *El Epicureísmo*, 1984. — *La memoria del Logos*, 1984. — *El silencio de la escritura*, 1991. — *El surco del tiempo*, 1992. — *Días y libros*, 1994.

Entre os artigos, mencionamos: "La estructura dialéctica del 'Eutifrón' platónico", *Revista de filosofía*, 67 (1958), 363-393. — "La anámnesis dialéctica en Platón, *Emerita*, 29 (1961), 219-239. — "Tiempo e historia", *Boletín del Instituto de Estudios Helénicos*, 3 (1969), 23-38. — "Universales lingüísticos y sociedad"", em VV. AA., *Doce ensayos sobre el lenguaje*, 1974, 62-77. — "El horizonte de las formas simbólicas", *Sistema*, 9 (1975), 27-41. — "La temporalidad del texto", *Cuadernos de Filosofía de la Ciencia*, 17 (1990), 7-23.

Ver: *Historia, Lenguaje, Sociedad. Homenaje a E. Lledó*, ed. M. Cruz, M. A. Granada, A. Papiol, 1989. — *Anthropos, Boletín de Información y Documentación*, 15 (1982). **C**

LLOBERT VALLOSERA, ANTONIO. Ver Barcelona (Escola de).

LLORENS I BARBA, FRANCISCO [FRANCESC] XAVIER (1820-1872). Nascido em Vilafranca del Penedès, foi professor da Universidade de Barcelona. Discípulo de Martí d'Eixalà, Llorens i Barba combinou as influências recebidas do mestre com as procedentes do aristotelismo escolástico, de Hamilton, do ecletismo francês e, em parte, de Trendelenburg, numa doutrina orgânica por ele dividida em teórica e prática, doutrina destinada a servir de prolegômeno a toda investigação filosófica. A filosofia prática trata das normas da ação e se divide em ética e direito natural; a teórica trata do conhecimento das coisas, dividindo-se em psicologia empírica, lógica e metafísica. A psicologia é uma "ciência de observação", tendo por objeto "os fatos internos", que não somente são observáveis e classificáveis como também exibem determinada ordem (o que mostra estarem eles submetidos a certas leis). No curso da observação psicológica, percebe-se a presença de sentimentos, conhecimentos e volições, podendo estes ser inferiores ou superiores de acordo com seu maior ou menor grau de dependência do organismo fisiológico. A análise das faculdades é, ao mesmo tempo, uma investigação gnosiológica e, de acordo com a ideologia, tem por missão classificar e distribuir as "idéias", entendidas como atos conscientes de várias índoles. Às faculdades inferiores se sobrepõe o entendimento, que forma os juízos, seja como faculdade dianoética ou como faculdade ética. O entendimento é a faculdade das relações de todas as espécies. A segunda parte da filosofia teórica, a lógica, ocupa-se, por sua vez, das leis formais do pensamento, mas essas leis são ao mesmo tempo condições válidas para todo pensar, razão pela qual a lógica é também uma teoria do conhecimento, uma lógica transcendental. Por fim, a metafísica volta-se para o pensamento (num sentido muito amplo do termo) enquanto tem por objeto a verdade. Por isso, a metafísica como "exame do conhecimento humano" deve conter as razões últimas que o nosso entendimento pode alcançar. Embora fundada num exame do modo como se conhece, a metafísica investiga "os princípios primeiros do conhecimento humano", isto é, as "verdades básicas" (que são princípios primeiros tanto da verdade formal como da verdade real). A metafísica subdivide-se em cosmologia, psicologia racional e teologia racional. De acordo com Llorens, a metafísica não deve ser dominada pelo racionalismo; em vez disso, toda metafísica tende a uma síntese entre o racionalismo e o empirismo, porque, se por um lado trata das existências, por outro estas só são concebidas se regidas pelos princípios da razão. A disciplina suprema da filosofia teórica é a teologia racional; nela, a ciência de Deus aparece não como diamante da necessidade prática, à feição kantiana, mas como condição de todo conhecer e de toda verdade. A tradição científica e filosófica de Llorens i Barba na Universidade de Barcelona teve continuidade pelas mãos de Joaquim Xirau e Jaume Serra Hunter (VER).

↪ Para concorrer à cátedra de "A filosofia e sua história" na Universidade de Barcelona, Llorens i Barba escreveu o trabalho "Da unidade da filosofia" [1847], publicado no *Anuari de la Societat Catalana de Filosofia* (1923). Como aula inaugural para o curso de 1854-1855 redigiu um estudo intitulado *Do desenvolvimento do pensamento filosófico*, única obra do autor a ser publicada em sua vida. A Faculdade de Filosofia e Letras da Universidade de Barcelona publicou em 1920, em 3 vols. (reed., 1956), as *Lecciones de Filosofía* de Llorens i Barba, a partir de anotações taquigráficas de José Balarí Jovany feitas durante os cursos dados por Llorens em 1864-1865 e 1867-1868. Há tradução para o catalão de vários textos no volume *Iniciació a la filosofia*, 1933 [Col.lecció Popular Barcino, 84], com prólogo de Tomás Carreras i Artau [inclui: "Apunts del curs de filosofia 1867"; "De la unitat de la filosofia (1847)"; "Do desenvolupament del pensament filosòfic" (cf. *supra*).

Entre os vários escritos sobre Ll. i B., destacamos: Mn. Frederic Clascar, *En Xavier Llorens i Barba*, 1901. — J. Serra Hunter, "X. Ll. i B. Estudis i carrera professional. La seva actuació docent", en *Arxius de l'Institut de Ciències,* Any 9 (1921), 137-187. — T. Carreras i Artau, *Historia del pensament filosòfic a Catalunya i cinc assaigns sobre l'actitud filosòfica*, 1931, especialmente pp. 85-88 e 227-252. — N. Bilbeny, *Filosofia Contemporània a Catalunya*, 1985, cap. IX ("F. X. Ll. i B., filosofia del sentit común", pp. 177-201. ☙

LOBATCHEVSKI, NIKOLAI IVANOVITCH (1792-1856). Nascido em Nijni Novgorod (Rússia), estudou na Universidade de Kazan com o matemático alemão Baryels, amigo de Gauss. Lobatchevski foi professor (1814), decano e reitor (1827-1846) na citada universidade. Foi o primeiro a comunicar (1826) a descoberta de que, negado o postulado das paralelas, ou quinto postulado de Euclides, é possível construir uma geometria como sistema hipotético-dedutivo. Expôs suas idéias sobre "geometria hiperbólica" em *O nachalaj gueometrii*, 1829-1830 (*Sobre os princípios da geometria*). Ele partiu do pressuposto de que as linhas paralelas podem não coincidir mesmo que os ângulos internos formados pela linha que as corta perpendicularmente sejam menores que dois ângulos retos. A geometria resultante disso é uma geometria não-euclidiana hiperbólica, chamada de "geometria lobatchevskiana". Discutiu-se até que ponto Lobatchevski teve conhecimento (indireto) das investigações sobre o problema feitas por Gauss ou dos resultados obtidos por Saccheri (VER).

↪ Edição de obras completas: *Polnoe sobranie sochinenii*, 5 vols., 1946-1951.

Ver: A. V. Vasiliev, *Nikolay Vasilievich Lobachevskyi*, 1914. — V. F. Kagan, *Lobachevskyi*, 1948. — E. Kolman, *Belikiy russkiy mislitel Nikolai Vasilievich Lobachevskiy*, 1956 (*O grande pensador russo N. V. L.*). ☙

LOCALIZAÇÃO. O termo 'localização' denomina, na psicologia, o "alojamento" de uma percepção em um ponto do espaço ou do tempo, e é empregado sobretudo para indicar a relação existente entre um fenômeno psíquico e um ponto determinado do corpo, especialmente do cérebro. A teoria da localização foi defendida principalmente pelas tendências psicofisiologistas e encontrou pontos de referência na frenologia de Gall e nas pesquisas de Broca, Wernicke etc. O primeiro procurou determinar exatamente as regiões do cérebro correspondentes a cada grupo de fenômenos psíquicos; os outros dedicaram-se à elucidação dos problemas da afasia em suas diversas formas — motora, sensorial etc. — tendo em vista a demonstração de uma efetiva dependência entre a perda das funções da linguagem e as afecções sofridas por uma região cerebral (centro de Broca).

Como indicou Jean Lhermite (*Los mecanismos del cerebro*, 1940, pp. 141 ss.), depois dos trabalhos de von Monakow enfrentaram-se duas tendências: a dos localizacionistas (como C. e O. Vogt, Kleist, O. Förster etc.) e a dos antilocalizacionistas (como Kurt Goldstein e Lashley). Essa oposição deve-se, segundo esse autor, ao fato de que os dois grupos examinam o problema de um ponto de vista muito distinto e, a rigor, ao falar de localização, não falam sempre da mesma coisa: em alguns casos se fala, com efeito, de uma estrutura; em outros, por outro lado, alude-se a uma função. Mas se localizar "é legítimo quando se trata de uma estrutura ou de uma lesão, é vão tentá-lo para uma função, pois comete-se o enorme contra-senso de querer aprisionar em uma forma esse algo alado e fugidio que é o espírito" (*op. cit.*), isto é, recai-se nas contradições que implica uma transposição de categorias do material para o espiritual e vice-versa. A mesma coisa, aproximadamente, é sustentada pelos defensores do "gestaltismo" na doutrina cerebral. Assim, Justo Gonzalo, em suas *Investigaciones sobre la nueva dinámica cerebral* (t. I, 1945), opõe-se a patologia cerebral de tipo anatômico e localizador e defende uma fisiologia dinâmica, na qual as falhas são expressas mediante curvas funcionais. O problema possui dois aspectos: o empírico-científico, que só pode ser resolvido mediante comprovação experimental, e o outro, de índole lógico-metodológica, que implica um exame da significação de termos como 'localização', 'função', 'relação' etc.

Vários trabalhos experimentais sobre os mecanismos cerebrais (J. A. Deutsch, L. Jack Herbert e outros) indicam que há centros ("localizações") anatomicamente distintos na base do cérebro (hipotálamo). Esses centros regulam distintos impulsos animais (fome, impulso sexual etc.). Isso parece favorecer a doutrina da localização, especialmente quando se leva em conta que os centros do hipotálamo abarcam áreas muito reduzidas. No entanto, também são estudadas possíveis interações entre centros, de tal modo que aqui também se pode oportunamente confirmar que a localização e a inter-relação não são incompatíveis.

Nem sempre é claro, nos autores que tratam do assunto, se se fala de "localização" para indicar certos tipos básicos de funções correspondentes a cada uma das três estruturas cerebrais anatômicas que se formaram no curso da evolução nos mamíferos superiores e no homem, ou se se fala de localização apenas com relação ao córtex cerebral, ao neocórtex ou ao "novo cérebro". Naturalmente, uma posição "localizacionista" ou "antilocalizacionista" afirma coisas muito distintas em cada caso. Hoje em dia o mais comum é tratar a questão da possível localização, ou da possível inter-relação de localizações, em relação ao neocórtex.

De diversos pontos de vista, a tendência parece ser a de um compromisso entre "localizacionismo" e "antilocalizacionismo". A isso se refere Carl Sagan (*The Dragons of Eden*, 1977, p. 29) ao indicar que os esquemas de computador sugerem que a verdade está entre esses extremos: "Por um lado, qualquer concepção não mística da função cerebral deve ligar a fisiologia com a anatomia; as funções cerebrais particulares devem se relacionar com padrões neurais particulares ou com outra arquitetura cerebral. Por outro lado, com o fim de manter um grau suficiente de precisão e de se proteger contra qualquer acidente, é de se supor que a seleção natural tenha produzido redundâncias substanciais nas funções cerebrais". Essas redundâncias — ao menos no que diz respeito à retenção de dados pela memória — foram experimentalmente demonstradas por Karl Lashley. Não haveria redundância se houvesse uma localização estrita; a "localização" ocorre, pois, em distintas áreas do cérebro.

LOCKE, JOHN (1632-1704). Nascido em Wrington, nos arredores de Bristol, estudou no Christ College (Oxford), onde foi nomeado leitor de grego e de retórica. Mais interessado na filosofia moderna e nas ciências, sobretudo em medicina, química e física, leu os escritos de Descartes e de Robert Boyle e estudou medicina, obtendo sua licença de médico em 1674. Em 1665 ingressou no serviço diplomático e em 1667 ficou a serviço de lord Ashley, Conde de Shaftesbury, como seu conselheiro e preceptor de seu filho. De 1668 a 1670 residiu na França, onde entrou em contato com cartesianos e gassendistas. De retorno à Inglaterra, em 1670, novamente a serviço do Conde de Shaftesbury, fugiu para a Holanda em 1683 para evitar possíveis represálias políticas em conseqüência das intrigas do Conde de Shaftesbury contra Jaime II. Após a revolução de 1688, Locke retornou à Inglaterra, ocupando então vários postos administrativos.

Locke ocupou-se intensamente de problemas políticos, sociais, educativos, religiosos e econômicos. Sua filosofia política, especialmente tal como exposta no segundo tratado sobre o governo (o chamado *Ensaio sobre o governo civil*), influenciou muito a formação da ideologia liberal moderna (cf. *infra*). Do ponto de vista filosófico, é importante sobretudo sua elaboração da corrente empirista inglesa. Locke é considerado um dos mais distintos e influentes representantes dessa corrente, embora se deva levar em conta que o empirismo de Locke está mesclado com não poucos motivos e pressupostos de índole "racionalista".

A obra filosófica capital de Locke, o *Ensaio* (ver bibliografia), é um estudo detalhado da natureza, alcance e limites do entendimento (*Understanding*). O propósito de Locke é "investigar a origem, a certeza e o alcance do *conhecimento humano*, juntamente com as razões e os graus de *crença, opinião* e *assentimento*" (*Essay*, Int. § 2). Não se trata de um exame "físico" nem de um estudo (metafísico) da essência do entendimento; trata-se simplesmente de uma descrição dos modos pelos quais se adquire o conhecimento e como são formulados os juízos.

Locke começa com uma crítica aos "princípios inatos" ou às "noções comuns" (VER), κοιναὶ ἔννοιαι, isto é, com um ataque contra o inatismo (VER). Nenhum dos argumentos aduzidos para provar que há princípios inatos, sejam eles "especulativos" ou "práticos", é, segundo Locke, satisfatório. Nem o consentimento universal nem os fatos provam que o entendimento possui tais princípios. O entendimento é como um cômodo vazio que vai sendo "mobiliado"; é como uma tábua (VER) rasa na qual a experiência vai "escrevendo". O entendimento vai gradualmente adquirindo familiaridade com as idéias particulares, e algumas delas se alojam na memória e ganham nomes. Desse modo, o entendimento vai sendo mobiliado com idéias e com a linguagem, que são os materiais sobre os quais o homem exercita sua faculdade discursiva. Alguns inatistas indicaram que se não há princípios inatos de fato, eles existem, por assim dizer, em princípio, pois o entendimento é capaz de dar seu assentimento a certos princípios. Locke, entretanto, considera que este assentimento também não constitui uma prova de que há princípios inatos. O que ocorre com os princípios especulativos também ocorre, indica Locke, com os chamados "princípios inatos práticos": nem a fé nem a justiça nem qualquer um desses "princípios" é inato, mas simplesmente adquirido. Tampouco a idéia de Deus é uma idéia inata, embora, se houvesse alguma idéia inata, a de Deus deveria ter preferência a qualquer outra — se Deus houvesse impresso uma idéia inata no entendimento dos homens, ela seria, sem dúvida, a de Deus. Locke admite que a existência de Deus é tão certa quanto a igualdade dos ângulos opostos gerados por duas linhas que se cruzam; mas isso não significa, porém, que o entendimento esteja "mobiliado" com a idéia de Deus.

Se os princípios não são inatos, é preciso ver como se originam as idéias no entendimento. Já nos referimos à noção que Locke tem de 'idéia' e aos diversos tipos de idéias por ele distinguidas no verbete IDÉIA, mas aqui é necessário reiterar algumas teses capitais de Locke sobre o assunto, assim como suplementar a informação oferecida naquele verbete.

De início, Locke entende por 'idéia' todo "fenômeno mental" independentemente de qualquer possível afirmação ou negação: idéias são "apreensões" ou "representações" de qualquer tipo. Por isso 'brancura', 'dureza', 'pensamento', 'movimento', 'homem', 'elegante', 'embriaguez' e outros incontáveis termos expressam idéias. As idéias aparecem no "papel em branco livre de caracteres" que é o entendimento como materiais da razão e do conhecimento, e sua única fonte é a experiência. As idéias podem ser de sensação (como as que são expressas por 'amarelo', 'branco', 'quente' etc.) ou de reflexão (como as que são expressas por 'pensar', 'duvidar', 'crer', 'raciocinar', 'querer' etc.). As idéias de sensação provêm da experiência externa; as de reflexão, da experiência interna. Tanto as idéias de sensação como as de reflexão são recebidas passivamente pelo entendimento e são chamadas por Locke de "idéias simples". Com base nas idéias simples podem ser formadas o que Locke denomina "idéias complexas", que são idéias "formadas por uma atividade do espírito".

As idéias simples de sensação podem ser de apenas um sentido (como ocorre com um sabor) ou de mais de um sentido (como ocorre com a extensão, a figura, o repouso, o movimento). As idéias simples de reflexão são apenas de um tipo; exemplos delas são as percepções e os atos de vontade. Também podem existir idéias ao mesmo tempo de sensação e de reflexão, como as que são indicadas mediante termos como 'prazer', 'dor', 'existência' e 'força'.

Deve-se levar em conta que o fato de haver uma idéia não está necessariamente relacionado com o fato de haver um termo para designá-la. Embora as idéias de que nos servimos usualmente e de que tratamos sejam idéias expressas por termos conhecidos, há idéias às quais não correspondem termos, ou para as quais não foram encontrados termos que as expressem.

Antes de tratar das idéias complexas, Locke introduz uma distinção entre "as idéias enquanto percepções em nosso espírito" e "as idéias enquanto modificações da matéria nos corpos que causam tais percepções", isto é, entre idéias como efeitos de "poderes" ou "potências" (*powers*) inerentes aos corpos, e idéias como tais "poderes" ou "potências" capazes de afetar nossos sentidos. O que o espírito percebe em si mesmo é propriamente uma "idéia", e o poder de produzi-la é uma "qualidade". As qualidades podem ser qualidades primárias ou qualidades secundárias. Tratamos desse ponto mais detalhadamente no verbete QUALIDADE; indiquemos, ou recordemos aqui que as qualidades primárias são aquelas inseparáveis dos corpos, como a solidez, a extensão, a figura e a mobilidade, pois embora um corpo se divida, por exemplo, em dois, cada uma dessas partes continua possuindo aquelas qualidades. Quanto às qualidades secundárias, são aquelas que não estão *nos objetos mesmos* senão como "poderes" de produzir em nós várias sensações por meio de suas qualidades primárias; isso ocorre com as cores, com os sons, os gostos etc. Embora seja costumeiro interpretar as qualidades primárias como qualidades objetivas e as secundárias como subjetivas, é claro que em Locke essa "subjetividade" é somente relativa; com efeito, não haveria qualidades secundárias se os corpos não possuíssem os poderes correspondentes para produzi-las. As qualidades secundárias dependem das primárias. É verdade que Locke observa que somente as idéias das qualidades primárias existem, mas as qualidades secundárias existem como modos *das* primárias e não são meras sensações exclusivamente dependentes dos órgãos dos sentidos. Além disso, Locke distingue três tipos de qualidades nos corpos: qualidades como o volume, o número, a situação, o movimento etc., que estão nos corpos, tanto se as percebermos ou não, sendo estas as qualidades primárias; qualidades como os sons, cheiros etc., que são poderes que os corpos têm de produzir em nós idéias simples, sendo estas as qualidades sensíveis; e possibilidades que têm os corpos em razão da constituição particular de suas qualidades primárias de causar mudanças no volume, na figura, na textura, no movimento etc., de outro corpo e de atuar sobre os nosso sentidos de modo distinto daquele que ocorrera antes, sendo estes os "poderes" (*powers*). As primeiras qualidades são propriamente reais ou originais; as segundas e as terceiras são poderes para introduzir modificações.

São várias as faculdades do espírito que se exercem sobre as idéias: a percepção, a retenção (que pode ser contemplação ou então memória) e o discernimento, com a comparação, a composição e a abstração. Cada uma das faculdades citadas é superior à precedente na medida em que vai além na obtenção e na organização do conhecimento.

Por meio das faculdades são obtidas as chamadas idéias complexas. Várias idéias simples unidas de modo apropriado originam uma idéia complexa, que pode ser, e freqüentemente é, a idéia de um corpo. Duas ou mais idéias — simples ou complexas — comparadas sem serem unidas originam a idéia de relação. Duas ou mais idéias separadas das outras em uma entidade ou em entidades nas quais estão unidas originam a chamada "idéia geral". Esse modo de classificação das idéias complexas baseia-se principalmente nos modos de operação de nosso entendimento. Há outra classificação de idéias complexas que Locke estuda mais detalhadamente: é a que resulta da distribuição das idéias complexas em idéias de modos, de substâncias e de relações. Abordamos as idéias complexas de modos em seus dois tipos — modos simples e modos mistos — no verbete MODO; em outros verbetes (por exemplo: DURAÇÃO; INFINITO) tratamos mais especificamente de vários modos no sentido de Locke. Esse autor trata com particular atenção dos modos simples das idéias de espaço, duração e também de número e infinito e dos modos do poder (dividido em ativo e passivo). Com isso ele considera ter encontrado a razão de "nossas idéias originárias" das quais derivam as restantes. As "mais originárias" são as idéias de extensão, solidez e mobilidade (que recebemos dos corpos mediante nossos sentidos) e de perceptividade (ou poder de percepção, ou de pensamento) e motividade — ou poder de mover — (que recebemos de nossos espíritos por reflexão). A elas se agregam as de existência, duração e número.

As idéias complexas de substância partem da idéia obscura e relativa de "substância em geral" — da qual não há outra noção além da suposição de "não se sabe qual suporte de certas qualidades capazes de produzir em nós simples idéias" — para examinar a formação de idéias de classes particulares de substâncias. Estas se formam por meio da observação de certas combinações de idéias simples que se dão na experiência. Entre as idéias particulares de substâncias destacam-se as de substância corporal e de substância espiritual, cada uma delas formada por sua vez por uma combinação de idéias complexas e todas elas intimamente relacionadas com a idéia de "poderes". A idéia de substância extensa deriva da sensação; a de substância pensante, da reflexão e da experiência confirma a existência de ambas. Há também idéias complexas de substâncias, que são as idéias de coleções de coisas ou idéias coletivas.

As idéias complexas de relação são o resultado de comparações, pois as relações não podem ser entendidas sem termos correlatos, ainda que as relações sejam distintas das coisas relacionadas. Dentre as idéias complexas de relação destacam-se as de causa e efeito, de identidade — na qual se inclui da noção de "identidade pessoal" — e de diversidade (Locke falou dessas relações a pedido de Molyneux [VER]), e de relações morais de diversos tipos.

Pode-se também falar das idéias enquanto claras ou obscuras, distintas ou confusas, verdadeiras ou falsas, e pode-se falar ainda das associações de idéias (uma falsa associação, por exemplo, é causa de um erro). Como as idéias são expressáveis mediante palavras, é preciso examinar os nomes das idéias para averiguar se são nomes adequados e encontrar as soluções para evitar confusões e abusos nas designações. É fundamental em Locke sua doutrina sobre os nomes das substâncias; segundo o autor, não podemos conhecer as essências reais, mas somente as essências nominais, embora estas últimas, para serem retamente empregadas, devam de algum modo basear-se nas maneiras como nos são dadas as coisas na Natureza. Locke desenvolve aqui um nominalismo moderado (parecido com um conceitualismo) porquanto não considera os nomes de substâncias como meros nomes formados arbitrariamente, e sim como nomes que designam (fundando-se na experiência) realidades.

Com todos esses "materiais" à mão cabe agora perguntar o que é o conhecimento, que formas há de conhecimento e até onde se pode conhecer, de acordo com a área considerada. Locke define o conhecimento como sendo simplesmente "a percepção da conexão e do acordo ou do desacordo e da rejeição de quaisquer de nossas idéias". Parece assim que o conhecimento se refere somente a idéias e não a "realidades". No entanto, como as idéias provêm da experiência e esta é experiência da realidade ou realidades, as idéias em questão são de algum modo idéias das realidades. O acordo ou desacordo supracitado pode ser, segundo Locke, de quatro tipos: identidade ou diversidade, relação, coexistência ou conexão necessária, e existência real. Por outro lado, os graus do conhecimento são três: conhecimento intuitivo, no qual o espírito percebe o acordo ou o desacordo de idéias imediatamente por si mesmas; conhecimento demonstrativo, que ocorre pela intervenção de outras idéias, e é propriamente um raciocínio; e conhecimento sensível, ou conhecimento de existências particulares. Trata-se agora de saber o alcance do conhecimento, que varia de acordo com o tipo de acordo ou desacordo existente — e esse alcance é determinado pelo alcance de nossas idéias, já que somente por meio delas é possível ter conhecimento.

O conhecimento que se refere à identidade e à diversidade tem o mesmo alcance que têm as idéias, já que dada uma idéia podemos ver imediatamente se é ou não ela mesma e se é ou não distinta de outra idéia. O conhecimento que se refere à relação estende-se até onde chega nossa faculdade de encontrar idéias intermediárias entre uma proposição e outra. O conhecimento que se refere à coexistência ou relação necessária tem alcance limitado; a rigor, tem o mesmo alcance da experiência, pois somente por meio dela podemos saber se estas ou aquelas idéias simples formam ou não uma idéia complexa de substância, ou se esses fenômenos se seguem ou não regularmente de outros. A doutrina de Locke sobre a substância e a causa está confinada aos limites citados; Locke não sustenta que as substâncias sejam complexos arbitrários de qualidades ou que a relação entre causa e efeito seja completamente contingente, mas a existência destas ou daquelas relações causais é assunto da experiência e somente da experiência. O conhecimento que se refere à existência real reduz-se ao conhecimento intuitivo de nossa própria existência, única da qual temos completa certeza.

Em termos de "objetos" pode-se dizer que Locke considera o conhecimento intuitivo como seguro, o conhecimento demonstrativo como aceitável, e o conhecimento sensível como relativo. Os conhecimentos mais seguros são o intuitivo e o demonstrativo; a este último pertence o conhecimento matemático e o da existência de Deus. O conhecimento das "coisas reais" e das "causas naturais" é apenas relativo e provável, mas não se encontra sempre no mesmo estágio: esse conhecimento pode, e costuma, progredir com a experiência. Às vezes se perguntou em que medida se pode considerar, como freqüentemente se fez, a teoria de conhecimento de Locke como a teoria que corresponde à mecânica newtoniana. A razão disso é que a doutrina de Locke consiste em grande parte em uma investigação dos modos de relação entre as idéias, que estão fundadas em elementos simples provenientes da experiência. Esses modos de relação estão fundados em última análise na experiência — nos fenômenos —, mas seu tratamento procede de acordo com o método demonstrativo, mediante o qual se alcançam verdades universais e necessárias. Se se encontra, todavia, certa contradição na teoria do conhecimento de Locke, isso se deve ao fato de que essa teoria é composta por dois elementos, a experiência e a razão, e que enquanto em alguns casos se destaca a primeira, em outros enfatiza-se a última. Nenhuma das duas, contudo, pode ser totalmente eliminada. Por isso Locke pôde ser considerado como um "empirista" e ao mesmo tempo como um "racionalista" ou, se se preferir, como um "empirista racional".

Encerraremos esta parte mencionando brevemente a "divisão de ciências" que Locke propõe no final do *Ensaio*. São as três seguintes: a física ou filosofia natural, que estuda a natureza das coisas como são em si, suas relações e seus modos de operação; a ética ou filosofia prática, que estuda o modo como o homem deve atuar enquanto agente dotado de vontade para obter a felicidade; e a doutrina dos signos ou semântica (VER), que estuda os modos e maneiras por meio dos quais se obtém e se comunica o conhecimento adquirido nas duas "ciências" anteriores.

A filosofia de Locke não consiste apenas em uma teoria do conhecimento, mesmo que incluamos nesta última sua "metafísica" e sua "ontologia" ou "teoria dos objetos". São também fundamentais em Locke a sua doutrina ética e a sua doutrina política. O fato de que seus *Tratados sobre o governo* e sua *Carta sobre a tolerância* tenham aparecido anonimamente não significa que Locke dedicasse pouca atenção à doutrina moral e política, pois dedicou muito tempo à composição dessas obras. Muitas vezes levantou-se a questão da relação existente entre a teoria do conhecimento e a "metafísica" de Locke e suas teorias éticas e políticas: alguns sustentaram que estas últimas são uma conseqüência das primeiras; outros, que elas são muito distintas, já que enquanto na teoria do conhecimento Locke insiste, apesar de tudo, na necessidade de obter um saber seguro e certo, na ética e na política ele se contenta com um conhecimento meramente provável ou, melhor, com um mero "tatear". As duas opiniões podem se justificar nos textos de Locke e é difícil chegar a qualquer conclusão definitiva sobre o assunto.

A ética de Locke é de caráter hedonista (ver HEDONISMO) na medida em que atribui considerável importância às causas do prazer e da dor como "bens" e "males", respectivamente. No entanto, esse "prazer" e essa "dor" (ou suas causas) não devem ser entendidos apenas no sentido "físico" ou apenas no sentido "subjetivo". Segundo Locke, há leis morais cuja obediência produz o bem e cuja desobediência produz o mal. Essas leis, embora procedam de Deus, são racionais e coincidem com as "leis naturais".

Mais importante — e influente — que a ética de Locke foi sua teoria política. Esta é, por um lado, uma racionalização de certas tendências representadas pelo partido "Whig" e pelos que levaram ao trono Guilherme de Orange; mas, por outro lado, é uma fundamentação do chamado "liberalismo". Locke opôs-se ao *Patriarcha* (1680), de Sir Robert Filmer, e à sua teoria do direito divino dos reis. Segundo Locke, os homens são iguais e livres em seu estado de natureza. Por consenso formam uma sociedade, que não é, pois, o resultado de um desejo de evitar a "guerra de todos contra todos" de que havia falado Hobbes, a cuja doutrina "totalitária" Locke se opôs firmemente. A sociedade está fundada em um consentimento livre, mas também em direitos naturais, tais como o direito de existência (ou subsistência) e o de propriedade (que permite ao homem dispor dos bens necessários para sua existência [e subsistência]). O direito de propriedade não é absoluto — ele tem seus limites. Por um lado, a propriedade tem sua fonte no trabalho (e também na herança, na qual se expressaram os frutos de um trabalho); por outro, tem seus limites nos demais membros da sociedade; ninguém pode ser prejudicado pela propriedade dos outros.

LOCKE, JOHN

É fundamental na doutrina política de Locke sua teoria do governo como governo representativo; os membros do governo são aqueles aos quais aqueles que compõem a sociedade confiaram o poder e o direito de dirigir os governados para o bem da comunidade e de cada um de seus membros. Assim como a sociedade, o governo é, ou deve ser, resultado do consentimento livre dos indivíduos que formam a sociedade e nunca deve violar os direitos fundamentais desses indivíduos, mas, pelo contrário, protegê-los. Locke divide o poder do governo em três poderes, cada um dos quais origina um ramo de governo: o poder legislativo (que é o fundamental), o executivo (no qual é incluído o judiciário) e o federativo (que é o poder de declarar a guerra, concertar a paz e estabelecer alianças com outras comunidades). Enquanto o governo continuar sendo expressão da vontade livre dos membros da sociedade, a rebelião não é permitida: é injusta a rebelião contra um governo legal. Mas a rebelião é aceita por Locke em caso de dissolução da sociedade e quando o governo deixa de cumprir sua função e se transforma em uma tirania.

Tanto a teoria e a filosofia geral de Locke como sua ética e sua doutrina política exerceram uma enorme influência, especialmente durante o século XVIII: falou-se da "era de Locke" assim como se falou da "era de Newton", e mesmo das duas ao mesmo tempo ("a era de Locke e Newton"). Os principais enciclopedistas franceses (d'Alembert, Voltaire, por exemplo) saudaram a filosofia de Locke como aquela que corresponde à física de Newton, e ambas como a expressão da "razão humana". Locke exerceu grande influência sobre os filósofos e economistas de tendência "liberal" e sobre grande parte da evolução das idéias e costumes políticos em muitos países, especialmente nos de língua inglesa. Apesar das críticas de Berkeley e Hume a Locke, esses dois pensadores não são concebíveis sem Locke, que foi considerado como seu precursor imediato na corrente do "empirismo inglês moderno". Locke também exerceu grande influência sobre o desenvolvimento das teorias associacionistas e sensacionistas (ou sensualistas) na Inglaterra, na França e em outros países. Opuseram-se a Locke os "malebranchistas" (ver MALEBRANCHE [NICOLAS]) e os "racionalistas"; foi importante neste último aspecto a polêmica de Leibniz contra Locke. Os *Nouveaux Essais* do primeiro procuraram refutar ponto por ponto o *Essay* de Locke. No entanto, alguns autores considerados "racionalistas" fizeram amplo uso da doutrina das "idéias" lockiana; esse foi o caso, por exemplo, de G. F. Meier (VER). É curioso o caso da filha de Ralph Cudworth, Damaris (Cudworth) Masham (nasc. em Cambridge: 1658-1708), grande amiga de Locke, que o defendeu contra John Norris (VER) e tentou unir as doutrinas de Locke com tendências neoplatonizantes em seus *Occasional Thoughts in Reference to a Virtuous or Christian Life* (1705).

⊃ Locke escreveu, em latim, entre 1660 e 1664, oito *Ensaios sobre a Lei da Natureza*, que foram publicados por W. von Leyden: *Essays on the Law of Nature*, 1954. — Em 1671, Locke escreveu dois "rascunhos", publicados por R. L. Aaron e Jocelyn Gibb: *An Early Draft of Locke's Essay, together with Excerpts from His Journal*, 1936, e por B. Rand: *An Essay Concerning the Understanding, Knowledge, Opinion and Assent*, 1931. O Ensaio "definitivo" foi terminado por Locke em 1666 e publicado em 1690 (saiu da gráfica em 1689) com o título: *An Essay Concerning Human Understanding*. A 2ª ed. é de 1694; a 3ª, de 1697 e a 4ª, de 1700. Edição anotada por A. C. Fraser, 2 vols., 1894. Em 1688 já havia sido publicado um excerto do *Essay* "definitivo" em francês para a *Bibliothèque universelle* de Le Clerc. — Em 1677 Locke escreveu *An Essay Concerning Toleration*. De 1689 é a *Epistola de Tolerantia*, e da mesma data sua tradução inglesa por W. Popple: *A Letter Concerning Toleration*. Seguiram-se a essa *Letter* a *Second* e a *Third Letter*. — O *Second Treatise on Government (An Essay Concerning the True Original, Extent, and End of Civil-Government)* foi terminado em 1679. O *First Treatise on Government* [contra Filmer] foi terminado em 1680 ou 1681. Ambos apareceram em 1690 com o título: *Two Treatises on Government*. Ed. dos mesmos pro Peter Laslett, 1960. — Uma série de cartas a Edward Clarke escritas por volta de 1684 originaram a obra *Some Thoughts Concerning Education*, publicada em 1693. — Em 1695 apareceu *Reasonableness of Christianity as delivered in the Scriptures*, 1695. — Em 1697, *Of the Conduct of the Understanding*. — Devem-se a Locke vários outros escritos, alguns deles publicados apenas postumamente, tal como: *An Examination of Malebranche's Opinion of Seeing All Things in God* e *Elements of Natural Philosophy*. Vários apareceram em *Posthumous Works*, 1706.

Edição de obras: *Works*, 3 vols., 1704; 7ª ed., 4 vols., 1768; 9ª ed., 9 vols., 1794; 10ª ed., corr., 10 vols., 1823; reimp., 1963. Espera-se uma nova edição completa e crítica de Locke que inclua todos os manuscritos da Coleção Lovelace adquiridos pela Bodleian Library. Entre esses manuscritos figuram 2.700 cartas (algumas delas dirigidas a A. Collins e a R. Boyle) e uma série de escritos diversos (notas, diários etc.), escritos polêmicos contra King, Nicole e Norris. Com base nessa coleção de manuscritos já foram publicados alguns escritos (como os dois "rascunhos" do *Essay* e os *Essays on the Law of Nature* supracitados). *The Clarendon Edition of the Works of J. L.*, ed. P. H. Nidditch, está em curso de publicação desde 1975. O texto do *Essay* também foi editado em separado, desde 1975; reed., 1990.

Para edições de correspondência, ver: *Original Letters of Locke, Sidney and Shaftesbury*, 2ª ed., 1847, ed. T. Forster. — *The Correspondence of John Locke and Edward Clarke*, 1927, ed. B. Rand. — *The Correspon-*

dence of *J. L.*, 5 vols., 1976-1979, ed. E. S. de Beer. — *The Correspondence of J. L.*, 7 vols., 1976-1982, ed. P. H. Nidditch.

Em português: *Carta sobre a tolerância*, 1997. — *Dois tratados sobre o governo*, 1998. — *Ensaio sobre a verdadeira origem, extensão e fim do governo civil*, s.d. — *Segundo tratado sobre o governo civil*, 1994. — *Ensaio acerca do entendimento humano*, Os Pensadores, 1983.

Bibliografia: H. O. Christophersen, *A Bibliographical Introduction to the Study of J. L.*, 1930. — Roland Hall e Roger Woolhouse, "Forty Years of Work on J. L. (1929-1969). A Bibliography", *The Philosophical Quarterly*, 20 (1970), 258-268, com "Addenda", *ibid.*, 394-396; com mais "Addenda", *Locke News*, 1 (1970), 5-11; com "A Supplement to the L. Bibliography", *ibid.* (1973), 10-24; com mais "Addenda", *ibid.* (1975), 16-22. — V. C. Chapell, "Selected Articles on Locke: A Computerized Bibliography", *Philosophy Research Archives*, 7, nº 1445 (1981). — *The Works of J. L.: A Comprehensive Bibliography from the Seventeenth Century to the Present*, 1985, ed. J. C. Attig. — J. W. Yolton, *A Locke Dictionary*, 1993.

Para biografia: Lord King, *The Life and Letters of J. L.*, 2 vols., 3ª ed., 1958. — H. R. Fox Bourne, *The Life of J. L.*, 2 vols., 1876. — M. Cranston, *J. L.: A Biography*, 1985. — U. Thiel, *J. L. in Selbstzeugnissen und Bilddokumenten*, 1989.

Sobre as doutrinas de L.: Victor Cousin, *La philosophie de L.*, 1829; 6ª ed., 1873. — B. H. Smart, *Thought and Language: An Essay Having in View the Revival, Correction, and Exclusive Establishment of Locke's Philosophy*, 1855. — T. E. Webb, *The Intellectualism of L.*, 1858. — G. Hartenstein, *Lockes Lehre von der menschlichen Erkenntnis in Vergleich mit Leibniz's Kritik derselben*, 1865. — S. Turbiglio, *Analisi storica della filosofia di L. e di Leibniz*, 1867. — R. Cleary, *An Analysis of Locke's Essay on the Human Understanding*, 1873. — T. Fowler, *L.*, 1880; 2ª ed., 1892. — E. Koenig, *Über den Substanzbegriff bei L. und Hume*, 1881. — G. Tarantino, *L. Studio storico*, 1886. — G. Geil, *Über die Abhängigkeit Lockes von Descartes*, 1887. — E. Martinak, *L.'s Lehre von den Vorstellungen*, 1887. — *Id.*, *Die Logik L.'s*, 1894. — A. C. Fraser, *L.*, 1890. — G. von Hertling, *L. und die Schule von Cambridge*, 1892. — W. Küppers, *L. und die Scholastik*, 1894. — E. Fechtner, *J. L., ein Bild aus den geistigen Kämpfen Englands im 17. Jahrhundert*, 1897. — H. Pöhlmann, *Die Erkenntnislehre Lockes*, 1897 (tese). — Willy Freytag, *Die Substanzlehre Lockes*, 1899. — E. Pashkan, *Das Verhältnis zwischen Wissen, Meinen und Glauben bei L.*, 1903 (tese). — C. Bastide, *L.*, 1907. — Samuel Alexander, *L.*, 1908. — H. Ollion, *La philosophie générale de L.*, 1908. — Ernst Crous, *Die Grundlagen der Religionslehre Lockes*, 1909 (tese). — *Id.*, *Die religionsphilosophischen Lehren Lockes und ihre Stellung zu dem Deismus seiner Zeit*, 1910. — J. Didier, *L.*, 1911. — E. Krakowski, *Les sources médiévales de la philosophie de L.*, 1915. — J. Gibson, *Locke's Theory of Knowledge and Its Historical Relations*, 1917; 2ª ed., 1960. — S. P. Lamprecht, *The Moral and Political Philosophy of J. L.*, 1918. — A. Carlini, *La filosofia di G. L.*, 2 vols., 1920. — *Id.*, *L.*, 1949. — A. Tellkamp, *Das Verhältnis J. Lockes zur Scholastik*, 1927. — S. M. Thomson, *A Study of Locke's Theory of Ideas*, 1934. — A. Hofstädter, *L. and Scepticism*, 1936. — A. Petzäll, *Ethics and Epistemology in J. Locke's Essay Concerning the Human Understanding*, 1937. — R. I. Aaron, *L.*, 1937; 2ª ed., 1955. — G. F. Bianchi, *L.*, 1943. — J. W. Gough, *J. Locke's Political Philosophy: Eight Studies*, 1950; 2ª ed., 1973. — D. J. O'Connor, *J. L.*, 1952. — A. Klemmt, *J. L.: Theoretische Philosophie*, 1952. — N. Abbagnano, *G. L. e l'empirismo*, 1952. — J. W. Yolton, *J. L. and the Way of Ideas*, 1956. — *Id.*, *L. and the Compass of Human Understanding: A Selective Commentary on the "Essay"*, 1970. — Raymond Polin, *La politique morale de J. L.*, 1960. — L. Ricci Garotti, *L. e i suoi problemi*, 1961. — Jonathan Bennett, *L., Berkeley, Hume: Central Themes*, 1971. — R. S. Woolhouse, *Locke's Philosophy of Science and Knowledge: A Consideration of Some Aspects of "An Essay Concerning Human Understanding"*, 1971. — François Duchesneau, *L'empirisme de L.*, 1973. — J. D. Mabbott, *J. L.*, 1973. — J. L. Mackie, *Problems from L.*, 1976. — C. Tipton, *L. on Human Understanding*, 1977. — K. M. Squadrito, *Locke's Theory of Sensitive Knowledge*, 1978. — R. Brandt, ed., *J. L.*, 1981. — N. Wood, *J. L.*, 1983. — J. Colman, *J. Locke's Moral Philosophy*, 1983. — U. Thiel, *Locke's Theorie der personalen Identität*, 1983. — R. S. Woolhouse, *L.*, 1983. — VV. AA., *80 Years of L. Scholarship*, 1983, ed. R. Hall e R. Woolhouse. — J. W. Yolton, *Locke: An Introduction*, 1985. — R. Specht, *J. L.*, 1989. — S. M. Dworetz, *The Unvarnished Doctrine: Locke, Liberalism, and the American Revolution*, 1990. — J. W. Yolton, *Locke and French Materialism*, 1991.

Desde 1970 publica-se *The L. Newsletter*, ed. por R. Hall. C

LOCOMOÇÃO. Ver Movimento.

LOCUCIONÁRIO. No verbete Executivo (tradução do inglês *performative*, que é às vezes traduzido por 'performativo') introduzimos a noção de "locucionário" ou, mais especificamente, de "ato locucionário" proposta por J. L. Austin. Enquanto naquele verbete essa noção foi introduzida no contexto da "primitiva" classificação de Austin em 'executivo' e 'constativo', e como conseqüência das dificuldades encontradas nessa classificação, falaremos aqui sobre a noção de "locucionário".

Uma locução é, na definição formal, uma frase ou um conjunto de palavras que não formam uma oração cabal.

No exemplo de Austin, a locução é, em compensação, uma oração cabal e é o que corresponde lingüisticamente a uma proposição. Em um sentido "neutro" de 'enunciado', a locução é um enunciado. No entanto, Austin não se interessa simplesmente por enunciados ou proposições, mas pelos atos mediante os quais se enuncia ou se propõe algo. A locução é vista como um "ato locucionário". Assim, "O livro que você procura está em cima da televisão" é um enunciado que se expressa mediante o ato de dizer "O livro que você procura está em cima da televisão". Os filósofos, argumenta Austin, costumaram dedicar uma atenção preponderante, senão exclusiva, aos atos locucionários e, como se isso fosse pouco (ou muito), deram escassa importância — ou nenhuma — ao fato de que, ao fim e ao cabo, trata-se de atos, isto é, de atos lingüísticos. Por isso a maior parte dos problemas tratados por filósofos referiram-se a proposições ou enunciados ou fundaram-se neles. Isso deu origem a uma concepção — a menos que tenha sido uma conseqüência dela — puramente "descritivista" da linguagem, segundo a qual as "descrições" (nas quais se inclui todo tipo de enunciado propriamente dito) é que são importantes. Ao examinar em que sentido cabe dizer que um enunciado é verdadeiro ou falso, a maior parte dos filósofos não reparou que mesmo aqui pode-se dar a dimensão de "felicidade" ou "infelicidade", de "ajuste" ou "desajuste", que, naturalmente, é patente nos atos ilocucionários (ver ILOCUCIONÁRIO) e perlocucionários (ver PERLOCUCIONÁRIO), mas que não está ausente nos atos locucionários (que, como todos os "atos lingüísticos", têm "força ilocucionária"). Dizer "O livro que você procura está em cima da televisão" é acreditar que o livro que alguém está procurando está em cima deste ou daquele aparelho de televisão; se não se crê que isso é verdadeiro e se se diz isso com o fim de distrair uma pessoa, então a dimensão locucionária é reduzida a um mínimo ou inteiramente eliminada. Por isso, e ao contrário da maior parte dos filósofos, Austin tende a examinar a linguagem como "não descritiva", e sua doutrina" sobre o assunto foi freqüentemente chamada de "antidescritivismo". Em todo caso, Austin escreveu: "executar (*perform*) um ato locucionário é, digamos, em geral, executar *eo ipso* um ato ilocucionário, como proponho chamá-lo" (*How To Do Things With Words*, 1962, ed. J. O. Urmson, p. 98 (trad. br.: *Quando dizer é fazer*, 1990]). Os filósofos falharam, pois, ao tratar todos os problemas como problemas de "uso locucionário" (*op. cit.*, p. 100), incorrendo com isso na "falácia descritiva" (*op. cit.*, p. 3).

Víctor Sánchez de Zavalla (*Indagaciones praxiológicas*, 1973, pp. 189-190) propôs 'locutivo', 'inlocutivo' e 'perlocutivo' como tradução de *locutionary, illocutionary* e *perlocutionary*. Usamos neste Dicionário os termos 'locucionário', 'ilocucionário' e 'perlocucionário' por já serem de uso corrente.

LÓGICA. Sob este título podemos apresentar o conteúdo da lógica — coisa que fazemos em alguns verbetes específicos deste Dicionário — ou podemos falar sobre a lógica como um estudo da linguagem lógica ou como o exame de distintas concepções da lógica. O estudo da linguagem lógica é o tema da metalógica (VER); neste verbete trataremos das distintas concepções da lógica.

Antes de mais nada, três observações devem ser feitas:

1) No vocabulário filosófico foram empregados os temos 'lógica' e 'logística' para designar, respectivamente, a lógica até Boole (1854) e Frege (1879) e a lógica a partir destes autores. 'Logística' caiu em desuso; fala-se hoje simplesmente de "lógica". Conservamos o termo 'logística' e lhe dedicamos um verbete específico para examinar algumas disputas sobre a relação entre lógica e "logística" somente por razões históricas, isto é, porque esse termo foi às vezes empregado nessas disputas. De nosso ponto de vista, não é preciso distinguir uma lógica considerada "tradicional" e a "lógica moderna", a "logística", a "lógica simbólica", a "álgebra da lógica" etc. O termo 'lógica' abarca todas as investigações lógicas formais. Na maior parte dos verbetes lógicos deste Dicionário, apresentamos os conceitos correspondentes tal como foram tratados tradicionalmente e tal como foram tratados pela "logística", pela "lógica simbólica", pela "lógica matemática" etc., conjuntamente; se houve diferenças, foram diferenças de apresentação, e não necessariamente de conteúdo.

2) Além da lógica formal, especialmente da lógica formal dedutiva, falou-se de outros tipos de lógica, como a "lógica dialética", a "lógica histórica", a "lógica concreta", a "lógica vital" etc. Essas "lógicas" são, a rigor, metafísicas, e em muitos casos esboços ontológicos ou programas de filosofia. Ao apresentar algumas das "tendências da lógica", nas seções I-XI, abordamos vários desses tipos de lógica. Nem sempre é claro se se trata de tipos de lógica, de tendências lógicas, de idéias sobre a lógica ou, como sugerimos, de esquemas metafísicos, mas é preciso apresentá-los, já que um dos assuntos tratados neste verbete é o uso que se fez do termo 'lógica'.

3) O termo 'lógica' recebeu vários qualificativos. Já usamos vários: 'tradicional', 'formal', 'simbólica' etc. Alguns desses qualificativos são "sistemáticos" (como 'formal', 'material', 'dedutiva', 'indutiva', 'intencional' etc.); outros são "históricos" (como 'tradicional', 'moderna', 'nova' etc.). O significado dos primeiros é tratado em vários verbetes do Dicionário (DEDUÇÃO, INDUÇÃO etc.); para o significado dos segundos, oferecemos uma breve lista dos usos mais comuns.

Lógica oriental é o nome dado aos trabalhos lógicos desenvolvidos sobretudo nos sistemas da filosofia indiana (VER); por exemplo, na lógica Niaia (VER) posterior.

Lógica ocidental é o nome recebido pelo conjunto do trabalho lógico do Ocidente (ou nas demais partes do globo que seguem a tradição ocidental) desde os gregos até hoje. Os qualificativos que se seguem referem-se todos a essa lógica.

Lógica tradicional (às vezes também chamada de clássica e em alguns casos de velha) é o nome recebido por toda a lógica até Boole e Frege; às vezes por toda lógica que não segue as orientações da lógica formal simbólica, da lógica matemática ou da logística, qualquer que seja a época a que pertença; às vezes a lógica aristotélico-escolástica (seja na forma medieval, seja na neo-escolástica); às vezes a lógica produzida entre Aristóteles (excluído) e a lógica escolástica medieval; às vezes toda a lógica antiga e medieval. Em vista da multiplicidade de sentidos que essa expressão possui, é conveniente limitá-la aos casos nos quais o contexto indica sem dificuldade de que tipo de trabalho lógico se trata, ou então usá-la em um sentido conscientemente vago, sem pretender descrever uma orientação ou período lógicos determinados e referindo-se somente "ao que foi sendo feito usualmente na lógica do passado".

Lógica antiga é o nome dado à lógica grega e helenístico-romana desde os pré-socráticos até aproximadamente Boécio.

Lógica grega designa o trabalho lógico desde os pré-socráticos até os comentadores gregos do Estagirita e estóicos.

Lógica aristotélica é a lógica exposta no *Organon* e em algumas outras partes do *Corpus aristotelicum*. Constitui, por um lado, uma parte da lógica antiga; por outro, um elemento fundamental da lógica tradicional (no primeiro e no terceiro sentidos supracitados).

Lógica estóica ou também *estóico-megárica* é a que foi desenvolvida principalmente por alguns megáricos e estóicos, mas também elaborada por muitos autores da Antigüidade e da Idade Média.

Lógica medieval é o nome que costuma receber a lógica produzida entre Boécio e o século XV (incluídos).

Lógica escolástica é, principalmente, a lógica desenvolvida por autores escolásticos durante os séculos XIII, XIV e XV.

Lógica neo-escolástica é a que está contida nos textos de autores dessa tendência (principalmente neotomistas) desde meados do século XIX até hoje. Também é comum denominá-la lógica aristotélico-escolástica.

Lógica moderna é o nome recebido pela lógica de autores da época moderna (a partir do século XVI), incluindo a de autores renascentistas; às vezes, contudo, usa-se essa denominação para a lógica iniciada por Boole e, sobretudo, por Frege. Nós nos ativemos freqüentemente a esse último uso.

Lógica contemporânea às vezes designa o conjunto do trabalho lógico desde meados do século XIX, qualquer que seja a tendência à qual pertença; às vezes, o trabalho lógico durante o século XX ou mesmo apenas o dos últimos anos; às vezes, unicamente o trabalho lógico que segue as tendências de Boole e de Frege.

Algumas vezes também foram usadas, como indicamos anteriormente, as expressões 'lógica simbólica', 'lógica matemática' e, durante algum tempo, 'logística', para designar a mencionada "lógica contemporânea". Em algumas ocasiões usou-se a expressão 'lógica nova' ou 'nova lógica'. Na lógica contemporânea faz-se a distinção entre vários campos, assim como entre várias tendências: *standard* e não *standard*, normal e desviada, lógicas polivalentes, lógica temporal etc. Tratamos desse ponto no final deste verbete.

Além dos nomes mencionados foram usados, em certos períodos, outras expressões para designar um determinado *Corpus* lógico. É conveniente recordar aqui a terminologia medieval. Resenharemos brevemente essa terminologia seguindo L. M. de Rijk (*Logica modernorum*, I [1962], pp. 14-16).

Chamou-se de *Logica vetus* o *Corpus* lógico constituído pelas *Categorias* e pelo *De interpretatione*, de Aristóteles; pelo *Isagoge*, de Porfírio; pelos comentários de Boécio aos três escritos mencionados e por alguns outros escritos lógicos de Boécio. Por volta de 1200 acrescentou-se a esse *Corpus* o *De Sex Principiis* atribuído a Gilberto Porretano. Além da expressão *logica vetus* usou-se a esse respeito a expressão *ars vetus*.

Chamou-se de *Logica nova*, a partir das últimas décadas do século XII e especialmente a partir do século XIII, o *Corpus* lógico constituído pelos *Analíticos*, pelos *Tópicos* e pelas *Refutações sofísticas*, de Aristóteles, que haviam sido ignorados durante parte do período medieval. Falou-se também de *ars nova*.

Logica antiqua ou *Logica antiquorum* são nomes usados para designar conjuntamente a *ars vetus* e a *ars nova*.

Usou-se *logica moderna* ou *logica modernorum* para designar os elementos da lógica medieval que não entravam na *logica antiqua* ou *logica antiquorum*. Considerou-se como fundador da lógica moderna Pedro Hispano, com suas *Summulae logicales*. Embora esse autor não possa ser considerado como fundador dessa "lógica", é verdade que há nas *Summulae* certos elementos lógicos que, convenientemente elaborados, originaram um *Corpus* propriamente chamado de *logica moderna* ou *logica modernorum*. Nós nos referimos a esses "novos elementos" *infra*. Como a lógica moderna foi elaborada em grande parte por autores nominalistas ou terministas, foi comum equiparar os *moderni* aos *terministe*.

Esboçaremos agora a história da lógica, mas sem presupor que não houve "progresso" na lógica de Aristóteles até Boole e Frege ou que houve, pelo contrário, um progresso contínuo na investigação lógica. Segundo Bocheński, a história da lógica pode ser representada mediante uma curva sinusoidal, com três períodos de grande desenvolvimento: de Aristóteles ao estoicismo, a Idade Média nos séculos XII, XIII, XIV e parte do XV; a época contemporânea a partir de Boole ou Frege. Nos períodos intermediários ocorreram movimentos de retrocesso, em parte por simplificação excessiva, em parte por esquecimento da tradição. Certamente houve exceções nos períodos de "retrocesso", mas elas não modificam consideravelmente a imagem esboçada, pois mesmo a grande exceção da época moderna — Leibniz — permaneceu durante muito tempo sem influência apreciável.

Feitas essas observações, passaremos, seguindo dentro do possível uma ordem cronológica, aos principais resultados obtidos na lógica (e disciplinas afins) e às idéias mais destacadas sustentadas na lógica por cada um dos grandes autores, tendências ou períodos.

No que diz respeito à lógica oriental, nos limitaremos a indicar que em alguns aspectos ela não fica atrás da lógica cultivada em várias fases da história do Ocidente. Os recentes trabalhos sobre a história da lógica na Índia mostraram que houve nesse país notáveis investigações lógicas já desde os primeiros séculos de nossa era. Embora menos formal que a aristotélica e, é claro, que a estóica (ou estóico-megárica), a lógica oriental contém várias partes de notório interesse, tais como rudimentos de uma teoria dos abstratos relacionais, a definição dos números como propriedades de classes e o uso de algo muito próximo a uma tabela de verdade para a negação alternativa.

A lógica arcaica está embebida, como observou E. W. Platzeck, na ontologia. Essa ontologia baseia-se na noção de logos (VER). Sendo este principalmente um "dizer", a lógica se apresenta como uma forma de dizer capaz de descrever (a essência de) certas estruturas do real. Com isso, o dizer lógico encontra-se, para esses pensadores, estritamente correlacionado com a realidade. Essa correlação chega, em Parmênides, a suas últimas conseqüências: a realidade e o dizer lógico (o pensar) são uma e a mesma coisa. Essa ontologia subjacente na lógica arcaica persistiu, seja dito de passagem, em boa parte da tradição grega posterior (e, em ao menos uma dimensão, em toda a tradição racionalista do Ocidente). Ora, não se deve imaginar que a lógica arcaica consista apenas em uma ontologia ou em uma metafísica: o uso da lei de identidade por Parmênides e sua posterior formulação mais explícita, em textos redigidos provavelmente por um dos membros da Escola de Eléia, fazem com que existam nesse período da lógica os dois elementos que sublinhamos desde o início: uma concepção determinada sobre a atividade lógica e sobre a relação entre leis lógicas e estruturas reais, e uma descoberta de certas leis lógicas ou metalógicas.

A investigação lógica entre os sofistas revela uma forte tendência lingüística; a rigor, os sofistas desenvolveram mais a semiótica, a retórica e, de modo geral, a filosofia da linguagem que a lógica. Esta última, em compensação, foi impulsionada por Sócrates e Platão — pelo primeiro deles, com o desenvolvimento do processo de definição (VER); pelo segundo, com a teoria sobre a definição, com a doutrina da divisão (VER) (na qual se funda a definição) e com a dialética (VER), por meio da qual, em seu entender, pode-se enunciar o que é. Discutiu-se muito sobre a efetiva contribuição de Platão para a lógica; enquanto alguns consideram que ela é nula (ou perniciosa), outros a colocam à mesma altura, senão acima, da de Aristóteles. A opinião intermediária é a mais plausível; Platão confundiu em sua dialética muitos elementos diversos — retórica, metodologia, metafísica e lógica propriamente dita —, mas as três doutrinas anteriormente mencionadas constituem um dos fundamentos da obra de Aristóteles.

Essa obra é considerável. No *Organon* (VER) e especialmente nos *Analíticos* (VER) aparece pela primeira vez na história do Ocidente um conjunto de investigações lógicas realizadas com plena maturidade. Além de uma doutrina silogística (ver SILOGISMO) muito completa e de vários trabalhos de lógica indutiva, encontramos em Aristóteles, com efeito, numerosas investigações de caráter semiótico, algumas de índole metalógica, várias teorias metodológicas, uma discussão de fôlego sobre os chamados princípios lógicos (ver CONTRADIÇÃO; TERCEIRO EXCLUÍDO [PRINCÍPIO DO]) e várias outras análises de noções lógicas fundamentais, como por exemplo a oposição [VER] e os predicáveis [VER].) Durante muito tempo pensou-se até mesmo que a lógica aristotélica era simplesmente *a* lógica; testemunho disso é a famosa (e errônea) frase de Kant segundo a qual a lógica não havia dado desde Aristóteles nenhum passo para trás, tampouco nenhum adiante. Depois foi moda durante algum tempo considerar que a lógica de Aristóteles era ou uma manifestação particular de sua metafísica e de sua cosmologia, ou então um fragmento muito reduzido da lógica (tão reduzido que, segundo essa última opinião, poderia ser reduzido a um fragmento da lógica quantificacional elementar). A verdade aqui também está em um ponto intermediário. Com efeito, além das leis silogísticas, encontramos em Aristóteles, embora apresentadas de forma pouco sistemática e segura, diversas leis da lógica da identidade, das classes e das relações. Quanto à concepção aristotélica sobre a lógica, há uma óbvia oscilação entre duas idéias. Por um lado, a lógica (ou, no vocabulário de Aristóteles, o "saber lógico", pois 'lógico' foi usado pelo Estagirita somente como adjetivo) é concebida, enquanto órgão, como prolegômeno de toda investigação científica, filosófica ou simplesmente pertencente à linguagem comum. Por isso a lógica não é uma parte da filosofia; é, no máximo, o pórtico que permite passar para qualquer uma de suas partes (a teórica, a prática e a poética ou produtiva). Por outro lado, a lógica aparece como a análise dos princípios segundo os quais a realidade está articulada. Assim como o primado da definição e da dialética em Platão poderia ser considerado como a conseqüência do interesse desse autor pelo "quê" das coisas, o primado do raciocínio (sobretudo silogístico) em Aristóteles poderia ser considerado como a conseqüência do interesse desse pensador pelo "porquê" das coisas. Não chegaremos tão longe, pois Aristóteles nem sempre parece ter confundido a lógica com a ontologia, mas reconheceremos que em alguns casos a lógica de Aristóteles parece seguir o traçado de uma ontologia geral. Isso se manifesta em uma série de posições que podem ser resumidas do seguinte modo: *a*) a dialética proposta por Platão é, segundo Aristóteles, meramente crítica. Necessita-se de um método positivo de conhecimento que seja um verdadeiro instrumento; esse órgão compreende uma teoria dos enunciados, outra dos raciocínios e outra dos termos ou categorias. *b*) A lógica é instrumento para o pensar e supõe um pensamento (que não deve ser necessariamente interpretado de um ponto de vista "psicologista"). *c*) O pensamento supõe uma realidade pensada, pois o pensar carece de espontaneidade e é apenas relativo. *d*) É necessário, em vista disso, desenvolver uma teoria do conceito (VER) como expressivo do ser "constitutivo" do real. *e*) A lógica pode, desse modo, transformar-se em ciência dos princípios do que é.

A lógica grega pós-aristotélica ocupou até relativamente pouco tempo atrás um lugar reduzido nas histórias da lógica, apesar dos testemunhos sobre ela nos historiadores e críticos helenísticos e apesar das observações sobre o assunto de autores como Venn e Peirce. O abundante material histórico revelado por Prantl não havia sido, além disso, corretamente interpretado (nem sequer, e até mesmo sobretudo, pelo próprio compilador). Os trabalhos de H. Scholz, de I. M. Bocheński, T. Czezowski, E. B. Beth, G. Capone-Braga, A. Krokiewicz, Albrecht Becker, E. Kapp, M. Hurst, J. Łukasiewicz, J. Salamucha, J. W. Stakelum, R. Chisholm, R. Feys, A. Virieux-Reymond, Ivo Thomas, G. Vailati, A. Rustow, Benson Mates, K. Dürr, R. van den Driessche, Joseph Clark, e de outros lógicos e historiadores da lógica, acrescentados às novas pesquisas filológicas e filológico-históricas de F. Solmsen e W. D. Ross, corrigiram a imagem habitual deste e de outros períodos da história da lógica. Foi determinante a pesquisa de Łukasiewicz, sobre a qual se basearam os sólidos e amplos trabalhos de I. M. Bocheński e de Benson Mates. Como resultado dessas investigações, já se pode afirmar com segurança a riqueza do pensamento lógico dessa época, ao que cabe acrescentar a preocupação por parte de muitos autores (por exemplo, céticos, epicuristas, empiristas da escola de Filodemo de Gadara) com problemas de caráter semiótico e até mesmo com questões metodológicas, freqüentemente centradas nas formas de inferência científica. Aqui nos limitaremos a mencionar os aspectos fundamentais do trabalho realizado na lógica formal.

Como observou Łukasiewicz, a lógica aristotélica é, principalmente, uma lógica dos termos, por isso a sua mais importante contribuição se encontra na lógica quantificacional. A lógica dos megáricos e dos estóicos é, em compensação (principalmente), uma lógica das proposições. As leis do cálculo proposicional, as regras de inferência desse cálculo, a correspondente distinção entre leis e regras (que no período aristotélico não havia sido formulada ou havia sido, no máximo, implicitamente suposta) constituem, pois, alguns dos mais destacados resultados dessa lógica. Isso não significa, no entanto — como alguns autores afirmaram precipitadamente —, que sejam duas tendências hostis. As relações entre essas duas contribuições são, com efeito, muito freqüentes. Já os discípulos de Aristóteles, Teofrasto e Eudemo, desenvolveram os elementos expostos no *Corpus aristotelicum* (no caso de não terem sido, além disso, autores de uma parte do mesmo) em um sentido que os aproximou dos megárico-estóicos. Assim, da lógica formal aristotélica passou-se, por diversas gradações, a uma lógica formalista; certos raciocínios que em Aristóteles aparecem como silogismos são entendidos pelos estóicos como regras de inferência válidas. Não importa que em muitos casos os estóicos concebessem a lógica como a parte da filosofia destinada a apoiar a solidez de seus ideais éticos; a lei da heterogênese dos fins, segundo a qual o instrumento pode se independizar de sua função, cumpre-se neles no terreno lógico. Além dos problemas lógicos, os estóicos esclareceram — como a maior parte dos pensadores da Antigüidade — questões semânticas; um exemplo disso pode ser encontrado em algumas formulações de paradoxos a que nos referimos no verbete PARADOXO.

São muitos os autores do período pós-aristotélico que poderiam ser mencionados como importantes na história da lógica; temos, entre eles, Galeno, Porfírio — cuja *Isagoge* suscitou na Idade Média o problema dos universais (VER) — e Alexandre de Afrodísia. A maior parte de suas contribuições foi examinada por Boécio. Os comentários deste último a Porfírio, às *Categorias*, aos *Analíticos* e aos *Tópicos*, de Aristóteles, seus livros sobre a definição e a divisão, seus tratados sobre os silogismos categóricos e hipotéticos constituíram a base para a maior parte dos estudos de lógica da Idade Média, e sua influência persistiu até mesmo após o século XIII, quando se passou a conhecer todo o *Organon* aristotélico. Contudo, de Boécio até o século XIII a atividade na lógica não foi muito destacada. Em compensação, do século XIII até o XIV houve, como indicamos anteriormente, um novo florescimento da lógica. Desde Abelardo manifestaram-se sinais de crescente interesse por essa disciplina, mas a maior parte do trabalho lógico da Idade Média iniciou-se somente a partir de Alberto Magno, prosseguindo com Santo Tomás de

Aquino e outros filósofos, até aqueles que cultivaram os estudos lógicos com mais empenho: Guilherme de Shyreswood, Lamberto de Auxerre, Walter Burleigh, Pedro Hispano, Guilherme de Ockham, J. Duns Scot, Alberto da Saxônia, João Buridan e outros. O inventário das contribuições da Idade Média à lógica ainda está em formação, mas já se sabe muito por meio das pesquisas de autores como J. Bendiek, A. Crombie, C. D. Frank, E. A. Moody, A. B. Wolter, J. P. Mullally, assim como dos mencionados J. Łukasiewicz, I. M. Bocheński, J. Clark, I. Thomas, K. Dürr, H. Scholz — para nos referirmos a apenas alguns autores que examinaram a história da lógica medieval à luz das descobertas da moderna lógica simbólica. Como ocorre com a lógica antiga, já existem para a história da lógica medieval, além disso, alguns estudos básicos orientados pelo sentido exposto: os livros de E. A. Moody e de Ph. Boehner são provas disso. Indiquemos aqui apenas que, além do desenvolvimento dos problemas já tratados na lógica antiga — e que, embora freqüentemente baseados no *Organon*, não se reduzem de modo algum a ele —, há na lógica medieval o que Boehner qualificou de novos elementos. Estes últimos são, no entender desse autor, os seguintes: estudos sobre os termos sincategoremáticos, sobre as propriedades dos termos (entre eles os muitos importantes sobre a teoria das suposições), sobre os insolúveis, sobre a obrigação e sobre as conseqüências (ver sobretudo SINCATEGOREMÁTICO; PROPRIEDADES DOS TERMOS; SUPOSIÇÃO; INSOLUBILIA e CONSEQÜÊNCIA). Como se pode perceber por essa lista, além das questões metalógicas e lógicas, são tratadas as questões semióticas. Em alguns casos, os sistemas de lógica apresentados foram muito completos (como em Pedro Hispano) ou possuidores de um elevado grau de formalismo (como em Walter Burleigh ou em Alberto da Saxônia). Em outros casos misturaram-se os trabalhos lógicos com as especulações de índole metafísica ou ontológica. A isso devem ser acrescentados os numerosos estudos de filosofia da linguagem, especialmente mediante a gramática especulativa (VER).

Quanto à idéia de lógica defendida pelos escolásticos medievais (e depois pelos escolásticos modernos), esta dependeu em grande medida de pressupostos extralógicos. Alguns insistiram em que a lógica é uma *scientia recte judicandi*, mas mesmo isto pode ser entendido de dois modos: ou considerando o "julgar retamente" como um processo que conduz ao conhecimento verdadeiro, ou concebendo-o como um processo que permite obter raciocínios corretos ou formalmente válidos. Na primeira interpretação atenua-se o formalismo; na segunda, ele é acentuado. Outros declararam que o *objectum formale* da lógica é o ente de razão (VER) objetivo ou o ente de razão fundado na realidade (*cum fundamento in re*). Outros, por fim, declararam que os atos intelectuais manejados por regras lógicas não são entes de razão, mas em algum sentido entes reais. É muito comum entre os escolásticos fazer a distinção entre uma *logica minor* ou lógica formal e uma *logica major* ou lógica material. Esta última costuma abarcar — sobretudo em tratados neo-escolásticos que adotaram essa divisão — muitas questões de caráter metodológico e crítico e alguns problemas metafísicos e ontológicos.

Os estudos de lógica no sentido em que foram desenvolvidos durante o mencionado período de florescimento medieval não foram totalmente perdidos na época moderna. Autores escolásticos como Suárez e João de Santo Tomás não foram parcimoniosos na demonstração do que, segundo Bocheński, caracteriza o espírito da lógica: a sutileza, em muitos pontos oposta à especulação. Mostrou-se, ademais, que um autor como João de Santo Tomás compreendeu muito bem as exigências do formalismo lógico. Mas, de modo geral, não se pode considerar o período moderno até Boole como uma época de esplendor lógico; alguns até mesmo sustentaram que se trata de um período particularmente decadente. Esta última opinião é exagerada, pois embora, por exemplo, nem Descartes nem os outros grandes filósofos modernos (com a exceção de Leibniz) tenham se distinguido como lógicos formais, sua contribuição à história dessa disciplina não é completamente nula, ao menos de uma forma indireta (no terreno metodológico em Descartes, na esfera da semiótica em Hobbes etc.). O que ocorreu foi que muitos filósofos dessa época interessaram-se menos pela lógica formal que pelo estudo dos métodos da ciência natural. A crítica em questão pode, pois, ser melhor aplicada ao Renascimento que à época moderna propriamente dita. Os autores renascentistas, de fato, com apenas algumas exceções como a de Pedro Ramus (além disso pouco original), limitaram-se a criticar o uso e abuso da silogística e das sutilezas semióticas nos autores escolásticos, confundindo freqüentemente dentro de um único grupo os lógicos e semióticos verdadeiramente criadores e rigorosos e aqueles que não fizeram senão introduzir refinamentos inúteis (ou falsos).

Do final da Idade Média até Boole a história da lógica não apresenta uma linha clara. Já mencionamos alguns dos elementos que encontramos nela: persistência do trabalho lógico medieval; investigações científico-metodológicas — o mais das vezes apenas remotamente relacionadas com a lógica propriamente dita —; crítica da tradição medieval freqüentemente sem trazer mais que uma substituição da lógica pela retórica ou por uma vaga metodologia; análise de caráter semiótico. A estes elementos devemos acrescentar vários outros: desenvolvimento da idéia de lógica como uma "arte de pensar" ou uma "medicina do espírito" (tão característica da *Logique de Port-Royal*, inspirada no cartesianismo); tentativas de sistematização do conjunto da lógica formal sem produzir, contudo, contribuições muito originais (como por exemplo J. Jungius e sua *Logica Hamburgensis*); esforços para desenvolver a lógica como um cálculo; tentativas de constituir uma lógica determinada pela epistemologia ou sendo o fundamento da epistemologia. Agora trataremos particularmente destas duas últimas tentativas: a primeira delas, por seu valor lógico formal; a segunda, pela grande influência que exerceu sobre a metodologia, a epistemologia e a ontologia modernas.

A figura capital da primeira das citadas tentativas é Leibniz (que durante algum tempo foi considerado como o "fundador da logística"); todavia, outros nomes devem ser postos a seu lado: Jacques e Jean Bernoulli, G. Ploucquet, J. H. Lambert, G. F. Castillon e G. J. von Holland. Todos eles foram dominados pelo desejo — que já tivera Llull, tão apreciado por Leibniz por sua *Ars magna* (VER) — de constituir uma *characteristica universalis* e um *calculus ratiocinator* que lhes servisse de instrumento. Devemos observar que as idéias formuladas nem sempre eram muito claras: às vezes se pretendia, com efeito, desenvolver um cálculo lógico; às vezes se tratava de uma ciência universal análoga a uma metodologia universal; em outras ocasiões insistia-se antes em uma passigrafia, pangrafia, gramática geral filosófica, linguagem universal (natural ou artificial), álgebra geral da linguagem, *logistica speciosa* (como a proposta por Viète), "língua filosófica" (como as apresentadas pro Dalgarno, John Wilkins e outros) etc. Estas últimas tendências — que se estenderam especialmente durante os séculos XVII e XVIII — foram consideradas por alguns como uma continuação da gramática especulativa (VER). Observemos que, no que diz respeito à semiótica, a época moderna contém povavelmente elementos mais ricos do que se suspeitava; além das tentativas mencionadas, os trabalhos sobre o assunto de autores como Locke e, sobretudo, Condillac (e sua escola) merecem uma investigação cuidadosa.

Comum a Leibniz e aos autores citados logo depois dele é ter baseado seus cálculos lógicos na intensidade (com exceção de von Holland). Os cálculos em questão são quase sempre, pois, cálculos de conceitos. Os trabalhos lógicos dos citados autores não se limitam, porém, a isso. Leibniz, particularmente, tocou muitos pontos desenvolvidos pela lógica simbólica posterior — por exemplo, a união da álgebra com os números —, mas seu fragmentarismo e em parte suas finalidades filosóficas gerais impediram-no de realizar um trabalho completo em qualquer das muitas vias iniciadas. Além disso, a idéia da formalização leibniziana da lógica estava estreitamente vinculada à idéia de que os princípios lógicos são "invariantes para todos os mundos possíveis". Daí que as proposições lógicas fundamentais sejam para Leibniz ao mesmo tempo proposições ontológicas.

O caso de Kant é distinto. A lógica — não podendo ser uma especificação das invariantes para todos os mundos possíveis, nem tampouco ser dissolvida em um conjunto de regras procedentes das leis psicológicas da associação — parece adotar em Kant um aspecto formal, afastado tanto da ontologia como da psicologia. Mas o termo 'formal' não possui em Kant um sentido estritamente lógico. A forma dos pensamentos não é, em seu entender, sua "envoltura", mas algo que pertence a seu conteúdo. Mais ainda: os pensamentos são pensamentos que uma consciência *possui*, mais que pensamentos de uma realidade. Em Aristóteles a realidade era refletida nos pensamentos, em Kant (e em muitos idealistas) a consciência reflete a realidade mediante eles. Assim se explica a concepção kantiana da lógica como "lógica transcendental"; e sua idéia dessa lógica como uma disciplina que "determina a origem, a extensão e o valor objetivo dos conhecimentos", que só se ocupa das leis do entendimento e da razão, e que concerne apenas a "objetos *a priori*", ao contrário da "lógica geral", que trata de "conhecimentos empíricos ou puros sem distinção alguma". Disso resulta que: *a*) a lógica (transcendental) depende da estrutura da consciência; *b*) a correspondência entre a camada lógico-formal e a transcendental não é casual, porque é possibilitada pela "unidade da consciência"; *c*) ao se aplicar ao real, a lógica torna-se uma ciência normativa; *d*) não basta dizer que *se aceita* a lógica como verdadeira, nem é legítimo assinalar que a verdade se deve a uma prévia e ignorada submissão da realidade ao pensamento lógico, mas é preciso ver de que modo a consciência representa o horizonte no âmbito do qual se dá a validade do pensar. Desse modo, a lógica é, para Kant, como para outros autores do passado, uma ciência que trata do *ens rationis cum fundamento in re*. Mas esse *ens rationis* é algo que a consciência transcendental possui como "constituindo-a". A dupla oposição kantiana ao "ontologismo" e ao "psicologismo" não conduz, pois, ao formalismo lógico; ela conduz a duas elaborações da lógica, ambas pouco fecundas para a obtenção de resultados lógicos: por um lado, a uma lógica metafísica, como a elaborada por Hegel, com uma teoria do conceito como intermediário entre o ser e o devir e com um método dialético que pretende desterrar a lei de contradição; por outro, a uma lógica gnosiológica, de tendência fortemente normativa. A primeira elaboração é própria do idealismo alemão; a segunda, própria do neokantismo marburguiano.

Indicamos anteriormente que a lógica formal não experimentou um reflorescimento senão até Boole e, particularmente, Frege. Os trabalhos desses autores não careceram de precedentes imediatos: a obra de Hamilton, de T. Solly e em particular de Augustus de Morgan (VER), com sua tendência a desenvolver o cálculo lógico em extensão. Se considerarmos as tendências lógicas mais influentes durante a última metade do século XIX e durante o século XX, teremos de ampliar nosso quadro.

I. Uma das tendências da lógica é a chamada *lógica empírica* (e às vezes, por sua principal preocupação, *lógica da indução*). Seu representante mais típico é John Stuart Mill. Essa lógica supõe que os objetos são o resultado de generalizações empíricas efetuadas sobre o real mediante o uso de uma abstração (VER) nominal. Essa lógica se converte cada vez mais, em boa parte, em uma metodologia do conhecimento científico. Além dessa lógica empírica em sentido tradicional manifestou-se recentemente uma idéia de lógica também concebida como "ciência experimental" (além de teórica). Essa lógica — proposta por F. Gonseth — dedica-se a comprovar leis de "fatos", no mesmo sentido em que a física se dedica a comprovar leis de fatos. O objeto dessa lógica não é um objeto determinado, mas "o objeto qualquer". Assim, a lógica é definida como "a física do objeto qualquer". Essa lógica é uma parte da ciência dialética geral esboçada pelos membros da Escola de Zurique (VER), e, como ela, deve ser capaz de revisar continuamente os seus pressupostos.

II. Outra tendência é a *psicologista*, representada por Beneke, Lipps, Baldwin, Ziehen e talvez Cornelius, entre outros. Os princípios lógicos são, de acordo com essa tendência, pensamentos, e a lógica nos revela a estrutura objetiva dos mesmos. A lógica psicologista é afim, em alguns aspectos, da empirista, mas enquanto para os empiristas a lógica responde à pergunta "Quais são as estruturas limitantes da realidade quando esta, concebida empiricamente, é submetida à abstração nominal?", para os psicologistas a lógica responde à pergunta "Como pensamos efetivamente a realidade na medida em que nosso pensar não seja um discorrer arbitrário?".

III. Uma terceira tendência é a *normativista*. Constitui uma das dimensões da idéia kantiana da lógica e foi defendida, entre outros autores, por Herbart e numerosos tratadistas do século XIX e início do XX (por exemplo, Goblot). De acordo com eles, a lógica responde à pergunta "Como devemos pensar para que nosso pensamento seja correto?".

IV. Às citadas tendências, justapõe-se freqüentemente a *metodológica*. Representada, entre outros, por Wundt, Sigwart e alguns teóricos da ciência de orientação positivista "clássica", essa tendência lógica tem preferência pelos problemas de lógica indutiva em um sentido semelhante ao dos empiristas do século XIX. Essa tendência constitui, no fundo, certa orientação rumo a um grupo de problemas centrados nos modos do raciocínio científico, por esse motivo ela não se apresenta quase nunca isoladamente, mas pode estar, e costuma estar, misturada com as demais tendências mencionadas.

V. Muito cultivada no final do século XIX e no início do século XX foi a lógica *gnosiológica*, que deriva em parte de Kant e que teve como pressuposto fundamental o estudo da constituição lógica do plano transcendental e a explicação a partir do mesmo da correspondência entre a realidade e as operações lógicas. A lógica gnosiológica é quase sempre um prolegômeno à teoria do conhecimento. Foi cultivada por vários dos autores citados (Wundt, Sigwart) e impulsionada por outros (Schuppe, von Kries), incluindo as grandes figuras da Escola de Marburgo, como Hermann Cohen. Este último chega a afirmar que é preciso começar com o "pensar" e que a lógica não é senão uma teoria do conhecimento. A lógica formal (e não digamos formalista) é, segundo Cohen, um "espectro". Em seu entender, não se podem dar formas que não signifiquem algo, e como o que é significado é o conhecimento, as formas da lógica são formas do conhecimento. Em outros termos, e dada a identidade entre o pensar e o ser, a lógica pode ser definida como "a teoria dos conhecimentos puros".

VI. Em sentido lato, podem ser qualificadas de metafísicas todas as tendências lógicas nas quais há, explícita ou implicitamente, uma ontologia subjacente, como, por exemplo, a citada lógica empirista. Em sentido estrito, em compensação, só merecem o nome de *metafísicas* as lógicas para as quais o correlato das operações lógicas é uma realidade metafísica ou considerada como tal. Um exemplo desse tipo de lógica é a lógica *dialética* (VER) de Hegel e as teorias lógicas desenvolvidas pro autores mais ou menos influenciados pelo hegelianismo, tais como Bradley e Bosanquet. É típico dessas duas últimas lógicas (que são mais doutrinas *sobre a lógica*) o pressuposto de que, não havendo na Realidade Absoluta, ou Absoluto — objeto da metafísica —, nenhuma separação entre o *que* é a coisa e aquilo que a coisa *é*, a lógica limita-se a traduzir o caráter "compacto" e sem poros da Realidade por meio de uma identificação do sujeito com o predicado, confirmando a tese da unidade absoluta do juízo.

Também podem ser consideradas como "lógicas metafísicas" (e, na maior parte dos casos, como "doutrinas metafísicas sobre a lógica") algumas doutrinas nas quais o termo 'lógica' aparece adjetivado de formas distintas das "normais", isto é, quando usa adjetivos distintos de 'formal', 'formalizado', 'formalístico', 'dedutivo', 'indutivo' etc. Como exemplos, mencionamos a "lógica concreta", a "lógica histórica", a "lógica vital", a "lógica existencial" — propugnadas por vários autores. Mais especificamente, mencionamos como exemplos a "lógica arquitetônica", de Bornstein, a que nos referimos no verbete ARQUITETÔNICA; a "lógica total" ou "lógica totalista" (ou "lógica filosófica", de Jaspers [VER], a "totalitária") proposta por Othmar Spann e equivalente, segundo esse autor, a uma "lógica orgânica"; a "lógica integral", de Leo Gabriel; a "lógica da simplicidade", de André Lamouche, destinada a ampliar o "âmbito da lógica da identidade" por meio de uma série de valores; aquela que pode ser denominada "lógica plural" e também "lógica da contradição", de Stéphane Lupasco (VER); a "lógica do pensamento concreto", de Ortega y

Gasset; a "lógica primitiva" ou "lógica do pensamento pré-lógico", de que falou Lévy-Bruhl (VER; ver também PRIMITIVO); a "lógica do logos" (VER) ou "lógica do pensamento essencial", de Heidegger (VER), da qual a "lógica" em sentido estrito e a verdade lógico-formal em sentido usual são derivações "históricas" e em alguma medida "inferiores" diante do "Logos do Ser" etc.

Pode-se perguntar se a "lógica dialética" desenvolvida pelo marxismo (VER) deve ser incluída ou não nesta seção como exemplo de uma "lógica não normal". Por um lado, não parece que ela deva ser incluída nesta seção, já que é difícil qualificá-la de "lógica metafísica" em sentido estrito. Por outro lado, ela pode ser incluída nesta seção porquanto se funda em última análise no método dialético hegeliano e por ser uma "doutrina sobre a lógica" mais que uma lógica propriamente dita.

Uma característica de todas essas lógicas é que não cumprem com a condição estabelecida por Wittgenstein (cf. bibliografia: C, *ad finem*): "A lógica deve dar conta de si mesma" (*Die Logik muss für sich selber sorgen*). Com efeito, nenhuma das lógicas em questão dá conta de si mesma; na verdade, elas sempre estão fundadas em algo distinto delas. Por esse motivo é legítimo colocar o problema de se as "lógicas" a que nos referimos nesta seção merecem efetivamente esse nome.

Em um sentido estrito do termo 'lógica', tal como a descrevemos na seção XI deste verbete, nenhuma das "lógicas" mencionadas é propriamente uma lógica. Em um sentido mais amplo de 'lógica', em contrapartida, algumas das doutrinas em questão podem continuar usando o termo sem dar origem a equívocos. Isso ocorre, por exemplo, com a "lógica do pensamento concreto", que não é uma mera "lógica da vida" mas uma lógica — ou, até o presente, o postulado de uma lógica — diante da qual as demais lógicas — de qualquer período ou orientação — aparecem como "lógicas do pensamento abstrato", o qual é uma das formas possíveis de pensar e não todo o pensar. Algo análogo ocorre com o termo 'lógica' quando é usado em fórmulas tais como "a lógica deste ou daquele termo ou expressão". Pode-se falar então, como fizeram alguns pensadores da tendência chamada "lingüística" (especialmente a da Escola de Oxford [VER]), da "lógica do termo 'crer'", da "lógica do termo 'causar'" etc.

VII. Há também a lógica na forma exposta nos tratados neo-escolásticos. Na maior parte dos casos, ela se resume à lógica aristotélico-escolástica, misturada com algumas doutrinas metodológicas e normativistas forjadas no século XX.

VIII. Relacionada com a tradição escolástica, manifestou-se recentemente uma tendência a forjar uma lógica "baseada no realismo filosófico" (particularmente tal como foi defendido por John Wild). De acordo com Henry Veatch, principal representante desta tendência, a única lógica que merece verdadeiramente esse nome é uma lógica que se encontra na direção da lógica tradicional (aristotélica, escolástica, particularmente a dos grandes escolásticos da Idade Média e do século XVI) e que se contrapõe à lógica matemática moderna, pois esta não é o que deve ser toda autêntica lógica: intencional. A moderna lógica matemática desconhece, no entender de Veatch, os signos formais, os entes de razão e a coordenação intencional das formas e estruturas lógicas com o real — em vez disso, usa signos instrumentais. Abordamos novamente a esse ponto no verbete LOGÍSTICA.

IX. Uma lógica especial dificilmente redutível às outras aqui apresentadas é a lógica do *potenciamento* ou da *potenciação* (*logica del potenziamiento*; abreviada: LP), elaborada por Annibale Pastore e seu colaborador Pietro Mosso. Para mais detalhes sobre essa lógica e as suas bases filosóficas ver o verbete PASTORE (ANNIBALE).

X. Alguma influência foi exercida pela lógica *fenomenológica*, que segue a linha de Bolzano-Husserl e que afirma, contra o psicologismo e contra o formalismo extremo (sobretudo contra o convencionalismo) a independência e a consistência (VER) do que chamam de *leis ideais*. O objeto dessa lógica é, segundo os autores que a desenvolveram (Pfänder, por exemplo), o objeto ideal, que não pode ser reduzido nem a uma forma inteiramente vazia nem tampouco a uma essência de índole metafísica. O objeto ideal é o objeto pensado (não em sentido psicológico), isto é, o conteúdo intencional do pensamento. Daí a definição de Pfänder: a lógica é a ciência dos pensamentos como tais. A lógica abarca desse modo todos os pensamentos e não apenas os pensamentos enunciativos. "O seu objeto" — escreveu Pfänder — "é conhecer a essência dos pensamentos, seus últimos elementos, a estrutura, as diversas classes, as conexões e relações dos pensamentos entre si". Observemos, entretanto, que nem todos os autores inspirados pela fenomenologia admitem essas definições. Alguns (como O. Becker) colaboraram — especialmente na teoria modal — em uma lógica de tipo simbólico. O próprio Husserl, ainda, modificou consideravelmente suas idéias sobre a índole da lógica, passando do objetivismo e antipsicologismo de tipo bolzaniano manifestado em suas primeiras obras para a tentativa de construção de uma lógica transcendental e de uma *Weltlogik* de natureza, em última análise, mais ontológica que lógica.

XI. Reservamos para esta última seção o tratamento da lógica tal como é entendida e cultivada hoje.

Geralmente se considera o início da história da lógica atual com Boole, ao qual se deve o desenvolvimento de uma álgebra das classes (ver CLASSE), assim como estudos de lógica probabilística. W. S. Jevons simplificou o sistema de Boole e se ocupou de máquinas lógicas (VER). Peirce elaborou detalhadamente muitos dos problemas da álgebra das classes, desenvolveu questões relativas ao condicional e a outros conectivos, à probabilidade e a vários temas lógicos similares; além disso, ocupou-se intensamente de problemas semióticos e, sobretudo, elaborou a lógica das relações (ver RELAÇÃO). Hugh MacColl trabalhou na lógica da modalidade (VER). Ernst Schröder apresentou uma primeira sistematização ampla dos resultados anteriores, especialmente dos resultados obtidos na álgebra das classes de Boole — por isso essa álgebra é usualmente denominada 'álgebra de Boole-Schröder'. Ora, enquanto todos os trabalhos mencionados estavam sob a influência da matemática, e especialmente da aritmética, a ponto de se poder falar de um processo de matematização da lógica, Frege introduziu uma profunda revolução fundando a matemática na lógica. Noções fundamentais como a definição de número (VER) nos termos da lógica das classes, a edificação de uma lógica sentencial e de uma lógica quantificacional, com a correspondente análise da quantificação (ver QUANTIFICAÇÃO, QUANTIFICACIONAL, QUANTIFICADOR); a análise da designação (VER) e da significação (VER) e a importante distinção entre a menção (VER) e o uso dos signos são algumas contribuições de Frege à fundamentação da matemática, à lógica e à metalógica. Paralelamente, eram realizados por vários matemáticos (Weierstrass, Dedekind, Cantor, Peano) trabalhos de grande importância na fundamentação da aritmética. Foi especialmente influente o sistema dedutivo, elaborado por Peano e pelos colaboradores do *Formulaire des Mathématiques*, para a fundamentação da aritmética com base em cinco axiomas e três elementos primitivos: número, zero e sucessor. A descoberta por Russell dos paradoxos lógicos (ver PARADOXO) na lógica quantificacional de Frege forçou um trabalho de refundamentação da matemática. Esse trabalho culminou nos *Principia Mathematica*, de Whitehead e Russell, uma das grandes balizas da história da logística moderna. Rapidamente, vários aperfeiçoamentos e refinamentos foram introduzidos no sistema dedutivo postulacional dos *Principia*; entre os autores que fizeram essas contribuições, merecem ser citados aqui os nomes de H. M. Sheffer, E. V. Huntington e J. Nicod. Ganhou grande importância a teoria dos tipos em suas diversas formas (ver TIPO); além de Russell, retenhamos nesse terreno os nomes de Leon Chwistek, F. P. Ramsey, Norbert Wiener e Kazimierz Kuratowski. A eliminação dos paradoxos lógicos foi tentada, também, por meio das teorias axiomáticas dos conjuntos (Zermelo, J. von Neumann, Paul Bernays, entre outros). Foi determinada a distinção entre os paradoxos lógicos e os paradoxos metalógicos (como os clássicos de "O mentiroso" e os propostos por P. E. B. Jourdain, L. Nelson, K. Grelling e outros autores); para a eliminação destes últimos, forjou-se a teoria da hierarquia das linguagens, com a noção da metalinguagem (VER), já entrevista por Russell e desenvolvida por A. Tarski e R. Carnap. O uso dos novos conceitos lógicos influenciou muito o desenvolvimento das tendências filosóficas analíticas e lógico-positivistas, impulsionadas pelo *Tractatus* de Wittgenstein. As novas orientações logísticas foram estendidas por C. I. Lewis à lógica modal (ver MODALIDADE) e por E. L. Post e J. Łukasiewicz às lógicas polivalentes (ver POLIVALENTE). Brouwer criou a sua lógica intuicionista (ver INTUICIONISMO) — formalizada por A. Heyting — com base na chamada "debilitação dos princípios lógicos" (especialmente do princípio do terceiro excluído). Durante algum tempo, enfrentaram-se várias posições na filosofia da matemática: logicismo (Russell), intuicionismo (Brouwer), formalismo (Hilbert); tratamos disso no verbete MATEMÁTICA. M. Schönfinkel iniciou em 1924 a chamada "lógica combinatória", que elimina as variáveis e usa funções tanto como argumentos como na qualidade de valores de outras funções. A "lógica combinatória" também foi elaborada e desenvolvida por Haskell B. Curry (e depois por Robert Feys, em colaboração com Curry). Alonzo Church iniciou ao mesmo tempo a chamada "lógica lambda", em que a "operação λ" realiza a abstração, em uma função, de seu valor não especificado. A "lógica lambda" também contém combinadores; o chamado "cálculo de conversão lambda" é uma lógica combinatória cujas relações com a lógica combinatória de Schönfinkel-Curry foram salientadas por J. B. Rosser. Os métodos de dedução usados nos *Principia Mathematica* e durante muito tempo admitidos por todos os lógicos foram modificados por S. Jaskowski e G. Gentzen com seu "cálculo seqüencial" ou método de dedução natural (VER), muito difundido. O método das tabelas de verdade foi crescentemente substituído por outros métodos mais simples e, ao mesmo tempo, de maior alcance, como o das "tabelas semânticas", ou o "método de árvores", de que falamos no verbete sobre método de tabelas.

Os trabalhos em metalógica, metamatemática e fundamentação da matemática contam com resultados importantes. Além de Hilbert, Brouwer, Heyting e Gentzen, já citados, pode-se mencionar Gödel, Löwenheim, Skolem, Herbrand, Cohen. Devemos acrescentar as contribuições de autores poloneses (Tarski, Łukasiewicz, Leśniewski, Ajdukiewicz, Soboci ski e outros). Numerosos trabalhos importantes na lógica, e na filosofia da lógica, assim como na lógica indutiva, devem-se a Carnap, Quine, Hao Wang, Beth, Kleene, citando apenas alguns.

O quadro atual da lógica é muito rico, não somente pelo número de trabalhos e resultados, mas também pelas áreas exploradas. Toda classificação de campos lógicos é prematura. Fala-se de lógica bivalente, às vezes chamada de "clássica", lógica intuicionista e lógicas polivalentes, mas esse é apenas um primeiro esquema. O número de adjetivos, ou de especificações, que se seguem a 'lógica' é imenso; além da lógica bivalente, da polivalente e da intuicionista, fala-se de lógica modal

— a rigor lógicas modais —, lógica cronológica ou temporal, lógica probabilista, lógica erotética, lógica deôntica, lógica da ação, lógica das preferências, lógica da mudança, lógica de imperativos, lógica epistêmica, lógica da crença, lógica da informação, lógica pressuposicional, lógica livre ou lógica com "furos" livres, lógica sem pressupostos existenciais, lógica do ambíguo, lógica da "relevância", lógicas desviadas etc. Às vezes se fala de lógica "standard", ao contrário de "lógicas não-standard", sendo estas últimas tratadas como "lógicas desviadas", com vários graus de "desvio" e até mesmo de "semi-desvio". Algumas dessas lógicas estão mais ou menos subordinadas a outras, ou coordenadas com outras; isso ocorre com a lógica epistêmica e a lógica deôntica quando se apresentam dentro da lógica modal (das lógicas modais).

Foram realizados alguns esforços para ordenar e classificar os diversos tipos de lógica. Um deles é o de Susan Haack, que resumimos no verbete Desvio, desviado. Outro é o de Francisco Miró Quesada em "Las lógicas heterodoxas y el problema de la unidad de la lógica" (ver a bibliografia, *infra*). Segundo Miró Quesada, pode-se sobretudo fazer a divisão entre lógica clássica e lógica heterodoxa. A lógica clássica usa uma linguagem formal, que é assertórica, e se atém aos três chamados "grandes princípios": de identidade, da não-contradição e do terceiro excluído. Nesse sentido uma boa parte da lógica matemática moderna é clássica. A lógica heterodoxa (ou lógicas heterodoxas) é definível negativamente como uma lógica, ou algum tipo de lógica, que carece de algum dos três princípios indicados. Miró Quesada classifica as lógicas heterodoxas em espécies, de acordo com seu grau de "heterodoxia". Há três espécies de lógica. A primeira espécie pode ser alolinguística (modal, temporal, infinita) ou anômica (paraconsistente, intuicionista). A segunda espécie de lógica pode ser tética (polivalente finita, polivalente infinita) ou atética (deôntica, ou normativa, imperativa, protimética, axiológica, crática, problêmica, erotemática etc.). A terceira espécie de lógica inclui a "lógica livre". Há, além disso, lógicas "quase heterodoxas", como a lógica combinatória e a lógica parcial.

"Muitas dessas lógicas" — escreveu Alfredo Deaño — "se sobrepõem e se entrecruzam. Não é impossível que algumas delas cheguem a se integrar em um único sistema, ou se combinem para formar sistemas mistos: de fato, já existem, por exemplo, lógicas modais polivalentes" (art. cit. na bibliografia, *infra*, p. 95). Deaño também fala de lógica normal e de lógica matriz: a primeira pode ser considerada como uma espécie de paradigma, em um sentido mais ou menos similar ao de Kuhn, paradigma "do qual seria preciso partir, seja para refiná-lo, seja para superá-lo assumindo-o como manifestação não totalmente bem-sucedida do desenvolvimento dessa análise. As lógicas rivais em sentido global apareceriam então como tentativas de absorver a lógica central e as lógicas suplementares em um paradigma mais elevado de análise formal" (art. cit., p. 96). Quanto à lógica que Deaño chama de "matriz" (por "importação, em outro âmbito, das concepções de Bourbaki acerca da matemática"), o autor escreve: "A lógica clássica é matriz não apenas pelo fato óbvio de que foi em seu seio que ocorreu a gestação dessas outras lógicas, mas sobretudo porque elas reúnem sua herança — suas pretensões analíticas — para fazer com ela mais e melhores coisas" (*loc. cit.*).

Tudo isso mostra que a disputa entre a chamada "lógica simbólica", "lógica matemática" etc. — chamada por nós mais freqüentemente de "lógica" —, por um lado, e a que é qualificada de "lógica tradicional", por outro, que resenhamos brevemente, por razões históricas, no verbete que, por convenção, intitulamos "Logística", é uma disputa ainda mais arcaica do que parecia. Propriamente falando, a "divisão" da lógica em "lógicas" ou em tipos de lógica não expressa diferença entre formas fundamentais de conceber a lógica, mas uma diversificação de campos para exploração.

Como havíamos indicado, trataremos agora brevemente do que se deve entender por 'lógica', mas deve-se levar em conta que isto constitui uma simplificação e que seu propósito é meramente o de introduzir algumas noções muito básicas, fundadas, além disso, nos aspectos mais elementares da lógica formal moderna "clássica".

Como toda ciência, a lógica se apresenta na forma de uma linguagem. É uma linguagem formal, ao contrário das linguagens das ciências empíricas. Estas últimas contêm termos lógicos e expressões lógicas, particularmente em sua fase de formalização, mas também contêm termos teóricos e termos observacionais.

Um exemplo muito elementar pode tornar mais claro o caráter e a função de termos formais. Os enunciados 'Nenhum méson é estável' e 'se se recebem do espaço exterior sinais de rádio de 21,1 centímetros de longitude de onda, então há átomos de hidrogênio no espaço exterior' compõem-se de dois tipos de expressão. Em um desses tipos de expressão ocorrem termos como 'méson', 'estável', 'espaço exterior', 'sinais de rádio de 21,1 centímetros de longitude de onda' etc., expressões que se referem a fatos. No outro tipo de expressão, temos termos como 'Nenhum...é', 'se...então'. Estes últimos formam parte do vocabulário lógico, no qual estão encaixados os enunciados científicos ou, em geral, enunciados cognoscitivos. A lógica tem como objeto os termos do vocabulário lógico, que se organizam em certas estruturas. Quando as estruturas em questão são verdadeiras independentemente dos termos não lógicos encaixados nelas, o resultado são verdades lógicas. Diz-se por isso que um enunciado é logicamente verdadeiro quando é verdadeiro apenas em virtude de sua estrutura ou forma.

De acordo com os termos lógicos especificamente introduzidos em cada caso, temos diversas partes da lógica. Essas partes são: a lógica sentencial, a quantificacional (elementar e superior), a da identidade, a das classes e a das relações. Nós nos referimos a elas mais detalhadamente nos verbetes correspondentes (entre outros, SENTENÇA; QUANTIFICAÇÃO, QUANTIFICACIONAL, QUANTIFICADOR; IDENTIDADE; CLASSE; RELAÇÃO).

Na lógica usual estão contidos não apenas termos lógicos, estruturas lógicas e verdades lógicas, mas também enunciados sobre eles. Esses enunciados fazem parte de uma disciplina: a metalógica (VER). No entanto, embora os enunciados metalógicos estejam habitualmente inseridos na apresentação dos enunciados lógicos, convém considerá-los separadamente e examinar os diversos problemas que eles suscitam. Sendo a metalógica uma parte da semiótica geral, ou teoria geral dos signos — e, por conseguinte, sendo uma metalinguagem —, as questões por ela tratadas são de índole sintática, semântica e pragmática. Tratamos desses pontos mais detalhadamente nos verbetes correspondentes, nos quais, além disso, remetemos a conceitos nos quais são examinadas especificamente as diversas questões dos três ramos da metalógica.

Tanto a lógica como a metalógica são disciplinas formais. O que às vezes foi chamado de *lógica material* (ou *lógica maior*) ou não é propriamente lógica (mas metodologia, crítica, gnosiologia etc.), ou pode ser equiparado à semiótica lógica; neste último caso, continua subsistindo seu formalismo. A lógica e a metalógica também são disciplinas de caráter dedutivo. O que às vezes foi chamado de *lógica indutiva* (para distingui-la da lógica propriamente dedutiva) também usa a dedução como método. De todo modo, é plausível fazer a distinção entre lógica dedutiva e lógica indutiva sempre que por cada uma dessas expressões se entenda mais o tratamento de certos grupos de problemas do que certas formas de operação lógica. Em ambos os casos, as lógicas em questão proporcionam uma análise de certos termos e de certas operações que constituem a base das ciências. Nesse sentido, com efeito, pode-se dizer que as linguagens lógicas são linguagens cognoscitivas — outra questão é a de determinar se são informativas. Alguns autores declararam que toda a lógica (e também a matemática) é composta por enunciados tautológicos (ver TAUTOLOGIA) e que seu caráter de completa certeza deve-se justamente à "vacuidade" desses enunciados; outros declararam que a lógica informa sobre a realidade. Não tomaremos parte nessa discussão aqui (ver LÓGICA E REALIDADE); declaremos apenas que em nenhum desses casos o qualificativo 'cognoscitivo' deixa de ter sentido, pois mesmo supondo que a lógica não diga nada sobre a realidade, é preciso admitir que nada pode ser enunciado sobre a realidade sem que se encontre em sua base o vocabulário lógico.

Para não sobrecarregar esta bibliografia reservamos para o verbete LOGÍSTICA (e verbetes nela indicados) a menção dos principais trabalhos correspondentes às investigações lógicas mencionadas na seção X. Excetuamos, porém, os estudos de história da lógica em geral (incluindo, portanto, os de história da logística), que figuram abaixo. Esta bibliografia será organizada em quatro partes: (A) obras sobre o objeto da lógica, (B) exposições gerais da lógica (exceto "logística"), (C) obras sobre alguns dos tipos especiais de lógica citados no verbete, (D) história da lógica. Esta última compreenderá as seguintes subdivisões: (a) lógica oriental, (b) lógica ocidental em geral, (c) lógica antiga, (d) lógica medieval, (e) lógica moderna e contemporânea. É preciso levar em conta que as questões tratadas nas obras mencionadas em (A) também são objeto de muitos escritos referidos em (B) e de grande parte das obras citadas em LOGÍSTICA, e ainda que, no que diz respeito à lógica de autores específicos, as referências devem ser complementadas com as bibliografias dos verbetes a eles dedicados. Para lógica indutiva, ver as bibliografias de CONFIRMAÇÃO; INDUÇÃO; PROBABILIDADE.

➲ (A) M. Honecker, *Logik. Eine Systematik der logischen Probleme*, 1927. — A. Gómez Izquierdo, *Análisis del pensamiento lógico*, 2 vols., 1928-1942 (*I. El concepto y la palabra; La definición y la división; II. El raciocinio y la explicación*). — E. Husserl, *Formale und transzendentale Logik*, 1929. — A. Reymond, *Les principes de la logique et la critique contemporaine*, 1932. — F. Gonseth, *Qu'est-ce que la logique?*, 1937. — Ch. Serrus, *Essai sur la signification de la logique*, 1939. — A. P. Ushenko, *The Problems of Logic*, 1941. — M. R. Cohen, *A Preface to Logic*, 1944. — M. Black, *Critical Thinking*, 1946. — J. Cavaillès, *Sur la logique et la théorie de la science*, 1947, ed. G. Canguilhem e Ch. Ehresmann. — F. Enriques, *Problemas de la lógica*, 1947. — G. H. von Wright, *Form and Content in Logic. An Inaugural Lecture*, 1949; reimp. no volume do autor: *Logical Studies*, 1957. — A. Sinclair, *The Conditions of Knowledge*, 1951 (o autor propõe reduzir as proposições lógicas a "atitudes", sustentando com isso uma espécie de "behaviorismo lógico"). — José Ferrater Mora, *Qué es la lógica*, 1957; 2ª ed., 1960. — Walter Bröcker, *Formale, transzendentale und spekulative Logik*, 1962. — W. Yourgrau, A. D. Breck, eds., *Physics, Logic, and History*, 1970. — H. De Long, *A Profile of Mathematical Logic*, 1970. — S. Haack, *Philosophy of Logics*, 1978. — A. Deaño, *Las concepciones de la lógica*, 1980. — D. van Dalen, *Logic and Structure*, 1980. — M. A. Quintanilla, *Fundamentos de lógica y teoría de la ciencia*, 1981. — T. M. Seebohm, *Philosophie der Logik*, 1984, ed. E. Ströker e W. Weiland [tomo V de *Handbuch der Philosophie*]. — P. Stekeler-Weithofer, *Grundprobleme der Logik. Elemente einer Kritik der formalen Vernunft*, 1986.

Para a relação entre lógica e psicologia, ver PSICOLOGISMO.

(B) Iniciamos esta lista como as obras publicadas após a morte de Hegel (1831): F. E. Beneke, *Lehrbuch der Logik als Kunstlehre des Denkens*, 1832, e *System der Logik als Kunstlehre des Denkens*, 1842. — B. Bolzano, *Wissenschaftslehre*, 4 vols., 1837; reed. por A. Höfler, 1912. — J. S. Mill, *A System of Logic, Ratiocinative and Inductive, Being a Connected View of the Principles and the Methods of Scientific Investigation*, 2 vols., 1843. — F. Ueberweg, *System der Logik und Geschichte ihrer Lehren*, 1857; 5ª ed., por J. B. Meyer, 1882. — Ch. Sigwart, *Logik*, 2 vols., 1873; 5ª ed., por H. Maier, 1924. — W. Schuppe, *Erkenntnistheoretische Logik*, 1878. — W. Wundt, *Logik*, 1880-1883. — L. Liard, *Logique*, 1884. — Th. G. Masaryk, *Grundzüge einer konkreten Logik*, 1885. — B. Bosanquet, *Logic, or the Morphology of Knowledge*, 2 vols., 1888. — T. Pesch, *Institutiones logicales*, 1889. — A esta obra devem ser acrescentadas outras, também de inspiração neo-escolástica, assim como as partes sobre lógica nos manuais de filosofia neo-escolástica e neotomista aos quais nos referimos nos verbetes Neo-escolasticismo e Neotomismo. Foi muito lida na tendência neotomista a *Petite Logique* (1923), de J. Maritain (tomo II: *L'ordre des concepts*, de seus *Éléments de philosophie*). Também: J. Fröbes, *Tractatus logicae formalis*, 1940. — B. Erdmann, *Logik*, I, 1892; 3ª ed., rev., ed. Erich Becher, 1923. — Th. Lipps, *Grundzüge der Logik*, 1893. — Otto Willmann, *Philosophische Propädeutik*, 3 partes, I e II, 1901-1904, 1912-1913; III, 1914 [parte sobre a lógica]. — H. Cohen, *Logik des reinen Erkennens*, 1902 (as referências a esse autor no texto do verbete procedem da mencionada obra: *Einleitung*, III, 2, 4 e 6). — B. Croce, *Logica come scienza del concetto puro*, 1905 (parte I da *Filosofia dello Spirito*). — J. M. Baldwin, *Thought and Things, or Genetic Logic* (I. *Functional Logic, or Genetic Theory of Knowledge*, 1906; II. *Experimental Logic, or Genetic Theory of Thought*, 1908; III. *Interest and Art*, 1911). — J. Geyser, *Grundlagen der Logik und Erkenntnislehre*, 1909. — F. C. Schiller, *Formal Logic*, 1912. — Von Kries, *Logik*, 1916. — E. Goblot, *Traité de logique*, 1918. — K. J. Grau, *Grundriss der Logik*, 1918; 3ª ed., 1929. — Th. Ziehen, *Lehrbuch der Logik auf positivistischer Grundlage, mit Berücksichtigung der Geschichte der Logik*, 1920. — A. Höfler, *Logik*, 1922. — N. Lossky, *Logika*, 2 vols., 1923. — W. E. Johnson, *Logic*, I, 1921; II, 1922; III, 1924. — A. Pfänder, "Logik", *Jahrbuch für Philosophie und phänomenologische Forschung*, 4 (1921); também em separata: *Logik*, 1921. — J. Dewey, *Logic, the Theory of Inquiry*, 1938. — R. Romero, E. Pucciarelli, *Lógica*, 1938; 17ª ed., 1961. — H. W. B. Joseph, *An Introduction to Logic*, 1940 (2ª ed., muito revisada e ampliada, da obra do mesmo título, de 1906). — P. Häberlin, *Logik im Grundriss*, 1947. — Francis H. Parker e Henry B. Veatch, *Logic as a Human Instrument*, 1959. — W. V. Quine, *Mathematical Logic*, 1940; ed. rev., 1951. — *Handbook of Mathematical Logic*, 1978, ed. J. Barwise. — F. Miró Quesada, "Las lógicas heterodoxas y el problema de la unidad de la lógica", em D. Rosales, ed., *Lógica. Aspectos formales y filosóficos*, Lima, Pontificia Universidad Católica del Perú, 1978, pp. 13-44. — *Id.*, *Lógica. I. Filosofía de las matemáticas*, 1980. — R. Routley *et al.*, *Relevant Logics and their Rivals*, 1983. — D. M. Gabbay, F. Günthner, eds., *Handbuch of Philosophical Logic*, 4 vols. (I (1983): *Elements of Classical Logic*, por W. Hodges, H. Leblanc *et al.*; II (1984): *Extensions of Classical Logic*, por J. Burgess, R. H. Thomasson *et al.*; III (1984): *Alternatives to Classical Logic*, por A. Urqhart, M.-L. dalla Chiara *et al.*; IV (1985): *Topics in the Philosophy of Language*, por B. Partee, N. B. Cocchiarella *et al.*

(C) Para a lógica marxista, ver Dialética; Marxismo. Cf. especialmente: H. Lefèbvre, *Logique formelle, logique dialectique*, 1947. — A. Philipov, *Logic and Dialectic in the Soviet Union*, 1952. — Eli de Gortari, *Introducción a la lógica dialéctica*, 1956; 2ª ed., 1959. — Jean Furstenberg, *Dialectique du XXᵉ siècle. Essais pour une logique du réel*, 1956. — Henri Wald, *Introducere in logica dialettica*, 1959. — D. P. Gorski e P. V. Tavante, *Lógica* (trad. esp., 1959). — Eduard Hüber, *Um eine "dialektische Logik"*, 1966. — L. Armour, *Logic and Reality: An Investigation into the Idea of a Dialectical System*, 1972. — H. Wald, *Introduction to Dialectical Logic*, 1975. — E. E. Harris, *Formal, Transcendental, and Dialectical Thinking: Logic and Reality*, 1987.

Para a lógica arquitetônica: B. Bornstein, *apud* verbete Arquitetônica.

Para a lógica estrutural: L. Gabriel, *Logik der Weltanschauung*, 1949.

Para a "lógica integral", ver a obra de Gabriel cit. *supra* e o escrito do mesmo autor: "Integrale Logik", *Zeitschrift für philosophische Forschung*, 10 (1956), 44-62.

Para a lógica hermenêutica: H. Lipps, *Untersuchungen zu einer hermeneutischen Logik*, 1938.

Para a lógica filosófica de Jaspers: Karl Jaspers, *Von der Wahrheit (I. Philosophische Logik)*, 1947, especialmente pp. 20 ss.

Para a "lógica da simplicidade": André Lamouche, *Logique de la simplicité*, 1959.

Para a "lógica total" de Spann, ver, desse autor, *Ganzheitliche Logik*, 1958, ed. Walter Heinrich.

Para a lógica [transcendental] de Husserl: Suzanne Bachelard, *La logique de Husserl*, 1957, e Mario Sancipriano, *Il logos di Husserl: Genealogia della logica e dinamica intenzionale*, 1962. — R. S. Tragesser, *Phenomenology and Logic*, 1978.

Para a lógica do pensamento concreto de Ortega: Juliá Marías, *Introducción a la filosofía*, 1944, pp. 310 ss. — M. Granell, *Lógica*, 1949.

A referência a Wittgenstein procede de *Notebooks 1914-1916*, 1961, ed. G. H. von Wright e G. E. M. Anscombe, p. 2 (cf. também *Tractatus*, 5.473).

(D) (a) S. Ch. Vidyabhusana, *A History of Indian Logic*, 1921. — A. B. Keith, *Indian Logic and Atomism*, 1921. — H. N. Randle, *Indian Logic in the Early Schools*, 1930. — I. M. Bocheński, *Formale Logik*, 1956; 2ª ed., 1962 [1ª parte sobre a lógica indiana]. — S. S. Barlingay, *A Modern Introduction to Indian Logic*, 1965. — Dhirendra Sharma, *The Differentiation Theory of Meaning in Indian Logic*, 1969. — S. Ch. Vidyabhusana, *History of the Mediaeval School of Indian Logic*, 1909. — St. Schayer, "Studien zur indischen Logik", I ("Der indische und der aristotelische Syllogismus"), *Bulletin International de l'Académie Polonaise des Sciences et des Lettres*, Classe de Philologie, Classe d'Histoire et de Philosophie (1932), 98-102; II ("Altindische Antizipationen der Aussagenlogik"), *ibid.* (1933), 90-96. — *Id.*, "Ueber die Methode der Nyaya-Forschung", *Festschrift M. Winternitz*, 1933, pp. 247-257. — D. H. H. Ingalls, *Materials for the Study of Navyanyaya Logic*, 1951. — S. Sugiura, *Hindu Logic as preserved in China and Japan*, 1900. — Th. Stcherbatsky, *Buddhist Logic*, 2 vols., 1930, 1932; reimp., 2 vols., 1958. — D. C. Chatterji, "Sources of Buddhist Logic (From the Traditional Point of View)", *Indian Historical Quarterly*, 9 (1933), 499-502. — G. Tucci, "Buddhist Logic before" (Dinnaga Asanga, Vasubandhu, Tarkasastras), *Journal of the Royal Asiatic Society* (1929), 451-488, 870-877. — E. Frauwallner, "Dignaga und Anderes", *Festschrift M. Winternitz*, 1933, pp. 237-242. — M. Dambuyant, "La dialectique bouddhique", *Revue philosophique de la France et de l'Étranger*, 74 (1949), 7-9-307-318. — B. Matilal, R. D. Evans, eds., *Buddhist Logic and Epistemology: Studies in the Buddhist Analysis of Inference and Language*, 1986. — H. Matsuo, *The Logic of Unity: The Discovery of Zero and Emptiness in Prajnaparamita Thought*, 1987.

(b) K. Prantl, *Geschichte der Logik im Altertum*, 1855; II, III, IV. *Die Logik im Mittelalter*, 1861-1870 (2ª ed. do t. II, 1885; reimp. da obra completa, 1955). Essa obra, embora criticada por vários historiadores, por causa das freqüentes, errôneas e precipitadas interpretações do autor, ainda constitui a mais importante fonte de materiais para a história da lógica ocidental até o final da Idade Média. — F. Ueberweg, *op. cit.* na seção (B), parte histórica. — R. Adamson, *A Short History of Logic*, 1911; 2ª ed., 1962. — Th. Ziehen, *op. cit.* na seção (B), parte histórica. — Federico Enriques, *Per la storia della logica*, 1922. — J. B. Riefert, *Logik, eine Kritik an der Geschichte ihrer Idee*, 1925 (*Lehrbuch der Philosophie*, ed. M. Dessoir). — H. Scholz, *Geschichte der Logik*, 1931; reimp.: *Abriss der Geschichte der Logik*, 1959; 3ª ed., 1966. — J. Jorgensen, *A Treatise of Formal Logic*, 3 vols., 1931, vol. I. — I. M. Bocheński, *Historia Logicae Formalis. Ad usum privatum, I-II* (mimeo.), Roma, 1936. — E. W. Beth, *Geschiedenis der Logica*, 1944; 2ª ed., 1947. — K. Dürr, "Die Entwicklung der Dialektik von Plato bis Hegel", *Dialectica*, 1 (1947), 45-61. — R. Feys, *De ontwikkeling, van het logisch denken*, 1949. — I. M. Bocheński, "L'état et les besoins de l'histoire de la logique formelle", *Proceedings of the Xth International Congress of Philosophy* [Amsterdam], 1949, pp. 1062-1064. — *Id.*, *Formale Logik*, 1956; 3ª ed., 1970. — Ph. Boehner, A. Church, D. H. Inglass, B. Mates, "Logic, History of", em *Encyclopaedia Britannica*, ed. de 1956, vol. 14, pp. 305-332. — William Kneale e Martha Kneale, *The Development of Logic*, 1962. — A. Dumitriu, *Istoria logicii*, 1969 (em romeno); 2ª ed., 1975; trad. ingl.: *History of Logic*, 4 vols., 1977. — Robert Blanché, *La logique et son histoire d'Aristote à Russell*, 1970. — Artigos em *The Encyclopaedia of Philosophy*, 8 vols., ed. J. E. Edwards, sobre a história da lógica foram traduzidos para o espanhol com o título *Historia de la lógica*, 1976. — A. I. Arruda, M. Benda *et al.*, *Mathematical Logic in Latin American*, 1979, ed. A. Arruda, R. Chuaqui, N. C. da Costa. — T. Drucker, ed., *Perspectives on the History of Mathematical Logic*, 1991. — B. E. R. Thompson, *An Introduction to the Syllogism and the Logic of Proportional Quantifiers*, 1992.

(c) I. M. Bocheński, *Elementa logicae graecae*, 1937 (antologia de textos com trads. latinas). — *Id.*, *Ancient Formal Logic*, 1951. — E. Kapp, *Greek Foundations of Traditional Logic*, 1942. — J. Clark, *Conventional Logic and Modern Logic*, 1952, caps. I e II. — A. Parente, *Il tramonto della logica antica e il problema della storia*, 1952. — E. W. Platzeck, *Von der Analogie zum Syllogismus*, 1954. — Oskar Becker, *Zwei Untersuchungen zur antiken Logik*, 1957. — Gerald Stahl, *Enfoque moderno de la lógica clásica*, 1958. — N. Kretzman, R. Zirin *et al.*, *Ancient Logic and Its Interpretations*, 1974, ed. J. Concoran [Atas do Buffalo Symposium on Modernist Interpretation of Ancient Logic, 21/22-IV-1927]. — A. Rüistow, *Der Lügner. Theorie, Geschichte und Auflösung*, 1910 (tese). — E. Hoffmann, *Die Sprache und die archaische Logik*, 1925. — Guido Calogero, *Storia della logica antica, I: L'età arcaica*, 1967. — Atenzel, s. v. "Logik" em Pauly-Wissowa (também sobre "lógica arcaica"). — K. Reidemeister, *Mathematik und Logik bei Plato*, 1942. — H. Maier, *Die Syllogistik des Aristoteles*, 3 vols., 1896-1900. — W. D. Ross, *Aristotle*, 1923; 5ª ed. revisada, 1953. — A. Becker, *Die aristotelische Theorie der Möglichkeitschlüsse*, 1933 (tese). — P. Gohlke, *Die Entstehung der aristotelischen Logik*, 1936. — J. M. Le Blond, *Logique et méthode chez Aristote*, 1939. — E. Fr. Solmsen, *Die Entwicklung der aristotelischen Logik und Rhetorik*, 1939. — J. Łukasiewicz, *Aristotle's Syllogistic from the Standpoint of Modern Formal Logic*, 1951. — C. A. Viano, *La logica di Aristotele*, 1955. — José M. Lázaro, *El pensar lógico*,

1965 (exposição da lógica aristotélica). — I. M. Bocheński, "Notes historiques sur les propositions modales", *Revue des sciences philosophiques et théologiques*, 26 (1937), 673-692. — B. Mates, "Diodorean Implication", *The Philosophical Review*, 58 (1949), 234-242. — M. Hurst, "Material Implication in the Fourth Century B. C.", *Mind*, N. S., 44 (1935), 484-495. — I. M. Bocheński, *La logique de Théophraste*, 1939; 2ª ed., 1947. — J. Łukasiewicz, "Z historii logiki zdan", *Przglad Filozoficzny*, 37 (1934), 417-437; trad. alemã: "Zur Geschichte der Aussangenlogik", *Erkenntnis*, 5 (1935), 111-131. Este artigo constitui uma das balizas na investigação contemporânea da história da lógica. — A. Krokiewicz, "O Logice Stoików", *Kwartalnik Filosoficzny*, 17 (1948), 173-197. — A. Virieux-Reymond, *La logique et l'épistémologie des Stoïciens*, s/d. (1950). — B. Mates, *Stoic Logic*, 1953. — M. Mignucci, *Il significato della logica stoica*, 1965. — Michael Frede, *die stoische Logik*, 1974. — Ph. e E. de Lacy, *Philodemus: On Methods of Inference*, 1941. — R. Chisholm, "Sextus Empiricus and Modern Empiricism", *Philosophy of Science*, 8 (1941), 371-384. — Mark W. Sullivan, *Apuleian Logic: The Nature, Sources, and Influence of Apuleius's Peri Hermeneias*, 1967. — J. W. Stakelum, *Galen and the Logic of Propositions*, 1940 (tese). — *Id.*, "Why Galenian Figure?", *The New Scholasticism*, 16 (1942), 289-296. — R. van den Driessche, "Sur le *De syllogismo hypothetico* de Boèce", *Methods*, 1 (1949), 293-307. — K. Dürr, *The Propositional Logic of Boethius*, 1951. — A. N. Prior, "The Logic of Negative Terms in Boethius", *Franciscan Studies*, 13 (1953), 1-6. — Gerold Stahl, *op. cit. supra*, 1958 (para aspectos da lógica "antiga"). — Sobre alguns problemas suscitados pela pesquisa da história da lógica grega à luz das citadas obras de Bocheński sobre a antiga lógica formal (1951) e de Łukasiewicz sobre a silogística de Aristóteles (1951): José Ferrater Mora, "Dos obras maestras de historia de la lógica", *Notas y Estudios de Filosofía*, 4 (1953), 145-158. — M. Frede, *Die stoische Logik*, 1974. — N. Kretzmann, N. Garver *et al.*, *Ancient Logic and Its Modern Interpretations*, 1974, ed. J. Concoran [Proceedings of the Buffalo Symposium, 21 e 22-IV-1972]. — K. von Fritz, *Schriften zur griechischen Logik*, 2 vols., 1978; I, *Logik und Erkenntnistheorie*; II, *Ontologie und Mathematik*. — J. Łukasiewicz, H. A. Zwergel *et al.*, *Zur modernen Deutung der aristotelischen Logik*, 1984.

(d) Ph. Boehner, *Medieval Logic: An Outline of Its Development from 1250 to ca. 1400*, 1952. — J. Clark, *Conventional Logic and Modern Logic*, 1952, cap. III. — E. A. Moody, *Truth and Consequence in Mediaeval Logic*, 1953. — Nicholas Rescher, *Studies in the History of Arabic Logic*, 1963. — *Id.*, *The Development of Arabic Logic*, 1964. — *Id.*, *Temporal Modalities in Arabic Logic*, 1967. — Paul Henry Desmond, *Medieval Logic and Metaphysics*, 1972. — K. Dürr, "Aussagenlogik im Mittelalter", *Erkenntnis*, 7 (1937), 160-169. — Paul Henry Desmond, *The Logic of Saint Anselm*, 1967. — M. Grabmann, "Bearbeitungen und Auslegungen der aristotelischen Logik aus der Zeit von Peter Abaelard bis Petrus Hispanus", *Abhandlungen Preuss. Ak. der Wissenschaften*, Phil. Hist. Klasse, nº 5, 1937. — A. C. Crombie, "Scholastic Logic and the Experimental Method", *Archives Internationales d'Histoire des Sciences*, 1947, pp. 280-285. — Mohan e E. Gaudens, "Incipits of Logical Writings of the XIIIth-XVth Centuries", *Franciscan Studies*, 12 (1952), 349-389. — I. M. Bocheński, art. cit. em (c) sobre as proposições modais. — *Id.*, "De consequentiis Scholasticorum earumque origene", *Angelicum*, 15 (1938), 1-18. — A. Elie, *Le complexe significabile*, 1937. — I. Makdour, *L'Organon d'Aristote dans le monde arabe*, 1934. — A.-M. Goichon, "Une logique moderne à l'époque médiévale: la logique d'Avicenne", *Archives d'histoire doctrinale et littéraire du moyen âge*, 16 (1947-1948), 53-68. — L. Lachance, "St. Thomas dans l'histoire de la logique", *Études d'histoire littéraire et doctrinale du XIIIᵉ siècle*, I (1932), 61-103. — Robert W. Schmidt, *The Domain of Logic According to Saint Thomas*, 1966. — J. Salamucha, "Die Aussagenlogik bei W. Ockham", *Franziskanische Studien*, 32 (1950), 97-134, trad. do polonês por J. Bendiek. — E. A. Moody, *The Logic of W. of Ockham*, 1935. — J. P. Mullally, *The Summulae Logicales of Peter of Spain*, 1945 (texto com comentários). — Ph. Boehner, "Bemerkungen zur Geschichte der De Morgansche Gesetze in der Scholastik", *Archiv für Philosophie*, 1951, pp. 113-145. — A. N. Prior, "On Some Consequentiae in W. Burleigh", *The New Scholasticism*, 27 (1953), 433-446. — L. M. De Rijk, *Logica Modernorum: A Contribution to the History of Early Terminist Logic*, 2 vols., em 3 tomos, 1962-1967. — A. Maierù, *Terminologia logica della tarda scolastica*, 1972. — E. J. Ashworth, *op. cit.*, seção (e). Ver também as bibliografias de autores medievais e de alguns conceitos; por exemplo: SUPOSIÇÃO. — Sobre alguns problemas suscitados pela investigação da história da lógica à luz da obra de Dürr (1951) — citada no final de (c) — e de Ph. Boehner (1952) — citada no início de (d) —: José Ferrater Mora, "De Boecio a Alberto de Sajonia: un fragmento de historia de la lógica", *Imago mundi*, I, 3 (1953), 3-22. — N. Rescher, *Studies in the History of Arabic Logic*, 1963. — *Id.*, *The Development of Arabic Logic*, 1964. — J. Pinborg, *Logik und Semantik im Mittelalter*, 1972. — D. P. Henry, *Medieval Logic and Metaphysics*, 1972. — H. W. Enders, *Sprachlogische Traktate des Mittelalters und der Semantikbegriff*, 1975. — E. J. Ashworth, *The Tradition of Medieval Logic and Speculative Grammar*, 1978. — K. Gyeke, *Arabic Logic*, 1979. — VV. AA., *English Logic in Italy in the 14th and 15th Centuries*, 1982, ed. A. Maiuerù. — N. Kretzmann, A. Kenny, J. Pinborg, eds.,

The Cambridge History of Later Medieval Philosophy. From the Rediscovery of Aristotle to the Disintegration of Scholasticism, 1100-1600, 1982, especialmente caps. II-V, pp. 43-381. — A. Broadie, *Introduction to Medieval Logic*, 1987. — E. Stump, *Dialectic and Its Place in the Development of Medieval Logic*, 1989. — N. Kretzmann, E. Stump, *The Cambridge Translations of Medieval Philosophical Texts*. Vol. I: *Logic and the Philosophy of Language*, 1988; reimp., 1993. — N. Kretzmann, ed., *Meaning and Inference in Medieval Philosophy*, 1988 [Synthese Historical Library, 32]. — *The Sophismata of R. Kilvington*, 1990, introd., trad. e comentário de N. e B. E. Kretzmann.

(e) C. A. Lewis, *A Survey of Symbolic Logic*, 1918, cap. I. — J. Venn, *Symbolic Logic*, 1881; 2ª ed., 1894, cap. XX. — W. Hamilton, *Lectures on Metaphysics and Logic*, 4 vols., 1859-1860, ed. Mansel e Veitch (parte histórica). — Wilhelm Risse, *Die Logik der Neuzeit*, I (1500-1640), 1964; II (1640-1780), 1970. — E. J. Ashworth, *Language and Logic in the Post-Medieval Period*, 1974 (período após a morte de Paulo de Veneza, 1429). — Vicente Muñoz Delgado, *La lógica nominalista en Salamanca 1510-1530*, 1964. — *Id., Lógica formal y filosofía en Domingo de Soto (1494-1560)*, 1964. — *Id., La lógica en Salamanca y Alcalá durante el siglo XVI*, 1967. — *Id., Lógica hispano-portuguesa hasta 1600: Notas bibliográfico-doctrinales*, 1972. — Ramón Ceñal, "La historia de la lógica en España y Portugal de 1500 a 1800", *Pensamiento*, 28 (1972), 277-319. — I. Thomas, "Material Implication in J. of St. Thomas", *Dominican Studies*, 3 (1950). — G. Loria, "La logique mathématique avant Leibniz", *Bulletin des sciences mathématiques*, 18 (1894). — K. Dürr, "Die mathematische Logik des A. Geulincx", *Erkenntnis*, 8 (1939-1940), 361-368. — B. Russell, *A Critical Exposition of the Philosophy of Leibniz*, 1900; 2ª ed., 1937. — L. Couturat, *La logique de Leibniz d'après des documents inédits*, 1901. — H. L. Matzat, *Untersuchungen über die metaphysischen Grundlagen der Leibniz'schen Zeichenkunst*, 1938 [opinião contrária a Russell e a Couturat]. — B. Jasinowski, *Die analytische Urteilslehre Leibnizens in ihrem Verhältnis zu seiner Metaphysik*, 1918 (sobretudo para os precedentes da lógica de Leibniz em Suárez). — Ph. P. Wiener, "Notes on Leibniz Conception of Logic and Its Historical Context", *Philosophical Review*, 48 (1939), 567-586. — K. Dürr, *Leibniz' Forschungen im Gebiete des Syllogismus (Leibniz zu seinem 300. Geburtstag, 1646-1946)*, Liferung, 5, 1949. — Raili, Kauppi, *Über die Leibnizsche Logik mit besonderer Berücksichtigung des Problems der Intension und der Extension*, 1960. — *Id.*, "Die Logistik J. H. Lamberts", *Festschrift A. Speiser*, 1945, pp. 47-65. — L. Lugarini, *La logica transcendentale kantiana*, 1950. — Francesco Barone, *Logica formale e logica trascendentale. I: Da Leibniz a Kant*, 1957. — Arturo Massolo, *Ricerche della logica hegeliana ed altri saggi*, 1950. — Jean Hyppolite, *Logique et existence. Essai sur la logique de Hegel*, 1953. — H. Scholz, "Die klassische deutsche Philosophie und die neue Logik", *Actes du Congrès International de Philosophie Scientifique* [Paris], 1935, fascículo 8. — G. Stammler, *Deutsche Logikarbeit seit Hegels Tod als Kampf von Mensch, Ding und Wahrheit. I: Spekulative Logik*, 1936 (esta história trata do *Collegium logicum* do século XVIII, da escola hegeliana, de Fries, de Herbart e seus discípulos, dos teístas especulativos, de Trendelenburg, Lotze etc.). — W. Dubislav, "Bolzano als Vorläufer der mathematischen Logik", *Philosophisches Journal*, 44 (1931). — Suzanne Bachelard, *La logique de Husserl*, 1957. — P. E. B. Jourdain, "The Development of Theories of Mathematical Logic and the Principles of Mathematics", *The Quarterly Journal of Pure and Applied Mathematics*, 41, 43, 44 (1910-1913) (abarca Leibniz, Boole, Tevons, Peano e outros autores). — J. Jorgensen, "Einige Hauptpunkte der Entwicklung der formalen Logik seit Boole", *Erkenntnis*, 5 (1935), 131-142. — E. W. Beth, "The Origin and Growth of Symbolic Logic", *Synthèse*, 6 (1947-1948), 258-274. — *Id.*, "A Hundred Years of Symbolic Logic", *Dialectica*, 1 (1947), 331-345. — R. Feys, "Les logiques nouvelles des modalités", *Revue Néoescolastique de Philosophie*, 40 (1937), 517-553. — *Id.*, "Directions nouvelles de la logistique aux États-Unis", *ibid.*, 398-411. — Z. Jordan, "The Development of Mathematical Logic and of Logical Positivism in Poland between Two Wars", *Polish Science and Learning*, nº 6, 1945. — R. Blanché, "Logique 1900-1950", *Revue Philosophique de la France et de l'Étranger*, 78 (1953). — Nicholas Rescher, "Desarrollos y orientaciones recientes en lógica", trad. esp., *Teorema*, 2 (1971), 51-64. — Alfredo Deaño, "La lógica formal hoy", *Revista de Occidente*, 3ª época, nº 4 (maio de 1976), 89-96. — G. R. G. Mure, *A Study of Hegel's Logic*, 1950. — T. A. Fay, *Heidegger: The Critique of Logic*, 1977. — A. Deaño, *Introducción a la lógica formal*, 1978. — G. Kreisel, D. Prawitz et al., *Essays on Mathematical and Philosophical Logic*, 1978, ed. J. Hintikka, I. Niniluoto, E. Saarinen [Atas do IV Simpósio Escandinavo de Lógica e da Primeira Conferência soviético-finlandesa de Lógica. Jyväskylä, Finlândia, 29 de junho a 6 de julho de 1976]. — W. E. Steinkraus, K. L. Schmitz, eds., *Art and Logic in Hegel's Philosophy*, 1980. — E. E. Harris, *An Interpretation of the Logic of Hegel*, 1983.

Para a bibliografia, ver: Leonhard Rabus, *Logik und Metaphysik. Erster Teil. Erkenntnislehre. Geschichte der Logik. System der Logik. Nebst einer chronologisch gehalten Übersicht über die logische Literatur und einem alphabetischen Sachregister*, 1868 (pp. 453-518). — Hermann Schüling, *Bibliographie der im 17. Jahrhundert in Deutschland erschienenen logischen Schriften*,

1963. — Wilhelm Risse, *Bibliographia logica*, 4 vols. (I. *Verzeichnis der Druckschriften zur Logik mit Angabe ihrer Fundorte 1472-1800*, 1965; reed., 1982; II. *Verzeichnis der Druckschriften zur Logik mit Angabe ihrer Fundorte 1801-1969*, 1973; III. *Verzeichnis der Zeitschriftenartikel zur Logik*, 1980; IV. *Verzeichnis der Handschriften zur Logik*, 1980. — E. J. Ashworth, *The Tradition of Medieval Logic and Speculative Grammar from Anselm to the End of the 17th Century: A Bibliography from 1836 onwards*, 1978. ℭ

LÓGICA ANTIGA, ARCAICA, ARISTOTÉLICA, ARISTOTÉLICO-ESCOLÁSTICA, ESCOLÁSTICA, ESTÓICA, MEDIEVAL, MODERNA, NEO-ESCOLÁSTICA, NOVA, OCIDENTAL, ORIENTAL, TRADICIONAL, VELHA. LOGICA ANTIQUA (ou ANTIQUORUM), MODERNA (ou MODERNORUM), NOVA, VETUS. Ver LÓGICA; LOGÍSTICA.

LÓGICA ARQUITETÔNICA, CONCRETA, DEDUTIVA, DO POTENCIAMENTO, DIALÉTICA, EMPÍRICA, ESTRUTURAL, FENOMENOLÓGICA, FILOSÓFICA, FORMAL, GNOSIOLÓGICA, HISTÓRICA, INDUTIVA, MATEMÁTICA, MATERIAL, MAIOR, MENOR, METAFÍSICA, METODOLÓGICA, NORMATIVISTA, OBJETIVISTA, ONTOLÓGICA, PSICOLOGISTA, SIMBÓLICA, TRANSCENDENTAL, VITAL. Ver os verbetes LÓGICA, LOGÍSTICA e os outros verbetes ali indicados.

LÓGICA DO AMBÍGUO, COMBINATÓRIA, QUANTIFICACIONAL, DE CLASSES, DA IDENTIDADE, DAS DESCRIÇÕES, DE RELAÇÕES, DEÔNTICA, DESVIADA, EROTÉTICA, INEXATA, LAMBDA, LIVRE, MODAL, POLIVALENTE, PROBABILÍSTICA, PROPOSICIONAL, SENTENCIAL, TEMPORAL. Ver LÓGICA e LOGÍSTICA e verbetes ali indicados, especialmente: AMBÍGUO; CÁLCULO; CLASSE; QUANTIFICAÇÃO, QUANTIFICACIONAL, QUANTIFICADOR; DESCRIÇÃO; DESVIO, DESVIADO; EROTÉTICO; IDENTIDADE; MODALIDADE; NORMAS; POLIVALENTE; PROBABILIDADE; PROPOSIÇÃO; RELAÇÃO; SENTENÇA; TEMPO.

LÓGICA E REALIDADE. No verbete LÓGICA (ver) aludimos ao problema do modo como, segundo alguns autores, as proposições que fazem parte da lógica "referem-se" ao "real". No verbete Logística (VER) reiteramos a questão a partir de outro ponto de vista. Aqui a consideraremos como questão central, que ocupou a atenção de muitos pensadores e que pode dar indicações valiosas sobre as tendências gerais de várias filosofias. Para maior comodidade, dividiremos a questão em dois aspectos, freqüentemente relacionados entre si. O primeiro deles pode ser enunciado do seguinte modo: o problema da aplicabilidade ou não-aplicabilidade da lógica ao real. O segundo pode ser formulado assim: o problema de se a lógica implica ou não uma ontologia. As soluções dadas ao primeiro problema dependeram fundamentalmente, em cada caso, da concepção da natureza das proposições lógicas e, particularmente, da concepção da natureza dos chamados princípios lógicos. Consideremos *algumas* dessas concepções:

1) A concepção aristotélica: os princípios lógicos expressam conexões necessárias que correspondem a relações reais.

2) A concepção puramente empirista: os princípios lógicos são meras generalizações de relações empíricas obtidas por meio de um processo de abstração (VER) total.

3) A concepção essencialista: os princípios lógicos designam as normas ideais mediante as quais se regem certos objetos, também ideais; alguns, como Platão, consideram esses objetos como (metafisicamente) existentes, outros, como Husserl, os consideram como subsistentes.

4) A concepção lingüística: os princípios lógicos são regras da linguagem. Como essas regras são freqüentemente definidas como convenções, a concepção lingüística coincide muitas vezes com a concepção convencionalista.

5) A concepção kantiana: as normas lógicas são (formalmente) inerentes ao sujeito transcendental.

6) A concepção wittgensteiniana: as fórmulas lógicas são tautologias vazias.

As concepções anteriores foram enumeradas sem seguir a ordem histórica. Elas não pretendem ser completas; apenas manifestar certas tendências gerais que podem ser especificadas mediante teorias mais detalhadas. Podem ser observadas similaridades entre algumas delas. Isso ocorre entre as concepções 1) e 2), entre as concepções 3) e 4) e entre as concepções 5) e 6), por um lado, e entre as concepções 1), 2) e 3), e 4), 5) e 6), por outro (mencionando apenas dois agrupamentos possíveis). A razão de cada agrupamento é o tipo de relação estabelecido entre as proposições lógicas e as relações reais. Ora, pode-se estabelecer um agrupamento mais sistemático que explique esses modos de relação. Esse agrupamento tem como resultado, no nosso entender, as seguintes concepções:

a) Lógica (pela qual entenderemos principalmente as leis lógicas e apenas secundariamente as regras metalógicas) e realidade podem "coincidir" porque há certos princípios que são ao mesmo tempo princípios do pensar e do ser.

b) Lógica e realidade coincidem porque há certos princípios do ser que se refletem no pensar.

c) Lógica e realidade coincidem porque há certos princípios do pensar que se refletem ontologicamente no ser.

d) Lógica e realidade coincidem porque as leis lógicas são simplesmente operações com as quais o real é manipulado.

Cada uma dessas concepções se baseia em determinada teoria filosófica geral ou agrupa diversas teorias de acordo com os vários modos de interpretá-las. Desse modo, a concepção *a*) pode ser qualificada de monista; a *b*), de realista; a *c*), de idealista. Quanto à *d*), ela pode ser kantiana, convencionalista, operacionalista, comportamentalista, wittgensteiniana etc. É curioso mostrar que em alguns casos (como nas concepções wittgensteiniana e convencionalista extrema) se admite que a lógica e a realidade não estão em conflito porque não "coincidem", e não suscitam, portanto, problemas quanto a sua relação com os modos de "ser". Acrescentemos que aderir a qualquer uma das concepções mencionadas nem sempre significa interpretá-las do mesmo modo. Isso ocorre até mesmo com cada uma das subconcepções agrupadas em *d*). Há, por exemplo, autores (como G. Ryle) para os quais as normas lógicas se aplicam ao real porque são operações realizadas de acordo com certas regras, mas para os quais isso não significa que as normas lógicas sejam convenções análogas às que são usadas nos jogos. É verdade que, como as regras dos jogos, e ao contrário das leis naturais, as normas lógicas podem não ser obedecidas. Porém, enquanto as convenções dos jogos não proporcionam informação sobre a realidade, as da lógica são usadas em linguagens informativas.

Todas as concepções mencionadas são ilustrativas de certos modos de ser atribuídos às operações lógicas e das maneiras como supostamente se pode falar sobre o real por meio delas. No nosso entender, contudo, elas quase sempre padecem de algum dos seguintes defeitos: interpretar a relação (ou da ausência de relação) entre lógica e realidade como se se tratasse da relação (ou falta de relação) entre uma "coisa" (embora seja uma "coisa que se faz") e outra "coisa", e confundir ou não esclarecer suficientemente o tipo de relação de que se trata, que pode ser reprodutivo, analógico ou simbólico. Indicaremos aqui brevemente nossa opinião sobre o assunto.

A lógica não tem a ver com a realidade do mesmo modo como uma "coisa" se relaciona com outra, pois nesse caso seria preciso aderir a determinada teoria metafísica que explicasse as supostas coincidências: por exemplo, que a realidade é de índole lógica, que o espírito humano possui antecipadamente (por reminiscência ou de qualquer outro modo) um conhecimento do real etc. A relação entre lógica e realidade pode ser comparada, de início, à relação de uma ordem com outra ordem (distinta, portanto, da relação entre uma "forma" [vazia ou não] e seu "conteúdo" [metafísico ou fenomênico]). Por isso a lógica não pode dizer nada sobre o real na medida em que é; a lógica não descreve a (existente ou suposta) textura inteligível do ontológico. A frase de Spinoza segundo a qual a ordem e a conexão das idéias são as mesmas que a ordem e a conexão das coisas é justa sempre que se interpretem adequadamente (e de modo flexível) os termos *ordo* e *connexio*.

O que as proposições lógicas expressam não é, pois, o real, mas certos modos (múltiplos) de ordenação da realidade que se manifestam nas linguagens informativas das ciências; logo, a realidade não precisa ser lógica para que seja suscetível de manipulação lógica, assim como — observou K. R. Popper — a realidade não precisa ser intrinsecamente britânica para que seja possível usar o idioma inglês para descrevê-la. Como "língua bem formada", a lógica descreve, além disso, as ordenações da realidade de forma simbólica: não reproduzindo-a mediante uma cópia nem buscando averiguar a sua essência mediante analogia.

O segundo problema mencionado no início deste verbete foi examinado de vários pontos de vista. Eis aqui alguns deles: a lógica não depende de nada alheio a si e, portanto, tampouco de uma ontologia; a lógica depende de uma metafísica; a lógica tem em sua base certos pressupostos que não são exprimíveis na linguagem da lógica e que podem ser qualificados, em geral, de filosóficos. Como se pode presumir, a solução dada ao problema depende em grande medida do que se relacione (ou se deixe de relacionar) com a lógica: ontologia formal, ontologia material, metafísica crítica, metafísica especulativa, "filosofia geral" etc. Alguns autores, com efeito, negam que a lógica dependa de qualquer metafísica de caráter especulativo, mas admitem, em contrapartida, a possibilidade de que dependa de uma ontologia de índole formal. Outros autores sustentam que a lógica se constrói (ou deve se construir) sem levar em conta considerações extralógicas, mas que no curso de sua edificação chega-se inevitavelmente a conseqüências ontológicas metafísicas ou de outra índole. Outros indicam que o principal erro daqueles que ligam (seja no início, seja no final) a lógica a elementos extralógicos reside em que confundem a metalógica (VER) com uma metafísica ou com uma ontologia. Poderiam ser citadas muitas outras posições sobre o assunto. Aqui nos limitaremos a chamar a atenção para a necessidade, cada vez que se examina esse problema, de definir de que se trata exatamente, e particularmente de estabelecer o seguinte: (I) se se fala de algo que está na base da lógica ou de uma conseqüência das investigações lógicas, (II) se se entende por 'ontologia' todo conjunto de proposições que enunciam algo sobre a realidade enquanto tal, ou se se quer indicar um conjunto de pressupostos que condicionam o uso da linguagem ou, por fim, se se pretende aludir a determinada concepção metafísica. A resposta dada ao problema pode ser distinta em cada caso. É possível admitir, com efeito, que, como diz E. Nagel, não há correlato metafísico nem correlato empírico para os princípios lógicos e aceitar ao mesmo tempo que a edificação de um cálculo lógico é

orientada por considerações semânticas e, portanto, que não é alheia a um correlato do cálculo.
⊃ Ver: F. Évellin, "La pensée et le réel", *Revue Philosophique*, 30 (1889). — M. C. Swabey, *Logic and Nature*, 1930; 2ª ed., 1955. — Ch. Serrus, *Le parallélisme logico-grammatical*, 1933. — Hans Hahn, *Logik, Mathematik und Naturerkennen*, 1933. — F. Gonseth, *Les mathématiques et la réalité. Essai sur la méthode axiomatique*, 1936. — F. Mange, *L'Esprit et le réel perçu*, 1937. — *Id.*, *L'Esprit et le réel dans les limites du nombre et de la grandeur*, 1937. — M. Riveline, *Essai sur le problème le plus général: action et logique*, 1939. — K. R. Popper, "What is Dialectic?", *Mind*, 49 (1940), 403-426. — A. P. Ushenko, *The Problems of Logic*, 1941. — E. Nagel, "Logic without Ontology", em *Naturalism, and the Human Spirit*, 1944, pp. 210-241. — VV. AA., *Logic and Reality (Aristotelian Society Supp.*, volume 20), 1946. — V. Kraft, *Mathematik, Logik und Erfahrung*, 1947. — Robert Feys, "Logique formalisée et philosophie", *Synthèse*, 6 (1947-1948). — E. J. Nelson, A. Ambrose, E. W. Hall, E. Nagel, "A Symposium on the Relation of Logic to Metaphysics", *The Philosophical Review*, 58 (1949), 1-34. — A. Sinclair, *The Conditions of Knowledge*, 1951. — Albert Menne, *Logik und Existenz. Eine logistische Analyse der kategorischen Syllogismusfunktoren und das Problem der Nullklasse*, 1954. — M. Fréchet, *Les mathématiques et le concret*, 1955. — L. Rougier, *Traité de la connaissance*, 1955, livro II (caps. ix-xiii). — H. Meyer, *Le rôle médiateur de la logique*, 1956. — H. S. Leonard, "The Logic of Existence", *Philosophical Studies*, 7 (1956), 49-64. — L. O. Katsoff, *Logic and the Nature of Reality*, 1956. — José Ferrater Mora, "Lógica y realidad", parte III de *Qué es la lógica*, 1957; 2ª ed., 1960. — E. W. Beth, *La crise de la raison et la logique*, 1957. — Peter Zinkernagel, *Conditions for Description* 1957, especialmente cap. II. — F. H. Parker e H. B. Veatch, *Logic as a Human Instrument*, 1959. — B. K. Bhattacharya, *Logic, Value and Reality*, 1961. — Martin Foss, *Logic and Existence*, 1962 [nem sempre trata do tema enunciado]. — Eric Toms, *Being, Negation, and Logic*, 1962, parte I, cap. ii. — A. Gobar, "Logic and Reality", em *Proceedings of XV World Congress of Philosophy*, vol. V, 1973, pp. 43-50. — H. Hochberg, *Logic, Ontology, and Language: Essays on Truth and Reality*, 1984. — E. E. Harris, *Formal, Transcendental, and Dialectical Thinking: Logic and Reality*, 1987. ¢

LOGICISMO. Ver MATEMÁTICA.

LOGÍSTICA. O termo 'logística' e seus equivalentes em várias línguas (*Logistic, Logistik, Logistique, Logistiek* etc.) foi usado durante algum tempo para designar o que às vezes se chamou de "lógica moderna", a partir de Boole, em oposição à "lógica clássica" e a "lógica tradicional". 'Logística' caiu em desuso; o termo é reservado quase unicamente a expressões como 'cálculo logístico'. Hoje, 'lógica simbólica', 'lógica matemática' e 'lógica formal' substituem o termo "logística".

Cada vez mais se usa simplesmente o nome 'lógica', especificado segundo os ramos de que se trate (lógica sentencial ou proposicional ou lógica de enunciados; lógica quantificacional elementar ou lógica de predicados; lógica quantificacional superior; lógica das classes etc.) ou segundo os modelos usados (lógica "padrão" ou lógicas não "-padrão", como as lógicas "desviadas"). Sendo esses os usos mais difundidos hoje, pode-se perguntar se há algum interesse em dedicar um verbete especificamente à logística. Respondemos afirmativamente pelas seguintes razões: 1) tratamos neste verbete das discussões sobre se a lógica clássica e tradicional é ou não distinta da lógica moderna simbólica e matemática. Como nos momentos de auge da discussão ainda era comum, em várias línguas, referir-se à última lógica como "logística", é historicamente aceitável usar esse nome para os efeitos propostos. 2) A bibliografia do verbete LÓGICA é muito extensa, já que abarca diferentes períodos da história da lógica. Para aliviar um pouco essa bibliografia incluímos no final deste verbete a que corresponde ao que, como indicamos, hoje se tende a chamar simplesmente de "lógica" (lógica formal ou lógica dedutiva, ao contrário da intitulada "lógica indutiva"), embora também continue sendo chamada de "lógica simbólica" e de "lógica matemática".

Adotando, desse modo, por meras razões de comodidade e de "distributividade", o velho vocábulo 'logística', trataremos de duas questões: *a*) a da relação entre a lógica (pela qual entendemos *aqui* provisoriamente a "lógica tradicional": "clássica", "aristotélico-escolástica" etc.) e a logística, *b*) a da relação entre a logística e a filosofia em geral.

Duas opiniões extremas sobre a questão *a*) são esclarecedoras. De acordo com uma delas, há pouca ou nenhuma relação entre lógica e logística; segundo a outra, há uma relação muito estreita entre elas, a ponto de se poder afirmar que são uma e a mesma coisa.

Passemos agora à primeira opinião. Paradoxalmente, ela foi defendida com dois tipos de argumento muito distintos:

*a*1) Não há (ou apenas há) relação entre lógica e logística em vista do caráter extremamente "avançado" da logística em relação à lógica tradicional, em vista das "implicações ontológicas" da lógica aristotélica (por exemplo, a teoria da substância-acidente, considerada como a base da lógica do *sujeito-predicado* ou como conseqüência dela) etc. Essa opinião foi sustentada durante os primeiros anos de grande entusiasmo pela lógica formal simbólica; numerosas polêmicas contra a lógica tradicional e particularmente contra a lógica considerada aristotélico-escolástica foram a conseqüência dessa atitude.

*a*2) Não há relação entre lógica e logística porque a única lógica que merece ser assim chamada é a "lógica tradicional". Brentano já opunha várias objeções à lógica simbólica (por exemplo, o fato de se esquecer que os homens jamais deixariam de vincular os signos do modo de falar comum com a marcha dos pensamentos). Porém a opinião mais combativa a favor da "lógica" contra a "logística" foi expressada pelos partidários da "lógica baseada no realismo filosófico" a que nos referimos no verbete LÓGICA (enumeração de tendências lógicas contemporâneas, seção VIII), e, particularmente, pelo mais acirrado defensor dessa lógica: Henry Veatch. Esse autor sustenta que a logística trata das relações como formas não-intencionais; a lógica clássica, em compensação, as trata como formas intencionais. Em vista disso, as entidades propriamente lógicas são, segundo Veatch, entidades intencionais, isto é, cujo ser consiste simplesmente em representar ou significar algo distinto dele. Portanto, somente a lógica clássica é, propriamente falando, lógica.

Quanto à segunda opinião, são também dois os argumentos aduzidos para defendê-la:

*a*1') A lógica e a logística estão estreitamente relacionadas, mas isso se deve ao fato de que a última pode ser englobada pela primeira. Essa é a tese de Th. Greenwood, que indica que os cálculos edificados pela logística não são novidades, pois todos se reduzem a diversas manifestações da apofântica (VER). Mesmo na logística, alega Greenwood, todas as proposições categóricas podem ser consideradas como possuindo a estrutura *sujeito-predicado*. Ao comentar essa opinião, F. B. Fitch observou que Greenwood a defendeu não sem êxito. Com efeito, já que em última análise qualquer sistema de lógica pode, sem mudança essencial, ser expresso no simbolismo da lógica combinatória de Curry, todas as proposições (categóricas ou não) podem ser reduzidas a enunciados que possuem a forma *sujeito-predicado*.

*a*2') A lógica e a logística estão estreitamente relacionadas, mas isso se deve ao fato de que a primeira pode ser englobada pela segunda. Essa é a opinião mais difundida hoje e a que sustento. Essa opinião é o resultado de duas linhas convergentes. Por um lado, à medida que a logística foi se desenvolvendo, alguns de seus cultores suspeitaram que a polêmica entre as duas "lógicas" era pouco fértil e que não era tão óbvio quanto alguns argumentavam que a lógica clássica (principalmente a aristotélica) fosse a simples transposição para o plano lógico de determinada metafísica. Por outro lado, os seguidores da lógica aristotélica perceberam que muitos de seus resultados podiam ser formulados com singular rigor empregando-se os métodos e o simbolismo modernos. No início, a aproximação entre as duas "lógicas" foi muito tímida. Tarski, por exemplo, reconheceu que a lógica aristotélica pertence à história da lógica *simpliciter* (e não à história de determinada lógica sustentada por determinada metafísica), mas a um fragmento tão limitado que "do ponto de vista das exigências de outras ciências, e das matemáticas em particular, é inteiramente insignificante". Pouco a pouco, porém, reconheceu-se que há em Aristóteles e em outros autores e tendências (estóicos, escolásticos medievais) muito mais riquezas lógicas do que parecia à primeira vista. Abordamos esse ponto no início do verbete LÓGICA. Isso não significa que já na lógica do passado esteja toda a logística moderna. Como assinalou Quine, um erro não menos grave que o de separar as duas "lógicas" seria o de esquecer que o que aqui chamamos de "logística", especialmente a partir de Frege, avançou aceleradamente.

Quanto à questão *b*), ela está estreitamente relacionada com aquela esclarecida no princípio do verbete LÓGICA E REALIDADE. No entanto, nós a examinaremos aqui sob uma forma um pouco distinta, e aplicada exclusivamente à logística moderna. Com efeito, trata-se de saber se a logística está ligada a determinada filosofia ou se é independente dela. Duas opiniões se enfrentaram:

*b*1) Uma opinião sustenta que a logística está vinculada a uma tendência filosófica ou a um grupo de tendências filosóficas: as designadas com o nome de positivismo (VER) lógico, às correntes analíticas (cf. FILOSOFIA ANALÍTICA) etc. e ocasionalmente a determinada posição na querela dos universais: a nominalista. Muitos defensores dessa opinião indicam que a vinculação da logística a tais tendências filosóficas não significa de modo algum que ela dependa de uma metafísica, pois as tendências em questão são consideradas explicitamente como não-metafísicas e até mesmo como antimetafísicas.

*b*2) Outra opinião — a mais difundida e a que também sustento — indica que, embora freqüentemente impulsionada pelas tendências filosóficas em questão, a logística é em princípio neutra em relação a elas e em relação a qualquer filosofia geral ou metafísica. A logística não constitui, pois, como assinala H. Weyl, "um monopólio da escola positivista". Segundo Bocheński, a logística é "uma teoria da dedução correta, que abstrai toda filosofia". E, de acordo com A. Church, embora o empirismo e o positivismo pareçam ser corolários da lógica moderna, esta lógica "tem aplicações significativas, pois a primeira condição necessária para qualquer sistema de filosofia é sua validade lógica". Muitas outras afirmações análogas poderiam ser aduzidas aqui. Nós nos limitaremos a indicar que a neutralidade e a universalidade da logística foi sustentada por autores que rejeitaram muito explicitamente as tendências positivistas na filosofia, como, por exemplo, I. M. Bocheński e Ivo Thomas, ao aplicar a logística a estudos teológicos, Joseph Clark, F. B. Fitch, Robert Feys e outros.

A bibliografia incluirá somente: (A) os repertórios bibliográficos e revistas especialmente dedicados à logística e a temas afins; (B) os principais trabalhos clássicos em "logística" desde Leibniz; (C) alguns textos e manuais gerais relativos à disciplina; (D) vários escritos nos quais se discute a interpretação da logística e de seus resultados. As referências bibliográficas a várias partes da logística ou a temas e conceitos especiais são excluídas aqui por já constarem nos verbetes correspondentes (por exemplo, estudos de lógica modal em MODALIDADE; estudos de lógica polivalente em POLIVALENTE etc.). Apresentamos aqui vários trabalhos sobre lógica combinatória, por não haver verbete especificamente sobre ela. Os estudos relativos à história da logística e investigações afins estão mencionados na bibliografia do verbete LÓGICA. Para lógica indutiva, ver as bibliografias de CONFIRMAÇÃO; INDUÇÃO; PROBABILIDADE.

➲ (A) Repertórios bibliográficos: A. Church, "A Bibliography of Symbolic Logic", *The Journal of Symbolic Logic*, 1 (1936), 121-218 e 3 (1938), 178-212 [este último com o subtítulo: "Additions and Corrections to A Bibliography of Symbolic Logic"]. Resenhas e listas de obras a partir de 1936 no mesmo *Journal*, com índices periódicos de autores, temas e resenhas. — E. W. Beth, *Symbolische Logik. Grundlegung der exakten Wissenschaften*, 1948, opúsculo 3 da série *Bibliographische Einführungen in das Studium der Philosophie*, ed. I. M. Bochenski. — A. Church, "A Brief Bibliography of Formal Logic", *Proceedings of the American Academy of Arts and Sciences*, 80 (1952), 155-172. — Para a bibliografia soviética: S. A. Ánovskaá, em *Matematika v SSSR za Tridtsat' 1917-1947*, 1948, pp. 9-50. — G. Küng, "Bibliography of Soviet Work in the Field of Mathematical Logic and the Foundations of Mathematics from 1917 to 1957", *Notre Dame Journal of Formal Logic*, 3 (1962), 1-40. — Revistas (excluímos revistas filosóficas gerais nas quais também são abordados temas de logística e investigações afins; também excluímos revistas matemáticas, nas quais freqüentemente são publicados trabalhos sobre essas disciplinas): *The Journal of Symbolic Logic* (desde 1936), *Methodos* (desde 1949), *Journal of Computing Systems* (desde 1953), *Zeitschrift für mathematische Logik und Grundlagen der Mathematik* (desde 1955), *Notre Dame Journal of Formal Logic* (desde 1960), *International Logic Review/Rassegna Internazionale di Logica* (desde 1970), *Journal of Philosophical Logic* (desde 1971), *History and Philosophy of Logic* (desde 1980), *Studia Logica. An International Journal for Symbolic Logic* (desde 1980; continuação da revista polonesa *Studia Logica*).

(B) A primeira bibliografia de A. Church, já citada, começa com o escrito de Leibniz: *Dissertatio de arte combinatoria* (1666). Os escritos de Leibniz relativos à *characteristica universalis* e ao cálculo lógico encontram-se reunidos no tomo VII da edição de Gerhardt e também em L. Couturat, *La logique de Leibniz d'après des documents inédits*, 1901, e *Opuscules et fragments inédits* (provenientes da Biblioteca Real de Hannover), 1903. — Jacobus e Joannes Bernoulli, *Parallelismus raciotinii logici et algebraici*, 1685 (reimpresso em *Opera*, ed. Cramer, 1744, t. I). — G. Ploucquet, *Methodus tam demonstrandi directe omnes syllogismorum species, quam vitia formae detegendi ope unius regulae*, 1763 (reimp. em *Sammlung der Schriften*, ed. F. A. Bök, 1766). — *Id.*, *Methodus calculandi in logicis, praemissa commentatione de arte characteristica*, 1763 (reimp. em *Principia de substantiis et phaenomenis*, 2ª ed., 1764 [1ª ed., 1753] e em *Sammlung der Schriften*, ed. Bök, 1766). — G. J. v. Holland, *Abhandlung über die Mathematik, die allgemeine Zeichenkunst und die Verschiedenheit der Rechnungsarten*, 1764. — J. H. Lambert, "De universaliori calculi idea, disquisitio, una cum adnexo specimine", *Nova Acta Eruditorum*, 1765, pp. 441-473. — *Id.*, "Sechs Versuche einer Zeichenkunst in der Vernunftlehre", *J. H. Lamberts logische und philosophische Abhandlungen*, ed. Joannes Bernoulli, I, 1782. — G. F. Castillon, "Mémoire sur un nouvel algorithme logique", *Mémoires de l'Académie Royale des Sciences et Belles-Lettres*, LIII (1805), Classe de phil. spéculative, pp. 3-24. — T. Solly, *A Syllabus of Logic*, 1839. — A. de Morgan, *Formal Logic: or, the Calculus of Inference, Necessary and Probable*, 1847 [outros escritos de De Morgan no verbete sobre o mesmo]. — G. Boole, *The Mathematical Analysis of Logic being an Essay toward a Calculus of Deductive Reasoning*, 1847. — *Id.*, *An Investigation of the Laws of Thought, on wich are founded the Mathematical Theories of Logic and Probabilities*, 1954. — *Id.*, *Studies in Logic and Probability*, ed. R. Rhees, 1952 (inclui *The Mathematical Analysis of Logic*). — W. Hamilton, *Lectures on Logic*, 1860. — W. S. Jevons, *Pure Logic, or the Logic of Quality apart from Quantity*, 1864. — *Id.*, *The Substitution of Similars, the true Principle of Reasoning, derived from a Modification of Aristotle's dictum*, 1869. — *Id.*, *The Principles of Science, A Treatise on Logic and Scientific Method*, 2 vols., 1874. — *Id.*, *Pure Logic and Other Minor Works*, ed. R. Adamson e Harriet A. Jevons, 1890 (inclui *Pure Logic*). — C. S. Peirce, *Collected Papers*, ed. P. Weiss e Ch. Hartshorne, especialmente vols. II (Elements of Logic), 1932; III (Exact Logic), 1933 e IV (The Simplest Mathematics), 1933. — Hugh McColl, "The Calculus of Equivalent Statements and Integration Limits", *Proceedings of the London Mathematical Society*, 9 (1877-1878), 9-20, 177-186; 10 (1878-1879), 16-28; 11 (1879-1880), 113-121; 28 (1896-1897), 156-183, 555-579; 29 (1897-1898), 98-109, e correções em 30 (1898-1899), 330-332. — *Id.*, "Symbolical Reasoning", *Mind*, 5 (1880), 45-60; *ibid.*, N. S., 6 (1897), 493-510; 9 (1900), 75-84; 11 (1902), 352-368; 12 (1903), 355-364; 14 (1905), 74-81, 390-397; 15 (1906), 504-518. — *Id.*, *Symbolic Logic and Its Applications*, 1906. — C. L. Dogson (Lewis Carroll), *The Game of Logic*, 1877. — *Id.*, *Symbolic Logic*, I, 1896; 4ª ed., 1897. — John Venn, *Symbolic Logic*, 1881; 2ª ed., 1894.

— G. Frege, *Begriffschrift, eine der arithmetischen nachgebildete Formelsprache des reinen Denkens*, 1879. — *Id.*, *Die Grundlagen der Arithmetik, eine logisch-mathematische Untersuchung über den Begriff der Zahl*, 1884. — *Id.*, *Grundgesetze der Arithmetik, begriffschriftlich abgeleitet*, 2 vols., 1893-1903. — J. N. Keynes, *Studies and Exercises in Formal Logic, including a Generalization of Logical Processes in Their Application to Complex Inferences*, 1884. — E. Schröder, *Vorlesungen über die Algebra der Logik, Exakte Logik*, I, 1890; II, 1, 1891; II, 2, 1905, ed. E. Müller; III, 1895. — G. Peano, "Sul concetto di numero", *Rivista di matematica*, I (1891), 1-10 (para outros escritos do autor, e especialmente para o *Formulaire de mathématiques*, no qual colaboraram, além de Peano, R. Bettazzi, C. Burali-Forti, F. Castellano, G. Fano, F. Giudice, G. Vailati e G. Vivanti, ver a bibliografia do verbete sobre Peano). — C. Burali-Forti, *Logica matematica*, 1894. — A.-N. Whitehead, *A Treatise of Universal Algebra with Applications*, 1898. — B. Russell, *The Principles of Mathematics*, I, 1903; ver também a bibliografia de RUSSELL, BERTRAND. — L. Couturat, *Les principes des mathématiques avec un appendice sur la philosophie des mathématiques de Kant*, 1905. — *Id.*, *L'algèbre et la logique*, 1905; 2ª ed., 1914. — J. Richard, "Les principes des mathématiques et le problème des ensembles", *Revue générale des sciences pures et appliquées*, 16 (1905), 541-543. — E. Zermelo, "Untersuchungen über die Grundlagen der Mengenlehre", *Mathematische Annalen*, 66 (1908), 261-281. — P. E. B. Jourdain, "The Development of Theories of Mathematical Logic and the Principles of Mathematics", *Quarterly Journal of Pure and Applied Mathematics*, 41 (1910), 324-352. — K. Grelling, *Die Axiome der Arithmetik mit besonderer Berücksichtigung der Beziehungen zur Mengenlehre*, 1910 (tese). — A.-N. Whitehead e B. Russell, *Principia Mathematica*, I, 1910; II, 1912; III, 1913; 2ª ed., I, 1925; II e III, 1927; reimp. parcial até * 56 (1962). — E. V. Huntington, "A New Set of Independent Postulates for the Algebra of Logic, with Special Reference to Whitehead and Russell's Principia Mathematica", *Proceedings of the National Academy of Sciences of the United States of America*, 18 (1932), 179-180. — *Id.*, "New Sets of Independent Postulates etc.", *Transactions of the American Mathematical Society*, 35 (1933), 274-304 (também, 557-558, 971). Ver também: H. M. Sheffer, "A Set of Five Independent Postulates for Boolean Algebras with Application to Logical Constants", *ibid.*, 14 (1913), 481-488. — Para obras de Cantor e Hilbert, ver os verbetes correspondentes; para obras de Brouwer, ver INTUICIONISMO.

Antologia: Jean van Hijenoort, ed., *From Frege to Gödel: A Source Book in Mathematical Logic, 1879-1931*, 1967.

(C) C. I. Lewis, *A Survey of Symbolic Logic*, 1918 (lógica modal). — B. Russell, *Introduction to Mathematical Philosophy*, 1919. — D. Hilbert e W. Ackermann, *Grundzüge der theoretischen Logik*, 1928; 4ª ed., 1959. — J. Łukasiewicz, *Elementy logiki matematycznej*, 1929. — R. Carnap, *Abriss der Logistik, mit besonderer Berücksichtigung der Relationstheorie und ihrer Anwendungen*, 1929. — *Id.*, *Logische Syntax der Sprache*, 1934 (trad. ingl., revisada e aumentada: *The Logical Syntax of Language*, 1937). — *Id.*, *Einführung in die symbolische Logik*, 1954; 2ª ed., 1960. — L. S. Stebbing, *A Modern Introduction to Logic*, 1931. — J. Jorgensen, *A Treatise of Formal Logic, Its Relations to Mathematics and Philosophy*, 3 vols., 1931; reimp., 3 vols., 1962. — C. I. Lewis e C. H. Langford, *Symbolic Logic*, 1932. — D. Hilbert e P. Bernays, *Grundlagen der Mathematik*, 2 vols., 1934-1939; nova ed., 1968-1970. — M. R. Cohen e E. Nagel, *An Introduction to Logic and Scientific Method*, 1934 (não estritamente logística). — D. García (T. D. García Bacca), *Introducció a la logística amb aplicacions a la filosofia i a les matemàtiques*, 2 vols., 1934. — *Id.*, *Introducción a la lógica moderna*, 1936. — A. Tarski, *O logice matematycznej i metodzie dedukcyjnej*, 1936 (ed. alemã: *Einführung in die mathematische Logik und in die Methodologie der Mathematik*, 1937; trad. ingl., revisada e ampliada: *Introducton to Logic and to the Methodology of Deductive Sciences*, 1941; 2ª ed., corrigida, 1946; 3ª ed., rev., 1965). — S. K. Langer, *An Introduction to Symbolic Logic*, 1937; 2ª ed., 1953. — I. M. Bocheński, *Nove lezioni di logica simbolica*, 1938. — *Id.*, *Précis de logique mathématique*, 1949 (texto das *Nove lezioni* muito corrigido). — *Id.*, *Grundriss der Logistik*, 1954 [reed. por A. Menne]. — A. A. Bennett e C. A. Baylis, *Formal Logic: a Modern Introduction*, 1939. — W. van O. Quine, *Mathematical Logic*, 1940; 2ª ed., rev., 1951. — *Id.*, *O Sentido da Nova Lógica*, 1944. — *Id.*, *Methods of Logic*, 1950; ed. rev., 1959; 3ª ed., 1972. — J. C. Cooley, *A Primer of Formal Logic*, 1942. — E. Curvelo, *Introdução lógica*, 1950. — E. Feys, *Logistiek, Geformaliseerde Logica*, I, 1944. — A. Church, *Introduction to Mathematical Logic*, I, 1944; ed. rev., I, 1956. — Ch. Serrus, *Traité de Logique*, 1946. — J.-L. Destouches, *Cours de logique et philosophie générale*: II (*Notions de logistique*), 1946. — F. Miró Quesada, *Lógica*, 1946. — H. Reichenbach, *Elements of Symbolic Logic*, 1947. — Alice Ambrose e Morris Lazerowitz, *Fundamentals of Symbolic Logic*, 1948; 2ª ed., rev., 1962. — M. Boll, *Manuel de logique scientifique*, 1948. — A. Naess, *Symbolik Logik*, 1948. — A. Mostowski, *Logika Matematyczna*, 1948. — M. Granell, *Lógica*, 1949. — J. Piaget, *Essai de logistique opératoire*, 1949. — T. Czezowski, *Logika*, 1949. — H. Scholz, *Vorlesungen über Grundzüge der mathematischen Logik*, 2 vols., 1949; ed. revisada, 1950-1951. — E. W. Beth, *Les fon-*

dements logiques des mathématiques, 1950; 2ª ed., 1955. — H. B. Curry, *A Theory of Formal Deducibility*, 1950. — *Id.*, *Leçons de logique algébraïque*, 1952. — P. Rosenbloom, *The Elements of Mathematical Logic*, 1950. — J. Dopp, *Elements de logique formelle*, 3 vols., 1950. — A. Sesmat, *Logique*, 2 vols., 1950-1951. — O. Becker, *Einführung in die Logistik, vorzüglich in den Modalkalkül*, 1951. — H. Hermes e H. Scholz, *Mathematische Logik*, I (I Teil, 1 Heft, 1 Teil), 1952. — F. B. Fitch, *Symbolic Logic: an Introduction*, 1952. — S. C. Kleene, *Introduction to Metamathematics*, 1952. — A. H. Basson e D. J. O'Connor, *Introduction to Symbolic Logic*, 1953; 2ª ed., 1961. — *Id.*, *Symbolic Logic*, 1954. — J. B. Rosser, *Logic for Mathematicians*, 1953. — K. Dürr, *Lehrbuch der Logistik*, 1954. — E. W. Johnstone, Jr., *Elementary Deductive Logic*, 1954. — Béla Juhos, *Elemente der neuen Logik*, 1954. — H. Leblanc, *An Introduction to Deductive Logic*, 1955. — J. Ferrater Mora e H. Leblanc, *Lógica matemática*, 1955; 2ª ed., 1962. — A. N. Prior, *Formal Logic*, 1955; 2ª ed., 1962. — Henryk Greniewski, *Elementy logiki formalnej*, 1955. — G. Stahl, *Introducción a la lógica simbólica*, 2ª ed., 1962. — E. W. Beth, *Semantic Construction of Intuitionistic Logic*, 1956. — Jean Chavineau, *La logique moderne*, 1957. — Alberto Pasquinelli, *Introduzione alla logica simbolica*, 1957. — Patrick Suppes, *Introduction to Logic*, 1957. — R. P. Dubarle, *Initiation à la logique*, 1957. — Robert Blanché, *Introduction à la logique contemporaine*, 1957; 4ª ed., rev., 1968. — H. Freudenthal, *Logique mathématique appliquée*, 1958. — Kazimierz Ajdukiewicz, *Abriss der Logik*, 1958. — Paul Lorenzen, *Formale Logik*, 1958; 3ª ed., 1967. — Arnold Schmidt, *Mathematische Gesetze der Logik. I. Vorlesungen über Aussagenlogik*, 1959 [especialmente para matemáticos]. — Paul Bernays, *Logica*, 1959. — William H. Halberstadt, *An Introduction to Modern Logic*, 1960. — Franz E. Horn, *Applied Boolean Algebra. An Elementary Introduction*, 1960. — J. Eldon Whitesitt, *Boolean Algebra and Its Applications*, 1961. — Heinrich Scholz e Gisbert Hasenjaeger, *Grunzüge der mathematischen Logik*, 1961. — David Mitchell, *An Introduction to Logic*, 1962; reimp., 1967. — P. N. Nidditch, *Propositional Calculus*, 1962. — Arthur Smullyan, *Fundamentals of Logic*, 1962 [inclui caps. sobre probabilidade e inferência indutiva]. — John M. Anderson e Henry W. Johnstone, Jr., *Natural Deduction: The Logical Basis of Axiom Sistems*, 1962. — E. W. Beth, *Formal Methods: An Introduction to Symbolic Logic and to the Study of Effective Operations in Arithmetic and Logic*, 1962. — Nicholas Rescher, *Introduction to Logic*, 1963. — Miguel Sánchez Mazas, *Fundamentos matemáticos de la lógica formal*, 1963. — Hao Wang, *A Survey of Mathematical Logic*, 1963. — Haskell B. Curry, *Foundations of Mathematical Logic*, 1963. — H. Hermes, *Einführung in die mathematische Logik*, 1963. — Wesley C. Salmon, *Logic*, 1963 (trad. esp.: *Lógica*, 1965). — Manuel Sacristán Luzón, *Introducción a la lógica y al análisis formal*, 1964. — Gerold Stahl, *Elementos de la metalógica y metamatemática*, 1964. — Patrick Suppes e Shirley Hill, *First Course in Mathematical Logic*, 1964. — Norman Kretzmann, *Elements of Formal Logic*, 1965. — Benson Mates, *Elementary Logic*, 1965; 2ª ed., 1972. — S. C. Kleene, *Mathematical Logic*, 1967. — Raymond M. Smullyan, *First-Order Logic*, 1968. — H. Leblanc e W. A. Wisdom, *Deductive Logic*, 1970. — Jesús Mosterín, *Lógica de primer orden*, 1970. — Leônidas Hegenberg, *Lógica. O cálculo sentencial*, 1972. — *Id.*, *Lógica. O cálculo de predicados*, 2 vols., 1973. — Manuel Garrido, *Lógica simbólica*, I, 1974. — Alfredo Deaño, *Introducción a la lógica formal*, 2 vols., 1974-1975 (I: *La lógica de enunciados*; II: *La lógica de predicados*). — Patrick K. Bastable, *Logic: Depth Grammar of Rationality. A Textbook on the Science and History of Logic*, 1975. — Vários autores, *Handbook of Mathematical Logic*, 1977, ed. Jon Barwise. — T. Jech, *Set Theory*, 1978. — B. F. Chellas, *Modal Logic*, 1980. — H. Pospesel, *Propositional Logic*, 1984. — M. Tiles, *The Philosophy of Set Theory*, 1989. — J. K. Wilson, *Introductory Symbolic Logic*, 1992.

Para a lógica combinatória e para a lógica "lambda": H. B. Curry, "Grundlagen der kombinatorischen Logik", *American Journal of Mathematics*, 52 (1930), 509-536, 789-834. — *Id.*, "Apparent Variables from the Standpoint of Combinatory Logic", *Annals of Mathematics*, Séria II, 34 (1933), 381-404. — *Id.*, "The Combinatory Foundations of Mathematical Logic", *Journal of Symbolic Logic*, 7 (1942), 49-64. — *Id.*, "A Simplification of the Theory of Combinators", *Synthese*, 7 (1948-1949), 391-399. — A. Church, *The Calculi of Lambda-Conversion*, 1941; reimp. com algumas correções e acréscimos, 1951. — A. M. Turing, "Computability and λ-definability", *Journal of Symbolic Logic*, 2 (1937), 153-163. — S. C. Kleene, "Recursive Predicates and Quantifiers", *Transactions of the American Mathematical Society*, 53 (1943), 41-73. — *Id.*, "λ-definability and Recursiveness", *Duke Mathematical Journal*, 2 (1936), 340-353. — J. B. Rosser, "New Sets of Postulates for Combinatory Logics", *Journal of Symbolic Logic*, 7 (1942), 18-27. — R. Feys, "La technique de la logique combinatoire", *Revue Philosophique de Louvain*, 44 (1946), 74-103, 237-270. — Haskell B. Curry, Robert Feys, *Combinatory Logic*, I, 1958 [com duas seções escritas por William Craig]. — F. B. Fitch, *A System of Combinatory Logic*, 1960. — M. W. V. Bunder, *Set Theory Based on Combinatory Logic*, 1969. — S. Stenlund, *Combinators, Lambda-Terms and Proof Theory*, 1972. — J. R. Hindley, B. R. Lercher, J. P. Seldin, *Introduction to Combinatory Logic*, 1972. — D. Scott, "Lambda Calculus and Recursion Theory", em S. Kanger, ed., *3rd Scandinavian Logic Symposium*, 1975, pp. 154-193.

(D) Em muitos dos textos mencionados em (C) há discussões sobre o papel e a função da logística. Entre os defensores da opinião *a*1) figurou freqüentemente B. Russell.

*a*2) As opiniões de F. Brentano, em *Von der Klassifikation der psychischen Phänomene*, 1911, p. 163. — As de H. Veatch, em vários artigos (*Review of Metaphysics*, 2 [1948], 40-64; *The Thomist*, 13 [1950], 50-96; ibid., 14 [1951], 238-258, e outros), mas especialmente no volume *Intentional Logic: A Logic based on Philosophical Realism*, 1952. Ver também: F. H. Parker e H. B. Veatch, *Logic as a Human Instrument*, 1959.

*a*1') As opiniões de Th. Greenwood, em *Les fondements de la logique symbolique*, 2 vols., 1939 (I: *Critique du nominalisme logique*) e em "The Unity of Logic", *The Thomist*, 7 (1945), 457-470. — Os comentários de F. B. Fitch, em *Journal of Symbolic Logic*, 12 (1947), 25.

*a*2') As observações de Tarski, na *Introdução* citada em (C). — As de Quine, no prefácio ao livro de J. Clark, S. J., *Conventional Logic and Modern Logic*, 1952, p. VII (cf. também *Mathematical Logic*, p. 1).

Dentre os estudos comparativos citamos: I. M. Bocheński, "Logistique et logique classique", *Bulletin Thomiste*, 10 (1934), 240-248. — H. Scholz, "Die klassische und die moderne Logik", *Blätter für deutsche Philosophie*, 10 (1937), 254-281. — G. Capone-Braga, *La vecchia e la nuova logica*, 1948. — J. Bendiek, "Scholastische und mathematische Logik", *Franziskanische Studien*, 31 (1949), 31-48. — C. Dillhof Frank, "How is Scholastic Logic, facing Modern Logic", *University of Pittsburgh Bulletin*, vol. 48, 1952. — J. Clark, *Conventional Logic and Modern Logic: A Prelude to Transition*, 1952. — Bruno von Freytag Löringhoff, *Logik. Ihr System und ihr Verhältnis zur Logistik*, 3ª ed., 1961. — A. Menne, "Was ist und was kann Logistik?", *Theologie und Glaube*, 47 (1957), 212-224. — Justus Harnack, *Logik, Klassik og moderne*, 1958. — Gerold Stahl, *Enfoque moderno de la lógica clásica*, 1958. — Günther Jacoby, *Die Ansprüche der Logistiker auf die Logik und ihre Geschichtschreibung. Ein Diskussionsbeitrag*, 1962. — I. M. Bocheński, *Philosophie der Logik*. — Vicente Muñoz Delgado, *Lógica matemática y lógica filosófica*, 1962. — H. B. Veatch, *Two Logics: The Conflict Between Classical and Neoanalytic Philosophy*, 1969. — D. M. Gabbay, F. Günther, eds., *Handbook of Philosophical Logic*, 4 vols., 1983-1985 (especialmente os 3 primeiros volumes). — W. A. Murphree, *Numerical Exceptive Logic: A Reduction of the Classical Syllogism*, 1991.

A opinião *b*1) foi defendida, entre outros, por Von Neurath (*Le développement du Cercle de Vienne et l'avenir de l'empiritisme logique*, 1935) e, em durante um certo período por Carnap ("Die alte und die neue Logik", *Erkenntnis*, I [1930-1931], 12-26, *Foundations of Logic and Mathematics*, 1939).

*b*2) A opinião de Bocheński, na *Logique de Théophraste*, 1947 (Introdução). — A de A. Church, em vários lugares do *Journal of Symbolic Logic* (por exemplo: 11 [1946], 83, 134; 12 [1948], 123). — As de Ivo Thomas, em "Logic and Theology", *Dominican Studies*, 1, nº 1 (1948). — As de F. B. Fitch, em *loc. cit.* — As de R. Feys em "Neo-positivisme en symbolische logica", *Annalen van het Thijmgenootschap*, 37 (1949), 150-157.

Cf. também sobre essa questão: H. Scholz, "Die mathematische Logik und Metaphysik", *Philosophisches Jahrbuch*, 51 (1938), 1-35. — W. A. Wick, *Metaphysics and the New Logic*, 1942 (tese). — John Myhill, "Some Philosophical Implications of Mathematical Logic", *Review of Metaphysics*, 6 (1952), 165-198. — W. Albrecht, *Die Logik der Logistik*, 1954. — A. Menne, *Logik und Existenz, eine logistische Analyse der kategorischen Syllogismusfunktoren und das Problem der Nullklasse*, 1954. — B. von Freytag-Löringhoff, *Logik. Ihr System und ihr Verhältnis zur Logistik*, 1955. — H. Schindler, "Filosofía y lógica simbólica", *Actas del Primer Congreso Nacional de filosofía* [Mendoza (Argentina)], 1949, pp. 1233-1236. — P. F. Strawson, *Introduction to Logical Theory*, 1952. — Robert Sternfeld, "Philosophical Principles and Technical Problems in Mathematical Logic", *Methodos*, 8 (1956), 269-283. — E. W. Beth, *La crise de la raison et la logique*, 1957. — Thomas Moro Simpson, *Formas lógicas, realidad y significado*, 1964. — W. v. O. Quine, *Philosophy of Logic*, 1970. — Hilary Putnam, *Philosophy of Logic*, 1971. — Jules Vuillemin, *La logique et le monde sensible*, 1971. ℂ

LOGOS. O termo grego λόγος é traduzido por "palavra", "expressão", "pensamento", "conceito", "discurso", "fala", "verbo", "razão", "inteligência"... A esta multiplicidade de significações agregaram-se outras, ou derivadas delas ou formadas pela combinação de algumas delas; assim, por exemplo, λόγος tem sido usado também para significar "lei", "princípio", "norma" etc. Tem-se discutido a origem do termo. O verbo λέγειν é traduzido como "falar", "dizer", "contas [uma história]". Nessa discussão, tem-se indicado que o sentido primário de λέγειν é "recolher" ou "reunir": "recolhem-se" ou "se unem" as palavras, tal como se faz ao ler (*legere, lesen*), e se obtém então a "razão", "a significação", "o discurso", "o dito". Heidegger propôs como significado primário de λέγειν "pôr", "estender diante", vindo daí "apresentar depois de ter recolhido [e de ter-se recolhido]". O λόγος seria então o resultado de um λέγειν, que consistiria essencialmente numa "colheita", que resulta por sua vez, de uma "seleção".

De todo modo, o termo "logos" foi um vocábulo central na filosofia grega, tendo sido mais tarde incorporado a outros idiomas em expressões como "lógica" e no final de expressões nas quais se pretende indicar que "algo é estudado", de modo que essa terminação (filologia, filológico, filólogo; geologia, geológico, geólogo etc.) é adicionada "àquilo que é estudado". Ora, no vocabulário filosófico tem-se entendido "logos" das mais diversas maneiras. Além de um dizer (e um "dizer inteligível" e "raciocinado"), entende-se por "logos" o princípio inteligível do dizer, a razão enquanto "razão universal", que é ao mesmo tempo a "lei" de todas as coisas. Com o logos, engendra-se um âmbito inteligível que torna possível o dizer e o falar de alguma coisa, mas esse âmbito pode igualmente ser resultado da inteligibilidade daquilo que é enquanto logos.

Mesmo restringindo-nos a algumas significações capitais, encontramos vários modos de entender "logos". Assim é que, em Heráclito, o Logos é a razão universal que domina o mundo e torna possível uma ordem, uma justiça e um destino. A sabedoria consiste principalmente em conhecer esta razão universal que penetra tudo e em aceitar suas justas decisões. Portanto, o Logos é a representação inteligível do fogo imanente ao mundo, princípio do qual surge toda realidade e ao qual, em última análise, tudo retorna. Esta doutrina foi adotada e transformada pelos estóicos, que admitiram o Logos como divindade criadora e ativa, o princípio vivo e inextinguível da Natureza que abarca tudo e a cujo destino tudo se acha submetido. Menos imanente e ativa era, em contrapartida, a concepção platônica do Logos, no qual este aparecia no máximo como um intermediário inteligível da formação do mundo. A doutrina filônica do Logos vincula-se mais à concepção platônica do que à estóica, mas não é meramente superponível à cristã. Com efeito, para Fílon, que aí resumia por outro lado, parte da especulação judeu-alexandrina, o Logos aparece como representação de várias realidade: é o lugar das idéias, a lei moral etc., mas, além dessa sua condição de princípio unificador do inteligível, o Logos aparece como o verdadeiro intermediário entre o Criador e a criatura, como a realidade que pode servir de mediadora entre a absoluta transcendência do primeiro e a finitude da segunda (*De mundi opif.*, I, 4). Vê-se portanto que depende do lugar em que se põe a ênfase a possibilidade de o Logos ser interpretado num sentido platônico ou judaico (cristão). Ora, para a compreensão da doutrina cristã do Logos como Filho de Deus, é preciso ter presente a impossibilidade de concebê-la simplesmente como o desenvolvimento unilateral de um pensamento grego. Não é necessário dizer como isso seria problemático no caso da concepção heraclitiano-estóica. Mas o mesmo ocorreria com a própria concepção platônica e "filônica". O Logos do Quarto Evangelho, o *Verbum*, não é na realidade um mero princípio de atividade imanente nem um puro intermediário entre dois mundos ou um mero atributo de Deus como poderia sê-lo sua inteligência infinita; trata-se antes do Filho de Deus e, portanto, do próprio Deus, dada a unidade essencial da Trindade. A unidade do Pai com o Filho, sua consubstancialidade, confere pois à doutrina do Logos um sentido distinto. Na concepção evangélica e na teologia que a tem como base, o "estar com" e o "ser um e mesmo" do Logos com Deus anulam toda possibilidade de interpretação do Verbo como manifestação atributiva; o Logos é "o Caminho, a Verdade e a Vida": sua mediação e sua encarnação não excluem sua divindade. Assim já fora concebida em parte a Palavra numa fase da tradição judaica. A Palavra representou, no final, a Sabedoria, mas não simplesmente como uma manifestação divina na forma de um ato, mas como algo que representava uma forma de comunicação de Deus. Logos e Palavra podem então ser designações da mesma realidade. É certo que, se se interpretar o Logos num sentido mais próximo de "inteligível", ele pode chegar a ser, como Orígenes inclusive afirmou, a "idéia das idéias", o conjunto dos princípios de todos os seres existentes ou possíveis no seio da Natureza divina, a realidade essencialmente unificadora. Mas esta interpretação, ainda que destaque constantemente o aspecto operativo e unificador do Logos, sempre acabará por lhe atribuir o caráter de uma coisa. Eis por que sua interpretação pela teologia cristã tenha revelado grande empenho em afastar-se do inteligível a fim de aproximar-se do pessoal. Assim, podem-se compreender certas oposições entre as concepções grega e cristã do Logos, que de outra maneira poderiam parecer excessivas. Para o grego, o Logos é um princípio abstrato, ordenador, imanente, intermediário. Para o cristão, o Logos é uma realidade concreta, criadora, transcendente, comunicativa. A relação do Logos com Deus pode ser de subordinação; a do Filho com o Pai tem de ser de consubstancialidade. Por isso, o Logos como Filho de Deus e como Palavra é e não é ao mesmo tempo o que acerca dele disse a filosofia grega. Não o é quando nos atemos apenas à primeira série de oposições. E o é quando interpretamos essa primeira série em função da segunda. Os Padres da Igreja o entenderam assim ao usar muitas vezes a tradição grega, sobretudo platônica, em vez de referir-se diretamente à doutrina bíblica da Palavra; eles chegaram até a utilizar a concepção estóica do Logos como razão seminal universal. Se *só* o cristão é verdadeiro, a especulação sobre o Logos deve excluir toda consideração de tipo helênico. Mas se tudo o que é verdadeiro é cristão, a tradição helênica não poderá ser esquecida e terá, pelo contrário, de ser incorporada à teologia cristã. A doutrina do Logos constitui no tocante a isso um dos pontos capitais da tensão entre a filosofia e o cristianismo, bem como um dos aspectos mediante os quais se faz possível a supressão dessa tensão (ver também VERBO).

Indicamos que, além do sentido metafísico e teológico descrito, o vocábulo "logos" tem tido com freqüência, mesmo nos autores citados, um sentido lógico e epistemológico. De fato, como assinala Husserl, "logos" significa: 1) Palavra e proposição (isto é, *sermo* ou *Rede*), bem como aquilo que a proposição contém e o sentido da afirmação (o que a expressão indica) ou ato espiritual mesmo da afirmação. 2) A idéia, em todos os sentidos antes enunciados, de uma norma racional. Por isso, o Logos significa então a razão mesma como faculdade e como um pensamento que caminha para uma verdade ou que tem pretensão de verdade. Nesse aspecto do Logos estaria também incluída, e de modo especial, a faculdade de formar conceitos justos (*Formale und transzendentale Logik*, 1929, p. 16). Ora, afirma Husserl, enquanto no primeiro caso temos a temática de uma investigação teórica e de uma conseqüente aplicação normativa, no segundo nos é oferecido o tema da razão como faculdade de um pensamento justo. Logos pode nesse caso significar tanto a proposição como o pensamento e aquilo que é nele pensado, de modo que a teoria do Logos se torna uma doutrina da lógica transcendental. Heidegger assinala, por sua vez, que a significação de "logos" enquanto enunciado (*Rede*), fundamento de toda proposição ou juízo, mas anterior a eles, é o deixar ver algo, é o tornar patente aquilo de que se fala. O modo de deixar de ver o que se manifesta é a voz, φωνή, e só por causa deste sentido primário, sobre o qual se assenta a possibilidade da verdade ou falsidade como descoberta ou encobrimento de um ente, é possível entender por qual motivo "logos" pode significar igualmente "razão". Assim, temos no Logos o significado do enunciado como ato de deixar ver algo patente, como o que é assinalado no enunciado e como a razão de ser daquilo que o enunciado enuncia. "E porque, finalmente — adiciona Heidegger —, o λόγος *qua* λεγόμενος pode também significar aquilo de que se diz alguma coisa enquanto tornado visível em sua relação com alguma coisa, em sua 'relacionabilidade', o λόγος tem o significado de relação e proporção" (*Ser e tempo*, § 7 B [para a discussão de Heidegger sobre λόγος, ver *Vorträge und Aufsätze*, 1954, capa. "Logos"]).

Quando, na época moderna, se acentuou o sentido de "logos" como "realidade inteligível", suscitou-se sobretudo o problema — a um só tempo metafísico e gnosiológico — do modo de relação entre esta "realidade" e "o dado". Têm-se mostrado predominantes duas doutrinas a esse respeito: de acordo com uma delas, o logos penetra o dado, iluminando-o por inteiro (racionalismo); de acordo com o outro, limita-se a "envolvê-lo" (apriorismo transcendental). No primeiro caso, supõe-se que o logos possua um poder ativo por meio do qual transforma em racional todo o irracional, todo o opaco em transparente, todo o obscuro em luminoso. No segundo, em contrapartida, a função do logos reduz-se a dar forma a uma matéria sem nela penetrar. A função, por assim dizer, passiva do logos neste último caso não impede contudo sua aplicação a todo conteúdo, inclusive os conteúdos irracionais. A formalidade do logos não é então incompatível com a materialidade dos conteúdos, mas isso não equivale a sustentar, como o faz o panlogismo, uma identificação última e definitiva do Logos com os conteúdos que lhe são alheios, mas uma possibilidade de correlação mútua.

⮕ Sobre o termo "logos": M. Heidegger, *op. cit. supra.* H. Boeder, "Der frühgriechische Wortgebrauch von Logos und Aletheia", *Archiv für Begriffsgeschichte*, ed. Erich Jendorff, nº 4, 1959, pp. 82-112. B. Jendorff, *Der Logos-Bregriff*, 1976.

Sobre a doutrina em Israel, na Grécia e no cristianismo: F. E. Walton, *The Development of the Logos Doctrine in Greek and Hebrew Thought*, 1911. M. Heinze, *Die Lehre vom Logos in der griechische Philosophie*, 1872, reimp., 1961. Emanuele Riverson, *Natura e logos: La razionalizzazione dell'esperienza da Omero a Socrate*, 1966. Wilhelm Kelber, *Die Logoslehre. Von Heraklit bis Origenes*, 1958. C. Eggers Lan, "Fuego y logos en Heráclito", *Humanitas* [Tucumán], nº 4, 1958, pp. 141-183. Karl Deichgräber, *Rhythmische Elemente um Logos des Heraklit*, 1963. Damião Berge, *O logos heraclítico*, 1969. W. J. Verdenius, "Der Logosbegriff bei Heraklit und Parmenides", *Phronesis*, nº 12, 1967, pp. 99-117. Ernst Cassirer, "Logos, Dike, Kosmos in der Entwicklung der griechischen Philosophie", [*Göteborgs Högskolas Arskrift*, nº 47, 1941]. Brice Parain, *Essai sur le logos planonicien*, 1942. Max Mühl, "Der λόγος ἐνδιάθετος und προφορικός von der älteren Stoa bis zur Synode von Sirmium 351", *Archif für Begriffsgeschichte*, nº 7, 1963, pp. 7-56. A. Aall, *Der Logos. Geschichte einer Entwicklung in der griechischen Philosophie und der christlichen Literatur*, 2 vols., 1896-1899 (reimp., 1967). A. Bonhöffer, *Epiktet und das Neue Testament*, 1911. Bernhard Jendorff, *Der Logosbegriff. Grundlegung bei Heraklit von Ephesos und seine theologische Indienstnahme durch Johannes den Evangelist*, 1976. S. Emeri, *Il logos nel pensiero del Padri Apostolici*, 1954. L. Duncker, *Zur Geschichte der christlichen Logoslehre in den ersten Jahrhunderten. Die Logoslehre Justins*, 1848. J. Lebreton, *Les théories du Logos au début de l'ère chrétienne*, 1906. Franz Klassen, *Die alttestamentliche Weisheit und der Logos der jüdisch-alexandrinischen Philosophie*, 1878. O. Berling, *Der Johannische Logos und seine Bedeutung für das christliche Leben*, 1907. E. Krebs, *Der Logos als Heiland im ersten Jarhunderten. Ein religions- und dogmengeschichtlicher Beitrag zur Erlösungslehre. Mit einen Anhang: Poimandres und Johannes*, 1910. J. Reville, *La notion du Logos dans le quatrième Évangile et dans les oeuvres de Philon*, 1881. — H. A. Wolfson, *Philo: Foundations of Religious Philosophy in Judaism, Christianity and Islam*, 2 vols., 1947. Karl Bormann, *Die Ideen- und Logoslehre Philons von Alexandrien*, 1955 [crítica de H. A. Wolfson]. Othmar Perler, *Der Nus bei Plotin und das Verbum bei Augustinus als vorbildliche Ursache der Welt*, 1931. H. Paissac, *Théologie du Verbe. Saint Augustin et Saint Thomas*, 1951. K. H. Volkmann-Schluck, *Mythos und Logos*, 1969. J. Sallis, *Being und Logos: The Way of Platonic Dialogue*, 1975. Spiros Kuriazopoulos, *Logos kai theos. Philosophia tou archaiou Hellenikou pnematos*, 1976. G. Kühlewind, *Présence du Logos selon les données de Jean l'évangeliste*, 1980. — M. Schofield, M. Nussbaum, *Language and Logos*, 1982. — D. Roochnik, *The Tragedy of Reason: Toward a Plantonic Conception of Logos*, 1990. — E. Schiappa, *Protagoras und Logos: A Study in Greek Philosophy and Rethoric*, 1991.

Sobre o logos em outras épocas e autores: Th. Zielinski, "Der antike Logos in der modernen Welt", *Neues Jarhbuch für das klassische Altertum*, n° 18, 1906. — Th. Simon, *Der Logos. Ein Versuch einer neuen Würdigung einer alten Wahrheit*, 1902. — Mario Pensa, *Le logos hégélien*, 1948. — Mario Sancipriano, *Il Logos di Husserl*, 1962. — Maurice Nédoncelle, *Conscience et Logos*, 1961. François Chatelet, *Logos et Praxis*, 1962. — P. K. Y. Woo, *Begrieffsgeschichtlicher Vergleich zwischen Tao, Hodos und Logos*, 1970. — B. B. Wavell, *The Living Logos: A Philosophic-Religious Essay*, 1978. — E. Lledó, *La memoria del Logos*, 1984. — W. A. Shelburne, *Mythos and Logos in the Thought of Carl Jung: The Theory of the Collective Unconscious in Scientific Perspective*, 1988. — W. P. Wanker, *"Nous" and "Logos": Philosophical Foundations of Hannah Arendt's Political Theory*, 1991. — N. A. Tusell, *Origen y decadencia del logos*, 1993.

Sobre os λόγοι σπερματικοί, ou "razões seminais", ver a bibliografia de RAZÕES SEMINAIS. **C**

LOISY, ALFRED (1857-1940). Nascido em Ambrières (Marne). Ordenou-se sacerdote em 1879 e, a partir de 1881, deu aulas no Institut Catholique de Paris. Especializado em hebraico e estudos bíblicos, publicou a revista *L'enseignement biblique*; nela e em suas primeiras obras históricas (ver bibliografia) expôs opiniões e interpretações que o obrigaram, em 1893, a deixar sua cátedra no Institut. Seu livro sobre o Evangelho e a Igreja (ver bibliografia), publicado em 1902, provocou grandes polêmicas, a que Loisy respondeu um ano depois como seu texto *Acerca de um Livreto*. As obras de Loisy foram incluídas (1903) no *Index librorum prohibitorum*. Condenado no Decreto *Lamentabile sane exitu* (3 de junho de 1907) e na Encíclica do Papa Pio X, *Pascendi dominici gregis* (8 de novembro de 1907) — parte do chamado *Syllabus* antimodernista —, Loisy se recusou a retratar-se. Em 1909, foi nomeado professor de história das religiões no Collège de France, cargo que exerceu até a aposentadoria, em 1926; foi igualmente, a partir de 1924, professor de história das religiões na École des Hautes Études.

Por sua insistência no caráter histórico dos dogmas, Loisy foi considerado um dos principais representantes do modernismo (VER) e até "pai do modernismo". De todo modo, representou uma das direções extremas dessa tendência. Loisy considerava as Escrituras sucessivas revelações de Deus na história, o que foi julgado de início como manifestação de relativismo dogmático e depois como pura e simples oposição aos dogmas. Loisy fundava suas opiniões na pesquisa histórica, declarando que não se ocupava de questões filosóficas. Contudo, seu historicismo o levou a posições de caráter filosófico que podem ser resumidas pela designação "imanentismo" (e em especial de "imanentismo religioso"). De fato, o tratamento dos dogmas exclusiva ou quase exclusivamente por meio da história fez que ele prescindisse da referência ao que pudesse haver nos dogmas de transcendente à história (de *depositum* da história) e a concebê-los como desenvolvimentos imanentes (um *positum* da história) no espírito humano. Não se tratava de um "método de imanência" no sentido de Blondel, isto é, de uma tentativa de passar do imanente ao transcendente, mas de uma imanentização radical e, por conseguinte, de uma progressiva eliminação do transcendente ou de uma explicação completa deste por meio do imanente.

Loisy chegou a avaliar que toda religião pode ser considerada uma "revelação", no sentido antes assinalado, tendo acentuado o caráter moral desta revelação, estabelecendo um paralelo, e mesmo uma identificação, entre história religiosa e história moral (ou entre história das idéias religiosas e história das idéias morais).

⊃ Suas obras exegéticas e históricas mais importantes são: *Histoire du Canon de l'Ancien Testament. Leçons d'Ecriture Sainte professées à l'École Supérieure de Théologie de Paris pendant l'année 1889-1890*, 1890. — *Histoire du Canon du Nouveau Testament. Leçons, etc., pendant l'année 1890-1891*, 1891. — *Histoire critique du texte et des versions de la Bible*, 1892. — *Études bibliques*, 1901. — *La religion d'Israel*, 1901; 3ª ed., 1933 (reimp., 1971). — *Les mythes babyloniens e les premiers chapitres de la Genèse*, 1901. — *Le quatrième Évangile*, 1903. — *Morceaux d'éxegèse*, 1906. — *Les Évangiles synoptiques*, 2 vols., I, 1907; II, 1908. — *Jesus et la tradition évangélique*, 1910. — *L'Évangile selon Marc*, 1912. — *Les mystères païens et le mystère chrétien* (terminado em 1914; publicado em 1919). — *Les Actes des Apôtres*, 1920 (reimp., 1971). — *Essai historique sur le sacrifice*, 1920. — *L'Apocalypse de Jean*, 1923 (reimp., 1971). — *L'Évangile selon Luc*, 1924 (reimp., 1971). — *Les origines du Nouveau Testament*, 1936 (reimp., 1971). — Uma das obras que causou mais polêmicas foi *L'Évangile et l'Église*, 1902; 4ª ed., 1908 (reimp., 1971). Loisy apresentou uma réplica a seus opositores no volume *Autour d'un petit livre*, 1903. Devem-se acrescentar a estas obras sua autodefesa, *Simples réflexions sur le décret du Saint Office "Lamentabile sane exitu" et sur l'Encyclique "Pascendi dominici gregis"* (1908), e suas obras *La Reli-*

gion (1917), *La morale humaine* (1923; 2ª ed., 1928) e *Y-a-til deux sources de la religion et de la morale?* (1933).

Para a evolução do pensamento de Loisy, ver suas memórias intituladas: *Mémoires pour servir à l'histoire religieuse de notre temps*, 3 vols., 1931.

Ver: P. Bouvier, *L' exégèse de M. L.*, 1903. — M. Lepin, *Les théories de M. L.: Exposé et critique*, 1904. — P. Desjardins, *Catholicisme et critique: Réflexions d'un profane sur l'affaire L.*, 1905. — Id., *L. et la clé de sa méthode*, 1909. — Maria Licastro, *Il modernismo religioso di A. L.*, 1933. — A. Omodeo, *A. L., storico delle religioni*, 1939. — M. D. Petre, *A. L.: His Religious Significance*, 1944. — F. Heiler, *A. L. Der Vater des katolischen Modernismus*, 1947. — A. Houtin e F. Sartaux, *A. L.: Sa vie, son oeuvre*, 1960 [com bibliografia]. — Raymond de Boyer de Sainte Suzanne, *A. L. entre la foi et l'incroyance*, 1968. — M. Ivaldo, "Il problema L.: I primi scritti", *Rivista di Filosofia Neo-Scolastica*, nº 167. 1975, pp. 665-687. Id., *Religione e cristianesimo in A. L.*, 1977. — E. Clemente, "Vent'anni di Ricerche su Loisy", *Theoria*, nº 5, 1985, pp. 153-173. — Id., "L'ermeneutica del dogma in A. L.", *ibid.*, nº 7, 1987, pp. 85-103. ☉

LOKAYATAMATA. Ver CHĀRVAKA.

LOMBARDI, FRANCO (1906). Nascido em Nápoles, foi coordenador de curso (1943-1949) e professor titular de história da filosofia e de filosofia moral (a partir de 1949) na Universidade de Roma. Situado na confluência do idealismo de inspiração gentiliana (ver GENTILE, GIOVANNI) — o qual, não obstante, submeteu a severa crítica; do materialismo de Feuerbach — ao qual dedicou um livro, quando trabalhava como *Privatdozent* em Marburgo e Frankfurt a.m. (1934-1935); do "subjetivismo" de Kierkegaard, do historicismo e, mais tarde, da tradição de Hegel a Marx, Lombardi desenvolveu um pensamento crítico-dialético em contínua polêmica com os próprios autores que mais o influenciaram. Seu pensamento se constituiu em larga medida ao longo da linha de uma filosofia da história da filosofia que ele procurou reinterpretar no âmbito de um esquema de "fases" e de reações a essas fases. Lombardi opôs-se consistentemente ao espírito puramente idealista e abstrato representado tanto pelo idealismo gentiliano como pelo pensamento cristão. O pensar é para Lombardi pensamento concreto de homens individuais em situações individuais concretas. Mas esse pensar adquire ao mesmo tempo sua verdade em virtude da comunicação com o pensar de outros indivíduos; o pensar é individual mas a verdade é, por assim dizer, comunal e social. De acordo com Lombardi, a época moderna nasceu como uma reação secular, que prosseguiu sem receder apesar de contragolpes que tentaram eliminar o crescente secularismo. Assim, manifestaram-se na época moderna as progressivas secularizações representadas pelo Renascimento, a Ilustração, o Romantismo e a época atual, que ainda se acha em estado de fermentação. Do naturalismo humanista restrito a alguns povos e pessoas, foi-se passando a uma rebelião universal. Filosoficamente, isso se exprime por meio de um pensamento que inclui como elemento próprio a possibilidade de erro, assim como por intermédio de um sentimento da responsabilidade da liberdade, sentimento que é objetivamente uma libertação, ainda que seja subjetivamente algo que "pesa", isto é, uma carga.

➲ Obras: *L'esperienza e l'uomo. Fondamenti di una filosofia umanistica*, 1935. — *Il mondo degli uomini*, 1935. — *L. Feuerbach*, 1935 (com uma seleção de fragmentos em trad. italiana). — *Kierkegaard*, 1936. — *La libertà del volere e e l'individuo*, 1941. — *La filosofia critica*, 2 vols., 1943-1946. — *Socrate, Platone e Kant*, 1946. — *Problemi fondamentali della filosofia europea*, 1947. — *Il concetto della libertà*, 1947. — *Senso della pedagogia*, 1948. — *Nascita del mondo moderno*, 1953; 2ª ed., 1957. — *Concetti i problemi della storia de la filosofia*, 1953; 2ª ed., 1956. — *Le origine della filosofia europea nel mondo greco*, 1954. — *Dopo lo storicismo*, 1955. — *Ricostruzione filosofica*, 1956. — *La filosofia italiana negli ultimi cento anni*, 1957. — *Feuerbach e Marx*, 1957. — *Il piano del nostro sapere*, 1958. — *La posizione dell'uomo nell'universo*, 1963. — *Filosofia e società*, 2 vols., 1975 (ensaios). — *Filosofia e civiltà di Europa*, 1977.

L. fundou (1962) e dirigiu a revista *De homine*.

Depoimento: "Ricostruzione filosofica", em *La filosofia contemporanea in Italia*, 1958, pp. 267-287. — "La mia prospettiva etica", *Ethica*, 1966, pp. 9-23.

Ver: E. Valentini, "Nascita e caratteristica del mondo moderno nel pensiero di F. L.", *La Civiltà Catolica*, nº 2, 1955, pp. 490-503. — A. Guzzo, *F. L. e la pedagogia*, 1961. VV. AA., *F. L. Filosofo d'oggi*, 1961 [vol. em sua homenagem, com bibliografia]. — Henry S. Harris, "The 'Modernity' of F. L.", em G. L. Kline, ed., *European Philosophy Today*, 1965, pp. 61-85. — E. Cassetti, "Socialismo e pensiero moderno: la posizione dell'uomo nell'universo di F. L.", *Problemi della Pedagogia*, 1966, pp. 560-579. — M. A. Trotta, "Rimbrotto, capriccio, castigo nelle analisi di F. L.", *Filosofia*, nº 34, 1983, pp. 277-279. ☉

LOMBARDO. Ver PEDRO LOMBARDO.

LOMBARDO-RADICE, GIUSEPPE. Ver GENTILE, GIOVANNI.

LOMBROSO, CESARE (1835-1909). Nascido em Verona, estudou e (a partir de 1862) ensinou na Universidade de Pavia. De 1871 a 1876, dirigiu o manicômio de Pesaro. A partir de 1876 deu aulas na Universidade de Turim, primeiramente de medicina legal, mais tarde de higiene e por fim de antropologia criminal. Lombroso foi um dos mais discutidos psiquiatras e especialistas em antropologia criminal do século XIX e do começo do século

XX. Suas investigações e observações sobre o cretinismo e a loucura o levaram a formular a tese das bases patológicas, e incluisive criminais, do gênio. Para Lombroso, o gênio é uma forma de epilepsia estreitamente ligada a impulsos criminosos. As idéias de Lombroso fundavam-se em grande parte nos modelos dos processos de degeneração psíquica. A delinqüência podia ser estudada no âmbito desses mesmos processos. Isso levou Lombroso a defender uma revisão do conceito de delito e a considerar a urgente necessidade de reformar as leis penais; se o delito tem natureza patológica, deve-se curar e não castigar. A escola positiva de Direito penal deve muito de seu impulso às investigações e às idéias e proposições de Lombroso, que também impulsionou o positivismo italiano representado por Ardigó (VER).

➲ Principais obras: *Ricerche sul cretinismo in Lombardia*, 1859 (tese). — *La pazzia di Cardano*, 1855. — *Genio e follia*, 1864; 4ª ed. rev., 1882 (sua obra mais discutida). — *L'uomo delinquente*, 1976; 5ª ed. bastante ampliada, 3 vols., 1896-1897. — *L'eziologia del delitto*, 1893. — *Le più recenti scoperte e applicazioni della psichiatria e antropologia criminale*, 1893. — *La donna delinquente, la prostituta e la donna normale*, 1893. — *Genio e degenerazione*, 1898. — *Nuovi studi sul genio*, 1898. — *Ricerche sui fenomeni ipnotici e spiritici*, 1909; ed. renovada, 1914. Deve-se a Lombroso a fundação, em 1880, do *Archivio di psichiatria e antropologia criminale*.

Ver: G. Ferrero, *C. L. Storia della vita e delle opere*, 1931. B. Ditullio, "C. L. en la antropologia criminale", *Giustizia Soziale*, 1962, pp. 33-47. J.Y. Hall, *The Lineaments of Character. Physiognomy from Lavater to Lombroso*, 1978. ☯

LONGINO, CAIO CÁSSIO (ca. 213-273) foi um dos discípulos de Amônio Saccas, tendo mantido relações muito estreitas com Plotino e seu círculo, embora o próprio Plotino não o tenha considerado filósofo, mas erudito, e Porfírio (*Vit. Plot.*, 20), que foi por algum tempo discípulo seu, o estimava sobretudo como crítico — "o maior crítico de nossa época" — e mestre de retórica. Longino escreveu um tratado *Sobre o fim*, Περὶ τέλους, dedicado a Plotino e a Amélio, bem como um tratado *Sobre os princípios*, Περὶ ἀρχῶν (comentário do *Timeu* que teve influência sobre Proclo). As opiniões de Longino sobre Plotino e seu sistema foram a princípio desfavoráveis, mas, de acordo, com Porfírio, ele o foi aceitando cada vez mais. Costuma-se afirmar que Longino se manifestara em oposição a Plotino, principalmente no tocante à natureza das idéias, que Longino considerava que existiam separadamente da inteligência, opinião mantida também, a princípio, por Porfírio, antes de tornar-se um dos discípulos mais entusiastas de Plotino. Durante muito tempo atribuiu-se a Longino o tratado *Sobre o sublime*, Περὶ ὕψους — que é citado correntemente como Pseudo-Longino (VER) — mas comprovou-se que sua redação é anterior.

➲ *Fragmentos* ed. por L. Vaucher, 1954.

Ver: D. Ruhnken, *Diss. de vita et scriptis Longini*, 1775 (reimp. em *Opuscula*, 1807, e na edição do tratado falsamente atribuído a Longino por G. Kaibel, *Hermes*, 34 [1899]. Para as edições do Pseudo-Longino (*De sublimitate*), ver a bibliografia do verbete PSEUDO-LONGINO.

Bibliografia: Demetrio St. Marin, *Bibliography of the "Essay on the Sublime"*, 1967.

Ver: W. R. Roberts, *Longinus in the Sublime*, 1987.☯

LOPATIN, LÉV [LEÃO] MIJAYLOVICH (1855-1920) foi por alguns anos professor da Universidade de Moscou. A partir de 1894, foi redator da revista *Voprosifilosofii i psijologuii* (*Questões de filosofia e psicologia*) e, a partir de 1899, presidente da Sociedade Psicológica de Moscou. Lopatin, que foi influenciado por Schopenhauer, por seu amigo Soloviev e, sobretudo, por Leibniz e Lotze, foi um dos mais destacados membros da chamada "escola neoleibniziana" russa. Seu sistema tem por base um pluralismo monadológico que acentua bastante o componente psíquico e espiritual das substâncias e destaca o motivo ativo e criador destas últimas. Por esta razão, o próprio Lopatin chamou sua filosofia de dinamismo concreto. A realidade não é, com efeito, para o filósofo russo, um conjunto de propriedades mecânicas, mas um conjunto de atividades criadoras e produtivas. O motivo da criação é, a rigor, tão fundamental para Lopatin que ele chega a entender todos os processos e todas as produções de entidades e acontecimentos por analogia com um processo criador. A própria idéia de causa está subordinada a esse processo, do qual forma uma espécie de derivação secundária. Podemos, pois, declarar que há em Lopatin uma concepção organológico-dinâmica do mundo, o que explica não só o processo cósmico como também, e sobretudo, a atividade dos agentes morais. Ao lado disso, existe no pensador russo uma decidida tendência a considerar a realidade em constante estado evolutivo, que passa do mero acaso ao sentido e da dispersão à unidade.

➲ Obras: *Polozitéllnié zadachi filosofii*, 2 vols., 1886-1891; 2ª ed., I, 1911 (*As tarefas positivas da filosofia*). — "Vopros o svobodé voli" ("O problema da liberdade da vontade"), em *Trudí Moskovskovo Psijologichéskogo Obchshéstva*, nº 3, 1889. — *Psijologuia*, 1902 (*Psicologia*). — *Lekzii po istorii novoy filosofii*, 1914 (*Conferências de história da filosofia*). — Vários artigos en *Voprosi filosofii i psijologuii*.

Ver: A. I. Ognev, *Lev Mijailovich Lopatin*, 1922. — V. V. Zéñkovskiy, *Istoriá russkoy filosofii*, II, 1950, pp. 187-199. — N. A. Mishin, "Against the Current: The Life and Work of L. M. Lopatin", *Russian Studies in Philosophy*, nº 32 (2), 1993, pp. 33-47. ☯

LORENZ, KONRAD. Ver ETOLOGIA.

LORENZEN, PAUL (1915-1994). Nascido em Kiel. Foi *Privatdozent* na Universidade de Bonn a partir de 1946, professor numerário (1956-1962) na Universidade de Kiel e professor da Universidade de Erlangen de 1962 à aposentadoria, em 1980. Lorenzen é conhecido sobretudo por seus trabalhos no campo da lógica e da fundamentação da matemática, nos quais adotou uma perspectiva construcionista a que nos referimos com mais detalhes no verbete CONSTRUCIONISMO. Trata-se, como indica o autor, de um "construcionismo material", que não deve ser confundido com o construcionismo de Brouwer, considerado excessivamente "intuitivo" ou "subjetivo". Posto em prática como fundamento da matemática, o construcionismo de Lorenzen o levou a refundamentar grande parte da matemática clássica, procurando superar, na base, as dificuldades oferecidas pela teoria ramificada dos tipos. Lorenzen estendeu seu construcionismo a outras esferas e disciplinas, especialmente à ética e, em última análise, a todos os ramos do conhecimento nos quais seja necessário "construir uma linguagem".

➲ Principais obras: *Einführung in die operative Logik und Mathematik*, 1955; 2ª ed., 1969 (*Introdução à lógica e à matemática operativas*). — *Formale Logik*, 1958; 3ª ed., 1967. — *Die Entstehung der exakten Wissenchaften*, 1960 (*A origem das ciências exatas*). — *Metamathematik*, 1962. — *Differenzial und Integral*, 1965. — *Logische Propädeutik*, 1967 (em colaboração com W. Kamlah). — *Methodischen Denken*. 1968. — *Normative Logic and Ethics*, 1969. — *Konstruktive Logik, Ethik und Wissenschatstheorie*, 1973; 2ª ed., 1975 (com O. Schwemmer) (*Lógica, ética e teoria da ciência construtivas*). — *Dialogische Logik*, 1978 (*Lógica dialógica*) (em colaboração com Kuno Lorenz, inclui alguns dos trabalhos clássicos de lógica dialógica do período 1958-1973). — *Theorie der Technischen und Politischen Vernunft*, 1978 (*Teoria da razão técnica e política*). — *Elementargeometrie. Das Fundament der Analytischen Geometrie*, 1984 (*Geometria elementar. O fundamento da geometria analítica*). — *Grundbegriffe technischer und politischer Kultur*, 1985 [12 artigos] (*Conceitos básicos da cultura técnica e política*). — *Lehrbuch der konstruktiven Wissenschaftstheorie*, 1987 (*Manual da teoria construtiva da ciência*).

Para as idéias filosóficas de P. L., cf. "Scientismus versus Dialektik", *Man and World*, nº 4, 1971, pp. 151ss. — José Sanmartín Esplugues y Esteban Requena, "Ciencia y filosofia constructivas. Notas sobre la obra de P. L. y O. Schwemmer, Konstruktive Logik, Ethik und Wissenschaftstheorie", *Teorema*, nº 7, 1977, pp. 323-337. — A. Schreiber, "Eine methodische Schwierigkeit in P. L.s operative Begriffslehre", *Zeitschift für philosophische Forschung*, nº 32, 1978, pp. 99-102. — P. T. Sagal, "P. L.'s Constructivism and the Recovery of Philosophy", *Synthesis in Philosophy*, nº 2, 1987, pp. 173-178. — H. Endo, "From Lorenzen Through Husserl to Whitehead", *Process Studies*, 1990, pp. 235-239. ◓

LOSSKY [em nosso sistema de transcrição: Losskiy], **NIKOLAY ONUFRIÉVICH** (1870-1965). Nascido em Kreslavska (Vitevsk), estudou na Universidade de São Petersburgo, onde foi professor de filosofia até 1922. Nesta data, foi, em suas próprias palavras, "expulso da Rússia pelo governo soviético"; viveu de 1922 a 1942 em Praga e, de 1942 a 1945, em Bratislava, onde ensinou filosofia. Depois, lecionou na Academia Teológica Russa de Nova York. Ele mesmo batizou sua filosofia de *intuicionismo*. Opondo-se a toda doutrina que mantém a separação epistemológica entre o sujeito e o objeto, Lossky declara que a única maneira de evitar o abismo entre o conhecimento e o ser consiste em supor que o objeto do conhecimento penetra diretamente na consciência do sujeito, que não o apreende tal como é. Ora, a epistemologia intuicionista de Lossky funda-se numa concepção do mundo como totalidade orgânica, isto é, na idéia de que "todo o conteúdo do conhecimento se compõe da realidade cósmica". A "unidade viva orgânica do mundo" é, portanto, energicamente acentuada por ele, de modo tal que sua filosofia não é apenas um intuicionismo, mas também um totalismo organológico. Em alguns importantes aspectos, a epistemologia e a metafísica de Lossky apresentam semelhanças com o pensamento de Bergson. Contudo, ao contrário deste, o pensador russo revela que sua concepção do ser real não é irracionalista. Com efeito, o racional é para ele parte integrante, e fundamental, da realidade. Por outro lado, o que chamamos "ser" não é uma entidade unívoca. Ao lado do ser real (determinado pelo espaço e o tempo), há um ser ideal (fora do espaço e do tempo) e um ser metalógico (objeto de uma intuição intelectual especulativa). Como não se pode entender o ser real sem o ser ideal, Lossky denominou seu sistema filosófico, em inúmeras ocasiões, ideal-realismo (o mesmo termo usado por Wundt para caracterizar seu próprio pensamento).

Lossky elaborou com particular detalhamento a teoria do sujeito enquanto eu criador ou, como ele mesmo o assinala, enquanto agente substantivante. A atividade deste agente pode explicar, a seu ver, todos os processos reais. Como o agente substantivante, em contínuo processo de crescimento e atividade, executa seus atos com vistas a determinados propósitos, há certa analogia entre a doutrina de Lossky e a de Leibniz, a ponto de alguns críticos terem considerado a filosofia do pensador como uma forma de neoleibnizianismo. Sem negar a ascendência leibniziana, Lossky no entanto aponta que há diferenças fundamentais entre as duas filosofias. De imediato, a monadologia dos agentes substantivantes de Lossky rejeita o caráter "fechado" de cada uma dessas entidades. Trata-se, pois, de uma monadologia personalista de caráter realista que insiste na comunicação por meio da intuição e na simpatia entre os diversos agentes. Esta teoria das personalidades é aplicada, por analogia, a todo o universo, que forma uma consubstancialidade concreta intimamente ligada a uma consubstancialidade abstrata (a dos princípios) de forma parecida com a íntima ligação entre o ser real e o ser ideal que mencionamos. De fato, o elemento abstrato liga os diversos elementos concretos, formando uma ordem que é o sistema do mundo. Este princípio depende de um princípio supracósmico — princípio metalógico apreensível por intuição mística — que pode ser designado o criador do universo. Trata-se de um Deus vivo, de uma Pessoa suprema, não só objeto de especulação mas também de vivência religiosa. Este Deus possui a plenitude do ser, plenitude à qual aspiram, cada um em seu próprio nível, os diferentes agentes do universo, mas que não se pode alcançar através da identificação com o Princípio, mas por meio de uma comunicação com ele. A vida plena e verdadeira é, por conseguinte, ao ver de Lossky, a vida no âmbito do reino de Deus.

⮞ Principais obras: *Obosnovanié intuitivizma*, 1906; 3ª ed., 1924 (*Os fundamentos do intuitivismo*; trad. inglesa: *The Intuitive Basis of Knowledge*, 1919). — *Mir, kak oganichéskoé tséloé*, 1917 [antes publicado como uma série de artigos na *Voprosí filosofii i psijologii*, 1915] (trad. inglesa: *The World as an Organic Whole*, 1928). — *Osnovniè voprosi gnoséologii*, 1919 (*Problemas fundamentais da gnosiologia*). — *Logika*, 1922 (trad. alemã: *Handbuch der Logik*, 1927). — *Svoboda voli*, 1927 (trad. inglesa: *Freedom of Will*, 1932). — *Tipi mirovozzéréniy*, 1931 (*Tipos de concepção do mundo*). — *Tsénnost' i bitié*, 1935 (trad. inglesa: *Value and Existence*, 1935). — *Chuvstvénnaya intélléktuallnaá i mistitchéskaya intuitsiá*, 1938 (*Intuição sensorial, intelectual e mística*). — *Bog i mirovoé zlo*, 1941 (*Deus e o mal cósmico*). — *Osnovi etiki. Usloviá absolútnovo dobra*, 1944 (trad. francesa: *Des conditions de la morale absolue. Fondements de l'éthique*, 1948). — *History of Russian Philosophy*, 1951 [só publicada na Rússia a partir de 1991. A obra de L. só foi publicada em seu país a partir de "Perestroika" de 1985.]

Ver: *Festschrift N. O. Losskij zum 60. Geburstag*, 1932-1934. — S. Tomkeieff, "The Philosophy of N. O. Lossky", *Durham Univ. Phil. Soc. Proc. VI*, 1923. — F. Polanowska, *Losskys erkenntnistheoretischer Intuitionismus*, 1931. — A. S. Kohanski, *Lossky's Theory of Knowledge*, 1931. — R. Bayer, J. Bréhier, L. Lavelle, A. Leroy, N. O. Lossky, Salzi, J. Wahl, "L'intuitivisme", em *Bulletin de La Société Française de Philosophie*, ano 41, 1947, pp. 41-66. — J. L. Navickas, "N. Lossky's Moral Philosophy and M. Scheler's Phenomenology", *Studies in Soviet Thoughts*, nº 18, 1978, pp. 121-130. ⊂

LOTZE, RUDOLF HERMANN (1817-1881). Nascido em Bautzen (Lausácia), estudou medicina em Leipzig (com, entre outros, Weber e Fechner) e doutorou-se em medicina e filosofia em 1838. De 1842 a 1844, foi "professor extraordinário" de filosofia em Leipzig; de 1844 a 1881, foi professor titular de filosofia em Göttingen; em 1881, foi para Berlim, onde faleceu.

Lotze pôs seus conhecimentos científicos a serviço de um pensamento filosófico que era ao mesmo tempo sintético e especulativo. Interessado em salvar a autonomia do conhecimento filosófico da dissolução que parecia ameaçá-lo em conseqüência da "pressão" exercida pelas "ciências particulares", Lotze avaliou que essa autonomia não seria conseguida regressando-se simplesmente a alguma posição metafísica clássica, mas procurando ver de que maneira seria possível integrar os dados das ciências com o pensamento filosófico e incluindo neste último não só as questões sobre a existência como também, e em especial, os problemas relativos ao valor. Trata-se, portanto, de uma espécie de "mediação".

Lotze afirma, quanto ao mais, que "só nessa mediação poder-se-ão encontrar as verdadeiras fontes da vida da ciência; não admitindo ora um fragmento de uma concepção, ora um de outra, mas mostrando até que ponto é *universal* e até que ponto é, ao mesmo tempo, *subordinada* a significação da missão que o mecanicismo há de realizar na estrutura do mundo" (*Mikrokosmos*, Int.). Ora, essa tentativa de mediação, que tinha em Leibniz um ilustre precedente, foi efetuada por meio da integração do mecanicismo num idealismo teleológico, entendendo-se por isso a afirmação de uma essência espiritual do mundo, de uma finalidade última de todas as coisas: a divindade como ser infinito, não porém como ser ideal idêntico ao mundo mesmo, mas como personalidade. A ciência natural não pode eludir o mecanicismo causalista e determinista próprios de seus métodos e de sua esfera, mas este mecanicismo está em seu conjunto a serviço de algo superior, tende para ele e está fundado nele e envolto por ele. A espiritualidade como ser essencial de todas as coisas permite, em conseqüência, o estabelecimento de uma metafísica que não disputa o lugar da ciência natural. Só porque o mundo em sua totalidade é um ser único que não pode ser cindido em realidades essencialmente disatintas é que se pode compreender a interação dos corpos, que desse modo não consiste na passagem de um modo de ser da causa ao efeito, mas numa modificação dessa mesma realidade única para o modo pelo qual têm lugar numa mesma alma os diferentes processos psíquicos. O fundo espiritual da realidade manifesta-se no mundo natural de um modo causal e mecânico; com efeito, esta manifestação é uma simples maneira de operar da substância espiritual que a ciência da Natureza não compreende nem precisa compreender, mas que a filosofia pode apreender em si mesma, por meio da analogia com a própria alma, de uma intuição afetiva ou sentimental que projeta na realidade aquilo que a alma vivencia. A unidade da alma é compreensível por sua espiritualidade; somente porque a alma possui sua própria consistência é que se pode explicar sua interação com o corpo no ato das percepções e no processo do conhecimento. Este última não consiste na reprodução, pelo sujeito, das impressões externas e dos processos fisiológicos; consiste no fato de que essas impressões são signos que a alma interpreta e traduz, indicações diante das quais a alma produz de modo regular e com perfeita correspondência e coerência suas próprias afecções. A alma desenvolve sua própria atividade porque é um ser unitário e consistente, manifestando-se nela de modo mais claro a espiritualidade do mundo; e por ela pode-se chegar ao reino superior dos valores, no qual Deus se realiza. Os valores antes referidos não devem ser entendidos de modo relativo e arbitrário, mas antes como entidades absolutamente válidas, reconhecidas e descobertas pela consciência do que dependentes de um suposto livre arbítrio estimativo. A consideração dos valores como instâncias de valor universal e objetivo representa para Lotze a superação do perigoso relativismo a que leva a ética empirista, bem como a necessária complementação da unilateralidade da ciência natural e da filosofia reduzida à teoria do conhecimento. Nos valores, radica a verdadeira unidade da concepção do mundo, mas os valores não existem em sentido próprio; eles antes valem. Esta forma de "ser" dos valores é o que distingue da realidade existente e, ao mesmo tempo, lhes permite constituir um reino absoluto. Lógica, ética e metafísica ficam dissolvidas, para Lotze, numa teoria dos valores, que é ao mesmo tempo o fundamento da filosofia da religião e da história. É justamente a consideração dos valores, em sua apreensão e reconhecimento pela alma, o que pode justificar uma separação entre o campo da ciência natural e o da ciência cultural, premissa indispensável para a superação do naturalismo na filosofia, que dessa forma se torna, como o explicou mais tarde Windelband, ciência dos valores, de validade universal. Por sua teoria dos valores, bem como pelo caráter claramente antipsicologista de sua lógica, Lotze não só influenciou seus discípulos mais imediatos, como E. Pfleiderer (1842-1902), R. Falckenberg (1851-1920) e Max Wentseher (nasc. 1862), como também, através de Rickert e Windelband (VER), contribuiu para a formação da nova axiologia e em parte, conseqüentemente, da nova ontologia. No terreno da estética, Lotze influenciou a teoria da endopatia ou projeção sentimental elaborada por Theodor Lipps (VER).

➲ Obras: *De futurae Biologiae principiis philosophicis*, 1838 (tese de medicina). — *De summis continuarum*, 1840. — *Methaphysik*, 1841. — *Logik*, 1843. — *Ueber den Begriff der Schönheit*, 1945 (*Sobre o conceito de beleza*). — *Ueber Bedingungen der Kunstschönheit*, 1847 (*Sobre as condições da beleza artística*). — *Allgemeine Physiologie des körperlichen Lebens*, 1851 (*Fisiologia geral da vida do corpo*). — *Medizinische Psychologie oder Physiologie der Seele*, 1853 (*Psicologia médica ou fisiologia da alma*). — *Mikrokosmos. Ideen zur Naturgeschichte und Geschichte des Menschheit. Versuch einer Anthropologie*, 3 vols., 1856-1858 (*Microcosmos. Idéias para a história da natureza e a história da humanidade. Ensaio de Antropologia*). — *Streitschriften*, 1857 (*Escritos polêmicos*). — *Geschichte der Ästhetik in Deutschland*, 1868. (*História da estética na Alemanha*). — *System der Philosophie*, 2 vols., 1974-1879 (*I. Logik. II. Metaphysik*) reed. por G. Misch, 1912 (*Sistema de filosofia. I. Lógica. II. Metafísica*).

Edição de obras: A maioria dos artigos e ensaios de Lotze (incluindo as dissertações latinas e francesas) foi publicada por D. Peipers na série *Kleine Schriften* (I, 1885, com trabalhos de 1838 a 1846; II, 1886, com trabalhos de 1846 a 1852; III, 1891, com trabalhos de 1852 a 1880). Deve-se acrescentar a isso a série de *Lições* (*Vorlesungen*) publicadas postumamente de acordo com as anotações dos discípulos; estas lições, editadas por Rehnisch, abarcam 8 tomos, incluindo: *Grundzüge der Psychologie* (anos 1880-1881). *Grundzüge der praktischen Philosophie*, 1882; *Grundzüge der Religionsphilosophie* (anos 1875 e 1878-1879), 1882; *Grundzüge der Naturphilosophie* (anos 1876-1877), 1882; *Grundzüge der Logik und Enzyklopädie der Philosophie*, 1883. *Grundzüge der Metaphysik*, 1883; *Grundzüge der Ästhetik* (ano 1876), 1883; *Geschichte der deutschen philosophie seit Kant* (ano 1879), 1882. O mesmo Rehnisch publicou uma bibliografia de escritos de Lotze no apêndice aos *Grundzüge der Ästhetik*.

Ver: E. Pfleiderer, *Lotzes philosophische Weltanschauung nach ihren Grundzügen*, 1882. — O. Caspari, *H. L. in seiner Stellung zu der durch Kant begründeten neusten Geschichte der Philosophie*, 1883. — E. von Hartmann, *Lotzes Philosophie*, 1888. — K. Thieme, *Glauben und Wissen bei L.*, 1888. — Id., *Der Primat der Praktischen Vernunft bei L.*, 1889 (tese). — H. Jones, *A Critical Account of the Philosophy of L.*, 1895. — Schröder, *Geschichtsphilosophie bei L.*, 1896 (tese). — R. Falckenberg, *H. L., I. Das Leben und die Entstehung der Schriften nach den Briefen*, 1901. — H. Schoen, *La métaphysique de H. L. ou la philosophie des actions et des réactions réciproques*, 1902. — Else Wentscher, *Das Kausalproblem in Lotzes Philosophie*, 1903. — L. Ambrosi, *L. e la sua filosofia*, 1912. — Max Wentscher, *H. L.*, I, 1913 (do mesmo autor: *Lotzes Gottesbegriff*, 1893). — M. Gatz, *Der Begriff der Geltung bei L.*, 1929. — E. E. Tomas, *Lotze's Theory of Reality*, 1921. — H. Pattgen, *Gesamtdarstellung und Würdigung der Ethik Lotzes*, 1928. — Gregor Malantschuk, *Die Kategorienfrage bei L.*, 1934 (tese). — Rolf W. Göldel, *Die Lehre von der Identität in der deutschen Logik-Wissenschaft seit L.*, 1935 (tese). — Ernst Jaeger, *Kritischen Studien zu Lotzes Weltbegriff*, 1937. — H. J. Krupp, *Die Gestalt des Menschen bei R. H. L.*, 1941 (tese). — A. Hosang, *H. Lotzes Bedeutung für das Problem der Beziehung*, 1967. — George Santayana, *Lotze's System of Philosophy*, 1971 (tese de doutorado apresentada à Harvard University,

1891, com introdução à filosofia de L. e bibliografia por Paul G. Kuntz). — T. E. Wiley, *Back to Kant: The Revival of Kantianism in German Social and Historical Thought, 1860-1914*, 1978. — E. W. Orth, "R. H. L.", em J. Speck, ed., *Grundprobleme der grossen Philosophen*, IV, 1986. — S. Besoli, *Il valore della verità: Studio sulla "logica de la validità" nel pensiero di Lotze*, 1992. **C**

LOUCURA. Costuma-se considerar a loucura um delírio ou furor que se apodera da pessoa por algum tempo e a leva a falar e agir de maneiras distintas das usuais, ou assim consideradas, e, seja como for, de formas extraordinárias. Temos exemplos desse modo de conceber a loucura em muitas comunidades humanas, especialmente nas chamadas "primitivas". Porém interessam-nos aqui, sobretudo, o modo ou modos como a loucura e seus equivalentes ou formas (delírio, furor, êxtase etc.) têm sido concebidos pelos filósofos ou por autores que tenham tido influência direta ou indireta sobre eles. Ora, também os filósofos começaram a perceber o caráter de "possessão" da loucura, μανία. Verifica-se que a loucura pode ser considerada de duas maneiras: ou como uma enfermidade do corpo que se manifesta "na alma" ou como uma possessão da alma por algum "demônio". Só neste segundo sentido a loucura — o delírio, μανία — é agente das maiores bênçãos, como escreve Platão no *Fedro* (244 A) e, como, segundo já se fez notar, já o indicara também Demócrito ao destacar que apenas em estado de delírio é possível compor grande poesia (cf. E. R. Dodds, *The Greeks and the Irrational*, 1951, cap. III).

A loucura de que falaram esses filósofos é comparável ao entusiasmo (VER) enquanto "endeusamento", ἐνθουσιασμός, ou possessão por um deus (ou um demônio). Compara-se igualmente ao êxtase (VER) enquanto estado no qual se achar o criador, o poeta, o estado de inspiração. É, pois, algo que vem, por assim dizer, "de fora", embora tome posse do que há de "mais interior" na alma. Como indica Platão, a loucura é inspirada pelo deuses. Mas há, a seu ver (*loc. cit.* e seguintes [o "Elogio do amor por Sócrates"]), quatro formas de loucura ou delírio: a loucura profética (em que a μανία torna possível o μανική, a arte delirante que Platão relaciona com a arte divinatória, μαντική); a loucura ritual; a loucura poética (de que as Musas são o princípio) e a loucura amorosa (no sentido ou sentidos platônicos do amor [VER]). As três primeiras formas de loucura são equivalentes ao entusiasmo; a última equivale ao "impulso para a beleza" e, de maneira geral, "para o superior". Mas todas essas formas têm uma característica comum: são "divinas", ou ao menos "divinóides".

No diálogo *Íon*, Platão refere-se igualmente ao poeta como "coisa alada" incapaz de compor poesia a menos que esteja um pouco fora de si — a menos, pois, que "não esteja nos eixos" (*ibid.*, 533 D-543 E). A loucura — enquanto "loucura poética" — aparece aqui como o que faz "levantar" e "elevar" o poeta acima do normal e do cotidiano.

O tema da loucura como "loucura divina", como possessão por uma força divina, ou divinóide, ao contrário da loucura como simples enfermidade do corpo, da alma ou dos dois ao mesmo tempo, foi tratado por muitos autores na Antigüidade, quase sempre nas pegadas de Platão. Além disso, a distinção entre loucura como delírio, entusiasmo, frenesi, êxtase etc. e loucura como estupidez, idiotia etc. já era indicada pelos vocábulos gregos μανία e μωρία. A questão de saber se a poesia está ou não relacionada com um estado de delírio ou êxtase foi a questão de saber se a poesia surge da μανία ou necessita da μωρία. Muitos autores inclinaram-se por dar a isso uma resposta afirmativa, não só na Antigüidade como também em certos períodos da época moderna. A loucura poética não foi considerada uma loucura qualquer, mas uma "boa loucura" ou um "bom delírio", como dizia o crítico Giovanni Vincenzo Gravina (1664-1718) em seu *Della Ragione poetica* (ed., 1933, por Natali). A questão sobre a existência de coisas que parecem "uma loucura", embora não o sejam, concentrou-se em saber se há ou não nessas coisas algum elemento de μωρία. Neste último sentido exprimiu-se São Paulo ao declarar que o mistério da Cruz é loucura, μωρία, para os que se perdem mas poder de Deus para os que se salvam (1Cor 1,18). Cristo crucificado "é escândalo para os judeus, loucura para os pagãos", mas porque o que é "loucura de Deus é mais sábio do que os homens" (1Cor 1,23.25). Nesse caso, a "loucura" é uma nova "sabedoria", a verdadeira sabedoria e a "santa simplicidade".

Com a idéia da loucura como simplicidade — ou regresso à simplicidade — relaciona-se o famoso *Encomium moriae*, o *Elogio da Loucura*, de Erasmo. Sem a *mora* (a *stultitia*) não haveria, segundo Erasmo, possibilidade de pensar sã e simplesmente, longe do pedantismo dos sábios ou falsos sábios. Erasmo começa por elogiar a loucura mostrando que a própria existência do homem deve sua origem não a princípios elevados, mas a coisas muito simples e até risíveis: "o que perpetua a espécie humana é essa parte tão louca e ridícula que não se pode nomear sem começar a rir" (*Encomium*, 12); quem não sabe encarar as coisas com um pouco de "loucura" não sabe viver; muitas coisas importantes, como as artes, surgiram tão-somente pela loucura dos homens ao desejar a glória (*ibid.*, 28) etc. O mais importante nesse "elogio da loucura" é no entanto o fato de a loucura permitir que se volte à simplicidade, sem acréscimos teológicos, mas também a modos simples de pensar, que são os únicos "agraciados por Deus" (*ibid.*, 65).

O problema da loucura foi também estudado em conexão com o problema do gênio (VER): a suposta estreita ligação entre loucura, entusiasmo, frenesi e inspiração a que aludimos antes leva naturalmente a isso. São especialmente conhecidas a esse respeito as teorias de Cesare Lombroso (1835-1909), antecipadas em sua obra *La pazzia di Cardano* (1855) e sistematizadas em *Genio e follia* (1864; 4ª ed., 1882). Aristóteles dissera que a "bílis negra", a melancolia, é, quando se possui uma proporção conveniente, a base (fisiológica) do gênio e, quando se a possui em excesso, a base (fisiológica) do louco. Lombroso não estabeleceu essa distinção: para ele, o gênio é um caráter patológico. Isso não significa que todos os loucos são gênios, mas que todos os gênios são loucos. Esta teoria de Lombroso tem sido severamente criticada, especialmente pela extensão dada por ele ao conceito de epilepsia, na qual incluía a genialidade, a loucura, a degeneração etc. Hoje, considera-se a loucura uma psicose, mas avalia-se que o conceito de loucura é demasiado amplo para ter grande utilidade em psiquiatria. Por um lado, não se julga fácil distinguir radicalmente entre estados de loucura e estados de ausência de loucura; por outro, distingue-se entre formas muito distintas de loucura, tão diferentes umas das outras que, mais uma vez, o vocábulo "loucura" perde toda significação precisa.

A loucura é para Michel Foucault um problema "epistemológico", isto é, um problema que só se propõe ou que só faz sentido no âmbito de determinada *episteme*. A lepra serviu por muito tempo como linha de separação: o leproso ficava excluído da sociedade, confinado aos leprosários. Com o desaparecimento da lepra, a loucura ocupou seu lugar. Um dos símbolos da loucura é "a nau dos insensatos", a *stultifera navis*. A loucura é separada da razão em toda a "época clássica" (M. Foucault, *Histoire de la folie à l'âge classique*, 1966; 2ª ed., 1972, com dois textos novos), mas a separação loucura-razão não quer dizer que a loucura seja completamente independente da razão. A loucura é uma "forma relativa à razão"; a razão é parâmetro da loucura e esta é parâmetro da razão. Nesse movimento recíproco, elas se fundamentam mutuamente. A loucura fica relegada — e o louco internado —, mas justamente na medida em que serve de espelho, ou contra-espelho, àquilo que a relega. O que o louco diz não pode circular normalmente entre os que não estão loucos, os que têm o "uso da razão" e são considerados justamente "normais". O dizer da loucura não é verdadeiro. É certo que, em algumas ocasiões, quando escutamos a palavra dos loucos, esta se afigura como "uma palavra de verdade" (M. Foucault, *A ordem do discurso*, 6ª ed., 2000), de modo que, ou, a palavra do louco se perde no vazio ou tem decifrada em si uma palavra "ingênua". Mas na realidade esta palavra não existe. Daí a "internação" dos loucos; todas as vezes que, como ocorre com alguns intelectuais, se fazem valer seus direitos, não é para que o seu discurso participe dos discursos dos homens razoáveis, mas para que o portador do discurso louco seja tratado "humanamente". Ao louco se pode dar a liberdade de ser louco, mas esta liberdade é uma forma de circunscrição.

A linha divisória entre loucura e razão persiste, mas, na medida em que chegue ao fim a *episteme* no âmbito da qual o discurso do louco é um discurso rigorosamente excluído, pode-se dizer que termina a loucura ou, o que vem a dar no mesmo, a distinção taxativa entre loucura e razão. Foucault assinala que aqueles que procuraram questionar a "vontade de verdade" (VER) que tem predominado na época moderna (ou na "clássica" e na moderna), como Nietzsche, Antonin Artaud e Georges Bataille, podem nos servir de indicações quanto a isso.

Durante muito tempo, a diferença entre loucura e não-loucura foi equiparada à diferença entre anormal e normal. Também durante muito tempo a loucura foi tratada mais do ponto de vista do indivíduo do que do da sociedade. Seja como for, havia poucas dúvidas quanto à existência de uma enfermidade mental chamada "loucura". Em várias de suas obras (*The Divided Self. A Study of sainty and Madness*, 1960; *Madness and the Family*, 1964 [com Aaron Esterson]; *The Politics of Experience*, 1967; *Self and Others*, 1969), Ronald D. Laing e, com ele, o movimento da chamada "antipsiquiatria", insistiu que a loucura, a doença mental, é um mito. Não se trata de um fenômeno psicológico-individual ou fisiológico; é um fenômeno social, ou seja, criado pela própria sociedade, que crê poder ditar a natureza da doença mental e da loucura. De acordo com Laing, a loucura, ou os estados psicóticos ou esquizofrênicos, carecem de existência como fatos psicológicos, químicos ou neurofisiológicos. Disso resulta, no entender de Laing, que o diagnóstico usual de loucura seja um ato político e não um imperativo psiquiátrico.

⮕ Além das obras citadas no texto, ver: Ned Willard, *Le génie et la folie au XVIIIe siècle*, 1963. — Michèle Ristich de Groote, *La folie à traves les siècles*, 1967. — R. Barthes, P. Arbousse-Bastide *et al.*, *Les sciences de la folie*, 1972, ed. Roger Bastide. — Michel Thuilleaux, *Connaissance de la folie*, 1973. — Pierre Jacerme, *La folie, de Sophocle a l'antipsychiatrie*, 1974. — B. Simon, *Mind and Madness in Ancient Greece: The Classical Roots of Modern Psychiatry*, 1978. ☯

LOVAINA (ESCOLA DE). A fundação, no ano de 1892, do Instituto Superior de Filosofia (ou Instituto Leão XIII) em Lovaina, graças aos esforços do (posteriormente) Arcebispo de Malinas e Cardeal, Désiré Mercier, representou um dos mais importantes momentos do florescimento da neo-escolástica e do neotomismo (VER) contemporâneos. O aprofundamento e revalorização da escolástica (VER) e especialmente do tomismo, já se haviam desenvolvido, a essa altura, noutros lugares, mas em Lovaina adquiriram uma importância central e crescente, devido à multiplicidade de trabalhos e de perspectivas a partir das quais se realizou a tarefa principal. Tratava-se, com efeito, de desenvolver uma filosofia que não se reduzisse apenas à apologética; filosofia que, além disso, bebendo na tradição escolástica clássica, não deixasse de lado nem o processo moderno nem tampouco a complexidade histórica do próprio movimento escolástico. Daí que o aprofundamento nos temas clássicos e tradicionais estivesse unido aos estudos de história da filosofia medieval (como os de Maurice de Wulf [VER]), aos trabalhos de psicologia experimental (como os de Michotte) e à discussão e análise das atividades filosóficas contemporâneas, da fenomenologia e da lógica matemática ao existencialismo. A fundação em 1894 da *Revue Néo-scolastique* (a partir de 1910 *Revue néoscolastique de philosophie* e, de 1946, *revue philosophique de Louvain*) representava tanto uma expressão de continuidade como de multiplicidade de interesses. O "programa" da Escola de Lovaina, tal como foi exposto por Désiré Mercier no nº 1 da *Revue* (1894), é, quanto ao mais, suficientemente explícito. Depois de mencionar os trabalhos de história da filosofia medieval, o desenvolvimento dos estudos escolásticos e a possibilidade de levar adiante o propósito de unir *nova et vetera*, segundo a proposta de Leão XIII, Mercier assinala (p. 13): "Não se pretenda jamais acusar-nos de dirigir nosso olhar para o século XIII, como se pretendêssemos 'fazer o espírito humano retroceder vários séculos' ou de assentar despoticamente o 'triunfo do tomismo sobre as ruínas do pensamento moderno".

➲ Há uma descrição sumária do desenvolvimento da escola escrita por Juan Zaragüeta, "La escuela de Lovaina: su evolución", *Revista de Filosofía*, nº 7, 1948, pp. 349-389. — L. de Raeymaeker, *Le Cardinal Mercier et l'Institut Supérieur de Philosophie de Louvain*, 1952. — Cf. também a exposição anterior: A. Pelzer, *L'Institut supérieur de philosophie à l'Université catholique de Louvain (1890-1904)*, 1904.

Para a exposição do sistema de filosofia hoje seguido em Lovaina, ver *Philosophia Lonaviensis* (Introdução, L. de Raeymaeker; Epistemologia, F. van Steenberghen; Ontologia, F. van Steenberghen). Há trad. esp. do volume anterior, *Tratado elemental de filosofía*, publicado por professores do Instituto Superior de Filosofia de Lovaina, a cargo do Padre Frei José de Besalú, 3ª ed., 2 vols., 1927. O tomo I compreende: Introdução, de D. Mercier; Cosmologia, D. Nys; Psicologia, Criteriologia e Metafísica, D. Mercier. O tomo II compreende: Teodicéia, Lógica e Filosofia Moral, de D. Mercier; Direito Natural, por J. Malleux; História da Filosofia, M. de Wulf; e Vocabulário, por G. Simons. ➲

LOVEJOY, A[RTHUR] O[NCKEN] (1873-1962). Nascido em Berlim, de pais norte-americanos, foi professor auxiliar e, depois, "associado", da Universidade de Stanford, na Califórnia (1899-1901), professor titular da Universidade de Saint Louis (1901-1908), da Universidade de Missouri (1908-1910) e na Johns Hopkins, de Baltimore (de 1910 à sua aposentadoria, em 1938). Em 1923, fundou o "History of Ideas Club" e, em 1940, contribuiu para a fundação de *Journal of the History of Ideas*.

Lovejoy é conhecido sobretudo por seus trabalhos no campo da história das idéias e por suas reflexões sobre a natureza dessa história, às quais nos referimos em outro verbete (ver IDÉIAS [HISTÓRIA DAS]. Do ponto de vista sistemático aderiu, com outros filósofos, ao movimento de renovação do realismo que mencionamos no verbete NEO-REALISMO. Sua posição filosófica central é melhor caracterizada, contudo, pelos nomes "pluralismo" e "temporalismo". Este último, em particular, designa com bastante exatidão a atitude filosófica de Lovejoy. De fato, este autor se opôs ao idealismo, especialmente ao idealismo "organológico e totalista" de acordo com o qual o fundamentalmente real é eterno, sendo o temporal, na melhor das hipóteses, uma manifestação, e como tal subordinada, do eterno. O temporalismo, em contrapartida, ainda que não negue a possibilidade de certos "objetos eternos" nem afirme necessariamente que tudo é temporal, "insiste que tudo o que é empiricamente temporal é de um modo irreparável". A temporalidade de referência é não só uma qualidade fundamental dos fatos empíricos como também do conhecimento destes. A mesma apreensão do necessário se dá no âmbito de processos empíricos temporais.

A teoria do conhecimento de Lovejoy, ao mesmo tempo realista e temporalista, está centrada na noção de apreensão intencional de todo objeto. Portanto, é hostil à "ingenuidade epistemológica" na qual caíram algumas das tendências neo-realistas. Pode-se dizer que Lovejoy adota na teoria do conhecimento uma posição a meio caminho do idealismo "eternista" e o realismo radical e que, na metafísica, segue uma posição intermediária entre o monismo absoluto e um descontinuísmo absoluto.

A temporalidade de que fala Lovejoy tem primordialmente caráter histórico. Isso o leva a inclinar-se a uma espécie de historicismo (se bem que si um tipo hostil a todo relativismo). De todo modo, a insistência no temporal histórico na metafísica e na teoria do conhecimento de Lovejoy está de acordo com seu constante interesse pelos estudos de história das idéias a que nos referimos no princípio deste verbete.

➲ Obras: *The Revolt Against Dualism: An Inquiry Concerning the Existence of Ideas*, 1930. — *The Great Chain of Being: A Study of the History of an Idea*, 1936. *Essays in the History of Ideas*, 1948. — *The Reason, the Understanding, the Time*, 1961. — *Reflections on Human Nature*, 1961. — *The Thirteen Pragmatisms, and Other Essays*, 1963. — Em alguns desses volumes (principalmente em *Essays in the History of Ideas* e em *The Thirteen Pragmatisms*), estão reunidos artigos publicados por Lovejoy em revistas como *Journal of Philosophy* (1908, 1911, 1913, 1922, 1924), *Philosophical Review* (1922),

Philosophy (1927) e *Journal of the History of Ideas*. Em colaboração com George Boas, Lovejoy publicou: *Primitivism and Related Ideas in Antiquity*, 1930, volume I de *A Documentary History of Primitivism and Related Ideas*. Devem-se também a L. vários livros não propriamente filosóficos: *On All Fronts*, 1941. *Our Side is Right*, 1942, *A World in the Making*, 1945.

Depoimento no artigo "A Temporalistic Realism", no volume *Contemporary American Philosophy*, vol. II, ed. G. P. Adams e W P. Montague, 1930, pp. 85-105.

Bibliografia: Frank N. Trager, nas pp. 339-344 de *Essays in the History of Ideas*, 1948, continuada por J. Collinson em reed. (1960) do mesmo livro, pp. 358-366. Lewis S. Feuer, "A. O. L.", *American Scholar*, n° 46, 1971, pp. 358-366. D. J. Wilson, *A. O. L.: An Annotated Bibliography*, 1982.

Ver: Maurice H. Mandelbaum, "A. O. L. and the Theory of Historiography", *Journal of the History of Ideas*, n° 9, 1948, pp. 412-423. J. H. Randall, Jr., Philip, P. Wiener *et al.*, "A Symposium in Memory of A. O. L.", *Philosophy and Phenomenological Research*, n° 23, 1962-1963, pp. 475-537. D. J. Wilson, *A. O. L. and the Quest for Intelligibility*, 1980. ⊃

LÖWENHEIM, LEOPOLD (1878-1957). Nascido em Krefeld (Alemanha), seguiu o lógico e matemático Ernst Schröder. Trabalhos em problemas relativos ao cálculo lógico de domínios e na aplicação do "cálculo de relativos" de Schröder. Neste último campo, apresentou e provou (1915) o chamado "teorema de Löwenheim", de acordo com o qual um conjunto consistente de axiomas que seja válido num domínio numerável é válido em qualquer domínio de interpretação não-vazio. Skolem generalizou o princípio e o aplicou a sistemas de axiomas para os números reais. Daí surgiu o (aparente) paradoxo de Löwenheim (-Skolem), visto que parecia que o conjunto de axiomas para os números reais era válido ao mesmo tempo num domínio numerável e num não-numerável. O teorema de Löwenheim foi retomado por Skolem e provado de forma mais simplificada (ver SKOLEM-LÖWENHEIM [TEOREMA DE]).

⊃ Escritos: "Ueber die Auflösung von Gleichungen um logischen Gebietekalkul", *Mathemathischen Annalen*, n° 68, 1910, pp. 169-207 ("Sobre a solução de equações no cálculo lógico de domínios"). — "Ueber Möglichkeiten im Relativkalkul", *ibid.*, n° 76, 1915, pp. 447-470 ("Sobre possibilidades no cálculo de relativos"). — "Einkleidung der Mathematik in Schröderschen Relativkalkul", *The Journal of Symbolic Logic*, n° 5, 1940, pp. 1-15. ("Apresentação da matemática no cálculo de relativos de Schröder").

Correspondência: "Briefwechsel XXIX: Frege-L. Einleitung des Herausgebers", em Gottlob Frege, *Wissenschanftlicher Briefwechsel*, ed. G. Gabriel *et al.*, em *Nachgelassene Schriften und Wissenschanftlicher Brief-* *wechsel*, ed. H. Hermes, F. Kambartel, F. Kaulbach, vol. II, 1976, pp. 157-159.

Bibliografia: *Leben und Werk L. L.s (1878-1957)*. *Bibliographisches und Bibliographisches Jahresbericht der Deutschen Mathematiker-Vereinigung*, n° 77, 1975. pp. 1-9.

Ver: "Leopold Löwenheim: Life, Work, and Early Influence", em R. Gandy, J. M. E. Hyland, eds., *Logic Colloquium 76. Proceedings of a Conference held in Oxford in July 1976*, 1977, p. 235-252. C. Thiel, "Gedanken zum hunderstem Geburtstag L. L.", *Teorema*, n° 8, 1978, pp. 263-267. W. D. Goldfarb, "Logic in the Twenties: The Nature of the Quantifier", *Journal of Symbolic Logic*, n° 44, 1979, pp. 351-368. I. H. Annelis, "The Löwenheim-Skolem Theorem, Theories of Quantification, and Proof Theory", em T. Drucker, ed., *Perspectives on the History of Mathematical Logic*, 1991. ⊃

LÖWENHEIM-SKOLEM (TEOREMA DE). Ver SKOLEM-LÖWENHEIM (TEOREMA DE).

LÖWITH, KARL (1897-1973). Nascido em Munique, estudou em Freiburg im Breisgan com Husserl, em Munique com Moritz Geiger e em Marburgo com Heidegger. De 1928 a 1934, foi professor em Marburgo. Exilado da Alemanha em 1934 por causa do nazismo, residiu em Roma de 1934 a 1936, tendo estudado ali o movimento neo-heideggeriano italiano. De 1936 a 1941, foi professor na Universidade de Sandai (Japão). Emigrou para os Estados Unidos e foi professor no Hartford Theological Seminary (1941-1949) e na New School for Social Research, de Nova York (1949-1952). Em 1952, regressou à Alemanha, tendo lecionado na Universidade de Heidelberg.

A principal contribuição de Löwith são seus estudos sobre os problemas da individualidade e da história humanas e, de modo geral, sobre questões de antropologia filosófica. Aproveitando idéias básicas da fenomenologia e de Heidegger, ele pesquisou os pressupostos do pensamento de Marx, Nietzsche e Hegel, sendo um dos primeiros a notar a estreita ligação entre o hegelianismo e a filosofia da existência. Nos últimos anos, Löwith submeteu à crítica o pensamento de Heidegger e algumas das teses capitais do historicismo e do existencialismo. De acordo com ele, estas tendências, apesar de sua notável contribuição ao aprofundamento na estrutura da realidade humana, foram longe demais na separação entre a realidade humana e sua natureza, bem como na idéia do caráter contingente e finito de todo o humano. É necessário, pois, restabelecer o contato entre a realidade humana e a Natureza — de imediato, por meio da realidade humana como natureza —, assim como entre a realidade humana e o reino ideal, sem o qual se dissolve a própria humanidade do homem.

⊃ Obras: *Das Individuum in der Rolle des Mitmenschen. Ein Beitrag zur anthropologischen Grundlegung der ethischen Probleme*, 1928 (*O indivíduo em sua condição de próximo. Contribuição à fundamentação antropológica dos problemas éticos*). — *Kierkegaard und Nietzsche. Oder theologische und philosophische Ueberwindung des Nihilismus*, 1933 (*K. e N. Ou superação teológica e filosófica do niilismo*). — *Nietzsches Philosophie der ewigen Wiederkehr des Gleichen*, 1936; 2ª ed., 1956 (*A filosofia do eterno retorno do idêntico de N.*). — *Von Hegel zu Nietzsche*, 1949; 4ª ed., 1959; nova ed., 1977, com uma bibliografia de K. L. por Klaus Stichweh. *Meaning in History: The Theological Implications of the Philosophy of History*, 1949; 8ª ed., 1964. (edição alemã posterior à inglesa, com o título *Weltgeschichte und Heilsgeschehen*, 1953; 4ª ed., 1961). — *Heidegger, Denker in dürftiger Zeit*, 1953; 2ª ed., 1960 (*H., pensador de um tempo indigente*). — *Wissen, Glaube und Skepsis*, 1956; 3ª ed., 1962 (*Saber, crença e ceticismo*). — *Got, Menschen und Welt in der Metaphysik von Descartes bis zu Nietzsche*, 1967 (publicada antes em italiano: *Dio, uomo e mondo da Cartesio a N.*, 1966). — *Paul Valéry, Grundzüge seines philosophisches Denken*, 1971.

Autobiografia: *Mein Leben in Deutschland von und nach 1933. Ein Bericht*, 1986, prólogo de R. Kosellec (*Minha vida na Alemanha antes e depois de 1933. Um testemunho*). — *Der Mensch inmitten der Geschichte. Philosophische Bilanz des 2o. Jahr*, 1990, ed. B. Lutz.

Edição de obras: *Sämtliche Schriften*, 9 vols, Stuttgart, 1981-1988. *Gesammelte Abhandlungen. Zur Kritik der geschichtlichen Existenz*, 1960 [reunião de ensaios]. *Vorträge und Abhandlungen. Zur Kritik der christlichen Ueberlieferung*, 1966. Em inglês: *Nature, History, and Existencialism and Other Essays in the Philosophy of History*, 1966, ed. Arnold Levinson.

Em português: *O sentido da história*, 1991.

Conferências: *Welt und Weltgeschichte. Vorlesungen, 1958 in Japan gehalten*, 1958.

Ver: Helmut Plessner, Ernst Bloch *et. al.*, *Natur und Geschichte. K. L. zum 70. Geburstag*, 1967, ed. Hermann Braun e Manfred Riedel (com bibliografia de escritos de L., pp. 465-473). — Berthold P. Riesterer, *K. Lowith's View of History: A Critical Appraisal of Historicism*, 1959. — J. Habermas, "K. L.", em id., *Philosophisch-politische Profile*, 1971. — A. Caracciolo, *K. L.*, 1975. Roberto Amorim Almeida, *Natur und Geschichte. Zur Frage nach der ursprünglichen Dimension abendländischer Denkens vor dem Hintergrund der Auseinandersetzung zwischen Heidegger und K. L.*, 1976. — Arno Heirich Meyer, *Die Frage des Menschen nach Gott und Welt inmitten seiner Geschichte im Werke K. Löwiths*, 1977. — M. C. Pievatolo, "Ermeneutica e storia nel pensiero di K. L.", *Archivio Storico Cult.*, nº 2, 1989, pp. 63-83. W. Ries, *K. L.*, 1991. ⊂

LOYOLA, PEDRO LEÓN. Ver Molina, Enrique.

LUCANO, MARCO ANNEO. Ver Estóicos.

LUCIANO DE SAMOSATA (Síria) (*ca.* 125-180). Estudou retórica e leis na Ásia Menor. Viajou pela Grécia, pela Itália e pela Gália. Por volta de 169, instalou-se em Atenas, deslocando-se logo depois ao Egito a serviço do governador romano. Em seus diálogos satíricos, apresentou representações sarcásticas de filósofos, de doutrinas filosóficas e de crenças religiosas tradicionais, especialmente de todo tipo de superstições. Há às vezes em seus diálogos louvores a filósofos, como Platão e alguns dos platônicos ecléticos (por exemplo, Nigrino), mas esses elogios estão a tal ponto cobertos de ironia que são provavelmente uma forma de crítica. De maneira geral, nenhuma tendência filosófica escapa à sátira de Luciano (todos os filósofos "estão à venda" e se oferecem a quem pagar mais pelo entretenimento que proporcionam). O melhor é esquecer as especulações e seguir o senso comum, que pode nos guiar na vida. Luciano mostra ainda ter especial rancor de filósofos como os estóicos e os platônicos. Ele se inclina mais favoravelmente a Demócrito e Epicuro. Dentre todos os filósofos, os preferidos ou menos criticados são os céticos e cínicos; não tanto pelo que dizem ou pelos argumentos que usam quanto porque sua filosofia é "mínima". Todo entusiasmo filosófico, ou religioso, é, segundo Luciano, absurdo e prejudicial à vida do homem. Os fatos básicos são mais importantes do que todas as idéias.

Muitos aspectos da filosofia antiga são conhecidos pelas referências que lhes faz Luciano em seus diálogos satíricos.

⊃ Edição de obras: *Editio princeps* por G. Lascaris (Florença, 1494-1496). Edição completa e crítica: *Luciano Samosatiensis Opera*, 3 vols., 1871-1874, ed. C. Iacobitz. Outras edições: J. Sommerbrodt, 3 vols., 1886-1889; A. M. Harmon, M. D. McLeod, K. Kilburn, 9 vols., 1913-1967 (Loeb), N. Nilen, 1906-1923 (Teubner), *Scholia*, 1906, ed. Rabe.

Ver: J. Bernays, *Lukian und die Kyniker*, 1879. — M. Croiset, *Essai sur la vie et les oeuvres de Lucien*, 1882. — B. Schwarz, *Lukians Verhältnis zum Skeptizismus*, 1914. — W. H. Tackaberry, *Lucian's Relation to the Post-Aristotelian Philosophers*, 1930. — J. J. Chapman, *L., Plato, and Greek Morals*, 1931. — C. Gallovotti, *L. nella sua evoluzione artistica e spirituale*, 1932. — M. Caster, *L. et la pensée religieuse de son temps*, 1937. — E. Neef, *Lukians Verhältnis zu den Philosophenschulen und seine* μίμησις *literatischer Vorbilder*, 1940. — A. Peretti, *L., Un intellectuale greco contra Roma*, 1946. — J. Bompaire, *L., écrivain. Imitation et création*, 1958. — H. D. Betz, *L. von S. und das Neue Testament. Religionsgeschichte und parenetischen Parallelen. Ein Beitrag zum Corpus Hellenisticum Novi Testamenti*, 1961. — C. Robinson, *L. and His Influence in Europe*, 1979. — J. L. Brandão, "Doentes, Doença, Médicos e Medicina em L. de S.", *Cad. Hist. Filosof. Cie.*, nº 2 (2), 1990, pp. 145-164. ⊂

LUCRÉCIO (TITUS LUCRETIUS CARUS) (ca. 96-55 a.C.).

Nascido em Roma. Segundo uma crônica de São Jerônimo, ficou louco depois de ingerir um filtro de amor e escreveu várias obras, "corrigidas por Cícero", durante os intervalos de lucidez, até suicidar-se, mas esta história foi posta em dúvida pelos historiadores, ainda que admitam haver fundamentos para aceitar certa *insânia* em Lucrécio — no sentido de instabilidade psíquica. Lucrécio expôs e definiu o epicurismo em seu poema de seis cantos intitulado *De rerum natura* (*Sobre a natureza das coisas*), pois a aridez da doutrina epicurista tinha de ser suavizada "pelo mel das musas" (I, 938). Neste poema, ele seguiu fielmente a doutrina do mestre, inclinando-se, por conseguinte, à tendência racionalista que, ao lado da empirista, prevaleceram alternativamente entre os epicuristas. Contudo, das três partes em que se dividiu a filosofia de Epicuro — a canônica, a física e a ética —, só a segunda é exposta em detalhes por Lucrécio; as referências à primeira parte não são muito completas e o tratamento da parte terceira é esquemático e, por vezes, apenas implícito no tom adotado pelo poeta (cf., por exemplo, II, 1-20). Tendo exposto em outro lugar (ver Epicuro) as doutrinas epicuristas, não é necessário repeti-las aqui. Limitamo-nos a indicar a ordem das matérias seguida por Lucrécio em seu poema. Livro I: explicação do objeto principal da explicação da doutrina de Epicuro (a libertação do temor aos deuses); desenvolvimento do princípio "Do nada, nada vem"; explicação de que só existem os átomos e o vazio; doutrina do átomo; doutrina da causa; refutação de outras cosmologias (Heráclito, Empédocles, Anaxágoras). Livro II: movimento dos átomos, refutação da idéia da Providência; doutrina do *clinamen* (VER); variedade (finita) dos átomos (infinitos); variedade da composição dos corpos e limitação das combinações dos átomos; caráter não-qualitativo dos átomos e explicação das qualidades percebidas; origem e desenvolvimento do mundo. Livro III: explicação da natureza da alma com o fim de libertação do temor à morte; a alma material como parte do corpo; refutação da metempsicose; mortalidade da alma e caráter universal da morte. Livro IV: doutrina das imagens (ver Imagem), isto é, dos *simulacra*; sua natureza, formação, classes e combinações; explicação das diferentes sensações; apologia do sensualismo e refutação do ceticismo; explicação da fome e da sede, do caminhar, o sono e os sonhos, o impulso amoroso e a hereditariedade. Livro V: doutrina do mundo; caráter natural do mundo e estranheza dos deuses com referência a ele; mortalidade do mundo; origem e formação do mundo; causas dos movimentos dos corpos celestes; investigações astronômicas, botânicas e zoológicas; origem da vida humana, da linguagem, do fogo, da realeza, da propriedade, da justiça; explicação da crença nos deuses e dos males que produz; história dos progressos e descobertas do homem. Livro VI: explicação dos fenômenos da Natureza (trovão, raio, relâmpago, chuva, arco-íris, terremotos, erupções, inundações etc.); explicação da natureza do ímã., origem e causas das enfermidades e epidemias.

⊃ Edição de obras: entre as edições do poema de Lucrécio (algumas com traduções e todas com comentários) mencionamos as seguintes: J. Bernays (1866); H. A. J. Munro (3 vols, 1866, reimp. do vol. II com um ensaio de Andrade, 1928); C. Giussani (5 vols., 1896-1898); W. A. Merril (1906); H. Diels (2 vols., 1923-1924); A. Ernout e L. Robin (3 vols., 1925-1928); T. Jackson (1929); A. E. Leonard e G. B. Smith (1942); C. Bailey (3 vols., 1947). *De la naturaleza de las cosas*, texto latino e trad. esp. de Lisandro Alvarado, com estudo preliminar de A. J, Capelletti, 1982. *Index Lucretianus*, por J. Paulson, 1911; 2ª ed., 1926.

Bibliografia: C. A. Gordon, *A Bibliography of Lucretius*, 1962. — R. Román Alcalá, "Boletín bibliográfico sobre el *De rerum natura* de L. (1936/7-1982)", em ΔOKOΣ. *Anuario de historia de la filosofía*, nº 1, 1983. — *A Bibliography of Lucretius*, 1985, introd. e notas por E. J. Kenney.

Ver: C. Martha, *Le poème de Lucrèce*, 1869. — J. Masson, *The Atomic Theory of Lucretius*, 1884. Id., *Lucretius: Epicurean and Poet*, 2 vols., 1908-1909. — H. Diels, *Lukrezstudien* (en *Sitzb. der Preus. Ak. der Wiss.*, XX, XXI, XXII, 1918-1919). — O. Regenbogen, *Lukrez, sein Gestalt in seinem Gedicht*, 1932. — M. Rozelaaer, *Lukrez, Versuch einer Deutung*, 1934. — P. Vallette, *La doctrine de l'âme chez Lucrèce: exame de quelques passages du* De Rerum Natura, *livre III*, 1934. — G. P. Hadzsits, *Lucretius and his Influence*, 1935. — A. P. Sinker, *Introduction to Lucretius*, 1937. — A. Ernout, *Lucrèce*, 1948. — J. Bayet, *Études lucrétiennes*, I, 1948. — E. Valentí, *Lucrecio*, 1949. P. Martini, *La religione di Lucrecio*, 1954. — Pierre Boyancé, *Lucrèce et l'épicurisme*, 1963. — A. D. Winspear, *Lucretius and Scientific Thought*, 1963. — B. Farrington, O. E. Lowenstein et al., *Lucretius*, 1965, ed. D. R. Dudley. B. P. Wallach, *Lucretius and the Diatribe Against the Fear of Death*, 1976. — James H. Nichols, *Epicurean Political Philosophy: The* De Rerum Natura *of Lucretius*, 1976. — H. Ludwig, *Materialismus und Metaphysik. Studien zur epicureischen Philosophie bei Titus Lucretius Carus*, 1976. — M. Serres, *La naissance de la physique dans le texte de Lucrèce. Fleuves et turbulences*, 1977. — M. Bollack, *La raison de Lucrèce. Constitution d'une poétique philosophique avec un essai d'interpretation de la critique lucrétienne*, 1978. — J. M. Snyder, *Puns and Poetry in Lucretius'* De rerum natura, 1980. — D. Clay, *Lucretius and Epicurus*, 1984. ⊂

LÚDICO. Diz-se do que pertence, ou se refere, ao jogo (de *ludus* = jogo, espetáculo). O termo "lúdico" tem sido empregado num sentido predominantemente descritivo quando usado com relação ao exame da função que o jogo tem na vida humana e mesmo em muitos seres orgânicos. O impulso lúdico tem sido analisado estética, psíquica, biológica e culturalmente (ver JOGO).

Do mesmo modo, e sobretudo, tem-se empregado o adjetivo "lúdico" para caracterizar, ou ao menos identificar, certos tipos de pensamento filosófico difundidos na época atual. Não é fácil descrever em que consistem tais tipos de pensamento filosófico justa e precisamente porque sua própria natureza escapa a toda descrição ou, de qualquer modo, definição, por mais ampla que seja. Trata-se antes de um "estilo de pensar" — e de um "estilo de escrever" — que não tem doutrinas determinadas, que se opõe a toda manifestação doutrinal, especialmente as de vezo acadêmico, consideradas excessivamente rígidas, solenes e dogmáticas. O que por vezes recebeu o nome de "a filosofia lúdica" se opôs a todo "espírito de pesadume" (VER) e ao *esprit de sérieux*, às vezes equiparando todas as outras filosofias, e talvez toda a filosofia, com "espíritos" como esses. Em termos específicos, os filósofos de tendência mais ou menos confessadamente "lúdica" se opuseram a orientações filosóficas específicas ou especificáveis, como a filosofia analítica e a fenomenologia; apesar de certo interesse pelo marxismo, em algumas de suas manifestações, não parece haver tampouco compatibilidade entre filosofia lúdica e pensamento marxista.

Cronologicamente, o pensamento de tipo lúdico antes aludido costuma manifestar-se como uma das formas do pós-estruturalismo francês, mas sem poder ser considerada uma ramificação do estruturalismo (por outro lado, ele mesmo já muito ramificado e ramificável). Há certas preferências dos pensadores de tipo lúdico por certos autores, entre os quais se destaca Nietzsche, tendo sido possível equiparar "filosofia lúdica" a "neonietzscheanismo".

Como o termo "lúdico" na expressão "filosofia lúdica" tem sido usado pejorativamente por autores hostis a esse tipo de pensamento, é compreensível que os próprios filósofos qualificados como "lúdicos" não tenham revelado demasiado interesse pelo emprego pessoal do adjetivo. A isso se alia a referida dificuldade de caracterizar, ainda que de modo vago, o próprio "estilo" desse pensamento. Uma de suas características é justamente a variedade, mas não de estilos, visto estar ele voltado precisamente para rechaçar todo estilo identificável, e especialmente toda tendência à rigidez estilística, tanto do pensamento como literária. Embora haja certa inclinação para o emprego do aforismo (VER), este constitui apenas um dos ingredientes da orientação literária lúdica. Como se vê, entre outros autores, em Jacques Derrida (por exemplo, em *Glas*, 1974), emprega-se uma constante "justaposição" de elementos literários. Esta justaposição manifesta-se formalmente na página, porém mesmo nesta fica dissolvida, visto que procura pôr em destaque o fato de não haver, a rigor, nem princípio nem fim do pensamento. Trata-se de uma "des-construção".

Ao lado de Derrida e de Gilles Deleuze, consideram-se às vezes pensadores de tendência "lúdica" Fernando Salvater, Agustín García Calvo e, uma ou outra vez, Eugenio Trías, mas, dada a "aura" que cerca o pensamento lúdico e o fato de este não se propor como uma forma de pensar nem de escrever, mas antes reagir a muitas formas de pensar e de escrever, é preciso tomar exemplos específicos de autores de tendência lúdica *cum grano salis*. Talvez uma das características do pensamento lúdico esteja no fato de ele não se encarar a si mesmo como lúdico, já que, ao fazê-lo, ele se caracterizaria e se identificaria como uma determinada "orientação".

LUDOVICI, KARL GÜNTHER. Ver WOLFF, CHRISTIAN.

LUDOWICI, AUGUST (1866). Nascido em Ludwigshafen, interessou-se pelo que se poderia chamar de "teoria dos conceitos", destacando a função desempenhada pelos conceitos contrapostos — que ele qualificava ocasionalmente como "contraditórios" —, mas, ao mesmo tempo, sua teoria dos conceitos estava ligada a uma concepção da realidade. Segundo o depoimento que Ludowici faz de sua doutrina em *Kantstudien*, nº 26, 1921, p. 503, há dissensões na ciência, e mais ainda na filosofia. Este estado de coisas leva a contradições que é preciso "cancelar" ou "igualar". As dissensões de referência estão incorporadas à linguagem, com numerosos termos contrapostos, como "real" e "ideal", "verdadeiro" e "falso", "bom" e "mau". Muitos filósofos procuraram encontrar um "meio" ou "termo médio" para superar as oposições, como sucede com a concepção cartesiana da extensão que serve de meio entre o repouso e o movimento. É no entanto necessário erigir uma doutrina sistemática de cancelamentos e igualações. As contraposições (ou contradições) são representáveis por um traço vertical para a positiva e um horizontal para a negativa, formando uma cruz. A contraposição de conceitos não é artificial, nem o é sua incorporação à linguagem; ela é antes o resultado de uma ordenação polar da Natureza que se reflete na linguagem. Tomando-se esta ordenação polar em seu conjunto, é possível, segundo Ludowici, "administrar" as discórdias e evitar os absurdos; para isso, reconhece-se que os "dois lados" são iguais, ou igualmente justificados, mas sempre que se estabelecer de modo correto o "meio" correspondente. Assim, nenhum conceito determinado, ou forma unilateral de conceitos determinados, pode esgotar a realidade; só o pode sua conjunção no "meio". Na doutrina de Ludowici, a "doutrina da ordem" se sobrepõe à da polaridade.

↪ Obras: *Das genetische Prinzip. Versuch einer Lebenslehre*, 1913 (*O princípio genético. Proposta de uma doutrina da vida*); 2ª ed., bem modificada, com o título *Spiel und Widerspiel. Ein Werkzeug zur Ausgleich der Widers-*

prüche, 1917 (*Jogo e Contrajogo. Ferramenta para o equilíbrio de contradições*). — *Die Pflugschar, das Wesen von Polarität und Gegensatz*, 1921 (*A relha do arado; a natureza da polaridade e da oposição*). — *Die Denkfibel. Der Gegensatz als Richtmass*, 1927; 2ª ed., 1929; 5ª ed., 1937 (*O abecedário do pensamento. A oposição como norma*). — *Zugleich Versuch einer Ordnungslehre* (*Ao lado de uma teoria da ordem*). — *Der Denkkreis. Drei philosophischen Lesebogen*, 1937 (*O círculo do pensar. Três esboços de leitura filosófica*). — *Der neue Weg. Versuch einer deutschen Weltanschauung*, 1939 (*O novo caminho. Ensaio de uma concepção alemã de mundo*). **C**

LUGAR. No artigo sobre a noção de Espaço (VER), referimo-nos ao conceito de "lugar" em Aristóteles. Aqui, trataremos do conceito com mais detalhes.

Digamos antes de tudo em que medida podem relacionar-se no pensamento de Aristóteles os conceitos de espaço e de lugar. Há sobre isso duas posições opostas. Segundo alguns autores, esses dois conceitos são idênticos. Alega-se em favor desta opinião: *a*) o fato de Aristóteles quase nunca usar outro termo além de τόπος; *b*) o fato de que se pode dizer tanto que as coisas estão *no* espaço como que estão *num* lugar, tendo, portanto, escassa importância o termo usado para aquilo *em que* estão as coisas (percebe-se que os argumentos *a*] e *b*] não são comodamente compatíveis entre si). Segundo outros autores, há notórias diferenças entre as noções de espaço e de lugar. Em favor desta opinião, alega-se: *a*1) o fato de as palavras de Aristóteles sobre o lugar não poderem ser facilmente aplicadas ao espaço; *b*1) o fato de que Aristóteles discute (como explicou Ross) uma realidade semelhante à tradicionalmente designada como espaço não na teoria do lugar, mas na doutrina da magnitude espacial; *c*1) o fato de Aristóteles não se interessar propriamente *pelo* espaço mas pela *posição* no espaço; *d*1) o fato de o Estagirita indicar explicitamente que nenhum dos filósofos anteriores se ocupou de seu problema. Na nossa opinião, os argumentos mais sólidos são *a*), *c*1) e *d*1), de maneira que é preciso dar ao mesmo tempo uma resposta afirmativa e negativa à questão de se há relação entre as noções de espaço e de lugar. Talvez se pudesse encontrar uma posição intermediária declarando que o Estagirita *considera o espaço da perspectiva do lugar*.

A questão do lugar foi dilucidada por Aristóteles principalmente no livro IV da *Física*. Encontram-se ocasionalmente referências também em *De generatione et corruptione* e no *De caelo*. Vamos fazer referências aqui à *Física*. Um resumo de suas teses tem por resultado: (I) O lugar não é simplesmente algo, mas algo que exerce certa influência, isto é, que afeta um corpo que está nele. (II) O lugar não é indeterminado, mas, se o fosse, seria indiferente para um corpo determinado estar ou não num lugar determinado. Porém não é indiferente, por exemplo, para corpos pesados, tender para o lugar de "baixo" e, para corpos leves, tender para o lugar de "cima". (III) O lugar, embora determinado, não é determinado para *cada objeto*, mas, por assim dizer, para classes de objetos. (IV) Apesar de o lugar ser uma "propriedade" dos corpos, isso não quer dizer que estes levem consigo seu lugar. Assim, o lugar não é nem o corpo (visto que, se o fosse, não poderia haver dois corpos num mesmo lugar em momentos diferentes) nem algo inteiramente alheio ao corpo. (V) O lugar é uma propriedade não inerente aos corpos nem pertinente a sua substância; não é forma nem matéria. nem causa eficiente nem finalidade. Tampouco é substrato, pois se o fosse equivaleria ao receptáculo platônico ou a algo semelhante a ele. (VI) O lugar pode ser comparado a um recipiente, sendo este um lugar transportável. (VII) O lugar se define como um modo de "estar *em*". (VIII) O lugar pode ser definido como "o primeiro limite imóvel do continente", τὸ τοῦ περιέχοντος πέρας ἀκίνητον πρῶτον (*Física*., IV 4, 212 a 20), como "o limite do corpo continente" (τὸ πέρας τοῦ περιέχοντος σώματος (*Física*, IV, 4, 212 a 6).

As definições anteriores de lugar mostram que Aristóteles usa, a fim de dilucidar esta noção, uma espécie de método "dialético", afirmando e negando ao mesmo tempo a substância ontológica do lugar. De fato, o Estagirita afirma que o lugar é separável (já que, do contrário, se deslocaria com os corpos). Mas afirma igualmente que o lugar não é inteiramente separável (pois se o fosse poderia ser identificado com o espaço [no sentido de Leucipo e Demócrito], isto é, com o vazio). Do mesmo modo, Aristóteles afirma que o lugar não equivale à massa do corpo (já que permanece quando a massa do corpo se põe em movimento). Porém também diz que há lugares naturais para as coisas (por exemplo, lugares naturais para os quatro elementos: fogo, terra, água, ar) e, portanto, que de certa maneira equivale à massa dos corpos. Escrevemos "de certa maneira" porque o lugar natural das coisas não depende só da massa. Assim, Aristóteles declara que todo corpo sensível tem um lugar e que se pode falar de seis espécies de lugar: em cima e embaixo, na frente e atrás, direita e esquerda.

Uma dificuldade na doutrina aristotélica do lugar consiste em saber se o próprio lugar ocupa lugar. Se o lugar fosse espaço puro, não se poderia fazer esta pergunta. Mas como ele não é espaço puro (ou vazio), Aristóteles vê-se obrigado a enfrentar o problema e a concluir que não há um lugar do lugar nem um lugar do lugar do lugar etc. etc., já que do contrário ter-se-ia de admitir um regressão ao infinito. Acrescentemos que os antigos estóicos tinham tentando solucionar o problema indicando que as dificuldades da teoria aristotélica obedecem à defesa pelo Estagirita da tese da impenetrabilidade dos corpos: uma vez admitida a tese da interpenetrabilidade, desvanecem-se todas as dificuldades.

Uma questão importante é a da classificação dos lugares. Referimo-nos antes a seis espécies de lugares. Mas há outras classificações possíveis. Entre elas, uma de caráter mais geral, de acordo com a qual temos: o lugar comum (o universo inteiro), o lugar próprio (o limite do organismo adjacente) e o lugar primeiro (o limite interno do elemento atravessado por um elemento alheio). Pois bem, quanto ao primeiro tipo de lugar — o lugar comum —, pode-se perguntar por que, sendo o lugar imóvel, o céu se move. A isso o Estagirita responde declarando que o movimento do céu é esférico: o céu se move em torno de si mesmo e, portanto, não se pode falar (no âmbito da concepção aristotélica) de movimento *stricto sensu*. Logo, a esfera celeste é o lugar do universo, mas não ocupa ela mesma lugar.

Entre os comentários modernos suscitados pela noção aristotélica de lugar, destacamos o de Bergson em sua tese de doutoramento latina *Quid Aristoteles de loco senserit* (1889), traduzida para o francês com o título *L'idée de lieu chez Aristote* (*Les Études Bergsoniennes*, n° 2, 1949, pp. 27-104). Bergson declara que Aristóteles substitui o espaço pelo lugar a fim de evitar a "emancipação prematura" do espaço proclamada por Leucipo e Demócrito. Com isso, o espaço é reinserido nos corpos *em forma de lugar*. Contudo, ao se "sepultar o espaço nos corpos", também fica sepultada, na opinião de Bergson, a questão mesma. Poderíamos concluir, de nossa parte, que, dizendo que a principal preocupação de Aristóteles em sua doutrina do lugar é de evitar as antinomias suscitadas pela noção de espaço vazio, e que a solução dessas antinomias foi sugerida ao filósofo de modo "natural" por sua concepção organicista do universo, no âmbito da qual aparece como uma propriedade dos corpos, se bem que seja uma propriedade de índole muito mais geral do que quaisquer outras (ver também Victor Goldschmidt, "La théorie aristotélicienne du lieu", em *Mélanges August Diès*, 1956, pp. 79-119).

Kant usou o vocábulo "lugar" (*Ort*) em outro sentido ao introduzir o conceito de *lugar transcendental* (*transzendentaler Ort*). De acordo com este filósofo, o lugar transcendental é aquele ocupado por um conceito no interior da sensibilidade ou do entendimento puro. A determinação deste lugar compete à *tópica transcendental*, doutrina que "teria de precaver-se das sub-repções [ver SUB-REPÇÃO] do entendimento puro e de suas ilusões correspondentes mediante a distinção, em cada caso, da força cognoscitiva que possuem propriamente os conceitos" (*KrV*, A 268/B 324). Por outro lado, chama-se *lugar lógico* cada um dos conceitos a cujo âmbito pertençam muitos conhecimentos. Ora, enquanto a tópica lógica de Aristóteles (ver TÓPICOS) estava — diz Kant — a serviço dos mestres e retóricos, destinando-se a mostrar o que melhor lhes convinha de determinados âmbitos para a matéria de que tinham de tratar, para que estes pudessem utilizá-los com uma aparência de fundamento ou para que praticassem verbalmente, a tópica transcendental contém unicamente os capítulos lógicos referentes à comparação e à distinção, que se devem distinguir das categorias.

Terminemos mencionando uma concepção teológica de "lugar" (*locus theologicus*) tal como exposta por Melchor Cano (VER) (cf. A. Gardeil, "La notion du lieu théologique", *Revue des sciences philosophiques et théologiques*, n° 2, 1908, pp. 51-73, 246-276, 484-505.

LUIS CORONEL. Ver MERTONIANOS.

LUKÁCS, GYÖRGY [GEORG] (1885-1971). Nascido em Budapeste, estudou em Budapeste, em Berlim (com G. Simmel) e em Heidelberg (com Max Weber). Em 1919, tornou-de Comissário de Instrução Pública do governo de Béla Kun; com a queda deste, refugiou-se em Viena, mantendo polêmicas com a facção de Kun. Denunciado por "desvio de direita", retratou-se das doutrinas expostas em sua obra *História e Consciência de Classe* (*Geschichte und Klassenbewusstsein*, 1923), continuando seu trabalho dentro da linha geral ortodoxa e refugiando-se na União Soviética em 1931. Depois da libertação da Hungria, regressou a Budapeste, onde deu aulas de estética. Ministro da Cultura no breve governo de Imre Nagy, foi deportado para a Romênia, mas voltou a Budapeste em 1957.

As retratações ideológicas e os protestos de fidelidade à idéia considerada ortodoxa do Partido Comunista foram freqüentes em Lukács, que se declarou comunista depois de publicar alguns estudos de estética, incluindo sua influente "teoria do romance". Esses estudos não eram, pois, ortodoxos, e sequer comunistas, e Lukács os repudiou. Mais importante é seu repúdio à citada obra sobre a história e a consciência de classe, porque, com ela, Lukács repudiou uma das obras que mais iriam influir no desenvolvimento do marxismo heterodoxo e no novo florescimento do marxismo (o chamado "marxismo ocidental"), que se estendeu sobretudo depois da Segunda Guerra Mundial. Na obra em questão, Lukács apresentou uma versão original do marxismo, próxima das raízes hegelianas e, ao mesmo tempo, de alguns dos temas tratados por Marx. De fato, Lukács opôs-se ao dogmatismo que, a seu ver, e na época em que escreveu e publicou *História e Consciência de Classe*, congelara o materialismo dialético. Ao contrário de Engels, Lukács acentuou a dialética histórico-materialista. O processo histórico é um processo "total" (processo compreensível a partir da categoria dialética da totalidade). A totalidade é a sociedade mesma, que inclui o sujeito e suas produções (o que se pode chamar de "objeto"). Sujeito e objeto são reificações mútuas; o objeto é uma reificaçao do sujeito, mas este, por sua vez, é reificado pelo objeto. O próprio pensamento que concebe a realidade "objetivamente" é uma reificação. De alguma maneira o sujeito se objetiva, mas o objeto se "subjetiviza". A consciência da realidade é uma consciência de classe da realidade. É preciso no entanto levar em conta o sentido especial que Lukács dá à expressão "consciência de classe" (Ver CLASSE [CONSCIÊNCIA DE]); só assim se pode entender que "consciência de classe da realidade" não é o mesmo que "reflexo ideológico dos interesses de uma classe". A consciência de classe é, a rigor, a realidade histórica mesma enquanto se relativiza por meio de homens. Nenhuma classe, salvo o proletariado, pode dizer que tem consciência mesmo de sua própria classe — e menos ainda da história —; nenhuma classe se conhece, pois, a si mesma, visto que, se se conhecesse a si mesma, deixaria de ser essa classe. O proletariado, em contrapartida, ao conhecer-se a si mesmo e à sua própria alienação, conhece ao mesmo tempo a totalidade da sociedade. No proletariado, unificam-se, por fim, o sujeito e o objeto, assim como se eliminam as deformações históricas. Por isso, o materialismo histórico não é uma doutrina absoluta, mas uma doutrina que se vai tornando verdadeira no curso da história. Uma vez alcançada a verdade, deixa de ser uma doutrina para tornar-se total realidade.

Em seu prólogo de 1967 a *História e Consciência de Classe*, Lukács afirma que a descoberta dos *Manuscritos Econômico-Filosóficos de 1844*, de Marx, levou-o a perceber que errara totalmente em sua interpretação do marxismo. Paradoxalmente, os *Manuscritos* foram considerados por outros uma confirmação de *História e Consciência de Classe*, onde parecia haver a "antecipação" de pensamentos de Marx só mais tarde conhecidos. Seja como for, muitos marxistas sofreram a influência do jovem Marx e do "primeiro Lukács". As noções de alienação, reificação, totalização histórica, desabsolutização e outras foram particularmente influentes. E o conhecimento dos *Grundrisse* de Marx, depois de se haver pensado por algum tempo que o "jovem Marx" tinha sido superado por um "Marx maduro", já muito pouco filosófico e nada hegeliano, dá a pensar que, se a interpretação de Lukács não foi demasiado fiel a Marx — caso em que seu repúdio a *História e Consciência de Classe* teria uma razão de ser —, procurou ao menos desenvolver filosoficamente o marxismo. E o fez de uma forma mais hegeliana do que Marx teria admitido em qualquer época. Em *História e Consciência de Classe*, a totalidade do processo histórico assemelha-se muito à "Razão na história" hegeliana e pouco com a insistência de Marx de que os homens fazem em última análise a história, o que inclui a escravização dos homens por si mesmos e, é claro, as tentativas de libertar-se dela. É mais um paradoxo do pensamento de Lukács o fato de ele ter levado a efeito essa sua repudiada hegelianização do marxismo por meios marxistas e com a ajuda de noções que ocupam o próprio centro da filosofia marxista.

Lukács se opôs encarniçadamente ao existencialismo e, evidentemente, a desenvolvimentos do existencialismo que ele mesmo contribuíra em parte para criar. O existencialismo e o irracionalismo são denunciados sem piedade por Lukács, mas também sem grande abundância de argumentos. Quanto ao mais, estas correntes vão parar, nos escritos de Lukács posteriores a *História e Consciência de Classe*, no mesmo saco no qual ele põe todas as formas de arte que não se inspiram no realismo socialista. Todas essas formas artísticas são para ele degenerações, manifestações de formalismo, sujetivismo e artificiosidade; o que se explica, no seu entender, pelo fato de estarem elas isoladas da realidade social na qual se insere (ou deve inserir-se) a arte.

O por vezes chamado "velho Lukacs" ocupou-se de ontologia, em parte no sentido tradicional de investigação das formas do ser (ou realidade) e em parte tomando como base a tese marxista da realidade como ser concreto em condições históricas concretas. Para Lukács, há três formas de ser: o ser orgânico, o ser inorgânico e o ser social. O "ser" não é nenhuma realidade básica subjacente às formas de seres; trata-se de uma designação por meio da qual indicamos o caráter do real. As realidades orgânica, inorgânica e social são contínuas, porém no âmbito do *concretum* das condições histórico-sociais.

➲ Principais obras: *A lélek és a formak*. Trad. para o alemão, ampliada: *Die Seele und die Formen*, 1911 (*A alma e as formas*). — *A modern dráma feiödésének története*, 2 vols., 1911 (*História evolutiva do drama moderno*). Trad. da introdução em "Zur Soziologie des modernen Dramas", *Archiv för Sozialwissenschaft und Sozialpolitik*, n° 38, 1914, pp. 303-345, 662-706. — "Die Theorie des Romans", *Zeitschrift für Ästhetik und allgemeine Kuntswissenschaft*, n° 2, 1916, pp. 225-271, 390-431, publicado em livro, 1920, reimp. 1963, com prólogo do autor. — *Geschichte und Klassenbewusstsein*, 1923; 2ª ed., com novo prólogo, 1967 (*História e Consciência de Classe*). — *Lenin. Studie über dem Zusammenhang seiner Gedanken*, 1924; reimp., 1967, com um novo epílogo (*L. Estudo sobre a coerência do seu pensamento*). — *Thesen über die politische und wirtschaftliche Lage in Ungarn und über die Aufgaben der Kommunistischen Partei Ungarns*, 1928 (*Teses sobre a situação política e econômica da Hungria e sobre as tarefas do Partido Comunista Húngaro*). — *Goethe und seine Zeit*, 1947; 2ª ed., 1950. — *Der junge Hegel und die Probleme der kapitalistischen Gesellschaft*, 1948; 2ª ed., com novo prólogo, 1954. (*O jovem H. e os problemas da sociedade capitalista*). — *Essays über Realismus*, 1948 (*Ensaios sobre o realismo*; 2ª ed., ampliada, com o título: *Probleme des Realismus* [*Problemas do realismo*]). — *Schicksalswende*, 1948; 2ª ed., aumentada, 1956 (*Reviravolta do destino*). — *Karl Marx und Friedrich Engels als Literaturhistoriker*, 1948 (*K. M. e F. E. como historiadores da literatura*). — *Der russische Realismus in der Weltlite-*

ratur, 1949: 2ª ed., 1952; 3ª ed., 1953; 4ª ed., 1964 (*O realismo russo na literatura universal*). — Thomas Mann, 1949. — *Deutsche Realisten des XIX. Jahrhunderts*, 1951 (*Realistas alemães do século XIX*). — *Balzac und der französische Realismus*, 1952 (*B. e o realismo francês*). — *Skizze einer Geschichte der neueren deutschen Literatur*, 1953; 3ª ed., 1963 (*Esboço de uma história da literatura alemã moderna*). — *Die Zerstörung der Vernunft*, 1954 (*A destruição da razão*). — *Beiträge zur Geschichte der Ästhetik*, 1954 (*Contribuições para a história da estética*) (artigos do período 1924-1954). — *Prolegomena zu einer marxistischen Ästhetik*, 1954 (*Prolegômenos a uma estética marxista*). — *Der historische Roman*, 1955 (*O romance histórico*). — *Probleme der Realismus*, 1955 (*Problemas do realismo*). — *Ueber die Besonderheit als Kategorie der Ästhetik*, 1957 (*Sobre a peculiaridade como categoria da estética*), — *Wider den missverstandenen Realismus*, 1958 (*Contra o realismo mal-entendido*). Este título foi escolhido pela editora; o autor propusera *Die Gegenwartsbedeutung des kritischen Realismus [A significação atual do realismo atual]*). —*Schriften zur Literatursoziologie*, 1961, ed. Peter Ludz (*Escritos de sociologia da literatura*). — *Ästhetik, I. Die Eigenart des Ästhetischen*, 2 vols., 1963, em húngaro: *Az esztétikum sajatossága*, 2 vols., 1965 (*Estética. A peculiaridade do estético*). — *Zur Ontologie des gesellschaftlichen Seins*, 1971-1973 (*Para a ontologia do ser social*). — *Sozialismus und Demokratisierung*, 1987.

Biografia: Hans Heinz Holz, Leo Kofler, Wolfgang Abendroth, *Gespräche mit G. L.*, 1967. F. J. Raddatz, *G. L. in Selbstzeugnissen und Bilddokumenten*, 1972. — *Gelebtes Denken. Eine Autobiographie im Dialog*, 1981.

Edição de obras: *Werke* (obra completa), vols I-XV, 1962-1986 (I-IV: *Ästhetik*; V: *Ethik*; VI: *Der junge Hegel, Die Zerstörung der Vernunft*; VIII: *Zwei Jahrhundert deutscher Literatur*; IX: *Zur Geschichte des Realismus*; XI: *Kleine philosophische Schriften*; XII: *Frühschriften* etc.). — *Moskauer Schriften*, 1981, ed. F. Benseler.

Em português: *Estrutura de classes e estratificação social*, 1966. — *Existencialismo ou marxismo*, 1967, — *Georg Lukács: sociologia*, 1992. — *História e consciência de classe: estudos de dialética marxista*, 1989. — *Ontologia do ser social*, 1979. — *Pensamento vivido*, 1999. — *Os princípios ontológicos fundamentais de Marx*, 1979. — *Realismo crítico hoje*, 2ª ed., 1991. — *Sobre o conceito de consciência de classe*, 1989.— *A teoria do romance*, 2000.

Bibliografia (da qual procede a anterior) nas pp. 233-247 de George Liehtheim, *L.*, pp. 9-24. Apresenta-se nesta bibliografia o plano da edição castelhana em 26 volumes, que começa com *El alma y las formas* e termina com *Ontología del ser social* e a *Estética de Heidelberg (1910-1917)*. F. H. Lapointe y C. C. Lapointe: "Bibliografía sobre G. L.", *Revista de Filosofía de la Universidad de Costa Rica*, nº 13, 1975, pp. 286-301. F. H. Lapointe, *G. L. and His Critics: An International Bibliography with Annotations (1910-1982)*, 1983.

Sobre K., ver: J. Révai, *La littérature et la démocratie populaire. À propos de G. L.*, 1951. — Ernst Bloch, A. Cornu, E. Fischer. H. Lefèbvre, A. Schaff *et al.*, *G. L. zum 70. Geburstag*, 1955. — E. Uranga, *La estética de L.*, 1958. — VV. AA., *G. L. und der Revisionismus*, 1960, ed. H. Hoch. — C. Carbonara, *L'estetica del particolare di G. L. e G. della Volpe*, 1961. — Peter Ludz, *L'ésthetique du jeune L.*, 1961. — H. Althaus, *G. L., oder Bürgerlichkeit als Vorschule einer marxistischen Ästhetik*, 1962. — G. Fröschner, *Die Herausbild und Entwicklung der geschichtsphilosophischen Anschauungen von G. L.*, 1965. — L. Goldmann, L. Kolakowski, István Mészáros, A. Schaff *et. al.*, *Festschrift zum 80. Geburstag von G. L.*, 1965, ed. F. Benseler. — D. Kettler, *Marxismus und Kultur. Mannheim und L. in der ungarischen Revolutionen 1918/19*, 1967. — Tito Perlini, *Utopia e prospettiva in G. L.*, 1968. — M. Vacatello, *L.: da "Storia e coscienza di classe" al giudizio sulla cultura borghese*, 1968. — F. Posada, *L., Brecht y la situación del realismo socialista*, 1969. — G. Vacca, *L. or Korsch?*, 1969. — E. Bahr, *G. L.*, 1970. — George Lichtheim, *L.*, 1970. G. H. R. Parkinson, I. Mészáros, H. A. Hodges *et al.*, *G. L.: The Man, His Work, and His Ideas*, 1970. Thomas Bottomore, L. Goldmann *et al.*, *Aspects of History and Class Consciousness*, 1971, ed. I. Mészáros. — Wilhelm Girnus, *Zur "Ästhetik" von G. L. 2000 Jahre Verfälschung der aristotelischen "Poetik, Kunst und Geschicht"*, 1972. — I. Mészáros, *Lukács' Concept of Dialectic*, 1972. — György Márkus, E. Fischer, A. Schaff *et al.*, artigos sobre G. L. na *Revue Internationale de Philosophie*, ano 27, nº 106, fasc. 4, 1973. — Béla Kiralyfalvi, *The Ästhetics of G. L.*, 1975. — Hartmut Roshoff, *Emil Lask als Lehrer von G. L.*, 1975. — M. Löwy, *Pour une sociologie des intellectuels révolutionnaires. L'évolution politique de L. 1908-1929*, 1976. — I. Hermann, *Die Gedankenwelt von G. L.*, 1978. — A. Arato, P. Breines, *The Young L. and the Origins of Western Marxism*, 1979. — N. Tertulian, *G. L. (Étapes de sa pensée esthétique)*, 1980. — A. Feenberg, *L., Marx and the Sources of Critical Theory*, 1981. — L. Congdon, *The Young L.*, 1983. — G. Oldrini, *Il marxismo della maturità di L.*, 1983. — A. Heller, ed., *L. Reappraised*, 1983. — E. Jóos, *L.'s Last Autocriticism: The Ontology*, 1983. — J. M. Bernstein, *The Philosophy of the Novel: L., Marxism and the Dialectic of Form*, 1984. — M. Gluck, *G. L. and his generation, 1900-1918*, 1985. — G. H. R. Parkinson, *G. L.*, 1985. — R. Dannemann, ed., *G. L. Jenseits der Polemiken*, 1986. — R. Dannemann, *Das Prinzip Verdinglichung. Studie zur Philosophie G. L.s*, 1987. — T. Rockmore, ed., *L. Today: Essays in Marxist Philosophy*, 1988. — W. Jung, *G. L.*, 1989. **C**

ŁUKASIEWICZ, JAN (1878-1956). Nascido em Lwów, em cuja universidade estudou. De 1906 a 1915, deu aulas nesta universidade; de 1915 a 1918 e de 1920 a

1939, na Universidade de Varsóvia. Em 1918 e em 1919-1920, ocupou vários cargos no Ministério de Educação e Culto. Durante a ocupação nazista da Polônia, deu cursos secretos em Varsóvia; finda a guerra, foi para Münster, Bruxelas e, em 1946, Dublin, onde foi professor na Academia Real Irlandesa (Royal Irish Academy).

Łukasiewicz costuma ser classificado como um dos principais membros do chamado "Círculo de Varsóvia" (VER), bem como "Círculo de Varsóvia-Lwów", mas isso indica apenas sua preeminência entre os lógicos, bem como historiadores da lógica, poloneses. Por volta de 1917, Łukasiewicz elaborou uma lógica trivalente, apresentada em 1920, antes da apresentação — independente — dessa lógica por Emil Post. Segundo ele, a lógica trivalente poderia, mais do que a lógica bivalente "clássica", servir de quadro às leis da lógica modal. Além disso, como o manifestou em sua aula magna do ano acadêmico 1922-1923 — e reiterou em 1946 —, a lógica trivalente permitia eludir o determinismo ou ao menos levar à convicção de que o determinismo não é uma concepção filosófica melhor justificada do que o indeterminismo.

Com a elaboração da lógica trivalente, Łukasiewicz abriu o caminho para todas as outras lógicas de mais de dois valores, isto é, para a chamada "lógica polivalente" (ver POLIVALENTE), incluindo uma lógica de um número infinito de valores. A escolha de uma lógica, de determinado número ou de um número infinito de valores depende de sua aplicabilidade, tanto a outros ramos da lógica, a lógica modal, por exemplo, como a questões filosóficas, mas isso não quer dizer que a lógica escolhida seja "arbitrária", indicando apenas a possibilidade de uma pluralidade de sistemas lógicos.

Łukasiewicz também realizou trabalhos de importância no cálculo proposicional (bivalente), em especial na axiomatização. Devem-se igualmente a ele trabalhos de metalógica, em particular no campo das provas de consistência, completude e independência no cálculo proposicional, bem como trabalhos de lógica modal nos quais elaborou uma lógica modal básica capaz de abrigar qualquer sistema modal.

Um aspecto de destaque da obra de Łukasiewicz são seus escritos de história da lógica; devem-se a ele as primeiras indicações para o estudo da lógica proposicional dos estóicos (1934) e o primeiro trabalho de conjunto acerca da silogística aristotélica do ponto de vista da lógica formal moderna (1951).

A notação simbólica usada por muitos lógicos poloneses, de que falamos em NOTAÇÃO SIMBÓLICA, foi criada por Łukasiewicz, que começou a usá-la em 1929.

⊃ Edição de trabalhos escolhidos: *Z zagadnien logiki i filozofi. Pisma wybrane*, 1961. Tradução inglesa de trabalhos de Ł. distinta da edição polonesa (esta trad. não contém vários trabalhos constantes da polonesa, mas inclui dez trabalhos de lógica que não estão nesta última): *Selected Works*, 1970. ed. L. Borkowski, com prólogo de J. Słupecki, Bibliografia (92 trabalhos) nas pp. 401-405.

Ver: B. Sobociński, *In Memoriam J. Łukasiewicz (1878-1956)*, 1956 [separata de *Philosophical Studies*, nº 6, dezembro de 1956]. L. Borkowski e J. Słupecki, "The Logical Works of J. L.", *Studia logica*, nº 8, 1958, pp. 7-56. A. S. Karpenko, "Aristotle, L., and Factor-Semantics", *Acta Philosophica Fennica*, nº 35, 1982, pp. 7-21. J. Porte, "L. L-Modal System and Classical Refutability", *Log Analist*, nº 27, 1984, pp. 87-92. I. Dambska, "L. and Wittgenstein on the Principle of Contradiction", *Dialectics and Humanism*, nº 17 (1), 1990, pp. 25-29. **C**

LÚLIO, RAIMUNDO (Ramon Llull) (1232-1316). Nascido em Mallorca, propôs-se, por volta de 1265, depois de uma juventude tormentosa e de uma crise espiritual, a abandonar tudo para dedicar-se à missão de converter os infiéis. Contudo, todos os seus planos de encontrar apoio do Papado a uma grande cruzada e missão nos países dos infiéis fracassaram. Em três ocasiões esteve em Paris (1288-1289, 1297-1299 e 1309-1311). Na terceira, desenvolveu uma intensa atividade como professor e escritor, opositor dos averroístas latinos, especialmente dos seguidores de Siger de Brabante († 1284) e das doutrinas da dupla verdade, pois a intuição central de Lúlio é provavelmente a de que, sendo possível provar pela razão todas as verdades da fé, não pode haver separação entre elas. Por fim, e em seu desejo de converter os infiéis, dirigiu-se novamente a Túnis em 1314. Faleceu pouco depois, mas não se sabe se foi enterrado em Mallorca ou no barco que o levava para lá. A obra de Lúlio parece contraditória em seu duplo aspecto místico e racionalista, mas somente quando não é interpretada em função da mencionada intuição central. O que Lúlio pretende é converter o infiel, mas isso não pode ser realizado se a razão não apoiar a crença. Daí a necessidade de demonstrar racionalmente os artigos de fé a que corresponde a *Ars magna* ou *Ars generalis*, que é, em última análise, uma *ars inveniendi*, uma arte da invenção fundada na idéia da *mathesis universalis* a que deram continuidade Descartes e Leibniz. A *mathesis universalis* só é possível porque existe um fundo racional e racionalmente compreensível nas verdades da fé, e por isso essas verdades devem ser encontradas por meio de uma dedução rigorosamente lógica dos princípios da ciência geral no âmbito da qual estão contidos todos os saberes particulares. A dedução, tal como Lúlio a realiza, baseia-se na lógica aristotélica e supõe a existência de princípios supremos certos, que os próprios infiéis não negam necessariamente, assim como a possibilidade de encontrar todos os termos médios possíveis que unam qualquer sujeito a qualquer predicado. Portanto, basta enumerar os predicados possíveis de um sujeito e determinar por meio deles mesmos ou de suas combinações aqueles que se aplicam ao sujeito proposto de acordo com regras formais inalteráveis. Referimo-nos mais detalhadamente a esse ponto no verbete ARS MAGNA; entretanto, mesmo ali tivemos de simplificar as idéias de Lúlio sobre o assunto. Com efeito, a *ars magna* — também chamada *ars general* — não constitui uma descoberta única fixada de uma vez por todas, mas uma série de tentativas de Lúlio, que incluíram vários esforços de simplificação e classificação dos saberes.

A arte geral permitia combater infiéis e averroístas mostrando a coincidência entre a verdade revelada e a razão e entre a teologia e a filosofia, e tinha, por conseguinte, um papel muito fundamental no conjunto da filosofia luliana. Mas além da teoria lógica há nesta filosofia — como o demonstraram Joaquín e Tomás Carreras y Artau — dois outros aspectos capitais: a metafísica exemplarista e o misticismo. No que diz respeito à metafísica, a tendência de Lúlio é — como o assinalaram os referidos autores — "um realismo neoplatônico modelado pela corrente agostiniana não-anselmiana", realismo de acordo com o qual as coisas são semelhanças das realidades divinas. É particularmente importante o fato de Lúlio quase sempre seguir, em questões metafísicas, os caminhos marcados pelo espiritualismo da Ordem Franciscana. No que se refere à mística, é preciso observar que ela se manifesta sobretudo por meio de uma doutrina da ascensão da alma à contemplação; por isso, a doutrina mística luliana implica uma "psicologia" dualista baseada em elementos aristotélicos e agostinianos, particularmente interessada na questão das potências da alma. De acordo com Lúlio, a alma possui cinco potências: a vegetativa, a sensitiva, a imaginativa, a motriz e a racional. A alma racional tem, por sua vez, três potências — a memória, o entendimento e a vontade — e cinco "sentidos" intelectuais capazes de apreender as realidades espirituais. A mistura de aristotelismo e agostinismo se revela especialmente na constante combinação da doutrina da abstração com a da iluminação interior. A ascensão da alma é explicada por meio das duas; graças à abstração e à iluminação, a alma pode desapegar-se do conhecimento sensitivo, que é inteiramente descartado quando os sentidos espirituais, base da "contemplação em Deus", funcionam de modo exclusivo.

Foram numerosos os partidários de Lúlio após sua morte. Formaram-se vários grupos de discípulos em Valença, Marselha e Paris. Pouco depois, o lulismo estendeu-se a Mallorca, Barcelona e outras cidades. De acordo com Menéndez y Pelayo, o lulismo é, ao lado do vivismo e do suarismo, uma das três grandes filosofias espanholas. Como todas elas, tem um caráter "germinal" e antecipador, o que dificulta muito não apenas mapeá-la como também acompanhar com precisão todas as influências por ela exercidas. Aqui nos limitaremos a acentuar que essas influências não se restringiram à arte geral;

porém, como esta suscitou maior interesse que outros aspectos da obra de Lúlio, obteve maior destaque na maioria dos estudos sobre as influências lulianas. O nome mais importante na série dessas influências é o de Leibniz — observemos contudo que também houve influências de Lúlio sobre Athanasius Kircher (VER) e Sebastián Izquierdo (sendo este último, segundo Ramón Ceñal, um interessante elo entre entre Lúlio e Leibniz, sobretudo por sua obra *Pharus Scientiarum*, publicada em Lyon em 1659). Entre os adversários de Lúlio, destacou-se de imediato Nicolás Eymerich, com seu *Dialogus contra Llullistas* (1389). João Gerson também é mencionado como um de seus adversários.

⊃ O caráter antecipador e dinâmico da obra de Llull a que nos referimos mostra-se em quase todos os seus livros e mesmo na forma como foram compostos. Citaremos aqui as obras mais significativas para a filosofia e a mística, de acordo com a classificação estabelecida por Tomás e Joaquín Carreras Artau na obra citada na bibliografia. Por um lado, temos as obras que podem ser denominadas enciclopédicas (*Libre de contemplació en Déu* ou *Liber contemplationis*, escrito primeiramente em árabe e depois traduzido para o catalão). — *Arbre de Sciencia* ou *Arbor Scientiae*. — Vêm depois as obras científicas (*Liber Principiorum Medicinae*; *Tractat d'Astronomia*); as filosóficas (*Art abreujada d'atrobar veritat* ou *Ars compendiosa inveniendi veritatem seu Ars magna et maior*, também chamada *Art major*, *Art general*; segundo comentário de Miquel Batllori, em *Obres essencials*, cf. *infra*, I, p. 39, nota 51, não são dois livros distintos, mas o mesmo livro "retolat primer *Art major* i després *Art general*", sendo esta uma decisão do tradutor; a *Ars inveniendi particularia in universalibus*, o *Liber propositionum secundum artem demonstrationum*); as místicas (*Libre de amic e amat*, *Libre de Evast e Blaquerna* — em que estão os opúsculos *Libre de amic* e *Art de contemplació* —, *Libre de Meravelles* ou *Fèlix de les meravelles del món*). A estas é preciso acrescentar muitas outras obras, algumas publicadas e outras ainda inéditas, como: *Libre de ànima racional*, *Libre de àngels*, *Libre dels mil proverbis*, *Libre de la primera i segona intenció*, *Libre del gentil e los tres savis* etc.

Edição de obras: *Beati Raimundi Luli Opera Omnia*, vol. I-X, ed. Ivo Salzinger (Mainz, 1721-1742) [os volumes VII e VIII não foram publicados]; reimp., Frankfurt, 1964, com prefácio de Fr. Stegmüller. Suplemento a esta edição por Fr. Stegmüller: *Clavis Lulliana*, 1965. — *Raimundi Lulli Opera Latina*, ed. crítica sob a direção de Fr. Stegmüller, 1959 ss., vols. I-XIX (Palma, vols. I-V; Turhout, vols. vols. VI-XIX), em curso de publicação (a partir do 6º vol., 1975), em *Corpus christianorum. Continuation medievalis*. Estas *Operas* começaram sob os auspícios da Maioricensis Schola Lullistica e passaram a ser editadas pelo Raimundus-Lullus-Institut da Universidade de Freiburg i.B. (A revista *Estudios Lulianos*, publicada a partir de 1957 pela Maioricensis Schola Lullistica, sob a direção de S. Garcías Palou, passou a chamar-se *Studia Lulliana*). — Em 1991 foi iniciada, na cidade de Mallorca, a *Nova edició de les obres de R. L.* em língua catalã. — *Obres essencials*, 2 vols., 1957-1960, ed. Miquel Batllori, Joaquim Carreras i Artau, Martí de Riquer, Jordi Rubió i Balaguer. O vol. I contém: *Libre d'Evast e d'Aloma e de Blaquerna; Libre de Meravelles; Libre qui es de l'Ordre de Cavalleria, Arbre de Ciencia; Libre del Gentil e los tres savis; Libre de Sancta Maria; Libre dels mil proverbis, Poesies*. O vol. II contém: *Arbre de filosofia d'amor; Libre de contemplació; Del naixement de Jesús infant.* — *Antologia*, 2 vols. com trad. esp., ed. P. M. Batllori, 1961 [com introdução do mesmo, pp. 5-47]. — *Antologia filosòfica*, 1984, ed. M. Batllori [Textos filosòfics, 30]. — A. Bonner, *Obres Selectes de R. L. (1232-1316)*, 2 vols., 1989. — O anuário ATCA (*Arxiu de Textos Catalans Antics*), 1982 ss., publicou diversos textos desconhecidos ou inéditos de Lúlio.

Em português: *O livro das bestas*, 1990. — *Livro do amigo e do amado*, 1989.

Bibliografia: *Histoire littéraire de la France*, 1885, vol. 39, pp. 1-386. — P. Blanco Soto, *Estudios de bibliografía luliana*, 1916. — Revista *Estudios lulianos* (cf. supra). — E. Rogent, E. Duran, *Bibliografía de les impressions lullianes*, IEC, 1927 (até 1870). — M. Batllori, em *Obres essencials* (cf. supra), II, pp. 1359-1376. — E. Colomer, "Situación de Ramón", *Pensamiento*, 26 (1970), 434-451 (panorama bibliográfico de dez anos de investigação luliana: 1958-1968). — R. Brummer, *Bibliographia Lulliana. Ramon-Llull-Schriftum 1870-1973*, 1976 (trad. catalã, 1991). — M. Salleras, "Bibliographia lulliana (1974-1985)", *Randa*, 19 (1986), 153-198. — Ver também os vols. de *Arxiu de Textos Catalans Antics* (ATCA), assim como *Studia Lulliana, Medioevo Latino* e *Bibliographie anuelle du moyen âge tardif. Auteurs et textes latins*.

Ver: Weyler y Lavina, *R. Lulio juzgado por sí mismo*, 1867. — José Ramón de Luanco, *R. L. considerado como alquimista*, 1870. — M. Menéndez y Pelayo, "Lulio" [prólogo à edição de *Blanquerna*, 1883]. — *Id., Historia de los heterodoxos españoles*, 2ª ed., II, pp. 257-289. — J. Ribera, *Orígenes de la filosofía de R. L.*, 1899. — A. T. Barber, *R. L., the Illuminated Doctor: A Study in Mediaeval Missions*, 1903. — Juan Maura Gelabert, *El optimismo del beato R. L.*, 1904. — O. Keicher, *Raymundus Lullus und seine Stellung zur arabischen Philosophie*, 1909. — A. Rubió i Lluch, *Sumari d'unes lliçons en els Estudis Universitaris Catalans*, 1911. — M. J. Avinyó, *Beat Ramón Llull. Sa vida i la història contemporània*, 1912. — J. H. Probst, *Caractère et origine des idées du bienheureux Raimund Lulle*, 1912. — E. Rogent e E. Duran, *Les edicions lullianes de la Biblioteca Universitària de Barcelona*, 1913. — S. Galmés, *Vida compendiosa del Beat Ramón Llull*, 1915. — Joan Avinyó, *Història del lul·lisme*, 1925 [o lulismo no século XVIII]. — E. Allison Peers, *R. L.: A Biography*, 1929. — Carlo Ottaviano, *L'ars compendiosa de R. Llull, avec une étude sur la bibliographie et le fond Ambrosien de Llull*, 1930. — F. Sureda Blanes, *El beato R. Llull. Su época. Su vida. Sua empresas*, 1934. — Tomás e Joaquín Carreras Artau, *Historia de la filosofía española. Filosofía cristiana de los siglos XIII al XV*, vol. I, 1939, pp. 231-640; vol. II, 1939, pp. 9-437. — Joaquín Carreras Artau, *De Ramón Lull a los modernos ensayos de formación de una lengua universal*, 1946. — Joaquín Xirau, *Vida y obra de Ramón Llull. Filosofía y mística*, 1946 (reimp. em *Obras de Joaquín Xirau*, 1963). — Lorenzo Riber, *Raimundo Lulio (Ramón Llull)*, 1949. — J. Soulairol, *R. Lulle*, 1951. — J. Tusquets, *R. Lull, pedagogo de la cristiandad*, 1954. — J. A. Yates, *The Art of R. Lull: An Approach to It Through Lull's Discovery of the Elements*, 1955 [do *Journal of the Warburg and Courtland Institutes*, 18 (1954), n.os 1-2]. — Miguel de Montoliu, *Ramón Llul i Arnau de Vilanova*, 1958. — Eusebio Colomer, *Nikolaus von Kues und Raimund Llull*, 1961. — Robert Pring-Mill, *El microcosmos lul·lià*, 1961. — Erhard Wolfram Platzeck, *Raimund Lull. Sein Leben, seine Werke, die Grundlagen seines Denkens*, 2 vols., 1962. — J. N. Hillgarth, *R. Lull and Lullism in Fourteenth Century France*, 1971. — Louis Sala-Molins, *La philosophie de l'amour chez R. Lulle*, 1974 (com prefácio de V. Jankélévitch). — A. Madre, *Die theologische Polemik gegen R. L.*, 1973 [sobre as críticas de Eymerich e outros]. — M. Cruz Hernández, *El pensamiento de R. Llull*, 1977. — E. Colomer, "De Ramon Llull a la moderna informática", *Estudios lulianos*, 23 (1979). — Jordi Gayà, *Teoría luliana de los correlativos. Historia de su formación conceptual*, 1979. — D. Urvoy, *Penser l'Islam. Les présupposés islamiques de l'"art" de Lull*, 1980. — F. A. Yates, *Lull and Bruno: Collected Essays*, 1982. — M. Johnston, *The Spiritual Logic of R. Llull*, 1987. — A. Bonner, L. Badia, *Ramon Llull. Vida, pensament i obra literària*, 1988. — R. Pring-Mill, *Escrits sobre R. Llull*, 1991. — W. Künzel, H. Cornelius, *Die Ars Generalis Ultima des Raymundus Lullus. Studien zu einem geheimen Ursprung der Computertheorie*, 1991. — J. Perarnau, "Consideracions diacròniques entorn dels manuscrits lul·lians medievals de la 'Bayerische Staatsbibliothek' de Munic", em *ATCA*, II (1993), 123-169. **C**

LUMEN. Ver Iluminação; Luz.

LUPASCO, STÉPHANE. Ver Matéria.

LUTERO, MARTINHO [Martin Luther] (1483-1546). Nascido em Eisleben (Saxônia), estudou nas escolas de Magdeburgo e Eisenach, tendo ingressado na Universidade de Erfurt, onde estudou jurisprudência e começou a familiarizar-se com a filosofia e a teologia, com destaque para Aristóteles e algumas tendências occamistas. Em 1505, entrou no Convento dos Eremitas de Santo

Agostinho, em Erfurt, tendo-se ordenado sacerdote no ano de 1507. No ano seguinte, foi enviado à Universidade de Wittenberg, continuando seus estudos de teologia; depois de uma visita a Roma, que o impressionou enormemente, visto ter julgado que reinava nos altos meios eclesiásticos excessiva lassidão espiritual, doutorou-se em teologia em Wittenberg e começou a dar aulas na Universidade local. Em 1517, devido a uma pregação do dominicano Johann Tetzel em Wittenberg e à dispensação por este clérigo de indulgências na Saxônia, cravou na porta da igreja do Castelo de Wittenberg 95 teses contra as indulgências, mas não contra a autoridade de Roma. Em 1518, foi chamado a Roma para explicar as 95 teses, porém, graças à intervenção das autoridades universitárias e de Frederico, Eleitor da Saxônia, foi dispensado de ir a Roma, recebendo em vez disso a visita do legado papal, Tomás de Vio, Cardeal Cajetano (VER). Este exigiu de Lutero uma completa retratação, mas Lutero recusou-se a fazê-lo a menos que lhe fosse provado, com base nas Escrituras, que estava errado. Em 1519, no curso de uma disputa pública em Leipzig com o teólogo Johann Maier von Eck (1486-1543), que se opusera a ele no ao anterior, Lutero reafirmou suas opiniões e, em 1520, escreveu seus tratados *Mensagem à nobreza cristã da nação alemã*, contra os abusos da Igreja e a favor de reformas; *O Cativeiro da Babilônia na Igreja*, propondo reformas de caráter sacramental; e *A liberdade do cristão*, no qual destacava a preponderância da fé para a salvação. Estes tratados, que marcavam a separação de Lutero e Roma, continham algumas das idéias já expressas por Lutero desde mais ou menos 1513 e em suas aulas sobre *Salmos*, as *Epístolas aos Romanos e aos Gálatas*, bem como nas discussões acadêmicas sobre a impotência da vontade humana sem a graça e contra a teologia escolástica. Em 1520, o Papa Pio X lançou a bula *Exsurge Domine*, em que condenava as doutrinas luteranas. Lutero rechaçou a bula papal e em 1521 foi formalmente excomungado. Nesse mesmo ano realizou-se a Dieta de Worms, na qual as opiniões estiveram divididas, mas embora no final a Dieta tenha lançado um edito ordenando que se fizesse Lutero prisioneiro, este foi amparado por seus amigos, que o puseram a salvo no castelo de Frederico III, Eleitor da Saxônia, onde Lutero traduziu para o alemão o *Novo Testamento*, e iniciou a tradução da *Bíblia* inteira, trabalho que concluiu em 1531. Em 1524, houve a polêmica entre Lutero e Erasmo, de que falamos no verbete ARBÍTRIO (LIVRE-); contra o tratado sobre o livre-arbítrio de Erasmo, Lutero escreveu *De servo arbitrio*. Em 1529, Lutero encontrou-se com Zwinglio, mas os dois não conseguiram chegar a um acordo para unificar seus movimentos de reforma. Em 1530, reuniu-se em Augsburgo a Dieta imperial. Representando Lutero, falou em favor de sua reforma Melanchton (VER), que submeteu à Dieta a confissão de fé conhecida como "Confissão de Augsburgo", princípio do luteranismo.

Em alguns verbetes da presente obra, especialmente nos que se ocupam de conceitos relativos à filosofia da religião e à teologia (cf. o "Quadro Sinótico" no final), tocamos em vários pontos pertinentes às doutrinas de Lutero. Limitemo-nos a indicar aqui que no luteranismo é fundamental a doutrina da "justificação pela fé", comum a todas as Igrejas luteranas (Lutero mesmo não usou o adjetivo "luterano", dando preferência a "evangélico"). A salvação advém apenas da graça (VER), tornada possível pela redenção efetuada por Jesus Cristo. O fundamento da crença são só as Escrituras; por meio delas, o indivíduo comunica-se com Deus. Num certo sentido, Lutero levou ao extremo os aspectos antipelagianos de Santo Agostinho, a quem Lutero considerava o autêntico intérprete de São Paulo. Lutero sustentava que a corrupção introduzida pelo pecado original foi absoluta: a "queda" representou uma completa depravação da pessoa humana. Assim, o arbítrio é servo, não livre. Da perspectiva mais estritamente filosófica, interessa lembrar que as idéias de Lutero alinhavam-se com as dos autores que, seguindo algumas tendências do occamismo, consideravam a *potentia* de Deus *absoluta* e diluíam ou negavam a noção de uma *potentia ordinata*. Com isso, concilia-se uma separação quase total entre a fé e as obras, entre a religião e a ética, bem como uma negação da teologia natural. Acentua-se freqüentes vezes que exerceram grande influência sobre Lutero os comentários às *Sentenças*, de Gabriel Biel (VER) e várias das idéias que aparecem nesta obra: o voluntarismo, a concepção da graça como uma realidade, uma dádiva ou "coisa" concedida por Deus e o raciocínio em termos de *potentia absoluta*.

↪ Dentre as edições de obras de Lutero, mencionamos a de Erlangen (117 vols. em alemão [1826-1857] e 38 vols. em latim [1829-1886]), e a *Kritische Gesamtausgabe* de Weimar, 1883 ss. (I, obras; II, cartas; III, diálogos casuais; IV, tradução da Bíblia).

Em português: *Da liberdade do cristão*, 1998. — *Explicação do pai-nosso*, 1996. — *Sobre a autoridade secular*, 1995.

Da nutrida bibliografia sobre L., de vários pontos de vista, limitamo-nos a destacar: H. Denifle, *Luther und Luthertum in der ersten Entwicklung*, 1904. — A. Jundt, *Le développement de la pensée religieuse de Luther jusqu'en 1517*, 1905. — H. Grisar, *Luther*, 3 vols., 1911-1912, 3ª ed., 1924-1925. — Id., *Lutherstudien*, 6 fasc., 1921-1923. — H. Strohl, *L'évolution religieuse de Luther jusqu'en 1515*, 1922. — Lucien Fèbvre, *Un destin: Martin Luther*, 1928; nova ed., 1951. — Paul Vignaux, *Luther, commentateur des Sentences (Livre I, distinction XVII)*, 1935. — H. H. Kramm, *The Theology of M. Luther*, 1949. — José Luis L. Aranguren, *El protestantismo y la moral*, 1954, especialmente Seção II. — W. Link, *Das Ringen*

Luthers um die Freiheit der Theologie von der Philosophie, 1955. — P. Althaus, *Die Theologie M. Luthers*, 1962. B. A. Gerrish, *Grace and Reason: A Study in the Theology of Luther*, 1962. — Enrico de Negri, *La teologia di Lutero: Rivelazione e dialletica*, 1967. — Ricardo García Villoslada, *M. Lutero*, 2 vols., 1973. — F. Lötzsh, *Vernunft und Religion. Luterisches Erbe bei Kant*, 1976. — M. G. Bailor, *Action and Person: Conscience in Late Scholasticism and the Young Luther*, 1977. — R. Malter, *Das reformatorische Denken und die Philosophie L.s*, 1980. — B. Lohse, *M. L. Eine Einführung in sein Leben und Werk*, 1981. — H. Junghans, ed., *Leben und Werk M. L.s von 1526 bis 1546*, 1983. — W. D. J. C. Thompson, P. Broadhead, eds., *The Political Thought of M. L.*, 1984. — R. Thiel, *M. L. Ketzer von Gottes Gnaden*, 1986. — J. Busquets, *Martí Luter. Valoració actual de la Reforma*, 1986. —B. Lohse, *Evangelium in der Geschichte*, 198. ℂ

LUTOSŁAWSKI, WINCENTY (1863-1954). Nascido na Cracóvia, foi professor em vários países (Itália, França, Inglaterra, Suíça, Estados Unidos), até ser nomeado, em 1919, professor da Universidade de Vilna. Lutosławski é conhecido em países da Europa Ocidental e na América principalmente por suas pesquisas sobre a origem e o desenvolvimento da lógica de Platão. Contudo, essas investigações constituem apenas um aspecto dos seus inúmeros trabalhos sobre o pensamento filosófico antigo e moderno. Do ponto de vista sistemático, pode-se considerar Lutosławski um pensador eclético. Influenciado por Teichmuller (VER), pelo messianismo polonês (sobretudo por Towiański), pelo catolicismo, por Leibniz e por Locke, Lutosławski desenvolveu uma filosofia do tipo monadológico-idealista na qual se analisava não somente o problema das individualidades metafísicas últimas como também o das individualidades humanas e das comunidades humanas na medida em que formam, por suas tradições e por sua história, certas "individualidades coletivas" capazes de combinar-se, sem perder suas peculiaridades, numa comunidade universal.

⊃ Obras em polonês: *Z dziedziny mysli*, 1900 (*Do domínio do pensamento*). — *Eleusis*, 1903. — *Logika*, 1905. — *Ldzkość Odrodzona*, 1910 (*A humanidade regenerada*). — *Wojna wszechświatowa*, 1920 (*A guerra mundial*). — *Praca narodowa*, 1922 (*A tarefa nacional*). — *Nieśmiertelność duszy in wolność woli*, 3ª ed., 1925 (*A imortalidade da alma e a liberdade da vontade*). *Tajemnica powszechnego dobrobytu, zarys teorji gospodarstwa narodowego*, 1926 (*O mistério do bem-estar geral e esboço da teoria da economia mundial*). — Várias das obras em polonês foram traduzidas para outros idiomas, quase sempre com correções do autor. Entre as obras em alemão, inglês e francês (traduzidas e não traduzidas), destacamos as seguintes: *Ueber die Grundvoraussetzung und die Konsequenz der individualistischen Weltanschauung*, 1898 (*Sobre a suposição básica e a conseqüência da cosmovisão individualista*). — *Seelenmacht. Abriss einer zeitgemässen Weltanschauung*, 1899 (*Poder da alma. Esboço de uma cosmovisão de acordo com a época*). *Unsterblichkeit der Seele*, 1909, 3ª ed., 1925 (*Imortalidade da alma*). — *Die wiedergeborene Mensch*, 1910 (*O homem renascido*). — *Das Geheimnis des allgemeinen Wohlstandes*, 1926 (*O mistério do bem-estar geral*). — *The Origin and Growth of Plato's Logic*, 1897. — *Between East and West*, 1907. — *The World of Souls*, 1924. — *The Knowledge of Reality*, 1930. — *L'État national*, 1917. — *La conscience nationale*, 1919. ℂ

LUX. Ver Iluminação, Luz.

LUXEMBURG, ROSA (1871-1919). Nascida em Zamosc (parte da Polônia ocupada pela Rússia), estudou em Varsóvia, onde se alistou no partido "Proletariado", e emigrou para Zurique, onde concluiu o doutorado com uma tese sobre a evolução industrial da Polônia. Na Suíça, travou relações com vários marxistas revolucionários, como Plekhanov e Leo Jogliches. Teve grande atividade no seio do Partido Social-Democrata alemão e depois na formação da Liga Espartaquista (*Spartakusbund*) e do Partido Comunista alemão. Detida, juntamente com Karl Liebknecht, em Berlim, ela e ele foram assassinados por membros do chamado "Freikorps".

O papel de Rosa Luxemburg no desenvolvimento do marxismo é ao mesmo tempo prático e teórico. Ela combateu o revisionismo de Eduard Bernestein (VER) ao lado de Karl Kautsky (VER), mas se separou deste pouco depois. Divergiu de Lênin com relação ao problema das nacionalidades, bem como da estratégia revolucionária a ser adotada pelos bolcheviques, opondo-se ao terrorismo e fomentando a "espontaneidade" das massas. A mais importante contribuição teórica de Rosa Luxemburg é sua teoria da acumulação do capital; embora marxista, criticou Marx em alguns aspectos relevantes, como a análise das condições históricas do desenvolvimento do capitalismo. Rosa Luxemburg julgava que o capitalismo só pode manter seu impulso estendendo-se a regiões não-capitalistas, tanto nos países desenvolvidos como, e sobretudo, nos países industrialmente subdesenvolvidos. O mencionado impulso de expansão se deve à dificuldade de que traz a acumulação do capital quando não encontra saída nas próprias regiões capitalistas. A produção de armas e a criação de mercados coloniais são uma conseqüência da citada acumulação. Mas isso leva a uma série de guerras e de revoluções que haverão de culminar na revolução socialista.

⊃ Principais obras: *Die industrielle Entwicklung Polens*, 1898 (tese). — *Reform oder Revolution*, 1899. — *Massenstreik, Partei und Gewerkschaften*, 1906. — *Die Akkumulation des Kapitals*, 1916. — *Die Krise der Sozialdemokratie*, 1916 (chamada "Junius-Broschüre"). — Muitos dos escritos de R. L. apareceram postumamente; entre eles, o célebre *Die russische Revolution*, 1922. Em português: *A revolução russa*, 1991.

Edição de obras: *Gesammelte Werke*, volumes 3, 4 e 6, 1922-1928 (vols. 1, 2 e 5 ainda não publicados). *Ausgewählte Reden und Schriften*, 2 vols., 1951 (inclui *Einführung in die Nationalökonomie*, de 1925). *Briefe aus dem Gefängnis*, 3ª ed., 1922.
Ver: P. Fröhlich, *R. L.*, 1939; 2ª ed., 1949. — John P. Nettl, *R. L.*, 2 vols., 1966. — R. Dunayevskaya, *R. L. Women's Liberation, and Marx's Philosophy of Revolution*, 1982; 2ª ed., 1991. — M. Müller, "Zu R. L. theoretischer Leistung im Kampf gegen Imperialismus und Krieg", *Deutsche Zeitshcrift für Philosophie*, nº 37, 1989, pp. 43-52. G

LUZ. Vamos nos ocupar neste artigo do conceito de luz em várias doutrinas e correntes, destacando, segundo o caso, um ou vários aspectos (mítico, teológico, metafísico, científico). Trataremos não só do conceito de luz, como também do que se pode denominar "a metáfora da luz". Tocaremos brevemente no problema da chamada "iluminação" ou ainda "iluminação divina", mas reservamos o verbete ILUMINAÇÃO para uma exposição mais adequada dele.

Nos textos gregos mais interessantes para o nosso assunto, o vocábulo usado é φῶς. Esta é a forma ática; outras formas são φάος, φόως (que estão em Homero, onde nunca aparece φῶς). O termo λύκη foi usado uma só vez (em Macróbio, *Saturnalia Convivia*, I 13, 37), e é, ao que parece, uma contração do composto λυκηγενής, nome com o qual se designava por vezes Apolo. Nos textos latinos que nos interessam, usam-se os termos *lux* e *lumen*. Eles são às vezes empregados como sinônimos, mas às vezes *lux* significa uma fonte de luz e *lumen* os raios emanados dessa fonte (a luz produzida pela fonte de luz). O vocábulo mais freqüentemente usado é *lumen*, em expressões como *lumen naturale, lumen intelligibile, lumen gratiae*, mas *lux* não é incomum, como o mostram as expressões *lux gloriae, lux intelligibilis* e outras semelhantes.

Já em alguns povos primitivos aparecera o que se pode chamar de *metáfora da luz*. Como assinala Franz Cumont (*op. cit. infra*), está metáfora está presente nas antigas crenças sobre o destino dos mortos, ligadas à concepção ou, melhor dizendo, à imagem do universo. Vincula-se o destino individual com uma estrela celeste e com sua luz — brilhante ou pálida; desenvolve-se a idéia da imortalidade astral da Pérsia e da Babilônia aos pitagóricos; identifica-se a luz com a vida; transmitem-se os ritos da purificação, concebida como uma iluminação. E de tal modo que, quando acolhe essas concepções e crenças, a tradição filosófica grega (ainda que a filosofia se oponha com freqüência às antigas crenças) toma a antiga tradição mítica da luz como princípio superior, purificador, sinal de um destino elevado, virtuoso e favorável. Deste ângulo, pode-se conceber a idéia do Sol como luz inteligente, φῶς νοητόν, como princípio que conduz o movimento do mundo. Com isso, é possível afirmar que "o princípio vital que nutre e faz crescer nosso invólucro material é lunar, enquanto o Sol produz a razão" (*op. cit. infra*, p. 180).

A idéia de uma luz infinita, situada para além dos limites do mundo visível, e na qual as almas gozam de eterno repouso, foi proposta por vários filósofos, especialmente depois de Aristóteles, e por Padres da Igreja como São Basílio e Santo Agostinho. Este último comparou Deus com uma luz incorpórea infinita. De acordo com Cumont, a idéia do "corpo glorioso" ou "corpo vestido de luz" — distinta da idéia do "corpo do fogo" — também é parte de uma história da idéia da luz. O mesmo ocorre com a noção de transfiguração — tanto da alma como do mundo —, a ponto de que "a iluminação é o sinal sensível de uma comunicação da vida divina" (*op. cit.*, p. 430).

Platão usou a noção — e a metáfora — da luz em diversas passagens de sua obra. Werner Beierwaltes (*op. cit. infra*) menciona quanto a isso as referências à luz como meio que possibilita a percepção. Essa luz não é só "física". De fato, a luz procede tanto de uma fonte exterior — o Sol — como de uma "fonte interior" — o olho (*Tim.*, 68 A). É preciso considerar, além disso, as referências de Platão ao Sol como exemplo do Bem, ao conhecimento como "visão" e à mera opinião como "cegueira" (*Rep.* 508 D, 518 A; cf. também 473 E e 515 E). A idéia da luz como fonte ou como meio de conhecimento, bem como a concepção da luz como manifestação do conhecimento ou da verdade, exerce grande influência sobre a teologia cristã, especialmente a de inspiração platônica ou neoplatônica.

São abundantes as referências à luz em Plotino. Algumas vezes, trata-se da luz "física"; Plotino diz que esta se transmite instantaneamente (*Enn.*, I V, iii, 10); que se propaga em linha reta (IV, v, 2). A luz, afirma Plotino, não se acha no corpo iluminado, mas vem do corpo luminoso (IV, v, 7). Outras vezes, refere-se ele à "luz inteligível", mas é preciso observar que é difícil estabelecer uma distinção entre essas duas espécies de luz nesse autor. A luz "física" ou luz sensível é por certo uma imagem do mundo inteligível (V, ix, 1). Por outro lado, como o sensível é "diminuição" e "afastamento" de algo inteligível, pode-se considerar que a luz em sentido próprio é algo inteligível; em suma, que é imaterial, indivisível e incorpórea (IV, IV, 8 e VI, v, 7).

Tratamos da doutrina maniquéia da Luz no verbete MANIQUEÍSMO. Consideremos agora o modo como a noção de luz aparece em várias passagens das escrituras. Em *Salmos* 35 [36 na numeração da Bíblia Hebraica], 10, lê-se: "Por tua luz veremos luz" (na tradução da Vulgata: *In lumine tuo vidibimus lumen*). Em *Salmos* 26 [27],1, diz-se: "Iahweh é minha luz.". Em *Isaías* 9,1, fala-se que "o povo que caminhava nas trevas viu uma grande luz... uma grande luz resplandeceu." Deus aparece aqui como luz. O mesmo ocorre no Evangelho de

São João (1,1-9): Deus é descrito como a Vida, e esta como a luz dos homens. João veio justamente como testemunha para prestar "homenagem à luz", ele não era a luz mesma, mas "a testemunha da luz". E "o Verbo era a verdadeira luz que ilumina todo homem". No Evangelho de São Mateus (6,22), diz-se que "a lâmpada do corpo é o olho". Quando o olho está são, todo o corpo está na luz. Quando o olho está enfermo, todo o corpo está nas trevas. Mas se houver trevas "na luz que há em ti", então haverá completa cegueira, muito maior que a cegueira do olho. Na *Carta aos Hebreus*, o Filho de Deus é descrito como alguém que "resplandece" na glória do Pai. Na *Carta aos Efésios* (5,8-9), lê-se: "Antes éreis trevas, mas agora sois luz no Senhor; agi como filhos da luz, pois o fruto da luz consiste em toda bondade, justiça e verdade." Na *Carta aos Romanos* (13,11), diz-se: "Despojemo-nos das obras de trevas e empunhemos as armas da luz." Há outras referências aos "filhos da luz" (por exemplo, em São Lucas, 16,8), uma expressão da qual se falou também com respeito à seita descrita pelos "Manuscritos do Mar Morto", por muitos identificada com os essênios.

Estendemo-nos nessas referências para mostrar que a importância adquirida pelo conceito de luz na teologia cristã tinha um amplo fundamento nas Escrituras. Importância que aumentou quando se incorporaram às especulações teológicas conceitos derivados do pensamento grego. Foram fundamentais quanto a isso o platonismo e o neoplatonismo, mas não se deve esquecer que em certas elaborações posteriores, o motivo da luz veio também de Aristóteles, sobretudo quando o entendimento ativo foi comparado pelo Estagirita com uma luz. Pode-se acrescentar a isso a concepção de uma "luz natural", daquilo que Cícero denominou *naturae lumen*, identificada com "as sementes inatas das virtudes" (*semina innata virtutum*). Verifica-se, pois, que se cruzam motivos os mais diversos nessas concepções da luz ou que usam a noção ou a metáfora da luz. Na maioria dos casos, a base é a comparação de Deus com a luz, com uma infinita e inextinguível fonte de luz. Orígenes escreveu que a luz "é o poder espiritual de Deus". Em outros casos, mas intimamente ligados com a concepção anterior, insiste-se na "luz da alma", que pode ficar cega com as trevas. Mas Deus ilumina o entendimento dos que são capazes de receber a verdade. A luz aparece nesta circunstância como condição de visão (espiritual). A luz, em resumo, "deixa ver".

Tanto no neoplanismo como em boa parte da Patrística (sobretudo a de inspiração helênica), a luz inteligível é identificada com o ser, ou melhor, com sua fonte. A luz não é então um mero âmbito ou condição de visão, mas o ato mesmo de irradiação a que nos referimos ao falar do conceito de processão (VER). Muitos Padres e Doutores da Igreja conceberam o Espírito como um foco de luz que cria um âmbito luminoso, que alcança todos os seres, um foco inesgotável que — à maneira da Unidade neoplatônica — é concebido por analogia com os raios solares. O Espírito irradia luz inteligível e ilumina as almas, voltadas para ele por sua verdadeira natureza. Esta iluminação está ligada também com a purificação; só esta permite à alma situar-se no âmbito da Verdade e, ao mesmo tempo, da Vida. Por isso, o Espírito Santo é chamado de Luz inteligível. Isso por certo não lhe esgota a definição, mas constitui um de seus "nomes" — no sentido que tem a expressão "nomes de Deus" — (ver especialmente, para o conceito de luz no Pseudo-Dionísio, *De div. nom.* [701 A], em que a luz — inteligível — está, tal como o Bem, situada além de toda luz — no sentido corrente — por ser fonte, πηγή, de toda irradiação, não se podendo, portanto, chamá-la de luz [701 B] senão analógica, ou melhor, metonimicamente).

Foram igualmente copiosas na Idade Média as referências à luz no sentido antes indicado. Assim, por exemplo, Abengabirol considerou, em sua *Fonte da Vida*, a luz e sua difusão como modelos de produção da realidade. Tem especial interesse para nosso tema a filosofia da luz de Roberto Grosseteste, na qual encontramos mescladas as noções neoplatônicas — derivadas em especial do *Liber de Causis* (VER) — e patrísticas com outras de cunho científico. Assim, este filósofo, em seu tratado *Sobre a luz*, considera que a luz é algo criado por Deus depois da matéria-prima. Esta luz difundiu-se por si mesma, produzindo o espaço e as coisas que se encontram nele. Grosseteste denomina *lux* a fonte da luz e *lumen* a luz irradiada (terminologia adotada, entre outros, por São Boaventura e Duns Scot). A luz de que fala Grosseteste é uma luz simples, que carece de dimensões, mas que se multiplica a si mesma infinitamente a fim de gerar quantidades infinitas. Daí a importância da ótica (ou "perspectiva") que examina a luz como uma forma do corporal (*forma corporeitatis*) e como primeiro princípio efetivo do movimento das coisas naturais. Segundo Roberto Grosseteste, a luz tem propagação instantânea. É importante em sua doutrina ótica a correlação matemática que estabelece entre a intensidade de luz e a densidade da matéria extensa.

Das concepções teológicas e metafísicas, passamos às físicas. Estas últimas não são desdenháveis na Idade Média, mas, como depois veremos, as doutrinas físicas e propriamente científicas da luz têm um papel de maior destaque na Idade Moderna. Quanto ao mais, no tocante à Idade Média, o assunto é complexo, porque às vezes parece que se fala da luz em sentido físico numa linguagem que procede parcialmente da teologia (Roberto Grosseteste) e outras vezes parece falar da luz em sentido quase exclusivamente teológico — luz divina, iluminação, irradiação inteligível, Fonte de Luz etc. — numa linguagem emprestada em parte de descrições de índole física (Abengabirol, muitos escolásticos). Como se a complexidade fosse pouca, adicionam-se aos aspectos teológico e físico os aspectos gnosiológicos, que além disso predominam com freqüência quando se fala da luz enquanto conhecimento. Tratamos em parte deste assunto no verbete sobre a noção de Iluminação, em particular com referência à tradição agostiniana, mas também no que toca às noções tomistas. Aqui, ampliaremos a informação proporcionada no referido verbete mediante a introdução de várias expressões usadas por escolásticos relativas à luz como conhecimento.

O termo geralmente usado é *lumen*. Há muitas espécies de *lumen*: o *lumen angelicum* ou luz do conhecimento possuído pelos anjos; *lumen divinae revelationis*, chamado também *lumen fidei*, ou luz dada na revelação divina ou na crença sobrenatural; *lumen intellectuale*, também chamado de *lumen intelligibile*, ou luz suprasensível ou da natureza racional, que corresponde tanto aos anjos como aos homens, na medida em que ambos os grupos de criaturas participam da luz incriada (*lumen increatum*), que contém em seu seio as "razões eternas"; o *lumen naturale*, também conhecido como *lumen connaturale, lumen naturae* e *lumen rationalis rationis*, ou luz natural da razão humana; o *lumen supernaturale*, chamado também de *lumen excedens lumen naturalis rationis*, ou luz sobrenatural da razão humana (para essas e outras expressões, ver Ludwig Schütz, *Thomas-Lexicon s. v.* Lumen, com referências precisas às obras de Santo Tomás onde se fala de *lumen*; ver também, na mesma obra, s. v. Lux). Além disso, pode haver (cf. S. Boaventura, *De reductione artium ad theologiam*, 1-6), quatro espécies de *lumen*: *lumen artis mechanicae* ou *lumen exterius*, "que ilumina a mente com respeito às figuras de artifício"; *lumen cognitionis sensitivae* ou *lumen inferius*, "que nos ilumina com respeito às formas naturais"; *lumen cognitionis philosophicae* ou *lumen interius*, "que ilumina para a investigação das verdades inteligíveis"; e *lumen sacrae Scripturae* ou *lumen superius*, "que ilumina para conhecer a verdade salvítica". Como toda iluminação do conhecimento é interna (*omnis illuminatio cognitionis interna [est]*) (*op. cit.*, 1) e procede da "luz fontal", todo *lumen* vem de cima (*lumen desursum descendens*) (*op. cit.*, 6); e, em conseqüência, as quatro espécies mencionadas de luz vêm de cima. O mesmo ocorre com as modificações desta luz, que são seis: a luz da Sagrada Escritura, a luz da percepção sensível, a luz da arte mecânica, a luz da filosofia racional, a luz da filosofia natural e a luz da filosofia moral. A estas seis modificações da luz adiciona-se uma sétima: a chamada iluminação de glória, *illuminatio gloriae*.

Consideremos agora, mais uma vez, especialmente a noção de "luz natural" ou "luz da razão". Tanto durante a Idade Média como durante a Idade Moderna houve grandes disputas acerca de sua origem. Voltamos a remeter ao conceito de Iluminação. Afirmemos por ora apenas que enquanto alguns autores avaliavam que a "luz natural" tinha suas raízes diretamente fincadas na "iluminação divina", avaliavam outros que se tratava de uma luz de certo modo "autônoma", visto que, embora procedente em última análise de Deus, não precisava do auxílio da fé. Pode-se designar em geral a primeira dessas concepções como "agostiniana"; e a segunda, também em termos gerais, como "tomista". Na primeira, domina a noção da evidência direta das "verdades eternas"; na segunda, a noção de abstração de universais a partir das impressões sensíveis.

As duas concepções aludidas encontram-se — por vezes entrecruzando-se — no curso da época moderna, mas ao menos no século XVII e em autores usualmente considerados "racionalistas", predomina a concepção "agostiniana". "A insistência de Santo Agostinho em começar com o exame de si mesmo — escreve J. H. Randall, Jr. —, com a estrutura do conhecimento e suas implicações, tal como as encontramos na consciência, se tornou, tão logo Descartes lhe deu atenção, o ponto de partida da principal corrente da filosofia moderna. Esta começou onde Santo Agostinho começou, com o fato do conhecimento, não onde Aristóteles começou, com o mundo das coisas... Na ciência, chamamos isso de 'filosofia crítica' ou 'idealismo'. E toda a grande corrente da filosofia moderna... aparece como uma elaboração deste método agostiniano" (*The Career of Philosophy*, 1962, p. 29). A concepção aristotélico-tomista persistiu, paradoxalmente, em certas correntes "empiristas", se bem que estas têm seu fundamento na lógica terminista occamiana. Isso não significa que todos os autores "racionalistas" sejam, nesse sentido, "agostinianos". Mas a idéia de uma "luz interna" capaz de apreender as "verdades eternas" (ou ao menos de reconhecer uma idéia verdadeira por meio de uma "evidência interna") aparece, por exemplo, na concepção de Descartes da *lumière naturelle* em *Princ. Phil.*, 1, 30, quando Descartes escreve que esta luz "jamais percebe algum objeto que não seja verdadeiro... naquilo que conhece clara e distintamente". Também aparece em Leibniz quando esse autor distingue com bastante precisão *lumière naturelle* e *lumière révélée*. A *lumière naturelle* permite, segundo Leibniz, reconhecer a verdade dos axiomas da matemática ("Lettre sur ce qui passe les sens et la matière"; Gerhardt, VI, 495).

Seria um exagero enumerar mesmo os principais momentos em que se faz uso da noção de "luz" em algum dos sentidos antes indicados. Limitamo-nos a aludir aos platônicos de Cambridge (VER) e à sua idéia da "Luz do Senhor" (*The Candle of the Lord*).

Alguns "românticos alemães" (Friedrich Schlegel, Franz von Baader, Schelling etc.) usaram o conceito de luz em suas elucubrações sobre as relações entre Natureza e Espírito. Em suas primeiras especulações metafísicas sobre a Natureza, Schelling apresentou a luz como uma espécie de "meio" (como um "éter") no qual se movia a "alma do mundo" (*Weltseele*).

Em sua doutrina das potências (*Potenzen*) — concebidas como graus da diferenciação do Absoluto —, o autor introduziu a noção de luz como uma das "potências" da Natureza; a Natureza, proclamou Schelling, manifesta-se em três "unidades": o Peso, a Luz e o Organismo (ver especialmente *Über die Verhältnisse des Idealen und Realen in der Natur oder Entwicklung der ersten Grundsätze der Naturphilosophie an den Prinzipien der Schwere und des Lichts*, escrito incluído na edição de 1806 da obra *Von der Weltseele etc.*, originalmente publicada em 1798). Hegel ocupou-se da noção de luz na Parte 11 (*Naturphilosophie*) do *System der Philosophie* (*Werke*, ed. H. Glockner, IX, pp. 155 ss.). De acordo com ele, o conceito de luz pode ser determinado *a priori* como a idealidade da matéria, oposta à gravidade, que representa a realidade da matéria. A luz é como o cimento do mundo material, é "o poder de ocupação espacial" e "a atualidade como possibilidade transparente". Por meio da luz, torna-se visível aquilo que existe. Hegel assinala que se deve distinguir "a luz primária" de que são feitos o Sol e as estrelas do calor. A luz não pode separar-se em diversas massas, sendo portanto contínua e não-discreta.

Terminaremos este verbete referindo-nos a diversas concepções científicas modernas sobre a natureza da luz. Esta tem sido de modo geral considerada uma forma de energia. Mas cumpre saber qual a "natureza" desta energia. Apresentam-se quanto a isso duas possibilidades fundamentais: uma considera a luz de caráter corpuscular e a outro a entende como de índole ondulatória. A concepção corpuscular da luz foi defendida por Descartes em seu *Dioptrique* e por Newton em sua *Optics*. Contudo, Newton não descartou por completo a possibilidade de uma concepção ondulatória. A autoridade dele pesou grandemente por algum tempo na aceitação da teoria corpuscular, mas Christian Huygens deu uma explicação tão satisfatória dos fenômenos de refração, dupla refração e reflexão da luz com base na concepção ondulatória que esta se impôs por um longo tempo. Contribuíram para a aceitação geral da concepção ondulatória os trabalhos de Thomas Young e de A. J. Fresnel sobre interferência e difração. A concepção ondulatória chocava-se com uma dificuldade: a de obrigar a postular a existência de um "éter luminífero" sem o qual parecia impossível explicar o fenômeno de transmissão da luz, mas a idéia de "éter" ainda não era anátema na teoria física. James Clarck Maxwell apresentou uma teoria eletromagnética da luz. A luz era, a seu ver, uma forma de radiação eletromagnética em ondas. As equações de Maxwell-Hertz foram recebidas como um indubitável progresso na teoria física da luz.

No final do século XIX, a tentativa de esplicar o chamado "efeito fotoelétrico" (a emissão de elétrons de certos metais, como o berilo e o selênio, ao incidir sobre eles um raio de luz) levou Einstein a propor uma teoria corpuscular da luz. Falou-se desde então de *"quanta* da luz" (chamados por Lewis, em 1926, "fótons"), que possuem energia e podem ser considerados como de caráter "ondulatório". A partir de Einstein (e de Planck), a teoria física da luz tem estado intimamente ligada às vicissitudes por que têm passado os estudos da estrutura atômica. Por volta de 1923, especialmente depois dos trabalhos de Arthur H. Compton, levantou-se o problema de determinar se a luz não teria uma dupla natureza: corpuscular e ondulatória. De fato, enquanto a teoria corpuscular explicava muitos fenômenos da chamada "ótica corpuscular", só a teoria ondulatória parecia poder explicar certos fenômenos da chamada "ótica física". Alguns autores têm afirmado que não há alternativa a aceitar o "dualismo" corpuscular-ondulatório; outros dizem que esse dualismo não existe, havendo antes complementaridade (VER).

⮕ A obra de Franz Cumont referida no texto é: *Lux Perpetua*, 1949 (reeleboração de sua obra *Afterlife in Roman Paganism*, 1923). A obra de Werner Beierwalts é: *Lux intelligibilis. Untersuchungen zur Lichtmetaphysik der Griechen*, 1957 (tese).

Para a idéia, o simbolismo e o vocabulário da luz entre os antigos: Augustinus M. Gierlich, *Der Lichtgedanke in den Psalmen. Eine terminologischexegetische Studie*, 1940. — G. Nagel, Ch. Virolleaud, K. Kerenki *et al.*, *Alte Sonnenkulte und die Lichtsymbolic in der Gnosis und im frühen Christentum*, 1943, ed. Olga Fröbbe-Kapteyn. — Franz-Norbert Klein, *Die Lichtterminologie bei Philon von Alexandrien un in den hermestischen Schriften. Untersuchungen zur Struktur der religiösen Sprache der hellenistischen Mystik*, 1962. — Wilhelm Luther, "Wahrheit, Licht und Erkenntnis in der griechischen Philosophie bis Demokrit. Ein Beitrag zur Erforschung des Zusammenhangs von Sprache in philosophischen Denken", *Archiv für Begrieffgeschichte*, nº 10, 1966, pp. 1-240. — Dieter Bremer, "Hinweise zum griechischen Ursprung und zur europäischen Geschichte der Lichtmetaphusik", *ibid.*, nº 17, pp. 7-35. — Id., *Licht und Dunkel in der Frühgriechischen Dichtung. Interpretationen zur Vorgeschichte der Lichtmetaphysik*, 1977.

Para diversas concepções da luz como " luz divina", "luz natural" etc., na Idade Média e no começo da Idade Moderna: Franz Sardemann: *Ursprung und Entwicklung der Lehre vom Lumen rationis aeternae, lumen divinum, lumen naturale, rationes seminales, veritates aeternae bis Descartes*, 1902 (tese). — Clemens Baeumker, *Witelo. Ein Philosoph und Naturforscher des 13. Jahrhunderts*, 1908, especialmente pp. 357-514. — L. Baur, *Die Philosophie des Robert Grosseteste*, 1917. — M. Henel, *Die Lehre vom Lumen naturale bei Thomas von Aquin, Bonaventura und Duns Scotus*, 1928. — I. Unterman, *Light amid the Darkness: Medieval Jewish Philosophy*,

1959. — Hans Andre, *Licht unn Sein. Naturphilosophische Betrachtungen über den ontologischen Offenbarungssinn des Lichtes und die Metaphysische Grundlage der Ästhetik*, 1962. — Romano Guardini, *Systembildende Elemente in der Tehologie Bonaventuras. Die Lehren von Lumen mentis, von der Gradatio entium und der Influentia sensus et motus*, 1964, ed. Werner Dettloff (tese de habilitação). — D. A. Abecassis, M. Mokri, J. P. Renneteau, *Le thème de la lumière dans le judaïsme, le christianisme et l'islam*, 1976. — K. Hedwig, Sphaera Lucis, *Studien zur Intelligibilität des Seienden in Kontext der mittelalterlichen Lichtspekulation*, 1980. — Ver também a bibliografia do verbete ILUMINAÇÃO.

Sobre luz e verdade; Hans Blumenberg. "Licht als Metapher der Wahrheit. Im Vorfeld der philosophischen Begriffsbildung", *Studium Generale*, n° 10, 1957, pp. 432-447.

Sobre teorias físicas da luz: Cf. E. Papanastassiou, *Les théories sur la nature de la lumière de Descartes à nous jours e l'évolution de la théorie physique*, 1935. — Cortés Pla, *El enigma de la luz*, 1949. — A. I. Sabra, *Theories of Light from Descartes to Newton*, 1967; reed., 1981. — Ver também E.-H. Schmitz, *Handbuch zur Geschichte der Optik*, 1, 2, 1981, 1982. ⊖

LUZ Y CABALLERO, JOSÉ DE LA (1780-1962). Deu aulas no Colegio de El Salvador, de Havana. Influenciado por Aristóteles, Bacon e Locke, deu continuidade ao movimento de renovação intelectual iniciado em Cuba por José Agustín Caballero e Félix Varela, e se opôs não só à persistência do escolasticismo como também, e de maneira especial, ao ecletismo de Victor Cousin, que penetrara em Cuba e era defendido por Manuel e José Zacarías del Valle. Luz considera que a filosofia de Cousin tende à conservação e justificação de todo o existente e, portanto, também das doutrinas e instituições que o autonomismo cubano pretendia eliminar por completo. Mas o empirismo de Luz y Caballero não se detém num mero sensualismo; ele considera a filosofia essencialmente como uma ciência dos valores e, por isso, como o acesso necessário à intuição dos valores religiosos. A coincidência da verdade religiosa e da filosofia não é, por conseguinte, o produto de uma assimilação e conciliação forçadas de doutrinas, mas a manifestação de dois aspectos da realidade que têm seu fundamento último na verdade de Deus.

⊃ Entre seus trabalhos filosóficos figuram, além do *Curso de filosofia*, de 1839-1843, a *Impugnación al examen de Cousin sobre el Ensayo sobre el entendimiento humano de Locke*, publicado na *Revista de Cuba*, vols. VI e VII.

Edição de obras: *Obras Completas* na Biblioteca de Autores Cubanos da Universidade de Havana, de acordo com o seguinte esquema: I (*Aforismos*); II (*Filosofia docente*); III (*Filosofia polêmica*); IV (*Educação*); V (*Ciências*); VI (*Literatura e Sociedade*); VII (*Da vida última. Epistolário e diários*); VIII (*Traduções*); IX (*Documentos*). Apareceram até agora os seguintes volumes: *Aforismos*, 1945. *Escritos literarios*, 1946. *La polémica filosófica* (I: *Cuestión de método*, 1946; II: *Sobre el eclecticismo*, 1946; III: Idem, 1947; IV: *Ideologia moral-religiosa y moral-utilitária*, 1948; V: 1948). — Na polêmica religiosa, incluem-se também escritos dos outros participantes, como José e Manuel Zacarías González del Valle, Antonio Bachiller y Morales, Félix Varela, o Presbítero Francisco Ruiz, Gaspar Betancourt Cisneros ("El Lugareño" = O Aldeão) etc.

Ver: José Ignacio Rodríguez, *J. de la Luz y Caballero*, 1874. — Manuel Sanguily, *J. de la Luz y Caballero*, 1890. — Enrique Piñeyro, *J. de la Luz y Caballero*, 1903. — R. Agramonte, *J. de la Luz y la filosofia como ciencia de la realidad*, 1946. — Id., "Implicaciones de la polémica filosófica de La Habana", *Cuadernos Americanos*, n° 9, 1950. pp. 87-116. — Ver ainda os livros de Medardo Vitier e Roberto Agramonte sobre filosofia em Cuba, mencionados na bibliografia do verbete FILOSOFIA AMERICANA. ⊖

LWÓW ou LEMBERG (ESCOLA DE). Ver TWARDOWSKI, KAZIMIERZ.

LYSENKO, T[REFIM] D[ENISOVICH]. Ver EVOLUÇÃO.

LYVELL, CHARLES. Ver DARWINISMO; EVOLUÇÃO, EVOLUCIONISMO.

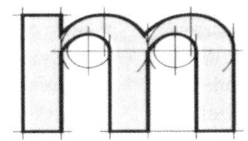

M. A letra maiúscula "M" é usada na lógica tradicional para representar o termo médio no esquema de um juízo ou de uma proposição. Assim, por exemplo, "M" em "Nenhum M é P", "Todos os M são S". De acordo com o indicado em Silogismo (VER), "M" aparece nas premissas maior e menor, nunca na conclusão.

MÁ FÉ. A noção de má fé foi introduzida por Sartre (*L'Être et le Néant*, 1943, pp. 85-111) como uma das noções fundamentais de sua ontologia fenomenológica. Uma das principais características do ser humano é, segundo Sartre, a possibilidade de tomar atitudes negativas com relação a si mesmo. A má fé é um exemplo particularmente esclarecedor das atitudes de negação de si, que são ao mesmo tempo reveladoras do "ser do nada" (VER). A má fé é, para Sartre, um modo de negar-se a si mesmo naquilo que se é, ou seja, como um ser para si mesmo (que é um nada com relação ao ser em si). A má fé distingue-se por isso da mentira pura e simples, que não se refere ao ser próprio, mas a algo alheio, algo transcendente, que se nega ao mentir. Na má fé, o que se nega é a si mesmo por meio do automascaramento. Eis por que a má fé não é explicável pela psicanálise, ou, se se quiser, pela freqüente interpretação "coisista" e "realista" que se dá à psicanálise. Com efeito, na psicanálise, costuma-se considerar que aquele que exerce a má fé com relação a si mesmo quer ocultar-se e, portanto, é inconsciente de sua própria negação e de sua própria má fé. Sartre afirma que isso não é, a rigor, má fé, e que o próprio psicanalista descobre com freqüência que o paciente não ignora aquilo que quer ocultar a si mesmo. A verdadeira má fé é aquela na qual o ser humano se nega a coordenar ou a superar por meio de uma síntese a própria "faticidade" e a própria "transcendência". Quem age com má fé parte da faticidade e se lança, sabendo perfeitamente que age assim, a uma transcendência. A má fé é também, e sobretudo, o modo de ser mediante o qual se usa ilegitimamente a duplicidade entre o ser para si e o ser para outro. Na má fé, finge-se ser algo que não se é. O problema não consiste, contudo, em distinguir entre o que se é e o que não se é; se assim fosse, seria fácil eliminar a má fé. O grave — e ao mesmo tempo esclarecedor — na má fé é que, por assim dizer, *também* se é o que não se é. Assim, quando "finjo ser alguém que não sou", o que faço é ser alguém "no modo de ser o que não sou".

É importante perceber, alerta Sartre, que na má fé há uma "fé"; por isso, a má fé não é comparável nem à mendacidade nem ao mentir cínico. "O ato primeiro da má fé — escreve Sartre — é levado a cabo para se fugir daquilo que se é." O projeto de fuga revela uma desagregação do próprio ser, mas quer-se ser justamente esta desagregação: na má fé, foge-se na direção da própria desagregação e se nega esta desagregação. A possibilidade da má fé destaca tratar-se de uma ameaça imediata e permanente de todo projeto do ser humano: "a consciência descobre em si um risco permanente de má fé. E a origem deste risco é o fato de que a consciência, por sua vez, e em seu ser, é o que é e o que não é." Dessa maneira, o fenômeno da má fé não é simplesmente um processo psicológico, social ou moral: é um momento constitutivo da realidade humana.

Embora não coincida estritamente com elas, a noção sartriana de "má fé" pode ser relacionada com a noção hegeliana da "consciência cindida" ou "consciência desgarrada" e com a noção de, por exemplo, "má consciência" e, em parte, outras como "alienação", "reificação", "coisificação" etc.

MACÁRIO, O EGÍPCIO. Ver PSEUDO-MACÁRIO.

MACH, ERNST (1838-1916). Nascido em Turas (Morávia), estudou física na Universidade de Viena. De 1864 a 1867, foi professor de física em Graz; de 1867 a 1895, deu aulas da mesma disciplina em Praga; e, de 1895 a 1901, ocupou a cátedra de filosofia indutiva em Viena.

O principal interesse de Mach foi a análise da natureza e do papel desempenhado por certos princípios e conceitos físicos, em particular os do campo da mecânica. Seus estudos a respeito foram a um só tempo históricos e analíticos: a parte histórica o ajudava a compreender a natureza dos problemas estudados (ou a confirmar suas interpretações) e a parte analítica se mostrava, por sua vez, esclarecedora em termos do entendimento da maneira como se haviam desenvolvido os princípios e conceitos investigados.

Esses estudos levaram Mach a formular uma teoria do conhecimento que já foi classificada de várias maneiras: positivista, fenomenista, funcionalista, condicionista, empirista, neutralista etc. Negativamente, pode ser caracterizada como antimetafísica e anti-substancialista. Segundo Mach, que neste e outros aspectos concordava com Hume — tendo sido considerado muitas vezes "o Hume do século XIX" —, aquilo a que damos o nome de "eu" não passa de um complexo de sensações. Estas sensações têm um caráter sobremodo variado: há não só as do sabor, da cor etc. como também todo gênero de impressões (temporais, espaciais) e toda classe de afecções (dor, prazer etc.). Não se trata, no entanto, de sensações que o corpo possua. Os corpos, como todas as chamadas "coisas", são por sua vez complexos de sensações, não existindo fora destas (*Die Analyse, etc.*, I, 3). Por conseguinte, não se pode dizer que haja certas realidades psíquicas e certas realidades físicas distintas daquelas: o chamado "psíquico" e o chamado "físico" são aspectos de uma só "realidade" (ou modos de falar sobre uma só "realidade") Tal "realidade" pode ser compendiada com o nome de "o dado" ou "o puramente dado". A epistemologia de Mach aproxima-se desse modo — se bem que com as diferenças assinaladas pelo autor (*op. cit.*, III) — das de Avenarius (VER) e do empiriocriticismo (VER) (assim como de todas as filosofias da imanência [VER], do tipo das de Schuppe, Schubert-Soldern, Hans Cornelius etc.). Trata-se de fato de um "neutralismo" imanentista, porquanto se nega a pronunciar-se sobre a natureza da realidade — ou ao menos a declarar se a realidade é psíquica ou física —, aceitando apenas o puramente fenomênico, que por outro lado é concebido como um *continuum* de sensações que só por convenção lingüística chamamos, por um lado, "objeto" e, por outro, "sujeito".

A afirmação desse "sensacionismo" está ligada em Mach à negação de todo substancialismo e à substituição, em todos os casos, da noção de substância pela de função. Mas não só se nega que haja "coisas" como também que haja "causas" (enquanto "causas reais": pode-se falar no máximo, como em Hume, de "conjunções" e, portanto, em última instância, de funções). O exame destas funções é efetuado seguindo-se a "lei de economia" (VER) do pensamento"; Mach indica quanto a isso que, já em 1871 e 1872 — e, portanto, antes de Avenarius —, insistira na "representação econômica dos fatos" (*op. cit.*, III, 2), que além disso foi usada, conscientemente ou não, por muitos cientistas, físicos em particular. Aplica-se esta lei a todos os fenômenos, sendo ela uma lei de todas as ciências, incluindo as sociológicas, biológicas etc. O princípio de economia acha-se ligado em Mach a uma idéia do conhecimento como "adaptação", o que representa uma concepção fortemente "pragmática", porquanto a adaptação de referência só é admissível na medida em que "dê resultados". Todo conhecimento que não tem resultado não é propriamente um conhecimento, mas o resultado em questão não é só e sequer primordialmente um "êxito"; é antes a possibilidade de verificação das proposições que nele estiverem envolvidas. Daí a concepção heurística dos conceitos e hipóteses científicos. Esses conceitos e hipóteses são, por um lado, "extensões da experiência" (*Erkenntnis und Irrtum*; 5ª ed., 1926, p. 234), e não simples especulações, mas por outro lado são "pressupostos" (*Annahmen*) adotados a fim de tornar possível (ou mais fácil) a explicação dos fatos. Têm caráter heurístico análogo às "leis", que são delimitações impostas à experiência sob a direção dessa mesma experiência (*op. cit.*, p. 449). Mach segue quanto a isso Kalr Pearson (como seguira Hume); mais do que de "prescrições", deve-se falar de "descrições" do tocante à lei da Natureza. De todo modo, a validade de uma lei científica é uma função do "sucesso" (*Erfolg*) ou "resultado" que se obtenha com sua aplicação; apenas este resultado permite distinguir entre o que chamamos de "verdade" e "erro" (*op. cit.*, p. 116). O pensamento de Mach influenciou autores que, por sua vez, já vinham seguindo direções análogas: Richard Wahle, Max Verworn e outros "funcionalistas" e "condicionistas". Certos autores que receberam influências de Avenarius também as receberam de Mach; é o caso de Joseph Petzoldt (VER) e de Rudolf Willy (nasc. 1855); este último sobretudo foi influenciado mais por Avenarius (VER) do que por Mach. Próximo a Mach era Hans Kleinpeter, (nascido em 1869: *Erkenntnislehre e Naturwinssenschaft*, 1899; *Die Erkenntnistheorie der Naturwissenschaft der Gegenwart*, 1905; *Der Phänomenalismus. Eine naturwissenschaftliche Weltanschauung*, 1913). É importante a influência de Mach sobre as primeiras fases do Círculo de Viena (VER), que considerou Mach seu mentor espiritual, ainda que dissesse dever ele ser corrigido no sentido de enfatizar mais a pesquisa lógica, que Mach desprezava em favor de um qualitativismo extremado. Também autores como Hugo Dingler sofreram em seus primeiros momentos a influência de Mach. Por outro lado, a adoção por certos círculos socialistas alemães e russos (Bogdanov) fez que Mach fosse combatido por diversos representantes do marxismo, que nele viram, e de modo geral em toda a corrente "imanentista", uma ressurreição do "idealismo berkeleyano" e do "fideísmo". A principal obra filosófica de V. I. Lênin (VER) (*Materialismo e empiricriticismo*) é um ataque à "filosofia reacionária" de Mach, do empiriocriticismo e do imanentismo.

➲ Obras: *Einleitung in die Helmholztsche Musiktheorie*, 1866 (*Introdução à teoria da música de Helmholzt*). — *Die Geschichte und dir Wurzel des Satzes von der*

Erhaltung der Arbeit, 1872 (*A história e as bases do princípio de conservação do trabalho*). — *Grundlinien der Lehre von den Bewegungsempfindungen*, 1875 (*Linhas fundamentais da teoria das sensações de movimento*). — *Ueber Umbildung und Anpassung in naturwissenschaftlichen Denken*, 1883 (*Sobre a transformação e a adaptação no pensamento científico-natural*). — *Der Mechanik in ihrer Entwicklung historisch-kritische dargestellt*, 1883 (*Exposição histórico-crítica da evolução da mecânica*). — *Beiträge zur Analyse der Empfindungen*, 1886; 2ª ed. com o título: *Die Analyse der Empfindungen und das Verhältnis des Physischen zum Psychischen Análise das sensações*. — *Ueber das Prinzip der Vergleichung in der Physik*, 1894 (*Sobre o princípio da comparação na física*). — *Die Prinzipien der Wärmelehre, historisch-kritisch entickelt*, 1896 (*Exposição histórico-crítica dos princípios da termodinâmica*). — *Populärwissenschaftliche Vorlesungen*, 1896 (*Lições científicas populares*). — *Erkenntnis und Irrtum. Skizzen zur Psychologie der Forschung*, 1905 (*Conhecimento e erro. Esboços de psicologia da pesquisa*). — *Die Leitgedanken meiner naturwissenschaftlichen Erkenntnislehre und ihre Aufnahme durch dir Zeitgenosssen*, 1919 [publicado antes em *Physikalische Zeitschrift*, 1910 (*As idéias diretrizes de minha teoria do conhecimento científico-natural e das reações dos meus contemporâneos a elas*).

Ver: Th. Beer, *Die Weltanschauung eines modernen Naturforschers*, 1903. — R. Hönigswald, *Zur Kritik des Machschen Philosophie*, 1903. — B. Hell, *Machs Philosophie*, 1907. — R. Reinhold, *Machs Erkenntnistheorie*, 1908. — Herbert Buzello, *Kritische Untersuchung von E. Machs Erkenntnislehre*, 1911. — Rudolf Thiele, *Zur Charakteristik von Machs Erkenntnislehre*, 1915. — H. Henning, *E. M. als Philosoph, Physiker und Psychologe*, 1915. — F. Adler, *Machs Ueberwindug des mechanischen Materialismus*, 1918. — Robert Bouvier, *La pensée d'E. M.*, 1923. — L. Moschetti, *Fenomenismo e relativismo nel pensiero di E. M.*, 1923. — Hugo Dingler, *Die Grundgedanken des Machschen Philosophie*, 1924. — E. Becker, *E. M.*, 1929. — C. B. Weinberg, *Mach's Empirio-Pragmatism in Physical Science*, 1937. — George Hygen, *Om Machs Identitetsprinsipp og dets anveldelse pa biologiske problemer*, 1945. — B. Cohen, H. Putnam et al., artigos em *Boston Studies in the Philosophy of Science*, nº 5, 1968, ed. Robert S. Cohen e Marx W. Wartofsky. — Ph. Frank, R. von Mises et al., artigos em ibid., nº VI, 1969, ed. Robert S. Cohen e Raymond J. Seeger. — J. Bradley, *Mach's Philosophy of Science*, 1971. — T. John Blackmore, *E. M.: His Life, Work, and Influence*, 1972. — F. Adler, *E. M. e il materialismo*, 1978. — J. Thiele, ed., *Wissenschaftliche Kommunikation. Die Korrespondenz E. M.s*, 1978. — R. Musil, *On Mach's Theories*, 1982 [introdução de G. H. von Wright; tese de 1908, publicada em trad. inglesa, na qual o romancista austríaco examina o problema da causalidade e da substância]. R. Haller, F. Stadler, eds., *E. M. Werk und Wirkung*, 1988. ⊂

•• **MACKIE, JOHN LESLIE** (1917-1981). Nascido em Sydney (Austrália), lecionou em Otago (Nova Zelândia, 1955-1959), Sydney (1959-1963) e York (Inglaterra, 1963-1967), antes de voltar como professor a Oxford (1967), onde já realizara seus estudos e onde ficou até a morte.

Dentre seus amplos interesses filosóficos, podem-se destacar os seguintes: *a*) Sua teoria da causalidade, baseada nos condicionais contrafáticos: x seria "causa" de y quando x fosse uma parte não suficiente mas necessária de uma condição de y (que ele denomina "condição Inus", que, por sua vez, não seria uma condição necessária, mas suficiente, da obtenção de y. *b*) Sua concepção ética: embora não aceite o realismo moral e defenda a tese metaética de que "não há valores objetivos", ele sustenta que as questões éticas podem ser decididas racionalmente. Defende, portanto, um tipo de ceticismo ético compatível com um subjetivismo regido pelo princípio de que algo "é bom" quando "satisfaz as exigências, desejos ou interesses" que estiveram envolvidos. Daí a necessidade de "inventar" critérios morais. *c*) Sua crítica ao teísmo; de acordo com M., nenhum dos argumentos tradicionais pode nos apresentar razões suficientes para acreditarmos na existência de Deus.

⊃ Obras: *Truth, Probability and Paradox*, 1973. — *The Cement of the Universe. A Study of Causation*, 1974; ed. amp., 1980. — *Problems from Locke*, 1976. — *Ethics. Inventing Right and Wrong*, 1977. — *Hume's Moral Theory*, 1980. *The Miracle of Theism. Arguments For and Against the Existence of God*, 1982.

Edição de escritos: *Selected Papers*, 2 vols., 1985 (I, *Logic and Knowledge*; II, *Persons and Values*), ed. J. e P. Mackie [seguindo a seleção preparada pelo próprio M.].

Ver: T. Honderich, ed., *Morality and Objectivity: A Tribute to J. L. M.*, 1985. — W. Stegmüller, "Empiristischer Vortoss ins Normative und Transzendente: J. L. M.", em id., *Hauptströmungen der Gegenwartsphilosohphie*, vol. IV, cap. 3, pp. 161-518. •• ⊂

MACRÓBIO, AMBRÓSIO TEODÓSIO (*fl.* 400) foi, ao lado de Caio Mário Vitorino, um dos chamados "neoplatônicos cristãos". Macróbio exerceu na Idade Média considerável influência por meio da transmissão e elaboração de uma parte da tradição filosófica grega. Deve-se a ele uma compilação intitulada *Saturnalia* (*Saturnaliorum libri VII*) e um comentário (chamado de *In Somnium Scipionis*) ao célebre *Sonho de Escipião* (VER) (*Somnium Spicionis*), de Cícero. Neste comentário, Macróbio tomou a visão do cosmos e a doutrina da imortalidade da alma apresentada por Cícero como base da elaboração de idéias procedentes principalmente de Platão, Plotino e Porfírio. A tríade neoplatônica O Uno, a Inteligência e a Alma do Mundo foi representada por Macróbio da seguinte maneira: O Bem, a Inteligência e a Alma. O Bem é o princípio e a fonte da Inteligência; esta, o princípio e fonte da Alma. A Inteligência contém as idéias e os nomes; a Alma, as almas individuais. Num sentido que se assemelha ao das religiões de mistério e aos Oráculos caldeus (VER), Macróbio concebeu igualmente as almas individuais como espíritos que caíram das esferas superiores na matéria e que, em sua passagem pelas esferas, adquiriram suas faculdades, do raciocínio ao impulso de nutrição. Estes espíritos estão ligados por sua parte superior às esferas celestes, que constituem sua pátria e para as quais ascendem uma vez libertadas do túmulo do corpo.

⊃ Edição de obras: *Opera*, Lipsiae, 1883, 1888, 1893; L. de Jan, Quedlinburgi, 2 vols., 1848-1952. *Ianus in Macrobii Saturnalia adnotationes. Commentatio academica, por* G. Lögberg, Uppsala, 1936.

Ver: G. A. Wissowa, *De Macrobio Saturnaliorum fontibus capita tria*, 1880 (tese). — H. Skassis, *De Macrobii placitis philosophicis eurumque fontibus*, 1915. — M. Schedler, *Die Philosophie des Macrobius und ihr Einfluss auf die Philosophie des christlischen Mittealters*, 1916 [Beiträge zur Geschichte der Philosophie del Mittelalters, XIII, 1]. — Clemens Baeumker, *Der Platonismus in Mittelalter*, 1916. — Th. Whittaker, *Macrobius or Philosophy, Science and Letters in the Year 400*, 1923. — Pierre Courcelle, *Les lettres grécques en Occident de Macrobe à Cassiodore*, 1848. — M. A. Elferink, *La descente de l'âme d'après Macrobe*, 1968, ed. J. H. Waszink (com bibliografia). — Jacques Flamant, *Macrobe et le néoplatonisme latin au final du IVe siècle*, 1977. — R. A. Pack, "A Medieval Critic of M.'s cosmometrics", *Vivarium*, n° 19 (1981), pp. 146-151 [exame da crítica de Milo ao volume do sol estimado por Macróbio e alguns escritores medievais]. **C**

MACROCOSMO significa o mundo maior, *mundus maior*, isto é, o Universo, concebido quase sempre em termos de um "grande organismo", "grande animal", μέγα ζῷον (Platão, *Tim.*, 30 B). Ao contrário do macrocosmo, o microcosmo é o mundo menor, *mundus minor*, isto é, o homem, concebido quase sempre como um compêndio do universo. Tem-se afirmado freqüentemente que há uma correspondência entre o macrocosmo e o microcosmo, o que equivale a dizer que o homem é um "mundo em miniatura". Exemplos disso encontram-se no *Avesta*, nos *Upanishades* (identificação *Brahman-Ātman: o Brahman* é o cosmos; o *Ātman*, o eu, reflexo e compêndio do cosmos, da mesma maneira como o *Brahman* é o eu cósmico) e em certos textos chineses clássicos. Nestes últimos, não só se afirma que o corpo humano é idêntico ao mundo, como se sustenta que cada um dos membros do corpo representa uma parte do mundo: a cabeça, a abóbada celeste; o olho esquerdo e o direito, o sol e a lua etc.

O que se denominou "correspondência entre o macrocosmo e o microcosmo" constituiu um dos temas do pensamento grego. Em sua obra *El pequeño mundo del hombre* (1970), Francisco Rico revê várias concepções básicas a respeito. As semelhanças entre a estrutura do cosmos e a do homem, entre a harmonia do primeiro e a do segundo, por sua vez harmonizadas entre si, são destacadas pelos pitagóricos e pelos milésios: "Assim, claro é que homem e mundo andam em concerto, mostram uma conformidade essencial (e nada há de estranho no fato de Fócio atribuir ao obscuro mestre de Samos a proposição formal segundo a qual a criatura humana é um microcosmo)" (*op. cit.*, p. 14). Idéias semelhantes estão em outros pré-socráticos (cf. em Demócrito: Diels, 68B, 34) e em alguns tratados médicos e "médico-numerológicos" em Platão e, de forma bem mais "prática", no *Corpus Hippocraticum*.

O fato de a concepção do relacionamento entre macrocosmo e microcosmo se encontrar num autor não significa necessariamente que ele esteja de acordo com ela. Aristóteles referiu-se várias vezes a esta relação, mas enquanto algumas vezes parece concordar com ela (em *De partibus animalium* e em *De generatione et corruptione*), outras vezes (como em *De coelo*) a contesta ou não a leva em conta em virtude do caráter "incomparável" dos "fenômenos celestes".

A correspondência em questão aparece abundantemente em autores estóicos e neoplatônicos, em especial, ao menos entre os primeiros, em ligação com sua noção de simpatia (VER). O citado Francisco Rico levanta inúmeras fontes disso: Crisipo, Possidônio, Cleantes, Plotino, bem como Fílon e partes do *Corpus Hermeticum*, que está "repleto de definições do homem como pequeno mundo ou mundo do mundo, e, inversamente, do mundo como homem, apoiadas na teoria da unidade e da simpatia universais" (*op. cit.*, p. 33, com referência específica ao *Asclepio*, 10.

A correspondência macrocosmo-microcosmo pode ser entendida de ao menos duas maneiras. De um lado, como resultado do fato, real ou suposto, de que os elementos que compõem o microcosmo (seja todo organismo da Terra ou, com mais freqüência, o organismo humano) não só são os mesmos de que se compõe o macrocosmo, como estão dispostos na mesma ordem, com a única diferença de que um é é "grande" ou "imenso" e, o outro, "pequeno". Por outro lado, podemos entendê-la como resultado do fato, ou pressuposto, de que o microcosmo (nesse caso identificado como o homem) reflete o macrocosmo, sendo um espelho deste. Esta última concepção está expressa claramente nos versos de Alano de Lille:

Omnis mundi creatura
quasi liber et pictura
nobis est in speculum;
nostrae vitae, nostrae mortis
nostri status, nostri sortis
fidele signaculum,

que, na tradução proposta por María Rosa Lida de Malkiel (1952), dizem:

É do mundo a criatura
Como o livro e figura,
De nosso ser: tudo igual;
nossa vida, nossa morte,
nosso estado, nossa sorte
imagem fiel, tal qual.

A doutrina da correspondência aparece amiúde em textos procedentes de correntes ocultistas e mágicas. De todo modo, ela se faz presente em não poucos autores renascentistas: Paracelso, Campanella, Cardano, Bruno, Pico della Mirandola, Leonardo da Vinci etc. Em alguns casos, a doutrina da correspondência tem um sentido claramente mágico; se há correspondência, o que se fizer no macrocosmo vai se refletir no microcosmo, podendo-se, portanto, influir naquele através deste. Noutros casos, é um exemplo de tendência "organológica". Em outros ainda, finalmente, é conseqüência de uma forte tendência ao antropomorfismo.

Conceber uma entidade, ou mesmo um número infinito delas, como um espelho de todo o universo ainda não é motivo suficiente para falar de uma doutrina da correspondência no sentido antes indicado. Assim é que, na monadalogia de Leibniz, cada mônada reflete a unidade inteira a partir de sua própria perspectiva, mas não é legítimo afirmar por isso que ele tenha defendido a doutrina da correspondência.

Na época atual, há poucas referências de filósofos à idéia da correspondência entre macrocosmo e microcosmo. Uma exceção é Hermann Friedmann (ver Tato, *ad finem*), que, em várias obras, especialmente em *Wissenschaft und Symbol* (1949), tentou renovar a idéia falando de um *Anthropokosmos* e de uma "ordem antropocósmica". Em sua *Ética*, Max Scheler referiu-se à questão da relação entre o microcosmo (a pessoa humana) e o macrocosmo do ponto de vista do problema que propõe a coexistência de diversos mundos ("mundos pessoais") com um "mundo único". Scheler afirma haver nesse "mundo único" algo que não nos é estranho: sua estrutura essencial, válida para todos os mundos possíveis. "Todos os microcosmos — escreve Scheler —, isto é, todos os 'mundos pessoais' individuais, são então (se é que existe um mundo único e concreto que todas as pessoas têm em vista), sem prejuízo de sua totalidade como mundos, partes do macrocosmo. A contrafigura pessoal do macrocosmo seria, contudo, a idéia de uma pessoa espiritual infinita e perfeita cujos atos nos seriam dados segundo suas determinações essenciais na fenomenologia do ato que se refere aos atos de todas as pessoas possíveis" (*Ética*, tomo II [1942], p. 190).

⊃ Ver: A. Meyer, *Wesen und Geschichte der Theorie von Mikro- und Makrokosmos*, 1901. — K. Ziegler, *Menschen und Weltwerden. Ein Beitrag zur Geschichte der Makrokosmosidee*, 1913. — George P. Conger, *Theories of Macrocosms and Microcosms in the History of Philosophy*, 1922. — R. Allers, "Microcosmus", *Traditio*, nº 2, 1944, pp. 319 ss. — A. Olerud, *L'idée de macrocosmos et de microcosmos dans le* Timée *de Platon*, 1951. — Walter Kranz, *Kosmos. Die Brücke von der Antike zum Kosmos-Mundus. Das neue Weltbild. Neueste Kosmosvorstellung und Begriffsverwendung*, 1957 [Archiv für Begriffsgeschichte, II, 2]. — Cyrill von Korvin-Krasinski, *Mikrokosmos und Makrokosmos in religionsgeschichtlicher Sicht*, 1960. — S. H. Nasr, *An Introduction to Islamic Cosmological Doctrines*, 1964. — M. M. Hare, *Microcosm and Macrocosm: An Approach to the Synthesis of the Real*, 1966. ⊂

MADHYAMIKA. Ver Budismo; Filosofia indiana.

MADRI (ESCOLA DE). Julián Marías propôs este nome para caracterizar uma série de trabalhos filosóficos que adotaram como ponto de partida o pensamento de Ortega y Gasset ou que, de uma ou de outra maneira, tenha entrado em contato com esse pensamento. Isso não quer dizer que a expressão "Escola de Madri" equivalha às expressões "orteguismo" ou "filosofia de Ortega". É possível considerar pertencentes à Escola pensadores cujas doutrinas filosóficas são, em muitos aspectos decisivos, distintas das propostas por Ortega. O importante é ter participado do movimento de renovação filosófica que recebeu impulso de Ortega y Gasset e ter sustentado com ele a necessidade de que o pensamento filosófico produzido na Espanha esteja, de acordo com sua conhecida expressão, "à altura dos tempos". Neste sentido amplo, pertencem à Escola de Madri filósofos como Manuel García Morente, Xavier Zubiri, José Gaos, María Zambrano, Julián Marías, Luis Recaséns Siches (VER). Eles não são, no entanto, os únicos; podemos agregar a eles os nomes de José Luis L. Aranguren e Pedro Laín Entralgo, Manuel Granell, Paulino Garagorri (VER), Luis Rodríguez Huéscar. Em alguns casos, deve-se acrescentar à influência exercida sobre alguns pensadores por Ortega a de Zubiri; assim acontece, por exemplo, com Julián Marías e, sobretudo, com Pedro Laín Entralgo e José Luis L. Aranguren. Isso não significa que as idéias filosóficas desses autores sejam compreensíveis apenas com base numa combinação dessas influências. O caráter amplo atribuído à citada Escola de Madri proíbe exatamente semelhantes interpretações. Deve-se ter em conta, além disso, que o raio geográfico da Escola em questão com freqüência se amplia e abarca outros filósofos que trabalharam em parte seguindo tradições distintas: é o que ocorre com Joaquim Xirau (VER), cuja filiação à Escola de Barcelona (VER) não o impediu de sentir-se também intimamente vinculado com o movimento filosófico suscitado e desenvolvido em Madri e que teve durante muito tempo como principal — se bem que não exclusivo — centro de difusão a Faculdade de Filosofia e Letras da Universidade de Madri.

MAEZTU, RAMIRO DE (1874-1936). Nascido em Vitória, desenvolveu uma intensa atividade jornalística e política que aqui excluiremos, pois nos interessam apenas suas idéias filosóficas. Estas estão expressas em seu livro *La crisis del humanismo*, 1919 (que apareceu primeiro em inglês com o título *Authority, Liberty, and Function in the Light of War*). Maeztu apresenta aí uma crítica à época moderna, que a seu ver esqueceu aquilo que, até o século XII, encontrava-se na mente de todos os ocidentais: a consciência do pecado e do ser peregrinos na terra. Disso resultou o individualismo, o afã de autonomia e a idéia de que o homem (todo homem) é um fim em si mesmo. Esse individualismo, gerado pela soberba, é também o responsável por uma terrível invenção moderna: o Estado absoluto, que surgiu como uma necessidade (Maquiavel, Hobbes), mas foi interpretado (pelos idealistas alemães) como a representação da Moralidade. Ora, nem o individualismo, que leva à anarquia, nem o estatismo, que leva à servidão, são aceitáveis. Maeztu propõe, em seu lugar, um tipo de sociedade corporativista-sindical que renove o espírito de associação e que faça a mediação entre o eu isolado e o nós indiferenciado, entre o anarquismo e o absolutismo. Este conceito de sociedade implica um novo conceito do homem: trata-se de um conceito baseado na "primazia das coisas" (materiais e espirituais). Nesse sentido, o homem é definido como o ser que se une nas coisas e para elas. Só assim se evitam as ficções e se explica o humano de modo concreto e efetivo. Ora, a idéia que torna isso possível é, segundo Maeztu, a idéia da função: o princípio funcional deve substituir os princípios de autoridade e liberdade. O pensamento de Maeztu pode, pois, ser chamado de funcionalismo, mas também de universalismo concreto e de um novo objetivismo.

↪ Biografia e bibliografia de Maeztu e artigos sobre ele no número especial de *Cuadernos Hispanoamericanos*, nº 33-34, 1952. — *Autobiografía*, 1962.

Ed. de *Obras* por Vicente Marrero, 1957 ss.

Ver também: V. Marrero, *M.*, 1955. — Wolfgang Herda, "Die geistige Entwicklung von Ramiro de Maeztu", *Gesammelte Aufsätze zur Kulturgeschichte Spaniens*, nº 18, 1961, 1-219. — G. Bleiberg, E. I. Fox, eds., *Spanish Thought and Letters in the Twentieth Century*, 1966. — E. Rivera, "Máxima aportación del pensamiento hispánico a la cultura: El 'sentido universalista'", *Revista de Filosofía* (México), nº 17, 1984, pp. 465-490. ↪

MAGIA. A "arte mágica", μαγική τέχνη, é a praticada pelos "Magos", Μάγοι, que se supõe ter sido um dos povos que formavam os medas. Do ponto de vista filosófico, interessa especialmente a distinção estabelecida no Renascimento entre um tipo de magia claramente "sobrenatural" e um tipo de magia que se considerou "natural". A magia "sobrenatural" constituía uma das práticas de uma concepção animista do mundo e usa profusamente meios como poções, exorcismos e talismãs. Esta magia, que alcançou grande popularidade em certo período "orientalizante" do paganismo greco-romano, foi julgada suspeita por muitos autores cristãos e, às vezes, simplesmente identificada com o paganismo. Em contrapartida, no período do Renascimento deu-se curso à idéia de "magia" que consistia em estudar as possibilidades de atuar sobre os fenômenos naturais. Como isso requeria o conhecimento desses fenômenos, a nova magia referida deixou de ser "sobrenatural" e, sobretudo, diabólica e demoníaca, para aproximar-se de um método "científico", ou ao menos "pré-científico". A idéia de dominar a natureza obedecendo a ela, explicitamente manifesta em Francis Bacon, não era alheia a esta nova espécie de "magia".

Entre os autores renascentistas que defenderam esse novo tipo de "magia" — Reuchlin, Agrippa, Paracelso, Pico della Mirandola, Cardano, Campanella —, sobressai Giovanni della Porta (Iohannes Baptista Porta). Em sua obra *Magia naturalis* (1558), traduzida pouco depois para o alemão (ca. 1600), Della Porta distingue entre dois tipos de magia (*Wunderkunst*): a magia que procura agir sobre os "espíritos" e a "magia natural" (*natürliche Wunderkunst*) [usamos a versão alemã], que permite "um conhecimento completo das coisas naturais". Della Porta relaciona este tipo de magia com uma tradição que inclui, entre outros, Pitágoras, Empédocles, Demócrito e Platão, e trata dos fenômenos do magnetismo, da destilação e das propriedades dos cristais e espelhos. Do mesmo modo, Paracelso, embora fale da magia como um "poder de vivenciar e investigar coisas inacessíveis à razão humana" — pois "a magia é uma grande sabedoria secreta, assim como a razão é uma grande loucura pública" —, sugere que essa inacessibilidade não torna "sobrenaturais" as coisas investigadas. Paracelso distigue entre os santos que levam uma *vita beata* e os "santos naturais", ou magos, que "têm poder sobre as energias e faculdades da natureza" (*Sämtliche Werke*, ed. Karl Sudhoff e Wilhelm Matthiessen, I, 14, p. 538 e 521).

↪ A bibliografia sobre magia e história da magia é abundante. Para remetermos apenas a aspectos de interesse filosófico: B. Malinowski, *Magic, Science and Religion and Other Essays*, 1948. — D. P. Walker, *Spiritual and Demoniac Magic: From Ficino to Campanella*, 1958; reed., 1975. — J. De Romilly, *Magic and Rethoric in Ancient Greece*, 1975. — C. Webster, *From Paracelsus to Newton: Magic and the Making of Modern Science*, 1982. — G. Luck, *Magie und andere Geheimlehren in der Antike*, 1990. — D. Goldwin, *Light in Extension: Greek Magic from Homer to Modern Times*, 1992. ⊃

MAGNIEN, JEAN (JOANNES CHRYSOSTOMUS MAGNENUS) (*ca.* 1600-1641). Nascido em Luxeuil, no Franco Condado, foi um dos defensores do atomismo (VER), e procurou renovar a doutrina de Demócrito. Segundo Magnien, as diversas espécies de átomos — que explicam a composição diversa dos corpos — distinguem-se por sua composição interna ou disposição de suas partes internas. Isto parece pressupor que os átomos, apesar do nome, não são "indivisíveis", mas as partes internas indicadas não são separáveis, de modo que os átomos continuam a ser "in-divíduos". Magnien relaciona as espécies de átomos com as espécies de elementos (Ver ELEMENTOS).
⊃ Obras: *Democritus reviviscens sive de atomis*. 1646. — *De tabaco exercitationes XVI*, 1648. — *De manna*, 1648.
Ver: J. Güsgens, *Renaissance und Philosophie. J. C. M., ein Naturphilosoph des XVII. Jahrhunderts*, 1910. ⊃

MAHÂYÃNA. Ver BUDISMO.

MAHNKE, DIETRICH (1884-1939). Nascido em Verden a.d. Aller, estudou e doutorou-se (1922) em Friburgo de Brisgóvia. Em 1927, foi nomeado professor titular de filosofia na universidade de Marburgo. Afora seus trabalhos históricos, nos quais se destacam os estudos sobre Leibniz e a obra sobre a idéia da "esfera infinita", a que nos referimos no verbete Esfera (VER), Mahnke dedicou seus esforços à fundamentação e ao desenvolvimento de uma nova síntese monadológica. Apoiando-se em Leibniz e em larga medida na fenomenologia de Husserl, Mahnke propôs-se atingir uma "síntese da ciência natural matemática e das ciências do espírito" semelhante àquela que Leibniz tentou. Do ponto de vista da realidade, esta síntese é a síntese entre o universal e o individual. As realidades básicas são para Mahnke mônadas. Mas, diferindo de Leibniz, ele as concebe como "unidades funcionais" (*Eine neue Monadologie* [cf. *infra*], proposição 1), imperecíveis. Só os agregados de unidades funcionais perecem para reconstituir-se em outras unidades funcionais (*ibid.*, proposição 6). As mônadas em questão não são "entidades absolutas" ou "coisas em si". São "entidades relativas", o que não significa que sejam "meramente subjetivas" enquanto "relativas só a uma consciência". O ser "relativo" pode querer dizer o ser "para si" (mas não "em si") ou o ser "para outro". No primeiro caso, pode-se falar de realidades objetivo-ideais; no segundo, de realidades subjetivo-fenomênicas. A união desses dois aspectos dá lugar às monadas enquanto unidades funcionais "para todos". Essas unidades obedecem a leis comuns ao "objetivo" e ao "subjetivo" e constituem o fundamento do natural e do espiritual. Como o natural e o espiritual se acham articulados numa gradação ontológica, pode-se considerar que o pólo do natural constitui uma certa gradação do pólo do espiritual ou "psíquico-espiritual".

⊃ Obras: *Leibniz als Gegner der Gelehrteneinseitigkeit*, 1912 (*L. como inimigo da "especialização"*). — *Eine neue Monadologie*, 1917 [*Kantstudien*. Ergänzungsbände 39] (*Uma nova monadologia*). — *Das unsichtbare Königreich der deutschen Idealismus*, 1929 (*O reino invisível do idealismo alemão*). — *Ewigkeit und Gegenwart. Eine Fichtesche Zusammenschau*, 1922 (*Eternidade e presente. Uma perspectiva fichtiana*). — *Leibniz und Goethe*, 1924. — *Leibnizens Synthese von Universalmathematik und Individualmethaphysik*, 1925; reimp., 1936 [edição separada do *Jahrbuch für Philosophie und phänomenologische Forschung*, VII] (*A síntese leibniziana de matemática universal e metafísica individual*). — *Keimesgeschichte der Leibnizischen Diferentual- und Integralrechnung*, 1932 (*História germinal do cálculo difererencial e integral leibniziano*). — *Unendliche Sphäre und Allmittelpunkt*, 1937 (*Esfera infinita e centro universal*). ⊃

MAIER, ANNELIESE (1905-1971). Nascida em Tübingen, residiu durante muitos anos em Roma, onde faleceu. Anneliese Maier contribuiu grandemente para o estudo das origens da física, e em particular da mecânica moderna, na chamada "escolástica tardia". Tal como Pierre Duhem e ampliando o raio das pesquisas a numerosos manuscritos inéditos, Anneliese Maier mostrou a continuidade entre muitas especulações escolásticas de filosofia natural e a nova ciência de Galileu. Isso não a levou a sustentar que a física moderna já estivesse contida na filosofia natural escolástica nem a forçar as influências, visto que certas linhas de pensamento se desenvolveram, a seu ver, independentemente. Ao lado de indubitáveis analogias, Anneliese Maier mostrou em que consistiam certas diferenças importantes. O quadro de conjunto, composto de milhares de dados, mostra, contudo, que não houve um salto completo entre Galileu e seus "precursores". Temas como a noção de impulso (VER), o conceito de magnitude intensiva, a natureza das "combinações" foram investigados por Anneliese Maier com o apoio de uma copiosa documentação.

⊃ Obras: *Kants Qualitätskategorien*, 1930 [*Kantstudien*. Ergänzungshefte 65] (*As categorias kantianas da qualidade*). — *Das Problem der intensiven Grössen*, 1939; 3ª ed., 1968 (*O problema das magnitudes intensivas*). — *Die Impetustheorie der Scholastik*, 1940 (*A teoria escolástica do impulso*). Estas duas obras foram publicadas juntas, com inúmeras revisões, no volume *Zwei Grundprobleme der scholastischen Naturphilosophie*, 1951 (*Dois problemas básicos da filosofia escolástica da Natureza*). — *An der Grenze von Scholastik und Naturwissenschaft*, 1943; 2ª ed., 1952 (*Na fronteira da escolástica e da ciência natural*). *Metaphysische Hintergründe der spätscholastischen Naturphilosophie*, 1955 (*Bases metafísicas da filosofia escolástica tardia da Natureza*). — *Zwischen Philosophie und Mechanik*, 1958 (*Entre a filosofia e a* mecânica). As obras citadas constituem uma série intitulada: *Studien zur Naturphilosophie der Spätscholastik* (*Estudos de filosofia natural da escolástica tardia*). — Devem-se igualmente a Anneliese Maier os dois tomos a seguir: *Ausgehendes Mittelalter. Gesammelte Aufsätze zur Geistesgeschichte des 14. Jahrhunderts*, 2 vols, 1965-1967 (*A saída da Idade Média. Ensaios de história espiritual do século XIV*). — *Zwei Untersuchungen zur nachscholastischen Philosophie. Die Mechanisierung des Weltbilds im 17. Jahrhundert. Kants Qualitätkategorien*, 2ª ed., 1968 (*Duas investigações sobre a filosofia pós-escolástica. A mecanização do mundo no século XVII. As categorias kantianas da qualidade*).

Ver: H. Heimsoeth, "Zum Lebenswerk von Anneliese Maier", *Stud. Int. Filosofia*, n° 4, 1972, pp. 3-14. J. E. Murch, E. D. Sylla, J. Pinborg, *Studi sul XIV secolo in memoria di A. M.*, 1981, ed. A. Maierù e A. Paravicini Bagliani (com bibliografia de escritos de A. M.). ⊃

MAIER, HEINRICH (1867-1933). Nascido em Heidenheim (Würtemberg), foi aluno de Sigwart em Tübingen e deu aulas a partir de 1900 em Zurique, de 1911 a 1918 em Göttingen e, por fim, em Heidelberg (1918-1921) e Berlim (a partir de 1922). No âmbito do normativismo lógico propugnado por Sigwart, Maier se propôs a ampliar o campo de estudo da lógica mediante uma análise do pensamento não voltado diretamente para o conhecer: o pensamento emocional, que pode ser afetivo e volitivo. Cada um desses tipos de pensar tem não só um conteúdo distinto como uma forma própria de expressão que se traduz nas proposições lógicas. O pensar afetivo abarca os juízos referentes ao estético e ao religioso; o volitivo, os que concernem à ética e ao Direito. A finalidade da lógica consiste, segundo Maier, em proporcionar as normas para todos os tipos possíveis de pensamento, não se restringindo ao pensamento cognoscitivo. Em conformidade com isso, Maier unia às suas análises lógicas considerações psicológicas referentes ao pensamento emocional e teses axiológicas relativas ao pensamento volitivo. Ora, essa psicologia do pensamento emocional, bem como seus trabalhos histórico-lógicos, histórico-filosóficos, e inclusive sua gnosiologia e sua filosofia da história (dirigida para uma "abstração concreta ou abstração intuitiva" das grandes épocas da Humanidade), são apenas fases iniciais da preparação de seu pensamento, que culmina numa "filosofia da realidade". Esta se propõe de pronto a abrir caminho para si entre os diversos extremos nos quais tem sido pródigo o pensamento contemporâneo. Maier de fato recusa tanto o racionalismo como o irracionalismo, tanto o realismo, especialmente o ingênuo, como o idealismo, o absolutista em particular. Mas esta recusa não significa a pretensão de encontrar um termo ou uma realidade que junte extremos distintos e opostos; pelo contrário: característica da filosofia da realidade de Maier é acentuar continuamente o caráter dualista do real e mesmo dos órgãos de conhecimento do objeto, já que, como vimos, o pensamento intelectual e o emocional — e, dentro deste, o afetivo e o volitivo — têm conteúdos distintos. Mas esse dualismo aparece com o máximo de ênfase na relação mesma entre a realidade e o que se pode enunciar dela, entre o objeto e o juízo. Tal como o dualismo de Klages entre alma e espírito (se bem que por outras razões), o de Maier supõe uma impossibilidade de redução mútua ou de absorção num terceiro termo conciliador, mas aqui não se trata tanto de um verdadeiro antagonismo como de um processo necessário de implicação mútua. Por isso, a realidade e o juízo assumem formas diferentes de acordo com o ponto de vista a partir do qual são considerados e, também por isso, o realismo gnosiológico não é incompatível com um idealismo na teoria do juízo. Isso é sem dúvida possível, visto que, se de um lado o objeto não é entendido como pura coisa em si, inacessível à consciência cognoscente, de outro o juízo também não é pura forma transcendental. A maior realidade "fenomênica" do objeto se suporpõe, assim, à maior realidade "empírica" da consciência e, por essa razão, o ser transcendente e o ser dado, embora não fiquem submersos numa realidade única indiferenciada, também não são termos cuja inter-relação seja em princípio impossível. Porém, ao mesmo tempo, os dois termos mencionados assumem para Maier seu pleno sentido apenas quando transcendem sua limitada significação gnosiológica e designam elementos universais do ser real. A metafísica da realidade coroa desse modo a análise psicológica e gnosiológica; o que importa, em última análise, inclusive para dar sentido à teoria do conhecimento, é buscar o fundamento que permita descobrir a essência e até a significação mesma do ser, isto é, daquilo que é ao mesmo tempo transcendente e dado, do que permite articular o real de acordo com modos objetivos e categorias objetivas, em vez de recortá-lo nos termos dos postulados puramente imanentes e arbitrários da subjetividade.

⊃ Obras: *Die Syllogistik des Aristoteles*, 3 vols., 1896-1900, reed. 1936 (esta reimp. 1969-970) (*A silogística de A.*). — *Psychologie des emotionalen Denkens*, 1908 (*Psicologia do pensamento emotivo*). — *An den Grenzen der Philosophie. Melanchton-Lavater-D. F. Strauss*, 1909 (*Nos limites da filosofia. M.-L.-D. F. S.*) — *Sokrates. Sein Werke und seine geschichtliche Stellung*, 1913 (*Sócrates. Sua obra e sua significação histórica*). — *Das geschichtliche Erkennen*, 1914 (*O conhecimento histórico*). — *Philosophie der Wirklichkeit*, 3 partes (I. *Wahrheit und Wirklichkeit*, 1926; II. *Die Physische Wirklichkeit*, 1933-1934 [póstuma, ed. Anneliese Maier]; III. *Die psychischgeistige Wirklichkeit*, 1935 [póstuma, ed., Anneliese Maier.] (*Filosofia da realidade. I. Verdade e realidade; II. A realidade física; III. A realidade psico-espiritual*).

Ver: N. Hartmann, "H. Maiers Beitrag zum Problem der Kategorienlehre", *Sitzungsberichte der Preuss.*

Akademie des Wissenschaften. Phil.-hist. Kl., VIII, 1938, reimp. em *Kleinere Schriften*, III, 1957, pp. 346-64. ↻

MAIÊUTICA. Em uma passagem do *Teeteto* (149 A-151 E), de Platão, Sócrates diz a Teeteto que pratica a mesma arte de sua mãe, Fenaretes, que foi parteira, μαῖα. Esta arte é "a arte da maiêutica", μαιευτικὴ, τέχνη, ou "a maiêutica, ἡ μαιευτική, e consiste em ajudar a gerar (entende-se em ajudar a gerar os pensamentos na alma do interlocutor). "Minha arte maiêutica — diz Sócrates — tem as mesmas características gerais que a arte [das parteiras]. Mas difere dela porque faz parir os homens, não as mulheres, e porque vigia as almas, não os corpos, em seu trabalho de parto. O melhor da arte que pratico é, sem dúvida, permitir saber se o que a reflexão do jovem gera é uma aparência enganadora ou um fruto verdadeiro" (ibid., 150 B-C). Sócrates insiste no fato de ele mesmo não poder gerar — o que significa que não pode (ou não quer) dar sua própria opinião sobre os assuntos que trata — e, ironicamente, manifesta que quem o acusa por isso de esterilidade está certo. Mas a causa de sua impotência pessoal — e de sua "potência interpessoal" — é que os deuses lhe impuseram esta tarefa: não procriar, mas ajudar a procriar. Por isso Sócrates não é sábio, mas sabe gerar ou produzir sabedoria.

O método da arte maiêutica — o "método socrático" — consiste em levar o interlocutor à descoberta da verdade mediante uma série de perguntas (e mediante a exposição das perplexidades a que as respostas vão dando origem). O interlocutor chega, por fim, a gerar a verdade, descobrindo-a por si mesmo e em si (como, no muito citado exemplo do *Ménon*, o escravo descobre que sabia geometria). Na idéia da maiêutica, acha-se implicada a idéia da reminiscência (VER), que se manifesta no reconhecimento da verdade, quando se a apresenta à alma.

Contudo, ainda que Sócrates manifeste não possuir ele mesmo a verdade que se tratava de fazer gerar na alma do interlocutor, é certo que o interlocutor não podia assentir a ela se Sócrates não a apresentasse de algum modo. A arte maiêutica é, pois, em grande medida, a arte de fazer chegar à verdade, isto é, às evidências. Estas evidências são usualmente os "princípios" ou "as verdades eternas". Por isso às vezes se diz que há algo da idéia da maiêutica socrática na concepção agostinista tanto de um "sentido interior", como da "razão", assim como na concepção leibiniziana do que se pode chamar "a força irresistível" das "verdades eternas". Não obstante, estas últimas concepções diferem da socrática, porque em Sócrates o diálogo — e mais especificamente o diálogo com um "parteiro de idéias" — é ingrediente essencial da arte.

MAIGNAN, EMMANUEL (1601-1676). Nascido em Toulouse, ingressou na Ordem dos Menores, deu aulas em Roma (1636-1650), passou breve tempo em Paris e voltou à sua cidade natal, na qual permaneceu até o final de sua vida. Um dos renovadores da filosofia corpuscular no século XVII, foi filosoficamente menos original que seu quase homônimo Magnien (VER), mas exerceu muito mais influência do que ele, não só na França como na Espanha, onde suas doutrinas foram adotadas por Saguens e comentadas por, entre outros, Feijóo.

Maignan elaborou uma *philosophia naturae, seu physica* que, como indica R. Ceñal, dá pouca atenção às autoridades filosóficas, procurando ater-se à "experimentação" (apresentada em linguagem matemática). Adversário das "sutilezas escolásticas" e de todo "discurso inútil", nosso autor propugnou que os fenômenos físicos devem ser explicados apenas *physice* e não *metaphysice*. Adversário igualmente do hilemorfismo, proclamou que a matéria se compõe de átomos extensos, distintos entre si por várias características próprias, entre eles a figura; mas, em oposição a Descartes, sustentou que deve haver uma força interior que explique os movimentos dos corpos.

Não obstante a oposição às teorias escolásticas, Maignan se serviu de algumas noções forjadas pela Escola para resolver certos problemas teológicos. Isso ocorreu com a questão de determinar se a substância muda enquanto permanecem os acidentes na Eucaristia. No tocante a isso, propôs nosso autor uma dupla teoria dos acidentes: de um lado, afirmou, há acidentes atômicos, que tornam o mistério inexplicável; do outro, há acidentes no sentido escolástico que permitem entender aquilo que se mostraria incompreensível por meio do atomismo puro.

⊃ Principais obras: *Cursus philosophicus concinnatus ex notissimis principiis, ac praesertim quoad res physicas instauratus, ex lege natusensatis experimentis comprobata*, 4 vols., 1652; 2ª ed. com o título *Cursus philosophicus recognitus et auctior, concinnatus... comprobata*, 1673. — *Philosophia sacra, sive entis tum supernaturalis tum increati, ubi de iis quae Theologia habet seu quoad substantiam, sed quoada modum physica... agitur physice*, 2 vols., 1661-1672.

Ver: Ramón Ceñal, "Cartesianismo en España: Notas para su historia (1650-1750)", *Filosofía y Letras* [Oviedo], nº 6, 1945, pp. 3-95. — Id., "La filosofía de E. M.", *Revista de Filosofía* [Madri], nº 13, 1954, pp. 15-68. ↻

MAIMON, SALOMON (1754-1800). Nascido em Nieszwiez (Lituânia). Filho de rabino, recebeu uma sólida educação na literatura (teologia e filosofia) hebraica. Residiu por algum tempo em Berlim e depois em Posen, terminando por voltar a Berlim; mais tarde, viveu em Hamburgo, Altona e Berlim, estudando filosofia moderna, especialmente Locke, Spinoza e Wolff. Numa de suas estadas em Berlim, estudou a *Crítica da Razão Pura* e escreveu seu ensaio sobre a filosofia transcendental, que mereceu elogios de Kant, que afirmou ter Maimon compreendido mais profundamente do que qualquer outra pessoa o problema fundamental da *Crítica*.

Embora o pensamento filosófico de Maimon não possa reduzir-se a seu comentário sobre a filosofia transcendental, este é importante para a compreensão de suas idéias ulteriores. Maimon demonstrou que a síntese de que fala Kant na *Critica da Razão Pura* é insuficiente para levar a efeito as unificações de que se precisa para alcançar um conhecimento universal e necessário. Deve-se isso, na sua opinião, ao fato de a síntese não chegar propriamente a unificar os conceitos do entendimento com as intuições. Sensibilidade e entendimento continuam a ser heterogêneos entre si. As formas *a priori*, em suma, não conseguem abarcar o que é dado à experiência e, portanto, não podem ser fundamento da inteligibilidade da experiência. Maimon afirma que o conceito kantiano de "coisa em si" (VER) representa um obstáculo permanente à realização da síntese, que requer o reconhecimento. Portanto, é melhor prescindir da noção de coisa em si e começar pela consciência. Esta não é, para Maimon, atividade puramente representativa; a consciência é antes, em princípio, uma atividade indeterminada cujos conteúdos são determinações. Estas determinações não podem proceder da experiência, porque, se assim for, todo conhecimento terá caráter apenas empírico. Tampouco podem essas determinações ser da consciência independentemente da experiência. A consciência é consciência da experiência somente enquanto consciência determinada, reconhecendo sua própria limitação diante do conteúdo infinito da experiência. Ora, na medida em que se aspira a um conhecimento completo, necessário se faz admitir a possibilidade de que a consciência, em vez de ser simplesmente consciência da experiência, seja pensamento real, que é universal e absolutamente válido *a priori*. Esse pensamento real se torna possível quando a consciência segue seu próprio princípio, que é o princípio de determinabilidade. No pensar real, nenhum conceito é pensável sem que haja algum outro com ele implicado. O pensamento real da consciência como determinação de seu próprio objeto não tem como objeto dados contingentes nem puras leis formais, mas a realidade como determinabilidade (pensante).

Para mostrar como a consciência se determina a si mesma determinando seu próprio objeto de conhecimento, Maimon esboçou uma "nova lógica" como "teoria do pensar". Ele define a "lógica" como "a ciência do pensamento de um objeto em geral, indeterminado por observações internas, e determinado somente pela relação com a possibilidade de ser pensado" (*Versuch einer neuen Logik*, ed. Engel, 1). A lógica "trata das formas e espécies do pensamento de um objeto em geral determinável mediante o pensamento" (*ibid.*, 8). Por isso, ela precede a metafísica, porque, embora a verdade metafísica se refira imediatamente ao objeto, ela se refere só mediatamente às representações e conceitos, enquanto a verdade lógica se refere às representações e conceitos de maneira imediata (*ibid.*, 18). A lógica não só faz abstração de observações empíricas por meio das quais são dados objetos de uma determinada espécie, mas também das relações pensadas *a priori* (*ibid.*, 230). A lógica de que trata Maimon é transcendental, não incompatível com a lógica formal mas diferente desta devido ao fato de que, enquanto a lógica formal é determinada negativamente pelo princípio de contradição e positivamente pelas formas determinadas do pensamento, a lógica transcendental é determinada também pela "relação material da determinabilidade (abstraída de todas as observações empíricas)" (*ibid.*, 232). Por isso, a lógica transcendental tem por tema um "objeto real" (*ibid.*, 234).

A filosofia de Maimon consiste em repensar principalmente os temas capitais da *Crítica da Razão Pura* à luz de sua lógica transcendental. Esses temas — o conhecimento sensível, as categorias, as antinomias e paralogismos da razão pura etc. — são examinados por Maimon do ponto de vista de uma "filosofia como ciência da forma de uma ciência em geral" (*ibid.*, Anhang, XLVI).

➲ Obras: *Versuch über die Transcendentalphilosophie*, 1790, reimp., 1963 (*Ensaio sobre a filosofia transcendental*). — *Philosophisches Wörterbuch oder Beleuchtung der wichtigsten Gegenstände der Philosophie in alphabetischer Ordnung*, I, 1791 (*Dicionário filosófico ou esclarecimento dos temas mais importantes da filosofia em ordem alfabética*). — *Gibat ha-More*, I, 1791 [*Comentário hebraico ao* Guia de Maimônides]. — *Über die Progressen der Philosophie veranlasst durch die Preisfrage der Klg. Akademie zu Berlin für das Jahr 1792: Was hat die Metaphysik seit Leibniz und Wolff für Progressen gemacht?*, 1793 (*Sobre os progressos da filosofia; para responder à pergunta para a qual a academia de Berlim oferece um prêmio em 1792: Que progressos fez a metafísica a partir de Leibniz e Wolff?*) [incluído em *Streifereien etc.*, cf. *infra*, pp. 3-58]. — *S. Maimon's Streifereien im Gebiete der Philosophie*, I, 1793. (*Excursões de S. M. pelo território da filosofia*) [inclui o escrito mencionado *supra*]. — *Versuch einer neuen Logik oder Theorie des Denkens. Nebst angehängten Briefen des Philates an Aenesidemus*, 1794 (*Tentativa de uma nova lógica ou teoria do pensamento, com um apêndice contendo cartas de Filaletes a Enesídemo* [Sete cartas]. — *Kritische Untersuchungen über der menschlichen Geist oder das höhere Erkenntnis- und Willensvermögen*, 1797 (*Investigações críticas sobre o espírito humano ou a suprema faculdade do conhecimento e da vontade*).

Maimom escreveu ainda comentários a uma trad. do *Novum Organon* de Francis Bacon por G. W. Bertholdy, 2 vols, tendo sido publicado apenas o vol. I, 1793; comentários às *Categorias* de Aristóteles [apresentados como propedêutica ao volume *Versuch*], 1794; 2ª ed.,

1798. Do mesmo modo, traduziu do inglês e comentou o resumo feito pelo doutor Pemberton dos *Principia* de Newton, 1793. Autobiografia: *S. Maimons Lebensgeschichte*, ed. K. Ph. Moritz, 1792-1793; nova ed., Fromer, 1911. Edição de obras completas: *Gesammelte Werke*, 7 vols., ed. Valerio Verra, 1965-1976. Bibliografia de obras de M. e sobre M. (até 1912) na edição crítica do *Versuch* por Bernhard Carl Engel, 1912 [Neudrucke seltener philosophischer Werke, herausg. von der Kantgesellschaft, Bd. III], pp. 413-423. Ver: Joseph Wolff Sabattia, *Maimoniana oder Rhapsodien zur Characteristik S. Maimon's aus seinem Privatleben gesammelt*, 1813. — J. H. Witte, *S. M.: die merkwürdigen Schicksale und die wissenschaftliche Bedeutung eines jüdischen Denkers aus der Kantischen Schule*, 1876. — A. Moeltzner, *S. Maimons erkenntnnistheoretische Verbesserungsversuch der Kantischen Philosophie*, 1889 (tese). — L. Rosenthal, "S. Maimon's Versuch über die Transcendentalphilosophie in seinen Verhältnis zu Kants transcendentaler Ästhetik und Analytik", *Zeitschrift für Philosophie und philosophische Kritik*, nº 102, 1893, pp. 233-301. — Isidor Boeck, *Die ethischen Anschaüungen von S. M. in ihrem Verhältnis zu Kants Morallehre*, 1896 (tese). — S. Rubin, *Die Erkenntnistheorie Maimon's in ihrem Verhältnis zu Cartesius, Leibniz, Hume und Kant*, 1897 [Berner Studien zur Philosophie und irher philosophische Geschichte, nº 7, pp. 1-57]. — E. Frank, *Der Primat der praktischen Vernunft in der frühnachkantischen Philosophie*, 1904 (tese). — L. Gottselig, *Die Logik S. Maimons*, 1908. — Wegener, *Die Transcendentalphilosophie S. Maimons*, 1909 (tese). — Friedrich Kuntze, *Die Philosophie S. Maimons*, 1912. — M. Gogiberidse, *S. Maimons Theorie des Denkens und ihrem Verhältnis zu Kant*, 1922. — A. Zubersky, *S. M. und der kritische Idealismus*, 1925. — K. Rosenbaum, *Die Philosophie S. Maimons*, 1928. — Martial Guéroult, *La philosophie transcendentale de S. M.*, 1931. — Joseph Grózinger, *Geschichte der jüdischen Philosophie und der jüdischen Philosopher. I: von Moses Mendelssohn bis S. M.*, 1930. — Shmál Hugo Bergman, *Ha-Filosofyah shel S. M.*, 1932; 2ª ed., 1967 (tradução inglesa: *The Philosophy of S. M.*, 1967). — S. Atlas, "S. Maimon's Doctrine of Infinite Reason and Its Historical Relativism", *Journal of the History of Ideas*, nº 13, 1952, pp. 168-187. — Eckhard Klapp, *Die Kausalität bei S. M.*, 1968. — Roman Kozlowski, *S. M. jako krytik i kontynuator filosofii Kanta*, 1969 (*S. M. como crítico e continuador da filosofia de Kant*). — Francesco Moiso, *La filosofia di S. M.*, 1972. ⊃

MAIMÔNIDES (MOISÉS BN MAYMUN]

(Abu 'Imran Mūsa bn Ubayd Allāh) (1135-1204). Nascido em Córdoba, filho do Rabino Maymūn. Seu pai o educou na Bíblia e no Talmude; teve também outros mestres, mas ignoram-se seus nomes, embora, ao contrário do que por vezes se diz, Averróis não tenha sido um deles. Quando os almoadas tomaram Córdoba, em 1148, irromperu na cidade um período de turbulência e de intolerância religiosa de que foram vítimas tanto os cristãos como os judeus, a quem os almoades e seu chefe, Ibn Tamurt, queriam obrigar a converter-se ao islamismo. Muitos judeus, incluindo a família de Maimônides, negaram-se a apostatar sua fé; em conseqüência, tiveram de emigrar, primeiro para o noroeste da África (entre outros lugares, para Fez, Marrocos e depois para Fostat ["Velho Cairo"], no Egito, onde Maimônides faleceu.

Devem-se a Maimônides várias obras (ver bibliografia); filosoficamente, a mais importante é o *Guia para os indecisos*. Os "indecisos" (usaram-se também, como tradução, os nomes "perplexos" e "desencaminhados") são "os pensadores a quem os estudos levaram a entrar em choque com a religião", bem como "aqueles que estudaram a filosofia e adquiriram um sólido conhecimento e que, embora firmes em matéria religiosa, encontram-se perplexos e confundidos devido às expressões ambíguas e figurativas contidas nas Sagradas Escrituras" (*Guia*. Introdução). Para devolver a esses indecisos sua decisão, isto é, para devolvê-los ao caminho da fé, Maimônides escreveu a referida obra capital, mas ela não consiste numa defesa da fé contra a filosofia; é antes uma tentativa de conciliar fé e razão.

⊃ O *Guia* divide-se numa "Introdução" e em três partes. Na "Introdução", indica seus propósitos. Antes de tudo, como assinalamos, levar a decidir os indecisos que foram atraídos pela razão e julgam difícil aceitar uma interpretação literal da Lei. Em segundo lugar, eliminar a perplexidade dos que caem na confusão por não saber que as expressões que figuram na Lei devem ser interpretadas figurativa, não literalmente. Na primeira parte, Maimônides ocupa-se sobretudo da interpretação de expressões-chave na Lei. Na segunda, das provas da existência, incorporeidade e unidade da Causa primeira; das inteligências; das diversas esferas e do mundo; das leis e do desígnio da Natureza; da criação a partir do nada e de outros temas filosóficos vitais, mas também das interpretações filosóficas que se devem dar aos livros sagrados, bem como da natureza das profecias e de suas espécies. Na terceira, da Providência, dos ritos e do comportamento.

Maimônides se opõe ao atomismo dos mutakallīmies (ver FILOSOFIA ÁRABE) e defende em seu lugar uma filosofia essencialmente aristotélica, se bem que com alguns elementos platónicos. Embora Aristóteles tenha ensinado algumas teses contrárias ao que diz a fé, como é o caso da eternidade do mundo, a grande maioria de sua opiniões e argumentos filosóficos é, segundo Maimônides, não só concordante com as verdades da fé como sumamente úteis para defender e apoiar essas mesmas verdades. Logo, retamente usada, a filosofia não induz à confusão e à perplexidade, mas, pelo contrário, serve de "guia" aos "indecisos". A base da concordância entre filosofia e fé que Maimônides estabelece é sua convicção de que a experiência sensível, de um lado, e o intelecto, do outro, levam igualmente a confirmar a fé; quando isso não acontece, é preciso ver se o que dizem as Escrituras pode ser interpretado literalmente ou de modo figurativo e analógico. Esta última interpretação permite eliminar muitas daquelas que pareciam ser, no princípio, contradições entre a razão e a fé. Em alguns casos — como ocorre exemplarmente com a questão de se o mundo foi criado a partir do nada por Deus ou se existe eternamente —, a razão não pode decidir em favor de uma ou da outra tese — ou, o que é o mesmo, pode gerar argumentos igualmente válidos para apoiar ambas as teses —, devendo-se então seguir o que dizem as Escrituras. Além disso, estas últimas falam de certas coisas — como os milagres — que não se podem explicar a não ser admitindo-se que o mundo foi criado por Deus a partir do nada.

Maimônides admite como completamente convincentes os argumentos (de que arrola 25) proporcionados pelos "filósofos" para demonstrar que Deus existe, é incorpóreo (ou espiritual) e é Uno. Tem-se chamado a atenção para o fato de que as provas aduzidas, ou reiteradas, por Maimônides são semelhantes às que empregaria mais tarde Santo Tomás de Aquino. Mas é preciso levar em conta que Maimônides, seja por influência do neoplatonismo ou porque desejasse destacar ao máximo o caráter transcendente de Deus, inclina-se com freqüência para o que recebeu o nome de "concepção negativa de Deus", própria das teologias negativas, ou seja, uma concepção segundo a qual, visto a partir do mundo, Deus não é propriamente nada, não porque não exista; é antes porque "sobreexiste" ou é um "supra-ser" ou "supra-essente". Maimônides revela semelhante inclinação para os modos próprios da teologia negativa sobretudo quando se trata de determinar os atributos divinos. Isso não quer dizer que Maimônides tenha uma concepção puramente "negativa" de Deus nem que acentue a tal ponto a transcendência de Deus que suprima toda relação entre Deus e o mundo. A rigor, ele insiste na existência de uma hierarquia de inteligências ou esferas que fazem a mediação entre Deus e as criaturas. Além disso, dá grande importância à noção de Deus como Providência. Das esferas ou inteligências citadas, a décima e última é, segundo Maimônides, o intelecto ativo, que influencia as almas racionais possuidoras de intelecto passivo.

Todas as esferas ou inteligências são imateriais e imortais. Contudo, são imortais individualmente e não só numa suposta forma comum a todas.

No aspecto "ético" e "ético-religioso", o *Guia* de Maimônides baseia-se no ideal do sábio e do profeta. O primeiro é aquele que, sob o influxo do intelecto ativo, dedica-se ao saber especulativo e procura torná-lo concordante com a fé. O segundo adiciona ao conhecimento racional o saber superior da profecia, recebido pela graça; com isso, o profeta pode vir a ser legislador moral do homem e da sociedade.

As doutrinas de Maimônides suscitaram inúmeras polêmicas nos círculos judeus. Os "talmudistas puros" opuseram-se de modo geral às interpretações "figurativas" de Maimônides e defenderam a interpretação literal. Daniel de Damasco e Salomão ben Abraham de Montpellier atacaram as doutrinas do autor e dos maimonistas. Outros autores, como Abraham bn Hisdai e Samuel bn Abraham Saportas, defenderam as doutrinas de Maimônides. Nas comunidades judias de Narbona, Saragoça, Huesca, Monzón, Calatayud e Lérida, pronunciaram-se excomunhões contra os antimaimonistas. Houve também uma disputa em Barcelona na qual intervieram, entre outros, Abba Mari Don Astruc e Solom bn Aderet, que terminou com a vitória dos maimonistas.

É importante a influência maimoniana sobre certo número de escolásticos cristãos do século XIII e em particular sobre Santo Tomás. Segundo Gilson, "se Maimônides não tivesse ensinado uma doutrina da alma tão fortemente inspirada na de Averróis, o que o levou a uma concepção especialíssima da imortalidade, poderíamos dizer que a filosofia de Maimônides e a de Santo Tomás coincidem em todos os pontos verdadeiramente importantes". Deve-se alertar, no entanto, para o fato de a influência de Averróis a que se refere Gilson parecer menor do que este e outros autores supõem; muitos historiadores inclinam-se a reduzir ao mínimo essa influência e a destacar a de Avicena.

O *Guia para os indecisos* foi escrito por Maimônides em árabe; o título é *Dālahat al-ḥairin*. Edição crítica e tradução francesa por S. Munk: *Dālahat al-ḥairin (Le Guide des Egarés, publié... et accompagné d'une traduction française*, 3 vols., 1856, 1861, 1866; reimp., 3 vols., 1959. O título francês dado por Munk teve influência sobre as maneiras como depois se fez referência ao *Guia* como *Guia dos Desencaminhados*, embora seja mais próprio falar de "indecisos" ou "perplexos" (nas versões e referências latinas, os termos usados são *dux dubitantium; dux perplexorum; duz neutrorum; directio perplexorum*). Reimp. do texto de Munk em caracteres árabes por J. Joel, 1931. O *Guia* foi traduzido para o hebraico por Yehudá bn Tibbon (1120-1190) e seu filho Samuel bn Tibbon (1150-1239) com o título mais conhecido de *More Nebuchim*. A *editio princeps* desta versão apareceu antes de 1480 e foi reimpressa várias vezes; ed. desta versão, com as variantes do árabe, por J. Kaufmann, 2 vols., 1935-1938. Outra trad. para o hebraico é a de Yehudá al Harizi; esta trad. serviu de base para a versão latina conhecida pelos escolásticos: *Rabbi Mossei Aegyptii Dux seu director dubitantium aut perplexorum*, publicada em 1520. Ed. desta trad. hebr. por Schlossberg, 3 vols., 1851, 1874, 1879. Deve-se a Pedro de Toledo a primeira trad. (1432) para o castelhano (manuscrito na biblioteca de El Escorial). Traduções modernas do *Guia*, além da francesa, citada, de Munk: inglesa por J. Friedländer, 3 vols, 1881-1885; 2ª ed., 1904 e J. Guttmann, 1952; alemã de A. Weiss, 3 vols., 1923; italiana de D. J. Maroni, 1871-1876; espanhola de J. Suárez, 1935. Entre os numerosos comentários hebraicos ao *Guia*, sobressaem-se os de Sem Tob Josef bn Falqera ou Pulqera (de 1280), os de Josef bn Caspi (c. 1300), os de Moisés bn Josuah de Narbona (1355-1362); os de Isaac Abrabanel (século XX). Muitas edições da versão de bn Tibbon contêm vários dos citados comentários; além disso, eles foram editados, respectivamente, em 1837, 1848, 1852 e 1831-1832.

Além do *Guia*, devem-se a Maimônides: a extensa *Mishna Torah* ou *Repetição da Lei (Torah)* — chamada às vezes "A Mão Forte" —, escrita em hebraico. *Tamaniatu Fusul* ou *Oito Capítulos* (comentários sobre os *Alboz* ou Padres —, recopilação de sentenças que não figuravam na *Mishna*), escritos em árabe e traduzidos para o hebraico; ed. com freqüência como parte dos Comentários à *Mishna*. Ed. e trad. inglesa por Joseph J. Gorfinkle, 1912 [Columbia University Oriental Studies, nº 7]; por S. Rosenblatt, 2 vols., 1927-1928; trad. parcial por Jacob J. Rabinowitz (1949) e outra por B. D. Klein (1963), esta última em Yale Judaica Series, 15ª ed., e tradução alemã por M. Wolff, 1903. — *Maqāla fī sinā at 'almantiq* ou *Pequeno tratado de lógica*, ed. e trad. inglesa por I. Efros, 1937-1938 [Proceedings of the American Academy for Jewish Research, nº 8]; ed. e trad. francesa por M. Ventura. Várias Cartas ou "Pequenos Tratados", ed. Lichtenberg, 1859. L. N. Goldfeld, *Moses Maimonides' Treatise on Ressurection: An Inquiry into its Authenticity*, 1986.

Em português: *A epístola do Iêmen*, 1998. — *Epístolas*, s.d. — *Mishna Tora — o livro da sabedoria*, 2000. — *Os oito capítulos*, s.d. — *Os 613 mandamentos*, 1990.

Léxicos: I. Efros, *Philosophical Terms in the More Nebukim*, 1924 [Columbia University Oriental Studies, nº 2]. — M. Ventura, vocabulário ao final de sua ed. e trad. do tratado de lógica: *Terminologie logique*, 1935. — D. Z. Baneth [em hebraico], "Sobre la terminología filosófica de M.", *Tarbiz*, nº 4, 1935, pp. 10-40.

Todas as histórias da filosofia judaica medieval se ocupam de maneira mais ou menos extensa de Maimônides. Sobre M., ver: S. Scheyer, *Das psychologische System des M.*, 1845. — M. Joel, *Religionsphilosophie des Moses b. M.*, 1859. — M. Eisler, *Vorlesungen des Mittelalters*, Abth., II, 1870. — D. Rosin, *Die Ethik des M.*, 1876. J. Finkelscherer, *M. Stellung zum Aberglauben und Mystik*, 1895. — D. Yellin e J. Abrahams, *M.*, 1903. — W. Bacher, H. Cohen, D. Simonsen, J. Guttmann *et. al*, *M. ben M. Sein Leben, seine Werke und sein Einfluss*, 2 vols., 1908-1914, ed. J. Guttmann. — L.-G. Lévy, *M.*, 1911; 2ª, 1932. — I. Müntz, *M. b. M. (Maimonides). Sein Leben und seine Werke*, 1917. — L. Roth, *Spinoza, Descartes und M.*, 1924. — Vários volumes na chamada "Octocentennial Series": 1 (A. Marx), 1935; 3 (Ch. Tchernowitz), 1935. VV.AA., *Festschrift zur 800. Wiederkehr des Geburstages von M. ben M.*, 1935. — O. Goldberg, *M. Kritik des jüdischen Glaubenslehren*, 1935. L. Gulkowitsch, *Das Wesen der Maimonidischen Lehre*, 1935. — P. José Llamas, *M.*, 1935 [textos e introdução]. — J. Sarachek, *Faith and Reason: The Conflict over the Rationalism of M.*, 1935. — H. Cohen, A. Gerchunoff, L. Dujovne *et al.*, *M.*, 1935. — Leo Strauss, *Philosophie und Gesetz. Beiträge zur Verständnis Maimunis und seiner Vorläufer*, 1935. — A. Joshua Heschel, *M. Eine biographie*, 1935. — E. Hoffmann, *Die Lehre zu Gott bei M. ben M.*, 1937. — José Gaos, *La filosofía de M.*, 1940 [reimp. de artigos publicados na *Revista de Occidente*, n⁰ˢ 43 e 48, 1935]. — É. Gilson, R. Mc Keon *et al.*, *Essays on M. An Octocentennial volume*, 1941. — Ben Zion Bokser, *The Legacy of M.*, 1950. — L. Roth, *The Guide for the Perplexed: M. M.*, 1950. — H. Sérouya, *M., sa vie, son oeuvre, avec un exposé de sa philosophie*, 1951. — L. Baeck, *M.*, 1954. — Daniel Jeremy Silver, *Maimonidean Criticism and the Maimonidean Controversy 1180-1240*, 1965. — Fred Gladstone Bratton, *M.: Medieval Modernist*, 1967. — D. Hartman, *M. Torah and Philosophic Quest*, 1976. — I. Twersky, *Introduction to the Code of M. (Mishneh Torah)*, 1980. — M. Orian, *M. Vida, pensamiento y obra*. — VV.AA., *M. y su época*, 1986. — E. L. Ormsby, ed., *M. M. and his Time*, 1989. — VV.AA., *Sobre vida y obra de M. I Congreso Internacional* [Córdoba, 1985], 1991. — R. L. Weiss, *M.'s Ethics: The Encounter of Philosophic and Religious Morality*, 1991. — K. Seeskin, *M: A Guide for Today's Perplexed*, 1991. — M. Kellner, *M. on Judaism and the Jewish People*, 1991. **C**

MAINE DE BIRAN, FRANÇOIS PIERRE (1766-1824). Nascido em Bergerac (Dordogne). Exerceu vários cargos administrativos (no departamento da Dordogne, 1795-1797; fez parte do corpo legislativo durante o Império: 1805-1813) e políticos (representante moderado na Câmara durante a Restauração). Seu trabalho filosófico foi realizado na forma de "memórias", "reflexões" e "diários" e consistiu em grande parte na anotação de "experiências da consciência" no curso de uma "evolução" a que faremos breve menção ao final do verbete.

Sob a influência dos problemas formulados pelos ideólogos (ver IDEOLOGIA) e por meio de uma constante meditação introspectiva de seus próprios estados psíquicos e fisiológicos, Maine de Biran chegou à concepção de que a consciência, entendida como substância independente, só existe enquanto esforço oposto à resistência do objeto externo; na resistência se dá, com efeito, a consciência do eu sem possibilidade de separação metafísica, ao menos no que toca ao domínio da experiência. Esta tese central de Maine de Biran não é entretanto um princípio destinado a explicar o conjunto da vida anímica, sendo antes o resultado último de uma introspecção contínua em busca de um centro permanente em meio à instabilidade dos "estados", de uma "faculdade ativa" que permita eludir a dissolução do "eu" a que levava a análise de Condillac e dos ideólogos. Todas as averiguações de Maine de Biran devem ser compreendidas a partir deste princípio-resultado: a distinção entre a sensação e a percepção, que não é mais do que a distinção entre a impressão passiva provocada pelo externo e a impressão ativa da realidade interna; a generalização da distinção entre o ativo e o passivo em todos os estados e em todos os "hábitos; a insistência na impossibilidade de uma derivação da impressão interna a partir da externa, derivação que tem seu ponto de apoio na transposição ilegítima, para o plano interior, daquilo que só é válido para o mundo físico. Assim, Maine de Biran procura destruir a derivação sensualista de todos os atos superiores a partir da sensação. Esta não contém de modo algum, a seu ver, sua idéia, do mesmo modo como a passividade não contém a razão de ser nem o princípio real da atividade. Mas seria errôneo, para demonstrar essa atividade superior, supor, à maneira do intelectualismo tradicional, que ela é a manifestação de uma substância. Maine de Biran insiste continuamente no caráter dinâmico, funcional, das atividades que vai descobrindo pouco a pouco, à medida que revela as falácias da derivação do interior a partir do exterior. Daí a insistência no sentimento de resistência (VER), onde está o problema fundamental da análise psicológica e gnosiológica: a questão da dualidade do ativo e do passivo, o problema da libertação da própria vontade com respeito à coação física ou fisiológica. O elemento ativo nos é dado no sentimento do esforço, que se choca constantemente com o obstáculo externo, que parece na maioria das vezes ser dominado por esse mesmo obstáculo, suprimindo-se assim o fato da liberdade. Mas esta liberdade é dada, finalmente, na consciência plena da ação volitiva, que não é mera faculdade entre outras, mas a origem de todas as faculdades, incluindo-se as intelectuais, concebidas como modificações da vontade e, portanto, derivadas da experiência primária e irredutível do esforço ativo. A fim de examinar a natureza da vontade, Maine de Biran parte do problema clássico da possibilidade de um eu conceber algo que lhe é estranho. Quando se encontra, depois de detalhada análise, uma apercepção imediata que tem o eu como sujeito e objeto, estabelece-se um primeiro fundamento para a compreensão de uma efetiva tomada de posse de um objeto por um sujeito, o que prescinde da atribuição à consciência da categoria da substância. Mas essa fase é bem cedo ultrapassada: o sujeito, que era ser intermediário entre a exterioridade da sensação e o absoluto metafísico, torna-se entidade substancial; "quando este eu reflete sobre si mesmo — escreve Maine de Biran —, quando o sujeito não pode identificar-se com o objeto no próprio ato da reflexão, o *eu*, objeto deste ato, não pode ser mais do que o ser absoluto ou a alma concebida como *força* substancial, o númeno é concebido ou criado aqui, como em toda percepção, fora da consciência" (*Oeuvres*, ed. P. Tisserand, t. VII, pp. 372-373). A concepção funcional não suprime uma idéia substancial, sempre que por esta se entenda o conjunto das atividades enquanto permanentes e em estado de perpétua expansão e crescimento, e não o resíduo intelectualista destas atividades. A isso se devem os esforços de Maine de Biran para constituir o que será uma antropologia filosófica: a distinção entre vida animal, vida humana e vida espiritual é a conseqüência de uma tendência à diferenciação que não pode ficar detida no mero reino do psíquico e que, ao final, revela neste a presença de um espírito capaz de alcançar a região do sobrenatural, talvez porque o sobrenatural lhe tenha sido previamente dado como uma graça à qual esse espírito tentará acomodar todo o seu esforço. Por isso, a tese da primazia da vontade demonstrada pela experiência interna como origem e raiz do conhecer e, ao mesmo tempo, a insuficiência desta livre atividade na vida psíquica conduziram Maine de Biran à afirmação da existência de uma vida espiritual superior em que as resistências físicas e corporais se desfazem diante da força do espírito tal como se revela e manifesta na experiência mística. A vida espiritual, inteiramente livre e desvinculada do orgânico, é, por outro lado, não um estágio mais elevado da existência psíquica, mas uma vida distinta, tornada possível pela intervenção de Deus.

Embora na apresentação precedente do pensamento de Maine de Biran tenhamos nos esquecido do fato de que esse pensamento experimentou um desenvolvimento contínuo no curso da vida do filósofo, reduzimos esse desenvolvimento a um mínimo para a maior comodidade da exposição. Mas é preciso considerar que o pensamento de nosso autor é mais "evolutivo" que o da maioria dos filósofos; isso se manifesta em uma série de etapas que podem, por sua vez, ser consideradas marcos progressivos ao longo de um complexo itinerário. Assim o têm reconhecido os melhores expositores da obra de Maine de Biran, entre eles Henri Gouhier, que fala inclusive das "conversões" de Maine de Biran, das quais menciona e analisa três: a conversão ao "biranismo" (começo do século), a conversão ao platonismo (por volta de 1815) e a conversão ao cristianismo (por volta de 1822). Estas conversões se manifestam, para empregar uma expressão de Gouhier, ao longo de uma "criação contínua".

Obras: Durante a vida do autor foram publicados: *Influence de l'habitude sur la faculté de penser*, 1802 (ano XI: anônimo). — *Examen des leçons de philosophie de M. Laromiguière*, 1817 (anônimo). — "Exposition de la doctrine philosophique de Leibniz", no tomo XXIII, 1819, pp. 603-623 da *Biographie universelle* de Michaud. — Foram-se publicando depois os numerosos escritos de Maine de Biran. Victor Cousin publicou: *Nouvelles considérations sur les rapports du physique et du moral de l'homme*, 1834, e vários escritos em *Oeuvres philosophiques de Maine de Biran*, 4 vols., 1841 (o vol. IV é reprodução das *Nouvelles Considérations*). — François Naville publicou "Fragments inédits de Maine de Biran", em *Bibliothèque universelle de Genève*, LVI (1845), LVII (1845), LVIII (1846). — Ernest Naville publicou *Oeuvres inédits de Maine de Biran*, 3 vols., 1859 (em colaboração com M. Debrit). — Mais recentemente, José Echevarría publicou: *De l'apperception immédiate (Mémoire de Berlin, 1807)*, 1963. — Também publicaram obras Jules Gérard, Alexis Bertrand, Mayjonade e De la Valett-Monbrun.

Edição de obras: uma ed. ampla, mas criticamente muito insuficiente é a de Pierre Tisserand, *Oeuvres*, 14 vols., que compreende: I (*Le premier Journal*), 1920; II (*L'influence de l'habitude sur la faculté de penser*), 1922; III (*Mémoire sur la décomposition de la pensée*), 1924; IV (*Ibid.*), 1924; V (*Les discours philosophiques de Bergerac*), 1925; VI e VII (*Correspondance philosophique*), 1930; VIII e IX (*Essai sur les fondements de la psychologie et sur ses rapports avec l'étude de la nature*), 1932; X (*Rapports des sciences naturelles avec la Psychologie*), 1937; XI (*Études d'Histoire de la Philosophie*); XII (*Examen des opinions de M. de Bonald*); XIII (*Nouvelles considérations sur les rapports du physique et du moral de l'homme*), 1949; XIV (*Nouveaux essais d'Anthropologie*), 1949. — Nova ed. de obras por François Azovi, 13 vols, 1984 ss.: I, *Écrits de jeunesse*; II, *Influence de l'habitude sur la faculté de penser*; III, *Mémoire sur la décomposition de la pensée*; IV, *De la aperception immédiate*; V, *Discours à la Societé Médicale de Bergerac*; VI, *Rapports du physique et du moral de l'homme*; VII. 1 e 2, *Essai sur les fondements de la psychologie e sur les rapports avec l'étude de la nature*; VIII, *Rapports des sciences naturelles avec la psychologie. Écrits sur la psychologie*; IX, *Nouvelles considérations sur les rapports du physique et du moral de l'homme. Écrits sur la psychologie*; X, 1, *Dernière philosophie: morale et religion*; X, 2, *Dernière philosophie: existence et anthropologie*; XI, 1, *Commentaires et marginalia: XVIIe siècle*; XI, 2, *Commentaires et marginalia: XIXe siècle*; XII, *L'homme public*; XIII, *Correspondance*. — Edição integral crítica do *Journal* por Henri Gouhier, 3 vols. (I, 1954; II, 1955; III, 1957).

Bibliografia: VV. AA., núm. especial sobre M. de B., *Revue de Métaphysique et de Morale*, nº 88 (4), 1983 [trabalhos sobre M. de B. a partir de 1970].

Ver: A. Nicolas, *Étude sur M. de B.*, 1858. — J. Gérard, *M. de Biran*, 1868. — F. Picavet, *Philosophie de M. de B. de l'an IX à l'an XI*, 1888. — E. Rostan, *La religion de M. de B.*, 1890. — Alfred Kühtmann, *M. de B. Beitrag zur Geschichte der Metaphysik und der Psychologie des Willens*, 1901. — Albert Lang, *M. de B. und die neuere Philosophie*, 1901. — N. E. Truman, *Maine de Biran's Philosophy of Will*, 1904. — G. Michelet, *M. de B.*, 1905. — M. Couilhac, *M. de B.*, 1905. — P. Tisserand, *Essai sur l'anthropologie de M. de B.*, 1909. — Franziska Baumgarten, *Die Erkenntnislehre von M. de B.*, 1911. — C. Amendola, *M. de B.*, 1912. — A. de La Valette-Monbrun, *M. de B. Essai de biographie historique et psychologique*, 1914 (tese). — Jacques Palliard, *Le raisonnement selon M. de B.*, 1925. — Victor Delbos, *M. de B. et son oeuvre philosophique*, 1931. — G. Le Roy, *L'expérience de l'éffort et de la grâce chez M. de B.*, 1937. — P. G. Fessard, *La méthode de la réflexion chez M. de B.*, 1938. — R. Balcourt, *La théorie de la connaissance chez M. de B. Réalisme biranien et idéalisme*, 1944. — Julián Marías, "El hombre y Dios en la filosofía de M. de B." (em *San Anselmo y el insensato, y otros estudios de filosofía*, 1944, pp. 228-284). — A. M. Monette, *La théorie des premiers principes selon M. de B.*, 1945. — M. T. Antonelli, *M. de B.*, 1947. — Gerhard Funke, *M. de B. Philosophisches und politisches Denken zwischen Ancien Régime und Bürgerkönigtum in Frankreich*, 1947. — Michelangelo Ghio, *La filosofia della coscienza di M. de B. La tradizione biraniana en Francia*, 1947. — Henri Gouhier, *Les conversions de M. de B.*, 1948. — Jean Lassaigne, *M. de B., homme politique*, 1958. — Philip P. Hallie, *M. de B., Reformer of Empiricism, 1766-1824*, 1959. — Jeanine Bouol, *Die Anthropologie M. de Birans*, 1961 (tese). — Michelangelo Ghio, *M. de B. e la tradizione biraniana en Francia*, 1963 [com um "Essai de bibliographie raisonée"]. — René Lacroze, *M. de B.*, 1970. — F. C. T. Moore, *The Psychology of M. de B.*, 1970. — Gilbert Romeyer-Dherbey, *M. de B. ou Le penseur de l'imanence radicale*, 1974 [com textos e bibliografia]. — B. Sjövall, *Det problematiska jaget*, 1976 (*O Eu problemático*). — S. Cavaciuti, *Il problema morale nel pensiero di M. de B.*, 2 vols., 1981 (I, *M. de B. L'uomo e il filosofo*; II, *Principî di antropologia biraniana*). — L. Even, *M. de B., critique de Locke*, 1983.

MAINLÄNDER, PHILIPP, pseudônimo de Philipp Batz (1841-1876). Nascido em Offenbach (Main), estudou no Gymnasium de Offenbach e na Escola de Comércio de Dresden. De 1858 a 1863, residiu em Nápoles, dedicando-se ao comércio, regressando depois à Alemanha e residindo em Berlim e em Offenbach.

Mainländer recebeu suas inspirações filosóficas sobretudo de Schopenhauer, mas nunca foi discípulo fiel deste filósofo. Segundo Mainländer, Deus existiu no princípio como unidade originária; a morte de Deus foi o nascimento do mundo, com sua pluralidade, e com a lei universal do sofrimento que domina toda existência. Contudo, a unidade originária e sua vontade persistem em meio à diversidade, orientando-se para a destruição desta com o fim de ressuscitar Deus. A consciência individual e a consciência comunal percebem, em meio aos sofrimentos da vida, que a não-existência é melhor que a existência: a redenção do mundo, possibilitada por este conhecimento, se cumpre, pois, segundo Mainländer, na medida em que o homem se nega a perpetuar-se e tende a auto-aniquilar-se por meio do suicídio. Assim se realiza o grande ciclo da redenção do ser, a aquisição por este da consciência é o caminho seguro para a dissolução e a salvação.

⮕ Obra capital: *Die Philosophie der Erlösung*, 1876. 3ª ed., 1894 (*A filosofia da redenção*).

Ver: F. Kormann, *Schopenhauer und M.*, 1914 (tese).⊃

MAIOR (TERMO MAIOR). Ver Silogismo; Termo.

MAIS-VALIA. A noção de mais-valia não é primordialmente filosófica, mas econômica. Entretanto, como Marx a usou como noção central, e como a teoria econômica de Marx não é, segundo vários autores, independente de seu pensamento filosófico, diremos aqui algumas palavras sobre ela.

Marx tomou a noção de valor enquanto "valor econômico" dos economistas a quem estudou mais detidamente (entre outros, David Ricardo, Adam Smith e Jean Charles de Sismondi e, ao que parece, especialmente Ricardo). O valor econômico é o valor que tem, ou que se supõe que tenha, a mercadoria. Há dois tipos de valor: o valor de uso e o valor de troca. O valor de uso é aquele que tem a mercadoria para seu possuidor. Como diversos possuidores de uma mesma mercadoria podem derivar dela satisfações muito diferentes (e até um único possuidor pode derivar de uma mesma mercadoria satisfações muito diversas em diferentes momentos ou circunstâncias), considera-se o valor de uso "subjetivo". O valor de troca é aquele que tem uma mercadoria com relação a outras (o que essa mercadoria vale como "padrão" para que se troquem outras por ela). Marx interessou-se especialmente pelo valor de troca, mesmo tendo reconhecido que os dois tipos mencionados de valor não são independentes um do outro, visto que nada teria valor de troca se não se levasse em conta algum valor de uso ao mesmo tempo em que nada que tenha valor de uso, numa economia razoavelmente desenvolvida, deixa de ter algum valor de troca. Ora, se consideramos primordialmente o valor de troca, veremos haver várias modalidades dele. Destacam-se em especial dois tipos de valor de troca — ou, na linguagem de Marx, simplesmente (*Wert*) —: o valor natural (como seu "preço natural", também chamado "real") e o valor de mercado (com seu "preço de mercado"). O valor natural é um valor "normal" ou "permanente" (ou "mais permanente"); o valor de mercado não é permanente (ou é "menos permanente"). As diferenças (para mais ou para menos) entre valor de mercado e valor natural, real ou "normal" são causadas pela chamada "lei da oferta e da procura"; quando há equilíbrio entre oferta e procura, o valor de mercado coincide com o valor "real".

Ora, trata-se de saber qual é a base do valor real de uma mercadoria. Segundo Marx (e outros economistas), essa base é o trabalho — o esforço muscular ou mental, ou os dois — necessário para produzi-la. Esse trabalho é determinado, ou pode em princípio ser determinado, pelo tempo gasto na produção da mercadoria. Nas palavras do próprio Marx, o valor de uma mercadoria é "a forma objetiva do trabalho social gasto na produção", e a quantidade de valor da mercadoria equivale à "quantidade de trabalho contida nela". Em suma, o valor de uma mercadoria é uma "cristalização do trabalho social". Trata-se, bem entendido, do trabalho em todas as fases do processo de produção.

Trata-se também do trabalho enquanto atividade socialmente necessária — numa determinada sociedade, com suas próprias condições e sua fase específica de desenvolvimento — para produzir determinada mercadoria. E o preço de uma mercadoria é a cifra que se atribui a ela como correspondente a seu valor no sentido indicado. "Posto que — escreve Marx (*O Capital*, vol. I) — há igualdade entre os valores do capital variável e da força de trabalho comprada com esse capital, e o valor desse trabalho determina a parcela necessária da jornada de trabalho; e posto que, por outro lado, a mais-valia é determinada pela parte de mais-valia da jornada de trabalho, segue-se que o valor da mais-valia tem com relação ao capital variável a mesma relação que semelhante mais-valia tem com relação ao trabalho necessário. Em outros termos: a produção da mais-valia é

$$\frac{P}{V} = \frac{\text{trabalho na mais-valia}}{\text{trabalho necessário}}$$

Ambas as proporções,

$$\frac{P}{V} \text{ e } \frac{\text{trabalho na mais-valia}}{\text{trabalho necessário}}$$

expressam a mesma coisa de maneiras distintas. Num caso, referem-se ao trabalho materializado incorporado; no outro, referem-se ao trabalho vivo, que transcorre." Assim, "o preço do valor da mais-valia é uma expressão exata do grau de exploração da força de trabalho pelo capital, ou do trabalhador pelo capitalista".

Adiciona-se à teoria marxista do valor uma teoria dos salários. *Grosso modo*, consiste em sustentar que o salário é o preço que se paga pela "capacidade de trabalho", que denominaremos agora "força de trabalho". Esta força de trabalho torna-se uma mercadoria que adquire um valor de troca. O que esse valor de troca tem é a força de trabalho do trabalhador, não o trabalho mesmo, embora este ultimo sirva para medir o valor da referida força, e é esse valor que o empresário obtém ao adquirir a força de trabalho. Há também um salário normal e um salário determinado pelo mercado. De igual forma, a força de trabalho não é simplesmente uma força individual, estando antes determinada pelo tempo de trabalho requerido por uma sociedade determinada num dado estágio de sua evolução econômica. Ora, levando em conta as duas teorias — a do valor da mercadoria e a dos salários —, Marx procura desenvolver sua teoria da mais-valia. O tempo de trabalho necessário — em determinada sociedade — fixa o valor da força de trabalho. Quando o trabalhador produz um valor superior ao que recebe como compensação na forma do salário, produz-se um "mais de valor", isto é, tem lugar a "mais-valia". Marx avalia que, na sociedade capitalista, tem de produzir-se necessariamente uma mais-valia, já que, entre outras razões, o sistema impede que os salários sejam superiores ao que denomina "nível de subsistência". Não se trata para Marx do resultado de uma ação individual ou mesmo da de certos grupos, que visam unicamente seus próprios interesses; a mais-valia é uma conseqüência da estrutura econômica da sociedade capitalista. A teoria da mais-valia explica para Marx o processo de acumulação do capital, fundado na exploração da força de trabalho.

O conteúdo filosófico — ou antropológico-filosófico — oferecido pela teoria marxista da mais-valia surge em especial quando se leva em conta que, para Marx, o homem é fundamentalmente *homo oeconomicus*, isto é, toda a vida social, política e intelectual é determinada pelo "modo de produção dos meios materiais de existência". Portanto, o que acontece na existência econômica acontece na sociedade e nos homens que a formam. Pode-se então compreender que, para Marx, a "venda de força de trabalho", isto é, a conversão desta força numa mercadoria que possui um valor de troca no mercado, representa não propriamente, ou ao menos não só, uma "desvantagem econômica", mas uma verdadeira alienação (VER) do trabalhador. Em outros termos, o trabalhador não tem a posse dos frutos de sua força de trabalho e, com isso, não é "livre" (não é "ele mesmo", mas — pelo menos em parte — um "objeto"). Vê-se desse modo a estreita relação entre o processo econômico e o tipo de sociedade econômica e os fenômenos da alienação e da "reificação", bem como a possibilidade, segundo alguns intérpretes, de que, numa sociedade sem classes, venha a haver uma "apropriação" a um só tempo "econômica" e "existencial".

MAISTRE, JOSEPH DE (1753-1821). Nascido em Chambéry (Sabóia). Embaixador de Cerdeña na Corte de São Petersburgo de 1803 a 1807, foi um dos principais representantes do tradicionalismo (VER) e do ultramontanismo. Inimigo irreconciliável da Ilustração setecentista e da Revolução Francesa, bem como partidário de uma teocracia regida pelo Papa, cuja infabilidade não deve, segundo ele, ser posta em dúvida, Joseph de Maistre desenvolveu incessantemente um tema central: o dos fundamentos da coesão da sociedade. Portanto, partiu da mesma situação e das mesmas preocupações que agitavam contemporaneamente Saint-Simon. Ao contrário deste, contudo, J. de Maistre não acreditava que a ciência e a produção industrial pudessem responder suas interrogações e dissipar suas dúvidas. O núcleo da coesão social encontra-se, de acordo com J. de Maistre, simplesmente na aceitação do poder, da força (elementos obscuros, irracionais e inexplicáveis). Diante da "clareza" dos ilustrados, pregou a "obscuridade": o homem — disse ele muitas vezes — é um ser que aspira à obediência, ao sacrifício de sua existência individual, e tudo isso por motivos que não podem nem devem ser esclarecidos. Pode-se no máximo dizer que a supressão da aspiração à obediência acarretaria a dissolução dos vínculos sociais e, com isso, o desaparecimento do homem individual, vítima de seus próprios apetites. Certo é que a J. de Maistre não faltam argumentos a empregar em favor de suas teses. Alguns deles são históricos; outros, dialéticos. Contam-se entre os últimos aqueles que constituem sua teodicéia, fundada em dois pressupostos: 1) O mal existe na terra; 2) Deus não é o autor do mal (cf. *Soirée*, I e II). Para convencer disso seus leitores e ouvintes, J. de Maistre se baseia na idéia da incomensurabilidade de Deus com relação aos homens. Adotar a mesma medida para os dois — alega ele — é uma falácia, visto ser Deus um ser todo-poderoso, reinante, cujos desínios são inacessíveis, mesmo que — analogamente ao que sustentava Lamennais — seja possível ver algo deles na história humana e em especial nas catástrofes históricas, marcas da ira divina. Deus é a autoridade suprema à qual tudo deve estar submetido. E como a imagem de Deus na terra é o Papa na esfera espiritual e os Reis na esfera terrena, os homens devem obededecer cegamente a eles. A autoridade do Papa e dos Reis é indiscutível, mesmo quando, e sobretudo quando, se manifesta por meio da força. Por isso, pode-se exemplificar a coesão social com a figura do carrasco. O carrasco é o eixo do mundo, porque, graças a ele, mantém-se de pé o que, sem ele se dissolveria: a união do Altar com o Trono. As raízes da autoridade estão, por conseguinte, em Deus. Por isso, não nos devem assustar — diz J. de Maistre — certas manifestações que "a razão superficial" rechaça: por exemplo, os sacrifícios humanos. Embora por um lado insista no predomínio do espiritual sobre o material (contradizendo, se necessário, os enunciados das ciências naturais), por outro J. de Maistre proclama a existência de forças obscuras e irracionais que parecem ter caráter material: o clamor do sangue e da morte, a idéia do sacrifício humano encontrado nas religiões antigas e substancialmente verdadeiro para todas. Seria no entanto um erro crer que suas idéias sejam só a expressão de um desejo de retorno ao passado. É certo que ele prega a eliminação dos protestantes, dos judeus, dos republicanos, dos intelectuais e de todos os que puserem em dúvida os fundamentos da autoridade papal e real. Mas isso é feito mais com vistas a formar o futuro do que a voltar ao passado. A história não é, com efeito, saudade do passado; é uma tremenda luta no curso da qual o homem expia seus pecados e o poder paga pelo fato de ter-se esquecido de suas prerrogativas.

⊃ Obras: *Étude sur la Soveraneité*, 1794-1797 [publicado em 1870]. — *Considérations sur l'Histoire de France*, 1797. — *Les Soirées de Saint-Pétersbourg ou Entretiens sur le gouvernement temporel de la Providence*, 1806 ss. [publicado em 2 vols. em 1821]. — *Essai sur la philosophie de Bacon*, 1815 [publicado em 2 vols., 1826]. — *De l'Église gallicane*, 1821. — *Du Pape*, 1821.

Edição de obras: *Oeuvres completes*, Lyon, 14 vols., em 7 tomos, 1884-1886; repr., 1983.

Ver: F. Paulhan, *J. de M. et sa philosophie*, 1893. — A. Röck, *Die philosophischen Ideen des Grafen J. de M.*, 1912 (tese) [publicada em 1913 com o título: *J. de M. Versuch über seine Persönlichkeit und seine Ideen*]. — G. Goyau, *La pensée religieuse de J. de M.*, 1921. — E. Demerghem, *J. de M., mystique*, 1923; 2ª ed. 1946. — G. Candeloro, *Lo svolgimento del pensiero di G. de M.*, 1931. — S. Nasalli Rocca, *G. de M. nei suoi scritti*, 1933. — F. Bayle, *Les idées politiques de J. de M.*, 1945. — Umberto Bianchi Bolzedi, *Giuseppe de Maistre*, 1948. — Bruno Brunello, *J. de M., politico e filosofo*, 1967. — R. Triomphe, *J. de M.*, 1968. — E. M. Cioran, *Essai sur la pensée réactionnaire. À propos de J. de M.*, 1977. ⊂

MAL. Analisaremos: (I) os diferentes modos como tem sido e pode ser formulado o problema do mal; (II) as teorias mais comuns acerca da natureza do mal; (III) as doutrinas mais importantes sobre a procedência do mal; (IV) as várias espécies de males admitidos; (V) as diferentes atitudes e doutrinas propostas para enfrentar o mal; (VI) algumas das teorias filosóficas mais gerais sobre o mal. É inevitável o entrecruzamento de várias dessas seções; assim, as seções II e III coincidem em numerosos aspectos, enquanto a seção VI retoma algumas das formulações apresentadas antes dela. Não obstante, mantemos a separação em seções porque julgamos que, com isso, as formulações e análises oferecidas ganham clareza.

I. Reduziremos esta seção a breves indicações, pois nos estendemos sobre o caráter dos pontos de vista que desejamos destacar nos verbetes sobre as noções do Belo e do Bem (VER).

*a*1) Podem-se estudar os diversos significados e usos de expressões como "o mal" (por vezes "o Mal"), "o mau" e "mau". "O mal" e "o mau" são, respectivamente, um substantivo e um adjetivo substantivado, havendo certa tendência a "reificá-los", ou seja, a supor que existe algo que se chama "o mal" ou "o mau". Muitas concepções metafísicas do "mal" se apóiam, implícita ou explicitamente, nessa reificação. A distinção entre "o mal" e "o mau" nem sempre é clara, nem se exprime em todas as línguas. Em alemão, a distinção é muito perceptível devido ao uso dos termos *das Übel* e *das Böse*. Segundo P. Häberlin (cf. bibliografia), *das Übel* (o mal) é algo com que alguém entra em choque e pode portanto ser considerado "objetivo". Em contrapartida, *das Böse* (o mau) é algo que se quer ou que se leva a cabo e que pode ser considerado uma realidade "subjetiva".

Enquanto adjetivo, "mau" pode exprimir uma propriedade. Pode exprimir ainda pertinência a uma classe: a classe das coisas más [ruins]. Isso contudo também ocorre com "mal" (se bem que não com "o mal") quando se diz que algo "é um mal". Assim como ocorre com "bom", tentou-se por vezes equiparar "mau" com alguma outra propriedade "natural"; mas se "mau" é uma propriedade não natural, irredutível e simples como "bom", pode-se cometer com "mau" a mesma "falácia naturalista" que se pode cometer com "bom". Exemplos desta falácia, ou suposta falácia, são as interpretações de "*x* é mau/ruim" como "*x* é desagradável", "*x* merece punição" etc. Tentou-se em algumas ocasiões interpretar "mau" como a atitude do falante. Assim, por exemplo, disse-se que "*x* é mau/ruim" equivale a "Desaprovo *x*". Contudo, como se pode ao mesmo tempo desaprovar *x* e admitir que ele não é mau (ou que é bom), suscitam-se quanto a isso dificuldades. Se digo que desaprovo *x* porque *x* é mau/ruim, não posso sustentar que *x* é mau/ruim porque eu o desaprovo, a menos que eu avalie que uma coisa só é má/ruim se e somente se a desaprovo.

"Mau" pode ser empregado num sentido "absoluto" quando falamos de algo moralmente mau, mas isso equivale apenas a dizer que é mau porque é mau. "Mau" é também usado no sentido particular classicamente chamado *secundum quid*, ou com relação a algo; isso acontece quando dizemos que uma faca é má porque não corta, isto é, porque não corta adequadamente, ou seja, "corta mal".

*b*1) Pode-se estudar o problema do mal do ponto de vista psicológico, sociológico, histórico etc. Nesse caso, é freqüente dar uma interpretação relativista do mal, pois se supõe que o que se diz a seu respeito depende das circunstâncias psicológicas, sociais, históricas etc.

*c*1) Alguns consideram que o mal é real não só psicológica, sociológica ou historicamente, como de um modo mais amplo, de tal maneira que os males particulares são definidos como espécies de um mal real geral. Faremos referência a essas espécies na seção IV deste verbete.

*d*1) Vários autores declararam que o problema do mal é exclusivamente de cunho moral e, outros, que é só de natureza metafísica. Nos dois casos, pode-se ainda insistir em que o mal é predominantemente (como indicamos no parágrafo anterior) uma realidade (ou um ser) ou que é exclusiva ou primordialmente um valor (ou, melhor dizendo, um desvalor ou valor negativo). Às vezes, conclui-se que a definição do mal como realidade (ou, se se quiser, como negação ou ausência de realidade) e como valor (ou desvalor) não são incompatíveis, pois realidade e valor, por um lado, e negação da realidade e desvalor, do outro, são equiparáveis.

II. As teorias acerca da natureza do mal podem ser agrupadas *grosso modo* na forma mencionada a seguir.

*a*2) Segundo um grupo de teorias, o mal não é uma realidade separada nem separável: faz parte da única realidade verdadeiramente existente (usualmente conhecida de forma monista, mas às vezes também de forma pluralista), embora seja o que há de menos real no âmbito do real. O mal a que se referem essas teorias é principalmente o mal metafísico (cf. IV), mas em certas ocasiões se apresenta este mal metafísico sob o aspecto do mal físico ou do mal moral (ou dos dois).

Há nesse grupo de teorias muitas variantes. Apresentaremos algumas delas.

*a*2-1) O mal faz parte da realidade porque, sem ele, a realidade seria incompleta; logo, o mal pode ser concebido como um elemento necessário à harmonia universal. São defensores dessa doutrina os estóicos (embora para eles o mal seja principalmente algo "para nós", πρὸς ἡμᾶς), em parte Plotino (quando admite que certos "males" engendram certos bens), Leibniz, Pope e vários otimistas modernos, Bergson (ao declarar que, quando protestamos contra a criação por causa da experiência do mal, manifestamos nossa ignorância do fato de que o criado impõe certas condições ao *élan* criador) etc. Esta teoria tende a resolver o problema da natureza do mal com base numa resposta prévia — implícita ou explícita — dada à questão de como justificar a presença (ou experiência) do mal (tópico tratado ao final de V).

*a*2-2) O mal é o último grau do ser. Esta pobreza ontológica do mal é habitualmente apresentada atribuindo-se ao mal todos os valores negativos (ou julgados negativos) imagináveis: ilimitação, indeterminabilidade, dependência, passividade, temporalidade, instabilidade, materialidade etc. Observe-se que estes valores coincidem com o que algumas teorias dualistas (por exemplo, as pitagóricas) apresentam como incluídos na "coluna negativa". Plotino é defensor típico da doutrina aqui introduzida, quando escreve que o mal "está para o bem como a falta de medida para a medida, o ilimitado para o limite, o informe para a causa formal, o ser eternamente deficiente para o ser que se basta a si mesmo; é sempre indeterminado, instável, completamente passivo, jamais satisfeito, pobreza completa" (estes não são os "atributos acidentais", mas "a substância mesma" do mal). Vários autores substituem alguns dos valores negativos mencionados por outros; por exemplo, o mal pode ser considerado limitado quando o limite, em vez de ser proposto como aspecto positivo do real, é declarado valor negativo. Mas em ambos os casos tende-se a situar o mal nos confins do ser.

*a*2-3) O mal faz parte do real, mas como entidade que opera dinamicamente e contribui para o desenvolvimento lógico-metafísico daquilo que existe. É o caso de Hegel, especialmente quando considera o mal como a "negatividade positiva".

*a*2-4) O mal é o sacrifício executado por uma parte em benefício do todo. Esta concepção aproxima-se da apresentada em *a*2-1), mas oferece características ausentes naquela, especialmente a de apoiar-se na relação todo-parte e a de acentuar o mal do ponto de vista do valor (ou desvalor) e não a partir do ser (ou carência de ser). É o que ocorre em Max Scheler, quando ele interpreta o sofrimento como sacrifício do que tem valor inferior em proveito do que tem valor superior e, portanto, em benefício da (correta) hierarquia dos valores. Segundo Scheler, o mal existe porque há totalidades não compostas de somas, mas de membros, porque há funções orgânicas (estendida esta expressão num sentido que transcende o biológico). "Só no desacordo entre as partes independentes e determinadas — escreve Scheller — reside o fundamento ontológico mais geral da possibilidade da dor e do sofrimento num mundo qualquer." Como se observa, o que é declarado um mal aqui é, a rigor, a experiência do sofrimento que se mostra indispensável para que haja um bem no todo, havendo, por conseguinte, uma notória analogia entre esta teoria e a apresentada em *a*2-1).

*a*2-5) O mal é uma completa falta de realidade; é pura e simplesmente o não-ser. Esta doutrina parece inconciliável com as doutrinas expostas até agora, porquanto as caracterizamos dizendo que, para elas, o mal "faz parte da realidade". Contudo, a teoria *a*2-5) pode ser considerada o limite extremo alcançado pelas doutrinas apresentadas em *a*2-1 e *a*2-4. Às vezes, alguns autores mencionados se inclinam em favor de *a*2-5), ao identificar o "último grau do ser" com o "não-ser".

*a*2-6) O mal é uma aparência, uma ilusão, um véu que impede a visão do bem, identificado com o ser. Na medida em que essa ilusão ou aparência são interpretadas como algo dotado de certa realidade ontológica (ainda que seja de extrema pobreza), a teoria *a*2-6 coincide em muitos pontos com as teorias *a*2-1) e *a*2-4). Se se considerar que a ilusão designa um não-ser, a teoria sustentada coincide com a apresentada em *a*2-5).

*b*2) É característico das doutrinas resenhadas em *a*2 e suas variantes afirmar que a ausência, a pobreza, a carência etc. em que consiste o mal não são afetadas por determinações precisas. Mas há outro grupo de doutrinas que, concebendo o mal como privação do ser, destacam que se trata de uma privação *determinada*. Em alguns casos, não se vê claramente essa determinação. Consideremos, com efeito, Santo Agostinho. Quando se pergunta se é possível conceber que a substância divina possua o mal, ele responde negativamente; sua concepção do mal parece além disso, nesse aspecto, platônica, ao menos tendo em vista que, segundo Platão, o mal não pode existir na realidade pura, mas apenas quando há alguma "mistura" (nas substâncias "mistas"). As fórmulas agostinianas parecem confirmar a coincidência: "A privação de todo bem equivale ao nada. Portanto, enquanto existe, algo é bom. Assim, tudo o que *é* é bom, e o mal cuja origem buscava não é uma substância, pois se o fosse seria bom. Ou então seria substância incorruptível, e por isso um grande bem ou substância corruptível, que não o seria se não fosse boa" (*Conf.*, VIII, 2). Ora, não se pode ir longe demais na aproximação entre as concepções agostinianas e as platônicas (ou neoplatônicas). Por um lado, com efeito, o "ser que é" não se reduz para Santo Agostinho à Idéia das idéias, à Idéia do Bem, ao Uno e, de modo geral, a nenhuma entidade cuja apreensão caiba primordialmente à filosofia, seja em forma de dialética ou de intuição intelectual; o "ser que é" constitui a expressão de um Deus pessoal. Por outro lado, não sendo o mundo produzido por emanação (VER), mas gerado por criação (VER), o ser e o mal não podem manter as mesmas "relações" típicas das tendências platonizantes. Por fim, embora Santo Agostinho examine o problema do mal dando igualmente atenção ao problema metafísico, o fundo de seu pensamento a esse respeito está dominado pela questão do mal moral (ou melhor, religioso-moral), ou seja, do pecado. A partir deste último ponto de vista, o mal é concebido como um afastamento de Deus causado por uma vontade de independência com relação à Pessoa divina; como o definiu mais tarde, seguindo a mesma tradição, São Boaventura, o mal (o pecado) é o fato de o homem fazer algo por causa de si mesmo e não por causa de Deus (*aliquid faceret propter se, non propter Deum*). Pode-se inclusive estabelecer uma distinção, quanto a este ponto, entre a Patrística grega e a latina. Na primeira, o mal conserva um caráter predominantemente metafísico e, embora se abandone a emanação em favor da criação, o mal é concebido como uma mácula nesta última, isto é, como uma carência, uma privação metafísica etc. Na segunda, o mal é visto primordialmente da perspectiva religioso-moral, ou seja, como uma manifestação do pecado. É, pois, uma privação *determinada* de um certo bem.

A tese do mal como privação determinada aparece mais claramente, contudo, em alguns autores escolásticos, que tentaram esclarecer em que consiste a determinação do mal em geral e as determinações dos males em particular. Para isso, eles procuraram levar em conta não somente as duas tradições patrísticas antes aludidas, como também certas contribuições aristotélicas, particularmente as observações sobre as dificuldades envolvidas na concepção de que o mal é pura e simplesmente privação do bem (sobretudo quando, ao identificar-se o bem com o ser, acaba-se declarando que o mal é privação do ser). Consideremos, com efeito, a doutrina de Santo Tomás. O mal é também definido como privação, mas não como privação em geral, pois nesse caso seria preciso supor que a privação num ser de algo que não lhe corresponde por natureza (por exemplo, a falta de escamas nos cães) faria desse ser uma entidade má. O mal deve ser, pois, uma privação determinada, de modo que o ser mau deve ser entendido *secundum quid*.

Isso vale inclusive quando a privação em questão é muito mais geral do que a denotada pelo caso mencionado; pode-se dizer, por exemplo, que há mal quando há em geral uma privação de ordem. Por outro lado, como tudo o que é (enquanto participa do ser) é bom, o sujeito do qual se predica o mal há de ser qualificado (enquanto é) como bom. Logo, o mal é inerente a um sujeito bom, mas não o pode ser ao sumo bem ou Deus, que é desprovido de todo mal e não pode ser causa do mal (ainda que, sendo causa de tudo o que é, seja possível dizer que é de certo modo causa de haver o mal que há). Se permitiu que houvesse o mal, foi por ter considerado os requisitos impostos pela ordem, variedade e harmonia do conjunto da criação. De todo modo, se o mal tem uma causa, esta não é eficiente, mas deficiente, *malum causam habet non efficientem, sed deficientem*, como dizia Leibniz, repetindo uma tese escolástica (*Théod.*, VI, 115 e especialmente VI, 122).

*c*2) As teorias examinadas em *a*2) e *b*2) não são todas monistas: algumas são pluralistas e outras implicam um dualismo que se pode considerar moderado. As teorias às quais nos referiremos agora caracterizam-se, em contrapartida, por um dualismo radical, quando não, por um dualismo baseado na suposição de que os dois princípios radicalmente opostos que, a seu ver, há no universo estão representados justamente pelo Bem (ou série de entidades boas ou valores positivos) e o Mal (ou série de entidades más ou valores negativos). Assim vemos no zoroastrismo, no maniqueísmo (VER) e no gnosticismo (VER). Vemo-lo também na doutrina da tabela de oposições que alguns pitagóricos (VER) apresentaram. Os verbetes referidos proporcionam indicações mais detalhadas a esse respeito. Assinalemos aqui que as teorias dualistas radicais respondem em sentido afirmativo uma questão freqüente entre os filósofos antigos: a de se o mal tem ou não caráter substancial. Em contrapartida, respondem em sentido negativo outra pergunta: a de se o mal pode penetrar no bem (ou, na linguagem de muitos filósofos antigos, no inteligível). De fato, o bem (ou as potências boas) define-se pela exclusão do mal (das potências más); e mesmo quando — como ocorre entre os maniqueus — se admite que há "mistura", acaba-se por concluir que essa mistura é o mal e que é preciso aspirar não à reconciliação do bem com o mal nem a absorção deste por aquele, mas à sua superação completa.

III. O problema da origem do mal pode dar lugar a várias soluções. Eis algumas das que têm sido propostas: *a*3) O mal procede em última análise de Deus ou da Causa Primeira (nos vários sentidos que vamos indicar adiante). *b*3) O mal tem sua origem no homem ou em certas atividades suas (também nos vários sentidos que indicaremos). *c*3) O mal é conseqüência do acaso, *d*3) da Natureza, *e*3) da matéria ou *f*3) de outras fontes.

Como dissemos, a teoria expressa em *a*3) pode ser entendida de várias maneiras. Três delas se destacam.

Por um lado, pode-se imaginar que se Deus é a causa de tudo e, portanto, também é a causa do mal, este é inerente a Deus. Quem assim argumenta o faz com freqüência ou para negar a existência de Deus ou para combater determinada idéia de Deus (usualmente proposta por uma religião positiva). Mas às vezes chegam a outras conclusões: por exemplo, a de que Deus não pode ser a causa de tudo ou de que há um "Deus que se faz" no curso de um processo em que o mal vai sendo eliminado progressivamente ou então a de que Deus é uma entidade limitada.

Por outro lado, pode-se indicar que o enunciado "o mal procede em última análise de Deus" não deve ser entendido no sentido de que o mal seja inerente a Deus, mas apenas (como já destacamos antes) que a razão da existência do mal é a produção de um mundo. Se o mundo não tivesse sido produzido, o mal não existiria, mas isso não quer dizer que o mal que há no mundo torne desejável a não-existência do mundo. Pelo contrário, a existência de um mundo criado é em si mesma um bem, de tal maneira que, ao ser este produzido, produziu-se um bem e um mal.

Por fim, o mal pode ser concebido como uma prova enviada por Deus ao homem para testar sua paciência e levá-lo ao caminho da santidade.

A teoria b3) também pode ser entendida de várias maneiras. Em primeiro lugar, pode-se supor que só a rebelião do homem contra Deus ou seu afastamento dele são a causa do mal. Em segundo, pode-se estabelecer que o mal reside na natureza humana no sentido de que só esta não é indiferente ao mal (e ao bem).

Quanto às outras teorias, são de dois gêneros. Num deles — como em c3)-d3) —, trata-se de buscar um elemento que explique a origem do mal (ou dos males), sem tratar, na maioria dos casos, de apresentar uma justificativa. No outro — como nas teorias que podem agrupar-se sob f3) —, determinam-se modos de produzir o mal; fala-se, desse modo, de causa material, formal, eficiente e final do mal, da diferença entre causa e origem do mal, do mal surgido substancialmente ou só por acidente etc. Em muitos casos, a teoria acerca da origem do mal liga-se a uma doutrina sustentada sobre sua natureza. Assim, por exemplo, é típico das concepções para as quais o mal é o último grau do ser atribuir o mal à matéria.

IV. Na reflexão pré-filosófica comum, é freqüente o estabelecimento de uma distinção entre o mal físico e o mal moral. O primeiro equivale ao sofrimento ou à dor; o segundo é um tipo de padecimento que não se identifica com o físico, mesmo quando quem o experimenta não está livre (e até pode encontrar consolo nisso) de certas alterações físicas (como a angústia, que é um mal moral, mas pode ser acompanhada de consideráveis alterações na pressão sangüínea). Esta distinção é adotada também por muitos filósofos, por vezes para explicar um tipo de mal pelo outro. Assim, alguns pensadores "materialistas" afirmam que aquilo que se considera como mal moral é inteiramente redutível a um mal físico e que este último se faz acompanhar, como de uma eflorescência ou epifenômeno, do "mal moral". Alguns filósofos "espiritualistas", por sua vez, sustentam que o mal físico só tem sentido tomando-se o mal moral como medida. Quando o mal moral é identificado com o pecado, certos autores concluem que este último constitui a origem do mal físico. Esta origem pode ser considerada do ângulo individual (relação causal pecado-mal físico em cada ser humano) ou do ponto de vista coletivo (há mal físico na humanidade porque houve pecado, especialmente pecado original). O mais comum é, contudo, adotar uma posição que, sem negar as múltiplas correlações existentes no homem entre mal físico e mal moral, negue-se a reduzir um ao outro ou a considerar um como origem direta do outro.

As distinções acima indicadas são as mais freqüentes entre os filósofos. Desse modo, Santo Agostinho distingue entre mal físico e mal moral, mesmo acrescentando que só o mal moral (o pecado) é, propriamente falando, um mal; Santo Tomás distinguiu entre mal físico (dor), morte e pecado; etc. Todavia, restringir a divisão dos males aos citados, por aparecer esta com mais freqüência do que outras divisões na literatura filosófica (e teológica), seria esquecer que os males em questão costumam ser considerados, como o assinalou Santo Tomás, "males no homem". Ao lado disso, é preciso levar em conta que por vezes também se fala de um mal concebido como "mal em geral" (mesmo que seja um mal *secundum quid*), algumas vezes enquanto conceito geral correspondente a todos os males e, outras vezes, como o fundamento último de toda espécie de mal: trata-se do mal cuja noção dilucidamos nas seções anteriores (sobretudo em II). Ele é conhecido de modo geral pelo nome de mal metafísico (nome que circula em especial depois de Leibniz, que classificou os males em três tipos: metafísico, físico e moral). Com isso, parecem haver-se esgotado os tipos possíveis do mal. Mas podemos, ao lado dos tipos, considerar outros dois elementos: os gêneros e as variedades. O primeiro é examinado por meio de uma análise conceitual de que se conclui poder o mal ser concebido — como vimos em parte — como um ser ou um valor, como algo absoluto ou algo relativo, abstrato ou concreto, substancial ou acidental etc. O segundo é objeto de uma descrição fenomenológica que mostra o mal sob suas manifestações ou perspectivas. Estas perspectivas podem, por sua vez, ser analisadas de um modo geral, o que nos deixa com duas possibilidades: o mal, o feio e o falso são os aspectos capitais do negativo, opostos aos transcendentais (o bem, o belo e o verdadeiro); o mal é visto como resumo de todos os valores negativos (o profano, o feio, o falso, o injusto etc.). Ou então podem-se examinar essas perspectivas de um modo mais particular e descrever todas as formas de maldade, seja em cada valor negativo dentre os indicados ou nos valores morais. Foi o que fez Raymond Polin quando incluiu no domínio das normas morais não só o valor negativo "mal" como valores negativos morais, como o imoral, o infiel, o pérfido, a traição, a hipocrisia, a vulgaridade, a mediocridade, o vício, a perversidade, a crueldade, a covardia, a vilania, a infâmia, o excessivo, o desprezível, o indigno, o indecente, o depravado etc.

V. A existência do mal suscitou para o homem um dos mais graves problemas: o de saber como enfrentar-se com ele. Descreveremos em breves linhas alguns dos modos mais ilustrativos.

*a*5) A aceitação alegre do mal ou, melhor dizendo, a atitude que encontra no mal — físico ou moral — uma espécie de satisfação ou complacência. Essa atitude recebeu a designação de algofilia (amor ao mal ou aos males). Alegou-se que esta atitude é contraditória, pois comprazer-se no mal quer dizer vivenciá-lo como se fosse um bem. Contudo, seria excessivo insistir em demasia na existência de uma "contradição" na algofilia, porquanto, ao menos no que se refere ao mal físico, comprazer-se nele não apaga o fato de que se experimenta um padecimento.

*b*5) A aceitação resignada. Aqui não há, a bem dizer, complacência no mal, visto poder-se perfeitamente considerá-lo uma aflição. Porém, na medida em que a resignação comporta certa passividade, os males ficam reduzidos, amortecidos, pela ausência de reação. Isto se deve quase sempre ao fato de que, na filosofia da resignação (estóicos), o mal é primariamente identificado com as paixões, quer dizer, concebido primordialmente como um "mal para nós"; logo, somos nós que terminamos por dominar as paixões e, com isso, por suprimir o mal. Observemos que uma das formas mais generalizadas de aceitação resignada do mal é sua racionalização.

*c*5) O desespero. Trata-se de uma atitude que pode ter um componente predominantemente teórico (como quando se clama que "nada há a fazer contra o mal") ou então um componente predominantemente prático (quando é comum que o ato de desesperar-se atue como uma espécie de substituição do mal e, portanto, como uma forma de lenitivo).

*d*5) A fuga. Em alguns casos, esta fuga manifesta-se como indiferença e, por conseguinte, como uma das formas citadas em *b*5. Noutros casos — a maioria deles — a fuga adota qualquer qualquer das seguintes formas: a evitação do sensível para elevar-se ao inteligível (ou, mais sutilmente, viver no sensível como quem o contempla da perspectiva do inteligível); a libertação das paixões mediante a "libertação do eu" ou mesmo através de uma "desconstrução do eu" mais ou menos radical, a purificação do sensível (freqüentemente identificado com o mal) por meio do ascetismo, entendido quer como uma série de exercícios físicos ou como uma atidade essencialmente refelexiva e espiritual.

*e*5) A "adesão". Esta atitude — deveras excepcional — pode manifestar-se quando se supõe, como ocorre entre os maniqueus, que há uma luta entre as potências do bem e as do mal. Ora, se se admite que estas últimas são mais poderosas que as primeiras e terminarão por vencê-las, pode-se igualmente declarar que o melhor é render-se a elas ou, se se quiser, reconciliar-se com elas.

*f*5) A ação. Esta pode ser entendida de muitas maneiras: como ação individual; como ação coletiva; como conjunto de esforços destinados a transformar radicalmente a pessoa; como combate para melhorar as condições (sobretudo materiais) da sociedade etc. Na maioria dos casos, a ação é dirigida por uma teoria que a precede, de modo que a maior parte das formas de *f*5 não é incompatível com muitas das mencionadas em parágrafos anteriores. Mas devemos destacar que certos autores insistem em que há um primado da ação acima de quaisquer outras atitudes e que, em conseqüência, a teoria correspondente é um resultado, e não uma causa, da ação.

*g*5) As formas de enfrentamento do mal apresentadas até aqui podem ser qualificadas como atitudes, inclusive quando, como ocorre em *b*5, há um importante componente de racionalização, sem o qual seria impossível atingir a resignação ou a indiferença. Há em contrapartida uma série de posições que se orientam para motivos de caráter essencialmente explicativo e justificativo: trata-se de averiguar então que função tem o mal (se se admite que tenha alguma) na economia do universo. Este problema surge principalmente quando, admitida a bondade infinita de Deus, surge a questão de como ele permitiu que houvesse mal no mundo. É o problema da teodicéia; como já foi exposto no verbete correspondente e porque também já foi introduzido (cf. II*b*2 e III*a*3), limitamo-nos aqui a mencioná-lo.

VI. Também nos limitaremos a mencionar uma série de doutrinas sobre o mal de cunho muito geral, visto terem elas sido expostas com mais detalhes nos verbetes correspondentes. É o caso do otimismo (VER), ligado com freqüência a diversas formas de humanismo (VER), mas também a teses metafísicas como a da identificação do mal com o não-ser ou a que tem por base a suposição de que o mal só aparece quando considerado isoladamente, mas se torna ínfimo quando contemplamos o universo em seu conjunto (Leibniz, Wolff, Pope); do pessimismo (VER), que pode ser radical ou moderado e que encontrou expressão metafísica em vários sistemas (Schopenhaur, E. von Hartmann); do melhorismo (VER), tanto na forma do progressismo teórico como na da ação contra o mal efetivo e concreto (Voltaire); do dualismo (VER), segundo o qual o mal possui certa substancialidade, sendo mesmo, em algumas ocasiões, personificado, e que, de modo geral, termina por supor que o bem triunfará sobre o mal. É fácil perceber que todas as doutrinas citadas apóiam-se numa axiologia.

⊃ A citação de Plotino vem de *Enn.* I, viii, 3. A de M. Scheler, do trabalho mencionado *infra*. A de São Boaventura, de *Breviloquium*, III, 1, 3. Para Santo Agostinho, ver citação no verbete, *supra*; *De civ. Dei*, XI e XII, *De lib. arb.*, III e *De mor. [pasim]*. Para Santo Tomás, *S. theol.* I, q. XLVIII e *De malo*. Reflexões estóicas sobre o mal encontram-se especialmente em Epicteto, *Dissertações* e *Manual*; Marco Aurélio, *Solilóquios* e Sêneca, *Epístolas*. Para a tabela pitagórica das oposições, ver o verbete Pitagóricos. As doutrinas de Leibniz estão na *Teodicéia*; as de Voltaire, em numerosas obras (especialmente ilustrativas são *Cândido* e o *Poema sobre o desastre de Lisboa*). As referências a R. Polin procedem da obra deste autor citada *infra* (especialmente p. 97). Para Schopenhauer e E. von Hartmann, ver as obras destes autores nas bibliografias correspondentes.

Obras gerais sobre o problema do mal: E. Naville, *Le problème du mal*, 1868. — E. I. Fisher, *Das Problem des Uebels und die Theodizee*, 1883. — K. B. R. Aars, *Gut und Böse*, 1907. — Hastings Rashdall, *The Theory of Good and Evil*, 1907 [inspirado em F. H. Bradley]. — A. E. Taylor, *The Problem of Evil*, 1931. — A. Ryckmans, *Le problème du mal*, 1933. — L. Lavelle, *Le mal et la soufrance*, 1940. — N. O. Lossky, *Bog i mirovoé zlo*, 1942 (*Deus e o mal cósmico*). — P. Siwek, *Le problème du mal*, 1942. — C. E. M. Joad, *Good and Evil*, 1943. — Charles Werner, *Le problème du mal dans la pensée humaine*, 1946. — B. Bavink, *Das Uebel in der Welt vom Standpunkt der Wissenschaft und der Religion*, 1947. — V. Jankélévitch, *Le mal*, 1948. — R. Polin, *Du ma, du laid, du faux*, 1948. — Hans Reiner, *Das Prinzip von Gut und Böse*, 1949. — A.-D. Sertillanges, *Le problème du mal*, 2 vols. I: *L'histoire*, 1948, II: *La solution*, 1951. — Ph. B. Rice, *On the Knowledge of Good and Evil*, 1955. — Jean Nabert, *Essai sur le mal*, 1955; nova ed., 1970. — L. Jerphagnon, *Le mal et l'existence*, 1955. — R. Verneaux, *Problèmes et mystères du mal*, 1956. — Étienne Borne, *Le problème du mal*, 1958; nova ed., 1960. — P. Häberlin, *Das Böse. Ursprung und Bedeutung*, 1960. — Paul Ricoeur, *La symbolique du mal*, 1960 (parte 2 de *Philosophie de la volonté*, II). — Ch. Journet, *Le mal: Essai théologique*, 1961. — V. Ch. Walsh, *Scarcity and Evil*, 1961. — Amado Lévy-Valensi, *Les niveaux de l'être: la connaisance et le mal*, 1962. — Richard Taylor, *Good and Evil: A New Direction*, 1970. — M. B. Ahern, *The Problem of Evil*, 1971. — H. H. McCloskey, *God and Evil*, 1974 [The Stanton Lectures, 1971-1972]. — D. R. Griffin, *God, Power, and Evil: A Process Theodicy*, 1976. O autor responderá às críticas suscitadas pelo livro e reformulará suas posições em *Evil Revisited: Responses and Reconsiderations*, 1991. — U. Görman, *A Good God? A Logical and Semantic Analysis of the Problem of Evil*, 1977. — E. Drewermann, *Strukturen des Bösen. Die jahwistische Urgeschichte in exegetischer, psychoanalytischer und philosophischer Sicht*, 3 partes, 1978-1980. — H. Häring, *Die Macht des Bösen*, 1979. — F. Pérez Ruiz, *Metafísica del mal*, 1982. — B. R. Reichenbach, *Evil and a Good God*, 1982. — R. Taylor, *Good and Evil. A New Direction: A Forceful Attack on the Rationalistic Tradition in Ethics*, 1984. — M. Midgley, *Wickedness: A Philosophical Essay*, 1984. — H. M. Schulweis, *Evil and the Morality of God*, 1984. — B. L. Whitney, *Evil and the Process God*, 1985. — H. Häring, *Das Problem des Bösen in der Theologie*, 1985. — A. L. Rosenthal, *A Good Look on Evil*, 1987. — J. Musson, *Evil. Is it Real? A Theological Analysis*, 1991. — R. Gaita, *Good and Evil: An Absolute Conception*, 1991. — Ernest Becker, *The Structure of Evil*, 1976. — P. T. Geach, *Providence and Evil*, 1977. — Ver também as bibliografias dos verbetes Bem; Maniqueísmo; Melhorismo; Otimismo; Pessimismo; Teodicéia.

Sobre a dor, o sofrimento e a doença: F. Müller-Lyer, *Soziologie des Leidens*, 1914. — M. Scheler, "Der Sinn des Leidens", em *Vom Umsturz der Werte*, 1919. — H. Halsemann, *Vom Sinn des Leidens*, 1934. — M. C. d'Arcy, *Pain and the Providence of God*, 1935. — F. Sauerbruch e H. Wenke, *Wesen und Bedeutung des Schmerzes*, 1936. — L. Lavelle, *op. cit. supra*. — C. S. Lewis, *The Problem of Pain*, 1940. — Cesare Matteis, *Il problema del dolore*, 1948. — F. J. J. Bujtendijk, *De wrow*, 1948 (há trad. alemã: *Ueber den Schmerz*, 1948). — A. Aliotta, *Il sacrifizio come significato del mondo*, 1948. — W. von Siebenthal, *Krankheit als Folge der Sünde*, 1950. — A. Bessières, *Le Procès de Dieu. Le problème du mal et de la soufrance*, 1950. — P. Laín Entralgo, *Introducción histórica al estudio de la patología psicosomática*, 1950. — Id., *Mysterium doloris. Hacia una teología cristiana de la enfermedad*, 1955. — M. Nédoncelle, *La soufrance*, 1951. — Jeanne Russier, *La soufrance*, 1963. — R. Davignon, *Le mal chez G. Marcel. Comment affronter la soufrance et la mort?*, 1985.

Várias das obras citadas nos parágrafos anteriores descrevem e analisam doutrinas filosóficas sobre o mal e o sofrimento apresentadas no curso da história. Contudo, indicaremos a seguir alguns trabalhos dedicados especialmente a estudar o problema do mal em diversos autores e correntes.

Obras históricas gerais; F. Billichsich, *Das Problem des Uebels in der Philosophie des Abendlandes*. I, *Das Problem der Theodizee im philosophischen Denken des Abendlandes*), 1936 (de Platão a Santo Tomás); II, [título igual ao título geral da obra], 1952 [de Eckhart a Hegel]; III *[ibid.]*, 1959 (de Schopenhauer à época atual). — Elizabeth Labrousse, *El mal*, 1956. — John Hick, *Evil and the God of Love*, 1966 (a partir de Santo Agostinho). — Edward H. Madden e Peter H. Hare, *Evil and the Concept of God*, 1968 (de Santo Agostinho ao nosso tempo). — Há além disso úteis indicações em Arthur O. Lovejoy, *The Great Chain of Being*, 1930. — W. C. Greene, *Moira: Fate, Good and Evil in Greek Thought*,

1944. — Fritz-Peter Hager, *Die Vernunft und das Problem des Bösen in Rahmen der platonischen Ethik und Metaphysik*, 1963. — W. E. Gregory Floyd, *Clement of Alexandria's Treatment of the Problem of Evil*, 1971. — B. A. G. Fulles, *The Problem of Evil in Protinus*, 1912. — Régis Jolivet, *Le problème du mal d'après Saint Augustin*, 1936. — Id., "Plotin et Saint Augustin ou le problème du mal", em *Études sur les rapports entre la pensée grecque et la pensée chrétienne*, 1931; nova ed., 1955. — Felice M. Verde, "Il problema del male da Proclo ad Avicena (Le fonti del pensiero di S. Tommaso circa il problema del male)", *Sapienza*, nº 11, 1958. — Eleuterio Elorduy, *Ammonio Sakkas. I: La doctrina de la creación e del mal en Proclo y el Pseudo-Areopagita*, 1959. — Bernard Welte, *Über das Böse. Eine thomistische Untersuchung*, 1959. — B. Urbach, *Leibizens Rechtfertigung des Uebels in der besten Welt*, 1901. — Ida Somma, *Il problema della libertà e del male in Spinoza e Leibniz*, 1933. — Otto Willareth, *Die Lehre vom Uebel bei Leibniz, seiner Schule in Deutschland und bei Kant*, 1898. — L. Jerphagnon, *Pascal et la souffrance*, 1956. — José Ferrater Mora, "Voltaire o la visión racionalista", em *Cuatro visiones de la historia universal*, 1945, pp. 111-139; 3ª ed. rev. em *Obras selectas*, 1967, I, pp. 343-354, 1963. Th. Ruyssen, *Quid de natura et de origine mali senserit Kantius*, 1903 (tese). — Olivier Reboul, *Kant et le problème du mal*, 1971. — Stephan Portmann, *Das Böse, die Ohnmacht der Vernunft. Das Böse und die Erlösung als Grundprobleme in Schellings philosophischer Entwicklung*, 1966. — C. Terzi, *Schopenhauer: il male*, 1955. — E. Lasbax, *Le problème du mal*, 1946 (período moderno). — H. I. Philp, *Jung and the Problem of Evil*, 1958. — G. R. Evans, *Augustine on Evil*, 1982. — G. Rottenwöhrer, *Unde malum? Herkunft und Gestalt des Böse nach heterodoxer Lehre von Markion bis zu den Katharen*, 1986. — J. J. E. Gracia, *The Metaphysics of Good and Evil According to Suárez*, 1989. — G. E. Michalson, *Fallen Freedom: Kant on radical Evil and Moral Regenaration*, 1991. ᴄ

MALCOLM, NORMAN. Ver Ontológica (Prova); Sonhar, sonho.

MALEBRANCHE, NICOLAU (1638-1715). Nascido em Paris. Em 1660, ingressou na Congregação do Oratório, fundada em 1611 pelo Cardeal de Bérulle. Em 1664, em decorrência da leitura do *Traité de l'homme*, de Descartes, decidiu dedicar-se ao estudo da filosofia cartesiana. Afirma-se que a razão de seu interesse pelo pensamento de Descartes é o fato de ter Malebranche visto no mecanicismo cartesiano a possibilidade de reformular com provas derivadas da filosofia e da ciência modernas o espiritualismo agostiniano, que era a tendência dominante no Oratório. De fato, o poder relegar a funções mecânicas as funções vitais da alma permitia despreender-se dos resíduos naturalistas do aristotelismo, bem como destacar o caráter puramente espiritual da alma. Resultou de seus estudos cartesianos a obra sobre a investigação da verdade, a que vamos nos referir principalmente neste verbete. Anos depois da publicação desta obra, Malebranche publicou vários outros escritos, entre eles seu tratado da natureza e da graça, resultado de uma polêmica com Arnauld, polêmica que continuou depois da publicação do referido tratado. Do ponto de vista filosófico, destacaram-se os escritos depois publicados por Malebranche com o fito de desenvolver sua doutrina mais conhecida: a da visão de todas as coisas em Deus e o ocasionalismo (ver).

Malebranche afirma que os filósofos pagãos estudaram sobretudo a alma em sua união com o corpo, sem se preocupar com a relação e a união da alma com Deus. Este último ponto é essencial para Malebranche. Sem negar que a alma possa ser a forma do corpo, ele insiste em que a união da alma com Deus é mais estreita e mais essencial do que sua união com o corpo. A diminuição dos laços que ligam a alma a Deus não resultou da natureza desses laços, mas — como depois mostraremos — do pecado original, que fortaleceu a união da alma com o corpo. Disso provêem as debilidades, os erros, as fraquezas. Por conseguinte, a evitação de tais erros e debilidades requer o fortalecimento da união da alma com Deus; à medida que se intensifica esta união, debilita-se a união da alma com o corpo e, portanto, o espírito torna-se mais puro e menos sujeito a erro. Assim, o corpo é como uma tela que dissipa as faculdades do espírito e o impede de ver as coisas como são; o corpo incita o espírito a ver as coisas afastadas de Deus em vez de vê-las a partir do próprio Deus.

A "investigação da verdade" consiste na dissipação dos erros causados pela excessiva união da alma com o corpo. "O erro é a causa da miséria dos homens; é o princípio mau que produziu o mal no mundo, é o que fez nascer em nossa alma todos os males que nos afligem, de modo que não devemos esperar saída e verdadeira fortuna exceto trabalhando seriamente para evitá-lo" (*Recherche*, I 1, § 1, em *Oeuvres*, t. I, ed. Geneviève Rodis-Lewis, p. 39). É preciso, pois, denunciar o erro, ou as causas dos erros, e isso somente pode ser feito mediante uma análise bem detalhada de todas as percepções da alma. Ao ver de Malebranche, a alma pode perceber de três maneiras distintas: mediante os sentidos; mediante a imaginação; mediante o entendimento puro. Os sentidos percebem os objetos sensíveis e grosseiros que estão presentes e causam as impressões. A imaginação percebe os seres materiais que estão ausentes e são representados no cérebro pelas imagens. O entendimento puro percebe as coisas universais, as idéias gerais e as noções comuns. Por conseguinte, faz-se necessário examinar em todos os detalhes os erros produzidos por essas três formas de percepção, completando-se esse exame com outro em que sejam averiguados os erros engendrados pelas inclinações e as paixões. Terminado esse exame, será possível entender e aplicar um método verdadeiramente geral para a descoberta da verdade. É fundamental para isso a seguinte regra: "jamais dar consentimento completo exceto às proposições que pareçam tão evidentemente verdadeiras que não se possa rejeitá-las sem sentir um pesar interior e secretas reprovações da razão, ou seja, sem que se saiba claramente que se faria mal uso da liberdade ao não dar esse consentimento" (*ibid.*, VI, 1, § 1). À luz deste preceito, podem-se entender as regras capitais do método: evidência plena nos raciocínios (uma evidência que se obtém raciocinando sobre aquilo acerca de que podemos ter idéias claras); distinção cuidadosa no estado da questão que se há de resolver; descoberta de uma ou de várias idéias médias que possam servir de medida comum para o reconhecimento das relações entre as coisas; eliminação do desnecessário; divisão em partes do assunto a considerar, começando pelo exame das mais simples a fim de chegar às mais complexas; resumo das idéias assim obtidas; comparação das idéias obtidas segundo as regras das combinações ou mediante a visão do espírito, ou por qualquer outro procedimento adequado (*ibid.*, II, 1, §2).

A concepção malebranchiana da alma e de suas operações acha-se fundamentalmente ligada ao dogma do pecado original. Pois o dogma de referência cinde o ser humano em duas etapas claramente definidas: a etapa anterior ao pecado, na qual o entendimento tem a primazia sobre a imaginação e sobre todas as causas dos erros, e a etapa posterior a ele, em que esta relação se realiza em sentido inverso. A doutrina cartesiana do corpo como extensão, sem implicação de movimento próprio, é transformada por Malebranche em uma demonstração da impossibilidade de conceber todo movimento e toda interação da alma com o corpo sem noção do impulso dado pela vontade do ser divino. O corpo como extensão não tem capacidade de modificar-se por si mesmo; o fato da modificação obriga, portanto, a admitir que Deus é a única causa eficiente dos movimentos, e não só dos que se efetuam entre os corpos e entre corpo e alma como também daqueles que têm lugar na própria alma. Por isso é preciso substituir, segundo Malebranche, a doutrina das causas eficientes, de ascendência aristotélica, pela teoria das causas ocasionais, na qual a única causa eficiente, isto é, a divindade, faz que as relações se dêem por ocasião de determinado movimento. Mas a tendência de Deus rumo à ordem e a simplicidade mais estrita faz que essas relações ocorram segundo uma ordem invariável e eterna e, por conseguinte, que as relações e interações possam ser conhecidas rigorosamente pelo entendimento como leis científicas. Estas leis regem não apenas na extensão como também na alma, cuja substância é incompreensível, mas cujas leis são claramente perceptíveis e suscetíveis de formulação, porquanto o determinismo de seu acontecer não é mais que o resultado das prescrições eternas de Deus.

Porque Deus contém em si mesmo todas as idéias, como arquétipos das coisas, pode a alma chegar ao conhecimento destas por meio da *visão em Deus*. Este conhecimento é, por outro lado, o único digno de ser considerado como tal, pois não há outro saber da coisa exceto por sua idéia. Sendo a idéia uma modificação da alma e, portanto, uma causa ocasional procedente de Deus, a visão da coisa pela idéia é visão na divindade. Vemos, como diz Malebranche, todas as coisas em Deus. Até a visão dos corpos extensos só é possível porque há uma idéia única e prévia, a idéia de extensão infinita, da qual os corpos extensos são particularidades. Assim, fica afirmada em toda parte, no âmbito do sistema de Malebranche, a noção do infinito como determinante de toda noção subordinada e como idéia existente no seio de Deus. Deus é, por assim dizer, o infinitamente infinito, o que contém em sua essência todas as finitudes, e até mesmo todas as infinitudes particulares.

As doutrinas de Malebranche deram origem a muitas polêmicas. A maior parte delas centrou-se em torno da visão de todas as coisas em Deus. Entre os partidários de Malebranche ou dos que aproveitaram partes consideráveis de suas doutrinas para suas próprias especulações filosóficas podem ser mencionados: Bernard Lamy (1640-1715), do Oratório, e François Lamy (VER), Louis Thomassin (VER), Yves Marie André (1675-1764), Claude Lefort de Morinière e Thomas Taylor, tradutor para o inglês da *Recherche* (1694). Alguns defenderam o malebranchismo contra o empirismo de Locke, especialmente: John Norris (VER), Paolo Mattia Doria (1662-1746: *Difesa della metafisica degli antichi Filosofi*, 1732), G. S. Gerdil (VER) e outros. Combateram Malebranche Arnauld, Régis, Fénelon e Bossuet (VER). Na Inglaterra, houve oposição ao malebranchismo, em nome do empirismo de Locke, que dedicou um estudo a Malebranche (*An Examination of Malebranche's Opinion of Seeing All Things in God*, 1695). As idéias de Malebranche têm grande relação com as de A. Collier (VER), mas tem-se discutido se o primeiro teve influência direta sobre o último.

⮕ Obras principais: *De la recherche de la vérité où l'on traite de la nature, de l'esprit de l'homme et de l'usage qu'il doit faire pour éviter l'erreur dans les sciences* (I, 1674; II, 1675; III, 1675: *Éclaircissements*; a edição mais completa foi publicada em 1712). — *Conversations métaphysiques et chrétiennes*, 1677. — *Traité de la nature et de la grâce*, 1680. — *Traité de morale*, 1684; outras eds., 1697, 1707 (reimp. desta última com as variantes das anteriores, por H. Joly, 1953). — *Méditations métaphysiques et chrétiennes*, 1684. — *Entretiens sur la métaphysique et sur la religion*, 1688. — *Traité de l'amour de Dieu*, 1697. — *Entretiens d'un philosophe chrétien et d'un philosophe chinois sur la nature de Dieu*, 1708. — *Réflexions sur la prémonition physique*, 1715.

Edição de obras: A primeira coletânea de obras foi publicada em Paris (1712). Além dela, devem-se mencionar *Oeuvres complètes de Malebranche*, ed. De Genoude e de Lourdoueix (Paris, 2 vols., 1837) e a edição de Jules Simon (Paris, 4 vols., 1871). É importante para o conhecimento de sua filosofia o *Recueil de toutes les réponses du P. Malebranche à M. Arnauld* (Paris, 4 vols., 1709). Da edição de obras de M. a cargo de D. Roustan e Paul Schrecker foi publicado apenas o vol. I (1938), ed. por Paul Schrecker: este volume contém numerosas notas históricas. Edição completa e crítica em 20 tomos, de *Ouevres complètes*, sob a direção da A. Robinet: I, II, III: *De la recherche de la vérité*, 1962-1964, ed. G. Rodis-Lewis; IV: *Conversations chrétiennes*, 1959, ed. A. Robinet; V: *Traité de la nature e de la grâce*, 1958, ed. G. Dreyfus; VI-VII, VIII-IX: *Recueil de toutes les réponses à M. Arnauld*, 1966, ed. A. Robinet; X: *Méditations chrétiennes*, 1959, ed. H. Gouhier e A. Robinet; XI: *Traité de Morale*, 1966, ed. M. Adam; XII-XIII: *Entretiens sur la métaphysique et sur la mort*, 1965, ed. A. Robinet; XIV: *Traité de l'amour de Dieu et lettres au P. Lamy*, 1963, ed. A. Robinet; XV: *Entretien d'in philosophe chrétien et chinois*, 1958, ed. A. Robinet; XVI: *Réflexions sur la prémonition physique*, 1958, ed. A. Robinet; XVII, 1: *Pièces jointés et Écrits divers*, 1960, ed. A. Curvillier e A. Robinet; XVII, 2: *Mathematica*, 1968, ed. P. Costabel; XVIII: *Correspondance et actes (1690-1715)*, 1961, ed. A. Robinet; XIX: Correspondance et actes (1690-1715), 1961, ed. A. Robinet; XX: *M. vivant: biographie, bibliographie*, 1967, por A. Robinet.

Em português: *Diálogo de um filósofo cristão e de um filósofo chinês sobre a existência e a natureza de Deus*, 1990.

Índices: P. Clair, M. Lacombe, A. Robinet, *Index des citations bibliques, patristiques, philosophiques et scientifiques*, 1970. — *Index du vocabulaire, des noms des personnes et de liaisons conceptuelles* (em preparação por computador).

Bibliografia: Georg Stieler, em *Literatische Berichte aus dem Gebiete der Philosophie*, Hefte 9/10, 1926, pp. 93-100. — Gregor Sebba, *N. M., 1638-1715: A Preliminary Bibliography*, 1959 (mimeo.). — A. Robinet, *supra* (tomo XX de *Oeuvres complètes*). — P. Easton, T. M. Lennon, G. Serba, *Bibliographia Malebranchiana: A Critical Guide to the Malebranche Literature into 1989*, 1992.

Ver: Léon Ollé-Laprune, *La philosophie de M.*, 2 vols., 1870. — S. Turbiglio, *L'antitesi tra il medioevo e l'età moderna nella storia della filosofia in specie nella dottrina morale di M.*, 1877. — P. Stany, *Ueber die Sinne nach M.*, 1882. — Max Grunwald, *Das Verhältnis M. zu Spinoza*, 1892 (tese). — Mario Novaro, *Die Philosophie des M.*, 1893. — J. Reiner, *Malebranches Ethik in ihrer Abhängigkeit von seiner Erkenntnislehre und Metaphysik*, 1896 (tese). — A. Keller, *Das Kausalitätsproblem bei M. und Hume*, 1899 (sobre o problema da causa em M., ver ainda a bibliografia dos verbetes Causa e Ocasionalismo). — Wilhelm Paul, *Der Ontologismus des M.*, 1907. — J. M. Gaonach, *La théorie des idées dans la philosophie de M.*, 1909 (tese). — James Lewin, *Die Lehre von den Ideen bei M.*, 1912. — Walter Jüngst, *Das Problem von Glauben und Wissen bei M. und Poiret*, 1925. — V. Delbos, *Étude sur la philosophie de M.*, 1925. — Henri Gouhier, *La vocation de M.*, 1926. — Id., *La philosophie de M. et son expérience religieuse*, 1926, 2ª ed., 1948. — P. Menicken, *Die Philosophie N. Malebranches*, 1926. — Paul Mouy, *Les lois du choc des corps d'après M.*, 1927 (tese). — L. Bridet, *La théorie de la connaissance dans la philosophie de M.*, 1929. — Lucien Labbas, *La grâce et la liberté dans M.*, 1931. — Id., *L'idée de science dans M. et son originalité*, 1931. — R. W. Church, *A Study in the Philosophy of M.*, 1931. — A. Le Moine, *Des verités éternelles selon M.*, 1936 (tese). — Martial Guéroult, *Étendue et psychologie chez M.*, 1940. — Id., *M., I: La vision en Dieu*, 1955; II: *Les cinq abîmes de la Providence. *L'ordre et l'occasionalisme*, 1959; III: *Les cinq abîmes de la Providence. ***La Nature et la Grâce*, 1959. — Y. de Montcheuil, *M. et le quiétisme*, 1946. — J. Vidgrain, *Le christianisme dans la philosophie de M*, s/d. — A. Cuvillirt, *Essay sur la mystique de M.*, 1954. — P. Blanchard, *L'attention a Dieu selon M.*, 1956. — G. Dreyfus, *La volonté chez M.*, 1958. — Beatrice K. Rome, *The Phisolophy of M.: A Study of His Integration of Faith, Reason, and Experimental Observation*, 1963. — M. Guéroult, H. Gouhier et. al., *M.: L'homme et l'oeuvre (1638-1715)*, 1967, ed. Georges Bastide. — André Robinet, *M. de l'Academie des Sciences: L'oeuvre scientifique, 1674-1715*, 1970. — Amalia de Maria, *Antropologia e teodicea di M.*, 1970. — Josef Reiter, *System und Praxis. Zur kritischen Analyse der Denkformen neuzeitlicher Metaphysik in Werk von M.*, 1972. — Craig Walton, *de la recherche du bien: A Study of Malebranche's Science of Ethics*, 1972. — Ferdinand Alquié, *Le cartésianisme de M.*, 1974. — F. Alquié, *M. et le rationalisme chrétien*, 1977. — D. Radner, *M.: A Study of a Cartesian System*, 1978. — M. E. Hobart, *Science and Religion in the Thought of N. M.*, 1982. — C. J. McCracken, *M. and British Philosophy*, 1983. — V. Chappell, *Essays on Early Modern Philosophers*, vol. II: *N. M.*, 1992.

Entre os números de revistas dedicados a Malebranche, mencionamos: *Revue de Métaphysique et de Morale*, n° 23, 1915 (com colaborações de M. Blondel, É. Boutroux et al.); *Revue Philosophique*, n° 126 [1938], com colaborações de É. Bréhier, H. Gouhier, H. Pollnow, Paul Schrecker, A. Banfi, A. A. Luce, P.-M Schuhl); *Revue Internationale de Philosophie*, n° I, 1938 (com colaborações de H. Gouhier, É. Bréhier, P. Schrecker) e a *Rivista di Filosofia Neo-scolastica*, Suplemento ao vol. 126, 1938 (com colaborações de A. Gemelli, Paolo Rotta et al.*)*. **G**

MALINOVSKI, ALEKSANDR ALEKSANDROVICH. Ver Bogdanov, A.

MALLY, ERNST (1879-1944). Nascido em Krainburg (Áustria), foi *Privatdozent* (1913-1923), professor "extraordinário" (1923-1925) e professor titular (a partir de 1925) na Universidade de Graz. É considerado um dos discípulos de Meinong e um dos membros da Escola de Graz. Seguindo as orientações de Meinong, Mally realizou pesquisas no campo da teoria dos "objetos lógicos". Devem-se a ele estudos sobre as noções de possibilidade, de probabilidade e de lei. Em psicologia, Mally se ocupou das estruturas mentais de apreensão dos vários tipos de realidade. Mally é um dos precursores das pesquisas lógicas deônticas (ver Deôntico).
➲ Obras principais: *Gegenstandstheoretische Grundlagen der Logik und Logistik*, 1912 (*Fundamentos da lógica e da logística na teoria dos objetos*). — *Ueber Minimaldeterminationen*, 1914 (*Sobre determinações mínimas*). — *Grundgesetze des Sollens. Elemente der Logik des Willens*, 1926 (*Leis fundamentais do dever-ser. Elementos da lógica da vontade*). — *Erlebnis und Wirklichkeit. Einleitung zur Philosophie der natürlichen Weltauffassung*, 1935 (*Vivência e realidade. Introdução à filosofia da concepção natural do mundo*). — *Wahrscheinlichkeit und Gesetz. Ein Beitrag zur wahrscheinlichkeitstheoretischen Begründung der Naturwissenschaft*, 1938 (*Probabilidade e lei. Contribuição à fundamentação da ciência natural com base na teoria da probabilidade*).
Edição de escritos: *Grundsetze* foi publicado também, ao lado de outros textos, numa ed. de Karl Wolf e Paul Weingartner: *Logische Schriften: Grosses Logikfragment — Grundsetze des Sollens*, 1971 [Synthese Historical Library 3]. O vol. contém ainda uma bibliografia de escritos de E. M. (pp. 325-331) e uma relação de manuscritos (pp. 332-333) na Biblioteca da Universidade de Graz. ℂ

MALTHUS, THOMAS ROBERT (1766-1834). Nascido em Roockerry (Surrey, Inglaterra), dedicou-se ao estudo de questões econômicas e de história moderna. Em sua mais famosa e influente obra, o *Ensaio sobre a população*, Malthus destacou o fato de que a população humana aumenta em proporção geométrica, enquanto os recursos alimentícios disponíveis aumentam, ou podem aumentar, apenas em proporção aritmética. Segundo Malthus, isso torna a pobreza inevitável e impossibilita alcançar, por quaisquer meios, o bem-estar geral. O bem-estar favorece o aumento da população e produz novos desequilíbrios entre população e recursos. O equilíbrio se restabelece de maneira "natural" por meio da guerra, da fome e das enfermidades, mas estas restrições podem não ser suficientes, razão pela qual Malthus preconiza a necessidade de pôr em prática certos "freios" ou "restrições morais", como a abstinência sexual destinada a evitar o aumento da população.

O darwinismo (ver) parecia confirmar, suplementar e generalizar para todas as espécies biológicas os princípios malthusianos; em todo caso, em uma "Introdução" a *A Origem das Espécies*, bem como no capítulo 3 da mesma obra, Darwin faz referência à doutrina de Malthus, aplicada a "todo o reino animal e vegetal", assinalando que ela explica a "luta pela sobrevivência".

Até hoje se discutem as idéias de Malthus. O constante aumento da população do planeta confirmou estas idéias, mas não as soluções — "naturais" e "morais" — de que ele falou. Alguns autores afirmam que Malthus não levou em conta a possibilidade dos progressos técnicos, que tornaram possível um aumento da população que para ele teria sido inconcebível. Outros indicam que as catástrofes demográficas — e ecológicas — são inevitáveis a menos que se ponha em prática alguma forma de "neomalthusianismo", especialmente a redução voluntária da população por meio dos contraceptivos — o que distingue radicalmente o neomalthusianismo do malthusianismo original.
➲ Obras: O *Essay on the Principles of Population, as it Affects the Future Improvement of Society* foi publicado anonimamente em 1798. As edições subseqüentes, de 1803, 1807, 1817 e 1827, contêm variações com relação ao original, em particular as idéias de Malthus sobre os "freios" ou "restrições". No *Ensaio*, M. polemiza sobretudo com W. Godwin (ver), que publicara *Enquiry Concerning Political Justice*, 1793, no qual se atribuíam os males da sociedade à incapacidade dos governos e à má administração. Godwin responderá ao *Ensaio* de M. com seu *Of Population*, 1820.

Devem-se também a M.: *The Principles of Political Economy considered with a View to Their Practical Application*, 1820; 2ª ed., 1836 e *Definitions in Political Economy*, 1827.

Em português: *Ensaio sobre o princípio da população*, s.d. — *Princípios de economia política*, 1998. — *Thomas Robert Malthus: economia*, org.: Tamas Szmreesanyi, 1982.

Ver: W. Petersen, *M.*, 1979. ℂ

MAMIANI, TERENZIO [Terenzio Mamiani della Rovere] (1799-1885). Nascido em Pesaro, estudou em Pesaro e Roma. A partir de 1831, interveio ativamente na vida política italiana. Suas atividades políticas culminaram em sua participação como ministro do gabinete Cavour (1861); depois, foi embaixador na Grécia e na Suíça, bem como Senador do Reino. De 1857 a 1860, foi professor na Universidade de Turim e, a partir de 1871, na de Roma. Interessado pela reforma universitária, fundou em 1870 a revista *La filosofia delle scuole italiane*.

Costuma-se dividir a evolução filosófica de Mamiani em dois períodos. No primeiro, do começo a mais ou menos 1850, Mamiani desenvolveu uma filosofia de tipo empirista, muito influenciada por Romagnosi e Galluppi e pelas tendências da filosofia do senso comum.

Segundo Mamiani, a filosofia é uma ciência da experiência interna e, de certo modo, uma "ciência natural". Mamiani opôs-se nesse período ao ontologismo de Rosmini, tendo negado toda possibilidade de apreensão do "ente" por meio do "existente".

No segundo período, produziu-se uma "conversão ao platonismo" e uma aproximação das posições, antes combatidas, de Rosmini e até de Gioberti. Contudo, a "nova filosofia" de Mamiani não rompeu por completo com sua tendência empirista anterior e até pode ser em larga medida considerada uma tentativa de sintetizar o empirismo de Galluppi e as idéias mais ou menos "ontologizantes" de Rosmini e Gioberti. De fato, para Mamiani, há uma diferença fundamental entre, de um lado, intuição e razão e, do outro, entre a compreensão da realidade e a verdade transcendente desta última. O que parece desembocar num total dualismo: o do conhecer e do ser. Mas esse dualismo desaparece tão logo se considera a possibilidade de uma espécie de visão das coisas na alma a partir de Deus. O conhecer fica então absorvido no ser e este naquele. Desse ângulo, pode-se afirmar que os princípios primeiros do ser podem ser conhecidos mediante a experiência, visto que esta última não é simplesmente a "experiência natural", mas uma espécie de "visão".

A "segunda filosofia" de Mamiani não é alheia aos interesses polícos e especialmente "político-nacionais" do autor. De fato, seu esforço por sintetizar as correntes empiristas e idealistas antes mencionadas corresponde à sua intenção de constituir uma "filosofia nacional italiana" na qual se reunissem as principais tendências filosóficas desenvolvidas na Itália.

➲ Obras: *Del rinnovamento della filosofia antica italiana*, 1836. — *Sei lettere all'abate A. Rosmini*, 1838. — *Della ontologia e del metodo*, 1841. — *Dialoghi di scienza prima*, 1846. — "Confessioni di un metafisico", *Rivista contemporanea*, 1850, publicado com ampliações em 2 vols., 1865. — *Fondamento della filosofia del diritto e principalmente del diritto penale*, 1853. — *Discorsi e disertazioni*, 1853-1855. — *Scritti politici*, 1853. — *Il nuovo europeo*, 1859. — *La rinascenza cattolica*, 1862. — *Confessioni di un metafisico*, 2 vols., 1865. — *Teoria della religioni e dello stato*, 1868. — *Le meditazione cartesiane rinnovate nel secolo XIX*, 1868. — *Kant e l'ontologia*, 1870. — *Compendio e sintesi della propria filosofia, ossia nuovi prolegomeni ad ogni presente e futura metafisica*, 1876. — *Della psicologia di Kant*, 1877. — *La religione dell'avvenire, ossia della religione positiva e perpetua del genero umano*, 1880. — *Del papato nei tre ultimi secoli: compendio storico-critico*, 1885.

Biografia: D. Gaspari, *Vita di T. M.*, 1887.

Ver: P. Sbarbaro, *La mente di T. M.*, 1886. — G. Gentile, *Le origini della filosofia contemporanea in Italia*, I, 1917, pp. 87-137. — V. Tavianini, *Una polemica filosofica dell'Ottocento: T. M.-A. Rosmini*, 1955. — F. Zerella, *Il pensiero sociale di T. M.*, 1960. ◓

MANDEUS. Ver GNOSTICISMO.

MANDEVILLE, BERNARD DE (1670-1733). Nascido em Dordrecht (Holanda), estudou medicina em Leiden, recebendo em 1691 seu título e sua licença. Pouco depois, mudou-se para Londres, onde escreveu (em inglês) todas as suas obras.

Bernard de Mandeville é conhecido por sua *Fábula das Abelhas* (ver bibliografia), obra na qual polemizou contra certas idéias de Hobbes, Shaftesbury e Hutcheson, ao mesmo tempo em que fez uso de algumas delas. Com efeito, ele se opôs ao chamado "pessimismo" de Hobbes e ao excessivo "otimismo" da ética de Shaftesbury e Hutcheson. Ao mesmo tempo, seguiu Hobbes na idéia de que os indivíduos agem sempre seguindo seus interesses particulares e a Shaftesbury e Hutcheson na de que os homens podem harmonizar seus interesses e desse modo alcançar a felicidade e a virtude. Segundo Mandeville, os indivíduos são de fato egoístas, mas isso não leva à dissolução da sociedade, muito pelo contrário: a sociedade se torna feliz e próspera porque todos exercem sua atividade e sua engenhosidade; ao buscar obter benefícios privados, os indivíduos produzem também benefícios públicos. A vida social não se baseia, pois, como pretendiam Shaftesbury e Hutcheson, em sentimentos de simpatia, mas no interesse particular: na satisfação dos desejos privados e da vaidade privada. A "fábula" proposta por Mandeville é, pois, a seguinte: havia uma sociedade próspera e feliz, repleta de benefícios públicos produzidos por vícios privados. Um dia, porém, Júpiter, decidiu mudar as coisas e fazer que os indivíduos fossem virtuosos. Em conseqüência disso, desapareceu de fato a ambição, o desejo de luxo e de lucro, mas, ao mesmo tempo, desapareceu a engenhosidade e tudo o que fazia essa sociedade próspera e feliz. Deve-se levar em conta que a intenção de Mandeville era mais mostrar que a chamada obra da civilização é produto do vício e, portanto, que a moral consiste unicamente na limitação das necessidades, mas isso não significava que Mandeville defendesse uma sociedade do tipo que transpirava na "fábula": "limitação das necessidades" equivalia para ele a refrear os impulsos naturais, substituindo-os por outros, como o amor e a caridade. Não obstante, sua "fábula" influiu sobretudo na idéia de que, numa sociedade, os diversos impulsos se neutralizam mutuamente, produzindo, em última instância, o bem.

➲ Obras: *The Grumbling Hive, or Knaves Turned Honest*, 1705 (publicado anonimamente). Acompanhado de muitos comentários, este poema, de cerca de 400 versos, foi impresso, também anonimamente, em 1714, com o título *The Fable of the Bees; or Private Vices, Public Benefits*, ao lado de uma *Enquiry into the Origin of Moral Virtue*. Una nova edição apareceu em 1723, acrescida de *An Essay on Charity and Charity-Schools* e *A Search into the Nature of Society*. Todos esses escritos constituem a parte I de *The Fable of the Bees*. A parte II é um extenso diálogo (que ostenta o mesmo título da parte I) e foi publicado em 1732. A melhor edição da *Fábula* é a de F. B. Kaye, 2 vols., 1924, reimp. 1957, com uma boa introdução. — Além disso, Mandevile escreveu: *The Virgin Unmasked, or Female Dialogues*, 1709. — *A Treatise on the Hypocondriac and Hysteric Passions*, 1711. — *Free Thoughs on Religion, the Church and National Happiness*, 1720. — *Letter to Dion, Occasioned by His Book Called Alciphron*, 1720 [contra Berkeley]. — *An Enquiry into the Origin of Honour, and the Usefulness of Christianity in War*, 1732.

Edição de obras: *Collected Works*, 8 vols., 1982, ed. B. Fabian e I. Primer.

Ver: P. Goldbach, *B. de Mandevilles Bienenfabel*. 1886 (tese). — Paul Sakmann, *B. de M. und die Bienenfabel-Kontroverse. Eine Episode in der Geschichte der englishcen Aufklärung*, 1897. — S. Danzig, *Drei Genealogien der Moral: B. de M., Paul Rée und Friedrich Nietzsche. Systematisch dargestellt und psychologisch-kritik beleuchtet*, 1904. — R. Stammler, *Mandevilles Bienenfabel*, 1918. — W. Deckelmann, *Untersuchungen zur Bienefabel Mandevilles und zu ihrer Entstehungsgeschichte im Hinblick auf die Bienefabelthese*, 1933. — F. Gregoire, *B. de M. et la Fable des Abeilles*, 1947. — Maria Goretti, *Il paradosso M. Saggio sulla* Fabola delle api *col teste inglese a fronte e bibliografia*, 1958. — R. I. Cox, *B. de M.*, 1974. — Hector Monro, *The Ambivalence of B. de M.*, 1975. — Gordon S. Vichert, Philip Pinkus et al., *M. Studies: New Explorations in the Art and Thought of Dr. B. de M. (1670-1733)*, 1975, ed. Irwin Primer. — L. Dumont, *From Mandeville to Marx: The Genesis and Triumph of Economic Ideology*, 1977. — M. M. Goldsmith, *Private Vices, Public Benefits: B. M.'s Social and Political Thought*, 1985. — L. Schneider, ed., *Paradox and Society: The Work of B. M.*, 1987. **C**

MANDONET, PIERRE [FÉLIX]. Ver Le Saulchoir; Neotomismo.

MANIA. Ver Loucura.

MANIQUEÍSMO. Os gregos deram a Mani (abreviatura do sírio Mânî hayyâ, Mani, o Vivo) os nomes de Manes e Manichaios. Deste último derivou-se o termo "maniqueísmo" com que se designa a religião fundada por Mani. Este nasceu em 216 (ele mesmo disse ter nascido em 527, ano dos astrônomos da Babilônia, no quarto ano do reinado de Ardavân) em Mardîdû ou Afrûnya (Babilônia). No curso de um intenso apostolado (que o levou à Índia), foi acusado de solapar a religião mazdeísta oficial e faleceu, flagelado, em 277. A religião maniquéia teve enorme influência tanto no Oriente como no Ocidente (alguns supõem ter o catarismo sido uma de suas últimas manifestações). Ela se estendeu muito pelo norte da África, onde teve, de 373 a 382, o mais ilustre de seus adeptos: Santo Agostinho. Segundo Henri-Charles Puech, essa difusão deve-se ao fato de o maniqueísmo ser uma verdadeira religião universal. O próprio Mani destacava que sua doutrina foi transmitida à Humanidade por Adão, Set, Enosh, Henoc, Nicoteu, Noé, Sem e Abraão, tendo importância entre os grandes profetas precursores de Buda, Zoroastro e Jesus Cristo. Este arraigamento nas tradições hebraica, cristã e zoroástrica, ao lado da incorporação de elementos budistas (entre eles a doutrina da transmigração da alma), levou à freqüente consideração do maniqueísmo como sincretismo. Não obstante, a diversidade de elementos de que ele se compõe não impediu sua apresentação como uma bem elaborada doutrina religiosa. Isso decorre especialmente do fato que, além de religião universal, foi também religião textual. Os ensinamentos fundamentais de Mani permaneceram no fundo invariáveis.

Segundo Mani, havia no princípio duas substâncias (ou raízes, fontes ou princípios): a Luz (equiparada com o Bem e, por vezes, com Deus) e a Escuridão (equiparada ao Mal e às vezes com a Matéria). Estas duas substâncias são eternas e igualmente poderosas. Nada têm em princípio de comum e residem em regiões distintas (a Luz, no Norte; a Escuridão, no Sul). Cada uma dessas substâncias tem à sua testa um rei: a Luz, o Pai da Grandeza; a Escuridão, o Reino das Trevas. A região da Luz acha-se envolta por um éter luminoso, formado pelas cinco moradas ou membros de Deus: Inteligência, Razão, Pensamento, Reflexão e Vontade. Cada um destes membros está acompanhado de numerosos éons. A região da Escuridão contém cinco abismos: Fumaça, Fogo (destruidor ou devorador), Ar (destruidor), Água (em forma de barro) e Trevas, dirigidos por cinco chefes ou arcontes, em forma de demônio, leão, águia, peixe e serpente. Ora, embora os dois reinos estejam em princípio separados, definindo-se inclusive por não ser nenhum deles o contrário do outro, há entre eles uma oposição dinâmica. Cada princípio tende à expansão: o Bem tende ao alto, ao Norte, ao Leste e ao Oeste; o Mal ao baixo e ao Sul. Quando encontra uma região fronteiriça, a Luz vê-se detida pela Escuridão (e vice-versa). Esse choque dá origem ao tempo e ao mundo, que resultam da ruptura da dualidade primitiva e da mistura de duas forças contrárias. Devem-se considerar quanto a isso três tempos: o passado, o presente e o futuro. O passado é o nome da época na qual ocorreu a grande incursão da Escuridão na região da Luz e a conseqüente mistura dos dois princípios. O presente é o nome da época na qual esta mistura ainda persiste, mas na qual também chegou ao ponto culminante a série dos profetas que anunciam os meios de que se devem valer os homens para levar a cabo a completa separação entre a Luz e a Escuridão. O futuro é o nome da época na qual a separação não só se terá estabelecido como terá se restabelecido definitivamente. Não vamos nos estender sobre os detalhes concretos da grande luta entre a Luz e a Escuridão. Destacaremos apenas o fato de que, segundo Mani, o Pai da Grandeza se vê obrigado a "chamar à existência" ou "evocar" certos seres (primeiro a Mãe da Vida e depois o Homem Primordial) justamente porque o Reino da Luz não possui em si mesmo força suficiente para vencer o Reino das Trevas. Esta força deve ser criada no curso de uma luta renhida durante a qual a Bondade, que é a ordem e a paz, termina por desligar-se inteiramente da Maldade, que é anarquia, turbulência e violência. É, pois, um movimento de constante *desprendimento* do Mal o que caracteriza o movimento e progresso da evolução do mundo e da história. Com isso, o maniqueísmo dá ao problema do mal (VER) — o problema central de suas concepções religiosas e éticas — uma solução que foi ponto de partida para numerosas controvérsias de caráter filosófico: a que consiste em declarar que o Mal é uma substância existente, que não pode ser absorvida pelo Bem nem concebida por analogia com ele no ser. O triunfo sobre o Mal não requer, portanto, a aniquilação deste, mas sua relegação ao reino que lhe é próprio; uma vez confinado definitivamente ali, não se teme que invada outra vez o Reino da Luz. Por isso, a purificação é um motivo central na ética maniquéia, já que contribui para a cisão entre os dois reinos ao mesmo tempo opostos e indiferentes entre si.

Fragmentos de Mani publicados por F. W. K. Müller, 1907; Le Coq, 1909, 1911. Encontram-se fragmentos maniqueus em Abulfaradsch, Sharastâni e, sobretudo, Teodoro Bar Khôni (cf. sobre este último: F. Cumont, *Recherches sur le manichéisme. I. La Cosmogonmie manichéene d'après Théodore Bar Kôni*, 1908).

Edição de escritos de Teodoro Bar Khôni por Addai Scher, 1910. Amplas referências ao maniqueísmo estão nas obras de história dos dogmas ou de história da Igreja (cf. a bibliografia do verbete CRISTIANISMO).

Entre as obras sobre o maniqueísmo ou com edições de textos a partir do final do século XVIII figuram: J. de Beausobre, *Histoire critique de Manichée et du Manichéisme*, 1734-1739. — K. A. von Reichlin-Meldegg, *Die Theologie des Magiers Manes und ihr Ursprung*, 1825. — A. F. V. de Wegnern, *Manichaeorum indulgentias cum brevi totius Manichaeismi adumbratione e fontibus descripsit*, 1827. — F. Ch. Baur, *Das manichäische Religionsystem*, 1831. — F. E. Coldit, *Die Entstehung des manichäischen Religionsystems*, 1831. — P. de Lagarde, *Tito Bostreni contra Manichaeos libri quattuor syriace*, 1859. — Id., *Tito Bostreni quae ex opere contra Manichaeos edito in codice Hamburgensi servata sunt graece*, 1859. — Flügel, *Mani und seine Lehre*, 1862. — K. Kessler, *Mani. Forschungen über manichäische Religion*, I, 1889. — E. Rochat, *Essai sur Mani et sa doctrine*, 1897. — A. Dufourcq, *De Manichaeismo apud Latinos quinto sextoque saeculo atque de latinis apocryphis libris*, 1900 (tese). — Brückner, *Faustus von Mileve. Ein Beitrag zur Geschichte des abendländischen Manichäismus*, 1901. — C. Salemann, *Manichäische Studien*, I, 1908. — E. de Stoop, *Essai sur la diffusion du manichéisme dans l'empire romain*, 1909. — H. H. Shäden, *Urform und Fortbildung des manichäischen Systems*, 1924. — A. V. Williams Jackson, *Researches in Manichaeism, with Special Reference to the Turfan Fragments*, 1932. — J. Polotski, *Abriss des manichäischen Systems*, 1934 (extraído de Pauly-Wissowa, Supplbd. VI, col. 241-272, verb. "Manichäismus"). — J. W. Ernst, *Die Erzählung vom Sterben des Mani. Mit Einleitung über den Manichäismus*, 1949. — G. Windgren, *Mani und der Manichäismus*, 1961. — Id., *Der Manichäismus*, 1977.

Sobre o maniqueísmo em Santo Agostinho e na Idade Média: Anna Escher di Stefano, *Il Manicheismo in S. Agostino*, 1960. — Ignaz von Döllinger, *Geschichte der gnostischmanichäischen Sekten im früheren Mittelalter*, 1890. — Steven Runciman, *The Mediaeval Manichee: A Study of the Christiaan Dualist Heresy*, 1945.

Ver também a bibliografia do verbete GNOSTICISMO.

MANNHEIM, KARL (1893-1947). Nascido em Budapeste. A partir de 1926, foi *Privatdozent* em Heidelberg; de 1930, "professor extraordinário" em Frankfurt; e, a partir de 1933, *Lecturer* na London School of Economics. Influenciado a princípio por concepções marxistas, abandonou mais tarde tudo o que pudesse haver nelas de dogmático, mas não sua possível contribuição para a compreensão de muitos fenômenos sociológicos e históricos. Mannheim interessou-se sobretudo pelos problemas suscitados pelo "pensar concreto" humano e pela relação entre formas de pensar e tipos de sociedade (uma das questões capitais da "sociologia do saber" ou "sociologia do conhecimento"). Isso equivalia a estudar a gênese dos pensamentos, gênese para cuja compreensão contribuem o método psicogenético e o método epistemológico, embora não sejam suficientes em si mesmos, visto que não levam em conta os fatores sociais. Fundamental para Mannheim foi sua concepção de ideologia (VER) não como mero sistema de idéias, mas como uma atitude histórica expressa, ou exprimível, mediante idéias. Por isso, o estudo das ideologias pertence à sociologia do conhecimento, onde o conceito de ideologia adquire um novo significado. A ideologia é, com efeito, expressão de uma "mentalidade" enquanto "mentalidade histórica".

Reprovou-se em Mannheim o fato de suas idéias levarem a um historicismo (VER) e, portanto, a um relativismo. Mannheim respondeu a essas críticas procurando mostrar que o chamado "relativismo" só tem sentido no âmbito de uma concepção absolutista das ideologias e, em geral, de toda forma de pensamento. Quando se abandona essa concepção absolutista, não se chega a um relativismo, porque as mudanças históricas são então, de certa maneira, "absolutas". Foi importante nas pesquisas de Mannheim seu exame das relações entre pensamento e ação. Também o foram seus estudos de interpretação da sociedade contemporânea. Destacamos no tocante a isso a distinção por ele estabelecida entre razão (ou racionalização) substancial e razão (ou racionalização) funcional: o esquecimento de que esta última não implica necessariamente a primeira levou, segundo Mannheim, a interpretações errôneas da estrutura da sociedade moderna.

➲ Obras principais: "Das Problem einer Soziologie des Willens", *Archiv für Sozialwissenschaft und Sozialpolitik*, nº 54, 1925. ("O problema de uma sociologia do conhecimento"). — "Rational and Irrational Elements in Contemporary Society", 1934 [Hobhouse Lecture]. — "The Crisis of Culture in the Era of Mass-Democracies and Autarchies", *The Sociological Review*, 26, nº 2, 1934. Estes dois últimos trabalhos foram incorporados — e reelaborados — ao livro *Mensch und Gesellschaft in Zeitalter des Umbaus*, 1935 (O homem e a sociedade na era da crise). — *Ideologie und Utopie*, 1936. *Diagnosis of Our Time*, 1943. — *Freedom, Power, and Democratic Planning*, 1959. — *Essays in Sociology and Social Psychologic*, 1953. — *Essays in the Sociology of Culture*, 1956.

Em português: *Diagnóstico de nosso tempo*, 1967. — *O homem e a sociedade: estudos sobre a estrutura social moderna*, 1962. — *Ideologia e utopia*, 4ª ed., 1986. — *Introdução à sociologia da educação*, 1978. — *Karl Mannheim: sociologia*, 1982. — *Sociologia da cultura*, 1974. — *Sociologia sistemática: uma introdução ao estudo de sociologia*, 1962. — *Sociologia do conhecimento*, 1967.

Ver: J. J. Maquet, *Sociologie de la connaissance*, 1949 [sobre M. e Sorokin]. — F. Warren Rempel, *The Role of Value in K. Mannheim's Sociology of Knowledge*, 1965. — Arnhelm Neusüss, *Utopisches Bewusstsein und freischwebende Intelligenz. Zur Wissenssoziologie K. Mannheims*, 1968. — Bernhard Glaeser, *Kritik der Erkenntnissoziologie*, 1972. — Günter W. Remmling, *The Sociology of K.M.*, 1975. — A. P. Simonds, *K.M.'s Sociology of Knowledge*, 1978. — C. Loader, *The Intellectual Development of K.M.: Culture, Politics, and Planning*, 1985. — H. E. S. Woldring, *K.M. The Development of His Thought*, 1986. ⊂

MANNOURY, GERRIT (1867-1956). Nascido em Wormerveer, perto de Amsterdã, foi "professor universitário privado" de fundamentos lógicos da matemática na Universidade Municipal de Amsterdã (1903-1915; ensino efetivo: 1903-1910) e "professor extraordinário" na mesma Universidade (1917-1937). Em 1917, contribuiu, com L. E. J. Brouwer, Frederik van Eeden e Jacob Israel de Haan, para a fundação do Instituto Internacional de Filosofia de Amsterdã, que se transformou, em 1922, no Círculo Signífico. Mannoury foi também um dos fundadores do Grupo Internacional para o Estudo da Significa, depois transformado na Sociedade Internacional de Significa.

Mannoury desenvolveu um pensamento filosófico de caráter "relativista" segundo o qual nenhum conceito pode distinguir-se de seu oposto senão de um modo gradual. O "gradualismo" que este pensamento implica sustenta que toda linha de demarcação entre conceitos é até certo ponto arbitrária, dependendo do uso a que um conceito dado esteja destinado. Com referência a tais idéias, Mannoury foi um dos criadores, e o principal promotor, da chamada "Signífica". Mencionamos algumas de suas idéias a esse respeito no verbete SIGNÍFICA. Acrescentamos aqui que a Signífica de Mannoury e seus colaboradores é uma teoria dos modos de significação e de compreensão de significações que faz uso de conceitos psicológicos e lingüísticos, mas que não pode ser reduzida nem a uma psicologia nem a uma teoria lingüística. A Signífica dedica-se a examinar diferenças e flutuações interpessoais no uso de linguagens. Segundo Mannoury, ela é aplicável não apenas à ciência como também ao estudo da sociedade e da política. Neste último domínio, Mannoury desenvolveu a idéia de polaridade, em particular a polaridade dos estados extremos de "concentração" e "descentração", que são tendências naturais do homem.

➲ Obras principais: *Over des beteekenis der wiskundige logica voor de philosophie*, 1903 [aula inaugural] (*Sobre o significado da lógica matemática para a filosofia*). — *Methodologisches und Philosophisches zur Elementar-Mathematik*, 1909 (*Do metodológico e do filosófico para a matemática elementar*). — *De sociale beteekenis van de wiskundige denkvorm*, 1917 (aula inaugural) (*Sobre o significado social da forma de pensar matemática*). — *Mathesis en Myestik. Een signifiese studie van kommunisties standpunkt*, 1925 (*Matemática e mística. Estudo signífico do ponto de vista comunista*) [trad. francesa: *Les deux pôles de l'esprit*, 1933]. — "Die signifischen Grundlagen der Mathematik", *Erkenntnis*, 4 (1934), 288-309, 317-334 [trad. francesa: *Les fondements psycho-linguistiques des mathématiques*, 1947]. — *Signifische Dialogen*, 1939 [com L. E. J. Brouwer, F. van Eeden, J. van Ginneken e E. J. Bijleveld) (*Diálogos signíficos*). — *Relativisme en dialektiek. Schema eener filosofischosociologische grondslagenleer*, 1946 (*Relativismo e dialética. Esquema de uma doutrina filosófico-sociológica dos princípios*). — *Handbock der analytische significa*, 2 vols., 1947-1948 (*Manual de signífica analítica*). — *Significa. Een inleiding*, 1949 (*Introdução à signífica*). — *Polairpsychologische begripssynthese*, 1953 (*Síntese de conceitos polar-psicológicos*). — Mannoury publicou numerosos artigos em revistas, especialmente em *Synthese* [Amsterdã], que pode ser considerada órgão das tendências signíficas; entre os artigos de M., é importante o intitulado "Significa en Wijsbegeerte" ("Signífica e filosofia"), em *Tijdschrift voor Wijsbegeerte* (1928).

Além das obras citadas na bibliografia de Significa, ver: V. van Dantzig, E. W. Beth, A. Heyting *et al.*, artigos sobre M. em *Synthese*, 10 (1951-1952), 409-470. — R. Wiche, "G. M. on the Communicative Functions of Negation", em E.C.W. Krabbe, ed., *Ordinary Language in Empirical Logic and Public Debate*, 1993. ↻

MANSEL, HENRY LONGUEVILLE (1820-1871). Nascido em Cosgrove (Northamptonshire, Inglaterra), estudou no St. John's College, de Oxford. De 1859 a 1866, foi professor em Oxford, tendo sido o primeiro "Waynflete Professor of Moral and Metaphysical Philosophy" (a mesma cátedra ocupada depois por Gilbert Ryle e P. F. Strawson). De 1866 a 1868, foi *Regius Professor* de História eclesiástica no Magdalen College, de Oxford, e em 1868 foi nomeado diácono da Catedral anglicana de Saint Paul, em Londres.

Influenciado por William Hamilton e por Victor Cousin, Mansel ocupou-se da relação entre o significado e a verdade ou falsidade dos juízos. Ele estabeleceu uma distinção entre o aspecto lógico do juízo, em que o significado é primário, e o aspecto psicológico, em que significado e verdade, ou falsidade, se apresentam juntos. Dedicou-se igualmente ao papel que a vontade desempenha na formação do conhecimento e do juízo, destacando o fato de que, mediante a vontade, se circunscreve o objeto que se deseja conhecer.

Mansel mostrou que Deus é cognoscível só "condicionalmente" e não como é em si mesmo. Embora caiba usar termos como 'bondade', 'amor', 'saber' etc. para falar de Deus, o significado desses termos é diferente daquele que têm quando se aplicam a seres humanos e a atos humanos. Seu uso teológico não é meramente analógico, mas totalmente simbólico. Mansel seguiu a esse respeito a "filosofia do condicionado" de Hamilton, embora tenha divergido deste no que se refere ao fato de que os nossos próprios estados anímicos não estão limitados pelo "relativismo" que a "filosofia do condicionado" impõe.

John Stuart Mill opôs-se tanto a Hamilton como a Mansel. Contra o último, afirmou que 'bondade' deve ter o mesmo sentido para Deus e para os seres humanos. Mansel contestou John Stuart Mill reiterando seus pontos de vista e rejeitando não apenas as opiniões de Mill em teologia como também em lógica. Para Mansel, a lógica não é só uma linguagem útil ou só um sistema formal, mas uma "filosofia do pensamento" que permite estabelecer as bases a partir das quais se pode julgar e raciocinar.

↪ Obras: *Prolegomena Logica*, 1851. — *The Limits of Religious Thought*, 1858. — *The Philosophy of the Conditioned*, 1866. — Mansel escreveu também um longo artigo, expondo as doutrinas de Hamilton, para a *Encyclopaedia Britannica* (8ª ed., 1857); esse artigo foi publicado em forma de volume com o título *Metaphysics, or the Philosophy of Consciousness*, 1860. — Postumamente (1927), publicou-se o artigo satírico de Mansel: *Phrontisterion, or Oxford in Nineteenth Century*.

Ver: Kenneth D. Freeman, *The Role of Reason in Religion: A Study of H. M.*, 1969. — Silvestro Marcucci, *H. L. M.: Filosofia della coscienza ed epistemologia della religione*, 1969. — T. Fitzgerald, "M.'s Agnosticism", *Religious Studies*, (1990), 525-541. ↻

MANSER, GALLUS. Ver Neotomismo.

MANSION, AUGUSTIN. Ver Neotomismo.

MANTRAS. Ver Veda.

MAOÍSMO. Ver Marxismo.

MAQUIAVEL, NICOLAU [NICCOLÒ MACHIAVELLI] (1469-1527). Nascido em Florença, influenciou grandemente a filosofia política e a filosofia do Estado com várias de suas obras (ver bibliografia), entre as quais se destacou seu comentadíssimo, e muito debatido, *Il Principe*. Maquiavel considera que sua reflexão sobre a natureza do poder político e sobre os modos de conservar esse poder são resultado de uma observação atenta da experiência. E, com efeito, os acontecimentos políticos de seu tempo nas cidades italianas do norte, especialmente em Florença; as lutas políticas e as guerras da época; os vários "modelos" de "príncipes" que tinha em vista (entre eles, em particular, o rei Fernando, de Castela e Aragão); e o que se pode denominar "experiência histórica" foram determinantes para as idéias de Maquiavel. Deve-se ter em conta, não obstante, que essas idéias se fundam, em ampla medida, em certos pressupostos sobre a realidade humana e seu comportamento. Com efeito, Maquiavel, que de certo modo foi "historicista" (pelo menos na medida em que tomou a história como "a realidade"), foi também, e em larga escala, "naturalista" (pelo menos na medida em que partiu da idéia de que o homem é sempre, no fundo, o mesmo, é impelido pelos mesmos motivos e se acha sujeito às mesmas paixões). Segundo Maquiavel, os homens desejam ou o poder ou a ordem e a segurança: os que aspiram ao poder, e são capazes de conquistá-lo e manejá-lo, são os "príncipes" ou "chefes" das "cidades"; os que aspiram à ordem e à segurança são os "naturalmente súditos". Assim, embora todos os homens sejam sempre e em toda parte "os mesmos", parece que do ponto de vista político se manifestam fundamentalmente das duas maneiras citadas. De todo modo, Maquiavel supõe que há uma "natureza humana" e que esta é invariável no decorrer da história. Ao lado deste pressuposto sobre o homem, predomina em Maquiavel uma "índole pessimista", visto que ele julga que os homens estão naturalmente "corrompidos" e dispostos a satisfazer suas paixões, motivo por que é preciso mantê-los submissos a fim de tornar possível a sociedade. Esta não pode existir (ou subsistir) sem ordem, e, ao mesmo tempo, a ordem não é possível sem a coação e a força que os poucos chefes exercem, ou devem exercer, se querem conservar seu poder sobre os dominados.

No âmbito do quadro citado, manifesta-se o que se denominou "o realismo" de Maquiavel, isto é, o modo concreto como Maquiavel estabelece o que deve fazer "o príncipe" para sê-lo e manter-se no poder. O "príncipe" deve ser hábil e astuto; não deve sentir escrúpulos "morais"; deve humilhar-se quando for necessário fazê-lo, mas tão-somente para depois impor-se sobre aquele ou aqueles diante dos quais se humilhou por conveniência; deve exercer, quando preciso, a violência; deve saber adular as multidões para melhor manipulá-las etc. Ele deve sobretudo passar por cima de todos os outros poderes, incluindo o poder espiritual da Igreja, que deve ser habilmente posta por ele a seu próprio serviço. O que recebe o nome de "a moral" é algo próprio do homem privado, daquele que não tem de enfrentar o grande jogo do poder e limita sua existência à ordem subjetiva. O "príncipe", em contrapartida, acha-se "para além do bem e do mal", porque sua característica capital é a *virtù*, a força e a astúcia necessárias para encabeçar o Estado, governá-lo e manter o poder contra todos os inimigos. O "príncipe" deve levar em conta o "acaso", ou o conjunto de circunstâncias que se encontram além de sua vontade; quando for factível, deve pôr o "acaso" a seu serviço ou então saber "resistir" a ele; a rigor, a "resistência" ao "acaso" é uma demonstração de astúcia e habilidade.

⊃ Maquiavel escreveu *Il Principe* em 1513. De 1513 a 1521, aproximadamente, redigiu seus *Discorsi sopra la prima Deca di Tito Livio* e, de 1521 a 1525, aproximadamente, escreveu as *Istorie Fiorentine*. Todas essas obras foram publicadas postumamente. *Il Principe* apareceu em 1532 com o título: *Il Principe di Niccolò Machiavelli al Magnifico Lorenzo di Piero de' Medici*; o texto latino apareceu em 1560. Durante a vida de Maquiavel, foram publicados apenas seus diálogos *Dell'arte della guerra* (1521) e uma de suas duas comédias: a *Mandragola* (a outra, intitulada *Clizia*, apareceu postumamente).

Edição de obras: as mais antigas são as quase simultâneas de A. Blado (Roma) e dos irmãos Giunta (Veneza, 1532). A primeira ed. com critérios modernos é a de Poggiali, 6 vols. (Florença, 1782-1783). Das muitíssimas existentes, citamos, entre as mais recentes: *Tutte le opere storiche e letterarie di N.M.*, 1929, eds. G. Mazzoni e M. Casella; *Opere*, 2 vols., 1939, ed. A. Panella; *Tutte le opere*, 2 vols., 1949, eds. F. Flora e C. Cordié; *Opere*, 1954, ed. M. Bonfantini; *Opere*, 8 vols., 1960-1965, ed. G. Procacci.

Em português: *A arte da guerra*; *Beffagor, o arquidiabo*; *A vida de Castruccio Castracani*, 3ª ed., 1994. — *Comentários sobre a primeira década de Tito Lívio*, 3ª ed., 1994. — *Escritos políticos*, 1995. — *História de Florença*, 2ª ed., 1998. — *A mandrágora*, 1987. — *Maquiavel por ele mesmo*, 1991. — *O pensamento vivo de Maquiavel*, 1961. — *O Príncipe e as dez cartas*, s.d. — *O Príncipe*, 4ª ed., 1999.

Bibliografia: A. Gerber, *N. M. Die Handschriften, Ausgaben und Übersetzungen seiner Werke im 16. und 17. Jahr. Eine Kritischbibliographische Untersuchung*, ed. de Gotha 1912-1913, reimp., 4 vols., 1961.

A literatura a favor de Maquiavel e contra ele é muito abundante. Frederico, o Grande, escreveu um *Anti-Maquiavelo* (ver em trad. ingl.: *The Refutation of M.'s Prince or Anti-Machiavelli*, 1981), mas já muito antes a orientação antimaquiavelista se desenvolvera na Espanha, com obras como o *Tratado de la religión y virtudes que debe poseer el Príncipe cristiano* (1601), de Pedro de Ribadeneyra (1527-1611), as *Empresas Políticas o Ideas de um Príncipe político-cristiano representadas en cien empresas* (1640), de Diego de Saavedra Fajardo (1584-1648), e ainda *El gobernador cristiano* (1612), do P. Juan Márquez (1565-1621), embora este último afirme não seguir essa corrente.

Ver: P. Villari, *N. Machiavelli e i suoi tempi*, 3 vols., 1877-1878; 3ª ed., 1912-1914; 4ª ed., 1927. — R. Fester, *Machiavelli*, 1900. — F. Alderisio, *Machiavelli*, 1930. — D. E. Muir, *Machiavelli and His Times*, 1936. — Charles Benoist, *Le Machiavélisme*, 1936. — Allan H. Gilbert, *Machiavelli's Prince and Its Forerunners: The Prince as a Typical Book "de Regimine Principium"*, 1938. — Hans Freyer, *Machiavelli*, 1938. — José Luis Romero, *Maquiavelo, historiador*, 1943. — César Silió Cortés, *Maquiavelo y su tiempo*, 1946. — Francisco Javier Conde, *El saber político en M.*, 1948. — R. Ridolfi, *Vita di N.M.*, 1954. — H. Butterfield, *Statecraft of M.*, 1955. — Georges Mounin, *M.*, 1958. — Leo Strauss, *Thoughts on M.*, 1958. — Émile Namer, *M.*, 1961. — Lanfranco Mossini, *Necessità e Libertà nell'opera di M.*, 1962. — Claude Lefort, *Le travail de l'oeuvre. Machiavel*, 1972. — J. G. A. Pocock, *The Machiavellian Moment: Florentine Political Thought and the Atlantic Republic Tradition*, 1975. — H. C. Mansfield, *M.'s New Modes and Orders*, 1979. — M. A. Soupios, *European Political Theory: Plato to M.*, 1986. — E. Garver, *M. and the History of Prudence*, 1987. — P. S. Donaldson, *M. and Mystery of State*, 1988. — G. Bock, Q. Skinner, M. Viroli, eds., *M. and Republicanism*, 1990. ⊂

MÁQUINAS LÓGICAS. O princípio das máquinas lógicas — a construção de um artefato composto de partes móveis de acordo com certas regras que se traduzem em certos movimentos — encontra-se já no artifício usado por Raimundo Lúlio. A *Ars Magna* (VER) propunha, com efeito, a construção de uma série de discos que rodavam em torno de um centro comum. Um dos discos continha letras que simbolizavam os conceitos que o autor visava afirmar. Os outros discos continham letras que simbolizavam conceitos combináveis com os anteriores, de tal maneira que o movimento dos discos permitia encontrar mecanicamente todos os símbolos que correspondiam a um símbolo ou série de símbolos. Lúlio usou em sua "máquina lógica" não apenas símbolos de conceitos, mas também símbolos para representar a verdade e a falsidade, de modo que imaginava poder demonstrar com isso todas as verdades da fé cristã.

A idéia da máquina lógica foi preconizada por todos os que, como Leibniz, defenderam a possibilidade de uma *characteristica universalis* (VER). De resto, Leibniz elogiou Lúlio ao observar que a invenção deste era análoga a uma *ars combinatoria* (VER) que teria sido "algo maravilhoso" se os termos usados para seu cálculo (Bondade, Magnitude, Duração etc.) "não tivessem sido tão vagos e, portanto, servissem somente para expor, mas não para descobrir a verdade" ("L'art d'Inventer", 1685, *apud* L. Couturat, *Opuscules et fragments inédits* [1901], 175-182). Ora, nem Lúlio nem Leibniz fizeram, em última análise, senão preludiar a construção das máquinas lógicas. As possibilidades para a construção destas foram suficientes apenas quando, ao lado do desenvolvimento das técnicas mecânicas (e, finalmente, elétricas), atingiu grande auge a lógica formal simbólica.

A primeira máquina lógica importante foi a de Stanley Jevons. Este construiu um "piano lógico" capaz de resolver mecânica e rapidamente equações booleanas. Jevons denominou-a *piano*, porque continha 21 teclas, uma para cada uma das 16 combinações possíveis de 4 termos e suas negações, e 5 para várias operações. Cada premissa proposta devia transformar-se numa equação booleana. Tocavam-se então as teclas necessárias para introduzir as premissas e se obtinham as conclusões corretas com base na eliminação automática (mediante alavancas) de todas as combinações de termos não permitidos pelas premissas. O "piano lógico" de Jevons permitia, além disso, encontrar os valores de verdade de uma fórmula dada de acordo com as combinações elementares assinaladas no verbete TABELAS DE VERDADE.

A partir de Jevons, intensificou-se o trabalho de construção de máquinas lógicas. Entre outros trabalhos similares, mencionamos o de Alan Marquand, que construiu em 1881 um "piano lógico" mais aperfeiçoado que o de Jevons, tendo possivelmente sido o primeiro a idealizar, já em 1885, uma máquina com base em circuitos elétricos (uma antecipação bastante prematura das máquinas atuais). Entretanto, somente a partir de 1935, com a máquina de Benjamin Burack, começaram a ser efetivamente utilizados circuitos elétricos na construção de máquinas lógicas. Notável progresso a esse respeito representou em 1938 a proposta de Claude E. Shannon (ao que parece antecipada por Chestakov). Shannon assinalou que V (verdadeiro) e F (falso) podiam ser traduzidos para o sistema binário de 1 e 0 e retraduzidos convenientemente. Apoiando-se na proposta de Shannon, Theodore A. Kalin e William Burkhardt construíram em 1947 uma máquina lógica elétrica. A chamada *calculadora Kalin-Burkhardt* baseia-se em 12 termos e 12 afirmações sobre suas relações de verdade. O princípio da calculadora continua o mesmo do "piano lógico" de Jevons, mas os progressos em termos de rapidez e do uso de uma maior quantidade de termos são notáveis com relação aos do "piano". Várias outras máquinas lógicas fundadas nos mesmos princípios foram construídas desde então. Estreitamente relacionadas com elas estão as máquinas destinadas a resolver problemas de jogos, especialmente o de xadrez, para o qual Leonardo Torres Quevedo construiu já há tempos dois modelos — um, em 1912; outro, em 1920 — e a que N. Wiener, o citado Shannon e R.W. Ashby dedicaram vários trabalhos. A construção de máquinas lógicas constitui hoje uma parte da atividade que se realiza na construção de máquinas matemáticas eletrônicas, em particular das calculadoras automáticas digitais.

Sobre alguns dos problemas referentes à relação entre certas máquinas e as operações mentais, ver TURING (MÁQUINAS DE); INTELIGÊNCIA ARTIFICIAL.

⮑ Sobre a máquina de Kalin-Burkhardt, ver: E. G. Berkeley, *Giant Brains, or Machines that Think*, 1949. Ver também W. Mays e D. G. Prinz, "A Relay Machine for the Demonstration of Symbolic Logic", *Nature*, 165 (1959), 197-198. Igualmente: *Journal of Symbolic Logic*, 4, 103; 12, 135; 13, 61-62; 15, 138.

Questões gerais sobre as máquinas lógicas: W. Sluckin, *Minds and Machines*, 1954, ed. rev., 1960. — Vitold Belevitch, *Langage des machines et langage humain*, 1956. — Mario Bunge, "Do Computers Think?", *British Journal for the Philosophy of Science*, 7 (1956-1957), 139-148, 212-219, reimp. em *Metascientific Queries*, 1959, pp. 124-152. — Martin Gardner, *Logic Machines and Diagrams*, 1958 (especialmente caps. 5 a 9). — J. von Neumann, *The Computer and the Brain*, 1958 [Silliman Lectures]. — E. C. Berkeley, *Symbolic Logic and Intelligent Machines*, 1959. — M. Taube, *Computers and Common Sense: the Myth of Thinking Machines*, 1961. — E. Feigenbaum, J. Feldman, eds., *Computers and Thought*, 1963. — H. Dreyfus, *What Computers Can't Do*, 1972. — A. Robinet, *Le défi cybernétique*, 1973. — B. Raphael, *The Thinking Computer*, 1976. — E. Feigenbaum, P. McCorduck, *The Fifth Generation*, 1984. — S. Krämer, *Symbolische Maschinen. Die Idee der Formalisierung in geschichtlichem Abriss*, 1988. — Ver também bibliografia de CIBERNÉTICA; COMUNICAÇÃO; INFORMAÇÃO. ⮐

MARAUDE, LÉONARD. Ver LIBERTINOS.

MARBURGO (ESCOLA DE). No âmbito do neokantismo (VER), a chamada "Escola de Marburgo" representou a tendência mais racionalista, conceptualista, objetivista e até cientificista, entendendo-se por esta última característica a orientação para as ciências da Natureza e, em particular, para o modelo da física matemática. O que a Escola de Marburgo tem em comum com a maioria das linhas neokantianas é o pressuposto de que a única justificação legítima do saber filosófico consiste em não permitir que se dissolva ou numa intuição romântica do real ou nas conceptualizações próprias das ciências particulares. A primeira é energicamente rejeitada; quanto às outras, têm de ser justificadas. Ora, essa justificação das conceptualizações das ciências é possível unicamente, segundo a citada Escola, por meio de uma análise das condições do conhecimento tal como a que foi estabelecida por Kant. Entretanto, se proporciona o ponto de partida, Kant não oferece, em compensação, todo o pensar filosófico. Ao contrário, o neokantismo da Escola de Marburgo equivale em grande parte a uma deliberada superação do kantismo. Este deixara na imprecisão vários pontos capitais. Em primeiro lugar, a possibilidade de uma coisa em si que afetasse em última análise nossas impressões. Ora, o método transcendental levado às suas últimas conseqüências tem de rejeitar forçosamente toda coisa em si e fechar, portanto, a passagem a qualquer "filosofia da fé" possível. Daí que a filosofia não seja propriamente um conhecimento peculiar, mas um método, um exercício analítico das condições lógicas tanto da vontade como do conhecimento. A Escola de Marburgo elaborou sobretudo este último aspecto. Sendo o entendimento uma atividade sintética, todo conhecimento do conteúdo "real" é eliminado. Mas o mesmo ocorre com o conhecimento das "essências", não só no sentido do realismo tradicional mas inclusive no sentido da fenomenologia. Se se admite o dado, não se admitirá, em todo caso, como algo posto, mas como algo pro-posto ao entendimento, que sintetizará o real por meio de uma atividade essencialmente construtiva. No entanto, esta "construção" não deve ser entendida como uma produção do próprio objeto, mas de suas condições cognoscitivas. O certo é que, dentro da própria Escola, se mostrava difícil manter a reflexão no nível citado. Mesmo o próprio Hermann Cohen chegava, mediante uma rigorosa ênfase no método transcendental e no idealismo gnosiológico, a um objetivismo radical que permitia, segundo os casos, ou um construtivismo ao estilo fichtiano ou um objetivismo suscetível de transformar-se numa nova forma de realismo. Contudo, a característica central da Escola de Marburgo consiste em fugir de ambas as possibilidades para manter-se no centro de uma consideração lógico-analítica e, sobretudo, lógico-gnosiológica que tem como material principal os dados fornecidos pelas ciências físico-matemáticas e que procura, a partir delas, mostrar os fundamentos de sua objetividade e de sua verdade dados por meio da trama do juízo. A importância atribuída na Escola à teoria relacional dos conceitos e à doutrina das categorias aponta para a mesma direção. Não é de admirar, por conseguinte, que em muitos pontos a Escola desembocasse ou num puro formalismo ou no que se denominou o idealismo lógico. O primeiro manifesta-se com clareza quando se atende não apenas ao exame da razão pura mas também, e especialmente, ao da razão prática, à análise da vontade pura. O segundo transparece sobretudo quando se consideram as análises gnosiológicas dos conteúdos científicos e do dado em geral como proposto ao entendimento.

Embora usassem uma linguagem análoga, os membros da Escola de Marburgo opunham-se aos da Escola de Baden (VER), que censurava à anterior seu naturalismo cientificista, seu racionalismo extremo e a interpretação unilateral do pensamento kantiano. Ora, os filósofos de Marburgo esforçaram-se no sentido de evitar um dogmatismo excessivo; por isso, mais do que uma comunidade fechada, a Escola foi um centro de irradiação da atividade filosófica de seu fundador, Hermann Cohen, baseada no respeito pelo espírito infundido por Kant à investigação filosófica. O predomínio que ela manteve na Alemanha desde o início do século até 1914, aproximadamente, desapareceu ou atenuou-se em virtude do triunfo da fenomenologia, das diversas linhas da filosofia da vida e da renovação do positivismo. Mas também suas próprias tendências internas, que a levaram a aproximar-se em parte do neofichtianismo e em parte do neo-hegelianismo, contribuíram para o desaparecimento gradual da Escola como tal e, ao mesmo tempo, para a incorporação de vários de seus representantes a orientações diferentes, assim como à elaboração por parte de alguns deles de sistemas mais amplos, pelo menos não confinados ao quadro de uma metodologia transcendental e de um idealismo gnosiológico de índole panlogista. Assim, por exemplo, Paul Natorp ainda mantinha pontos de vista que dificilmente poderiam ser considerados demasiado afastados dos quadros citados. Mas já Ernst Cassirer chegou a conservar, simplesmente, o idealismo como último elo de uma grande tradição que teve início com Platão e cujos representantes mais significativos, na época moderna, foram Descartes, Leibniz e, obviamente, Kant. O crescente interesse de Ernst Cassirer pelas ciências do espírito, depois de ter pesquisado os pressupostos das ciências naturais, contribuiu bastante para essa ampliação das bases da Escola. A ela pertenceu também Rudolf Stammler. Alguns, como Franz Staudinger (1849-1921) e Karl Vorländer (1860-1928), procuraram aproximar o método crítico do marxismo, de acordo com as tendências "sociais" que se manifestaram em Natorp e de acordo com o tipo de "religiosidade social" defendido pelo próprio Cohen. Albert Görland (VER) trabalhou especialmente no campo da filosofia moral e na investigação do problema da hipótese. Também Walther Kinkel (nascido em 1871) pode ser considerado um dos adeptos da Escola. O mesmo ocorre, embora em menor proporção, com outros pensadores. Assim, Kurd Lasswitz (VER) propôs-se elaborar um sistema geral de categorias para todas as esferas da cultura, baseando-se na unidade da consciência entendida como razão. Assim também Nicolai Hartmann, que não tardou, entretanto — em especial por sua proximidade do método fenomenológico —, a ser considerado um "pensador independente", e Arthur Liebert, que se aproximou da concepção da filosofia como uma ciência do valor e do sentido do ser sob uma forma evidentemente já bastante afastada das bases de Marburgo. Dentre os pensadores espanhóis, estudaram em Marburgo Manuel García Morente e José Ortega y Gasset. Nenhum deles pode ser tido como "marburguiano" em sentido estrito. Todavia, embora o próprio Ortega se tenha oposto ao "intelectualismo" da escola, o estudo profundo de Kant não é alheio à formação de seu pensamento, e isso a ponto de, segundo ele mesmo confessou, algumas das idéias em que antecipou teses de Heidegger lhe terem sido suscitadas pelo estudo da "lógica de Cohen".

➪ Ver: Paul Natorp, "Kant und die Marburger Schule", *Kantstudien*, 17 (1912). — Alice Steriad, *L'interprétation de la doctrine de Kant par l'école de Marbourg*, 1913 (tese). — P. Chojnacki, *Die Ethik Kants und die Ethik des Sozialismus. Ein Vermittlungsversuch der Marburger Schule*, 1930 (tese). — M. Graupe, *Die Stellung der Religion im systematischen Denken der Marburger Schule*, 1930 (tese). — Antonio Caso, G. H. Rodríguez, *Ensayos polémicos sobre la escuela filosófica de Marburgo*, 1945. — Joseph Klein, "N. Hartmann und die Marburger Schule", em J. Klein, G. Martin *et al.*, *N. Hartmann. Der Denker und seine Welt*, 1952, ed. H. Heimsoeth e R. Heiss. — Id., *Die Grundlegung der Ethik in der Philosophie H. Cohens und P. Natorps. Eine Kritik des Marburger Neukantianismus*, 1976. — Henri Dussort, *L'École de Marbourg*, 1963, ed. J. Vuillemin. — J. Deane Saltzmann, *P. Natorp's Philosophy of Religion Within the Marburg Neo-Kantian Tradition*, 1979 [é continuação da obra anterior de H. Dussort]. — Ver também a bibliografia de Neokantismo. ➪

MARC-WOGAU, KONRAD. Nascido em 1902 em Moscou, foi professor no Liceu de Estocolmo (1932-1946) e na Universidade de Uppsala (a partir de 1946), sucedendo na cátedra a Hagerström e Phalén; é um dos membros da (nova) Escola de Uppsala. Marc-Wogau interessou-se especialmente pelos problemas epistemológicos da percepção e pelo estudo dos "dados dos sentidos", seguindo nesse sentido tendências desenvolvidas pela filosofia analítica de Cambridge de meados deste século. Embora tenha criticado várias idéias de Hagerström sobre a conceptualização da realidade, Marc-Wogau apoiou-se em seus estudos históricos da filosofia kantiana na interpretação objetivista de Hagerström.

➪ Obras: *Untersuchungen zur Raumlehre Kants*, 1932 (tese) (*Investigações relativas à doutrina kantiana do espaço*). — *Vier Studien zur Kants Kritik der Urteilskraft*, 1938 (*Quatro estudos relativos à* Crítica do Juízo, *de Kant*). — "A. Hagerströms verklighetstheori", *Tiden*, 32 (1940), 286-299, 360-366 ("A teoria da realidade de A.H."). — *Die Theorie der Sinnesdaten*, 1945 (*A teoria dos dados dos sentidos [sensedata]*). — "A. Hagerström och kritiken av subjektivismen", em *Harald Nordenson 60 ar*, 1946. — *Filosofiska diskussioner*, 1955, nova ed., 1967. — *Att studera filosofi: en introduktion*, 1961. — *Filosofisk oppslagsbok*, 1963. — *Logik för nybörjare*, 1965. — *Freud psykoanalys. Presentation och kritik*, 1967. — *Logik, vetenskapsteori argumentationsanalys*, 1968. — *Studier till Axel Hagerströms filosofici*, 1968. Bibliografia na antologia de seus trabalhos traduzidos para o inglês, *Philosophical Essays*, 1967, págs. 243-251. ➪

MARCEL, GABRIEL (1889-1973). Nascido em Paris. Marcel foi *agrégé* de filosofia na École Normale Supérieure, mas, embora tenha dado numerosos cursos e feito ciclos de conferências em muitas universidades, tanto na França como no exterior, não se ocupou regularmente do ensino e dedicou a maior parte de sua atividade à produção filosófica e à dramática, que considera importante para melhor compreender a primeira. Em seus primeiros tempos, estudou especialmente as correntes idealistas, tanto do idealismo alemão (em particular Schelling) como inglês (em particular Royce, a quem dedicou desde 1912 uma série de artigos mais tarde compilados num volume). A rigor, em suas meditações filosóficas, Marcel partiu em ampla medida de Royce e Bradley e, parcialmente, de Bergson, mas lhe custou, segundo confessa, grandes esforços sair "do mundo em que se achava prisioneiro" (*Fragments philosophiques*, 1909-1914, ed. L. A. Blain. "Avant-propos" de Marcel escrito especialmente para esta edição), muito embora tanto Bergson como Bradley devam tê-lo ajudado a desapegar-se "da espécie de torno em que eu estava comprimido". Suas primeiras reflexões oferecem por isso um aspecto de "tentativa" muito mais acentuado do que a "tentativa" em que consiste seu próprio método filosófico. Numa observação escrita no dia 22 de junho de 1909, Marcel diz: "Parece-me ter tomado consciência esta manhã da única verdade eterna que pode fundar toda moral... o eu não passa de negação, e não atingimos o Pensamento absoluto senão tomando consciência do nada de nossa individualidade." Isto está ainda muito longe da atitude filosófica posterior de Marcel, mas manifesta já seu "modo de pensar": é o "ir tomando consciência" de verdades que de alguma maneira lhe vão sendo "reveladas". Por isso, a expressão própria de tal pensamento é com freqüência "o diário". Neste verbete, teremos de apresentar o pensamento filosófico de Marcel de uma maneira mais ou menos "sistemática", mas será preciso levar em conta que isso é, em ampla medida, uma falsificação desse modo de pensar.

É também uma falsificação, mas que pode ajudar a compreender o tipo de pensamento de que se trata, indicar que há, ou houve, em Marcel (ver o último parágrafo deste verbete) uma tendência ao pensamento "existencial" que o levou amiúde a ser chamado de "existencialista". Trata-se, evidentemente, de um "existencialismo cristão" no qual, ao contrário de Heidegger, não se pretende considerar a análise da existência um mero estágio preparatório para uma reformulação fundamental da questão do ser. Esta não é alheia ao pensamento de Marcel, mas tem pressupostos muito diferentes dos que subjazem à analítica heideggeriana e mesmo a toda a filosofia da Existência. Na verdade, Marcel seguiu um caminho muito próximo do de Kierkegaard, ainda que o tenha feito de um modo independente e sem ter conhecido Kierkegaard senão depois de ter percorrido sua própria vereda. Pois assim como Kierkegaard proclamou, contra a "filosofia especulativa" de Hegel, a filosofia existencial da verdade subjetiva, também Marcel proclamou, contra o idealismo absoluto de Bradley e de Royce — igualmente hegelianos —, a necessidade de distinguir entre a objetividade e a existência. A primeira é justamente o que o pensar idealista avalia como constitutivo do ser. Daí que a existência permaneça, no máximo, como o termo do pensar, não como o fundamento inevitável de todo pensamento. Por isso, no pensamento criticista a existência pode inclusive ser tida como contraditória e, de todo modo, revogável. Ora, uma análise da experiência que não interponha entre ela e o sujeito a tela da objetividade como fundamento da inteligibilidade do ser mostra, segundo Marcel, que a existência não pode ser posta em dúvida na medida em que não se pretenda chegar à conclusão de que não existe efetivamente nada. Entretanto, a existência não tem aqui uma significação puramente geral, como se não passasse do predicado de um sujeito. Marcel proclama, com efeito, "a indissolúvel *unidade da existência e do existente*"; isto faz que a existência não possa ser tratada como um *demonstrandum* e que a idéia da existência e a própria existência formem uma unidade completa (cf. "Existence et objectivité", em *Journal Métaphysique*, 3ª ed., 1935, p. 315). Parte daqui a tentativa de edificar uma filosofia existencial com uma forte tendência para o concreto. O significado do existencial é definido, de resto, quando estabelecemos o que se quer dizer ao falar da existência divina. Se é certo que a existência de Deus não pode ter a mesma significação que possui a existência do mundano, não é menos certo que a distinção não pode ser resolvida por meio de uma concepção ultra-existencial da pessoa divina. A rigor, Deus não está "acima" da existência, à maneira da unida neoplatônica, mas antes numa camada que fundamenta todo o existente. A meditação de Marcel sobre a noção do corpo (VER), ou, melhor dizendo, de "meu corpo", permite esclarecer por outro lado o mesmo problema. Marcel considera que "meu corpo" tem uma relação singular com o eu de que o corpo parece ser predicado; esta relação é a da "encarnação" por meio da qual se compreende a possibilidade dos juízos de existência. Tal compreensão não é, contudo, a que decorre da dilucidação de um problema. Trata-se antes do que Marcel denomina um "mistério". Ora, a diferença entre problema e mistério não significa que o primeiro seja acessível e o segundo, incompreensível. Problema é simplesmente aquilo que me é proposto, mas sendo o que me é proposto externo, corresponde ao dado. Mistério, em contrapartida, é "algo em que me encontro *comprometido* e cuja essência é, por conseguinte, algo que não está inteiramente diante de mim" (cf. *Être et Avoir*, 1935, p. 145). Daí que o mistério possa ser esclarecedor e daí também que a questão sobre o ser seja misteriosa e não problemática. A radicação do ser na região do mistério torna possível, de resto, a superação completa das oposições em que mergulharam sobretudo as filosofias modernas, e não apenas as metafísicas, mas também as epistemológicas. Com isso, o pensar filosófico transforma-se num "compromisso", numa ação em que o próprio sujeito é um elemento de uma objetividade maior e mais plena, o centro de uma verdadeira "experiência ontológica". A revelação do ontem nos é dada, portanto, pela entrega existencial e, em particular, por meio de certos atos de natureza privilegiada. A fidelidade (VER), o amor, a admiração são, para Marcel, os principais. Mas o são também a invocação, a prece e a comunhão, que nos revelam o que para um pensamento crítico é inalcançável a não ser por meio de subterfúgios: a existência do tu e, em última análise, da comunidade das pessoas. As experiências ontológicas transformam-se então na própria base a partir da qual uma experiência do ser e uma compreensão dele se tornam possíveis. A vinculação *ao ser* se descobre por meio da vinculação *a um* ser; não, pois, por uma intuição intelectual nem tampouco por um progresso infinito do pensamento. Na verdade, os últimos métodos representam um empobrecimento do mundo, uma simples problematização do mistério. São em todo caso uma objetivação, e não, por assim dizer, uma "existencialização" da existência. A análise de Marcel sobre o "ter" (VER) apresenta um propósito análogo. Aqui, mostra-se que a diferença entre o ter como posse e o ter como implicação é de índole estritamente ontológica. Com efeito, a significação mais profunda do "ter" — o ter para si — confirma que a posse pode chegar a ser entendida como uma "reserva". É o que ocorre com o corpo de cada um e com a forma especial de relação que esse autor denomina, como vimos, a "encarnação", isto é, a participação não objetiva e existencial em algo, o próprio modelo de todo juízo de existência. Ora, o existencialismo de Marcel não termina nem na destruição da ontologia nem no sistema. Por um lado, a significação ontológica da esperança e da comunhão pessoal evita, segundo Marcel, todo niilismo, incluindo o niilismo teórico; por outro lado, a própria filosofia, enquanto manifestação da vida humana, aparece como uma exploração e um itinerário contínuos, de acordo com a condição "itinerante" desse *homo viator* que Marcel procurou descrever.

O pensamento de Marcel foi exposto por seu autor, em seus últimos dias, de modo mais completo do que nas obras de períodos anteriores, embora sem abandonar a forma, por ele preferida, da *recherche*. Isso ocorre sobretudo em sua obra *Le Mystère de l'Être*. Se, apesar disso, continua difícil "resumi-lo", é porque é característico da filosofia de Marcel o fato de não admitir que os resultados possam ser separados do processo por meio do qual são atingidos. Como aqui é impossível relatar esse processo, indicaremos apenas que na obra mencionada se apresenta a *via* que vai do "mundo dilacerado" em que o homem hoje se encontra a um mundo que lhe oferece um mistério em que reside a região profunda que dá acesso à eternidade. Ao longo desse caminho, mostra-se a estrutura de "minha vida" (uma vida que inclui a existência do outro, ou do "tu"), seu ser em situação e em participação, bem como sua necessidade de transcendência. O que permite avançar por esse caminho é o uso de uma "reflexão" que não toma o objeto como puramente "exterior", mas rodeia-o de uma "aura" que brota incessantemente do "centro" existencial onde aparece o meio inteligível que desencadeia todas as fases da "reflexão".

Por volta de 1950, Marcel rejeitou o rótulo "existencialismo cristão" para designar sua filosofia. Os motivos disso são provavelmente dois: o abuso do termo 'existencialismo'; 2) a publicação, em agosto de 1950, da Encíclica *Humani generis*, em que se declara a incompatibilidade do existencialismo com o catolicismo, mesmo quando, a rigor, se trata do existencialismo denominado ateu. Marcel propõe para seu pensamento o rótulo "cristão". (Ver também EXPERIÊNCIA, *ad finem*.)

➲ Obras filosóficas: "Les conditions dialectiques d'une philosophie de l'intuition", *Revue de Métaphysique et de Morale*, 20 (1912), 638-652. — "Existence et objectivité", *ibid.*, 32 (1925), 175-195. — *Journal Métaphysique (1912-13)*, 1927 [inclui, como apêndice, o escrito anterior]. — "Positions et approches concrètes du mystère ontologique", incluído em *Le monde cassé* (cf. *infra*), 1938, ed. separada com introdução de Marcel de Corte, 1949. — *Être et avoir*, 1935 [contém, como "segunda parte", "Foi et réalité"]. — *Du refus à l'invocation*, 1940: nova ed. com o título *Essai de philosophie concrete*, 1963. — *Homo viator. Prolégomènes à une métaphysique de l'espérance*, 1944. — *Le métaphysique de Royce*, 1945 (artigos publicados na *Revue de Métaphysique et de Morale*, 1917-1918). — *Le Mystère de l'Être*, 2 vols., 1951 (*I. Réflexion et Mystère, II. Foi et Réalité*). Esta obra procede das Gifford Lectures; o texto inglês, *The Mystery of Being*, foi publicado em 2 vols., 1950-1951. — *Les hommes contre l'humain*, 1951. — *Le déclin de la sagesse*, 1954. — *L'homme problématique*, 1955. — *Présence et immortalité*, 1959 [conteúdo: "Mon propos fondamental" (1937); "Journal métaphysique" (1938-1943); "Présence et immortalité" (1951), e a obra teatral inacabada intitulada "L'insondable" (1919)]. — *Fragments philosophiques 1909-1914*, 1961, ed. Lionel A. Blain. — *La dignité humaine et ses assises existentielles*, 1964. Esta obra foi publicada antes em inglês: *The Existential Background of Human Dignity*, 1963 [The William James Lectures (1961-1962)]. — *Essai de philosophie concrète*, 1967. — *Foi et réalité*, 1967 [conferências na Universidade de Aberdeen]. — *Pour une sagesse tragique et son au-delà*, 1968. — *En chemin, vers quel éveil?*, 1971. — *Plus décisif que la violence*, 1971. — *Percées vers un ailleurs*, 1973.

Diálogos: *Entretiens Paul Ricoeur-G. M.*, 1968.

Marcel considera suas obras teatrais importantes para o melhor entendimento de sua filosofia. Dentre essas obras, mencionamos: *Le seuil invisible* (1914); *Le coeur des autres* (1921); *L'iconoclaste* (1923); *Un homme de Dieu* (1925); *Le Quatuor en Fa dièze* (1929); *Trois pièces (Le regard neuf; La mort de demain; La chapelle ardente)* (1931); *Le monde cassé* (1933); *La soif* (1933); *Le chemin de Crète* (1936); *Le dard* (1936); *Le fanal* (1936); *L'horizon* (1945); *Vers un autre Royaume (L'Emissaire, Le signe de la paix)* (1949); *Rome n'est plus dans Rome* (1951); *Croissez et multipliez* (1955); *Qu'attendez-vous du médécin?* (1958), *La dimension Florestan* (1958) [seguida do ensaio intitulado "Le crépuscule du sens commun"]. — Marcel também escreveu sobre teatro: *Théâtre et réligion*, 1958. — *L'heure théâtrale. De Giraudoux à Jean-Paul Sartre*, 1959.

Em português: *Os homens contra o homem*, 1984.

Bibliografia: F. Blázquez, "G. M.: Ensayo bibliográfico (1914-1972)", *Crisis*, 22 (1975), 29-76. — F. e C. Lapointe, *G. M. and His Critics: An International Bibliography 1928-1976*, 1977.

Vocabulário: S. Plourde, *Vocabulaire philosophique de G. M.*, 1985 [em col. com J. Parain-Vidal *et al.*].

Ver: Jean Wahl, "Le *Journal Métaphysique* de G. M.", no livro *Vers le concret*, 1932. — M. de Corte, *La philosophie de G. M.*, 1938. — M. A. Zocoletti, *La filosofia dell'esistenza secondo G. M.*, 1942. — É. Gilson, J. Delhomme, R. Troisfontaines *et al., Existentialisme chrétien: G. M.*, 1947. — P. Ricoeur, *G. M. et K. Jaspers: Philosophie du mystère et philosophie du paradoxe*, 1948. — J. Chenu, *Le théâtre de G. M. et sa signification métaphysique*, 1948. — A. Scivoletto, *L'esistenzialismo di M.*, 1950. — R. Prini, *G. M. e la metodologia dell'inverificabile*, 1950. — J. Vial, *Le sens du présent: Essai sur la rupture de l'unité originaire*, 1952 [prolonga e fundamenta a ontologia de Marcel]. — M. Bernard, *La philosophie religieuse de G. M.: Étude critique*, 1952. — R. Troisfontaines, *De l'existence à l'Être. La philosophie de G. M.*, 2 vols., 1953. — A. Rebollo Pena, *Crítica de la objetividad en el existencialismo de G. M.*, 1954. — A. A. Leite Raínho, *L'existencialismo de G. M.*, 1954. — E. Sottiaux, *G. M., philosophe et dramaturge*, 1956. — F. Hoefeld, *Der christliche Existentialismus G. Marcels. Eine Analyse der geistigen Situation der Gegenwart*, 1956. — Jean-Pierre Bagot, *Connaissance et amour. Essai sur la philosophie de G. M.*, 1958. — Marie-Magdeleine Davy, *Un philosophe itinérant: G. M.*, 1959. — Francisco Peccorini Letona, *G. M.: La "razón de ser" en la "participación"*, 1959. — Joseph Lê Thânh Tri, *L'idée de la participation chez G. M.: Superphénoménologie d'une intersubjectivité existentielle*, 1961. — Kenneth T. Gallager, *The Philosophy of G. M.*, 1962, reimp., 1975. — S. Cain, *G. M.*, 1963. — Vincent P. Miceli, *Ascent to Being: G. Marcel's Philosophy of Communion*, 1965 (com prefácio de G. M.*)*. — John B. O'Malley, *The Fellowship of Being: An Essay on the Concept of Person in the Philosophy of G. M.*, 1966. — J. Parain-Vidal, *G. M.*, 1966. — Omar Argerami, *Pensar y ser en G. M.*, 1967. — Mario A. Presas, *G. M.*, 1967. — Clyde Pax, *An Existential Approach to God: A Study of G. M.*, 1973. — Simonne Plourde, *G. M., philosophe et témoin de l'espérance*, 1975. — P. Ricoeur, H. Gouhier *et al.*, *Entretiens autour de G. M.*, 1976 [Colóquio em Cérisy-la-Salle, 24/31-VIII-1973]. — P. Kampits, *G. Marcels Philosophie der zweiten Person*, 1975. — B. E. Wall, *Love and Death in the Philosophy of G. M.*, 1977. — J. McCown, *Availability: G. M. and the Phenomenology of Human Openness*, 1978. — N. Gillman, *G. M. On Religious Knowledge*, 1980. — S. Foelz, *Gewissheit im Suchen. G. Marcels konkretes Philosophieren aus der Schwelle zwischen Philosophie und Theologie*, 1981. — M. L. Facco, *Metafisica e diaristica in G. M.*, 1982. — P. Prini, *G. M.*, 1984. — P. A. Schilpp, L. E. Hahn, eds., *The Philosophy of G. M.*, 1984 [com "An Autobiographical Essay", pp. 3-68]. — K. R. Hanley, *Dramatic Approaches to Creative Fidelity: A Study in the Theather and Philosophy of G. M. (1889-1973)*, 1987. — D. Appelbaum, *Contact and Attention: The Anatomy of G. M's Metaphysical Method*, 1987. — D. F. Traub, *Toward a Fraternal Society: A Study of G. M's Approach to Being, Technology and Intersubjectivity*, 1988. — J. Parain-Vidal, *G. M., un veilleur et un éveilleur*, 1989.

Há uma associação "Présence de G. M.", criada em 1975, com sede em Paris. ⊃

MARCHESINI, GIOVANNI (1868-1931). Nascido em Noventa Vicentina, lecionou desde 1902 na Universidade de Pádua. Discípulo de Ardigò (VER) e fundador da *Rivista di filosofia, pedagogia e scienze affini* (1900-1908; o título, a partir de 1902, foi *Rivista di filosofia e scienze affini*), na qual se difundiam as idéias positivistas preconizadas por Ardigò. Marchesini elaborou a doutrina de seu mestre, direcionando-a para um positivismo idealista, oposto ao materialismo, mas também ao espiritualismo. A mais importante e conhecida contribuição de Marchesini foi sua doutrina das ficções, denominada "ficcionalismo" e depois "filosofia do 'como se'" (à imitação de Vaihinger, mas sem ter sido influenciado por este último). Referimo-nos brevemente a essa doutrina no verbete FICÇÃO. Aqui, observaremos apenas que mediante seu ficcionalismo Marchesini esperava acolher, numa filosofia que desejava continuar sendo científica e positivista, os valores da personalidade e os ideais.

⊃ Dentre as muitas obras de Marchesini, mencionamos: *Saggio sulla naturale unità del pensiero*, 1895. — *La crisi del positivismo e il problema filosofico*, 1898. — *Il simbolismo nella conoscenza e nella morale*, 1901. — *Il dominio dello spirito, ossia il problema della personalità e il diritto all'orgoglio*, 1902. — *Le finzioni dell'anima*, 1905. — *La dottrina positiva della idealità*, 1913. — *La finzione nell'educazione, o la pedagogia del "come se"*, s/d [ap. 1925]. ⊃

MARCIANO CAPELLA (MARTIANUS MINNEUS FELIX CAPELLA) *(fl. 430)*. Exerceu grande influência sobre a organização do saber e o ensino na Idade Média com sua obra *Sobre as núpcias de Mercúrio com a Filologia e nove livros sobre as artes liberais* (*De nuptiis Philologiae et Mercurii et de septem artibus liberalibus libri novem*), também denominado *Satyricon*. Nessa obra, ele apresentou um esquema do que depois se transformou no sistema das sete artes liberais, isto é, do *Trivium* (VER) e *Quadrivium*. Este consiste numa alegoria do casamento entre a eloqüência (representada por Mercúrio) e o amor à razão ou aos conhecimentos (representado pela "Filologia"), casamento que não pode dissolver-se se não se deseja que desapareçam o saber e a bela dicção, cada um dos quais é estéril sem o outro. Assistem às bodas a gramática, a dialética, a retórica, a geometria, a aritmética, a astrologia e a música, a cada uma das quais Marciano Capella dedica um livro, do III ao IX. Do ponto de vista mais estritamente filosófico, deve-se enfatizar a transmissão à Idade Média, por Marciano Capella, de várias idéias retóricas e lógico-retóricas.

⊃ Edição da obra de M. Capella: Fr. Eyssenhardt, 1866 (*editio princeps*), e A. Dick, 1926, *ed. stereotypica*, com acréscimos de Jean Préaux, 1969 (Teubner).

Ver: Há uma obra coletiva em vários vols.: *Martinianus Capella and the Seven Liberal Arts*; o primeiro volume é de W. H. Stahl, *The Quadrivium of M. C.: Latin Tradition in the Mathematical Sciences, 50 B. C. A. D. 1250*, 1971 (com um estudo da alegoria e das "disciplinas verbais" por R. Johnson, com a colaboração de E. L. Burge). ⊃

MARCIÃO de Sinope (no Ponto) (*ca*. 85-*ca*. 165). Excomungado da Igreja por seu pai, que foi bispo de Sinope, costuma ser considerado um dos principais representantes do gnosticismo (VER), embora tenha manifestado no âmbito dessa tendência um interesse especulativo muito menor do que outros autores (Basílides ou Valentino), tendo exercido influência sobretudo por sua ação religiosa por meio da comunidade ou igreja marcionita, fundada em Roma em 144. Alguns autores (Harnack, Leisegang) chegam inclusive a negar que Marcião possa ser chamado de gnóstico. Adversário do judaísmo, Marcião opôs ao Deus do Antigo Testamento — Deus "estrangeiro", antes demiurgo, criador de um mundo imperfeito com base numa matéria preexistente e ele mesmo imperfeito — o Deus bom, desconhecido que foi revelado por Jesus Cristo. Este Deus é suprema bondade e vigilante providência. As oposições entre o Antigo e o Novo Testamento (especialmente o Evangelho de São Lucas) foram acentuadas por Marcião em seu escrito perdido *As Antíteses* ('Αντιθέσεις), cujas doutrinas conhecemos apenas através de seus opositores (Clemente de Alexandria, Tertuliano, Ireneu, Hipólito). Junto a isso, Marcião considerou a doutrina de São Paulo (contra o suposto "judaísmo" de alguns apóstolos) a verdadeira doutrina cristã da redenção pelo Deus bondoso; assim sendo, considerou sua própria comunidade religiosa a autêntica continuação da tradição paulina.

↪ Ver: H.U. Meyboom, *Marcion en de Marcioniten*, 1888. — A. Harnack, *Marcion. Das Evangelium vom fremden Gott. Eine Monographie zur Geschichte der Grundlegung der katholischen Kirche*, 2 vols., 1921, 2ª ed., 1924 [Texte und Untersuchungen, 44]. — Id., *Neue Studien zu Marcion*, 1923 [Texte une untersuchungen]. — E. Bosshardt, *Essai sur l'originalité et la probité de Tertullien dans son traité contre Marcion*, 1921. — E. Walder, *Marcion and the Roman Church*, 1929. — E. C. Blackman, *M. and His Influence*, 1948. — A. Orbe, "En torno al modalismo de Marción", *Gregorianum*, 71(1) (1990), 43-65. — G. Rottenwöhrer, *Unde malum? Herkunft und Gestalt des Bösen nach heterodoxer Lehre von Markion bis zu den Katharern*, 1986. — Ver a bibliografia de Gnosticismo, também para o livro de Leisegang. ©

MARCO AURÉLIO ANTONINO (121-180). Nascido em Roma, faleceu em Vindobona (Viena). Imperador romano de 161 até sua morte, Marco Aurélio é um dos principais representantes do chamado *novo estoicismo* (ver Estóicos) ou *estoicismo imperial*. Influenciado por outros grandes mestres do estoicismo deste período (Epicteto, Sêneca), Marco Aurélio enfatizou os traços religiosos da doutrina, que se transformou quase inteiramente numa norma de ação e num consolo. Assim o vemos em sua obra conhecida pelo nome de *Solilóquios*. Encontramos nessas meditações um conjunto de doutrinas. Entre elas, as seguintes: o homem é carne, σάρξ; espírito vital, πνεῦμα; e um eu que se governa a si mesmo, ἡγεμονικόν, e que deve tomar as rédeas da própria vida, pois é a parte divina do homem; deve-se atuar de acordo com a Natureza, pois as mudanças do homem são similares às mudanças desse Todo que é a Natureza Universal; a matéria do Todo é, porém, dócil e adaptável, enquanto a Razão possui sua própria natureza, a qual não contém nenhum mal, as rotações do Universo são sempre as mesmas, para cima e para baixo; o Universo é como uma grande Sociedade, o homem mortal é um cidadão na Grande Cidade do Universo etc. A maioria destas doutrinas são as que correspondem ao estoicismo do período citado. Outras são mais específicas de Marco Aurélio; com efeito, diante da característica "dureza" de Sêneca ou até de Epicteto, Marco Aurélio preconiza em toda parte um sentimento que às vezes se aproxima da piedade; diante do retrocesso na direção de si mesmo dos outros membros da escola, Marco Aurélio parece insistir no "dar-se aos outros", não apenas mediante seu característico "cosmopolitismo", como também por afirmar que os homens estão estreitamente relacionados numa comunidade que possibilita a constante comunicação mútua e, sobretudo, o amor mútuo. Ora, mais do que as doutrinas, importa destacar na obra de Marco Aurélio a *atmosfera* peculiar que ele procura suscitar com suas máximas e recomendações. Trata-se de uma atmosfera difícil de descrever e mais difícil ainda de definir. A rigor, Marco Aurélio não pretende nem uma coisa nem outra; ele deseja antes que os homens a quem se dirige *penetrem* no modo de vida suscitado pelas máximas, as quais não devem ser tomadas isoladamente, mas também em conjunto. Isso não significa que certas máximas não consigam mais do que outras esboçar o perfil da citada atmosfera. Entre essas máximas, escolhemos as duas seguintes. Uma está no Livro VIII (52) e diz: "Aquele que não sabe que o Universo existe não sabe onde está. Aquele que não conhece o propósito do Universo não sabe quem é nem o que é o Universo. Aquele que fracassa em qualquer um destes aspectos não pode sequer dizer por que nasceu." A outra está no Livro IX (16) e enuncia: "Vive constantemente a mais elevada [excelente, bela] vida."

↪ Edição de obras: Na *editio princeps*, o título dos *Solilóquios* é Τὰ εἰς ἑαυτόν. Segundo A. S. L. Farquharson, na edição de Marco Aurélio depois citada (tomo II, p. 433), esse título deve proceder do editor; Marco Aurélio escrevera provavelmente ὑπομνήματα, comentários. Houve numerosíssimas edições; entre as primeiras, destaca-se a de Thomas Gataker, Cambridge, 1652, com comentário e índices. Entre as edições mais recentes, figuram a de J. H. Leopold (Oxford, 1908), a de Heinrich Schenkl (Leipzig, 1913); tem especial destaque a de A. Farquharson (Oxford, 1946), com comentário.

Em português: *Meditações*, 1995.

Ver: M. Noël des Vergers, *Essai sur Marc Aurèle*, 1860. — M. E. de Suckau, *Étude sur Marc Aurèle, sa vie et sa doctrine*, 1868. — E. Forster, *M. Aureli Anton, vita et philosophia*, 1869. — E. Renan, *Marc Aurèle et la fin du monde antique*, 1881. — P. B. Watson, *The Life of Marc Aurel Antoninus*, 1884. — J. Dartigue-Peyrou, *Marc-Aurèle dans ses rapports avec le christianisme*, 1897 (tese).

— G. G. Fusci, *La filosofia di Antonino in rapporto con la filosofia di Seneca, Musonio e di Epitteto*, 1904. — L. Alston, *Stoic and Christian in the Second Century. A Comparison of the Ethical Teaching of M. Aurelius with that of Contemporary and Antecedent Christianity*, 1906. — F. W. Bussell, *M. Aurelius and the Later Stoics*, 1910. — H. Eberlein, *Kaiser M. Aurelius und die Christen*, 1914 (tese). — Henry Dwight Sedwick, *Marcus Aurelius*, 1922. — E. Bignone, *Nuovi studi sul testo dei* Pensieri *di M. A.*, 1927. — A. Cresson, *Marc Aurèle. Sa vie, son oeuvre, sa philosophie*, 1939. — Carlo Mazzantini, *M. A.*, 1948. — A. S. L. Farquharson, *M. Aurelius: His Life and His World*, 1951. — W. Görlitz, *M. A. — Kaiser und Philosoph*, 1954. — A. Birley, *M. A.*, 1966. — P. Klein, *M. A.*, 1979. — Ver também a bibliografia do verbete Estóicos. c

MARCO CONCEPTUAL. Ver Conceito; Contexto.

MARCUSE, HERBERT (1898-1979). Nascido em Berlim, estudou em Berlim e Friburgo i.B., onde se doutorou em 1923. Em Friburgo, recebeu a influência de Husserl e de Heidegger. Sob a direção deste último, preparou sua tese para a *venia docendi*, que deu origem a seu primeiro livro: a obra sobre a ontologia de Hegel e o fundamento de uma teoria da historicidade. Tanto seu precoce interesse pelo socialismo como seu estudo de Hegel levaram-no a aprofundar-se no marxismo. É possível que as diferenças políticas com Heidegger tenham impedido Marcuse de chegar a ser seu assistente em Friburgo; mas embora seja certo que este se foi distanciando Heidegger, conservou de todo modo o que se poderia denominar um "impulso heideggeriano". O que interessou Marcuse foi o homem como um estar no mundo, porém não como um *locus* ou uma voz do Ser, mas como uma realidade social. A atitude filosófica de Marcuse e suas orientações sociais e políticas foram aproximando-o de Adorno e Horkheimer; ele ingressou em 1933 no Instituto de Investigação Social (Institut für Sozialforschung), de Frankfurt, sendo considerado um dos "membros" da Escola de Frankfurt (ver Frankfurt [Escola de]). A imagem de Marcuse como um dos "frankfurtianos" é, contudo, somente uma primeira abordagem de seu pensamento, que difere em pontos importantes do pensamento de Adorno e de Horkheimer (ver). Cada um deles elaborou de forma diversa a teoria crítica (ver).

Em 1934, Marcuse mudou-se para os Estados Unidos, tendo trabalhado primeiro no Instituto de Investigação Social (Institute of Social Research), associado à Universidade de Colúmbia (1934-1940). De 1941 a 1950, trabalhou no Departamento de Estudos Estratégicos e no Departamento de Estado. De 1951 a 1953, lecionou no Instituto Russo das Universidades de Colúmbia e Harvard. De 1954 a 1965, foi professor da Brandeis University, de Boston, e, a partir de 1965, lecionou na Universidade da Califórnia, em San Diego. Em 1967, o nome de Marcuse começou a circular na Alemanha em função do interesse que suas idéias despertaram entre muitos estudantes revolucionários. A agitação estudantil em 1967 e 1968, e especialmente as jornadas de maio de 1968, em Paris, alçaram o nome de Marcuse ao primeiro plano; de 1968 a 1970, em particular, amiudaram-se os estudos sobre sua obra e os debates em torno de suas idéias. A cronologia da bibliografia sobre Marcuse, *infra*, reflete essa situação, que, não obstante, fica mais patente numa bibliografia completa, que inclua as centenas de trabalhos dedicados a Marcuse nos anos indicados.

O pensamento de Marcuse combina uma forte tendência ao abstrato com uma não menos forte tendência a vincular-se com situações concretas. A esse respeito, Marcuse seguiu os passos de Lukács. Tal como este último, além disso, um de seus esforços consistiu em aprofundar-se nas raízes hegelianas de Marx e, de passagem, em "resgatar" Hegel das mãos tanto de pensadores políticos conservadores como de materialistas dialéticos dogmáticos. O "resgate" de Hegel tem lugar contra a inclinação do próprio Hegel a fechar o ciclo da razão dialética. A despeito da insistência de Hegel no "trabalho do negativo", Marcuse avalia que, em última análise, Hegel foi infiel à sua própria intuição. Esta foi, em contrapartida, desenvolvida por Marx, para quem a consciência na história está ligada às estruturas de classe da sociedade. Isso não significa que se tenha de admitir tais estruturas de classe; pelo contrário, elas têm de ser negadas e transcendidas. Todos os fatos históricos são, para Marcuse, restrições e comportam uma negação. A negação das restrições e da própria negação abrem o caminho à possibilidade de uma autêntica e radical realização da liberdade e da felicidade, que são excluídas na sociedade burguesa e, em geral, em toda sociedade classista. O realismo hegeliano da razão leva, por fim, a um positivismo e a um conformismo.

Destacou-se amiúde que uma das mais importantes, e influentes, contribuições de Marcuse é o vínculo por ele estabelecido entre o pensamento de Marx e o de Freud. Isso se deve principalmente ao fato de Marcuse ter encontrado em algumas das idéias de Freud os elementos da "psicologia social" que faltavam em Marx. Em ambos os casos, trata-se de um movimento de libertação de repressões. A repressão sexual é concomitante à repressão social. Segundo Marcuse, Freud não percebera que, ao lado das repressões que explicou e para as quais procurou encontrar uma terapêutica, há uma série de repressões suplementares, ou subre-repressões, advindas de formas de domínio social. Tanto as repressões fundamentais de que Freud falara como as repressões suplementares podem ter sido indispensáveis para a manutenção da civilização, assim como para a conservação de determinada ordem social. Entretanto, as repressões suplementares se multiplicam a si mesmas de modo que chegam a ser desnecessárias. Não se trata apenas de libertar-se de repressões sexuais, mas de libertar a própria sexualidade. Isso se distingue das falsas libertações ou dos movimentos anti-repressivos numa sociedade fundamentalmente repressiva. Estas falsas libertações ou movimentos pseudo-anti-repressivos, longe de conduzir à liberdade e à felicidade, levam ao conformismo e a novos modos de repressão. Marcuse admite a possibilidade, e mesmo a necessidade, de sublimações, mas estas têm de possuir um caráter não-repressivo.

Marcuse submeteu a crítica, por um lado, o marxismo soviético e, por outro, a concepção unidimensional do homem prevalecente na "sociedade industrial avançada". A concepção unidimensional patente, a seu ver, no pensamento "analítico" corresponde a uma sociedade unidimensional. Tal sociedade é falaz, porque apresenta a face da abundância, da liberdade e da tolerância, ocultando sua verdadeira realidade, que é o domínio social e o conformismo. A sociedade industrial avançada "permite-se" a tolerância justa e precisamente porque sequer tem necessidade da intolerância. As mais conhecidas, e difundidas, idéias de Marcuse caminham por essa via. Ele enfatizou que os marxismos "oficiais" e muitos movimentos revolucionários erraram ao pensar que as classes oprimidas e exploradas lutam necessariamente por sua libertação. Tais classes são facilmente — e poder-se-ia dizer distorcidamente — incorporadas ao "sistema". Nesse sentido, a consciência verdadeiramente revolucionária pode aflorar em grupos minoritários que não são objetivamente explorados e que compreendem que a tolerância pode ser repressiva. O "Estado do bem-estar", a "sociedade da abundância", "a sociedade de consumo" são outras tantas formas de produção de alienação que se ignora a si mesma. Marcuse não preconiza com isso o retorno a nenhuma sociedade na qual predominem a "robusta pobreza", a "limpeza moral" e a "simplicidade"; trata-se é de eliminar o desperdício, já que só dessa maneira aumentam os bens suscetíveis de distribuição. Marcuse tampouco preconiza o retorno a uma sociedade atecnológica; trata-se de libertar a tecnologia de sua irracionalidade. A subversão do "sistema", de todo modo, não pode originar-se dentro do sistema; ela se origina ou na consciência revolucionária de minorias, que por isso só se colocam fora de toda possibilidade de assimilação, ou nas massas que estão de fato "fora" — os que não têm emprego, os que lutam pela libertação nacional e econômica em países do Terceiro Mundo etc., a quem não oferecem nenhum atrativo nem a abundância nem a tolerância repressiva. A conjunção dessas forças tão díspares pode oferecer a esperança, embora no momento só a esperança, de uma autêntica libertação.

⊃ Obras: Dos primeiros estudos de M. em alemão, mencionamos: "Beiträge zu einer Phänomenologie des historischen Materialismus", *Philosophische Hefte*, I (1928) ("Contribuições para uma fenomenologia do materialismo histórico"). — "Zur Wahrheitsproblematik der soziologischen Methode", *Die Gesellschaft*, 6 (1929) ("Sobre a problemática da verdade do método sociológico"). — "Das Problem der geschichtlichen Wirklichkeit", *Die Gesellschaft*, 7 (1931) ("O problema da realidade histórica"). — "Neue Quellen zur Grundlegung des historischen Materialismus", *ibid.*, 9 (1932) ("Novas fontes para a fundamentação do materialismo histórico"). — "Ueber die philosophischen Grundlagen des wirtschaftswissenschaftlichen Arbeitsbegriffs", *Archiv für Sozialwissenschaft und Sozialpolitik*, 69 (1933) ("Sobre os fundamentos filosóficos do conceito científico-econômico de trabalho"). — "Der Kampf gegen den Liberalismus in der totalitären Staatsauffassung", *Zeitschrift für Sozialforschung* (doravante: ZS], 3 (1934) ("A luta contra o liberalismo na concepção totalitária do Estado"). — "Zum Begriff des Wesens", *ZS*, 5 (1936) ("Para o conceito de essência"). — "Philosophie und kritische Theorie", *ZS*, 6 (1937) ("Filosofia e teoria crítica"). — "Ueber den affirmativen Charakter der Kultur", *ZS*, 6 (1937) ("Sobre o caráter afirmativo da cultura"). — "Zur Kritik der Hedonismus", *ZS*, 6 (1938) ("Para a crítica do hedonismo").

Numerosos trabalhos de M. foram compilados em livro; outros foram elaborados e fizeram parte de livros. Ver a coleção *Kultur und Gesellschaft*, 2 vols., 1965 (*Cultura e sociedade*).

Livros: *Hegels Ontologie und die Grundlegung einer Theorie der Geschichtlichkeit*, 1932 (escrito para a "habilitação" docente), reimp., 1974. — *Reason and Revolution: Hegel and the Rise of Social Theory*, 1941; 2ª ed., 1954 (com "A Note on Dialectic"), ed. rev., 1960. — *Eros and Civilization: A Philosophical Inquiry Into Freud*, 1955; 2ª ed., 1962; 3ª ed., 1966 (com um novo "Prefácio", mas sem o "Prefácio" da ed. de 1962). — *Soviet Marxism: A Critical Analysis*, 1958; 2ª ed., 1969. — *One-Dimensional Man: Studies in the Ideology of Advanced Industrial Society*, 1964. — *A Critique of Pure Tolerance*, 1965 (com Robert Paul Wolff e Barrington Moore, Jr., 2ª ed., 1969). — *An Essay on Liberation*, 1969. — *Das Ende der Utopie* [Deliberações na Freie Universität de Berlim, 1967]). — *Counterrevolution and Revolt*, 1972. — *Studies in Critical Philosophy*, 1972. — *Zeit-Messungen. Drei Vorträge und ein Interview*, 1975.

Vários vols. de M. procedem de trabalhos isolados e conferências em inglês ou em alemão. Mencionamos: *Negations: Essays in Critical Theory*, 1968 (alguns são trad. do alemão mas não feitas pelo autor). — *Psychoanalyse und Politik. Kritische Studien zur Philosophie*, 1968, ed. K. H. Haag *et al.* (contém os dois prólogos às eds. inglesas de *Eros and Civilizations*, de 1961 e 1962, e três ensaios de *Five lectures: Psychoanalysis, Politics and Utopia*, 1970). — *The Aesthetic Dimension: Toward a Critique of Marxist Aesthetics*, 1978.

Edição de obras: *Schriften*, 1978 e segs.

Em português: *Contra-revolução e revolta*, 1973. — *Crítica da tolerância pura*, 1970. — *Cultura e sociedade*, vol. 1, 1997. — *Cultura e sociedade*, vol. 2, 1998. — *A dimensão estética*, s.d. — *Eros e civilização*, 8ª ed., 1999. — *O fim da utopia*, 1989. — *A grande recusa hoje*, 1999. — *Idéias sobre uma teoria crítica de sociedade*, 1972. — *A ideologia da sociedade industrial*, 1967. — *Materialismo histórico e existência*, 1989. — *Razão e revolução*, 4ª ed., 1988. — *Tecnologia, guerra e fascismo*, 1999.

Bibliografia: W. Leiss, J. D. Ober, Erica Sherover, em M. I. Finley, M. Horkheimer, P. Gay *et al.*, *The Critical Spirit: Essays in Honor of H. M.*, 1967, ed. Kurt H. Wolff e Barrington Moore, Jr., pp. 427-433. — François H. e Claire C. Lapointe, "H. M. and His Critics: A Bibliographic Essay", *International Studies in Philosophy 7* (outono de 1975), 183-196 (trabalhos sobre M.). Ver: Tito Perlini, *Chè cosa ha veramente detto M.?*, 1969. — Mario Proto, *Introduzione a M.*, 1968. — Hans Heinz Holz, *Utopie und Anarchismus. Zur Kritik der kritischen Theorie H. Marcuses*, 1968. — J. Habermas, A. Schmidt, W. F. Haug, C. Offe, J. Bergmann, H. Berndt, R. Reiche, P. Breines, *Antworten auf H. M.*, 1968, ed. J. Habermas. — J. M. Castellet, *Lectura de M.*, 1969; 2ª ed., 1971. — Francisco Antônio Doria, *M., vida e obra*, 1969. — Antonio Escohotado, *M. Utopía y razón*, 1969. — P. Masset, *La pensée de H. M.*, 1969. — Francesco Nuzzaco, *H. M., filosofo dei nostri tempi*, 1969. — José Guilherme Merquior, *Arte e sociedade em M., Adorno e Benjamin; ensaio crítico sobre a escola neo-hegeliana de Frankfurt*, 1969. — Eloy Silvio Pomenta, *M., la psiquiatría y la liberación*, 1969. — Antonio Oriol Anguera, *Para entender a M.*, 1970. — Hans-Dieter Bahr, *Kritik der "politischen Technologie". Eine Auseinandersetzung mit H. M. und J. Habermas*, 1970. — Miguel C. Lombardi, *H. M. o la filosofía de la negación total*, 1970. — Alasdair MacIntyre, *H. M.: An Exposition and a Polemic*, 1970. — André Vergez, *M.*, 1970. — Robert W. Marks, *The Meaning of M.*, 1970. — Eliseo Vivas, *Contra M.*, 1971. — Heinz Jansohn, *H. M. Philosophische Grundlagen seiner Gesellschaftskritik*, 1971. — Sidney Lipshires, *H. M.: From Marx to Freud and Beyond*, 1974. — H. Bleich, *The Philosophy of H. M.*, 1977. — G. A. Steuernagel, *Political Philosophy as Therapy: M. Reconsidered*, 1979. — B. Kätz, *H. M. and the Art of Liberation: An Intellectual Biography*, 1982. — J. Jiménez, *La estética como utopía antropológica. Bloch y M.*, 1983. — D. Kellner, *H. M. and the Crisis of Marxism*, 1984. — U. Gmünder, *Kritische Theorie. Horkheimer, Adorno, M.*, 1985. — P. Lind, *M. and Freedom*, 1985. — T. J. Lukes, *The Flight into Inwardness: An Exposition and Critique of H. M.'s Theory of Liberative Aesthetics*, 1985. — A. Vachet, *M.: La révolution radicale et le nouveau socialisme*, 1986.

Ver também: H. Lefèbvre, L. Goldman *et al.*, arts. sobre M. em *La Nef*, 36 (janeiro-março de 1969). — S. Mallet, L. Basso, *Discusión con los marxistas. La perspectiva del socialismo en las sociedades de alto desarrollo industrial*, 1970, atas do Seminário de Estudos Marxistas em Korcula (Iugoslávia), com intervenção de M. **C**

MARÉCHAL, JOSEPH (1878-1944). Nasc. em Charleroi (Hainaut, Bélgica). Ingressou na Companhia de Jesus e foi professor na Casa dos Jesuítas de Lovaina. O trabalho de Maréchal aborda especialmente os problemas gnosiológicos e metafísicos suscitados pelo "ponto de partida da metafísica". Seu trabalho foi realizado tendo como eixo e base de pesquisa a doutrina tomista, mas examinando ao mesmo tempo as doutrinas modernas — especialmente o kantismo — a partir de dentro e vendo, portanto, em que medida elas postulam uma recuperação de seu equilíbrio interno que só pode ser alcançado com o prolongamento na direção do tomismo. A crítica transcendental não fica com isso situada fora do movimento interno do pensar filosófico, mas é considerada um de seus momentos. Segundo Maréchal, o "método metafísico" deve mostrar, com efeito, a possibilidade de uma "crítica metafísica" aplicada ao ontológico e não apenas ao fenomênico. Tal crítica suscita os problemas tradicionais do relativismo e do ceticismo. Ora, estas posições se devem, em última análise, a um dilema impossível: ou se sabe *a verdade* ou não se conhece verdade alguma. O certo, porém, é que o entendimento compreende só as condições da verdade e se vê obrigado a afirmá-las por meio de uma decisão parecida com a "ação" blondeliana, único modo de religar o ser e a inteligência, não extrínseca mas intrinsecamente. Isso não significa (como não o significa tampouco em Blondel) o primado da "ação", mas antes a recuperação da unidade das faculdades, que o fenomenismo, o imanentismo e o criticismo tinham destruído, mas que reaparece tão logo seus pressupostos são aprofundados de modo suficiente.

➲ Obras principais: *Le point de départ de la métaphysique* (Caderno I: *De l'antiquité a la fin du moyen âge: la critique ancienne de la connaissance*, 1922; Cad. II: *Le conflit du rationalisme et de l'empirisme dans la philosophie moderne avant Kant*, 1923; Cad. III: *La critique de Kant*, 1923; Cad. IV: *Par delà le kantisme: Vers l'idéalisme absolu*, 1947; Cad. V: *Le thomisme devant la philosophie critique*, 1926; Cad. VI: *Les épistémologies contemporaines*, inacabado). — *Études sur la psychologie des mystiques*, 2 vols., 1924-1931. — *Précis d'Histoire de la philosophie moderne. I: De la Renaissance à Kant*, 1933, 2ª ed., 1951.

Ver: F. Grégoire, É. Gilson *et al., Mélanges M.*, 2 vols., 1950 [bibliografia em I, pp. 47-71]. — M. Casula, *M. et Kant*, 1955. — José Aleu, *De Kant a M.: Hacia una metafísica de la existencia*, 1970. — Filippo Liverziani, *Dinamismo intelettuale ed esperienza mistica nel pensiero di J. M.*, 1974. — A. M. Matteo, *Quest for the Absolute: The Philosophical Vision of J. M.*, 1992. ⊃

MARGENAU, HENRY. Ver VITALISMO.

MARGOLIS, JOSEP H. Ver INTENÇÃO LINGÜÍSTICA; NEGATIVIDADE.

MARIANO RAFFAELLO. Ver HEGELIANISMO.

MARÍAS [AGUILERA], JULIÁN. (1914). Nascido em Valladolid, foi discípulo de Xavier Zubiri (VER), de Manuel García Morente (VER) e, sobretudo, de Ortega y Gasset (VER), com quem fundou, em 1948, o Instituto de Humanidades (Madri). Marías, que se considera membro do que ele próprio denominou "Escola de Madri" (VER), desenvolveu muitos dos temas de Ortega só iniciados ou insinuados nos escritos ou nos ensinamentos orais deste; além disso, em sua obra *Introducción a la filosofía* (cf. bibliografia), ele apresentou e desenvolveu de forma sistemática os temas filosóficos capitais à luz da filosofia da razão vital (VER). Tal como o próprio autor a entende, a "introdução à filosofia" tem como missão *"a descoberta e a constituição, em nossas circunstâncias concretas, do âmbito do filosofar — concreto também — exigido por esta"*. Por esse motivo, Marías visou traçar um "esquema de nossa situação", dentro da qual aparece a filosofia como um "fazer humano" e como "um ingrediente da vida humana". A filosofia é, assim, um saber a que ater-se com relação à situação real. Somente desse modo a filosofia poderá ser um fazer *radical*: "a filosofia — escreve Marías — tem a exigência de justificar-se a si mesma, de não apoiar-se em nenhuma outra certeza, mas, pelo contrário, de dar razão da própria realidade, subjacente às suas interpretações e, portanto, também às pretensas certezas que encontro". A filosofia é um saber radical e, ao mesmo tempo, sistemático e circunstancial; estes predicados parecem incompatíveis entre si, mas não o são quando se tem presente que a radicalidade, sistematicidade e circunstancialidade da filosofia derivam da radicalidade, sistematicidade e circunstancialidade da vida humana.

Entre as contribuições filosóficas de Marías, além da já citada, destacamos duas. Uma é o que ele chama "a estrutura empírica da vida humana". Segundo Marías, há entre a teoria analítica da vida humana e a narração concreta biográfica dela um campo intermediário: são os elementos que não constituem requisitos *a priori* da vida, mas que pertencem de fato, e de uma maneira estável e estrutural, às vidas concretas. A teoria empírica da vida tem por objetivo examinar esses elementos a um só tempo variáveis e permanentes. Assim, pode-se afirmar *a priori* que toda vida humana é circunstancial, porém só a experiência nos indica em que circunstâncias concretas se encontra uma vida determinada. Por isso, "a estrutura empírica é a forma concreta de nossa circunstancialidade". A outra contribuição refere-se à idéia da metafísica.

Partindo desta como ciência da realidade radical, Marías afirma que o homem não é a realidade radical, mas "uma realidade radicada que descubro em minha vida, como as outras". A realidade radical é antes a vida, que deve ser entendida como uma área na qual "se constituem as realidades como tais". Daí que a teoria da vida humana não seja uma preparação para a metafísica, mas *a* metafísica. Isso é possível porque, na opinião de Marías, viver e não ser constitui o sentido radical da realidade. Mas a metafísica não é um conjunto de postulados (ou idéias) de que se parte, nem uma verdade à qual se chega, mas um esforço para sair de um estado de incerteza e alcançar uma verdade radical mediante um método: a razão vital. Isso não significa que a investigação metafísica se limite à teoria da vida; toda realidade é objeto dessa teoria na medida em que toda realidade ocorre "radicada" e "complicada" nela. Só desse modo se pode entender, de acordo com Marías, que a metafísica como ciência da radicação se refira à transcendência, que não é uma entidade forjada arbitrariamente, mas "a própria condição da vida".

⊃ Obras: *Historia de la filosofía*, 1941. Fizeram-se várias edições desta e de outras obras de J. M., mas como na maioria dos casos se trata de reimpressões, indicamos apenas a data das primeiras edições. — *La filosofía del P. Gratry*, 1941. — *M. de Unamuno*, 1943. — *S. Anselmo y el insensato*, 1944. — *Introducción a la filosofía*, 1947. — *La filosofía española actual*, 1948. — *El método histórico de las generaciones*, 1949. — *Ortega y tres antípodas: Un ejemplo de intriga intelectual*, 1950. — *El existencialismo en España*, 1953. — *Idea de la metafísica*, 1954. — *Biografía de la filosofía*, 1954. — *Aquí y ahora*, 1954. — *Ensayos de teoría*, 1954. — *Ensayos de convivencia*, 1955. — *Filosofía actual y existencialismo en España*, 1955 [inclui *La filosofía actual; El existencialismo en España* e vários outros escritos]. — *La imagen de la vida humana*, 1955. — *La estructura social: Teoría y método*, 1955. — *Los Estados Unidos en escorzo*, 1956. — *El intelectual y su mundo*, 1956. — *El lugar del peligro*, 1958. — *El oficio del pensamiento*, 1958. — *La Escuela de Madrid*, 1959 [ampliação dos trabalhos contidos em *Filosofía actual y existencialismo en España*, 1955]. — *Ortega. I: Circunstancia y vocación*, 1960. — *Imagen de la India*, 1961. — *Los españoles*, 1962. — *La España posible en tiempos de Carlos III*, 1963. — *Modos de vivir*, 1964. — *El tiempo que ni vuelve ni tropieza*, 1964. — *Al margen de estos clássicos*, 1966. — *Consideración de Cataluña*, 1966. — *La realidad histórica y social del uso lingüístico*, 1966, reed. com o título *El uso lingüístico*, 1967. — *Meditaciones sobre la sociedad española*, 1966. — *Nuestra Andalucía*, 1966. — *Nuevos ensayos de filosofía*, 1967. — *Análisis de los Estados Unidos*, 1968. — *Comunidad y desarrollo*, 1969. — *Antropología metafísica*, 1970. — *Esquema de nuestra situación*,

1970. — *Visto y no visto*, 2 vols., 1971. — *Innovación y arcaísmo*, 1973. — *Sobre Hispanoamérica*, 1973. — *Travesía del horizonte*, 1974. — *La justicia y las justicias*, 1975. — *La España real*, 1976. — *La devolución de España*, 1977. — *Problemas del cristianismo*, 1979. — *La mujer en el siglo XX*, 1980. — *Cinco años de España*, 1981. — *Ortega. II: Las trayectorias*, 1983. — *Breve tratado de la ilusión*, 1984. — *La España inteligible*, 1984. — *Cara y cruz de la electrónica*, 1985. — *Hispanoamérica*, 1986. — *La mujer y su sombra*, 1986. — *La libertad en juego*, 1986. — *La felicidad humana*, 1987. — *Una vida presente: memorias*, 1988. — *Generaciones y constelaciones*, 1989. — *Cervantes, clave española*, 1990. — *La Corona y la comunidad hispánica de las naciones*, 1992. — *La estructura social*, 1993. — *Mapa del mundo personal*, 1993.

Edição de *Obras*: I, 1958; II, 1958; III, 1959; IV, 1959; V, 1960; VI, 1961; VII, 1966; VIII, 1970; IX, 1982; X, 1982. Há, além disso, uma ed. de bolso denominada "Colección El Alción", que inclui textos ainda não compilados na ed. de *Obras*.

Em português: *A estrutura social: teoria e método*, 1955. — *A felicidade humana*, 1985. — *História da filosofia*, 1973. — *Introdução à filosofia*, 1966. — *Literatura e gerações*, 1977. — *Mapa do mundo pessoal*, 1995. — *A perspectiva cristã*, 2000. — *Problemas do cristianismo*, 1979. — *O tema do homem*, 1975.

Antologias: *El tema del hombre*, 1943. — *La filosofía en sus textos*, 2 vols., 1950; 3ª ed., 3 vols., 1961.

Além disso, M. editou trads. de vários textos clássicos e modernos, entre os quais destacamos seu comentário às *Meditaciones del Quijote*, de Ortega y Gasset, 1957. — Ele é igualmente editor do *Diccionario de literatura española*, 1949, 4ª ed., ampl., 1972 (em colaboração com Germán Bleiberg) e de uma *Historia de la filosofía y de la ciencia*, 1964 (em colaboração com Pedro Laín Entralgo).

Ver: Helio Carpintero, "J. M.: Una consideración desde la filosofía", em *Cinco aventuras españolas: Ayala, Laín, Aranguren, Ferrater, M.*, 1967, pp. 191-233. — Juan Soler Planas, *El pensamiento filosófico de J. M.*, 1973. — H. Raley, *Responsible Vision: The Philosophy of J. M.*, 1980. — A. Donoso, *J. M.*, 1982. — A. Guy, *Historia de la filosofía española*, 1985, pp. 302-307. — M. Suances Marcos, "El espíritu de Ortega: J. M.", em J. L. Abellán e A. Monclús, coords., *El pensamiento español contemporáneo y la idea de América*, vol. I: *El pensamiento en España desde 1939*, 3ª parte, cap. 8, pp. 329-366. **C**

MARINIS, ENRICO DE. Ver Ardigò, Roberto.

MARINO DE NEÁPOLIS (Siquém, Shechem ou Sychem, Samaria) (século V). Membro da escola de Atenas (ver), do neoplatonismo (ver), foi discípulo de Proclo e sucessor deste como escolarca na Academia. É conhecido sobretudo como autor de uma encomiástica *Vida de Proclo*, na qual desenvolveu as especulações dialéticas de seu mestre, especialmente no que diz respeito à teoria das virtudes, no âmbito das quais Marino admitiu as chamadas virtudes teúrgicas, consideradas as supremas. Ao lado dessa especulação religioso-moral, realizada no espírito do sincretismo, Marino escreveu uma série de comentários ou diálogos platônicos. Observa-se às vezes que esta última produção contrasta com a anteriormente mencionada no sentido de que representa um afastamento das tendências teúrgicas e uma aproximação do pensamento puramente racional, em particular daquele que faz uso dos métodos matemáticos. O interesse que a matemática tinha para Marino é confirmado, aliás, pelo fato de ser ele autor de vários escritos sobre essa disciplina e de ter influenciado a esse respeito outros autores neoplatônicos (por exemplo, Damáscio).

⇒ Edição da vida de Proclo: *Marini Vita Procli*, por I. F. Boissonade, Lipsiae, 1814.

Ver: S. Sambursky, *Proklos, Präsident der platonischen Akademie, und sein Nachfolger, der Samaritaner Marinos*, 1985 (folheto monográfico: conferência de 6 de julho de 1985). **C**

MARIO VICTORINO. Ver Victorino, Cayo Mario.

MARITAIN, JACQUES (1882-1973). Nascido em Paris. Discípulo primeiro de Bergson (cuja filosofia não tardou a submeter a exame crítico), converteu-se em 1906 ao catolicismo, principalmente por influência de Léon Bloy. A partir de 1914, lecionou no Institut Catholique de Paris; foi professor visitante em muitas universidades, bem como professor titular em Princeton. Foi também embaixador da França no Vaticano.

Representante da neo-escolástica, e em especial do neotomismo, cujas teses fundamentais explicou e defendeu — em muitos casos seguindo João de Santo Tomás —, Maritain se propõe o estabelecimento de uma metafísica cristã que, ao reafirmar o primado da questão ontológica sobre a gnosiológica, permita evitar os erros e distorções em que, a seu ver, desembocou o idealismo moderno: "a metafísica que considero fundada na verdade" — confessa ele — "pode caracterizar-se como um realismo crítico e como uma filosofia da inteligência e do ser, ou, mais justamente ainda, do *existir* tido como o ato e a perfeição de todas as perfeições" (*Confession de foi*, 1941, p. 16). A filosofia tomista não é por isso, segundo Maritain, uma filosofia do passado que seja urgente restaurar, mas um pensamento vivo que convém aprofundar. Pois o racionalismo idealista moderno é sobretudo, para Maritain, um antropocentrismo, no âmbito do qual cabe contar não apenas as tendências racionalistas em sentido estrito, mas também, e muito especialmente, o irracionalismo romântico, cujo freqüente vínculo com o panteísmo é uma evidente demonstração do círculo vicioso em que se move sem cessar toda afirmação da superioridade autônoma da consciência. Diante do panteísmo, em seus dois aspectos racionalista e irracionalista, contra o antropocentrismo, que significa, no fundo, uma negação da transcendência, Maritain sustenta o personalismo enquanto filosofia que, sem negar a subsistência do homem, sua independência diante das coisas, não equivalha tampouco a fazê-lo fundamento último das coisas. O homem é para Maritain uma pessoa, não apenas um indivíduo isolado ou o servo de qualquer falsa transcendência puramente terrena; como tal, o homem está vinculado com Deus e na direção Dele se realiza a expansão de todas as suas possibilidades. Assim, só pelo caminho do personalismo cristão se poderá, de acordo com Maritain, superar a dificuldade interna do idealismo moderno e, ao mesmo tempo, ampliar o campo do saber, que dessa maneira integrará em sua unidade não apenas a ciência e a filosofia, como também a sabedoria tal como definida e concebida por Santo Agostinho. A rigor, a questão do saber é tudo, menos um problema puramente técnico e está no próprio cerne de uma reforma do homem. A preocupação à formação de uma hierarquia dos saberes e dos graus do saber destinado a proporcionar um firme alicerce à ordem intelectual que deve substituir a desordem moderna, a distinção e ao mesmo tempo a complementação da ciência e da sabedoria, o esforço para definir o campo de uma filosofia da Natureza, autônoma com relação à metafísica e à ciência positiva, são diversos exemplos que mostram até que ponto a filosofia "teórica" está indissoluvelmente vinculada à filosofia "prática". Maritain levou desde o princípio a renovação católica e as teses da filosofia do espírito pessoal às controvérsias sociais e políticas de nosso tempo; apoiando-se na crítica de Rousseau, ele se dirige antes de tudo a uma renovação profunda do pensamento democrático, não só, desde logo, contra as distorções do liberalismo atomista moderno, mas sobretudo contra as concepções totalitárias, derivadas do panteísmo e, em particular, do panteísmo hegeliano, contra toda falsa transcendência que não passa, no fundo, de projeção no externo das fraquezas da criatura humana.

Durante muito tempo, descreveu-se Maritain como um filósofo tomista "liberal" e, sem dúvida, boa parte de sua obra e de sua atividade se encaminhou ao combate de todo "integrismo". Por outro lado, numa obra publicada pouco antes de morrer (1969) — intitulada *O camponês da Garona* —, Maritain apresentou uma espécie de "testamento", não só filosófico mas também teológico, sociológico, político e claramente pessoal. Pelo vigor com que combate algumas das tendências que se consideraram emancipadoras no catolicismo, o "testamento" de Maritain foi julgado por alguns como uma tentativa de aproximação do "integrismo". Ora, embora seja certo que há na obra mencionada um forte elemento de conservadorismo, trata-se igualmente de um ataque a tudo o que o autor considera um "falseamento" do cristianismo. Em sua opinião, esse falseamento está representado, entre outros, por Teilhard de Chardin e pelos seguidores da cosmologia teológica (ou teologia cosmológica) de Chardin, assim como pelo uso da fenomenologia e da psicanálise para propósitos religiosos.

Obras: *La philosophie bergsonienne*, 1914. — *Art et Scolastique*, 1920. — *Eléments de philosophie* (I. *Introduction générale à la philosophie*, 1920. II. *L'ordre des concepts. Petite Logique*, 1923). — *Antimoderne*, 1922. — *Réflexions sur l'intelligence et sur sa vie propre*, 1924. — *De la vie d'oraison*, 1924 (em colaboração com Raïsa Maritain). — *Trois Réformateurs*, 1925. — *Primauté du Spirituel*, 1927. — *Le docteur angélique*, 1929. — *Religion et Culture*, 1930. — *Distinguer pour unir ou les degrés du savoir*, 1932. — *Le songe de Descartes*, 1932. — *De la philosophie chrétienne*, 1933. — *Du régime temporel et de la liberté*, 1933. — *Sept leçons sur l'être*, 1934. — *Science et sagesse*, 1935. — *Frontières de la poésie*, 1935. — *La philosophie de la nature. Essai critique sur ses frontières et son objet*, 1936. — *Humanisme intégral*, 1936. — *Situation de la poésie*, 1938 (em colaboração com Raïsa Maritain). — *Questions de conscience*, 1938. — *Quatre essais sur l'esprit dans sa condition charnelle*, 1939. — *À travers le désastre*, 1941. — *Le crépuscule de la civilization*, 1941. — *Confession de foi*, 1941. — *Les droits de l'homme et la loi naturelle*, 1942. — *Christianisme et démocratie*, 1943. — *De Bergson à Thomas d'Aquin*, 1944. — *Principes d'une politique humaniste*, 1944. — *Pour la justice: Articles et discours (1940-1945)*, 1945. — *La personne et le Bien commun*, 1947. — *L'éducation à la croisée des chemins*, 1947. — *Court traité de l'existence et de l'existant*, 1947. — *Raison et raisons*, 1948. — *Neuf leçons sur les notions premières de la philosophie morale*, 1951. — *Man and the State*, 1952. — *Creative Intuition in Art and Poetry*, 1953 [A.W. Mellon Lectures 1952]. — *Approches de Dieu*, 1954. — *On the Philosophy of History*, 1957, ed. J. Evans. — *Reflections on America*, 1958. — *Pour une philosophie de l'éducation*, 1959. — *Pour une philosophie de l'histoire*, 1959. — *Liturgie et contemplation*, 1959. — *The Responsibility of the Artist*, 1960. — *La philosophie morale*, 1960. — *On the Use of Philosophy: Three Essays*, 1961. — *Man's Approach to God*, 1961. — *Dieu et la permission du mal*, 1963. — *Le paysan de la Garonne*, 1966 (confissões pessoais). — *De l'Église du Christ*, 1970. — *Approches sans entraves*, 1973 (coleção de artigos, incluindo textos inéditos).

Em português: *Cristianismo e democracia*, 1964. — *Os direitos do homem e a lei natural*, 1947. — *Elementos de filosofia*, 1963. — *O homem e o estado*, 1952. — *Humanismo integral: uma visão nova da ordem cristã*, 1942. — *Introdução geral à filosofia*, 17ª ed., 1994. — *Ordem dos conceitos — lógica menor*, 13ª ed., 1994. — *A pessoa e o bem comum*, 1962. — *O pensamento vivo*

de São Paulo, 1951. — *Por um humanismo cristão,* 1999. — *Princípios de uma política humanista,* 1946. — *Progresso progressismo,* 1970. — *Sete lições sobre o ser,* 1996. — *Sobre a filosofia,* 1967.
Correspondência: B. Doering, ed., *The Philosopher and the Provocateur: The Correspondence of J. M. and Saul Alinsky,* 1994.
Edição de obras: *Oeuvres complètes de Jacques et Raïsa Maritain,* 17 vols., 1982ss.
Bibliografia: R. Byrns, "A Bibliography of J. Maritain, 1910-1942", *The Thomist* 5 (1942-1943). — "Bibliographie résumée des écrits de Jacques Maritain", *Revue thomiste,* 48 (1948), 24-32. — Donald e Idella Gallagher, *The Achievement of J. and R. M.: A Bibliography,* 1962.
Ver: Gérard Pheland, *J. M.,* 1937. — Raïsa Maritain, *Les grandes amitiés,* 1941. — Id., *Les Aventures de la Grâce,* 1944 (nova ed., 1948). — Julio Meinvielle, *Crítica de la concepción de M. sobre la persona humana,* 1948. — Jaime Castillo, *En defensa de M.,* 1949. — É. Gilson *et alii, J. M.: Son oeuvre philosophique,* 1949. — E. L. Allen, *Christian Humanism: A Guide to the Thought of J. M.,* 1950 (folheto). — Ch. A. Fecher, *The Philosophy of J. M.,* 1953. — M. L. Cassata, *La pedagogia di J. M.,* 1953. — N. Padellaro, *M.: La filosofia contro le filosofie,* 1953. — J. Croteau, *Les fondements thomistes du personnalisme de M.,* 1955. — N. W. Michener, *M. or the Nature of Man in a Christian Democracy,* 1955. — L. Orlandi, *Note critiche alla filosofia sociale di J. M.,* 1955. — V. Lundgaard Simonsen, *L'esthétique de J. M.,* s/d (1956). — L. Orlandi, *I fondamenti metafisici della filosofia sociale di J. M.,* 1956. — Id., *— La società delle persone umane nel pensiero di J. M.,* 1956. — C. Santamaría, *J. M.,* 1956. — Id., *J. M. y la polémica del bien común,* 1956. — H. Bars, *M. en notre temps,* 1960. — Laura Fraga de Almeida Sampaio, *A intuição na filosofia de J. M.,* 1996 [com bibliografia completa]. — Thomas D. Rover, *The Poetics of M.,* 1965. — Joseph J. Sikora, *The Christian Intellect and the Mystery of Being: Reflections of a M. Thomist,* 1966. — Josef Reiter, *Intuition und Transzendenz. Die ontologische Struktur der Gotteslehre bei J. M.,* 1967. — John W. Hanke, *Maritain's Ontology of the Work of Art,* 1973. — Brooke W. Smith, *J. M.: Antimodern or Ultramodern? An Historical Analysis of His Critics, His Thought, and His Life,* 1975. — J. Amato, *Mounier and M.: A French Catholic Understanding of the Modern World,* 1975. — J. Daujat, *M.,* 1978. — J. Dunaway, *J.M.,* 1978. — B. Doering, *J. M. and the French Catholic Intellectuals,* 1983. — J.-L. Allard, *J. M.: Philosophe dans la cité / A Philosopher in the World,* 1985 [Congresso Internacional sobre J. M. em Ottawa, 6-9 de outubro de 1982]. — S. Costantino, *Filosofia politica e società in J. M.,* 1986. — D. W. Hudson, M. J. Mancini, eds., *Understanding M.: Philosopher and Friend,* 1987. — J. F. X. Knasas,

ed., *J. M.: The Man and His Metaphysics,* 1988. — P. A. Redpath, ed., *From Twilight to Dawn: The Cultural Vision of J. M.,* 1990.

Foi fundado (1958) na Universidade de Notre-Dame (Indiana, EUA) um *Jacques Maritain Center* para estudar e difundir o pensamento do filósofo. — Desde 1980, são publicados os *Cahiers J. M.*

MARKOVIĆ, SVETOZAR (1846-1875). Nascido em Jagodina (Sérvia), estudou em Belgrado e em São Petersburgo, indo depois à França e à Suíça e regressando a seu país pouco antes de sua morte. Na Rússia, conheceu as doutrinas de Pisarev (VER) e na Suíça se familiarizou com as doutrinas de Marx e com o movimento político que culminou na I Internacional. Igualmente influenciado pelos materialistas da Ilustração e pelo materialismo (VER) alemão do século XIX, assim como por autores utopistas franceses deste último século, Marković pode ser considerado um marxista eclético e um convicto materialista, com forte tendência a incluir motivos evolucionistas darwinianos no quadro de uma dialética. Muitas das idéias de Marković se desenvolveram no decorrer de seus esforços para aplicar o materialismo científico e o socialismo à realidade social e histórica da Sérvia. Contrariamente a Marx, e em maior consonância com desenvolvimentos ulteriores do marxismo, Marković avaliou ser possível, e necessário, acelerar o processo revolucionário em países industrialmente pouco desenvolvidos — como a Sérvia e a Rússia de sua época — mediante uma democracia popular instigada pelos intelectuais socialistas revolucionários em conjunção com camponeses e proletários. Ele também avaliou ser possível passar muito rapidamente ao socialismo e ao comunismo com a relativamente breve abolição do Estado e a participação direta do povo no regime de produção e distribuição econômicas. Segundo Marković, a prática deve estar estreitamente unida à teoria, e de maneira específica a prática socialista deve estar estreitamente unida a uma teoria filosófica materialista (em "ontologia"), realista (em "epistemologia") e idealisticamente realista (em "ética"). O desenvolvimento da ciência e do socialismo caminham juntos, e ambos se alicerçam no ateísmo, que deve libertar os homens de toda tirania e temor. A moral burguesa individual é, no fundo, imoral; a verdadeira moralidade, que é objeto de cultivo e aperfeiçoamento incessantes, é a socialista, única na qual desaparecerá o egoísmo.

⊃ Marković fundou e dirigiu vários jornais — *Radenik (O Trabalhador), Javnost (O Público), Oslobodjenjen (Libertação)* — em defesa de seus ideais. Sua principal obra de economia política é: *Nàcelo Narodne Ekonomije,* 1874 (*Os princípios da economia nacional ["popular"]*).

Edição de escritos: seus numerosos escritos filosóficos e políticos foram compilados em *Sabrani Spisi,* 4 vols., 1960-1965.

Bibliografia: Slobodan Jovanović, *S. M.*, 1904. Ver: Jovan Skerlic, *S. M.*, 1910. — Dimitrije Prodanović, *Shvantanje Svetozara Markovića o drzavi*, 1961. — D. A. Croker, *Praxis and Democratic Socialism: The Critical Social Theory of M. and Stojanović*, 1983. ●

MARLIANI, JUAN (Johannes Marlianus, Giovanni Marliani) († 1483). Nasceu em Milão e estudou medicina no Colégio Milanês de Médicos. Marliani lecionou em Pavia, Milão e depois novamente em Pavia. Seu principal interesse foram a medicina e as ciências naturais; sua importância na história da filosofia e da ciência reside sobretudo em seus trabalhos sobre a chamada "reação" (*reactio*) ou esfriamento de um corpo quente em contato com um corpo frio, e, em geral, sobre as leis de transmissão do calor; sobre as leis do movimento uniformemente acelerado e, em geral, sobre as leis do movimento dos corpos naturais (do chamado "movimento violento" ou movimento experimentado por um corpo ao ser movido por outro, lançado por outro etc.). Especialmente importantes foram os experimentos de Marliani sobre o movimento de bolas num plano inclinado com o objetivo de medir sua velocidade e aceleração, assim como seus experimentos com pêndulos. Em todos esses trabalhos, Marliani manifestou sua familiaridade com as idéias desenvolvidas pelos físicos de Paris e de Oxford, e em particular pelos últimos (os "mertonianos" [VER]). Entretanto, os trabalhos de Marliani não consistiram nem numa mera repetição dos experimentos feitos por esses físicos e filósofos nem numa simples reiteração das idéias correspondentes; em alguns casos, Marliani ultrapassou seus precursores, antecipando partes não só dos experimentos de Galileu, como também das idéias deste último sobre a natureza e as leis do movimento dos corpos. Particular importância tiveram as correções de Marliani a Tomás Bradwardine no que tange ao movimento local.

◌ Obras: *Tractatus de reactione*, composto em 1448 (publicado em 1525 numa edição de escritos de Cajetano de Tiene). — *In defensionem Tractatus de reactione*, composto em 1454 ou 1456 (publicado em 1467). — *Tractatus physici*, que parece ser o mesmo escrito citado por Marliani como o *Liber conclusionum diversarum*, composto antes de 1460 [inclui capítulos sobre as questões abordadas pelos físicos de Paris e Oxford: *De intensione et remissione (formarum); De intensione et remissione in difformibus; De maximo et minimo* etc.]. — *Probatio cuiusdam sententiae calculatoris de motu locali* (publicado em *Disputatio*, cf. *infra*). — *Disputatio... cum Joanne de Arculis* (publicada com a *Probatio*, cf. *supra*, em 1460). — *Algorismus de minutiis (et algebra)*, composto antes de 1464. — *Quaestio de proportione motuum in velocitate* (publicado em 1482 como vol. 1 de *Opera subtilissima*, 2 vols., [o vol. 2 é a indicada *Disputatio*]).

Ver sobretudo Marshall Clagett, *Giovanni Marliani and Late Medieval Physics*, 1941 (tese). — Muitas das obras citadas na bibliografia de MERTONIANOS e PARIS (ESCOLA DE) — Duhem, A. Maier etc. — referem-se a Juan Marliani. ●

MARSELLI, NICOLÒ. Ver ARDIGÒ, ROBERTO.

MARSÍLIO [MARSÍLIO MAINARDINI] DE PÁDUA (*ca.* 1275-*ca.* 1343). Foi reitor da Universidade de Paris (1312-1313), estudou na Itália a filosofia natural com Pedro de Abano, regressou a Paris, onde colaborou com o averroísta João de Jandún em sua obra capital e, em conseqüência da denúncia feita contra esta última, se refugiou em Nürenberg com Luís de Baviera, com o qual foi de novo à Itália (1327). Embora costume ser incluído na corrente do averroísmo (VER) paduano, Marsílio de Pádua não se destacou nas investigações de filosofia natural e metafísica, mas nas de filosofia política e em seus propósitos de reforma religiosa. Sua tese filosófico-político-religiosa principal é a da necessidade não apenas de uma autonomia completa do Estado, como do predomínio deste sobre a Igreja. Observou-se que com isso Marsílio de Pádua não fazia senão proporcionar uma ideologia filosófico-política ao movimento de independência estatal das Repúblicas Italianas do Norte, mas embora isto possa explicar a gênese histórica de sua obra, não dá conta de toda a filosofia política nela contida, que se baseia numa consideração do Estado como sociedade perfeita e suficiente em si mesma, a ponto de não depender do Direito natural. Marsílio de Pádua pretendia com isso restaurar em sua pureza a teoria política aristotélica e assinalava que somente tal teoria poderia evitar as lutas civis; mas o radicalismo com que ele defendeu estas teses o fez precursor não apenas do erastianismo posterior, mas também, como o indicou R. Labrousse, do absolutismo moderno.

◌ Obras: A obra capital, o *Defensor Pacis*, foi publicada na Basiléia (1522). Ed. críticas: C. W. Previté-Orton (Cambridge, 1928); R. Scholz (Hanover, 1932-1933 [Fontes juris germanici antiqui]. Ed. e trad. inglesa por A. Gewirth: *M. of P., the Defender of Peace*, 2 vols., 1951-1956. — Outras obras de M. de P.: *Defensor minor* (ed. crítica por C.H. Brampton [Birmingham, 1922]). — *Tractatus de translatione imperii.* — *Tractatus de iurisdictione imperatoris in causis matrimonialibus*.

Ver: F. Battaglia, *M. da P. e la filosofia politica del medioevo*, 1928. — W. Schneider-Windmüller, *Staat und Kirche im Defensor Pacis des M. von P.*, 1934. — G. de Lagarde, *La naissance de l'esprit laic au déclin du moyen âge. II. M. de P. ou le premier théoricien de l'état laique*, 1934; 2ª ed., 1948; 3ª ed. [como vol. III e com o subtítulo *Le defensor Pacis*], 1970. — A. Chechini, *Interpretazione storica di M.*, 1942. — G. de Simone, *Le dottrine politiche di M. da P.*, 1942. — A. Gewirth, *M. of P.: Mediaeval Political Philosophy*, 1949. — Jeannine Quillet, *La philo-*

sophie politique de M. de P., 1970. — G. Piaia, *M. de P. nella Riforma e nella Controriforma. Fortuna ed interpretazione*, 1977.

A referência a R. Labrousse, na obra do mesmo autor: *Introducción a la filosofía política*, 1953, p. 44. ᴄ

MARSÍLIO DE INGHEN (*ca.* 1330-1396). Assim chamado por ter nascido em Inghen, nas cercanias de Nimega, foi mestre na Faculdade de Artes da Universidade de Paris desde 1362, reitor da mesma Universidade em 1367 e 1371 e primeiro reitor da Universidade de Heidelberg em 1386. Discípulo de João Buridan e influenciado, além disso, por Guilherme de Occam, Nicolau de Oresme e Alberto da Saxônia, Marsílio de Inghen é considerado um dos "parisienses" ou membros da Escola [de físicos] de Paris (ver Paris [Escola de]). Em seus escritos físicos, principalmente com base em comentários e resumos da *Física* de Aristóteles, Marsílio de Inghen abordou o problema denominado da "reação" — ou esfriamento de um corpo quente produzido por um corpo frio —, rejeitando várias das soluções que tinham sido propostas para explicar esse fenômeno, mas sem chegar, ao que parece, a nenhuma conclusão definitiva. Ele tratou igualmente do problema da chamada "redução" — ou esfriamento da água quente —, introduzindo a hipótese de que a forma substancial da água é a causa principal do mencionado fenômeno. Mais importantes do que seus escritos sobre estes e outros problemas semelhantes, são as análises de Marsílio de Inghen do problema do movimento local. Seguindo os nominalistas, Marsílio negou que o movimento fosse alguma entidade; além disso, e sobretudo, desenvolveu a teoria denominada do ímpeto (ᴠᴇʀ), explicando a aceleração inicial do corpo em movimento (de um projétil) com base no impulso recebido pelo projétil e pelo ar que o cerca. Marsílio considerou que o ímpeto é uma "disposição" (*dispositio* ou *habitus*), assim como uma "ação" (*actio* ou *passio*). Em seus escritos lógicos, Marsílio elaborou as doutrinas terministas. Em teologia, recebeu a influência não apenas de Occam como também a de Santo Tomás, mas afastou-se deste no que diz respeito à questão da demonstração do poder infinito de Deus, que não é acessível, segundo Marsílio, à razão natural; embora neste ponto não chegasse tão longe quanto outros nominalistas e admitisse a possibilidade de alguma prova.

⮕ Obras: Devem-se a M. de I. algumas *Quaestiones super quatuor libros Sententiarum* [sobre as *Sentenças*, de Pedro Lombardo] publicadas em Estrasburgo em 1501, reimp., 1969-1970; um *Textus dialecticus de suppositionibus, ampliationibus etc.*, publicado, junto com as *Summulae*, de Pedro Hispano, em Viena, 1512, e em Veneza, 1516; uma *Expositio super libros Analyticorum priorum*, publicada em Veneza em 1516; algumas *Quaestiones* sobre o *De generatione et corruptione*, publicadas em Veneza em 1518 junto com comentários ao próprio texto aristotélico de Egidio Romano e Alberto da Saxônia. Atribuem-se a ele algumas *Quaestiones subtilissimae super VIII libros physicorum secundum nominalium viam*, que apareceram no vol. II da edição de *Opera omnia* de Duns Escoto (Lião, 1639), pp. 188-194. — Ed. crítica de *Suppositiones, Ampliationes, Appelationes, Restrictiones, Alienationes*, com trad. ingl. e introd. de E. P. Bos, 1983.

Ver bibliografia do verbete Paris (Escola de). Além disso: A. Jellinek, *M. ab Inghen*, 1959. — G. Ritter, *Studien zur Spätscholastik*, 2 vols., 1921-1922 (*I. Marsilius von Inghen und die Okkamistische Schule in Deutschland*, 1921; *II. Via antiqua et via moderna auf den deutschen Universitäten des XV. Jahrhunderts*). ᴄ

MARTÍ D'EIXALÀ, RAMON (1808-1857). Nascido em Cardona, perto de Barcelona, estudou Direito na Universidade de Cervera e foi professor auxiliar de Direito na mesma Universidade (1829-1830). Mais tarde, foi professor de "ideologia" na Academia de Ciências Naturais, de Barcelona, e professor de Direito na Universidade de Barcelona desde 1837 (professor titular a partir de 1838). O principal interesse de Martí d'Eixalà foi a filosofia. Influenciado pelo empirismo inglês, pela escola escocesa do senso comum e pela ideologia francesa, Martí d'Eixalà desenvolveu em seu *Curso de filosofía* um pensamento no qual uma das três partes em que dividiu a filosofia (ideologia, gramática geral e lógica) desempenha um papel fundamental. Esta parte era a ideologia. Segundo Martí d'Eixalà, a matemática é uma ciência analítica, todas as outras ciências são ciências de observação e todas elas consistem em expressão de "idéias". As "idéias" são para Martí d'Eixalà resultado de observações tanto internas como externas, e a própria ideologia é a ciência mais geral das observações e, portanto, uma ciência empírica. Como as observações se transformam em idéias apenas quando se manifestam sob a forma de atos conscientes, a psicologia — entendida como uma psicognosia e como uma ciência geral descritiva — é essencial para os fundamentos das ciências. Martí d'Eixalà dividiu as idéias em simples e complexas, num sentido semelhante ao de Locke, mas com várias modificações, especialmente no que se refere à natureza das idéias complexas.

Martí d'Eixalà foi o mestre de Llorens i Barba (ᴠᴇʀ), que escreveu sobre ele uma "Memoria" (1859) e desenvolveu várias das idéias de seu mestre.

⮕ Obra capital: *Curso de filosofía elemental*, 1841. — Devem-se a ele, da mesma forma, algumas *Consideraciones filosóficas sobre la impresión de lo sublime*, 1845.

Ver: J. M. Batista y Roca, "M. d'E. i la introducció de la filosofia escocesa a Catalunya", *Hispanic Studies in Honour of I. González Llobera*, 1954, pp. 41-60. — J. Roura Roca, *R. M. d'E. i la filosofia catalana del segle XIX*, 1980. — N. Bilbeny, *Filosofia Contemporània a Catalunya*, 1985, pp. 159-176 (cap. 8: "R. M. d'E., l'anàlisi de la consciència").

MARTÍ, RAMÓN. Ver Ramón Martí.

MARTIN, RICHARD M. Ver Metalinguagem; Nada; Nominalismo; Pragmática.

MARTINAK, EDUARD (1859-1943). Nascido em Warasdin (Croácia), foi *Privatdozent* (1895-1904), professor "extraordinário" (1904-1909) e professor titular de filosofia e pedagogia na Universidade de Graz (a partir de 1909). Seguidor de Meinong, foi um dos membros da chamada "Escola de Graz". Martinak dedicou-se especialmente à psicologia, trabalhando na denominada "teoria das disposições", e à pedagogia, ocupando-se das aplicações da primeira à última. Além de seus trabalhos teóricos, deve-se mencionar sua atividade no Ministério da Educação com vistas à reforma escolar na Áustria e à instituição de estudos pedagógicos universitários.

↪ Obras: *Lockes Lehre von den Vorstellungen*, 1887 (*A doutrina de Locke acerca das idéias*). — *Die Logik Lockes*, 1894 (*A lógica de L.*). — *Zur Begriffsbestimmung der intellektuellen Gefühle*, 1895 (*Para a determinação conceitual dos sentimentos intelectuais*). — *Psychologische Untersuchungen zur Bedeutungslehre*, 1901 (*Investigações psicológicas para a teoria da significação*). — *Meinong als Mensch und Lehrer*, 1925 (*M. como ser humano e professor*). — *Wesen und Aufgabe der Erziehungswissenschaft*, 1928 (*Natureza e missão da ciência da educação*). — *Psychologische und pädagogische Abhandlungen*, 1929, ed. E. Mally e O. Tumlirz (*Tratados psicológicos e pedagógicos*).
Ver: *Beiträge zur Pädagogik und Dispositionstheorie. Martinak-Festschrift*, 1919, ed. A. Meinong (com bibliografia de trabalhos de E.M.). ↪

MARTINEAU, HARRIET. Ver Comte, Augusto.

MARTINEAU, JAMES (1805-1900). Nascido em Norwich. Pastor da Igreja Unitária, teve a seu cargo várias paróquias em Liverpool e Londres; de 1840 a 1845, lecionou no New College de Manchester, estabelecido em Londres, e em 1869 foi nomeado Reitor do mesmo College. De 1848 a 1849, residiu em Berlim, onde encontrou Trendelenburg e se interessou pela tradição idealista alemã.

Martineau opôs-se ao agnosticismo e ao positivismo ingleses e se dedicou a um exame do conhecimento com vistas a estabelecer as bases de uma metafísica. Segundo Martineau, a existência do mundo exterior é indemonstrável; esta existência, assim como a correlação entre o pensamento e o ser, devem ser objeto de uma crença, sem a qual é impossível qualquer indagação filosófica ulterior, mas essa crença afeta não apenas o fundamento de todo conhecimento como também o mundo das coisas em si, o qual deve ser concebido como inseparável do mundo dos fenômenos. Justamente a mútua dependência entre o fenômeno e a coisa em si faz que se mostre compreensível o fato da lei causal, interpretada não como a simples afecção real do efeito pela causa, mas antes como aquilo que resulta quando a causa é reduzida à razão, isto é, quando o real é concebido como fundado no ideal. Assim, o mundo ideal é entendido por Martineau como um mundo ativo. Ora, essa atividade que constitui o fundo do que existe em e por si mesmo se revela também no sujeito, que pode experimentar, perceber e conhecer porque é fundamentalmente ativo, porque é capaz de escolher. Dessa maneira, a filosofia de Martineau desemboca diretamente numa metafísica em que todo fenômeno aparece como manifestação de uma atividade e de uma vontade, ou, melhor dizendo, de uma série de vontades cujo centro se acha na própria divindade. De acordo com esse voluntarismo, Martineau desenvolve especialmente a ética, baseada na doutrina do sujeito como ser capaz de escolha entre os motivos opostos e contraditórios. A redução de todo ser à atividade e à escolha não exclui, porém, a existência de duas realidades que se contrapõem no campo do conhecimento da ética e da metafísica, mas este dualismo é ao mesmo tempo a expressão de um monismo em que se afirma simultaneamente a transcendência e a imanência de Deus com relação ao mundo e ao homem.

↪ Discípulos de Martineau ou estreitamente vinculados com seu pensamento são, entre outros, Charles Barnes Upton (1821-1910), que defendeu a indissolúvel vinculação da ética com a religião e se inclinou a uma revalorização da doutrina de Lotze (*The present Agnosticism and the Coming Theology*, 1879; *An Examination of the Natural Evolution of Mind*, 1883; *Can Religion dispense with God?*, 1886; *Are Ethics and Theology vitally connected?*, 1892; *Lectures on the Bases of Religious Belief*, 1894); William Benjamin Carpenter (1813-1885), que defendeu com bases fisiológicas e psicológicas a doutrina de Martineau sobre a liberdade da vontade (*Principles of Mental Physiology*, 1874; *Nature and Man, Essays Scientifical and Philosophical*, 1888, póstuma); Richard Holt Hutton (1826-1897), que estudou sobretudo os problemas teológicos (*Essays Theological and Literary*, 1871; *Aspects of Religion and Scientific Thought*, 1899, póstuma); Frances Power Cobbe (1822-1904), dedicada igualmente a questões morais e sociais (*The Theory of Intuitive Morals*, 1855; *Studies Ethical and Social*, 1865; *The Hope of the Human Race*, 1874; *The Scientific Spirit of the Age*, 1888; Autobiografia em *Life, by Herself*, 2 vols., 1894). O "movimento unitário" defendido pelo círculo de pensadores voltados para a filosofia de Martineau representou com isso uma forte reação contra o agnosticismo naturalista da época, não sem pretender, por outro lado, conciliar o imperativo religioso com o desenvolvimento da ciência. Sem pertencer ao grupo de Martineau, seguiu todavia orientações semelhantes Robert Flint (1838-1910), conhecido sobretudo por suas pesquisas em história da filosofia da história (*The Philosophy of History in Europe:* I. *The Philosophy of History in France and Germany*, 1874; *History of the Philosophy of History:* II. *Historical Philosophy in France and French Belgium and Switzerland*, 1893), assim como por suas obras antiagnósticas e pro-teístas (*Theism*, 1877; *Anti-Theistic Theories*, 1879; *Agnosticism*, 1903).

Obras: *The Rationale of Religious Inquiry*, 1836. — *Lectures in the Liverpool Controversy*, 1839. — *Endeavours after the Christian Life*, I, 1843; II, 1847. — *Miscellanies*, 1852. — *Studies of Christianity*, 1858. — *Essays, Philosophical and Theological*, 2 vols., 1868. — *Religion as affected by Modern Materialism*, 1874. — *Hours of Thought on Sacred Things*, 2 vols., 1876. — *Modern Materialism, Its Attitude towards Theology*, 1876. — *Ideal Substitutes for the God considered*, 1879. — *The Relation between Ethics and Religion*, 1881. — *A Study of Spinoza*, 1882. — *Types of Ethical Theory*, 2 vols., 1882. — *A Study of Religion*, 2 vols., 1888. — *The Seat of Authority in Religion*, 1890. — *Essays, Reviews and Addresses*, I (*Personal-Political*), 1890; II (*Ecclesiastical-Historical*), 1891; III (*Theological-Philosophical*), 1891; IV (*Academical-Religious*), 1891. — *Faith the Beginning, Selfsurrender the Fulfilment of the Spiritual Life*, 1897. — *National Duties, and other Sermons*, ed. G. e F. Martineau, 1903. — As *"Prayers"* de J. M. estão incluídas no volume de Selina Fitzherbert Fox, *A Chain of Prayer across the Ages*, 1913. Algumas delas tinham aparecido em *Common Prayer for Christian Worship*, 1862, de J. M., outras em *Home Prayers*, 1891.

Ver: Joseph H. Hertz, *The Ethical System of J. M.*, 1894. — J. J. Wilkinson, *J. Martineaus Ethik. Darstellung. Kritik und pädagogische Konsequenzen*, 1898 (tese). — R. A. Armstrong, *Martineau's Study of Religion*, 1900. — A. W. Jackson, *J. M.: A Biography and a Study*, 1901. — James Drummond e Cr. B. Upton, *The Life and Letters of J. M.*, 2 vols., 1902. — O. Price, *Martineaus Religionsphilosophie. Darstellung und Kritik*, 1902. — Henry Sidgwick, *Lectures on the Ethics of Green, Spencer and M.*, 1902. — J. E. Carpenter, *J.M., Theologian and Teacher: A Study of His Life and Thought*, 1905. — Henry Jones, *The Philosophy of M. in Relation to the Idealism of the Present Day*, 1905. — Ch. B. Upton, *Dr. Martineau's Philosophy*, 1905. — R. A. Armstrong, *Martineau's Study of Religion*, 1906. ⊂

MARTINETTI, PIERO (1871-1943). Nascido em Castellamonte (Aosta), foi professor de filosofia téorica da Universidade de Milão de 1906 a 1931, quando renunciou à cátedra por negar-se a prestar o juramento obrigatório requerido pelo governo fascista.

Característico do pensamento filosófico de Martinetti é constituir-se por meio de um diálogo crítico com as grandes posições epistemológicas e metafísicas. Atraído no começo pelo imanentismo de Schuppe e pelas tentativas de desenvolver uma metafísica indutiva baseada nos resultados das ciências positivas, Martinetti logo se voltou para a elaboração de uma "filosofia crítica" na qual a teoria do conhecimento devia depurar-se de pressupostos metafísicos, mas ao mesmo tempo chegar a uma concepção global metafísica. Martinetti denunciou as insuficiências das diversas formas de realismo e de idealismo, mas considerou que só por meio da experiência filosófica ao longo da história se poderia depurar o pensamento; portanto, a crítica dessas posições é simultaneamente uma preparação para admitir o que tivessem de plausível. A trajetória do pensamento de Martinetti procede mediante um exame dos diversos graus pelos quais se constitui o saber: a consciência e suas representações; o mundo representado pela consciência; a unidade, ou, melhor, a correlação da consciência com o mundo etc. No curso dessa exploração, Martinetti chegou à conclusão de que o primado gnosiológico da consciência não destrói a objetividade do conhecido; antes implica essa objetividade sem a qual a própria consciência perderia sua razão de ser; pois a consciência é essencialmente apropriação da realidade. Tal apropriação se realiza a partir do estágio da experiência sensível, com suas formas do espaço e do tempo, que unificam a experiência, e com as formas da causalidade e da identidade, que permitem novas unificações. Estas unificações não são, para Martinetti, como o eram para Kant, resultado de aplicação ao material dado de formas *a priori*, mas conseqüência de uma unidade própria sistemática da realidade empírica. No final, chega-se a uma completa unidade, a unidade absoluta, de caráter metafísico. Processo similar é realizado na trajetória que leva à liberdade, que é propriamente para Martinetti libertação, no decorrer da qual se desenvolvem o Direito, a moralidade e a religião. Os graus da liberdade são, assim, paralelos aos graus da realidade.

⊃ Obras: *Il sistema Sankhya*, 1897. — *Introduzzione alla metafisica. I: Teoria della conoscenza*, 2 vols., 1902-1904, reimp., 1929. — *Breviario spirituale*, 1926 [anônimo]. — *Saggi e discorsi*, 1926, 2ª ed., 1929 [coletânea de trabalhos, muitos deles publicados antes em revistas, desde 1908]. — *La libertà*, 1928. — *Gesù Cristo e il cristianesimo*, 1934. — *Ragione e fede*, 1942 [coletânea de trabalhos]. — *E. Kant*, 1943, 2ª ed., 1946. — *Hegel*, 1943. — Martinetti escreveu numerosos artigos para a *Rivista di filosofia*. É também autor de várias antologias comentadas (Platão, Kant, Schopenhauer) e de um comentário aos *Prolegômenos de Kant*.

Ver: G. Gentile, *Saggi critici*, série I, 1921 ("La teoria della conoscenza di M."). — G. Savinelli, *La religione nel pensiero di P. M.*, 1939. — F. P. Alessio, *L'idealismo religioso di P. M.*, 1950. — C. Goretti, *Il pensiero filosofico di P. M.*, 1952. — Francesco Romano, *Il pensiero filosofico di P. M.*, 1959. — Depoimentos e discussões sobre P. M. em *Filosofia* [Turim], 15 (1964), 359-472.

— E. Mariani, *Esperienza e intuizione. Saggio sul pensiero di P. M.*, 1964. — C. Terzi, *P. M.: la vita e il pensiero originale*, 1966. ℃

MARTÍNEZ DEL SOLAR, GABRIEL. Ver DEÚSTUA, ALEXANDRE OTÁVIO.

MARTINI, CORNELIUS (1568-1621). Nascido em Amberes (Holanda), exilou-se na Alemanha depois da revogação do Édito de Nantes, tendo lecionado em Helmstedt. Cornelius Martini foi um dos "protestantes aristotélicos", de confissão luterana, que edificaram uma concepção teológico-filosófica fundada em grande parte em Aristóteles e em Santo Tomás. Martini preparou o caminho para a escolástica protestante suarista que se desenvolveu na Alemanha poucos anos depois.

➲ Obras: *Compendium metaphysicum*, de 1597-1599 (manuscrito inédito que se encontra na Biblioteca Ducal de Wolfenbüttel). — *Disputationes metaphysicae*, 1604-1608. — *Metaphysica commentatio*, 1605 (com o mesmo conteúdo, praticamente, do *Compendium*). — *Metaphysica*, 1622 (póstuma). — *Theologiae Compendium*, 1650 (póstuma).

Ver: Peter Petersen, *Geschichte der aristotelischen Philosophie im protestantischen Deutschland*, 1921, reimp., 1962. — Ernst Lewalter, *Spanisch-Jesuitische und Deutsch-Lutherische Metaphysik des 17. Jahrhunderts*, 1935. — Max Wundt, *Die deutsche Schulmetaphysik des 17. Jahrhunderts*, 1939; reimp., 1964. ℃

MARTINI, JACOBUS [JAKOB] (1570-1649). Professor em Wittenberg, foi um dos "protestantes aristotélicos" que seguiram os passos de seu homônimo Martini (Cornelius) (VER). Jacobus Martini incorporou muitas das idéias das *Disputationes metaphysicae*, de Suárez, à sua síntese filosófica e teológica de confissão luterana.

➲ Obras: *Theorematum metaphysicorum exercitationes*, 1603-1604. — *Exercitationum metaphysicarum*, 1608. — *Disputationes metaphysicae*, 1611. — *Collegium metaphysicum*, 1614. — *Vernunftspiegel*, 1618 (*Espelho da razão*).

Ver obras de P. Petersen, E. Lewalter e M. Wundt citadas na bibliografia de MARTINI (CORNELIUS). ℃

MARTY, ANTON (1847-1914). Nascido em Schwyz (Suíça), estudou em Würzburg com Brentano, cujas inspirações seguiu em grande parte. Tal como Brentano, abandonou a fé católica. Depois de lecionar no Liceu de Schwyz, foi para Göttingen, onde estudou sob a direção de Lotze. Foi mais tarde para Praga, onde lecionou de 1880 até um ano antes de sua morte.

Marty trabalhou, seguindo Brentano, em questões de psicologia descritiva, ou "psicognosia", mas abordou igualmente problemas de lógica e em particular de filosofia da linguagem. Não parece haver para Marty distinção marcante entre questões psicológicas, lógicas e lingüísticas, mas isso se deve ao fato de ele entender a psicologia como descrição de tipos de relações intencionais. Importantes para Marty eram os juízos de existência e as expressões mediante as quais manifestamos aprovação ou desaprovação (ou, em termos de Brentano, exprimimos "amor" ou "ódio"). Segundo Marty, há nos juízos existenciais termos denotativos e termos que não denotam nada, limitando-se a indicar que se aceita ou não que há esta ou aquela coisa ou que esta ou aquela coisa têm estas ou aquelas propriedades. A "existência" no juízo de existência é não denotativa. De maneira similar, nos juízos de aprovação ou desaprovação, há termos que dizem respeito à bondade ou à maldade e termos que se referem ao fato de que se aprova ou se desaprova, se ama ou se odeia. Por outro lado, a bondade ou maldade não são coisas, mas objetos de aprovação ou desaprovação. Desse modo, os juízos de valor são juízos emocionais, mas as emoções não são atos meramente "subjetivos" e "arbitrários", mas que têm um fundamento "objetivo" em virtude do qual as avaliações são aceitáveis ou não aceitáveis. Os valores, tais como "bom" e "mau", são, na terminologia de Brentano, objetos intencionais ou objetos de intenção.

Marty discutiu com Meinong sobre o problema de saber se há ou não objetos que não existem, mas, como dizia Meinong, "subsistem". De acordo com Marty, não há objetos subsistentes, mas pode-se falar de objetos não reais. Estes são "o fato de ser (ou existir)" ou "o fato de não ser (ou não existir)". A doutrina de Marty a esse respeito coincide com a dos que estabeleceram uma distinção entre os que foram às vezes chamados "fatos" (*Tatsachen*), e também "coisas" (*Dinge*), e os que foram denominados "situações objetivas" (*Sachverhalte*). Ocasionalmente, as diferenças entre Marty e Meinong parecem mínimas; em outras ocasiões, Marty aproxima-se mais das doutrinas desenvolvidas por Stumpf e pelo primeiro Husserl, havendo certas analogias entre "o fato de ser (ou existir)" e "o fato de não ser (ou não existir)", isto é, entre os "conteúdos" dos juízos, por um lado, e as "unidades ideais de significação husserliana", por outro. É interessante em Marty — e infelizmente pouco explorada — a idéia de que os objetos não reais só podem ser compreendidos em função de objetos reais. Traduzindo-se isso em termos lingüísticos, a idéia de Marty tem conexões com a que apresentamos no verbete sobre a noção de "co-referência" (VER).

➲ Obras: *Ueber den Ursprung der Sprache*, 1875 (*Sobre a origem da linguagem*). — *Die Frage nach der geschichtlichen Entwicklung des Fabensinns*, 1879 (*O problema da evolução histórica do sentido da cor*). — *Zur Sprachphilosophie. Die logischen, lokalistischen und andere Kasustheorien*, 1910 (*Para a filosofia da linguagem. As teorias lógicas, localistas e outras acerca dos casos*). — *Untersuchungen zur Grundlegung der allgemeinen Grammatik und Sprachphilosophie*, I, 1908; reimp. 1976 (*Investigações para a fundamentação da gramática geral e filosofia da linguagem*). — Além disso, vários trabalhos publicados em revistas, entre eles: "Ueber subjektlose Sätze und das Verhältnis der Grammatik zur Logik und Psychologie", *Vierteljahrschrift*, 7 (1884) ("Sobre proposições sem sujeito, e a relação entre a gramática, a lógica e a psicologia") e "Ueber Sprachreflex, Nativismus und absichtliche Sprachbildung", *ibid.*, 8-16 (1884ss.) ("Sobre reflexos da linguagem, nativismo e formação intencional da linguagem"). — Em 1916, foi publicado *Raum und Zeit* (*Espaço e tempo*), obra póstuma, ed. por Josef Eisennmeier, A. Kastil e O. Kraus; em 1916 e 1920, os dois volumes de *Gesammelte Schriften*, pelos mesmos editores, e em 1940 e 1950 os vols. I e II-III de *Nachgelassene Schriften. Untersuchungen zur Grundlegung der allgemeinen Grammatik und Sprachphilosophie*, ed. O. Funke. — Também: "Elemente der deskriptiven Psychologie. Zwei Auszüge aus Nachschriften von Vorlesungen A.M.s", *Conceptus*, 21 (1987), 49-66.

Bibliografia: N.W. Bokhove, S. Raynaud, "A Bibliography of Works by and on A. M.", em K. Mulligan, ed., obra cit. *infra*.

Ver Otto Broens, *Darstellung und Würdigung des sprachphilosophischen Gegensatzes zwischen Paul, Wundt und M.*, 1913 (tese). — Oskar Kraus, introdução (pp. 1-68) ao vol. I de *Gesammelte Schriften* (1916). — O. Funke, *Innere Sprachform. Einführung in A. Martys Sprachphilosophie*, 1924. — Id., *Wege und Ziele*, 1944. — Id., *A. Martys sprachphilosophisches Lebenswerk*, 1945. — S. Raynaud, *A. M. filosofo del linguaggio. Uno strutturalismo pressaussuriano*, 1982. — K. Mulligan, ed., *Mind, Meaning and Metaphysics*, 1990 [contém arts. sobre as filosofias da mente e da linguagem e sobre a metafísica de A. M., com 2 cartas inéditas de M. a Husserl sobre intencionalidade e o *status* dos objetos imanentes]. **C**

MARVIN, WALTER T[AYLOR]. Ver NEO-REALISMO.

MARX, KARL (1818-1883). Nascido em Trier (Tréveris), na antiga província do Reno. Depois de estudar na escola de Trier, ingressou (1835) na Faculdade de Direito da Universidade de Bonn e (1836) na Universidade de Berlim, onde se doutorou em 1841 e seguiu os ensinamentos de Savigny e de Eduard Gans, discípulo de Hegel. Amigo do grupo dos "jovens hegelianos de esquerda" (os irmãos Bauer, Max Stirner e outros), estudou a fundo o sistema hegeliano, pelo qual se sentiu ao mesmo tempo atraído e repelido. Mosse Hess, um socialista radical de Colônia, chamou-o a essa cidade para colaborar no *Rheinische Zeitung* (1831) até a suspensão deste periódico (1843). Marx publicou no *Rheinische Zeitung* uma série de artigos radicais, ao mesmo tempo que se familiarizava com os escritos dos socialistas utópicos franceses, em especial Fourier, Proudhon e Leroux. Ele se entusiasmou com Feuerbach e, diante da impossibilidade de *continuar* trabalhando *na* Alemanha, mudou-se para Paris, convidado por Arnold Ruge para colaborar nos *Deutsch-Französische Jahrbücher*. Em 1844, conheceu em Paris Engels, com quem manteve íntima amizade durante toda a vida, com quem colaborou em várias obras. Engels com freqüência o ajudou financeiramente durante seu longo exílio em Londres. Ainda em Paris, conheceu vários revolucionários (Auguste Blanqui, Bakunin etc.) e familiarizou-se com os escritos de Saint-Simon, que exerceram uma influência considerável sobre ele. Começou aí uma série de polêmicas (contra Proudhon, contra seus ex-amigos da "esquerda hegeliana" etc.). Expulso de Paris a pedido do Governo prussiano em virtude de suas colaborações no semanário *Vorwärts*, Marx foi em 1845 para Bruxelas. Em 1847, fundou, com Engels, a Liga (*Brund*) dos Comunistas, cujo programa político e filosófico foi fixado no *Manifesto do Partido Comunista* (1848). Pouco mais tarde, em Colônia, dirigiu o *Neue Rheinische Zeitung*, que foi suprimido quase imediatamente. Em 1849, foi para Londres, onde permaneceu durante o resto de sua vida e onde escreveu suas obras teóricas mais importantes, enquanto lutava contra a miséria e se mantinha em estreito contato com as organizações revolucionárias, e a partir de onde dava o principal impulso à constituição da I Internacional.

Expomos as doutrinas de Marx e as várias formas de "marxismo" no verbete MARXISMO, motivo pelo qual nos limitaremos aqui a algumas observações. Costuma-se apresentar Marx como um discípulo de Hegel, ou, melhor dizendo, como um dos "hegelianos de esquerda" que inverteu completamente as teses hegelianas, mas conservando partes importantes da substância do hegelianismo. Embora isso seja certo, deve-se ter presente igualmente a influência exercida sobre Marx por outros autores (Feuerbach, Saint-Simon etc.), assim como as conseqüências que tiveram para ele suas leituras das obras dos principais economistas da época (Adam Smith, Ricardo, Quesnay etc.) e em particular sua atividade como jornalista e sua intervenção nas lutas político-sociais de seu tempo. Deve-se acrescentar a isso a influência exercida sobre Marx pelo desenvolvimento da economia e, em especial, da economia inglesa (da qual Engels lhe proporcionou muitos dados). Ainda assim, e de acordo com o que indicamos em MARXISMO, não se deve considerar o sistema de idéias de Marx um resultado de diversas influências e experiências, mas a elaboração dessas influências e experiências no âmbito de um espírito a um só tempo sistemático e positivo.

Uma das questões mais abundantemente debatidas nos últimos tempos é a de saber se há ou não "dois Marx", e, no caso de haver, que relação existe entre ambos e até que julgamento se deve fazer sobre o valor do pensamento de cada um deles. Aqueles que defenderam a tese dos "dois Marx" dividiram seu pensamento em dois períodos, caracterizados principalmente pelos *Manuscri-*

tos Econômico-Filosóficos, de 1844, e por *O Capital*, de 1876. A publicação desses *Manuscritos* chamou a atenção sobre um Marx principalmente "filósofo", e consideravelmente "ideólogo", que, segundo vários intérpretes, deveria ser incluído numa espécie de tradição hegeliano-existencial; este é, tal como se disse às vezes, o Marx realmente interessante, ao menos em termos filosóficos, assim como antropológicos e "morais", ao contrário do Marx "posterior", afastado da filosofia e de toda ideologia e dedicado a edificar uma ciência. Vários autores, em contrapartida, avaliaram que se deve ter em conta principalmente o Marx maduro, ou seja, o Marx científico e não o filosófico. Os dois tipos de opinião pressupõem uma cisão mais ou menos rigorosa entre os "dois Marx". A publicação completa dos *Grundrisse*, de 1857-1858, alterou a tese da cisão — assim como as opiniões contrapostas nela fundadas — e, de acordo com vários intérpretes, restabeleceu a "continuidade" no pensamento de Marx. Contudo, os *Grundrisse* podem ser interpretados, por seu turno, de vários modos, e entre eles de dois: como um laço de união entre os supostos "dois Marx" ou como um núcleo maduro do pensamento de Marx que aponta para várias direções, entre elas para as do "primeiro Marx", o "Marx filósofo", e do "Marx posterior", o "Marx científico".

➲ Das obras de Marx publicadas durante a sua vida, mencionamos: *Die heilige Familie oder Kritik der kritischen Kritik, eine Streitschrift gegen Bruno Bauer zur Aufklärung des Publikums über die Illusionem der spekulativen Philosophie und über die Idee des Kommunismus als die Idee des neuen Weltzustandes*, 1845 (*A sagrada família, ou crítica da crítica crítica. Polêmica contra Bruno Bauer para a ilustração do público sobre as ilusões da filosofia especulativa e sobre a idéia do comunismo como idéia do novo estado mundial)* [em colaboração com F. Engels; a "sagrada família" são os três irmãos Bauer: Bruno, Edgar e Egbert]. — *Misère de la philosophie. Réponse à la philosophie de la misère*, de Proudhon, 1847 [em alemão; *Das Elend der Philosophie*, 1885]. — *Manifest der kommunistischen Partei*, 1848 (*Manifesto do Partido Comunista*) [em colaboração com F. Engels]. — *Zur Kritik der politischen Oekonomie*, 1859 (*Crítica da economia política*). — *Das Kapital. Kritik der politischen Oekonomie*, 3 vols. (I, 1867; II [ed. por F. Engels], 1885; III, 1895). — As *Teses sobre Feuerbach* foram publicadas por F. Engels em 1888 como "Apêndice" à sua obra *Ludwig Feuerbach und der Ausgang der klassischen deutschen Philosophie*.

Além dessas obras, Marx publicou numerosos artigos e ensaios no *Rheinische Zeitung*, nos *Deutsch-französische Jarhbücher*, no semanário *Vorwärts*, no *Neue Rheinische Zeitung*, no *New York Tribune* etc. Entre os escritos histórico-políticos, destacam-se: *Die Klassenkämpfe in Frankreich* (1859); *Der 18 Brumaire des Louis Bonaparte* (1852).

Muitos dos escritos de Marx publicados em jornais e revistas foram compilados em livro somente depois de sua morte, em especial nas edições de obras completas (cf. *infra*). Marx deixou várias obras inéditas, que depois foram também publicadas em edições de *Obras Completas*; além de sua tese de doutorado de 1841 (*Diferença entre as filosofias da Natureza de Demócrito e de Epicuro*), mencionaremos a esse respeito: *Kritik der Hegelschen Rechtsphilosophie* (*Crítica da filosofia hegeliana do Direito*), escrita em 1843. — *Die deutsche Ideologie. Kritik der neuesten deutschen Philosophie* (*A ideologia alemã. Crítica da filosofia alemã recente*), escrita durante os anos de 1845 e 1846). — *Grundrisse der Kritik der politischen Oekonomie. Rohentwurf* (*Elementos fundamentais para a crítica da economia política: Rascunho*), escrita em 1857-1858. — Deve-se mencionar também uma série de escritos típicos do "jovem Marx" que se denominam hoje *Manuscritos Econômico-Filosóficos* e que foram escritos quase todos por volta de 1844.

Em português: *18 Brumário e cartas a Krugelmann*, 6ª ed., 1997. — *O Capital*, livro 1, vol. 1, 1998; livro 1, vol. 2, 1998; livro 2, vol. 1, 8ª ed., 2000; livro 2, vol. 2, 1991; livro 2, vol. 3, 1991; livro 3, vol. 4, 1991; livro 3, vol. 5, 1991; livro 3, vol. 6, 1991. — *Capítulo VI inédito de O Capital*, s.d. — *Cartas filosóficas e O Manifesto Comunista*, s.d. — *A ideologia alemã*, 1996. — *Liberdade de imprensa*, 1999. — *Manifesto comunista*, 1998. — *Manuscritos econômicos filosóficos*, 1993. — *A miséria da filosofia*, 1985. — *A questão judaica*, 2000. — *Salário, preço e lucro*, 1984. — *Teorias da mais-valia*, vol. 1, 1987; vol. 2, 1983; vol. 3, 1985. — *Textos sobre educação e ensino com F. Engels*, 1992. — *Sociologia da juventude*, s.d. — *Para a crítica da economia política e outros textos, Os Pensadores*, 1982. — *Sobre a mulher*, 1979. — *Crítica da divisão do trabalho*, 1980. — *Conseqüências sociais do avanço tecnológico*, 1980. — *As lutas de classes na França*, 1986. — *A guerra civil na França*, 1986. — *Karl Marx: economia*, 1982. — *Trabalho assalariado e capital*, 1987. — *Formações econômicas pré-capitalistas*, 1986. — *Obras escolhidas*, 3 vols., 1982-1985. — *Contribuição à crítica de economia política*, 1946. — *Sobre literatura e arte*, 1977. — *Textos econômicos*, 1990. — *Princípios do comunismo e outros textos*, 1990. — *Textos filosóficos*, 1975. — *Karl Marx: sociologia*, 1988. — *Karl Marx, F. Engels: história*, 1984. — *Filosofia e práxis revolucionária*, 1988. — *Sobre a religião*, 1975. — *A questão do partido*, 1978. — *Manuscritos filosóficos*, 1993. — *Para conhecer a história*, 1977. — *A sagrada família*, s.d. — *O anarquismo*, 1987. — *Crítica do programa de Gotha*, 1971. — *Formações econômicas pré-capitalistas*, 1975. — *Trabalho assalariado e capital*, 1987. — *Cooperativismo e socialismo*, 1973. — *Sociologia política*, 1996. — *Sindicalismo*, 1980. — *Textos*, 1975-1977. — *Crítica da educação e do ensino*,

1978. — *Antropologia filosófica*, 1974. — *Diferença entre as filosofias da natureza em Demócrito e Epicuro*, s.d. — *A origem do capital: a acumulação primitiva*, 1964. — *Crítica da divisão do trabalho*, 1996.

Edição de obras: As edições de obras completas de Marx e Engels mais recentes são as do "Instituto Marx-Engels-Lenin" de Berlim, que tem como título *Marx-Engels Werke* (citada usualmente como MEW), 39 vols., 1958-1968, e a do "Instituto Marx-Engels-Lenin" de Moscou, intitulada *K. Marx-F. Engels Gesamtausgabe* (citada como MEGA), 1975ss. Existe uma seleção espanhola de *Obras escogidas de Marx y Engels*, 1975.

Bibliografia: M. Rubel, *Bibliographie des oeuvres de K. M.*, 1956. — Id., *Supplément à la bibliographie, etc.*, 1960. — F. Neubauer, *M.-Engels Bibliographie*, 1979. — C. L. Eubanks, *K. M. and F. E.: An Analytical Bibliography*, 2ª ed., 1984.

Concordância e léxicos: S. Kuruma (em relação com o Ohara-Institut für Sozialforschung, Universidade Hosei, de Tóquio), *Marx-Lexikon zur politischen Oekonomie*, 4 vols., 1978, especialmente vol. 3: *Materialistische Geschichtsauffassung*. — J. Russell, *Marx-Engels Dictionary*, 1980. — G. Bekerman, *Marx and Engels: A Conceptual Concordance*, 1981. — H.-J. Lieber, G. Hehner, eds., *Marx-Lexikon*, 1988.

Biografias: Franz Mehring, *K. M. Geschichte seines Lebens*, 1918, nova ed., por Thomas Höhle, 1964. — Otto Rühle, *K. M. Sein Leben und Werk*. — Isaiah Berlin, *K. M.: His Life and Environment*, 1948. — A. Cornu, *K. M. et F. Engels. Leur vie et leur oeuvre*, 3 vols., 1955-1962 (I. *Les années d'enfance et de jeunesse. La gauche hégélienne [1818/1820-1842]*, 1955; II. *Du libéralisme démocratique au communisme [1842-1844]*, 1958; III. *Marx à Paris*, 1962). — David McLellan, *K. M.: His Life and Thought*, 1973.

Há uma imensa bibliografia sobre a obra e o pensamento de M. São abundantes os escritos polêmicos, apologéticos e críticos. Todas as obras mencionadas na bibliografia de MARXISMO referem-se a Marx. Limitamo-nos aqui a mencionar alguns escritos pertencentes a diversas tendências: S. vom Boehm-Bawerk, *K. M. and the Close of His System*, 1898. — M. Adler, *M. als Denker*, 1908. — K. Kautsky, *Die historische Leistung von K. M.*, 1908. — P. Lafargue, *Le déterminisme économique de K. M.*, 1909. — J. Spargo, *M. His Life and Work*, 1911. — F. Tönnies, *Marx: Leben und Lehre*, 1921. — M. M. Bober, *K. Marx's Interpretation of History*, 1927. — A. Goedeckemeyer, *Die Weltanschauung von M. und Engels*, 1928. — K. Vorländer, *K. M.*, 1929. — S. H. Chang, *The Marxian Theory of State*, 1931. — S. Hook, *Towards the Understanding of K. M.*, 1933. — E. H. Carr, *K. M. A Study in Fanaticism*, 1934. — A. Cornu, *K. M., l'homme et l'oeuvre. De l'hégélianisme au matérialisme historique (1818-1845)*, 1934. — Id., *K. M. et la pensée moderne*, 1948. — Id., *La formation du matérialisme historique (1845-1846)*, 1970. — Karl Korsch, *K. M.*, 1938. — K. R. Popper, *The Open Society and Its Ennemies*, vol. II, 1945; nova ed., 1962. — A. Vène, *Vie et doctrine de K. M.*, 1946. — Henri Lefèbvre, *Pour comprendre la pensée de M.*, 1947. — Id., *M., sa vie, son oeuvre, avec un exposé de sa philosophie*, 1964. — Id., *Sociologie de M.*, 1966. — F. Grégoire, *Aux sources de la pensée de M.: Hegel, Feuerbach*, 1947. — B. Nicolaejsvki, *K. M.*, 1947. — F. de Raedemaeker, *De ideologie von K. M. in het kommunistisch manifest*, 1948. — P. Bigo, *Marxisme et Humanisme*, 1954. — J. Hyppolite, *Études sur M. et Hegel*, 1955. — J.-Y. Calvez, *La pensée de K. M.*, 1956. — Maximilien Rubel, *K. M. Essai de biographie intellectuelle*, 1957. — Id., *M., critique du marxisme*, 1964. — Rodolfo Mondolfo, *M. y marxismo: Estudios histórico-críticos*, 1960. — Id., *El humanismo de M.*, 1964. — Kostas Axelos, *M., penseur de la technique. De l'aliénation de l'homme à la conquête du monde*, 1961. — Robert C. Tucker, *Philosophy and Myth in K. M.*, 1961; 2ª ed., ampl., 1972. — Juan David García Bacca, *Humanismo teórico, práctico y positivo según M.*, 1965, reimp., 1975. — Nathan Rotenstreich, *Basic Problems of Marx's Philosophy*, 1965. — Louis Althusser, *Pour M.*, 1966. — Shlomo Avineri, *The Social and Political Thought of K.M.*, 1968. — Michel Henry, *Marx*, 2 vols., 1976 (I: *Une philosophie de la réalité;* II: *Une philosophie de l'économie*). — E. Fräntski, *Der missverstandene Marx*, 1978. — J. McMurtry, *The Structure of M.'s World-View*, 1978. — L. Kolakowski, *Main Currents of Marxism*, 3 vols., 1978 (I, *The Founders*; II, *The Golden Age*; III, *The Breakdown*). — H. J. Helmich, *"Verkehrte Welt" als Grundgedanke des Marxschen Werkes*, 1980. — A. W. Wood, Z. Husami *et al.*, *Marx, Justice and History*, 1980, ed. M. Cohen, Th. Nagel e Th. Scanlon [arts. publicados em *Philosophy and Public Affairs*]. — C. Gould, *M.'s Social Ontology: Individuality and Community in M.'s Theory of Social Reality*, 1980. — A. W. Wood, *K. M.*, 1981. — J. Ellenstein, *M. Sa vie, son oeuvre*, 1981 [com bibliografia bastante completa]. — R. P. Woff, *Understanding M.: A Reconstruction and Critique of Capital*, 1985. ¢

MARXISMO. Entendeu-se por 'marxismo': (I) O pensamento de Marx, seja tomado em seu conjunto, ou sob o aspecto de sua evolução total, ou visando principalmente alguma de suas "fases". Este pensamento inclui um método, uma série de pressupostos, um conjunto de idéias de tipos muito diversos e numerosas regras de aplicação, tanto teóricas como práticas; (II) Um grupo de doutrinas filosóficas, sociais, econômicas, políticas etc. fundadas numa interpretação do marxismo e tendendo à sua sistematização. Este grupo de doutrinas tomou forma definida em Engels e foi transformado por Lênin, dando origem mais tarde ao chamado "marxismo ortodoxo"; (III) Uma variadíssima série de interpretações, procedentes de diversas épocas e formadas segundo tradições, temperamentos, circunstâncias históricas distintos etc. Podem ser incluídas neste item as interpretações de Marx que não se cristalizaram na forma mais ou menos monolítica que o marxismo adotou depois de Lênin na União Soviética; as interpretações de Marx que proliferaram uma vez rompido o marxismo ortodoxo antes citado; as que receberam o nome de "marxismo ocidental"; a prática do marxismo no pensamento de Mao Tsé-Tung; as tentativas de revivificação do marxismo com base no retorno às fontes etc. Em alguns casos, foram denominados "marxismo" os métodos, doutrinas e ideais políticos adotados em vários países e por numerosos grupos na época da luta contra o imperialismo e o colonialismo, tendo-se inclusive dado o nome de "marxismo" a todo programa político revolucionário. Evidentemente, recorreu-se então ao marxismo de modo tão indiscriminado que com freqüência o termo 'marxismo' perdeu seu significado. Entretanto, não há dúvida de que o marxismo é um rio caudaloso, ao mesmo tempo ideológico e prático, capaz de diversificar-se de forma considerável e de suscitar constantes renascimentos e revivificações.

Abordaremos o marxismo sob cada um dos itens apresentados, mas devem-se levar em conta dois pontos. O primeiro é que, embora haja diferenças entre os três aspectos do marxismo citados, há igualmente algo comum a todos, que é o que em cada caso se procura revivificar, interpretar ou transformar. O segundo caso é que uma parte básica do que se costuma entender por 'marxismo' se mostra constituída pelas doutrinas chamadas "materialismo histórico" e "materialismo dialético". Remetemos, pois, a estes dois verbetes, bem como ao verbete sobre dialética, os quais devem ser considerados suplementos deste verbete.

(I) Nos dados sumários incluídos no verbete Marx (VER), indicamos já algumas das circunstâncias pessoais, políticas e culturais que cercaram Marx. Enfatizou-se amiúde a atração que exerceu sobre Marx o sistema de Hegel, especialmente tal como exposto e difundido pelos "jovens hegelianos" de Berlim, entre os quais se destacava Eduard Gans. Mas a atração indicada não tardou a ser contrabalançada pela hostilidade a todo pensamento puramente "especulativo" e "idealista", suscetível de toda espécie de combinações de idéias e afastado da ação e da prática. Por temperamento, e também pelas circunstâncias que o impeliram à vida jornalística e política, e não à vida acadêmica, Marx, embora dotado de uma sólida formação no que tange à cultura filosófica e histórica da época, sentia forte inclinação pelo estudo da realidade concreta (fatos históricos, estado das leis, condições econômicas e sociais etc.). Afirmou-se por isso que há em Marx — e portanto no que depois será denominado "marxismo" — um hegelianismo "invertido", positivo e mesmo "positivista". A dose que possa haver de hegelianismo — invertido ou transposto,

ou não — no marxismo é um tema que suscitou numerosas discussões e deu lugar a atitudes muito diversas, desde aqueles que aproximam Marx de Hegel de forma máxima até aqueles que os separam por completo, alegando que os elementos hegelianos são acidentais e que, se tivesse produzido sua obra em outro momento, Marx teria produzido essencialmente a mesma obra nos marcos de um quadro filosófico distinto.

Na medida em que se possa dar o nome de "marxismo" ao pensamento de Marx, esquecendo que o próprio Marx afirmou em certa ocasião não ser marxista — o que quer dizer, entre outras coisas, negar-se a ficar restrito a um pensamento mais ou menos "congelado" —, cabe falar do marxismo do "jovem Marx" ou do "primeiro Marx". É o pensamento expresso principalmente nos *Manuscritos Econômico-filosóficos*, de 1844, em que a influência de Hegel e Feuerbach é ainda muito forte, mas em que se aponta para direções diferentes das estritamente feuerbachianas e hegelianas. Trata-se do que foi denominado "marxismo humanista", no qual têm destaque os temas anacronicamente qualificados de "existenciais". O principal de tais temas é o da alienação (VER). Hegel já tratara desta última, tanto sob a forma da exteriorização (*Entäusserung*) do Espírito como sob as diversas maneiras de cisão e alienação da consciência. Marx tomou a idéia de exteriorização especialmente sob o aspecto da alienação (*Entfremdung*) do homem, e de modo específico do trabalhador numa sociedade em que há separação entre capital, renda e trabalho. Na sociedade capitalista, não se leva em conta a relação direta entre o trabalhador (o trabalho) e a produção; tem lugar dessa maneira um trabalho alienado. Assim, o produto do trabalho transforma-se num objeto alheio ao trabalhador e que exerce poder sobre ele. Aqui, Marx emprega ainda o conceito feuerbachiano do "ser espécie" (VER), mas no âmbito deste identifica a alienação do ser espécie com a de um homem com relação a seus semelhantes. É, pois, um fato de economia política e não apenas uma idéia filosófica.

O que Hegel denominava "o Espírito" torna-se, pois, um conceito, ou uma ideologia, que encobre a verdadeira realidade histórica. Esta realidade histórica foi estudada por Marx à luz dos economistas franceses e ingleses (Ricardo, Quesnay, Adam Smith), dos socialistas utópicos franceses (em especial Fourier e Proudhon) e de Saint-Simon, mas muito especialmente à luz da situação social, econômica e política de seu tempo. A colaboração com Engels foi sobremodo importante, e o fato de Engels encaminhar-se pela trilha do materialismo dialético (VER) — que não é, por assim dizer, "originariamente marxista" — não deve eclipsar a circunstância de sua estreita e freqüente colaboração, tanto teórica como, em especial no *Manifesto do Partido Comunista*, de 1848, política.

Falou-se às vezes do Marx "maduro", isto é, do Marx da *Crítica da Economia Política* e de *O Capital*, e estabeleceram-se diferenças e comparações entre os "dois Marx". Certos autores destacaram a importância do Marx humanista em detrimento do Marx economista e sociólogo; outros fizeram o contrário; outros ainda, por fim, sublinharam a continuidade do pensamento de Marx, continuidade que parece ter-se demonstrado com o "elo" perdido dos *Grundrisse*, de 1857-1858. Referimo-nos a esses pontos no final do verbete sobre Marx e também no verbete sobre materialismo histórico. Este último verbete pode servir, além disso, como exposição de algumas das orientações mais preeminentes de Marx, equivalendo a um breve esboço do marxismo no sentido em que o abordamos nesta seção. Completaremos a informação aí proporcionada com a menção aos resultados mais importantes da análise e da crítica marxista no que diz respeito à formação e estrutura das sociedades, com particular referência à análise e à crítica da sociedade burguesa capitalista.

As idéias de Marx sobre o homem como conjunto de suas relações sociais e sobre o caráter básico dos modos e relações de produção levaram-no a examinar como se efetua a divisão de classes em várias sociedades. Em pelo menos duas ocasiões, Marx referiu-se ao "modo asiático de produção", sem que seja possível saber em que medida tal modo é integrável a outros, ou explicável em virtude dos mesmos conceitos, usando-se o mesmo método empregado para entender outros. Mas fica clara, de qualquer maneira, a idéia de um comunismo primitivo, em que não há propriedade privada, tampouco divisão do trabalho. Isso impede o progresso, que só se torna possível quando se criam organizações sociais mais complexas. A divisão de trabalho que nelas ocorre é vantajosa do ponto de vista da produção, mas cria desigualdades, que se traduzem na formação de classes, em particular as duas classes fundamentais: a classe dos possuidores, que dispõem dos meios de produção, e a dos despossuídos, que constituem a classe trabalhadora. Há vários tipos de sociedades classistas, porém se destacam entre eles a sociedade antiga baseada na escravidão, a sociedade feudal e a sociedade capitalista burguesa moderna. A sociedade capitalista é, de certo modo, a mais progressista, mas também a menos igualitária, já que as igualdades nela proclamadas são meramente formais. Ocorre então um aumento de riqueza e de miséria ao mesmo tempo, de racionalização e de caos. As contradições internas que dilaceram a sociedade capitalista acentuam sua crise. As massas, proletarizadas, transformam a sociedade de maneira radical. Poder-se-ia supor que nasce então outro tipo de sociedade na qual ressurge a oposição entre possuidores e despossuídos. Não obstante, a transformação revolucionária causada pelo proletariado rompe a cadeia de uma história na qual se produzem sem cessar defasagens entre as forças de produção e as relações de produção. A nova sociedade não é uma sociedade em que haja tensão entre classes, mas tampouco harmonia entre classes, visto ser uma sociedade sem classes e, por conseguinte, sem exploradores nem explorados. Só então o homem chega a ser livre e pode ter lugar o "salto para a liberdade" definitivo, liberdade que até esse momento tinha sido meramente fictícia. Do ponto de vista econômico-sociológico, o pensamento de Marx aponta para um planejamento da produção de tal grau que fiquem abolidas todas as divisões de classe. Do ponto de vista jurídico, aponta-se para a supressão do Estado, que, sob a pretensão de liberdades formais, se constituíra num instrumento de exploração. Do ponto de vista filosófico, aponta-se para uma sociedade global e realmente livre, sem mascaramentos ideológicos. A sociedade comunista sem classes, e sem Estado — ou ao menos sem Estado opressor —, deve constituir o triunfo do homem sobre toda servidão.

A filosofia econômica do marxismo é complexa, mas podem-se destacar nela algumas características fundamentais, como as seguintes: 1) Os produtos lançados no mercado têm um preço. 2) Para obter estes produtos, usa-se o trabalho dos assalariados, trabalho a que se dá igualmente um preço, transformando-se ele em mercadoria. 3) O que o assalariado produz tem um valor superior ao salário recebido pelo trabalhador, e isso mesmo descontando-se os custos de produção, distribuição etc. O acréscimo em questão é a mais-valia (VER), que é arrebatada ao trabalhador pelo capitalista. O progresso técnico e as necessidades da competição obrigam os capitalistas a formar grandes monopólios, destruindo assim as empresas pequenas e a classe social — a "pequena burguesia" — que as possui. 4) Há crises inevitáveis (crises de superprodução, por exemplo) no mercado capitalista. Estas crises produzem conflitos (incluindo guerras) no decorrer dos quais o capitalismo se autodestrói. 5) A quantidade de proletários e despossuídos aumenta à proporção que diminui a quantidade de capitalistas e opressores.

A atenção voltada para a explicação da gênese, para a descrição da estrutura e a crítica da sociedade capitalista e para previsão da derrubada dessa sociedade, vítima de suas crises internas e da força revolucionária do proletariado que assumirá o poder com o objetivo de estabelecer uma sociedade sem classes, parece fazer de Marx fundamentalmente um economista e um sociólogo. Contudo, brota no pensamento de Marx, e não apenas no de sua primeira fase, uma grande quantidade de idéias filosóficas que se concretizam especialmente numa antropologia filosófica e numa filosofia da história. Aqueles que, como Althusser, sustentaram a existência de uma "ruptura epistemológica" entre o primeiro Marx e o segundo Marx enfatizaram o caráter "estruturalista" deste pensamento como explicação das estruturas fundamentais da sociedade humana; a exibição dessas estruturas torna possível compreender as estruturas superficiais e mais visíveis, e isso não só em determinada fase da história, mas em toda a história humana. Mas embora possa haver diferenças entre os "dois Marx", os interesses do Marx "maduro" não parecem alheios aos do "jovem Marx", pelo menos na medida em que neste se desenvolve igualmente o esforço de dar conta do tipo de alienação real e, em última análise, estrutural que caracteriza o trabalho a partir do momento em que o comunismo primitivo deixa de funcionar. Além disso, e sobretudo, há em Marx imperativos morais sem os quais não se entenderia a influência exercida por ele sobre pensadores de procedências muito diversas. A estreita relação entre teoria e prática e a taxativa negação de um abismo entre fatos e valores constituem pressupostos que parecem constantes em todas as fases do pensamento de Marx.

Um dos pontos mais discutidos no pensamento de Marx e, em geral, no "marxismo" é o de saber se se trata de uma doutrina determinista, segundo a qual há um conjunto de forças impessoais regidas por leis ineludíveis. Se assim for, a passagem de um tipo de sociedade a outra seria inevitável em virtude do desenvolvimento dialético.

Pode-se sustentar que, ao menos em Marx, não há semelhante determinismo, nem mesmo dissimulado sob a forma de um processo dialético. É certo que Marx procura encontrar as leis que regem a estrutura das sociedades e a passagem de uma espécie de sociedade à outra. Nesse sentido, as intenções, idéias, ideais e atos dos homens se enquadram no âmbito das leis. Mas não se trata de leis deterministas de tipo físico. De fato, a evolução da espécie humana é a evolução e o progressivo desenvolvimento das possibilidades de influenciar as estruturas sociais e, com isso, de influenciar o domínio que os homens possam ter sobre si mesmos. Daí a importância da atividade humana na configuração e transformação sociais, bem como a possibilidade de que o pensamento marxista tenha podido desenvolver-se numa filosofia da *práxis*.

Resta ainda uma questão importante, muito debatida não apenas com relação ao pensamento de Marx, isto é, com relação ao marxismo tal como exposto neste item e no verbete sobre o materialismo histórico, mas também com relação a muitas outras formas de marxismo: trata-se de saber se o marxismo é uma concepção do mundo, uma filosofia, uma antropologia filosófica, uma ciência — especificamente uma sociologia —, um modo de explicar (e transformar) a história, uma série de normas para a ação política que devem variar de acordo com as circunstâncias históricas, uma ideologia etc. As respostas dadas em cada caso dependem em grande parte do modo pelo qual se entenda o marxismo, porém mesmo assim é difícil justificar uma resposta categórica em favor de uma única das alternativas indicadas. Assim, por exemplo, houve mudanças no próprio Marx. Ainda que se acentue ao máximo a continuidade no pensamento de Marx, é óbvio que, enquanto no começo ele trabalhava dentro de limites normalmente considerados "filosóficos", seus interesses especificamente filosóficos foram diminuindo, ou se atenuaram, em benefício de seus interesses sociológicos, políticos e econômicos. Afirmou-se por isso que o marxismo do Marx maduro aspira a ser uma ciência. Mesmo admitindo estas diferenças, no entanto, há uma constante na atitude de Marx: sua firme convicção socialista e comunista. Na medida em que Marx procurou dar uma explicação das mudanças sociais, seu pensamento é de caráter sociológico. O problema é saber se a sociologia de Marx é ou não equivalente a uma ciência social objetiva (pressupondo-se que se admita a possibilidade de tal ciência). Aqueles que admitem que sim ressaltam o aspecto científico do marxismo. Aqueles que, como Korsch ou Lukács, negam que o seja acentuam o caráter fundamentalmente "partidário" do marxismo, o qual não constitui então uma sociologia no sentido "comum", mas a filosofia social da classe trabalhadora. Mas isso suscita a questão de saber se é ou não uma ideologia. Parece evidente que, se o é, não pode ser uma ideologia como as outras, já que se trataria então de uma ideologia destinada a — e capaz de — desmascarar todas as outras ideologias. Mas se se admite que é uma ideologia, isso pode ser interpretado ainda de várias maneiras. Alguns indicam que é uma ideologia que desaparecerá tão logo se realize o processo histórico mediante o qual poderá ser dado o "salto para a liberdade". Outros concordam estar ela destinada a desaparecer, mas justamente isso não faz do marxismo uma ideologia nem, de resto, uma ciência, mas uma filosofia: a filosofia da época presente por meio da qual esta época se supera a si mesma.

As conclusões que se obtêm dependem em larga medida dos interesses intelectuais dos intérpretes. Autores como Vilfredo Pareto, Karl Mannheim e Max Weber destacaram os elementos sociológicos do marxismo. Autores como Lukács, Sartre e Marcuse enfatizaram seus elementos filosóficos (ou, em alguns casos, os elementos ideológicos no sentido *sui generis* de uma ideologia que suplanta todas as ideologias). Autores como Lênin ou Mao Tsé-Tung — de formas muito diferentes — acentuaram os elementos políticos e político-filosóficos. Autores como Gramsci destacaram os elementos "sociais" (que, aliás, são interpretados como englobando aspectos políticos, econômicos e culturais). Autores como Michel Henry sublinharam no marxismo elementos filosóficos que, em princípio, parecem difíceis de reconciliar com as maior parte das interpretações. Autores como Ernest Mandel atentaram detidamente para o sistema econômico de Marx, na medida em que este pode servir para uma reconstrução da teoria econômica com os dados e os instrumentos metodológicos do presente. De resto, Mandel toma, segundo escreve, "os ensinamentos econômicos de Marx" como "síntese da totalidade do conhecimento humano", de modo que sua reconstrução de Marx é uma teoria empírica com base filosófica.

(II) É freqüente entender por 'marxismo' um grupo considerável das idéias resenhadas no item anterior acrescidas das contribuições de Engels, não só nas obras em que colaborou com Marx como em obras próprias, do chamado *Anti-Dühring* a seu livro sobre *A Dialética da Natureza*. Alguns autores avaliam que Engels complementou a obra de Marx; outros, que se desviou dela. Com referência a isso, menciona-se o materialismo dialético (VER) que Engels preconizou, ao lado do materialismo histórico, ao qual Marx se teria limitado. De todo modo, seja por obra do próprio Engels, seja pela de alguns intérpretes, tomou-se às vezes como 'marxismo' um corpo doutrinal mais ou menos unificado fundado ao mesmo tempo em Marx e Engels.

Seria inadequado equiparar esta forma de entender o marxismo à "linha geral" da filosofia soviética, uma vez que esta inclui uma sistematização do leninismo e, por outro lado, exclui aspectos do pensamento de Marx que não se enquadram em certos limites. Por outro lado, há na filosofia soviética elementos importantes da forma de entender o marxismo a que nos referimos neste item.

Do ponto de vista filosófico, o marxismo enquanto sistematização de Marx e Engels sustenta que o ser tem primazia sobre a consciência. Esta reflete o ser — ou a realidade —, de maneira que se formula uma epistemologia realista, não apenas contra todas as formas de idealismo, mas também contra todas as formas de fenomenismo. Como o ser, ou realidade, de que se trata é a matéria, preconiza-se um materialismo. Não se trata do materialismo mecanicista, mas do materialismo dialético. Como nos referimos a este no verbete correspondente, limitar-nos-emos a sublinhar aqui os pontos essenciais.

Entende-se que aquilo que se continua denominando, de todo modo, "marxismo" constitui uma inversão de Hegel, mas enquanto se rejeita o conteúdo do pensamento deste filósofo, adota-se seu método. Este é aplicável a toda a realidade e, de imediato, à realidade natural. A dialética da Natureza é regida segundo leis, das quais se destacam três, as quais, de acordo com alguns autores, são ou as mais fundamentais ou as únicas: a lei da transformação da quantidade em qualidade; a lei da unidade e interdependência dos opostos; e a lei da negação da negação. Neste sentido, o marxismo representa uma espécie de emergentismo (ver EMERGENTE) naturalista e materialista. As leis dialéticas de referência seguem um esquema que se atribuiu a Hegel: o esquema da tese-antítese-síntese (VER), ou seja, da tese como afirmação, da antítese como negação e da síntese como negação da negação. As negações não são negações lógicas; sobretudo, a negação da negação consiste num movimento de "absorção" ou "superação". A totalização, característica do método de Marx em seu estudo das sociedades, transforma-se aqui num conceito aplicável a toda a realidade.

A Natureza é concebida como uma realidade material infinita no espaço e no tempo; dessa realidade surgem os organismos, que continuam sendo materiais, e dos organismos surgem os processos psíquicos, igualmente arraigados na matéria e, em última análise, materiais. O conhecimento tem lugar por meio de órgãos dos sentidos, que são materiais; conhecer é, pois, um modo de relação de uma "matéria" com outra. A Natureza como realidade material é compreendida de igual maneira de acordo com certas categorias fundamentais, entre as quais se destacam as da necessidade e as da interação. Ora, tanto esta necessidade como esta interação ocorrem não mecanicamente, mas, uma vez mais, dialeticamente. O puro mecanicismo é um fatalismo. O idealismo é um "contingentismo (radical)" injustificado. Só o materialismo dialético permite coordenar a necessidade com a vontade.

Pode-se dizer que o marxismo de que falamos agora é um materialismo histórico suplementado por um materialismo dialético e, segundo alguns, fundado num materialismo dialético. Enquanto materialismo histórico, este marxismo sustenta fundamentalmente as teses de Marx descritas na seção anterior.

(III) No item precedente, esboçamos um corpo doutrinal que poderia chamar-se de Marx-Engels. Muitas variedades de marxismo, seja sob forma filosófica ou como conjunto de diretrizes de ação política, levaram em conta esse corpo doutrinal, nele introduzindo modificações mais ou menos profundas. Podem-se citar a esse respeito o chamado "revisionismo" (VER) de autores como Eduard Bernstein (VER) e o anti-revisionismo de Karl Kautsky (VER). Autores como Lênin e Plekhanov (VER) defenderam o que consideraram a versão correta do marxismo, mas suas convicções políticas — "bolcheviques" em Lênin e por algum tempo "mencheviques" em Plekhanov — levaram a enfatizar suas divergências filosóficas. A versão mais influente do corpo doutrinal de Marx-Engels foi a de Lênin, mas mesmo esta foi interpretada de modos diferentes. Uma interpretação deu origem ao chamado "marxismo-leninismo" na versão da filosofia oficial soviética, a qual seguiu a evolução política que levou à eliminação da doutrina da revolução permanente preconizada por Lev Trotsky e à adoção da "linha geral" de caráter stalinista, com as modificações mais tarde introduzidas pelo "degelo" e pelo período pós-stalinista. Outra interpretação originou doutrinas filosófico-políticas não soviéticas, como as de Mao Tsé-Tung e Tito, bem como outras politicamente pró-soviéticas mas culturalmente independentes, como a de Fidel Castro. Outra interpretação ainda é a daqueles que, opondo-se ao marxismo-leninismo oficializado e institucionalizado, justificaram o marxismo leninista como a versão mais adequada do marxismo na época do imperialismo. Estes autores acentuaram que

Lênin destacou o papel ativo e revolucionário do proletariado, com o que se opôs a um determinismo histórico para o qual a revolução se mostra, em última análise, inevitável.

Além do de Lênin, os movimentos mais interessantes de interpretação e renovação do marxismo ocorreram fora do quadro estrito da filosofia oficial soviética. É costume denominar esses movimentos "marxismo não-ortodoxo" ou "marxismo heterodoxo" para distingui-los do marxismo oficial soviético, qualificado de "ortodoxo", mas os termos de referência podem prestar-se a confusões. Por um lado, não é necessário, nem certo, que o marxismo oficial soviético seja mais ortodoxo do que os outros movimentos marxistas com relação ao pensamento de Marx, ou até com relação ao complexo "Marx-Engels", e às vezes até mesmo com relação ao próprio "marxismo leninismo". Por outro lado, há, inclusive no âmbito da filosofia soviética, tendências não estritamente ortodoxas; quando menos houve, antes do predomínio completo de Stálin, com Trotsky e Bukharin (VER). Por fim, o denominado "marxismo não-ortodoxo" ou "marxismo heterodoxo" inclui tal variedade de tendências e interpretações que as palavras 'não-ortodoxo' ou 'heterodoxo' acabam por dizer muito pouco.

Se tomamos, porém, 'não-ortodoxo' como indicando simplesmente que não segue a filosofia oficial soviética, podemos incluir neste item praticamente todas as mais destacadas variantes do marxismo. Referimo-nos já a algumas das politicamente mais influentes ou das que se desenvolveram contemporaneamente a Lênin. Devem-se acrescentar a elas muitas outras, em especial as que se resumem pelo nome de "marxismo ocidental". Dedicamos verbetes aos autores mais influentes e originais, como Lukács, Gramsci e Bloch, bem como a diversos autores de orientações consideravelmente distintas: Kosík, Kolakowski, Korsch, Lefèbvre, Lucien Goldmann, Sartre, Althusser etc. Devem-se ter em conta igualmente o "austro-marxismo" de autores como Max Adler (VER) e os trabalhos dos membros da Escola de Frankfurt (VER), ainda que alguns deles sejam marxistas de um modo *sui generis* — Adorno, Horkheimer, Marcuse, Fromm, Habermas (foram também dedicados verbetes especiais a todos eles). É difícil estabelecer uma classificação razoavelmente elucidadora de orientações marxistas ou paramarxistas. Cabe dizer que enquanto alguns procuram remontar a um Marx "originário", outros tentam adaptar o pensamento de Marx (ou o de Marx e Engels) à nossa época; enquanto alguns destacam o aspecto "humanista" do marxismo, outros enfatizam seu caráter científico; enquanto alguns se interessam por suas raízes hegelianas, outros tendem a esquecê-las quase por completo; enquanto alguns sublinham seu caráter de teoria social, outros insistem em seu aspecto de prática revolucionária. Alguns, sem dúvida, procuram unir esses aspectos diversos, ou ao menos vários deles. Falou-se às vezes de "marxismo vivo" e também de "neomarxismo" para caracterizar muitas dessas correntes, mas mesmo reduzindo-se o seu número, é difícil dar-lhes uma característica tão geral. A possibilidade de diversificação do marxismo a que aludimos no princípio deste verbete se mostra confirmada pelos últimos desenvolvimentos; as disputas entre marxistas humanistas e marxistas estruturalistas é apenas uma das fases da mencionada diversidade.

•• A abertura ideológica produzida na União Soviética com a *Perestroika* (1985) e os rápidos acontecimentos ulteriores, até a proibição do Partido Comunista e a liquidação da própria União (1992), representaram, em muitos casos, uma profunda reformulação de certas doutrinas marxistas ou de suas aplicações (ver bibliografia em torno de 1990).••

⊃ Da abundante bibliografia sobre o marxismo, destacaremos somente, em ordem cronológica, algumas obras pertencentes a tendências muito diversas; a elas devem-se acrescentar, além disso, as citadas na bibliografia do verbete MARX e algumas das mencionadas nas bibliografias dos verbetes DIALÉTICA e MATERIALISMO: G. Plekhanov, *Beiträge zur Geschichte des Materialismus. Holbach, Helvetius, Marx*, 1896 (do próprio Plekhanov o volume em inglês: *Fundamental Problems of Marxism*, 1929). — O. Lorenz, *Die materialistische Geschichtsauffassung, zum erstenmal systematisch dargestellt und kritisch beleuchtet*, 1897. — Ludwig Woltmann, *Der historische Materialismus. Darstellung und Kritik der marxistischen Weltanchauung*, 1899. — Th. G. Masaryk, *Die philosophischen und soziologischen Grundlagen des Marxismus*, 1899. — B. Croce, *Materialismo storico ed economia marxistica*, 1900. — David Koigen, *Zur Vorgeschichte des modernen philosophischen Sozialismus in Deutschland. Zur Geschichte der Philosophie und Sozialphilosophie des Junghegelianismus*, 1901. — Jakob Hollistscher, *Das historische Gesetz. Zur Kritik der materialistischen Geschichtsauffassung*, 1903. — F. Oppenheimer, *Das Grundgesetz der Marxschen Gesellschaftslehre*, 1903. — A. Penzias, *Die Metaphysik der materialistischen Geschichtsauffassung*, 1905. — W. von Tugan-Baranowski, *Theoretische Grundlagen des Marxismus*, 1905. — Rudolf Goldscheid, *Probleme des Marxismus*, 1906. — G. Sorel, *La décomposition du marxisme*, 1908. — W. E. Biedermann, *Die Weltanschauung des Marxismus*, 1908. — Emil Hammacher, *Das philosophisch-ökonomische System des Marxismus*, 1909. — G. Charasoff, *Das System des Marxismus. Darstellung und Kritik*, 1910. — Walter Silzbach, *Die Anfänge der materialistischen Geschichtsauffassung*, 1911. — N. Cervigli, *Le teorie fondamentali del Marxismo*, 1912. — Rodolfo Mondolfo, *Sulle orme di Marx*, 1919; 4ª ed., 1948. — Id., *Marx y marxismo*, 1960. — H. Cunow, *Grundzüge der Marxschen Soziologie*, 1920-1921. — N. Bukharin, *Theorie des historischen Materialismus*, 1922. — Karl Korsch, *Marxismus und Philosophie*, 1923; 3ª ed., 1964. — Id., *Die materialistische Geschichtsauffassung*, 1929. — Karl Kautsky, *Die materialistische Geschichtsauffassung*, 2 vols., 1827. — VV. AA., *Dialéktitschéskiy i istoritschéskiy matérialízm*, ed. M. Mitin, 1934. — V. Adoratskiy, *Dialectical Materialism. The theoretical Foundations of Marxism-Leninism*, 1936. — C. Hubatka, *Die materialistische Geschichtsauffassung*, 1942 (tese). — M. M. Rosenthal, *Marksistskiy dialéktschéskiy metod*, 1947. — N. Lubnicki, *The Theory of Knowledge of Dialectical Materialism*, 1949. — H. C. Desroches, *Significations du marxisme suivi d'une initiation bibliographique à l'oeuvre de Marx et d'Engels*, 1949. — M. G. Lange, *Marxismus-Leninismus-Stalinismus. Zur kritik des dialektischen Materialismus*, 1951. — B. Petrov (B. P. Vychéslavtsév), *Filosofskaá nichtchéta marksizma*, 1952. — Maurice Cornforth, *Dialectical Materialism: An Introductory Course*, 3 vols., 1952-1954; 2ª ed., rev., com o título *Dialectical Materialism: An Introduction*, 1955ss.; 3ª ed., rev., 1961-1963 (I. *Materialism and the Dialectical Method*; II. *Historical Materialism*; III. *Theory of Knowledge*). — G. Politzer, G. Besse, M. Caveing, *Principes fondamentaux de philosophie*, 1954. — A. G. Meyer, *Marxism. The Unity of Theory and Practice. A Critical Essay*, 1954. — J. Marchal, *Deux essais sur le marxisme*, 1955. — H. B. Acton, *The Illusion of the Epoch: Marxism-Leninism as a Philosophical Creed*, 1955. — A. Arvon, *Le marxisme*, 1955. — M. Merleau-Ponty, *Les aventures de la dialectique*, 1955. — J. Hommes, *Der technische Eros. Das Wesen der materialistischen Geschichtsauffassung*, 1955. — André Piettre, *Marx et marxisme*, 1957. — J. Witt-Hansen, *Historical Materialism: The Method. The Theories*, I, 1960. — G. Lichtheim, *Marxism: An Historical and Critical Study*, 1961. — F. V. Konstantinov, *Los fundamentos de la filosofía marxista*, 1961. — F. Chatelet, *Logos et praxis. Recherches sur la signification théorique du marxisme*, 1962. — Gustav A. Wetter, *Dialektischer und historischer Materialismus*, 1962. — Mario Rossi, *La genesi del materialismo storico*, 1963. — Gajo Petrović, *Filosofija i marksizam*, 1965. — A. James Gregor, *A Survey of Marxism: Problems in Philosophy and the Theory of History*, 1965. — Iring Fetscher, *K. Marx und der Marxismus von der Philosophie der proletarischen Weltanschauung*, 1966. — Louis Dupré, *The Philosophical Foundations of Marxism*, 1967. — K. Kosík, G. Kline et al., *Marx and the Western World*, 1967, ed. Nicholas Lobkowicz. — M. Buhr, W. Eichhorn et al., *Marxistische Philosophie*, 1967, ed. Alfred Kosing. — Roman Rosdolsky, *Zur Entstehungsgeschichte des Marxschen Kapital*, 3 vols., 1968-1975. — Klaus Hartmann, *Die Marxsche Theorie. Eine philosophische Untersuchung zu den Hauptschriften*, 1970. — Andreas von Weiss, *Neomarxismus. Die Problemdiskussion im Nachfolgemarxismus der Jahre 1945 bis 1970*, 1970. — P. M. Grujil, *Zur Ontologie des Marxismus*, 1972. —

Jacobo Muñoz, verbete "Marxismo" no *Diccionario de filosofía contemporánea*, 1976, ed. Miguel A. Quintanilla, pp. 283-302. — Umberto Botto, *Il neomarxismo*, 1976 (sobre Lukács, Althusser et al.). — *Principales corrientes del marxismo* por L. Kolakowski, em 3 vols., 1984 (ver KOLAKOWSKI, LESZEK). — D. H. Ruben, *Marxism and Materialism: A Study in Marxist Theory of Knowledge*, 1977. — G. Vilar i Roca, *Raó i marxisme. Materials per a una historia del racionalisme*, 1979. — M. Marković, G. Petrović, eds., *Praxis*, 1979. — A. Callinicos, *Marxism and Philosophy*, 1983. — E. Nolte, *Marxismus und Industrielle Revolution*, 1983. — W. L. Adamson, *Marx and the Disillusionment of Marxism*, 1985. — J. P. Scanlan, *Marxism in the URRS: A Critical Survey of Current Soviet Thought*, 1985. — D. Gordon, *Critics of Marxism*, 1986. — J. G. Fracchia, *Die Marxsche Aufhebung der Philosophie und der philosophische Marxismus*, 1987. — N. Bobbio, *Which Socialism: Marxism, Socialism and Democracy*, 1987. — V. Geoghegan, *Utopianism and Marxism*, 1987. — K. Nielsen, *Marxism and the Moral Point of View: Morality, Ideology, and Historical Materialism*, 1989. — J. McCarney, *Social Theory and the Crisis of Marxism*, 1990. — R. Hudelson, *Marxism and Philosophy in the Twentieth Century: A Defense of Vulgar Marxism*, 1990. — A. Linklater, *Beyond Realism and Marxism: Critical Theory and International Relations*, 1990. — J. Gabel, *Mannheim and Hungarian Marxism*, 1991. — E. O. Wright, A. Levine, E. Sober, *Reconstructing Marxism: Essays on Explanation and the Theory of History*, 1992. — R. Gottlieb, *Marxism 1844-1990: Origins, Betrayal, Rebirth*, 1992. — I. Hunt, *Analytical and Dialectical Marxism*, 1993. — P. Van Parijs, *Marxism Recycled*, 1993. — K. N. Cameron, *Marxism: A Living Science*, 1993.

Bibliografia: John Lachs, *Marxist Philosophy: A Bibliographical Guide*, 1967. — I. M. Bocheński, ed., *Guide to Marxist Philosophy: An Introductory Bibliography*, 1972.

Dicionário: *Marxistisch-Leninistisches Wörterbuch der Philosophie*, 3 vols., 1972, ed. Georg Klaus e Manfred Buhr. — G. Labica, G. Bensussa, *Dictionnaire critique du marxisme*, 1983; 2ª ed. rev., 1985.

Para a filosofia soviética, ver a bibliografia do verbete FILOSOFIA SOVIÉTICA.

Sobre hegelianismo e marxismo: S. Mark, "Hegelianismus und Marxismus", *Kantstudien*, 27 (1922). — J. Hyppolite, *Études sur Marx et Hegel*, 1955.

Sobre existencialismo e marxismo: J. Lacroix, *Marxisme, Existentialisme, Personnalisme*, 1950. — Jean-Paul Sartre, *Critique de la raison dialectique*, I, 1960. — J.-P. Sartre, R. Garaudy et al., *Marxisme et existentialisme: Controverse sur la dialectique*, 1962.

Para as obras de H. Lefèbvre, G. Lukács e A. Gramsci, ver as bibliografias dos verbetes correspondentes. C

MARXISMO-LENINISMO. Ver Filosofia soviética; Marxismo; Materialismo dialético; Materialismo histórico.

MASARYK, THOMÁŠ GARRIGUE (1850-1937). Nascido em Hodonin (Morávia), estudou na Universidade de Viena. De 1882 a 1911, foi professor na nova Universidade boêmia de Praga. Eleito várias vezes deputado, saiu de seu país em 1914 e foi à Áustria, à Itália, à Suíça e, por fim, à Inglaterra, tendo lecionado durante algum tempo no King's College, da Universidade de Londres. Com a independência, foi eleito presidente da Checoslováquia em 1918 e reeleito em 1920 e 1927.

Masarik interessou-se principalmente por problemas de sociologia, filosofia política e ética. Em todas as suas pesquisas, introduziu pressupostos filosóficos, nos quais predominaram os derivados do positivismo francês e inglês. Foram muito fortes o que podemos denominar "tendências humanistas", combinadas com orientações de moral social. Assim, sua investigação sobre o suicídio não era apenas uma análise de um fenômeno social-histórico, mas comportava uma filosofia moral destinada a estabelecer as bases de uma sociedade equilibrada, desprovida de tensões que não fossem moral e intelectualmente fecundas. O mesmo se pode dizer de seus outros escritos de filosofia política, bem como de sua crítica das bases filosóficas do marxismo. Masaryk sempre rejeitou todo pensamento puramente abstrato (ou o que considerava como tal) e manifestou inclinação por um modo de pensar "concreto". Este se revelou não só em seus estudos sociais e políticos, mas também em seus trabalhos de caráter lógico e epistemológico, tanto os que tinham por tema o problema do ceticismo como os que se encaminhavam diretamente a uma classificação das ciências e ao que ele denominou precisamente a "lógica concreta". Decisivo no pensamento de Masaryk foi, porém, o fato de que constituiu, estreitamente vinculado com sua ação, um modelo para certo estilo da filosofia tcheca posterior. Assim, um exame das correntes dessa filosofia mostra sua influência em toda parte. Isso já ocorre de maneira muito clara no positivismo evolucionista de F. Krejci (1854-1934). Mas também nos pensadores mais recentes. De fato, o pensamento filosófico tcheco pode ser inclusive considerado do ponto de vista da maior ou menor ênfase que os diversos filósofos atribuíram àquele primeiro positivismo humanista. Se acentuamos o positivismo, deparamos com correntes cientificistas (embora não inteiramente anti-humanistas), do tipo de K. Vorovda (1879-1929), de Vl. Hoppe (1890-1931), J. Tvrdy (1877-1943), M. Jahn (1883-1947), J. Krâl (nascido em 1882). Se enfatizamos o humanismo, chegaremos a uma linha com fortes tendências metafísico-religiosas, tal como acontece com V. K. Skrach (1891-1943), J. B. Krozâk (nascido em 1888), com J. Benes, com o teólogo J. L. Hromâdka e com o biólogo vitalista E. Rádl. Uma propensão humanista procedente em parte de Masaryk se encontra igualmente em diversos pensadores marxistas: Z. Nejedly (1876-1962), L. Svoboda, L. Rieger, E. Kolman etc. E também pode ser rastreada em filósofos de orientação estritamente lógico-metodológica, como J. Patočka, J. Popelovà, M. Englis etc.

➲ Obras filosóficas (nos textos alemães): *Der Selbstmord als soziale Massenerscheinung der modernen Zivilität*, 1881 (*O suicídio como fenômeno de massas da civilização moderna*). — *Ueber den Hypnotismus*, 1881. — *Blaise Pascal*, 1883. — *Die Wahrscheinlichkeitsrechnung und die Humesche Skepsis*, 1884 (*O cálculo de probabilidades e o ceticismo de Hume*). — *Ueber das Studium der dichterischen Werke*, I, 1884; II, 1886 (*Sobre o estudo das obras poéticas*). — *Unsere heutige Krisis*, 1885 (*Nossa crise atual*). — *Grundzüge einer konkreten Logik*, 1887 (*Fundamentos de uma lógica concreta*). — *Die moderne Evolutionsphilosophie*, 1896 (*A moderna filosofia da evolução*). — *Die Stellungnahme der Sozialistenpartei zur Ethik in der neuesten Zeit*, 1896 (*A posição do Partido Socialista diante da ética mais recente*). — *Die philosophischen und soziologischen Grundlagen des Marxismus. Studien zur sozialen Frage*, 1899 (*Os fundamentos filosóficos e sociológicos do marxismo. Estudos para a questão social*). — *Die Politik als Wissenschaft und Kunst*, 1906 (*A política como ciência e como arte*). — *Intelligenz und Religion*, 1907. — *Russland und Europa. Soziologische Skizzen*, 1913 (*Rússia e Europa. Esboços sociológicos*). — Além disso, vários escritos sobre o problema boêmio: *Die böhmische Frage* (1895), *Fr. Palacky's Idee des böhmischen Volkes* (1898), assim como múltiplos escritos na revista *Nase Doba*, em especial sobre a vida religiosa eclesiástica.

Bibliografia: Boris Jakowenko, *Bibliographie über T. M.*, 1930.

Ver: L. Brunschvicg, B. Croce *et al.*, *Festschrift T. G. M. zum 80. Geburtstag*, 2 vols., 1930, ed. B. Jakowenko. — K. Krofta, *M. und sein wissenschaftliches Werk*, 1930. — E. Utitz, *T. G. M. als Volkserzieher*, 1935. — O. Kraus, *Die Grundzüge der Welt-und Lebensanschauung T. G. Masaryks*, 1937. — E. Rade, *La philosophie de T. G. M.*, 1938. — A. van den Beld, *Humaniteit. De politieke en sociale filosofie von T. G. M.*, 1973 (trad. ingl.: *Humanity: The Political and Social Philosophy of T. G. M.*, 1975). — J. Novák, ed., *On Masaryk*, 1988. Ꙭ

MASCI, FILIPPO. Ver Neokantismo.

MASDEU, BALTASAR. Ver Neotomismo.

MASNOVO, AMATO (1880-1955). Nascido em Fontanellato (Parma), estudou na Universidade Gregoriana. Ordenado sacerdote em 1903, lecionou no Seminário de Parma; quando da fundação, em 1921, da Universidade Católica do Sagrado Coração (Università Cattolica del Sacro Cuore), foi nomeado professor de filosofia medieval e de filosofia teórica nessa instituição.

Masnovo contribuiu para a fundamentação e o desenvolvimento do neotomismo (VER) contemporâneo tanto histórica como sistematicamente. Do ponto de vista histórico, Masnovo estudou os antecedentes imediatos do pensamento de Santo Tomás e, em particular, as correntes avicenianas. Estudou ainda a relação entre o pensamento agostiniano e o tomista, tendo destacado antes suas concordâncias do que suas discrepâncias. Por fim, empenhou-se em estudar as origens do neotomismo na Itália, cujas fontes encontrou no pensamento de Vicenzo Buzzetti (VER) (muito embora hoje se faça remontar sua origem a seus mestres no Colégio Alberoni [ver NEOKANTISMO]).

Do ponto de vista sistemático, Masnovo ocupou-se, entre outros problemas, da questão da natureza da possibilidade, ou melhor, "dos possíveis". A doutrina de Masnovo a esse respeito, denominada pelo autor "subordinatismo realista", e também "subordinatismo genético", parte de Santo Tomás ao afirmar que o conhecimento começa por sê-lo de realidades "atuais" (em ato) e que o conhecimento do possível deriva do conhecimento do atual. Entretanto, ao contrário de autores que (como Bergson) fazem do possível algo ontologicamente derivado do atual, Masnovo afirma que os possíveis são ontologicamente anteriores às coisas atuais na mente infinita, a qual cria essas coisas. Interessante no pensamento de Masnovo é a tentativa de conceber analiticamente a noção de causa, o que permite, em sua opinião, não apenas conceber Deus como Causa primeira, mas também evitar os argumentos kantianos contra a possibilidade de demonstração da existência dessa Causa.

➲ Obras: *Introduzione alla* Somma teologica *di S. Tommaso*, 1918; 2ª ed., 1946. — *Il neotomismo in Italia. Origini e prime vicende*, 1923 (além disso, artigos complementares sobre as origens do neotomismo na Itália em *Rivista di Filosofia Neoscolastica*, 1924 e 1926). — *Problemi di metafisica e di criteriologia*, 1930. — *Da Guglielmo d'Auvergne a s. Tommaso d'Aquino*, 3 vols., 1930-1945. — *La filosofia verso la religione*, 1941; 6ª ed., 1962. — *S. Agostino e s. Tommaso*, 1942; 2ª ed., 1950. ᴄ

MATEMÁTICA. Os pitagóricos consideravam a matemática *a* ciência. Isto é compreensível se se pensa que a matemática era para eles a ciência dos números e das figuras geométricas consideradas, por sua vez, a essência da realidade. Tais concepções pitagóricas exerceram grande influência, especialmente no mundo antigo e durante o Renascimento. Poucos autores as mantiveram na época moderna, mas podem ser rastreados vestígios da importância central adquirida pela matemática nos ideais científicos pan-matematizantes, que, de acordo com Meyerson, constituem uma das várias filosofias da ciência possíveis.

A filosofia sempre considerou a matemática um dos objetos principais de pesquisa. Estas foram realizadas no âmbito da lógica, da teoria do conhecimento e da metafísica até que se constituiu uma disciplina especial, a filosofia da matemática, que teve por missão formular com a maior clareza possível os problemas básicos (os "problemas de fundamentação") referentes a essa ciência. Dentre esses problemas, consideraremos aqui os seguintes: 1) O conteúdo da matemática; 2) a natureza dos entes matemáticos; 3) os fundamentos da matemática; 4) a relação entre a matemática e as outras ciências; 5) a relação entre a matemática e a realidade.

O problema do conteúdo da matemática diz respeito menos à filosofia do que à própria matemática. Pode ser resolvido em boa parte mostrando-se as questões de que se ocupa a matemática, os métodos que usa e os ramos em que se divide. Pressupondo essencialmente conhecidos esses aspectos, não é preciso aqui referir-nos a eles em detalhe. Observaremos só que a idéia — predominante durante muito tempo — segundo a qual a matemática é a ciência da quantidade não pode manter-se. Com efeito, há disciplinas matemáticas, como a topologia, que não se ocupam da quantidade. Por esse motivo, tentou-se encontrar um conceito mais geral para definir o conteúdo da matemática: é o conceito de ordem (VER).

Sobre a natureza dos entes matemáticos, há muitas discussões, mesmo tomando a expressão 'entes matemáticos' num sentido neutro, equivalente 'àquilo de que se ocupa a matemática'. Entre as posições adotadas acerca deste problema, mencionaremos sete: *a*) o realismo; *b*) o conceptualismo; *c*) o nominalismo; *d*) o apriorismo; *e*) o empirismo; *f*) o objetivismo; e *g*) o "existencialismo". Indicaremos brevemente em que consiste cada uma delas.

As posições *a*), *b*) e *c*) consideram o problema da natureza dos entes matemáticos de acordo com a teoria dos universais (VER). Elas pressupõem, com efeito, que esses entes são idéias gerais cujo *status* ontológico deve ser determinado. De acordo com a posição *a*), os entes matemáticos existem antes das coisas; têm, pois, uma realidade metafísica (ou ontológica). Por isso, tal posição é também denominada *platonismo*, embora se deva ter presente que não coincide com a doutrina do próprio Platão, o qual costumava considerar que os entes matemáticos são análogos às idéias, mas não se confundem com elas: são intermediários entre a realidade sensível e a inteligível. Segundo a posição *b*), os entes matemáticos têm existência apenas na medida em que possuem fundamento na realidade, *fundamentum in re*; são, por conseguinte, conceitos, mas não meras produções de nossa mente. Segundo a posição *c*), os entes matemáticos são apenas nomes, adotados por convenção e aplicáveis à realidade, visto que em si mesmos são vazios de conteúdo.

As posições *d*) e *e*) consideram o problema em questão do ponto de vista da origem de nossos conceitos matemáticos. Segundo a posição *d*), os entes matemáticos são concepções inatas, completamente independentes da experiência, embora aplicáveis a ela. De acordo com a posição *e*), os entes matemáticos são obtidos por meio de abstrações efetuadas a partir da experiência; são, por assim dizer, idealizações máximas de nossas percepções sensíveis.

As posições *f*) e *g*) consideram de novo o problema do ponto de vista ontológico, mas sem comprometer-se a adotar a esse respeito (por mais difícil que isso seja) uma teoria dos universais. Segundo a posição *f*), os entes matemáticos não existem, mas "subsistem" ou "consistem" (ver CONSISTÊNCIA), seu modo de ser é o do objeto ideal (VER). Segundo a posição *g*), deve-se distinguir entre o pensamento matemático e o objeto do pensamento matemático. A atenção preponderantemente voltada para o primeiro dá origem a um formalismo, enquanto preponderantemente voltada para o último permite sustentar uma fundamentação existencial do intuicionismo. A posição *f*) foi defendida, entre outros, por Meinong. A posição *g*), por Oskar Becker, que seguiu algumas indicações de Heidegger.

A fundamentação da matemática deu origem também a muitas discussões, dentre as quais surgiram três posições já clássicas: o logicismo, o formalismo e o intuicionismo. Para o logicismo, desenvolvido por Frege e depois por Peano, Russell e Whitehead, a matemática se reduz à lógica. Para o formalismo, defendido por David Hilbert, a matemática pode ser formalizada por completo; o método adequado a esse propósito consiste em provar a não-contradição das teorias matemáticas e de todos os sistemas logísticos apropriados a elas. Para o intuicionismo, preconizado, entre outros, por L. E. J. Brouwer e Arend Heyting, pode-se falar de entes matemáticos tão-somente se podemos construí-los mentalmente. Cada uma destas posições enfrenta dificuldades peculiares: o logicismo choca-se com o situar toda a matemática no quadro da lógica; o formalismo — também qualificado de axiomatismo — depara os obstáculos derivados das conseqüências da prova de Gödel (VER); o intuicionismo vê-se obrigado a cortar boa parte das teorias matemáticas de suas construções, sobretudo quando, adotando a doutrina de G. F. C. Griss, concebe que há entes matemáticos apenas quando são *de fato* construídos mentalmente. Cada uma destas posições, por outro lado, alcançou grandes triunfos e impulsionou sobremaneira o progresso na matemática. Não se pode prever que teoria triunfará definitivamente; o mais provável é que seja preciso manter as partes mais fecundas de cada uma delas. Deve-se observar que em todas estas teorias, incluindo a intuicionista, se tende à formalização (VER) máxima das operações matemáticas; é um erro, portanto, interpretar certos resultados da matemática contemporânea como um afastamento dessa via.

A questão da relação entre a matemática e as outras ciências é muito complexa. De todo modo, manifestaram-se a esse respeito opiniões muito diversas. Para alguns, a matemática é a língua universal de todas as ciências. Se algumas resistem à chamada "matematização", é simplesmente ou porque se encontram pouco desenvolvidas ou porque as matemáticas usadas não são, ou não são ainda, suficientemente ricas e flexíveis. Para outros, a matemática se aplica às ciências em grau decrescente de intensidade a partir da física — completamente, ou quase completamente matematizada — até a história, em que a matemática desempenha um papel modesto ou nulo. Parece não haver ninguém para quem a matemática possa mostrar-se perniciosa, inclusive para ciências já altamente matematizadas. Não obstante, essa é a opinião de J. Schwartz (cf. art. citado *infra*), que, por seu caráter polêmico, vamos resumir.

Segundo ele, "em sua relação com a ciência, a matemática depende de um esforço intelectual realizado fora da matemática para a especificação da aproximação que a matemática tomará literalmente". O matemático tem de considerar situações bem definidas (ou transformar quaisquer situações dadas em situações bem definidas, sejam-no de fato ou não para os físicos e, *a fortiori*, para os outros homens de ciência). "O matemático converte em axiomas — e toma tais axiomas literalmente — o que para o homem de ciência são pressupostos teóricos." Isso pode levar a considerar axiomas científicos esses pressupostos teóricos; quando isso acontece, a matemática se revela perniciosa, porque introduz uma confusão. Convém, pois — conclui Schwartz —, não confundir o que o físico diz com uma interpretação literal das fórmulas matemáticas de que ele se vale. Exemplo dessa situação é a equação de Schrödinger para o átomo de hidrogênio. Esta equação "não é uma descrição literalmente correta do átomo, mas uma aproximação a uma equação um pouco mais correta que leve em conta o *spin*, o diapólo magnético e os efeitos relativistas; equação que é ao mesmo tempo uma aproximação mal compreendida a um conjunto infinito de equações quânticas relativas ao campo".

Deve-se observar a esse respeito que, embora de fato a matemática — ou uma interpretação literal de uma equação matemática — possa mostrar-se perniciosa para o bom entendimento de certos processos físicos, não é necessário que se mostre perniciosa; além disso, deve-se levar em conta que não poucos resultados físicos importantes (incluindo alguns obtidos pelo citado Schwartz) foram possíveis graças a desenvolvimentos matemáticos.

O que pode ocorrer — e às vezes ocorre — é que a quantificação de certos resultados, exprimível matematicamente, produza a ilusão de que se conhece algo que continua sendo desconhecido. Dois exemplos a esse respeito são o quociente de inteligência e o índice que expressa o produto nacional bruto. Cada um desses índices é expresso mediante um número. Mas o quociente de inteligência exprime uma grande diversidade de capacidades, e o índice que expressa o produto nacional bruto é o resumo de uma grande quantidade de fatores e relações econômicas. Ora, as confusões que tais índices podem acarretar, bem como os erros a que podem dar lugar, não se devem à quantificação, e às expressões matemáticas correspondentes, mas a um uso defeituoso, ou incompleto, de "números".

O mais plausível no problema da relação entre a matemática e a ciência — ou as ciências — é adotar o ponto de vista de que a matemática é definível de algum modo como uma linguagem e que, por conseguinte, sua relação com outras ciências consiste, em última análise, na relação que exista, ou possa existir, entre a linguagem matemática e a de outras ciências.

O problema às vezes denominado "relação da matemática com a realidade" é em grande parte redutível ao anterior; com efeito, perguntar em que medida podem, ou devem, ser usadas as matemáticas em outras ciências equivale a perguntar em que medida as matemáticas podem, ou devem, ser usadas para descrever, resumir ou esclarecer os conhecimentos que formam o conteúdo das outras ciências. Não obstante, algumas vezes se considerou este problema separadamente, ou então se considerou o problema em toda a sua generalidade enquanto problema de que tipo de verdade podem expressar as matemáticas. Duas citações a esse respeito são elucidadoras. Uma procede de Henri Poincaré: "A própria possibilidade da ciência matemática parece uma contradição insolúvel. Se essa ciência só é dedutiva, de onde lhe vem o perfeito rigor que ninguém pensa em questionar? Se, pelo contrário, todas as proposições que ela enuncia podem ser deduzidas umas das outras por meio das regras da lógica formal, como não se reduz a matemática a uma tautologia imensa?" Embora pareça referir-se exclusivamente à questão da natureza das proposições matemáticas, esta citação envolve o problema da "relação da matemática com a realidade" visto que se refere, ao menos de maneira implícita, à questão da fonte do rigor e da certeza das proposições matemáticas. Esse rigor e essa certeza transferem-se aos próprios fenômenos descritos matematicamente. A outra citação procede de Einstein e diz: "Na medida em que se referem à realidade, as proposições matemáticas não são certas; e na medida em que são certas, não são reais." Formulam-se com isso dificuldades que parecem insuperáveis. Várias soluções foram propostas para resolvê-las. Eis algumas: (I) a matemática pode ser aplicada à realidade, porque ela própria não diz nada; é como um quadro vazio dentro do qual cabe tudo; (II) a matemática pode ser aplicada à realidade, porque resulta empiricamente de um exame do real; (III) a matemática pode ser aplicada à realidade, porque, tal como supunha Kant, os juízos matemáticos são juízos sintéticos *a priori*; (IV) a matemática pode ser aplicada à realidade, porque esta é de índole matemática. A solução (I) é um extremo formalismo; a solução (II), um empirismo; a solução (III), um apriorismo transcendental; a solução (IV), uma forma de pitagorismo. Concluímos assim com o mesmo tema com que iniciamos este verbete: o da natureza matemática do real.

⊃ Além dos autores e textos a que se alude no verbete, ver, para a questão dos princípios da matemática: Bertrand Russell, *Principles of Mathematics*, I, 1903; 2ª ed., 1938. — Para uma introdução mais simples, do mesmo autor: *Introduction to Mathematical Philosophy*, 1919. — B. Russell e A. N. Whitehead, *Principia mathematica*, I, 1910; II, 1912; III, 1913; 2ª ed., 1925-1927. — Louis Couturat, *Les Principes des Mathématiques avec un appendice sur la philosophie des mathématiques de Kant*, 1905 (ver, ademais, a bibliografia do verbete LOGÍSTICA, em particular as obras especialmente dedicadas à lógica como filosofia matemática). — Hugo Dingler, *Grundlinien einer Kritik und exakten Theorie der Wissenschaften, insbesondere der mathematischen*, 1907. — Paul Natorp, *Die logischen Grundlagen der exakten Wissenschaften*, 1910. — Pierre Boutroux, *Les principes de l'analyse mathématique*, 1914-1919. — Hugo Dingler, *Das Prinzip der logischen Unabhänhigkeit in der Mathematik zugleich als Einführung in die Axiomatik*, 1915. — D. Hilbert e W. Ackermann, *Grundzüge der theoretischen Logik*, 1928; 3ª ed., 1949. — D. Hilbert, P. Bernays, *Grundlagen der Mathematik*, 2 vols., 1934-1939 (as obras de Hilbert pertencem à orientação axiomática; para a orientação intuicionista, ver a bibliografia do verbete INTUICIONISMO). — Stanislaw Leśniewski, "Grundzüge eines neuen Systems der Grundlagen der Mathematik", *Fundamenta mathematica*, 14 (1928), 1-81 (ver também bibliografia de LEŚNIEWSKI, S.). — Amoroso Costa, *As idéias fundamentais da Matemática*, 1929. — F. P. Ramsey, *The Foundations of Mathematics and other Logical Essays*, 1931. — A. Heyting, *Grundlagenforschung. Intuitionismus, Beweistheorie*, 1934 [orientação intuicionista]. — VV. AA., *Crisis y reconstrucción de las ciencias exactas*, 1936 (Publicações da Universidade de La Plata). — E. W. Beth, *Les fondements logiques des mathématiques*, 1950; 2ª ed., 1955. — S. C. Kleene, *Introduction to Metamathematics*, 1952. — Id., "Mathematics, Foundations of", em *Encyclopaedia Britannica*, ed. de 1957, vol. 15, pp. 82-84. — Ludwig Wittgenstein, *Philosophical Remarks on the Foundations of Mathematics*, 1956, ed. G. H. von Wright, R. Rhees, G. E. M. Anscombe; ed. rev. 1978. — P. H. Nidditch, *Introductory Formal Logic of Mathematics*, 1957. — H. Meschkowski, *Mathematik als Grundlage*, 1973. — C. Diamond, ed., *Wittgenstein's Lectures on the Foundations of Mathematics, Cambridge*

1939, 1990. — M. E. Tiles, *Mathematics and the Image of Reason*, 1991.

Exposições sobre o pensamento matemático (além de algumas das obras antes citadas e de muitas das que figuram no verbete Logística): E. W. Beth, Georges Bouligand, *Les aspects intuitifs de la mathématique*, 1944. — F. Waismann, *Einführung in das mathematische Denken*, 1936; 2ª ed., 1947. — Édouard Le Roy, *La pensée mathématique pure*, 1960 [curso no Collège de France, 1914-1915 e 1918-1919, revisado a partir de 1919-1920 para sua publicação, com 5 apêndices procedentes de um curso no mesmo Collège, 1922 a 1926].

Trabalhos sobre a natureza e sobre a realidade dos "objetos matemáticos": A. Voss, *Ueber das Wesen der Mathematik*, 1908. — Geiringer, *Die Gedankenwelt der Mathematik*, 1922. — Oskar Becker, "Mathematische Existenz", *Jahrbuch für Philosophie und Phänomenologische Forschung*, 8 (1927), 441-809. — G. Junge, *Einführung in Wesen und Wert der Mathematik*, 1928. — Max Black, *The Nature of Mathematics*, 1933. — B. von Freytag, *Die ontologischen Grundlagen der Mathematik*, 1937. — Max Bense, *Geist der Mathematik. Abschnitte aus der Philosophie der Arithmetik und Geometrie*, 1939. — E.W. Beth, *L'existence en mathématiques*, 1956. — W. Überwasser, E. Theis, Th. Litt, B. von Juhos, B. von Freytag, P. Lorenzen, G. Martin, A. Kratzer et al., "Mathematik und Wirklichkeit", Cadernos 9, 10, 11, ano 6 (1953) de *Studium Generale*.

Obras sobre matemática e lógica, e matemática e realidade: ver bibliografia de Lógica e realidade. Além disso (ou especialmente): M. Pasch, *Mathematik und Logik*, 1919. — Francisco Vera, *La lógica en la matemática*, 1929. — Hans Hahn, *Logik, Mathematik und Naturerkennen (Einheitswissenschaft)*, 1933. — Ferdinand Gonseth, *Les Mathématiques et la Réalité*, 1936. — A. Lautmann, *Essai sur les notions de structure et d'existence en mathématiques*, 1938. — Id., *Nouvelles recherches sur la structure dialectique des mathématiques*, 1939. — V. Kraft, *Mathematik, Logik und Erfahrung*, 1947. — H. Field, *Realism, Mathematics and Modality*, 1989. — A. D. Irvine, ed., *Physicalism in Mathematics*, 1990.

Sobre o método matemático: O. Hölder, *Die mathematische Methode*, 1924. — W. Risse, *Die matematische Methode in der Philosophie des XVII. und XVIII. Jahrhunderts*, 1982. — E. Livingston, H. Garfinkel (ed.), *The Ethnomethodological Foundations of Mathematics*, 1986.

Sobre matemática e linguagem: Arthur F. Bentley, *Linguistic Analysis of Mathematics*, 1932.

Sobre epistemologia da matemática: Wolfgang Cramer, *Das Problem der reinen Anschauung. Eine erkenntnistheoretische Untersuchung der Prinzipien der Mathematik*, 1937. — Fausto Toranzos, *Introducción a la epistemología y fundamentación de la matemática*, 1942. — Georgi Schischkoff, *Erkenntnistheoretische Grundlagen der mathematischen Anwendbarkeit*, 1949. — Jean Piaget, *Introduction à l'épistémologie génétique. I: La pensée mathématique*, 1949. — M. Detlefsen, ed., *Proof and Knowledge in Mathematics*, 1992.

Filosofia da matemática: Hermann Weyl, *Philosophie der Mathematik und Naturwissenschaft*, 1927 (trad. inglesa, modificada e ampliada: *Philosophy of Mathematics and Natural Science*, 1949. — Walther Brand e Marie Deutschbein, *Einführung in die philosophischen Grundlagen der Mathematik*, 1929. — Walther Dubislav, *Die Philosophie der Mathematik in der Gegenwart*, 1932. — F. Gonseth, M. Lautmann, G. Juvet, G. Bouligand, J. L. Destouches, B. Manià, St. Jaskowski, A. Reymond, A. Becker, Paul Schrecker, *Philosophie des Mathématiques*, 1936 [Actes du Congrès International de Philosophie Scientifique, 6]. — Louis O. Kattsoff, *A Philosophy of Mathematics*, 1948. — B. von Freytag, *Gedanken zur Philosophie der Mathematik*, 1948. — G. Polya, *Mathematics and Plausible Reasoning*, 2 vols., 1955. — Stephan Körner, *The Philosophy of Mathematics. An Introductory Essay*, 1960. — A. Froda, H. Margenau, J. Schwartz, J. A. Wheeler, "Symposium on the Role of Mathematics in the Formulation of Physical Theories", em *Logic, Methodology, and Philosophy of Science* [Proceedings of the 1960 International Congress], ed. E. Nagel, P. Suppes, A. Tarski, 1962, pp. 340-374. O artigo de J. Schwartz mencionado no texto procede do mesmo volume e tem o título de "The Pernicious Influence of Mathematics on Science", pp. 356-360. — Darío Maravall Casesnoves, *Filosofía de las matemáticas*, 1961. — Stephen F. Barker, *Philosophy of Mathematics*, 1964. — Ettore Casari, *Questioni di filosofia della matematica*, 1964. — Mark Steiner, *Mathematical Knowledge*, 1975. — F. Miró Quesada, *Lógica. I. Filosofía de las matemáticas*, 1980. — T. Tymoczko, ed., *New Directions in the Philosophy of Mathematics*, 1986.

Sobre "ficções" na matemática: Christian Betsch, *Fiktionen in der Mathematik*, 1926.

Obras históricas de caráter geral: M. Cantor, *Vorlesungen über Geschichte der Mathematik*, I, 1907. — L. Brunschvicg, *Les étapes de la philosophie mathématique*, 1913. — Pierre Boutroux, *L'idéal scientifique des mathématiciens, dans l'antiquité et dans les temps modernes*, 1920. — G. Loria, *Storia delle matematiche dall'alba della civiltà al secolo XIX*, 3 vols., 1929, 1931, 1933; 2ª ed. em 1 vol., 1950. — J. Pelseneer, *Esquisse du progrès de la pensée mathématique. Des primitifs au Xe Congrès International des mathématiciens*, 1935. — G. Sarton, *The Study of the History of Mathematics*, 1936. — Edmund Colerus, *Von Pythagoras bis Hilbert. Die Epochen der Mathematik und ihre Baumeister. Geschichte der Mathematik für Jedermann*, 1937. — E. W. Beth, *Inleiding tot de wijsbegeerte der wiskunde*, 1940; 2ª ed., 1948. — Max Bense, *Konturen einer Geistesges-*

chichte der Mathematik (Die Mathematik und die Wissenschaften), 1946. — O. Becker e J.E. Hofmann, *Geschichte der Mathematik*, 1952. — Oscar Becker, *Grösse und Grenze der mathematischen Denkweise*, 1959. — R. Torretti, *Philosophy of Geometry from Riemann to Poincaré*, 1978.

Matemática pré-grega: O. Neugebauer, *Vorgriechische Mathematik*, 1934.

Matemática grega e medieval: Jacob Klein, "Die griechische Logistik und die Entstehung der Algebra", *Quellen und Studien zur Geschichte der Mathematik, Astronomie und Physik*, Abt. B, 3, Heft 1 (1934), 18-105, e Heft 2 (1936), 122-235. — O. Neugebauer, *The Exact Sciences in Antiquity*, 1952. — O. Becker, *Das mathematische Denken der Antike*, 1957. — K. Reidemeister, *Mathematik und Logik bei Plato*, 1942. — A. Wedberg, *Plato's Philosophy of Mathematics*, 1955. — H. G. Apostle, *Aristotle's Philosophy of Mathematics*, 1953. — F. Vera, *La matemática del Occidente latino medieval*, 1956. — J. Álvarez Laso, *La filosofía de las matemáticas en Santo Tomás*, 1952. — A. Graeser, ed., *Mathematics and Metaphysics in Aristotle*, 1987 [com arts. en francês, inglês e alemão]. — D. J. O'Meara, *Pythagoras Revived: Mathematics and Philosophy in Late Antiquity*, 1989.

Matemática moderna: J. Baumann, *Die Lehren von Raum, Zeit und Mathematik in der neueren Philosophie*, 2 vols., 1869, e, sobretudo, a obra de Cassirer, *Das Erkenntnisproblem, etc.*, mencionada na bibliografia sobre esse filósofo. — C. Murray, *Order and Organism: Steps to a Whiteheadian Philosophy of Mathematics and the Natural Sciences*, 1985. — S. G. Shanker, *Wittgenstein and the Turning-Point in the Philosophy of Mathematics*, 1987. — P. J. Davis, R. Hersh, *Descartes' Dream: The World According to Mathematics*, 1986. — W. P. Van Stigt, *Brouwer's Intuitionism*, 1990 [Studies in the History and Philosophy of Mathematics, vol. 2]. — T. Koetsier, *Lakatos' Philosophy of Mathematics: A Historical Approach*, 1991. — M. Dummett, *Frege: Philosophy of Mathematics*, 1991. — D. M. Jesseph, *Berkeley's Philosophy of Mathematics*, 1993.

Bibliografia: E. W. Beth, *Symbolische Logik und Grundlegung der exakten Wissenschaften*, 1948 [Bibliographische Einführungen in das Studium der Philosophie; 3ª ed., I. M. Bocheński]. — J. Fanf, "The Nature of Modern Mathematics: A Selective Bibliography: 1940-1970", *Philosophia Mathematica*, 8 (1971), 1-60.

Desde 1969, existe um *Archive for History of Exact Sciences*, ed. C. Truesdell. ⊃

MATEO DE ACQUASPARTA (ca. 1240-1302). Da ordem dos franciscanos, nasceu em Acquasparta (Úmbria), foi entre 1275 e 1276 mestre na Universidade de Paris, em 1279 leitor no *Studium* franciscano de Bolonha e, no mesmo ano, leitor no Sacro Palácio em Roma como sucessor de João Pecham. Em 1287, foi nomeado ministro geral de sua ordem e em 1288 cardeal. Discípulo fiel de São Boaventura, Mateo de Acquasparta considerou Santo Agostinho a autoridade teológica e filosófica máxima; no entanto, os conceitos aristotélicos não foram inteiramente alheios às suas especulações e lhe serviram em ampla medida para a elaboração do agostinianismo boaventuriano, ao menos no que tange à doutrina da alma e de suas operações. Assim, por exemplo, Mateo de Acquasparta defendeu a tese da iluminação divina da alma sem a qual esta última não poderia conhecer a espécie inteligível que lhe apresenta o objeto. Mas ao mesmo tempo a própria alma elabora as espécies sensíveis para formar as inteligíveis; nessa elaboração o entendimento agente desempenha um papel fundamental. Desse modo, tal processo de formação é análogo a um processo de abstração. A influência de Avicena pode explicar a adoção de semelhante ponto de vista conciliatório sem que isso implique esquecer que, em última análise, a doutrina agostiniana e boaventuriana é a que se impõe como um quadro geral nessa análise da alma. Por outro lado, em oposição à doutrina tomista, Mateo de Acquasparta considerou que há um conhecimento direto das entidades singulares por meio de uma espécie singular, a qual constitui a base para a formação da espécie inteligível, ainda que uma base mais genética que propriamente epistemológica. Seguindo São Boaventura, Mateo de Acquasparta defendeu, além disso, a doutrina da composição hilemórfica de todos os entes criados.

⊃ Obras: Devem-se a Mateo de Acquasparta várias *Quaestiones disputatae* e *Quaestiones quodlibetales*. Mateo é também autor de *Comentários* às *Sentenças*.

Edição de algumas *Quaestiones disputatae* em: *De humana cognitionis ratione. Anecdota quaedam Seraphici Doctoris Sancti Bonaventurae et nonnullorum ipsius discipulorum*, a cargo dos Padres do Colégio de São Boaventura, Ad Claras Acquas, 1883. — Os mesmos Padres publicaram uma coletânea mais ampla das *Quaestiones disputatae* na Bibliotheca Franciscana Scholastica Medii Aevi: *Quaestiones disputatae de fide et de cognitione*, 1903; 2ª ed., 1957 (Bibliotheca, I). — *Quaestiones disputatae de Incarnatione et de lapsu aliaeque selectae de Christo et de Eucharistia*, 2ª ed., 1957 (Bibliotheca, II). — *Quaestiones disputatae de gratia*, 1935, ed. V. Doucet (Bibliotheca, XI). — *Quaestiones disputatae de productione rerum et de providentia*, 1956, ed. Gedeonis Gál, (Bibliotheca, XVII). — *Quaestiones disputatae de anima separata, de anima beata, de ieiunio et de legibus*, 1959 (Bibliotheca, XVIII). — Ver também edição de *Quaestiones disputatae de anima* XIII, 1961, ed. A.-J. Gondras.

Ver: Martin Grabmann, *Die philosophische und theologische Erkenntnislehre des Kardinals Matthaeus ab Aquasparta*, 1906. — L. Amorós, "La teología como ciencia práctica en los tiempos que preceden a Escoto", *Archives d'histoire doctrinale et littéraire du moyen âge*, 9 (1934), 261-303. — J. Auer, *Die Entwicklung der Gna-*

denlehre in der Hochscholastik, mit besonderer Berücksichtigung des Kardinals Matteo d'Aquasparta, I. Das Wesen der Gnade, 1942. — Z. Hayes, The General Doctrine of Creation in the Thirteenth Century: With Special Emphasis on M. of A., 1964. — Pascuale Mazzarella, La dottrina dell'anima e della conoscenza in Matteo d'Acquasparta, 1969. — Além disso, estudo preliminar de V. Doucet à citada edição (1935) das Quaestiones de gratia. **C**

MATÉRIA. O termo grego ὕλη (*hyle*) foi primariamente usado com os significados de "bosque", "terra florestal", "madeira" ("madeira cortada" ou "lenha"). Depois, foi usado também com o significado de "metal" e de "matéria-prima" de qualquer tipo, isto é, substância com a qual (e da qual) se faz, ou se pode fazer, algo. Significados análogos teve o vocábulo latino *materia* (e *materies*), usado para designar a madeira — especialmente a lenha — e também qualquer material para a construção. Parece que só com Aristóteles ὕλη adquiriu um significado filosófico técnico ou, ao menos, tecnicamente preciso. Isso não quer dizer que o conceito de matéria não fosse usado filosoficamente antes de Aristóteles. Pode-se encontrar esse conceito no pensamento chinês e indiano, e também no pensamento hebraico, assim como no pensamento grego pré-aristotélico, ao qual nos referiremos brevemente em seguida.

Os filósofos milesianos (VER) entendiam a realidade primária ou fonte, φύσις, da realidade — água, *apeiron* (VER), ar — como uma entidade de algum modo "material". De todo modo, essa realidade era concebida ou "visualizada" como uma espécie de massa mais ou menos indiferenciada da qual se supunha surgirem os diversos elementos e com a qual se imaginava se formassem todos os corpos. Tratava-se, pois, de uma espécie de "matéria", ainda que de uma matéria "animada" ou "vivificada", razão pela qual as doutrinas dos milesianos foram amiúde consideradas uma manifestação de hilozoísmo (VER). O conceito de matéria entre os milesianos pode ser equiparado ao conceito de "massa" (em latim: *massa*, derivado do grego μάζα [= pão de cevada] e, segundo alguns autores, do hebraico בוצה, *mazza* [= pão sem fermento]) pelo menos num sentido: o de que "a matéria primordial" em questão parecia ter certa massa enquanto *quantitas materiae*, ainda que se possa alegar que essa "matéria primordial" consistia não apenas na quantidade mas também, e até de modo especial, no espaço ocupado. Usando agora um vocabulário anacrônico, pode-se dizer que os milesianos empregaram um conceito ao mesmo tempo "físico" e "metafísico" de matéria (e até de matéria-massa). Ora, à proporção que se buscou um princípio que explicasse de fato o movimento e a formação dos diversos corpos, o conceito de matéria em sentido milesiano se mostrou insuficiente. A matéria — seja qual for — foi então concebida ou como uma realidade puramente sensível ou como uma realidade essencialmente mutável. A primeira acepção surgiu entre os eleatas; a segunda, entre alguns pluralistas.

A consideração da matéria como elemento no qual residem o movimento (sensível ou "local") e a diversidade dos corpos levou à idéia de matéria como massa informe dos elementos (em especial dos quatro elementos: fogo, terra, água, ar), massa da qual se supunha que surgiram mais tarde, por diferenciação, os próprios elementos. Esse foi o caso de Anaximandro e depois de Empédocles. Não foi o que aconteceu com Demócrito (cujo conceito de matéria é compreensível antes por analogia com o chamado "conceito clássico [moderno] físico da matéria"). Pode-se perguntar agora se isso ocorre com Platão.

De algum modo, sim. A distinção estabelecida por Platão entre o ser que é sempre e nunca muda e o ser que não é nunca e muda sempre (*Tim.*, 49 A) leva-o a perguntar sobre o tipo de realidade deste último ser. Não pode ser uma realidade determinada, pois, se o fosse, teria uma forma e então não seria perpetuamente mutável. Não pode ser, pois, nenhum dos elementos, de modo que parece dever-se concluir que tem de ser algo como a massa indiferenciada dos elementos prévia a toda "formação", isto é, "o comum" em todos os elementos. Mas neste caso é como um "receptáculo", χώρα, vazio capaz de "acolher" qualquer forma (*Tim.*, 51 A). Daí a identificação de receptáculo, χώρα, e matéria, ὕλη, que, segundo Aristóteles (*Phys.*, IV, 2, 209 b 11), caracteriza a concepção da matéria em Platão.

Ao mesmo tempo, porém, temos em Platão outras idéias acerca da matéria (ou do que mais tarde assim se denominará). De imediato, se se equipara a forma com o ser propriamente dito, a matéria é o que se achará mais perto do "não-ser", de maneira que em algumas interpretações do platonismo se identificarão simplesmente "não-ser" e "matéria". Por outro lado, esse "não-ser" tem um caráter muito particular: não é o "puro não-ser", mas um "não-ser existente" (o que pode ser entendido como segue: é "um não-ser diante do ser que é sempre e não muda nunca"). Por fim, Platão parece inclinar-se às vezes (cf., por exemplo, *Tim.*, 30 A) a conceber a matéria informe e primária como uma realidade que possui certas qualidades e antes de tudo o movimento, ou a possibilidade de movimento. A matéria é, neste último caso, o puramente "outro" ("outro das formas"), o que muda sempre — entendendo-se por isto: muda sem ordem e sem medida —, e o que o demiurgo (VER) toma com a finalidade de introduzir alguma ordem e formar o universo. Neste caso, a matéria é "o visível", em contraposição ao "inteligível"; é o puramente sensível e o puramente múltiplo em contraposição ao que possui essencialmente ordem, inteligibilidade e unidade.

O primeiro filósofo (no Ocidente) em quem a noção de matéria adquire um caráter filosófico "técnico" é Aristóteles. Isso não quer dizer que Aristóteles não deva muito aos pensadores precedentes — pré-socráticos e Platão — na abordagem deste conceito. Mas Aristóteles não apenas definiu melhor do que seus predecessores o conceito de matéria como também, ao mesmo tempo, o enriqueceu de forma considerável. Resumiremos a seguir algumas das idéias aristotélicas a esse respeito.

Um caráter comum a toda noção de matéria em Aristóteles é a receptividade; qualquer que seja a matéria de que se trate, não é propriamente matéria se não está, por assim dizer, "disposta" a receber alguma determinação. Ora, isso faz que não haja apenas uma única espécie de matéria, que seria o puramente indeterminado, mas vários tipos de matéria de acordo com seu modo de receptividade.

Dentro de um caráter comum, podem-se distinguir em Aristóteles várias concepções da matéria. Embora nem sempre seja fácil, nem legítimo, distinguir nesse autor o que corresponde à "física" e o que corresponde à "metafísica", suporemos, com vistas a uma maior clareza, que essa distinção é muito mais nítida do que aparece nos próprios textos do filósofo. Ora, na física a matéria aparece às vezes como o substrato, "o que está sob toda mudança", aquilo a que as qualidades "são inerentes". Parece, pois, que a matéria é a substância (VER) e, com efeito, Aristóteles usa às vezes o termo ὕλη como "substância". Entretanto, a matéria como substrato não é simplesmente a substância, visto ser algo comum a todas as substâncias, de sorte que aparece como uma espécie de matriz da realidade "física" e não como a própria realidade física. Portanto, se é substrato, a matéria o é num sentido diferente do substancial.

Enquanto "substrato de", a matéria é a "realidade sensível" da qual se podem abstrair uma ou várias determinações. Estas determinações não se contrapõem, portanto, à matéria, nem se sobrepõem a ela. Da "realidade sensível" podem-se abstrair figuras e quantidades ou podem-se abstrair formas e universais. A própria matéria é, como diz Aristóteles em *Met.*, Δ, 13, 1020 a 20, algo que não é particular, nem é de uma certa quantidade, nem algo a que se atribuíram quaisquer outras categorias. A matéria em geral é uma matéria primeira, ὕλη πρώτη, algo sensível comum (a *materia sensibilis communis* de que falou Santo Tomás); quando se fala de realidade física em geral, deve-se levar em conta a composição material "primeira". A matéria pode ser "matéria de" alguma realidade determinada (como, por exemplo, a matéria que é comum a todos os homens). Entre a "matéria primeira" e a "matéria de", a única diferença é a completa generalidade da primeira e a maior especificidade da segunda; em ambos os casos, trata-se de uma "matéria sensível comum". Enquanto objeto de mudança, a matéria em questão — e especialmente a "matéria primeira" — é uma matéria genética, ὕλη γεννητή. Podemos, assim, estabelecer uma série de "níveis" em que se dá a matéria: matéria primeira em geral; matéria enquanto elementos materiais (os quatro elementos); matéria como matéria de uma realidade determinada (homem, árvore etc.). (Cf., entre as passagens em que Aristóteles aborda a noção de matéria nos sentidos indicados: *Met.*, E, 1, 1025 b 30ss.; 1036 a 2ss.; *De coelo*, III, 1, 299 b 15ss.; *De gen. et corr.*, II, 1, 329 a 24ss.) Aristóteles considera que nenhuma realidade pode ser compreendida sem sua matéria e procura estabelecer que tipos fundamentais de matéria há: matéria sensível (que tem diversos graus de receptividade e especificidade), matéria inteligível (como a pura extensão) etc. Pode-se falar igualmente de matéria individual, ὕλη οἰκεία καὶ ἰδία, isto é, da matéria de que se compõe um indivíduo e que, segundo uma das interpretações possíveis das doutrinas de Aristóteles, pode constituir o princípio de individuação.

O modo "metafísico" de considerar a matéria é sensivelmente análogo ao "físico", mas nele adquire maior importância a relação entre a matéria e a forma. A rigor, quase sempre que se trata da concepção aristotélica do conceito "matéria", costuma-se estudá-la "metafisicamente" como um dos termos do famoso par *matéria-forma*. Deste ponto de vista, a matéria é definida como "aquilo com o qual algo se faz". Esse "fazer" pode ter dois sentidos: o sentido de um processo natural e o de uma produção humana. Assim, o animal é feito, ou composto, de carne, ossos, tendões etc.; a estátua é feita de mármore ou bronze etc. Nestes casos, carne, ossos, tendões, mármores, bronze etc. são a matéria de que são feitos em cada caso o animal ou a estátua. Com isso, o conceito de matéria adquire um sentido "relativo": a matéria é sempre relativa à forma (VER). Por esse motivo, a realidade não é nem matéria nem forma, mas sempre — com exceção do motor imóvel, ou dos motores imóveis — um composto. É verdade que em algumas ocasiões Aristóteles parece referir-se à matéria como ao pura e simplesmente indeterminado. Mas o próprio conceito de indeterminação carece de sentido a não ser que se refira a algo determinado, a uma possibilidade de determinação. Embora se defina a matéria como "possibilidade", ter-se-á de admitir que é uma "possibilidade para algo". Daí a distinção aristotélica entre a matéria — que é um não-ser por acidente — e a privação (VER), que é um não-ser em si mesmo. A matéria está intimamente ligada à substância, o que não acontece com a privação. Mais ainda: a privação é contrária ao bem, enquanto a matéria "aspira" ao bem. Isto permite eliminar a contradição platônica que consiste em afirmar um contrário que deseja sua própria destruição. Assim, a noção de matéria serve a Aristóteles para explicar a mudança e o vir-a-ser (VER). Como substrato distinto dos contrários, a matéria permite a mudança, já que os próprios contrários não podem mudar. Entendida dessa maneira, a matéria pode ser como a substância enquanto substrato, isto é, não como o que muda, mas como aquilo no qual se produz a mudança (cf. *Met.*, Λ, 2, 1069 b ss.).

A distinção entre os aspectos "físico" e "metafísico" da noção de matéria é, como indicamos, um tanto incerta, sobretudo se levamos em conta que a idéia de matéria em Aristóteles é de aplicação geral. A rigor, podemos partir de um estudo metafísico da matéria como componente de todo ser — exceto do primeiro motor — e passar depois a uma dilucidação do conceito de matéria de acordo com as diversas espécies de substâncias. Deve-se observar que a pluralidade de "matérias" é essencial no sistema aristotélico; com efeito, sendo a matéria aquilo em que tem lugar a mudança, ou o que se pressupõe em toda mudança, haverá tantas espécies de matéria quantos forem os tipos de mudança. Assim, pode-se falar de matéria local, matéria para a alteração, matéria para as mudanças de tamanho, matéria para a geração e a corrupção. A "matéria local", ὕλη τοπική, é a que corresponde ao movimento como traslação, o qual ocorre tanto no mundo sublunar como no mundo das esferas celestes. Pode-se falar, como indicamos, de uma matéria inteligível, equiparável à extensão. Pode-se falar de matéria-prima ou pura e matéria qualificada etc. Em vista disso, afirmou-se que o sistema aristotélico multiplica desnecessariamente as espécies de "matéria", ao contrário da concepção unitária própria da física moderna. Contudo, deve-se ter presente que a matéria de que Aristóteles fala não é, ou não é fundamentalmente, uma realidade "material", já que esta realidade, para existir, necessita também de uma matéria e uma série de determinações. A matéria no sentido aristotélico não é, pois, um ser que se baste a si mesmo; é simplesmente aquilo com o qual, e do qual, é composta toda substância concreta.

A noção aristotélica de matéria foi objeto de muitas discussões já na Antigüidade. Alguns comentadores do Estagirita (por exemplo, Simplício) argumentavam, contra Aristóteles, que a matéria, ao menos como corpo, deve ter ela mesma certas determinações (principalmente quantidade e grandeza) (*Simplicii in Aristotelis Phys... commentaria*, ed. H. Diels [1882], p. 229). Os estóicos opunham-se ao conceito aristotélico de matéria, insistindo na realidade material do corporal, que não é simplesmente extenso, mas tem pelo menos uma característica fundamental: a chamada antitipia (VER) ou resistência. Os atomistas adotaram uma concepção não qualitativa e mecânica da matéria. Os átomos são matéria e possuem um atributo próprio: o *quantum* do corpo, ou peso. Os atomistas diferiam de Aristóteles mais do que os estóicos, já que, enquanto os primeiros despojavam a matéria de toda qualidade, os últimos adotavam uma concepção qualitativista da realidade material em alguns aspectos semelhante à aristotélica.

Os neoplatônicos adotaram, de maneira geral, a doutrina da matéria como puro receptáculo sem qualidades nem medida. Essa constituiu a teoria da matéria em Plotino, Proclo, Simplício e Jâmblico. Segundo Plotino, a matéria é pura privação e "sujeito indefinido" (*Enn.*, II, iv, 6), sem qualidade, figura nem tamanho (*ibid.*, II, iv, 8). A matéria é pura e simples potência (*ibid.*, II, v, 2); é "o outro", a mera e simples privação (*ibid.*, II, iv, 13). Como o indeterminado e informe, a matéria é "o primeiro mal" (*ibid.*, I, vii, 3); no fundo, a matéria é um "não-ser"; (*ibid.*, III, vi, 7); é sombra (III, viii, 18) e obscuridade (IV, iii, 9). Não obstante, como está "disposta" a receber as formas, a matéria não pode ser eliminada por completo da economia do universo. É verdade que Plotino indica às vezes que a matéria é tão passiva e indeterminada que é como um fantasma incapaz de receber formas (*ibid.*, II, v, 5). Mas afirma também que ela tem a forma em potência e se aperfeiçoa ao receber a forma em ato (*ibid.*, III, iv, 1). Por outro lado, a matéria de que se falou é apenas a matéria sensível como puro receptáculo; há, além disso, segundo Plotino, uma "matéria inteligível", que é efetivamente um ser (*ibid.*, II, iv, 16) e ainda "possui todas as formas" (II, iv, 3). Por isso, a inteligência tem matéria (isto é, matéria inteligível). Proclo e Simplício elaboraram uma concepção da matéria com base em propriedades matemáticas e especialmente geométricas (ver, sobretudo, Simplício, *In de caelo comment.*, ed. J. L. Heiberg [1894], 418, 576).

Comum a vários autores neoplatônicos é a idéia de que a matéria é como um dos "pólos" da "realidade". Esta última não é compreensível se não admitimos uma hierarquia das formas, hierarquia que não seria possível sem a matéria. Pode-se inclusive imaginar (tal como sugeriu Bergson) que as realidades emergem na medida em que a pura forma entra em contato com a pura matéria.

Todas as concepções antigas acerca da matéria foram objeto de discussão por parte dos autores cristãos dos períodos patrístico e escolástico. A tendência a identificar a matéria com o não-ser e com o mal foi muito forte naqueles que tiveram de lutar contra as tendências gnósticas e maniqueístas, nas quais a matéria é amiúde apresentada como o mal, mas como um mal "real", como um "ser mau", constantemente em luta com o bem. Autores como Marcião avaliaram que a matéria eterna é o princípio de todo mal; por isso, o mundo não foi formado de tal matéria "má" pelo Deus superior, mas por um deus inferior, um demiurgo. Contra os gnósticos, Clemente de Alexandria afirmou que o mal não tem origem na "matéria má", mas em atos pessoais (cf. *Str.*, III 16). Como Deus não pode criar nada mau, a matéria não pode ser o mal puro e simples; o mal é um "mau uso", não propriamente falando uma realidade. Tudo o que é, enquanto é, é bom, em diversos graus de bondade. A matéria não pode ser, pois, um mal, a menos que se faça mau uso dela, ou seja, a menos que se pretenda declará-la autônoma e independente de Deus. O Pseudo-Dionísio observava (*De nom. div.*, IV, 28) que a matéria participa da ordem, da beleza e da forma. A matéria, declarou ele, não pode ser má; se não existe em nenhum lugar, não pode ser nem boa nem má; ela possui algum ser e, como todo ser procede do Bem, a matéria procederá igualmente do Bem. Agostinho concebeu a matéria como algo passivo e informe, mas não como um puro nada. Sem a matéria, os corpos não poderiam passar de uma forma a outra: a matéria é a mutabilidade, ou o fundamento da mutabilidade, dos corpos (é, em termos platônicos, "receptáculo da mutabilidade"). Por outro lado, há uma matéria espiritual que é formada, e da qual são "feitos" o céu e os anjos. Em nenhum caso a matéria preexiste ao mundo formado, pois foi criada por Deus *ex nihilo*. E nada criado por Deus pode ser mau, visto que o mal é, uma vez mais, só um mau uso do bem (*De civ. Dei*, XI, 22; *De nat. Boni*, XXXVI).

Algumas das concepções da matéria desenvolvidas na Patrística tiveram influência sobre a idéia de que a matéria pode ser algo como um objeto "autônomo" de uma ciência (de resto "secundária"). Muitas das concepções medievais sobre a matéria fundaram-se no *Comentário* de Calcídio ao *Timeu*. É o que acontece em John Scot Erígena e nos pensadores da chamada "Escola de Chartres" (VER) (Thierry de Chartres, Gilberto de la Porrée e outros) ou afins a ela (por exemplo, Bernardo Silvestre). Estes autores elaboraram uma noção da matéria como "ser" sem forma e a denominaram de vários modos: ὕλη, ὕλη *informis, sylva* ("bosque", uma das versões de ὕλη), *materia informis, prima materia, primordialis materia, principalis materia* etc. Trata-se de um *chaos* informe de uma *concretio pugnax*, como dizia Bernardo Silvestre em *De mundi universitate* (I, i, 5), isto é, de uma *massa confusionis* (daí a idéia de matéria como "massa" no sentido de "indeterminação" e "confusão", não no sentido da *quantitas materiae* a que nos referimos antes). Isso não significa que todos esses autores tenham mantido exatamente o mesmo conceito de matéria. Embora baseando-se em larga medida em Platão e no citado *Comentário* de Calcídio, manifestaram-se a esse respeito opiniões diversas, em especial as duas seguintes: alguns destacavam o caráter informe e "confuso" da matéria, desnudando-a de toda qualidade; outros julgavam que a matéria era um corpo dotado de movimento próprio; alguns enfatizavam o caráter "sensível" da matéria; outros acentuavam que a matéria era principalmente um substrato do movimento. Em todos esses casos, tratava-se de uma *materia prima* (ou *primordialis materia*); seu conceito, embora metafísico (e teológico), era primariamente aplicável à ordem "física" ou "cósmica". Dessa *materia prima* procedia, segundo vários autores, a *materia formata*, amiúde identificada com os quatro elementos.

Desde a introdução plena do aristotelismo na filosofia medieval, tendeu-se cada vez mais a conceber a matéria — ao menos "fisicamente" — como sujeito de transformação substancial. Foi o que aconteceu com Tomás de Aquino, que define a matéria, à maneira aristotélica, como aquilo do qual se faz, ou se pode fazer, algo: *materia est, ex qua aliquid fit* (*S. theol.*, I, q. XCII, 2 ad 2). A matéria é algo em potência (*ibid.*, I, q. XVII), é um *primum subiectum* (*1 phys.*, 15). A noção de matéria se contrapõe por isso à de forma (VER); à parte a forma, a matéria não tem ser próprio. A este respeito, pode-se falar de uma matéria-prima (também denominada "matéria pura" e "matéria última"), que é a matéria fundamental e comum. Mas pode-se — e deve-se — falar de várias espécies de matéria: a já citada *materia prima*, a *materia communis, materia sensibilis communis* ou *in commune*, que difere da *materia sensibilis individualis* ou *materia signata*. Esta última é a matéria determinada pela quantidade e constitui, de acordo com Santo Tomás, o princípio de individuação, pois permite dividir e separar (*ibid.*, I, q. XXIX, 3, ob. 4; também *1 cael.*, 19 b). Contra esta opinião de Santo Tomás se voltaram alguns escolásticos, em especial os de tendência realista, para quem a matéria considerada sob certa dimensão possui já uma forma e, por conseguinte, é explicada por esta última. Outros autores (como Boaventura) admitiam o caráter puramente potencial da matéria, mas julgavam que esta última pode ser entendida de vários modos; assim, pode-se falar da matéria como privação, como potência para algo etc. Discutiu-se muito na Idade Média a questão da relação da matéria com a forma, assim como o problema de saber se podem ou não ser concebidos seres sem matéria. Alguns sustentavam que há matéria em todos os lugares onde há forma — a menos que seja a Forma pura —, de sorte que a matéria está universalmente infusa nos seres criados. Outros assinalavam que há certos entes criados isentos de matéria (as *formae separatae*, tais como os espíritos puros e até o próprio homem enquanto ápice da escala inferior dos entes). A primeira teoria é a "teoria da universalidade da matéria"; a segunda, a "teoria da não-universalidade da matéria". A universalidade foi defendida sobretudo por Abengabirol em seu *Fons vitae*, obra que influenciou consideravelmente muitos escolásticos, seja de modo positivo, como entre os franciscanos, seja de modo negativo, como objeto de polêmica, entre muitos dominicanos. Os que preconizavam a doutrina da universalidade da matéria costumavam manter que esta não é pura potência. Se isso ocorresse — alegavam —, ela seria ininteligível e se identificaria com o nada.

Ao contrário de Santo Tomás, Duns Scot considerava que a matéria tem um ser próprio, já que sua idéia reside em Deus. A matéria não é pura e simples privação de forma; é algo real, ou, melhor dizendo, possui certa entidade, *entitas*. A matéria é potência máxima e atualidade mínima; de modo algum um nada. Por outro lado, Duns Scot avaliava que o ser da matéria é distinto do da forma; caso contrário, dever-se-ia concluir que a matéria é uma realidade que pode formar-se por si mesma e se recairia no tipo de "materialismo" defendido por alguns intérpretes de Aristóteles, tais como Alexandre de Afrodísia. A matéria é potência real: é "aquilo que" contém algo; portanto, é puro sujeito. Daí a possibilidade de que Deus crie uma matéria sem forma. Esta concepção de Duns Scot levou Henz Heimsoeth a considerar esse filósofo um precursor de certas concepções "modernas" da matéria, ou, pelo menos, um precursor das doutrinas segundo as quais a matéria pode chegar a ter "uma natureza divina" (Giordano Bruno). Duns Scot e Occam coincidem em alguns pontos capitais com referência à sua concepção da matéria e, em especial, no seguinte: para ambos, a matéria pode existir também "em ato" e mostra-se, portanto, inteligível por si mesma (Duns Scot, *Op. Ox.*, II, d. 12, q. I, n. 1; Occam, *Summulae in libros physicorum*, I, c. 17). Próximo a Duns Scot se acha o autor do tratado antes atribuído a esse autor: o *De rerum principio*, no qual se distingue entre três espécies de matéria: a *matéria primo-prima*, que não possui extensão nem ação e é realidade mínima, mas de todo modo *entitas*; a *materia secundo-prima*, que é a corporeidade enquanto tal; e a *materia tertio-prima*, que é a matéria propriamente "material" ou "elementar", a matéria dos "elementos".

Embora nos tenhamos detido especialmente nas concepções dos escolásticos cristãos, deve-se ter presente que as questões relativas à índole da matéria e às suas diversas espécies foram abordadas também em detalhe por autores árabes e judeus. Entre os últimos, destacaram-se as discussões acerca da "origem" da matéria. Segundo Wolfson (art. cit. na bibliografia), há três teorias a esse respeito na filosofia medieval judaica: alguns afirmam que a matéria foi criada do nada por Deus; outros, que ela existe desde a eternidade; outros ainda, que emana da essência de Deus. Os partidários desta última teoria se dividem em dois grupos: para uns, a matéria emana diretamente de Deus, motivo pelo qual tem uma "realidade divina"; para outros, emana da "primeira inteligência", ao mesmo tempo "emanada" de Deus.

As concepções escolásticas, cristãs ou não, caracterizam-se por procurar resolver muitos dos problemas relativos ao conceito de matéria introduzindo numerosas distinções. Referimo-nos já a algumas delas. Digamos agora que em muitos casos se distingue entre matéria como substrato ou potência passiva, matéria como elemento e matéria como objeto de percepção ou abstração. A matéria como potência passiva pode ser concebida ao mesmo tempo como sujeito para a forma (no qual entra a "primeira matéria") ou como sujeito de mudança, seja substancial, seja acidental. A matéria como elemento é o "material" de que algo é "composto" (elementos, partes de um todo etc.). A matéria como objeto de percepção e abstração é a matéria enquanto sensível ou inteligível (e também a *materia signata*). Nestas distinções — que são apenas algumas das que se introduziram —, pode-se ver com clareza que não se trata sempre, como às vezes se supôs, de diversas espécies de matéria, como se houvesse "diferentes matérias", mas antes de diversos modos de conceber a matéria. Assim, embora muitos autores escolásticos estabeleçam uma clara separação entre diversas espécies de matéria, trata-se de uma separação distinta da que, por exemplo, pode ser estabelecida entre duas diferentes realidades "materiais". Por isso, o que se denominou "modos da matéria" (Suárez) não são propriamente características de um elemento material. O modo da matéria, que é, segundo Suárez, um "modo parcial" (*Met disp.* XXXIV, 5), conserva-se para esse autor ainda depois da separação entre forma e matéria. Por esse motivo, Suárez considera, de maneira similar a Duns Scot (cf. *supra*), que Deus poderia conservar uma matéria sem forma.

As idéias de "matéria" apresentadas até agora não desapareceram por completo na idade moderna, em particular na medida em que se abordou metafisicamente o conceito de matéria. Mas é característico da idade moderna o fato de ter-se ocupado principalmente da noção de matéria enquanto constitutiva da realidade "material" ou "natural". É o que se denominou "a concepção científico-natural da matéria". No começo da época moderna, foram admitidas diversas espécies de "matéria natural" com a finalidade de explicar a composição e os movimentos dos corpos. Em alguns casos, pensou-se que pode haver ao menos duas espécies de matéria: a ativa (por exemplo, o frio e o quente) e a passiva (ou suporte da mudança do frio ao quente e vice-versa). Mas cada vez mais se tendeu a estudar a matéria como realidade una e única. Precedentes dessa concepção se encontram já nas doutrinas atomistas antigas e medievais. Para tais concepções, a matéria é simplesmente "o cheio", ao contrário do espaço, que é "o vazio". Há na época moderna algumas teorias que diferem em vários aspectos importantes da mencionada idéia de matéria como "espaço cheio". Assim, por exemplo, Descartes (VER) equiparou a matéria à extensão, de acordo com sua característica redução, ou tentativa de redução, da realidade material a propriedades geométricas do espaço (VER). Por outro lado, autores como Ralph Cudworth e Leibniz apresentaram uma concepção da matéria como algo "plástico" (VER). Por fim, encontramos na idade moderna diversas tentativas de conceber a matéria não atomisticamente, mas monadologicamente (ver MÔNADA, MONADOLOGIA), e, em particular, tentativas de explicar a matéria, ou sua gênese, por meio de "pontos de força" (Leibniz, Boscovich, em parte Kant). Mas o mais característico da citada concepção "científico-natural da matéria" na idade moderna é a idéia de matéria como "o que preenche o espaço". A esta idéia sobrepõem-se outras: a matéria é uma realidade impenetrável (visto que, caso não o seja, há espaço "a preencher"); é uma realidade constituída atomicamente (pois "os átomos" são os "espaços cheios"); é uma realidade única (já que toda matéria é fundamentalmente a mesma em todos os corpos naturais). Estas propriedades da matéria são concebidas de acordo com uma lei: a lei de conservação da matéria. A matéria é, pois, concebida como realidade fundamentalmente compacta; a possibilidade de sua divisão afeta apenas os "interstícios espaciais", não a própria matéria. A matéria é, segundo esta concepção, constante, permanente, indestrutível. Os corpos podem mudar de massa, de volume e de forma, mas as partículas materiais últimas são inalteráveis.

Fundamental na concepção moderna clássica da matéria foi uma série de propriedades tais como o ter massa e o "ocupar" espaço. Em conseqüência disso, falou-se do caráter "inerte" e "passivo" da matéria. Isso diferenciou a matéria da força, ou, melhor dizendo, das forças que exercem ação sobre os corpos ou permitem que os corpos atuem uns sobre os outros. O desenvolvimento do atomismo (VER) na época moderna contribuiu para distinguir entre matéria e força ou energia; enquanto se concebia a matéria como uma realidade descontínua ou discreta, a força ou energia — gravidade, eletricidade, magnetismo — eram concebidas como contínuas e eram objeto das chamadas "teorias dos meios contínuos". Um princípio fundamental comum a ambas é o princípio de conservação: conservação da matéria (já mencionado antes) e conservação da energia.

A partir do final do século XIX, e especialmente desde o começo do século XX, a concepção anterior da matéria passou por mudanças substanciais. A teoria do campo eletromagnético, de Maxwell, foi apresentada durante certo tempo no quadro da concepção mecanicista clássica, mas não se tardou a abandonar os modelos mecânicos e a substituí-los por outros modelos, que podemos chamar de "modelos de campos". A equivalência einsteiniana entre matéria e energia e os desenvolvimentos na teoria dos quanta contribuíram para apagar, ou para desvanecer, as distinções clássicas entre matéria e energia e entre matéria e força. Como se continua falando, de todo modo, de interações básicas da matéria e de como essas interações básicas são consideradas forças fundamentais, conceitualmente é possível ainda estabelecer uma distinção entre matéria e força. Assim, por exemplo, distingue-se hoje entre quatro forças: forte, eletromagnética, fraca e gravitatória. Isso não quer dizer que haja quatro espécies de matéria, mas os tipos de força considerados são básicos para entender o comportamento da matéria, assim como para determinar a relação entre forças e massas de partículas. Avalia-se que os fótons transmitem força eletromagnética, e se postula amiúde uma partícula, o "gráviton", que produz força gravitatória.

Surgiram algumas interpretações, e mesmo especulações, com relação à natureza da matéria, entendida como matéria-energia ou matéria-força: a matéria é como um "congelamento" de energia; é um "oco" no contínuo espácio-temporal; é uma série de "pulsações" discretas no citado contínuo; é uma série de variações de "densidade" num "campo unificado" etc.

Nenhuma dessas proposições é aceitável a menos que se apresente no quadro de uma teoria física. Os filósofos, que afirmaram que se chegou a uma "desmaterialização" do universo, ou que a matéria é, em última análise, uma realidade "ideal", tomaram os que consideraram resultados de certas teorias físicas isoladamente e os interpretaram, além disso, de acordo com o senso comum e numa forma "intuitiva". Nesse sentido, essas concepções são tão especulativas quanto a doutrina de Stéphane Lupasco (cf. bibliografia) sobre "as três matérias", correspondentes cada uma delas a um "tipo de sistema" e a determinada "orientação privilegiada de sistematizações energéticas". Há, segundo esse autor, três tipos de sistemas: sistemas de antagonismo simétrico, sistemas de antagonismo dissimétrico com predomínio de um dos dinamismos ou sistemas antagonistas, e sistemas de antagonismo dissimétrico com predomínio de outro dos dinamismos ou sistemas antagonistas. Isso explica, afirma Lupasco, que se possa falar de uma matéria propriamente física, de uma matéria orgânica e de uma matéria psíquica, constituída cada uma por um tipo de sistematização energética. Ora, o fato de que os componentes materiais (partículas elementares, meios contínuos ou campos associados a partículas) possam comportar-se de modo diferente em diferentes sistemas naturais não leva necessariamente à conclusão de que há três matérias distintas: um mesmo tipo de realidade material pode ser o componente básico de qualquer sistema.

⇨ Conceito e problema da matéria: R. Abendroth, *Das Problem der Materie. Beitrag zur Erkenntniskritik und Naturphilosophie*, I, 1889. — E. König, *Die Materia*, 1911. — Friedrich Noltenius, *Materie, Psyche, Geist*, 1934. — Jean Dévolvé, *De la matière en générale, et plus particulièrement de la matière noétique*, 1939. — Roberto Masi, *Struttura della materia. Essenza metafisica e costituzione fisica*, 1957. — Stéphane Lupasco, *Les trois matières*, 1960. — VV. AA., *La materia*, 2 vols., 1960-1961 [Terceira reunião de aproximação filosófico-científica]. — F. T. Arjiptsev, *La materia como categoría del conocimiento*, 1962 [ponto de vista materialista dialético]. — Joachim Klowski, "Das Entstehen der Begriffe Substanz und Materia", *Archiv für Geschichte der Philosophie*, 48 (1966), 1-42. — R. Harré, *Matter and Method*, 1977. — E.N. Ostenfeld, *Forms, Matter and Mind*, 1982.

Para a descrição dos objetos materiais do ponto de vista ontológico, ver, além disso, as obras de N.

Hartmann e de G. Jacoby citadas nas bibliografias desses dois filósofos.

Conceito e problema da matéria do ponto de vista científico e científico-filosófico: Adolf Stohr, *Philosophie der unbelebten Materie*, 1907. — Mie, *Das Wesen der Materie*, I, 4ª ed., 1919. — Hermann Weyl, *Raum, Zeit, Materie*, 1923. — Id., *¿Qué es la materia?*, 1925. — Gerlach, *Materie, Elektrizität und Energie*, 1923. — Bertrand Russell, *The Analysis of Matter*, 1927. — Ignacio Puig, *Materia y energía: cuestiones científicas relacionadas con la filosofía*, 1941; 2ª ed., 1944. — U. Schöndorfer, *Philosophie der Materie*, 1954. — Erwin Schrödinger, *Mind and Matter*, 1958 [The Tarner Lectures, 1956]. — S. Toulmin e J. Goodfield, *The Architecture of Matter*, 1962 (Parte II de *The Ancestry of Science*) [História do conceito de matéria e do que os autores chamam de *matter-theory*]. — Michel Ambacher, *La matière dans les sciences et en philosophie*, 1972. — J. Solomon, *The Structure of Matter*, 1973. — W. R. Clayton, *Matter and Spirit*, 1980.

Conceito de matéria em diversos autores e correntes. Geral: F. Lieben, *Vorstellungen vom Aufbau der Materie im Wandel der Zeiten*, 1953. — S. Toulmin e J. Goodfield, *op. cit. supra*. — J. Bobik, N. Lobkowicz et al., *The Concept of Matter*, 1963, ed. Ernan McMullin [Atas de um Congresso na Notre Dame University, 5/9-IX-1961]. — M. Sachs, *Ideas of Matter: from Ancient Times to Bohr and Einstein*, 1981.

No pensamento antigo: Clemens Baeumker, *Das Problem der Materie in der griechischen Philosophie. Eine historische kritische Untersuchung*, 1890, reimp., 1963. — A. Rivaud, *Le problème du devenir et la notion de la matière dans la philosophie grecque, depuis les origines jusqu'à Théophraste*, 1905. — Gallo Galli, *L'idea di materia e di scienza fisica da Talete a Galileo*, 1963. — T. G. Sinnige, *Matter and Infinity in the Pre-Socratic Schools and Plato*, 1968. — J. Herrero, "Materia e idea en el Ente de Parménides", *Revista de Filosofía* [Madri], 15 (1956), 261-272. — J. Scheller, *Darstellung und Würdigung des Begriffes der Materie bei Aristoteles*, 1873. — D. Neumark, "Materie und Form bei Aristoteles", *Archiv für Geschichte der Philosophie*, 24 (1911), 271-322 e 391-432. — I. Husik, *Matter and Form in Aristotle*, 1911. — A. Mager, "Der Begriff des Urstofflichen bei Aristoteles", *Archiv für Geschichte der Philosophie*, 27 (1914), 385-400. — F. Sanc, *Sententia Aristotelis de compositione corporum ex materia et forma in ordine physico et metaphysico*, 1928 (Academ. Theol. Croat., 9). — J. Schuster, "Eine neue Deutung des Aristotelischen Hylebegriffes", *Scholastik*, 4 (1929) (1935), 269ss. — R. Demos, "Aristotle's Conception of Matter", *Classical Weekly*, 39 (1946), 135-136. — Chen Chung Kwan, "Aristotle's Concept of Primary Substance in Books Z and H of the *Metaphysics*", *Phronesis*, 2 (1957), 46-59. — Luis Cencillo, *Hyle. La materia en el Corpus Aristotelicum*, 1958. — Friedrich Solmsen, "Aristotle's Word for 'Matter'", em *Didascalia. Studies in Honor of M. Albareda, Prefect of the Vatican Library*, 1961, ed. Sesto Prete, pp. 392-408. — Heinz Happ, *Hyle. Studien zum aristotelischen Materie-Begriff*, 1971. — M. Ninci, *Aporia ed entusiamo. Il mondo materiale e i filosofi secondo Teodoreto e la tradizione patristica greca*, 1977. — S. T. Teodorsson, *Anaxagoras' Theory of Matter*, 1982.

Na filosofia medieval e no pensamento escolástico em geral: L. Schmoeller, *Die scholastiche Lehre von Materie und Form*, 1903 [ver também a bibliografia do verbete FORMA]. — Tayeb Tisini, *Die Materieauffassung in der islamisch-arabischen Philosophie des Mittelalters*, 1972 (ed. G. Bartsch e I. Kaiser). — J. Gobern, *The Problem of Matter and Form in the De ente et essentia of Thomas Aquinas*, 1940. — G. Stella, *L'ilemorfismo di G. Duns Scoto*, 1955. — Antonio Pérez Estévez, *El concepto de materia al comienzo de la escuela franciscana de París*, 1976. — Harry A. Wolfson, "The Problem of the Origin of Matter in Medieval Jewish Philosophy and Its Analogy to the Modern Problem of the Origin of Life", *Proceedings of the Sixth International Congress of Philosophy*, 1926, pp. 602-608. — G. Voisine, "Le système de la matière et la forme", *Revue philosophique*, 29 (1922), 591ss. — N. Margotte, "The Knowability of Matter 'secundum se'", *Laval théologique et philosophique* (1945), 103-318. — P. Hoenen, *De origine formae materialis*, 1932. — Id., *Filosofia della natura inorganica*, 1949. — E. Buschmann, *Untersuchungen zum Problem der Materie bei Avicenna*, 1979.

Na filosofia e ciência modernas e em vários autores modernos: Max Jammer, *Concepts of Mass in Classical and Modern Physics*, 1961. — S. Toulmin e J. Goodfield, *op. cit. supra*. — Milič Capek, *The philosophical Impact of Contemporary Physics*, 1961, especialmente pp. 54-67 e 244-260. — R. Catesby Tagliaferro, *The Concept of Matter in Descartes and Leibniz*, 1976. — G. Wernick, *Der Begriff der Materie bei Leibniz in seiner Entwicklung und in seinen historischen Beziehungen*, 1893. — G. Simmel, *Das Wesen der Materie nach Kants physischer Monadologie*, 1881 (tese). — A. Stadler, *Kants Theorie der Materie*, 1883. — C. Guastella, *Dottrina di Rosmini sull'essenza della materia*, 1901. — H. Alfvén, *Worlds-Antiworlds: Antimatter in Cosmology*, 1966. — A. E. Thackray, *Atoms and Powers: an Essay on Newtonian Matter-Theory and the Development of Chemistry*, 1970. — E. McMullin, *Newton on Matter and Activity*, 1978. — Id., *The Concept of Matter in Modern Philosophy*, 1979. — J. W. Yolton, *Thinking Matter: Materialism in Eighteenth-Century Britain*, 1983. — M. Delbruck, *Mind from Matter: An Essay on Evolutionary Epistemology*, 1985. ☯

MATERIALISMO. Segundo Rudolf Eucken (*Geschichte der philosophischen Terminologie* [1860, reimp., 1960], p. 94, e *Geistige Strömungen der Gegenwart* [1904], C. 1 a), Robert Boyle foi o primeiro a introduzir — em sua obra *The Excellence and Grounds of the Mechanical Philosophy* (1674) — o termo 'materialista' (*materialist*), do qual depois se formou o vocábulo 'materialismo' (*materialism*) para designar a doutrina abraçada por todo autor materialista. *Materialist* significava para Boyle todo autor que adotasse o que ele mesmo denominou *corpuscular or mechanical philosophy* (*atomica philosophia, corpuscularis philosophia*), isto é, a filosofia segundo a qual a realidade é composta de corpúsculos que possuem propriedades mecânicas (as "qualidades primárias") e atuam uns sobre os outros de acordo com leis mecânicas expressáveis matematicamente. É o tipo de filosofia atacado por Berkeley (VER), que rejeitava o "materialismo" ou "filosofia mecânica" por julgar que a matéria não tem realidade própria; em vez do materialismo, e contra ele, Berkeley preconizava, pois, o "idealismo" (idealismo subjetivo).

Ao ver de Eucken, só a partir da "depuração de conceitos realizada por Descartes", isto é, só a partir do momento em que se estabeleceu uma separação taxativa entre a realidade pensante e a realidade não pensante (para Descartes, "extensa"), foi possível falar de materialismo, nome que conviria, portanto, às doutrinas dos que afirmam que há apenas um dos dois tipos de realidade citados: a realidade material ou material-extensa. O materialismo é, segundo Eucken, uma de três grandes tendências: o materialismo, o espiritualismo e o monismo. O espiritualismo afirma que toda realidade é de caráter psíquico (ou espiritual); o monismo sustenta que a realidade não é nem psíquica nem física, mas um todo que abrange por igual o psíquico e o físico como dois "aspectos" ou "modos"; o materialismo mantém que toda realidade é de caráter material (ou corporal). Ora, embora a restrição do uso de 'materialismo' a certas tendências da época moderna tenha alguma razão de ser — pois só quando se acentuou um dualismo tem pleno sentido enfatizar um único dos termos introduzidos —, não há motivo para não falar de um materialismo *avant la lettre*. O próprio Eucken assinala que "Giordano Bruno empregava ainda a antiga expressão 'epicuristas'" — entende-se que ele empregava essa expressão para designar os "materialistas" —, o que dá a entender que se pode usar retroativamente o nome 'materialismo' para designar doutrinas anteriores ao materialismo moderno.

A rigor, o materialismo — seja ele denominado "epicurismo", "corporalismo" ou qualquer outra coisa — é uma doutrina muito antiga. O sistema indiano *Chārvāka* (ver CHĀRVĀKA) é qualificado de "materialista". Também são qualificadas de "materialistas" as filosofias de Demócrito, Epicuro e, em geral, dos atomistas (o que não significa que toda doutrina atomista tenha sido sempre materialista). O mais amplo raio de aplicação dos vocábulos 'materialismo' e 'materialista' permite entender a natureza de certos sistemas e concepções do mundo (Dilthey julgava que o materialismo — ou "naturalismo" — é uma verdadeira concepção do mundo e não apenas uma filosofia). Como concepção do mundo, há certas características comuns a todo materialismo. Como filosofia, as características próprias do materialismo, ou, melhor dizendo, de cada doutrina materialista, podem ser diferentes. Com efeito, não são a mesma coisa, em princípio, o materialismo chamado "teórico" e o materialismo chamado "prático". Não se equivalem sempre, embora amiúde se sobreponham, o materialismo como doutrina e o materialismo como método. Há, além disso, diversas formas de materialismo; adiante referir-nos-emos com mais detalhe a algumas delas (materialismo dialético, materialismo histórico, materialismo monista etc.). Do ponto de vista histórico, o conteúdo de uma doutrina materialista depende em grande parte do modo como se defina ou se entenda a "matéria" que se supõe ser a única realidade. Assim, o materialismo de Leucipo, Demócrito ou Epicuro é diferente do chamado "materialismo" (e às vezes mais propriamente "corporalismo") dos estóicos, do materialismo mecanicista de Hobbes, do materialismo de Haeckel etc.

De todo modo, é comum a todas as doutrinas denominadas "materialistas" o fato de reconhecer os corpos materiais como *a* realidade. Nesse sentido, a matéria à qual se referem os materialistas é o que se pode chamar de "matéria corporal" (e não simplesmente a matéria como diferente da forma). É típico de quase todos os materialistas entender a matéria a um só tempo como fundamento de toda realidade e como causa de toda transformação. A matéria não é então só "o informe" ou "indeterminado", mas também "o formado" e "determinado". O conceito de matéria inclui o conceito de todas as possíveis formas e propriedades da matéria, a tal ponto que o reconhecimento da matéria como a única "substância" não elimina, mas com freqüência pressupõe, a adscrição ao material das notas de força e energia.

Há diversas espécies de materialismo: 1) Materialismo epistemológico, segundo o qual os enunciados que se formulam com valor pretensamente cognoscitivo têm de ser enunciados sobre corpos materiais. 2) Materialismo metafísico, no qual se afirma que a única realidade existente é a realidade material. 3) Materialismo monista, de acordo com o qual há um único tipo de realidade — a realidade material —, ao qual se reduzem todos os outros tipos, ou supostos tipos. 4) Materialismo hilozoísta, no qual se sustenta que a matéria é animada. 5) Materialismo mecanicista, para o qual o modelo de realidade material é um modelo mecânico. 6) Materialismo dialético. 7) Materialismo histórico. Referimo-nos a diversos aspectos dessas espécies de materialismo em vários verbetes (por exemplo, HILOZOÍSMO, MONISMO, MECANICISMO, MATERIALISMO DIALÉTICO, MATERIALISMO HISTÓRICO). Alguns dos tipos de materialismo citados podem combinar-se; assim, por exemplo, o materialismo monista costuma ser mecanicista. Outros podem combinar-se, mas são, em princípio, independentes: dessa maneira, por exemplo, o materialismo epistemológico não implica o materialismo metafísico. Certos autores, como F. A. Lange, indicaram que o materialismo se justifica como método ou princípio de investigação das ciências naturais, mas não como doutrina metafísica. Outros tipos de materialismo se excluem mutuamente, como ocorre com o materialismo mecanicista e o dialético ou o histórico. Observou-se às vezes que o materialismo (metafísico) comporta uma teoria dos valores. Comte enfatizou que o materialismo é uma explicação do superior mediante o inferior.

No decorrer da história, manifestaram-se correntes materialistas muito diversas. O materialismo clássico, atomista e (em princípio, ao menos) mecanicista foi defendido por Demócrito e pelos atomistas e elaborado por Epicuro e Lucrécio. Debateu-se até que ponto alguns dos pré-socráticos — como Tales ou Empédocles — foram ou não materialistas e se seu materialismo foi um hilozoísmo. Correntes materialistas, ou, melhor dizendo, "corporalistas", tiveram lugar durante a Idade Média, seja entre filósofos de tendência atomista, seja entre autores que, como Tertuliano, se inclinavam a entender "corporeamente" a alma, mas não é certo que possam ser qualificadas de materialistas, ou no sentido clássico democritiano, ou ainda em algum dos sentidos modernos. Na época moderna, uma forma de materialismo foi defendida por Gassendi com o atomismo. A concepção da realidade como conjuntos de corpos — naturais ou sociais — em Hobbes é de caráter materialista e, além disso, mecanicista. O materialismo desenvolveu-se como doutrina ao mesmo tempo metafísica e ética no século XVIII, em especial com autores como La Mettrie e Holbach. Outros autores foram igualmente materialistas nessa época, mas os dois mencionados se destacam por seu materialismo conseqüente.

Em grande parte, o materialismo se manifestou como a idéia de que a alma, a mente, o espírito, se reduz ao corpo e a fenômenos corporais. Isto explica o chamado "materialismo médico", isto é, o fato de que tanto na Idade Antiga como na Moderna tenha havido "médicos-filósofos" voltados para o materialismo. O materialismo de La Mettrie e de Holbach fundava-se em grande parte na concepção material da mente. Nessa linha de pensamento, acha-se igualmente Cabanis, mas este não elaborou, como la Mettrie e Holbach, uma concepção materialista do mundo.

Essa concepção materialista se encontra no chamado "materialismo do século XIX". A rigor, houve nesse século três espécies de materialismos, que se estenderam até nossa época: o materialismo naturalista monista e mecanicista, o materialismo dialético e o materialismo histórico. Referimo-nos às duas últimas espécies de materialismo nos verbetes correspondentes. O materialismo monista e mecanicista do século XIX foi representado por autores como Ludwig Büchner, Karl Vogt, Jakob Moleschott (VER). A chamada "disputa do materialismo" ocorreu em 1854, durante o Congresso de naturalistas de Göttingen, quando Rudolf Kagner (1805-1864) defendeu em seu trabalho *Menschenschöpfung und Seelensubstanz*, 1854 (*Criação humana e substância da alma*) a concordância da ciência com a Bíblia, enquanto Karl Vogt sustentou em seu *Köhlerglaube und Wissenschaft*, 1854 (*Fé de carvoeiro e ciência*), um materialismo radical. O materialismo monista e mecanicista do século XIX, denominado às vezes "materialismo alemão", foi popularizado por Ludwig Büchner em seu célebre livro *Kraft und Stoff*, 1854 (*Força e matéria*), e por Ernst Haeckel (VER), que tendeu às vezes a uma espécie de hilozoísmo. Ao materialismo mecanicista dos autores citados se opuseram o materialismo histórico de Marx e o materialismo dialético de Engels. Desenvolveu-se também uma forma de materialismo que pode ser chamado de "materialismo fenomenista", mas em muitos casos, como em Mach, se trata de um monismo "neutro".

No século XX, desenvolveram-se formas de materialismo mecanicista e "cientificista" do tipo dos propostos nos séculos XVIII e XIX de La Mettrie a Vogt, Büchner e Haeckel. Desenvolveram-se da mesma maneira o materialismo dialético (VER) e o materialismo histórico (VER). Neste século, novas formas de materialismo se elaboraram sobretudo ao longo da análise dos fenômenos chamados "mentais" e da linguagem usada para falar desses fenômenos. Em vários casos, como em Carnap, o materialismo consistiu num "fisicalismo" (VER), tratou-se de um materialismo epistemológico e "lingüístico". Foi freqüente que os autores que defenderam o comportamentalismo (VER) ou behaviorismo tenham sido igualmente materialistas ou tenham tido de admitir que as conseqüências de sua doutrina, ou de seu método, são materialistas. Discutiu-se muito o chamado "materialismo do estado central" (e também "fisicalismo do estado central"). Enquanto certos autores, incluindo muitos dos comportamentalistas ou semi-comportamentalistas, recorreram, para a explicação de certos atos e fenômenos mentais, a "disposições", outros mostraram que ou há estados mentais não explicáveis por disposições, ou a explicação mediante disposições não é uma verdadeira explicação. O "materialismo do estado central" inclui uma teoria causal da mente e preconiza que as causas de todo comportamento não são meramente disposições, mas processos do sistema nervoso central. Tais processos têm apenas propriedades físicas. Este tipo de materialismo pode ser defendido como a única teoria possível (J. J. C. Smart) ou como a mais plausível de várias teorias alternativas (Paul K. Feyerabend).

Suscitaram-se objeções contra o materialismo em geral e contra o tipo de materialismo esboçado anteriormente em particular, afirmando-se que toda doutrina materialista se refuta a si mesma, visto que deve ser considerada a conseqüência de processos cerebrais e não resultado de investigação empírica ou de inferência racional. Insistiu-se igualmente no fato de que intenções (no sentido indicado no verbete INTENÇÃO, INTENCIONAL, INTENCIONALIDADE), significados e, em geral, objetos abstratos (como as classes) não podem reduzir-se a processos materiais. Foi também muito freqüente rejeitar o materialismo alegando a irredutibilidade de certos processos a outros. Contudo, Feyerabend mostrou que a autonomia de certos tipos de "objetos" com relação a outros não constitui argumento suficiente contra a afirmação de que há, na realidade, objetos completamente autônomos; assim, "é certo que a massa de um objeto físico não pode reduzir-se à sua figura e que as leis acerca da massa (tais como a conservação de massa em reações de certa espécie) não podem reduzir-se a leis geométricas. A massa é autônoma com relação a propriedades geométricas. Mas não há por que separar com base nisso a massa de um objeto de sua figura e transplantá-la a um 'mundo' separado (cf. "Popper's *Objective Knowledges, Inquiry*, 17 [1974], p. 481). Se Feyerabend tem razão, e se a possibilidade de abstrações não justifica a existência de um "mundo abstrato" ou mundo de objetivações e significados independentes do mundo físico material, então uma das mais poderosas razões contra o materialismo fica sem fundamento. Ao estabelecer como grupos ontológicos as entidades e processos físicos, as pessoas e as objetivações, enfatizei que "tudo o que existe está de algum modo unido ao físico [no âmbito do qual se incluem o orgânico e o mental ou psíquico] ou se acha pelo menos 'referido' ao físico" (*El ser y el sentido*, 1967, p. 225). Cabe reconhecer, porém, que uma das dificuldades que se opõem a esta concepção é o tipo de objetivações que devem ser denominadas "objetividades" (tais como as classes).

De todo modo, o materialismo atual é de caráter mais "refinado" do que muitas das doutrinas materialistas do passado, especialmente as que foram qualificadas de "materialismo cru". Em nossa opinião, tal refinamento não consiste, entretanto, em que, como indica Feibleman, na física atual (einsteiniana) "a matéria" tenha sido "devorada" pelo espaço, de modo que as propriedades deste são propriedades "ideais" e "espirituais", motivo pelo qual semelhante materialismo é uma espécie de "espiritualismo invertido". Entre as características do materialismo atual, não figura necessariamente a de "espiritualizar" a matéria. Uma das tendências dominantes do materialismo atual é a aspiração a descartar toda forma de "abstracionismo", em geral coligado com um "transcendentalismo".

Deve-se observar que o debate entre "comportamentalismo" ou "behaviorismo", por um lado, e o chamado "mentalismo" (amiúde ligado a alguma forma de "inatismo"), por outro, não é paralelo a um debate entre materialismo e antimaterialismo. É possível ser comportamentalista sem ser materialista. Por outra parte, o "mentalismo" de referência pode, e às vezes costuma, basear-se em "regras inatas" em estruturas orgânicas; em princípio, portanto, poder-se-ia ser "mentalista" e "materialista" ao mesmo tempo.

Deve-se observar também que o materialismo, enquanto teoria, se acha no mesmo nível das teorias opostas a ele, como ocorre com o idealismo. O chamado "materialismo histórico", ao mostrar que todo pensamento é função de uma práxis (VER), procura colocar-se para além de toda contraposição entre materialismo (em sentido "clássico" e, de todo modo, em sentido "teórico") e idealismo. Mas o materialismo histórico enquanto práxis tem anexa uma possível teoria, que pode ser, e costuma ser, justamente uma teoria materialista. Esta, no entanto, não atua nem como mera teoria nem como ideologia, mas como expressão da maneira como o homem vive e atua concretamente no mundo material.

⇨ História do materialismo: F. A. Lange, *Geschichte des Materialismus und Kritik seiner Bedeutung in der Gegenwart (I. Geschichte des Materialismus bis auf Kant; II. Geschichte des Materialismus seit Kant)*, 1866. — Jules Soury, *Bréviaire de l'histoire du matérialisme*, 1881. — Georges Cogniot, *Le matérialisme gréco-romain*, 1964. — George Novack, *The Origins of Materialism*, 1965. — M. Böll, *Antiker Materialismus. Theorieimmanente, theoriekritische und methodologische Vorstudien zum Begriff des Materialismus, dargestellt am "hylozoistischen Materialismus" der Griechen*, 1978. — F. Gregory, *Scientific Materialism in Nineteenth-Century Germany: Studies in the History of Modern Science*, I, 1977. — J.-M. Goulemot, C. Langlois et al., *Images au XIXe siècle du matérialisme du XVIIIe siècle*, 1979, ed. O. Bloch. — A. Thomson, *Materialism and Society in the Mid-Eighteenth Century*, 1981. — J. W. Yolton, *Thinking Matter: Materialism in Eighteenth-Century Britain*, 1983. — D. Sayer, *The Violence of Abstraction: The Analytic Foundations of Historical Materialism*, 1987. — J. W. Yolton, *Locke and French Materialism*, 1991.

Materialismo moderno: Paul Janet, *Le matérialisme contemporain en Allemagne*, 1864 [sobre Büchner]. — Hermann Schwarz, *Der moderne Materialismus als Weltanschauung und Geschichtsprinzip*, 1904 (2ª edição com o título: *Die Grundfragen der Weltanschauung*, 1912). — F. Klimke, *Der deutsche Materialismusstreit im 19. Jahrhundert*, 1907. — H. Elliot, *Modern Science and Materialism*, 1910. — H. Bergson, H. Poincaré et al., *Le matérialisme actuel*, 1933. — Roy Wood Sellars, V. J. McGill, Marvin Farber, *Philosophy for the Future: The Quest of Modern Materialism*, 1949. — M. D. Tsebenko, *Frantsuzskie materialisty XVIII veka*, 1950 (tradução francesa: *La lutte des matérialistes du XVIIIe siècle contre l'idéalisme*, 1955). — Gaston Bachelard, *Le matérialisme rationnel*, 1953. — L. Gardy, *La théorie matérialiste de la connaissance*, 1954. — Otto Finger, *Von der Materialität der Seele. Beitrag zur Geschichte des Materialismus und Atheismus in Deutschland der zweiten Hälfte des 18. Jahrhunderts*, 1961. — Frederick Gregory, *Scientific Materialism in Nineteenth Century Germany*, 1977. — J. J. C. Smart, *Philosophy and Scientific Realism*, 1963. — James W. Cornman, *Materialism and Sensations*, 1971. — Anthony Quinton, *The Nature of Things*, 1972. — Joseph Margolis, *Persons and Minds: The Prospects of Non-Reductive Materialism*, 1977. — R. E. Schofield, *Mechanism and Materialism: British Natural Philosophy in an Age of Reason*, 1970. — M. Bunge, *Materialismo y ciencia*, 1980. — H. Robinson, *Matter and Sense: A Critique of Contemporary Materialism*, 1982. — G. Madell, *Mind and Materialism*, 1988. — C. S. Hill, *Sensations: A Defense of Type Materialism*, 1991.

Para o monista, ver Monismo. ☾

MATERIALISMO DIALÉTICO. O materialismo dialético — expressão cunhada por Plekhanov e abreviada como *Diamat* — é uma das espécies de materialismo (VER). Às vezes, identificou-se 'materialismo dialético' com 'marxismo', mas, em função das variadíssimas espécies de marxismo (VER), esta identificação é pouco plausível. De todo modo, não se pode identificar o materialismo dialético com o pensamento de Marx, mesmo que se leve em conta que este último foi materialista, que seu materialismo se opôs ao materialismo mecanicista, que ele usou um tipo de pensamento que ocasionalmente exibiu uma forte tendência dialética e, inclusive, que deu sua aprovação ao que depois foi tido como uma das leis dialéticas formuladas pelo materialismo dialético, isto é, a passagem da quantidade à qualidade segundo o modelo da *Lógica* de Hegel. Entretanto, nada disto faz de Marx um materialista dialético em sentido estrito; o materialismo de Marx é, em contrapartida, um materialismo histórico (VER).

A mais simples e influente formulação do materialismo dialético se encontra em Engels, que acreditou com isso não desviar-se de Marx ou, de qualquer maneira, julgou complementar Marx. A formulação de Engels incorporou-se ao marxismo qualificado de "ortodoxo", que explicamos em Marxismo (II) e em Filosofia soviética. Isso não quer dizer que só os marxistas "ortodoxos" sejam materialistas dialéticos. É possível sustentar o materialismo dialético no âmbito de formas de marxismo "não-ortodoxo" (pelo menos não-ortodoxo com relação ao marxismo ortodoxo mencionado). Isso pode ocorrer de vários modos, entre os quais se destacam dois: como uma tentativa de suplementar e sistematizar o marxismo de forma distinta do conglomerado hoje tradicional "Marx-Engels-Lênin", ou "marxismo-leninismo"; ou então como uma possibilidade para o futuro, quando se tenha "absorvido" por completo a razão analítica e positiva que se supõe caracterizar ainda as ciências e estas puderem constituir-se dialeticamente, ou materialística-dialeticamente.

Engels desenvolveu o materialismo dialético na obra *A transformação das ciências pelo Sr. Dühring (Herrn Dühring Umwälzung der Wissenschaften*, 1878; publicada como uma série de artigos em *Vorwärts*, 1877), conhecida com o nome de *Anti-Dühring*, e também numa série de manuscritos procedentes de 1873-1883 e publicados pela primeira vez em 1925 com o nome *Dialektik der Natur* (há edições posteriores, mais fidedignas). Embora Engels se tenha oposto ao idealismo, incluindo o idealismo hegeliano, encontrou em Hegel apoio para uma "filosofia da Natureza" que descartasse e superasse o materialismo mecanicista, característico de grande parte da física (mecânica) moderna e em particular das interpretações filosóficas da ciência moderna que proliferaram no século XIX por obra de Ludwig Büchner e outros autores. Tal materialismo é, segundo Engels, superficial e não leva em conta que os modelos mecânicos não se aplicam a novos desenvolvimentos científicos, tais como os que houve na química e na biologia, e especialmente tal como se manifestam na teoria da evolução das espécies. O materialismo "vulgar" mecanicista tampouco leva em conta o caráter prático do conhecimento e o fato de que as ciências não são independentes das condições sociais e das possibilidades de revolucionar a sociedade.

Enquanto o materialismo mecanicista se apóia na idéia de que o mundo é composto de coisas e, em última análise, de partículas materiais que se combinam entre si de modo "inerte", o materialismo dialético afirma que os fenômenos materiais são processos. Hegel insistiu com razão no caráter global e dialético das mudanças nos processos naturais, mas errou em fazer dessas mudanças manifestações do "Espírito". É preciso "inverter" a idéia hegeliana e colocar na base a matéria na medida em que esta se desenvolve dialeticamente. A dialética da Natureza procede segundo as três grandes leis dialéticas: lei da passagem da quantidade à qualidade, lei da interpretação dos contrários (ou opostos) e lei da negação da negação. Negar que há contradições na natureza é, segundo Engels, manter uma posição metafísica; o certo é o que o próprio movimento está cheio de contradições. São contradições "objetivas" e não "subjetivas". Sem a constante luta dos opostos, não se podem explicar as mudanças.

O caráter de luta e oposição de contrários é, segundo Engels, universal. Manifesta-se não apenas na sociedade e na Natureza como também na matemática. A negação da negação se manifesta no fato de que de uma semente precede uma planta que floresce e morre, produzindo outra semente que volta a florescer. Também se manifesta no fato de que a negação de uma quantidade negativa dá uma positiva. O materialismo dialético não é, segundo Engels, oposto aos resultados da ciência; pelo contrário, ele explica, justifica e sintetiza esses resultados. A despeito do exemplo citado na matemática, perguntou-se até que ponto as ciências formais, e especificamente a lógica, são dialéticas e estão submetidas às leis enunciadas pelo materialismo dialético. Engels expressou-se a esse respeito de um modo ambivalente, pois enquanto as leis de referência têm, a seu ver, um alcance verdadeiramente universal, por outro lado as próprias leis dialéticas constituem um elemento invariável. Visto que a própria lógica é dialética, parece que não cabe perguntar se a própria lógica dialética é ou não-dialética; não parece que se possa negar a lógica dialética por outra lógica não dialética. Por outro lado, a negação da negação dessa lógica dialética produziria uma lógica dialética supostamente "superior". No verbete DIALÉTICA, referimo-nos a algumas das muitas discussões sobre a autonomia ou heteronomia da lógica formal no âmbito do materialismo dialético.

Muitos autores posteriores a Engels seguiram-no no caminho do materialismo dialético, embora o tenham modificado de várias maneiras. É o caso de Lênin, com quem tem início uma tradição de materialismo dialético denominada "marxista-leninista". Lênin insistiu menos do que Engels na noção de "matéria" como realidade submetida a mudanças de acordo com um processo dialético, porque lhe interessava sobretudo defender o realismo materialista contra o idealismo e o fenomenismo dos que seguiam autores como Mach e Avenarius. Em *Materialismo e Empiriocriticismo*, de 1909, Lênin equiparou a realidade material com a realidade do mundo real "externo", refletido pela consciência, a qual "copia" esse mundo mediante as percepções. Estas não são símbolos ou cifras, mas reflexos da "própria realidade (material)". Isto não quer dizer que as percepções, ou as sensações, descrevam o mundo real físico tal como este é. O verdadeiro conhecimento desse mundo é o conhecimento científico, mas a percepção não é incompatível com esse conhecimento. O materialismo dialético e a epistemologia "realista" e "científica" que o acompanha são, segundo Lênin, a doutrina que se deve adotar para lutar a favor do comunismo. Isso parece transformar o materialismo

dialético numa ideologia cuja verdade depende da situação histórica. O materialismo dialético é, em suma, "partidarista". Entretanto, esse partidarismo não pode equiparar-se ao das ideologias não-proletárias e não-revolucionárias; se é uma ideologia, ele é uma ideologia que contribui para trazer ao mundo a "teoria verdadeira", que é a que corresponde à sociedade sem classes.

Nas discussões entre os materialistas dialéticos, surgiu com freqüência o problema de saber se, e até que ponto, se deve destacar o aspecto materialista ou o dialético. Em escritos posteriores ao antes citado, e especialmente nos *Cadernos Filosóficos*, Lênin parece ter acentuado consideravelmente o aspecto dialético e, com ele, o que interpretou como o verdadeiro método hegeliano, mas isso não equivale a deixar de lado o materialismo, sem o qual se desembocaria num idealismo. Assim, enquanto a dialética no materialismo dialético enfatiza aspectos "idealistas" e "hegelianos", o materialismo na mesma doutrina sublinha, ou pode terminar por sublinhar de maneira excessiva, aspectos puramente "mecanicistas" ou "superficiais". O equilíbrio entre dialética e materialismo no materialismo dialético é por isso um dos *desiderata* de muitos dos autores partidários dessa tendência. Procurou-se ocasionalmente resolver o conflito entre os dois componentes do materialismo dialético acentuando-se os aspectos "práticos". É o que ocorre, por exemplo, com o maoísmo e com várias tendências políticas mais interessadas na realização de um programa do que em discutir as bases filosóficas subjacentes a tal programa.

Ver bibliografia de DIALÉTICA; MARXISMO.

MATERIALISMO HISTÓRICO. O que Engels denominou "concepção materialista da história", o que Plekhanov qualificou de "materialismo histórico" (abreviado às vezes como *Hismat* nas línguas em que, como o russo e o alemão, o adjetivo precede o nome; assim como *Diamat*, abreviatura de "materialismo dialético") é característico do pensamento de Marx (VER) ou, pelo menos, de uma parte muito fundamental desse pensamento. Pode ser considerado também uma característica básica do marxismo (VER) em todas as suas variantes, exceto aquelas que, de tanto afastar-se do pensamento de Marx, mal podem ser qualificadas de "marxistas".

É possível — e, segundo alguns autores, plausível — sustentar o materialismo histórico sem sustentar o materialismo dialético. Em contrapartida, parece difícil, caso seja possível, adotar o último sem abraçar o primeiro. Para alguns, além disso, o materialismo histórico está incluído no dialético.

Consideraremos aqui o materialismo histórico como o método, ou a doutrina, ou ambas as coisas ao mesmo tempo, do marxismo, especificamente na forma que corresponde ao pensamento de Marx. Discutiu-se muito se o materialismo histórico foi elaborado, ou esboçado com suficiente plenitude, pelo jovem Marx, isto é, o Marx dos *Manuscritos Econômico-filosóficos*, de 1844. Os autores que o negam fazem corresponder o materialismo histórico ao Marx "maduro", especificamente o da *Crítica da Economia Política*, de 1859, e o de *O Capital*, cujo primeiro tomo foi publicado em 1867. Aqueles que o afirmam encontram no jovem Marx traços de materialismo histórico, ainda que este seja expresso amiúde em formas mais filosóficas, éticas e humanistas do que costumou acontecer em obras posteriores de Marx. Assim, uma exposição cabal do materialismo histórico deveria abordar o problema da continuidade ou descontinuidade, ou dos graus de uma ou de outra, em Marx, assim como a questão do papel que os *Esboços de Crítica da Economia Política*, escritos em 1857-1858, em geral citados como os *Grundrisse*, desempenham no quadro geral do pensamento de Marx.

De todo modo, seria necessário apresentar a evolução do materialismo histórico e averiguar — como o fez, entre outros, Mário Rossi — sua "gênese". Mas como isso seria muito longo e complexo no âmbito desta obra, limitar-nos-emos a supor que há no jovem Marx pelo menos a gênese de uma materialismo histórico. Tendo tal gênese por pressuposta e considerando que, a rigor, não se poderiam entender muitas das teses de *A Miséria da Filosofia*, de 1847, de *A Ideologia Alemã*, que procede do período de 1845-1846, e do *Manifesto do Partido Comunista*, de 1848, sem uma considerável dose de materialismo histórico, pode-se atribuir este último a Marx já desde bastante cedo. Como *A Ideologia Alemã* e o *Manifesto* são de Marx e Engels, deve-se atribuir igualmente a Engels a idéia do materialismo histórico, e alguns autores chegam a indicar que Marx aderiu a ela estimulado por Engels. Mas atribuindo-se a Engels sobretudo o materialismo dialético, pode-se por ora, com vistas à simplificação, equiparar 'marxismo' com 'materialismo histórico'. A essa simplificação acrescentaremos outra, que consiste em esboçar alguns pontos capitais do materialismo histórico em conjunto e sem levar em conta sua evolução e suas variedades.

Uma idéia fundamental é a da transformação do mundo material por meio do trabalho. Sobretudo numa sociedade como a capitalista, o trabalhador aliena seu trabalho, o qual se transforma num produto suscetível de compra e venda. Isto se deve ao modo de produção dos meios de existência e às relações de produção. Entender esses modos e essas relações de produção é entender a formação das sociedades. Assim, o mundo material e o que os homens fazem com ele constituem as bases para entender a história dos homens como história das sociedades. Com efeito, as mudanças nas condições materiais da existência são o fundamento das mudanças sociais e históricas. As outras atividades humanas e os produtos dessas atividades humanas, como as constituições dos Estados, as leis, os produtos culturais etc. se acham subordinados aos modos de produção.

Marx insiste no caráter material da existência humana e de sua relação com o mundo. Nesse sentido, sustenta-se um materialismo, assim como um naturalismo. Mas o que interessa a Marx não é apenas a natureza humana, mas também, e sobretudo, o que esta faz com o mundo. A natureza humana é uma abstração; o que ela faz com o mundo é uma realidade concreta, que muda e evolui. O materialismo é um método para entender a natureza humana em seu caráter histórico concreto. Por isso, não se trata de estabelecer leis semelhantes às das ciências positivas da Natureza, mas antes de compreender os mecanismos da formação das sociedades e as mudanças que ocorrem nestas. Essas mudanças são de natureza dialética no sentido de que nas sociedades se produzem conflitos que se resolvem por meio de transformações fundamentais da estrutura. A dialética de que se faz uso no método do materialismo histórico não é uma dialética ontológica. Não é tampouco uma dialética da consciência ou uma dialética conceitual. É uma dialética real que permite entender que na história, enquanto luta de classes, há negações de uma classe por outra. Assim, as relações de produção acabam por ficar defasadas com referência aos modos. A classe dominante, que impulsionara os modos de produção, cai vítima de suas próprias tensões internas e contradições, para ceder lugar a uma classe despossuída que tomará em mãos os meios de produção. De certo modo, a classe dominante se auto-aniquila, mas não de uma maneira puramente mecânica; sem a atividade revolucionária da classe emergente não haveria destruição total da classe até então detentora, e a história estancaria.

De todo modo, a consciência humana não determina a existência social, mas o inverso. No "Prefácio" à *Crítica da Economia Política*, Marx escreveu que "no curso da produção social empreendida pelos homens, estes se relacionam entre si de maneiras definidas e independentes de sua vontade. Essas relações de produção correspondem a um estado definido do desenvolvimento de seus poderes materiais de produção. A soma de tais relações de produção constitui a estrutura econômica da sociedade (o verdadeiro fundamento sobre o qual se edificam as superestruturas legais e políticas e ao qual correspondem formas bem definidas de consciência social). O modo de produção na vida material determina o caráter geral dos processos sociais, políticos e espirituais da vida". O caráter básico da produção material e social equivale à afirmação de que os recursos disponíveis, os produtos obtidos, os modos de obtê-los e as relações de produção determinam as estruturas sociais e, com elas, a história das sociedades. Isso levou alguns autores a sustentar que, de acordo com o materialismo histórico, a economia é a base da história e de todas as suas estruturas. Mas embora seja certo que as relações econômicas de produção são básicas, elas não o são à maneira de um setor da realidade ao qual se reduzam todos os outros. O que sucede, na verdade, é que em todas as atividades humanas estão presentes os modos e relações de produção material. O materialismo histórico de Marx não é tanto um "economismo" quanto uma concepção "globalista" da sociedade em função dos modos e relações de produção. Nesse sentido, Marx foi fiel à sua famosa proposição na sexta tese sobre Feuerbach segundo a qual o homem é o conjunto de suas relações sociais.

Sendo uma investigação das estruturas sociais e da história humana, o materialismo histórico é um método que tem certo número de pressupostos em virtude dos quais funciona. Acentuar excessivamente seu caráter metodológico equivaleria a fazer do materialismo histórico um tipo de sociologia positivista. Acentuar excessivamente seus pressupostos equivaleria a transformá-lo numa doutrina filosófica sobre a realidade humana. No pensamento de Marx, pelo menos, estes dois elementos — método, doutrina — se compensam mutuamente. Mas em todo caso é próprio do materialismo histórico oferecer uma explicação concreta das formas fundamentais das estruturas sociais humanas e das condições e leis que regem suas mudanças no decorrer da história. Marx aplicou o método indicado, com os pressupostos já apontados, ao estudo da formação de várias sociedades e em particular ao estudo e crítica da sociedade burguesa capitalista. Referimo-nos a esse ponto em (I) do verbete MARXISMO.

Ver bibliografia de DIALÉTICA; MARXISMO.

MATERIALITER. Ver FORMALITER.

MATES, BENSON. Ver ESTÓICOS; MUNDOS POSSÍVEIS.

MATHESIS UNIVERSALIS. Nas *Regulae*, IV, Descartes escreve que deve haver "uma ciência geral que explique tudo o que é possível explicar referente à ordem e à medida, sem ser atribuída a nenhuma matéria particular". Essa ciência é designada "não com um nome emprestado (como ocorre com a álgebra, que procede do árabe), mas com um nome já antigo e admitido pelo uso, a matemática universal (*mathesis universalis*), já que contém tudo aquilo em virtude do qual se diz de outras ciências que são partes da matemática". Em sua edição das *Regulae* (Descartes, *Oeuvres philosophiques*, t. I, p. 98, nota 3), Ferdinand Alquié observa que a idéia de uma matemática "comum" ou independente de toda matéria particular se acha já em Espeusipo (Dióg. Laer. IV, 2) e em várias passagens da *Metafísica* de Aristóteles, especialmente em E, 1026, a 26-27, assim como em 1061 b 19. Alquié refere-se igualmente a uma obra de Jâmblico intitulada *Sobre a Matemática Comum* e a uma obra mais próxima no tempo a Descartes, intitulada *Universae Mathesis idea* (1602) atribuída a Adrianus Romanus, de Lovaina.

Segundo Giovanni Crapulli (*Mathesis universalis. Genesi di un'idea nel XVI secolo*, 1969 [Lessico intelletuale europeo, 2]), a idéia cartesiana de *mathesis universalis* tem uma longa e complexa história que parte dos *Segundos Analíticos*, de Aristóteles, e dos *Elementos*, de Euclides, prossegue com o *Comentario* de Proclo, se desenvolve no Renascimento na época moderna em trabalhos de autores paduanos (ver PÁDUA [ESCOLA DE]), bem como em Pierre de la Ramée e B. Pereira, entre outros. Crapulli enfatiza a relação entre a idéia de *mathesis universalis* e os estudos das regras de proporcionalidade em aritmética, geometria, música e partes da mecânica, isto é, em ciências em que se trata de proporções e medidas. Ele se refere também ao autor citado por Alquié (*supra*), Adrianus Romanus, indicando que seu nome verdadeiro era A. van Roomen, suas datas 1561-1615, e que apresentou a idéia da *mathesis universalis* numa obra intitulada *Apologia pro Archimede*. Adrianus Romanus designou igualmente a *mathesis universalis* com o nome de *mathesis prima*, por analogia com a expressão *philosophia prima*.

A *mathesis universalis* pode ser entendida pelo menos de três maneiras: 1) Como designação de uma ciência realmente universal, que abranja ou fundamente todas as ciências. Isto, por seu turno, pode ser entendido de dois modos: 1a) Como uma ciência que contenha os fundamentos de todas as outras, mas da qual não se derivem proposições pertencentes a essas ciências, e 1b) Como uma ciência que, além de ser fundamento de outra, e mesmo de todas as outras, é de tal índole que as proposições de outras ciências são deriváveis daquela. 2) Como designação de uma "ciência universal matemática" ou de uma ciência que abarca todas as matemáticas (seja como fundamento, seja à maneira de síntese). 3) Como designação de um ramo matemático que trata da quantidade absoluta.

O sentido que Adrianus Romanus dá à *mathesis universalis* é 3), apoiando-se para isso, como indica Crapulli, em antecedentes antigos, tais como o *Comentário* de Proclo a Euclides, os *An. Post.*, I, 5, 74, a 14-13 e seguintes. O sentido que a expressão tem em Descartes é às vezes 1) e às vezes 2), mas, mesmo quando é 1), o mais provável é que seja 1a) e não 1b).

Para Leibniz, a *mathesis universalis* é a *characteristica universalis*, da qual se falou amiúde (ver CHARACTERISTICA UNIVERSALIS), seja como equivalente a uma *ars combinatoria* (VER), seja como um instrumento auxiliar para essa *ars*. Para o uso da expressão *mathesis universalis* em Leibniz, pode-se ver o breve escrito *Idea libri cui titulus erit Elementa nova Matheseos Universalis* (*Opuscules*, ed. Couturat, p. 348), onde o autor afirma que os elementos de *mathesis universalis* que pretende abordar diferem da *speciosa*, tanto quanto a *speciosa* de Viète e Descartes difere da "simbólica" dos antigos.

Nem sempre fica claro, em Leibniz, que função desempenha a *mathesis universalis* com referência não só à *ars combinatoria* (cf. *supra*), mas também com referência à totalidade das ciências. Por um lado, trata-se de uma matemática ou "calculatória" fundamental, que precede logicamente todos os ramos da matemática e que é como o sistema formal mais geral que subjaz a todos os sistemas formais. Por outro lado, é um saber universal, que constitui o fundamento de todas as ciências. Estes dois modos de entender *a mathesis universalis* não são necessariamente incompatíveis em Leibniz (nem, de resto, em Descartes). Por um lado, o "cálculo lógico", a "sintaxe lógica" e a "ciência geral" são métodos de descoberta, e não de mera exposição. Por outro lado, o exame dos fundamentos "formais" das ciências equivale ao estudo dos próprios princípios das ciências.

Para Husserl, há uma ontologia formal que é uma ciência eidética do objeto em geral (ao contrário das ciências eidéticas de regiões particulares do objeto). Pode-se partir dessa ontologia formal como "lógica pura" até alcançar a *mathesis universalis* (*Ideen*, § 10), mas deve-se ter presente que a própria *mathesis universalis* se põe fenomenologicamente "entre parênteses" no ato da "suspensão" ou *epoché* (VER). Ademais, a *mathesis universalis* leibniziana, como idéia de uma "analítica ampliada" (*Formale und transzendentale Logik*, § 23 b), constitui um passo no processo que vai da lógica formal à lógica transcendental constitutiva como fenomenologia transcendental (*ibid.*, especialmente §§ 98, 101, 104).

MATURI, SEBASTIANO. Ver HEGELIANISMO.

MAUPERTUIS, PIERRE-LOUIS MOREAU DE (1698-1759). Nascido em Saint-Malo (Bretanha, hoje departamento de Ille-et-Vilaine), dirigiu várias instituições científicas, entre elas a Academia de Berlim, à qual foi chamado pelo Rei da Prússia, Frederico, o Grande. Defensor e propagador das teorias científicas de Newton, foi muito lido durante certo tempo por Voltaire, que o usou para seus próprios escritos de difusão do newtonianismo. Aos 38 anos, Maupertuis dirigiu uma expedição à Lapônia e depois outra ao Equador para a medição do arco de meridiano e a confirmação (pela comprovação do achatamento da Terra na direção dos pólos) da teoria gravitatória de Newton. A contribuição mais importante de Maupertuis à teoria científica e à filosofia geral foi seu princípio da menor ação, de cujo alcance filosófico falamos em outra passagem (ver AÇÃO [PRINCÍPIO DA MENOR]). Destacaremos aqui o conceito preciso de *ação* no citado princípio: trata-se do produto obtido ao multiplicar-se a quantidade que expressa o tempo de um movimento num sistema pela quantidade que expressa a chamada *força viva* (*vis viva*). A quantidade resultante nesse produto, ou ação, é gasto de energia empregado nos movimentos naturais, tanto nos processos mecânicos como (segundo afirmou Maupertuis) nos processos biológicos, não fundamentalmente diferentes daqueles. A tentativa de aplicar o princípio a todos os movimentos suscitou grande oposição na época de Maupertuis. Grande agitação produziu sobretudo a cópia de uma suposta carta de Leibniz a Maupertuis que um ex-aluno deste, Samuel Koenig, apresentou para mostrar a falta de originalidade (além do erro) de seu ex-mestre. Como não se encontrou o original dessa carta, Koenig foi expulso da Academia de Berlim, mas Voltaire encarregou-se do assunto para desencadear violentas diatribes contra Maupertuis, em especial na *Diatribe du docteur Akabia* e, mais tarde (referindo-se à expedição à Lapônia), em *Micromégas*. Entre outras contribuições de Maupertuis ao pensamento científico e filosófico, mencionaremos seus estudos sobre organismos biológicos (antecipações do atual princípio da homeostase, aplicação das leis de probabilidade ao estudo da herança e outras investigações relativas à herança), sobre a origem da linguagem (estudos do processo de diferenciação e complicação da linguagem a partir de um núcleo supostamente originário de termos que expressam percepções sensíveis) e sobre a vida moral e social (antecipações da ética utilitarista).

➲ Obras: *La figure de la Terre*, 1738 [em colaboração com Clairaut, Camus, Le Monnier, o Minorista Outhier, acompanhados de Celsius; resultados da expedição à Lapônia]. — *Éléments de géographie*, 1740. — *Lettre sur la comète*, 1742. — *Dissertation physique à l'occasion du nègre blanc*, 1744. — *Vénus physique*, 1745. — *Essai de philosophie morale*, 1749. — *Essai de cosmologie*, 1750. — *Lettre sur les progrès des sciences*, 1752. — *L'art de bien argumenter en philosophie... réduit en pratique*, 1753 [Carta a Voltaire e resposta deste a Maupertuis]. — *Discours académiques de M. de Maupertuis*, 1753 (discursos lidos na Academia de Ciências da França, na Academia Francesa e na Academia Real de Ciências e Belas Letras, da Prússia). — *Essai sur la formation des corps organisés*, 1754. — *Éloge de M. de Montesquieu*, 1755. — *Réflexions philosophiques sur l'origine des langues et la signification des mots*, 1748. — Além disso: *Lettres concernant le jugement de l'Academie royale des sciences et Belles Lettres de Pruse et apologie de M. de Maupertuis*, 1753 (cartas de Euler a Merian, de Maupertuis a Euler, de Merian a Euler por ocasião da carta atribuída a Leibniz por Samuel Koenig).

Edição de obras: Dresden, 1752, Berlim-Lyon, 1753; 4 vols., Lyon, 1756; 2ª ed., 1768, reimp. e rev., 3 vols., 1963-1974 (o vol. I contém as reflexões filosóficas sobre a origem das línguas antes referido como s/d).

Ver: P. E. B. Jourdain, "M. and the Principle of Least Action", *The Monist*, 22 (1912), 414-459. — P. Brunet, *M.*, 2 vols., 1929 (I, *Étude biographique*; II, *L'oeuvre et sa place dans la pensée scientifique et philosophique du XVIIIe siècle*). — Emile Cillot, *M., le savant et le philosophe*, 1964 (com seleção de textos). — P. Costabel,

P. Maudin et al., *Actes de la Journée M.*, 1975 (Créteil, 1-XII-1973). — H. Brown, *Science and the Human Comedy. Natural Philosophy in the French Literature from Rabelais to M.*, 1976. ¢

MAUSBACH, JOSEPH. Ver NEOTOMISMO.

MAUSS, MARCEL. Ver DURKHEIM, ÉMILE.

MAUTHNER, FRITZ (1849-1923). Nascido em Horice (Boêmia), estudou em Praga direito e filosofia. Em 1876, mudou-se para Berlim, onde desenvolveu grande atividade como crítico literário e autor de romances, trabalhando no *Berliner Tageblatt*. Em 1905, foi para Friburgo e em 1907 para Meersburg, onde escreveu boa parte de sua obra filosófica, já iniciada em seu período de Berlim.

O principal, se não único, interesse de Mauthner foi a linguagem, ou, melhor dizendo, a "crítica da linguagem"; ele tomou como base a linguagem corrente, à qual cabe reduzir todas as outras linguagens na medida em que devem ter sentido. A linguagem é, segundo Mauthner, uma atividade social, ou o resultado dessa atividade. Destina-se a ser usada, como um instrumento, e seu uso obedece a certas regras. Por infelicidade, tanto os não-filósofos como, e sobretudo, os filósofos acabam por crer que os termos da linguagem correspondem ao mundo, isto é, se referem a coisas reais. Pelo fato de existir uma palavra, termina-se por pensar que há uma realidade que essa palavra denota. No caso dos filósofos, as conseqüências são particularmente desastrosas, porque eles edificam teorias com base nesse pressuposto e povoam o mundo de coisas inexistentes.

É necessário dissipar esses mal-entendidos e confusões, e isso só pode ser feito submetendo-se a linguagem à crítica e à purificação. Mauthner adota, de imediato, um ponto de vista cético com relação ao conhecimento. Não há correspondência entre as expressões da linguagem e as realidades justamente porque os significados dessas expressões são seus usos correntes. Um enunciado só é aceitável como verdadeiro quando corresponde a um conjunto de usos, os quais estão, por sua vez, ligados às regras lingüísticas. Ele adota igualmente um ponto de vista nominalista — as palavras são signos que se usam para a comunicação — e convencionalista — o que denominamos o "significado" de um termo se deve a uma convenção, que, obviamente, não é resultado de um acordo deliberado entre os membros de uma comunidade, mas do desenvolvimento dos usos no trato social e inter-individual.

Numa exposição que fez de suas idéias, o próprio Mauthner afirmou que elas se encontram dominadas por três características. Em primeiro lugar, o positivismo, ou o sensacionismo. Em segundo, o ficcionalismo (ligado ao pragmatismo de tendência biologista). Em terceiro, o já citado nominalismo (que adota a forma de um terminismo). À luz de tais idéias, deve-se distinguir entre um mundo adjetivo (ou "adjetivístico"), um mundo substantivo e um mundo verbal. A distinção entre esses "mundos" não se vincula em absoluto com uma distinção entre espécies de "realidade": 'mundo' quer dizer aqui "modo de considerar as coisas". O primeiro dos mundos citados é o da linguagem corrente e dá lugar ao materialismo ingênuo. O segundo é o da metafísica, que dá lugar a um "realismo", ou à afirmação de que há realidades que correspondem aos "substantivos". O terceiro mundo é o mundo da ciência, mas esta deve ser entendida não como um conjunto de proposições verdadeiras, mas como uma série de atos verbais. Mauthner fala de "concepções do mundo" a esse respeito e mantém que "as três concepções do mundo (os três 'mundos' indicados) são igualmente hoministas". Elas só poderiam ser unidas por um super-homem que, evidentemente, não existe.

O ceticismo de Mauthner atinge igualmente a religião e a ciência, já que ambas são manifestações culturais e se distinguem entre si apenas pelo fato de que numa época determinada uma é aceita e a outra não, ou são aceitas de modos distintos. O ceticismo de Mauthner levou-o a descartar toda teoria, toda pretensão de enunciar alguma verdade, sequer uma verdade geral sobre a linguagem. Se se tem alguma crença, esta é inexprimível e, portanto, é "mística". O que se deve fazer é não dissertar sobre a linguagem, mas analisá-la, criticá-la e purificá-la, purgando-a de excrescências e de pretensões de conhecer as coisas. Desse modo, podem-se eliminar todas as superstições e alcançar um estado que resulta de uma espécie de "terapêutica".

Salvo em alguns meios filosóficos austríacos e alemães, as idéias de Mauthner passaram quase despercebidas durante muito tempo (curiosamente, Jorge Luis Borges referiu-se a obras de Mauthner — e, em especial, a seu *Wörterbuch* — em várias ocasiões, com admiração). A partir de 1968, aproximadamente, surgiu um maior interesse por Mauthner, e isso vinculado com o "último Wittgenstein". De fato, o "primeiro Wittgenstein" distanciara-se da *Kritik der Sprache* de Mauthner ao dizer que "toda filosofia é 'crítica da linguagem'. (Entretanto, não no sentido de Mauthner)" (*Tractatus*, 4.0031) e ao elogiar, em contrapartida, Russell por ter este mostrado que a aparente forma lógica de uma proposição não é necessariamente sua forma real. Mas no *Wörterbuch* e especialmente em seus *Beiträge* (cf. bibliografia), Mauthner desenvolvera idéias similares às que caracterizaram o "último Wittgenstein": por exemplo, a idéia de que a linguagem (corrente) se compõe de elementos que se vão somando uns aos outros, como as ruas e os bairros de uma cidade que cresce "organicamente", a idéia de que a tarefa do "crítico da linguagem" é o exame dos "usos lingüísticos", tarefa para a qual ele deve proceder "descritivamente" etc.

⊃ Obras: *Beiträge zu einer Kritik der Sprache*, 3 vols., 1901-1903; 3ª ed., 1923 (*Contribuições a uma crítica da linguagem*). — *Wörterbuch der Philosophie: neue Beiträge zu einer Kritik der Sprache*, 2 vols., 1910; 2ª ed., 1923-1924, reimp., 1971 (*Dicionário de filosofia: novas contribuições a uma crítica da linguagem*). — *Der Atheismus und seine Geschichte im Abendlande*, 4 vols., 1920-1923, reimp., 1962 (*O ateísmo e sua história no Ocidente*). — *Spinoza. Ein Umriss seines Lebens und Wirkens*, 1921 (*S.: Um esquema de sua vida e influência*). — *Die drei Bilder der Welt, ein sprachkritischer Versuch*, 1925, ed. Monty Jacobs (*As três imagens do mundo: ensaio de crítica da linguagem*).

Depoimento em *Die Philosophie der Gegenwart in Selbstdarstellungen*, I, 1922.

Edição de escritos selecionados (incluindo sobretudo os de caráter literário): *Ausgewählte Schriften*, 6 vols., 1929.

Ver: Gustav Landauer, *Skepsis und Mystik, aus Anlass von Mauthners Sprachkritik*, 1903. — Max Krieg, *F. Mauthners Kritik der Sprache, eine Revolution der Philosophie*, 1914. — Th. Kappstein, *F. M., der Mann und sein Werk*, 1926. — W. Eisen, *Fritz Mauthners Kritik der Sprache*, 1929. — Gershon Weiler, *Mauthner's Critique of Language*, 1970. — Joachim Kühn, *Gescheiterte Sprachkritik. F. Mauthners Leben und Werk*, 1975 (tese). — W. Eschenbacher, *F.M. und die deutsche Literatur um 1900*, 1977. ⊂

MÁXIMA. Muitos escolásticos usaram o termo *maxima* em *propositio maxima*, expressão pela qual entendiam uma proposição ao mesmo tempo evidente e indemonstrável por não haver outra anterior em que apoiar-se. Para distinguir entre a *propositio maxima* e qualquer outra proposição que expressasse uma *notitia* intuitiva e direta de uma realidade particular — que também podia ser considerada evidente e indemonstrável —, indicava-se que a *propositio maxima* é uma proposição de alcance universal, ou seja, um princípio. A *propositio maxima* era, portanto, equivalente a um axioma (VER), tal como se depreende da definição dada dessa proposição por Santo Tomás em seu comentário aos *Pr. An. (1 anal. 5 e)*: a *propositio maxima* é aquela *quam necessarium est habere in mente et ei assentire quemlibet, qui doceri debet*.

Mais tarde, entendeu-se por *propositio maxima* um princípio da ciência, o qual pode ser obtido por meio de uma generalização de fatos particulares e pode possuir, portanto, um caráter de máxima probabilidade. É o que acontece com as *axiomata generalissima* de que fala Francis Bacon, ao contrário das *axiomata media*, que são intermediárias entre aquelas e os fatos particulares (*Novum Organum*, II, 5). Leibniz refere-se a uma distinção entre proposições evidentes *ex terminis* e *maximae*. Estas últimas "são consideradas às vezes proposições [bem] estabelecidas, tanto se são evidentes como se não o são". "Isso pode ser bom — acrescenta ele — para os principiantes, mas quando se trata de estabelecer os fundamentos das ciências, é outra coisa. É assim que são consideradas amiúde na moral, inclusive entre os lógicos em seus *tópicos*... De resto, faz tempo que se anunciou publicamente, e de maneira privada, que seria importante demonstrar todos os nossos axiomas secundários, dos quais costumamos nos servir, reduzindo-os aos axiomas primitivos, ou imediatos, e indemonstráveis, que são os que chamava há pouco os *idênticos*" (*Nouveaux Essais*, IV, vii, § 1).

Locke fala das "máximas" no *Essay*, IV, viii, dizendo que "há uma espécie de proposições que, sob o nome de *máximas* ou *axiomas*, foram consideradas princípios da ciência, e, por serem *evidentes por si mesmas*, supôs-se que eram inatas, sem que ninguém, que eu saiba, tenha tido algum dia o trabalho de mostrar a razão e o fundamento de sua clareza ou validade". Mas é preciso — argumenta Locke — perguntar-se acerca da razão de sua evidência. A esse respeito, Locke avalia que o ser evidentes por si mesmos não é algo peculiar aos axiomas admitidos, pois, no que tange à identidade e diversidade, todas as proposições são igualmente evidentes por si mesmas. A razão disso é que "a percepção imediata do acordo ou desacordo de *identidade* se acha fundada no fato de que o espírito possui idéias distintas", de maneira que "há tantas proposições evidentes por si mesmas quantas são as idéias que temos". Por outro lado, na coexistência temos apenas algumas proposições evidentes por si mesmas, em outras relações podem ter muitas, e no que diz respeito à existência real não temos nenhuma. As "máximas ou axiomas" não são as verdades que conhecemos primeiro. Não podem ser usadas para provar proposições menos gerais do que elas nem servir de fundamentos inamovíveis das ciências, ou de pontos de partida para encontrar verdades ainda não conhecidas. No entanto, não são totalmente inúteis, podendo ser usadas para ensinar as ciências e para as disputas (razão pela qual estiveram tão em voga entre os escolásticos). Mas de maneira alguma podem substituir as idéias claras e distintas que empregamos em nossas provas.

O termo 'máxima' pode ser também empregado, e o foi cada vez mais, no sentido de 'princípio moral': as máximas foram entendidas, já desde o século XVII, também — e até sobretudo — como "máximas morais". A esse respeito, é importante o uso que Kant fez do termo 'máxima'. Na *Fundamentação da Metafísica dos Costumes*, Kant apresenta duas espécies de princípios: 1) o princípio objetivo ou *lei prática*; e 2) o princípio subjetivo da volição ou *máxima*. As máximas são, pois, uma espécie de princípios. Por seu turno, o chamado *princípio objetivo* pode servir também subjetivamente como princípio prático de todos os seres racionais se a razão teórica consegue exercer um poder completo sobre a faculdade do desejo. Na *Crítica da Razão Prática*, Kant distingue entre o imperativo (VER), que é objetivamente válido, e a máxima ou princípio subjetivo, que determina a vontade apenas na medida em que é ou não adequada ao efeito. As máximas são, por conseguinte, princípios, não imperativos. De certo modo, as máximas podem ser consideradas regras intermediárias entre a lei moral universal abstrata e as regras de ação concreta para o indivíduo. As máximas são, por sua vez, *materiais* ou *formais*. As máximas materiais, denominadas também *empíricas* ou *a posteriori*, baseiam-se em inclinações e se referem aos fins que constituem sua matéria. As máximas formais, denominadas também *a priori*, não dependem, em contrapartida, dos desejos. Kant refere-se com mais freqüência às primeiras que às segundas. Com efeito, nas máximas materiais se manifestam os princípios, de tal modo que se pode ver pelas primeiras quais são estes últimos. Por isso, Kant parte em seus exemplos (ver IMPERATIVO) de máximas e fala de "agir segundo máximas tais, que..." As máximas materiais, em suma, consideram as circunstâncias que participam de nossos juízos morais, enquanto as máximas formais consideram os motivos e as conseqüências.

MÁXIMO DE ALEXANDRIA (*fl.* 380-390). Bispo de Constantinopla, foi um dos chamados cínicos cristãos. Os cínicos clássicos consideraram Hércules como modelo; Máximo de Alexandria substituiu o herói grego por Jesus Cristo. Apesar dessa mudança, muitas das características cínicas, tanto na aparência exterior como na doutrina, parecem persistir em Máximo, que empregou, além disso (a julgar pelos testemunhos sobre sua vida), o estilo cínico da diatribe (VER) em seus discursos. Máximo foi muito apreciado por Gregório Nazianzeno até a época aproximadamente em que ocupou o bispado em Constantinopla. Identifica-se às vezes Máximo de Alexandria com o Heron de Alexandria, a que se referira São Gregório.

⮕ Ver: Dräseke, "Maximus philosophus?", *Zeitschrift für wissenschaftliche Theologie*, 36 (1893), 290-315. — K. Lübeck, *Die Weihe des Kynikers Maximus zum Bischof von Konstantinopel in ihrer Veranlassung dargestellt*, 1907. — I. Sajdak, "Quaestiones Nazianzenicae, I", *Eos*, 15 (1909), 18-48. — Ver também artigo "Heron 2" em Pauly-Wissowa, por O. Seeck. ⊂

MÁXIMO DE TIRO (*fl.* 180). Mestre de retórica, escreveu 41 discursos de forma análoga à diatribe (VER), nos quais defendeu e popularizou o platonismo no sentido dualista e demonológico em que era desenvolvido contemporaneamente por Ático e Celso. Tal como ocorria com Celso, com efeito, a afirmação da transcendência de Deus e a separação entre a fonte divina e a matéria, identificada com o mal, obrigavam a postular a intervenção de uma hierarquia de seres intermediários.

O platonismo de Máximo de Tiro, que compilou elementos aristotélicos, estóicos e cínicos, influenciou sobremaneira o desenvolvimento posterior dessa doutrina. As características cínicas manifestaram-se em Máximo de Tiro mais na moral do que na teologia.

⮕ Textos de Máximo em *Philosophoumena*, ed. H. Hobein, 1910. — Artigos de K. Dürr (Sup. de *Philologus*, 1899), K. Meiser (*Sitz. Münchener Ak. philos-philol. und hist. Kl.*, 1909), Th. Gomperz (*Wien. Stud.*, 31, 1910), U. v. Wilamowitz-Moellendorff (*Coniectanea*, 1884), L. Radermacher (*Rheinisches Museum*, L, 1895).

Ver: H. Hobein, *De Max. T. quaestiones philologicae selectae*, 1895. — R.E. Witt, *Albinus and the History of Middle Platonism*, 1937. — G. Soury, *Aperçus de philosophie religieuse chez M. de Tyr, platonicien écléctique*, 1942 (tese). ⊂

MÁXIMO, O CONFESSOR. (580-662). Nascido em Constantinopla, secretário do Imperador Heraclea, retirou-se (*ca.* 630) para o mosteiro de Crisópolis, motivo pelo qual é também chamado Máximo de Crisópolis, mas interveio mais tarde em discussões teológicas e foi desterrado depois de ter sofrido mutilações. Adversário da heresia monotelista, Máximo desenvolveu em suas obras, tanto polêmicas como explicativas e sistemáticas, um pensamento teológico e filosófico muito afim ao do Pseudo-Dionísio, a ponto de as obras dos dois formarem um conjunto que influenciou consideravelmente a Idade Média cristã, em particular John Scot Erígena, que traduziu também, ao lado do Pseudo-Dionísio, Máximo. A tradição patrística, em particular a transmitida na obra de Gregório de Nissa, seguiu Máximo numa construção teológica, baseada na especulação filosófica e na interpretação alegórica, culminando numa mescla harmoniosa de ascética e mística. Alguns temas capitais origenianos — como a reunião final do sensível no inteligível e a divinização de tudo — ressoam fortemente na especulação de Máximo, mas isso não significa que nosso autor fosse um completo origeniano; na questão fundamental da origem da alma, por exemplo, Máximo rejeitou a teoria da preexistência para defender energicamente o criacionismo (VER). Um traço muito constante no pensamento de Máximo foi a interpretação do inteligível por meio do sensível, pois em sua opinião este último expressa tipicamente (ver TIPO) o primeiro; a isso se unia a descrição da hierarquia dos seres, com base na Trindade como primeiro movimento do ser supremo e da manifestação do Verbo no mundo por mediação das essências nele contidas eternamente. Central nesta última descrição é a explicação da natureza e função do homem e da alma racional, os quais têm por missão, mediante a ascética e a prática do Bem, aproximar-se de Deus, isto é, reunir-se a Ele.

⮕ Obras: Devem-se a Máximo um tratado *Sobre a alma*, uma obra intitulada *De algumas passagens particular-*

mente difíceis de Dionísio e de Gregório de Nissa (traduzida por John Scot Erígena com o título de *Ambígua*), alguns *Capítulos sobre o amor, Seis capítulos teológicos* e uma *Mistagogia*. Vários escritos se perderam e outros permanecem inéditos.

Edição de textos em Migne, *PG*, XC-XCI (baseada na edição de F. Combefis, Paris, 1675, 2 vols.). Edição de *Scholia* ao Pseudo-Dionísio em Migne, *PG*, IV, 15-432, 527-576, e do *Computus ecclesiasticum*, em *ibid.*, XIX, 1217-1280. Outras edições de textos: "Chronologia succinta vitae Christi", *Zeitschrift für Kirchengeschichte*, 13 (1892), 382-384, ed. Bratke. — *Die Gnostischen Centurien des M. Confessor*, ed. Herder, 1941. — Trad. italiana da *Mistagogia* e outros textos com introdução de R. Cantarella, *S. Massimo Confessore, la Mistagogia ed altri scritti*, 1931.

Bibliografia: P. Sherwood, *An Annotated Date-list of the Works of M.C.*, 1952. — P. Sherwood, "Survey of Recent Work on St. Maximus The Confessor", *Traditio*, 20 (1964), 428-436.

Ver: H. Straubinger, *Christologie des M. Confessor*, 1906. — J. Draeseke, "Maximus Confessor und Johannes Scotus Erigena", *Theologische Studien und Kritiken*, 84 (1911), 20-60, 204-229. — Maritch, *Celebris Cyrilli Alexandrini formula christologica de una activitate Christi in interpretatione Maximi Confessoris et recentiorum Theologorum*, 1926. — R. Devresse, "La vie de saint Maxime le Confesseur et ses recensions", *Analecta Bollandiana*, 1928, pp. 5-50. — H. U. von Balthasar, *Kosmische Liturgie. Maximus der Bekenner*, 1941. — J. Loosen, *Logos und Pneuma in begnadeten Menschen bei M. Confessor*, 1941. — B. Tatakis, *La philosophie byzantine*, 1949, pp. 73-88. — P. Sherwood, *The Earlier Ambigua of Saint Maximus the Confessor and His Refutation of Origenism*, 1955. — L. Thunberg, *Microcosm and Mediator: The Theological Anthropology of M. the C.*, 1965. — J. J. Prado, *Voluntad y naturaleza. La antropología filosófica de M. el C.*, 1974. **C**

MAXWELL, JAMES CLERK (1831-1879). Nascido em Edimburgo, estudou ali e em Cambridge, onde foi *Fellow* do Trinity College. De 1856 a 1860, foi professor no Marischal College, de Aberdeen, e de 1860 a 1865 foi professor no King's College, de Londres. Em 1871, foi nomeado professor de física experimental em Cambridge, onde dirigiu a organização do Laboratório Cavendish, publicando também as obras de Henry Cavendish (1731-1810), que se distinguira por suas pesquisas sobre a eletricidade e sobre o "ar inflamável", chamado mais tarde de "hidrogênio" por Lavoisier.

Devem-se a Maxwell trabalhos fundamentais em eletricidade e magnetismo, assim como pesquisas em mecânica e na visão da cor. Importante sobretudo foi sua noção do campo eletromagnético. Apoiando-se nas pesquisas de Faraday (VER) e na noção de linhas de força, Maxwell desenvolveu uma teoria matemática do campo eletromagnético. Nos trabalhos de Maxwell, estabelece-se que as ondas elétricas e magnéticas viajam transversalmente e que as ondas luminosas são de caráter eletromagnético.

Embora Maxwell tenha afirmado que o chamado "éter mecânico" constitui a base para explicar a energia magnética, suas clássicas equações do campo eletromagnético são formuláveis independentemente da hipótese deste éter. Essas equações foram adotadas mais tarde como descrição matemática do campo eletromagnético sem recorrer aos pressupostos "materiais" e "mecânicos" de Maxwell (o qual, por outro lado, prescindira de fato desses pressupostos ao formular um "modelo dinâmico" do campo). Discutiu-se até que ponto se achava já presente em Maxwell a divisão posterior entre "matéria" e "campo". Na medida em que a teoria de Maxwell era para o autor uma teoria fenomenológica (ver FENOMENOLÓGICO), não há por que atribuir-lhe a concepção "realista" que subjaz à mencionada divisão. De todo modo, a rigorosa elaboração matemática do conceito de "campo" por Maxwell foi de importância decisiva na evolução da física, incluindo os aspectos epistemológicos desta.

Especialmente conhecida, e discutida, foi a sugestão por parte de Maxwell de um hipotético demônio (o "demônio de Maxwell") que, situado no ponto em que pode haver a interseção de dois sistemas em princípio isolados, pode abrir ou fechar a "porta" que dá acesso de um sistema a outro, facilitando ou impedindo a entrada de uma molécula (ou partícula) de um sistema ao outro e invertendo desse modo a tendência dos dois sistemas à entropia. Dessa maneira, fica violada a segunda lei da termodinâmica. Tal violação dessa lei parece inevitável no âmbito dos pressupostos de Maxwell, isto é, assumindo-se que o "demônio" possa operar com independência com referência aos dois sistemas mencionados. Contudo, ele não pode violá-la se, com o fim de praticar suas operações, precisa absorver em cada caso, no mínimo, um quantum de luz.

→ Obras fundamentais: *Theory of Heat*, 1872. — *Treatise on Electricity and Magnetism*, 1873; 2ª ed., 1881; 3ª ed., por J. J. Thomas, 1892. — *Matter and Motion*, 1876.

Entre os artigos de M., destacamos: "On the Stability of Motion in Saturn's Rings" (1859). — "On Faraday's Lines of Force" (1855-1856). — "Illustrations of the Dynamical Theory of Gases" (1860). — "A Dynamical Model of the Eletromagnetic Field" (1865). Muitos dos artigos estão incorporados às obras *supra*.

Ed. de trabalhos (com exclusão do *Treatise*): *Scientific Papers*, 2 vols., 1890, ed. W.D. Niven; reimp., 1965.

Biografias: Lewis Campbell e William Garnett, *The Life of J.C.M.*, 1882. — C. W. Everitt, *J. C. M.: Physicist and Natural Philosopher*, 1975.

Ver: L. Smith-Rose, *J. C. M.*, 1948. — E. Whittaker, *A History of the Theories of Aether and Electricity*, 2 vols., 1951-1953, especialmente vol. I. — Mary Hesse, *Forces and Fields: The Concept of Action at a Distance in the History of Physics*, 1961, especialmente pp. 206-212 e 275-279. — S. Brush, C. W. Everitt, E. W. Garber, eds., *M. on Kinetic Theory and Statistical Mechanics*, 1978. — P. Achinstein, *Particles and Waves: Historical Essays in the Philosophy of Science*, 1991. ↩

MAY, ROLLO. Ver EXISTENCIALISMO; PSICANÁLISE EXISTENCIAL.

MĀYĀ. Originado dos *Upanishades*, o conceito de *māyā* (às vezes, *avidyā*) foi desenvolvido em vários sistemas da filosofia indiana (VER), no budismo (VER) e em muitos sistemas da filosofia indiana na época atual (por exemplo, em Sri Aurobindo e Radhakrishnan). O mais comum é considerar que *māyā* designa o mundo enquanto aparência; o Brahman (ver BRAHMAN-ATMAN) está, pois, oculto pelo véu de *māyā*. Ora, este "estar oculto por" significa também "depender de" (em outros termos, "depender de *māyā* para poder ser visto [ou entrevisto]"). O conceito de *māyā* diz respeito, segundo Reyna (cf. *infra*), à relação entre algo fenomênico e algo Absoluto, especialmente à relação entre o caráter fenomênico do eu e o Absoluto transcendente. Por esse motivo, muito raramente *māyā* significa entre os filósofos indianos que o mundo é uma ilusão, que o mundo não existe e que, por conseguinte, tem de ser descartado. "A maioria dos filósofos indianos — escreve Reyna — defende a existência, se não a realidade, do mundo empírico [fenomênico] e encontra sua base no Absoluto, a fonte de suas inumeráveis permutações. Mas do ponto de vista do Ser absoluto, os fenômenos podem muito bem ser irreais."

O conceito de *māyā* parece ligado antes às concepções dualistas. E, com efeito, os sistemas nos quais se acentua a orientação dualista são aqueles em que o conceito de *māyā* assume maior importância. Mas mesmo em concepções monistas a noção em questão desempenha uma função nada desprezível, pois a unidade verdadeira ou *Brahman-real* se destaca apenas na medida em que se descartou a aparência da diversidade. Em alguns casos (como na escola do *Vedānta* fundada por *Samkara*), *māyā* designa um poder (mágico) por meio do qual é conjurado o mundo: Deus cria a aparência através de *māyā*. Por isso, *māyā* pode ser a fonte da diversidade (aparente) do mundo físico, que possui um gênero ilusório, mas de certo modo "fundado", de realidade.

Schopenhauer adotou com entusiasmo o conceito de *māyā* e com freqüência equiparou a ele sua idéia do "mundo como representação". Além disso, esse filósofo via no pensamento de Kant uma confirmação da fecundidade do conceito de *māyā*, pois este pode ser comparado com o "fenômeno" (VER) que oculta o "númeno" (VER).

Tal ocultação não era irremediável para Schopenhauer, pois através do mundo como *māyā* emerge o mundo como *Brahman*, ou seja, a seu ver, como Vontade.
↪ Ver: P. D. Devanandan, *Concept of Māyā: An Essay in historical Survey of the Hindu Theory of the World, with Special Reference to the Vedanta,* 1954, reimp., 1969. — Ruth Reyna, *The Concept of Maya: From the Vedas to the Twentieth Century*, 1962. ↩

MAYZ VALLENILLA, ERNESTO (1925). Nascido em Maracaibo (estado de Zúlia, Venezuela), foi professor de teoria do conhecimento na Faculdade de Humanidades e Educação da Universidade Central de Venezuela (1953-1955) e professor de filosofia contemporânea na mesma Faculdade (desde 1955), assim como Reitor da Universidade Simón Bolívar, de Caracas (1969). Distinguem-se em sua obra duas etapas: uma, juvenil, de exposição e exegese, e outra, dos anos de maturidade, de desenvolvimento de um pensamento original influenciado pelas correntes abordadas em seus trabalhos de exposição e interpretação: Dilthey, Husserl, Heidegger. O confronto crítico de Heidegger e Marx, bem como o estudo do problema do nada em Kant, embora enraizado na problemática heideggeriana, apontam para objetos que ultrapassam o trabalho exegético. No estudo mencionado, Mayz Vallenilla propôs-se pensar o nada a partir do tempo, ao mesmo tempo que, consciente do "círculo" que prevalece na filosofia heideggeriana, tentou cunhar uma temporalidade *sui generis*, a partir do Nada. Com esse objetivo, Mayz Vallenilla formulou o problema da técnica, como tentativa de vencer a mencionada finitude. Segundo Maiz Vallenilla, a técnica tem sua origem ontológica na vontade de domínio, testemunhando o afã humano de criar e consolidar uma "supra-natureza", animada por uma nova modalidade da razão (a *ratio technica*). Graças a ela, o homem age como se fosse um demiurgo, ocultando o sentimento de precariedade e contingência que emerge de sua finitude. A "crítica da razão técnica" é uma exposição do sistema categorial de tal *ratio*. A partir dela, podem-se interpretar certos fenômenos característicos da sociedade tecnocrática atual — entre eles, a alienação técnica. Esta procede da vontade de domínio, que objetiva o homem, transformando-o em mero instrumento. Mas ao lado da vontade de domínio há, segundo Mayz Vallenilla, uma "vontade de amor", pela qual o homem é capaz de tratar os outros como verdadeiros semelhantes, confirmando-se assim sua "consciência genérica". *Eros* e *ratio* não são contrapólos ontológicos antagônicos, mas vertentes complementares. A compreensão dessa complementaridade, diante de todo aparente antagonismo, permite desenvolver um "humanismo técnico", que constitui a base para apresentar um modelo de sociedade comunitária, onde adquirem novo sentido as relações do homem com a propriedade, o trabalho e a natureza.

Importantes são em Mayz Vallenilla seus trabalhos sobre a realidade ontológica de um "ser latino-americano". O exame desta realidade pressupõe a exploração de uma experiência originária, histórico-ontológica, do ser, que não é meramente "especulativa", porque se expressou em realizações históricas concretas, assim como em programas para enfrentar o futuro.

➔ Obras: *La idea de estructura psíquica en Dilthey*, 1949. — *La enseñanza de la filosofía en Venezuela*, 1953. — *Fenomenología del conocimiento*, 1954 (tese). — *El problema de América*, 1959. — *Ontología del conocimiento*, 1960. — *El problema de la Nada en Kant*, 1965. — *Del hombre y su alienación*, 1966. — *De la Universidad y su teoría*, 1967. — *Sentido y objetivos de la enseñanza superior*, 1970. — *La crisis universitaria y nuestro tiempo*, 1970. — *Hacia un nuevo humanismo*, 1970. — *Arquetipos e ideales de la educación*, 1971. — *La Universidad en el mundo tecnológico*, 1972. — *Técnica y humanismo*, 1973. — *Esbozo de una crítica de la razón técnica*, 1974. — *La pregunta por el hombre*, 1974. — *Hombre y Naturaleza*, 1975. — *El dominio del poder*, 1982. — *Ratio technica*, 1983. — *El sueño del futuro. Ensayo*, 1984. — *El ocaso de las Universidades*, 1984. ℭ

MAZZANTINI, CARLO (1895-1971). Nascido em Reconquista (Argentina), estudou e lecionou na Universidade de Turim, tendo depois lecionado na Universidade de Cagliari. Mazzantini enfatizou, contra o idealismo, o valor da tradição realista grega, que foi compilada e depurada pelo cristianismo. No âmbito dessa concepção, Mazzantini revalorizou a escolástica, considerada a autêntica herdeira do pensamento grego, mas não elaborou seu pensamento de forma escolástica; elaborou-o no sentido de um espiritualismo e personalismo católicos que o levaram a algumas posições próximas da filosofia existencial. Isso ocorreu especialmente em sua abordagem do problema do tempo e em sua análise do presente como síntese do temporal e do eterno. Este presente deve ser um "presente autêntico", e não um simples "ponto temporal". Entretanto, o próprio presente autêntico recebe sua realidade como eternidade da eternidade infinita, sem a qual não haveria nem tempo nem tempos. Mazzantini elaborou da mesma maneira uma doutrina do sujeito humano como espírito capaz de revelar a realidade no curso de uma evidência que é ao mesmo tempo um mistério, "um mistério inteligível".

➔ Obras principais: *La speranza nell'immortalità*, 1923. — *La lotta per l'evidenza*, 1929. — *Realtà e intelligenza*, 1930. — *Spinoza e il teismo tradizionale*, 1933. — *Il problema delle verità necessarie e la sintesi a priori del Kant*, 1935. — *Il tempo*, 1942. — *Filosofia perenne e personalità filosofiche*, 1942 [coletânea de ensaios antes publicados em revistas]. — *Capisaldi filosofici*, 1945. — *Eraclito*, 1945. — *Marco Aurelio*, 1948. — *La filosofia nel filosofare umano;* tomo I: *Storia del pensiero antico*, 1949; reed. com prólogo novo, 1965. — *Filosofia e storia della filosofia*, 1960. — *L'etica di Kant e l'etica di Schopenhauer*, 1965.

Depoimento: "Linee di metafisica spiritualistica come filosofia della virtualità ontologica", em *Filosofi italiani contemporanei*, 1942, ed. M. F. Sciacca. ℭ

McCOSH, JAMES (1811-1894). Nascido em Ayrshire, Escócia, estudou nas Universidades de Glasgow e Edimburgo. De 1850 a 1868, foi professor no Queen's College, de Belfast, e de 1868 a 1888, presidente do College of New Jersey (hoje Universidade de Princeton).

McCosh seguiu os ensinamentos da escola escocesa do senso comum (ver Escocesa [Escola]), mas modificou-os em vários pontos. Princípios como a existência do mundo externo, a causalidade e o bem moral são indubitavelmente certos, mas não são sempre e imediatamente dados. São descobertos mediante a reflexão, isto é, indutivamente, mas uma vez obtidos, não podem ser postos em dúvida.

McCosh procurou harmonizar suas crenças cristãs teístas com a teoria darwiniana da evolução, afirmando que as variações orgânicas que ocorrem "casualmente" constituem uma prova das intervenções divinas na Natureza. A evolução demonstra que há um grande desígnio divino. A sobrevivência do mais apto, pelo menos no caso do homem, é um exemplo de força moral e não física ou meramente biológica.

➔ Obras: *The Intuitions of the Mind, Inductively Investigated*, 1860. — *The Supernatural in Relation to the Natural*, 1862. — *The Scottish Philosophy, Biographical, Expository, Critical, from Hutcheson to Hamilton*, 1874. — *First and Fundamental Truths Being a Treatise on Metaphysics*, 1889.

Ver: William Milligan Sloane, *The Life of James McC.*, 1896. — E.H. Madden, "M. on Basic Intuitions and Causality", *Transactions. Charles S. Peirce Society*, 20 (1984), 119-146. ℭ

McDOUGALL, WILLIAM (1871-1938). Nascido em Lancashire, estudou medicina e antropologia. De 1899 a 1900, participou de uma expedição científica antropológica a Bornéu. Pouco depois, instalou um laboratório de psicologia experimental em Oxford e mais tarde um em Londres, que dirigiu até 1920, quando foi nomeado professor em Harvard. Em 1927, foi nomeado professor da Duke University (Carolina do Norte, EUA).

McDougall trabalhou sobretudo em pesquisas de psicologia e, em especial, de "psicologia social". As investigações psicológicas de McDougall apóiam-se fortemente em pressupostos filosóficos. McDougall combateu todo atomismo e mecanicismo psicológico e defendeu em seu lugar a tradição "totalista" e "mentalista" da psicologia, tradição pela qual não se deve entender uma metafísica substancialista sem fundamento empírico, mas, pelo contrário, o resultado de uma maior atenção à experiência. Assim, McDougall inclinou-se sempre a perseguir o caráter realmente unitário dos processos psicológicos, caráter que obriga a não separá-los arbitrariamente nem dos conteúdos espirituais, nem dos substratos biológicos, nem do mundo circundante — físico e social — que continuamente os condiciona. Uma psicologia "total", melhor dizendo, "totalista", parece ser, pois, o fio condutor de seus trabalhos. Sua adesão às teses da evolução (VER) emergente (VER), seu "animismo" psíquico-vitalista, sua contínua atenção aos elementos teleológicos e, como o próprio autor diz, "hórmicos" ou "impulsivos" da vida psíquica fundem-se ocasionalmente com uma intuição metafísica voluntarista que não exclui nenhum método, nem mesmo o método behaviorista. Por isso, McDougall foi um dos fundadores do behaviorismo, mas apenas como um dos métodos psicológicos, e rejeitou energicamente a transformação dessa tendência por parte de Watson. Em muitas ocasiões, McDougall insistiu repetidamente na unidade das operações psíquico-vitais e enfatizou sem cessar o elemento ativo, criador da consciência, que não só acolhe e transforma, mas determina, de um modo às vezes decisivo, seu próprio material.

↪ Obras principais: *Primer of Physiological Psychology*, 1905. — *An Introduction to Social Psychology*, 1908. — *Body and Mind, a History and a Defence of Animism*, 1911. — *Psychology, the Study of Behavior*, 1912. — *The Group Mind*, 1920. — *An Outline of Psychology*, 1923. — *Ethics and some Modern World Problems*, 1924. — *An Outline of Abnormal Psychology*, 1926. — *Modern Materialism and Emergent Evolution*, 1929. — *World Chaos*, 1931. — *The Energies of Men: A Study of the Fundamentals of Dynamic Psychology*, 1932. — *Religion and the Sciences of Life*, 1934. — *The Frontiers of Psychology*, 1934. — *Psychoanalysis and Social Psychology*, 1936.
Ver: E. Janssens, *L'instinct d'après McD.*, 1938. — A.L. Robinson, *W. McD.*, 1943. ↩

McGILVARY, EVANDER BRADLEY. Ver PERSPECTIVISMO.

McKEON, RICHARD. Ver MÉTODO; RETÓRICA.

McLUHAN [HERBERT], MARSHALL (1911-1980). Nascido em Edmonton, Alberta (Canadá), estudou literatura inglesa em Cambridge, Inglaterra. Lecionou na Universidade Católica de Saint Louis, Missouri (1937-1944), no St. Michael's College, Universidade de Toronto (1946-1966) e na Fordham University (1966-1979). Suas principais idéias partem da estrutura e função dos sentidos, e especialmente da *ratio* entre os diversos sentidos entre si e com o mundo. Ele supõe que, num estágio anterior, a cultura foi predominantemente auditiva. Com isso, todos os sentidos participavam de um "ponto de vista" plural, que, a rigor, não é "ponto de vista", mas imersão dos sentidos no mundo. Com a invenção da escrita e depois, sobretudo, da imprensa, acentua-se, e se exacerba, o (único) ponto de vista visual, que, ademais, mostra ser "linear" e "neutro". A letra e a interiorização da letra alteram a proporção de participação dos sentidos e mudam toda a estrutura da mente e da cultura. A escrita e a imprensa são só dois — embora sejam possivelmente os dois mais importantes — desenvolvimentos tecnológicos que produzem a passagem do mundo mágico ao mundo "civilizado". Seguindo Harold Adams Innis e coincidindo com autores como Robert Ezra Park e Siegfried Gidion, McLuhan estabelece uma separação entre dois modos de "sentir" a realidade, que são outros dois tantos modos de realidade. Por um lado, há a razão, o pensamento linear, o ponto de vista que oferece uma perspectiva, a argumentação etc. Por outro, há a imaginação, o pensamento metafórico, o entrecruzamento de perspectivas, o paradoxo etc. Os dois modos citados são curiosamente semelhantes aos que outros autores estabeleceram entre sintagma (VER) e paradigma (VER), entre metonímia e metáfora (VER). O que McLuhan denomina "a galáxia Gutenberg" representa a máxima expansão e desenvolvimento do primeiro modo, o que dá origem ao "homem tipográfico". Assim, há uma estreita relação entre o modo de ser humano e a tecnologia adotada, ou inventada. A época atual, a "época eletrônica", com a nova tecnologia em que figuram de maneira preeminente a televisão, a propaganda e, em geral, a proliferação dos meios de comunicação, parece ser uma extensão da época técnica moderna. Contudo, McLuhan avalia que é o princípio de uma nova época, que de algum modo restitui o homem a seu estado "primitivo" e transformará o mundo numa "aldeia global eletrônica". O meio — meio de comunicação — vai predominando sobre a mensagem que o meio transmite, ou se supõe que transmite, de modo que cabe dizer que "o meio é a mensagem". Os meios podem ser "quentes" ou "frios". Um meio "quente" é um meio que estende um único sentido e possui uma "definição alta". Tal meio está repleto de dados e não torna quase necessária a intervenção do homem, que se limita passivamente a acolhê-los. Isso ocorreu com a escrita, a imprensa, a arte representativa, a geometria euclidiana etc. Um meio "frio" é um meio que estende todos os sentidos e possui "definição baixa". Isto ocorrera primitivamente com a palavra e acontece com as novas tecnologias, como a televisão. Em lugar de dar-se toda a mensagem, linear e claramente, sem interstícios, dá-se a mensagem simultânea e pluralmente, com muitos interstícios. De fato, a mensagem se dá minimamente e por isso se inclina a confundir-se e a identificar-se com o meio. A rede eletrônica que envolve o homem por toda a parte é a condição necessária à sua "retribalização" e reinstauração num meio global.

↪ Obras: *The Mechanical Bride: Folklore of Industrial Man*, 1951. — *Explorations in Communication*,

1960 (com E. S. Carpenter). — *The Gutenberg Galaxy: The Making of Typographic Man*, 1962. — *Understanding Media: The Extensions of Man*, 1964. — *The Medium is the Message: An Inventory of Effects*, 1967 (com Quentin Fiore). — *Counterblast*, 1969 (com Harley Parker). — *Through the Vanishing Point: Space in Poetry and Painting*, 1968 (com Harley Parker). — *War and Peace in the Global Village*, 1968 (com Quentin Fiore). — *From Cliché to Archetype*, 1970. — *Sharing the News: Friendly Teamness, Teaming Friedness*, 1971.

Em português: *A galáxia de Gutenberg: a formação do homem tipográfico*, 1972. — *Os meios de comunicação*, 1996.

Ver: Gerald Emanuel Stearn, ed., *McL. Hot and Cool*, 1967. — W. Foshay, Eli M. Oboler et al., *The McL. Explosion: A Casebook on McL. and Understanding Media*, 1968, ed. Harry H. Crosby, George R. Bond. — Sidney Finkelstein, *Sense and Nonsense of McL.*, 1968. — Raymond Rosenthal, ed., *McL. Pro and Con*, 1968. — Jonathan Miller, *McL.*, 1971. — Umberto Silva, *La galaxia McL.*, 1976. — J. Fekete, *The Critical Twilight: Explorations in the Ideology of Anglo-American Literary Theory from Eliot to M.*, 1978. ℭ

McTAGGART, JOHN McTAGGART ELLIS (1866-1925). Nascido em Londres, estudou no Trinity College (Cambridge), onde foi nomeado *Tutor* em 1897. Influenciado por Hegel, cujas doutrinas expôs, comentou e interpretou, McTaggart foi um dos grandes representantes do idealismo inglês. Ao contrário de outros idealistas coetâneos, McTaggart não destacou os aspectos morais e religiosos do idealismo. Ele não negligenciou esses aspectos, mas se interessou principalmente, como Bradley, pela arquitetura metafísica do idealismo e por sua articulação lógica interna. Segundo McTaggart, tem de haver harmonia entre a crença religiosa e o pensamento filosófico, harmonia paralela à que tem de haver entre as pessoas e o universo. Mas essa harmonia não resulta de um desejo pio, mas de um esforço sistemático de pensamento. A filosofia de McTaggart é por isso uma filosofia de caráter rigorosamente dedutivo e construtivo, que parte de primeiros princípios e deduz deles implacavelmente as conseqüências.

McTaggart afirmou que seu idealismo era um "idealismo pessoal", diferente do de Bradley. Com efeito, enquanto este último elaborou um idealismo de caráter "orgânico" e monista, McTaggart expôs um sistema de índole pluralista segundo o qual a realidade é uma comunidade de "eus" finitos. Desse modo, McTaggart pensou que podiam ser evitados os obstáculos com que se chocava o idealismo monista e ser resolvido o problema da relação entre a aparência e a realidade, e sobretudo o problema da relação entre a realidade absoluta e as realidades pessoais finitas. Com esse objetivo, pôs a seu serviço a dialética de Hegel, mas não sem introduzir nela importantes modificações. McTaggart considerou, com efeito, que o *conteúdo* do processo conceitual hegeliano era insuficiente. Não só a negação não desempenha em Hegel, de acordo com McTaggart, o papel de desencadear o conteúdo da síntese (pois a síntese é nova em cada ocasião), como também, além disso, a síntese é um campo de possibilidades aberto sempre a novos conteúdos. O estudo dessa dialética não era, porém, para McTaggart, senão um primeiro momento na preparação de sua própria filosofia. Esta consiste, antes de tudo, numa construção *a priori* das determinações do real e em particular da existência. A existência é, para McTaggart, substância, mas a substância, alojada na trama das qualidades — próprias — e das relações — que vinculam as substâncias umas com as outras —, não é única e absoluta; pelo contrário, há uma infinidade de substâncias, ao mesmo tempo que uma infinita divisibilidade da substância. Essa infinidade não é, contudo, nem simplesmente irracional nem meramente potencial. Tampouco se pode dizer que a infinidade das substâncias forme uma pluralidade sem relação nem hierarquia. McTaggart insiste, com efeito, no fato de que o mundo das existências ou das substâncias está ordenado dentro do complexo de uma infinidade de relações que, por seu turno, estão dispostas hierarquicamente num sistema de subordinação que abrange da substância total à última das substâncias. Daí que a realidade possa ser, de acordo com o caso, concentrada numa substância ou dissolvida, sem perder sua ordenação, numa infinidade de substâncias. O certo é que, em lugar do absorvente monismo de Bradley, McTaggart inclinou-se decididamente, tal como já se indicou, ao pluralismo, que não suprime a unidade, mas faz dela uma realidade de outra ordem. Com efeito, enquanto as existências, enquanto substâncias, são, em última análise, "pessoas" finitas, a existência absoluta, como concentração orgânica e hierárquica delas, é uma realidade impessoal. Daí as conseqüências do sistema de McTaggart: em primeiro lugar, sua teoria do tempo (VER) e da subsunção do devir consciente no intemporal; em segundo lugar, sua doutrina da imortalidade intemporal e eterna das pessoas finitas; em terceiro, sua negação de Deus como pessoa em virtude da impessoalidade do Absoluto e da subsistência própria das pessoas; por fim, sua orientação mística, em muitos aspectos vinculada com o spinozismo e com a mística da idéia expressa no final da *Lógica* hegeliana, que o faz religar na atmosfera de uma espécie de amor intelectual a comunidade metafísica das pessoas.

➲ Obras; *Studies in the Hegelian Dialectic*, 1896. — *Studies in the Hegelian Cosmology*, 1901. — *Some Dogmas of Religion*, 1906. — *A Commentary on Hegel's Logic*, 1910. — *Human Immortality and Pre-Existence*, 1915. — *The Nature of Existence*, 2 vols., 1921-

1927 (póstumo). — *Philosophical Studies*, 1934 (póstumos, ed. S.V. Keeling).

Ver: G. Lowes Dickinson, *J. McT. E.: A Memoir*, 1931. — C. D. Broad, *Examination of McTaggart's Philosophy*, 3 vols., 1933-1938. — T. Airaksinen, *The Ontological Criteria of Reality: A Study of Bradley and McTaggart*, 1975. — P. T. Geach, *Truth, Love and Immortality: An Introduction to M.'s Philosophy*, 1979. — D. J. Farmer, *Being in Time: The Nature of Time in Light of M.'s Paradox*, 1990. — G. Rochelle, *The Life and Philosophy of J. M., 1866-1925*, 1991. ᴄ

MEAD, GEORGE HERBERT (1863-1931). Nascido em South Hadley, Massachusetts (EUA), foi primeiro professor (1891) na Universidade de Michigan e depois (1894) na de Chicago.

Mead é considerado um dos principais representantes do pragmatismo (VER) norte-americano. Na verdade, poder-se-ia fazer o oposto, pois já a partir de Michigan Mead influenciou Dewey, levando-o da idéia hegeliana de um "Espírito universal" à de um contexto social. A noção de um "eu social" foi uma das idéias mestras de Mead, que denominou sua própria doutrina "behaviorismo [comportamentalismo] social"; seu principal tema foi o estudo do aparecimento emergente (VER) do eu como organismo em estreito contato com o mundo social circundante. O estudo do uso dos signos e da linguagem foi tido por Mead como fundamental na análise do comportamento humano, pois esse estudo permite entender como se integram efetivamente o indivíduo com seu ambiente social, e cada comunidade num momento de seu desenvolvimento com os momentos anteriores e subseqüentes. A teoria social de Mead, baseada numa filosofia da interpretação dos eus numa trama orgânica, constitui uma tentativa de explicar a possibilidade de um progresso social incessante; em muitos casos se trata, com efeito, não só de uma descrição e explicação do comportamento social humano, mas também de um sistema de valores que se vão constituindo no curso de uma ação social criadora.

É importante, e interessante, no pensamento de Mead sua noção de "presente" e a filosofia nela fundada. Não tratamos aqui deste ponto por ter-nos referido a ele no verbete INSTANTE.

⊃ Obras: Os livros de Mead são publicações póstumas: *The Philosophy of the Present*, 1932. — *Mind, Self, and Society*, 1934. — *Movements of Thought in the Nineteenth Century*, 1936. — *The Philosophy of the Act*, 1938. — *Selected Writings*, 1964, ed. Andrew J. Reck [25 artigos publicados durante sua vida]. — *The Individual and the Social Self. Unpublished Work by G. H. M.*, 1982, ed. D. L. Miller.

Ver: Eugene Clay Holmes, *Social Philosophy and the Social Mind: A Study of the Genetic Methods of J. M. Baldwin, G. H. M. and J. E. Boodin*, 1942. — G. Chin Lee, *G. H. Mead: Philosopher of the Social Individual*, 1945. — D. Victoroff, *G. H. Mead, sociologue et philosophe*, 1953. — Paul E. Pfuetze, *The Social Self*, 1954 (especialmente pp. 37-116 e 229-299). — V.V. AA., *The Social Psychology of G. H. Mead*, 1956, ed. A. Strauss. — M. Natanson, *The Social Dynamics of G. H. Mead*, 1956, reimp., 1973 (tese resumida). — David L. Miller, *G. H. M.: Self, Language, and the World*, 1973. — Konrad Raiser, *Identität und Sozialität. G. H. Meads Theorie der Interaktion und ihre Bedeutung für die theologische Anthropologie*, 1973. — David Miller, Peter List et al., *The Philosophy of G. H. M.*, 1973, ed. Walter R. Corti [Seminário em Winterthür, agosto de 1970]. — Israel Sheffler, *Four Pragmatists: A Critical Introduction to Peirce, James, M. and Dewey*, 1974. — W. Kang, *G. H. Mead's Concept of Rationality: A Study of the Use of Symbols and Other Implements*, 1976. — A. M. Nieddu, *G. H. M.*, 1978. — H. Joas, *Praktische Intersubjektivität. Die Entwicklung des Werkes von G. H. M.*, 1980. — T. W. Goff, *Marx and M.: Contributions to a Sociology of Knowledge*, 1980. — M. Aboulafia, *The Mediating Self: M., Sartre, and Self-Determination*, 1986. — P. A. Y. Gunter, ed., *Creativity in G. H. M.*, 1990 [Simpósio sobre a criatividade em M.]. — S. B. Rosenthal, *M. and Merleau-Ponty: Toward a Common Vision*, 1991. — M. Aboulafia, *Philosophy, Social Theory, and the Thought of G. H. M.*, 1991. — G. A. Cook, *G. H. M. The Making of a Social Pragmatist*, 1993. ᴄ

MECANICISMO. O termo grego μηχανή significa "invenção engenhosa", "máquina" (especialmente "máquina de guerra" e "máquina teatral"). Os gregos usavam também μηχανική para indicar "invenção engenhosa", "mecanismo" e até "maquinação". O μηχανικός era o homem hábil em artes mecânicas, o "engenheiro". Muitos autores gregos usaram estes e outros termos similares, mas sem dar-lhes alcance filosófico; assim, por exemplo, Platão empregou μηχανή para referir-se a um expediente, um meio de levar a cabo (engenhosamente) um fim (*Ap.*, 39D; *Leg.*, 713 E; *Phaidr*, 72 D). Eucken recorda que 'mecânica', μηχανική, e 'coisas mecânicas', τὰ μηκανικά, foram termos usados por Aristóteles para referir-se a artefatos construídos pelo homem; a "arte mecânica" é a arte (ou "técnica") que proporciona as regras necessárias para construir (e possivelmente usar) tais artefatos. Estes podem ser, e costumam ser, "máquinas", as quais executam operações que substituem as operações naturais e que às vezes são mais vantajosas do que estas. Assim, uma alavanca é uma "máquina" por meio da qual se pode aumentar a força exercida pelo braço. Eucken observa também que o termo 'mecânico' foi usado durante muitos séculos no sentido — ou sentidos — indicado; durante a Idade Média, por exemplo, falava-se de *ars mechanica*, considerada, aliás, uma arte inferior e subordinada. Mas desde Descartes se empregou 'mecânico' principalmente para designar uma teoria destinada a explicar as obras da Natureza como se fossem obras mecânicas e, mais especificamente, como se fossem máquinas. Robert Boyle, que introduziu muitos termos no vocabulário filosófico e científico moderno, usou, ou pôs em circulação, o vocábulo *mechanicus* e também o termo *mechanismus*. Além disso, empregou a expressão *mechanismus universalis* como equivalente a 'Natureza'.

Durante algum tempo, usou-se 'mecânico' como equivalente de 'corpóreo' e de 'material' — *mechanicum sive corporeum*. 'Mecânico' opunha-se, pois, a 'incorpóreo', a 'imaterial' e a 'espiritual'; o mecânico era considerado o próprio de todo *automaton*. Não obstante, usou-se, e continua a se usar, 'mecanismo' para designar um modo de operação que pode referir-se, em princípio, não apenas às máquinas, mas também aos espíritos. Fala-se, assim, de "mecanismos da mente", "mecanismos do espírito", "mecanismo da razão" etc.

Na época moderna, a partir aproximadamente do século XVI, e sobretudo desde o século XVII, usaram-se os termos 'mecânico', 'mecânica' (como substantivo) e 'mecanismo' (ou também 'mecanismo') de diversos modos. Produziram-se com isso confusões, a menos que se tenha especificado em cada caso qual o alcance desses termos.

Denominou-se, por exemplo, "mecânica" o estudo dos movimentos dos corpos em diversos estados. Várias teorias físicas e, de modo eminente, "a" teoria física de Newton foram incluídas no âmbito da mecânica. No caso de Newton, costuma-se falar inclusive da "mecânica de Newton". Algumas das teorias físicas incluídas na "mecânica" ou na "ciência da mecânica" são teorias cinemáticas, isto é, teorias que descrevem movimentos dos corpos independentemente das forças que os causam (seja por avaliar que os movimentos dos corpos se acham "livres de força", seja por eliminar a própria noção de força, considerada ou como "metafísica" ou como só "mental"). Outras teorias igualmente incluídas na "mecânica" são teorias dinâmicas, isto é, teorias que estudam as causas das mudanças nos movimentos dos corpos. Em vista disso, alguns autores consideraram inapropriado denominar "mecânicas" as teorias cinemáticas e as teorias dinâmicas — idéia que se reforça por uma contraposição clássica entre "mecânico" e "dinâmico". Não obstante, deve-se levar em conta que um sistema pode ser mecânico inclusive se os movimentos do sistema são explicados cinematicamente ou então dinamicamente. Assim considerado, um sistema é mecânico se a explicação do sistema — que se supõe que corresponde à estrutura do sistema — consiste num estudo dos movimentos dos corpos em vários estados. Desse ponto de vista, distingue-se entre teorias mecânicas e teorias não mecânicas. As teorias eletromagnéticas, por exemplo, não são mecânicas — o que não impede, ou não impediu, de procurar apresentá-las no âmbito do esquema conceitual da chamada "mecânica", e especificamente da "mecânica clássica".

Tudo isso indica que o uso de 'mecânico' e 'mecânica' pode prestar-se a confusões; nem sempre se sabe se se fala de um sistema físico, de uma teoria ou de um modelo ou esquema de explicação.

Na história da filosofia, costuma-se dar o nome de "mecanicismo" a um tipo de doutrina segundo a qual toda realidade, ou ao menos toda realidade natural, tem uma estrutura comparável à de uma máquina, de modo que pode ser explicada com base em modelos de máquinas. Este é o sentido que se dá a 'mecanicismo' quando se trata da "filosofia natural" de autores como Descartes, Boyle, Huygens, Newton, Hobbes etc. Nem todos esses autores entendem o mecanicismo do mesmo modo, ou dão ao mecanicismo a mesma importância. Assim, por exemplo, Descartes era mecanicista no que diz respeito à "substância extensa", mas não à "substância pensante". Hobbes, em contrapartida, era mecanicista em todos os sentidos, já que sua filosofia pode receber o nome de "filosofia dos corpos". Alguns mecanicistas, como Gassendi e Boyle, eram ao mesmo tempo atomistas; Descartes, em compensação, não o era, ou não o era totalmente. Certos autores que se interessaram mais em elaborar a "ciência da mecânica" do que pela filosofia mecanicista (Huygens, Newton etc.) foram mecanicistas científicos e só em parte mecanicistas filosóficos. Para Mersenne e alguns autores de sua época, o mecanicismo era incompatível com o "naturalismo", concebido como o conjunto de doutrinas organicistas, ocultistas etc., próprias de alguns pensadores do Renascimento. Por esses exemplos, pode-se ver como o mecanicismo é complexo e como é errôneo supor que ele pode reduzir-se a uns tantos princípios fixos. Por uma parte, entende-se por 'mecanicismo' uma série de idéias próprias da mecânica (a "mecânica moderna") em seus três aspectos fundamentais de estática, cinemática e dinâmica. Por outra parte, entende-se por 'mecanicismo' uma série de idéias filosóficas, quer relativas a toda a realidade natural — "corpos e espíritos" —, quer confinadas à realidade corpórea e material. Essas idéias costumaram estar em estreita relação com o desenvolvimento da mecânica. Por fim, entende-se por 'mecanicismo' uma concepção do mundo que às vezes — como indicamos — foi independente do naturalismo, e até hostil a este, mas que com freqüência se vinculou com doutrinas de caráter naturalista e materialista. Como no quadro desta obra não podemos fazer justiça a todos os aspectos e a todas as complexidades do mecanicismo, nós o consideraremos sobretudo como uma doutrina filosófica e como uma concepção do mundo.

S. C. Pepper indicou que há no "mecanicismo" uma "metáfora radical": a da máquina. Esta pode ser do tipo de um relógio ou do tipo de um dínamo; em ambos os casos, opina Pepper, temos um mecanicismo, embora de diferentes formas. De acordo com Pepper, o mecanicismo se opõe ao "formismo", ao "organicismo" e a teorias similares. Em suma, o mecanicismo pode definir-se como uma doutrina que aborda a realidade — ou, segundo o caso, uma parte da realidade — como se fosse uma máquina ou como se pudesse ser explicada com base num "modelo de máquina" (o chamado "modelo mecânico"). Ser uma máquina ou ser explicável com base numa máquina não é, naturalmente, a mesma coisa. Foi freqüente que o mecanicismo, em especial enquanto concepção do mundo, fosse ao mesmo tempo uma doutrina sobre a natureza da realidade e uma doutrina sobre o melhor modo de explicar a realidade, mas em princípio se deveria distinguir entre "concepção mecanicista" e "explicação mecanicista".

O mecanicismo como "concepção" avalia que a realidade considerada — ou, no mecanicismo radical, toda realidade — consiste em corpos em movimento. Esses corpos podem às vezes ser tidos como um único corpo regido por leis mecânicas, mas é mais freqüente que se admita uma pluralidade em princípio infinita de corpos elementares; por isso, o mecanicismo foi muito amiúde atomista, isto é, combinou-se com uma "filosofia corpuscular" (Boyle, por exemplo, julgava que "filosofia corpuscular" e "filosofia mecânica" eram a mesma coisa). Esses corpos elementares carecem de força própria, ou tende-se a concebê-los como se carecessem de força própria. Toda força possuída por um corpo lhe foi impressa por outro corpo por meio do choque. Neste caso, o mecanicismo é uma generalização da mecânica, que foi definida como "a ciência do movimento". Essa ciência se compõe de leis tais como as "leis newtonianas do movimento" (VER). Imagina-se que não há senão uma constante física — a massa do corpo —, que, ao contrário do postulado pela teoria da relatividade, é independente da velocidade.

Característica do mecanicismo é a admissão de que todo movimento se efetua segundo uma rigorosa lei causal. O mecanicismo é, neste sentido, antifinalista e, desde sempre, desconfia radicalmente de toda "qualidade oculta". Além disso, procura reduzir as chamadas "qualidades secundárias", ou qualidades da sensação, a "qualidades primárias" (se possível, a propriedades geométricas). Isso não significa que todos os autores mecanicistas tenham sido completamente antifinalistas. Exemplos de autores que procuraram combinar uma concepção mecanicista com uma concepção teleológica da realidade foram Leibniz e Locke. O primeiro, sobretudo, não se cansou de afirmar que a realidade natural é compreendida por meio de razões baseadas na figura e no movimento dos corpos, e não por meio de "formas incorpóreas"; que "tudo acontece na Natureza mecanicamente"; que se devem eliminar as formas substanciais, as idéias operativas etc. Mas ao mesmo tempo indicou que todos os mecanismos são regidos, em última análise, por finalidades. Entretanto, quase todos os autores mecanicistas, ou assim chamados, o foram de uma forma mais radical; especialmente os mecanicistas do tipo de Hobbes, e não poucos filósofos e homens de ciência dos séculos XVIII e XIX, desterraram toda finalidade.

O mecanicismo como modo de explicação consiste *grosso modo* na doutrina segundo a qual uma explicação — ao menos uma explicação dos fenômenos naturais — é em última instância uma explicação que segue um "modelo mecânico". Em que consiste esse modelo é algo menos claro. Com efeito, tão logo se procuram determinar as condições que uma explicação mecânica deve satisfazer, enfrentam-se várias dificuldades. De imediato, a chamada "explicação mecânica" não tem o mesmo sentido preciso quando é, ou acaba por ser, uma explicação de caráter muito geral, onde a única coisa a servir de orientação é a vaga idéia de "máquina", e quando é uma explicação dada no âmbito do corpo teórico de uma ciência. O primeiro tipo de explicação é dificilmente analisável; o último, em contrapartida, é analisável. Por outro lado, mesmo no caso de obter-se clareza suficiente sobre o que se entende por 'explicação mecânica', há explicações desse tipo cujas condições são mais estritas do que outras. Assim, por exemplo, alguns avaliam que a explicação mecânica dada no sistema de Newton é suficiente, constituindo até o tipo exemplar de toda explicação mecânica. Outros, em contrapartida (entre eles, o próprio Newton), consideraram haver ainda nesse sistema pelo menos uma noção — a de "ação à distância" — que não satisfazia os requisitos da explicação mecânica.

O fato de não ter levado em conta a complexidade da natureza da explicação mecânica — ou, se se deseja, das várias explicações mecânicas possíveis — permite compreender em grande parte o caráter interminável das discussões sobre se o mecanicismo moderno chegou ou não a seu fim. Alguns autores alegaram que tanto a evolução da ciência em geral, e da física em particular, como as novas idéias filosóficas permitem falar de uma "decadência do mecanicismo" na ciência e na filosofia. Assim, por exemplo, as filosofias de tendência fenomenista e qualitativista, por um lado, e a crescente importância de noções como as de "estrutura", "campo", "função" etc., por outro, são, na opinião desses autores, uma prova de que é anacrônico continuar mantendo uma concepção mecanicista ou esforçar-se por continuar a dar explicações mecânicas. Enfatizou-se, além disso, que as explicações mecânicas são uma manifestação das tendências reducionistas (ver REDUÇÃO) em que foi pródiga a época moderna, mas que provaram ser uma falácia na ciência e na filosofia contemporâneas. Outros autores, em compensação, afirmam que a ciência pelo menos progride tão-somente na medida em que possa dar explicações mecânicas, e que, se estas parecem hoje impossíveis para algumas ciências, ou partes de ciências, serão possíveis no futuro. A nosso ver, tais discussões padecem de uma dilucidação insuficiente do significado de 'explicação mecânica' e, ademais, de uma redução ilegítima do sentido da explicação mecânica ao tipo de explicação usado no passado. É mais plausível adotar a esse respeito uma atitude flexível que pode consistir em admitir: 1) que há vários tipos possíveis de explicação mecânica, de sorte que algumas dessas explicações podem ser mais complexas do que outras; 2) que há uma evolução efetiva nas ciências, evolução que torna possível a existência de explicações mecânicas em certos períodos e impossível em outros; 3) que a possibilidade de dar explicações mecânicas de certas realidades não garante de modo algum que se possam dar explicações mecânicas de todas as realidades.

Um dos aspectos mais importantes e discutidos do mecanicismo é sua doutrina acerca da natureza e comportamento das realidades orgânicas. Neste caso, o mecanicismo se opôs ao "organicismo", ao "vitalismo" (ou "neovitalismo") e ao "biologismo". Estendemo-nos sobre esse ponto sobretudo nos verbetes ORGÂNICO e VITALISMO.

Os precedentes do mecanicismo moderno foram investigados por autores como Pierre Duhem, Anneliese Maier, A. Koyré, M. Clagett, E. A. Moody e outros; ver alguns de seus escritos a esse respeito nas bibliografias de MERTONIANOS e PARIS (ESCOLA DE).

↪ Em muitas das obras citadas na bibliografia de FÍSICA, em especial no que se refere à física moderna, estuda-se a história do mecanicismo moderno, ou partes dela. Além disso, ver: Ernst Mach, *Die Mechanik in ihrer Entwicklung, historischkritisch dargestellt*, 1883. — E. Meyerson, *Identité et Réalité*, 1908. — Id., *De l'explication dans les sciences*, 1921. — L. von Renthe-Fink, *Magisches und naturwissenschaftliches Denken in der Renaissance. Eine geistesgeschichtlichanthropologische Studie über die Ursprünge des mechanistischen Weltbildes*, 1934 (tese). — Anneliese Maier, *Die Mechanisierung des Weltbildes im 17. Jahrhundert*, 1938. — A. Koyré, *Études galiléennes*, 1940. — Id., *From the Closed World to the Infinite Universe*, 1957. — R. Lenoble, *Mersenne et la naissance du mécanisme*, 1943. — E. J. Dijksterhuis, *De mechanisiering von het werelbeeld*, 1950. — E. A. Moody, "Galileo and Leaning Tower Experiment", *Journal of the History of Ideas*, 12 (1951), 163-193, 375-422. — R. E. Schofield, *Mechanism and Materialism: British Natural Philosophy in an Age of Reason*, 1970. — G. Freudenthal, *Atom and Individual in the Age of Newton: On the Genesis of the Mechanistic World View*, 1985.

Sobre a "metáfora do mecanicismo": Stephen C. Pepper, *World Hypotheses*, 1942, cap. IX. — Colin M. Turbayne, *The Myth of Metaphor*, 1962 [principalmente sobre o mecanicismo de Descartes e Newton].

Sobre os filósofos e as máquinas: Paolo Rossi, *I filosofi e le macchine (1400-1700)*, 1962.

Entre as muitas discussões sobre mecanicismo e antimecanicismo na época atual, ver: L. P. Jacks, *The Revolt against Mechanism*, 1934 [Hibbert Lectures 1933]. — Ph. Frank, *Das Ende der mechanistischen Physik*, 1935. — A. D'Abro, *The Decline of Mechanism in Modern Physics*, 1939; 2ª ed. com o título: *The Rise of the New Physics: Its Mathematical and Physical Theories*, 2 vols., 1951. — Ernest Nagel, *The Structure of Science: Problems in the Logic of Scientific Explanation*, 1961, pp. 153-202. — Milic Capek, *The Philosophical Impact of Contemporary Physics*, 1961, pp. 135-140, 289-332. — D. M. MacKay, *Information, Mechanism and Meaning*, 1969. — D. C. Dennett, "Mechanism and Responsibility", em T. Honderich, ed., *Essays on Freedom of Action*, 1973, pp. 157-184. — D. L. Schindler, ed., *Beyond Mechanism: The Universe in Recent Physics and Catholic Thought*, 1986.

Sobre a natureza e mecanicismo: Robert Hainard, *Nature et Mécanisme*, 1947.

Para bibliografia sobre vitalismo e mecanicismo, ver VITALISMO. ↩

MEDIAÇÃO, MEDIATO. O conceito de mediação foi usado, explícita ou implicitamente, por vários filósofos antigos, que tiveram necessidade de encontrar um modo de relacionar dois elementos distintos; nesse sentido, a mediação foi entendida como a atividade própria de um agente mediador que era ao mesmo tempo uma realidade "intermediária". Assim, por exemplo, temos a idéia de mediação na atividade do demiurgo (VER) de Platão. Também temos essa idéia na concepção de que há intermediários entre Deus (ou o Uno) e a alma. Esses intermediários cuja função é "mediar" podem ser poucos numerosos, como afirma Plotino (*Enn.*). V, 1, iii), ou podem ser muito numerosos, como ocorre em algumas das "religiões orientais". As hipóstases (VER) podem ser entendidas também como "mediadoras" em vários dos sistemas neoplatônicos. No cristianismo, Cristo é concebido como perfeito mediador.

A noção de mediação desempenha igualmente um papel importante na lógica clássica e, em especial, na aristotélica. O chamado "termo médio" no silogismo exerce uma função mediadora no raciocínio, visto que torna possível a conclusão a partir da premissa. Em geral, a mediação num raciocínio é o que torna possível esse raciocínio; com efeito, num processo discursivo, tanto dedutivo como indutivo, são necessários termos, ou "juízos", que "façam a mediação" entre o ponto de partida e a conclusão.

Fala-se também de conhecimento mediato por oposição a conhecimento imediato; referimo-nos a esse ponto no verbete IMEDIATO. No mesmo verbete, tratamos da idéia de imediatidade em Hegel e da diferença estabelecida por esse autor entre conhecimento imediato e conhecimento mediato. Hegel concebe o conhecimento mediato em relação com sua idéia da reflexão. Assim como a luz é refletida por um espelho e volta à sua fonte, o pensamento é também refletido ao ricochetear sobre a realidade ou as coisas "em sua imediatidade". Transforma-se então em saber mediato ou "reflexivo". Nesse sentido, o saber mediato é superior ao imediato. Mas, em outro sentido, o saber imediato é superior ao mediato, embora então a imediatidade de que se trata já não seja a das coisas que estão simplesmente "aí", mas a das coisas em sua conexão racional com o Todo. Por isso, em Hegel, o que se pode denominar "imediatidade superior" não é possível sem a mediatidade, isto é, sem mediação. Observemos que este foi um dos pontos em que se manifestou com maior insistência a hostilidade de Kirkegaard contra Hegel. Com efeito, para Kierkegaard, a idéia de mediação é resultado de ter concebido a realidade como racional. Na mediação, não há "salto". A rigor, a idéia de mediação, pelo menos tal como empregada por Hegel — e, em ampla escala, como foi adotada pelo marxismo —, opõe-se tanto ao "salto" em sentido kierkegaardiano como à "continuidade" em sentido leibniziano. A mediação, entendida metafisicamente, resulta de uma idéia da realidade como processo dialético racionalmente articulável e explicável. Tanto os hegelianos como os marxistas — ainda que por motivos diferentes — tendem a afirmar que a idéia de mediação permite expressar as "relações concretas" e não simplesmente as "relações abstratas" (como ocorre com a idéia de mediação na lógica clássica).

MEDIDA. O conceito de medida foi usado em diversos sentidos e em vários contextos na literatura filosófica e científica. Em geral, a medida é definida como "uma expressão comparativa de dimensões ou quantidades" e, mais precisamente, como "a expressão de uma relação entre uma dimensão ou quantidade e um determinado padrão adotado para esse efeito": a chamada "unidade de medida".

Discutiu-se às vezes se a unidade de medida deve ser ou não homogênea com o medido. Em princípio, parece que essa homogeneidade é uma condição indispensável: os átomos não podem medir as virtudes nem as paixões podem medir as flores. No entanto, pode-se, por assim dizer, proceder a uma "homogeneização" do medido com a unidade de medida. Essa homogeneização costuma ter lugar por meio da "redução" do que se procura medir a uma quantidade e pela mediação numérica dessa quantidade.

A medida em sentido numérico é a normal em mediações de caráter físico. Contudo, o conceito de medida foi usado também — de maneira adequada ou inadequada — em sentido não-numérico. Denominaremos este segundo conceito de medida "conceito ontológico". Temos um exemplo de tal conceito em todas as doutrinas filosóficas nas quais se adota certo padrão de realidade com o fim de "medir" outras realidades, ou seja, com o fim de determinar em que proporção — ou medida — estas últimas realidades se aproximam do padrão escolhido. Assim, na doutrina platônica, a Idéia "mede ontologicamente" o que participa da Idéia, e as próprias Idéias se "medem ontologicamente" entre si e com relação a alguma Idéia que se suponha suprema ou "mais real" do que as outras. É claro que nesse caso o conceito de medida está relacionado com noções como as de "ordem" (VER), "hierarquia (ontológica)" etc.

Há outro sentido de 'medida' que não pode ser reduzido a nenhum dos anteriores, embora mostre alguns elementos deles, especialmente da noção de medida ontológica: é a idéia de medida não apenas como proporção, mas também como "boa proporção". Esta idéia acha-se estreitamente relacionada com a de justo meio (ver MEIO [JUSTO]). Temos um exemplo disso na célebre máxima atribuída aos "Sete Sábios": μηδὲν ἄγαν, *ne quid nimis*, "de nada, demasiado". Temos aqui uma medida que é em parte "real" e em parte "moral". A medida é então um justo meio "nas coisas" e, em particular, nas atividades humanas. A medida indica aqui a posição que se deve adotar entre dois extremos possíveis; indica, além disso, que nenhum extremo é aceitável, porque todo extremo é desmedido.

O conceito de medida isoladamente é, pois, pouco claro, a menos que se restrinja seu significado e se defina precisamente. Temos um exemplo de precisão do significado de 'medida' na idéia de medida como algo resultante de uma operação ou série de operações necessárias para obter um dos chamados "enunciados de medida". Ora, um dos problemas que se formularam na física e, em geral, na ciência é o significado dos "enunciados de medida". Este significado depende em grande parte do padrão usado para medir. Depende também do papel atribuído ao observador ou medidor e, de maneira geral, do significado de 'operações físicas'. Os enunciados de medida costumam ser tidos como enunciados básicos, mas isso não quer dizer que sejam simples; como indicou Cassirer (*Determinismus und Indeterminismus, etc.*, cap. III), os chamados "enunciados de medida" são já complicados enunciados físicos e não supostas "observações puras" da realidade física.

MEDINA, BARTOLOMÉ. Ver PROBABILISMO.

MÉDIO (TERMO MÉDIO). Ver SILOGISMO; TERMO.

MEDITAÇÃO (MEDITATIO). Ver Disputa.

MEGÁRICOS. A escola dos megáricos (*ca.* 400-*ca.* 300 a.C.) é uma das chamadas escolas socráticas. Contudo, à influência de Sócrates devem-se acrescentar outras, especialmente a dos eleatas (ver), que se manifesta de maneira particular em dois aspectos: na idéia da distinção — e oposição — entre o mundo sensível e aparencial, e o mundo inteligível e real, e nos argumentos (desenvolvidos em especial por Diodoro Cronos, com base nos proporcionados por Zenão de Eléia) contra o movimento. A citada separação era tão zelosamente mantida por alguns que (como ocorre com Estilpão de Megara) se criticava o platonismo justamente por pretender explicar o mundo sensível como cópia do inteligível. Característica do pensamento de muitos megáricos (como acontece com o mencionado Diodoro Cronos) foi uma idéia metafísica várias vezes combatida por Aristóteles: a de que só se pode falar do ser enquanto ser atual; do potencial (ou do futuro) não se pode enunciar nada. É fácil ver que esta idéia se relaciona com os referidos argumentos contra o movimento. Igualmente típica da maioria dos megáricos foi sua propensão aos exercícios dialéticos e sua preferência pelo tratamento de sutilezas lógicas e semióticas. Argumentou-se contra essa propensão que os megáricos deram origem a (ou difundiram) sofismas tais como o do velho e do calvo, mas deve-se levar em conta que, ao lado deles, apresentaram (ou propagaram) alguns importantes paradoxos semânticos (ver Paradoxo), como o de "O Mentiroso", aparentemente desenvolvido por Eubúlides de Mileto. No campo da lógica, devem-se aos megáricos algumas contribuições à constituição de uma lógica formalista como a desenvolvida mais tarde pelos estóicos, em tão estreita conexão com os megáricos que às vezes se fala de uma escola lógica estóico-megárica. Inclusive alguns autores (I. M. Bocheński) afirmam que os megáricos se distinguiram em lógica ainda mais do que os estóicos, não apenas pelo número de seus lógicos (Eubúlides, Diodoro, Fílon) e pelo fato de que Zenão aprendeu a lógica de Diodoro, mas também porque muitas das doutrinas importantes da lógica proposicional atribuídas aos estóicos parecem dever-se, a rigor, aos megáricos. Como exemplo do trabalho lógico dos megáricos, podemos mencionar as idéias de Fílon de Megara sobre o condicional, nas quais aparece claramente uma interpretação material deste último, e as de Diodoro sobre o mesmo conectivo, das quais resulta uma interpretação estrita. No que diz respeito às questões éticas, alguns megáricos (como Estilpão) tenderam a doutrinas do tipo das defendidas pelo cínico Antístenes.

Entre os megáricos, mencionamos o fundador, Euclides de Megara, amigo de Sócrates; seu discípulo Ichtias, de quem não se conservaram obras nem inventário de doutrinas; Eubúlides de Mileto; o discípulo deste, Fílon de Megara; Estilpão de Megara, mestre de Zenão de Cítio, o fundador da escola estóica, e de Brisão, que parece ter sido mestre de Pirro e ter transmitido influências megáricas ao ceticismo.•• (David Sedley afirmou que Diodoro não deveria ser associado à escola megárica, mas à chamada "escola dialética". Klaus Döring (ver bibliografia) negou a existência desta escola, que é, segundo ele, uma construção de alguns historiadores da filosofia.)••

Afim à escola dos megáricos é a chamada escola élico-erétrica, assim designada por ter sido fundada em Elis e ter-se estendido por Erétria. Seu fundador foi Fédon de Elis (ver). Sucessores de Fédon foram seus discípulos Flistano, Anquililo e Mosco. Em Erétria, as doutrinas de Fédon foram difundidas por Menedemo (ver) e seu amigo Asclepíades, ambos também discípulos de Fédon. Embora interessados em questões dialéticas, os élico-erétricos pareceram inclinar-se cada vez mais à abordagem de problemas éticos e práticos, aproximando-se consideravelmente de concepções cínicas.

➲ Para fontes sobre megáricos, ver: Diógenes Laércio, II, III, VII, IX; Platão, *Theat., Phaid., Soph.*; Aristóteles, *Met.*, IX; Sexto Empírico, *Adv. Math.*, I, IX, X, e *Hyp. Pyrr.*, II, III, *Aul Gel., Noct. Att.*; Plutarco, *Anim. tranq.*, 6; Cícero, *Ac.*, II; Alexandre, *De an.*, II; Clemente, *Str.*, IV; Sêneca, *Ep.*, 9.1.

Edição de textos com notas por Klaus Döring, *Die Megariker. Kommentierte Sammlung der Testimonien*, 1972. — L. Montoneri, *Megarici. Studio storico-critico e traduzione delle testimonianze antiche*, 1984.

Ver: F. Deyck, *De Megaricorum doctrina*, 1827. — D. Henne, *École de Mégare*, 1843. — C. Mallet, *Histoire de l'école de Mégare et des écoles d'Élie et d'Erétrie*, 1845. — G. Hartenstein, "Ueber die Bedeutung der megarischen Schule für die Geschichte der metaphysischen Probleme", *Verhandlungen der sächsischen Gesellschaft der Wissenschaften* (1848). — A. Rüstow, *Der Lügner: Theorie, Geschichte und Auflösung*, 1910 (tese). — C. M. Gillespie, "On the Megarians", *Archiv für Geschichte der Philosophie*, 24 (1911), 217-241. — A. Levi, "Le dottrine filosofiche di Megara", *Reale Acc. Naz. dei Lincei. Rendiconti della Classe di scienze morali, storiche e filologiche*, série VI, vol. 3, fasc. 5-6 (1932), 463-499. — N. Hartmann, "Der Megarische und der Aristotelische Möglichkeitsbegriff, ein Beitrag zur Geschichte des ontologischen Modalitätsproblems", *Sitzungsberichte der Preuss. Ak. der Wissenschaften*, 1937. — G. Cambiano, "La scuola megarica nelle interpretazioni moderne", *Rivista di Filosofia*, 62 (1971), 227-253. — B. Calvert, "Aristotle and the Megarians on the Potentiality-Actuality Distinction", *Apeiron*, 10 (1976), 34-41.

Para a discussão sobre a adscrição de Diodoro à "escola dialética", ver: K. Döring, "Gab es eine Dialektische Schule?", *Phronesis*, 34(3) (1989), 293-310. ↄ

MEIER, GEORG FRIEDRICH (1718-1777). Nascido em Ammendorf, estudou na Universidade de Halle com Baumgarten (VER), a quem sucedeu em sua cátedra de Halle em 1740. Meier costuma ser apresentado como "membro da escola Leibniz-Wolff" e como um seguidor de Baumgarten. Mas embora isso seja certo em alguns sentidos, não é completamente adequado. Com efeito, em sua "psicologia" e teoria do conhecimento, pelo menos, Meier seguiu Locke tanto ou mais do que Wolff e Baumgarten. É plausível descrever o sistema da razão de Meier como um sistema eclético no qual se reforça racionalmente, com base em Wolff e Baumgarten, a doutrina das "idéias" de Locke. Segundo Meier, o conteúdo do conhecimento são as "representações", as quais têm algo das *idéias* de Locke e algo das *repraesentationes* de Leibniz, visto ser imagens objetivas das coisas possuídas por um sujeito. As representações (*Vorstellungen*) são ao mesmo tempo cópias das coisas e causas das imagens que produzem em nós. As próprias coisas são descritas como complexos de representações, pelo menos na medida em que estas são "objetivas". Com base nas representações, formam-se os conceitos, que são representações pensadas. Há diferentes níveis de representação e diferentes formas de pensamento, e o sistema da razão é o sistema desses níveis e formas. Por meio da razão, podem-se determinar as essências, os modos e relações das coisas representadas e podem-se estabelecer suas conexões causais na medida em que são necessárias e se fundam, portanto, em princípios lógicos.

Além de sua psicologia, teoria do conhecimento e metafísica, Meier elaborou uma estética, na qual aplicou certas idéias fundamentais de Baumgarten à poesia. A estética era para Meier, tal como para Baumgarten, uma ciência do "conhecimento inferior" ou "confuso", isto é, do "conhecimento sensitivo".

↪ Obras: *Beweis der vorherbestimmten Harmonie*, 1743 (*Prova da harmonia preestabelecida*). — *Theoretische Lehre von den Gemütsbewegungen*, 1744 (*Doutrina teórica das emoções*). — *Gedanken vom Zustande der Seele nach dem Tode*, 1746 (*Pensamentos acerca do estado da alma depois da morte*). — *Anfangsgründe aller schönen Künste und Wissenschaften*, 3 vols., 1748-1750, reed., 1867 (reimp. desta, 1966) (*Princípios de todas as belas artes e ciências*). — *Vernunftlehre*, 1752 (*Doutrina da razão*) [no mesmo ano apareceu um resumo com o título: *Auszug aus der Vernunftlehre*]. — *Philosophische Sittenlehre*, 5 vols., 1753-1761 (*Ética filosófica*). — *Metaphysik*, 4 vols., 1755-1759. — *Versuch einer allgemeinen Auslegungskunst*, 1757 (reimp. 1965) (*Ensaio de uma arte geral da interpretação*) [ver o artigo HERMENÊUTICA].

Biografia: S. G. Langen, *Leben G. F. Meiers*, 1778.
Ver: E. Bergmann, *Die Begründung der deutschen Ästhetik durch A. G. Baumgarten und G. F. M.*, 1911. — Josef Schaffrath, *Die Philosophie des G. F. Meiers*, 1940 (tese). ↄ

MEINECKE, FRIEDRICH (1862-1954). Nascido em Salzwedel, foi professor de história nas Universidades de Estrasburgo, Freiburg i.B. e Berlim, e, a partir de 1945, professor na "Freie Universität" de Berlim Oriental.

As duas principais contribuições filosóficas de Meinecke são suas idéias sobre os fatores históricos e seu exame e crítica do historicismo. Com relação ao primeiro ponto, Meinecke enfatizou que, ao menos na época moderna na Europa, os processos históricos não são a conseqüência apenas da ação de grandes personalidades, mas o resultado da intervenção, direta ou indireta, de todos os membros da comunidade (ou do Estado). De resto, o próprio Estado tem e manifesta certa "individualidade" em sua ação histórica; na realidade, o complexo jogo de relações entre o Estado como individualidade e os indivíduos da comunidade permite explicar em grande parte os processos históricos. No que se refere ao segundo ponto, Meinecke reconheceu que o historicismo, embora tenha produzido uma concepção relativista dos valores, ajudou a livrar-se de meras abstrações e a examinar e compreender a verdadeira natureza dos processos históricos. O historicismo não precisa necessariamente desembocar num relativismo; tal como Mannheim (VER), ainda que nem sempre pelas mesmas razões ou apoiando-se nos mesmos dados, Meinecke crê que o relativismo se supera justamente quando se reconhece lealmente a consciência como "consciência histórica". Isso não quer dizer que a "consciência histórica" seja um "Absoluto"; para além dessa consciência há, ou pode haver, uma realidade transcendente, mas esta é de natureza religiosa, sendo do domínio da fé e não do conhecimento.

↪ Obras: *Weltbürgertum und Nationalstaat*, 1908 (*Cidadania universal e Estado nacional*). — *Die Idee der Staatsraison in der neueren Geschichte*, 1924 (*A idéia da razão de Estado na Idade Moderna*). — *Die Entstehung des Historismus*, 2 vols., 1936 (*Gênese do historicismo*). — *Vom geschichtlichen Sinn und vom Sinn der Geschichte*, 1939 (*Do sentido histórico e do sentido da história*). — *Die deutsche Katastrophe*, 1946 (*A catástrofe alemã*). — *Schaffender Spiel*, 1948 (*Jogo criador*).

Edição de obras: *Werke*, ed. Herzfeld, Hinrichs y Hofer, 9 vols., 1957-1979 [inclui correspondência, vol. VI].

A maioria das obras citadas na bibliografia de HISTORICISMO se refere às idéias de Meinecke. Além disso, ver: W. Hofer, *Geschichtsschreibung und Weltanschauung. Betracht zum Werk F. Meineckes*, 1950. — VV. AA., "Das Hauptproblem in der Geschichte" [no 90º aniversário de M.], em *Historische Zeitschrift*, 174

(1952). — R. W. Sterling, *Ethics in a World of Power: The Political Ideas of F. M.*, 1958. — W. Bussmann, *F. M.*, 1963. **C**

MEINONG, ALEXIUS (VON) (1853-1920). Nascido em Lemberg (Galícia), estudou em Viena com Brentano. Foi primeiro "professor extraordinário" (1882-1889) e depois professor titular na Universidade de Graz. Em 1886, fundou em Graz um laboratório de psicologia experimental muito ativo. Vários de seus discípulos trabalharam no laboratório, tendo este último e a cátedra de Meinong constituído um centro filosófico e científico conhecido pelo nome de "Escola de Graz" (ver GRAZ [ESCOLA DE]). Entre os discípulos e colaboradores de Meinong, figuram Eduard Martinak, Ernst Mally e Stephan Witasek (VER). Também devem ser mencionados Konrad Zindler (1866-1934: *Beiträge zur Theorie der mathematischen Erkenntnis*, 1889; "Ueber räumliche Abbildungen des Kontinuums der Farbenempfindungen und seine mathematische Behandlung", *Zeitschrift für Psychologie*, 20 [1899]) e Vittorio Benussi (1878-1927; *Psychologie der Zeitauffassung*, 1913; *La suggestione e l'ipnosi come mezzo di analisi psichica reale*, 1925; *Suggestione e psicanalisi*, 1925).

A influência de Meinong estendeu-se a outros pensadores, que por sua vez seguiram ensinamentos de Brentano (como Ehrenfels), ou se afastaram de Brentano (como Alois Höfler), ou foram discípulos ao mesmo tempo de Meinong e Ehrenfels (como Joseph Klemens Kreibig e Hans Pichler [VER]). O pensamento desenvolvido por Meinong se encontra vinculado, além disso, com o objetivismo lógico de Bolzano e mantém certas relações com as origens da fenomenologia de Husserl, ou seja, com sua fase antipsicologista. São características de Meinong, e de toda a Escola de Graz, a rejeição de toda especulação filosófica gratuita, a análise de conceitos e a sobriedade na expressão.

A investigação central e a contribuição mais original de Meinong é sua teoria dos objetos (ver OBJETO; igualmente, entre outros verbetes, OBJETIVO; DESIDERATIVOS; DIGNITATIVOS). Essa teoria parece fundar-se em dados psicológicos e constituir uma forma de psicologia puramente "descritiva". No entanto, as tendências claramente objetivistas na pesquisa psicológica — como se manifestam nas investigações de Ehrenfels sobre as "qualidades de forma" — não tardaram a destacar-se diante de todo possível deslizamento para um "psicologismo" ou "subjetivismo". A teoria dos objetos se situa perante a realidade supondo que, de imediato, esta aparece sob a forma de fenômenos, isto é, de "objetos". "Objeto" é tudo o que pode ser "apontado" pelo pensar descritivo e intencional; assim, pode-se dizer que todo objeto é algo, enquanto nem todo algo é objeto. Em suma: objeto é tudo o que pode ser sujeito de um juízo, sem importar no caso se o objeto é real ou ideal, possível ou impossível, existente ou imaginário. A teoria dos objetos constitui, portanto, o fundamento necessário de todas as ciências, tanto das ideais como das empíricas, e não menos da metafísica, pois, tomando o real sob sua máxima generalidade, desenvolve essa prévia ontologia descritiva do dado sem a qual não haveria uma base objetiva e apriórica suficiente para a confirmação da certeza dos juízos correspondentes. Ora, Meinong distingue no objeto (*Gegenstand*), ou, melhor dizendo, no conceito do objeto, entre duas formas: por um lado, há o objeto (*Objekt*) enquanto objeto da representação; por outro lado, há o objetivo (*Objektiv*) enquanto objeto do juízo. Como correlatos das representações, os objetos são, pois, aqueles "algos" a que se pode atribuir existência, ao contrário dos objetivos, que, como correlatos das assunções e dos juízos, possuem subsistência, mas não existência. Os "objetivos" podem ser, de resto, de índole muito diversa; sua base comum é, empregando a terminologia mais conhecida de Husserl, o ser "fatos" (ver FATO) no sentido do *Sachverhalt* e não no sentido da *Tatsache*. Segundo Meinong, essa concepção e classificação dos objetos obrigam a uma reconstrução do conceito do ser que revoluciona as bases da ontologia tradicional. Com efeito, e para não mencionar senão um único resultado, ser e essência devem aparecer aqui como distintos, e isso de tal modo que sua distinção deve ser confirmada em todas as ordens de objetos. Por outro lado, a relação entre os objetos — relação que permite explicar algo mais do que as questões formais nela implicadas e constitui a base necessária de muitos dos pressupostos metafísicos — se efetua sob uma forma peculiar: a da "fundamentação", em virtude da qual alguns objetos ficam "fundados" (*fundiert*) em outros. Dessa maneira, podem-se distinguir objetos de ordem superior de objetos de ordem inferior. Entende-se pelos primeiros aqueles cuja "consistência" ou "subsistência" depende de outros objetos; pelos segundos, aqueles que "fundam" os anteriores. Os objetos de ordem superior são, portanto, as relações e os complexos; os de ordem inferior, aqueles que "constituem" os superiores, os membros contidos na relação e os elementos simples que compõem as "formas". A "existência real" permeia desse modo todas as camadas e não é propriamente fundamento de classificação. O caráter "introdutório" e "básico" da teoria dos objetos de Meinong se revela particularmente quando se leva em conta sua insistência em evitar a desatenção tradicional a tudo o que não seja propriamente "real", bem como em investigar as ordens de objetos às quais não se adscreveu até hoje nenhuma forma de realidade (por serem simplesmente membros de um "universo do discurso"). As indagações psicológicas de Meinong, assim como sua teoria dos valores, de cunho subjetivista, se inserem também na linha de uma investigação que oscila entre as implicações psicologistas e a exigência de uma ausência total de pressupostos. No caso dos valores, é preciso fazer constar que a fundamentação do valor no agrado era para Meinong menos o resultado de uma inclinação subjetivista do que o desejo de estabelecer essa fundamentação de uma maneira puramente descritiva. No caso dos "pressupostos", o propósito de Meinong consistia antes de tudo em "tornar presentes" as "assunções" (*Annahmen*) que ocorrem em toda "apresentação" e valoração do dado e que equivalem até certo ponto à introdução de uma ficção lógico-verbal. As "assunções" são, com efeito, ficções de caráter psicológico e, por conseguinte, algo arraigado em condições subjetivas. Mas também aqui se manifesta essa característica tendência oscilatória entre o subjetivismo e o objetivismo, entre a pura imanência descritiva e a completa objetividade, pois as assunções não podem "funcionar" senão enquanto condições de juízo e, portanto, enquanto quadros no âmbito dos quais se dá toda objetividade enquanto tal.

➲ Obras: *Hume-Studien: I. Zur Geschichte und Kritik des modernen Nominalismus*, 1877; *II. Zur Relationstheorie*, 1882 (*Estudos sobre H.: I. Para a história e crítica do nominalismo moderno; II. Para a teoria da relação*). — *Ueber philosophische Wissenschaft und ihre Propädeutik*, 1885 (*Sobre a ciência filosófica e sua propedêutica*). — *Psychologisch-ethische Untersuchungen zur Werttheorie*, 1894 (*Investigações ético-psicológicas para a teoria dos valores*). — *Ueber Gegenstände höherer Ordnung auf deren Verhältnis zur inneren Wahrnehmung*, 1896 (*Sobre os objetos de ordem superior em sua relação com a percepção interna*). — *Ueber Annahmen*, 1902 (*Sobre as assunções*). — "Ueber Gegenstandstheorie", em *Untersuchungen zur Gegenstandstheorie und Psychologie*, 1904, pp. 1-50 ("Sobre a teoria do objeto"). — *Über die Erfahrungsgrundlagen unseres Wissens*, 1906 (*Sobre os fundamentos empíricos de nosso saber*). — *Ueber die Stellung der Gegenstandstheorie im System der Wissenschaften*, 1907 (*Sobre a situação da teoria dos objetos no sistema das ciências*). — "Für die Psychologie und gegen den Psychologismus in der allgemeinen Werttheorie", *Logos*, 3 (1912), 1-14 ("Pela psicologia e contra o psicologismo na teoria geral dos valores"). — *Ueber Möglichkeit und Wahrscheinlichkeit*, 1914 (*Sobre possibilidade e probabilidade*). — "Ueber emotionale Präsentation", *Sitz. der Wiener Ak. der Wissenschaften*, 1917.

Depoimento em *Die Philosophie der Gegenwart in Selbstdarstellungen*, t. I, 1921.

Correspondência: *Philosophenbriefe. Aus der wissenschaftlichen Korrespondenz*, 1965, ed. Rudolf Kindinger (cartas de Masaryk, Brentano, Husserl, Russell, Ehrenfels e N. Hartmann).

Ed. de obras: *Gesamtausgabe*, 7 vols., ed. R. Haller e R. Kindinger, 1968 e 1978. — Edição de ensaios reunidos: *Gesammelte Abhandlungen: I. Abhandlungen zur Psychologie; II. Abhandlungen zur Erkenntnistheorie und Gegenstandstheorie*, 1913ss. — Edição de *Psychologisch-ethische Untersuchungen zur Werttheorie*, com o título *Zur Grundlegung der allgemeinen Werttheorie*, por Ernst Mally, 1923.

Ver: B. Russell, "Meinong's Theory of Complexes and Assumptions", *Mind*, N. S., 13 (1904), 204-219, 336-354, 509-524. — Per Efraim Liljequist, *Meinongs allmänne värdeteori*, 1904. — D. H. Kerler, "Ueber Annahmen, eine Streitschrift gegen A. von Meinong", *Beiträge zur Philosophie des deutschen Idealismus*, 2 (1921). — E. Martinak, *M. als Mensch und als Lehrer. Worte der Erinnerung*, 1925. — J. N. Findlay, *Meinong's Theory of Objects*, 1933; 2ª ed., 1963. — E. Tegen, *A. von M.*, 1935. — J. N. Findlay, R. Freundlich et al., *Meinong-Gedenkschrift*, I, 1952. — Gustav Bergmann, *Realism: A Critique of Brentano and M.*, 1967. — Michele Lenoci, *La teoria della conoscenza in A. M.*, 1972 (com ampla bibliografia). — R. Haller, J. N. Findlay *et al.*, artigos em *Revue Internationale de Philosophie*, 27 (1973), 148-287. — Reinhardt Grossman, *M.*, 1974. — M.-L. Schubert Kalsi, *A. M. on Objects of Higher Order and Husserl's Phenomenology*, 1978. — R. Routley, *Exploring M.'s Jungle and Beyond*, 1979. — D. F. Lindenfeld, *The Transformation of Positivism: A. M. and European Thought, 1880-1920*, 1981. — R. M. Chisholm, *Brentano and M. Studies*, 1982. — K. Lambert, *M. and the Principle of Independence: Its Place in M.'s Theory of Objects and Its Significance in Contemporary Philosophy of Logic*, 1983 [princípio de independência: o que um objeto é, é independentemente do fato de que seja]. — D. J. Marti-Huang, *Die Gegenstandstheorie vom A. M. als Ansatz zu einer ontologisch neutralen Logik*, 1984. — M.-L. Schubert Kalsi, *M.'s Theory of Knowledge*, 1987. — R. D. Rollinger, *M. and Husserl on Abstraction and Universals: From* Hume Studies I *to* Logical Investigations II, 1993. ᴄ

MEIO (JUSTO). A idéia de "meio" acha-se estreitamente relacionada com a de medida (ver MEDIDA) quando esta última é equiparada à noção de proporção e, em particular, de "boa proporção". Com efeito, o "meio" de que se trata aqui é um meio entre extremos e, em conseqüência, um justo meio. Esse justo meio pode ser considerado de um ponto de vista muito geral como justo meio entre quaisquer extremos, mas é comum considerar a idéia de justo meio do ponto de vista do comportamento humano e especificamente do comportamento humano na medida em que possui, ou pode possuir, um valor moral.

Os gregos utilizaram com freqüência a noção de meio, μεσότης, τὸ μέσον, como ponto entre dois pontos dados, e especialmente como ponto central (portanto, "justo"). Trata-se da mesma noção a que os latinos deram os nomes de *medius, medietas* e (depois com sentido pejorativo) *mediocritas*. O justo meio é por isso equivalente, nas ações humanas, à moderação, à temperança, à medida, e se contrapõe ao excesso, ὕβρις, ao desmedido, à "hipérbole", ὑπερβολή. O justo meio é uma harmonia que produz um bem-estar, εὐθυμία ("bem-estar psíquico" ou "bem-estar da alma"). Para obtê-lo, é necessário que se "freiem" todas as tendências aos extremos, ao exagero, à imoderação, à desmedida. Por isso, a noção de meio como justo meio está estreitamente ligada à noção de virtude, ἀρετή, que pode ser considerada precisamente como um meio entre extremos, μέσον τῶν ἐσχάτων. Sem dúvida, o justo meio pode não ser exclusivamente moral e ser também "cósmico", ou, se se deseja, pode ser a um só tempo "moral" e "cósmico". A idéia de justo meio como noção cósmico-moral aparece em Platão; alguns autores (por exemplo, H. J. Krämer, *op. cit.* em bibliografia) sublinharam precisamente essa vinculação da moral com o cósmico na idéia do justo meio. Se a virtude é considerada um "meio entre extremos", ela o é em grande parte porque na virtude se segue a "ordem cósmica", pois a virtude não é só ordem moral, mas ordem em todas as coisas (*Górgias*, 57ss.). Assim, o μεσότης é uma conseqüência da idéia do κόσμος como τάξις; e o vício, o destempero, o desenfreamento são manifestações da desordem, ἀταξία. Em Platão, o justo meio está também estreitamente relacionado com a justiça, δικαιοσύνη, a qual é fundamentalmente uma harmonia que, como tal, se acha sempre "entre extremos", isto é, "afastada de todo extremo". Ele está igualmente, e por razões similares, relacionado com a idéia de medida enquanto "medida real" ou "medida ontológica" (ver MEDIDA).

Nos diálogos de Platão, são numerosas as passagens nas quais se enfatizam as idéias anteriores, centradas com freqüência em torno da noção de μεσότης. Uma passagem particularmente bem conhecida é *Pol.*, 284 B-E, em que Platão fala do "meio" em geral como relação entre diversos tamanhos, ou seja, como proporção, e também do "meio" como relação entre diversas inclinações. Este último sentido é o propriamente "ético". Contudo, a noção de justo meio se destacou sobretudo nas considerações que sobre ela fez Aristóteles (em *Eth. Nic.*, II, 6, 1106 a 24ss.). Quando se considera algo contínuo e divisível, indica Aristóteles, pode-se tomar dele mais ou menos ou uma quantidade igual, e isto pode ser feito ou com relação à própria coisa ou com referência a nós. Se se toma igual, tem-se o termo médio (o justo meio), que é efetivamente intermediário. O termo médio na coisa é o que é eqüidistante de ambos os extremos, e é igual para todos os homens. O termo médio com referência a nós é o que não é nem demasiado nem demasiado pouco, e este não é igual para todos os homens. Assim, 6 é o meio entre 10 e 2, mas isso não quer dizer que se 10 onças são demasiada comida e 2 onças demasiado pouca, o termo médio sejam exatamente 6 onças. Por exemplo, para um atleta 10 onças podem continuar sendo demasiado e 2 onças demasiado pouco, mas 6 onças podem não ser suficientes, caso em que não constituirão o termo médio. Ora, em cada arte e em cada atividade deve-se buscar o termo médio, que é o justo meio, e isso deve ser feito especialmente no que diz respeito à virtude (à "virtude moral"). Mais ainda: a virtude é definida por Aristóteles como "uma disposição a escolher que consiste num meio [justo meio] relativamente a nós" (*op. cit.*, II, 6, 1106 b 35). Isso distingue a virtude do vício, que é sempre um extremo (por excesso ou por falta). Deve-se observar que nem todas as ações e paixões admitem um termo médio; por exemplo, não há termo médio no assassinato ou na inveja, que são maus por si: não há meio num excesso ou numa falta. Aristóteles procura, com base nisso, erigir um sistema de virtudes que são meios entre extremos; por exemplo, o respeito a si mesmo é uma virtude que é justo meio entre a vaidade (excesso) e a humildade (falta), ou o valor (coragem), virtude que é justo meio entre a ousadia (excesso) e a covardia (falta).

A doutrina do justo meio aplicada às virtudes morais foi desenvolvida por Santo Tomás (cf. especialmente *S. theol.*, I-IIa, q. LXIV). A esse respeito, é fundamental a distinção entre o justo meio como *medium rei* e o justo meio como *medium rationis*. O *medium rei*, ou justo meio na coisa, é de natureza "objetiva", como acontece com a justiça, que implica uma estrita imparcialidade. O *medium rationis*, ou justo meio vinculado à pessoa, é de natureza "subjetiva". Isso não significa que seja "parcial" ou "arbitrário". O que ocorre é que se devem levar em conta as circunstâncias da pessoa, mas de todo modo a pessoa deve reger-se pela prudência. Como Aristóteles, Santo Tomás insiste que o conhecimento da virtude moral e o exercício dessa virtude não são assuntos de capricho; para eliminar os excessos e as faltas, bem como para descobrir e praticar o justo meio, é preciso seguir as normas de um princípio racional que é a "sabedoria prática". Assim, Santo Tomás adere também ao princípio do μεσότης, *medietas*, definindo a virtude moral como *quaedam medietas* e como *medii connectatrix*.

⮕ A obra de H. J. Krämer a que nos referimos no texto é: *Arete bei Platon und Aristoteles. Zum Wesen und zur Geschichte der platonischen Ontologie*, 1959. — Ver também: H. Schilling, *Das Ethos der Mesotes*, 1930. — Theodore James Tracy, *Physiological Theory and the Doctrine of the Middle in Plato and Aristotle*, 1969. — Martin Ganter, *Mittel und Ziel in der praktischen Philosophie des Aristoteles*, 1974. ⮕

MELANCHTON, PHILIPP (1497-1560). Nascido em Bretten, professor de grego em Wittenberg, foi fiel seguidor de Lutero, sob cuja influência passou dos estudos humanísticos aos teológicos. Entre outras importantes contribuições de Melanchton à reforma luterana, figura a *Confessio augustana* (1530), por ele redigida a mando do Eleitor da Saxônia.

Interessado em dar fundamento filosófico à teologia luterana, Melanchton fez uso de toda a sua cultura humanística, transformando-se num dos mais destacados representantes do aristotelismo protestante e sendo denominado o educador da Alemanha, *praeceptor Germaniae*. Com efeito, embora Melanchton tivesse em pouca conta a metafísica, que devia a seu ver ser substituída pela teologia, introduziu nesta muitos elementos aristotélicos, que procurou harmonizar com a dogmática luterana. Entretanto, diante do empirismo aristotélico, Melanchton defendeu o inatismo, especialmente evidente, segundo ele, no que diz respeito aos princípios morais. Importante é, por outro lado, sua defesa da liberdade humana perante o estrito "servo arbítrio" luterano. A fidelidade ao aristotelismo manifestou-se em Melanchton principalmente na lógica, que ele concebeu como um instrumento (com particular atenção à dialética), na física (em que se opôs ao copernicanismo) e na doutrina da alma (que definiu, à maneira aristotélica, como a entelequia do corpo orgânico). Quanto ao mais, a lógica (ou dialética), a física e a psicologia constituíam para Melanchton as três partes fundamentais da filosofia.

↪ Obras filosóficas principais: *De rhetorica*, 1519 (nova redação: *Elementorum rhetorices libri duo*, 1581). — *Compendiaria dialectices ratio*, 1520. — *Loci communes rerum theologicarum seu hypotiposes theologicae*, 1521 (reelaborada em 1533, 1543 e 1548). — *Directrices libri quatuor*, 1528. — *Ethicae doctrinae elementa et enarratio libri V Ethicorum*, 1529. — *De dialectica libri quatuor*, 1533, refundido na obra: *Erotemata dialectices*, 1551. — *Philosophiae moralis epitome sive Ethica, duobus libris seu partibus distincta*, 1538 (edição ampliada, 1540). — *Commentarius de anima*, 1540 (título da edição de 1553: *Liber de anima*). — *Initia doctrinae physicae, dictata in Academia Vuitebergensi*, 1549. — *Questiones aliquot ethicae*, 1552.

Edição de obras: *Opera*, 5 vols., Basiléia, 1541. — Edições completas: 1562-1564, ed. Bretschneider e H. E. Bindseil, Wittenberg; 1834-1860, 28 vols., ed. C. G. Bretschneider e E. Bindseil [Corpus Reformatorum, I-XXVIII]. Suplemento: vols. I, II, V, VI, 1910-1926. — Obras seletas: *Werke in Auswahl*, 6 vols., ed. R. Stupperich *et al.*, desde 1951. — Correspondência: *Briefwechsel*. Ed. crítica e completa, comentada, em 6 seções, com um total de cerca de 82 vols., desde 1977, ed. Heinz Scheible. — W. Thüringer, *Die M.-Handschriften in der Herzog August Bibliothek Wolfenbüttel*, 1982.

Ver: K. Hartfelder, *P. M. als Praeceptor Germaniae*, 1889. — E. Troeltsch, *Vernunft und Offenbarung bei J. Gerhard und Ph. M.*, 1891. — H. Engelland, *Ph. M.*, 1946. — Attilio Agnoletto, *La filosofia di Melantone*, 1959. — A. Sperl, *M. zwischen Humanismus und Reformation*, 1959. — R. Stupperich, *Der unbekannte M. Wirken und Denken des Praeceptor Germaniae in neuer Sicht*, 1961. — W. Hammer, *Die M.-Forschung im Wandel der Jahre*, 3 vols., 1967-1980. — G. Kish, *M.s Rechts– und Sozialllehre*, 1967. — W. Maurer, *Der junge M.*, 1969. — S. Wiedenhofer, *Formalstrukturen humanistischer und reformatorischer Theologie bei Ph. M.*, 1976. — Também: P. Petersen, *Geschichte der aristotelischen Philosophie im protestantischen Deutschland*, 1921. ↩

MELHORISMO. Nome dado à doutrina filosófica segundo a qual o mundo não é em princípio nem radicalmente mau nem absolutamente bom, mas "aperfeiçoável" e "melhorável". O melhorismo opõe-se ao otimismo e ao pessimismo, mas se inclina ao primeiro, pois a bondade absoluta do mundo é o termo final necessário de sua essencial perfectibilidade. O melhorismo é comum à maioria das tendências filosóficas na medida em que não se decidem por um pessimismo extremo, mas só em época relativamente recente foi sustentado de maneira explícita. Assim ocorre sobretudo em Lester F. Ward (*Dynamic Sociology or Applied Social Science*, 2 vols., 1883; *Outlines of Sociology*, 1898; *Pure Sociology*, 1903), que adota o nome de melhorismo para representar uma sociologia e uma moral que poderiam também ser qualificadas de ativistas. Da mesma maneira, e por motivos análogos, denominou-se melhorista a doutrina de William James, bem como toda teoria que considera que o homem tem por missão aperfeiçoar um mundo que é precisamente suscetível de melhoria indefinida. A doutrina melhorista fora também exposta e defendida por Paul Carus (1852-1919) em sua obra *Monism and Meliorism*, 1893 (ver MONISMO).

MELISSO de Samos foi almirante da frota de Samos, que venceu a dos atenienses em 441 a 440 a.C. Em sua obra (da qual restam apenas dez fragmentos) Περὶ φύσεως ἤ περὶ τοῦ ὄντος, *Sobre a Natureza ou sobre o ser* [que também pode ser traduzida por: *Sobre o fundamento ou sobre O que É*], Melisso defendeu, contra os pluralistas — em especial contra Anaxágoras e Empédocles —, a tese eleática da unidade do que é. Diz-se às vezes que Melisso afirmava que há um princípio de todas as coisas, mas isso é contrário à tese eleática, a menos que se entenda por 'Há um princípio' justamente 'Há somente um princípio ou fundamento, que é o Ser que É, ou O que É'. Com a finalidade de defender a tese eleática, Melisso acrescentou uma série de argumentos aos mencionados por Aristóteles (que o faz para refutá-los) em *Soph. El.* (167 b 13 e segs.; 168 b 35 e segs.; 181 a 27 e segs.). Melisso sustentava que tudo o que chegou a ser tem um começo, deduzindo disso que tudo o que teve um começo chegou a ser; por conseguinte, se nada chega a ser, nada tem começo, e tudo o que é, na medida em que é, não tem começo. Segundo Aristóteles, isso é falso, pois se um homem que tem febre está quente, isso não significa que todo homem que está quente tenha febre. Em outras palavras, Melisso parece dizer que se *p* implica *q*, então *não-p* implica *não-q*, o que, sustenta Aristóteles, é falso, pois só ocorre então que *não-q* implica *não-p*. Ora, a crítica de Aristóteles não se refere justamente ao Ser, mas aos entes ou às coisas e, mais ainda, às coisas que chegam a ser e deixam de ser, motivo pelo qual se disse que Aristóteles não apresentou adequadamente as teses e os argumentos de Melisso. Em *Met.*, A, 5, 986 b 20, Aristóteles apresenta Melisso como defendendo a idéia do Ser ou da Esfera de Parmênides como uma unidade material infinita. Em todo caso, parece que Melisso insistia na carência de começo e fim Do que É; se tal carência de começo e fim parece aplicar-se, com efeito, a uma realidade "material", O que É será espacialmente infinito. Ora, Melisso parecia ao mesmo tempo acentuar o caráter "incorpóreo" Do que É, já que sua corporalidade implicaria divisibilidade e, portanto, cindiria sua unidade essencial.

⇨ Ver: Diels-Kranz, 30 (20), e A. Pabst, *De Melissi Samii fragmentis*, 1889. — O tratado *De Xenophane, Zenone, Gorgia*, cuja primeira parte trata de Melisso e que se inclui nas obras de Aristóteles como um escrito pseudo-aristotélico, não foi escrito por Aristóteles, nem por Teofrasto, mas por um peripatético posterior: ed. crítica do texto por Barbara Cassin, 1980.

Ed. de textos com notas: *Testimonianze e frammenti*, por Giovanni Reale, 1971.

Ver: F. Kern, "Θεοφράστου περὶ Μελίσσου", *Philologus*, 26 (1868), 272-289. — Id., "Zur Würdigung des Melissos von Samos", *Festschrift des Stettins Stadtgymnasium zur 35. Philologenvers.*, 1880. — O. Apelt, "Melissos bei Pseudo-Aristoteles", *Jahrbuch für klassische Philologie* (1886), 729-766. — Paul Tannery, *Pour servir à l'histoire de la science hellène*, 1887. — A. Chiappelli, "Sui frammenti e sulle dottrine di Meliso di Samo", *Rendiconti dell'Accademia dei Lincei*, 1890. — A. Covotti, "Melissi Samii reliquiae", *Studi italiani di filologia classica*, 6 (1898). — Id., *Lezioni sulla storia della filosofia. Una metafisica polemista prima di Socrate*, 1934. — P. Meloni, "Contributo a una interpretazione del pensiero di Meliso di Samo", *Annali Facoltà Lettere Cagliari*, 1948, pp. 161-191. — D. E. Gershenson e D. E. Greenberg, "Melissus of Samos in a New Light", *Phronesis*, 6 (1960-1961), 1-9. — J. H. M. M. Loenen, *Parmenides, Melissus, Gorgias: A Reinterpretation of Eleatic Philosophy*, 1961. — F. Solmsen, The "Eleatic One" in Melissus, 1969. — Renzo Vitali, *Meliso di Samo sul mondo o sull'essere: Una interpretazione dell'eleatismo*, 1974. ⇦

MÉLITO. Ver APOLOGISTAS.

MELLIER, JEAN. Ver MESLIER, JEAN.

MEMÓRIA. Estabelece-se às vezes uma distinção entre a recordação e a memória, considerando-se a primeira o ato de recordar ou então o recordado, e a segunda, uma capacidade, disposição, faculdade, função etc. A recordação é, neste caso, um processo psíquico ao contrário de uma "realidade psíquica". A distinção mencionada tem raízes antigas. Platão já falava de uma diferença entre a memória, μνήμη, e a recordação, ἀνάμνησις. Mas neste caso o fundamento da diferença é distinto: a memória seria a faculdade do recordar sensível, a retenção das impressões e das percepções, enquanto a recordação (reminiscência) seria um ato espiritual, isto é, o ato por meio do qual a alma vê no sensível o inteligível, de acordo com os modelos ou arquétipos contemplados quando estava desapegada dos grilhões e do sepulcro do corpo. O problema de saber se a vontade intervém ou não intervém na memória (qualquer que seja a concepção desta última) e até que ponto intervém, ou pode intervir, nela foi durante a Antiguidade objeto de numerosas discussões. Todas elas se baseavam na necessidade de encontrar um equilíbrio entre as diferentes faculdades da alma, equilíbrio que se mostrava alterado a partir do momento em que uma das faculdades era demasiadamente enfatizada diante das outras. Em várias de suas obras, Santo Agostinho considerou a memória como a própria alma na medida em que recorda: o recordar não é aqui propriamente uma operação ao lado de outras, pois a alma recorda na medida em que é. Ora, nem toda memória é igual: há uma memória sensível e uma memória inteligível, assim como há uma memória negativa e uma memória positiva. Estas distinções foram elaboradas pela escolástica, que, além disso, estabeleceu uma análise do que se pode distinguir no próprio objeto da memória. Santo Tomás distinguia claramente entre a memória conservativa das espécies, que é uma potência cognoscitiva e em parte intelectiva, e a memória que tem seu objeto no pretérito, isto é, que é só em parte sensitiva. O problema da memória suscitou, de resto, questões afins às abordadas no que se refere ao problema das idéias; procurava-se, com efeito, dilucidar se a memória é uma mera faculdade retentiva ou se aparece apenas na medida em que o objeto é atual e efetivamente recordado. Em todo o decorrer da época moderna, abordou-se e discutiu-se o problema da sede da memória. Duas concepções últimas parecem ter-se confrontado: a que define a memória como a marca psicofisiológica deixada pelas impressões no cérebro e reprodutível mediante leis de associação, e a que tendeu a considerá-la um "puro fluir psíquico". Descartes (*apud* Jean Laporte, *Le rationalisme de Descartes* [1950], pp. 458-459) já estabelecera uma distinção entre duas formas de memória: a "memória corporal", que consiste em "vestígios" ou "dobras" deixadas no cérebro, e a "memória intelectual" (que é "espiritual" e "incorpórea"). Ele distinguiu também entre a memória como conservação do passado e a memória como reconhecimento do passado (a "reminiscência").

Em outros termos, tais distinções foram bastante comuns em muitos autores modernos.

Entre os filósofos que se ocuparam de maneira particular do problema da memória e de suas possíveis formas, podem-se mencionar Bergson e William James. Segundo Bergson, a memória pode ser memória-hábito ou memória de repetição e memória representativa. A primeira é, por assim dizer, a memória psicofisiológica; a segunda é a memória pura, que constitui a própria essência da consciência. Este último tipo de memória representa a continuidade da pessoa, a realidade fundamental, a consciência da duração pura. Por isso se diz que a memória, considerada neste sentido, é o ser essencial do homem enquanto entidade espiritual, podendo-se definir este último, de certo modo, ao contrário de todos os outros seres, como "o ser que tem memória", que conserva seu passado e o atualiza no presente, que tem, por conseguinte, história e tradição. Assim, a memória pura seria o fundamento da memória propriamente psicológica, isto é, da memória enquanto retenção, repetição e reprodução dos conteúdos passados. Porém, ao mesmo tempo, essa memória representaria não apenas o reconhecimento dos fatos passados como também o reviver efetivo, ainda sem consciência de sua anterioridade, o "re-cordar" no sentido primitivo do vocábulo como reprodução de estados anteriores, ou, melhor dizendo, como vivência atual que carrega em seu interior todo o passado ou parte dele.

Segundo William James, pode-se ter memória (recordação) somente de certos estados de espírito que duraram algum tempo (estados que James denomina "substantivos"). A memória é um "fenômeno consciente" na medida em que é consciência de um estado de espírito passado que por um tempo desaparecera da consciência. Não se pode ter propriamente como "memória" a persistência de um estado de espírito, mas tão-somente seu re-aparecimento. A memória deve referir-se ao passado da pessoa que a possui; além disso, deve-se fazer acompanhar de um processo emocional de crença. A memória não é uma faculdade especial; não há nada único, diz James, "no *objeto* da memória". Este objeto é apenas um objeto imaginado no passado "ao qual se une a emoção da crença". O exercício da memória pressupõe a retenção do fato recordado e sua reminiscência. A causa tanto da retenção como da reminiscência é "a lei do hábito do sistema nervoso trabalhando na 'associação de idéias'".

Nos últimos anos, alguns filósofos se ocuparam da memória do ponto de vista da análise do significado da expressão 'recordar algo passado'. Segundo W. von Leyden (*op. cit.* bibliografia), duas tendências se destacaram nessa análise. Uma delas (representada, entre outros, por Bertrand Russell) pode ser denominada "ponto de vista do presente" e consiste essencialmente em conceber a memória como um acontecimento psíquico que remete a alguma experiência passada. Outra (representada, por exemplo, por G. Ryle) pode ser denominada "ponto de vista do passado" e consiste essencialmente em conceber a memória como uma "ação" ou "operação" por meio da qual se mantém uma crença verdadeira acerca de uma experiência passada. Como se pode ver, a concepção de James antes citada é de algum modo uma combinação destas duas tendências, visto haver em James o elemento da crença mas também o do "acontecimento psíquico".

⊃ Ver: Ewald Hering, *Ueber das Gedächtnis als eine allgemeine Funktion der organisierten Materie*, 1870. — Th. Ribot, *Les maladies de la mémoire*, 1881. — William James, *The Principles of Psychology*, 2 vols., 1890, cap. XVI. — Jules Jean van Biervliet, *La mémoire*, 1893; ed. muito ampl., 1902. — Henri Bergson, *Matière et Mémoire*, 1896. — R. Semon, *Die Mneme als erhaltendes Prinzip im Wechsel des organisierten Geschehens*, 1904. — F. Paulhan, *La fonction de la mémoire et le souvenir affectif*, 1904. — G. E. Müller, *Zur Analyse des Gedächtnis und des Vorstellungsverlaufes*, 3 vols., 1911-1924. — M. Offener, *Das Gedächtnis*, 1913. — E. d'Eichtal, *Du rôle de la mémoire dans nos conceptions métaphysiques, esthétiques, passionelles, actives*, 1920. — E. Rignano, *La mémoire biologique*, 1923. — Beatrice Edgell, *Theories of Memory*, 1923. — Pierre Janet, *L'évolution de la mémoire et de la notion de temps*, 1928. — François Ellenberger, *Le mystère de la mémoire*. — Jean-C. Filloux, *La mémoire*, 1949; 7ª ed., 1962. — G. Gusdorf, *Mémoire et personne*, 2 vols., 1950. — E. J. Furlong, *A Study in Memory: a Philosophical Essay*, 1951. — *La mémoire*, 1956 [Bulletin Soc. Franç. de Phi., 50 (1956); Depoimento de A.-J. Ayer. Discussão de G. Berger, L. Goldman, J. Wahl *et al.*]. — W. von Leyden, *Remembering: A Philosophical Problem*, 1961. — R. Saint-Laurent, *La mémoire, sa nature, ses lois, son développement, les procédés mnémotechniques*, 1962. — Norman Malcolm, "Three Lectures on Memory", "Memory and the Past", "Three Forms of Memory" e "A Definition of Factual Memory", em seu livro *Knowledge and Certainty. Essays and Lectures*, 1963. — Brian Smith, *Memory*, 1966. — Stanley Munsat, *The Concept of Memory*, 1967. — Don Locke, *Memory*, 1971. — Hans-Joachim Flechtner, *Memoria und Mneme*, I: *Gedächtnis und Lernen in psychologischer Sicht*, 1975. — Norman Malcolm, *Memory and Mind*, 1977. — H. A. Bursen, *Dismantling the Memory Machine: A Philosophical Investigation of Machine Theories of Memory*, 1978 [no espírito de N. Malcolm e contra as teorias materialistas e mecanicistas da memória]. — H.-J. Flechtner, *Das Gedächtnis. Ein neues psychophysisches Konzept*, 1979. — S. Davis, ed., *Causal Theories of Mind: Action, Knowledge, Memory, Perception, and Reference*, 1983. — J. G. Harrell, *Sound-*

tracks: *A Study of Auditory Perception, Memory, and Valuation*, 1986. — J. Pelikan, *The Mystery of Continuity: Time and History, Memory and Eternity in the Thought of Saint Augustine*, 1986. — D.F. Krell, *Of Memory, Reminiscence, and Writing: On the Verge*, 1990. ¢

MENÇÃO. Distingue-se hoje entre o uso e a menção dos signos. Um signo usado é um nome da entidade designada pelo signo. Um signo mencionado é um nome de si mesmo. Assim, em:

Granada é uma bela cidade (1)

o nome 'Granada' se refere à cidade de Granada, à qual atribuímos a propriedade de ser bela. Em:

'Granada' tem sete letras (2)

o nome 'Granada' refere-se a si mesmo: é o nome 'Granada' e não a cidade de Granada o que tem sete letras. Em (1), o nome 'Granada' é usado; em (2), o mesmo nome é mencionado. Para distingui-los do resto da expressão, os nomes mencionados são colocados entre aspas simples. Distinguimos neste Dicionário entre as aspas simples, por meio das quais mencionamos nomes, e as aspas habituais, por meio das quais citamos textos ou chamamos a atenção para um vocábulo ou uma expressão determinados. Excepcionalmente, empregam-se as aspas simples para destacar um vocábulo ou uma série de vocábulos dentro de uma citação.

A distinção entre o uso e a menção se acha estreitamente relacionada com a teoria da hierarquia das linguagens à qual nos referimos no verbete sobre a noção de Metalinguagem (VER). Os lógicos medievais já tinham admitido essa distinção em algumas partes de suas teorias das suposições (ver SUPOSIÇÃO). Por exemplo, distinguia-se entre a suposição formal (*suppositio formalis*), na qual um nome representa a entidade que significa, e a suposição material (*suppositio materialis*), na qual um nome representa o próprio signo com o qual está escrito ou oralmente expresso. Assim, em:

Deus est omnipotens (3)

o nome 'Deus' está em *suppositio formalis*. Em

Deus est nomen latinum (4)

o nome *Deus* está em *suppositio materialis*. Por conseguinte, em (3) '*Deus*' é um nome usado e em (4) é um nome mencionado. Seguindo a convenção atual, '*Deus*' em (4) deveria ter sido escrito entre aspas simples, mas os escolásticos não adotavam nenhuma convenção tipográfica para distinguir entre os diversos modos de suposição.

MÊNCIO, Meng K'o (*ca.* 371-289 a.C.). Nascido no Estado de Lu (o atual Chantung, na China), foi um dos mais destacados propagadores da doutrina de Confúcio (ver CONFUCIONISMO). Além de difundi-la, ele a desenvolveu e modificou em vários aspectos. Preocupado com o bom governo (a chamada *Via Régia*), Mêncio fundou a doutrina política num conjunto de normas morais coletivas voltadas para a razão (ou, melhor dizendo, o razoável) e a retidão. O homem é, segundo Mêncio, um ser social, que deve obediência (justa) a seus superiores e retidão (e justiça) a seus iguais. Só quando essas virtudes são praticadas, pode-se dizer que a sociedade está bem governada, afastada tanto da tirania como da anarquia e constituída por verdadeiros sábios, isto é, homens retos. Ao contrário de Confúcio e de seus discípulos imediatos, Mêncio opunha-se ao excessivo utilitarismo das boas maneiras, *li*; em sua opinião, a retidão deve sempre ter primazia sobre a mera utilidade.

MENDELSSOHN, MOSES (1729-1786). Nascido em Dassau, mudou-se muito jovem para Berlim, onde trabalhou como contador e depois gerente de uma casa comercial. Embora Mendelssohn não tenha seguido uma carreira acadêmica e seja considerado "Popularphilosoph der deutschen Aufklärung" — "'filósofo popular' da Ilustração alemã" —, adquiriu uma sólida formação filosófica, estudando a fundo — ao lado de alguns pensadores judeus, como Maimônides — Locke e, em especial, Leibniz, Wolff, Baumgarten e Spinoza. Em 1763, obteve o primeiro prêmio num concurso promovido pela Academia de Berlim (cf. bibliografia), do qual também participou Kant com seus *Untersuchungen über die Deutlichkeit etc.* [ver bibliografia de KANT (INMANUEL)], que obteve um "accesit". A mesma Academia nomeou-o membro em 1771, mas a nomeação não foi confirmada por decreto real em virtude de Mendelssohn ser de religião judaica. Mendelssohn manteve relações e correspondência com Lessing, Kant e outros autores importantes da época.

Embora Lessing tenha enaltecido os *Diálogos Filosóficos* (cf. bibliografia) de Mendelssohn como obra que contém "muitas coisas novas e fundamentais", a substância do pensamento de Mendelssohn nesses *Diálogos* e na maioria de suas outras obras é a filosofia de Leibniz e, em particular, a doutrina da harmonia preestabelecida, que, de resto, Mendelssohn afirmou achar-se mais em Spinoza que em Leibniz, opinião que já fora expressa por um certo R. Andala numa *Dissertatio de unione mentis et corporis*, de 1712 (*apud* Fritz Ramberger, ed., *Mendelssohn. Schriften*, I [1929], "Vorwort", p. xxi). Mendelssohn mostrou particular interesse por provar a existência de Deus e a imortalidade da alma, usando para isso argumentos procedentes dos "leibnizianos". Esses argumentos foram desenvolvidos mais detidamente nos *Philosophische Schriften* (cf. bibliografia) e no *Phädon*; segundo Mendelssohn, da simplicidade da alma decorre a impossibilidade de ser ela aniquilada, seja instantaneamente, seja de maneira gradual, opinião a que se opôs Kant na seção da *Crítica da Razão Pura* que aborda a "Refutação da prova de Mendelssohn da permanência da alma" (B 413-B 426).

Seguindo Shaftesbury, Mendelssohn propôs uma classificação das faculdades da alma em três: pensamento, vontade e sensação ou sensibilidade (*Empfindung*). A sensibilidade é uma faculdade especial por meio da qual a alma capta o que depois recebeu o nome de "qualidades estéticas". Segundo Mendelssohn, que seguiu nisso principalmente J. G. Sulzer (1720-1779: *Allgemeine Theorie der schönen Kunste*, 1771-1774), há três fontes de prazer "estético": a uniformidade na variedade, o acordo ou harmonia na variedade e o estado prazeroso do corpo na recepção de impressões. A sensibilidade permite não só apreender essas fontes de prazer, mas, além disso, "aprovar" a beleza, que é equiparada à primeira dessas fontes, isto é, a uniformidade na variedade. Tudo isso não significa que a sensibilidade seja uma faculdade separada; significa tão-somente que é diferente das outras faculdades. É, como já dissera Baumgarten, a faculdade do "conhecimento sensitivo", que é um conhecimento menos "distinto" do que proporciona o pensamento.

Mendelssohn relacionou a sensibilidade como faculdade "estética" enquanto faculdade "imediata" com o conhecimento de princípios morais de modo semelhante ao que foi desenvolvido por Schiller (VER) e com ênfase na harmonia do "estético" com o "ético".

Em sua filosofia da religião, Mendelssohn defendeu, seguindo Spinoza, a plena "liberdade interna" ou "subjetiva" diante do Estado, cuja missão é só regular o comportamento externo dos cidadãos. Em sua resposta "aos amigos de Lessing", às "Cartas a Mendelssohn sobre a doutrina de Spinoza", de Jacobi, Mendelssohn defendeu Lessing da acusação de panteísmo (o qual, de resto, Mendelssohn não julgava contrário à moralidade ou, quando era sentido profundamente, contrário à religião). Desses escritos se originou a conhecida "disputa do panteísmo", *Pantheismusstreit*, a que nos referimos brevemente no final do verbete PANTEÍSMO.

➲ Obras: *Philosophische Gespräche*, 1755 (*Diálogos filosóficos*). — *Über die Empfindungen [Briefe über die Empfindungen]*, 1755 (*Sobre as sensações [Cartas sobre as sensações]*). — *Betrachtungen über die Quellen und die Verbindungen der schönen Künste und Wissenschaften*, 1757 (*Considerações sobre as fontes e as relações entre as belas artes e as ciências*). — *Betrachtungen über das Erhabene und das Naïve in den schönen Wissenschaften*, 1757 (*Considerações sobre o sublime e o ingênuo nas ciências do belo*). — *Philosophische Schriften*, primeira parte, 1761; ed. aprimorada, 1771 (*Escritos filosóficos*) [inclui: *Über die Empfindungen; Philosophische Gespräche; Rhapsodie oder Zusätze zu den Briefen über die Empindungen; Über die Hauptgrundsätze der schönen Künste und Wissenschaften; Über das Erhabene und Naïve in den schönen Wissenschaften; Über die Wahrscheinlichkeit*]. — *Über die Evidenz in den metaphysischen Wissenschaften*, 1764 [o escrito que obteve o prêmio da Academia de Berlim; cf. supra] (*Sobre a evidência nas ciências metafísicas*). — *Jerusalem, oder über religiöse Macht und Judentum*, 1783 (*Jerusalém ou do poder religioso e judaísmo*). — *Morgenstunde oder Vorlesungen über das Dasein Gottes*, 1785 (*Horas matinais ou lições sobre a existência de Deus*). — *Moses Mendelssohn an die Freunde Lessings*, 1786 [póstumo, ed. Engel] (*M. M. aos amigos de L.*).

Edição de obras: *Werke*, 7 vols., 1843-1845; nova ed., 1863, ed. George Benjamin Mendelssohn; "Jubiläumausgabe": *Gesammelte Schriften*, 20 vols., 1929-1932 [vols. VII e XIV, 1938], ed. I. Elbogen, J. Guttmann e E. Mittwoch, com a colaboração de F. Bamberger, H. Borodianski, S. Rawidowicz, B. Strauss, L. Strauss. — *Kleinere Schriften*, 2 vols.: I, 1981, ed. A. Altmann; II, 1981, ed. E.J. Engel.

Bibliografia: Hans Herzfeld, *M. M. Bibliographie*, 1965.

Ver: M. Kayserling, *M. M. Sein Leben und sein Wirken*, 1862 (reimp. 1971); 2ª ed., 1888. — E. D. Bach, *Sulla vita e sulle opere di M. M.*, 1872. — D. Sander, *Die Religionsphilosophie Mendelssohns*, 1894 (tese). — H. Kornfeld, *M. M. und die Aufgabe der Philosophie*, 1896. — L. Goldstein, *M. M. und die deutsche Ästhetik*, 1904. — B. Berwin, *M. M. im Urteil seiner Zeitgenossen*, 1919 [Kantstudien. Ergänzungshefte 49]. — B. Cohen, *Über die Erkenntnislehre M. Mendelssohns*, 1921 (tese). — N. Kahn, *M. Mendelssohns Moralphilosophie*, 1921 (tese). — F. Bamberger, *Die geistige Gestalt M. Mendelssohns*, 1929. — D. Baumgardt, *Spinoza und M.*, 1932. — H. Lemle, *M. und die Toleranz*, 1932. — H. Hölters, *Der spinozistische Gottesbegriff bei M. M. und F. H. Jacobi und der Gottesbegriff Spinozas*, 1938 (tese). — J. C. van Stockhum, *Lavater contra M.*, 1953. — Alexander Altmann, *M. M.: A Biographical Study*, 1973. — J. H. Schoeps, *M. M.*, 1979. — K.-W. Segreff, *M. M. und die Aufklärungsästhetik im 18. Jahrhundert*, 1984. — A. Altmann, *Die trostvolle Aufklärung. Studien zur Metaphysik und politischen Theorie M. M.s*, 1982. — A. Hertzberg, *M.*, 1989. ➲

MENEDEMO DE ERÉTRIA (ca. 340-ca. 265 a.C.). Seguiu primeiro as doutrinas de Estilpão de Megara (VER) e depois as de Fédon de Elis (VER), que difundiu em Erétria. Menedemo é considerado um dos mestres da chamada "escola élico-erétrica", afim à dos megáricos (VER). Segundo Diógenes Laércio (II, 125ss.), Menedemo desprezava Platão e Xenócrates e só admirava Estilpão. Quanto ao mais, parece não ter seguido "os hábitos e disciplina" de nenhuma escola e ter-se interessado apenas por questões relativas ao "modo de vida". Não é de duvidar, como às vezes se diz, que ele tenha introduzido a idéia de que todo predicado nominal pode transformar-se em predicado verbal; se assim fosse, sua concepção a esse respeito estaria mais próxima da da lógica moderna do que da "tradicional".

MENÉNDEZ SAMARÁ, ADOLFO. Ver LARROYO, FRANCISCO.

MENÉNDEZ Y PELAYO, MARCELINO (1856-1912). Nascido em Santander, estudou na Universidade de Barcelona (1871-1873) com Llorens i Barba (VER) e Milà i Fontanals. Em 1873, mudou-se para Madri e em 1875 se doutorou. Em 1878, obteve a cátedra de história da literatura espanhola em Madri. Em 1898, foi nomeado diretor da Biblioteca Nacional e em 1911, diretor da Academia de História. Foi eleito deputado por Mallorca em 1884 e por Saragoça em 1891. Em termos filosóficos, destacou-se no decorrer da chamada "polêmica sobre a ciência [e a filosofia] espanhola". Menéndez y Pelayo contestou uma série de artigos publicados na *Revista de España* por Gumersindo de Azcárate, um dos "krausistas" (ver KRAUSISMO) — artigos nos quais se afirmava que a falta de liberdade sufocara a vida intelectual espanhola no curso dos últimos três séculos —, afirmando que a Espanha contribuíra grandemente para a ciência e a filosofia do século XVI ao século XIX. Manuel de la Revilla interveio na polêmica opondo-se a Menéndez y Pelayo e chamando de "mito" a filosofia espanhola. Menéndez y Pelayo respondeu a isso dando longas listas de obras produzidas por espanhóis, mas, ao mesmo tempo, e sobretudo, enfatizando que a Espanha produzira grandes figuras, como Lúlio, Vives, Gómez Pereira, Huarte de San Juan, Suárez etc. Assinalou, além disso, que esses pensadores não foram "obscurantistas", mas "renascentistas", e que em muitos casos tinham antecipado idéias fundamentais das modernas correntes filosóficas européias. Com isso, Menéndez y Pelayo opôs-se não só à "esquerda cética" como também à "direita obscurantista", pois afirmou que esta (representada na polêmica sobretudo por Pidal y Mon) queria ressuscitar filosofias mortas — como a escolástica —, além de apegar-se excessivamente ao tradicionalismo donosiano e "romântico". Segundo Menéndez y Pelayo, o Renascimento é uma reação clássico-cristã diante da cultura do Norte, de modo que não se podem equiparar Renascimento e Reforma. O "renascentismo" dos citados pensadores espanhóis, pelo menos o de Vives, era para Menéndez y Pelayo um platonismo modernizado: "tratava-se de lançar ao mundo — escreveu — um pensamento, espanhol de *tradição*, greco-latino de *estirpe*, renascentista nos *modos*, moderno de *adoção*".

Para Menéndez y Pelayo, houve três grandes filosofias espanholas: a de Lúlio (o lulismo), a de Vives (o vivismo) e a de Suárez (o suarezismo). Todas elas foram "renascentistas" e antecipadoras. Assim, o vivismo é um tronco do qual brotaram ramos muito diversos: a filosofia de Bacon (baseada nos livros *De disciplinis*), o cartesianismo, considerado "desenvolvimento parcial" do vivismo, a escola escocesa do senso comum, precedida pelo *De anima et vita* de Vives. Pode-se falar por isso dos "precursores espanhóis de Descartes", assim como dos "precursores espanhóis de Kant".

O constante interesse de Menéndez y Pelayo pela história da cultura espanhola levou-o a destacar o valor dos pensadores espanhóis de todas as épocas; tanto melhor se fossem "ortodoxos", mas seu valor cultural não decrescia tão-somente por serem por acaso "heterodoxos". Além disso, este interesse levou-o a destacar em tudo "o sentido histórico" sob a forma de uma espécie de "sabor histórico". Menéndez y Pelayo não caiu no "historicismo", mesmo quando, em seu Discurso na Academia de História (1911), se manifestou mais "historicista" do que em qualquer outro lugar: a verdade não é *filia temporis*, mas de alguma maneira se desenvolve no tempo. Há em Menéndez y Pelayo uma espécie de "platonismo historicizante" na medida em que ele admite que as idéias estão em marcha na história, inclusive segundo certo ritmo dialético.

Entre os continuadores da obra de Menéndez y Pelayo, destacaram-se Adolfo Bonilla e San Martín (1875-1926), autor de uma inacabada *Historia de la filosofía española* (2 vols., 1908-1911) e de vários outros escritos históricos-filosóficos: *Luis Vives y la filosofía del Renacimiento*, 3 vols., 1903; *Fernando de Córdoba y los orígenes del Renacimiento filosófico en España*, 1911 [em colaboração com Menéndez y Pelayo].

⊃ Obras filosóficas ou histórico-filosóficas principais: *La Ciencia española*, 1880. — *Historia de los heterodoxos españoles*, I, II, 1880; III, 1882. — *Historia de las ideas estéticas en España*, 1882-1886 (refundição: I, 1, 1890; I, 2, 1891; II, 1884; III, 1886; IV, 1901). — *Ensayos de crítica filosófica*, 3 vols., 1892.

Edição de obras: Edição nacional de *Obras completas* dirigida por M. Artigas, 1940 e seguintes. A *Historia de los heterodoxos* (dentro da mencionada edição) foi preparada por Enrique Sánchez Reyes: I, 1946; II, III, IV, 1947; A *Historia de las ideas estéticas en España* foi também revisada e compulsada por Enrique Sánchez Reyes: I (até fim do século XV); II (séculos XVI e XVII); III (século XVIII), IV (século XIX); V (século XIX e Índice), 1946-1947. — Ed. de Epistolário aos cuidados de Manuel Revuelta Sañudo.

Ver: Pedro Laín Entralgo, *M. y P. Historia de sus problemas intelectuales*, 1944, reimp. em *Obras*, I, 1966. — Eugenio d'Ors, *Estilos del pensar (M. y P., J. Maragall, J. L. Vives, San Juan de la Cruz, R. León)*, 1945. — Joaquín Iriarte, *M. y P. y la filosofía española* (t. II de *Estudios sobre la filosofía española*, 1948). — S. de Bonis, *Posición filosófica de M. y P.*, 1954 (com seleção de textos). — A. Muñoz Alonso, *Las ideas filosóficas en M. y P.*, 1956. — Dámaso Alonso, *M. y P., crítico li-*

terario (Las palinodias de don Marcelino), 1956. — Luciano de la Calzada Rodríguez, *La historia en M. y P.*, 1957. — A. Muñoz Alonso, R. García e García de Castro, A. Rubió i Lluch, A. Bonilla e San Martín, E. d'Ors, M. Solana e G. Camino, S. de Bonis, artigos sobre a filosofia de Menéndez y Pelayo na revista *Crisis*, nº 3 (1956), 285-444. — J. Camón Aznar, J. Carreras Artau, J. Izquierdo, J. M. Valverde *et al.*, artigos em *Revista de ideas estéticas*, nºˢ 55-56 (1956), 199-356. — Constantino Láscaris Comneno, *Estudios de filosofía moderna*, 1965, pp. 201-246. — VV. AA., *M. P.: hacia una nueva imagen*, 1983, sob a direção de M. Revuelta Sañudo. — P. Sainz Rodríguez, *Estudios sobre M. P.*, 1984 [com introdução de J. L. Varela]. — J. L. Abellán, "La figura de M. P.", em Id., *Historia crítica del pensamiento español*, tomo V(1), 1989, cap. XII, pp. 356-390. ↻

MENIPO DE GADARA (Fenícia) (*fl.* 270 a.C.). Foi, como a maioria dos cínicos da época, um escritor sarcástico e burlesco. Diógenes Laércio (VI, 99) conta que não havia nele nenhuma seriedade nem esforço, e que seus livros transbordavam de riso. Como Bion de Borístenes, Menipo de Gadara representou o cinismo semicético e hedonista, voltado para o motejo e para a polêmica. Seus escritos constituíram a base para um tipo de sátira conhecida pelo nome de *Sátira menipéia*, que exerceu considerável influência sobre a literatura posterior, como se vê especialmente, no âmbito da literatura latina, nas *Satirae Menippeae* de Varrão e no *Apokolokyntosis* de Sêneca, e, no âmbito da literatura grega, nas obras de Luciano de Samosata.

➲ Ver: F. Ley, *De vita scriptisque Menippi Cynici et de satiris M. Terentii Varronis*, 1843. — M. Wildenow, *De Menipo Cynico*, 1881 (tese). — R. Helm, *Lucian und M.*, 1906. — J. Geffcken, *Kynika und Verwandtes*, 1909. ↻

MENOR (TERMO MENOR). Ver SILOGISMO; TERMO.

MENTALISMO. Os psicólogos que seguiram as orientações do comportamentalismo (VER) qualificaram de "mentalismo" toda tendência em psicologia oposta à comportamentalista. Isto inclui toda psicologia que faça uso de noções como "alma", "espírito", "psique", "mente", "faculdades mentais", "processos mentais" etc., assim como — do ponto de vista metodológico — toda psicologia que recorra à introspecção.

Um exemplo da tendência a definir 'mentalismo' como "o oposto ao comportamentalismo" encontra-se em Jerry A. Fodor (*Psychological Explanation: An Introduction to the Philosophy of Psychology*, 1968), que defende um ponto de vista mentalista e anticomportamentalista. Este autor começa por definir, de maneira ampla, o comportamentalismo da seguinte forma: é comportamentalista aquele que afirma como verdade necessária que "para cada predicado mental que pode ser empregado numa explicação psicológica, deve haver pelo menos uma descrição de comportamento com a qual ele mantém uma relação lógica" (*op. cit.*, p. 51). Se se denomina *P* a proposição anterior, o mentalismo é a doutrina daquele que nega "necessariamente *P*" (*op. cit.*, p 53).

Fodor acentua que nem todo mentalismo é dualista, embora o dualismo seja "um concomitante necessário de algumas variedades do mentalismo" (*op. cit.*, p. 57).

Na medida em que se opõe ao comportamentalismo, ou também a qualquer reducionismo neurofisiológico — que não é necessariamente equiparável ao comportamentalismo —, toda a psicologia "clássica", de Aristóteles a Wundt, é "mentalista". Mesmo sem admitir a estrita equiparação entre mentalismo e dualismo corpo-alma, um exemplo eminente de mentalismo é o dualismo cartesiano, segundo o qual a alma é uma substância cujas propriedades são completamente distintas das propriedades materiais, as quais são redutíveis a propriedades da extensão. Mas também constitui exemplo de mentalismo o espiritualismo de Berkeley. O mentalismo pode ser, pois, dualista ou monista. O monismo mentalista identifica-se amiúde com o idealismo.

Também se costuma contrapor o mentalismo ao materialismo e ao fisicalismo. Assim como ocorre com estes últimos, ele pode ser entendido como uma posição ontológica ou como uma posição epistemológica, ou, tal como acontece amiúde, ambas ao mesmo tempo.

Os lingüistas que seguiram a lingüística estrutural norte-americana a partir da obra de L. Bloomfield, *Language* (1933), qualificaram igualmente de mentalista a lingüística que não adota métodos comportamentalistas.

Contra a lingüística baseada no — ou associada ao — comportamentalismo, Chomsky defendeu o "mentalismo", tendo-se referido especificamente a Descartes e a outros racionalistas modernos como precursores de suas próprias idéias. O mentalismo de Chomsky não é, porém, ou não é necessariamente, uma teoria *a priori* ou o resultado de uma especulação filosófica; ele se apresenta como uma hipótese empírica relativa à estrutura da mente humana na medida em que possui uma gramática universal capaz de engendrar, uma vez recebidos os estímulos e as informações pertinentes, um número infinito de orações em qualquer linguagem (na linguagem que a criança aprende com relativa "facilidade" graças às regras da gramática universal e aos universais lingüísticos inatos à mente). O mentalismo de referência é paralelo ao inatismo (VER), ou, pelo menos, a uma das formas de inatismo.

MENTE. Na literatura filosófica, usa-se às vezes 'mente' como equivalente a 'psique', 'espírito' e 'alma'; e 'mental' como equivalente a 'psíquico', 'espiritual' e 'anímico'. Como os termos 'espírito' (VER) e 'espiritual' foram usados amiúde em sentidos relativamente bem determinados — com frequência próximos dos sentidos

dos vocábulos alemães *Geist* e *geistlich* —, e como 'alma' e 'anímico' foram adquirindo sentidos cada vez mais "tradicionais", ligados a questões filosófico-religiosas, tendeu-se muitas vezes a empregar 'psique' e 'psíquico' em acepções predominantemente psicológicas e epistemológicas. Foi o que ocorreu com a questão da chamada "relação entre o físico e o psíquico", em comparação, e às vezes em contraste, com a questão mais tradicional da "relação entre a alma e o corpo". Possivelmente por influência da abundante literatura filosófica em língua inglesa sobre "a filosofia da mente" (*philosophy of mind*) e sobre a questão da natureza do "mental" (*mental*), houve uma crescente tendência a usar 'mente' e, em particular, 'mental' no debate da questão também intitulada "alma-corpo" e "psíquico-físico".

Visto não se ter unificado o vocabulário a esse respeito, nesta obra usaram-se um pouco indiscriminadamente 'mental' e 'psíquico', com propensão a 'mental' sempre que se procede a um tratamento "analítico" das questões. Isso explica o fato de haver dois verbetes — Psíquico e Mental (VER) — que coincidem parcialmente.

Empregou-se às vezes 'mente' com o significado de "intelecto" (VER) — em especial com o significado de "intelecto passivo"; às vezes, com o significado de "inteligência" (VER); às vezes, com o significado de "espírito" (VER); às vezes, com o significado de "psique" ou de "operações psíquicas em geral". Em algumas ocasiões, prefere-se 'mente' a 'espírito' quando se querem evitar as implicações metafísicas, ou supostamente metafísicas, que este último vocábulo suscita. Com muita freqüência concebe-se 'mente' como o entendimento (VER), em particular o entendimento depois de ter entendido ou compreendido algo, ao contrário da própria faculdade de entender ou compreender. Pode-se também usar 'mente' para designar a alma enquanto agente intelectual que usa a inteligência. Neste último caso, 'mente' tem um sentido primariamente — se não exclusivamente — "intelectual". Não obstante, o vocábulo *mens* foi empregado por alguns escolásticos (por exemplo, por Santo Tomás) para designar uma *potentia* que abrange não apenas a inteligência como também a memória e a vontade, não sendo algo distinto das três, mas as três ao mesmo tempo. Porém se usou igualmente *mens* para referir-se primariamente à *potentia intellectiva*.

Emprega-se também 'mente' para designar o sentido de algo, e em especial o sentido de algo manifestado por alguém, como em "a mente do legislador" (a intenção do legislador), "a mente de Egídio Romano" (o que Egídio Romano quis dizer com o que disse) etc. Este significado de 'mente' se relaciona com o significado de 'mentalidade' enquanto "forma da mente", *forma mentis*. A mentalidade ou forma da mente é definível *grosso modo* como "a unidade de um modo de pensar".

Para a chamada "mentalidade primitiva", ver PRIMITIVO.

MENTIROSO (O). Apresentamos duas das formulações mais comuns do chamado "paradoxo do mentiroso" no verbete PARADOXO (seção [a] "Paradoxos semânticos"). Mostramos aqui algumas das soluções, ou pretensas soluções, que se deram ao paradoxo do mentiroso.

Segundo Bocheński (cf. bibliografia *infra*), já Paulo de Veneza (VER) apresentara uma lista de 14 soluções, às quais sobrepôs uma décima quinta solução própria baseada na diferença entre dois tipos de significações: as significações sem qualificativo ou expressões que significam o que significam e nada mais, e as significações precisas e adequadas ou expressões que significam da mesma maneira que são elas próprias verdadeiras. Limitar-nos-emos aqui a assinalar que a solução mais universalmente aceita hoje é a que se baseia na *teoria das linguagens e metalinguagens*, à qual nos referimos mais detidamente nos verbetes MENÇÃO e METALINGUAGEM. Em substância, ela consiste em distinguir entre uma linguagem, a metalinguagem dessa linguagem, a metalinguagem dessa Metalinguagem e assim sucessivamente. Os paradoxos são eliminados quando (se nos referimos a paradoxos sobre a verdade tais como o que diz: 'Minto') consideramos que 'é verdadeiro' ou 'é falso' não pertencem à mesma linguagem na qual está escrito 'Minto', mas à metalinguagem dessa linguagem. Por esse motivo, os paradoxos semânticos recebem igualmente o nome de *paradoxos metalógicos*.

Nem todos os autores concordam com a classificação anterior dos paradoxos nem com as soluções dadas a eles. O próprio Chwistek, embora admitisse a divisão dos paradoxos em lógicos e semânticos, observou que há um, como o de "O Mentiroso", que pode ser considerado de índole dialética: "Não se trata — escreve ele — de uma antinomia formal, mesmo quando envolve a falácia do círculo vicioso." Erik Stenius procurou solucionar os paradoxos (tanto lógicos como semânticos) sem recorrer nem à teoria dos tipos nem à teoria da hierarquia de linguagens; a seu ver, os paradoxos surgem em função do uso de definições circulares contraditórias. A. Koyré negou o caráter paradoxal dos paradoxos e pretendeu solucioná-los (ou talvez "dissolvê-los") por meio da distinção, de origem husserliana, entre o sentido e o sem-sentido.

Os lógicos tenderam a tratar o paradoxo de "O Mentiroso" recorrendo aos meios que as linguagens formalizadas podem proporcionar ou estabelecendo alguma distinção entre linguagens não formalizadas (comuns ou "ordinárias") e linguagens formalizadas. Isso ocorre com os autores dos trabalhos incluídos no livro editado por R. L. Martin cit. *infra*. Um dos modos de abordar o paradoxo foi apresentando-o sob outra forma, logicamente "reforçada": "O que digo agora é ou falso ou não é nem verdadeiro nem falso." Nem todos os autores consideraram satisfatório este modo, pois, ao reforçar-se a formulação, aumentam os paradoxos lógicos. Outros, em contrapartida, avaliaram que, a menos que se trate em sua forma reforçada, nenhuma solução será jamais suficientemente satisfatória. No livro indicado, Pollock afirma que se deve distinguir entre duas formas ou "usos" de 'verdadeiro': uma coisa é usar 'verdadeiro' como predicado, como em 'O que Wamba disse é verdadeiro', e outra é usar verdadeiro como um operador, como em 'É verdade que vai chover'. De acordo com Pollock, o segundo uso não engendra paradoxos, sendo, além disso, o uso mais importante de 'verdadeiro'. Hans Herzberger distingue entre 'verdadeiro' como 'correspondente à realidade' (teoria da verdade [VER] como correspondência) e 'verdadeiro' como satisfazendo pressuposições. Ao mesmo tempo, indica que é possível construir um sistema formal em que os princípios sejam verdadeiros no primeiro sentido sem que os exemplos dentro do sistema o sejam (cf. *infra*). Em geral, a maioria dos autores mencionados considera que o paradoxo de "O Mentiroso" surge especialmente no âmbito da linguagem corrente; na medida em que seja possível encaixar a linguagem corrente, ou partes dela, em alguma linguagem formalizada, pode-se, se não solucionar por inteiro o paradoxo, ressaltar a sua natureza.

Seguindo uma direção inversa à anterior, alguns autores, entre os quais se destaca P. F. Strawson, examinaram o paradoxo de "O Mentiroso" e, em geral, os chamados "paradoxos semânticos" do ponto de vista do que se denominou "teoria executiva da verdade" (ver EXECUTIVO), isto é, considerando que 'verdadeiro' pode não fazer parte de um enunciado descritivo, mas fazer parte antes de uma expressão mediante a qual se leva a cabo (executa, *perform*) o que se diz. De acordo com isso, os paradoxos semânticos não são paradoxos propriamente ditos, mas expressões que não rimam com nada (*pointless*). Com efeito, enunciar 'Minto' é como dizer 'Eu também' quando alguém nada disse antes. Dizer 'Minto' não é dizer algo e depois dizer 'Minto', mas começar por dizer 'Minto' sem nenhuma mentira prévia que torne significativa a confissão do próprio mentir. Um exame dos diferentes usos (ver USO) de expressões como 'Minto' permite ver que os paradoxos surgem por se terem unificado artificialmente diferentes expressões.

Os lógicos tendem a usar procedimentos de sua própria especialidade para reformular e abordar o paradoxo de "O Mentiroso". Alguns, além disso, se inclinam a pensar que o paradoxo de "O Mentiroso" surge especialmente, ou somente, no âmbito da linguagem corrente, e não, ou não necessariamente, no âmbito de algum sistema formal construído justamente com o objetivo de evitar o paradoxo. Os chamados "filósofos da linguagem corrente" (como Strawson, Ryle e outros) tendem, pelo contrário, a tratar o paradoxo dentro da linguagem corrente e a empregar meios derivados dessa mesma linguagem, e em particular derivados dos atos lingüísticos dos usuários, para considerar, e oportunamente descartar, o paradoxo. É freqüente, de todo modo, tratar o paradoxo de "O Mentiroso", e outros paradoxos semânticos, independentemente dos paradoxos lógicos.

↪ Muitos dos trabalhos citados na bibliografia de PARADOXO se referem ao paradoxo de "O Mentiroso". Destacamos: A. Rüstow, *Der Lügner. Theorie, Geschichte und Auflösung*, 1910 (tese). — A. Koyré, *Epiménide, le menteur (Ensemble et catégorie)*, 1947 (em inglês, com algumas mudanças: "The Liar", *Philosophy and Phenomenological Research*, 6 [1946], 344-362). — P. F. Strawson, "Truth", *Analysis*, 9 (1949). — Id., *Introduction to Logical Theory*, 1952. — G. Ryle, "Heterologicality", *Analysis*, 2 (1950-1951), 61-69. — I. M. Bocheński, "Une solution scolastique du 'Menteur'" (3 pp. mimeog. datadas de 7-7-1954). — Francesca Rivetti Barbo, *L'antinomia del mentitore nel pensiero contemporaneo da Peirce a Tarski. Studi. Testi. Bibliografia*, 1961. — Robert L. Martin, "Toward a Solution to the Liar Paradox", *Philosophical Review*, 76 (1967), 279-311. — A. R. Anderon, B. F. van Fraassen *et al., The Paradox of the Liar*, 1970, ed. R. M. Martin (Simpósio em Búfalo, N. Y., março de 1969). — B. C. Von Fraassen, H. B. Herzberger *et al., Paradox of the Liar*, 1979, ed. M. Martin; nova ed. com suplemento à bibliografia, por Nathan Salmon. — R. Sierra Mejía, "Epiménides, el mentiroso (Documentos para la historia de la ciencia)", *Cuadernos de Filosofía y Letras* (Bogotá), IV, n°s 1-2 (janeiro-julho, 1981) (é trad. e compilação de textos de B. Russell ["La théorie des types logiques", *Revue de Métaphysique et de Morale*, V, 18, 1910], K. Gödel ["Russell's Mathematical Logic", em P.A. Schilpp, ed., *The Philosophy of B.R.*, 1946], e de A. Koyré ["Épiménide, le menteur", cit. *supra*). — B. Mates, *Sceptical Essays*, 1981 [toma o paradoxo de "o mentiroso" como tipo]. — J. Barwise, J. Etchemendy, *The Liar: An Essay in Truth and Circularity*, 1987. — K. Simmons, *Universality and the Liar: An Essay on Truth and the Diagonal Argument*, 1993.

Para "O Mentiroso" na filosofia medieval: Paul Vincent Spade, *The Mediaeval Liar: A Catalogue of the Insolubilia-Literature*, 1975. ↩

MENTRÉ, FRANÇOIS. Ver NOOLOGIA.

MERCADO, TOMÁS DE († 1575). Nascido em Sevilha, estudou em Salamanca, ingressou na Ordem dos Pregadores e se mudou jovem para o México, onde lecionou no Convento da Ordem da Cidade do México. Sua orientação geral é a tomista e, em seu âmbito, a de seus mestres da escola tomista de Salamanca. Tradutor da *Lógica* aristotélica, o principal interesse de Tomás de Mercado foi a exposição das doutrinas lógicas do Estagirita com base no *Organon*, da obra de Porfírio e das *Summulae* de Pedro Hispano.

↪ Obras: *Commentarii lucidissimi in textum Petri Hispani*, 1571. — *In Logicam Magnam Aristotelis com-*

mentarii, cum nova translatione textus, 1571. — Além disso: *Summa de tratos y contratos*, 1569; reed., 1976. — *La economía andaluza en el s. XVI*, 1985. ☙

MERCIER [FÉLICIEN FRANÇOIS JOSEPH], DÉSIRÉ (1851-1926). Nascido em Brain-L'Alleud (Bélgica), foi professor de filosofia "segundo Santo Tomás" na Universidade de Lovaina a partir de 1882, tendo fundado em 1889 o Instituto Superior de Filosofia, núcleo da chamada "Escola de Lovaina" (VER), e, em 1894, sua revista, a *Revue néoscolastique* (desde 1910, *Revue néoscolastique de philosophie* e, a partir de 1946, *Revue philosophique de Louvain*). Foi Arcebispo de Malines desde 1906. O Cardeal Mercier contribuiu sobremaneira para o florescimento da neo-escolástica (VER) e do neotomismo (VER) contemporâneos. Seu trabalho filosófico não se limitou, porém, ao de fundador e incentivador; ele desenvolveu e expôs todas as partes da filosofia nos manuais baseados em seus cursos e elaborou de modo particular os problemas psicológicos e propriamente epistemológicos e gnosiológicos da criteriologia. O lema *nova et vetera* obrigava, com efeito, a não considerar resolvidas com uma mera negação as dificuldades suscitadas pela moderna do teoria conhecimento. O fundamento da certeza e o critério da verdade deviam ser investigados exaustivamente com o objetivo de vencer o ceticismo e as diferentes formas, incluindo as "transcendentais", do imanentismo. O exame do critério universal (criteriologia geral) e dos critérios particulares (criteriologia especial) da certeza o levou desse modo ao reconhecimento e à revalorização da obra das potências íntegras do espírito no ato do conhecimento e à decorrente admissão da possibilidade de uma auto-reflexão do espírito sobre seus atos cognoscitivos. Isso supõe, antes de tudo, a aceitação de um critério interno, mas não simplesmente espontâneo ou "comum". Ao mesmo tempo, supõe a articulação do real em realidade de experiência e realidade ideal, não mediante determinações puramente extrínsecas, mas pelo modo de ser conhecido e dado. Em ambos os casos, a certeza tem em comum a objetividade, mas enquanto num caso se trata da objetividade da coisa, no outro se trata da objetividade do juízo. Ora, a objetividade do juízo que expressa as relações é, em última análise, o que fundamenta um critério suficientemente amplo de certeza; o que parecia ser no princípio uma acentuação de toda "imediatidade" se transforma pouco a pouco num primado da inteligência e no pleno reconhecimento do pressuposto tomista de que a inteligência é capaz de algo mais do que operações abstrativas *totais*. Com isso ficam refutadas, segundo Mercier, as teses positivistas e céticas e, por conseguinte, tanto os critérios de certeza puramente imanentistas como os meramente extrínsecos.

➲ Obras: Além dos artigos publicados na citada *Revue* e das obras pastorais (*Oeuvres pastorales*, compiladas em 7 vols.), a obra filosófica mais importante de Mercier é o *Cours de Philosophie*, dividido em quatro partes (a *Logique*, a *Métaphysique générale ou Ontologie*, a *Psychologie* e a *Critériologie générale ou Théorie générale de la certitude*), publicado de 1892 a 1899 e do qual se fizeram várias edições. Há um extrato desse Curso: o *Traité élémentaire de Philosophie*. — Ao Curso podem-se acrescentar suas obras psicológicas, como *Les Origines de la Psychologie contemporaine* (1897) e a *Psychologie expérimentale et la philosophie spiritualiste* (1900), assim como obras diversas sobre a vida espiritual: a *Définition philosophique de la vie* (1908), *Le Christianisme dans la vie moderne* (1918) etc.

Ver: L. Noël, *Le Cardinal M.*, 1920. — A. P. Laveille, *Le Cardinal M., archevêque de Malines*, 1927. — J. Lenzlinger, *Kard. M.*, 1929. — Juan Zaragüeta Bengoechea, *El concepto católico de la vida según el Cardenal M.*, 2 vols., 1930. — G. Goyau, *Le Cardinal M.*, 1931. — J. A. Gade, *The Life of Cardenal M.*, 1934. — J. Guisa de Azevedo, *El Cardenal M. o la conciencia occidental*, 1952. — L. de Raeymaeker, *Le Cardinal M. et l'Institut Supérieur de Philosophie de Louvain*, 1952. — Id., *Dominanten in de philosophische personlijkheid van Kard. M.*, 1953. — A. Simon, *Position philosophique du Cardinal M.: Esquisse psychologique*, 1962. — Édouard Beaudain, *Le Cardinal M.*, 1966. — O. N. Derisi, "El cardenal Mercier", *Sapientia*, 31 (1976), 293-301. — M. Mangiagalli, "Il problema della certezza e la spiritualità dell'uomo: psicologia, logica e teoria della scienza nel pensiero di D. M.", *Rivista di Filosofia Neo-Scolastica*, 76 (1984), 42-97. — R. Aubert, "D. M. et les debuts de l'Institut de Philosophie", *Revue de Philosophie de Louvain* (1990), 147-167. — Números especiais sobre o cardeal M. em *Revue néoscolastique de philosophie* (1926) e *Revue philosophique de Louvain* (1951). ☙

MEREOLOGIA. S. Leśniewski (VER) deu o nome de "mereologia" ou "teoria das partes" (de μέρος = "parte") à "teoria das partes ou todos e suas relações". Os conjuntos mereológicos são considerados indivíduos compostos de certos elementos ou ingredientes. Assim, uma expressão é uma coleção mereológica composta de vocábulos; um lago é uma coleção mereológica composta de gotas de água etc. Na mereologia de Leśniewski, qualquer elemento ou ingrediente de um conjunto mereológico é ao mesmo tempo um elemento ou ingrediente de tal conjunto considerado como indivíduo. Nenhum conjunto mereológico é redutível a um número determinado de elementos ou ingredientes. Além disso, todo indivíduo é a totalidade de si mesmo e nenhum indivíduo é uma totalidade de indivíduos que não é em si mesma. Denominou-se a mereologia de Leśniewski um "cálculo de indivíduos". A mereologia está por seu turno fundada na ontologia (VER) e na prototética (VER) no sentido dado por Leśniewski a essas expressões.

⇒ Ver: R.M. Martin, *Metaphysical Foundations: Mereology and Metalogic*, 1986. ℭ

MERLEAU-PONTY, MAURICE (1908-1961). Nascido em Rochefort-sur-Mer (Charente Inférieure, atualmente Charente Maritime). *Agrégé* de filosofia da Escola Normal Superior, lecionou filosofia nos liceus de Beauvais (1921-1933) e Chartres (1934-1935). De 1935 a 1938, foi *agrégé-répetiteur* na Escola Normal Superior. Em 1939, visitou os Arquivos Husserl, de Lovaina. Oficial no Exército de 1939 a 1940. De 1940 a 1944, lecionou filosofia no Liceu Carnot, de Paris, participando do movimento de resistência. Em 1945, doutorou-se na Sorbonne com sua obra sobre a fenomenologia da percepção. Leitor e professor de filosofia da Universidade de Lião (1945-1949), professor de psicologia na Sorbonne (1949-1952) e no Collège de France (1953-1961).

Merleau-Ponty não tardou a manifestar uma tendência filosófica — ou, mais exatamente, uma intenção filosófica — bem definida: a de buscar e desmascarar as realidades concretas ocultadas por teorias que em certos casos mantêm um dualismo inadmissível e, em outros casos, tentam solucionar esse dualismo reduzindo um tipo de realidade (ou um tipo de pensamento) a outro. À luz dessa tendência ao concreto devem-se rejeitar, de acordo com Merleau-Ponty, filosofias que, como o cartesianismo, partem da diferença entre substância pensante e substância extensa. Mas devem-se rejeitar igualmente as implicações (ou as interpretações incorretas) de filosofias como a de Jean-Paul Sartre (VER), o qual situou a análise filosófica em bases novas (e nesse sentido influenciou sobremaneira Merleau-Ponty), mas caiu às vezes num novo dualismo: o do Em-si e do Para-si. A filosofia de Merleau-Ponty é também, tal como a de Sartre, uma filosofia existencial. Não obstante, evita certos inconvenientes do pensamento sartriano, em especial os derivados do "absolutismo" deste último. O Para-si de Sartre terminava por transformar-se numa consciência-testemunha. Merleau-Ponty opõe-se a toda concepção da consciência como interioridade, assim como à concepção do corpo como uma coisa (quaisquer que sejam os matizes de sua "coisidade"). A consciência está verdadeira e efetivamente comprometida no mundo. Isso fica bem manifesto, segundo o autor, quando se submetem a análise a estrutura do comportamento e a da percepção. Os fatos que a ciência proporciona devem ser admitidos. Mas isso não equivale a admitir os pressupostos ontológicos das teorias científicas (como o behaviorismo e a psicologia da estrutura), as quais costumam forçar os dados para ajustá-los a esses pressupostos. Uma nova ontologia mais fiel à realidade mostra, em contrapartida, que fazer do homem uma pura subjetividade ou uma série de comportamentos de índole supostamente objetiva (ou objetivo-externa) equivale a uma ruptura artificial do ser unitário do homem. A unidade desse ser é ao mesmo tempo a de sua inserção no mundo. Daí a frase do autor: "Não existe o homem interior." Essa frase não é só negativa, ela implica a seguinte afirmação: "Há um homem efetivo, real, concreto, que não se limita a possuir consciência ou corpo ou a confrontar-se com a realidade externa, mas que é consciência e corpo (ou consciência-corpo)." Com isso, criticam-se não apenas as interpretações psicológicas usuais do ser do homem, como também todas as filosofias "clássicas", sejam empiristas ou racionalistas, sejam realistas ou idealistas. Esta última afirmação aparece com bastante clareza quando observamos que a doutrina de Merleau-Ponty sobre a percepção (VER) não é só de índole psicológica. A análise fenomenológica da percepção mostra-nos nesta uma síntese de índole "prática" (não intelectual), que é possível por haver no mundo percebido a forma das relações diversas entre os elementos da percepção. Essas formas são captadas pelos indivíduos de acordo com suas situações no mundo. Isso não relativiza a percepção; pelo contrário, atribui-lhe consistência objetiva, pois permite construir sobre ela o mundo da reflexão. A percepção não é nem uma sensação considerada inteiramente individual-subjetiva, nem um ato da inteligência; é o que religa uma e a outra na unidade da situação. Isso explica, diga-se de passagem, que a verdade (incluindo a verdade lógica ou matemática) não seja intemporal, mas algo reconhecível por todo aquele que participa de uma situação dada.

Reduzir a consciência à coisa ou a coisa à consciência é, pois, negar a realidade concreta. Ora, a crítica de Merleau-Ponty não se limita às teorias tradicionais da percepção nem mesmo às grandes teses filosóficas sobre a estrutura da realidade e os modos de conhecê-la; ela atinge todas as manifestações humanas — a linguagem, o juízo, as formas culturais —, todas as noções classicamente metafísicas — espaço, tempo etc. — e todas as noções morais. No que se refere a este último aspecto, cabe notar a dupla crítica a que Merleau-Ponty submete a concepção da liberdade como algo meramente aparente e seu conceito como um absoluto não limitado por nada: a liberdade é, na opinião do autor, algo que se faz concretamente no mundo e seguindo as circunstâncias às quais está ligada e das quais ao mesmo tempo se depreende.

A tendência de Merleau-Ponty a encontrar pontos de apoio concretos entre extremos sem por isso fazer de sua filosofia um mero ecletismo se revela igualmente em sua filosofia política. Durante alguns anos, o autor procurou desenvolver uma espécie de marxismo existencialista mais fiel ao marxismo original do que à sua ulterior mecanização e superficial "cientifização". Merleau-Ponty insistiu especialmente na necessidade de opor-se por igual a uma redução do homem a um conjunto de determinismos sociais ou à idéia de uma suposta interioridade irredutível ao social. Esta última coisa permite afirmar que a ruptura posterior de Merleau-Ponty com os marxistas — e com Jean-Paul Sartre — não significa um abandono completo de suas primeiras posições filosófico-políticas. Segundo Merleau-Ponty, o marxismo deve ser reinterpretado e apresentado antes como uma ação do que como uma verdade fixa e dogmática. Com isso, suprimem-se os contrastes tradicionais, no âmbito da doutrina marxista, entre os homens e as coisas, as superestruturas e as infra-estruturas. Daí, além disso, a necessidade de uma nova análise da dialética para desvincular dela tudo o que se confundiu com sua essência: a idéia da unidade dos contrários e sua superação, a de um autodesenvolvimento espontâneo, a da passagem da quantidade à qualidade etc. Todas estas idéias são sobretudo manifestações da dialética, a qual passa por diversas "aventuras", já que é por princípio "um pensamento que possui diversos centros e diversas entradas e precisa de tempo para explorá-los a todos". Compreender isso dessa maneira é a missão do filósofo, que é um ser incompreendido pelos homens de ação (ou pelos maniqueístas que se debatem na ação), os quais não entendem que a reflexão que separa o filósofo do mundo volta a ligá-lo, e mais firmemente do que antes, ao mundo.

Longe de considerar que o filósofo deve confinar-se ao exame de certos problemas "técnicos" ou "profissionais", Merleau-Ponty avalia que a filosofia pode encontrar-se em qualquer parte — na ciência, na ação etc. — e que o filósofo deve abrir-se ao mundo em sua totalidade. Entretanto, isso não deve levar o filósofo a proceder a um inventário do mundo ou a efetuar uma espécie de "síntese indutiva" com base em resultados da ciência, da experiência cotidiana, da história etc. Deve levá-lo a interpretar os dados do mundo — e do homem dentro do mundo — enquanto "signos" de uma unidade que deverá inventar para dar sentido à existência humana e à sua "inserção no ser". Os "signos" assim perseguidos são "desprovidos de significações" não permanentes, não sendo dados de uma vez por todas, mas encontrando-se em vias de fazer-se — e desfazer-se — dentro da trama da experiência e do saber. Com isso, Merleau-Ponty postula a unidade da experiência e do saber, e a unidade também dos diversos saberes como formas de pensar no âmbito da "unidade filosófica".

⇒ Obras: *La structure du comportement*, 1942; 2ª ed., 1949. — *Phénoménologie de la perception*, 1945. — *Humanisme et terreur*, 1947 [coletânea de artigos]. — *Sens et non sens*, 1948 [coletânea de artigos]. — *Éloge de la philosophie*, 1953 [Aula inaugural no Collège de France dada no dia 15 de janeiro de 1953]; reimp., com alguns outros ensaios, sob o título *Éloge de la philosophie et autres essais*, 1960, reimp., 1965). — *Les aventures de la dialectique*, 1955 [refere-se a Max Weber, Lukács, aos marxistas "ortodoxos", Trotsky e Sartre]. — *Signes*, 1960. — *L'oeil et l'esprit*, 1964 (publicado primeiramente como artigo em 1961). — *Le visible et l'invisible*, 1964, ed. Claude Lefort. — *L'union de l'âme et du corps chez Malebranche, Biran et Bergson*, 1968 (notas compiladas por Jean Deprun de um curso de 1947-1948 na École Normale Supérieure). — *Résumés de cours. Collège de France, 1952-1960*, 1968. — *La prose du monde*, 1969, ed. Claude Lefort. — *Existence et dialectique*, 1971 (textos selecionados por Maurice Dayan).

Em português: *Elogio da filosofia*, 1979. — *Fenomenologia da percepção*, 1999. — *Humanismo e terror*, 1968. — *Merleau-Ponty na Sorbonne: Filosofia e linguagem*, 1990. — *Merlau-Ponty na Sorbonne: Psicossociologia e filosofia*, 1990. — *A natureza*, 2000. — *Primado da percepção e suas conseqüências filosóficas*, 1990. — *Signos*, 1991. — *Textos selecionados*, 1984. — *O visível e o invisível*, 1992.

Bibliografia: Richard L. Lanigan, "M. M.-P. Bibliography", *Man and World*, 3 (1970), 289-319. — F. Lapointe, *M. M.-P. and His Critics: An International Bibliography, 1942-1976*, 1976.

Ver: Ferdinand Alquié, "Une philosophie de l'ambiguïté: l'existentialisme de M. M.-P.", *Fontaine*, 11, nº 59 (1947). — Alphonse de Waelhens, *Une philosophie de l'ambiguïté: l'existentialisme de M. M.-P.*, 1951 [Alquié deu permissão a De Waelhens para usar o mesmo título]. — Gonzalo Puente Ojea, "Fenomenología y marxismo en el pensamiento de M.-P.", *Cuadernos Hispanoamericanos*, 75 (1956), 295-323; 83 (1956), 221-253; 85 (1957), 41-85. — Ettore Centineo, *Una fenomenologia della storia. L'esistenzialismo di M. M.-P.*, 1959. — Joseph Moreau, *L'horizon des esprits. Essai critique sur la phénoménologie de la perception*, 1960. — Jean Hyppolite, Jacques Lacan, Claude Lefort, J.-B. Pontalis, J.-P. Sartre, Alphonse de Waelhens, Jean Wahl, artigos sobre M.-P. em *Les Temps modernes*, 17, 184-185 (1961), 228-436. — R. C. Kwant, *De fenomenologie van M.-P.*, 1962 (trad. inglesa: *The Phenomenological Philosophy of M.-P.*, 1963). — Id., *From Phenomenology to Metaphysics: An Inquiry into the Last Period of M.-Ponty's Philosophical Life*, 1966. — Jean Hyppolite, *Sens et existence: La philosophie de M. M.-P.*, 1963 (conferência). — André Robinet, *M.-P.: Sa vie, son oeuvre, avec un exposé de sa philosophie*, 1963. — Mary Rose Barral, *M.-P.: The Role of the Body Subject in Interpersonal Relations*, 1965. — Thomas Langan, *M.-Ponty's Critique of Reason*, 1966. — John O'Neill, *Perception, Expression, and History: The Social Phenomenology of M. M.-P.*, 1970. — Xavier Tilliette, *M.-P. ou La mesure de l'homme*, 1970 (com bibliografia por Alexandre Métraux). — Théodore F. Geraetz, *Vers une nouvelle philosophie transcendentale: La genèse de la philosophie de M. M.-P. jusqu'à la Phénoménologie de la perception*, 1971. — Joaquín Yagüe, *M. M.-P. y la fenomenología*, 1971. — Richard L. Lanigan, *Speaking and Semiology: M. M.-Ponty's Phenomenological Theory of Existential Communication*, 1972. — Gary

Brent Madison, *La phénoménologie de M.-P.: Une recherche des limites de la conscience*, 1973. — Goerg Pilz, *M. M.-P. Ontologie und Wissenschaftskritik*, 1973. — John Sallis, *Phenomenology and the Return to Beginnings*, 1973. — Rafael Llavona, *Itinerario de M. M.-P.*, 1975. — Werner Müller, *Être-au-monde. Grundlinien einer philosophischen Anthropologie bei M. M.-P.*, 1975. — Adolfo Arias Muñoz, *La antropología fenomenológica de M.-P.*, 1975. — Michel Lefeuvre, *M.-P. au délà de la phénoménologie du corps, de l'être et du langage*, 1976. — L. Spurling, *Phenomenology and the Social World: The Philosophy of M.-P. and Its Relation to the Social Sciences*, 1977. — B. Frostholm, *Leib und Unbewusstes. Freuds Begriff des Unbewussten interpretiert durch den Lei-Begriff M.-P.s*, 1978. — K. Boer, *M.P. Die Entwicklung seines Strukturdenkens*, 1978. — S. B. Mallin, *M. M.-P.'s Philosophy*, 1979. — B. Cooper, *M.-P. and Marxism: from Terror to Reform*, 1979. — J. A. Merino, *Humanismo existencial en M. M.-P.*, 1980. — J. J. Nebreda, *La fenomenología del lenguaje de M. M.-P. Prolegómenos para una ontología diacrítica*, 1981. — J. Pinto Cantista, *Sentido y ser en M. P.*, 1982. — A. Metraux, B. Waldenfels, *Leibhaftige Vernunft. Spuren von M.-P.s Denken*, 1986. — J. M. Edie, *M.-P.'s Philosophy of Language: Structuralism and Dialectics*, 1987. — M. C. Dillon, *M.-P.'s Ontology*, 1988. — J. H. Gill, *M.-P. and Metaphor*, 1991. — M. C. Dillon, *M.-P. Vivant*, 1991. — R. L. Lanigan, *The Human Science of Communicology: A Phenomenology of Discourse in Foucault and M.-P.*, 1992. C

MERSENNE, MARIN (1588-1648). Nascido em La Soulletière, perto de Bourg d'Oizé (província de Maine; atualmente departamento de Sarthe). Estudou no Colégio jesuíta de la Flèche, na época de Descartes. Em 1611, ingressou na Ordem dos Menores (ele costuma ser citado como "Padre Mersenne"). Lecionou filosofia num convento de Nevers por muito pouco tempo. Em 1619, foi transferido para Paris, onde permaneceu até a morte, salvo breves viagens por outros lugares da França, pelos Países Baixos e pela Itália. A cela de seu convento de Paris foi lugar de reunião dos mais eminentes sábios — teólogos, filósofos, cientistas — da época. O chamado "Círculo do Padre Mersenne" foi um foco de atividade teológica e científica, tendo sido decisivo para a difusão de muitas idéias e informações. A correspondência de Mersenne é quase uma enciclopédia da época. É comum incluir Mersenne no âmbito do cartesianismo (VER), mas, segundo Lenoble, isto é uma simplificação inadmissível; de fato, certas idéias de Descartes, entre as quais figura a teoria da subjetividade das qualidades sensíveis, parecem ter origem em Mersenne. Mas este contribuiu para a difusão das idéias de Descartes, reunindo as "Objeções" às Meditações metafísicas. Contribuiu igualmente para o conhecimento de Galileu, de Herbert de Cherbury e de Hobbes, traduzindo (ou compendiando) algumas de suas obras.

Um dos constantes interesses de Mersenne foi sua incessante luta contra o ceticismo (o "pirronismo") e contra a impiedade de "deístas, ateus e libertinos". Os céticos negam que se possa conhecer alguma coisa, confundem a magia com a ciência e tratam os milagres como se fossem fenômenos naturais. Mas embora os céticos tenham razão em duvidar de que possamos conhecer as coisas tal como realmente são, não a têm em concluir que então não há nenhuma possibilidade de conhecimento. Podem-se conhecer os fenômenos naturais por meio de leis que descrevem os modos como esses fenômenos estão relacionados e que permitem previsões. Diante dos céticos que produzem listas intermináveis do que avaliam que não se pode conhecer, Mersenne mostra e explica muitos elementos cognoscíveis. A física, ou filosofia natural, proporciona um conhecimento das coisas que não cai no dogmatismo, mas que tampouco se dissolve num completo ceticismo.

Mersenne deu um grande impulso ao mecanicismo (VER), que não se opõe à verdadeira religião. Pelo contrário, a apóia. O conhecimento da grande maquinaria do universo é o conhecimento da ordem instituída por Deus mediante leis. Os milagres explicam-se então como uma suspensão temporal dessas leis. As concepções físicas mecanicistas, tal como foram desenvolvidas por Galileu e Descartes, desmentem as opiniões dos ateus e dos libertinos, que são, no fundo, dogmáticos. Céticos e deístas, além disso, confundiram a alma com o corpo, enquanto o mecanicismo, ao limitar-se ao conhecimento dos fenômenos e de sua ordem segundo leis, permite considerar a alma como um puro espírito pensante. Mersenne concordava com a concepção mecanicista da Natureza, de Descartes, mas não com a metafísica na qual Descartes a apoiava.

⊃ Obras: *L'Impiété des Déistes, des Athées, et des plus subtils Libertins de ce temps, combatue et renversée de poinct en poinct par raisons tirés de la Philosophie et de la Théologie*, 2 vols., 1624. — *La vérité des Sciences contra les Sceptiques et les Pyrrhoniens*, 1625, reimp., 1964. — *Harmonie universelle, contenant la théorie et la pratique de la musique*, 1636, reimp., 3 vols., 1964, ed. François Lesure. — *Correspondance du P. Marin Mersenne, religieux minime*, por Mme. Paul Tannery, editada e anotada por Cornelis de Waard com a colaboração de René Pintard: I (*1617-1627*), 1945; II (*1628-1630*), 1945; III (*1631-1633*), 1946; IV (*1634*), 1955; V (*1635*), 1959; VI (*1636-1637*), 1960; VII (*Janvier-Juillet 1638*), 1962; VIII (*Août 1638-Décembre 1639*), 1963; IX (*Janvier-Août 1640*), 1965; X (*Août 1640-Décembre 1641*), 1967; XI (*1642*), 1970; XII (*1643*), 1972; XIII (*1644-1645*), 1977; XIV (*1646*), 1980; XV (*1647*), 1983; XVI (*1648*), 1986; XVII (*Suppléments, tables et bibliographie*), 1989.

Ver: Hilarion de Coste, *La vie du R. P. M. Mersenne*, 1649 (reeditada por B. T. Larroque, 1892). — R. Lenoble, *Mersenne et la naissance du mécanisme*, 1943. — O n° 1 do tomo II da *Revue d'Histoire des Sciences et de leurs applications* (1948) é dedicado a Mersenne. — V. Chappell, ed., *Essays on Early Modern Philosophers, vol. 2: Grotius to Gassendi*, 1992. **C**

MERTONIANOS. Deu-se este nome a um grupo de filósofos que foram *socii* no Merton College de Oxford, em meados do século XIV, aproximadamente. Os principais mertonianos (*Mertonenses*) são: Tomás Bradwardine, Guilherme Heytesbury, Ricardo Swineshead e João Dumbleton (VER). O "chefe do grupo" parece ter sido Tomás Bradwardine, denominado *doctor noster* por alguns de seus discípulos. Incluiu-se às vezes no "grupo" Gualtério Burleigh (VER), mas embora este fosse amigo de Bradwardine, suas idéias — pelo menos suas idéias físicas — se aproximavam mais dos pensadores da Escola de Paris (ver PARIS [ESCOLA DE]) (os "parisienses") do que dos da Escola de Oxford (os "oxonienses" e, mais especificamente, os "mertonianos").

Característico dos mertonianos é o fato de terem trabalhado intensamente em questões lógicas e semânticas ("sermocinais") em sentido occamista e de se terem ocupado a fundo de questões de física tais como a intensão (VER) e "remissão" de formas naturais, a "reação", as quantidades extensivas e intensivas etc. Especialmente importantes foram as pesquisas dos mertonianos em cinemática, com seus estudos sobre movimentos de corpos e velocidades e suas análises de várias espécies de aceleração (uniforme, não uniforme etc.). Os mertonianos se mostraram muito interessados em calcular velocidades, razão pela qual receberam às vezes o nome de *calculadores*. De modo geral, manifestaram-se contra a teoria do ímpeto (VER) proposta pelos físicos da Escola de Paris e desenvolveram o que Anneliese Maier chamou de "uma casuística lógica e física". Nos verbetes sobre os pensadores antes mencionados, apresentamos algumas das pesquisas dos mertonianos. Destacaremos aqui o que se denominou "teorema mertoniano da aceleração". Tal como foi apresentado por Heytesbury (*Regulae*, 2; *apud* Clagget, *op. cit. infra*), esse teorema enuncia que num movimento não uniforme, a velocidade em qualquer instante dado é considerada (isto é, medida) com base na trajetória que seria percorrida pelo ponto móvel que se movesse mais rapidamente se num período de tempo esse corpo móvel fosse movido uniformemente com o mesmo grau de velocidade de com o qual é movido naquele (qualquer) instante. Assim, pois, a velocidade não uniforme (a chamada *velocitas instantanea*) não é medida pela distância percorrida, mas pela que percorreria o ponto em questão se fosse movido uniformemente durante determinado período de tempo na velocidade (ou grau de velocidade) com a qual é movido naquele instante fixado. Tanto este teorema como outros resultados obtidos pelos mertonianos constituem um precedente do tipo de explicação de movimentos característico da mecânica moderna.

Enquanto Pierre Duhem destacara os físicos "parisienses" (Juan Buridan, Nicolau de Oresme [VER] e outros) como precursores da ciência moderna da Natureza no sentido de Galileu, C. Michalski, Anneliese Maier e outros pesquisadores (ver bibliografia) acentuaram o papel precursor dos mertonianos com relação aos parisienses (muito embora alguns destes últimos, como Nicolau de Oresme, tenham contribuído sobremaneira para o desenvolvimento da "física moderna"). Certo número de autores que se supunha influenciados exclusivamente pelos parisienses foram-no antes, ou o foram também, pelos mertonianos. Seguindo Marshall Clagett (*op. cit. infra*), que, dando prosseguimento a C. Michalski e Anneliese Maier, retificou e ampliou algumas das investigações de Duhem, mencionaremos agora alguns autores e algumas obras nas quais se rastreiam as influências da "física mertoniana".

Ricardo Feribrigge [Ferebrich Anglicus] (fim do século XIV, aproximadamente) escreveu um tratado *De motu* no qual desenvolveu as provas cinemáticas propostas por Heytesbury. João Chilmark († 1396), do Merton College (*De actione elementorum; De alteratione; De motu*), parece ter seguido sobretudo Dumbleton. Encontram-se influências dos mertonianos em João Wyclif (VER). Na mesma época, aproximadamente, escreveram obras em que seguiram as inspirações dos mertonianos: Radulphus Strode (*Consequentiae*) e Eduardo Upton (*Conclusiones de proportione [motum]*), este último influenciado sobretudo por Bradwardine. João de Fraga (pouco depois de 1350) difundiu as idéias de Heytesbury e Swineshead em seu *De motu* e outros escritos. Fredericus Stoezlin, em Viena, comentou as *Proportiones* de Bradwardine em *Quaestiones in librum proportionum*. Francisco de Ferraria (*De proportionibus motuum*, 1352 [estas e outras datas indicadas depois das obras destes autores são datas de composição e não de publicação]), em Pádua, e João de Casale [Giovanni di Casali] (*ca.* 1320-*ca.* 1380) (*Quaestio de velocitate motus alterationis*, 1346, publicada 1505; *De velocitate*, 1386), em Bolonha, expuseram e comentaram idéias de Bradwardine, ainda que João de Casale fosse também influenciado por Swineshead e Oresme. Blásio de Parma (VER) seguiu em parte Bradwardine, mas usando também o método gráfico de Oresme. Um certo Messinus (por volta do fim do século XIV) abordou questões formuladas por Heytesbury e João de Casale em algumas *Quaestiones super quaestione Johannis de Casali*, e comentou Heytesbury em *Sententia [Tractatus] de tribus praedicamentis motus Hentisberi* (obra completada pelo averroísta Cajetano de Thiene [VER]). Angelo de Fossambruno (a quem se deve o nome de *Calculator* dado a Ricardo Swineshead) compôs, no fim do século

XIV ou começo do XV, em Pádua, várias obras — entre elas, *De inductione formarum, Recollectae super Hentisberi de tribus predicamentis* e *De reactione* — usando noções extraídas de Bradwardine, Heytesbury, Dumbleton e Swineshead. Ocupamo-nos em outra passagem de Jacobo de Forlivio (VER).

Alguns dos nomes antes mencionados provam que a física dos mertonianos — cujos manuscritos (junto com os dos parisienses) eram abundantes em Pádua — exerceu considerável influência sobre a chamada "Escola de Pádua" (Ver PÁDUA [ESCOLA DE]), na qual os estudos físicos se combinaram com os médicos. Podem-se mencionar a esse respeito o citado Cajetano de Thiene e seu mestre Paulo de Veneza (VER). Ela exerceu igualmente grande influência em Pavia, podendo-se mencionar João Marliani (VER) — que também seguiu os parisienses — e Bernardo Tornio (Bernardus Tornius), comentador dos *Tria predicamenta de motu* de Heytesbury (*In capitulum de motu locali Hentisberi quaedam annotata Mertonenses*, em ed. de Heytesbury, 1494). Foram publicadas obras dos mertonianos e de seus comentadores italianos no final do século XV e começo do século XVI.

Durante o século XVI, conheceu-se no Collège de Montaigue (Paris) a obra dos mertonianos. Assim, João Dullaert, de Gante, que esteve nesse Collège, usou noções da cinemática de Heytesbury e Swineshead. Interessante foi a obra dos mestres espanhóis e portugueses em Paris durante o século XVI (Luis Coronel, João Celaya, Álvaro Tomás), de que tratamos também no verbete sobre a Escola de Paris. Indiquemos aqui que esses mestres tinham igualmente conhecimento da física dos mertonianos. A esse respeito, é importante sobretudo a obra de Álvaro Tomás (de Lisboa), que em seu *Liber de triplici motu* comentou extensamente as *Calculationes* de Swineshead e os *Tria predicamenta* de Heytesbury. As *Quaestiones super octo libros Physicorum Aristotelis*, de Domingo de Soto, publicadas em 1555 quando do regresso à Espanha de seu autor, que passara certo tempo em Paris, contêm da mesma forma noções centrais da cinemática dos mertonianos (Ver SOTO [DOMINGO DE]).

⮕ A Obra de Marshall Clagett a que nos referimos no texto é: *The Science of Mechanics in the Middles Ages*, 1959. — As obras de Pierre Duhem foram mencionadas na bibliografia deste autor; destacamos aqui: *Études sur Léonard de Vinci; ceux qu'il a lus, ceux qui l'ont lu*, 3 vols., 1906-1913 (I, 1906; II, 1909; III, 1913). — Os escritos de C. Michalski (mencionados igualmente em FILOSOFIA MEDIEVAL) são: "Les courants philosophiques à Oxford e à Paris pendant le XIVe siècle", *Bulletin international de L'Académie polonaise des sciences et des lettres*. Classe d'histoire et de philosophie, et de philologie, Les Années, 1919, 1920 (Cracóvia, 1922), 59-88; "Le criticisme et le scepticisme dans la philosophie du XIVe siècle", *ibid.*, L'Année, 1925, Parte I (1926), 41-122; "Les courants critiques et sceptiques dans la philosophie du XIVe siècle", *ibid.*, L'Année, 1925, Parte II (1927), 192-242; "La physique nouvelle et les différents courants philosophiques au XIVe siècle", *ibid.*, L'Année, 1927 (1928), 93-164; "Le problème de la volonté à Oxford et à Paris au XIVe siècle", *Studia Philosophica*, II [Lemberg, 1936], 233-365. — As obras de Anneliese Maier (mencionadas também em ESCOLÁSTICA e MAIER [ANNELIESE]) são: *An der Grenze der Scholastik und Naturwissenschaft*, 1943; 2ª ed., 1952; *Zwei Grundprobleme der scholastischen Naturphilosophie*, 1943; 2ª ed., 1952; *Die Vorläufer Galileis im 14. Jahrhundert*, 1949; *Metaphysische Hintergründe der spätscholastischen Naturphilosophie*, 1955; *Zwischen Philosophie und Mechanik*, 1958.

Ver também: Marshall Clagett, *Giovanni Marlini and Late Medieval Physics*, 1941 (tese). — Curtis Wilson, *William Heytesbury: Medieval Logic and the Rise of Mathematical Physics*, 1961. — H. Lamar Crosby, Jr., *Thomas of Bradwardine: His* Tractatus de proportionibus: *Its Significance for the Development of Mathematical Physics*, 1955 (texto e comentário). — M. Curtze, "Ein Beitrag zur Geschichte der Physik im 14. Jahrhundert", *Bibliotheca Mathematica*, N.F., 10 (1896), 43-49. — Id., "Eine Studienreise", *Centralblatt für Bibliothekswesen*, 16. Jahrg. Hefte 6 e 7 (1899), 257-306. — E. J. Dijksterhuis, *De Mechanisering van het Wereld weeld*, 1950. — E. A. Moody, "The Rise of Mechanics in Fourteenth Century Natural Philosophy" [mimeog., 1950]. — J. A. Weisheipl, *Early Fourteenth-Century Physics and the Merton "School"* (tese, Oxford, 1957). — Karl Anton Sprengard, *Systematich-historisch Untersuchung zur Philosophie des 14. Jahrhunderts. Ein Beitrag zur Kritik der herrschenden spätscholastischen Mediävistik*, 2 vols., 1966. — L. Thorndike, *A History of Magic and Experimental Science*, 8 vols., 1923-1958. — Id., *Science and Thought in the Fifteenth Century*, 1929. — E. D. Sylla, "Medieval Quantifications of Qualities: The 'Merton School'", *Archive for History of Exact Sciences*, 8 (1971-1972), 9-39. C

MESLIER, JEAN (corruptela de Mellier) (1664-1729). Nascido em Rethel (Champagne), foi pároco em Etrépigny (Champagne) e exerceu suas funções pastorais até o fim de seus dias. Contudo, abrigou idéias de oposição violenta aos poderes estabelecidos, civis e eclesiásticos, por considerar que oprimiam e exploravam economicamente o povo. Em sua opinião, todas as religiões, e em especil o cristianismo, são um instrumento de exploração e um conjunto de falsidades (falsidades formadas, e inculcadas, para manter o povo sob a tirania). A religião cristã é para Meslier um conjunto de erros e imposturas: as Escrituras são falsas, a tradição é espúria, os dogmas são absurdos. Não há nem Deus, nem céu, nem inferno, nem imortalidade da alma. Tampouco há nenhum desígnio no universo: toda a realidade é matéria em movimento e a matéria obedece a leis mecânicas, não divinas. Alguns autores consideram que Meslier recebeu influências de Spinoza, interpretado do ponto de vista ateu.

As opiniões de Meslier tiveram grande influência sobre a corrente de livre-pensamento e no desenvolvimento do materialismo na França no século XVIII. Holbach (VER) celebrou as opiniões de Meslier como libertadoras de todas as superstições e de todas as opressões.
⮕ Obras: Meslier escreveu para a posteridade uma obra intitulada *Testament*. Voltaire mandou publicar um sumário do *Testament* em 1762 com o título *Extrait des sentiments de Jean Meslier*. Holbach mandou publicar extratos do *Testament* em 1772 com o título *Le bon sens du curé Meslier*. O *Testament* foi publicado na íntegra apenas em 1864, 3 vols., ed. Rudolf Charles.

Ver: E. Petitfils, *Un socialiste-révolutionnaire au commencement du XVIIIe siècle*, 1908. — Jean Marchal, *L'étrange figure du curé M.*, 1957. — F. Mazzilli, "Sulle origini libertine della filosofia di J. Meslier", *Rivista di Filosofia*, 64 (1973), 174-179. — R. Pantazi, "J. M.", *Philosophie et Logique*, 26 (1982), 145-148.

Encontra-se abundante informação sobre M. e sobre a chamada "literatura clandestina na França" em: Ira O. Wade, *The Clandestine Organization and Diffusion of Philosophical Ideas in France from 1700 to 1750*, 1938. — J. S. Spink, *French Free-Thought from Gassendi to Voltaire*, 1960. ⮕

MESSER, AUGUST [WILHELM] (1867-1937). Nascido em Mainz, estudou em Estrasburgo, Heidelberg e Giessen, onde se "habilitou" em 1899. De 1910 a 1933, foi professor na Universidade de Giessen. Em 1910, Messer passou por uma crise religiosa que o fez abandonar a Igreja Católica e da qual ele fala extensamente em sua autobiografia de 1919 (ver bibliografia). Messer tornou-se conhecido por seus manuais de estudo da filosofia. Tanto nestes como em suas outras obras, defendeu a orientação realista do kantismo, num sentido muito semelhante ao de Oswald Külpe. O realismo crítico soluciona, segundo Messer, os maiores problemas da teoria do conhecimento sem necessidade de dissolvê-los ou num psicologismo extremo imanentista ou num formalismo exagerado (seja de natureza lógica ou metafísica). Para isso, Messer fez uso igualmente dos procedimentos da análise fenomenológica, não apenas no estrito sentido de Husserl, mas também numa configuração mais ampla, como exame das formas e estruturas em que se dá o processo do conhecer e de sua relação com o conhecido. Os esforços para relacionar a fenomenologia com a análise psicológica e, por conseguinte, para interpretar o método fenomenológico num sentido "realista" se encaminham igualmente para essa finalidade. Ora, o interesse central de Messer foi desde o começo o problema religioso — estreitamente vinculado com as questões éticas e axiológicas —, em virtude de uma crise de crenças que não o conduziu em nenhum momento ao campo naturalista, mas ao que ele denominou um "idealismo ético", que é para Messer não apenas uma solução moral como também a fundamentação última de toda atividade de conhecimento.
⮕ Obras principais: *Über das Verhältnis von Sittengesetz und Staatsgesetz bei Hobbes*, 1893 (tese) (*Sobre a relação entre lei moral e lei do Estado em H.*). — *Die Wirksamkeit der Apperzeption in den persönlichen Beziehungen des Schullebens*, 1899, nova ed. com o título: *Die Apperzeption als Grundbegriff der pädagogischen Psychologie*, 1916, 3ª ed., 1928 (*A apercepção como conceito fundamental da psicologia pedagógica*). — *Kants Ethik*, 1904. — "Experimentell-psychologische Untersuchungen über das Denken", *Archiv für die gesamte Psychologie*, 8 (1906), 1-244; 10 (1907), 409-428 ("Investigações psicológico-experimentais sobre o pensar"). — *Empfindung und Denken*, 1908 (*Sensação e pensamento*). — *Einführung in die Erkenntnistheorie*, 1909 (*Introdução à teoria do conhecimento*). — *Das Problem der Willensfreiheit*, 1911 (*O problema da liberdade da vontade*). — "Husserls Phänomenologie in ihrem Verhältnis zur Psychologie", *Archiv für die gesamte Psychologie*, 22 (1912), 117-129; 24 (1914), 52-67 ("A fenomenologia de H. em sua relação com a psicologia"). — *Geschichte der Philosophie*, 3 vols., 1912-1916. — *Psychologie*, 1914; 4ª ed., 1928. — *Ethik*, 1918. — *Glauben und Wissen. Die Geschichte einer inneren Entwicklung*, 1919 (*Fé e saber. História de uma evolução íntima*). Continuação deste volume em outro com o mesmo título, sub-intitulado *Neue Folge* e publicado em 1935. — *Natur und Geist. Philosophische Aufsätze*, 1920 (*Natureza e espírito. Artigos filosóficos*). — *Sittenlehre*, 1920 (*Moral*). — *Weltanschauung und Erziehung*, 1921 (*Visão de mundo e educação*). — *Der kritische Realismus*, 1923 (*O realismo crítico*). — *Philosophische Grundlegung der Pädagogik*, 1924 (*Fundamentos filosóficos da pedagogia*). — *Geschichte der Pädagogik*, 1925 (*História da pedagogia*). — *Deutsche Wertphilosophie der Gegenwart*, 1926 (*A filosofia alemã dos valores na atualidade*).

Depoimento em *Die Philosophie der Gegenwart in Selbstdarstellungen*, III, 1922.

Bibliografia em *Zeitschrift für philosophische Forschung*, I (1947), 402-403, e 21 (1967), 618-620. ⮕

MESSIANISMO. Uma das características principais da filosofia polonesa, pelo menos durante o século XIX, foi o chamado messianismo, representado sobretudo por Wronski e desenvolvido por muitos autores, entre eles Adam Mickiewicz (1798-1855), Andrzej Towicz (1798-1855), Andrzej Towianski (1818-1831) — que lhe deram um significado preponderantemente político-nacional —, assim como por Julius Slowacki (1809-1894) etc. Nem todos estes autores entendem o messianismo do mesmo modo, chegando alguns deles a opor-se radicalmente a certas interpretações da mesma doutrina dadas por outros. Não obstante, há caracteres comuns que se referem aos fundamentos filosóficos e com relação aos quais concordam quase todos os que se consideram adscritos à concepção mencionada. Lutoslawski indica ("Der polnische Messianismus", em Ueberweg, *Grundriss der Geschichte der Philosophie*, V, 1928, pp. 306ss.) que o messianismo é antes de tudo uma concepção do mundo desenvolvida por pensadores, poetas e até por místicos religiosos (como Towianski), e isso a um ponto tal que "todo polonês autêntico é messianista em suas ações". Seu pressuposto fundamental é a consciência da pertinência a um grupo espiritual que tem uma missão suscetível de ser desenvolvida mediante uma "autocriação", a qual, por sua vez, pressupõe a existência de uma alma que vive uma vida espiritual através de encarnações, vida dramaticamente situada entre um mais aquém e um mais além, bem como fundamentalmente incompleta e "decaída". A idéia da reencarnação, porém, é tomada num sentido diferente do habitual: não se trata de uma transmigração, mas da formação pelo espírito de seu próprio corpo, de uma "renovação periódica". A idéia nacional vincula-se com essa concepção como algo realmente forjado e criado por uma alma que se sente necessitada de uma comunidade espiritual sem a qual sua vida se torna impossível. Trata-se, por conseguinte, da formação de uma comunidade de espíritos realmente nova, capaz de integrar fatores naturais dispersos e de receber de maneira direta e imediata a graça divina. Ora, a formação da nação autêntica é, ao mesmo tempo, para o messianismo, o caminho para a paz universal, pois a autenticidade da idéia nacional coincide com a autenticidade da vida espiritual na qual desapareçam as tensões geradas por fatores naturais. O messianismo considera que a Polônia está destinada a ajudar a dar à luz essa idéia da nação espiritual e, por conseguinte, a idéia de uma humanidade constituída por "autênticas nações", isto é, por autênticas comunidades espirituais entre as quais não pode haver conflito, mas essencial comunicação e comunidade.

MESSINUS. Ver Mertonianos.

METABASIS EIS ALLO GENOS. Ver Sofisma.

METACIÊNCIA. Podem-se entender por 'metaciência' vários tipos de atividade intelectual. Numa forma muito geral, a metaciência ocupa-se da ciência. Se isso é considerado uma atividade filosófica, a metaciência é uma parte ou um ramo da filosofia. Se é considerado uma atividade científica, a metaciência faz parte do conjunto da ciência. Neste último caso, ela é às vezes denominada "ciência da ciência". A dificuldade de distinguir com clareza entre filosofia e ciência recai sobre nosso problema; não é fácil — caso seja exeqüível — nem desejável distinguir muito precisamente entre metaciência como filosofia e metaciência como ciência.

Às dificuldades apontadas podem-se acrescentar outras. De imediato, falar de ciência é falar de um modo muito geral. Como há formas de ciência muito diversas, cabe perguntar se não haverá uma metaciência para cada uma dessas formas e, além disso, talvez a metaciência de todas as formas de ciência. Depois, supondo resolvido o problema anterior, não fica claro ainda se a metaciência se ocupa da ciência como atividade executada por seres humanos ou se se ocupa dos resultados dessa atividade, ou ambas as coisas ao mesmo tempo. Tanto se se ocupa da atividade como de seus resultados, pode, ademais, fazê-lo mais ou menos "externamente" ou "internamente", isto é, levando mais ou menos em conta os contextos nos quais se desenvolve a atividade científica ou são formuladas as teorias científicas. É como se a ambigüidade e, ao mesmo tempo, a riqueza da metaciência fossem do mesmo tipo que as da filosofia da ciência ou da epistemologia, especificamente da epistemologia da ciência. A rigor, não parece haver diferenças fundamentais entre metaciência e filosofia da ciência.

Em sua obra *Contemporary Schools of Metascience* (2 vols., 1968; I, *Anglo-Saxon Schools of Metascience*; II, *Continental Schools of Metascience*; 3ª ed., 1973), Gerard Radnitzky procurou enfrentar os problemas antes esboçados. Radnitzky distingue, para começar, entre "grupo de pesquisa" e "sistema de conhecimento". O grupo de pesquisa composto por filósofos tem a seu cargo — entre outras coisas — a produção de sinopses de sistemas de conhecimentos produzidos pelas ciências. A metaciência serve de mediador na utilização desses sistemas, de maneira que constitui, de imediato, uma disciplina auxiliar da filosofia. Por outro lado, se se toma a filosofia da ciência como um dos ramos da "filosofia da cultura" — incluída por seu turno na "antropologia filosófica" —, a metaciência, embora continue servindo de mediadora para a produção de sinopses dos sistemas científicos, fá-lo com o fim de obter uma imagem da ciência enquanto atividade humana. A metaciência pode ser então uma disciplina científica.

A metaciência enquanto exame da estrutura e função da ciência, tanto na forma de uma "filosofia da ciência" como na do que se denominou "ciência da ciência", pode tomar direções diferentes e às vezes, inclusive, contrapostas de acordo com as ciências e, sobretudo, os tipos de ciência primariamente considerados. Por esse motivo, falou-se a esse respeito de uma "metaciência analítica" — cultivada por autores situados dentro ou próximos da filosofia analítica (ver) —; de uma "metaciência dialética" — cultivada por autores situados no âmbito do marxismo (ver) — e de uma "metaciência hermenêutica" — cultivada por autores que adotaram métodos de compreensão (VER) e, em geral, de interpretação (ver HERMENÊUTICA). A metaciência analítica atingiu grande desenvolvimento no âmbito do neopositivismo (VER), mas também em direções pós-positivistas, às vezes muito distanciadas do positivismo do Círculo de Viena e escolas afins. Constituiu inclinação geral dessa forma de metaciência o examinar primariamente as ciências naturais, em particular a física, bem como, freqüentemente, a tentativa de reduzir as ciências culturais, as chamadas "ciências do espírito", a sociologia, a história etc., a modelos correspondentes às ciências naturais, sobretudo a modelos nomológicos. A metaciência dialética *stricto sensu* inclinou-se a tomar como modelos as ciências sociais. A metaciência hermenêutica tomou como modelos as ciências do espírito, em geral distinguindo entre estas ciências e as da Natureza. Por outro lado, houve combinações entre metaciência dialética e metaciência hermenêutica, a ponto de se poder falar de uma metaciência dialético-hermenêutica. Em alguns casos, além disso, tentou-se uma espécie de "reunificação" das ciências naturais e das ciências sociais. As investigações de história da ciência realizadas por autores que não eram — ou não eram por completo — analíticos (como Kuhn, Hanson e outros) levaram outros autores (Lakatos, especialmente Feyerabend) a concepções metacientíficas nas quais os métodos hermenêuticos podem ocupar um lugar (Gadamer, em parte Ricoeur). Por outro lado, as pesquisas relativas às ciências sociais por parte de autores mais ou menos próximos de uma tradição dialética e, de todo modo, não completamente hostis a métodos hermenêuticos (Habermas) levaram à reformulação da questão da metaciência em sua totalidade. Dessa maneira, dissipou-se em parte a oposição entre metaciência analítica e metaciência hermenêutica; e entre metaciência analítica e metaciência dialética. Isso não quer dizer que não se possa distinguir já entre tendências analíticas e tendências dialéticas, ou tendências hermenêuticas, na metaciência; significa unicamente que a partir de cada uma das perspectivas citadas é possível considerar problemas que as perspectivas supostamente opostas entre si levantaram.

◐ Além da obra de Gerard Radnitzky mencionada *supra*, ver, do mesmo autor: *Gegenwärtige Perspektiven der Wissenschaftstheorie*, 2 vols., 1976. — Ver também: Thomas J. Hickey, *Introduction to Metascience: An Information Science Approach to Methodology of Scientific Research*, 1976. — B. Gholson *et al*., eds., *Psychology of Science: Contributions to Metascience*, 1989. ◐

METAÉTICA. O estudo de enunciados morais recebe o nome de "metaética". Distingue-se às vezes entre metaética e ética, considerando-se a última o estudo do conteúdo dos enunciados morais. Entretanto, como nem sempre se pode distinguir entre 'enunciado moral' e 'conteúdo de enunciado moral', deve-se admitir que não pouco do que se denomina "metaética" pode ser ética e não pouco do que se denomina "ética" pode ser metaética.

Não obstante, consideram-se especialmente metaéticas as orientações contemporâneas na teoria ética que se ocuparam de questões tais como a de saber se os enunciados morais expressam certos fatos e se, portanto, são cognoscitivos, ou se não expressam fatos — no sentido de que se possa dizer que são verdadeiros ou falsos — e se são então não cognoscitivos. A maioria das investigações que seguem as orientações do emotivismo (VER) e do prescritivismo (VER) é de caráter metaético.

As investigações metaéticas caracterizam-se, embora não exclusivamente, por ocupar-se da linguagem, ou das linguagens, ou dos tipos, ou formas, ou jogos de linguagem, mediante os quais se produzem enunciações que se chamam "éticas" ou "morais". O estudo de ordens, recomendações; a análise de 'bom', 'justo'; o exame da diferença entre 'é' e 'deve' ou da possibilidade ou impossibilidade de estender uma ponte entre 'é' e 'deve'; a averiguação do tipo de argumentos usados em moral ou ética e dos efeitos produzidos ou produtíveis mediante esses argumentos costumam ser considerados do domínio da metaética. Ainda que, tal como se indicou, nem sempre seja fácil distinguir entre ética e metaética, pode-se estabelecer certa linha de separação em torno do caráter, respectivamente, normativo e não normativo de uma e da outra. Supõe-se, em todo caso, que a metaética não é normativa.

◐ A maioria de trabalhos de ética de tendência analítica até 1973, aproximadamente, ocupa-se da metaética ou de questões metaéticas. Ver os trabalhos citados em ÉTICA e LINGUAGEM sobre linguagem ética e linguagem moral. Além disso: Torbjörn Tännsjö, *The Relevance of Metaethics to Ethics*, 1974. ◐

METAFILOSOFIA. O que denominamos "Perifilosofia" (VER) poderia ser designado também como "Metafilosofia". Contudo, distinguimos entre esses dois termos: enquanto consideramos que a perifilosofia é um estudo de formas ou tipos filosóficos de pensar, especialmente no decorrer da história, a metafilosofia é uma análise da "atividade filosófica". Esta deve ser entendida num sentido amplo e abrange pelo menos três tipos de estudos:

1) Estudos nos quais se atende principalmente à linguagem filosófica. Num sentido semelhante a como a metaética examina expressões formuladas em doutrinas éticas, tipos de raciocínios usados nestas doutrinas etc., a metafilosofia examina expressões formuladas em doutrinas filosóficas, raciocínios usados nessas doutrinas etc. Esta idéia de "metafilosofia" desenvolveu-se em certas direções da virada analítica. Na revista *Metaphilosophy*, publicada desde 1969 sob a direção de Terrell Ward Bynum e William L. Reese — revista que publica outros trabalhos além dos "metafilosóficos" em sentido mais ou menos estrito —, Morritz Lazerowitz

publicou uma nota ("A Note on 'Metaphilosophy'", *Metaphilosophy*, I [1970], p. 91) em que explicou de modo bastante detalhado a origem do termo 'metafilosofia' no sentido aqui abordado: "Os diretores de *Metaphilosophy* pediram-me que escrevesse um artigo sobre a palavra que adotaram como nome da revista. A palavra tem uma história breve. Eu a cunhei em 1940 com a finalidade de poder referir-me sem ambigüidade a um tipo especial de investigação que Wittgenstein descrevera como um dos 'herdeiros' da filosofia. O termo 'metafilosófico' foi publicado pela primeira vez em julho de 1942 numa resenha do livro de C. J. Ducasse, *Philosophy as a Science: Its Matter and Its Method*, resenha que G. E. Moore me pediu que escrevesse para *Mind*. Metafilosofia é a investigação da natureza da filosofia, com o propósito fundamental de chegar a uma explicação satisfatória da ausência de alegações e argumentos filosóficos não impugnados. Descobri que para alguns filósofos esta palavra se transformou no nome do ponto de vista especial que propus e elaborei durante anos: o que considera que uma teoria filosófica é um fragmento arbitrário de linguagem que, por ser apresentado em forma ontológica, gera a ilusão de que se produziu uma teoria sobre coisas e também de que se deu expressão a um feixe de idéias inconscientes. Pondo à parte o ponto de vista especial com o qual chegou a ser associada a palavra 'metafilosofia', não se pode já questionar, no que se refere a filósofos que tratem seriamente a sua disciplina, ser preciso ter uma melhor compreensão da filosofia, do que é e de como funciona".

Pelo que foi dito, pode-se ver que, mesmo no âmbito de determinada "virada filosófica", pode-se entender 'metafilosofia' de vários modos, e que ela já foi entendida seja como uma análise lingüística destinada a desembaraçar-se, a dissolver aqueles que se consideram "pseudoproblemas", seja como um estudo da natureza da própria filosofia. Neste último sentido, numerosos filósofos, e não só os de inclinação analítica, fizeram, e continuam fazendo, metafilosofia.

2) Estudos que partem da idéia de que a filosofia, tal como se entendeu — ou se continua a entender —, desapareceu, ou está prestes a desaparecer, o que não a impede de ter "sucessores" ou "herdeiros". Como Lazerowitz indicou, o "último Wittgenstein" partira dessa idéia. Esta se encontra claramente em alguns estudos de Ortega y Gasset, especialmente em seus "Apuntes sobre el pensamiento. Su teurgia y su demiurgia", *Logos* (Buenos Aires), I, 1, 1942; cf. também *Origen y epílogo de la filosofía* (1960). Ortega y Gasset enfatiza que a filosofia é um acontecimento histórico, que surgiu para responder a certas necessidades — nas quais falharam outras atividades —, não havendo, pois, razão para ter a filosofia como pressuposta, como algo que "está aí". A filosofia, em suma, tem uma origem e pode ter um fim. Ela pode desaparecer por completo, ou ser "sucedida" por outros tipos de atividade, que serão então seus herdeiros. Ver a filosofia desse modo é fazer metafilosofia.

Embora por razões diferentes, alguns autores afirmaram que a filosofia, tal como foi entendida, ou continua a ser entendida, no mundo anterior a uma revolução socialista (ou comunista), tem de desaparecer para dar lugar a outro tipo de atividade que consiste numa análise crítica da "cotidianidade alienadora". Segundo Henri Lefèbvre (*Métaphilosophie*, 1965, p. 76), essa atividade não é, ou não é apenas, "reflexiva" e "imitadora", porque é "ato" e "criação". Desse modo, a metafilosofia é a sucessora da filosofia em sentido "tradicional".

Heidegger não fala explicitamente de "metafilosofia", mas algumas de suas reflexões (por exemplo, em *Was heisst Denken?*, 1954) conduzem a uma visão de um modo de pensar, o pensar comemorativo, que já não pode ser denominado, estritamente falando, "filosófico"; com ele, vai-se para além, *meta*, da filosofia.

3) Coincidindo com algumas das idéias antes expostas, e em particular com a idéia da metafilosofia como estudo da filosofia, seja estruturalmente, seja historicamente, ou ambas as coisas ao mesmo tempo, pode-se da mesma maneira considerar que a metafilosofia constitui parte integrante, e não só propedêutica, da filosofia, isto é, considerar que a filosofia comporta um exame de si mesma e, portanto, do que se denominou às vezes "uma dimensão metafilosófica". Nesse sentido, a estrutura dos estudos metafilosóficos não coincide exatamente com a dos estudos de metaciência e nem sequer com os de metaética. McCloskey (*Meta-Ethics and Normative Ethics*, 1969, p. 2) indicou que sem ciência não haveria metaciência, mas que mesmo sem ética poderia haver metaética, uma vez que basta haver uma linguagem moral na qual se formulem juízos morais (independentemente de toda teoria moral possível). A metafilosofia difere da metaciência pelo fato de que, tal como ocorre com a metaética, lhe é suficiente a existência de uma linguagem em que se expressem enunciados de interesse ou alcance filosóficos, sem necessidade de uma teoria filosófica. Por outro lado, ela difere da metaética pelo fato de que, tal como ocorre com a metaciência, consiste em grande parte num exame de certas noções que são empregadas em filosofia, embora na maioria das vezes só implicitamente.

METAFÍSICA. Segundo uma idéia ainda muito difundida, o termo 'metafísica' foi o nome dado por Andrônico de Rodes, no século I a.C., à série de livros de Aristóteles, ordenados por letras do alfabeto grego, que se referiam ao que o próprio Aristóteles denominou "filosofia primeira", πρώτη φιλοσοφία (*prima philosophia*), "teologia", θεολογία, ou "sabedoria", σοφία. Como foram colocados, na classificação e publicação de obras do Estagirita, atrás dos oito livros da *Física*, os livros em questão receberam o nome de τὰ μετὰ τὰ φυσικά, *tá metá tá physicá*, isto é, "os que estão atrás da física", ou, mais exatamente, "as coisas que estão atrás das coisas físicas".

Costuma-se considerar que esta designação, que teve no princípio uma função meramente classificatória, se mostrou muito adequada, porque com os estudos objeto da "filosofia primeira" se constitui um saber que aspira a penetrar "para além dos" ou "atrás dos" estudos "físicos", isto é, dos estudos referentes à "Natureza", de modo que a metafísica é um saber que transcende o saber físico ou "natural".

A opinião vigente foi criticada por Hans Reiner em dois artigos: "Die Entstehung und ursprüngliche Bedeutung des Namens Metaphysik" (*Zeitschrift für philosophische Forschung*, 9 [1954], 210-237) e "Die Entstehung der Lehre vom bibliothekarischen Ursprung des Namens Metaphysik" (*ibid.*, 9 [1955], 77-99). Ao que sabemos, a crítica de Reiner teve ressonância apenas no livro de Takatura Ando, *Metaphysics: A Critical Survey of Its Meaning* (1963, 2ª ed., ampl., 1974).

Aparentemente, Franciscus Patricius (Francesco Patrizi) (1413-1494) foi um dos primeiros, se não o primeiro, a manter a origem "bibliotecária" de 'metafísica' em suas *Discussiones peripateticae*, I. Uma das razões que o induziram a sustentar essa opinião é que a expressão μετὰ φυσικά é posterior a Aristóteles; se tivesse tido uma idéia definida da metafísica como saber que vai "além da física", o Estagirita teria adotado esse nome, ou algum similar, em vez de falar de "filosofia primeira". Em termos modernos, a opinião sobre o caráter não estritamente unitário da "Metafísica" de Aristóteles e sobre a origem do nome como designação de uma ordem seqüencial na edição de obras do Estagirita deve-se principalmente a Johann Gottlieb Buhle (1763-1821), em sua obra *Ueber die Aechtheit der Metaphysik des Aristoteles* (1788). Essas opiniões foram incorporadas à edição (1793), por Fabricius, da *Bibliotheca Graeca*. Hans Reiner indica que a opinião vigente exposta no princípio e adotada por eminentes conhecedores de Aristóteles, como Bonitz, Brandis, Zeller no século XIX, e Werner Jaeger, W. D. Ross, Octave Hamelin e Heidegger no século XX, constitui uma aceitação pouco crítica de Buhle, que desconhecia as interpretações gregas e os dois sentidos de *metaphysica*, como *post physica* e como *trans physica*, na época medieval, a que nos referimos *infra*. De acordo com Reiner, tudo isso se revela surpreendente sobretudo porque Kant, em algumas aulas sobre metafísica (ed. M. Heinze, 1894), manifestara dúvidas de que o termo 'metafísica' tivesse uma origem meramente "bibliotecária", já que se mostrava demasiado apropriado para atribuí-lo a um acaso.

As opiniões de Reiner podem ser, por seu turno, criticadas pelo menos em dois pontos: dada a tendência de Aristóteles a usar adjetivos que caracterizam um tipo de investigação, como ocorre com "lógico", λογική, e "físico", φυσική, pode-se perguntar se, caso tivesse tido uma idéia bem definida do caráter das investigações depois denominadas "metafísicas", ele não teria cunhado o adjetivo correspondente ou não teria vacilado na adoção de nomes. Johann Gottlieb Buhle foi um seguidor da filosofia kantiana e, embora isso não garanta a adoção das opiniões de Kant em todos os aspectos, surpreende um pouco que tenha sido justamente Buhle o originador da opinião hoje vigente. Pode-se acrescentar a isso que o desconhecimento das interpretações gregas e dos sentidos medievais pode ser imputado a Fabrício, mas é mais difícil atribuí-lo a autores como Bonitz, Brandis, Zeller, Jaeger, Ross etc. Não obstante, há na tese de Reiner pontos importantes.

Em *An. post.* 71 b 33-72 a 5, Aristóteles estabeleceu uma distinção entre dois sentidos de 'anterior' e 'mais conhecido'. Anterior por natureza, φύσει, não é o mesmo que anterior para nós, πρὸς ἡμᾶς, como não são a mesma coisa o que é mais conhecido por natureza e o que é mais conhecido para nós. São anteriores e mais conhecidos para nós, segundo Aristóteles, os objetos mais próximos da sensação, e são anteriores e mais conhecidos simplesmente ou absolutamente, ἁπλῶς, os objetos afastados dos sentidos. As causas mais universais são as mais afastadas dos sentidos, embora sejam as mais fundamentais na ordem real. O que é primeiro para nós, πρὸς ἡμᾶς πρότερον, opõe-se ao que é último para nós, πρὸς ἡμᾶς ὕστερον. Mas o primeiro para nós é contrário ao primeiro por natureza.

Segundo Reiner, toda uma série de autores antigos, como Alexandre de Afrodísia, Asclépio, Temístio e Simplício, tinha clara consciência de que a disposição e organização dos livros "metafísicos" era função das distinções apontadas. Do ponto de vista da ordem dos princípios, ou o que é primeiro por natureza, os livros metafísicos constituem o que Aristóteles denominou "filosofia primeira". São, pois, "anteriores". Mas, do ponto de vista do modo como conhecemos, isto é, "para nós", esses livros são posteriores aos físicos, daí que sejam μετὰ τὰ φυσικά. Assim, a "metafísica" vem "depois da física" de uma forma mais fundamental do que o aparecer mais ou menos casualmente atrás "dos (livros) físicos" numa ordem de biblioteca. Na realidade, Andrônico de Rodes seguiu Eudemo — e, com isso, o próprio "espírito aristotélico" — ao empregar o nome 'metafísica', já que 'filosofia primeira', embora mais adequado "em si", é inadequado na ordem dos conhecimentos.

Segundo Aristóteles, "há uma ciência que estuda o ser enquanto ser, τὸ ὂν ἧ ὄν, e o que lhe pertence caracteristicamente. Esta ciência não se confunde com nenhuma das chamadas ciências particulares, pois nenhuma delas considera em geral o ser enquanto ser, mas unicamente uma parte do ser" (*Met.*, Γ, I, 1003 a 20). Em contrapartida, essa ciência investiga "os primeiros princípios e as causas mais elevadas" (*op. cit.*, 1003 a 25). Por isso, ela merece ser chamada de "filosofia primeira", πρώτη φιλοσοφία, ao contrário de toda "filosofia segunda", δεύτερα φιλοσοφία (*op. cit.*, 2, 1004 a 1). A filosofia — diz Aristóteles — tem tantas partes quantas substâncias há; assim, a parte que trata da substância natural é a "física" (VER), uma "filosofia segunda". Acima dessas partes, há uma ciência na qual se estuda o que é enquanto é e não nenhuma espécie ou forma particular desse ser. O que é enquanto é tem certos princípios, que são os "axiomas", e estes se aplicam a toda substância como substância e não a este ou àquele tipo de substância.

Desde que Aristóteles determinou o objeto da "filosofia primeira" e desde que se usou, além disso, o termo 'metafísica' (*metaphysica*) como equivalente a 'filosofia primeira', suscitaram-se muitos problemas. Um deles, que abordaremos a seguir, é o do objeto próprio da "metafísica". Há no próprio Aristóteles uma vacilação que determinará muitas das discussões posteriores a esse respeito. Por um lado, o que ele chama "filosofia primeira" (ou a "metafísica"), ao ocupar-se do ser como ser, de suas determinações, princípios etc., ocupa-se de "algo" que é, desde logo, superior, e até supremo, na ordem "do que é" e na ordem também de seu conhecimento. Mas esse "ser superior ou supremo" pode ser entendido de dois modos: ou como estudo formal do que depois se denominarão "formalidades", caso em que a metafísica será o que se chamará depois "ontologia", ou então como estudo da substância separada e imóvel — o primeiro motor, Deus —, caso em que será, tal como Aristóteles a denomina, "filosofia teológica", φιλοσοφία θεολογική, isto é, teologia, θεολογία (*Met.*, E, 1, 1026 a 19).

Admitam-se ou não os resultados da pesquisa de Reiner a que nos referimos *supra*, parece que a *metaphysica* teve, desde (relativamente) cedo, dois sentidos: um, "transnatural", o de *post physica*, e o outro "sobrenatural", o de *trans physica*. O primeiro sentido pode ser visto em Domingo Gundisalvo, com base provavelmente em Avicena (e Averróis). Em seu tratado *De divisione philosophiae*, diz-se que a metafísica é *post physicam quia id est de eo, quod est post naturam*. O segundo sentido acha-se difundido em vários autores. Os dois sentidos pareceram unir-se em Pedro Fonseca, para quem a metafísica estuda simultaneamente as *post naturalia* e as *super naturalia*. Mas, ao mesmo tempo, nunca se perdeu no termo 'metafísica' o sentido de uma investigação formal, estreitamente relacionada com a lógica (embora não identificável com ela), de temas tais como o ser (e a analogia ou univocidade do ser), os transcendentais, a substância, os modos, a essência, a existência etc., todos eles tradicionalmente considerados "objetos" da metafísica. O estudo desses temas era tido como fundamental para estabelecer as bases de qualquer "filosofia segunda", mas era também considerado fundamental para a teologia, pelo menos enquanto "teologia racional". Deve-se a isso o fato de em algum momento começar a usar-se a expressão 'metafísica geral', ao contrário dos ramos dessa metafísica geral, um dos quais era justamente a teologia.

De todo modo, os escolásticos medievais ocuparam-se com freqüência da questão do objeto próprio da metafísica. E como o conteúdo da teologia era determinado primariamente pela revelação, eles também se dedicaram amiúde às relações entre metafísica e teologia. Foram muitas as opiniões sobre esses dois problemas. Ocupamo-nos de algumas das que se mantiveram na Idade Média sobre a relação entre metafísica (ou, simplesmente, filosofia) e teologia nos verbetes ESCOLÁSTICA e FILOSOFIA MEDIEVAL. Agora, elucidaremos um pouco as concepções que se mantiveram acerca da metafísica para completar as esboçadas *supra*.

Muitos escolásticos medievais consideraram que a metafísica é "a ciência primeira" e "a filosofia primeira"; a *metaphysica* é uma dissertação *de ente*, sobre o ente. Santo Tomás escreveu que a filosofia primeira, *prima philosophia*, é "a ciência da verdade, não de qualquer verdade, mas da verdade que é a origem de toda verdade, isto é, que pertence ao primeiro princípio pelo qual todas as coisas são. A verdade que pertence a esse princípio é, evidentemente, a fonte de toda verdade" (*Contra Gent.*, I, 1, 2). A filosofia primeira, na medida em que considera as causas primeiras (*in quantum primas rerum causas considerat*) (1 met. pr.), tem como objeto de estudo essas causas, embora a causa primeira real seja Deus. A metafísica trata do ser, que é "convertível" com a verdade, mas, sendo Deus a fonte de toda verdade, Deus é o objeto da metafísica. Por outro lado, a metafísica é a ciência do ser como ser e como substância, *de ente sive de substantia*. Neste sentido, ela não se "limita" a tratar do ser mais real, *ens realissimum*; ocupa-se do "ente em comum e do primeiro ente, separado da matéria", *de ente in communi et de ente primo, quod est a materia separatum*. Parece então que se trata de duas ciências distintas, mas constitui sobretudo dois modos de considerar a metafísica. Num deles, a metafísica tem um conteúdo teológico, que não é dado pela própria metafísica, mas pela revelação. No outro, a metafísica é a ciência do *ens*, ente, na medida em que é o primeiro que "cai sob o entendimento". Ainda assim, ela continua subordinada à teologia — e, portanto, à revelação —, mas tem sua "razão própria". Isso é possível pelo acordo fundamental que, segundo Santo Tomás, há entre teologia e filosofia (metafísica). Examinando em outro lugar a natureza da metafísica, Santo Tomás escreve: "Há, além disso, alguns objetos de ciência independentes da matéria em seu ser, pois ou existem sempre sem matéria (como Deus e as substâncias espirituais) ou se acham às vezes na matéria e às vezes não (por exemplo, a substância, a qualidade, a capacidade, a atualidade, a pluralidade, a unidade etc.). Esses objetos são tratados pela ciência divina que tem também o nome de metafísica, isto é, para além da física, pois, dado que temos necessariamente de proceder dos objetos sensíveis ao supra-sensíveis, temos de ocupar-nos dela depois da física. Ela é denominada do mesmo modo filosofia primeira, pois todas as outras ciências a pressupõem (*Opusc.* XVI, Exposição, *De Trinitate*, vol. 1).

Segundo Duns Scot, a metafísica é primária e formalmente ciência do ente enquanto *ens communissimum*: é a *prima scientia scibilis primi* — "ciência primeira do primeiro cognoscível" — (*Quaest. in Met.* VII, q. 4, 3). Para Duns Scot, como antes para Avicena, a metafísica é prévia à teologia, não porque o objeto desta última se ache realmente subordinado ao objeto da primeira, mas porque, sendo a metafísica ciência do ser, o conhecimento deste último é fundamento do conhecimento do ser infinito. Para Occam, a metafísica não é propriamente nem ciência nem ciência de Deus nem ciência do ser, mas isso se deve ao fato de se poder dizer dela que tem por objeto o ser como objeto primeiro com primado de atribuição, e tem por objeto Deus como objeto primeiro com primado de perfeição.

Suárez (*Disp. met., I*) resumiu e analisou quase todas as opiniões acerca da metafísica propostas pelos escolásticos. Segundo Suárez, uma primeira opinião sustenta que o objeto total da metafísica é o ente considerado na maior abstração possível, na medida em que encerra não só a soma de entes reais, substanciais e acidentais, como também na medida em que compreende os entes de razão. Uma segunda opinião afirma que o objeto da metafísica é o ente real em toda a sua extensão, considerado de tal modo que não inclua diretamente os entes de razão por causa de sua carência de entidade e de realidade. Outra opinião assinala como único objeto da metafísica Deus como supremo ser real. Uma quarta opinião indica que a metafísica se ocupa da substância ou ente imaterial, compreendendo neles exclusivamente Deus e as inteligências. Existe igualmente uma doutrina segundo a qual o objeto próprio dessa ciência é o ente classificado nos dez predicamentos, quer as substâncias imateriais finitas e seus acidentes se incluam nas categorias e se exclua do objeto da metafísica, embora não totalmente, o ser sumo, quer só se mostre como objeto do saber metafísico o ente divino nos dez predicamentos. Por fim, há a opinião segundo a qual o objeto da metafísica é a substância enquanto substância, isto é, na medida em que abstrai do material e do imaterial, do finito e do infinito. Todas essas opiniões têm alguma justificação, mas ao mesmo tempo são parciais. Resumindo assim uma longa tradição escolástica, Suárez indica que a noção de metafísica não é tão ampla quanto alguns supõem, nem tão pouco extensa quanto outros admitem; a metafísica é, em suma, tal como a definiram Aristóteles e Santo Tomás, o estudo do ente enquanto ente real, isto é, a ciência do ser enquanto ser, não concebido à maneira do gênero supremo e, portanto, sob a espécie da mera abstração total, mas concebido como o ser que, ultrapassando todo gênero, pode ser denominado com toda propriedade um *transcendens*. O princípio *ens est transcendens* é, assim, para Suárez, uma fórmula capital da metafísica, que é ciência primeira na ordem dos saberes e ciência última na ordem do ensino (ou aprendizagem).

Na época moderna, mantiveram-se numerosas opiniões acerca da metafísica, incluindo a opinião de que ela não é uma ciência nem nunca poderá sê-lo. Francis Bacon considerava que a metafísica é a ciência das causas formais e finais, ao contrário da física, que é ciência das causas materiais e eficientes. Para Descartes, a metafísica é uma *prima philosophia* que aborda questões como "a existência de Deus e a distinção real entre a alma e o corpo do homem". Característico de muitas das meditações ou reflexões denominadas "metafísicas" na época moderna é que nelas se procuram dilucidar racionalmente problemas transfísicos e que nessa dilucidação se começa com a questão da certeza e das "primeiras verdades", ou, com freqüência, da "primeira verdade". A metafísica é possível como ciência apenas quando se apóia numa verdade indubitável e absolutamente certa, por meio da qual se podem alcançar as "verdades eternas". A metafísica continua a ser em grande medida ciência "do transcendente", mas essa transcendência se apóia em muitos casos na absoluta imediaticidade e imanência do eu pensante.

Outros autores rejeitaram a possibilidade do conhecimento metafísico e, em geral, de toda realidade tida por transcendente. O caso mais conhecido na época moderna é o de Hume. A distribuição de todo conhecimento em conhecimento ou de fatos ou de "relações de idéias" deixa sem base o conhecimento de qualquer objeto "metafísico"; não há metafísica, porque não há objeto de que essa pretensa ciência possa ocupar-se. Em outra linha de pensamento, muitos autores procuraram "formalizar" a metafísica; ou seja, abordar as questões metafísicas como questões acerca de conceitos básicos tratados formalmente. Isso já acontecera entre os escolásticos e continuara até Suárez, Fonseca e outros. Durante o século XVII e começo do século XVIII, essa tendência se fortaleceu. Muitos autores se dedicaram a estudar o objeto da metafísica e a distinguir entre *metaphysica* e *logica*. Ambas as disciplinas são, como escreve Johannes Clauberg (*Ontosophia* [1647], p. 288), *disciplinae primae*, mas por seu objeto afastam-se infinitamente uma da outra, já que a metafísica sabe tudo (*omnia scit*) e a lógica não sabe nada (*nihil scit*). Outros autores tenderam a estabelecer uma distinção entre *metaphysica* e *ontologia*. Referimo-nos a esse ponto no verbete ONTOLOGIA; assinalemos aqui tão-somente que na ontologia se abriga o aspecto mais formal da metafísica. A ontologia é concebida como uma *philosophia prima* que se ocupa do ente em geral. Por isso, a ontologia pode ser equiparada (como o foi depois por autores que fundiram a tradição escolástica com a wolffiana) a uma *metaphysica generalis*. As dificuldades que muitas das definições anteriores de 'metafísica' suscitaram pareciam desvanecer-se em parte: a metafísica como ontologia não era ciência de nenhum ente determinado, mas podia "dividir-se" em certos "ramos" (como a teologia, a cosmologia e a psicologia racionais) que se ocupavam de entes determinados, embora num sentido "muito geral" e como princípio de estudo desses entes; isto é, num sentido "metafísico".

A persistente e crescente tendência das "ciências positivas" ou "ciências particulares" com relação à filosofia, e em especial com relação à parte mais "primordial" da filosofia, isto é, a metafísica, exacerbou as questões fundamentais que tinham sido formuladas sobre a metafísica, e em particular as duas questões seguintes: 1) se a metafísica é possível (como ciência); 2) de que se ocupa ela. Central na discussão desses dois problemas é a filosofia de Kant, que levou a sério os embates de Hume contra a pretensão de atingir um saber racional e completo da realidade, mas ao mesmo tempo levou a sério o problema da possibilidade de uma metafísica. De maneira particular, Kant se interessou pela questão de como é possível fundamentar a metafísica de um modo definitivo com a finalidade de deixar ela de ser o que foi até agora: uma "tentativa" (*Herumtappen*). A metafísica foi até agora "uma ciência racional especulativa completamente isolada", baseada unicamente nos conceitos e não, "como a matemática, na aplicação dos conceitos à intuição" (*KrV*, B, xiv). A metafísica foi até agora "a arena das discussões sem fim"; edificada no ar, não produziu senão castelos de cartas. Não se pode, pois, continuar a trilhar o mesmo caminho e favorecer as especulações sem fundamento. Por outro lado, não é possível simplesmente aderir ao ceticismo; é preciso fundar a metafísica para que esta "chegue a transformar-se em ciência", e para isso é necessário proceder a uma crítica das limitações da razão. A metafísica, em suma, deve submeter-se ao tribunal da crítica, à qual nada escapa nem deve escapar. Kant nega, pois, a metafísica, mas com o fim de "fundá-la". O modo como essa fundamentação se realiza no âmbito do pensamento de Kant é complexo e não pode ser apresentado aqui. Limitar-nos-emos a indicar que, de imediato, Kant mostra que não há possibilidade de juízos sintéticos *a priori* em metafísica. Por conseguinte, a metafísica não parece poder ser uma "ciência teórica" em nenhum caso. Daí a passagem à "razão prática", na qual parece dar-se a metafísica não como uma ciência, mas como uma realidade moral. Mas esta posição tampouco é satisfatória se se deseja que a metafísica se transforme realmente em ciência. Uma parcela da obra de Kant, a partir da *Crítica do Juízo*, pode ser compreendida como uma tentativa de responder a esse desafio da metafísica como ciência.

Assim como durante a Idade Média, a metafísica foi, durante a época moderna (e depois ao longo da contemporânea), um dos grandes temas de debate filosófico. E isso a ponto de a maioria das posições filosóficas de Kant até hoje poder ser compreendida em função de sua atitude diante da filosofia primeira. As tendências adscritas ao que poderíamos denominar a filosofia tradicional não negaram em nenhum momento a possibilidade da metafísica. O mesmo ocorreu com o idealismo alemão, embora o próprio termo 'metafísica' não tenha recebido com freqüência grandes homenagens. Em contrapartida, a partir do momento em que se acentuou a necessidade de ater-se a um saber positivo, a metafísica foi submetida a uma constante crítica. Na filosofia de Comte, isso é evidente: a metafísica é um modo de "conhecer" próprio de uma "época da humanidade", destinada a ser superada pela época positiva. Ora, essa negação da metafísica implicava às vezes a negação do próprio saber filosófico. Por esse motivo, surgiram no fim do século XIX e começo do século XX várias tendências antipositivistas que, embora hostis em princípio à metafísica, acabaram por aceitá-la. O criticismo neokantiano é um exemplo particularmente elucidador dessa posição. Mas também o são o neocriticismo francês e, em particular, o chamado positivismo espiritualista. Em todos esses movimentos, a metafísica é com freqüência revalorizada "a partir de dentro", isto é, a partir do interior de um saber positivo. O mesmo ocorre em Bergson. A reabilitação bergsoniana da metafísica não supõe a adesão ao conhecimento racional do inteligível; supõe precisamente a negação ou limitação desse conhecimento e a possibilidade de uma apreensão intuitiva e imediata do real, que a ciência decompõe e mecaniza. Alguns negaram a metafísica no sentido tradicional e reconheceram, em contrapartida, a existência de uma aspiração metafísica insuspeitada no homem. Isso ocorre com Dilthey e com todos os autores que de um modo ou de outro tendem a transformar a metafísica numa "concepção do mundo", ao mesmo tempo inevitável e indemonstrável. Numa direção semelhante, ainda que de modo algum idêntica, à de Dilthey, moveu-se Collingwood ao considerar que o único modo de abordar a questão da possibilidade da metafísica é observar que a metafísica deve ter consciência de que é história. Outros autores não se ocuparam explicitamente da questão da natureza e possibilidade da metafísica, mas seu pensamento filosófico pode ser considerado fundamentalmente metafísico (ou assim é considerado, ao menos, por todas as tendências explicitamente antimetafísicas). É o que ocorre, por exemplo, com o existencialismo e com todas as filosofias existenciais. Outros autores não seguiram, ou seguiram muito pouco, as tendências tradicionais relativas à natureza, finalidade ou possibilidade da metafísica, mas desenvolveram um pensamento decididamente metafísico, no qual a metafísica não é "ciência primeira" nem "ciência do ente", mas "saber da realidade radical". Isso acontece com Ortega y Gasset, que podia afirmar que a metafísica não é propriamente uma ciência, porque é o saber no âmbito do qual se dão os outros saberes (sem que estes, de resto, procedam necessariamente daquele, já que não é o mesmo "basear-se em" e "estar fundado ou radicado em"). Um modo de considerar a metafísica em sentido diferente do tradicional ou de muitos dos sentidos modernos é igualmente o de Heidegger; com efeito, o conceito de ser (VER) em Heidegger não é comparável, ou não é comparável em muitos aspectos, ao conceito de ser "tradicional", motivo pelo qual uma "introdução à metafísica" como "introdução ao ser" não é a mesma coisa que uma introdução à ciência do ente enquanto tal.

Existencialismo, bergsonismo, atualismo e muitas outras correntes de nosso século são ou de caráter declaradamente metafísico ou reconhecem que o que se faz primariamente em filosofia é um pensar de algum modo "metafísico". Em contrapartida, outras correntes contemporâneas se opuseram de maneira taxativa à metafísica, considerando-a uma pseudociência. Isso ocorre com alguns pragmatistas, com os marxistas e, em particular, com os positivistas lógicos (neopositivistas) e muitos dos chamados "analistas". Comum aos positivistas é o fato de terem adotado uma posição sensivelmente análoga à de Hume. Eles acrescentaram à posição de Hume considerações de caráter "lingüístico". Assim, manteve-se que a metafísica surge unicamente como conseqüência das ilusões em que nos envolve a linguagem. As proposições metafísicas não são nem verdadeiras nem falsas; simplesmente carecem de sentido. A metafísica não é, pois, possível, porque não há "linguagem metafísica". A metafísica é, em suma, "um abuso da linguagem".

Nos últimos anos, foi possível observar que inclusive no âmbito das correntes positivistas e "analíticas" foram suscitadas questões que podem ser consideradas metafísicas, ou então se atenuou o rigor contra a possibilidade de toda metafísica. Alguns (Charles Morris) admitem a metafísica enquanto uma forma de "discurso" (VER): o "discurso metafísico", semelhante ao lógico ou ao gramatical, mas, ao contrário destes, possuidor de um tipo "formativo". Contudo, a noção de verdade (ou falsidade) não pode ser aplicada a esse "discurso", que tem por finalidade organizar o comportamento humano. Outros (Bertrand Russell) disseram que "o completo agnosticismo metafísico não é compatível com a manutenção de proposições lingüísticas". Einstein declarou uma vez que "o medo da metafísica" é uma "enfermidade da atual filosofia empírica", enfermidade que é apenas "o contrapeso àquele filosofar anterior nas nuvens que acreditava poder desfazer-se do que é dado aos sentidos e prescindir dele". Outros distinguiram entre uma "boa metafísica" e uma "má metafísica". Assim, N. Hartmann estabeleceu uma distinção entre ontologia especulativa e ontologia crítica. Essa distinção pode aplicar-se à metafísica. Segundo ele, a metafísica especulativa é a metafísica construtiva, mais inclinada a edificar sistemas do que a examinar os pressupostos e implicações dos conceitos usados. A metafísica crítica, em contrapartida, é fundamentalmente uma análise lógica. P. F. Strawson distinguiu entre uma metafísica revisionista e uma metafísica descritiva. A metafísica revisionista (cultivada, embora não sem considerações de tipo descritivo, por Descartes, Leibniz e Berkeley, entre outros) é a que visa erigir a melhor estrutura conceitual possível para a compreensão e explicação do real e de suas diversas formas. A metafísica descritiva (cultivada, ainda que não sem intenções de tipo revisionista, por Aristóteles e Kant, entre outros) é a que descreve "a estrutura efetiva de nosso pensamento acerca do mundo". De acordo com Strawson, a metafísica revisionista cria produtos conceituais de interesse permanente, mas se encontra a serviço da metafísica descritiva. Esta última é parecida com a "análise conceitual" no sentido da escola de Oxford (VER), embora difira dela por seu alcance e generalidade. Mário Bunge indicou que a metafísica é legítima se preenche certas condições de rigor e está estreitamente vinculada com a ciência, mas a metafísica rigorosa não é suficiente, devendo ser igualmente exata. Falou-se também (N. Rescher) de metafísica taxonômica, metafísica arquitetônica e metafísica avaliativa. Alguns autores indicaram que é admissível uma análise metafísica ou uma metafísica analítica. Nenhuma dessas concepções da metafísica admitiria a famosa frase (ou *boutade*) de Bradley — "A metafísica é a descoberta de más razões para aquilo que cremos por instinto, mas o encontrar essas razões já não é um instinto" — porque alegraria que, se as razões são más, a metafísica deve sê-lo igualmente.

A oposição à metafísica, assim como o reconhecimento da legitimidade ou interesse da metafísica, diz muito pouco acerca do que se entende em cada caso por 'metafísica'. Com efeito, um autor como Carnap se opôs em geral à metafísica. O mesmo fez um autor como Heidegger. Mas as tendências filosóficas de cada um desses autores são tão diferentes que se pode ter dúvidas sobre se é o mesmo o que cada um entende por 'metafísica'. E se por acaso entendem por 'metafísica' o mesmo — por exemplo, a "tradição metafísica ocidental" —, ambos se situam com relação a ela em posições muito distintas; as razões da rejeição dessa tradição em Heidegger mal são comparáveis com as razões da rejeição da mesma tradição em Carnap. Quando falam de metafísica, certos autores de tendência analítica não entendem por ela o mesmo que autores de outras tendências. É possível concordar com a crítica da metafísica (racional) formulada por Kant e ao mesmo tempo elaborar teses metafísicas. É igualmente possível, e bastante freqüente, estar de acordo com o modo de fazer metafísica (ou "filosofia primeira") de Aristóteles sem por isso seguir em quase nenhum aspecto as metafísicas escolásticas. Afirmar que a metafísica (ou, sem rodeios, a ontologia) se ocupa dos traços mais gerais da realidade não leva necessariamente a elaborar metafísicas de caráter predominantemente especulativo; uma metafísica do tipo sugerido pode ser científica. Por outro lado, há tipos de pensamento que se declaram a si mesmos metafísicos e que não são analíticos ou científicos, mas tampouco são especulativos no sentido pejorativo dessa palavra.

Tendo em vista a variedade de opiniões sobre a metafísica, é quase óbvio que não há nada que se possa denominar "*a* metafísica". Há modos de pensar filosóficos muito diferentes que envolvem diversos tipos de metafísicas, amiúde incompatíveis entre si. Parece razoável então ou abster-se de discutir sobre se "a" metafísica é legítima ou não, ou eliminar, na medida do possível, essa palavra do vocabulário filosófico. O que se fizer então filosoficamente será o importante, não se se chama ou não "metafísica".

↪ Conceito de metafísica e exposições de doutrinas metafísicas: Henri Bergson, "Introduction à la métaphysique", *Revue de Métaphysique et de Morale*, 11 (1903), 1-36 (reimp. em *La pensée et le mouvant*, 1934). — C. Guastella, *Filosofia della Metafisica*, 2 vols., 1905. — O. Janssen, *Vorstudien zur Metaphysik*, 2 vols., 1921-1927. — G. von Hertling, *Vorlesungen über Metaphysik*, 1922. — Joseph Geyser, *Einige Hauptprobleme der Metaphysik*, 1923. — Hans Driesch, *Metaphysik*, 1924. — Hermann E. Oberhuber, *Die Geltungsgrundlagen metaphysischer Urteile*, 1928. — Martin Heidegger, *Was ist Metaphysik?*, 1929. — Id., *Einleitung in die Metaphysik*, 1953. — Hugo Dingler, *Metaphysik als Wissenschaft vom Letzen*, 1929. — Cardeal Mercier, *Métaphysique générale ou Ontologie* [de seu *Cours de philosophie*]. — R. G. Collingwood, *An Essay on Metaphysics*, 1940. — E. Gilson, *L'Être et l'Essence*, 1948. — Louis Marie Régis, *L'Odyssée de la Métaphysique*, 1949. — J. Wahl, *Traité de Métaphysique*, 1953. — A. Ancel, *Métaphysique générale*, 1953. — J. Marías, *Idea de la metafísica*, 1954. — Hans Reiner, arts. cits. texto verbete, *supra*. — W. Ehrlich, *Metaphysik*, 1955. — Morris Lazerowitz, *The Structure of Metaphysics*, 1955. — Id., *Studies in Metaphilosophy*, 1964 ["continuação" do livro anterior]. — Wolfgang Stegmüller, *Metaphysik, Wissenschaft, Skepsis*, 1955. — D. M. Emmet, *The Nature of Metaphysical Thinking*, 1956. — R. L. Saw, *The Vindication of Metaphysics*, 1956 [especialmente sobre Leibniz]. — G. Gusdorf, *Traité de métaphysique*, 1956. — Pedro Sonderéguer, *Límites y contenido de la metafísica*, 1956. — Gottfried Martin, *Einleitung in die allgemeine Metaphysik*, 1957. — Armando Carlini, *Che cosa è la metafisica? Polemiche e ricostruzione*, 1957. — H. P. Grice, D. F. Pears, P. F. Strawson, S. N. Hampshire, Gerd Buchdahl, P. L. Gardiner, Iris Murdoch *et al.*, *The Nature of Metaphysics*, ed. D. F. Pears, 1957. — Gaspar Nink, *Zur Grundlegung der Metaphysik. Das Problem der Seins- und Gegenstandskonstitution*, 1957. — Ernst Topitsch, *Vom Ursprung und Ende der Metaphysik. Eine Studie zur Weltanschauungskritik*, 1958. — S. Toulmin, R. Hepburn, A. MacIntyre, *Metaphysical Beliefs*, 1958. — William O. Martin, *Metaphysics and Ideology*, 1959 [The Aquinas Lecture 1959]. — *La métaphysique et l'ouverture à l'experiénce. Seconds entretiens de Rome publiés sous la direction de F. Gonseth*, 1960. — Emerich Coreth, *Metaphysik. Eine methodisch-systematische Grundlegung*, 1961, 2ª ed., 1964. — W. Bruning, A. P. Carpio, A. J. Casares *et al.*, *Posibilidad de la Metafísica*, 1961. — I. Ramsey, ed., *Prospect for Metaphysics: Essays of Metaphysical Exploration*, 1961. — A. J. Ayer, A. Donagan, J. N. Findlay, Ch. Hartshorne, N. Malcolm, S. Pepper, R. Taylor, artigos no vol. 47, nº 2 (1962), de *The Monist* sob o título geral: "Metaphysics Today". — W. H. Walsh, *Metaphysics*, 1963. — Takatura Ando, *op. cit.*, texto verbete, *supra*. — J. D. García Bacca, *Metafísica natural estabilizada y problemática. Metafísica espontánea*, 1963. — Richard Taylor, *Metaphysics*, 1963; 2ª ed., ampl., 1974. — Pietro Faggiotto, *Saggio sulla struttura della metafisica*, 1965. — Jean Wahl, *L'expérience métaphysique*, 1965. — L.W. Beck, S. Körner *et al.*, *Metaphysics and Explanation*, 1966, ed. W. H. Capitan e D. D. Merrill. — José Gómez Caffarena, *Metafísica fundamental*, 1969. — Id., *Metafísica trascendental*, 1970. — Wilhelm Krampft, *Die Metaphysik und ihre Gegner*, 1973. — D. M. MacKinnon, *The Problem of Metaphysics*, 1974. — H. Boeder, *Topoi der Metaphysik*, 1980. — G. Kalinowski, *L'impossible métaphysique*, 1981 [com cartas inéditas de É. Gilson]. — D. W. Hamlyn, *Metaphysics*, 1984. — S. Körner, *Metaphysics: Its Structure and Function*, 1984. — E. M. Zemach, *Types: Essays in Metaphysics*, 1992. — P. Van Inwagen, *Metaphysics*, 1993.

Metafísica como ciência: Heinrich Scholz, *Metaphysik als strenge Wissenschaft*, 1941.

Metafísica e ciência: Moritz Geiger, *Die Wirklichkeit der Wissenschaften und die Metaphysik*, 1930, reimp., 1962. — O. Kraus, Kastil, Rogge etc., *Naturwissenschaft und Metaphysik*, 1939 [Abhandlungen zum Gedächtnis des 100. Geburtstag von F. Brentano, 1]. — A. M. Alberti, *Empirismo e metafisica alle origini della scienza moderna*, 1977.

Metafísica e cultura: L. Dupre, *Metaphysics and Culture*, 1994.
Fenomenologia e metafísica: Arnold Metzger, *Phänomenologie und Metaphysik*, 1933.
Teoria do conhecimento e metafísica: E. Becher, *Erkenntnistheorie und Metaphysik*, 1925.
Método em metafísica: Johannes Hessen, *Die Methode der Metaphysik*, 1932. — N. Balthasar, *La méthode en métaphysique*, 1943. — R. J. Henle, *Method in Metaphysics*, 1951. — Stanislaw Kaminski, Mieczystaw Krapiec, *Z Teorii i Metodologii Metafizyki*, 1962 (*Para a teoria e metodologia da metafísica*) [com resumo em francês].
Sentido da metafísica: J. Durand-Doat, *Le sens de la métaphysique*, 1928. — F. Wiplinger, *Metaphysik. Grundfragen ihres Ursprungs und ihrer Vollendung*, 1976.
Exame da metafísica do ponto de vista da análise lógica da linguagem: R. Carnap, "Ueberwindung der Metaphysik durch logische Analyse der Sprache", *Erkenntnis*, 2 (1931), 219-241. — A. J. Ayer, "Demonstration of the Impossibility of Metaphysics", *Mind*, N. S., 43 (1934), 335-345. — L. Rougier, *La métaphysique et le langage*, 1960. — John W. Yolton, *Metaphysical Analysis*, 1967. — J. F. Harris, ed., *Logic, God and Metaphysics*, 1992. — P. Strawson, *Analysis and Metaphysics: An Introduction to Philosophy*, 1992.
Relação entre a metafísica e o empirismo lógico: Warner Arms Wick, *Metaphysics and the New Logic*, 1942 (tese).
Metafísica e história: K. H. Volkmann-Schluck, *Metaphysik und Geschichte*, 1963.
História da metafísica. História geral: Eduard von Hartmann, *Geschichte der Metaphysik*, I (até Kant), 1889; II (a partir de Kant), 1900. — Ch. Renouvier, *Histoire et solution des problèmes métaphysiques*, 1901. — Heinz Heimsoeth, *Die sechs grossen Themen der abendländischen Metaphysik*, 1922; 4ª ed., 1958. — J. Maréchal, *Le point de départ de la métaphysique* (Caderno I: *De l'antiquité à la fin du moyen âge: la critique ancienne de la connaissance*, 1922; Cad. II: *Le conflit du rationalisme et de l'empirisme dans la philosophie moderne avant Kant*, 1923; Cad. III: *Kant*, 1923; Cad. IV: *Par delà le kantisme*, 1947; Cad. V: *Le thomisme devant la philosophie critique*, 1926; Cad. VI: *Les épistémologies contemporaines*, sem terminar). — G. Misch, *Der Weg in der Philosophie*, 1926 (trad. inglesa muito ampliada pelo autor da parte I: *The Dawn of Philosophy*, 1951). — Max Wundt, *Geschichte der Metaphysik*, 1931. — Bruce Wilshire, *Metaphysics: An Introduction to Philosophy*, 1970.
Metafísica antiga: J. Stenzel, *Metaphysik des Altertums*, 1931 (no *Handbuch der Philosophie*, ed. A. Baeumler e M. Schröter, Abt. I, Bd. 4). — M. Wundt, *Untersuchungen zur Metaphysik des Aristoteles*, 1953. —

Salvador Gómez Nogales, *Horizonte de la metafísica aristotélica*, 1955. — A. Mansion, "L'objet de la science philosophique suprême d'après Aristote, *Met. E 1*", *Mélanges de philosophie grecque offerts à Mgr. Diès*, 1956, pp. 151-168. — Id., "Philosophie première, philosophie seconde et métaphysique chez Aristote", *Revue philosophique de Louvain*, 56 (1958), 165-221. — V. Décarie, *L'objet de la métaphysique selon Aristote*, 1961. — Giovanni Reale, *Il concetto di filosofia prima e l'unità della metafisica di Aristotele*, 1961. — M. Lu, *Critical Theoretical Inquiry on the Notion of Act in the Metaphysics of Aristotle and Saint Thomas Aquinas*, 1992.
Metafísica medieval: Alois Dempf, *Metaphysik des Mittelalters*, 1930. — J. Bernhart, *Metaphysik des Mittelalters*, 1931 [no *Handbuch der Philosophie*, cf. *supra*]. — Albert Zimmermann, *Ontologie oder Metaphysik? Die Diskussion über den Gegenstand der Metaphysik im 13. und 14. Jahrhundert*, 1966.
Metafísica moderna e contemporânea: H. Heimsoeth, *Die Metaphysik der Neuzeit*, 1929. — R. E. Conze, *Der Begriff der Metaphysik bei F. Suarez*, 1929. — C. Sentroul, *L'objet de la métaphysique selon Kant et selon Aristote*, 1905. — D. P. Dryer, *Kant's Solution for Verification in Metaphysics*, 1966. — W. H. Walsh, *Kant's Criticism of Metaphysics*, 1975. — Peter Wust, *Die Auferstehung der Metaphysik*, 1920. — H. Kerler, *die auferstandene Metaphysik. Eine Abrechnung*, 1921. — D. W. Gottschalk, *Metaphysics in Modern Times: A Present-Day Perspective*, 1940. — Gustav Siewerth, *Das Schicksal der Metaphysik von Thomas zu Heidegger*, 1959. — Simon Moser, *Metaphysik einst und jetzt. Kritische Untersuchungen zu Begriff und Ansatz der Ontologie*, 1958. — Eugene H. Peters, *Hartshorne and Neoclassical Metaphysics: An Interpretation*, 1970. — M. Okrent, *Heidegger's Pragmatism: Understanding, Being, and the Critique of Metaphysics*, 1992. — G. Boyd, *Trinity and Process: A Critical Evaluation and Reconstruction of Hartshorne's Di-Polar Theism Towards a Trinitarian Metaphysics*, 1992. — J. L. Pappin III, *The Metaphysics of E. Burke*, 1992. — R. S. Woolhouse, *Descartes, Spinoza, Leibniz: The Concept of Substance in Seventeeth-Century Metaphysics*, 1993. ᑕ

METÁFORA. Alguns filósofos tenderam a usar metáforas para exprimir suas idéias. Outros consideraram a questão de saber se uma linguagem metafórica é ou não legítima em filosofia. Outros examinaram a estrutura e formas da linguagem metafórica.

Os filósofos que tenderam a usar metáforas para exprimir suas idéias geralmente consideraram que a linguagem metafórica é legítima em filosofia. Alguns poucos filósofos afirmaram inclusive que os pensamentos filosóficos só são exprimíveis metaforicamente. Os filósofos que foram parcimoniosos no uso de metáforas para expressar suas idéias tenderam a considerar suspeita a linguagem metafórica. Contudo, em princípio, o uso ou não uso, ou o uso mais ou menos abundante de uma linguagem metafórica em filosofia não implicam necessariamente uma opinião favorável ou adversa ao uso da metáfora. Podem-se usar metáforas sem avaliar serem estas indispensáveis ou fundamentais no mesmo sentido em que se podem usar expressões idiomáticas numa língua natural sem opinar que os pensamentos filosóficos são melhor expressos numa língua com muitas expressões idiomáticas do que numa língua que não as possua.

A tendência a usar ou a não usar metáforas se vê em dois autores clássicos: Platão e Aristóteles. O segundo, além disso, apresentou uma das primeiras teorias sobre a natureza da metáfora.

Platão não se dedicou explicitamente a examinar o que é a metáfora nem o que é a linguagem figurada, mas há em suas obras muitas expressões metafóricas e figuradas. Há também um uso abundante de termos que descrevem operações como "imaginar", "comparar (uma coisa com outra)" etc. Platão fala com freqüência de imagem, εἰκών. Ele fala também de comparar, ἀπεικάζειν. O verbo 'metaforizar', μεταφέρειν, não aparece em Platão com o sentido que assumiu posteriormente. Μεταφέρειν ὀνόματα significa (cf. *Crítias*, 13 A) traduzir um nome de uma linguagem para outra linguagem, de acordo com a significação primária do termo: transportar (uma carga) de um lugar para outro. Segundo Pierre Louis (ver a bibliografia), as passagens de Platão nas quais aparecem 'imagem' e 'comparar' são muito numerosas (*Gorg.*, 493 D, 517 D; *Men.*, 72 A; *Phaid.*, 87 B; *Symp.*, 215 A; *Rep.*, VI, 487 A segs. *et alia* para o primeiro vocábulo; *Gorg.*, 493 B,C; *Men.*, 80 C; *Phaid.*, 92 B, 99 E; *Symp.*, 221 C; *Rep.*, II, 377 C, III, 404 D, E, IV, 429 D, V, 464 B *et alia* para o segundo vocábulo). Mas em nenhuma dessas passagens é apresentada uma teoria que permita saber exatamente o que é a metáfora, por que se considera legítimo seu uso em filosofia e em que ela se distingue da mera comparação ou do símile (tal teoria não foi exposta sequer no *Crátilo*). A abundância e a imprecisão do mencionado uso metafórico em Platão são confirmadas se se recorre aos citados termos εἰκών e ἀπεικάζειν no *Lexicon Platonicum* de F. Ast (I, 1835); mal há diálogo que não os contenha, mas sem defini-los. Parece evidente, no entanto, que Platão não considerava a metáfora — e a linguagem figurada em geral — um procedimento ilegítimo para a exposição do saber filosófico. Afirmou-se por isso que a metáfora tem nos diálogos platônicos uma função análoga à do mito. Segundo Pierre Louis, o mito em Platão pode ser considerado inclusive o coroamento da metáfora, a qual se serve da comparação; a metáfora estaria, pois, a meio caminho entre a comparação (instrumento subalterno) e o mito (culminação da exposição figurada). Daí a dificuldade de traçar limites precisos para ela, bem como de saber quais são exatamente as metáforas platônicas. O autor citado considera que, para chegar a um claro conhecimento da questão, é necessário antes de tudo formular uma definição da metáfora melhor e mais precisa do que a apresentada por Aristóteles em *Poet.*, XII, 1457 b, e em *Rhet.*, III, 4, 1406 b (e ainda mantida por Hegel em *Aesthetik*, ed. Glockner 12: 533 a 540): a metáfora consiste em dar a uma coisa um nome que corresponde a outra coisa, produzindo-se uma transferência (ἐπι-φορά) do gênero à espécie ou da espécie ao gênero, ou da espécie à espécie, ou segundo relações de analogia. A comparação é também uma metáfora, mas enquanto a primeira é explícita (diz-se, por exemplo, que Aquiles *lutou como um leão*), a segunda é implícita (diz-se que Aquiles *era um leão*). Não basta, com efeito — indica Louis —, fazer da metáfora uma comparação sintetizada; é preciso acrescentar que enquanto a comparação aparece como algo externo, a metáfora é interna à frase e faz parte dela, não podendo ser eliminada nem substituída. Portanto, nesse sentido a metáfora não explica, mas descreve. Ora, quando se trata de examinar as metáforas platônicas, torna-se difícil isolá-las por inteiro da comparação, do mito e das imagens; a enumeração feita por P. Louis das metáforas platônicas é, efetivamente, tão exaustiva que compreende quase toda a linguagem figurada dos *Diálogos*. Eis algumas das mais características: a causa é uma fonte; os elementos opostos são contrários que lutam entre si; o raciocínio "caminha" (bem ou mal, lenta ou apressadamente etc.); o diálogo é uma caça (à verdade); a vida é uma corrida num estádio; o educador é um semeador; a alma é um ser alado ou uma harmonia; a razão é um guarda, um bom ginete que domina o desenfreado corcel do corpo; a ignorância é uma enfermidade; as idéias estão enlaçadas com outras idéias e com as coisas; o Estado é um ser vivo; a matéria é uma cera mole etc. É necessário levar em conta que muitas dessas metáforas representam os modos costumeiros por meio dos quais se expressavam em grego, na época de Platão, certas realidades; seu caráter metafórico não se mostrava, pois, claramente ao escritor ou ao ouvinte, de modo que elas não eram mais metafóricas do que os usos que fazemos de certos vocábulos e expressões em nossa linguagem cotidiana. Para o filólogo, que os analisa, são de índole figurada; para nós, expressam apenas a relação do vocábulo com a coisa. Por isso, Unamuno dizia que a filosofia de Platão é o desenvolvimento das metáforas seculares do idioma grego, e que "o discorrer em metáforas é um dos mais naturais e espontâneos, ao mesmo tempo que um dos mais filosóficos, modos de discussão. Os que se crêem mais libertos delas andam enredados em suas malhas". (*Ensayos*, V [1917], pp. 44-45).

Diante da abundância da linguagem figurada em Platão, Aristóteles preconizou a necessidade de uma extrema sobriedade. É verdade que em diversas passagens da *Retórica* (por exemplo: 1404 b, 32; 1405 b 20), Aristóteles formulou normas para o uso da metáfora. Mas isso se referia à linguagem poética, onde o bom uso metafórico é uma mostra do gênio (*ibid.*, 1459 a 5-7). Na linguagem científica, em contrapartida, a metáfora deve ser suprimida se se deseja evitar a ambigüidade e a equivocidade. Duas passagens muito significativas a esse respeito se encontram em *An. post.* (97 b 37-39) e *Top.* (158 b 17), nos quais se diz respectivamente que "se na discussão dialética se devem evitar as metáforas, é óbvio igualmente que não se devem usar metáforas nem expressões metafóricas na definição" e que "em todos os casos em que um problema se mostra difícil de abordar, é preciso supor que ele necessita de uma definição ou foi expresso multivocamente ou em sentido metafórico". Não é só, pois, que Aristóteles rejeite as metáforas de Platão — segundo opina Ortega y Gasset — por considerar que certos termos por ele usados como rigorosos não passam de metáforas; a oposição ao metafórico é constante e formal e se acha em muitos outros passos do *Corpus* aristotélico (1407 b 32; 1458 a 7, 32, b 13, 18, 1461 a 31, e, sobretudo, 139 b 34, onde se lê que "tudo o que se diz mediante metáforas é obscuro"). Os filósofos de orientação aristotélica seguiram essa tendência, ao contrário dos filósofos de inclinação platônica, que usaram com freqüência a metáfora. Ora, mesmo os platônicos tenderam a empregá-la antes à maneira de símile ou comparação do que com vistas à expressão formal de seu pensamento. É o caso de Plotino: a abundância de certas metáforas deve ser entendida deste último ponto de vista.

Os filósofos escolásticos, em especial os que mais se inclinaram ao aristotelismo, evitaram a metáfora na medida do possível. Santo Tomás, por exemplo, criticou a linguagem de Platão a esse respeito em *In I de An.*, lect. 8 *in princ.*, em *In Phys.*, lect. 15, de modo semelhante a como o fizera Aristóteles. Também as metáforas de Santo Tomás tendiam antes à comparação ou símile do que a outra coisa. A enumeração apresentada por M.-D. Chenu (ver a bibliografia) mostra-o de maneira convincente. Eis as principais metáforas usadas pelo Aquinate: 1) Metáfora da razão que se ergue à sombra da inteligência, de acordo com a fórmula de Isaac Israeli (*II Sent.* d. 3 q. 1 a. 6; d. 7, q. 1, a. 2; *III Sent.*, d. 14, q. 1 a.3 obj. e ad 3; *De verit.*, q. 8, a. 3, ad 3; q. 24 a.3; q. 26, a. 9, ad 3 e outras passagens). 2) Metáfora da esfera infinita. 3) Comparação da difusão dos raios do sol com a difusão criadora de Deus, segundo a tradição platônica (*I Sent.*, d. 43, q. 3, a. 1, ad 1; *De pot.*, q. 3, a. 15, ad 1; q. 19, a. 4, ad 1; q. 24, a. 4, ad 1; *In lib. de div. nom.*, c. 4, lect. 1, *in med.*). 4) Comparação entre o espelho e o pensamento de Deus sobre as coisas (*De verit.*, q. 12, n. 6, *passim.*) 5) Comparação entre o artesão que pensa em sua obra e o Deus criador (*I Sent.*, d. 38, q. 1 a. 3, ad 1). 6) Comparação entre a água transmutada em vinho e a razão assumida pela fé em teologia (*In Boet. de Trin.* q. 2, a. 3, ad 5). 7) Comparação entre a corrida e o movimento, e a razão perseguindo a inteligência (*De verit.*, q. 15, a. 1). Tampouco estão inteiramente ausentes da obra de Santo Tomás os exemplos destinados a ilustrar um problema de difícil compreensão. Não obstante, na opinião de Chenu, isso se reduz a um mínimo; todas as metáforas usadas foram "transmitidas por uma tradição venerável" e "são usadas mais como ilustração de uma exposição teórica do que em sua potência originária", de tal sorte que se pode dizer que elas "foram já intelectualizadas" (cf. obra na bibliografia, p. 100; também 145 e 146, em especial com referência à famosa imagem da luz para descrever a inteligência, de acordo com o texto aristotélico, em *De an.*, III, 5, 430 a 15).

Na época moderna, o problema da expressão metafórica não preocupou excessivamente os filósofos, apesar do predomínio das questões epistemológicas. Contudo, houve críticas da linguagem metafórica por parte de autores como Hobbes e Hume: o primeiro, em virtude de seu nominalismo; o segundo, por causa de seu empirismo. Pode-se dizer que, em geral, não se deu grande importância à metáfora e à linguagem figurada, mesmo por parte daqueles, como os idealistas alemães, que as empregavam na raiz de sua metafísica. Isso não significa que a linguagem metafórica tenha sido abandonada por completo: uma coisa é a opinião que porventura se tenha acerca da função ou da falta de função da metáfora na linguagem filosófica; outra, muito diferente, é o uso que se faça, ou se deixe de fazer, da metáfora. Apesar da hostilidade geral com relação à metáfora em filosofia durante a época moderna, não poucas das metáforas antes mencionadas persistiram na literatura filosófica. Além disso, formaram-se novas metáforas ou se deu novo impulso a velhas metáforas. Seria longa a lista que se poderia apresentar a esse respeito. Recordemos apenas as metáforas usadas por Francis Bacon ao falar do "teatro", do "palácio do espírito" (ver Ídolo), ou as metáforas usadas por Bacon e outros autores relativas à Natureza, a qual se supunha que "dá saltos" (ou não os dá), ou relativas à Verdade, a qual se supunha que "se esconde", "se retira", "se conquista" etc. (ver Hans Blumenberg, *op. cit. infra*, pp. 27ss.).

Repetimos, porém, que poucos autores na época moderna defenderam o uso da metáfora na expressão filosófica como "uso próprio". Uma das exceções a esse respeito foi Schopenhauer. A "filosofia acadêmica" foi por muito tempo hostil à metáfora. Assim, o interdito em que Nietzsche foi mantido durante várias décadas por parte dos "filósofos acadêmicos" obedecia não só ao conteúdo do seu pensar e aos "gêneros literários" nos quais se traduzia, mas também a seu uso da metáfora como algo mais do que uma figuração consciente.

No século XX, manifestaram-se opiniões opostas sobre o papel da metáfora e, em geral, da linguagem figurada na filosofia. Os autores de tendência positivista rejeitaram a legitimidade do uso metafórico na análise filosófica, e inclusive alguns deles, como Carnap, acusaram um de seus grandes mentores, Wittgenstein, de ter sucumbido a esse uso em várias passagens do *Tractatus* (que são aproximadamente as mesmas passagens que Carnap denunciou como "metafísicas"). Foi habitual entre os autores em questão considerar que a metáfora pertence à linguagem emotiva, que não enuncia nada e se limita a expressar estados psicológicos do falante. Ogden e Richards observaram que, embora se possa usar a linguagem metafórica, é preciso ter cuidado com sua interpretação "literal". Por outro lado, a partir do momento em que o empirismo ou positivismo lógico, no âmbito do movimento analítico, deu lugar a outras correntes, entre elas a chamada "filosofia da linguagem ordinária", e a partir do momento em que vários filósofos começaram a interessar-se por questões propriamente "lingüísticas", aumentou o interesse pela noção de metáfora e, subseqüentemente, pelo problema da legitimidade e do alcance de seu uso em filosofia.

Entre os muitos filósofos que se ocuparam da metáfora, figuram Bergson, W. M. Urban, Martin Foss, Ortega y Gasset, I. A. Richards (em escritos distintos do publicado em colaboração com Ogden), Max Black, M. MacIver e Philip Wheelright.

As teses de Bergson sobre a linguagem metafórica e figurada são uma conseqüência de sua teoria da intuição (VER) como ato de penetração na fluência do real, e da inteligência (VER) enquanto faculdade mecanizadora e espacializadora. A inteligência usa a linguagem simbólica, mas também a linguagem do senso comum — que se constituiu em sobreposição à da inteligência; a intuição, em contrapartida, usa a linguagem metafórica. Ora, a metáfora não é aqui um modo de atingir o fundo da realidade que se mostra inevitável quando não se encontram outros meios de penetrá-la; é um método para cujo uso se requer o trabalho, prévio e posterior, da inteligência. A intuição bergsoniana se desencadeia como o resultado de um esforço intelectual. Ao mesmo tempo, a intuição conseguida *comunica-se* tãosomente pela inteligência. Mas a captação intuitiva da realidade é expressa mediante a linguagem figurada. Há um texto de Bergson muito explícito a esse respeito: "As comparações e as metáforas sugerirão aqui o que [a inteligência] não conseguirá expressar. Não será um rodeio, não será senão um ir diretamente até o fim. Se se falasse constantemente numa linguagem abstrata, pretensamente 'científica', não se daria do espírito mais que sua imitação pela matéria, pois as idéias abstratas foram extraídas do mundo exterior e implicam sempre uma representação espacial. E, não obstante, acreditar-se-ia haver analisado o espírito. Portanto, as idéias abstratas por si sós nos convidariam, aqui, a representar o espírito segundo o modelo da matéria e a pensá-lo por transposição, isto é, no sentido preciso do vocábulo, por metáfora. Mas não nos deixemos enganar pelas aparências: há casos em que a linguagem figurada é a que fala conscientemente em sentido próprio, e em que a linguagem abstrata fala inconscientemente de um modo figurado. Tão logo abordamos o mundo espiritual, a imagem, se só procura sugerir, pode dar-nos a visão direta, na medida em que o termo abstrato, que é de origem espacial e que pretende expressar algo, nos deixa quase sempre na metáfora." Assim, Bergson justifica o uso da metáfora, mas em sua doutrina há importantes restrições. Antes de tudo, a metáfora é apropriada especialmente ao mundo espiritual (que, de resto, pode ser considerado o "fundo da realidade"). Por outro lado, a metáfora deve *sugerir* e não descrever ou representar. A contraposição entre o material-espacial e o espiritual-temporal torna possível inclusive o paradoxo mencionado: a linguagem simbólica-abstrata pode ser metafórica quando pretende expressar a realidade do espírito, que só a metáfora pode sugerir e, em certa medida, exprimir de fato.

W. M. Urban segue as direções do que denomina a *philosophia perennis* e, em particular, das tendências que admitem dentro dela a predicação analógica. Ele acrescenta a isso noções derivadas da filosofia da linguagem, de Cassirer, Meinong e outros autores. Com base nessas noções, afirma que os termos são usados metaforicamente tanto pelos homens comuns como pelos filósofos. Mas a predicação analógica não predica apenas uma emoção daquele que usa a linguagem; ela designa fatos, como quando dizemos: 'a recepção foi fria'. Os adversários da metáfora argumentam que toda predicação analógica é ambígua ou equívoca. Urban responde a isso dizendo que as metáforas descrevem características da realidade que *só elas* podem manifestar. Uma tradução da linguagem metafórica para a linguagem literal, portanto, nem sempre é possível. Por isso, ao ver de Urban, a linguagem metafórica (que coincide em sua doutrina com a linguagem figurada) *diz* algo acerca da realidade. O símbolo metafísico é uma "metáfora fundamental", isto é, uma metáfora extraída dos "domínios primários e irredutíveis do conhecimento". Daí a conclusão: a linguagem é inevitavelmente metafórica e simbólica. As teorias que não a reconhecem dessa forma, ou aqueles que pretendem — como Fritz Mauthner — que o progresso da filosofia coincide com "a lenta dissolução do metafórico" e que, por conseguinte, a metáfora só é inevitável nos estágios primitivos do conhecimento, esquecem, segundo Urban, que a metáfora é *constitutiva* da linguagem (de *toda* linguagem). A base dessas afirmações se acha, como é notório, na tendência a destacar a linguagem natural e pô-la acima das linguagens formalizadas. Com efeito, tão logo as linguagens se formalizam, o metafórico se dissolve, como apontava Mauthner, que não por acaso manteve a esse respeito teses muito próximas das de todas as tendências contemporâneas analíticas e lógico-positivistas.

Para Martin Foss, a metáfora é uma forma de expressão que atinge uma região distinta da descrita pela imagem e pelo símbolo (expressões, respectivamente, das tendências filosóficas sensacionista-dinâmica e racionalista-estática). Imagem e símbolo vêem-se forçados a sacrificar uma parte fundamental do real. A imagem sacrifica a inteligibilidade; o símbolo, a universalidade (substituída pelos conceitos de totalidade e completude). Esse sacrifício é às vezes necessário. Isso ocorre sobretudo quando o símbolo se mostra útil para organizar e dominar o real. Mas ao mesmo tempo que organiza a realidade, o símbolo reduz a sua plenitude. Em contrapartida, a metáfora nos conduz, segundo Foss, a um reino — o reino da "personalidade" — que cresce sem cessar e que é capaz de abranger a vida do universo. Com essa finalidade, a metáfora deve ser purificada de tudo o que a simbolização nela introduziu. Redução, comparação, símile, alegoria etc. nem sempre são, com efeito, procedimentos metafóricos. A metáfora é "um processo de tensão e energia", a esfera metafórica transcende a identificação e a multiplicidade, assim como a contraposição entre o todo e a parte. Por isso, a representação metafórica cria e, ao criar, destrói as fixações simbólicas que ameaçavam restringir a expansão da realidade pessoal, que não é típica, nem intercambiável, mas sempre única, dinâmica e insubstituível.

Para Ortega y Gasset, "a metáfora é um instrumento mental imprescindível, é uma forma do pensamento científico". O mau uso dela não constitui uma objeção à sua utilização. O importante é não interpretar a expressão metafórica de forma literal ou vice-versa. Com esse cuidado, o emprego da metáfora fica, segundo Ortega y Gasset, *plenamente* justificado. Pois a metáfora é empregada quando surge uma nova significação à qual é preciso dar um nome — ou aplicar uma expressão — sem forjar um neologismo ou utilizar uma fórmula simbólica, mas, pelo contrário, empregando o "repertório da linguagem usual". Parece, assim, que a metáfora é uma transposição. Mas nem toda transposição implica uma metáfora. Na transposição, passa-se de um sentido a outro; na metáfora, passa-se a um sentido novo sem abandonar totalmente o antigo. A metáfora consiste no uso de uma expressão com consciência de sua duplicidade; é um meio *sui generis* de expressão e também um meio essencial de intelecção. "A metáfora é um procedimento intelectual por meio do qual conseguimos apreender o que se acha mais distante de nossa potência conceitual." A metáfora exerce na ciência um ofício suplente e não, como na poesia, um ofício constituinte. No entanto, além disso, a metáfora científica baseia-se num "uso às avessas do instrumento metafórico", pois em vez de afirmar identidades entre coisas concretas, sustenta identidades entre partes abstratas das coisas. A metáfora poética vai do menos ao mais; a científica, do mais ao menos. O fato de a metáfora ser usada na arte e na ciência não deve fazer-nos esquecer, segundo Ortega, que sua função em cada caso é diferente.

Richards mantém que a metáfora é objeto de estudo da retórica (VER) (no sentido dado por esse autor a tal disciplina). Richards concorda que a metáfora é uma expressão onipresente na linguagem e que seu uso implica a expressão de dois pensamentos distintos através de uma expressão única. Mas ele se opõe à limitação habitual da expressão metafórica a alguns modos — quase sempre verbais; a metáfora é, em sua opinião, um empréstimo entre pensamentos e uma transação entre conceitos. Por isso, pode-se dizer que o próprio pensamento, e não apenas a expressão verbal do pensamento, é metafórico. Portanto, é necessário estudar a fundo a relação entre a idéia original (denominada por Richards *teor*) e a derivada ou emprestada (denominada *veículo*), pois uma teoria completa da metáfora só pode erigir-se com base numa compreensão suficiente dessas "duas partes".

A. M. MacIver opôs-se a muitas teorias contemporâneas que, guiadas pelo ideal de uma linguagem perfeita entendida como sistema de símbolos com significados fixados por definição, esquecem o processo de extensão contínua — e decorrente estado de fluência constante — da linguagem. O que muitas vezes nos parece destituído de metáfora é — tal como os lingüistas observam — uma metáfora morta. O significado de cada termo da linguagem como sistema de comunicação — não simplesmente como um sistema formal — não pode ser representado por um ponto fixo, mas por uma área, que se contrai e se distende, e que, desde logo, se comunica com áreas às vezes contíguas e às vezes remotas. Em conclusão, pode-se dizer que, afora alguns termos formulados convencionalmente para propósitos científicos, não há termo de uma linguagem natural qualquer que não seja ou não tenha sido metafórico, pelo menos num sentido "antiquário", isto é, "no sentido de que, se se pudesse remontar a sua história a um ponto suficientemente distante, se veria que sua significação atual se originou numa extensão de uma significação mais antiga, mesmo que esta possa achar-se completamente esquecida na atualidade".

Segundo Max Black, o estudo da metáfora pertence à semântica, e mais ainda à pragmática. Há duas concepções usuais da metáfora. Segundo uma delas, a metáfora se baseia na idéia de substituição, a qual considera a expressão metafórica "aproximadamente". De acordo com a outra, a metáfora se baseia na comparação; neste caso, o conteúdo da metáfora se dá por entendido implicitamente. Black alega que nenhuma dessas concepções é completamente aceitável. Para substituí-las, ele propõe uma terceira concepção, baseada na idéia de interação. Esta supõe, entre outras coisas: *a*) que há dois termos: um, principal; outro, subordinado; *b*) que ambos os termos são "sistemas de coisas", mas não coisas; *c*) que há uma "implicação associada" do termo subordinado com o principal; e que *d*) na metáfora se efetua sempre uma determinada seleção.

Philip Wheelright afirma que a metáfora é essencial na linguagem filosófica, que é (ou tem de ser) uma "linguagem aberta", ao contrário da "esteno-linguagem", que é uma linguagem fechada. Esta última é o tipo de linguagem corrente e científica. A primeira, em contrapartida, é uma "linguagem tensiva". A linguagem fechada não suscita problemas filosóficos, enquanto a linguagem aberta formula-os sem cessar. Só a linguagem "tensiva" pode dar conta "Do que É". Esta linguagem é flexível e precisa, portanto, da metáfora.

O termo 'metáfora' foi utilizado também na filosofia por S. C. Pepper quando este falou das "metáforas radicais" (*root metaphors*) que subjazem a toda grande doutrina filosófica. Dilucidamos este uso no verbete Perifilosofia (VER).

A distinção estabelecida por Ferdinand de Saussure (VER) entre "sintagma" e "relação associativa" foi continuada, modificada e aprimorada por vários autores: lingüistas (L. Hjelmslev, Roman Jakobson), antropólogos (Lévi-Strauss) e críticos (Roland Barthes). A partir de Jakobson, é comum distinguir entre sintagma (e sintagmático) e paradigma (e paradigmático). O primeiro surge de continuidades (seqüências, justaposições, séries lineares); o segundo, de similaridades.

Lévi-Strauss usou freqüentemente os termos 'metáfora' e 'metafórico' como equivalentes aproximados de 'paradigma' e 'paradigmático' nos sentidos antes apontados. A metáfora (paradigma, sistema) contrapõe-se à metonímia (sintagma) e é complementada por ela. Nesse sentido, a metáfora é um sistema segundo o qual se organizam os fatos sociais e culturais, bem como a forma pela qual determinadas entidades ocupam uma posição social. Pode-se falar nesse caso de posições sociais metafóricas e metonímicas. O ser metafórico ou metonímico não é uma distinção taxativa, mas num complexo dado (não verbal tanto como verbal) há relações predominantemente metafóricas e relações predominantemente metonímicas. Os modos de classificação encontram-se estreitamente ligados à estrutura metafórica ou metonímica dos objetos considerados. Assim, ao falar dos cães e do gado como fazendo parte da sociedade humana — ainda que de uma maneira "a-social" —, Lévi-Strauss escreve (*La pensée sauvage*, 1962, pp. 274-275) que "se... os pássaros são humanos metafóricos e os cães são humanos metonímicos, o gado é um inumano metonímico e os cavalos de corrida são inumanos metafóricos. O gado é contíguo [metonímico, sintagmático] só por falta de semelhança, e os cavalos de corrida são semelhantes [metafóricos] só por falta de contigüidade. Cada uma dessas categorias oferece a imagem 'oca' das duas outras categorias, que se acham numa relação de simetria invertida". Lévi-Strauss (*op. cit.*, p. 276) traça o seguinte diagrama, que representa um sistema de três dimensões:

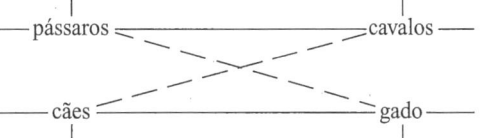

```
         |                               |
——— pássaros ———————————————  cavalos ———
              \       /
               \     /
                \   /
                 \ /
                 / \
                /   \
               /     \
              /       \
——— cães ————————————————————  gado ————
         |                               |
```

e afirma que "no plano horizontal a linha superior corresponde à relação metafórica, positiva ou negativa, entre as sociedades humana e animal (pássaros) ou entre a sociedade dos homens e a anti-sociedade dos cavalos; a linha inferior corresponde à relação metonímica entre a sociedade dos homens, por um lado, e os cães e o gado, por outro, que são membros da primeira, seja a título de sujeitos ou de objetos". E "no plano vertical, a coluna da esquerda associa os pássaros e os cães, que têm com a vida social uma relação, seja metafórica, seja metonímica. A coluna da direita associa os cavalos e o gado, que se acham sem relação com a vida social, embora o gado seja parte dela (metonímia) e os cavalos de corrida ofereçam com ela uma semelhança negativa (metáfora)". Por fim, "é preciso acrescentar dois eixos oblíquos, pois os nomes dados aos pássaros e ao gado se encontram formados por prévio desconto metonímico (seja sobre um conjunto paradigmático, seja sobre uma cadeia sintagmática), enquanto os nomes dados aos cães e aos cavalos são formados por reprodução metafórica (seja de um conjunto paradigmático, seja de uma cadeia sintagmática). Lidamos, pois, com um sistema coerente".

⮕ Origem da metáfora do ponto de vista psicológico: Heinz Werner, "Die Ursprünge der Metaphor", *Arbeiten zur Entwicklungspsychologie* 3 (1919).

Origem da metáfora do ponto de vista lingüístico: H. Konrad, *Étude sur la métaphore*, 1939; 2ª ed., 1958 (muitos dos livros de filosofia da linguagem citados em Linguagem [VER] se referem igualmente ao problema). — J. E. O'Neill, "The Metaphorical Mode: Image, Metaphor, Symbol", *Thought*, 31 (1956), 79-113.

Estudo sobre a evolução da metáfora na história da literatura: A. Biese, *Die Philosophie des Metaphorischen*, 1893.

Mito e metáfora: Colin M. Turbayne, *The Myth of Metaphor*, 1962, nova ed., 1972 [A "metáfora do mecanicismo": Descartes e Newton principalmente]. — Ángel Ávarez de Miranda, *La metáfora y el mito*, 1963.

Metáfora em vários autores e correntes: Warren A. Shibles, *Metaphor: An Annotated Bibliography and History*, 1971. — L. Morel, *Essai sur la métaphore dans la langue grecque*, 1879. — W. B. Stanford, *Greek Metaphors*, 1936. — C. Berg, *Metaphor and Comparison in the Dialogues of Plato*, 1903. — Pierre Louis, *Les métaphores de Platon*, 1945. — Rein Ferweda, *La signification des images et des métaphores dans la pensée de Plotin*, 1965 (tese). — M. D. Chenu, *Introduction à l'étude de Saint Thomas d'Aquin*, 1950, especialmente pp. 99, 100, 145, 146. — G. Nador, "Métaphores de chemins et de labyrinthes chez Descartes", *Revue Philosophique de la France et de l'Étranger*, 87 (1962), 37-51. — Sarah Kofman, *Nietzsche et la métaphore*, 1972. — Marcus B. Hester, *The Meaning of Metaphor: An Analysis in the Light of Wittgenstein's Claim that Meaning Is Use*, 1967. — D. P. Spence, *The Freudian Metaphor: Toward Paradigm Change in Psychoanalysis*, 1987. — J. H. Gill, *Merleau-Ponty and Metaphor*, 1991.

Metáfora em Bergson, Urban, Foss, Ortega, Richards, Black, MacIver e Wheelright. Para Bergson: várias obras, em especial *La pensée et le mouvant*, 1945, p. 42. Para Urban: *Language and Reality*, 1939, especialmente pp. 179ss., 658, 721. — Ver além disso Warren A. Shibles, *An Analysis of Metaphor in the Light of W. M. Urban's Theories*, 1971. — Para Foss: *Symbol and Metaphor in Human Experience*, 1949, *passim*. — Para Ortega: "Las dos grandes metáforas", *El Espectador*, IV (1925), 1928, 156-189. — Para Richards: *Philosophy of Rhetoric*, 1936, especialmente caps. V e VI. — Para Black: "Metaphor", *Proceedings of the Aristotelian Society*, N. S., 55 (1954-1955), 273-294, reimp. em *Models and Metaphors*, 1962, pp. 25-47. Para A. M. MacIver: "Meta-phor", *Analysis*, 7 (1940), 61-57. Para Wheelright: *Metaphor and Reality*, 1962.

A obra de F. Mauthner citada no texto é: *Beiträge zu einer Kritik der Sprache*, 3 vols., 1901-1903 (ver vol. II, pp. 489ss.).

Análise da noção de metáfora: H. J. N. Horsburg, "Philosophers against Metaphor", *The Philosophical Quarterly*, 8 (1958), 231-245. — Anthony Nemetz, "Metaphor: The Daedalus of Discourse", *Thought*, 33 (1958), 417-442. — Ch. Perelman e L. Olbrechts-Tyteca, *Traité de l'argumentation*, t. II, 1958, §§ 87-88, pp. 534-549. — J. Szrednicki, "On Metaphor", *The Philosophical Quarterly*, 10 (1960), 228-237. — Hans Blumenberg, "Paradigmen zu einer Metaphorologie", *Archiv für Begriffsgeschichte*, 6 (1960), 7-142 e 302-305. — Max Black, *Models and Metaphors: Studies in Language and Philosophy*, 1961. — Monroe C. Beardsley, "The Metaphorical Twist", *Philosophy and Phenomenological Research*, 22 (1961-1962), 293-307. — Gottlieb Söhngen, *Analogie und Metapher. Kleine Philosophie und Theologie der Sprache*, 1962. — James M. Edie, "Expression and Metaphor", *Philosophy and Phenomenological Research*, 23 (1962-1963), 538-561. — Donald A. Schon, *Displacement of Concepts*, 1963. — W. H. Leatherdale, *The Role of Analogy, Model, and Metaphor in Science*, 1974. — Paul Ricoeur, *A metáfora viva*, 2000. — Earl MacCormac, *Metaphor and Myth in Science and Religion*, 1976. — J. J. A. Mooij, *A Study of Metaphor: On the Nature of Metaphorical Expressions, with Special Reference of Their Reference*, 1976. — I. Scheffler, *Beyond the Letter: A Philosophical Inquiry into Ambiguity, Vagueness, and Metaphor in Language*, 1979. — T. Cohen, P. de Man, D. Davidson et al., *On Metaphor*, 1979, ed. S. Sacks. — G. Lakoff, M. Johnson, *Metaphors We Live By*, 1979. — G. Kurz, *Metapher, Allegorie, Symbol*, 1982. — L. Gumpel, *Metaphor Reexamined: A Non-Aristotelian Perspective*, 1985. — R. MacCormac, *A Cognitive Theory of Metaphor*, 1985. — D. E. Cooper, *Metaphor*, 1986. — E. F. Kittay, *Metaphor: Its Cognitive Force and Linguistic Structure*, 1987. — C. R. Hausman, *Metaphor and Art: Interactionism and Reference in the Verbal and Nonverbal Arts*, 1989. — B. Indurkhya, *Metaphor and Cognition*, 1992. ℭ

META-HISTÓRIA. Se se *forma* por analogia com palavras como 'metalógica', 'metalinguagem' etc., a palavra 'meta-história' pode designar todo estudo referente à história enquanto historiografia; por exemplo, o estudo da linguagem, ou linguagens, da historiografia.

Se 'meta-história' se forma por analogia com 'metafísica', então 'meta-história' designa toda investigação do que se encontra "para além da história", dos fundamentos últimos da história, do sentido ou destino da história etc.

De fato, 'meta-história' formou-se por analogia com 'metafísica', mas a correlação "história-meta-história" não é uma simples reprodução da correlação "física-metafísica".

Alguns entenderam por 'meta-história' a investigação dos chamados "fatores determinantes da história", sejam materiais ou social-materiais (luta de raças, sexos, classes; condições geográficas; relações econômicas etc.), ou espirituais (a "Idéia", as "idéias", os "ideais", o "Espírito", a "Vontade" etc.). Outros entenderam por 'meta-história' a especulação sobre o significado ou o sentido da história. Outros consideraram (como Max Scheler) que a função da meta-história é o estudo da relação entre fatores reais e fatores ideais ou espirituais. Sugeriu-se às vezes que toda formulação de leis gerais históricas, ou toda descrição de "ritmos históricos", é objeto da meta-história.

Se se admite a possibilidade, ou a necessidade, de uma meta-história, será preciso distinguir entre os dois sentidos primários mencionados no princípio. Sendo eles tão distintos entre si, é recomendável usar para cada um um termo diferente.

➲ Ver: Theodor Litt, *Die Geschichte und Das Übergeschichtliche. Eine Rede*, 1949. — Robert Fruin, *Historie et métahistorie*, 1952. — J. M. Yolton, "History and Meta-History", *Philosophy and Phenomenological Research*, 15 (1954-1955), 477-492. — R. E. Ruiz-Pesce, *Metaphysik als Metahistorik oder Hermeneutik des unreinen Denkens*, 1986. ↩

METALINGUAGEM. No artigo sobre a noção de menção (VER), referimo-nos à distinção entre menção e uso dos signos. Essa distinção tem como base a teoria da hierarquia das linguagens formulada para evitar os paradoxos semânticos (ver PARADOXO). Segundo essa teoria, é necessário distinguir entre uma linguagem dada e a linguagem desta linguagem. A linguagem dada é usualmente chamada "linguagem-objeto" (VER). A linguagem do objeto-linguagem é chamada "metalinguagem". A metalinguagem é a linguagem *na qual* se fala de uma linguagem-objeto. A linguagem-objeto é a linguagem *acerca* da qual fala a metalinguagem. A linguagem-objeto é inferior à metalinguagem. Ora, 'inferior' não comporta um valor, mas tão-somente a posição de uma linguagem no universo do discurso. Por isso, a expressão 'linguagem-objeto' tem sentido apenas em relação com a expressão 'metalinguagem' e a expressão 'metalinguagem' tem sentido apenas em relação com a expressão 'linguagem-objeto'. No exemplo seguinte:

'Os corpos se atraem em razão direta de suas massas e inversa ao quadrado das distâncias' é verdadeiro,

'os corpos se atraem em razão direta de suas massas e inversa ao quadrado das distâncias' é uma expressão que pertence à linguagem-objeto da física, e 'é verdadeiro' é uma expressão que pertence à metalinguagem da linguagem-objeto da física. A série de metalinguagens é infinita. Assim, no exemplo:

"'Os corpos se atraem em razão direta de suas massas e inversa ao quadrado das distâncias' é verdadeiro" está escrito em português,

temos a expressão 'Os corpos se atraem em razão direta de suas massas e inversa ao quadrado das distâncias', que pertence à linguagem-objeto; a expressão 'é verdadeiro', que pertence à metalinguagem na qual se enuncia os corpos se atraem em razão direta de suas massas e inversa ao quadrado das distâncias; e a expressão 'está escrito em português', que pertence à metalinguagem na qual se enuncia que a proposição segundo a qual os corpos se atraem em razão direta de suas massas e inversa ao quadrado das distâncias é uma proposição verdadeira. É usual denominar uma linguagem dada a linguagem L_n, a metalinguagem dessa linguagem a linguagem L_{n+1}, a metalinguagem da metalinguagem L_{n+1} a linguagem L_{n+2}, e assim sucessivamente.

A teoria da hierarquia das linguagens foi proposta por Bertrand Russell em 1922 em sua Introdução ao *Tractatus* de Wittgenstein. Este autor dissera que "o que *pode* ser mostrado não *pode* ser dito" (4.1212), devido ao fato de que "o que se reflete na linguagem não pode ser representado pela linguagem" e de que "não podemos expressar por meio da linguagem o que *se* expressa na linguagem" (4.121). Para evitar as dificuldades suscitadas por essa doutrina, que equivale a afirmar que a sintaxe não pode ser enunciada, mas unicamente mostrada, Russell propôs que "cada linguagem possui uma estrutura com relação à qual nada pode enunciar-se *na linguagem*", mas "pode haver outra linguagem que trate da estrutura da primeira linguagem e possua ela mesma uma nova estrutura, não havendo talvez limites para essa hierarquia de linguagens". De acordo com o mesmo autor (cf. *An Inquiry into Meaning and Truth*, 1940, p. 75), a teoria da hierarquia das linguagens se encontra já implicada na teoria dos tipos (ver TIPO). É necessário, porém, fazer constar que enquanto a teoria dos tipos foi formulada para resolver os paradoxos lógicos, a teoria da hierarquia das linguagens serve para resolver os paradoxos semânticos, que não podem ser confundidos com os anteriores. Depois de Russell, a teoria citada deve grande impulso e desenvolvimento aos trabalhos de Tarski (em especial "Der Wahrheitsbegriff in den formalisierten Sprachen", *Studia philosophica*, 1 [1936], tiragens datadas de 1935, versão alemã de *Projecie prawdy w jezykach nauk dedukcyjnych*, Prace Towarzystwa Naukowego Warzawskiego, Wydzial III nauk metamatyczno-fizycznych, 34, 1933) e de Carnap (especialmente *Studies in Semantics*, I, 1942). Com a finalidade de esboçar os conceitos antes apresentados, daremos a seguir algumas explicações do conteúdo de ambas as obras, com várias citações de suas partes fundamentais.

Tarski desenvolveu sua teoria da hierarquia das linguagens em conexão com sua concepção semântica da verdade (VER) nas linguagens formalizadas. Como resultado dela, o predicado 'é verdadeiro' é considerado um predicado metalógico. "Em oposição às linguagens coloquiais (*Umgangsprachen*) — escreve Tarski —, as linguagens formalizadas não possuem de modo algum o caráter universalista... A maioria dessas linguagens especialmente não contém, de maneira geral, termos procedentes da região da teoria das linguagens; portanto, não contém, por exemplo, expressões das mesmas ou de outra linguagem, ou que descrevam conexões estruturais existentes entre elas (essas expressões serão denominadas aqui, à falta de termo melhor, descritivo-estruturais). Por isso, quando investigamos a linguagem de uma ciência dedutiva formalizada, devemos sempre distinguir com clareza entre a linguagem *da* qual falamos e a linguagem *na* qual falamos, assim como entre a ciência que é objeto da consideração e a ciência na qual essa consideração é feita. Os nomes das expressões da primeira linguagem e das relações existentes entre elas pertencem à segunda linguagem, à chamada *metalinguagem* (que, de resto, pode conter a linguagem fundamental como fragmento); a descrição dessa expressão, a definição dos conceitos mais complicados, e especialmente dos vinculados com a estrutura de uma ciência dedutiva (como o conceito de seqüência, o de proposição demonstrável e mesmo o de proposição verdadeira), a determinação das propriedades desses conceitos são já o tema da segunda ciência, que será denominada a *metaciência*" ("Der Wahrheitsbegriff in den formalisierten Sprachen", *Studia philosophica*, 1 [1935], 281-282).

Quanto a Carnap, ele definiu do seguinte modo o conceito e função da metalinguagem: "Se investigamos, analisamos e descrevemos uma linguagem L_1, precisamos de uma linguagem L^2 para formular os resultados de nossa investigação de L_1 ou as regras para o uso de L_1. Neste caso, denominamos L_1 a '*linguagem-objeto*' e L^2 a 'metalinguagem'. A soma total do que se pode conhecer acerca de L_1 e do que se pode dizer em L^2 pode denominar-se a 'metateoria' de L_1 (em L^2). Se descrevemos em inglês a estrutura gramatical do alemão ou francês modernos, ou descrevemos o desenvolvimento histórico de formas faladas ou analisamos obras literárias nessas linguagens, o alemão e o francês são nossas linguagens-objeto, e o inglês é nossa metalinguagem. Qualquer linguagem pode ser tomada como uma linguagem-objeto; qualquer linguagem que contenha expressões adequadas para descrever as características das linguagens pode ser tomada como uma metalinguagem. A linguagem-objeto e a metalinguagem podem ser também idênticas, como, por exemplo, quando falamos em inglês sobre gramática inglesa, literatura inglesa etc. (*Studies in Semantics*, I, 1942, § 1). Esta observação volta-se contra certas opiniões hostis à concepção da metalinguagem, em especial contra as que a combatem em nome da possibilidade de que as linguagens podem "criticar-se a si mesmas".

Suscitaram-se vários problemas com referência à teoria da hierarquia das linguagens. Citaremos dois.

O primeiro refere-se à relação de inclusão de uma linguagem qualquer L_n dentro de uma metalinguagem L_{n+1}. Propuseram-se diversas teorias com esse objetivo. Segundo uma (defendida principalmente por Tarski), a linguagem L_n está inteiramente incluída na metalinguagem L_{n+1}. Esta última possui mais "poder lógico" do que a primeira. Somente desse modo, pensa Tarski, podem-se definir na metalinguagem conceitos semânticos como o de 'é verdadeiro'. Segundo outra teoria, a linguagem L_n não está necessariamente incluída por inteiro na metalinguagem L_{n+1}. A tese da completa inclusão — alega-se — apresenta um grave inconveniente: o de que qualquer definição do predicado 'é verdadeiro' deverá ser recursiva (e em certos casos pode obrigar a recorrer a tipos transfinitos). Para evitar isso, propuseram-se vários artifícios. R. M. Martin apresentou um sistema lingüístico no qual se pode definir 'é verdadeiro' sem que a metalinguagem tenha de ser logicamente mais poderosa do que a linguagem-objeto, a metalinguagem com qual se começa possa ser um fragmento muito limitado de uma linguagem natural ordinária qualquer. Haskell B. Curry indicou, por seu turno, que uma metalinguagem nunca pode ficar exatamente circunscrita; o problema da completa ou incompleta inclusão da linguagem dentro da metalinguagem carece então de sentido definido.

O segundo problema refere-se à possibilidade ou não de prescindir-se de um "pensar material" na metalinguagem. Hans Reichenbach indicou a esse respeito que não se pode prescindir desse pensar material. Uma das leis fundamentais da lógica é, a seu ver, a de que *"as manipulações formais com fórmulas da linguagem-objeto são possíveis por meio de um pensar material na metalinguagem"* (Elements of Symbolic Logic, 1947, § 32).

METALÓGICA. O estudo do vocabulário lógico — ou da lógica *stricto sensu* — recebe o nome de *metalógica*. A metalógica é uma parte da semiótica (VER) lógica, isto é, do ramo da semiótica que tem por missão o estudo dos signos lógicos em geral. Assim, por exemplo, a apresentação dos signos usados na lógica é um estudo metalógico. Exemplo de enunciado metalógico é: "'y' é um dos conectivos sentenciais.' Como se pode perceber, certa parte dos enunciados usualmente incluídos sob a epígrafe *lógica* pertence, a rigor, à metalógica.

A metalógica é uma metalinguagem (VER). Como tal, tem as três dimensões de toda metalinguagem: a dimensão sintática (ver SINTAXE), semântica (VER) e pragmática (VER). A sintaxe é a parte da metalógica que foi objeto do estudo mais completo até hoje. Ela compreende a investigação dos elementos de todo cálculo lógico (e matemático); por exemplo, o que é um cálculo, o que são os signos de um cálculo, o que são as fórmulas de um cálculo; o que são fórmulas bem formadas, axiomas, teoremas e regras de inferência de um cálculo; o que é uma prova etc. Entre os problemas fundamentais da sintaxe metalógica, encontram-se os suscitados pelas noções de consistência (ver CONSISTENTE), decidibilidade (ver DECIDÍVEL), completude (ver COMPLETO [COMPLETUDE] e independência. A semântica metalógica estuda os problemas suscitados pela interpretação dos cálculos lógicos e, por conseguinte, o problema da designação (VER). A pragmática metalógica estuda os problemas suscitados pela significação (VER).

O adjetivo 'metalógico' é usado para qualificar diferentes elementos cujo estudo pertence à metalógica em qualquer um de seus ramos. O uso mais conhecido de 'metalógico' corresponde à semântica metalógica: é o que se refere aos chamados "predicados metalógicos". Entre estes, destacam-se os predicados metalógicos 'é verdadeiro' e 'é falso', aos quais nos referimos no verbete sobre a noção de verdade (VER).

Marie-Louise Roure (*Logique et Métalogique. Essai sur la structure et les frontières de la pensée logique*, 1957) entende o termo 'metalógica' como estudo da problemática da lógica realizado pelos próprios lógicos; portanto, como um estudo "interno à lógica" ou "intralógico". Pode-se ver que neste caso o termo 'metalógica' não tem o significado hoje já bem estabelecido e a que nos referimos anteriormente; ele designa sobretudo o que alguns autores (por exemplo, Bocheński) denominaram "filosofia da lógica". M.-L. Roure reconhece que o estudo em questão poderia também receber o nome de "metametalógica", mas que com isso se introduziriam complicações lingüísticas desnecessárias. Em suma, para a citada autora, 'metalógica' designa uma investigação dos problemas que são imanentes à lógica mas que se suscitam "para além da lógica". Esses problemas são: o dos chamados "princípios primeiros" (identidade, não-contradição, terceiro excluído); o da estrutura do juízo e do conceito; e o suscitado pela noção de verdade.

METAMATEMÁTICA. Ver LÓGICA; MATEMÁTICA; METALINGUAGEM; SISTEMA.

METAPHORICE. Ver FORMALITER; METÁFORA.

METAPROBLEMA. Ver MISTÉRIO; PROBLEMA.

METAPSÍQUICA. Denomina-se "metapsíquica", ou também "parapsicologia", o estudo de certos fenômenos psíquicos não incluídos habitualmente na psicologia: telepatia, mediunidade, clarividência, telecinesia, "fantasmas dos vivos", "comunicações com os mortos", materializações etc. Esses fenômenos são às vezes simplesmente negados. Outras vezes são considerados processos imperfeitamente conhecidos, mas redutíveis em princípio às bases comumente aceitas da psicologia. Outras vezes, enfim, admitem-se certos tipos de fenômenos (como a mediunidade e mesmo a telepatia), mas negam-se radicalmente outros (como as materializações e, em especial, as "comunicações com os mortos"). De todo modo, na medida em que se aceita uma metapsíquica ou uma parapsicologia (incluindo nesta uma parapsicofísica, que atende às manifestações materiais do metapsíquico), admite-se ao mesmo tempo a possibilidade de um estudo científico dos fenômenos citados, mesmo que, simultaneamente, se suponha que as bases científicas das quais se parte ou que simplesmente se buscam devem ser de tipo diferente das da ciência natural e até das bases das "ciências do espírito". Portanto, a metapsíquica não pode ser confundida simplesmente com o espiritismo, e embora às vezes tenham coincidido em outras ocasiões, revelou-se entre eles uma grande oposição. Para não citar senão um caso conhecido, recorde-se a luta entre as "igrejas espíritas" da Inglaterra e a *Society for Psychical Research*, à qual pertenceram "fiéis espíritas", mas também e sobretudo cientistas exclusivamente interessados em comprovar os fatos e em averiguar se eram ou não redutíveis aos princípios das ciências naturais. A investigação metapsíquica é, desde logo, muito antiga, mas só a partir do século XVIII, aproximadamente, houve um *estudo* atento e explícito desses fenômenos. Segundo Charles Richet, os quatro períodos em que se pode dividir a metapsíquica são: o período mítico (até Mesmer, 1778); o período magnético (de Mesmer aos irmãos Fox, 1847); o período espírita (dos irmãos Fox a William Crookes, 1847-1872); e o período científico, de Crookes até hoje. A época de Richet devia dar início a um quinto período, o período clássico. O chamado "ocultismo" foi integrado também à metapsíquica ou parapsicologia, dando-se genericamente a esses fenômenos, muitas vezes, o nome de "fenômenos ocultos". Em geral, pode-se dizer que o pressuposto de todas essas investigações é a admissão (ou, pelo menos, a possibilidade de admissão) de que o psíquico não é coextensivo ao orgânico nem redutível a ele, mas que pode "desligar-se" do orgânico e "subsistir" independentemente, seja como um "fluido psíquico" comum ou como um "espírito individual". Alguns consideram que o "espírito individual" pode ser equiparado à alma (VER), mas a noção clássica desta enquanto substância não é facilmente redutível à sua noção puramente "empírica". Daí a oposição da ortodoxia católica ao espiritismo, bem como a cautela adotada na questão da "investigação psíquica" e da "metapsíquica científica". A questão do "quem" e do "que" do metapsíquico é, desde logo, fundamental para entender o problema e submetê-lo a um tratamento filosófico definido. Examinamos detidamente o assunto em outro lugar (cf. *El sentido de la muerte*, 1947, pp. 325-343). Limitemo-nos a assinalar agora que houve por parte de vários filósofos contemporâneos um interesse particular pelos fenômenos citados, seja como tema de estudo, seja porque de algum modo esses temas se relacionavam com seus próprios interesses filosóficos. É o caso de Bergson, James, Driesch, Oesterreich, Keyserling. Outros pesquisadores do metapsíquico, psicólogos ou físicos, são Crookes, F. W. H. Myers, P. Janet, E. Boirac, Charles Richet, Max Dessoir, Carl du Prel, Oliver Lodge, W. J. Crawford, Th. Flournoy, E. Bozzano etc.

Na atualidade, as investigações mais importantes no campo da metapsíquica — à qual se prefere dar hoje o nome de parapsicologia — se realizaram com base nos experimentos sobre a chamada "percepção extra-sensorial". Tanto Whateley Carington e seus colaboradores do Trinity College (da Cambridge University), como J. B. Rhine e os membros do Laboratório de Parapsicologia da Duke University (North Carolina, EUA), insistiram na importância que tem para a parapsicologia a demonstração de que, por exemplo, se "adivinhem" cartas, que não se vêem nem das quais se tem nenhuma percepção sensível comum, numa proporção maior do que poderia deduzir-se do mero acaso. Os experimentos de "adivinhação", que no princípio se relacionavam com os fenômenos telepáticos, assumiram pouco a pouco uma importância considerável quando, variando-se as condições da experimentação, pareceu que o adivinhar não dependia do fato de que outra pessoa estivesse vendo a carta, mas que podia ser efetuado sem intervenção de outra pessoa (e até com cartas cobertas que só se desvelavam uma vez estabelecida por "percepção extra-sensível" a ordem de uma série dada). A esses experimentos uniram-se depois os da chamada psicocinesia, ou "influência" exercida pela vontade sobre um processo mecânico como o de jogar dados (mesmo jogados mediante uma máquina construída com esse objetivo e sem intervenção humana direta). Também pareceu que se podiam "influenciar" os resultados em proporções maiores do que as permitidas pelo puro acaso. Esses dois processos não pareciam, de resto, independentes um do outro, mas ligados pelo que se denominou a faculdade "psi" ("psíquica", "parapsicológica") da pessoa. Naturalmente, esses experimentos foram objeto de muitas críticas. Mas o que aconteceu foi que nenhuma delas se referiu ao cuidado da experimentação, mas à interpretação dos resultados. Para alguns autores, trata-se simplesmente de um fenômeno ainda não bem estudado, não havendo porém nenhum motivo para supor que ele não possa ser incluído no âmbito da psicologia "ortodoxa". Alguns, como o matemático Rudolf von Mises, assinalou que os resultados obtidos na Duke University não estabeleceram o *fato* da percepção extra-sensível. Por um lado, diz von Mises (na reunião da *American Association for the Advancement of Science*, celebrada em Nova York em 1950), seria possível imaginar um sentido praticamente desaparecido (tal como o olfato está a caminho de desaparecer no homem) que explicasse o bom resultado obtido. Mas, por outro lado, von Mises afirma que o embaralhar das cartas não assegura que o resultado seja uma série puramente "fortuita". Como cada "adivinho" tem um "modelo serial" com base no qual enuncia a ordem dos números ou das figuras, não é impossível que em muitos casos haja o que se chama "ressonância matemática" entre o sujeito e a ordem dada. A isso Rhine (1895-1980) replicou que a percepção extra-sensível não é um fato normal, mas justamente excepcional e instável, e que bastam alguns casos nos quais o desvio do número de possibilidades que o puro acaso permite seja muito grande para que os casos em questão sejam significativos. De uma maneira similar, G. Spencer Brown (*op. cit.* na bibliografia) indicou que os dados proporcionados pelas investigações metapsíquicas podem ser interpretados como contribuições à imagem experimental da probabilidade pura. Em toda tentativa de efetuar distribuições ao acaso, proclama esse autor, podem ocorrer "desvios" (ou "inclinações") que, no final, e antes que se repare neles, podem atingir uma proporção muito considerável. Isso explica que se obtenham em investigação metapsíquica resultados que os parapsicólogos crêem constituir uma demonstração da telepatia, resultados que podem advir tão-somente da mencionada acumulação de "desvios".

➲ Da extensa literatura sobre metapsíquica e investigação parapsicológica, destacamos: William Crookes, *Psychic Force and Modern Spiritualism*, 1871. — Id., *Researches in Spiritualism*, 1874. — Gurney, Myers e Podmore, *Phantasms of the Living*, 2 vols., 1886. — Carl du Prel, *Die Entdeckung der Seele durch die Geheimwissenschaften*, 2 vols., 1893. — Frank Podmore, *Apparitions and Thought-Transference*, 1894. — Id., *Studies in Psychical Research*, 1897. — Id., *Modern Spiritualism, a History and a Criticism*, 2 vols., 1902. — E. von Hartmann, *Der Spiritismus*, 2 vols., 1895. — F. W. H. Myers, *Human Personality and its Survival of Bodily Death*, ed. Richard Hodgson e Alice Johnson, 2 vols., 1903, reimp. 1961. — Oliver Lodge, *Life and Matter*, 1906. — Id., *Man and the Universe*, 1908. — Id., *The Survival of Man*, 1909. — Id., *Reason and Belief*, 1910. — Id., *Beyond Physics; or the Idealisation of Mechanism*, 1930. — Id., *My Philosophy*, 1933. — E. Boirac, *L'Avenir des sciences psychiques*, 1907. — Id., *La Psychologie inconnue*, 1915. — William F. Barrett, *Psychical Research*, 1911. — Id., *On the Threshold of the Unseen*, 1917. — W. J. Crawford, *The Reality of Psychic Phenomena*, 1915. — Id., *Experiments in Psychical Science*, 1919. — Max Dessoir, *Vom Jenseits der Seele. Die Geheimwissenschaften in kritischer Betrachtung*, 1917. — T. K. Oesterreich, *Grunbegriffe der Parapsychologie*, 1911. — Charles Richet, *Traité de Métapsychique*, 1922. — Hermann Keyserling, Kuno Hardenberg e Carl Happich, *Das Okkulte*, 1923. — Hans Driesch, *Parapsychologie, die Wissenschaft von den "okkulten" Ercheinungen*, 1932. — Emil Mattiesen, *Das persönliche Ueberleben des Todes. Eine Darstellung der Erfahrungsbeweise*, 2 vols., 1936. — W. Whately Carington, *Telepathy: an Outline of Its Facts, Theory and Implications*, 1945. — Id., *Matter, Mind and Meaning*, 1949. — J. B. Rhine, *Extra-Sensory Perception*, 1934. — Id., *New Frontiers of the Mind: The Story of the Duke Experiments*, 1937. — Id., *The Reach of the Mind*, 1948. — Id., *New World of the Mind*, 1953. — C. M. Heredia, *Los grandes espiritistas y los fenómenos metapsíquicos*, 1946 (prólogo de F. María Palmes). — G. Spencer Brown, *Probability and Scientific Inference*, 1951. — A. Flew, *A New Approach to Psy-*

chical Research, 1953. — C. D. Broad, *Philosophy and Psychical Research*, 1953. — Id., *Lectures on Psychical Research*, 1962 [The Perrott Lectures. Cambridge, 1959-1960]. — D. J. West, *Psychical Research Today*, 1954. — S. G. Soal e F. Bateman, *Modern Experiments in Telepathy*, 1954. — C. C. L. Gregory e A. Kohsen, *Physical and Psychical Research. An Analysis of Belief*, 1954. — Y. Castellan, *La métapsychique*, 1955. — R. C. Johnson, *Psychical Research*, 1955. — Joseph de Tonquédec, *Merveilleux métapsychique et miracle chrétien*, 1955. — René Sudre, *Traité de parapsychologie. Essai d'interprétation scientifique des phénomenes dits merveilleux. Leur intégration dans la biologie générale et la philosophie de l'évolution*, 1958. — J. B. Rhine e J. G. Pratt, *Parapsychology: Frontier Science of the Mind. A Survey of the Field, the Methods, and the Facts of ESP and PK Research*, 1957. — Michael Scriven, "The Frontiers of Psychology, Psychoanalysis, and Parapsychology", em *Frontiers of Science and Philosophy*, 1963, ed. R. G. Colodny. — Hornell Hart, *Toward a New Philosophical Basis for Parapsychological Phenomena*, 1965. — J. R. Smythies, ed., *Science and ESP*, 1968. — Oscar G. Quevedo, *Qué es la parapsicología*, 1969, 4ª ed., 1971. — D. Scott Rozo, *Parapsychologie, Hundert Jahre Forschung*, 1975. — D. E. Cooper, A. Gauld et al., *Philosophy and Psychical Research*, 1976, ed. Shivesh Thakur. — B. Shapin, L. Coly, *The Philosophy of Parapsychology*, 1977. — J. K. Ludwig, *Philosophy and Parapsychology*, 1978. — S. E. Braude, *ESP and Psychokinesis: A Philosophical Examination*, 1980. — P. Grim, ed., *Philosophy of Science and the Occult*, 1982. — D. e M. Radner, *Science and Unreason*, 1982. — G. A. Malik, *The Fourth Dimension*, 1983. — A. Flew, ed., *Readings in the Philosophical Problems of Parapsychology*, 1987. — P. Kurtz, *The Transcendental Temptation: A Critique of Religion and the Paranormal*, 1991.

Ver as coleções: *Psychische Studien, Revue Métapsychique, Proceedings of the Society for Psychical Research* (fundada em 1882; há, além dos *Proceedings*, o *British Journal of Psychical Research*), *Proceedings of the American Society for Psychical Research, Journal of Parapsychology*. ∁

METATEORIA. Ver METALINGUAGEM; SISTEMA.

METÓDIO. Bispo de Olimpo (Lícia), que faleceu como mártir em 311, opôs-se violentamente tanto a Orígenes como aos neoplatônicos, em particular a Porfírio, não sem receber algumas influências deles. Metódio rejeitava especialmente a espiritualização radical da alma humana e se inclinava a favor de uma concepção da alma como entidade corporal que levou alguns a pensar que a doutrina de Metódio a esse respeito tem origem estóica. Ora, não apenas Metódio admitia que há uma realidade inteiramente incorporal — Deus —, como também sua idéia do corporal é provavelmente distinta do que se costuma denominar o materialismo ou corporalismo estóicos: o fato de o corpo ser, em sua opinião, imortal significa tão-somente que não é a pura matéria informe ou o mal, mas que possui uma realidade suscetível de ser glorificada e que, por conseguinte, perece e se separa da alma só temporariamente. Metódio afirma que se Cristo encarnou não foi em vão, tendo-o feito com a intenção de ressuscitar e salvar a carne. Orígenes errou ao crer que a alma preexiste ao corpo e que este é como o cárcere da alma. A ressurreição do corpo não é, pois, prova do caráter "material" ou "corporal" da alma; é prova de que o corpo pode refazer-se e purificar-se, mas também de que a alma não é uma substância em princípio absolutamente separada ou separável do corpo. Corpo e alma poderão revestir-se por igual de imortalidade, e assim o corpo será incorruptível tal como a alma será purificada e salva. A salvação do corpo e da carne não consiste em transformar o corporal e o carnal em algo oposto a eles que se chame "espiritual": consiste em ser corpo e carne "refeitos".

A oposição a Orígenes manifesta-se igualmente nas idéias de Metódio sobre o livre-arbítrio. Nem o mal provém de Deus nem é uma realidade substancial oposta a Deus, mas tão eterna quanto Ele. O mal é resultado do livre arbítrio e pode ser vencido mediante um bom uso desse livre arbítrio.

∋ Dos escritos de Metódio, só se conservou completo o seu Συμπόσιον ἤ περὶ ἁγνείας, *O Banquete ou Sobre a virgindade*, composto em forma de diálogo como réplica cristã ao *Banquete* platônico. Devem-se também a Metódio: um diálogo originariamente intitulado Περὶ τοῦ αὐτε ξουσίου, *Sobre o livre-arbítrio*, e conservado apenas em tradução eslava com um título cuja tradução é *Sobre Deus, a matéria e o livre arbítrio*. — Um diálogo originariamente intitulado Ἀγλαοφῶν ἤ περὶ ἀναστάσεως, *Aglaofon ou Sobre a ressurreição*, de cujo texto grego só restam fragmentos e que se conservou em versão eslava. Esse diálogo é o que exprime as idéias filosófico-teológicas de Metódio mais importantes. — Ao lado dessas obras, mencionaremos vários tratados exegéticos, conservados de igual modo em versão eslava, e alguns *Livros contra Porfírio*, que se perderam.

Edição de obras em Migne, *PG*, XVIII, 9-408; G. N. Bonwetsch, em *Griechische Christliche Schriftsteller*, XXVII (1917), e A. Vaillant, em *Patrologia Orientalis*, XX, 5 (1930).

Ver: G. N. Bonwetsch, *Die Theologie des Methodius von Olympus*, 1903. — L. Fendt, *Sünde und Busse in den Schriften des Methodius von Olympus*, 1905. — J. Farges, *Les idées morales et religieuses de Méthode d'Olympe*, 1929. — F. Boström, *Studier till den grekiska theologins frainglara medsarskil hansyn till Methodius av. O och Atanasius av Alex*, 1932. — F. Badurina, *Doctrina S. Methodii de Ol. de peccato originali*, 1942. — K. Quensel, *Die wahre kirchliche Stellung und Tätigkeit des fälschlich so gennanten Bischofs M. von O.*, 1953 (tese). — Ll. G. Patterson, *The Anti-Origenist Theology of Methodius of O.*, 1958 (tese). — V. Bucheit, *Studien zu M. von O.*, 1958. **G**

MÉTODO. Tem-se um método quando se dispõe de, ou se segue, certo "caminho", ὁδός, para alcançar determinado fim, proposto de antemão. Esse fim pode ser o conhecimento ou pode ser também um "fim humano" ou "vital"; por exemplo, a "felicidade". Em ambos os casos, há, ou pode haver, um método. Nesse sentido, Platão dizia que se deve buscar o caminho mais apropriado para alcançar o saber (*Soph.*, 218 D), e quando se trata do mais alto saber, o saber, o caminho ou circuito mais longo (*Rep.* VI, 504, B-E), já que o mais curto seria inadequado para tão elevado fim. Também nesse sentido, Aristóteles falava do método a seguir em "ética" (cf., por exemplo, *Eth. Nic.*, V, I, 1129 a 6). Neste artigo, limitar-nos-emos ao método em filosofia e ciência e, em geral, no conhecimento.

O método se contrapõe à sorte e ao acaso, pois é antes de tudo uma ordem manifesta num conjunto de regras. Poder-se-ia alegar que se a sorte e o acaso conduzem ao mesmo fim proposto, o método não é necessário, mas fez-se observar que: 1) nem a sorte nem o acaso costumam conduzir ao fim proposto; 2) um método adequado não é só um caminho, mas um caminho que pode abrir outros, de tal modo que ou se alcança o fim proposto mais plenamente do que por meio do acaso e da sorte, ou se alcançam inclusive outros fins que não se tinha em vista (outros conhecimentos, ou outro tipo de conhecimentos, dos quais não se tinha idéia ou se tinha apenas uma idéia sumamente vaga); 3) o método tem, ou pode ter, valor por si mesmo. Esta última observação tem sentido especialmente na época moderna, em que as questões relativas ao método, ou aos métodos, foram consideradas centrais e objeto, por sua vez, de conhecimento: como tema da chamada "metodologia".

No chamado "saber vulgar" há já, quase sempre de modo implícito, um método, mas este último assume importância unicamente no saber científico. Com efeito, neste último tipo (ou tipos) de saber, o método se torna explícito, pois não apenas contém as regras, como pode conter de igual maneira as razões pelas quais estas ou aquelas regras são adotadas.

Durante certo tempo, foi comum considerar que os problemas relativos ao método são problemas de um ramo denominado "metodologia" e que esta constitui uma parte da lógica. Disse-se igualmente que a lógica em geral estuda as formas do pensamento em geral, e a metodologia, as formas particulares (especialmente as "aplicáveis") do pensamento. Hoje, não se costuma aceitar essas concepções do método e da metodologia; de todo modo, não se considera que a metodologia seja uma parte da lógica. Por um lado, pode-se falar também de "métodos lógicos". Por outro lado, as questões relativas ao método atingem não apenas problemas lógicos, mas também epistemológicos e até metafísicos.

Uma das questões mais gerais, e também mais freqüentemente debatidas, com referência ao método é a "relação" que deve ser estabelecida entre o método e a realidade que se procura conhecer. Julga-se amiúde que o tipo de realidade que se visa conhecer determina a estrutura do método a seguir, e que seria um erro instituir e aplicar um método "inadequado". Desse ponto de vista, pode-se dizer que a matemática não tem o mesmo método (ou os mesmos métodos) da física, e que esta não tem, ou não deve ter, os mesmos métodos da história etc. Por outro lado, foi uma aspiração muito freqüente encontrar um método universal aplicável a todos os ramos do saber e em todos os casos possíveis (método que deve ser relacionado com o ideal de uma "linguagem universal"). Mas, seja qual for a concepção do método que se mantenha, há em todo método algo comum: a possibilidade de ser usado e aplicado "por quem quer que seja". Essa condição foi estabelecida com toda clareza por Descartes quando, em seu *Discurso do Método*, indicou que as regras metódicas propostas eram regras de invenção ou de descoberta que não dependiam da capacidade intelectual particular daquele que as usasse. É certo que um método dado pode ser usado de maneira melhor ou pior, mas isso pouco tem a ver com o próprio método. Em outros termos, não há "métodos individuais"; os que recebem esse nome são simplesmente "costumes" ou "procedimentos".

Embora os antigos se tenham ocupado de algum modo de questões de método, a investigação acerca do método, de sua natureza e formas só se firmou de maneira suficiente na época moderna, quando se desejou encontrar um "método de invenção" diferente da mera "exposição" e da simples "prova do já sabido". Nesse sentido, há uma diferença básica entre método e demonstração. Esta última consiste em encontrar a razão pela qual uma proposição é verdadeira. O primeiro, em contrapartida, procura encontrar a proposição verdadeira. Por isso, Descartes dizia que seu *Discurso* foi escrito "para bem conduzir a razão e buscar a verdade nas ciências". A rigor, o método de que Descartes falava é "método para", e as regras estabelecidas para esse efeito são igualmente "regras para". São, para referir-nos a outro título do mesmo autor, "regras para a direção do espírito". É verdade que ocasionalmente se incluía no método a demonstração da verdade. Assim, por exemplo, na *Logique de Port-Royal*, parte IV, cap. 2, o método é definido como "a arte de bem dispor uma série de diversos pensamentos, seja para descobrir uma verdade que ignoramos, seja para provar a outros uma verdade que conhecemos". Mas, propriamente falando, o método em quase todos os autores dessa época teve por finalidade o expresso na primeira parte dessa definição, e só secundariamente se referiu também à última. Por isso, Descartes dizia que "o método é necessário à investigação da verdade" (*Regulae*, IV). Essa opinião era compartilhada por quase todos os autores da época que se dedicaram ao problema do método, e, a rigor, por quase todos os autores modernos. Desse ponto de vista, houve comunidade de propósito em Francis Bacon, Galileu e Descartes, quaisquer que fossem as divergências que mantivessem com relação ao conteúdo do método.

Observamos antes que não há métodos individuais e que todo método é "universal", mesmo que possa em princípio estar limitado a certos fins. Importa acrescentar que isso não exclui a pessoa do pesquisador enquanto investigador. Com efeito, postula-se um método somente porque há seres que chegam à convicção de que necessitam dele. Nesse sentido, mas só nesse sentido, pode-se dizer que há em todo método algo de "pessoal".

É possível falar de métodos mais gerais e de métodos mais especiais. Os métodos mais gerais são métodos como a análise, a síntese, a dedução, a indução etc. Os métodos mais especiais são sobretudo métodos determinados pelo tipo de objeto a investigar ou pela espécie de proposições que se pretendem descobrir. Dada a índole desta obra, interessam-nos aqui sobretudo aqueles que foram denominados "os métodos da filosofia". Com efeito, a filosofia não apenas se ocupa de questões relativas à natureza do método como também se pergunta se há ou não algum método mais adequado que outros para o próprio filosofar. Enumeraremos a seguir várias propostas acerca dos métodos filosóficos; não falaremos do conteúdo em si de cada um dos métodos, porque na maioria dos casos há verbetes especiais sobre eles (por exemplo, Definição; Dialética; Indução; Intuição etc.). Alguns dos métodos citados não são especificamente filosóficos. Deve-se observar, por outro lado, que com freqüência um mesmo filósofo — mesmo um que tenha preferido determinado método a outros — combinou vários métodos.

Por um lado, pode-se falar dos seguintes métodos: 1) Método por definição; 2) Método por demonstração — embora, como vimos, a demonstração em si não seja propriamente um método; 3) Método dialético; 4) Método transcendental; 5) Método intuitivo; 6) Método fenomenológico; 7) Método semiótico e, em geral, "método lingüístico"; 8) Método axiomático ou formal; 9) Método indutivo. No que tange às combinações de métodos a que aludimos antes, observaremos que Platão usou ao mesmo tempo um método por definição e um método dialético; que Kant usou o método dedutivo e o transcendental; que Hegel usou o método dialético e o dedutivo; que Bergson empregou o método intuitivo e o método indutivo etc.

García Bacca considera que há sete métodos ou "modelos de filosofar": o de Platão, modelo "transcendente simbólico"; o de Aristóteles, "analítico"; o de Santo Tomás, "teológico"; o de Descartes, "imanente"; o de Kant, "transcendental"; o de Husserl, "fenomenológico"; o de Heidegger, "existencial". Esse autor conceitua a natureza de cada um desses métodos por meio de uma interpretação do que em cada um deles significa a "vida", da tímida introdução por Platão dos "seres vivos" ao papel fundamental desempenhado em Heidegger pela "existência".

Segundo Richard McKeon, há três métodos filosóficos fundamentais, cada um dos quais dá origem a um tipo peculiar de filosofia: 1) Método dialético (Platão, Hegel etc.), que consiste em suprimir as contradições — no processo da Natureza ou da história, nos argumentos lógicos etc. — e em subsumi-las em "totalidades". Nega-se com isso a possibilidade de substâncias ou de princípios independentes entre si. 2) Método logístico (Demócrito, Descartes, Leibniz, Locke), que consiste em afirmar a existência de princípios (coisas, leis, signos etc.) e em deduzir a partir deles o resto. Atribui-se aqui grande importância à definição e ao caráter unívoco das "naturezas simples" ou "elementos básicos". 3) Método de indagação (Aristóteles, Francis Bacon etc.), que consiste numa pluralidade de métodos cuja finalidade é "descobrir a solução de problemas" e "fazer avançar o conhecimento". As filosofias que adotam este método (ou métodos) tendem a distinguir as ciências e a examinar suas condições sociais.

McKeon acrescenta a esse respeito três observações: 1. Cada um desses métodos (que são propriamente "metafilosofias") pretende dar razão dos outros. Assim, o método dialético emprega a dialética para as provas formais; o logístico dá conta formalmente de raciocínios dialéticos; o da indagação considera que dialética e logística são formas abstratas às quais é preciso dar um significado por meio dos resultados da indagação. 2. Cada um desses métodos tende a empregar certo tipo de princípios. O método dialético emprega os princípios "compreensivos" (que reconciliam diferenças e conflitos); o método logístico, os princípios simples (obtidos por meio de uma análise dos todos em elementos componentes); o método da indagação, os princípios reflexivos (conseguidos mediante redução de um problema ou tema a um todo suficientemente homogêneo e independente para permitir uma solução). 3. Cada um dos métodos e cada um dos princípios está ligado, além disso (embora não necessariamente), a um grupo de temas e a um conjunto de intenções ou propósitos. De fato, método, princípio, tema e propósito são para MacKeon os quatro determinantes principais de cada filosofia no sentido "perifilosófico" dessa expressão. Dizemos 'perifilosófico' porque esse estudo dos métodos pode relacionar-se com o estudo das formas de pensar (que de alguma maneira são "métodos") de que falamos no verbete PERIFILOSOFIA.

Segundo I. M. Bocheński, há quatro métodos capitais no pensamento contemporâneo: o fenomenológico; o semiótico (especialmente semântico); o axiomático; e o redutivo (que inclui o redutivo indutivo e o redutivo não-indutivo).

Pode-se falar igualmente de dois grupos de métodos: o método causal e o formal, por um lado, e o método matemático-formal e o genético-funcional, por outro. O método causal ocupa-se de processos, o formal, de formas; o matemático-formal se vale de formalização, o genético-funcional enfatiza a continuidade das relações causa-efeito (genéticas) e das relações de meio a fim (funcionais).

De um modo mais geral, é possível falar também de métodos racionais em contraposição a métodos intuitivos, assim como de um "método da razão vital", de que falou Ortega y Gasset. Com tudo isso, pode-se ver que a questão do método, mesmo limitado ao método filosófico, se choca de imediato com a existência de uma pluralidade de métodos. Por um lado, isso parece um grave inconveniente, porque continua a pulsar o ideal de um "método universal". Por outro lado, a pluralidade de métodos pode corresponder à pluralidade de caminhos para encontrar proposições verdadeiras, podendo-se até imaginar que só uma pluralidade de métodos pode ser fecunda.

⊃ Sobre método filosófico: R. G. Collingwood, *An Essay on Philosophical Method*, 1933. — Jorge Millas, "El problema del método en la investigación filosófica", *Philosophy and Phenomenological Research*, 9 (1948-1949), 595-608. — Richard McKeon, "Philosophy and Method", *Journal of Philosophy*, 48 (1951), 653-682; há ed. separada, 1951. — Euryalo Cannabrava, *Elementos de metodología filosófica*, 1956. — G. Vailati, *Il metodo della filosofia*, 1957, ed. F. Rossi-Landi. — Charles Hartshorne, *Creative Synthesis and Philosophic Method*, 1970. — N. N. Castañeda, *On Philosophical Method*, 1980. — J. Grunfeld, *Method and Language*, 1982.

Sobre os métodos em geral (especialmente os contemporâneos nas ciências): J. Piaget, *Introduction à l'épistémologie génétique*, 3 vols., 1950. — N. Wiener, F. C. S. Northrop et al., *Structure, Method, and Meaning*, 1950 [homenagem a H. M. Sheffer, com outros trabalhos sobre a noção lógica de estrutura e temas afins por parte de vários autores]. — I. M. Bocheński, *Die zeitgenössischen Denkmethoden*, 1954; 2ª ed., 1959. — C. H. Kaiser, *An Essay on Method*, 1952. — Rupert Crawshay-Williams, *Methods and Criteria of Reasoning*, 1957 (esp. caps. I, XII). — Justus Buchler, *The Concept of Method*, 1961. — P. Feyerabend, *Against Method: Outline of an Anarchistic Theory of Knowledge*, 1975. — F. Durham, ed., *Some Truer Method*, 1990.

Sobre método em metafísica: Johannes Hessen, *Die Methode der Metaphysik*, 1932. — N. Balthasar, *La méthode en métaphysique*, 1943. — R. J. Henle, *Method in Metaphysics*, 1951.

Sobre método em matemática e lógica: J. M. C. Duhamel, *De la méthode dans les sciences du raisonnement*, 1882. — O. D. Hölder, *Die mathematische Methode*, 1924. — Morris R. Cohen e E. Nagel, *An Introduction to Logic and Scientific Method*, 1934. — Alfred Tarski, *O logice matematycznej i metodzie dedukcyjnej*, 1936. Trad. inglesa revisada e ampliada: *Introduction to Logic and to the Methodology of Deductive Sciences*, 1941; 2ª ed., com ligeiras correções, 1946. — Max Black, *Critical Thinking: An Introduction to Logic and Scientific Method*, 1946.

Sobre método na ciência natural: T. Percy Nunn, *The Aim und Achievement of Scientific Method*, 1907. — Henri Poincaré, *Science et Méthode*, 1908. — C. D. Broad, *Scientific Thought*, 1923. — A. D. Ritchie, *Scientific Method: An Inquiry into the Character and Validity of Natural Laws*, 1923. — V. Kraft, *Die Grundformen der wissenschaftlichen Methoden*, 1926. — Elio Baldacci, *Del metodo nella scienza*, 1947. — Maurice Gex, *Méthodologie*, 1947. — Amir Mehdi Badi, *L'idée de la méthode des sciences. I: Introduction*, 1953. — E. Simard, *La nature et la portée de la méthode scientifique*, 1956. — P. Filiasi Carcano, *La metodologia nel rivarsi del pensiero contemporaneo*, 1957. — G. Schlesinger, *Method in the Physical Sciences*, 1962. — J. A. Schuster, R. R. Yeo, eds., *The Politics and Rhetoric of Scientific Method: Historical Studies*, 1986.

Sobre método nas ciências sociais: D. C. Culver, *Methodology of Social Research. A Bibliography*, 1936. — Felix Kaufmann, *Methodenlehre der Sozialwissenschaften*, 1936. — P. A. Roth, *Meaning and Method in the Social Sciences: A Case for Methodological Pluralism*, 1987. — J. W. Kidd, *Experiential Method: Qualitative Research in the Humanities Using Metaphysics and Phenomenology*, 1990.

Sobre método psicológico e método transcendental: Max Scheler, *Die transzendentale und die psychologische Methode*, 1900. — S. Hook, ed., *Psychoanalysis, Scientific Method, and Philosophy*, 1990.

Sobre método em fenomenologia: F. Kersten, *Phenomenological Method: Theory and Practice*, 1989.

Sobre método em ética: A. Edel, *Method in Ethical Theory*, 1994.

Sobre método em teologia: F. E. Crowe, *Method in Theology: An Organon for Our Time*, 1980.

Método em vários autores e épocas: Maurice Vanhoutte, *La méthode ontologique chez Platon*, 1956 [especialmente sobre método dialético platônico]. — Neal W. Gilbert, *Renaissance Concepts of Method*, 1960. — Ralph M. Blake, Curt J. Ducasse, Edward H. Madden, *Theories of Scientific Method: The Renaissance Through the Nineteenth Century*, 1960, E. H. Madden, ed. — L. J. Beck, *The Method of Descartes: A Study of the Regulae*, 1952. — H. G. Hubbeling, *Spinoza's Methodology*, 1964. — H. Schülling, *Die Geschichte der axiomatischen Methode im 16. und beginnenden 17. Jh.*, 1969. — P. A. Schouls, *The Imposition of Method: A Study of Descartes and Locke*, 1980. — K. J. Torjesen, *Hermeneutical Procedure and Theological Method in Origen's Exegesis*, 1986. — K. Seeskin, *Dialogue and Discovery: A Study in Socratic Method*, 1987. — D. Appelbaum, *Contact and Attention: The Anatomy of Gabriel Marcel's Metaphysical Method*, 1987. — S. S. Hilmy, *The Later Wittgenstein: The Emergence of a New Philosophical Method*, 1987. — C. L. Creegan, *Wittgenstein and Kierkegaard: Religion, Individuality, and Philosophical Method*, 1989. — M. Gane, *On Durkheim's Rules of Sociological Method*, 1989.

A primeira parte da revista *Methodos* (desde 1949) é dedicada à metodologia; a segunda parte, à lógica. ☯

METONÍMICO. Ver LÉVI-STRAUSS, CLAUDE; METÁFORA.

METOQUITA, TEODORO (1260-1332). Nascido em Nicaia, foi "grande logoteta" do Império bizantino sob Andrônico II, tendo-se distinguido por uma série de prestigiosos comentários às obras de Aristóteles, em especial à *Física* e ao *Organon*, que considerava muito superiores à *Metafísica*. Em metafísica, ou filosofia primeira, Metoquita seguiu sobretudo Platão e os neoplatônicos. A rigor, seus comentários à *Física* e ao *Organon* de Aristóteles mostram igualmente as marcas da tradição neoplatônica, especialmente tal como elaborada por Pselos. Metoquita também se interessou sobremaneira pela matemática, que considerou superior à "física" e mais reveladora do que esta última da estrutura da realidade. Com efeito, a matemática era para Metoquita a ciência das abstrações mais elevadas, e estas são o objeto do mundo inteligível. Em vários escritos de caráter moral e "político", Metoquita destacou a importância da atividade social para a realização adequada dos fins éticos, contra os que sustentavam que esses fins são realizados mais propriamente mediante a vida solitária em contemplação.

➲ Obras: Vários dos escritos de Teodoro Metoquita permanecem inéditos. Dos publicados, o mais importante é o chamado *Miscellanea* (*Comentários e juízos morais*), em que há muitos de seus comentários platônicos e neoplatônicos a Aristóteles. Edição por Chr. G. Müller e Th. Kiessling: *Theodori Metochitae Miscellanea* (Lipsiae, 1921). Edição do prefácio a uma *Astronomia* por C. Sathas no *Catalogus codicum astrologorum graecorum*, ed. F. Cumont e F. Boll, t. I, pp. lxxxv-cxl.

Ver: Hans-Georg Beck, *Theodoros Metochites. Die Krise des byzantinischen Weltbildes im 14. Jahrhundert*, 1952. — B. Tatakis, *Aristote critiqué par Théodoros Métochite*, 1953. ☯

METRODORO DE LÂMPSACO (*ca.* 330-*ca.* 277 a.C.). Foi um dos discípulos mais próximos de Epicuro e, segundo Diógenes Laércio (X, 16), seu mais fiel seguidor. Sua atividade filosófica parece ter sido quase exclusivamente de caráter polêmico; escreveu vários tratados em defesa das doutrinas de Epicuro, dos quais só restam fragmentos, contra os sofistas, os cínicos e o atomismo de Demócrito (na medida em que este último diferia do de Epicuro). Escreveu igualmente sobre os males e as virtudes, bem como sobre "a riqueza".

➲ Fragmentos em A. Korte, "Metrodoros Fragmenta", *Jahrbücher für Philosophie*, Supl. 17 (1879), 529-597. Ver: S. Pellegrini, "Problemi di M.", *Classici e Neolatini*, nº 1 (1905). — S. Sudhaus, "Eine erhaltene Abhandlung des M.", *Hermes*, 41 (1906), 45-58, e 42 (1907), 645-647. ☯

METZGER, ARNOLD. Ver HUSSERL, EDMUND.

MEYERHOF, OTTO. Ver FRIES, JAKOB FRIEDRICH.

MEYERSON, ÉMILE (1859-1933). Nascido em Lublin, estudou ciências, principalmente química, na Alemanha, e foi em 1882 para a França, onde estabeleceu residência, desempenhando várias tarefas (químico, secretário do Instituto Psicológico da Universidade de Paris). De um ponto de vista puramente epistemológico e em nome de um realismo que, em sua opinião, foi o patrimônio comum de todos os cientistas, Meyerson criticou o positivismo em todas as suas formas. Segundo ele, o processo do pensar científico tende a sacrificar a realidade no altar da identidade; essa tendência à identificação, notavelmente manifesta no causalismo, não equivale, porém, a um uso meramente pragmático. O cientista busca uma verdadeira explicação dos fenômenos; a teoria científica não é uma ficção nem uma hipótese indiferente, mas uma tentativa de alcançar a verdadeira causa. Ora, o pensar científico não pode eludir sua tendência natural à identidade, tendência que é, no fundo, a própria exigência da razão. Isso conduz a ciência, quando remonta a seus princípios e se aproxima com isso da especulação filosófica, a uma idéia do mundo que, levada às suas últimas conseqüências, se sobrepõe exatamente à "esfera" de Parmênides. Por meio dos postulados da unidade da matéria, do espaço uniforme e vazio, a ciência acaba por substituir o diverso pelo único e, por conseguinte, acaba por abolir uma realidade em que, ausentes os fenômenos, sobra a própria lei. O desaparecimento da realidade ontológica equivale ao desaparecimento da própria legalidade; o positivismo erra, pois, se crê que uma subsiste sem a outra. A racionalidade da ciência requer a racionalidade do real, e a missão do cientista consiste, de imediato, em adaptar sucessivamente suas identificações à experiência. E, por outro lado, essa tendência unificadora da razão não é própria apenas da ciência, mas também do pensamento comum do homem, que faz do múltiplo e do diverso algo unificado e que consegue, no decorrer desse esforço, uma adequação parcial entre o real e o idêntico; pois a substituição do real pelo idêntico não é senão um termo extremo e, por assim dizer, um secreto postulado da mente. Por uma parte, a própria ciência, em sua ambição de compreender o real, chega à compreensão do irracional. Por outra parte, o homem de ciência, quando concebe adequadamente a missão desta, não se nega a desconhecer as realidades que a filosofia estuda. O que se deve fazer, de todo modo, é não permitir que a filosofia se lance sem peias pelas vias de uma especulação desenfreada. A ambição de Meyerson era, como ele mesmo confessou, contribuir para os prolegômenos de toda metafísica futura.

⮕ Obras: *Identité et Réalité*, 1908. — *De l'explication dans les sciences*, 1921. — *La déduction relativiste*, 1925. — *Du cheminement de la pensée*, 3 vols., 1931. — *Essais*, 1936. — Ver também *Correspondance entre Harald Hoffding et Émile Meyerson* (Copenhague, 1939).

Ver: A. Metz, *Une nouvelle philosophie des sciences*, 1928. — George Boas, *A Critical Analysis of the Philosophy of E. M.*, 1930. — León Dujovne, *La filosofía y las teorías científicas*, 1930. — M. Gillet, *La philosophie de É. M.: Étude critique*, 1931. — A. Lalande, *Philosophie de l'intellect. Les Essais d'É. M.*, 1936. — Th. R. Kelly, *Explanation and Reality in the Philosophy of E. M.*, 1937. — Antonio Caso, *M. y la física moderna*, 1940. — M. A. Denti, *Scienza e filosofia in M.*, 1940. — Maurice Gex, "L'épistémologie d'É. M.", *Revue de Théologie et de Philosophie*, 9 (1959), 338-356. — George Mourélos, *L'épistémologie positive et la critique meyersonienne*, 1962. — Joseph La Lumia, *The Ways of Reason: A Critical Study of the Work of E. M.*, 1966. — Claudio Manzoni, *L'epistemologia di E. M.*, 1971. ⊃

MICHALCEV, DIMITRI. Ver REHME, JOHANNES.

MICHELET, KARL LUDWIG (1801-1893). Nascido em Berlim, foi, a partir de 1829, "professor extraordinário" na Universidade de Berlim. Em colaboração com o Conde Cieszkowski, fundou a "Berliner Philosophische Gesellschaft" e foi diretor de seu informativo, *Der Gedanke* (1860-1884).

Michelet foi um dos mais fiéis seguidores de Hegel, tendo-o defendido — "o filósofo universal irrefutado" — contra seus adversários. Costuma filiar-se Michelet à "direita hegeliana", embora se pudesse também incluí-lo num "centro hegeliano" ou numa "centro-direita" hegeliana. Não obstante, Michelet opôs-se a todas as interpretações de Hegel que, a seu ver, falseavam o pensamento do filósofo. Ele procurou restaurar o sistema de Hegel e ver como se podia aplicar esse sistema às ciências empíricas e como se podia harmonizá-lo com o cristianismo. Neste último sentido, Michelet equiparou a tríade dialética hegeliana com a Trindade cristã — pelo menos sob forma analógica. Foram importantes nas obras de Michelet seus estudos de história da filosofia, em particular de história da filosofia moderna.

⮕ Obras: *Die Ethik des Aristoteles in ihrem Verhältnis zum System der Moral*, 1828 (*A ética de A. em sua relação com o sistema da moral*). — *System der philosophischen Moral*, 1828 (*Sistema de moral filosófica*). — *Geschichte der letzten Systeme der Philosophie in Deutschland von Kant bis Hegel*, 2 partes, 1837-1838 (*História dos últimos sistemas da filosofia na Alemanha, de K. a H.*). — *Anthropologie und Psychologie oder die Philosophie des subjectiven Geistes*, 1840 (*Antropologia e psicologia ou a filosofia do Espírito subjetivo*). — *Vorlesungen über die Persönlichkeit Gottes und Unsterblichkeit der Seele*, 1841 [de um curso dado em Berlim; verão de 1840) (*Lições sobre a personalidade de Deus e a imortalidade da alma*). — *Entwicklungsgeschichte der neuesten deutschen Philosophie*, 1843 (*História evolutiva da filosofia alemã recente*) [em particular contra os ataques de Schelling ao hegelianismo]. — *Die Epiphanie der ewigen Persönlichkeit des Geistes. Eine philosophische Trilogie. Erstes Gespräch: Über die Persönlichkeit des Absoluten*, 1844; *Zweites Gespräch: Der historische Christus und das neue Christentum*, 1847; *Drittes Gespräch: Über die Zukunft der Menschheit und die Unterblichkeit der Seele oder die Lehre von den letzten Dingen*, 1852 (*A epifania da eterna personalidade do Espírito. Trilogia filosófica. Primeiro diálogo: Sobre a personalidade do Absoluto; Segundo diálogo: O Cristo histórico e o novo cristianismo; Terceiro diálogo: Sobre o futuro da humanidade e a imortalidade da alma ou a doutrina das ultimidades*). — *Die Lösung der gesellschaftlichen Frage*, 1849 (*A solução da questão social*). — *Esquisse de logique*, 1856. — *Die Geschichte der Menschheit in ihrem Entwicklungsganze von 1775 bis auf die neuesten Zeiten*, 2 vols., 1859-1860 (*A história da humanidade no conjunto de sua evolução de 1775 aos tempos mais recentes*). — *Naturrecht oder Rechtsphilosophie als die praktische Philosophie*, 2 vols., 1866 (*Direito natural ou filosofia do Direito como filosofia prática*). — *Hegel, der unwiderlegte Weltphilosoph*, 1870 (reimp., 1970) (*H., o filósofo universal irrefutado*). — *Das System der Philosophie als exakter Wissenschaft*, 4 vols., 1876-1879 (*O sistema da filosofia como ciência exata*). — *Historisch-kritische Darstellung der dialektischen Methode Hegel's*, 1888 [em col. com G. H. Häring).

Ver: E. H. Schmitt, *M. und das Geheimnis der Hegel'schen Dialektik*, 1888. ⊃

MICHELSTAEDTER, CARLO (1887-1910). Nascido em Gorizia. Formado numa atmosfera em que se mesclavam as tradições intelectuais do *Risorgimento* italiano e as tradições hebraicas, Michelstaedter elaborou um pensamento filosófico-poético que parecia seguir os passos de Schopenhauer. Segundo Michelstaedter, a vida aspira sempre a algo distinto de si e, não conseguindo-o, experimenta uma profunda desilusão. Esta, entretanto, constitui a fonte para impulsos que transcendem a própria existência rumo a um absoluto. A irracionalidade do viver e a desilusão do fracasso dão origem a criações, que são racionalizações de ilusões, mas que chegam a ter uma existência e um valor próprios. Considera-se que Michelstaedter antecipou algumas das teses básicas de Heidegger, assim como algumas das idéias unamunianas acerca do "sentimento trágico da vida". Ora, o pessimismo de Michelstaedter não parecia incompatível com um impulso para a obtenção de uma salvação, que às vezes se manifestava na paz interna e às vezes numa ação destinada a fazer a própria individualidade ultrapassar seus estreitos limites. Michelstaedter suicidou-se ainda muito jovem; discutiu-se sobre se esse ato foi uma realização de seu pessimismo ou uma conseqüência de uma intensidade de vida excessiva que se manifestou, paradoxalmente, num estado de depressão profunda.

↪ Os escritos de M. foram publicados postumamente: *Scritti*, 2 vols., 1912-1913, revisados por V. Arangio-Ruiz. Esses escritos contêm, entre outros trabalhos: *La persuasione e la retorica* e *Dialogo della salute*.
Ver: G. Chiavacci, "Il pensiero di M." (1946) e U. Segre, "Il personalismo di M." (1945), ambos reproduzidos em Enzo Paci, *La filosofia contemporanea*, 1957. — Ver também: Maria A. Raschini, *C. M.*, 1965. — S. Campailla, *Pensiero e poesia di C. M.*, 1973. ↩

MICHURIN, I[VAN] V[LADIMIROVICH]. Ver Evolução.

MICKIEWICZ, ADAM. Ver Messianismo.

MICROCOSMO. Ver Macrocosmo.

MIGUEL PSELLOS. Ver Psellos, Miguel.

MILAGRE. Gregos e romanos falaram de τέρας, *signum*, como anúncio de algo, em especial de algum acontecimento futuro que se supunha importante para uma pessoa, uma família, uma comunidade etc. Τέρας é o que serve de sinal e presságio, como uma constelação ou um meteoro; é também um portento ou "monstro", *monstrum*. Quando os "sinais" são freqüentes, não parece haver nada anormal neles; pelo contrário, o "normal" é que haja em toda parte sinais, ou que possam "arrancar-se" sinais da Natureza, ou de certas pessoas. Mas quando os "sinais" não são freqüentes, parecem "anormais": o "sinal" é então algo "estranho", algo "maravilhoso" e "portentoso". Só neste segundo sentido se pode falar de milagre, *miraculum*. A noção de milagre é importante no cristianismo, uma vez que nos Evangelhos Jesus Cristo aparece fazendo alguns milagres. Os milagres realizados por Jesus Cristo são como o selo divino dado à Palavra de Deus. Nesse sentido, os milagres em questão distinguem-se daqueles que, segundo se supunha, eram feitos pelos taumaturgos e milagreiros. Os primeiros destinam-se a confirmar a Palavra de Deus nos que já nela acreditam; os segundos destinam-se a assombrar com a manifestação de certos "poderes ocultos" sobre a Natureza.

Entre os teólogos e filósofos cristãos, admitiu-se o milagre, ou a possibilidade de milagre, como um "fato extraordinário" que sai do curso chamado "normal" dos acontecimentos, ou que, como se disse, está "fora do jogo das causas segundas". A razão fundamental do milagre em sentido cristão é a crença de que Deus criou o mundo e, portanto, sua ação não está submetida à ordem natural das coisas. Isso não significa em todos os casos que se admita a ordem natural, e ordem das causas segundas, como um perpétuo milagre. Embora alguns autores se inclinem a esta última opinião, a maioria dos teólogos e filósofos cristãos afirma que a ordem natural, embora produzida por Deus, tem uma realidade própria, ainda que "secundária". Como autor da Natureza, Deus pode atuar fora da ordem natural, o que acontece quando realiza milagres, ou faz realizar milagres. Por outro lado, supõe-se que os milagres não são uma "pura arbitrariedade" de Deus, mas que têm sua "razão": os milagres são feitos com vistas a um fim superior a determinada natureza. Os milagres podem ser físicos ou morais. Os primeiros são de alguma maneira "indiretos"; os segundos se devem à ação direta da Palavra de Deus sobre a consciência.

Na época moderna, especialmente durante os séculos XVII e XVIII, foram abundantes as discussões sobre a natureza e, em particular, sobre a possibilidade ou impossibilidade dos milagres. Em princípio, os deístas, livre-pensadores, "libertinos" etc. negaram a possibilidade dos milagres, enquanto os "religiosos", os "crentes" etc. afirmaram essa possibilidade. Mas o que interessa filosoficamente não são tanto as posições adotadas a esse respeito quanto os argumentos produzidos. Importantes passagens a esse propósito foram, entre os filósofos, o cap. VI do *Tractatus theologico-politicus*, de Spinoza, e a seção X da *Enquiry concerning Human Understanding*, de Hume (que escreveu também um ensaio, *Of Miracles* [1748]). Segundo Spinoza, "tudo o que Deus quer ou determina implica uma necessidade e uma verdade eterna"; as leis naturais são "decretos divinos procedentes da necessidade e da perfeição da natureza divina". Não se podem conhecer a essência, a existência nem a providência de Deus pelos milagres, sendo elas melhor mediante "a ordem fixa e imutável da Natureza". Os milagres exprimem apenas potências limitadas, não a potência ilimitada de Deus. De acordo com Hume, todo milagre supõe uma experiência uniforme da qual o milagre é, ou se supõe ser, uma exceção. Não há, pois, razão para crer nos milagres, já que então se crê contra um testemunho mais provável. A máxima estabelecida por Hume é "que nenhum testemunho é suficiente para estabelecer um milagre, a menos que o testemunho seja de tal espécie que sua falsidade seria mais milagrosa do que o fato que ele procura estabelecer". Assim, se alguém me diz que um morto ressuscitou, devo considerar o que é o mais provável: que essa pessoa tenha sido enganada, ou que se engane a si mesma, ou que o fato que relata tenha de fato ocorrido. Comparando um milagre com o outro, diz Hume, rejeito sempre o milagre maior. "Se a falsidade de seu testemunho for mais milagrosa do que o acontecimento que relata, então, e só então, o testemunho poderá pretender mandar sobre minha crença ou opinião." Raciocínios semelhantes aos de Spinoza foram formulados por autores que podem ser denominados, *grosso modo*, "racionalistas" ou "mecanicistas". Raciocínios semelhantes aos de Hume foram feitos por alguns positivistas lógicos (cf., por exemplo, Richard von Mises en *Kleines Lehrbuch des Positivismus* [1939], § 16, 1). Em contrapartida, os filósofos que crêem na possibilidade (embora não necessariamente na freqüência) dos milagres indicaram que raciocínios como os antes esboçados se aplicam somente à série das causas segundas, sem levar em conta que Deus é o autor de Natureza e, sobretudo, sem levar em conta que o milagre é um sinal divino realizado com vistas a um fim que transcende a Natureza, ou pelo menos determinada natureza.

↪ Ver: R. M. Burns, *The Great Debate on Miracles from Joseph Granvill to David Hume*, 1981. ↩

MILÃO (ESCOLA DE). Por volta de 1909, alguns pensadores católicos italianos, encabeçados por Agostino Gemelli (VER), decidiram combater o positivismo e o idealismo hegeliano por meio de uma renovação da escolástica tomista que não fosse simplesmente uma repetição de suas teses, mas o resultado de seu aprofundamento e constante confronto com o pensamento moderno e, em particular, com o processo de formação e resultados das ciências. Uma tendência análoga à da Escola de Lovaina (VER) desenvolveu-se desse modo em Milão, tendo por centro a *Rivista di filosofia neo-scolastica* fundada em 1909. Nela colaboraram sobretudo Giulio Canella, G. Tredici, L. Necchi, A. Masnovo (VER), Francesco Olgiati, Giuseppe Amedeo Rossi, Zamboni (VER), assim como vários colaboradores da *Revue néo-scolastique de Philosophie*. Esse *gruppo di studiosi* fortaleceu-se e não tardou a estender-se, especialmente desde a fundação, em 1921, da Universidade do Sagrado Coração, de Milão, cujo reitor foi o mencionado Agostino Gemelli. De acordo com os princípios estabelecidos por este, e correspondentes à situação filosófica da Itália, o grupo neo-escolástico e neotomista de Milão se dedicou de maneira bastante particular ao estudo histórico-filosófico, com especial atenção à filosofia moderna e ao idealismo, único modo não apenas de compreendê-lo e poder enfrentá-lo com a neo-escolástica, como também de tornar possível a esta superar o idealismo "a partir de dentro". O histórico e o especulativo mesclaram-se dessa maneira, não sem produzir algumas dissensões e polêmicas dentro do próprio grupo. A esse respeito, é sobretudo importante a polêmica entre Olgiati e Zamboni, bem como o "caso Zamboni" a que esta deu lugar subseqüentemente. A polêmica decorre de imediato das posições assumidas por esses dois pensadores, posições que apresentamos nos verbetes dedicados a eles, em especial da crítica de Olgiati e também da Rossi. A tendência "histórica" pareceu, em todo caso, triunfar no âmbito da Escola, não, sem dúvida, como uma finalidade última, mas como um ponto de partida indispensável para a completa revalorização do neotomismo.

↪ Ver especialmente A. Gemelli, "Une orientation nouvelle de la scolastique", *Revue néoscolastique de philosophie*, 19 (1912), e os "Indirizzi e conquiste della filosofia neoscolastica italiana", suplemento à *Rivista di filosofia neo-scolastica*, 26 (1934). — Sobre o "caso Zamboni", ver, além das obras citadas nos verbetes correspondentes: Gemelli, Olgiati, Rossi, "Il caso Zamboni", *ibid.* (1935), 393-427. — C. Ranwez, "La controverse gnoséologique en Italie", *Revue néoscolastique de philosophie*, 38 (1935). — G. Zamboni, "Chiarimenti per la controversia sulla gnoseologia pura", *Divus Thomas*, 42 (1939). — A principal obra polêmica de A. Rossi a esse respeito é: *La gnoseologia (o psicologia pura) del Prof. G. Zamboni. Studio critico*, 2ª ed., 1935. — H. Kramer, "L'interpretazione di Platone della Scuola di Tubinga e della Scuola di Milano", *Rivista di Filosofia Neo-Scolastica*, 84 (2-3) (1992), 203-218. ↩

MILESIANOS. No âmbito dos jônicos (VER), ocupam um lugar de destaque os milesianos (Tales, Anaximandro, Anaxímenes [VER]). O nome 'milesianos' procede do fato de que todos os assim chamados nasceram e desenvolveram sua atividade filosófica em Mileto, na costa da Ásia Menor. São com freqüência qualificados de φυσικοί, físicos, e também de φυσιολογοί, fisiólogos, no sentido de "filósofos da Natureza", φύσις, mesmo tendo-se presente que o vocábulo 'Natureza' deve ser entendido num sentido diferente daquele que tem em nossos dias. Por isso, W. Jaeger diz que, apesar de "físicos", os milesianos não podem deixar de ser considerados "teólogos", a menos que se procure modernizar indevidamente seu pensamento. Consideram-se os milesianos fundadores da filosofia, pelo menos da filosofia grega (VER) e avalia-se que uma das características mais importantes de seu pensamento é o hilozoísmo (VER). Com os pré-socráticos (VER), até Demócrito, for-

mam a chamada tendência cosmológica da filosofia grega, mas se distinguem dos demais pré-socráticos pela forma que poderíamos denominar "pré-ontológica" de seu pensamento. Alguns historiadores da filosofia consideram que certos pensadores, tais como Hipon, Idao e Diógenes de Apolônia (VER), representam prolongamentos da filosofia dos milésios.
➲ Ver a bibliografia de FILOSOFIA GREGA e a de PRÉ-SOCRÁTICOS. ☙

MILHAUD, GASTON (1858-1918). Nascido em Nîmes, foi professor de matemática no Liceu de Montpellier e de filosofia na Universidade de Montpellier. Milhaud destacou o papel criador — ou, para empregar o vocabulário criticista, "constitutivo" — da consciência no desenvolvimento dos conceitos científicos, com o que, mesmo dependendo do positivismo de Comte e do neocriticismo de Renouvier, transpôs decididamente o plano de um simples fenomenismo (VER). Daí uma crítica desta última posição, tal como foi sobretudo representada pelo comtismo, e uma acentuação da autonomia da atividade espiritual que o conduziu em parte a teses análogas às defendidas pelo pragmatismo e convencionalismo atenuados de Poincaré e Duhem. O que os conceitos científicos — em especial no terreno da física matemática — têm de mais rigoroso é, segundo Milhaud, o que o espírito previamente depositou neles. O espírito não gera, sem dúvida, a realidade, mas produz o âmbito no interior do qual essa realidade se torna inteligível. A crítica do determinismo e do puro empirismo não é, no entanto, tão-somente o produto de uma atitude filosófica. Milhaud procurou mostrar que o caráter criador do espírito se manifesta de um modo efetivo ao longo da história da ciência. Nesse caso, o positivismo não seria mais do que uma etapa à qual sucederia o reconhecimento da inteligibilidade criada pelo espírito sob a forma do que Milhaud denomina "a etapa da interioridade".
➲ Obras: *Leçons sur les origines de la science grecque*, 1893. — *Num Cartessi Methodus tantum valet in suo opere illustrando quantum ipse senserit*, 1894 (tese latina). — *Essai sur les conditions et les limites de la certitude logique*, 1898. — *Le Rationnel*, 1898. — *Les philosophes-géomètres de la Grèce. Platon et ses prédécesseurs*, 1900. — *Le Positivisme et le progrès de l'esprit. Études critiques sur Auguste Comte*, 1902. — *Études sur la pensée scientifique chez les Modernes*, 1906. — *Nouvelles études sur l'histoire de la pensée scientifique*, 1911. — É autor também de obras sobre Descartes (*Descartes, savant*, 1921), Renouvier (*La philosophie de Charles Renouvier*, 1927) e Cournot (*Études sur Cournot. Le développement de la pensée de Cournot*, 1927). ☙

MILL, JAMES (1773-1836). Nascido em Northwater Bridge (Condado de Forfar, Escócia), estudou na Universidade de Edimburgo. Em 1803, encarregou-se da direção do *Literary Journal* (Londres) e, em 1805, assumiu a direção da *St. Jame's Chronicle*. De 1806 a 1817, trabalhou numa *History of India* (1817), que teve grande ressonância não apenas por seu estudo e interpretação da civilização da Índia, como também por sua crítica da administração inglesa. Amigo e secretário de Jeremy Bentham (VER) e do economista David Ricardo, James Mill desenvolveu o utilitarismo (VER) e foi um dos fundadores do chamado "radicalismo filosófico", que teve prosseguimento com seu filho mais velho, John Stuart Mill (VER). A contribuição filosófica mais notável de James Mill consistiu na fundação e no desenvolvimento da "psicologia" — dos "fenômenos mentais" — com base em Bentham e Hartley. James Mill procurou mostrar que todos os mecanismos psíquicos são explicáveis com base em associações e dissociações de certos elementos básicos de caráter sensível, bem como de acordo com as leis de associação (ver ASSOCIAÇÃO, ASSOCIACIONISMO). A lei principal é a contigüidade no espaço e no tempo, e nela se fundam as leis de contraste e de semelhança.

James Mill considerava que essa explicação dos mecanismos mentais acabava com todas as superstições, entre as quais incluía as crenças religiosas, especialmente o cristianismo, que declarou "o maior inimigo da moralidade".
➲ Obras: *Elements of Political Economy*, 1821. — *Analysis of the Phenomena of the Human Mind*, 1829 (edição de 1869, em 2 vols., por J. S. Mill, com notas de J. S. Mill, Alexander Bain, A. Findlater e G. Grote). — *A Fragment on Macintosh*, 1835 e 1870. — *Political Writings*, 1992, ed. T. Ball.
Ver: A. Bain, *J. M., a Biography*, 1882. — G. S. Bower, *Hartley and J. M.*, 1881. — W. H. Burston, *J. M. on Philosophy and Education*, 1972. — B. Mazlish, *James and John S. M.: Father and Son in the Nineteenth Century*, 1975. — J. M. Robson, M. Laine, eds., *James and John S. M.: Papers of the Centenary Conference*, 1976. Ver também a bibliografia do verbete UTILITARISMO, especialmente o livro de Leslie Stephen. ☙

MILL, JOHN STUART (1806-1873). Nascido em Londres. Seu pai, James Mill, deu-lhe uma severa e rígida educação baseada nos princípios do utilitarismo (VER) e do radicalismo filosófico de Bentham. A conseqüência mais imediata dessa educação foi a famosa crise espiritual descrita em sua *Autobiografia*. Salvou-se dela em parte mediante a leitura dos poetas líricos e certa rebeldia contra os princípios mais restritos do utilitarismo. Mais tarde, uma nova crise emocional sobreveio em sua vida: sua amizade e depois seu amor por Harriet Taylor, para casar-se com quem esperou vinte e um anos, durante os quais sofreu todos os preconceitos da sociedade vitoriana de seu tempo. As duas crises não são alheias ao desenvolvimento de sua filosofia. Em particular a última pode explicar a veemência do filósofo (expressa sempre com correta frieza) contra o império das conveniências sociais sobre as individuais. Do ponto de vista mais estritamente filosófico, John Stuart Mill deu prosseguimento à tarefa da fundamentação das ciências iniciada por seus antecessores da escola, mas com maior amplitude de visão e com base em informações mais amplas. Coincidindo com Comte na posição antimetafísica, mas discordando dele em diversos pontos fundamentais, em particular no que se refere aos problemas do método e ao reconhecimento da psicologia como ciência efetiva, J. S. Mill aplicou antes de tudo suas reflexões à lógica, entendida como ciência da prova, e à psicologia, considerada parte essencial das ciências morais. A psicologia de J. S. Mill é de caráter claramente associacionista; seguindo as tendências iniciadas por Hartley e Priestley e conseqüentemente desenvolvidas pelo utilitarismo, Mill concebe os fatos psíquicos como estados elementares a cuja união se atribui um caráter substancial, sem que seja lícito, por outro lado, averiguar o fundamento de semelhante substância, pois o psicólogo deve ater-se pura e exclusivamente às relações entre estados mentais elementares e à formulação das leis correspondentes. Mas os fatos mentais são, em última instância, o produto das impressões proporcionadas pela experiência. Toda ciência que não se funde nessa experiência, todo saber que pretenda averiguar algo mais do que as relações dadas na experiência são fundamentalmente falsos. Essa vinculação à experiência é própria não apenas das ciências físicas e morais, mas também das ciências matemáticas. Por isso, a lógica deve estudar principalmente a teoria da indução como o único método adequado às ciências. Os conhecimentos científicos são produto da indução, pois as mesmas generalidades ideais que se supõem adquiridas *a priori* são o resultado de generalizações indutivas. A previsão dos fenômenos tem, portanto, um caráter provável, mas sua probabilidade, mesmo a mais extremada, nunca é segurança definitiva. Na indução, resolve-se o silogismo, assim como o axioma matemático, cujo suposto apriorismo é o resultado de um efetivo aposteriorismo. Baseando-se nas investigações de Whewell e Hershell (*On the Study of Natural Philosophy*, 1831) sobre a história e a filosofia das ciências naturais, Mill estabelece quatro regras ou "cânones" da indução destinadas a averiguar as relações de causalidade, isto é, os "antecedentes invariáveis e incondicionais" de todos os fenômenos: a regra de concordância, a de diferença, a de resíduos e a das variações concomitantes. Essas regras, destinadas ao pesquisador científico, fundamentam-se por sua eficácia e pela capacidade de prova dos resultados obtidos. Mas a relação de causalidade não é, por sua vez, uma noção *a priori*; é também o resultado de um procedimento indutivo, análogo ao que produz toda espécie de generalização (ver CÂNON).

A lógica das ciências morais não se diferencia da lógica das ciências naturais e matemáticas senão pela qualidade de seus objetos; a dificuldade de estabelecer regras válidas com a maior probabilidade obedece à grande complexidade dos fenômenos morais, complexidade já sublinhada por Comte em sua tentativa de classificação das ciências. Mas Mill sustenta contra Comte a possibilidade da psicologia como ciência independente. É justamente a psicologia que, como teoria das associações dos fatos elementares da vida psíquica, permite transformar as outras duas ciências do espírito, a etiologia ou estudo do caráter e a sociologia, em ciências dedutivas, derivadas das leis averiguadas pela psicologia. As ciências morais são, por conseguinte, dedutivas, mas esse caráter só é adquirido por elas graças à fundamentação psicológica, às generalizações indutivas que a ciência do psíquico proporciona ao investigador. Os fatos sociais são o resultado da concorrência de todas as circunstâncias, daí decorrendo que possam ser em princípio previsíveis, mas neles se introduz como um de seus fatores principais o fator individual, que desempenha um papel às vezes preponderante. Por essa ressalva do reconhecimento do fator individual, a ciência social de J. Stuart Mill não fica reduzida mais que em seu aparato exterior a uma mera estática dos fatores externos; na realidade, é uma dinâmica de forças cujo resultado, embora previsível, deve incluir como fator o desejo do indivíduo, sua crença e sua vontade. Por isso, Mill é, além de um rigoroso empirista e determinista em matéria social e política, um decidido liberal, que amplia os quadros do utilitarismo de Bentham com um socialismo ético. A reflexão posterior de Mill tende à superação do utilitarismo por meio de uma afirmação do valor superior da vida moral e do altruísmo diante da consideração unilateral do egoísmo como motor principal das ações humanas. Nessa superação, deve-se incluir sem dúvida seu reconhecimento dos valores religiosos como fatores suscetíveis de impulsionar a caminhada do homem em busca do ideal moral.

➲ Obras: *A System of Logic Ratiocinative and Inductive, Being a connected View of the Principles and the Methods of Scientific Investigation*, 2 vols., 1843, 9ª ed., 1875. — *Essays on Some Unsettled Questions of Political Economy*, 1844. — *Principles of Political Economy, with Some of Their Applications to Social Philosophy*, 2 vols., 1848. — *On Liberty*, 1859. — *Thoughts on Parliamentary Reform*, 1859. — *Dissertations and Discussions*, I, II, 1859; III, 1867; IV, 1875. — *Consideration on Representative Government*, 1861. — *Utilitarianism*, 1863. — *Examination of Sir William Hamilton's Philosophy*, 1865. — *Auguste Comte and Positivism*, 1865. — *Inaugural Address at the University of St. Andrews*, 1867. — *England and Ireland*, 1868. — *The Subjection of Women*, 1869. — *Chapters and Speeches on the Irish Land Question*, 1870. — *Autobiography*,

1873. Edição de um rascunho anterior: *The Early Draft of J. S. Mill's Autobiography*, por Jack Stillinger, 1961, escrito por volta de 1853-1854 e depois alterado pela mulher de J. S. Mill. — *Three Essays on Religion: Nature, the Utility of Religion and Theism*, 1874.
Correspondência: *Letters*, 2 vols., 1910, ed. Wirth, com introdução de Hugh S.R. Elliot.
Ed. de obras: *Collected Works of J.S.M.*, ed. J.M. Robson, desde 1965.
Em português: *Considerações sobre o governo representativo*, 1981. — *Sistema da lógica dedutiva e indutiva e outros textos*, Os Pensadores, 1984. — *Sobre a liberdade*, 1991. — *Princípios de economia política, com algumas de suas aplicações à filosofia social*, 1986. — *O governo representativo*, 1967. — *Utilitarismo*, 1976. — *Da liberdade de pensamento e de expressão*, 1976.
Biografias: F. A. Hayek, *J. S. Mill and Harriet Taylor. Their Friendship and Subsequent Marriage*, 1951. — M. St. John Packe, *The Life of J. S. Mill*, 1954. — Ruth Borchard, *J. S. Mill, the Man*, 1957.
Bibliografia: *Bibliography of the Published Writings of J. S. M.*, 1945, ed. Ney McMinn, J. R. Hainds, James McNan McCrimson.
Ver: H. Taine, *Le positivisme anglais. Étude sur J. S. M.*, 1869. — W. G. Ward, *Essays on the Philosophy of Theism*, ed. Eilfred Ward, 1884 (o vol. I contém numerosos estudos sobre J. S. M. publicados antes na *Dublin Review*). — A. Bain, *J. S. M.: A Criticism with Personal Recollections*, 1882. — H. Lauret, *Philosophie de J. S. M.*, 1886. — Theodor Gomperz, *J. S. M. Ein Nachruf*, 1889. — W. L. Courtney, *Life of J. S. M.*, 1889 (do mesmo autor: *Metaphysics of J. S. M.*, 1879). — Charles Douglas, *J. S. M., a Study of his Philosophy*, 1895. — J. Watson, *M., A. Comte and Spencer: An Outline of Philosophy*, 1895 (2ª ed. intitulada: *An Outline of Philosophy*, 1898). — Samuel Saenger, *J. S. M. Sein Leben und Lebenswerk*, 1901. — Leslie Stephen, *The English Utilitarians* (tomo III: *J. S. M.*), 1900. — E. Thouverez, *S. M.*, 1905. — Siegfried Becher, *Erkenntnistheoretische Untersuchungen zu S. Mills Theorie der Kausalität*, 1906. — A. Steglich, *J. S. Mills Logik der Daten*, 1908 (tese). — G. A. Towney, *J. S. Mill's Theory of Inductive Logic*, 1909. — Fanja Finkelstein, *Die allgemeinnen Gesetze bei Comte und M.*, 1911 (tese). — L. Beuss, *Der Begriff des Beliefs bei J. S. M.*, 1912 (tese). — E. Freundlich, *J. S. Mills Kausaltheorie*, 1914 (tese). — Jean Ray, *La méthode de l'économie politique d'après J. S. M.*, 1914. — Charles Larrabee Street, *Individualism and Individuality in the Philosophy of J. S. M.*, 1926. — B. Alexander, *J. S. M. und der Empirismus*, 1927. — O. A. Kubitz, *Development of J. S. Mill's System of Logic*, 1932. — R. Jackson, *An Examination of the Deductive Logic of J. S. M.*, 1941. — C. Tricerri, *Il sistema filosofico di J. S. M.*, 1950. — S. Casellato, *G. S. Mill e l'utilitarismo inglese*, 1951. — K. Britton, *J. S. M.*, 1953. — R. P. Anschutz, *The Philosophy of J. S. M.*, 1953. — I. W. Mueller, *J. S. M. and French Thought*, 1956. — Fidia Arata, *La logica di J. S. M. e la problematica etico-sociale*, 1964. — Franco Restaino, *J. S. M. e la cultura filosofica britannica*, 1968. — J. M. Robson, *The Improvement of Mankind: The Social and Political Thought of J. S. M.*, 1968. — Alan Ryan, *The Philosophy of J. S. M.*, 1969; 2ª ed., 1990. — F. L. van Holthoon, *The Road to Utopia: A Study of J. S. Mill's Social Thought*, 1971. — H. J. McCloskey, *J. S. M.: A Critical Study*, 1971. — Gertrude Himmelfarb, *On Liberty and Liberalism: The Case of J. S. M.*, 1974. — Dalmacio Negro Pavón, *Liberalismo y socialismo: La encrucijada intelectual de J. S. M.*, 1975. — R. J. Halliday, *J. S. M.*, 1977. — C. L. Ten, *M. on Liberty*, 1980. — B. Semmel, *J. S. M. and the Pursuit of Virtue*, 1984. — F. R. Berger, *Happiness, Justice and Freedom: The Moral and Political Philosophy of J. S. M.*, 1984. — P. Glassman, *J. S. M.: The Evolution of a Genius*, 1985. — J. Skorupski, *J. S. M.*, 1989. — H. Settanni, *The Probabilistic Theism of J. S. M.*, 1991. — W. Donner, *The Liberal Self: J. S. M.'s Moral and Political Philosophy*, 1991. — M. Strasser, *The Moral Philosophy of J. S. M.: Toward Modifications of Contemporary Utilitarianism*, 1991. C

MILLAS, JORGE (1917-1982). Nascido em Santiago do Chile, estudou Filosofia na Universidade do Chile e Psicologia na Universidade de Iowa, Estados Unidos. Foi professor no Liceu Francês de Santiago do Chile, na Universidade de Porto Rico, Universidade do Chile e Austral do Chile.

Influenciado principalmente por Bergson e por Ortega y Gasset, ao menos nos temas abordados, Millas interessou-se inicialmente pela questão da natureza da individualidade humana, que concebeu como "algo que o homem faz", ao contrário da sociedade, que é "um dado da experiência", isto é, "essencialmente natureza". A vida do homem, pensou Millas, é "um empreendimento pessoal" e uma "tarefa e drama do indivíduo". O indivíduo foi definido como "a unidade espiritual que continuamente elabora no tempo uma liberdade racional". Mais tarde, Millas interessou-se pela questão da natureza da história como história espiritual e, em particular, pela interpretação da sociedade contemporânea. Opondo-se à idéia de que o chamado "homem na sociedade de massas" é necessariamente um ser degradado, Millas procurou mostrar os aspectos positivos de certos elementos da massificação e da tecnificação da sociedade.

⊃ Obras: *Los trabajos y los días*, 1939 [Poemas]. — *Idea de la individualidad*, 1943. — *Goethe y el espíritu del Fausto*, 1949. — *Ortega y la responsabilidad de la inteligencia*, 1956. — *Ensayos sobre la historia espiritual de Occidente*, 1960. — *El desafío espiritual de la sociedad de masas*, 1962. — *Idea de la filosofía*, 2 vols., 1970. — *De la tarea intelectual*, 1974. — *Las máscaras filosóficas de la violencia* (ed. conjunta com Edison

Otero. Prêmio Municipal de Santiago), 1978. — *Idea y defensa de la universidad*, 1981. — *Escenas inéditas de Alicia en el país de las maravillas*, 1985. ↩

MĪMĀṀSĀ. É o nome que recebe um dos seis sistemas (ver DARSANA) ortodoxos (*āstika*) da filosofia indiana (VER). Sua fundação se atribui a Jaimini, sendo o texto fundamental a *Jaimini-sūtra*. O sistema foi elaborado, no decorrer dos séculos, por muitos autores: Śabarasvāmi, Kumārila Bhaṭṭa, Prabhākara, Salikanātha, Bravanāta etc. Como se baseia principalmente na parte do *Veda* que precede imediatamente os *Upanishades*, o sistema *Mīṁāṁsā* propriamente dito ou a *Mīṁāṁsā* é denominada com freqüência *Pūrva-Mīṁāṁsā* (ou também *Karma-Mīṁāṁsā*). O *Vedānta* de Bādarāyana forma, em contrapartida, a chamada *Uttara-mīṁāṁsā* (ou também *Brahma-mīṁāṁsā*) por basear-se nos *Upanishades* ou parte posterior ao *Veda*. Fala-se com freqüência do sistema combinado das duas, *Mīṁāṁsā*, ou também do sistema combinado *Mīṁāṁsā-Vedānta*, por causa das similaridades entre ambos. Aqui, referir-nos-emos exclusivamente ao *Pūrva-Mīṁāṁsā*, que denominaremos simplesmente *Mīṁāṁsā*. O *Uttara-mīṁāṁsā* será abordado em *Vedānta*.

O termo *mīmāmsā* significa "reflexão crítica" ou "solução de problemas mediante exame crítico". Seu principal objetivo é a justificação crítica do ritual védico, motivo pelo qual às vezes é qualificado de sistema ritualista. Deve-se levar em conta, porém, que no curso dessa justificação a *Mīṁāṁsā*, embora sempre fiel ao comentário védico, não se limita a este, mas elabora diversas doutrinas de índole filosófica. Essas doutrinas são principalmente duas: uma teoria do conhecimento, e uma teoria da linguagem e da relação entre esta e a realidade. A teoria do conhecimento baseia-se no pressuposto de que todo conhecimento merecedor desse nome é verdadeiro. O que se deve averiguar, pois, é o que se pode denominar propriamente "conhecimento". Isso leva os membros da escola *Mīṁāṁsā* a apresentar uma detalhada classificação de tipos de conhecimento e dos fundamentos de sua validade, incluindo o exame da validade de proposições que se referem a fatos não percebidos, mas que são indispensáveis para explicar a natureza de fatos percebidos. A teoria da linguagem faz uso de um pressuposto básico: o da relação necessária entre os termos e seus significados. Uma espécie de realismo lingüístico agrega-se aqui a um realismo epistemológico e também a um realismo ontológico de caráter pluralista. Em sua cosmologia e metafísica, a *Mīṁāṁsā* afirma a pluralidade das almas (ou melhor, a diversidade do *ātman*), junto com uma pluralidade dos elementos básicos que formam os corpos.

↩ Ver bibliografia de FILOSOFIA INDIANA. Além disso: A. B. Keit, *The Karma-Mīṁāṁsā*, 1921. — Ganganatha Jha, *Purva-mimamsa in its sources, with a critical bibliography by Umesha Mishra*, 1942, 2ª ed., 1964. ↩

MINKOWSKI, EUGÈNE. Ver EXISTENCIALISMO.

MINÚCIO FÉLIX, MARCUS MINUCIUS FELIX (*fl.* 170). Foi um dos apologistas do cristianismo, embora a obra escrita por ele em defesa da fé — o diálogo *Octavius* — se distinga em vários pontos das apologias habituais de sua época. Em primeiro lugar, pelo tom empregado, que é menos polêmico, mais consolador. Em segundo lugar, pelo próprio conteúdo, pois os motivos dos pagãos — especialmente dos filósofos pagãos — para não aceitar ou acatar a fé cristã são expostos com grande objetividade. O modelo do diálogo de Minúcio Félix parece ser o *De natura deorum* de Cícero, mas enquanto este acentuava a verossimilhança, a probabilidade e às vezes a incognoscibilidade, Minúcio Félix mostra que existe a certeza. Junto a isso, há em Minúcio Félix a tentativa de uma aproximação completa entre filosofia e cristianismo, pois ele não pode conceber que os cristãos não sejam filósofos nem que os filósofos, na medida em que mantenham certas idéias — como as da existência de Deus e da imortalidade —, não sejam cristãos. O erro dos filósofos pagãos consiste, a seu ver, em não perceber que as crenças cristãs, e o culto correspondente, têm uma grande pureza, justamente a mesma pureza que os filósofos se esforçaram, a partir de seus próprios pontos de vista, por manter e desenvolver.

↩ Edições: Migne, *PL*, III; C. Halm, 1867 (*Corpus Scriptorum Ecclesiaticorum Latinorum*, II); J. P. Waltzing, Leipzig, 1903 (2ª ed., Louvaina, 1926); J. Martin, 1930 [Florilegium Patristicum].

Lexicon Minucianum, por J. P. Waltzing, 1910.

Ver: Fr. X. Burger, *Minucius Felix und Seneca*, 1904. — J. P. Waltzing, *Studia Minuciana*, 1907. — A. Elter, *Prolegomena zu Minucius Felix*, 1909. — C. Synnerberg, *Die neuesten Beiträge zu Minucius-Literatur*, 1914. — J. H. Freese, *The Octavius of Minucius Felix*, 1920. — G. Hinnisdaels, *L'Octavius de Minucius Felix et l'Apologétique de Tertulien*, 1924. — H. J. Baylis, *M. F. and His Place among the Early Fathers of the Latin Church*, 1928. — R. Beutler, *Philosophie und Apologie bei M. Felix*, 1936 (tese). — A. D. Simpson, *Minucius Felix*, 1938 (tese). — L. Alfonsi, *Appunti sull'Octavius di M. Felix*, 1942. — Carl Becker, *Der Octavius des M. F. Heidnische Philosophie und frühchristliche Apologetik*, 1967. — Icilio Vecchiotti, *La filosofia politica di M. F.*, 1973. ↩

MIRABAUD, JEAN-BAPTISTE. Ver TRÊS IMPOSTORES.

MIRABENT Y VILAPLANA, FRANCISCO. Ver BARCELONA (ESCOLA DE).

MIRBT, E[RNST] S[IGISMUND]. Ver FRIES, JAKOB FRIEDRICH.

MIRÓ QUESADA, FRANCISCO (1918). Nascido em Lima, Peru, foi professor da Universidade Peruana Cayetano Heredia, de Lima, e é professor emérito da Universidad Nacional Mayor de San Marcos, de Lima. Interessado primordialmente pelas questões relativas à origem, ao destino e às possibilidades de auto-realização do homem, não tardou a compreender que os erros e confusões de muitas filosofias, incluindo as mais importantes, se deviam à falta de rigor e exatidão. Interessou-se então pela matemática, pela lógica e pela física, que podiam proporcionar modelos de rigor, e a partir dos novos pontos de vista obtidos nesses estudos reexaminou a obra de grandes filósofos como Platão, Aristóteles, Leibniz e Kant. Ele percebeu que esses filósofos tinham caído em ingenuidades em virtude das limitações dos métodos analíticos de suas épocas, mas que, no fundo, seguiam uma linha básica correta: a linha racionalista. Miró Quesada vê o racionalismo como o modo de fazer filosofia que permite enfrentar rigorosamente problemas humanos, não apenas teóricos, mas também práticos. A dificuldade da filosofia deve-se à sua exigência de rigor máximo, que a leva a não admitir pressupostos e a fundamentar sempre de maneira racional suas teses. Com isso, a filosofia não se situa fora das ciências, mas dentro delas. Miró Quesada interessou-se sobremodo pelos desenvolvimentos da lógica e da matemática, prestando especial atenção às "lógicas não ortodoxas" (ver LÓGICA), que não são irracionais, mas modos de aprimorar a racionalidade. Para Miró Quesada, há algo que se pode denominar "razão", que é "mais criador e profundo" do que acreditaram os clássicos, incluindo Hegel. Este destacou o caráter dinâmico da razão, mas sem dar-lhe uma fundamentação racional. A razão é, segundo Miró Quesada, dinâmica no sentido de que alguns dos princípios que durante certo tempo pareceram evidentes deixaram de sê-lo. O fato de ela ser dinâmica não quer dizer, contudo, que esteja submetida aos vaivéns da história. Há um dinamismo próprio da razão, que é por sua vez racional. As contradições podem catalisar o movimento da razão, mas isso não quer dizer que a razão seja contraditória ou que haja contradições no desenvolvimento racional.

Miró Quesada não abandonou seu interesse originário pelo homem e pelos problemas humanos, em particular na esfera ética e política. Ele se interessou igualmente pelo problema do desenvolvimento da filosofia americana (VER). Miró Quesada levou a esse domínio os métodos precisos e rigorosos elaborados no decorrer de suas investigações de filosofia da lógica, às quais se acrescentaram ultimamente investigações relativas às propriedades das linguagens naturais.

•• Assim, a partir de 1979, abordou dois problemas fundamentais: a proliferação das lógicas e a relação da lógica com a matemática. Em sua tentativa de encontrar uma unidade no desenvolvimento da lógica, Miró Quesada trabalhou na distinção entre lógicas externas e lógicas internas (ou naturais), mostrada pela primeira vez por William B. Lawvere, que criou a "lógica categorial", baseada na teoria das categorias. Nessa linha, Miró Quesada defende que a lógica não é ontologicamente asséptica, mas que depende da ontologia (do universo) a que esteja sendo aplicada. Ao mesmo tempo, é fundamental encontrar as condições universais da logicidade, isto é, as condições necessárias e suficientes que garantam a obtenção de conseqüências necessárias a partir das premissas aceitas por cada lógica, inclusive por aquelas que não operam com valores de verdade clássicos (lógica probabilística, lógica confusa ou lógica deôntica, entre outras). Miró Quesada desenvolve precisamente a "lógica jurídica idiomática", que reflete as inferências de juízes e jurisconsultos.

Miró Quesada investigou também a existência de duas invariantes constitutivas nas teorias físicas: o poder descritivo-explicativo-preditivo da teoria, e o componente de simetria. Este último coincide com a simetria das normas éticas e jurídicas, o que lhe permite abordar o ideal kantiano de unificação da razão teórica com a razão prática. ••

⊃ Obras: *Curso de moral*, 1940. — *Sentido del movimiento fenomenológico*, 1940. — *El problema de la libertad y la ciencia*, 1943 (em colaboração com Oscar Miró Quesada). — *Lógica*, 1946; 2ª ed., 1962. — *Ensayos I (Ontología)*, 1951. — *Problemas fundamentales de la lógica jurídica*, 1956. — *La formación del profesorado secundario en Francia, Italia e Inglaterra*, 1956. — *Iniciación lógica*, 1958; 2ª ed., 1969. — *La otra mitad del mundo*, 2 vols., 1959. — *Filosofía*, 1960 (curso escolar, em colaboração com Augusto Salazar Bondy). — *Las estructuras sociales*, 1961; 2ª ed., 1965. — *Lógica para maestros*, 1962. — *Apuntes para una teoría de la razón*, 1963. — *Acción Popular: Manual ideológico*, I, 1967. — *Humanismo y revolución*, 1969; 2ª ed., 1976. — *Matemáticas*, I, 1970 (curso escolar). — *Matemáticas*, II, 1972 (curso escolar). — *Despertar y proyecto del filosofar latinoamericano*, 1974. — *Ensayos de lingüística teórica y aplicada*, 1976 (em colaboração com Ernesto Zierer). — *Filosofía de las matemáticas*, 2 vols., 1976. — *Filosofía Latinoamericana: proyecto y realización*, 1979 [complementa seu *Despertar* cit. supra]. — *Para iniciarse en la filosofía*, 1980. — *Filosofía de las Matemáticas, vol. 1: Lógica*, 1980. — *Ensayos de filosofía del derecho*, 1986. — *Las Supercuerdas*, 1993. — *Razón e Historia en Ortega y Gasset*, 1993. — *Hombre, Sociedad y Política*, 1993 [evolução de sua filosofia política a partir de 1953].

Entre os artigos de M.Q., destacam-se: "Esbozo de una teoría generalizada de las propiedades relacionales", *Actas del I Congreso Nacional de Filosofía en Argentina*, volume II, págs. 1172-1177. — "Outline of My Philosophical Position", *Southern Philosopher*, 2

(1953), 1-5. — "Sentido ontológico del conocimiento físico", *Anais do Congresso Internacional de Filosofia de São Paulo*, 1954, pp. 871-879. — "Crise de la science et théorie de la raison", *Revue de métaphysique et de morale*, 63 (1958), 1-11. — "La comprensión como problema epistemológico", *Episteme* (Caracas), I (1957), 105-147. — "Teoría de la deducción jurídica", *Dianoia*, 1 (1955), 161-191. — "La objeción de Rieger y el horizonte de la ontología matemática", *Crítica*, 5 (1968), 57-70. — "Le problème de l'intuition intellectuelle", *Revue de métaphysique et de morale*, 73 (1968), 393-400. — "Metateoría y razón", *Cuadernos de filosofía*, 10 (1968), 195-208. — "Dialéctica y recoplamiento", *Dianoia*, 18 (1972), 182-199. — "La lógica del deber ser y su eliminabilidad", *Revista de Derecho* (1972). — "El concepto de razón", *Revista Latinoamericana de filosofía*, vol. I, 3 (1972). — "Razón y mito", *Scientia et Praxis*, nº 9 (1975), 85-92. — "Posibilidad y límites de una filosofía Latinoamericana", *Revista de Filosofía* (Costa Rica), 16 (1978), 75-82. — "Concepto de razón en Ortega", em V. Cauchy, ed., *Philosophy and Culture*, vol. I, 1986, pp. 345-356. — "Lógica jurídica idiomática", em *Conferências do III.ᵉʳ Congresso Brasileiro de filosofia jurídica e social*, 1988, pp. 224-232. — "Mario Bunge's Philosophy of Logic and Mathematics", em *Studies on Mario Bunge's Treatise*, 1990.

Ver: D. Sobrevilla, "F. M. Quesada C.", em Id., *Repensando la tradición nacional*, I, 1989, cap. VI, pp. 607-854. — VV. AA., *Lógica, Razón y Humanismo*, 1993 [por ocasião de seu 70º aniversário]. **c**

MISCH, GEORG (1878-1965). Nascido em Berlim, estudou filosofia nessa cidade, em cuja Universidade foi *Privatdozent* (1905-1911). De 1911 a 1916, foi "professor extraordinário" de filosofia em Marburgo; de 1916 a 1918, ocupou o mesmo cargo em Göttingen e a partir de 1919 foi professor titular desta última Universidade. Misch foi o mais fiel dos discípulos de Dilthey, cujos *Gesammelte Schriften* preparou para publicação. Em polêmica contra a fenomenologia e contra Scheler e Heidegger, Misch elaborou uma "filosofia da vida" na qual procurou mostrar que o motivo e o tema capitais da filosofia consistem essencialmente em "elevar a vida à consciência" no sentido diltheyano. Misch considera que há na fenomenologia de Husserl e no pensamento de Heidegger pressupostos só suficientemente esclarecidos por Dilthey; apenas a "metacrítica" diltheyana manifestou, segundo Misch, a verdadeira "gênese da metafísica", mostrando os motivos fundamentais da consciência metafísica. Misch distinguiu-se sobretudo por seus trabalhos sobre a noção de personalidade e a história da autobiografia.

➲ Obras: *Zur Entstehung des französischen Positivismus*, 1900 (*Sobre a origem do positivismo francês*). — *Geschichte der Autobiographie*, I. *Das Altertum*, 1907; 3ª ed., 1949; II Parte, 1. *Das Mittelalter*, 1955; III Parte, 1, *Abälard und Heloise*, 1959 (*História da autobiografia*. I, *A Antigüidade*; II, 1. *A Idade Média*; III. 1. *Abelardo e Heloísa*). — *Der Weg in die Philosophie*, 1926 (há trad. inglesa, muito ampliada pelo autor, da Parte I: *The Dawn of Philosophy*, 1951). — *Lebensphilosophie und Phänomenologie*, 1930; 2ª ed., 1931 (*Filosofia da vida e fenomenologia*). — *Vom Leben und Gedankenkreis Wilhelm Diltheys*, 1947 (*Sobre a vida e o pensamento de W. D.*). — Também: "Die Idee der Lebensphilosophie in der Theorie der Geisteswissenschaften", *Kantstudien*, 31 (1926), 538-548 ("A idéia da filosofia da vida na teoria das ciências do espírito").

Bibliografia: E. Weniger, "Sämtliche Veröffentlichungen von G. M.", *Archiv zur Philosophie*, 7 (1958). Ver: *Festschrift für G. M. zum 70 Geburtstag*, 1948 [com bibliografia de escritos de G. M.]. — J. König, "G. M. als Philosoph", *Nachrichten. Akademie der Wissenschaften zu Göttingen*, Philologisch-Historische Klasse (1967). — O. F. Bollnow, *Studien zur Hermeneutik. II. Zur hemeneutischen Logik von G. M. und H. Lipps*, 1983. — F. Rodi, "Dilthey, die Phänomenologie und G. M.", em E.W. Orth, ed., *Dilthey und die Philosophie der Gegenwart*, 1985, págs. 125-155. **c**

MISES, LUDWIG VON. Ver PRAXIOLOGIA.

MISES, RICHARD VON (1883-1953). Nascido em Viena, foi professor da Universidade de Berlim até que teve de emigrar para a Turquia em função do regime nacional-socialista. Depois de lecionar na Universidade de Istambul, mudou-se para os Estados Unidos, onde lecionou na Universidade de Harvard.

Richard von Mises fez parte do Círculo de Berlim; através deste e por seus contatos pessoais, ele pode ser considerado também um dos membros do Círculo de Viena (VER), cujas posições fundamentais expôs e defendeu pormenorizadamente em seu manual do positivismo (lógico) e da "concepção empírica da ciência". Sua principal contribuição para as pesquisas dos positivistas lógicos foi sua teoria da probabilidade. Ao contrário da maioria dos positivistas, von Mises elaborou a teoria da probabilidade como teoria estatística e não como teoria indutiva. Nesse sentido, concordou com Reichenbach. Não obstante, ao contrário deste, von Mises concebeu a probabilidade como "valor médio da freqüência relativa na distribuição das características dentro de uma série não regular". A probabilidade não afirma nada sobre nenhum membro singular da série, mas unicamente sobre a série inteira. Von Mises introduziu a esse respeito a noção de "coletivo", que é definido por sua irregularidade e pela tendência que tem a freqüência relativa de alcançar um valor limite em todas as seções do "coletivo".

➲ Obras: *Wahrscheinlichkeit, Statistik und Wahrheit*, 1928; 3ª ed., 1950 [Schriften zur wissenschaftlichen Weltauffassung, 3] (*Probabilidade, estatística e verdade*).

— *Wahrscheinlichkeitsrechnung und ihre Anwendung in der Statistik und theoretischen Physik*, 1931 (*O cálculo de probabilidades e sua aplicação à estatística e à física teórica*). — *Ernst Mach und die empiristische Wissenschaftsauffassung*, 1939 (*E. M. e a concepção empírica da ciência*). — *Kleines Lehrbuch des Positivismus. Einführung in die empiristische Wissenschaftsauffassung*, 1939 [Library of Unified Science. Book Series, I] (*Pequeno manual do positivismo. Introdução à concepção empírica da ciência*). — Além disso, artigos em *Die Naturwissenschaften* (1919; 1927); *Zeitschrift für angewandte Mathematik und Mechanik* (1921) e *Erkenntnis* (1930-1931 *et al.*). — *Selected Papers*, 2 vols., 1963-1964, ed. P. Frank *et al.* (com bibliografia). ☾

MISOLOGIA. No *Fédon* (89 D), Platão faz Sócrates dizer que é preciso evitar transformar-se em "misólogos", μισόλογοι, isto é, em pessoas que odeiam a razão (de μισέω = odiar). Há pessoas que chegam a ser misólogas, tal como as que chegam a ser "misantropas", odiadoras de homens. A misantropia, diz Platão pela boca de Sócrates, origina-se no fato de ter-se depositado inteira confiança numa pessoa sem conhecê-la. Quando depois se descobre que é desleal, percebe-se que não é o "mesmo homem". A repetição dessa experiência dá lugar à misantropia, μισανθρωπία. Algo semelhante ocorre com os raciocínios. Quando não se julga com retidão, originam-se juízos errados. Se isso se repete com freqüência, odeiam-se todos os raciocínios e dessa maneira surge a misologia, μισολογία.

Às vezes, essas palavras de Platão foram interpretadas como uma manifestação de "racionalismo". Como este último termo tem tantos significados (ver RACIONALISMO), é necessário definir o que Platão entendia em cada caso por racionalismo. Na passagem citada, trata-se principal, se não exclusivamente, de raciocínios corretos, da necessidade de buscá-los em todos os casos e de ater-se a eles. Em outras passagens de sua obra, manifesta-se um respeito à razão (VER), mas isso não deve ser entendido como uma confiança cega nela. A própria "razão" deve ser "ponderada".

Na *Fundamentação da Metafísica dos Costumes* (*Grundlegung zur Metaphysik der Sitten*. Erster Abschnitt, ed. da Akademie, 395), Kant introduz o termo *Misologie*. Ele afirma a esse propósito que "quanto mais se dedica uma razão cultivada à intenção de usufruir da vida e alcançar a felicidade, tanto menos satisfeito se acha o homem, motivo pelo qual em muitos, e, a rigor, naqueles em que se dá maior experiência em seu uso, ocorre o caso de que, contanto que sejam suficientemente honestos consigo mesmos, experimentam certo grau de *misologia*, isto é, de ódio à razão" (*Hass der Vernunft*). Isso ocorre — prossegue Kant — quando certos homens se dão conta de que as vantagens que lhes proporcionam as ciências e não digamos os luxos (podendo-se considerar as ciências um luxo do entendimento) não compensam os problemas que engendram, de modo que pensam que com isso nada se ganha em felicidade. Esses homens acabam por invejar as pessoas simples e comuns em quem a razão não guia (ou não parece guiar) o comportamento. Mas embora a razão não possa, segundo Kant, guiar a vontade com referência a seus objetos, de sorte que parece que seria melhor nesse sentido deixar-se conduzir pelos instintos, a verdade é que a razão não é dada como uma "faculdade prática" (*praktisches Vermögen*), ou seja, uma faculdade que tem de ter influência sobre a vontade.

MISTÉRIO. No verbete Oráculos caldeus (VER), referimo-nos às religiões de mistérios. Estas se desenvolveram consideravelmente no mundo antigo, tanto no período grego como no helenístico-romano. Elas podem classificar-se em dois grupos: 1) Religiões de mistérios de caráter mágico-religioso, tais como os mistérios de Elêusis. Estas religiões, primariamente destinadas a círculos de iniciados, foram às vezes "oficializadas" e transformadas num fragmento da "religião da Cidade". Sua origem foi muito debatida. Alguns autores assinalam como seu berço a Ásia Menor e as interpretam como derivações de cultos a fenômenos ou processos da Natureza. Outros autores indicam que elas procedem das culturas xamanísticas do sul da Rússia (ver ORFISMO). 2) Religiões de mistérios de caráter filosófico, tais como o pitagorismo, ou melhor, o órfico-pitagorismo. Estas são às vezes consideradas conseqüência das primeiras religiões de mistérios. Às vezes, são tidas como manifestações religiosas separadas. A diferença principal entre as religiões de mistérios de índole mágico-religiosa e as religiões de mistérios filosóficas consiste em que, enquanto as primeiras acentuam o aspecto cultural, as segundas destacam os motivos especulativos. As religiões de mistérios filosóficas desenvolveram-se também em círculos de iniciados, mas tenderam a propagar-se em outros círculos cujas idéias eram sensivelmente semelhantes às suas. Assim, na época do helenismo, as religiões de mistérios gregas se mesclaram com religiões astrais e absorveram boa parte das especulações cosmológicas produzidas pelos filósofos (especialmente por Platão).

Na teologia cristã, e excetuando alguns casos (por exemplo, *Efésios*, 5: 43) nos quais o termo μυστήριον tem o sentido de 'sacramento', o vocábulo 'mistério' é considerado uma verdade revelada incompreensível para a razão natural. Os teólogos distinguem entre dois tipos de mistérios: *a*) os mistérios absolutos ou mistérios propriamente ditos, acessíveis tão-somente à fé, embora não necessariamente contrários à razão, e expressos mediante analogia; e *b*) os mistérios sobrenaturais ou preternaturais em sentido amplo, compreensíveis para a razão só quando são revelados. Exemplo de *a*) é o mistério da Trindade. Exemplo de *b*) é o mistério da criação do mundo por Deus.

No pensamento filosófico contemporâneo, há três autores que usaram o termo 'mistério' num sentido peculiar característico de suas filosofias, ainda que em alguns casos parcialmente relacionado com a concepção teológica antes apresentada: Gabriel Marcel, Maurice Blondel e Unamuno.

Marcel considera haver certas questões que não podem ser denominadas simplesmente "problemas". Elas são antes "metaproblemas", isto é, mistérios. A diferença entre 'problema' e 'mistério' é, segundo esse autor, a seguinte: "Um problema é algo que eu encontro, que encontro inteiro diante de mim, mas que posso por isso mesmo crivar e reduzir, enquanto um mistério é algo em que eu mesmo estou comprometido [*engagé*] e que, por conseguinte, não é pensável senão como *uma esfera na qual a distinção entre o em mim e o que há diante de mim perde seu significado e seu valor inicial*" (*Être et Avoir*, 1935, p. 169). Por isso, os problemas podem ser abordados mediante técnicas apropriadas em função das quais se concebem, ao passo que os mistérios transcendem toda técnica concebível. Na opinião de Marcel, muitos filósofos modernos trataram os mistérios como problemas, isto é, *degradaram* os mistérios transformando-os em problemas. Exemplo de mistério é o que Marcel denomina *a presença*. Outro exemplo é *a eternidade*, embora a relação entre eternidade e mistério seja algo peculiar: a eternidade é algo misterioso e ao mesmo tempo todo mistério desemboca na eternidade (*Le Mystère de l'Être*, 1951, vol. I, 234-235).

Blondel propõe em sua obra *La philosophie et l'esprit chrétien* uma distinção entre 'enigma' e 'mistério'. O enigma é um problema, uma aporia insolúvel; o mistério é a luz (da fé) que ilumina o enigma.

A diferença entre problema e mistério preocupava Unamuno, especialmente no que se refere ao que ele chamava "o mistério da personalidade". Assim, depois da estréia em Madri, no dia 14 de dezembro de 1932, de sua obra dramática *El otro*, Unamuno afirmou: "*El otro* brotou-me da obsessão, mais do que preocupação, pelo mistério — não problema — da personalidade; do sentimento angustiante de nossa identidade e continuidade individual e pessoal" (*Índice literario* [Madri], 1933, 1, p. 26; citado por Antonio Sánchez Barbudo em sua obra *Estudios sobre Unamuno y Machado* [1959], pp. 83-84).

Em sua obra "La notion de problème en philosophie" (*Theoria*, 14 [1948], 1-7; reimp. na obra do mesmo autor: *Études de philosophie antique* [1955, pp. 10-16], Émile Bréhier afirma que considerar, à maneira de Gabriel Marcel, um problema como "algo que representa um obstáculo" e um mistério como "algo em que estou comprometido" é esquecer que, visto que a filosofia tende a uma transformação íntima do homem, a filosofia também "compromete" o homem sem por isso envolvê-lo num mistério. "A formulação de um problema — escreve Bréhier — equivale menos a um 'obstáculo' do que à expressão de uma profunda intuição revelada através do próprio problema."

⊃ Além dos escritos citados, ver: R. Garrigou-Lagrange, *Le sens du mystère et le clair-obscur intellectuel, naturel et surnaturel*, 1934. — P. Ricoeur, G. Marcel e K. Jaspers, *Philosophie du mystère et philosophie du paradoxe*, 1947. — S. D. Ross, *Philosophical Mysteries*, 1981. ⊂

MÍSTICA. A definição mais geral que se pode dar da mística é: "atividade espiritual que aspira a efetuar a união da alma com a divindade por diversos meios (ascetismo, devoção, amor, contemplação)." São muito diversas as manifestações místicas: houve-as e as há em todas as grandes religiões universais e em algumas filosofias (como o neoplatonismo) de cunho religioso. Neste verbete, referir-nos-emos em especial à mística tal como se manifestou nessas filosofias e no cristianismo, mas sem esquecer que alguns de seus caracteres correspondem igualmente a outros tipos de mística (mística judaica, árabe, oriental etc.).

De acordo com os neoplatônicos, a mística é a atividade que produz o contato, ἁφή, da alma individual com o princípio divino. Esse contato suscita uma iluminação interior dessa alma, que a faz conhecer (embora não lhe permita enunciar) a essência e a existência — isto é, o ser — da realidade divina. No ato místico, a alma participa da divindade, estabelecendo-se com ela uma "unidade de vida". Para alcançar esse fim, é necessário que a alma se desprenda de todo o obscuro e sensível, ou então — o que equivale praticamente ao mesmo — que considere todo o obscuro e sensível do ponto de vista do puramente inteligível. Assim, o obscuro e o sensível não ficam, propriamente falando, eliminados, mas iluminados (e, sobretudo, transfigurados). Como no processo que conduz à união mística a inteligência desempenha um papel fundamental (ainda que seja a "inteligência intuitiva" e não meramente "discursiva"), falou-se de um "intelectualismo" na mística neoplatônica e, em geral, helênica. Deve-se levar em conta, porém, que os processos intuitivo-intelectuais são usados na maioria dos casos como uma espécie de trampolim a partir do qual a alma "salta" rumo à participação com a divindade.

Em certa medida, a tradição mística neoplatônica culminou nos escritos do Pseudo-Dionísio e exerceu grande influência sobre a mística cristã medieval do Ocidente. Foram numerosos os representantes desta última (São Bernardo, vitorinos, "agostinhos" etc.). Mas a mística cristã medieval une com freqüência ao componente "intelectualista" outro componente "voluntarista" e às vezes "afetivista" e "ativista". Acentuam-se nela, além disso, certos motivos que a mística helênica esquecera ou preterira. É o que ocorre com o motivo do amor (VER) e com o do "vôo". O último se destaca com particular intensidade em certos místicos modernos, dos quais mencionaremos São João da Cruz. Este pede a Deus, no *Cântico*, que afaste as coisas para ir "voando". O ascetismo pode colaborar com o processo, mas não é justo confundir, como às vezes se faz, a mística e a ascética. A contemplação mística — que é amiúde uma combinação de "união contemplativa" com "união amorosa" e "união volitiva" — efetua-se por meio de um constante ímpeto transcendente, diante do qual as coisas são ao mesmo tempo meios e obstáculos. As coisas se vão, com efeito, "atravessando" e "transcendendo"; vão sendo submersas no que deve mostrar-se como um nada perante a viva e suprema luz de Deus, que envolve a alma no que é ao mesmo tempo transparente e inefável. Por isso, São João da Cruz escreve (*Noite escura*, II, cap. 5) que quando "as coisas divinas são em si mais claras e manifestas, tanto mais parecem à alma obscuras e ocultas naturalmente; assim como a luz, quanto mais clara é, tanto mais ofusca e obscurece a pupila da coruja".

Discutiu-se muito até que ponto é possível falar de "conhecimento" na mística. Certos autores o negam; assim, Ortega y Gasset afirma que "qualquer teologia me parece transmitir-nos muito mais quantidade de Deus, mais vislumbres e noções da divindade, do que todos os êxtases juntos de todos os místicos juntos". Outros indicam que há conhecimento na mística, mas não no sentido habitual; o conhecimento é, de todo modo, um "supraconhecimento". Outros declaram que a mística não pode revelar nada transcendente, mas muito com relação à alma do místico; neste último caso, a mística é a designação de uma série de experiências excepcionais que o psicólogo e o filósofo devem submeter a análise. Outros, por fim, como Jean Baruzi, proclamam que é necessário distinguir entre a mística e o pensamento místico: a primeira não tem história (ou consiste em atos de transcendência que por sua própria natureza são trans-históricos); o segundo pertence à história. "Na medida em que é original e criadora — escreveu Jean Baruzi —, a mística é elaborada em profundidades que, se às vezes são inexeqüíveis, não estão com freqüência vinculadas entre si por nada que permita efetuar um discernimento entre ela e o que a precedeu ou a seguiu. Em contrapartida, o exame dos textos em que se escreve essa mística, isto é, o exame do *pensamento místico*, é suscetível de ser considerado historicamente, como se se tratasse de diversas traduções verbais do pensamento criador, mas talvez com maiores dificuldades no que tange à fixação de dados textuais e na discriminação do que é uma fonte ou uma repetição monótona" (Curso no Collège de France sobre o pensamento místico, 1946-1947.)

Na significação dada por Wittgenstein ao "místico", este é o indizível, pois, de acordo com seu apotegma, "aquilo de que não se pode falar deve-se silenciar". Entretanto, é curioso comprovar que, na opinião de Wittgenstein — pelo menos antes de seu atual afastamento dessa parte de seu pensamento —, o inexprimível (*Unaussprechliches*) "mostra-se a si mesmo" e pode ser tanto aquilo de que se tem uma vivência imediata e intraduzível a uma linguagem intersubjetiva — o que, considerado em termos radicais, conduziria ao "solipsismo lingüístico" que o fisicalismo (VER) pretendeu justamente superar —, como o que resulta quando, uma vez compreendidas as proposições que conduzem a um esclarecimento da linguagem, se chega à conclusão de que elas também carecem de sentido e contituem, no máximo, a "escada" que "se deve jogar fora depois de ter subido por ela" (cf. *Tractatus*, 6.54). O místico apareceria então sob duas formas: ou *antes* da linguagem ideal correta ou *depois* dela, e isso de tal sorte que a linguagem com sentido ficaria sempre comprimida sob duas espécies de mística. Isto distinguiria Wittgenstein das conclusões a que chegam simplesmente aqueles que em sua teoria da linguagem (VER) rejeitam, por motivos opostos, as estruturas lingüísticas depositadas pela tradição histórica, assim como de conclusões semelhantes às de Bergson, que considera que o ato místico é o que rompe ou "abre" os quadros da sociedade fechada e, em geral, de toda imanência para seguir o impulso criador que conduz ao transcendente e que constitui o próprio ser da pessoa.

⊃ Problemas da mística: Evelyn Underhill, *Mysticism*, 1911. — C. Clemen, *Die Mystik nach Wesen, Entwicklung und Bedeutung*, 1923. — Roger Bastide, *Les problèmes de la vie mystique*, 1931. — H. Sérouya, *Le mysticisme*, 1956. — R. C. Zaehner, *Mysticism, Sacred and Profane*, 1957. — J. Chrisci, *Mysticism: The Search for Ultimate Meaning*, 1986. — T. Chapman, *In Defense of Mystical Ideas: Support for Mystical Beliefs from a Purely Theoretical Viewpoint*, 1989.

Fenomenologia da mística: Gerda Walther, *Zur Phänomenologie der Mystik*, 1923.

Filosofia da mística: Edward Ingram Watkins, *Philosophy of the Mysticism*, 1920. — Charles A. Bennet, *A Philosophical Study of Mysticism*, 1923. — Ed. Morot-Sir, *Philosophie et mystique*, 1948. — Juan Saiz Barberán, *Filosofía y mística*, 1957. — W. T. Stace, *Mysticism and Philosophy*, 1961. — Vicente Fatone, *Temas de mística y religión*, 1963.

Psicologia da mística: É. Boutroux, *Psychologie du mysticisme*, 1901. — Montmorand, *Psychologie des mystiques*, 1920. — Hermann Schwarz, *Wege der Mystik*, 1924. — Joseph Maréchal, *Études sur la psychologie des mystiques*, 2 vols., 1931. — Alois Mager, *Mystik als Lehre und Leben*, 1934. — Id., *Mystik als seelische Wirklichkeit. Eine Psychologie der Mystik*, 1947.

Experiência mística: A. Gardeil, *La structure de l'âme et l'experience mystique*, 2 vols., 1927 (ver também o livro de Jean Baruzi citado *infra*). — G. C. Heard, *Mystical and Ethical Experience*, 1985. — M. L. Furse, *Experience and Certainty: W. E. Hocking and Philosophical Mysticism*, 1988.

Prática mística: Radhakamal Mukerjee, *Theory and Art of Mysticism*, 1937.

Conhecimento místico e epistemologia da mística: E. Récéjac, *Essai sur les fondements de la connaissance mystique*, 1896. — Muriel Bacheler Dawkins, *Mysticism, an Epistemological Problem*, 1916 (tese). — S. Restivo, *The Social Relations of Physics, Mysticism, and Mathematics*, 1983.

História da mística: G. Mehlis, *Die Mystik in der Fülle ihrer Erscheinungsformen*, 1928.

Mística do Oriente e Ocidente: Rudolf Otto, *West-östliche Mystik. Vergleich und Unterscheidung zur Wesensdeutung*, 1926. — P. Grant, *Literature of Mysticism in Western Tradition*, 1983. — R. Bütler, *Die Mystik der Welt. Quellen und Zeugnisse aus vier Jahrtausenden. Ein Lesebuch der mystischen Wahrheiten aus Ost und West*, 1992.

Mística cristã: Evelyn Underhill, *The Mystic Way: A Psychological Study of Christian Origins*, 1913. — H. D. Egan, *Christian Mysticism: The Future of a Tradition*, 1984.

Mística medieval: J. Bernhart, *Die philosophische Mystik des Mittelalters*, 1922. — M. Grabmann, *Wesen und Grundlagen der katholischen Mystik*, 1922. — Id., *Mittelalterliches Geistesleben. Abhandlungen zur Geschichte der Scholastik und Mystik*, 2 vols., 1926-1936. — D. Baumgardt, *Great Western Mystics. Their Lasting Significance*, 1960 [mística judeu-cristã da Idade Média e Renascimento].

Mística do islamismo: R. A. Nicholson, *The Mystics of Islam*, 1914. — Id., *Studies in Islamic Mysticism*, 1921. — Louis Massignon, *Essai sur les origines du lexique technique de la mystique musulmane*, 1922. — Id., *L'expérience mystique et les modes de stylisation littéraire*, 1927.

Mística do judaísmo: P. Epstein, *Kabbalah: the Way of the Jewish Mystic*, 1988.

Mística espanhola. Da numerosa bibliografia sobre este ponto, tanto de autores não espanhóis (P. Rousselot) como espanhóis, destacamos: Jean Baruzi, *Saint Jean de la Croix et le problème de l'expérience mystique*, 1924; 2ª ed., 1931. — Allison Peers, *Spanish Mysticism. A preliminary Survey*, 1924. — Id., *Studies of Spanish Mystics*, I, 1927. — Pedro Sáinz Rodríguez, *Introducción a la historia de la literatura mística en España*, 1927. — Juan Domínguez Berrueta, *Filosofía de la mística española*, 1941. — L. Oechelin, *L'intuition mystique de Sainte Thérèse*, 1946. — J. Vilnet, *Bible et mystique chez S. Jean de la Croix*, 1949. — S. Payne, *John of the Cross and the Cognitive Value of Mysticism*, 1990. — R. R. Ellis, *San Juan de la Cruz: Mysticism and Sartrean Existentialism*, 1992.

Mística alemã: W. Preger, *Geschichte der deutschen Mystik im Mittelalter*, 3 vols., 1874-1893. — H. Delacroix, *Essai sur le mysticisme spéculatif en Allemagne au XVIᵉ siècle*, 1900. — Id., *Études d'histoire et de psychologie du mysticisme*, 1908. — D. Walsh, *The Mysticism of Innerwordly Fulfillment: A Study of Jacob Böhme*, 1983. — J. Hopkins, *Nicholas of Cusa's Dialectical Mysticism*, 1985. — J. Koeppel, *Edith Stein: Philosopher and Mystic*, 1990 [The Way of the Christian Mystics, vol. 12]. ᴄ

MISTURA. A noção de mistura desempenhou na filosofia — especialmente na física (filosofia natural) e na metafísica — um papel mais importante do que parece. Foi uma idéia fundamental em dois dos pluralistas gregos: Empédocles e Anaxágoras. Com efeito, tanto num como no outro um dos fatores que explicam a realidade natural e os processos naturais é a mistura, μῖξις, de diversos elementos. Os elementos de que se compõem os corpos são para Empédocles elementos não misturados, mas os próprios corpos são misturas em diversas proporções. Os elementos que formam os corpos são para Anaxágoras uma mistura (de qualidades ou propriedades); os próprios corpos são misturas dessas misturas. No entanto, os pluralistas não formularam o problema da natureza da própria mistura. Tampouco o formulou, no fundo, Platão, apesar de fazer uso da noção de mistura em diversos sentidos (mistura de elementos; mistura de qualidades; mistura de idéias; mistura de princípios etc.) e apesar de ter situado a noção de mistura na base de algumas de suas especulações mais decisivas (por exemplo, na questão da mistura do Uno com o Outro). Em contrapartida, encontramos em Aristóteles uma análise da noção de mistura em que estão implicadas algumas das questões mais fundamentais que se formularam depois a esse respeito. Em *De gen. et corr.*, I, 10, 327 a 30ss., Aristóteles se pergunta em que consiste uma mistura — ou combinação; o que pode ser misturado ou combinado; e de que coisas e em que condições a mistura é uma propriedade. Pergunta-se também se existe ou não de fato mistura. Certos autores preconizaram ser impossível que uma coisa se misture com outra, de forma que os elementos componentes continuam inalterados. Aristóteles indica que é preciso distinguir entre a mistura e o processo da geração e da corrupção. Assim, a madeira não se mistura com o fogo, pois o que ocorre aqui é que se gera o fogo e perece a madeira. Também é necessário distinguir entre a mistura e a composição; esta última é resultado de uma justaposição ou combinação de elementos, enquanto a mistura dá lugar a um elemento de textura uniforme. Não há na mistura partes constituintes diversas, mas partes constituintes únicas (e ao mesmo tempo compostas por completa interpenetração).

Os atomistas entenderam a mistura como uma combinação de átomos, formando algo como um mosaico.

Para Aristóteles, isso não é uma verdadeira mistura. Tampouco o é para os estóicos, que introduziram a noção de mistura, κρᾶσις, em sua idéia do pneuma como elemento totalmente infuso na matéria. Segundo os estóicos (em especial Crisipo), nem todas as misturas são iguais: há misturas mecânicas (como a das sementes), misturas "elementares" (como a dos líquidos, ou de líquidos com sólidos) e misturas completas. Estas últimas são propriamente "fusões" nas quais se destroem as qualidades dos corpos componentes para formar novas qualidades do corpo misturado. É óbvio que o problema da mistura está estreitamente relacionado com o problema do contínuo (VER) e que, de maneira geral, só os autores que admitiam a possibilidade da continuidade nos corpos admitiam a idéia de mistura, especialmente da mistura como fusão. Neste último tipo de mistura, não há nenhuma parte da substância misturada que não participe da mistura total.

Tanto os estóicos como os comentadores de Aristóteles se ocuparam do problema da mistura. Um dos temas principais da filosofia natural foi o tema *De mixtione* (nome de um dos tratados de Alexandre de Afrodísia, bem como de um dos tratados de Galeno). A questão foi transmitida aos autores latinos, que abordaram igualmente a questão da mistura, *mixtio* ou *commixtio*. Seguindo vários autores antigos, alguns escolásticos distinguiram entre mistura real, *mixtio vera*, e mistura visível ou perceptível, *mixtio ad sensum*. A mistura real pode ser ao mesmo tempo verdadeira ou completa, e parcial. Grande importância assumiu o problema da natureza da mistura e dos diversos tipos possíveis de mistura entre os filósofos que mais atentamente se ocuparam de questões de "física" (por exemplo, os mertonianos [VER]). A maioria dos problemas relativos à chamada "reação" e "remissão" de "formas" envolve questões sobre a natureza e formas da mistura. Esta pode ser mistura de elementos ou — com crescente freqüência — mistura de propriedades de elementos. Durante toda a época moderna, o problema da mistura e das misturas — o chamado "problema dos mistos (e das combinações)" — ocupou amiúde filósofos e homens de ciência. A idéia moderna de "combinação química" deve muito às discussões anteriores sobre os "mistos". O fundo dessa idéia e dessas discussões permanece incólume; com efeito, o que se trata de saber é se pode haver ou não "realmente" corpos "mistos". A esse respeito, pode-se dizer que continuam de pé — embora notavelmente refinadas — algumas das teses anteriores, e em especial as duas seguintes: não há misturas, porque as componentes de todo corpo são partículas elementares em princípio últimas, de modo que as chamadas "misturas" são combinações; há misturas reais, porque as propriedades dos elementos componentes (sejam quais forem) se difundem por todo o "misto". Ao lado dessas teses, há outras menos radicais; por exemplo, a tese de que a realidade da mistura depende em grande parte dos corpos ou elementos de que se trate. De todo modo, não apenas nas épocas antiga e medieval, mas também durante a época moderna, foi difícil separar por completo o aspecto "filosófico" e os aspectos "químico" e "físico" do problema das misturas, dos "mistos" e das "combinações" (como se pode ver na obra de Pierre Duhem, *Le mixte et la combinaison chimique. Essai sur l'évolution d'une idée*, 1902, à qual se pode acrescentar a obra de Gaston Bachelard *Le pluralisme cohérent de la chimie moderne*, 1932).

⇨ Ver também: W. Schwabe, "Mischung" und "Element" im Griechischen bis Platon. Wort — und begriffsgeschichtliche Untersuchungen, insbesondere zur Bedeutungsentwicklung von στοιχεῖον, 1980. ⇦

MITO. Denomina-se "mito" um relato de algo fabuloso que se supõe ocorrido num passado remoto e quase sempre impreciso. Os mitos podem referir-se a grandes feitos heróicos (no sentido grego de 'heróicos') que com freqüência são tidos como o fundamento e o começo da história de uma comunidade ou do gênero humano em geral. Podem ter como conteúdo fenômenos naturais, caso em que costumam ser apresentados em forma alegórica (como ocorre com "os mitos solares"). Muito freqüentemente, os mitos comportam a personificação de coisas ou acontecimentos. Pode-se crer de boa fé, e até literalmente, no conteúdo de um mito, ou tomá-lo como relato alegórico, ou desprezá-lo alegando que todo o mítico é falso.

Quanto tomado alegoricamente, o mito transforma-se num relato que tem dois aspectos, ambos igualmente necessários: o fictício e o real. O fictício consiste em que, de fato, não ocorreu o que o relato mítico diz. O real consiste em que de alguma maneira o que o relato mítico diz corresponde à realidade. O mito é como um relato do que poderia ter acontecido se a realidade coincidisse com o paradigma da realidade. Por isso, José Echeverría (cf. art. citado na bibliografia) escreveu que "o mito deve expressar de forma sucessiva e anedótica o que é supratemporal e permanente, o que jamais deixa de ocorrer e que, como paradigma, vale para todos os tempos. Mediante o mito, é fixada a essência de uma situação cósmica ou de uma estrutura do real. Mas como o modo de fixá-la é um relato, é preciso encontrar uma maneira de indicar ao ouvinte ou leitor mais lúcido que o tempo em que se desenvolvem os fatos é um *falso tempo*, é necessário saber incitá-lo a buscar, para além desse tempo em que o relatado parece transcorrer, o arquetípico, o sempre presente, o que não transcorre".

Os pré-socráticos consideraram o mito de um modo ambivalente. Por um lado, descartaram o *mythos* em nome do *logos*. Por outro lado, fizeram crescer esse *logos* sobre o solo de um *mythos* prévio. O mais freqüente foi entrelaçar os dois, ao menos na linguagem. Os sofistas, em contrapartida, tenderam a separar o mito da razão, mas nem sempre para sacrificar inteiramente o primeiro, pois amiúde admitiram a narrativa mitológica como invólucro da verdade filosófica. Essa concepção foi retomada por Platão especialmente na medida em que este considerou o mito um modo de expressar certas verdades que escapam ao raciocínio. Nesse sentido, o mito não pode ser eliminado da filosofia platônica, pois, como indica Victor Brochard, desapareceriam então dela a doutrina do mundo, da alma e de Deus, assim como parte da teoria das idéias. Portanto, para Platão o mito é com freqüência algo mais do que uma opinião provável. Mas ao mesmo tempo o mito aparece em Platão como um modo de exprimir o reino do vir-a-ser.

Vários autores neoplatônicos abordaram a questão da natureza e das espécies de mitos, assim como da justificação (filosófica) do caráter divino dos mitos. Dessa maneira, o filósofo neoplatônico Salústio (VER) considerava, em seu tratado *Sobre os deuses e sobre o mundo* (Περὶ θεῶν καὶ κόσμου), que os mitos podem representar os deuses e as operações efetuadas pelos deuses no mundo. Há, segundo Salústio, várias espécies de mitos: os teológicos, os físicos, os psíquicos, os materiais e os mistos. Os mitos teológicos (usados pelos filósofos) são os essencialmente "intelectuais" e "incorpóreos", os que consideram os deuses em sua essência. Os mitos físicos (usados pelos poetas) são os que procuram explicar o modo, ou modos, como os deuses operam. Os mitos psíquicos (também usados pelos poetas) explicam as operações da alma. Os mitos materiais são os próprios das pessoas sem instrução quando estas pretendem entender a natureza dos deuses e do mundo. Os mitos mistos são os usados por aqueles que ensinam ou praticam ritos de iniciação.

Na Antigüidade e na Idade Média, prestou-se particular atenção ao próprio conteúdo dos mitos e a seu poder explicativo. Desde o Renascimento, apresentou-se um problema que, embora já tratado na Antigüidade, ficara um pouco negligenciado: o problema da realidade e, por conseguinte, o problema da verdade, ou grau de verdade, dos mitos. Na medida em que múltiplas tendências céticas desacreditaram não poucas crenças, desacreditaram também os mitos. Vários autores modernos negaram-se a considerar os mitos dignos de menção; a "verdadeira história", proclamaram eles, nada tem de mítico. Por isso, o historiador deve depurar a história de mitos e lendas. Assim pensaram, por exemplo, entre outros, Voltaire e todos os "ilustrados" do século XVIII. Não obstante, à medida que se procurou estudar a história empiricamente, percebeu-se que os mitos podem não ser "verdadeiros" no que contam, mas que são "verdadeiros" em outro sentido: no fato de contarem algo realmente acontecido na história, isto é, a crença em mitos. Em outras palavras, os mitos foram considerados "fatos históricos": sua "verdade" é uma "verdade histórica". Assim pensou (também) Voltaire, que, apesar de sua mitofobia, não negligenciou os mitos quando se tratava de descrever o passado histórico.

Dois autores modernos deram grande importância ao fenômeno do mito e dos mitos: Vico e Schelling. Vico fundamentou epistemologicamente a atitude antes apresentada de que o mito é "uma verdade histórica"; com efeito, o mito é para Vico um modo de pensar que tem suas próprias características e que condiciona, ou pelo menos expressa, certas formas de vida humana básicas. Vico identificou o modo de pensar mítico com o modo de pensar "poético" (*Scienza Nuova*, VI). Schelling considerou que a mitologia é uma forma de pensamento que representa um dos modos pelos quais o Absoluto se revela no processo histórico; o mito é, portanto, revelação divina (*Philosophie der Mythologie, passim*).

Na época contemporânea, prevaleceu o estudo do mito como elemento possível e, de todo modo, ilustrativo da história humana, ou de certas formas ou fases na história de uma comunidade humana. Desse ponto de vista, e como o veremos depois em autores como Ernst Cassirer, um mito pode ser algo como um "pressuposto cultural". Não importa então que um mito seja "fabricado" e que o "conteúdo" — em geral sob forma narrativa — de um mito seja "falso", isto é, que não corresponda a nada que tenha efetivamente acontecido. Esta concepção do mito não está muito afastada da de vários autores modernos antes mencionados — e muito diferentes entre si —, como Voltaire ou Vico. Entretanto, não se pode contrapor sequer a "verdade histórica" do mito — ou o "mito como realidade histórica" — à sua verdade "real". Historicamente falando, é real tudo o que ocorreu numa comunidade humana, ou, pelo menos, tudo o que contribui para o entendimento das estruturas sociais e culturais dessa comunidade. Por conseguinte, os mitos são "reais" enquanto "historicamente reais".

Pode-se falar do mito em geral, ou seja, de um conceito de "mito", ou então de diversas espécies de mitos. Ao se fazer isto, pode-se chegar à conclusão de que todos os mitos têm algo em comum ou de que é necessário distinguir entre as diversas espécies mencionadas. Neste último caso, distinguem-se entre mitos religiosos, mitos poéticos, mitos culturais etc.

No sentido que lhe deu Rudolf Bultmann (VER), o mito não é uma maneira de falar mais ou menos oblíqua ou analogicamente sobre o divino. Bultmann denomina "mito" um tipo de discurso acerca do divino que usa os conceitos que não correspondem a ele. Assim, é mítico falar do divino em termos científicos. Também o é falar dele em termos históricos. Por isso, Bultmann propôs e desenvolveu o programa do que chamou de "desmitificação" (VER) ou "desmitologização". Esta última pode ser entendida, contudo, em sentidos diferentes do bultmanniano, tal como enfatizamos no verbete citado.

A noção de mito e o fato de que o homem tenha fabricado — e continue a fazê-lo — mitos suscitou interesse entre vários filósofos contemporâneos, assim como entre sociólogos e lingüistas interessados numa interpretação geral do mito. O mencionado Ernst Cassirer considerou que o mito não é objeto unicamente de pesquisas empírico-descritivas tampouco uma manifestação histórica de algo "absoluto". Embora necessárias, as investigações e descrições empíricas acham-se delimitadas pela idéia do mito como modo de ser ou forma da consciência: a "consciência mítica", que explica a persistência, reiteração e estrutura similar de muitos mitos. Segundo esse autor, há um princípio de formação dos mitos que faz que estes sejam algo mais do que um conjunto acidental de imaginações e fabulações. A formação de mitos obedece a uma espécie de necessidade inerente à cultura, de maneira que os mitos podem ser considerados pressupostos culturais.

As idéias de Cassirer sobre o mito e a função cultural do mito coincidem com as pesquisas estruturalistas no que se refere à mútua oposição às concepções de caráter puramente histórico e sociológico-descritivo e também no que diz respeito à sua revalorização da importância da função produtora de mitos. Há, porém, diferenças fundamentais entre Cassirer e os estruturalistas, e especificamente entre Cassirer e Claude Lévi-Strauss, a quem se deve uma elaborada teoria dos mitos, especialmente em sua série de "Mitológicas" (cf. bibliografia). Lévi-Strauss reconhece que um mito muda no decorrer de uma história, produzindo-se numerosas variantes, e até que certas mudanças na estrutura do mito podem fazer que ele se desintegre, ou que se transforme em outro mito. No entanto, dentro de certo âmbito de variantes, um mito possui uma estrutura independente inclusive de seus conteúdos específicos, isto é, dos tipos de entidades às quais o mito se refere, ou acerca das quais introduz suas narrações. Fundamental no mito é um sistema de oposições ou "dualidades". Os elementos básicos de que ele se compõe são os chamados "mitemas", que se combinam em diversos níveis até constituir um sistema. Embora os mitos não sejam estruturas lógicas, sua constituição, desenvolvimento e transformação estão submetidos a regras operacionais que podem ser expressas logicamente. Não há, de resto, análise estrutural de um só mito, mas sempre de grupos de mitos. Lévi-Strauss rejeita as interpretações dos mitos como explicações de fenômenos naturais, como expressões de atitudes psíquicas e até como formas simbólicas. Embora haja relações entre mitos e realidades sociais, não são relações causais. Em última análise, as estruturas míticas são estruturas "inatas" da mente, isto é, conjuntos de disposições com regras próprias.

Quine sugeriu que todos os pressupostos epistemológicos básicos — trate-se de mitos *stricto sensu* ou de concepções tais como a de que existem objetos físicos, a de que o que há são fenômenos etc. — são de índole "mítica", ou seja, podem ser tratados como mitos. Segundo Quine, esses "mitos" podem diferir entre si sobremaneira no que tange a seu grau, mas têm a mesma natureza — ou exercem função análoga.

⊃ Função mitológica e simbolização mítica: Hermann Usener, *Götternamen. Versuch einer Lehre von der religiösen Begriffsbildung*, 1895; 2ª ed., 1929; 3ª ed., 1948. — E. Cassirer, *Philosophie der symbolischen Formen* (t. II, *Das mythische Denken*, 1925). — Id., *Sprache und Mythos. Ein Beitrag zum Problem der Götternamen*, 1925. — Id., *The Myth of the State*, 1946. — Roger Caillois, *Le mythe et l'homme*, 1938. — C. G. Jung e K. Kerényie, *Einführung in das Wesen der Mythologie*, 1941. — S. Schott, M. Forderer, W. Brocker, M. Thiel, H. Kranz *et al.*, "Mythos", Cuadernos 5 e 6, ano 8 (1955), de *Studium Generale*. — José Echeverría, "Eritis sicut dii", *Asomante*, 17, nº 3 (1961), 7-36. — Miguel de Fernandy, *En torno al pensar mítico*, 1961. — Ludwig Schajowicz, *Mito y existencia: Preliminares a una teoría de las iniciativas espirituales*, 1962. — Mircea Eliade, *Aspects du mythe*, 1963. — S. C. Ausband, *Myth and Meaning, Myth and Order*, 1983. — C. Falck, *Myth, Truth and Literature: Towards a True Post-Modernism*, 1991. — J. Mali, *The Rehabilitation of Myth*, 1992.

Mito e conhecimento: G. F. Lipps, *Mythenbildung und Erkenntnis*, 1907. — E. Unger, *Wirklichkeit, Mythos, Erkenntnis*, 1930. — W. F. Otto, *Die Abhandlungen über den Mythos und seine Bedeutung für die Menschen*, 1955.

Mito e filosofia: Émile Bréhier, "Philosophie et mythe", *Revue de Métaphysique et de Morale*, 22 (1914), 361-368. — F. Weinhandl, *Philosophie und Mythos*, 1936. — W. R. Inge, "The Place of Myth in Philosophy", *Philosophy*, 9 (1936), 131-145. — Franz Böhm, "Mythos, Philosophie, Wissenschaft", *Zeitschrift für deutsche Kulturphilosophie*, 2 (1937). — W. Nestle, *Vom Mythos zur Logos*, 1940. — Georges Gusdorf, *Mythe et métaphysique*, 1953; nova ed., 1963. — Y. Davydov, *Myth, Philosophy, Avant-Gardism*, 1983. — N. R. Moehle, *From Myth to Philosophy: Philosophical Implications of the Mythic Understanding of Transtemporal Identity*, 1987. — S. H. Daniel, *Myth and Modern Philosophy*, 1990. — L. J. Hatab, *Myth and Philosophy: A Contest of Truths*, 1990. — U. Verster, *Philosophy. A Myth?*, 1992. — E. Rudolph, ed., *Mythos zwischen Philosophie und Theologie*, 1994.

Mito e religião: Th. Preuss, *Der religiöse Gehalt der Mythen*, 1938. — Fritz Medicus, *Das Mythologische in der Religion*, 1948. — Earl MacCormac, *Metaphor and Myth in Science and Religion*, 1976.

Mito e metáfora: A. Álvarez de Miranda, *La metáfora y el mito*, 1963.
Mito político: Emil Lorenz, *Der politische Mythus. Beiträge zur Mythologie der Kultur*, 1923. — Ver também a obra de Cassirer, *The Myth of the State*, 1946, supra.
Mito primitivo: B. Malinovski, *Myth in Primitive Psychology*, 1926. — L. Lévy-Bruhl, *La mythologie primitive*, 1935.
Mito em vários períodos, autores e correntes: M. Untersteiner, *La fisiología del mito*, 1946. — M. Eliade, *Le mythe de l'éternel retour*, 1949; reed., 1969. — F. Buffière, *Les mythes d'Homère et la pensée grecque*, 1956. — Jean Pépin, *Mythe et allégorie: Les origines grecques et les contestations judéo-chrétiennes*, 1958. — Klaus Heinrich, *Parmenides und Jona. Vier Studien über das Verhältnis von Philosophie und Mythologie*, 1966. — G. S. Kirk, *Myth: Its Meaning and Function in Ancient and Other Cultures*, 1970. — Id., *The Nature of Greek Myths*, 1974. — J. A. Stewart, *The Myths of Plato*, 1905, reed. G. R. Levy, 1960. — Victor Brochard, *Études de philosophie ancienne et de philosophie moderne*, 1912, ed. V. Delbos, pp. 46-59: "Les mythes dans la philosophie de Platon". — P. Frutiger, *Les mythes de Platon*, 1930. — P. Stocklein, *Ueber die philosophische Bedeutung von Platons Mythen*, 1937. — A. Levi, *I miti platonici sull'anima e suoi destini*, 1939. — E. R. Dodds, *The Greeks and the Irrational*, 1951. — Josef Pieper, *Ueber die platonischen Mythen*, 1965. — Walter Hirsch, *Platons Weg zum Mythos*, 1971 (tese de habilitação). — F. Rebecheau, *L'interpretazione stoica del mito*, 1944. — Peter Dronke, *Fabula: Explorations into the Use of Myth in Medieval Platonism*, 1974. — Franco Alessio, *Mito e scienza in Ruggero Bacone*, 1957. — G. Villa, *La filosofia del mito secondo G. B. Vico*, 1949. — Giuseppe Prestipino, *La teoria del mito e la modernità di Vico*, 1962. — Adolf Allwohn, *Der Mythos bei Schelling*, 1927 [*Kantstudien*. Ergänzunsbände, 61]. — Hans Czuma, *Der philosophische Standpunkt in Schellings Philosophie der Mythologie und Offenbarung*, 1969. — Karl-Heinz Volkmann-Schluck, *Mythos und Logos. Interpretationen zu Schellings Philosophie der Mythologie*, 1969. — Hans-Otto Rebstock, *Hegels Auffassung des Mythos in seinen Frühschriften*, 1971. — E. Ruprecht, *Der Mythos bei Wagner und Nietzsche*, 1938. — Aloys Klein, *Glaube und Mythos. Eine kritische, religionsphilosophisch-theologische Untersuchung des Mythos-Begriffs bei Karl Jaspers*, 1973. — G. Krüger, *Eros und Mythos bei Plato*, 1978, ed. R. Schaeffler. — H. Dörrie, *Sinn und Funktion des Mythos in der griechischen und der römischen Dichtung*, 1978. — R. Zaslavsky, *Platonic Myth and Platonic Writing*, 1981. — N. J. Girardot, *Myth and Meaning in Early Taoism: The Theme of Chaos (Hun-Tun)*, 1983. — J.-P. Vernant, *Myth and Thought among the Greeks*, 1983. — S. L. Charme, *Meaning and Myth in the Study of Lives: A Sartrean Perspective*, 1984.

Para as idéias de Cassirer sobre o mito, cf. supra. — Sobre a obra de Cassirer, ver: A. Poma, "Il mito della filosofia delle forme simboliche di E. C.", *Filosofia* (Turim), ano XXXI, fasc. III (1980), 491-544.

C. Lévi-Strauss tratou dos mitos em muitas de suas obras. A série de "Mitológicas" a que nos referimos no texto é: *Mythologiques. I: Le cru et le cuit*, 1964; *Mythologiques. II: Du miel aux cendres*, 1967; *Mythologiques. III: L'origine des manières de table*, 1968; *Mythologiques. IV: L'homme nu*, 1971. — Detalhado exame das idéias de L.-S. sobre os mitos em Pedro Gómez García, "La estructura mitológica en L.-S.", *Teorema*, 6 (1976), 119-146.

Para mito em sentido de Quine: *From a Logical Point of View*, 1953, pp. 18ss. e 44ss.

Para o problema da desmitificação e desmitologização, ver DESMITIFICAÇÃO.

MITTASCH, ALWIN (1869-1953). Nascido em Ludwisghafen, químico de profissão, desenvolveu uma série de pensamentos filosóficos com base em observações feitas sobre os processos catalíticos. Antes de tudo, Mittasch distinguiu a noção de causalidade como conservação (*Erhaltungskausalität*), na qual há equivalência de causa e efeito, da noção de causalidade como liberação ou descarga (*Auslösungskausalität*), em que não há essa equivalência, mas desequilíbrio entre causa e efeito. Este último tipo de causalidade é o que se manifesta nos fenômenos catalíticos, onde há aceleração, retardo, seleção etc. Mittasch estendeu essas idéias à filosofia do orgânico, desenvolvendo uma concepção da enteléquia similar à proposta por Driesch, mas diferente desta em vários aspectos. Estendemo-nos sobre esse ponto no verbete ENTELÉQUIA; recordemos agora apenas que na concepção de Mittasch o comportamento da enteléquia não é assunto exclusivamente do orgânico, atingindo na verdade toda a esfera dos processos físico-químicos.

⊃ Obras: *Katalitische Gedanken*, 1939 (*Pensamentos catalíticos*). — *J. R. Mayers Kausalbegriff*, 1940 (*O conceito de causa de J. R. M.*). — *Von der Chemie zur Philosophie*, 1948, ed. H. Schüller (*Da química à filosofia*). — *Entelechie*, 1952 [*Glauben und Wissen*, 10]. — *F. Nietzsche als Naturphilosoph*, 1952 (*F. N. como filósofo da natureza*). — *Erlösung und Vollendung (Gedanken über die letzten Fragen*), 1952 (*Redenção e morte. Pensamentos sobre as questões últimas*). ⊂

MITTERER, ALBERT. Ver HILEMORFISMO; HILESSISTEMISMO.

MNESARCO DE ATENAS. Ver ESTÓICOS.

MO-TSÉ (*ca.* 468-*ca.* 376 a.C.). Nascido provavelmente no estado de Lu (Xantung, China), desenvolveu um pensamento filosófico baseado em ensinamentos confucionistas (ver CONFUCIONISMO), dando com isso origem a uma escola filosófico-religiosa e filosófico-política chamada *mohismo*, de considerável importância na história da cultura chinesa. O princípio fundamental do mohismo é a afirmação do amor universal, bem como a decorrente defesa do pacifismo. Ao lado disso, há no mohismo uma moral que se baseia na frugalidade. Segundo Fung Yu-lan, o mohismo de Mo-Tsé é de caráter utilitário, pois este último admitia apenas o que podia ter um proveito (moral). Em seu desenvolvimento ulterior, o utilitarismo de Mo-Tsé foi consideravelmente modificado. Começou-se a prestar atenção a outros problemas, tais como os do conhecimento; foi freqüente a esse respeito uma epistemologia baseada no senso comum e hostil à "dialética".

MÖBIUS, JULIUS. Ver WUNDT, WILHELM.

MODAL, MODALIDADE. Examinaremos neste verbete a noção de modalidade (I) na lógica antiga, tomando como exemplos *a*) Aristóteles, complementado com as definições escolásticas mais correntes; *b*) os estóicos; e *c*) Boécio. Depois examinaremos (II) os juízos modais em Kant e (III) diversas interpretações da modalidade no pensamento contemporâneo, com particular atenção ao sistema de C. I. Lewis.

I*a*. *Lógica antiga:* Aristóteles (complementado por definições escolásticas). Examinaremos aqui somente a noção de proposição modal (cf. entre outras passagens: *An. pr.*, A 13ss.; *De int.*, 13,21ss.), deixando de lado a oposição e conversão das proposições modais, assim como os silogismos modais. Esses aspectos são analisados nos verbetes sobre as noções de Conversão, Oposição e Silogismo (VER).

Segundo Aristóteles, é preciso examinar o modo como se relacionam entre si as negações e as afirmações que expressam o possível (τὸ δυνατόν) e o não-possível (τὸ μὴ δυνατόν), o contingente (τὸ ἐνδεχόμενον) e o não-contingente (τὸ μὴ ἐνδεχόμενον), o impossível (τὸ ἀδύνατον) e o necessário (τὸ ἀναγκαῖον). Temos com isso quatro modalidades:

1) *Possibilidade*: 'É possível que S seja P';
2) *Impossibilidade*: 'É impossível que S seja P';
3) *Contingência*: 'É contingente que S seja P';
4) *Necessidade*: 'É necessário que S seja P'.

Não obstante, como às vezes é difícil distinguir entre contingência e possibilidade, não-contingência e não-possibilidade, há diferenças de opinião com referência ao número de modalidades admitidas. Assim, em seu comentário ao *Organon* (I,375), Th. Waitz inclina-se a não distinguir entre as últimas modalidades citadas, ao contrário do que faz Hamelin (*Système d'Aristote*, 193).

Para entender a noção aristotélica de proposição modal, é preciso referir-se a duas distinções, que se encontram já no Estagirita, mas que aparecem com mais clareza quando usamos o vocabulário e as definições escolásticas: a distinção entre proposições *inesse* e proposições modais, assim como a distinção nestas últimas entre o *modus* e o *dictum*.

As proposições *de inesse* são as simplesmente atributivas, isto é, aquelas nas quais se afirma ou se nega que P seja atribuível a S (ou estejam em [*in est*] S). As proposições modais são aquelas nas quais não só se atribui P a S, como se indica também o *modo como P se une a S ou modo que determina a composição de P e S*. O termo 'composição' é fundamental. Com efeito, pode haver três modos de determinação:

a) um modo que determina S ('O homem branco é belo');
b) um modo que determina P ('Sócrates é um homem branco');
c) um modo que determina a composição de P e S ('É contingente que Sócrates seja um homem branco').

Só em *c*) temos proposição modal, porque para que a haja, é indispensável que o modo não afete simplesmente um dos componentes da proposição (como em 'O homem bom é necessariamente prudente'), mas a composição de P e S (como em 'É necessário que o homem bom seja prudente'). Em vez de usar, como fazem os autores tradicionais, os esquemas 'S é P', seria portanto melhor usar letras que representam as proposições — '*p*', '*q*' etc. — e dizer, por exemplo, 'É necessário que *p*', 'É possível que *p*' etc.

Deve-se distinguir na proposição modal entre o *modus* e o *dictum*. O *modus* refere-se à atribuição: é uma determinação que, segundo os escolásticos, afeta a cópula. O *dictum* é uma qualidade do enunciado que une ou separa P e S. Assim, em 'É impossível que Sócrates não seja um homem branco', o *modus* ('É impossível que') é afirmativo, enquanto o *dictum* ('Sócrates não é um homem branco') é negativo. Usamos essa distinção na análise da oposição (VER) nas proposições modais. A afirmação ou a negação nessas proposições deve referir-se ao *modus* e não ao *dictum*, ao contrário do que acontece com as proposições simplesmente atributivas.

Muitos lógicos escolásticos concordam em representar as proposições modais mediante as vogais maiúsculas 'A', 'E', 'I', 'U'. 'A' indica *modus* afirmativo e *dictum* afirmativo; 'E', *modus* afirmativo e *dictum* negativo; 'I', *modus* negativo e *dictum* afirmativo; 'U', *modus* negativo e *dictum* negativo. Os versos mnemotécnicos de Santo Tomás:

Destruit U totum, sed A confirmat utrumque,
Destruit E dictum, destruit Ique modum,

assim como os de Pedro Fonseca:

E dictum negat Ique modum
Nihil A, sed U totum,

permitem ver as relações entre o *modus* e o *dictum*. Para as conseqüências modais escolásticas, ver o verbete CONSEQÜÊNCIA.

Entre as questões suscitadas com referência à noção antes exposta de modalidade, acentuemos as duas seguintes.

Em primeiro lugar, o problema de saber se a modalidade se refere primariamente às proposições ou aos fatos. No primeiro caso, trata-se de uma modalidade em sentido lógico; no segundo, de uma modalidade em sentido ontológico. Observemos que ambos os aspectos são considerados na doutrina aristotélico-escolástica, mesmo quando parece atingir a primazia nas exposições mais correntes o sentido lógico da modalidade, tal como surge da análise da estrutura das proposições modais.

Em segundo lugar, o problema da diferença que existe entre sublinhar o modo nos termos e sublinhá-lo nas proposições. Afirmou-se às vezes que essa diferença é a que estabelece a linha divisória entre a lógica aristotélica (ou "escolástica") e a lógica estóica (ou "moderna"). Entretanto, não se pode negar que, ao abordar o silogismo modal, Aristóteles sublinhou o segundo aspecto e que os escolásticos o seguiram por esse caminho. Portanto, a modalidade aristotélica não é, em alguns aspectos, fundamentalmente distinta da moderna.

Ib. Lógica antiga: os estóicos. Segundo I. M. Bocheński, podem-se atribuir com grande probabilidade a Teofrasto duas mudanças importantes na lógica aristotélica: (I) a substituição de 'É contingente que' por 'É possível que' nos silogismos; e (II) a afirmação do princípio *peiorem semper sequitur conclusio partem*. Este último princípio se explica, segundo Albrecht Becker, se supomos que Teofrasto e Eudemo conceberam que a modalidade afetava a cópula. A. Becker apóia-se para isso nos comentários de Alexandre de Afrodísia complementados por alguns *Scholia* (cf. *Scholia in Aristotelem*, coll. A. Brandis, *apud Aristotelis Opera* IV, Berolini, 1836; textos reunidos por H. Maier em *Die Syllogistik des Aristoteles*, II a 43ss., 124ss., 206ss.). Contudo, é difícil comprovar com exatidão todas essas suposições; a única coisa que se pode dizer com certa segurança é que o próprio Teofrasto percebeu a necessidade de alterar o sistema modal aristotélico em alguns pontos importantes.

A alteração principal foi efetuada, porém, pelos estóicos, e isso de um modo consciente e explícito. As teorias modais estóicas devem ser estudadas, de resto, em relação com os trabalhos lógicos dos megáricos. Podem-se erigir a esse respeito três teorias diferentes, que exporemos, de acordo com Benson Mates e I. M. Bocheński, da seguinte forma:

1) Diodoro Crono definiu as proposições modais mediante o uso de uma variável temporal. As definições a esse respeito, tal como se acham em Boécio (*De Int.*, 234), são, segundo Mates, as quatro seguintes.

⌐p (t)¬ é possível no tempo t_n.
⌐p (t)¬ é impossível no tempo t_n.
⌐p (t)¬ é necessário no tempo t_n.
⌐p (t)¬ é não necessário no tempo t_n.

⌐p (t)¬ lê-se ⌐p no tempo t¬, '⌐' e '¬' se empregam, seguindo Bocheński, para indicar que há dúvidas sobre o *status* lógico dos símbolos empregados. Todas essas definições são funções modais que formam um quadro de oposição análogo ao aristotélico.

2) Segundo Fílon de Megara, uma proposição é possível se e somente se pode ser verdadeira em virtude de sua natureza interna.

3) A opinião de Crisipo parece ser igual à de Fílon, segundo o que indica Cícero (*De fato*, 12). Não obstante, Mates sugere (seguindo Dióg. Laér. VII, 75) que para Crisipo uma proposição possível é a que admite ser verdadeira quando as circunstâncias externas não a impedem de ser verdadeira, e uma proposição necessária é a que, sendo verdadeira, não pode ser admitida como falsa, ou as circunstâncias externas a impedem de ser falsa.

Ic. Lógica antiga: Boécio. Segundo Karl Dürr, a teoria modal de Boécio, exposta em seu tratado sobre os silogismos hipotéticos, pode ser considerada como fazendo parte da lógica proposicional. Para Boécio — tal como para a lógica aristotélico-escolástica —, há duas espécies de proposições: as simples ou predicativas, e as modais (*cum modo*). São seis as expressões modais construídas por Boécio:

Não é possível que não p (1),
Não é possível que não seja o caso que não p (2),
Não é o caso que não seja possível que não p (3),
É possível que p (4),
É possível que não p (5),
Não é possível que p (6).

(1), (2) e (3) formam um grupo; (4), (5) e (6). Primeiros membros de cada grupo são (1) e (4); segundos membros, (2) e (5), terceiros membros, (3) e (6). Como indica Dürr, os primeiros membros de cada grupo são afirmativos. O segundo membro do primeiro grupo é a negação necessária; o terceiro, a negação do necessário. O segundo membro do segundo grupo é a negação contingente; o terceiro membro, a negação do contingente.

Os teoremas correspondentes às seis expressões modais são:

    a) Os membros primeiro e terceiro de ambos os grupos não podem ser ao mesmo tempo falsos nem podem ser ao mesmo tempo verdadeiros;

b) Os membros primeiro e segundo do primeiro grupo podem ser ambos falsos;
c) Os membros primeiro e segundo do segundo grupo podem ser ambos verdadeiros.

Esses teoremas podem ser complementados pelos dois seguintes:
d) Os membros primeiro e segundo do primeiro grupo não podem ser ambos verdadeiros;
e) Os membros primeiro e segundo do segundo grupo não podem ser ambos falsos.

II. *Os juízos modais em Kant*. Kant considerou a modalidade nos juízos como "uma função completamente particular desses juízos, cuja característica distintiva consiste em não contribuir em nada para a matéria do juízo (porque essa matéria não se compõe senão de quantidade, qualidade e relação), mas em referir-se somente ao valor da cópula em sua relação com o pensamento em geral". Os juízos modais são, segundo Kant, juízos de realidade (ou assertóricos), juízos de contingência (ou problemáticos) e juízos de necessidade (ou apodíticos). Com isso, Kant separa-se da lógica considerada "clássica", pois inclui entre os juízos modais os juízos de realidade ou assertóricos, que são juízos simplesmente atributivos. Nos juízos assertóricos não há, com efeito, segundo a lógica "tradicional", nenhum *modus* que afete a cópula. A razão da doutrina kantiana acha-se em sua teoria das categorias, baseada por sua vez numa doutrina dos juízos como *atos* de julgar. Assim, a modalidade kantiana pode ser descrita como epistemológica e não como lógica ou ontológica (ou melhor, como epistemológica na medida em que permite estabelecer o nexo de união entre o lógico e o ontológico). Essa modalidade é a que dá lugar, na dedução transcendental das categorias, às categorias de possibilidade-impossibilidade (juízos problemáticos), de existência-não existência (juízos assertóricos) e de necessidade-contingência (juízos apodíticos).

III. *Interpretações contemporâneas*. Alguns autores afirmaram que a modalidade pode ser entendida de três pontos de vista: o psicológico, o lógico e o ontológico. De acordo com isso, ocorre com a modalidade o mesmo que com os chamados "grandes princípios" da lógica: identidade, contradição, terceiro excluído. Contudo, esses mesmos autores prescindem com freqüência do "ponto de vista psicológico" para ater-se aos dois restantes. O mais plausível é distinguir entre estes, mas isso nem sempre é fácil. Certos pensadores assinalam que há uma espécie de primado da modalidade ontológica sobre a lógica. É o caso de Francisco Romero quando afirma que "é inevitável recorrer a referências ontológicas para compreender a modalidade", visto que "depende da situação objetiva e não de um modo de ser peculiar do juízo". Outros pensadores (como A. Pfänder) procuram basear a modalidade no que denominam "maior ou menor ímpeto ou peso lógico da enunciação", de acordo com a concepção segundo a qual a modalidade do juízo "se refere à *maneira* da enunciação e é a expressão do grau de certeza dessa enunciação". Assim, os juízos assertóricos são, segundo Pfänder, aqueles nos quais o peso lógico da enunciação é pleno e completo, reservando-se o nome de problemáticos aos juízos em que se acha atenuado esse ímpeto ou peso. Ora, como de acordo com isso corresponderia aproximadamente o mesmo "peso" aos juízos assertóricos e aos apodíticos, torna-se necessário recorrer ao fundamento ontológico para assinalar quando um juízo de modalidade pode ser qualificado de assertórico (validade efetiva ou de fato da enunciação) ou de apodítico (validade não só efetiva, mas de direito).

A noção de "ímpeto" ou "peso lógico" é, no entanto, obscura. Alguns filósofos preferem, em vista disso, interpretar a modalidade resolutamente em sentido ontológico. Entre esses autores, figura Nicolai Hartmann, que considera os graus da modalidade como expressivos das categorias mais fundamentais do ente e de seu conhecimento, de maneira que o estudo da modalidade se mostra prévio ao das categorias enquanto princípios constitutivos do real. Segundo N. Hartmann, a distinção kantiana entre o constitutivo e o regulativo não pode sobrepor-se exatamente, ao contrário do que acontece entre o constitutivo e o modal. A modalidade revela-se então a expressão dos modos de ser (*Seinsmodi*), ao contrário dos momentos do ser (*Seinsmomente*) e das formas ou maneiras do ser (*Seinswesen*). Os modos são a possibilidade, a realidade e a necessidade; os momentos, a existência e a essência; as maneiras ou formas, a realidade e a idealidade.

O aspecto ontológico também é acentuado por Hermann Weyl, mesmo que este não parta, como N. Hartmann, de uma ontologia analítica e crítica, mas de um exame dos problemas suscitados pela modalidade na lógica contemporânea à qual nos referiremos detalhadamente adiante. Weyl destaca, com efeito, que os estudos lógicos de Frege e de Whitehead-Russell excluíram o modal. As dificuldades a que isso conduziu obrigaram a "reabrir o caminho para uma lógica da modalidade" (trabalhos de Oscar Becker, sistema de C. I. Lewis, lógicas polivalentes e probabilitárias, por um lado; lógica topológica, por outro). As primeiras tentativas citadas para "precisar o fantasma da modalidade" não deram, segundo Weyl, os resultados desejados. Vejamos o que ocorre com "a topologia e o mais ou menos". "Em vista da inevitável vaguidade da localização num contínuo — escreve Weyl —, a lógica dos predicados ou séries é de aplicação duvidosa se o espaço ω é um contínuo, em particular para o espaço de um sistema físico." Mas "a topologia teórica das séries pôde, associando a cada ponto suas 'vizinhanças', tratar de um modo aproximado a estrutura de um contínuo, de maneira que se elimine o isolamento de um ponto individual. Por exemplo, no caso de um plano, uma vizinhança do ponto x é qualquer círculo em torno do ponto x. Assim, x é um ponto interior a uma série dada, a, se todos os pontos de uma certa vizinhança de x pertencem a a; x é um *ponto limite* de a se cada vizinhança de x contém pontos de a. Seguindo a indicação de Aristóteles de que para um ponto sobre o limite comum de a e seu complemento $\neg$ prevalece a incerteza sobre se pertence a a ou a $\neg a$, pode-se arriscar esta terminologia: Um ponto, x, se acha *certamente* na série a se x é um ponto interior a a; está *possivelmente* em a se é um ponto limite de a. Entretanto, inclusive esta análise topológica enfrentou várias dificuldades. Com a finalidade de solucioná-las, recorreu-se ao intuicionismo (VER) matemático e depois à noção de indeterminação na lógica aplicável à teoria quântica. Mas como, segundo Weyl, nenhum dos "artifícios lógicos" conseguiu eliminar por inteiro os problemas metafísicos (ou ontológicos) do que Aristóteles denominava "os modos oblíquos", deve-se concluir que a "potencialidade" metafísica constitui uma saída inevitável para a compreensão do problema modal. A rigor, "ao usar o contínuo ou a seqüência de números cardeais, projetamos o atualmente dado sobre o fundo do possível *a priori*, sobre um campo de possibilidade construído de acordo com um procedimento definido, mas aberto à infinitude". Dessa maneira, poder-se-á incluir numa lógica modal a própria potencialidade da história, que resistiria a todo tratamento conceitual se o modal não se baseasse, em última análise, na citada "potencialidade" metafísica.

A consideração lógica da modalidade foi, porém, a que alcançou maior desenvolvimento na época contemporânea. Entre outros autores, contribuíram para ela os citados O. Becker e C. I. Lewis, assim como R. Carnap, J. Łukasiewicz, R. Feys, J. C. C. McKinsey e G. H. von Wright. Referir-nos-emos, por ora, aos trabalhos de C. I. Lewis e R. Carnap para concluir com alguns conceitos sobre os diversos grupos de modalidades devidos a von Wright.

Desde Lewis, é usual apresentar a doutrina das modalidades no âmbito da lógica proposicional (ou, em nosso caso, lógica sentencial). A lógica modal ocupa-se, com efeito, de certos tipos de sentença, tais como 'É necessário que p', 'É possível que p', 'É impossível que p', nas quais 'p' simboliza um enunciado declarativo. Como a sentença 'É contingente que p' pode ser reduzida à conjunção de 'É possível que p' e 'É possível que não p', a noção de contingência costuma ser eliminada dos atuais sistemas de lógica modal. 'É necessário que p' é simbolizado mediante '$\Box$ p' (alguns autores, porém, usam 'Γ' ou então 'N' em vez de '$\Box$'). 'É possível que p' é simbolizado mediante '$\Diamond p$'. Em vez de usar-se um símbolo especial para 'É necessário que', pode-se todavia definir 'É necessário que p' mediante '$\neg \Diamond \neg p$'.

Por sua vez, 'É impossível que p' pode ser definido através de '$\neg \Diamond p$'. 'Não é possível que não seja o caso de que se p, então q', simbolizada por meio da fórmula '$\neg \Diamond (p \rightarrow q)$', é abreviada pela expressão 'p implica estritamente q', que se simboliza por meio de $(p \dashv q)$. Com isso, introduz-se a noção de implicação (VER) estrita ou implicação lógica, isto é, a interpretação estrita do condicional 'se p, então q'. Com base em '$\Diamond$' e '$\dashv$', ao lado dos conectivos sentenciais e dos parênteses, podem-se formular vários axiomas, tais como:

$$(p \land q) \dashv p,$$
$$p \dashv (p \land p),$$
$$\Diamond (p \land q) \dashv \Diamond p, \text{ etc.}$$

O cálculo modal de Lewis inclui igualmente várias regras de inferência, sobre as quais não nos estenderemos aqui. Como em todo cálculo, as últimas fórmulas bem formadas de uma prova são teoremas. São muitos os teoremas da lógica modal de Lewis; citamos como exemplos:

$$p \dashv \Diamond p,$$
$$\neg p \dashv \Diamond \neg p,$$
$$\neg \Diamond \neg p \leftrightarrow (\neg p \dashv p).$$

O sistema de Lewis constituiu a base para muitos trabalhos da lógica modal. Destacam-se entre eles os efetuados por Carnap. Esse autor propõe buscar uma explicação da modalidade com base no que denomina conceitos-L (lógicos) semânticos. Carnap distingue com esse objetivo entre a propriedade modal de uma proposição (necessário, impossível, contingente, não necessário, possível, não contingente) e a propriedade semântica de uma sentença (L-verdadeiro, L-falso, fático, não L-verdadeiro, não L-falso, L-determinado, em que 'L' se lê 'logicamente'). Dessa maneira, uma proposição possui uma das propriedades modais se, e somente se, qualquer sentença que a proposição expressa tem a correspondente propriedade semântica. Ora, cada proposição com referência a um sistema dado, S, é ou necessária, ou impossível, ou contingente. "Esta classificação — escreve Carnap — é, de acordo com nossa interpretação das modalidades, análoga à classificação de sentenças de S nas três espécies de sentenças L-verdadeiras, sentenças L-falsas e sentenças fáticas. No entanto, há uma diferença importante entre as duas classificações. O número de sentenças L-verdadeiras pode ser infinito, e é, sem dúvida, infinito para cada um dos sistemas [semânticos] discutidos. Por outro lado, há apenas uma proposição necessária, porque todas as sentenças L-verdadeiras são L-equivalentes entre si, e por isso possuem a mesma intensão... De modo análogo, há só uma proposição impossível, porque todas as sentenças L-falsas são L-equivalentes. Mas o número de proposições contingentes (com referência a um sistema com um número infinito de indivíduos) é infinito, assim como o das sentenças fáticas."

As lógicas modais em que mais se trabalhou até hoje são lógicas modais sentenciais. Alguns autores procuraram também, contudo, elaborar lógicas modais quantificacionais; limitamo-nos a mencionar aqui essa tentativa, de resto ainda submetida a discussão.

Terminemos indicando que os conceitos de que falamos até agora (conceitos do *necessário*, do *possível*, do *impossível*, do *contingente*) são considerados por G. H. von Wright somente uma parte dos conceitos de modalidade. Com efeito, há segundo esse autor quatro grupos de conceitos modais:

Primeiro grupo (modalidades *aléticas*), composto pelos conceitos antes assinalados: *necessário, possível, contingente, impossível*.

Segundo grupo (modalidades *epistêmicas*), composto pelos conceitos de *comprovado* ou *sabe-se que é verdadeiro, não decidido, falseado* ou *sabe-se que é falso*.

Terceiro grupo (modalidades *deônticas*), composto pelos conceitos de *obrigatório, permitido, indiferente, proibido*.

Quarto grupo (modalidades *existenciais*), composto pelos conceitos de *universal, existente, vazio*.

R. Blanché ampliou o quadro de conceitos modais propostos por von Wright introduzindo estes novos conceitos:

Para o primeiro grupo (modalidades aléticas): *desnecessário*.

Para o segundo grupo (modalidades epistêmicas): *plausível, discutível*.

Para o terceiro grupo (modalidades deônticas): *facultativo*.

Um dos problemas suscitados é o de saber se os atributos existenciais mencionados devem ser ou não considerados modais. Se se responde afirmativamente, temos a já citada teoria modal quantificacional. De todo modo, pode-se observar, de acordo com von Wright, que há similaridades essenciais entre as modalidades aléticas, epistêmicas e deônticas, por um lado, e os quantificadores, por outro. Os diferentes grupos de modalidades podem, de resto, combinar-se; uma das combinações estudadas pelo citado autor é a que há entre as modalidades epistêmicas e as existenciais.

Alguns filósofos que praticaram a análise da linguagem ordinária falaram de expressões "modais" (e, em forma substantivada, de "modais"). É o que acontece com Alan R. White (*op. cit.* na bibliografia *infra*), que indica que os lógicos se limitaram a estudar noções como as de possibilidade e necessidade ou outras na medida em que são definíveis em termos daquelas. Um estudo lingüístico de expressões modais é muito mais amplo, porque inclui o exame de expressões como 'pode', 'cabe', 'deve', 'necessita', 'requer' etc., e inclui expressões tais como 'espera-se que', 'teme-se que' e outras semelhantes. O exame dessas expressões, e em especial o de seus usos, pode levar a considerar os problemas filosóficos mais gerais (ou abstratos) da possibilidade, da necessidade, da certeza, da probabilidade etc. Pode-se falar de um "pensamento modal" ao contrário de outros tipos de pensamento, como o descritivo.

A "semântica dos mundos possíveis" (ver MUNDO POSSÍVEL), às vezes denominada, para abreviar, "semântica de Kripke" (ver KRIPKE [SAUL A.], constitui um cálculo no qual se define 'é verdadeiro' como 'é verdadeiro em algum mundo possível'. De acordo com isso, 'é necessariamente verdadeiro' equivale a 'é verdadeiro em todos os mundos possíveis'. Aqueles que não admitem a noção de "mundo possível" — ou os que consideram que essa noção é filosoficamente suspeita, ou pouco satisfatória — alegam que é injustificado dar preferência à lógica modal para a definição de 'é verdadeiro'. Ao mesmo tempo, a rejeição da lógica modal — pelo menos como base para a definição de 'é verdadeiro' — leva a não admitir, ou a considerar como suspeita, a noção de "mundo possível".

⊃ Mencionamos alguns trabalhos sistemáticos — vários deles brevemente comentados no texto do verbete — sobre a noção lógica de modalidade: C. I. Lewis, *A Survey of Symbolic Logic*, 1918. — C. I. Lewis e C. H. Langford, *Symbolic Logic*, 1932. — O. Becker, "Zur Logik der Modalitäten", *Jahrbuch für Philosophie und phänomenologische Forschung*, 11 (1930). — Id., "Das formale System der ontologischen Modalitäten", *Blätter für deutsche Philosophie*, 16 (1943), 387-422 [crítica da obra de N. Hartmann mencionada *infra*]. — Id., "Ein 'natürliches' formales System der logisch-ontologischen Modalitäten, *ibid.*, 18 (1944), 82-93. — R. Feys, "Les logiques nouvelles des modalités", *Revue néo-scolastique de Philosophie*, 35 (1937), 36 (1938). — Id., "Resultaten en mogelijkheden van de geformaliseerde logica", *Tijdschrift voor Philosophie*, 12 (1950), 237-245. — Id., *Modal Logics*, 1965, ed. Joseph Dopp. — R. Carnap, *Meaning and Necessity: A Study in Semantics and Modal Logic*, 1947; 2ª ed., 1958. — G. H. von Wright, *An Essay in Modal Logic*, 1951. — R. Blanché, "Quantity, Modality and Other Kindred Systems of Categories", *Mind*, N. S., 61 (1952), 369-375. — J. Łukasiewicz, "A System of Modal Logic", *The Journal of Computing Systems*, I (1953), 111-149. — A. N. Prior, *Time and Modality*, 1957 [John Locke Lectures 1955-1956]. — A. R. Anderson, P. T. Geach, S. Hallden et al., *Modal and Many-Valued Logics*, 1963 [do "Colóquio sobre lógicas modais e polivalentes", celebrado em Helsinki 23/26-8-1962]. — G. H. Hughes e M. J. Cresswell, *An Introduction to Modal Logic*, 1968. — Jaakko Hintikka, *Models for Modalities: Selected Essays*, 1969. — Id., *The Intention of Intentionality and Other New Models for Modalities*, 1975 (ensaios).

— D. Paul Snyder, *Modal Logic and Its Applications*, 1971. — Joseph Jay Zeman, *Modal Logic: The Lewis-Modal Systems*, 1973. — Gilberte Piéraut-le-Bonniec, *Le raisonnement modal: Étude génétique*, 1974. — Nicholas Rescher, *Studies in Modality*, 1974 (estudos históricos e sistemáticos em colaboração com Ruth Manor, Arnold Vander Nat e Zane Parks). — Alan R. White, *Modal Thinking*, 1975. — Dov M. Gabbay, *Investigations in Modal and Tense Logics with Applications to Problems in Philosophy and Linguistics*, 1976. — E. J. Lemmon, *An Introduction to Modal Logic*, 1977 (em colaboração com Dana Scott), ed. K. Segerberg. — Casimir Lewy, *Meaning and Modality*, 1977. — E. J. Lemmon, *The "Lemmon Notes": An Introduction to Modal Logic*, 1977 (esboço póstumo do projeto de L., *Intensional Logic*, em col. com D. Scott). — K. A. Bowen, *Model Theory for Modal Logic: Kripke Models for Modal Predicate Calculi*, 1978. — R. Bradley, *Possible Worlds: An Introduction to Logic and Its Philosophy*, 1979. — J.-L. Gardies, *Essai sur la logique des modalités*, 1979. — A. Gupta, *The Logic of Common Nouns: An Investigation in Quantified Modal Logic*, 1980 [tese de 1977]. — I. Ruzsa, *Modal Logic with Descriptions*, 1981. — M. Fitting, *Proof Methods for Modal and Intuitionistic Logics*, 1983. — A. J. I. Jones, *Communication and Meaning: An Essay in Applied Modal Logics*, 1983. — G. H. Von Wright, *Truth, Knowledge, and Modality*, 1984 [*Philosophical Papers*, vol. 3]. — C. Smorynski, *Self-Reference and Modal Logic*, 1985. — K. Konynkyk, *Introductory Modal Logic*, 1986. — R. Turner, *Truth and Modality for Knowledge Representation*, 1991.

Sobre a noção ontológica de modalidade ou os problemas ontológicos suscitados pela noção lógica: A. Pfänder, *Logik*, 1921. — F. Romero e E. Pucciarelli, *Lógica*, 1938; 17ª ed., 1961. — Hermann Weyl, "The Ghost of Modality", *Philosophical Essays in Memory of E. Husserl*, ed. M. Farber, 1940, pp. 278-303. — N. Hartmann, *Möglichkeit und Wirklichkeit*, 1948. — Ver também: Heinrich Beck, *Möglichkeit und Notwendigkeit. Eine Entfaltung der ontologischen Modalitätenlehre im Ausgang von N. Hartmann*, 1961. — A. Darbon, *Les catégories de la modalité*, 1956. — Gerbert M. Meyer, *Modalanalyse und Determinationsproblem*, 1962. — J. Nubiola, *El compromiso esencialista de la lógica modal. Estudio de Quine y Kripke*, 1984. — G. Forbes, *The Metaphysics of Modality*, 1985. — B. Grünewald, *Modalität und empirisches Denken. Eine kritische Auseinandersetzung mit der kantischen Modaltheorie*, 1986. — H. Field, *Realism, Mathematics and Modality*, 1989.

Entre os trabalhos de interesse histórico, assinalamos: I. M. Bocheński, "Notes historiques sur les propositions modales", *Revue des sciences philosophiques et théologiques*, 31 (1937). — Id., *Ancient Formal Logic*, 1951. — S. Dominczak, *Les jugements modaux chez Aristote et les scolastiques*, 1923. — Albrecht Becker, *Die aristotelische Theorie der Möglichkeitschlüsse. Eine logisch-philologische Untersuchung der Kap. 13-22 von Aristoteles' Analytica priora*, 1933 (tese). — R. Feys, "Les systèmes formalisés des modalités aristotéliciennes", *Revue philosophique de Louvain*, 48 (1950), 478-509. — Storrs McCall, *Aristotle's Modal Syllogism*, 1963. — Nicholas Rescher, "Aristotle's Theory of Modal Syllogisms and Its Interpretation", em Mario Bunge, ed., *The Critical Approach to Science and Philosophy*, 1964, pp. 152-177. — Jürgen Rollwage, *Das Modalproblem und die historische Handlung. Ein Vergleich zwischen Aristoteles und Hegel*, 1969. — Jaakko Hintikka, *Time and Necessity: Studies in Aristotle's Theory of Modality*, 1973. — B. Mates, "Diodorean Implication", *The Philosophical Review*, 58 (1949), 234-242. — A. N. Prior, "Diodorean Modalities", *Philosophical Quarterly*, 5 (1955), 205-213. — K. Dürr, *The Propositional Logic of Boethius*, 1951, pp. 60-62. — Hans Poser, *Zur Theorie der Modalbegriffe bei G. W. Leibniz*, 1969. — G. Seel, *Die aristotelische Modaltheorie. Eine Rekonstruktion in kritischem Ausgang von der Modaltheorie N. Hartmanns*, 1980. — J. Hintikka, M. Rohr et al., *Reforging the Great Chain of Being: Studies of the History of Modal Theories*, 1980, ed. S. Knuuttila. — S. Waterlow, *Passage and Possibility: A Study of Aristotle's Modal Concepts*, 1982. — S. Knuuttila, ed., *Modern Modalities: Studies of the History of Modal Theories from Medieval Nominalism to Logical Positivism*, 1988. — R. Bradley, *The Nature of All Being: A Study of Wittgenstein's Modal Atomism*, 1992. €

MODELO. O termo 'modelo' pode ser empregado em diversos sentidos.

Metafisicamente, 'modelo' pode designar o modo de ser de certas realidades, ou supostas realidades, do tipo das idéias ou formas platônicas. Essas idéias ou formas são, com efeito, paradigmas e, por conseguinte, modelos de tudo o que é na medida em que é. Sendo o modelo de uma realidade equivalente a essa realidade em seu estado de perfeição, o modelo é aquilo a que tende toda realidade para ser o que é, ou seja, para ser plenamente si mesma em vez de ser uma sombra, cópia, diminuição ou desvio do que é. Neste sentido, 'modelo' equivale a 'realidade como tal'. Modelo, nesse aspecto, é também o "primeiro motor" (ver) e, em geral, todo ser cujo modo de "mover-se" consiste em "mover (por atração) todo o resto".

Esteticamente, 'modelo' é um vocábulo empregado em vários contextos e com diversos propósitos. Por um lado, o modelo estético pode ser equiparado ao que o artista procura (esteticamente) reproduzir. Por outro lado, pode ser equiparado ao que o artista tem em sua mente como um ideal do qual procura aproximar-se o máximo possível. Por fim, pode ser equiparado a um valor ou série de valores, objetivos ou supostamente objetivos, que seriam os modelos últimos de toda realização estética.

Eticamente — e também "vitalmente" e, em geral, "humanamente" —, 'modelo' designa a pessoa que, por seu comportamento e até simplesmente por seu modo de ser o que é — por seu próprio ser —, exerce uma atração sobre outras pessoas. A noção de modelo neste sentido foi abordada por vários autores, entre os quais se destacam Nietzsche, Bergson e Scheler, e em especial os dois últimos. Bergson fala "do chamado" do herói, do santo e, em geral, "da personalidade moral". Esses "modelos" não exercem pressão sobre seus semelhantes; seu modo de agir é antes o que procede de serem personalidades às quais se *aspira* (e que se aspira a imitar). Por isso, os modelos pertencem às sociedades abertas. Scheler distingue entre "modelos" (*Vorbilder*) e "*chefes*" (*Führer*). O modelo não precisa querer ser modelo e nem sequer saber que o é; o chefe, em contrapartida, deseja sê-lo e sabe o que é. A relação entre o modelo e os imitadores não é consciente; a que existe entre chefe e seus subordinados é consciente. Os modelos podem ser muito variados: pode tratar-se de uma pessoa presente, de uma personalidade do passado e até de uma personagem criada por um poeta. Os modelos requerem de seus imitadores ou seguidores um modo de ser, um estado de espírito ou disposição, e não (como os chefes de seus subordinados) uma atividade.

Epistemologicamente, a noção de modelo foi, por seu turno, empregada em vários outros sentidos.

Falou-se às vezes (vagamente) de modelo como de um modo de explicação da realidade, e especialmente da realidade física. Por exemplo, falou-se de "modelo mecânico" equivalente ao mecanicismo (VER) e considerou-se que autores como Galileu e Newton seguiram esse modelo. É possível que este fosse o sentido no qual Lord Kelvin afirmou que só se podia entender uma espécie de processos físicos quando se podia apresentar um "modelo mecânico" desses processos. Levantou-se então a questão de saber se podiam ou não apresentar-se "modelos mecânicos" em áreas como a teoria do campo eletromagnético.

Falou-se igualmente de modelo como de alguma forma de representação de alguma realidade ou série de realidades, de algum processo ou série de processos etc. Exemplo de um modelo pode ser um desenho, um projeto, uma maquete etc. Afirmou-se às vezes que um modelo é equivalente a uma teoria. Indicou-se ocasionalmente que há diferenças entre modelo e teoria; e às vezes se sugeriu que uma teoria pode ter diversos modelos ou pode "modelar-se" de diversas maneiras.

Um modo muito comum de entender 'modelo' é tomar como modelo um sistema que sirva para entender outro sistema, como quando se toma a passagem de um fluido por um canal como modelo de tráfego. Neste caso, o sistema que se toma como modelo tem um valor heurístico.

Outro modo de entender 'modelo' é tomar como tal um sistema do qual se trate de apresentar uma teoria. O modelo é então a realidade — efetiva ou suposta — que a teoria procura explicar. Pode haver várias teorias para um modelo e discutir-se que teoria explica mais satisfatoriamente o modelo. Pode haver de igual maneira uma teoria para a qual se busque um modelo, assim como uma teoria que, tendo-se mostrado satisfatória na explicação de um modelo, seja capaz de aplicar-se a outros modelos.

⊃ As teses de Bergson acham-se em *Les deux sources de la morale et de la religion*, 1932, caps. II e III. — As de Scheler, em seu trabalho "Vorbilder und Führer", incluído em *Schriften aus dem Nachlass*, I, e reimp. em *Gesammelte Schriften*, vol. 10 (1957), 255-344.

Quase todas as obras sobre epistemologia e filosofia da ciência se ocupam da noção de modelo; recomendamos em especial: Max Black, *Models and Metaphors: Studies in Language and Philosophy*, 1961, cap. XIII. — Leo Apostel, Richard C. Atkinson *et al., The Concept and the Role of the Model in Mathematics and Natural and Social Sciences*, 1961, ed. Hans Freudenthal [Colóquio de Utrecht, janeiro de 1960]. — R. B. Braithwaite, H. Putnam *et al.*, "Symposium on Models in the Empirical Sciences", no vol. *Logic, Methodology, and Philosophy of Science*, 1962, pp. 224-264, ed. E. Nagel, P. Suppes, A. Tarski [Proceedings of the 1960 International Congress]. — Mary B. Hesse, *Models and Analogies in Science*, 1963. — J. W. Addison, A. Robinson *et al., The Theory of Models*, 1965, ed. J. W. Addison, L. Henkin e A. Tarski, 1965 [Proceedings of the 1963 International Symposium at Berkeley]. — C. C. Chang e H. J. Keisler, *Continuous Model Theory*, 1966. — Id., *Model Theory*, 1973. — Alain Badiou, *Le concept de modèle: Introduction à une épistémologie matérialiste des mathématiques*, 1969. [crítica do estruturalismo de Lévi-Strauss]. — J. L. Bell e A. B. Slomson, *Models and Ultraproducts: An Introduction*, 1969. — Mario Bunge, *Method, Model, and Matter: Topics in Scientific Philosophy*, 1973 [especialmente Parte 2]. — Herbert Stachowiak, *Allgemeine Modelltheorie*, 1973. — C. C. Chang, H. J. Keisler, *Model Theory*, 1973. — W. E. Leatherdale, *The Role of Analogy, Model, and Metaphor in Science*, 1974. — J. Bridge, *Beginning Model Theory: The Completeness Theorem and Some Consequences*, 1977. — J. Czelakowski, *Model-Theoretic Methods in Methodology of Propositional Calculi*, 1980. — M. W. Wartofsky, *Models: Representation and Scientific Understanding*, 1979 [ensaios]. — J. Sanmartín, *Una introducción constructiva a la teoría de modelos*, 1984. — M. Manzano, *Teoría de modelos*, 1989. ⊃

MODERATO DE GADES (*fl.* no século I). Um dos neopitagóricos, deu uma interpretação simbólica à numerologia de Pitágoras. Para Moderato, os números são, na realidade, expressões simbólicas dos princípios, num sentido semelhante ao das letras como expressões simbólicas cujas combinações formam os vocábulos. Assim, os números proporcionam uma imagem simbólica das realidades inteligíveis. Segundo Moderato, o "Um" é antes de tudo o Um que se encontra além do ser; vem em seguida o Um que é a idéia inteligível da unidade; por fim, vem o Um como alma. Ao Um em sua constituição triádica sucede a Díade enquanto matéria. Todas essas concepções coincidiam tanto com idéias análogas de Nicômaco de Gerasa como com opiniões já sustentadas por alguns dos membros da antiga Academia. Tal como estes últimos, Moderato se valia dos quadros de oposição proporcionados pelos números e daquilo que, em seu entendimento, estes simbolizam, a fim de explicar a origem e a hierarquia das realidades.

⊃ Há referências aos πυθαγοπικαί σχολαί de Moderato na *Vida de Pitágoras* de Porfírio.

Ver: artigos de F. Bücheler em *Reinisches Museum* (1882 e 1908), de P. Tannéry em *Revue de philologie* (1889) e de V. de Falco em *Rivista indo-greca-italiana* (1922). Santiago Montero Díaz, "M. de G. en la crisis del pensamiento antiguo", em *De Calicles a Trajano*, 1948. ⊂

MODERNISMO. A palavra "modernismo" é entendida em dois sentidos: um amplo e outro estrito. No sentido amplo, "modernismo" designa toda tendência a acolher e mesmo a exaltar o moderno, seja este o que corresponde ao período histórico chamado "moderno" ou tudo o que é mais novo e recente em qualquer época. No sentido estrito, "modernismo" é uma tendência que se manifestou no âmbito de várias religiões — judaísmo, protestantismo, catolicismo — e que se configurou como um afã por transformar de maneiras sobremodo radicais certas estruturas tradicionais, não só de pensamento e de interpretação como também dogmáticas. Teve especial ressonância o "movimento modernista" no âmbito do catolicismo — a que adiante vamos nos referir com mais detalhes —: definido como um desejo imoderado de progressismo que solapou os alicerces da fé, esse modernismo — como também veremos a seguir — foi condenado pela Igreja, que, no entanto, condenou igualmente o movimento estritamente oposto ao modernismo, a saber, o chamado "integrismo". Deve-se levar em conta que essas condenações só afetam os aspectos religiosos e dogmáticos, e não os políticos ou político-sociais.

Estritamente falando, consideram-se modernistas as teorias que defendem o simbolismo, ou seja, a opinião segundo a qual os dogmas são meros símbolos da vida moral e religiosa; o pragmatismo na interpretação do dogma; as conseqüências religiosas do chamado *Reformkatholizismus*, no qual a introdução de correntes modernas, especialmente as de caráter idealista, afeta alguma coisa além da posição exclusivamente filosófica; o imanentismo, que deixa de ser um simples método para tornar-se uma metafísica que chega a ponto de, deliberadamente ou não, perder as estribeiras ao tratar do transcendente... Em conseqüência disso, várias das direções da filosofia contemporânea — a filosofia da ação levada a conseqüências extremas ou o imanentismo radical, as correntes da chamada "metafísica cristã" quando pretende orientar-se como um "agostinianismo puro", o historicismo etc. — podem ser consideradas modernistas. Disso decorre a inclusão formal no modernismo de autores como Édouard Le Roy (VER), P. Laberthonnière (VER), Antonio Fogazzaro (1842-1911), Ernesto Buonaiuti (VER), parte da produção de Friedrich von Hugel (VER), Hermann Schell (VER), George Tyrrel (VER) etc. Desse ponto de vista exegético, o modernismo se manifesta por meio de uma tendência ao historicismo extremo no sentido de defender a opinião de que o histórico é o que domina principalmente o conteúdo dogmático. A. Loisy (VER) pode ser considerado o mais significativo representante dessa corrente. Também na teologia protestante veio à luz uma forma de modernismo que (como ocorre com Auguste Sabatier) influenciou o modernismo católico. Este último foi formalmente condenado pela Igreja no chamado (por analogia com o de 1864) *Syllabus* de Pio X, de 1907. Trata-se na realidade de uma série de condenações contidas no Decreto *Lamentabili sane exitu*, de 3 de junho de 1907, decisão doutrinal do Santo Oficio que se opõe, em 65 proposições, as teses modernistas; na Encíclica *Pascendi Domini gregis*, de 8 de novembro de 1907, e no "Juramento antimodernista", de 1910, no qual convém destacar especialmente, do ponto de vista filosófico, a correção do antiintelectualismo em que havia desembocado grande parte das correntes modernistas, igualmente opostas ao fideísmo, ao intelectualismo e ao ontologismo. As mencionadas condenações devem ser obedecidas pelos católicos, mas alguns teólogos assinalam que são unicamente decisões doutrinais da Congregação romana, não estando, por conseguinte, isentas de erro. A condenação de 1907 pode ser considerada uma espécie de prolongamento do chamado *Syllabus* de 1864 contra os erros religiosos modernos, *Syllabus* que também recebeu dos teólogos católicos diversas interpretações, o que não implica permissão para professar as doutrinas condenadas.

Usou-se ainda o termo "modernismo" como referência às tendências renovadoras do pensamento latino-americano no século XVIII e parte do XIX. Fala-se especificamente de modernismo para caracterizar o pensamento de Juan Benito Díaz de Gamarra, do México, cujos *Elementos de filosofía moderna*, seguidos de *Errores del entendimiento humano*, exprimem uma atitude eclética, com imporantes elementos cartesianos (a ponto de Gamarra ser descrito como "cartesiano" e como "eclético", a depender da importância atribuída a certas partes das citadas obras, da primeira em particular). De todo modo, e com relação à filosofia tradicional escolástico-aristotélica, a obra de Gamarra e de outros autores filiou-se ao "modernismo" enquanto "introdução à filosofia moderna" (cf. María Victoria Tapia García, *Juan Benito Díaz de Gamarra y el modernismo en México*, 1966; Victoria Junco de Meyer, *Gamarra o el eclecticismo en México*, 1974).

➲ Ver as obras a seguir, pertinentes a diversas tendências (católicas ortodoxas: as de Mercier, Rivière; nãocatólicas: as de Holl, Kubel, Houtin): Karl Holl, *Der Modernismus*, 1908. — J. Kubel, *Geschichte des katolischen Modernismus*, 1909. — Cardeal Mercier, *Le Modernisme*, 1909. — G. Gentile, *Il modernismo e i rapporti tra religione e filosofia*, 1909. — J. Bessmer, *Philosophie und Theologie des Modernismus*, 1912. — A. Houtin, *Histoire du modernisme catholique*, 19134. — L. C. Lewis, *The Philosophical Principles of French Modernism*, 1925. — Jean Rivière, *Le modernisme dans l'Église. Études d'histoire religieuse contemporaine*, 1929. — Émile Poulat, *Histoire, dogme et critique dans la crise moderniste*, 1962. — D. Dubarle, *Le modernisme*, 1980. — R. Virgulay, *Blondel et le modernisme. La philosophie de l'action et les sciences religieuses (1896-1913)*, 1980. — G. Daly, *Transcendence and Immanence: A Study in Catholic Modernism and Integralism*, 1980.

Documento: *Au coeur de la crise moderniste. Le dossier inédit d'une controverse*, 1960 [Cartas a M. Blondel, H. Brémond, F. von Hügel, A. Loisy, F. Mourret, J. Wehrlé, apresentadas por René Marlé].

As obras de Édouard Le Roy, P. L. Laberthonnière, Ernesto Buonaiuti, Friedrich von Hügel, Hermann Schell, Gerge Tyrrel e Alfred Loisy foram mencionadas na bibliografia dos verbetes correspondentes. C

MODISTI. Ver GRAMÁTICA ESPECULATIVA.

MODO. Examinaremos neste verbete a noção de modo do ponto de visto lógico, metafísico (e ontológico) e semântico.

Do ponto de vista lógico, o modo é tratado na doutrina do silogismo (VER). Na parte referente ao silogismo categórico, chama-se modo a disposição das premissas de acordo com a quantidade (VER) e a qualidade (VER). As premissas podem ser do tipo A (universais afirmativas), E (universais negativas), I (particulares afirmativas) e O (particulares negativas). As disposições das premissas acham-se no seguinte quadro:

```
P. mai,   AAAA   EEEE   IIII   OOOO
          ||||   ||||   ||||   ||||
P. men.   AEIO   AEIO   AEIO   AEIO
```

Temos assim 16 modos (4^2). Cada um desses modos está presente em cada uma das quatro figuras do silogismo (ver FIGURA). Portanto, 16 x 4 = 64 modos possíveis. Se em vez de levar em conta apenas a disposição das premissas, consideramos também a conclusão, temos 64 modos (4^3). Como cada um desses modos está nas quatro figuras do silogismo, o número total de modos resultante é de 64 x 4 = 256.

Só se consideram válidos alguns modos. Segundo alguns autores, são 15. De acordo com outros (a maioria), 19. Os modos são representados por meio de termos latinos nos quais aparecem as vogais "A", "E", "I", "O" numa certa ordem. Assim, o modo chamado *Barbara* mostra a sucessão AAA; o modo chamado *Celarent*, a sucessão EAE; o modo chamado *Darii*, a sucessão AII; o modo chamado *Ferio*, a sucessão EIO. A relação dos 15 modos é dada nos seguintes termos:

1ª figura: *Barbara, Celarent, Darii, Ferio*;
2ª figura: *Cesare, Camestres, Festino, Baroco*;
3ª figura: *Datisi, Ferison, Disamis, Bocardo*;
4ª figura: *Calemes, Fresison, Dimatis*.

Os outros 19 modos são:

3ª figura: *Darapti, Felapton*;
4ª figura: *Bamalip, Fesapo*.

A fórmula mnemônica usada para os dezenove modos é a seguinte:

Barbara, Celarent, primae *Darii Ferioque.*
Cesare, Camestres, Festino, Baroco secundae.
Tertia grande sonans recitat: *Darapti, Felapton, Disamis, Datisi, Bocardo, Ferison,* Quartae Sunt *Bamalip, Calemes, Dimatis, Fesapo, Fresison*.

Deve-se considerar que alguns lógicos não consideram a quarta figura, considerando-a a primeira figura indireta. Nesse caso, pertencem à primeira figura indireta *Bamalip, Calemes, Dimatis, Fesapo, Fresison*, se se admitem 19 modos, e *Calemes, Fresison, Dimatis*, se são admitidos 15.

Na doutrina do silogismo disjuntivo, apresentam-se quatro modos para a primeira figura (*modus ponendo tollens*) e quatro modos para a segunda (*modus tollendo ponens*). No silogismo hipotético (por vezes chamado condicional), apresentam-se quatro modos para a primeira figura (*modus ponendo ponens*) e quatro para a segunda (*modus tollendo tollens*). (No silogismo hipotético, o termo "figura" é usado somente por analogia, já que a figura depende não só da função do termo médio na argumentação como também do papel que o termo médio desempenha entre as premissas [quer dizer, seu papel como condição, como afirmação e como eliminação]. Ver referências a esses modos no verbete MODUS PONENS, TOLLENS.

O modo (*modus*) é também considerado uma expressão aplicável a uma proposição inteira (quando se diz, por exemplo, que dada proposição é necessária, possível, impossível, verdadeira, falsa etc.). Os modos podem ser classificados de diversas maneiras. De imediato, pode-se distinguir entre modos como "necessário", "contingente", "impossível", "possível" e modos como "verdadeiro", "falso", "ignorado", "acreditado", "duvidoso". Depois disso, podem-se distribuir os modos de acordo com as relações que mantêm entre si: exclusão mútua (como necessário-contingente), subordinação (como necessário-possível), ausência de relação ou *impertinentia* (como duvidoso-possível). Ocupamo-nos dos modos como expressões que caracterizam as chamadas "proposições modais" e da oposição entre estas últimas em MODALIDADE e OPOSIÇÃO.

Do ponto de vista metafísico, fala-se de modos comuns (equiparados aos transcendentais [VER]), modos metafísicos em geral e modos de ser (metafísicos, físicos etc.). Da perspectiva metafísica, os modos são "modos reais". Tanto os escolásticos como muitos filósofos modernos ocuparam-se extensamente dos modos como modos reais. Segundo J. I. Alcorta (*La teoría de los modos en Suárez*) [1949] (I, 55), há indicações para uma doutrina dos modos reais em São João Damasceno, mas só os escolásticos posteriores a Santo Tomás, especialmente os pensadores da chamada "segunda escolástica" — Cajetano, Suárez, João de Santo Tomás, os conimbricenses etc. — trataram amplamente do problema. Os modos reais são afecções entitativas que não possuem consistência própria independente de outra entidade. Sua realidade ontológica é, pois, mais débil que a dos acidentes. Mas eles são importantes, porque permitem estabelecer — mediante a distinção chamada modal — distinções entre uma entidade e algumas de suas modificações reais. Os modos reais podem ser de várias classes: modos substanciais, modos acidentais, modos de inerência etc. Duns Scot falou de "modos intrínsecos", entendendo por isso certas determinações intrínsecas da essência; o modo intrínseco exprime o modo como um sujeito é o que é. Assim, "audível" em "som audível" não designa um modo intrínseco, que pode ou não ser audível. Mas "forte" em "som forte" designa um modo intrínseco do som, visto que pertence intrinsecamente ao som a possibilidade de ser ou não forte.

Alguns dos mais importantes filósofos modernos deram, como já dissemos, grande atenção ao problema dos modos reais. Assim, por exemplo, Descartes chamou às vezes de *modos* os atributos ou qualidades da substância. Às vezes, como nos *Princípios*, ele estabeleceu uma distinção entre modos, atributos e qualidades. "Quando considero — escreve Descartes — que a substância é disposta e diversificada de outra forma por eles, sirvo-me particularmente do termo *modo*; quando esta variação faz que possa ser assim chamada, chamo-a de *qualidade*. quando penso que essas qualidades ou modos estão na substância sem considerá-las de outra maneira além de dependentes dela, chamo-as *atributos*" (I, 55). Os atributos são, pois, modos fundamentais (como a extensão nos corpos) ou simples qualidades (como a forma exterior do corpo). Os modos são, em suma, modificações do atributo fundamental, mas atuam de tal forma que cada substância individual é um modo desse atributo. Por isso Descartes denomina "modos da extensão" e "modos do pensamento" as coisas extensas e pensantes, com o que o modo constitui, por assim dizer, a individualidade da substância. Essa concepção criou um grave problema concernente à individualidade mesma, visto que equivalia a supor que só o substancial é individual. Disso decorreu a conclusão de Spinoza. Ele denominava modos as "afecções da substância, isto é, aquilo que existe em outro e mediante o qual é concebido" (*Eth.*, I, def. 5). Mas os modos não são simplesmente finitos enquanto manifestação da substância infinita, mas apenas enquanto há separação entre essência e existência, limitação ou delimitação. Em contrapartida, os modos infinitos caracterizam-se pela mútua implicação entre existência e essência, "constituindo" os modos finitos, que estão, com relação a eles, numa relação de dependência e contingência. Locke entendia os modos como uma variedade daquilo a que dava o nome de "idéias complexas", ao lado das substâncias e das relações.

"Denomino *modos* — escreveu Locke — as idéias complexas que, independentemente da maneira como se compõem, não contêm em si a suposição de subsistir por si mesmas, sendo antes consideradas dependências ou afecções de substâncias (tal como as idéias significadas pelos vocábulos "triângulo", "gratidão" etc.). E se nisso uso o vocábulo 'modo' com um sentido algo distinto do comum, peço que me desculpem, visto que, quando se fala de forma diferente da comum, é inevitável introduzir novas palavras ou usar palavras antigas com uma significação relativamente nova" (*Ensaio*, II, xii, 4). Os modos no sentido de Locke são, pois, maneiras de designar idéias de qualidade e complexos de qualidade pouco importando as substâncias a que aderem ou podem aderir. Segundo Locke, há dois tipos de modo: 1) modos simples ou variações ou combinações de uma mesma idéia simples (como "uma dezena"); modos mistos, ou compostos de idéias simples de vários gêneros postas juntas a fim de formar uma idéia complexa (como "a beleza", que consiste numa certa combinação de cor, formato etc. que causa deleite (*op. cit.*, II., xii, 5). Entre os modos simples, Locke trata das idéias de espaço, duração, número, infinitude e de outros modos (de movimento, som, cores, assim como alguns que não possuem nome próprio), modos de idéias simples de prazer e dor, modos de poder ou potência (*power*). Entre os modos mistos, Locke trata de idéias complexas como a de obrigação, a de mentira etc. A doutrina lockiana dos modos — que é uma espécie de "teoria dos objetos [e das representações]" — exerceu grande influência, já que mesmo autores hostis ao pensamento de Locke adotaram sua terminologia. Isso ocorre com Leibniz no Livro II ("Sobre as idéias") dos *Nouveaux Essais*. Embora se oponha a Locke na maioria das vezes, Leibniz fala dos modos simples do espaço e da duração e de outros modos simples formados com base em idéias simples (modos de movimento, como "deslizar"), de modos relativos ao pensamento ou modos advindos da reflexão; de modos do prazer e da dor. Fala ainda de modos mistos que se distinguem dos mais simples porque, enquanto estes "só são compostos de idéias simples da mesma espécie", aqueles "são certas combinações de idéias simples que não se consideram como marcas características de nenhum ser real que possua existência fixa, mas como idéias separadas e independentes que o espírito experimenta em conjunto, no que se distinguem das idéias complexas de substâncias" (*op. cit.*, II, xxii, § 1).

O que pode ser chamado de "doutrina dos modos" teve escassa ressonância a partir do final do século XVIII; o próprio uso de "modo" como "modo real" (em qualquer dos sentidos possíveis de "modo real") desapareceu, sendo substituído em alguns casos por outros conceitos que, embora se assemelhem, não são idênticos ao modo — assim, por exemplo, o conceito de "traço" — cf. em Kant o uso de *Merkmal* como "característica" e, de maneira mais específica, "característica fenomênica"). Hegel referiu-se aos modos como modos reais, mas os tratou no âmbito da doutrina das modalidades lógicas como "modalidades reais".

Entre os filósofos contemporâneos, trataram da noção de modo, entre outros, Nicolai Hartmann e Paul Weiss. Nicolai Hartmann entende por "modos de ser" (*Seinsmodi*) modos como a possibilidade e a realidade, a necessidade e a causalidade, a impossibilidade e a realidade. O problema dos modos de ser (distinto dos chamados "momentos do ser" e das chamadas "maneiras de ser") foi investigado por Hartmann no contexto da "análise modal (ontológica)" ou doutrina da modalidade (VER) [ontológica]. Para Paul Weiss (*Modes of Being*, 1958), os modos do ser não pertencem propriamente a este (de maneira "realista") nem exclusivamente ao pensamento (de maneira "idealista"). São modos de interpretação, parecidos com categorias, que abrangem tanto o sujeito como o objeto. Há para esse autor quatro modos fundamentais: atualidade, idealidade, existência e Deus. Cada um desses modos refere-se aos outros três e os completa. A atualidade é o modo de ser espácio-temporal, a idealidade abarca as normas; a existência inclui a energia (ou aspecto dinâmico da realidade), Deus é a unidade (atemporal e a-espacial).

O conceito de modo do ponto de vista semântico foi tratado sobretudo pelos gramáticos especulativos (ver GRAMÁTICA ESPECULATIVA), que investigaram detalhadamente os chamados "modos de significar" (*modi significandi*), como, por exemplo, o nome (VER). Segundo alguns autores, os modos de significar constituíam uma parte dos modos, havendo a seu lado os modos de conhecer (*modi intelligendi*) e os modos de ser (*modi essendi*). Outros autores, em contrapartida, recusavam essas distinções e propunham que os únicos modos que podiam ser objeto de pesquisa são os *modi significandi*.

MODUS. Ver MODALIDADE; MODO; MODUS PONENS, TOLLENS; OPOSIÇÃO; PROPOSIÇÃO.

MODUS PONENS, TOLLENS. Entre as tautologias da lógica sentencial, encontram-se as seguintes:

$$[(p \to q) \land p] \to q \quad (1)$$
$$[(p \to q) \land \neg q] \to \neg p \quad (2).$$

(1) é chamada *modus ponens*; segundo essa tautologia, pode-se afirmar o conseqüente de um condicional se se afirmar seu antecedente. (2) é chamado *modus tollens*; de acordo com ela, pode-se negar o antecedente de uma condicional se se negar seu conseqüente.

Convém não confundir as tautologias em questão com as regras de inferência. As primeiras pertencem à lógica; as segundas, à metalógica. Assim, por exemplo, a chamada *regra de separação*, segundo a qual se um condicional e seu antecedente são tomados como premissas, o conseqüente pode ser inferido como conclusão, é uma regra metalógica cujos exemplos podem ser os mesmos que correspondem à tautologia (1), chamada *modus ponens*.

Na lógica tradicional, os *modi* chamados *modus ponendo ponens*, *modus tollendo tollens*, *modus tollendo ponens* e *modus ponendo tollens* são apresentados como modos compostos equivalentes às regras de inferência que regem os silogismos condicionais e disjuntivos. Os esquemas desses modos são:

Modus ponendo ponens: Se p, então q; p; q.
Modus tollendo tollens: Se p, então q; não p; não q.
Modus tollendo ponens: Ou p ou q; não p q.
Modus ponendo tollens: Não p e não q; q não p.

Na literatura lógica tradicional, usam-se, em vez de letras sentenciais ("p", "q"), os conhecidos esquemas ("S é P", "M é Q"). O uso das letras sentenciais oferece a vantagem de se poder antepor mais facilmente a negação ou a disjunção a toda sentença; por esse motivo, preferimo-las no caso presente.

"*Ponens*" significa "que põe" ou "que afirma"; "*tollens*", "que anula" ou "que nega". Assim, "*modus ponendo ponens*" pode ser traduzido como "modo que afirma afirmando", "*modus tollendo tollens*" como "modo que nega negando", "*modus tollendo ponens*", como "modo que afirma negando" e "*modus ponendo tollens*" como "modo que nega afirmando". *Modus ponens* pode ser traduzido como "modo que afirma" ou "modo afirmativo"; *modus tollens*, "modo que nega" ou "modo negativo".

A não-observação das citadas regras dá ocasião a conclusões incorretas. Demos um exemplo em Sofisma (VER). Indicamos aqui quatro esquemas dos raciocínios *incorretos* mais freqüentes.

Se p, então q; q; p.
Se p, então q; não p; não q.
Ou p ou q; q; não p.
Não p e não q; não q; p.

MOHISMO. Ver Mo-Tsé.

MOKṢA. Uma das principais finalidades — se não a principal — da atividade humana, segundo quase todos os sistemas da filosofia indiana (VER) é o que se chama *mokṣa*. A tradução mais habitual de *mokṣa* é "libertação". Trata-se na realidade de alcançar um estado de perfeição — que tanto pode ocorrer nesta vida como remeter a outra — no qual tenham desaparecido as inquietudes, as paixões, a ignorância e outras máculas da existência humana. É também muito freqüente conceber a *mokṣa* como libertação da ilusão produzida pela multiplicidade das coisas. O único sistema para o qual não há *mokṣa* é o sistema de *Chārvāka*; mas mesmo neste se fala de libertação da dor — que, embora impossível em princípio, deve-se procurar alcançar por meio da mistura da dor com o prazer —, bem como de uma libertação — por certo pouco desejável — de todos os males por meio da morte. Observemos que a idéia de *mokṣa* é importante na filosofia indiana para explicar a função do conhecimento: este serve justamente para alcançar a *mokṣa* ou libertação.

MOLESCHOTT, JAKOB (1822-1893). Nascido em s'Hertogendbosch (Holanda), estudou medicina na Universidade de Heidelberg, onde deu aulas de 1847 a 1854, quando teve de abandonar a cátedra devido à hostilidade das autoridades para com suas idéias materialistas. De 1856 a 1861 ensinou fisiologia no colégio Politécnico de Zurique e, a partir de 1861, lecionou em Turim até mudar-se para Roma em 1879. Moleschott foi, ao lado de Brüchner (VER), um dos mais destacados materialistas do século XIX. Inimigo do idealismo, do espiritualismo e, de modo geral, de toda doutrina não estritamente materialista, Moleschott defendeu não só o materialismo como também o mecanicismo, avaliando que há somente uma realidade — a matéria — que possui por si mesma a força ou energia. Estas últimas não são no entanto propriedades da matéria: a energia não pode existir sem a matéria, assim como esta não pode existir sem ela. Moleschott negou a existência de Deus e afirmou que a "ciência moderna" não somente terminaria por provar que Deus não existe como também por destruir todas as idéias mais ou menos antropomórficas ocultas nos sistemas não materialistas. A um só tempo materialista e mecanicista, Moleschott foi determinista e declarou ser empirista, tendo sustentado que se obtém todo o conhecimento da ação de substâncias corporais sobre os sentidos. Foi grande por algum tempo a influência de Moleschott, sobretudo na Alemanha e na Itália, onde foi traduzido e difundido por Cesare Lombroso. Suas idéias filosóficas eram em parte próximas das de Ludwig Feuerbach, a quem ele celebrou como o principal filósofo da época.

↪ Obras: *Physiologie des Stofwechsels in Pflanzen und Tieren*, 1851 (*Fisiologia das mudanças materiais nas plantas e nos animais*). — *Der Kreislauf des Lebens*, 1852; 5ª ed., 2 vols., 1875-1886 (*O circuito da vida*). — *Licht und Leben*, 1856 (*Luz e vida*). — *Die Enheit des Lebens*, 1864 (*A unidade da vida*). — Autobiografia: *Für meine Freunde, Lebenserinnerungen*, 1894.

Ver: F. Gregory, *Scientific Materialism in Nineteenth Century Germany*, 1977. ↺

MOLINA, ENRIQUE (1871-1956). Nascido em La Serena, Chile, foi professor e reitor da Universidade de Concepción. Propõe decididamente, como resumo de sua posição filosófica, o problema que considera capital: a relação entre ser e consciência. Enrique Molina recusa igualmente o idealismo e o materialismo mecanicista; o ser tem o primado sobre a consciência por ser temporalmente anterior a ela, mas essa sua primazia não exclui, antes admite, a afirmação de um espírito em potência no interior do ser, maximamente realizado pelo homem. Por outro lado, o primado do ser não é uma tese arbitrária nem o resultado de uma exploração da consciência por si mesma: o ser é afirmado por ser primeiramente vivido pela consciência como uma totalidade de que ela é parte. Ao "penso, logo existo", deve-se contrapor um "penso, logo existo e existe o ser", que se deve entender, desde o início, como uma existência e não como o reflexo de uma essência intemporal. O ser se orienta para o valor, não só porque a realidade constitui uma série de graus não estáticos como porque, sem o valor e o espírito, o ser careceria de sentido. Colaborar na valorização e espiritualização do ser é por conseguinte a única atitude capaz de superar o otimismo ingênuo e o pessimismo suicida; a vida é uma ilusão obstinada, talvez porque, embora reconhecendo sua finitude, o homem traz em si o impulso infinito do ser. Daí que o problema primordial do homem seja a realização de sua vida espiritual, entendida tanto ontológica como eticamente e que, num mundo sem sentido em que só o homem costuma manifestar desígnios, a atitude mais aconselhável é a harmonia entre a ação e a contemplação, no âmbito da finalidade de "fazer bem as coisas", com as criações espirituais que as acompanham.

O trabalho filosófico no Chile é desenvolvido igualmente por diversos pensadores de outra espécie de orientação: Pedro León Loyola (nasc. 1889), cujo trabalho docente no Instituto Pedagógico formou novas gerações de estudiosos: Eugenio González, professor do mesmo Instituto; Jorge Millas (VER); Clarence Finlayson (1913-

1954): *Analítica de contemplación, Los nombres metafísicos de Dios, Expedición a la muerte*), discípulo de Yves Simon (VER), ex-professor da Universidade Católica Bolivariana, que seguiu a tradição neotomista e trabalhou sobretudo com os problemas metafísicos de Deus e da morte; Humberto Díaz Casanueva, orientado para o existencialismo ("El filósofo y la existencia concreta", *A tenea*, nº 204); Félix Schwartzmann, que pesquisou detalhadamente os problemas do homem e da cultura na América como base para uma antropologia filosófica geral; Mario Ciudad Vásquez (*Schopenhauer oculto: la estrañeza existencial*, 1961). A atividade filosófica chilena se concretizou com a fundação da Sociedade Chilena de Filosofia, constituída por, entre outros, Mario Ciudad Vázquez, Armando Ros, Santiago Vidal, Juan de Dios Vial; o informativo da Sociedade é a *Revista de Filosofia*, Santiago do Chile, a partir de 1951). ⊃ Obras: *Filosofia americana*, 1912. — *La filosofia de Bergson*, 1916. — *Dos filósofos contemporáneos: Guyau, Bergson*, 1925. — *Proyecciones de la intuición*, 1934. — *La herencia moral de la filosofía griega*, 1934. — *De lo espiritual en la vida humana*, 1936. — *Por los valores espirituales*, 1939. — *Confesión filosófica. Llamado de superación a la América Hispana*, 1942. — *Nietzsche, dionisíaco y asceta*, 1945. — *La filosofía en Chile en la primera mitad del siglo XX*, 1951. — *Tragedia y realización del espíritu. Del sentido de la muerte y del sentido de la vida*, 1952. ⊂

MOLINA, LUIS DE (1535-1600). Nascido em Cuenca, entrou em 1553 na Companhia de Jesus. Estudou no Colégio jesuíta de Coimbra, onde deu aulas de filosofia. Em seguida, lecionou na Universidade de Évora. No ano de sua morte, fora nomeado professor do Colégio Imperial de Madri. Molina desenvolveu uma doutrina teológica para a solução do problema da relação entre a onipotência divina e o livre-arbítrio (VER) humano, que constituiu a base de grandes debates ao longo do século XVII e até na época atual. O molinismo opunha-se tanto à tese da premoção (VER) física, defendida pelo tomismo puro, como a tese agostiniana extrema ou baseada em diversas interpretações do agostinianismo. Segundo ele, não se pode considerar o livre-arbítrio como algo física e intrinsecamente determinado; a criatura humana não se acha, ao ver de Molina, completamente determinada para o bem ou para o mal, podendo em vez disso, em última análise, decidir se exerce ou não a faculdade de decisão. O que não significa, veja-se bem, a adesão a uma tese que suprimiria a onipotência divina ou, melhor dizendo, as formas da predestinação. Com efeito, Deus exerce uma ação sobre a liberdade humana por meio do "concurso simultâneo", que afeta a constituição mesma do livre-arbítrio e até seus movimentos, mas não sua "indiferença". Por outro lado, Deus predetermina os atos por meio do seu conhecimento. Este é o mesmo da chamada ciência média (VER) à qual nos referimos quando tratamos desse conceito e ao fazer menção à noção de futurível (VER). Deus sabe, em outros termos, o que o homem fará justamente porque sabe o que ele pode fazer em todos os mundos possíveis nos quais esteja. Os partidários da tese da premoção física combateram de maneira muito especial essa doutrina, que acusavam de acentuar de modo excessivo a autonomia humana e do conseqüente sacrifício das prerrogativas da onipotência de Deus.

⊃ A obra na qual se expõem as doutrinas fundamentais de Luis de Molina sobre os pontos mencionados é a *Concordia liberi arbitrii cum gratiae donis, divina praescientia, providentia, praedestinatione et reprobatione, ad nonnullos primae partis Divi Thomae articulos* (Lisboa, 1588). Além disso, Luis de Molina escreveu: *Commentario in Primam Divi Thomae Partem* (Cuenca, 1592). — *De Justitia et Jure* (Cuenca, I, 1593; II, 1597; III, 1600; as partes IV-V foram publicadas postumamente).

Da numerosa bibliografia sobre Luis de Molina e o molinismo, destacamos: R. P. Schneemann, *Controversiae de divina gratia liberique arbitrii concordia, initia et progressus*, 1881. — Th. de Régnon, *Bannez et Molina, histoire, doctrine, critique métaphysique*, 1883. H. Gayraud, *Providence et libre arbitre. Thomisme et Molinisme*, 1892. — W. Hentrich, *Gregor von Valencia und der Molinismus. Ein Beitrag zur Geschichte des Prämolinismus mit Benützung ungreduckter Quellen*, 1928. — Alberto Bonet, *La filosofía de la liberdad en las controversias teológicas del siglo XVI y primera mitad del XVII*, 1932, pp. 79ss. — Friedrich Stegmüller, *Geschichte des Molinismus*, 1935. — M. Fraga, *L. de Molina y el derecho de guerra*, 1947. — C. Giacon. *La seconda scolastica*, vol. 2, 1949, pp. 67-168. — J. M. Díez-Alegría, *El desarrollo de la doctrina de la ley natural em L. de Molina y en los maestros de la Universidade de Évora de 1565 a 1591*, 1952. — V. Muñoz, *Zumel y el molinismo*, 1953 (edição do informe de Francisco Zumel sobre a doutrina de Luis de Molina em julho de 1595). — B. Hamilton, *Political Thought in Sixteenth Century Spain: A Study of the Political Ideas of Vitoria, De Soto, Suárez and Molina*, 1964. — G. Smith, *Freedom in Molina*, 1966. — F. B. Costello, *The Political Philosophy of Luis de Molina, S. J. (1535-1600)*, 1974. — Ver também as duas obras sobre a ciência média de Gabriel de Henao citadas na bibliografia deste teólogo; embora publicadas no século XVII, continuam úteis a uma compreensão de certos aspectos fundamentais do molinismo. ⊂

MOLINISMO. Ver ARBÍTRIO (LIVRE); CIÊNCIA MÉDIA; FUTURÍVEL; MOLINA, LUIS DE; PREMOÇÃO FÍSICA; PREDESTINAÇÃO.

MOLINOS, MIGUEL DE (1628-1696). Nascido em Muniesa (Teruel), estudou em Valença. Mudou-se em 1663 para Roma, onde permaneceu até sua morte. Miguel de Molinos alcançou grande celebridade em Roma por suas pregações. Publicou-se em 1675, em italiano, seu *Guia Espiritual*, no qual expõe as doutrinas conhecidas pela designação de quietismo (VER), nome originado da idéia de que a alma deve ficar completamente "aquietada", esvaziada de todo conteúdo, a fim de dispor-se a amar a Deus, o que era para Miguel de Molinos mais importante do que falar de Deus ou pensar em Deus, como fazem os teólogos. O Cardeal D'Estrées, embaixador da França em Roma, denunciou o *Guia* à Inquisição. Condenado ao cárcere, o autor abjurou de suas doutrinas. Estas tiveram influência especialmente na França, por obra de Madame Guyon e de vários escritos de Fénélon.

⊃ Edições do *Guia Espiritual* por R. Urbano, 1906 e C. Lendínez, 1974.

Vejam-se as obras sobre Miguel de Molinos e o quietismo mencionadas no verbete QUIETISMO. ⊂

MOLINOSISMO. Ver MOLINOS, MIGUEL DE; QUIETISMO.

MOLYNEUX (PROBLEMA DE). O nome do cientista irlandês William Molyneux (1656-1698) apareceu com freqüência na literatura filosófica e científica da época de Locke a, aproximadamente, o primeiro terço do século XIX, em decorrência do chamado "Problema de Molyneux". William Molyneux nasceu em Dublin e foi membro do Trinity College, de Dublin. Tradutor das *Meditações Filosóficas* de Descartes (com as objeções de Hobbes), teve grande interesse por problemas de ótica, tendo publicado uma *Dioptica Nova* em duas partes (1692). Molyneux manteve correspondência com Locke; é importante a esse respeito, sobretudo, a correspondência acerca do *Ensaio* de Locke. Em conseqüência das observações de Molyneux, Locke adicionou um ou outro capítulo à obra (por exemplo, II, xxviii [Sobre a identidade e a diversidade]). Molyneux também o incitou a desenvolver um sistema de idéias éticas.

O "Problema de Molyneux" a que nos referimos procede antes de uma carta de Molyneux a Locke, datada de 2 de março de 1693. Na segunda edição do *Ensaio* (II, ix, 8), Locke introduziu o problema em questão tal como lhe fora proposto por "esse engenhoso e estudioso promotor do verdadeiro conhecimento, o erudito e digno Mr. Molyneux". O texto de Locke-Molyneux é o seguinte: "Suponhamos que se ensine a um homem cego *de nascença* a distinguir, por meio do *tato*, entre um cubo e uma esfera do mesmo metal e aproximadamente do mesmo tamanho, de modo que o homem, ao tocar um ou outro, possa dizer qual é o cubo e qual a esfera. Suponhamos que o cubo e a esfera se achem sobre uma mesa e que o cego recupere a visão: pergunto se, *por meio de sua visão* e *antes de tocá-los*, o cego pode agora distinguir de um do outro e dizer qual é o globo e qual o cubo". Molyneux deu uma resposta negativa, visto que, embora "o cego tenha adquirido a experiência de como um globo ou um cubo afetam seu tato, ainda não adquiriu a experiência de que aquilo que lhe afeta o tato dessa ou daquela maneira deverá afetar sua vista dessa ou daquela maneira, ou de que ângulo protuberante no cubo que exerça pressão desigual sobre sua mão vá aparecer a seus olhos tal como está no cubo". Locke afirma estar de acordo com Molyneux no tocante ao seguinte ponto: o cego de nascença não podia a princípio distinguir por meio da visão entre a esfera e o cubo. Isso ilustra, a seu ver, a tese empirista e antiinatista de acordo com a qual toda noção (e, portanto, toda diferença) é adquirida tão-somente mediante a experiência sensível e os hábitos por ela formados; a experiência do tato não ajudaria, pois, o cego de nascença, uma vez recuperada a visão, a distinguir entre os dois objetos citados, o que torna imprescindível que ele adquira a correspondente experiência visual.

Berkeley referiu-se ao "problema de Molyneux" em seus *Comentários Filosóficos* (cf. pp. 10, 11, 13, 13, 17, 19, 23, 24 e 38 da ed. de Berkeley por A. Luce, vol. I), porém o tratou mais aprofundadamente em seu livro sobre uma nova teoria da visão (cf. especialmente §§ 44-79, 130). Berkeley adere à tese de que o cego de nascença não poderia efetuar a distinção proposta pelo simples fato de abrir os olhos; isso decorre não apenas da falta de vínculo entre as sensações da visão e as da audição como de razões mais fundamentais, por exemplo, o fato de o espaço e a distância não serem objeto da visão (nem, naturalmente, da audição). O que chamamos de "visão" — e que implica julgar mangnitudes, distâncias, perspectivas etc. — é, a rigor, uma "pré-visão"", ou seja, um juízo de magnitudes, distâncias etc. com base num hábito prévio de associação de cores com modos de tensão dos músculos do olho, experiências motoras etc.

Ao contrário de Molyneux e de Locke, Leibniz (*Novos Ensaios*, II, ix, pp. 8-10) opina que o cego de nascença que recupere a visão poderá distinguir entre o cubo e a esfera. Além disso, ele indica — fiel a seu temperamento conciliador — que sua opinião a esse respeito pode não estar muito distante, em última instância, da de Molyneux e Locke, desde que estes lhe concedam impor uma condição ao problema: que se trate apenas de discernir, "e que o cego saiba que os dois corpos figurados que cabe discernir estão ali e que, desse modo, cada uma das aparências que vê é a do cubo ou a do globo". Nesse caso, bastará o uso dos "princípios da razão". Leibniz funda sua opinião no fato de que "no globo, não há pontos que se distingam da superfície deste, ao passo que no cubo há oito pontos que se distinguem entre si". Se assim não fosse, um cego de nascença não poderia aprender os rudimentos da geometria a não ser pelo tato, o que não é o caso.

Condillac, em seu *Tratado dos Sistemas*, e Diderot, em sua *Carta sobre os Cegos para Uso Daqueles que Vêem*, também se ocuparam do "problema de Molyneux". O primeiro afirmou que a solução do problema depende inteiramente da experiência e que somente esta nos dirá se há ou não contradição entre as sensações do tato e da visão. Diderot seguiu essencialmente as opiniões de Condillac, mas evocou o problema de se, na realidade, é possível descobrir pela experiência a coordenação dos sentidos e quanto pode demorar o estabelecimento dessa coordenação. O "problema de Molyneux" foi igualmente tratado por outros autores, em especial por "sensacionistas" e "espiritualistas", mas as principais opiniões mantidas não se afastaram das antes resenhadas.

➲ Ver: Michael Morgan, *Molyneux's Question: Vision, Touch and the Philosophy of Perception*, 1977. J.-B. Mérian, *Sur le problème de M.*, 1984 (com posfácio de Francine Markovits, "Diderot, Mérian et l'aveugle"). ⊂

MOMENTO. 1) Em física, "momento" (vocábulo usado nesse sentido desde Galileu) designa a força que um corpo em movimento exerce para mantê-lo. A referida força se compõe de massa mais velocidade do corpo. Por isso, define-se mais precisamente "momento" como "a quantidade de movimento do corpo" ou "o produto da massa pela velocidade". O momento de um corpo muda quando uma força externa atua sobre ele. O momento não muda quando não há força externa que atue sobre o corpo; nisso reside o chamado "princípio de conservação do momento". As relações de força num sistema de corpos nos quais se tem em conta o momento são formuladas levando-se em consideração a direção (sentido vetorial). A isso obedece a freqüente definição de "momento" como "produto da intensidade de uma força por sua distância de um ponto ou de uma linha".

Enquanto na "física clássica" (a que aludimos acima) a lei de conservação da matéria e a lei de conservação do momento são duas leis distintas, na teoria especial da relatividade (segundo a qual a massa é função da velocidade), essas duas leis são unificadas.

Para mais informações sobre a noção física de momento na física clássica e contemporânea, ver INÉRCIA e INCERTEZA (RELAÇÕES DE), este último ver-bete com relação ao uso da noção de velocidade (ou momento) de uma partícula elementar em contraste com a sua posição.

2) "Momento" (*Moment*) foi usado por Hegel e é ainda hoje empregado por alguns autores, para designar uma fase num processo dialético. Hegel fala de "momentos da realidade" (*Enc.*, § 145), bem como do ser e do nada como "momentos do vir-a-ser" (VER).

3) Dilucidamos o sentido de "momento" como instante no verbete dedicado a esta última noção. Tanto a noção de momento como a de instante estão relacionadas com a noção de "agora", de que também falamos em INSTANTE. Em princípio, podem-se usar indistintamente "momento" e "instante" para o grupo de significações a que nos referimos nesta seção. "Instante" é quase sempre preferido, mas às vezes usa-se "momento" para traduzir o vocábulo kierkegaardiano *Øjeblikket*, que é definível (segundo as *Migalhas Filosóficas*, cap. IV) como a inserção da eternidade no tempo. Essa inserção do eterno no tempo faz do "momento" (ou do "instante") de Kierkegaard algo parecido com o "presente eterno" de que falou Unamuno, ou seja, do momento que "passa ficando" e que "fica passando". Há igualmente semelhanças com certos usos do conceito de presença (VER) (por exemlo, o emprego que dele faz Louis Lavelle). Referimo-nos a esse ponto com mais detalhes no verbete PRESENÇA.

MÔNADA, MONADOLOGIA. Segundo Hipólito (*Philosophoumena*, I, 2), Pitágoras — ou, em todo caso, os pitagóricos — falara de uma πρώτη μονάς, "primeira mônada" ou "primeira unidade". Ele entendia por isso a unidade fundamental e última da qual derivam os números. Como estes eram para os pitagóricos realidades mais tarde chamadas "inteligíveis" ou "metafísicas", cumpre supor que μονάς — cujo significado corrente é "só", "solitário", "único" — era concebida como um princípio. A "mônada" é a "unidade", mas não é unidade por ser o uno, ou o número um, mas é o uno, ou o número um, por ser a unidade, isto é, o fundamento de todo "um". Em algum momento, Platão denominou μονάδες, "mônadas", as Idéias ou Formas; é bem possível que o significado de "mônadas" fosse nesse caso "unidades inteligíveis". Vários autores neoplatônicos, e alguns pitagorizantes ou neopitagorizantes, usdaram as expressões μονάς e ἑνάς para designar o caráter da unidade inteligível ou das unidades inteligíveis. Plotino indica que a unidade não é propriamente um número (*Enn.*, V, v, 4; V vi, 4); é antes o fundamento de todo número e, a rigor, a base de todo ser inteligível, possivelmente em virtude da equiparação, explícita ou implícita, entre "inteligibilidade" e "unidade" (metafísica). O Um (ver UM, UNO, UNIDADE) pode ser então entendido como "Unidade". Siriano e outros autores falavam de μονάς em sentido semelhante ao dos pitagóricos. Tenha ou não sofrido a influência destes, Macróbio declarava que *mona non est numerus... sed origo numerorum* (*Comm.* II, ii [Lipsiae, 1893, p. 55]). Há estreita relação entre o conceito de mônada e o de hênada, a que nos referimos no verbete HÊNADA, sobretudo no tocante a Proclo. Segundo Clemente de Alexandria (*Strom.*, V, xi, 2), a mônada é o resultado de uma abstração efetuada sobre todas as qualidades "físicas", incluindo as "primárias". Orígenes disse (*De principiis*, I, i, 6) que Deus Pai é μονάς, unidade, e ἑνάς, unicidade, não como algo situado fora de toda relação com o múltiplo, mas como princípio que gera, ou mediante o qual se gera, o múltiplo.

Ora, o conceito de mônada só adquiriu um sentido filosófico central em certos autores do começo da Idade Moderna. Destacam-se entre eles Nicolau de Cusa e Giordano Bruno. Nicolau de Cusa desenvolve uma espécie de monadologia fundada no princípio de que "tudo está em tudo", princípio que atribui a Anaxágoras (*De docta ignorantia*, V). Segundo Nicolau de Cusa, a unidade de todas as coisas (o Universo) existe na pluralidade (o di-verso), e a pluralidade existe na unidade. Isso quer dizer que cada coisa existe em ato "reduzindo" (refletindo em si) todo o universo. O universo inteiro "reduzido" em cada coisa faz de cada coisa uma unidade que se pode chamar de mônada. Em *La Cena delle Cenere*, Bruno desenvolve um atomismo que, em alguns aspectos, pretende ser uma revivescência do atomismo de Demócrito e Epicuro e uma doutrina oposta à aristotélica. Mas os átomos de que fala Bruno não são propriamente átomos "materiais", mas átomos "animados", já que, pelo que diz Bruno na obra citada, "todas as coisas participam da vida, havendo muitos e inumeráveis indivíduos que vivem não só em nós como em todas as coisas compostas, de sorte que, quando algo morre, pelo que se diz, não se trata de morte, mas unicamente de mudança"". Essa doutrina tem continuidade em *De l'infinito, universo e mondi*, em que Bruno fala de "corpos primários" indivisíveis que formam os corpos compostos, e em *Spaccio della bestia trionfante*. Mas a doutrina monadológica de Bruno é exposta sobre tudo em *De triplici minimo et mensura ad trium speculativarum scientiarum et multarum artium principia libre quinque* e em *De monade, numero et figura liber item de innumerabilibus, immenso et infigurabili seu de universo et mondo libri octo*. Bruno introduz três *minima*: a mônada ou unidade (unidade de número); o ponto, ou unidade da linha; o átomo, ou unidade do corpo. O mínimo corporal ou átomo é um mínimo corporal a um só tempo físico e metafísico; é uma substância mínima ou "mínimo simples". A característica fundamental, ou a mais comum, de todo mínimo é a sua, diríamos, "monadicidade" — e isto em dois sentidos: porque os átomos constitutivos da realidade são "vivos" e "animados", podendo ser qualificados de "mônadas" ou "indivíduos radicais" e porque são irredutíveis a toda outra entidade, mesmo que em comunidade essencial com o resto do universo e com Deus. Este pode ser considerado a Mônada por excelência ou a mônada das mônadas, *monas monadum*.

O que pode ser denominado "atomismo vitalista" de Bruno — que foi ao mesmo tempo um "vitalismo organológico" — se estendeu a muitos autores renascentistas. Tal foi o caso, por exemplo, de F. M. van Helmont (VER), que, em oposição a Descartes e a Spinoza, defendeu a teoria de que toda a realidade é constituída, como diríamos hoje, monadicamente. As doutrinas monadológicas renascentistas estavam muito vinculadas com a teoria da relação entre o *macrocosmo* (VER) e o *microcosmo*: o múltiplo se reflete, de acordo com essas doutrinas, na simplicidade do uno.

Alguns filósofos do século XVII que se opuseram, por diversas razões, ao mecanicismo de Descartes e a todo dualismo da matéria (ou extensão) e do espírito (ou pensamento) adotaram doutrinas de caráter monadológico. Foi esse o caso de Henry More (VER), que atacou aqueles a quem chamou de "nulibistas" (os que afirmavam que o espírito é *nullibi*) e aos que qualificou como "holemeristas" (os que sustentavam que o espírito está totalmente em cada parte ou ponto do corpo, sendo οὐσία ὁλεμερῆ, "uma essência que está toda ela em toda parte"). Em seu *Enchiridion metaphysicum*, Henry More se apõe a essas duas teorias, mas principalmente à primeira. De fato, embora rejeite a segunda, ele o faz por haver nela um "espiritualismo" insuficiente, já que considera impróprio falar de um todo e de suas partes. Isso aconteceria com os corpos materiais se estes fossem o que muitos imaginam: partes que constituem um todo. Mas a rigor não há, segundo Henry More, mais do que unidades totalmente espirituais. Isso permite concluir que ele aceitava algo como as "mônadas" enquanto "átomos espirituais".

Ora, foi Leibniz que propôs uma monadologia completa e uma metafísica monadológica. Leibniz não ignorava os precedentes de sua monadologia; não apenas Bruno e More como um certo "Johanne Dee Londinensi, autore Monadis Hieroglyphicae" (Gerhardt, VII, 204). Mas sua monadologia não surgiu, ou não surgiu apenas, de influências históricas, tendo sido resultado de seu esforço para integrar o mecanicismo num "pampsiquismo" ou, se se preferir, "pan-espiritualismo". Ele usara os termos *monas* e *monadon* antes de 1696, mas sem lhes atribuir um sentido "técnico". Com um sentido mais preciso ou, se se quiser, para designar substâncias estritamente individuais, Leibniz introduziu o termo *monas* (e, em francês, *monade*) numa carta a Fardella datada de 13 de março de 1696; segundo Ludwig Stein (*Leibniz und Spinoza, ein Beitrag zue Entwicklungsgeschichte der Leibnizschen Philosophie* [1890], pp. 209-210, Leibniz emprestou o termo (em seu sentido mais específico) de M. van Helmont, a quem vira em Hannover no ano indicado. Mas parece que somente a partir dos primeiros anos do século XVIII Leibniz tomou consciência de todas as possibilidades oferecidas pelo conceito de mônada. Citemos alguns textos. Numa carta a Burcher de Volver (1643-1709), professor da Universidade de Leiden, datada de 19 de janeiro de 1706, Leibniz procura (mais uma vez) compatibilizar a idéia de individualidade com a de continuidade, assinalando que "não pode haver coisa alguma de real na Natureza senão as substâncias simples e os agregados que dela resultam" e dizendo que "há nos corpos apenas uma quantidade discreta, quer dizer, uma multiplicidade de mônadas ou substâncias simples, se bem que em todo agregado sensível, ou um que corresponda a fenômenos, possa ser maior do que qualquer número dado". Numa carta ao jesuíta Des Bosses, datada de 5 de fevereiro de 1712, Leibniz refere-se ao "vínculo substancial das mônadas" (ver VÍNCULO SUBSTANCIAL); e em outras cartas ao mesmo destinatário (26 de maio e 12 de junho de 1712, 29 de abril de 1715, entre outras), volta a mencionar o conceito de mônada, afirmando que as mônadas não têm situação (*situs*) uma com respeito a outra. "As formas — escreve Leibniz — e portanto as próprias mônadas (com exceção da alma racional) são sempre — com relação à sua essência ou à sua atualidade metafísicas, e não com respeito à essência ou à atualidade físicas — algo muito parecido com aquilo que, segundo alguns peripatéticos, faz que as partes se achem potencialmente no todo." Porém mais conhecidos que estes textos são as passagens que ele dedica às mônadas nos *Princípios da Natureza e da Graça fundados na razão* e *Monadologia*, obras de 1714. No primeiro desses escritos, Leibniz diz que *monas* é uma palavra grega que significa a unidade ou o que é uno. Os compostos, ou corpos, são pluralidades e as simples substâncias — vidas, almas e espíritos — são unidades. "Deve haver necessariamente substâncias simples em toda parte, pois sem elas não haveria compostos. Em conseqüência disso, toda a natureza está cheia de vida" (*Princípios*, §1). "Como não têm partes, as mônadas não podem formar-se nem desfazer-se. Não podem começar nem terminar naturalmente e, portanto, duram tanto quanto o universo, que muda, mas não é destruído" (*Ibid.*, § 2). No segundo — e ainda mais conhecido — dos dois escritos acima referidos, Leibniz apresenta formal e sistematicamente sua doutrina monadológica: "A mônada de que vamos falar aqui não é senão uma substância simples que entra nos compostos. *Simples* quer dizer sem partes (*Teod.*, sec. 10)" (*Monadologia* § 1). Essas substâncias simples são as mônadas, que constituem "os verdadeiros átomos da Natureza" ou "os elementos das coisas" (*Ibid.*, § 3). Com base nessas proposições, estabelecem-se as outras afirmações vitais leibnizianas sobre as mônadas: são substâncias, substâncias individuais, diferentes entre si; são elementos inextensos e, portanto, indivisíveis; possuem percepção (VER) e apetição (VER). Na percepção, manifestam-se nelas os infinitos traços das coisas; na apetição, revela-se sua tendência a transformar as percepções obscuras em percepções cada vez mais claras. As mônadas são representações todas distintas e discerníveis; sua totalidade forma uma hierarquia de seres que vai das representações mais obscuras e inconscientes às representações claras e distintas e, por fim, à mônada suprema, ou seja, a Deus. As mônadas são absolutamente individuais; não têm janelas abertas para o exterior que permitam uma interação mútua à maneira como se concebem as relações físicas entre os corpos, mas cada uma delas é reflexo mais ou menos claro do conjunto, contendo seu passado e seu futuro. A lei que rege a interdependência entre elas é expressa por Leibniz na doutrina da harmonia (VER) preestabelecida, que reduz toda contingência, em última análise, à razão no seio de Deus. A mônada é, por con-

seguinte, realidade substancial; a afirmação de sua espiritualidade não equivale à negação da existência do externo, mas unicamente à supressão da substancialidade deste último. Desse modo, espacialidade e temporalidade se resolvem numa "ordem de coexistência" e numa "ordem de sucessão".

Pode-se dizer, em suma, que a doutrina monadológica, tanto de Leibniz como de outros autores modernos, aspira a combinar a idéia de que a realidade se compõe de elementos últimos indivisíveis com a idéia de que esses elementos devem possuir força própria. É por isso que as mônadas podem ser comparadas com átomos, mas são, como já dizia Leibniz, "átomos formais, isto é, metafísicos". A monadologia pode ser, pois, descrita como um "atomismo espiritualista" e como um "atomismo dinamicista". Este último aspecto é acentuado em duas doutrinas monadológicas posteriores a Leibniz: a de Boscovich e a de Kant. Referimo-nos à doutrina monadológica de Boscovich no verbete a ele dedicado; lembremos aqui apenas que se trata de uma teoria física na qual se postulam átomos dotados de uma força potencial que permite a atração e a repulsão. A principal característica dos átomos de que tratou Boscovich é, portanto, a força, não "psíquica", mas física. Kant, por sua vez, expôs uma doutrina monadológica em sua obra *Metaphysicae cum geometria iunctae usis in philosophia naturalis, cuius specimen I. continet monadologiam physicam* (1756), chamado mais amiúde simplesmente *Monadologia physica*. Ele começa com uma definição da mônada: "chama-se substância simples, mônada [*monas*], a que não tem pluralidade de partes de modo que uma possa existir separadamente das outras" (prop. I); e com um teorema: "os corpos se compõem de mônadas" (prop. II). Segundo Kant, as mônadas são indivisíveis, ao contrário do espaço, que é infinitamente divisível. A força por meio da qual um elemento simples ocupa seu espaço é aquilo que outros chamam de "impenetrabilidade". A monadologia física kantiana é menos dinamicista que a de Boscovich, mas coincide com esta última por ser uma tentativa de explicação dos elementos simples e indecomponíveis dos corpos físicos com base na adscrição a eles de força própria. As mônadas de Kant podem ser chamadas, se se preferir, "pontos metafísicos", mas estes são o fundamento da realidade e não toda a realidade. Esta aparece como composta por dois campos: o matemático e o dinâmico.

Dentre as doutrinas monadológicas posteriores a Kant, merece destaque a de Herbart. Este considera as mônadas "reais"; se se preferir, os "reais" são mônadas metafísicas. Na filosofia dos últimos cem anos, deram-se em alguns casos passos rumo a uma teoria ou tendência monadológica na tentativa de certos filósofos de explicar a possibilidade de um pluralismo de forças. É o caso de Charles Renouvier, para o qual "a teoria da natureza" é uma monadologia, que difere da leibniziana "pela eliminação do antigo problema metafísico". Com efeito, adiciona Renouvier, "como é uma representação por si, o ser deve determinar-se por meio dos atributos gerais da representação. Com Leibniz, podem receber os nomes de *força*, *apetite*, *percepção*, incluindo-se nesta última as funções que engendram a experiência e as funções cujas leis regulam e modelam a experiência" (*Essais de critique générale. III. Les principes de la nature* [1912], p. 12]. Deve-se levar em conta que Renouvier, na qualidade de fenomenista, resiste a adotar a idéia de substância; seja como for, se admite o termo "substância", ele o faz apenas quando se pode defini-lo como uma *coordenação de fenômenos, uma coordenação de existências correlativas, tanto constantes como sucessivas*, um pouco à maneira como Leibniz definia o espaço como 'ordem de coexistências possíveis' (*ibid.*, p. 392). Segundo Renouvier, devem ser feitos ao menos dois reparos fundamentais à monadologia leibniziana: um se refere à noção de atividade e o outro à de infinito. A "ação interna" leibniziana não exprime, para Renouvier, a atividade. Quanto ao infinitismo leibniziano, é natural que seja rejeitado por Renouvier, diante da constante tendência deste ao finitismo (ver Infinito). O autor adota uma doutrina monadológica porque avalia ser esta imune às "dificuldades lógicas insuperáveis que afetaram o atomismo", mas não porque acredite que com ela seja possível "penetrar nas profundezas das existências elementares" (*Le Personnalisme, suivi d'une étude sur la perception externe et sur la force* [nova ed., 1926], pp. 497-502). Mas a monadologia, ou melhor, "uma nova monadologia", foi parte integrante da filosofia de Renouvier, que escreveu, em colaboração com L. Pratt, a obra *La nouvelle monadologie* (1899), em que os autores trataram da natureza das mônadas, de sua composição e organização etc. Dessa obra extraímos as seguintes definições básicas (Parte I): "A mônada é a substância simples cuja realidade se acha implicada pela existência das substâncias complexas. Uma substância é um ser considerado em sua complexidade lógica sujeito de suas *qualidades*... Como não possui partes, a mônada não tem extensão nem limites... As mônadas não podem formar mediante composição extensões mútuas, já que a extensão não pode resultar sem contradição de uma reunião de realidades inextensas... As mônadas são os *verdadeiros átomos da Natureza*, como as chama Leibniz... A mônada não tem composição *quantitativa*. É um composto *qualitativo*, ou um sujeito de relações internas, *subjetivas*... Deve haver em cada mônada uma qualidade comum a todas e própria de cada uma: trata-se do *sentir-se a si mesma*, da relação entre o sujeito e o objeto no sujeito; uma distinção e, ao mesmo tempo, uma identificação... A relação interna [nas mônadas] é a *representação*: é a *consciência* quando considerada em sua forma, e é o *fenômeno* quando considerado em sua matéria."

Por fim, encontramos doutrinas monadológicas na filosofia neoevolucionista de H. Wildon Carr (ver) que fala das mônadas como "experiências radicais", na filosofia de Jakob Froschammer e no pensamento de Dietrich Mahnke (ver). Este autor também desenvolveu "uma nova monadologia" na qual as mônadas são apresentadas como "unidades funcionais" (prop. 1), de modo que só os agregados perecem (prop. 6). Houve ainda sistemas monadológicos elaborados por vários neoleibnizianos russos do final do século XIX e início do século XX. Dentre eles, mencionamos Nikolaievich Vasilevich Bugaév (1837-1902), autor de uma doutrina sobre as "mônadas complexas" que permite relacionar os fenômenos físicos com os sociais numa série de ordens (o que também acontece com Renouvier), e Lossky (ver). Comum a esses sistemas é a noção de "atividade interna", que é, quanto ao mais, uma idéia central de toda monadologia.

⊃ As doutrinas monadológicas ou as concepções "clássicas" da mônada estão expostas nos textos conhecidos a que se fez referência no verbete. A monadologia de H. W. Carr está exposta em *A Theory of Monads, Outlines of the Philosophy of the Principle of Relativity* (1922); a de Dietrich Mahnke, em *Eine neue Monadologie* (*Kantstudien*. Ergänzungsbände 39), 1917; a de Jakob Froschamer (ver) em *Monaden und Weltphantasie* (1879). — Ver também: A. Eyken, *Reality and Monads*, 1950. — W. Cramer, *Die Monade. Das Philosophische Problem vom Ursprung*, 1955. — M. Renault, *Le singulier. Essai de monadologie*, 1979.

Sobre o conceito de mônada em sua relação com a filosofia grega: B. Penzler, *Die Monadenlehre und ihre Beziehung zur griechischen Philosophie*, 1978 (tese).

Sobre o conceito de mônada em Leibniz: S. Averbach, *Zur Entwicklungsgeschichte der leibnitzschen monadenlehre*, 1884. — D. Selver, *Die Entwicklungsgang der leibnizschen Monadenlehre bis 1695*, 1885 (tese). — Emil Wendt, *Die Entwicklung der leibnitzschen Monadenlehre bis zum Jahre 1695*, 1886 (tese). — E. Dillman, *Eine neue Darstellung der leibnitzschen Monadenlehre auf Grund der Quellen*, 1891 (sobre essa obra: M. Schonstein, *Dillmans Darstellung der leibnitzschen Monadenlehre*, 1894). — L. H. Ritter, *De Monadenleer van Leibniz*, 1892. — W. Schmitz, *Ueber das Verhältnis der Monadenlehre zur Theologie und Theodizee bei Leibniz*, 1906 (tese). — P. Milliet, *Remarques sur la monadologie*, 1907. — Heinz Heimsoeth, *Atom, Seele, Monade. Historische Ursprünge und Hintergründe von Kants Antinomien der Teilung*, 1960. — Joachim Christian Horn, *Monade und Begriff. Der Weg von Leibniz zu Hegel*, 1965; 3ª ed., rev., 1982.

Sobre o conceito de mônada em Kant: I. Polonoff. *Force, Cosmos, Monads, and Other Themes of Kant's Early Thought*, 1973. ⊂

MONÁDICO. Ver Poliádico.

MONDOLFO, RODOLFO (1877-1976). Nascido em Senigallia, estudou na Universidade de Florença e foi professor das Universidades de Turim (1910-1914) e de Bolonha (1914-1938). Em 1938, emigrou para a Argentina, tendo lecionado nas Universidades de Córdoba e Tucumán. O próprio Mondolfo indicou que sua intuição filosófica capital foi desde muito cedo a das contínuas mudanças sofridas ao longo da história pelas filosofias, bem como a da permanência da filosofia. Isso indica, no seu entendimento, que a filosofia consiste essencialmente não em sua "sistematicidade" mas em sua "problematicidade". A problematicidade da filosofia, porém, só transparece quando se estudam as mudanças filosóficas dos sistemas, cada um dos quais é uma resposta frustrada a questões filosóficas fundamentais, mas ao mesmo tempo uma resposta reveladora da natureza dessas mesmas questões. Disso decorre o permanente interesse de Mondolfo pelas relações entre a filosofia e sua história, e seus numerosos estudos de história da filosofia, especialmente a de três períodos: a antiguidade grega, o período moderno, de Hobbes a Condillac, e o marxismo. Têm particular importância os estudos de Mondolfo sobre a filosofia grega, da qual procura destacar o caráter "polifacético" — sua *poliedriticità* —, mostrando, por exemplo, a falsidade da imagem unilateral da filosofia grega como voltada para o estático, para o finito etc., e a verdade de uma imagem mais completa na qual os elementos dinâmicos, a idéia de infinito, o subjetivismo etc. desempenham um importante papel. De modo geral, Mondolfo sustenta que a história da filosofia é um conjunto complexo de acontecimentos que, embora tenham ordem no pensar, não seguem nenhuma linha determinada e menos ainda predeterminada: "a história da filosofia, proclama Mondolfo, é irregular". Em seus estudos do marxismo, ele destacou a antropologia subjacente às concepções de Marx e Engels e os elementos dinâmicos e não deterministas daquelas.

São bem numerosos os escritos de Mondolfo. Muitos foram compostos em italiano e outros em espanhol; outros ainda o foram nas duas línguas. Grande parte desses escritos foi reeditada com inúmeras modificações e mesmo com refundições completas. No caso de certos textos que apareceram primeiro em italiano e depois em espanhol, ou vice-versa, a edição posterior é com freqüência muito refundida, podendo ser considerada uma obra nova. Vamos nos limitar aqui aos livros ou aos escritos publicados separadamente, fazendo uma seleção na ordem cronológica usual, mas repetindo, quando necessário, o título, em italiano ou em espanhol, pelas razões antes indicadas.

➲ Obras: *Memoria e associazione nella scuolla cartesiana (Cartesio, Malebranche, Spinoza), con appendice per la storia dell'inconscio*, 1900. — *Un psicologo associazionista: E. B. de Condillac*, 1902. — *Saggi per la storia della morale utilitaria*, 2 vols., 1903-1904 (I. *La morale di T. Hobbes*; II. *Le teorie morale e politiche di C. A. Helvétius*). — *Il dubbio metodico e la storia della filosofia*, 1905. — *Il pensiero di Roberto Ardigò*, 1908. — *Tra il diritto di natura e il comunismo. Studi di storia e filosofia*, I, 1909. — *La vitalità della fisolofia nella caducità dei sistemi*, 1911 ["Prulusione" na Universidade de Turim]. — *Il materialismo storico in F. Engels*, 1912. — *Sulle orme di Marx*, 1919; 4ª ed., 1949. — *Libertà della scuola, esame di Stato e problemi di scuola e di cultura*, 1922. — *La filosofia politica in Italia nel secolo XIX*, 1924. — *Il pensiero antico. Storia della filosofia greco-romana, esposa con testi scelti dalle fonti*, 1928. — *L'infinito nel pensiero dei Greci*, 1934. — *Feuerbach y Marx. La dialéctica y el concepto de la historia*, 1936. — *Problemi del pensiero antico*, 1936. — *El problema del conocimiento desde los presocráticos hasta Aristóteles*, 1940. — *El materialismo histórico*, 1940. — *Moralistas griegos: la conciencia moral de Homero a Epicuro*, 1941. — *Sócrates*, 1941. — *El pensamiento antiguo. Historia de la filosofía greco-romana*, 2 vols., 1942. — *La filosofía política de Italia en el siglo XIX*, 1942. — *En los orígenes de la filosofía de la cultura*, 1942. — *El genio helénico y los caracteres de sus creacions espirituales*, 1943. — *Rousseau y la conciencia moderna*, 1944. — *Ensayos críticos sobre filósofos alemanes*, 1947. — *Tres filósofos del Renacimiento: Bruno, Galileo, Campanella*, 1947. — *Problemas y métodos de la investigación en historia de la filosofía*, 1949. — *Ensayos sobre el Renacimiento italiano*, 1950. — *El infinito en el pensamiento de la antigüedad clásica*, 1952. — *Problemi e metodi di ricerca nella storia della filosofia*, 1952. — *Breve historia del pensamiento antiguo*, 1953. — *Espíritu revolucionario y conciencia histórica*, 1953. — *Rousseau e la coscienza moderna*, 1954. — *Figuras y ideas de la filosofía del Renacimiento*, 1954; 2ª ed., 1968. — *La comprensión del sujeto humano en la cultura antigua*, 1955. — *L'infinito nel pensiero dell'antichità classica*, 1956. — *El materialismo histórico em Engels y otros ensayos*, 1956. — *Alle origini della filosofia della cultura*, 1956. — *Arte, religión y filosofía de los griegos*, 1957. — *Problemas de cultura y educación*, 1957. — *Filosofi tedeschi. Saggi critici*, 1958. — *Il pensiero politico del Risorgimento italiano*, 1959. — *La comprensione del soggeto humano nella'antichità classica*, 1959. — *Moralisti greci. — La coscienza morale da Omero a Epicuro*, 1960. — *Guía bibliográfica de la filosofía antigua*, 1960. — *Marx y marxismo*, 1960. — *La conciencia moral de Homero a Epicuro*, 1962. — *Da Ardigò a Gramsci*, 1962. — *Heráclito y Parménides*, 1962. — *Materialismo histórico: Bolchevismo y dictadura*, 1962. — *Momentos del pensamiento griego y cristiano*, 1964 (coletânea de ensaios). — *Universidad, pasado y presente*, 1966. — *Heráclito. Textos y problemas de su interpretación*, 1966; 2ª ed. cor. e aum., 1971. — *Bolchevismo y capitalismo de Estado*, 1968. — Mondolfo traduziu e ampliou consideravelmente a obra de Zeller sobre a filosofia grega (ver ZELLER [EDUARD]); esta obra, ainda em processo de publicação, recebe o nome de Zeller-Mondolfo.

Em português: *Problemas e métodos de investigação na história da filosofia*, 1948. — *O pensamento antigo: história da filosofia greco-romana*, 2 vols., 1964-1965. — *O infinito no pensamento de antiguidade clássica*, 1997. — *Problemas de cultura e de educação*, 1997.

Ver: W. Jaeger et al., *Estudios de historia de la filosofía* [Homenagem a R. M.], 1962 [Universidad Nacional de Tucumán, Fac. de Filosofia y Letras. Fasc. 2; bibliografia de M. nas pp. 739-757]. — A. Montenegro et al., *Homenaje a R. M.*, 1962 [bibliografia de M. nas pp. 36-56]. — Sergio Anselmi (ed.), *Ommagio a R. M.*, 1962 [com bibliografia de M. nas pp. 69-87]. — Luciano Vernetti, *R. M. e la filosofia della prassi (1899-1966)*, 1966. — Diego F. Pró, *R. M.*, 2 vols., 1967-1968 [com bibliografia no vol. 2, pp. 212-231]. VV. AA., *Filosofia e marxismo nell'opera di R. M.I*, 1979. ◓

MÔNIMO DE SIRACUSA. Ver CRATES.

MONISMO. Como indicamos no verbete DUALISMO, Wolff foi o primeiro a usar o termo "monista" (*Monist*) para referir-se aos filósofos que só admitem uma única substância (*Psychologia rationalis*, 1734, § 34). Como o assinala Eucken (tanto em *Die geistigen Strömungen der Gegenwart*, 1904, C 1, como em *Geschichte der philosophischen Terminologie*, 1879, reimp. 1960, p. 132), ao falar de uma só substância, Wolff não se referia necessariamente a uma *substância*, mas antes a uma substância *una*. Como exemplos de monistas nesse sentido, costumam-se mencionar Parmênides e Spinoza. Não obstante, podemos considerar — e isso costuma ocorrer com mais freqüência — monistas aqueles que sustentam que há uma única espécie de substância, ou de realidade, independentemente do número de realidades que haja. Assim, diz-se que são monistas aqueles que afirmam que, ainda que existam muitas coisas, todas elas são materiais. O primeiro tipo de monismo pode receber o nome de "monismo quantitativo"; o segundo, de "monismo qualitativo".

Parece evidente que o monismo quantitativo pressupõe um monismo qualitativo, pois dizer que existe uma única coisa equivale a dizer que só há uma espécie de realidade. Isso contudo não é tão claro quanto parece. Com efeito, pode-se manter, em princípio, que existe uma única coisa, mas que esta tem duas propriedades. Portanto, pode haver um monismo da substância e não das propriedades desta substância. Assim, alguém pode alegar que é monista porque crê que exista uma só coisa, e que essa coisa é ao mesmo tempo material e espiritual.

O monismo qualitativo, de acordo com o qual há uma pluralidade de coisas (pelo menos duas), não pressupõe um monismo quantitativo, por razões simplesmente estipulativas: afirma-se na verdade que há um só tipo de realidade, mas que há muitas coisas, todas elas do mesmo tipo.

De modo geral, o termo "monismo" é usado para designar doutrinas segundo as quais há um só tipo de substância ou de realidade. Como equiparar um tipo de substância ou de realidade com aquilo que a caracteriza, isto é, com os seus predicados, é pouco proveitoso, o monismo qualitativo de referência se associa com um "pluralismo predicativo".

Wolff indicava que tanto os monistas como os dualistas são dogmáticos (ao contrário dos céticos). Os monistas, por sua vez, podem ser idealistas ("espiritualistas") ou materialistas. Em todos os casos, a doutrina que se contrapõe ao monismo é o dualismo; o monismo só se contrapõe ao pluralismo quando se afirma haver um só tipo de substância e, além disso, uma única substância.

É característico do monismo, em todas as suas espécies, reduzir toda substância àquela considerada como a única existente, declarando-se que ou essa substância não existe ou que não passa de aparência da substância, ou do tipo de substância, existente. Logo, o monismo é "reducionista" (ver REDUÇÃO).

O monismo pode ser gnosiológico ou metafísico ou as duas coisas ao mesmo tempo. Quando é apenas gnosiológico, a realidade à qual o monista reduz todas as "outras" é ou o sujeito (no idealismo) ou o objeto (no realismo [gnosiológico]). Quando é apenas metafísico, as realidades que se costumam considerar como "tipo único de realidade" ou como "única realidade" são as já citadas, a matéria ou o espírito, mas podem ser outras (por exemplo, uma realidade que se suponha estar além ou aquém da matéria ou do espírito). Podem-se ainda classificar as doutrinas monistas, como o fez Nicolai Hartmann, como "monismo místico" e "monismo panteísta". O primeiro é representado por Parmênides, cuja fórmula da identidade do ser com o pensar predeterminou o curso ulterior da maioria das doutrinas monistas. O principal e mais característico representante do monismo místico é Plotino, cujo noção do "Uno" (VER) constitui o princípio que enseja a oposição entre sujeito e objeto mediante o processo de suas emanações. Representa o monismo panteísta, em contrapartida, Spinoza, que resolve o problema do dualismo *corpo-alma* proposto pelo cartesianismo por meio da noção de substância infinita em cujo seio se acham os atributos, com seus modos infinitos. A redução de todo ser à causa imanente das coisas torna este tipo de monismo um monismo a um só tempo gnosiológico e metafísico que resolve tanto o problema da relação entre as substâncias pensante e extensa como a questão da unidade última, da existência absolutamente independente, sem fazer dela algo transcendente ao mundo. Vai na mesma linha Schelling, em cujo sistema a indiferença absoluta do sujeito e do objeto desempenha o papel de ponto de coincidência de todas as dualidades, da Natureza e do Espírito, que se apresentam alternativamente como sujeito ou como objeto, apesar de sua identidade última e essencial.

Na época moderna, o monismo surgiu por vezes como um espiritualismo que não nega a Natureza nem o mecanismo a que esta se acha submetida, mas a engloba na unidade mais ampla de uma teleologia. Mas a tendência naturalista e materialista prevalece no monismo atual, em detrimento da espiritualista. Essa tendência foi defendida sobretudo por diversos representantes das ciências naturais, especialmente por Ernst Haeckel, que designa seu ponto de vista como um monismo naturalista. A solução de toda dualidade é dada nesse caso por meio da afirmação da matéria como a única realidade, mas ao mesmo tempo como a atribuição à matéria das categorias do espírito. Esse tipo de monismo pode ser designado como monismo hilozoísta, pois o problema da atividade, da força, da energia e até do espírito é solucionado por meio da consideração da matéria como algo vivo e dinâmico, como o princípio de todas as propriedades. Eis por que Ostwald concebeu como realidade única não a matéria, mas a energia, da qual deriva toda passividade ulterior. O monismo naturalista foi transformado por seus representantes em monismo idealista, visto que, nele, considera-se que a matéria passa por um processo de contínua elevação até o autoconhecimento, passando pela consciência de si mesma. No vir-a-ser da matéria se forma, segundo este monismo, a própria divindade.

O monismo foi defendido ainda por diversas das correntes afins do empiriocriticismo e da filosofia da imanência (VER). Trata-se, neste caso, de um "monismo neutralista" que nega a diferença entre o físico e o psíquico e que, de modo geral, analisa o significado de ambos os termos no âmbito de uma descrição neutra dos fenômenos, de forma que, na maioria das vezes, não se pode dizer que seja uma doutriana monista *stricto sensu*. Alguns autores situados nessa tendência inclinam-se no entanto para um monismo explícito. Isso ocorre sobretudo no chamado "monismo primário" de Rudolf Willy, a quem nos referimos ao falar dos partidários de Avenarius. É tambem, e especialmente, o caso de Bruno Wille, cujas doutrinas aproximam-se às vezes das de Mach, mas que sofreu mais precisamente a influência de Fechner. Wille defende um "cristianismo monista" e um "monismo fáustico" de caráter notoriamente pampsiquista. Deve-se igualmente mencionar o movimento monista defendido nos EUA por Paul Carus (VER).

Eucken (*op. cit. supra*) destacou que por algum tempo foi comum chamar de "monistas" os seguidores das doutrinas de Hegel. Também receberam essa designação todos os que identificavam a realidade com algum Absoluto que se revela ou se manifesta seja como sujeito ou como objeto, como matéria ou como espírito etc. Um exemplo típico de monismo é o da doutrina de Bradley (VER). Nesta, mostra-se com grande clareza uma característica fundamental do dualismo metafísico ou, se se prefere, lógico-metafísico: o da chamada "doutrina das relações internas". De fato, para todo monismo, ao menos do tipo bradleyano, nenhuma relação — de espaço, tempo, causalidade etc. — pode ser exterior a alguma realidade; se pudesse, teríamos então de sustentar a existência de realidades "independentes". As relações têm de ser internas à realidade considerada, quer dizer, constituir essa realidade como tal. Assim, nenhuma "realidade" é independente, estando todas relacionadas com o Todo, que é em última análise a única realidade. Todo enunciado sobre qualquer coisa é impossível (ou parcial) se não se refere ao Todo. Daí que, nesse tipo de monismo, só se possa falar da verdade como um todo, como já o propusera Hegel. Como toda proposição, tomada isoladamente, é parcial ou falsa, a verdade como tal é unicamente o desvelar-se do Todo mesmo na forma de uma proposição sobre si mesmo. Logo, para o monista, como o assinala A. J. Ayer, uma coisa é o que é porque tem as propriedades que tem e porque todas as propriedades são constitutivas de sua natureza. Mas, segundo o próprio Ayer, essa afirmação monista, que parece de cunho filosófico, não é no fundo mais do que a tradução para o pensamento de uma estrutura lingüística ambígüa. Suponhamos, diz ele, que há um jornal sobre a mesa. É verdade que, se ele está sobre a mesa, não é verdade que não está sobre a mesa. Isso no entanto não é afirmação de que as propriedades de uma coisa são constitutivas de sua natureza; é simplesmente uma tautologia. Ter escrito *Hamlet*, conclui Ayer, é uma propriedade interna do autor de *Hamlet*, mas não do autor de *Macbeth* nem de Shakespeare. Portanto, nestes termos, seria contraditório que o autor de *Hamlet* não tivesse escrito *Hamlet*, mas não seria contraditório que o autor de *Macbeth* ou Shakespeare não tivessem escrito *Hamlet* (cf. *Language, Truth and Logic*, pp. 240-241). À luz dessas considerações de Ayer, seria interessante examinar se o essencialismo (VER) e as novas noções de necessidade (VER) e de referência (VER) de Kripke y de outros autores não poderiam ser acusadas de "monismo".

⊃ O termo "monismo": Horst Hillerman, "Zur Begriffsgeschichte von 'Monismus'", *Archiv für Begriffsgeschichte*, 20, 2, 1976, pp. 214-135.

História do monismo: Rudolf Eisler, *Geschichte des Monismus, I. Altertum*, 1910. — Ada Simigliana, *Monismo indiano e monismo greco nei frammenti di Eraclito*, 1961 [Publicazzioni dell'Istituto universitario di Magisterio de Catania, serie filosofica, saggi e monografie, 24]. — A. Drews, *Geschichte der Monismus in Altertum*, 1913. — W. von Reichenau, *Die monistische Philosophie von Spinoza bis auf unsere Tage*, 1881. — B. Erdmann, *Ueber der modernen Monismus*, 1914.

Exposições do movimento monista naturalista estão na obra coletiva ed. por A. Drews em 2 tomos: *Der Monismus dargestellt in Beiträgen seiner Vertreter*, 1908.

Exposição dos ideais do movimento monista naturalista por J. Unold, *Der Monismus und seine Ideale*, 1908. — Ver ainda U. Stöckle, *Das deutsche Monistbund im Urteil seiner Mitglieder*, 1922.

Crítica ao monismo: C. Gutberlet, *Der mechanische Monismus, eine Kritik der modernen Weltanschauung*, 1894. Fr. Klimke, *Der Monismus und seine philosophische Grundlagen. Beiträge zu einer Kritik moderner Geistesströmungen*, 1911, 4ª ed., 1929.

Sobre monismo psíquico: Gerardus Heymans, *Het psychisch Monisme*.

Sobre monismo real e monismo aparente: Ed. Loewenthal, *Wahrer Monismus uns Scheinmonismus*, 1907.

Sobre concepções monistas e dualistas: G. Portig, *Die Grundzüge der monistischen und dualistischen Weltanschauung*, 1904. — Ludwig Stein, *Dualismus oder Monismus? Eine Untersuchung über die "doppelte Wahrheit"*, 1909. — I. Persson, *The Primacy of Perception: Toward a Neutral Monism*, 1985. — J. W. Cooper, *Body, Soul and Life Everlasting: Biblical Anthropology and the Monism-Dualism Debate*, 1989.

Exposição de uma metafísica monista em L. Bardonnet, *L'Univers-Organisme (Néomonisme)*, 2 vols., 1912; 2ª ed., 6 vols., 1923-1927. **C**

MONOD, JACQUES. Ver Acaso; Teleonomia.

MONOTÉTICO. No vocabulário fenomenológico de Alfred Schutz (VER), a apercepção (ou percepção com consciência do percebido), a apreensão, a compreensão etc. podem ocorrer de vários modos: modo monotético (o que "põe" um só), modo politético (o que "põe" vários) e modo sintético (o que "põe" uma multiplicidade segundo uma certa ordem). O modo monotético é o de uma unidade simples de apercepção, apreensão, compreensão etc., como quando um objeto se dá a ver direta e imediatamente ou como quando se entende o sentido de uma palavra. O modo politético é o de uma sucessão de apercepções, apreensões, compreensões etc., como quando se apercebe o "desvelamento" de uma situação ou como quando se compreende o que diz alguém. O modo sintético é o da união e composição de apercepções, apreensões, compreensões etc., cada uma das quais pode ocorrer monoteticamente e cuja sucessão acontece politeticamente. Na medida em que a operação de síntese do modo sintético constitui uma variedade numa unidade, o objeto resultante pode por sua vez ser sujeito de uma operação em modo monotético.

MONRAD, MARCUS JACOB. Ver Hegelianismo.

MONTAGUE, RICHARD (1930-1971). Nascido em Stockton (Califórnia), distinguiu-se por seus trabalhos em lógica e semiótica (especialmente sintaxe e semântica). Para Montague, todos os ramos da semiótica (a sintaxe, a semântica e a pragmática, segundo a divisão proposta por Morris) das línguas naturais são ramos da matemática. A gramática universal não é assunto da psicologia, mas da matemática. Montague declara concordar com Chomsky quanto à possibilidade de construção de uma teoria formal das linguagens naturais, mas os freqüentes interesses "psicológicos" de Chomsky são alheios a Montague, para quem a gramática universal é uma teoria universal (matemática) de linguagens. Segundo Montague, não há, no tocante às possibilidades de uma teoria universal matemática, diferença entre as linguagens naturais e as linguagens artificiais. O fato de uma linguagem natural isenta de ambigüidades ser uma construção teórica não é razão suficiente para não levar a efeito semelhante construção. Os métodos lógicos que servem habitualmente à análise de linguagens formais e ao estabelecimento de seus fundamentos sintáticos podem ser usados para linguagens não-formais. Montague aplicou esses métodos a um fragmento de linguagem natural (o inglês).

Isso não quer dizer que, uma vez axiomatizada mediante categorias sintáticas e regras semânticas, a linguagem natural, ou um seu fragmento, considerada tenha a mesma aplicabilidade ou utilidade filosófica que uma linguagem formal. Falta-lhe, no entender de Montague, o "conteúdo" lógico de uma linguagem formal. Embora axiomatizada, nem por isso a linguagem natural se torna lógica. Por outro lado, a linguagem natural pode servir, por meio da introdução dos termos lógicos pertinentes, de veículo de análises filosóficas.

Entre vários outros problemas filosóficos tratados formalmente, Montague ocupou-se da natureza de certas "entidades" como acontecimentos, tarefas ou obrigações; das noções de classe (tal como a classe de propriedades de momentos temporais) e de predicados enquanto relações intensionais que servem para analisar formalmente as "entidades" de referência. Montague estudou ainda a noção de necessidade, tendo distinguido entre "é necessário" enquanto predicado de uma oração e "é necessário" enquanto suscetível de prova no âmbito de um sistema de axiomas. Dedicou-se ainda, de modo formal, à pragmática. Em vez de buscar nesse campo regras completamente independentes ou requisitos que condicionem as estruturas semânticas, Montague levou a efeito suas pesquisas pragmáticas formais ao longo de investigações semânticas, ocupando-se do problema da verdade, se bem que, nesse caso, no âmbito de um "contexto de uso".

⊃ Os trabalhos de M. considerados interessantes da perspectiva filosófica e da lingüística são (em ordem cronológica): "That", *Philosophical Studies*, 10, 1959, pp. 54-61 (em colaboração com D. Kalish); "A Paradox Regained", *Notre Dame Journal of Formal Logic*, I, 1960, pp. 79-90 (em colaboração com D. Kaplan); "Logical Necessity, Physical Necessity, Ethics and Quantifiers", *Inquiry*, 4, 1960, pp. 259-269; "Deterministic Theories", no volume *Decisions, Values, and Groups*, 2, 1962, pp.

325-270; "Syntactical Treatments of Modalities, with Corollaries of Reflexion Principles and Finite Axiomability", *Acta Philosophica Fennica*, 16, 1963, pp. 153-167; "Pragmatics", em R. Klibansky, ed., *Contemporary Philosophy: A Survey*, 1, 1968, pp. 102-122; "On the Nature of Certain Philosophical Entities", *Review of Metaphysics*, 23, 1969, pp. 165-166; "Pragmatics and Intensional Logic", *Synthese*, 22, 1970, pp. 68-94; "English as a Formal Language", em B. Visentini *et al.*, *Linguaggi nella società e nella tecnica*, 1970, pp. 189-224; "Universal Grammar", *Theoria*, 36, 1970, pp. 373-398; "The Proper Treatment of Quantification in Ordinary English", em J. Hintikka, J. Moracsick e P. Suppes, eds., *Approaches to Natural Language: Proceedings of the 1970 Stanford Workshop on Grammar and Semantics*, 1973, pp. 221-242. Esses trabalhos foram publicados (em ordem não cronológica) no volume *Formal Philosophy: Selected Papers of R. M.*, 1974, ed. com uma introdução (pp. 1-69) de Richmond H. Thomason. Bibliografia de trabalhos de M. (com menção a numerosas resenhas) no mesmo volume, pp. 360-364.

Ed. por M. e Donald S. Kalish de *Logic: The Techniques of Formal Reasoning*.

Ver: David Lewis, Barbara H. Partee, Richmond H. Thomason *et al.*, *Montague Grammar*, 1976, ed. por Barbara H. Partee. S. Davis, M. Mithun, *Linguistics, Philosophy and Montague Grammar*, 1979. — D. R. Dowty, *Word Meaning and M. Grammar: The Semantics of Verbs and Times in Generative Semantics and in Montague's PTQ*, 1979. — D. R. Dowty, R. E. Wall, S. Peters, *Introduction to Montague Semantics*, 1981 [livro-texto]. — T. Janssen, *Foundations and Applications of M. Grammar*, 1983. — H. H. Hack *et al.*, "Una semántica computacional del idioma español usando las teorías de R. Montague", *Theoria*, 5 (12-13), 1990, pp. 171-181. ✆

MONTAGUE, WILLIAM PEPPERELL (1873-1953). Nascido em Chelsea (Massachusetts, Estados Unidos), estudou na Universidade de Harvard com J. Royce. Até aposentar-se, em 1937, Montague foi professor do Barnard College (Nova York). Como o assinalou o próprio Montague, o problema que sempre o preocupou foi o da relação entre a consciência e o corpo e, de modo geral, do psíquico com o físico; isso no entanto não excluiu, e ao contrário implicou, a preocupação com outras questões, bem como o tratamento destas. Em primeiro lugar, a questão epistemológica. A adesão ao neo-realismo (VER), de que foi uma das principais figuras, não era, contudo, uma resposta ao problema central, mas a elaboração de um método. Porque, no tocante ao conteúdo mesmo das doutrinas de seus representantes, as divergências eram consideráveis. Montague se opunha tanto à interpretação comportamentalista da consciência como ao realismo a um só tempo físico e ingênuo de vários colegas seus. O motivo essencial dessa divergência era, de um lado, a própria atitude tomada diante do neo-realismo e, do outro, a perseguição, no fundo do pensamento, do problema central já aludido. Quanto ao primeiro ponto, Montague considera o neo-realismo simplesmente como um método que não pressupõe nenhum conteúdo metafísico. No que se refere ao segundo, sua meditação posterior o leva a uma metafísica que ele mesmo qualifica como materialismo animista e que se caracteriza como um "espiritualismo que pode ser expresso em categorias físicas". Segundo Montague, o psíquico exprime a região do intenso e do denso, o reino do potencial — num sentido essencialmente positivo do termo —, e o faz de modo tal que, em vez de contrapor-se ao físico como o irredutível, nele penetra por todas as suas partes. A tradução do movimento externo na atualidade da experiência interna torna-se então possível, mas sem que se destrua, por assim dizer, a presença efetiva do processo físico. Esta doutrina, na qual não se pretende simplesmente falar *sobre* a realidade, mas diretamente dela, poderia ter como conclusão última um organicismo.

➲ Obras: *Time and the Fourth Dimension*, 1925. — *The Ways of Knowing or the Methods of Philosophy*, 1925. — *The Ways of Things: A Philosophy of Knowledge Nature, and Value*. — *Great Visions of Philosophy: Varieties of Speculative Thought in the West from the Greeks to Bergson*, 1950.

Ver; H. H. Parkhusrt, R. B. Perry, W. H. Sheldon, I. Edman, P. Romanell, H. A. Overstreet, arts. em *The Journal of Philosophy*, 52, 1954, pp. 593-637. ✆

MONTAIGNE, MICHEL DE (1533-1592). Nascido no castelo de Montaigne, em Périgord. A partir de 1557, foi conselheiro do Parlamento de Bordéus e, de 1570 a 1581, prefeito da mesma cidade. Na vida e na obra de Montaigne, patenteiam-se com o maior vigor e clareza as características do subjetivismo e do humanismo renascentista do século XVI, unidos a um ceticismo que, embora procedente, em seu aspecto exterior, do ceticismo antigo, originou-se de uma experiência deveras distinta. A experiência de Montaigne ocorre sobretudo em termos da descoberta da insignificância do homem que, ao avaliar-se equivocadamente superior às outras coisas, esquece-se dos vínculos que o unem à Natureza. O viver conforme a Natureza, que Montaigne assimila dos estóicos e epicuristas, mas que sente como uma necessidade individual e não apenas como verdade doutrinal, ressoa de modo constante no âmbito desse pessimismo que não é, no fundo, mais do que uma preparação para conseguir, mediante a eliminação de toda atitude presunçosa, a tranquilidade de ânimo e a prudência em todas as coisas. Vida segundo a Natureza, eliminação da inquietude produzida pela ambição e pelo egoísmo, consideração de todas as coisas como transitórias, discrição na ciência e no comportamento humano, cumprimento da lei e dos usos vigentes para evitar os males maiores gerados pela rebelião — todas essas normas não têm outro sentido que o de contribuir para a felicidade individual, que é a única felicidade efetiva e concreta diante das pretensas grandezas e das enganosas abstrações, visto que "devemos emprestar-nos aos outros e dar-nos a nós mesmos" (*Ensaios*, III, 10). Ou, como indica R. Sáenz Hayes, "Montaigne reduz ao justo aquilo que costumamos avultar no desejo de nos mostrar como filhos diletos do infortúnio. Ensina o culto ao relativo e enaltece as virtudes da dúvida". Dúvida que não se deve confundir, como o indica o referido autor, com uma negação, visto que a dúvida e o tão repetido *que sei eu?* de Montaigne referem-se antes à própria pessoa, da qual se pretende excluir o fácil dogmatismo com relação às coisas externas e o afã de domínio a que isso com freqüência leva. Desse modo, Montaigne corrige continuamente as negações por meio de afirmações. Entre estas, destaca a proposição de uma norma de vida para si e para os poucos que dele desejam aproximar-se, mas trata-se de uma norma de vida que supõe justamente a existência da afirmação e do domínio no mundo e que busca a única atitude que cabe ao sábio assumir diante do inevitável.

A descrição anterior das idéias e das experiências de Montaigne não pode fazer crer que ele possa ser apresentado simplesmente como um "ensaísta" que emprega pensamentos "antigos" (principalmente estóicos e pirrônicos) e " renascentistas", adaptando-os à sua situação particular e formando com tudo isso uma espécie de "filosofia subjetivista" na qual todo juízo aparece como relativo. Tudo isso está em certa medida correto, particularmente se levarmos em conta as intenções "apologéticas" de Montaigne; com efeito, o citado relativismo confirma as verdades da fé, já que, assim sendo, estas não dependem de argumentos, mas apenas de uma vida sã e simples: a vida de um "católico pirrônico". Mas isso também é insuficiente, visto que, feito o inventário daquilo que Montaigne utilizou para exprimir suas intuições sobre o homem e a vida, fica um resíduo que mostra sua originalidade bem como sua aguda percepção de questões que hoje chamaríamos de "existenciais". Ao declarar que todo homem traz em si o peso da condição humana, Montaigne parece apegar-se a um conceito "naturalista" e "universalista" da existência humana; eis, parece dizer-nos, o homem; eis aqui, portanto, sua "natureza". Mas essa condição humana nunca é para ele invariável: "Na realidade, é sujeito maravilhosamente vão, diverso e ondulante o homem" (*Ensaios*, I, 1). O ser "ondulante" (*ondoyant*) é aqui fundamental: o homem não "é", ele "se faz". E se faz, além disso, "em direção" ao futuro. No século XVI, Montaigne já nos fala, por conseguinte, do "projetar humano": "Nunca estamos em casa; estamos sempre além dela" (*ibid.*, I, iii). O "estar além de nós mesmos", o projetar-nos na direção do futuro a fim de nos realizar a nós mesmos, é possível justamente por causa da condição "ondulante" antes referida. Não há dúvida de que M. fala continuamente da "natureza", escrevendo com freqüência que "assim procede a natureza" (ver, por exemplo, III, iv). Mas não se trata de uma natureza invariável; é um chegar a ser o que se é enquanto se vem a ser.

•• A interpretação de M. passou por várias etapas: depois de um período de modernização histórica e filológica, dominada pelo espírito dos autores (Norton, Villey, Strowski) da Edição Municipal (ver a bibliografia, *infra*), houve um enorme esforço por extrair o *autêntico* autor que se encondia no texto dos *Ensaios*, pleno de inteligência desconcertante e barroca. Surgem assim comentários como os de Dreano, Frame ou Sayce (ver bibliografia, *infra*). Foi em 1969 que Jean-Yves Pouilloux (ver *infra*), professor da Universidade de Paris VII, propôs uma nova maneira de abordar a obra de M.: abandonar o rastreamento das possíveis (porém duvidosas) verdades que podem ocultar-se nela a fim de acolher o texto em sua evidente desordem. Seu trabalho supõe uma mudança de orientação nos estudos sobre M., cujos *Ensaios* adquirem uma importância de primeira ordem, não somente para a literatura e a história do pensamento como também para a filosofia estritamente contemporânea. ••

⊃ Edição de obras: a primeira edição de *Les Essais* foi publicada em 1580 e compreendia apenas parte do texto atual, que corresponde à edição póstuma de 1595 (com variantes das edições de 1582 e 1588). A edição crítica chamada *Edição Municipal*, atualmente considerada a base de todas as edições, é a de F. Strowski (5 vols., 1906-1933); o vol. IV inclui notas de P. Villey e o vol. V, um léxico de Grace Norton. Edição da *Journal de Voyage de Montaigne*, 1932. — As edições manuais mais difundidas são: *Essais*, 2 vols., 1962, ed. M. Rat; 1ª ed. em 3 vols., 1942. — *Essais*, 2 vols., 1952, ed. S. de Sacy. — *Essais*, 3 vols., ed. P. Michel. — *Oeuvres complètes*, 1962, ed. A. Thibaudet e M. Rat. — *Ouvres complètes*, 1967, ed. R. Barral e P. Michel.

Em português: *Ensaios*, 1987. — *Sobre a vaidade*, 1998. — *Três ensaios: do professorado, da educação das crianças, da arte de discutir*, 1993.

Bibliografia: P. Bonnet, *Bibliographie méthodique et analytique des ouvrages et documents rélatifs à M. (jusqu'à 1975)*, 1983.

Ver: A. Leveau, *Étude sur les Essais de M.*, 1870. — H. Thimme, *Der Skeptizismus Montaignes*, 1876 (tese inaug.). — Arend Henning, *Der Skeptizismus Montaignes und seine geschichtliche Stellung*, 1879 (tese inaug.). — P. Bonnefon, *M., l'homme et l'ouvre*, 1893. — Id., *M. et ses amis*, 1898. P. Stapfer, *M. de M.*, 1898. — P. Schwabe, *M. als philosophischer Charakter, ein Beitrag zur Kulturgeschichte der Renaissance*, 1899 (tese). — G. Guizot, *M. Études et fragments*, 1899. — E. Kühn, *Die Bedeutung Montaignes für unsere Zeit*, 1904. — G. Norton, *Studies in M. Early Writings*, 2 vols., 1906. — Fortunat Strowski, *Montaigne*, 1906; 2ª ed., 1931. — P. Villey,

Les sources et l'évolution des Essais de M., 2 vols., 1908 (*I. Les sources et la chronologie des Essais; II. L'évolution des Essais*). — H. Navon, *Montaignes Lebensanschauung und ihre Nachwirkung*, 1908 (tese). — W. Weignand, *M.*, 1911. E. Sichel, *M. de M.*, 1911. — I. C. Willis, *M.*, 1927. — Jean Plattard, *M. et son temps*, 1933. — Id., *État présent des études sur M.*, 1935. — Bruno Rech, *Grundbegriffe und Wertbegriffe bei M. de M.*, 1934. — Pierre Villey, *M. devant la postérité*, 1935. — Maturin Dreano, *La pensée religieuse de M.*, 1936. — Ricardo Sáenz Hayes, *M. de M.*, 1939. — L. Brunshchvicg, *Descartes et Pascal, lecteurs de M.*, 1942. — Maurice Weiler, *La pensée de M.*, 1948. Hugo Friedrich, *M.*, 1949. — P. Moreau, *M., l'homme et l'ouvre*, 1953. — D. M. Frame, *Montaigne's Discovery of Man*, 1955. — Marcel Conche, *M. ou La conscience heureuse*, 1964. — Donald M. Frame, *M.: A Biography*. — Philip P. Hallie, *The Scar of M.: An Essay in Personal Philosophy*, 1966. — S. Solmi, *La salute di M.*, 1966. — Michael Baraz, *L'être et la connaissance selon M.*, 1968. — J. Y. Pouilloux, *Lire les Essais de Montaigne*, 1969. — R. Sayce, *The Essays of M. A Critical Exploration*, 1972. — T. Cave, *The Cornucopian Text*, 1979. — A. Tournon, *M. La glose et l'essai*, 1983. — P. J. Chamizo Domínguez, *La doctrina de la verdad en M. de M.*, 1984. — J. Casals, *La filosofia de M.*, 1986. — M. G. Paulson, *The Possible Influence of Montaigne's Essais on Descartes' Treatise on the Passions*, 1988. — "M. et la critique espagnole", *Bulletin de la Société des Amis de M.*, VII série, pp. 11-12, 1988 [num. espec. da Société Internationale des Amis de M. de Paris, dedicado a estudiosos espanhóis de M.]. — C. Blum, *La représentation de la mort dans la littérature française de la Renaissance*, 1989. — D. L. Schaefer, *The Political Philosophy of M.*, 1990. — F. Garavini, *Mostri i chimere. M., il testo, il fantasma*, 1991. ◖

MONTÃO (SOFISMA DO). Ver Sorites.

MONTERO MOLINER, FERNANDO. (1922) Nascido em Valença, foi catedrático de Fundamentos de Filosofia na Universidade de Santiago de Compostela (1950-1964) e de História da Filosofia na Universidade de Valença, de 1967 até a aposentadoria. Ele realizou seus trabalhos no âmbito de uma orientação fenomenológica, conciliando a última etapa husserliana com a fenomenologia de Heiddeger e de Merleau-Ponty, bem como com a análise lingüística de Austin e de Strawson. Isso o levou a considerar a linguagem como o fenômeno originário da presença do homem no mundo. A iniciativa em que consiste essa presença só pode ser fixada por meio de objetividades faladas (reais, ideais ou fictícias) resultantes da projeção das atividades humanas. Essas objetividades são tanto o produto do dinamismo que se manifesta com a linguagem como da regularidade empírica que lhe serve de fundamento ou que canaliza e solicita as funções verbais. Isso supõe uma objetivação da própria palavra, que dissimula seu caráter de signo e passa a integrar o objeto, ao lado de seus eventuais momentos empíricos. Esse objeto, longe de postular uma identidade ôntica absoluta, constitui-se como uma "mesmidade", identificável pela coordenação progressiva de suas determinações verbais e empíricas, vinculada com a situação que lhe confere significado e que foi organizada pela iniciativa humana.

Os estudos de história da filosofia feitos por Montero Moliner estão orientados pelos mencionados motivos fenomenológicos. Montero Moliner examinou os sistemas especulativos a partir da dilucidação do mundo e das situações originárias em que se configura a existência humana, situações que incluem os condicionamentos sociais de cada período. O propósito é dilucidar como se conjugam as estruturas empíricas com o dinamismo lingüístico que formula os princípios que regem a ontologia de um sistema ou os que marcam os modelos do comportamento prático em geral. Dessa perspectiva, Montero Moliner realizou uma revisão do pensamento de Parménides, destacando de modo positivo sua "interpretação das opiniões das morais", opiniões que não se opõem à "via da verdade". Ele reinterpretou igualmente a filosofia kantiana, destacando que Kant indicou no plano fenomênico estruturas sensíveis congruentes com as formas e conceitos puros *a priori*. Aquilo que a razão "põe" sobre o material sensível é o sistema das funções que instituem os princípios universais e necessários determinados da constituição dos objetos a partir da regularidade que o referido material empírico manifesta. O *a priori* é por conseguinte a formulação sistemática e rigorosa de estruturas empíricas que são as que conferem sentido e significação aos conceitos puros e que apresentam, com a mediação dos esquemas transcendentais do tempo, os critérios de seu uso.

➔ Obras: *Parménides*, 1960. — *La presencia humana*, 1971. — *El empirismo kantiano*, 1973. — *Objetos y palabras*, 1976. — *La filosofía pre-socrática*, 1976. — *Retorno a la fenomenología*, 1987. ◖

MONTESQUIEU, CHARLES DE SECONDAT, BARÃO DE (1689-1755). Nascido em La Brède, nas proximidades de Bordéus. Em suas viagens pela Itália, pelos Países Baixos e especialmente pela Inglaterra, concebeu suas idéias políticas e histórico-jurídicas, cuja expressão e sistematização culminou em *O Espírito das Leis* (1748). Montesquieu aborda o problema da lei em seus aspectos natural e histórico, demonstrando que o natural e o positivo não são forçosamente contraditórios na legislação, mas correlativos. Cada povo tem o conjunto de leis que convém à sua natureza e ao estágio histórico no qual se encontra, e as diferenças de legislação só demonstram as diferenças entre os próprios povos. Desse modo, toda lei advém das circunstâncias nas quais se desenvolve a vida de um povo, circunstâncias que não se acham determinadas precisamente por uma necessidade natural, por um completo determinismo, mas que são primordialmente o produto da liberdade humana. Nas leis de cada um dos povos se exprime o alcance de sua própria liberdade. O ideal consiste justamente em alcançar a liberdade máxima dentro das possibilidades ditadas pelas circunstâncias naturais e históricas. Para isso é necessária, em primeiro lugar, uma separação entre os poderes legislativo, executivo e judiciário, na forma encontrada por Montesquieu na Inglaterra de sua época, em cuja constituição viu o ideal político desejável para a França. Só a mencionada separação fundamenta uma liberdade suficiente, que se vê destruída tão logo os poderes se unificam, seja nas mãos de um só indivíduo ou nas de todo o povo. Entre as três formas de governo possíveis — despótica, monárquica e democrática —, Montesquieu inclina-se decididamente pela segunda, já que, não vendo possibilidades de estabelecer uma democracia do tipo antigo, a monarquia se lhe afigura como o ideal de sua época. Mas a monarquia deve desvincular-se de todo despotismo, deve afastar-se o máximo possível das formas orientais e daquelas que a francesa ia adotando pouco a pouco, sobretudo a partir do auge do poder real com Luís XIV. Entre a democracia como forma lícita mas impossível e o despotismo como uma degeneração da monarquia, encontra-se a constituição na qual as hierarquias são regidas pela lei e em que os diferentes poderes se harmonizam e se equilibram segundo as normas legais. As idéias de Montesquieu, que foi influenciado em larga medida pelas doutrinas políticas de Locke, são características das tendências "moderadas" do primeiro período da Ilustração Francesa e que prepararam o grande movimento de idéias políticas, sociais e históricas que prosseguiu ao longo da grande Revolução e mesmo depois dela.

➲ Obras: Em sua biografia de M. (*M. A Critical Biography*, 1961), Roberto Shackleton oferece uma bibliografia completa das obras originais de M. em ordem cronológica de redação. Figuram nessa relação vários manuscritos perdidos de que há referências nessas obras, de M. ou de outros autores, ou das quais existem resumos; assim, por exemplo, *Les Prêtres dans le paganisme* (escrita em 1711); *Discours sur le système des idées* (esc. em 1716). *De la différence des génies* (esc. em 1717); *Dissertation sur le mouvement relatif* (esc. em 1723). Vários outros escritos foram publicados pela primeira vez em *Mélanges inédits de M.*, 1892. ed. Barão de Montesquieu [e R. Celeste], como *De la politique* (esc. em 1725); *Essai sur les causes qui peuvent affecter les esprits et les caractères* (esc. em 1726-1732). Alguns outros foram publicados em *Pensées et fragments inédits*, 2 vols., 1889-1901, ed. Barão de Montesquieu [e H. Barckhausen].

As obras de M. mais importantes para os nossos propósitos são: *Lettres persanes* (esc. em 1717/1721; eds. críticas: H. Barckhausen, 1897, 1913; E. Carcasonne, 1929; A. Adam, 1954; P. Vernière, 1950). — *De l'esprit des lois* (esc. ca. 1734/1748, publicada em 1748; ed. crít.: J. Brethe de La Gressaye, 1950 ss.). — *Défense de l'esprit des lois* (esc. em 1750, publicada em 1754; ed. crít.: C. Jullian, s/d; H. Barckhausen, 1900).

Edição de obras: *Oeuvres de M.*, Paris, ano IV [1796], 5 vols.; *Oeuvres complètes de M.*, ed. A. Masson, 3 vols., 1950, 1954, 1955; *Oeuvres complètes de M.*, ed. Roger Callois, 2 vols., 1949-1951. — Ver ainda L. Desgraves, *Catalogue de La Bibliothèque de Montesquieu*, 1954.

Bibliografia: D. Felice, *Montesquieu in Italia (1800-1985)*, 1986.

Em português: *Cartas persas*, 1991. — *Considerações sobre as causas da grandeza de Roma*, 1997. — *O espírito das leis*, 1996. — *Grandeza e decadência dos romanos*, 1995. — *História verdadeira*, 1997.

Ver: A. Sorel, *M.*, 1888. — H. Barckhausen, *M., ses idées et ses oeuvres*, 1907. — V. Klemperer, *M.*, 2 vols., 1911-1914. — J. Dedieu, *M.*, 1913. — G. Lanson, *M.*, 1932. — I. Berlin, *M.*, 1956. — Louis Althusser, *M: La politique et l'histoire*, 1959. — W. Stark, *M., Pioneer of the Sociology of Knowledge*, 1960. — Mark H. Waddicor, *M. and the Philosophy of Natural Law*, 1970. — Simone Goyard-Fabre, *La filosophie du droit de M.*, 1973. — Thomas L. Pangle, *Montesquieu's Philosophy of Liberalism: A Commentary on the Spirit of the Laws*, 1974. — S. M. Mason, *M.s Idea of Justice*, 1975. — M. Richter, *The Political Theory of M.*, 1977. — A. Baum, *Montesquieu and Social Theory*, 1979. — S. Goyard-Fabre, *La philosophie du droit de Montesquieu*, 1981. — C.-P. Clostermeyer, *Zwei Gesichter der Aufklärung. Spannungslagen in M.s Esprit des lois*, 1983. — M. C. Iglesias, *El pensamiento de M. Política e ciencia natural*, 1984. — L. Desgraves, *M.*, 1986. — P. Gascar, *M.*, 1989. — D. Felice, *Pour l'histoire de la fortune de M. en Italie (1789-1945)*, 1990. ◐

MOORE, G[EORGE] E[DWARD] (1873-1958). Nascido em Upper Norwood (cercanias de Londres), foi primeiro *fellow* no Trinity College, de Cambridge, e mais tarde *Lecturer* (1911-1925) e professor (1925-1939) na Universidade de Cambridge.

Moore interessou-se particularmente pela análise da significação de expressões usadas na linguagem corrente, e pela averiguação daquilo que os filósofos desejavam dizer ao falar o que falaram e que razões há para supor que aquilo que disseram é verdadeiro ou falso. Trata-se em ambos os casos de uma "análise", sendo por esse motivo que o método de Moore foi considerado um método analítico e seu autor, um dos principais representantes do movimento filosófico denominado "Análise", particularmente na forma da por vezes qualificada como "Escola de Cambridge" (ver). Contudo, trata-se em cada caso de uma análise específica. De fato, na análise da significação de expressões da linguagem corrente, não se trata de verificar se são verdadeiras — visto que Moore supõe que quase sempre são —, nem da significação que têm — pois sua significação é clara —, mas do resultado alcançado mediante a análise dessa significação. Em contrapartida, na análise daquilo que os filósofos quiseram dizer, trata-se não apenas de dilucidar sua significação — aquilo que os próprios filósofos muitas vezes ignoraram — mas igualmente de revelar a verdade ou falsidade do que foi dito.

O método analítico de Moore consiste em grande parte mais numa "prática" do que numa dilucidação do método próprio. Isso não quer dizer que não se possa também averiguar em que consiste o método, mas que é preciso aceitar o fato de que nenhuma formulação do método em termos de "regras" tem condições de esgotá-lo. Por outro lado, o duplo interesse de Moore antes descrito faz que, embora não sejam dois métodos distintos, sejam ao menos duas partes bem diferentes entre si do mesmo método, partes que não é legítimo, nem conveniente, confundir. Em conseqüência, toda exposição do "pensamento" de Moore, ainda que somente de seu "pensamento metódico", depara com a dificuldade de que este só pode sobrepor-se com a prática do método — tornando mais difícil expor que seguir o método de Moore.

Deve-se ter em conta que o interesse demonstrado por Moore em pôr em prática seu método — ou das duas principais partes deste — não significa nem que ele se desinteresse de toda proposição filosófica enquanto descrição da realidade nem que estejam ausentes de seu método pressupostos filosóficos. O próprio Moore assinalou que a filosofia tem por missão "dar uma descrição geral de todo o universo", incluindo-se aí as principais classes de "coisas boas" que existem no universo. Por outro lado, no curso de sua análise das significações, Moore presupõe que haja um universo de significações manifestado nas expressões da linguagem. Essas significações são os conceitos ou as proposições representados ou nomeados por meio de expressões.

As indicações anteriores acerca do método analítico de Moore e das idéias filosóficas nele propostas não constituem todo o pensamento de Moore. De um lado, deve-se considerar que na própria análise das significações há várias operações propostas, ou melhor, executadas, por Moore. Com efeito, em alguns casos, ele procura analisar um conceito em termos da divisão do conceito em certas unidades significativas julgadas básicas. Noutros casos, em contrapartida, ele procurou distinguir um conceito de outros. Afirma-se por vezes que o tipo de análise praticado por Moore assemelha-se ao propugnado por Russell. Diz-se noutras ocasiões que é similar ao que realizou o "segundo Wittgenstein". Certo é que Moore fez os dois gêneros de análise e que, em conseqüência, há nele algo de russelliano e algo de neowittgensteiniano. Isso não quer dizer que ele tenha

sempre seguido Russell e o "segundo Wittgenstein"; a bem dizer, em questões de precedência, Moore poderia tê-la reivindicado em inúmeros casos. É no entanto preferível não evocar aqui questões de precedência, mas simplesmente chamar a atenção para os pontos similares. Quanto ao mais, os antecedentes de Moore — do ponto de vista histórico — são antes filósofos como Berkeley e Thomas Reid.

Moore avaliava que, mesmo que não se possa provar (ou refutar) as proposições do senso comum, é melhor ater-se a elas, visto que, do contrário, deparamos com muitos paradoxos. Essa crença de Moore levou alguns a pensar ser ele um "filósofo do senso comum". Mas isso só é certo num sentido, referente ao fato de ele usar o senso comum em sua análise do que os filósofos quiseram dizer e em sua aceitação ou recusa do que eles quiseram dizer. Dessa perspectiva, temos de levar em conta sua conhecida "Refutação do idealismo" (sua análise da fórmula *esse est percipi*, cujo resultado é que em nenhum dos sentidos propostos ou proponíveis o *esse* é identificável com o *percipi*). Moore por certo defende a filosofia do senso comum, bem como, em conseqüência, o chamado "realismo do senso comum", mas isso só constitui uma parcela e, de certo modo, uma parcela ancilar, de seu pensamento metódico.

Deve-se igualmente à prática do método analítico o que recebeu o nome de "a doutrina ética de Moore". Esta se compõe de duas partes: é antes de tudo uma averiguação das "coisas boas" e, em segundo lugar, uma análise do significado de "bom", sendo esta última análise capital para a referida doutrina. Dado que não é possível decompor a significação de "bom" noutras significações supostamente mais primárias, deve-se aceitar ser "bom" um predicado básico, predicado correspondente a um conceito que designa algo *não* natural. Os filósofos que se empenharam em reduzir a outro o conceito de "bom", ou que buscaram identificá-lo com outro conceito, cometeram aquilo que a partir de Moore é conhecido como "falácia naturalista". Isso não implica que "bom" seja o nome de uma qualidade misteriosa: "bom" designa uma qualidade irredutível (como é irredutível, por exemplo, a qualidade designada pelo nome "amarelo"). Deve-se todavia ter em conta que Moore não se deteve nessa análise de "bom"; mais tarde, ele admitiu que "bom" pode ser o nome que designa certa "atitude": a de aprovação. Com isso, Moore deu a impressão de ter sucumbido à própria "falácia naturalista" que denunciara. Mas a aprovação de referência não se configura como, ou não precisa ser, uma "atitude natural" adotada por um "sujeito natural"; ela é, ou pode ser, resultado de um "uso lingüístico", num sentido bem amplo de "lingüístico".

❖ Obras: indicamos a seguir os principais escritos de Moore, incluindo artigos. Após o títulos de alguns desses artigos figura, entre colchetes, um número; referir-nos-emos oportunamente a esses números para indicar quais artigos foram reunidos nas duas coleções que receberam respectivamente os títulos *Philosophical Studies* e *Philosophical Papers*. — "In What Sense, if any, do Past and Future Time Exist?" (Simpósio), *Mind*, N. S., 6, 1897, pp. 235-240. — "Freedom", *ibid.*, N. S., 7, 1898, pp. 179-204. — "The Nature of Judgement", *ibid.*, N. S., 8, 1899, pp. 176-193. — "Necessity", *ibid.*, N. S., 9, 1900, pp. 289-304. — "Identity", *Proceedings of the Aristotelian Society*, 1, 1901, pp. 103-127. — "The Value of Religion", *International Journal of Ethics*, 12, 1901, pp. 81-98. — "Mr. McTaggart's 'Studies in Hegelian Cosmology'", *Proceedings, etc.*, 2, 1902, 177-214. — *Principia Ethica*, 1903. — "Experience and Empiricism", *Proceedings, etc.*, 3, 1903, pp. 80-95. — "Mr. McTaggart's Ethics", *Intern. Journal, etc.*, 13, 1903, pp. 341-370. — "The Refutation of Idealism", *Mind*, N. S., 12, 1903, pp. 433-453 [1]. — "Kant's Idealism", *Proceedings, etc.*, 4, 1904, pp. 127-140. — "Jahresbericht über 'Philosophy in the United Kingdom for 1902'", *Archiv für systematische Philosophie*, 10, 1904, pp. 242-264. — "The Nature and Reality of Objects of Perception", *Proceedings, etc.*, 6, 1905, pp. 60-127 [2]. — "Mr. Joachim's 'Nature of Truth'", *Mind*, N. S., 16, 1907, pp. 229-235. — "Professor James's 'Pragmatism'", *Proceedings, etc.*, 8, 1908, pp. 38-77 [3]. — "Hume's Philosophy", *The New Quarterly*, novembro de 1909 [4]. — "The Subject Matter of Psychology", *Proceedings, etc.*, 8, 1909, pp. 36-62. *Ethics*, 1912. — "The Status of Sense-Data" (Simpósio), *Proceedings, etc.*, 14, 1914, pp. 355-380 [5]. — "The Implications of Recognition" (Simpósio), *Proceedings, etc.*, 16, 1916, pp. 201-223. — "Are the Materials of Sense Affections of the Mind?" (Simpósio), *Proceedings, etc.*, 17, 1917, pp. 418-429. — "The Concept of Reality", *Proceedings, etc.*, 18, 1917, pp. 101-120 [6]. — "Some Judgements of Perception", *Proceedings, etc.*, 19, 1918, pp. 1-29 [7]. — "Is There Knowledge by Acquaintance?" (Simpósio), *Proceedings, etc.*, Supl., vol 2, 1919, pp. 179-193. — "External and Internal Relations", *Proceedings, etc.*, 20, 1919, pp. 40-62 [8]. — "Is the 'Concrete Universal' the True Type of Universality?" (Simpósio), *Proceedings, etc.*, 20, 1920, pp. 132-140. — "The Character of Cognitive Acts" (Simpósio), *Proceedings, etc.*, 21, 1921, pp. 132-140. — *Philosophical Studies*, 1922 (inclui 1-8 e os artigos "The Conception of Intrinsec Value", de 1914-1917, e "The Nature of Moral Philosophy", de 1920-1921]. — "Are the Characteristics of Particular Things Universal or Particular?" (Simpósio), *Proceedings, etc.*, Suppl., vol. 3, 1923, pp. 95-113 [9]. — "A Defense of Common Sense", no volume coletivo *Contemporary British Philosophy*, 2ª série, ed. J. H. Muirhead, 1925 [10]. — "The Nature of Sensible Appearances" (Simpósio), *Proceedings, etc.*, Suppl., vol. 6, 1926, pp. 179-189. — "Facts and Propositions" (Simpósio), *Proceedings, etc.*, Suppl., vol. 7, 1927, pp. 171-206 [11]. — "Indirect Knowledge" (Simpósio), *Proceedings, etc.*, Suppl.. vol. 9, 1929, pp. 19-50. — "Is Goodness a Quality?" (Simpósio), *Proceedings, etc.*, Suppl. 11, 1932, pp. 116-131 [12]. — "Imaginary Objects" (Simpósio), *Proceedings, etc.*, Suppl., vol. 12, 1933, pp. 55-70 [13]. — "The Justification of Analysis", *Analysis*, I, 1933, pp. 28-30. — "Is existence a Predicate?" (Simpósio), *Proceedings, etc.*, Suppl., vol. 15, 1936, pp. 175-188 [14]. — "Proof of an External World", *Proceedings of the British Academy*, 25, 1939, pp. 273-300 [15]. — "Russell's 'Theory of Descriptions'", em H. Reichenbach, M. Weitz, K. Gödel et al., *The Philosophy of Bertrand Russel*, 1944, ed. P. A. Schilpp, pp. 175-225 [16]. — *Some Main Problems in Philosophy*, 1953 [escrito em 1910]. — "Wittgenstein's Lectures in 1930-1933", I, *Mind*, N. S., 63, 1954, pp. 1-15; *ibid.*, II, *Mind*, N. S., 63, 1954, pp. 289-316; *ibid.*, III, *Mind*, N. S., 64, 1955, pp. 1-27 [17]. — "Visual Sense-Data", no volume coletivo *British Philosophy in the Mid-Century*, 1957, ed. C. A. Mace. — *Philosophical Papers* [inclui 9-17 e os textos "Certainty", de 1941, e "Four Forms od Scepticism", de 1944]. — *The Commonplace Book og G. E. M., 1919-1953*, 1962, ed. Casimir Lewy. — *Lectures on Philosophy*, 1966, ed. Casimir Lewy [seleções de três séries de conferências em Cambridge, 1925-1926, 1928-1929 e 1933-1934]. — *The Early Essays*, 1986, ed. T. Regan [ensaios inéditos]. — *Lectures on Metaphysics, 1934-1935: G. E. Moore*, 1992, ed. A. Ambrose. — M. escreveu artigos: Cause and Effect; Change; Nativism; Quality; Real; Reason; Relation; Relativity of Knowledge; Substance; Spirit; Teleology; Truth, para o *Dictionary of Philosophy* de Baldwin, 1902.

Biografia e autobiografia em: "Autobiography" e "Reply to my Critics", em *The Philosophy of G. E. Moore* (cf. *infra*), pp. 3-39 e 535-677, respectivamente; "addendum to Reply to my Critics", em *ibid.*, 2ª ed. — P. Levy, *G. E. M. and the Cambidge Apostles*, 1979 (entre os "apóstolos" ou membros de "The Society" figuram H. Sidgwick, E. McTaggart, A. N. Whitehead, J. Ward, J. Sterling, R. Fry).

Em português: *Princípios éticos; Escritos filosóficos; Problemas fundamentais da filosofia*, Os Pensadores, 1985.

Ver: C. D. Broad, Ch. L. Stevenson, N. Malcolm et at., *The Philosophy of G. E. M.*, 1942, ed. P. A. Schilpp; 3ª ed. rev., 1969. — Ingjald Nissen, *Moralfilosofi og hersketeknikk; en studie over Moore's verdilaere*, 1948. — Alan R. White, *G. E. M.: A Critical Exposition*, 1958. — M. White, E. Nagel, A. Ambrose, arts. em *Journal of Philosophy*, 57, 1960, 805-824. C. D. Broad, "G. E. Moore's Latest Published Views on Ethics", *Mind*. N. S., 70, 1961, 435-457. — Ivan Kuvacic, *Filozofija G. E. M.*, 1961 (em croata). — Domenico Campanale, *Filosofia ed etica scientifica nel pensiero di G. E. M.*, 1962. — Normal Malcolm,

"G. E. M.", no volume *Knowledge and Certainty: Essays and Lectures*, 1963. — R. B. Braithwaite, *G. E. M., 1873-1938*, 1963 [conferência]. — Laird Addis e Douglas Lewis, *M. and Ryle: Two Ontologists*, 1965. — E. D. Klemke, *The Epistemology of G. E. M.*, 1969. — Alberto Granese, *G. E. M. e la filosofia analitica inglese*, 1970. — G. Ryle, A. J. Ayer et. al., *G. E. M. Essays in Retrospect*, 1970, ed. A. Ambrose e M. Lazerowitz. — A. J. Ayer, *Russell and M.: The Analytical Heritage*, 1971. — John Hill, *The Ethics of G. E. M.: A New Interpretation*, 1976. — S. Bharadwaja, *Philosophy of Common Sense: A Study in G. E. M.'s Metaphysics and Epistemology*, 1977. — P. Levy, *Moore*, 1979. — S. Sarkar, *Epistemology and Ethics of G. E. M.: A Critical Evaluation*, 1981. — D. O'Connor, *The Metaphysics of G. E. M.*, 1982. — M. Borioni, *La gnoseologia di G. E. M. Un esame della letteratura critica (1942-1982)*, 1984. — T. Regan, *Bloomsbury's Prophet: G. E. M. and the Development of His Moral Philosophy*, 1986. — D. Rohatyn, *The Reluctant Naturalist: A Study of G. E. M.'s Principia Ethica*, 1987. — T. Baldwin, *G. E. M.*, 1992, ed. T. Honderich. — A. Stroll, *Moore and Wittgenstein on Certainty*, 1994. **C**

MORAL deriva de *mos*, "costume", do mesmo modo como ética vem de ἦθος; sendo por essa razão que "ética" e "moral" são empregados às vezes indistintamente. Como disse Cícero (*De fato*, I, 1), "posto que se refere aos costumes, que os gregos denominam ἦθος, costumamos chamar esta parte da filosofia filosofia dos costumes, mas convém enriquecer a língua latina e denominá-la moral". Contudo, o termo "moral" costuma ter uma significação mais ampla que o vocábulo "ética". Em algumas línguas, o moral opõe-se ao físico, o que explica o fato de as ciências morais compreenderem, em oposição às ciências naturais, tudo aquilo que não é puramente físico no homem (a história, a política, a arte etc.), isto é, tudo aquilo que corresponde às produções do espírito subjetivo e mesmo o próprio espírito subjetivo. As ciências morais, ou, como são tradicionalmente denominadas, ciências morais e políticas, compreendem assim os mesmos temas e objetos das ciências do espírito, sobretudo quando estas são entendidas como ciências do espírito objetivo e de sua relação com o subjetivo, excluindo-se com freqüência o saber do espírito subjetivo, ou psicologia, considerado outro tipo de ciência. Por vezes opõem-se igualmente moral a intelectual a fim de fazer referência àquilo que corresponde ao sentimento e não à inteligência ou ao intelecto. Por fim, o moral é oposto de modo geral ao imoral e ao amoral, na medida em que aquilo que se acha inserido na esfera ética se opõe ao que é adversário dessa esfera ou que se mantém indiferente a ela. Nesse caso, é moral aquilo que se submete a um valor, ao passo que o imoral e o amoral são, respectivamente, aquilo que se opõe a todo valor e aquilo que é inferente ao valor.

Kant distinguiu entre moralidade e legalidade; estendemo-nos a esse respeito no verbete LEGALIDADE. Hegel diferenciou a moralidade enquanto moralidade subjetiva (*Moralität*) da moralidade enquanto moralidade objetiva (*Sittlichkeit*). Traduz-se por vezes *Moralität* por "moralidade" e *Sittlichkeit* por "eticidade". A distinção hegeliana entre *Moralität* e *Sittlichkeit* é em certos aspectos análoga à aludida diferenciação kantiana. De fato, enquanto a *Moralität* consiste no cumprimento do dever por um ato de vontade, a *Sittlichkeit* é a obediência à lei moral enquanto fixada pelas normas, leis e costumes da sociedade, que representa por sua vez o espírito objetivo ou uma das formas deste. Contudo, Hegel diverge de Kant, chegando mesmo a opor-se a ele, considerando que a mera boa vontade "subjetiva" é insuficiente; a rigor, essa boa vontade pode obter recompensas que não passam de "folhas secas que jamais foram verdes" (*Philosophie des Rechts*, § 129). É preciso que a boa vontade "subjetiva" não se perca em si mesma ou, se se preferir, não tenha apenas a consciência de que aspira ao bem. O "subjetivo" é aqui simplesmente "abstrato". Para vir a ser concreto, precisa integrar-se ao "objetivo", que se manifesta moralmente como *Sittlichkeit*. Ora, mas a *Sittlichkeit* também não é uma ação moral simplesmente "mecânica": é a racionalidade da moral universal concreta que pode conferir conteúdo à moralidade subjetiva da "mera consciência moral".

O termo "moral" foi usado muitas vezes como adjetivo quando aplicado a uma pessoa determinada, da qual se diz então que "é moral". Isso evocou vários problemas: 1) em que consiste ser moral? É possível ser moral? 3) Deve-se ser moral? Este último problema foi debatido na forma de "se se deve (ou não) fazer o que é justo (enquanto moralmente justo)". A resposta parece óbvia: deve-se ser moral ou fazer o (moralmente) justo. Contudo, tão logo se procura encontrar uma razão que explique por que se deve ser moral, surge toda espécie de dificuldades. Trata-se de dificuldades inerentes ao "fundamento da moralidade", de que tratamos em diversos verbetes de temática ética (verbetes como BEM; BOA VONTADE; BOAS RAZÕES; DEVER; DEÔNTICO; ÉTICA; IMPERATIVO; OBRIGAÇÃO; SANÇÃO; SENTIDO MORAL etc.) Assinalemos agora apenas que a razão ou razões apresentadas para responder afirmativamente à pergunta em questão têm natureza vária; assim, por exemplo: deve-se ser moral porque isso é justo, adequado, conveniente, conforme ao Bem; porque é ordenado ou mandado por alguém ou algo; porque é uma ordem divina; porque nos dá satisfação ou nos deixa felizes; porque é útil à sociedade; porque é um imperativo da razão ou porque é um imperativo da consciência (moral), da vocação etc.. A análise de cada uma das respostas implica um minucioso exame das questões éticas fundamentais, bem como um exame do modo, ou modos, de compreender a razão da moralidade.

Tratamos da distinção entre "moral" e "amoral" (ou "não-moral") e entre "moral" e "imoral" nos verbetes AMORAL, AMORALISMO; IMORAL, IMORALISMO, especialmente no final do primeiro desses verbetes, com relação ao caráter descritivo ou avaliativo dos termos "moral" e "imoral".

⊃ A maior parte das obras mencionada na bibliografia de ÉTICA trata de moral e de moralidade. Vejam-se além disso, e especialmente, as obras a seguir, que vamos apresentar em ordem simplesmente cronológica:

L. Lévy-Bruhl, *La morale et la science des moeurs*, 1903. — L. Y. H. Hobhouse, *Moral in Evolution*, 2 vols., 1906. — Hastings Rashdall, *The Theory of Good and Evil*, 1907. — Herman Schwarz, *Die Sittlichen Grundbegrifen*, 1925. — Jean Baruzi, *Le problème moraL*, 1926 [coleção: Philosophie générale et métaphysique, t. III]. — Hans Driesch. *Die sittliche Tat. Ein moralphilosophischer Versuch*, 1927. — Eugene Dupréel, *Traité de Morale*, 2 vols., 1932. — A. Gresson, *Le problème moral et les philosophies*, 1933. — Yves Simon, *Critique de la connaissance morale*, 1934. — Giovanni Semeria, *La morale e le morali*, 1934. — Karl Menger, *Moral, Wille und Weltgestaltung. Grundlegung zur Logik der Sitten*, 1934. — Friedrich Wagner, *Geschchite des Sittlichkeitsbegriffes*, 1936. — G. Gurvitch, *Morale théorique et sciences des moeurs*, 1937; 3ª ed., 1961. — Octavio Nicolás Derisi, *Los fundamentos metafísicos del orden moral*, 1940. — R. Le Senne, *Traité de morale générale*, 1942. — Luis Rouzic, *El contenido de la moral*, 1946. — Georges Gusdorf, *Traité de l'existence morale*, 1949. — Rafael Virasoro, *Vocación y moralidad: Contribución al estudo de los valores morales*, 1949. — M. Mandelbaum, *The Phenomenology of Moral Experience*, 1955. — G. Morris, *On the Diversity of Morals*, I, 1956. — Ángel Vassalo, *El problema moral*, 1957. — Kurt Baier, *The Moral Point of View*, 1958. — J. Maritain, *La philosophie morale*, 1960. — Eric Weil, *Philosophie morale*, 1961. — Georges Bastide, *Traité de l'action morale*, 2 vols., 1961 (I: *Analytique de l'action morale*; II. *Dynamique de l'action morale*). — W. K. Frankena, H. D. Aiken et al., *Morality and the Language of Conduct*, 1963, ed. Héctor-Neri Castañeda y G. Nakhnikian. — G. J. Warnock, *The Object of Morality*, 1974. — Gilbert Harman, *The Nature of Morality*, 1971. — Héctor-Neri Castañeda, *The Structure of Morality*, 1977. — J. M. Brennan, *The Open Texture of Moral Concepts*, 1977. — J. Raz, *The Morality of Freedom*, 1986. — M. Rhonheimer, *Natur als Grundlage der Moral*, 1987. — J. Finnis, *Moral Absolutes: Tradition, Revision, and Truth*, 1991. — M. Wagner, ed., *An Historical Introduction to Moral Philosophy*, 1991. — S. Fleischacker, *Integrity and Moral Relativism*, 1992. — B. Herman, *The Practice of Moral Judgement*, 1993. — M. DePaul, *Balance and Refinement: Beyond Coherence Methods of Moral Inquiry*, 1993. — A. Edel, *In Search of the Ethical: Moral Theory in Twentieth Century America*, 1993. ⊂

MORALES. JOSÉ RICARDO. Ver ARQUITETÔNICA, IMITAÇÃO.

MORE GEOMETRICO. Ver ORDINE GEOMETRICO.

MORE, HENRY (1614-1687). Nascido em Grantham (Lincolnshire, Inglaterra), estudou no Christ's College, de Cambridge, do qual foi *Fellow* até o final da vida. More é considerado um dos principais representantes da chamada "Escola de Cambridge" ou "platonismo de Cambridge". Interessado pela filosofia e em correspondência com vários pensadores da época (entre os quais estão Descartes, F. M. van Helmont e John Norris), também demonstrou grande interesse pelas tradições herméticas, cabalísticas e teosóficas. A rigor, alguns autores consideram More só do ponto de vista de suas tendências cabalísticas, teosóficas e espiritualistas e do seu interesse por fantasmas, aparições e bruxarias. Contudo, mais importante do que essas tendências e esse interesse é em More sua inclinação pela especulação filosófica; seu interesse pelos fantasmas e as aparições advinham em parte de seu desejo de provar, mediante sua existência, a realidade do espírito.

No começo de suas especulações filosóficas, More considerou muito meritória a filosofia de Descartes, que considerou muito adequada para combater o deísmo e o materialismo de Hobbes e de outros autores. Não obstante, logo More passou a considerar que o dualismo cartesiano e a definição da matéria pela extensão levavam a resultados contrários aos esperados. Em vista disso, insistiu que, contrariamente ao que muitos pensam, a idéia de um espírito "é uma idéia tão fácil quanto a de qualquer outra substância" (*An Antidote*, IV, 3); pelo menos suas "propriedades essenciais e inseparáveis" (autopenetrabilidade, automovimento, dilatação, indivisibilidade) são perfeitamente concebíveis. Na verdade, o que caracteriza o espírito são propriedades contrárias às que caracterizam a matéria (que é impenetrável, não se move por si mesmo, é divisível e separável etc.). Pode-se derivar de tudo isso a idéia da existência de uma substância espiritual como substância que não é uma mera modificação do corpo. Ainda assim, More parece afirmar um dualismo do tipo cartesiano (cf., por exemplo, *The Imortality*, III, 1, em que "espírito" é definido como *a substance penetrable and indiscerptible*, ao contrário de "corpo", *a substance penetrabele and discerptible*; ele nega aí que haja alguma "essência" dotada de uma "condição intermediária" entre as substâncias incorpórea e corporal). Verifica-se contudo que a chamada "matéria" se move, o que não seria possível a não ser que o espírito a tivesse dotado de movimento. Portanto, o espiritual precede o corporal, do mesmo modo como o espiritual infinito precede o espiritual finito e o corporal. Assim, a "animação" da Natureza é em última instância de índole espiritual.

Característica de More, e considerada sua idéia mais original, é a afirmação, e a tentativa de provar, que o corporal não é equiparável ao extenso, mas que a extensão (o espaço) se distingue da matéria. A extensão (o espaço) é para More infinita e não material; o espaço é real e, enquanto espaço infinito, é um dos atributos divinos; ou, pelo menos, os atributos do espaço infinito, uno e simples, são paralelos, senão idênticos, aos atributos, ou a alguns dos atributos, de Deus.

More elaborou um sistema ético fundado no caráter inato dos princípios morais; entre esses princípios sobressai o da concepção da felicidade como realização da bondade que tem por finalidade a beatitude.

➲ Obras: *Philosophical Poems*, 1674 (nova ed.: *The Complete Poems of Dr. H. M.*, 1876, ed. A. B. Grosart). — *An Antidote against Atheism, or an Appeal to the Natural Faculties of the Mind of Man, wheter there be not a God*, 1652; 3ª ed., 1962. — *Conjectura Cabalistica*, 1653; outra ed., 1679. — *Enthusiasmus triumphatus*, 1656; outra ed., 1679 [com o pseudônimo "Philophilus Parresiastes"]. — *The Immortality of the Soul, so farre forth as it is demonstrable from the knowledge of nature and the light of reason*, 1659; outra ed., 1679. — *An Explanation of the Grand Mistery of Godliness*, 1660. — *Enchiridion Ethicum, praecipua Moralis Philoshiae Rudimenta complectens*, 1667; 2ª ed., 1669. — *Enchiridium metaphysicum: sive, De Rebus Incorporeis Succinta & Luculenta Dissertatio*, 1671.

Edição de obras: *Opera omnia, tum quae Latine, tum quae Anglice scripta sunt; nunca vero Latinitate donata*, 3 vols., Londres, 1675-1679, reimp., 1963. — *A Collection of Several Philosophical Writings of Dr. H. M.*, 2ª ed., aum., 1662; 4[ed., aum., 1703. — *The Theological Works of the Most Pious and Learned Dr. H. M., D. D.*, 1708. — Edição de *Philosophical Writings of H. M.*, 1925, por Flora Isabel Mackinnon [com bibliografia, pp. 233-256, e esboço das teses filosóficas de More, pp. 257-271].

Além da introdução e notas de F. I. Mackinnon à citada ed., ver: P. R. Anderson, *H. M.*, 1933. — H. Reimann, *H. Mores Bedeutung für die Gegenwart. Sein Kampf für Wirken und Freiheit des Geistes*, 1941. — E. Neumann, *Die Archetypische Welt H. Mores*, 1961. — Aharon Lichtenstein, *H. M.: The Rational Theology of a Cambridge Platonist*, 1962 [com um "Essay on Bibliography", pp. 215-144]. — Serge Hutin, *H. M. Essai sur les doctrines théosophiques ches les platoniciens de Cambridge*, 1966. — Paolo Cristofolini, *Cartesiani e sociniani: Studio sur H. M.*, 1974. — A. Jacob, *H. M.: The Immortality of the Soul*, 1987. — Id., "The Neoplatonic Conception of Nature", em S. Gaukroger, *More, Cudworth, and Berkeley in the Uses of Antiquity*, 1991.

Ver ainda a bibliografia de CAMBRIDGE (PLATÔNICOS DE). Cf. A. Koyré, *From thew Closed World to the Infinite Universe*, 1957, cap. VI. ☚

MORE, THOMAS (1478-1535). Nascido em Londres; estudou direito, latim e grego. Suas tendências e trabalhos humanistas levaram-no a ter contato com grandes humanistas de sua época, como Colet, Erasmo, Vivres e Lefèbvre d'Étaples. Esteve a serviço de Henrique VIII e foi seu "Lord Chancellor" de 1529 a 1533. Quando se negou a assinar o chamado "Ato de Supremacia", que desafiava a autoridade do Papa e fazia de Henrique VIII o chefe da igreja inglesa, foi encarcerado (1534), declarado traidor e decapitado. Foi beatificado por Leão XIII (1866) e canonizado por Pio XI (1935).

More defendeu o humanismo e o retorno às fontes gregas e a Aristóteles contra aqueles que Vives denominou "pseudodialéticos". Mais tarde, inclinou-se pelas doutrinas de Santo Tomás e de outros grandes escolásticos, avaliando que, ao contrário dos escolásticos "decadentes", aqueles representavam as verdadeiras doutrinas antigas. More é conhecido sobretudo, senão exclusivamente, por sua "Utopia" (*Sobre a Melhor Condição do Estado e sobre a Nova Ilha de Utopia*). Trata-se da descrição de um Estado ideal, bem como de uma crítica à situação social da Inglaterra de sua época. Sob a influência de Platão, More introduziu em sua Utopia as idéias da comunidade de bens, de igualdade entre homens e mulheres e do papel supremo da sabedoria no governo. Ao contrário de Platão, porém, More estendeu a comunidade de bens a toda a sociedade. Esse afastamento de Platão mostra-se ainda mais pronunciado no tocante à estrutura social, visto que, enquanto a República platônica é formada por classes e se apresenta altamente hierarquizada, a utopia de More elimina as classes ou castas sociais. More admitiu a tolerância e se opôs a toda perseguição por razões de crença, mas fez uma exceção com relação aos que negam a existência de Deus e a imortalidade da alma; não havia lugar para estes no "Estado ótimo".

More criou o termo "utopia" ("em parte alguma"). O "Estado ótimo" não está em parte alguma, mas constitui o ideal de todos os Estados. É fundamental nele a estreita união entre religião e moral, o bem e a virtude. Esse "Estado ótimo" funda-se na virtude. More introduziu em sua utopia numerosos detalhes da organização do estado, bem como formas de distribuição do trabalho. Graças a estas últimas, elimina-se toda servidão econômica, dando oportunidade ao ócio moral e intelectual. O prazer moderado, no sentido epicurista, desempenha um importante papel na utopia de More. Os cidadãos são felizes porque podem gozar prazeres simples e não têm nenhuma ânsia de obtenção de coisas supérfluas.

➲ A referida obra capital de Santo Thomas More é intitulada, no original em latim: *De optimo reipublical statu deque nova insula Utopia libellus uere aureus*, 1516 [ed. com *Epigramatta* de Thomas More e de Erasmo].

Edição de obras: *Thomae Mori Opera omnia*, 1543, 1689 e outras [reimp. da ed. de 1689: *Thomae Mori*

Opera omnia latina, 1962]. Igualmente: *The Works of Sir Thomas More*, 1557. — *The Complete Works of T. M.*, 14 vols., 1963 ss.
Correspondência: *The Correspondence of Sir Thomas More*, 1947, ed. Elisabeth Frances Rogers.
Concordância: *Concordance to Th. More's* Utopia, 1978, ed. L. J. Bolchazy, em col. com G. Gichan e F. Theobald.
Em português: *Epigramas*, 1996. — *Utopia*, 1999.
Bibliografias: Frank Sullivan e M. P. Sullivan, *Moreana 1478-1945*, 1946. — R. M. Gibson, *St. Thomas More: A Preliminary Bibliography of His Works and Moreana to the Year 1750*, 1961.
Biografia: Andrés Vasquez de Prada, *Sir T. M., Lord Canciller de Inglaterra*, 1962.
Entre as primeiras obras sobre Thomas More figuram: Fernando de Herrera, *Tomás Moro*, Sevilha, 1592. — Sobre o pensamento de T. M, ver além disso: M. J. Walter, *Sir Th. M.: His Life and Times*, 1839. — Karl Kautsky, *Th. More und seine Utopie mit einer historischen Einleitung*, 1888. — Theobald Ziegler, *Thomas Morus und seine Schrift von der Insel Utopia*, 1889. — *Thomas Morus und seine Utopie*, 1896. — Raymond Wilson Chambers, *Thomas More*, 1935; nova ed., 1948. — Alfonso Erb, *Thomas Morus*, 1935. — Russell Ames, *Citizen Thomas More and His Utopia*, 1949. — F. Battaglia. *Saggio sulll'Utopia di T. Moro*, 1949. — J. H. Hexter, *More's Utopia: The Biography of an Idea*, 1952. — Paul Huber, *Traditionsfestigheit und Traditionskritik bei Thomas Morus*, 1953. Edward Louis Surtz, *The Praise of Pleasure. Philosophy, Education, and Communism in More's Utopia*, 1957. — Id., *The Praise of Wisdom. A Commentary on the Religious and Moral Problems and Backgrounds of St. Thomas More's* Utopia, 1957. — Germain Marc'hadour, *L'univers de Thomas More: Chronologie critique de More, Erasme et leur époque (1447-1536)*, 1963. — Robbin S. Johnson, *More's* Utopia; *Ideal and Illusion*, 1969. — J. H. Hexter, *The Vision of Politics on the Eve of the Reformation: More, Machiavelli and Seyssel*, 1973. — M. Fleischer, *Radical Reform and Political Persuasion in the Life and Writings of Th. M.*, 1973. — A. Kenny, *Th. M.*, 1983. — G. M. Logan, *The Meaning of More's* Utopia, 1983. — H. P. Heinrich, *Th. M.*, 1984.
Sobre a influência de Thomas More na América: Silvio Zavala, *La Utopia de Tomás Moro en la Nueva España, y otros estudios*, 1937 [refere-se a Vasco de Quiroga].
Ver ainda a bibliografia do verbete UTOPIA. ↩

MORENO, JOSÉ LUIS. Ver PSICANÁLISE

MORENO ESPINOSA, ALFONSO. Ver KRAUSISMO.

MORFOLOGIA. Chama-se com freqüência "morfologia" o estudo geral das formas ou estruturas dos seres vivos. Este estudo pode ser realizado de duas maneiras: acentuando os aspectos estáticos, situação na qual a morfologia equivale a uma tipologia, ou acentuando os aspectos dinâmicos, situação na qual o desenvolvimento dos seres vivos é incluído no estudo morfológico. Este último foi o método de Goethe ao propor a doutrina das protoformas (por exemplo, da protoplanta). A protoforma é um modelo a partir do qual se desenvolvem diversas formas (em princípio infinitas) do reino orgânico, algumas das quais são realmente existentes e outras possíveis, mas não excluíveis no futuro. A morfologia permite assim examinar as metamorfoses dos seres vivos e estabelecer comparações entre "partes" de seres vivos de diferentes espécies que se desenvolveram a partir do mesmo modelo originário. A doutrina goetheana da morfologia supõe a possibilidade do "livre" desenvolvimento das formas orgânicas.

O estudo e o método morfológicos foram aplicados posteriormente ao mundo da cultura como pesquisa das formas culturais (morfologia da cultura) e históricas (morfologia da história). Segundo Spengler, "todos os métodos de compreensão do universo podem ser denominados, em última análise, 'morfologia'". Distingue-se uma morfologia da existência, do mecânico, do que está submetido à lei da causalidade (sistemática) e uma morfologia do orgânico e da história (fisiognômica). A aplicação das categorias biológicas à história é um dos mais patentes resultados dessa concepção morfológica, que reduz as culturas a organismos, a estruturas orgânicas submetidas aos mesmos processos que os seres vivos.

↪ Ver: A. Meyer, *Logik der Morphologie im Rahmen einer Logik der gesamten Biologie*, 1926. ↩

MORGAN, C[ONWY] LLOYD (1852-1936). Nascido em Londres, estudou metalurgia. De 1878 a 1883, foi professor no Diocesan College de Rondesbosch (Cidade do Cabo); a partir de 1884, foi professor de zoologia e geologia no University College, de Bristol.

Há uma estreita relação entre os estudos zoológicos, biológicos e psicológicos de Morgan e seu pensamento filosófico; esses dois planos se influenciaram mutuamente. Morgan estudou pormenorizadamente o comportamento animal e concluiu que há características comuns dos animais inferiores aos superiores, aí incluído o homem. Isso não significa, a seu ver, que exista, como afirmou Bergson, algum *élan vital* (VER) ou alguma espécie de "psiquismo" que abarque todo o reino orgânico ou ao menos o reino animal. De toda forma, não há para Morgan nenhuma finalidade ou teleologia (a que de resto Bergson também se opunha, considerando-o o anverso do determinismo). Ao mesmo tempo, não se podem explicar os processos orgânicos, e os comportamentos orgânicos, em termos exclusivamente físico-químicos e menos ainda em termos mecanicistas. As "características comuns" de referência devem-se ao fato de todas as espécies se terem desenvolvido no curso da evolução (ver EVOLUÇÃO, EVOLUCIONISMO). Mas a evolução é entendida como evolução emergente (VER). Morgan coincide nesse aspecto com autores como G. H. Lewes e Samuel

Alexander, que podem ser qualificados como "emergentistas". Coincide ainda com eles na posição epistemológica, a do realismo, ou neo-realismo. Morgan influenciou Alexander, de quem também recebeu influências. A relação epistemológica entre sujeito e objeto é compreensível também, segundo Morgan, do ponto de vista do evolucionismo emergentista.

Produz-se ao longo da evolução uma hierarquia determinada pelos elementos emergentes ou "novos". Há, portanto, ao mesmo tempo, uma "unidade" da natureza e uma diversificação de manifestações exteriores que estão a um só tempo coordenadas e subordinadas. Segundo Morgan, existem dois modos de explicação dos fenômenos: o científico-natural e o "dramático-histórico". O primeiro explica os processos por meio de fatores naturais, e o segundo os explica por meio de atos de agentes. Não se pode desprezar por inteiro nenhuma dessas explicações, já que cada uma funciona adequadamente de acordo com o aspecto da realidade que se examinar. Contudo, Morgan se inclina pelo segundo tipo de explicação quando se trata de apresentar um quadro metafísico geral. De fato, no seu entender, o processo da evolução emergente parece mostrar que há um agente — um "quem" — que o dirige por inteiro e não é simplesmente o termo final da evolução. Este "agente último" pode receber o nome de "Deus".

↪ Obras: *Animal Life and Intelligence*, 1890-1891. — *Introduction to Comparative Psychology*, 1894. — *Psychology for Teachers*, 1895. — *Habit and Instinct*, 1896. — *Animal Behavior*, 1900. — *The Interpretation of Nature*, 1905. — *Instinct and Experience*, 1912. — *Herbert Spencer's Philosophy of Science*, 1913. — *Emergent Evolution*, 1923 (Gifford Lectures). — *Life, Mind and Spirit*, 1926. — *Mind at the Crossways*, 1929. — *The Animal Mind*, 1930. — *The Emergence of Novelty*, 1933.

Ver: D. Browning, ed., *Philosophers of Process*, 1965 [Bergson, Peirce, Alexander, Morgan, Dewey, Mead, Whitehead]. ↩

MORGAN, THOMAS. Ver Livre-Pensadores.

MORGOTT, FRANZ. Ver Neo-escolástica.

MORIN, EDGAR (1921). Nascido em Paris, foi um dos fundadores e colaboradores da revista *Arguments*. Pertenceu ao grupo marxista heterodoxo ou neomarxismo, de que também fizeram parte, entre outros, Kostas Alexos e Pierre Fougeyrollas. Membro, durante a Resistência e no pós-guerra, do Partido Comunista Francês, Morin foi expulso em 1952 devido à sua posição contrária à posição chamada "ortodoxa". Mesmo quando era do Partido Morin sentira pouca ou nenhuma simpatia pelas tendências estritamente dialético-materialistas, tendo-se sentido atraído por Hegel, pelo marxismo hegeliano de Lukács e por Sartre. Essa atração se manifestou abertamente depois de sua expulsão; liberto da "má fé" que o mantivera no Partido, Morin concluiu que tinha de assumir inteira responsabilidade por seu pensamento. Ele recusou a visão das contradições capitalistas no sentido marxista "tradicional" (ou "oficial"), bem como toda pregação de uma escatologia fundada numa sociedade sem classes da qual fora eliminada toda alienação, a fim de destacar que as contradições são muito mais profundas, alcançando o fundo da cultura contemporânea e impondo, por assim dizer, um corte vertical por todas as classes sociais. O marxismo "oficial" representa, segundo Morin, um mascaramento dos verdadeiros problemas. É sem dúvida necessário fazer uma revolução, mas esta não é apenas política e social, mas total. Por outro lado, nenhuma revolução poderá um dia suprimir as contradições. A revolução total e a total transformação da cultura consistem antes na consciência de que sempre vão surgir novas contradições. Como Kostas Alexos e, em parte, Pierre Fougeyrollas, Morin propugnou uma totalidade "aberta" e um pensamento "planetário". A última possibilidade que resta é a de uma revisão e de uma crítica constantes; trata-se da única coisa capaz de evitar o dogmatismo, a reificação e a tendência à imutabilidade.

↪ Obras: *L'an zero de l'Allemagne*, 1946 (com prefácio de Bernard Groethuysen). — *Allemagne, notre souci*, 1947. — *Une cornerie*, 1948. — *L'homme et la mort*, 1951; nova ed., 1970. — *Les stars*, 1957. — *Autocritique*, 1959; 2ª ed., 1970. — *L'esprit du temps, essais sur la culture des masses*, 1962. — *Chronique d'un été*, 1962 (em colaboração com Jean Rouch). — *Marxisme et sociologie*, 1963. — *Le cinéma ou l'homme imaginaire. Essai d'anthropologie*, 1965. — *Introduction à une politique de l'homme, suivi de Arguments politiques*, 1965. — *Commune en France: la métamorphose de Plodemet*, 1967. — *Mai 1968, i. e., mil neuf-cent soixante-huit: la Brèche. Premières réflexions sur les événements*, 1968 (em colaboração com Claude Lefort e Jean-Marc Coudray). — *La prise de la parole*, 1968. — *Le vif du sujet*, 1969. — *La rumeur d'Orléans*, 1969 (em colaboração com Bernard Paillard, Evelyne Burguière, Claude Capulier, Suzanne de Lusignan et al.). — *Journal de Californie*, 1970. — *Le paradigme perdu; la nature humaine*, 1973. — *La Méthode*, 4 vols.: *La nature de la nature*, 1977; II, *La Vie de la vie*. 1980; III, *La connaissance de la connaissance: antrhopologie de la connaissance*, 1986; IV, *Les Idées: leur habitat, leur vie, leurs moeurs, leur organisation*, 1991. — *L'Unité de l'homme*, 3 vols., 1978 [coed. com M. Piatelli-Palmarini, a partir do Colóquio "A unidade do homem: invariantes biológicas e universos culturais", Abadia de Royaumount, 1972]: vol. I, *Le Primate et l'homme*; vol. II, *Le Cerveau Humain*; vol. III, *Por une anthropologie fondamentale*. — *Introduction à une politique de l'homme*, 1980. — *Pour sortir du XXe siècle*, 1981. — *Science avec conscience*, 1982. — *La Croyance astrologique moderne*. — *Age d'homme*, 1982. — *De la nature de l'URSS: complexe totalitaire et nouvel empire*,

1983. — *Terre-pathie*, 1983 (com A.-B. Kern). — *New York: la ville des villes*, 1984. — *Le Rose et le noir*, 1984. — *Sociologie*, 1984. — *Penser l'Europe*, 1987. — *Mai 68, la brèche: Vingt ans après*, 1988 (com Claude Lefort, Cornelius Castoriadis). — *Vidal et les siens*, 1889 (com V. Grappe-Nahoum e H. Vidal Sephiha). — *Introduction à la pensée complexe*, 1990. *Un Nouveau commencement*, 1991 (com G. Bocchi, M. Ceruti). Em português: *Amor, poesia, sabedoria*, 1998. — *Um ano Sísifo — Diário de um fim de século*, 1998. — *A cabeça bem-feita*, 2000. — *Ciência com consciência*, 1996. — *O cinema ou o homem imaginário*, 1970. — *Cultura de massas no século XX*, vol. 1, *A neurose*, 1997. — *Cultura de massas no século XX*, vol. 2, s.d. — *Cultura e comunicação de massas*, 1972. — *Da natureza da URSS*, 1983. — *A decadência do futuro e a construção do presente*, com J. Baudrillard e M. Mattesoli, s.d. — *As estrelas — mito e sedução no cinema*, 1989. — *As grandes questões do nosso tempo*, 1994. — *O homem e a morte*, 1997. — *A inteligência da complexidade*, 2000. — *Introdução à política do homem e argumentos filosóficos*, 1969. — *Introdução ao pensamento complexo*, 1990. — *O método, I*, 1997. — *O método, II*, s.d. — *O método, III*, s.d. — *O método, IV*, s.d. — *Meus demônios*, 1997. — *Para sair do século XX*, 1986. — *Paradigma perdido*, s.d., — *Pensar a Europa*, 1997. — *Problema epistemológico de complexidade*, 1996. — *Saberes globais e saberes locais*, 2000. — *Os sete saberes necessários à educação do futuro*, 2000. — *Sociologia*, 1984. — *Terra-pátria*, com A. B. Kern, 1996.

Ver: J.-B Fagès, *Comprendre E. M.*, 1980. — J.-L. Aranguren, "Lectura de E. M.", *Revista de Occidente*, 9, 1981, pp. 127-132. — A. Sánchez, "Los dos sexos, las dos culturas... por una epistemología no dicotómica", *Cuadernos de Filosofía de la Ciencia*, 15-16, 1989, pp. 379-385. Ↄ

MORRIS, CHARLES W. (1901-1979). Nascido em Denver, Colorado (EUA), foi "instrutor" de filosofia no Rice Institute (Houston, Texas) (1925-1931), professor assistente e mais tarde professor titular na Universidade de Chicago (1931-1960), bem como, a partir de 1961, *Research Professor* na Universidade da Flórida. Morris trabalhou, em estreita relação com os principais representantes do empirismo lógico e do pragmatismo, na teoria dos signos (ver SIGNO). Deve-se a ele a influente sistematização dessa teoria numa semiótica (VER) e a conhecida divisão desta em sintaxe (VER), semântica (VER) e pragmática (VER). Morris desenvolveu em pormenor os conceitos semióticos fundamentais; e trabalhou em particular com o problema do uso dos signos e das diferentes espécies de comportamento humano relativas a esse uso. Contribuição importante no tocante a isso foi a teoria geral do discurso (VER) e a análises dos diferentes tipos de discurso. Com base nessas pesquisas, Morris ocupou-se também de problemas éticos, políticos e de problemas de comportamento, destacando o papel desempenhado pela linguagem nesses problemas. Sendo o homem concebido como um ser que vive num universo de signos, o exame da relação entre estes e o homem termina por ser, da perspectiva humana, a questão mais importante.

Ↄ Obras: *Six Theories of Mind*, 1932. — *Logical Positivism, Pragmatism and Scientific Empirism*, 1957. — *Foundations of the Theory of Signs*, 1938 (International Encyclopedia of Unified Sciences, I, 2. — *Paths of Life: Preface to a World Religion*, 1942. — *Signs: Language and Behavior*, 1946. — *The Open Self*, 1948. — *Varieties of Human Value*, 1956. — *Signification and Significance: A Study on the Relations of Signs and Values*, 1964; reimp., 1970. — *The Pragmatic Movement in American Philosophy*, 1970. — *Writings on the General Theory of Signs*, 1971 (inclui reimps. de *Foundations of the Theory of Signs; Signs, Language ans Behavior*, o primeiro capítulo de *Significatiion and Significance* e outros textos).

Ver: F. Rossi-Landi, *Ch. Morris*, 1953. — L. N. Roberts, "Art as Icon. An Interpretation of C. W. Morris", en *Studies in American Philosophy*, 1955 [Tulane Studies in Philosophy, 4, pp. 75-82]. — Richard A. Fiordo, *Studies in Semiotics: Ch. Morris and the Criticism of Discourse*, 1977. VV. AA., *Zeichen über Zeichen über Zeichen. 15 Studien über Ch. W. M.*, ed. por A. Eschbach. Ↄ

MORTE. Platão afirmou que a filosofia é uma meditação sobre a morte. Toda vida filosófica, escreveu mais tarde Cícero, é uma *commentatio mortis*. Vinte séculos depois, Santayana afirmou que "uma boa maneira de provar o valor de uma filosofia consiste em perguntar o que ela pensa acerca da morte". De acordo com estas opiniões, uma história das formas da "meditação sobre a morte" poderia coincidir com uma história da filosofia. Ora, essas opiniões podem ser entendidas em dois sentidos: em primeiro lugar, no sentido de que a filosofia é exclusiva ou primariamente uma reflexão sobre a morte. Em segundo, no sentido de que a pedra de toque de inúmeros sistemas filosóficos é constituída pelo problema da morte. Só este segundo sentido parece plausível.

Por outro lado, pode-se entender a morte de duas maneiras. Antes de tudo, de modo ambíguo, e em seguida de modo restrito. Entendida em termos amplos, a morte é a designação de todo fenômeno no qual se produz uma cessação. Em sentido restrito, em contrapartida, a morte é considerada exclusivamente como a morte humana. O habitual tem sido ater-se a este último significado, às vezes por uma razão puramente terminológica e outras vezes porque se considerou que apenas na morte humana o ato de morrer adquire plena significação. Isso é evidente, de forma especial, nas orientações mais "existencialistas" do pensamento filosófico, tanto as atuais como as passadas. Poder-se-ia de certo modo dizer que o significado da morte tem oscilado entre duas concepções extremas: uma que concebe o morrer em analogia com a desintegração do inorgânico e aplica à morte do homem essa desintegração, e a outra que, em contrapartida, concebe inclusive toda cessação em analogia com a morte humana.

Uma história das idéias acerca da morte supõe, em nossa opinião, uma detalhada análise das diversas concepções de mundo — e não só das filosofias — existentes no curso do pensamento humano. Supõe além disso um exame dos problemas relativos ao sentido da vida e à concepção da imortalidade, seja na forma de sua afirmação ou no aspecto de sua negação. Em todos os casos, vem com efeito disso uma determinada idéia da morte. Vamos limitar-nos aqui a indicar que uma dilucidação suficientemente ampla do problema da morte implica um exame de todas as formas possíveis de cessação, mesmo que só se considere como cessação no sentido autêntico, em última análise, a morte humana. Fizemos em outro lugar esse exame (cf. *El sentido de la muerte*, 1947, especialmente o cap. I). Disso resulta, de imediato, que existe uma idéia distinta do fenômeno da cessação de acordo com certas concepções últimas sobre a natureza da realidade. O atomismo materialista, o atomismo espiritualista, o estruturalismo materialista e o estruturalismo espiritualista defendem, com efeito, uma idéia de morte diferente. Ora, nenhuma dessas concepções entende a morte num sentido suficientemente amplo, justo porque, a nosso ver, diz-se a morte de várias maneiras (da cessação à morte humana), de modo tal que pode-se até mesmo falar de uma forma de morte específica para cada região da realidade. A *analogia mortis* que é a partir disso destacada pode ser explicada porque — para citar casos extremos —, a concepção atomista materialista é capaz de entender o fenômeno da cessação do inorgânico, mas não o processo da morte humana, ao passo que a concepção estruturalista espiritualista entende bem o processo da morte humana, mas não o fenômeno da cessação do inorgânico.

Não é portanto o caso de adotar determinada idéia do sentido da cessação em determinada esfera da realidade e aplicá-la por extensão a todas as outras (por exemplo, de conceber a morte principalmente como cessação da natureza inorgânica, aplicando-se mais tarde esse conceito à realidade humana, nem, inversamente, de partir da morte humana e em seguida conceber todas as outras formas de cessação como espécies, talvez "inferiores", da morte humana). Trata-se antes de ver de que maneiras distintas "cessam" várias formas de realidade e de tentar ver que graus de "cessabilidade" há no contínuo da Natureza. Em *El ser y la muerte* (1962), formulei várias proposições relativas à propriedade de "ser mortal", nas quais a expressão "ser mortal" resume todas as maneiras de deixar de ser: "1) Ser real é ser mortal; 2) Há diversos graus de mortalidade, que vão da mortalidade mínima à máxima; 3) A mortalidade mínima é a da natureza inorgânica; 4) A mortalidade máxima é a do ser humano; 5) Cada um dos tipos, por ser incluído 'na realidade', é compreensível e analisável, em virtude de sua situação ontológica no âmbito de um conjunto determinado, por duas tendências contrapostas: uma vai do menos ao mais mortal e outra que segue a direção inversa" (*op. cit.*, §9). Aquilo que se denomina "morte" é entendido aqui como um fenômeno, ou uma "propriedade", que permite "situar" tipos de entidades no citado "contínuo da Natureza".

Tem sido comum estudar filosoficamente o problema da morte como problema da morte humana. São abundantes atualmente os estudos biológicos, psicológicos, sociológicos, médicos, legais etc. sobre a morte, levando em conta casos concretos, as maneiras como, em diferentes comunidades e em diferentes classes sociais, é encarado o fato de que os seres humanos morrem. Esses estudos são importantes, visto evidenciarem que a morte humana é, a um só tempo, fenômeno social e natural. Por esse motivo, consideram-se não apenas os "moribundos" e "falecidos" como os sobreviventes. A pesquisa própria a que nos referimos não deixa de lado os citados estudos, mas centra-se na noção de "morte" (ou de "cessação") como noção geral filosófica e não só como fenômeno humano. Quanto a este último ponto, têm-se contraposto duas teses extremas: segundo uma delas, a morte é simples cessação; de acordo com a outra, a morte é "a própria morte", irredutível e intransferível. De nossa parte, julgamos que a chamada "mera cessação" e a morte "propriamente humana" funcionam como conceitos-limite. Da morte humana pode-se dizer que é "mais própria" do que outras formas de cessação, mas, a menos que se separe por inteiro a pessoa humana de suas raízes naturais, deve-se admitir que essa propriedade nunca é completa.

Ao lado da investigação filosófica da morte, pode-se proceder a uma descrição e a uma análise das diversas idéias da morte ao longo da história e, de modo particular, no curso da história da filosofia. Pode-se então examinar a idéia da morte no naturalismo, no estoicismo, no platonismo, no cristianismo etc. Também se podem estudar as diferentes idéias da morte em diversos "círculos culturais" ou em vários períodos históricos. Na maioria dos casos, esse estudo está ligado a um exame das diversas idéias acerca da sobrevivência e da imortalidade (ver).

⊃ Sobre o problema geral da morte: O. Bloch, *Vom Tode. Eine allgemeineverständliche Darstellung*, 2 vols., 1909. — G. Simmel, "Zur Metaphisik des Todes", *Logos*, I (1910-1911), pp. 57-70 [reproduzido em *Lebensanschauung. Vier metaphysische Kapitel*. Cap. III: "Tod und Unsterblichkeit", 1918; 2ª ed., 1922. — M. Heidegger, *Sein und Zeit*, I, 1927, §§ 46-53. — A. F. Dina, *La destinée, la mort et ses hypothèses*, 1927. — R. Ruyer, "La mort et l'existence absolute", *Recherches philosophiques*, 2 (1932-1933), pp. 131-174. — Max Scheler, "Tod und Fortleben", em *Schriften aus dem Nachlass*, I, 1933, reimp. em *Gesammelte Werke*, vol. 10, 1957. — P. L. Landsberg, *Die Erfahrung des Todes*, 1937. — Leopold Ziegler, *Vom Tod*, 1937. — I. Feier, *Essais sur la mort*, 1939. — J.-P. Sartre, *L'Être et le Néant*, 1943, parte IV. — Romano Guardini, *Tod, Auferstehung, Ewigkeit*, 1946. — Paul Chauchard, *La mort*, 1947. — José Ferrater Mora, *op. cit.* no texto do verbete. — R. Troisfontaines, M. d'Halluin *et al.*, *La mort*, 1948. — Raoul Montandon, *La mort, acte inconnu*, 1948. — J. Vuillemin, *Essai sur la signification de la mort*, 1949. — Béla von Brandenstein, *Leben und Tod. Grundlagen der Existenz*, 1949. — C. J. Ducasse, *Nature, Mind and Death*, 1951 [The Paul Carus Lectures], 1949]. — Edgar Morin, *L'homme et la mort*, 1951; nova ed., 1970. — F. K. Feigel, *Das Problem des Todes*, 1952. — José Echeverría, *Réflexions métaphysiques sur la mort et le problème du sujet*, 1952. — A. Metzger, *Freiheit und Tod*, 1955. — Ursula von Mangoldi, *Der Tod als Antwort auf der Leben*, 1957. — Ewald Wasmuth, *Vom Sinn des Todes*, 1959. — M. F. Sciacca, *Morte ed immortalità*, 1959 [*Opere complete*, vo. 9]. — Jacques Choron, *Modern Man and Mortality*, 1964. — Ph. Merlan, H. Freeman *et al.*, *Reflections on Life and Death*, 1965 [artigos em número especial de *Pacific Philosophy Forum*]. — Vladimir Jankélévitch, *La mort*, 1966. — Eugen Fink, *Metaphysik und Tod*, 1969. — D. Z. Phillips, *Death and Immortality*, 1970. — Fridolin Wiplinger, *Der personal verstandene Tod. Todeserfahrung als Selbstefahrung*, 1970. — Warren Shibles, *Death: An Interdisciplinary Analysis*, 1974. — Louis-Vincent Thomas, *Anthropologie de la mort*, 1975. VV. AA., artigos em número especial de *The Monist*, 59, vol. 2, 1975, intitulado "Philosophical Problems of Death". — Johannes Schwartländer, Hans Heimann *et al.*, *Der Mensch und sein Tod*, 1976, ed. Johannes Schwartländer. — Peter Koestenbaum, *Is There an Answer to Death?*, 1976. — Robert M. Veatch, *Death, Dying, and the Biological Evolution: Our Last Quest for Responsability*, 1976. — R. M. Chisholm, P. Edwards *et al.*, *Language, Metaphysics, and Death*, 1978, ed. J. Donnelly. — G. Scherer, *Das Problem des Todes in der Philosophie*, 1979; 2ª ed., 1988. — H. Ebeling, *Freiheit, Gleichheit, Sterblichkeit*, 1982. — J. F. Rosenberg, *Thinking Clearly About Death*, 1983. — Ph. Ariès, *El hombre ante la muerte*, 1983. — A. Hartle, *Death and the Disinterested Spectator: An Inquiry into the Nature of Philosophy*, 1986. — R. F. Almeder, *Death and Personal Survival: The Evidence for Life After Death*, 1992. — J. M. Fischer, ed., *The Metaphysics of Death*, 1993.

É preciso acrescentar a essa bibliografia os trabalhos de autores que, sem ter dedicado obras especiais ao problema da morte, consideraram-no central; é o caso de Unamuno em *Del sentimiento trágico de la vida*, Jaspers etc. Ver também a bibliografia do verbete IMORTALIDADE.

Sobre o problema da morte especialmente no sentido biológico: A. Weismann, *Die Dauer des Lebens*, 1882. — A. Dastre, *La vie et la mort*, 1909. — Doflein, *Das Unsterblichkeitsproblem in Tierreich*, 1913. (Para um resumo em linguagem não especializada das investigações sobre o chamado problema da imortalidade da célula, ver Metalnikof, *La lucha contra la muerte*; nele, faz-se referência às pesquisas de Metchnikoff, Maupas, Woodruff, Calkins etc.) — Lipschütz, *Allgemeine Physiologie des Todes*, 1915. — P. Kammerer, *Einzeltod, Völkertod, biologische Unsterblichkeit*, 1918. — G. Bohn, *Les problèmes de la vie et de la mort*, 1925. — M. Vernet, *La vie et la mort*, 1952 (contra as teses mecanicistas de A. Dastre). — D. N. Walton, *On Defining Death: An Analytic Study of the Concept of Death in Philosophy and Medical Ethics*, 1979. — D. Lamb, *Death, Brain, and Ethics*, 1985. — R. M. Zaner, ed., *Death: Beyond Whole-Brain Criteria*, 1988. — M. P. Battin, *The Least Worst Death: Essays in Bioethics on the End of Life*, 1993.

Sobre o problema da morte, com atenção especial à questão do envelhecimento: Ewald, *Ueber Altern and Sterben*, 1913. — Eugen Korschelt, *Lebensdauer, Altern und Tod*, 1917; 3ª ed. aum., 1924. — Rafael Virasoro, *Envejecimiento y muerte*, 1939. — Hans Driesch, *Zur Problematik des Alterns*, 1942. — Roger Mehl, *Le vieillissement et la mort*, 1955; nova ed., 1962. — M. Arniou, A. Berge, R. Biot *et al.*, *La vieillesse, problème d'aujourd'hui*, 1961 [Groupe lyonnais d'études médicales philosophiques et biologiques]. — R. F. Weir, ed., *Ethical Issues in Death and Dying*, 1977. — B. R. Barber, *Advance Directives and the Pursuit of Death with Dignity*, 1993.

O problema da morte em diversas culturas, épocas e autores: F. Lexa, *Das Verhältnis des Geistes, der Seele und Leibes bei den Aegyptern des alten Reiches*, 1918. — E. Stettner, *Die Seelenwanderung bei Griechen und Römern*, 1954. — E. Benz, *Das Todesproblem in des stoischen Philosophie*, 1929. — J. Fallot, *Le plaisir et la mort dans la philosophie d'Épicure*, 1952. — J. Fischer, *Studien zum Todesgedanken in der alten Kirche*, I, 1954. — Jaroslav Pelikan, *The Shape of Death: Life, Death, and Immortality in the Early Fathers*, 1961. — Philippe Ariès, *Western Attitudes Toward Death; From the Middle Ages to the Present*, 1974 [conferências na Johns Hopkins University, 1973, pronunciadas em francês]. — María Josefa González-Haba, *La muerte en el pensamiento del Maestro Eckhart*, 1959. — Mario J. Valdés, *Death in the Literature of Unamuno*, 1964. — J. Wach, *Das Problem des Todes in der Philosophie unserer Zeit*, 1934. — A. Sternberger, *Der verstandene Tod. Eine Untersuchung über M. Heideggers Existentialontologie*, 1934. — James M. Demske, *Sein, Mensch und Tod. Das Todesproblem bei M. Heidegger*, 1963

(há também edição inglesa). — K. Lehman, *Der Tod bei Heidegger und Jaspers. Ein Beitrag zur Frage: Existentialphilosophie, Existenzphilosophie und protestantische Theologie*, 1939. — Régis Jolivet, *Le problème de la mort chez M. Heidegger et J.-P. Sartre*, 1950. — Ugo Maria Ugazio, *Il problema della morte nella filosofia di Heidegger*, 1976. — Ferdinand Reisinger, *Der Tod in marxisten Denken heute*, 1977. — P. Edwards, *Heidegger and Death: A Critical Evaluation*, 1980. — P. Ariès, *La muerte en Occidente*, 1982. — R. Boothby, *Death and Desire: Psychoanalytic Theory in Lacan's Return to Freud*, 1991.
Bibliografia: S. Southard, *Death and Dying: A Bibliographical Survey*, 1991. ℭ

MORTE DE DEUS. Ver Deus, Morte de.

MOSCA, GAETANO (1858-1941). Nascido em Palermo, ensinou Direito Constitucional na Universidade de Turim (a partir de 1896) e História das Instituições e das Doutrinas Políticas na Universidade de Roma (a partir de 1924).

Mosca elaborou uma teoria da sociedade segundo a qual toda sociedade se acha sempre governada por uma minoria organizada a que dá o nome de "classe política". A minoria nem sempre é necessariamente a detentora dos meios de produção, do poder militar ou de um "poder herdado" ou qualquer outra forma de domínio. No curso da história se manifestaram muitos tipos distintos de "classes políticas". É comum a todas elas a formulação de princípios — a chamada "fórmula política" — que justificam o exercício do poder. Embora a classe dominante, a minoria ou *élite*, possa ser considerada a "aristocracia" e a classe dominada, a "democracia", e ainda que haja entre estas uma luta permanente, bem como, por vezes, a substituição da primeira por um grupo organizado da segunda, não é necessário que essa classe dominante seja autocrática ou ditatorial. Há limites na posse e no exercício do poder: limites gerais e limites específicos das épocas ou classes envolvidas.

Comparou-se a filosofia política de Mosca com a doutrina das *élites* de Pareto e com as teorias de "circulação das *élites*" como motor das mudanças históricas. ➲ Obras: *Sulla teorica del governi e sul governo parlamentare*, 1884; 2ª ed., 1925. — *Le costituzioni moderne*, 1887. — *Elementi di scienza politica*, 1895; 2ª ed., 1896; 3ª ed., 1923; 4ª ed., 1947; 6ª ed., 1953. — *Il principio aristocratico ed il democratico nel passato e nell'avvenire*, 2 vols., 1902-1903. — *Lezione di storia delle istituzioni e delle dottrine politiche*, 1932; nova ed., com o título *Historia delle dottrine politiche*, 1937. — *Partiti e sindacati nella crisi del regime parlamentare*, 1949 (coletânea de vários escritos já publicados em revistas e de alguns outros inéditos).
Bibliografia: M. delle Piane, *Bibliografia di G. M.*, 1949.

Ver: M. delle Piane, *G. M.: classe politica e liberalismo*, 1952 (com bibliografia aumentada com relação à de 1949). — James H. Meisel, *The Myth of the Ruling Class: G. M. and the Elite*, 1958. — M. Finocchiaro, "Logic, Democracy, and Mosca", em E. C. W. Krabbe, ed., *Empirical Logic and Public Debate*, 1993. ℭ

MOSTERÍN, JESÚS. Ver Analítico e Sintético; Conjunto; Racionalidade.

MOSTRAÇÃO. Ver Demonstração; Descrição.

MOTIVO. Pode-se entender por "motivo", *motivum*, "aquilo que move" ou "algo que move". Nesse sentido, um motivo é um produtor de movimento. Nessa qualidade, é uma causa, chamada *causa motivadora*. Essa causa foi por vezes concebida como causa direta (num sujeito humano, o motivo que o impele a fazer o que faz) ou como causa final (a razão pela qual o sujeito humano faz o que faz). Veremos adiante se há razão para estabelecer uma distinção entre "razão" — no sentido de "razão de (ou pela qual)" — e "motivo". A tendência originária é de estabelecer uma estreita relação entre motivo e causa que move.

Costuma-se citar Aristóteles (*De an.*, III, 10, 433 b 13-30) com respeito à noção de motivo. Aristóteles indica que todo movimento contém três fatores: "o que dá origem ao movimento, aquilo por meio de que o origina e aquilo que é movido". Ele escreve que há ambigüidade na expressão "o que dá origem ao movimento", já que pode ser algo que em si mesmo não se mova ou que ao mesmo tempo move e é movido. O que move sem ser movido é o bem; o que move e ao mesmo tempo é movido é a faculdade do apetite (ver). Esta última parece a mais próxima do que se veio mais tarde a denominar "motivo". Ser capaz de apetite é ser capaz de movimento por si mesmo, ou automovimento. O apetite faz que o sujeito se mova (em Aristóteles, não só os homens como também os animais). É sua causa motora ou ao menos uma de suas causas motoras.

Aristóteles se referia não só a uma produção de movimento por um instrumento psíquico ou mental como por um corporal. Mais tarde tendeu-se a entender o motivo como "motivo psíquico", isto é, como motor que, embora possa ser posto em movimento por algum processo corporal, tem natureza mental. Compreendeu-se freqüentemente "motivo" como algo que move a vontade ou é a causa de atos voluntários. Se se consideram apenas apenas atos ou estados mentais, o motivo como causa de atos voluntários pode ser determinado ato ou estado mental em virtude do qual se executa o ato voluntário.

Muitas das discussões relativas à natureza e ao modo de operação dos motivos ocorreram no âmbito dos debates sobre a natureza e os modos de operação da vontade (ver Vontade, Voluntarismo). Muitos autores têm opinado que o intelecto move a vontade e isso que dizer, de modo geral, que se executa um ato voluntário em virtude de algum fim expresso, ou exprimível, racionalmente. Outros têm julgado que é errôneo pretender que o intelecto, mesmo entendido como "razão" ou "fim" mova a vontade, tendo afirmado que a única coisa que ele pode fazer é "incliná-la". Os que insistem no caráter motor, ou motriz ("motivo" como adjetivo), do intelecto foram denunciados como "intelectualistas". No tocante a isso, diz-se que cabe falar de motivos não intelectuais e, de modo particular, de motivos afetivos ou sentimentais (tendo inclusive havido referências a "motivos inconscientes").

Fala-se ainda de motivos internos e motivos externos, mas nem sempre ficou claro o que se pode entender por uns e por outros. Se os motivos são mentais — se estão na mente de um sujeito, ou de um organismo —, podemos chamá-los de motivos "internos'". Por outro lado, os motivos podem ser apresentados como "razões" ou "móveis" que, embora internalizados por um sujeito ou organismo, são de algum modo "externos" ao conjunto de atos mentais.

Apesar do sentido original de "motivo" como fator motriz, tem havido a tendência de distinguir motivos de causas: o motivo pelo qual alguém faz o que faz não é necessariamente, alegou-se, a causa que o faz fazer o que faz. Isso não quer dizer que haja uma espécie de "reino dos motivos" que independa por inteiro do "reino das causas". É possível admitir que há motivos sem desprezar as explicações causais. Contudo, uma análise de expressões da forma "... causa ..." mostra que nem sempre é possível traduzi-las em expressões da forma "... é o motivo de ...".

Para esclarecer o sentido de "motivo", propuseram-se várias distinções. Mencionamos dois exemplos delas. Jean-Paul Sartre (*L'Être et le Néant*, 1943, pp. 522-523) indica que "entende-se ordinariamente por *motivo* a *razão* de um ato, isto é, o conjunto das considerações racionais que o justificam", como quando se diz que um governo decide reduzir os gastos públicos dando-se como motivo de sua decisão o equilíbrio orçamentário. Assim, cabe chamar de "motivo" a "apreensão subjetiva de uma situação determinada enquanto esta se revela, à luz de certa finalidade, como algo que pode servir de meio para alcançar esse fim". O motivo se distingue do "móvel", que "é considerado ordinariamente como um fato subjetivo", como um "conjunto de desejos, de emoções e de paixões que me impelem a realizar dado ato". Os psicólogos, afirma Sartre, se interessam por móveis, ao contrário dos historiadores, que procuram motivos. Kurt Baier (*The Moral Point of View: A Rational Basis for Ethics*, 1958, pp. 156-162) distingue entre razões e motivos. O termo "razão", escreve Baier, faz sua aparição quando se trata de deliberações, justificações e explicações; em contrapartida, "motivo" é

usado apenas propriamente quando se trata de explicações. "Quando distinguimos entre 'razão' e 'motivo' — continua a dizer o autor —, distinguimos, portanto, simplesmente entre 'razão' e 'motivo' usados na explicação, como em 'a razão pela qual eu...' e 'a razão porque...'. A primeira expressão implica certa classe de comportamentos, isto é, um comportamento deliberado, e um tipo correspondente de explicação, ou seja, uma explicação por meio das *próprias razões do agente*. A segunda expressão é sinônima de 'a explicação de ....' Trata-se de dois níveis distintos de complexidade.

Em alguns casos, as razões podem ser tratadas como causas, mas isso ocorre porque elas exprimem de fato causas. Noutros casos, distinguem-se razões de causas, mas nesse caso se está apresentando o problema — tradicional — de saber se e até que ponto as razões são de algum modo "determinantes" e em que consiste semelhante "determinação". Pode haver uma ampla gama de casos que vão de algo semelhante, senão idêntico, à causação, até algo que se aproxima de uma justificação.

⊃ Ver: Julius Bahnsen, *Zum Verhältnis zwischen Wille und Motiv*, 1870. — Paul Diel, *Psychologie de la motivation. Théorie et application thérapeutique*, 1948; 2ª ed., 1962. — R. S. Peters, *The Concept of Motivation*, 1958. — L. Ancona, F. V. Buytendijk *et al.*, *La motivation*, 1959 [Symposium Florencia, 1958]. — K. B. Madsen, *Theories of Motivation: A Comparative Study of Modern Theories of Motivation*, 1959; 2ª ed., 1961 (tese). — R. Lawrence, *Motive and Intention: An Essai in the Appreciation of Action*, 1972. — M. Nowakowska, *Language of Motivation and Languages of Actions*, 1973. — R. Martin, *Contribution à l'étude du concept de "motivation"*, 1975 (tese). — J. R. Royce, W. Day *et al.*, *Nebraska Symposium on Motivation (1975)*, 1976, ed. James K. Cole, William J. Arnold. F. Schick, *Having Reasons*, 1984. — S. Chandrasekhar, *Truth and Beauty: Aesthetic and Motivations in Science*, 1987. ⊂

•• **MOULINES, CARLOS ULISES** (1946). Nascido em Caracas (Venezuela), foi (de 1976 a 1983) professor do Instituto de Investigações Filosóficas da Universidade Autônoma do México (UNAM), da Universidade de Bielefeld (de 1984 a 1988) e da Universidade Livre de Berlim (de 1988 a 1993), sendo, a partir de 1993, professor e diretor do Instituto de Filosofia, Lógica e Teoria da Ciência da Universidade de Munique, na qualidade de sucessor de Wolfgang Stegmüller.

Embora seja possível considerar Moulines filósofo da ciência, suas contribuições abarcam a teoria do conhecimento, a ontologia e a história da ciência. Numa primeira fase, plasmada em seu *La estructura del mundo sensible* (1973), Moulines critica o realismo e, depois de analisar os sistemas fenomenalistas de Russell, Carnap e Goodman, propõe um sistema fenomenalista (ver Fenomenismo) que vai além do de Carnap.

Numa segunda fase, abandona o fenomenalismo estrito para defender um programa estruturalista que, além disso, conta como principais representantes com Sneed, Stegmüller (VER) e Balzer. É esse o momento em que se manifesta mais claramente a perspectiva metafilosófica adotada por Moulines, exposta nos primeiros capítulos de *Exploraciones metacientíficas* (1982) e de *Pluralidade y recursión* (1991). Trata-se de uma perspectiva "gradualista" e "recursivista" que tem semelhanças com o integracionismo (VER) de Ferrater Mora — e que foi por ele influenciada. No plano metateórico, são as seguintes as principais contribuições de Moulines: a introdução do conceito de "princípio orientador", a formalização dos mecanismos de aproximação empírica, a categorização geral das relações interteóricas e o esboço de uma "pragmática diacrônica" das teorias.

No campo da ontologia, Moulines defende duas teses independentes porém combináveis: 1) a de que não é possível separar a a ontologia da semântica (vindo daí a denominação "onto-semântica"); e 2) a de que não é plausível supor uma só categorização ontológica fundamental (sendo por isso que fala de "pluralismo ontológico" e por que rejeitou o materialismo como monismo ontológico).

Na esfera da história da ciência, Moulines ocupou-se sobretudo dos pressupostos metodológicos e epistemológicos de Newton, Helmholtz e Gibbs.

➲ Obras: *La estructura del mundo sensible. Sistemas fenomenalistas*, 1973. — *Zur logischen Rekonstruktion der Thermodynamic. — Eine wissenschaftstheoretischen Analyse*, 1975 (Para a reconstrução lógica da termodinâmica. Uma análise teórico-científica). — *Exploraciones metacientíficas. Estructura, desarollo y contenido de la ciencia*, 1982. — *An Architectonic for Science. The Structuralist Program*, 1987 (com W. Balzer e J. D. Sneed). — *Pluralidad y recursión. Estudios epistemológicos*, 1991. — Moulines é igualmente editor de *La ciencia: estructura y desarollo*, 1993 [Enciclopedia Iberoamericana de Filosofía, vol. 4]. •• Ͼ

MOUNIER, EMMANUEL (1905-1950). Nascido em Grenoble, foi *agregé* de filosofia em 1928. Muito impressionado com o pensamento e a personalidade de Charles Péguy, Mounier enfrentou a crise histórica de sua época — crise real, social e política, não menos que intelectual — por meio de uma resoluta atitude de cristão personalista. Mounier pode ser qualificado como "revolucionário cristão"; ele se opõe a toda despersonalização e é inimigo acérrimo tanto do conservadorismo reacionário como do pseudo-revolucionarismo fascista. Filosoficamente, Mounier é apresentado como um dos principais, e mais ativos, representantes do personalismo cristão na França. Para difundi-lo, e sobretudo para tratar à luz dele de todas as questões políticas, sociais e educativas que se iam sucedendo, Mounier fundou em 1932 a revista *Esprit*, que continuou a ser publicada depois de sua morte e cuja publicação foi suspensa apenas entre 1941 e 1944, durante a ocupação alemã. Mounier considera que é dever dos cristãos enfrentar os grandes problemas de sua época sem se refugiar em cômodas posições conservadoras: o cristianismo é antes de tudo uma doutrina de renovação das almas, mas isso não exclui que seja ao mesmo tempo o fermento para uma renovação da realidade. Daí o interesse de Mounier por posições como o marxismo, na medida em que aspira a combater a reificação do homem, embora não na medida em que nega a pessoa. Do ponto de vista estritamente filosófico, o pensamento de Mounier se aproxima em diversos aspectos do de Jaspers, especialmente no tocante à questão da comunicação. Indicamos no verbete Personalismo (VER) as características que, segundo Mounier, "o universo pessoal" apresenta, destacando aqui duas condições que ele mencionava com freqüência: a eminente dignidade da pessoa e o motivo da transcendência. Sem este último — que explica a pessoa como "o movimento do ser na direção do ser" —, o caráter pessoal se desfaria por falta de apoio ou, melhor dizendo, de "radicação". Ver também EXISTENCIALISMO.

➲ Obras: *La pensée de Charles Péguy*, 1932. *Révolution personnaliste et communautaire*, 1934. — *De la proprieté capitaliste à la proprieté humaine*, 1936. — *Manifeste au service du personnalisme*, 1936. — *L'affrontement chrétien*, 1944. — *Liberté sous conditions*, 1946. *Traité du caractère*, 1946. — *Introduction aux existencialismes*, 1946. — *Qu'est-ce que le personnalisme?*, 1947. — *La petite peur du XXe siècle*, 1949. — *Le personnalisme*, 1949. — *Carnet de route*, 1950. *Feu de la chrétienté*, 1950. — *Emmanuel Mounier et sa génération*, 1956 (notas, diários, cartas e recordações de E. Mounier].

Edição de obras: *Oeuvres Complétes: I. Oeuvres, 1931-1939*, 1961; *II. Traité du caractère*, 1961; *III. Oeuvres, 1944-1950*, 1962; *IV. Recueils posthumes. Correspondance*, 1963 [com bibliografia].

Em português: *A esperança dos desesperados: Malraux, Camus, Sartre*, 1972. — *Quando a cristandade morre,* — 1972. — *O personalismo*, 1964. — *Manifesto ao serviço do personalismo*, 1967.

Ver: N. Zaza, *Étude critique de la notion d'engagement chez E. M.*, 1955. — A. Rigobello, *Il contributo filosofico di E. M.*, 1957. — Candide Moix, *La pensée d'E. M.*, 1960. — Lucien Glissard, *M.*, 1963. — G. Camparini, *Il pensiero politico di E. M.*, 1968. — Carlos Díaz Hernández, *Personalismo obrero: Presencia viva de M.*, 1969. — Id., *M.: Ética y política*, 1975. — Michel Barlow, *Le socialisme d'E. M.*, 1971. — Jean-Marie Domenach, *E. M.*, 1972. — H. Meléndez, *De la propiedad a la revolución: Ensayo de interpretación del pensamiento social de E. M.*, 1972. — R. Rauch, *Politics and Belief in Modern France: E. M. and teh Christian Democratic Movement, 1932-1950*, 1972. — Jean-Marie Roy, *M. aux prises avec son siècle. I. L'expérience spirituelle*, 1972. VV. AA., *M. a los 25 años de su muerte*, 1975, ed. A. H. Soriano. — J. Amato, *M. and Maritain: A French Catholic Understanding of the Modern World*, 1975. — P. Rangel, *E. M.: Um pensamento dentro da vida*, 1976. — J. Hellman, *E. M. and the New Catholic Left, 1930-1950*, 1981. — G. Goisis, L. Biagi, *M. fra impegno e profezia*, 1990.

É publicado ainda hoje um *Bulletin des amis d'E. M.* ↶

MOVIMENTO. O termo "movimento" tem com freqüência a mesma significação de "mudança" e de "devir". Em princípio, o que dissemos acerca do conceito de devir (VER) pode aplicar-se ao conceito de movimento. Falar-se-á então das diversas espécies de movimento a que se referia Aristóteles (geração, corrupção, aumento, diminuição, alteração, translação), bem como do problema do movimento como um dos problemas fundamentais da filosofia.

Contudo, pode-se adotar a convenção de usar "movimento" para referir-se a dois conceitos mais específicos: um, o de translação, deslocamento ou movimento local; o outro, o de movimento no sentido em que essa noção tem sido empregada na moderna ciência da Natureza e na filosofia dessa ciência. Esses dois conceitos se acham além disso estreitamente vinculados entre si. De fato, uma das características dessa ciência é a de negar-se a tratar do problema da "mudança ontológica" e de reduzir a questão da mudança à do deslocamento de partículas no espaço. Os atomistas gregos já haviam antecipado essa redução, visto que os átomos não se "alteravam" em termos de sua natureza e as mudanças dos corpos eram explicadas por meio de translações espaciais. E o próprio Aristóteles seguiu por vezes o mesmo caminho, sobretudo ao tratar com detalhes aquilo a que dava o nome de "movimento local".

O movimento no sentido assinalado tem sido um tema central da ciência e da filosofia modernas da Natureza; como o indicou Einstein, ele tem sido uma das chaves fundamentais da "leitura do livro da Natureza". As noções mais importantes no tocante a isso têm sido as seguintes:

1) O princípio de inércia (VER) de Galileu (VER), antecipado em parte pela concepção medieval do ímpeto (VER).
2) A concepção da relatividade dos movimentos na física moderna anterior à teoria da relatividade: os movimentos dos sistemas são relativos, porém no interior de dois sistemas absolutos de referência (o espaço e o tempo) [e depois o éter].
3) O princípio cartesiano da conservação do movimento. De acordo com ele, a quantidade de movimento (produto da massa pela velocidade) é constante.
4) A correção leibniziana do princípio de Descartes: a constância assinalada vale somente para o produto da massa pelo quadrado da velocidade.
5) As leis newtonianas do movimento: I. Todo corpo se mantém em seu estado de repouso ou de movimento uniforme e em linha reta a não ser quando muda de estado obrigado por forças externas (inércia galileana). II. A mudança do movimento é proporcional à força motora impressa, efetuando-se na linha reta em direção à qual se imprime a referida força. III. A toda ação opõe-se uma ação contrária e igual, isto é, as ações entre dois corpos são sempre iguais entre si e dirigidas em sentido contrário.
6) A teoria da relatividade (VER) einsteiniana: todos os movimentos são relativos ao sistema de referência no qual se acha o observador que os mede. Einstein declara além disso ser necessário distinguir entre a imagem estática e a imagem dinâmica do movimento: a primeira "consiste em imaginar o movimento como uma série de eventos no contínuo unidimensional do espaço, sem combiná-lo com o tempo"; a segunda, em considerar o movimento efetuando-se num contínuo bidimensional *espaço-tempo*. No primeiro caso, há simples movimento e, no segundo, "o movimento é representado como algo que *é*, que existe no referido contínuo" (cf. *La física, aventura del pensamiento*, cap. III).

↪ Conceito de movimento: Filippo Masci, *Sul concetto del movimento*, 1892. — Eugen Fink, *Zur ontologischen Frühgeschichte vom Raum, Zeit, Bewegung*, 1957. — L. C. Beckett, *Movement and Emptiness*, 1968. — H. A. Pieters, *A Psychological Looks at Space, Motion and Time: An Essay*, 1972. — W. C. Salmon, *Space, Time, and Motion: A Philosophical Introduction*, 1975.

Realidade do movimento: Jean Rivaud, *La realité du mouvement* (tomo II da obra *De la matiére à l'esprit*), 1946.

Princípios do movimento físico: Von Dungern, *Ueber die Prinzipien der Bewegung, das Wesen der Energie und die Ursache des Stossgesetzes*, 1921.

Evolução histórica do conceito de movimento: L. Lange, *Die geschichtliche Entwicklung des Bewegungsbegriffs und ihr voraussichtliches Endergebnis. Ein Beitrag zur historischen Kritik der mechanischen Prinzipien*, 1886.

O movimento em vários autores e épocas: M. T. A. O'Neill, *The Presocratic Use of* ἀρχή *as Term for the Principle of Motion*, 1915 (tese). — W. Barrett, *Aristotle's Analysis of Movement: Its Significance for Its Time*, 1938 (tese). — Friedrich Kaulbach, *Der philosophische Begriff der Bewegungs. Studien zu Aristoteles, Leibniz und Kant*, 1965. — Matthias Gatzmeier, *Die Naturphilosophie des Stratos vom Lampsakos. Zur Geschichte des Problems der Bewegung im Bereich des frühen Peripatos*, 1970. — Ernst Borchert, *Die Lehre von der Be-

wegung bei Nicolaus Oresme, 1934. — Hans Reichenbach, *Die Bewungslehre in Newton, Leibniz und Huyghens*, 1913 [*Kantstudien*, Ergänzungshefte, 29]. — H. Shapiro, *Motion, Time and Place According to William Ockam*, 1956. — A. Koyré, *Chûte des corps et mouvement de la terre de Kepler à Newton (Histoire et documents d'un problème)*, 1973. — J. A. Weisheipl, *Nature and Motion in the Middle Ages; Studies in Philosophy and the History of Philosophy*, vol. II, 1985, ed. W. E. Carroll.

O movimento na teoria da relatividade: Karl Vogtherr, *Das Problem der Bewegung in naturphilosophischer und physikalischer Sicht*, 1956. — P. K. Machamer, R. G. Turnbull, eds., *Motion and Time, Space and Matter: The Interrelations in the History of Philosophy and Science*, 1976. Ver também a bibliografia do verbete DEVIR. ↩

MUGUERZA, JAVIER. Ver "É"-"DEVE"; INTERPARADIGMÁTICO; PREFERIDOR RACIONAL.

MUIRHEAD, JOHN HENRY. Ver HEGELIANISMO.

MÜLLER, ALOYS (1879-1952). Nascido em Euskirchen (Renânia), estudou e se "habilitou" na Universidade de Bonn (1921), da qual foi "professor extraordinário" a partir de 1927. Aloys Müller interessou-se sobretudo pelo problema da relação entre a filosofia e as ciências. Hostil, por um lado, ao irracionalismo e de outro, ao cientificismo positivista, Aloys Müller tendeu cada vez mais a considerar a filosofia da ciência com uma análise ontológica dos conceitos científicos capitais. Ele defendeu uma teoria do conhecimento realista, uma teoria dos valores objetivista e uma ontologia baseada numa classificação geral prévia de tipos de objetos. Esta última classificação, segundo a qual os objetos se distribuem em reais, ideais, metafísicos e valores, teve notória influência nos países de língua espanhola por meio da tradução e difusão da introdução à filosofia de Müller. Típico do pensamento deste é considerar que a verdade é uma forma de realidade e não um valor.

⊃ Obras: *Das problem des absoluten Raumes*, 1911; 2ª ed. com o título *Die philosophischen Probleme der Einsteinschen Relativitätstheorie*, 1922 (*O problema do espaço absoluto*; 2ª ed., *Os problemas filosóficos da teoria da relatividade de Einstein*). — *Wahrheit und Wirklichkeit*, 1913 (*Verdade e realidade*). — *Die Gegenstand der Mathematik, mit besonderer Beziehung auf die Relativitätstheorie*, 1922 (*O objeto da matemática, com especial referência à teoria da relatividade*). — *Einleitung in die Philosophie*, 1925; 2ª ed. aum., 1931. — Refundição desta obra no livro *Welt und Mensch in ihrem irrealen Aufbau*, 1947; 4ª ed., 1951 (*Mundo e homem em sua estrutura irreal*). *Psychologie*, 1927.

Obra póstuma: *Schriften zur Philosophie*, 2 vols., 1967-1969, ed. Cornel J. Bock.

Ver: F. Kluge, *Die Philosophie der Mathematik und der Naturwissenschaft bei A. Müller*, 1935 (tese). — H. Stoffer, "Die gegenstandstheoretische Naturphilosophie A. Müllers", *Philosophia Naturalis*, º 3, 1954, pp. 98-150. ↩

MÜLLER, JOHANNES (1801-1858). Nascido em Coblenza, foi professor de fisiologia, a partir de 1826, em Bonn e, de 1933, em Berlim, tendo exercido grande influência sobre a psicologia e a teoria do conhecimento, especialmente no tocante à sua doutrina da energia específica dos sentidos. Referimo-nos a esta última no verbete sobre a noção de energia (VER). Acrescentemos aqui que a afirmação de que há uma subjetividade das qualidades sensíveis não significa em Johannes Müller que haja qualidades "inatas"; em seu propósito, a doutrina em questão refere-se à estrutura dos nervos sensoriais. Müller trabalhou ainda com o problema das afecções como manifestações do impulso de autoconservação.

⊃ Obras: *Zur vergleichenden Physiologie des Gesichtssines der Menschen und der Tiere*, 1826 (*Para a fisiologia comparada do sentido da visão no homem e nos animais*). — *Ueber die phantastischen Gesichtserscheinungen*, 1826 (*Sobre os fenômenos visuais fantásticos*). — *Handbuch der Phisiologie des Menschen*, 2 vols., 1883-1840 (*Manual de fisiologia humana*).

Ver: K. Post, *J. Müllers philosophische Anschauungen*, 1905. — M. Müller, *Ueber die philosophische Anschauungen des Naturforschers J. Müller*, 1927. — U. Ebbecke, *J. M., der grosse rheinische Physiologue*, 1951. — G. Koller, *Das Leben des Biologen J. M.*, 1958. ↩

MÜLLER-FREIENFELS, RICHARD (1882-1949). Nascido em Bad Ems. A partir de 1930 foi professor da Academia Pedagógica de Stettin; a partir de 1933, professor da Escola Superior de Comércio, de Berlim; e, a partir de 1946, da Universidade de Berlim.

Müller-Freienfels interessou-se pela psicologia da arte, recusando as orientações positivistas e sensualistas e apoiando-se numa concepção da vida psíquica como uma "totalidade que inclui, estreitamente vinculados entre si, os fenômenos voluntários e os emotivos. Trata-se, portanto, de uma "psicologia vital", para a qual Müller-Freienfels encontrou apoio em Nietzsche e Klages, bem como em algumas orientações pragmatistas (como as de James). Isso o conduziu a uma teoria do conhecimento fundada na idéia de que a chamada "objetivação" é somente, no máximo, um momento derivado de uma "posição do real" efetuada pelo sujeito. O conhecimento do real é determinado por uma série de "intenções" que não precisam ser forçosamente "finalidades úteis". As "intenções" são a expressão do sujeito como "sujeito total". Müller-Freienfels se opôs aos que descartam os elementos irracionais presentes ao conhecimento, procurando mostrar que todo conhecimento — e, de modo geral, toda atividade humana — está fundado em complexos nos quais os dados racionais são apenas um aspecto ou elemento.

Müller-Freienfels desenvolveu uma psicologia e uma metafísica da individualidade enquanto ligada a um mundo e à "visão de mundo". Trata-se de uma "metafísica do irracional" na qual as "forças irracionais" formam um sistema. Este é em última instância "o sistema das vivências", cuja divisão em aspectos ou mesmo em atividades específicas é, ao ver de Müller-Freienfels, inadequada.

⮕ Obras principais: *Psychologie der Kunst*, 2 vols., 1912 (*Psicologia da arte*). A segunda edição desta obra (1920) foi sobremodo ampliada: *I. Allgemeine Grundlegung und Psychologie des Kunstgeniessens* (*Fundamento geral e psicologia da fruição artística*); *II. Psychologie des Kunstschaffens, des Stils und der Wertung* (*Psicologia da criação artística, do estilo e da valoração*); *III. System der Künste. Die psychologischen Grundlagen der einzelnen Kunstweige* (*Sistema das artes. Os fundamentos psicológicos dos diversos ramos artísticos*). — *Poetik auf psychologischer Grundlage*, 1914 (*Poética com fundamento psicológico*). — *Individualität und Weltanschauung. Differentialpsychologische Untersuchungen zur Religion, Kunst und Philosophie*, 1916 (*Individualidade e visão de mundo. Investigações de psicologia diferencial da religião, da arte e da filosofia*). — *Psychologie der Religion*, 2 vols., 1920. — *Bildungs– und Erzierungsideale in Vergangenheit, Gegenwart und Zukunft*, 1921 (*Ideais da educação e da formação cultural no passado, no presente e no futuro*). — *Philosophie der Individualität*, 1921. — *Irrationalismus. Umrisse einer Erkenntnislehre*, 1922 (*Irracionalismo. Esboços de uma teoria do conhecimento*). — *Das Gefühls– und Willensleben*, 1923 (*A vida emotiva e volitiva*). — *Das Denken und die Phantasie*, 1925 (*O pensamento e a fantasia*). Estas duas últimas obras são consideradas pelo autor como parte das *Grundzüge einer Lebenspsychologie* (*Características fundamentais de uma psicologia da vida*). — *Metaphysik des Irrationalen*, 1927 (*Metafísica do irracional*). — *Allgemeine Sozial und Kulturpsychologie*, 1930 (*Psicologia geral social e cultural*). — *Psychologie der Wissenschaft*, 1936 (*Psicologia da ciência*). — *Der Mensch und das Universum. Philosophischen Antworten auf kosmologische Fragen*, 1948 (*O homem e o universo. Respostas filosóficas a questões cosmológicas*). *Schicksal und Zufall*, 1949 (*Destino e acaso*).

Ver: VV. AA., *R. M.-F. zum Gedächnis*, 1950, ed. H. G. Böhme. ⮕

MÚLTIPLO. MULTIPLICIDADE. O conceito do múltiplo e da multiplicidade, ou conceito dos "muitos" ou das "muitas coisas", πολλά, *multa, multiplicitas*, tem estreita relação com o conceito do uno ou da unidade. Trata-se primariamente de uma relação de correlação e de contraposição: o múltiplo acha-se correlacionado com o uno, sendo ao mesmo tempo contraposto a cle. Pode-se entender o múltiplo de duas maneiras: como multiplicidade de um só elemento (assim, por exemplo, multiplicidade de átomos) ou multiplicidade de vários elementos (assim, por exemplo, multiplicidade de átomos, de planetas, de árvores etc.). No primeiro caso, a multiplicidade equivale simplesmente ao "muito", *multum*; no segundo, equivale ao vário, *multitudo*.

Consideraremos aqui o conceito do múltiplo como o vário, porque a relação entre este tipo de multiplicidade e a unidade é a que mais problemas tem apresentado aos filósofos. Pode-se de certo modo dizer (e, a rigor, tem-se dito) que a relação entre o múltiplo (enquanto o vário) e o uno é o problema capital da filosofia. De fato, muitos filósofos procuraram reduzir de alguma maneira o múltiplo ao uno em pelo menos dois sentidos: metafisicamente, ou redução real, e gnosiologicamente, ou redução cognoscitiva. Alguns pensadores julgaram que esta última redução depende da primeira; outros consideraram que a redução do múltiplo ao uno é uma questão gnosiológica e não metafísica. De todo modo, encontramos numerosos exemplos de esforços tendentes a praticar uma ou outra dessas reduções ou as duas ao mesmo tempo. O problema fundamental a esse respeito tem sido, desde as origens do pensamento filosófico, o seguinte: como é possível tratar o múltiplo do ponto de vista do um (ou de "algum uno") e, ao mesmo tempo, admitir que a "realidade" se dá como multiplicidade?

Referimo-nos a esses pontos em vários verbetes desta obra: remetemos especialmente aos verbetes IDÉIA, NÚMERO e UNO (O). Restringir-nos-emos aqui a algumas indicações do conceito de multiplicidade tal como se manifestam em vários autores.

A contraposição do múltiplo ao uno e o predomínio deste último sobre o primeiro foram dois temas vitais da filosofia de Parmênides e dos eleatas, ao ver dos quais só o Uno é objeto de saber; a multiplicidade e a variedade são objetos da opinião e da sensação. Um compromisso entre a multiplicidade e a unidade foi alcançado pelos pluralistas. Em contrapartida, muitos sofistas insistiram na realidade do múltiplo e do vário diante do Uno. De todo modo, o problema da multiplicidade em correlação com a unidade e em contraposição a ela era uma "velho" problema já na época de Platão, como este faz constar do *Filebo* (14 D e seguintes) ao falar "das maravilhas em torno do uno e do múltiplo", τῶν θαυμαστῶν περὶ τὸ ἓν καὶ πολλά. Platão tratou com freqüência do que veio a receber o nome de "o problema do Uno e do Múltiplo", especialmente na forma da questão: como é possível que o múltiplo seja uno e o uno, múltiplo? (cf., por exemplo, *Sof.*, 251 C). Com efeito, alguns haviam proclamado que não se pode dizer que o homem seja bom porque o bom é o bom e o homem é o homem; não existe, pois, "homem bom" como unidade de uma multiplicidade (ou, nesse caso, dualidade), mas duas unidades, homem e bom. Esta dificuldade decorre, segundo Platão, do esquecimento do fato de que duas propriedades exprimem duas essências e que essas essências não se identificam com o sujeito ao qual são inerentes. Por esse motivo, pode-se dizer que Sócrates é alto e baixo: alto quando comparado a alguém baixo e alto quando comparado a alguém alto. Em outros termos, ser alto e baixo não é uma contradição, mas o resultado do participar de duas essências que nesse caso são de caráter "relacional"'. Isso não significa que as essências (idéias, formas) concordem entre si; há essências que se excluem mutuamente. Assim, Platão enfocou o problema do Uno e do Múltiplo do ponto de vista de sua doutrina das idéias. A idéia mesma (a forma, a essência) pode ser considerada a unidade (visível inteligivelmente) da multiplicidade. Mas, ao mesmo tempo em que resolveu o problema em questão, Platão apresentou outro: o de como se enlaçam, por assim dizer, o Múltiplo e o Uno. No caso das idéias mesmas, esse enlace é possível graças à hierarquia das idéias. Mas no caso da relação entre cada idéia e a multiplicidade, a solução platônica parecia pouco satisfatória. Ela consistia na verdade em justapor o uno ao múltiplo, παρὰ τὰ πολλά, o que fazia o múltiplo ficar separado do uno. Para evitar essa dificuldade, Aristóteles propôs a doutrina segundo a qual o uno é imanente ao múltiplo, ατὰ τῶν πολλῶν, como destacamos no verbete IDÉIA. Desde então, "o problema do Uno e do Múltiplo" foi resolvido de maneiras distintas segundo se destacasse a noção de "justaposição" ou a de "imanência". Mas este problema veio a ser complicado por muitos outros. Já não era suficiente dizer que o múltiplo equivale ao sensível e o uno ao inteligível; de fato, podia-se admitir uma pluralidade de inteligíveis, se bem que arraigados na unidade (cf. Plotino, *Enn.*, V, iii, 6 *et al.*).

Entre os filósofos cristãos, especialmente os escolásticos, achamos a idéia da unidade tratada sob vários aspectos: como multiplicidade (*multitudo*) de coisas; como a multiplicidade numérica; como multiplicidade transcendental etc. A multiplicidade de coisas advém, (lógica e metafisicamente) de uma divisão do ente. A multiplicidade numérica pode advir da divisão (como na linha) ou da multiplicação (como no número). A multiplicidade numérica ou multiplicidade medida é aplicável à multiplicidade das coisas. Tem especial importância o conceito de multiplicidade absoluta ou transcendente, que se contrapõe rigorosamente ao conceito de unidade transcendente. Alguns escolásticos falaram de multiplicidade extrínseca e intrínseca como espécies da multiplicidade transcendental. Em todos esses casos, a noção de multiplicidade é idêntica (ou ao menos paralela) à noção de multitude, que é por sua vez uma espécie da pluralidade.

Fugiria ao escopo deste Dicionário a simples referência às principais idéias formuladas na época moderna sobre a idéia da multiplicidade. Lembraremos apenas que, de acordo com a tendência, de muitos autores modernos, de destacar as questões gnosiológicas em detrimento das ontológicas, o citado "problema do Uno e do Múltiplo" tem sido amiúde tratado, na época moderna, no âmbito da questão da possibilidade da síntese (VER). O exemplo mais eminente é o de Kant, em cuja teoria do conhecimento a noção de multiplicidade (*Mannigfaltigkeit*) como "material para a síntese" desempenha um papel fundamental. Com efeito, o conhecimento se constitui, segundo Kant, à medida que se sintetizam multiplicidades: o múltiplo é um dos caracteres do dado (VER) diante do uno, que é um dos caracteres do posto. Como o dado e o posto são não só correlativos como também relativos (relativos ao nível em que algo é dado com relação a algo que é posto), a multiplicidade apresenta diversos aspectos: multiplicidade de sensações, de percepções etc. Deve-se no entanto considerar que nem todas as idéias sobre o múltiplo e a multiplicidade na filosofia moderna são, de modo exclusivo ou mesmo primário, gnosiológicas. Há também noções ontológicas do múltiplo e da multiplicidade, como as que encontramos em, por exemplo, Wolff, que define o múltiplo (*multum*) como a simultaneidade de vários elementos, cada um dos quais é uno sem que nenhum seja igual ao outro (*Ontologia*, § 331 [definição retirada pelo autor dos *Elementi Arithmeticae*, § 7].

⇒ Ver: Jacques Rolland de Renéville, *Essai sur le problème de l'un multiple et l'attribution chez Platon et les sophistes*, 1962 (tese). ⊂

MUNDANO (INTRAMUNDANO, TRANSMUNDANO). Na linguagem filosófica, "mundano" significa "pertencente ao mundo", "relativo ao mundo"' e, por vezes, "'relativo a *este* mundo". "Intramundano" significa literalmente "dentro do mundo", tendo no entanto adquirido um sentido mais determinado em Heidegger, que distingue entre "intramundano" (*innerweltlich*) e "mundano" (*weltlich*). Uma coisa é "mundana" quando é uma forma de ser do Dasein (VER); uma coisa é "'intramundana" ou "pertencente ao mundo" (*weltzugehörig*) quando está no mundo à maneira como o estão os entes "presentes", quando é uma maneira de estar-"em" do ente presente (*vorhandenes Seiendes*).

Ora, empregou-se ainda "intramundano" para fazer referência às realidades que estão no mundo, distinguindo-se do "transmundano", que se refere a uma realidade, ou a realidades, que se acham além do mundo. Nesse caso, o intramundano contrapõe-se de certo modo ao transmundano. Fala-se, por exemplo, de uma metafísica intramundana, que seria uma metafísica de todas as realidades do mundo como mundo. Permanece como tema de debate o que incluir nessas realidades. Alguns tendem a incluir apenas as chamadas realidades "naturais" ou, de modo geral, as realidades "físicas" (abarcando as "mentais"); outros incluem a consciência; e seria possível incluir, em alguma medida, os entes da razão, os valores etc. Mas a contraposição entre o intramundano e o transmundano não significa que eles se oponham entre si: o transmundano pode ser concebido como fundamento do intramundano, ou este pode ser concebido (ao menos *quoad nos*) como ponto de partida de uma "metafísica transmundana".

MUNDO. O termo "mundo" designa: a) o conjunto de todas as coisas; b) o conjunto de todas as coisas criadas; c) o conjunto das entidades de uma classe ("o mundo das idéias", "o mundo das coisas físicas"); d) uma zona geográfica ("o Velho Mundo", "o Novo Mundo"); e) uma zona geográfica num dado período histórico ("o mundo antigo"); um horizonte ou quadro no qual estão certos conhecimentos, coisas, acontecimentos etc. ("o mundo da física", "o mundo dos sonhos"). Convém esclarecer, em cada instância de uso do vocábulo "mundo", sua significação.

Os sentidos mais empregados em filosofia são *a)*, *b)*, *c)* e *f)*, sendo mais freqüentes *a)* e *b)*. O sentido *a)* é o que predominou entre os antigos; mas mesmo no âmbito desse sentido foram dadas várias definições de "mundo" (cf., por exemplo, as que se encontram em Homero, *Il.*, VI, 492; em Hesíodo, *Teog.*, 587; em Anaxímenes, 13 B 2; em Fisolau, 44 B 2). "Mundo" por vezes designa a ordem do ser, κόσμος. É esse o significado que tem o termo entre os pitagóricos. Mas mesmo no âmbito do conceito de ordem ou mundo ordenado, podem-se encontrar várias ordens. Foram predominantes duas delas: a do mundo sensível (*mundus sensibilis*) e a do mundo inteligível (*mundus intelligibilis*). Esses dois "mundos" foram com frequência apresentados como contrapostos, embora se reconhecesse igualmente haver uma unidade que os fundamenta e mesmo que os torna possíveis como distintos: a existência humana. De fato, cada um deles é definido pela relação que mantém com o ser humano, que costuma estar "submerso" no mundo sensível, mas vive em contínua transcendência rumo ao mundo do pensamento e das "coisas verdadeiras". Os estóicos distinguiam, como o revela Diógenes Laércio (VII, 137 ss.), três significados do termo κόσμος: 1) o próprio Deus; 2) a disposição ordenada dos corpos celestes; 3) o conjunto do qual os dois anteriores são partes. Também se define o mundo como um ser individual que qualifica o conjunto da substância ou, como diz Possidônio em seu tratado sobre os *Fenômenos Celestes*, um composto de céu e terra e das naturezas que neles há, ou um sistema constituído por deuses e homens e por todas as coisas que estes criaram. No cristianismo, persiste a oposição entre os mundos, porém com um caráter peculiar que chega a destruir as bases da concepção antiga. O mundo como tal parece identificar-se de imediato com "este mundo". Transcendente a ele, mas ao mesmo tempo com ele relacionado como criação sua, está o "mundo de Deus", que já não pode ser chamado propriamente mundo no sentido preciso de *mundus intelligibilis*. Achar-se no mundo, viver no mundo, significa, de acordo com isso, viver "aqui embaixo", seja no pecado, caso em que este mundo é o objeto mais direto do amor do homem, seja em estado de graça, caso no qual a alma humana transcende o mundo para dirigir-se a Deus. Ora, este transcender o mundo nem por isso significa sua aniquilação. O amor a Deus não se contrapõe, como se vê claramente em Agostinho, ao amor ao mundo; pelo contrário: é possível "amar a Deus no mundo", bem como "amar o mundo em Deus". É pois "o ponto de vista" de Deus que pode justificar "este mundo" e inclusive fazer dele objeto de amor por um meio divino. De todo modo, a "relação" entre o mundo e Deus é um dos temas capitais do pensamento cristão. E isso a ponto de a afirmação de que o mundo possui uma razão própria de existência, isto é, a afirmação de que o mundo é *a se*, é o que conduz sempre à máxima heterodoxia: ao panteísmo. O termo *mundus* designa então um "todo" a um só tempo completo e finito, um verdadeiro "composto". Ora, mesmo nesse caso o mundo designa uma soma de seres existentes ou, como diz Leibniz, "toda a série e toda a coleção de todas as coisas existentes, a fim de que não se diga que poderia haver diversos mundos em diferentes tempos e em diferentes lugares" (*Teodicéia*, I, § 8). O mundo entendido como essa coleção é o objeto da cosmologia (VER) ou, mais exatamente, daquilo que os filósofos da "Escola de Leibniz-Wolff" denominaram "cosmologia racional", *cosmologia rationalis*. Essa cosmologia trata o mundo como um todo, de sua origem e composição, ao contrário das ciências que tratam de partes determinadas do mundo.

Kant enfrentou o problema da cosmologia racional ao propor-se a questão da significação de "mundo" (*Welt*). Segundo ele, há duas expressões — "mundo" e "Natureza" — que às vezes coincidem. Contudo, embora "mundo" possa ser usado mais propriamente para designar a "soma total de todas as aparências e a totalidade de sua síntese", "Natureza" — ou "o mundo enquanto Natureza" — pode ser usado para designar o próprio mundo anterior como um todo dinâmico. Neste último caso, "não nos ocupamos do agregado no espaço e no tempo com vistas a determiná-lo como magnitude, mas da unidade na *existência* das aparências (*KrV*, A 419/B 447). O mundo como "todo dinâmico" mostra dois gêneros de causas: a causa natural ou causalidade condicionada, e a liberdade, ou causa incondicionada. Ora, trata-se de saber em que medida se pode falar do mundo como um todo dinâmico sem ultrapassar os limites da experiência possível. Segundo Kant, não se pode fazê-lo, porque então a razão entra em choque com as antinomias cosmológicas (ver ANTINOMIA). Em suma, não podemos determinar por meio da pura razão se o mundo teve ou não um começo no espaço e no tempo e se é ou não composto de partes simples: tanto a tese como a antítese podem ser "demonstradas". As outras antinomias cosmológicas — a que se refere à liberdade e a pertinente à suposta existência de um ser absolutamente necessário concebido como parte ou como causa do mundo — são solúveis, por sua vez, mediante a distinção entre fenômeno e númeno (VER). Sendo assim, o que Kant chama de "a idéia cósmica" é para ele uma idéia demasiado ampla ou demasiado restrita para que lhe possamos aplicar os conceitos do entendimento (as categorias). A idéia do mundo não é, pois, ao contrário dos conceitos do entendimento, uma idéia constitutiva. Contudo, pode ser considerada uma idéia reguladora, visto que todo falar sobre os conteúdos do mundo pressupõe de algum modo uma idéia do mundo que pode orientar a investigação.

A idéia do mundo como totalidade foi tratada por inúmeros filósofos depois de Kant, alguns dos quais equipararam o conceito com o de realidade. Outros entenderam o mundo como uma "realidade objetiva", correlativa a "eu" ou, segundo o caso, a ele contraposta. Continuou-se a falar de diversos "mundos" ou de diversos conceitos de "mundo". São importantes a esse respeito as idéias do mundo forjadas por autores como Hegel e Schopenhauer. Ora, o conceito de mundo foi ainda investigado filosoficamente como um conceito muito central na filosofia por vários autores contemporâneos como, por exemplo, Dilthey, Husserl, Scheler, Heidegger e Ortega y Gasset. Tem especial importância em todos esses casos o problema de como o sujeito se insere, por assim dizer, no mundo. As pesquisas dos citados autores relacionam-se com a freqüente aspiração a superar as dificuldades evocadas pelas posições realista e idealista: a primeira considerando o sujeito como uma parte do mundo e a segunda considerando o mundo como "conteúdo" (pensante) do sujeito. Dentre os conceitos elaborados pelos autores indicados tratamos separadamente o do chamado "mundo da vida" (ver LEBENSWELT). Resumamos agora brevemente a idéia do mundo em Heidegger. Como o assinalou Walter Biemel (*op. cit. infra*), seguindo o próprio Heidegger, o conceito de mundo tem várias significações de que se destacam quatro: 1) "Mundo" empregado como termo ôntico que designa a totalidade dos entes; 2) "Mundo" empregado como termo ontológico que designa o ser dos entes e, com freqüência, o ser de uma região determinada de entes; 3) "Mundo" empregado como termo ôntico, porém enquanto se refere ao próprio *Dasein*; 4) "Mundo" como conceito que designa a noção ontológico-existencial da mundanidade (*Weltlichkeit*). As significações 3) e 4) são as mais importantes em Heidegger. Numa delas, percebe-se o sentido da concepção do *Dasein* como um "estar-no-mundo", em que "mundo" não é uma coisa (nem totalidade de coisas) na qual se acha o *Dasein*, porque este consiste em seu "estar". O mundo não é, pois, algo "objetivo" que se contraporia a algo "subjetivo". Por essa razão, não se pode dizer que essa concepção de "mundo" seja idealista; mas também não se pode afirmar que seja "realista". Na outra significação, vê-se a possibilidade de uma descrição do ser do ente intramundano distinta de qualquer outra descrição (da ciência, do senso comum) ou, melhor dizendo, prévia a toda outra descrição. A "mundanidade" do mundo não é uma característica comum a todos os objetos do mundo, mas o modo de *ser* do mundo.

Zubiri considera "mundo" um transcendental (VER). De fato, o termo "mundo" designa aqui o que este autor denomina "a respectividade com relação à realidade", ao contrário da "respectividade com relação à talidade" — sendo esta última que caracteriza o *cosmos* em diferenciação com respeito ao *mundo*.

⊃ Sobre as idéias de "mundo" e de "cosmos" na antigüidade: W. Franz, "Kosmos als philosophischer Begriff frühgriechischer Zeit", *Philologus*, 93, 1939, 430ss. — Id., "Kosmos", *Archiv für Begriffsgeschichte*, 2, 1955, pp. 5-113. — Ernst Cassirer, "Logos, Dike, Kosmos in der Entwicklung des griechischen Philosophie", *Göteborgs Högskolas Arskrift*, 47, 1941. — R. B. Onians, *The Origins of European Thought about the Body, the Mind, the Soul, the World, Time, and Fate*, 1951. — J. Moreau, *L'idée d'Univers dans la pensée antique*, 1953. — H. Diller, "Der philosophische Gebrauch von κόσμος und κοσμεῖν", *Festschrift Bruno Snell*, 1956, pp. 47-60. — F. Lämmli, *Von Chaos zum Kosmos: zur Geschichte eine Idee*, 2 vols., 1962. — Jula Kerschensteiner, *Kosmos. Quellenkritische Untersuchungen zu den Vorsokratikern*, 1962. — A. P. Orban, *Les dénominations du monde chez les premiers auters chrétiens*, 1970. — Vejam-se ainda as obras de A. Meyer e R. Allers na bibliografia de MACROCOSMO e de MUNDO (VISÃO DE).

Sobre as concepções do mundo físico na antigüidade: S. Sambusrky, *The Physical World of the Greeks*, 1956 [trad. do hebraico]. — Id., *Physics of the Stoics*, 1959. — Id., *The Physical World of Late Antiquity*, 1962.

Sobre as idéias de "mundo" e "cosmos" na passagem da Antigüidade à Idade Média e à época moderna: W. Kranz, *Kosmos. Die Brücke von der Antike zum Mittelalter in der Auffassung von Kosmos-Mundus. Das neue Weltbild. Neueste Kosmosvorstellung und Begriffswendung*, 1957 [Archiv für Begriffsgeschichte, II, 2]. — K. Löwith, *Der Weltbegriff der neuzeitlichen Philosophie*, 1960. — M. Franz, *Das System and seine Entropie. "Welt" als philosophisches und teologisches Problem in den Schriften F. Hölderlins*, 1982 (tese).

Sobre as concepções do mundo físico na Antigüidade e na Idade Média: P. Duhem, *Le système du monde* [cf. a bibliografia de DUHEM (PIERRE), bem como obras na bibliografia de FÍSICA; MERTONIANOS e PARIS (ESCOLA DE).

Sobre o problema da origem e eternidade do mundo, veja-se a bibliografia de ETERNIDADE e, de modo especial: J. Baudry, *Le problème de l'origine et de l'éternité du monde dans la philosophie grecque de Platon à l'ère chrétienne*, 1931. — A. Antweiler, *Die Anfangslosigkeit der Welt nach Thomas von Aquin und Kant*, 2 vols., 1961. — G. Scherer, *Welt-Natur oder Schöpfung?*, 1990. — R. C. Dales, *Medieval Discussions of the Eternity of the World*, 1990. — R. C. Dales, O. Angerami, eds., *Medieval Latin Texts on the Eternity of the World*, 1991.

Sobre o problema da estrutura e legalidade do mundo: Erich Becker, *Weltgebäude, Weltgesetze, Weltenwicklung*, 1915. Ver ainda o verbete COSMOLOGIA.

Para a idéia do mundo em Wolff: Ernst Kohlmeuer, *Kosmos und Kosmogonie bei Ch. Wolff. Ein Beitrag zur Geschichte der Philosophie und Theologie des Aufklärungsalters*, 1911.

Sobre a idéia do mundo na época contemporânea: Jean Wahl, A. de Waelhens, J. Hersch, E. Levinas, *Le choix, le monde, l'existence*, 1948. — W. Biemel, *Le concept du monde chez Heidegger*, 1950. — L. Landgrebe, "Il concetto di 'Mondo' nel pensiero contemporaneo", *Rivista di Filosofia*, 44, 1953, pp. 3-15. — Eugen Fink, *Sein, Wahrheit, Welt*, 1958. — Fernand Coutrier, *Monde et être chez Heidegger*, 1971. — G. Petry, *Grundlagen für eine einheitliche Welt- und Materietheorie*, 1971. — F. J. Huf, *The Creation of Chaos: William James and the Stylistic Making of a Disorderly World*, 1991. — R. Margenau, R. A. Varghese, eds., *Cosmos, Bios, Theos: Scientists Reflect on Science, God, and the Origins of the Universe, Life and "Homo sapiens"*, 1992. — P. Horwich, ed., *World Changes*, 1993.

Para o mundo como "mundo da vida" (*Lebenswelt*), ver LEBENSWELT).

Para a idéia de X. Zubiri: *Sobre la esencia*, 1962, esp. pp. 427 ss.

MUNDO (VISÃO DE). Por "visão de mundo", pode-se entender:
1) Uma idéia geral da estrutura do cosmos compatível com os resultados das ciências. Esta idéia pode ser obtida mediante generalizações desses resultados aliadas a certas extrapolações ou por meio de uma série de hipóteses.
2) Uma concepção do/de mundo que pode incluir elementos de diversas classes: resultados científicos, crenças religiosas, intuições poéticas, racionalizações de hábitos sociais, ideais, aspirações etc.
3) Uma concepção do/de mundo segundo alguma idéia básica ou intuição diretriz. A idéia ou intuição podem ser caráter pessoal (inclusive temperamental), coletivo (quando são acolhidas por uma comunidade), histórico (quando correspondem a um período).

Na medida em que se pode avaliar em 1) que as hipóteses formuladas são contrastáveis com dados empíricos e que a idéia geral sustentada sobre a estrutura do cosmos está sujeita a revisão e a crítica, trata-se antes de uma ontologia ou de aspectos de uma ontologia do que propriamente de visão de mundo. A expressão "visão de mundo" se aplica antes a 2) ou a 3) ou a uma combinação destas. De modo geral, essa expressão contém não só descrições e explicações como também juízos de valor, exprimindo muitas vezes ideais ou aspirações.

Nem sempre é fácil distinguir entre visão de mundo e forma de pensar (ver PENSAR) e entre visão de mundo e alguns dos tipos da chamada "perifilosofia" (VER). Os exemplos apresentados nos verbetes que acabamos de citar são em muitos casos exemplos que se dão de visões de mundo. Propõem-se para as visões de mundo, assim como para as formas de pensar ou os tipos de "perifilosofia", questões como a relação entre aquilo que se afirma (ou em que se crê) e a verdade — ou seja, a questão de se se pode considerar verdadeiro o que é afirmado (ou constitui objeto de crença) numa visão de mundo, forma de pensar ou tipo de perifilosofia; a da relação que pode haver entre elas e os sistemas filosóficos ou corpos de crenças religiosas; e a da classificação em tipos.

De todo modo, supõe-se que uma visão de mundo — amiúde classificada como "visão de mundo e da vida" — não é suscetível de ser contrastada com a experiência à maneira como o é uma hipótese científica ou teoria ontológica. Supõe-se igualmente que a visão de mundo aspira a abarcar o conjunto da realidade e busca não apenas conhecer a realidade como também penetrar o sentido desta.

O estudo das visões de mundo é relativamente recente. Seu impulso se deve principalmente a Dilthey, que elaborou uma teoria das visões de mundo (*Weltanschauungslehre*). Dilthey verificou que as visões de mundo são determinadas por inúmeros fatores e que nela se combinam elementos intelectuais com elementos emotivos. Em princípio, de acordo com a atenção dada por ele à história, dever-se-ia pensar que as visões de mundo mudam no curso da história humana. Contudo, Dilthey procura igualmente estabelecer uma tipologia das visões de mundo (ver TIPO) que leve em conta os aspectos metafísicos "permanentes". De acordo com esta tipologia, as três visões de mundo ou cosmovisões básicas são o materialismo, o idealismo objetivo e o idealismo da liberdade.

Os trabalhos mais importantes da "teoria das visões de mundo" concernem a dois aspectos. Um são os fatores que se supõe contribuir para compor uma visão de mundo; o outro é a classificação de visões de mundo em tipos básicos.

Scheler funda a teoria das formas da visão de mundo numa sociologia da cultura e numa teoria das preferências estimativas; Spranger determina seis tipos humanos puros correspondentes à relação em que se encontra sua estrutura espiritual com o predomínio de um valor na estrutura do espírito objetivo; Jung e Jaspers atacam o problema predominantemente do ponto de vista psicológico; segundo Wundt, há três filosofias ou "diferentes concepções ontológicas fundamentais", o que equivale em parte a dizer três diferentes visões de mundo: o materialismo (dividido em dualista e monista), o idealismo (dividido em objetivo, subjetivo e absoluto) e o realismo (dividido em dualista — ou espiritualista — e monista — transcendente ou imanente). Santayana estabeleceu uma classificação baseada no naturalismo, no sobrenaturalismo e no romantismo. Lucien Goldmann define as visões de mundo (ou "concepções de mundo") como conceitualizações de "um conjunto de aspirações, de sentimentos e de idéias que reúne os membros de um grupo (quase sempre uma classe social) e o opõe aos outros grupos"; as visões de mundo fundamentais são, segundo o referido autor, a racionalista (Descartes, Leibniz), às vezes ligada à empirista (Hume), a trágica (Pascal, Kant) e a dialética (Marx, Engels). A visão de mundo racionalista caracteriza-se pelo individualismo, pela afirmação da infinitude do espaço e pela descoberta de respostas limitadas; a trágica, pelo totalitarismo, pela historicidade, pela visão do Deus absconso, pela cisão, pela angústia, pela ambigüidade e pela ausência de resposta; a dialética, pela temporalidade, pela integração de opostos e pela resposta completa. Relaciona-se com essa divisão a que articula as visões de mundo numa visão clássica (unidade do homem e do mundo), numa visão trágica (dilaceramento) e uma visão neoclássica (reintegração) (ver FILOSOFIA [HISTÓRIA DA], PERIFILOSOFIA e TIPO.

É ponto comum nas pesquisas mencionadas a suposição de que o estudo de uma visão de mundo em geral e das visões de mundo em particular pertence a uma esfera de estudos distinta da filosofia. A visão de mundo se refere a um conjunto de intuições mediante as quais se tem um saber, na maioria das vezes não teórico, do mundo e da vida em sua totalidade. Estão implícitos nessa totalidade, de um lado, a estrutura do mundo, que não se deve entender como a questão de sua composição material, mas a questão da forma da realidade — mecânica, orgânica, racional, irracional — e, de outro, seu sentido, problema que comporta um saber da finalidade do mundo e, com ele, um saber da finalidade da história. Filosofia, metafísica, imagem científica do mundo, religião e diversos outros elementos estão *na* visão de mundo sem que esta seja uma mera soma; trata-se antes de um elemento distinto que banha com sua luz todos os elementos parciais. Percebe-se justamente a crise de uma visão de mundo quando há inadequação entre ela e a visão teórica objetiva, quando esta visão, realizada do ângulo da filosofia e das ciências, aponta na visão de mundo imperante num momento histórico, num tipo humano ou numa cultura, seus erros e falhas mais patentes. Assim, a tensão entre a visão de mundo e o saber teórico agudiza-se nos momentos de crise até que uma nova época traga, com uma nova cosmovisão cujos fundamentos não são percebidos, uma nova adequação entre os dois tipos de saber.

Alguns autores consideraram que, se tem uma origem concreta na história, na estrutura da sociedade etc., uma visão de mundo representa uma superestrutura e, portanto, pode ser considerada — e ocasionalmente denunciada — como uma "ideologia" (VER). Outros autores avaliam que todas as atividades culturais, tanto teóricas como práticas, ocorrem no âmbito de determinada visão de mundo que funciona à feição de "horizonte espiritual" que abarca a totalidade do mundo humano ao menos numa determinada época. Pode-se considerar ainda a visão de mundo uma espécie de paradigma (VER) generalizado e "totalizado".

Embora não se possa, estritamente falando, contrastar com o mundo aquilo que se afirma, ou se crê, numa visão de mundo, é difícil divorciar inteiramente a visão de mundo dos fatos e da experiência. A visão de mundo, em virtude de seu afã totalizante, tende a persistir, isto é, a manter-se "imunizada" a fatos e experiências que a ela se oponham. Ainda assim, uma visão de mundo pode entrar em crise. Discute-se se ela entra em crise — isto é, começam a exprimir-se sérias dúvidas sobre ela — em razão de falhas que a tenham afetado ou se se percebem suas falhas por ter ela entrado em crise. Seja como for, se havia falhas evidentes, se os fatos estavam sempre desmentindo o que se afirma, ou se crê, na visão de mundo, é duvidoso que esta pudesse manter-se indefinidamente ou por muito tempo. O estudo dos mecanismos da chamada "mudança conceptual" pode portanto dar alguma ajuda ao estudo das mudanças nas visões de mundo.

⊃ Origem e desenvolvimento do termo "Weltanschauung": Alfred Götze, "Weltanschauung", *Euphorion*, 15, 1924, pp. 42-51.

Para a noção de visão de mundo: H. Gomperz, *Weltanschauungslehre*, 2 vols., 1905-1909. — O. Braun, *Grundlage einer Philosophie des Schafens als Kulturphilosophie. Einführung in die Philosophie als Weltanschauungslehre*, 1912. — Aloys Müller, *Einleitung in die Philosophie*, 1925. — Leo Gabriel, *Logik der Weltanschauung*, 1929. — F. Romero e E. Pucciarelli, *Lógica*, 1938 [17ª ed., 1961, Apêndice C]. José María del Corral, *El problema de las causas de la vida e de las concepciones del mundo*, 1956. — Diether Wendland, *Von der Philosophie zur Weltanschauung. Reflexionem auf die Frage: Ist Philosophie noch Wissenschaft? Ein Beitrag zur Philosophie der Gegenwart*, 1960. — M. Kearney, *World View*, 1984.

Problemas da visão de mundo: Hermann Schwarz, *Grundfragen der Weltanschauung*, 1912. — Paul Menzer, *Weltanschauungsfragen*, 1918.

Psicologia das visões de mundo: Willy Hellpach, *Nervenleben und Weltanschauung. Ihre Wechselbeziehungen im deutsche Leben von heute*, 1906. — K. Jaspers, *Psychologie des Weltanschauungen*, 1919. — Lenelis Kruse, *Räumliche Welt. Die Phänomenologie des räumlichen Verhaltens als Beitrag zu einer psychologische Umwelttheorie*, 1974.

Tipos de visão de mundo: W. Dilthey, *Die Typen der Weltanschauung*, 1951 (*Gesammelte Schriften*, VII, 1931). — E. Spranger, *Lebensformen. Ein Entwurf*, 1914. — Paul Hofmann, *Die antithetische Struktur des Bewusstseins Grundlegung einer Theorie der Weltanschauungsformen*, 1914. — C. G. Jung, *Psychologischen Typen*, 1921. — R. Müller-Freienfels, *Persönlichkeit und Weltanschauung. Die psychologischen Grundtypen in Religion, Kunst und Philosophie*, 1923. — A. Grünnbaum, *Herrschen und Lieben als Grundmotive des philosophischen Weltanschauungen*, 1925. — Lucien Goldmann, *Le Dieu caché. Étude sur la vision tragique dans les* Pensées *de Pascal et dans le théatre de Racine*, 1955, esp. Partes I e II. — A. W. Munk, *A Synoptic Approach to the Riddle of Existence: A World View for a World Civilization*, 1977. — A. F. Holmes, *Contours of a World View*, 1983.

Sociologia da visão de mundo: Max Scheler, "Probleme einer Soziologie des Wissens" (no tomo *Versuch zu einer Soziologie des Wissens*, ed. Scheler, 1924; 2ª ed., modificada: *Die Wissensformen und die Gesellschaft*, 1926; trad. esp. *Sociología del saber*, 1935). — H. C. Stafford, *Culture and Cosmology: Essay on the Birth of World View*, 1981. — Ver também a bibliografia do verbete IDEOLOGIA.

Visão de mundo e ciência: T. Litt, *Wissenschaft, Bildung, Weltanschauung*, 1928. — A. Wenzl, *Natur und Geist als Problem der Metaphysik, Wissenschaft und Weltanschauung*, 1936. — A. K. Sinha, *A World-View Through a Reunion of Philosophy and Science*, 1959.

Estilo e visão de mundo: Hermann Nohl, *Stil und Weltanschauung*, 1920.

Visão de mundo e verdade: S. Behn, *Die Wahrheit im Wandel der Weltanschauung*, 1924.

História da visão de mundo: W. Bender, *Mythologie und Metaphysik. Grundlinien einer Geschichte der Weltanschauungen. I. Die Entstehungen der Weltanschauungen in griechischen Altertum*, 1899. — Alfred Heussner, *Die philosophischen Weltanschauungen und ihre Hauptvertreter*, 1910; reed. por Gerda von Bredow, 1949. — Karl Jöel, *Wandlungen der Weltanschauung. Eine Philosophiegeschichte als Geschichtesphilosophie*, 2 vols., 1934. Hans Meyer, *Geschichte der abendländischen Weltanschauung*, 5 vols., 1947-1950; 2ª ed. com o título *Abendländische Weltanschauung*, 5 vols, 1949-1953. — José Gaos, *Historia de nuestra idea del mundo*, 1973. — E. Albrecht, *Weltanschauung und Erkenntnistheorie in der klassischen bürgerlichen Philosophie*, 1981. **C**

MUNDO-VIDA [MUNDO VITAL, MUNDO DA VIDA]. Ver LEBENSWELT.

MUNDOS POSSÍVEIS. Uma das mais conhecidas teses de Leibniz é a da existência de uma infinidade de mundos possíveis. Há apenas um mundo real, que é o mundo existente, isto é, aquele que se atualizou entre a infinidade de mundos possíveis. Em sua sabedoria e bondade infinitas, Deus criou este mundo real, que é o melhor dos mundos possíveis. Não pode haver outro mundo diferente daquele que existe. Sendo o mundo existente o melhor, outro mundo possível, caso existisse, seria pior que o mundo que existe, o que estaria em conflito com a sabedoria e a bondade infinitas de Deus.

Dizer "sendo o mundo que existe o melhor..." é redundante em Leibniz, posto que, se existe, este mundo é o melhor; e ele é o melhor justa e precisamente porque existe.

Entre as muitas passagens de Leibniz nas quais ele propõe sua noção de mundos possíveis, destacamos o seguinte, que procede de umas "Remarques sur la lettre de M. Arnaud, touchant une proposition: que la notion individuelle de chaque personne enferme une fois pour toutes ce qui lui arrivera jamais" (Gerhardt, II, 40): "Da mesma maneira como existe una infinidade de mundos possíveis, há também uma infinidade de leis, umas próprias de um, outras do outro; e cada indivíduo possível de cada mundo encerra em sua noção as leis do seu próprio mundo".

A noção leibniziana de possibilidade entretém estreitos vínculos com a de compossibilidade (VER). De acordo com esta última, as substâncias que compõem um mundo possível devem ser compossíveis e não apenas mutuamente compatíveis. Como vimos no verbete COMPATÍVEL, a compatibilidade refere-se principalmente a proposições: uma proposição pode ser compatível com uma segunda e uma terceira sem que a segunda e a terceira sejam compatíveis entre si. A compossibilidade se refere a substâncias, que devem ser todas compossíveis.

Pensa-se por vezes que um mundo que fosse igual ao mundo real, salvo pelo fato de nele haver algo que não existe no mundo real — por exemplo, um mundo igual ao mundo real mas ao qual faltasse o exemplar número 2000 da edição desta obra — seria um mundo possível. Essa idéia ignora que a falta desse exemplar não seria um fato isolado; ela teria ramificações que se estenderiam ao futuro e que procederiam do passado. Como não há fatos isolados, ou "atômicos", num universo leibniziano — possível ou real —, é preciso conceber os mundos possíveis como uma coleção infinita de mundos nos quais cada substância se acha completamente ajustada às substâncias do mundo correspondente. Portanto, não cabe falar de qualquer coleção (infinita) de mundos possíveis, embora caiba falar de um número infinito de mundos possíveis.

Pode-se entender a noção leibniziana de mundos possíveis de duas maneiras. Como Leibniz fala de "mundo" como uma coleção de indivíduos (ou de substâncias), um mundo real ou possível parece ter de ser um mundo de indivíduos (ou de substâncias). Por outro lado, como há para Leibniz *conceitos* individuais completos correspondentes tanto a nomes que denotam indivíduos do mundo real como a nomes que denotariam indivíduos de algum mundo possível se houvesse esses indivíduos, pode-se entender, como o propõe Benson Mates ("Leibniz on Possible Worlds"), em B. von Rootselaar, J. F. Stahl, eds. *Logic Methodology, and Philosophy of Science*, III [1968], reimp. em Harry H. Frankfurt, ed., *Leibniz: A Collection of Critical Essays*, 1972, p. 340), que o termo "mundo possível" refere-se em Leibniz a um conjunto de conceitos individuais e não a um conjunto de indivíduos. Desse modo, evita-se introduzir a noção de "indivíduo possível" ao lado da de "mundo possível". É objeto de disputa se essa seria a interpretação dada pelo próprio Leibniz a sua idéia, mas a opinião de Benson Mates a respeito é compatível com alguns pontos que Leibniz considerava teologicamente importantes. Assim, o nome "Judas" está associado a um conceito individual completo tal que Judas é aquele que há de trair Jesus Cristo. Não pode haver dois Judas, um que trai e outro que não trai Jesus Cristo. Dado que o conceito completo de Judas comporta a propriedade de trair Jesus Cristo, Deus decide se o mundo que há de criar tem ou não de incluir Judas. Deus decidiu fazer um mundo que inclui Judas por ser esse um mal necessário no melhor dos mundos possíveis, mas não fez Judas pecar, já que o ter traído Jesus Cristo era sua propriedade essencial, estando incluído em seu conceito individual completo (*op. cit.*, p. 342).

A tese leibniziana dos mundos possíveis estava estreitamente ligada às suas idéias em metafísica, ética e lógica, mas as muitas discussões que suscitou a afirmação de que este é o melhor de todos os mundos possíveis incidiram sobretudo sobre questões de teologia e ética (e, de alguma maneira, questões de filosofia política). O otimismo (VER) e o pessimismo (VER) foram as atitudes mais tarde mantidas e discutidas com mais empenho.

Na atualidade, ressuscitou-se a noção leibniziana de mundo possível, com especial atenção a seus aspectos metafísico, lógico e semântico. O principal motivo da renovação do interesse por essa noção é o desenvolvimento das lógicas modais e da tentativa feita por Saul Kripke e outros autores de reviver o essencialismo (VER). Reconheceu-se haver íntima conexão entre essa tendência ontológica (ou lógica e ontológica) e a aceitação da idéia de mundos possíveis. Isso pode ocorrer de dois modos: por um lado, pode-se admitir a tese essencialista em qualquer de suas variedades, mas sempre com a condição de que haja, de *iure* ou de *facto*, propriedades essenciais; feito isso, introduz-se a noção de mundos possíveis como aqueles nos quais uma propriedade essencial de uma entidade é uma propriedade que a entidade tem em todos os mundos possíveis; por outro, pode-se admitir a noção de mundos possíveis na forma antes indicada, com o que se introduz a noção de propriedade essencial. No primeiro caso, a define-se a noção de mundo possível em função da de propriedade essencial; no segundo, ocorre o inverso. Mas como em nenhum caso é possível introduzir uma noção sem defini-la recorrendo à outra, o resultado é a indicada ligação entre o essencialismo enquanto afirmação de que há propriedades essenciais e a idéia de mundos possíveis. Em todo caso, não se pode afirmar que há mundos possíveis se não se admitir a idéia de propriedade essencial — que é relativa a esses mundos —, sendo difícil manter a idéia de propriedade essencial sem recorrer à noção de mundos possíveis para todos os quais a propriedade é justamente essencial.

Tanto em Leibniz como em alguns filósofos contemporâneos, a noção de mundo possível também está estreitamente associada com as noções de verdade e de identidade. As verdades necessárias são proposições verdadeiras em todos os mundos possíveis. As verdades contingentes são proposições que não são verdadeiras em todos os mundos possíveis (é comum considerar que uma verdade contingente é uma proposição que é verdadeira somente num mundo possível e, de modo específico, no único mundo real que existe). Proposições como "1 + 1 = 2" e "Ou Charles de Gaulle foi Presidente da Quinta República Francesa ou não foi Presidente da Quinta República Francesa" são verdadeiras em todos os mundos possíveis, sendo por isso verdades eternas. Em contrapartida, "Charles de Gaulle foi Presidente da Quinta República Francesa" só é verdadeira neste mundo, sendo portanto uma verdade contingente. Alguns autores inclinam-se a pensar que as duas proposições antes citadas que são supostamente verdadeiras em todos os mundos possíveis não têm o mesmo *status* lógico e que, enquanto a segunda (que é uma tautologia) é uma verdade eterna, a primeira não o é (ou pode não o ser). Outros autores avaliam que, a rigor, não há nenhuma proposição que seja uma verdade eterna no sentido de Leibniz, mas então é preciso rejeitar o critério de "verdadeiro em todos os mundos possíveis", que é precisamente o que garante essa condição. Outros autores — justamente os "essencialistas" — estimam que certas proposições que costumam ser classificadas como contingentes podem ser tomadas como não-contingentes ou, de todo modo, como exibindo propriedades essenciais — o que de certa maneira vai além do próprio Leibniz na tendência de admitir "verdades eternas".

MUNGUÍA, CLEMENTE (1810-1868). Nascido em Reyes de Michoacán, México, desterrado em 1861, regressou ao seu país em 1863 e, com a queda do Império, foi para Roma, onde faleceu. Conhecido como o mais destacado filósofo do México e como o "Balmes mexicano", Munguía combateu o racionalismo e o endeusamento da razão humana autônoma, tendo resumido seu pensamento filosófico em sua obra capital, *Del pensamiento y su enunciación, considerado em sí mismo, en suas relaciones y en sus leyes, o sea: La Sociología, la Ideología, la Gramática General, la Lógica, la Retórica, la Poética y la Crítica llamadas a la verdad de sus principios por un nuevo método de exposición*, publicada em 1852, obra na qual a enunciação do pensar é concebida ao mesmo tempo como o conteúdo mesmo da ciência. Munguía não limitou sua atividade ao campo filosófico, tendo desenvolvido ainda um considerável trabalho nos campos da literatura e da crítica.

⊃ Outras obras filosóficas: *Estudios fundamentales sobre el hombre* e *Examen filosófico sobre las relaciones entre el orden natural y el sobrenatural*. C

MUNIQUE (CÍRCULO DE). Em certo sentido, "Círculo de Munique" designa o grupo de alunos de Theodor Lipps (VER) que se reuniam no começo do século na Akademisch-Psychologischer Verein, ou União Acadêmico-psicológica, para discutir questões derivadas da "psicologia descritiva" ou, melhor dizendo, da "psicologia filosófico-descritiva" de Lipps. Fez parte deste grupo, entre outros, Alexander Pfänder (VER). Como tanto Pfänder quanto outros filósofos e estudantes de filosofia em Munique começaram a revelar um grande interesse pelas *Investigações Lógicas* de Husserl, e como o próprio Husserl falou no Círculo em 1904, a expressão "Círculo de Munique" chegou a designar um dos círculos fenomenológicos que se formaram na época. O Círculo de Munique manteve estreitas relações com o Círculo de Göttingen; fizeram parte do primeiro, além de Johannes Daubert — que nada publicou mas tinha certa autoridade quanto à interpretação de Husserl —, Aloys Fischer, Moritz Geiger (VER), Teodor Conrad, Adolf Reinach (VER) (antes de mudar-se para Göttingen), Max Scheler, Ernst von Aster, Hans Cornelius (VER) e Dietrich von Hildebrand (VER); alguns deles também eram discípulos de Lipps, mas estavam afastando-se crescentemente das doutrinas centrais deste filósofo. O principal interesse dos "membros" do Círculo de Munique foram as questões psicológicas — se bem que num sentido *sui generis* de "psicologia" —, éticas e axiológicas. Deve-se observar ainda que, por sua maior permanência em Munique e por seu modo pessoal de conceber e desenvolver a fenomenologia, Alexander Pfänder chegou a ser considerado uma figura central em Munique, de maneira que, mais tarde, também se denominou "Círculo de Munique" ao "círculo fenomenológico" de Pfänder.

⊃ Ver: H. Kuhn, W. Thillhaas *et al.*, *Die Münchener Phänomenologie*, 1975, ed. H. Kuhn, — E. Avé-Lallemant e R. Gladiator (a partir de um Congresso Internacional realizado em Munique, 13/18-IV-1971). — E. Avé-Lallemant, *Die Nachlässe dert Münchener Phänomenologen in der Bayerischen Staatsbibliothek*, 1975. C

MÜNSTERBERG, HUGO (1863-1916). Nascido em Danzig. Estudou medicina em Leipzig, com Wilhelm Wundt, tendo-se "habilitado" em filosofia em Friburgo da Brisgóvia, onde travou grande amizade com Rickert. Em 1892, e a instâncias de William James, foi para Harvard, onde deu aulas e fundou um laboratório de psicologia experimental. Três anos depois, regressou a Friburgo, mas, como não encontrou um posto, foi outra vez, em 1897, para a Universidade de Harvard. Anos mais tarde, voltou à Alemanha, tendo-se estabelecido em Berlim, onde fundou, em 1908, o Amerika Institut.

Münsterberg desenvolveu o método dos questionários em psicologia, tendo-se ocupado ainda de psicotecnia e de psicologia animal. Em filosofia, empenhou-se em aproveitar os resultados psicológicos para estabelecer uma síntese, inspirada por Wundt, entre a psicologia fisiológica e o idealismo ético no sentido de Fichte. Isso o levou a uma metafísica fundada no ato voluntário ou, melhor dizendo, num "ato fundamental mediante o qual a vontade afirma a existência de um mundo", que se apresenta desse modo independentemente da consciência, mas ao mesmo tempo dando um sentido à consciência e a vida pessoal. Essa afirmação do mundo pela vontade constitui por seu turno, ao ver de Münsterberg, o fundamento de um sistema de valores. Os valores são, por conseguinte, resultado de uma ação livre de afirmação, mas ao mesmo tempo se estabelecem como valores independentes organizados numa hierarquia

Segundo Münsterberg, o sistema de valores abarca principalmente três esferas, correspondentes aos objetos lógicos, aos objetos éticos e aos objetos estéticos. Cada esfera do valor organiza-se, por sua vez, de acordo com a origem do valor, conforme ele tenha surgido de uma experiência vital ou de um ato consciente. Os valores surgidos de atos vitais ou da vida espontânea se contrapõem aos que resultam de atividades procedentes de atividades conscientes no mundo da cultura e do conhecimento.

O sistema de valores completo está arraigado num mundo metafísico absoluto ou absolutamente válido no qual se dão tanto a vida espontânea como a consciência reflexiva. Isso quer dizer que há uma estreita relação entre as classes de valores indicadas. Seja qual for sua origem, os valores se resolvem em última análise numa unidade suprema, unidade que é o mundo entendido como um Absoluto, produto de uma "vontade de valor".

⊃ Obras: *Die Lehre von der natürlichen Anpassung in ihrer Entwicklung*, 1885 (*A doutrina da adaptação natu-*

ral no curso de sua evolução). — *Die Willenshandlung*, 1888 (*A ação voluntária*). — *Der Ursprung der Sittlichkeit*, 1889 (*A origem da moralidade*). — *Beiträge zur experimentalen Psychologie*, 2 vols., 1889-1892 (*Contribuições à psicologia experimental*). — *Aufgaben und Methoden der Psychologie*, 1891 (*Temas e métodos da psicologia*). — *Psychology and Life*, 1899. — *Grundzüge der Psychologie, I. Die Prinzipien der Psychologie*, 1900 (*Elementos fundamentais da psicologia, I. Os princípios da psicologia*). — *Science and Idealism*, 1906. — *Philosophie der Werte. Grundzüge einer Weltanscvhauung*, 1908 (*Filosofia dos valores. Elementos fundamentais de uma visão de mundo*). — *Psychology and Crime*, 1909. — *Psychotherapy*, 1909. — *Psychology and the Teacher*, 1910. — *Psychologie und Wirtschaftsleben*, 1912 (*Psicologia e vida econômica*). — *Vocation and Learning*, 1912. — *Grundzüge der Psychotechnik*, 1914 (*Elementos fundamentais da psicotécnica*). — *Psychology and Social Sanity*, 1914. — *Psychology, General and Applied*, 1914. Há ainda vários trabalhos sobre os EUA e a vida americana. C

MUSÔNIO RUFO (C. MUSONIUS RUFUS). De Volsinii (Etrúria), filósofo do neoestoicismo, foi desterrado por Nero (cf. também Cornuto) cerca de 65 a.C., e chamado de volta por Tito. Musônio Rufo destacou-se por ter difundido a maioria das doutrinas morais características do estoicismo da época imperial e por ter cunhado alguns dos mais célebres apotegmas da escola. Preocupou-se sobretudo em deduzir da moral estóica normas para a vida cotidiana e teve influência como modelo de vida moral. Algumas de suas máximas o aproximam do cinismo; outras muito se assemelham às de Sêneca. Debateu-se sobre se Musônio teria influenciado as reflexões éticas de São Clemente de Alexandria, dada a surpreendente identidade de alguns dos apotegmas dos dois filósofos, mas a solução permanece pendente até o momento diante da possibilidade de uma fonte comum, que alguns autores julgam ser Posidônio.

⮑ Os fragmentos dos ensinamentos de Musônio estão no *Florilégio* de Estobeu. Edição por O. Hense: *Reliquiae* (Teubner, 1905).

Ver: P. Wendland, *Quaestionae Musonianae. De Musonio Stoico Clementis Alex. aliorumque auctore*, 1886. — C. Schmich, *De arte rhetorica in M. diatribis conspicua*, 1902 (tese). — A. van Geytenbeek, *M. R. en de griekse Diatribe*, 1949; ed. rev., 1963. C

MUTATIS MUTANDIS. Literalmente: mudando o que houver de mudar. Esta frase não é usada apenas por filósofos, mas alguns deles a empregaram com relativa freqüência. Sua função mais geral é qualificar algo que se enuncia. Equivale às vezes, em sua acepção mais vaga, a "aproximadamente", "mais ou menos", "até certo ponto". Costuma-se empregá-la, porém, para indicar que é possível adscrever um predicado, P, a S, sempre que se introduzam certas alterações em P ou que se entenda P de uma maneira um tanto distinta da usual. Assim, se se diz que Deus é *mutatis mutandis* um ser ativo, quer-se dar a entender que Deus é de fato um ser ativo, mas de um modo diferente daquele pelo qual um ser humano, ou qualquer ser finito, pode ser considerado "ativo". Nesse caso, remete-se à analogia (VER); noutros, à metáfora (VER). Se se diz que as regras de etiqueta são *mutatis mutandis* regras de linguagem, pode-se entender por isso que as regras de etiqueta são como regras de linguagem. Mas também é possível entender, um tanto mais "formalmente", que cabe estabelecer correspondências estruturais entre certos comportamentos humanos e os modos como se articulam as regras lingüísticas.

Obviamente, *mutatis mutandis* não é usado sempre num sentido muito preciso. Há ocasiões em que essa frase é introduzida apenas quando se carece de uma definição adequada daquilo que se pretende definir, recorrendo-se então a um predicado que permite formular uma definição "em uso". Em princípio, não seria impossível estabelecer regras estritas para o emprego de *mutatis mutandis*; isso equivaleria a formular *mutatis mutandis*. Pelo que sabemos, isso ainda não foi feito, de modo que *mutatis mutandis* permanece num nível pragmático informal.

MYHILL, JOHN. Ver IDÉIA; VERDADE.

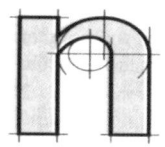

N. A letra '*N*' é usada por Łukasiewicz para representar o conectivo 'não', ou a negação (VER), que simbolizamos por '⏋'. '*N*' é anteposto, tal como '⏋', à fórmula, de modo que '⏋*p*' é escrito na notação de Łukasiewicz '*Np*'.

NAASENOS. Ver GNOSTICISMO.

NABERT, JEAN (1881-1960). Nascido em Izeaux (Dauphine, França), foi professor em Saint-Lô e em Paris. Em 1945, foi nomeado inspetor do ensino secundário. Nabert seguiu a tradição espiritualista francesa, fundada numa "reflexão" sobre a "vida interior". Nabert examinou diversas experiências, como a "experiência da falta" — que não se mostra à reflexão como resultado da não-obediência a certas regras ou normas, mas como consciência de certa resistência interna. Não se trata simplesmente de uma experiência ética, mas igualmente de uma experiência metafísica na qual se revela a estrutura do ser de que a pessoa participa. Nabert descreve os processos de marcha e contramarcha da "vida interior" como processos de maior ou menor adequação do eu à consciência completa de si mesmo. Ele não afirma, portanto, que haja uma experiência imediata e última do eu; o que existe é uma experiência mediata, visto que obtida por meio de uma reflexão sobre as significações associadas com os atos subjetivos. Reconhece-se, no entanto, o eu como "transcendental" enquanto, embora ligado a atos psíquicos efetivos, ele não depende, em sua constituição, desses atos. O eu é em última instância uma liberdade a qual os atos psíquicos nunca se adaptam por inteiro, mas sem a qual esses mesmos atos estariam privados de significado. Os temas psicológicos e morais se unem na reflexão de Nabert aos temas metafísicos e religiosos, especialmente porque o autor destaca o "desejo de Deus" na consciência.

➲ Obras: *L'éxperience intérieure de la liberté*, 1924 (tese). — *Éléments pour une étique*, 1943; 2ª ed., 1962. — *Essai sur le mal*, 1955; nova. ed., 1970. — *La rencontre de l'Absolu. Le témoignage*, 1962. — *Le désir de Dieu*, 1966. — Verbete sobre "La philosophie réflexive", em *Encyclopédie Française*, vol. XIX, 19.04-14 a 19.06-3.

Bibliografia: W. Piersol, "Selected Bibliography on Jean Nabert", *Philosophy Today*, 11, 1967, p. 224. — Vejam-se ainda as contidas em P. Levert e J. Baufay, *infra*.

Ver: P. Naulin, *L'itinéraire de la conscience. Étude de la philosophie de J. N.*, 1963. — L. Robberechts, "Quelques théories de la liberté. Autour de J. N.", *Revue philosophique de Louvain*, 62, 1964, pp. 233-257. — Robert Franck, "Les traits fondamentaux de la méthode de J. N.", *Revue philosophique de Louvain*, 63, 1965, pp. 97-115. — Id., "Deux interpretations de la méthode de J. N.", *Revue philosophique de Louvain*, 64, 1966, pp. 416-435. — Pierre Watté, "N., lecteur de Kant", *Revue philosophique de Louvain*, 69, 1971, pp. 537-568. — Paule Levert, *J. N. ou l'exigence absolue*, 1971 (com bibliografia). — W. Piersol, H. Birault e M. Nédoncelle, artigos sobre J. N. em *Philosophy Today*, vol. 11, 3-4, 1967. J. Baufay, *La philosophie religieuse de J. N.*, 1974. — R. Nebuloni, *Certezza e azione. La filosofia riflessiva in Lagneau e N.*, 1984. — G. Gioia, *Desiderio di Dio e libertà in N.*, 1984. ➲

NADA. Em *L'évolution créatrice* (1907; *Oeuvres*. ed. del Centenario, 1959, p. 728), Bergson declarou que a idéia do nada é "amiúde o recurso escondido, o motor invisível da especulação filosófica". E de todo modo, muitos sistemas filosóficos ocuparam-se do chamado "problema do Nada".

Alegou-se por vezes (É. Gilson) que a idéia do nada não desempenha nenhum papel, ou ao menos nenhum papel importante, na filosofia grega. Em contrapartida, desempenha um papel fundamental entre os pensadores que seguem as tradições judaica e cristã. Segundo Xavier Zubiri, o pensamento grego é essencialmente "uma filosofia a partir do ser", ao passo que o pensamento cristão, de Agostinho a Hegel, é "uma filosofia a partir do Nada". Por outro lado, E. Bréhier (art. cit. na bibliografia) afirmou que, embora tenha sido menos importante na filosofia grega do que na cristã, não desempenhando naquela o papel de fundamento da especulação filosófica, a idéia do nada nem por isso deixou de constituir um problema.

O problema do nada surgiu de várias maneiras na filosofia grega: como problema da negação do ser, como problema da impossibilidade de afirmar o nada, como problema do espaço, do vazio etc. Comum a muitos pensadores foi seguir a idéia mais corriqueira: o nada é negação do ser: o que existe imediatamente é o ser (ou um ser) e somente quando se nega este o nada "aparece". Certos filósofos (como Górgias) sustentaram que nada existe, que se algo existe é incognoscível e que, se é incognoscível, é inexprimível — mas ainda não sabemos se se tratava de teses filosóficas ou de exercícios retóricos. Outros mantiveram que só se pode falar com sentido do ser, visto que, como afirmava Parmênides (e os eleatas), só o ser é e o não-ser não é; ao contrário de Górgias, declara-se aqui que não se pode conhecer, nem mesmo enunciar o não-ser. Isso implica em certos casos (como ocorreu entre os megáricos) que só se admitiam como expressões dotadas de sentido as que se referiam a alguma coisa existente; as proposições sobre aquilo que não existe não são, propriamente falando, proposições. Muitos pensadores gregos se ativeram à tese de que do nada nada vem; afirmar o contrário, como destacou Lucrécio (*De rerum natura*, I, 150-210), equivaleria a destruir a noção de causalidade, a admitir que de qualquer coisa poderia surgir qualquer outra coisa, a supor que as coisas poderiam advir do acaso e em momentos impróprios. Outros pensadores, sem pôr em questão o princípio do *ex nihilo nihil fit*, buscaram ver que função pode ter na concepção dos entes que são uma "participação no nada". Encontramos um exemplo disso em Platão (cf. especialmente *Parmênides*, 162 A). Aristóteles declarava que, embora se possa falar de privação e de negação, estas se dão no contexto de afirmações, visto que mesmo do não-ser se pode afirmar que é. De modo geral, portanto, os filósofos gregos enfrentaram o problema do nada do ponto de vista do ser. Mas o fato de terem formulado a questão do não-ser confirma, como o indicamos, sua preocupação com o problema. Quanto ao mais, a "positividade" do nada manifestou-se em diversas ocasiões, por exemplo, quando se suscitou o problema da matéria (VER) enquanto pura indeterminação e quando se fez esta indeterminação servir à constituição do determinado.

O princípio segundo o qual "do nada nada vem" (ver EX NIHILO NIHIL FIT) é um "um princípio de razão" considerado em geral refutável. Racionalmente falando, não se vê como do nada — que não é coisa alguma, sequer negação do ser —poderia surgir alguma coisa. Contudo, a idéia da criação (VER), tão fundamental na tradição religiosa hebreu-cristã e tão importante na teologia e na filosofia cristãs, parece ou negar esse princípio ou admitir que funciona apenas dentro de certas limitações. A concepção de acordo com a qual do nada advém o ser criado (*ex nihilo fit ens creatum*) destaca a "preeminência" ou, em todo caso, a "importância" do nada, não porque o nada mesmo tenha algum poder ou eficácia, mas porque, se Deus criou o mundo, este mundo "vem" de algum modo do nada.

Não obstante, cabe distinguir entre o "filosofar a partir do nada" a que nos referimos e o estudo feito por teólogos e filósofos cristãos do conceito de "nada". Alguns autores, como Anselmo, seguindo em parte Agostinho, avaliaram que o nome 'nada' não significa coisa alguma se o que é significado por esse nome não for algo. É preciso distinguir, afirma Anselmo, entre a forma de uma expressão e a expressão do que é. Essa distinção é equivalente à formulada por Tomás de Aquino entre "nada" como um nome usado segundo a forma de falar (*secundum formam loquendi*) e o nome "nada" como nome segundo a coisa (*secundum rem*). Diferencia-se assim um signo que tem uma função lógica e um conceito adequado ou não à verdade da coisa. Fredegiso de Tours, numa *Epístola sobre o nada e as trevas*, torna manifesto o paradoxo que resulta de dizer que o nada não é coisa alguma; porque, ao dizê-lo, diz-se de alguma maneira que ele é algo (ver FREDEGISO).

A análise kantiana da idéia do nada tende a completar, em suas próprias palavras, o sistema da analítica transcendental. Kant assinala que o conceito supremo de que deve partir uma filosofia transcendental é a divisão entre o possível e o impossível. Mas como toda divisão supõe um conceito dividido, é preciso remontar a esse conceito; temos aqui, deixando-se de lado se se trata de um algo ou de um nada, o conceito de objeto em geral. Kant aplica assim os conceitos categoriais a esse objeto em geral; disso vem o nada como um conceito vazio sem objeto (*ens rationis*), como um gênero sem indivíduo, à maneira dos *noumena*, que não podem figurar entre as possibilidades, ainda que também não sejam passíveis de exclusão como impossíveis, ou à feição das forças naturais que se podem pensar sem contradições, mas das quais não há exemplos procedentes da experiência. Esse nada corresponde à categoria da quantidade; a da qualidade dá origem a uma idéia do nada como objeto vazio sem conceito (*nihil privativum*), como simples negação e ausência de uma qualidade; a da relação, a um nada que é uma intuição vazia sem objeto (*ens imaginarium*), como o espaço e o tempo puros; finalmente, a de modalidade origina a idéia do nada como objeto vazio sem conceito (*nihil negativum*), como o contraditório e o impossível, tal como uma figura retilínea de dois lados. O primeiro 'nada' se distingue do quarto por ser algo que não pode figurar entre as possibilidades, embora não seja contraditório, enquanto este último se anula a si mesmo. Em compartida, o segundo e o terceiro são, como disse Kant, dados vazios para os conceitos (*KrV*, A 290-293/B 346-350).

O sentido ontológico da privação e da negação é retomado, e mesmo acentuado, por Hegel quando, no próprio começo da *Lógica*, afirma que o ser e o nada são igualmente indeterminados: com efeito, "o ser, o imediatamente determinado, é, na realidade, nada", e "o nada tem a mesma determinação, ou, melhor dizendo, a mesma falta de determinação, que o ser". Essa identificação é possível, segundo Hegel, porque o ser foi previamente esvaziado, a fim de alcançar sua absoluta pureza, de toda referência; do ser assim purificado diz-se o mesmo que do não-ser e, em conseqüência, o ser e o nada são o mesmo. A imediatidade absoluta do ser o põe no mesmo plano de sua negação, e só o vir-a-ser poderá surgir como movimento capaz de transcender a identificação entre tese e antítese. Essa concepção de Hegel foi criticada por J. Maritain. Segundo ele, Hegel recorreu a uma noção errônea da abstração (ver ABSTRAÇÃO, ABSTRATO): em vez de ater-se a uma concepção "formal" de abstração, Hegel se ateve a uma concepção "nominal" (ou "total").

Spencer e Bergson ocuparam-se do problema do nada. Spencer afirmou que um objeto inexistente não poder ser *concebido* como inexistente (*First Principles*, II, § 4). Bergson negou toda possibilidade de pensar o nada. Para ele, a metafísica do passado recusou a noção de que a duração e a existência são contingentes. Com isso, a metafísica outorgou ao ser um caráter lógico-matemático e procurou, sem êxito, deduzir a existência a partir da essência. As dificuldades com que a metafísica deparou podem ser resolvidas, segundo Bergson, quando se torna manifesto que a idéia do nada é uma pseudo-idéia, visto que não pode ser imaginada nem pensada. Não se pode imaginar o nada (não se pode imaginar que não há nada) porque, mesmo que se pudesse prescindir de todas as percepções externas e até de todas as lembranças, ainda restaria a consciência de meu presente, reduzida ao estado atual de meu corpo. "Contudo, vou procurar encerrar inclusive essa consciência. Atenuarei cada vez mais as sensações que o corpo me envia; ei-las aqui a ponto de extinguir-se, eis que se extinguem, desaparecem na noite onde já se perderam todas as coisas. Mas não! No mesmo instante em que minha consciência se extingue, outra consciência se ilumina (ou, melhor dizendo, já se havia iluminado, surgira no instante anterior para assistir ao desaparecimento da primeira). Porque a primeira não poderia desaparecer a não ser para outra e com respeito a outra. Não me vejo nadificado (*anéanti*) a não ser que, mediante um ato positivo, por involuntário e inconsciente que seja, já me tenha ressuscitado a mim mesmo. Assim, haja o que houver, percebo sempre alguma coisa, seja de fora ou de dentro. Quando já não conheço coisa alguma dos objetos externos é porque me refugio na consciência que tenho de mim mesmo; se suprimo esse interior, sua própria supressão se torna um objeto para um eu imaginário que, desta vez, percebe o eu que desaparece como um objeto exterior. Exterior ou interior, há sempre um objeto que minha imaginação representa para si. É certo que ela pode ir de um a outro, e, desse modo, ir imaginando um nada de percepção exterior ou um nada de percepção interior, mas não os dois ao mesmo tempo, pois a ausência de um consiste no fundo na presença exclusiva do outro. Mas do fato de os dois nadas serem imagináveis alternativamente se conclui, erroneamente, que eles são imagináveis ao mesmo tempo — conclusão cujo caráter absurdo salta aos olhos, porque não se pode imaginar um nada sem perceber, ainda que confusamente, que se imagina esse nada, isto é, que se age, se pensa, e que, por conseguinte, algo continua a existir" (*op. cit.*, *Oeuvres*, pp. 730-731).

Como Kant demonstrara que a representação de um objeto equivale à sua representação enquanto existente, a representação de um objeto inexistente, diz Bergson, não consiste em retirar a idéia do atributo "existência" da idéia do objeto. A representação de um objeto inexistente *adiciona* algo à idéia do objeto: adiciona-lhe a idéia de exclusão. Quando se pensa um objeto como inexistente, esse objeto é pensado e, com isso, pensa-se algo incompatível com sua existência. O fato de pensarmos que pensamos antes na exclusão do objeto do que na causa da exclusão não elimina, no entanto, essa causa, pois o próprio ato por meio do qual sustentamos que um objeto é irreal "põe" a existência do real em geral. Em outras palavras, representar um objeto irreal não consiste em despojá-lo de todo tipo de existência, pois a representação de um objeto é necessariamente sua representação como objeto existente. Por isso, há *mais*, e não *menos*, na idéia de um objeto inexistente do que na de um objeto existente. Tampouco se pode "pôr" (estabelecer sua existência) a realidade como um todo e em seguida eliminá-la com um "não", visto que afirmação e negação não são juízos do mesmo gênero. A negação não é um "não" adicionado a um "sim". Uma afirmação exprime um juízo sobre um objeto, enquanto uma negação expressa um juízo sobre outro juízo (isto é, sobre uma afirmação prévia). Logo, ao contrário do que ocorre com a afirmação, a negação não afeta diretamente o objeto: a negação afirma algo de uma afirmação que, por si mesma, afirma algo de um objeto (*op. cit.*, p. 738). Segue-se que a negação não é o ato de um puro espírito apartado de todo motivo e ocupado apenas com os objetos enquanto tais, já que a negação dirige-se a alguém: a nós mesmos ou a outra pessoa. A negação tem um caráter social e pedagógico.

Bergson avaliava que a insistência na noção de que antes de, ou "debaixo de", todas as coisas não há nada (ou "há" o Nada) deve-se ao fato de os "hábitos de ação" se imporem a nós em nossos processos de pensamento. A ação, afirmou Bergson, é iniciada por uma insatisfação, por um sentido de ausência causado pela falta de alguma coisa julgada útil. A tendência da ação de proceder do "nada" para "algo" é transposta ao reino especulativo.

De modo geral, portanto, Bergson rejeitou a possibilidade de "pensar o nada" e recuou-se a admitir que haja alguma experiência do "nada" — ou melhor, a impossibilidade de tal experiência elimina a possibilidade de semelhante pensamento.

As idéias de Bergson foram criticadas por, entre outros, Lachelier, que celebrou o rigor dos argumentos bergsonianos porém afirmou ser impossível suprimir a idéia do nada e, ao mesmo tempo, sustentar a liberdade de um espírito que, justa e precisamente por ser livre, pode negar-se a afirmar a existência de um ser qualquer.

As opiniões de Heidegger sobre nosso tema são inversas às de Bergson. Enquanto este procura explicar por que se *afirma* que há um nada, Heidegger se interroga por que não há o nada, isto é, formula a mesma pergunta de Leibniz: "Por que há algo ('ente') em vez de nada?" Heidegger não depara com a ausência daquilo que busca; além disso, ele não busca um ente (o que, quanto ao mais, modifica a direção mesma da "pergunta leibniziana"). O nada não é para ele a negação de um ente, mas aquilo que possibilita o não e a negação (VER). Neste caso, o nada seria o "elemento" no âmbito do qual flutua, bracejando para se manter à tona, a Existência. Esse nada é descoberto por um fenômeno primordial de índole existencial: a angústia (VER). Assim, o nada é que possibilita transcender o ser, aquilo que "implica" — no sentido ontológico e não lógico — o ser. Por isso, há uma "patência" do nada sem a qual não haveria mesmidade nem liberdade. Pelo vigor com que Heidegger exprimiu seu pensamento acerca do nada em sua conferência (e folheto) de 1929 (cf. bibliografia, *infra*), o conceito do Nada nesse autor tornou-se uma espécie de *cause celèbre*, chegando a identificar-se a filosofia de Heiddeger como uma "filosofia do Nada". Por outro lado, há escassas referências a "o Nada" em *O ser e o tempo*, de 1927, o que levou alguns a afirmar que não há um importante problema relativo ao Nada na referida obra, mas somente na mencionada conferência. Ambas as opiniões parecem errôneas. Em seu livro sobre a filosofia de Heidegger "da perspectiva do Nada" (cf. bibliografia, *infra*), Priscilla N. Cohn mostra que já em *O ser e o tempo* a questão do Nada é importante, senão central. A conferência de 1929 esclarece e amplia o que se havia expresso na obra anterior. Mais do que isso: o "segundo Heidegger" ou "último Heiddeger" pode ser entendido em função do modo como o pensamento do Nada, já claramente expresso em *O ser e o tempo*, se desenvolve e é ampliado, ao mesmo tempo em que se fundamenta. Assim, o que se poderia denominar "a busca do Nada" se realiza nos termos da "pergunta pelo Ser" que, seja como for, é desde o princípio a pergunta fundamental de Heidegger, persistindo ao longo de sua *Kehre*: "Em *O ser e o tempo*, considerou-se o Nada — escreve Priscilla N. Cohn (*op. cit. infra*, p. 171) — a partir da posição do *Dasein*. Vimos ali a estreita relação entre o *Dasein* e o Nada. Depois, em *Que é metafísica?*, o Nada aparece relacionado com o ente e, contudo, quando começamos a divisar a forma em que era 'uno-com' o ente, tivemos de retroceder, a fim de considerar o significado que tinha para o *Dasein*. Seja qual for a perspectiva de que se parta, sem o Nada o *Dasein* não seria o *Dasein*. Mas não podemos fechar o círculo por completo sem um conhecimento adicional: começamos a ver que, embora se considere correntemente o Nada como o conceito oposto ao ente ou a negação deste, uma compreensão mais profunda do Nada mostra sua estreita relação com o Ser". Isso explica por que a questão do Nada volta a ser formulada, em 1955, quando da reflexão 'sobre a questão do Ser'" (*Zur Seinsfrage*).

As idéias de Heiddeger sobre o Nada, em particular as expressas em sua conferência de 1929, foram criticadas por vários autores, em especial de tendência analítica e especificamente neopositivista. O mais conhecido exemplo de crítica neopositivista de Heidegger está em Carnap. Segundo esse autor, dizer que "O Nada nadifica" é, logicamente falando, o mesmo que dizer "a chuva chove". Não se trata em nenhum dos casos de enunciados, mas de "pseudo-enunciados". São, pois, exemplos de má gramática e de uma insubmissão à sintaxe lógica da linguagem.

Curiosamente, Heidegger poderia entrar em acordo com Carnap num ponto: na idéia de que aquilo que se diz a propósito do Nada não pretende ser nenhuma "proposição" *acerca* do Nada. Essa característica (aparentemente negativa) de não ser "acerca de" está também em Sartre. Admitindo em princípio a descrição heideggeriana do Nada, Sartre a corrige, destacando que, em vez de dizer do nada que é, devemos contentar-nos em declarar que "*é sido*". O mesmo acontece com a nadificação do nada. O nada, diz Sartre, não se nadifica; ele "é nadificado". Por isso, o ser mediante o qual o nada vem ao mundo deve ser, assinala o autor, seu próprio nada. É provável que, para esses autores, só a liberdade radical do homem permite enunciar significativamente essas "proposições". Sartre o reconhece explicitamente ao dizer que o problema da liberdade condiciona o aparecimento do problema do nada, ao menos na medida em que se entende a liberdade como algo que precede a essência humana e a torna possível, isto é, na medida em que a essência do ser humano está na dependência de sua liberdade. Logo, haveria nesse autor, tal como em Heidegger, um pressuposto último: o da "impotência" da lógica para enfrentar esse problema, porque a "lógica" só apareceria no instante em que houvesse um ser enunciador que se tornaria possível precisamente por ter transcendido o Nada.

Na linguagem corrente, usa-se 'nada' no sentido de 'coisa alguma', expressão que aparece no âmbito de algum contexto. Assim, 'Não há nada sobre a mesa' quer dizer que não há coisa alguma sobre a mesa. 'Nada' é exprimível em termos quantificacionais; no exemplo anterior, equivale a dizer que, para alguns x, não há nenhum x que esteja sobre a mesa. R. M. Martin (art. cit. *infra*) procurou dar uma expressão lógica ao conceito de "nada" tratando-o como o indivíduo nulo que é eternamente nulo. Assim, se se define "$x\ N\ t$" como "não há nenhum t que seja parte de t e relacione P com x" (onde P é uma relação tal que um tempo t é parte de um indivíduo, x, se x é um indivíduo que persiste ao longo de todo tempo t), então será possível ler "$x\ N\ t$" como "x é nulo (ou não atual [real efetivo]) no tempo t"; x será, pois, o indivíduo que tem a relação N (ser nulo todo o tempo). Isso constitui, segundo Martin, a contrapartida lógica do "princípio supostamente nefando" de Heidegger, segundo o qual, como vimos, "o Nada nadifica".

Eu mesmo empenhei-me em dilucidar o conceito de nada considerando que sua substantivização — na forma de "o Nada" — é um artifício linguístico mediante o qual exprimimos a noção tradicional do "nada privativo", o nada *secundum quid*. A análise ontológica dessa noção é realizada considerando de que maneiras se relacionam, e se contrapõem, os dois conceitos-limite chamados "ser" e "sentido".

In nuce, a tese é a de que só se pode falar do "Nada" como uma tendência "ontológica" e em expressões como "Tanta coisa para dar em nada", "No fundo, não há nada" etc. Isso ocorre quando há algum desequilíbrio notório entre as disposições "ser" e "sentido". Em princípio, deveria ser possível falar de "o Nada" ou de "nada" quando, dada uma realidade ou complexo de realidades, haja nelas muito pouco ser com relação ao sentido ou muito pouco sentido com relação ao ser. O autor avalia no entanto, adotando um ponto de vista aparentemente pouco equilibrado, que só cabe falar de "nada" ou de "tendência para o Nada" quando há pouco sentido com relação ao ser, o que ocorre nas ocasiões em que se pergunta "Para que tudo isso?" e se responde "Para nada (ou pouco, ou pouco menos que nada)". Esta idéia é menos unilateral do que parece se se considera que o sentido não se confina a atos humanos. Assim, por exemplo, mesmo que não houvesse seres humanos, o universo material sozinho, com sua "intendibilidade", suas complexas relações entre elementos etc., ainda teria uma proporção muito notável de sentido.

◐ As observações de Anselmo estão em *De Casu diaboli*, II. Para Agostinho, ver *De Magistro*, II, 3. Para Tomás de Aquino, *S. theol.*, I, q. XLVIII, a.2 ad 2. O texto de Fredegiso de Tours recebe por vezes o nome de *Epistola de nihilo et tenebris* e também de *De substantia nihili et tenebrarum* (cf. Concetina Gennaro, *Fridugiso de Tours e il De substantia nihili et tenebrarum*, 1963).

Para as idéias de Spencer e Bergson, ver os textos citados no corpo do verbete. As observações de Lachelier, no *Vocabulário*, de A. Lalande.

A referência a Bréhier é "L'idée de néant et le problème de l'origine radicale dans le néoplatonisme grec" *Révue de Métaphysiqye et de Morale*, 26, 1919, pp. 448-475, reimp. na obra do mesmo autor, *Études de philosophie antique*, 1955, pp. 248-283.

Para Heidegger, ver *Was ist Metaphysik?*. Sobre Heidegger e o nada: Priscilla N. Cohn, *Heidegger: su filosofía a través de la nada*, 1975, do texto em inglês *The Concept of Nothingness in the Thought of Martin Heidegger* (tese de 1969). — Crítica de Carnap em "Ueberwindung der Metaphysik durch logische Analyse der Sprache"', *Erkenntnis*, 2, 1931, pp. 219-241. Para Sartre, *L'Être et le Néant. Essai d'ontologie phenoménologique*, 1943.

O artigo de R. M. Martin é: "Of Time and the Null Individual", *Journal of Philosophy*, 62, 1965, pp. 723-736. — De José Ferrater Mora, ver *El Ser y el Sentido*. 1967, pp. 287-293.

Ver ainda: G. R. Malkani, *The Problem of Nothing*, 1918. — Louis Vialle, *Le désir du néant. Contribution a la psychologie du divertissement*, 1933. — Kurt Sternberg, *Die Geburte des Etwas aus dem Nichts*, 1933. — Hand Pichler, "Vom Wesen der Verneinung und das Unwesen des Nichtseins", *Blätter für deutsche Philosophie*, 8, 1934. — H. Kuhn, *An Encounter wirh Nothingness*, 1949 [sobre os existencialistas]. — B. Fabi, *Il Tutto e il Nulla*, 1952. E. Paci, *Il Nulla e il problema dell'uomo*, 1950. — R. Berlinger, *Das Nichts und der Tod*, 1954. — Eugen Fink, *Alles und Nichts. Ein Umweg zur Philosophie*, 1959. — G. Siegmund, *Sein oder Nichtsein*, 1961. — G. Kahl-Furthmann, *Das Problem des Nichts. Kritisch-historische und systematische Untersuchungen*, 1968. — Roger Lapointe, *Consultation internationale sur le non-être: Dialogue philosophique*, 1969. — Michael Novak, *The Experience of Nothingness*, 1970. — A. Colombo, *Il primato del nulla e le origine della metafisica*, 1972. — William F. Kraft, *A Psychology of Nothingness*, 1974. — Richard M. Gale, *Negation and Non-Being*, 1976. — E. Tugendhat, "Das sein und das N.", em *Durchblicke. Festschrift für M. Heidegger zum 80. Geburstag*, 1970, pp. 132-160. — G. May, *Schöpfung aus dem Nichts. Die Entstehung der Lehre von der Creation ex Nihilo*, 1978. — D. K. Coe, *Angst and the Abyss: The Hermeneutics of Nothingness*, 1985. — M. J. De Carvalho, *In Search of Being: Man in Conflict with the Spectre of Nothingness*, 1985. — W. B. Turner, *Nothing and Non-existence. The Transcendence of Science*, 1986.

Obras históricas: P. Seligman, *Being and Not-Being: An Introduction to Plato's Sophist*, 1974. — H. R. Schlette, *Das Eine und das Andere. Studien zur Problematik des Negativen in der Methaphysik Plotins*, 1966. — Anna-Teresa Tymieniecka, *Why is There Something rather than Nothing*, 1966 (sobre Leibniz). — Ernesto Máyz Vallenilla, *El problema de la nada em Kant*, 1965. — V. Vitiello, *Heidegger, il nulla e la fondazione della storicità*, 1976. — Ch. de Bovelles, *Le livre du néant*, texto, introd. e notas por M. Magnard, 1983. — E. zum Bruun, *Le dilemme de l'être et du néant chez Saint Augustin*, 1984. — Newmann, *Die Philosophie des N. in der Moderne*, 1989. ©

NAESS, ARNE [DEKKE EIDE] (1912). Nascido em Oslo, foi professor da Universidade de Oslo até sua renúncia à cátedra, em 1970. Membro destacado do chamado "Grupo de Oslo", estreitamente vinculado com a "Escola de Uppsala" (VER), Naess trabalhou durante uma primeira e longa etapa com uma orientação positivista, ou melhor, neopositivista e antimetafísica. Suas duas mais importantes contribuições são os estudos dos significados de "verdade" e as análises do problema do valor. No tocante aos primeiros, preocupou-se sobretudo em pesquisar, por meio de questionários, diferentes maneiras de conceber a verdade, maneiras que foram consideradas "comportamentos". Quanto aos segundos, Naess pesquisou também reações diante de vários tipos de atos de aceitação e de recusa. Seus estudos seguem uma orientação que se poderia qualificar de "positivismo comportamentalista".

Numa segunda etapa, Naess aproximou-se daquilo que recebeu o nome de "nova filosofia da ciência" (de Kuhn, Lakatos, Feyerabend etc.) e da idéia do conhecimento "pessoal" (no sentido de Polanyi). Contra o realismo ingênuo e o verificacionismo dos positivistas, Naess propugnou aquilo que denominou "possibilismo". Segundo essa perspectiva, não se pode dizer de nada, especificamente de nenhum acontecimento ou fenômeno, que é impossível, salvo se for uma teoria. Por outro lado, resulta do fato de ser cabível admitir várias teorias para uma mesma série de observações uma ampliação do reino da possibilidade paralelamente à multiplicidade e pluralidade de teorias. Naess avalia que o possibilismo e o pluralismo que defende não são só científica e filosoficamente mais aceitáveis do que todo dogmatismo e "unificacionismo", como também culturalmente mais fecundos, visto que reagem energicamente contra todo conformismo e permitem mudanças necessárias para evitar a excessiva rigidez e, com ela, a decadência, culturais.

•• O interesse de Naess alcançou a filosofia moral e a filosofia social. Participou com sua reflexão — em alguns casos pioneira; ver bibliografia *infra* —, bem como com seu compromisso pessoal, tanto do movimento pacifista, entre 1940 e 1955, como a partir de 1970, do movimento ecológico e do debate sobre as implicações morais e políticas da ecologia. Naess estabelece uma distinção entre ecologia "superficial" (*shallow*) e ecologia "profunda" (*deep*), também chamada "ecosofia". Esta não apenas contém elementos de proteção do meio ambiente como faz considerações de tipo ético, metafísico e religioso. Naess dirigiu como alpinista diversas expedições ao Himalaia. ••

⊃ Principais escritos: *Erkenntnis und wissenschaftliches Verhalten*, 1936 (*Conhecimento e comportamento científico*). — "Über die Funktion der Verallgemeinerung", *Erkenntnis*, 7, 1937-1938, pp. 198-210 ("Sobre a função de generalização"). — *Truth as Conceived by those who are not Professional Philosophers*, 1939. — *Noen verditeoriske standpunkter*, 1948 (*Alguns pontos de vista sobre teoria dos valores*). — *Interpretation and Preciseness: I. A Survey of Basic Concepts*, 1949; II. *A Contribution to the Theory of Communication*, 1953. — *An Empirical Study of the Expressions "True", "Perfectly Certain" and "Extremely Probable"*, 1953. — *Filosofiens historie. Een innföring i filosofiske problemer*, 1953 (*História da filosofia. Introdução aos problemas filosóficos*). — *Democracy, Ideology, and Objectivity: Studies in the Semantic and Cognitive Analysis of Ideological Controversy*, 1956. — *Moderne filosofer: Filosofiens Nyeste Historie*, 1965 (trad. ing.: *Four Modern Philosophers*, 1968) (sobre Carnap, Wittgenstein, Heidegger e Sartre). — *Gandhi and the Nuclear Age*, 1965. — *Communication and Argument*, 1966. — *Conation and Cognition in Spinoza's Theory of Affects: A Reconstruction*, 1967. — *Hvilken verden es den virkelige?*, 1969 (*Que mundo é o mundo real?*). — *Scepticism*, 1969. — *The Pluralist and Possibilist Aspect of the Scientific Enterprise*, 1972. — *Freedom, Emotion, and Self-Subsistence: The Structure of a Central Part of Spinoza's Ethics*, 1972. — *A Sceptical Dialogue on Induction*, 1984. — Seus escritos sobre ecosofia são numerosos; são particularmente interessantes os artigos: "The Shallow and the Deep, Long-Range Ecology Movement: A Summary", *Inquiry*, 16, 1973, pp. 95-100; "A Defense of Deep Ecology Movement", *Environmental Ethics*, 6, 1984, pp. 265-270; "The Deep Ecology Movement: Some Philosophical Aspects", *Philosophical Inquiry*, 8, 1986. — Outros artigos seus foram reunidos em *Økologi, Samfunn og Livsstil*, 1976 (*Ecologia, sociedade e estilo de vida*). — *Selbst-Verwirklichung: Ein ökologischer Zugang zum Sein in der Welt*, 1989 (*Auto-realização: um acesso ecológico para ser no mundo*), em I. Seed *et al.*, eds., *Denken wie ein Berg. Ganzheitliche Ökologie: Die Konferenz des Lebens*, Friburgo, 1898 (*Pensar como uma montanha. Ecologia totalizadora: O Congresso da Vida*). — Ver ainda a bibliografia a seguir, que adota a distinção de Naess entre ecologia superficial e ecologia profunda: G. Sessions, "Shallow and Deep Ecology: Review of the Philosophical Literature", em R. C. Schultz, ed. *Ecological Consciousness*, 1981, pp. 391-462. — Depoimento: "Wie meine Philosophie sich entwickelt zu haben scheint", em A. Mercier, M. Svilar, eds. *Philosophes critiques d'eux-mêmes*, 10, 1983, pp. 227-268. Bibliografia: O. Flo, *Bibliografi over A. Naess' forfatterskap, 1936-1970*, Universidade de Oslo, 1971, 36 pp. Pode-se encontrar um extrato dessa bilbiografia em Id., "A. Naess: Selected List of the Philosophical Writings in the English and German Languages, 1936-1970", *Synthese*, 23, 1971-1972, pp. 348-352. Ver: H. Tennessen, "Rejoinder to Naess", *Inquiry*, 16, 1973, pp. 417-418. — S. Paluch, "Nietzschean Notes on the Tennessen-Naess Exchange", *ibid.*, 18, 1975, pp. 101-102. — I. Gullvag, "Naess' Pluralistic Metaphilosophy", *ibid.*, pp. 391-108. VV.AA., *In Sceptical Wonder: Inquiries into the Philosophy of A. N. on Occasion of His 70th Birthday*, 1982, ed. I. Gullvag e J. Wettlesen.

Alguns artigos de comentário ou de réplica sobre os trabalhos ecológicos de Naess: A. K. Salleh, "Deeper than Deep Ecology: The Eco-Feminist Connection", *Environmental Ethics*, 6, 1984, pp. 339-346. — R. A. Watson, "A Note on Deep Ecology", *ibid.*, pp. 377-380. — P. Reed, "Man Apart: An Alternative to the Self-Realization Approach", *ibid.*, 1989, pp. 53-69. — R. Kolarsky, "A Few Notes on the Relation of Philosophy and Ecology" (em checo), *Filosoficky Casopis*, vol. 39, 6, 1991, pp. 914-924. ↔

NĀGĀRJUNA. Ver Budismo; Niilismo; Vedanta.

NAGEL, ERNEST (1901). Nascido em Novemesto (Tchecoslováquia), mudou-se em 1911 para os Estados Unidos. Foi professor assistente (1931-1937), "professor associado" (1937-1939) e professor titular (1939-1946) na Universidade de Colúmbia (Nova York) e, de 1946 até a aposentadoria, *Dewey Professor* de filosofia na mesma Universidade.

Pode-se considerar Nagel naturalista com certas tendências instrumentalistas e influências recebidas do positivismo lógico. O título de uma de suas coletâneas de trabalhos, *A razão soberana* (cf. bibliografia), pode do mesmo modo caracterizar seu pensamento. Nagel tem-se dedicado especialmente aos estudos de filosofia da ciência, enfocando com detalhes o exame da natureza e das formas da explicação científica, dos problemas trazidos pelas tentativas de redução (ver) de determinadas teorias a outras teorias e de outras questões do gênero. Na discussão de todas essas interrogações, Nagel manifesta constante confiança no poder da razão; a razão é, com efeito, "soberana", mas essa razão não é para ele especulativa, porém essencialmente crítica. Contra os filósofos que reduzem a filosofia a uma análise de expressões linguísticas, Nagel afirma que a filosofia não deve renunciar a "uma visão ampla das coisas"; a filosofia é "comentário crítico sobre a existência". O filósofo deve por conseguinte ter amplitude de visão e de imaginação, embora esta última deva estar sempre disciplinada. Característico do modo de pensar de Nagel é o rigor lógico na análise dos problemas e, ao mesmo tempo, a consideração de cada problema dentro de um contexto filosófico mais geral. Ele avalia que esse contexto pode ser fornecido pelo naturalismo sempre que este for, em vez de dogmático, crítico.

Tem-se caracterizado o tipo de análise proposto e executado por Nagel como "análise contextualista". Trata-se por um lado de examinar os problemas que se apresentam no contexto de uma ciência, especialmente do estado de uma ciência em determinado momento (o que permite ampliar e muitas vezes fazer progredir as análises em virtude de novos contextos que se vão apresentando no curso da história das ciências). Por outro lado, procura-se estudar as questões filosóficas no âmbito de um contexto geral de cunho naturalista (que, por sua vez, vincula-se estreitamente ao desenvolvimento das ciências, tanto naturais como sociais). Não se deve confundir esse contexto com algum sistema último de categorias, determinado *a priori* e de uma vez por todas. O contexto naturalista é menos uma doutrina completa do que um método que se justifica, ou vai se justificando, por seus frutos. O naturalismo de Nagel não equivale a um materialismo reducionista, pois ele admite a variedade de áreas a estudar, bem como a variedade de métodos. A flexibilidade do pensamento de Nagel se manifesta, entre outros aspectos, em seu estudo do caráter das teorias científicas. Nem a concepção puramente descritiva nem a simplesmente instrumentalista ou a realista são suficientes; contudo, cada uma delas constitui um dos legítimos "modos de falar" acerca de teorias, e esses diferentes "modos de falar" adquirem sentido no âmbito do referido método contextualista.

Ver ainda Explicação; Redução.

↪ Nagel escreveu inúmeros trabalhos para revistas (*Journal of Philosophy, Erkenntnis; Philosophy of Science; Philosophy and Phenomenological Research; Philosophical Review* etc.) e colaborou em vários números coletivos. Grande parte desses escritos foi reunida nos dois volumes citados *infra*, ou incorporados, com algumas alterações de pouca monta, a algumas de suas obras mais alentadas. Dentre os livros publicados, mencionamos: *An Introduction to Logic and Scientific Method*, 1934 [em colaboração com Morris H. Cohen]; 2ª ed., 1993. — *Principles of the Theory of Probability*, 1939 [International Encyclopedia of Unified Science, I, 6]. *Sovereign Reason*, 1954 [coletânea de escritos dentre os quais destacamos: "Sovereign Reason", antes publicado no volume *Freedom and Experience*, 1947, ed. Sidney Hook]. — *Logic without Metaphysics, and Other Studies in the Philosophy of Science*, 1956 [coletânea de trabalhos dentre os quais destacamos "Naturalism Reconsidered", antes publicado em *Proceedings and Adresses of the American Philosophical Association*, 28, 1954-1955; "Logic Without Ontology", antes publicado no volume *Naturalism and the Human Spirit*, 1944, ed. Y. H. Krikorian. — *Gödel's Proof*, 1958 [em colaboração com James R. Newman]. — *The Structure of Science: Problems in the Logic of Scientific Explanation*, 1961. — "Teleology Revisited: The Dewey Lectures 1977", *Journal of Philosophy*, 74, 197, pp. 261-301; trabalho publicado, ao lado de outros ensaios, em: *Teleology Revisited and Other Essays in the Philosophy and History of Science*, 1979. — *The View from Nowhere*, 1985. — Nagel foi ainda editor de numerosos volumes, entre os quais: *Freedom and Reason: Studies in Philosophy and Jewish Culture*, 1951 (com S. W. Baron e K. S. Pinson). — *Logic, Methodology and Philosophy of Science: Proceedings of the 1960 International Congress*, 1962 (com P. Suppes e A. Tarski). — *Induction: Some Current Issues*, 1963 (com H. E. Kyburg). — *Scientific Psychology, Principles and Approaches*, 1965 (com B. Wolman).

Em português: *Filosofia da ciência*, 1975. — *A prova de Gödel*, 1978.

Ver: Sidney Morgenbesser, Patrick Suppes e Morton G. White, *Philosophy, Science, and Method: Essays in Honor of E. N.*, 1969. — L. Nowak, "Laws of Science, Theories, Measurements: Comments on E. N.'s *The Structure of Science*", *Philosophy of Science*, 39, 1972, pp. 533-548. — R. M. Martin, "On Some Criticisms of Carnap's Early Semantics: Nagel and Ryle", *Philosophia* (Israel), 2, 1972, pp. 55-73. — V. B. Shelanski, "Nagel's Translation of Teleological Statements: A Critique". *British Journal for the Philosophy of Science*, 24, 1973, pp. 397-401. — R. Cooke, "Discussion: A Trivialization of Nagel's Definition of Explanation for Statistical Laws", *Philosophy of Science*, 47, 1980, pp. 644-645. — L. Nissen, "Nagel's Self-Regulation Analysis of Teleology", *Philosophy Forum*, 12, 1980-1981, pp. 128-137. **C**

NAHM, MILTON C[HARLES]. Ver ARTE; ENDOPATIA; TELEOLOGIA.

NÃO-EU. Nas filosofias idealistas, particularmente nas filosofias idealistas extremas ou radicais, o "objeto" ou o "mundo" são descritos, ou, mais exatamente "postos" como o "contraposto" ao Eu, entendendo-se o Eu, de imediato, como o Eu transcendental. Por conseguinte, o primário é o Eu (VER), e só a partir deste se pode "deduzir" o não-Eu.

Isso acontece sobretudo no pensamento de Fichte, filósofo que começa com uma proposição absoluta: a proposição "A = A". Embora pareça uma proposição "vazia", ela deixa de sê-lo quando consideramos que o "A" de que se fala quando se diz "A = A" não é primariamente qualquer objeto (porque então não haveria motivo para dizer que esse objeto é idêntico a si mesmo), mas o Eu, cuja realidade consiste precisamente na identidade consigo mesmo, isto é, no fato de pôr-se a si mesmo. Assim, a proposição de referência adquire sentido e, poderíamos acrescentar, "plenitude enquanto vista como proposição 'Eu = Eu'". A diferença entre "A = A" e "Eu = Eu" consiste no fato de que, enquanto na primeira proposição não se "põe" nada (ou, se se "põe", "põe"-se arbitrariamente, assumindo-se que existe o "A" de que se fala), na segunda, ou seja, em "Eu = Eu", o Eu se põe a si mesmo. A validade da proposição "Eu = Eu" não é puramente formal, tampouco é uma validade condicionada. É ao mesmo tempo validade incondicionada e absoluta, porquanto o Eu se põe a si mesmo necessariamente (sua realidade consiste precisamente nessa autoposição). O Eu "ponente" e o Eu "posto" são, em suma, a mesma realidade. Não há nenhuma mediação, ao contrário da que haveria numa relação *sujeito-objeto*; o "Eu que se põe a si mesmo na identidade 'Eu = Eu'" é identidade de sujeito e objeto de modo imediato.

Mas a proposição "Eu = Eu" não é derivada de nenhum movimento; o ato mediante o qual o Eu se põe e se constitui a si mesmo parece ser o princípio e o fim de toda realidade. Para evitar essa "imobilidade" (metafísica) — que seria, além disso, contrária à realidade essencialmente ponente do Eu —, deve-se passar a outra proposição, que em sua forma geral e "abstrata" manifesta-se como "Não-A é não A" e que, "traduzida" para a linguagem transcendental, ou para a linguagem do Eu transcendental, dá lugar à inclusão do não-Eu no Eu. Se se preferir, na consciência "autoposicional" do Eu há um não-Eu que não advém do "objeto" nem do "mundo", mas do próprio Eu. Ao pôr o não-Eu como constitutivo do Eu, este se limita a si mesmo. Essa limitação é, porém, resultante de uma autodeterminação, configurando-se, por conseguinte, como um ato de liberdade. Caso não se admitisse esse ato, alega Fichte, ter-se-ia de adotar uma posição não idealista no qual o Eu apareceria simplesmente como resultado de um "mundo". Quanto, em contrapartida, surge como autolimitação do Eu, o mundo não é determinante, mas determinado.

Se considerarmos que o Eu é o sujeito de consciência — a *auto*consciência — e chamamos o objeto da consciência de "Mim mesmo", ficará mais claro o processo de posição do não-Eu pelo Eu em Fichte. De fato, tornar-se-á então possível que a realidade absoluta é o Eu, que põe ao mesmo tempo o mim mesmo e o não-mim mesmo. Cada um destes últimos determina o outro, gerando-se no curso dessa mútua determinação a limitação que torna possível o "objeto". O "mundo" aparece então como o "objeto" enquanto "contraposto". No sistema de Fichte, o Eu se põe a si mesmo como determinado pelo não-Eu, e é justo essa autodeterminação de si mesmo que dá origem à liberdade. Deve-se observar quanto a isso que essa liberdade é em última análise uma liberdade "prática" ("moral") e não "teórica" e que, para Fichte, só na "prática" se podem resolver as antinomias que se propõem na pura teoria da posição do não-Eu pelo Eu.

NÃO-REFLEXIVIDADE. Ver Relação.

NÃO-SIMETRIA. Ver Relação.

NÃO-TRANSITIVIDADE. Ver Relação.

NATANSON, MAURICE [ALEXANDER]. Ver Arte; Endopatia; Teleologia.

NATIVISMO. Ver Inatismo.

NATORP, PAUL [GERHARD] (1854-1924). Nascido em Düsseldorf, estudou em Berlim, Bonn (com Hermann Usener), Estrasburgo (ver Marburgo [Escola de]) e Marburgo (1881) com Hermann Cohen. Foi "professor extraordinário" (1885-1892) e professor titular (a partir de 1892) em Marburgo. A partir de 1887, dirigiu os *Philosophische Monatshefte*.

Natorp foi um dos principais representantes da Escola neokantiana de Marburgo (ver Marburgo [Escola de]). Adotou o método crítico e transcendental kantiano, modificando-o em muitos pontos e ao qual procurou dar uma forma sistemática que dizia respeito a todas as disciplinas, naturais e culturais, teóricas e práticas.

A orientação sistemática de Natorp não se manifesta tanto na forma de um conjunto de teses quanto no uso do método crítico em todas as disciplinas e em todos os temas tratados. Esse método crítico, e transcendental, é por sua vez uma ciência: a ciência que mostra como se "geram" logicamente os conceitos. Nesse sentido, há em Natorp vestígios de Fichte e de Hegel, mas sem os pressupostos e as intenções metafísicas desses filósofos. A consciência é concebida como um conjunto ou sistema de normas por meio das quais se torna possível a fundamentação das ciências teóricas e práticas, incluídas nas últimas não apenas a ética como a religião, a política e a educação. Destacam-se neste último aspecto os trabalhos de Natorp no campo da pedagogia social, seu estudo da relação entre pedagogia e filosofia e sua obra sobre Pestalozzi.

Segundo Natorp, tanto o pensar como o agir fundam-se numa conceptualização "lógica" na qual se empregam noções psicológicas; mas a "lógica" se distingue da psicologia e é mais fundamental que ela. Natorp opõe-se justamente a toda interpretação psicológica do método crítico e transcendental. Seu estudo de Platão destina-se a mostrar que este, entendido corretamente, tem uma concepção da filosofia como atividade crítica e sustentou uma concepção lógica e transcendental das "idéias". As idéias platônicas são para Natorp "puras posições do pensar". Com isso, Platão "se aproxima" de Kant, ao tempo em que se revelam os fundamentos platônicos da filosofia crítica.

Natorp examina a consciência, sobretudo, como consciência transcendental, encontrando-se nela as formas lógicas, não como princípios, mas como normas e funções. A consciência é o âmbito de toda objetivação possível. A unidade sintética dos atos da consciência é a unidade sintética de todos os pensamentos e de todos os atos. Na consciência se conciliam a teoria e a prática. Natorp afirma que sua posição é idealista, negando contudo que o idealismo seja uma atitude especulativa; trata-se antes, a seu ver, de um modo — e, a rigor, do único modo — legítimo de fundamentar a prática, especialmente nas esferas da religião, da política e da educação. O "idealismo crítico" de Natorp constitui um esforço de síntese de todas as atividades humanas, tanto das subjetivas como das objetivas, ou seja, das que ocorrem no interior de sistemas de normas, como é o caso da esfera da cultura.

⊃ Obras principais: *Descartes' Erkenntnistheorie. Eine Studie zur Vorgeschichte des Kritizismus*, 1882 (*A teoria cartesiana do conhecimento. Estudo sobre a pré-história do criticismo*). — *Forschungen zur Geschichte des Erkenntnisproblems im Altertum. Protagoras, Demokrit, Epikur und die Skepsis*, 1884 (*Pesquisas sobre a história do problema no conhecimento na Antigüidade: P., D., E. e os céticos*). — *Einleitung in die Psychologie nach kritischer Methode*, 1888 (*Introdução à psicologia segundo o método crítico*); 2ª ed. com o título *Allgemeine Psychologie nach kritishcer Methode. I, Objekt und Methode der Psychologie*, 1912. — *Die Religion innerhalb der Grenzen der Humanität. Ein Kapitel zur Grundlegund der Sozialpädagogik*, 1894. — *Soziakpädagogik. Theorie der Willenserziehung auf der Grundlage der Gemeinschaft.* — *Herbart, Pestalozzi und die heutigen Aufhaben der Erziehungslehre*, 1899 (*Herbart, Pestalozzi e os temas atuais da doutrina da educação*). — *Platons Ideenlehre. Einführung in den Idealismus*, 1903. — *Gesammelte Abhandlungen zur Sozialpädagogie*, 1907 (*Ensaios reunidos sobre pedagogia social*). — *Philosophie und Pädagogik. Untersuchungen auf ihrem Grenzgebiet*, 1909 (*Filosofia e pedagogia. Pesquisa sobre suas fronteiras*). — *Pestalozzi, sein Leben und seine Ideen*, 1909. — *Die logischen Grundlagen der exakten Wissenschaften*, 1910; reimp., 1969. — *Philosophie, irh Problem ind ihren Probleme*, 1911 (*Filosofia, seu problema e seus problemas*). — "Kant und die Marburger Schule", *Kantstudien*, 17, 1912. — *Deutscher Weltberuf*, 2 vols., 1918: *I. Die Seele der Deutschen; II. Das Weltalter des Geistes* (*A missão universal da Alemanha. I. A alma do alemão; II. A idade do espírito*). — *Sozialidealismus*, 1920 (*Idealismo social*). — *Der Deutsche und sein Staat*, 1924 (*O alemão e seu Estado*). — *Vorlesungen über praktische Philosophie*, 1925 (*Lições de filosofia prática*).

Obras póstumas: *Philosophischer Systematik*, 1958, ed. Hans-Georg Gadamer, int. e notas por H. Knittermayer. "Leibniz und der Materialismus (1981)", *Studia Leibniziana*, 17, 1985, pp. 3-14, ed. H. Holzhey. Depoimento em *Die deutsche Philosophie der Gegenwart in Selbstdarstellungen*, vol. I, 1921. Ver: J. Volkelt, *Natorps Einleitung in die Psychologie*, 1905. — Friedrich Meyerhols, *Erkenntnisbegriff und Erkenntniserwerb. Ein Natorpstudie*, 1908. — E. Weck, *Der Erkenntnisbegriff bei P. Natorp*, 1914 (tese). — J. Gräfe, *Das Problem der menschlichen Seins in der Philosophie P. Natorps*, 1933. — H. Gschwind, *Die philosophischen Grundlagen von Natorps Sozialpädagogik*, 1920. — M. Fichtner, *Transzendentalphilosophie und Lebensphilosophie in der Bregründung von Natorps Pädagogik*, 1933 (tese). — Hans Schneider, *Die Einheit als Grundprinzip der Philosophie P. Natorps*, 1936 (tese). — J. Klein, *Die Grundlegung der Ethik in der Philosophie P. Natorps*, 1942 (tese). — Miguel Bueno et al., *Natorp y la idea estética*, 1958 [mesa redonda]. — Eberhard Winterhagen, *Das Problem des Individuellen. Ein Beitrag zur Entwicklungsgeschichte P. Natorps*, 1975. — Inge Krebs, *P. Natorps Aesthetik. Eine systemtheoretische Untersuchung*, 1976. — J. Klein, *Grundlegung der Ethik in der Philosophie H. Cohens und P. N.s: eine Kritik des Marburger Neukantianismus*, 1976. — H.-L. Ollig, *Der Neukantianismus*, 1979. Ch. von Wolgozen, *Die autonome Relation. Zum Problem der Beziehung im Spätwerk P. N.s*, 1984. — H. Holzhey, *Cohen und N.*, 2 vols., 1986. — F. J. Wetz, "Die Überwindung des Marburger Neukantianismus in der Spätphilosophie Natorps", *Zeitschrift für Philosophische Forschung*, vol. 47, 1, 1993, pp. 75-92. **€**

NATURA NATURANS, NATURA NATURATA. Estes termos são conhecidos sobretudo pelo uso que deles fez Spinoza. Contudo, como o demonstraram H. Denifle, J. E. Erdman e, sobretudo, Hermann Siebeck, são expressões que têm uma longa história e mesmo uma pré-história. No âmbito desta última podem-se incluir-se os conceitos de παράγον — aquilo que leva à existência — e de παραγόμενον — aquilo que é levado à existência —, usados por Proclo em seus *Elementos de Teologia*. De fato, παράγον e παραγόμενον designam respectivamente a entidade criada e a entidade por ela criada. Esses mesmos conceitos, e com significações parecidas, são encontrados no Pseudo-Dionísio (*De div. nominibus*, IX), de quem John Scot Erígena tomou sua noção de *divina natura quae creat et creatur* (*De divisione naturae*, I, 13). Ora, a história dos conceitos de *natura naturans* e *natura naturata* inicia-se propriamente somente quando se desenvolvem alguns conceitos aristotélicos, em especial os que constam da *Fisica* (II, 1, 193 b 12) e em *De coelo* (I, 1, 268 a 13 ss.). No primeiro escrito citado, o Estagirita distinguiu, na φύσις entre o crescer do que cresce e o crescido. Na versão averroísta do texto, utilizaram-se as expressões *esse artifici (in atcu) per artem* e *esse naturati per naturam*. E, no comentário de Averróis em versão latina (*Comm. ad Ar. Phys.*, II, 1, 11, Venetiis, 1553) apareceram as expressões *Necesse enim est, ut initium medicinandi sit ex medicina et non inducit ad medicinam, et non est talis dispositio naturae apud naturam; sed naturatum* [φυόμενον] *ab aliquo ad aliquid venit, et naturatur aliquid; ipsum igitur naturari aliquid non est illud ex quo incipit sed illud ad quod venit*. Esse texto foi comentado com a introdução de explicações sobre a contraposição de *naturari* (enquanto produzir ou gerar algo) e *naturatum* (enquanto aquilo que é produzido ou gerado). No segundo dos textos mencionados, o Estagirita diz (à maneira pitagórica) que o número 3 e a tríade determinam a estrutura do real e que, depois de ter tomado o número 3 da Natureza, aplicamo-lo para a adoração dos deuses. Ao comentar essa passagem, Averróis (*Comm. ad De coelo*, I, 1) introduziu a expressão *natura naturata*, que designava o mundo enquanto produzido e, especialmente, enquanto obra relacionada com a produção. Esses conceitos também foram desenvolvidos por Averróis em sua *Destruição da destruição* (disp. 5, dub. 5) ao distinguir na natureza entre a *causa primeira* (equivalente à *natura naturans*) e o *primeiro causado* (equivalente à *natura naturata*). A partir de então, as expressões *natura naturans* e *natura naturata* tiveram seu uso ampliado entre os escolásticos (como já o havia indicado G. J. Vossius em *De vitiis sermonis et glossematis latinibarbaris libri IV* [Amsterdam, 1645], cap. xiv, p. 716). Elas também foram usadas por alguns místicos e por vários pensadores do Renascimento. A diferença entre *natura naturans* e *natura naturata* foi entendida como a diferença entre, de um lado, Deus enquanto natureza formadora das coisas naturais ou lei do conjunto destas coisas ou ser total e unitário diante do criado e, do outro, o criado que encontra sua unidade em Deus. Podem-se dar muitos exemplos, sendo mais conhecidos o de Boaventura (*In Sent*. III, dist. 8, dub. 2), ao indicar que [com o que foi dilucidado anteriormente] [o mestre] não quer dizer que a geração do Filho ocorra *supra naturam aeternam* (que é a *natura naturans*), mas *super naturam creatam* (que se convenciona denominar *natura naturata*); o de Vicente de Beauvais (*Spec. quad.*, XV, 4), ao indicar que se pode dizer a Natureza de dois modos, um é a *natura naturans* (a própria suma lei da Natureza que é Deus) e o outro a *natura naturata*; o do Mestre Eckhart, com seus conceitos de *ungenatûrten natûre* e *genatûrten natûre*. Ocorre algo análogo em autores como Giordano Bruno e Nicolau de Cusa. Ora, levantou-se o problema de até que ponto o uso dos termos em questão se aproxima de tendências panteístas. De fato, alguns autores interpretaram a *natura naturans* como uma força e a *natura naturata* o resultado dessa força, ou, melhor dizendo, como *a mesma* força sob outro aspecto. Pode-se dizer que, embora a interpretação panteísta não seja forçosa (como não o foi nos autores medievais citados), os conceitos em questão prestavam-se a ser usados por uma concepção panteísta. Foi o que aconteceu com Spinoza, que entende por *natura naturans* a Substância infinita, o *Deus sive Natura*, como o princípio criador ou a unidade vivificadora da *natura naturata*, daquilo que se encontra em Deus, mas enquanto conjunto dos modos da Substância. Toda a *natura naturata* se acha assim, segundo Spinoza, no seio da *natura naturans*, que é essência, princípio e fundamento daquela. Ou, como diz Spinoza, "deve-se entender por *natura naturans* aquilo que é em si e por si é concebido, isto é, os atributos da substância que expressam uma essência eterna e infinita, quer dizer, Deus enquanto considerado causa livre. Por *natura naturata* entendo, em contrapartida, tudo aquilo que se segue da necessidade da natureza de Deus, o que se segue de cada um de seus atributos ou todos os modos dos atributos de Deus enquanto considerados coisas que são em Deus e não podem, sem Deus, nem mesmo ser concebidas" (*Eth.*, I, prop. XXIX, schol.)

A expressão *natura naturans* foi empregada, em sentido diferente dos anteriores, por Francis Bacon em seu *Novum Organum* (Lib. II, aph. I). Bacon indica que a tarefa própria da ciência é descobrir *naturae Forman, sive differentiam veram, sive naturam naturantem, sive fontem emanationis*. A *natura naturans* é aqui a causa produtora de efeitos (naturais); a ciência consiste em descobrir essa causa porque, segundo Bacon, *vere scire, esse per Causas scire* (*op. cit.*, Lib. II, aph. 2).

⮕ Ver: Hermann Siebeck, "Ueber die Entstehung der Termini: Natura Naturans und Natura Naturata", *Archiv für der Geschichte der Philosophie*, 3, 1890, pp. 370-378. — O. Weijers, "Contribution à l'histoire des termes 'natura naturans' et 'natura naturata' jusqu'à Spinoza", *Vivarium*, 16, 1978, pp. 70-80. **c**

NATURAE SIMPLICES. Ver DESCARTES, RENÉ; NATUREZAS SIMPLES.

NATURALISMO. Pode-se definir 'naturalismo' como a atitude filosófica, ou a doutrina filosófica, ou ambas ao mesmo tempo, que avaliam ser a Natureza e as coisas que nela há as únicas realidades existentes. Embora essa definição seja demasiado ampla, pode-se observar nela uma série de restrições; com efeito, ela exclui chamar "naturalismo" a doutrina segundo a qual o órgão próprio do conhecimento é a razão natural, bem como a doutrina que defende o primado do Direito natural, ou jusnaturalismo (VER).

Mas a definição ainda assim permanece muito ampla, visto não ficar claro nela o que se entende por 'Natureza'. Diz-se às vezes que o aristotelismo é naturalista, que são naturalistas os estóicos, os atomistas etc. Há nisso algo de verdade, mas apenas quando aceitamos em cada caso certa idéia de 'Natureza'. Isso, no entanto, levaria a longas digressões, de que provavelmente resultaria que a idéia de Natureza em Aristóteles é muito diferente da concepção de Natureza nos estóicos e, mais ainda, nos atomistas; assim sendo, é mais razoável restringir o termo 'naturalismo' a certas tendências filosóficas modernas, particularmente as que se manifestaram nos séculos XV, XIX e XX. Pode-se então dizer que o materialismo é naturalista (ainda que o inverso nem sempre seja verdadeiro, ou seja, pode-se ser naturalista sem ser materialista), bem como dizer que o mecanicismo o é (ainda que, também nesse caso, o inverso nem sempre se verifique, quer dizer, pode-se ser naturalista sem ser mecanicista). Com isso, já vemos que, embora restrito a certas tendências filosóficas, o naturalismo oferece variantes — a que nos referiremos adiante. Por ora, voltemos à questão de se é possível definir 'naturalismo' de uma forma que seja a um só tempo suficientemente precisa e não demasiado estrita.

Afirma-se às vezes que o naturalismo aparece como negação daquilo que poderíamos denominar "sobrenaturalismo", entendendo-se por este não a afirmação de que tudo quanto existe é sobrenatural, mas simplesmente a afirmação de que há, ou pode haver, além do natural — o que por vezes é designado como "este mundo", em contraposição ao "outro mundo" — algo sobrenatural. Se aceitamos essa versão do naturalismo, concluímos que, se bem que negue o sobrenatural, essa tendência não nega forçosamente certas realidades, como "o espírito", "a razão", "as idéias" etc. De fato, essas "realidades" não são, ou não precisam ser, propriamente falando, sobrenaturais. Desse ponto de vista, o naturalismo seria decididamente "antiteológico", mas não, por exemplo, "antiespiritualista" ou "antiplatônico". Ora, a nosso ver, tanto Dilthey como Dewey tiveram razão ao tentar impor restrições ao significado de 'naturalismo'. Para Dilthey, o naturalismo é uma visão de mundo (VER) muito ligada ao materialismo, para não dizer freqüentemente identificada com ele, na qual não cabe nenhum reino "ideal". Por isso, Dilthey contrapõe o naturalismo às concepções que denomina "idealismo objetivo" e "idealismo da liberdade". Para Dewey, é impróprio considerar que o espiritualismo metafísico, o idealismo e outras doutrinas afins sejam, ou possam ser, naturalistas. Essas doutrinas podem ser, se se quiser, "anti-sobrenaturalistas", mas nem por isso, segundo Dewey, naturalistas; elas são antes, diz ele, "uma herança histórica do sobrenaturalismo puro e simples" ou "uma versão filosófica diluída do sobrenaturalismo histórico". Nesses termos, "o espiritual", o "ideal" etc. não são redutíveis ao "natural". E caso os consideremos redutíveis ao natural, teremos de dizer que são realidades "naturais" de tipo "não-material". Afirmar que há um reino "platônico" de idéias, valores etc. é para Dewey equivalente a afirmar que há uma realidade não-natural;

trata-se, em resumo, indica ele, de um "sobrenaturalismo racionalista".

É interessante observar que Dewey fundamente o naturalismo, e a contraposição entre este e as diversas formas de sobrenaturalismo, numa idéia do homem. Dewey sustenta que todas as formas de pretenso anaturalismo e antinaturalismo, espiritualistas ou racionalistas, baseiam-se na idéia de que o homem é um ser depravado que precisa de alguma espécie de salvação. O que esses pseudonaturalismos fazem é, portanto, afirmar que a "salvação" em questão está na contemplação de um mundo inteligível, na incorporação da razão universal etc. Nesse caso, isto é, se se admite a premissa indicada, é mais razoável aderir a um franco sobrenaturalismo, que tem ao menos a vantagem de explicar a "salvação" por meio da "redenção" e centra o reino do não-natural no pessoal divino.

Também é interessante ver que Dewey contrapõe o naturalismo ao positivismo científico (ou, melhor dizendo, "cientificista"), que não seria, segundo ele, mais do que uma das variedades do pseudonaturalismo racionalista.

Detivemo-nos nas opiniões de Dewey porque ele é não apenas um dos mais destacados representantes do naturalismo no sentido estrito como também porque se ocupou muitas vezes da questão da índole do naturalismo como doutrina filosófica. Indicamos antes que as restrições impostas por Dewey (e antes, de uma perspectiva sobremodo distinta, por Dilthey) ao naturalismo são necessárias para evitar a excessiva diluição do significado de 'naturalismo'. Isso, contudo, não quer dizer que o naturalismo seja uma posição filosófica dogmática; na verdade, há nele mais de "atitude" do que de "doutrina". Não quer igualmente dizer que não haja nele variantes, mesmo que o restrinjamos da maneira antes mencionada. Duas dessas variantes merecem menção.

De um lado, há um naturalismo que podemos classificar de "reducionista"; ele consiste em sustentar que tudo o que existe é "natural", quer dizer, que todas as entidades existentes são "entidades naturais" ou, se se preferir, pertencentes ao complexo (ou ordem) da Natureza. Mas, além disso e sobretudo, esse naturalismo consiste em sustentar que tudo aquilo que não pareça entidade natural deverá "reduzir-se" a uma entidade natural ou explicar-se por meio de uma. As entidades naturais de que falamos agora não devem ser confundidas com os objetos de que se ocupam as ciências naturais. Elas podem ser, e com freqüência são, objetos dos quais se ocupam as ciências "humanísticas" e as ciências sociais, bem como objetos da experiência cotidiana.

Há por outro lado um naturalismo que, embora não negue que tudo o que existe seja "Natureza" e que procura manter a todo custo a continuidade do real como uma "continuidade natural", resiste a praticar o reducionismo da maneira que acabamos de descrever. Esse naturalismo anti-reducionista manifestou-se em diversas ocasiões no âmbito do naturalismo, mas só se apresentou como "programa filosófico" em meados do século XX, sob os auspícios de um grupo de pensadores norte-americanos que colaboraram no volume intitulado *Naturalism and the Human Spirit* (1944, ed. Y. H. Krikorian, do qual procedem quase todas as noções de Dewey a que aludimos *supra*).

Esse naturalismo, que pode ser e algumas vezes foi chamado de "neonaturalismo", procede em grande parte de Dewey e aceita implicitamente muitas das restrições por ele impostas ao naturalismo. Contudo, não se pode acusar Dewey de desembocar sem querer numa posição na qual a atitude naturalista não estaria à vontade. De fato, embora em sua "prática filosófica" não tenha sido "reducionista", ele parecia postular um "reducionismo" em seu "programa filosófico": a constante "redução" de todo o não-natural (ou aparentemente não-natural) ao natural. Todavia, essa redução só é praticável por meio da razão (que é, como empenhou-se em mostrar Meyerson, "naturalmente reducionista"). Com isso, o racionalismo se tornaria um neo-racionalismo e, portanto, um pseudonaturalismo. A fim de evitar essas conseqüências, os neonaturalistas buscaram ampliar o quadro do naturalismo. Em alguns casos, essa "ampliação" foi muito prudente, enquanto noutros foi bastante radical. Assim, por exemplo, William R. Dennes, um dos colaboradores do supracitado volume, afirma que, enquanto as antigas interpretações naturalistas pensavam em termos de matéria, movimento e energia, ou mesmo de substância e atributo (portanto, em termos racionalistas e "estáticos"), as novas concepções pensam em termos de "eventos", qualidades e relações, ou de processo e caráter, essência e fluxo (*op. cit.*, p. 270). Por conseguinte, o naturalista contemporâneo acredita "1) que as três categorias básicas que emprega [processo, qualidades, relações] designam aspectos de seres existentes efetivamente dados na experiência"; "2) que nenhum exemplo de muitos desses aspectos existe apartado de exemplos de outros aspectos, mesmo quando os aspectos possam se distinguir por 'distinção da razão'"; e "3) que se podem dar exemplos dos aspectos significados por seus termos categoriais a quem quer que deseje uma definição desses termos" (p. 283). Sterling P. Lamprecht diz que "a existência de Deus enquanto pessoa é uma possibilidade aberta" (p. 31), e John Herman Randall Jr. afirma inclusive que o naturalismo "deve assimilar os valores autênticos das filosofias personalistas e teístas em seu próprio pensamento e atitude científicos, aceitando aquilo que é efetivamente válido na 'vida espiritual' das grandes visões religiosas" (p. 376). Com isso, o neonaturalismo, ao radicalizar seu "positivismo", chega a considerar positivos muitos elementos que o naturalismo, agora já tradicional, julgava inexistentes em virtude de sua irredutibilidade à "natureza" ou por causa de sua suposta não-positividade. A única redução admitida pelo neonaturalismo é, pois, a redução do sobrenatural ao natural.

É justo registrar que nem todos os colaboradores do volume em questão vão tão longe quanto os citados na recusa do "naturalismo tradicional". Assim, por exemplo, Ernest Nagel (VER) — considerado um dos "neonaturalistas" — destacou em trabalhos publicados depois da publicação do volume que, embora uma das principais teses do naturalismo seja a de que há no Universo (como uma de suas características) uma "manifesta pluralidade e variedade de coisas, de suas qualidades e de suas funções" e que essa pluralidade e variedade não são meras "aparências", outra das teses é a do "primado existencial e causal da matéria organizada na ordem executiva da Natureza", de modo que parece postular aqui um "reducionismo". Contudo, opondo-se ao reducionismo "tradicional", Nagel assinala que não se deve confiar apenas nos supostos poderes da razão, tendo em vista que, embora "a ordem e a conexão das coisas sejam todas acessíveis à pesquisa racional, essas ordens e conexões não são todas deriváveis mediante métodos dedutivos de nenhuma série de premissas que a razão dedutiva possa certificar".

Outras tendências do naturalismo contemporâneo tomaram por base as ciências naturais, tomadas como modelo para sua interpretação filosófica. Já no naturalismo do século XIX se manifestavam diversas variedades segundo a orientação para o tipo de conhecimento físico-matemático ou biológico-social. Contudo, o método utilizado — o da redução — não sofria modificações sensíveis. Em contrapartida, nas tendências naturalistas mais recentes (e sobretudo na que antes mencionamos), o método é determinante e, por conseguinte, não se considera do mesmo modo um naturalismo com método racionalista e outro com método preponderantemente funcional.

Tem sido muito comum, no campo do que se pode denominar "neonaturalismo", levar em conta a noção de evolução (ver EVOLUÇÃO e EVOLUCIONISMO). Isso levou a considerar que, no curso da evolução, sobretudo a das espécies, surgiram "níveis" de realidade (exprimíveis tanto em grupo de propriedades como em conjuntos de funções) que, apesar de ligados aos níveis precedentes, são relativamente autônomos. As propriedades e as funções de referência são consideradas "emergentes" (ver EMERGENTE). O "neonaturalismo" aproximou-se com isso do chamado "emergentismo", tendo chegado mesmo a identificar-se com ele. Desse modo, procurou-se resolver o problema antes levantado de como é possível evitar o tipo "clássico" de reducionismo.

As variedades do naturalismo contemporâneo dificultam indicar características comuns às diferentes tendências naturalistas. J. B. Pratt assinalou (*Naturalism*, 1939, p. 17) ser típico do naturalismo a superação do racionalismo tradicional, considerado uma investigação do mundo das essências, diferindo assim da investigação naturalista do mundo das existências, mas essa é uma caracterização excessivamente vaga. Também o é, e por razões similares, a caracterização do naturalismo contemporâneo de É. Gilson como uma reação da "existência contra a essência", em particular da "essência" tal como defendida e definida por quem busca reduzir "a realidade" à "razão". É às vezes conveniente qualificar o naturalismo mediante algum adjetivo, como sucede com o chamado "naturalismo crítico", defendido por Patrick Romanell (cf. *infra*), que se opõe ao determinismo e ao "cientificismo" por considerá-los "dogmáticos", ao contrário do naturalismo, que, no entender do autor, é fundamentalmente não-dogmático e inclusive, até certo ponto, "dialético". Posição semelhante é defendida em alguns dos últimos trabalhos de Abbagnano (VER). Mas como as qualificações do naturalismo quase nunca são suficientes, exceto quando especificadas e esclarecidas por meio de muitas outras posições (como, por exemplo, o realismo epistemológico, o materialismo ontológico e outras), é quase forçoso reconhecer ser ele uma tendência muito geral que, de todo modo, se opõe a todo sobrenaturalismo e a todo "transcendentismo". É razoável pensar que, embora opondo-se ao reducionismo, o naturalismo sustenta que há alguma "continuidade" em todas as realidades e que, de imediato, o ser humano, ao lado das instituições sociais e políticas, as crenças e os hábitos e costumes, é parte integrante da Natureza, de modo que seus atos e as objetivações culturais resultantes deles não são inteiramente separáveis das condições naturais, mesmo que não se expliquem por inteiro como derivações dessas condições.

⊃ Ver: J. Ward, *Naturalism and Agnosticism*, 1899. — W. R. Sorley, *The Ethics of Naturalism*, 1904. — André Cresson, *Les bases de la philosophie naturaliste*, 1906. — W. Dilthey, *Die Typen der Weltanschauung*, 1911 (*Gesammelte Schriften*, VIII, 1931). — Roy Wood Sellars, *Evolutionary Naturalism*, 1922. — James Bisset Pratt, *op. cit.* —Patrick Romanell, *Verso un naturalismo critico. Riflessioni sulla recente filosofia americana*, 1953; 2ª ed. aum., com o título *Il neonaturalismo norteamericano*, 1956. — Marvin Faber, *Naturalism and Subjectivism*, 1959. — G. P. Conger, *Synoptic Naturalism*, 1960. — Id., *A World of Epitomizations*, 1931. — W. R. Dennes, *Some Dilemmas of Naturalism*, 1960 [F. J. Woolbridge Lectures, 6]. — E. M. Adams. *Ethical Naturalism and the Modern WorldView*, 1960 [várias formas de naturalismo na ética: clássico, emotivo, lógico]. — Giovanni di Crescenzo, *Naturalismo e ipotesi metafisica*, 1962. — D. A. Rohatyn, *Naturalism and Deontology; An Essay on the Problems of Ethics*, 1975. — S. M. Eames, *Pragmatic Naturalism: An Introduction*, 1977. — R. Bhaskar, *The Possibility of Naturalism: A Philosophical Critique of the Contemporary Human*

Sciences, 1979. — B. Den Ouden, *The Fusion of Naturalism and Humanism*, 1979. — M. Lippi, *Value and Naturalism in Marx*, 1980. — P. F. Strawson, *Skepticism and Naturalism: Some Varieties*, 1985. — M. Ruse, *Taking Darwin Seriously: A Naturalistic Approach to Philosophy*, 1986. — N. Garver, P. H. Hare, eds., *Naturalism and Rationality*, 1987. — D. Summers, *The Judgement of Sense: Renaissance Naturalism and the Rise of Aesthetics*, 1987. — P. Kurtz, *Philosophical Essays in Pragmatic Naturalism*, 1990. — S. J. Wagner, R. Warner, eds., *Naturalism: A Critical Appraisal*, 1993. — Ver ainda VV. AA., *Naturalism and the Human Spirit*, 1944, editado por Y. H. Krikorian.

Os trabalhos de Ernest Nagel a que nos referimos *supra* são: "Naturalism Reconsidered", em *Proceedings and Addresses of the American Philosophical Association*, 28, 1954-1955, pp. 5-17 e "Are Naturalists Materalists?", em *The Journal of Philosophy*, 42, 1945, pp. 515-530, ambos reimpressos no livro do mesmo autor: *Logic Without Metaphysics, and Other Studies in the Philosopy of Science*, 1956, pp. 3-28 e 19-38, respectivamente. — Algumas reações a esses trabalhos: W. H. Sheldon, "Are Naturalists Materialists?", *Journal of Philosophy*, 43, 1946, pp. 197-208. — T. Z. Lavine, "What is the Method of Naturalism?", *ibid.*, 50, 1953, pp. 157-160. — J. G. Brennan, "On Nagel's Reconsideration of Naturalism", *ibid.*, 53, 1956, pp. 443-447. — H. Ruja, "Are Naturalists Materialists?", *Philosophy and Phenomenological Research*, 17, 1957, pp. 555-557. **ℭ**

NATUREZA. Como o termo grego φύσις (transcrito como *physis*) foi traduzido com freqüência por 'natureza' — correspondendo ao vocábulo latino *natura* —, consideramos que o verbete Physis (VER) é uma introdução a este. Aqui, trataremos do conceito de "natureza" em dois sentidos, nem sempre independentes entre si: o sentido de "natureza" principalmente como a chamada "natureza do ser" e o sentido de 'natureza' como "*a* Natureza". Neste último caso, tendemos a escrever o termo com maiúscula, mas nem sempre é fácil seguir essa convenção, porquanto às vezes "*a Natureza*" tem sido entendido como aquilo que tem por si mesmo "natureza". A questão, além disso, se complica porque em algumas ocasiões entende-se "o que é por natureza" como algo contraposto a "o que é por convenção" e, noutras, trata-se de "Natureza" em contraste com "Arte", "Espírito", "sobrenatural" etc.

O contraste entre "o que é por natureza" e "o que é por convenção" foi tratado pelos sofistas (e mais tarde por Platão e outros autores), a fim de distinguir entre aquilo que tem um modo de ser que lhe é próprio, e que é preciso conhecer tal como efetiva e "naturalmente" é, e aquilo cujo ser, ou modo de ser, é determinado de acordo com o propósito (humano). Assim, por exemplo, discutiu-se se os vocábulos da língua, os substantivos em especial, são "naturais" ou "convencionais" (ver LINGUAGEM; NOME). Também se discutiu — o que prossegue em nossos dias — se as "leis", enquanto "leis de uma sociedade" ou a "constituição" (de uma comunidade) derivam de um modo, ou modos de ser, prévios ou se advêm de um pacto ou "contrato social" (VER). Em todas essas discussões, a noção de "ser por natureza" aproximava-se da noção de "ter algo próprio de si e por si". Ora, esta última noção não é de forma alguma alheia ao modo como Aristóteles propôs suas influentes definições de "natureza". Ele escreveu que há vários sentidos de "natureza" (φύσις): a geração do que cresce (φύεσθαι; o elemento primeiro de onde emerge o que cresce; o princípio do primeiro movimento imanente em cada um dos seres naturais em virtude de sua própria índole; o elemento primário de que é feito um objeto ou do qual provém; a realidade primária das coisas (*Met.*, Δ 4, 1015 a 13). Por isso, pode-se chamar "natureza" à matéria, mas só enquanto ela é capaz de receber o referido princípio de seu próprio movimento; ou também à mudança e ao crescimento, mas só enquanto são movimentos procedentes deste princípio. "Natureza" é, assim, "um princípio e uma causa de movimento e de repouso para a coisa na qual reside imediatamente por si e não por acidente" (*Phys.*, II, 1, 192 b 20).

De tudo isso se depreende que a "natureza" de uma coisa — e até se poderia dizer, a "natureza" de todas as coisas enquanto "coisas naturais" — é aquilo que faz que a coisa ou as coisas possuam um ser e, por conseguinte, um chegar a ser, ou "movimento" que lhes é próprio. Por isso, aquilo que existe por natureza acha-se em contraposição ao que existe por outras causas, por exemplo, pela arte, τέχνη (*Phys.*, II, 192 b, 18). Uma coisa que não seja dotada do princípio do movimento — e, poderíamos dizer, de maneira mais geral, do "comportamento" — que a faz desenvolver-se e agir de acordo com aquilo que ela é, não tem essa "substância" que se chama "natureza". A natureza é, pois, ao mesmo tempo, substância e causa — e a causa é, por sua vez, eficiente e final.

A noção aristotélica de "natureza" é mais complexa do que o indicamos acima, visto que, no âmbito do que denominamos "mundo natural", "mundo das coisas naturais" ou simplesmente "Natureza", há eventos que, não sendo produzidos pela "arte", são no entanto, de algum modo, "contrários à natureza". Isso ocorre com os chamados "movimentos violentos", distintos dos "movimentos naturais". O estudo da diferença entre esses dois tipos de movimento foi muito importante não só na Antigüidade como também na Idade Média e nos primórdios da época moderna, quando se estabeleceram os fundamentos da chamada "física (VER) clássica". Porém, além disso, o ser "contrário à natureza" podia manifestar-se nos corpos naturais e em seus movimentos. Assim, era possível dizer que um "monstro" é algo contrário à natureza sem que isso o transformasse num ser "artificial". Mas, para esclarecer em que sentido se podia dizer que há "coisas naturais" "*contra natura*", foi necessário envolver os conceitos fundamentais da filosofia, da "física", da cosmologia etc. Depois, enquanto alguns autores (Aristóteles entre eles) enfrentavam o problema destacando, entre as causas, as causas finais — o que os obrigava, ademais, a reduzir consideravelmente o âmbito do "natural" enquanto "natural", no qual não cabem "movimentos violentos", "monstros", "despropósitos" etc. —, outros (entre eles, sobretudo, os atomistas, mas também muitos estóicos) o faziam acentuando as causas puramente eficientes ou o caráter fundamentalmente "mecânico" dos fenômenos naturais ou então "a unidade da Natureza" como um "todo" do qual nada pode ficar excluído.

Quando nos referimos à "unidade da Natureza" como um "todo", indicamos idéias acerca da "Natureza" mais próximas das modernas, nas quais, como veremos a seguir, "natureza" tem sido entendida como "o conjunto das coisas naturais". Isso não quer dizer que os autores para quem "natureza" era sobretudo um princípio de movimento de certas coisas não tenham tratado igualmente do "todo da Natureza". Ocorre que, em alguns casos, o conceito de Natureza como "um todo" foi dilucidado usando designações que não "Natureza"; nomes como "o cosmos", "o universo", "o todo", a "realidade sublunar" etc.

Bom número de escolásticos, especialmente a partir de Alberto Magno e Tomás de Aquino, empregaram o termo *natura* em sentidos parecidos e, às vezes, idênticos, aos de Aristóteles, mas também o empregaram em sentidos que dele divergiam. Assim, por exemplo, o vocábulo *natura* tem em Tomás de Aquino significações bem diferentes entre si. De modo geral, pode-se entender *natura* de quatro modos: 1) como geração de um ser vivo, porquanto *nomen naturae a nascendo est dictum;* 2) como princípio intrínseco [imanente] de um movimento, *principium intrinsecum motus*; 3) como forma e matéria de um ser corporal; 4) como *essentia, forma, quidditas*, de uma coisa (*S. theol.*, I, q. XXIX 1 ad 4). Mas *natura* é igualmente, segundo Tomás de Aquino, qualquer coisa do mundo, seja substância ou acidente; a substância dita de certo modo; o conjunto das coisas reais enquanto seguem certa ordem, a *ordo naturae*. O termo *natura* aparece num considerável número de expressões como *natura intellectiva, natura sensibilis, natura completa, natura corrupta, natura spiritualis* etc. Pode-se em vista disso perguntar se há ou não algumas significações predominantes. Avaliamos que há e que são três: *natura* como princípio intrínseco de movimento; *natura* como essência, forma, índole etc. de uma coisa; e *natura* como aquilo que recebeu na Idade Média o nome de *complexum omnium substantiarum* (aquilo que chamamos de "Natureza" enquanto cosmos ou universo). No primeiro caso, o sentido de *natura* é o de um modo próprio de ser das coisas; no segundo, aquilo que constitui certas entidades ou parte de certas entidades. No primeiro caso, o conceito de natureza é um conceito da "física" ou, se se preferir, da "ontologia da realidade corporal" e, mais especificamente, da "ontologia da realidade corporal-orgânica"; no segundo caso, esse conceito tem correlação com os de hipóstase, substância, pessoa, suposto etc., isto é, conceitos metafísicos ou, se se quiser, da "filosofia primeira". No terceiro caso, o conceito de Natureza é análogo ao de "mundo" (VER) ou de certos aspectos deste. Não podemos determo-nos em cada um desses significados, mas indicaremos que cada um deles pode ser melhor entendido se contrastado com algum outro. Dessa maneira, por exemplo, se tomamos o conceito de *natura* na segunda acepção, podemos ver melhor o que se tem entendido por *natura* com relação ao que se tem entendido por *pessoa* (VER). *Natura* aqui equivale ao "quê" de uma coisa, o *que* uma coisa é, o *sistere* ou aquilo que se tem nos diferentes modos em que se pode ter, ao passo que *pessoa* aqui equivale ao "quem" (qualquer que seja o suposto [VER] que constitua esse "quem" de acordo com os distintos entes). Os escolásticos assinalam que o suposto diz-se *esse ut quod*. A natureza, em contrapartida, diz-se *esse ut quo*. Logo, o suposto é o que tem *natura* e a *natura* é aquilo por intermédio do que o suposto se constitui em sua espécie. Por isso, diz-se *natura* também daquilo em que o suposto age. E o suposto é aquilo pelo que se é (*natura ut quo*).

O termo *natura* pode aplicar-se a todo tipo de entes: criados, incriados, finitos, infinitos etc., ou, melhor dizendo, esse termo pode ser adjetivado das mais variadas maneiras. Mas foi muito comum, ao tratar-se da *natura* (Natureza) como o conjunto "das coisas naturais", "daqui de baixo", "intramundanas" etc., aplicar a esse conjunto, mais do que a qualquer outro, o termo *natura*. Por ser esse conjunto *natura*, era possível falar do que cada um de seus elementos tem de *natura*. Ora, num desses "elementos", o conceito de *natura* pareceu sobremodo importante: no ser humano. Dissemos que se manifestaram várias "contraposições" nas quais interveio o conceito de Natureza: Natureza e Arte etc. Uma delas é a contraposição entre a Natureza como o criado e Deus. Outra, de alguma forma derivada da anterior, é feita entre natureza e graça.

Essa contraposição não é, na maioria dos casos, uma mútua exclusão; pelo contrário, quase todos os autores cristãos, a começar por Agostinho, avaliaram que a *natura* não é má por si mesma. A rigor, enquanto criada por Deus, ela é fundamentalmente boa, não se tratando de uma potência má à qual se oporia uma potência boa. O mal na *natura* surgiu em conseqüência do pecado, que pode ser interpretado metafisicamente como um "movimento de afastamento da fonte criadora".

A fim de redimir a *natura* assim corrompida, faz-se necessária a graça. Logo, a graça não elimina a natureza, mas a aperfeiçoa. Agostinho chegou a dizer que a *natura* é uma graça comum e universal acima da qual há outra, aquela por meio da qual alguns homens são eleitos. Observar-se-á aqui que o conceito de *natura* está bem próximo do de criatura, isto é, do criado, podendo-se mesmo dizer que se identifica com ele. A *natura* não é, ou não é apenas, aquilo pelo qual uma coisa possui uma índole própria, sendo antes a índole própria de toda coisa enquanto criada por Deus. Por isso, a *natura* é cada coisa e, além disso, todas as coisas enquanto criadas. Nas direções a que acabamos de aludir, as coisas criadas o foram de acordo com as idéias residentes no seio de Deus. Desse ponto de vista, pode-se dizer que a *natura* não é inteligível, mas sensível, participando, porém, do inteligível (sem o qual, por outro lado, não se poderia dizer que "é"). Não há dúvida de que, filosoficamente falando, há muito de platônico ou, se se preferir, de neoplatônico, nessa concepção. Mas, em virtude dos últimos supostos cristãos, não se pode equiparar a mencionada contraposição entre *natura* e Criador, *natura* e graça etc. com a contraposição platônica e neoplatônica entre o sensível e o inteligível.

Seja como for, o conceito de "natureza" no pensamento cristão é basicamente compreensível como conceito "teológico" e só por derivação adquire um sentido "cosmológico". Na época moderna, não se abandonou por inteiro o sentido "teológico" de "natureza" — ou, se se preferir, de *natura* — como o prova o fato de que, por algum tempo foram muito ardorosas as discussões sobre o conceito de graça (VER) e, portanto, das diferentes "relações" possíveis entre *natura* e *gratia*. Mas é característico de boa parte do pensamento moderno o confronto com outras "contraposições"; especialmente nos dois últimos séculos, foram objeto de múltiplos debates as seguintes "contraposições": natureza (enquanto conjunto de fenômenos naturais que se supõem determinados por leis) e liberdade; natureza e arte; natureza e espírito; natureza e cultura.

Tratamos de alguns dos problemas suscitados por essas "contraposições" em vários verbetes (por exemplo, CULTURA; ESPÍRITO, ESPIRITUAL; LIBERDADE). Além disso, tratamos um tanto *in extenso* do "conceito cosmológico" de "Natureza" no verbete FILOSOFIA NATURAL, que consideramos um complemento deste. Lembremos agora que as "contraposições" de que falamos (que não são, como se poderia imaginar, inteiramente novas, visto que já na Antigüidade — por exemplo, entre os sofistas — se tratou amplamente de "Natureza" e "Cultura" na forma da aludida contraposição entre o "natural" e o "convencional") suscitaram doutrinas bem diversas. Para resumir a carreira de algumas delas, mencionaremos simplesmente várias "posições" adotadas. Segundo alguns, nenhuma dessas "contraposições" é legítima, visto que "o que existe" é simplesmente "a Natureza", à qual tudo deve reduzir-se (ver NATURALISMO). Para outros, a Natureza está subordinada ou a liberdade ou à cultura ou ao espírito, tendo cada um deles, ou todos a um só tempo, terminado por "absorver" a Natureza. Outros ainda dizem que qualquer dos termos de quaisquer dessas contraposições exclui o outro apenas na medida em que não se leva em conta a possibilidade de um "terceiro termo" que seria como uma "síntese". Observe-se que esse enfoque "sintético" tem sido comum desde o idealismo alemão, que pode em larga medida ser caracterizado como uma tentativa de resolver a contraposição "Natureza-Espírito". E há quem prefira falar de uma complementação recíproca segundo a qual, e de modo análogo ao que se disse com respeito a *natura* e *gratia*, a liberdade, a cultura, o espírito etc. não se opõem propriamente à Natureza, mas a complementam ou completam.

As indicações anteriores sobre os vários modos de conceber 'Natureza' na época moderna são esquemáticas, visto que, no curso dessa época, deram-se centenas de definições ao termo 'natureza' — o que teve como complicador o fato de isso ocorrer em vários terrenos: nas ciências positivas, na jurisprudência, na ética, na teologia, na estética etc. O mais razoável parece ser, pois, concluir que na modernidade não há nenhum conceito comum de 'natureza'. Mesmo que reduzamos o termo ao que denominamos "conceito cosmológico", isto é, a idéia da Natureza como o conjunto dos "corpos naturais", dos "fenômenos naturais" etc., temos na época moderna vários conceitos básicos muito distintos entre si. Assim, por exemplo, temos o conceito de "Natureza" como o que poderíamos denominar "uma região do ser" (ou "da realidade"), região caracterizada por determinações espácio-temporais e por categorias como causalidade; como uma ordem que se manifesta mediante leis (deterministas ou estatísticas); como "o que está aí" ou "o nascido por si", o "ser-outro" ou "exterioridade" do Espírito, da Idéia etc.; como um modo de ver a realidade, ou parte da realidade, que se deu no curso da história e que, portanto, gera um "conceito histórico" ou "idéia da Natureza como história" etc. Em suma, não parece haver, sequer dentro de limites previamente fixados, "um conceito de Natureza", mas vários e, possivelmente, muitos conceitos de Natureza distintos e, é provável, incompatíveis entre si. Isso traz à filosofia atual o problema de ver se pode elaborar "um conceito de Natureza" e de verificar qual é, ou pode ser, tal conceito, elaboração e verificação para as quais podem contribuir várias disciplinas filosóficas. Alguns autores propuseram uma "ontologia da Natureza" cuja tarefa consiste em dilucidar as seguintes questões: 1) determinar se há um conceito de Natureza ao qual convenham vários modos de tratar a Natureza; 2) esclarecer que relação há, ou pode haver, entre o conceito de Natureza e vários conceitos ontológicos fundamentais como o de "ser", de "realidade" etc.; 3) determinar que características mais gerais tem o conceito em questão; 4) estabelecer que relações há, ou pode haver, entre o conceito de Natureza e outros conceitos, como os de espírito, cultura, história etc. Realizada essa série de pesquisas ontológicas, ainda vai ser necessário proceder a uma análise de conceitos que podem ser relacionados com o de Natureza, como os de "ordem", "lei", "necessidade", "observabilidade" "fenomenalidade" etc.

⊃ Para o conceito de φύσις e de "natureza", em geral entre os gregos, consultar o verbete sobre esse termo.

Sobre o conceito de Natureza: Hans Driesch, *Naturbegriffe und Naturteile. Analytische Untersuchungen zur reinen und empirischen Naturwissenschaft*, 1904. — A. N. Whitehead, *The Concept of Nature*, 1920. — A. O. Lovejoy e G. Boas, *Primitivism and Related Ideas in Antiquity*, 1935 (apêndice intitulado "Some Meanings of Nature"). — F. J. E. Woodbridge, *An Essay on Nature*, 1940. — Hedwig Conrad-Martius, *Der Selbstaufbau der Natur. Entelechien und Energien*, 1944; 2ª ed., 1961. — R. G. Collingwood, *The Idea of Nature*, 1945. — Alfred Holländer, *Vom Wesen der Natur*, 1948. — Raimundo Panikkar, *El concepto de la Naturaleza: Análisis histórico y metafísico de un concepto*, 1952; 2ª ed., 1972. — Robert Lenoble, *Histoire de l'idée de nature*, 1969. — L. S. Rouner, ed., *On Nature*, 1984. — I. Leclerc, *The Nature of Physical Existence*, 1986. — J. B. Callicot, R. T. Ames, eds., *Nature in Asian Tradition of Thought: Essays of Environmental Philosophy*, 1989.

Sobre a natureza e o homem: Paul Weiss, *Nature and Man*, 1947. — C. París, *Hombre y naturaleza*, 1970. — Y.-J. Tang, L. Zhen, G. M. McLean, eds., *Man and Nature: The Chinese Tradition and the Future*, 1989. — I. Johansson, *Ontological Investigations: An Inquiry into Categories of Nature, Man and Society*, 1989 (ver, além disso, a bibliografia dos verbetes ANTROPOLOGIA e HOMEM).

Sobre razão e natureza: Morris R. Cohen, *Reason and Nature*, 1931 (trad. esp.: *Razón y Naturaleza*, 1956).

Sobre natureza e cultura e natureza e espírito, ver a bibliografia dos verbetes CULTURA e ESPÍRITO, ESPIRITUAL; ver ainda: F. J. E. Woodbridge, *Nature and Mind*, 1937. — Hans Pichler, *Das Geistvolle in der Natur*, 1939. — R. S. Corrington, *Nature and Spirit: An Essay in Ecstatic Naturalism*, 1992.

Sobre filosofia da natureza (além da obra de Whitehead antes mencionada e de algumas das que figuram na bibliografia dos verbetes FÍSICA e MATÉRIA): Tilmann Pesch, *Philosophie der Natur*, 1883 ss.; 3ª ed., 1907. — Carveth Read, *The Metaphysics of Nature*, 1905; 2ª ed. com apêndice, 1908. — Hugo Dingler, *Die Grundlagen der Naturphilosophie*, 1913. — Erich Becher, *Naturphilosophie*, 1914. — Joseph Ceyser, *Algemmeine Philosophie des Seins und der Natur*, 1915. — J. Schwertschlager, *Philosophie der Natur*, 2 vols., 1921. — Theodor Ziehen, *Grundlagen der Naturphilosophie*, 1922. — Theodor Haering, *Philosophie der Naturwissenschaft*, 1923. — Friedrich Lipsius, *Naturphilosophie. Philosophie des anorganischen*, 1923. — Friedrich Lipsius e Karl Sapper, *Naturphilosophie. Philosophie des Organischen*, 1928. — Moritz Schlich, *Naturphilosophie*, 1925. — Id., *Grundriss der Naturphilosophie* (das obras póstumas, ed. Walther Hollitscher e Josef Rauscher), 1948. — Hans Driesch, *Metaphysik der Natur*, 1927. — Hermann Weyl, *Philosophie der Mathematik und der Naturwissenschatf*, 1927 (trad. inglesa, modificada e ampliada: *Philosophy of Mathematics and Natural Science*, 1949). — Hans Reichenbach, *Ziele und Wage der heutigen Naturphilosophie*, 1931. — Ernst von Aster, *Naturphilosophie*, 1932. — A. Joussain, *Esquisse d'une philosophie de la nature*, 1932. — W. Dubislav, *Naturphilosophie*, 1933. — Jacques Maritain, *La philosophie de la Nature. Essai critique sur les frontières et son objet*, 1936. — Othmar Spann, *Naturphilosophie*, 1937. — Georges Matisse, *La philosophie de la nature:* I. *Identité du monde et de la connaissance*, 1937; II. *Le primat du phénomène dans la connaissance*, 1938; III. *L'arrangement de l'univers par l'esprit*. 1938. — N. Hartmann, *Philosophie der Naturwissenschaften*, 1937. — E. W. Beth, *Naturphilosophie*, 1948. — Eduard May, *Kleiner Grundriss der Naturphilosophie*, 1949. — A. G. van Melsen, *The Philosophy of Nature*, 1953. — M. Bense, *Der Begriff der Naturphilosophie*, 1953. — W. Brüning, "Naturwissenschaft und Naturphilosophie", *Philosophia naturalis*, 3, 1955, pp. 361-382. — O. A. Ghirardi, *Tres clases de introducción a la filosofía de la Naturaleza*, 1955. E. Hunger, *Die naturwissenschaftliche Erkenntnis. Einführung und Quellensammlung. I. Begriff und Methode*, 1955. — A. Wenzl, *Die philosophischen Grundfragen der modernen Naturwissenschaft*, 1956. — J. de Tonquédec, *La philosophie de la nature*, fascículos I e II, 1956-1958. — J. G. Bennet, *The Dramatic Universe I: The Foundations of Natural Philosophy*, 1947. — Michel Ambacher, *Méthode de la philosophie de la nature*, 1960. — Walter Erlich, *Grundlinien einer Naturphilosophie*, 1960. — Francis T. Collingwood, *Philosophy of Nature*, 1961. — Arthur Zinzen, *Die ontologische Betrachtungsweise*, 1963. — Juan E. Bolzán, *Qué es la filosofía de la naturaleza*, 1967. — I. Leclercq, *The Philosophy of Nature*, 1986 [Studies in Philosophy and the History of Philosophy, vol. 14]. — G. R. Lucas, *The Rehabilitation of Whitehead: An Analytic and Historical Assessment of Process Philosophy*, 1989. — F. M. Hetzler, *Introduction to the Philosophy of Nature*, 1990.

História da filosofia da natureza: Hugo Dingler, *Geschichte der Naturphilosophie*, 1932. — Carl Friedrich von Weizsäcker, *Die Geschichte der Natur*, 1948.

— A. de Margerie, *La philosophie de la nature dans l'antiquité*, 1901. — Ch. Huit, *La philosophie de la nature chez les anciens*, 1901. — Frederick J. E. Woodbridge, *Aristotle's Vision of Nature*, 1965, ed. John Hermann Randall, Jr., com a colaboração de Charls H. Kahn H. A. Larrabee. — Samuel Sambursky, *The Physical World of Late Antiquity*, 1962. — M. B. Nardi, R. Klibansky *et al.*, *La filosofia della natura nel Medioevo*, 1966 (Atas do III Congresso Internacional de Filosofia Medieval em Passo della Mendola, Trento, Itália, 31 de agosto a 5 de setembro de 1964). — Lothar Schafer, *Kants Metaphysik der Natur*, 1966 [Kantstudien, Erganzungsheft 93]. — Alfred Schmidt, *The Concept of Nature in Marx*, 1971. — Gerhard Hennemann, *Naturphilosophie im XIX. Jahrhundert*, 1959 (ensaios). — W. Burkamp, *Naturphilosophie der Gegenwart*, 1930. — J. Lyon, P. R. Sloan, *From Natural History to the History of Nature*, 1981. — L. D. Roberts, ed., *Approaches to Nature in the Middle Ages*, 1982. — J. Collins, *Spinoza on Nature*, 1984. — A. H. Black, *Man and Nature in the Philosophical Thought of Wang-Fu-Chih*, 1989. — A. Moles, *Nietzsche's Philosophy of Nature and Cosmology*, 1989.

Sobre os problemas da ciência natural: Kristian Kroman, *Vor Naturerkendelse. Bidrag il en Mathematikens of Fysikens Theori*, 1883 (trad. alemã: *Unsere Naturerkenntnis*, 1883). — Erich Becher, *Philosophische Voraussetzungen der exakte Naturwissenchaften*, 1907. — Bernhard Bavink, *Die Hauptfragen der heutigen Naturwissenshaft*, 2 vols., 1927-1928. — Id., *Ergebnisse und Probleme der Naturwissenschaft*, 4ª ed., 1930; 9ª ed., 1948. — Id., *Das Weltbild der heutigen Naturwissenschaften und seine Beziehungen zu Philosophie und Religion*, 1947. — A. Wenil, *Das naturwissenschaftliche Weltbild der Gegenwart*, 1929. — Werner Heisenberg, *Waldlungen in den Grundlagen der Naturwissenschaften*, 1935. — E. Krieck, *Natur und Naturwissenschaft*, 1942. — A. G. van Melsen, *Natuurwetenschap en Wijsnbegeerte*, 1946. — P. Hoenen, *Filosofia della natura inorganica*, 1949. — P. H. van Laer, *Philosophico-scientific Problems*, 1953. — P. A. M. Dirac, W. Heisenberg *et al.*, *The Physicist's Concept of Nature*, 1973, ed. Jagsish Mehra (Symposium Miramare, Trieste, 18/25-IX-1972). — I. Prigogine, I. Stengers, *Order out of Chaos: Man's New Dialogue with Nature*, 1984. — D. Furley, *Cosmic Problems: Essays on Greek and Roman Philosophy of Nature*, 1989. — D. O. Dahlstrom, ed., *Nature and Scientific Method*, 1991.

Sobre o sentimento da natureza: A. Biese, *Die Entwicklung des Naturgefühls bei den Griechen*, 1882. — Id., *Die Entwicklung des Naturgefühls bei den Römern*, 1884. — Id., *Die Entwicklung des Naturgefühls im Mittelalter und der Neuzeit*, 1892. ℭ

NATUREZAS SIMPLES. A expressão 'naturezas simples' — traduzida da expressão latina *naturae simplices* — é conhecida sobretudo pelo uso que dela fez Descartes, embora haja antecedentes escolásticos. Por exemplo, Tomás de Aquino (*S. theol.*, I, q. XIII, art. 9) fala de formas simples subsistentes por si mesmas (*formae simplices per se subsistentes*), afirmando que não podem ser concebidas por nós como são em si; trata-se de formas que não são individuadas por algum "suposto" (*suppositum*) alheio, mas por si mesmas, de modo que, por si, não são comunicáveis nem real nem racionalmente. Concebemo-las à maneira dos compostos que têm forma na matéria, dando-lhes nomes concretos por meio dos quais significamos sua natureza como se esta se achasse num suposto. O mesmo ocorre, escreve Tomás de Aquino, com os nomes usados para significar as naturezas das coisa compostas e com os nomes que significam para nós (*a nobis*) as naturezas simples subsistentes (*naturae simplices subsistentes*).

A expressão *naturae simplices* em Descartes está nas *Regulae ad directionem ingenii* (Regras VI e XII). No verbete DESCARTES, reproduzimos algumas passagens pertinentes da Regra VI, mas empregamos tanto a interpretação ontológica (ou real) como a interpretação epistemológica (cognoscitiva) das naturezas simples. Ora, geralmente se considera que enquanto na Regra VI predomina a primeira interpretação — especialmente na definição cartesiana que diz: "Denomino 'absoluto' tudo o que contém em si a natureza pura e simples de que se trata, e assim tudo o que é considerado independente, causa, simples, universal, uno, igual, semelhante, direito e outras coisas desse gênero" —, na Regra XII predomina a segunda interpretação, em particular quando nos fixamos na frase: "Dizemos que as coisas que *com relação a nosso sentimento* [grifo nosso] são chamadas simples são ou puramente espirituais, ou puramente materiais, ou mistas". Tudo isso suscitou muitas discussões entre os comentadores de Descartes. Para alguns, as naturezas simples são realidades últimas, que devem ser apreendidas por nosso entendimento se queremos entender a estrutura do que há. Para outros, são entidades mentais por meio das quais entendemos a realidade. Para outros mais, há uma correspondência completa entre as naturezas simples ontológicas e as naturezas simples epistemológicas. Mesmo entre os que aceitam a segunda opinião, há diversidade de pareceres: as naturezas simples cartesianas podem ser ou conceitos, ou proposições, ou símbolos, ou — como dizia Hamelin — "átomos de evidência". O assunto se complica quando prestamos atenção às diferentes classificações apresentadas por Descartes. É certo que, por um lado, as naturezas simples são determinados "termos absolutos" e que, por outro, são "naturezas" (materiais, ou espirituais, ou mistas), com o que parece claro que a mesma expressão designa num caso algo ontológico e no outro algo epistemológico. Mas como nas *Meditações* e nos *Princípios* Descartes fala

de Deus, do pensamento e da extensão como últimos constitutivos ontológicos do real, parece difícil afirmar que o tipo das naturezas simples enumeradas na Regra XII deva ser o único possível. Como se fosse pouco, ele considera a questão da relação entre as naturezas simples — ao menos no sentido epistemológico — e as noções comuns ou as variedades eternas. Em vista disso, parece necessário concluir que Descartes não mostrava perfeita clareza quanto à índole de suas naturezas simples, ou então que houve em seu pensamento uma evolução a esse respeito. A única coisa certa é que Descartes pensa sempre na possibilidade de decompor a realidade em certos elementos compreendidos mediante a intuição ou "simples inspeção da mente" e na possibilidade também de reconstruir esses elementos sinteticamente, com o que é plausível afirmar que há em seu pensamento a idéia de certa correlação entre elementos simples na realidade e elementos simples nas mentes, sem o qual o mundo de Descartes careceria dessa "transparência" que o filósofo queria impor a tudo.
➲ Ver: Octave Hamelin, *Le système de Descartes*, 1911. — A. Boyce Gibson, *The Philosophy of Descartes*, 1932, pp. 154-163. — J. M. Le Blond, "Les natures simples chez Descartes", *Archives de Philosophie*, 13 (1937, 244-260). — Id., "De naturis simplicibus apud Cartesium", em *Acta Secundi Congressus Thomistici Internationalis* (1937), pp. 535-542. — J. Hartland-Swann, "Descartes' 'Simple Natures'", *Philosophy*, 22 (1947), 139-152. — Leslie J. Beck, *The Method of Descartes: A Study of the Regulae*, 1952, pp. 66-74. — Mario Buonaiuto, "A proposito delle cartesiane 'nature semplici'", *Pensiero*, 6 (1961), 357-370. — B. D. Martin, "Descartes' Use of 'Nature' in the *Meditations*", *Dialogue*, 23 (1981), 37-42. ⊂

NAUDÉ, GABRIEL. Ver LIBERTINOS.

NAUFRÁGIO. O termo 'naufrágio' foi empregado por Ortega e Gasset numerosas vezes para descrever um dos modos de ser da vida humana, que poderíamos chamar de "categorias vitais". Entre os muitos textos a esse propósito, escolhemos o seguinte, que procede de seu trabalho "Pidiendo un Goethe desde dentro" (1932), reimp. em *Obras Completas*, IV, 395-420: "A vida é em si mesma e sempre um naufrágio. Naufragar não é afogar-se. O pobre ser humano, sentindo que submerge no abismo, agita os braços para manter-se à tona. Essa agitação dos braços com que reage diante de sua própria perdição é a cultura (um movimento natatório). A consciência do naufrágio, ao ser a verdade da vida, é já a salvação".

A idéia da vida como naufrágio, e em particular a idéia de que a cultura é algo que o homem faz para manter-se flutuando, aparece já em Ortega em 1914 (*op. cit.*, I, 354-356). Ela foi depois reiterada, e mais bem definida, em diversas ocasiões; assim, além do texto citado, temos: *op. cit.*, IV, 321 (1930); V, 472 (1932); V, 24 (1933); IV, 254 (1950). Há outras passagens, mas estas são suficientes.

A idéia orteguiana do "naufrágio" oferece ao menos dois aspectos estreitamente relacionados entre si: 1) Uma noção que poderíamos denominar "vital" da cultura, isto é, a noção de que a cultura não se basta a si mesma, justificando-se unicamente na medida em que sustenta vitalmente o homem. Por isso, a cultura pode ser "nervosa" ou "adiposa", "autêntica" ou "inautêntica". 2) Uma noção da vida humana como um estar originariamente perdido, ou, melhor dizendo, como o problema de si mesma. A vida humana busca um saber que é primariamente o "saber a que ater-se", e com esse saber se entretece a cultura, ou, se se deseja, esse saber é radicalmente a fala da própria cultura.

Karl Jaspers usou o termo *Scheitern* (*Philosophie*, III, pp. 210 ss.). Com efeito, o *Scheitern* de que fala Jaspers é um "termo último"; uma "frustração", um "naufrágio". Jaspers indica que o mundo "naufraga" como realidade empírica na "orientação no mundo"; que o "ser-si-mesmo-em-si" da existência naufraga na "elucidação existencial"; que o pensamento naufraga na transcendência. O fato de haver aqui antes um naufrágio (e uma frustração) do que um fracasso propriamente dito é observado em outras expressões usadas por Jaspers para descrever os modos de ser das diversas "realidades"; entre essas expressões, destaca-se a de "não poder sustentar-se por si mesmo", e isso obviamente é algo que corresponde ao modo de ser que é o naufragar.

NÁUSEA. Em seu romance *A náusea* (1938), Jean-Paul Sartre introduziu uma descrição da "náusea" da qual se fez uso freqüente para caracterizar o existencialismo em geral e a filosofia existencialista de Sartre em particular. O personagem principal desse romance, Roquentin, escreve que teve "uma iluminação" e que esta consiste em descobrir o que quer dizer 'existir'. Antes, ele pensara (ou supusera) que a existência fosse algo vazio que se acrescentava às coisas a partir de fora. Agora compreende que a existência não é nenhuma categoria abstrata, mas "a massa" da qual são feitas as coisas. As próprias coisas se desvanecem para desvelar a existência. As coisas e suas relações pareciam algo arbitrário e excessivo; tudo, incluindo o próprio Roquentin, lhe parecia excessivo (*de trop*). O que era "absurdo". Mas nesse absurdo se encontrava "a chave da Existência, a chave de minhas Náuseas, de minha própria vida". Era absurdo, porque não se explicava. O mundo das explicações era distinto do da existência. Um círculo se explica, mas não existe. Essa raiz que eu vejo, em contrapartida, existe na medida em que não pode explicar-se. "O essencial — escreve Roquentin — é a contingência. Quero dizer que, por definição, a existência não é a necessidade... Nenhum ser necessário pode explicar a existência; a contingência não é um falso semblante, uma aparência que se pode dissipar; é o absoluto e, portanto, a perfeita gratuidade. Tudo é gratuito; este jardim, esta cidade e eu mesmo. Quando uma pessoa acaba por perceber isso, o coração fica oprimido e tudo começa a flutuar... Eis a náusea."

Como Sartre trata só brevemente da náusea em *O ser e o nada* [1943] e, como, além disso, nesta última obra se refere à náusea especificamente como "náusea corporal", afirmou-se às vezes que se trata de uma simples manifestação literária do pensamento existencialista sartriano. Há nisso algo de certo pelo menos num ponto: que não se pode reduzir esse pensamento ao "sentimento fundamental da náusea" (e do absurdo), por razões análogas pelas quais não se pode reduzir o pensamento de Heidegger (inclusive só o do "primeiro Heidegger") ao "sentimento fundamental da angústia" revelador do nada, ou ao "sentimento fundamental do aborrecimento profundo" revelador do "Ser". Contudo, a idéia de "náusea" desempenha um papel importante na ontologia fenomenológica de Sartre. Uma das seções mais detalhadas nessa ontologia fenomenológica é a que Sartre dedica ao "corpo" (VER). Mas a náusea é o modo como meu corpo se revela à minha consciência. Essa náusea é o fundamento de todas as possíveis náuseas que experimentamos em nosso contato com o mundo.

NAUSÍFANES DE TEO (*fl. ca.* 300 a.C.). Foi considerado por certo tempo um filósofo de tendência atomista, mestre de Epicuro, mas isso é tido hoje como muito improvável; o que parece certo é que Nausífanes de Teo foi um dos primeiros discípulos de Pirro (VER) e que transmitiu a Epicuro notícias das doutrinas pirrônicas, que interessavam grandemente o filósofo atomista. Nausífanes defenderam como ideal ético a chamada *acataplexia* ou imperturbabilidade, muito semelhante à *ataraxia* (VER) pirrônica.

Notícias sobre N. em Dióg. L., 64, 69, 102.

➲ Ver: S. Sudhaus, "Nausiphanes", *Rheinisches Museum*, 48 (1893), 321-341. — Id., "Exkurse zu Philodem", *Philologus*, 54 (1895), 80-92, especialmente 88-92. ⊂

NAVILLE, ADRIEN. Ver Ciências (Classificação das).

NECCHI, LODOVICO. Ver Milão (Escola de).

NECESSIDADE. Examinamos neste verbete o conceito de necessidade dos pontos de vista ontológico, metafísico e lógico. (Para este último aspecto, ver também Modal, modalidade.) Algumas das questões suscitadas pelo conceito de necessidade em sentido real se encontram em Determinismo (VER). Tanto alguns pré-socráticos (por exemplo, Anaxágoras, Demócrito) como Platão empregaram o conceito de necessidade, mas só Aristóteles deu sobre ele definições suficientes. Uma passagem particularmente elucidativa a esse respeito se encontra em *Met.*, Λ VII, 1072 b ss. Segundo o Estagirita, o conceito do necessário tem os seguintes sentidos: 1) a necessidade resulta da coação; 2) a necessidade é a condição do Bem; 3) é necessário o que não pode ser de outro modo e o que, por conseguinte, existe somente de um modo. O sentido 3) é o mais pertinente para nosso propósito e o que exerceu uma influência mais ampla. Através dele, podemos distinguir entre a necessidade, ἀνάγκη, e o destino (VER), εἱμαρμένη, assim como entre o acontece por necessidade, κατ' ἀνάγκη, e o que tem lugar por acidente, κατά συμβεβηκός. Ora, mesmo reduzida ao sentido 3), a noção de necessidade pode ser entendida de duas maneiras: *a)* como necessidade ideal, e *b)* como necessidade real; *a)* expressa encadeamento de idéias; *b)* de causas e efeitos. Outros autores, além de Aristóteles, analisaram o sentido ou sentidos de 'necessário' e 'necessidade'. Por exemplo, Boécio, no livro I de seus comentários à *Isagoge* de Porfírio (*In Isagogen Phorphyrii Commentaria*, em *Corpus Scriptorum Ecclesiasticorum Latinorum*, 48), observa que em latim *necessarius* tem, como ἀναγκαῖον, em grego, vários significados. Entre eles, cabe mencionar três: o que tem em Cícero, quando ele diz que alguém é familiar seu (*necessarium*); o que tem quando se diz que é necessário (*necessarium*) que vamos ao foro; e o que tem quando se diz que é necessário (*necesse est*) que o sol seja movido. Desses três significados, pode-se eliminar o primeiro, porque não tem nenhuma relação com o que Porfírio quer dizer (e, antes dele, Aristóteles) por 'necessário'. Quanto aos outros dois sentidos — segundo e terceiro — mencionados, o segundo quer dizer algo como 'útil'; "é necessário que vamos ao foro" equivale a "é útil que (ou convém que) vamos ao foro". Só o terceiro tem o sentido forte de "necessidade". Trata-se, no exemplo indicado, de uma necessidade "real", mas se aquilo de que se diz que é necessário o é em virtude de alguma lei, cabe afirmar que a necessidade é "ideal".

É freqüente em muitos filósofos passar da necessidade ideal à real e vice-versa. No primeiro caso, supõe-se que há uma razão que rege o universo. No segundo, que o rigoroso encadeamento causal pode exprimir-se em termos de necessidade ideal. Para evitar essas confusões, os escolásticos propuseram confrontar a noção de necessidade com outras noções modais (entendidas em sentido ontológico) e distinguir entre vários tipos de necessidade. No que diz respeito ao primeiro ponto, eles afirmaram que a necessidade inclui a possibilidade (VER), é contraditória com relação à contingência (VER) e é contrária à impossibilidade. No que se refere ao segundo ponto, propuseram várias distinções no conceito do necessário (definido como o que é e não pode não ser, *quod est et non potest non esse*). Em primeiro lugar, há a necessidade lógica, a física e a metafísica. Em segundo lugar, há a necessidade absoluta (o necessário *simpliciter*, ἀναγκαῖον ἁπλῶς) e a necessidade relativa, condicionada ou hipotética (ἀναγκαῖον ἐξ ὑροθέσεως). Em terceiro lugar, há a necessidade coativa e a necessidade teleológica. Por fim, há a necessidade determinada pelo próprio princípio de que o necessário deriva: da forma, da matéria etc. Estabelece-se com isso uma gradação entre formas de necessidade que vão do absoluto ao mais condicionado, e que permitem, inclusive, compreender a necessidade condicionada como uma atenuação da absoluta. Na verdade, só de Deus se costuma dizer que não pode ser que não seja, *non potest non esse*. Entretanto, as verdades eternas são também — ao menos para as diretrizes "intelectualistas" — necessárias; mesmo quando isso acontece para as diretrizes mais voluntaristas dependentes da "arbitrariedade" divina (ver Deus).

De modo geral, a época moderna entende a necessidade num sentido preponderamente ideal-racionalista, de tal modo que, mais do que distinguir entre a necessidade absoluta e a condicionada, distingue entre a ideal e a real, e atribui à primeira um caráter absoluto (primeiro para a mente e depois para a própria coisa). Em Descartes, isso se torna possível por ter ele situado previamente Deus fora da esfera da necessidade propriamente dita; Deus não faz o que faz porque isso seja necessário, mas o que faz cria as condições para que haja necessariamente o que necessariamente há. Em outros autores, Deus e "necessidade" são diferentes aspectos da mesma realidade. Para Spinoza, se algo é necessário é porque não há nenhuma razão que o impeça de existir: *necessarium est id quod nulla ratione causa datur, quae impendit, quominus existat* (*Eth.*, I, prop. XI), definição tautológica tão-somente se não se leva em conta que a definição do campo ideal se sobrepõe exatamente, nesse autor, ao que ocorre no campo real. Em sua tentativa de fundir as concepções modernas com as distinções antigas, Leibniz distingue sobretudo entre os conceitos de necessidade metafísica ou absoluta; lógica, matemática ou geométrica; física ou hipotética; e moral ou teleológica. A primeira necessidade o é por si; a segunda o é porque o contrário implica contradição; a terceira, porque há um rigoroso encadeamento causal condicionado por um pressuposto dado; a última, porque o ato necessário é derivado da prévia posição de fins. Não é necessário dizer que a escola de Wolff procurou reduzir, também aqui, as diversas acepções ao conceito racional, e a definição do necessário, tanto absoluto como condicionado àquilo cujo contrário implica contradição (Wolff, *Ontologia* § 279). Por outro lado, as tendências denominadas empiristas descobriram na necessidade algo muito diferente tanto de um conceito abstrato como de um princípio ontológico; como toda idéia, a necessidade tem de surgir de uma impressão, de uma representação, e daí decorre que para Hume a necessidade seja resolvida, em última análise, num costume. Kant procura mediar entre esses opostos com sua teoria da necessidade como categoria da modalidade, procedente dos juízos apodíticos; a necessidade opõe-se então à contingência e é "aquilo em que a conformidade com o real é determinada segundo as condições gerais da experiência". Depois de Kant, em contrapartida, e sobretudo no decorrer do idealismo alemão, o problema da necessidade foi abordado sobretudo paralelamente ao problema da liberdade; o que se disse sobre esta no verbete correspondente pode ser examinado para compreender aquela.

Entre os filósofos contemporâneos que se dedicaram ao problema da necessidade (em sentido ontológico), destaca-se Nicolai Hartmann. Hartmann distingue (cf. *Möglichkeit und Wirklichkeit*, 1938, pp. 42 ss.) entre os seguintes tipos de necessidade: (A) A necessidade lógica, que tem a forma do "se-então", mesmo que o "se" seja incondicionado. (B) A necessidade essencial que se refere a todo o domínio do ser ideal, em que a estrutura lógica formal representa um mero "recorte". A necessidade essencial se opõe ao acidental, pois, embora resida no ser ideal, não se limita a ele, estendendo-se pelo mundo do real. Mas também vale para esta necessidade a independência do último fundamento. (C) A necessidade cognoscitiva, que depende da lógica, mesmo quando não consiste numa "necessidade da intelecção", mas na "intelecção da necessidade". Por isso, esta necessidade é tratada como uma categoria modal especial. (D) A necessidade real, às vezes identificada com a causal, mesmo que esta seja só uma manifestação daquela. Com efeito, há entre as coisas outras conexões reais além das físicas (as orgânicas, as estruturais etc.). Contudo, o próprio Hartmann reconhece que do ponto de vista ontológico são fundamentais unicamente — por constituir "modos de ser" primários — a necessidade real e a essencial.

O conceito ontológico de necessidade pode expressar-se em enunciados como 'x é necessário', 'É necessário que x', 'É necessário que haja x', 'É necessário que ocorra x', 'x tem necessariamente a propriedade F' etc. 'x' denota às vezes um objeto, às vezes um acontecimento ou uma situação, às vezes um estado; 'F' denota uma propriedade ou qualidade. É óbvio que há grandes diferenças entre esses tipos de enunciados, e especialmente entre dois deles: aqueles nos quais se fala da necessidade de um x, e aqueles nos quais se fala da necessidade para um x de ter a propriedade F. Tornou-se hábito agrupar todos os enunciados de necessidade ontológica sob uma designação comum e considerar, ao par disso, enunciados tão diversos como 'É necessário que haja Deus", 'É necessário que Deus seja onisciente", 'É necessário que esta mesa seja de madeira', 'É necessário que uma cor seja extensa', 'A sociedade sem classes é (historicamente) necessária'. Esse agrupamento só se justifica porque em qualquer caso se diz que a necessidade é inerente ao objeto, acontecimento, situação, estado, propriedade etc. De todo modo, se se afirma que não é possível que algo não seja, ou não ocorra ou não tenha esta ou aquela propriedade, supõe-se que tem de ser (existir), ocorrer ou ter esta ou aquela propriedade necessariamente, seja em virtude de um caráter absoluto, seja por causa de certa estrutura dentro da qual se mostra necessário, ou por ser tal como se diz que é em todos os mundos possíveis.

Classicamente, distinguiu-se na necessidade — o mesmo que, em geral, na modalidade — entre uma necessidade *de re* e uma necessidade *de dicto*. A necessidade *de re* é a que diz respeito à própria realidade. A necessidade *de dicto* é a que se refere ao que se diz, à *dictio* ou discurso.

A necessidade que denominamos "ontológica" é uma necessidade *de re*. É a que foi abordada por muitos autores no passado e aquela a que se referem as pesquisas de Nicolai Hartmann antes mencionadas. Alguns distinguiram entre a necessidade ontológica e a lógica. Outros consideraram que há um paralelismo entre ambas, no sentido pelo menos de que a necessidade ontológica se acha delimitada em quadros lógicos, e no sentido de que estes incluem modalidades capazes de dar conta da necessidade ontológica.

A necessidade lógica é uma necessidade *de dicto*. Logicamente, a noção de necessidade se expressa mediante a cláusula modal (ver MODALIDADE). 'É necessário que' (simbolizada por '□') anteposta a uma proposição, enunciado ou sentença. Assim, '□' se lê 'É necessário que *p*'. A cláusula 'É necessário que' não tem por que ser considerada como cláusula primitiva em lógica modal, já que pode derivar de alguma outra cláusula estabelecida como primitiva. Por exemplo, cabe definir 'É necessário que *p*' em termos de 'É possível que *p*' (simbolizada por '◇' mais a conectiva 'não'. Desse modo, 'É necessário que *p*', em símbolos '□' equivale a 'Não é o caso que seja possível que não *p*', em símbolos '⌐◇⌐*p*'.

Enquanto cláusula modal, a noção de necessidade não é forçosamente atribuível a nenhuma entidade, acontecimento ou propriedade. Muitos autores trataram a necessidade do ponto de vista lógico, considerando suspeita toda noção de necessidade ontológica. Uma coisa é usar uma cláusula modal que afeta uma proposição, enunciado ou sentença, e outra, muito diferente, afirmar que há entidades, acontecimentos ou propriedades necessários. Às mencionadas suspeitas uniu-se a oposição a toda lógica modal quantificada.

O interesse pela noção de necessidade do ponto de vista ontológico ressurgiu no âmbito da revivificação do essencialismo (VER), promovida, entre outros, por Saul A. Kripke, Alvin Plantinga, David Lewis e Michael A. Slote. A semântica de Kripke, com a introdução da noção de designador rígido para todos os mundos possíveis, pode ser entendida, de forma moderada, como um sistema capaz de resolver vários problemas relativos à nomeação de entidades, ou de forma radical, como um sistema que permite introduzir propriedades essenciais. Se se o toma, como faz Plantinga, neste último sentido, adere-se então a uma ontologia realista de cunho platônico, em que a noção de necessidade funciona com todo o peso ontológico. A descrição de uma propriedade em determinado mundo possível faz dessa propriedade uma propriedade essencial e, com isso, necessária.

⮕ Ver: O. Liebmann, "Drei Arten der Notwendigkeit", no tomo *Gedanken und Thatsachen*, I, 1883, pp. 1-45. — Jacques Chevalier, *La notion du nécessaire chez Aristote et ses prédécesseurs*, 1915. — Guy Jalbert, *Nécessité et contingence chez saint Thomas d'Aquin et chez ses prédécesseurs*, 1916. — C. J. Ducasse, *Causation and the Types of Necessity*, 1924. — G. Stammler, *Notwendigkeit in Natur- und Kulturwissenschaft*, 1926. — Nicolai Hartmann, *Zur Grundlegung der Ontologie*, 1935. — Jean Laporte, *L'idée de nécessité*, 1941. — Albert Hofstadter, "Six Necessities", *Journal of Philosophy*, 54 (1957), 597-613. — Heinz Schreckenberg, *Ananke. Untersuchungen zur Geschichte des Wortgebrauchs*, 1964. — Jacques Monod, *Le hasard et la nécessité: Essai sur la philosophie naturelle de la biologie modern*, 1970. — Royal Institute of Philosophy, *Knowledge and Necessity*, 1970. — H. Koningsveld, *Empirical Laws, Regularity and Necessity*, 1973. — J. Hintikka, *Time and Necessity: Studies in Aristotle's Theory of Modality*, 1973. — M. Fisk, *Nature and Necessity: An Essay in Physical Ontology*, 1973. — J. Chiari, *The Necessity of Being*, 1973. — J. Lewis, ed., *Beyond Chance and Necessity: A Critical Inquiry into Professor Jacques Monod's* Chance and Necessity, 1974. — A. R. Anderson, N. D. Belnap, eds., *Entailment: The Logic of Relevance and Necessity*, 1975. — S. Blackburn, ed., *Meaning, Reference and Necessity: New Studies in Semantics*, 1975. — R. Harre, E. H. Madden, *Causal Powers: A Theory of Natural Necessity*, 1975. — U. Wolf, *Möglichkeit und Notwendigkeit bei Aristoteles und heute*, 1979. — B. Skyrms, *Causal Necessity: A Pragmatic Investigation of the Necessity of Laws*, 1980. — R. Sorabji, *Necessity, Cause, and Blame: Perspectives on Aristotle's Theory*, 1980. — M. Davies, *Meaning, Quantification, Necessity*, 1981. — K. K. Banerjee, ed., *Mind, Language and Necessity*, 1982. — I. Dilman, *Quine on Ontology, Necessity, and Experience: A Philosophical Critique*, 1984. — M. Lazerowitz, A. Ambrose, S. G. Shanker, eds., *Necessity and Language*, 1985. — G. P. Baker, P. M. S. Hacker, *Wittgenstein, Rules, Grammar, and Necessity (An Analytical Commentary on the* Philosophical Investigations, vol. 2), 1988. — B. Berofsky, *Freedom from Necessity: The Metaphysical Basis of Responsibility*, 1987. — H. J. Wendel, *Benennung, Sinn, Notwendigkeit: Eine Untersuchung über die Grundlagen kausaler Theorien des Gegenstandsbezugs*,

1987. — M. Mandelbaum, *Purpose and Necessity in Social Theory*, 1987.

Para a noção de necessidade "ontológica" no sentido indicado no corpo do verbete, *ad finem*, ver: Saul A. Kripke, "Naming and Necessity", em *Semantics of Natural Language*, 1972; 2ª ed., ed. Donald Davidson e Gilbert Harman, pp. 252-355 e 763-769. — David Lewis, *Counterfactuals*, 1973; reed. corr., 1986, com um apêndice que indica outros escritos de D. L. relacionados com o tema. — Alvin Plantinga, *The Nature of Necessity*, 1974; reimp., 1989. Em relação com essa obra, ver: R. Purtill, "Plantinga, Necessity and God", e A. Plantinga, "Existence, Necessity and God", *New Scholasticism*, 50 (1976), 61-72. — Michael A. Slote, *Metaphysics and Essence*, 1975. — Id., "Selective Necessity and the Free-Will Problem", *Journal of Philosophy*, 79 (1982), 5-24. — Ver também: A. Plantinga, *The Nature of Necessity*, 1989. — A. Sidelle, *Necessity, Essence, and Individuation: A Defense of Conventionalism*, 1989. ᴄ

NECESSITARISMO. Deu-se às vezes este nome — mais usado em inglês (*Necessitarianism*) — para designar as doutrinas segundo as quais tudo o que acontece acontece necessariamente, não havendo margem para o acaso. Os partidários do necessitarismo podem ser denominados "necessitaristas", ou também "necessitários" — este último vocábulo em contraste com "libertários" quando "libertários" é usado não para referir-se aos anarquistas, mas aos partidários de qualquer sistema em que não só se admite a liberdade (ou o livre-arbítrio), como também se outorga à liberdade (ou, segundo os casos, ao livre-arbítrio) um lugar central no sistema correspondente.

O necessitarismo pode adotar diversas formas. Uma delas é o fatalismo (VER), quando a necessidade é identificada com o *fatum*, fado ou destino. Outra delas é o determinismo (VER), quando a necessidade é identificada com a determinação, e muito especialmente com a determinação de índole causal. A rigor, o vocábulo 'necessitarismo' pode ser empregado com vantagem para referir-se a quaisquer sistemas nos quais se dá importância capital, e até exclusiva, à noção de necessidade para a explicação de todos os fenômenos naturais ou não naturais, podendo depois especificar-se em que sentido se entende 'necessidade' e usar-se então outros nomes como variantes do necessitarismo.

NÉDONCELLE, MAURICE (1905-1976). Nascido em Roubaix (França), foi professor na Universidade de Lille (1943-1945) e na Faculdade de Teologia Católica da Universidade de Estrasburgo (a partir de 1945). Desenvolveu um pensamento baseado na tradição espiritualista e personalista francesa; o rótulo que melhor convém à sua filosofia é o de "idealismo voluntarista e personalista". Nédoncelle ocupou-se sobretudo do problema da natureza da pessoa, não como indivíduo isolado, mas como realidade atuante e "reciprocante". A consciência pessoal constitui-se, segundo Nédoncelle, num movimento de reciprocidade de consciências. A realidade impessoal é concebível tão-somente na trama dessa reciprocidade, constituindo ao mesmo tempo o resultado da atividade da ação recíproca entre consciências e o limite da ação pessoal. Nédoncelle ocupou-se igualmente de questões de filosofia da religião no quadro do desenvolvimento histórico da noção de consciência religiosa.

↪ *Obras:* La philosophie religieuse en Grande Bretagne de 1850 à nos jours, 1934. — La pensée religieuse de Friedrich von Hügel, 1935. — La souffrance, 1939; 2ª ed., 1951. — La réciprocité des consciences. Essai sur la nature de la personne, 1942; 2ª ed., 1950. — La personne humaine et la nature, 1943, reed. com o título: Personne humaine et nature, 1963. — La philosophie religieuse de J. H. Newman, 1946. — Vers une philosophie de l'amour et de la personne, 1946. — Trois aspects du problème anglo-catholique au XVIIIᵉ siècle, 1951. — Introduction à l'esthétique, 1953. — De la fidélité, 1953. — Conscience et logos: horizons et méthode d'une philosophie personnaliste, 1961. — Prière humaine, prière divine. Notes phénoménologiques, 1963. — Pensée humaine e nature. Étude logique et métaphysique, 1963. — Explorations personnalistes, 1970. — Intersubjectivité et ontologie. Le défi personnaliste, 1974. — Sensation réparatrice et dynamisme temporel des consciences, 1977 (póstumo).

Ver: Lucien Jerphagnon, "De l'idéalisme au personnalisme: M. N.", *Revue philosophique de Louvain*, 69 (1971), 397-406. — Id., "Une ontologie personnaliste: M. N.", *ibid.*, 74 (1976), 401-410. — Id., "L'histoire de la notion de personne dans l'oeuvre de M. N.", *Revue de Theologie et de Philosophie*, 110 (1978), 99-109. — VV. AA., *La pensée philosophique et religieuse de M. N.*, 1981 [Colóquio de Estrasburgo, 21-22 de março de 1979]. ᴄ

NEGAÇÃO. No verbete Negativo (VER), referimo-nos ao uso deste termo nas expressões 'proposição negativa' e 'juízo negativo', tão habitual na lógica tradicional. Aqui, abordaremos o conceito de negação de modo geral. Embora essa análise seja primariamente lógica, mencionaremos também, como complemento ao que foi dito no verbete Nada (VER), algumas das questões metafísicas (ou, segundo alguns autores, "pré-lógicas") suscitadas por esse conceito.

"Negação" é o nome que recebe a conectiva singular 'não'. Essa conectiva é simbolizada por '⌐', de modo que

$$\neg p$$

é lido:

$$\text{não } p$$

e pode ter como exemplo:
Sócrates não é japonês,
forma idiomática das expressões:

ou:
> Não (Sócrates é japonês)

> Não é o caso que Sócrates seja japonês.

É muito comum (e foi usado em edições anteriores desta obra) o sinal '∼'. Alguns autores propuseram o signo '__' sobreposto às letras sentenciais que são negadas; assim, por exemplo, '$\bar{p}$ v $\bar{q}$' (não p ou q); ou a toda a fórmula; assim, por exemplo $\overline{p \text{ v } q}$ (não p ou q). Algumas (poucas) vezes se empregou um acento, ' ′ ', depois da letra; assim, por exemplo: 'p''. Na notação de Łukasiewicz, '⌐' é representado pela letra 'N' anteposta às fórmulas; assim, '⌐ p' se escreve 'Np'. Na notação de Hilbert-Ackermann, o clássico sinal '∼' é usado como sinal de equivalência.

'__' sobreposto às letras ou símbolos que representam classes é usado como sinal do complemento (ou negação) dessas classes. O mesmo sinal sobreposto às letras ou símbolos que representam relações é usado como sinal do complemento (ou negação) dessas relações. Ver COMPLEMENTO.

Na lógica sentencial, a dupla negação se escreve justapondo-se a um sinal '⌐' outro sinal '⌐'. Assim, a lei de dupla negação, que é uma das leis da lógica sentencial, é formulada: '$p \leftrightarrow \neg\neg p$'. Na lógica de classes e relações, sobrepõem-se traços horizontais sobre o símbolo ou símbolos; por exemplo, $\overline{\overline{A}}$, $\overline{\overline{R}}$ etc.

Como vemos no verbete sobre as Tabelas de Verdade, a tabela de verdade na lógica bivalente para '⌐p' dá efe se o valor de verdade 'p' foi indicado por vê e vê se o valor de verdade de 'p' foi indicado por efe. Para a tabela de verdade de '⌐p' numa lógica trivalente, ver POLIVALENTE.

Há uma diferença entre o modo como se introduziu aqui a negação lógica e o modo como se descreveu no verbete Negativo. Neste verbete, a negação se expressa mediante um sinal anteposto a uma fórmula e que pode traduzir-se pela expressão 'Não é o caso que' anteposta a qualquer enunciado de qualquer parte da lógica: sentencial, quantificacional etc. No mencionado verbete, a negação refere-se à cópula. Este é um dos motivos que nos impeliram a escrever dois verbetes distintos sobre um tema similar.

Entre os sinais usados na lógica, há dois que recebem os nomes de "negação conjunta" e "negação alternativa". O primeiro desses signos é '↓'; o segundo, '|'. Remetemos ao que é dito sobre eles no verbete Conectiva; indicamos ali seu modo de lê-los, exemplos deles e diversas maneiras de definir mediante eles outras conectivas.

Voltemos agora à conectiva '⌐'. Esta figura seja como sinal primitivo, seja como sinal definido na maioria dos cálculos lógicos. Mas há certos cálculos dos quais '⌐' foi excluída. Temos o exemplo mais importante deles na lógica intuicionista (ver INTUICIONISMO). Segundo ela, uma entidade matemática existe apenas quando pode ser (intelectualmente) construída. As proposições sobre entidades matemáticas não-existentes carecem, pois, de sentido. Por isso, os intuicionistas dizem que a negação não é uma atividade matemática, mas pré-matemática. Isso não significa que o intuicionista desenvolva sua atividade matemática de uma forma fortuita, aberta sempre inesperadamente à possibilidade de construir entidades matemáticas antes excluídas (ou simplesmente não abordadas); quando se deriva uma contradição da suposição de que uma proposição matemática é verdadeira, deve-se eliminar essa proposição. A exclusão intuicionista da negação está ligada a certo modo de interpretar a noção de "existência" das chamadas "entidades matemáticas".

Observemos, porém, que a atitude dos intuicionistas diante do problema da negação, embora baseada sempre nas idéias fundamentais antes expostas (e devidas principalmente a Brouwer), é diversamente matizada. Em alguns casos, a atitude adotada parece ser ainda mais "radical" do que a anteriormente indicada; em outros, em contrapartida, menos "radical". Exemplo do primeiro é a matemática intuicionista sem negação elaborada por G. F. C. Griss. Segundo Griss, a construção a que Brouwer se refere deve ser efetiva. Não devemos supor, portanto, nenhuma entidade matemática determinada para depois excluí-la se sua construção conduz a contradição. A matemática intuicionista sem negação, de Griss, admite uma entidade matemática só se esta foi construída; só quando há um exemplo de um conceito matemático pode-se admitir este conceito. Como conseqüência disso, no sistema de Griss só têm sentido as proposições verdadeiras. Exemplo do segundo é o conceito de "expectação" elaborado por Heyting, um conceito intimamente ligado ao de confirmação, pois adquire sentido em vista da confirmação ou não-confirmação de uma proposição matemática proposta.

As noções até aqui analisadas são de índole lógica e matemática. Elas nunca devem ser consideradas como fundadas numa teoria geral filosófica ou metafísica da negação. Junto a elas, apresentaram-se com freqüência doutrinas que pretendem ter um alcance completamente geral. Referimo-nos a várias delas no verbete sobre o conceito de Nada (VER); vimos aí que há inclusive alguns pensadores (Heidegger) que denunciam a "lógica" como impotente para dizer algo sobre o nada, pois este seria anterior ao "não" e à negação. Complementemos agora a exposição referindo-nos a certas doutrinas que desejam formular uma teoria geral da negação.

Uma dessas doutrinas é a elaborada por várias escolas da Antigüidade, principalmente pelos eleatas e pelos megáricos. Segundo ela, tudo o que é é atual e, portanto, toda proposição que não se refere ao que é ou que se refere ao que não é (como as proposições negativas) carece de sentido. Estendemo-nos sobre esse ponto nos verbetes Ato (VER) e Possibilidade (VER). Assinalemos aqui que, assim como na mencionada matemática de Griss só as proposições matemáticas verdadeiras têm sentido, na doutrina citada só têm sentido em geral todas as proposições verdadeiras.

Outra doutrina é a apresentada por Husserl, que observou que não se deve buscar a origem da negação no julgar predicativo primário (que constitui, a seu ver, o tema central da "gnosiologia da lógica"); ela aparece já em sua forma primária na "esfera predicativa da experiência receptiva", com o que a negação pode ser definida como "uma modificação da consciência" — sempre que *não* entendamos 'consciência' num sentido meramente psicológico.

Numa teoria de sentido mais metafísico, Jean Guitton indicou que a negação pode ser examinada sob a forma da privação. Trata-se, em sua opinião, de uma operação que só aparentemente tem um caráter lógico ou um caráter psicológico. A rigor, quando supomos um ato de negação por parte de um ente, atribuímos-lhe a condição humana e espiritual, para não dizer que essa condição pode ser determinada muitas vezes justamente mediante o ato da negação, isto é, da suposição da privação ontológica de uma realidade que é substituída imaginativamente por outras realidades consideradas como "tendo sido possíveis". Por isso, Guitton chega a dizer que "o próprio do espírito é esse poder que ele possui de supor a inexistência ou a presença de outra realidade distinta da que está presente", o que supõe a percepção inteligível do "modelo ontológico" que faz ressaltar nas presenças as ausências, e nas existências ontológicas as carências da mesma índole.

F. Heinemann elaborou uma doutrina geral da negação com base numa crítica de diversas posições contemporâneas sobre o problema. Os resultados principais desta doutrina são os seguintes: 1) Os termos por meio dos quais se expressa à negação — 'não' como resposta negativa a uma pergunta, 'não' como expressão negativa; 'o negativo' e 'o nada' — são símbolos incompletos (no sentido de Russell). 2) 'Não' (nas duas formas antes mencionadas) é um sinal operacional, isto é, um sinal que expressa subtração; ele se acha, pois, no nível pré-lógico, concentrando-se na lógica no ato da eliminação. 3) O negativo — não-A; não-ser; não-existência; nada — são ficções inevitáveis. 4) A negação não é uma categoria e não é anterior à categoria de relação, porque ela mesma é uma relação. 5) A negação é, entretanto, uma relação significativa e não uma relação entitativa. 6) A negação é uma relação construtiva primitiva, implicada em toda determinação. 7) A negação é indispensável para uma mente finita. 8) A função da negação é a separação. 9) A separação é negação lógica e pré-lógica. 10) A negação carece de significação se se refere somente a "alteridade" ou a diferença, mas é plenamente significativa com auxílio das leis de contradição e do terceiro excluído (ou sua generalização).

Segundo Eric Toms, há quatro concepções fundamentais da negação: 1) Proposição negada ou possibilidade negada. 2) Oposição. 3) Diferença. 4) Não-existência, ou não-ser [o que denominamos sobretudo "Nada" (VER)]. Toms indica que nenhuma destas concepções pode dar conta adequadamente da natureza da negação. Só a última concepção parece capaz de fazê-lo, mas isso é uma ilusão, pois tão logo entendemos a negação como "não-existência" ou "não-ser", surgem os "paradoxos da negação" e, especialmente, o paradoxo que consiste em explicar, ou procurar explicar, a negação por "algo" que "não é".

A. J. Ayer fez uma análise da negação que, embora se baseie principalmente nos usos das expressões negativas (ou supostamente negativas) na linguagem ordinária e nas formulações da lógica, tem igualmente um alcance geral. Ayer procura definir ou delimitar a classe dos enunciados negativos. Essa delimitação foi tentada por vários pensadores ou escolas, sem que se chegasse a resultados satisfatórios. Com efeito, já começa mostrando-se difícil a distinção entre enunciados negativos e enunciados positivos, visto que um enunciado como 'Pancrácio é o homem mais rico de Badajoz' pode ser considerado equivalente ao enunciado 'Não há em Badajoz alguém tão rico quanto Pancrácio'. Nem o ponto de vista sintático, nem o psicológico nem o semântico resolvem, segundo Ayer, a questão de um modo completo. Mas, além disso, nenhum desses pontos de vista pode responder ainda à questão do que é um enunciado negativo. As diversas doutrinas elaboradas para responder a esta última questão tampouco podem ser admitidas. Alguns, com efeito, argumentaram que quando se formula uma expressão negativa, não se predica nada de nada, nem se adscreve nenhuma relação a nada, nem se caracteriza de modo algum nenhuma realidade. Mas, como observa Ayer, dizer de algo que não é algo determinado, não é simplesmente suprimir toda informação sobre este algo: "Dizer que uma descrição não proporciona grande informação não é dizer que não é de maneira alguma uma descrição". Ayer conclui, em vista de tudo isso, que a diferença entre enunciados afirmativos e enunciados negativos depende do modo como se acentue cada um desses enunciados. Assim, "um enunciado é negativo se indica antes que um objeto carece de certa propriedade do que se indica a propriedade complementar; um enunciado é negativo se indica antes que certa propriedade não é exemplificada do que se indica que a propriedade complementar é exemplificada universalmente". Em última instância, a base da distinção reside no que o mencionado autor chama de "graus de especificidade". Desse modo, a distinção entre enunciados afirmativos e negativos em termos de graus de especificidade permite dizer algo sobre a classe dos enunciados negativos e, por conseguinte, sobre o problema da negação. E embora essa situação ofereça igualmente várias dificuldades, estas não são, segundo Ayer, tão consideráveis quanto as suscitadas pela maioria das teorias formuladas até agora.

Para Richard M. Gale, "tudo o que ocorre no mundo é inteiramente positivo; os fatos negativos que pode haver são fatos acerca de relações entre *abstracta* tais como propriedades e proposições". Esse autor chega a tal conclusão depois de análises das quais resultam: 1) que os enunciados negativos podem reduzir-se a enunciados positivos; 2) que o mundo pode ser completamente descrito mediante enunciados positivos; 3) que não há acontecimentos negativos (nem mesmo do tipo dos que os idealistas consideram "acontecimentos negativos significantes").

➲ Sobre o uso da negação em lógica, ver os tratados mencionados nas bibliografias de LÓGICA e LOGÍSTICA.

Para a negação na matemática intuicionista, ver a bibliografia de INTUICIONISMO.

Para a teoria de Griss especialmente: G. F. C. Griss, "Negatieloze intuitionistische wiskunde", *Verslagen Ned. Ak. v. Wetens*, 53 (1944), 261-268. — Id., "Negationless Intuitionistic Mathematics", *Proceedings Kon. Ned. Ak. v. Wetens*, 49 (1946), 1127-1133; 53 (1950), 456-463; 54 (1951), 452-471. — Id., "Logic of Negationless Intuitionistic Mathematic", *ibid.*, 54 (1951). — P. C. Gilmore, "The Effect of Griss' Criticism of the Intuitionistic Logic on Deductives Theories Formalized within the Intuitionistic Logic", *ibid.*, 56 (1953), Ser. A, 162-163. — A. Heyting, "G. F. C. Griss and His Negationless Intuitionistic Mathematics", *Synthese*, 9, 2, s/d [1953], 91-96. — Aplicação das teorias de Griss: N. Dequoy, *Axiomatique intuitionniste sans négation de la géometrie projective*, 1955. — Veli Valpola, *Ein System der Negationslosen Logik mit ausschliesslich realisierbaren Prädikaten*, 1955.

Para a tese de Heidegger, obra mencionada no verbete NADA (ver também o restante desse verbete e sua bibliografia).

Negação em Sartre: Marcos Lutz-Müller, *Sartre's Theorie der Negation*, 1976. Ver o verbete NEGATIVIDADE.

Para Husserl, *Erfahrung und Urteil*, 1939, ed. L. Landgrebe, § 21 *a* (a teoria mencionada sobre o juízo predicativo em *Formale und transzendentale Logik*, 1929, § 1, do mesmo autor).

A tese de Guitton, em *L'Existence temporelle*, 1949, especialmente pp. 23 ss.

Para Toms, *Being, Negation, and Logic*, 1962. Parte I, cap. iv. — Id., "The Problem of Negation", *Log Analyst*, 15 (1972), 1-14.

Para Ayer, "Negation", *The Journal of Philosophy*, 49 (1952), 797-815, reimp. na obra do mesmo autor, *Philosophical Essays*, 1954, pp. 36-65.

Para Gale, "On What There isn't", *Review of Metaphysics*, 25 (1971-1972), 459-488. — Id., "Negation and Non-Being", *American Philosophical Quarterly*, 10 (1976), 1-116.

Outros trabalhos sobre o problema da negação: J. J. Borelius, *Ueber den Satz des Widerspruchs und die Bedeutung der Negation*, 1881. — Nicolaus Petrescu, *Die Denkfunktion der Verneinung: eine kritische Untersuchung*, 1914. — O. Becker, "Mathematische Existenz", *Jahrbuch für Philosophie und phänomenologischen Forschung*, 8 (1927), pp. 496 ss.. [também em edição separada]. — Hans Pichler, "Vom Wesen der Verneinung und das Unwesen des Nichtseins", *Blätter für deutsche Philosophie*, 8 (1934). — Gestrud Kahl-Fuhrtmann, *Das Problem des Nicht; kritisch-historische und systematische Untersuchungen*, 1934. — Karl Dürr, "Die Bedeutung der Negation. Grundzüge der empirischen Logik", *Erkenntnis*, 5 (1935), 205-227. — B. K. Mallik, *The Real and the Negative*, 1940. — Adhar Chandra Das, *Negative Fact, Negation, and Truth*, 1942. — Ed. Morot-Sir, *La pensée négative*, 1947. — A. N. Prior, "Negative Quantifiers", *The Australasian Journal of Philosophy*, 31 (1953), 107-123. — G. H. von Wright, *On the Logic of Negation*, 1959 (Societas Scientiarum Fennica. Commentationes Physico-Mathematicae, XII, 4). — E. Toms, P. C. Wason et al., *Negation*, 1972, ed. Leo Apostel. — B. de Boysson-Bardies, *Négation et performance linguistique*, 1976. — N. Bacri, *Fonctionnement de la négation*, 1976. — T. Parsons, *Nonexistent Objects*, 1980. — G. F. Englebretsen, *Logical Negation*, 1981. — L. R. Horn, *A Natural History of Negation*, 1989.

Obras históricas: Bimal Krishna Matilal, *The Navya-Nyāya Doctrine of Negation: The Semantics and Ontology of Negative Statements in Navya-Nyāya Philosophy*, 1967. — Heinz Robert Schlette, *Das Eine und das Andere. Studien zur Problematik des Negation in der Metaphysik Plotins*, 1966. — Friedrich W. Schmidt, *Zum Begriff der Negativität bei Schelling und Hegel*, 1971. — Werner Flach, *Negation und Andersheit. Ein Beitrag zur Problematik der Letzimplikation*, 1959. — K. Hedwig, "Negatio negationis". Problemgeschichtliche Aspekte einer Denkstruktur", *Archiv für Begriffsgeschichte*, XXXIV, 1 (1980), 7-33. — H. Coward, T. Foshay, eds., *Derrida and Negative Theology*, 1992. ☾

NEGAÇÃO ALTERNATIVA. Ver CONECTIVA; NEGAÇÃO.

NEGAÇÃO CONJUNTA. Ver CONECTIVA; NEGAÇÃO.

NEGAR O ANTECEDENTE (FALÁCIA DE). Ver FALÁCIA DE NEGAR O ANTECEDENTE.

NEGATIVIDADE. Segundo Hegel, a "negatividade" é um dos elementos constitutivos de toda realidade. Alguns críticos indicam que no sistema de Hegel toda realidade é contraditória consigo mesma. Embora possam ser encontradas em Hegel passagens que corroboram essa interpretação, parece que o que Hegel quer dizer sobretudo é que em toda realidade há opostos (e [ou] também que, dada uma realidade, existe a oposta a ela). Mas então nem essa realidade nem a oposta são realidades "completas", pois uma realidade só pode "completar-se" mediante os opostos que a constituem.

Portanto, segundo Hegel, em toda realidade há alguma negação sem a qual ela não seria real. O que houver de oposto numa realidade pode ser entendido, por assim dizer, "a partir de fora", como algo contra o qual uma realidade (ou elemento constitutivo dela) se choca. Mas como a realidade em questão se acha formada por esse choque contra algo que não é — embora consista, ao mesmo tempo, em ser isso mesmo contra o qual se choca —, cabe dizer também que o oposto numa realidade é "interno" a ela, isto é, a constitui. Isso é a negatividade, que torna possível o automovimento. No "Prefácio" à *Fenomenologia do Espírito*, Hegel afirma que a força que a Natureza possui de mover, tomada abstratamente, "é o ser para si ou pura negatividade". A negatividade tem, segundo Hegel, "um poder tremendo", sem o qual nada estaria determinado (de acordo com a famosa e tantas vezes citada *Omnis determinatio est negatio*, de Spinoza). A "realidade" e "poder" da negatividade destacam-se especialmente "no sujeito" ou "na substância como sujeito". Esta é, diz Hegel, "pura e simples negatividade".

Alguns autores opinaram que o conceito hegeliano de negatividade representa unicamente uma forma particular adotada pelo pensamento de Hegel. Segundo Friedrich W. Schmidt (*Zum Begriff der Negativität bei Schelling und Hegel*, 1971), Schelling criticou acertadamente Hegel por avaliar que a negatividade opera dentro de seu sistema, sem afetá-lo. Com isso, aspira-se destacar a importância de Schelling com relação a Hegel, bem como estabelecer conexões históricas entre Schelling e os hegelianos, especialmente os hegelianos de esquerda, como Feuerbach e Marx.

Jean-Paul Sartre usou a palavra *négatité* (plural: *négatités*). Ela pode ser traduzida por 'negatidade' e 'negatidades' (o que é sobretudo uma transcrição), ser deixada no original ou traduzir-se por 'negatividade' e 'negatividades'. Optamos pela última possibilidade. Sartre descreve uma série de "nadas" ou "negatividades" tais como o perguntar, o estar na expectativa, o estar ausente ou descobrir uma ausência, o faltar (*manquer*) etc. A "realidade-humana", ou o "Para si", está constituída por esses (e rodeada desses) nadas ou negatividades, que não são simples negações formuláveis nos juízos negativos correspondentes (e parecem aproximar-se mais do tipo de juízos que Kant denominava "limitativos"). "Há uma infinita quantidade de realidades que não são apenas objetos de juízo; elas são experimentadas, combatidas, temidas etc. pelo ser humano e são habitadas pela negação em sua infra-estrutura como se se tratasse de uma condição necessária de sua existência. As chamadas negatividades [*négatités*]" (*L'Être et le Néant*, 1943, p. 57). Não cabe remeter essas "negatividades" a um "Nada extramundano", porque "se acham dispersas no ser, sustentadas pelo ser e condições da realidade". "O Nada ultra-mundano dá conta da negação absoluta. Mas acabamos de descobrir um fervilhamento [*pullulement*] de seres ultramundanos que possuem tanta realidade e eficácia quanto os outros seres, mas que encerram em si o não-ser" (*loc. cit.*). (Sobre Sartre, ver Marcos Lutz-Müller, *Sartres Theorie der Negation*, 1976. Ver igualmente bibliografia do verbete NADA.)

Joseph Margolis denomina "negatividades" (*Negativities: The Limits of Life*, 1975) certo número de privações fundamentais da vida humana tais como a morte, a guerra, o castigo, a doença, a desigualdade etc. As negatividades de que esse autor fala são, em última análise, ausência (ou negação) de valores, isto é, "desvalores".

⊃ Ver: H. Weinrich, ed., *Positionen der Negativität*, 1975 [Poetik und Hermeneutik, 6]. — W. Bonsiepen, *Der Begriff der Negativität in der Jenaer Schriften Hegels*, 1977. ⊂

NEGATIVO. Como vimos no verbete sobre a noção de proposição, as proposições negativas são uma das classes em que se subdividem as proposições simples (categóricas, predicativas ou atributivas) em razão da forma ou modo de união do predicado e do sujeito por meio do enunciado do juízo. O esquema tradicional mais usado para representar as proposições negativas é 'S não é P', cujo exemplo pode ser 'A rosa não é vermelha'. Com freqüência, as proposições negativas são definidas como uma das classes nas quais se subdividem as proposições em razão da qualidade (VER), mas é preciso observar que quase sempre as expressões 'razão da forma' e 'razão da qualidade' têm o mesmo significado. O que foi dito da proposição negativa pode afirmar-se também do juízo negativo.

Discutiu-se várias vezes se a negação de uma proposição é ou não posterior à afirmação da mesma proposição. Alguns autores tendem a sustentar que se pode falar de proposição negativa somente na medida em que se trata da negação de uma proposição afirmativa; o negativo seria neste caso posterior (lógica, não psicologicamente) ao afirmativo. Outros autores mantêm que a afirmação tem lugar sobre um fundo de negação; referimo-nos a esse ponto no verbete NADA. Outros, por fim, assinalam que há coordenação entre proposições negativas e proposições afirmativas. Este último ponto de vista é o mais difundido.

Certos filósofos (por exemplo, Kant) supõem que em razão da qualidade as proposições ou os juízos podem ser não apenas afirmativos e negativos, como também "infinitos", "indefinidos" ou "limitativos". Nessas proposições, o sujeito é excluído da classe dos predicados aos quais a proposição se refere. Esquema de tais proposições é: 'S é não-P', que Kant e outros (ver QUA-LIDADE) supõem ser uma proposição de forma distinta de 'S não é P'. Outros filósofos, em contrapartida (entre eles Aristóteles), rejeitam que haja proposições "indefinidas"; a seu ver, no esquema 'S é não-P' há uma afirmação e não uma negação.

Para o conceito geral de negação e os problemas que suscita tanto em lógica como em metafísica, ver NEGAÇÃO. O termo 'negativo' é usado igualmente na expressão 'teologia negativa', à qual nos referimos em TEOLOGIA.

NELSON, LEONARD (1882-1927). Nascido em Berlim, "habilitou-se" em Göttingen e foi, a partir de 1919, "professor extraordinário" da Universidade de Göttingen. Nelson foi o promotor da chamada "escola neofriesiana", que desejava continuar e desenvolver o trabalho filosófico iniciado por Fries (VER) e pela "escola friesiana", especialmente por meio do informativo da escola: os *Abhandlungen der Friesschen Schule*. A primeira série desses *Abhandlungen* foi publicada de 1847 a 1849, sob a direção de E. F. Apelt, M. J. Schleiden e outros filósofos, discípulos de Fries (reimp. em 1 vol., 1962). A nova série foi dirigida por Nelson e circulou de 1904 a 1918. Foram colaboradores desta série, além de Nelson, vários filósofos e psicólogos aos quais nos referimos no final do verbete FRIES; podem-se acrescentar a eles filósofos e matemáticos como J. Bernays, A. Fraenkel, Julius Kraft etc. Julius Kraft, 1898-1960 (*Die Methode der Rechtstheorie in der Schule von Kant und Fries*, 1924; *Die "Wierdegeburt" des Naturrechts*, 1932; *Von Husserl zu Heidegger. Kritik der phänomenologischen Philosophie*, 1934; 2ª ed., 1959 [ver ESPÍRITO, ESPIRITUAL]; *Erkenntnis und Glauben*, 1937), deu prosseguimento à orientação de Nelson e fundou (com outros), em 1937, uma continuação da nova série dos *Abhandlungen*: a revista *Ratio*.

O mais característico do pensamento de Nelson é seu exame do problema do conhecimento e do ponto de partida e método da filosofia. Segundo Nelson, é difícil, se não impossível, saber quais são esses pontos de partida e método por causa dos "círculos viciosos" que se produzem. Suponhamos, com efeito, que a filosofia seja uma busca racional de princípios básicos — ou supostos princípios básicos — destinados a explicar a natureza da realidade. Esses princípios não poderão ser obtidos por meio de uma inferência dedutiva (já que então não seriam básicos), nem tampouco por meio de uma inferência indutiva (já que essa inferência pressupõe justamente os "princípios básicos" buscados), nem por meio da intuição (pois esses princípios não podem apresentar-se como verdades evidentes por si mesmas). Em vista dessas dificuldades, Nelson postulou o método de um "regresso reflexivo" aos pressupostos lógicos dos juízos correntes. Depois disso, é preciso examinar sua verdade. Com essa finalidade, Nelson usou o método de Fries, no qual se postula um conhecimento imediato (mas não intuitivo). Pode-se recorrer, além disso, à psicologia para a "dedução" dos princípios metafísicos, e então temos o que Nelson denominou "dedução psicológica", distinta da lógica, embora não incompatível com ela.

Para Nelson, o conhecimento não é, propriamente falando, um problema: é um fato; por isso, a psicologia pode, e deve, dar conta dele. O conhecimento a que Nelson se refere não é, de resto, somente o conhecimento da realidade; é também, e às vezes sobretudo, o conhecimento de princípios de natureza ética, política, jurídica etc. Na ética, por exemplo, acontece o mesmo que no conhecimento da realidade natural. Procurar averiguar quais são os princípios éticos supremos conduz a círculos viciosos que só se rompem, ou se resolvem, na medida em que se obtém um conhecimento "imediato", e de caráter "psicológico", desses princípios. O conteúdo da ética são as ações humanas, e a ética deve examinar se essas ações se conformam ou não ao dever. Ora, esse dever não é uma forma universal vazia, mas uma "forma particular"; a união do realismo com o idealismo, que na "teoria do conhecimento" já se achava insinuada, fica confirmada na ética e mais ainda na filosofia política e na filosofia do direito. Nelson mescla aqui, seguindo as inspirações de Fries, os problemas da fundamentação apriórica com o exame dos complexos psicológicos; mas se trata de uma mescla que, em vez de conduzir à afirmação do caráter sintético de certos juízos aprióricos, consegue destacar cada vez mais a diferença entre o analítico e o sintético. Desse modo, inclina-se à fundamentação axiomática, ao menos da parte formal da filosofia do direito. No que diz respeito à parte material, Nelson estabelece uma série de postulados destinados a fundamentar todas as leis práticas e a constituir a sociedade segundo bases jurídicas científicas e não meramente arbitrárias.

◗ Obras principais: "Die kritische Methode und das Verhältnis der Psychologie zur Philosophie", *Abhandlungen der Friesschen Schule*, N. F., 1 (1904) ("O método crítico e a relação entre a psicologia e a filosofia"). — "Ueber die nichteuklidische Geometrie und den Ursprung der geometrischen Gewissheit", *ibid.*, 1 (1904) ("Sobre a geometria não-euclidiana e a origem da certeza geométrica"). — "Ist metaphysikfreie Naturwissenschaft möglich?", *ibid.*, 1 (1904) ("É possível a ciência natural sem metafísica?"). — "Über das sogennante Erkenntnisproblem", *ibid.*, 1 (1904) ("Sobre o chamado problema do conhecimento"). — "Die Unmöglichkeit der Erkenntnistheorie", *ibid.*, 3 (1905) ("A impossibilidade da teoria do conhecimento"). — "Die Theorie des Interesses", *ibid.*, 4 (1905) ("A teoria do interesse"). — "Die kritische Ethik bei Kant, Schiller und Fries. Eine Revision ihrer Prinzipien", *ibid.*, 4

(1905) ("A ética crítica em K., S. e F. Revisão de seus princípios"). — *Kant und die nichteuklidische Geometrie*, 1906 (*Kant e a geometria não-euclidiana*). — *Ethische Methodenlehre*, 1915 (*Metodologia ética*). — *Vorlesungen über die Grundlagen der Ethik. I. Kritik der praktischen Vernunft*, 1917 (*Lições sobre os fundamentos da ética. I. Crítica da razão prática*). — *Die Rechtswissenschaft ohne Recht. Kritische Betrachtungen über die Grundlagen des Staats- und Völkerrechts insbesondere über die Lehre von Souveränität*, 1917 (*A ciência do Direito sem Direito. Considerações críticas sobre os fundamentos do Direito público e do Estado, especialmente sobre a doutrina da soberania*). — *Die neue Reformation. I. Die Reformation der Gesinnung. Die Erziehung zum Selbstvertrauen*; II. *Die Reformation der Philosophie durch die Kritik der Vernunft*, 1918 (*A nova reforma. I. A reforma da atitude. A educação para a autoconfiança.* II. *A reforma da filosofia mediante a crítica da razão*). — *Vom Beruf der Philosophie unserer Keit für die Erneuerung des öffentlichen Lebens*, 1918 (*Da missão da filosofia de nosso tempo para a renovação da vida pública*). — *Öffentliches Leben*, 1918 (*Vida pública*). — *Demokratie und Führerschaft*, 1920 (*Democracia e caudilhismo*). — *System der philosophischen Rechtslehre*, 1920 (*Sistema da doutrina jurídica filosófica*). — *Ethischer Realismus*, 1921 (*Realismo ético*). — *Vorlesungen über die Grundlagen der Ethik*, 3 vols., 1924 (*Lições sobre os fundamentos da ética*). — *Die bessere Sicherheit. Kertzereien eines revolutionären Revisionisten*, 1927 (*A melhor segurança. Heresias de um revolucionário revisionista*). — Póstumas: *Fortschritte und Rückschritte der Philosophie. Vom Hume und Kant bis Hegel und Fries*, 1962. — *Recht und Staat*, 1972. — *Vom Selbstvertrauen der Vernunft*, 1975.

Há ed. de obras: *Gesammelte Schriften*, 9 vols., 1970-1972, incluindo escritos póstumos, ed. por Paul Bernays, Willi Eichler *et al*. Ver também o volume *Beiträge zur Philosophie der Logik und Mathematik*, 1959, com prefácios e notas de W. Ackermann, P. Bernays, D. Hilbert [reimp. de vários trabalho de L. N., incluindo "Über die nicht-euklidische Geometrie" (ver *supra*)].

Ver: A. Kronfeld, "Zum Gedächtnis L. Nelsons", *Abhandlungen der Friesschen Schule*, N. F., 5 (1906). — B. von Selchow, *L. N., ein Bild seines Lebens*, 1938, ed. W. Eichler e M. Hart. — O. W. von Tegelen, *L. Nelsons Rechts- und Staatslehre*, 1958. — Antonio M. Battro, "Los esquemas dialécticos de L. N. (1882-1927) y su aplicación en la teoría del conocimiento", *Revista de Filosofía* [La Plata], 16 (1966), 46-64. — G. Westermann, *Recht und Pflicht bei L. N.*, 1969 (tese). — P. Schröder, ed., *Vernunft, Erkenntnis, Sittlichkeit*, 1979 [Simpósio Internacional no 50º aniversário de sua morte, Göttingen, 27-29 de outubro de 1977]. — V. Kamuf, *Die philosophische Pädagogik L. N.s*, 1985.

Ver no verbete sobre Fries a bibliografia sobre a escola neofriesiana. ↩

NEMÉSIO (*fl.* 400). Bispo de Emesa (Fenícia), um dos Padres gregos e um dos filósofos da chamada "Escola de Alexandria" (VER) do neoplatonismo (VER), aproveitou muitos conceitos dessa tendência para a elaboração de um pensamento neoplatônico-cristão no qual, entretanto, se rejeitavam todas as características (por exemplo, o emanatismo) incompatíveis com as crenças. Nemésio ocupou-se sobretudo de antropologia filosófica em sentido cristão em sua obra *Sobre a natureza do homem*, Περὶ φύσεως ἀνθρώπου, uma obra que tem, ao que parece, antecedentes na tradição do estoicismo médio, assim como dos conceitos de destino e providência. Estes últimos foram abordados por Nemésio num sentido semelhante ao de Hierocles de Alexandria — cujo tratado sobre o mesmo assunto ele parece ter utilizado —, com insistência no predomínio do segundo sobre o primeiro, pois a providência corresponde ao caráter pessoal de Deus, enquanto o destino é entidade impessoal. Nemésio discute em sua obra as opiniões de muitos filósofos antigos sobre o homem e seu lugar no universo, aderindo a algumas delas (por exemplo, à teoria platônica da preexistência das almas, bem como às doutrinas aristotélicas sobre as faculdades da alma), rejeitando outras por julgá-las incompatíveis com os dogmas cristãos. Nemésio apresenta o homem como um ser que medeia entre o mundo sensível e o mundo inteligível, participando de ambos na forma de uma espécie de "planta celeste".

A obra de Nemésio exerceu bastante influência na Idade Média, tendo sido traduzida para o latim duas vezes, e outras duas durante o Renascimento. Entre os autores influenciados por ele se conta São João Damasceno.

↪ Edições: *De natura hominis*, ed. C. F. Marthae, Halae 1802, ed. C. Holzinger, Lipsiae, Pragae 1887, e C. J. Burkhard, Vind., 1891, 1892, 1896, 1901, 1902. — Também Migne, *PG*, XI, 504-817.

Ver: M. Evangelides, *N. und seine Quellen*, 1882 (tese). — B. Domanski, *Die Lehre des Nemesios über das Wesen der Seele*, 1887 (tese). — Id., *Die Psychologie des N. von E.*, 1900. — D. Bender, *Untersuchungen zu N. von Emesa. Quellenforschungen zum Neuplatonismus und seinen Anfängen bei Poseidonios*, 1914. — H. A. Koch, *Quellenuntersuchungen zu N. von Emesa*, 1921. — E. Skard, "Nemesios-Studien", *Symbolae Osloenses*, 15-16 (1936), 23-43; 17 (1937), 9-25; 18 (1938), 31-45; 19 (1939), 45-56; 22 (1942), 40-48. — F. Lammert, "Hellenistische Medizin bei Ptolemais und Nemesios. Ein Beitrag zur Geschichte der christlichen Anthropologie", *Philologus*, 94 (1940), 125-141. — F. M. März, *Anthropologische Grundlagen der christlichen Ethik bei N. von E.*, 1959 (tese). — A. C. Pegis, *At the Origins of the Thomistic Notion of Man*, 1963 (em apêndice, tradução inglesa de três seleções de *Sobre a natureza do homem*). ↩

NEOCONFUCIONISMO. Ver Confucionismo; Filosofia chinesa.

NEOCRITICISMO. Freqüentemente se denominou a filosofia de Kant "filosofia crítica" e também "criticismo" (ver). Esses dois últimos nomes foram igualmente usados para designar o kantismo (ver) e também a "atitude crítica" própria de certas tendências na época moderna. O termo 'neocriticismo' foi usado às vezes como equivalente de "neokantismo". Às vezes, restringiu-se o uso de 'neokantismo' para designar o neokantismo alemão, desde o movimento chamado "volta a Kant" (Otto Liebmann e outros) até o neokantismo das escolas de Baden e Marburgo. Nesse último caso, usou-se amiúde 'neocriticismo' para designar todo o movimento neokantiano, tanto o alemão como o italiano, o francês, o inglês etc. Alguns denominaram "neocriticismo" o neokantismo fora da Alemanha. Outros chamaram de "neocriticismo" especificamente o kantismo ou neokantismo francês e italiano. Os kantianos e neokantianos franceses e italianos qualificaram-se a si mesmos muitas vezes de "neocriticistas". Também se equiparou "neocriticismo" à chamada "crítica filosófica" no sentido de Renouvier e outros autores franceses da época.

Como se pode ver, 'neocriticismo' é um vocábulo que foi usado, e continua a sê-lo, para designar diversas tendências filosóficas mais ou menos vinculadas com a renovação do kantismo, ou pelo menos interessadas em abordar problemas suscitados pela primeira vez pelas "Críticas" kantianas, e em especial pela *Crítica da razão pura*. Em vista dessa diversidade de significados, convém indicar em cada caso a que tipo de criticismo, kantismo ou neokantismo se refere o vocábulo 'neocriticismo', ou então empregar simplesmente 'neocriticismo' num sentido muito geral para designar todo o movimento neokantiano de meados do século XIX até hoje, e particularmente de 1870 ao começo da Primeira Guerra Mundial.

NEODARWINISMO. Ver Darwinismo; Evolução, evolucionismo.

NEOEPICURISMO e NEOEPICURISTAS. Ver Epicuristas.

NEO-ESCOLÁSTICA. As tendências escolásticas (ver Escolástica) não desapareceram por completo durante a época moderna. Em certo número de universidades, na Europa e na América, a escolástica, em suas diversas "vias" — principalmente, embora não exclusivamente, a tomista —, continuou sendo importante. Além disso, o pensamento e, em todo caso, o vocabulário escolástico influenciaram vários autores modernos não-escolásticos, como o mostraram Gilson, Koyré e Hertling (para Descartes), Freudenthal (para Spinoza), Pendzig (para Gassendi), Küppers e Jaspers (para Locke), Rintelen (para Leibniz). A Escola de Leibniz-Wolff (ver) contém não poucos elementos escolásticos (e essa escola influenciou sobremodo, ao mesmo tempo, os ensinamentos da filosofia escolástica, a ponto de, em alguns lugares, principalmente na Alemanha, a escolástica ficar impregnada de "wolffianismo"). A chamada "escolástica do barroco" (ver Escolástica) gozou de considerável fama, não apenas em ambientes católicos como também em alguns protestantes.

Contudo, a filosofia moderna, já a partir do século XVI, mas sobretudo desde o século XVII, desenvolveu-se em boa parte independentemente do escolasticismo e contra ele. No final do século XVIII, já se podia dizer que existia um conflito entre o "pensamento escolástico" e o "pensamento moderno". Esse conflito acentuou-se por várias razões, entre as quais as duas seguintes: por um lado, muitos autores modernos não-escolásticos tenderam cada vez mais a negar valor à tradição escolástica e a afirmar que ela entorpecia o progresso filosófico. Por outro, muitos autores escolásticos se entrincheiraram em suas posições, fazendo que a escolástica se tornasse a cada dia mais "escolástica", no sentido pejorativo desse termo. Eles mantiveram — e alguns continuam ainda a mantê-lo — que o que se denomina a "filosofia moderna" foi um "erro", uma "degeneração" no desenvolvimento harmonioso de uma suposta *philosophia perennis*.

No final do século XVIII, mas especialmente a partir do começo do século XIX, começaram a ser feitos esforços para uma revalorização da escolástica, que prosseguiram até nossos dias e podem ser resumidos pelos nomes "neo-escolástica" e "neo-escolasticismo". Deve-se distinguir entre a neo-escolástica e os estudos de história da filosofia que revelaram a riqueza e a complexidade da escolástica (por exemplo, os estudos sobre a diversidade de "vias" da escolástica tradicional e as pesquisas de história da lógica e de filosofia da linguagem). Esses estudos não levam necessariamente a preconizar posições escolásticas.

Indicamos a seguir vários caracteres comuns ao movimento neo-escolástico.

1) A tentativa de revalorizar para um presente o conteúdo da tradição filosófica e teológica, depois de um esquecimento parcial de suas riquezas. Essa revalorização era também ambicionada por outros. Com efeito, filosofias cada vez mais influentes atacavam por toda parte o ceticismo empirista, tanto mediante o recurso ao "senso comum" como pela acentuação do valor da vida interior e do espiritualismo. Mas essas correntes ou pertenciam decisivamente às "doutrinas modernas" ou se "desviavam" logo para um racionalismo ou para um sensualismo. A ponte sobre o abismo aberto entre a fé e a razão só parecia poder construir-se mediante a justificação de ambas por meio de um corpo de doutrina

orgânica e, portanto, mediante um pensar que evitasse por igual os obstáculos do racionalismo e do tradicionalismo, do ontologismo e do fideísmo. A atenção à escolástica clássica pareceu então inevitável. Ora, duas tendências lutavam por impor-se. Por um lado, pregava-se uma renovação que tendesse a apaziguar as diferenças internas e a apresentar-se diante do movimento moderno e diante das doutrinas consideradas heterodoxas, ou possivelmente heterodoxas, como algo essencialmente harmonioso e compacto. As razões desse "harmonismo" eram óbvias. À altura da qual se contempla a tradição, podia parecer, com efeito, mesquinha a insistência na divisão das escolas clássicas. Tomismo, escotismo, occamismo, suarismo — para limitar-nos a quatro das grandes "vias" — não desapareceriam por completo, mas podiam absorver-se numa unidade de caráter eclético, que se preocupasse tão-somente em não cair em extremos que pudessem dissolver a própria tradição (assim como, e principalmente, em não recair no nominalismo ou no realismo extremos, o que, diga-se de passagem, conduziu uma vez mais ao realismo moderado e à preponderante influência do tomismo). Por outro lado, era o tomismo, sob a forma do neotomismo (VER), o que com maior afinco e insistência se pregava por parte já daqueles que mais se empenhavam na renovação neo-escolástica. É certo que inclusive alguns neotomistas, como M. de Wulf, enfatizaram a necessidade de não cindir de maneira demasiado rápida o movimento neo-escolástico. "Pois o neotomismo — diz de Wulf —, como também a expressão neo-escotismo, ou qualquer outro vocábulo que recorde um grande filósofo medieval, apresenta o defeito de assimilar demasiado estreitamente a filosofia nova com o modo de pensar *de determinado personagem*." Mas mesmo dentre aqueles que, por causa de sua maior atenção às complexas ramificações da filosofia medieval, rejeitavam uma definição demasiado limitada da neo-escolástica, a tendência à via tomista era notável. É o que ocorre com a obra de reconstrução de uma série de tratadistas clássicos no âmbito do movimento e que, embora nem todos estritamente tomistas (e até, como muitos jesuítas, pregando e restabelecendo o suarismo), não são tampouco nem muito menos alheios ao desenvolvimento paralelo do neotomismo dentro da neo-escolástica. Para mencionar apenas alguns (a que nos referimos também em parte no verbete sobre o NEOTOMISMO), limitar-nos-emos a assinalar os nomes de L. Taparelli d'Azeglio (1793-1862 [VER]), M. Liberatore (1810-1892 [VER]), Gaetano Sanseverino (1811-1865 [VER]), Salvatore Tongiorgi (1820-1865), Domenico Palmieri (1829-1909), Alberto Lepidi (1838-1922), T. M. Zigliara (1833-1893 [VER]) etc., na Itália; Eugène Grandclaude (1826-1900), Albert Farges (1848-1926), na França; Franz Jakob Clemens (1815-1862), Mathias Schneid (1840-1893), Paul Haffner (1829-1899), F. von de Morgott (1829-1900), Albert Stöckl (1823-1895), Joseph Kleutgen (1811-1883 [VER]), Alfon Lehmen (1847-1910), Tilmann Pesch (1836-1899), Georg Freiherr von Hertling (1843-1919), Konstantin Gutberlet (1837-1928 [VER]), Heinrich Denifle (1844-1905), Joseph Gredt (1863-1940 [VER]), Martin Grabmann (1875-1949 [VER]), Johann Georg Hagemann (1837-1903 [VER]), R. Stölzle (1856-1921), na Alemanha; o Cardeal Mercier (VER) e a Escola de Lovaina (VER) na Bélgica; Jaime Balmes (VER) considerado precursor —, Ceferino González y Díaz Tuñón (1831-1894 [VER]), Juan Manuel Ortí y Lara (1826-1904), Francisco Xarrié (1792-1866), J. T. González de Arintero (1860-1928), Valentín Casajuana († 1889), Juan José Urráburu (1844-1904) (VER), A. Comellas y Cluet (1832-1884), na Espanha; Thomas M. Harper (1821-1893), John Rickaby (1847-1927), na Inglaterra etc., etc.

2) A mencionada obra de reconstrução desembocou, desde o último terço do século XIX, num movimento mais amplo. Na época de que tratamos, a reconstrução foi determinada de um modo decisivo pela Encíclica *Aeterni Patris* (1879) do Papa Leão XIII (em cuja redação Kleutgen colaborou), importante tanto para a neo-escolástica como para o neotomismo. Com efeito, essa encíclica preconiza não só o restabelecimento da filosofia tradicional em face dos erros modernos, como também a atenção preponderante ao tomismo. Mas o predomínio do tomismo não exclui a possibilidade de outras "vias". Assim, a neo-escolástica diversifica-se tanto em tendências como em diversos interesses filosóficos; e, no entanto, procura por toda parte manter uma fundamental unidade.

3) Esta unidade é outra das características do movimento. De imediato, aparece só numa forma negativa como oposição aos "erros modernos". Mas seus traços positivos são imediatamente destacados. Por exemplo, a posição realista, que fez "coincidir" a posição escolástica com o realismo subjacente na maior parte das correntes contemporâneas, mas que a neo-escolástica conservou sem necessidade de "refazer o caminho". O mesmo se poderia dizer de grande parte dos problemas fundamentais da filosofia, e especialmente do problema do ser; o "despertar" ontológico e o primado da ontologia sobre a gnosiologia, em que, a partir de vários lugares, se insistiu nos últimos tempos, bastam para mostrá-lo. Pois não se pode negar que a filosofia moderna foi, de certo modo, um constante tatear de rotas que depois tiveram de ser abandonadas. Não é estranho, por conseguinte, que aqueles que se mantiveram afastados delas avaliem esse afastamento como uma notável vantagem. Por outro lado, a neo-escolástica conservou, com os problemas tradicionais da filosofia e mesmo com sua formulação tradicional, a consciência de uma dimensão de profundidade de que muitas vezes careceram as filosofias moderna e contemporânea. Se a isso se acrescentar o desfrutar da vantagem de um vocabulário muito

harmonioso e de grande organização mental, não surpreenderá a segurança com que a neo-escolástica cruzou as correntes contemporâneas da filosofia. Suas dificuldades ficam compensadas com suas seguranças, a tal ponto que são estas últimas que com grande freqüência lhe foram censuradas.

Indicaremos agora as características centrais do movimento neo-escolástico no que diz respeito ao próprio conteúdo da doutrina. Desde logo, ela se opõe em quase todos os seus pontos ao idealismo moderno; diante dele, sustenta o já citado realismo gnosiológico — que muitas vezes fez que se aproximasse a gnosiologia neo-escolástica do neo-realismo, do realismo crítico de ascendência kantiana e das primeiras fases da fenomenologia — e o objetivismo dos valores. Diante do positivismo, defende a necessidade e a possibilidade da metafísica; contra o relativismo e o subjetivismo extremos, a objetividade do conhecimento do ser e do valer; contra o individualismo atomista, o personalismo; contra toda filosofia do devir, a filosofia do ser. As várias tendências movem-se, pois, nesse âmbito. Recordemos algumas delas. Segundo E. Przywara ("Die Problematik der Neuscholastik", *Kantstudien*, 33 [1928]), a neo-escolástica atual cinde-se em três direções predominantes: *a)* O tomismo e o neotomismo puros, defendidos sobretudo pelos dominicanos. *b)* As pesquisas sobre a filosofia medieval, que implicam, em parte considerável, como vimos, o estudo das influências dessa filosofia sobre o pensamento moderno. *c)* Uma neo-escolástica que pode chamar-se criadora e que, se em alguns consiste na elaboração independente dos temas centrais escolásticos, em outros se encaminha para a construção de uma "metafísica cristã". Algumas correntes não propriamente neo-escolásticas, como a filosofia da ação de Blondel, mantêm a mais estreita relação com este último ponto de vista. O mesmo se pode dizer do agostinianismo e de várias das formas assumidas pelo personalismo.

Em sua *Europäische Philosophie der Gegenwart* (1947, p. 238), Bocheński opina que as escolas mais importantes da filosofia católica atual são, por um lado, o agostinianismo, de tendência intuicionista, atualista e até com freqüência pragmatista, tal como foi defendido por Peter Wust ou Johannes Hessen (embora se deva observar, no que diz respeito a este último autor, que pessoalmente pretende uma harmonia entre agostinianismo e tomismo), e, por outro, a neo-escolástica, de tendência intelectualista. Esta última subdivide-se, segundo Bocheński, nas seguintes tendências: 1) escotismo, defendido sobretudo pela escola franciscana. 2) Suarismo, defendido, entre outros, por Pedro Descoqs, L. Fütscher etc. 3) Tomismo ou neotomismo, subdividido em: *a)* um grupo que procura unir o tomismo a orientações modernas não-escolásticas (J. Maréchal, Pierre Rousselot, J. Geyser); *b)* um grupo molinista,

cujas preocupações são sobretudo teológicas; e *c)* o tomismo em sentido rigoroso ou neotomismo, que seria, talvez excetuando a Alemanha, o grupo mais numeroso. Outras classificações de tendências são possíveis. Mas todas elas são determinadas por dois fatores capitais: a adesão a, ou aproximação de, uma das vias tradicionais (tomismo, escotismo etc.); a atitude adotada com relação à filosofia moderna e contemporânea e, em particular, com relação a certas partes dessa filosofia.

⊃ Além dos textos citados no verbete e da bibliografia do verbete Neotomismo, ver: Denifle, Grabmann, Geyer, Gilson, M. de Wulf, *Introduction à la philosophie néoscolastique*, 1904. — Joseph Louis Perrier, *The Revival of Scholastic Philosophy in the Nineteenth Century*, 1909. — Juan Zaragüeta Bengoechea, *Una introducción moderna a la filosofía escolástica* (1946). — Edward Lowyck, *Substantiäle Verandering en Hylemorphisme. Een Kritische Studie over de Neo-scolastik*, 1948. — J. Collins, "The German Neo-Scholastic Approach to Heidegger", *Modern Schoolman*, 21 (1944), 143-152. — J. H. Harnett, "D. J. Mercier and the Neo-Scholastic Revival", *New Scholasticism*, 18 (1944), 303-333. — J. Collins, "The Neo-Scholastic Critique of Nicolai Hartmann", *Philosophy and Phenomenological Research*, 6 (1945), 109-132. — G. Berger, "The Different Trends of Contemporary French Philosophy", *Philosophy and Phenomenological Research*, 7 (1946), 1-11. — A. R. Caponigri, "Italian Philosophy, 1943-1950", *ibid.*, 11 (1951), 489-509. — P. Wyser, *Der Thomismus*, 1951. — J. A. Mann, "Neo-Scholastic Philosophy in the United States", *Proceedings. American Catholic Philosophical Association*, 33 (1959), 127-136. — R. F. Harvanek, "The Crisis in the Neo-Scholastic Philosophy", *Thought*, 38 (1963), 529-546. — T. J. A. Hartley, *Thomistic Revival and the Modernist Era*, 1971. — G. F. Rossi, "La neoscolastica italiana dalle sue prime manifestazioni all'enciclica *Aeterni Patris*", *Rivista di Filosofia Neo-Scolastica* (1990), 365-411. H. M. Schmidinger, "La disputa sulle origini della neoscolastica italiana: Salvatore Roselli, Vincenzo Buzzetti e Gaetano Sanseverino", *ibid.*, 353-364. — Para a influência da escolástica sobre a filosofia moderna, ver os títulos citados na bibliografia do verbete Escolástica.

Bibliografia: T. L. Miethe, V. J. Bourke, *Thomistic Bibliography, 1940-1978*, 1980. — M. Grajewski, "Scotistic Bibliography of the Last Decade (1929-1939)": I, II e III, *Franciscan Studies*, 1 (1941), 73-78, 55-72, 71-76; IV e V, *ibid.*, 2 (1942), 61-71, 158-173. — J. Alexander, "*Aeterni Patris*: 1879-1979. A Bibliography of American Responses", *Thomist*, 43 (1979), 480-481. — R. Ingardia, *Thomas Aquinas: International Bibliography, 1977-1990*, 1993. — Ver também J. de Vries, *Grundbegriffe der Scholastik*, 1980; 2ª ed. rev., 1983.

Entre as revistas que seguem e apresentam o movimento neo-escolástico, e especialmente neotomista, assinalamos: a *Revue Thomiste* (Paris, desde 1893), os *Archives de Philosophie* (publicados em Valsprès-Le Puy, Haute-Loire, desde 1923), a *Revue néo-scolastique de Philosophie* (1894-1945, desde 1946 se intitula *Revue philosophique de Louvain*), *Divus Thomas* (de Friburgo, Suíça, 1886 ss..), *Divus Thomas* (Piacenza), *Criterion* (de Barcelona), o *Angelicum* (de Roma), a *Revue des sciences philosophiques et théologiques* (de Paris), o *Tijdschrift voor philosophie* (de Lovaina), o *Antonianum* (de Roma), *Scholastik* (Eupen, Bélgica), *Wissenschaft und Weisheit* (de Freiburg i. B.), *Ciencia Tomista* (de Salamanca), *Razón y Fe* (de Madri), *Estudis Franciscans* (de Barcelona), *The Thomist* (Washington), *The Modern Schoolman* (S. Louis), *Rivista di Filosofia Neoescolastica* (Milão), os cadernos *Philosophie: Études et Recherches* (publicados pelo Collège Dominicain de Ottawa), *Pensamiento: Revista Trimestral de Investigaciones e información filosófica* (de Madri), *Sapientia: Revista tomista de filosofía* (La Plata-Buenos Aires), em parte o *Giornale di Metafisica* (de Turim, desde 1946) e *Philosophia* (de Mendoza). Nem todas são estritamente neo-escolásticas e menos ainda estritamente neotomistas: os *Archives de Philosophie* ou *Pensamiento* se inclinam muito ao suarismo; a informação mais ampla poderá ser encontrada nas coleções da *Revue* de Lovaina e da *Rivista di filosofia neoescolastica*. C

NEO-ESTOICISMO e **NEO-ESTÓICOS**. Ver Estóicos.

NEOFRIESIANISMO. Ver Fries, Jakob Friedrich; Nelson, Leonard.

NEO-HEGELIANISMO. Ver Hegelianismo.

NEOKANTISMO. O neokantismo — que surgiu na Alemanha aproximadamente a partir de 1860 — deve ser distinguido do kantismo em sentido estrito, não só pela data de seu desenvolvimento, mas também por seu conteúdo e intenção. Por 'kantismo' se entende, em geral, a influência direta ou indireta de Kant sobre o pensamento moderno e contemporâneo; por 'neokantismo', uma tentativa de superar tanto o positivismo e o materialismo como o construtivismo da filosofia romântica mediante uma consideração crítica das ciências e uma fundamentação gnosiológica do saber. Nas origens do neokantismo alemão se acham, em primeiro lugar, o impulso dado ao estudo de Kant pela exposição kantiana na *História da filosofia moderna*, de Kuno Fischer (1860) (ver), pela *História do materialismo*, de F. A. Lange (1866) (ver) e pelo livro de Otto Liebmann, *Kant e os epígonos* (1965) (ver), manifesto em favor de Kant contra os românticos pós-kantianos, cujos capítulos terminavam todos com a frase: "E, além disso, creio que se deve voltar a Kant". Esse movimento, denominado de "volta a Kant", foi apoiado em parte por alguns cientistas, como Hermann von Helmholtz (ver) e J. K. F. Zöllner (1834-1882), cuja epistemologia coincidia em alguns pontos com a gnosiologia kantiana. O movimento chegou de imediato a um grande auge na Alemanha, onde, por um lado, o retorno a Kant foi interpretado de um ponto de vista filológico, como mero comentário e crítica às obras do filósofo; por outro lado, do ponto de vista de uma volta à posição estrita de Kant, e, finalmente, em sua direção predominante, como uma verdadeira renovação do kantismo, como um aprofundamento de Kant por meio de sua compreensão correta. Representantes desta última tendência, que é a que se pode denominar com mais propriedade neokantiana, foram as escolas de Baden e Marburgo (ver), cujas consideráveis diferenças mútuas não anulam o fato de ambas terem entendido a filosofia, sobretudo, como teoria do conhecimento, e de ter objetivado, por assim dizer, até um limite extremo, o idealismo transcendental. Afora essas escolas e seus representantes (Cohen, Natorp, Cassirer, Windelband, Rickert etc.), o neokantismo influenciou diversas correntes positivistas, que, por sua vez, penetraram de maneira muito profunda na direção neokantiana. Essa penetração foi completada com a efetuada pela especulação, contra a qual se dirigiu primitivamente o neokantismo, dos pós-kantianos, que teve como resultado a formação sucessiva de uma tendência neofichtiana, e sobretudo, de uma tendência neo-hegeliana, particularmente importante na escola de Baden. O neokantismo também influenciou a teologia protestante (escola de Albrech Ritschl [ver]) e mesmo a católica. No campo da filosofia do direito, a figura capital do neokantismo é Rudolf Stammler (ver). Uma direção particular foi a representada por Franz Staudinger e Karl Vorländer (1860-1928), que tentaram aproximar o kantismo e o marxismo. Na França, a renovação de Kant se desenvolveu de modo independente e bem distante do conteúdo do neokantismo alemão. O que há de kantismo em Lachelier (ver), assim como em Renouvier (ver) e em seus discípulos, mostra de maneira suficiente que se pode falar de "neokantismo" de vários modos. A renovação kantiana na Itália e na Inglaterra alcançou particular importância e amplitude. Na Itália, os precedentes de Alfonso Testa (ver) foram seguidos por diversos autores; limitar-nos-emos a indicar aqui os nomes de Carlo Cantoni (1840-1906: *Corso elementare di filosofia*, 1896; *E. Kant. I. La filosofia teorica. II. La filosofia prattica. III. La filosofia religiosa, la critica del giudizio e le dottrine minore*, 1879-1884); Filippo Masci (1844-1923): *Una polemica su Kant, l'Estetica trascendentale e le Antinomie*, 1872; *Le forme dell'intuizione*, 1881; *Coscienza, volontà, libertà. Studi di psicologia morale*, 1884; *Sul senso del tempo*, 1890; *Sul concetto del movimento*, 1892; *Pensiero e conoscenza*, 1922 etc.) e Giacomo Barzellotti (1844-1917): *La nuova scuola di Kant e la filosofia scientifica contemporanea in Germania*, 1880; *L'opera historica della filosofia*, 1917). Testa se distinguiu sobretudo por sua grande exposição e crítica do kantismo, que tentou valorizar em detrimento das correntes filosóficas predominantes na Itália da época e, portanto, não só em detrimento do ontologismo mas também do sensualismo. Cantoni opôs o kantismo ao positivismo e ao mecanicismo, a seu ver incapazes de explicar não só certas realidades como até as bases de seu próprio pensamento. Masci inclinou-se em parte a um subjetivismo dinamicista que acentuava a qualidade e resolvia o problema da relação entre o pensamento e a experiência fazendo desta última algo não inteiramente independente do pensamento, mas ao mesmo tempo não redutível a ele. Seu ponto de vista inclinou-se cada vez mais à interpretação idealista crítica do kantismo. Na Inglaterra, a renovação kantiana, defendida por, entre outros, Edward Caird (VER), tornou-se em seguida um idealismo e um neo-hegelianismo. Em termos gerais, pode-se considerar o movimento neokantiano antes de tudo uma vigorosa reação ao positivismo e ao romantismo, reação que, por sua vez, não ficou imune à influência das correntes combatidas. O neokantismo acentua a importância da teoria do conhecimento na filosofia; tanto em sua vertente idealista (escola de Marburgo) como em suas manifestações realistas (Riehl, Külpe, Volkelt, Messer etc.). Tanto em quem rejeita a metafísica como nos que defendem uma metafísica indutiva ou fazem da "coisa em si" a porta natural de escape para todo afã transcendente, a teoria do conhecimento constitui a disciplina fundamental, o campo próprio da filosofia, único capaz de evitar a dissolução desta num materialismo dogmático ou numa especulação completamente afastada das ciências positivas. Num de seus aspectos essenciais, o neokantismo se associa ao naturalismo; seu encontro com o positivismo e, de modo especial, com certa espécie de positivismo crítico é, portanto, uma conseqüência natural de sua ontofobia. Noutro aspecto, contudo, o neokantismo foi se aproximando de várias outras direções da filosofia, como ocorreu com quem chegou, vindo do campo neokantiano, à fenomenologia, à filosofia do espírito ou à teoria dos valores. Desse modo, o neokantismo e suas principais vertentes, as escolas de Baden e de Marburgo, foram perdendo o predomínio que tiveram, especialmente na Alemanha até mais ou menos 1914; a irrupção da fenomenologia, os trabalhos voltados para a constituição de uma ontologia e os empreendimentos metafísicos mais recentes, assim como, de maneira geral, tudo o que faz parte da crise filosófica aberta a partir do começo do século, foram se afastando do neokantismo, ao mesmo tempo que conservavam seus elementos mais sólidos e definitivos.

⊃ Ver a bibliografia dos verbetes KANTISMO, BADEN (ESCOLA DE), MARBURGO (ESCOLA DE), assim como, e sobretudo, a coleção dos *Kantstudien*, revista fundada por Hans Vaihinger em 1896 (primeira série: 1896-1936; segunda série: 1942-1944; terceira série: 1954 ss..), e nos "Ergänzungshefte" dos *Kantstudien*, iniciados em 1906 (vols. 1-44, 1906-1936; vols. 45 ss.., 1953 ss..). Além disso: Raffaelo Mariano, *Il ritorno a Kant e i neokantiani*, 1887. — Johannes Hessen, *Die Religionsphilosophie des Neukantianismus*, 1919; 2ª ed., 1924. — VV. AA., *Eine Sammlung von Beiträgen aus der Welt des Neukantianismus*, ed. F. Myrho, 1926. — E. Keller, *Das Problem des Irrationalen im wertphilosophischen Idealismus der Gegenwart*, 1931. — Kurt Sternberg, *Neokantische Aufgaben*, 1931. — A. Willmson, *Zur Kritik des logischen Transzendentalismus*, 1935. — Arthur Liebert, *Die Krise des Idealismus*, 1936. — T. Yura, *Geisteswissenschaft und Willensgesetz. Kritische Untersuchung der Methodenlehre der Geisteswissenschaft in der Badischen, Marburger und Dilthey-Schule*, 1938 (tese). — Mariano Campo, *Schizzo storico della esegesi e critica kantiana. Dal "ritorno a Kant" alla fine dell'Ottocento*, 1959 [sobre O. Liebmann, F. A. Lange, H. von Helmholtz, H. Cohen, A. Riehl, H. Vaihinger, W. Windelband, A. Adickes *et al.*] — J. Klein, *Die Grundlegung der Ethik in der Philosophie Hermann Cohens und Paul Natorps. Eine Kritik des Neukantianismus*, s/d (tese de 1942). — H. Blankertz, *Der Begriff der Pädagogik im Neukantianismus*, 1959. — T. E. Willey, *Back to Kant: the Revival of Kantianism in German Social and Historical Thought, 1860-1914*, 1978 [escola de Marburgo e Baden, e seus antecedentes]. — H. Holzhey, W. Flach, *Erkenntnistheorie und Logik im Neukantianismus*, 1979. — K. Ch. Köhnke, *Entstehung und Aufstieg des Neukantianismus. Die deutsche Universitäts-Philosophie zwischen Idealismus und Positivismus*, 1986. — H.-L. Ollig, ed., *Materialen zu Neukantianismus Diskussion*, 1987. ∈

NEOPELAGIANISMO. Ver PELAGIANISMO.

NEOPITAGORISMO. No verbete sobre o pitagorismo (VER), referimo-nos ao que se denominou às vezes a escola pitagórica clássica e às pesquisas científicas efetuadas por membros dessa escola. O pitagorismo foi renovado a partir do século I a.C. e exerceu considerável influência durante os três séculos subseqüentes. Essa renovação recebe o nome de *neopitagorismo*. Ora, embora os neopitagóricos — ou filósofos influenciados por eles — tenham continuado a considerar Pitágoras o fundador da escola e proclamassem em várias ocasiões que o que pretendiam era fazer reviver as doutrinas pitagóricas originais, o certo é que se trata de um movimento sob muitos aspectos diferente do pitagorismo clássico. A rigor, é uma mescla de doutrinas pitagóricas, platônicas, aristotélicas, estóicas e, em alguma medida, originadas do Oriente Médio, possivelmente judeu-alexandrinas. Por esse motivo, alguns historiadores da filosofia consideram o neopitagorismo uma das formas do ecletismo e do sincretismo antigos.

Diante da variedade de fontes das tendência neopitagóricas, é difícil reduzi-las a um sistema único. Já entre os antigos (por exemplo, em Sexto Empírico) se encontra a observação de que há muitas formas de neopitagorismo. Contudo, há algumas teses comuns a todos os pensadores neopitagóricos. As principais são: a idéia de que a realidade suprema é uma unidade (cuja manifestação é a unidade numérica); de que essa unidade gera por meio de um movimento, que depois será concebido como uma emanação (VER), as outras realidades; de que a unidade é absolutamente pura e transcendente. A isso se adicionam vários elementos de caráter moral, como a tendência à purificação ascética, e de caráter prático-religioso, como a crença na possibilidade da teurgia (VER) e a concepção da existência de uma hierarquia de espíritos. Acentuou-se algumas vezes que as concepções neopitagóricas estão em estreita relação com as idéias manifestadas nos Oráculos caldeus (VER) e no *Corpus Hermeticum* (VER).

Entre os mais destacados neopitagóricos, figuram Nicômaco de Gerasa [VER] e Numênio de Apaméia [VER]. Como Numênio é por vezes considerado precursor do neoplatonismo, estabelece-se com freqüência uma relação entre o neopitagorismo e o neoplatonismo, ou ao menos entre o neopitagorismo e o chamado platonismo médio. Vale a pena assinalar que eram freqüentes entre os neopitagóricos as especulações místico-numéricas e que, no tocante a isso, teve influência sobre eles a interpretação da doutrina platônica das idéias como idéias-número. Também se relacionam entre os pitagóricos Apolônio de Tiana (VER) e Nigídio Figulo (VER).

➲ Ver: Th. Gartner, *Neopythagoreorum de beata vita et virtute doctrina eiusque fontes*, 1877 (tese). — H. Jülg, *Studien zur neupythagorischen Philosophie*, 1891 (publicado em 1892 com o título *Neupythagorische Studien*). — Erich Frank, *Platon und die sogennanten Pythagoreer*, 1923; 2ª ed., 1962. — F. Bömer, *Der lateinische Neuplatonismus und Neupythagorismus und C. Mamertus in Sprache und Philosophie*, 1936. — K. von Fritz, *Pythagorean Politics in Southern Italy: An Analysis of the Sources*, 1940. — H. Thesleff, *An Introduction to the Pythagorean Writings of the Hellenistic Period*, 1961. — S. Skovgaard Jensen, *Dualism and Demonology: The Function of Demonology in Pythagorean and Platonic Thought*, 1966. — F. R. Levin, *The Harmonics of Nicomachus and the Pythagorean Tradition*, 1975. — D. J. O'Meara, *Pythagoras Revived. Mathematics and Philosophy in Late Antiquity*, 1989. ○

NEOPLATONISMO. De um lado, é a renovação do platonismo em diversas épocas da história da filosofia e, de outro, uma corrente que, originada na última fase pitagorizante da filosofia platônica, atravessa como uma constante a história do pensamento ocidental. Nesse último sentido, o neoplatonismo acha-se prefigurado na antiga Academia platônica quando Espeusipo e Xenócrates fundem a idéia platônica do Bem com a idéia pitagórica do Uno, ou melhor, subordinam a primeira à segunda. Essa subordinação, característica do neoplatonismo, consiste na atribuição ao Uno da suprema perfeição e realidade e na derivação de todo o existente a partir dessa unidade originária. Assim, o neoplatonismo se vincula ao neopitagorismo, adicionando à especulação pitagórica sobre o número os conceitos de hipóstase e emanação. A passagem entre Platão e Plotino é feita por uma série de pensadores mais ou menos relacionados com as tradições orientais, em que aparecem correntes judeu-alexandrinas que culminam em Fílon. A partir de Plotino, sem esquecer seu mestre Amônio Saccas, o neoplatonismo é representado pelos discípulos de Plotino, Amélio e Porfírio, e por diversas correntes. Às vezes se considera que só Plotino foi propriamente neoplatônico e que os outros autores mencionados que o precederam ou seguiram teriam misturado o neoplatonismo (um neoplatonismo supostamente "puro") com outras tendências. Nesse caso, chega-se a identificar neoplatonismo a plotinismo, identificação a nosso ver injustificada. Em primeiro lugar, não há um "neoplatonismo puro"; o próprio Plotino foi tanto platônico como aristotélico e, em algumas ocasiões, até estóico. Em segundo, as diferenças entre Plotino, ou os autores mais plotinianos, e outros filósofos que também são qualificados como neoplatônicos não conseguem apagar certos elementos comuns a todos. Em conseqüência, houve neoplatônicos que se inclinaram mais ao místico do que ao intelectual e outros que tomaram o caminho inverso, neoplatônicos que acolheram com simpatia tudo o que fosse "oriental" e outros que o consideraram com certa suspeita. Entre estes últimos, figura por certo o próprio Plotino, que insistiu repetidamente no fato de sua meditação nada ter a ver com as invasões orientalizantes. Essa oposição se percebe em particular no tratado contra os gnósticos. Se estes falam de "desterros", de "sinais", de "arrependimentos", Plotino pergunta, com uma atitude rigorosamente filosófica e elegantemente intelectual se por arrependimento eles designam as afecções da alma que se arrepende, se por sinais designam o que está na alma quando contempla as imagens dos seres ou os próprios seres. "São — escreve ele — palavras faltas de sentido que empregam, a fim de forjar para si uma doutrina própria. São invenções de pessoas que não estão vinculadas à antiga cultura helênica. Os gregos tinham idéias claras..." (*Enn.*, II, ix, 6).

Costumam-se considerar neoplatônicas as seguintes escolas: a escola da Síria (VER), representada por Jâmblico; a escola de Atenas (VER), em que figuram Proclo, Plutarco, Damáscio e Simplício; a chamada escola de Pérgamo (VER), derivada de Jâmblico, mas fundada por seu discípulo Edésio e à qual deram prosseguimento Eusébio, Máximo e Juliano Apóstata; a escola de Alexandria (VER), que conta entre seus membros Hipatia,

Sinésio, Amônio e Olimpiodoro; por fim, os neoplatônicos latinos, muitos deles intimamente vinculados com o estoicismo: Calcídio, Macróbio e Boécio. O neoplatonismo, que enquanto religião se achava na mais violenta oposição ao cristianismo, deu a impressão de desaparecer temporariamente com a vitória cristã, mas a posterior evolução do cristianismo desembocou nas diversas sínteses helênico-cristãs que "culminaram" em Agostinho de Hipona, por meio do qual principalmente o neoplatonismo penetrou na mística da Idade Média e se desenvolveu não só no sistema de Scot Erígena como também em grande parte dos filósofos medievais até o século XIII, em que a corrente aristotélica conseguiu impor-se. A constante presença do neoplatonismo na história da filosofia fica confirmada tanto nessa penetração ao longo da Idade Média, como em sua irrupção, no próprio umbral do Renascimento e da modernidade, em diversas vertentes: de um lado, a Academia platônica florentina, vinculada à tradição bizantina transmitida sobretudo por Psellos; de outro, a filosofia natural de Bruno; finalmente, o inatismo que, advindo diretamente das tendências platônico-agostinianas, deu origem à escola de Cambridge. Prescindindo das vertentes que confessam formalmente sua dependência do neoplatonismo na filosofia moderna, essa corrente se insere da maneira mais profunda no idealismo romântico e, em particular, na filosofia de Schelling, cujo Absoluto indiferenciado é em muitos aspectos semelhante à concepção do ἕν, em que neoplatônicos e neopitagóricos viam a expressão mais própria do fundamento de toda diversidade.

➲ Ver: C. Meiners, *Betrachtungen über die neuplatonische Philosophie*, 1792. — I. H. Fichte, *De philosophiae novae Platonis. Origine*, 1818. — J. Mater, *Essai historique sur l'école d'Alexandrie*, 1820. — K. Vogt, *Neuplatonismus und Christentum*, 1836. — Jules Simon, *Histoire de l'école d'Alexandrie*, 2 vols., 1843-1845. — E. Vacherot, *Histoire critique de l'école d'Alexandrie*, 3 vols. (I, 1846; II, III, 1851). — Robert Hamerling, *Ein Wort über den Neuplatonismus mit Uebersetzungsproben aus Plotin*, 1858. — H. Kellner, *Hellenismus und Christentum oder die geistige Reaktion des antiken Heidentums gegen das Christentum*. — Franz Hipler, *Neuplatonische Studien*, 1868. — F. Michelis, *Ueber die Bedeutung des Neuplatonismus für die Entwicklung der christlichen Spekulation*, 1885. — M. J. Monrad, "Ueber den sachlichen Zusamenhang der neuplatonischen Philosophie mit vorhergehenden Denkrichtungen, besonders mit dem Skeptizismus", *Philosophische Monatshefte*, 24 (1888). — Th. Whittaker, *The Neo-Platonists. A Study in the History of Hellenism*, 1901; 2ª ed., 1928, reimp., 1961. — K. Praechter, *Richtungen und Schulen in Neuplatonismus*, 1910. — Charles Elsee, *Neoplatonism in Relation to Christianity*, 1908. — W. Jaeger, *Nemesios von Emesa. Quellenforschungen zum Neuplatonismus und seinen Anfängen bei Poseidonios*, 1914. — F. Heinemann, "Ammonios Sakkas und der Ursprung des Neuplatonismus", *Hermes*, 61 (1926), 1-27. — E. R. Dodds, "The Parmenides of Plato and the Origin of the Neoplatonic 'One'", *Classical Quarterly*, 22 (1928), 129-142. — W. Theiler, *Die Vorbereitung des Neuplatonismus*, 1930 (*Problemata*, Caderno, 1); 2ª ed., 1964. — R. E. Witt, *Albinus and the History of Middle Platonism*, 1937. — S. Caramella, *Plotino e il neoplatonismo*, 1940. — P. V. Pistorius, *Plotinus and Neoplatonism: An Introductory Study*, 1952. — Ph. Merlan, *From Platonism to Neoplatonism*, 1953. — Willy Theiler, *Forschungen zum Neuplatonismus*, 1966. — Pierre Hadot, *Porphyre et Victorinus*, 2 vols., 1968. — C. de Vogel, H. Dorrie et al., *Le néoplatonisme*, 1971 (Colóquio de Royaumont, 9/13-VI-1969). — R. T. Wallis, *Neoplatonism*, 1972. — Andrew Smith, *Porphyry's Place in the Neoplatonic Tradition: A Study in Post-Plotinian Neoplatonism*, 1974. — James A. Coulter, *The Literary Microcosm: Theories of Interpretation of the Later Neoplatonists*, 1976. — I. Hadot, *Le problème du néoplatonisme alexandrin*, 1978. — M. Hirschle, *Sprachphilosophie und Namensmagie im Neuplatonismus*, 1979. — A. D. R. Sheppard, A. C. Lloyd et al., *Soul and the Structure of Being in Late Neoplatonism. Syrianus, Proclus and Symplicius*, 1982, ed. H. J. Blumenthal e A. C. Lloyd [Colóquio Liverpool, 15-16 de abril de 1982]. — W. Beierwaltes, *Denken des Einen. Studien zur neuplatonischen Philosophie und ihrer Wirkungsgeschichte*, 1984. — Ver também a série *Studies in Neoplatonism: Ancient and Modern*, promovida pela *International Society for Neoplatonic Studies* (vol. I: *The Significance of Neoplatonism*, 1976, ed. R. B. Harris; vol. II: *Neoplatonism and Christian Thought*, 1982, ed. D. J. O'Meara; vol. III: *Neoplatonism and Indian Thought*, 1982, ed. R. B. Harris; vol. IV: *The Structure of Being: A Neoplatonic Approach*, 1982, ed. R. B. Harris).

Para o neoplatonismo latino: F. Bömer, *Der lateinische Neuplatonismus und Neupythagorismus und Claudianus Mamertus in Sprache und Philosophie*, 1936.

Para o neoplatonismo renascentista: Nesca A. Robb, *Neoplatonism of the Italian Renaissance*, 1935.

Para o neoplatonismo e Agostinho de Hipona: Charles Boyer, *Christianisme et néoplatonisme dans la formation de Saint Augustin*, 1920. — Régis Jolivet, *Saint Augustin et le néoplatonisme chrétien*, 1932. — Bruno Switalski, *Neoplatonism and the Ethics of St. Augustine*, I, 1946. — F. X. Martin, J. A. Richmond, eds., *From Augustine to Eriugena: Essays on Neoplatonism and Christianity in Honor of John O'Meara*, 1991. ➲

NEOPOSITIVISMO. É outro nome dado por vezes ao positivismo lógico (VER) ou empirismo lógico. Costumam-se agrupar sob o termo "positivismo" duas tendências. Uma, desenvolvida no século XIX, é o pensamento de Auguste Comte (VER) e seus, mais ou menos, fiéis sucessores. Outra, desenvolvida no século XX, tem seus antecedentes em, entre outros, Ernst Mach, e floresce entre os membros do Círculo de Viena (ver VIENA [CÍRCULO DE]). Embora a segunda tendência seja bastante diferente da primeira, tanto por seus conteúdos como por seu contexto histórico e filosófico, o fato de ter alguns elementos comuns com aquela — como o é a oposição à metafísica — e de ter-se desenvolvido posteriormente levou alguns a chamá-la de "neopositivista".

O nome "neopositivismo" não é melhor nem pior do que muitos outros, e se for usado para designar uma tendência como a do Círculo de Viena e outros movimentos afins, o *designatum* — ou os *designata* — e sua descrição justificam o uso. Em contrapartida, o citado nome poderia ser alvo de reparos quando, como acontece às vezes, é usado: 1) para destacar que se trata de uma "renovação do positivismo" (positivismo "clássico" comtiano); ou 2) num sentido depreciativo e não descritivo. 1) é injustificado porque, apesar de algumas possíveis analogias, não se trata de uma renovação desse tipo, isto é, "neopositivismo" não funciona com relação a "positivismo" como, por exemplo, "neokantismo" com relação a "kantismo" ou "filosofia de Kant". 2) é admissível na medida em que é admissível exprimir oposição, ou mesmo aversão, a uma ou a várias correntes filosóficas, mas não o é se essa oposição ou aversão consistirem simplesmente no uso de um nome.

Nas ocasiões em que, neste *Dicionário*, se empregaram nomes como "neopositivismo" ou "neopositivista", não se fez isso nas formas anteriores 1) ou 2), mas simplesmente como sinônimos das outras expressões introduzidas. Seja como for, não se manejaram as oposições e aversões de uma maneira apenas nominativa.

➲ Ver: E. Kaiser, *Neopositivistische Philosophie im 20. Jh.*, 1979. — R. Haller, *Neopositivismus. Eine historische Einführung in die Philosophie des Wiener Kreises*, 1993. — Ver também as bibliografias de EMPIRISMO; POSITIVISMO; VIENA (CÍRCULO DE). ◖

NEO-RACIONALISMO. Este termo não é de uso muito corrente na literatura filosófica, mas pode ser usado para designar certas tendências ou movimentos.

Pode-se qualificar como "neo-racionalismo" — a fim de distingui-lo do "racionalismo moderno", que oferece já a figura de um "racionalismo clássico" — a vertente filosófica exemplificada em pensadores como André Lalande, Léon Brunschvicg (VER) e, de modo geral, todos os autores a que Sartre se referiu como "assimilacionistas", isto é, "engolidores do real" na unidade da razão e de suas categorias. Nesse sentido, os "neo-racionalistas" aparecem como filósofos que defenderam uma "filosofia fechada" (principalmente de ascendência kantiana), distinguindo-se dos filósofos de orientação ou inspiração fenomenológica, que defenderam uma "filosofia aberta", isto é, "aberta ao real tal como este se dá e da maneira como se dá".

Também é possível qualificar como "neo-racionalista" a atitude de alguns pensadores que se opuseram às correntes irracionalistas intuicionistas etc. contemporâneas. Isso acontece com alguns autores marxistas — e, em geral, marxistas não completamente "ortodoxos" (ao menos no sentido soviético de "ortodoxo") — como Lukács (VER) e alguns outros (talvez Gramsci [VER] e Banfi [VER]).

Também se podem considerar "neo-racionalistas" os pensadores de tendência analítica na medida em que se opõem às tendências meramente "especulativas". Bertrand Russell (VER), em todo caso, viu-se a si mesmo como neo-racionalista, como um restaurador da "orientação racional" e mesmo "racionalista" moderna tal como, por exemplo, se manifestou nos séculos XVII e XVIII. Às vezes, qualifica-se também o positivismo lógico ou empirismo lógico como "neo-racionalista". Curiosamente, em sua crítica a esse positivismo e à filosofia analítica em geral, Brand Blanshard (VER) tem consciência de que defende "a razão" e de que é uma espécie de "neo-racionalista".

Consideraram-se explicitamente neo-racionalistas vários pensadores italianos de tendência empirista, positivista e analítica; o que mais insistiu no aspecto "neo-racionalista" foi Ludovico Geymonat (1908-1991) em suas obras *Studi per un nuovo razionalismo* (1945) e *Saggi di filosofia neorazionalistica* (1953): para Geymonat, que esteve próximo do Círculo de Viena (VER), o neo-racionalismo é um neopositivismo e um anti-neo-idealismo. Em sentido semelhante trabalharam autores como Paolo Filiasi-Carcano, 1911-1977 (*Antimetafisica e sperimentalismo*, 1941; *Problematica della filosofia odierna*, 1953), Giulio Preti, 1911-1972 (*La crisi del'uso dogmatico della ragione*, 1953), Ugo Scarpelli; Silvio Ceccato; Rossi-Landi e alguns outros — se bem que nem todos eles teriam aceitado o rótulo "neo-racionalista".

Podem-se por fim considerar "neo-racionalistas" os filósofos que seguiram as inspirações de Leonard Nelson e da Escola neofriesiana (ver FRIES [JAKOB FRIEDRICH]), os filósofos da chamada "Escola de Zurique" e muitos dos que seguiram K. R. Popper (VER) ou partiram dele. De modo geral, podem-se considerar "neo-racionalistas" os racionalistas críticos de várias espécies, isto é, os que defenderam a "razão crítica" (ver RAZÃO [TIPOS DE]).

NEO-REALISMO. Como vimos no verbete REALISMO, podem-se chamar de neo-realistas quase todas as tendências do realismo contemporâneo e não só as que adotam explicitamente a designação de neo-realistas. Isso seria, quanto ao mais, conveniente para distinguir do ponto de vista histórico o citado realismo de todos os que o precederam e, portanto, não só do realismo como posição adotada no problema dos universais, mas também como atitude gnosiológica que tem ou não, segundo o caso, implicações metafísicas. Assim, a filosofia de pensadores como Kulpe, Messer, Volkelt, Dilthey, Scheler, Rehmke, Nicolai Hartmann e, em parte, Husserl (VER todos eles) etc. poderia ser chamada de neo-realista. Mas costuma-se reservar esse nome a algumas das tendências da filosofia inglesa e norte-americana atual, inclusive daquela que precedeu ou seguiu o movimento neo-realista propriamente dito. Isso pode ter como razão suficiente o fato de que enquanto no pensamento dos filósofos da Europa continental citados o realismo não é muitas vezes uma posição central, parece constituir nos pensadores ingleses e norte-americanos o verdadeiro ponto de partida. Isso acontece na Inglaterra já com os que se consideram precursores do realismo ou neo-realismo de G. E. Moore e seus discípulos: S. H. Hogdson (VER), Robert Adamson (VER) e Thomas Case (1884-1925). Mas a reação antiidealista, a volta ao empirismo e ao naturalismo e a orientação predominante para o realismo se manifestam sobretudo a partir de Moore (VER) e, em parte, de Russell (VER), cujo realismo influi e penetra em quase todas as direções posteriores, incluindo o analiticismo da Escola de Cambridge (VER). O mesmo ocorre com os evolucionistas e neo-evolucionistas e, em particular, com Alexander e Lloyd Morgan (VER), cujas filosofias são muitas vezes consideradas manifestações do neo-realismo. Autores como John Laird (VER), C. D. Broad (VER), C. E. M. Joad (1891-1953), T. P. Nunn (1870-1944), H. H. Price (VER) e outros também se incluem nessa tendência, que desenvolveu, entre outros, os problemas relativos à percepção [em cujo verbete examinamos alguns dos citados problemas].

Limitemo-nos agora a indicar que a questão da relação entre o sujeito e a realidade desencadeou no âmbito do realismo inglês múltiplas discussões. Uns supõem que se devem suprimir o sujeito e o objeto enquanto subsistentes; a isso se inclinava Russell na fase "neutralista" de seu pensamento. Outros separam os dois, como o faz o realismo dualista de Alexander, transformando as impressões em elementos objetivos escolhidos pelo sujeito mediante uma espécie de perspectivismo da percepção, próximo do de Bergson. Outros interpõem os *sensa* e fazem deles, como Moore e o realismo chamado fenomenalista, os objetos mesmos. Outros (como Broad) fazem dos *sensa* realidades *dos* objetos, que surgem no curso de uma "emergência". Outros, por fim, chegam a atribuir espontaneidade não só seletiva como formadora ao sujeito; embora este se defina como um "acontecimento percipiente", é natural que essa posição tenha desencadeado posições neo-idealistas (Turner, Ewing etc.). Embora vinculado de modo considerável ao realismo inglês, especialmente ao de Moore, o neo-realismo norte-americano tem em contrapartida outros temas capitais e, sobretudo, pressupostos principais. Como assinala William P. Montague ao historiá-lo, o momento em que essa tendência apareceu não fazia prever seu florescimento; o realismo de Peirce não chamara muito a atenção nem os elementos realistas de alguns pensadores como Paul Carus (VER) haviam tido influência. Por outro lado, tinham-se desvanecido as doutrinas da escola escocesa defendidas por James McCosh (VER). Dominava o idealismo em todas as suas formas: o grupo dos hegelianos de Saint Louis (ver SAINT LOUIS [CÍRCULO DE]), o idealismo pluralista de Howisson (VER) e de Thomas Davidson (1840-1900), os ensinamentos de James Edwin Creighton (1861-1924), A. T. Ormond (1847-1915), G. S. Fullerton (1859-1925), M. W. Calkins (ver PERSONALISMO), G. T. Ladd (1842-1921), N. M. Butler (1862-1947), G. H. Palmer (1842-1933), Ch. C. Everett (1829-1900), Hocking e, sobretudo, Bowne (VER) e Royce (VER). Mesmo havendo em alguns deles implicações realistas e, a rigor, seja possível considerar alguns como realistas involuntários, a tendência realista nunca era sustentada. Surgiu, de imediato, a "revolta dos pragmatistas" (James e Dewey principalmente) e, em 1910, seis professores de filosofia formaram um grupo para defender uma filosofia realista: R. B. Perry (VER) e E. B. Holt (VER), de Harvard; W. T. Marvin (1872-1924) e E. G. Spaulding (1873-1940), de Princeton; W. B. Pitkin (1878-1949) e W. P. Montague (VER), de Columbia. Mesmo havendo entre eles consideráveis diferenças em outras esferas, todos concordavam, ao que afirma Montague, nos seguintes pontos: 1) os filósofos teriam de seguir o exemplo dos cientistas e trabalhar em cooperação; 2) os filósofos teriam de seguir o exemplo dos cientistas, isolando seus problemas e atacando-os um após o outro; 3) pelo menos alguns dos *particulares* de que temos consciência existem quando não temos consciência deles — realismo particularista ou existencial; 4) pelo menos algumas das *essências* ou dos *universais* de que temos consciência subsistem quando não temos consciência deles — realismo subsistencial; 5) pelo menos alguns dos particulares e universais reais são apreendidos, mais direta do que indiretamente, por meio de cópias ou imagens mentais — realismo apresentativo de Reid, distinto do realismo representativo ou dualismo epistemológico de Descartes e Locke. Logo, contudo, marcaram-se as diferenças entre os neo-realistas, inclusive em alguns pontos de epistemologia e, segundo Montague, centraram-se principalmente em duas questões: com relação à natureza "comportamentalista" da consciência e com respeito ao estado "relativista", mas existencial, dos objetos de ilusão e erro. Daí a passagem imediata de alguns realistas a posições sustentadas por outras escolas: a tentativa de solucionar o tradicional problema do dualismo do físico e do psíquico levou à afirmação da "neutralidade" das entidades estudadas pela ciências; as "entidades neutras" foram, assim, modos de explicação do real, falando-se precisamente das realidades como de complexos dessas entidades. Chegou-se a uma situação em que o "neo-realismo" qualifica só de maneira muito imperfeita as verdadeiras atitudes adotadas pelos neo-realistas, situação muito semelhante à que se produziu mais tarde com os realistas críticos. Eles formaram um grupo que incluía George Santayana (VER), C. A. Strong (1862-1940), Durand Drake (1878-1933), A. O. Lovejoy (VER), J. B. Pratt (1875-1914), A. K. Rogers (1868-1936) e R. W. Sellars (VER). Em 1920, eles se propuseram completar, na obra coletiva *Essays in Critical Realism*, as tendências neo-realistas, que julgavam insuficientes e ingênuas. Todos esses pensadores concordavam apenas, contudo, no pressuposto gnosiológico, diferindo grandemente entre si por suas orientações restantes, principalmente metafísicas (naturalismo ou realismo físico de Sellars; dualismo e realismo pessoal de Pratt; temporalismo e historicismo de Lovejoy etc.). Por isso, o realismo crítico ficou, tal como o neo-realismo anterior, dividido em muitas tendências variadas, cujo motor central são quase sempre instâncias que não as do realismo gnosiológico.

⊃ O volume coletivo dos seis neo-realistas norte-americanos se intitula: *New Realism. Studies in Philosophy*, 1912. — Além das obras dos autores citados no texto e de alguns dos livros indicados na bibliografia do verbete REALISMO, ver: René Kramer, *Le néoréalisme américain*, 1920. — Id., *La théorie de la connaissance chez les néo-réalistes anglais*, 1928. — Raymond P. Hawes, *The Logic of Contemporary Realism*, 1923. — P. S. Zulen, *Del neohegelianismo al neo-realismo*, 1924. — Mary Verda, *New Realism in the Light of Scholasticism*, 1926. — D. L. Evans, *New Realism and Old Reality*, 1928. — Arthur O. Lovejoy, *The Revolt against Dualism; an Inquiry Concerning the Existence of Ideas*, 1930. — Roy Wood Sellars, *The Philosophy of Physical Realism*, 1932. — Binayendranath Ray, *Consciousness in Neo-realism*, 1935. — J. B. Pratt, *Personal Realism*, 1937. — G. Dawes Hicks, *Critical Realism. Studies in the Philosophy of Mind and Nature*, 1938. — Charles M. Perry, *Towards a Dimensional Realism*, 1939. — Herbert W. Schneider, *A History of American Philosophy*, 1946, repr., 1957, cap. IX. — L. Bowman, *Criticism and Construction in the Philosophy of the American New Realism*, 1955. — O artigo de Montague, "The Story of American Realism", foi publicado primeiro em *Philosophy*, 12 (1937), 140-161, e compilado no livro *The Ways of Things*, 1940. — M. Sullivan, "Recent Trends Toward Realism in American Philosophy", *Proceedings. American Catholic Philosophical Association*, 29 (1955), 218-224. — R. W. Sellars, "American Critical Realism and British Theories of Sense-Perception", 1ª parte, *Methodos*, 14, pp. 61-88. — Id., *ibid.*, 2ª parte, 14, pp. 89-108. — Id., *Principles of Emergent Realism*, 1970, ed. W. Preston Warren. — R. G. Millikan, *Language, Thought and Other Biological Categories: New Foundations for Realism*, 1984.

Bibliografia: Victor E. Harlow, *A Bibliography and Genetic Study of American Realism*, 1931. ⊂

NEOTOMISMO. Identificou-se às vezes o neotomismo com a neo-escolástica (VER) por causa da importância central que tem o primeiro no âmbito da segunda. Aqui consideraremos o neotomismo como uma parte, embora a mais importante, da neo-escolástica (ou neo-escolasticismo). Sua importância se manifesta não só no fato de que a maior parte dos filósofos neo-escolásticos foram, e continuam a ser, neotomistas, mas também no fato de que o neotomismo está na origem do movimento neo-escolástico.

Debateu-se durante algum tempo sobre quais foram as origens do neotomismo (e, dado o que antes se indicou, da neo-escolástica). Alguns consideraram que o precursor do neotomismo foi Balmes (VER); outros, os pensadores italianos agrupados em torno da *Civiltà Cattolica* (ver *infra*), mencionando nomes como os de Luigi Taparelli d'Azeglio (VER), Matteo Liberatori (VER) e outros. É bem possível que tenha havido movimentos neotomistas incipientes em vários países europeus no final do século XVIII e no início do século XIX, movimentos em muitos casos ligados à luta contra o idealismo, o sensualismo e outras diversas correntes. Mas parece bastante provável que o primeiro movimento neotomista tenha surgido na Itália. Ora, tem havido quanto a isso duas opiniões. Segundo a primeira, defendida por Amato Masnovo (VER), o neotomismo, ou pelo menos o "neotomismo italiano", surgiu com os ensinamentos de Vincenzo Buzzetti (VER), que influenciaram vários autores (por exemplo, Baltasar Masdeu [1741-1820], mas sobretudo Angelo Testa [1788-1873]). A segunda, defendida por Giovanni Felice Rossi, afirma que o neotomismo surgiu no Collegio Alberoni, de Piacenza, onde estudaram Buzzetti e Testa, podendo-se falar a esse respeito de "os alberonianos". Segundo Rossi, um dos mestres de Buzzetti no Collegio Alberoni foi Bartolomeo Bianchi, que lecionou no Collegio de 1793 a 1810, transmitindo ensinamentos escolástico-tomistas iniciados no Collegio por volta de 1751 por Francesco Grassi. Cornelio Fabro conclui seu "Prefácio" à obra de G. F. Rossi (cf. bibliografia) dizendo que "o neotomismo teve início no Collegio Alberoni na segunda metade do século XVIII. Buzzetti não foi um tomista autodidata". Isso não quer dizer que, a partir de então, o neotomismo se tenha desenvolvido de modo contínuo, estendendo-se da Itália a outros países. Na própria Itália temos o que se poderia chamar de "revivescências neotomistas". Uma delas é a que tem origem em Gaetano Sanseverino (VER) e, sobretudo, no grupo de filósofos que publicou a revista quinzenal *La Civiltà Cattolica*, iniciada em

Nápoles no ano de 1850, graças aos esforços de Carlo Maria Curci (1809-1891), tendo passado no mesmo ano para Roma e que se publicou de 1871 a 1897 em Florença. Entre os autores que contribuíram para essa "revivescência neotomista" — uma espécie de "neo-neotomismo" —, figuram os mencionados Luigi Taparelli d'Azeglio, Matteo Liberatori, Gaetano Sanseverino e outros. A outra e mais definitiva "revivescência" foi a inaugurada oficialmente pela Encíclica *Aeterni Patris* (1879), de Leão XIII, associada a, entre outros, Joseph Kleutgen (VER). Na referida encíclica, chama-se a atenção para a importância da obra do *Divus* (Tomás de Aquino) para o pensamento católico. Embora não se excluíssem, naturalmente, outras "vias", a do tomismo adquiria significação central. Essa importância aumentou quando se criaram em diversos lugares centros de difusão e irradiação da doutrina, que se somaram aos já existentes. A Escola de Lovaina (VER) com o *Institut Supérieur de Philosophie,* fundado pelo Cardeal Mercier (VER). A Escola de Lovaina foi, desde o início, um dos maiores. Mas foram também centros bastante destacados o do Instituto Católico de Paris, o da Universidade Católica de Milão e da chamada "Escola de Milão" (VER), o da Universidade de Friburgo (Suíça), o do *Angelicum romano* etc. A maior parte das universidades católicas espalhadas pela Europa e pela América também podem ser consideradas centros de difusão do neotomismo, sempre que não se esqueça a existência de outras "vias" em alguns casos e, é claro, o movimento de difusão do suarismo por muitos jesuítas. O mesmo, e com maior razão, se poderia dizer das "Sociedades Tomistas", cujas discussões e *symposia* dos últimos decênios tiveram particular importância para a questão do vínculo entre a neo-escolástica e, de modo geral, o pensamento filosófico católico, e a filosofia contemporânea, especialmente nas direções de maior impacto como a fenomenologia, o neopositivismo e o existencialismo. É certo que mesmo dentro do próprio neotomismo travaram-se consideráveis discussões acerca do que constitui a parte central do pensamento do *Divus*. A questão das "teses tomistas" foi por isso um de seus problemas essenciais. Essa questão foi examinada consideravelmente a partir do instante em que se reconheceu um núcleo fundamental na doutrina de Tomás de Aquino. A redação por alguns professores de 24 teses submetidas à Sagrada Congregação de Estudos, ao lado da resposta desta, por ordem do Papa Pio X (27 de julho de 1914), de que as referidas teses contêm a doutrina do Santo em suas linhas essenciais, sendo por conseguinte *tutae normae directive*, foram um acontecimento particularmente significativo para o desenvolvimento do neotomismo. Os debates internos entre tomistas "ortodoxos" e tomistas "conciliadores" não conseguiram ultrapassar os limites indicados. Por isso, o tomismo (ou neotomismo) oferece diversos matizes, mas é um movimento "unitário".

Alguns neotomistas se destacaram no cultivo da história da filosofia medieval, como foi o caso de autores como Maurice de Wulf (VER), P. Mandonnet (1858-1936), Martin Grabmann (VER), Étienne Gilson (VER), C. Baeumker (VER), P. Vignaux etc. Alguns deles, como Gilson, chegaram, em larga medida por meio de estudos históricos, a posições sistemáticas que já não são propriamente tomistas, mas isso foi pouco freqüente. Muitos outros tomistas, sem descuidar dos aspectos históricos, interessaram-se mais por desenvolver sistematicamente as posições tomistas, ou outras posições que julgaram perfeitamente conciliáveis com o tomismo, sobretudo quando se entende o tomismo num sentido suficientemente amplo. Uma lista de autores neotomistas, especialmente se se quisessem compreender diversos matizes, seria longa. Bastará citar como exemplo nomes como D. Mercier (VER), J. Maritain (VER), A.-D Sertillanges (VER), Régis Jolivet (nascido em 1891), Ambroise Gardeil (VER), Aimé Forest (nascido em 1898), Léon Noël (1878-1955), Charles Sentroul (1876-1938), Josef Pieper (VER), R. Garrigou-Lagrange (VER), M. G. Roland-Gosselin (VER), Joseph de Tonquédec (VER), Georges van Riet (nascido em 1916), L. de Raeymaeker, Desiré Nys (1859-1917), Sándor Horváth (1894-1956), Göttlieb Söhngen (nascido em 1892), Gallus Manser (1866-1950), Augustin Mansion (1882-1966), Joseph Mausbach (1861-1931), Joseph Gredt (VER), Thomas Greenwood (nascido em 1901), Leslie J. Walker (nascido em 1877), Peter Coffey (nascido em 1876), Albert Farges (1848-1926), Adolf Dyroff (VER), Viktor Cathrein (1845-1931), Konstantin Gutberlet (VER), J. G. Hagemann (VER), Agostino Gemelli (VER), Santiago Ramírez (1891-1967), Octavio Nicolás Derisi, M. C. D'Arcy etc. Citamos nomes um pouco ao acaso, sem pretender nem ser medianamente completos nem seguir nenhuma ordem determinada (cronológica ou por "escolas", tais como as de Lovaina, Milão etc.). Quisemos simplesmente enfatizar que tipo de pensadores são considerados neotomistas em sentido mais ou menos amplo. Há certos autores que são tidos às vezes por neotomistas, ou tomistas, mas que nem sempre é fácil filiar. É o caso, para dar exemplos, de Francesco Olgiati (VER), Juan Zaragüeta (VER) e até de Joseph Maréchal (VER), Pierre Rousselot (VER), Otto Willman (VER) e Joseph Geyser (VER).

No que diz respeito ao conteúdo doutrinal do neotomismo, há certas teses comuns a todos os autores neotomistas, seja qual for seu "matiz". Isso ocorre no tocante à teoria do ser, uma teoria que não é, como às vezes se supõe, uma defesa do "ser estático", mas antes a acentuação da atualidade do ser que se manifesta na existência. A analogia do ser em lógica e na ontologia, a distinção entre devir e atividade, a doutrina da substância, o hilemorfismo, a concepção imaterial do espírito, o realismo gnosiológico, a tese da possibilidade de uma abstração transcendental, a concepção de Deus como ato puro e fonte da verdade, a doutrina da premoção física, a ética objetiva dos fins, o personalismo podem ser considerados algumas dessas características. Pode-se afirmar, como escreve Georges van Riet, que a problemática fundamental do tomismo novo se define, pelo menos em suas linhas essenciais, após cem anos de esforço, na compreensão, no aprofundamento e na comparação com outras filosofias do pensamento de Tomás de Aquino. E se pode dizer, como assinala esse autor, que foram cumpridas as condições que por volta de 1850 se haviam imposto aos pensadores cristãos que empreenderam a restauração da filosofia tomista: "Aprender a conhecer o próprio Tomás de Aquino, situá-lo em seu meio, compreender suas preocupações, extrair de suas obras os elementos essenciais para uma síntese filosófica e satisfazer as novas exigências do pensamento moderno" (*L'Épistémologie Thomiste*, 1946, prefácio, p. V).

↪ Sobre história do neotomismo: A. Viel, "Mouvement thomiste au XIXe siècle, aperçu d'après ses historiens", *Revue Thomiste*, 17 (1909), 733-746; 18 (1910), 95-108. — G. Saitta, *Le origine del neotomismo nel secolo XIX*, 1912. — Amato Masnovo, *Il neotomismo in Italia*, 1923 [do mesmo autor, artigos complementares em *Rivista di filosofia neoescolastica*]. — Paolo Dezza, *Alle origine del neotomismo*, 1940. — P. Naddeo, *Le origini del neotomismo e la scuola napoletana di G. Sanseverino*, 1940. — M. Batllori, "M. Masdeu y el neoescolasticismo italiano", *Analecta Sacra Tarraconensia* (1942), 171-202; (1943), 241-294. — L. Foucher, *La philosophie catholique en France au XIXe siècle avant la renaissance thomiste et dans son rapport avec elle (1830-1880)*, 1955. — Giovanni Felice Rossi, *La filosofia nel Collegio Alberoni e il neotomismo*, 1959. — James John Helen, *The Thomist Spectrum*, 1966 [análise da metafísica tomista de 1930 a 1960].

Sobre o movimento neotomista: M. de Wulf, "Le mouvement thomiste", *Revue néoscolastique de philosophie*, 8 (1901). — M. Arnáiz, "La neo-escolástica al comenzar el siglo XX", *La Ciudad de Dios*, 57 (1902), 53-64, 197-209. — C. Besse, *Deux centres du mouvement thomiste: Rome et Louvain*, 1902. — G. García, *Tomismo y neotomismo*, 1903, nova ed., 1906. — F. Picavet, *La restauration thomiste au XIXe siècle*, 1905, 2ª ed., 1907. — Id., "Le mouvement néo-thomiste", *Revue philosophique*, 33 (1908), 281-309; 35 (1909), 394-442. — J. L. Perrier, *The Revival of Scholastic Philosophy in the Nineteenth Century*, 1909. — L. Noël, "Le mouvement néo-scolastique", *Revue néo-scolastique de philosophie*, 16 (1909), 119-128, 282-290; 17 (1910), 93-103. — G. Gentile, "La filosofia scolastica in Italia", *Bolletino della biblioteca filosofica*, 3 (1911),

497-519. — Roger Aubert, "Aspects divers du néo-thomisme sous le pontificat de Léon XIII", em *Aspetti della cultura cattolica nell'Età di Leone XIII*, 1961, pp. 133-227 [Atas do Congresso de Bolonha, dezembro de 1960]. — G. Blandino, *Discussioni sul neo-Tomismo: Per il progresso della Filosofia Cristiana*, 1990.

Para *algumas* obras sistemáticas sobre o *conjunto* da doutrina tomista ou alguma parte muito importante, ver: Gallus Maria Manser, *Das Wesen des Thomismus*, 1917; 3ª ed., 1948. — É. Gilson, *Le thomisme*, 1920. — E. Hugon, *Les vingt-quatre thèses thomistes*, 1926. — A.-D. Sertillanges, *Les grandes thèses de la philosophie thomiste*, 1928. — J. Webert, *Essai de métaphysique thomiste*, 1928. — J. de Tonquédec, *Les principes de la philosophie thomiste. La critique de la connaissance*, 1929. — L. de Raeymaeker, *Introductio generalis ad philosophiam thomisticam*, 1931. — Régis Jolivet, *Le thomisme et la critique de la connaissance*, 1933. — G. Siewerth, *Der Thomismus als Identitätssystem*, 1939. — G. Giacon, *Le grandi tesi del tomismo*, 1945. — R. Garrigou-Lagrange, *La synthèse thomiste*, 1945. — G. van Riet, *L'Épistémologie thomiste. Recherches sur le problème de la connaissance dans l'école thomiste contemporaine*, 1946. — F. van Steenberghen, *Le Thomisme*, 1983. — N. Bathen, *Thomistische Ontologie und Sprachanalyse*, 1988. — J. F. X. Knasas, *The Preface to Thomistic Metaphysics*, 1990. — A estes títulos devem-se acrescentar os manuais de autores neotomistas (como, por exemplo, Zigliara, Urráburu, Mercier, Maritain, Jolivet, Gredt, Collin etc.) no corpo do verbete, a alguns dos quais foram dedicados, de resto, verbetes especiais. As obras nas quais se estuda a influência da escolástica sobre o pensamento moderno foram citadas na bibliografia do verbete ESCOLÁSTICA; no que diz respeito especialmente ao tomismo, ver o livro de Octavio Nicolás Derisi, *Filosofía moderna y filosofía tomista*, 1941. — Ver igualmente a bibliografia do verbete NEO-ESCOLÁSTICA, na qual se indicaram as principais revistas neo-escolásticas e, entre elas, as neotomistas.

Para a bibliografia tomista (abrangendo também, e sobretudo, obras sobre Tomás de Aquino e sua influência): P. Mandonnet e J. Destrez, *Bibliographie thomiste*, 1921, que teve prosseguimento no *Bulletin Thomiste*, 1924 ss..; e *Divus Thomas*, 1925 ss.. — Ver também: J. Bourke, *Thomistic Bibliography (1920-1940)*, 1943 (suplemento ao vol. 21 de *The Modern Schoolman*), e P. Wyser, *Thomas von Aquin*, 1950, e *Der Thomismus*, 1951 [em Bibliographische Einführungen in das Studium der Philosophie, ed. I. M. Bocheński, 13/14 e 15/16 respectivamente]. — T. L. Miethe, V. J. Bourke, *Thomistic Bibliography, 1940-1978*, 1980. — R. Ingardia, *Thomas Aquinas: International Bibliography, 1977-1990*, 1993.

Crítica de Louis Rougier em *La Scolastique et le Thomisme*, 1925, e réplica de Pedro Descoqs, em *Thomisme et Scolastique. À propos de L. Rougier*, 1927. — Crítica neo-escotista do neotomismo por Jean Compagnion, *La philosophie scolastique au Xxᵉ siècle*, 1916. ❏

NEOVITALISMO. Ver Driech, Hans; Vida; Vitalismo.

NEUHAUSLER, ANTON. Ver Tempo.

NEUMANN, EMIL. Ver Wundt, Wilhelm.

NEUMANN, JOHN [JANOS] VON (1903-1957). Nascido em Budapeste, estudou na Universidade de Budapeste e na Eidgenössische Technische Hochschule, de Zurique. Foi *Privatdozent* na Universidade de Berlim (1926-1929) e professor assistente na de Hamburgo. Transferindo-se para os Estados Unidos, foi professor titular na Universidade de Princeton e depois membro do Institut of Advanced Studies, em Princeton.

Devem-se a Von Neumann inúmeros trabalhos no campo da matemática, teoria dos autômatos, física, astrofísica e outras disciplinas. Em cada uma delas, Von Neumann contribuiu com descobertas de largo alcance. Entre seus trabalhos em matemática, figuram os relativos à teoria de grupos contínuos e à teoria dos operadores (as chamadas "álgebras de Von Neumann"). Em matemática e lógica, destacam-se seus trabalhos na teoria dos conjuntos (ver Conjunto). É importante sua contribuição, com Oskar Morgenstern, à teoria dos jogos (ver Jogo) e sua aplicação à economia. Em física, destacam-se suas contribuições à teoria dos quanta (ver Quanta [Teoria dos]), especialmente com o "teorema de Neumann", que muitos consideram uma das bases fundamentais da mecânica quântica. Von Neumann deu também importantes contribuições ao projeto dos computadores. No campo da teoria dos autômatos, figuram, entre outros trabalhos, os dedicados aos autômatos que se auto-reproduzem. Muitos trabalhos de Von Neumann — especialmente em lógica, matemática, cibernética e mecânica quântica — têm interesse filosófico e suscitam problemas para lógicos e filósofos de orientação científica.

➲ Obras principais: "Eine Axiomatisierung der Mengenlehre", *Journal für reine und angewandte Mathematik*, 154 (1925), 219-240; "Berichtigung" ("Correção"), *ibid.*, 155 (1926), 128. — *Mathematische Grundlagen der Quantenmechanik*, 1932; ed. ingl.: *Mathematical Foundations of Quantum Mechanics*, 1955. — *Theory of Games and Economic Behaviour*, 1944 (com O. Morgenstein). — Póstumas: *The Computer and the Brain*, 1958. — *Theory of Self-Reproducing Automata*, ed. e complementada por A.W. Burks.

Edição de obras: *Collected Works*, 6 vols.: vols. 1-3, 1961-1962; vols. 4-6, 1963. ❏

NEURATH, OTTO (1882-1945). Nascido em Viena, estudou economia e sociologia em Viena, Heidelberg e Berlim. Membro fundador do Círculo de Viena (ver), Neurath foi um dos mais tenazes defensores e propagadores dos ideais do Círculo e, em geral, do positivismo lógico. Ativo colaborador da revista *Erkenntnis*, Neurath se distinguiu filosoficamente por seus estudos do problema dos chamados "enunciados protocolares". Ao contrário dos que julgavam esses enunciados subjetivos, Neurath desenvolveu a tese, análoga à de Carnap, de que eles eram intersubjetivos. Assim, Neurath aderiu ao fisicalismo (ver). No problema da verdade, Neurath defendeu a chamada "doutrina da verdade como coerência". Ora, o principal interesse de Neurath foi aplicar os ideais do positivismo lógico aos problemas sociais. Sob a influência das teses econômicas marxistas mas rejeitando a epistemologia marxista e tudo aquilo que havia de "metafísico" no marxismo —, Neurath tratou a sociologia como um "comportamentalismo social" e como um ramo da "ciência unificada" fundada no fisicalismo. Segundo Neurath, a sociologia deve desprender-se de toda "metafísica" e também de toda implicação de caráter "ético". O ponto de vista fisicalista implica para ele a rejeição de toda relação dos enunciados com "experiências" ou com o "mundo", pois a linguagem fisicalista não pode admitir "duplicações sem significado".

Neurath foi o mais ativo organizador do chamado "Movimento para a ciência unificada" e o principal promotor dos Congressos pró-Unidade da Ciência (1929-1939) e da *International Encyclopaedia of Unified Science*.

➲ Obras: *Ludwig H. Wolframs Leben*, 1906 (*A vida de L. H. W.*). — *Antike Wirtschaftsgeschichte*, 1909; 3ª ed., 1923 (*História da economia antiga*). — *Wesen und Weg der Sozialisierung*, 1919 (*Natureza e caminho da socialização*). — *Vollsozialisierung*, 1920 (*Socialização total*). — *Anti-Spengler*, 1920. — *Lebensgestaltung und Klassenkampf*, 1928 (*Estruturação da vida e luta de classes*). — *Empirische Soziologie. Der wissenschaftliche Gehalt der Geschichte und Nationalökonomie*, 1931 [Schriften zur wissenschaftlichen Weltauffassung, 5, ed. Ph. Frank e M. Schlick] (*Sociologia empírica. O conteúdo científico da história e da economia nacional*). — *Einheitswissenschaft und Psychologie*, 1933 (*Ciência unificada e psicologia*). — *Was bedeutet rationale Wirtschaftsbetrachtung*, 1935 (*O que significa exame econômico racional*). — *International Picture Language (Isotype)*, 1935. — *Le développement du Cercle de Vienne et l'avenir de l'empirisme logique*, 1935. — *Unified Science as Encyclopedic Integration*, 1938 [International Encyclopaedia of Unified Science, I, 1]. — *Man in the Making*, 1939. — *Foundations of the Social Science*, 1944 [International Encyclopaedia of Unified Science, II, 1]. — Póstumas: *Empiricism and Sociology*, 1973, ed. M. Neurath e R. S. Cohen (com uma seleção de fragmentos biográficos e autobiográficos, e com bibliografia). — *Wissenschaftliche Weltauffassung, Sozialismus und logischer Empirismus*, 1979, ed. R. Hegselmann (*Cosmovisão científica, socialismo e empirismo lógico*). — Neurath publicou numerosos artigos em várias revistas: *Archiv für systematische*

Philosophie (1909-1910); *Erkenntnis* (1930-1931; 1931-1932; 1932-1933, 1934, 1935, 1937-1938); *Scientia* (1931); *The Monist* (1931); *Theoria* (1936); *Philosophy of Science* (1937); *Proceedings of the Aristotelian Society* (1940-1941). Deles destacamos: "Soziologie im Physikalismus" (*Erkenntnis*, 1, 1931-1932); "Protokollsätze" (*ibid.*, 3, 1932-1933); "Radikaler Physikalismus und 'Wirkliche Welt'" (*ibid.*, 4, 1933-1934).

Edição de obras: *Gesammelte philosophische und methodologische Schriften*, 2 vols., 1981, ed. R. Haller e H. Rutte. — *Philosophical Writtings, 1913-1945*, 1983, ed. e trad. R. S. Cohen e M. Neurath (com bibliografia). — *Gesammelte bildpädagogische Schriften*, 1991, ed. R. Haller e R. Kinross.

Ver: Gianni Statera, *Logica, linguaggio e sociologia: Studio su O. N. e il neopositivismo*, 1967. — K. Fleck, *O. N. Eine biographische und systematische Untersuchung*, 1979. — F. Nemeth, *O. N. und der Wiener Kreis. Revolutionäre Wissenschaftlichkeit als Anspruch*, 1981. — VV. AA., *M. Schlick und N.: Ein Symposion*, 1982, ed. R. Haller. — T. E. Uebel, *Overcoming Logical Positivism from Within: The Emergence of Neurath's Naturalism in the Vienna Circle's Protocol Sentence Debate*, 1992. C.

NEUTRO, NEUTRALISMO, NEUTRALIZAÇÃO.

Em certas filosofias, admite-se que há uma única espécie de realidade e mesmo uma única realidade: são as filosofias monistas (ver MONISMO). Em outras filosofias, admitem-se duas realidades fundamentais — que costumam ser (no mínimo "intramundanamente") o físico e o psíquico; são as filosofias dualistas (ver DUALISMO). Em outras filosofias, por fim, admite-se que há uma multiplicidade de espécies de realidade: são as filosofias pluralistas (ver PLURALISMO). Ora, há algumas filosofias que podem ser monistas mas que não podem ser em princípio dualistas: são as que podemos chamar "filosofias neutralistas". Característica destas últimas é a afirmação de que o físico e o psíquico (ou qualquer outra realidade) são, no máximo, dois aspectos ou faces de uma mesma realidade, que é neutra com relação ao físico e ao psíquico (ou a qualquer outra realidade). A questão de saber se alguma dessas filosofias pode ser ao mesmo tempo neutralista e pluralista depende do significado que se dê a 'pluralismo'. Se por este último se entende a doutrina segundo a qual não há mais que uma espécie de realidade, embora haja, ou possa haver, muitas substâncias, o neutralismo pode ser pluralista. Não pode sê-lo, em contrapartida, se 'pluralidade' equivale a 'diferentes espécies de substâncias'. A questão de saber até que ponto alguma das filosofias neutralistas é ao mesmo tempo monista depende igualmente do significado de 'monismo'. Se por este último se entende uma doutrina que reduz toda realidade (ou suposta realidade) a uma realidade única, e afirma que esta é matéria ou espírito ou qualquer outro ser, então o neutralismo não pode ser monista. Pode sê-lo, em contrapartida, se se nega a pronunciar-se sobre o caráter físico, psíquico ou qualquer outro da realidade avaliada como básica.

Exemplos de filosofias neutralistas são a de Spinoza, e mais especialmente o grupo de doutrinas que proliferaram nos últimos anos do século XIX e nos primeiros anos do século XX: doutrinas como as de Ernst Mach (VER), Richard Avenarius (VER), Wilhelm Schuppe (VER), Richard Schubert-Soldern (VER) e outros (entre os quais cabe incluir uma etapa prematura no pensamento de Bertrand Russell). As doutrinas neutralistas costumam ser ao mesmo tempo perspectivistas, ao menos num sentido: no de que o físico e o psíquico são apresentados como "perspectivas" de uma única realidade, que não é, ela mesma, nem física nem psíquica. Essas doutrinas são freqüentemente "sensacionistas" na medida em que, como em Ernst Mach sobretudo, consideram a sensação o elemento fundamental neutro com relação ao físico e ao psíquico, mas não é necessário que o neutralismo seja sempre e invariavelmente um sensacionismo.

O conceito de neutralidade e o "neutralismo" resultante podem ser usados também em outro sentido: no da "ausência de pressupostos" (a *Voraussetzunglosigkeit* a que se referiram muitos filósofos alemães). Nesse caso, a neutralidade refere-se não à constituição da realidade, mas às doutrinas ou idéias sobre ela. Nesse sentido, Husserl falou de neutralidade enquanto neutralização (*Neutralisierung*), ou seja, enquanto "modificação de neutralidade" (*Neutralitätsmodifikation*), que consiste em "desconectar" toda tese relativa ao mundo natural e isolá-la entre parênteses (VER), neutralizando-a com relação a qualquer pressuposição e até com respeito a qualquer afirmação (*Ideen*, § 31). A "modificação de neutralidade" é, segundo Husserl, o tipo de modalidade que descarta toda "modalidade doxal" à qual se refere, mas de forma completamente distinta da mera negação, que é positiva e não "neutralizante". A modificação em questão não suprime nada nem "faz nada": é só, diz Husserl, a contraparte consciente de toda execução ou ato, isto é, sua "neutralização" (*ibid.*, § 109).

Em termos muito gerais, um enunciado é neutro com relação a outro quando o primeiro é independente do segundo, isto é, quando se pode formular o primeiro sem pressupor o segundo. De maneira mais específica, debate-se em filosofia se, e até que ponto, um enunciado ou conjunto de enunciados, seja em algum ramo da própria filosofia, seja em alguma das ciências, é neutro com relação a algum pressuposto ontológico ou com relação a todo pressuposto ontológico. O fato de um enunciado, em filosofia ou ciência, não ser, no sentido apontado, neutro não quer dizer que precise de um quadro ontológico para ser formulado, ou admitido, e menos ainda que tenha de derivar-se de um quadro ontológico.

Alguns autores insistem na não-neutralidade ontológica de enunciados, filosóficos ou científicos, com relação a realidades. Outros, em contrapartida, procuram manter uma completa neutralidade. A distinção, por parte de Carnap, entre "questões internas" e "questões externas" é uma tentativa do último tipo. As próprias "questões externas" não são, para Carnap, questões próprias — ou não são propriamente questões. Não são, pois, necessárias para dilucidar as questões "internas".

Os modos como se entende 'ontológico' ao se falar de neutralidade ou não neutralidade ontológica de enunciados variam muito: pode tratar-se de uma teoria ontológica completa, ou razoavelmente completa, de um quadro lingüístico, ou do que se chama um "quadro conceitual".

Discutiu-se muito se a lógica e a matemática, e, em geral, os sistemas formais, são ou não neutros, e se discutiu com freqüência até que ponto certas estruturas formais estão ou não "livres de conteúdo". As opiniões a esse respeito oscilam entre a afirmação da completa neutralidade de toda estrutura formal e a afirmação de que nenhuma estrutura formal é neutra, com numerosas opiniões intermediárias, entre as quais se inclui a idéia de que, embora as estruturas formais sejam, enquanto estruturas, neutras, a formação dessas estruturas está condicionada por requisitos não estritamente formais, e *nesse sentido* não são inteiramente neutras.

NEWMAN, JOHN HENRY (1801-1890). Nascido em Londres. De 1817 a 1820, estudou em Oxford, em 1822 foi nomeado *Fellow* no Oriel College e vigário da Igreja (anglicana) de São Clemente. Tendo aderido ao "tratarianismo" (ver OXFORD) e depois de defender, com E. B. Pusey, nos *Tracts for the Times*, opiniões próximas às da Igreja Romana, manifestou no *Tract 90* a completa conformidade com ela. Em 1845, foi batizado; em 1847, ordenado sacerdote católico; em 1879, nomeado Cardeal por Leão XIII.

Principal representante do chamado "movimento de Oxford", e apologista do catolicismo, a obra de Newman não pertence inteiramente à filosofia, embora tenha nesta alguns de seus mais profundos fundamentos. É o que ocorre, antes de tudo, com sua doutrina do assentimento (VER). Newman estabelece, de imediato, uma diferença entre dois modos de ação mental que parecem confundir-se, mas que são, quando os consideramos do ponto de vista de sua tendência última, completamente distintos e até opostos. Esses modos de ação mental são formas de apreensão e podem ser denominados também assentimentos a proposições, enquanto atos de assentir a algo que é proposto à mente. Ora, o assentimento pode ser entendido como nocional e como real. No verbete ASSENTIMENTO, assinalamos as definições dadas por Newman a cada uma das formas de assentimento e os diferentes modos sob os quais o assentimento nocional pode ser entendido. Digamos agora apenas que enquanto o mundo da apreensão conceitual e do correspondente assentimento se aproxima, em seu extremo último, do mundo da indiferença e da razão lógica, o mundo da apreensão real tende a abranger algo mais do que o cognoscitivo ou, se se deseja, compreende o intelectual somente como um de seus momentos ou elementos. Vontade e emoção participam, por assim dizer, do assentimento real, de modo que a resposta ao dado pode ser já completa. Daí a tendência à unicidade do assentimento real diante das gradações do assentimento nocional. E daí também que o assentimento verdadeiro e total exclua por princípio a dúvida, pois eliminou daquele mundo anterior da indiferença todas as possibilidades pelas quais a afirmação de algo pode ser efetivamente indiferente para aquele que a estabelece. O assentimento real não pode então ser objeto de uma simples operação de natureza lógica. Ora, o assentimento real não supõe uma subjetivação arbitrária da situação à qual assente, mas o fato de que unicamente para um espírito limitado ao aspecto intelectual, ou contraído no meramente nocional, existe a possibilidade do erro ou da dúvida. O assentimento real é, assim, a potenciação máxima da objetividade em virtude de ter feito residir nesta todos os elementos e não apenas os intelectuais e cognoscitivos. Newman se aproxima com isso das tentativas, feitas a partir de diversos ângulos, de ampliar a objetividade da verdade e, em particular, da verdade religiosa, pois o famoso assentimento se produz, em sua opinião, de um modo perfeito com as verdades de fé do catolicismo. O combate contra a mera objetividade intelectual não equivale, entretanto, como ocorreu com o modernismo (VER), a uma subjetivação do dado, nem a uma redução dos processos de inferência e dedução ao material empírico, nem a um "sentimentalismo religioso", nem, por fim, a um ativismo pragmatista; a primária redução do objetivo ao subjetivo não é senão o primeiro passo para alcançar um novo conceito da objetividade como algo que inclui como elemento seu, e não certamente o menos importante, o sujeito que capta o real, e, portanto, um esforço para criar o âmbito ou a situação a partir da qual pode dar-se qualquer demonstração mediante uma inferência nocional. Assim, objetividade e subjetividade seriam, filosoficamente, dois aspectos de uma mesma realidade completa, só falsificada no momento em que se atentasse separada e exclusivamente a um deles.

◌ Obras filosóficas principais: *An Essay on the Development of Christian Doctrine*, 1845; reed., 1989. — *The Idea of a University*, 1852, reed., 1982. — *An Essay in Aid of a Grammar of Assent*, 1870. — Deve-se mencionar aqui também a *Apologia pro vita sua*, 1864.

Edição de obras: *Collected Works*, 36 volumes, 1868-1881; nova ed., desde 1947. — *Uniform Edition*, vols. I-XL, 1968 ss.. — Ed. de *Essays and Sketches*, 3 vols., 1948. — Ed. de *Sermons and Discourses* por Ch. F. Harold, 2 vols., 1949. — *Letters of J. H. Newman*, 1957 [com parte de material até então inédito]. — Texto até agora inédito de N. sobre prova da existência de Deus no cap. IV de Adrian J. Boekraad e Henry Tristam, *The Argument from Conscience to the Existence of God According to J H. N.*, 1961. — *Letters and Diaries of J. H. N.*, 11 vols., 1961 ss.., ed. Ch. S. Dessain. — *The Philosophical Notebook of J. H. N.*, 2 vols., 1969, ed. Edward J. Sillem (I. *General Introduction to the Study of Newman's Philosophy*, II. *Newman's Philosophical Notebook*). — *J. H. Newman: The Uses of Knowledge. Selections from the Idea of a University*, 1948, ed. L. L. Ward. — *The Theological Papers of J. H. Newman on Faith and Certainty*, 1976, ed. J. D. Holmes.

Ver: A. M. Rae, *Die religiöse Gewissheit bei J. H. N.*, 1809 (tese). — Lucie Félix Faure, *N., sa vie et ses oeuvres*, 1901. — Thureau-Dangin, *N., catholique, d'après des documents nouveaux*, 1912. — W. Ward, *The Life of J. H. Cardinal N.*, 2 vols., 1912. — Floris Delattre, *La pensée de J. H. N.*, 1914. — Th. Haeckner, *Kardinal Newmans Glaubensphilosophie*, 1920. — Erich Przywara, *Religionsbegründung. Max Scheler-J. H. N.*, 1923. — Id., *Newman Synthesis*, 1931. — Jean Guitton, *La philosophie de N.: essai sur l'idée de développement*, 1933. — Antonio Álvarez de Linera, *El problema de la certeza en N.*, 1943. — Charles Frederick Harrold, *J. H. N.: An Exposition and Critical Study of His Mind, Thought and Art*, 1945. — J. Moody, *J. H. Newman*, 1946. — Maurice Nédoncelle, *La philosophie religieuse de J. H. N.*, 1946. — J. A. Lutz, *Kardinal J. H. N.*, 1948. — Robert Sencour, *The Life of N.*, 1948. — Heinrich Fries e Werner Becker, *N. Studien. Erste Folge*, 1948. — L. Bouyer, *N.: Sa vie, sa spiritualité*, 1952. — H. Fries, *Die Religionsphilosophie Newmans*, 1953. — A. J. Boekraad, *The Personal Conquest of Truth According to J. H. N.*, 1955. — J. H. Walgrave, *Newman: Le développement du dogme*, 1957. — VV. AA., *Newman-Studien*, 3 vols., 1957. — Luca Obertello, *Conoscenza e persona nel pensiero di J. H. N.*, 1964. — J. Coulson, A. M. Allchin, eds., *The Rediscovery of Newman: An Oxford Symposium*, 1967. — D. A. Pailin, *The Way to Faith: An Examination of Newman's* Grammar of Assent *as a Response to the Search for Certainty in Faith*, 1969. — J. Coulson, *Newman and the Common Tradition: A Study in the Language of Church and Society*, 1970. — L. Cognet, *Newman ou la recherche de la vérité*, 1967. — Thomas Vargish, *N.: The Contemplation of Mind*, 1970. — N. Lash, *N. on Development: The Search for an Explanation in History*, 1975. — W. R. Fey, *Faith and Doubt: The Unfolding of N.'s Thought on Certainty*, 1976. — M. J. Ferreira, *Doubt and Religious Commitment: The Role of the Will in Newman's Thought*, 1980. — G. Casey, *Natural Reason: A Study of the Notions of Inference, Assent, Intuition, and First Principles in the Philosophy of Cardinal Newman*, 1984. — J. Newman, *The Mental Philosophy of J. H. N.*, 1986. ℂ

NEWTON, ISAAC (Sir Isaac Newton desde 1705) (1642-1727). Nascido em Woolsthorpe, perto de Grantham (Lincolnshire). Fez seus estudos (1661-1665) no Trinity College, Cambridge e em 1667 foi nomeado *Fellow* no mesmo College. De 1669 a 1701, lecionou matemática em Trinity. Em 1695, Lord Halifax encarregou-o da direção do "Mint" (Casa da Moeda) e, em 1703, foi nomeado presidente da Royal Society.

Os escritos de Newton são abundantes; além de vários informes compostos como diretor do "Mint", Newton escreveu sobre assuntos teológicos (sobre as profecias de Daniel e o Apocalipse de São João); até se chegou a dizer que se interessava, no fundo, mais por teologia do que por matemática e física. Não obstante, foi nestes últimos campos que escreveu suas obras mais importantes e influentes (ver bibliografia). Não nos ocuparemos aqui do conteúdo propriamente científico dos trabalhos de Newton, que consideramos conhecido ou sobre o qual o leitor pode informar-se em fontes mais pertinentes. Limitar-nos-emos a recordar suas contribuições no campo da matemática (especialmente seu "método de 'fluxões'" [ver INFINITO] e da física (desenvolvimento e sistematização da mecânica, com as leis do movimento [VER] e o 'sistema do mundo' com a teoria da gravitação universal; desenvolvimento das leis de refração e reflexão da luz e teoria corpuscular da luz). A mecânica de Newton, em particular, chamada hoje "mecânica clássica", constituiu a primeira grande exposição e sistematização da física moderna e, nessa qualidade, exerceu uma considerável influência sobre a ciência e a filosofia. Quase todos os grandes filósofos desde Newton levaram em conta a mecânica newtoniana quase sempre para elogiá-la e aceitá-la (Locke, Voltaire etc.), algumas vezes para submeter certos conceitos básicos a crítica (Berkeley, Leibniz), outras vezes para partir dela como *a ciência*, ou, melhor dizendo, "o *factum* da ciência", que se tratava de justificar e fundamentar epistemologicamente (Kant).

Do ponto de vista filosófico, têm interesse em Newton vários aspectos que mencionaremos rapidamente. Em primeiro lugar, o "método" usado na exposição "dos princípios mecânicos da filosofia" (da "filosofia natural" ou "física") consiste em "investigar, a partir dos fenômenos do movimento, as forças da Natureza, e passar a demonstrar os outros fenômenos com base nessas forças". Exemplo eminente do método é a exposição do "sistema do mundo", no terceiro livro dos *Principia*, pois "mediante as proposições matematicamente demonstradas nos livros anteriores, derivamos dos fenômenos celestes as forças de gravidade mediante as quais os corpos tendem ao Sol e aos demais planetas. E depois, a partir dessas forças, e mediante outras proposições que são também matemáticas, deduzimos os movimentos dos planetas, dos cometas, da Lua e do mar", aspirando a deduzir "o resto dos fenômenos da Natureza pelo mesmo tipo de raciocínio a partir de princípios mecânicos". Em outros verbetes desta obra (ver, por exemplo, ESPAÇO, HIPÓTESE, INÉRCIA, MOVIMENTO, TEMPO), abordamos mais detidamente alguns dos conceitos fundamentais usados por Newton. Tais conceitos são para Newton conceitos do que denomina "filosofia experimental", regida por várias "regras de raciocínio em filosofia", das quais destacamos a regra segundo a qual o "argumento por indução não deve ser evitado por hipótese". Por isso, Newton proclamou: "Não invento hipóteses." As proposições em "filosofia experimental" devem ser "inferidas dos fenômenos e generalizadas mediante indução".

O método da "filosofia natural" consiste, como Newton indica na *Óptica*, em "fazer experimentos e observações e em derivar conclusões gerais dessas observações mediante indução, e em não admitir objeções contra as conclusões, exceto as que procedem de experimentos ou de certas outras verdades". Uma vez realizadas essas operações, que constituem a análise, é preciso proceder à síntese, que consiste em "assumir as causas descobertas e os princípios estabelecidos, e explicar mediante eles os fenômenos que deles procedem, e demonstrar as explicações". Discutiu-se muito a esse respeito se Newton foi ou não fiel às próprias regras do método, já que não só a noção de "corpúsculo" — com suas "qualidades primárias": dureza, impenetrabilidade, mobilidade etc., e com a suposição de que possuem uma *vis inertiae* — como também a teoria da gravitação universal — com o pressuposto da *actio at distans* — parecem ser "hipóteses" não deriváveis de nenhum experimento e de nenhuma proposição obtida indutivamente. Deve-se observar a esse respeito, contudo, que ao falar das "hipóteses", Newton se referia a certo gênero de hipóteses, especialmente às que consistem em supor "qualidades ocultas" nos corpos. Tratamos desse ponto no verbete HIPÓTESE.

Em termos filosóficos, é igualmente importante a concepção newtoniana do espaço, tempo e movimento "absolutos" (quer essas concepções sejam "reais" ou meramente "operacionais"). Não poucas das idéias filosóficas propostas por Newton ou deriváveis de seus "Princípios" e "Regras" foram objeto de debates entre "newtonianos" e "leibnizianos", e em especial entre Samuel Clarke (VER) e o próprio Leibniz. Embora tenha indicado que "discutir acerca de Deus com base nas aparências das coisas [os 'fenômenos'] não cabe à "filosofia natural", Newton enfatizou que o sistema do universo não podia proceder senão "do conselho e domínio de um Ser inteligente e poderoso". Em que relação se acham certos "atributos" de Deus com certos "conceitos absolutos", como Espaço e Tempo, é justamente um dos temas do debate Leibniz-Clarke.

↪ Obras principais: *Philosophiae naturalis principia mathematica* [citado amiúde: *Principia*], 1687; 2ª ed.,
ed. R. Cotes, 1703; 3ª ed., ed. Pemberton, 1726; nova ed. A. Koyré e I. B. Cohen, 1972. — *Opticks, or a Treatise on the Reflection and Colours of Light* [citado amiúde: *Opticks*], 1704; 2ª ed., amp., 1717; 3ª ed., amp. 1721. — Em 1665, Newton compôs sua *Analysis per aequationes numero terminorum infinitas*; por volta de 1668, compôs o *Tractatus de quadratura curvarum*, e em 1671 compôs o *Methodus fluxionum et serierum infinitarum cum eiusdem applicatione ad curvarum geometriam*, mas esses escritos matemáticos foram publicados bastante depois de sua composição: o citado *Tractatus* foi publicado como apêndice à *Opticks* [cf. *supra*]; em 1712, foi publicada a *Analysis* e só em 1736 o *Methodus fluxionum*. Em 1774, publicou-se uma série de *Opuscula*. — Entre os escritos teológicos de Newton, destacam-se suas *Observations on the Prophecies of Daniel and the Apocalypse of St. John*, publicadas em 1733.

Edição de obras: *Opera quae exstant omnia*, 5 vols., 1779-1785, ed. S. Hornsley, reimp., 1963ss.. — Ver também: *Papers and Letters on Natural Philosophy and Related Documents*, 1958, ed. I. B. Cohen, com a colaboração de R. E. Schofield [não inclui nem *Principia* nem *Opticks*]. — Importantes para o conhecimento de N. são as seguintes edições de textos, em sua maioria procedentes da importante coleção de manuscritos de N., ou relativos a N., que se acha na Universidade de Cambridge (a "Portsmouth Collection"): *Uncollected Scientific Papers of I. N.*, 1962, ed. A. R. Hall e M. B. Hall. — *The Correspondence of I. N.*, 3 vols. (1661-1675), 1959; II (1676-1687), 1960; III (1688-1694), 1961, ed. H. W. Turbull [cartas de Newton e para Newton, para Collins, Oldenburg, Huygens etc.]. Seleção de escritos teológicos: *Sir I. N.: Theological Manuscripts*, 1950, ed. H. McLachlan. *Certain Philosophical Questions: Newton's Trinity Notebook*, 1983, ed. J. E. McGuire e M. Tamny [estudo da *Quaestiones quaedam philosophicae*, transcritas].

Em português: Optica, 1996. Princípios matemáticos; Optica; O peso e o equilíbrio dos fluidos, Os Pensadores, 1983. — Principia: princípios matemáticos de filosofia natural, 1990.

Biografias: David Brewster, *N.*, 1831. — Id., *Memoirs of the Life, Writings, and Discoveries of Sir I. N.*, 2 vols., 1855; 2ª ed., 1860. — A. de Morgan, *Essays on the Life and Work of N.*, 1914, ed. F. E.B. Jourdain. — L. T. More, *I. N. A Biography*, 1934. — F. Dessauer, *Weltfahrt der Erkenntnis. Leben und Werk I. Newtons*, 1945. — Cortes Pla, *I. N.*, 1945. — E. N. da C. Andrade, *Sir I. N.*, 1954. — G. E. Christianson, *In the Presence of the Creator: I. N. and His Times*, 1984. — R. S. Westfall, *Never at Rest*, 1980; versão abreviada com o título *The Life of I. N.*, 1993.

Dos escritos sobre a obra de N., destacamos: K. Snell, *N. und die mechanische Naturwissenschaft*, 1843. — A. Struve, *Newtons naturphilosophische Ansichten*,

1869. — C. Neumann, *Über die Prinzipien der galileischnewtonsche Theorie*, 1870. — I. Rosenberger, *N. und seine physikalische Prinzipien*, 1893. — P. Volkmann, *Über Newtons* Philosophiae Naturalis, 1898. — L. Bloch, *La philosophie de N.*, 1908. — H. G. Steinmann, *Über den Einfluss Newtons auf die Erkenntnistheorie seiner Zeit*, 1913. — A. J. Snow, *Matter and Gravity in Newton's Physical Philosophy*, 1926. — Helene Metzger, *Attraction universelle et religion naturelle*, 1938. — Stephen Toulmin, "Criticism in the History of Science: Newton on Absolute Space, Time, and Motion", *The Philosophical Review*, 68 (1959), 1-29, 203-227. — Alexandre Koyré, *Newtonian Studies*, 1965. — Id., *Metaphysics and Measurement in Seventeeth Century Physics*, 1966. — John Hervivel, *The Background to Newton's "Principia"*, 1966. — Paolo Casini, *L'universo-macchina: Origini della filosofia newtoniana*, 1969. — Arnald Thackray, *Atoms and Powers: An Essay on Newtonian Matter-Theory and the Development of Chemistry*, 1970. — J. Bernard Cohen, *Introduction to Newton's "Principia"*, 1971 (volume introdutório à ed. crítica dos *Principia* iniciada por A. Koyré e J. B. Cohen). — Fritz Wagner, *I. N. im Zwielicht zwischen Mythos und Forschung*, 1976. — E. McMullin, *Newton on Matter and Activity*, 1978. — G. Freudenthal, *Atom und Individuum im Zeitalter N. Zur Genese der mechanistischen Natur- und Sozialphilosophie*, 1982. — J. Schneider, *I. N.*, 1988.

Todas as obras sobre as origens da ciência moderna e sobre a história da teoria do conhecimento moderna se ocupam de Newton; destacamos: E. A. Burtt, *The Metaphysical Science*, 1925; ed. rev., 1932, e a obra *Das Erkenntnisproblem*, de E. Cassirer (cf. bibliografia de CASSIRER [E.]). — E. W. Strong, *Procedures and Metaphysics: A Study in the Philosophy of Mathematical Physical Science in the Sixteenth and Seventeenth Centuries*, 1936. — M. Ghins, *L'inertie et l'espace-temps absolu de Newton à Einstein*, 1990.

Entre as obras sobre a relação entre Newton e outros, mencionamos: J. Durdik, *Leibniz und N.*, 1869. — K. Dieterich, *Kant und N.*, 1877. — H. McLachlan, *The Religious Opinions of Milton, Locke, and N.*, 1941. — E. T. Whittaker, *Aristotle, N., Einstein*, 1942. — A. R. Hall, *Philosophers at War: The Quarrell Between Newton and Leibniz*, 1980. — R. H. Hurlbutt, *Hume, Newton, and the Design Argument*, 1985.

Para os desenvolvimentos anteriores a Newton (além de Burtt, Cassirer, cit. *supra*): Herbert Butterfield, *The Origins of Modern Science 1300-1800*, 1950. — R. E. Butts, J. W. Davis, eds., *The Methodological Heritage of Newton*, 1970. — Ch. Webster, *From Paracelsus to Newton: Magic and the Making of Modern Science*, 1982.

Para a influência de Newton (além de Steinmaml, Cassirer *et al. supra*): Pierre Brunet, *L'introduction des théories de N. en France au XVIIIe siècle (avant* 1738),

1931. — D. L. Sepper, *Goethe contra Newton: Polemics and the Project for a New Science of Color*, 1988. — J. E. Force, ed., *Essays on the Context, Nature, and Influence of I. N.'s Theology*, 1990. ℭ

NEXO. Na doutrina das relações (ver RELAÇÃO), sobretudo se entendida ao mesmo tempo lógica e ontologicamente, podem-se formular problemas referentes ao tipo de relação que liga duas ou mais entidades entre si. Pode-se falar de muitas espécies de relação, tais como a união, a fusão, a mistura, a coesão etc. Um dos vocábulos que podem ser usados para designar quaisquer tipos de relação é o vocábulo 'nexo'. Em princípio, pode-se considerar o nexo de dois pontos de vista: como nexo "lógico" e como nexo "real". Exemplo do primeiro é o nexo que se pode estabelecer entre duas ou mais proposições, especialmente numa cadeia dedutiva. Exemplo do segundo é o que se denomina às vezes "nexo causal" ou, simplesmente, causalidade. Aristóteles ocupou-se da natureza do "nexo", συμπλοκή, e, em particular, de saber se o nexo é real (pertence às coisas) ou "lógico" (pertence ao discurso) e concluiu que ele pertence ao discurso (*Met.*, E, 4, 1027 b 30). Isso significa, ou pode significar, que as relações entre entidades não pertencem às entidades, mas ao modo de considerá-las ou ligá-las. Pode-se dizer então que as relações são "externas". Em contrapartida, quando se afirma que o nexo pertence às coisas, mantém-se a chamada "doutrina das relações como relações internas". Outros filósofos questionaram-se sobre a natureza do nexo entre diversas entidades: entre as coisas naturais entre si; entre a alma e as coisas (pelo menos enquanto conhecidas); entre Deus e as criaturas; entre as diversas Pessoas da Trindade; entre as idéias e as realidades etc. Diversas doutrinas formuladas acerca do modo como as entidades estão relacionadas com seu princípio ou seus princípios, como estão relacionadas entre si etc. podem ser mais bem compreendidas quando analisamos a natureza do nexo considerado (por exemplo, quando procuramos averiguar se o nexo é o que se estabelece entre um modelo e o imitado, ou entre uma causa e um efeito etc.). Em quase todos os sistemas filosóficos é importante o modo de conceber o nexo (ou, segundo os casos, os diversos tipos de nexo), mas em alguns sistemas a questão da índole do nexo, ou nexos, é fundamental. É o que ocorre, por exemplo, com Spinoza, em cuja filosofia a idéia de nexo como ordem, *ordo*, e conexão, *connexio*, das idéias e das coisas (*Eth.*, III, prop. vii), desempenha um papel capital. É o que acontece também com Hegel, por causa da importância básica do nexo como "nexo dialético". Em algumas doutrinas filosóficas, a idéia de nexo enquanto conexão estrutural parece ser mais básica do que a das coisas, entidades, termos etc., conectados. É o caso da maioria das filosofias chamadas "funcionalistas", ao contrário das filosofias de caráter primariamente "substancialista". Em algumas dessas filosofias "funcionalistas", as realidades são descritas como "conexões estruturais". Um dos autores que mais insistiram na idéia do nexo como conexão estrutural foi Dilthey, que freqüentemente descreve "nexos" (psíquicos, históricos etc.) nas mencionadas conexões estruturais (*Zusammenhänge*) e fala às vezes de tipos fundamentais de nexos estruturais; por exemplo, o nexo estrutural como tal e a conexão temporal (*Psychologie*, VIII).

O exame da idéia de nexo está em estreita relação com a análise do todo e suas partes (ver TODO), bem como com as diferenças às vezes estabelecidas entre um todo como estrutura e um todo como soma. Muitos dos autores que insistiram na importância do nexo afirmaram que os todos são estruturas e não, para usar expressões de Hegel, *Und-Verbingunden* ou *blosse Kopulation*.

Whitehead utilizou o vocábulo 'nexo' (*nexus*) como termo técnico cuja significação é, segundo o autor, diferente da tradicional, de forma que 'nexo' está no pensamento de Whitehead numa situação análoga à situação de expressões como 'entidade atual [efetiva, real]', 'preensão' (VER) e 'princípio ontológico'. Um nexo é o fato de que várias entidades "atuais" se achem unidas; ao lado dessas entidades e das preensões (ver PREENSÃO), os nexos são "os fatos últimos da experiência real" (*Process and Reality*, I, 1). As chamadas "ocasiões atuais" (ocasiões efetivas) formam nexos, que são como agrupamentos "concretos" dessas ocasiões. O que se denomina "permanência" de uma realidade é constituído pelo nexo das ocasiões; assim, por exemplo, "o campo físico... chega a ser um 'nexo' de atualidades" (*op. cit.*, II, 6). Dessa forma, portanto, um nexo nem sempre é, nem com freqüência, "universal"; ele é mais amiúde um nexo particular de determinado grupo de acontecimentos com outro determinado grupo de acontecimentos. Segundo Whitehead, uma entidade percipiente pode perceber, mediante "sensibilidade perceptual", nexos particulares. Em última análise, o mundo efetivo de uma "entidade atual" pode ser concebido como um nexo "cuja objetivação constitui a unidade completa de um dado objetivo para a sensibilidade dessa entidade atual", de sorte que "tal entidade atual é o percipiente originário daquele nexo". Assim, "cada mundo atual [efetivo, real] é um nexo (*nexus*), que nesse sentido é independente de seu percipiente originário". Todo nexo, além disso, é "um nexo componente, primeiro realizado em alguma fase ulterior de concrescência (*concrescence*) de uma entidade atual" (*op. cit.*, III, 1).

Uso o termo 'nexo' em *El ser y el sentido* (1967, XII, § 3). Os nexos entre realidades poder ser "entitativos", como ocorre com as relações causais, ou "significativos", como acontece com outros tipos de relações (relações entre expressões lingüísticas e aquilo de que falam, entre atos de conhecer e objetos conhecidos, entre elementos em certas estruturas etc.). Os nexos entitativos e os significativos não se acham em oposição mútua, e com freqüência o fato de que um nexo seja de determinado tipo é função da perspectiva adotada (e do esquema conceitual usado). Quando se acentua o caráter significativo dos nexos, pode-se falar do "nexo como sentido". Como a expressão 'sentido', assim como a expressão 'ser', designam simplesmente conceitos-limite, o nexo como sentido é só uma designação geral para uma grande multiplicidade de nexos que se aproximam mais ou menos de conexões de tipo significativo; e que, correlativamente, se aproximam mais ou menos de conexões de tipo não significativo.

NICÉFORO CHUMNO (1261-1321). Um dos mais destacados e influentes filósofos bizantinos, é considerado um antiplatônico e antineoplatônico por sua constante oposição a todo realismo. Segundo Nicéforo, as idéias (ou formas) não existem senão com os corpos. Isso o levou às vezes a uma posição claramente nominalista, que tinha como fundamento um pressuposto teológico: o de que Deus está acima de toda realidade e, portanto, não está de modo algum ligado a idéias eternas (opinião similar à de muitos nominalistas da escola occamista). Não obstante, em outras ocasiões ele tendeu a um conceptualismo aristotélico. O nominalismo (ou conceptualismo) de Nicéforo Chumno não o impedia, entretanto, de seguir algumas das opiniões platônicas, em especial no que diz respeito à natureza da alma, sua simplicidade, imortalidade etc. Em alguma medida, Nicéforo Chumno mostrou-se eclético com relação a Platão e a Aristóteles, os dois autores que levou constantemente em conta em seus tratados.

⊃ Nicéforo Chumno escreveu tratados *Sobre a matéria*, *Sobre as idéias* e *Sobre a alma sensível e vegetativa*. Escreveu também uma série de cartas de índole filosófica e teológica.

Ver: F. Boissonade, *Anecdota Graeca*, I, 293-312; II, 137-187; III, 356-408; V, 183-250, e *Anecdota Nova*, 1-201. Para escritos teológicos, Migne, *PG*, CXL, 1397-1526.

Ver também B. Tatakis, *La philosophie byzantine*, 1949, pp. 247-249. ⊂

NICOD, JEAN (1893-1924). Estudou na Sorbonne com André Lalande, na École Normale Superieure de Paris, onde recebeu sua *agrégation*, na École des Hautes Études e na Universidade de Cambridge, onde teve como professor Bertrand Russell e recebeu um M.A. Deu aulas nos liceus de Toulon, Cahors e Reims; empregou-se na Oficina Internacional de Trabalho, da Sociedade de Nações, e completou suas duas teses de doutoramento pouco antes de ter a oportunidade de defendê-las na Sorbonne.

Influenciado pela tradição dos *Principia Mathematica*, Nicod propôs uma redução no número de proposições primitivas no cálculo proposicional. Com esse objetivo, empregou a conectiva "Não ao mesmo tempo *p* e *q*", simbolizada, '|', em termos da qual pôde definir as outras conectivas e com base na qual formulou um axioma único para todo o cálculo proposicional. Referimo-nos a '|' em SHEFFER (TRAÇO DE).

Em suas pesquisas sobre a indução, Nicod procurou mostrar que o único método aceitável de indução é a chamada "indução por enumeração simples", em contraposição à indução mediante "análise das circunstâncias". Segundo Nicod, deve-se levar em conta a repetição de exemplos. Nicod propõe uma hipótese referente às "duas relações elementares entre um fato e uma lei": as duas "ações elementares" são a "confirmação" e a "desconfirmação" (*infirmation*). Ambas as "ações" podem ser utilizadas para a indução, mas a "desconfirmação" — aproximadamente equivalente à falseabilidade (VER) — tem, segundo Nicod, uma clara vantagem teórica sobre a confirmação. Enquanto esta última proporciona apenas probabilidade, a desconfirmação proporciona certeza. A desconfirmação procede por "eliminação", que pode ser completa ou parcial. Nicod conclui, depois de criticar as teorias da indução de Keynes, que "se a eliminação é o único recurso da indução... nenhuma indução em favor de uma lei pode ultrapassar uma probabilidade medíocre" (*Le problème logique etc.*, p. 78).

Em sua tese sobre a geometria no mundo sensível, Nicod procura averiguar como, e em que medida, as proposições da geometria se aplicam à ordem do mundo sensível. Embora Nicod reconheça que a geometria é "um exercício de lógica" e afirme que as relações entre os diversos sistemas geométricos são relações formais, ele procura derivar os termos primitivos usados nos sistemas geométricos de puros dados sensíveis concebidos como experiências imaginárias. A geometria física de Nicod funda-se num completo sensacionismo e fenomenismo. Desse modo, pode-se encontrar, diz Nicod, "a geometria no livro da Natureza" (*La géometrie etc.*, p. 81). Assim, a "geometria sensível" não é o resultado de uma "indução" praticada sobre objetos físicos: é o resultado da descoberta do modo como os elementos e relações elementares que se encontram na Natureza formam "espaços". Esses "espaços" são "satisfeitos" por sistemas geométricos.

⊃ O trabalho de N. sobre a redução de signos (ou proposições) primitivos na lógica é: "A Reduction in the Number of Primitive Propositions of Logic", *Proceedings of the Cambridge Philosophical Society*, 19 (1917-1920), 32-41. As duas teses de N. são: *Le problème logique de l'induction*, 1924 (prefácio de A. Lalande) (reimp., 1961), e *La géometrie dans le monde sensible*, 1924 (prefácio de Bertrand Russell). ⊂

NICOL, EDUARDO (1907-1990). Nascido em Barcelona, foi secretário geral da Fundação Bernat Metge e professor titular na Universidade Nacional Autônoma do México. Nicol trabalhou sobretudo com o tema da expressão. A esse respeito, várias fases são perceptíveis em seu pensamento. A primeira está representada por uma análise fenomenológica do homem em suas situações vitais (ver SITUAÇÃO), da qual resulta uma teoria do homem como ser determinado pela temporalidade e pela espacialidade, e da vida como ação (expressão). A segunda manifesta-se mediante um estudo da historicidade do *ser* do homem; desse estudo procede, entre outros resultados, a elaboração de uma lei de herança histórica pela qual se torna possível a salvação da verdade na lei reguladora de produção das verdades. A terceira consiste numa pesquisa da salvação da verdade antes da ciência, o que implica uma teoria do conhecimento como re-conhecimento, e a afirmação de que o objeto se constitui como tal não na relação dual *sujeito-objeto*, mas na explicação verbal pela qual dois sujeitos identificam o ente como realidade comum. A quarta revela-se numa afirmação da evidência imediata e apodítica do outro (o próximo) como ser da expressão. Superam-se com isso, segundo Nicol, as posições opostas do realismo e do idealismo; ademais, isso permite fundamentar uma ontologia do humano. Assim, a expressão mostra-se como o caráter ontológico primário (e constitutivo) do homem a partir do qual decorrem fenomenologicamente os outros caracteres, de tal modo que a própria ciência pode ser considerada uma expressão.

⊃ Obras: *Psicología de las situaciones vitales*, 1941; 2ª ed., 1963. — *La idea del hombre*, 1946; nova ed., refundida, 1977. — *Historicismo y existencialismo. La temporalidad del ser y la razón*, 1950; 2ª ed., corrig., 1960. — *La vocación humana*, 1953. — *Metafísica de la expresión*, 1957; nova versão, 1974. — *El problema de la filosofía hispánica*, 1961. — *Los principios de la ciencia*, 1965. — *El porvenir de la filosofía*, 1972. — *La primera teoría de la praxis*, 1978. — *La reforma de la filosofía*, 1980. — *La agonía de Proteo*, 1981. — *La revolución de la filosofía. Crítica de la razón simbólica*, 1982. — *Formas de hablar sublimes*, 1990. — *Ideas de vario linaje*, 1990 (reúne 31 artigos, 7 deles inéditos). — É autor, além disso, de numerosos artigos, traduções e recensões.

Ver: José Luis Abellán, "Eduardo Nicol: De la 'metafísica de la expresión' a la 'filosofía de la ciencia', em *Filosofía española en América (1936-1966)*, 1966, pp. 57-81. — J. González, *La metafísica dialéctica de E. Nicol*, 1981. — A. Sánchez Vázquez, B. Nuño, J. González *et al., El ser y la expresión*, 1990 [Simpósio sobre "La filosofia de E. N.", UNAM, janeiro de 1988]. — A. Castiñeira, ed., *E. N.: Semblança d'un filòsof*, 1991. ⊂

NICOLAI, CHRISTIAN FRIEDRICH (1733-1811). Nascido em Berlim, foi uma das figuras mais ativas e influentes no círculo dos "ilustrados" berlinenses. Entre outras publicações, dirigiu a revista *Allgemeine deutsche Bibliothek*, possivelmente a mais prestigiosa publicação periódica alemã da época. Amigo de Lessing e de Moses Mendelssohn, polemizou constantemente contra um grande número de escritores e filósofos alemães seus contemporâneos: J. C. Gottsched, J. G. Hamann, J. C. Lavater, Christian Garve, Herder, Jacobi, Kant, Fichte, Schleiermacher, Goethe, Schiller. Os católicos, os protestantes, os místicos, os ocultistas, os filósofos críticos, os "clássicos", os "românticos", até os próprios "iluminados" ("ilustrados"), membros da sociedade dos *Illuminaten* (à qual, de resto, Nicolai pertencia): nada escapou à crítica de Nicolai, expressa não somente em artigos e ensaios, mas também em romances. Nicolai via por toda parte obscurantismo, hipocrisia, dogmatismo, fanatismo, corrupção moral e intolerância. Fiel às inspirações da chamada "filosofia popular", opunha-se ao que considerava o jargão abstruso dos filósofos acadêmicos. Nicolai defendia o senso comum, a separação entre a religião e a ciência e entre a religião e a moral. Inclinado ao deísmo, ele julgava, não obstante, que o comum dos homens necessitava provavelmente de crenças mais "positivas". Embora se tenha oposto tanto à arte como imitação como à arte como imaginação, procurou, em estética e crítica literária, encontrar um justo meio entre o classicismo e o *Sturm und Drang*; seu ideal artístico foi uma literatura didática, razoável e oposta a todos os preconceitos.

⮕ Entre os romances satíricos de Nicolai, destacam-se: *Leben und Meinungen des Herrn Magisters Sebaldus Nothanker*, 3 vols., 1773-1776 (*Vida e opiniões do senhor professor S. N.*); *Freuden des jungen Werthers*, 1775 (*Alegrias do jovem W.*); *Sempronius Gundibert*, 1798, e *Geschichte eines dicken Mannes*, 2 vols., 1794 (*História de um homem gordo*). — Deve-se a ele a extensa descrição de viagem (com observações críticas) *Beschreibung einer Reise durch Deutschland und die Schweiz im Jahre 1781*, 12 vols., 1783-1796 (*Descrição de uma viagem pela Alemanha e pela Suíça no ano de 1781*); a obra de crítica literária *Briefe, den jetztigen Zustand der schönen Wissenschaften betreffend*, 1755 (*Cartas referentes ao estado atual das ciências do espírito*) e numerosos ensaios e artigos, muitos deles agrupados em *Philosophische Abhandlungen*, 2 vols., 1808 (*Tratados filosóficos*).

Ver: Karl Aner, *Der Aufklärer F. N.*, 1912. — M. Sommerfeld, *N. und der Sturm und Drang*, 1921. — F. C. A. Philips, *Nicolais literarische Bestrebungen*, 1926. — W. Strauss, *F. N. und die kritische Philosophie*, 1927. — G. Ost, *F. Nicolais Allgemeine deutsche Bibliothek*, 1928. — Friedrich Meyer, *F. N.*, 1938. — H. Möller, *Aufklärung in Preussen. Der Verleger, Publizist und Geschichtsschreiber F. N.*, 1974. ⮔

NICOLAU DE AMIENS. Desde meados do século XII, foi um dos discípulos de Gilberto de la Porrée (VER), isto é, um dos chamados "porretanos" (*Porretani*). Alguns historiadores distinguem entre esse Nicolau de Amiens e um homônimo seu, da mesma época, autor de um *De arte seu articulis catholicae fidei*, dedicado a Clemente III, e no qual se expõem, em rigorosa ordem, as doutrinas teológicas relativas à existência de Deus, à criação, à redenção, aos sacramentos e à ressurreição, proporcionando-se provas dessas doutrinas com base em definições, postulados e noções comuns (axiomas) à maneira dos geômetras. Em acordo com isso, o filósofo porretano não teria escrito a citada obra, mas na verdade uma exposição do comentário a Boécio de Gilberto de la Porrée. Outros historiadores falam de um único Nicolau de Amiens, discípulo de Gilberto de la Porrée e autor do mencionado *De arte seu articulis catholicae fidei*. Por outro lado, essa obra — publicada em Migne, *PL*, CCX, 595-618 — é de autor incerto. Na *Patrologia Latina* de Migne, ela é atribuída a Alano de Lille. M. Grabmann (*Geschichte der scholastischen Methode*, II, 1911, pp. 459-465 e 471-476) a atribui ao Nicolau de Amiens supostamente distinto do porretano, ao passo que Gordon Leff (*Medieval Thought: St. Agustine to Ockham*, 1958, pp. 124, 132) fala de um único Nicolau de Amiens, porretano, e da possibilidade de voltar a atribuir o *De fide* a Alano de Lille.

NICOLAU DE AUTRECOURT, Ultricúria ou Autricúria († *ca.* 1350). Estudou artes e teologia em Paris, desempenhando o cargo de mestre de artes até que foi proibido de lecionar em virtude da condenação, em 1347, de um considerável número de teses suas. Seguindo os precedentes de Occam, e em clara oposição ao aristotelismo, Nicolau de Autrecourt admite como verdadeiras apenas as proposições resultantes da experiência imediata e as que podem remontar ao princípio de contradição. Ora, essa afirmação pressupõe a limitação do conhecimento ao fato de que uma coisa seja, mas não de que haja outra coisa derivada dela. A conseqüência imediata desse pressuposto é uma crítica da causalidade e da substância, que fez de Nicolau de Autrecourt um predecessor de Hume. Mas enquanto Hume nega não apenas que a relação *causa-efeito* seja analítica, mas que tampouco possa ocorrer na experiência imediata, Nicolau de Autrecourt rejeita apenas o caráter analítico dessa relação. Em compensação, pode-se afirmar a procedência de um efeito e sua vinculação à causa pela experiência imediata, única que proporciona o saber ao lado do critério supremo da contradição. O mesmo ocorre, segundo Nicolau de Autrecourt, com a idéia da substância e a relação *substância-acidente*. Em ambos os casos, pode-se concluir de uma coisa a outra, mas essa relação não é necessária; a relação causal e a substancial só podem afirmar-se, pois, com segurança nos limites da experiência, sendo sua ampliação algo meramente provável. Daí a redução das evidências ao existente experimentado e mesmo a negação da substância em seu sentido tradicional, pois o substancial se acha meramente no que é experimentado. A crítica de Nicolau de

Autrecourt passa igualmente ao terreno da teologia construída com base na filosofia aristotélica, mas, diante da improbabilidade das afirmações referentes ao inexperimentável ou que não podem deduzir-se do princípio supremo de contradição, remete-se à revelação admitida pela maior probabilidade adscrita à fé.

↪ Obras: *Exigit ordo executionis (Tractatus universalis magistri Nicholai de Ultricuria ad videndum an sermones Peripateticorum fuerint demonstrati)* [escrita em 1340], 1939, ed. J. R. O'Donnell, *Mediaeval Studies*, 1 (1939), 179-280. — As cartas de Nicolau d'Autrecourt a Bernardo de Arezzo foram publicadas com outros textos: *Letters*, 1908, ed. J. Lappe, *N. v. A. Sein Leben, seine Philosophie, seine Schriften*. — *The Universal Treatise of N. of A.*, 1971, trad. ingl. L. A. Kennedy *et al.* [Medieval Texts in Translation, 20]. — As teses condenadas em 1347 foram impressas em várias edições das sentenças de Pedro Lombardo.

Ver, além disso: Paul Vignaux, art. "Nicolás d'Autrecourt", em *Dictionnaire de théologie catholique*, de Vacant-Mangenot-Amann, t. XI, Pt I, 1931, cols. 562-587. — E. A. Moody, "Ockham, Buridan, and Nicholas of Autrecourt", *Franciscan Studies*, 7 (1947), 113-146. — J. R. Weinberg, *Nicolaus of Autrecourt. A Study in Fourteenth Century Thought*, 1948. — M. del Pra, *Nicola di Autrecourt*, 1951. — W. P. Sutton, *N. v. A. und die altgriechischen Atomisten*, 1959. — T. K. Scott, "N. of A., Buridan and Ockhamism", *Journal of the History of Philosophy*, 9 (1971), 15-41. — F. C. Copleston, "The Logical Empiricism of N. of A.", *Proceedings. Aristotelian Society*, 74 (1973-1974), 249-262. — A. L. Townsley, "N. of A. as Anti-Metaphysician: The Principles of the Good and the Eternity of Things in the *Exigit Ordo Executionis*", *Giornale di Metafisica*, 31 (1976), 133-147. — L. Groarke, "On Nicholas of Autrecourt and the Law of Non-Contradiction", *Dialogue*, 23 (1984), 129-134. ℭ

NICOLAU DE CUSA, Nicolaus Cusanus, Nicolaus Chrypffs ou Krebs (1401-1464). Nascido em Cues (Cusa). Depois de estudar em Heidelberg e Pádua, transferiu-se para Roma e de lá para Colônia, a fim de seguir estudos eclesiásticos. Em 1426, ordenou-se sacerdote. Secretário durante certo tempo do núncio do Papa na Alemanha, Orsini, e amigo de muitos humanistas, assim como de Gutenberg, contribuiu para a impressão de manuscritos, em especial de manuscritos gregos. Em 1432, Nicolau de Cusa participou do Concílio de Basiléia, representando primeiro o chamado "partido conciliar" e depois o chamado "partido papal". Como representante da Santa Sé, interveio em diversas negociações eclesiásticas, inclusive a que contribuiu para a incorporação temporária da Igreja Oriental a Roma. Em 1448, Nicolau de Cusa foi nomeado Cardeal. Em 1450, foi nomeado bispo de Brixen e, durante os anos 1451 e 1452, foi núncio do Papa na Alemanha.

Familiarizado com a tradição neoplatônica, agostiniana e mística da Idade Média, sem por isso descartar por inteiro a tradição aristotélico-tomista, e sob a influência de alguns nominalistas, Nicolau de Cusa parece ser, visto superficialmente, um filósofo e teólogo "eclético". Essa aparência tem algo de verdade na medida em que Nicolau de Cusa aspira a completar harmoniosamente o pensamento de outros autores. Contudo, há em seu pensamento, e sobretudo no modo de expressá-lo, muito do que em sua época era "novo" e que foi qualificado de "moderno" ou de "pré-moderno". Do ponto de vista filosófico ou filosófico-teológico —, interessa especialmente em Nicolau de Cusa o modo como abordou duas questões, para ele intimamente relacionadas entre si: a questão do conhecimento, ou, mais adequadamente, do acesso à realidade, e a questão da natureza de Deus e da relação entre Deus e o mundo, ou Deus e as criaturas.

No tocante à "questão do conhecimento", Nicolau de Cusa distinguiu quatro graus de conhecer: os sentidos, que proporcionam imagens confusas e incoerentes; a razão, que as diversifica e ordena; o intelecto ou razão especulativa, que as unifica, e a contemplação intuitiva, que, ao levar a alma à presença de Deus, alcança o conhecimento da unidade dos contrários. De certo modo, o conhecimento de Deus é um conhecimento por *via negativa*, pois é o que se obtém quando se descartam todos os outros conhecimentos. Mas de certa maneira é um conhecimento positivo, visto que é saber o que constitui Deus em sua realidade infinita.

Para Nicolau de Cusa, a mencionada "unidade dos contrários", ou a "unidade suprema", é o próprio Deus. É *coincidentia oppositorum* porque é, por assim dizer, "o lugar" no qual se assenta a verdade suprema como superação de toda contradição. Deus é para Nicolau de Cusa a possibilidade de todas as coisas e, ao mesmo tempo, sua realidade; é o *possest*, isto é, o poder ser que chegou a ser de modo real e absoluto. Mas essa suma potência e sumo ser não o transformam tão-somente num *máximo*, numa elevação à potência infinita da finitude do mundo; por achar-se em tudo, é também um *mínimo*. Assim como nas figuras geométricas que tendem a um limite, esse limite é a unidade de si mesmo e da figura, assim também Deus é o ponto onde coincide toda oposição de figuras, o verdadeiro e autêntico infinito atual. Nicolau de Cusa faz uso de exemplos extraídos dos problemas matemáticos de limite para ilustrar suas concepções acerca da divindade e do mundo: o arco de uma corda coincide com esta quando o arco é máximo; a curva coincide com a reta quando a circunferência cresce até o infinito. O mundo é manifestação de Deus e nele reside o princípio de sua unidade e ordem; é, por assim dizer, "o máximo concreto e composto". Mas para aspirar ao saber da unidade suprema é necessário que o homem mergulhe num espírito de ausência de determinações positivas, de renúncia a toda afirmação. Esse estado de espírito, no qual a alma se desapega do conhecimento dos contrários e se aproxima do conhecimento pela razão especulativa ou intuição intelectual, é a verdadeira *docta ignorantia* (ver DOUTA IGNORÂNCIA), a "sabedoria" e não a "ciência", a ignorância que se torna consciente da impotência de todo saber racional. Isso é possível, segundo Nicolau de Cusa, sobretudo porque o homem é, na realidade, uma imagem do divino, um microcosmo no qual se reflete, diminuído mas onipresente, o macrocosmo da totalidade.

◯ Obras: *De concordantia catholica* (1433). — *De reparatione Calendarii* (1436). — *De docta ignorantia* (1440). — *De coniecturis* (1440). — *De quaerendo Deum* (1445). — *De filiatione Dei* (1445). — *De dato Patris luminum* (1446). — *De Genesi* (1447). — *Apologia doctae ignorantiae* (1449). — *Idiota* (1450, com *De sapientia dialogi duo, De mente, De staticis experimentis*). — *De novissimis diebus* (1453). — *De visione Dei* (1453). — *De pace seu concordantia fidei* (1454). — *Complementum theologicum, figuratum in complementis mathematicis* (1454). — *De beryllo* (1458). — *De possest* (1460). — *De cribatione Alchorani* (1461). — *De non aliud* (1462). — *De veneratione sapientiae* (1463). — *De apice theoriae, De ludo globi* (1464). — *Compendium* (1464).

Edição de obras: Estrasburgo (1488) [reimp. da mesma prep. por Paul Wilpert, em Miscellanea Medievalia, 5]; Paris (1514, reimp., Frankfurt, 1962); Basiléia (1565). — Edição crítica organizada pela Heidelberger Akademie der Wissenschaften e sob a direção de E. Hoffmann, R. Klibansky, J. Koch et al.: *Nicolaii de Cusa Opera Omnia, iussu et auctoritate Academiae Litterarum Heidelbergensis ad Codicum Fidei edita*, 1932ss... (*I. De docta ignorantia; II. Apologia doctae ignorantiae; III. De coniecturis; IV. De filiatione Dei, De Genesi; V. Idiota, De sapientia, De mente, De staticis experimentis; VI. De visione Dei; VII. De pace fidei; VIII. Cribatio Alchorani; IX. De ludo globi; X. Compendium, De possest; XI. De beryllo, De dato Patris luminum, De quaerendo Deum; XII. De venatione sapientiae, De apice theoriae; XIII. De non aliud seu Directio speculantis; XIV. De concordantia catholica*).

Bibliografia: H. Kleinen, R. Danzer, "Cusanus-Bibliographie 1920-1961", *Mitteilungen und Forschungsbeiträge der Cusanus-Gesellschaft*, 1 (1961), 95-126. — R. Danzer, "Cusanus-Bibliographie 1961-1964 und Nachträge", *ibid.*, 3 (1964), 223-237. — W. Traut, "Cusanus-Bibliographie 1964-1967 und Nachträge", *ibid..*, 6 (1967), 178-202. — Eduard Zellinger, *Cusanus-Konkordanz. Unter Zugrundlegung der philosophischen und der bedeutensten theologischen Werke*, 1960 [baseada em edições críticas, ed. de Paris de 1514 e vários manuscritos]. — Índice completo dos sermões conservados nos manuscritos, em J. Koch, *Untersuchungen über Datierung, Form, Sprache und Quellen*, 1942.

Uma *Cusanus-Gesellschaft* publica, desde 1961, *Mitteilungen und Forschungsbeiträge*, em forma de anuário. Há, na Universidade de Mainz, um *Institut für Cusanus-Forschung*, fundado por Rudolf Haubst em 1960. Desde 1976, são publicadas algumas *Acta Cusana. Quellen zur Lebensgeschichte des Nikolaus von Kues*.

Ver: F. A. Scharpff, *Der Kardinal und Bischof N. von Cusa*, 1843, reimp., 1965. — Id., *Der Kardinal und Bischof N. von Cusa als Reformator in Kirche, Reich und Philosophie*, 1871, reimp., 1965. — R. Falckenberg, *Grundzüge der Philosophie des N. Cusanus mit besonderer Berücksichtigung der Lehre vom Erkennen*, 1880. — J. Uebinger, *Philosophie des N. Cusanus*, 1881. — Id., *Die Gotteslehre des N. C.*, 1888 (com edição do texto até então inédito: *De non aliud*). (Outros escritos de Uebinger sobre as obras de Cusa em *Zeitschrift für Philosophie, Philosophisches Jahrbuch* e *Historisches Jahrbuch*, 1893-1894.) — G. Grüning, *Wesen und Aufgabe des Erkennens nach N. Cusa*, 1902. — Max Jacobi, *Das Weltgebaude des Kardinals N. von Cues*, 1904. — Ch. Schmidt, *Kardinal N. Cusanus*, 1907. — K. P. Hasse, *Nikolaus von Kues*, 1913. — Edmund Vansteenberghe, *Le Cardinal N. de Cues: L'action. La pensée*, 1920, reimp. 1963 [com bibliografia; o mesmo autor publicou, em 1910, o texto até então inédito: *De ignota literatura*, de Juan Wenck de Herrenberg contra Nicolau de Cusa]. — Ernst Cassirer, *Individuum und Kosmos in der Philosophie der Renaissance*, 1927. — J. Ritter, *Docta Ignorantia, Die Theorie des Nichtwissens bei Nicolaus Cusanus*, 1927. — Paolo Rotta, *Il Cardinale Nicolò di Cusa, la vita ed il pensiero*, 1928. — E. Hoffmann, "Cusanus-Studien. I. Das Universum des N. von Cues" (*Sitzungsberichte der Heidelb. Akademie der Wissenschaften, Phil.-Hist. Klasse*, 1929/1930). — P. Mennicken, *N. von Cues*, 1932. — H. Bett, *N. of Cusa*, 1932. — H. Rogner, *Die Bewegung des Erkennens und das Sein in der Philosophie des Nikolaus von Kues*, 1937. — Hano Kunkel, *Schicksal und Liebe des Nikolas von Cusa: Roman*, 1936, reimpr., 1949. — Rudolf Schultz, *Die Staatsphilosophie des Nikolaus von Kues*, 1948. — G. Saitta, *N. Cusano e l'umanesimo italiano*, 1957. — Karl Volkmann-Schluck, *N. C. Die Philosophie im Übergang vom Mittelalter zur Neuzeit*, 1957. — Mikolaj Tokarski, *Filozofia Bytu u Mikolaja z Kuzi*, 1958 (*A filosofia do ser em Nicolau de Cusa*) [com resumo em francês e uma bibliografia bastante completa]. — Charles Hummel, *N. Cusanus. Das Individualitätsprinzip in seiner Philosophie*, 1961. — Paul E. Sigmund, *N. of Cusa and Medieval Political Thought*, 1963. — Felice Battaglia, *Metafisica, religione e politica nel pensiero di N. da Cusa*, 1965. — Pál Sándor, *N. Cusanus*, 1965 (em húngaro; tradução alemã, 1971). — Siegfried Dangelmayr, *Gotteserkenntnis und Gottesbegriff in den phi-*

losophischen Schriften des N. von Kues, 1969. — Klaus Jacobi, *Die Methode der Cusanischen Philosophie*, 1969. — Willi Schwarz, *Das Problem der Seinsvermittlung bei N. von Cues*, 1969. — Kurt Flasch, *Die Metaphysik des Einen bein N. von Kues. Problemgeschichtliche Stellung und systematische Bedeutung*, 1973. — N. Harold, *Menschliche Perspektivität und Wahrheit. Zur Deutung der Subjektivität in der Schriften des N. v. K.*, 1975. — W. Beierwaltes, *Visio absoluta*, 1978. — J. Hopkins, *A Concise Introduction to the Philosophy of N. of C.*, 1978; 3ª ed., 1986. — D. Pätzold, *Einheit und Andersheit. Die Bedeutung kategorialer Neubildungen in der Philosophie des N. C.*, 1981. — J. Hopkins, *N. of C.'s Metaphysics of Contraction*, 1983. — R. Haubst, ed., *Der Friede unter den Religionen nach N. v. K.*, 1984. — F. Nagel, *N. C. und die Entstehung der exakten Wissenschaften*, 1984. — J. Hopkins, *N. of C.'s Dialectical Mysticism*, 1985. — G. Wohlfart, *Das Sehen Gottes nach N. v. K.*, 1987. — P. E. Sigmund, *The Catholic Concordance: N. of C.*, 1991. ○

NICOLAU DE DAMASCO (ca. 64 a.C.). Foi um dos mais destacados peripatéticos da época. Como Andrônico de Rodes e Aristão de Alexandria, ele se dedicou intensamente à compilação e à pesquisa: resultado disso é uma descrição das plantas, ainda conservada. Nicolau de Damasco escreveu também numerosos comentários filosóficos, que abrangiam praticamente todos os campos do saber da metafísica e teologia à meteorologia —, mas de muitos deles só se conservaram fragmentos e de alguns unicamente os títulos. Numa obra intitulada *Sobre Aristóteles*, Περὶ τῆς Ἀριστοτέλους φιλοσοφίας, Nicolau de Damasco parece ter escrito uma introdução sistemática ao estudo do Estagirita. Nicolau foi conselheiro de Herodes Magno.

○ Textos: Th. Roeper, *Nic. Dam. de Aristotelis philosophia librorum reliquiae (Lectiones Abulpharagianae)*, 1844. — Texto sírio, com introdução, trad. e comentário de G. J. Drossaart Lulofs: *Nic. Dam: On the Philosophy of Aristotle*, 1965. — E. H. F. Meyer, *Nic. Damas. de plantis libri duo*, 1841. — K. Müller, *Fragmenta historicorum Graecorum*, III, 348ss..

Ver C. Trieber, *Quaestionae Laconicae, pars I: De N. Dam. Laconicis*, 1866. — B. Hemmerdinger, "Le *De plantis* de N. de D. à Planude", *Philologus* (1967), 56-65. ○

NICOLAU DE ORESME († 1382). Nascido num lugar (segundo alguns, Alemanha) dependente do bispado de Bayeux, numa região hoje ocupada pelo departamento de Calvados, na Normandia (França). Estudou teologia em Paris e foi grão-mestre do Colégio de Navarra, da Universidade de Paris, em 1356. Em 1377, foi nomeado bispo de Lisieux.

Nicolau de Oresme é considerado um precursor do tipo do *uomo universale* renascentista por causa da amplitude de seus interesses intelectuais. Com efeito, ele se ocupou de filosofia, física, matemática, astronomia, astrologia e economia (seu tratado sobre as moedas é um dos primeiros, se não o primeiro, acerca da questão na Idade Média tardia e no começo da época moderna). Ele é considerado também um dos precursores da física (e especialmente da cinemática) moderna. Costuma-se incluir Nicolau de Oresme entre os físicos da chamada "Escola de Paris" (VER), mas deve-se levar em conta que em muitos aspectos Nicolau de Oresme tratou de questões físicas de formas que se aproximam das dos mertonianos (VER), e, de todo modo, insistiu mais do que outros na descrição matemática de processos físicos. Sua influência a esse respeito foi considerável; tal como indicamos no verbete sobre os mertonianos, muitos autores influenciados por estes foram igualmente influenciados por Nicolau de Oresme, pelo menos na medida em que usaram seu famoso "método gráfico".

Este método consiste essencialmente no uso de figuras bidimensionais com a finalidade de representar variações em qualidades e em movimentos dos corpos. Para a representação de movimentos, Nicolau de Oresme usou uma linha para representar o tempo e outra para representar as chamadas "velocidades instantâneas". Para a representação de quantidades de uma qualidade, ele usou uma linha para representar extensão da qualidade num sujeito e outra linha para representar as diversas qualidades intensivas. Nicolau de Oresme apresentou também uma prova muito influente do teorema da velocidade média e desenvolveu a noção da "quantidade de velocidade", fazendo progredir sobremaneira a análise e descrição matemática do movimento uniformemente acelerado dos corpos.

○ Os escritos físicos e matemáticos mais importantes de Nicolau de Oresme são: *Tractatus de configurationibus formarum. — De uniformitate et difformitate intentionum. — Quaestiones super geometriam Euclidis. — De velocitate motus alterationis. — De proportionibus velocitatum in motibus. — Algorismus proportionum. — De proportionibus proportionum*. Alguns destes tratados foram publicados no final do século XV e começo do século XVI (em geral com outros textos); outros permaneceram inéditos até o presente; de outros foram publicados fragmentos (P. Duhem, M. Clagett, L. Thorndike, A. Maier etc.). As mais abundantes e exatas referências às idéias físicas e matemáticas de Nicolau de Oresme encontram-se nos escritos dos historiadores mencionados no parêntese anterior, aos quais nos referimos nas bibliografias de MERTONIANOS e PARIS (ESCOLA DE). — Dentre os escritos astronômicos, destacam-se: *Quaestiones super de coelo. — Livre du ciel et du monde*. Deste último há ed. por A. D. Menut e A. J. Denony, em *Mediaeval Studies*, III e IV (1941-1943); cf. desses autores: "Nicolas Oresme: Le Livre du Ciel et du Monde", *Franciscan Studies*, VII (1947), 113-146.

— Seu tratado sobre a moeda intitula-se *Traité de la première invention des monnaies* (e, em latim: *De mutatione monetarum*, ou também *De moneta*); ver a esse respeito Émile Bridey, *N. O. Étude d'histoire des doctrines et des faits économiques. La théorie de la monnaie au XIVe siècle*, 1906, e Ch. Johnson, *The De Moneta of N. de O.*, 1957. — Dentre seus escritos astrológicos, é importante sobretudo o *Livre des divinations;* ed., trad. e notas em G. W. Coopland, *N. O. and the Astrologers; A Study of His Livre des Divinations*, 1952 [inclui passagens do *De falsis Prophetis*, de Pedro de Ailly, e texto do latino *Tractatus contra Judicarios Astronomos*, de Nicolau de Oresme]. — Devem-se igualmente a Nicolau de Oresme paráfrases francesas da *Politica* e da *Oeconomica* de Aristóteles (*Aristotelis Politica et Oeconomica cum glossematibus gallice versa* [1486]), assim como comentários à *Ethica Nicomachea* (ed. por A. D. Menut, 1940).

Bibliografia: A. D. Menut, "A Provisional Bibliography of O.'s Writings", *Medieval Studies* (1966), 279-299.

Ver: As obras de P. Duhem, M. Clagett, L. Thorndike, A. Maier antes mencionadas. — Além disso: Ernst Bochert, *Die Lehre von der Bewegung bei N. O.*, 1934 (tese). — Sobre o "método gráfico", obras de M. Clagett [que editou fragmentos] e H. Wieleitner, "Über den Funktionsbegriff und die graphische Darstellung bei Oresme", *Bibliotheca Mathematica*, 3^a ed., 14 (1914), 193-248. — A. Maier, *Die Vorläufer Galileis im 14. Jh.*, 1949, esp. pp. 3, 21-24, 98, 101-103, 123-131, 137-138. — J. P. H. Knops, *Études sur la traduction française de la Morale à Nicomache d'Aristote par N. O.*, 1952. — O. Pedersen, *N. O.*, 1956. — V. Zoubov, "Sur un écrit faussement attribué à N. O.", *Archives Internationales d'Histoire des Sciences* (1958), 377-378. — M. Clagett, *The Science of Mechanics in the Middle Ages*, 1959. C

NICOLE, PIERRE (1625-1695). Nascido em Chartres, de onde saiu em 1642 rumo a Paris, a fim de estudar no Collège d'Harcourt, onde foi recebido como mestre de Artes em 1644. Suas visitas à casa de Port-Royal de Paris e suas conversas com Arnauld (VER) o levaram ao jansenismo (VER). Nicole lecionou em Port-Royal de Paris (1646-1650), enquanto obtinha o grau de bacharel, em 1649, mas renunciou a seguir a carreira eclesiástica que iniciara. Em 1650, foi para Port-Royal-des-Champs, onde compôs com Arnauld a *Lógica de Port-Royal* (1662) (ver PORT-ROYAL [LÓGICA DE]) e colaborou na redação de uma grande quantidade de tratados, cartas e apologias jansenistas e antimolinistas, incluindo, segundo se diz, as *Provinciais* de Pascal, das quais esboçou algumas, retocou outras e traduziu todas para o latim com um comentário que recebeu o pseudônimo de Guilherme Wendrock, doutor em teologia em Salzburgo. Por volta de 1664-1665, compôs algumas *Cartas sobre a heresia imaginária* (*Lettres sur l'hérésie imaginaire*). Depois da chamada "paz clementina", isto é, quando o Papa Clemente IX concordou que se assinasse o célebre formulário fazendo reservas "de fato" — a famosa distinção entre a "questão de direito" e a "questão de fato" no decorrer da polêmica jansenista se devia justamente a Nicole —, ele se retirou das querelas jansenistas e se dedicou em grande parte à composição de várias obras de caráter ético, educativo e teológico. Nas últimas, combateu as tendências quietistas (ver QUIETISMO) e protestantes, desenvolvendo um sistema da graça em oposição a muitas idéias de seu antigo amigo e colaborador, Arnauld. Nicole sublinhou em suas últimas obras "a fraqueza do espírito humano" contra os que pensavam ter descoberto de uma vez por todas os princípios das ciências. Isso fez alguns pensarem que Nicole se deixara levar pelo pirronismo, mas deve-se levar em conta que os ataques de Nicole às pretensões dos filósofos de alcançar verdades absolutas não o conduziam a negar a possibilidade de demonstrar verdades tais como a existência de Deus e a imortalidade da alma, sempre que a demonstração não fosse puramente especulativa e se ativesse à consideração racional da ordem do mundo. Característico do pensamento de Nicole em muitos de seus escritos não polêmicos é a atitude do moralista com a aplicação do "espírito de delicadeza" aos problemas do "conhecimento do homem" e da relação entre os homens na sociedade.

⊃ Obras: Além da chamada *Logique de Port-Royal* (intitulada realmente *Logique ou Art de Penser*), dos escritos nos quais colaborou e das mencionadas *Lettres sur l'hérésie imaginaire*, devem-se a Nicole: *Essais de morale*, uma vasta coleção de volumes diversos, cujo primeiro tomo foi publicado em 1671 sob o pseudônimo de Mombrigny. Na forma em que foram impressos em 1744, os *Essais de morale* de Nicole abrangem: *Divers opuscules de morale* (6 vols.); *Lettres sur différents sujets* (3 vols.), *Réflexions morales sur les Epîtres et Evangiles* (5 vols.); *Vie de Nicole, tirée de ses écrits*, pelo Abade Goujet (1 vol.); *Instructions théologiques et morales sur les sacrements* (2 vols.); *Instructions théologiques et morales sur le Symbole* (2 vols.); *Instructions théologiques et morales sur le Décalogue* (2 vols.); *Instructions théologiques et morales sur l'Oraison dominicale* (1 vol.). — Nicole escreveu também um *Essai sur le moyen de conserver la paix avec les hommes*; um *Traité de la grâce générale*, em 2 vols.; uma *Réfutation des principales erreurs de quiétistes*, e *De l'éducation d'un prince* (para o primogênito de Victorio Amadeo II de Sabóia).

Edição de obras: *Oeuvres*, 22 vols., Paris, 1716-1723. — *Oeuvres philosophiques et morales*, ed. C. Jourdain, Paris, 1845.

Ver: Reinhold Schenk, *Die Verstandes- und Urteilsbildung in ihrer Bedeutung für die Erziehung bei N.*, 1908. — E. Thouverez, *P. N.*, 1926. — Le Breton

Grand-Maison, *P. N. ou la civilité chrétienne*, 1946. — E. D. James, *P. N., Jansenist and Humanist: A Study of His Thought*, 1972. — L. Marin, *La critique du discours. Sur la Logique de Port-Royal et les Pensées de Pascal*, 1975. — Ver também bibliografia de Janenismo e Port-Royal (Lógica de). つ

NICOLETTO DA UDINE, PAOLO. Ver Paulo de Veneza.

NICÔMACO DE GERASA (Arábia) (*fl.* 140). Desenvolveu as tendências neopitagóricas no sentido de uma mística numérica em sua *Introdução à aritmética*, 'Αριθμητικὴ εἰσαγωγή. Segundo Nicômaco, os números preexistiram ao mundo e constituíram o modelo segundo o qual o mundo foi forjado. Portanto, em Nicômaco o neopitagorismo se combinava com o platonismo (do *Timeu*), com típicas concepções neoplatônicas segundo as quais os números constituem a realidade das idéias, e com concepções filônicas segundo as quais as idéias (o números) estão na mente de Deus como princípios. Além disso, os números eram interpretados como representações desses princípios (assim, o Um, ou melhor, o Uno, é a divindade ou a razão; o dois, ou melhor, a díade, a matéria) de uma maneira que faz lembrar as especulações, baseadas em opiniões, dos membros da Academia antiga.

⊃ Obras: *Nicomachi Geraseni Pythagorei introductionis arithmeticae libri II*, ed. R. Hoche, Lipsiae, 1866. — Há comentários e notas a obra feitos por Jâmblico (ed. H. Pistelli, Lipsiae, 1894) e por João Filopono (ed. R. Hoche Wesel, 1864-1865 e 1867). — A *Introdução* de Nicômaco foi traduzida para o latim por Apuleio e Boécio e, como indica A. J. Festugière (*La Révélation d'Hermes Trimégiste*, I, 1944, p. 2), serviu nessa forma como manual de estudo ainda no curso dos séculos XII e XIII.

Ver: M. Simon, "Die ersten sechs Kapitel der *Introductio arithmetica* des N.". *Archives für Geschichte der Naturwissenchaften* (1909). — V. De Falco, "Sui Trattati aritmologici di N. ed Anatolio", *Rivista indo-greco-italiana*, 1922, pp. 51ss. — L. G. Westerink, "Deux commentaires sur N.: Asclépius et Jean Philopon", *Revue d'études grecques*, 1964, pp. 526-535. つ

NICÓSTRATO (*fl.* 160 a 170). Foi mais fiel à ortodoxia platônica e menos inclinado ao ecletismo do que a maioria dos autores platonizantes de sua época. Sua importância na história da filosofia deve-se ao minucioso comentário que fez às *Categorias* de Aristóteles, comentário que foi amplamente usado por vários filósofos neoplatônicos (Plotino, Porfírio) e que serviu durante muitos anos como expressão da atitude "ortodoxa" diante desta parte da doutrina aristotélica. Nicóstrato julgava haver várias aporias na doutrina aristotélica, quase todas advindas, a seu ver, da tendência de Aristóteles a considerar o sensível e o inteligível como espécies de um mesmo gênero, em vez de mantê-los separados.

⊃ Fragmentos do comentário de Nicóstrato foram conservados nos comentários de Simplício. Ver K. Praechter, "Nikostrat der Platoniker", *Hermes*, 57, 1922, pp. 481-517. つ

NIEBUHR, REINHOLD (1892-1971). Nascido em Wright City (Missouri, EUA), estudou em Yale, ordenou-se na Igreja Evangélica de Detroit e deu aulas de 1928 até aposentar-se no Union Theological Seminary, de Nova York. As idéias de Niebuhr, mais homiléticas que propriamente filosóficas, tiveram grande influência no pensamento religioso norte-americano. Os temas principais de sua obra são o contraste entre o sentimento do pecado e o desespero, de um lado, e a confiança e o otimismo vagamente progressistas, do outro. Embora destaque, ao contrário de pensadores como Karl Barth, a importância das questões sociais e políticas, Niebuhr as desconsidera do ponto de vista do cristão que busca na fé o sentido último de sua existência. Os vícios e crueldades humanos são conseqüência ou do esquecimento de Deus ou de sua "apropriação" ilegítima para fins egoístas e egocêntricos. O autor não é otimista quanto à natureza do homem, visto que avalia que o pecado tem raízes antigas, inclusive pré-humanas. Por outro lado, pensa que o amor de Deus é capaz de transcender essa condição pecaminosa do homem. Pelo amor de Deus, o homem adquire liberdade, o que não é um querer o que se quer, mas um transcender a si mesmo. A liberdade é, pois, de certo modo, ligação, mas ligação com o que se acha fora do tempo, com o amor vivo e eterno de Deus. Esse amor e sua irradiação até os homens é, para Niebuhr, fundamental. Ele não é contrário à razão, mas antes aquele que a torna possível. Trata-se de um amor puro capaz de mover os homens nas situações que têm de enfrentar. O autor procura unir suas concepções religiosas à prática, inclusive a prática política, que se torna mais "realista" na medida em que parece ser mais "desinteressada"; pode então promover a justiça e a liberdade, ideais compatíveis com o do amor.

⊃ Obras: *Does Civilization Need Religion? A Study of the Social Resources and Limitations of Modern Life*, 1928. — *Leaves from the Notebook of a Tamed Critic*, 1929; nova ed., 1955. — *Moral Man and Immoral Society: A Study in Ethics and Politics*, 1932; nova ed., 1963. — *Reflections on the End of an Era*, 1934. — *An Interpretation of Christian Ethics*, 1935. — *Do the State and Nation Belong to God or the Devil?*, 1937. — *Beyond Tragedy: Essays on the Christian Interpretation of History*, 1937. — *European Catastrophe and the Christian Faith*, 1940. — *Cristianity and Power Politics*, 1940. —*The Nature and Destiny of Man: A Christian Interpretation*, 2 vols., 1941-1943. — *The Children of Light and the Children of Darkness; A Vindication of Democracy and a Critique of Its Traditional Defense*,

1944. — *Discerning the Signs of Times. Sermons for Today and Tomorrow*, 1946. — *Faith and History: A Comparison of Christian and Modern Views of History*, 1949. — *The Illusion of World Government*, 1949. — *Christian Realism and Political Problems: Essays on Political, Social, Ethical, and Theological Themes*, 1953. — *The Self and the Dramas of History*, 1955. — *Pious and Secular America*, 1958. — *The Structure of Nations and Empires*, 1959. — *Nations and Empires*, 1960. — *Man's Nature and His Communities: Essays on the Dynamics and Enigmas of Man's Personal and Social Existence*, 1965. — *The Essencial R. N: Selected Essays and Addresses*, ed. póstuma de R. M. Brown, 1986 [seleção de artigos de difícil acesso].

Bibliografia: D. B. Robertson: *R. Niebuhr's Works: A Bibliography*, 1955.

Ver Holtan P. Odegard, *Sin and Science: R. N. as Political Theologian*, 1956. — Georgette Paul Vigneaux, *La théologie de l'histoire chez R. N.: A Structural Analysis*, 1958. — June Bingham, *Courage to Change*, 1961. — B. de Margerie, *R. N., théologien de la communauté mondiale*, 1968. — M. A. Link, *The Social Philosophy of R. N.*, 1975. — R. Veldhuis, *Realism versus Utopianism: R. N.'s Christian Realism and the Relevance of Utopian Thought to Social Ethics*, 1975. — E. F. Dibble, *Young Prophet N.: R. N.'s Early Search for Social Justice*, 1979. — D. F. Ottati, *Meaning and Method in R. Niebuhr's Theology*, 1982. — C. W. Kegley, ed., *R. N.: His Religious, Social and Political Thought*, 1984. — J. W. Cooper, *The Theology of Freedom: The Legacy of Jacques Maritain and R. N.*, 1985.

Volume coletivo: E. Brunner, P. Tillich et al., *R. N.: His Religious, Social, and Political Thought*, 1956, ed. Charles W. Kegley e Robert W. Brettal (com bibliografia de escritos de R. N., até 1956). **C**

NIETZSCHE, FRIEDRICH (1844-1900). Nascido em Röcken (Prússia), estudou na Universidade de Bonn com O. Jahn e F. Ritschl. Mudou-se em 1865 para Leipzig, onde estudou filologia e começou a entusiasmar-se com Schopenhauer e a música. Travou ali amizade com Erwin Rohde e mais tarde com Richard Wagner. Nomeado no ano de 1870 professor ordinário de filologia clássica na Basiléia, onde travou contato com J. J. Bachofen e Jakob Burckhardt, deixou o cargo em 1878 devido a uma grave enfermidade, depois de ter rompido com Wagner. Até mais ou menos 1889, justo seu período de maior atividade literária, passou grande parte dos verões em Sils-Maria, na Engadina, e o resto do tempo na Riviera e em diversas cidades da Itália e da Alemanha, quase sempre solitário, e sofrendo repetidas crises, por vezes rodeado por seus poucos amigos e discípulos. Por fim, a profunda depressão nervosa de que sofria há anos produziu um súbito obscurecimento mental, tendo-lhe sobrevindo por fim uma paralisia que o fez ser trasladado para a Clínica Psiquiátrica da Universidade de Jena. Nietzsche passou o resto da vida em Naumburg e Weimar, com a mãe e a irmã.

A doutrina filosófica de Nietzsche, cujo caráter poético e pessoal tem sido tão insistentemente acentuado, é também, de certo modo, como a de Kierkegaard, uma filosofia existencial, mas um "existencialismo" de sentido e conteúdo deveras distintos. Costumam-se distinguir em sua evolução filosófica três períodos mais ou menos definidos: o primeiro, que vai dos estudos em Leipzig a 1878, caracteriza-se por seus primeiros trabalhos de interpretação e crítica da cultura, bem como por sua vocação schopenhaueriana e wagneriana; é a época de *A origem da tragédia no espírito da música* (1972), de *A filosofia na idade trágica dos gregos* (1874), das *Considerações extemporâneas* (1873-1876). O segundo é o período no qual Nietzsche presta homenagem à cultura e ao espírito livres, num sentido semelhante ao da Ilustração francesa. É representado por *Humano, demasiado humano* (1876-1880), *Aurora* (1881) e *A gaia ciência* [*Die frőliche Wissenschaft*] (1882). O terceiro e último, o chamado período de Zaratustra ou da "vontade de poder", compreende *Assim falou Zaratustra* (1883). *Para além do bem e do mal* (1886), *Genealogia da moral* (1887), *Nietzsche contra Wagner* (1888), *Crepúsculo dos ídolos* (1889), os diversos esboços para *A inversão de todos os valores*, com *O Anti-Cristo*, *O imoralista*, a *Crítica da filosofia* e, finalmente, sua obra capital, *A vontade de poder. Ensaio de uma transmutação de todos os valores*, executada em parte fragmentariamente, e que constitui uma ampliação e realização dos esboços anteriores, com as teses sobre *O niilismo europeu*, a *Crítica de todos os valores*, os *Princípios de um novo quadro de valores* e os aforismos definitivos sobre *O eterno retorno*. Contudo, ao longo desses períodos, aparentemente tão distintos, pulsa em Nietzsche uma perfeita unidade e, para dizê-lo com Pfänder, um sistema. Esse sistema mostra-se mais compreensível a partir de sua última fase, em que são englobados os momentos anteriores, a partir da época schopenhaueriana e da distinção entre o espírito apolíneo e o espírito dionisíaco e englobando as tentativas de estabelecer um novo quadro de valores. A distinção entre o apolíneo e o dionisíaco na cultura grega e, por seu intermédio, em toda a cultura ocidental, é resolvida por Nietzsche mediante a acentuação deste último elemento, entendido como afirmação da vida, como uma vontade de viver. Essa vontade, que oferece, em sua concepção, caracteres a-históricos, que significa uma negação de toda a cultura alemã de sua época e, sobretudo, da identificação hegeliana do real com o racional, tem por conseqüência natural uma aguda crítica do filisteísmo cultural, que Nietzsche vê representado sobretudo em David F. Strauss e que estende à cultura burguesa e satisfeita, à vida que não se resigna a "viver em perigo". Genialidade estética e espírito trágico, música e desmesura são as categorias com as quais Nietzsche constrói o primeiro andaime de seu sistema, do qual não se pode excluir, devendo-se antes integrar, a aparente fase contraditória do amor ao Iluminismo voltairiano, porque este não é entendido como um otimismo filisteu acerca do progresso, mas seguindo a tendência dos moralistas franceses do século XVIII, como uma verdadeira e profunda compreensão da alma humana, tanto de seu valor como de sua incurável estupidez. O suposto iluminismo nietzschiano é, por via de conseqüência, apenas uma preparação para sua crítica ulterior, e inclusiva, da cultura européia, para a elaboração de sua própria filosofia, em que o radical pragmatismo vitalista e mesmo biológico não consegue desvirtuar a descoberta do elemento no qual repousa necessariamente a cultura: a criação do valor.

A descoberta dos valores, realizada no curso de uma constante polêmica contra a moral, é o resultado de uma análise profunda e apaixonada dos valores da cultura européia, valores que vê encarnados no cristianismo, no socialismo e no igualitarismo democrático. Nietzsche sustenta que esses ideais não passam de formas de uma moral que deve ser superada mediante um ponto de vista situado para além do bem e do mal, manifestações de uma vitalidade descendente, de um ascetismo a que ele opõe como valor supremo a vitalidade ascendente, a vontade de viver e, em última instância, a vontade de poder. A luta contra os valores até então vigentes implica por certo o desvelamento de sua chaga secreta, a evidência tanto da falsidade radical do pretenso objetivismo do homem de ciência como do espírito decadente do cristianismo, que Nietzsche vê como um manifestação do ressentimento moral. Diante desses valores, Nietzsche acentua aquilo que ele denomina, com um termo nem sempre unívoco, a vida. Esta é a norma e valor supremos, a que se devem submeter os outros, porque a vontade de viver é o maior desmentido possível da objetividade, do igualitarismo, da piedade e da compaixão cristãs. Mas a vontade de viver, que é vontade de poder e de domínio, exige, ao lado da crítica dos referidos falsos valores, a construção de um novo ideal do super-homem [*Übermensch*], que é "o sentido da terra", já que "o homem é algo que deve ser superado". O super-homem é aquele em que a vontade de domínio se revela em toda a sua força; é aquele que está verdadeiramente além da moral, o que tem a coragem de afirmar, diante da moral, a *virtù* no sentido do Renascimento Italiano. O super-homem é o que vive em constante perigo, que, por ter-se desvinculado dos produtos de uma cultura decadente, faz de sua vida um esforço e uma luta. Se o super-homem tem alguma moral, trata-se da moral do senhor, oposta à moral do escravo e do rebanho e, portanto, oposta à moral da compaixão, da piedade, da doçura feminina e cristã. A idéia do super-homem, com sua moral do dominador e do forte, já é a primeira inversão dos valores, pois estes adquirem uma hierarquia contrária quando contemplados desse ponto de vista. Objetividade, bondade, humildade, satisfação, piedade, amor ao próximo são valores inferiores; estão num nível distinto do que supõe o escravo, pois a vida e sua afirmação o poder e sua afirmação, são infinitamente superiores a eles e exigem a criação de uma nova tabela de avaliação, uma tabela em que a objetividade é substituída pela personalidade criadora, a bondade pela *virtù*, a humildade pelo orgulho, a satisfação pelo risco, a piedade pela crueldade e o amor ao próximo pelo amor ao distante. Esses são os valores da vida ascendente, valores que a cultura européia recusou, desembocando por isso em seu estado atual, no niilismo que se anuncia, e para cuja música "todos os ouvidos estão atentos". O profetismo de Nietzsche é pura e simplesmente uma conseqüência de sua crítica dos valores da cultura presente, porque a cultura que abraçou um falso quadro de valores deve desembocar necessariamente no ruir e na decadência, deve ficar sepultada pela maré que avança impetuosa e da qual só se salvarão aqueles que sintam como sua a necessidade de superação do homem. A filosofia de Nietzsche está inteiramente expressa nos princípios de sua nova valoração, que compreende a subordinação do conhecimento à necessidade vital e mesmo biológica, a formação de uma lógica para a vida, o estabelecimento de um critério de verdade de acordo com a elevação do sentimento de domínio, a negação do universal e necessário, a luta contra todo metafísico e absoluto. Crítica e inversão de valores que exigem ao mesmo tempo uma destruição da filosofia e de sua história; em lugar da sociologia, a doutrina das formas de domínio (ou de poder); em lugar da teoria do conhecimento, uma hierarquia dos afetos estruturada segundo o princípio da vontade de poder; em lugar da metafísica e da religião, a doutrina do eterno retorno. Esta última doutrina, que representa talvez o papel culminante na filosofia de Nietzsche, fazendo dela uma mítica e uma filosofia da salvação, é chamada por ele "uma profecia"; sua demonstração científica não oculta seu motivo essencial, esse motivo que Unamuno viu na sede de imortalidade e que o próprio Nietzsche considerou do ponto de vista moral, dando a cada um dos momentos da existência um valor infinito por força de sua repetição eterna. O meio de sobrelevar essa doutrina é justamente a transmutação de todos os valores. Só mediante essa sobrelevação pode ela conferir ao eterno retorno uma significação adequada e só através dela pode o mundo ser entendido, já num sentido puramente metafísico, como a manifestação da vontade de domínio, como a vontade de domínio mesmo, como "algo que deve repetir-se eternamente, como um devir que não conhece satisfação, aborrecimento nem fadiga".

Várias são as interpretações recebidas pela filosofia de Nietzsche. Seu modo aforístico de escrita contribuiu para a multiplicidade de interpretações. Muitos dos aforismos são incisivos; outros são — ou são também — ambíguos, ao mesmo tempo que "sugestivos". Uma parte importante do pensamento de Nietzsche é a que recebeu a designação de sua "última etapa", expressa nos aforismos agrupados sob o título *A Vontade de Poder* (ver VONTADE DE PODER), que podem ser, e o foram, organizados de inúmeras maneiras. O próprio Nietzsche formulara um "plano" de publicação. Por algum tempo, a intervenção de sua irmã, Elisabeth Förster-Nietzsche, na publicação dos escritos do irmão e da correspondência, proporcionou uma imagem do filósofo que se considerou deformada, especialmente do ponto de vista político. A apresentação das obras de Nietzsche por Karl Schlechta (cf. bibliografia) suscitou grande interesse por ter contribuído para restabelecer a verdadeira imagem do filósofo, embora alguns autores, como W. A. Kaufmann, indiquem exageros na mudança de imagem efetuada por Schlechta. Muitas das discussões giraram em torno da importância que tem ou pode ter a noção de vontade de poder. Andrés Sanchez Pascual, tradutor para o espanhol de muitas obras de Nietzsche segundo os textos mais fidedignos, examinou o problema dos textos — por exemplo, de *O Anticristo*, cf. "Problemas de 'El Anticristo' de F. N.", *Revista de Occidente*, 125-126, agosto-setembro de 1975, pp. 207-240 —, ressaltando de sua análise que houve "uma lenda de *A Vontade de Poder*". O título geral da série de trabalhos que às vezes se publicaram (mutilados) sob *A Vontade de Poder* é "Transmutação de todos os valores" (ver TRANSVALORAÇÃO). É provável, levando isso em conta, que a questão da inversão dos valores seja mais importante do que a noção de vontade de poder, ou ao menos dotada da mesma importância.

➲ Títulos originais e datas das primeiras edições: *Die Geburt der Tragödie aus dem Geiste des Musik*, 1872. —*Unzeitgemässe Betrachtungen*, em 4 partes, I, 1873; II, 1874; III, 1874; IV, 1876 (incluem *David Strauss, der Bekenner und der Schriftsteller; Vom Nutzen und Nachteil der Historie für das Leben; Schopenhauer als Erzieher; Richard Wagner in Bayreuth*), 2ª ed., 2 vols., 1893. —*Menschliches, Allzumenschliches. Ein Buch für freier Geisters*, 1878. — *Der Wanderer und sein Schatten*, complemento da obra anterior, 1880 (edição total da obra e de seus apêndices e prefácio, 2 vols., 1886). — *Morgenröte. Gedanken über moralische Vorurteile*, 1881. — *Die fröhliche Wissenschaft*, 1882; 2ª ed. ampl., 1887. — *Also sprach Zarathustra*, partes I a III: I, 1883; II, 1883; III, 1884; parte IV, 1891. — *Jenseits von Gut und Böse. Vorspiel zu einer Philosophie der Zukunft*, 1886. — *Zur Genealogie der Moral*, 1887. — *Der Fall Wagner*, 1888 (ed. de 1900 com o escrito *Nietzsche contra Wagner*). — *Die Götzendämmerung*, 1889. — *Gedichte und Sprüche*, ed. Elisabeth Förster-Nietzsche, 1898. — *Ecce Homo*, ed. R. Richter, 1908.

— Outra obras [como os fragmentos sobre *A Vontade de Poder (Der Wille zur Macht. Versuch einer Umwertung aller Werte)*] só foram publicadas nas edições de obras completas.

A correspondência foi editada em vários volumes: *Gesamelte Briefe*, ed. E. Förster-Nietzsche e P. Gast, I, 1900; II, 1 e 2, 1902; III, 1, 2, 1904-1905; IV, 1908, 1909. — Nova edição de correspondência por R. Oehler, 1911, incluída nas grandes edições ulteriormente mencionadas.

Edição de obras: basearam-se em parte nos papéis e obras póstumas proporcionados pelo *Nietzsche-Archiv*, de Weimar, a cargo da irmã de Nietzsche, Elisabeth Förster-Nietzsche [sobre o *Archiv*, ver: P. Kuhn, *Das Nietzsche-Archiv*, 1904. — E. Förster-Nietzsche, *Das Nietzsche-Archiv, seine Freunde und seine Feinde*, 1907. — A. Oehler, *Nietzsches Werke und das Nietzsche-Archiv*, 1910]. — A primeira edição de obras de N., por Peter Gast, ficou incompleta (5 vols., 1892-1893). Depois dela se publicou a *Grosssoktavausgabe*, 20 vols., 1899-1912, a *Kleinoktavausgabe*, 16 vols., 1899ss.; a *Taschenausgabe*, 11 vols., 1906ss.; a *Neue Ausgabe*, 19 vols., 1905-1913; a *Musarion-Ausgabe*, 21 vols., e 2 vols. de índices, 1920-1929; a *Dünndruckausgabe*, 6 vols., e 2 suplementos, 1930ss.; a *Historisch-kritische Gesamtausgabe*, 1933ss. — A edição de escritos de Nietzsche por Karl Schlechta a que nos referimos no texto é *Werke*, 3 vols., 1956. São importantes nesta edição as seguintes seções do vol. III: "Autobiographisches aus den Jahren 1856-1869" (pp. 7-154), "Aus dem Nachlass der Achtzigerjahre", pp. 415-925), "Briefe" (pp. 927-1352) e os apêndices (apêndice filológico, pp. 1383-1432, e apêndice geral sobre a edição, pp. 1433-1452). Em "Zeit- und Lebenstafel" (pp. 1359-1382), Schlechta destaca as "falsificações de cartas" perpretadas por Elisabeth Förster-Nietzsche. A edição mais completa é a crítica, em curso de publicação: *N. Werke. Kritische Gesamtausgabe*, 30 volumes em 8 seções, 1968ss., ed. Giorgio Colli y Mazzino Montinari, com ed. paralela de correspondência: *Briefwechsel*, 20 vols., em 3 partes (1: 1844-1869; II, 1869-1879; III, 1880-1889).

Em português: *Além do bem e do mal*, 1992. — *O Anti-Cristo*, 1997. — *Assim falou Zaratustra*, 1998. — *Aurora*, s.d. — *Breviário de citações*, 1996. — *Caso Wagner – um problema para músicos*, 1999. — *Cinco prefácios para cinco livros não escritos*, 2000. — *Correspondência com Wagner*, 1990. — *Crepúsculo dos ídolos*, 2000. — *Da retórica*, 1995. — *Ditirambos de Dionisos*, 1986. — *Ecce homo*, 2000. — *A filosofia na idade trágica dos gregos*, 1995. — *A gaia ciência*, 1987. — *Genealogia da moral*, 1998. — *Humano, demasiado humano*, 2000. — *O livro do filósofo*, 1984. — *Máximas*, 1996. — *O nascimento da tragédia*, 1999. — *Obras incompletas*, Os Pensadores, 1983. — *Origem da tragédia*, 1984. — *Para além do bem e do mal*, 1982.

Poemas, 1986. — *O viandante e sua sombra*, 1986. — *Vontade de poder*, 1986.

Biografia: mencionamos aqui os livros biográficos ou, segundo Schlechta, "pseudobiográficos", escritos por E. Förster-Nietzsche: *Das Leben F. Nietzsches*, 3 vols., 1895-1904 (I, 1895; II, 1897; III, 1904). — *Der junge N.*, 1912. — *Der einsame N.*, 1913. — Da amiga de Nietzsche Lou Andreas-Salomé, menciona-se *F. N. in seinen Werken*, 1894. — D. Halevy, *La vie de F. N.*, 1909. — E. Podach, *N.'s Zusammenbruch. Beiträge zu einer Biographie auf Grund unveröffentlicher Dokumente*, 1930. — E. Pfeiffer, ed., *F. N., P. Rée, L. Salomé: die Dokumente ihrer Begegnung*, 1971. — A. Verrecchia, *La catastrofe de N. a Torino*, 1978. — C. P. Janz, *F. N.'s Biographie*, 4 vols., 1978-1979. — G. Colli, *Scritti su N.*, 1980. — I. Frenzel, *B. in Selbstzeugnissen und Bilddokumenten*, 1966. — M. Morey, *F. N., una biografía*, 1993.

Bibliografia: Herbert W. Reichert e Karl Schlechta, *International N. Bibliography*, 1960; 2ª ed., 1968 [Suplemento por Herbert W. Reichert, de 1968 a 1971, em *Nietzsche-Studien*, 2, 1973].

Da abundante bibliografia nietzschiana, destacamos: Hugo Kaatz, *Die Weltanschauung F. Nietzsches*, 1892. — W. Weigand, *F. N. Eine psychologischer Versuch*, 1893. — Alois Riehl, *F. N., der Künstler und der der Denker*, 1897. — E. Zoccoli, *F. N. La filosofia religiosa. La morale. L'estetica*, 1898. — Henri Lichtenberger, *La philosophie de N.*, 1898. — Theobald Ziegler, *F. N.*, 1900. — E. Horneffer, *Vorträge über N. Versuch einer Wiedergabe seiner Gedanken*, 1900. — Paul Deussen, *Erinnerungen an F. N.*, 1901. — Rudolf Eisler, *Nietzsches Erkenntnistheorie und Methaphysik*, 1902. — Hans Vaihinger, *N. als Philosoph*, 1902. — Francesco Orestano, *Le idee fondamentali di F. N. nel loro progressivo svolgimento. Esposizione e critica*, 1903. — O. Ewald, *Nietzsches Lehren in ihren Grundbegriffen, die ewige Wiederkehr des Gleichen und der Sinn des Uebersmenschen*, 1903 (sobre o conceito de eterno retorno, ver ainda a bibliografia do verbete correspondente.). — R. Richter, *F. N., Sein Leben und sein Werk*, 1903. — Arthur Drews, *Nietzsches Philosophie*, 1904. — J. de Gaultier, *N. et la réforme philosophique*, 1904. — Rudolf Willy, *N. Eine Gesamtschilderung*, 1904. — K. Joël, *N. und die Romantik*, 1905. — G. Simmel, *Schopenhauer und N.*, 1906. — D. Dwelshauvers, *La philosophie de N.*, 1909. — E. Seillière, *N. et Rhode*, 1910. S. Friedländer, *F. N., eine intellektuelle Biographie*, 1911. — P. Elmer More, *N.*, 1912. — R. M. Meyer, *Nietzsches Leben und Werk*, 1913. — G. Brandes, *F. N.*, 1914. — E. Bertram, *N. Versuch einer Mythologie*, 1918. — Charles Andler, *Les précurseurs de N.*, 1920. — Id., *La jeunesse de N.*, 1920. — Id., *Le pessimisme esthétique de N.*, 1921. — Id., *N. et le transformisme intellectualiste*, 1922. — Id., *La maturité de N.*, 1928. — Id., *La dernière philosophie de N.*, 1930. — H. Römer, *N.*, 2 vols., 1921. — Ch. Schremps, *F. N.*, 1922. — R. Reininger, *F. Nietzsches Kampf um den Sinn des Lebens. Der Ertrage seiner Philosophie für die Ethik*, 1922. — K. Hildebrandt, *Nietzsches Wettkampf mit Sokrates und Plato*, 1022. — Id., *N. als Richter unserer Zeit*, 1923. — Id., *Wagner und N., Ihr Kampf gegen das 19. Jahrhundert*, 1924. — Id., *Gesundheit und Krankenheit in Nietzsches Leben und Werk*, 1926. — Id., "Ueber Deutung und Einordnung von Nietzsches 'System'", *Kantstudien*, 41, 1936. — A. Pfänder, *N.* (coleção *Os Grandes Pensadores*, t. II, 1925). — L. Klages, *Die psychologischen Errungenschaften Nietzsches*, 1926. — A. H. J. Knight, *Some Aspects of the Life and Works of N., and particularly of His Connection with Greek Literature and Thought*, 1933. — E. Emmerich, *Wahrheit und Wahrhaftigkeit in der Philosophie Nietzsches*, 1935 (tese). — Karl Jaspers, *N. Einführung in das Verständnis seines Philosophierens*, 1936. — Id., *N. und das Christentum*. — W. Schlegel, *Nietzsches Geschichtsauffassung*, 1937. — U. Steiff, *F. Nietzsches Philosophie des Triebes*, 1940. — C. Briton, *N.*, 1941. — F. Copleston, *N. Philosopher of Culture*, 1942; 2ª ed., 1975. P. Quintin Pérez, *N.*, 1943. — Otto Flake, *N. Rückblick auf seine Philosophie*, 1946. — E. Martínez Estrada, *N.*, 1947. G. Thibon, *N. et le déclin de l'esprit*, 1947. — H. A. Reyburn (com H. E. Hinders e J. G. Taylor), *N., the History of a Human Philosopher*, 1948. — Fr. G. Jünger, *N.*, 1949. — Walter A. Kaufmman, *N., Philosopher, Psychologist, Antichrist*, 1950; 4ª ed. rev., 1974. — A. Mittasch, *F. N. als Naturphilosoph*, 1952. — R. Blunck, *F. N. Kindheit und Jugende*, 1953. — K. Schlechta, *Nietzsches grosser Mittag*, 1954. — Id., *Der Fall N.*, 1958 [ver também, de K. Schlechta, as notas à sua edição cit. *supra*]. — H. M. Wolff, *F. N. Der Weg zum Nichts*, 1956. — A. Kremer-Marietti, *Thèmes et structures dans l'oeuvre de N.*, 1957. — Jean Wahl, *La pensée philosophique de N. des années 1885-1888*, 1960 [cursos na Sorbonne, mimeo.]. — Eugen Fink, *Nietzsches Philosophie*, 1960. — M. Heiddeger, *N,.*, 2 vols., 1961. G. Deleuze, *N. et la philosophie*, 1962. E. Heftrich, *Nietzsches Philosophie. Identität von Welt und Nichts*, 1962. — K. Schlechta et al., *N. Von den verborgenen Anfängen seines Philosophierens*, 1962. — A. C. Danto, *N. als Philosopher*, 1965. — J. R. Hollingdale, *N. The Man and His Philosophy*, 1965. — G. Bataille, *Sur N.: Volonté de chance*, 1967. — Víctor Massuh, *N. y el fin de la religión*, 1969. — G. Morel, *N.: Introduction à une première lecture*, 3 vols., 1970-1972. — W. Müller-Lauter, *N.: Philosophie des Gegensätze und die Gegenzätze seiner Philosophie*, 1971. — E. Trías, Fernando Savater et al., *En favor de N.*, 1972. — H. Wein, S. L. Gilman et al., artigos sobre N. na *Revista de Occidente*, 2ª fase, 125-126, agosto-setembro de 1973, pp. 137-373, dirig. por A. S. Pascual. — J. T. Wilcox, *Truth and Value in N.: A Study of His Metaethics and Epistemo-*

logy, 1974. — T. B. Strong, *F. N. and the Politics of Transfiguration*, 1976. — P. Klossowski, *N. et le cercle vicieux*, ed. rev., 1978. — H. Kutzner, *N. Diesseits der Kräfte, diesseits der Bilder. Zur Endgeschichte der europäischen Sinnlichkeit*, 1978. — G. Colli, *Dopo N.*, 1979. — A. Guzzoni, ed., *90 Jahre N.-Rezeption*, 1979. — F. Kaulbach, *Nietzsches Idee einer Experimentalphilosophie*, 1980. — J. Figl, *Interpretation als philosophisches Prinzip. F. N.s universale Theorie des Auslegung im späten Nachlass*, 1982. — R. Schacht, *N.*, 1983. — M. Montinari, *N. Lesen*, 1984. — G. Abel, *N. Die Dynamic der Willen zur Macht und die ewige Wiederkehr*, 1984. — A. Nehamas, *Life as Literature*, 1985. — E. Blondel, *N.*, 1986. — S. Bauschinger, S. L. Cocalis, S. Lennox, eds., *N. heute. Die Rezeption seines Werkes nach 1968*, 1989. — R. J. Ackerman, *N.: A Frenzied Look*, 1990. — A. D. Schrift, *N. and the Question of Interpretation*, 1990. — N. Aloni, *Beyond Nihiilism: N's Healing and Edifying Philosophy*, 1991. — J. Young, *N.'s Philosophy of Art*, 1992. — J. C. Pettey, *N.'s Philosophical and Narrative Styles*, 1992. — B. Magnus, S. Stewart, J.-P. Mileur, *N's Case: Philosophy as/and Literature*, 1992.

Para Nietzsche nos países hispânicos, ver Udo Rukser, *N. in der Hispania*, 1962. Gonzalo Sobejano, *N. en España*, 1967.

A partir de 1972, publicam-se os *Nietzschen-Studien. Internationales Jahrbuch für die Nietzsche-Forschung*, ed. Ernst Behler, Mazzino Montinari, Wolfgang Müller-Lauter e Heinz Wenzel. ↻

NIEUWENHUIS, JAKOB. Ver KRAUSISMO.

NIFO, AGOSTINO (1463-*c*. 1546). Nascido em Sessa (sendo por isso chamado "Suessanus"), lecionou em diversas cidades (Nápoles, Pádua, Pisa, Bolonha e Roma, entre outras). Discípulo de Nicoletto Vernia (VER), seguiu por algum tempo as opiniões filosóficas deste, sendo considerado um dos averroístas da chamada "Escola de Pádua" (VER). Foram especialmente importantes nesse sentido suas pesquisas acerca dos métodos de conhecimento da Natureza. Nifo defendeu e desenvolveu a doutrina de Averróis sobre a necessidade do uso dos dois métodos — do efeito à descoberta da causa; da causa ao efeito —, procurando provar que esse uso não envolve nenhum círculo vicioso. Em seu escrito contra Pomponazzi, Nifo se opôs à idéia de que a alma não é individualizável nem pode agir sem o corpo. Nifo inclinou-se pelas opiniões de Siger de Brabante quanto ao problema da natureza do intelecto.

↪ Obras principais: *De intellectu er daemonibus*, 1492. — *De infinitati primis motoris*, 1504. — *Tractatus de immortalitate animae contra Pomponatium*, 1518 (Pomponazzi respondeu a Nifo em seu *Defensorium contra Nyphum*). — *De pulchro et amore*, 1531. — *Opuscula moralia*, 2 vols., 1643. — Além disso: comentários a Aristóteles (14 vols., 1654, particularmente comentários à *Physica*, já publicados antes; por exemplo, em *Expositio... de physico auditu*, 1522).

Ver: E. P. Mahoney, "A. N.'s Early Views of Immortality", *Journal of the History of Philosophy*, 8, 1970, pp. 452-459. — Id., "St. Thomas and the School of Padua at the End of the Fifteenth Century", *Proceedings. American Catholic Philosophical Association*, 48, 1974, pp. 277-285. — Id., "Agostino N.'s de Sensu Agente", *Archives für Geschichte der Philosophie*, 53, 1971, pp. 119-142. — Também tratam de Nifo a maioria das obras sobre AVERROÍSMO e PÁDUA (ESCOLA DE). ↻

NIGÍDIO FÍGULO (PUBLIUS NIGIDIUS FIGULUS) (*ob.* 45 a.C.). Pretor em 58, foi, segundo Cícero, seu amigo, um dos neopitagóricos da época (na verdade, o primeiro neopitagórico). Em sua obra *Sobre os deuses* (*De dis*), manifestou tendências místicas, astrológicas e mágicas e, ao mesmo tempo, uma tendência à erudição que era mais própria da época do que das doutrinas sustentadas.

↪ Obras: *P. Nigidi Figuli operum reliquiae*, ed. A. Swoboda, Pragae, 1889 [compreende fragmentos eruditos e históricos, os únicos conservados].

Ver: M. Herzt, *De P. N. F. studiis atque operibus*, 1845. — J. Klein, *Quaestiones Nigidanae*, 1861 (tese). A. Swoboda, *Quaestiones Nigidanae*, 1890 (tese). — A. Gianola, *P. N. F., astrologo e mago*, 1906. — Abbé L. Legrand, *Publius Nigidius Figulus, philosophe néopythagoricien orphique*, 1931. — A. Della Casa, *N. F.*, 1962. ↻

NIHIL EST IN INTELLECTU QUOD PRIUS NON FUERIT IN SENSU. "Nada há no entendimento (ou intelecto) que não não tenha estado antes nos sentidos." Essa frase exprime um princípio introduzido por muitos autores escolásticos, em especial os de tendência aristotélica. Aristóteles considerara que nos sentidos — na sensação αἴσθησις — estão as sementes do conhecimento. Alguns atuores acentuam o caráter radicalmente empirista dessa opinião e julgam que em Aristóteles o entendimento se reduz de um modo ou de outro às impressões sensíveis. Outros autores avaliam, em contrapartida, que, embora "começasse" com os sentidos (ou as percepções sensíveis), Aristóteles não derivava simplesmente o conhecimento dos sentidos, explicando-o antes como resultado das operações do intelecto sobre os conteúdos sensíveis. O intelecto abstrai desses conteúdos as formas; sem o intelecto não haveria, pois, formas, nem, portanto, universais, mas estes não foram impostos nem sobrepostos à realidade sensível, mas dela extraídos (e abstraídos). Os escolásticos a que nos referimos seguem de modo geral essa segunda interpretação de Aristóteles. Isso ocorre com Tomás de Aquino, que argumenta contra aqueles que julgam ser o intelecto e os sentidos a mesma coisa: *contra ponentes intellec-*

tum et sensum esse idem (*C. Gent.*, II, 66), afirmando que, se não fossem diferentes, nada distinguiria o homem dos animais. Além disso, o sentido só conhece as coisas singulares (*sensu non est cognitivus nisi singularium*) e nenhum sentido se conhece a si mesmo (*nullus sensus seipsum cognoscit*) (cf. também *S. Theol.*, I, q. LXXXIV, 2 ad 3). É certo que, como dissera Aristóteles (*De an.*, III, 4 430 a 1), o intelecto é como uma tábua (VER) rasa na qual não há nada escrito, como o mostra o fato de que, no princípio, estamos somente em potência diante do intelecto e de só depois podermos efetivamente entender (sendo por esse motivo possível dizer que o entendimento é uma "potência passiva"). Com efeito, o entendimento humano ocupa um lugar ínfimo na ordem das inteligências e é o mais distanciado da perfeição do intelecto divino (*S. theol.*, I, q. LXXIX, 2 ad 3). Isso não quer dizer, porém, que as coisas existam na alma "materialmente"; mais uma vez: nada há no entendimento que não não tenha estado antes nos sentidos, mas o entendimento não está nos sentidos, já que é distinto destes. Esta opinião muito se assemelha com a tão conhecida opinião de Leibniz quando, ao se referir a quem (como Locke) sustenta que "a alma é uma tabula rasa, vazia de caracteres e sem nenhuma idéia", diz que essa tabula rasa é uma ficção. "Serão feitas objeções a esse axioma, aceito pelos filósofos, segundo o qual *nada há na alma que não proceda dos sentidos*. Mas cumpre excetuar a própria alma e suas afecções. *Nihil est in intellectu, quod non fuerit in sensu, excipe: nisi ipse intellectus*" (*Nouveaux Essais*, II, i, § 2), isto é "Nada há no entendimento que não tenha estado antes nos sentidos, exceto o próprio entendimento".

Em contrapartida, os autores mais decididamente empiristas entendem o princípio em questão como equivalente à afirmaçao de que os sentidos são as únicas causas das idéias. Em alguns casos, isso se deve à suposição de que o órgão do conhecimento não está, como dizia Lucrécio, alojado em nenhum outro lugar a não ser no próprio "corpo vital" (*De rerum natura*, III, 98-100). Noutros casos, deve-se à rejeição das idéias inatas, ou do inatismo (VER), como ocorre com Locke, embora se possa discutir se esse autor é tão radicalmente empirista quanto os filósofos declaradamente "sensacionistas" ou, como também são nomeados, "sensualistas". Figuram entre estes últimos pensadores como Condillac, que sustenta: "Não possuímos idéias que não procedam dos sentidos" (*Essai sur l'origine des connaissances humaines*, I, i § 8) (embora adicione que só fala "do estado em que nos encontramos depois do pecado". "Todos os nossos conhecimentos e todas as nossas faculdades — escreve igualmente Condillac — procedem dos sentidos, ou, para ser mais exato, das sensações" (*Tratado das sensações*. Introdução intitulada "Extrato comentado do *Tratado das sensações*"). Nessa última afirmação destaca-se com clareza o "sensualismo" condillaquiano, visto sustentar que vêm dos sentidos os conhecimentos e *todas as nossas faculdades* (ver ESTÁTUA DE CONDILLAC).

Ao procurar situar-se numa posição que superasse ao mesmo tempo o empirismo sensualista e o racionalismo inatista, Kant admitiu, no começo da *Crítica da Razão Pura*, o princípio de que aqui falamos — ou o que ele significa ou diz —, mas pela maneira como o autor aborda o problema depreende-se que o princípio *Nihil est in intellectus quod prius non fuerit in sensu* é aceitável no tocante à origem do conhecimento (ou explicação genética do conhecimento), não no que se refere à validade do conhecimento (ou explicação da "constituição" do conhecimento). Parece, pois, haver certa semelhança entre a posição que Kant adota e a apresentada acima, de Leibniz. Contudo, há uma diferença fundamental entre o modo como Leibniz entendia "a alma" (ou "o entendimento") e a forma pela qual Kant entende o processo de constituição do objeto como objeto de conhecimento. De fato, o entendimento não é para Kant tanto uma faculdade quanto uma função, ou conjunto de funções.

NIILISMO. Um dos primeiros filósofos, se não o primeiro, a usar o termo "niilismo" foi William Hamilton. No tomo I de suas *Lectures on Matophysics*, Hamilton considerou que o niilismo (de *nihil*, 'nada') é a negação da realidade substancial. Segundo Hamilton, Hume era um niilista; quando se nega que haja uma realidade substancial, ou que haja em realidade — ou "na realidade" — substâncias, só cabe sustentar que se conhecem fenômenos. Desse ponto de vista, o niilismo é idêntico ao fenomenismo.

O niilismo de que falava Hamilton cedo recebeu o nome de "niilismo epistemológico", distinto de outros tipos de niilismo, como o niilismo moral (a negação de que existam princípios morais válidos) e o niilismo metafísico (a pura e simples negação da "realidade"). Mas muitas vezes se equipararam o niilismo epistemológico e o metafísico. O citado Hamilton se referia já a Górgias (VER), segundo o qual nada existe — e, se existisse, seria incognoscível e, se fosse cognoscível, seria inexprimível, inefável ou incomunicável. Também foram feitas referências a Pirro a propósito do niilismo; de modo geral, niilismo e ceticismo, particularmente o ceticismo radical, foram inúmeras vezes examinados conjuntamente como dois aspectos de um "negacionismo" ou "nadismo" universal. Como o ceticismo se manifestou muitas vezes como dúvida sobre a existência de alguma coisa permanente no movimento e na mudança, entendeu-se o niilismo como a afirmação de que tudo muda continuamente e, mais do que isso, de que tudo varia de acordo com o sujeito.

O niilismo às vezes foi expresso na forma de uma "visão de mundo". Esta pode ser a visão de mundo dos que adotam um pessimismo radical ou a dos ques adotam um ponto de vista totalmente "aniquilacionista". Nesse último sentido exprimiu-se o niilismo de Mefistófeles no *Fausto* de Goethe, quando ele disse:

> Ich bin der Geist, der stets verneint!
> Und das mit Recht; denn alles, was entsteht
> Ist wert, dass es zugrund geht;
> Drum besser wär's, dass nichts entstünde.
>
> (Sou o espírito do sempre negar!
> E com razão; pois tudo o que vem a se plasmar
> Serve somente para um dia acabar;
> Logo, melhor seria nada vir a se formar.)

O último verso pode relacionar-se com manifestações como as dos célebres versos que Calderón põe na boca de Sigismundo em *A vida é sonho*

> Pues el delito mayor
> del hombre es haber nacido

e com manifestações semelhantes de poetas que remontam (no Ocidente) a Teognis, mas é preciso levar em conta que a menos em Calderón não se trata do niilismo, mas do sentimento radical de "criaturidade".

Em *O mundo como vontade e representação* (*Das Welt als Wille und Vorstellung*), Schopenhauer, cuja filosofia costuma ser descrita como pessimista ou niilista — dois pontos de vista afins —, citou os mesmos versos do *Fausto* de Goethe e de *A vida é sonho*, de Calderón, bem como versos de Teognis. Schopenhauer julga que toda existência "reflete" o impulso irracional e incessante da Vontade. Toda vida é luta, mas a vida humana em particular está eivada de sofrimentos; oscila qual pêndulo entre a dor do desejo (baseado na necessidade ou na carência) e a dor não menos intensa do tédio ou da inanidade (que se vivencia quando se têm satisfeitas todas as necessidades). Todo sentido e propósito é mera ilusão. A pessoa que aspirar à beatitude terá de livrar-se da Vontade, pois vai perceber que a Vontade, a coisa-em-si, é não só a causa do egoísmo e da agressividade humanos como também a raiz de todo o mal em geral. Schopenhauer reiterou que a vida é "um passo em falso", "um erro", "um castigo e uma expiação". A vida é uma dívida contraída quando se nasce (cf. *Welt*, suplemento ao Livro IV, cap. XLV). Contestando a objeção de que a eliminação do sofrimento implica a negação da Vontade e, com isso "o deslizamento rumo a um nada vazio", ele escreveu: "Reconhecemos sem rodeios que, para quem se acha pleno de Vontade o que permanece depois da completa abolição da Vontade é um nada. Mas, inversamente, para quem a Vontade voltou-se sobre si mesma e se autonegou, este nosso mundo, que é tão real, com todos os seus Sóis e suas Vias Lácteas, é um nada" (*Welt*, IV § 71).

A noção de niilismo desempenha importante papel no pensamento de Nietzsche. Em *A vontade de poder*, Nietzsche refere-se ao que denomina "niilismo europeu". De um lado, ele vê avançar por todos os lados "a preamar do niilismo" (na tradução de Ortega y Gasset [*la pleamar del nihilismo*]. Num sentido, o niilismo é uma ameaça, por ser o ponto último de um desenvolvimento histórico sem saída. Noutro sentido, cabe considerar niilista a interpretação da existência humana e do mundo proporcionada pela Europa cristã e pela Europa moderna, tanto no campo moral como no metafísico. Essa interpretação nega os autênticos valores superiores da força, da espontaneidade, da condição de "super-homem", em benefícios dos supostos valores da eqüidade, da humildade etc. Pode-se falar assim de um niilismo "ruim", que é o niilismo passivo da tradição moral e metafísica. Mas pode-se falar igualmente de um niilismo "bom", que é mais adequado qualificar como niilismo "autêntico". Trata-se de um niilismo ativo que consiste justamente em destruir o sistema de valores do niilismo passivo tradicional. O niilismo dos "espíritos fortes" leva a termo o niilismo débil do pessimismo, do historicismo, do empenho de tudo compreender, da idéia de que tudo é vão.

O tema nietzschiano do niilismo foi retomado por Heiddeger, ao tratar da destruição da metafísica ocidental e mesmo de toda metafísica como um "acontecimento". Atitudes niilistas se exprimiram em outros autores, como Georges Bataille e, sobretudo, E. M. Cioran, que desenvolveu a idéia da "decomposição". Fala-se ainda de niilismo com relação a Sartre, visto que ele empregou a noção de "aniquilação" (ou "nadificação") tanto em suas pesquisas sobre o imaginário como em sua descrição do "para si". Contudo, quanto a esse último ponto deve-se ter presente que a "aniquilação" e as correspondentes "negatividades" (*négatités*) são "niilismo" apenas do ponto de vista do "em si". O niilismo sartriano tem pouco a ver com o niilismo em quaisquer dos sentidos antes assinalados.

Interessante na história do niilismo moderno é o niilismo russo, que tem em parte raízes psicológicas, sociais e religiosas. Uma expressão radical do niilismo é personificada por Bakunin (VER), que afirmava que só a destruição é criadora. Mas a fórmula mais radical desse niilismo talvez esteja em Dimitri Ivanovich Pisarev (VER), que escreveu: "Tudo o que pode quebrar-se há de quebrar-se; o que suportar o golpe será bom; o que se rachar será bom para o lixo. Seja como for, é preciso golpear a torto e a direito: disso não pode resultar nada ruim".

Uma forma de niilismo filosoficamente interessante é o chamado "budismo niilista" ou "niilismo budista" na expressão que lhe deu Nāgārjuna no século II d.C. Nāgārjuna propôs uma interpretação "justa" ou "média", *Mādhyamika*, de Buda, que consiste em negar toda alternativa a dada posição e em negar essa negação. Assim, Nāgārjuna destacou as contradições em que cai toda afirmação de qualquer (suposta) realidade; se se afirma que uma realidade está relacionada com outra, deve-se dilucidar a natureza dessa relação, mas não há relação se as realidades forem distintas; e se há relação então há apenas uma realidade, da qual nada se pode predicar e com a qual nenhuma outra realidade pode relacionar-se.

↪ Para o termo: O. Pöggeler, "'Nihilist' und 'Nihilism'", *Archiv für Begriffsgeschichte*, 19, 2, 1975, pp. 196-209.

Ver: E. Benz, *Westlicher und östlicher Nihilismus in christilicher Sicht*, s/d (?1919). — Armand Coquart, *Dimitri Pisarev (1840-1868) et l'idéologie du nihilisme ruse*, 1946. — Manuel de Diéguez, *De l'absurde. Essai sur le nihilisme*, 1948. — E. M. Cioran, *Précis de la décomposition*, 1948. — Id., *La tentation d'exister*, 1956. — Sigmund Fries, *Nihilismus. Die Gefahr unserer Zeit*, 1949. — Helmut Thielicke, *Der Niilismus. Entstehung, Wesen, Übervindung*, 1950. — Ernst Mayer, *Kritik des Nihilismus*, 1958, ed. Robert Oboussier. — René Cannoc, *Netchaiev. Du nihilisme au terrorisme*, 1961. — Stanley Rosen, *Nihilism: A Philosophical Essay*, 1969. — Fernando Savater, *Nihilismo y acción*, 1970. — P. R. Fandossi, *Nihilism and Technology: A Heideggerian Investigation*, 1982. — V. Vitiello, *Utopia del Nichilismo. Tra Nietzsche e Heidegger*, 1983. — G. Rose, *Dialectic of Nihilism*, 1984. — O. Schutte, *Beyond Nihilism: Nietzsche without Masks*, 1984. — D. A. Crosby, *The Specter of the Absurd: Sources and Criticisms of Modern Nihilism*, 1988. — G. T. Martin, *From Nietzsche to Wittgenstein: The Problem of Truth and Nihilism in the Modern World*, 1989. — N. Aloni, *Beyond Nihilism: Nietzsche's Healing and Edifying Philosophy*, 1991. — K. L. Carr, *The Banalization of Nihilism*, 1992. — F. Evans, *Psychology and Nihilism: A Genealogical Critique of the Computational Model of Mind*, 1993. ↩

NIRVĀNA. No verbete Budismo (VER), referimo-nos à noção budista central de *Nirvāna*. Apresentamos aqui algumas definições complementares a respeito dele.

Deve-se observar, antes de tudo, que o *Nirvāna* não representa para o budismo, ao contrário do que se afirma tantas vezes, o nada, mas o verdadeiro ser, que só aparece quando se consegue afastar e destruir a ilusão da individualidade. O significado mais aproximado de *Nirvāna* é "extinção" (como quando se fala que uma chama se extinguiu). De fato, o que parece real não é, segundo os budistas, real, mas simplesmente "inflado". Quando se reduz e por fim se suprime essa inflação, aparece, *a partir de fora*, algo vazio. *A partir de dentro*, em contrapartida, não aparece algo vazio. Tampouco se pode dizer que apareça algo cheio. A rigor, os conceitos que respondem às expressões "estar vazio" e "estar cheio" são conceitos que só têm validade quando se está mergulhado na ilusão da existência individual. Suprimida a individualidade por meio da contemplação, desaparecem todas as dificuldades e todas as contradições lógicas. As definições dadas pelos budistas ao *Nirvāna* pretendem ser, portanto, aproximações. Dessa perspectiva, compreende-se que o *Nirvāna* pode ser definido tanto negativamente (o vazio que aparece quando se suprime o inflado) como positivamente ("o puro Espírito", "a pura Consciência" etc).

↪ Ver: R. L. Slater, *Paradox and Nirvana: A Study of Religious Ultimates with Special Reference do Burmese Budism*, 1951. — G. R. Welbon. *The Buddhist Nirvana and his Western Interpreters*, 1968. — T. Shcherbatski, *The Conception of Buddhist Nirvana*, 1977. — R. Avens, *Imagination: A Way Toward Western Nirvana*, 1979. — Ver ainda a bibliografia de BUDISMO. ↩

NISHI AMANE (1829-1897). Nascido em Tsuwano (prefeitura de Shimane, Japão), estudou em Tóquio; em 1862, foi à Holanda, com um grupo de cadetes, a fim de estudar leis e ciência política. Interessando-se pela filosofia, estudou o pensamento de Kant, Comte, J. Stuart Mill e outros autores. De volta ao Japão, em 1865, deu aulas em Tóquio e ficou conhecido como introdutor da filosofia ocidental. Deve-se a Nishi Amane a criação de ponderável parcela da terminologia filosófica japonesa, incluindo a palavra que designa "filosofia", *tetsugaku* (segundo Piovesana, abreviatura de *Kitetsugaku*, que é abreviatura de *Kikyu tetsuchi*, ou ciência da sabedoria que busca, ou amor à sabedoria). Nishi Amane inclinou-se pelo positivismo e pelo utilitarismo, criticando a metafísica, que considerava "a teoria vazia". Suas tendências ocidentalistas se mantiveram até o fim da vida, visto que, embora tenha chegado um momento em que avaliou que não se devia proceder a uma ocidentalização radical, mas que se devia combinar o conhecimento do Ocidente com o saber do Oriente, ocupou-se fundamentalmente da difusão do primeiro.

↪ Devem-se a Nishi Amane, entre outras obras: *Reikon ichigenron* (*O monismo da alma*). — *Bimyogaku-setsu* (*Estética*). — *Seisei hatsuun* (*A relação entre o físico e o espiritual*). — *Hyakuichi shinron* (*Nova teoria das cento e uma doutrinas*). — *Hyakugaku renkan* (*A corrente das cem ciências*) [com um subtítulo em inglês: *Encyclopaedia*].

A maioria de seus escritos foi publicada postumamente. Edição de obras: *Nishi Amane zenshu*, por Okube Toshiaki, 1960ss.

Ver: G. K. Piovesana, "The Begginings of Western Philosophy in Japan: Nisho Amane, 1829-1897), *International Philosophical Quarterly*, 2, 1962, pp. 295-306. — Id., *Recent Japanese Philosophical Thought 1862-1962*), 1963, pp. 5-8. ↩

NISHIDA KITARO (1870-1945). Nascido nas proximidades de Kanazawa (prefeitura de Ishikawa, Japão), estudou em Tóquio; foi professor em Kanazawa, de 1910 a 1928, na Universidade de Quioto. Segundo Gino

S. Piovesana, (cf. bibliografia *infra*. p. 85), Nishida Kitaro é o mais importante filósofo japonês da época contemporânea, sendo "o único em época recente em torno do qual se formou uma escola filosófica", a chamada *Kyoto-ha*, ou escola de Quioto, bem como — por meio da associação com seu discípulo Tanabe Hajime (VER) — da escola de Nishida-Tanabe.

Em vez de seguir apenas uma tradição japonesa independente de toda filosofia ocidental, ou de associarse a alguma das escolas filosóficas ocidentais, Nishida Kitaro procurou integrar a tradição do budismo Mahayana e do zen-budismo com a filosofia ocidental, particularmente com alguns aspectos do idealismo alemão e do pensamento de Bergson. Segundo Nishida Kitaro, a realidade fenomênica — embora vazia — constitui a trama fundamental, a experiência pura de que derivam todos os contrastes e que dá lugar aos pontos de vista subjetivo e objetivo, que são modos unilaterais de ver (vivenciar) a própria realidade básica. A experiência pura não é, a rigor, subjetiva, individual nem socialmente; se dizemos ser ela "consciente" ou "autoconsciente", é apenas enquanto constitui o lugar tanto da subjetividade como da objetividade. Dessa "autoconsciência" são gerados, como em Fichte, os opostos, mas estes não seguem cada qual seu caminho; antes se reconciliam na própria consciência enquanto liberdade absoluta.

A liberdade absoluta não é um ponto de partida; há antes dela o "vazio" ou "nada", que é constantemente ativo e criador, voltando sem cessar a si mesmo. No curso desse desenvolvimento criador se produz a unidade das oposições numa forma que lembra, de um lado, Hegel e, do outro, Nicolau de Cusa. Nishida Kitaro desenvolve o que denomina "lógica do lugar", isto é, uma lógica destinada a proporcionar o quadro conceitual de um pensamento filosófico que, apesar de seus contatos com o Ocidente, permanece fiel às fontes do zen-budismo. O "lugar" de que fala Kitaro é "o lugar do nada", que, em termos ocidentais, não é um nada "privativo", mas "negativo".

⇨ As obras principais de Nishida Kitaro são: *Zen no kenkyu*, 1911 (*Estudo sobre o bem*). — *Shisaku to taiken*, 1915 (*Pensamento e experiência*). — *Jikaku ni okeru chokkan to hansei*, 1917 (*Intuição e reflexão na autoconsciência*). — *Ishiki no mondai*, 1920 (*A problemática da consciência*). — *Geijutsu to dokuto*, 1923 (*Arte e moralidade*). — *Hataraku mono kara miru mono e*, 1927 (*Do agir ao ver*). — *Ippansha no jikakuteki taikei*, 1930 (*O sistema da autoconsciência do universal*). — *Mu no kikakuteki gentei*, 1932 (*A determinação autoconsciente do Nada*). — *Zoku shisaku to taiken*, 1937 (*Pensamento e experiência. Continuação*). — As obras fundamentais são as de 1911 e 1927.

Edição de obras: *Nishida Kitaru zenshu*, 18 vols., 1947-1953.

Bibliografia: M. Abe, L. Brull, "K. N. Bibliography", *International Philosophical Quarterly*, 28, 1988, pp. 373-381.

Obras em japonês sobre N. K.: Koyama Iwao, *Nishida tetsugaku*, 1940. — Yanagida Kenjuro, *Nishida tetsugaku taikei*, 1946. — Shimomura Torataro, *Nishida tetsugaku*, 1947. — Nagao Michitaka, *Nishida tetsugaku no haishaku*, 1958. — Críticas da perspectiva marxista: Hayashi Naomichi, *Nishida tetsugaku hihan*, 1948. — Miyajima Hajime, *Meijiteki shisoka-zo no keisei*, 1960. — Yamada Munemutsu, *Nihongata shiso no genzo*, 1961.

Ver também: N. Matao, "East-West Synthesis in N.", *Philosophy East and West*, 4, 1955, pp. 345-359. — G. K. Piovesana, *Recent Japanese Philosophical Thought, 1862-1962*, 1963, pp. 85-122. — Yoshitomo Takeuchi, *N. K.*, 1966. — D. Dilworth, "The Range of N.'s Early Religious Thought: Zen No Kenkui", *Philosophy East and West*, 19, 1969, pp. 409-421. — Id., "N's Early Panteistic Voluntarism", *ibid.*, 20, 1970, pp. 35-49. — Id., "N.'s Final Essay: The Logic of Place and a Religious World-View", *ibid.*, pp. 355-368. — R. López Silonis, "La religión de N. K.", *Pensamiento*, 27, 1971, pp. 31-58. — S. Abe, "Modern Sports and the Eastern Tradition of Physical Culture: Emphasising N.'s Theory of the Body", *Journal of the Philosophy of Sport*, 14, 1987, pp. 44-47. — M. Abe, "N.'s Philosophy of Place", *International Philosophical Quarterly*, 28, 1988, pp. 355-371. — A. Feenberg, Y. Arisaka, "Experiential Ontology: The Origins of the N. Philosophy in the *Doctrine of Experience*", *International Philosophical Quarterly*, 30 (2), 190, pp. 173-205. — W.-S. Huh, "The Philosophy of History in the 'Later' N.: A Philosophyc Turn", *Philosophy East and West*, 40 (3), 1990, pp. 343-374. — D. Putney, "Identity and the Unity of Experience: A Critique of N.'s Theory of Self", *Asian Philosophy*, 1 (2), 1991, pp. 141-160. — R. P. Peerenboom, "The Religious Foundations of N.'s Philosophy", *ibid.*, pp. 161-173. — M. Abe, "'Inverse Correspondence' in the Philosophy of N.: The Emergence of the Notion", *International Philosophical Quarterly*, 32 (3), 1992, pp. 325-344. — W. Haver, "Thinking the Thought of that Which is Strictly Speaking Unthinkable: On the Thematization of Alterity in Nishida-Philosophy", *Humana Studia*, 16 (1-2), 1993, pp. 177-192. ⇨

NISHIDA-TANABE (ESCOLA DE). Ver NISHIDA-KITARO; TANABE HAJIME.

NOÇÃO. Cícero (*Topica*, VII, 31) introduziu o vocábulo *notio* (= "noção") para traduzir os termos gregos ἔννοια e πρόληψις. Os dois significam "pensamento", "idéia", "imagem no espírito", "desígnio", mas enquanto ἔννοια foi empregado por muitos autores gregos com o significado de "idéia" (em geral), πρόληψις foi usado pelos estóicos e epicuristas com o significado de uma "idéia" ou "imagem" antecipadas que o espírito faz para si de um objeto. Por esse motivo, traduziu-se πρόληψις por "antecipação" (VER). No sentido de "pensamento", "idéia", "conceito" e outros vocábulos análogos, o termo "noção" foi e continua a ser empregado de uma maneira muito geral; chama-se "noção" a idéia ou conceito que se tem de alguma coisa e, mais especificamente, a idéia ou conceito suficientemente básicos. A noção se distingue da idéia propriamente dita porque, enquanto esta última pode ser (segundo alguns filósofos), o princípio de uma realidade, a primeira só pode ser o princípio do conhecimento da realidade. Quando suficientemente básicas, as noções consideradas equivalem aos princípios, recebendo os princípios que são, ou devem ser, admitidos por todo sujeito racional a designação "noções comuns" (VER). A noção se distingue ainda da concepção, visto que enquanto 'concepção' pode ser a produção de uma realidade, 'noção' é simplesmente a recepção e o reconhecimento da idéia de uma realidade. De todo modo, muitos autores têm usado o termo "noção" como equivalente de representação mental de um objeto. Essa representação mental pode ser o ato mesmo da representação ou o que é representado no ato; trata-se de uma diferença relativamente semelhante à que há entre o conceito objetivo e o conceito formal no vocabulário de muitos escolásticos.

O termo 'noção' foi usado por Locke, de um lado, com o sentido de 'idéia', 'espécie' etc. (*Essay*, 1, i, 8) e, do outro, e de modo mais preciso, com a acepção que têm todos os chamados "modos mistos" (ver MODO). Como nome desses modos, as noções podem ser usadas sem intenção denotativa (*op. cit.*, 11, XXII, 2). Berkeley também empregou 'noção' para falar de certas expressões que não se referem à realidade — que não "significam" nem "denotam" idéias —, mas que servem para falar de realidades. A noção é um termo abstrato ou teórico; pode ser usado, mas desde que com isso não se pretenda fazer referência a alguma coisa.

Em nossos dias, o vocábulo 'noção' é empregado num sentido muito amplo (e vago) como equivalente de 'representação' (mental), 'conceito', 'idéia' etc., bem como de "notícia" (ver NOTITIA). Seu emprego como termo "técnico" lembra a conveniência de definir seu significado. Dever-se-ia em especial dilucidar se uma noção pode ser um termo abstrato ou teórico e, ao mesmo tempo, ter um *denotatum*.

NOÇÕES COMUNS. Crisipo e outros estóicos usaram com freqüência a expressão κοιναὶ ἔννοιαι, traduzida para o latim com as palavras *notiones comunes*. Com ela, davam a entender uma série de idéias ou noções básicas que a mente reconhece como adequadas e fundamentais para qualquer desenvolvimento ulterior do conhecimento. Muitos escolásticos adotaram a tese de que as *notiones comunes*, embora transformando-as em diversos sentidos e sem aderir aos pressupostos ontológicos gerais propugnados pelos antigos estóicos.

Entre as manifestações modernas da doutrina das noções comuns pode-se mencionar a escola escocesa (VER) e, de maneira geral, as filosofias baseadas no senso comum (VER). Todas elas avaliaram que é mister admitir em princípio uma série de noções comuns se se quiser evitar os escolhos do ceticismo.

Não se devem confundir as noções comuns com as idéias inatas. Admitir noções comuns *ainda* não equivale a aderir ao inatismo (VER) na teoria do conhecimento. Pode-se supor que essas noções tenham sido adquiridas, mas sempre que se acrescente que sua aquisição, no curso do desenvolvimento individual ou ao longo do desenvolvimento cultural ou histórico, não equivale à sua relativização. Inatas ou adquiridas, as noções comuns continuam a ser noções básicas das quais não cabe duvidar porque, sem elas, o conhecimento não seria possível. Tampouco se deve confundir uma noção comum com um "fato primitivo" do tipo do *cogito* ou do *fait primitif* buscado por Maine de Biran e outros autores. Por fim, não se devem confundi-las com as "evidências" de tipo lógico e matemático que durante muito tempo foram qualificadas como axiomas (ver AXIOMA). As noções comuns são sempre plurais e, além disso, constituem uma base para o conhecimento da *realidade*. A maioria dos autores que aderem à doutrina das noções comuns considera, além disso, que elas são (para empregar o vocabulário kantiano) constitutivas e não regulativas: não se trata, em seu entender, de meras regras para o conhecer, mas de idéias que denotam realidades sobre as quais se edifica todo conhecimento.

NOEIN. Ver NOESIS, NOÉTICO, NOÉTICA.

NÖEL, LEÓN. Ver NEOTOMISMO.

NOEMA, NOEMÁTICO. O vocábulo grego νόημα, *noema*, significa "pensamento" enquanto objeto do pensar; no plural, νοημάτα [*noemata*], noemas, pode ser traduzido por "pensamentos". O noema é nesse sentido o termo, mais especificamente, o objeto intencional, da noesis como intelecção ou pensar; os noemas são simplesmente as idéias, as noções, o conteúdo do pensar (ou, no vocabulário posterior, o objeto formal deste). Costumam-se interpretar os noemas como significações; neste caso, também é possível chamar de "significativo" o noemático como aquilo que corresponde ponto a ponto ao noema ou aos noemas, isto é, como a característica de todo noema.

A palavra 'noema' foi usada por Husserl sobretudo como um "sentido" ou uma "significação" para que aponta o ato "tético" ou "posicional" da noesis. Segundo Husserl, ao conteúdo noético (ver NOESIS, NOÉTICO, NOÉTICA) corresponde ponto a ponto um conteúdo noemático, isto é, há uma correspondência entre noesis e noema. O noema não é propriamente o objeto — no sentido corrente da palavra — porque continua a ser "imanente" à corrente intencional. O noema é como o "alvo" da intencionalidade noética. O noema possui também uma "matéria", o chamado "núcleo noemático", mas não se trata da "cobertura hilética" (ver Hilético); trata-se de uma espécie de "conteúdo ideal" (*Ideen*, § 133).

Segundo Joaquín Xirau (*La filosofía de Husserl*, 1941, p. 142), é interessante notar a diferença que há em Husserl quanto a isso entre as idéias propostas nas *Investigações Lógicas* e as desenvolvidas nas *Idéias*. Enquanto na primeira Husserl "distingue ainda, à maneira 'realista', entre a consciência e o objeto independente dela", nas *Idéias* o objeto "incorpora-se ao noema, que não é senão o objeto mesmo enquanto dado à consciência numa forma determinada". Por isso, o noema aparece nesta última como um núcleo ou matéria de qualidades predicativas; é, por assim dizer, uma "significação significada".

NOESIS, NOÉTICO, NOÉTICA. O verbo grego νοέω (infinitivo: νοεῖν) significa "ver discernindo" — diferenciando-se do simples "ver" — e daí vem "pensar". Entre os filósofos gregos, foi comum o uso de νοεῖν para designar um "ver inteligível" ou "ver pensante", que é ao mesmo tempo "intuir". É objeto de νοεῖν algo apreendido direta e infalivelmente tal qual é. Para Parmênides, essa apreensão direta e infalível daquilo que é como é e enquanto se identifica com o ser, como o exprime na famosa tese τὸ γὰρ αὐτὸ νοεῖν ἐστίν τε καὶ εἶναι, geralmente traduzida como "é o mesmo o pensar e o ser". Logo, para que algo seja objeto de νοεῖν é preciso, pois, que seja inteligível. O substantivo correspondente a νοεῖν é νοῦς, *nous*, termo a que dedicamos um verbete.

O ato mediante o qual se leva a efeito a operação de νοεῖν é a νόησις, noesis, sendo o termo da noesis o νόημα, noema (ver). A noesis é uma "intelecção" ou "intuição" (especialmente "intuição inteligível", que se distingue da διάνοια, dianóia [ver] ou "discurso"). O que pertence à noesis ou possui noesis é algo noético, νοητός ou νοητικός. A partir de Parmênides e especialmente desde Platão, foi muito corrente, inclusive entre filósofos que não a tinham aceito, falar de uma diferença entre "as coisas noéticas" ou "os objetos noéticos", νοητά, e "as coisas sensíveis" ou "os objetos sensíveis", αἰσθητά (que é a distinção entre o inteligível e o sensível, ou entre o κόσμος νοητός, *mundus intelligibilis*, e o κόσμος αἰσθετός, *mundus sensibilis* [ver Inteligível]. A noesis como pensar tem por objeto o noético (tem, poderíamos dizer, o noético como noema); como puro pensar, pode-se dizer que tem por objeto o pensar mesmo: trata-se da idéia da νοήσεως, do "pensar do pensar", característica do ato puro ou primeiro motor aristotélico.

Os conceitos de noesis e noético — assim como os de noema e noemático (ver Noema, nomemático) — desempenham importante papel na fenomenologia (ver) de Husserl (ver). Referimo-nos à idéia husserliana do noemático no verbete Hilético, ao falar da diferença entre hilético e noético, especialmente como diferença entre uma cobertura hilética e uma cobertura noética no "fluxo do vivido". Lembremos, ou acrescentemos aqui que, para Husserl (cf., sobretudo *Ideen*, §§ 87-102), a noesis é a fase na corrente do ser intencional (ver Intenção, intencional, intencionalidade) que forma ou conforma os materiais em experiências intencionais, dando por assim dizer "sentido" (*Sinn*) ao fluxo do vivido. A noesis é uma síntese conformadora, constituindo-se na consciência interna do tempo, mas não é um puro ato unitário, pois admite, como o indica Husserl, modificações de natureza "atencional". As noesis podem além disso ser de diversos tipos, havendo tantos tipos de noesis quantas sejam as de "sínteses noéticas" ou "posições". A fase noética na experiência corresponde ao intencional na experiência, mas ao mesmo tempo ao "subjetivo" (sempre que não se entenda por 'subjetivo' simplesmente "psicologicamente subjetivo", já que estamos no terreno da descrição fenomenológica, que precede o psicológico). Para chegar ao "objetivo" é vital atentar para o correlato da noesis, o noema, o que nos referimos no verbete correspondente, no qual falamos de novo sobre a correlação noesis-noema em Husserl.

O termo 'noética' pode ser usado para designar tudo o que se refere ao pensar, especialmente o pensar "objetivo" e ao mesmo tempo "inteligível". Husserl falou de "noética" (*Noetik*) para designar "a fenomenologia da razão" (*op. cit.*, § 145) como consciência racional; essa "noética" pressupõe a fenomenologia geral, já que, como escreve o autor, "é um fato fenomenológico que... toda consciência tética ['posicional'] está sujeita a certas normas". Também se empregou o termo "noética" para designar a ciência das leis do pensar (sobretudo leis lógicas); isso ocorre em Hamilton (*Noetic*). Georg Hagemann usou o termo para designar a ciência do pensar em geral, a que se acha subordinada a própria lógica (*Logik und Noetik*, 1873). Fala-se às vezes de "a noética de Aristóteles" como referência à sua doutrina da inteligência (do intelecto, do entendimento) [ver Entendimento; Intelecto].

NOHL, HERMANN (1879-1960). Nasceu em Berlim, onde foi discípulo de Wilhelm Dilthey. Em 1908, "habilitou-se" na Universidade de Jena, onde foi "professor extraordinário" de 1919 a 1920. A partir de 1920, foi professor titular da Universidade de Göttingen.

Nohl foi um dos mais fiéis discípulos de Dilthey. Inspirado por este, dedicou-se em especial a trabalhos de estética, tendo examinado o problema dos estilos e de diversos estilos artísticos à luz da "teoria das visões de mundo". Segundo Nohl, um estilo artístico não é nunca uma pura expressão formal nem uma manifestação do caráter psicológico puro e simples do artista; refletem-

se no estilo os mais diversos motivos —formais, psicológicos, históricos etc. — unificados numa "atitude" radical diante do mundo e da vida. Nohl interessou-se ainda por questões pedagógicas e caracteriológicas.
➲ Obras: *Sokrates und die Ethik*, 1904. — *Die Weltanschauungen der Malerei* (*As visões de mundo da pintura*). — *Pädagogische und politische Aufsätze*, 1919; 2ª ed., 1930 (*Artigos pedagógicos e políticos*). — *Stil und Weltanschauung*, 1920 (*Estilo e visão de mundo*). —*Einführung in die Philosophie*, 1935; 4ª ed., 1948 (*Introdução à Filosofia*). — *Die ästhetische Wirklichkeit: eine Einführung*, 1935; 2ª ed., 1954; 3ª ed., 1961 (*A realidade estética: uma introdução*). — *Charakter und Schicksal. Eine pädagogische Menschenkunde*, 1938; 2ª ed., 1940. *Die sittlichen Grunderfahrungen. Eine Einführung in die Ethik*, 1939. — *F. Schille. Eine Vorlesung*.

Nohl escreveu também vários trabalhos para a *Deutsche Vierteljahrschrift für Literaturwissenschaft und Geistesgeschichte* (1023, 1924, 1928). — Deve-se a ele a edição dos escritos de juventude de Hegel, *Hegels theologischen Jugendschriften* (1907) e a do volume de Dilthey, *Von deutscher Dichtung und Musik* (1933). Bibliografia: E. Weniger, *Bibliographie H. N.*, 1954. Ver: J. Ölkers, *Die Vermittlung zwischen Theorie und Praxis in der deutschen Pädagogik von Kant bis Nohl*, 1975 (tese). — H. J. Fink, *Der Begriff der "Deutscher Bewegung" und seine Bedeutung für die Pädagogik bei W. Dilthey und H. N.*, 1992. ↤

NOME. *I. Época antiga e medieval.* Os sofistas trataram amiúde do problema da natureza do nome, ὄνομα; tratava-se de saber se um nome é "por lei" (νόμῳ), "por convenção", ou "por natureza" (φύσει). Os sofistas inclinavam-se para a primeira opinião: um nome não designa por sua própria natureza a coisa; ele a designa porque se faz que designe a coisa. Trata-se da tese mais tarde chamada "nominalismo" (ou um dos aspectos dessa teoria). Hermógenes, personagem do *Crátilo* platônico, representante no diálogo das opiniões de Heráclito, avaliava que os nomes são justos por natureza, mas se acham, como todas as coisas, em constante mudança. Platão rejeitou as opiniões dos sofistas e as de Hermógenes: os nomes são ao mesmo tempo convencionais e constantes. As coisas têm uma natureza fixa e o nome é adotado para exprimir essa natureza. Para Platão, o nome é um órgão (*Crátilo*, 388 A), isto é, um órgão ou instrumento destinado a pensar o ser das coisas.

Aristóteles chamou de "nome" um som vocal que possui um significado convencional e que não se refere ao tempo — ao contrário do verbo (VER) —, sem que nenhuma das partes do nome tenha significado se apartada deste (*De int.*, I, 1 a 19ss.). Aristóteles dá como exemplo κάλλιππος, em que o nome ἵππος, "cavalo", não tem em si mesmo significado algum, como ocorre com a expressão καλλὸς ἵππος, "cavalo bonito". É isso o que acontece nos nomes simples. Nos compostos, a parte contribui para o significado do todo, embora ela mesma não possua significado próprio. O exemplo é ἐπακτροκέλης, "navio pirata". Segundo Aristóteles, κέλης, "navio", não significa nada por si mesmo fora do composto. Deve-se entender isso da seguinte maneira: "navio" não significa nada fora do composto se *pensamos no composto*, mas pode significar algo se não levarmos em conta este último.

A concepção aristotélica do nome apresenta aspectos tanto lógicos como gramaticais, sendo difícil distinguir por completo entre eles, o que também se aplica às concepções medievais. A definição do vocábulo *nomen* dava-se na lógica no âmbito da doutrina dos termos. Essa doutrina, que incluía o estudo das diferentes classes de palavras, era no entanto *paralela* à gramática. Os filósofos se referiam, no tocante a essa questão, tanto ao texto citado de Aristóteles como à *gramática* (*Ars Grammatica*) de Donato (*fl.* 333), mestre de São Jerônimo. Ora, como o nome podia ser considerado de três maneiras — (1) como uma palavra significativa, (2) como uma idéia, (3) como um *flattus vocis* —, a questão de sua natureza implicava a dos universais (VER). Muitos dos problemas que se apresentaram quanto a isso foram solucionados, de acordo com as normas escolásticas, mediante discussões precisas. No curso destas, percebeu-se que o paralelismo entre gramática e lógica não podia ser levado longe demais. Com efeito, o nome podia dividir-se em várias classes. Algumas delas — como as dos substantivos e adjetivos — parecem pertencer à gramática, ao passo que outras — como a dos nomes abstratos e concretos — parecem pertencer à lógica, embora a lógica pudesse em princípio assumir todas essas distinções e reduzi-las a seus próprios termos. Pode-se perceber com clareza a multiplicidade de tipos de nomes na classificação estabelecida por L. Schutz no seu *Thomas-Lexikon* (1895, v. "Nomen"). Indicam-se ali 55 acepções de *nomen* quando se considera a palavra num sentido análogo ao de Aristóteles em *De interpretatione*, e prescindindo de algumas outras significações, como as que tem o citado vocábulo ao referir-se à *concepção do intelecto* acerca de uma coisa significada pelo nome. Contudo, todas as definições partem de pressupostos semelhantes, e a principal dificuldade consiste no fato de nem sempre se distinguir entre o nome e outros vocábulos, como o termo (VER), a locução, a dicção.

No âmbito da escolástica, foram os gramáticos especulativos (ver GRAMÁTICA ESPECULATIVA) e os terministas aqueles que demonstraram mais interesse pelo problema do nome. Os primeiros preocuparam-se sobretudo com os diversos modos de significar do nome, distinguindo entre um modo essencial generalíssimo de significar e modos de significar subalternos que variavam em generalidade. Segundo Tomás de Erfurt, em sua *Gramática especulativa*, "o modo essencial generalíssimo de significar do nome é um modo de significar enquanto *ente* e uma *apreensão determinada*". Distingue-se quanto a isso entre um modo do ente — permanente — e um modo de existir — o modo de fluidez e sucessão (caps. VIII e IX). Quanto aos modos essenciais subalternos gerais do nome, as distinções são de natureza a um só tempo lógica e gramatical: *nomes próprios* e *nomes comuns*, que são especiais com relação ao modo generalíssimo e gerais quanto aos outros modos. As classificações seguintes contêm outros modos gerais de significar e incluem análises de diversos tipos de adjetivos, pronomes, *cognomina* (caps. X a XIII), modos acidentais do nome em comum (XIV), espécie acidental (XV), gênero atual (XVI), número acidental (XVII), figura acidental ou gramatical (XVIII) e caso (XIX). A mistura de elementos gramaticais e lógicos é aqui muito acentuada. Mas essa confusão, perturbadora para a lógica, pode mostrar-se iluminadora para dilucidar várias questões da semântica (VER). Quanto aos terministas, eles desenvolveram amplamente a teoria dos nomes, porém, como muitas vezes usaram o vocábulo 'termo', exporemos essa doutrina no verbete sobre esse conceito. De fato, a conhecida divisão de Occam (*Logica*, I, XI) dos nomes em nomes de *primeira imposição* [VER] (que se aplicam a coisas) e de *segunda imposição* (que se aplicam a palavras, se bem que não forçosamente a nomes de nomes, porque por 'palavras' entendem-se pronomes, conjunções etc.) é paralela à doutrina dos termos. O mesmo ocorre com a divisão dos nomes em nomes de *primeira* e de *segunda intenção* (VER) e das freqüentes divisões dos nomes em *abstratos, concretos, universais, particulares* etc.

II. Época moderna. Na época moderna, o vocábulo 'nome' foi usado em sentidos menos técnicos e precisos do que na filosofia aristotélica ou na escolástica. Os que mais se ocuparam do problema dos "modos de significar" do nome foram os autores nominalistas ou empiristas, que em muitos casos apenas reelaboraram concepções medievais (terministas) ou lhes deram um sentido psicológico-epistemológico. É o caso de quatro autores que são, quanto a isso, significativos: Hobbes, Locke, John Stuart Mill e Taine. O primeiro definiu o nome, em sua *Computação ou lógica*, parte 1, cap. ii (*Works*, ed. por W. Molesworth, 1839, pp. 13-28), dizendo que é "uma palavra tomada arbitrariamente que serve como marca capaz de suscitar em nossa mente um pensamento parecido com algumas outras coisas que tínhamos tido antes e que, ao ser pronunciado por outras pessoas, pode tornar-se para elas signo de que pensamento tinha em sua mente o espectador". Essa definição ampla é a clara expressão de uma atitude terminista com relação ao nome. Os nomes podem ser para Hobbes *positivos* e *negativos*; *contraditórios*; *comuns*; de *primeira* e *segunda intenção*; *universais, particulares, individuais* e *indefinidos*; *unívocos* e *equívocos*; *absolutos* e *relativos*; *simples* e *compostos*. Em todos os casos, trata-se de marcas arbitrárias com que nos fazemos entender pelos outros — ou entendemos os outros — em virtude de certas convenções que não precisam ser estabelecidas conscientemente, mas que podem estar fundadas na natureza de nossa psique. Seguindo Occam, Hobbes fala também da possibilidade de tomar os nomes em primeira e segunda intenção: os primeiros referem-se a coisas; os segundos, a certos nomes (como 'geral', 'particular', 'silogismo' etc.). Portanto, os nomes são, como já dissera Francis Bacon, pontos de referência em meio ao constante fluir dos "pensamentos" (as *cogitationes*). A importância da tese hobbesiana sobre o nome é, no entanto, maior do que ressalta das passagens anteriores. No *Leviatã* (I, c. 4), Hobbes, depois de classificar os nomes — que podem, para ele, ser expressos mediante uma ou mais palavras — em *próprios* e *comuns*, e de indicar que os únicos universais que há no mundo são os nomes comuns, concede a estes extensão maior e menor (por exemplo, 'corpo' tem maior extensão do que 'homem'), de modo que chega a conceber "o agrupamento de conseqüências das coisas imaginadas na mente" como "agrupamento das conseqüências de suas designações". Com isso, ele usa os nomes num sentido puramente denotativo-extensional análogo ao que foi proposto por vários lógicos contemporâneos. Assim, por exemplo, as expressões 'um homem é uma criatura viva' e 'se é um homem, é uma criatura viva' têm tal natureza que, se 'criatura viva' significa tudo o que significa 'homem', a afirmação ou conseqüência é verdadeira; do contrário, ela é falsa. Isso é possível porque Hobbes usa implicitamente um conceito semântico do predicado 'é verdadeiro' (ver VERDADE): verdade e falsidade, diz ele, "são atributos da linguagem, não das coisas" (*loc. cit.*).

Para Locke, não é certo que cada coisa possa ter um nome; ao mesmo tempo, quando se podem designar várias coisas por meio de um nome, este se justifica pragmaticamente, pela comodidade de seu uso. Os nomes podem ser *próprios* (nomes de cidades, de rios etc.) e *comuns* (formados por abstração nominal) (*Ensaio*, III, iii). De modo geral, os nomes são compreendidos em função das idéias que designam. Assim, pode haver nomes de idéias simples, de idéias complexas, de modos mistos e de substâncias (embora estes últimos sejam duvidosos).

Atitudes parecidas às de Hobbes e Locke foram adotadas pelos filósofos das escolas sensualistas, assim como por muitos ideólogos e pensadores pertencentes à chamada "filosofia do senso comum". Mas todos eles acentuaram consideravelmente o aspecto psicológico do problema. Os nomes eram para inúmeros desses pensadores nomes de idéias e não de coisas ou de outros nomes. John Stuart Mill defendeu um retorno à concepção epistemológica do nome — sem esquecer as implicações lógicas e psicológicas. Sua doutrina dos nomes está exposta em seu livro *Sistema de Lógica*: a parte I trata apenas dos nomes, mas também a Parte IV contém algumas indicações a respeito. Para Mill, nomear é uma função (psicológica ou psicológico-epistemológica) de alcance lógico (P. IV, c. iii, § 1). Essa função se refere às coisas e não às idéias das coisas. Mill rejeitou assim a concepção dos sensualistas por considerá-la "metafísica" e adotou a tese segundo a qual um nome dado é o nome de uma coisa e não de (nossa idéia dessa coisa ('sol' é o nome do sol e não de nossa idéia do sol). Ora, a classificação dos "nomes das coisas" segue as leis próprias dos nomes, e não as leis das coisas. Nos termos da tradição escolástica, Mill dividia os nomes em *sincategoremáticos* (como 'a', 'com' etc.) e *categoremáticos* (como 'homem', 'mesa' etc.). Os adjetivos representam um problema. De um lado, parecem não subsistir por si mesmos. Por outro, são nomes de certas expressões, ao menos quando explícitos (por exemplo, 'o branco é agradável'). Ao lado dessa divisão, Mill introduziu outra: os nomes são *gerais* e *individuais* (ou singulares), *abstratos* e *concretos*, *conotativos* (que denotam um sujeito e implicam um atributo) e *não-conotativos* (que significam só um sujeito ou um atributo, razão por que podem também ser chamados *absolutos*). Segundo o autor, todos os nomes concretos são conotativos (P. I, cap. ii, § 1ss.). Por fim, ele dividiu os nomes em *positivos* e *negativos*, *relativos* e *não relativos* (ou que expressam ou não relações). A doutrina dos nomes em Mill equivale, pois, a uma doutrina geral dos termos e de seus diversos modos de significar.

Taine, por sua vez, concebeu os nomes como uma espécie de signo (*Da inteligência*, P, 1, 1, ii). Os nomes designam coisas particulares ou complexos de coisas particulares. Em ambos os casos, substituem imagens (*ibid.*, iii). Para Taine, portanto (assim como para os sensualistas), o aspecto psicológico na concepção do nome prevalece sobre o lógico, ao contrário do que ocorria em Hobbes (que tinha uma aguda compreensão do problema do *status* lógico do nome), em Locke (que pareceu fundamentar sua concepção numa peculiar mistura entre o lógico e o psicológico) e em J. S. Mill (que atentou principalmente para o epistemológico).

III. Época contemporânea. Os problemas relativos à noção de nome foram objeto de investigação de Husserl — na primeira fase do seu pensamento, a das *Investigações Lógicas* —, Frege, Wittgenstein, Carnap e muitos outros autores. A maioria deles costuma ser, justificadamente ou não, incluída na chamada "tradição analítica", na qual é comum inserirem-se, igualmente com ou sem justificativa, inúmeras investigações lógicas e semânticas.

Entre os pontos de vista adotados por Husserl sobre o problema, dois se destacam. Um deles funda-se numa distinção entre notificação (*Kundgabe*) e nominação (*Nennung*). Husserl indica (*op. cit.*, Investigação Primeira, § 25) que as expressões podem ser ou sobre objetos nomeados ou sobre vivências psíquicas. No primeiro caso, exprimem o objeto que nomeiam e ao mesmo tempo notificam. No segundo, são expressões cujo conteúdo nomeado (*genanntes*) e o notificado são iguais. Husserl distingue ainda entre nomear e enunciar (*op. cit.*, Investigação Quarta, § 33). "Por nomes não devemos entender *meros substantivos*, que não exprimem por si sós nenhum ato completo. Se queremos compreender claramente o que são e significam aqui os nomes, o melhor será considerar as conexões e principalmente os enunciados em que os nomes funcionam em sua significação normal. Vemos então que as palavras e os complexos de palavras, que devem ser considerados nomes, só exprimem um *ato completo* quando representam *o sujeito simples completo de um enunciado* — caso no qual expressam um ato-sujeito completo — ou quando, prescindindo das formas sintáticas, *podem* desempenhar num enunciado a função de sujeito simples, sem alteração de sua essência intencional" (*op. cit.*, Investigação Quarta, § 34). Segundo Husserl, existem dois tipos de nomes (ou "atos nominais"): os que dão ao nomeado o "valor de algo existente" e os que não dão ao nomeado este valor. Husserl sustenta que *"um enunciado nunca pode funcionar como nome, nem o nome como enunciado, sem alterar sua natureza essencial*, isto é, sem uma alteração de sua essência significativa e, com ela, da significação mesma" (*op. cit.*, Investigação Quarta, § 36).

Grande parte das discussões sobre a noção de nome entre lógicos e filósofos de tendência "analítica" tem antecedentes na filosofia antiga e medieval. Os nomes podem ser comuns (como 'cachorro', 'casa', 'montanha') ou próprios (como 'Napoleão', 'Claude Lévi-Strauss', 'Círculo Italiano'). Distinguiu-se entre nomes próprios e descrições (como 'O mais importante estrategista francês do século XIX', 'O autor de *O Pensamento Selvagem*', 'O edifício mais conhecido de São Paulo', que correspondem aos três nomes próprios que acabamos de mencionar). Já que a descrição 'o mais importante estrategista francês do século XIX' descreve um indivíduo cujo nome foi 'Napoleão' e já que a frase descritiva de referência apresenta uma significação, levantou-se o problema de saber se o nome correspondente também tem ou não significação.

Esse complexo problema recebeu várias soluções. Uma das mais conhecidas é a doutrina segundo a qual um nome próprio denota uma entidade, ou a ela se refere, mas não tem significação, quer dizer, um nome próprio está no lugar da entidade nomeada. A doutrina de J. Stuart Mill relativa aos nomes, apresentada na seção precedente, sustenta o caráter denotativo e não significativo (ou conotativo) dos nomes próprios. Frege destacou as dificuldades que logo surgem quando se pergunta se o sinal de identidade '=' relaciona objetos ou nomes ou signos de objetos. Tratamos desse assunto nos verbetes IDENTIDADE e REFERÊNCIA; é importante sobretudo o segundo desses verbetes e a breve apresentação nele feita da distinção que Frege estabelece entre sentido e referência. Segundo Frege, um nome próprio (palavra, signo, combinação de signos, expressão) exprime seu sentido e designa sua referência. Portanto, Frege opina que os nomes próprios têm um "sentido" ("*Sinn*"). A doutrina de Frege, desenvolvida e aprimorada por Alonso Church, sustenta que entre os nomes próprios (ou simplesmente nomes) figuram não só as expressões que assim são comumente consideradas, mas também descrições (ou frases descritivas) e todas as expressões cuja estrutura exprime o modo como se efetua a denotação. Na verdade, deve-se dizer, também ou sobretudo, que as descrições incluem nomes que são descrições disfarçadas.

A idéia de que os nomes próprios não têm significação ou de que, se a têm, ela é formada pelo objeto nomeado, foi desenvolvida por Wittgenstein no *Tractatus*. Essa idéia constitui também parte da doutrina de Russell, proposta em sua teoria das descrições (ver DESCRIÇÕES [TEORIA DAS]). Segundo Russell, cumpre distinguir entre nomes próprios e descrições ou frases descritivas. Estas últimas funcionam como predicados de um *x* quantificado (ver QUANTIFICAÇÃO, QUANTIFICACIONAL, QUANTIFICADOR). A frase descritiva não nomeia por si mesma; em contrapartida, se *a* é um nome, tem ele de exercer uma função nominativa.

Quine adaptou a teoria russelliana, tendo-a inclusive "radicalizado", ao considerar que um nome próprio é suscetível de ser empregado descritivamente. Em sua substância, a tese consiste em tomar o nome próprio e dele fazer um predicado; isso pode se exprimir verbalmente, no caso de Sócrates, quando se diz que há um *x* tal que *x* "socratiza".

As doutrinas de Wittgenstein-Russell, de um lado, e as de Frege-Church, do outro, parecem incompatíveis. Não obstante, fizeram-se esforços por harmonizá-las e por admitir a possibilidade de que, embora não seja necessariamente o disfarce de uma descrição, um nome próprio pode ter um sentido.

Carnap analisou (cf. *Sentido e necessidade*, cap. III) o método da "relação de nome". Trata-se, a seu ver, de um método alternativo de análise semântica mais comum do que o método da extensão e da intensão, que consiste em considerar expressões nomes de entidades (concretas ou abstratas) segundo três princípios: 1) cada nome tem exatamente um *nominatum*; 2) qualquer enunciado (ou melhor, sentença) fala dos nomes que nele aparecem; e 3) se um nome que aparece numa sentença verdadeira é substituído por outro nome com o mesmo *nominatum*, a sentença continua a ser verdadeira. Carnap analisa os problemas oferecidos pela duplicação desnecessária dos nomes manifesta em alguns sistemas em que se usam nomes distintos para propriedades e para as classes correspondentes. Segundo ele, um nome para a propriedade Humano e um nome diferente para a classe Humano têm não apenas a mesma extensão como também a mesma intensidade. Um nome para uma classe deve, pois, ser introduzido por meio de uma regra que se refira exatamente a uma propriedade. Segundo Carnap, a distinção de Frege antes assinalada entre o sentido e o denominado ou *nominatum* é uma forma particular do citado método da "relação de nome".

A complexidade do problema dos nomes, especificamente dos nomes próprios, se apresenta tão logo se evoca a questão, tratada pelo segundo Wittgenstein, das relações (ou falta de relações) entre nomear e mostrar. Em princípio, parece que se pode saber o nome de alguma coisa mostrando o nomeado, isto é, dando dele uma "definição ostensiva". Mas a "mostração" não consegue identificar o objeto que leva o nome proposto a não ser que ocorra na trama de uma linguagem comum ao que produz a mostração e ao que procura aprender o que é aquilo a que se dá um nome mostrando um objeto. As complicações aumentam quando se percebe que há nomes que são disfarces de descrições, mas que outros não o são; que há nomes que nomeiam um objeto existente e outros que nomeiam (ou se propõem nomear) algo que não existe — ou ainda não existe — e ao qual se propõem dar determinado nome; que há nomes próprios usados como nomes comuns e nomes comuns que terminaram por adquirir o *status* de um nome próprio etc. (cf., para todos esses pontos, a obra do autor *Investigaciones sobre el lenguaje*, 1970, cap. 8: "Nombrar y mostrar").

••Kripke (VER) (*Naming and Necessity*, 1980) criticou a teoria referencial usual e propôs uma nova versão segundo a qual para nomear algo não se precisa estabelecer uma conexão estrita entre o nome e a descrição que identifica o portador do nome. Para nomear, basta *fixar* a referência do nome.••

⮕ Além dos textos e da obra de autores mencionados no verbete, ver: Holger Steen Sørensen, *The Meaning of Proper Names*, 1968. — Fahrgang Zabeeh, *What is in a Name? An Inquiry into the Semantics and Pragmatics of Proper Names*, 1968. — Fernando Gil, *La logique du nom*, 1971. — Leonard Linsky, *Names and Descriptions*, 1977. — H. Brandt Corstius, ed., *Grammars for*

Number Names, 1968. — H. P. Grice, "Vacuous Names", em D. Davidson, J. Hintikka, eds. *Words and Objections. Essays on the Work of W.V. Quine*, 1969, pp. 118-145. — C. Peacocke, "Proper Names, Reference, and Rigid Designation", em S. Blackburn, ed., *Meaning, Reference, Necessity*, 1975, pp. 109-132. — D. S. Schwarz, *Naming and Referring: The Semantics and Pragmatics of Singular Terms*, 1979. — M. Hirschle, *Sprachphilosophie und Namensmagie im Neuplatonismus*, 1979. — A. Gupta, *The Logic of Common Nouns: An Investigation in Quantified Modal Logic*, 1980. — G. W. Fitch, *Naming and Believing*, 1986. — M. Kraus, *Name und Sache. Ein Problem im frühgriechischen Denken*, 1987. — H. J. Wendel, *Benennung, Sinn, Notwendigkeit: Eine Untersuchung über die Grundlagen kausaler Theorien des Gegenstandsbezugs*, 1987. — M. D. Palmer, *Names, Reference and Correctness in Plato's Cratylus*, 1989. — G. A. Wells, *What is in a Name? Reflections on Language, Magic, and Religion*, 1993.

Ver também NECESSIDADE; REFERÊNCIA. €

NOME PRÓPRIO. Ver NOME (III).

NOMINALISMO. Na disputa sobre os universais (VER), na Idade Média, o nominalismo, posição nominalista ou "via nominal" consistiu em afirmar que um universal — como uma espécie ou gênero — não é nenhuma entidade real e tampouco está nas entidades reais: é um som da voz, *flatus vocis* (cf. *infra*). Os universais não se acham *ante rem* — não estão antes da coisa nem a precedem —, como sustenta o realismo (VER) ou o "platonismo". Não estão também *in re* — na coisa — como sustentam o conceitualismo (VER), o realismo moderado ou o "aristotelismo". Os universais são simplesmente *nomina*, nomes, *voces*, vocábulos, ou *termini*, termos. O nominalismo sustenta que só têm existência real os indivíduos ou as entidades particulares. As posições filosóficas de Roscelino (VER) exprimem a maioria das características do nominalismo, com destaque para: *a)* a noção de universal como som da voz; *b)* a noção de que só são reais os entes particulares, e *c)* a noção de que uma qualidade não é separável da coisa da qual se diz que "tem" esta qualidade. Em *c)* vemos que as chamadas "qualidades" ou "propriedades" são nomes de universais.

Geralmente se fala de dois períodos de florescimento do nominalismo na Idade Média: um, no século XI, com Roscelino de Compiègne e, o outro, no século XIV, em que se distinguiu Occam. Além disso, nos dois casos, mas em especial neste último, adotava-se essa posição porque se supunha que admitir universais (idéias) na mente de Deus era limitar de algum modo a onipotência divina, e admitir universais (idéias, formas) nas coisas era supor que as coisas têm, ou podem ter, idéias ou modelos próprios, com o que também se limita a onipotência divina. Mas nessas analogias há diferenças. Dilthey indicou que a principal diferença entre as duas correntes nominalistas medievais consiste no fato de que, em Occam, o nominalismo está vivificado pelo voluntarismo, coisa que, segundo ele, não acontece em Roscelino. Quanto ao mais, alguns autores (como Paul Vignaux) afirmam que o primeiro tipo claro de nominalismo medieval não está em Roscelino, mas em Abelardo (VER), mas já vimos no verbete correspondente que a posição de Abelardo sobre a questão dos universais é complexa, de modo que não é fácil atribuir-lhe uma posição nominalista *stricto sensu*.

Do ponto de vista filosófico, o nominalismo medieval tem antecedentes em posições adotadas por filósofos antigos. Assim, alguns autores céticos podem ser considerados nominalistas. Além disso, vê-se claramente na maneira como Porfírio propôs para a Idade Média a questão dos universais (VER) que uma das posições possíveis era a depois chamada "nominalista" ou ao menos "conceptualista": é a posição que Porfírio descreve ao dizer que os gêneros e as espécies podem ser apresentados como "simples concepções do espírito". Contudo, só na Idade Média e depois nas épocas moderna e contemporânea o nominalismo ocupou um lugar central na série de atitudes possíveis acerca da natureza dos universais.

Opuseram-se aos nominalistas sobretudo os realistas, como Santo Anselmo, que qualificava aqueles como os "dialéticos de nossa época". Com efeito, os realistas não podiam admitir que um universal fosse somente uma *vox* e que esta pudesse ser definida, como o fez Boécio, como *sonus et percussio aeris sensibilis*, como um "som e percussão sensível do ar". Não podiam admitir, em suma, que um universal fosse apenas um *flatus vocis*, um "sopro" (da voz), um "som proferido". A rigor, se um universal fosse apenas isso, seria uma realidade física. Neste caso, os nomes seriam um "algo", uma "coisa", *res*, e, como tal, teriam de dizer algo dela. O que se pudesse dizer dos sons como *res* seria dito por meio de um "universal", que estaria ao menos "nos sons" enquanto "instituições da natureza". Com isso, o nominalismo ficaria sem base. Essas objeções (ou, para ser mais exato, esse tipo de objeções) de autores realistas ou ao menos não nominalistas obrigaram os partidários da via nominal a definir o significado de sua posição.

Para manter suas posições, o nominalista tem de esclarecer o que entende por *nomen*, *vox* etc. Se insiste que um *nomen* é uma realidade física, ele tem de adotar uma posição que se nomeou oportunamente como "terminismo" (VER) e que se manifestou contemporaneamente como o "inscricionismo" (VER). Mas então se apresenta a questão de como reconhecer sob diversos termos ou "inscrições" o mesmo nome. Alguns autores falaram, referindo-se a isso, de "similaridade" ou "semelhança", mas outros indicaram que um nome ou vocábulo pode exprimir-se (oralmente ou por escrito) em diferentes tempos e espaços e continuar a ser, ainda assim, o mesmo nome ou vocábulo, devido à permanência de sua significação. Para um nominalista, esta significação não pode derivar-se das coisas, como se elas mesmas tivessem em si sua significação; ela deverá ser produzida, pois, por meio de uma "convenção". Mas, de todo modo, não é o mesmo ser nominalista terminista ou inscricionista e um nominalista do tipo que poderíamos chamar de "conceptualista" (admitindo que o que caracteriza de imediato um conceito é sua significação). Em todos os casos, os nominalistas afirmam que os nomes não estão *extra animam* (seja nas coisas mesmas ou num universo independente de nomes e significações), mas *in anima*. Mas o matiz de nominalismo adotado depende do modo como se entende esse estar *in anima*. Isso explica que, como já indicava Victor Cousin em sua introdução à sua edição de escritos de Abelardo (1936, p. clxxxii), o nominalismo — ao menos o medieval — tenha oscilado continuamente entre um conceptualismo — que por sua vez se aproxima do realismo moderado — e um terminismo ou nominalista *stricto sensu*. No final da Idade Média, o nominalismo que se impôs foi o expresso por Occam (ver GUILHERME DE OCCAM), chamado por isso *el princeps nominalium*, e pela *schola nominalium*, também denominada "terminismo". Esse nominalismo consiste *grosso modo* em sustentar que os signos têm como função o *supponere pro*, isto é, o "estar no lugar" das coisas designadas, de modo que os signos não são propriamente *das* coisas, limitando-se a *significá-las*. Mas podem-se admitir outras versões do nominalismo da Idade Média e, sobretudo, pode-se acentuar mais ou menos, no nominalismo, o convencionalismo, o terminismo etc.

É freqüente ler que a filosofia moderna tem sido fundamentalmente nominalista. Assim, por exemplo, Jacques Maritain escreveu que grande quantidade de tendências — neokantianas, neopositivistas, idealistas, pragmatistas, neo-espinosistas, neomísticas etc. — são nominalistas e "desconhecem profundamente o valor do abstrato, dessa imaterialidade mais dura do que as coisas, embora impalpável ou inimaginável, que o espírito busca no coração das coisas"; assim, elas abraçam o nominalismo porque "tendo o gosto do real, carecem do sentido do ser" (*Graus do Saber*, § 2). Maritain se funda para isso na idéia de que a maioria dos filósofos modernos adere a certa teoria da abstração (ver ABSTRAÇÃO, ABSTRATO). Essa tese de Maritain padece de generalismo. Com efeito, se nos ativermos a uma concepção um pouco estrita do nominalismo, não poderemos dizer que a filosofia moderna (ou moderna e contemporânea) tenha sido fundamentalmente nominalista. É deveras duvidoso, por exemplo, que tenham sido nominalistas autores como Spinoza ou Hegel. Fica claro que Husserl não o foi. O próprio Locke não foi nominalista, mas antes conceptualista e até realista moderado. Foram, no entanto, nominalistas autores como Hobbes, Berkeley e Condillac, mesmo que cada um o tenha sido em proporção distinta e por motivos diferentes. Assim, Hobbes e Condillac foram praticamente "inscricionistas", enquanto Berkeley negava que se pudesse falar com sentido de idéias abstratas, mas admitia as "idéias gerais". Por outro lado, Hobbes e Condillac baseavam seu nominalismo em certa idéia da ciência e da linguagem científica, ao passo que Berkeley fundava seu nominalismo em pressupostos teológicos similares aos de Occam. Como indicamos no verbete UNIVERSAIS, pode-se falar de um nominalismo moderado, de um exagerado e de um absoluto. Todas essas espécies de nominalismo afirmam que não existem entidades abstratas (idéias, universais) e que só existem entidades concretas (indivíduos). As diferenças manifestam-se na hora de indicar que função têm as entidades abstratas pressupostas.

Várias tendências filosóficas contemporâneas foram explicitamente nominalistas. Foi o caso de, por exemplo, diversas formas de neopositivismo (VER) e de várias espécies de intuicionismo e "irracionalistas". Limitar-nos-emos aqui a alguns exemplos.

Ernst von Aster (1880-1948) defendeu o nominalismo (cf. obra na bibliografia) em oposição à teoria dos universais de Husserl, sustentando que as teorias sobre os objetos universais têm estado dominadas por três concepções falsas: primeiro, pela hipóstase metafísica do universal (realismo no sentido tradicional); segundo, pela hipóstase psicológica do universal (realismo psicologista); terceiro, pelo equívoco do nominalismo, "que em suas diferentes formas crê poder interpretar o universal pelo que se refere ao objeto e ao ato mental, particularizando-o". Aster rejeita as críticas de Husserl e sustenta que a universalidade concreta das essências de que ele fala é uma ficção. Nelson Goodman (VER) e W. van Quine (VER) defenderam o que denominaram "nominalismo construtivo". Eles afirmam "não crer em entidades abstratas", mas reconhecem que essa declaração de princípios é demasiado vaga, sendo necessário esclarecê-la. Nelson Goodman, sobretudo, definiu e elaborou a mencionada doutrina como doutrina segundo a qual "o mundo é um mundo de indivíduos". "O nominalismo, como o concebo — escreveu ele —... não equivale à exclusão de entidades abstratas, espíritos, insinuações de imortalidade ou coisas desse tipo; ele requer unicamente que tudo o que seja admitido como entidade seja concebido como indivíduo. Determinado filósofo, nominalista ou não, pode impor requisitos muito estritos sobre o que vai admitir como entidade. Mas, por razoáveis que sejam, e por mais intimamente ligados que se achem ao nominalismo tradicional, os citados requisitos são, em meu entender, inteiramente independentes do nominalismo. Tal como o descrevo, o nominalismo exige apenas que todas as entidades admitidas, sejam o que forem, sejam tratadas como indivíduos" (ver art. de N. Goodman em *op. cit. infra*, p. 17). Isso significa negar-se a conceber qualquer coisa como uma classe, bem como negar que duas entidades distintas se componham das mesmas entidades. "No mundo do nominalismo, se começamos com quaisquer duas entidades distintas e seccionamos cada uma delas tanto quanto quisermos (tomando partes, partes de partes etc.), chegamos sempre a alguma entidade que está contida numa, mas não na outra, das nossas duas entidades originais. No mundo do platônico, pelo contrário, há pelo menos duas entidades distintas que podemos seccionar do modo indicado (tomando membros, membros de membros etc.), de modo a chegarmos exatamente às mesmas entidades" (*op. cit.*, p. 19). O "princípio do nominalismo" pode ser por isso: "nenhuma distinção de entidades sem distinção de conteúdo"; isto é, "para um sistema nominalista não há duas coisas distintas que tenham os mesmos átomos; coisas distintas só podem ser geradas com base em átomos diferentes; todas as não identidades entre coisas são redutíveis a não identidades entre seus átomos" [entendendo por "átomo" algo como "elemento constitutivo"] (*op. cit.*, p. 21). Assim, o nominalismo segue a regra *entia non sunt multiplicanda praeter necessitatem*, ao contrário do platonismo (realismo), que multiplica, ou tende a multiplicar, as entidades prodigiosamente e até *ad infinitum*.

Uma concepção nominalista explícita do mundo foi defendida vigorosamente por Karl Pribram. Pribram afirma que há quatro grandes visões de mundo, ou, melhor dizendo, quatro grandes "formas de pensamento". São elas: a concepção universalista (do tipo dos escolásticos medievais); a concepção dialética (do tipo dos marxistas); a concepção intuitivista (do tipo dos fascistas ou, em geral, dos irracionalistas); e a concepção nominalista. Segundo Pribram, só esta última corresponde a uma sociedade livre, porque não pretende chegar a nenhuma verdade absoluta e, por conseguinte, permite a tolerância. Deste modo, Pribram interpreta a crise da cultura ocidental não como uma "falta de fé" mas como um "excesso de fé". Todo dogmatismo é, nesse sentido, inimigo do nominalismo, que representa a forma de pensar correspondente ao empirismo, ao antiabsolutismo e, de modo geral, à aspiração à liberdade.

As formas de nominalismo antes descritas são comumente de caráter "epistemológico"; referem-se mais a juízos de caráter cognoscitivo do que de caráter valorativo. Mesmo assim, estes últimos também estão implicados de algum modo em toda concepção nominalista. Pode-se de todo modo falar de um nominalismo relativo a valores que Scheler denominou "nominalismo ético": é o nominalismo expresso, por exemplo, no emotivismo (VER). Contra esse nominalismo — especialmente na forma adotada no relativismo ético — volta-se Scheler (*Der Formalismus in der Ethik*, Parte II, cap. 1, § 2), alegando que ele supõe, em seu entender erroneamente, que não há experiências morais peculiares e que todo juízo de valor é mera apreciação "subjetiva" incapaz de apreender qualquer coisa na realidade moral.

⊃ Sobre o nominalismo medieval: G. Canella, *Il nominalismo e Guglielmo d'Occam*, 1908. — J. Reiners, *Der Nominalismus in der Frühscholastik*, 1910. — A. Kühtmann, *Zur Geschicht des Terminismus*, 1911 [Occam, Condillac, Helmholtz, F. Mauthner]. — P. Honigsheim, "Zur Soziologie der mittelalterlichen Scholastik. Die soziologische Bedeutung des Nominalismus" (em *Hauptprobleme der Soziologie. Erinnerungsausgabe für Max Weber*, ed. W. Palyi, vol. II, 1923). — P. Vignaux, "Nominalisme", *Dictionnaire de Théologie catholique*, de Vacant-Mangenot-Amann, t. XI, Pt. I (1931), cols. 717-784; do mesmo Vignaux, o opúsculo *Nominalisme au XIVe siècle*, 1948 [Conférence Albert Le Grand]; também de Vignaux, o artigo: "La problématique du nominalisme médiéval, peut-elle éclairer des problèmes philosophiques actuels?", *Revue philosophique de Louvain*, 75 (1977), 293-331. — M. H. Carré, *Realists and Nominalists*, 1946. — L. M. de Rijk, *Logica Modernorum: A Contribution to the History of Early Terminit Logic*, 2 vols., em 3 tomos, 1962-1967. — H. A. Oberman, *The Harvest of Medieval Theology: Gabriel Biel and Late Medieval Nominalism*, 1963; reed., 1983. — T. de Andrés, *El nominalismo de Guillermo de Ockham*, 1969. — R. Paqué, *Das Pariser Nominalistenstatut. Zur Entstehung des Realitätsbegriffs der neuzeitlichen Naturwissenschaft*, 1970. — J. Largeault, *Enquête sur le nominalisme*, 1972. — T. Penner, *The Ascent from Nominalism: Some Existence Arguments in Plato's Middle Dialogues*, 1987. — S. Knuuttila, ed., *Modern Modalities: Studies of the History of Modal Theories from Medieval Nominalism to Logical Positivism*, 1988. — W. J. Courtenay, "Nominales and Nominalism in the 12th Century", em J. Jolivet, Z. Kaluza, A. de Libera, eds., *Lectionum Varietates*, 1991, pp. 11-48.

Sobre o nominalismo moderno: H. Spitzer, *Nominalismus und Realismus in der neuesten deutschen Philosophie mit Berücksichtigung ihres Verhältnisses zur modernen Naturwissenschaft*, 1876. — A. von Meinong, tomo I (*Zur Geschichte und Kritik des modernen Nominalismus*, 1877), dos *Hume-Studien*. — K. Grube, *Ueber den Nominalismus in der neueren englischen und französischen Philosophie*, 1890 (tese) (e o livro antes citado de A. Kühtmann). — H. Veatch, *Realism and Nominalism Revisited*, 1954. — J. R. Gironella, "Para la historia del nominalismo y de la reacción antinominalista de Suárez", *Pensamiento*, 17 (1961), 279-310. — V. Muñoz Delgado, *La lógica nominalista en la Universidad de Salamanca (1510-1530)*, 1964. —

O livro de E. von Aster a que se fez referência no texto do verbete é: *Prinzipien der Erkenntnislehre. Versuch einer Neubegründung des Nominalismus*, 1913. — O artigo de Nelson Goodman e W. van Quine é: "Steps Towards a Constructive Nominalism", *The Journal of Symbolic Logic*, 12 (1947), 105-122. — O de N. Goodman é: "A World of Individuals", em I. M. Bochenski, A. Church, N. Goodman, *The Problem of Universals. A Symposium*, 1956, pp. 15-31. — Ver, além disso, U. Saarnio, *Untersuchungen zur symbolischen Logik. Kritik des Nominalismus und Grundlegung der logistischen Zeichentheorie* (Symbologie), 1935 [Acta Philosophica Fennica]. — R. M. Martin, "A Note on Nominalistic Syntax", *Journal of Symbolic Logic*, 14 (1949), 266-287. — Id., "A Note on Nominalism and Recursive Functions", *Journal of Symbolic Logic*, 14 (1949), 27-31. — W. Stegmüller, *Glauben, Wissen und Erkennen. Das Universalienproblem einst und jetzt*, 1965; 3ª ed., 1974. — R. A. Eberle, *Nominalistic Systems*, 1970. — P. Gauchet, *Esquisse d'une théorie nominaliste de la proposition*, 1972. — D. M. Armstrong, *Universals and Scientific Realism: Nominalism and Realism*, vol. 1, 1978. — H. H. Field, *Science without Numbers: A Defence of Nominalism*, 1980. — S. Hottinger, *Nelson Goodmans Nominalismus und Methodologie*, 1988. — M. Gosselin, *Nominalism and Contemporary Nominalism: Ontological and Epistemological Implications of the Work of W. V. O. Quine and of N. Goodman*, 1990.

Para a concepção nominalista do mundo: K. Pribram, *Conflicting Patterns of Thought*, 1950. C

NOMINALISMO METODOLÓGICO. O nominalismo (VER) pode ser ontológico — ou, como às vezes é chamado, "substantivo", isto é, "real" — ou metodológico. Neste último caso, não se afirma que não *haja* entidades abstratas ou não se afirma que somente *há* entidades concretas, indivíduos etc., mas que se procede como se não houvesse outras entidades além das concretas ou dos indivíduos.

É possível encontrar no passado alguns exemplos de nominalismo metodológico, mas este parece estar antes em várias tendências da atual filosofia "analítica" e, em particular, em várias tendências da filosofia da linguagem ordinária. Segundo Richard Rorty ("Metaphilosophical Difficulties of Linguistic Philosophy", introdução à antologia do mesmo autor intitulada *The Linguistic Turn: Recent Essays in Philosophical Method*, 1967, pp. 1-39), embora uma leitura do "segundo Wittgenstein" não proporcione nenhuma evidência relativa à existência ou inexistência de conceitos e universais, há razões para pensar que um exame do modo como se usam as palavras na linguagem ordinária vai fracassar se procurar encontrar algo como conceitos ou universais. Por isso, diz Rorty, o que se pode chamar "nominalismo metodológico" prevaleceu entre os filósofos da linguagem: "Na forma em que usarei esse termo, o nominalismo metodológico é a idéia segundo a qual todas as questões que os filósofos apresentaram sobre conceitos, universais subsistentes ou 'naturezas' que *a*) não possam ser respondidas por meio de uma pesquisa empírica relativa ao comportamento ou a propriedades de particulares subsumidos em tais conceitos, universais, ou naturezas, e que *b*) podem ser respondidas de *alguma* maneira, podem ser respondidas por meio da proposição de questões sobre o uso de expressões lingüísticas e de nenhuma outra forma. Rorty reconhece que só um nominalista metodológico poderia ser filósofo da linguagem, e que o nominalismo metodológico é, por sua vez, uma tese filosófica "substantiva", razão por que quem se opõe a esse nominalismo tem de provar que sua oposição se justifica.

Autores como Ryle e Warnock podem ser considerados, deste ponto de vista, nominalistas metodológicos. Os autores que não seguem o programa da filosofia da linguagem, mas que seguem alguma tendência "construtivista" (ver CONSTRUCIONISMO), podem ser ou não nominalistas metodológicos (ou ontológicos). Assim, Gustav Bergmann é um realista; Quine é um nominalista, exceto no tocante ao *status* ontológico das classes.

NOMOLOGIA, NOMOLÓGICO. Usa-se algumas vezes 'nomologia' para designar a ciência das leis — no sentido jurídico de 'leis' —; "nomologia" equivale nesse caso a "ciência do direito", e especialmente à parte mais geral dessa ciência. Ardigò (VER) distinguiu entre "nomologia" e "nomogonia", entendendo pela primeira a ciência das leis morais e pela segunda a ciência da origem ou gênese dessas leis. Nas *Investigações filosóficas*, Husserl empregou o termo 'nomologia', e especificamente a expressão 'nomologia aritmética', para designar a matemática geral ou universal. O mesmo autor usou em *Lógica formal e transcendental* as expressões 'ciências nomológicas' e 'sistema nomológico' para designar, respectivamente, as ciências e o sistema de natureza dedutiva. Segundo Husserl, os matemáticos procuram definir "formas de multiplicidade"; a ciência mais geral dessas formas de multiplicidade é uma "nomologia" ou "ciência nomológica". Um sentido de 'nomologia' e 'nomológico' semelhante ao de Husserl aparece na obra de Jean Cavaillès, *Sur la logique et la théorie de la science* (2ª ed., p. 70).

Nenhum dos usos anteriores prevaleceu. Em contrapartida, continua-se a usar (se bem que não com muita freqüência) 'nomológico' como equivalente a "tudo o que concerne a uma lei" ou "tudo o que concerne às leis". A lei ou leis em questão podem ser naturais ou sociais (sociais e jurídicas) ou ambas ao mesmo tempo. Em escritos epistemológicos, os termos 'nomologia' e 'nomológico' costumam referir-se a leis enquanto leis naturais. Se se incluírem nas leis as "normas", as ciências nomológicas serão ao mesmo tempo ciências normativas (ver NORMATIVO).

Ver Nomológico-dedutivo e Nomológico-probabilístico.

NOMOLÓGICO-DEDUTIVO. Uma explicação é chamada "nomológico-dedutiva" quando procede do seguinte modo: se considerar um fato ou acontecimento que se procura explicar como conclusão lógica de premissas constituídas por (1) determinado número de fatos e acontecimentos, e (2) uma ou mais leis gerais. A forma de argumentar nomológico-dedutiva tem a forma:

$$\frac{\begin{array}{c}H_1\ H_2...\ H_n \\ L_1\ L_2...\ L_n\end{array}}{E} \begin{array}{c}(1)\\(2)\\ \\(3)\end{array}$$

(3) é chamado de *explanandum, ou "o* que se tem de explicar". A conjunção de (1) e (2) é chamada de *explanans, ou "o* que explica".

Embora se fale de fatos ou acontecimentos, o argumento nomológico-dedutivo é constituído por enunciados. Assim, em (1) temos enunciados de fatos particulares; em (2) temos enunciados que formulam leis gerais, que exprimem regularidades; e em (3) temos o enunciado do fato a explicar, que aparece como a conclusão.

A diferença entre 'fato' e 'enunciado' é aqui fundamental, não só porque se trata de um argumento dedutivo, mas também porque explicar por inteiro um fato equivaleria a levar em conta o número (possivelmente infinito) de seus aspectos, o que tornaria difícil, se não impossível, uma explicação completa. Assim, aquilo que se aspira a explicar por completo mediante um argumento nomológico-dedutivo não são fatos ou acontecimentos, mas aspectos de acontecimentos ou fatos acerca de acontecimentos.

(3) não é necessariamente uma classe de fatos ou acontecimentos, mas um enunciado sobre um fato ou acontecimento singular. Todavia, uma vez explicado (3), podem ser explicados todos os outros fatos ou acontecimentos da mesma classe, ou pelo menos podem-se oferecer princípios de explicação deles. (3) não é tampouco necessariamente um efeito, assim como (1) não são necessariamente causas. Embora muitas vezes, especialmente nas ciências naturais, seja causal, a relação entre *H... e E* não tem por que sê-lo, e não o é, quando se trata de conexões simultâneas.

As explicações nomológico-dedutivas são completas quando se exibem todas as premissas necessárias. É comum que se deixem premissas implícitas, o que origina explicações elípticas ou parciais.

↪ A idéia de explicação nomológico-dedutiva foi exposta por C. G. Hempel e por P. Oppenheim em "Studies in the Logic of Explanation", *Philosophy of Science*, 15, 1948, pp. 135-175 (ver Explicação) e foi exposta e aprimorada por Hempel em vários trabalhos, entre os quais se destaca "Deductive-Nomological *vs.* Statistical Explanation", em H. Feigl *et al.*, eds., *Minnesota Studies in the Philosophy of Sciences*, vol. III, 1962.

Hempel indicou várias vezes (por exemplo: "Reasons and Covering Laws in Historical Explanation", em Sidney Hook, ed., *Philosophy and History: A Symposium*, 1963, pp. 143-163) que o modelo de explicação nomológico-dedutiva (assim como o modelo de explicação nomológico-probabilística [ver Nomológico-probabilístico]) é um modelo de explicação lógica e não psicológica (ou sociológica), isto é, que não reflete necessariamente o modo como se explica e se argumenta nas ciências. Alegou-se contra isso que há uma lógica da descoberta (ver) que, sem ser uma descrição de processos psicológicos (ou sociológicos), se constitui a partir de outro modelo que não o nomológico-dedutivo (ou o nomológico-probabilístico). A aceitação dos modelos hempelianos implica de modo geral a clara distinção entre contexto de descoberta e contexto de justificação (ou validação). Para Hempel, o contexto de justificação é um metacontexto. **C**

NOMOLÓGICO-PROBABILÍSTICO. Na forma de argumentar nomológico-dedutiva (ver Nomológico-dedutivo), a premissa (2) contém leis gerais que têm uma forma universal, ou estritamente universal, isto é, leis que se supõem exemplificadas em todos os casos que abrangem. Ora, se essa premissa (2) contiver não essas leis estritamente universais, mas leis nas quais se afirma que, dadas certas condições, há certa probabilidade de que aconteça um fenômeno determinado, já não se pode falar de explicação nomológico-dedutiva. A explicação continua nomológica, quer dizer, conforme a leis, mas o *explanandum* não é derivado logicamente do *explanans* e, portanto, o termo "dedutivo" sobra. Fala-se então de explicação nomológico-probabilística. O fato ou acontecimento descrito pelo *explanandum* não tem necessariamente lugar, mas apresenta alguma probabilidade de tê-lo.

Comumente, a explicação nomológico-probabilística contém na premissa leis estatísticas, sendo por isso chamada também "explicação nomológico-estatística". Também se usa a respeito a expressão "nomológico-indutiva", mas deve-se considerar que essa expressão só é empregada apropriadamente quando a probabilidade expressa na lei ou leis que constituem uma parte da premissa do *explanans* é de tipo "lógico", isto é, acha-se fundada num certo grau de crença racional.

↪ Hempel ("Explanation in Science and in History", em R. G. Colodny, ed., *Frontiers of Science and Philosophy*, 1962, pp. 7-33) alegou que a explicação histórica tem caráter nomológico, embora nomológico-probabilístico, confirmando e aprimorando o modelo apresentado em "The Function of General Laws in History", *Journal of Philosophy*, 39, 1942, pp. 35-48. Assim, a explicação de ações humanas por "razões" é aceitável, segundo Hempel ("Reasons and Covering Laws in Historical Explanation", em Sidney Hook, ed., *Philosophy and History: A Symposium*, 1963, pp. 132-163), apenas na medida em que as "razões" exprimem uma lei probabilitária relativa ao que fazem os agentes racionais em determinadas circunstâncias. Desse modo, o autor recusa a noção de explicação racional formulada por William Dray em *Law and Explanation in History*, 1957. С

NOMOTÉTICO. Na *Crítica da Razão Pura* (A 424/B 452), Kant escreve que "a antinomia que se revela na aplicação das leis é, para nossa limitada sabedoria, a melhor pedra de toque da nomotética; graças a ela, a razão que, na especulação abstrata, não percebe facilmente seus passos em falso, prestará mais atenção nos momentos da determinação de seus princípios. A nomotética é entendida aqui, como vemos, num sentido quase inteiramente calcado no etimológico, como um conjunto de proposições que expressam leis; a nomotética distingue-se assim da tética e da antitética, termos também usados por Kant (ver TESE).

Windelband contrapõe o pensar nomotético (origem das ciências nomotéticas) ao pensar idiográfico (origem das ciências idiográficas). O pensamento nomotético é o que busca as leis; o idiográfico é o que se propõe descrever os acontecimentos ou fatos particulares. O primeiro é o que está na base das ciências naturais, e o segundo, o que se encontra no fundamento das ciências do espírito. A divisão das ciências em científico-naturais e científico-espirituais é, pois, para Windelband, menos fundamental do que sua própria divisão em ciências legais e ciências descritivas (que é, enfim, o paralelo dos saberes nomotéticos e idiográficos). As duas principais dificuldades presentes nesta classificação são: 1) o fato de que os aspectos nomotético e idiográfico se acham com freqüência misturados nas diversas ciências; 2) a dificuldade de aplicar a lógica a certo número de ciências. Estes dois problemas são resolvidos por Windelband mediante a introdução da noção de *forma* e da noção de *valor* — que são, a seu ver, os "tipos" característicos da realidade histórica e humana — e por meio do postulado de uma nova lógica capaz de manejar essas normas e valores e não só as leis científico-naturais.

NON CAUSA PRO CAUSA. Ver SOFISMA.

NONTADE. O não querer (*nolle*) pode ser considerado ato (negativo) da vontade, como ato de uma vontade negativa ou como ato do que se pode chamar "nontade" (*noluntas*). Tomás de Aquino dizia que *nolle fieri* é o mesmo que *velle non fieri*, e definia o *nolle* ou *noluntas* como uma fuga do bem, de maneira que, enquanto a vontade (*voluntas*) concerne ao bem, a nontade (*noluntas*) concerne ao mal (*Suma Teológica*, I-II^a, q. VIII, a 1, ad 1). Isso não quer dizer que a nontade tenha propriamente por objeto o mal; quer dizer que ela não tem por objeto o bem.

Alguns filósofos discutiram se a nontade é positiva ou negativa. Wolff avaliava que aquilo que chamava *nolitio* é uma ação positiva; em sua *Philosophia practica universalis*, sustentava que a *nolitio* não é pura perda (*amissio*) da volição, porque neste caso seria simplesmente negação de vontade (ver ABULIA). Um sentido ainda mais "positivo" da nontade está em autores como Schopenhauer, Renouvier e Unamuno. De acordo com uma de suas teses fundamentais, Schopenhauer avalia que, quando chegou ao estágio no qual se conhece a si mesma completamente, a Vontade se transforma em renúncia voluntária; ao negar-se a si mesma como Vontade, torna-se então Nontade. Para Renouvier, a nontade é o poder de não querer e, como esse poder é característico do homem, a nontade é na verdade uma vontade. Unamuno descreveu a nontade como um voluntarioso não querer; a nontade não é então o reverso da vontade e menos ainda o oposto à vontade, mas um ato de vontade.

NOOLOGIA. Na obra de Georg Gutke (VER), *Habitus primorum principiorum seu intelligentia*, de 1625, introduz-se o vocábulo "noologia" como designação de uma nova, ou supostamente nova, disciplina filosófica. Esta obra de Gutke apareceu depois ao lado de uma de Abraham Calovius (Calov) intitulada *Dessumptae Exercitationes*, 1666, em que também se fala de noologia, termo que Calovius já usara em *Scripta philosophica*, 1654.

A noologia equivale à *archeologia*, à ciência dos princípios (supremos). Esses princípios são primordialmente princípios do conhecimento da realidade, isto é, princípios *sub ratione formale... in habito intelligentiae* (*op. cit.*, p. 286). A noologia trata, pois, *de complexis cognoscendi principiis* (p. 285). Em algum sentido, a noologia é igual à metafísica, já que "todos os axiomas verdadeiramente metafísicos são axiomas da noologia" (*loc. cit.*). Contudo, em outro sentido, a noologia distingue-se claramente da metafísica; de fato, a noologia é anterior a ela porque trata de princípios dos quais a metafísica deduz as conclusões (*op. cit.*, p. 286). Desse modo, os princípios de que tratam a noologia e a metafísica podem ser os mesmos (e são princípios tanto "lógicos" como "metafísicos"), mas o modo de tratá-los difere de uma para outra. Por isso, a noologia é parecida com a ontologia no sentido de Caramuel de Lobkowitz, com a ontosofia e a ontologia no sentido de Clauberg e o que às vezes Calovius também denominou "ontologia" (ver ONTOLOGIA). J. Michaelius também empregou o nome "noologia" como equivalente a *archeologia* (ver *supra*) e como uma das diversas disciplinas metafísicas: a que trata dos "primeiros princípios" enquanto princípios tidos e formulados pelo entendimento ou espírito (*nous*).

Seguindo em parte os autores mencionados, Crusius considerava a noologia uma "ciência do espírito" (*Geisteslehre*). Tratava-se em parte de uma ciência do espírito como intelecto (ou sujeito cognoscente) enquanto possui princípios do saber, e, em parte, de uma ciência dos princípios mesmos do conhecimento. Era, pois, uma espécie de "psicologia" unida a uma *gnosiologia*.

Kant empregou o termo 'noologista' para designar, num caso, "racionalista" (o noologismo de Platão diante do empirismo de Aristóteles). Ampère (VER) chamou de "ciências noológicas" aquelas que se ocupam do espírito e de suas produções, dividindo-se, segundo ele, em ciências noológicas em sentido estrito e ciências sociais. A significação do termo passa, portanto, desde o começo, por consideráveis variações. Para alguns, o noológico se refere à razão estrita em seu sentido mais objetivo. Para outros, a noologia abrange o estudo dos princípios racionais tanto em sua própria constituição como nas possibilidades de sua apreensão, razão por que — como acontece como Hamilton — se torna estudo do noético. Outros ainda (como H. Gompertz) tomam a noologia como ciência que se ocupa dos problemas levantados pela relação entre os pensamentos subjetivos e os objetivos. Para outros, por fim, o noológico se refere ao racional em seu sentido mais subjetivo. Rudolf Eucken, que voltou a utilizar o termo como a expressão mais característica da orientação fundamental de seu pensamento, tentou superar as conhecidas dificuldades indicando que a ciência noológica trata sempre do espírito concebido como o criador, diferente da vida anímica e psíquica. O noológico é para esse filósofo irredutível a qualquer análise psicológica tradicional e a qualquer explicação naturalista que porventura possam mostrar-se efetivas na vida psíquica e anímica, mas não na propriamente espiritual. O método noológico permite, em seu entender, uma apreensão direta do espírito, sem o véu interposto pela mecanização naturalista, sendo por isso que esse método se aproxima da compreensão (VER) do espiritual e de uma hermenêutica (VER) que mais tarde se aplicará, subdividindo-se, ao reino do espírito subjetivo e ao do espírito objetivo. Por isso, Eucken diz que só a "vida do espírito" direta e imediatamente captada pela existência humana pode proporcionar a esta a estabilidade de que agora carece. "Tal participação do homem na vida do espírito — escreveu Eucken (*Geistige Strömungen der Gegenwart*, A, 1, g) — transforma todo o seu ser. E como essa participação só é possível se ocorrer para além da existência imediata, sua vida adquire uma base espiritual mais profunda." Daí a possibilidade da "consideração noológica" que tem como objeto a base espiritual do homem, ao contrário da mera "consideração empírico-psicológica", que trata dos fatos imediatos da vida psíquica.

O termo 'noologia' também tem sido empregado como equivalente à "teoria da inteligência", especialmente do ponto de vista da chamada "classificação da inteligência" ou de "tipos de inteligência". Isso acontece em François Mentré (*Espèces et variétés d'intelligence. Éléments de Noologie*, 1920).

NORMA, NORMATIVO. Foi corrente por algum tempo considerar que certas disciplinas filosóficas — especialmente a lógica, a ética e a estética — são disciplinas normativas, isto é, disciplinas que não descrevem o que são as coisas, quer dizer, o modo como se pensa, como se raciocina, como se age ou como se produz uma obra de arte ou se emite sobre ela um juízo, mas, em vez disso, prescrevem como as coisas devem ser, ou seja, o modo como se deve pensar, raciocinar, o modo como se deve agir (moralmente) ou como se deve produzir ou julgar uma obra de arte. Essa maneira de considerar tais disciplinas recebe amiúde a designação "normativismo".

O normativismo tem-se oposto ao psicologismo e ao que é tido como conseqüência deste, o relativismo. Alega-se contra o normativismo que ou bem o estabelecimento de normas é um conjunto de estipulações ou convenções ou bem ter-se-á de admitir que as normas derivam da estrutura do objeto considerado. No primeiro caso, o normativismo também pode desembocar no relativismo e, no segundo, num dogmatismo. Além disso, se os próprios objetos considerados são a fonte das normas, então estas descrevem a estrutura dos objetos, o que transforma o normativismo, por paradoxal que seja, num descritivismo.

Husserl procurou evitar os problemas do psicologismo e do normativismo indicando que toda ciência normativa deve fundar-se numa ciência teórica, porque, enquanto todas as disciplinas normativas, determinadas essencialmente pela norma fundamental ou — no caso da ética — por aquilo que deve ser em cada caso o "bem", acabam num relativismo de caráter hedonista, nas disciplina teóricas "falta essa referência central de todas as investigações a uma valoração fundamental como fonte de um interesse predominante na normativização" (*Investigações lógicas*, I § 14). Assim, "a unidade de suas investigações e a coordenação de seus conhecimentos são determinadas exclusivamente pelo interesse teórico, que se dirige à investigação daquilo que se implica objetivamente (quer dizer, teoricamente, em virtude das leis imanentes aos objetos) e deve, portanto, ser investigado em sua implicação (*loc. cit.*).

Durante boa parte do século XX, não se falou de normativismo em lógica, nem se viu com bons olhos o normativismo em ética e em estética. No tocante à ética, muitos filósofos, com destaque para aqueles de propensão analítica, consideraram que, embora a moral possa consistir de enunciados normativos, a tarefa do filósofo não é determinar estes últimos, mas discorrer a seu respeito. A ética tornou-se assim meta-ética ou ética da linguagem moral na qual se exprimem normas. Mais recentemente, renasceu o interesse pelas normas (tanto a noção de norma em geral como normas específicas — como as éticas — em particular). Isso não significa retorno ao normativismo tradicional de que falamos no primeiro parágrafo. Em vez disso, suscitou-se o problema das relações que se podem estabelecer entre uma teoria concernente a normas e disciplinas que contêm enunciados normativos.

Todos os autores que fizeram investigações deônticas e que se ocuparam da lógica deôntica trataram dos problemas relativos a normas. O que dissemos no verbete DEÔNTICO se aplica a este verbete; na maioria dos casos, se usam como sinônimas as expressões "lógica deôntica" e "lógica normativa".

As normas são comparáveis a leis, mas só certo tipo de leis merecem o título de normas. Não o merecem as leis naturais, que são descritivas, nem as formais (que não são propriamente nem descritivas nem prescritivas, mas também não são indiferentes a valores de verdade). Há inúmeros exemplos de tipos de normas: normas legais, normas de jogos, instruções, normas morais etc. Esses tipos de normas não são completamente independentes uns dos outros. Desse modo, nas normas dos jogos há as normas chamadas "instruções"; nas legais pode haver, ou ao menos podem estar implicadas — embora não necessariamente — normas morais etc. Alguns autores distinguiram entre normas morais e quaisquer outras espécies possíveis de normas, assinalando que estas últimas são meios, ao passo que aquelas configuram-se como fins (o que tornou obrigatório evocar o problema do tipo de racionalidade que as normas morais podem ter). Outros autores avaliaram que a variedade e a multiplicidade de sentidos que se atribuiu a "norma" causam muitas confusões, o que torna necessário refinar o vocabulário, falando, segundo o caso, de "normas", "regras", "instruções", "princípios etc.

Podem-se distinguir entre fatos, imperativos (ver IMPERATIVO), normas e valores (ver VALOR). Uma importante distinção é a que se faz entre normas e valores. Segundo José S. P. Hierro ("Normas y valoraciones", em *Teoría y sociedad. Homenaje ao professor Aranguren*, 1970, p. 139), "as sentenças normativas são todas hipotéticas com relação a sentenças valorativas", devendo-se entender isso "no âmbito de um sistema no qual se aceite que as sentenças normativas requerem justificação racional". As distinções entre fatos, imperativos, normas e valores não significa, contudo, que não se possam estabelecer certas relações entre entre essas noções, ou, melhor dizendo, entre seus conteúdos, em determinados casos. Embora a norma não seja uma valoração ou juízo de valor, muitas vezes ocorre de juízo dessa natureza levar à formulação de certas normas. Uma norma não implica um imperativo, mas há casos nos quais a formulação de uma norma induz ao menos a supor como razoável a formulação de imperativos que podem levar ao cumprimento dessa norma. Sendo prescritivas e não descritivas, as normas diferem de fato. Todavia, deve-se levar em conta que as normas funcionam também à feição de fatos sociais ou institucionais, o que em muitos casos as normas têm lugar em contextos sociais.

Ver as bibliografias de DEÔNTICO; IMPERATIVO, VALOR.

NORRIS, JOHN (1657-1711). Nascido em Collingbourne-Kinston, no condado de Wiltshire, foi reitor em Bemerton, perto de Sarum. Norris é considerado um dos partidários de Malebranche (VER) e um dos adversários de Locke, que respondeu a Norris (e a Malebranche) no escrito "Observações sobre alguns dos livros do Sr. Norris". Norris traduziu e comentou Platão, em especial a teoria do amor platônico, que interpretou no sentido da contemplação de Deus. Em sua obra capital, o *Ensaio rumo à teoria do mundo ideal ou inteligível*, Norris distinguiu entre o estado de coisas natural e o estado de coisas ideal. O primeiro, segundo proclamou, foi investigado por muitos autores, mas do segundo não temos, apesar de Platão, Fílon, Plotino, Agostinho, Tomás de Aquino, Marsílio Ficino, e outros, senão idéias extremamente confusas. Entretanto, é o estado de coisas fundamental, pois se trata do estado no qual a realidade é não só preexistente a tudo o que há como contém de um modo eminente tudo o que há no mundo natural. O estado de coisas ideal ou 'mundo ideal' é um mundo eterno, necessário e imutável (*Essay*, I, i, 8). Norris procura demonstrar que o mundo ideal ou inteligível é mais certo e evidente do que o mundo natural, pois aquele é o mundo das verdades eternas a partir do qual todas as outras verdades são vistas. Norris examinou detidamente o modo, ou modos, como "entendemos" e concluiu que só entendemos os objetos materiais e talvez a maioria dos espirituais pela mediação das "Idéias" (*ibid.* II, vi, 1) e que estas não são perfeições ou modalidades de nossas próprias almas, mas estão em Deus, de sorte que "vemos tudo em Deus". As "idéias divinas" são as idéias "por meio das quais entendemos" (*ibid.*, II, xii, 12).

➲ O título completo do *Ensaio* é: *An Essay Towards the Theory of the Ideal or Intelligible World, Design'd for Two Parts, the First Considering it Absolutely in itself, and the Second in Relation to Human Understanding*, 2 partes, 2 vols., 1701; 3ª ed., 1722 [a segunda parte exibe o subtítulo: *Being the Relative Part of it. Wherein the Intelligible World is consider'd with relation to Human Understanding. Whereof some Account is here attempted and proposed*]. — Devem-se também a Norris: *An Idea of Happiness*, 1683. — *Reason and Religion, or the Ground and Measures of Devotion Considered from the Nature of God and the Nature of Man*, 1689. — *Cursory Reflection*, 1690. — *Upon the Conduct of Human Life with Reference to the Study of Learning and Knowledge*, 2 vols., 1690-1691. — *An Account of Reason and Faith in Revelation to the Mysteries of Christianity*, 1697 [contra John Toland]. — *A Philosophical Discourse Concerning the Natural Immortality of the Soul*, 1708 [contra Dodwell].

Ver: F. I. McKinnon, *The Philosophy of J. N.*, 1910. — J. K. Ryan, "J. N.: A Seventeenth Century English Thomist", *New Scholasticism*, 14 (1940), 109-145. — Ch. Johnston, "Locke's 'Examination' of Malebranche and J. N.", *Journal of the History of Ideas*, 19 (1958), 551-558. — R. Acworth, "Locke's First Reply to J.N.", *Locke News*, 2 (1971), 7-11. — Id., *The Philosophy of J.N. of Bemerton*, 1979. ᴄ

NORRIS, LOUIS WILLIAM. Ver Polaridade.

NORTHROP, F[ILMER], S[TUART] C[UCKOW]. Nascido (1893) em Janesville, Wisconsin (EUA), estudou em Yale e Harvard e lecionou na Universidade de Yale. Seu trabalho se desenvolveu em dois campos: em epistemologia e filosofia da ciência, por um lado, e na interpretação de culturas, especialmente o contraste e a confluência do Oriente e Ocidente, por outro lado.

Em epistemologia e filosofia da ciência, Northrop postulou a necessidade de uma unificação da teoria física, similar àquela de que se ocupou Einstein com a chamada "teoria unificada de campos", e para isso desenvolveu uma doutrina na qual os conceitos físicos usados se fundam em última análise nas noções de matéria e movimento. Isso o levou a postular a idéia de um átomo macroscópico, por meio do qual procurava ver como podiam integrar-se diversos resultados fundamentais em várias teorias físicas, especialmente na teoria quântica e na termodinâmica.

As tentativas de unificação efetuadas por Northrop não são incompatíveis com uma tendência à flexibilidade metodológica. A doutrina antes mencionada é considerada por Northrop como um método que deve justificar-se por seus resultados. O mesmo deve ocorrer, em sua opinião, com quaisquer outras pesquisas científicas. Northrop considera que, mesmo no âmbito de uma ciência relativamente bem "unificada", ou unificável, como é a física, há distintos estágios de pesquisa, que são ao mesmo tempo históricos e sistemáticos, isto é, que se desenvolvem no decorrer da história, mas que são outros tantos passos na investigação. A diversidade de métodos mostra-se ainda mais evidente nas humanidades. Embora tenha procurado fundamentar epistemologicamente as ciências sociais nas naturais, Northrop reconheceu — e descreveu — igualmente os vários tipos de métodos usados em cada um desses grupos de ciências e até dentro de cada grupo. Especialmente importante, em sua opinião, é a distinção entre métodos descritivos e métodos avaliativos ou valorativos, que são, em última instância, normativos.

Em sua mais conhecida obra sobre a confluência do Oriente com o Ocidente, Northrop começou por reconhecer o pluralismo cultural, com suas distintas "ideologias", nas quais se expressam valores culturais. No entanto, por um lado, a diversidade de culturas não é necessariamente incompatível com uma "unidade" da ciência e, por outro, observam-se em qualquer parte movimentos de aproximação. Northrop constrói uma ampla síntese de culturas que vão se aproximando historicamente sob os efeitos de certos traços comuns. Enquanto o Ocidente vai evoluindo de um positivismo a um utopismo, o Oriente vai evoluindo de uma espécie de "esteticismo" a uma mentalidade mais científica e tecnológica. Desse modo, parecem aproximar-se duas culturas aparentemente hostis. O "encontro" do Oriente com o Ocidente manifesta-se igualmente na esfera política, com a consciência de fins comuns que transcendem a tradição democrática política e a tradição socialista.

➲ Obras: *Science and First Principles*, 1931. — *The Meeting of East and West: An Inquiry Concerning World Understanding*, 1946. — *The Logic of the Sciences and the Humanities*, 1947. — *Ideological Differences and World Order: Studies in the Philosophy and Science of World's Cultures*, 1949; reed., 1963. — *The Taming of the Nations: A Study of the Cultural Bases of International Policy*, 1952. — *Complexity of Legal and Ethical Experience: Studies in the Method of Normative Subjects*, 1959. — *Philosophical Anthropology and Practical Politics*, 1960. — *Man, Nature and God: A Quest for Life's Meaning*, 1962.

Ver: J. Gaos, *Un método para resolver los problemas de nuestro tiempo (La filosofía del professor Northrop)*, 1948. — K. D. Benne, "F. S. C. Northrop and the Logic of Ideological Reconstruction", *Educational* "Aesthetic/Theoretic Polarity in Northrop's Aesthetic Continuum", *Journal of Aesthetic Education*, 11 (1977), 19-32. ᴄ

NOTA. O vocábulo latino *nota* foi usado por muitos autores escolásticos com o significado de *notio* (ver Noção). Com muita freqüência, entendeu-se por *nota* "marca", "sinal", "característica". Neste último sentido, pode-se entender por nota: 1) a característica de um ente, coisa ou objeto; 2) a característica de um conceito. Embora se possa continuar falando das "notas de uma coisa", foi, e continua a ser, mais comum referir-se às notas de um conceito, ainda que, na medida em que o conceito é conceito de uma coisa — e em particular de um tipo de coisas —, as notas de um conceito sejam também de algum modo notas da coisa — ou, antes, tipo de coisas — denotada pelo conceito. Fala-se então de notas comuns, notas essenciais, notas acidentais, notas individualizadoras etc. As notas determinam a compreensão (ver) de um conceito, de tal sorte que quanto maior é o número de notas admitidas, maior é a compreensão (e menor a extensão [ver] do conceito. Em outras palavras, as notas de um conceito conotam (co-notam) o conceito (ver Conotação).

Para o significado da fórmula *Nota notae est nota rei ipsius, repugnans notae repugnat rei ipsi* (geralmente abreviado: *Nota notae*), ver Dictum de omni, Dictum de nullo.

Para o vocábulo latino *nota* na expressão *per se nota*, ver PER SE NOTA.

NOTAÇÃO SIMBÓLICA. Indicamos os sinais lógicos empregados neste *Dicionário*, assim como vários outros sinais que foram, e ainda são, usados em textos lógicos.

O uso de parênteses segue as normas indicadas no verbete PARÊNTESES.

Em lógica sentencial (lógica proposicional, lógica de proposições, lógica de enunciados), simbolizam-se as sentenças (proposições enunciados) mediante as letras '*p*', '*q*', '*r*', '*s*', '*p'*', '*q'*', '*r'*', '*s'*', '*p''*', '*q''*', '*r''*', '*s'''*' etc., que denominamos "letras sentenciais" ("letras proposicionais").

As conectivas usadas na citada lógica e em outros ramos da lógica são:

'Não' ou negação. Simboliza-se por '⊐'. Assim, '⊐ *p*' lê-se 'não *p*'. Outros sinais usados são: '~' (empregado em outras edições desta obra e em textos que seguem a notação dos *Principia Mathematica*); '—', '‾', (este último se sobrepõe à letra ou letras: '*p̄*'), ' ' ' (este sinal se pospõe à letra: '*p''*').

'E' ou conjunção. Simboliza-se por '∧'. Assim, '*p* ∧ *q*' se lê '*p* e *q*'. Outros sinais usados são: '.' (empregado em outras edições desta obra e em textos que seguem a notação dos *Principia Mathematica*); '&' (usado por Hilbert-Ackermann). Às vezes, foram justapostas as letras sentenciais: '*p q*'.

'Ou' ou disjunção inclusiva. Simboliza-se por '∨' (que é o mesmo sinal usado em outras edições desta obra e em textos que seguem a notação dos *Principia Mathematica*). Assim, '*p* ∨ *q*' se lê '*p* ou *q*' ou '*p* ou *q*' (ou ambos).

'Se... então' ou condicional. Simboliza-se por '→'. Assim, '*p* → *q*' se lê 'se *p*, então *q*'. Outros sinais usados são: '⊃' (empregado em outras edições desta obra e em textos que seguem a notação dos *Principia Mathematica*). '→' é denominado às vezes "sinal de implicação material". Hilbert-Ackermann empregam o citado sinal '→' como sinal do que chamam de "função implicativa". Há diferença entre condicional e implicação; cf. os verbetes CONDICIONAL; IMPLICAÇÃO.

'Se e somente se' ou bicondicional. Simboliza-se por '↔'. Assim, '*p* ↔ *q*' se lê '*p* se e somente se *q*'. Outros sinais usados são: '≡' (empregado em outras edições desta obra e em textos que seguem a notação dos *Principia Mathematica*); '⊃⊂', '↓↓', '⇆'. Hilbert-Ackermann empregam '~', mas no sentido de equivalência, e '=', mas no sentido de identidade. '↔' é chamado às vezes "sinal de equivalência material". Há diferença entre equivalência e bicondicional (VER).

'Ou... ou' ou disjunção exclusiva. Simboliza-se por '↮'. Assim, '↮' se lê 'ou *p* ou *q*', ou '*p* ou *q* (mas não ambos). Outros sinais usados: '≢' (empregado em outras edições desta obra e em textos que seguem a notação de *Principia Mathematica*); '+'.

A vantagem de '⊐', '∧' e '→' sobre os clássicos '~', '.' e '⊃' se deve ao fato de tornar-se possível visualizar paalelamente '∧' e '∨', por um lado, e '→' e '↔', por outro. '⊐' foi adotado por muitos lógicos seguindo notações matemáticas.

'Nem... nem' ou negação conjunta. Simboliza-se por '↓'. Assim, '*p* ↓ *q*' se lê 'nem *p* nem *q*'.

'Não... ou não' ou negação disjunta. Simboliza-se por '|'. Assim, '*p* | *q*' se lê 'não *p* ou não *q*'.

Ver CONECTIVA e SHEFFER (TRAÇO DE).

Na lógica das classes, usam-se como símbolos de classes as letras '*A*', '*B*', '*C*' etc. Alguns autores propuseram as letras minúsculas '*a*', '*b*', '*c*' etc.; outros, as primeiras letras minúsculas do alfabeto grego 'α', 'β', 'γ' etc.; outros, as letras '*x*', '*y*', '*z*'. Nas anotações de aula, intervém o sinal '^', acento circunflexo, chamado neste caso "capuz". A letra sobre a qual se coloca '^' é chamada "letra encapuzada". Assim, '$\hat{x}$' é uma letra encapuzada. Mais informação sobre esse ponto no verbete Classe (VER).

O sinal mediante o qual se exprime pertinência de um membro a uma classe é '∈' (sinal proposto por Peano como abreviatura do grego ἐστί '*é*'). Assim, '*x* ∈ *A*' se lê '*x* é membro de *A*' ou também '*x* pertence a *A*', ou então '*x* é *A*' (sempre que '*é*' seja interpretado em função desse modo de pertinência). O sinal '∈' é denominado com freqüência "sinal de pertinência" ou "sinal de qualidade de membro".

Os sinais usados na álgebra de classes são:

'⊂' ou sinal de inclusão. '⊂' se lê "está incluído em" ou '*é*', 'são'. Assim, *A* ⊂ *B* se lê 'a classe *A* está incluída na classe *B*' ou '*A* é *B*' ('Os *A* são *B*').

'=' ou sinal de identidade. '=' se lê 'é idêntico a'. Assim, *A* = *B* se lê 'a classe *A* é idêntica à classe *B*'. O sinal de negação de identidade é '≠', que se lê 'é distinto de'.

'∪' ou sinal de "soma de". '∪' se lê 'a soma de'. Assim, *A* ∪ *B* se lê 'a soma das classes *A* e *B*'. Como observamos em Soma (VER), trata-se de uma soma lógica e não aritmética. Alguns autores usaram '+' em vez de '∪'.

'∩' ou sinal de "produto de". '∩' se lê 'o produto de'. *A* ∩ *B* se lê 'o produto das classes *A* e *B*'. Como observamos em Produto (VER), trata-se de um produto lógico e não aritmético. 'Produto' é às vezes denominado igualmente "multiplicação". Alguns autores usaram '×' em vez de '∩'.

'‾' (sobreposto à letra que designa uma classe ou à fórmula inteira) ou sinal de "complemento de". '‾' se lê 'a classe de todas as entidades que não são membros de'. Assim, '*Ā*' se lê 'a classe de todas as entidades que não são membros da classe *A*'.

'V' e 'F' simbolizam respectivamente os valores de verdade 'é verdadeiro' e 'é falso' nas tabelas de verdade.

Alguns autores usam 'v' e 't'. Essas letras costumam mudar segundo os idiomas empregados: 'T' e 'F' em inglês; 'W' e 'F' em alemão etc. Quine usa os sinais 'T' e '⊥' respectivamente. Nas lógicas polivalentes, usam-se números em vez de letras (ver POLIVALENTE).

Na lógica modal, usam-se os seguintes sinais: '◇', que se lê 'é possível que'. Assim, '◇ p' se lê 'é possível que p'.

'□', que se lê 'é necessário que'. Assim, '□ p' se lê 'é necessário que p'. Alguns autores usam 'Δ' em vez de '◇', e '⊤' em vez de '□'. Usou-se às vezes 'M' (abreviatura de *möglich*, 'possível') em vez de '◇', e 'N' (abreviatura de *nötig*, 'necessário') em vez de '□'.

'—3', que se lê 'implica logicamente' ou 'implica estritamente'. Assim, 'p —3 q' se lê 'p implica logicamente q' ou 'p implica estritamente q'. O sinal '—3' recebe desde Lewis o nome de "sinal de implicação lógica" ou "sinal de implicação estrita".

'≡', que se lê 'equivale logicamente a' ou 'equivale estritamente a'. Assim, '$p ≡ q$' se lê 'p equivale logicamente a q' *ou* 'p equivale estritamente a q'. Analogamente, o sinal '≡' recebe o nome de "sinal de equivalência lógica" ou "sinal de equivalência estrita".

O sinal '≣', com suas quatro linhas horizontais, expressa um "reforço do sinal '≡' com três linhas horizontais. Este último sinal é o que tínhamos empregado (cf. *supra*) em outras edições deste *Dicionário* para a conectiva "se e somente se". Na edição atual, usamos '↔'. Com a finalidade de seguir o mesmo modelo, poder-se-ia usar '⇔' como o sinal de equivalência lógica ou equivalência estrita, mas na lógica modal não teve lugar nenhuma mudança básica nas notações simbólicas, de maneira que mantemos o citado '≡'.

Na lógica quantificacional — apresentada às vezes com o nome de "cálculo funcional" —, são simbolizados os sujeitos (ou argumentos) mediante as letras 'w', 'x', 'y', 'z', 'w'', 'x'', 'y'', 'z'', 'w''', 'x''', 'y''', 'z''' etc., chamadas "letras-argumentos". Essas letras são denominadas em alguns casos "variáveis" (com diversos qualificativos [ver também o verbete VARIÁVEL]). Os verbos (ou predicados) são simbolizados mediante 'F', 'G', 'H', 'F'', 'G'', 'H'', 'F''', 'G''', 'H''', etc., chamadas "letras predicados". Às vezes, empregaram-se como tais as letras gregas 'Φ', 'ψ', 'χ'. As letras-predicados se antepõem às letras argumentos; assim, 'Fx', 'Gyz', etc. As letras-argumentos nas fórmulas quantificacionais podem incluir-se entre parênteses, tal como em '$F(x)$', '$G(yz)$' etc., mas nós não adotamos essa convenção. Na lógica quantificacional superior, podem incluir-se entre parênteses as letras predicados. Nessa mesma lógica, usam-se sinais sobrescritos, à maneira de expoentes, para mostrar a ordem do tipo ao qual pertence uma letra dada. Exemplos deste uso são '$F^1 x^0$', 'F^{n+1}', '(G^n)', etc.

Os quantificadores são:

1) O quantificador universal. É simbolizado por '∧', que precede a letra que se quantifica na fórmula; assim, '∧ x'. Outro sinal usado é '( )' (empregado em outras edições deste *Dicionário* e em textos que seguem a notação dos *Principia Mathematica*). A letra quantificada insere-se em '( )'. Assim, '(x)', '(F)'.

2) O quantificador particular ou quantificador existencial. Simboliza-se por '∨', que precede a letra que se quantifica na fórmula; assim, '∨ x'. Outro sinal usado é '(∃)' (empregado em outras edições desta obra e em textos que seguem a notação dos *Principia Mathematica*). A letra quantificada insere-se em '(∃)'. Assim, '$(∃ x)$', '$(∃ F)$'. Ocasionalmente também se usou, às vezes, 'E' em vez de '∃'.

A letra quantificada pode ser uma letra-argumento, como na lógica quantificacional elementar, ou uma letra predicado, como na lógica quantificacional superior.

A vantagem de '∧' e '∨' sobre a notação mais clássica é o fato de permitir emparelhar visualmente esses sinais.

Na lógica da identidade, usam-se os sinais '=' e '≠'. '=' lê-se 'é idêntico a', 'é igual a', 'é o mesmo que' etc. '≠' lê-se 'é diferente de', 'não é igual a', 'não é idêntico a' etc.

Na lógica das descrições, usa-se $(ɿx)$, que se lê 'o x tal que', 'o x que'. Usou-se também 'V' para indicar uma expressão vazia, e '~V' (ou, na notação aqui apresentada, '⌐V') para indicar uma descrição não vazia.

O sinal de classe universal é '∧'. O sinal de classe nula é '∨'. Esses sinais são de tamanho só um pouco maior do que os introduzidos como quantificadores, sendo isso um inconveniente visual.

Ver o verbete CLASSE.

Na lógica de relações, usam-se como símbolos de relações as letras 'Q', 'R', 'S' etc. Os sinais usados em álgebra de relações são:

'⊂' ou sinal de inclusão. Assim, $R ⊂ S$ se lê 'a relação R está incluída na relação S'.

'=' ou sinal de identidade. Assim, $R = S$ se lê 'a relação R é idêntica à relação S'.

'∪' ou sinal de "soma de". Assim, $R ∪ S$ se lê 'a soma das relações R e S'.

'∩' ou sinal de "produto de". Assim, $R ∩ S$ se lê 'o produto das relações R e S'.

'–' (sobreposto à letra que designa relação ou à fórmula inteira) ou sinal de "complemento de". Assim, $\bar{R}$ se lê 'o complemento da relação R'.

O sinal da "relação universal" é '∨'; o da "relação nula", '∧'.

O sinal de "converso" (VER) de uma relação é '⌣' (sobreposto à letra que designa relação) ou o mesmo sinal estendido '⌣'(quando se aplica a uma fórmula). O sinal de "produto relativo de" é '|'. O sinal de "imagem de uma classe com respeito a" uma relação é '‴'. Mais

informação sobre esse ponto nos verbetes sobre as noções de Converso, Produto relativo e Imagem (*ad finem*).
Para funções, ver FUNÇÃO.
Outros sinais usados em textos lógicos são os seguintes:
'= def.', que se lê 'se define' ou 'é definido por' (ver DEFINIÇÃO).
'⊢' é usado por alguns autores, desde Frege, como sinal de "asserção".
'⊣' é usado por Łukasiewicz, seguindo uma sugestão de Ivo Thomas, como sinal de "rejeição".
'ξ' foi usado às vezes para expressar 'qualquer proposição de qualquer classe'.
'ξ̄' foi usado às vezes para expressar 'todas as proposições'.
'⌐' e '¬', chamados "esquinas", "ângulos" ou "sinais angulares", foram usados às vezes como sinais para expressões metalógicas. Hoje, usam-se para dar a entender que um enunciado epistêmico não se refere às expressões correspondentes (ver EPISTÊMICO). Usam-se igualmente para esse propósito as duplas aspas: ' " ' e ' " '.
Na lógica combinatória e na lógica lambda, usaram vários outros símbolos. Por exemplo, a aplicação do símbolo variável 'φ' a α é expresso: '{φφ} (α)'. A aplicação da expressão '{φ} (α)' a β é expressa mediante {{φ} (α)} (β)'. O termo inicial entre '{ }' é o operador ou functor, e o que está entre '( )' é o argumento, determinado pelo operador.
Os sinais metalógicos, '⌐' e '¬' (ou "esquinas"), indicados antes, são usados para indicar que se deixa sem especificar (ao menos provisoriamente) o *status* lógico dos símbolos correspondentes.
As letras 'A', 'E', 'I', 'O' são usadas tradicionalmente para representar os quatro tipos fundamentais de proposições mencionadas no verbete Proposição (VER). Os termos (ver TERMO) do silogismo (VER) costumam ser representados pelas letras 'S', 'P', 'M' (alguns autores preferem 'F', 'G', 'H'). É freqüente usar letras minúsculas 'a', 'e', 'i', 'o', que representam os tipos mencionados de proposições, quando se inserem em esquemas nos quais intervêm duas das letras referidas 'S', 'P', 'M'. Muitos lógicos escolásticos usam as letras 'A', 'E', 'I', 'U' para representar as proposições modais (ver MODALIDADE).
Łukasiewicz propôs uma notação na qual se mostram desnecessários os parênteses. Seu princípio consiste em escrever os correspondentes sinais antes dos argumentos. Os sinais empregados por esse autor como conectivas sentenciais são:
'N' como sinal de negação. Assim, '⌐p' se escreve 'N p'.
'K' como sinal de conjunção. Assim, 'p ∧ q' se escreve 'K pq'.
'A' como sinal de disjunção inclusiva. Assim, 'p ∨ q' se escreve 'A pq'.

'C' como sinal de condicional. Assim, 'p → q' se escreve 'C pq'.
'E' como sinal de bicondicional. Assim, 'p ↔ q' se escreve 'E pq'.
Os quantificadores usados por Łukasiewicz são: 'π' ('para tudo'), 'Σ' (para algum'). Na lógica das classes, este autor usa 'A' ('pertence a todos'), 'E' ('não pertence a nenhum'), 'I' ('pertence a alguns'), 'O' ('não pertence a alguns'). Os símbolos de classes 'a', 'b' etc. são também pospostos aos operadores.
Um exemplo, dado pelo próprio Łukasiewicz, permite entender o funcionamento de seu simbolismo. A expressão que na notação por nós adotada se escreve:

$$(p \to q) \to ((q \to r) \to (p \to r))$$

é escrita por Łukasiewicz:

$$CCpqCCqrCpr$$

Para várias representações gráficas, no passado e na atualidade, ver ÁRVORES; DIAGRAMA; TABELAS (MÉTODO DE); VENN (DIAGRAMAS DE).

NOTIFICAÇÃO. Ver NOME; SINAL.

NOTITIA. Este termo foi empregado, sobretudo por autores escolásticos, nos sentidos de "idéia", "noção", "conhecimento" e "ciência" (*scientia*). Estes dois últimos sentidos foram os predominantes, mas *notitia* foi empregado, além disso, num sentido mais específico, como "modo de conhecimento" enquanto ligado ao "objeto conhecido".
Foram vários os modos pelos quais se entendeu *notitia*. Tomás de Aquino dizia que há quatro modos principais: segundo a natureza cognoscitiva, segundo a potência cognoscitiva, segundo o hábito cognoscitivo e segundo o ato cognoscitivo ou próprio ato de conhecimento (*Quod.* 7, 1, 4 c). Além disso, pode-se falar de vários tipos de *notitia*: real ou efetiva; de aprovação ou simples; de visão; completa; arquitetônica (que é o mesmo que *principativa* ou *notitia* de princípios); experimental; sensível; mental; natural etc. (*S. theol.*, I, q. XXXIV, 1 ad 2). Occam distinguia entre *notitia* complexa (sobre enunciados ou demonstrações) e *notitia* não-complexa (incomplexa, ou sobre termos ou coisas significadas por eles). É importante em Occam, e em autores por ele influenciados, a noção de *notitia* intuitiva, ou conhecimento de que uma coisa existe quando existe ou de que não existe quando não existe (*Quaestiones in... IV Sententiarum*, II, q. 15 E). Essa *notitia* se distingue da *notitia* abstrativa, que não permite conhecer de modo evidente se uma coisa (contingente) existe ou não existe.
A principal discussão acerca do conceito de *notitia* entre os escolásticos girou em torno de se há ou não *notitia* direta possível de coisas existentes. Quando se afirma que sim, pode-se concluir que se pode ter conhecimento direto do individual. Quando se afirma que não,

o conhecimento do individual não é direto, mas indireto (por abstração, interposição de *species* etc.).

Sendo a *notitia* um conhecimento, pode-se dela predicar tudo o que se pode predicar do conhecimento, ou, melhor, das diversas formas de conhecimento. Assim, além dos tipos de *notitia* supra-indicados, pode-se falar de *notitia* clara, distinta, perfeita, imperfeita, especulativa, prática etc.

NOTUM. Ver PER SE NOTA.

NOUS. Dada a freqüência com que é usado em textos filosóficos, o termo grego νοῦς e sua transcrição *Nous*, daremos aqui alguns esclarecimentos que completem o que se diz no verbete Espírito (VER). *Nous* é usado em grego em vários sentidos: 1) como faculdade de pensar, inteligência, espírito, memória e, às vezes, (como na Odisséia, VI, 320), sabedoria; 2) como o pensamento objetivo, a inteligência objetiva; 3) como uma entidade (penetrada de inteligência) que rege todos os processos do universo. No sentido 1) é freqüente em Aristóteles, que concebe o *nous* como a parte superior da alma, ψυχή. Sendo essa parte comum a todos os seres inteligentes, ela se objetiva, até transformar-se no entendimento (VER) agente e com isso adquire a significação. 2) Neste sentido se traduziu νοῦς freqüentemente por *intellectus*, definindo-o como um hábito (VER) da alma e, por vezes, como a própria alma enquanto unidade de todas as suas atividades. Em alguns autores (como Agostinho), o *nous* representa a vida interna do espírito e neste sentido equivale à *mens*. O sentido 3) é próprio de Anaxágoras (ver ANAXÁGORAS e ESPÍRITO). Freqüentemente se constata a combinação do sentido 3) com o 2) nos neoplatônicos. Assim o vemos em Plotino, para quem o νοῦς é a segunda hipóstase (VER), emanada do Uno e emanadora da alma do mundo. O *nous* plotiniano é o ato primeiro do Bem, e está para o Uno como o círculo está para o centro do círculo. O *nous* é aqui freqüentemente concebido como a visão (inteligível) do princípio, do Uno, constantemente voltada para ele. Mas não é pura forma: o *nous* tem matéria e forma, tendo sua matéria caráter inteligível. Para alguns neopitagóricos, o νοῦς é a unidade das idéias (e dos números ou dos "números-idéia", ou "idéias-número"). Segundo Numênio de Apaméia, considerado por alguns como neopitagórico e por outros como antecessor do neoplatonismo, há no segundo Deus uma tríade: o primeiro νοῦς, que "pensa por desígnio do segundo Deus", o segundo νοῦς relacionado com o primeiro e criador (pelo desejo) do terceiro, e um terceiro νοῦς, relacionado com o pensamento humano.

➲ Sobre o Nous em vários pensadores: R. Schottlaender, "Nus als Terminus", *Hermes*, 64(1929), 228-242. — K. von Fritz, "ΝΟΥΣ, NOEIN and Their Derivatives in Presocratic Philosophy (excluding Anaxagoras). I. From the Beginnings to Parmenides", *Classical Philology*, 40(1945), 223-242. — Id., *Ibid.* II. The Post-Parminidean Period, *ibid.*, 41(1946), 12-34. — Id., "Der ΝΟΥΣ des Anaxagoras", *Archiv für Begriffsgeschichte*, 9(1964), 87-102. — J. H. M. Loenen, *De nous in het system von Plato's philosophie*, 1951 (tese). — G. Jäger, *'Nus' in Platons Dialogen*, 1967. — W. Biehl, *Ueber den Begriff* νοῦς *bei Aristoteles*, 1864. — A. Bullinger, *Aristoteles; Nus-Lehre*, 1822. — W. Andres, *Die Lehre des Aristoteles vom* νοῦς, 1906. — H. Seidl, *Der Begriff des Intelekts (*νοῦς*) bei Aristoteles im philosophischen Zusammenhang seiner Hauptschriften*, 1971. — O. Perler, *Der Nus bei Plotin und das Verbum bei Augustinus als vorbildliche Ursache der Welt*, 1913. — M. V. Wedin, "Tracking Aristotle's 'nous'", em A. Donagan, ed., *Human Nature and Natural Knowledge*, 1985, pp. 167-197. — M. L. Silvestre, "Nous, the Concept of Ultimate Reality and Meaning in Anaxagoras", *Ultimate Reality and Meaning*, 12(4) (1989), 248-255. — D. Papadis, "Aristotle's Theory of Nous: A New Interpretation of Chapters 4 and 5 of the Third Book of *De Anima*", *Philosophical Inquiry*, 15(3-4) (1993), 99-111.

Para o *Nous* como entendimento (ativo e passivo), ver a bibliografia de ENTENDIMENTO; para o *Nous* como espírito, ver a de ESPÍRITO.

Numa acepção ligada à "filosofia do espírito" francesa, ver a doutrina do *Nous* de G. Madinier em seu livro *Conscience et amour. Essai sur le "Nous"*, 1938, 3ª ed., 1962. — Uma doutrina mais poética que filosófica sobre o conceito de Nous em E. Oribe, *Teoría del Nous*, 1943. ☾

NOUVEAUX PHILOSOPHES. Ver PÓS-ESTRUTURALISMO.

NOVIDADE. O conceito de novidade é filosoficamente pertinente enquanto um dos conceitos básicos implicados na seguinte questão: "Há algo que não haja de algum modo preexistido?" Essa questão, por sua vez, se decompõe em diversas outras como: "Há alguma qualidade ou propriedade que não haja preexistido?" "Dadas duas entidades, pode surgir de sua combinação algo diferente, especialmente alguma qualidade ou propriedade distinta do que se acha nas próprias entidades?" "É possível conceber a existência de algo que não existia antes, de uma qualidade que não existia antes?" etc. Se se responde a essas perguntas ou a algumas delas, afirmativamente, supõe-se que há "novidade", ou seja, algo "novo", ou que se pode conceber a existência de uma "novidade" ou de algo "novo".

Numa doutrina como a da criação de algo a partir do nada (ver CRIAÇÃO), não só se admite que há novidade, como também que a novidade é absoluta. Com efeito, se algo advém do nada, este "algo", seja lá o que for, terá de ser radicalmente novo. Se se supõe, contrariamente, que do nada nada advém (ver EX NIHILO NIHIL FIT), não se poderá admitir novidade relativa. Dizer que do nada nada advém não significa, contudo, dizer que se há algo novo, ele tem de advir do nada. A novidade de aqui tratamos é pois principalmente a que procede de algo preexistente. É claro que se agora existe algo que antes não existia, pode-se dizer que este "algo" não estava em parte alguma e, por conseguinte, estava *in nihilo*, e, portanto, vem também *ex nihilo*. Mas o sentido de "nada" — ou melhor, de advir do nada — no caso da criação é muito mais radical que no caso do que podemos chamar simplesmente "produção", "formação" etc. Por conseguinte, continuaremos falando aqui de novidade relativa enquanto novidade que procede de algo preexistente e que constitui justamente o fundamento, a causa, a razão etc. de tal novidade.

Em certos casos, pode-se admitir que a novidade de que se trata é a novidade de "coisas", "substâncias", "entidades" etc. Em outros casos, todavia, trata-se, ou se trata prioritariamente, da novidade de qualidades, propriedades etc. A maioria dos filósofos admitiu, explicitamente ou não, que há novidade. O que é necessário é explicar como ela surgiu ou pode surgir. Ora, a partir do momento em que se tenta explicar a novidade, com freqüência se passa à sua negação, pois se "o novo" é completamente novo, mesmo quando o seja em sentido relativo e não algo surgido do nada, não parece que seja possível explicar em que consiste sua proposta de novidade sem referência a algo que não é novo e, portanto, sem reduzi-lo a algo preexistente. Em outras palavras, a explicação leva à redução (VER), que pode ser real ou conceitual, ou ambas ao mesmo tempo. Se alguém eludir a questão, dizendo que não se trata de explicar o novo, mas simplesmente de descrevê-lo, o problema permanece. Com efeito, para a descrição de algo novo ser inteligível, terá de partir da descrição de algo que não é novo etc. E se se disser que o novo preexistia em estado latente, de modo que a novidade é a manifestação, ou a presença, de algo potencial, será preciso explicar de que modo há no potencial algo que (ainda) não há nele. Parece, pois, que a novidade não se explica, não se descreve, não se concebe e que deve ser declarada "irracional".

Contudo se admite que há *de fato* coisas novas e sobretudo propriedades novas; que, por exemplo há "todos" (ver Todos) que exibem propriedades que não são deriváveis da soma das propriedades exibidas por suas partes; que há mudanças de quantidades que produzem alterações de qualidade; que há uma distinção entre mudanças de grau e mudanças de natureza etc. A questão está em se ver se é possível relacionar essa admissão *de fato* com um *princípio* ou *princípios*. O assunto é demasiado complexo. Seja-nos permitido aqui simplesmente enunciar o problema. Diremos, contudo, que o problema é de tal índole que está presente em todos os sistemas filosóficos, e que eles podem se examinar na perspectiva de sua atitude para com o conceito de novidade e para com as noções que elaboraram para dar conta da "novidade".

Isso não quer dizer que encontremos explicitamente em todas as filosofias o conceito de novidade, muito menos que nelas haja o termo "novidade" (ou sinônimos). A rigor, este termo foi introduzido como termo técnico na filosofia apenas por autores que tenham elaborado a doutrina da chamada "evolução emergente" (ver Emergente), autores como Bergson e Whitehead. Whitehead introduziu o termo 'novidade' (*novelty*) para designar uma das categorias incluídas em seu "esquema categorial". Whitehead denomina "criatividade" o princípio da novidade. "Uma ocasião atual [real, efetiva] é uma entidade nova, distinta de qualquer entidade nos 'muitos' que unifica." A noção de novidade, aqui e em outros autores, não seria possível sem a noção de potencialidade. Se fosse necessário mencionar um autor que enfrentou com toda agudeza a questão da existência de algo novo junto com a necessidade de explicar porque e como surge e em que consiste, bastaria citar Aristóteles. Algumas de suas noções filosóficas fundamentais (Potência, Ato etc.) parecem ter sido formadas para enfrentar o problema suscitado pelo conceito de novidade.

NOVOS FILÓSOFOS. Ver Pós-estruturalismo.

•• NOZICK, ROBERT (1938). Nascido no Brooklyn, em Nova York, estudou em Columbia, Princeton e Harvard. Depois de alguns anos como professor em diversas universidades, em 1969 assumiu uma cátedra de filosofia em Harvard.

Sua primeira obra (*Anarchy, State and Utopia*) teve enorme impacto. Nela Nozick defende um liberalismo e um individualismo radicais. Em oposição a doutrinas como a de Rawls, e a qualquer outra forma de utilitarismo, socialismo ou estatismo, Nozick afirma que o Estado não deve interferir na vida dos cidadãos, a menos que eles o peçam ou entrem em rota de colisão com os outros. Em uma situação normal, o Estado não tem direito a exigir nada do cidadão, nem mesmo impostos ou serviço militar, por exemplo. Por seu lado, o cidadão tampouco tem direito a reclamar proteção social do Estado. É pois ilegítimo querer frear ou repartir os bens sociais, visto que são fruto do trabalho de quem os produziu. Nozick advoga a instauração de um "estado mínimo"(*mininal state*), opondo-se assim também aos anarquistas, visto que ele pensa que essa forma mínima de estado não prejudicaria o direito ao livre desenvolvimento individual.

Nozick foi visto como um dos principais ideólogos de uma política contrária à que foi definida pelo projeto social do "estado do bem-estar". Contudo, em sua segunda grande obra (*Philosophical Explanations,* 1981), Nozick distanciou-se da temática mais explicitamente filosófico-política e se ocupou de temas clássicos de metafísica, teoria do conhecimento e ética.

⊃ Obras: *Anarchy, State, and Utopia*, 1974. — *Philosophical Explanations*, 1981.
Ver: B. Williams, R. Wolff et al., *Reading Nozick: Essays on* Anarchy, State and Utopia, 1981, ed. J. Paul. — M. J. Redondo, *Constructivismo, Rawls, N.*, 1983. — S. Luper-Foy, ed., *The Possibility of Knowledge: N. and his Critics*, 1987. — J. Wolff, *R. N.: Property, Justice, and the Minimal State, 1981*.•• ⊂

NUMÊNIO DE APAMÉIA (Síria, séc. II). É considerado por alguns como neopitagórico, por outros como platônico, e por outros mais como neoplatônico e até mesmo (segundo a opinião de K. S. Guthrie) como pai do neoplatonismo. Todas essas opiniões têm seu fundamento. Na realidade, Numênio misturou as especulações pitagóricas com as do último Platão (a quem considerou como um Moisés que falava em língua ática), com as de Fílon e com idéias teológicas de origem oriental, especialmente as procedentes dos mistérios egípcios de Serapis e as que deram origem a várias tendências gnósticas, aparentemente valentinianas. Das obras de Numênio — que versavam sobre o bem, sobre o ensino dos mistérios por Platão, sobre a incorruptibilidade da alma, sobre o espaço e sobre os números — restaram apenas alguns fragmentos, a maior parte deles procedente do diálogo sobre o bem. O problema principal de Numênio era o da natureza da divindade ou de Deus. Segundo Numênio, a divindade não é uma, mas triuna. Há um primeiro Deus, chamado "Primer Patre", um segundo Deus e um terceiro Deus. O primeiro Deus e o segundo Deus são ambos criadores; o terceiro Deus é a criatura ou o criado, tratando-se também de uma divindade. Só o primeiro Deus é unidade absoluta; nos demais deuses já se faz presente a multiplicidade, sempre aspirando à unidade. As idéias platônicas (e os números pitagóricos), que representam os modelos das realidades, acham-se alojados no segundo Deus, que é a unidade das idéias. O primeiro Deus, ou divindade primeira, é o bem absoluto. O segundo Deus, ou divindade segunda, também é bom, não por si mesmo, mas em virtude do primeiro, isto é, enquanto participa da bondade absoluta do primeiro. Ambos os deuses são princípios, mas enquanto o primeiro é princípio do ser absoluto e da absoluta unidade, o segundo é princípio do "devir".

O caráter triádico do pensamento de Numênio se exprime em sua concepção do *Nous* (VER). Numênio fala de um primeiro *nous*, de um segundo nous e de um terceiro *nous*. Na terceira divindade há uma série de divindades inferiores, algumas identificadas com figuras da antiga mitologia grega; outras, com divindades orientais e outras com demônios similares aos descritos pelos platônicos ecléticos, dentre os quais Plutarco. Essa série ontológica se encerrava na matéria primordial, último elo da cadeia do ser. Mas entre a matéria primordial e as divindades inferiores havia ainda a alma humana, o corpo animado e dirigido pela alma e a

natureza inorgânica. A doutrina da alma e de sua salvação mediante o exercício ascético e a identificação extática com a fonte primeira do ser constituíam, junto com a teologia, as partes mais desenvolvidas do sistema de Numênio.

Segundo narrativa de Porfírio (*Vit. Plot.*, 3), Amélio, amigo e discípulo de Plotino, registrou as opiniões de Numênio e as resumiu. Este é um dos fatos que levam alguns a considerar Numênio o verdadeiro originador do neoplatonismo, opinião que já circulara na antiguidade e contra a qual Amélio se manifestou, ao escrever seu tratado sobre a diferença entre as doutrinas e Plotino e as de Numênio.

⊃ Edições de fragmentos: F. Thedinga, *De Numenio philosopho Platonico*, 1875 (cf., do mesmo autor, textos complementares em *Hermes*, 1917, 1919 e 1922). — K. S. Guthrie, *Numenius of Apamea, the Father of Neo-Platonism*, 1917 (com bibliografia e comentário). — E. A. Leemans, *Studie over den wisgeer Numenius van Apamea met uitgave der fragmenten*, 1837 (Mém. Ac. Belgique, 37).

Ver: C. E. Ruelle, "Le philosophe Numenius et son prétendu traité de la matière", *Revue de philosophie*, 20(1896), 36ss. — B. Domanski, *Die Psychologie des Nemesius*, 1900 (refere-se também a Numênio). — H. Ch. Puech, "Numenius d'Apamée et les théologies orientales au IIe siècle", *Mélanges Bidez*, 1934, pp. 745-778. — G. Martano, *N. di A.*, 1941. — D. J. O'Meara, "Being in Numenius and Plotinus: Some Points of Comparison", *Phronesis*, 21 (1976), 120-129. — J. Whittaker, "Numenius and Alcinous on the First Principle", *Phoenix*, 32(1978), 144-154. ⊂

NÚMENO. O termo 'númeno' (mais propriamente 'nóumenon') significa "o que é pensado". Seu plural 'númenos' (mais propriamente 'nóumena'), "as coisas que são pensadas". Como 'ser pensado' é entendido aqui como "o que é pensado pela razão" (ou pela intuição intelectual), geralmente se equipara 'númeno' a 'o inteligível'. O mundo dos númenos é, assim, o *mundus intelligibilis*, contraposto, desde Platão, ao *mundus sensibilis*, ou mundo dos fenômenos. Na (vagamente) chamada "tradição racionalista" (e, o mais das vezes, também realista), admite-se que o mundo numênico ou numenal constitui a realidade última ou realidade metafísica e que esta realidade não apenas é cognoscível, como é a única plenamente cognoscível (só essa realidade é objeto de saber em vez de ser meramente objeto de opinião [VER]. Pode ocorrer que nunca se alcance esse saber, mas se há conhecimento verdadeiro, ele tem de ser, segundo essa tradição, conhecimento do mundo numênico e inteligível.

'Númeno' é um vocábulo técnico na filosofia de Kant. Não é fácil distinguir em Kant o conceito de númeno do conceito de coisa [VER]. 'Númenos' e 'coisas-em-si' [VER] são expressões que designam o que se acha fora do marco da experiência possível, tal como traçado na "Estética transcendental" e na "Analítica transcendental" da *Crítica da razão pura*. Contudo, Kant introduziu também a noção de númeno como distinta da coisa-em-si. Em *krV*, A 249, ele escreveu que "as aparências [ver APARÊNCIA], enquanto pensadas como objetos segundo a unidade das categorias, se chamam *fenômenos* [*phaenomena*], enquanto se postulou coisas que são meros objetos do entendimento e que, mesmo assim, podem ser dadas como tais a uma intuição sensível — portanto, dadas *coram intuitu intellectuali* —, tais coisas poderiam ser chamadas númenos [*noumena*] (*intelligibilia*)". A distinção em questão pode ser entendida de vários modos: 1) Supondo que 'númeno' seja o nome pelo qual se designa a coisa-em-si ou, se se quiser, o conceito da coisa-em-si (de modo semelhante a como 'fenômeno' pode ser o nome mediante o qual se designa a aparência ou, se se quiser, o conceito de aparência. 2) Supondo que enquanto a coisa-em-si é puro X — uma incógnita (o que Kant às vezes chama, bem imprecisamente, dado o uso técnico de 'transcendental' [VER], "objeto transcendental" —, o númeno é o outro aspecto, evidentemente incognoscível, do fenômeno. 3) Supondo que, enquanto o conceito de coisa-em-si não pode ter nenhum uso, o de númeno tem pelo menos um uso regulativo. 3) é implausível no pensamento de Kant; 1) e 2) são igualmente admissíveis, porque ambos supõem que não se pode ir além dos limites da experiência possível. Em 1) se admite uma equivalência entre númeno e coisa-em-si; visto que a coisa-em-si é incognoscível, o númeno também o é. Em 2) se pressupõe que o termo 'númeno' se refere aos limites da experiência possível. Contudo, mesmo que se possa conhecer tudo o que se acha "para cá" dos limites, não se pode conhecer o que se acha "para além" deles. Como o númeno é positivamente incognoscível, pode-se dizer dele que também é "negativamente cognoscível", o que equivale a admitir um conceito negativo, diversamente de um conceito positivo, de númeno. Em duas passagens bem próximas, Kant estabelece a distinção entre sentido negativo e sentido positivo de númeno e se inclina pelo primeiro sentido: "Se por 'númeno' queremos dizer uma coisa enquanto *não é objeto de nossa intuição sensível*, e abstraída de nossa maneira de intuí-lo, trata-se de um númeno no sentido *negativo* do termo. Contudo, se entendemos por "númeno" um *objeto de uma intuição sensível*, pressupomos com isso uma maneira especial de intuição, isto é, a intuição intelectual, que não possuímos e da qual não podemos entender nem mesmo sua possibilidade. Isso seria o 'númeno' no sentido *positivo* da palavra" (*Krv*, B 307). "Se, por conseguinte, tentamos aplicar as categorias a objetos não considerados como aparências, temos de postular uma intuição diversa da sensível, e o objeto será então um númeno no *sentido positivo*. Mas como essa forma de intuição, a intuição intelectual, não faz parte de nossa faculdade de conhecimento, segue-se que a utilização das categorias não pode ser ampliada para além dos objetos da experiência. Certamente não há dúvida de que há entidades inteligíveis que correspondem às sensíveis. Pode haver ainda entidades inteligíveis que nada tenham a ver com nossa faculdade de intuição sensível. Mas como nossos conceitos do entendimento são meras formas de pensamento para nossa intuição sensível, não podem de modo algum ser aplicadas a elas. Portanto, o que chamamos de 'númeno' deve ser entendido apenas em *sentido negativo*" (*Krv*, 308/309). Em suma, o númeno negativamente considerado é um limite (de nosso conhecimento). Dizer 'númeno' equivale a dizer simplesmente "o que *não* é objeto de nossa intuição sensível". Na medida em que a coisa-em-si é entendida como "o que não é objeto de nossa intuição sensível", númeno e coisa-em-si são equivalentes. Kant, contudo, parece mais inclinado a admitir o conceito de númeno, tanto em sentido negativo, como no de coisa-em-si. Em todo caso, ele não propôs nenhuma distinção entre "sentido positivo" e "sentido negativo" de 'coisa-em-si' e não disse algo como "o que chamamos coisa-em-si deve ser entendido como tal apenas em *sentido negativo*".

As mesmas razões que levaram alguns filósofos pós-kantianos a se desfazer da noção de coisa-em-si induziram-nos a prescindir do conceito de númeno. Para a interpretação de Kant, é fundamental definir o papel que o númeno desempenha em seu sistema. Se a tendência for eliminá-lo, ou se se considera que o númeno enquanto conceito-limite é pura "declaração de princípios", sem nenhum efeito posterior na constituição crítica do saber, a teoria do conhecimento de Kant adquire forte orientação fenomenista. Em contrapartida, se se destaca a importância do conceito de númeno, a teoria do conhecimento de Kant se inclina expressamente para o idealismo (mesmo que se trate de um idealismo transcendental e não absoluto ou dogmático). Seja como for, a distinção entre fenômeno e númeno é imprescindível na filosofia kantiana. Exemplo disso pode ser encontrado na apresentação das antinomias (ver ANTINOMIA) na "Dialética transcendental", especialmente na apresentação e discussão das antinomias terceira e quarta. Nessas antinomias as antíteses se referem ao mundo fenomênico; as teses, ao mundo numênico.

⮕ Ver as bibliografias dos verbetes COISA-EM-SI e FENÔMENO. Além disso, F. Staundinger, *Noumena, Die "transzendentalen" Grundgedanken und "die Widerlegung des Idealismus"*, 1884. — G. D. Hicks, *Die Begriffe Phänomenon und Noumenon in ihrem Verhältnis zueinander bei Kant. Ein Beitrag zur Auslegung und Kritik der Transzendentalphilosophie*, 1897 (tese). — J. Simon, "Phenomena and Noumena: On the Use and Meaning of the Categories" em L. W. Beck, ed., *Proceedings of the 3rd International Kant Congress*, 1972, pp. 521-527. ⮐

NUMERÁVEL. O sentido corrente de 'numerável' é "que se pode enumerar". Entende-se por 'numerar' atribuir números a um conjunto de objetos seguindo a série dos números naturais, 1, 2, 3... 'Numerável' equivale a 'contável'.

A expressão 'numerável' e sua negação — não-numerável — desempenham um papel básico na teoria cantoriana dos conjuntos e em todos os sistemas axiomáticos de conjuntos. Essas expressões foram usadas em vários verbetes deste *Dicionário*, relativos a teorias de conjuntos tais como CONJUNTO, CONTÍNUO (HIPÓTESE DO), SKOLEM-LOWENHEIM (TEORIA DE).

O conjunto infinito dos números naturais tem um número cardinal, N. Todos os conjuntos infinitos cujos elementos podem estar em uma relação um a um com o conjunto dos números naturais são chamados "numeráveis" e também "bijetáveis". Qualquer um desses conjuntos é chamado "numeravelmente infinito". Desse modo, o conjunto dos números pares, o conjunto dos números ímpares, o conjunto dos números primos, o conjunto dos quadrados de números inteiros positivos, o conjunto de números inteiros positivos e negativos mais zero, o conjunto dos números racionais, o conjunto dos números algébricos, são, todos eles, conjuntos numeráveis ou conjuntos infinitamente numeráveis. Todos eles têm o mesmo número cardeal.

Cantor enfrentou a questão de se todos os conjuntos infinitos são numeráveis. Em princípio, afirmou que eram e tratou de demonstrar sua conjetura, mas fracassou na tentativa. Há conjuntos infinitos não-numeráveis. O conjunto de todos os números reais no intervalo $0 < r < 1$, o conjunto de todos os números reais, o conjunto de todos os pontos em uma linha são conjuntos não numeravelmente infinitos, que têm o número cardinal do contínuo. Visto que para todo conjunto infinito há sempre outro conjunto de número cardinal maior que ele, admite-se um número infinito de conjuntos não numeravelmente infinitos.

NÚMERO. Muitos pensadores gregos se ocuparam de dois problemas referentes ao conceito de número: o problema da estrutura dos números e o problema da relação entre os números e as realidades. Em alguns casos, esses dois problemas se fundiram em um só. É o caso dos pitagóricos. A conhecida proposição de Filolau, segundo a qual todas as coisas possuem um número, foi entendida de diversas maneiras. Uma delas consiste em reconhecer que inicialmente os pitagóricos concebiam os números como elementos diretamente representativos da realidade ou, em outras palavras, das formas (geométricas) da realidade. Assim havia, em seu entender, números sólidos (como os números cúbicos), números tetraédicos etc. A base dessa concepção era a idéia de que o número era análogo a uma espécie de unidade material cuja organização no espaço dava lugar a uma figura segundo a quantidade de pontos usados e a disposição dada a esses pontos. Relacionada com a idéia anterior, acha-se a concepção de que os corpos elementares são numericamente representáveis. A partir disso, podia-se facilmente chegar a outra idéia, que constitui outra das interpretações do pitagorismo: os números são a essência das coisas. Uma vez desnudadas de todas as suas qualidades acidentais, podemos descobrir mediante a razão suas propriedades numéricas essenciais. Por sua vez, essas propriedades podem se combinar; junto à tábua pitagórica das oposições (ver PITÁGORAS; PITAGORISMO), e em correspondência com ela, a reflexão sobre os números naturais produz resultados que os pitagóricos consideravam quase maravilhosos. Assim ocorre, por exemplo, com a soma dos quatro primeiros números naturais, que tem como resultado o número sagrado 10; 0 com 1, que não é propriamente um número, mas que gera a pluralidade numérica. Conseqüentemente desenvolvidas, essas idéias deram origem à aritmetologia metafísica, à qual se dedicaram muitos neopitagóricos (por exemplo, Nicômaco de Gerasa) e alguns neoplatônicos. Essas duas tendências baseavam-se não apenas nas especulações dos pitagóricos, mas também nas de Platão, na medida em que Platão foi influenciado pelas doutrinas de Pitágoras. Com efeito, Platão usou não só os conceitos de unidade e pluralidade em algumas partes de sua doutrina das idéias, mas parece ter chegado, para além disso, a uma teoria das idéias como idéias-números, pelo menos se nos ativermos a certas passagens de Aristóteles (que alguns autores, contudo, consideram atribuíveis a membros da Academia platônica). Essas idéias-números não são ainda os números enquanto idéias, mas, como o indicou W. D. Ross, o resultado de atribuir números às idéias, produzindo-se assim o conceito de idéia monádica, idéia diádica etc.

Junto às teorias pitagóricas, platônicas, neopitagóricas e neoplatônicas sobre os números e sua relação com a realidade, a mais influente concepção do número na Idade Antiga foi a de Aristóteles. Aristóteles está de acordo em não conceber a unidade como um número, "pois a unidade de medida não é uma pluralidade de medidas; antes a unidade de medida e o um são igualmente princípios" (*Met.*, N 1, 1088 a 4-7). O número é definido como a multitude medida e como a multitude (ou multiplicidade) das medidas: πλῆθος μεμετρημένον καὶ πλῆθος μέτρων. Essa concepção teve grande influência entre os escolásticos. Foi retomada especialmente por Tomás de Aquino, que concebeu o número como *multitudo mensurata per unum* (*S. theol.*, I, E. 7, 4 c). Este número é, porém, o *numerus numeratus*, que se distingue do *numerus numerans*, considerado abstratamente e que se refere à enumeração. Os escolásticos, ademais, tratavam sempre de distinguir diversos conceitos de número. Assim, por exemplo, Duns Scot distinguia entre o número essencial, obtido pela divisão da primeira unidade divina; o número natural ou formal e o número acidental; este último o propriamente matemático. No que se refere ao número como objeto da matemática, as idéias dos escolásticos não diferiam muito da clássica definição de número encontrada em Euclides (*Elem.*, VII) e que pode ser comparada com a aristotélica: o número é τὸ ἐκ μονάδων συγκείμενον πλῆθος.

Durante o Renascimento, imperou em muitas mentes a simbologia numérica de caráter platônico-pitagórico. Essa simbologia não foi, contudo, totalmente infecunda. Quando menos deu asas à idéia de que a realidade pode ser representada matematicamente e, conseqüentemente, insuflou os ideais de pan-matematização do real, abundantes no pensamento e na ciência modernos. Os filósofos modernos propriamente ditos, por sua vez, se interessaram mais pela epistemologia que pela ontologia do número. Discutiram-se sobretudo questões acerca da formação do conceito de número. Duas opiniões extremas se contrapuseram: a dos que avaliavam que o conceito de número era obtido empiricamente, por abstração das coisas particulares, e a dos que consideravam que o conceito de número era inteiramente apriórico. As reflexões epistemológicas freqüentemente implicavam pressupostos ontológicos. Assim os empiristas muitas vezes supunham que o número carece de toda realidade mental, os racionalistas aprioristas supunham que o número tinha alguma forma de realidade (mesmo que fosse de realidade "ideal"). Contudo, é difícil encontrar representantes puros de qualquer uma das duas tendências. Mesmo o mais extremado dos empiristas, como John Stuart Mill, às vezes ladeia posições conceptualistas. O mesmo, e com mais freqüência, sucede com autores como Locke, que afirma ser o número uma representação simples e que, mesmo pertencendo às qualidades primárias, está interpenetrado das noções proporcionadas pela representação. Clara tentativa de mediação se vê em Kant e nos neokantianos. Segundo Kant, o número é o esquema (VER) puro da quantidade (VER), isto é , "a unidade da síntese do diverso de uma intuição homogênea em geral, quando eu introduzo o tempo na apreensão da intuição"(*KrV*, A 142/B 182). Desse modo, o conceito de número é situado no plano transcendental (VER), e em alguns autores influenciados por Kant (Renouvier, Hamelin) chega a transformar-se em uma categoria (VER).

Os problemas epistemológicos não foram abandonados na época mais recente, mas o antigo problema da "forma de realidade" do número voltou ao primeiro plano. Podem-se mencionar duas grandes contribuições a esse respeito. Uma delas é a da fenomenologia de Husserl e sua teoria da objetividade ideal (VER). Outra — mais influente entre os matemáticos — é a pesquisa lógica realizada na linha Frege-Peano-Russell e autores mais recentes. Nós a descreveremos mais pormenorizadamente antes de mencionar os diferentes tipos de número admitidos pelos matemáticos e as principais posições que ainda parecem possíveis no que se refere à concepção do número.

A tentativa de fundamentação lógica do conceito de número se acha em Dedekind, quando ele escreve que "se examinamos exatamente o que fazemos quando contamos um grupo ou coleção de coisas, somos conduzidos a considerar o poder do espírito para relacionar uma coisa com outra, para fazer que uma coisa corresponda a outra, que uma copie a outra, como uma capacidade em geral sem a qual o pensamento é impossível. Sobre essa base única, mas completamente inevitável, deve-se erigir a ciência do número". A operação de correlação surge de modo semelhante na teoria cantoriana dos conjuntos (ver CONJUNTO; INFINITO). Mas só se acha claramente em Frege (1884) e (independentemente descoberta) em Russell (1901). Usaremos aqui de preferência as formulações de Russell, segundo o qual o número resulta em princípio do modo de agrupar certas classes. Assim, por exemplo, todas as classes compostas de quatro membros são agrupadas sob o número 4. Mas como não se pode pressupor que as classes sejam contadas sem que se saiba o número, é melhor estabelecer se duas classes, A e B, têm o mesmo número de membros. Isso é estabelecido por meio da correlação, um a um, de cada membro de uma classe com cada membro de outra classe similar. Duas classes finitas têm o mesmo número de membros se são similares, isto é, se há entre os membros de cada classe uma relação biunívoca. Por exemplo, 0 é o número das classes que não têm nenhum membro (classe nula); 1 é o número das classes que têm um só membro; 2, o das classes que têm 2 membros, e assim sucessivamente. Geralmente o número de uma classe é a classe de todas as classes similares à mesma. Ou, se se quiser, o número é "algo que é o número de alguma classe". Essa definição parece circular, mas não o é. Com efeito, pode-se definir 'número de uma classe', sem usar a noção de número em geral. Não se parte do número para "aplicá-lo" a uma coleção, mas da correlação um a um em duas coleções similares para extrair o número correspondente. Desse modo, os números e as operações com eles podem ser expressos simbolicamente. Para isso costuma-se usar as noções derivadas da lógica das classes, da lógica quantificacional e da lógica da identidade. Assim 0 pode ser definido (na notação de Russell): '$\hat{A} \sim (\exists x)(x \in A)$'; 1 pode ser definido: '$\hat{A}((\exists x)(x \in A) \cdot \sim (\exists y)(\exists z)(y \neq z \cdot y \in A \cdot z \in A))$', e assim sucessivamente. Podem-se introduzir abreviaturas dessas complicadas notações, mas sempre resultará que os números serão definidos em termos de classes. Assim se consegue ao mesmo tempo uma fundamentação e um esclarecimento lógico da idéia de número. Por outro lado, a lógica proporciona os elementos necessários para a construção dos *sistemas* numéricos (o que hoje se considera mais importante na teoria do número). Importante aqui é a contribuição de Peano, cujo sistema contém cinco postulados: 1) 0 é um número; 2) o sucessor de qualquer número dado é um número; 3) não há dois números que tenham o mesmo sucessor; 4) 0 não é sucessor de nenhum número; 5) qualquer propriedade que pertença a 0, e também ao sucessor de qualquer número que possua tal propriedade, pertence a todos os números [o princípio de indução matemática]; e três idéias primitivas, ou seja: 1ª) 0; 2ª) número e 3ª) sucessor, que são independentes dos postulados. O sistema de Peano se refere aos números naturais. Foram propostos também postulados para outros sistemas numéricos. Não podermos deter-nos aqui em uma questão de natureza excessivamente técnica. Digamos apenas que é comum a todos esses esforços a tentativa de edificar por meio de elementos lógicos a teoria numérica e que isso constitui um dos mais importantes compromissos da lógica matemática contemporânea.

Os sistemas numéricos que se introduzem na matemática e que se fundamentam logicamente por meio de uma série dada de postulados são os seguintes:

(I) O sistema dos números naturais, às vezes chamado de os inteiros positivos: 0, 1, 2, 3, 4, n.

(II) O sistema dos números inteiros, que inclui os positivos e os negativos: $-n$... $-4, -3, -2, -1$, 0, 1, 2, 3, 4, ...n.

(III) O sistema dos números racionais, que compreende os inteiros negativos e positivos e as frações.

(IV) O sistema dos números reais, que compreende os anteriores e, além disso, os números irracionais tais como $\sqrt{2}$, π.

A série (III) é chamada "compacta"; a série (IV), "contínua".

(V) O sistema dos números complexos, no qual se introduzem novos símbolos indefinidos. Uma classe importante de números complexos são os números imaginários, cujo exemplo mais difundido é $\sqrt{-1}$.

As posições ainda discutidas acerca do problema do número são sensivelmente as mesmas presentes na filosofia da matemática (VER). É realmente possível defender uma posição formalista, uma logicista e uma intuicionista. A adoção de uma das posições é importante não apenas pelas diferentes interpretações que temos em cada caso acerca do conceito de número, mas também pelas modificações que introduzem na apresentação dos diversos sistemas numéricos. Essas posições podem ser chamadas (amplamente) ontológicas. A elas se agregam as posições predominantemente epistemológicas, dentre as quais citamos a radicalmente empirista, a apriorista e a conceptualista. É comum que os dois tipos de posições se combinem. É também freqüente que se adotem posições intermédias ou que se escolham algumas delas a modo de necessária convenção.

⊃ Exposições do conceito de número e teorias sobre o número: E. Husserl, *Ueber den Begriff der Zahl*, 1877. — G. Frege, *Die Grundlagen der Arithmetik, eine logischmathematische Untersuchung über den Begriff der Zahl*, 1884. — Id., *Grundgesetze der Arithmetik begriffschriftlich abgeleite*, 2 vols., 1893-1903. — R. Dedekind, *Was sind und was sollen die Zahlen?*, 1888. — G. Peano, "Sul concetto di numero", *Rivista di Matematica*, 1(1891), 256-276. — G. Peano et al., *Formulaire des Mathématiques*, 5 vols. Em 8 tomos, 1894-1908, especialmente vol. 1. — B. Russell, *The Principles of Mathematics*, I, 1903; 2ª ed., 1938. — Id., *Introduction to Mathematical Philosophy*, 1919, caps. I e II. —Whitehead-Russell, *Principia Mathematica*, t. I, 1910; 2ª ed., 1925. — E. Cassirer, *Substanzbegriff und Funktionsbegriff*, 1910. — H. Rickert, "Das Eine, die Einheit und die Eins, Bemerkungen zur Logik des Zahlbegriffs", *Logos*, 2 (1911-1912), 26-78. — F. Waismann, *Einführung in das mathematische Denken. Die Begriffsbildung der modernen Mathematik*, 1936. — R. Poirier, *Le nombre*, 1938. — R. Wavre, *L'imagination du réel. L'invention et la découverte dans la science des nombres*, 1948. — R. Dubisch, *The Nature of the Number*, 1952. — K. Reidemeister, *Raum und Zahl*, 1957. — B. Goussinsky, *Continuity and Number*, 1959. — P. Gréco, J. B. Grize, S. Papert, J. Piaget, *Problèmes de la construction du nombre*, 1960. — G. Bénézé, *Le nombre dans les sciences expérimentales*, 1961. — P. Benacerraf, "What Numbers Could Not Be", *Philosophical Review*, 74 (1965), 47-73. — R. F. Pickard, *Time, Number and the Atom*, 1945. — R. L. Goodstein, *Recursive Number Theory: A Development of Recursive Arithmetic in a Logic-Free Equation Calculus*, 1957. — A. H. Lightstone, *Symbolic Logic and the Real Number System*, 1965. — C. Wright, *Frege's Conception of Numbers as Objects*, 1983. — Ch. B. Daniels, J. B. Freeman, G. W. Charlwood, *Toward na Ontology of Number, Mind and Sign*, 1986. — Ver ainda algumas das obras citadas na bibliografia do verbete LOGÍSTICA.

Para o conceito de número e o infinito: A. Raymond, *Logique et mathématiques. Essai historique et critique sur le nombre infini*, 1908. — H. Bergmann. *Das Unendliche und die Zahl*, 1913.

Obras históricas: F. C. Endres, *Die Zahl, in Mystik und Glauben der Kulturvölker*, 1935. — F. Vera, *Evolución del concepto de número*, 1929. — C. Butler, *Number Symbolism*, 1970. — K. Joël, *Zur Geschichte der Zahlprizipien in der grieschischen Philosophie*, 1890. — H. Zitscher, *Philosophische Untersuchungen über die Zahl*, 1910. — F. A. Weber, *Die genetische Entwicklung der Zahl- und Raumbegriffe in der grieschichen Philosophie bis Aristoteles und der Begriff der Unendlichkeit*, 1895. — G. Mühle, *Ein Beitrag zur Lehre von den pythagorischen Zahlen*, 1918 (ver, além disso, as obras sobre o conceito pitagórico de número citadas na bibliografia do verbete PITÁGORAS, acrescentando: Vermehren, *Die pythagorischen Zahlen*, 1863. — Milhaud, "Le concept du nombre chez les Pythagoriciens et les Éléates", *Révue de Métaphysique et de Morale*, 1 [1893], 140-156. — L. Robin, *La théorie platonicienne des idées et des nombres d'après Aristote. Étude historique et critique*, 1908. — E. Frank, *Plato und die sogenannten Pythagoreer*, 1923. — J. Stenzel, *Zahl und Gestalt bei Platon und Aristoteles*, 1924. — K. Staehle, *Die Zahlenmystik bei Philon von Alexandreia*, 1931. — R. Achsel, *Ueber den Zahlbegriff bei Leibniz*, 1905. — G. Stammler, *Der Zeitbegriff sei Gauss*, 1926. — G. Martin, "Klassiche Ontologie der Zahl", 1956 [*Kantstudien*. Ergänzungshefte 70]. — J. A. G. Junceda, *De la mística del número al rigor de la idea*, 197. — VV.AA., *Mensura, Mass, Zahl, Zahlen-Symbolik im Mittelalter*, 2 vols., 1983-1984, ed. A. Zimmermann. — G. C. Duranti, *Terzo numero binomiale di Euclide e trza civiltà di Ammon-Zeus*, 1989.) ¢

NUMINOSO. Ver OTTO, RUDOLF; SANTO.

NUNN, T[HOMAS] PERRY. Ver NEO-REALISMO.

NÚÑEZ VELA, PEDRO. Ver RAMÉE, PIERRE DE LA.

NYĀIA. Nome de um dos seis sistemas (ver DARSANA) ortodoxos (*āstika*) da filosofia hindu (VER). Sua fundação é atribuída a Gautama (Gotama ou Akṣapāda), sendo o texto básico da escola *Nyāyasūtra*, de Gautama, elaborado e modificado no decorrer dos séculos por muitos autores: Vātsyāyana, Uddyotakara, Vācaspati Udayana, Jayanta, Gangeśa, Navadvipa etc. Há três formas fundamentais da doutrina: a antiga (*Brācinā-nyāya*), a moderna (*Navya-nyāya*) — a última a partir de Gangesa — e a sincrética, que é uma combinação do sistema *Nyāya* com o *Vaiśeṣika*, em muitos aspectos similares, de modo que é comum apresentá-los, desde o século XVII, conjuntamente sob o nome *Nyāya-Vaiśeṣika*). Excluiremos a última forma de apresentação e nos concentraremos no sistema *Nyāya* isoladamente, com particular atenção a suas formas "clássicas".

É comum ler em tratados sobre a filosofia hindu que o sistema *Nyāya* é exclusivamente de índole lógica ou metodológica, devido a dois motivos: o termo *Nyāya* pode ser traduzido por 'lógica' ou 'método', e na forma moderna (*Navya-nyāya*) a lógica formal chegou a ter tal predomínio sobre as outras partes que se pôde justificar a identificação de *Nyāya* com 'escola de lógica'. Como vimos no verbete LÓGICA, a escola *Navya-nyāya* percebeu *tão* claramente as exigências da formalização lógica que pôde elaborar alguns problemas de forma traduzível à linguagem simbólica moderna. Contudo, vista em conjunto, a doutrina *Nyāya* não é apenas lógica e metodológica. Ela inclui uma elaborada teoria do conhecer, uma teoria sobre o universo físico e uma teoria sobre a divindade, tudo isso baseado em um propósito último: o da libertação (ver MOKṢA). O que se passa é que o ponto de vista adotado sobre esse conjunto é predominantemente lógico-metodológico. Trata-se de elaborar a partir desse ângulo (usando um conceito de 'lógica' e 'método' mais amplo do que o que se costuma utilizar nas filosofias ocidentais, especialmente as modernas) o que se pode saber a respeito da realidade para decidir o que cabe fazer diante dela.

Aqui nos limitaremos a destacar alguns elementos fundamentais da doutrina. Mesmo aplicada ao conjunto da realidade, estabelece certo número de temas (*padārtha*) que circunscrevem "aquilo de que se trata". Há dezesseis *padārtha*: 1) modos de conhecimento (às vezes se fala de "provas" ou "evidências"); 2) objetos de conhecimento (ou o que se prova); 3) dúvida; 4) finalidade da operação; 5) fato seguro; 6) doutrina certa; 7) proposições que formam a inferência; 8) argumento hipotético; 9) obtenção da verdade; 10) discussão em vista da obtenção da verdade; 11) discussão puramente verbal; 12) crítica meramente negativa; 13) sofismas na inferência; 14) ambigüidade; 15) objeção desnecessária; 16) admissão de que o adversário provou o contrário do que alguém defendera. Observe-se que não se trata apenas de problemas a debater, mas também de modos mediante os quais se articula a realidade. Por isso se disse que a doutrina *Nyāya* pode ser qualificada — em termos da filosofia ocidental — de "realismo lógico". Na doutrina *Nyāya* clássica, pelo menos, a lógica não é apenas uma linguagem escolhida para falar da realidade, mas a própria realidade enquanto objeto de análise lógica (e metodológica). De todo modo, o que se prova é dado por verdadeiro em vez de se perguntar pelas condições de toda verdade enquanto verdade.

A *padārtha* 1) é objeto de atento exame. Vários tipos de conhecer são examinados: percepção, inferência, comparação e testemunho. Cada um desses tipos de conhecimento é por sua vez classificado em múltiplas formas, analisando-se sua validade ou falta de validade. Dá-se particular atenção à inferência, a seus fundamentos e a suas falácias e se elabora a respeito uma complexa doutrina lógica, que inclui um estudo da estrutura de diversos raciocínios e dos motivos que tornam aceitável um raciocínio em virtude de sua mera forma.

A *padārtha* 2) distribui os objetos do conhecimento e assinala as articulações reais do universo. Seu conteúdo é uma cosmologia, desde que se a entenda num sentido bem amplo, pois inclui — e examina com mais atenção que nenhum outro objeto — um estudo do eu e de suas atividades. O eu é concebido de um modo substancial, mas sua substância não é do mesmo tipo que o das realidades meramente físicas, tais como a terra, a água, o ar, o fogo, o espaço, o tempo etc., que são substâncias, mas com qualidades perceptíveis pelos sentidos. A distribuição dos objetos do conhecimento implica algo muito semelhante a uma doutrina das categorias e a uma ontologia: problemas como os da natureza dos atributos, dos universais, da individualidade, das relações reais etc., são objeto de preocupação por parte dos pensadores da doutrina *Nyāya*, mesmo que na partes mais "clássicas" da doutrina sejam apenas insinuados. De fato, o estudo das categorias gerais do real foi empreendido exaustivamente apenas pela doutrina *Vaiśeṣika*, e depois pelo sistema eclético *Nyāya-Vaiśeṣika*. Quanto à doutrina da divindade, ela está entrelaçada no sistema *Nyāya* com a doutrina do eu; além disso, o sistema se ocupa menos da descrição da natureza da divindade que do estudo dos diferentes argumentos para provar sua existência.

⊃ Ver bibliografia de FILOSOFIA HINDU.

Sobre a teoria do conhecimento do sistema *Nyāya*: S. C. Chatterjee, *The Nyāya Theory of Knowledge*, 1950. — Dharmendra Nath Shastri, *Critique of Indian Realism: A Study of the Conflict between the Nyāya-Vaiśeṣika and the Budhist Dignāga School*, 1964. — H. Narain, *Evolution of the Nyāya-Vaiśeṣika Categoriology*, vol. I, 1976. — M. Gangopadhyaya, *Gautama's Nyāya-Sutra with Vatsyayana's Commentary*, 1982. — R. Ghosh, *The Justification of Inference: A Navya Nyāya Approach*, 1991. — P. . Mukhopadhyay, *The Nyāya Theory of Linguistic Performance: A New Interpretation of Tattvacintamani*, 1992.

Sobre a lógica *Navya-nyāya*: A. B. Keith, *Indian Logic and Atomism: An Exposition of Nyāya and Vaiśeṣika Systems*, 1921. — D. H. H. Ingalls, *Materials for the Study of Navya-nyāya Logic,* 1951. — Dinesh Chandra Guha, *Navya-nyāya System of Logic: Some Basic Theories and Techniques*, 1968. — B. K. Matilal, *The Navya-nyāya Doctrine of Negation: The Semantics and Ontology of Negative Statements in Navya-Nyāya Philosophy*, 1968. — S. Saha, *Perspectives on Nyāya Logic and Epistemology,* 1987. ⊂

NYBLAEUS, AXEL (1821-1899). Nascido em Lund, Suécia, foi professor na mesma cidade. Nyblaeus foi um dos seguidores de Boström que mais se opuseram às tendências panteístas e "suprapersonalistas" que se haviam denunciado no idealismo alemão, especialmente o de filiação hegeliana. Contra essas tendências Nyblaeus defendeu, como Boström, um idealismo personalista. Ele se interessou especialmente pela filosofia do direito, do estado e da religião, num momento em que se considerava especialmente importante o debate entre personalistas e "impersonalistas" ou "suprapersonalistas".

⊃ Obras: *Om statsmaktens grund och väsende*, 1864 (*Fundamento e estrutura do poder do estado*). — *Om den religiöse tron och vetandet*, 1868 (*Sobre a fé religiosa e o conhecimento*). — Nyblaeus escreveu uma das primeiras obras de história da filosofia sueca, com especial atenção ao desenvolvimento do idealismo: *Den filosofiska forskningen i Sverige*, 4 vols., 1873-1897 (*A pesquisa filosófica na Suécia*).

Correspondência: *Ur A. Nyblaeus korrespondens*, 1921, ed. F. Wulff. ⊂

NYS, DESIRÉ. Ver NEOTOMISMO.

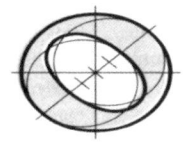

O. A letra maiúscula 'O' (segunda vogal do termo *nego*) é usada na literatura lógica para representar simbolicamente a proposição particular negativa, *negatio particularis*, um de cujos exemplos é a proposição:

Alguns homens são mortais.

Em textos escolásticos, acha-se freqüentemente o exemplo (dado por Boécio):

Aliquis homo non est justus,

e em vários textos lógicos a letra 'O' substitui o esquema 'Alguns S não são P', sobretudo quando se introduz o chamado quadro de Oposição (VER).

Nos textos escolásticos se diz de O que *negat particulariter*, nega particularmente. A letra 'O' é usada também com freqüência na doutrina das proposições modais, no lugar de 'U'.

Łukasiewicz às vezes usa 'O' para representar o quantificador particular negativo. 'O' se antepõe às variáveis '*a*', '*b*', '*c*' etc., de modo que '*Oab*' se lê 'algum *a* não é *b*' ou '*b* não pertence a algum *a*'.

OBJETIVAÇÃO. A noção de objetivação tem um antecedente em Kant, para quem tanto as formas *a priori* da intuição como, e sobretudo, os conceitos do entendimento ou categorias objetivam o dado enquanto fazem do dado um objeto de conhecimento. A objetivação é, em último termo, uma atividade — ou, se se quiser, o resultado de uma atividade — transcendental. Fichte ressaltou ao extremo a atividade objetiva (e objetivante) do Eu. O Eu se põe a si mesmo em uma atividade absoluta, mas "põe" os objetos mediante a atividade da objetivação. Em Hegel, a objetivação adquire uma importância fundamental porquanto é a forma de realização do Espírito. Hegel usa o termo *Vergegenständlichung*, que pode ser, e geralmente o é, traduzido por 'objetivação'. Isso distingue a objetivação da mera coisificação, *Verdinglichung*, isto é, a conversão ou transformação da "realidade" em "coisa". O Espírito se objetiva em muitas e diversas formas — das quais, a mais conhecida é a objetivação do Espírito subjetivo em Espírito objetivo.

Contudo, a objetivação não é o fim. Toda objetivação é superada (*aufgehoben*) (ver SUPERAR). Em certo sentido, a objetivação é um estranhamento ou alienação (*Entfremdung*), necessária e superável. O Espírito se realiza a si mesmo objetivando-se, mas com isso não se transforma em algo distinto de Espírito. Permanece sempre dentro de si, mesmo sendo um "si mesmo" que envolve necessariamente um "fora", isto é, um desdobrar-se dialético de si mesmo.

Schopenhauer considerou a objetivação como o processo mediante o qual a Vontade se torna representação. Ela é "Vontade objetivada". Diferentemente de Hegel, a objetivação no sentido schopenhaueriano não é nem processo dialético nem processo no qual a Vontade se realiza a si mesma.

Marx recolheu, e modificou, a idéia hegeliana da objetivação. De imediato, opôs-se à concepção idealista de uma atividade que é, para ele, puramente abstrata. Na primeira das teses sobre Feuerbach, Marx denuncia tanto o idealismo como o materialismo feuerbachiano. O materialismo feuerbachiano destaca o objeto ou a percepção em detrimento da atividade. O idealismo não compreende o caráter real, concreto e "sensorial" da atividade. A objetivação não é uma propriedade que o objeto possui por si mesmo, assim como não é o resultado, ou o processo, de uma atividade meramente espiritual. Depois Marx se opõe à confusão, em Hegel, da objetivação com a alienação. A objetivação é uma condição concreta para a subsistência material do ser humano, que produz, por meio do trabalho, os meios de subsistência com base nas realidades naturais. A alienação parece ser apenas uma forma de objetivação, que tem lugar na existência social, quando o homem cede, por assim dizer, ao processo de produção levado a cabo mediante o trabalho. Não é necessário pensar, porém, que a alienação deriva simplesmente da objetivação. A rigor, a alienação difere fundamentalmente da objetivação. A objetivação é um processo ontológico e, além de tudo, natural, enquanto a alienação é um processo social. Desse modo, a libertação do homem consiste na reapropriação do trabalho alienado e na completa conquista humana do processo de objetivação. O que em Hegel ocorre no interior do processo dialético do Espírito — ou da idéia —, tem lugar em Marx mediante o processo histórico.

Vários autores lançaram, em grau maior ou menor, mais ou menos conscientemente, da noção de objetivação. Isso ocorre em parte com Dilthey, especialmente na medida em que ele insiste no caráter objetivo dos processos culturais. O mesmo, e mais freqüentemente, ocorre com Nicolai Hartman, para quem o "ser espiritual" é a estrutura de todas as objetivações. Em Georg Simmel, as objetivações produzidas pela atividade espontânea tendem a solidificar-se, de modo que é necessário quebrar e dissolver as objetivações com vistas a nova criações.

Chamei "objetivações" a um dos "grupos ontológicos" junto com os grupos chamados "entidades (inclusive processos) físicas" e as pessoas. As objetivações são resultado de atividades de pessoas ou, em geral, de "agentes" que são entidades físicas (orgânicas) que se comportam de modo pessoal. As objetivações são produtos culturais de todo tipo, desde coisas fabricadas até sistemas de regras. Elas não existem por si, mas uma vez produzidas têm certas estruturas que condicionam objetivações ulteriores. Desse modo, as objetivações são simultaneamente dependentes e autônomas. Ao mesmo tempo em que servem para produzir outras objetivações, as objetivações produzidas podem constituir empecilho para quaisquer outras atividades objetivantes posteriores. O processo entre pessoas como atividades objetivantes e objetivações é de natureza dialética. Uma das possibilidades das objetivações é a alienação em sentido marxista. Eu distingo objetivações de objetividades — como as entidades abstratas, principalmente as classes. Mesmo sendo as objetividades resultados de atos objetivantes, os atos objetivantes têm de se conformar, desde o primeiro momento, a regras sem as quais não poderá haver objetividade de nenhum tipo.

OBJETIVO. Meinong usou o termo *Objektiv* como substantivo, diferentemente de *objektiv* como adjetivo e lhe deu, além disso, o sentido especial aqui definido. Traduzimos *Objektiv* e *Objektive* na acepção meinonguiana por "objetivo" e "objetivos" respectivamente, usando estas palavras entre aspas para distingui-las dos significados que têm em contextos não-meinonguianos, como os tratados no verbete OBJETO, OBJETIVO.

Meinong avalia que entre os que chama *Gegenstände* (objetos em sentido amplo) figura os que chama *Objekte* (objetos em sentido estrito). Traduzimos esta última expressão por "objetos" entre aspas. Os "objetos" são dados à representação (*Vorstellung*) de modo que podem se equiparar a fatos (em uma acepção muito ampla de fatos). Assim, uma colina é um fato. Se a colina é baixa, o ser baixo da colina é também um fato. A colina e seu ser baixa podem ser considerados "objetos". Por outro lado, o fato de haver uma colina e de a colina ser baixa são "objetivos". Intervêm aqui presunções ou pressuposições (*Annahmen*) enquanto juízos (afirmativos e negativos) que não vão acompanhados de convicção acerca de sua verdade ou falsidade, e juízos (*Urteile*) propriamente ditos, por meio dos quais dizemos e significamos que tal é o caso. Os "objetivos" são termos de presunções ou pressuposições e de juízos que "apontam para" ou "têm em mente" aquilo de que falam. Se mantêm presunções relativas a "objetos" e se formulam juízos ou, em geral, se fala acerca de "objetos". Por outro lado, os "objetivos" mesmo são "pressupostos" ou "julgados".

No capítulo III (§§ 8-14) de *Ueber Annahmen* (1910), Meinong introduz, e trata *in extenso*, dos "objetivos", indicando de saída que se se admite que um "objetivo" tem ser no sentido amplo, isso se dá de três formas, cada uma delas em dois modos contrapostos: ser em sentido estrito e ser assim (*Sosein*, propriedade ou qualidade), positividade e negatividade, existência e subsistência (ou consistência, *Bestand*). Por exemplo, no que se refere ao ser de um "objetivo", determina-se formalmente este ser com a expressão "A é"; no que se refere a seu ser desse ou daquele outro modo, isto é, seu ser assim, se determina formalmente com a expressão "A é B". No primeiro caso, temos um *Seinsobjektiv* e no segundo, um *Soseinsobjektiv*.

Chegou-se a dizer que o "objetivo" de Meinong é análogo, ou inclusive idêntico, a uma significação, mas é preciso levar em conta que as significações são mais do que as proposições exprimem. Diversamente de uma significação, o "objetivo" é o significado (*significatum*) nela.

Em seu estudo do termo ("Zum Terminus 'Objektiv'", em *Ueber Annahmen,* § 14), Meinong indica que a noção de "objetivo" tem antecedentes em outras noções, como as de "proposição em si" (*Satz an sich*) de Bolzano, "estado de coisas" (*Sachverhalt*) de Stumpf, "conteúdo de juízo" (*Urteilsinhalt*) de Brentano e Anton Marty, mas indica que estes "antecedentes" não são históricos, já que chegou a sua própria noção sem conhecer, por exemplo, a idéia bolzaniana de "proposição em si", por acaso a mais próxima da sua. Além disso, as afinidades entre as duas noções e as de "objetivo" não devem empanar suas diferenças. Valeria dizer algo semelhante acerca da noção de "fato" no sentido de um "ser o caso de que" tratado no verbete FATO. Afinidades e diferenças a respeito se encontrariam também entre Meinong e Husserl. Por um lado, os "objetivos" se parecem às "unidades ideais de significação" husserlianas, e até aos "objetos intencionais". Mas para tanto seria necessário eliminar da noção de "objetivo" certos elementos que Husserl introduziu em suas próprias noções. Buscando antecedentes mais remotos ainda, poder-se-ia dizer que o "objetivo" meinonguiano se parece com o *complexum significabile* (VER) posto em circulação por Gregório de Rimini e outros autores medievais, mas

Hubert Élie (cf. *op. cit.* em COMPLEXUM SIGNIFICABILE) expôs diferenças gritantes entre a noção medieval e a meinonguiana.

O estudo da natureza e das formas do "objetivo" é complexo; Meinong fala de muitos tipos de "objetivo": adequados, assumidos ou "pretensos", julgados, cridos, necessários, apresentados, pseudo-existenciais, puros, imediatos, dados de antemão, opostos contraditoriamente etc. Em muitos casos não se deve supor que se trata de "classes" de "objetivos", mas de modos de determinação do que é, ou pode ser, um "objetivo". As comparações entre "objetivos" e termos de apresentação (VER) emocional (ou emotiva) são complexas, dado que estes termos — desiderativos e dignitativos (VER) — são por um lado similares a "objetivos" e, por outro, tendem a ser mais afins a "objetos".

OBJETO, OBJETIVO. 'Objeto' deriva de *objectum*, particípio passado do verbo *objicio* (infinitivo *objicere*), que significa "lançar para diante", "oferecer-se", "expor-se a algo", "apresentar-se aos olhos". Em sentido figurado, *objicio* significa "propor", "causar", "inspirar" (um pensamento ou um sentimento), "opor" (algo em defesa própria), "interpor" (como quando Lucrécio escreve: *objicere orbem radiis* [interpor seu disco entre os raios do sol]) (cf. L. Quicherat e A. Daveluy, *Dictionnaire Latin-Français*, rev. por E. Chatelain, s. v. "Objicio"). Pode-se dizer que 'objeto' (*ob-jectum*) significa, em geral, "o contraposto" (analogamente ao vocábulo alemão *Gegenstand*, geralmente traduzido por 'objeto').

Os sentidos originários de *objicio* e, por derivação de *objectum* são úteis para entender algumas das significações dadas ao termo 'objeto' (e aos termos correspondentes em várias línguas) e aos termos 'objetivo', 'objetivamente' etc. (e aos termos correspondentes em várias línguas). Na história da filosofia ocidental, essas significações podem ser divididas em dois grupos: um pode ser chamado "tradicional", especialmente entre os escolásticos; outro pode ser chamado "moderno", especialmente a partir de Kant e Baumgarten.

Os escolásticos entenderam várias coisas por 'objeto'. Com efeito, não se dá exatamente o mesmo sentido a 'objeto' quando se trata do objeto em metafísica, em teoria do conhecimento, em ética. Não obstante, há em todo caso um sentido comum de 'objeto', que é o de "termo". Assim, em metafísica, o objeto é um termo, ou fim, ou causa final; em teoria do conhecimento, o objeto é o termo do ato do conhecimento, e especialmente a forma, seja como "espécie sensível", seja como "espécie inteligível"; em ética, o objeto é a finalidade, o propósito, o que se escolhe, o justo. Aqui nos referiremos principalmente a 'objeto' nos sentidos metafísico e gnosiológico, com destaque para o último sentido. Tomás de Aquino dizia que "objeto" é aquilo sobre o qual recai algum poder ou condição (*S. theol.* I, q. 1 a 7). A referência intencional (ver INTENÇÃO, INTENCIONAL, INTENCIONALIDADE) que isso supõe não precisa ser unicamente cognoscitiva; pode ser também volitiva e emotiva. Mas, como já apontamos, nós nos ocuparemos primariamente do aspecto cognoscitivo. O objeto no sentido definido antes é chamado às vezes "objeto conatural". Mas se qualifica o termo 'objeto' de diversas outras maneiras. Por exemplo, fala-se de objeto direto ou imediato (quando o "poder" a que se referia Tomás de Aquino atinge o objeto diretamente); de objeto indireto ou mediato (quando o "poder" em questão atinge um objeto por meio de outro); de objeto formal e de objeto material. Estes dois últimos tipos de objeto são aqui especialmente interessantes pelo abundante uso que se fez dos conceitos correspondentes. O objeto formal e o objeto material são normalmente considerados como "objetos do conhecimento" (*objecta scientiae*). O objeto formal (*formaliter acceptum*) é aquele que se alcança direta e essencialmente (ou naturalmente) pelo "poder" ou "ato". Por meio do objeto formal se alcança o objeto material (*materialiter acceptum*), que é simplesmente o termo para o qual aponta o "poder" ou "ato" do conhecimento por meio do objeto formal. O objeto material é como um objeto indeterminado, sua determinação se dá por meio do objeto formal. Quanto ao objeto formal, ele pode ser objeto formal *quod*, ou seja, o objeto que se alcança antes de tudo, por si e diretamente, ou objeto formal *quo*, ou seja, o objeto formal enquanto cognoscível. A diferença entre objeto formal e objeto material se funda na diferença entre o conhecido enquanto conhecido e o objeto do conhecimento. Deve-se perceber que em certas ocasiões o objeto material é chamado também "sujeito", enquanto se exprime logicamente em um termo do qual se predica algo.

O fato de algo ser objeto material não significa necessariamente que seja ("fisicamente") real. Pode ser qualquer objeto de conhecimento. O que corresponde ao objeto foi freqüentemente chamado "objetivo" (*objectivum*). Segundo Eucken (apoiando-se em textos aduzidos por Prantl), John Duns Scot contrapôs *objectivum* a *subjectivum*, entendendo *objectivum* como o "objeto enquanto pensado" (*objectum ut cogitatum*). Quando a *subjectivum*, entendeu-se por ele o que corresponde ao objeto da sensação. Neste sentido se diz que estar "objetivamente" equivale a "estar na mente". Por outro lado, alguns autores (por exemplo, Occam) falam de um *esse subjectivum* como um "ser substancial", ou seja, como um ser *extra animam*, mas neste caso se trata do ser "subjetivo" enquanto "sujeito de predicação".

O termo 'objetivo' é usado também pelos escolásticos como uma das determinações possíveis do conceito. Distingue-se entre conceito objetivo e conceito formal; o conceito objetivo é o objeto enquanto pensado, o conceito formal é o ato de pensar, ou concepção. Existir objetivamente (*objective*) equivale então a estar no pensamento ou na representação.

Pode-se ver que, não obstante sua precisão, o vocabulário da escolástica a esse respeito não é simples. Contudo, deste vocabulário — que persiste em muitos autores do século XVII, os quais se valem muito da idéia do "ser objetivo" como "ser representado" — deriva uma noção principal: a de que "objeto" e "objetivo" não se determinam como "o real" (cognoscível ou não) em confronto com o "sujeito" e o "subjetivo".

A partir de Baumgarten e Kant, por outro lado, passou-se a usar 'objetivo' para designar "o que não reside [meramente] no sujeito", em contraposição a 'subjetivo', entendido como "o que está no sujeito". O objeto é então equiparado a "realidade" — "realidade objetiva", que, uma vez mais pode ser declarada cognoscível ou incognoscível — em contraposição com o sujeito, que visto, por assim dizer, "de fora" é um objeto, mas visto "de dentro" é o que conhece, quer, sente etc. o objeto. Alguns autores se opuseram a esta nova significação, que tem um sentido predominantemente epistemológico. Schopenhauer e Renouvier, por exemplo, propuseram retornar ao uso escolástico e dos autores do século XVII. Os neo-escolásticos, por sua vez, indicaram que se se quer entender 'objeto' e 'objetivo' como algo real, é preciso dar em cada caso os esclarecimentos correspondentes e chamar o objetivo como real de objetivo real (*objectivum reale*) ou extramental (*objectivum extramentale*). Desse ponto de vista pode-se entender a distinção escolástica entre o objeto material (*objectum materiale*) enquanto o que é conhecido e sabido, e o objeto formal (*objectum formale*) enquanto o que se apreende primariamente no objeto material.

Em várias das filosofias atuais se entende 'objeto' em um sentido que, mesmo não coincidindo estritamente com o tradicional, mantém algumas de suas características. É o que ocorre com todas as filosofias nas quais a noção de intencionalidade desempenha um papel fundamental. Podem-se citar Meinong, Stumpf e Husserl. Assim, o fato de se falar, por exemplo, da "objetividade" da realidade, do "objetivismo" dos valores etc. tem, sem dúvida, uma ressonância no sentido do objeto como o que "existe objetivamente" (seja qual seja a forma de existência), mas parece que só se pode entender com pleno rigor quando o objeto e o objetivo possuem uma significação sensível semelhante à mais tradicional. Por isso, para Meinong e Husserl objeto é tudo o que pode ser sujeito de um juízo; o objeto permanece assim imediatamente transformado no suporte lógico expresso gramaticalmente no vocábulo 'sujeito', em tudo o que é suscetível de receber uma determinação e, em último termo, em tudo o que é ou vale de alguma forma. Por conseguinte, 'objeto' equivale a 'conteúdo intencional'; o objetivo não é, pois, mais uma vez, algo que tenha forçosamente existência real; o objeto pode ser real ou ideal, pode ser ou valer. Todo conteúdo intencional — ou, em termos tradicionais, todo conteúdo de um ato representativo — é neste caso um objeto. Com isso o objeto atual parece aproximar-se, por um lado, do conceito aristotélico de τὸ ὑποκείμενον, enquanto matéria do raciocínio, e, por outro, do objeto no sentido escolástico, pelo qual o pensado ou contido no ato intencional se distingue tanto do próprio ato como do termo para o qual aponta.

Não parece haver distinção fundamental entre ontologia e teoria (geral) do objeto, se por 'objeto' se entende "aquilo de que se fala ou se pode falar" ou "sujeito (possível) de juízo". Uma das tarefas da teoria do objeto — ou teoria dos objetos — é a classificação de objetos e a determinação de suas propriedades. Uma teoria que permaneceu muito tempo em voga foi apresentada por Aloys Müller em sua *Introdução à filosofia*. Segundo essa teoria, os objetos podem ser classificados em: 1) objetos reais ou objetos que possuem realidade em sentido estrito. Neles se acham incluídos, e por seu turno convenientemente determinados por suas notas gerais correspondentes, os objetos físicos e os objetos psíquicos. As notas dos primeiros são a espacialidade e a temporalidade. As dos segundos, a temporalidade e a inespacialidade. Pode-se acrescentar como nota comum a da causalidade entendida como interação. 2) Objetos ideais. Suas notas são a inespacialidade, a intemporalidade e a ausência de interação. A este grupo pertencem os objetos matemáticos e as relações ideais. 3) Objetos cujo "ser" consiste no valer. A este grupo pertencem os valores que podem ser considerados também como objetos em virtude da definição geral. 4) Objetos metafísicos, cuja função consiste provavelmente em uma unificação dos demais grupos, pois o objeto metafísico enquanto ser em si e por si ou absoluto contém necessariamente como elementos imanentes todos os objetos tratados pelas ontologias regionais.

Segundo Roman Ingarden (*Vom formalen Aufbau des individuellen Gegeständes*, 1935, §§ 1-2 [Studia philosophica, I]), podem-se considerar as seguintes esferas de objetividade: (I) Objetos chamados ideais, existentes fora do tempo e compreendendo: a) objetos individuais, como cada um dos triângulos congruentes em sentido geométrico; b) idéias especiais e gerais, como o triângulo ou a figura geométrica em geral, a idéia de homem etc.; c) qualidades ideais ou essências, como o vermelho, a coloração etc.; d) conceitos ideais como o conceito de homem. (II) Objetos individuais em sentido originário, ou seja, objetos determinados pelo tempo e ao mesmo tempo ontologicamente autônomos, isto é, imanentes. (III) Objetividades determinadas pela temporalidade e pertencentes a uma ordem superior que permanecendo indivíduos pressupõem como fundamento de seu ser e de seu subsistir objetos individuais em sentido originário e representam uma construção dos mesmos, ou seja, objetividades do tipo de uma sociedade ou família determinadas, um estado ou comunidade determinados etc. (IV) Objetos puramente intencionais, referidos a atos de consciência; logo, objetividades ontologicamente heterônomas, tais como obras literárias, sistemas jurídicos etc. Em sua obra *Spór o istnienie świata*, 2 vols., 1947-1948 (*A controvérsia sobre a existência do mundo*), Ingarden fala dos seguintes tipos de seres (ou "objetos"): indivíduos ou seres individuais autônomos; idéias; seres intencionais; qualidades. Bertrand Russell (*Principles of Mathematics*, 1903, 1, pp. 43-44) assinala por sua vez que todo objeto de um pensamento é essencialmente um termo e que este termo pode ser uma coisa ou um conceito. Whitehead apresenta (*An Enquiry Concerning the Principles of Natural Knowledge*, 1920, II, viii) uma classificação dos objetos segundo a qual há: a) objetos dos sentidos, ou seja, a mais simples permanência que traçamos como idêntica a si mesma em acontecimentos externos tais como a cor, a sombra etc.; b) objetos perceptuais ou objetos ordinários da experiência comum, chamados também possibilidades permanentes de sensação e c) objetos científicos, que surgem da determinação das características dos acontecimentos ativos condicionantes que são fatores essenciais no reconhecimento de objetos dos sentidos (como os elétrons).

Martin Honecker (*Das Denken*, 1925, 8ss.) apresenta uma classificação dos objetos baseada nas teorias de Meinong. Seguindo-a, vemos que há por um lado os objetos (por exemplo, a mesa) e por outro os fatos objetivos (por exemplo, a redondez da mesa). A diferença entre uns e outros consiste em que enquanto os primeiros "estão" nos segundos, os segundos "pertencem" aos primeiros. Por sua vez, os objetos se dividem em objetos concretos (por exemplo, uma árvore), objetos fenômenicos (por exemplo, os fenômenos de consciência) e objetos gerais (por exemplo, os números, os gêneros). E os fatos objetivos se dividem em fatos objetivos predicados de um objeto e fatos objetivos predicados de dois ou mais objetos. Os últimos são as relações (entendidas por Honecker de um ponto de vista ontológico). Segundo Hedwig Conrad-Martius (*Das Sein*, 1957), há os seguintes tipos de objeto: 1) objetos conceptuais ou "meros objetos" sem "ser" e sem essência próprios e com um ser apenas "transcendental"; 2) idéias ou objetos transcendentais, em essência própria, mas sem ser próprio; 3) objetos ideais, com certo ser análogo ao do ser real; 4) entidades reais, com seu próprio ser e essência; 5) essências ou puros *qualia*. As entidades reais (ou "realidade") podem por sua vez classificar-se em 4a) a forma "hypokeimenal" (de ὑποκείμενον = "sujeito") do ser ou substância hilética ("material"), e 4b) forma archonal (de ἀρκή = princípio) do ser ou substância pneumática ("espírito").

Também podem ser consideradas como "teorias dos objetos" vários sistemas de categorias, já que uma categoria geralmente determina um tipo de objeto.

Muitos filósofos do passado mantiveram, explícita ou implicitamente, alguma "teoria de objetos". Assim ocorre com a "divisão" do mundo em um "mundo sensível" e um "mundo inteligível". O mesmo se diga da distinção entre "substância pensante" e "substância extensa", "ser infinito" e "ser finito" etc. As teorias do objeto podem ser formuladas atentando primeiramente à realidade, ou suposta realidade, dos objetos de que trate — no mais amplo sentido de 'realidade' possível —, ou à linguagem por meio da qual se fala de quaisquer objetos possíveis, ou combinando o que se pode chamar o ponto de vista "ontológico" com o ponto de vista "lógico" (ou, dependendo, "gramatical"). Percebe-se o último ponto de vista quando se fala de "objetos" de acordo com certas "partes fundamentais" da oração e se divide aquilo de que pode falar em indivíduos, classes, qualidades e relações.

Entre as várias concepções apresentadas acerca da natureza do "objeto como tal", destacamos as seguintes: a concepção *existencial* de objeto, segundo a qual tudo o que existe é um objeto e, inversamente, tudo o que é objeto existe; a concepção *fenomenalista*, segundo a qual o objeto é só aquilo que é de algum modo "representado"; a concepção "*reísta*", segundo a qual objeto é só aquele que designa a coisa ou *res*, isto é, uma massa que implica uma espacialidade, e a concepção do *objeto como classe*, segundo a qual o objeto é, em último termo, uma classe ou conjunto de características ou "elementos" (R. Ingarden, *op. cit.*, § 2). Por sua vez, cada uma destas concepções é suscetível de interpretações diversas. Assim, por exemplo, a concepção fenomenalista pode considerar o objeto como algo *actualiter* trazido à mente, consciente ou representado. Ao que parece, o único modo que permite manter uma idéia unívoca do objeto é considerá-lo sempre em sua definição mais geral, o que evitaria tanto um reísmo que, por sua vez, suporia um realismo ontológico, como a redução do objeto a suas representações.

A concepção de "objeto" nas doutrinas até agora mencionadas é principalmente ontológica ou metafísica. Mas ainda se pode examinar a noção de "objetos" de um ponto de vista epistemológico. É o que ocorre quando se distingue, como fizeram os escolásticos, entre "objeto material" e "objeto formal". O objeto material é então aquilo que é conhecido. O objeto formal (que pode ser considerado como objeto formal *quod* e objeto formal *quo*) é aquilo que é alcançado primariamente e por si mediante o saber no objeto material, ou seja, a razão pela qual a coisa é alcançada pelo intelecto. O sentido epistemológico de 'objeto' é importante em Kant, desde quem tem sido freqüente falar de "objeto" como "objeto de conhecimento". O que importa não são, portanto, as relações *signo-objeto, objeto intencional-referente*, mas a relação *objeto-sujeito*.

Visto que na literatura filosófica tem-se usado o termo 'objeto' em todos os sentidos apontados — o da ontologia, o da teoria dos objetos, o da teoria do conhecimento etc. —, convém que cada vez que tal vocábulo seja empregado de modo técnico se defina sua significação. As confusões mais habituais são as que têm lugar entre o uso de 'objeto' na teoria do conhecimento e o uso do mesmo termo na teoria dos objetos (ou na ontologia). Dois meios de evitá-las sem ter de entrar em caso em explicações são empregar respectivamente os termos 'objeto de conhecimento' e 'objeto', ou 'objeto' sempre como 'objeto de conhecimento' e escolher algum outro nome — 'referente' etc. — para 'objeto' no sentido da teoria dos objetos ou da ontologia.

◯ Análise e teoria do objeto: A. Meinong, *Psychologisch-ethische Untersuchungen zur Wertheorie*, 1984. — Id., *Ueber Gegenstände höherer Ordnung auf deren Verhältnis zur inneren Wahrnehmung*, 1986. — Id., *Ueber die Stellung der Gegenstandstheorie im System der Wissenschaften*, 1907 (ver tomo II: *Abhandlugen zur Erkenntnistheorie und Gegestandstheorie*, 1913, da edição dos *Gesammelte Abhandlungen* de Meinong). — E. Husserl, *Logische Untersuchungen*, 2 vols., 1900. — H. Pichler, *Die Erkennbarkeit der Gegenstände*, 1909. — P. F. Linke, *Grundfragen der Wahrnehmungslehre. Untersuchungen über die Bedeutung ger Gegenstandstheorie und Phänomenologie für dir expeimentelle Psychologie*, 1918. — N. Hartman, *Grundzüge einer Metaphysik der Erkenntnis*, 1921. — A. Metzger, "Der Gegenstand der Erkenntnis. Studien zur Phänomenologie des Gegenstandes", *Jahrbuch für Philosophie und phänomenologische Forschung*, 7 (1925). — A. Müller, *Einleitung in die Philosophie*, 1925. — G. Söhngen, *Sein und Gegenstand*, 1930. — E. Brunswik, *Wahrnehmung und Gegenstandswelt. Grundlegung einer Psychologie vom Gegenstand her*, 1934. — E. Schjoth, *Gegenstands- und Verhältnislehre*, 1936. — R. Ingarden, *op. cit.* — J. Mariani, *Les limites des notions d'objet et d'objectivité*, 1937. — C. Nink, *Zur Grundlegung der Metaphysik. Das Problem der Seins- und Gegenstandskonstitution*, 1957. — J. N. Findaly, *Meinong's Theory of Objects and Values*, 1963. — D. J. Marti-Huang, *Die Gegenstandstheorie von Alexius Meinong als Ansatz zu einer ontologisch neutralen Logik*, 1984. — R.-P. Horstmann, *Ontologie und Relationen*, 1984. — C. O. Hill, *Word and Object in Husserl, Frege, and Russell: The Roots of Twentieth-Century Philosophy*, 1991.

Sobre o problema da objetividade (além da obra de Mariani): H. Lanz, *Das Problem der Gegenständlichkeit in der modernen Logik*, 1912 (*Kantstudien*, Ergänzungshefte, 26). — W. Steger, *Das Problem der Objektivität in der Wissenschaft*, 1936. — S. Strasser, *Objectivitet en objectivisme*, 1947. — W. Earle, *Objectivity: Na Essay in Phenomenological Ontology*, 1955. — J. M. Martínez de Marañon, *Objektivität und Wahrheit (Versuch einer transzendentalen Begründung der objektiven Wahrheitssetzung)*, 1961. — D. de Giovanni, *L'oggettività nella scienza e nella filosofia*, 1961. — R. M. Martin, *Truth and Denotation: A Study in Semantical Theory*, 1958. — R. M. Chrisholm, *Person and Object: A Metaphysical Study*, 1976. — R. Koselleck, W. J. Mommsen, J. Rüsen, eds., *Objektivität und Parteilichkeit*, 1977. — A. Woodfield, ed., *Thought and Object: Essays on Intentionality*, 1982. — J. M. Wilding, *Percpetion from Sense to Object*, 1983. — M. Deutscher, *Subjecting and Objecting*, 1983. — R. W. Newell, *Objectivity, Empiricism and Truth*, 1986. — T. Regehly, *Hermeneutische Reflexionen über den Gegenstand des Verstehens*, 1992.

Sobre o conceito de objeto em Kant: H. Hinderks, *Ueber die Gegenstandsbegriffe in der Kritik der reinen Vernunft*, 1948 (o autor distingue entre cinco significados do termo 'objeto' na *Crítica da razão pura:* [1] coisa-em-si; [2] objeto transcendental; [3] aparência; [4] objeto conhecido; [5] númeno em sua função negativa). — R. Aquila, "Concepts, Objects and the Analytic in Kant", em L. W. Beck, ed., *Proceedings of the 3rd International Kant Congress*, 1972, pp. 212-218. — G. Zöller, *Theoretische Gegenstandsbeziehung bei Kant. Zur systematischen Bedeutung der Termini "objektive Realität" und "objektive Gültigkeit" in der Kritik der reinen Vernunft*, 1984. ◯

OBJETIVISMO. Ver Conhecimento; Filosofia soviética; Matemática; Objeto, objetivo.

OBJETO-LINGUAGEM (LINGUAGEM-OBJETO). Ver Linguagem-objeto; Metalinguagem.

OBJETOS ETERNOS. Ver Categoria; Whitehead, A[lfred] N[orth].

OBLÍQUO. Ver Atitude proposicional; Conotação; Indireto; Opaco, transparente; Referência; Salva veritate.

OBLIGATIO. Em lógica, *obligatio* foi usado por vários autores medievais (por exemplo, Guilherme de Occam, Gualtério Burleigh, Alberto de Saxônia, Guilherme Shyreswood) em tratados intitulados *De obligatione, De arte obligatoria, De arte exercitativa*. Em tais tratados se estabeleciam regras para a disputa, começando pela chamada *positio* (que consistia em "sentar uma proposição) e seguindo com *obligationes* tais como a chamada *petitio* (que consistia em "pedir" ao interlocutor que admitisse a proposição) etc. Apesar de as regras da *obligatio* parecerem ter nascido da disputa e da elaboração de certas passagens dos *Analíticos posteriores* de Aristóteles, elas não podem ser consideradas como regras para "disputar". Os autores de tratados *de obligatione* foram insistindo cada vez mais no aspecto "formal" das *obligationes*, isto é, no caráter lógico-formal dos diversos "passos" a seguir em uma disputa. Desse modo, a citada *positio* requeria condições lógicas tais como se não houvesse nela nenhuma contradição. Por isso Ph. Boehner indicou que há nos tratados *de obligatione* elementos próximos aos da axiomática moderna.

OBRA LITERÁRIA. Em Expressão (VER), fizemos referência à relação entre o pensamento filosófico e os gêneros literários nos quais ele se manifesta. Neste verbete, estudaremos brevemente o problema da estrutura da obra literária do ponto de vista filosófico. É preciso observar que apesar de não termos introduzido nenhuma restrição ao significado da expressão 'obra literária', as considerações a seguir referem-se sobretudo a um aspecto particularmente revelador da obra literária: a poesia (ver POESIA, POÉTICO).

A obra literária pode ser analisada de diversos pontos de vista. Aqui destacaremos dois: o antropológico-filosófico e o lingüístico. O primeiro ponto de vista se atém à função da obra literária dentro da existência humana, como um dos modos de "reagir" da existência em face da realidade que a circunda. Como tratamos desse ponto em Arte (VER), achamos impróprio repetir aqui nosso raciocínio. Contudo, o leitor deve tê-lo em conta e considerá-lo tão significativo e importante quanto o outro ponto de vista que aqui nos ocupará: o lingüístico.

Neste último ângulo são importantes os trabalhos de vários autores, dentre os quais mencionamos R. Ingarden, C. K. Ogden, I. M. Richards, P. Servien e E. Cannabrava. R. Ingarden indica que há teorias várias sobre a natureza da obra literária, ou seja, sobre o problema do "modo de existência" da obra literária. Alguns autores são da opinião de que uma obra literária é uma realidade que começa em um momento do tempo e termina por acaso em outro, que pode mudar e alterar-se; trata-se de uma realidade "física". Outros autores indicam que uma obra literária é uma realidade temporal, mas realidade temporal de caráter psíquico ou mental. Isto pode ser entendido de dois modos: ou como expressando atitudes e emoções do autor, que o leitor tem de captar, interpretar e reconstruir, ou como expressando emoções e reações do leitor. Finalmente há os que são da opinião de que a obra de arte é um "objeto imaginativo"; a obra literária se refere a "objetos" dos pensamentos e idéias do autor — objetos que são as coisas e pessoas representadas na obra — (cf. *Das literarische Kunstwerk*, §§ 3-5). Ingarden rejeita todas essas opiniões por parciais, opondo-lhes sua própria concepção, segundo a qual a obra literária é uma estrutura ou formação estratificada, ou seja, uma estrutura composta de várias camadas heterogêneas. Estas camadas (ou estratos) são: 1) os sons das palavras e formações fonéticas de ordem superior baseadas em tais sons; 2) as unidades de significação de várias ordens; 3) os aspectos esquematizados e os "contínuos" de diversos aspectos; 4) as objetividades representadas e suas vicissitudes (*ibid.*, § 8).

Quanto aos outros autores mencionados, eles se enfrentam com o problema da obra literária especialmente com base na distinção das linguagens em dois tipos: a linguagem chamada "cognoscitiva", própria da obra científica, e a linguagem chamada "emotiva", própria da obra literária e, em geral, artística. A linguagem cognoscitiva é chamada também de "indicativa", "enunciativa", "referencial" e às vezes até "simbólica". A linguagem emotiva é chamada por vezes também de "evocativa" e, por excelência, "lírica". Enquanto a cognoscitiva tem uma função informativa, a emotiva tem uma função expressiva. A linguagem cognoscitiva é composta de enunciados que dizem algo somente acerca do sujeito que a emprega; ou seja, limita-se a expressar suas emoções e seus sentimentos. Daí derivam várias conseqüências, quatro das quais mencionamos: primeira, na linguagem cognoscitiva a forma pode ser separada do conteúdo, enquanto na linguagem emotiva forma e conteúdo são o mesmo. Segunda, enquanto a linguagem cognoscitiva ou científica é reversível, a emotiva ou poética é irreversível. Terceira, enquanto a linguagem cognoscitiva enuncia de algo se existe ou não, se é ou não é de certo modo e seus enunciados são verdadeiros ou falsos, a linguagem emotiva é indiferente à verdade ou à falsidade. Quarta, a linguagem cognoscitiva é linguagem aberta, suscetível de retificação de acordo com a observação, ao passo que a linguagem emotiva é uma linguagem fechada: uma vez constituída, a obra de arte não pode ser modificada e forma um universo à parte.

Houve várias críticas contra essa divisão das linguagens, principalmente duas. Primeira, a de que não se tem certeza se a linguagem artística em geral, e poética em particular, seja meramente emotiva e evocativa. Segunda (conseqüência da primeira), a de que não se tem certeza se a linguagem artística seja indiferente à verdade ou à falsidade. Segundo esses críticos, a linguagem artística, literária, poética, lírica etc. diz algo acerca do real, mesmo quando, como o disse Urban, o que diz é distinto do que a linguagem científica enuncia. De acordo com esta crítica, mantém-se a diferença entre as duas linguagens, mas se rejeita chamar uma de 'enunciativa" e outra de "emotiva". O que se pode dizer é que há diferenças entre a linguagem "científica" e a "poética", mas diferenças dentro de uma linha de continuidade. Muitos argumentos apóiam esta crítica. Por exemplo, o fato de que haja entre os enunciados científicos alguns que não dependem diretamente das observações da realidade exterior e se atêm a certas exigências da construção conceptual. Ou ainda o fato de que entre as expressões literárias haja algumas que, sem deixar de pertencer a uma obra literária, referem-se a realidades exteriores. Pouco a pouco se chegou a certo acordo entre duas posições que, em princípio, pareciam irredutíveis. Este acordo se baseia na aceitação de vários fatos. Antes de tudo, o de que pode ser que a diferença entre a obra científica e a obra literária seja apenas uma diferença de tendência. Depois a de que as inegáveis diferenças de estrutura entre as duas linguagens (por exemplo, o caráter respectivamente reversível e irreversível de cada uma delas) não as impeça de coincidir num terreno comum: o fato de serem as duas efetivamente linguagens e, portanto, de estarem as duas submetidas às mesmas leis de todo universo lingüístico, e especialmente de participar as duas das dimensões sintática, semântica e pragmática que, mesmo sendo em princípio de caráter metalingüístico, são aplicáveis a toda linguagem.

Ao levar em conta o que se apontou, surge outro problema, cujo tratamento permitiu um maior conhecimento da estrutura da obra literária do ponto de vista da linguagem. É o seguinte: paralelamente à distinção supramencionada, alguns autores (dentre os quais Pius Servien) chegaram à conclusão de que, posto que a linguagem poética é acabada em si mesma, seu estudo consiste essencialmente na análise de suas estruturas sintáticas, constituídas por elementos como "modelos" de linguagem, "curvas rítmicas" etc. Em outras palavras, a linguagem poética deveria ser estudada, segundo isso, como se suas expressões carecessem de significação e, portanto, de dimensão semântica. Logo se percebeu, porém, que a dimensão semântica não apenas não pode ser eliminada da poesia, como constitui sua característica mais destacada. Isto quer dizer que uma expressão poética, em vez de nada dizer, diz, ao contrário, muitas coisas. E isso se deve prioritariamente ao fato de que a linguagem poética é primordialmente implícita, enquanto a linguagem científica é, ou tende a ser, explícita. Há, além disso, o fato de que as expressões da linguagem poética não se desenvolvem, por assim dizer, sobre uma só linha semântica, mas estão entrecruzadas por diversas linhas semânticas. Em suma, a expressão poética não tem, como a científica, uma, nem, como a puramente exclamativa, nenhuma significação, mas possui uma multidão de significações. Quando o poeta fala, por exemplo, dos objetos da natureza como se fossem personificados, não se limita a expressar uma concepção antropomórfica da natureza, tampouco uma pura reação pessoal. Ele a vê como uma realidade que não pode ser expressa de uma única maneira, precisamente porque plena de virtualidades que o cientista forçosamente, e legitimamente, desconhece. Por isso se pode dizer que a linguagem poética é mais rica que a científica, se bem que se trate de uma riqueza conseguida à base do sacrifício de uma virtude que o cientista aprecia sobre muitas outras: a precisão — unissignificativa — da expressão.

➲ Ver: I. A. Richards, *Science and Poetry,* 1926. — C. K. Ogden e I. A. Richards, *The Meaning of the Meaning,* 1927. — R. Ingarden, *Das literarische Kunstwerk: eine Untersuchung aus dem Grenzgebiet der Ontologie, Logik und Literaturwissenschaft,* 1931. — W. M. Urban, *Language and Reality,* 1939. — E. Ermatinger, F. Schultz, H. Gumbel, H. Cysard, J. Petersen, F. Medicus, P. Petsch, W. Muschg, C. G. Jung, J. Sarnerzki, *Philosophie der Literaturwissenschaft,* 1939. — S. K. Langer, *Philosophy in a New Key,* 1942. — Th. C. Pollock, *The Nature of Literature: Its Relation, Language, and Human Experience,* 1942. — P. Servien, *Science et poésie,* 1947. — R. Caillois, *Babel, orgueil, confusion et ruine de la littérature,* 1948. — M. C. Johnson, *Art and Scientific Thought. Historical Studies towards a Modern Revision of their Antagonism,* 1949. — J. L. Ross, *Philosophy in Literature,* 1949. — J. Piaget, *Introduction à l'épistémologie génétique,* vol. 1, 1950. — M. Bense, *Literaturmetaphysik (Der Schriftsteller in der technischen Welt),* 1951. — J. Ferrater Mora, "Reflexiones sobre la poesía", *Buenos Aires Literaria,* 16 (1951), 1-14, rev. em *Cuestiones disputadas,* 1955, pp. 93-102 e em *Obras selectas,* vol. 2, pp. 214-220. — M. Rieser, *Analyse des poetischen Denkens,* 1954. — V. Fatone, *Filosofía e poesía,* 1955. — E. Vivas, *Creation and Discovery. Essays in Criticism and Aesthetics,* 1955. — E. Cannabrava, *Elementos de metodología filosófica,* 1956, caps. IV, V e VI. — R. Polin, "Literature and Philosophy", *University of Buffalo Studies,* 23, 2 (1956). — A. Pastore, *Introduzione alla metafisica della poesia (Saggi critici),* 1957. — I. C. Hungerland, *Poetic Discourse,* 1958. — F. M. Bonati, *La estructura de la obra literaria. Una investigación de filosofía del lenguaje y estética,* 1960. — J.-P. Weber, *Genèse de l'oeuvre poétique,* 1960. — R. Tschumi, *Philosophy and Literary Criticism,* 1961. — Id., *A Philosophy of Literature,* 1961. — S. Buchanan, *Poetry and Mathematics,* 1962. — W. Nowottny, *The Language Poets use,* 1962. — M. Golaszewska, *Filozoficzne postawy krytyki literackiej,* 1962. — M. L. Ramos, *Fenomenologia da obra literária,* 1969. — D. Walsh, *Literature and Knowledge,* 1969. — W. Iser, *Die Apellstruktur der Texte,* 1970. — Id., *Der implizite Leser,* 1972. — C. Radford, S. Minogue, *The Nature of Criticism,* 1981. — M. C. Beardsley, *Aesthetics: Problems in the Philosophy of Criticism,* 1981. — M. J. Valdés, *Shadows in the Cave: A Phenomenological Approach to Literary Criticism Based on Hispanic Texts,* 1982. — J. P. Strelka, ed., *Literary Criticism and Objectivity,* 1984. — R. Homann, *Selbstreflexion der Literatur,* 1986. — Th. Kobusch, *Sein und Sprache,* 1987. — D. Pennac, *Comme un roman,* 1992. ⊂

OBRIGAÇÃO. O termo 'obrigação' é usado com freqüência em ética como sinônimo de 'dever' (VER). Em outros casos, usa-se 'obrigação' como um dos traços fundamentais — se não o traço fundamental — do dever. Supõe-se que o dever "obriga", isto é, "trava" (o que indica exatamente o sentido etimológico de 'obrigação' em sua raiz latina *obligatio* [*ob-ligatio*]). Estima-se, em suma, que os deveres são "obrigatórios", isto é, que atam ou travam a pessoa no sentido de que ela se vê "forçada" (obrigada) a cumpri-los.

A noção ética de obrigação pode ser aplicada a uma pessoa, já que nada impede de dizer que uma só pessoa, enquanto entidade moral, tem de cumprir o dever, ou seja, está obrigada a cumpri-lo. Mas é mais comum vê-la aplicada a uma comunidade de pessoas, e às vezes até se indica que a noção de obrigação é basicamente interpessoal. Em todos os casos, distingue-se entre a necessidade da obrigação e outros tipos de necessidade (por exemplo, a chamada "necessidade natural"). Com efeito, supondo que haja uma "necessidade natural", não se pode dizer que seja propriamente obrigatória, porque a necessidade natural não pode deixar de cumprir-se. Em contrapartida, a obrigação moral pode deixar de ser cumprida, sem por isso deixar de ser obrigatória. A obrigação moral é necessária em sentido diverso do de outras obrigações.

Com respeito à obrigação moral, enfrentam-se problemas muito semelhantes aos que se enfrentam com respeito ao dever, com destaque para dois problemas: o do fundamento da obrigação e o do conhecimento (e conseqüente aceitação) da obrigação. No que se refere ao fundamento da obrigação, foi proposto o mesmo tipo de doutrinas proposto para o fundamento do dever, ou seja, doutrinas segundo as quais a obrigação tem um fundamento puramente subjetivo, ou um fundamento "social", ou um fundamento "teológico", ou um fundamento "axiológico" etc. Quanto ao conhecimento (e aceitação) da obrigação, várias teorias foram propostas, tais como: se conhece (e se aceita) que algo é obrigatório por se tratar de um ato que se vem perfazendo "normalmente"; se conhece (e se aceita) que algo é obrigatório porque isso responde à chamada "lei moral" ou a certos "princípios práticos" intuitivamente evidentes etc. Convém distinguir, em todo caso, o chamado "sentido" (ou "sentimento") da obrigação e um juízo de valor a respeito de algo como obrigatório ou não. Com efeito, mesmo que o "sentido" seja a causa de um juízo de valor, em princípio pode haver um juízo de valor que não se faça acompanhar do correspondente "sentido" ou "sentimento" da obrigação.

OBSERVAÇÃO. Geralmente se considera que a observação é uma das bases do conhecimento. Muitos filósofos falaram da observação e destacaram quão necessária ela é para o desenvolvimento e credibilidade do saber. Alguns — como Aristóteles, Occam, Francis Bacon, Berkeley e John Stuart Mill — trataram pormenorizadamente da noção de observação. Em geral, pode-se dizer que os filósofos de tendência empirista deram atenção especial à noção de observação.

A observação pode ser interna — admitida a possibilidade de introspecção — ou externa; as ciências quase sempre se referem à noção de observação externa. Mesmo que nelas se devam incluir não só as ciências naturais e sociais, mas ainda a história, o tratamento da noção de observação predominou nos trabalhos de metodologia e epistemologia das ciências naturais.

A observação é primordialmente observação de fenômenos ou dados. As expressões 'fenômenos' e 'dados' podem ser entendidas em sentidos mais ou menos amplos. Alguns autores tendem a restringir a observação à observação de propriedades fenomênicas, em geral, qualidades sensíveis. Outros estendem a observação a complexos de fenômenos geralmente chamados "fatos" (ver FATO), tal como o fato de que em um momento determinado se começa a ver a imagem de um filme tirada com uma câmara Polaroid, o fato de que água e óleo não se misturam etc. Alguns autores, que falam de "fatos fenomenológicos" ou que se inclinam para o empirismo (VER) absoluto da fenomenologia (VER), admitem uma observação de tais fatos; mas o termo 'observação' é então entendido em sentido diverso dos demais indicados. O mesmo ocorre com a observação — que é "apreensão imediata" — de "dados imediatos" da consciência, seja na forma proposta por Bergson, ou na que foi desenvolvida por Maine de Biran.

Tradicionalmente se distinguiu entre a mera observação e a observação dirigida ou controlada, na qual se podem considerar variáveis independentes. A rigor, a noção filosófica de "observação" implica, desde Aristóteles, a idéia de controle e direção. O próprio termo grego τήρησις, traduzido por "observação", significa "vigiar", o que se faz atentamente e com vistas a certos fins; τηρέω [τηρεῖν] quer dizer "prestar atenção", "vigiar agudamente", "olhar". A observação controlada, ou observação científica propriamente dita, equivale à experimentação, ou passos dados com vistas a obter experimentalmente esse ou aquele resultado. Se se tomar 'observação' no sentido amplo de "observação não (ou não necessariamente) controlada", pode-se destacar a importância da experimentação em detrimento da observação. É o que fez, entre outros, John Stuart Mill, ao escrever: "A primeira e mais óbvia distinção entre observação e experimento é que o último é uma extensão da primeira. Não apenas nos permite produzir um número consideravelmente maior em circunstâncias dadas do que a natureza nos oferece espontaneamente, mas também, em milhares de casos, produz a *classe* precisa de variação a que aspiramos para descobrir a lei do fenômeno (um serviço que a natureza, que se acha disposta sobre classes distintas das que permitem facilitar nosso estudo, raramente se presta a brindar-nos)." A isso se acrescente a possibilidade, em um experimento, de poder produzir um fenômeno artificialmente (*A System of Logic*, III, vii, § 3; *Collected Works of J. S. M.*, VII, 382). Mill indica contudo que muito do que se chama "observação" é realmente inferência (*ibid.*, IV, i, § 2; *C. W.*, VIII, 641-644), e que a descrição de uma observação contém mais do que se acha contido na observação, de modo que será preciso distinguir entre ambas (*ibid.*, IV, i, § 3, *C. W.*, VIII, 644-648). Assim como há falácias de generalização, há também "falácias de observação" quando, por exemplo, não se observam os casos ou as circunstâncias que deveriam ser observados dentro do que se poderia considerar como regras aceitáveis de observação (cf. *ibid.*, V, IV, §§ 3-4; *C. W*, VIII, *773-784*).

Chegou-se a distinguir entre fenômenos diretamente observáveis e fenômenos não-observáveis diretamente, mas a expressão 'diretamente' nem sempre é muito clara. Se se vê um objeto a olho nu se diz que é observado diretamente. Que acontece quando são necessários óculos para vê-lo? Ou um microscópio? Evidentemente cabe falar então de observação "direta" por meio de instrumentos. Por outro lado, quando se observam seja "diretamente", seja por meio de instrumentos, pistas de um fenômeno, não fica claro se se pode falar de observação, ainda que indireta. É mais plausível falar de inferência. Todavia, como as chamadas "entidades teóricas" são também inferidas, seria forçoso concluir que as entidades teóricas são observáveis, por mais indiretamente que seja, mediante instrumentos, o que se presta a confusão.

Uma das questões mais debatidas foi se, e em que proporção, um observador pode "influenciar" o observado, alterando-o. Isso normalmente acontece em observações feitas em ciências sociais, mas também pode ocorrer em ciências naturais. O caso mais mencionado é o das relações de incerteza (VER). Não obstante, não se pode falar aqui de alteração do observado justa e precisamente porque em tais relações não se postula uma distinção nítida entre o observado e as condições da observação. É mais comum supor que se trata — quando menos em algumas interpretações — de "limites reais" ou de "condições reais".

Outra questão relativa à observação é a da possível relação entre os chamados "termos observacionais" e "termos teóricos". Falamos dela também em CORRESPONDÊNCIA (REGRA DE) e também em TERMOS OBSERVACIONAIS e TERMOS TEÓRICOS.

⊃ Ver E. Nagel, S. Bromberger, A. Grünbaum, *Observation and Theory in Science*, 1971, com introdução de S. F. Barker. — N. R. Hanson, *Observation and Explanation: A Guide to Philosophy of Science*, 1971, com prefácio de S. Toulmin. — R. E. Grandy, ed., *Theories and Observation in Science*, 1973. — P. Achinstein, O. Hannaway, eds., *Observation, Experiment and Hypothesis in Modern Physical Science,* 1985. — H. Brown, *Observation and Objectivity*, 1987.

Muitas obras recentes de filosofia da ciência se ocupam do problema da observação e dos chamados "termos observacionais". ⊂

OCASIONALISMO. Pode-se entender ocasionalismo em dois sentidos. Em sentido estrito, como o conjunto de teorias que vários cartesianos, ou filósofos em algum aspecto na órbita de influência do cartesianismo, propuseram para solucionar o problema da relação entre as substâncias pensante e extensa. Em sentido amplo, como a série de teses que diversas escolas e filósofos antigos, medievais e modernos apresentaram para solucionar o problema (relacionado com o anterior) do conflito entre o determinismo (VER), a providência ou a predestinação (VER) ou afirmação da liberdade (VER).

Em sentido estrito, o ocasionalismo surgiu como conseqüência do dualismo cartesiano. Uma vez admitido o dualismo, várias soluções eram possíveis. Enumeraremos quatro: 1) considerar que deve haver alguma substância ao mesmo tempo pensante e extensa. É a idéia que Descartes teve para modificar ou mesmo contradizer sua tese de que a substância pensante se define por não ser extensa e a substância extensa se define por não ser pensante, mediante a hipótese de que a alma tem sede na glândula pineal; 2) considerar que a substância pensante e a substância extensa não são mais que dois atributos da única substância real: Deus. É a solução de Spinoza; 3) admitir que as substâncias pensante e extensa foram previamente ajustadas de tal modo por Deus, que podem ser comparadas a dois relógios que marcham sincronicamente, não por alguma substância interposta, nem por acaso, nem por ser dois aspectos de um mesmo relógio, mas por uma harmonia (VER) preestabelecida. É a solução de Leibniz e a de L. de Forge; 4) considerar que cada vez que se produz um movimento na alma Deus intervém para produzir um movimento correspondente no corpo e vice-versa. Esta é a solução ocasionalista.

Como se vê, o ocasionalismo substitui o conceito de causa pelo de ocasião. Toda causa é por isso causa ocasional. Ora, o ocasionalismo não podia se deter na negação da interação entre substâncias extensas e substâncias pensantes. Por isso, o problema suscitado por Descartes levantou também questões análogas às que levaram Hume a sua crítica do conceito de causa. Todavia, diferentemente de Hume (e dos chamados precursores de Hume nesse assunto: Algazel e Nicolau de Autrecourt [ver CAUSA]), os ocasionalistas centraram seu problema principalmente na relação *alma-corpo*. Isso acontece com os mais destacados ocasionalistas do século XVII: Geulinex, Malebranche, G. de Courdemouy, Johannes Clauberg e Louis de la Forge. Nem todos estes autores chegaram a formular a teoria ocasionalista, do mesmo modo e com a mesma amplitude. Segundo Ludwig Stein, há duas fases na formação do ocasionalismo moderno. Por um lado, uma fase (representada por Louis de la Forge) que se atém à abordagem do problema por Descartes e que pode ser considerada como simples conseqüência ou corolário do cartesianismo. A tese de De la Forge é menos radical que a de outros ocasionalistas e, em certos aspectos, se parece com a de Leibniz. Com efeito, De la Forge considerava que Deus interviera de uma vez para sempre, a fim de dispor adequadamente as relações entre as duas substâncias. Por outro lado, uma fase (representada por Courdemoy e os outros ocasionalistas supramencionados) que vai além de De la Forge e afirma que há uma intervenção *continua* de Deus. Comum a todos os ocasionalistas são certos pressupostos. Mencionemos, entre eles, a idéia de que o indivíduo não é um ator no palco do mundo, mas um espectador; a idéia de que minhas ações não são causadas por mim, mas por Deus, e a idéia de que, por conseguinte, não executo o movimento ou os movimentos de meu corpo como resultado dos movimentos da alma, mas que Deus os executa e faz com que sejam executados. Evidente que isso trazia para os ocasionalistas um problema grave: com isso a liberdade humana parecia se desvanecer.

Este último problema está em estreita relação com as questões suscitadas em outros movimentos que foram considerados por L. Stein como antecedentes do ocasionalismo moderno e que nós chamamos de ocasionalismo *amplo sensu*. Tais antecedentes surgiram separadamente, não se influenciaram mutuamente nem se percebe uma influência *direta* de qualquer um deles sobre o ocasionalismo em sentido estrito. Mas há em todos eles algo de comum: o fato de aparecer como solução para o conflito entre a providência, a determinação ou destino, e o livre-arbítrio.

Os antecedentes em questão podem ser reduzidos a quatro: os Padres da Igreja; os estóicos; a escola filosófica árabe dos as'aries, e Ricardo de São Vítor. Tratamos do primeiro nos verbetes sobre o livre-arbítrio e sobre a predestinação (VER), onde ainda fizemos referência às discussões teológicas sobre esse ponto durante o século XVII, discussões que não constituem precedentes do ocasionalismo moderno, mas que são contemporâneas dele e possivelmente (como se vê claramente nos textos a respeito de Malebranche e Leibniz) se relacionam entre si de forma indireta. Portanto, faremos referência apenas às posições dos estóicos, dos as'aries e de Ricardo de São Vítor.

Os ocasionalistas em sentido estrito haviam solucionado o problema da liberdade indicando que ela consiste no consentimento que o ser humano outorga (ou que pode recusar) à intervenção divina. Malebranche fora muito explícito a respeito (cf. *Recherche*, I, iii, 3; *Réflexions sur la prémotion physique*, II, 390 *et alia*). Geulinex também defendera teoria semelhante (cf. *Ethica*, I, ii, § 4). Isto levou ambos a considerar os afetos concomitantes do ânimo como o fundamento da ética. A resultados muito semelhantes chegaram os que chamamos ocasionalistas em sentido amplo. Já indicamos que para os estóicos (VER) a liberdade é a consciência da necessidade. Isto significa que o "tom" da alma é o que permite a uma pessoa dizer-se a si mesmo se é ou não livre. Idéias análogas defendeu Asari (880-941), seguido pela maior parte dos membros de sua escola. O que os ocasionalistas modernos chamavam de consentimento (*consentement, consent, consensus*) era chamado pelos as'aries pelo termo *Casb* (cujo significado é sensivelmente idêntico ao do *consentement* de Malebranche, ao do *consensus* de Geulinex e ao da συγκατάθεσις dos estóicos. Com isso davam a entender que (de acordo com os muçulmanos ortodoxos) os acontecimentos do universo estão determinados por Alá, mas que a pessoa tem capacidade de "apropriar-se" dessa determinação na alegria ou no pesar, com resignação ou sem ela. Ricardo de São Vítor utilizou o vocábulo *consensus* para propósito semelhante. Bernardo de Claraval distinguira (cf. *De gratia et lib. arb.* 3 e 4, *apud* L. Stein, *op. cit.*, I, 228) três aspectos da liberdade: a plena (possuída por Cristo); a liberdade atenuada (ou aceitação da graça divina) e a liberdade nula (liberdade em face do pecado). Esta tese foi elaborada por Ricardo de São Vítor em várias obras (*De praep. animae ad contemplationem, De arca mystica, De contemplatione, De statu inter. hom.*). E desenvolveu especialmente o aspecto da liberdade não como o fazer o bem ou o mal, mas como o de não consentir ao bem ou ao mal. Este consentir ou não consentir está bem próximo, por um lado, do conceito de "tom", de tonalidade ou afeto proposto pelos estóicos, e, por outro, da noção de consentimento defendida pelos ocasionalistas modernos. De fato, há mais analogias entre os ocasionalistas modernos e Ricardo de São Vítor que entre qualquer um deles e as escolas anteriores, porque no filósofo e místico medieval temos o desenvolvimento de uma teoria da cooperação ou não-cooperação em relação com a operação divina, que desempenhou um papel fundamental entre os ocasionalistas modernos.

Pode-se dizer que tanto o místico medieval como os ocasionalistas citados concebem Deus como sendo essencialmente operação e definem a pessoa humana como o ser que se limita a cooperar ou não com essa operação.

Apontemos, para concluir, que o próprio conceito de causa ocasional, tão fundamental para os ocasionalistas estritos, teve um longo desenvolvimento histórico. Como indica Cícero (*De fato*, 18, 41), Crisipo já havia distinguido entre causas principais e perfeitas (*causae principales et perfectae*) e causas cooperantes (*causae adjuvantes*). Esta distinção foi mantida por vários filósofos árabes (Avicena) e judeus (Yehudá ha-Levi), sendo acolhida por alguns filósofos escolásticos (Tomás de Aquino, por exemplo). A partir dela se formou o conceito de causa ocasional ou a espécie de causa que, mesmo sendo de caráter imperfeito, nem sempre é indireta ou por acidente. A causa ocasional era definida como a que suprime o obstáculo, com o fim de produzir certo efeito — especialmente em sentido moral — como aquilo que se produz involuntariamente, seja por ação ou por omissão. Parece evidente que alguns dos traços do conceito de causa ocasional foram assumidos pelos ocasionalistas modernos, mesmo que lhes tenham dado o sentido peculiar que se desprende de seu uso da causa ocasional como operação direta e contínua de Deus.

⇨ Ver as bibliografias nos verbetes sobre os filósofos ocasionalistas modernos indicados no texto. E ainda: L. Stein, "Zur Genesis des Occasionalismus", *Archiv für Geschichte der Philosophie*, I (1888), 53-61. — *Id.*, "Antike und mittelalterliche Vorläufer des Occasionalismus", *ibid.*, 2 (1889), 192-245. — A. Kayserling, *Die Idee der Kausalität in den Lehren der Occasionalisten*, 1896. — A. G. A. Balz, *Cartesian Studies*, 1951. — M. Fakhry, *Islamic Occasionalism and Its Critique by Averroes and Aquinas*, 1958. — R. Specht, *Commentarium mentis et corporis. Ueber Kausalvorstellungen im Cartesianismus*, 1966. — *Id.*, "Ueber 'Occasio' und verwandte Begriffe vor Descartes", *Archiv für Begriffgeschichte*, 15, 2 (1971), 215-255. — *Id.*, "Ueber 'Occasio" und verwandte Begriffe bei Zabarella und Descartes", *ibid.*, 16, 1 (1962), 1-27. — S. Nadler, ed., *Causation in Early Modern Philosophy*, 1993. ⇦

OCASIÕES DE EXPERIÊNCIA. Ver WHITEHEAD, A[LFRED] N[ORTH].

OCCAMM. Ver GUILHERME DE OCCAM.

OCCAM (NAVALHA DE). Ver ECONOMIA; ENTIA NON SUNT MULTIPLICANDA PRAETER NECESSITATEM.

OCCAMISMO. No final do verbete sobre Guilherme de Occam, indicamos que seu pensamento foi objeto de variadas interpretações: uns (a maioria) o consideram um nominalista e decidido partidário da *via moderna*; outros o classificam como um filósofo que, sem deixar de seguir a *via antiqua*, quis depurá-la para restaurá-la. É compreensível que o significado do termo 'occamismo' varie segundo a interpretação dada à doutrina do *Venerabilis Inceptor*. Este significado, então, só muda à medida que considerarmos 'occamismo' em sentido estrito, como designação exclusiva das doutrinas de Guilherme de Occam e de seus mais fiéis partidários. Quando o consideramos em sentido amplo — sentido mais habitual entre os historiadores da filosofia — e entendemos por 'occamismo' um amplo movimento que consistiu em levar a suas últimas conseqüências alguns dos pressupostos dessa doutrina, o significado do termo já não se vê inteiramente submetido à interpretação dada às idéias do filósofo. Adotamos a última via, entendendo por 'occamismo' o chamado "movimento occamista" enquanto coincidente com o movimento nominalista. Isto é tanto mais plausível porque as discussões em torno da doutrina de Occam logo se centraram em torno das conseqüências derivadas de seu nominalismo, que afetaram tanto as concepções teológicas como as idéias sobre a lógica e sobre a compreensão da realidade natural.

O que alguns escritores chamaram de escola nominalista ou occamista compreende autores muito diversos, que pertenceram a diferentes ordens religiosas, incluindo franciscanos e dominicanos. Por isso é mais que patente a inexistência de identificação entre os franciscanos e o escotismo, e entre os dominicanos e o tomismo. Vários adotaram o occamismo por razões teológicas, alegando que o realismo (por exemplo, o realismo escotista) dera lugar a diversas heresias. A idéia occamista de que a teologia não é, propriamente falando, uma ciência pode parecer uma crítica à teologia. A rigor, era para muitos um meio de salvar a integridade da fé, ameaçada pela "excessiva penetração" da filosofia. Assim, o "ceticismo" occamista foi considerado por muitos como a melhor possibilidade de guardar imune o recinto da fé contra qualquer possível dissolução pela dialética. Mas essa separação entre teologia e filosofia podia desembocar — e efetivamente o fez — não só em um aumento da espiritualidade, como também em uma crescente independência do pensamento lógico, filosófico e científico em face do teológico. Em último caso, o occamismo pôde ser considerado como um dos principais impulsos para a formação da moderna ciência da natureza. Perceba-se que em muitos autores o citado incremento da espiritualidade e a independência da ciência não estão separados, antes estão estreitamente ligados. Mas também é evidente que enquanto em alguns (como Adam Wodham [+1349], Robert Holkot [e Gregório de Rimini] [VER]) ressaltam-se as questões teológicas no espírito indicado, em outros (como Jean de Mirecourt, Nicolau de Autrecourt, Nicolau de Oresme, João Buridan, Marsílio de Inghen e Alberto de Saxônia) encontramos uma crescente preocupação pelos problemas lógicos, epistemológicos e científico-naturais. As Escolas de Paris (VER) e de Oxford (ver MERTONIANOS) podem ser consideradas como os principais centros desse movimento dos "modernos". Isso não significa que o movimento occamista (no sentido mais amplo descrito) consistisse em um progressivo abandono completo das questões teológicas e da espiritualidade em favor dos problemas científicos e do desenvolvimento da lógica dos termos. Autores como Pedro de Ailly, João Gerson e Gabriel Biel são testemunhas de que a preocupação com os problemas teológicos permaneceu viva no occamismo. E isso não é de surpreender: essa preocupação não foi abandonada, foi ao contrário intensificada nos séculos XVI e XVII, quando muitos pensadores desenvolveram os problemas teológicos (natureza de Deus, graça, predestinação etc.) simultaneamente às questões da moderna ciência natural.

⇨ Além das obras que figuram nas bibliografias dos autores citados no verbete, especialmente na bibliografia de GUILHERME DE OCCAM, ver: P. Duhem, *Études sur Léonard de Vinci; ceux qu'il a lus, ceux qui l'ont lu*, 3 vols., 1906-1913 (I, 1906; II, 1909; III, 1913). — *Id.*, *Le système du monde. Histoire des doctrines cosmologiques de Platon à Copernic*, 10 vols., 1913-1959 (I, 1913;

II, 1914; III, 1915; IV, 1916; V, 1917; VI, 1954; VII, 1956; VIII, 1958; IX, 1959; X, 1959). — G. Riater, *Studien zur Spätscholastik*, 2 vols., 1921-1922 (I. *Marsilius von Inghen und die Okkamistische Schule in Deutschland;* II. *Via antiqua et via moderna auf den deutschen Universitäten des XV. Jahr-hunderts*). — C. Michalski, "Les courants philosophiques à Oxford et à Paris pendant le XIVᵉ siècle", *Bulletin internacional de l'Académie polonaise des sciences et des lettres*. Classe d'histoire et de philosophie, et de philologie, les Années, 1919, 1920 (Cracóvia, 1922), 59-88 [e outros escritos de Michalski mencionados nas bibliografias de MERTONIANOS e PARIS (ESCOLA DE)]. — C. H. Haskins, *Studies in the History of Medieval Science*, 1924. — P. Vignaux, *Nominalisme au XIVᵉ siècle*, 1948. — A. Maier, *Die Vorläufer Galileis im 14. Jahrhundert*, 1949 [e outros escritos de Anneliese Maier mencionados nas bibliografias dos verbetes por último referidos]. — A. M. Hamelin, *L'école franciscaine des débuts jusqu'à l'occamisme*, 1961. — G. de Lagarde, *La naissance de l'esprit laïque au déclin du moyen âge*, especialmente tomo IV (1962). — H. S. Matsen, *Alessandro Achilini (1463-1512) and His Doctrine of 'Universals' and 'Transcendentals': A Study in Renaissance Ockhamism*, 1974. C

OCKHAM. Ver GUILHERME DE OCCAM.

OELZELT-NEWIN, ANTON. Ver TELEOLOGIA.

OFITAS. Ver GNOSTICISMO.

OGDEN, C. K. Ver SIGNO; SÍMBOLO, SIMBOLISMO; VERDADE.

OHIO (GRUPO DE). Entre os precursores da Sociedade Filosófica de Saint Louis (VER) e das tendências hegelianas e, em geral, idealistas promovidas por ela figura um número reduzido de autores durante certo tempo ativos em Ohio e por isso conhecidos como "Grupo de Ohio" e também "Hegelianos de Ohio". Os dois autores mais conhecidos do grupo são John Bernhard Stallo e August Willich, considerados como membros "auxiliares" da mencionada sociedade filosófica.

É preciso considerar, porém, que o mais importante dos "membros" do grupo de Ohio, Stallo, foi idealista apenas no começo de sua carreira filosófica, quando cultivou a "filosofia da natureza" idealista. Logo depois abandonou o hegelianismo e desenvolveu um trabalho importante e em muitos casos antecipador em epistemologia e filosofia da ciência, especialmente da física. Ver o verbete STALLO, JOHN BERNHARD.

OINOMAO DE GADARA (século II). (Também transliterado como Enomeu). Combateu, do ponto de vista cínico (particularmente do cinismo antigo) as opiniões cosmológicas e teológicas dos estóicos. Inimigo do fatalismo e da consulta ao destino por meio dos oráculos, Oinomao considerou as práticas religiosas oficiais como enganos conscientemente introduzidos por alguns homens. É compreensível que as reflexões polêmicas de Oinomao tenham sido acerbamente rejeitadas por todos os que pretendiam conservar o paganismo (por exemplo, Juliano Apóstata) e aproveitadas pelos antipagãos.
⊃ Fragmentos de Oinomao foram conservador na *Praeparatio evangelica*, de Eusébio (livro V).

Ver: Th. Saarmann, *De Oinomao Gadareno*, 1887 (tese; com ed. dos restos dos livros de Oinomao chamados Γοήτων γωρά). C

OKEN, LORENZ (Lorenz Ockenfuss) (1779-1851). Nascido em Bohlsbach (Baden), estudou medicina em Göttingen e foi "professor substituto" (1807-1812) e professor titular (a partir de 1812) de medicina em Iena. Em 1815, teve de renunciar à cátedra por causa dos artigos de teor político publicados na revista científica *Iris*, por ele fundada em 1817 e que circulou até 1848. Em 1827, foi nomeado professor na Universidade de München e, em 1832, na Universidade de Zürich.

Oken se distinguiu por suas doutrinas em filosofia da natureza, seguindo as inspirações de Schelling, que, por sua vez, aproveitou algumas das teorias de Oken. Quanto aos mais, Schelling e Oken se chocaram, porque Schelling se opunha ao panteísmo de Oken e Oken ao misticismo de Schelling. Segundo Oken, o universo é um todo orgânico, resultado da transformação de Deus; é uma "objetivação" ou "fixação" de Deus, cuja primeira manifestação é a luz, que se transforma em éter e o éter em matéria. O éter é o elemento universal que penetra todas as coisas, que são concebidas como pensamentos ou objetivações divinas. Importante na filosofia natural de Oken é a concepção dos organismos como resultado de uma evolução surgida de uma massa indiferenciada que se "objetiva" e se "fixa" em diversas formas. A massa indiferenciada é animada por um princípio dinâmico que Oken chama "galvanismo" e que tem como causa e pressuposto a luz. No curso da evolução, surgem os organismos em estado cada vez mais complexo, até formar-se o organismo humano e, com ele, o entendimento humano, que é por sua vez entendimento do Todo, e Deus encarnado. Para explicar a diferença entre os corpos inorgânicos e orgânicos, Oken usa relações numéricas. Os números fracionários correspondem aos corpos inorgânicos e os números inteiros aos orgânicos. Os números são, além disso, expressões da essência do eterno; logo, "o real é número".

Entre as pesquisas de Oken, há algumas interessantes conjeturas, que ele tentou demonstrar e que depois se tornaram objeto de comprovações empíricas. Há, por exemplo, a conjetura de que os seres vivos são compostos de células; a conjetura de uma evolução dos seres vivos a partir de um estado primitivo mucilaginoso aquático — a "massa indiferenciada" a que nos referimos antes — e do qual surgem as plantas e os animais. A isso Oken acrescentou a idéia de que, uma vez cumprida a evolução, se produz uma "retração" ao estado originário, do qual volta a surgir o universo, possivelmente em um número infinito de vezes.

⇒ Obras principais: *Übersicht des Grundrisses des Systems der Naturphilosophie*, 1803. — *Die Zeugung*, 1805. — *Biologie*, 1806. — *Über die Bedeutung der Schädelknocken*, 1807. — *Über das Universum als Fortsetzung des Sinnensystems*, 1808. — *Erste Ideen zur Theorie des Lichtes, der Farben und der Wärme*, 1808. — *Lehrbuch der Naturphilosophie*, 3 vols., 1809-1811. — *Lehrbuch der Naturgeschichte*, 13 vols., 1813-1826. — *Allgemeine Naturgeschichte*, 13 vols., 1831-1844.

Ver: A. Ecker, *L. O.,* 1880. — J. Schuster, *L. O., der Mann und sein Werk,* 1922. — J. Strohl, *L. O. und Georg Büchner,* 1936. — R. Zaunick e M. Pfannenstiehl, *L. O. und die Freiburger Universität,* 1938. — *Id., L. O. und Goethe,* 1941. ⊂

OLBRECHTS-TYTECA, L. Ver PRESENÇA; RETÓRICA.

OLGIATI, FRANCESCO (1886-1962). Nascido em Busto Arsizio (Varese, Itália), colaborou com A. Gemelli (VER) na *Rivista di filosofia neoscolastica*, encarregando-se da direção da revista depois da morte de Gemelli (1959). A partir de 1921, época da fundação (por Gemelli) da Universidade Católica do Sagrado Coração, de Milão, Olgiati se ocupou das cátedras de metafísica e história da filosofia e depois, na mesma universidade, da cátedra de história da filosofia moderna.

Contra a "gnosiologia pura" de Zamboni (VER), Olgiati declarou que toda teoria do conhecimento é ininteligível fora do marco de uma metafísica e, portanto, que o que determina a questão gnosiológica é a posição ontológica. E isso a tal ponto que a própria história da filosofia aparece como articulada de acordo com a correspondente metafísica do ser sustentada em seus diferentes períodos. Assim, à concepção antiga e medieval do ser sucede a concepção do ser como fenômeno ou como atividade do espírito — donde advém a correspondente epistemologia — e, a ela, a corrente idealista, que concebe o ser como algo gerado pelo sujeito transcendente, pela coincidência absoluta. Desse modo, aquilo que se denominou o primado da gnosiologia não passa do que propõe ao conhecer a prévia concepção — então usualmente fenomênica — do ser. Daí, além disso, a possibilidade de falar, como o fizera L. Nelson, do "*chamado* problema do conhecimento", problema que desaparece na medida em que se adota uma posição que, tal como a neotomista, não tem menor necessidade de resolver antes o falso abismo estabelecido entre o ser e a consciência. A gnosiologia pura de Zamboni fica com isso, segundo Olgiati, viciada por um defeito radical, por um inadmissível realismo fenomenista incompatível com os pressupostos do primado ontológico.

⇒ O primeiro artigo de O. foi publicado na *Rivista de filosofia neoescolastica*, 1912, com o título "Note sul problema de la conoscenza". Um escrito que resume sua posição gnosiológica é "Il problema della conoscenza: la filosofia moderna ed il realismo scolastico", em *Acta Secundi Congressus thomistici internationalis*, 1937, pp. 47-63. Entre os escritos polêmicos contra Zamboni, destacamos: "Il tomismo e le sue relazione con le altre correnti della filosofia cristiana", *Rivista de filosofia neoescolastica*, 1932.

Livros: *La filosofia di E. Bergson*, 1914; 2ª ed., 1922. — *L'esistenza di Dio*, 1917. — *Carlo Marx*, 1918; 6ª ed., 1953. — *Religione e vita*, 1919; 4ª ed., 1922. — *L'anima di Santo Tommaso. Saggio filosofico intorno alla concezione tomistica*, 1923. — *L'anima del Umanesimo e del Rinascimento. Saggio filosofico*, 1924. — *Primi lineamenti di pedagogia cristiana*, 1924; 2ª ed., 1929. — *L'idealismo di G. Berkeley ed il suo significato historico*, 1926. — *Il significato historico de Leibniz*, 1929. — *La riduzione del concetto filosofico di diritto al concetto de giustizia*, 1932. — *Neoescolastica, idealismo e spiritualismo*, 1933 [com A. Carlini]. — *Cartesio, 1934.* — *Il realismo*, 1936 [com F. Orestano]. — *La filosofia di Descartes*, 1937. — *Il concetto di giuridizità nella scienza moderna del diritto*, 1943; 2ª ed., 1950. — *Il concetto de giuridizità in S. T. d'Aquino*, 1943; 5ª ed., 1955. — *Indagini e discussioni intorno al concetto de giuridicità*, 1944. — *Il panlogismo hegeliano*, 1946. — *Laberthonière*, 1948. — *I fondamenti della filosofia classica*, 1950; 2ª ed., 1953. — *B. Croce e lo storicismo*, 1953.

A esses livros podem acrescentar-se várias obras de crítica social: *Il divvenire sociale. Il pensiero cristiano e il problema industriale*, 1921. — *La storia della Azione Cattolica in Italia (1865-1904)*; 2ª ed., 1922.

Ver: F. Vito, U. A. Padovani, L. Mancini *et al., Studi di filosofia e di storia della filosofia in onore di F. O.*, 1962 (bibliografia: pp. 585-597). — VV.AA., artigos sobre F. O. em *Vita e pensiero*, 45, 1962, pp. 520-631 (bibliografia, pp. 630-631). G. Grosso, "Il pensiero storico-filosofico di Olgiati e l'interpretazione della filosofia cartesiana", *Annali. Facoltà di Lettere e Filosofia*, 25-26, 1982-1983, pp. 503-518. ⊂

OLIMPIODORO (século VI). Chamado "o Jovem" (para distingui-lo de Olimpiodoro, "o Velho", filósofo peripatético do século V), filósofo neoplatônico da Escola de Alexandria (VER), discípulo de Amônio Hermeiu, distinguiu-se sobretudo por seus comentários aos escritos de Platão e de Aristóteles. Do primeiro comentou o *Fédon*, o *Górgias* e o *Primeiro Alcibíades*. (Foram-lhe atribuídos ainda comentários ao *Filebo*, mas em nossos dias esses escritos são reconhecidos como de Damáscio [VER].) Do segundo, as *Categorias* e a obra sobre os meteoros. A importância de Olimpiodoro reside sobretudo no fato de, por intermédio de seus comentários, podermos conhecer não somente o material filosófico e teológico grego de que se serviam principalmente os membros da Escola de Alexandria, como também o método (mistura de erudição e de interpretação ao mesmo tempo literal e conceptual dos textos) que predominava entre eles. Os comentários de Olimpiodoro influenciaram os de seus discípulos, Elias e Davi, que escreveram sobre a *Isagoge* de Porfírio, falando-se com respeito a isso de uma "escola de Olimpiodoro".

⊃ Edições dos comentários a Platão: *In Plat. Alcibiadem priorem comm.*, por F. Creuzer, 1821; *Sch. in Plat. Philebum*, na ed. de *Philebus*, por Stallbaum, 1928; *Schol. in Pl. Phaedonem*, por W. Norvin, 1913 [Teubner]. *Schol. in Pl. Gorgiam*, por A. Jahn, 1848. *Ol. philosophi in Platonis Gorgiam comm.*, ed. por W. Norvin, 1936. Para os comentários a Aristóteles, vols. XII, 2, e XIII, 1, dos *Commentaria in Aristotelem Graeca* citados na bibliografia de ARISTOTELISMO.

Ver: R. Vancourt, *Ler derniers commentateurs alexandrins d'Aristote: l'école d'Olimpiodore*, 1941. — J. P. Anton, "Ancient Interpretations of Aristotle's Doctrine of Homonyma", *Journal of the History of Philosophy*, 7, 1969, pp. 1-18 (discutem-se, entre outras, as interpretações de Porfírio, Amônio, Filopono, Olimpiodoro e Simplício). ⊂

OLIVI, PEDRO JUAN. Ver PEDRO JUAN OLIVI.

OLLÉ-LAPRUNE, LEÓN (1939-1898). Nascido em Paris, estudou na École Normale Supérieure, em Paris, na qual na época lecionava Elme-Marie Caro (1826-1887). A partir de 1875, deu aulas na própria École Normale.

Ollé-Laprune desenvolveu em sua filosofia moral uma direção paralela, e por vezes coincidente, à do positivismo espiritualista, mas sua orientação tinha uma finalidade única e precisa: descobrir o critério de certeza moral a igual distância do intelectualismo tradicional e de um impreciso sentimentalismo. Ele encontrou esse critério numa afirmação — a que Blondel deu prosseguimento e desenvolveu — que constitui um dos fundamentos do "método de imanência" e — embora apenas em parte — uma das características do modernismo atenuado: a afirmação que funda a certeza moral e o conhecimento mesmo no homem inteiro, única forma de evitar a parcialidade intelectualista. Só por meio de uma radical subjetivação ou, melhor dizendo, interiorização da verdade, ela poderá ser, segundo Ollé-Laprune, objetivada. A influência de P. Gratry, assim como a da "visão em Deus" de Malebranche, está indubitavelmente na base dessa doutrina do homem íntegro e da certeza moral. Sua doutrina é, em larga medida, uma teoria da evidência integral, sendo por isso possível, a seu ver, atingir não só as verdades objetivas como a própria vida divina. Esta não é contudo uma coisa conseguida; ela é dada, razão pela qual a graça é necessária na doutrina da fé e da experiência. A distinção entre um conhecimento pré-adâmico e outro pós-adâmico é, no mesmo sentido que o era em Malebranche, o que pode fundar uma compreensão do conhecimento como visão no estado atual do homem. O sobrenatural não é, assim, um elemento da consciência, mas o âmbito no qual esta se move e vive.

⊃ Obras: *La philosophie de Malebranche*, 2 vols., 1870. — *De la certitude morale*, 1880; 8ª ed., 1919 (tese). — *De Aristotelicae ethicae fundamento*, 1880 (tese latina). — *La philosophie et le temps présent*, 1890; 5ª ed., 1905. — *Les sources de la paix intellectuelle*, 1892. — *Le prix de la vie*, 1894. — *De ce qu'on va chercher à Rome*, 1895. — *De la virilité intellectuelle*, 1896. — *La Raison et le Rationalisme*, 1906 (póstuma). — *Le Hasard, sa loi et ses conséquences dans les sciences et la philosophie*, 1906 (póstuma).

Ver: Maurice Blondel, *Léon Ollé-Laprune*, 1899. — C. Calzi, *Un filosofo cristiano al fine del secolo XIX*, 1901. — G. Fonsegrive, *L. Ollé-Laprune, l'homme et le penseur*, 1912. — J. Zeiller, *L. Ollé-Laprune*, 1932. — R. Crippa, *Vita e pensiero di Ollé-Laprune*, 1947. — Id., *Ollé-Laprune*, 1948. ⊂

OMNE QUOD MOVETUR AB ALIO MOVETUR: Tudo o que se move é movido por outra coisa. Este princípio tem origem explícita em várias passagens de Aristóteles, especialmente numa de *Phys.* (VII, 1, 241 b), na qual se afirma que quando algo se move, é mister que algo o mova, pois se não tem o princípio do movimento em si mesmo, é óbvio que é movido por outra coisa que não ele: ἅπαν τὸ κινούμενον ὑπό τινος ἀνάγκη κινεῖσθαι· εἰ μὲν γὰρ ἐν ἑαυτῷ μὴ ἔχει τὴν ἀρχὴν τῆς κινήσεως, φανερὸν ὅτι ὑφ'ἑτέρου κινεῖται.

Afora a possível exceção de um primeiro motor (VER) que, de resto, se supõe imóvel e capaz de mover sem ser movido, e sem levar em conta diferenças de sentido em expressões como 'mover' e 'ser movido', muitos filósofos desde Aristóteles adotaram o princípio citado como princípio (muito geral) de explicação do movimento nos corpos naturais ou, pelo menos, como condição *sine qua non*. É impossível proporcionar racionalmente alguma explicação mais específica desse movimento.

A expressão *omne quod movetur ab alio movetur* ou suas variantes se encontram em autores escolásticos, em especial os que se apoiaram na autoridade de Aristóteles. Um dos mais citados é Santo Tomás. O princípio de referência é introduzido numa das provas — uma das "cinco vias", *quinque viae* — da existência de Deus: É impossível, sustenta Santo Tomás, que sob o mesmo aspecto e do mesmo modo uma coisa seja ao mesmo tempo móvel e movida; se algo se move, é necessário que seja movido por outra coisa: *oportet ergo omne quod movetur ab alio moveri* (*S. theol.*, I, q. II, a. 3). Mas, como diz Santo Tomás, não se pode proceder *in infinitum*, pois não haveria então primeiro motor ou primeiro móvel, *primum movens*. Nada pode mover-se, afirma Santo Tomás, a menos que seja movido ...*videtur quod nihil possit movere nisi moveatur* (*S. theol.*, I, q. LXV, a. 1). Considerações análogas, se não idênticas, são encontradas na *Summa contra Gentiles*, I, 13, 3-6.

Em vista da incompatibilidade entre uma interpretação do princípio aqui dilucidado como princípio (ou condição geral) de explicação do movimento dos corpos naturais, entendido como translação — o classicamente intitulado "movimento local" ou "mudança de lugar" —, e o moderno princípio, ou lei, de inércia (VER), afirmou-se às vezes na literatura escolástica "moderna" que o *Omne quod movetur ab alio movetur* diz respeito principalmente à mudança da potência ao ato. Isto tem sua justificação na medida em que Santo Tomás enfatiza que o mover-se é o passar algo da potência ao ato: *movere enim nihil aliud est quam educere aliquid de potentia in actum* (*S. theol.*, I, q. II, art. 3). De todo modo, pode-se entender o próprio movimento de lugar como a passagem da potência de estar em certo local ao ato de estar em determinado local. Ora, a verdade é que muitos escolásticos se interessaram pelo movimento enquanto translação de corpos ao aceitar, ou modificar, ou rejeitar o *Omne quod movetur ab alio movetur*. O quadro no âmbito do qual o princípio foi apresentado e discutido entre os filósofos da Natureza escolásticos do século XIV é justamente o do movimento enquanto "local". O princípio em questão entendeu-se então como pressupondo que o movimento local de um móvel, A, se deve à força que sobre ele exerce outro corpo, B, que está em contato com A. Da força impressa por B, ou força motriz (*vis motrix*), e da resistência (*resistentia*) oposta por A provém a velocidade de A. O *Omne quod movetur ab alio movetur* parecia não se aplicar, ou não se aplicar tão bem, aos movimentos "violentos" — já distinguidos por Aristóteles dos movimentos "suaves" ou movimentos propriamente "naturais" —, como o movimento de uma pedra ao lançar-se ou de uma flecha ao ser disparada (os dois exemplos mais freqüentes dados a esse respeito). Os escolásticos, antes do desenvolvimento da teoria do ímpeto (VER), avaliaram que, embora seja preciso calcular de modo distinto a velocidade e trajetória do corpo projetante, *proiecens*, em função do corpo projetado, ou projétil, *proiectum*, isso implica levar em conta os modos como se transmite a força pelo ar e a resistência oferecida. De acordo com o *Omne quod movetur ab alio movetur*, não há movimento separado, *motus separatus*, como o que se postula na teoria do ímpeto ou na lei de inércia; ou, se se deseja, visto que se supõe que não pode haver movimento separado, postula-se que todo corpo que se move é movido por outro.

O princípio *Omne quod movetur ab alio movetur* foi aceito por todos os escolásticos tomistas. Em contrapartida, Duns Scot o questionou afirmando que alguns seres se movem por si mesmos com base num "ato virtual", mas que isso não é incompatível com a causalidade. O que ocorre é que, em certos casos, uma entidade pode possuir em si mesma um poder ativo de mudança (cf. Roy R. Effler, *John Duns Scotus and the Principle "omne quod movetur ab alio movetur"*, 1962).

OMNIS DETERMINATIO NEGATIO EST. Ver DETERMINAÇÃO.

ON. Ver ENTE; METAFÍSICA; ÔNTICO; ONTOLOGIA; SER.

ONESÍCRITO (*fl.* 330 a.C.). Um dos discípulos de Diógenes, o Cínico, nasceu, segundo Diógenes Laércio (VI, 84), em Egina (embora alguns afirmem que teria nascido em Astipalaca). Acompanhou, como piloto chefe de Nearco, Alexandre Magno em sua expedição à Índia e escreveu sobre o conquistador macedônio e sua educação uma narração fortemente laudatória e, ao que parece, historicamente pouco fidedigna. Tal como Diógenes, o Cínico, inclinou-se a uma excessiva valorização da sabedoria oriental e especialmente dos gimnosofistas hindus, que interpretou como cínicos; uma tese que foi muito debatida pelos escritores e filósofos posteriores.

ÔNTICO. Desde Heidegger, vem-se distinguindo entre "ôntico" (*ontisch*) e "ontológico" (*ontologisch*). 'Ôntico' pode ser traduzido por o "que se refere aos entes" (ver ENTE). 'Ontológico' pode-se traduzir: "Que se refere ao ser" (ao menos no sentido que Heidegger [VER] dá a 'ser' [VER]). Segundo Heidegger (cf. *Ser e tempo*, sobretudo §§ 3, 4, 10, 77), "a descrição do ente intramundano (*des innerweltlichen Seienden*) é ôntica; a interpretação do *ser* desse ente (*des* SEINS *dieses Seienden*) é ontológica". Heidegger afirma que "a pergunta ontológica é mais primordial do que a pergunta ôntica das ciências positivas", embora "continue sendo ingênua e opaca quando em suas explorações do ser do ente deixa sem dilucidar o sentido do ser ou o sentido de 'ser' (*Sinn von Sein*)". Heidegger mantém que a descrição (a pesquisa, a exploração etc.) "fica colada ao ente" e é, portanto, ôntica; só nos encontramos na esfera ontológica quando nos perguntamos pelo ser. Isso não quer dizer que possamos passar do ôntico ao ontológico, como se este último fosse unicamente uma generalização do primeiro. Sendo o ontológico, segundo Heidegger, sempre prévio ao ôntico, as próprias pesquisas ônticas estarão dirigidas, saiba-se ou não, por pressupostos, ou "orientações" ontológicas. A razão disso reside no fato de que o ontológico se dá, por assim dizer, no ente que pergunta; como vimos oportunamente (ver DASEIN; EXISTÊNCIA; HEIDEGGER), o ente que pergunta, o *Dasein*, é "algo", ou, melhor dizendo, "alguém" a quem no ser *vai seu ser*.

Heidegger afirma que o *Dasein* (VER) ocupa uma categoria prévia à de todos os outros seres. Por um lado, possui uma prioridade ôntica, já que o *Dasein* está determinado em seu ser (*Sein*) pela existência (*Existenz*).

Por outro lado, possui prioridade ontológica, já que é ele mesmo, em virtude da determinabilidade de sua existência, "ontológico". O *Dasein* tem, além disso, uma terceira prioridade "como condição ôntico-ontológica da possibilidade de todas as ontologias". O modo como o ôntico e o ontológico se ligam no *Dasein* pode ser compreendido por esta proposição de Heidegger: "A caracterização ôntica do *Dasein* consiste em que é ontológico".

A questão da natureza do ôntico ao contrário do ontológico — e presumivelmente em confronto com o ontológico — foi abordada por Heidegger em obras posteriores, primeiro dentro do "tema da verdade" e depois sobretudo no âmbito do tema da chamada "diferença (VER) ontológica", ou "diferença entre o ser e o ente". Assim, Heidegger fala de "verdade ôntica" como a abertura do ente no nível do pré-predicativo (anterior ao juízo) e de "verdade ontológica" como o cumprimento do ser que torna possível a indicada abertura (ver VERDADE). Com o cumprimento em questão, temos "a verdade do ser do ente". Mas enquanto em seu escrito sobre a essência do fundamento e em seu escrito sobre a essência da verdade (*Vom Wesen des Grundes; Vom Wesen der Wahrheit*) Heidegger fala da diferença ontológica como dada dentro do quadro do *Dasein* (VER), em obras posteriores, especialmente em *Was heisst Denken* e em *Identität und Differenz*, trata da diferença em questão dentro do quadro do ser que se abre ao *Dasein*. Assim, a diferença ontológica não é um contraste, mas uma duplicidade, *Zwiefalt*, ou, melhor dizendo, a diferença surge em virtude do desenvolvimento, *Entfaltung*, da duplicidade. No interior desta última, antes do "desenvolvimento", acha-se a diferença, por assim dizer, "indiferenciada". "A diferença entre o ente e o ser — escreve Heidegger — é o circuito (*Bezirk*) dentro do qual a metafísica, o pensamento ocidental pode ser o que é na totalidade de sua natureza (*Wesen*)" (*Identität und Differenz*, p. 47). Dessa maneira, o ser não se contrapõe já ao ente, nem o ente ao ser, nem tampouco o ente surge do ser, mas ente e ser surgem da "diferença". "O diferente (*das Differente*) — escreve Heidegger — mostra-se como o Ser do ente em geral e como o Ser do ente no mais alto" (ver ONTOTEOLOGIA).

Numa obra sobre a estrutura ôntica (*Die ontische Struktur*, 1961), Domingo Carvallo estudou os modos de pensar e as "linguagens" da "experiência comum" e das ciências, especialmente das ciências da Natureza, dentro de uma esfera comum: a esfera do "ôntico". A investigação da estrutura dessa esfera pode, segundo esse autor, resolver o discutidíssimo problema de como o mundo é entendido de modo distinto pela ciência e pela experiência comum, e, não obstante, se trata do mesmo mundo.

J. D. García Bacca ("La analogía del ser y sus relaciones con la metafísica", *Episteme*, Anuário de Filosofía [Caracas], 1959-1960, pp. 1-64, e especialmente pp. 46-64), distinguiu entre "pré-ontologia" (em que os conceitos tendem a ser unívocos, e não há limites na formação de conceitos equívocos); "ontologia" (em que há conceitos análogos com analogia de atribuição por denominação extrínseca [ver ANALOGIA]; "ôntica" (em que os conceitos, e as proposições, funcionam como *medium quo*, atuando numa intuição da própria coisa); "ontologia fundamental" (em que há conceitos de analogia de atribuição com denominação entitativa intrínseca para conceitos e objetos fundamentais, e de analogia de proporcionalidade metafórica para conceitos e objetos que transcendem esse fundamento); "metafísica" (em que os conceitos são os análogos com analogia de atribuição com convergência real total). Assim, a ôntica aparece como uma "disciplina" que ocupa um lugar perfeitamente delimitado dentro da série de investigações pré-ontológicas, ontológicas, metafísicas etc. O mencionado autor assinala que os conceitos próprios da ôntica são diferentes segundo se trate de qualquer uma das três espécies seguintes de ôntica: uma ôntica centrada transcendentemente; uma ôntica centrada entitativamente; e uma ôntica simples.

Oskar Fechner (*Das System der ontischen Kategorien. Grundlegung der allgemeinen Ontologie oder der Metaphysik*, 1962) desenvolveu um sistema de "categorias ônticas" como fundamento de uma ontologia. Essas categorias são de três tipos: estáticas, dinâmicas e estático-dinâmicas. As categorias estáticas são o fundamento dos conceitos ontológicos fundamentais. As categorias dinâmicas são as que correspondem às tradicionais cosmologia, teologia e psicologia racionais. As categorias estático-dinâmicas são o fundamento do que Oskar Fechner chama de "ontologia das inerências" (*Inhärenzien*) (por exemplo, as correspondentes ao espaço e ao tempo).

⊃ Além dos escritos citados no texto, ver: A. Dondeyne, "La différence ontologique chez M. Heidegger", *Revue philosophique de Louvain*, 56 (1958), 35-62, 251-293. ⊂

ONTOFENOMENOLOGIA. Este termo foi empregado pelo filósofo alemão Amadeo, Conde de Silva-Tarouca (1898-1971, nascido em Pruhonitz, perto de Praga), em sua obra *Philosophie im Mitelpunkt. Entwurf einer Ontophänomenologie*, 1957. Segundo ele, a fenomenologia deve transformar-se em ontofenomenologia, que consiste em destacar a polaridade existente entre o "eu" (como consciência) e a realidade (ver, do mesmo autor: *Philosophie der Polarität*, 1955). Só dessa maneira podem superar-se, em sua opinião, as dificuldades suscitadas pela fenomenologia, a qual, argumenta ele, permanece no interior da consciência intencional sem conseguir passar da imanência à transcendência. Também assim podem-se superar as dificuldades suscitadas por toda ontologia na medida em que esta se detém unicamente no objeto.

A ontofenomenologia no sentido de Silva-Tarouca deve distinguir-se da "ontologia fenomenológica" no sentido em que essa expressão foi usada por J.-P. Sartre (no subtítulo de *O ser e o nada* [1943]). Com efeito, em Sartre não há necessidade de "superar" as dificuldades apontadas por Silva-Tarouca, que aparecem unicamente quando se consideram tanto a fenomenologia como a ontologia "a partir de fora", sem levar em conta que para muitos fenomenólogos toda fenomenologia é de algum modo ontológica, e toda ontologia se funda na fenomenologia.

⊃ Para uma bibliografia completa sobre a obra de Silva-Tarouca, ver *Zeitschrift für philosophische Forschung*, 22 (1968). ⊂

ONTOGÊNESE. Ver BIOGENÉTICA (LEI FUNDAMENTAL).

ONTOLOGIA. O que Aristóteles denominou "filosofia primeira" (ver PHILOSOPHIA PRIMA) e depois se chamou "metafísica" (VER) parece ter dois temas de estudo. Um é, como Aristóteles o chamou, "o ser como ser" (ver SER) ou "o ente enquanto ente". Neste caso, toma-se "o ser" em toda a sua generalidade, independentemente da classe de ser de que se trata: pode ser finito ou infinito, material ou não-material etc. O outro tema de estudo é "o ser" ou "o ente" por antonomásia, isto é, o ser ou ente principal do qual dependem, ou ao qual estão subordinados, os outros entes. Neste caso, paradoxalmente, "o ser" de referência é menos geral, mas é mais básico. Classicamente, este último ser é Deus, ou o objeto da teologia (VER).

A metafísica oscilou tradicionalmente entre ambos os temas de estudo. Sob o mesmo nome se tratou a metafísica como o que se denominou depois "metafísica geral" e como o que se denominou também depois "metafísica especial" (ou qualquer uma das "metafísicas especiais"). Como metafísica geral, estuda-se o ser enquanto ser ou ser "comuníssimo"; como metafísica especial, estudam-se temas como Deus, a alma etc.

A necessidade de distinguir entre esses dois temas de estudo mediante dois nomes diferentes se fez sentir no século XVI. Autores como Suárez e Fonseca estudaram a metafísica em todos os sentidos, mas prestaram grande atenção à metafísica como uma disciplina geral de caráter "formal". Algumas vezes, essa disciplina geral de caráter formal voltou a ser chamada, como Aristóteles fez, "filosofia primeira". No início do século XVII, começou-se a propor um nome para esse tipo de metafísica: 'ontologia'. Apresentaremos em seguida a história deste termo.

O primeiro que o usou, na forma grega ὀντολογία, foi Rudolf Goclenius em seu *Lexicon philosophicum quo tanquam clave philosophiae fores aperiuntur* (1613), p. 16, mas limitando-se a indicar: "ὀντολογία, *philosophia de ente*". Vinte e três anos depois, o termo ὀντολογία (que se usou depois com mais freqüência na transcrição latina *ontologia*) foi empregado por Abraham Calovius (Calov) em sua *Metaphysica divina, a principiis primis eruta, in abstractione Entis repraesentata, ad S.S. Theologicam applicata monstrans, Terminorum et conclusionum transcendentium usum genuinum abusum a hereticum, constans* (1636) [reimp. nos *Scripta philosophica* (1654), do mesmo autor]. Segundo Calovius, a *scientia de ente* é chamada *Metaphysica* com respeito "à ordem das coisas", *a rerum ordine*, e é denominada (mais propriamente) ὀντολογία com respeito ao tema ou objeto mesmo, *ab objecto proprio*. Em sua obra intitulada *Rationalis et realis philosophia* (1642), Juan Caramuel de Lobkowitz introduziu o termo equivalente ὀντοσοφία (que usou também, na transcrição latina *ontosophia*, como equivalente a *ontologia*). O objeto da metafísica, escreveu Caramuel, é o *ens*, e se chama ὀντοσοφία porque é ὄντος σοφία, isto é, *entis scientia*. Caramuel parece ter tido uma idéia da natureza e dos requisitos da "ontologia-ontosofia" mais clara do que a que teve Calovius, segundo mostramos no art. cit. na bibliografia.

Afirmou-se amiúde — eu mesmo o disse em edições anteriores deste *Dicionário* — que o primeiro autor que usou termos como *ontologia* e *ontosophia* foi Johannes Clauberg em seus *Elementa philosophiae sive ontosophia, scientia prima, de iis quae Deo creaturisque seu modo comuniter attribuntur* (1647). Vimos que isso não é certo. O próprio Clauberg reconhece a precedência de Calovius e Caramuel de Lobkowitz a esse respeito (*op. cit.*, p. 278 [a precedência de Goclenius tem escassa significação filosófica; menos ainda a tem a às vezes mencionada precedência de Jacobus Thomasius em seu *Schediasma historicum*, de 1655]. Mas é certo que Clauberg destacou a importância da *Ontologia* (ou *Ontosophia*). A obra mencionada divide-se em quatro partes que abordam: 1) os prolegômenos que dão razão da "ciência primeira"; 2) a didática ou método dessa ciência; 3) seu uso nas outras faculdades e em todas as ciências; e 4) a diacrítica ou diferença entre ela e as outras disciplinas. Segundo Clauberg, a *ontosophia* (*ou ontologia*) é uma *scientia prima* que se refere (por analogia e não univocamente) tanto a Deus como aos entes criados. Trata-se de uma *prima philosophia* sobreponível à πρώτη φιλοσοφία de Aristóteles, isto é, de uma *scientia quae speculatur Ens, prout Ens*. Em 1656, Clauberg publicou uma obra intitulada *Metaphysica de Ente, quae rectius Ontosophia*, na qual define a *ontosophia* como *quaedam scientia, quae contemplatur ens quatemus ens est*. Trata-se da mesma ciência denominada "comumente" *Metaphysica*, mas que seria "mais apropriado" chamar de *Ontologia* ou *scientia Catholica, eine allgemeine Wissenschaft*, e *Philosophia universalis*. O *ens* de que trata a *ontologia* pode ser considerado como pensado (*intelligibile*), como algo (*aliquid*) e como a coisa (*substantia*). Não podemos deter-nos aqui em várias reflexões de Clauberg das quais parece deduzir-se que a *ontologia* é como uma "noologia" (ver NOOLOGIA, NOOLÓGICO), ao menos na medida em que a *ontologia* trata de *Alles was nur gedacht und gesagt werden kann* (como escreve Clauberg, em alemão, dentro da obra latina [costume, de resto, cada vez mais freqüente em obras filosóficas acadêmicas alemãs do século XVIII]). Em 1694, Clauberg publicou uma edição anotada dos antes indicados *Elementa philosophiae sive ontosophia*, com o título *Ontosophia, quae vulgo Metaphysica vocatur* (que contém como apêndice um escrito intitulado *Logica contracta*). Nesta obra, Clauberg indica que o nome *ontosophia*, "embora não tenha sido do gosto das pessoas eruditas nas letras gregas, abriu seu caminho entre o público", e depois reiterou as idéias expressas nos *Elementa* e os nomes usados na *Metaphysica de Ente*.

As "pessoas eruditas nas letras gregas" eram possivelmente humanistas e filólogos; "o público" não pode ser outro senão o "público filosófico". E, com efeito, esse "público" respondeu com simpatia ao novo vocabulário. Em 1653, J. Micraelius publicou um *Lexicon philosophicum terminorum philosophis usitatorum*, do qual se publicou uma segunda edição em 1662. Embora não tenha introduzido nenhum artigo sobre "Ontologia" ou "Ontosofia", falou de ὀντολογία no artigo "Philosophia". A ὀντολογία foi definida por Micraelius como uma *peculiaris disciplina philosophica, quae tractat de ente*, ainda que ele tenha acrescentado: *quod tamen ab aliis statuitur objectum ipsius metaphysica*, o que pareceu um "retrocesso" com respeito a Clauberg, e mesmo com respeito a Caramuel, já que sobrepunha *ontologia* a *metaphysica*. Em 1692, Étienne (Stephanus) Chauvin publicou um *Lexicon philosophicum* (que tem o seguinte subtítulo: *Lexicon rationale sive Thesaurus philosophicus ordine alphabetico digestus*, o que explica que ele tenha sido citado às vezes com o nome de *Lexicon philosophicum* e às vezes com o nome de *Lexicon rationale*). Nesta obra, e numa segunda edição, ampliada, publicada em 1713, Chauvin introduziu um verbete sobre "Ontosophia", que definiu do seguinte modo: *Ontosóphia... σοφία ὄντος, sapientia seu scientia entis. Alias Ontología, doctrina de ente*. Mas a maior informação sobre a *ontosophia* se acha não no verbete "Ontosophia", mas no verbete "Metaphysica" da mesma obra. Nele, escreve Chauvin que a *metaphysica* como *catholica scientia seu universalis quaedam Philosophia* é chamada por alguns *Ontosophia* ou *Ontologia*, e considera que esse uso é mais apropriado por ser realmente *scientia entis, quatenus est ens*. A *ontosophia* é σοφία ὄντος, ou seja, *sapientia seu scientia entis*. A *ontologia* é λόγος ὄντος, *sermo seu doctrina de ente*. Segundo Chauvin, a *ontosophia* parece ser propriamente a doutrina ou ciência do ente, e a *ontologia* parece ser um sistema que inclui o método a usar na doutrina do ente.

Leibniz usou *Ontologia* em seu "Introductio ad Encyclopaediam arcanam" (*apud* L. Couturat, ed., *Opuscules et fragments inédits de Leibniz*, 1903, p. 512), definindo-a como *scientia de aliquo et nihilo, ente et non ente, re et modo rei, substantia et accidente*. M. Grabmann (*Mittelalterliches Geistesleben*, I, 1926, p. 547) indica que Jean Baptiste Du Hamel usou o termo *ontologia* em sua obra *Philosophia vetus et nova, ad usum scholae accommodatae, in regia Burgundia olim pertractata* (editio 3 multo emendatior), 2 vols., 1684, às vezes chamada de *Philosophia Burgundica*. Isto é certo, mas também o é que Du Hamel não parece dar grande importância ao nome e ao que ele possa significar. Menos interesse mostra Du Hamel a esse respeito na primeira e segunda edições dessa *Philosophia Burgundica*, intituladas respectivamente: *De consensu veteris et novae philosophiae libri duo* (1663) e *De consensu veteris et novae philosophiae libri quatuor seu Promotae per experimenta philosophiae pars prima* (1675). Por outro lado, Antonio Genovesi [Genovese] usou *ontosophia* em sua obra *Elementa metaphysicae mathematicum in morem adornata. Pars prior. Ontosophia* (1743), e Francis Hutcheson usou o termo *ontologia* em sua *Synopsis Ontologiam et Pneumatologiam complectens* (1742; 2ª ed., 1744; 3ª ed., 1749; 4ª ed., 1756; 5ª ed., 1762; 6ª ed., 1774). *Ontologia* foi introduzida como termo técnico em filosofia por Jean Le Clerc, no segundo tratado, intitulado "Ontologia sive de ente in genere", de suas *Opera philosophica in quatuor volumina digesta* (5ª ed., 1722) (Julián Marías opina que só Jean Le Clerc, ou Ianannis Clericus [1657-1737], pode ser considerado um verdadeiro precursor de Wolff, mas a "pré-história" do termo 'ontologia' que esboçamos antes parece desmentir esta suposição).

De todo modo, foi Wolff quem sintetizou e popularizou a "ontologia" em seu *Philosophia prima sive ontologia methodo scientifica pertracta, qua omnis cognitionis humanae principia continentur* (1730). Wolff define a *ontologia seu philosophia prima* como uma *scientia entis in genere, quatenus ens est* (*Ontologia*, § 1). A *ontologia* emprega um "método demonstrativo" (isto é, racional e dedutivo) (*ibid.*, § 2) e se propõe investigar os predicados de todos os *entes* como tais (*ibid.*, § 8). Seguindo os passos de Wolff — que, segundo Pichler, seguiu fundamentalmente Clauberg (em seus *Elementa*) e Leibniz (em seu "De primae philosophiae emendatione", publicado nas *Acta eruditorum*, 1694), à maneira do próprio Wolff (*Ontologia*, § 7) —, Baumgarten falou da *ontologia* em sua *Metaphysica* (1740), chamando-a também *ontosophia, metaphysica, metaphysica universalis, architectonica, philosophia prima*, como "a ciência dos predicados mais abstratos e gerais de qualquer coisa" (*Metaphysica*, § 4) na medida em que pertencem aos primeiros princípios cognoscitivos do espírito humano (*ibid.*, § 5).

A pré-história do termo 'ontologia' permite compreender, entre outras coisas, a posição de Kant com relação a Wolff e até o fato de que a "prova anselmiana" fora designada por Kant com o nome com que hoje é geralmente conhecida: "prova ontológica" (ver ONTOLÓGICA [PROVA]). Mas, a rigor, Kant dirigiu-se menos contra a "ontologia" do que contra a pretensão de erigir essa "ciência primeira" sem uma prévia exploração dos fundamentos da possibilidade do conhecimento, isto é, sem uma prévia "crítica da razão".

É de se notar que os autores que usaram 'ontologia' ou 'ontosofia' tenderam a destacar o caráter "primário dessa ciência em face de qualquer outro estudo "especial". Por isso, se a ontologia pôde continuar sendo identificada com a metafísica, ela o foi com uma "metafísica geral" e não com a "metafísica especial". A ontologia foi — ao menos na chamada "escola de Leibniz-Wolff — a primeira ciência racional por excelência; por isso, a *ontologia* como *ontologia rationalis* podia preceder a *cosmologia rationalis*, a *psychologia rationalis* e a *theologia rationalis*. Por meio do nome 'ontologia', designava-se o estudo de todas as questões que afetam o chamado *sermo de ente*, ou seja, o conhecimento dos "gêneros supremos das coisas". A sobreposição da ontologia com a metafísica *geral* representaria já, portanto, um primeiro passo na direção do mencionado processo de divergência das significações nos vocábulos 'metafísica' e 'ontologia'. Com efeito, tudo o que se refere ao "para além" do ser visível e diretamente experimentável permaneceria como objeto da "metafísica especial", que seria, efetivamente, uma *trans-physica*. A "metafísica geral ou ontologia" se ocuparia, em contrapartida, só de "formalidades", embora de um formalismo distinto do exclusivamente lógico. Essa acepção é patente sobretudo nas vertentes da neoescolástica do século XIX que de algum modo tiveram — ao menos terminologicamente — contato com o wolffismo. Em todo caso, a citada expressão adquiriu já autonomia no âmbito da neo-escolástica. Por isso, seu nome foi aplicado retroativamente a todas as pesquisas sobre as determinações mais gerais que convêm a todos os entes, os transcendentais. Essa referência aos transcendentais explica, de resto, o sentido em que foi tomada a ontologia por Kant, que pôde chegar a concebê-la como o estudo dos conceitos *a priori* que residem no entendimento e têm seu uso na experiência.

Ora, a mesma imprecisão que vige na questão dos transcendentais leva a ontologia a ser entendida de maneiras diferentes. Por um lado, é concebida como ciência do ser em si, do ser último ou irredutível, de um *primum ens* em que todos os outros consistem, isto é, do qual dependem todos os entes. Neste caso, a ontologia é verdadeiramente metafísica, isto é, ciência da realidade ou da existência no sentido mais próprio do vocábulo. Por outro lado, a ontologia parece ter como missão a determinação daquilo no qual os entes consistem e mesmo daquilo em que consiste o ser em si. Então ela é uma ciência das essências e não das existências; é, como se definiu ultimamente, teoria dos objetos. Alguns autores assinalam que a divisão entre a ontologia enquanto metafísica e a ontologia enquanto ontologia pura (ou teoria formal dos objetos) é extremamente útil na filosofia, e que o único inconveniente que apresenta é de caráter terminológico; com efeito, segundo argumentam esses críticos, convém usar o vocábulo 'ontologia' só para designar a ontologia como ciência de puras formalidades e abandoná-lo por inteiro quando se trata da metafísica. A invenção do termo 'ontologia' expressou já por si mesma a necessidade dessa distinção. Outros autores, em contrapartida, consideram que a divisão é inaceitável, e até deplorável, pois rompe a unidade da investigação do ser (*esse*), tema da metafísica e da ontologia, ou, se se deseja, da metafísica-ontologia.

Como disciplina especial da filosofia, a ontologia foi cultivada durante os séculos XVIII e XIX não só por autores que seguiram a tradição escolástica e a escola de Wolff (ou ambas), como também por outros autores e tendências. É o que ocorre com Herbart (em quem a ontologia é a ciência que investiga o ser dos "reais" [VER]), com Rosmini, que faz das ciências ontológicas as ciências que estudam o ser como é, ao contrário das ciências deontológicas que estudam o ser como deve ser etc.

Referir-nos-emos em seguida a diversos modos de entender a ontologia no século XX (prescindindo das definições escolásticas a que já aludimos).

Para Husserl, que considera nossa disciplina uma ciência de essências, a ontologia pode ser formal ou material. A ontologia formal trata das essências formais, ou seja, das essências que convêm a todas as outras essências. A ontologia material trata das essências materiais e, por conseguinte, constitui um conjunto de ontologias às quais se dá o nome de ontologias regionais. Ora, a subordinação do material ao formal faz, segundo Husserl, que a ontologia formal implique ao mesmo tempo as formas de todas as ontologias possíveis. A ontologia formal seria o fundamento de todas as ciências, a material seria o fundamento das ciências de fatos, mas como todo fato participa de uma essência, toda ontologia material estaria por sua vez fundada na ontologia formal.

Para Heidegger, há uma ontologia fundamental que é precisamente a metafísica da Existência. A missão da ontologia seria neste caso a descoberta da "constituição do ser da Existência". O nome 'fundamental' procede do fato de que por ela se averigua aquilo que constitui o fundamento da Existência, isto é, sua finitude. Mas a descoberta da finitude da Existência como tema da ontologia fundamental não é para Heidegger mais do que o primeiro passo da metafísica da Existência e não toda a metafísica da Existência. A ontologia é, na realidade, única e exclusivamente, a indagação que se ocupa do ser enquanto ser, não como mera entidade formal, nem como existência, mas como aquilo que torna possíveis as existências. A identificação da ontologia com a metafísica geral deve encontrar nessa averiguação do ser como transcendente a superação das limitações a que conduz a redução da ontologia a uma teoria dos objetos ou a um sistema de categorias.

Para Nicolai Hartmann, em compensação, a justificação da ontologia consiste não na pretensão de resolver todos os problemas, mas no reconhecimento do que é metafisicamente insolúvel. Por isso, ele propõe distinguir entre a antiga ontologia sintética e construtiva, própria dos escolásticos e racionalistas, que pretende ser uma lógica do ente e uma passagem contínua da essência à existência, e a ontologia analítica e crítica, que se ocupa de situar em seu lugar o racional e o irracional, o inteligível e o trans-inteligível, para além de todo racionalismo, irracionalismo, realismo ou idealismo. O ente de que essa ontologia trata, diz Hartmann, tem um caráter muito mais geral do que o ser limitado das teorias metafísicas aprioristas, pois abrange tudo o que é e averigua em todos os casos as determinações que correspondem a todas as esferas do real.

O uso do termo 'ontologia' não se limita, como às vezes se supõe, a certos grupos de filosofias (racionalismo moderno, neo-escolasticismo, fenomenologia, filosofia da existência etc.). Ele foi empregado também por filósofos de outras tendências. Mencionaremos a seguir três casos. O primeiro, o de J. Feibleman (VER); o segundo, o de Leśniewski (VER); o terceiro, o de Quine (VER). Em relação com o último uso, apresentaremos brevemente a discussão entre Quine e Carnap acerca da legitimidade ou ilegitimidade de formular questões ontológicas, pois essa polêmica lança luz sobre o *status* da ontologia.

Feibleman apresenta uma "ontologia finita" destinada a mediar entre a atitude metafísica e a atitude positivista; trata-se, como diz o mencionado autor, de um "positivismo ontológico". A ontologia transforma-se assim numa série de postulados que, embora primariamente de caráter formal, são capazes de constituir uma rede conceitual que apreenda a realidade. A ontologia é entendida assim como uma "construção" no âmbito da qual adquirem sentido certos conceitos metafísicos fundamentais, tais como os de realidade, essência, existência etc. É uma disciplina fundamental prévia a toda investigação filosófica e científica.

Stanislaw Leśniewski denominou "ontologia" a teoria e cálculo de classes e relações. A ontologia se distingue, segundo Leśniewski, da prototética (ou cálculo proposicional) e da mereologia (ou álgebra de classes, com exclusão da classe nula). O desenvolvimento da ontologia dá lugar a uma "axiomática ontológica". Segundo Kotarbiński e Leon Chwistek, a ontologia de Leśniewski, apesar de seu caráter lógico-formal, tem estreitas relações com várias partes da filosofia aristotélica.

Quine distinguiu na "semântica" entre a teoria do significado (que poderia, por sua vez, denominar-se "semântica") e a teoria da referência. A teoria do significado inclui, entre seus conceitos, além do de significado, o de sinonímia (igualdade de significado), significação (ou posse de significado), analiticidade (ou verdade em virtude do significado) e implicação (ou analiticidade do condicional). A teoria da referência inclui, entre seus conceitos, o de "nomeação" (*naming*), o de verdade, o de denotação (ou verdade de), o de extensão e o de valores de variáveis (*From a Logical Point of View*, 1953, p. 130). A noção de "compromisso ontológico" (VER) pertence à teoria da referência (portanto, não à teoria do significado). Dada uma teoria, cabe perguntar por sua ontologia, mas também por sua "ideologia" (pelas idéias que podem exprimir-se nela). Não há correspondência simples entre a ontologia de uma teoria e sua ideologia: "Duas teorias podem ter a mesma ontologia e uma ideologia diferente" (*ibid.*, p. 131). Quine entende por 'ontologia' a "ontologia de uma teoria".

O autor desta obra usou 'ontologia' — ao contrário de, e inclusive em oposição a, metafísica — para designar toda investigação — composta primariamente de análise conceitual, crítica e proposta ou elaboração de quadros conceituais — relativa aos modos mais gerais de entender o mundo, isto é, as realidades deste mundo. A seu ver, as investigações ontológicas devem estar em estreita relação com trabalhos científicos, não havendo uma linha claramente divisória entre hipóteses científicas de certo grau de generalidade e hipóteses ontológicas. O renovado uso do termo 'ontologia' aparece igualmente em outros autores contemporâneos. Mencionamos entre eles Ernest Nagel (ver a bibliografia) e Gustav Bergmann (ver a bibliografia). Este último autor assinala que o 'Há (existe)' quantificado não tem muita relação com a "existência" de que fala a ontologia tradicional, e propõe um "padrão ontológico" — em sua opinião, mais preciso do que o de Quine — constituído por uma linguagem ideal (uma ficção) suscetível de esclarecer muitos problemas filosóficos. Em contrapartida, R. Carnap aborda o problema das questões "chamadas falsamente ontológicas" mediante uma distinção entre "'questões' internas" e "'questões' externas". As primeiras são as suscitadas dentro de um "quadro" qualquer ("quadros" de entidades tais como "o mundo das coisas", "o sistema dos números", "as proposições" etc.). Perguntar "Este x é real ou imaginário?", "Há um número primo maior do que 100?" etc. são questões internas. Em contrapartida, as "'questões' externas" referem-se ao próprio quadro: "Existe o mundo real?" (ou melhor: "Existe a própria 'coisa mundo'?"), "Que classe de ser têm os números (entidades subsistentes, seres ideais, traços sobre o papel com os quais se calcula)?". Essas questões deveriam ser respondidas aparentemente mediante uma investigação que "transcendesse" os "objetos internos". Mas não é o que ocorre, segundo Carnap. As "'questões' externas" referem-se a assuntos desprovidos de conteúdo cognoscitivo e não são propriamente teóricas, são uma *decisão* que o filósofo toma sobre o uso de uma "linguagem", de modo que sua formação *como pergunta teórica* é ambígua e "desencaminhadora". As "'questões' externas" (pseudo-ontológicas) não são propriamente "questões" que necessitem de justificação teórica porque "não implicam nenhuma asserção acerca de uma realidade". A "questão" reduz-se à introdução ou não-introdução, aceitação ou denegação de determinadas "formas lingüísticas" que, seguindo o vocabulário anterior, denominaremos "quadros". Só assim, pensa Carnap, poder-se-ão admitir variáveis de tipos abstratos sem necessidade de aderir ao "platonismo" nem a nenhuma outra doutrina "ontológica". Carnap opõe-se, assim, à acusação de "realismo" feita por Quine e outros autores, e nega que seja legítimo aplicar o termo 'ontologia' à escolha de uma forma lingüística. O problema do *status* das "entidades abstratas" como questão se acha, segundo Carnap, submetido às mesmas restrições apontadas para o problema do "quadro"; só as "asserções internas" podem ser justificadas, seja empiricamente, seja logicamente (pois Carnap continua a manter uma clara distinção entre as duas justificações, ao contrário de Quine, que não admite limites taxativos entre verdade lógica e verdade fática). Todo o erro consistiria, pois, em tratar as "'questões' externas" (que não são propriamente "questões") como "'questões' internas", em vez de referi-las a decisões justificáveis em última análise por seu resultado. O "princípio de tolerância" (nas formas lingüísticas) foi invocado uma vez mais por Carnap sem outras restrições senão a cautela e o espírito crítico nas operações assertivas.

⊃ Para a ontologia em sentido mais propriamente fenomenológico, além de algumas das obras citadas antes (especialmente as de N. Hartmann): E. Husserl, *Ideen*, I, 1913 [referência mais completa a esta obra e à sua nova edição em *Husserliana*, em artigo sobre Husserl]. — H. Conrad-Martius, "Realontologie, I", *Jahrbuch für Philosophie und phänomenologische Forschung*, 6 (1923), 159-333. — G. Jacoby, *Allgemeine Ontologie der Wirklichkeit*, 2 vols.: I (4 fascículos), 1928-1932; II, 1955. — S. Passweg, *Phänomenologie und Ontologie. Husserl-Scheler-Heidegger*, 1939. — J.-P. Sartre, *L'Être et le Néant. Essai d'ontologie phénoménologique*, 1943. — G. D. Johnson, *Bases fundamentales de la ontología fenomenológica*, 1946. — P. Prini, *Verso una nuova ontologia*, 1957. — A. Diemer, *Einführung in die Ontologie*, 1959. — K. Haag, *Kritik der neueren Ontologie*, 1960 [crítica do suarismo, do neotomismo e de Heidegger]. — O. Fechner, *Das System der ontischen Kategorien. Grundlegung der allgemeinen Ontologie oder Metaphysik*, 1962. — J. N. Mohanty, *Phenomenology and Ontology*, 1970. — B. Smith, ed., *Parts and Moments: Studies in Logic and Formal Ontology*, 1982. — M. C. Dillon, *Merleau-Ponty's Ontology*, 1988.

Exposição de tendências da ontologia: A. Müller, *Einleitung in die Philosophie*, 1925. — G. Lehmann, *Die Ontologie der Gegenwart in ihren Grundgestalten*, 1933. — H. Krings, *Fragen und Aufgaben der Ontologie*, 1954. — J. Wahl, *Vers la fin de l'ontologie*, 1956 [sobre Heidegger]. — J. A. Vázquez, *Qué es la ontología?*, 1964. — F. Riu, *Ontología del siglo XX. Husserl, Hartmann, Heidegger, Sartre*, 1966. — M. Natanson, *A Critique of J.-P. Sartre's Ontology*, 1951. — W. H. Werkmeister, "Hegel's Phenomenology of Mind as a Development of Kant's Basic Ontology", em D. E. Christensen, ed., *Hegel and the Philosophy of Religion: The Wofford Symposium*, 1970, pp. 93-110. — R. W. Trapp, *Analytische Ontologie. Der Begriff der Existenz in Sprache und Logik*, 1976. — R. Ahumada, *A History of Western Ontology: From Thales to Heidegger*, 1979. — C. Esposito, *Il fenomeno dell'essere: Fenomenologia e ontologia in Heidegger*, 1984. — I. Dilman, *Quine on Ontology, Necessity, and Experience: A Philosophical Critique*, 1984.

As idéias de Leśniewski mencionadas no texto, em "Ueber die Grundlagen der Ontologie", *Comptes rendus des séances de la Société des Sciences et des Lettres de Varsovie*, Classe III, 1930, pp. 111-132. — As idéias de Quine, em "On What There Is", *Review of Metaphysics*, 2 (1948), 2-38, compilado em *From a Logical Point of View*, 1952, pp. 1-19, e em "Ontology and Ideology", *Philosophical Studies*, 2 (1951), 11-15 [cf. "Notes on the Theory of Reference", *From etc.*, 130-138]. — As idéias de Nagel, em "Nature and Convention", *Journal of Philosophy*, 26 (1929), 169-182; "Logic Without Ontology" em *Naturalism and the Human Spirit*, 1944, ed. Y. H. Krikorian; "In Defense of Logic Without Metaphysics", *Philosophical Review*, 58 (1949), 26-34 [os dois últimos, reimp. no volume de Nagel: *Logic Without Metaphysics*, 1956, pp. 55-102]. — As idéias de Bergmann, em "A Note on Ontology", *Philosophical Studies*, 1 (1950), 89-92, reimp. em *The Metaphysics of Logical Positivism*, 1954, pp. 238-242. — O estudo de Carnap intitula-se "Empiricism, Semantics and Ontology" e foi publicado em *Revue Internationale de Philosophie*, 11 (1950), pp. 20-40. Junto com "On What There Is", de Quine, foi incluído na ontologia de L. Linsky, *Semantics and the Philosophy of Language*, 1952.

Para a história do termo 'ontologia', ver J. Ferrater Mora, "On the Early History of 'Ontology'", *Philosophy and Phenomenological Research*, 24 (1963-1964), 36-47 [deste escrito procedem muitos dos dados contidos neste verbete].

Sobre ontologia aristotélica: M. Werner, *The Meaning of Aristotle's Ontology*, 1954. — W. Leszl, *Aristotle's Conception of Ontology*, 1975. Ontologia medieval: A. Müller, "Sein und Geist. Systematische Untersuchungen über Grundproblem und Aufbau mittelalterlicher Ontologie", *Beiträge zur Philosophie und ihrer Geschichte*, 7 (1940). — É. Gilson, *L'Être et l'Essence*, 1948. — E. Booth, *Aristotelian Aporetic Ontology in Islamic and Christian Thinkers*, 1983.

Para a ontologia em sentido neo-escolástico, ver os manuais em que se apresentam as distintas disciplinas de acordo com essa tendência: Cardeal Mercier, Collin, Gredt, Ponce de León e outros. — Ver também bibliografia do verbete SER.

Para a ontologia em sentido crítico: N. Hartmann, "Wie ist Kritische Ontologie uberhaupt möglich?", *Festschrift für Paul Natorp*, 1923, reimp. em *Kleinere Schriften*, III, pp. 268-313. — *Id.*, *Zur Grundlegung der Ontologie*, 1935. — *Id.*, *Möglichkeit und Wirklichkeit*, 1938. — *Id.*, *Der Aufbau der realen Welt*, 1940. — *Id.*, *Philosophie der Natur*, 1950. — *Id.*, *Teleologisches Denken*, 1951. — Também de N. Hartmann: *Neue Wege der Ontologie*, 1942. — [Sobre N. Hartmann: O. Samuel, *A Foundation of Ontology*, 1954. — K. Kanthack, *N. H. und das Ende der Ontologie*, 1962. — A. Pescador, *Ontología*, 1966.] — P. Häberlin, *Naturphilosophische Betrachtungen: eine allgemeine Ontologie, I. Einheit und Vielheit*, 1939. — R. Zocher, *Die philosophische Grundlehre: eine Studie zur Kritik der Ontologie*, 1939. — A. Brunner, *Der Stufenbau der Welt*, 1950. — J. Feibleman, *Ontology*, 1951. — Caspar Nink, *Ontologie. Versuch einer Grundlegung*, 1952. — *Id.*, *Zur Grundlegung der Metaphysik. Das Problem der Seins- und Gegenstandskonstitution*, 1957 [desenvolvimento da obra anterior]. — P. Weiss, *Modes of Being*, 1957. — H. W. Schneider, *Ways of Being. Elements of Analytic Ontology*, 1962. — Para Husserl, ver a bibliografia de HUSSERL (EDMUND). — M. Meyer, *Pour une critique de l'ontologie*, 1991.

Ontologia crítico-especulativa: L. Lavelle, *Introduction à l'ontologie*, 1947. — P. Weiss, *op. cit. supra*. C

ONTOLÓGICA (PROVA). A prova de Santo Anselmo (VER) para a existência de Deus foi chamada desde Kant prova ontológica, e também argumento ontológico. Embora com razão esta expressão seja considerada pelo menos "desencaminhadora" e se proponha muitas vezes restabelecer o nome de "prova anselmiana", o fato de se ter continuado a empregar na maioria dos textos filosóficos o nome que Kant lhe deu torna conveniente limitar-se a esse uso. Como uma das demonstrações tradicionais da existência de Deus, ela teria de ser examinada no verbete correspondente (ver DEUS. *III. Provas de sua existência*). Em função de sua importância capital, não obstante, nós a abordamos aqui separadamente.

Tal como foi formulada, em especial nos quatro primeiros capítulos do *Proslogion*, a prova se desenvolve como segue: Santo Anselmo — para quem, como é sabido, a fé requer o entendimento, em virtude de que Deus dá o entendimento à fé — afirma no cap. II que, segundo os *Salmos* (14,1), o néscio disse em seu coração: não há Deus. Esse Deus é algo maior do que o qual nada pode ser pensado. Mas quando o néscio ouve essa expressão, entende o que ouve e o que entende "está em seu entendimento" mesmo que ele não entenda que esse algo maior do que o qual nada pode ser pensado exista. Pois uma coisa é a presença de algo no entendimento, e outra, entender que o que está no entendimento existe. Ora, o néscio deve admitir que o que ouve, e entende, está no entendimento. Mas, além disso, deve estar na realidade. Com efeito, se aquilo maior do que o qual nada pode ser pensado só estivesse no entendimento, não seria o maior do que o qual nada pode ser pensado, pois lhe faltaria para isso ser real. "Se aquilo maior do que o qual nada pode ser pensado — diz Santo Anselmo — está unicamente no entendimento, aquilo mesmo maior do que o qual nada pode ser pensado será algo maior do que o qual é possível pensar algo." Portanto, deve existir, tanto no entendimento como na realidade, algo maior do que o qual nada pode ser pensado, e esse algo é precisamente Deus.

As diferentes formas assumidas pela prova são a repetição a partir de diversos ângulos da mesma série de argumentos. "Se se pode pensar a inexistência de algo maior do que o qual nada pode ser pensado, aquilo mesmo maior do que o qual nada pode ser pensado não é algo maior do que o qual nada pode ser pensado; e isso se mostra contraditório. Assim, pois, é tão certo que existe algo maior do que o qual nada pode ser pensado que é impossível pensar que não exista." É o que diz o cap. III do *Proslogion*. E o cap. IV reforça a argumentação: "Se, ou melhor dizendo, posto que verdadeiramente pensou (já que disse em seu coração) e, ao mesmo tempo, não disse em seu coração (já que não pôde pensar), resulta que não há um único modo de dizer no coração ou de pensar. Com efeito, não se pensa uma coisa do mesmo modo quando se pensa a palavra que significa, que quando se entende a própria essência da coisa. Pois do primeiro modo é possível pensar que Deus não existe, mas do segundo modo não o é, muito pelo contrário. Portanto, ninguém que entenda o que é Deus pode pensar que Deus não é, a não ser que ele diga essas palavras em seu coração sem nenhum significado ou com algum significado estranho. Porque Deus é aquilo maior do que o qual coisa alguma pode ser pensada. Aquele que entende bem isto também entende que Deus existe, de modo que a possibilidade de sua inexistência não cabe no pensamento. Logo, aquele que entende que Deus existe desse modo não pode pensar que Deus não existe".

Afora os argumentos a favor da prova anselmiana e contra ela, a que nos referiremos depois sumariamente, a prova em questão foi objeto de muitas discussões acerca do que ela propriamente diz, ou significa, e também com referência a se é uma única prova, ou se são várias provas, vinculadas ou não entre si. As discussões em questão chegaram até nossa época. Para dar apenas um exemplo, mencionamos a opinião de Norman Malcolm (cf. bibliografia), segundo o qual há no *Proslogion* dois argumentos ontológicos distintos: 1) Algo é "maior" (*maius*) se existe do que se não existe; 2) Algo é maior se existe necessariamente do que se não existe necessariamente. O argumento 1), diz Malcolm, funda-se na idéia de que a existência é uma perfeição; o argumento 2), na idéia de que a impossibilidade lógica de não-existência é uma perfeição. A "primeira prova" foi a que ocupou mais os filósofos que se propuseram a dilucidar a validade do argumento anselmiano. Muitos filósofos entenderam o argumento como a afirmação de que o maior que se pode pensar deve ser real, pois, caso contrário, faltando-lhe a realidade, não seria o maior que se pode pensar, mas simplesmente a idéia do maior pensável. O maior que se pode pensar é também, portanto, o perfeito. Se se trata de uma passagem da essência à existência não é, pois, a passagem de toda essência a toda existência, mas tão-somente o fato de que, quando se trata de um ser perfeito e infinito, a existência está implicada por sua essência. Com isso, refuta-se já pelo próprio Santo Anselmo a objeção de Gaunilo (VER) em seu *Liber pro insipiente*. O fato de que uma idéia como a de ilha perfeita não necessite estar na realidade não é motivo suficiente, diz Santo Anselmo, para que deixe de estar nela a própria perfeição infinita. Pois entre os dois tipos de perfeição há uma diferença fundamental: o primeiro é o perfeito em seu gênero e é a qualidade de uma coisa; o segundo é o perfeito em si, e é a própria coisa. Não se estranhe, pois, que a partir de Santo Anselmo a posição tomada diante da prova seja decisiva para a intelecção do sentido de uma filosofia. O que não quer dizer que as filosofias que a admitem ou que a rejeitam fiquem por si radicalmente unidas. Basta comprovar os nomes de seus representantes. Duns Scot, Descartes, Leibniz, Malebranche, Hegel admitem, com variantes e diferentes fundamentações, a prova anselmiana. Com outras variantes e fundamentos, Santo Tomás, Gassendi, Locke, Hume e Kant a rejeitam. Indiquemos sumariamente em que se funda em cada caso a aceitação ou a rejeição.

Santo Tomás critica a prova (*S. theol.*, I, q. II, a 1; também *Cont. gent.*, I, 2). Posta em forma silogística, depois universalmente admitida pelo tomismo, concede-se a maior (que por Deus se entende o ser maior que pode ser pensado), mas se distingue a menor (que deixaria de ser o maior e mais perfeito que se pode pensar se não existisse atualmente). Com efeito, concede-se que deixaria de ser o sumo, mas o fato de que se não tivesse existência extramental deixaria de ser o sumo é admitido só na ordem real, não na ordem ideal. Como vimos (DEUS, *III. Provas de sua existência*), a proposição 'Deus existe' é evidente em si mesma (*per se nota quoad se*), mas não com relação a nós (*quoad nos*); portanto, pode-se demonstrar que Deus existe, mas não por uma prova *a priori* nem *a simultaneo*, mas unicamente *a posteriori*. Daí as célebres *quinque viae* propostas por Santo Tomás (VER); parte-se em cada caso de um efeito, de um grau de perfeição etc., para chegar à causa primeira, ao ser perfeito etc. Nas *Quaestiones super Sententiarum (Opus Oxoniense*, I, dist. 2, q. 2), Duns Scot procura, em contrapartida, uma defesa da prova anselmiana, ou de diversas formas desta prova, sempre que se proceda a modificá-la (*colorari*) em alguns aspectos. Segundo Duns Scot, a prova em questão pode ser modificada ou retocada (*coloratur*) do seguinte modo: o que existe é mais cognoscível do que o que não existe, isto é, pode ser conhecido mais perfeitamente. O que não existe em si mesmo, ou em algo mais nobre ao qual acrescenta algo, não pode ser influído. Mas o influível (*visível*) é mais perfeitamente cognoscível do que o não-influível; portanto, o ser mais perfeito que se pode conhecer existe. Duns Scot enfatiza que para aceitar a prova anselmiana é preciso partir de que Deus é um ser cognoscível sem contradição; só por ser "o ser maior que se pode pensar" com respeito à sua essência, será o "ser maior" com respeito à sua existência. Se o "ser maior que se pode pensar" estivesse só no entendimento que o pensa, poderia ao mesmo tempo existir (já que o pensável é possível) e não existir (já que não lhe convém existir por meio de uma causa alheia). Para Guilherme de Occam (*Quodlibeta*, I, q. 1), o nome 'Deus' pode ser descrito pelo menos de dois modos. Um é: "Deus é algo mais nobre e perfeito do que qualquer outra coisa distinta Dele". O outro é: "Deus é aquilo mais nobre e perfeito do que o qual não há nada". Se nos atemos à primeira descrição, não se pode provar conclusivamente, diz Occam, que só há um Deus. Com efeito, não é sabido com evidência que Deus, entendido nesse sentido, existe. A proposição "Deus existe" não é conhecida por si mesma, já que muitos duvidam dela. Não pode ser provada partindo de proposições conhecidas por si mesmas, pois em todo argumento desse tipo haverá algo duvidoso assumido pela fé. Tampouco é conhecido por experiência. Se nos atemos à segunda descrição, não podemos provar com evidência a unidade (unicidade) de Deus, e também não podemos provar com evidência a proposição "A unidade (unicidade) de Deus não pode ser provada conclusivamente". Em suma, atendo-nos à segunda descrição, não podemos provar que Deus existe. Que há Deus, e que Deus é como propomos que é, é algo que derivamos tão-somente da fé (*hoc fide tantum tenemus*).

A prova anselmiana foi defendida por Descartes em várias passagens de suas obras, e especialmente nas *Meditações* (III, V) e "Respostas às Objeções" (I, II, IV e V).

Há diferenças entre a prova anselmiana e a prova cartesiana nas quais não podemos deter-nos aqui; só enfatizaremos que Descartes insiste na idéia de infinitude, e indica que enquanto é certo que possuímos a idéia de infinito, e inclusive que essa idéia é mais clara do que a do finito, essa idéia não pode ter surgido de um ser finito, tendo de ter sido depositada nele por um ser infinito, isto é, Deus. Como disse depois Malebranche, o finito só pode ser visto através do infinito e "a partir" do infinito. Não se trata, pois, tanto de uma prova que vai à existência partindo da essência (de uma certa e única essência), mas da intelecção de todo ser a partir do nível da infinita essência existente.

Leibniz defende a prova introduzindo sua conhecida correção: não basta passar da idéia de ser infinito e perfeito à realidade, devendo-se outrossim demonstrar previamente sua possibilidade. Mas como a possibilidade é demonstrada, a realidade se mostra patente. Não é preciso mencionar apenas que as direções empiristas rejeitam energicamente a prova, e que essa rejeição se deduz facilmente dos pressupostos do pensamento de Gassendi, e especialmente do de Locke e de Hume. A separação estabelecida por este último entre as proposições analíticas e as que se referem a fatos seria suficiente para dar uma base à crítica da prova, mas, além disso, observa-se que um raciocínio *a priori* não pode produzir qualquer entidade, já que não há nenhuma experiência limitadora. No fundo, portanto, o pressuposto último da aceitação ou rejeição da prova consiste na ontologia que cada um dos pensadores tem como base de seu pensamento. Uma ontologia realista está a favor da prova; uma ontologia nominalista, contra ela. Ora, essa indicação não expressa tampouco as bases *específicas* a partir das quais a prova é tratada. Isso acontece sobretudo no caso de Santo Tomás e de Kant. A rejeição por parte de Santo Tomás da prova anselmiana não se deve, evidentemente, a um nominalismo, nem tampouco a uma idéia do ser distinta da tradicional: trata-se antes de uma distinção — manifesta na menor — entre o ser tal como é concebido por nós (o que se concede) e tal como é realmente (o que se nega), pois nesse caso a evidência só poderia ser uma verdade, *nota per se*. Sua rejeição por parte de Kant, em contrapartida, deve-se ao fato de acentuar-se com plena maturidade uma idéia do ser em cujo âmbito não pode inscrever-se a prova ontológica.

Kant escreveu que "ser" (*Sein*) não é um predicado real, ou seja, um conceito de uma coisa, mas a posição (*Setzung*) da coisa ou de certas determinações em si mesmas. "No uso lógico — escreve Kant (*KrV* A 598/ B 626) —, não é mais que a cópula de um juízo. A proposição *Deus é todo-poderoso* contém dois conceitos que têm seus objetos: Deus e todo-poderoso. O termo *é* não é por si mesmo ainda um predicado, mas unicamente o que *põe em relação* o predicado com o sujeito. Ora, se tomo o sujeito (Deus) com todos os seus predicados (nos quais está igualmente incluída a onipotência), e digo que *Deus é* ou que *Ele é um Deus*, não acrescento nenhum predicado novo (isto é, nenhum conceito-predicado) ao conceito de Deus; não faço senão pôr o sujeito em si mesmo com todos os seus predicados e ao mesmo tempo, é claro, o *objeto* que corresponde a meu *conceito*. Ambos devem conter exatamente a mesma coisa e, portanto, não se pode acrescentar ao conceito que expressa simplesmente a possibilidade nada mais pelo fato de que eu concebo (mediante a expressão *é*) o objeto como dado absolutamente." Em outros termos, o real não contém mais notas do que o possível (pensado); cem táleres reais não contêm mais (em meu pensar) do que cem táleres possíveis. Para que haja realidade, deve haver um ato de "posição" dela, sem que seja suficiente supor que o objeto está contido analiticamente no conceito. Ora, o fato de que o ser não seja um predicado real transtorna radicalmente a própria possibilidade de dar uma significação às proposições do argumento ontológico. Segundo Kant, que nisto estaria plenamente dentro da linha de Hume, não pode haver separação entre a coisa e a existência da coisa; ambas são, dizia Hume, uma mesma realidade, de tal modo que a proposição 'Algo existe' não é a agregação de um predicado, mas a expressão da crença ("a posição") na coisa (cf. *Treatise on Human Nature*, I, ii, 6). Com isso, nega-se o que constituíra o pressuposto próprio não só da prova anselmiana como também das formas que lhe deram Leibniz e Descartes. O pertencer a existência às perfeições, o demonstrar a própria possibilidade da idéia de perfeição absoluta não são neste caso suficientes, pois o que fica aqui transtornada é a própria função do juízo. Em sua análise da prova ontológica, Brentano (*Vom Dasein Gottes*, ed. A. Kastil, 1929, pp. 20ss.) avalia que as considerações de Hume são muito profundas, embora negue que "A" e "existência de A" sejam o mesmo pensamento. "Ocorre na verdade — diz Brentano — que no segundo caso 'A' é unido com a representação de uma crença justificada", posto que "existência de A" seria um conceito mais complexo do que Hume supõe. O necessário em si, assinala Brentano, pode existir, embora não se diga em que consiste. Menos sujeita à objeção é a crítica de Kant, na qual não se identifica a existência de uma coisa com a coisa, nem se supõe que a crença é uma classe especial de representação, nem se afirma a falta de relação do juízo existencial, nem, por fim, se supõe contraditória a idéia de uma existência absolutamente necessária. Em contrapartida, Brentano não admite o caráter puramente sintético do juízo existencial. Para Kant, o juízo existencial é um juízo categórico no qual a relação entre sujeito e predicado não é uma relação entre dois conceitos, mas entre um conceito que ocupa o lugar do sujeito, e o objeto. Para Brentano, o erro de Kant é considerar, como já o fizera Santo Tomás (com pressupostos distintos), que o juízo é uma *comparatio rei et intellectus*, *comparatio* que teria aqui o mesmo sentido do relacionar ou *Beziehen* kantiano. A falha da prova ontológica seria, pois, a procedente de um "paralogismo por equívoco" (*op. cit.*, p. 39). Com efeito, diz Brentano, em todos os nomes há equívocos por tríplice substituição 1) quando a palavra substitui a coisa, 2) o conceito, ou 3) a própria palavra. O que ocorre com o argumento ontológico é, pois, uma confusão: a de uma definição nominal com uma definição real, e a de um juízo negativo com um juízo afirmativo. Em outros termos, no argumento se supõe que Deus é um ser infinitamente perfeito quando isso pressupõe o que se procurava demonstrar, isto é, a existência de Deus. Com isso, cabe afirmar que o que reside na natureza de uma coisa não pode ser dito *a priori* categoricamente, mas só hipoteticamente. A opinião kantiana de que "a absoluta necessidade do juízo não é uma necessidade absoluta das coisas" deve ser, pois, transformada na idéia de que, no que diz respeito ao ser perfeito, sua verdade é necessária, embora não para nós apriórica. Assim, Brentano chega a uma delimitação precisa das possibilidades da prova que o conduz a rejeitá-la em sua formulação tradicional sem por isso cair numa ontologia de viés claramente nominalista. A conclusão de suas argumentações foi dada pelo próprio filósofo numa série de proposições que definem o conceito de possibilidade dentro do quadro de um amplo empirismo. Assim, se Deus é verdadeiro, é necessariamente verdadeiro; se é falso, é necessariamente falso; se é possível, é necessariamente possível; se não é possível, é necessariamente impossível. Em outras palavras, se 'Deus é' não é necessariamente falso, é (necessariamente) verdadeiro que seja.

A análise de Brentano permite compreender alguns dos mais graves problemas lógicos e ontológicos ocultos na prova anselmiana, mas esta continuou a ser examinada a partir de ângulos muito diversos na filosofia contemporânea. Aqueles que, seguindo Hegel, consideraram que "o finito é algo não verdadeiro" reabilitaram a prova, possivelmente porque o fundo último desta consiste na afirmação do infinito atual como realidade positiva e não, como assinalava já Hegel, a contraposição da representação e existência do finito com o infinito. Quando se negou por parte dos idealistas o esforço hegeliano da prova, foi — como no caso de Bradley — porque se tendeu a fazer uma distinção entre a perfeição teórica (cuja demonstração se admitiu) e a perfeição prática (cuja prova se negou) (cf. *Appearance and Reality*, pp. 149-150). Alguns procuraram uma demonstração do necessário pelo valioso; assim, Lotze assinala que, desse ponto de vista, "o *contingente* conota o que realmente existe, mas não tem nenhuma significação em virtude da qual necessite existir"; o necessário, em contrapartida, "conota não algo que deve ser algo, mas algo tão incondicionalmente valioso que somente em virtude dele merece uma incondicional existência". Com isso, "só nesse sentido pode-se dizer que o Princípio do Universo é necessário" (*Mikrokosmos*, IX, cap. IV, § 2).

Quanto às tendências empiristas, costumaram rejeitar a prova ou consideraram que ela remete, no máximo, a um fato suficiente, mas não a uma razão suficiente que seja, além disso, existente. Pois a razão suficiente seria unicamente de caráter analítico e tautológico, mas nunca poderia ter um fundamento existencial. Assim, algumas das últimas tendências, ao mesmo tempo empiristas e analíticas, rejeitaram a prova — e, em geral, toda argumentação acerca de um princípio transcendente — não só pela alegada impossibilidade de sua comprovação ou verificação empírica, ou pelas falhas descobertas na própria trama da argumentação racional, mas porque as proposições nela contidas foram consideradas carentes de significação, isto é, pseudoproposições que não se referem nem ao lógico-tautológico nem ao empiricamente comprovável.

O interesse pela prova ontológica ressurgiu com os trabalhos de Norman Malcolm e Charles Hartshorne. Já indicamos anteriormente que Malcolm distingue entre duas provas (ou dois argumentos) em Santo Anselmo. A prova mais interessante é, segundo Malcolm, não a primeira — como pensou a maioria dos autores —, mas a segunda. Dela se extrai que se se concebe um ser maior do que o qual nada existe, esse ser é um ser do qual cabe dizer, em termos de lógica modal, que é necessário. O fato de que esse ser exista ou não é necessário; é logicamente necessário que exista ou é logicamente necessário que não exista (isto é, é logicamente impossível que exista). Se não há contradição em admitir que existe, pode-se concluir que existe necessariamente. Hartshorne é pródigo num argumento similar, fundando-se numa idéia, que qualifica de "neoclássica", segundo a qual "a perfeição não é um estado, um *actus purus*, mas um devir". A perfeição é, em suma, perfectibilidade. Assim, quanto mais perfeito é um ser, menos atual é, de modo que "o infinito absoluto da potencialidade divina" é "a coincidência (ou co-extensividade) com a possibilidade como tal". Hartshorne recorre às leis da lógica modal, de acordo com as quais dizer 'p é possível' equivale a dizer 'necessariamente p é possível', e dizer 'é possível que p seja necessário' equivale a dizer 'necessariamente p é necessário', e considera que é válida a prova ontológica (que se transforma então em "prova modal") da existência de Deus.

⊃ Tradução do *Proslogion*, por R. P. Labrousse, *La razón y la fe*, 1945, com o *Liber pro insipiente*, de Gaunilo, a resposta de Santo Anselmo e textos relativos ao argumento ontológico de Santo Tomás, Duns Scot, Descartes, Gassendi, Malebranche, Locke, Leibniz, Hume, Kant e Hegel. — Em português, *Proslogion,* 1996. — Ver também a bibliografia do verbete Deus, no item das obras relativas às provas de sua existência, e em particular a obra de A. Daniels, *Quellenbeiträge und Untersuchungen zur Geschichte der Gottesbeweise im dreizehnten Jahrhundert, mit besonderer Berücksichtigung der Arguments im Proslogion des heiligen Anselms*, 1909. Sobre a prova anselmiana e sua história, ver: G. Runze, *Der ontologische Gottesbeweis. Kritische Darstellung seiner Geschichte seit Anselms bis auf die Gegenwart*, 1881. — P. Ragey, *L'argument de Saint Anselme*, 1894. — O. Paschen, *Der ontologische Gottesbeweis in der Scholastik*, 1903. — M. Esser, *Der ontologische Gottesbeweis und seine Geschichte*, 1905. — O. Jasniewicz, *Der Gottesbegriff und die Erkennbarkeit Gottes von Anselm von Canterbury zu René Descartes*, 1906. — Karl Barth, *Fides Quaerens Intellectum. Anselms Beweis der Existenz Gottes*, 1931; 2ª ed., 1958. — Herbert Lamm, *The Relation of Concept and Demonstration in the Ontological Argument*, 1940. — J. Marías, *San Anselmo y el insensato y otros estudios de filosofía*, 1944. — J. L. Springer, *Argumentum ontologicum. Existentiëele interpretatie van het speculatieve Godsbewijs in het Proslogion van S. Anselmus*, 1947. — O. Herrlin, *The Ontological Proof in Thomistic and Kantian Interpretation*, 1950. — M. C. Hernández, "Introducción al estudio del argumento ontológico", *Revista de filosofía* [Madri], 11 (1952), 3-86. — F. Borrelli, *L'argomento ontologico nei grandi pensatori*, 1953. — M. Guéroult, *Nouvelles réflexions sur la preuve ontologique de Descartes*, 1955. — S. Moser, *Metaphysik einst und jetzt. Kritische Untersuchungen zu Begriff und Ansatz der Ontologie*, 1959 [especialmente Aristóteles, Santo Tomás, Suárez, neo-escolástica, N. Hartmann, M. Heidegger]. — H. Hochbertg, "St. Anselm's Ontological Argument and Russell's Theory of Descriptions", *New Scholasticism*, 33 (1959), 319-330 [a "teoria das descrições", de Russell, reflete, segundo o autor, as objeções de Santo Tomás e de Kant]. — N. Malcolm, "Anselm's Ontological Arguments", *Philosophical Review*, 69 (1960), 41-62 [comentários a este trabalho de Norman Malcolm por R. E. Allen, R. Abelson, T. Penelhum, A. Plantinga, P. Henle e G.B. Matthews em *Philosophical Review*, 70 (1961), 56-111]. — D. Henrich, *Der ontologische Gottesbeweis. Sein Problem und seine Geschichte in der Neuzeit*, 1960. — H. Scholz, "Der Anselmische Gottesbeweis" [escrito em 1950-1951], no volume do autor *Mathesis universalis. Abhandlungen zu Philosophie als strenger Wissenschaft*, 1961, ed. H. Hermes, F. Kambartel e J. Ritter, pp. 62-74. — Charles Hartshorne, *The Logic of Perfection, and Other Essays in Neoclassical Metaphysics*, 1962. — Id., *Anselm's Discovery: A Re-Examination of the Ontological Proof for God's Existence*, 1965. — J. Kopper, *Reflexion und Raisonnement im ontologischen Gottesbeweis*, 1962. — J. Moreau, *Pour ou contre l'insensé: Essai sur la preuve anselmienne*, 1967. — J.

Vuillemin, *Le Dieu d'Anselme et les apparences de la raison*, 1971. — J. Barnes, *The Ontological Argument*, 1972. — J. Hopkins, *A Companion to the Study of St. Anselm*, 1972. — R. E. Lacroix, *Proslogion II and III: A Third Interpretation of Anselm's Argument*, 1972. — W. L. Gombocz, *Ueber E! Zur Semantik des Existenzprädikates und des ontologischen Arguments für Gottes Existenz von Anselm von Canterbury*, 1974. — R. D. Shofner, *Anselm Revisited: A Study of the Role of the Ontological Argument in the Writings of Karl Barth and Charles Hartshorne*, 1974. — G. Schufreider, *An Introduction to Anselm's Argument*, 1978. — G. L. Goodwin, *The Ontological Argument of Ch. Hartshorne*, 1979. — R. Brecher, *Anselm's Argument: The Logic of Divine Existence*, 1985.

Bibliografia: T. L. Miethe, "The Ontological Argument: A Research Bibliography", *Modern Schoolman*, 54 (1977), 148-166. ℭ

ONTOLÓGICO. Ver ÔNTICO; ONTOLOGIA; ONTOLÓGICA (PROVA).

ONTOLOGISMO. Entende-se por 'ontologismo', na teoria do conhecimento, a tendência a considerar de modo exclusivo e parcial o objeto do conhecimento como o *primo* do qual deriva a legitimidade do próprio conhecer. A ontologia transforma-se então em base da gnosiologia e mesmo da epistemologia. Contudo, o ontologismo não coincide exatamente com o realismo filosófico e epistemológico, mesmo que historicamente tenha surgido de uma oposição taxativa às correntes idealistas. Com efeito, muitas das tendências realistas, sobretudo entre as contemporâneas, não são, no sentido antes apontado, ontologistas, rejeitando antes toda trama ontológica do real em virtude de pressupostos empíricos e em ocasiões inclusive explicitamente nominalistas. Essa diferença pode ser observada na própria origem da corrente ontologista, tal como foi explícita e conscientemente admitida pelos ontologistas italianos. Gioberti começou por contrapor o ontologismo ao psicologismo, especialmente de tipo cartesiano, afirmando que este último parte de um dado psíquico interior e deduz o inteligível do sensível, isto é, em última análise, a ontologia da psicologia. Mesmo Rosmini, que de um ponto de vista mais geral pode ser qualificado de ontologista, é para Gioberti um pensador demasiado inclinado à fundamentação "psicológica". Assim, embora a filosofia de Rosmini seja, em muitos aspectos, tão ontologista quanto a de Gioberti, inclina-se no que se refere ao conhecimento de Deus à aceitação de um processo mediato. Em contrapartida, Gioberti propõe uma mudança radical no que tange a qualquer ponto de partida psicológico: o primado — diz ele — pertence ao inteligível, de tal modo que se no domínio do conhecimento a compreensão do ente é imediata e direta, no domínio do ser pode-se chegar a sustentar inclusive, como faz precisamente esse autor, que *l'ente crea l'essistente*. Dessa maneira, na concepção dos ontologistas, o Ser soberano, tal como as idéias eternas e universais do criado, constitui o objeto direto ou imediato da inteligência. Por isso, qualificou-se também de ontologista o realismo anselmiano da chamada prova ontológica (VER), embora para muitos seja preciso estabelecer uma clara distinção entre ambos os tipos de pensamento, de sorte que não basta uma posição inatista ou uma adesão à possibilidade da argumentação anselmiana para chamar uma doutrina de ontologista. Os ontologistas, e não apenas Gioberti e Rosmini, mas toda uma série de pensadores católicos, afirmam que sua teoria não identifica Deus com as idéias universais e eternas, e menos ainda faz Dele a "Idéia das idéias"; ela se limita a sustentar a imediata percepção intelectual do Ser soberano em virtude de ser este o objeto direto e formal da inteligência, e até em virtude de a inteligência não poder alcançar nenhum outro objeto a não ser mediante essa percepção primária. Daí que o ontologismo reivindique como seus antecessores uma série de filósofos que, como Platão, Santo Agostinho, Santo Anselmo, São Boaventura e Malebranche, podem em certa medida ter sido defensores de tal tese. Alguns opinaram que também Gratry é ontologista, mas é evidente que ele não só rejeitou formalmente o ontologismo como também, e sobretudo, sua doutrina de Deus não poderia ser admitida por um realismo ontológico como o de Rosmini. Em contrapartida, os adversários do ontologismo sustentam que não é legítimo esse apoio na tradição filosófica; apenas Malebranche e alguns partidários seus — como, por exemplo, Arthur Collier e John Norris — podem ser tidos como um antecedente claro do ontologismo contemporâneo ao afirmarem que "vemos todas as coisas em Deus" e, por conseguinte, que este é a única causa eficiente de tudo, incluindo — o que é decisivo para este ponto — a visão que a mente tem das coisas. De fato, quando afirma que Deus contém o mundo inteligível e os espíritos finitos, Malebranche tem de sustentar ao mesmo tempo que estes se acham em comunicação direta com aquele; portanto, o ontologismo parece encontrar-se na base ou dentro dos pressupostos de sua doutrina. Esse é também, de resto, o caso do ontologismo italiano e de seus seguidores. Pensar é para eles apreender o inteligível, de tal maneira que o psicológico ou gnosiológico não podem derivar do ontológico, havendo, de todo modo, o processo inverso.

O ontologismo foi rejeitado pela hierarquia católica como heterodoxo. Em 1852, foram proibidas algumas obras de Gioberti, e o Decreto de 1861 confirmou a condenação de sete proposições, entre as quais são sobretudo importantes, do ponto de vista filosófico, as que ensinam o conhecimento imediato de Deus, a não distinção real dos universais considerados objetivamente com referência a Deus, e a criação produzida quando Deus, através do próprio ato especial pelo qual se conhece e se vê como distinto da criação determinada, produz a criatura. Os ontologistas, que tiveram adeptos sobretudo na Itália, França e Bélgica, alegaram que a condenação só afeta o panteísmo, mas não a doutrina filosófica ontologista, mesmo que as relações entre ambos sejam em muitos casos estreitas, e unicamente uma sutil distinção pode cortar certas derivações panteístas do ontologismo quando este é sustentado num sentido suficientemente radical.

⊃ Para a história geral do ontologismo e da tradição ontologista: A. Fonck, "Ontologisme", no *Dictionnaire de théologie catholique*, de Vacant-Mangenot-Amann, t. XI, Pt. I (1931), cols. 1000-1061.

Para o ontologismo medieval: E. Bettoni, *Il problema della conoscibilità di Dio nella scuola franciscana*, 1950.

Para o ontologismo de Malebranche: Wilhelm Paul, *Der Ontologismus des M.*, 1907.

Para o ontologismo italiano: C. Prisco, *Gioberti e l'ontologismo*, 1867. — K. Werner, *Die italienische Philosophie des 19. Jahrhunderts*, 5 vols., 1884-1886, especialmente vols. II (*Der Ontologismus als Philosophie des nationalen Gedankens*) e III (*Die kritische Zersetzung und spekulative Umbildung des Ontologismus*). — P. Dezza, *L'ontologismo di A. Rosmini e la critica di S. Sordi*, 1941. — P. Carabellese, *Da Cartesio a Rosmini. Fondazione storica dell'ontologismo critico*, 1946. — S. Scimè, *Il trionfo dell'ontologismo in Sicilia. Giuseppe Romano (1810-1878)*, 1949 [trata igualmente de Gioberti]. — G. Semerari, "L'ontologismo critico di Pantaleo Carabellese", *Giornale Critico della Filosofia Italiana*, 10 (1979), 26-49.

Obras de exposição e polêmica: F.-A. F. Hugonin, *Ontologie ou étude des lois de la pensée*, 2 vols., 1857. — J. Fabre, *Défense de l'ontologisme*, 1862. — *Id.*, *Réponse aux lettres d'un sensualiste contre l'ontologisme*, 1864. — A. Lepidi, *Examen philosophico-theologicum de ontologismo*, 1864. — Jean Sans-Fiel, *De l'ortodoxie de l'ontologisme modéré et traditionnel*, 1869. — J. Kleutgen, *Die Verurteilung des Ontologismus*, 1867. — T. M. Zigliara, *Della luce intellettuale e dell'ontologismo*, 1874.

Obra de análise dos pressupostos do ontologismo: G. Bonafede, *Le ragioni dell'ontologismo*, 1942. ⊂

ONTOSOFIA. Ver Ontologia.

ONTOTEOLOGIA. Heidegger falou da constituição ou estrutura ontoteológica da metafísica (*Identität und Differenz* [1957], parte intitulada "Die onto-theo-logische Verfassung der Metaphysik"). Cada um dos elementos componentes dessa expressão é conhecido: o "onto", que se refere ao ente (ou ao ser); o "teo", que se refere a Deus (ou aos deuses); o "logos", que se refere ao saber, ou ao saber enquanto "falar". Além disso, são conhecidos os nomes das "disciplinas" incluídas na expressão: ontologia (VER) e teologia (VER). No entanto, ao longo de uma análise da idéia hegeliana do ser — e especialmente da equiparação por Hegel de "Ser" com "a Idéia absoluta" —, Heidegger manifesta que é preciso experimentar em seu próprio fundo o que os termos 'ontologia', 'teologia' (e 'ontoteologia') dizem. A estrutura "ontoteológica" da metafísica tem de revelar por que entraram na filosofia Deus e o Ser, e, além disso, por que se apresentaram como "objetos" do "logos", como sistema articulado de saberes. Isso só pode ser averiguado, segundo Heidegger, por meio de uma espécie de revivescência da história do pensamento ocidental enquanto explicitação da "duplicidade" em que consiste a "diferença ontológica" (ver DIFERENÇA; ÔNTICO). Referindo-se a um texto de Leibniz [Gerhardt, VII, 298ss.], Heidegger indica que "a metafísica corresponde ao Ser como λόγος e é, portanto, em sua característica fundamental e em todo caso Lógica, mas uma Lógica que pensa o Ser do ente; por conseguinte, a Lógica determina pelo diferente da diferença (*vom Differenten der Differenz*) ontoteológica (*Identität*, p. 68). A penetração na constituição ontoteológica da metafísica assinala um modo possível de responder à pergunta "Como Deus entrou na filosofia?" com base na "essência da metafísica" (*op. cit.*, p. 70).

OÑA, PEDRO DE (1560-1626). Nascido em Burgos, ingressou na Ordem das Mercês, da qual foi nomeado Provincial de Castela. Lecionou filosofia num Colégio mercedário de Alcalá e em Compostela. Seguidor da tradição tomista no que se refere ao fundamental, o que caracteriza a obra de Pedro de Oña é seu desejo de incorporar a ela outros elementos, como certas tendências do humanismo renascentista, assim como a amplitude de suas fontes, entre as quais ele inclui os comentadores gregos de Aristóteles. Pedro de Oña dedicou-se especialmente à lógica e à física (em sentido aristotélico).
⊃ Obras filosóficas principais: *Almae Florentissimae Complutensium Accademiae. Commentaria una cum quaestionibus super universam Aristotelis Logicam Magnam dicata*, 1588. — *Super octo libros Aristotelis de Physica abscultatione. Commentaria una cum quaestionibus*, 1593.
Ver: V. Muñoz, "Las Súmulas de lógica del curso de filosofía de Fray P. de O. (1560-1626)", *Estudios* [Madri], 17 (1961), 411-436. ⊂

OPACO, TRANSPARENTE. Em *Word and Object*, 1960, § 30, Quine introduz as noções de "opacidade referencial" e de "transparência referencial". Segundo Quine, se "um termo singular é usado numa sentença pura e simplesmente para especificar seu objeto e a sentença é verdadeira do objeto, então a sentença continuará a ser verdadeira quando se substitui [esse termo] por outro que designe o mesmo objeto". O critério daquilo que o mencionado autor denomina "posição puramente referencial" é o critério segundo o qual a posição tem de submeter-se à substitutibilidade da identidade (VER). Usando um exemplo de meu ensaio "Cuestiones de palabras" (*Las palabras y los hombres*, 1971, p. 117), diremos que em:

'Pérez Galdós foi exímio romancista' é
[em espanhol] um exemplo de verso
endecassílabo, (1)

a posição de 'Pérez Galdós' não é, nos termos de Quine, puramente referencial. Embora Pérez Galdós seja o autor de *Fortunata y Jacinta*, se substituímos 'Pérez Galdós' por 'o autor de *Fortunata y Jacinta*' em (1), obtemos:

'O autor de *Fortunata y Jacinta* foi exímio
romancista' é [em espanhol] um exemplo
de verso endecassílabo. (2)

(1) é verdadeiro; (2) é falso.
Quine menciona um exemplo que, um tanto alterado, diz o seguinte:

Cumprimentei ontem o Ministro da Justiça. (3)

Consideremos agora:

Cumprimentei ontem o Secretário-Geral do Partido Unionista Modificado. (4)

Se o resultado é:

O Ministro da Justiça = O Secretário-Geral do
Partido Unionista Modificado, (5)

pode-se considerar a expressão à direita de 'cumprimentei ontem' como não puramente referencial se não se sabe que (5) é certo, mas a mesma expressão é referencial se se quer insistir no fato de que quem cumprimentei é justa e precisamente alguém que é ao mesmo tempo Ministro da Justiça e Secretário-Geral do Partido Unionista Modificado, e até que é o primeiro por ser o segundo.

A noção de posição puramente referencial pode estender-se a outros casos que não os da posição de termos singulares; exemplo disso são citações, que dão origem a posições não-referenciais, com algum caso curioso como o citado *infra*.

O ter uma posição referencial é equivalente a possuir transparência referencial, ou a ser referencialmente transparente. Quando não há essa referência, ou quando ela é interrompida ou suspensa, cabe falar de cessação ou falha na transparência referencial. Essa cessação ou falha é equivalente à opacidade referencial. Uma expressão que não seja referencialmente transparente ou que deixe de sê-lo é referencialmente opaca.

O caso curioso mencionado *supra* é o apontado por Quine, quando indica que o fato de que um termo apareça numa construção opaca não o impede necessariamente de ocupar uma posição referencial num contexto mais amplo. Assim, em:

'García Lorca era um poeta' é verdadeiro,
'García Lorca' refere-se a um poeta

o nome pessoal 'García Lorca' está submetido à substitutibilidade da identidade *salva veritate*. Quine sugere para casos como o indicado o termo 'não transparente' em vez de 'opaco', mas reconhece que esse termo seria embaraçoso e que, depois de tudo, trata-se de um ponto sutil (*a fine point*).

Quine ocupou-se da opacidade em certos verbos, tais como 'está buscando' e 'está tratando [de]'. O interesse das noções de opacidade e transparência referenciais está ligado, em Quine, à quantificação, que por sua vez está ligada a seu critério de compromisso ontológico (VER), segundo o qual, em sua versão mais simplificada, "ser é ser o valor de uma variável (ligada)". Se não se pode introduzir a quantificação em contextos opacos, estes não parecem estar submetidos ao critério antes mencionado.

Discutiu-se se pode haver ou não opacidade referencial em contextos distintos dos comumente chamados "declarativos" (por exemplo, em contextos deônticos). Ver a esse respeito o artigo de J. R. Marín, "Opacidad referencial en contextos deônticos" (em R. Beneyto, M. Garrido et al., *Aspectos de la filosofía de W. v. Quine*, 1975 [número monográfico de *Teorema*], pp. 107-120), onde o citado autor dá vários exemplos dos quais se infere que "se pode afirmar que os contextos deônticos são referencialmente opacos". Em sua resposta (*op. cit.*, pp. 161-162), Quine escreve que, a seu ver, "a questão de transparência ou opacidade do imperativo não deve surgir, não havendo conceito conveniente de conseqüência para o imperativo", acrescentando que "convém não buscar ajuda do lado imperativo, mas enfrentar a questão diretamente".

➲ Ver: D. Davidson, J. Hintikka, eds., *Words and Objections. Essays on the World of W. V. Quine*, 1969. — E. Becker, "Pure Reference: Linsky's Criticisms of Quine", *Philosophia* (Israel), 5 (1975), 477-488. — J. R. Baker, "Some Remarks on Quine's Arguments Against Modal Logic", *Notre Dame Journal of Formal Logic*, 19 (1978), 663-673. — D. Kaplan, "Opacity", em L. E. Hahn, ed., *The Philosophy of W.V. Quine*, 1986, pp. 229-294. ⊂

OPERAÇÃO. Ver OPERACIONALISMO; PROCESSÃO.

OPERACIONALISMO. Um dos problemas suscitados nas ciências é o do modo como podem ser definidos os conceitos usados. Isso vigora especialmente para os conceitos expressos nos chamados "termos teóricos" quando se deseja dar-lhes um significado empírico. Exemplos desses conceitos são os conceitos de "simultaneidade" ou de "longitude".

O operacionalismo — às vezes se usa a palavra 'operativismo' — procura solucionar o problema indicado afirmando que os conceitos são definidos por meio das operações que o cientista efetua. Embora em princípio isso valha para todas as ciências, considerou-se a esse propósito especialmente a física. De todo modo, as operações de que se trata são operações físicas.

O operacionalismo foi preconizado por P. W. Bridgman (VER). Se tomamos como exemplo, diz Bridgman, o conceito de longitude de um objeto, veremos que será possível dar um significado a ele quando pudermos anunciar qual é a longitude deste ou daquele objeto determinado. Para determiná-la, teremos de efetuar certas operações. "O conceito de longitude — escreve o citado autor — acha-se, pois, fixado quando são fixadas as operações por meio das quais a longitude é medida. Isto é, o conceito de longitude equivale, e equivale somente, à série de operações mediante as quais é determinada a longitude. Em geral, entendemos por qualquer conceito nada mais do que um conjunto de operações; *o conceito é sinônimo da série correspondente de operações*" (*The Logic of Modern Physics*, 1927, p. 5). Assim, se o conceito é de caráter físico, como uma longitude, as operações serão as medidas da longitude; se se trata de um conceito mental, como o da continuidade matemática, as operações serão de natureza mental, ou seja, as realizadas quando determinamos se um agregado dado de magnitudes é contínuo. Com a adoção dessas idéias, são desterrados todos os conceitos "absolutos" — como "espaço absoluto" e "tempo absoluto" — e, em geral, todos os conceitos que, por não poder ser definidos mediante operações, são considerados carentes de significação. O que entendemos por "significação" de um conceito é, em substância, a descrição de uma série de operações possíveis. "Se uma questão específica tem significação — escreve Bridgman —, será possível encontrar operações mediante as quais se dê resposta a ela" (*op. cit.*, p. 28).

O método operacionalista de Bridgman foi criticado por Gustav Bergmann e C. G. Hempel (cf. arts. cit. na bibliografia), que consideraram excessivamente vagas as definições do método, e das operações do método, propostas por Bridgman. Esses autores mostraram que o conceito de "operação" deve ser mais esclarecido do que o fez Bridgman, e que quando se efetuaram várias precisões se descobre que o resultado não é já uma "definição operacional", mas um conceito de verificação (VER) análogo ao proposto por vários neopositivistas. Mas então o conceito de "operação" enfrenta as mesmas dificuldades com que se chocou o conceito (positivista) de "verificação". Com efeito, o método operacionalista não é capaz de resolver o problema dos chamados "conceitos disposicionais" (ver DISPOSIÇÃO, DISPOSICIONAL) — conceitos tais como "inquebrável", "vulnerável" etc. O principal defeito do método operacional, mesmo introduzidos os devidos esclarecimentos, é definir ele 'significação' como "correspondência de um enunciado com uma operação ou série de operações", sem levar em conta que a significação é aplicável antes a sistemas teóricos do que a proposições simples no âmbito desses sistemas.

Pouco antes da publicação das mencionadas críticas, o próprio Bridgman escrevera um artigo ("The Nature of Physical Concepts", *The British Journal for the Philosophy of Science*, 1 [1952]), no qual reconheceu que sua primitiva equiparação de 'significação' com 'série de operações' se mostrava pouco convincente, visto que a significação de um conceito oferece, ou pode oferecer, outros aspectos além dos estritamente "operacionais" (*art. cit.*, p. 257). A. C. Benjamin (*op. cit.* na bibliografia), que seguiu Bridgman mais do que qualquer outro autor, indicou que algumas das dificuldades que os críticos encontraram no operacionalismo se devem ao fato de que o próprio Bridgman, já em sua primeira obra sobre a questão, desenvolvera diversos conceitos de "operação" nem sempre compatíveis entre si. Parece que se poderia esclarecer o problema distinguindo-se vários tipos de operações: operações manuais (efetuadas com as mãos); operações instrumentais (leitura de instrumentos físicos ou usados na física); operações mentais (analogia e outras); ou então: operações simbólicas e operações não-simbólicas. Entretanto, todas as classificações propostas até agora apresentam algum tipo de falha. Benjamim propõe em lugar das mencionadas (e de algumas outras que foram propostas) a seguinte classificação de tipos de operações: 1) "Operações físicas que produzem acontecimentos físicos", não tendo estes significação cognoscitiva direta; 2) "Operações físicas que produzem acontecimentos capazes de referir-se de novo aos acontecimentos que sua produção comporta" (com o que esses acontecimentos são "signos" dos acontecimentos causais que comporta sua produção); 3) "Operações que podem comportar aspectos físicos, mas que são predominantemente de caráter não-físico e que se encarnam em símbolos linguísticos" (ou seja, operações que podem referir-se aos acontecimentos que sua produção comporta, mas que foram "liberados" de sua base física e se transformaram em "partes de mais amplos esquemas simbólicos procedentes de relações internas e regras de uso"). Exemplos respectivamente de 1), 2) e 3) são: um relógio; a mudança dos ponteiros num relógio; a hora marcada pelos ponteiros do relógio (*op. referida*, pp. 98ss.).

Apesar das dificuldades suscitadas pelo operacionalismo, vários autores contemporâneos adotaram os conceitos fundamentais dessa tendência. Entre eles, podemos mencionar, além de A. C. Benjamin, Victor Lenzen, Henry Margenau, Philipp Frank e inclusive os dois cujas críticas apresentamos sumariamente: G. Bergmann e Hempel. Estes autores tiveram extremo cuidado em definir termos como 'operação', 'conceito', 'significação' etc., e perceberam que, como indica Philipp Frank, a chamada "definição operacional" pode ser mais ou menos direta, de modo que às vezes só uma combinação de conceitos poderá corresponder a uma operação simples determinada (*op. cit.* na bibliografia, p. 5). Quase todos os autores mais ou menos ligados ao operacionalismo rejeitaram um uso indiscriminado de operação e do chamado "pensamento operacional" ou "pensamento operativo". Uma coisa é definir cuidadosamente o conceito de operação no âmbito de certo contexto bem delimitado, e outra, manter uma vaga "filosofia operacionalista" segundo a qual todo pensar é operacional ou operativo. O operacionalismo pode manter-se, ou continuar mantendo-se, na ordem dos conceitos psicológicos, sociais etc. (por exemplo, há elementos de operacionalismo no comportamentalismo), mas se requer em cada caso uma definição precisa de 'operação'.

Uma síntese de posições operacionalistas foi oferecida por Anatol Rapoport (*op. cit.* na bibliografia), que procurou desenvolver o que considera um conceito mais amplo do operacionalismo, acrescentando, de imediato, às idéias de Bridgman várias correções técnicas, bem como suplementando essas idéias com teses pragmatistas de Dewey, Korzybsky e outros autores. Isso leva Rapoport a introduzir em seu operacionalismo noções éticas e até algumas teses de caráter "metafísico"; esta última coisa como admissão da possibilidade de que certas questões suscitadas pelo operacionalismo impliquem pressupostos (ou tendências) metafísicos.

⊃ Os escritos pertinentes de P. W. Bridgman foram mencionados no texto do verbete. — Os dois artigos de Bergmann e Hempel são: G. Bergmann, "Sense and Nonsense in Operationism", *The Scientific Monthly*, 79 (1954), 210-214, reimp. em *The Validation of Scientific Theories*, 1956, ed. P. G. Frank, pp. 41-52; C. G. Hempel, "A Logical Appraisal of Operationism", *ibid.*, 79 (1954), 215-220, reimp. em *The Validation etc.*, pp. 52-67. Ambos os artigos são comunicações apresentadas no "Symposium" intitulado "The Present State of Operationalism" (Boston, 1953). — A obra de A. C. Benjamin é: *Operationism*, 1955. — A obra de Ph. Frank é: *Between Physics and Philosophy*, 1941. — A obra de A. Rapoport é: *Operational Philosophy: Integrating Knowledge and Action*, 1953, reimp., 1965.

Ver também: L. Weber *et al.*, "Pensée symbolique et pensée opératrice", no *Bulletin de la Société Française de Philosophie*, 1935 [sessão de 21-12-1935]. — C. C. Pratt, *The Logic of Modern Psychology*, 1939. — H. Feigl, B. F. Skinner *et al.*, "Symposium on Operationism", *Psychological Review*, 52 (1954), 251-277. — U. Curi, *Analisi operazionale e operazionalismo*, 1970 (sobre P. W. Bridgman). — J. Klüver, *Operationalismus. Kritik und Geschichte einer Philosophie der exakten Wissenschaften*, 1975. ⊂

OPERACIONISMO. Ver OPERACIONALISMO.

OPERADOR. Ver QUANTIFICAÇÃO, QUANTIFICCIONAL, QUANTIFICADOR.

OPINIÃO. Na *República* (v, 477 A-480 A), Platão assinala que o que é absolutamente é também absolutamente cognoscível, e que o que não existe absolutamente não é conhecido sob nenhum aspecto. Mas, havendo coisas que ao mesmo tempo são e não são, isto é, coisas cujo ser é o estar situadas entre o ser puro e o puro não-ser, deve-se postular para a compreensão dessas coisas a existência de algo intermediário entre a ignorância, ἄγνοια, e a ciência, ἐπιστήμη. O que corresponde a esse saber intermediário das coisas também intermediárias é a opinião, δόξα. Trata-se, segundo Platão, de uma faculdade própria, distinta da ciência, de uma faculdade que nos torna capazes de "julgar sobre a aparência" (477 E). Como conhecimento das aparências, a opinião é o modo natural de acesso ao mundo do devir e, portanto, não pode ser simplesmente desprezada. No entanto, o que caracteriza o filósofo é o não ser "amigo da opinião", isto é, o estar continuamente voltado para o conhecimento da imutável essência. A concepção platônica da opinião permanecia, pois, estreitamente vinculada com a admissão da existência e do primado do mundo inteligível; não era simplesmente uma crença, mas, como vimos, uma faculdade especial e irredutível, algo intermediário para um ser também intermediário. Contudo, o caráter provável da opinião diante da segura certeza da visão intelectual do inteligível tornou possível lentamente a passagem ao conceito atual de opinião como algo distinto ao mesmo tempo do saber e da dúvida; na opinião não há propriamente um saber, tampouco uma ignorância, mas um modo particular de asserção, que se encontra tanto mais próxima do saber quanto mais prováveis são as razões nas quais se apóia; uma possibilidade absoluta dessas razões faria a opinião coincidir com o verdadeiro conhecimento.

Segundo os escolásticos, na opinião há sempre um assentimento, *assensus*, mas um assentimento em que existe sempre *fornido partis oppositae*, temor do sustentado pela asserção contrária. Por isso, os escolásticos assinalam que a razão formal da opinião, isto é, aquilo que a distingue da certeza (VER), é justamente o ser *assensus informus seu cum formidine contradictorii*.

Essa concepção da opinião se refere sempre a um sujeito ou indivíduo que a sustenta. É diferente o caso, em contrapartida, em que se trata da chamada opinião pública, investigada sobretudo pela sociologia. A opinião é então um fenômeno social que não se acha situado no mesmo plano do saber ou da certeza, expressando antes uma forma especial de comportamento. A "opinião pública" é por isso mais um modo de atuar do que de pronunciar-se sobre a realidade, mesmo quando se trate de um atuar que implica sua manifestação em certos pronunciamentos. Não obstante, o pronunciamento dessa opinião não se refere, como o enunciado, a um objeto, mas à própria realidade que se pronuncia. Enquanto a opinião individual é um ato intencional, a opinião pública é um estado, e ela mesma se transforma, no âmbito de uma investigação sociológica ou histórico-filosófica, em objeto de qualquer possível opinião no sentido primeiramente indicado.

↪ Sobre o conceito de opinião em Platão e Aristóteles: O. Ihm, *Ueber den Begriff der platonischen* δόξα *und deren Verhältnis zum Wissen der Ideen*, 1877. — L. M. Régis, *L'opinion selon Aristote*, 1935. — J. Sprute, *Der Begriff der* δόξα *in der platonischen Philosophie*, 1962. — Th. Ebert, *Meinung und Wissen in der Philosophie Platons. Untersuchungen zu "Charmides", "Menon" und "Staat"*, 1974. — Y. Lafrancé, *La théorie platonicienne de la doxa*, 1981.

Sobre conhecimento e opinião: B. Varisco, *Scienza e opinione*, 1901. — J. Laird, *Knowledge, Belief, and Opinion*, 1931. — T. J. Cooney, *The Difference Between Truth and Opinion: How the Misuse of Language Can Lead to Disaster*, 1991.

Sobre a opinião pública: G. Ellinger, *Das Verhältnis der öffentlichen Meinung zur Wahrheit und Lüge im 10. 11. 12. Jahr.*, 1884. — G. Tarde, *L'Opinion et la foule*, 1901. — W. Bauer, *Die öffentliche Meinung und ihre geschichtliche Grundlagen*, 1914. — Id., *Die öffentliche Meinung in der Weltgeschichte*, 1930. — F. Tönnies, *Kritik der öffentlichen Meinung*, 1922. — W. Albig, *Public Opinion*, 1939. — A. Sauvy, *Le pouvoir et l'opinion*, 1949. — Id., *L'opinion publique*, 1956. ↩

OPOSIÇÃO. *I. A oposição na lógica.* Deve-se distinguir entre a oposição nos termos e a oposição nas proposições. *A oposição nos termos* foi analisada por Aristóteles em *Cat.*, X 11 b 15-13 b 35, bem como em *Top.* II, 109 b 18-25; 113 b 1-15 e em várias passagens da *Met.* O texto principal é o primeiro; nele são considerados os opostos ἀντιθέσεις como um dos pós-predicamentos (VER). Segundo o Estagirita, as acepções habituais da oposição são:

1) Oposição de *termos relativos*, ou *do relativo*, πρός τί (como a do dobro à metade);
2) Oposição de *termos contrários*, ou *do contrário*, ἐναντία (como a do mal ao bem);
3) Oposição *da privação à posse*, κατὰ στέρησιν καὶ ἕξιν (como a da cegueira à visão);
4) Oposição *da afirmação à negação*, ou *do contraditório* κατ' ἀντίφασιν (como a de "está sentado" a "não está sentado" ou de "justo" a "não-justo").

Seguindo Aristóteles, os escolásticos estudaram a oposição (*oppositio*) nos termos, ou, como também se diz, nas idéias enquanto idéias não-associáveis. A oposição exprime a repugnância de uma idéia com relação a outra ou de uma coisa com relação a outra. Há também quatro espécies de oposição:

1ª) Oposição *contraditória* (entre uma idéia ou uma coisa e sua negação). *Homem* e *Não-homem* são idéias contraditórias.
2ª) Oposição *privativa* (entre a forma ou propriedade e sua ausência no sujeito). *Visão* e *cegueira* no homem são idéias opostas privativas.
3ª) Oposição *contrária* (entre as idéias ou coisas de um mesmo gênero, mas sem que possam estar presentes simultaneamente num mesmo sujeito. *Virtude* e *vício* são idéias opostas contrárias.
4ª) Oposição *relativa* (entre dois ou mais entes articulados de acordo com uma mesma ordem). *Pai* e *filho* são idéias opostas relativas.

A *oposição nas proposições* é estudada nas proposições categóricas e nas proposições modais. Consideremos antes de tudo as primeiras.

A *oposição nas proposições categóricas* é analisada por Aristóteles em *De int.* IV 17 a 37-18 a 13, e em *An. Pr.* II 63 b 21-64 b 27. Exporemos a seguir o resultado da análise aristotélica tal como foi elaborado pelos escolásticos.

Indiquemos em primeiro lugar que alguns escolásticos consideram que a oposição nas proposições é derivável das oposições nos termos ou idéias. Essa hipótese apóia-se na ambigüidade com que é estudada a oposição em *Cat. Top* e *Met.* (ao contrário da clareza com que aparece em *De int.*). Embora se possa mostrar essa derivação nos textos de Aristóteles, convém manter a diferença entre a oposição nos termos e a oposição nas proposições.

A oposição nas proposições categóricas é definida como a afirmação e a negação do predicado e do sujeito, chamada ainda de afirmação e negação do mesmo predicado relativo ao mesmo sujeito: *affirmatio et negatio ejusdem de eodem*. Exemplo de oposição de proposições é a que existe entre a proposição "João é prudente" e "Não é verdade que João é prudente". Deve-se levar em conta que as proposições opostas não são o mesmo que as proposições díspares. Nestas últimas, não há oposição lógica, que se exprime mediante as partículas "é" ["verifica-se ser"] e "não é" ["não se verifica ser"].

Os lógicos estabelecem várias classes de oposição lógica de proposições. Considerando os tipos de proposições designados pelas letras "A", "E", "I", "O" (ver Proposição), temos três classes de oposição.

1b) Oposição *contraditória*. É a oposição entre A e O e entre E e I. As proposições opõem-se não só em qualidade (ver) como em quantidade (ver).

2b) Oposição *contrária*. É a oposição entre A e E. As proposições se opõem em qualidade, mas não em quantidade, sendo as duas universais.

3b) Oposição *subcontrária*. É a oposição entre I e O. As proposições se opõem em quantidade, mas não em qualidade, sendo as duas particulares.

Não se deve confundir a negação de uma proposição com a negação de um de seus termos. Assim, por exemplo, sendo O contraditório a A, O equivale à negação de A e não à negação de um termo de A.

A oposição das proposições A, E, I, O é esquematizada no quadro a seguir, chamado "quadrado de oposição":

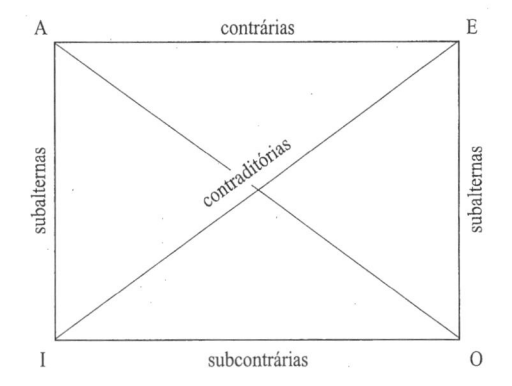

```
A ————— contrárias ————— E
 \                      /
  \                    /
   \  contraditórias  /
    \               /
subalternas    subalternas
    /               \
   /                 \
  /                   \
 /                     \
I ————— subcontrárias ————— O
```

O quadrado indica que A e O, de um lado, e E e I, do outro (relação contraditória) estão opostas de tal modo que as duas não podem ser verdadeiras ao mesmo tempo nem podem ser simultaneamente falsas; que A e E (oposição contrária) estão opostas de modo que as duas não podem ser verdadeiras ao mesmo tempo, mas podem ser falsas simultaneamente; que I e O (oposição subcontrária) estão opostas de tal modo que as duas podem ser verdadeiras ao mesmo tempo, mas não podem ser falsas simultaneamente; e que A e I e E e O (relação subalterna) estão relacionadas de tal modo que, se A é verdadeira, I é verdadeira, e que se E é verdadeira, O é verdadeira, mas que, se I é verdadeira, A não é necessariamente verdadeira e que, se O é verdadeira, E não é necessariamente verdadeira.

Há uma relação de "oposição" (a subalterna) entre A e I e entre E e O que não tinha sido mencionada. Há nela uma relação entre uma proposição mais universal e uma proposição menos universal. As proposições subalternas são proposições (afirmativas ou negativas) que diferem *somente* em quantidade. Quando às vezes se diz que há quatro classes de oposições, entende-se "oposição" (lógica) em sentido impróprio.

Informações complementares sobre essas questões estão em Contraditório, Contrário, Subalterno e Subcontrário (ver).

A validade da relação subalterna depende da adoção da interpretação existencial de A e E que analisamos no verbete Proposição (ver). A relação mencionada não é válida no âmbito da interpretação não-existencial de

A e E. Nem todos os autores admitem essas opiniões; assim, alguns dos pensadores do chamado grupo de Oxford (VER), Strawson e Hart especialmente, sustentam que o quadrado aristotélico continua a ter validade sem que se faça necessário introduzir qualquer cláusula existencial em A e E que faça delas proposições existenciais. Alegam eles que as sentenças A, E, I e O são usadas pelos lógicos de tendência aristotélica em um contexto que pressupõe a não-vacuidade dos sujeitos dos enunciados. Referimo-nos com mais detalhes a essa questão no verbete Proposição.

O quadrado de oposição (por vezes denominado também "quadrado de oposições" ou "quadrado lógico") foi formalizado (ao lado dos 24 modos válidos de silogismo categórico) por Ivo Thomas, no artigo "The Logical Square and Modes of Categorical Sillogism" (*Contemplations Presented to the Dominican Tertiaries of Glasgow 1924-1929*) [1949]. Resumo em *The Journal of Symbolic Logic*, 16, 1951, pp. 74-75.

Entre diversas outras figuras usadas em conexão com o nosso problema, mencionamos aqui dois: a de H. Reichenbach e a de John J. Doyle.

Em seu artigo "The Syllogism Revised" (*Philosophy of Science*, 19, 1952, pp. 1-16), Reichenback apresentou o seguinte "cubo de oposição":

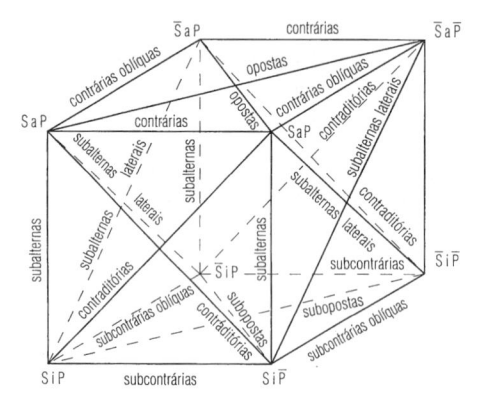

As letras "S" e "P" representam classes; as letras "a" e "i", expressões de classes; o signo "–" colocado acima de uma letra é lido como "não". Os esquemas que figuram nos oito ângulos do cubo são as relações que podem ser construídas para duas classes. S e P.

Em seu artigo "The Hexagon of Relationships" (*The Modern Schollman*, 29, 1952, pp. 93-94), J. J. Doyle apresentou um hexágono que marca as relações entre as próprias relações. Simbolizam-se a contrariedade, a contradição, a subcontrariedade, a sobreimplicação, a subimplicação, bem como a equivalência e a independência. A figura resultante é:

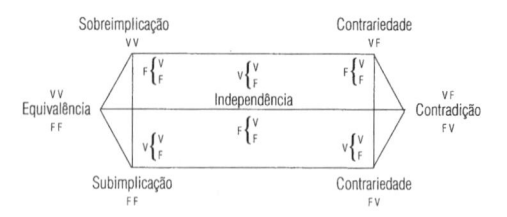

"V" e "F" designam, respectivamente, "Verdadeiro" e "Falso". As definições devem ser lidas como indicamos a seguir.

Equivalência. Se a primeira proposição é verdadeira, a segunda é verdadeira; se a primeira é falsa, a segunda é falsa. Assim, "Todos os homens são mortais" equivale a "Nenhum homem é imortal".

Sobreimplicação. Se a primeira proposição é verdadeira, a segunda é verdadeira; se a primeira é falsa, a segunda pode ser verdadeira ou falsa. Assim, "Todos os homens são mortais" é uma sobreimplicação de "Alguns mortais são homens".

Contrariedade. Se a primeira proposição é verdadeira, a segunda é falsa; se a primeira é falsa, a segunda pode ser verdadeira ou falsa. Assim, "Todos os homens são mortais" é contrária a "Nenhum homem é mortal".

Contradição. Se a primeira proposição é verdadeira, a segunda é falsa; se a primeira é falsa, a segunda é verdadeira. Assim, "Todos os homens são mortais" é contraditória com "Alguns homens são imortais".

Subcontrariedade. Se a primeira proposição é verdadeira, a segunda pode ser verdadeira ou falsa; se a primeira é falsa, a segunda é verdadeira. Assim, "Alguns homens são mortais" é subcontrária de "Alguns homens são imortais".

Subimplicação. Se a primeira proposição é verdadeira, a segunda pode ser verdadeira ou falsa; se a primeira é falsa, a segunda é falsa. Assim, "Alguns homens são mortais" está subimplicada em "Todos os homens são mortais".

Independência. Se a primeira proposição é verdadeira, a segunda pode ser verdadeira ou falsa; se a primeira é falsa, a segunda pode ser verdadeira ou falsa. Assim, "Todos os homens são mortais" é independente de "Todos os mortais são homens".

Na lógica quantificacional moderna, as relações de oposição entre proposições categóricas são apresentadas em forma de leis. As relações de oposição a que nos referimos ao apresentar o quadrado de oposição são chamadas "leis de oposição aristotélica". Elas se exprimem mediante as quatro subcondicionais a seguir:

$$\bigwedge x \, (Fx \to Gx) \leftrightarrow \neg \bigvee x \, (Fx \wedge \neg Gx)$$
$$\bigwedge x \, (Fx \to \neg Gx) \leftrightarrow \neg \bigvee x \, (Fx \wedge Gx)$$
$$\bigvee x \, (Fx \wedge Gx) \leftrightarrow \neg \bigwedge x \, (Fx \to \neg Gx)$$
$$\bigvee x \, (Fx \wedge \neg Gx) \leftrightarrow \neg \bigwedge x \, (Fx \to Gx)$$

As chamadas "leis de oposição simples" se exprimem segundo as quatro subcondicionais a seguir:

¬ ∧x Fx ↔ ∨x ¬ Fx
¬ ∨x Fx ↔ ∧x ¬ Fx
∧x Fx ↔ ¬ ∨x ¬ Fx
∨x Fx ↔ ¬ ∧x ¬ Fx

Trataremos agora da *oposição nas proposições modais*. Essa oposição foi estudada por Aristóteles (em *De int.*, 22 a 34-23 a 25) e elaborada por muitos lógicos. O quadrado de oposição modal é:

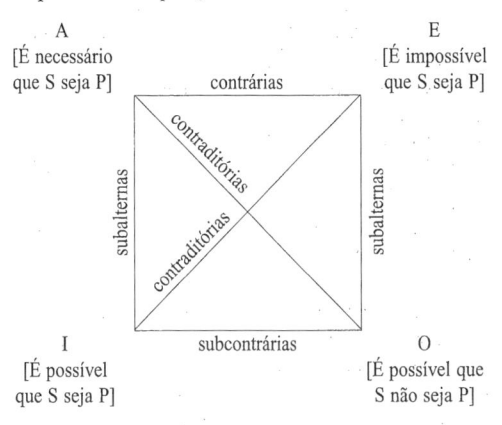

```
        A                                    E
[É necessário                          [É impossível
que S seja P]         contrárias        que S seja P]



              contraditórias
              subalternas



        I         subcontrárias          O
[É possível                            [É possível que
que S seja P]                          S não seja P]
```

Segundo Maritain (*Petite Logique*, 1923, II 2, C), este quadro se baseia na abstração da quantidade do *dictum* e em só considerar a quantidade do *modus* e a qualidade do *dictum* e do *modus*. Além disso, deve-se supor que "contingente" é equiparável a "possível" e que os quatro pares seguintes de proposições à esquerda podem ser expressos pelas quatro proposições à direita:

É impossível que não seja   por *É necessário*
Não é possível que não seja   *que seja*

É necessário que não seja   por *É impossível*
Não é possível que seja   *que seja*

Não é impossível que seja   por *É possível*
Não é necessário que não seja   *que seja*

Não é impossível que não seja   por *É possível*
Não é necessário que seja   *que não seja*

O quadrado de oposição modal, usando-se a notação simbólica de C. I. Lewis para os signos modais, é:

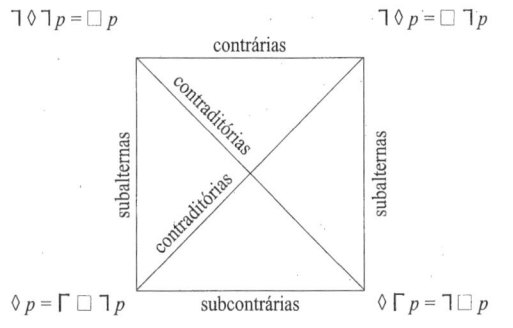

¬ ◊ ¬ p = □ p   ¬ ◊ p = □ ¬ p

```
           contrárias

           contraditórias
           subalternas


◊ p = ¬ □ ¬ p   subcontrárias   ◊ ¬ p = ¬ □ p
```

Um quadrado de oposição modal octogonal é:

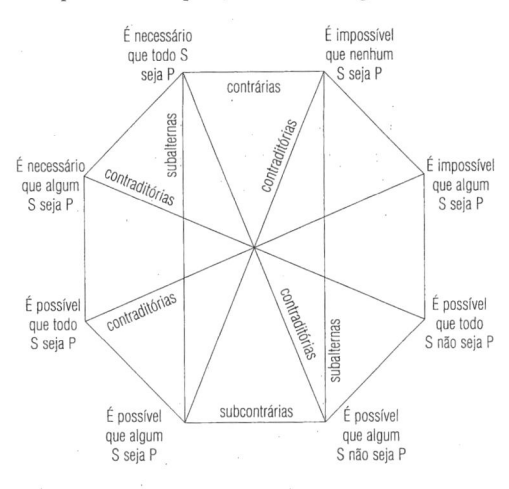

```
    É necessário              É impossível
    que todo S                que nenhum
    seja P                    S seja P
                contrárias


É necessário                              É impossível
que algum      contraditórias             que algum
S seja P                                  S seja P


    É possível                É possível
    que todo                  que todo
    S seja P                  S não seja P


    É possível    subcontrárias    É possível
    que algum                      que algum
    S seja P                       S não seja P
```

II. A oposição na metafísica. Várias formas de dualismo (VER) e de pluralismo (VER) metafísico empregam a noção de oposição. Elas entendem por oposição o modo de relação entre realidades contrárias, realidades concebidas de modo geral como interdependentes. Em algumas ocasiões, a interdependência das realidades contrárias é avaliada pelo metafísico como a explicação dos movimentos dos entes. Noutras ocasiões, esse pressuposto não é introduzido. Exemplo do primeiro caso são: a oposição entre a atração e a repulsão (entendidas em sentido metafísico); a oposição entre o ser e o nada. Exemplos do segundo são: a oposição entre a extensão e o pensamento; a oposição entre o finito e o infinito.

A noção de oposição metafísica tem sido usada por muitos pensadores. Os mais ilustres antecedentes são Heráclito e o Platão dos últimos diálogos. De modo explícito, ela foi apresentada por Nicolau de Cusa, para o qual uma das questões filosóficas centrais consiste em descobrir uma *coincidentia oppositorum*. O filósofo moderno que usou com mais freqüência o conceito de oposição metafísica, Hegel, seguiu uma via análoga à de Nicolau de Cusa. Para Hegel, a oposição (*Gegensatz*) é "a determinação própria da essência" (*Logik*, II Abs. I, i B 2; Glockner, 4: 405). Isso significa que "a diferença cujos aspectos *indiferentes* constituem simplesmente *momentos* de uma unidade negativa é a *oposição*" (*ibid.*, Glockner, 4: 525). Em suma, a oposição metafísica supõe o encontro dos contrários e, segundo Hegel, a superação da lógica da identidade.

Não é contudo necessário admitir o caráter dialético da oposição metafísica. Renouvier, por exemplo, usou o conceito de oposição num sentido menos especulativo. A seu ver, as oposições nunca se "encontram". Pelo contrário, ao filósofo resta apenas *decidir-se* por uma das realidades opostas, isto é, por um dos termos do dilema (VER).

São muito variadas as posições adotadas com relação ao problema das oposições. Nós as esquematizamos da seguinte maneira: 1) Posição de quem considera que o problema das oposições metafísicas carece de significação; 2) posição de quem admite a oposição no sentido de Hegel; 3) posição de quem admite a oposição no sentido de Renouvier; 4) posição de quem considera toda realidade "oposta" à realidade metafísica principal como "contraditória" ou simplesmente como "aparente".

Ver também CONTRADIÇÃO; POLARIDADE.

OPPENHEIM, HEINRICH BERNHARD. Ver HEGELIANISMO.

OPZOOMER, CORNELIS WILLARD (1821-1892). Nascido em Roterdam, foi (1846-1890) professor de filosofia em Utrecht. Partidário em sua primeira época do idealismo alemão, especialmente do panenteísmo de Krause, recebeu mais tarde a influência do positivismo, o que o fez rechaçar toda metafísica, ao menos enquanto pretensão de ciência rigorosa. Opzoomer pode ser considerado um empirista naturalista, pois reduz toda ciência do espírito a uma ciência natural, redução que no entanto não afeta, a seu ver, o território da ação moral nem a esfera religiosa, que se encontram para além de toda ciência e, portanto, possuem seu próprio fundamento. Opzoomer chegou por fim a reconhecer inclusive a possibilidade de essas ordens proporcionarem um conhecimento no qual devem inserir-se os saberes científicos particulares vivificados por uma concepção ética inclinada ao otimismo.

➲ Obras principais: *De naturali obligatione*, 1846. — *De leer van god bij Scheling, Hegel, Krause*, 1846 (*A doutrina de Deus* [a teologia] em *S., H. K.*). — *De weg der wetenschap. Een Handboek der Logica*, 1851 (*O caminho do saber. Manual de Lógica*). Este livro foi refundido no volume *Het wezen der kennis. Een Leerboeck der Logica*, 1963 (*A essência do conhecimento. Manual de Lógica*). — *De philosophica natura*, 1852. — *Wetenschap en wijsbegeerte*, 1857 (*Ciência e filosofia*). — *Das waardheid en hare kenbronen*, 1859 (*A verdade e suas fontes*). — *De godsdienst*, 1867 (*A religião*). — *Losse bladen*, 1886-1887 (*Folhas esparsas*).

Ver: H. Van't Veer, *O als wijsgeer*, 1962 (*O. como filósofo*). ➲

ORAÇÃO. Ver DISCURSO; PROPOSIÇÃO; SENTENÇA.

ORACULA CHALDAICA. Ver ORÁCULOS CALDEUS.

ORÁCULOS CALDEUS. No âmbito das religiões de mistério que se estenderam pelo mundo helenístico-romano, notadamente a partir do século I a.C., podemos incluir os mistérios filosóficos, especialmente importantes para o historiador da filosofia, porquanto se relacionaram depois com diversas tendências: neopitagorismo, platonismo eclético etc. Eles podem ser definidos como mistérios que não se limitam à prescrição de uma série de ritos, mas que implicam uma doutrina acerca do universo e em particular sobre o estatuto da alma no âmbito universal. Era comum a todos os mistérios filosóficos a idéia segundo a qual a alma vivera antes num lugar celeste e que dali desceu (ou caiu) na terra depois de atravessar uma série de círculos. Misturada com a matéria, seu destino consiste em retornar a seu lugar de origem, fim para cuja consecução deve ela purificar-se de toda mácula. Os símbolos e ritos constituem uma explicação desse destino e, ao mesmo tempo, o caminho para a libertação do lar terrestre. Ora, os chamados *Oracula Chaldaica (Oráculos Caldeus)* tiveram nessas concepções uma influência predominante. Procedentes do século II d.C., formam um poema no qual se combinam — com motivos órficos, platônicos, pitagóricos, gnósticos e mesmo estóicos — todos os temas antes indicados: descrição do universo como formado por círculos concêntricos, da alma como ser descendente e ascendente, da matéria como prisão e mácula, dos astros como divindades às quais se incorpora a alma que, depois das purificações, regressa à sua "pátria originária". Muitas das concepções que se desenvolveram nos sistemas gnósticos — nostalgias, arrependimentos, lembranças, queda, retorno etc. — e que foram combatidas por Plotino estão expressas nos *Oráculos*. Estes apresentavam Pitágoras como o exemplo máximo do sábio — na verdade, do sábio-deus —, razão pela qual é possível relacionar a doutrina expressa nos *Oráculos* — surgida provavelmente antes da data que lhe é atribuída — com a expansão da chamada religião de mistério neopitagórica, que teve uma basílica em Roma na época do imperador Cláudio.

➲ Edição dos Oráculos por W. Kroll, *De Oraculis Chaldaicis*, 1894.

Ver: W. Theiler, *Die chaldäischen Orakel und die Hymnen des Synesios*, 1942. — A.-J. Festugière, *La révelation de Hermés Trismégistes*, especialmente vol. III, 1945. — H. Lewy, *Chaldean Oracles and Theurgy: Mysticism, Magic and Platonism in the Later Roman Empire*, 1956; 2ª ed., 1978. — F. W. Cremer, *Die chaldäischen Orakel und Jamblichs De Mysteriis*, 1969. — J. Dillon, "Plotinus and the Chaldean Oracles", em S. Gersh, ed., *Platonism in Late Antiquity*, 1992. ➲

ORATÓRIA. Ver RETÓRICA.

ORDEM. Como disposição ou organização, a ordem é, segundo Aristóteles, uma das formas ou classes da medida (*Cat.* 8, 8b 27; também *Met.*, Δ, 19, 1026b 1). Devemos contudo entendê-la no sentido "ontológico" e não como organização especial das coisas entre si ou das partes de uma coisa entre si. Por isso, Aristóteles vincula a ordem enquanto disposição, διάθεσις, com o hábito (VER), ἕξις, supondo que a diferença fundamental entre os dois termos reside na menor permanência do primeiro. Desse ponto de vista, pode-se *igualmente* dizer que a ordem é determinada relação recíproca entre as partes: *relatio partium ad invicem*. É essa a opinião atribuída a Agostinho e a Tomás de Aquino, mesmo que eles nem sempre concebam exatamente da mesma maneira a noção de "ordem". Resumiremos brevemente ambas as posições.

Para Agostinho, a ordem (*ordo*) é um dos atributos que fazem que a criação de Deus seja boa. Deus criou as coisas com forma, medida e ordem (*species, modus, ordo*). A ordem é uma perfeição. Da perspectiva metafísica, a ordem é (ou aparece como) a subordinação do inferior ao superior, do criado ao Criador. Se não houvesse essa subordinação — se, por exemplo, o inferior "se rebelasse" contra o superior —, não haveria ordem, mas "desordem". Santo Agostinho usa o termo "ordem" em vários contextos importantes: por exemplo, para definir a virtude, que é uma *ordo amoris ou "ordem do amor"* (*De Civ. Dei*, L, XV, 22); na realidade, "a ordem é amor", *ordo est amor* (*De doct. christ.*, I, 27).

Reproduzimos a definição de "ordem" de Santo Tomás: "certa relação recíproca das partes". Teologicamente e metafisicamente, esta definição supõe a hierarquia ontológica a que se refere Agostinho (cf. *supra*). Mas a noção de ordem em Santo Tomás é complexa. Como o indica Brian Coffey (art. cit. na bibliografia), a fórmula em questão, que Eisler menciona em seu *Wörterbuch der Philosophie* como a definição tomista da ordem dada em *In XI Met.*, lect. 12 (ed. Cathala, 2377), é de algum modo uma definição de "ordem". Mas é também, e de maneira ainda mais particular, uma definição de *situs*. A frase completa de Santo Tomás é: *Positio vero non addit supra ubi, nisi ordinem partium determinatum quae nihil est quam determinata relatio partium ad invicem*. Corretamente entendida, a ordem inclui algum modo do "antes" e do "depois": *includit in se aliquem modus prioris et posteriores* (*S. theol.*, II-II^a, q. XXVI a 1). Por esse motivo, Brian Coffey propõe como definição do termo *ordo* na linguagem de Santo Tomás uma fórmula composta dos vários elementos que este distingue; a ordem seria então "a disposição de uma pluralidade de coisas ou objetos de acordo com a anterioridade e a posterioridade em virtude de um princípio". De todo modo, o fundamental para nós é entender que a relação das partes com respeito a um espaço — que é para os modernos a primeira imagem suscitada pela palavra "ordem" — está na concepção "clássica" vinculada, e mesmo subordinada, à relação com a classe à qual pertencem as partes e, em última análise, com a idéia.

Parece haver uma notória diferença entre a concepção "medieval" da ordem (seja agostiniana, tomista ou as duas ao mesmo tempo) e muitas das concepções "modernas". Segundo Paul Ludwig Landsberg, o conceito medieval de ordem "não se refere de modo algum, em sua essência, a uma pluralidade de coisas reais e às suas relações nas formas variadas da separação, o que se faz presente no conceito moderno. Uma só coisa isolada pode como tal estar bem 'ordenada', ser justa, sempre que tiver com sua idéia, preexistente em Deus, a relação de adequação" (*Die Welt des Mittelalters und Wir*, 1922). O conceito moderno de ordem "refere-se a uma relação de realidades entre si; o medieval, à relação completamente distinta da coisa real com a idéia desta coisa" (*loc. cit.*). Na época moderna, por conseguinte, a ordem sofre um processo de desontologização e de quantificação que faz dela uma "disposição" geométrica e numérica e, mais tarde, a partir do predomínio da análise, sempre redutível a esta última. Certo é que em alguns casos a ordem é entendida no plano do pensamento moderno novamente num sentido bem próximo do grego e do medieval: a conhecida afirmação de Spinoza com respeito ao fato de as *ordo et connexio idearum* serem iguais às *ordo et connexio rerum* (*Eth.* II, prop. vii) enquadra-se num conceito "ontológico" de ordem. O mesmo, e de modo mais intenso, pode ser dito de Leibniz. Dizer que o mundo está "ordenado" significa para Leibniz primariamente que ele está, por assim dizer, ontologicamente hierarquizado (ver HIERARQUIA). Há ordem porque há um princípio de ordenação segundo o qual "cada coisa está em seu lugar". Diga-se de passagem que nessa concepção ontológica da ordem funda-se grande parte do otimismo (VER) de Leibniz. Isso não quer dizer que Leibniz só leve em conta a ordem "ontológica"; quer antes dizer que essa ordem é o fundamento de todas as outras espécies de ordem (a física, a matemática etc.). É interessante perceber que, neste como em outros aspectos, Leibniz procura unir o pensamento tradicional com o moderno; a ordem é uma hierarquia, mas também uma série (ou, se se quiser, é uma hierarquia porque é uma série, e toda série é de algum modo "hierárquica"). Também é interessante ver que Leibniz antecipa aqui certas tendências posteriores, tendências que poderíamos qualificar como "topológicas" e que consistem *grosso modo* em conceber toda série como "certa ordem". Também é "ontologia" a idéia de ordem em Wolff, que define "ordem" como *similitudo obvia in modo, quo rex juxta se invicem collocantur, vel se invicem consequuntur* (*Ontologia*, § 472), e trata da noção de ordem em relação com a de verdade e de perfeição.

O que poderia ser denominado "desontologização" da idéia de ordem na Idade Moderna não equivale, pois, a dizer que em toda a Idade Moderna a idéia de ordem seja independente da de hierarquia "ontológica". Por um lado, há as "exceções" antes resenhadas. Por outro, muitos pensadores modernos continuam a levar em conta a idéia de ordem como ordem do ser, *ordo essendi*. Mas, de acordo com certa tendência a acentuar as questões do conhecimento diante das questões sobre a realidade (ver FILOSOFIA MODERNA), parece que "ordem" é primariamente para muitos autores modernos uma ordem do conhecimento, *ordo cognoscendi*. Além disso, considera-se menos — como questão central — a ordem sobrenatural para insistir na natural. A ordem parece residir, em suma, "nas coisas mesmas" enquanto são "conhecidas". Daí a passagem da idéia de ordem à de regularidade (e de uniformidade) da Natureza.

Fala-se também às vezes de uma "ordem do amor" e de uma "ordem do coração". Esses conceitos, inspirados principalmente em Agostinho, foram elaborados por Pascal e, na época contemporânea, por Max Scheler. Trata-se nesse caso de uma "ordem" fundada em valorações e em atos de preferência e de repugnância que se supõe terem um fundamento "objetivo", mas não forçosamente racional. Falou-se mesmo de uma "ordem vital", conceito que se deve a Bergson. Supõe este filósofo que, de modo geral, a ordem é concebida como ordem geométrica, ordem que é avaliada como o positivo. Assim, a mente concebe a possibilidade de uma desordem à qual se superporia a ordem geométrica. Na opinião de Bergson, a teoria do conhecimento centra-se precisamente no pressuposto da possibilidade de uma ausência de ordem e, por conseguinte, no problema da possibilidade da submissão de uma realidade à "ordem". Ora, a desordem é em última análise o qualificativo que recebe uma ordem não esperada. Existem a rigor duas espécies de ordens, que fazem surgir a idéia de desordem quando a mente vai ao encontro de uma delas e depara com a outra. A idéia de desordem é assim uma simples idéia prática: o resultado de uma ilusão do espírito, mas não a expressão de uma ausência de algo positivo. As duas ordens são, segundo Bergson, a vital e a inerte, a ordem "desejada" e a ordem "automática", aquela que o espírito encontra quando avança na forma da tensão e a que encontra quando, invertendo a direção anterior, o espírito inclina-se à extensão. E o senso comum se dá conta de sua separação e de sua união quando fala igualmente da ordem dos fenômenos astronômicos e da ordem de uma sinfonia, que não é determinação absoluta, mas, pelo contrário, absoluta imprevisibilidade. Analogamente ao que ocorre com o nada, não há uma desordem de direito e uma possível ordem que se teria de explicar e que constitui um problema; a contingência de uma das ordens é só contingência com respeito a seu contrário, porém nunca contingência absoluta. A ausência de ordem ocorre então quando o pensamento a concebe e não exprime uma situação da vida prática, um mero verbalismo sem conteúdo; a desordem é negação de uma ordem e, *por conseguinte*, implica admissão da ordem a que se contrapõe. O problema fundamental da teoria do conhecimento — como o entendimento organiza a incoerente diversidade do dado — e, sobretudo, o problema kantiano são considerados por Bergson, por causa disso, pseudoproblemas.

Outras teorias têm natureza mais formal. Daremos dois exemplos delas. Uma é a teoria da ordem proposta por W. Donald Oliver, segundo o qual se pode definir a ordem como "uma disposição de um conjunto de entidades produzida pela correlação — de acordo com uma regra — de uma disposição dessas entidades com outra disposição independente da primeira". A ordem serial dos números inteiros positivos cumpre as referidas condições. Deve-se todavia observar que o conceito de ordem não coincide com o de sucessão, porque a ordem (matemática) deve ser explicada tanto pela posição serial como pela natureza das entidades ordenadas. Oliver pretende aplicar a mencionada definição geral de ordem a todas as espécies de conjuntos ordenados, tanto no mundo ideal como no real. O outro exemplo é a teoria da ordem proposta por Frank Schmidt. Schmidt baseia-se em Hans Driesch, em J. Royce e em alguns resultados da lógica matemática (principalmente na lógica das relações desenvolvida em *Principia Mathematica*). Trata-se em parte da tradução para uma linguagem ontológica da linguagem lógica. Ele define a ordem como *Beziehungsgefüge* ("tramas relacionais"). As quatro tramas fundamentais são, a seu ver, as seguintes: a exclusão (*Ausschluss*), a comunidade (*Gemeinschaft*), a contigüidade (*Berührung*) e a inclusão (*Einschluss*).

Quanto à noção de ordem como noção primariamente, ou exclusivamente, formal, daremos a respeito alguns esclarecimentos.

"Ordem" é definida como a disposição (ou disposições) de um conjunto de entidades. São exemplos de ordenação de conjuntos de entidades: a ordem dos números naturais, a ordem dos pontos de uma linha e assim por diante. De um modo mais formal, define-se ordem como a relação (ou relações) entre membros de uma classe segundo a qual (ou as quais) uns membros precedem outros e outros membros os seguem. Os membros são com freqüência chamados de *elementos*; diz-se, assim, que há ordem entre os elementos de um conjunto. São possíveis várias classes de ordens. Um conjunto é chamado de *parcialmente ordenado* se sua relação de ordenação é reflexiva, transitiva e anti-simétrica. Um conjunto é chamado de *simplesmente ordenado* se a relação de ordenação é reflexiva, transitiva, anti-simétrica e conexa [os conjuntos simplesmente ordenados são chamados de *cadeias*]. Um conjunto é chamado de *quase-ordenado* se a relação de ordenação é reflexiva e transitiva. Um conjunto é chamado de *bem ordenado* quando satisfaz uma condição de cadeia chamada *cadeia descendente*. Como se percebe, as noções usadas na teoria lógica e matemática da ordem são noções pertinentes a uma doutrina das relações (ver RELAÇÃO). B. Russell já indicara que as ordens seriais se definem por meio de relações, mas restringira excessivamente a definição de ordem ao referir-se apenas às relações transitivas conexas e assimétricas.

⮡ O conceito bergsoniano da ordem está em *L'Évolution créatrice*, 1907, capítulo III ("Le désordre et les deux ordres").

Para a teoria de W. D. Oliver: *Theory of Order*, 1951. Para a teoria de F. Schmidt: *Ordnungslehre*, 1956. A teoria da ordem ou "lógica" de H. Driesch (na qual se funda em parte a de F. Schmidt) está exposta nas duas obras de Driesch a seguir: *Ordnungslehre. Ein System des nicht-metaphysischen Teiles der Philosophie. Mit besonderer Berücksichtigung der Lehre von Werden* (1912) e *Die Logik als Aufgabe. Eine Studie über die Beziehung zwischen Phänomenologie und Logik, zugleich eine Einleitung in der Ordnungslehre* (1913).

Sobre a "ordem do coração" e "ordem do amor", ver M. Scheler, *Ordo amoris (Werke aus dem Nachlasss*, t. I, *Zur Ethik und Erkenntnislehre*, 1933).

Sobre diversas noções de ordem: L. Fischer, *Die natürliche Ordnung unseres Denkes*, 1927. — R. Garrigou-Lagrange, *Le réalisme du principe de finalité*, 1932. — J. M. Marling, *The Order of Nature*, 1934. — J. Wahl, A. de Waelhens *et al.*, *Ordre, desordre, lumière*, 1962. — H. Kuhn e F. Wiedmann, eds., *Das Problema der Ordnung*, 1962. — R. Arnheim, M. C. Beardsley *et al.*, *The Concept of Order*, ed. Paul G. Kuntz, 1968. — W. Strombach, *Natur und* Ordnung, 1968. — W. Dahlberg, *Ordnung, Sein uns Bewusstsein*, 1984. — I. Prigogine, I. Stengers, *Order Out of Chaos: Man's New Dialogue with Nature*, 1984. — B. Waldnfels, *Ordnung im Zwielicht*, 1987. — G. Powell, *The Order of Knowledge*, 1993.

Sobre a idéia de ordem em diversos autores e correntes: A. O. Lovejoy, *The Great Chain of Being: A Study of the History of an Idea*, 1930. — H. Krings, *Ordo. Philosophisch-historische Grundlegund einer abendländischen Idee*, 1941; ed. bastante revisada, 1982. — M. Foss, *The Idea of Perfection in the Western World*, 1946. — R. F. Hathaway, *Hierarchy and the Definition of Order in the Letters of Pseudo-Dionysius: A Study in the Form and Meaning of the Pseudo-Dyonisian Writings*, 1969. — J. Rief, *Der Ordobeggrife des jungen Augustinus*, 1962. — J. A. W. Hellman, *Ordo. Untersuchung eines Grundgedankens in der Theologie Bonaventuras*, 1974. — A. Blanche, "La Notion d'analogie dans la philosophie de Saint Thomas d'Aquin", *Revue des Sciences Phil. et Théol.*, 20, (1921), 169-193. — Id., "Les mots signifiant la Relation dans la langue de Saint Thomas d'Aquin", *ibid.*, 25, (1925), 363-388. — E. A. Pace, "The Concept of Order in the Philosophy of Saint Thomas", *Scholasticism*, 2, (1928), 51-72. — A. de Silva-Tarouca, "L'idée, d'ordre dans la philosophie de Saint Thomas", *Révue néoescolastique de Philosophie*, 40, (1937), 341-384. — Brian Coffey, "The Notion of Order according to St. Thomas Aquinas", *Modern Schoolman*, 27, (1949), 1-18. — J. M. Ramírez, *De ordine. Placitya quedam thomistica*, 1963. — C. Murray, *Order and Organism: Steps to a Whiteheadian Philosophy of Mathematics and the Natural Sciences*, 1985. — R. Hamowy, *The Scottish Enlightenment and the Theory of Spontaneous Order*, 1987.

Sobre o conceito lógico-matemático de ordem: B. Russell, "On the Notion of Order", *Mind*, N. S., 10, (1901), 30-51. — E. V. Huntington, *The Continuum and Other Types of Serial Order*, 1917. — C. Kuratowski, "Sur la notion d'ordre dans la théorie des ensembles", *Fundamenta mathematica*, 2, (1921). ⊂

ORDINE GEOMETRICO. Literalmente: "pela ordem geométrica", "segundo a ordem geométrica", isto é, de acordo com a ordem (de demonstração) seguida na geometria. A expressão *ordine geometrico* ficou famosa em filosofia graças ao uso que dela fez Spinoza em sua *Ética*, intitulada *Ethica, ordine geometrico demonstrata* (demonstrada de acordo com a ordem que se segue na geometria, isto é, com base em definições, axiomas, teoremas, corolários). O *ordo geometrico* era considerado uma ordem de apresentação, sendo equiparado ao método de composição ou síntese, distinguindo-se portanto da ordem (ou método) de invenção, equiparado ao método de resolução ou análise.

A "ordem geométrica" foi também denominada "ordem axiológica", mas embora se possa admitir que a ordem geométrica seja axiológica já a partir de Euclides, não é certo que toda ordem axiológica seja uma "ordem geométrica" no sentido de ter como tema as proposições da geometria. Ao adotar a "ordem geométrica" ou síntese, Spinoza adotou não o conteúdo, mas o método de apresentação da geometria, que consiste numa formulação axiomática. Por isso se pode falar, no caso de Spinoza, de uma "ordem axiomática", de modo que sua *Ethica* é, a rigor, *ordine axiomatico demonstrata*.

No sentido de uma "ordem axiomática", a "ordem geométrica" foi usada repetidas vezes — ou, ao menos, foi proposta repetidas vezes — desde Euclides até Spinoza, e atingiu o auge nos séculos XVI, XVII e parte do XVIII (cf. Hermann Schüling, *Die Geschichte der axiomatischen Methode im 16. und beginnenden 17. Jahrhundert*, 1969).

A expressão *ordine geometrico* equivale a *more geometrico* (= segundo a maneira [ou "o costume"] geométrica). Também Spinoza empregou *more geometrico* em sua apresentação da filosofia de Descartes: *Renati des Cartes Principiorum philosophiae partes prima et secunda more geometrico demonstratae*.

⮡ Ver: H. W. Arndt, *Methodo scientifica pertractatum. Mos geometricus und Kalkülbegriff in der philosophischen Theorienbildung des 17. und 18. Jahrhunderts*, 1971. ⊂

ORESME, NICOLAU DE. Ver Nicolau de Oresme.

ORESTANO, FRANCESCO (1873-1945). Nascido em Alía e professor (1907-1924) da Universidade de

Palermo, propôs-se, em primeiro lugar e de modo análogo a N. Hartmann, afastar-se de toda construção sintética para atender ao que denomina o sistema dos problemas, ao contrário do sistema das soluções a que tende a filosofia tradicional, mesmo em suas manifestações mais circunspectas e críticas. A investigação dos problemas levou-o imediatamente ao reconhecimento das experiências das relações como fato fundamental, pois nelas se dão, segundo Orestano, os esquemas de todo pensamento e até de toda ação, do conhecimento vulgar, do saber científico e do agir moral. Ora, as próprias relações apontam necessariamente para as transcendências, que desse modo são experimentadas e não simplesmente pressupostas. A indagação conseqüente das relações, tanto das que se referem ao sujeito como ao objeto, permite a elaboração de um sistema de categorias ou coordenadas que nunca deve ser considerado definitivo, pois as categorias são acrescentáveis e retificáveis em virtude da experiência humana e histórica. Só a reunião de todas as categorias possíveis, o perspectivismo das categorias, poderia proporcionar um sistema completo de filosofia, sistema que é de fato impossível pela limitação da experiência, mas que pode continuamente aperfeiçoar-se. Orestano atenta em particular para o aspecto prático da experiência, que se por um lado o conduz a uma filosofia da ação, não o faz depender, por outro, de um pragmatismo unilateral, não só pela afirmação do transcendente como pela necessidade de ater-se a todas e não apenas a algumas das experiências das relações. Mas o primado da ação na vida humana se revela na função desempenhada pelos valores, que embora sejam primitivamente criados, não se limitam à realidade humana, transcendendo-a na direção do absoluto.

↪ Obras principais: *Le idee fondamentali di F. Nietzsche nel loro progressivo svolgimento. Esposizione e critica*, 1903. — *Comenio*, 1906. — *I valori umani*, 2 vols., 1907. — *A. Rosmini*, 1908. — *Prolegomeni alla scienza del bene e del male*, 2 vols., 1911-1915. — *Corso di filosofia del diritto*, 1924. — *Nuovi principi*, 1925. — *Verità dimostrate. Saggi di filosofia critica*, 1934. — *Il realismo*, 1936 [com F. Olgiati]. — *Il nuovo realismo*, 1939.

Edição de obras: *Opere complete* (inacabada), 18 vols., 1939-1945; nova ed.: *Opera omnia*, dir. por C. Ottaviano, ed. C. Dollo e A. di Stefano, 1960ss.

Ver: C. Ottaviano, *Il pensiero di Francesco Orestano*, 1933. — Luca M. da Carré, *Filosofia e scienza in F. Orestano*, 1941. — R. Da Castelbuono, *Esperienza, realtà, valori nel superrealismo di F. Orestano*, 1955. — C. Dollo, *Il pensiero filosofico di F. O.*, 1968. ↩

ORFISMO. Chama-se "orfismo" a doutrina propagada pelos adeptos dos mistérios órficos e dos ritos ligados a essa doutrina. Esses ritos se baseiam numa mitologia: a de Dionísio, filho de Zeus e de Perséfone, que foi devorado pelos Titãs, mas cujo coração não o foi, tendo sido dado a Zeus por Atena. Destruídos os Titãs pelos raios de Zeus, emergiram de suas cinzas os homens, cuja existência abriga dentro de si o mal dos Titãs e o bem de Dionísio. Dionísio renasceu do coração ingerido por Zeus. Essa ressurreição é fundamental na doutrina órfica e em seus ritos; por um lado, levou à crença na transmigração; por outro, à abstinência de carne. Atribui-se ao poeta Orfeu (século VI a.C.) a fixação dos pontos essenciais dessa mitologia e doutrina nos chamados "hinos órficos". Do ponto de vista filosófico, interessam sobretudo os testemunhos que há sobre o orfismo em Pitágoras, em Empédocles (*As Purificações*) e em Platão. O orfismo aparece aqui como uma das religiões de mistérios a que nos referimos no verbete Mistério (ver), e que oscila entre o mágico-religioso e o filosófico. A questão é, não obstante, muito complicada. Até há relativamente pouco tempo, acreditava-se que o orfismo filosófico era uma depuração do orfismo mitológico. Supunha-se, além disso, que existira uma seita órfica de cujos ensinamentos Pitágoras teria feito parte. Dodds mostrou, porém, que o contato com as culturas xamanísticas pode perfeitamente explicar as idéias órficas da "excursão psíquica" da alma, a afirmação da possibilidade da presença da alma em vários lugares ao mesmo tempo, a idéia do σῶμα σῆμα (ou o corpo como sepulcro da alma) e outras doutrinas análogas. Segundo essa interpretação, a doutrina da separação entre o corporal e o anímico não procede da tradição grega, que concebia (inclusive depois do orfismo) que o corpo e a alma são realidades equivalentes (cf. E. R. Dodds, *The Greeks and the Irrational*, 1951, pp. 147ss.).

↪ Ed. críticas: *Orphicorum Fragmenta*, 1948, ed. O. Kern. — *Orphei Hymni iteratis curis G. Quandt* (Berlim, 1955).

Ver: I. M. Linforth, *The Arts of Orpheus*, 1941. — W. K. C. Guthrie, *The Greeks and their Gods*, 1950. — L. Moulinier, *Orphée et l'orphisme à l'époque classique*, 1955. ↩

ORGANICISMO. O termo 'organicismo' foi usado: 1) Para designar uma vertente da biologia e, mais freqüentemente, da filosofia da biologia ou na filosofia do orgânico. 2) Para designar uma concepção do mundo, amiúde estreitamente relacionada com o modo como se entende o organicismo na filosofia biológica. 3) Para designar uma concepção acerca da sociedade, ou então da sociedade e do Estado. Estes três sentidos de 'organicismo' nem sempre são independentes entre si; o sentido 1) leva às vezes ao sentido 2), e este abrange com freqüência os sentidos 1) e 3). Contudo, nós os abordaremos separadamente para maior clareza.

Como direção na biologia, o organicismo é a doutrina segundo a qual o comportamento dos seres biológicos não pode ser explicado, ou não pode ser explicado apenas mecanisticamente. O organicismo rejeita, pois, o mecanicismo (VER), mas nem por isso adere ao vitalismo, especialmente se este último é de caráter radical.

A rigor, no âmbito da teoria biológica, o organicismo é uma posição intermédia entre o vitalismo extremo e o puro mecanicismo. O organicismo recebeu também os nomes de "biologismo" e de "biologia organística". Como suas teses costumam ser apresentadas dentro da corrente "vitalista" — e freqüentemente como variação dessa corrente —, referimo-nos mais extensamente ao organicismo biológico em VITALISMO. Indiquemos aqui somente que o organicismo — como, de resto, quaisquer doutrinas desse tipo — pode ser principalmente "organicismo real" ou principalmente "organicismo conceitual", isto é, referir-se respectivamente à realidade ou, antes, ao método por meio do qual se pode compreender essa realidade. Em alguns casos, o "organicismo real" e o "organicismo conceitual" caminham lado a lado.

Como concepção do mundo, o organicismo se exprime de vários modos. Por um lado, afirma que a realidade é de tipo orgânico — o que quase sempre quer dizer que tem a estrutura de um organismo e não de uma máquina, como afirma um dos matizes do mecanicismo (VER) —, isto é, que tem todas ou algumas das características do organismo a que nos referimos no verbete ORGANISMO. Por sua vez, essa afirmação pode ser entendida ou de forma literal (como ocorre na comparação, por parte de alguns filósofos antigos, do mundo com um "grande animal"), de forma quase-literal (por exemplo, nas doutrinas organicistas de alguns pensadores do Renascimento, como Bruno, ou de alguns "filósofos da Natureza", como Schelling), ou de forma "biologista" ou "quase-biologista" (por exemplo, nas teorias da evolução emergente, em Bergson, na chamada "filosofia do organicismo", de Whitehead etc.). Em todos esses casos, o organicismo é uma tese, ou conjunto de teses, sobre a realidade. Mas o organicismo pode ser entendido também como uma "forma de pensar", isto é, como um tipo de pensamento baseado no que S. C. Pepper denominou "uma metáfora radical". Segundo ele, o organicismo como forma de pensar se caracteriza pela afirmação de que a realidade se acha constituída por "fragmentos de experiência", os quais aparecem com "nexos", que dão lugar a "contradições". Estas últimas se resolvem ou são superadas na idéia de um "todo orgânico" que, segundo se supõe, se encontrava implícito nos "fragmentos" supramencionados e que transcende as contradições por meio de uma totalidade coerente, de maneira que são preservados, sem perda, os "fragmentos" originários.

Quanto ao organicismo como concepção acerca da sociedade, manifesta-se às vezes como resultado de uma interpretação "biológica" da realidade social, segundo a qual a sociedade humana se estrutura e se comporta de modo semelhante a um organismo biológico.

Às vezes, entende-se o que podemos chamar de "organicismo social" como um método com o fim de entender a sociedade como um "todo" em lugar de decompô-la em suas "partes". Há teorias sociais organicistas muito diversas. Limitamo-nos a mencionar, como exemplos, H. Spencer (VER), A. Espinas (*Des sociétés animales*, 1877), O. Spann (VER) e, mais especificamente, René Worms (1869-1926: *Organisme et société*, 1895) e Albert Schäffle (1831-1903: *Bau und Leben des sozialen Körpers*, 4 vols., 1875-1877). Há diferenças consideráveis entre essas teorias. Assim, por exemplo, enquanto (por motivos naturalistas) Spencer tende a identificar a sociedade com um organismo, René Worms avalia que não há nenhuma identidade entre os processos biológicos e os sociais, mas existe uma homogeneidade entre eles que torna possível afirmar o caráter "superorgânico" da sociedade e de todo o social.

Visto que todas as formas de organicismo se fundam numa idéia acerca do que é "o orgânico", é conveniente dizer algo sobre este último conceito. Nós o fazemos no verbete ORGÂNICO, que pode ser considerado um complemento deste verbete.

↪ Obras sobre concepções organicistas, principalmente no sentido 1) — mas abrangendo algumas que poderiam ser incluídas no sentido 2) —, são encontradas na bibliografia do verbete ORGÂNICO. Aqui, indicaremos apenas algumas obras sobre a chamada "concepção orgânica do mundo" e sobre a concepção organicista da sociedade.

Para o primeiro: L. Bardonnet, *L'Univers-Organisme (Néo-Monisme)*, 2 vols., 1912; 2ª ed., 6 vols., 1923-1927. — M. Krewer, *Grundlagen einer organischen Weltanschauung*, 1920. — W. E. Ritter e E. W. Bailey, *The Organismal Conception: Its Place in Science and Its Bearing in Philosophy*, 1928. — O. Feyerabend, *Das organologische Weltbild. Eine philosophisch-naturvissenschaftliche Theorie des Organischen*, 1939; nova ed., 1956. — S. C. Pepper, *World Hypotheses*, 1942, cap. XI. — A. J. Bahm, "Organicism: A New World Hypothesis", em *Memorias del XIII Congreso Internacional de Filosofía. Proceedings 13th International Congress of Philosophy*, vol. 9, 1963, pp. 21-43. — E. B. Schick, *Metaphorical Organicism in Herder's Early Works: A Study of the Relation of Herder's Literary Idiom to his World-View*, 1971. — H. Jonas, *Organismus und Freiheit. Ansätze zu einer philosophischen Biologie*, 1973. — V. MacDermot, *Emmanuel Swedenborg's Philosophy of the Human Organism*, 1974. — M. Ewers, *Elemente organismischer Naturphilosophie*, 1988.

Para o segundo, além das obras citadas no texto: E. T. Towne, *Die Auffassung der Gesellschaft als Organismus, ihre Entwicklung und ihre Modifikationen*, 1903. — R. Steiner, *The Renewal of the Social Organism*, 1985. ↩

ORGÂNICO, ORGANISMO. Como o vocábulo ὄργανον, "órgão" (ver Organon), significou primariamente "instrumento", o termo 'orgânico' refere-se ao caráter de um órgão, e sobretudo ao fato de que um órgão (ou instrumento) se compõe de partes desiguais, embora combinadas, montadas ou armadas de forma a poder ele executar a função ou funções para as quais foi designado. Rudolf Eucken recorda que esta significação de 'orgânico', que se acha em Aristóteles (por exemplo, em *Pol.*, 1259 b 23), persiste até pelo menos meados do século XVIII. Assim, por exemplo, Suárez definiu um *corpus organicum* como segue: *Dicitur corpus organicum quod ex partibus dissimilaribus componitur*, e Baumeister (discípulo de Wolff) o definiu do seguinte modo: *Corpus dicitur organicum quod vi compositionibus suae ad peculiarem quandam actionen aptum est*. A essas definições de 'orgânico', ou melhor, de 'corpo orgânico' poderiam acrescentar-se outras similares; por exemplo, Santo Tomás falou de *corpus organicum* como o corpo "equiparado com instrumentos". Nesses sentidos, não há incompatibilidade entre "orgânico" e "mecânico". Ainda hoje se fala de 'organização' em muitos sentidos, incluindo o das máquinas, que podem estar efetivamente "organizadas".

Entretanto, a partir de meados do século XVIII tendeu-se a usar 'orgânico' como adjetivo que qualifica certos corpos: os corpos "biológicos" ou "organismos". Por esse motivo, foi cada vez mais comum contrapor o orgânico ao mecânico, e, por conseguinte, as concepções denominadas "organicistas" (ver Organicismo) às chamadas "mecanicistas" (ver Mecanicismo). A idéia que subjaz a essa contraposição é a de que o "organismo" não é redutível a uma "máquina", embora desde o momento em que se desejou estabelecer em que consistem as diferenças entre o orgânico e o mecânico nem sempre tenha sido fácil destacar propriedades que correspondam exclusivamente a um deles. Assim, por exemplo, afirmou-se que o orgânico se caracteriza pela funcionalidade (a qual pode ser também característica do mecânico, na medida em que uma "máquina" inclui igualmente certa série de "funções"). Por isso, em muitos casos em que se mencionaram propriedades que se supõem características do orgânico, foi preciso especificar em que consistem essas propriedades. Foi o que ocorreu com a anteriormente mencionada "funcionalidade" e também, embora menos, com propriedades ou características tais como a "totalidade" (o fato de um todo ser distinto da soma das partes, em virtude de certa "constituição hológica"), o caráter "finalista" ou "teleológico" etc. A essas propriedades ou características acrescentaram-se às vezes outras, como a "espontaneidade", a "adaptabilidade" e, em geral, propriedades designadas pela anteposição da expressão 'auto', que tende a indicar que o organismo se caracteriza por "mover-se a si mesmo". Assim, por exemplo, Max Scheler citou como caracteres próprios do orgânico as propriedades seguintes: "automovimento, autoformação, autodiferenciação, autolimitação".

Se consideramos não os termos usados, mas os conceitos, podemos dizer que a contraposição do orgânico com o mecânico é muito antiga, e que também são muito antigas as tendências a acentuar o primeiro em detrimento do segundo, tal como o mostram as doutrinas às quais nos referimos em Organicismo. Todas as teorias que enfatizaram ou a indicada contraposição ou o predomínio citado procuraram destacar ao máximo as propriedades peculiares, ou supostamente peculiares, do orgânico. Mas nem todos os autores entenderam "o orgânico" e "os organismos" do mesmo modo. Todos os que falam do orgânico como algo distinto, ou inclusive prévio ao mecânico, concordam que não há organismo se este não é um "todo" que possui em si mesmo algum "princípio". Mas o modo de interpretar este "princípio" é muito diverso, desde aqueles que consideram que é um princípio distinto de qualquer uma das partes do organismo até aqueles que afirmam que é o modo de enlace das próprias partes. A rigor, parece haver tantas definições do predicado 'é orgânico' e do substantivo 'organismo' quantas são as filosofias que defendem a existência da "peculiaridade do orgânico" (e até quantos são os filósofos que negam que o orgânico tenha alguma peculiaridade, já que esses filósofos acentuam, para refutá-la, uma certa idéia de "organismo" e do "orgânico"). Mesmo prescindindo do modo como o orgânico foi entendido antes dos últimos cem anos — e, por conseguinte, prescindindo de concepções do organismo tão importantes quanto as de Aristóteles, Leibniz, Kant, Schelling, Hegel, Lotze etc., ou as dos antiorganicistas e mecanicistas, pelo menos a partir de Descartes —, há uma imponente variedade de definições de 'organismo' e 'orgânico', bem como uma não menos imponente variedade de doutrinas organicistas, organológicas etc. As diferenças de opinião a esse respeito são às vezes tão fundamentais que não parece que se trate sempre da mesma realidade. Assim, enquanto muitos autores indicam que uma propriedade fundamental de todo organismo é o ser "teleológico" ou "finalista", Bergson assinala que conceber uma realidade mecanisticamente e concebê-la teleologicamente são duas manifestações de uma mesma atitude: a que vê no real algo "dado" — seja por uma causa, seja por um fim. Em nenhum dos dois casos, alega Bergson, pode-se falar de organismo propriamente dito. Mas, além disso, enquanto certos autores entendem o orgânico como primária ou exclusivamente biológico, outros o entendem como primária ou exclusivamente psíquico.

A atual variedade de opiniões acerca da natureza do orgânico e acerca de suas propriedades reproduz em parte a variedade de opiniões expressas a esse respeito por vários filósofos modernos. Mencionaremos somente dois exemplos. A discussão sobre se há ou não algo "automático" no orgânico tem precedentes na distinção leibniziana entre "autômatos naturais" e "autômatos artificiais". A discussão sobre se há ou não finalidade nos organismos e que tipo de finalidade existe tem precedentes na distinção kantiana entre a finalidade própria de uma máquina e a finalidade própria de um organismo (biológico). Mas não há dúvida de que nos últimos decênios se multiplicaram as mencionadas opiniões. Oras, estas podem ser agrupadas em várias tendências.

As duas principais são o mecanicismo e o antimecanicismo. O mecanicismo (VER) esforça-se por reduzir o orgânico ao mecânico, seja de um modo definitivo, seja num estágio dado do conhecimento dos organismos. Ao mesmo tempo, o mecanicismo pode proceder a essa redução baseando-se nas idéias do chamado "mecanicismo clássico" ou então procurando ampliar e enriquecer a doutrina mecanicista. O antimecanicismo nega-se a reduzir o orgânico ao mecânico, mas no âmbito dessa comum tendência negativa manifesta-se positivamente em várias correntes. As principais são: o vitalismo extremo (que explica, ou procura explicar, o não-inorgânico com base no orgânico e, em geral, o inerte com base no vivo); o vitalismo estrito, de hábito denominado simplesmente "vitalismo" (VER), e algumas de suas manifestações; o "neovitalismo", que busca um princípio do orgânico (um "princípio dominante", uma "entelequia" etc.) característico do vivo e só dele; o organicismo biológico, também chamado "biologismo", que afirma a irredutibilidade do orgânico ao não-orgânico, mas que tende a fundar essa irredutibilidade não em algum princípio especial ou específico do orgânico, mas no modo como este último se encontra estruturado. Representantes do vitalismo extremo são os filósofos que defenderam o organicismo (VER) como concepção do mundo, e também (ao menos em parte) autores vitalistas biológicos como Bergson. Representantes do vitalismo estrito ou neovitalismo são biólogos e filósofos da biologia como Hans Driesch, Jacob von Uexküll e Johannes Reinke. Representantes do organicismo biológico ou biologismo são biólogos como Oscar Hertwig, E. S. Russell, J. S. Haldane e Ludwig von Bertalanffy. Abordamos com maior detalhe estas várias orientações no verbete VITALISMO.

Pode-se distinguir (em princípio) entre as opiniões expressas a esse respeito no quadro da chamada "filosofia biológica" ou "filosofia da biologia", e as que se manifestam no quadro das chamadas "fenomenologia do orgânico", "filosofia do orgânico" e também "ontologia do orgânico". Embora nestas últimas tenham grande importância os dados proporcionados pela biologia e pelas interpretações desses dados por biólogos de várias tendências, elas se apóiam da mesma forma, e às vezes predominantemente, em considerações metafísicas ou ontológicas de caráter mais geral.

Temos um exemplo a esse respeito nas investigações de Nicolai Hartmann, que abordou detidamente o que se chamou "categorias organológicas" no âmbito de sua "filosofia da Natureza" como "teoria das categorias especiais". Nicolai Hartmann dá uma lista de 19 categorias organológicas distribuídas em quatro grupos. O primeiro grupo, que se refere à "trama orgânica", abarca categorias como as de "indivíduo", "processo formativo", "auto-regulação" etc. O segundo grupo, que se refere à "vida supraindividual", abrange categorias como as de "morte e geração", "variabilidade", "vida da espécie" etc. O terceiro grupo, que se refere à "Filogenia", abarca categorias como as da "adaptabilidade", "seleção", "mutação" etc. O quarto grupo, que se refere à "determinação orgânica", abrange categorias como as de "equilíbrio orgânico", "vitalidade", "nexo vital" etc. Embora tenda a manter o caráter específico do orgânico como tal, Nicolai Hartmann não o considera determinado por um princípio exclusivamente próprio, pois o orgânico se funda no inorgânico, do qual é uma realidade "emergente" (VER). Além disso, Nicolai Hartmann avalia que a determinação das categorias organológicas não está destinada a enfatizar características concretas do orgânico, mas, em última análise, o que se poderia denominar seu "posto ontológico". De resto, algumas das categorias organológicas (como a de "indivíduo") são também categorias não-organológicas.

Encontramos outro exemplo na lista de "caracteres da realidade orgânica" apresentada pelo autor deste *Dicionário* em sua obra *El ser y la muerte* (especialmente § 15). Limitar-nos-emos aqui a mencionar os nomes desses "caracteres": o ser "indeciso" ou "oscilante", o "ser para si" (na forma da utilidade); a espontaneidade; a especificidade; e a individualidade. Esses caracteres se manifestam como resultado de certo "enfoque" (ontológico) a que se submete a realidade orgânica e não como conseqüência da afirmação de que há princípios orgânicos distintos de quaisquer outros.

Na dilucidação anterior dos conceitos do orgânico e de organismo, deixamos de lado certo número de filosofias que se chamaram a si mesmas, explicitamente, "filosofias do organismo". Mencionaremos a seguir duas delas.

Por um lado, Lossky (VER) dividiu as concepções do mundo em dois tipos: a inorgânica (que concebe um todo complexo como constituído por partes distinguíveis e capazes de ser explicadas por si mesmas) e a orgânica (para a qual o todo existe de modo "primário", e os elementos existem somente na medida em que pertencem ao todo). Lossky declara-se adepto da concepção orgânica, que é uma "filosofia do organismo", e afirma que essa concepção pode explicar não apenas um todo complexo como também a mais simples interação entre duas coisas.

Por outro lado, Whitehead desenvolveu uma filosofia do organismo segundo a qual "a natureza de um organismo consiste em ser algo que funciona e se estende pelo espaço". Pode-se falar de organismo em sentido microscópico, na medida em que está relacionado com a constituição formal de uma "ocasião atual [real, efetiva]" e é um processo de realização de uma unidade individual de experiência; e de organismo em sentido macroscópico na medida em que está relacionado com um fato básico que imediatamente limita o aparecimento ou formação de uma "ocasião atual". A filosofia do organismo de Whitehead está destinada a superar o que ele denominou "a bifurcação da Natureza", característica da época moderna. A "filosofia do organismo" integra os métodos matemático-formal e genético-funcional.

Para a concepção do mundo como um "organismo", ver a bibliografia de ORGANICISMO.

⇒ Para as tendências vitalistas e neovitalistas, ver a bibliografia do verbete VITALISMO, assim como as bibliografias de vários dos autores usualmente vinculados com essa tendência (Bergson, Driesch etc.). Além disso: H. Friedmann, *Die Konvergenz der Organismen*, 1904. — H. Plessner, *Die Stufen des Organischen und der Mensch*, 1928. — B. von Brandenstein, *Metaphysik des organischen Lebens*, 1930. — K. Goldstein, *Der Aufbau des Organismus*, 1934 (trad. revista: *The Organism: A Holistic Approach to Biology*, 1945). — R. S. Lillie, *General Biology and Philosophy of Organism*, 1945. — E. Schrödinger, *What is Life?: The Physical Aspect of the Living Cell*, 1947. — F. Grégoire, "Note sur la philosophie de l'organisme", *Revue philosophique de Louvain*, 46 (1948), 275-334. — F. Nardi, *Grenzgebiete des Lebendigen*, 1948. — Th. Ballauff, *Das Problem des Lebendigen. Eine Übersicht über den Stand der Forschung*, 1949. — R. Henning, *Organismus und Naturwissenschaft. Versuch einer Neuabgrenzung des Organismusbegriffes*, 1955. — J. Haas, *Das Lebensproblem heute. Beitrag zur Zellforschung zur Philosophie des Organischen*, 1958. — E. Sinnot, *The Problem of Organic Form*, 1963. — H. Jonas, *The Phenomenon of Life: Toward a Philosophical Biology*, 1966. — F. Jacob, *La logique du vivant*, 1970. — F. Burwick, ed., *Approaches to Organic Form*, 1987.

Para as concepções mecanicistas do orgânico, ver a bibliografia de MECANICISMO.

As idéias de N. Hartmann em sua obra *Philosophie der Natur*, 1950, §§ 45-64 [ver bibliografias de HARTMANN (NICOLAI) e ONTOLOGIA].

Para Whitehead, ver: *An Enquiry Concerning the Principles of Natural Knowledge*, 2ª ed., 1925, cap. 1, 1-4, e *Process and Reality*, 1929, *passim*. Sobre Whitehead: D. M. Emmet, *Whitehead's Philosophy of Organism*, 1932. — Félix Cesselin, *La philosophie organique de W.*, 1950. — L. V. Rajagopal, *The Philosophy of A. N. Whitehead: The Concept of Reality and Organism*,

1966. — D. Emmet, *Whitehead's Philosophy of Organism*, 1966. — A. P. Cappon, *Action, Organism, and Philosophy in Wordsworth and Whitehead*, 1985. — M. Code, *Order and Organism: Steps toward a Whiteheadian Philosophy of Mathematics and the Natural Sciences*, 1985.

Para Lossky, *The World as an Organic Whole*, 1928, especialmente pp. 5ss.

Sobre a idéia de organismo em Leibniz: H. L. Koch, *Materie und Organismus bei L.*, 1908. — M. Echelard-Dumas, "Der Begriff des Organismus bei Leibniz: 'Biologische Tatsache' und Fundierung", *Studia Leibniziana*, 8 (1976), 160-186.

Sobre a idéia de organismo em Kant: R. Löw, *Philosophie des Lebendingen: der Begriff des Organischen bei Kant, sein Grund und seine Aktualität*, 1980. — R. E. Aquila, "Unity of Organism, Unity of Thought, and the Unity of the *Critique of Judgement*", *South Journal of Philosophy*, 30 (supl.) (1991), 139-155. ⇐

ORGANON. Convencionou-se denominar *Organon* (ὄργανον, instrumento) o conjunto dos tratados lógicos de Aristóteles. Na ordem consagrada desde a ordenação de Andrônico de Rodes, são: *Categorias*, Κατηγορίαι, *Categoriae* (abreviado: *Cat.*); *Sobre a Interpretação*, Περὶ ἑρμηνείας, *De Interpretatione* (abrev.: *De Int.* e às vezes *Periher.*); os *Primeiros Analíticos*, Ἀναλυτικὰ πρότερα, *Analytica Priora* (abrev.: *An. Pr.*); os *Segundos Analíticos*, Ἀναλυτικὰ ὕστερα, *Analytica Posteriora* (abrev.: *An. Post.*); os *Tópicos*, Οἱ τόποι, Τὰ τοπικά, *Libri Topicorum* (abrev.: *Top.*), e as *Refutações dos sofistas*, Περὶ σοφιστικῶν ἐλέγχων, *De sophisticis elenchis* (abrev.: *Soph. El.*), consideradas hoje como o livro IX de *Top.* Cada um desses escritos apresenta problemas particulares; referimo-nos a alguns deles em Analíticos (VER), Hermenêutica (VER) e Tópicos (VER). Interessa-nos agora o nome "Ὄργανον [Organon], *organum* (órgão) dado ao conjunto. Esse nome não procede de Aristóteles, que usou o vocábulo ὄργανον em vários lugares de seus tratados lógicos (por ex., *Top.*, 108 b 30; 163 b 10), mas sem que possa derivar dele o significado posterior. Este procede dos comentadores: Alexandre de Afrodísia (*Schol.*, 141 b 25) e João Filopono (*Schol.*, 35 b 46, 36 a 12). Mas ambos aplicavam o vocábulo somente à doutrina analítica ou demonstrativa exposta nos *An. Pr.* e *An. Post.* (ver ANALÍTICOS). Essa limitação do nome é reafirmada por C. Weinholtz em seu *Diss. de finibus atque pretio logicae Aristotelicae* (Rostock, 1825; *apud* Th. Waitz, *Aristotelis Organon Graecae*, 2 vols., 1844-1846, reimp., 1963; vol. II, 249). O. Mielach, *Dissertatio inaug. de nomine Organi Arist.*, Aug. Vind., 1838 (*apud* K. Prantl, *Geschichte der Logik im Abendlande*, 4 vols., 1855-1885, reimp. em 3 vols., 1955; vol. I, 89; e Waitz, *op. cit.*, II, 293-294), indicou também que num manuscrito de Munique aparece um comentário anônimo ao livro I dos *Segundos Analíticos* em que se dá a esta obra, em virtude de seu conteúdo, o nome de *Organon*. Mielach sugere que provavelmente esse nome se estendeu depois ao resto dos escritos lógicos, opinião que foi mantida por Prantl, mas que Waitz considerou muito improvável. Talvez se esclareça o sentido que teve para os comentadores o vocábulo *Organon* (aplicado a uma parte ou ao todo dos escritos lógicos do Estagirita) se levamos em conta a passagem em *Pol.*, 1253 b 28, onde Aristóteles escreveu que em toda arte (no sentido de τέχνη) são necessários instrumentos, e que estes são de muitas espécies. De resto, o ser instrumento não parece constituir uma propriedade fixa de uma coisa; depende de sua função (*b* pode ser um instrumento para *c*, mas pode ser ao mesmo tempo algo produzido pelo instrumento *a*). A instrumentalidade da lógica seria, assim, relativa. Em todo caso, parece certo que os comentadores foram os primeiros a sublinhar o caráter "instrumental" da lógica aristotélica, em contraposição à conhecida opinião dos estóicos (VER), que fizeram da lógica uma *parte* e não "só" um órgão da filosofia. Ora, mesmo assim a questão não fica inteiramente esclarecida. Como assinala a passagem de um comentário (*Schol. Cod. Par. and An. pr.*, Brand 140 b 22), não se vê se se trata de uma lógica da filosofia ou de um órgão da filosofia. Dilucidamos o ponto na análise da concepção aristotélica sobre a relação entre a lógica e a realidade contida em LÓGICA. Resulta dessa análise que a lógica é para Aristóteles um instrumento do pensar quando este se refere aos princípios segundo os quais se *articula* a realidade. Por isso, o vocábulo ὄργανον designa provavelmente, na intenção dos comentadores, o instrumento mediante o qual o filósofo pensa sobre o real e, portanto, também o órgão natural de toda filosofia. Isso em nada rebaixa o caráter formal da lógica aristotélica, pois esse instrumento não decide sobre o real, mas serve de guia para nele orientar-se. O ὄργανον não é, com efeito, um conjunto de regras "arbitrárias" admitidas por convenção, mas uma série de normas sem as quais o pensamento careceria de consistência interna tanto para referir-se a si mesmo como para referir-se ao real.

O vocábulo grego ὄργανον ou o latino *Organum* foi também várias vezes usado para designar um conjunto de princípios metodológicos. Isso ocorreu sobretudo na época moderna. Mencionamos alguns exemplos.

Francis Bacon denominou *Novum Organum scientiarum* (1620; antes apresentado em *Cogitata et visa*, 1612), ou "Regras verdadeiras para a interpretação da Natureza", dois livros de aforismos "sobre a interpretação da Natureza e o reino do homem" que constituíam a segunda das cinco partes em que se dividia — tal como ficou finalmente planejada — a *Instauratio Magna*. O *Novum Organum* compreende um prefácio, que é uma autobiografia intelectual, e os aforismos, que abarcam, entre outras matérias, a crítica de Bacon à especulação e aos procedimentos dedutivos tradicionais, a crítica dos quatro ídolos (VER), a defesa da experimentação auxiliada pela razão, e as regras para a indução e a investigação das Formas (ou propriedades físicas) mediante as chamadas tabelas de essência e presença, e de desvio ou ausência em proximidade (com o famoso exemplo da investigação da "Forma do Calor").

Richard Burthogge (1638-1700) denominou *Organum vetus et novum* (1678) uma obra na qual investigava aquilo a que dava o nome de *entia cogitationis* ou "objetos do pensar" como objetos "primários" ou fundamentos do conhecimento dos "objetos" propriamente ditos.

Johann Heinrich Lambert chamou de *Neues Organon* (título completo em LAMBERT) sua quádrupla investigação metodológico-ontológica (Dianoiologia, Aletiologia, Semiótica, Fenomenologia). Segundo Lambert, estas disciplinas "formam juntas o que Aristóteles e, seguindo-o, Bacon denominaram *Organon*" (*N. O.*, vol. I, 1764, Vorrede). Trata-se de indicar os meios para "a busca da verdade", de tal forma que seja aceita por todos os homens. O *Organon* deve aplicar-se "a todas as partes do conhecimento humano e, portanto, a toda ciência", facilitando a descoberta rápida do verdadeiro e a imediata percepção do falso.

William Whewell (VER) deu o nome de *Novum organum renovatum* à parte II (1858) da 3ª ed. (1858-1860) de sua *Filosofia das ciências indutivas* (1840, 3ª ed., ampliada, 1858). Tratava-se de revalorizar o *Novum Organum* de Bacon (que, na opinião de Whewell, teve de apoiar-se quase sempre em meras conjeturas) com base nos conhecimentos adquiridos nesse ínterim. O *Novum Organum renovatum* compreende uma série de aforismos, em parte derivados da "História das idéias científicas", e uma explicação detalhada deles. No decorrer dessa explicação, Whewell procurou fundamentar todos os conceitos em que se apóiam as ciências, especialmente as noções de coligação (VER) de fatos (Livro II, cap. iv), e os diversos métodos: observação (III, ii), indução (II, v, vi; III, v a x) etc. Prestava-se particular atenção à classificação das ciências (II, ix) e à linguagem da ciência (IV), pois a formação dos termos científicos constituía para Whewell uma parte essencial do trabalho científico.

Eugenio d'Ors denominou *Novissimum Organum* o terceiro ciclo na lógica destinado a desempenhar na época futura o mesmo papel que desempenharam em seu tempo o *Organon* aristotélico e o *Novum Organum* baconiano (cf. *Le résidu dans la mesure de la science par l'action*, 1908). Esse método se aproxima — assinala José Luis L. Aranguren (*La filosofía de Eugenio d'Ors*, 1945, p. 31) — dos métodos de Sócrates e Hegel. O *Novissimum Organum* é, pois, equivalente à Dialética (ou doutrina da harmonia), parte primeira da Doutrina da Inteligência, por sua vez primeira parte das três em que esse autor divide a sua obra.

A pretensão de fundar um *Organon* na época moderna não se restringe, porém, aos autores citados. A maioria dos filósofos modernos, mesmo sem utilizar o termo em questão, teve a mesma aspiração daqueles. Assim, o *Discurso do Método* e as *Regras*, de Descartes; a *Investigação da Verdade*, de Malebranche; as *Regras para a Reforma do Entendimento*, de Spinoza; muitos escritos de Leibniz (sobre o método de universalidade, os princípios do cálculo lógico, sobre o verdadeiro método em filosofia e teologia etc.); os *Princípios*, de Berkeley; o *Ensaio*, de Locke; a *Investigação*, de Hume; a *Crítica da Razão Pura*, de Kant etc., podem ser considerados "Novos Órgãos". Em geral, pode-se dizer que nenhum grande filósofo moderno deixou de propor um *Organon*, tido como o acesso metódico à reta investigação da verdade.

⇒ Ver: V. Sainati, *Storia dell'"Organon" aristotelico, I. Dai "Topici" al "De interpretatione"*, 1968. — F. E. Crowe, *Method in Theology: An Organon for Our Time*, 1980 (o método de Bernard Lonergan). — S. Carboncini e R. Finster, "Das Begriffspaar Kanon-Organon. Seine Bedeutung für die Entstehung der kritischen Philosophie Kants", *Archiv für Begriffsgeschichte*, XXVI, 1 (1982), 25-59. — E. Agazzi, "Logik als Organon und als Theorie", *Freie Zeitschrift für Philosophie und Theologie*, 31 (1984), 3-7. — A. Menne, "Logik als Organon und als Wissenschaft", *ibid.*, 9-19. ⇐

ORGÔNICO. Ver Reich, Wilhelm.

ORIGEM. Ver Elemento; Fundamento; Princípio.

ORÍGENES (185/186-254). Nasceu provavelmente em Alexandria e foi mestre na escola de catequistas desta cidade. Foi discípulo de São Clemente e talvez também de Ammonio Saccas, o mestre de Plotino. A obra e os ensinamentos de Orígenes são, por um lado, uma continuação dos de São Clemente de Alexandria, mas, por outro, ampliam consideravelmente o quadro dos propósitos de seu mestre, que se limitou, no fundo, a uma incorporação ao cristianismo da tradição filosófica grega, mas sem chegar, como Orígenes, à edificação de um sistema filosófico-teológico completo. Para essa maior amplitude de propósitos e a conseqüente realização deles, a obra de Orígenes influenciou consideravelmente a fixação dos dogmas efetuada pelos capadócios, depois da eliminação dos elementos alheios à ortodoxia. Para Orígenes, é necessário explicar e esclarecer o que os Apóstolos deixaram estabelecido, sem que faltasse nada, mas sem que nada sobrasse; a doutrina da Trindade, do mesmo e único Deus em três pessoas, constitui assim o primeiro motivo de reflexão, pois a razão, auxiliada pela tradição filosófica, especialmente a platônica e a estóica, pode chegar a uma compreensão, porém, naturalmente, a uma compreensão parcial da luz divina.

O que é possível saber é, de imediato, que Deus Pai é o Deus verdadeiramente absoluto; se o Filho e o Espírito Santo estão nele e são, com o mesmo caráter, Deus, há, por assim dizer, certa subordinação do Espírito ao Filho e deste ao Pai. A subordinação se manifesta principalmente na relação com o mundo sensível; Filho e Espírito são mediadores entre ele e Deus, pois o Filho é justamente o modelo dos modelos, a idéia das idéias, o supremo Logos. Tal subordinação não significa uma origem temporal distinta, assim como não significa que o mundo criado seja, num sentido próprio, divino, por não ter tido, na opinião de Orígenes, um começo num momento do tempo. A doutrina de Orígenes, que, de resto, coincide com a de seu mestre e com a identificação já clássica do mal com a privação e o não-ser, culmina em sua teoria da alma como preexistente e fundida no sensível pela culpa, bem como na teoria paralela da *apocatástase* ou volta de tudo a Deus. De acordo com isso, os espíritos que, pela liberdade que Deus lhes concedeu de realizar o bem, infringiram essa disposição divina, têm como castigo permanecer imersos na matéria. Mas pela redenção do Logos se produz uma paulatina purificação mediante a qual tudo volta ao seio de Deus, pois o mal e a privação são completamente destruídos, relegados ao nada absoluto. O castigo verdadeiro é assim a volta ao não-ser, pois tudo o que é, pelo mero fato de ser, tem de voltar, purificado, à unidade e bondade originárias do Criador. Com efeito, Orígenes insiste uma e outra vez nas conseqüências que, a seu ver, derivam da célebre sentença de São Paulo, segundo a qual Deus é tudo em tudo. Isso significa — diz ele — que Deus é também todas as coisas em cada pessoa individual (*De principiis*, III, vi, 3), e isso de tal modo que quando chegar o final do processo dramático e cósmico, isto é, quando Deus interpuser sua graça para a salvação definitiva de tudo, não haverá já contraste entre o bem e o mal. Cumpre-se assim a apocatástase, a recapitulação, o fato de que "o fim é sempre como o princípio" (*ibid.*, I, vi, 2). Entre os discípulos e seguidores de Orígenes, destacaram-se Dionísio Alexandrino, o Grande († 264/265) e Gregório Taumaturgo (213-270/275), os quais, como seu mestre, reconheceram no cristianismo a culminação e maturidade da filosofia grega, mas não como uma simples fase sua, mas como a expressão do fato de que o pensamento grego contém antecipações intelectuais do que depois foi o cristianismo. Também seguiram o mesmo caminho Pânfilo de Cesaréia (*fl*. 250), autor de uma *Apologia* de Orígenes, e em parte Eusébio de Cesaréia. Deve-se observar que seguir Orígenes nem sempre significava aceitar todas as suas doutrinas teológicas fundamentais, e menos ainda a que depois foi tida como errônea: a teoria da recapitulação de tudo em Deus. Os capadócios, por exemplo (Basílio Magno, Gregório de Nissa e Gregório Nazianzeno), retificaram as doutrinas de Orígenes sem deixar de considerá-lo um importante teólogo. Por outro lado, houve aqueles que se opuseram a Orígenes de maneira muito violenta. Entre estes, destacaram-se Metódio de Olimpo e Teófilo de Alexandria.

⊃ As obras filosóficas capitais de Orígenes são seus livros *Sobre os princípios* e *Contra Celso*, apologia do cristianismo diante da crítica desse filósofo. Além delas, devem-se mencionar: *Comentário sobre São João, A Ressurreição, Stromata, Comentários sobre os Salmos I-XXV, Comentários sobre o Gênesis e sobre as Lamentações, Exortação ao Martírio*.

Edição de obras: J. Merlin, Paris, 1512-1519; Huetius, Rouen, 1668; Paris, 1679; Charles V. Delarue (*Origenis Opera Omnia*, Paris, 1733-1759); Oberthür, Würzburgo, 1780-1794; C. U. E. Lommatzsch, Berlim, 1831-1847, Migne, *PG*, t. XI-XVII. As duas edições mencionadas por último baseiam-se na edição de Delarue. Edição crítica na série *Die griechischen christlichen Schriftsteller der ersten drei Jahrhunderten: Origines Werke*, Leipzig (e depois Berlim): I, II, 1899 (P. Kloetschau); III, 1901 (E. Klostermann); IV, 1903 (E. Preuchen); V, 1905 (P. Kloetschau; este tomo contém o Περὶ ἀρχῶν, *De principiis*); VI, 1920 (Baehrens); VII, 1921 (Baehrens); VIII, 1925 (Baehrens); IX, 1930 (Max Rauer); X, 1, 1935 (E. Benz, E. Klostermann); X, 2, 1937 (E. Benz, E. Klostermann); XI, 1933 (E. Klostermann); XII, 1955 (E. Klostermann, L. Früchtel). — Quatro livros *Sobre os Princípios*, ed. por Görgemanns e Karpp, 1976.

Bibliografia: Henri Crouzel, *Bibliographie critique d'Origène*, 1971.

Ver: E. Freppel, *Origenes*, 2 vols., 1868. — E. R. Redepenning, *Origenes, Eine Darstellung seines Lebens und seiner Lehre*, 1841. — M. J. Denis, *De la philosophie d'Origène*, 1884. — W. Fairweather, *Origen and Greek Patristic Philosophy*, 1901. — F. de la Forge, *Origène, controverses auxquelles sa théologie a donné lieu*, 1905. — F. Prat, *Origène, le théologien et l'exégète*, 1907 [seleção e comentário]. — E. de Faye, *Origène, sa vie, son oeuvre, sa pensée. I. Sa biographie et ses écrits. II. L'ambiance philosophique. III. La doctrine*, 1923-1929. — W. Völker, *Das Vollkommenheitsideal des Origenes*, 1931. — H. Koch, *Pronoia und Paideusis. Studien über Origines und sein Verhältnis zum Platonismus*, 1932. — R. Cadiou, *Introduction au système d'Origène*, 1932. — Id., *La jeunesse d'Origène. Histoire de l'École d'Alexandrie au début du IIIe siècle*, 1936. — H. de Lubac, *Histoire et Esprit. L'intelligence et l'Écriture d'après Origène*, 1950. — H. Crouzel, *Théologie de l'image de Dieu chez Origène*, 1956. — Id., *Origène et la "connaissance mystique"*, 1961. — Id., *Origène et la philosophie*, 1962. — H. Cornélis, *Les fondements cosmologiques de l'eschatologie d'Origène*, 1959. — G. Gruber, ΖΩΗ *Wesen, Stufen und Mitteilung des wahren Lebens bei O.*, 1962. — R. Gögler, *Zur Theologie des biblischen Wortes bei O.*, 1963. — M. Eichinger, *Die Verklärung Christi bei O.*, 1969. — M. Schär, *Das Nachleben des O. im Zeitalter des Humanismus*, 1979. — K. Pichler, *Streit um das Christentum: Der Angriff des Kelsos und die Antwort des O.*, 1980. — U. Berner, *O.*, 1981. — J. W. Trigg, *O.: The Bible and Philosophy in the Third-Century Church*, 1983. — R. M. Berchman, *From Philo to Origen: Middle Platonism in Transition*, 1984. — H. Crouzel, *Origène*, 1985. — K. J. Torjesen, *Hermeneutical Procedure and Theological Method in O.'s Exegesis*, 1986. — P. Tzamalikos, *The Concept of Time in O.*, 1991.

Sobre a crítica dos textos, ver: P. Kloetschau, *Kritische Bemerkungen zu meiner Ausgabe des Origines*, 1899; *Beiträge zur Textkritik von Origenes Johanneskommentar*, 1905; e G. Bardy, *Recherches sur l'histoire du texte et des versions latines du "De principiis" d'Origène*, 1923. ⊂

ORÍGENES. Chamado o neoplatônico, para ser diferenciado de Orígenes (VER), o cristão, foi, segundo relata Porfirio (*Vit. Plot.*, 3), um dos companheiros de Plotino que, junto com ele e Herênio, decidiu manter em segredo as doutrinas de Ammonio Saccas, em Alexandria, embora deles somente Plotino — acrescenta Porfirio — tenha mantido o acordo. Orígenes escreveu um tratado *Sobre os demônios* (Περὶ δαιμόνων) e outro intitulado *Por que somente o rei é poeta* ("Ὅτι μόνος ποιητὴς ὁ βασιλεύς), este último de forma parecida com o desenvolvimento de um tema estóico e tendo como problema fundamental o da identidade entre o plasmador do mundo e o supremo Deus. Parece ter-se ocupado igualmente — se é justo o testemunho de Proclo — de comentários ao *Timeu*, mas sem tê-los publicado.

⊃ Ver: K.-O. Weber, *Origenes der Neuplatoniker. Versuch einer Interpretation*, 1962. ⊂

OROSIO, PABLO [Orosius]. Nasceu por volta de 415; segundo alguns, em Tarragona, e, segundo outros, em Braga, ao norte de Portugal. Amigo de Santo Agostinho, escreveu, a instâncias deste, uma história universal contra os pagãos: *Historiarum adversus paganos libri septem*. Nela, ele desenvolve uma concepção providencialista da história similar à apresentada por Santo Agostinho na *Civitas Dei*. A obra de Orosio é considerada a primeira manifestação dessa concepção, pelo menos no âmbito do pensamento cristão, e alguns autores supõem que tenha influenciado o providencialismo histórico agostiniano. Tudo na história caminha, segundo Orosio, para o acontecimento central e capital da vinda de Cristo, e se desenvolve como a realização de um plano divino.

⊃ Edição da obra de O. em Migne, *PL* XXXI, cols. 663-1174, e no *Corpus Christianorum*, vol. V, ed. C. Zangemeister, 1882.

Ver: F. Elías de Tejada, "Los dos primeros filósofos hispanos de la historia: Orosio y Draconcio", *Anuarios de Historia del Derecho español* (1953), 191-201. — J. V. de Carvalho, "Dependerá san Agostinho de P.

Orosio?", *Revista portuguesa de filosofia* (1955), 142-153. — D. Martin, "P. O.", *ibid.*, pp. 375-385. ↺

ORREGO, ANTENOR. Ver DEÚSTUA, ALEJANDRO OCTAVIO.

ORS, EUGENIO D' [EUGENIO ORS ROVIRA] (1882-1954). Nascido em Barcelona. Deu numerosos cursos e conferências em Universidades espanholas e estrangeiras e foi nomeado, em 1953, professor de Ciência da Cultura da Universidade de Madri, em cátedra criada especialmente para ele. A primeira contribuição filosófica importante de d'Ors consistiu numa tentativa de superação do pragmatismo, que não tardou a conduzi-lo à afirmação de um intelectualismo de cunho novo no qual via a característica principal de todo o movimento que com freqüência denominou o "novecentismo". Esse novo intelectualismo se opõe tanto ao predomínio da mera intuição como ao da razão abstrata. O órgão de captação da realidade é assim a inteligência (*seny*), igualmente eqüidistante das concepções formalistas e das concepções empírico-sensíveis (afastado, nos termos do autor, tanto da "logística" como da "fenomenologia"). O primeiro resultado dessas investigações foi uma "filosofia do homem que trabalha e que brinca", na qual desempenha um papel fundamental a teoria do eu como liberdade oposta a uma resistência que o constitui, teoria ligada à afirmação *religio est libertas*. Com esses trabalhos e numerosos artigos e livros, constituiu-se um sistema mais amplo, que no princípio compreendia a dialética, a física ou tratado da Natureza e a poética ou tratado da criação, mas que depois se articulou nas três partes seguintes: dialética, poética e patética. A dialética é o órgão geral ou novíssimo *Organon* (VER) da doutrina. A dialética baseia-se no diálogo e na ironia, e contém uma teoria dos princípios destinada a efetuar uma "reforma kepleriana da filosofia". Esses princípios são o de função exigida e o de participação. O primeiro substitui o princípio de razão suficiente, e consiste em suprimir, no vínculo entre dois acontecimentos, as exigências de procedência causal e de equivalência quantitativa. O segundo substitui o princípio de contradição, e consiste em afirmar que todo ser participa da realidade de outro. A aplicação desses princípios leva à compreensão, segundo o autor, do caráter peculiar do pensamento figurativo (cujo modelo é o desenho, eqüidistante do sinal e da pintura, de um modo análogo a como a reforma kepleriana consiste em propor a elipse como figura eqüidistante entre o círculo perfeito e puramente racional e o movimento irregular e completamente irracional). Consegue-se dessa maneira, como diz o autor, a colonização de Pã por meio do Logos, colonização que se executa em diversos terrenos: na física, pelas leis; na história, pelo primado das constantes ou "éons" sobre os períodos; na vida humana, pelo predomínio dos ritmos, entendidos como estados e não como cronologias. Este modo de operação da inteligência (figurativa), oposta à razão e à irracionalidade, é observado igualmente na poética e na patética. A poética é em ampla medida um desenvolvimento da filosofia do homem que trabalha e que brinca; a patética compreende principalmente a cosmologia. São destacados desenvolvimentos da poética a angelologia (teoria da sobreconsciência ou personalidade) e a ciência da cultura, com a investigação das constantes e dos estilos.

↺ A maioria das obras de E. d'Ors figura nas séries do *Glosari*, do *Nuevo Glosario* e do *Novísimo Glosario*. Edições de obras: *Glosari, I* (1906-1910), 1950; *II* (1906-1921) [antologia], 1982; *Nuevo Glosario, I* (1920-1926), 1947; *II* (1927-1933), 1947; *III* (1934-1943), 1949; *Novísimo Glosario* (1944-1945), 1946. — Seleção de textos filosóficos, procedentes quase todos do *Glosari* e em parte dos primeiros escritos filosóficos (tais como *La formule biologique de la logique, Le résidu dans la mesure de la science par l'action, Religio est libertas*), no tomo *La filosofia del hombre que trabaja y que juega* (1914), ed. por R. Rucabado e J. Ferrán y Mayoral, com introdução de M. García Morente e estudos dos editores e de Miguel de Unamuno, Diego Ruiz e outros.

Títulos de obras dispersas (muitas delas fazendo parte dos Glossários): *De la amistad y del diálogo*, 1914. — *Flos Sophorum. Ejemplario de la vida de los grandes sabios*, 1914. — *Aprendizaje y heroísmo*, 1915. — *Grandeza y servidumbre de la inteligencia*, 1919. — *Las obras y los días*, 1920. — *El Valle de Josafat*, 1921. — *El Nuevo Glosario*, 1921. — *El viento en Castilla*, 1921. — *Sobre la doctrina de la inteligencia: I: Introducción a la filosofía*, 1921. — *Hambre y sed de verdad*, 1922. — *Europa*, 1922. — *Poussin y el Greco*, 1922. — *U-turn-it*, 1923. — *Los diálogos de la pasión meditabunda*, 1923. — *El molino de viento*, 1925. — *Cinco minutos de silencio*, 1925. — *Religio est libertas*, 1925 (reedição de seu estudo anterior, com uma carta aberta de F. Clascar). — *Las ideas y las formas. Estudios sobre morfología de la cultura*, 1928. — *Cuando ya esté tranquilo*, 1930. — *El pecado en el mundo físico*, 1940. — *Introducción a la vida angélica. Cartas a una Soledad*, 1940. — *La tradición*, 1941. — *Gnómica*, 1942 (aforismos extraídos de várias obras). — *La civilización en la historia*, 1943. — *Epos de los destinos (El vivir de Goya. Los reyes católicos. Eugenio y su demonio)*, 1944. — *Estilos del pensar*, 1944. — *El secreto de la filosofía*, 1947. — *La civilización en la historia*, 1953. — *La ciencia de la cultura*, 1963. — Devem-se acrescentar a esses livros seus estudos de filosofia da arte, reeditados em série completa, desde 1943 (*Tres horas en el Museo del Prado, Tres lecciones en el Museo del Prado, Introducción a la Crítica de Arte, Mis salones, Lo barroco, Cézanne, Picasso, Teoría de los estilos e espejo de la arquitectura* etc.).

Além dos estudos contidos no volume antes citado, *La filosofia del hombre que trabaja y que juega*, ver: E. Vogel, "Xenius, der Sokrates des modernen Spaniens", *Allgemeine Rundschau* (1917). — S. Schneeberger, *E. d'Ors: Le philosophe et l'artiste*, 1920. — J. M. Capdevila, "La ideología de E. d'Ors", *Revista de las Indias*, 37 (1942), 155-180. — L. Anceschi, *E. d'Ors e il nuovo classicismo europeo*, 1945. — J. L. L. Aranguren, *La filosofía de Eugenio d'Ors*, 1945; nova ed., ampl. com prólogo de J. L. Abellán, 1981. — J. L. L. Aranguren, J. A. Gaya Nuño et al., artigos em *Insula*, 106 (15 de outubro de 1954). — J. L. L. Aranguren, P. L. Entralgo et al., *Homenaje a E. d'Ors*, 1955. — E. R. Pérez, *La ciencia de la cultura: Teoría historiológica de E. d'Ors*, 1963. — E. Jardí, *E. d'Ors: Su mundo de valores estéticos*, 1969. — J. Pla, "Eugeni d'Ors", em *Homenots*, primeira série, 1969. — R. Flórez, *D'Ors*, 1970. — A. Amorós, *E. d'Ors crítico literario*, 1971. — A. L. Quintás, *El pensamiento filosófico de Ortega y D'Ors*, 1972. — G. Zanoletti, "La forma estetica come esistenza e arte in E. d'Ors", *Giornale di Metafisica*, 29 (1974), 473-536. — G. Díaz-Plaja, *El combate por la luz. La hazaña intelectual de E. d'Ors*, 1981. — Arts. de J. Roura, J. Ayala e L. Jiménez Moreno em *III Seminario de Historia de la Filosofía Española* (Salamanca, 1982), 1983. — A. Guy, *Histoire de la philosophie espagnole*, 1983, 5ª parte, cap. III.1. — N. Bilbeny, "E. d'Ors, el volum del pensament", em *Filosofia contemporània a Catalunya*, 1985, cap. XVI, pp. 293-316. — J. L. Abellán, *Historia crítica del pensamiento español*, vol. 5/II *(La crisis contemporánea, 1875-1936)*, 1989, cap. 23, pp. 113-131. ◘

ORTEGA Y GASSET, JOSÉ (1883-1955). Nascido em Madri, foi professor de metafísica a partir de 1911 na Universidade Central. Mesmo tendo se aposentado em 1952, deixara a sala de aula na Universidade desde 1936. Discípulo de Hermann Cohen em Marburgo e educado, portanto, na tradição do neokantismo, suas idéias filosóficas não correspondem, entretanto, ao sentido da tradição marburguiana. É verdade que numa primeira etapa do desenvolvimento de seu pensamento, aproximadamente de 1902 a 1910, ele defendeu uma tendência objetivista que chegava a afirmar o primado das coisas (e das idéias) sobre as pessoas. Mas, a partir de 1910, e em especial desde 1914, seu pensamento se orientou para a forma ulteriormente desenvolvida. Dentro da continuidade manifestada nesse desenvolvimento, destacam-se, contudo, dois períodos: o primeiro, que abrange até 1923, aproximadamente, pode ser denominado perspectivista; o segundo, a partir de 1923, raciovitalista.

Característico do período 1910-1923 é o perspectivismo (VER), levado a tais conseqüências que Ortega indica que a substância última do mundo é uma perspectiva. O perspectivismo não é, entretanto, somente uma doutrina acidental, transformando-se na pedra angular da teoria do conhecimento. Nesta última, Ortega opõe-se tanto ao idealismo quanto ao realismo. Contra o idealismo, afirma que o sujeito não é o eixo em torno do qual gira a realidade; contra o realismo, que não é um simples pedaço da realidade. O sujeito é uma tela que seleciona as impressões ou o dado. Não é um ser abstrato, mas uma realidade concreta que vive aqui e agora. É, portanto, uma vida (VER). Esta vida não é só biológica; a defesa do vital, na qual Ortega insiste com afinco, não equivale à defesa do primitivo. Embora a cultura (VER) seja produzida pela vida e para a vida — e, por conseguinte, a vida é anterior à cultura —, isso não significa que os valores culturais sejam secreções de atividades vitais e menos ainda meramente biológicas. Significa que os valores culturais são funções vitais, embora funções vitais que obedecem a leis objetivas, e que, por conseguinte, há uma continuidade completa entre o vital e o transvital ou cultural. Como conseqüência disso, pode-se afirmar que a razão (VER) não está fora da vida, tampouco é a vida, mas uma função da vida.

Portanto, o desenvolvimento dos temas a que o perspectivismo o conduzira leva Ortega às posições que qualificamos como raciovitalismo. Algumas dessas posições aparecem claramente numa das primeiras teses filosóficas de Ortega: a tese formulada em 1914 segundo a qual "Eu sou: eu e minha circunstância" e que levara Ortega a uma elaboração do conceito como cultivo da espontaneidade em que a vida consiste, isto é, a uma doutrina do conceito como autêntico "órgão" de conhecimento. No desenvolvimento posterior, a tese em questão adquire um papel ainda mais fundamental, porque permite entender a noção de razão vital em torno da qual vai girar sua filosofia. Contra a abstração do racionalismo e contra as interpretações pragmatistas, biologistas e exclusivamente intuitivistas do vitalismo (VER), Ortega mantém que se se desejar denominá-lo vitalista, será necessário entender por esse adjetivo a posição daquele que afirma que o conhecimento, embora sendo racional, está enraizado na vida. Portanto, a doutrina da razão vital (ou razão vivente), o raciovitalismo, desconfia somente de certas interpretações dadas à razão. Em particular, desconfia da redução da razão à razão física e abstrata, e afirma que toda razão é razão vital. 'Razão' é, pois, um termo que designa todos os atos que "dão razão de" e especialmente que dão razão dos fatos vitais. Por isso, a filosofia não é um pensamento *acerca da* vida, mas um partir do fato de que toda razão é vivente. Em suma: 'razão vital' pode traduzir-se por 'vida *como* razão'. Daí que o homem não seja para Ortega um ente dotado de razão, mas uma realidade que tem de usar a razão para viver. Viver é lidar com o mundo e dar conta dele, não de um modo intelectual abstrato, mas de um modo concreto e pleno. Disso procede o saber (VER) como um saber a que se ater: o homem teve de inventar a razão, porque sem ela se sentiria perdido no universo. Ora, a razão vital não é somente um método, mas também uma realidade: é um guia no sistema da realidade e a própria realidade que se guia a si mesma no âmbito do universo.

O fato fundamental de que a vida tenha de saber a que se ater explica a diferença entre as idéias e as crenças (ver CRENÇA). Viver na crença — tal como viver na dúvida — constitui um segmento fundamental — se não o mais fundamental — de nossa existência. A doutrina orteguiana do homem leva-o constantemente em conta. Mas essa doutrina precisa de uma fundamentação ainda mais radical, que se encontra dada na tese de que a vida é *a* realidade radical, dentro da qual se acham as outras realidades. A vida não é, segundo Ortega, uma coisa, porém tampouco um espírito. A rigor, não "é", propriamente falando, nada: é um fazer-se a si mesma continuamente, um "autofabricar-se". A vida de cada um é a existência particular e concreta que reside entre circunstâncias fazendo-se a si mesma e, sobretudo, orientando-se para sua própria mesmidade, autenticidade ou destino. O homem pode, por certo, afastar-se de sua própria autenticidade, mas então será menos "real". Ao contrário das coisas, a vida humana admite graus de realidade de acordo com sua maior ou menor proximidade de seu próprio destino. Por isso, a vida pode ser caracterizada por meio da seguinte série de notas: a vida é problema, ofício, preocupação consigo mesma, programa vital e, em última análise, "naufrágio" (um naufrágio do qual o homem anseia por salvar-se agarrando-se a uma tábua de salvação: a cultura). Por isso, a vida é também drama e por isso não pode ser uma realidade biológica, mas biográfica. O método para aproximar-se dela não é a análise, mas a narração. Só assim o homem pode entender que a própria vida é seu fim e que, por conseguinte, não se deve buscar nenhuma transcendência: o transcendente para cada um é a própria existência humana, que se descobre, assim, como uma realidade desenganada.

A descoberta da vida como "a realidade radical" — não, pois, como "realidade única", mas como realidade na qual "radicam" todas as outras — supõe, entre outras coisas, uma superação tanto do idealismo como da fenomenologia. Referimo-nos a esse ponto no verbete PÔR, POSIÇÃO. Limitar-nos-emos aqui a destacar que, em relação estreita com a idéia da vida como realidade radical, e fundada nela, se encontra em Ortega uma série de idéias filosóficas que afetam as questões fundamentais da metafísica. Uma dessas idéias é a de que aquilo que os filósofos denominaram "ser" é algo inventado pelo homem (para responder a certa situação vital, especialmente à situação na qual se produziu um vazio deixado pela falta de crença nos deuses). Portanto, Ortega não considera o ser como a realidade, mas o contrário: a realidade é anterior ao ser. Este é uma interpretação — uma entre outras — "do que há". Ora, "o que há" não é algo que o homem "põe", mas aquilo que lhe é imposto por si. Descobri-lo, isto é, trazê-lo à luz, equivale a trazer à luz toda uma série de pressupostos de que se valeram até agora os filósofos (pressupostos tais como "o que há é o racionalmente compreensível", "o que há é o experimentável" etc.). Nessa busca do que subjaz às diversas interpretações que se deram "do que há", Ortega descobre que o que há é sobretudo algo incompleto (em outros termos, o que há é antes uma "tentativa de ser" do que um ser completo). Com isso, Ortega passa a "desmontar" a própria filosofia, que não aparece como algo pertencente à natureza humana, mas como uma reação diante de certa situação histórica. Superficialmente, trata-se de um "historicismo", ou, se se deseja, de um "realismo historicista", mas é preciso levar em conta que para Ortega a própria história é feita de uma série de "invenções" que o homem produz com a finalidade de manter-se à tona.

A exposição anterior refere-se principalmente às idéias metafísicas e gnosiológicas de Ortega, mas convém complementá-la com referência às suas doutrinas que se acham em outros verbetes desta obra (por exemplo: CRENÇA; CULTURA; HISTORICISMO; NAUFRÁGIO; PENSAR; PERSPECTIVISMO; RACIOVITALISMO; RAZÃO VITAL; VIDA; VITALISMO; SABER). Diremos agora algumas palavras sobre vários dos resultados das análises sociológicas de Ortega, destacando seus aspectos teóricos.

A mais importante delas é constituída pela doutrina da sociedade. Segundo Ortega, não há nenhuma "sociedade como tal". Em sua descrição dos traços fundamentais da vida humana, Ortega declarara que o homem não tem, propriamente falando, uma natureza, mas uma história. O mesmo cabe dizer da sociedade. O ser desta não pode, pois, captar a razão pura (racionalista ou naturalista), mas a citada razão vital. Depreende-se desta que a sociedade ou mundo social é um elemento no qual o homem vive, que exerce pressão sobre ele por meio de usos (ver USO), costumes, normas etc.; que essa pressão pode ser social pura e simplesmente, ou então estatal (a pressão estatal é só "o superlativo da social"); que a pressão em questão tem uma dupla característica: ajuda-nos a viver, pois o homem não pode fazer tudo sozinho, e nos oprime a ponto de precisarmos sair dela para não nos asfixiar por completo. A última dupla condição permite explicar certos fenômenos concretos da vida histórica das sociedades, especialmente o fato de que o social pode às vezes aparecer como a pele flexível que adere a todas as articulações do organismo (e a isso podemos chamar liberdade) e às vezes ser como um aparelho ortopédico que nos oprime, mas do qual não podemos prescindir (e a isso podemos chamar adaptação). As dificuldades suscitadas por essa tese e, sobretudo, o conflito entre ela e a doutrina de que a sociedade é sempre, diante do indivíduo, algo inautêntico podem ser solucionadas, segundo parece provável, mediante uma série de distinções. A mais destacada delas é a teoria orteguiana de que junto às relações sociais há as relações interindividuais (como o amor, a amizade etc.). Desse modo, pode-se entender a relação *pessoa-sociedade* como uma relação não unívoca, mas regida por uma complexa rede de relações e interdependências na qual certas formas de agrupamento poderiam tomar o caminho intermediário entre a vida pessoal e a francamente "social".

O pensamento de Ortega influenciou consideravelmente não só a Espanha e os países de língua espanhola, como também outros países, em especial a Alemanha. Entre os filósofos espanhóis que mais ou menos diretamente foram influenciados por Ortega, ou foram incitados por seus ensinamentos e seus escritos, mencionamos Manuel García Morente, Xavier Zubiri, Joaquín Xirau, José Gaos, Julián Marías, María Zambrano, Luis Recaséns Siches, Pedro Laín Entralgo, José Luis L. Aranguren, Paulino Garagorri, Manuel Granell (VER todos). Também recebeu sua influência, entre outros: Luis Abad Carretero (nascido em 1895 em Almería e mais tarde professor da Universidade Nacional do México: *Una filosofía del instante*, 1954. — *Niñez y filosofía*, 1957. — *Instante, querer y realidad*, 1958. — *Vida y sentido*, 1960. — *Presencia del animal en el hombre*, 1962. — *Aparición de la visciencia*, 1963. — *Instantes, inventos y humanismo*, 1966, a cujo pensamento nos referimos nos verbetes INSTANTE e VISCIÊNCIA).

➲ Obras: *Meditaciones del Quijote*, 1914. — *Vieja y nueva política*, 1914. — *Personas, obras, cosas*, 1916. — *El Espectador*, I, 1916. — *El Espectador*, II, 1917. — *El Espectador*, III, 1921. — *España invertebrada. Bosquejo de algunos pensamientos históricos*, 1921; 2ª ed., rev., 1922; 3ª ed., rev. 1934. — *El tema de nuestro tiempo. El ocaso de las revoluciones. El sentido histórico de la teoría de Einstein*, 1923. — *Las Atlántidas*, 1924. — *La deshumanización del arte e ideas sobre la novela*, 1925. — *El Espectador*, IV, 1925. — *El Espectador*, V, 1927. — *El Espectador*, VI, 1927. — *Espíritu de la letra*, 1927. — *Tríptico. 1. Mirabeau o el político*, 1927. — *Notas*, 1928. — *El Espectador*, VII, 1929. — *Kant (1724-1924): Reflexiones de centenario*, 1929. — *Misión de la Universidad*, 1930. — *La rebelión de las masas*, 1930. — *Rectificación de la República*, 1931. — *La redención de las provincias y la decencia nacional*, 1931. — *Goethe desde dentro*, 1933. — *El Espectador*, VIII, 1934. — *Ensimismamiento y alteración. Meditación de la técnica*, 1939. — *El libro de las misiones*, 1940 [inclui *Misión de la Universidad*]. — *Ideas y creencias*, 1940. — *Estudios sobre el amor*, 1940 [inclui alguns ensaios publicados em obras anteriores]. — *Mocedades*, 1941 [inclui alguns ensaios publicados em *Personas, obras, cosas*]. — *Historia como sistema y Del Imperio Romano*, 1941. — *Teoría de Andalucía y otros ensayos*, 1942. — *Esquema de las crisis*, 1942. — *Dos prólogos. A un tratado de montería. A una historia de la filosofía*, 1945. — *Papeles sobre Velásquez y Goya*, 1950. — *Velázquez*, 1955. — Obras póstumas: *El hombre y la gente*, 1957. — *Qué es filosofía*, 1958 [de um curso dado em 1929]. — *La idea de principio en Leibniz y la evolución de la teoría deductiva*, 1958. — *Idea del teatro*, 1958. — *Meditación del pueblo joven*, 1958. — *Prólogo para alemanes*, 1958. — *Una interpretación de la historia universal. En torno a Toynbee*, 1960. — *Origen y epílogo de la filosofía*, 1960. — *Vives-Goethe*, 1961. — *Pasado y porvenir para el hombre actual*, 1962. — *Unas lecciones de metafísica*, 1966 (curso de 1932-1933). — *Sobre la razón histórica*, 1979 (textos procedentes de dois cursos: "Sobre la razón histórica. Buenos Aires, 1940" e "Sobre la razón histórica. Lisboa, 1944".).

Edição de obras: *Obras completas*, 12 vols. (I, II, 1946; III, IV, V, VI, 1947; VII, 1961; VIII, IX, 1962; X, XI, 1969; XII, 1983), ed. Paulino Garagorri. — Os 32 vols. (1979-1988) de *Obras de J. O. y G.*, publicados pela Alianza Editorial sob a direção de P. Garagorri, contêm várias páginas inéditas e o vol. *¿Qué es conocimiento?* — *Ortega y Gasset, Antología*, 1991, ed. P. Cerezo Galán.

Das *Meditaciones del Quijote* há ed. com comentário por J. Marías, 1957; 2ª ed., 1966. — Segundo Marías (*Ortega y la idea de la razón vital*, 1948, p. 32, nota), a idéia metafísica fundamental de Ortega se encontra já formulada no artigo "Adán en el paraíso" (1910), podendo "tomar-se como etapas sucessivas de sua descoberta: *Meditaciones del Quijote* (1914); "Verdad y perspectiva" (1916), publicado em *El Espectador*, I; *El tema de nuestro tiempo* (1923), "Ni vitalismo ni racionalismo" (1924), nota publicada na *Revista de Occidente*; "Kant, 1724-1924; Reflexiones de centenario" e "Filosofía pura: Anejo a mi folleto sobre Kant"; *En torno a Galileo* (1933); "Guillermo Dilthey y la idea de la vida" (1933), artigos publicados na *Revista de Occidente; Historia como sistema* (o livro em castelhano foi publicado em 1941, mas o estudo é de 1936: foi publicado em inglês no tomo dedicado a Ernst Cassirer [VER]; *Ideas y creencias* (1940); *Apuntes sobre el pensamiento* (1941), e os citados *Dos prólogos*, de 1945.

Correspondência: J. Ortega y Gasset, *Cartas de un joven español (1891-1908)*, 1991, ed. S. Ortega. — *Epistolario*, 1974. — *Epistolario completo Ortega-Unamuno*, 1987, ed. L. Robles.

Em português: *A desumanização da arte*, 1999. — *História como sistema*, s.d. — *O homem e a gente*, 1973. — *A idéia do teatro*, 1991. — *Meditações do Quixote*, 1967. — *Missão da universidade*, 1999. — *Origem e epílogo da filosofia*, 1963. — *Que é filosofia*, 1971. — *A rebelião das massas*, 1987.

Bibliografia: U. Rukser, *Bibliografía de Ortega*, 1971. — A. J. García, "Bibliografía", *Aporía. Revista*

de actualidad filosófica, 21-24 (1983-1984), número monográfico dedicado à projeção cultural de O. no primeiro centenário de seu nascimento. — A. Donoso, H. Raley, *J. O. y G. A Bibliography of Secondary Sources*, 1986 (com mais de 4.000 títulos).
Ver: A. S. Reulet, "El pensamiento de O. y G." (*Cursos y Conferencias*, Parte I, vol. 9, 3, 1937. Parte II, vol. 11, 6, 1937. Parte III, vol. 12, 7 e 8, 1937. Parte IV, vol. 12, 9 e 10, 1937 e 1938). — H. D. Casanueva, *Das Bild des Menschen bei O. y G. und seine Beziehung zur Erziehungswissenschaft*, 1938. — Joaquín Iriarte, *O. y. G., su persona, su pensamiento y su obra*, 1942. — *Id., La ruta de O. Crítica de su filosofía*, 1949. — J. S. Villaseñor, *Pensamiento y trayectoria de J. O. y G. Ensayo de crítica filosófica*, 1943. — J. D. García Bacca, *Nueve grandes filósofos contemporáneos y sus temas*, t. II, 1947. — M. R. Alonso, *En torno al pensamiento de J. O. y G.* [prólogo de J. Marías. Epílogo de M. Oromí], 1948. — J. Marías, *La filosofía española actual. Unamuno, O., Morente, Zubiri*, 1948 (e o livro antes mencionado sobre *O. y la idea de la razón vital*, 1948). Também de J. Marías, *O. y tres antípodas. Un ejemplo de intriga intelectual*, 1950 (análise e crítica dos livros de Iriarte, Sánchez Villaseñor e Roig Gironella contra o pensamento de O., com apêndice de crítica do livro de J. Saiz Barberá, *O. y G. ante la crítica*, 1950), e, sobretudo, sua obra: *O. Circunstancia y vocación*, vol. I, 1960; vol. II, *Las trayectorias*, 1983. — M. Granell, *Lógica*, 1949, parte IV. — *Id., O. y su filosofía*, 1960 [coletânea de artigos: 1950-1957]. — J.-H. Walgrave, *De wijsbegeerte van O. y G.*, 1949; 4ª ed., 1967. — D. Marrero, *El Centauro*, 1951. — M. Oromí, *O. y la filosofía. Seis glosas*, 1953. — J. U. Echevarría, *Estudios sobre O. y G.*, 3 vols., 1955-1956. — J. M. Hernández Rubio, *Sociología y política en O. y G.*, 1956. — J. Gaos, J. Marías, D. Marrero et al., artigos sobre O. y G. en *La Torre*, IV, 15-16 (1956) [similares números extraordinários nas revistas *Sur, Clavileño, Atenea, Insula* etc.]. — J. Gaos, *Sobre O. y G. y otros trabajos de historia de las ideas en España y la América española*, 1956; reed. como vol. IX (1992) das *Obras completas* de J. Gaos, ed. F. Salmerón. — J. Ferrater Mora, *O. y G.: An Outline of His Philosophy*, 1957; 2ª ed., 1963. — Ch. Cascales, *L'humanisme d'O. y Gasset*, 1957. — E. Frutos, M. Mindán, C. París, J. Zaragüeta et al., arts. sobre O. y G. em *Revista de Filosofía*, 16 (1957), 60-61. — J. D. García Bacca, M. Granell, L. Luzuriaga, E. Mays Vallenilla, A. Rosenblatt, *Homenaje a O. y G.*, 1958. — P. Garagorri, *Ortega. Una reforma de la filosofía*, 1958. — *Id., Relecciones y disputaciones orteguianas*, 1965. — *Id., Unamuno, O., Zubiri en la filosofía española*, 1968. — *Id., Introducción a O.*, 1970 [inclui reimp. de "O., una reforma de la filosofía" e outros dois ensaios]. — J. L. L. Aranguren, *La ética de O.*, 1958; 2ª ed., rev., 1959 (reimp. em suas *Obras Selectas*,

I, 1965, pp. 783-828). — B. Galen (Gräfin von), *Die Kultur- und Gesellschaftsethik J.O. y Gassets*, 1959. — F. Salmerón, *Las mocedades de O. y G.*, 1959, reimp., 1971. — J.-P. Borel, *Raison et vie chez O. y G.*, 1959. — F. Romero, *O. y G. y el problema de la jefatura espiritual*, 1960 [coletânea de artigos]. — A. Cobián y Macchiavello, *La ontología de O. y G.*, 1960. — F. Vela, *O. y los existencialistas*, 1961. — A. G. Astrada, *El pensamiento de O. y G.*, 1961 [com "Léxico orteguiano", por S. G. de García Astrada, pp. 229-236]. — U. C. Sánchez, *O., dos filosofías*, 1961. — U. Lo Bosco, *Filosofia e diritto in O. y G.*, 1961. — F. Díaz de Cerio Ruiz, *J. O. y G. y la conquista de la conciencia histórica. Mocedad: 1902-1915*, 1961. — F. X. Pina Prata, *Dialética da razão vital: Intuição originária de J. O. y G.*, 1962. — A. Gaete, *El sistema maduro de O.*, 1962. — H. Larraín Acuña, *La metafísica de O. y G., I: La génesis del pensamiento de O.*, 1962. — A. Guy, *O. y G., critique d'Aristote: L'ambiguité du mode de pensée péripatéticien jugé par le ratiovitalisme*, 1963. — F. Goyenechea, *Lo individual y lo social en la filosofía de O. y G., con una línea sistemática de su saber filosófico*, 1964. — J. H. Sánchez-Pescador, *El Derecho en O.*, 1965. — F. Soler Grima, *Hacia O., I. El mito del origen del hombre*, 1965. — J. L. Abellán, *O. y G. en la filosofía española: Ensayos de apreciación*, 1966. — A. R. Huéscar, *Perspectiva y verdad: El problema de la verdad en O.*, 1966. — C. Morón Arroyo, *El sistema de O. y G.*, 1968. — G. Araya, *Claves filológicas para la comprensión de O.*, 1971. — R. McClintock, *Man and His Circumstances: O. as Educator*, 1971. — H. C. Raley, *J.O. y G. Philosopher of European Unity*, 1971. — J. Bayón, *Razón vital y dialéctica en O.*, 1971. — O. W. Holmes, *Human Reality and the Social World: Ortega's Philosophy of History*, 1975. — N. Orringer, *O. y sus fuentes germánicas*, 1979. — P. H. Fernández, *Ideario etimológico de J. O. y G.*, 1981. — V. Ouimette, *J. O. y G.*, 1982. — A. Rodríguez Huéscar, *La innovación metafísica de Ortega. Crítica y superación del idealismo*, 1982. — VV.AA., *Ortega vivo*, 1983 [Revista de Occidente, 24-25]. — A. J. Weigert, *Life and Society: A Meditation on the Social Thought of J. O. G.*, 1983. — VV.AA., *Monográfico a Ortega en el primer centenario de su nacimiento*, 1983-1984. — P. C. Galán, *La Voluntad de Aventura. Aproximamiento crítico al pensamiento de O. y G.*, 1984. — A. Elorza, *La razón y su Sombra. Una lectura política de O. y G.*, 1984. — F. L. Frías, *Ética y política. En torno al pensamiento de O. y G.*, 1984. — VV.AA., *Presencia de Ortega*, 1985 [Revista de Occidente, 48-49]. — C. Ramos Mattei, *Ethical Self-Determination in Don J. O. y G.*, 1987. — A. Dobson, *An Introduction to the Politics and Philosophy of J. O. y G.*, 1989. — VV.AA., *O. y G. and the Question of Modernity*, 1989. — P. C. Galán, "De la crisis de la razón a la razón histórica", em *Historia, Literatura, Pensamiento*, 1990, vol. I, pp. 307-343. **c**

ORTÍ Y LARA, JUAN MANUEL. Ver Neo-escolástica.

OSLO (GRUPO DE). Costuma-se denominar assim um grupo de filósofos que se inspiraram nos trabalhos de Arne Naess. Entre os membros do Grupo de Oslo, figuram Harald Ofstad e Hermann Tennesen. Característico do Grupo de Oslo é o desenvolvimento da semântica empírica proposta e elaborada por Naess. Os problemas do significado das expressões são para os filósofos de Oslo problemas empíricos que se resolvem examinando-se, especialmente mediante o uso de questionários, os usos de palavras e frases por pessoas determinadas nestes ou naqueles contextos e situações.

OSTENSIVO. Em *An. pr.*, I, 23, 40 b, 25ss., Aristóteles refere-se a dois modos de provar silogismos: a prova indireta e a prova direta. A prova indireta é a prova apagógica (ver) ou por redução ao absurdo (ver), que Aristóteles considera parte da prova com base em hipóteses. Numa prova indireta, estabelece-se que uma premissa é válida mostrando que, se se aceitasse a negação desta, se obteria uma contradição. A prova direta, em contrapartida, não pratica a redução apagógica, mas a chamada "redução ostensiva". Aristóteles fala a esse propósito dos silogismos ostensivos (ou de demonstração direta), que se reduzem às três figuras. A prova consiste em assumir um silogismo no qual se quer concluir P de S. Nesse silogismo, o termo médio deve estar unido a cada um dos extremos. O termo médio tem três posições correspondentes às três figuras.

Aristóteles usa o termo δεικτικῶς (= ostensivo) e diz que trata περὶ τῶν δεικτικῶν (= dos "[silogismos] ostensivos"). Depois de Aristóteles, foi comum falar de demonstrações ostensivas em contraposição às demonstrações apagógicas.

Falou-se às vezes de "definições ostensivas", entendendo-se por elas definições de termos ou conceitos que consistem em "ostentar" ou mostrar o que se supõe que o termo ou o conceito designam. Alguns autores negam que possa haver definições ostensivas, seja porque não há termos ostensivos ou porque uma definição não pode consistir em mostrar nada. Outros enfatizam que as definições ostensivas só o são de termos que têm *designata*. Outros indicam que apenas termos como os pronomes demonstrativos são ostensivos, embora neste caso seja preciso admitir que carecem de significado.

Freqüentemente se ligou a questão dos termos ostensivos ao problema da aprendizagem do significado de certos termos, em particular termos "sensíveis" ou que expressam "dados dos sentidos". Foi muito comum considerar esses termos como inevitavelmente ostensivos. Assim, por exemplo, o significado de 'azul' poderia ser ensinado mostrando-se um objeto azul e dizendo-se 'azul'. E até o significado de 'três' poderia ser ensinado mostrando-se três objetos e dizendo-se 'três'. Contudo, Wittgenstein observou que se se ensina a alguém o significado do número dois — se se ensina a alguém a definição de 'dois' — mostrando-lhe duas nozes, o aprendiz não sabe ainda se 'dois' é o nome do número dois ou de um grupo de nozes particular (*Philosophische Untersuchungen*, 28). Pode-se especificar o que se deseja ensinar indicando-se que se trata de um número. Mas então é preciso explicar o que significa 'número' antes de poder ensinar a definição ostensiva (*hinweisende*). Aprender um significado ostensivamente implica, de acordo com isso, ter um conhecimento do uso lingüístico que aquele que ensina o significado leva em consideração. "É necessário já saber (ou poder fazer) algo com o fim de perguntar nomes" (*op. cit.*, 30). O nomear ocorre no âmbito de um jogo lingüístico. Mas quando se diz "Isto se chama...", o pronome demonstrativo 'isto' não é nenhum nome (se o fosse, 'isto' seria o nome disto que quero nomear) (*op. cit.*, 38). Mostrei (*Indagaciones sobre el lenguaje*, 1970, pp. 178ss.) que as chamadas "definições ostensivas" apresentam diversos tipos de dificuldades e que, para evitá-las, é preciso estabelecer em cada caso várias espécies de convenções tácitas ou implícitas: "Se uma pessoa que aprende espanhol quer saber os nomes das cores nesse idioma, pode ocorrer que, ao mostrar-lhe um livro cinza, enquanto digo 'livro', ela julgue que 'livro' é o nome da cor cinza. Posso corrigir esse erro mostrando-lhe um livro 'azul' e dizendo de novo 'livro', mas para estar seguro de que meu ato pedagógico se revela eficaz, tenho de saber precisamente que o campo léxico cromático no idioma que o aprendiz usa é o mesmo que aquele no qual aprende... Especialmente se se produzem dentro de certas condições e convenções, as definições ostensivas não levam a nenhuma interpretação do nome proferido. Não levam tampouco, no entanto, a uma interpretação única... Não entender em absoluto de que se fala quando se define ostensivamente algo suporia não usar nenhuma chave, o que tornaria impossível toda comunicação, incluindo a que consiste em produzir 'definições ostensivas'".

OSTWALD, WILHELM (1853-1932). Nascido em Riga. Estudou ciências naturais, e especialmente química, em Dorpat. Em 1881, foi nomeado professor assistente da Escola Superior Politécnica de Riga, cargo que ocupou até 1887, quando foi nomeado professor de química da Universidade de Leipzig. Em 1906, aposentou-se com o objetivo de poder dedicar mais tempo a seus trabalhos científicos e filosóficos. De 1910 a 1915, foi presidente da *Deutscher Monistbund (Liga Monista Alemã* [ver Monismo]), tendo dirigido desde 1912 *Das monistische Jahrhundert*, anuário da "Liga". Em 1901, fundou os *Annalen der Naturphilosophie*, que foram publicados até 1921.

Ostwald qualificou-se a si mesmo de "monista" no sentido do "monismo naturalista" de Ernst Haeckel.

Mas sua posição filosófica difere sob muitos aspectos da de Haeckel. Com efeito, enquanto este último considera que a realidade é "a substância material", Ostwald avalia que ela é a energia. Ora, tal como a substância em Haeckel, a energia em Ostwald não é, como observou Meyerson, um simples fenômeno, à maneira positivista, mas uma *vera causa*. A energia é, em outras palavras, uma espécie de constante ontológica que se modifica e se transforma em múltiplas aparências. As distintas realidades — a mecânica, a psíquica, a térmica, elétrica, química e magnética — são para Ostwald distintas formas de energia, a qual permanece sempre constante no sistema do universo. A energia é, em suma, não apenas um ser, mas um valor, e é mesmo sua consideração como valor o que reverte decisivamente sobre a concepção de sua realidade. No entanto, Ostwald logo observou que algumas graves dificuldades se opunham a esse energetismo. A existência de objetos sobre os quais não gravita nenhuma energia parece introduzir certa descontinuidade. Mas isso é, a seu ver, só uma aparência. Sem dúvida, há um grupo de ciências, as "ciências de ordem" (lógica, matemática, geometria, foronomia e cinemática), às quais é difícil aplicar a noção de energia. Mas tal como ocorre com a classificação comtiana das ciências, os saberes mais simples podem ser aplicados aos mais complexos e não o contrário. Existe, pois, um sistema de saberes científicos em forma de pirâmide que mostra a possibilidade de aplicação dos princípios energéticos às ciências mais complexas. Sobre as ciências de ordem se acham as ciências propriamente energéticas (mecânica, física, química), e sobre elas estão as ciências biológicas (fisiologia, psicologia, "culturologia" e "geniologia" ou sociologia). A elas se aplica a energética e nelas, além disso, se realiza o imperativo do energetismo, o qual reconhece que a energia chamada "livre", aquela de que se pode dispor para as sucessivas transformações, diminui continuamente, motivo pelo qual se mostra indispensável não dilapidar a energia, mas aproveitá-la. Tudo o que na ação humana contribuir para esse aproveitamento é valioso; daí que, segundo Ostwald, o progresso da Humanidade consiste essencialmente na acumulação de toda energia possível com vistas à máxima potência e "liberdade" do universo, isto é, ao máximo valor e à máxima felicidade.

➲ Obras: *Lehrbuch der allgemeinen Chemie*, 1885. — *Die Energie und ihre Wandlungen*, 1888. — *Grundriss der allgemeinen Chemie*, 1889. — *Die wissenschaftlichen Grundlagen der analytischen Chemie*, 1894. — *Die Ueberwindung des wissenschaftlichen Materialismus*, 1895. — *Vorlesungen über Naturphilosophie*, 1901. — *Die Energie*, 1908. — *Grundriss der Naturphilosophie*, 1908. — *Energetische Grundlagen der Kulturwissenschaft*, 1908. — *Grösse Männer*, 1909. — *Die Forderung des Tages*, 1909. — *Der energetische Imperativ*, 1912. — *Die Philosophie der Werte*, 1913. — *Moderne Naturphilosophie. I. Ordnungwissenschaften*, 1914. — *Lebenslinien*, 3 vols., 1926-1927. — Obras póstumas: *Schriften zur Farbenlehre*, 1936. — *Wissenschaft contra Gottesglauben*, 1960.

Depoimento em *Die Philosophie der Gegenwart in Selbstdarstellungen*, IV (1923).

Ver: A. Dochmann, *W. Ostwalds Energetik*, 1908. — A. Rolla, *La filosofia energetica*, 1908. — W. Burkamp, *Die Entwicklung des Substanzbegriffs bei Ostwald*, 1913. — V. Delbos, *Une théorie allemande de la culture. W. Ostwald et sa philosophie*, 1916. — P. Günther, *W. O.*, 1932. — A. Mittasch, *W. O.s Auslösungslehre*, 1951. — J.-P. Domschke, P. Lewandrowski, *W. O.*, 1982. — Ver também o *Festschrift aus Anlass seines 60. Geburtstages*, editado pela Liga Monista da Áustria, 1913. ¢

OTIMISMO. Nas *Mémoires de Trévoux* (fevereiro de 1737), introduziu-se o termo *optimisme* ou "sistema do *optimum*" para designar a doutrina defendida por Leibniz na *Teodicéia* (VER): o mal (VER) que pode ser encontrado na criação de Deus não deve ser julgado isoladamente, mas em relação com a totalidade da criação, a qual, em virtude da infinita bondade de Deus, não pode ser melhor do que é. A criação é, pois, "ótima", isto é, o mundo é um *optimum*. O otimismo é neste caso o simples reconhecimento da "otimidade" do mundo.

Voltaire intitulou *Candide, ou l'optimisme* o romance no qual, entre outras coisas, se zomba das idéias, ou pronunciamentos, do doutor Pangloss, que, segundo se supõe, representa a concepção leibniziana, ou derivada de Leibniz, e toda forma de "teodicéia": diante de desgraças e crueldades em série, o doutor Pangloss julga que tudo anda bem e que, se não tivesse ocorrido o mal que ocorreu, não teria vindo o bem que se celebra. Assim, portanto, tudo está bem: *tout est bien dans le meilleur des mondes*.

Visto que o pessimismo (VER) é o contrário do otimismo, caberia pensar que se Voltaire ataca este útimo é porque se manifesta em favor do primeiro. Contudo, embora Voltaire olhe a história com "pessimismo", como uma sucessão de desgraças, estas foram produzidas pela imbecilidade humana. As coisas podem melhorar eliminando-se a imbecilidade e a ignorância e fomentando a razão, que se ocultou, temerosa, no fundo de um poço, e é preciso fazê-la sair de lá. Voltaire é, nesse sentido, um "meliorista", ainda que caibam dúvidas sobre a intensidade desse "meliorismo" (VER) diante do pessimismo suscitado pelo terremoto de Lisboa, do qual ele dá testemunho no *Poème sur le desastre de Lisbonne*, de 1756.

As tendências ao pessimismo ou ao otimismo são anteriores à introdução dos vocábulos correspondentes. São também, em muitos casos, específicas, ou seja, relativas a determinado ponto ou fim. Assim, por exemplo, Hobbes é um pessimista no que se refere à condição humana em estado natural, enquanto Rousseau é um otimista no que diz respeito à mesma condição. Por outro lado, Hobbes é ao menos "meliorista" com relação às possibilidades de dirigir a condição humana por meio de um Estado autoritário que neutralize o egoísmo de cada indivíduo, e Rousseau é também pelo menos "meliorista" com relação às possibilidades de eliminar as perversões introduzidas pela "cultura" e de restabelecer a bondade natural do homem.

Pode-se distinguir entre um otimismo racional, e até racionalista; um otimismo temperamental, que não precisa buscar justificações racionais (ou que as encontra facilmente); e um otimismo ativo, ou pragmático, que se funda numa concepção libertadora da ação. Nenhum desses otimismos tem muitos defensores entre os filósofos; as manifestações de otimismo são escassas em comparação com as várias formas de intenso pessimismo que se manifestaram no século XIX (Schopenhauer, Eduard von Hartmann etc.), pessimismo que, depois de um período de "confiança" (ao menos entre certas camadas sociais no Ocidente), ressurgiu em estreita relação com as preocupações concernentes a possíveis catástrofes ecológicas, ou eco-catástrofes.

É possível ser um otimista "em geral", embora se seja pessimista com relação a aspectos particulares. Deste ponto de vista, as concepções da história segundo as quais esta se acha regida por leis, e especialmente por leis de aperfeiçoamento, são otimistas, a despeito de quaisquer formas de pessimismo e de crítica que possam ser encontradas em alguma etapa determinada.

OTON DE FREISING (1111-1158). Monge da ordem cisterciense e bispo de Freising, foi tio do imperador Frederico Barbarroxa, de cujas "gestas" foi historiador. Inspirado filosoficamente nas doutrinas de Gilberto de la Porrée e grande conhecedor de autores antigos e cristãos, deu em seu *Chronicon* (ver bibliografia) uma ampla imagem providencialista da história segundo o modelo de Pablo Orosio (VER) e, sobretudo, de Santo Agostinho, cuja "doutrina das duas cidades" (ver CIDADE DE DEUS) desenvolveu tomando por base novos fatos históricos. Em termos filosóficos, Oton tem importância especialmente por ser, como indica Martin Grabmann, o primeiro escritor do século XII a explicar amplamente as doutrinas lógicas de Aristóteles, tendo introduzido na Alemanha a chamada *logica nova*. Oton tratou Aristóteles sobretudo como lógico, ao contrário de sua apresentação de Platão, que considera um precursor do cristianismo, embora não aceite, por razões cronológicas, a difundida tese de que recebeu influências do profeta Jeremias.

➲ O título da *Crônica* de Oton é: *Chronicon sive historia de duabus civitatibus*. Ed. por R. Wilmanns nos *Monumenta Germaniae Historica* (*Scriptores*, vol. XX, 1912). — Ed. de *Gesta Friderici imperatoris*, por G. Waitz, 1884, e B. Simson, 1912.

Ver: J. Hashagen, *O. von F. als Geschichtsphilosoph und Kirchenpolitiker*, 1900. — J. Schmidlin, *Die geschichtsphilosophische und kirchenpolitische Weltanschauung Ottos von F.*, 1906 (Schmidlin é também autor dos artigos: "Die Philosophie O. v. F.", em *Philosophisches Jahrbuch* [1905], "Bischof O. von F. als Theologe", em *Katholik* [1905]). — A. Hoffmeister, "Studien über O. von F., *Neues Archiv* (1911-1912), 99-161, 633-768. — C. Mierow, *The Two Cities by O., Bishop of F.*, 1928. — K. Haid, *O. von F.*, 1934. — J. Koch, *O. von F., 1158-1958* [separata de *Analecta Sacri Ordinis Cisterciensis*, XIV (1958)]. — H.W. Goetz, *Das Geschichtsbild O.s von F.*, 1984. ☾

OTTAVIANO, CARMELO (1906). Nascido em Módica, estudou na Universidade Católica do Sagrado Coração, de Milão. Desde 1939, foi professor das Universidades de Cagliari, Nápoles e Catânia. Em 1933, fundou a revista *Sophia*.

Ottaviano desenvolveu uma metafísica cristã fundada numa crítica prévia de todas as formas de idealismo e de imanentismo, tendências que, segundo ele, se contradizem a si mesmas. A crítica de Ottaviano dirigiu-se especialmente contra a forma de idealismo adotada pelo chamado "atualismo italiano". Dessa crítica surgiu uma posição realista cristã (que se manifesta tanto na metafísica como na teoria do conhecimento). Ora, o realismo que Ottaviano defende é diferente, em muitos pontos, do realismo "tradicional". Com efeito, o realismo contém, especialmente nas distinções estabelecidas dentro do próprio ser, certas pressuposições que poderiam desembocar (como historicamente parece ter acontecido em parte) em várias espécies de imanentismo moderado. Ora, o realismo extremo a que conduzem as citadas teses não pode ser confundido tampouco, segundo Ottaviano, com um ontologismo. Isso ocorreria se o ser de que se trata na análise metafísica fosse um ser "total". A "metafísica do ser parcial" deve, assim, ser entendida em todo o rigor do termo. Segundo Ottaviano, o que caracteriza o ser parcial é o fato de necessitar de outros seres para ser o que é. Daí uma reforma da própria lógica. Com efeito, o autor distingue entre juízos analíticos e juízos sinhéricos (*sineterici*), ou seja, aqueles nos quais um ser idêntico não é definido por si mesmo e exclusivamente por si, mas que requer, justamente para ser, sua união ou coligação com outro ser diverso. Daí o caráter analítico e ao mesmo tempo distinto do predicado com relação ao sujeito. E daí também a possibilidade de falar com plena significação da "quantidade de ser". As variações da "quantidade" poderiam explicar desse modo não apenas as mudanças como também as próprias formas do conhecimento. Mas essa "quantidade" não é uma magnitude intensiva, mas uma propriedade ontológica, a qual permite, segundo Ottaviano, explicar as diferenças e as mudanças sem introduzir, por meio de distinções internas, a imanência no ser. Dessa maneira, pode-se inaugurar, seguindo Ottaviano, uma "quarta etapa" filosófica baseada numa nova filosofia cristã e sucessora das etapas grega, medieval e moderna. ○ Obras principais: *Critica dell'idealismo*, 1936; 2ª ed., 1948; 4ª ed., 1964. — *Metafisica del'essere parziale*, 1942; 2ª ed., 1947; 3ª ed., 2 vols., 1954-1955. — *Il problema morale come fondamento del problema politico*, 1952 (do curso de 1951-1952). — *Manuale di Storia della Filosofia*. I (*Il pensiero antico e medioevale*), 1958. — *Progetto di un disegno di legge per salvare la democrazia dalla dittatura*, 1961. — *La tragicità del reale ovvero a malinconia delle cose: Saggio sulla mia filosofia*, 1964. — Além disso, Ottaviano é autor de múltiplos artigos e ensaios, assim como de obras sobre pensadores medievais, modernos e contemporâneos (por ex.: *Pietro Abelardo, la vita, le opere, il pensiero*, 1929. — *Guglielmo d'Auxerre, la vita, le opere, il pensiero*, 1929. — "L'ars compendiosa di R. Lull, avec une étude sur la bibliographie et le fond Ambrosien de Lull", em *Études de philosophie médiévale*, XII, 1930; "Riccardo di S. Vittore, la vita, le opere, il pensiero", em *Memorie della Reale Accademia naz. dei Lincei*, IV, 1933; *L'unità del pensiero cartesiano e il cartesianismo in Italia*, 1943; *Valutazione critica del pensiero di B. Croce*, 1953).

Ver: Pasquale Mazzarella, *Tra Finito e Infinito: Saggio sul pensiero di C.O.*, 1961. — F. D'Ambrosio, "La Storia della Filosofia di Carmelo Ottaviano", *Sophia* (Itália), 41 (1973), 5-15. ○

OTTO, RUDOLF (1869-1937). Nascido em Peine (Hannover), foi "professor extraordinário" em Göttingen (1897-1907), professor titular de teologia em Breslau (1915-1917) e em Marburgo (1917-1929).

Rudolf Otto seguiu, em sua filosofia da religião, as orientações de Kant, e especialmente de Fries, de tal modo que foi considerado um dos principais adeptos da chamada escola neofriesiana. Assim, a análise filosófico-religiosa depende, para Otto, da atenção a muitos elementos que até então tinham sido desatendidos e que compreendem não só as formas da consciência individual, como também os diversos aspectos da "consciência histórica" dentro da possibilidade de um acesso racional ao problema do divino. Este foi tratado por Otto sobretudo em suas conhecidas pesquisas acerca do santo (VER) e do numinoso, assim como em seus estudos sobre a mística. O "racional e o irracional na idéia de Deus" foram examinados, pois, mediante uma análise ao mesmo tempo histórica, sistemática e psicológica do conceito do numinoso, o qual não pode ser definido, mas sim descrito. Essa descrição — que mostra a função das experiências do temor, da fascinação e da aniquilação — não se detém, no entanto, como poderiam dar a entender as noções usadas, no terreno psicológico; a experiência religiosa é ao mesmo tempo, para Otto, uma experiência do ser e, por conseguinte, uma experiência metafísica que o próprio sentimento como tal é impotente para expressar.

○ Obras: *Die Anschauung von hl. Geiste bei Luther*, 1898. — *Leben und Wirken Jesu*, 1902; 4ª ed., 1905. — *Naturalistische und religiöse Weltansicht*, 1904. — *Goethe und Darwin*, 1909. — *Kantisch-Fries'sche Religionsphilosophie und ihre Anwendung an die Theologie*, 1909. — *Darwinismus und Religion*, 1910. — *Das Heilige*, 1917; 35ª ed., 1963. — *Aufsätze das Numinöse betreffend*, 1923. — *Westöstliche Mystik. Vergleich und Unterscheidung zur Wesensdeutung*, 1926. — *Die Gnadenreligion Indiens und das Christentum*, 1930. — *Sünde und Urschuld*, 1932. — *Freiheit und Notwendigkeit*, 1940 (póstuma).

Ver: E. Gaede, *Die Lehre von dem Heiligen und der Divination bei R. Otto*, 1923. — P. Seifert, *Die Religionsphilosophie bei R. Otto. Eine Untersuchung über ihre Entwicklung*, 1936. — R. F. Davidson, *R. Otto's Interpretation of Religion*, 1947. — A. Paus, *Religiöser Erkenntnisgrund. Herkunft und Wesen der Aprioritheorie R. Ottos*, 1966. — H.-W. Schütte, *Religion und Christentum in der Theologie R.O.s*, 1969. — S. P. Dubey, *Rudolf Oto and Hinduism*, 1969. — C. Colpe, ed., *Die Diskussion um das "Heilige"*, 1977. — P. C. Almond, *R. O. An Introduction to his Philosophical Theology*, 1984. ○

OUSIA. Em vários verbetes — especialmente ESSÊNCIA; SUBSTÂNCIA — referimo-nos ao termo grego οὐσία, que transcrevemos por *ousia*. Neste verbete, teremos de reiterar algumas das observações feitas nos verbetes mencionados, mas nos ocuparemos principalmente do próprio termo *ousia* e dos diversos modos como ele foi usado por vários filósofos gregos, particularmente por Platão e Aristóteles.

O vocábulo οὐσία é uma substantivação do particípio presente feminino, οὖσα, do verbo εἰμί (infinitivo, εἶναι), isto é, "ser". Originariamente, οὐσία — que a partir de agora usaremos em sua transcrição, *ousia* — significou algo que é propriedade de uma pessoa. Como tal propriedade, a *ousia* é uma riqueza; um homem rico é um homem de *ousia*, isto é, uma pessoa que tem algo "de seu". H. H. Berger (*op. cit. infra*) indica que se pôde passar do particípio feminino de "ser" ao significado de "propriedade" considerando que se trata das "coisas que são para mim", isto é, quando o *ser* implicado em *ousia* é entendido como um "ser para e por mim mesmo", ou seja, como um ser "próprio".

Berger examinou em detalhe os diversos modos como o termo *ousia* é usado por Platão. Eis aqui alguns casos. Em *Górgias* (472 B), *ousia* refere-se aos "seres", ὄντα, dos quais se diz: "Aquele que diz o ὄν e os ὄντα diz a verdade". Em *Protágoras* (349 B), a *ousia* aparece como peculiar ao que é expresso nela, às coisas enquanto "assuntos", πράγματα (ver PRAGMÁTICO). A *ousia* é aqui algo do "ser" que, independentemente de mim é por e em si mesmo. Em *Fédon* (101 C), a *ousia* denota o "quê" (a qüididade [VER] peculiar a cada uma das idéias. Em *Rep*. (VI, 486 A), *ousia* se refere a "tudo o que é", e em *Rep*. (IX, 585 B-D), *ousia* se refere à qualidade de um ser enquanto qualidade essencial (como a brancura para as coisas brancas). Também em *Rep*. (VI, 509 B 9) se encontra um uso — provavelmente o mais célebre em Platão — de *ousia*; é o que tem quando se diz que o bem "está para além da *ousia*" (ἐπέκεινα τῆς οὐσίας), o que geralmente se traduz por "o bem está para além do ser". Esta famosa proposição platônica foi interpretada de muitos modos; um deles consiste em entendê-la como se dissesse que o bem não tem nenhum conteúdo especial, mas que é o puro ser, o qual está efetivamente "para além de todo (qualquer) ser". Em *Soph*. (246 A), a *ousia* refere-se ao puro "quê" do ser enquanto ser.

Pode-se perguntar agora se em meio a tantas e tão diversas significações de *ousia* — pois as indicadas antes, embora importantes, não são as únicas — há algum sentido de *ousia* que seja, se não comum a todos os significados, pelo menos predominante, e, em todo caso, mais "filosófico" do que quaisquer outros. Pode-se dizer que sim: é o sentido de *ousia* como "ser idêntico a si mesmo". Pelo menos é o que afirma H. H. Berger, parecendo concordar com ele Rainer Marten (cf. *op. cit*. na bibliografia) quando enfatiza que a *ousia*, enquanto *ousia* "por si mesma", equivale ao ser próprio de cada coisa, οὐσία αὐτὴ καθ' αὑτήν, de modo que seja realmente, οὐσία ἑπάστου.

Pelo que se disse antes, vimos que o termo *ousia* não só tem vários sentidos em Platão como também tem alguns sentidos plenamente filosóficos, e um deles predominante. Contudo, só Aristóteles deu ao termo *ousia* uma importância filosófica central, de tal sorte que o conceito de *ousia* recebeu de Aristóteles sua consagração definitiva. Ora, não é fácil determinar a significação, ou significações, de *ousia* no Estagirita. Nos verbetes mencionados, indicamos que *ousia* em Aristóteles foi traduzido às vezes por "essência" e às vezes por "substância". Essa dupla tradução nem sempre é errônea. Por um lado, é certo que às vezes Aristóteles emprega *ousia* quando fala de essência e o mesmo vocábulo quando fala de substância. Por outro lado, pode-se entender a substância como essência. Em ambos os casos, o termo *ousia* é adequado: no primeiro caso, porque se diz 'essência' ou se diz 'substância' de acordo com o que Aristóteles queira significar em cada caso; no segundo, porque se a substância é entendida como essência, é óbvio que a *ousia* não é nem mais nem menos do que a *ousia*. Mas deve-se confessar que embora seja adequada, a dupla tradução em questão induz à confusão. Possivelmente para evitar a confusão, Aristóteles, ainda que tenha chamado de *ousia* tanto a substância como a essência (e, em geral, todos os predicamentos), distinguiu-as denominando a primeira *ousia primeira* e a segunda (e os predicamentos em geral) *ousias segundas*. Entre as razões que preconizam o uso do mesmo termo para ambas as entidades, mencionaremos duas: uma, que é muito possível que haja só uma diferença "gradual" em Aristóteles entre o ente singular e suas determinações; a outra, que nos dois casos se trata efetivamente de entidades (termo com o qual, de resto, se poderia traduzir também *ousias*). Só ocorre que, num caso, a entidade em questão é aquela que não é afirmada nem de um sujeito nem está num sujeito, e, em outro caso, a entidade está contida num sujeito e, em certos casos, determina esse sujeito no que este essencialmente é.

Parece que a confusão aumenta quando observamos que *ousia* foi usado às vezes como sinônimo de ὕλη, matéria (VER), e também como sinônimo de "comunidade", κοινωνία. Mas a confusão, sem desaparecer por completo, se atenua quando observamos que, segundo indica Ernst Tugendhat (cf. *op. cit*. na bibliografia), a "matéria" pode ser concebida como um dos "lados" da "substância", ou como uma das possíveis determinações da substância, ou quando levamos em conta que se pode denominar *ousia* (tal como faziam os estóicos) a matéria como "mundo visível", ou quando consideramos que a *ousia* pode referir-se ao elemento comum em classes de seres materiais (assim, entre os nominalistas, *ousia* é o nome comum predicado dos indivíduos que formam uma classe). Em todos esses casos, dá-se um sentido determinado a *ousia*.

A questão do significado de *ousia* se complicou, ao que parece, quando alguns teólogos cristãos usaram *ousia* como sinônimo de 'hipóstase' (VER), ou então como sinônimo de 'natureza' enquanto 'essência' (e daí os debates teológicos sobre o uso dos termos ὁμουσία e ὁμοιουσία, formados com base em *ousia*). A questão se mostra mais complexa se observamos que alguns autores, por exemplo Santo Atanásio, identificavam *ousia* e "comunidade", e distinguiam de ambas a hipóstase pelas razões que indicamos no verbete sobre este último vocábulo. Segundo Hatch (*op. cit*. na bibliografia), o que ocorreu foi o seguinte: ao separar-se o sentido de *ousia* do de 'hipóstase', ter-se-ia podido traduzir *ousia* por 'essência' (*essentia*), que é seu equivalente lingüístico, mas levou tempo para adotar-se *essentia*. Por isso, *ousia* foi traduzida por *substantia*, enquanto *hypostasis* foi traduzida por *pessoa* (VER).

Simplificando as coisas consideravelmente, podemos dizer o seguinte: o termo *ousia*, substantivação do particípio presente feminino do verbo 'ser', significa originariamente "propriedade", "riqueza", "o que uma pessoa tem". Se o tem, ela o terá por si mesma, já que do contrário lhe seria sempre de algum modo "exterior". Por isso, a *ousia* como riqueza é equivalente ao "ser próprio". Esse "ser próprio" não precisa confinar-se ao de uma "pessoa" (ou o que depois foi assim chamado), pode sê-lo de qualquer coisa. O ser próprio de uma coisa faz que essa coisa seja "a que é sendo"; por isso, a coisa tem verdadeiramente "entidade". Essa entidade pode sê-lo da coisa individual e concreta, ou então da coisa na medida em que é determinada por certas propriedades. No primeiro caso, a *ousia* é uma substância. Quando essa determinação da substância, que faz que a substância possua entidade, é essencial, a *ousia* transforma-se em essência. Só quando há na comunidade uma propriedade que não é comum a todos os seus membros surge o conceito de *pessoa*.

⊃ Ver: E. Hatch, *The Influence of Grek Ideas on Christianity*, 1986. — É. Gilson, *L'Être et l'Essence*, 1948. — E. Tugendhat, *Ti kata tinos. Eine Untersuchung zu Struktur und Ursprung Aristotelischer Grundbegriffe*, 1948. — H. H. Berger, *Ousia in de dialogen van Plato. Een terminologisch onderzoek*, 1961. — P. Cerezo Galán, *El concepto de ousía en Aristóteles*, 1961. — R. Marten, ΟΥΣΙΑ *im Denken Platons*, 1962. — St. Rehrl, *Der Begriff Usia bei Aristoteles*, 1963. — M. Loux, *Primary "Ousia": An Essay on Aristotle's Metaphysics Z and H*, 1991. ⊂

OUTRO (O). Em vários verbetes (por exemplo, ALTERAÇÃO; CATEGORIA; SER), abordamos a noção do "Ser-outro", com algumas referências ao que se pode denominar "o ser do Outro". Referimo-nos com mais detalhe a esse ser do Outro — ou, simplesmente, "ao Outro" — no verbete INTERSUBJETIVO. Neste verbete, completaremos a informação ali proporcionada e, além disso, referir-nos-emos principalmente ao "conceito do Outro" num sentido mais geral.

O "problema do Outro" — como "problema do próximo", da "existência do próximo", da "realidade dos outros", do "encontro com o Outro" etc. — é um problema antigo na medida em que desde muito cedo preocupou os filósofos — para limitar-nos a eles — a questão de como se reconhece o Outro — ou o próximo — como Outro; que tipo de relação se estabelece, ou se deve estabelecer, com ele; em que medida o Outro é, a rigor, "os outros" etc. Essa preocupação revelou-se de maneiras muito diversas: como a questão da natureza da amizade, na qual o amigo é "o outro si mesmo" e não simplesmente "qualquer outro"; como a questão de saber se é possível admitir que cada um seja livre na medida em que "se basta a si mesmo" ou possui autarquia (VER), sem por isso eliminar "os outros" etc. André-Jean Voelke (cf. bibliografia) examinou as múltiplas doutrinas da "relação com o próximo" em boa parte da filosofia grega. Pode-se dizer que em toda história da filosofia, dos gregos até o presente, houve, explícita ou implicitamente, uma preocupação com "o problema do Outro". Pedro Laín Entralgo (cf. bibliografia, t. I) examinou essa história, dando particular atenção à etapa moderna, na qual encontrou várias formas básicas de formulação do problema do outro. Laín Entralgo cita (e examina) as seis formas seguintes: "o problema do outro no interior da razão solitária: Descartes", "o outro como objeto de um eu instintivo ou sentimental: a psicologia inglesa"; "o outro como termo da atividade moral do eu: Kant, Fichte e Münsterberg"; "o outro na dialética do espírito subjetivo e na dialética da natureza: de Hegel a Marx"; "o outro como invenção do eu: Dilthey, Lipps e Unamuno"; "o outro na reflexão fenomenológica". Essa simples enumeração sugere a riqueza e a complexidade que adquiriu o problema do outro entre os filósofos. O modo como Laín Entralgo enumerou as várias formas básicas do "tratamento do Outro" indica, além disso, que no problema do outro se entretece toda espécie de questões filosóficas: metafísicas, gnosiológicas, éticas etc. Não podemos deter-nos aqui em cada uma dessas formas básicas, ou de quaisquer outras. Limitar-nos-emos a enfatizar algumas doutrinas mais recentes acerca do problema (que também Laín Entralgo examinou minuciosamente como prolegômeno à sua própria abordagem da questão). Indicaremos apenas que, tomado em toda a sua generalidade, o problema do outro é mais amplo do que o do "próximo"; que não podem desvincular-se de tal problema os vários aspectos metafísicos, gnosiológicos, éticos etc., mas que no decorrer da época moderna houve uma tendência a acentuar antes um aspecto do que o outro. Assim, por exemplo, o problema do outro em Descartes aparece sobretudo como o problema do reconhecimento do outro a partir do *cogito*; em Kant aparece como o problema do outro como ser moral etc.

Na filosofia contemporânea, o problema do outro não excluiu diversos aspectos, mas sublinhou sobretudo dois deles: a constituição do outro na trama do intersubjetivo (VER), e a realidade do outro no chamado "encontro". Apresentaremos aqui brevemente algumas idéias sobre o "Outro" sob esses aspectos.

Max Scheler ocupou-se sobretudo do problema de saber se o sujeito pressupõe outros sujeitos num mundo social comum e se é possível demonstrar a existência de outros sujeitos, isto é, se se pode dizer que a consciência dos outros é acessível à própria. Scheler refere-se a esse respeito a várias teorias, entre as quais a da "projeção" ou endopatia (VER), e conclui que o reconhecimento dos outros não é primariamente intelectual, mas emocional. Portanto, o outro não é "dado" nem por inferência nem por simpatia.

Seguindo em parte Scheler, e modificando-o em alguns pontos capitais, Alfred Schuetz falou de uma "tese geral da existência do outro (*alter ego*)", a qual consiste em afirmar que a experiência da "corrente da consciência do outro" é vivida simultaneamente com a própria corrente de consciência. Assim, podemos viver, argumenta Schuetz, "apreender o pensamento do outro em sua presença vívida e no *modo pretérito*", já que o falar do *outro* e o nosso escutá-lo são experimentados como algo vivido "ao mesmo tempo".

Heidegger ocupa-se do problema do outro em sua doutrina do *Mitsein* e do *Mitdasein*. Nessa doutrina, pressupõe-se que o *Dasein* (VER) é ao mesmo tempo *Mitdasein*, isto é, que o *Mitdasein* caracteriza de algum modo o *Dasein* na medida em que o *Dasein* é "em si mesmo essencialmente *Mitsein*". Isso significa, entre outras coisas, que não se pode formular a questão do outro partindo do "si mesmo", para *depois* passar ao "outro"; a análise do "si mesmo" num sentido semelhante a como a análise do si mesmo inclui seu estar-no-mundo (ver EXTERIOR; MUNDO).

Para Sartre, o "ser-para-outro" está incluído no *Pour Soi*. Esta tese parece similar à de Heidegger, e em alguns aspectos fundamentais ela o é. Não obstante, ao contrário de Heidegger, Sartre examinou em pormenor os diversos modos de o outro se dar; com efeito, o outro não se dá somente como "incluído", mas se dá também como "objetivado" e "objetivante". A relação entre o si mesmo e o outro (que inclui a relação entre o outro como si mesmo e o si mesmo como outro) é uma relação essencialmente "conflituosa" (tal como enfatizou Laín Entralgo). Por isso, em vez do "ser com", Sartre sublinha o "ser para"; neste, ocorre todo tipo de "conflitos", pois "para" não significa aqui "entregue a" ou "a favor de", mas "ser um para (o outro)" e "ser (o outro) para um" de modos muito diversos. Entre esses modos, acham-se o transformar-se em objeto, o alienar-se, o apropriar-se, o colaborar etc.

Ortega y Gasset tratou com freqüência do problema do outro pelo menos em dois sentidos. Por um lado, o outro se dá na sociedade. A relação entre o si mesmo e o outro neste caso é uma relação entre o autêntico e o inautêntico, já que "o social" é em larga medida uma falsificação do "individual" ou, melhor dizendo, do pessoal. Por outro lado, o outro se dá na "convivência", que não é propriamente social, mas interpessoal. Na convivência não há, ou não há necessariamente, falsificação da personalidade, pois esta se constitui justamente em convivência com os outros. Assim, o outro podem ser "as pessoas" ou pode ser "o próximo", e esses dois modos de "ser outro", embora na realidade estejam ligados, podem separar-se, pois são duas formas distintas de "ser com", ou melhor, de "estar com".

Gabriel Marcel expressou a idéia de que não é legítimo afirmar a prioridade do ato por meio do qual o eu se constitui como um si mesmo sobre o ato por meio do qual se afirma a realidade dos outros. "Uma força poderosa e secreta me assegura que se os outros não existissem, tampouco eu existiria." Marcel considerou o outro primariamente em forma "dialogante", um pouco à maneira de Martin Buber; embora o próprio Marcel indique que sua idéia acerca do outro como próximo se assemelhe à manifestada por W. E. Hocking.

O problema do Outro foi abordado por outros autores de múltiplas maneiras; os exemplos anteriores são simplesmente ilustrativos e, para ser um pouco completos, seria necessário mencionar junto a eles as pesquisas de Jaspers, Buber, Merleau-Ponty, Remy C. Kwant, Alphonse de Waelhens etc. Restringir-nos-emos agora a assinalar que o tratamento do problema do outro está estreitamente relacionado com a questão da comunicação (VER) enquanto "comunicação existencial" e com a questão do chamado "encontro". Com a finalidade de esclarecer o problema do outro, propuseram-se, além dos termos já introduzidos (o "ser com", o "estar com", a "convivência", o "ser para outro" etc.), vários outros, como "alteridade", "alteração" etc. J. L. L. Aranguren, por exemplo, propõe o termo 'alteridade' para significar "minha relação com o outro", e o termo 'aliedade' para significar "a relação entre vários ou muitos outros". A alteridade é pessoal e interpessoal; a aliedade tem caráter impessoal, objetivado. Entretanto, não se pode dizer, no que diz respeito à relação ética, que a alteridade se refira ao individual e a aliedade ao social; pode haver, segundo Aranguren, uma ética individual e uma ética social da alteridade. O plano da aliedade, em contrapartida, "não é puramente ético, mas político". E como o político se apóia — ou deve apoiar-se — no moral, conceitos como os de "liberdade", que às vezes se consideram puramente políticos, devem fundar-se numa atitude ética: a que pode desenvolver uma "ética social da alteridade". Tiveram importância capital no tratamento do problema do Outro termos como 'diálogo', 'compreensão', 'encontro' e outros similares. O vocábulo 'encontro', sobretudo, aparece como deveras fundamental, nele tendo-se baseado, em grande parte, Laín Entralgo em sua detalhada "teoria do Outro". Laín Entralgo examinou o que denominou "os pressupostos do encontro" sob vários aspectos: o metafísico, o psicofisiológico, o histórico-social, considerando todos eles como básicos para a compreensão do problema do outro. O exame dos "pressupostos do encontro" constitui a base para uma "descrição do encontro" e para uma análise das "formas do encontro". Entre as formas do encontro, destacam-se "o encontro na existência solitária", as "formas deficientes do encontro" (como, por exemplo, o encontro visual ou "encontro meramente visual"), as "formas especiais do encontro" (amor, comunicação, relação interpessoal etc.) e o que Laín Entralgo chama de "forma suprema do encontro" ou "o encontro do homem com Deus".

Indicamos a seguir, por ordem simplesmente cronológica, algumas das obras que tratam do "problema do outro" na época contemporânea, em especial obras dos autores a que fizemos referência no texto. Devem-se acrescentar a elas vários dos escritos que figuram em outros verbetes, tais como COMUNICAÇÃO; CORPO; ENDOPATIA; INTERSUBJETIVO. Algumas obras importantes a esse respeito (como, por exemplo, obras de Jaspers e Berdiaev) não figuram aqui por estar mencionadas nesses verbetes, e particularmente em COMUNICAÇÃO.

⊃ Ver: M. Scheler, *Zur Phänomenologie und Theorie der Sympathiegefühle und von Liebe und Hass*, 1913; 2ª ed. com o título: *Wesen und Formen der Sympathie*, 1923. — M. Buber, *Ich und Du*, 1922. — M. Heidegger, *Sein und Zeit*, 1927, especialmente §§ 26-27. — K. Löwith, *Das Individuum in der Rolle des Mitmenschen*, 1928, reimp., 1962. — G. Marcel, *Être et Avoir*, 1935, especialmente pp. 156ss. — *Id.*, *Présence et immortalité*, 1959, especialmente pp. 22ss. [A obra de W. E. Hocking a que Marcel se refere é: *The Meaning of God in Human Experience*, 1912]. — J.-P. Sartre, *L'Être et le Néant*, 1943. — M. Merleau-Ponty, *Phénoménologie de la perception*, 1945. — M. Chastaing, *L'Existence d'Autrui*, 1951. — G. Berger, V. Jankélévitch *et al.*, *La presence d'autrui*, 1957. — J. Ortega y Gasset, *El hombre y la gente*, 1957, especialmente caps. IV e V. — P.-H. Maucorps e R. Basoul, *Empathies et connaissance d'autrui*, 1960. — A. de Waelhens, "Autrui", em *La philosophie et les expériences naturelles*, 1961, pp. 122-167. — A.-J. Voelke, *Les rapports avec autrui dans la philosophie grecque d'Aristote à Panetius*, 1961. — R. C. Kwant, *Encounter*, 1961. — P. Laín Entralgo, *Teoría y realidad del Otro*, 2 vols., 1961 (I. *El otro como otro yo. Nosotros, tú y yo*; II. *Otredad y projimidad*). — N. Malcolm, "Knowledge of Other Minds", em *Knowledge and Certainty. Essays and Lectures*, 1962. — E. A. Lévy-Valensi, *Le dialogue psychanalytique. Les rapports intersubjetifs. La vocation du sujet*, 1963. — M. Chatterjee, *Our Knowledge of Other Selves*, 1964. — M. Theunissen, *Der Andere. Studien zur Sozialontologie der Gegenwart*, 1965 (Husserl, Heidegger, Sartre, Buber); 2ª ed., 1977. — S. Coval, *Scepticism and the First Person*, 1966. — R. Carpentier, *La connaissance d'autrui*, 1968. — P. Dubois, *Le problème de la connaissance d'autrui dans la philosophie anglaise contemporaine*, 1968. — D. Locke, *Myself and Others*, 1968. — J. Böckenhoff, *Die Begegnungsphilosophie. Ihre Geschichte, ihre Aspekte*, 1970. — P. Kampits, *Sartre und die Frage nach dem Anderen. Eine sozialontologische Untersuchung*, 1975. — M. Duala-M'bedy, *Xenologie. Die Wissenschaft vom Fremden und die Verdrängung der Humanität in die Anthropologie*, 1977. — F. Jacques, *Dialogiques. Recherches logiques sur le dialogue*, 1979. — S. G. Smith, *The Argument to the Other: Reason Beyond Reason in the Thought of K. Barth and E. Levinas*, 1983. — S. Boni, *The Self and the Other in the Ontologies of Sartre and Buber*, 1983. — W. R. Schroeder, *Sartre and his Predecessors: The Self and the Other*, 1984. — W. Desmond, *Desire, Dialectic, and Otherness: An Essay on Origins*, 1987. — M. D. Barber, *Social Typifications and the Elusive Other: The Place of Sociology of Knowledge in Alfred Schutz's Phenomenology*, 1988. — A. B. Dallery, C.E. Scott, eds., *The Question of the Other: Essays in Contemporary Continental Philosophy*, 1989. — C. A. Wilson, *Feuerbach and the Search for Otherness*, 1989. — B. McGrane, *Beyond Anthropology: Society and the Other*, 1989. — S. Z. Charme, *Vulgarity and Authenticity: Dimensions of Otherness in the World of J.-P. Sartre*, 1991. — R. Williams, *Recognition: Fichte and Hegel on the Other*, 1992. — A. Peperzak, *To the Other: An Introduction to the Philosophy of E. Levinas*, 1993. ⊂

OVIEDO, FRANCISCO DE (1602-1651). Nascido em Madri, ingressou na Companhia de Jesus e foi professor em Alcalá e Madri. Francisco de Oviedo, que pertenceu — junto com Rodrigo de Arriaga — à quinta geração da série de grandes teólogos e filósofos escolásticos espanhóis dos séculos XVI e XVII, exerceu sobretudo influência por suas duas extensas exposições: uma filosófica — o *Intercursus philosophicus ad unum corpus redactus*, em 2 vols., de 1640 — e outra teológica — o *Tractatus theologici, scholastici et morales respondentes Ilae divi Thomae*, de 1646. — Deve-se a ele, além disso, um tratado teológico: *Tractatus de virtutibus, fide, spe et charitate*, de 1651.

OXFORD. Em vários sentidos, falou-se de uma "escola de Oxford", ou, em termos mais gerais, de um "movimento de Oxford".

1) A chegada dos franciscanos ou *fratres minores* a Oxford no terceiro decênio do século XII impulsionou um movimento filosófico que teve certo caráter unitário, não só no conteúdo dos ensinamentos como também, e muito particularmente, em seu estilo. O uso abundante de novos materiais filosóficos, tais como tratados árabes, traduções recentes de Aristóteles e obras neoplatônicas pouco ou nada usadas nos séculos anteriores, foi, embora não a única, uma das principais características desse ensinamento. E isso a tal ponto que, segundo alguns autores, como D. E. Sharp (cf. *Franciscan Philosophy at Oxford in the XIIIth Century*, 1930, p. 3), a introdução de Aristóteles no Ocidente, bem como de seus comentadores árabes e judeus, se deve principalmente, contra a opinião de Mandonnet e outros, não a Alberto Magno, e à "obra exclusiva dos pregadores", mas aos franciscanos de Oxford. A eles pertencem Roger Bacon e Duns Scot, Tomás de York, Juan Pecham e Ricardo de Middleton ou de Mediavilla. A influência exercida sobre eles, especialmente sobre Adán Marsh e Roger Bacon, por Roberto Grosseteste — que influenciou igualmente a ordem dominicana e, indiretamente, Santo Alberto e Santo Tomás — faz que Roberto Grosseteste possa ser incluído no âmbito de um "movimento de Oxford" geral no século mencionado.

2) Pode-se falar também de um "movimento de Oxford" em relação com os filósofos do Merton College, ao qual nos referimos mais detidamente no verbete MERTONIANOS.

3) Também teve início em Oxford um importante movimento filosófico, já em pleno século XIX: o que deu origem ao neo-idealismo e especialmente ao neo-hegelianismo inglês que, uma vez transferido para Glasgow, chegou inclusive a deslocar o triunfante hamiltonianismo. O idealismo de Samuel Taylor Coleridge, o poeta (1772-1834), o antipositivismo de John Grote (1813-1866), explícito sobretudo em seu *Exploratio philosophica* (1900), e as tendências especulativas de James Frederick Ferrier (VER) em seu *Institutes of Metaphysics* (1854) não foram, ao que parece, alheios ao citado movimento, que se nutriu igualmente do humanismo clássico e do que J. H. Muirhead denominou "a tradição platônica na filosofia anglo-saxônica". Filósofos como James Hutchison Stirling, Thomas Hill Green, William Wallace, John Caird, Edward Caird etc. (ver KANTISMO; HEGELIANISMO) contribuíram para a ampliação desse movimento, que vai aproximadamente do aparecimento do livro de Stirling sobre Hegel (1865) ao final do século e desaparece gradualmente com a invasão do neo-realismo, pragmatismo e neonaturalismo.

4) Chama-se também "movimento de Oxford" a renovação católica impulsionada pelo Cardeal Newman (VER). Os *Tracts for the Times*, e especialmente o famoso *Tract 90* — que assinalou a conversão de Newman e Pusey —, representaram a marcha ascendente do movimento. Pertenceram a ele outros pensadores, como William George Ward (1812-1882), que em suas obras *The Ideal of a Christian Church* (1844), *On Nature and Grace* e *Essays on the Philosophy of Theism* (1844 [póstuma]) defendeu as teses centrais do catolicismo oxoniense.

5) Poder-se-ia em princípio falar de um "grupo de Oxford" ou de uma "filosofia de Oxford" sempre que houvesse certo número de filósofos que lecionaram nessa Universidade e estivessem ligados por propósitos comuns, ou, ao menos, por interesses comuns, e adotassem, além disso, uma "linguagem filosófica" relativamente identificável. Isso acontece — ou aconteceu — com filósofos como J. Cook Wilson, H. H. Price, H. A. Prichard, H. W. B. Joseph e outros que Passmore apresentou como "filosofia de Oxford". É mais comum, porém, referir-se hoje à "filosofia de Oxford", à "filosofia oxoniana", ao "grupo de Oxford" etc., para designar os trabalhos de certo número de pensadores entre os quais se podem mencionar Gilbert Ryle, J. L. Austin, P. F. Strawson, R. M. Hare, H. L. A. Hart, G. J. Warnock, J. O. Urmson. Estes filósofos negam formar um "grupo" e menos ainda uma "escola", mas pode-se reconhecer que há — ou, em vista do caráter cada vez menos "compacto" e até "agressivo" do "grupo", que houve — um certo "ar de família" que permite reconhecer e identificar os "oxonianos". Filosoficamente, o modo de pensar oxoniano tem várias raízes: antes de tudo, o "último Wittgenstein" — o que não quer dizer que os oxonianos sejam simplesmente "neo-wittgensteinianos" à maneira, por exemplo, de G. E. M. Anscombe, John Wisdom etc.; depois, G. E. Moore e de algum modo a "filosofia de Oxford" imediatamente anterior, ao menos no que diz respeito a alguns "modos de pensar" (H. H. Price, H. A. Prichard); por último, o espírito legado pelo positivismo lógico e sem as teses desse positivismo. Mencionou-se às vezes como "influência distante" a de Bertrand Russell. Embora ele fosse "cantabrigense", é difícil imaginar a "filosofia de Oxford" sem certos problemas suscitados por Russell, o qual, de resto, se opôs aos oxonianos, em particular por causa do desinteresse que eles mostram pelas questões científicas. Deve-se acrescentar às citadas "raízes" o que se poderia denominar "espírito de Oxford", que não consiste numa série de posições filosóficas, mas num modo de pensar — e falar — caracterizado por uma singular mescla de "academicismo" e "conversacionalismo". De resto, a maioria dos oxonianos recebeu uma educação "clássica" e "humanista", e, nesse sentido, mais "literária" do que "científica".

Os oxonianos praticam a "análise (VER) filosófica", mas a forma de análise chamada "lingüística" por causa de sua atenção à "linguagem comum" (daí que eles tenham sido chamados de "lingüistas", ao contrário de outros analistas que são primariamente "formalistas", e que sua filosofia tenha sido às vezes qualificada de "filosofia da linguagem" e às vezes de "filosofia da linguagem comum"). De todo modo, os oxonianos representaram a ponta de lança de uma das duas grandes alas da "filosofia analítica" (VER). Os oxonianos seguem sob esse aspecto orientações muito semelhantes às tomadas pelo "último Wittgenstein", particularmente na medida em que se interessam pelo uso (VER) e seguem a "recomendação" wittgensteiniana: "Não se deve perguntar pelo significado; deve-se perguntar pelo uso". Contra os que consideraram que a linguagem está a serviço do pensamento e em particular do pensamento lógico, e procuraram formalizar a linguagem comum, os oxonianos chamam a atenção para a necessidade de examinar o que se poderia chamar de "regras do jogo" da linguagem ordinária, especialmente com a finalidade de evitar "fazer a linguagem trabalhar em tarefas impróprias". A análise dos usos na linguagem comum não equivale, porém, a analisar os usos de todos os termos dessa linguagem; os oxonienses interessam-se em particular por certos termos-chave, tais como 'conheço', 'creio', 'se... então', 'causa' etc., isto é, termos que produzem "perplexidades filosóficas". Os próprios termos, por outro lado, designam conceitos, de maneira que essa análise lingüística é, no fundo, uma análise conceitual.

Nem todos os oxonienses analisam as expressões da linguagem comum do mesmo modo nem classificam do mesmo modo os distintos "usos". Há, por exemplo, diferenças notórias entre a análise de Ryle e a de J. L. Austin. Nem todos examinam usos efetivos de expressões; alguns visam examinar usos "possíveis". De resto, alguns oxonianos tendem a reabordar questões filosóficas tradicionais (e muito em particular questões filosóficas de tipo "aristotélico": a substância, o indivíduo etc.). Afirmou-se por isso que a fase "puramente lingüística" dos oxonianos chegou ao fim por volta de 1959, com a publicação de obras como a de P. F. Strawson (*Individuals*) (VER) e Stuart Hampshire (*Thought and Action*) (VER). Segundo A. Quinton (art. cit. na bibliografia, p. 13), essas obras mostram que "para além da mera descrição de um aparato conceitual, real ou construído, há um mundo no qual esse aparato tem de ser empregado e em que se devem buscar e encontrar as razões ou a justificação para que o aparato em questão adote a forma que adota".

↪ Além do livro de D. E. Sharp citado no verbete, ver, sobre a escola de Oxford no sentido 1): A. G. Little e F. Pelster, *Oxford Theology and Theologians A. D. 1282-1302*, 1934. — S. V. Rovighi, *L'immortalità dell'anima nei maestri franciscani del secolo XIII*, 1936. — A. C. Crombie, *Oxford Contribution to the Origins of Modern Science*, 1954. — A. M. Hamelin, *L'école franciscaine de ses débuts jusqu'à l'occamisme*, 1961. — J. A. Robson, *Wyclif and the Oxford Schools. The Relation of the "Summa de ente" to Scholastic Debates at Oxford in the Later Fourteenth Century*, 1961. — J. A. Weisheipl, "Curriculum of the Faculty of Arts at Oxford in the early Fourteenth-Century", *Medieval Studies*, 26 (1964), 143-185. — D. E. Sharp, *Franciscan Philosophy at Oxford in the Thirteenth-Century*, 1964. — G. Leff, *Paris and Oxford Universities in the Thirteenth and Fourteenth Centuries: An Institutional and Intellectual History*, 1968. — Ver igualmente bibliografia de Tomás Bradwardine.

Alguns dos escritos mencionados no parágrafo anterior dão também informação sobre o sentido 2); ver também a bibliografia de Mertonianos.

Sobre o movimento de Oxford no sentido 3), ver bibliografias de Hegelianismo e Kantismo.

Sobre o movimento de Oxford no sentido 4), ver bibliografia de Newman (J. H.). Boa seleção e introdução de escritos "Tractarianos" (1833-1841) em Owen Chadwick, *The Mind of the Oxford Movement*, 1960 [introdução, pp. 11-64, seleções de textos de Keeble, Newman e Pusey, pp. 65-233]. — Ver também: R. D. Middleton, *Newman and Bloxam: An Oxford Friendship*, 1947. — W. J. A. M. Beek, *John Keeble's Literary and Religious Contribution to the Oxford Movement*, 1959.

Sobre o movimento de Oxford no sentido 5), assinalamos, por ordem simplesmente cronológica, alguns escritos: alguns são expositivos (Weitz, Urmson); outros são escritos procedentes de "membros" do "grupo" ou filósofos afins (o volume sobre "a revolução da filosofia"; a coleção de ensaios de "análise conceitual"); outros, críticos *sui generis* (Russell); outros, francamente críticos (Gellner, Blanshard): M. Weitz, "Oxford Philosophy", *Philosophical Review*, 62 (1953), 187-233. — F. Rossi-Landi, "La filosofia analitica di Oxford", *Riv. crit. Stor. della filosofia* (1935), 69-84. — J. Urmson, *Philosophical Analysis: Its Development between the Two World Wars*, 1956. — A. J. Ayer, W. C. Kneale, G. A. Paul, D. F. Pears, P. F. Strawson, G. J. Warnock, R. A. Wollheim, *The Revolution in Philosophy*, 1956 [com prefácio de G. Ryle]. — B. Russell, "Philosophical Analysis", *Hibbert Journal*, 54 (1956), 319-329. — A. Flew, J. Hospers, D. F. Pears, J. J. C. Smart, P. F. Strawson, S. Toulmin, G. J. Warnock et al., *Essays in Conceptual Analysis*, 1956, ed. A. Flew. — E. Gellner, *Words and Things: A Critical Account of Linguistic Philosophy and a Study in Ideology*, 1959; nova ed., 1979. — C. de Koninck, *The Hollow Universe*, 1960. — B. Blanshard, *Reason and Analysis*, 1962. — H. D. Lewis, ed., *Clarity is not Enough. Essays in Criticism of Linguistic Philosophy*, 1963. — V. P. Mehta, *Fly and the Fly-Bottle: Encounters with British Intellectuals*, 1963. — P. R. Damle, *Oxford Philosophy Today and Other Essays*, 1965. — J. Ferrater Mora, *Cambio de marcha en filosofía*, 1974. — P. R. Damle, *Oxford Philosophy Today and Other Essays*, 1965. — R. Webster, *Equilibrium: A Constructive Attack on the Atheism of "Oxford Philosophy" and Certain Assumptions of Linguistic Analysis*, 1966. — J. Patrik, *The Magdalen Metaphysicals: Idealism and Orthodoxy at Oxford, 1901-1945*, 1985. ↩

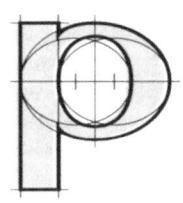

P. 1) Na lógica tradicional, a letra maiúscula 'P' é usada para representar o predicado no esquema do juízo ou da proposição que serve de conclusão num silogismo. Assim, por exemplo, 'P' em 'Todos os S são P'; 'Alguns S são P'. A mesma letra serve para representar o sujeito no esquema dos juízos ou proposições que servem de premissa maior ou menor num silogismo. Assim, por exemplo, 'P' representa o sujeito na premissa maior dos esquemas que correspondem à segunda e à terceira figuras (ver Figura).

2) Na lógica sentencial a letra minúscula 'p' é usada para simbolizar sentenças. 'p' representa um enunciado declarativo e é chamada *letra sentencial*. Outras letras usadas com esse efeito são 'q', 'r', 's' e todas estas letras seguidas de acento: 'p'', 'q'', 'r'', 's'', 'p''', 'q''', 'r''', 's''' etc.

PACI, ENZO (1911-1976). Nascido em Monterado (Ancona, Itália), foi professor, a partir de 1951, na Universidade de Pavia. Paci se ocupou sobretudo do problema da existência em relação com a questão do ser e dos valores. Seguindo tendências existenciais, e até existencialistas, Paci considerou a existência como realidade fundamentalmente falta que não se pode realizar completamente nem no reino do ser, nem no do pensar, nem no dos valores, mas que ao mesmo tempo torna possível esses reinos; a existência é contingência e liberdade diante do pensar, do ser e do valer, mas também realização de todos eles. Isso se deve ao caráter basicamente temporal e histórico da existência, a qual temporaliza e historiza os valores sem torná-los por isso relativos. Há, assim, uma espécie de dialética entre o temporal e o não-temporal que somente a existência pode levar a cabo. Ora, o tempo a que se refere Paci é fonte de possibilidade, mas também de necessidade. Esta última se fundamenta no caráter irreversível do tempo, que vai cerceando todas as possibilidades, enquanto as vai realizando. A "necessidade" do tempo não é a de uma substância, mas a de uma relação, ou complexo de relações. A filosofia da existência culmina numa filosofia do tempo, encaixada numa filosofia geral da "relação". Esta não é lógica, mas ontológica, pois na relação ou complexo de relações se acha o fundamento das realidades concretas.

Os temas da existência como possibilidade e liberdade, já muito desenvolvidos dentro do "existencialismo" de Paci, se ramificam a seguir em investigações sobre os valores, o tempo e a história. Em todas elas predomina a idéia da realidade como um "processo", ao mesmo tempo imprevisível e irreversível. No que se refere à existência humana histórica, o processo se desenvolve paralelamente com as objetivações produzidas pelo homem, que têm sua origem básica na "prática". Às influências "existencialistas" de Paci se acrescentam influências da fenomenologia e do marxismo. Ademais, Paci proclama a necessidade não somente de abrir-se a influências, mas também de integrá-las. Por isso Paci aparece como um dos filósofos contemporâneos da cultura interessados nas relações entre diversas atividades e disciplinas humanas. A fundação da revista bimestral *Aut, Aut*, em 1951, inaugurou um período de intensa atividade crítica e interdisciplinar, que foi se desenvolvendo no curso do tempo na evolução de seu pensamento filosófico "relacionista".

➲ Obras principais: *Il significato del Parmenide nella filosofia di Platone*, 1938. — *Principi di una filosofia dell'essere*, 1939. — *Pensiero, Esistenza, Valore*, 1940. — *Esistenza e immagine*, 1947. — *Ingens Sylva. Saggio su G. B. Vico*, 1949. — *Studi di filosofia antica e moderna*, 1950. — *Il nulla e il problema dell'uomo*, 1950. — *Esistenzialismo e storicismo*, 1950. — *Tempo e relazione*, 1954. — *Ancora sull'esistenzialismo*, 1956. — *La filosofia contemporanea*, 1957; 3ª ed., 1961, com um apêndice de G. Semerari. — *Dall'esistenzialismo al relazionismo*, 1957. — *Tempo e verità nella fenomenologia di Husserl*, 1961. — *Diario fenomenologico*, 1961 [de 14/3/1956 a 22/6/1961]. — *Funzione delle scienze e significato dell'uomo*, 1963; 2ª ed., 1964. — *Relazioni e significati*, 3 vols. (I: *Filosofia e fenomenologia della cultura*, 1965; II: *Kierkegaard e Thomas Mann*, 1965; III: *Critica e dialettica*, 1966). — *La formazione del pensiero di Husserl e il problema della costituzione della natura materiale e della natura animale*, 1967. — *Idee per una enciclopedia fenomenologica*, 1973. — *La filosofia contemporanea*, 1974. Depoimento em *Aut, Aut* (1951) — revista fundada e dirigida por P. — pp. 318-337, 409-425, 515-538, com o título "Fondamenti di una sintesi filosofica". — *La filosofia contemporanea in Italia*, 1958, pp. 289-301. Ver: P. Caruso, "Fenomenologia e dialettica platonica in P.", em *Il Verri*, 1960, pp. 78-91. — P. Salvucci, "Tempo e storicità nella 'filosofia della relazione' di E. P.", em *Saggi*, 1963. — A. Quarta, "L'esperienza filosofica di E. P.", *Il Protagoras*, 6 (1986), 145-152. ◖

PACTO. Ver CONTRATO SOCIAL.

PÁDUA (ESCOLA DE). Dá-se o nome de "Escola de Pádua" a um movimento filosófico e científico centrado na Universidade de Pádua e que se desenvolveu durante os séculos XIV, XV e XVI. Entre outros pensadores e pesquisadores, este movimento conta com A. Achillini, Brás de Parma, Cajetano de Thiene, Hugo de Siena, João Marliani, A. Nifo, Pedro de Abano, Paulo de Veneza, N. Vernia e outros. O movimento "culminou" em autores como J. Zabarella e C. Cremonini.

Dedicamos verbetes a todos esses pensadores — e a alguns outros da "Escola" ou de algum modo afins a ela —, e em tais verbetes pode-se ver o tipo de problemas tratados pelos "paduanos" e os métodos usados. Aqui nos limitamos a indicar que a Escola de Pádua se caracterizou em geral por desinteressar-se dos problemas teológicos, pelo menos no sentido e na maneira como tais problemas eram tratados na mesma época pelos teólogos da Sorbonne, em Paris, e por interessar-se grandemente por questões do conhecimento da Natureza, método científico e certas disciplinas, como, e especialmente, a medicina. Os pensadores da Escola de Pádua estavam muito próximos das concepções defendidas pelo chamado "averroísmo latino" e foram freqüentemente considerados como "averroístas" ou, melhor dizendo, como "aristotélicos averroístas". Paduanos e aritotélicos averroístas são freqüentemente expressões sinônimas. Além do averroísmo latino, exerceu grande influência sobre muitos dos pensadores e pesquisadores da Escola de Pádua a investigação física tal como havia sido realizada pelos mertonianos (VER) e também por alguns dos pesquisadores da chamada "Escola de Paris", especialmente por Nicolau de Oresme. Do ponto de vista filosófico, os pensadores da Escola de Pádua representam um novo modo de ver o aristotelismo (um aristotelismo "naturalista", à diferença do aristotelismo "teológico"). Com isso tais pensadores fizeram de Aristóteles um precursor da ciência moderna da Natureza em vez de convertê-lo em obstáculo para o desenvolvimento dessa ciência. Diferentemente de muitos humanistas, acha-se nos paduanos uma insistência no caráter impessoal e universal do sujeito cognoscente ("a alma"), assim como certa tendência a considerar a Natureza panteisticamente.

Tem-se discutido às vezes se Pomponazzi (VER) deve ser considerado ou não como um dos "paduanos"; em todo caso, algumas de suas teses se acham muito próximas do aristotelismo paduano. Ademais, a Escola de Pádua foi chamada às vezes "Escola de Pádua e Bolonha" por causa da estreita relação intelectual entre essas duas cidades. Algumas vezes, porém, considera-se a Escola de Bolonha como "oposta" à Escola de Pádua, por ser a primeira — na qual se destacou Pomponazzi — aristotélica alexandrinista (ver ALEXANDRINISMO) mais do que averroísta.

◖ Entre os escritos sobre a Escola de Pádua propriamente dita destacamos: F. Florentino, *Pietro Pomponazzi. Studi storici sulla scuola bolognese e padovana nel secolo XVI*, 1868. — A. Favaro, *Galileo Galilei e lo studio di Padova*, 2 vols., 1883, reimp. 1966. — Id., *Galileo Galilei a Padova: Ricerche e scoperte, insegnamento e scolari*, 1968 (trabalhos publicados de 1881 a 1921). — J. H. Randall, "Development of Scientific Method in the School of Padua", *Journal of the History of Ideas*, 1 (1940), 177-206. — B. Nardi, J. H. Randall, Jr., et al., *Averroismo e aristotelismo "alessandrino" padovana*, 1954. — B. Nardi, *Saggi sull'aristotelismo padovano dal secolo XV al XVI*, 1958. — J. H. Randall, Jr., *The School of Padua and the Emergence of Modern Science*, 1960. — J. H. Randall, Jr., P. O. Kristeller et al., "Aristotelismo padovano e filosofia aristotelica", em *Atti del XII Congresso Internazionale di Filosofia*, vol. IX, 1960. — A. Crescini, *Le origini del metodo analitico: Il Cinquecento*, 1965. — A. Poppi, *Causalità e infinità nella scuola padovana dal 1480 al 1513*, 1966. — Id., *Introduzione all'aristotelismo padovano*, 1970. — G. Papuli, *Girolamo Balduino: Ricerche sulla logica della scuola di Padova nel Rinascimento*, 1968. — M. A. del Torre, *Studi su Cesare Cremonini: Cosmologia e logica nel tardo aristotelismo padovano*, 1968. — N. G. Siraisi, *Arts and Sciences at Padua: The Studium of Padua before 1350*, 1973. — W. A. Wallace, "Randall 'Redivivus': Galileo and the Paduan Aristotelians", *Journal of the History of Ideas*, 49 (1988), 133-149.

Monografias: *Quaderni per la storia dell'Università di Padova* a partir de 1958 e a série *Fonti per la storia dell'Università di Padova*, ambos publicados pelo Istituto per la Storia dell'Università di Padova. ◖

PAIXÃO. Uma das categorias aristotélicas (ver CATEGORIA) é a chamada "paixão", πάσχειν, que se opõe à categoria chamada "ação", ποεῖν. A paixão é uma "afecção" (ver AFECÇÃO, AFETAR), isto é, o estado em que algo está afetado por uma ação (como quando algo é "cortado" pela ação de "cortar"). Na paixão, portanto, fica modificado ou "afetado" aquilo de que se trata (*Cat.*, 4, 2 a 3; cf. também *De gen. et corr.*, I, 7). No sentido mais geral possível, a noção de paixão equivale à noção de afecção do ente; por isso os modos fundamentais de afecção do ente foram chamados *passiones entis*. Num sentido menos geral, mas ainda suficientemente geral, a paixão é a afecção de algum ente ou, se se quiser, o estado de um ente enquanto afetado por uma ação; é, como se disse às vezes, a afecção ou acidente reais de um ente. Num sentido mais específico — e cujo significado terminou por predominar —, a paixão é uma afecção ou modificação (ou, mais exatamente, o fato da afecção ou modificação da alma ou, em geral, de um sujeito psíquico). Este último sentido é o que levaremos em conta no presente verbete, mas acentuando que se trata de um sentido que tem como pano de fundo a significação mais geral de paixão como forma de um ente estar afetado. A paixão, *passio*, é, como efeito do estar afetado ou receber, *pati*, um ato de um ser paciente em virtude do qual ele é chamado justamente "paciente". Dentro deste significado geral a paixão pode ser entendida de vários modos. Um deles é uma alteração ou perturbação do ânimo, e é assim que a definia Cícero (*Tusc. Disp.*, IV, 6) ao traduzir o termo πάθος. Trata-se de uma *perturbatio* de uma *commotio*, que é, segundo Zenão de Cício (a quem se referia Cícero a respeito), *auersa a recta ratione*, sendo uma *contra naturam animi commotio*.

A paixão como afecção, comoção, perturbação etc., do ânimo tem sido objeto de exame por parte de autores antigos, medievais e modernos, que procederam a definir o sentido de 'paixão' e também a classificar as "paixões". A definição de 'paixão' no sentido apontado dependeu em grande parte de fatores não estritamente psicológicos, em grande número de casos foi influenciada por considerações "morais".

Aristóteles indicava já que o "ser passivo" não é um modo simples de ser, pois às vezes significa uma corrupção por um contrário, e às vezes a preservação de algo que está em potência pelo que está em ato (*De an.*, II, 5, 417 a 14ss.). Em todos esses casos, a paixão não significa necessariamente uma "perturbação"; em suma, "alteração" e "perturbação" não são necessariamente sinônimos. Mas os estóicos estudaram as paixões especialmente como perturbações e, por conseguinte, como algo que deve ser eliminado por meio da razão, que atua com o fim de livrar o ânimo das paixões, isto é, com o fim de dar ao ânimo a liberdade. Dizer que as paixões estão contra a natureza se deve, no caso dos estóicos, à sua idéia de que seguir a natureza é igual a seguir a razão. Muitos escolásticos, especialmente os de tendência tomista, estudaram as paixões como apetites sensitivos ou, melhor dizendo, como movimentos suscitados pelo apetite sensitivo. Trata-se de certas energias básicas que em princípio podem se achar tanto nos animais como nos homens, mas que nos homens têm um caráter especial, porque são atos e têm, ou podem ter, um valor moral. Exemplos eminentes de paixões são o amor e o ódio, as esperança e o temor (cf. por exemplo Tomás de Aquino, *S. theol.*, I, q. LXXIX, LXXXI, XCVII; Ia-IIae, q. XV, XXII *et al.*). Estas são as chamadas "paixões principais" e determinam de algum modo as "paixões secundárias". Considerar as paixões como movimentos suscitados pelo apetite sensitivo ou, segundo alguns, como atos da potência apetitiva, não significa que as paixões se achem exclusivamente dentro do "plano apetitivo". A faculdade cogitativa julga acerca de um objeto, indicando se é (em seu entender) bom ou mau, e a paixão opera sobre este juízo. Além disso, a paixão é encaminhada pela vontade. Estas são pelo menos as opiniões (ou algumas das opiniões) de autores tomistas. Outros autores dão menos importância à intervenção das faculdades cogitativa e volitiva, mas não podem suprimi-las totalmente, já que então não se poderia julgar as paixões moralmente e dizer se são boas ou más.

Na época moderna foi freqüente tratar as paixões como afecções da alma, à diferença das ações da alma. Na paixão a alma experimenta algo e fica por isso alterada. A "doutrina das paixões" abarca grande parte da teoria da alma humana. Tal sucede em Descartes, que, em seu tratado *Les passions de l'âme* (1649), considera o que chama as seis paixões fundamentais ou primitivas: a admiração (VER), o amor (VER), o ódio, o desejo ou apetite (VER), a alegria (VER) e a tristeza. As paixões diferem, segundo Descartes, de todo outro "pensamento" na medida em que são "percepções" ou "sentimentos" ou "emoções" da alma causadas por algum movimento dos espíritos (animais) (*Les passions*, art. 27). Segundo Spinoza, há três paixões fundamentais: o desejo, a alegria e a tristeza. As paixões fazem que os homens difiram entre si, à diferença da razão, que faz que os homens concordem entre si (*Eth.*, IV prop. XXXIV e XXXV). Todos os afetos da alma, incluindo o amor e o ódio, nascem da combinação das três paixões fundamentais. Ver também EMOÇÃO e SENTIMENTO.

Para Hume, é uma falácia contrapor, como se fez tradicionalmente, a paixão e a razão e supor que a missão da última é controlar a primeira. Isso supõe que a razão pode ser um motivo, ou uma causa motiva, para as ações da vontade, e que bastam as razões para modificar atos voluntários. Supõe também que a razão pode opor-se à paixão na direção da vontade. Nenhuma dessas suposições, segundo Hume, é aceitável. É certo que mediante o raciocínio se descobrem certas relações — relações que ligam objetos a emoções de aversão ou inclinação — e que, com as variações do raciocínio, variam subseqüentemente nossos atos. Mas, diz Hume, "o impulso não surge da razão, mas é somente dirigido por ela" (*Treatise*, II, iii, 3). Em suma, a razão não pode, *por si mesma*, produzir nenhuma ação ou dar origem a um ato voluntário; portanto, não pode evitar atos da vontade ou "disputar a preferência com nenhuma paixão ou emoção". Hume chega a afirmar que "a razão é, e só deveria ser, a escrava das paixões, e não pode pretender desempenhar outro ofício senão servi-las e obedecê-las" *(loc. cit.).*

Hume se dá conta de que sua opinião, tão contrária ao "intelectualismo" tradicional, é "extraordinária" e necessita de ulteriores considerações e qualificações para se sustentar. Para tanto ele estabelece, entre outras, uma distinção entre paixões violentas e paixões calmas (*op. cit.,* II, iii, 4) e reconhece que a influência que pode se exercer sobre uma pessoa é maior quando se opera sobre suas paixões violentas e se força suas inclinações mais do que sobre o que se chama "razão".

A diferença entre o aludido intelectualismo e as opiniões de Hume não afeta tanto a força das paixões — na qual quase todos os filósofos insistem —, como a capacidade ou incapacidade da razão para modificá-la. Mas as diversas opiniões sobre o tema acarretam diferentes pontos de vista sobre o caráter "aceitável" ou "inaceitável" das paixões. Geralmente considerou-se que as paixões deviam ser dominadas. Inclusive os autores mais "intelectualistas", ou mais dispostos a proclamar o poder da razão sobre as paixões, reconheceram que estas constituem uma espécie de "invasão" da vida psíquica, que pode inclusive obnubilar a razão. Por isso esses autores com freqüência se expressaram pejorativamente sobre "as paixões". O sentido pejorativo de 'paixão' se incorporou à linguagem corrente, em expressões como 'é apaixonado demais' (no sentido de 'não é suficientemente objetivo'). Por outro lado, e especialmente a partir do romantismo, se revalorizou a idéia, e até o ideal, da paixão como força ligada à criatividade.

Segundo Hegel, a paixão se subordina à razão, que usa das paixões para a realização dos fins essenciais do espírito. "Se chamamos paixão", diz Hegel, "ao interesse no qual a individualidade inteira se entrega com esquecimento de todos os demais interesses múltiplos que tenha e possa ter, e se fixa no objeto com todas as forças de sua vontade, concentrando neste todos os seus apetites e energias, devemos dizer que *nada grande se realizou no mundo sem paixão*" (*Fil. de la Historia,* I, 1928, p. 59). A paixão é "o lado subjetivo e, portanto, formal da energia da vontade e da atividade".

➲ Ver: T. Ribot, *Essai sur les passions*, 1907. — E. Mouchet, *Tratado de las pasiones*, 1953. — J.-A. Rony, *Les passions*, 1961. — L. Marin, *Sémiotique de la passion*, 1972. — R. C. Solomon, *The Passions: The Myth and Nature of Human Emotion*, 1976. — E. Trías, *Tratado de la pasión*, 1979. — J. Hanaghan, *Forging Passion into Power,* 1981. — R. M. Unger, *Passion: An Essay on Personality*, 1984.

Ver também a bibliografia dos verbetes AFETAR, AFECÇÃO; EMOÇÃO.

Obras históricas: H. Bonitz, "Über πάθος und πάθημα im Aristotelischen Sprachgebrauche", *Sitzungberichten der Kaiserlichen Akademie der Wissenschaften*, Philosophisch-historische Klasse, 55 (1867), 13-55, e em *Aristotelische Studien*, Tl. 5, 1867, reimp., 1969, pp. 317-359. — E. P. Papanoutsos, *La catharsis des passions d'après Aristote*, 1953. — S. Cuesta, *El equilibrio pasional en la doctrina estoica y en la de San Agustín: Estudio sobre dos concepciones del universo a través de un problema antropológico*, 1947. — R. Crippa, *Studi sulla coscienza etica e religiosa del Seicento: Le passioni in Spinoza*, 1965. — A. Levy, *French Moralists: The Theory of Passions, 1585 to 1649*, 1965. — W. Riese, *La théorie des passions à la lumière de la pensée médicale du XVIIe siècle*, 1965. — H. Raurich, *Hegel y la lógica de la pasión*, 1974. — J.-P. Cléro, *La philosophie des passions chez David Hume*, 1985. ∈

PALAVRAS REFLEXIVO-SINAIS. Ver INDÉXICO.

PALACIOS, MIGUEL DE. Ver GÓMEZ PEREIRA.

PALÁGYI, MENYHÉRT [MELCHIOR] (1859-1924). Nascido em Paks (Hungria), ensinou durante pouco tempo em Kolozsvár e se transferiu para a Alemanha, falecendo em Darmstadt.

Palágyi exerceu em seu tempo, sobretudo pelo caráter antecipador de algumas de suas doutrinas, uma influência que hoje é pouco conhecida. Ela se desenvolveu sobretudo no campo da lógica e da teoria do conhecimento, assim como no da crítica nocional das ciências. Seu antipsicologismo, menos pronunciado que o de Bolzano e o da fenomenologia, mas coincidente em muitos pontos essenciais com o dessas tendências, não o obrigou a defender um dualismo ou pluralismo de camadas ontológicas; pelo contrário, Palágyi manifestou desde o princípio uma forte tendência monista, por sua vez afim a várias conclusões do imanentismo da época, mas no fundamental erigida sobre pressupostos distintos. Uma teoria descritiva da consciência e dos "atos" da consciência estava não somente na base de sua epistemologia, mas também na base de uma "nova teoria do espaço e do tempo", de uma "metageometria" muito próxima aos desenvolvimentos posteriores da teoria da relatividade — sobretudo da interpretação crítico-filosófica da mesma —, especialmente no que diz respeito a um sistema quadridimensional de coordenadas. Isso representou o fundamento de uma filosofia da Natureza destinada a elucidar as relações entre as diferentes ciências, especialmente entre biologia, psicologia e física ou mecânica. Palágyi distinguia a respeito entre processos vitais não-mecânicos e processos psíquicos, cujo caráter fundamental, a descontinuidade, reverteria ao mesmo tempo sobre o âmbito inteiro da consciência e permitia explicar uma noção que, como a de força, parecia não poder encerrar-se dentro de nenhum quadro de idéias mecanicistas.

➲ Obras: *Neue Theorie des Raumes und der Zeit. Entwurf einer Metageometrie*, 1901 [trad. alemã e ampliação do trabalho intitulado "Tér és idó új elmélete", publicado em *Athenaeum*, 1901, pp. 533-549] *(Nova teoria do espaço e do tempo. Esboço de uma metageometria)*. — *Der Streit der Psychologisten und Formalisten in der modernen Logik*, 1902 *(A luta entre os psicologistas e os formalistas na lógica moderna)*. — *Kant und Bolzano*, 1902. — *Die Logik aud dem Scheidewege*, 1903 *(A lógica na encruzilhada)*. — *Az ismerettan alapvetése*, 1904, em trad. alemã: *Grundlegung der Erkenntnislehre*, 1904 *(Fundamentos de teoria do conhecimento)*. — *Theorie der Phantasie*, 1908. — *Naturphilosophische Vorlesungen über die Grundprobleme des Lebens und des Bewusstseins*, 1908; 2ª ed., 1924 *(Lições filosófico-naturais sobre os problemas fundamentais da vida e da consciência)*. — *Die Relativitätstheorie in der modernen Physik*, 1914 *(A teoria da relatividade na física moderna)*. — *Wahrnehmungslehre*, 1925 *(Teoria da percepção)*, obra póstuma.

Edição de obras: *Ausgewählte Werke*, com introd. de L. Klages (que recebe algumas influências de Palágyi): 3 vols., 1924-1925.

Ver: A. Wurmb, *Darstellung und Kritik der logischen Grundbegriffe der Naturphilosophie Melchior Palágyis*, 1931. — L. W. Schneider, *Die erste Periode im philosophischen Schaffen M. Palágyis*, 1942. — L. Klages, *Der Geist als Widersacher der Seele*, 3ª ed., 1954, cap. 40: "Die Forschungen M. P.s", cap. 52: "Galilei und P." — E. von Bracken, "Die erste Periode im philosophischen Schaffen M. P.s", *Zeitschrift für philosophische Forschung* (1966), 294-308. — E. Husserl, "A Reply to a Critic of my Refutation on Logical Psychologism", *Personalist* 52 (1972), 5-13 (recensão crítica de Husserl de *Der Streit...* de P., que considerava Husserl um formalista). — A. Simonovits, "M. P. (1859-1924)", *Magyar Filozofiai Szemle* (1976), 91-105. ↻

PALEY, WILLIAM (1743-1805). Nascido em Peterbourough, Inglaterra, estudou no Christ's College, Cambridge, ensinando na Universidade de Cambridge de 1767 a 1776. Exerceu vários cargos eclesiásticos, inclusive o arquidecanato em Carlisle. Paley se ocupou em seu escritos de questões morais (assim como "sociais") e teológicas. A seu ver, não há incompatibilidade entre a vontade de Deus e a aspiração humana à felicidade, já que Deus quer que os seres humanos sejam felizes. Todas as obrigações morais derivam da mencionada coincidência. Por outro lado, a lei de Deus coincide com a lei natural, que também "manda" a felicidade para o maior número possível. Não há, segundo Paley, nenhuma faculdade "moral" ou "sentimento moral" especial que nos faça reconhecer a vontade de Deus, a lei natural e a aspiração à felicidade, já que resulta evidente para todos que devemos perseguir o que nos seja mais benéfico para todos. A evidência "intelectual" das leis morais é do mesmo caráter que a evidência em questões teológicas: a existência de Deus resulta evidente pela ordem e harmonia da Natureza. Os milagres são aceitáveis em virtude da confiança que se pode depositar nos que foram testemunhas deles. Paley se opôs a esse respeito às críticas dos milagres (ver MILAGRE) de Hume. Paley admitiu que a propriedade privada pode oferecer benefícios, mas ao mesmo tempo denunciou os males que pode causar, especialmente quando é expressão de egoísmo.

↪ Obras: *The Principles of Moral and Political Philosophy*, 1785. — *A View of the Evidences of Christianity*, 2 vols., 1794. — *Natural Theology, of Evidences of the Existence and Attributes of the Deity, Collected from the Appearances of Nature*, 1802 (ed. por F. Ferré, 1964).

Edição de obras: *Works*, 8 vols., 1805-1808.

Ver: W. Smith, *Professors and Public Ethics: Studies of Northern Moral Philosophers before the Civil War*, 1956. — H. M. Jones, I. B. Cohen, eds., *Science before Darwin: A Nineteenth-Century Anthology*, 1963. — D. L. Le Mahlieu, *The Mind of W. P.: A Philosopher and his Age*, 1976. — R. Dawkins, *The Blind Watchmaker*, 1987. — V. Nuovo, "Rethinking Paley", *Synthese*, 91 (1-2) (1992), 29-51. ↻

PALINGENESIA. Renovação, regeneração ou renascimento, chama-se toda reaparição periódica dos mesmos fatos, das mesmas vidas ou das mesmas almas. A palingenesia era admitida, entre outros, pelos pitagóricos e estóicos. Nos primeiros, a crença na palingenesia das almas constitui a base para a afirmação da palingenesia dos mundos. Nos segundos, em contrapartida, a crença numa palingenesia ou eterno retorno (VER) dos mundos permite afirmar a existência de uma palingenesia das almas.

Em sua obra *La Palingénésie philosophique ou Idées sur l'état passé et sur l'état futur des êtres vivants* (1769), Charles Bonnet defendia a persistência da substância pensante mediante a regeneração dos corpos, regeneração que se fazia possível graças a seus germes indestrutíveis. A palingenesia permitia a Bonnet combinar sua crença na imortalidade com o materialismo a que o conduziam suas análises psicofisiológicas. Mas esta palingenesia não tinha só um caráter de explicação do universo ou de justificação de uma crença religiosa; a rigor, constituía o trânsito a uma doutrina social que culminava na idéia de um progresso contínuo e na esperança da evitação de uma decadência. De fato, a palingenesia pode ser entendida também no sentido de uma crença na persistência da humanidade através dos ciclos históricos, tal como foi estabelecida por Vico e, embora com pressupostos diferentes, formulada por Pierre Simon Ballanche (VER).

A noção de palingenesia (da humanidade) foi proposta igualmente por Vincenzo Gioberti (VER), segundo quem a palingenesia, isto é, o "renascimento final", nunca completamente alcançado, da humanidade, tem de ser levado a cabo por meio da potenciação de todas

PALMIERI, DOMENICO. Ver NEO-ESCOLÁSTICA.

PAMPSIQUISMO. O pampsiquismo afirma que o fundo da realidade é de natureza psíquica e que, portanto, as coisas não passam de manifestações da "psique". O pampsiquismo é comum a várias doutrinas especulativas, mas cabe distinguir em seu interior orientações diferentes de acordo com o que é concebido em cada caso como psique. Assim, o pampsiquismo dos primeiros jônicos é de índole muito diferente do hilozoísmo científico moderno representado por Haeckel, assim como o chamado pampsiquismo de Leibniz deve ser distinguido do de Goethe ou Lotze. As diferenças se baseiam sobretudo na mesma idéia da realidade psíquica, desde a simples animação ou vivificação até a identificação de todas as coisas e fenômenos com entidades dotadas de maior ou menor consciência e até a concepção que sustenta o primado do espírito ativo.

Pode se falar, em todo caso, de uma corrente pampsiquista que atravessa como uma constante a história da filosofia. Dentro dela estão os pré-socráticos, pelo menos na medida em que sustentaram o chamado hilozoísmo ou concepção da matéria como realidade animada; os que com radicalismo mais extremo defenderam a idéia de uma alma do mundo e, sobretudo, conceberam o mundo como um animal vivo ou vivificado, o chamado ζῷον ἔμψυχον; os que sustentaram o caráter animado e divino dos astros. Todas essas últimas correntes, ativas especialmente na época do helenismo, pareceram ressurgir durante o Renascimento, quando a concepção organológica do mundo predominou sobre outras (sobre a "hierárquica", a "mecânica", a "lógica" etc.).

Entre os autores nos quais podemos rastrear doutrinas pampsiquistas ou que defendem um completo pampsiquismo citamos Paracelso, Cardano, Campanella, Telésio e Bruno (VER). Especialmente mencionados como autores pampsiquistas são J. B. van Helmont e F. H. van Helmont (VER), Robert Fludd (VER) e Francesco Patrizzi (1529-1597), o qual, ademais, intitulou "Panpsychia" uma parte de sua *Nova de universis philosophia* (1593). Em geral, podem ser considerados pampsiquistas os autores "vitalistas", que defendem uma doutrina como a do *arqueus* ou uma doutrina como a das "idéias operadoras". A primeira dessas doutrinas foi defendida, entre outros, por Paracelso; a segunda, por Marcus Marci von Kronland (1595-1667), especialmente em suas obras *Idearum operatricium, seu hypotyposis et delectio illius occultae virtutis, quae semina foecundat* e *Philosophia vetus restituta*. Para este último autor, as idéias operadoras (ou operatrizes) são *ideae seminales*.

Também podem ser considerados como pampsiquistas os autores que elaboraram a doutrina das chamadas "naturezas plásticas" (ver PLÁSTICO). Tal é o caso de Henry More e de Ralph Cudworth (VER). Às vezes é difícil saber se "o psíquico" em tais doutrinas pampsiquistas é propriamente "psíquico" (ou "anímico") ou senão "espiritual", isto é, se se funda em idéias orgânico-vitais ou em idéias "espirituais", ou ambas ao mesmo tempo.

Pode-se falar também de tendências pampsiquistas em Leibniz (VER), em parte de Schelling (VER) e com maior proporção em Fechner (VER), para quem a animação do todo é uma das faces — a face "diurna" — que a consideração total da natureza oferece. Mais difícil é considerar como pampsiquistas no sentido clássico doutrinas vitalistas como a de Driesch (VER), pois embora o princípio de animação seja aqui de natureza vital e "orgânica", ele exclui a ingênua plasticidade do natural tal como a defendeu Haeckel (VER), que não por acaso tem sido freqüentemente comparado com os pré-socráticos senão no método seguido, ao menos em sua conclusão.

➲ Ver: A. Rau, *Der moderne Pampsychismus*, 1904. — R. Eisler, "Die Theorie des Pampsychismus", *Zeitschrift für den Ausbau der Entwicklungslehre*, I. — C. Hartshorne, "Panpsychism", em *A History of Philosophical Systems*, 1950, ed. V. Ferm, pp. 442-453. — A. Jeandidier, *Le pampsychisme vital*, 1954. — P. Merlan, *Menopsychism, Mysticism, Metaconsciousness: Problems of the Soul in the Neo-Aristotelian and Neo-Platonic Tradition*, 1963. — B. Rensch, *Pampsychistischer Identismus*, 1968. ◐

PANCALISMO. O filósofo norte-americano J. Mark Baldwin (VER) qualificou assim sua própria doutrina, segundo a qual a aparente irredutibilidade entre o mecânico e o vital, psíquico ou espiritual, entre o genético e o agenético, isto é, entre as categorias da evolução e as da quantidade, se resolve mediante as categorias estéticas. Na contemplação estética e na informação estética da realidade inteira se acha, segundo Baldwin, a superação das mencionadas antinomias e, portanto, a eliminação da tensão existente entre a experiência e a abstração. A verdade suprema é, de acordo com isso, a beleza suprema, a completa submissão do real à categoria do belo. Só desse modo se evitam os dois desvios fundamentais na compreensão do real: aquele que reduz o mecânico ao vital (ponto de vista genético) e aquele que reduz o vital ao mecânico (ponto de vista agenético). Pois mesmo quando o ponto de vista genético oferece certa superioridade sobre o oposto, o fato é que tampouco é legítimo reduzir este ao primeiro. O pancalismo é, segundo Baldwin, um "afetivismo construtivo" e mostra "o caminho pelo qual pode ser informado o sentimento, não como algo que permanece cego, mas como algo que vê todas as coisas *sub specie pulchritudinis*". Por isso "na contemplação e completo gozo de um objeto enquanto belo, o que apreendemos inclui todos os aspectos sob os quais o objeto pode ser estimado realmente existente e de um valor real" (*Genetic Theory of*

Reality, 1915, p. 318). Também a filosofia de Ravaisson (VER) e mais particularmente ainda a de Lachelier (VER) poderiam ser chamadas, em certo modo, de pancalistas, já que afirmam que a unidade teleológica de cada ser é sua própria realidade e já que terminam por sustentar que esta realidade não é mais simplesmente a verdade, sim a beleza.

⊃ Ver, sobretudo, de J. Mark Baldwin: *Thought and Things of Genetic Logic* (I. *Functional Logic or Genetic Theory of Knowledge*, 1906; II. *Experimental Logic, or Genetic Theory of Thought*, 1908; III. *Interest and Art*, 1911) e *Genetic Theory of Reality, Being the Outcome of Genetic Logic, as Issuing in the Aesthetic Theory of Reality called Pancalism*, 1951. — Outras obras de J. Mark Baldwin na bibliografia deste filósofo. — Sobre o pancalismo, ver A. Lalande, "Le Pancalisme", *Revue philosophique*, 75 (1915), 481-512. ⊂

PANÉCIO (c. 185-111/109 a.C.). Nascido em Rodes, foi um dos mais significativos representantes do chamado estoicismo médio (ver ESTÓICOS). Durante sua temporada em Roma, antes de ser escolarca em Atenas (a partir de 129), Panécio se relacionou com proeminentes figuras da aristocracia e da intelectualidade romanas (Lélio, Scaevola, Rutílio, Rufo, Estilão — mestre de Varrão — e Cipião), entre as quais difundiu não somente as doutrinas estóicas, mas grande parte da tradição intelectual grega. Os vestígios da influência de Panécio podem ser encontrados em diversos escritores romanos. Assim, por exemplo, a distinção por Scaevola da teologia em poética, filosófica e política (distinção que Agostinho examinaria na *Cidade de Deus*) procede de Panécio. Também as idéias expostas por Cícero nos dois primeiros livros do tratado *Sobre os deveres* têm sua origem em idéias do filósofo estóico. Embora o núcleo dessas idéias derive do estoicismo antigo, Panécio introduziu nele muitas modificações. No tocante à cosmologia, rejeitou a doutrina do fogo que devora e reconstrói tudo. No tocante às doutrinas políticas, baseou-se em grande parte em doutrinas platônicas e aristotélicas; o mesmo ocorreu em sua psicologia e na divisão das faculdades da alma. Do ponto de vista ético, insistiu consideravelmente menos que os antigos estóicos no ideal da apatia e consideravelmente mais que eles no papel fundamental que desempenham os bens externos — reta e moderadamente usados — para a obtenção da felicidade e da paz de espírito. Característica muito acentuada da atitude de Panécio foi o humanismo universalista. Esse humanismo baseava-se na tese de que o homem deve viver conforme sua própria natureza, mas que a natureza individual não é incompatível, mas sempre concordante, com a natureza universal. Pois a natureza que alenta o fundo do ser humano não é o conjunto dos instintos animais, é a possibilidade que o homem tem de transformar esses instintos em atividades superiores, a um só tempo racionais e universais. O humanismo universalista de Panécio não era, por outro lado, dogmático; pelo contrário, contra toda opinião fixa pregava o filósofo a necessidade de introduzir uma dúvida moderada. A razão teórica deve por isso, segundo Panécio, subordinar-se com freqüência à razão prática, a única que é capaz de ter em conta a diversidade e o caráter cambiante dos fatos.

⊃ Ver a edição de Fowler: *Panaetii et Hecatonis librorum fragmenta collegit praefationibus illustravit Haroldus N. Fowler*, 1885, assim como, de R. Philippson, "Panaetiana", *Rheinisches Museum*, 77 (1929), 337-360. — Nova ed. de fragmentos por M. van Straaten, *Panetti Rhodii Fragmenta*, 1952; ed. ampliada, 1962 [*Philosophia antiqua*, 5].

Ver: Além das obras sobre o estoicismo em geral e sobre o estoicismo médio, assinaladas na bibliografia do verbete ESTÓICOS, U. von Wilamowitz-Moellendorf, "Panaitios", em *Vorträge und Aufsätze*, II, 4ª ed., 1926. — R. Philippson, "Das Sittlichschöne bei Panaitios", *Philologus*, 85 (1930), 357-413. — B. N. Tatakis, *Panétius de Rhodes, le fondateur du moyen stoïcisme, sa vie et son oeuvre*, 1931. — L. Labowski, *Die Ethik des Panaitios. Untersuchungen zur Geschichte des Decorum bei Cicero und Horaz*, 1934. — G. Ibscher, *Der Begriff des Sittlichen in der Pflichtenlehre des Panaitios*, 1934. — M. van Straaten, *Panétius, sa vie, ses écrits et sa doctrine avec une édition des fragments*, 1946. — A. Puhle, *Persona: zur Ethik des Panaitios*, 1987. ⊂

PANENTEÍSMO. Este termo só é usado em relação ao sistema de Karl Christian Friedrich Krause (VER); o próprio filósofo o propôs em suas *Vorlesungen über das System der Philosophie* (1828) para designar sua doutrina. Segundo Krause, embora haja uma estreita relação entre o mundo e Deus, nenhum desses termos absorve o outro e nenhum se identifica com o outro. O panenteísmo de Krause se opõe ao panteísmo e nega que o mundo seja Deus, ou que tudo seja divino. Opõe-se também ao teísmo e nega que Deus seja transcendente ao mundo. Contudo, o panenteísmo de Krause se inclina mais para o panteísmo que para o teísmo, e constitui uma variedade do panteísmo, que sublinha a comunidade e reciprocidade do mundo e de Deus.

Independentemente de Krause e do krausismo, Bulgakov (VER) defendeu uma concepção panenteísta do mundo e de Deus com o propósito de evitar a acusação de panteísmo que se lhe fizera por sua insistência na idéia de uma criação do mundo por "emanação" de Deus.

PANLOGISMO é a doutrina segundo a qual a realidade está inteiramente penetrada pelo "logos", isto é, é completamente inteligível. O panlogismo não deve ser confundido com o racionalismo, que se limita a estabelecer o primado da razão, já que o primeiro identifica, como Hegel declarou explicitamente, o racional com o real e o real com o racional, fazendo de ambos um mesmo e único ser. Todavia, nem o termo 'panlogismo' esclarece o fundamental do pensamento de Hegel nem tampouco lhe pode ser aplicado unilateralmente. Por um lado, a identificação do real com o racional não é simplesmente a identificação da realidade com a razão abstrata; pelo contrário, o típico do hegelianismo é seu contínuo esforço para introduzir o concreto no racional e para converter os aparentes desvios da paixão em "ardis da razão". Do contrário, não se compreenderia por que Hegel nega que seu sistema possa ser gratuitamente confundido com a identificação lógico-ontológica da escola de Wolff. Por outro lado, Hegel transcende com freqüência o simples ponto de vista panlogista, o qual não seria, como sustenta Croce, mais do que uma manifestação do morto que há em sua filosofia, em contraposição com o vivo, com o qual se trata de restaurar por possuir um conteúdo de verdade perdurável.

PAN-MATEMATISMO (e também **PAN-MATEMATICISMO**). Podem-se qualificar deste modo as doutrinas segundo as quais a realidade tem uma estrutura matemática (pan-matematismo metafísico) ou é compreensível exclusiva ou primariamente por meio de formalismos matemáticos (pan-matematismo epistemológico). Os pitagóricos são o exemplo mais conhecido de doutrina pan-matematista metafísica. Costuma-se considerar Platão como um filósofo pan-matematista, especialmente porque no *Timeu* trata de explicar a estrutura da realidade material por meio de figuras geométricas (razão por que o pan-matematismo platônico é um pan-geometrismo). Um exemplo de pan-matematismo epistemológico é o de Galileu; se se interpreta literalmente sua conhecida asserção de que o livro da natureza está escrito em caracteres matemáticos, então o pan-matematismo epistemológico se converte num pan-materialismo metafísico.

Às vezes são considerados pan-matematistas autores que trataram de reduzir a matéria a extensão e a propriedades geométricas da extensão (Descartes); mas é duvidoso que o "pan-matematismo" cartesiano seja equiparável ao dos pitagóricos. Num sentido figurado podemos chamar de "pan-matematistas" as doutrinas que tiraram conseqüências filosóficas dos avanços alcançados nas ciências, particularmente na física, pela aplicação de formalismos matemáticos. Podem-se classificar essas doutrinas, por seu turno, em (predominantemente) epistemológicas e (predominantemente) metafísicas — ou ontológicas —, segundo sua tendência menor ou maior, respectivamente, a uma interpretação "realista" da chamada "relação entre as matemáticas e a realidade".

O pan-matematismo se distingue do panlogismo (VER) no sentido normal em que é entendido na história da filosofia o termo 'panlogismo'. Pode-se equiparar, contudo, o pan-matematismo ao panlogismo se este último for entendido como a afirmação geral de que a matemática é reduzível à lógica *mais* a afirmação metafísica de uma estrutura lógica da realidade.

PANSOMATISMO. Ver KOTARBINSKI (T.); REÍSMO.

PANTEÍSMO. Segundo S. E. Boehmer (*De pantheismi nominis origine et usu et notione* [1851], *apud* R. Eucken, *Geschichte der philosophischen Terminologie* [1879, reimp.; 1960], pp. 94.173), o termo 'panteísta' *(Pantheist)* foi usado, pela primeira vez, por John Toland em sua obra *Socinianism Truly Stated* (1705), e o termo 'panteísmo' *(Pantheism)* pelo adversário de Toland, J. Fay, em sua *Defensio religionis* (1709). Toland usou o vocábulo *Pantheisticon* em sua obra do mesmo título, publicada (sob pseudônimo) em 1720. Tanto Tolando quanto Fay entendiam por 'panteísta' aquele que crê que Deus e o mundo são a mesma coisa, de modo que Deus não tem nenhum ser fundamentalmente distinto do do mundo, e por 'panteísmo' a correspondente crença, doutrina ou filosofia. Embora o nome seja moderno, a crença ou doutrina não o é tanto; a identificação de Deus com o mundo foi afirmada, ou dada por suposta, em várias doutrinas do passado, tanto orientais (especialmente na Índia) quanto "ocidentais" (na Grécia, em Roma, na Idade Média). Isso não significa que o panteísmo pré-moderno seja igual ao moderno; a rigor, certas doutrinas não-modernas, orientais e "ocidentais", não são retamente entendidas quando as classificamos de "panteístas" pela simples razão de que seu "panteísmo" não identifica Deus com o mundo, mas parte de uma unidade prévia que não é possível separar nos dois aspectos "Deus" e "mundo". Por exemplo, é de duvidar que sejam propriamente panteístas as doutrinas dos pré-socráticos, ou o neoplatonismo (ou se continuarem sendo qualificadas de "panteístas" é preciso entender-se sobre o peculiar significado do termo). Seria melhor, quando se trata do "panteísmo" pré-moderno, ou não usar o vocábulo ou usá-lo somente com qualificações. Em geral é mais adequado limitar o panteísmo ao "panteísmo moderno".

Tomado, de modo geral, como uma ideologia filosófica, e especialmente como uma "concepção do mundo" por meio da qual se podem filiar certas tendências filosóficas, podemos chamar "panteísmo" a doutrina que, enfrentando-se com os dois termos, "Deus" e "mundo" — não, portanto, previamente a eles —, procede a identificá-los. O panteísmo neste sentido é uma forma de monismo, ou pelo menos de certos tipos de monismo (VER). Ora, o panteísmo oferece diversas variantes. Por um lado, pode-se conceber Deus como a única realidade verdadeira, à qual se reduz o mundo, que é concebido então como manifestação, desenvolvimento, emanação, processo etc. de Deus (como uma "teofania"). Esse panteísmo é chamado "panteísmo acosmista" ou simplesmente "acosmismo". Por outro lado, pode-se conceber o mundo como a única realidade verdadeira, à qual se reduz Deus, o qual costuma ser concebido então como a unidade do mundo, como o princípio (geralmente, "orgânico") da Natureza, como o fim da Natureza, como a autoconsciência do mundo etc. Esse panteísmo é chamado "panteísmo ateu" ou "panteísmo ateísta". Max Scheler qualificou o primeiro panteísmo de "panteísmo nobre" e o segundo de "panteísmo vulgar", e manifestou que há no curso da história certa tendência a passar do primeiro ao segundo (*Vom Ewigen im Menschen*, 2ª ed., 1933, p. 290). Em ambos os casos o panteísmo tende à afirmação de que não há nenhuma realidade transcendente e de que tudo quanto há é imanente; ademais, tende a sustentar que o princípio do mundo não é uma pessoa, mas algo de natureza impessoal (com o que se dá uma estreita relação entre panteísmo em suas várias formas e impersonalismo [VER]). Pode-se falar também de variantes do panteísmo de acordo com certas formas "históricas". Se supomos que se pode aplicar também o nome 'panteísmo' a doutrinas que têm outras características mais fundamentais, poderemos então falar do panteísmo dos estóicos, do panteísmo neoplatônico, do panteísmo averroísta, de diversas formas de panteísmo mais ou menos "emanatista" (Scot Erígena, Eckhart, Nicolau de Cusa etc., embora se deva advertir que as "acusações" de panteísmo que foram formuladas contra algumas das citadas doutrinas, especialmente as dos últimos autores mencionados, são muito polêmicas ou, quando menos, objeto de muitas discussões).

Tem sido usual na época moderna considerar a filosofia de Spinoza como o mais eminente e radical exemplo de doutrina panteísta, por causa do sentido do famoso *Deus sive Natura* ("Deus ou Natureza") spinoziano. Seja ou não panteísta (e, ao que parece, "acosmista") a doutrina de Spinoza, o certo é que em torno dela se armaram inúmeros debates. Desde logo, foi muito corrente nos séculos XVII e XVIII, inclusive por parte de autores que sentiam por Spinoza grande admiração, "fugir" dele — e "acusá-lo" — por causa dos "perigos" em que podia fazer incorrer seu panteísmo, ou suposto panteísmo. Tal foi o caso, entre outros, de Leibniz e Bayle. No final do século XVIII voltou à cena o "caso Spinoza" e, com ele, "o problema do panteísmo" na famosa "disputa do panteísmo" *(Pantheismusstreit)*. Os momentos principais da disputa foram os seguintes. Em suas *Briefe an Moses Mendelssohn über die Lehre des Spinoza* [1785] *(Cartas a M. M. sobre a doutrina de Spinoza)*, Jacobi acusou Lessing de panteísmo. Mendelssohn — que antes já destacara a possibilidade de conciliar o panteísmo com uma atitude religiosa e moral — respondeu com seu *Moses Mendelssohn an die Freunde Lessings* [1876 (póstumo, ed. Engel)] *(M. M. aos amigos de Lessing)*, defendendo Lessing contra as acusações de Jacobi. Jacobi contestou por sua vez com seu *F. H. Jacobi wider Mendelssohns Beschuldigungen in dessen Schreiben an die Freunde Lessings* [1786] *(F. H. J. contra as acusações de M. em seu escrito aos amigos de L.)*. Estes e outros escritos foram publicados a seguir num volume (cf. bibliografia) que trouxe "a disputa do panteísmo" aos olhos do "público". O interesse pela "questão do panteísmo" continuou vivo a seguir com as polêmicas em torno de Fichte e Hegel, acusados também, com razões mais ou menos válidas, de panteísmo.

⊃ Obras sobre o panteísmo, e especialmente sobre história do panteísmo: G. Weissenborn, *Vorlesungen über Pantheismus und Theismus*, 1850. — A. Jundt, *Histoire du panthéisme populaire au moyen âge et au XIVe siècle*, 1875. — C. E. Plumptre, *General Sketch of the History of Pantheism*, 2 vols., 1878. — W. Deissenberg, *Theismus und Pantheismus*, 1880. — Schuler, *Der Pantheismus*, 1884. — W. Dilthey, "Der entwicklungsgeschichtliche Pantheismus nach seinem Zusammenhang mit den älteren pantheistischen Systemen", *Archiv für Geschichte der Philosophie*, N. F., 13 (1900), 307-360, 445-482 (reimp. em *Gesammelte Schriften*, II). — J. Picton, *The Religion of the Universe*, 1904. — P. Siwek, *Spinoza et le panthéisme religieux*, 1937. — W. Hellpach, *Te Deum. Laienbrevier einer Pantheologie*, 1947. — O. L. Reiser, *Nature, Man, and God: A Synthesis of Pantheism and Scientific Humanism*, 1951. — H. W. Piper, *The Active Universe: Pantheism and the Concept of Imagination in the English Romantic Poets*, 1962. — C. Kronabel, *Die Aufhebung der Begriffsphilosophie. A. Günther und der Pantheismus*, 1989.

O volume com os escritos da "disputa do panteísmo" intitula-se *Die Hauptschriften zum Pantheismusstreit zwischen Jacobi und Mendelssohn*, reed. por H. Scholz, 1916. — Ver a respeito H. Hölters, *Der spinozistische Gottesbegriff bei M. Mendelssohn und F. H. Jacobi und der Gottesbegriff Spinozas*, 1938. ⊂

PANTELISMO se chama a teoria segundo a qual tudo é vontade (θέλος). O pantelismo se diferencia do voluntarismo num sentido análogo a como o panlogismo se distingue do racionalismo. Só a doutrina de Schopenhauer pode ser qualificada propriamente de pantelista. Contudo, o pantelismo de Schopenhauer não equivale, como o próprio filósofo se compraz em assinalar, a um pantelismo da Vontade. Primeiramente, enquanto o Deus dos panteístas é uma entidade desconhecida, a Vontade é o que melhor conhecemos e o que nos é dado imediatamente. Em segundo lugar, o Deus panteísta se autodesdobra por pura magnificência, enquanto a Vontade "chega em sua objetivação a conhecer-se a si mesma, o que lhe permite negar-se e realizar a conservação e a salvação". Em terceiro lugar, Schopenhauer sustenta que parte da experiência e da consciência de si para chegar à Vontade, elegendo um procedimento ascendente ou analítico em vez do procedimento descendente ou sintético dos panteístas. Em quarto lugar, o mundo tal como o concebe Schopenhauer não exclui a possibilidade de outra existência, "ficando muita margem para o que se designa negativamente com o nome de negação da vontade de viver"; não se considera, pois, o mundo como o melhor de todos os possíveis, o que equivaleria a negar-se a buscar outra coisa. Finalmente, enquanto para os panteístas o mundo real ou como representação é manifestação de um Deus que reside nele, em Schopenhauer o mundo como representação nasce *per accidens* (cf. *Welt,* Sup. VI, L).

Pode-se chamar também de pantelismo (mas não panthelismo) a doutrina segundo a qual tudo é finalidade (τέλος).

PAOLO VENETO. Ver Paulo de Veneza.

PAPO (PAPPUS) de Alexandria *(fl. ca.* 300). Foi um dos principais matemáticos gregos, que compilou resultados de seus antecessores em sua *Coleção matemática,* em oito livros, dos quais restam pouco mais de seis, traduzidos em latim por Commandinus (1588) e muito influentes na geometria do século XVII, como testemunha, entre outros, Descartes.

➲ Edição crítica por F. Hultsch, 2 vols., 1876-1878. ⊂

PARA-SI. Ver Hegel; Sartre; Ser.

PARACELSO (AUREOLUS THEOPHRASTUS ou PHILIPPUS THEOPHRASTUS BOMBAST VON HOHENHEIM) (1493-1541). Nascido em Maria-Einsideln (Suíça), estudou na Alemanha, Itália e França, estabeleceu-se como médico e cirurgião em Estrasburgo, exerceu a medicina de 1526 a 1528 em Basiléia e, a partir de 1529, viajou sem cessar (Alsácia, Nurembergue, St. Gallen, Augsburgo, Viena, Salzburgo, onde morreu) difundindo suas reformadoras idéias científicas (especialmente médicas), filosóficas e teológicas. Paracelso é considerado um dos representantes típicos da mescla de naturalismo panteísta e mística especulativa vigente durante certo período do Renascimento. A ciência fundamental é, segundo Paracelso, a medicina, na qual se unem de um modo completo o conhecimento da Natureza e a arte de manipulá-la. Na medicina se vê claramente que sem o experimento e a prática não se pode saber da realidade, mas que sem a especulação e a teoria baseadas no experimento e na prática o conhecimento se converte numa série de regras estéreis. Se a medicina é o fundamento de todos os saberes, portanto, é-o porque o verdadeiro médico é ao mesmo tempo o verdadeiro filósofo, o verdadeiro astrônomo e o verdadeiro teólogo. O pressuposto básico que levou Paracelso a semelhante idéia da medicina como fundamento do saber é o da íntima relação entre o macrocosmo (ver) e o microcosmo. O homem une, com efeito, três aspectos da realidade que sem ele apareceriam como separados: a realidade terrestre, a realidade astral e a realidade divina. Mas como o homem é, por assim dizer, o modelo de toda realidade, os citados aspectos existem em todas as coisas. Ora, os três aspectos em questão não estão meramente justapostos (pelo menos no homem): existem fundados na realidade do espírito ou da mente; que é como a "alma interior", a "centelha" ou "faísca" da alma. Esta "alma interior" é um princípio que "dirige" a evolução do organismo, conhecer esse princípio significa, ao mesmo tempo, saber dominá-lo e evitar que os elementos contrários, os espíritos elementares, se infiltrem nele e o destruam ou desviem. Por outro lado, como Deus é o fundamento de todo ser, o divino pode-se encontrar também dentro do princípio da alma, de modo que, em última análise, Deus se reflete nessa "faísca diretora". Com base nessa última concepção, Paracelso desenvolveu suas teorias teológicas e cosmogônicas. Deus é, em seu entender, equivalente a um fundo divino ou a uma matéria primordial da qual surgiu por sua "vontade" o fundo do real, isto é, o macrocosmo e o número infinito dos microcosmos. Do fundo do real *(yle, yliaster)* surgem as diversas formas da matéria (que são ao mesmo tempo, para Paracelso, formas de "espíritos"); pois a Natureza é para nosso autor uma realidade inteiramente vivificada, um grande organismo que possui suas "sementes" das quais nascem os seres vivos. O termo último, e mais perfeito, dessa contínua geração é o homem: ele pode ser chamado o microcosmo por excelência, pois embora todas as coisas sejam reflexos e signos da grande realidade, o homem o é de um modo eminente. Característica do pensamento de Paracelso é a mistura não somente do experimento e da especulação, mas também de ambos com a revelação; segundo o filósofo, esses modos de conhecimento (e de domínio) não são contrários, mas são em última instância perfeitamente coincidentes.

As doutrinas de Paracelso, especialmente em seus aspectos biológico e alquímico, influenciaram muitos autores, dentre os quais mencionamos Robert Fludd (ver), Leonard Thurneysser (1530-1595), S. Wirdig (1613-1687), P. Severinus (1542-1602) e, sobretudo, J. Baptista van Helmont e F. Mercurius van Helmont (ver).

➲ Obras principais: *Paragranum,* 1530 (impresso em 1565). — *Volumen Paramirum,* 1530 (impresso em 1575). — *Opus Paramirum,* 1532 (impresso em 1562). — *Philosophia Magna,* 1532-1533 (impresso em 1591). — *Philosophia Saga seu Astronomia Magna,* 1537-1538 (impresso em 1571). — *Labyrinthus medicorum errantium,* 1537 (impresso em 1553 e 1564).

Edição de obras: Basiléia, 10 vols., 1589-1591; reimp., *Bücher und Schriften,* 11 partes em 6 vols., 1971-1977); Von K. Sudhoff e W. Matthiessen (Munique, 14 vols., 1922-1924 [ed. crítica]; reimp. 1982); J. Strebel (8 vols., 1944-1949 [ed. reduzida]). — *Theologische und religionsphilosophische Schriften,* 1955-1957, ed. Kurt Goldammer. — Edições críticas de *Paragranum* por F. Strunz (1903); de *Opus Paramirum* por F. Strunz

(1904); de *Volumen Paramirum* por J. D. Achelis (1928). — Ver também a edição de Arthur Edward Waite: *The Hermetic and Alchemical Writings of Aureolus Philippus Theophrasturs Bombast of Hohenheim*, 2 vols., 1894 (I. *Hermetic Chemistry*; II. *Hermetic Medicine and Hermetic Philosophy)*. — *Nova Acta Paracelsica*, publicada pela Sociedade Suíça Paracélsica, 1944ss.

Em português: *As plantas mágicas*, 1976. — *A chave da alquimia*, 1983. — *O sétimo livro supremo de ensinamentos mágicos*, 1996.

Bibliografia: K. Sudhoff, *Bibliographia Paracelsica, 1922-1933*, 1933, reimp., 1958. — K.-H. Wienemann, *Paracelsus Bibliographie 1932-1960*, 1963 (com lista de manuscritos descobertos 1900-1960).

Ver: M. B. Lessing, *Paracelsus, sein Leben und Denken*, 1839. — E. Schmeisser, *Die Medizin des Paracelsus im Zusammenhang mit seiner Philosophie dargestellt*, 1869. — H. Mook, *Paracelsus*, 1876. — R. Stanelli, *Die Zukunftphilosophie des Paracelsus als Grundlage einer Reformation für Medizin und Naturwissenschaften*, 1884. — F. Hartmann, *The Life of Paracelsus and Substance of His Teachings*, 1887. — Id., *Th. Paracelsus als Mystiker. Ein Versuch die in den Schriften von Th. Paracelsus verborgene Mystik durch das in den Veden der Inder enthaltenen Weisheitslehren anschaulich zu machen*, 1894. — Id., *Grundriss der Lehren des Paracelsus*, 1898. — E. Schubert e K. Sudhoff, *Paracelsus-Forschungen*, 2 vols., 1887-1889. — K. Sudhoff, *Versuch einer Kritik der Echtheit der Paracelsus Schriften*, 2 vols., 1894-1898 (com o título *Paracelsus Handschriften gesammelt und besprochen*). — R. Netzhammer, *Th. Paracelsus, das Wissenswerteste über dessen Leben, Lehre und Schriften*, 1901. — F. Strunz, *Th. Paracelsus, sein Leben und seine Persönlichkeit*, 1903. — Anna M. Stoddart, *The Life of P.*, 1911. — R. Reber, *Quelques appréciations de ces derniers temps sur Paracelse*, 1911. — J. M. Stillman, *P.*, 1920. — E. Penkert, *Paracelsus*, 1928. — B. Sartorius, F. von Waltershausen, *Paracelsus, am Eingang der deutschen Bildungsgeschichte*, 1936. — K. Sudhoff, *Paracelsus*, 1936. — F. Spunda, *Das Weltbild des P.*, 1941. — C. G. Jung, *Paracelsica (Zwei Vorlesungen über Theophrastus)*, 1942. — R. Allendy, *Paracelso: il medico maledetto*, 1942. — A. Miotto, *Paracelso*, 1951. — K. Goldammer, *Paracelsus. Natur und Offenbarung*, 1953. — H. Delgado, *Paracelso*, 1954. — A. Vogt, *Th. Paracelsus als Arzt und Philosoph*, 1956. — W. Pagel, *Paracelsus: An Introduction to Philosophical Medicine in the Era of the Renaissance*, 1958. — Id., *Das medizinische Weltbild des Paracelsus. Seine Zusammenhänge mit Neuplatonismus und Gnosis*, 1962 [Kosmosophie, 1]. — B. Whiteside, *P., l'homme, le médecin, l'alchimiste*, 1966. — O. Zekert, *P.*, 1968. — B. De Telepnef, *P.: A Genius amid a Troubled World: A Short Essay on the Life and the Works of this Great Physician, Scientist and Philosopher*, 1974. — H. Schipperges, *P. Der Mensch im Licht der Natur*, 1975. — Ch. Webster, *From Paracelsus to Newton: Magic and the Making of the Modern Science*, 1982. — W. Pagel, *P.: An Introduction to Philosophical Medicine in the Era of the Renaissance*, 1982. — Id., *The Smiling Spleen: Paracelsianism in Storm and Stress*, 1984. — K. Goldammer, *P. in neuen Horizonten. Gesammelte Aufsätze*, 1986. — H. Schipperges, *Die Entienlehre des P.* — *Aufbau und Umriss seiner theoretischen Pathologie*, 1988. — Ver também o capítulo dedicado a Paracelso no tomo I da *Historia de las teorías biológicas* de T. Rádl, 1931. Ͼ

PARADIGMA, PARADIGMÁTICO. Platão usou o termo παράδειγμα, "paradigma", em vários sentidos: "exemplo", "amostra", "padrão", "modelo", "cópia". Dizer que algo é um exemplo, uma amostra ou uma cópia parece querer dizer que há outra coisa da qual o anterior é justamente exemplo, amostra ou cópia. Nesse caso, parece que há "algo" que é mais "real" e "verdadeiro" que "outra coisa". Contudo, Platão tendeu a usar 'paradigma' na acepção de exemplo ou cópia considerando que o exemplo não é um "mero exemplo", mas algo "exemplar", que serve de modelo. Quanto à "cópia", pode-se considerá-la como o plano segundo no qual as coisas (sensíveis) estão feitas. Daí que os termos 'exemplo' e 'cópia' resultem ambíguos para caracterizar a noção platônica de paradigma. É melhor, portanto, ver o paradigma como um modelo, e especialmente como o modelo eterno e invariável do qual as coisas participam. Ser paradigmático é, então, ser exemplar e modelar, ser norma das chamadas "realidades", que são tais enquanto se aproximam de seu modelo.

A palavra παράδειγμα se encontra em vários textos platônicos em todos os sentidos apontados, mas o que veio a resultar mais tipicamente platônico é o último. Isso ocorre de dois modos. Por um lado, o paradigma é um modelo porque as coisas, boas ou más, são feitas segundo ele. Assim, Platão pode falar dos modelos, παραδείγματα, da atitude das gentes perversas (*Rep.* III, 409 B 2); as gentes perversas seguem então um "modelo" que é a perversidade. Por outro lado, o paradigma é um modelo porque tem uma realidade positiva: os que estão privados de conhecimento, diz Platão, em *Rep.* VI, 484 C 9, não têm um modelo, παράδειγμα, claro e não podem contemplar, como os pintores, a verdade ideal. Finalmente, e numa acepção mais "forte", Platão faz dizer ao "Estrangeiro" em seu diálogo com o jovem Sócrates, que se leva os homens a conhecer e a julgar corretamente quando se lhes faz considerar agrupações que, "mostradas em forma paralela", se convertem para eles em "paradigmas" (*Pol.* 278 B-C). E então se pode executar o esforço de ver em algum paradigma particular e menor o que é ser um paradigma em geral (*ibid.* 278 B 6-7). O paradigma é, definitivamente, um modelo (*Tim.* 29 B). Falar de idéia (VER) e de paradigma acaba por ser uma e a mesma coisa.

Os termos 'paradigma' e 'paradigmático' foram usados em sentido similar ao que Ferdinand de Saussure deu ao conceito de "relação associativa", à diferença de sintagma (ver SINTAGMA, SINTAGMÁTICO). Assim, distinguiu-se entre "paradigma" e "sintagma", assim como entre "paradigmático" e "sintagmático". Essa distinção se relaciona com a estabelecida por Lévi-Strauss entre "metáfora" (VER) e metonímia, podendo-se falar de posições e relações metafóricas como posições e relações paradigmáticas.

A noção de paradigma desempenhou um papel importante na história e filosofia da ciência a partir da obra de Thomas S. Kuhn, *The Structure of Scientific Revolutions* (1962; 2ª ed., com um "Postscript", 1970). *Grosso modo*, Kuhn avalia que o que chama "ciência normal", isto é, a ciência tal como comumente entendida, se desenvolve dentro de um paradigma no qual, e só dentro do qual, parece que se vão acumulando os conhecimentos; os homens de ciência vão resolvendo as perplexidades com que defrontam e com isso acontece o que se estima progresso. O que não se acha dentro do correspondente paradigma é rejeitado por ser "metafísico", por não ser, propriamente falando, científico. A aparição de anomalias dentro do paradigma não obriga, nos primeiros momentos, a descartá-lo; os conceitos e as teorias se reajustam, mas o paradigma se mantém. Quando as anomalias, contudo, são excessivas, começa-se a pôr em dúvida a própria validade do paradigma adotado (inconscientemente adotado). Acontece então uma revolução científica, que termina por consistir numa mudança de paradigma. No trânsito de um paradigma a outro, a ciência oferece um aspecto "anormal"; em vez de perplexidades, surgem problemas, que terminam por romper o paradigma até então estabelecido e contribuem para o assentamento de um novo paradigma.

Kuhn freqüentemente qualificou suas teses contra interpretações precipitadas, mas, com qualificações ou sem elas, grande parte da filosofia da ciência desde Kuhn girou em torno do que se pode querer dizer com o conceito de paradigma e em torno da aceitabilidade desse conceito, diga-se o que se disser. Podem-se dar muitas definições de paradigma (como as 21 propostas por Margaret Masterman na obra *Criticism and the Growth of Knowledge* [1970], nas quais colaboraram Kuhn, J. W. N. Watkins, S. E. Toulmin, L. Pearce Williams, K. R. Popper, I. Lakatos, P. K. Feyerabend). De todo modo, houve numerosas discussões entre os que não aceitam a idéia de paradigma e sustentam que a ciência se acha sempre numa espécie de "revolução permanente", e os que não aceitam sustentando que se houvesse paradigmas em qualquer dos sentidos desse conceito seriam incomparáveis os conceitos e as teorias científicas dos diferentes paradigmas. Ambas as opiniões se opõem às daqueles que fazem uso da noção de paradigma, mas esta noção pode ser qualificada de mui diversas maneiras, algumas das quais podem inclusive aproximar-se de quaisquer das duas opiniões contrárias. Estreitamente relacionadas com as discussões sobre a natureza e aceitabilidade da noção de paradigma há as discussões relativas à relação entre descoberta (VER) científica e justificação da validade das teorias científicas, com os conseqüentes debates acerca do papel que pode desempenhar a psicologia ou a sociologia na área da "filosofia da ciência" e da história da ciência. Também se acha relacionada com os debates sobre a noção de paradigma a questão da estrutura das teorias científicas: da possível imunização de teorias científicas contra fatos que as desconfirmam ou que as falsificam; da relação entre termos observacionais (VER) e termos teóricos (VER) etc.

O conceito de paradigma proposto por Kuhn não é idêntico (mas não está completamente desconectado dele) ao conceito de *episteme* proposto por Foucault e dos conceitos de "corte epistemológico" e de "limiar epistemológico" (*seuil épistémologique*) de Gaston Bachelard.

PARADOXO. Etimologicamente, 'paradoxo' παράδοξα significa "contrário à opinião (δόξα)", isto é, "contrário à opinião recebida e comum". Cícero (*De fin.*, IV, 74) escreve: *Haec* παράδοξα *illi, admirabilia dicamus,* "o que eles [os gregos] chamam παράδοξα, nós chamamos 'coisas que maravilham'". De fato, o paradoxo maravilha porque propõe algo que parece assombroso que possa ser tal como se diz que é.

Fala-se freqüentemente dos "paradoxos de Zenão de Eléia". Em muitos textos filosóficos, encontra-se a expressão 'os paradoxos de Zenão'. Seguindo o uso ainda vigente em português, adotamos para descrever esses paradoxos o termo 'aporia' (VER). Às vezes se usa 'paradoxo' e 'antinomia' como sinônimos. Em certas ocasiões, se considera que as chamadas "antinomias" são uma classe especial de paradoxos: os resultantes de uma contradição entre duas proposições, cada uma das quais parece racionalmente defensável. Reservamos a palavra 'antinomia' para nos referir às antinomias no sentido de Kant (ver ANTINOMIA).

No presente verbete nos referiremos a três noções de paradoxo: a noção "lógica" (e "semântica"), a noção "existencial" e a noção "psicológica". Trataremos principalmente da primeira destas noções. Trata-se do tipo de paradoxos de que achamos exemplos já na Antiguidade (cf. Crisipo, *apud* Diógenes Laércio, *Discursos*, II, xvii, 34; Sexto Empírico, *Hip. Pyrr.*, II, 244; Áulio Gélio, *Noctes Att.*, XVIII, ii, 10) e na Idade Média (ver INSOLUBILIA). Esses paradoxos podem por sua vez classificar-se em várias categorias. Por exemplo, Quine fala de "paradoxos verídicos" — nos quais o que se propõe estabelecer é verdadeiro — e de "paradoxos falsídicos" (o novo vocábulo deriva do latim *falsidicus*, como "verídico" deriva do latim *veridicus*) — nos quais o que se propõe estabelecer é falso. Deve-se distinguir, indica Quine, entre "paradoxos falsídicos" e "falácias" (ou "sofismas" [ver Sofisma]), pois as falácias podem conduzir tanto a conclusões verdadeiras como a conclusões falsas. Além dos "paradoxos verídicos" e dos "paradoxos falsídicos" há as "antinomias" a que aludimos antes, que podem também ser distribuídas em vários grupos.

Dividimos a primeira noção — a "noção lógica (e semântica)" — de paradoxo em três tipos: os paradoxos lógicos, os paradoxos semânticos e os paradoxos da confirmação, chamados também "paradoxos da indução". Tratamos desses últimos no verbete Confirmação. Referimo-nos aqui aos paradoxos lógicos e semânticos, mas deve-se completar a informação sobre os últimos consultando os verbetes Heterológico e Mentiroso (o). Em Mentiroso (o) tratamos também da questão de se há ou não diferenças básicas entre os paradoxos lógicos e os paradoxos semânticos.

Paradoxos lógicos. Os mais conhecidos são os seguintes:

a) Paradoxo de Burali-Forti (ver), apresentado por esse autor em 1897, e já anunciado por Georg Cantor em 1895. É o chamado "paradoxo do maior número ordinal". Todo conjunto cantoriano bem ordenado tem um número ordinal. Os números ordinais correspondentes estão dispostos em ordem de magnitude de forma que, dados dois números ordinais, $x, y,$ então $x > y$ e também $y < x$. Todo conjunto de ordinais ordenados na forma indicada está bem ordenado, sendo seu ordinal maior que qualquer elemento do conjunto. Se consideramos o conjunto de todos os ordinais ordenado na forma indicada e, portanto, bem ordenado, será preciso atribuir-lhe um número ordinal. Esse número ordinal é ao mesmo tempo um elemento do conjunto de todos os números ordinais e maior que qualquer elemento de tal conjunto. Há, assim, um número ordinal que é e não é ao mesmo tempo o maior de todos os números ordinais.

b) Paradoxo de Cantor, descoberto em 1899, não publicado, e redescoberto por Russell dentro da lógica de Frege em 1902 (e publicado em 1903). Atribuindo-se a cada conjunto um número cardinal, e considerando-se o conjunto de todos os conjuntos, descobre-se que há um poder de tal conjunto cujo número cardinal é maior que o número cardinal atribuído ao conjunto e tem mais conjuntos que o conjunto de todos os conjuntos. Mas ao mesmo tempo todos os conjuntos se acham no conjunto de todos os conjuntos. Há, assim, um número cardinal que é e não é ao mesmo tempo o maior de todos os números cardinais.

c) Paradoxo das classes, descoberto por Bertrand Russell em 1901. Há classes que não pertencem a si mesmas, como a classe de todos os cães, que não é um cão. Há classes que pertencem a si mesmas, como a classe de todas as classes, que é uma classe. Consideremos a classe de todas as classes que não pertencem a si mesmas. Tem de haver alguma classe que pertence à classe de todas as classes que não pertencem a si mesmas se e somente se não é certo que tal classe pertence a si mesma. Mas então deve se admitir que a classe de todas as classes que não pertencem a si mesmas pertence à classe de todas as classes que não pertencem a si mesmas se e somente se não é certo que a classe de todas as classes que não pertencem a si mesmas pertence à classe de todas as classes que não pertencem a si mesmas.

d) Paradoxo russelliano das relações. Dadas três relações, $P, Q, R,$ é preciso admitir que P relaciona R com Q se e somente se não é certo que P relaciona P com Q. Mas tendo em vista que se algo é certo do todo, é certo de um elemento do todo, resulta que R relaciona R com Q se e somente se não é certo que R relaciona R com Q.

e) Paradoxo russelliano das propriedades. Há propriedades que não se aplicam a si mesmas, como a propriedade de ser uma cadeira, que não é uma cadeira. São chamadas "propriedades impredicáveis". Há propriedades que se aplicam a si mesmas, como a propriedade de ser concebível, que é concebível. São chamadas "propriedades predicáveis". Consideremos a propriedade de ser impredicável. Se esta propriedade é predicável, não se aplica a si mesma e é, portanto, impredicável. Se esta propriedade, em contrapartida, é impredicável, aplica-se a si mesma e, portanto, é predicável.

Entre outros paradoxos lógicos cabe mencionar o de Julius König (chamado também de Zermelo-König), apresentado em 1905, acerca do menor número ordinal indefinível, e o paradoxo de Jules Richard, apresentado também em 1905, acerca dos números reais definíveis e indefiníveis.

Paradoxos semânticos. Mencionamos alguns dos mais conhecidos.

a) Paradoxo chamado "O Mentiroso" e também "Epimênides" ou "O Cretense". Segundo ele, afirma-se o seguinte:

Epimênides é cretense e afirma que todos os cretenses mentem.

Se Epimênides é cretense e todos os cretenses mentem, então quando Epimênides afirma:

Todos os cretenses mentem,

afirma uma proposição que é verdadeira. Portanto, Epimênides não mente quando afirma que todos os cretenses (incluindo Epimênides) mentem.

Em conseqüência:

1) Epimênides mente se e somente se não mente (isto é, diz a verdade).
2) Epimênides não mente (isto é, diz a verdade) se e somente se mente.

O paradoxo em questão foi simplificado às vezes mediante a suposição de que alguém diz somente "Minto".

b) Paradoxo de P. E. B. Jourdain. Segundo ele, apresenta-se um cartão onde num dos lados está escrito:

No dorso deste cartão há um enunciado verdadeiro. (1)

Vira-se o cartão e se lê o seguinte:

No dorso deste cartão há um enunciado falso. (2)

Se (1) é verdadeiro, então (2) tem de ser verdadeiro e, portanto, (1) tem de ser falso.

Se (1) é falso, então (2) tem de ser falso e, portanto, (1) tem de ser verdadeiro.

Em conseqüência, temos:

(1) é verdadeiro se e somente se (1) for falso.
(2) é falso se e somente se (2) for verdadeiro.

c) Paradoxo da heterologicidade ou paradoxo de Grelling (ou de Nelson-Grelling). Tratamos dele no verbete HETEROLÓGICO.

Foram apresentadas muito diferentes soluções, ou pretensas soluções, para os paradoxos semânticos. Nem todas essas soluções, ou pretensas soluções, são do mesmo gênero, mas se pode ter uma idéia das questões suscitadas e dos pontos de vista adotados elegendo um dos paradoxos semânticos. Fazemo-lo com o chamado "paradoxo do mentiroso" no verbete MENTIROSO (O).

Segundo Bocheński, Aristóteles teve já certo conhecimento do paradoxo lógico das classes e tentou resolvê-lo negando a classe de todas as classes e afirmando que o que poderia ser considerado como tal ("o ser", "o uno") não é uma classe, por estar — como sublinharam muitos escolásticos — mais além de todo gênero e espécie. Occam assinalou que nenhuma proposição pode afirmar nada de si mesma, pois do contrário se engendra automaticamente um círculo vicioso. Na época contemporânea, começou-se por não distinguir claramente entre paradoxos lógicos e paradoxos semânticos. As soluções dadas num princípio aos paradoxos resultaram, pois, insuficientes. Assim, Poincaré seguia afirmando que em todos os paradoxos há círculos viciosos, já que pretendemos operar com classes infinitas. "As definições que devem ser consideradas como não predicativas", escreve Poincaré, "são as que contêm um círculo vicioso". Ao comentar essa tese de Poincaré, Russell indicou que há paradoxos que não introduzem a idéia do infinito, razão por que é necessário para evitar os paradoxos "recorrer a uma refundição completa dos princípios lógicos, mais ou menos análoga à teoria das *não classes*". Não traçaremos a história das soluções dos paradoxos; nos limitamos a indicar que a já citada divisão dos paradoxos em lógicos e semânticos, proposta por Ramsey, contribuiu na época para o esclarecimento do problema. Com efeito, as soluções propostas podem ser divididas em dois tipos segundo a classe de paradoxo de que se trate.

A mais famosa solução aos paradoxos lógicos é a dada por Russell com o nome de "teoria dos tipos".

Essa solução experimentou diversas modificações, devidas principalmente a Chwistek e a Ramsey. Referimo-nos a esse ponto com mais detalhe no verbete TIPO (III. *Conceito lógico).* Segundo a teoria simples do tipo hoje usada, modificam-se as regras de formação do cálculo quantificacional superior e se declara que não se pode pospor nenhuma variável individual ou variável predicado de um tipo dado a uma variável predicado do mesmo tipo; essa última variável deve ser de um tipo imediatamente superior às primeiras. As fórmulas nas quais aparecem os paradoxos são, portanto, eliminadas como mal formadas, isto é, como não ajustadas à regra de formação proposta na citada teoria dos tipos.

Outra solução dos paradoxos lógicos é a oferecida pelas diversas teorias axiomáticas de conjunto (ver CONJUNTO), devidas a Ernst Zermelo, J. von Neumann e outros autores. Alguns lógicos, como Quine e J. B. Rosser, apresentaram soluções dentro de sistemas nos quais se aproveitam as bases proporcionadas por Russell, Zermelo e von Neuman. Em substância, as teorias axiomáticas consideram como bem formadas as expressões nas quais as variáveis unidas por '∈' pertencem ao mesmo tipo, mas assinalam que '∈' deve ser lido então como 'é idêntico a', transformando-se os indivíduos em classes que têm um só membro. Acrescentemos que alguns lógicos, como Th. Skolem e F. B. Fitch, resolvem o paradoxo lógico das classes mediante a rejeição do princípio do terceiro excluído para expressões como 'A ∈ A' e '⏋(A ∈ A)', nenhuma das quais é admitida como verdadeira.

Autores como J. F. Thomson (cf. *infra*) manifestaram que vários paradoxos qualificados de "lógicos" ou de "semânticos" têm traços comuns. Os paradoxos "semânticos" de Grelling e os paradoxos "lógicos" de Russell (e de Richard) podem ser entendidos, segundo Thomson, no quadro da teoria das relações, de acordo com a seguinte fórmula: "Nada pode ter nenhuma relação, *R*, com justa e precisamente aquelas coisas que não têm elas mesmas a relação *R*." A despeito da diferença entre dois sentidos de 'verdadeiro' enfatizada por Hans Herzberger (cf. *infra*), Thomson estudou a correspondência ou falta de correspondência entre diferentes tipos (ou "famílias") de paradoxos. Para tanto introduziu as noções de fundamentação *(groundedness)* e falta de fundamentação *(groundlessness),* que correspondem, *grosso modo,* às famílias lógica e semântica (ou para-semântica), mas longe de separar de novo os dois tipos ou famílias de paradoxos, elas permitem estudar aspectos estruturais comuns a elas. Segundo Thomson, tais aspectos estruturais comuns se manifestam quando se estuda uma série de conceitos de fundamentação *(grounding).* Do estudo desses conceitos deriva, entre outras conseqüências relativas a línguas naturais, a de que embora uma língua natural, *L*, possa expressar a semântica completa de outra língua, L_1, não pode expressar, em contrapartida, completamente a teoria semântica de todas as línguas naturais.

Em FUTURO, FUTUROS (VER) referimo-nos a um "paradoxo" que ainda se discute se merece ou não o nome de "paradoxo" ou em que grupo de paradoxos cabe situá-lo. Ele adota, entre outras formas, a que pode chamar-se "O homem condenado a ser fuzilado". Vamos descrevê-lo brevemente. Um juiz condena numa segunda-feira um acusado a ser fuzilado qualquer dia da semana que termina no sábado seguinte desde que o réu não possa saber com um dia de antecedência se vai ser efetivamente fuzilado; no caso de sabê-lo, lhe será revogada a pena capital. O advogado raciocina com o réu e o convence de que a sentença não pode ser executada. De fato, ele não pode ser fuzilado no sábado seguinte, porque ao chegar a sexta-feira o réu saberia que ia ser fuzilado, único dia da semana que resta. O sábado, portanto, fica excluído. Não pode ser fuzilado na sexta-feira, porque ao chegar a quinta-feira o réu saberia que ia ser fuzilado na sexta, único dia que, excluído o sábado, resta na semana. A sexta-feira, portanto, fica excluída. Não pode ser fuzilado na quinta-feira, etc. E, contudo, o *fato* é que se se propõe que a pena seja cumprida o réu vai ser fuzilado qualquer dia da semana — por exemplo, quarta-feira —, sem que o réu possa sabê-lo com um dia de antecipação.

Paradoxos da confirmação. Detivemo-nos neste tipo de paradoxos no verbete CONFIRMAÇÃO, ao qual remetemos o leitor.

Quanto à segunda noção de paradoxo, a que chamamos "paradoxo existencial", é diferente da primeira noção não só no conteúdo, mas também na intenção. No paradoxo existencial, não há contradição, mas sim o que podemos chamar "choque", e se engendra, ou se reflete, o absurdo, o faz num sentido de 'absurdo' (VER) diferente do lógico, ou do semântico. O paradoxo existencial — do qual encontramos exemplos em autores como Santo Agostinho, Pascal, Kierkegaard e Unamuno — propõe-se restabelecer "a verdade" (enquanto verdade "profunda") diante das "meras verdades" da opinião comum e até do conhecimento filosófico e científico. Neste sentido Kierkegaard defendeu o paradoxo. O paradoxo se manifesta, por exemplo, no fato de que o homem escolhe ou se decide por Deus mediante um ato de rebelião contra Deus. O paradoxo não é então forçosamente anti-racional, mas pode ser pré-racional ou transracional. O próprio paradoxo é concebido então paradoxalmente; dentro desse espírito proclamava Unamuno que o paradoxo é uma proposição tão evidente pelo menos quanto o silogismo, mas menos aborrecida.

Quanto ao que chamamos "paradoxo psicológico", trata-se do sentido de qualquer proposição declarada "paradoxal" com respeito ao senso comum. A propósito observaremos que não há um contraste permanente entre senso comum e paradoxo pela simples razão de que as chamadas "verdades de senso comum" mudam, ou podem mudar, no curso da história. Assim, certas opiniões que durante um tempo foram consideradas paradoxais e, portanto, em conflito com o senso comum, podem depois incorporar-se ao acervo deste. Em geral, pode-se dizer que toda proposição filosófica ou científica que não tenha passado ao acervo comum oferece um perfil paradoxal. Este resulta patente nas origens da filosofia: o filósofo era no princípio um homem na solidão, porque pretendia revelar por trás das coisas uma realidade que só se "via" com os olhos da mente. Neste sentido disse Hegel que a filosofia é o mundo ao revés; ela é, portanto, paradoxal de um modo constante e não só, como a ciência, em certos momentos de sua história.

⊃ Exposições dos paradoxos lógicos e semânticos e de suas soluções se encontram na maior parte dos tratados de lógica e logística mencionados nas bibliografias dos correspondentes verbetes. Vcr especialmente a respeito: J. Jørgensen, *A Treatise of Formal Logic*, 1931, tomo II, pp. 162ss. — C. I. Lewis e C. H. Langford, *Symbolic Logic*, 1932, cap. XIII. — H. Reichenbach, *Elements of Symbolic Logic*, 1947, § 40. — J. Ferrater Mora e H. Leblanc, *Lógica matemática*, 1955, §§ 33-37; 2ª ed., 1962, §§ 36-40.

Entre os vários escritos especiais sobre os paradoxos citamos: B. Bolzano, *Paradoxien des Unendlichen*, 1851. — H. Poincaré, "Les mathématiques et la logique", *Revue de Métaphysique et de Morale*, 14 (1906), 294-317. — B. Russell, "Les paradoxes de la logique", *ibid.*, 14 (1906), 627-650. — K. Grelling e L. Nelson, "Bemerkungen zu den Paradoxien von Russell und Burali-Forti", *Abhandlungen der Fries 'schen Schule,* Neue Folge, 2, Heti 3 (1908). — P. E. B. Jourdain, *Tales with Philosophical Morals,* 1913. -Th. de Laguna, "On Certain Logical Paradoxes", *The Philosophical Review,* 25 (1916), 16-27. — F. P. Ramsey, *The Foundations of Mathematics, and other Logical Essays*, 1931. — R. Carnap, *Logische Syntax der Sprache*, 1934, § 60 (trad. ingl., modificada e aumentada: *The Logical Syntax of Language*, 1937). — L. Chwistek, *Granice Nauki*, 1935 (trad. ingl.: *The Limits of Science*, 1948, pp. 40-41). — K. Grelling, "Der Einfluss der Antinomien auf die Entwicklung der Logik im 20. Jahrhundert", *Travaux du IXᵉ Cong. Int. de Philosophie*, t. VI (1937), pp. 8-17. — E. P. Northrop, *Riddles in Mathematics: A Book of Paradoxes,* 1944. — A. Dumitriu, *Paradoxele logice*, 1944 (resenha em *Journal of Symbolic Logic, 15,* 240). - E. Stenius, "Das Problem der logischen Antinomien", *Societas Scientiarum Fennica.* Comm. Phys. Math., 14 (1949). — Th. Skolem, "Delogiske Paradokser og botemidlene not dem", *Norsk matematisk tidsskrift*, 22 (1950), 2-11. — W. V. O. Quine, "Paradox", *Scientiftc American*, vol. 206, n. 4 (abril de 1962), 84-96. — J. F. Thomson, "On Some Paradoxes", en *Analytical Philosophy,* 1962, ed. R. J. Butler, pp. 104-119. — F. Von

Kutschera, *Die Antinomien der Logik. Semantische Untersuchungen*, 1964. — E. B. Beth, *The Foundations of Mathematics: A Study in the Philosophy of Science*, 2ª ed., rev., 1965. — A. Grünbaum, *Modern Science and Zeno's Paradoxes*, 1967. — E. Teensma, *The Paradoxes*, 1969. — A. Shumway, W. C. Salmon et *al.*, *Zeno's Paradoxes*, 1970, ed. Wesley C. Salmon, H. Herzberger, "Paradoxes of Grounding in Semantics", *Journal of Philosophy*, 67 (1970), 145-167. — Intisar ul-Haque, *A Critical Study of Logical Paradoxes*, 1970. — E. J. Ashworth, "The Treatment of Semantic Paradoxes from 1400 to 1700", *Notre Dame Journal of Formal Logic*, 13 (1972), 34-52. — F. A. Shamsi, *Towards a Definitive Solution of Zeno's Paradoxes*, 1973. — I. Aimonetto, *Le antinomie logiche e matematiche*, 1975. — P. Hughes, G. Brecht, *Vicious Circles and Infinity: A Panoply of Paradoxes*, 1976. — E. H. Wolgast, *Paradoxes of Knowledge*, 1977. — J. Cargile, *Paradoxes: A Study in Form and Predication*, 1979. — E. Grodziński, *Paradoksy semantyczne*, 1982. — R. M. Sainsbury, *Paradoxes*, 1988. — T. S. Champlin, *Reflexive Paradoxes*, 1988. — R. Ch. Koons, *Paradoxes of Belief and Strategic Rationality*, 1992.

Bibliografia sobre paradoxos lógicos e teoria dos conjuntos, paradoxos semânticos, etc., por A. Anton em Beth, *op. cit. supra*, pp. 73-79.

Sobre história do conceito de paradoxo: Schiller, *Zur Begriffsgeschichte des Paradoxon*, 1953.

Sobre paradoxo em sentido existencial: P. Ricoeur, *Gabriel Marcel et K. Jaspers. Philosophie du mystère et philosophie du paradoxe*, 1947. — J. Sullivan, *Paradoxe et scandale*, 1962. — H. A. Slaatte, *The Pertinence of the Paradox: The Dialectics of Reason-in-Existence*, 1968. — Id., *The Paradox of Existentialist Theology: The Dialectics of a Faith-Subsumed Reason-in-Existence*, 1971; reed. 1982. — H. A. Slaatte, *The Pertinence of the Paradox: A Study of the Dialectics of Reason-in-Existence*, 1982. C

PARALELISMO. O termo 'paralelismo' costuma ser usado em filosofia para designar o chamado "paralelismo psicofísico". Esta expressão é posterior à existência de doutrinas nas quais se sustenta, ou pressupõe, semelhante paralelismo, mas pode ser aplicada a elas. De modo geral, chama-se "paralelismo psicofísico" a teoria segundo a qual os processos psíquicos são "paralelos" aos processos físicos, isto é, há correspondência entre ambas as classes de processos sem que haja entre eles relação de causalidade propriamente dita, isto é, sem que os processos físicos possam ser considerados como causa dos processos psíquicos e vice-versa.

A doutrina (ao menos a doutrina moderna) do paralelismo psicofísico tem origem em Descartes e na tese de que nenhuma das propriedades da substância pensante é propriedade da substância extensa, e vice-versa. Isso equivale a sustentar um dualismo das duas substâncias, o que levanta o problema de explicar como, e por quê, há ou pode haver correlação entre as duas substâncias, isto é, em que medida pode haver o que chamamos "paralelismo psicofísico". Referimo-nos a este ponto com mais detalhe no verbete OCASIONALISMO (VER), cuja tendência, em suas diversas manifestações, pode ser interpretada como um modo de resolver o problema do paralelismo psicofísico. Na maior parte dos casos, se supõe que há, com efeito, paralelismo, pelo menos no sentido de admitir que, na realidade, há uma correlação (não causal) entre os corpos e os espíritos, mas se explica esse paralelismo de maneiras distintas. Em geral, o ocasionalismo em suas várias vertentes tende a explicar o paralelismo remetendo a uma só e única causa primária: Deus; o que é chamado, nos entes finitos, de "causas" são, antes, "ocasiões". Também pode ser interpretado como um modo de enfrentar a questão do paralelismo o sistema de Spinoza, para quem corpo e espírito são, respectivamente, modos da extensão e do pensamento, isto é, modos finitos dos atributos (ou, mais exatamente, de dois dos atributos) da única e infinita Substância.

Tal como Descartes (mas por motivos diferentes), Leibniz afirmou que há separação entre os corpos e as almas, entre o reino da Natureza e o do Espírito, entre o âmbito das causas eficientes e o das causas finais, mas ao mesmo tempo se opôs ao ocasionalismo (especialmente a Malebranche) e ao spinozismo. Teve, portanto, de fundamentar de maneira distinta o fato de um paralelismo psicofísico. Em parte, essa fundamentação consistiu em desenvolver a doutrina da harmonia (VER) preestabelecida, na qual se elimina toda relação causal entre corpos e almas e se admite unicamente uma causalidade interna no contínuo monádico. Na medida em que se interpreta o sistema de Leibniz como um pampsiquismo — e há algumas razões, embora nem todas elas igualmente convincentes, em favor dessa interpretação —, parece que não há necessidade de colocar a questão do paralelismo psicofísico em Leibniz. Mas o fato é que para Leibniz nem todas as substâncias têm alma, unicamente os corpos vivos e conscientes. Portanto, o problema de como explicar o paralelismo psicofísico em Leibniz continua de pé, e a doutrina da harmonia preestabelecida não é um acréscimo gratuito ao sistema.

Em quase todos os exemplos anteriores a questão do paralelismo foi posta em termos metafísicos. Pode-se abordar também a questão em termos primariamente psicológicos e gnosiológicos. Assim ocorre com várias doutrinas do século XIX, especialmente naquelas em que o físico e o psíquico são considerados como duas faces da mesma realidade (Fechner) ou naquelas em que o "dado" não é propriamente nem físico nem psíquico (Mach).

Bergson considera que o paralelismo psicofísico é a única hipótese precisa oferecida pela metafísica dos últimos três séculos para resolver o problema da relação entre as substâncias pensante e extensa, mas que esse paralelismo falha por sua ilegítima identificação de tais substâncias e sua muitas vezes inadvertida redução do dualismo a um monismo gratuito. Pois, de fato, nas três formas em que se apresenta — afirmação de que a alma expressa certos estados do corpo; afirmação de que o corpo expressa certos estados da alma; afirmação de que corpo e alma são traduções em diferentes idiomas de um original que não é nem um nem outro — se supõe que o cerebral equivale ao mental. Hipótese que não se deve, afirma Bergson, ao resultado das experiências fisiológicas, mas aos princípios gerais de uma metafísica erigida para realizar as esperanças da física moderna, isto é, para reduzir todos os problemas a problemas de mecânica. A mecanização do universo é o fundamento do paralelismo psicofísico, mas essa mecanização é, segundo antes se indica, resultado de uma concepção monista, que por sua vez não é senão expressão do afã identificador da razão humana.

Críticas mais recentes do paralelismo psicofísico se baseiam nas diferentes concepções do corpo (VER) características ou das filosofias "existenciais" (Sartre, Marcel, Merleau-Ponty) ou das filosofias baseadas no exame do uso (VER) dos vocábulos da língua ordinária. Uma dessas críticas consiste em situar-se no nível fenomenológico e em observar como fato de experiência que há certas relações entre "eu" e "meu corpo" inexplicáveis pelo paralelismo: por exemplo, que "eu" posso "atender" as exigências de meu "corpo" ou então "resistir" a elas. Gabriel Marcel destacou essas experiências no cap. V da parte I de *Le Mystère de l'Être*, mas a tese fora já proposta por Ortega y Gasset ao sublinhar até que ponto "tenho de carregar meu corpo". O "tenho de carregar" é a expressão do "eu".

⊃ Ver: R. Eisler, *Der psychophysische Parallelismus*, 1894. — M. Wentscher, *Über physische und psychische Kausalität und die Prinizipien des psychophysischen Parallelismus*, 1896. — E. G. Spaulding, *Beiträge zur Kritik des psychophysischen Parallelismus vom Standpunkte der Energetik*, 1900. — F. Masci, *Il materialismo psicofísico e la dottrina del parallelismo in psicologia*, 1901. — J. Rehmke, "Wechselwirkung und Parallelismus", *Gedenkschrift für R. Haym*, 1902. — R. Reininger, *Das psychophysische Problem*, 1916. — L. M. Ravagnani, *La unidad psicofísica*, 1953. — E. Grünthal, *Psyche und Nervensystem. Geschichte eines Problems*, 1968. — H. Feigl, *The Mental and the Physical: The Essay and a Postscript*, 1968. — G. Pohlenz, *Das parallelistische Fehlverständnis des Physischen und des Psychischen*, 1977. — L. Mecaci, *Brain and History. The Relationship between Neurophysiology and Psychology in Soviet Research*, 1979. — J. A. Feldman, D. H. Ballard, "Connectionist Models and their Properties", *Cognitive Science*, 6 (1982), 205-254. — H. Hildebrandt, "Der psychophysische Parallelismus, psychisches Problem und die Gegenstandsbestimmung der Psychologie", *Archiv für Begriffsgeschichte*, 29 (1985), 147-181. ⊃

PARALOGISMO é como se chama com freqüência o sofisma (VER); o que dissemos do sofisma pode valer também, portanto, para o paralogismo. Às vezes, contudo, se distingue entre sofisma e paralogismo. Algumas das distinções propostas são: 1) O sofisma é uma refutação falsa com consciência de sua falsidade e para confundir ao contrário, tanto ao que sabe quanto ao que não sabe, o paralogismo é uma refutação falsa sem consciência de sua falsidade. 2) O sofisma é uma refutação baseada numa prova inadequada; não é, portanto, propriamente, uma refutação: é um argumento (uma "refutação sofística") no qual falta um ingrediente essencial por defeito no discurso *(dictio)*. O paralogismo tem a ver com a *dictio* ou "modo de falar" (cf. Aristóteles, *De Soph.*, El., 8, 169 b 30ss.).

Descrevemos os casos principais de sofisma e paralogismo no verbete sobre o sofisma. Usaremos aqui o termo 'paralogismo' no sentido especial que lhe deu Kant na Dialética transcendental da *Crítica da razão pura*. Kant distingue, com efeito, entre os *paralogismos formais*, ou falsas conclusões em virtude da forma, e os *paralogismos transcendentais,* que têm sua base na natureza humana e produzem uma "ilusão de que não podemos nos desembaraçar". Os paralogismos transcendentais são a primeira classe das "conclusões racionais dialéticas" fundadas em idéias (no sentido kantiano) transcendentais. Entre os paralogismos transcendentais ou da razão pura se destacam os paralogismos engendrados pelos argumentos da *psychologia rationalis*, que conclui que um ser pensante somente pode ser concebido como sujeito, isto é, *como substância*. Há quatro paralogismos da razão pura:

1) O paralogismo da *substancialidade*, que diz: *a)* A representação do que é sujeito absoluto de nossos juízos e que não pode ser usada para determinar outra coisa, é uma substância; *b)* eu, como sujeito pensante, sou o sujeito absoluto de todos os meus juízos possíveis, e esta representação de mim mesmo não pode ser empregada como predicado de outra coisa; *c)* eu, como ser pensante (ou alma), sou substância.

2) O paralogismo da *simplicidade*, que diz: *a)* A ação daquilo que não pode ser considerado como uma concorrência de várias coisas atuando ao mesmo tempo é uma ação simples; *b)* a alma ou eu pensante é tal classe de ser; *c)* a alma ou eu pensante é simples.

3) O paralogismo da *personalidade*, que diz: *a)* Aquilo que é consciente da identidade numérica de si mesmo em diferentes momentos é uma pessoa; *b)* a alma é consciente da identidade numérica de si mesma em diversos momentos; *c)* a alma é uma pessoa.

4) O paralogismo da *idealidade*, que diz: *a)* A existência do que só se pode inferir como causa de percep-

ções dadas tem existência meramente duvidosa; *b*) todas as aparências externas são tais que sua existência não é imediatamente percebida e unicamente podem ser inferidas como causa de percepções dadas; *c*) portanto, a existência de todos os objetos dos sentidos externos é duvidosa (*KrV*, A 348-381).

Na segunda edição da *Crítica da razão pura*, Kant indica que todo o modo de proceder da psicologia racional se acha dominado por um paralogismo. Este pode tornar-se explícito mediante o silogismo seguinte: *a*) o que não se pode pensar de outro modo senão como sujeito não existe de outro modo senão como sujeito e é, portanto, substância; *b*) um ser pensante, considerado meramente como tal, não pode ser pensado de outro modo senão como sujeito; *c*) portanto, existe somente como sujeito, isto é, como substância (*KrV*, B 410-412).

A refutação kantiana de todos esses paralogismos se apóia nas idéias desenvolvidas na "Analítica transcendental" (VER). As categorias ou conceitos do entendimento introduzidos na "Analítica" não possuem significação objetiva — não são "aplicáveis" —, salvo enquanto têm como matéria as "intuições". As proposições de que tratam os paralogismos em questão não são, contudo, aplicáveis a intuições, pois transcendem a possibilidade de toda experiência. Segundo Kant, não se pode confundir a unidade do "Eu penso" (que acompanha todas as representações) com a unidade transcendental do eu como substância simples e como personalidade. Deriva daí que a demonstração racional da imortalidade, substancialidade e imaterialidade da alma se funda em paralogismos. A existência da alma e seus predicados só podem ser para Kant postulados da razão prática.

As objeções formuladas por Kant contra as demonstrações — ou pretensas demonstrações — da *psychologia rationalis* são rejeitadas pelos que admitem um tipo de intuição capaz de apreender diretamente a realidade, unidade ou personalidade do eu. Assim ocorre com os idealistas pós-kantianos (intuição intelectual) e, na época contemporânea, com autores como Bergson (intuição direta da intuição). Deve-se notar, contudo, que os autores citados não tentam provar a existência da "alma" no sentido tradicional, mas sim intuir uma realidade psíquica, ou psíquico-espiritual, diretamente experimentável.

Louis Rougier empregou o termo 'paralogismo' num sentido mais semelhante ao dos antigos que ao de Kant. Segundo Rougier, o racionalismo (com o que entende a "ontologia tradicional" desde Platão e Aristóteles até Descartes e Leibniz) foi vítima de múltiplos paralogismos, tais como o da transformação de uma verdade relativa em verdade absoluta, o da passagem da essência à existência, o da passagem da definição a seu objeto, o da confusão entre a verdade formal e a verdade material das proposições (ou entre a forma e a matéria no raciocínio), o da passagem do formalmente necessário ao absolutamente necessário, e outros análogos (*Les paralogismes du rationalisme. Essai sur la théorie de la connaissance*, 1920).

↪ Ver os comentários à *Crítica da razão pura* indicados no verbete KANT [IMMANUEL] e especialmente o de H. Heimsoeth, Parte I: *Die Paralogismen der Seelenlehre*, 1966. — Também: A. Kalter, *Kants Vierter Paralogismus. Eine Etwicklungsgeschichtliche Untersuchung zum Paralogismenkapitel der ersten Ausgabe der Kritik der reinen Vernunft*, 1975. — K. Ameriks, *Kant's Theory of Mind: An Analysis of the Paralogisms of Pure Reason*, 1982. C

PARA-ONTOLOGIA. Ver BECKER, OSKAR.

PARAPSICOLOGIA. Ver METAPSÍQUICA.

PARDO, RAYMUNDO (1916). Nascido na Argentina, foi professor adjunto (1948-1955) de epistemologia e história da ciência na Universidade Nacional de La Plata, professor (a partir de 1956) da mesma matéria na Universidade Nacional de Rosario, e diretor da Escola de filosofia nesta última Universidade. Pardo desenvolveu o que chama "um diálogo crítico-construtivo" com o sistema aristotélico-tomista, o que explica que sua epistemologia (e filosofia da ciência) do empirismo evolutivo culmine numa teoria sobre o ser (que inclui a possibilidade da negação de que haja um "ser"). O empirismo evolutivo é uma teoria evolutiva da razão, que ostenta afinidades com (ao mesmo tempo que divergências com respeito a) as teorias e as análises filosóficas de numerosos autores contemporâneos desde Garrigou-Lagrange até Reichenbach, Piaget, Rougier, Heidegger, Schaff, Chomsky, Strawson e outros. Um conceito capital nessa epistemologia é o de integrante racional, definido como "tudo aquilo que cai sob a experiência percepto-aperceptiva de uma mente". Assim, são integrantes racionais os dados dos sentidos, o conceito de ser, de princípio lógico, etc. A razão é o conjunto dos integrantes racionais. Tanto o "ser" como o "eu" podem estar envoltos e incluídos numa sistematização racional onde os caracteres dos integrantes racionais sejam sustituídos por outros, de modo que se possa obter outro tipo de intelecção. A ciência e a filosofia podem constituir-se como um saber, ou conhecer, sem "ser". Por outro lado, a noção de "ser" não é imutável. Pardo rejeita a objeção de que sua teoria conduz a um relativismo; o que se nega é o caráter absoluto da verdade (ou de qualquer sistema racional determinado). Pardo insiste no integrante racional chamado "verdade" como "característico da organização racional do *homo sapiens*". Rejeita qualquer subscrição a um realismo ou a um idealismo: embora no "empirismo evolutivo — indica — o modo real (criador) de pensar (conhecer) não esteja sujeito aos princípios lógicos (e, portanto, ao ser), isso não significa que se desemboca num idealismo pois o eu tem também caráter evolutivo".

⊃ Obras: *Ensayo sobre los integrantes racionales*, 1949. — *Del origen a la esencia del conocimiento*, 1954. — *Ser y verdad en una teoría evolutiva*, 1965. — *La ciencia y la filosofía como saber sin ser*, 1973. — *Principios de epistemología evolutiva. Teoría de los tipos de intelección*, s.d. ℭ

PARÊNTESES. Se '*p*' se lê "Baixa o preço dos sapatos", '*q*' se lê "compram-se muitos sapatos" e '*r*' se lê "compram-se muitos televisores", podemos obter as seguintes fórmulas:

$$(p \to q) \lor r \qquad (1)$$
$$p \to (q \lor r) \qquad (2)$$

(1) Pode ser lido "se o preço dos sapatos baixa, então se compram muitos sapatos ou se compram muitos televisores". (2) Pode ser lido "se o preço dos sapatos baixa, então se compram muitos sapatos ou se compram muitos televisores". Assim, (1) e (2) "são lidos" (em linguagem corrente) igual, mas (1) não diz o mesmo que (2). Cabe esclarecer o que (1) diz de diferente de (2), e vice-versa, na própria linguagem corrente, tornando mais explícito o dito; por exemplo, (1) diz que se o preço dos sapatos baixa, então se compram muitos sapatos, e ocorre isso ou se compram muitos televisores. Pode passar uma das duas coisas, ou ambas. (2) diz que se o preço dos sapatos baixa, o que então ocorre é que se compram muitos sapatos ou se compram muitos televisores. É mais "normal" que suceda (2) do que (1), porque se os preços dos sapatos baixam, então as pessoas terão (talvez) mais dinheiro para comprar sapato e (podem) tê-lo também para comprar televisores, enquanto (1) não tem muito sentido, econômico ou de qualquer outro tipo. Contudo, pode-se dizer (2) ou se pode dizer (1), e é mister distingui-los. Logicamente, a distinção ressalta pela diferente posição dos parênteses. Os parênteses são uma parte da chamada "pontuação lógica".

Na linguagem corrente, às vezes fazem-se esforços para "pontuar" o que se diz a fim de evitar ambigüidades. O mais comum, na linguagem falada, é usar certo tom ou enfatizar certas palavras ou introduzir certas pausas. Na língua escrita, o habitual é usar sinais de pontuação. O conhecido exemplo do telegrama que enuncia: "Senhor morto esta tarde chegamos" exibe de modo cômico a necessidade de pontuação. Os sinais podem ser postos de diferentes modos: "Senhor, morto. Esta tarde chegamos", "Senhor, morto está. Tarde chegamos", "Senhor, morto esta tarde. Chegamos", "Senhor morto: esta tarde chegamos", e até "Senhor morto esta tarde: chegamos". Segundo a pontuação há (pelo menos) cinco leituras — algumas totalmente inverossímeis — do telegrama (a inverossimilhança costuma ser eliminada com o conhecimento do contexto).

A pontuação corrente tem uma função similar à dos parênteses na lógica. Uma função comparável com a lógica têm os parênteses (ou quaisquer outros artifícios tipográficos do mesmo caráter) na análise de frases em lingüística. No exemplo "Os que viajam muito se aborrecem" vemos os diferentes significados mediante distribuição de elementos. Aqui estão duas distribuições: "(Os que viajam muito) se aborrecem", "(Os que viajam) muito se aborrecem".

Voltando aos parênteses em lógica, adota-se a convenção de não usar parênteses em torno de uma só letra sentencial (ou proposicional) ou em torno de uma expressão lógica completa. Assim, não cabe escrever (1) e (2) respectivamente:

$$(((p) \to (q)) \lor (r))$$
$$((p) \to ((q) \lor (r))),$$

o que seria um uso inútil (ou abuso) de parênteses.

Um modo de comprovar se há o número de parênteses suficientes, e só os suficientes, numa fórmula ou série linear de fórmulas é comprovar que há tantos parênteses que fecham quanto parênteses que abrem. Assim, em:

$$(p \land q) \to p)$$

há só um parêntese que abre, '(', e dois que fecham, '))'. Falta, portanto, um parêntese que abra, como em:

$$((p \land q) \to p),$$

onde há '((' e '))'. O primeiro parêntese em '((' cobre a fórmula inteira; o segundo cobre '$p \land q$', o terceiro parêntese, ')', cobre '$p \land q$', o quarto, ')', cobre a fórmula inteira.

Podem-se combinar os parênteses com os colchetes '[' e ']' para maior discriminação visual.

Na notação simbólica (VER) proposta por Łukasiewicz, suprimem-se os parênteses. Assim, a fórmula:

$$((p \to q) \land (q \to r)) \to (p \to r),$$

com a qual se expressa uma das leis de transitividade (ou leis dos silogismos hipotéticos) na lógica sentencial, escreve-se na notação citada:

CCpqCCqrCpr,

Onde '*C*' é equivalente a '→'.

Sobre o sentido de parênteses como 'parêntese fenomenológico', ver EPOCHÉ; FENOMENOLOGIA, HUSSERL (EDMUND). ℭ

PARETO, VILFREDO (1848-1923). Nascido em Paris. Aos 10 anos, mudou-se para a Itália e cursou engenharia em Turim. Enquanto exercia a carreira nas ferrovias, interessou-se por questões econômicas e sociológicas às quais consagrou o resto da vida. De 1892 a 1908 foi professor na Universidade de Lausanne, retirando-se em 1908 para Celiny, perto de Genebra, onde escreveu suas obras importantes.

As pesquisas de Pareto são consideradas como investigações sociológicas, mas isso deve ser entendido num amplo sentido, que inclui a sociologia do saber, a psicologia social, a economia e inclusive a filosofia da história. Importante sobretudo é sua teoria dos resíduos (VER) e as derivações. Segundo Pareto, os homens ocultam suas verdadeiras intenções, às vezes não inteiramente conhecidas por eles mesmos e com freqüência "reprimidas" por diversos meios, entre os quais se destacam as ideologias encobridoras (ver IDEOLOGIA), a afirmação da autoridade e o apoio nas tradições. Muito do que se considera como saber é, por conseguinte, uma derivação de intenções ocultas. A missão do filósofo e do sociólogo é penetrar através destas camadas encobridoras e descobrir o autêntico motivo ou motivos dos atos humanos. É uma tarefa difícil, já que esses motivos podem ser, e são quase sempre, de caráter irracional e ilógico e estão envolvidos, ademais, por diferentes interpretações. Mas é uma tarefa cuja dificuldade é compensada pela fecundidade de seus resultados, pois a dissolução de todas as derivações permite ver os *resíduos* últimos das atuações humanas. Esses resíduos últimos são um conjunto de instintos, alguns dos quais são de caráter natural (como os instintos sexuais) e outros de caráter social ou, melhor dizendo, natural-social (como a solidificação crescente dos agrupamentos humanos e a expressão simbólica). Ora, a explicação dos resíduos últimos não é suficiente para compreender as causas dos acontecimentos nos indivíduos e nos agrupamentos humanos; é necessário acrescentar os fatores externos, tais como o clima, a raça e outros. Conhecidos os resíduos e os fatores, as atuações humanas e, com isso, as ideologias, se tornam transparentes. Mas o sistema de forças — e de equilíbrios — sociais assim construído serve não somente para entender o homem, mas também para dominá-lo. Neste ponto intervém a filosofia política de Pareto, que influenciou a ideologia do fascismo, especialmente pela tese da desigualdade social, da circulação das elites, da ordem como base da persistência do Estado e da estrutura corporativa deste.

⊃ Obras: *Cours d'economie politique*, 2 vols., 1896-1897. — *Le péril socialiste*, 1900 — *Les systèmes socialistes*, 2 vols., 1902-1903. — *Manuale d'economia politica*, 1906. — *Le mythe vertuiste et la littérature immorale*, 1911. — *Trattato di sociologia generale*, 2 vols., 1916; 2ª ed., 3 vols., 1923. — *Fatti e teorie*, 1920. — *Compendio di sociologia generale*, 1920. — *La transformazione della democracia*, 1921. — *Corrispondenza*, ed. G. Pensini, 1948.

Edição de obras em francês, *Oeuvres complètes*, ed. Giovanni Busino: 1; *Cours d'économie politique*, 2 vols., em 1, 1964; 2, *Le marché financier italien (1891-1899)*, 1965; 3. *Écrits sur la courbe de la répartition de la richesse,* 1965; 4, *Libre-échangisme, protectionnisme et socialisme*, 1965; 5, *Les systèmes socialistes,* 2 vols., em 1, 1965; 6, *Mythes et idéologies*, 1966; 7, *Manuel d'économie politique*, 1966; 8, *Statistique et économie mathématique*, 1966; 9, *Marxisme et économie pure*, 1966; 10, *Lettres d'Italie. Chroniques sociales et économiques*, 1967; 11, *Programme et sommaire du Cours de sociologie, suivi de Mon Journal*, 1967; 12, *Traité de sociologie générale*, ed. fr. de Pierre Boven, rev. pelo autor, 1968; 13, *La transformation de la démocratie*, ed. fr. de Christine Beutler-Real, 1970; 14, *La liberté économique et les événements d'Italie*, 1970.

Em português: *Manual de economia política*, 1984. — *Vilfredo Pareto: Sociologia*, 1984. —

Ver: G. H. Bousquet, *Précis de sociologie d'après P.,* 1925. — Id., *V. P. Sa vie et son oeuvre*, 1928. — S. G. Scalfati, *Studi Paretiani*, 1932. — A. Cappa, *V. P.,* 1934. — L. I. Henderson, *Pareto's General Sociology*, 1935. — F. Borkenau, *P.*, 1936. — T. Parsons, *The Structure of Social Action*, 1937. — N. Quilici, *V. P.,* 1939. — P. M. Arcari, *P.,* 1948. — W. Hirsch, *V. P.,* 1948. — VV. AA., *V. P., l'economista e il sociologo*, 1948 [no centenário do nascimento]. — G. La Ferla, *P., filosofo volteriano*, 1954. — G. H. Bousquet, *P. (1848-1923): Le savant et l'homme*, 1960. — T. Giacalone-Monaco, J.-C. Biaudet et al., *Études sur P. et les doctrines économiques, politiques, sociales et sociologiques de son époque*, 1965. — G. Perrin, *Sociologie de P.,* 1966. — J. Freund, *P.: la théorie de l'équilibre*, 1974. — C. Mongardini, *V. P. dall'economia alla sociologia*, 1973. — W. J. Samuels, "The Pareto Principle: Another View", *Analyse Kritik*, 3 (1981), 124-131. — G. Eisermann, *V. P. Ein Klassiker der Sociologie*, 1987. ⊂

PAREYSON, LUIGI (1918-1991). Nascido em Piasco (Vale de Aosta), foi discípulo de Augusto Guzzo (VER) na Universidade de Turim. Ensinou em Turim (1945-1951), em Pavia (1951-1952) e de novo em Turim (a partir de 1952). Interessado no existencialismo, submeteu-o, contudo, à crítica por considerar insuficientes as doutrinas existencialistas sobre a pessoa. Esta é finita, mas sua singularidade não é incompatível com a universalidade. Pareyson chamou a atenção para a tensão entre o caráter concreto das situações históricas e a freqüente aspiração da filosofia (ou das filosofias) a um conjunto de verdades únicas. A situação histórica concreta é ineludível, mas constitui uma entre muitas perspectivas diversas, vinculadas a outras situações. Interessado na estética e na noção de "formatividade" como atitude humana que se realiza no fazer artístico — e, em último termo, em todo fazer —, Pareyson desenvolveu pesquisas estéticas em busca de uma teoria geral da interpretação e de sua relação com a verdade. Toda interpretação é interpretação de uma situação concreta na qual se expressam as possibilidades próprias e as opções básicas humanas, mas tal interpretação deve estar sempre "aberta" a possíveis, e possivelmente infinitas, mudanças, imprevisíveis e inesgotáveis. A base ontológica da teoria interpretativa de Pareyson parece ser, assim, uma concepção da realidade como inesgotabilidade.

➲ Obras: *La filosofia dell'esistenza e Carlo Jaspers*, 1940. — *Studi sull'esistenzialismo*, 1944; 2ª ed., 1950. — *Fichte. Il sistema della libertà*, 1950; 2ª ed., 1976. — *Esistenza e persona*, 1950. — *Estetica: teoria della formatività*, 1954; 2ª ed., 1960. — *I problemi della estetica*, 1961; 2ª ed., 1966. — *Conversazioni di estetica*, 1966. — *L'esperienza artistica*, 1967. — *Verità e interpretazione*, 1971. — *Schelling. Scritti sulla filosofia, la religione, la libertà*, 1974. — Póstumas: *Dostoevskÿ*, 1993. — *Prospettive di filosofia contemporanea*, 1993.

Em português: *Os problemas da estética*, 1997. — *Estética: teoria da formatividade*, 1993.

Ver: G. Modica, *Per una ontologia della libertà. Saggio sulla prospettiva filosofica di L. P.*, 1980. ℭ

PARÍS [AMADOR], CARLOS (1925). Nascido em Bilbao, foi professor nas Universidades de Santiago de Compostela (1951-1960), Valencia (1960-1968) e Autônoma de Madrid (a partir de 1968). Ocupou-se principalmente do problema das relações entre ciência e filosofia. Segundo París, há profunda relação entre esses dois aspectos básicos do conhecimento humano, mas é uma relação particular. Ainda que a historicidade da ciência e sua pluralidade de possibilidades sejam importantes, deve-se levar em conta a determinação de regularidades como um momento tipificador do conhecimento científico em seu sentido moderno (estágio positivo-legal da ciência). Contudo, o trabalho científico pressupõe uma elaboração teórica da experiência; as teorias científicas incorporam uma visão categorial da realidade que remete à clássica problemática filosófica. Estabelece-se, assim, uma relação dialética entre ciência e filosofia sobre o modelo da relação teoria-experiência, à qual a filosofia — e às vezes de um modo implícito a práxis científica — traz um elemento de iniciativa, enquanto a ciência cumpre uma função de contrastação, que submete à revisão os esquemas de partida. Assim cabe usar referencialmente a ciência como instrumento de racionalização e clareamento do diálogo filosófico.

Essa concepção se inscreve em uma teoria da razão evolutiva e aberta, que insiste no dinamismo criador da coletividade e do indivíduo. A ciência se situa na totalidade cultural em interação com seus elementos tecno-econômicos, sociais e ideológicos, enquanto a filosofia representa a tentativa última de consciência reflexiva sobre essa totalidade. Daí o interesse de París pela interdisciplinaridade.

París se interessou também pelo problema da técnica, entendida, desde sempre, amplamente, desde a instrumentalidade na evolução biológica até o controle da realidade piscossomática. Embora a programação na vida animal seja genética, produz-se um crescente desenvolvimento da aprendizagem e inovação. No homem, a nova organização biológica acarreta uma sistematização objetivante de certas estruturas comportamentais orientadas pelos projetos culturais. Um projeto cultural humanista e socialista é, segundo París, uma adequada resposta às questões técnicas atuais. Por outro lado, o problema da técnica se enquadra na construção de uma antropologia filosófica onde o homem se situa mediante uma relação "biologia humana-cultura" que permita superar tanto o reducionismo quanto o espiritualismo. O homem é um "animal projetivo", mas o projeto deve ser reinterpretado desde as estruturas biológicas básicas.

➲ Obras: *Física y filosofía*, 1952. — *Ciencia, conocimiento y ser*, 1957. — *Mundo técnico y existencia auténtica*, 1959; nova ed., 1973. — *Hombre y naturaleza*, 1964. — *Unamuno. Estructura de su mundo intelectual*, 1968; nova ed., 1991. — *Filosofía, ciencia y sociedad*, 1972. — *La Universidad española actual. Posibilidades y frustraciones*, 1974. — *El rapto de la cultura*, 1978. — *Bajo constelaciones burlonas*, 1981. — *La máquina especulatrix*, 1989. — *Crítica de la civilización nuclear*, 1984; 3ª ed., 1991.

Entre os artigos de P. se destacam: "Programme et position historique d'un rationalisme humaniste", *Dialectica*, 11 (1957), 327-336. — "Hacia una epistemología de la interdisciplinariedad", en *La educación hoy*, 1 (1973), 117-128. — "Hombre y técnica", *Sistema*, 8 (1975), 15-30. — Ver também: "Entrevista", *Teorema*, 5 (1975), 85-107.

Principais colaborações em obras coletivas: "Le problème de la science", em *Les grands courants de la pensée mondiale contemporaine*, ed. M. F. Sciacca, vol. IV, 1961, pp. 981-1065. — "Ser y evolución", em *La evolución*, ed. M. Crusafont, B. Meléndez, E. Aguirre, 1974, pp. 899-937. ℭ

PARIS (ESCOLA DE). Costuma-se dar o nome de "Escola de Paris" (e também "os parisienses") a um grupo de pensadores que ensinaram em Paris no século XIV. Este grupo é conhecido às vezes com o nome de "Escola de Buridan" por ter sido João Buridan (VER) seu principal, ou mais conhecido, representante. Os "parisienses" mais destacados são, além de Buridan, Nicolau de Oresme, Alberto da Saxônia ou de Helmstadt e Marsílio de Inghen. Segundo Pierre Duhem (*Le système du monde*, tomo IV [1916], p. 125), o grupo em questão é impropriamente qualificado de "nominalista", pois embora tenha recebido consideráveis influências nominalistas, especialmente de Guilherme de Occam, e haja muito de nominalismo em suas posições, não se pode esquecer nele os ingredientes tomistas e escotistas. Por tal motivo, Duhem propõe qualificá-lo de "eclético". Importantes contribuições dos filósofos de Paris foram seus trabalhos em física e em particular o desenvolvimento da doutrina do ímpeto (VER). Segundo Duhem, a Escola de Paris constitui o principal, senão o único, antecedente, no final da Idade Média, da física moderna e especialmente da formulação do princípio de inércia (VER). Outros historiadores (Aneliese Maier, C. Michalski, M. Clagett etc. [ver bibliografia]) destacaram que, além dos "parisienses", e às vezes anteriormente a eles, devem-se mencionar a respeito os "mertonianos" (VER), também conhecidos como da "Escola de Oxford" (VER). Em alguns casos, com efeito, os mertonianos anteciparam os parisienses, e em outros desenvolveram suas doutrinas de forma mais similar às posteriormente elaboradas pelos físicos modernos do que fizeram os parisienses, mas não há dúvida de que estes últimos constituem um "grupo" sobremaneira importante na história da ciência e especialmente da física.

A influência exercida pelos filósofos da Escola de Paris foi em muitos aspectos paralela à exercida pelos mertonianos, em outros casos, as duas escolas influíram ao mesmo tempo sobre vários pensadores. Referimo-nos a essas influências no final do verbete MERTONIANOS. Quanto à influência mais direta dos parisienses, podem-se mencionar autores como Dominico de Clavásio *(Practica geometrie; De caelo)*, Henrique de Hesse, Lawrence da Escócia, Jorge de Bruxelas, Tomás Bricot, Pedro Tartareto, João Dorp (de Leyden) etc. Importante na influência dos mestres de Paris foi o "método gráfico" de Nicolau de Oresme, que foi aplicado por autores influenciados por parisienses e por mertonianos, ou ambos ao mesmo tempo.

Deu-se também, às vezes, o nome de "Escola de Paris" a um grupo de tendências contemporâneas, principalmente existencialistas, que floresceram durante alguns anos, depois da II Guerra mundial, naquela capital. J.-P. Sartre foi considerado o chefe da escola, que teve, além de influências filosóficas, ressonâncias literárias. Entre outros "membros" se cita a respeito Simone de Beauvoir, F. Jeansson, M. Merleau-Ponty (embora este último tenha rompido com Sartre, especialmente com as últimas orientações políticas dele).

➲ Para a "Escola de Paris" no primeiro sentido, ver sobretudo as obras de P. Duhem: *Les origines de la statique*, 2 vols., 1905-1906. — Id., *Études sur Léonard de Vinci; ceux qu'il a lus, ceux qui l'ont lu*, 3 vols., 1906-1913 (I, 1906; II, 1909; III, 1913). — Id., *Le système du monde. Histoire des doctrines cosmologiques de Platon à Copernic*, 10 vols., especialmente vols. IV, 1916, e V, 1917. — Ver também as obras de C. Michalski, A. Maier e M. Clagett mencionadas na bibliografia de MERTONIANOS. ℭ

PARMA, BRÁS DE. Ver BIAGIO DE PARMA.

PARMÊNIDES (n. *ca.* 540/539 a.C., em Eléia) foi, segundo Diógenes Laércio, discípulo de Xenófanes de Cólofon, e, segundo Teofrasto, discípulo de Anaxímenes. Parece provável, além disso, sua relação com alguns pitagóricos, entre eles Amínias e Dioquetas. Essas vinculações intelectuais podem explicar alguns traços da doutrina de Parmênides, em particular dois deles: o monismo e o formalismo. Mas além de levar a plena maturidade certas especulações anteriores, Parmênides representa um ponto de partida para uma nova maneira que foi, em muitos aspectos, "exemplar", pois "representou" uma das poucas posições metafísicas radicais que houve na história do pensamento filosófico do Ocidente.

É comum apresentar a doutrina de Parmênides em oposição à de Heráclito. Este sustentara que "tudo flui", isto é, tudo está em movimento. Parmênides sustenta, em contrapartida, que "tudo [o que é] é", isto é, tudo está em repouso. Ora, embora a contraposição entre Heráclito e Parmênides resulte iluminadora, não é suficiente. O pensamento de Parmênides oferece consideráveis dificuldades de interpretação. A algumas delas nos referimos no final do presente verbete. Por enquanto, resenharemos as afirmações capitais contidas na doutrina. Esta doutrina é exposta num poema dividido em três partes. A primeira parte é um proêmio no qual se descreve a viagem do filósofo até chegar em presença da Deusa da Verdade. A Deusa lhe mostra o caminho da Verdade, objeto da segunda parte do poema. A terceira parte contém o chamado Caminho das Opiniões ou das Aparências. Destas três partes a segunda é a que foi mais estudada e a que, segundo muitos intérpretes, constitui o núcleo do pensamento de Parmênides. Este núcleo consiste numa proposição irrebatível: "O Ser é, e é impossível que não seja", junto à qual se afirma: "O Não-Ser não é e dele não se pode sequer falar". Unidas a essas duas proposições há uma terceira: "É o mesmo o Ser e o Pensar [isto é, a visão do que é]". Dessas proposições decorre uma série de conseqüências. As mais importantes são: 1) há somente um ser; 2) o Ser é eterno; 3) o Ser é imóvel; 4) o Ser não tem princípio nem fim. O procedimento de que Parmênides se vale para demonstrar a verdade destas proposições é o da redução ao absurdo de todas as proposições em contradição com elas. Tomemos alguns exemplos. 1) é verdadeira porque se existisse outro ser, deveria haver algo que o separasse do Ser. A entidade que separasse o Ser primeiro do segundo deveria, porém ser ou *a)* outra realidade ou *b)* um não-ser (vazio). Se fosse *a)* deveria haver outra realidade que o separasse do Ser e assim até o infinito. Se fosse *b)* seria um não-ser, por conseguinte, não existiria. 2) é verdadeira, porque se o Ser não tivesse existido sempre, deveria haver um momento em que não existiria, isto é, não fosse. Mas o não-ser é impossível, sendo contraditório com o Ser. Análogo argumento é válido para o futuro, de modo que o Ser não somente foi sempre, mas também será sempre. 3) é verdadeira porque se o Ser se movesse deveria haver algo no qual se move. Mas como só há um Ser, o movimento é impossível. 4) é verdadeira, porque se o Ser tivesse princípio — ou fim — deveria haver outro ser que o limitasse. Mas somente há um Ser e, portanto, não pode ser limitado por nenhum outro ser. Quanto à unidade mencionada do Ser com o Pensar, demonstra-se principalmente assinalando que já que nenhum Não-

Ser pode ser pensado, todo pensamento de uma entidade é ao mesmo tempo pensamento do ser dessa entidade.

O Caminho da Verdade é o que seguem os imortais (e os filósofos que recebem a revelação ao mesmo tempo racional e mística dos imortais). O Caminho das Opiniões ou da Aparência é o que devem seguir os seres mortais, que vivem no mundo da ilusão. Dentro desse mundo da ilusão e da aparência se encontram os fenômenos da Natureza e, por conseguinte, as explicações cosmológicas. Por isso tais explicações são apresentadas por Parmênides não como expressões da Verdade, mas como resultado das "opiniões dos homens". Não se trata, assim, propriamente de verdades. Mas tampouco se trata de falsidades completas. De fato, o Caminho da Aparência parece constituir uma espécie de rota intermediária entre o Caminho do Ser e o do Não-Ser.

Muitas são as interpretações que foram dadas do pensamento de Parmênides. A maior parte delas se centra em torno de três problemas: (I) a relação entre a doutrina da Verdade e a doutrina da Aparência; (II) a interpretação do termo 'ser'; (III) a interpretação do sentido da proposição 'o Ser é'. No que toca a (I), as teorias mais importantes foram as seguintes: *a*) a doutrina da Verdade é a única verdadeira e expressa a opinião de Parmênides, enquanto a doutrina da Aparência é falsa e expressa a opinião dos filósofos contra os quais Parmênides se volta, ou a opinião do homem comum; *b*) a doutrina da Verdade é a verdadeira, mas a doutrina da Aparência pode ser admitida como uma filosofia subsidiária; *c*) a doutrina da Verdade é a única verdadeira e é a que possuem os deuses, enquanto a doutrina da Aparência é a que possuem os homens e da qual devem desprender-se. No que se refere a (II), as opiniões principais têm sido: *a*1) O Ser é uma realidade material, uma esfera (VER), de modo que a filosofia de Parmênides é uma cosmologia, *b*1) O Ser é uma realidade imaterial, um princípio metafísico (ou ontológico) do qual se pode dizer que é *como* uma esfera; *c*1) 'ser' é o termo que designa a razão e a possibilidade de reduzir a ela toda realidade e toda diversidade. Quanto a (III), houve duas opiniões principais: *a*2) 'O Ser é' significa 'O Ser é o Ser' e, portanto, a proposição de Parmênides é a expressão do princípio lógico de identidade e constitui uma tautologia; *b*2) 'O Ser é' significa 'O Ser existe' e, por conseguinte, ἔστι é um predicado do Ser e não uma simples repetição numa fórmula de identidade. Nossa opinião entre todas essas interpretações favorece a *c*), *b*1), *c*1) e *b*2). Consideramos também muito provável a interpretação *a*2), mas desde que se admita que Parmênides pretendia aplicar a tautologia à realidade.

➲ Edição de fragmentos do poema de Parmênides em H. Diels, *Das Lehrgedicht des Parmenides*, 1897, e em Diels-Kranz, 28 (18). Edições anteriores de fragmentos haviam sido feitas por A. Peyron, *Empedoclis et Parmenides fragmenta*, 1810; H. Stein, *Die Fragmente des Parmenides* περὶ φύσεως (*Symbola philologorum Bonnensium in honorem Frid. Ritschelii coll.*, 1864-1867). Ver também T. Davidson, "Fragments of Parmenides", *The Journal of Speculative Philosophy*, IV (1870), 1-16.

Outros comentários: W. J. Verdenius em *Parmenides: Some Comments on His Poem*, 1942. — Jean Beaufret, *Le poème de Parménide*, 1955 (texto grego, trad. fr. e comentário). — L. Taran, *Parmenides: A Text with translation, Commentary and Critical Essays*, 1965. — *Les deux chemins de Parménide*, ed. crítica, trad. franc., estudos e bibliografia por N. L. Cordero, 1984. — D. Gallop, *P. of E.: Fragments*, 1984.

Ver: H. Kösters, *Das parmenidische Sein im Verhältnis zur platonischen Ideenlehre*, 1901. — E. de Marchi, *L'ontologia e la fenomenologia di Parmenide Eleate*, 1905. — V. Sanders, *Der Idealismus des Parmenides*, 1910. — K. Reinhardt, *Parmenides und die Geschichte der griechischen Philosophie*, 1916; 2ª ed., 1959. — M. Untersteiner, *I poeti filosofi della Grecia. Parmenide*, 1925 [Estudo crítico: pp. 5-195; Testimonia: pp. 197-233]. — H. Fraenkel, "Parmenides-Studien" en *Nachrichten Von der Gesellschaft der Wissenschaften zu Göttingen. Philos. -Hist. Klasse* (1930), 153ss. — G. Calogero, *Studi sull'Eleatismo*, 1932. — E. Brodero, "Parmenide", *Sophia*, II (1934). — W. Jaeger, *The Theology of the Early Greek Philosophers*, 1947. — J. H. M. M. Loenen, *Parmenides, Melissus, Gorgias: A Reinterpretation of Eleatic Philosophy*, 1959. — A. Speiser, *Ein Parmenides-Kommentar. Studien zur platonischen Dialektik*, 2ª ed., 1959. — F. M. Moliner, *Parménides*, 1960 [especialmente sobre a "doutrina da opinião"]. — J. Mansfeld, *Die Offenbarung des Parmenides und die menschliche Welt*, 1964. — A. P. D. Mourelatos, *The Route of Parmenides. A Study of Word, Image, and Argument in ihe Fragments*, 1970. — K. Bormann, *Parmenides. Untersuchungen zu den Fragmenten* 1971. — P. Somville, *Parménide d'Elée, son temps et le nôtre. (Un chapitre d'histoire des idées)*, 1976. — G. Casertano, *P. Il metodo, la scienza, l'esperienza*, 1978. — G. Imbraguglia, *Teoria e mito in P.*, 1979. — A. P. D. Mourelatos, J. Owens et al., "P. Today", *The Monist*, vol. 62,1 (1979), 1-118. — K. Held, *P. und der Anfang von Philosophie und Wissenschaft. Eine philosophische Besinnung*, 1980. — S. Austin, *P.: Being, Bounds, and Logic*, 1986. — Ver também a bibliografia de PRÉ-SOCRÁTICOS.

Sobre o diálogo *Parmênides* de Platão, ver: H. Höffding, *Bemerkungen über den platonischen Dialog Parmenides*, 1921. — D. S. MacKay, *Mind in the Parmenides: A Study in the History of Logic*, 1924. — J. Wahl, *Étude sur le "Parménide" de Platon*, 1926. — E. R. Dodds, "The Parmenides of Plato and the Origin of the Neoplatonic 'One'", *Classical Quarterly*, 22 (1928), 129-142. — M. Wundt, *Platons Parmenides*, 1935. — A. Weber, *Essai sur la deuxième hypothèse du Parmé-*

nide, 1937. — E. Paci, *Il significato del Parmenide nella filosofia di Platone*, 1938. — F. M. Cornford, *Plato and Parmenides*, 1939. — G. Huber, *Platons dialektische Ideenlehre nach dem zweiten Teil des Parmenides*, 1951. — E. A. Wyller, *Platons Parmenides in seinem Zusammenhang mit Symposium und Politeia*. — K. F. Johansen, *Studier over Platons Parmenides: i dens forhold til tidligere platoniske dialoger*, 1964. — V. Rossvaer, *The Laborious Game: A Study of Plato's* Parmenides, 1983. — R.-P. Hagler, *Platons* Parmenides, 1983. — R. E. Allen, *Plato's* Parmenides: *Translation and Analysis*, 1983. — H. J. Pemberton, *Plato's* Parmenides: *The Critical Moment for Socrates*, 1984. — J. L. Mena, *El* Parménides *de Platón. Un diálogo de lo indecible*, 1985. — M. H. Miller, *Plato's* Parmenides, 1986. — F. J. Pelletier, P., *Plato and the Semantics of Not-Being*, 1990. — Ver também o texto de V. Brochard citado na bibliografia do verbete Participação. **C**

PARÔNIMO. Ver Sinônimo.

PARRA (PORFIRIO). Ver Barreda (Gabino).

PARSAIO DE CITIO. Ver Estóicos.

PARTE. Ver Todo.

PARTICIPAÇÃO. A noção de participação — expressa com diversos vocábulos: μέθεξις, μετάληψις, μῖξις, κρᾶσις, παρουσία — é central na filosofia platônica e, em geral, no pensamento antigo. De modo geral, pode ser resumida assim: a relação entre as idéias e as coisas sensíveis, e ainda a relação das idéias entre si, se efetua mediante participação: a coisa *é* na medida em que participa de sua idéia ou forma, de seu modelo ou paradigma. No que toca às coisas sensíveis, essa relação supõe que estas coisas são "inferiores" às idéias que lhes servem de modelo, e representam uma espécie de "diminuição" do "ser (verdadeiro)", comparando-se às sombras quando se diz que são "menos reais" que os corpos que as produzem.

Platão não ignorou as dificuldades que a noção de participação suscita. Antes das críticas de Aristóteles, formulou, no curso de vários raciocínios "dialéticos", algumas objeções à mesma. Assim, no *Parmênides* (131, A-E), quando, depois de assinalar que não se pode duvidar da existência de certas formas, e de que as coisas, "pelo fato de participar delas, recebem suas eponímias, de sorte que a participação na semelhança as torna semelhantes; na magnitude, grandes; na beleza e na justiça, justas e belas", pergunta se a coisa participa da totalidade da idéia ou só de uma parte dela. Visto que se deve aceitar que a idéia permanece uma em cada um dos múltiplos, não há outra solução, afirma o jovem Sócrates, do que supô-la análoga à luz que, sem estar separada, ilumina cada coisa. Mas Parmênides manifesta que pode ser também como o véu estendido sobre uma multiplicidade, e então cada coisa participa de uma parte da idéia. Tendo de admitir-se que a unidade da idéia se reparte sem deixar de ser unidade, já que do contrário se chega a resultados absurdos (como se torna patente sobretudo nos casos das idéias de magnitude e igualdade), parece ter-se de concluir de tudo isso que uma definição da participação não é de modo algum fácil, e nos deixa flutuando, tão logo a tentamos, num "oceano de argumentos". Tal dificuldade é insistentemente sublinhada por Aristóteles que, depois de acumular suas clássicas objeções acerca da teoria das idéias, reprova a Platão e a Pitágoras — cuja noção de imitação, diz Aristóteles, é análoga, já que "só o nome mudou" (*Met.* A, 6, 987b, 12) — terem "deixado a questão suspensa". Contudo, Platão pretendia também resolver o problema e não deixá-lo em seu estádio de simples esclarecimento analítico. Mais ainda: todo o seu pensamento está voltado a encontrar uma solução definitiva. Tal ocorre no *Sofista* (especialmente 253 D), quando busca a solução do problema da participação do sensível no inteligível sem uma divisão material deste, pela simples comprovação da diferença existente entre a forma comum a uma multiplicidade de idéias subsistentes, a multiplicidade de idéias distintas participantes numa forma única subsistente e a diversidade de idéias irredutíveis. Toda analogia com o especial fica deste modo eliminada, pois só se dando conta da peculiaridade das idéias enquanto entidades que podem repartir-se sem perder sua unidade pode-se entender a difícil questão da participação.

Pode-se dizer que a interpretação da noção de participação em Platão gira em torno da questão de se se trata para o filósofo de uma participação real ou de uma participação ideal. No primeiro caso, as idéias são entidades que se repartem nas coisas; no segundo, são modelos das coisas. Inclinamo-nos a essa segunda interpretação, mas sem esquecer que a questão é apresentada freqüentemente pelo próprio Platão em forma dialética, de modo que uma decisão definitiva é arriscada. Mas a segunda interpretação tem uma considerável vantagem: a de oferecer a possibilidade de conceber também a participação como a relação entre números e coisas ao modo pitagórico. O modo como Aristóteles criticou Platão sobre este ponto parece apoiar a interpretação aqui escolhida.

Em outro sentido, Lévy-Bruhl distingue o princípio de participação, próprio do homem primitivo, do princípio de contradição, que rege o pensar do homem civilizado. Para o primitivo não há, segundo Lévy-Bruhl, exclusão do contraditório e ainda do simultaneamente contraditório, pois para ele uma coisa pode ser e não ser ao mesmo tempo. Lévy-Bruhl formula este princípio dizendo que nas representações coletivas da mentalidade primitiva "os objetos, os seres, os fenômenos podem ser, de modo para nós incompreensível, ao mesmo tempo eles mesmos e algo diferente deles. De um modo não menos incompreensível emitem e recebem forças, virtudes, qualidades, ações místicas, que se fazem sentir fora deles, sem deixar de permanecer onde se encontram. Em outros termos, para esta mentalidade a oposição entre o uno e o múltiplo, o mesmo e o outro, não impõe a necessidade de afirmar um dos termos se se nega o outro e reciprocamente" (*Les fonctions mentales dans les sociétés inférieures*, cap. II, 2). O pensar segundo a participação seria, assim, como pretende Lévy-Bruhl, pré-lógico, e não antilógico ou alógico, não podendo definir-se mediante estes dois últimos termos, como algo oposto a eles, porque o "lógico" não entraria, por princípio, em seu quadro. A idéia de participação aplicada ao primitivo (VER) suscita um problema que afeta a idéia mesma do homem e representa, portanto, uma das questões capitais da antropologia filosófica.

Na atualidade, a noção de participação é tratada sobretudo do ponto de vista das ciências sociais, políticas e econômicas, falando-se de participação social, política ou econômica de indivíduos em grupos, e de grupos em outros grupos. No que tem de especificamente social, político ou econômico, essa noção é ao mesmo tempo específica das mencionadas ciências e das diversas teorias que nestas ciências se formulam. Contudo, a noção de participação tem certas características formais — algumas já antecipadas por Platão, embora num quadro metafísico — que são aplicáveis a todas as formas de participação e, portanto, que podem resultar também de interesse ao se tratar das participações social, política e econômica. Aspectos importantes na noção geral, ou formal, de participação são os que dizem respeito às noções de grupo (ou grupo enquanto conjunto), de distribuição (de bens, funções etc.) e de grau de participação.

⊃ Sobre a teoria grega da participação, especialmente a teoria platônica: V. Brochard, *Études de philosophie ancienne et de philosophie moderne*, 1912, ed. V. Delbos ("La théorie platonicienne de la participation d'après le Parménide et le Sophiste", pp. 113-150). — M. D. Philippe, "La participation dans la philosophie d'Aristote", *Revue thomiste*, 49 (1949), 254-277. — A. Rey, *Logique mathématique et participation à la fin du Ve siècle hellénique*, 1935. — W. J. Verdenius, "Partizipation und Kontemplation im altgriechischen und im modernen Deutschen", *Ratio*, 3 (1960), 8-21. — C. P. Bigger, *Participation: A Platonic Inquiry*, 1968. — H. Meinhardt, *Teilhabe bei Platon. Ein Beitrag zum Verständnis platonischen Prinzipiendenkens unter besonderer Berücksichtigung des Sophistes*, 1968. — H. Vater, *Die Dialektik von Idee und Teilhabe in Platons Parmenides*, 1972.

Sobre a doutrina de participação em Tomás de Aquino: C. Fabro, *La nozione metafisica di partecipazione secondo S. Tommaso d'Aquino*, 1939, reed. 1950. Continuação e ampliação dessa obra em: *Participation et cau-* *salité selon S. Th. d'A.*, 1960. — L. B. Geiger, *La participation dans la philosophie de Saint Thomas d'Aquin*, 1942. — K. Krenn, *Vermittlung und Differenz. Vom Sinn des Seins in der Befindlichkeit der Participazion beim hl. Thomas von Aquin*, 1962. — Z. J. Zdybicka, *Partycypacja bytu*, 1972 *(A participação do ser)* [com resumo em fr.]. — A. L. Szafrahski, *Partycypacja. Geneza i rola projecia uczestnictwa w teologii sw. Tomasza z Akwinu*, 1973 *(A participação: Gênese e papel da noção de participação na teologia de S. T. de A.)*. — P. Lazzaro, *La dialettica della partecipazione nella* Summa contra Gentiles *di S. Tommaso d'Aquino*, 1976.

Sobre o princípio de participação no sentido de Lévy-Bruhl, ver J. Przluski, *La Participation*, 1940.

Metafísica da participação em L. Lavelle, *De l'intimité spirituelle*, 1955 [especialmente os trabalhos incluídos no volume intitulado "Principes généraux de la participation" e "Métaphysique de la participation", publicados respectivamente em 1937 e 1950].

Para outros enfoques da noção de participação, ver: D. L. Balas, *Methousia Theou: Man's Participation in God's Perfections According to St. Gregory of Nyssa*, 1966. — L. A. Scaff, *Participation in the Western Political Tradition: A Study of Theory and Practice*, 1975. — J. R. Pennock, J. W. Chapman, eds., *Participation in Politics*, 1975. — H. Rolston, *Religious Inquiry-Participation and Detachment*, 1985. — A. Botwinick, *Participation and Tacit Knowledge in Plato, Machiavelli and Hobbes*, 1986. ℂ

PARTICULAR. Tradicionalmente, os juízos ou proposições particulares são os que afirmam ou negam um predicado de um ou vários sujeitos. Exemplos de tais juízos ou proposições são: "Tiago é irritável", "Alguns gregos são irritáveis", "Tiago não é irritável", "Alguns gregos não são irritáveis".

Às vezes se diz que os juízos ou proposições particulares são os que afirmam um predicado de um ou vários sujeitos. Exemplos são os citados "Tiago é irritável", "Alguns gregos são irritáveis". Neste caso se considera que negar um predicado de um ou vários sujeitos consiste em antepor 'não' ao predicado, seja só ao adjetivo que serve de predicado — como em "Tiago é não irritável", "Alguns gregos são não irritáveis" —, seja, mais idiomaticamente, e também mais em consonância com o modo moderno de entender 'predicado' (VER), à cópula e ao adjetivo; como em "Tiago não é irritável", "Alguns gregos não são irritáveis".

Contudo, pode-se antepor o 'não' ou na forma que acabamos de indicar ou ao juízo ou proposição inteiros. Neste último caso temos "Não é o caso (não é certo, etc.) que Tiago seja irritável", "Não é o caso (não é certo etc.) que alguns gregos sejam irritáveis".

Do ponto de vista da linguagem ordinária, não há diferença entre dizer Tiago não é irritável e não é o caso que Tiago seja irritável, ou que alguns gregos não são irritáveis e não é o caso que alguns gregos sejam irritáveis. Em ambos os casos se exclui o ser irritável de Tiago e dos gregos. Em nenhum dos casos nem Tiago nem os gregos se irritam.

Há, não obstante, uma diferença lógica entre o 'não' anteposto ao predicado e o 'não' anteposto ao juízo ou proposição inteiros, como se pode ver na diferença entre:

$$\vee ((Sx) \wedge (\neg Ix)) \quad (1)$$

e:

$$\vee \neg ((Sx) \wedge (Ix)) \quad (2)$$

ou entre:

$$\vee ((Gx) \wedge (\neg Ix)) \quad (3)$$

e

$$\vee \neg ((Gx) \wedge (Ix)) \quad (4)$$

Consideremos por enquanto apenas (3) e (4). Como em (3) '⌐' precede 'Ix', (3) é um esquema lógico correspondente a juízos ou proposições do tipo 'Γ', isto é, aos chamados "enunciados particulares negativos". Quando se fala de juízos, proposições ou enunciados particulares negativos se entende por isso aqueles nos quais se nega o predicado. O esquema lógico (4) não é obviamente equiparável a (3).

Consideremos agora (1) e (2). Por tratar-se de um só x de uma só entidade, tem-se falado de juízos ou proposições singulares (ver SINGULAR), diferentemente dos particulares. Na lógica moderna, a distinção entre juízos ou proposições particulares e singulares situa-se no quadro da quantificação. Ambos os tipos de juízos ou proposições são quantificados particularmente — ou, como se disse também, existencialmente —, de modo que ambos correspondem à forma "Para alguns x (pelo menos um)...". A diferença entre particular e singular é perceptível somente se considerarmos quantificadores numéricos.

Isso é intuitivamente compreensível do seguinte modo. Se um enunciado singular afeta um só indivíduo, haverá pelo menos um x e no máximo um x que tenha a propriedade que se lhe atribua. Isto quer dizer que há somente um x que tem a propriedade que se lhe atribui, isto é, que há exatamente $n\,x$ que tem (têm) F, onde $n = 1$.

No exemplo citado, "Tiago é irritável" pode ser entendido como: Tiago é o mesmo que x. Neste caso, claro, 'Tiago' não é o nome de nenhuma propriedade de x; é simplesmente x. Pode-se entender também que o chamar-se 'Tiago' é uma propriedade de x e que, além disso, não há nenhuma outra entidade que tenha esta propriedade de chamar-se (ou de ser chamada) do modo indicado. Então, resultará que para alguns $x, y, z...$ quaisquer deles têm a propriedade de chamar-se com o nome 'Tiago' — ou, se se quer uma tradução condutista, de responder ao estímulo produzido pela proferência do nome 'Tiago' —, mas de tal sorte que $x = y$, $y = z$ etc. Se, em contrapartida, houvesse, por exemplo, duas variáveis quantificadas, x, y, tais que Sx e Sy, mas de modo que $x \neq y$, então haveria duas entidades que respondessem ao nome de Tiago.

O que se disse anteriormente afeta (1) e não, ou não necessariamente, (2).

Tradicionalmente se tem ressaltado o caráter "parcial" do particular — o que revelam as expressões ἐν μέρει e κατὰ μέρος, "em parte" e "segundo a parte", respectivamente —, diferentemente do caráter "total", geral ou universal do não particular — chamado por isso justamente "geral" ou "universal".

Fala-se também de entidades particulares em contraposição com entidades universais (VER). Usam-se então os termos 'particular' e 'particulares' como substantivos ('o particular', 'um particular', 'os particulares'); analogamente a como se usa 'universal', 'um universal', 'os universais' como substantivos. O problema do *status* ontológico dos particulares tem sido discutido na teoria dos universais.

Não é fácil (caso seja possível) distinguir nitidamente o aspecto lógico do aspecto ontológico da questão do "particular", ou dos "particulares", especialmente quando o aspecto ontológico está unido a questões semânticas. Tal ocorre ao levantar-se o problema de se, e até que ponto, um nome ou uma descrição usados para referir-se a um só particular se referem efetivamente a ele quando tal nome ou descrição foram usados como nome ou descrição de outro ou outros indivíduos. É o que se chamou de "problema da referência ambígua". O problema pode ser resolvido de vários modos: supondo que não há referência do nome ou descrição; considerando o (ou remetendo ao) contexto lingüístico no qual se usa o nome ou descrição; especificando que o nome ou descrição se aplicam a um particular na medida em que são usados para referir-se a tal particular.

Uma questão mais geral é a do que cabe entender por 'um particular' ou 'uma entidade particular'. Se o particular é "o que é tal ou qual coisa" ou "aquilo que é tal ou qual coisa", isto é, "o que" ou "aquilo que" tem tais ou quais predicados, então os predicados determinam a entidade particular, que deixa de ser particular para converter-se num feixe de propriedades. E como essas propriedades são "gerais" ou "universais" no sentido de se aplicarem em princípio a diversos particulares, resulta que não há nada que seja, estritamente falando, um particular. Por outro lado, se se sublinha o aspecto "último" (ou "básico") do particular, ou a "particularidade mesma como tal", independentemente dos predicados, temos o que se chamou às vezes de "um mero particular" ou "um puro particular". Mas um "mero (ou puro) particular" é um substrato, do qual não se pode dizer mais senão que é substrato ou suporte. Se se tentar corrigir essa "deficiência", é preciso caracterizar então o particular de algum modo, mas isto não se parece poder fazer, a menos que se apele a predicados ou propriedades. Uma possível solução para o conflito apontado pode ser a proposta por mim (cf. *El ser y el sentido*, 1967, XI, § 2) ao indicar que, embora não haja puros particulares ou meros particulares, a noção de particular pode ser tratada como uma noção limite, que requer a noção, também limite, de predicado ou, melhor dizendo, de atributo, a fim de dar-lhe um sentido. Isso equivale a dizer que se algo existe não é um puro particular, tampouco um feixe de predicados, mas o que em cada caso "há". "O papel do que se tem chamado de 'sujeito' é ser especificável mediante o rótulo de 'predicado', mas este somente pode especificar uma coisa especificável, isto é, um sujeito. Assim, o sujeito remete ao predicado, e este àquele sem que nenhum deles possa subsistir por si mesmo. Não são realidades, ou partes de realidades, mas pólos ontológicos, cuja confluência permite captar a constituição ontológica e especificamente entitativa [à diferença de 'significativa'] de qualquer realidade."

PARTICULARES EGOCÊNTRICOS. Ver Indéxico.

PASCAL, BLAISE (1623-1662). Nascido em Clermont (hoje Clermont-Ferrand, Auvergne), mudou-se em 1631 para Paris. Desde cedo mostrou grande disposição para a matemática; aos 11 anos, encontrou por si só a proposição 32 (e sua prova) do livro I dos *Elementos* de Euclides. Aos 16 anos, escreveu um ensaio sobre as seções cônicas *(Essai sur les coniques)*. Aos 19, esboçou uma "máquina aritmética". Em 1646, aos 23 anos, aconteceu o que se tem chamado de sua "primeira conversão". Entrou em contato com Port-Royal (ver Jansenismo) e efetuou durante os anos seguintes uma série de trabalhos científicos, especialmente de física, entre os quais se destacaram suas experiências sobre o vazio (*Expériences nouvelles touchant le vide*, 1647; *Récit de la grande expérience,* 1648; fragmento de um *Traité du vide, De l'équilibre des liqueurs; De la pesanteur de l'air*, 1653). Em 1652, sua irmã, Jacqueline, ingressou em Port-Royal. Por volta da mesma época aconteceu uma intensificação da "vida mundana" de Pascal, consagrada não somente ao mundo social, mas também à atividade científica; é o período do *"divertissement"* e do cultivo do *"esprit de finesse"*, contraposto (e ao mesmo tempo completando) ao *"esprit de géométrie"*. Importante foi sua correspondência com Fermat, especialmente sobre a *"règle des partis"*, que constituía uma das bases do cálculo de probabilidades, ao qual Pascal contribuiu também com seus trabalhos sobre a roleta (1658). Na noite de 23 de novembro de 1654 ocorreu a chamada "segunda conversão" de Pascal; precedida pelas meditações reveladas em vários escritos *(Sur la conversion du pêcheur; Prière pour demander à Dieu le bon usage des maladies)*, acha-se expressa no famoso *Mémorial*. Em 1655 se retirou para Port-Royal. Pelo *Entretien avec M. de Saci* (conversação entre Pascal e Lemaistre de Saci, conservada pelo secretário de De Saci) conhecemos algumas das idéias fundamentais elaboradas na ocasião pelo filósofo e depois desenvolvidas nos *Pensamentos*. Entre tais idéias destacamos a importante, dupla e contraposta influência confessada por Pascal: a de Epicteto (conhecedor da grandeza do homem, mas ignorante de sua miséria) e a de Montaigne (sabedor da miséria humana, mas escassamente atento a sua grandeza). Segundo Pascal, só o Evangelho pode unir esses opostos, transcendendo-os. Não se deve supor, contudo, que Pascal tenha abandonado completamente seus trabalhos científicos. Em 1654 escreveu seu *Traité du triangle arithmétique*; depois estudou as propriedades da ciclóide, estudo no qual se acha o germe do cálculo infinitesimal. Entre 1656 e 1657 escreveu as 18 cartas que conhecemos com o nome de *Provinciais (Lettres de Louis de Montalte à un Provincial de ses amis et aux Révérends Pères Jésuites sur la morale et la politique de ces Pères)*. Nelas se opôs ao que considerava ser a moral casuística dos jesuítas, especialmente tal como se manifestara na teoria molinista da graça (ver). Central significação parece ter também o ano de 1657 na vida de Pascal: seu crescente afastamento do jansenismo de Arnauld e Nicole, demasiado penetrado de elementos cartesianos, para aproximar-se de um jansenismo mais extremo marca, a esse respeito, uma mudança decisiva. Mas isso não quer dizer que Pascal encontrara em tal jansenismo radical uma tranqüilidade definitiva: a renúncia a firmar o formulário de 1661, no qual se condenavam as proposições publicadas no *Augustinus*, de Jansênio, mas ao mesmo tempo a submissão à Igreja contra os extremistas de Port-Royal (por exemplo, Martin de Barcos), a afirmação da vaidade do mundo e ao mesmo tempo o prosseguimento dos trabalhos científicos, introduzem, de fato, na vida e no pensamento de Pascal um desgarramento e um paradoxo dos quais viveu até o fim de suas idéias e que deixam sua marca profunda em sua obra filosoficamente mais influente, os *Pensamentos sobre a religião (Pensées sur la religion*, conhecidos simplesmente por *Pensées)*, que deviam constituir a base de uma apologia da religião cristã *(La Vérité de la religion chrétienne)*. O caráter fragmentário dos *Pensamentos* não deve fazer pensar, contudo, que se trata de uma obra fundamentalmente truncada; tal como foram transmitidos, possuem unidade e estrutura próprias, sendo duvidoso que pudessem ter sido "melhorados" e muito provável que resultassem alterados no caso de terem sido transformados no tratado apologético sistemático.

O problema do conteúdo dos *Pensamentos* se acha ligado, em todo caso, ao de sua forma e de sua estruturação. Vários são os planos que foram apresentados:

uns quiseram "reconstruir" os *Pensamentos* de acordo com a projetada apologia; outros dividiram os pensamentos em temas. Em todos os casos, destacam-se no pensamento filosófico de Pascal certos elementos que podemos considerar centrais: sua concepção do homem, sua idéia da aposta, sua análise dos dois espíritos (o de *finesse* e o de geometria) e seu exame do problema da prova e da crença. A eles nos referiremos brevemente, salvo à idéia da aposta, à qual dedicamos um verbete especial.

Segundo Pascal, o homem é um ser médio e mediano, situado entre dois infinitos. Quando aspira ao superior, cai no inferior; quando submerge no inferior, uma luz o eleva para o superior. Entre o anjo e a besta, anda pelo mundo, aparentemente, em contínuo equilíbrio. Mais ainda: o equilíbrio em tudo — entre o saber demasiado e o saber demasiado pouco, entre o movimento excessivo e o repouso completo — parece encaixar-se na condição humana tão exatamente que tendemos a recomendar ao homem ater-se sempre a seu fundamental ser equilibrado. Ora, o equilíbrio em questão é instável. A posição média do homem é composta, a rigor, da luta entre extremos, pois o homem é ao mesmo tempo um ser grandioso e miserável; a natureza humana é "depositária do verdadeiro e cloaca de incertezas e de erro, glória e desperdício do universo". Nada de estranho que no fundo do equilíbrio o paradoxo espreite sem cessar. Por isso o homem não pode simplesmente encontrar refúgio ou na contemplação do mundo inteligível ou na "diversão" mundana. Uma e outra descentram o ser humano e o submergem ou no orgulho ou no esquecimento. Contudo, compreender esse paradoxo humano não deve conduzir o homem nem ao desespero nem ao fanatismo: deve guiá-lo à crença verdadeira, à visão do "Deus de Abraão, de Isaac e de Jacó", único capaz de reunir os contrários entre os quais o homem se acha ao mesmo tempo despedaçado e aflito. Por isso não se deve seguir por inteiro o espírito de geometria nem entregar-se exclusivamente ao espírito de *finesse*, embora nada se possa fazer prescindindo de qualquer um deles. Deste modo Pascal não se contenta em nos dar razões ou remeter-nos às intuições sensíveis. Entre a razão e a sensibilidade se insere um modo de conhecimento ao mesmo tempo peculiar e universal: o do "coração". Não é uma faculdade por meio da qual se apreendam "verdades eternas". Mas tampouco é uma atividade somente individual e subjetiva: a "lógica do coração" é o resultado de uma integração da universalidade racionalista dentro da fé pessoal, o que dá ao que é aquilo sem o qual se dissolve e, em último termo, se aniquila: sentido e valor.

Desse ponto de vista, a aposta já não aparece como uma argumentação mas como uma "introdução": a introdução à fé. Mas como a fé torna possível também a compreensão do argumento racional, pode-se dizer que Pascal integra o crer para compreender e o compreender para crer num ato único. Assim, se encontra a Deus por tê-lo buscado, mas se busca também por já tê-lo encontrado. À luz desta integração que conserva vivos os elementos opostos deve-se entender a justificação pascaliana do cristianismo e suas "provas". De fato, com isso o cristianismo não resulta é esclarecido: continua sendo um mistério, mas mistério sem o qual não se compreenderia de modo nenhum o mundo e a história. Se "é o coração que sente a Deus e não a razão", sente-o porque a razão constitui um de seus "momentos". Mas sente-o, sobretudo, porque se apóia num "Deus vivo" e não numa "verdade eterna" ou num organizador do universo. Por isso deve se buscar a Deus em Jesus Cristo, o único que salva do ateísmo e do deísmo e, sobretudo, o único que permite o que é mais importante e decisivo que o conhecimento e até que a virtude: a salvação.

↪ Edição de obras: *Oeuvres complètes,* 14 vols., 1904-1914, ed. L. Brunschvicg, P. Boutroux, F. Gazier; *Oeuvres complètes,* 3 vols., 1923-1931, ed. F. Strowski; *L'oeuvre de P.,* 1936, ed. J. Chevalier; reed. como *Oeuvres complètes,* 18 vols., 1987; *Oeuvres complètes,* 6 vols. 1964ss., ed. J. Mesnard. — A edição de Port-Royal dos *Pensées* (1669) foi reproduzida por F. Gazier (1906). Entre outras edições da mesma obra mencionamos: 5 vols., 1779, ed. Bossut; 1803, ed. Lefèvre; 1958, ed. Lahure; 1877-1879, ed. Molinier; 3 vols., 1904, ed. L. Brunschvicg (que publicou também uma ed. facsimilar em 1905); 1962, ed. L. Lafuma [com reprodução fotográfica do manuscrito; 2 vols., 1960, ed. Z. Tourneur e D. Anzieu. — Entre as edições de *Les Provinciales* se destaca a crítica em 2 vols., 1962, por J. Steinmann. — Ed. de textos inéditos de P. [incluindo 15 novos *Pensées*], 1962, ed. J. Mesnard. — Ed. do *Discours sur les passions de l'amour* (por longo tempo atribuído a P.) por L. Lafuma, 1950. Lafuma atribui o *Discours* a C.-P. d'Escoubleau, marquês de Alluye e de Sourdis. G. Brunet *(Un prétendu traité de P., le Discours sur les passions de l'amour,* 1959) nega também que o *Discours* seja de P., contra a opinião de Sainte-Beuve, E. Faguet, L. Brunschvicg e outros.

Em português: *O pensamento vivo de Pascal,* 1975. — *Pensamentos,* 1984. — *Pensamentos sobre a política seguidos de três discursos sobre a condição dos poderosos,* 1994.

Bibliografia: A. Maire, *Essai bibliographique des Pensées de P.,* 1924. — Id., *Bibliographie générale des oeuvres de P.,* 5 vols., 1925-1927.

Concordância: H. M. Davidson, P. H. Dubé, *A Concordance to Pascal's* Pensées, 1975.

Véase: H. Reuchun, *Pascals Leben und der Geist seiner Schriften,* 1840. — A. Vinet, *Etudes sur Pascal,* 1848. — J. Tissot, *Pascal, réflexions sur ses Pensées,* 1869. — J. G. Dreydorft, *Pascal, sein Leben und seine Kämpfe,* 1870. — J. Bertrand, *B. P.,* 1891. — K.

Warmuth, *Das religiöse-ethische Ideal Pascals,* 1901. — E. Boutroux, *Pascal,* 1903. — E. Janssens, *La philosophie et apologétique de P.,* 1906. — F. Strowski, *Pascal et son temps,* 3 vols., 1907-1909. — H. R. Jordan, P. *A Study in Religious Psychology,* 1909. — F. Gazier, *Les derniers jours de P.,* 1911. — H. Petitot, *P., sa vie religieuse et son apologie du christianisme,* 1911. — A. Maire, *L'oeuvre scientifique de B. P.,* 1912 [prólogo de P. Duhem]. — J. Chevalier, *P.,* 1922, reimp., 1957 — L. Brunschvicg, *Le génie de P.,* 1924. — Id., *Descartes et Pascal, lecteurs de Montaigne,* 1944. — E. Jovy, *Etudes pascaliennes,* 9 vols., 1927-1936. — P. L. Landsberg, *Die Berufung Pascals,* 1932. — R. Guardini, *Christliches Bewusstsein. Versuch über P.,* — S. Yassa, *Die existentiale Grundlage der Philosophie Pascals,* 1934. — G. Desgrippes, *Etudes sur P. De l'automatisme à la foi,* 1935. — M. Bishop, *P. The life of Genius,* 1936 — D. M. Eastwood, *The Revival of P.: A Study of His Relations to Modern French Thought,* 1936. — E. Buchholz, *P.,* 1939. — E. Benzécri, *L'esprit humain selon P.,* 1939. — E. Baudin, *Etudes historiques et critiques sur la philosophie de P.,* 3 vols. em 4 tomos (*I. Sa philosophie critique. P. et Descartes,* 1946; *II. Sa philosophie morale. P., les Libertins et les Jansénistes:* vol. i, 1946; vol. ii, 1947; *III. Sa critique de la casuistique et du probabilisme moral,* 1947). — P. Humbert, *L'oeuvre scientifique de B. P.,* 1947. — V. Giraud, P.: *I. Essai de biographie psychologique,* 1949; *II. Les Pensées,* 1949. — L. Lafuma, *Recherches pascaliennes,* 1949. — J. Laporte, *Le coeur et la raison selon P.,* 1950. — L. Bouyer, *The Pascal Mystery,* 1950. — J. Mesnard, *P.: L'homme et l'oeuvre,* 1951 — J. Guiton, *P. et Leibniz,* 1951. — Id., *Génie de P.,* 1962. — Jean Steinmann, *P.,* 1954. — Id., *Les trois nuits de P.,* 1963 [comentário crítico às "Cartas" e à "Prière d'un malade"]. — Th. Spoerri. *Der verborgene P.,* 1955. — P. Mesnard, L. Goldmann, M. Orcibal, H. Lefèbvre, J. Russier, A. Koyré, H. Gouhier, M. de Gandillac, Th. Spoerri, *B. P., l'homme et l'oeuvre,* 1955. — L. Goldmann, *Le Dieu caché. Etude sur la vision tragique dans les Pensées de Pascal et dans le théâtre de Racine,* 1955. — J. Perdomo García, *La teoría del conocimiento en P.,* 1956. — R. E. Lacombe, *L'apologétique de P.,* 1958. — E. Mortimer, *B. P. The Life and Work of a Realist,* 1959. — R. Francis, *Les Pensées de P. en France de 1842 à 1942,* 1959. — E. Wasmuth, *Der unbekannte P. Versuch einer Deutung seines Lebens und seiner Lehre,* 1962. — J. Mesnard, H. Gouhier et al., *P. présent: Le livre du tricentenaire,* 1962. — P. Mesnard, I. Gobry *et al.,* artigos sobre Pascal em *Augustinus,* VII, n. 27-28 (1962) [com «Repertório bibliográfico pascaliano em espanhol», por Félix Ruiz, pp. 421-425]. — Número especial de *Giornale di Metafisica* (17, 6, 1962). — H. Gouhier, *B. P.,* 1966 (artigos, 1953-1962). — Id., *P. et les humanistes chrétiens: L'affaire Sainte-Ange,* 1974. — E. A. de Soveral, *P., filósofo cristão,* 1968.

— J. Miel, *P. and Theology,* 1969. — T. M. Harrington, *Vérité et méthode dans les Pensées de P.,* 1972. — E. Morot-Sir, *La métaphysique de P.,* 1973. — Id., *P.,* 1973. — P. Magnard, *Nature et histoire dans l'apologétique de P.,* 1975. — J.-P. Schobinger, *Kommentar zu Pascals Reflexionen über die Geometrie im Allgemeinen,* 1974. — M. Heess, *B. P. Wissenschaftliches Denken und christlicher Glaube,* 1977. — I. E. Kummer, *B. P. Das Heil im Widerspruch. Studien zu den Pensées im Aspekt philosophisch-theologischer Anschauungen, sprachlicher Gestaltung und Reflexion,* 1978. — H. M. Davidson, *The Origins of Certainty: Means and Meanings in P.'s Pensées,* 1979. — R. J. Nelson, *P.: Adversary and Advocate,* 1981. — H. S. du Moulin, *B. P. Une biographie spirituelle,* 1982. — D. Adamson, P.: *A Critical Biography,* 1983. — A. R. Pugh, *The Composition of P.'s Apologia.* 1984. — F. X. J. Coleman, *Neither Angel nor Beast: The Life and Work of B. P.,* 1986. — H. Löffel, *B. P.* 1987. — R. Parish, *P.'s Lettres Provinciales,* 1989. — L. Armour, *"Infini Rien": Pascal's Wager and the Human Paradox,* 1993. C

PASSIVO (INTELECTO). Ver INTELECTO.

PASTORE, ANNIBALE (1868-1956). Nascido em Orbassano (Turim), professor de 1921 a 1939 na Universidade de Turim e diretor do Laboratório de lógica experimental fundado por ele na mesma Universidade, distinguiu-se quase sempre por seu trabalho lógico, orientado ao que chamou de "lógica da potenciação" *(logica del potenziamento: LP).* Esta lógica não coincide com a logística de Peano; não só porque o uso dos símbolos nela é simplesmente uma medida prático-lingüística e não o resultado de certas exigências teóricas, como também, e muito especialmente, porque os princípios de que parte são distintos dos da "logística". A LP foi elaborada, além disso, não só por Annibale Pastore mas também por seu colaborador Pietro Mosso, a quem se deve a generalização lógica dos postulados de Pastore. Entre outras características, a LP tem a de usar em lógica os símbolos de potência (a^2) e de coeficiente ($2a$). Esses símbolos, crê Pastore, não se esgotam em seu uso operatório, mas respondem a estruturas últimas de toda relação entre o pensar lógico e a realidade. A rigor, e como Pastore assinalou, a lei mesma de tautologia tem uma natureza extralógica; se por um lado, a intenção de demonstração reintroduz nela o demonstrado, por outro lado não se pode tampouco eludir o problema por meio de uma consideração puramente postulativa da lei tautológica. As bases filosóficas de semelhante lógica se acham na tese do "pensamento puro", concebido, conforme diz Pastore (cf. auto-exposição citada na bibliografia: Sciacca, p. 338), como "o pensamento na produção lógica de si mesmo", como pensamento que "se compreende logicamente a si mesmo, como íntima essência, unidade e processo sistemático do cognoscivel". Sua pureza consiste em "ser e em saber-se pensamento do pensamento, inclusive quando se pensa como pensamento da realidade". Daí o caráter autológico de tal pensamento. O que não equivale, no entender do autor, a um panlogismo meramente imanentista e baseado numa concepção abstrata do pensamento lógico. O pensamento puro implica, no entender de Pastore, a possibilidade de uma refutação do solipsismo, assim como a possibilidade de uma afirmação da liberdade como forma especial da causação. Isto é factível porque em última análise a LP se apresenta como "teoria dos sistemas primitivos", sendo seu objeto "a investigação do processo de construção das formas mais elementares do pensar e de suas relações" (art. cit., p. 341). A lógica vista *sub specie relationis*, pode ser considerada ou como lógica geral pré-sistemática ou como um sistema lógico particular. Segundo Pastore, a vinculação da dedução do discurso *(D)* com a intuição lógica do universo *(U)* constitui o eixo central de toda indagação lógico-gnosiológica. A relação fundamental *D-U* e suas leis correspondentes contêm, como elementos seus, a demonstrabilidade e a intuicionabilidade. Daí a existência de formas de identidade (contrariamente à tese da identidade absoluta), de variações relativas; em suma, da "potenciação". Os princípios mesmos da física (do conhecimento do mundo físico) são compreensíveis com base na invariância lógica de diversas relações. Com isso a lógica não é uma operação exclusivamente analítica nem uma pseudo-dialética, mas uma forma do real que tem uma base "experimental".

⊃ Escritos principais: *La vita delle forme letterarie*, 1892. — *Sopra la teoria della scienza*, 1903. — *Logica formale dedotta dalla considerazione di modelli meccanici*, 1906. — *Macchine logiche*, 1906. — *Del nuovo spirito della scienza e della filosofia*, 1907. — *Sull'origine delle idee in ordine al problema dell'universale*, 1909. — *Sillogismo e proporzione*, 1910. — *Il pensiero puro*, 1913. — *Il problema della causalità con particolare riguardo alla teoria del metodo sperimentale*, 2 vols., 1921. — "Nuovi orizzonti della filosofia teoretica in relazione alla teoria della relatività", *Logos* (1922). — *Il solipsismo*, 1924. — "Su l'invariante logico nelle equazioni fondamentali della teoria della relatività" (*Misc. della Facoltà di Lettere e Filosofia della Università di Torino*, 1936). — *La logica del potenziamento coi principi di Pietro Mosso*, 1936 (contém os escritos de Pastore sobre a citada lógica anteriores a 1936 e sistematicamente organizados, assim como, no final do tomo, os *Principi di logica del potenziamento*, de seu colaborador e amigo Pietro Mosso, que tinham sido já publicados por Pastore em 1922). — *La logica sperimentale. Nuovi saggi di logica del potenziamento*, 1939 (compreende os escritos sobre a citada lógica publicados de 1936 a 1939; entre outros há o *Calcolo psicofisico a tre variabili*, assim como um *Apendice* de Pietro Mosso). Outros ensaios sobre a "lógica da potenciação" foram recolhidos no volume intitulado *Logicalia* (de 1957, cf. *infra*), ed. C. Ottaviano. — "Sullo sviluppo delle operazioni dipendenti solo del numero degli enti" (*Atti Scienze di Torino*, 1939-1940). — "L'equivoco teoretico della ragione nei fondatori della filosofia dell'esistenza". *Memoria della Accademia di Scienza dell' Istituto di Bologna* (1939). — *Scritti di varia filosofia*, 1940. — "Sul compito critico della filosofia secondo la logica del potenziamento con vestigi d'intuizone logica in Aristotele", *Archivio di filosofia* (1940). — *L'adversione alla logica*, 1942. — *La filosofia de Lenin*, 1946. — *La volontà dell'assurdo. Storia e crisi dell'esistenzialismo*, 1948. — *Logicalia. Saggi di logica e di filosofia della scienza*, 1957. — *Introduzione alla metafisica della poesia. Saggi critici*, 1957. — Indicamos sobretudo os trabalhos relativos à "lógica da potenciação", assim como aqueles que podem contribuir para o conhecimento da obra original de Pastore. Ele é autor também de grande número de trabalhos de interpretação histórico-sistemática sobre filósofos e sobre místicos (por exemplo, sobre João da Cruz).

Ver seu depoimento: "Il mio pensiero filosofico" no livro de M. F. Sciacca, *Filosofi italiani contemporanei*, 1944, pp. 333-349.

Ver: F. Selvaggi, *Dalla filosofia alla tecnica. La logica del potenziamento*, 1947, assim como o capítulo dedicado à LP no livro de R. Miccelli, *La filosofia italiana attuale*, 1937, pp. 301-303. ⊂

PATIN, GUY. Ver Libertinos.

PATOLÓGICO. Kant usa o termo 'patológico' num sentido que difere do atual, corrente — "algo que diz respeito a enfermidades" —, e é mais próximo de πάθος *pathos*, paixão, afecção. Vimos no verbete Interesse a diferença kantiana, apresentada na *Fundamentação da metafísica dos costumes*, entre "interesse prático na ação" e "interesse patológico no objeto da ação". Este último interesse tem a ver com as inclinações em virtude das quais se pode sentir agrado por um objeto. Na seção da *Crítica da razão prática* dedicada a examinar os impulsos ou incentivos *(Triebfedern)* da razão pura prática, Kant trata de ver de que modo se pode entender *a priori* que a lei moral pode exercer algum efeito sobre o sentimento *(Gefühl)*, pois essa lei impede que as inclinações *(Neigungen)* e a propensão a fazer delas a condição prática suprema (que é o amor que alguém sente por si mesmo, *Selbstliebe*) participem da legislação suprema. Ora, tal efeito pode ser positivo ou negativo. Quando é positivo, não cabe supor que haja nenhum sentimento — nem sequer um que receba o nome de "sentimento prático" ou "sentimento moral" — que preceda à lei moral. Quando é negativo, isto é, quando se produz um efeito de desagrado, é "patológico" como o são "todas as influências sobre o sentimento e todo sentimento" (*Kpv*, ed. da Academia, 74-75). Kant distingue entre impulsos ou incentivos patológicos e impulsos ou incentivos morais, os primeiros residem na simpatia ou no amor a si mesmo, enquanto os segundos residem na lei (moral). O único sentimento moral autêntico é, segundo Kant, o respeito pelo dever (VER) (*op. cit.*, 86).

PATRÍSTICA. Dentro da teologia católica, os Padres da Igreja são os Santos Padres que, segundo os teólogos, possuem as quatro características seguintes: ortodoxia, santidade de vida, aprovação pela Igreja e antigüidade. Nenhuma destas características pode ser supressa sem risco de estender desmesuradamente a noção de Santo Padre e o correspondente conceito de Patrística. Os teólogos alegam para tanto que se falta, por exemplo, a santidade de vida se perde o aspecto da salvação, tão ou mais importante que o da especulação, ou que se falta a antigüidade se perde a garantia derivada da primitividade cristã. Com base nessas características, estabeleceu-se uma distinção entre Padres da Igreja e escritores eclesiásticos. Reconhece-se que há nos últimos elementos muito valiosos, não somente de índole informativa, mas também teológica e eclesiástica, mas se insiste em que deve se evitar a confusão entre uns e outros. A noção de Santo Padre foi fixada já no século IV e especialmente no V. Segundo E. Amann (verbete "Pères de l'Église", em *Dict. de Théol. Catholique*, XII, 1, col. 1192-1215), os teólogos se regeram para tanto principalmente pelas normas derivadas do *Communitorium* de São Vicente de Lérins — que acentua o acordo comum, universal e catolicamente reconhecido como ortodoxo — e do Decreto do Papa Gelásio, *De libris recipiendis et non recipiendis*, ao qual fizemos referência no verbete sobre a escolástica (VER). De acordo com tais normas, são considerados como Santos Padres: Cipriano, Gregório Nazianzeno, Basílio, Atanásio, João Crisóstomo, Cirilo de Alexandria, Ambrósio, Agostinho, Jerônimo e outros. Em geral, considera-se que a Patrística termina no Ocidente com Gregório e Isidoro de Sevilha (século VII) e no Oriente com João Damasceno (século VIII).

Diferente também da noção de Santo Padre é, segundo os teólogos católicos, a noção de Santo Doutor. Entre os Santos Doutores figura a maior parte dos Doutores medievais: Beda Venerável, Anselmo, Pedro Damião, Boaventura, Alberto Magno, Tomás de Aquino e outros. A época dos Santos Doutores é a da escolástica; a dos Santos Padres, a Patrística. Na história da teologia cristã desde suas origens até finais da Idade Média costuma-se estabelecer os seguintes períodos: o apologético (ver APOLOGISTAS), o patrístico e o escolástico.

A delimitação da patrística feita acima é aceita por muitos historiadores da filosofia. Outros incluem no período patrístico autores eclesiásticos tais como Tertuliano e Orígenes, mas isso não significa forçosamente esquecer a distinção entre autor eclesiástico e Santo Padre.

A distinção continua sendo vigente na teologia mesmo quando, do ponto de vista filosófico, autores eclesiásticos e Santos Padres figurem cronologicamente dentro da Patrística, a qual designa então um certo período de atividade especulativa centrada nos temas teológicos.

⮕ Na bibliografia dos verbetes CRISTIANISMO, ESCOLÁSTICA, FILOSOFIA MEDIEVAL indicamos os repertórios mais importantes para o estudo da filosofia cristã, entre eles os que correspondem à Patrística. Os repertórios bibliográficos (com exceção do que se mencionará no final) foram também indicados no verbete CRISTIANISMO. Além disso, as edições principais dos autores patrísticos foram mencionadas nos correspondentes verbetes [cf. APOLOGISTAS; AGOSTINHO; JUSTINO, ORÍGENES etc.]. Assinalamos aqui somente que a maior parte dos textos dos autores do período se encontra na coleção dirigida por Jacques Paul Migne (citada freqüentemente: "Migne"): *Patrologiae cursus completus, series graeca* (abreviado: *PG*), 161 vols., 1857ss.; *Patrologiae cursus completus, series latina* (abreviado: *PL*), 291 vols., 1844ss. Muitos dos volumes de *PG* e *PL* foram reimpressos. Embora em muitos pontos defeituoso, o *cursus* de Migne ainda é fonte indispensável para o estudo da Patrística, sobretudo se se tem em conta para *PL*, a obra de P. Glorieux, *Pour revaloriser Migne. Tables rectificatives*, 1952. Contudo, é preciso recorrer em muitos casos a textos de edição mais cuidada. Para tanto, mencionamos as seguintes coleções: *Corpus Christianorum* [dos Padres Apostólicos a São João Damasceno e de Tertuliano a Beda Venerável, para cujo uso pode se recurrer à *Clavis Patrum Latinorum seu Propylaeum ad Corpus Christianorum*, 2ª ed., rev., 1961, ed. E. Dekkers e A. Gaar; *Corpus Scriptorum Ecclesiasticorum Latinorum* [da Acad. Scient. Austriacae; *Sources chrétiennes*, dirigidas por H. de Lubac e J. Daniélou; *Spicilegium sacrum Lovaniense: Opuscula Patrum; Studi e testi; Texte und Untersuchungen; Die griechischie christliche Schriftsteller der ersten drei Jahrhunderte* [da Acad. Scient. Berolini]. — Para os Padres Apostólicos: *Patrum apostolicorum Opera*, ed. O. von Gebhardt, A. Harnack, Th. Zahn; *Opera Patrum apostolicorum* 2 vols., 1901, ed. F. X. Fubk. Para a Patrologia síria e oriental: *Patrologia syriaca*, 1894 ss., ed. R. Graffin e F. Nau. — *Patrologia orientalis*, 1907ss., ed. R. Graflin e F. Nau. — *Corpus scriptorum christianorum orientalium*, 1903ss., ed. J. B. Chabot, B. Carra de Vaux *et al.* [quatro séries: 1, síria; 2, copta; 3, árabe; 4, etíope]. — Entre as coleções de escritos patrísticos (da patrística grega e latina principalmente) em tradução (e, freqüentemente, com textos) mencionamos: *Biblioteca de Autores Cristianos; Ancient Christian Writers; Fathers of the Church*, e as citadas *Sources chrétiennes*.

Para bibliografia: O. Perler, *Patristische Philosophie*, 1950 [Bibliographische Einführungen in das Studium der Philosophie, ed. 1. M. Bocheński, 18]. — *Biblio-*

graphia Patristica, desde 1959, ed. K. Aland, L. Bieler *et ali.*

Estado dos estudos patrísticos: *Studio Patristica,* 2 vols., 1957, ed. K. Aland e F. L. Cross [trabalhos apresentados no Segundo Congresso Internacional de Estudos Patrísticos: Oxford, 1955] — H. Musurillo, "Ecumenism and Patristic Scholarship: A Survey of Recent Work", *Traditio,* 20 (1964), 473-490.

Instrumentos de trabalho: *Instrumenta patrística,* a cargo da Abadia de São Pedro de Steenbrugge, desde 1959. — G. W. H. Lampe, ed., *A Patristic Greek Lexicon,* desde 1962.

Repertórios para o estudo da Patrística especialmente em forma de exposição histórica: B. Altaner, *Patrologie,* 1938, 2ª ed., aum., 1950, reimp., 1951 e 1955. — F. Cayré, *Précis de Patrologie et d'histoire de la théologie,* 3 vols., 1947. — J. Quasten, *Patrology,* 2 vols., 1950-1953. — M. Greschat, ed., *Gestalten der Kirchengeschichite,* 2 vols., 1984.

Muitas das obras citadas nas bibliografias de CRISTIANISMO, FILOSOFIA MEDIEVAL e FILOSOFIA (HISTÓRIA DA) estudam a patrística. Ver também: A. Stöckl, *Geschichte der Philosophie der patristischen Zeit,* 1859. — J. Huber, *Die Philosophie der Kirchenväter,* 1859. — L. M. de Cadiz, *Historia de la literatura patristica,* 1954. — H. von Campenhausen, *Die griechischen Kirchenväter,* 1955. — H. A. Wolfson, *The Philosophy of the Church Fathers, I. Faith Trinity, Incarnation,* 1956. — I. Ortiz de Urbina, *Patrologia syriaca* 1958. — C. Tresmontant, *La métaphysique du christianisme et la naissance de la philosophie chrétienne, Les problèmes de la création et de l'anthropologie, des origines à Saint Augustin,* 1961. -D. S. Wallace-Hadrill, *The Greek Patristic View of Nature,* 1968. — J. H. Randall, *Hellenistic Ways of Deliverance and the Making of the Christian Synthesis,* 1970. — A. Warkotsch, *Die antike Philosophie im Urteil der Kirchenväter,* 1973. — P. Gorday, *Principles of Patristic Exegesis,* 1983.

Para a relação entre Patrística e escolástica: J. Hessen, *Patristische und scholastische Philosophie,* 1922. — J. de Ghellinck, *Patristique et Moyen Age,* 3 vols.: I. *Les Recherches sur les origines du symbole des Apôtres,* 1946; 2ª ed. 1949; II. *Introduction et compléments à l'étude de la Patristique,* 1947; III. *Compléments à l'étude de la Patristique,* 1948. — F. P. Cassidy, *Molders of the Medieval Mind: The Influence of the Fathers of the Church on the Medieval Schoolmen,* 1944. ↄ

PATRIZZI, FRANCESCO (PATRICIUS, FRANCISCUS). Ver METAFÍSICA; PAMPSIQUISMO.

PAULER, AKÓS VON (1876-1933). Nascido em Budapeste, foi professor nas Universidades de Kolzsvár e Budapeste. Pauler se distinguiu por seus estudos lógicos e epistemológicos, realizados sob a influência da linha Bolzano-Husserl e de uma reelaboração do aristotelismo. Von Pauler defende uma concepção claramente objetivista da lógica, igualmente oposta ao formalismo e ao empirismo, mas a lógica não é senão o primeiro estádio num sistema total filosófico que compreende também, em sucessão ascendente, a ética, a estética, a metafísica e o que chama a ideologia ou teoria geral da coisa como tal. Esta última disciplina é, a rigor, uma espécie de ontologia geral, que se articula numa série de ontologias especiais. Para o desenvolvimento desta ontologia geral é preciso levar em conta, antes de tudo, certos princípios que Pauler estima como "princípios lógicos": o de identidade, o de coordenação e o de subordinação.

Pauler se opôs a todo materialismo reducionista e a todo naturalismo mecanicista, nos quais viu a negação da liberdade humana. Opôs-se ao mesmo tempo a todo sobrenaturalismo e a todo irracionalismo, que conduzem ao dualismo da matéria e do espírito. Seu interesse pelos problemas éticos levaram-no ao personalismo e a uma forma de utilitarismo com forte tendência à promoção do bem-estar de toda a humanidade. A vontade desempenha um papel central na ética de Pauler.

O interesse de Pauler pela fundamentação metafísica das normas éticas o conduziu primeiro a uma concepção da vontade como vontade objetiva, e depois a uma concepção monista de viés idealista e com tendências pampsiquistas similares às de Fechner. Segundo Pauler, é preciso considerar o corpo e o espírito como o anverso e o reverso da mesma moeda, que representa a totalidade da realidade em evolução rumo à realização do ideal moral. Esta realidade total pode ser equiparada a Deus.

ↄ Obras principais: *Das Problem des Dinges an sich in der neueren Philosophie,* 1902 *(O problema da coisa-em-si na filosofia moderna). — Az ismeretelméleti kategóriák problémája,* 1904 *(O problema das categorias gnosiológicas). — Az etikai megismerés,* 1907 *(O conhecimento ético). — A logikai alapelvek elméletéhez,* 1911 *(Teoria dos princípios lógicos). — Bevezetés a filozófiába,* 1920 *(Princípios de filosofia). — Logika,* 1925. — *Aristoteles,* I, 1933. — Várias das obras de Pauler foram traduzidas para o alemão: *Grundlagen der Philosophie,* 1925. — *Logik,* 1929.

Ver: C. Carbonara, *A. v. P. e la logica della filosofia,* 1931. — *Gedenkschrift für Akós von Pauler,* ed. pela Ungarische Philosophische Gesellschaft, 1936. ↄ

PAULHAN, FRÉDÉRIC. Ver RIBOT, THÉODULE [ARMAND].

PAULO DE VENEZA [Paulus Nicoletus Venetus, Paolo Veneto, Paolo Nicoletti; Paolo Nicoletto de Udine] *(c.* 1372-1429). Nascido em Udine, estudou em Oxford, Paris e Pádua. Membro da Ordem dos Eremitas de Santo Agostinho, exerceu os cargos de vigário provincial e vigário geral da Ordem. De 1408 a 1415 ensinou na Faculdade de Artes de Pádua. Acusado de manter opiniões suspeitas na questão da relação entre a filosofia e a teologia, foi confinado por algum tempo em Ravena; depois viajou por diversas cidades até deter-se de novo em Pádua, onde morreu.

Costuma-se considerar Paulo de Veneza como um dos mais ardentes defensores da "via nominal"; ele defendeu a lógica occamista e terminista contra os partidários da *via antiqua*. Influenciado pelos mertonianos (VER), tratou de várias questões físicas no sentido de Swineshead e Heytesbury, mas sem trazer pessoalmente nenhuma novidade às questões tratadas. Paulo de Veneza desenvolveu também idéias procedentes da interpretação averroísta de Aristóteles e se ocupou sobretudo da questão do método do conhecimento das coisas naturais. A esse respeito apresentou e defendeu a necessidade de um método que incluísse tanto o descobrimento ou "invenção" como as conseqüências ou "notificação", num sentido parecido ao de Hugo de Sena e de vários comentadores averroístas. No problema da natureza e função do intelecto possível em relação com o intelecto ativo, Paulo de Veneza se opôs às opiniões de Tomás de Aquino e de Egídio Romano e se ateve principalmente às teses de Sigério de Brabante.

⊃ Obras: devemos a P. de V. vários comentários a Aristóteles. Destacam-se: *Expositio super octo libros Physicorum Aristotelis necnon super commentarium Averois cum dubiis eiusdem*, impressa em Veneza em 1476; *In libros de animo explanatio cum textu incluso singulis locis*, impressos em Veneza em 1504. Sua obra mais importante é a *Summa naturalium* ou *Summa totius philosophiae naturalis*, impressa em Veneza em 1472; a ed. de 1502 foi reimp., ed. I. Angelelli, 1968. Muito difundidos foram seus escritos lógicos: *Summulae logicae* ou *Tractatus summularum*, publicados em Veneza em 1472, e reimpressos freqüentemente. — Reimp. de: *Logica magna: Tractatus de suppositionibus*, 1971, ed. Alan R. Perreiah. — Ed. e trad. inglesa de *Logica magna*, 1979: parte I, fascículo 1, por N. Kretzmann; parte II, fascículo 6 ("De veritate et falsitate propositionis et de significato propositionis"), ed. por F. del Punta, com trad. de M. McCord Adams. — Reimpr. de *Logica parva* (ed. de 1472), 1984, com intr. e notas de A. R. Perreiah.

Bibliografia: A. R. Perreiah, *P. of V.: A Bibliographical Guide*, 1986

Ver: G. Rossi, *Alcune ricerche su P. V.,* 1904. — T. F. Momigliano, *P. V. e le correnti del pensiero religioso e filosofico del suo tempo*, 1907. — B. Nardi, *Saggi sull'aristotelismo padovano dal secolo XIV al XVI*, 1958, pp. 75-93. — G. F. Pagallo, "Note sulla *Logica* di Paolo Veneto: la critica alla dottrine del 'complexe significabile' di Gregorio da Rimini", *Atti del XII Congresso Internazionale di Filosofia* [Firenze], 1960, vol. 9, pp. 183-191. — C. H. Lohr, "A Note on Manuscripts of Paulus Venetus' Logica", *Bulletin de philosophie médiévale*, 15 (1973), 145-146. — R. Van Der Lecq, "P. of V. on Composite and Divided Sense", em A. Maierù, ed., *English Logic in Italy: 14th e 15th centuries*, 1982, pp. 321-330. — P. Vignaux, "Un accès philosophique au spirituel: l'averroïsme de Jean de Ripa et P. de V.", *Archives de Philosophie*, 51 (1988), 385-400. — G. Sinkler, "P. of V. on Obligations", *Dialogue* (Canadá), 31 (3) (1992), 475-493.

Ver também a bibliografia de PÁDUA (ESCOLA DE). ℭ

PAULO (SÃO) († c. 67). Nascido em Tarso, Ásia Menor, judeu (de nome Saulo), educado no helenismo, substituiu a Lei mosaica pela fé; mas o ambiente saturado de doutrinas helenísticas em que se desenvolveu sua ação e sua teologia foi menos determinante do que parece para quem vê em toda parte a influência grega. Tudo isso, lei judaica e sabedoria grega, mistério oriental e poder romano, fica integrado numa doutrina de salvação que é talvez "escândalo para os judeus e loucura para os pagãos, mas potência de Deus e sabedoria de Deus para os que são chamados, tanto judeus como gregos" (1Cor, 1,23). A loucura de Deus é mais sábia que os homens, a fraqueza de Deus é mais forte que os homens. A pregação de São Paulo, que a princípio parecera, para os curiosos gregos de Atenas reunidos no Areópago, uma nova doutrina e uma nova escola, acabou parecendo-lhes, ao chegar à ressurreição dos mortos (At 17,23-32), uma loucura, a loucura de pregar um deus desconhecido que "fixou um dia em que se julgará o mundo segundo sua justiça". Esta destruição da sabedoria dos sábios, a pregação da cruz, pode ser, com efeito, loucura para a sabedoria grega desde que não vá destinada à salvação, mas unicamente à curiosidade, mas a pregação paulina chocava, justamente na época em que era feita, com um afã de salvação de que estavam penetradas, para além de sua curiosidade, as escolas filosóficas — os estóicos e os cínicos principalmente — e que ressoou durante vários séculos nas construções intelectuais do neoplatonismo. Afã de salvação que, todavia, alcança na teologia de Paulo uma maior universalidade, ao fazer de todos os homens filhos de Deus pela fé em Jesus Cristo. A religião anunciada por Paulo ultrapassava assim o quadro da inquietação e da esperança da filosofia grega do último período, limitada aos homens cultos e aos que pudessem ter a suficiente força para ater-se, como dizia Epicteto, às "coisas que estão em nós". Para São Paulo, a rigor, não é necessária a força humana, que é fraqueza, pois toda força vem da graça de Deus; o que deve fazer o homem é simplesmente ter a fé e tê-la com a caridade, pois "ainda que tenha o dom da profecia, a ciência de todos os mistérios e todo o conhecimento, ainda que tenha inclusive toda a fé necessária para remover montanhas, nada terei se não tiver caridade" (1Cor 13,2). A caridade é o que não perece nunca, à diferença das demais coisas, das profecias, das línguas e do conhecimento, à diferença "deste mundo", cuja figura passa, e da qual somente se salvará, pela graça e poder de Deus, aquele que ressuscitar incorruptível, a vida eterna vitoriosa sobre a morte, "o corpo espiritual" (1Cor 15,45). A salvação é assim, antes de tudo, o resultado de uma fé em Jesus Cristo e em sua ressurreição, de uma esperança de que haverá, mais além deste mundo, um reino do imperecível, e de uma caridade que é inclusive "superior" à esperança e à fé.

A interpretação da teologia de São Paulo oferece ao historiador da filosofia vários problemas. Apontaremos cinco: 1) A influência da tradição helênica e sua confrontação com a tradição hebraica; 2) o papel que a cristologia desempenha em sua doutrina; 3) o uso da diatribe de tipo cínico-estóico e sua influência, pelo menos sobre a forma da doutrina; 4) a relação entre o pensamento de Paulo e algumas das manifestações do sincretismo contemporâneo; 5) a relação entre o teórico e o prático. Alguns desses problemas não podem ser resolvidos sem a contribuição da teologia e da história, mas o exame filosófico pode também projetar luz sobre as questões suscitadas. Do ângulo filosófico 1) é possivelmente o problema mais importante, e é o que tratamos principalmente no presente verbete.

⊃ Ver: C. Clemen, *Paulus, sein Leben und Wirken*, 2 vols., 1904. — A. T. Robertson, *Epochs in the Life of St. Paul*, 1909. — J. R. Cohu, *St. Paul in the Light of Modern Research*, 1911. — A. E. Garvie, *Studies of St. Paul and His Gospel*, 1911. — Toussaint, *L'Hellénisme et l'apôtre Paul*, 1921. — José María Bover, *Teología de San Pablo*, 1946. — Ver sobretudo a documentada obra de F. Prat, *La théologie de Saint Paul*, 2 vols., 1909-1912, reed. apresentada por J. Daniélou, Parte 1, 1961. — N. W. De Witt, *St. Paul and Epicurus*, 1954. — A. Vidal, *Tras las huellas de San Pablo*, 1963. — D. Daube, "Paul, a Hellenistic Schoolmaster", en R. Loewe, ed., *Studies in Rationalism, Judaism and Universalism*, 1966, pp. 67-71. — U. Luz, *Das Geschichtsverständnis des Paulus*, 1968. — J. Baumgarten, *Paulus und die Apokalyptik*, 1975. — R. Jewett, *A Chronology of Paul's Life*, 1979. — P. W. Gooch, *Partial Knowledge: Philosophical Studies in Paul*, 1987. — A. J. Malherbe, *Paul and the Popular Philosophers*, 1989. — R. H. Akeroyd, *Reason and Revelation: From Paul to Pascal*, 1992. — J. M. O'Connor, *Paulo: biografia crítica*, 2000. ⊂

PAULSEN, FRIEDRICH (1846-1908). Nascido em Langenhorn (Silésia), foi "professor extraordinário" (1877-1893) e professor titular (a partir de 1893) na Universidade de Berlim. Paulsen exerceu grande influência como mestre (era, como escreve Santayana, "modelo de crítica judiciosa e condescendente" [*En la mitad del camino*, 1946, p. 13]). Tal influência foi, ao que parece, superior à exercida pelo conteúdo de suas doutrinas filosóficas. Paulsen recebeu sobretudo estímulos de Wundt e, em particular, de Fechner, cujo pampsiquismo desenvolveu num sistema monista idealista. Paulsen concebeu a filosofia, em especial a metafísica, como uma generalização indutiva plausível dos dados oferecidos pelas ciências particulares, inclinando-se na teoria do conhecimento para uma consideração predominantemente psicológica da consciência transcendental. Dentro de tal generalização, Paulsen pensava poder resolver o problema do paralelismo psicofísico. Na verdade, não existia para o filósofo nenhum paralelismo, mas uma correspondência ou relação de "interior a exterior" entre o físico e o psíquico. Ambos são faces de uma mesma realidade, de tal sorte que o físico pode aparecer como manifestação ou, melhor dizendo, como signo e símbolo do anímico. O fundo do real pode ser, por conseguinte — tomado analogicamente —, a vontade, isto é, a força, interpretada quase sempre como um impulso inconsciente que se realiza na mecanização. Entre os discípulos de Paulsen, influenciados também por Wundt pelo voluntarismo, figuram Erich Adickes e Julius Mobius, aos quais nos referimos no verbete sobre Wundt.

⊃ Obras principais: *Symbolae ad systemata philosophiae moralis historicae et criticae*, 1871. — *Geschichte des gelehrten Unterrichts auf den deutschen Schulen und Universitäten vom Ausgang des Mittelalters bis zur Gegenwart*, 1855; 3ª ed., aum., 2 vols., 1919-1921, ed. R. Lehmann (*História da instrução acadêmica nas escolas e universidades alemãs desde o final da Idade Média até o presente*). — *System der Ethik, mit einem Umriss der Staats- und Gesellschaftslehre*, 1889; 2ª ed., 2 vols., 1894; 12ª ed., 1921 (*Sistema de ética, com um esboço da doutrina do Estado e da sociedade*). — *Einleitung in die Philosophie*, 1892; 42ª ed., 1929 (*Introdução à filosofia*). — *I. Kant. Sein Leben und seine Lehre*, 1898; 7ª ed., 1924 (*I. K. Sua vida e obra*). — *Schopenhauer, Hamlet, Mephistopheles. Drei Aufsätze zur Naturgeschichte des Pessimismus*, 1900 (*S., H., M. Três ensaios sobre a história natural do pessimismo*). — *Philosophia militans. Gegen Klerikalismus und Naturalismus. 5 Abhandlungen*, 1901 (*Filosofia militante. Contra o clericalismo e o naturalismo. Cinco ensaios*). — *Universitäten und Universitätstudium*, 1902 (*Universidades e estudo universitário*). — *Zur Ethik und Politik. Gesammelte Vorträge und Aufsätze*, 1905 (*Para a ética e a política. Artigos e conferências reunidos*). — *Das deutsche Bildungswesen in seiner geschichtlichen Entwicklung*, 1906 (*A educação alemã em seu desenvolvimento histórico*). — *Ethik*, 1907 [*Kultur der Gegenwart*, I, 6]. — *Die Zukunftaufgaben der Philosophie*, 1907 [id.] (*As tarefas futuras da filosofia*). — *Moderne Erziehung und geschichtliche Sittlichkeit. Einige pädagogische und moralische Betrachtungen für das Jahrhundert des Kindes*, 1908 (*Educação moderna e moralidade histórica. Algumas considerações pedagógicas e morais para o século da criança*). — *Richtlinien der jüngsten Bewegung im höheren Schulwesen Deutschlands. Gesammelte Aufsätze*, 1909 (*Diretrizes do recente movi-*

mento na instrução superior da Alemanha. Artigos reunidos). — Aus meinem Leben, 1901 *(De minha vida).* — Pädagogik, 1909. — Gesammelte pädagogische Abhandlungen, ed. S. Spranger, 1912 *(Ensaios pedagógicos reunidos).*

Correspondência: F. Tönnies e F. P., *Briefwechsel 1876-1908,* 1961, ed. O. Klose *et al.*

Ver: F. Tosco, *La filosofia di F. Paulsen,* 1897. — O. Nordwälder, *F. Paulsen und seine religiöse Anschauungen,* 1906. — C. Sternberg, *F. Paulsen, Nachruf und kritische würdigung,* 1909. — P. Fritsch, *F. Paulsens philosophischer Standpunkt, insbesondere sein Verhältnis zu Fechner und Schopenhauer,* 1910. — R. Schwellenbach, *Das Gottesproblem in der Philosophie F. Paulsens und sein Zusammenhang mit dem Gottesbegriff Spinozas,* 1911 (tese). — P. Ruiz Amado, *La última palabra de la pedagogía alemana. Ideas pedagógicas de F. Paulsen,* 1913. — B. Schulte-Hubbert, *Die Philosophie F. Paulsens,* 1914. — G. Laule, *Die Pädagogik F. Paulsens im Zusammenhang mit seiner Philosophie und ihr Einfluss auf das deutsche Schulwesen,* 1914. — J. Speck, *F. P., sein Leben und sein Werk,* 1926. — W. Binde, *Die Psychologie F. Paulsens,* 1929. — B. Geyer, *P. und Pannwitz,* 1943. ⊂

PAVLOV, IVAN PETROVITCH (1849-1936). Nascido em Ryazan, estudou na Academia Militar Médica de São Petersburgo. De 1895 a 1914 foi professor desta Academia, a partir de 1880 foi diretor da seção de fisiologia no Instituto de Medicina Experimental em São Petersburgo, e a partir de 1917 diretor do Instituto. Em 1904 recebeu o Prêmio Nobel de Medicina por suas pesquisas sobre glândulas gástricas.

Pavlov se distinguiu por diversos trabalhos na fisiologia do coração, sistema nervoso, secreção de glândulas gástricas etc., mas suas mais conhecidas e influentes investigações — e as de que mais freqüentemente se ocuparam alguns filósofos e psicólogos — foram no campo dos chamados (a partir dele) "reflexos condicionados" (ou "reflexos condicionais"). Abordamos brevemente essa questão no verbete REFLEXO. Aqui nos limitamos a destacar dois pontos acerca dessas investigações e acerca das idéias de Pavlov em geral. No tocante aos reflexos condicionados, cabe advertir que se trata propriamente de respostas condicionadas aprendidas pelo hábito de associação; para tanto, Pavlov se vale de certas idéias centrais às quais nos referimos no verbete ASSOCIAÇÃO, ASSOCIACIONISMO. Contudo, a associação de estímulos que produz as respostas condicionadas se dá dentro de certas estruturas de percepção, de modo que a noção de estrutura parece ter também certa importância nas investigações de referência. Quanto às idéias de Pavlov, cabe advertir que o próprio autor não chegava a conclusões de caráter "reducionista", isto é, não reduzia a conduta humana a conduta observável em pesquisas com animais. Foi dito que isso se devia ao fato de Pavlov considerar que há no homem processos psíquicos irredutíveis em princípio aos processos nervosos observáveis na conduta dos animais, mas pode também assinalar-se que a resistência de Pavlov a praticar um "reducionismo" neste sentido procedia de sua atitude empírica, segundo a qual não é legítimo deduzir uns processos de outros (após ter reduzido uns a outros) sem oferecer ou as provas empíricas suficientes ou especificar em detalhe que condições deveriam cumprir-se para levar a cabo semelhante redução.

⊃ Obras: Os trabalhos de P. (em russo) compreendem pesquisas sobre a fisiologia das glândulas digestivas, sobre a atividade nervosa dos animais, sobre o trabalho dos hemisférios cerebrais, sobre a atividade do córtex cerebral, sobre a localização de funções cerebrais etc. Há numerosas traduções para outros idiomas, e edição de obras completas em alemão (7 vols., 1953-55), da 2ª ed. das obras completas em russo (1951-1952). Os trabalhos mais influentes de P. sobre os reflexos condicionados estão estreitamente relacionados com suas outras várias pesquisas fisiológicas: o título mais comum, em traduções, é o de "Reflexos condicionados. Pesquisa da atividade fisiológica do córtex cerebral".

Em português: *Reflexos condicionados, inibição e outros,* 1990. — *Textos escolhidos,* Os Pensadores, 1984. — *Pavlov: psicologia,* 1979.

Ver: S. A. Petruschewski, *Die materialistische Lehre I. P. Ps,* 1956. — I. Hand, *P.s Beitrag zur Psychiatrie,* 1972. — J. A. Gray, *P.,* 1979. ⊂

PAYOT, JULES (1859-1940). Nascido em Chamonix (Haute-Savoie, França), foi um dos discípulos de Théodule Ribot (VER). As principais contribuições de Payot versam sobre as ações voluntárias e sobre os estados de atividade muscular estreitamente associados com tais ações. Segundo Payot, todas as sensações atuam no quadro da atividade muscular; isso o leva a destacar a participação do sujeito nos atos da percepção e a enfatizar os modos como — segundo será dito mais tarde por filósofos como Merleau-Ponty — o corpo se insere no mundo. A preeminência concedida por Payot à atividade muscular e aos atos voluntários inclinou-o a uma concepção pragmática do conhecimento e a um estudo da função desempenhada pelas crenças.

⊃ Obras principais: *L'éducation de la volonté,* 1893. — *De la croyance,* 1896. — *Le travail intellectuel et la volonté. Suite à l'Éducation de la volonté,* 1909. ⊂

PEANO, GIUSEPPE (1858-1932). Nascido em Cuneo. Depois de estudar matemática na Universidade de Turim foi, a partir de 1890, professor na mesma Universidade e depois também na Academia Militar de Turim.

Peano se destacou por várias contribuições à matemática e à lógica matemática. Nesta última é conhecido sobretudo por sua fundamentação lógica da teoria do número (VER), por sua elaboração da notação (VER) simbólica e por sua introdução da diferença entre pertinência a uma classe (VER) e inclusão de uma classe em outra. Peano realizou também um importante trabalho na propagação dos novos métodos da lógica matemática.

A fundamentação lógica do conceito de número, isto é, a série de axiomas que caracterizam a seqüência de números naturais, ou "axiomas de Peano", é devida a Dedekind (ver NÚMERO), por isso também se poderia chamá-los de "axiomas de Dedekind" (ou "axiomas de Dedekind-Peano"). Peano, aliás, reconheceu que Dedekind foi o autor dessa fundamentação.

↪ Obras principais de interesse lógico: *Arithmetices principia, nova methodo exposita*, 1889. — *I principi di geometria logicamente esposti*, 1889. — "Sul concetto di numero", *Rivista di Matematica*, I (1891), 256-276. — *Notations de logique mathématique. Introduction au Formulaire de Mathématiques*, 1894. — *Formulaire de Mathématiques*, I, 1895; II.1, 1897; II.2, 1898; II.3, 1898; III, 1901; IV, 1903-1908; V, 1905-1908 (em colaboração com R. Bettazzi, C. Burali-Forti, F. Castellano, G. Fano, F. Giudice, G. Vailati, G. Vivanti; o último volume está escrito no *latino sine flexione* proposto por Peano como língua universal).

Edição de obras: *Opere scelte*, vol. I (*Analisi matematica-Calcolo numerico*), 1957. — *Opere scelte*, II (*Logica matematica ed algebra della grammatica*), 1958, ed. U. Cassina.

Correspondência: H. C. Kennedy, "Nine Letters from G. Peano to Bertrand Russell", *Journal of the History of Ideas*, 13 (1975), 205-220.

Ver: VV. AA., arts. em número especial de *Nominazione*, 1 (1980). — D. A. Gillies, *Dedekind and P. on the Foundations of Arithmetic*, 1982. ᴄ

PEARSON, KARL (1857-1936). Nascido em Londres, em cuja Universidade foi professor de eugenesia e depois de mecânica racional. Pearson seguiu, conforme sua própria confissão, algumas das idéias de Clifford (VER), mas elaborou mais pormenorizadamente que ele a teoria do conhecimento dos conceitos usados na mecânica. Segundo Pearson, tem-se usado conceitos sem esclarecer suficientemente seu significado; especialmente as noções de matéria, massa, força e outras similares devem ser despojadas, em seu entender, de conotações que obscureçam sua significação e impedem sua aplicação adequada na ciência. Pearson chegou neste ponto a conclusões muito semelhantes às de Mach (VER), que dedicou a Pearson sua obra sobre a mecânica e seu desenvolvimento. Também, como Mach e outros positivistas, Pearson interpretou as leis científicas como descrições sumárias da ordem das percepções e não como supostas "verdadeiras explicações" dos fenômenos. O que se chama em ciência "explicar" é para Pearson descrever em certa linguagem. Algumas das idéias de Pearson se aproximam do que depois foi o neopositivismo (VER); em todo caso, Pearson considerou que nenhuma proposição que não entre no quadro da ciência pode possuir significação. A metafísica é uma poesia ainda mais perigosa porquanto pretende usar uma linguagem racional. O conhecimento real existe só na medida em que está enquadrado na "gramática da ciência".

Em vários escritos de caráter ético e político, Pearson defendeu uma moral racionalista e uma organização socialista, tudo isso em oposição às idéias vigentes na Inglaterra vitoriana.

↪ Obra principal: *The Grammar of Science*, 1892; 2ª ed., 1908; 3ª ed., 1911. — Também: *The Ethics of Freethought*, 1888. — *The Chances of Death*, 1897. — *Darwinism*, 1912.

Bibliografia: *A Bibliography of the Statistical and Other Writings of K. P.*, 1939.

Ver: P. Skagestad, "Peirce and P.: Pragmatism versus Instrumentalism", em R. S. Cohen, ed., *Language, Logic and Method*, 1983, pp. 263-282. — D. Baird, "The Fisher/Pearson Chi-Squared Controversy: A Turning Point for Inductive Inference", *British Journal of Philosophy of Science*, 34 (1983), 105-118. — G. Gigerenzer et al., *The Empire of Chance: How Probability Changed Science and Everyday Life*, 1989. ᴄ

PÉCAUT, FÉLIX. Ver SABATIER, AUGUSTE.

PECH, TILMANN. Ver NEO-ESCOLÁSTICA.

PECHAM, JOÃO. Ver JOÃO PECHAM.

PEDAGOGIA. Ver EDUCAÇÃO.

PEDRO ABELARDO. Ver ABELARDO, PEDRO.

PEDRO AURIOL ou d'Auriole, Petrus Aureoli ou Areolus († 1322). Franciscano chamado o *doctor fecundus*, mestre de teologia em Paris e arcebispo de Aix-en-Provence, opôs-se não só a Tomás de Aquino, mas também ao próprio mestre de sua Ordem, Duns Scot, defendendo uma doutrina que pode ser considerada precursora da de Guilherme de Occam, tanto em sua parte construtiva como, e sobretudo, em sua parte crítica. Os universais são, como em Durando de Saint-Pourçain, designações indeterminadas dos indivíduos, de modo que o universal é simplesmente *conceptus* enquanto forma *fabricata* pelo intelecto. A supressão das formas e das espécies é uma das conseqüências desta doutrina que, como a de Occam, tende à eliminação das "multiplicações desnecessárias". Mas, além disso, é característico de Pedro Auriol, e sobremaneira importante para a compreensão de sua doutrina, a tese de que não pode haver forma separada da matéria, já que a essência da forma é precisamente a de informar a matéria. As *formae separatae* de Santo Tomás ficam, assim, eliminadas. Com isso as verdades dogmáticas resultam inacessíveis a uma penetração mental, se convertem em meros *credibilia* e obrigam a uma separação das ordens do saber e da fé que Santo Tomás e Duns Scot haviam se esforçado por evitar. Por meio de uma interpretação se chegaria deste modo a uma refundamentação do agostinismo. Só a experiência pode proporcionar um saber; toda intervenção de formas especiais que permitam um acesso ao inteligível é, para Pedro Auriol, como será para Guilherme de Occam, um exemplo da "desnecessária multiplicação de entes". Daí que as faculdades da alma sejam a própria alma. Ora, o pensamento de Pedro Auriol é, como se reconheceu, mais crítico que especulativo; o conceitualismo que se reconhece em sua doutrina dos universais é, propriamente, uma tentativa de eliminar as espécies inteligíveis e não a interposição de um terceiro termo (inútil) entre sujeito e objeto.

➲ Obras: A obra principal são os *Commentaria in quatuor libros sententiarum*. Em 1596 fez-se uma edição dos comentários ao primeiro livro e dos *Quodlibeta* sob o título: *Commentariorum in primum Sententiarum pars prima*. Em 1605 foi publicada uma edição dos comentários aos livros segundo, terceiro e quarto, junto com os *Quodlibeta sexdecim*. Pedro Auriol é também autor de um *Tractatus de paupertate et usu paupere*, de *Quaestiones disputatae de Immaculata Conceptione B. Mariae* e de um *Compendium sacrae Scripturae*. Ver sobre as citadas edições dos comentários o escrito de R. Dreiling, *Der Konzeptualismus in der Universalienlehre des Fanziskanerbischofs Petrus Aureoli (Pierre d'Auriole)*, 1913. — Ed. crítica de *Scriptum Super Primum Sententiarum*, por E. M. Buyteaert, I (Prog. Dist. i), 1953; II (Dist. ii-viii), 1956.

Ver: P. Vignaux, *Justification et prédestination au XIVe siècle. Duns Scot, Pierre d'Auriole, Guillaume d'Occam et Grégoire de Rimini*, 1934. — Id., "Note sur la relation du conceptualisme de Pierre d'Auriole à sa théologie trinitaire" (*Annuaire de l'École pratique des Hautes Études, Sciences religieuses*, 1935). — R. Schmucker, *Propositio per se nota. Gottesbeweise und ihr Verhältnis nach P. A.*, 1941. — R. Lay, *Zur Lehre von den Transzendentalien bei P. A.*, 1964. — S. R. Streuer, *Die theologische Einleitungslehre des Petrus Aureoli*, 1968. ➲

PEDRO CANTOR. Foi, por volta de 1169, cônego e mestre de teologia em Notre Dame de Paris, depois de ter estudado teologia em Reims, ao que parece sob o magistério de Alberico de Reims, discípulo de Anselmo de Laon. Conforme indica Martin Grabmann, Pedro Cantor se distinguiu de outros teólogos de seu tempo — por exemplo, de Pedro de Poitiers, que também foi mestre de teologia em Notre Dame alguns anos antes de Pedro Cantor — no fato de que, enquanto esses teólogos trataram de desenvolver a chamada "tendência dialética" na teologia, no sentido de Pedro Abelardo e Pedro Lombardo, Pedro Cantor desenvolveu a tendência "prática" e "positiva" da teologia no sentido de Anselmo de Laon e de Guilherme de Champeaux. O interesse principal de Pedro Cantor foi a dogmática, a teologia moral e a teologia sacramental. Desta última se ocupou em sua obra capital, a *Summa de sacramentis et animae consiliis*, da qual se conservam vários manuscritos. Pedro Cantor utiliza na *Summa* o procedimento escolástico; não se trata de uma série de sermões, mas de uma coleção sistematicamente organizada de tratados distribuídos em grupos de capítulos. Pedro Cantor compôs, ademais, uma obra intitulada *Verbum abbreviatum*, de exegese bíblica organizada em forma escolástica, e umas *Distintiones*, chamadas *Summa Abel* por seu *incipit* (palavras iniciais). Essa última obra é um dicionário de teologia e filosofia em ordem alfabética no qual se definem 1.250 termos ou se indicam as divisões correspondentes; assim, por exemplo, Pedro Cantor distingue em "Scientia sive notitia" entre *scientia interior* e *exterior*. A *scientia interior* se subdivide em *scientia interior inspiratione* e *scientia interior ratione*. A *scientia exterior* é uma *scientia per creaturas*. Segundo a informação oferecida por Martin Grabmann, na letra "A" da *Summa Abel* há termos como: *Abel, Abiciuntur, Abissus, Abitant in unum, Ablactatio, Abundantia, Adherendo, Adiutorium, Adventus Christi, Adversa, Advocatus, Affectiones naturales, Affectus hominis* etc. O último termo da *Summa* é *Xristus*.

➲ Edição da *Summa de sacramentis* por J.-A. Dugau (Louvain, a partir de 1954).

Ver: F. S. Gutjahr, *Petrus Cantor Parisiensis. Sein Leben und seine Schriften*, 1899. — P. Schmoll, *Die Busslehre der Frühscholastik*, 1908, pp. 100ss. — F. Brommer, *Die Lehre vom sakramentalen Charakter in der Scholastik bis Thomas von Aquin inklusive*, 1908, pp. 15ss. — M. Grabmann, *Die Geschichte der scholastischen Methode*, t. II, 1911, reimp., 1957, pp. 478 ss. ➲

PEDRO CIRUELO. Ver Pedro Hispano.

PEDRO DAMIÃO (1007-1072). Nascido em Ravena, cardeal-arcebispo de Ostia a partir de 1057, representa com todo radicalismo a atitude antidialética que quer restituir a teologia ao que considera como suas bases próprias, isto é, como um saber apoiado nas Escrituras e absolutamente afastado de toda base mundana. Na verdade, o que importa para S. Pedro Damião não é o saber, mas a salvação. Por isso o saber, pelo menos tal como se manifesta através da dialética, da filosofia e da ciência profana, é obra do diabo. A grande tentação deste é a incitação do homem ao conhecimento, ao saber do bem e do mal. Pois a maldade desse saber não deriva tanto da constituição do próprio saber quanto do motor que o põe em movimento: o afã de ser semelhante a Deus, o orgulho. As invectivas de Pedro Damião contra a filosofia e contra todo conhecimento que não seja o único necessário para salvar-se, o das Escrituras, derivam, pois, de certa idéia do homem e da relação entre este e seu Criador: a base da doutrina de Pedro Damião é, assim, não só uma teologia mas também uma antropologia. Isso se manifesta já muito claramente em seu conceito de Deus como onipotência absoluta. Contra os que pretendem limitar a onipotência divina, Pedro Damião afirma que Deus não só não está limitado por um universo inteligível, segundo cujos princípios foi criado este mundo, mas que sua ilimitação, infinitude e onipotência podem fazer inclusive que o que foi não seja. Deus está, portanto, mais além, e ao mesmo tempo mais aquém, de todas as possibilidades, e isso de tal sorte que colocar, com respeito a Deus, problemas relativos à *potentia* significa, para Pedro Damião, ignorar que essas questões são talvez válidas para a limitação do homem, mas que perdem todo sentido quando aplicadas à onipotência divina. Com isso parece abrir-se o caminho para uma doutrina da dupla verdade que alguns séculos depois se desenvolverá precisamente vinculada a uma afirmação da absoluta transcendência divina. Mas Pedro Damião não somente recusa as possíveis conseqüências desta atitude: a conclusão última de sua invectiva antidialética é que o levantamento de tais problemas carece por si mesmo de sentido; o que deve fazer o homem é buscar a via da salvação e esta via não conduz ao saber nem a nenhuma sutil dialética, mas à mortificação e à humildade.

○ Obras: As obras principais de Pedro Damião são, além dos *Hinos*, o *De sancta simplicitate*, o *De ordine rerum* e a obra que possui maior interesse filosófico: o tratado *De divina omnipotentia in reparatione corruptae et factis infectis reddendis*, redigido em 1067.

Edição de obras por Cajetano, Roma, 1606-1617, 3 tomos; outras edições: Paris, 1646, 1663, 1743. — Edição na *Patrologia latina* de Migne, t. CXLIV-CXLV. Os *Hinos* foram publicados por Dreves em *Analecta hymnica*, 48, Leipzig, 1905. — Edição do tratado *De divina omnipotentia* com outros opúsculos por P. Brezzi e B. Nardi, Florença, 1943.

Ver: A. Capecelatro, *Storia di S. Pier Damiano e del suo tempo*, 1862. — R. Biron, *Saint Pierre Damien*, 1908. — J. A. Endres, *Petrus Damianus und die weltliche Wissenschaft*, 1910. — F. Sekel, *Geistige Grundlagen P. D.*, 1933. — V. Poletti, *Il vero attegiamento antidialettico di S. Pier Damiani*, 1953. — Id., *Pier Damiani e il secolo decimoprimo: Saggio filosofico*, 1972. — F. Dressler, *Petrus Damiani, Leben und Werk*, 1954. — J. Gonsette, *P. Damien et la culture profane*, 1956. — J. J. Ryan, *Saint Peter Damiani and His Canonical Sources*, 1956. — G. Miccoli, *Due note sulla tradizione manoscritta di P. D. Antilogus contra Iudaeos epistola. Il codice di San Pietro D. 206 e il Vat. Lat. 3797*, 1960. — J. Leclercq, *Saint Pierre Damien, ermite et homme d'église*, 1960. — VV. AA., *Studi su Pier Damiano in onore del cardinale Amieto Giovanni Cicognani*, 1961 [bibliografia: pp. 249-407]. ●

PEDRO DE ABANO [PIETRO D'ABANO] (1257-1315). Nascido em Abano (Pádua), estudou em Pádua. Por volta de 1300 se transferiu para Paris, onde parece ter ensinado; em 1307 regressou a Pádua, ensinando medicina e filosofia. Pedro de Abano foi filósofo, médico e também astrólogo; alguns autores consideraram-no averroísta, opinião que outros negam. Pode ser considerado como um dos pensadores da "Escola de Pádua"; certos historiadores o descrevem inclusive como o primeiro no tempo dos "paduanos". Pelo título de uma de suas obras (ver bibliografia) foi chamado de *Conciliator*. A "conciliação" se refere sobretudo à dos "filósofos" e médicos, entre esses principalmente Galeno (VER), de quem se considerou discípulo.

Entre as principais contribuições filosóficas de Pedro de Abano, encontram-se suas idéias sobre o método nas ciências ("ciências experimentais" ou "ciências da Natureza"). Pedro de Abano insistiu na necessidade de desenvolver o tipo de ciência demonstrativa que busca as causas (a demonstração *propter quam* a que se referia Aristóteles como uma das duas classes da demonstração *quia*, ou *doctrina compositiva*, de que falava Galeno). Segundo Pedro de Abano, as forças ou virtudes ocultas que se acham em certas coisas são simplesmente efeitos de fenômenos naturais; assim, buscar tais "virtudes" não é especular sobre as coisas, mas averiguar quais são os fenômenos que as causaram. Pedro de Abano considerou que há uma só forma substancial do composto humano: é a alma intelectiva, da qual são partes o intelecto possível e o intelecto ativo.

Por volta de 1304, Pedro de Abano foi acusado de heresia, necromancia e magia pelos dominicanos de Paris; depois de sua morte, várias de suas proposições foram condenadas.

○ Obras principais: *Conciliator differentiarum philosophorum et praecipue medicorum,* escrito por volta de 1310 (publicado em Veneza, 1476). — *Expositio problematum Aristotelis* (Pádua, 1482). — *Liber compilationis physognomiae* (Veneza, 1482), chamado freqüentemente de *Physiognomia*. — Entre outras obras (algumas ainda inéditas; outras, publicadas junto a escritos de outros autores, e várias reproduzidas fragmentariamente em algumas publicadas), citamos: *Lucidator astronomiae*. — *Dioscorides*. — *De materia medica.* — *Tractatus Hippocratis medicorum optimi*. — *De aspectibus plantarum versus lunam*.

Ver: S. Ferrari, *Il tempo, la vita, le dottrine di Pietro d'Abano*, 1900 (do mesmo autor, notas suplementares à citada obra em *Per la biografia e per gli scritti di P. d'A.*, 1918 [Memoria... dalla R. Acc. dei Lincei, Anno CCCXV, série V, vol. XV]). — B. Nardi, "La teoria dell'anima e la generazione delle forme secondo P. d'A.", *Rivista di filosofia neoscolastica* (1912), 723-737. — Id., *Intorno alle dottrine filosofiche di P. d'A.*, 1921 [extraído de *Nuova Rivista Storica*, e reimp. na obra do autor: *Saggi sull'aristotelismo padovano dal secolo XIV al XVI*, 1958, pp. 1-74]. As opiniões de B. Nardi sobre P. de A. se opõem em muitos pontos às do citado S. Ferrari.

— A. Zadro, "Nota per una ricerca sul concetto di logica di Pietro d'A.", *Atti del XII Congresso Internazionale di Filosofia* [Firenze], 1960, vol. 9, pp. 243-250. Ver também L. Thorndike, *A History of Magic and Experimental Science*, vol. II, 1960, pp. 874-947. Ver bibliografia de PÁDUA (ESCOLA DE). ℂ

PEDRO DE AILLY, Petrus de Alliaco (1350-1420). Nascido em Ailly, foi chanceler da Universidade de Paris a partir de 1389 — cargo no qual lhe sucedeu, em 1395, João Gerson —, em 1395 foi nomeado bispo de Puy em Velay, em 1396 bispo de Cambray e, em 1411, cardeal. Teve notável participação no Concílio de Constança (1414-1418); pouco depois de regressar do Concílio, faleceu como legado papal em Avinhão. Pedro de Ailly se ocupou não somente de teologia e filosofia, mas também de ciências naturais (astronomia, meteorologia, geografia) e de questões políticas e eclesiásticas. O número de suas obras é considerável. Sua base filosófica é o occamismo, do qual é considerado como um dos principais representantes no continente. Este occamismo se manifesta em Pedro de Ailly não somente no giro nominalista dado à lógica, teoria do conhecimento, psicologia e metafísica, mas também na tese da superioridade da ordem da vontade divina sobre a ordem de nossa compreensão racional em todas as esferas: a atribuição de bondade a algo, por exemplo, depende de Deus querer. Seguindo Occam, Pedro de Ailly defende, ademais, a tese de que podem existir (se Deus as sustenta) percepções sensíveis sem a presença dos objetos externos; só a influência divina e a repetição dos fenômenos naturais torna possível que haja convicção interna da existência dos objetos percebidos.

↪ Obras: *Quaestiones super primum, tertium et quartum Sententiarum*, publicadas em 1474 (outras eds., 1478, 1490, 1500) (sobre as *Sentenças* de Pedro Lombardo); *Imago mundi*, publicada em 1480 ou possivelmente em 1483; *Vigintiloquium de concordia astronomicae veritatis cum theologia*, publicado em 1494; *Tractatus exponibilium*, publicado em 1494; *Tractatus super libros meteororum et de impressionibus aëris*, publicado em 1504; *De anima*, publicado em 1505, ed. por O. Pluta. Seus *Tractatus et sermones* foram publicados em 1634 (incluem o já citado *De anima*).

Várias das mencionadas obras de P. de A. mais algumas outras (como *Destructiones modorum significandi; Conceptus et insolubilia secundum viam nominalium; Tractatus de legibus et sectis contra superstitiosos astronomos*) foram publicadas nas *Opera omnia*, de João Gerson, 5 vols., 1706, porque eram às vezes atribuídas a Gerson. Ver a ed. inglesa de P. V. Spade, *Concepts and Insolubles: An Annotated Translation*, 1980.

Bibliografia: L. Salembier, *Bibliographie des oeuvres du cardinal Pierre d'Ailly, évêque de Cambrai (1350-1420)*, 1909.

Ver: P. Tschackert, *Peter von Ailly (Petrus de Alliaco). Zur Geschichte des grossen abendländischen Schisma und der Reformkonzilien von Pisa und Konstanz*, 1877. — L. Salembier, *Petrus de Alliaco*, 1886. — Id., *Le cardinal Pierre d'Ailly*, 1932. — E. Buron, *Imago mundi*, 3 vols., 1930. — Bernhard Meller, *Studien zur Erkenntnislehre des Peter von Ailly. Anhang: Aillys Traktat* De materia Concilii generalis, 1954. — F. Oakley, *The Political Thought of Pierre d'Ailly: The Voluntarist Tradition*, 1964. — A. E. Bernstein, *P. d'A. and the Blanchard Affair: University and Chancellor of Paris at the Beginning of the Great Schism*, 1978. — L. Kaczmarek, ed., Modi significandi *und ihre Destruktionen*, 1980. — L. A. Kennedy, *P. of A. and the Harvest of Fourteenth-Century Philosophy*, 1986. ℂ

PEDRO DE CANDIA (ca. 1340-1410). Nascido em Creta. Membro da Ordem franciscana, estudou em Oxford e Paris. Em seguida foi bispo em Piacenza e Vicenza, arcebispo em Milão, cardeal (1405) e papa (1409), com o nome de Alexandre V. Pedro de Candia escreveu *Comentários* aos quatro livros das *Sentenças* de Pedro Lombardo, precedidos de uma introdução ou *Principia* para cada livro. Nesses *Principia*, o autor trata de sopesar o significado e valor de cada uma das tendências filosóficas e teológicas que se enfrentavam em seu tempo, e em particular o occamismo e o escotismo. Sem ser necessariamente um eclético e ensaiar combinar doutrinas diversas, Pedro de Candia se caracterizou pelo desejo de entender o melhor possível as posições últimas de occamistas e escotistas. Em certas ocasiões estimou que tais diferenças eram diferenças de método ou de "enfoque" e que, por conseguinte, não há motivo para seguir insistindo em oposições irreconciliáveis. Contudo, às vezes destacou que se tratava de modos de pensar em cada um dos quais havia sua própria verdade, que dependia em grande parte do ponto de partida. Tem-se observado que em vários momentos Pedro de Candia pôs singularmente em destaque as dificuldades implicadas na idéia escotista da univocidade do ser e se manifestou mais inclinado a aceitar algumas das teses occamistas em teologia.

↪ Ver: F. Ehrle, *Der Sentenzenkommentar Peters von Candia, des Pisaner Papstes Alexander V*, 1925. ℂ

PEDRO DE MARICOURT (Petrus Peregrinus de Maharncuria [Meharicourt, Picardia]). Viveu em meados do século XII e é conhecido sobretudo pelos elogios que lhe dirigiu Rogério Bacon em sua *Opus tertium*. Rogério Bacon considerava Pedro de Maricourt como um mestre da "arte experimental" e como um mestre que tinha muito a ensinar aos que aspiravam a corrigir erros nas proposições sobre o comportamento dos corpos naturais. Pedro de Maricourt proclamou a necessidade de completar o método matemático com o experimental, isto é, de completar o "cálculo mental" com o "manual".

Por isso Pedro de Maricourt é considerado um dos precursores da moderna ciência da Natureza ou, pelo menos, de uma das tendências que impulsionaram esta ciência.

⊃ Obras: deve-se a Pedro de Maricourt uma *Epistola de magnete* (na qual tenta resolver o problema do movimento perpétuo por meio da explicação com base no magnetismo) e uma *Nova compositio Astrolabii particularis*. A *Epistola de magnete* foi publicada pela primeira vez em Eugsburg (1558). Ed. crítica por G. Hellmann em *Rara Magnetica 1269-1599*, 1898.

Ver: S. P. Thompson, *Petrus Peregrinus de M.*, 1907. — E. Schlund, "P. P. von M., sein Leben und seine Schriften", *Archivum Franciscanum Historicum*, 4 (1911), 436-455, 633-643; 5 (1912), 22-40. — F. Picavet, *Essais sur l'histoire générale et comparée des théologies et des philosophies médiévales*, 1913. ⊂

PEDRO HISPANO, Petrus Hispanus, Petrus Hispanus Portugalensis († 1277). Nascido em Lisboa, estudou em Paris, ensinou em Siena, foi nomeado (1273) bispo cardeal de Tusculum, e elevado à cátedra papal em 1276 com o nome de João XXI. Influente como médico e como comentador de vários tratados naturais de Aristóteles (o *De animalibus*, o *De morte et vita*, o *De causis longitudinis et brevitatis vitae* e o *De anima*), foi mais influente ainda como lógico. O compêndio que redigiu por volta de 1246, intitulado *Summulae logicales*, foi editado 166 vezes, sendo usado como texto de estudo e como base de comentário por filósofos de todas as tendências. Durante muito tempo se acreditou que as *Summulae* fossem uma tradução de uma obra de Miguel Psellos (VER). Hoje se admite, no entanto, que constituem uma obra inteiramente redigida por Pedro Hispano, baseada principalmente em Aristóteles (*De int., Cat.*, a parte dos *An. Pr.* sobre o silogismo categórico, *Top.* e *De soph. El.*) e em Porfírio *(Isagoge)* e mostrando uma forte tendência à forma chamada dialética (VER). As *Summulae* se compõem (segundo a ordenação de Grabmann e Bocheński) de onze tratados que se referem: 1) às proposições ou enunciados, 2) aos predicáveis, 3) aos predicamentos ou categorias, 4) aos silogismos categóricos, 5) aos lugares dialéticos, 6) às suposições (ou pressupostos, 7) às falácias, 8) aos relativos, 9) às ampliações, 10) às restrições e 11) às distribuições. Importante é a parte 6), com sua divisão das pressuposições em discretas e comuns, subdividindo-se as comuns em naturais e acidentais, e as acidentais em simples e pessoais. Importante também é a parte 1), com a atenção prestada à lógica proposicional. O tratado chamado *De exponibilius*, que às vezes é incluído nas *Summulae*, não pertence a elas; o mesmo ocorre com os chamados *Parva logicalia*.

Junto às obras citadas, deve-se a Pedro Hispano um tratado *De anima* (diferente do comentário aristotélico antes mencionado), no qual ele combina elementos avicenianos com a doutrina agostiniana da iluminação interior.

⊃ As *Summulae* foram comentadas com freqüência; entre outros comentadores espanhóis citamos Pedro Ciruelo *(In Summulas Petri Hispani*, 1537) e Tomás de Mercado (VER). Ver também ALONSO DE LA VERACRUZ.

Edições das *Summulae*: Martianus Rota, ed. veneziana de 1572, reimp. 1981; J. P. Mullally, 1945; I. M. Bocheński (do Códice manuscrito Reg. Lat., 1205), 1947; L. M. de Rijk, ed. crítica (considerada a melhor), 1972; do mesmo De Rijk, ver "On the genuine Text of P. of Spain's *Summulae Logicales*", *Vivarium*, I e II (6 [1968], 1-34, 69-101), III (8 [1969], 8-61). — Edição de *Obras filosóficas* de Pedro Hispano, ao cuidado de M. Alonso, Madrid, Tomo I *(Scientia libri de anima)*, 1941; 2ª ed., 1961; tomo II (Comentário ao *De anima*, de Aristóteles), 1944; tomo III *(Expositio libri de anima, De morte et vita et de causis longitudinis et brevitatis vitae, Liber naturalis de rebus principalibus)*, 1952.

Ver: K. Prantl, *Geschichte der Logik im Abendlande*, III, 1866, cap. XVII. — Id., *M. Psellus und P. Hispanus*, 1867. — M. Grabmann, "Mittelalterliche lateinische Aristotelesübersetzungen und Aristoteleskommentare in Handschriften spanischer Bibliotheken, em *Sitzungsberichte der Bayerische Akademie der Wissenschaften, Phil. Hist. Klass*, 1928. — Id., "Handschriftliche Forschungen und Funde zu den philosophischen Schriften des Petrus Hispanus, des späteren Papstes Johannes XXI", *ibid.*, 1936. — Id., "Johannis XXI Liber de Anima", *Archives d'historie doctrinale et littéraire du moyen-âge (1938)*, 167-208. — T. e J. Carreras y Artau, *Historia de la filosofía española*, I, 1939, pp. 101-144. — P. T. Abranches, D. Martins, M. Martins, M. H. Rocha Pereira, L. de Pina *et al.*, artigos na *Revista Portuguesa de Filosofia*, 8 (1952), 233-248. — João Ferreira, *Presença do agostinismo avicenizante na teoria dos intelectos de Pedro Hispano*, 1959. — J. M. da Cruz Pontes, *Pedro Hispano Portugalense e as controvérsias doutrinais do século XII. Novos problemas textuais*, 1972. ⊂

PEDRO JOÃO OLIVI, Petrus Joannis Olivi, Pedro Olieu *(ca.* 1248-1298). Nascido em Sérignan (França), ingressou na Ordem dos Franciscanos e defendeu a pobreza evangélica numa série de ressonantes polêmicas que acarretaram a condenação, em 1282 e 1283, de várias de suas proposições. Do ponto de vista teológico e filosófico, Pedro João Olivi se situa na tradição agostiniana, em cujo quadro discutiu as mais importantes posições da filosofia escolástica cristã e árabe, com a qual estava muito familiarizado. Partidário da concepção hilemórfica da alma humana e da doutrina da pluralidade das formas, o filósofo sustentou que a alma intelectual, unida ao corpo mediante as almas vegetativa e sensitiva e formando uma unidade substancial com ele, não é, porém, por si mesma, a forma do corpo, proposição que foi condenada no Concílio de Viena de 1311.

Em defesa da doutrina da pluralidade das formas, Pedro João Olivi considerava que a riqueza das formas é equivalente à perfeição do ser e que todas as formas estão unidas por uma matéria comum que possui unidade conceitual. Isso é característica de nosso filósofo, que em muitos pontos importantes, mesmo aceitando a doutrina agostiniana tradicional, reconhece a existência de objeções insolúveis contra ela; assim ocorre com a teoria da iluminação da alma. Segundo B. Jansen, Pedro João Olivi foi um dos primeiros, senão o primeiro, a desenvolver a importante teoria do ímpeto e, por conseguinte, um dos filósofos que seguiram vias diferentes das aristotélicas para a explicação do movimento dos corpos.

➲ Edição de obras: *Petri Joannis Olivi Provencalis Quodlibeta*, editados em Veneza, 1509. — Edição de *Questões* sobre as *Sentenças: Petrus Joannis Olivi, O.F.M., Quaestiones in secundum librum Sententiarum*, 3 vols., por B. Jansen, I, 1922; II, 1924; III, 1926. — Edições de outros textos: D. Laberge, "P. Joannis Olivi tria scripta ejus apologetica", *Archivum Franciscanum Historicum*, 28 (1935), 115-155. — F. Delorme, "Fr. Petri Joannis Olivi tractatus De perlegendis philosophorum libris", *Antonianum*, 16 (1941), 31-44.

Ver: B. Jansen, "Die Lehre Olivis über das Verhältnis von Leib und Seele", *Franziskanische Studien*, 5 (1918), 153-175, 233-258. — Id., *Die Erkenntnistheorie Olivis*, 1921. — Id., "Die Unsterblichkeitsbeweise bei Olivi und ihre philosophiegeschichtliche Bedeutung", *Franziskanische Studien*, 9 (1922), 46-69. — Id., "Die Seelenlehre Olivis und ihre Verurteilung auf dem Wiener Konzil", ibid., 21 (1934), 297-314. — J. Jarraux, "Pierre Jean Olivi, sa vie, sa doctrine", *Études franciscaines*, 45 (1933), 129-153, 277-298, 513-529. — L. Seidel, *Natur und Person. Metaphysische Probleme bei Petrus Olivi*, 1938. — B. Echeverría, *El problema del alma humana en la Edad Media. Pedro de Olivi y la definición del Concilio de Viena*, 1941. — F. Simoncioli, *Il problema della libertà umana in G. O. e Pietro de Trabibus*, 1956. — E. Bettoni, *Le dottrine filosofiche di P. di G. O.*, 1959. — C. Partee, "Peter John Olivi: Historical and Doctrinal Study", *Franciscan Studies*, 20 (1960), 215-260. — E. Stadter, "Das Glaubensproblem in seiner Bedeutung für die Ethik bei Petrus Johannis Olivi, O.F.M. (1298). Ein Beitrag zur Geschicht der Ethik und Religionsphilosophie des Mittelalters", *Franziskanische Studien*, 42 (1960), 225-296. — H. A. Huning, "*Artes liberales* und Philosophie in der Olivi-Schule", em *Arts libéraux et philosophie au M. A.*, 1969. ℭ

PEDRO LOMBARDO, Petrus Lombardus (ca. 1100-1160). Chamado *magister sententiarum*. Nascido em Lumello (Lombardia), estudou em Bolonha e em Reims, depois em Paris com Hugo de São Vítor e provavelmente também com Abelardo. Um ano antes de morrer, foi nomeado bispo de Paris. Seus *Libri quattuor sententiarum* (chamados também *Summa sententiarum*) exerceram uma enorme influência e foram tomados como base de comentários pelos maiores filósofos escolásticos. A originalidade filosófica e teológica de Pedro Lombardo é escassa; não somente ele copia com freqüência a *Summa sententiarum* atribuída a Hugo de São Vítor e utiliza amplamente os textos patrísticos compilados no chamado *Decretum Gratiani* (textos reunidos por Graciano), como utiliza muitas das classificações encontradas no *De fide orthodoxa* de João Damasceno segundo a versão latina de Burgúndia de Pisa. Contudo, a amplitude e a sistematização dos livros de Pedro Lombardo são maiores que as oferecidas em quaisquer compilações anteriores, e por isso é compreensível que servisse de base para os comentários ulteriores. Pedro Lombardo inclui em sua *Summa* textos e opiniões de Agostinho (a principal autoridade da obra), Hilário, Ambrósio, Jerônimo, Gregório Magno, Cassiodoro, Isidoro, Beda, Boécio, João Damasceno, entre outros. A obra é dividida em quatro livros. Os três primeiros tratam das coisas (*res*) que não são símbolos de outras coisas; o quarto trata dos signos (*signa*) que simbolizam outras coisas (isto é, os sete sacramentos). O livro primeiro trata de Deus; o segundo, das criaturas; o terceiro, das virtudes e da salvação. Alguns autores ressaltam a estima que Pedro Lombardo manifesta em alguns pontos pela razão e o consideram como um dos partidários da "dialética". Outros assinalam que tal razão deve ser entendida como um dom de Deus que permite entender as idéias ou universais residentes no seio de Deus e que Pedro Lombardo interpreta em sentido realista. Outros, finalmente, indicam que não há em Pedro Lombardo preocupações filosóficas, mas exclusivamente compilatórias, e que a subordinação das artes liberais à teologia mostra que o autor pretendia unicamente usar de todos os meios possíveis para a compreensão dos textos patrísticos.

➲ Obras: Dos livros de Pedro Lombardo foram feitos vários compêndios. Mencionamos entre eles a *Abbreviatio magistri Bandini* (do mestre Bandino ou Bandinus) e a *Abbreviatio in Sentenias Magistri Petri Lombardi*, de Simão de Tournai. Para outros sentenciários, ver SUMAS.

Edição de obras: os *Libri quattuor sententiarum* foram editados freqüentemente (Veneza, 1477, 1480; Nurembergue, 1481. 1484; Basiléia, 1486, 1487, 1488, 1489, 1492, 1498, 1502, 1507, 1516; Paris, 1510, 1518, 1557, 1574, 1892; Lyon, 1540, 1553, 1570; Colônia, 1566). — Os franciscanos editaram as sentenças com a edição dos comentários às sentenças de Boaventura: *Opera omnia*, tomos I-IV, Quaracchi, 1882-1889. — Na *Patrologia latina* de Migne figuram as obras de Pedro Lombardo nos tomos CXCI e CXCII. — Ver o repertório dos comentários às sentenças de Pedro Lombardo no *Repertorium: commentatorium in sententias Petri Lombardi* (t. I: texto; t. II, Índices), 1947, de F. Stegmüller.

— Ver o *Cartularium Universitatis Parisiensis* I, 1889, de H. Denifle.
Ver: F. Protois, *Pierre Lombard, son époque, sa vie, ses écrits et son influence*, 1881. — J. Kögel, *Petrus Lombardus in seiner Stellung zur Philosophie des Mittelalters*, 1897. — M. da Carbonara, *Dante e Pier Lombardo*, 1899. — J. N. Espenberger, *Die Philosophie des P. Lombardus und ihre Stellung im 12. Jahrhundert*, 1901. — J. de Ghellinck, "Le traité de Pierre Lombard sur les sept ordres ecclésiastiques. Ses sources et ses copistes", *Revue d'histoire ecclésiastique*, 1909 e 1910 (outros artigos do mesmo autor sobre Pedro Lombardo no *Bull. de littérature ecclésiastique*, na *Dublin Review* e em *Byzantinische Zeitschrift*); ver também seu livro, baseado em seus estudos anteriores e compilação deles, intitulado *Le mouvement théologique du XIIe siècle. Etudes, recherches et documents*, 1914; 2ª ed., aumentada, 1948. — E. F. Rogers, *Peter Lombard and the Sacramental System*, 1917. — VV. AA., *P. L.*, 1953 [com bibliografia lombardiana por J. de Ghellinck, pp. 24ss.]. — L. Cassani, C. Castiglioni, P. Glorieux, Jean Leclercq, F. Pelster et al., *Miscellanea Lombardiana*, 1957. — J. Schneider, *Die Lehre vom dreieinigen Gott in der Schule des Petrus Lombardus*, 1961. — P. Delhaye, *P. L., sa vie, ses oeuvres, sa morale*, 1961. — D. E. Luscombe, *The School of Peter Abelard: The Influence of Abelard's Thought in the Early Scholastic Period*, 1969. — M. P. Malloy, *Civil Authority in Medieval Philosophy: Lombard, Aquinas and Bonaventure*, 1985. ℂ

PEDRO NEGRO. Ver Escolástica.

PEDRO RAMO. Ver Ramée, Pierre de la.

PEIRCE, C[HARLES] S[ANDERS] (1839-1914). Nascido em Cambridge, Massachusetts, ensinou na Universidade de Harvard (1864-1865; 1869-1870), na Johns Hopkins University (1879-1884) e desenvolveu escassa atividade literária que, além disso, foi quase integralmente publicada em revistas, principalmente em *The Monist* e em *Popular Science Monthly*. Contudo, sua influência e importância têm sido muito maiores do que poderia fazer supor sua atividade docente, e nos últimos tempos sua figura tem se destacado de modo eminente, não só como um dos fundadores do pragmatismo norte-americano e como pensador que influenciou, por meio do pragmatismo, as figuras mais significativas da filosofia nos Estados Unidos, mas como pensador que atacou na raiz os problemas centrais da lógica e da filosofia. O afã inquisitivo e pouco sistemático que, de modo análogo a Dilthey ou a G. E. Moore, C. S. Peirce mostrou era, aliás, propício para aprofundar-se particularmente em certos temas. As influências por ele sofridas foram claramente confessadas: estudo amplo da lógica em todas as direções, de Kant, de Duns Scot; estima pela filosofia clássica alemã como mina de incitações filosóficas, e preferência pelos métodos e argumentos da filosofia inglesa; aceitação da idéia da evolução, mas não sob a forma spenceriana. Peirce concebeu, a rigor, a filosofia como uma disciplina análoga às demais da ciência. Mas, diferentemente da ciência, ela tem um objeto universal. Por isso a filosofia é mais difícil que nenhuma outra ciência, pois tem de prestar atenção ao mesmo tempo ao observável e ao especulativo. A filosofia tem de utilizar por igual o método da análise e o da síntese. Por isso a filosofia de Peirce é, como o próprio pensador indicou repetidamente, uma "filosofia de laboratório" e não uma "filosofia de seminário". Com efeito, esta filosofia "usa os métodos mais racionais que pode descobrir para encontrar o pouco que se pode encontrar do universo do espírito e da matéria a partir das observações que cada um pode fazer em qualquer momento de sua vida em vigília" (*Collected Papers*, 1:126). A filosofia tem de começar com o que se dá. Mas tem de entender o dado — ou o ser — por meio de normas — ou o dever ser — e efetuar com base nisso conclusões de caráter especulativo. A filosofia tem três divisões: a fenomenologia (ver), a ciência normativa e a metafísica (*ibid.*, 1:186). A fenomenologia é a doutrina das categorias (ver Categorias) e tem pressupostos ontológicos. A ciência normativa, apoiada na fenomenologia e na matemática, se subdivide ao mesmo tempo em estética, ética e lógica. A metafísica se divide em metafísica geral ou ontológica, metafísica psíquica ou religiosa e metafísica física. Mas ao mesmo tempo a filosofia não é mais do que uma subdivisão numa mais ampla classificação das ciências (ver Ciências [Classificação das]); é uma parte das ciências do descobrimento, que são por sua vez uma subdivisão da ciência teórica (ver Abdução; Retrodução).

As indicações acima oferecem só um esquema de algumas das *intenções* de Peirce em matéria filosófica. Suas concretas realizações filosóficas, embora fragmentárias (salvo na lógica), são demasiado extensas para que as possamos descrever esquematicamente. Mencionamos entre as mais importantes as seguintes.

No campo da lógica, Peirce combateu o psicologismo, assim como todas as ingerências que desvirtuam o caráter formal da lógica. Embora o ponto de partida da lógica seja, segundo Peirce, "o fato", e embora a estrutura da lógica seja idêntica, em seu entender, à da ontologia, a lógica como ciência tem caráter matemático. Entre as principais contribuições lógicas de Peirce, figuram a invenção de vários simbolismos e a lógica das relações, da qual pode ser considerado um dos fundadores. No campo da semiótica, deve-se a Peirce uma complexa teoria dos signos (ver Signo) e várias classificações dos mesmos. A isso se acrescenta uma teoria do simbolismo que com freqüência vai mais além da semiótica formal e serve como base de uma antropologia filosófica. Semiótica e lógica, ademais, estão estreitamente relacionadas, porquanto a lógica é definida também como a teoria dos signos, da qual a semiótica — chamada por Peirce de "gramática especulativa" — é uma parte. No campo da ontologia, Peirce elaborou sua fenomenologia como doutrina das categorias, especialmente das categorias faneroscópicas e metafísicas a que nos referimos em Categoria (VER). A relação entre lógica e ontologia é também muito estreita. Na cosmologia formulou uma teoria do "tichismo" à qual nos referimos em Acaso (VER).

O pensamento de Peirce deu origem nos últimos anos a múltiplas interpretações. Umas se referem a aspectos particulares de sua filosofia. Por exemplo, tem-se discutido muito se a filosofia de Peirce é (como indicou o próprio filósofo em repetidas ocasiões, especialmente ao referir-se à influência recebida de João Duns Scot) de caráter realista ou se é possível dar-lhe um viés nominalista. Também se discutiu se o mais característico e valioso de Peirce é seu trabalho lógico ou sua investigação ontológica. Outras interpretações se referem ao conjunto de sua filosofia. Entre elas se destacam duas. Segundo uma (defendida em parte pelos editores de Peirce [P. Weiss e Ch. Hartshorne] e especialmente por J. Feibleman), o pensamento de Peirce é de natureza sistemática. Embora Peirce tenha praticado a filosofia como análise em forma parecida ao método de produção científica, e embora a maneira como apresentou suas idéias não seja sistemática, suas idéias mesmas, segundo esta interpretação, são sistemáticas, quando menos se nos ativermos a seus "princípios condutores". Segundo outra interpretação (defendida especialmente por Thomas Goudge), o pensamento de Peirce não é sistemático: suas contradições e inconsistências devem ser aceitas tal qual se apresentam sem pretender reduzi-las a um sistema. Segundo Goudge, tais inconsistências se devem à existência de duas diferentes fontes no pensamento de Peirce: o naturalismo e o transcendentalismo. Cada uma delas dá origem a uma série diferente de premissas e, portanto, a uma série diferente de resultados.

➲ Edição de obras: *Collected Papers of Charles Sanders Peirce*, 8 vols.: vols. I-VI, ed. C. Hartshorne e P. Weiss: I *(Principles of Philosophy)*, 1931; II *(Elements of Logic)*, 1932; III *(Exact Logic)*, 1933; IV *(The Simplest Mathematics)*, 1933; v *(Pragmatism and Pragmaticism)*, 1934; VI *(Scientific Metaphysics)*, 1935. Vols. VII-VIII, ed. A. W. Burks: VII *(Science and Philosophy)*, 1958; VIII *(Reviews. Correspondence and Bibliography)*, 1958. — Reimp. de vols. I-VI en 3 vols., 1960. — Edição de obras matemáticas: *The New Elements of Mathematics*, 4 vols., 1976, ed. C. Eisele (I. *Elements of Arithmetic;* II. *Elements of Algebra and Geometry;* III. *Mathematical Miscellanea;* IV. *Mathematical Philosophy). —* Ed. cronológica de obras completas: *Writings of* C. S. P., 1982ss., ed. M. H. Fisch, Ch. J. W. Kloesel, E. C. Moore, D. D. Roberts, L. A. Ziegler e N. Atkinson.

Ed. de correspondência de P. a Lady V. Welby (ver SIGNÍFICA), 1953, ed. I. C. Lieb.

Em português: *Semiótica*, 1999. — *Escritos coligidos*, Os Pensadores, 1983. — *Semiótica e filosofia*, 1984.

Bibliografia: A. W. Burks no vol. VIII, de *Selected Papers*, cit. *supra*, pp. 249-330. Esta bibliografia é completada por M. H. Fisch: *A Bibliography of Writings about C. S. P.*, 1961 [mimeo.]. — R. S. Robin, ed., *Annotated Catalogue of the Papers of C. S. P.*, 1968. — K. L. Ketner, *A Comprehensive Bibliography of the Published Works of Ch. S. P. with a Bibliography of Secondary Sources*, 1977; 2ª ed. rev., 1986.

Ed. de artigos em *The Nation*, 1-111, 1975-1979, ed. e anotados por K. L. Ketner e J. E. Cook.

Entre as seleções de escritos de P. mencionamos: M. R. Cohen, ed., *Chance, Love, and Logic*, 1923. — J. Buchier, ed., *Philosophy of P.*, 1940. — Ph. P. Wiener, ed., *Values in a Universe of Chance*, 1950. — N. Houser, Ch. J. W. Kloesel, eds., *The Essential Peirce: Selected Philosophical Writings (1867-1893)*, 1992.

Ver: J. K. Feibleman, *An Introduction to Peirce's Philosophy Interpreted as a System*, 1946; nova ed., 1960, reimp. com o título *An Introduction to the Philosophy of C. S. P. Interpreted as a System*, 1970. — Th. Goudge, *The Thought of C. S. P.*, 1950. — J. von Kempski, *C. S. P. und der Pragmatismus*, 1952. — M. Thompson, *The Pragmatic Philosophy of C. S. P.*, 1933. — Ph. P. Wiener e F. H. Young, eds., *Studies in the Philosophy of C. S. P.*, 1953. — A. A. Mullin, *Philosophical Comments on the Philosophies of C. S. P. and L. Wittgenstein*, 1961. — M. G. Murphey, *The Development of Peirce's Philosophy*, 1961. — N. Bosco, *La filosofia pragmatica di C. S. P.*, 1962. — H. Wennerberg, *The Pragmatism of C. S. P.: An Analytical Study*, 1962. — J. F. Boler, *C. S. P. and Scholastic Realism: A Study of Peirce's Relation to John Duns Scotus*, 1963. — J. Lenz, D. Roberts et al., *Studies in the Philosophy of C. S. P.*, 1964, ed. E. C. Moore e R. S. Robin (26 artigos e 2 apêndices bibliográficos). — N. R. Hanson, P. Weiss et al., *Perspectives on P.: Critical Essays on C. S. P.*, 1965, ed. R. J. Bernstein. — J. J. Fitzgerald, *Peirce's Theory of Signs as Foundation for Pragmatism*, 1966. — V. C. Potter, *C. S. P. on Nouns and Ideals*, 1967. — K. T. Fann, *Peirce's Theory of Abduction*, 1970. — F. E. Reilly, *C. Peirce's Theory of Scientific Method*, 1970. — W. H. Davis, *Peirce's Epistemology*, 1972. — D. Greenlee, *Peirce's Concept of Sign*, 1973. — D. D. Roberts, *The Existential Graphs of C. S. P.*, 1973. — W. L. Rosensohn, *The Phenomenology of C. S. P.: From the Doctrine of Categories to Phaneroscopy*, 1974. — P. Thibaud, *La logique de C. S. P. De l'algèbre aux graphes*, 1975. — P. T. Turley, *P.'s Cosmology*, 1977. — N. Rescher, *P.'s Philosophy of Science*, 1978. — C. Eisele, *Studies in the Scientific and Mathematical Philosophy of C. S. P.*, 1979, ed. R. M. Martin. — J. L. Esposito, *Evolutionary*

Metaphysics: The Development of P.'s Theory of Categories, 1980. — R. Almeder, *The Philosophy of C. S. P.*, 1980. — K. L. Ketner, *et al., Graduate Studies Texas Tech University*, 1981 (55 artigos de especialistas de 14 países no Congreso celebrado na Holanda). — E. Arroyabe, *P. Einführung in sein Denken*, 1982. — J. Klawitter, *C. S. P. Realität, Wahrheit, Gott. Einblicke in Leben und Werk des Begründers des Pragmatismus*, 1984. — Ch. Hookway, *P.*, 1985. — K. L. Ketner, "P.'s 'Most Lucid and Interesting Paper': An Introduction to Cenophythagoreanism", *International Philosophical Quarterly*, 26 (1986), 375-392. — Id., "Identifying P.'s 'Most Lucid and lnteresting Paper'", *Transactions. C. S. Peirce Society*, 23 (1987), 539-555. — J. Hoopes, ed., *P. on Signs*, 1991. — R. Kevelson, *P. and Law*, 1991. — J. Brent, *Ch. S. P. A Life*, 1992. — C. R. Hausman, *Ch. S. P.'s Evolutionary Philosophy*, 1993. — C. F. Delaney, *Science, Knowledge, and Mind: A Study in the Philosophy of Ch. S. P.*, 1993. — R. Kevelson, *P.'s Esthetics of Freedom: Possibility, Complexity, and Emergent Value*, 1993. — R. F. Leo, *Introduzione a P.*, 1993.

Revistas: *Transactions of the P. Society*, desde 1965, com artigos sobre P. e a filosofia americana. — *C. S. P. Newsletter*, desde 1973. — *Peirce's Studies*, desde 1978.

Existe uma C. S. P. Society, responsável pela publicação da nova edição de obras, dos Arisbe Papers e das revistas cit. supra, e que organiza congressos internacionais para o estudo da obra de P. ℭ

PELACANI. Ver BIAGGIO DE PARMA.

PELAGIANISMO. Algumas palavras sobre esta tendência religiosa podem ajudar a entender alguns dos problemas teológico-filosóficos apresentados ao tratar as questões do livre-arbítrio (VER), assim como para esclarecer concepções tais como premonição (VER) física e ciência média (VER).

O pelagianismo foi uma seita cristã herética. Consistia num grupo de doutrinas antiagostinianas defendidas pelo monge bretão Pelágio (*ca*. 360-*ca*. 425), que estudou em Roma e pregou na África e Palestina. Pelágio considerava as teses de Agostinho acerca da predestinação como excessivamente pessimistas e demasiado próximas do maniqueísmo (VER). Para contrapor-se a elas, propôs uma série de teses que iam ao extremo oposto. Antes de tudo, considerou que o pecado de Adão afetou somente a Adão e não se transmitiu à humanidade; Adão era unicamente, no entender de Pelágio, um *exemplo* do pecado. Isso levava Pelágio a admitir que o homem nasce sem pecado original (e a rejeitar, por conseguinte, a necessidade do batismo); o pecado é algo que se comete, não algo que se transmite e herda. Assim, a concupiscência e a morte não aparecem em seu pensamento como algo pertencente à natureza do homem. Isso não significava, porém, para Pelágio que o homem fosse "naturalmente vil"; queria dizer tão-somente que é um ser predestinado a morrer e que comete, mas não herda, os pecados (teses que fizeram supor em Pelágio a influência do naturalismo estóico). Mas Pelágio se inclinava, preferentemente, para uma concepção "otimista-natural" da natureza humana, a qual não necessita, a seu ver, de uma graça sobrenatural para salvar-se; a graça (VER) natural, infusa na criação inteira, e que reside no homem como um de seus atributos, lhe é suficiente. Resultado disso são uma série de afirmações que afetam a relação entre o cristão e a Igreja: por exemplo, que a intervenção desta última não é indispensável para a salvação, e que para salvar-se são suficientes a Lei e os Evangelhos.

O pelagianismo foi combatido por Jerônimo e Agostinho e foi condenado no concílio de Éfeso (431). Uma derivação do pelagianismo — o chamado "semipelagianismo" — se difundiu durante os séculos V e VI (especialmente entre "grupos de ascetas" na Provença), até ser condenado no concílio de Orange (529). Ora, embora o pelagianismo tenha desaparecido como seita herética, suas teses continuaram a ser objeto de discussão. Mencionamos dois momentos em que houve discussões teológicas que reavivaram as teses pelagianas (e, em muitos casos, semipelagianas), assim como os argumentos contra elas. Um desses momentos foi o século XIV; o outro, o século XVII. Durante o século XV apareceram tendências favoráveis ao pelagianismo, contra as quais lutaram, entre outros, Tomás Bradwardine e Gregório de Rimini. Durante o século XV (e também XVI), apareceram também (ou assim foram consideradas por seus inimigos) tendências favoráveis ao pelagianismo. Em todo caso, aqueles que, para se opor a Lutero, sublinharam demasiadamente o livre-arbítrio (VER), foram qualificados de "pelagianos", "semipelagianos" ou "neopelagianos": assim ocorreu com os molinistas, a quem acusaram de pelagianos tanto os dominicanos quanto os jansenistas. Em muitos casos, 'pelagianismo' foi menos a descrição de uma tendência do que o nome de uma acusação.

⟳ Pelágio escreveu várias *Epistolae (De vera paenitentia; De contemnenda hereditate; De castitate; ad Claudiam; ad Marcellam*, etc.), alguns tratados *(De vera circumcisione; De divitis; De divina lege; De virginitate; De possibilitate non peccandi* etc.). Algumas obras de Pelágio *(Tractatus de natura; De Trinitate; De libero arbitrio)* se perderam, mas se conservam fragmentos em vários autores (Agostinho, Jerônimo, Beda Venerável etc.).

Edição de obras: Edição em Migne, *PL,* XVII, XX, XXX, XL. A *Epistola ad Marcellam*, em Corpus Scriptorum Ecclesiasticorum Latinorum, XXIX, 429-436. — Outros textos no Corpus I, 15-45, 219-233; XXIX, 436-459; LVI, 329-356, e em Caspari, *Briefe, Abhandlungen und Predigten aus den zwei letzten Jahrhunderten des Kirchlichen Altertums und dem Anfang des Mittelalters,* 1880, 67-73, 122-187 *et al.*

Desde muito cedo começou-se a escrever histórias do pelagianismo e das controvérsias em torno do pelagianismo; por exemplo, G. J. Vossius, *Historiae de controversiis quas Pelagius eiusque reliquiae moverunt libri VII,* 1618. — Da literatura publicada no século XIX, mencionamos: G. F. Wiggers, *Darstellung des Augustinismus und Pelagianismus,* 2 vols., 1821-1823. — F. Klasen, *Die innere Entwicklung des Pelagianismus,* 1882. — Da literatura no século XX: H. von Schubert, *Der sogenannte Praedestinatus. Ein Beitrag zur Geschichte des Pelagianismus,* 1903. — G. de Plinval, *Pélage: ses écrits, sa vie et sa réforme. Études d'histoire littéraire et religieuse,* 1943. — J. Ferguson, *Pelagius: A Historical and Theological Study,* 1956 [bibliografia, pp. 188-192]. — T. Bohlin, *Die Theologie des Pelagius und ihre Genesis,* 1957. — G. Leff, *Bradwardine and the Pelagians,* 1957. — G. Bonner, *Augustine and Modern Research on Pelagianism,* 1972. — G. Greshake, *Gnade als konkrete Freiheit. Eine Untersuchung zur Gnadenlehre des P.,* 1972. — O. Wermelinger, *Rom und Pelagius,* 1975. ᴄ

PENSAMENTO. Freqüentemente se entende por 'pensamento' o mesmo que 'pensar' (VER). Em outras ocasiões se distingue entre ambos, mas se reconhece que os significados dos dois termos se acham estreitamente relacionados entre si. O que se entende por 'pensamento' depende em grande medida do que se entende por 'pensar' e, ao mesmo tempo, o modo como se entenda 'pensar' está condicionado em boa parte pelo que se entende por 'pensamento'.

Cabe entender por 'pensamento' o que se tem "em mente" quando se reflete com o propósito de conhecer algo, entender algo etc. Cabe entender também por 'pensamento' o que se tem "em mente" quando se delibera com o propósito de tomar uma decisão. No entanto, não fica claro como saber em nenhum dos casos o que se tem "em mente". Evidentemente, não é um objeto físico. Por tal razão se diz com freqüência que é um processo mental. Mas com isso não se esclarece muito as coisas. Por uma parte, se queremos distinguir entre "pensamento" e "pensar", não poderemos dizer que o pensamento seja um processo mental, já que é justamente aquilo que se tem quando se leva a cabo um processo mental, isto é, o conteúdo de um processo mental, aquilo a que aponta um processo mental etc. Por outra parte, não sabemos exatamente o que são processos mentais, se os há, ou se podem ser reduzidos a, ou explicados em, termos de comportamentos, processos cerebrais etc.

Aqui distinguiremos entre 'pensamento' e 'pensar' apenas por razões metodológicas. Por 'pensar' entenderemos algum ato ou operação de um sujeito, independentemente de qual seja seu *status* ontológico. Levaremos, além disso, especialmente em conta os atos ou operações de natureza intelectual. Por 'pensamento' entenderemos o que contém, ou aquilo a que aponta, um ato ou operação intelectual levado a cabo por um sujeito. Pode ser uma imagem, um conceito, uma entidade abstrata, etc., mas em todo caso é distinguível do ato de pensá-lo. Não é necessário que seja uma realidade "independente" de todo pensar; é indispensável, porém, que seja pelo menos algo comunicável ou exprimível, exprimível ao sujeito mesmo que pensa, mas também, e mais freqüentemente, a outros sujeitos.

Alguns autores sustentam que, embora se possa falar de pensar, não é legítimo falar de pensamento. Pensar é uma realidade concreta, um processo mental ou uma série de fenômenos neurofisiológicos. Os pensamentos, em contrapartida, não são concretos. Outros autores, em contrapartida, admitem que há pensamentos que, embora produzidos pelo processo de pensar, não são redutíveis a atos de pensar e têm uma "realidade" própria. O pensar "apreende", por assim dizer, os pensamentos. Em ambos os casos se mantêm pressupostos ontológicos relativos à natureza do pensar e do pensamento. Esses pressupostos são provavelmente inevitáveis, mas por enquanto os deixamos de lado. Falaremos de "pensamentos" como resultado de atos "mentais" do pensar, independentemente da concepção que se tenha do modo como se ligam a tais atos. Os pensamentos são concebidos como se tivessem um modo de ser parecido com o das proposições. Estas são exprimíveis mediante atos lingüísticos, mas não são elas mesmas tais atos.

Do ponto de vista adotado, um pensamento é equiparável a uma construção mental. Pode ser um conceito ou então uma proposição. Os pensamentos são *designata* (ver DESIGNAÇÃO) de certos termos.

Esta concepção de "pensamento" é relativamente neutra diante de toda ontologia. Não está muito afastada da concepção moderna clássica de "pensamento" como conteúdo intencional de um ato. Tampouco está afastada, e por razões similares, da concepção que Brentano desenvolveu e que desenvolveram vários fenomenólogos do "pensamento" como algo apreendido por um sujeito no ato de pensar. Com efeito, o que se apreende não é uma coisa. Mas tampouco é o ato intencional mesmo. Alguns fenomenólogos sistematizaram e, com isso, simplificaram esta concepção ao falar da necessidade de distinguir entre um sujeito (que pensa), o pensar do sujeito (que é um processo psíquico temporal), o pensamento que o sujeito pensa ao pensar (que é um "objeto ideal") e aquilo a que se refere o pensamento. A possibilidade de que não haja nenhuma realidade (existente) à qual se refira o pensamento não é considerada grave pelos autores aludidos, que tendem a pôr entre parênteses (ver EPOCHÉ) a existência. Com efeito, tais autores indicam que o pensamento pode "referir-se" a todos os "objetos" e não somente a objetos reais. Este gênero de sistematizações, e simplificações, começa a afastar-se já consideravelmente da idéia apresentada dos pensamentos como construções mentais ou *designata* de certos termos, geralmente termos que expressam conceitos ou proposições.

Quando se usa o termo 'pensamento' se pergunta freqüentemente de que tipo de pensamento se trata. Com isso se coloca o problema de se se trata de um processo de natureza intuitiva ou discursiva. Consideramos que este problema pertence ao conceito de "pensar".

Ortega y Gasset empregou o vocábulo 'pensamento' numa acepção diferente das que normalmente são admitidas como correspondentes, seja a 'pensamento', seja a 'pensar'. A rigor, o conceito que mais se aproxima do de "pensamento" nesse autor é um conceito como o de pressuposto ou pressuposição. Contudo, descreveremos aqui o sentido que Ortega dá a 'pensamento' por ser o termo que o autor usa.

Ortega concorda com a depuração antipsicologista do pensamento (ver PSICOLOGISMO) que ocorreu na filosofia contemporânea, desde Brentano e Husserl, mas adverte que sem as funções psicológicas não se poderia pensar. Ora, o pensamento é, como "fazer" do homem, algo último; psicologia e lógica são, por assim dizer, ocultações do pensamento (a primeira é um instrumento, a segunda, uma forma do pensar que não consegue ser coextensiva à realidade total do pensamento). A elas se une, como a mais equívoca ocultação, a freqüente identificação do pensamento com o conhecimento. Esta identificação tem sua razão de ser que encobre a raiz última do pensamento. Pois enquanto o conhecimento é um saber que pode ser ou não ser necessário, que brotou de uma situação histórica como resposta a ela, o pensamento é algo que o homem faz para alcançar a espécie última de saber: o saber a que ater-se. "Pensamento é quanto fazemos — *seja isso o que for* — para sair da dúvida em que caímos e chegar de novo a estar no certo". Mas as figuras do pensamento podem ser muito diferentes. Não há "uma só que o homem possua de uma vez para sempre, que lhe seja 'natural' e que, portanto, com mais ou menos perfeição haja exercitado continuamente. A única coisa que o homem tem sempre é a *necessidade* de pensar, porque mais ou menos está sempre em alguma dúvida" ("Apuntes sobre el pensamiento", *Logos,* Buenos Aires, I, 1, p. 24). O pensar procura alcançar um saber, não um mero saber intelectual, mas um "saber a que ater-se". O conhecimento é, de acordo com isso, uma das formas do pensamento, um pensar que consiste em fazer funcionar as faculdades mentais que a realidade humana encontra como parte de sua circunstância; não é uma averiguação de se há um ser, mas "uma operação ou fazer do homem a que ele não *pode* dedicar-se se antes não está na firme e pré-racional crença de que há um *ser*" (*op. cit.*, p. 26).

⮕ Ver: J. H. Stirling, *What is Thought?*, 1900. — J. M. Baldwin, *Thought and Things or Genetic Logic*, 3 vols., 1906-1911 (I. *Funcional Logic or Genetic Theory of Knowledge,* 1906; II. *Experimental Logic or Genetic Theory of Thought*, 1908; III. *Interest and Art*, 1911). — A. Pastore, *Il pensiero puro*, 1913. — F. Masci, *Pensiero e conoscenza*, 1922. — A. Spaier, *La pensée concrète. Essai sur le symbolisme intellectuel*, 1927. — Id., *La Pensée et la Quantité. Essai sur la signification et la réalité des grandeurs*, 1927. — M. Blondel, *La pensée*, 2 vols., 1933-1934 (I. *La genèse de la pensée et les paliers de son ascension spontanée;* II. *Les responsabilités de la pensée et la possibilité de son achèvement*). — J. König, *Sein und Denken. Studien im Grenzgebiet von Logik, Ontologie und Sprachphilosophie*, 1937. — B. Blanshard, *The Nature of Thought*, 2 vols., 1940. — J. Benda, *Du style d'Idées. Réflexions sur la pensée. Sa nature, sa réalisation, sa valeur, sa morale*, 1948. — N. R. Wolfard, *Thinking about Thinking*, 1955. — P. Chauchard, *Le langage de la pensée*, 1956. — G. Harman, *Thought*, 1973. — J. A. Fodor, *The Language of Thought*, 1975. — J. M. Moravcsik, *Thought and Language*, 1990. — G. Gillet, *Representation, Meaning, and Thought*, 1992. — P. K. De, *The Roles of Sense and Thought in Knowledge*, 1992. — R. Berlinger, *Philosophisches Denken: Einübungen*, 1993. — R. Rashed, *Direct Reference: From Language to Thought*, 1993.

Ver também a bibliografia do verbete PENSAR; para a relação entre pensar e pensamento no sentido indicado no verbete, cf. os manuais de lógica de A. Pfänder e Romero-Pucciarelli citados na bibliografia do verbete LÓGICA. ⮐

PENSAR. Como assinalamos no verbete PENSAMENTO, distinguimos, por razões puramente metodológicas, entre 'pensamento' e 'pensar'. Consideramos que este último é um ato ou uma operação, principalmente de caráter intelectual.

Na medida em que semelhante ato, ou operação, é "mental", parece que deve ser objeto de pesquisa psicológica. Como as pesquisas psicológicas podem ser conduzidas de maneiras muito diferentes e ser demarcadas por pressupostos muito diferentes, são muito diversos os modos como cabe entender 'pensar'. Pode-se falar de "pensar" de um ponto de vista puramente mentalista, de um ponto de vista naturalista, de um ponto de vista comportamentalista etc.

São também muito diversas as maneiras como cabe entender 'pensar' se se considera que o ato ou operação de pensar tem interesse principalmente epistemológico. Neste caso, o que se entenda por 'pensar' dependerá grandemente da interpretação ontológica que se ofereça dos "pensamentos". Não é o mesmo entender os pensamentos como imagens ou como conceitos de alguma maneira "incorporados" às realidades ou como conceitos completamente abstraídos por si mesmos ou como modelos etc.

Quer se entenda 'pensar' psicologicamente ou epistemologicamente, pode haver diversas opiniões acerca do alcance do pensar, assim como acerca dos tipos de pensar.

No que toca ao primeiro ponto, 'pensar' pode ser entendido como equivalente a todo ato intencional, de modo que o pensar inclui, entre outros atos, o querer (é o sentido clássico de *cogitare*), ou pode ser entendido como um tipo particular de ato. Geralmente entendido como um ato intelectual ou, como também se diz às vezes, conceitual.

No que se refere ao segundo ponto, às vezes se tendeu a aproximar o pensar com o perceber. Às vezes, e mais freqüentemente, se tendeu a distinguir nitidamente entre perceber e pensar. Pensar consiste, de acordo com isso, em unir ou relacionar percepções e, em último termo, em julgar. Também se estabeleceu uma distinção entre o pensar como ato intuitivo e o pensar como ato discursivo. Não obstante, como o primeiro foi chamado também de "intuição" (VER), identificou-se freqüentemente 'pensar' com 'pensar discursivamente' (embora não necessariamente de um modo estritamente lógico).

Alguns autores deram definições muito gerais de 'pensamento'. Uma delas é a de Martin Honecker (*Das Denken*, 1925, p. 5), que escreve que "o pensar é uma atividade interna dirigida para os objetos e tendente a sua apreensão". Esta definição é muito questionável não só por ser demasiado geral, mas também por introduzir pressupostos como os de 'atividade interna', 'objeto' etc. Embora a definição de Honecker se apóie numa concepção, digna de ser levada em conta, do pensar como ato dirigido a um conteúdo intencional, isto é, do pensar como "pensar algo", "pensar em..." etc., não expressa tal concepção com a (relativa) neutralidade ontológica com que é ordinariamente proposta.

Entre os problemas que se debateram acerca do pensar figura o de sua relação com outras atividades psíquicas ou mentais. Mencionaremos a este respeito duas opiniões. Segundo uma, o pensar vai sempre acompanhado de outras representações psíquicas, em particular de imagens. É a opinião tradicional, seguida ainda por muitas escolas psicológicas. Segundo a outra, o pensar carece de conteúdo sensorial: é um "pensar sem imagens", tal como o que foi proposto e estudado pela Escola de Würzburg (VER). Uma opinião intermediária sustenta que o pensar se faz acompanhar de representações concomitantes (fenômenos volitivos, emotivos, imagens etc.), mas que o pensar mesmo não pode ser reduzido a nenhuma delas. Pode-se dizer de modo geral que as diferentes doutrinas sobre o pensar se formaram na esteira das grandes escolas psicológicas modernas. Mencionaremos quatro teorias a respeito: a associacionista, a behaviorista, a da Escola de Würzburg, e a estruturalista. Cada uma delas mantém uma idéia sobre o pensar que às vezes acentua a questão de sua gênese e às vezes a de sua estrutura. Os associacionistas sustentam a tese de que o pensar consiste na combinação de pensamentos (ou de "coisas pensadas") de acordo com as leis da associação (VER). Os behavioristas (ver BEHAVIORISTAS) insistem na redução do pensar às reações orgânico-psíquicas, especialmente por meio dos reflexos condicionados. Os membros da Escola de Würzburg entendem o pensar segundo a noção dos *Bewusstseinslage* a que nos referimos no verbete sobre essa escola. Os estruturalistas ou gestaltistas (ver ESTRUTURA) sustentam que o pensar surge como um processo perceptivo suscitado por um estímulo e que se relaciona, formando um conjunto, com processos anteriores acarretados pela memória. Todas essas escolas estudaram, além disso, a relação entre o pensar e o pensado, e entre o pensar e a expressão do pensar mediante a linguagem (VER). Não podemos nos deter aqui nestes pontos; destacaremos somente que o último é o que suscitou mais acirradas controvérsias e maior número de teorias, quase todas elas relacionadas com a questão da chamada *linguagem interna*.

Nos últimos tempos, houve por parte de certos filósofos (especialmente por parte de G. Ryle e dos pensadores do chamado grupo de Oxford [VER]) uma decidida tendência a enfatizar a impossibilidade de reduzir o pensar a uma definição precisa. O pensar, indicou Ryle (*The Concept of Mind*, 1949, pp. 143-144), é uma atividade que se manifesta de muitas formas, 'pensar' é um termo de muitos usos. As formas do pensar são muito diversas, não somente quando examinadas do ponto de vista psicológico, mas também, e especialmente, quando se submete a exame crítico os usos de 'pensar'. Por outro lado, reconheceu-se (por exemplo, D. T. McCracken, em *Thinking and Valuing*, 1950) que o pensar não pode ser facilmente isolado de outras atividades psíquicas, em particular da do valorar. Assim, segundo esse autor, o pensamento não é quase nunca — ao contrário do que crêem alguns — um processo que ocorre *in vacuo*: a afirmação da *Werfreiheit* do pensar representa uma manifestação de determinada valoração do pensar.

Considerável auge tem o estudo do que se chamou de vários modos: psicologia do raciocínio, psicologia do conhecimento, psicologia do pensamento, psicologia do pensar etc. Trata-se de examinar, entre outros problemas, que relação pode haver entre a lógica e a psicologia do raciocínio. Foram adotadas numerosas posições a respeito: as estruturas lógicas (ou pelo menos algumas delas) estão ligadas a estruturas mais amplas, que fazem parte de um contexto cultural; as estruturas lógicas (ou pelo menos algumas delas) fundam-se nas formas como estão organizadas algumas redes neuronais etc. Não é necessário manter posições "relativistas" para propor posições como as anteriormente mencionadas. Cabe, porém, admitir que, como escreveu Juan A. del Val ("Lógica y psicología del razonamiento", em M. Heule, J. Piaget *et al., Investigaciones sobre lógica y psicología*,

p. 40), os raciocínios dedutivos "constituem uma atividade típica dos seres humanos", de modo que "está pressuposta por outras atividades mais complexas". O conhecimento de como se realizam os processos dedutivos pode abrir caminho para o exame de muitos outros problemas em "psicologia do pensar" e, em geral, na "psicologia do conhecimento".

Num sentido muito particular Heidegger tomou o termo 'pensar' (cf. "Was heisst Denken?", em *Vorträge und Aufsätze*, 1954, e sobretudo o livro intitulado *Was heisst Denken?*, 1954). Segundo ele, ainda não começamos a aprender a pensar, e nossa tarefa consiste justamente em situar-nos — ou voltar a situar-nos — na atmosfera do pensamento. Cremos outra coisa porque imaginamos que pensamos quando filosofamos, ou quando fazemos ciência. Mas filosofar ainda não é pensar, mas situar-nos na via do pensamento, e fazer ciência não é pensar. As vantagens da ciência, diz Heidegger, residem justamente em ser livre de pensamento. Mas da ciência ao pensamento não há uma ponte; há um salto. Por isso o pensar não é suscetível de demonstração, só pode ser mostrado ou, melhor dizendo, descoberto. Com isso Heidegger segue a mesma via trilhada em seus *Holzwege*; o pensar é um caminho que nos conduz ao pensável, isto é, ao ser, em cujo âmbito, e só em cujo âmbito, há pensamento.

Quanto ao problema das formas do pensar, nos limitamos a destacar algumas das mais correntemente mencionadas sem atribuí-las a nenhuma escola psicológica ou filosófica determinada. Fala-se de pensar estático e de pensar dinâmico, de pensar reprodutivo e de pensar criador, de pensar emotivo (ou afetivo) e de pensar volitivo, de pensar analítico e de pensar sintético. É preciso perceber que na maior parte dos casos a classificação adotada depende de se se toma ou não o pensar como um processo concomitante com o de outras atividades psíquicas.

A expressão 'formas de pensar' pode ser entendida também de outro modo, menos psicológico que epistemológico-descritivo ou, como preferimos dizer, perifilosófico. Estudamos esse aspecto, com vários exemplos, no verbete PERIFILOSOFIA (VER).

◖ Ver: N. Ach, *Die Willenstätigkeit und das Denken,* 1905. — A. Messer, "Experimentell-psychologische Untersuchungen über das Denken", *Archiv für die gesamte Psychologie*, 8 (1906), 1-244; 10 (1907), 409-428. — K. Bühler, *Tatsachen und Probleme zu einer Psychologie der Denkvorgänge*, 1907. — B. Erdmann, *Umrisse zur Psychologie des Denkens*, 1908. — J. Geyser, *Psychologie der Denkvorgänge*, 1909. — J. Dewey, *How We Think*, 1910. — W. Betz, *Psychologie des Denkens*, 1918. — R. Hönigswald, *Die Grundlagen der Denkpsychologie. Studien und Analysen*, 1921. — Id., *Prinzipienfragen der Denkpsychologie*, 1913. — H. Delacroix, *Le langage et la pensée*, 1924. — G. Störring, *Das urteilende und schliessende Denken in kausaler Behandlung*, 1926. — G. Dwelshauvers, *L'étude de la pensée, méthodes et résultats*, 1934. — M. Wertheimer, *Productive Thinking*, 1946. — H. H. Price, *Thinking and Experience*, 1953. — J. S. Bruner, J. J. Goodnow e G. A. Austin, *A Study of Thinking: An Analysis in the Utilizing of Information for Thinking and Problem Solving,* 1956. — P. Foulquié, *La pensée et l'action*, 1962. — H. Gipper, *Denken ohne Sprache?*, 1971. — G. Seebass, *Das Problem von Sprache und Denken*, 1981. — R. E. Schaefer, *Informationsverarbeitung, mathematische Modelle und Computersimulation*, 1985. — R. J. Sternberg, ed., *The Psychology of Human Thought*, 1988. — H. Ruchlis, *Clear Thinking: A Practical Introduction*, 1990. — M. Sheets-Johnstone, *The Roots of Thinking*, 1991. — E. B. Zechmeister, J. E. Johnson, *Critical Thinking: A Functional Approach*, 1992. — F. Schalow, *The Renewal of the Heidegger-Kant Dialogue: Action, Thought, and Responsibility*, 1992. — De Heidegger, também: *Aus der Erfahrung des Denkens,* 1954. — Muitas das obras citadas na bibliografia do verbete PENSAMENTO se referem também, naturalmente, ao problema do pensar como processo psicológico; referências ao problema se encontram também em quase todas as obras citadas no verbete PSICOLOGIA. ◖

PEÑALOZA, WALTER. Ver DEÚSTUA, ALEJANDRO OCTAVIO.

PEPPER, S[TEPHEN] C[OBURN] (1891-1972). Nascido em Newark, New Jersey (EUA), ensinou no Wellesley College (1917-1918) e na Universidade da Califórnia, Berkeley (1919-1958). Pepper é conhecido por seu trabalhos sobre estética e por suas pesquisas sobre as que ele chama de "hipóteses cósmicas" *(World Hypotheses)* de que falaremos no verbete PERIFILOSOFIA. Segundo Pepper, embora a filosofia execute (ainda) certas tarefas de análise e crítica de várias disciplinas ou de várias áreas (filosofia da ciência e da história, filosofia do Direito etc.), sua principal tarefa é a formulação de uma doutrina omnicompreensiva sob forma de "hipóteses". Há uma pluralidade — limitada — de hipóteses que se caracterizam por fazer uso, em cada caso, de uma "metáfora radical", e que são de maior ou menor alcance e de maior ou menor precisão (sendo a relação entre "alcance" e "precisão" inversa). Às quatro hipóteses estudadas por Pepper — do realismo, ou idealismo, platônico; do mecanicismo, naturalismo ou materialismo; do contextualismo, do organicismo ou do idealismo absoluto ou objetivo, correspondentes, respectivamente, às metáforas radicais da similaridade, da máquina, da ação expressa verbalmente ou do organismo — ele acrescenta uma que considera como sua, embora indique que tenha sido insinuada por outros autores, como Whitehead. Esta quinta hipótese cósmica é a do "seletivismo". Consiste em usar como metáfora radical "a estrutura e conteúdo de

um sistema seletivo dinâmico", cujas categorias podem ser derivadas da "ação integrativa da estrutura da personalidade" ou da "ação normativa de uma estrutura social".
➲ Obras: *Aesthetic Quality*, 1938. — *World Hypotheses*, 1942. — *The Basis of Criticism in the Arts*, 1945. — *A Digest of Purposive Values*, 1947. — *Principles of Art Appreciation*, 1950. — *The Work of Art*, 1955. — *The Sources of Value*, 1958. — *Ethics*, 1960. — *Concept and Quality: A World Hypothesis*, 1967. Um resumo do pensamento de Pepper se acha no ensaio "The Search for Comprehension of World Hypotheses", em *The Nature of Philosophical Inquiry*, 1970, ed. Joseph Bobik, pp. 151-167.

Depoimento: "Autobiography of an Aesthetics", *Journal of Aesthetics and Art Criticism*, 28 (1970), 275-293.

Ver: L. E. Hahn, E. H. Duncan et al., *Real Metaphor: The Live Thought of S. C. P.*, 1981, ed. A. Efron e J. Herold. **c**

PEQUENAS PERCEPÇÕES. No "Prefácio" aos *Nouveaux Essais sur l'entendement humain*, depois de distinguir entre as percepções (ver PERCEPÇÃO) e o que chama "apercepções" (ver APERCEPÇÃO), Leibniz introduz a noção das "percepções insensíveis". Segundo Leibniz, há numerosas indicações que fazem pensar haver "em nós em todo momento uma infinidade de *percepções*, mas sem apercepção e sem reflexão, isto é, mudanças na própria alma das quais não nos damos conta, porque ou as impressões são demasiado pequenas e demasiado numerosas ou demasiado unidas entre si, de modo que não têm nada que as distinga suficientemente, embora unidas a outras não deixem de produzir seu efeito e de fazer-se sentir, pelo menos confusamente, no conjunto". Leibniz dá como exemplos o fato de não nos darmos conta do movimento de um moinho ou da queda da água numa cascata quando estamos acostumados aos ruídos produzidos; não é que não afetem nossos órgãos dos sentidos, mas não são fortes o bastante para atrair nossa atenção (que, ao contrário, fica alerta quando os ruídos cessam). Leibniz indica que as percepções insensíveis "são de um uso tão grande na pneumática como os corpúsculos insensíveis o são na física". Constituem uma nova prova da lei da continuidade, que neste caso vai do insensível e imperceptível ao sensível e perceptível sem saltos bruscos. Leibniz considera que as chamadas "percepções notáveis" (*remarquables*, no sentido de serem "notadas") vêm por graus desde as que "são demasiado pequenas para ser notadas".

Na obra mencionada, as percepções insensíveis parecem ser unicamente psíquicas ou mentais. Dentro do quadro da monadologia, Leibniz as insere como elementos constitutivos de toda realidade enquanto realidade individual. O nome pelo qual se conhecem é o de "pequenas percepções" (*petites perceptions*). O estado de "aturdimento" (*étourdissement*) é o que corresponde ao da falta de consciência. Mas a falta de consciência não é um estado completamente separado da posse de consciência ou apercepção. Não só os espíritos são mônadas, como crêem os cartesianos (*Monadologie*, § 14); "os brutos e outras entelequias" possuem também "alma". Portanto, têm "percepções", mesmo quando seja sob a forma das pequenas percepções ou percepções insensíveis. Assim, a noção de percepção (VER) não é unicamente uma noção psíquica. Os graus de consciência, desde a inconsciência (ou falta de consciência aperceptiva) à consciência ou apercepção, são paralelos aos graus de realidade numa espécie de "escala monadológica".

PERCEPÇÃO. Os gregos usaram vários termos que se traduzem por 'percepção': ἀντίληψις, κατάληψις. O sentido mais comum destes termos é o de "recolhimento" como ação e efeito de recolher algo (que se reclama). Em latim, *percipio (percipere)* é o mesmo que "tomar posse de", "recolher". Cícero usa a expressão *perceptiones animi*, dando a entender com ela uma "apreensão" de notas intelectuais ou traços intelectuais (conceituais), isto é, de noções, *notiones*. Num sentido semelhante falavam os estóicos de κατάληψις, *catalepsis*. A "fantasia cataléptica", φαντασία καταληπτική (ver CATALÉPTICO), é uma "representação compreensiva" ou "representação apreensiva" ou, simplesmente, "representação".

Ao longo da história da filosofia (ocidental), o significado dos termos cuja designação é a noção de percepção oscilou entre dois extremos: a percepção como percepção sensível e, ao fim e ao cabo, como sensação, e a percepção como percepção nocional ou "mental". Em muitos casos, a percepção foi entendida como uma atividade ou um ato psíquicos que incluem algum elemento sensível ou algum elemento intelectual ou nocional. Foi abrindo passagem a tendência de entender 'percepção' como "percepção sensível", diferentemente de outras operações mentais estimadas como não-sensíveis (ou, pelo menos, como não diretamente sensíveis). Contudo, ainda neste caso foi muito comum distinguir entre percepção e sensação (VER) em sentido estrito. A distinção adotou freqüentemente a seguinte forma: pode haver sensação sem percepção, mas não pode haver percepção sem sensação.

Enquanto os problemas relativos à chamada "origem do conhecimento" (ver CONHECIMENTO), à relação entre os sentidos e os conceitos, ou noções etc., foram discutidos nas filosofias antiga e medieval, a questão da natureza da percepção, de como se percebe, do que se percebe etc., é importante nestas filosofias. Contudo, nos limitamos ao conceito de percepção na filosofia moderna, porque nela se prestou especial atenção a ele. Testemunha disso é o abundante uso nas línguas modernas de termos como 'percepção', *perception, percezione, Wahrnehmung* etc.

Os pensadores chamados "racionalistas", como Descartes e Spinoza, seguiram em parte (*apud* H. A.

Wolfson, *The Philosophy of Spinoza*, cap. XIV, 1) as doutrinas de Bernardino Telésio (Telesius) sobre a percepção e a sensação tal como foram expostas na obra deste autor, *De rerum natura* (especialmente, VII, 2). Segundo Wolfson, Telésio indica que difere neste ponto de Aristóteles, mas, de fato, está muito próximo dele. "Com freqüência", escreve Wolfson, "as diferenças entre [Telésio] e Aristóteles, como Cícero disse das diferenças entre Zenão e Aristóteles [*De finibus*, IV, 9, § 211], consistem meramente numa mudança de terminologia". Uma das diferenças entre Telésio e Aristóteles é que o primeiro não localiza, como o último, a faculdade sensitiva no coração, mas (seguindo Galeno) no cérebro. Com Aristóteles, Telésio afirmou que a sensação é a percepção pelo espírito, antes de tudo, de sua própria afecção (produzida pelas coisas externas) e, depois, a percepção pelo espírito da ação exercida por coisas externas. À diferença de Aristóteles, sustentou que a mencionada afecção do próprio espírito por coisas externas tem lugar antes de sua percepção da ação das coisas externas mesmas.

Segundo Descartes (*Princ. Phil.*, I, 32), há dois modos de "pensamentos" (*cogitationes*, num sentido amplo do termo) ou dois modos de "pensar" (*cogitare*, também num amplo sentido do termo). "Um consiste", escreve Descartes, "em perceber pelo entendimento, e o outro em determinar-se pela vontade. Assim, sentir, imaginar e inclusive conceber coisas puramente inteligíveis são só modos distintos de perceber; mas desejar, ter aversão, assegurar, negar, duvidar são modos diferentes de querer". Spinoza segue de perto Descartes a esse respeito (*Princ. Phil. Cartes.* I, prop. 15, schol.). Ambos seguem Telésio que, como vimos, seguiu por sua vez em grande parte Aristóteles, inclusive ao entender, por uma parte, que há uma distinção entre sensação e percepção (talvez "intelecção") e, por outra parte, que a sensação se dá dentro do "quadro da percepção" — em Aristóteles, possivelmente mediante o senso comum (VER), que não é um senso/sentido específico, mas que unifica todos os sentidos. No entanto, não é sempre claro o que Spinoza entende por 'percepção', *perceptio*, e pode-se alegar que há ambigüidade no uso que ele faz do termo. Em todo caso, embora Spinoza fale de percepção como incluindo tanto o que se apreende mediante os sentidos como na chamada *experientia vaga* (*De intellectu emendatione*, 7), avalia que a percepção, à diferença do "conhecimento", apreende unicamente coisas singulares (*Eth.* II, prop. XL, schol.). Wolfson chama a atenção para o fato de Spinoza afirmar que a *mens* humana "deve perceber tudo o que ocorre no corpo humano" (*Eth.* II, prop. XIV, demonst.), o que, segundo o citado historiador, corresponde a "uma parte do terceiro elemento na sensação, tal como foi estabelecido por Telésio, isto é, a percepção mediante a mente de suas próprias afecções e movimentos".

Fiel à sua idéia de continuidade, Leibniz se inclina a pensar que a percepção não é uma operação que se limita à alma humana. Há percepção, assim como apetência, também nas plantas (*Nouveaux Essais*, II, ix). Pode-se falar de um "contínuo da percepção" em Leibniz, que vai das percepções insensíveis ou pequenas percepções (VER) ao mais elevado grau de percepção, ou seja a apercepção (VER).

É improvável que Telésio tenha influenciado os filósofos "empiristas" na forma em que, como vimos, influenciou vários autores "racionalistas", mas os problemas tratados em ambos os casos são similares. Locke toma a percepção num sentido muito amplo, muitas vezes análogo ao do *cogitare* a que nos referimos anteriormente. No *Essay* (II, ix, I) ele escreve que "como a percepção é a primeira faculdade da mente exercida sobre nossas idéias, é a primeira e a mais simples idéia que temos da reflexão, e é chamada por alguns de pensamento em geral". Considerando o poder ou potência (*power*) da percepção, esta pode ser chamada de "entendimento". "A percepção com que identificamos o ato do entendimento é de três classes: 1) Percepção de idéias em nossas mentes, 2) Percepção da significação de signos, 3) Percepção do acordo e desacordo ('conexão' e 'repugnância') entre nossas idéias" (*Essay*, II, xxi, 5). Hume dividiu todas as "percepções" em "impressões" e "idéias": "Estas percepções que ingressam com a máxima violência, podemos chamá-las de *impressões*, e por este nome entendo todas as nossas sensações, paixões e emoções na medida em que fazem sua primeira aparição na alma. Por *idéia* quero dizer as tênues imagens daquelas ao pensar e ao raciocinar..." (*Treatise*, I, i, 1). No *Enquiry*, II, Hume fala das impressões enquanto "nossas percepções mais vívidas, quando ouvimos, ou vemos, ou sentimos, ou amamos, ou odiamos, ou desejamos, ou queremos".

A noção de percepção é fundamental no pensamento de Berkeley na medida em que para ele ser é "perceber ou ser percebido" (ver ESSE EST PERCIPI). Uma noção fundamental desta classe é quase sempre muito complexa, mas há na percepção em Berkeley vários traços persistentes. No que antes se chamou *Commonplace Book* e agora *Philosophical Commentaries*, Berkeley fala da "mente que percebe" enquanto "tem uma passiva recepção de idéias" (*The Work of George Berkeley*, ed. A. A. Luce e T. E. Jessup, I: "Notebook B" 301); a mente é uma "coisa ativa", isto é, "eu mesmo" (*ibid.*, 362 a); percepção é "a mera recepção passiva ou o ter idéias" (*ibid.*, 378: 10; cf. também "Notebook A" 673). Nos *Princípios do conhecimento humano* (*Principles of Human Knowledge*, I), Berkeley fala das sensações ou idéias, que existem somente num espírito que as "percebe", e nos *Três diálogos* (*Three Dialogues between Hylas and Philonous*, Dial. I) expressa a mesma noção. Embora não o indique expressamente, esta noção só parece ser entendida em relação com a aludida atividade. Berkeley destaca que o ser percebido não é um "ser inerte" à diferença da "matéria" de que falam os "ateus".

Muitos autores entenderam por 'percepção' só a percepção sensível ou percepção por órgãos dos sentidos. Outros consideraram que a percepção inclui não somente os sentidos chamados "externos", mas também os "internos" (o querer ou o amar, tanto como o ver ou o tocar). Como se entendeu também por 'sensação' (VER) a "sensação externa" ou então a "sensação externa" junto com a "interna", não é fácil estabelecer distinção entre 'sensação' e 'percepção'. Contudo, esta tem sido uma distinção comum. Às vezes se baseou na idéia de que as sensações são operações simples e geralmente "passivas", enquanto as percepções são complexas e geralmente "ativas". A distinção entre sensação e percepção, por um lado, e percepção e pensamento, por outro, foi proposta por Kant. A sensação é para este autor como o conteúdo ao qual a percepção dá forma mediante as intuições do espaço e do tempo. Ao mesmo tempo, as percepções enquanto percepções empíricas constituem o material ordenado pelos conceitos nos atos do juízo. Os conceitos sem percepções (intuições) são, segundo Kant, vazios. Ora, enquanto Kant estimava que os conceitos se impõem, por assim dizer, desde fora ao material das percepções (sensíveis), Hegel e, em geral, os idealistas propunham que há na percepção um elemento de universalidade. Em geral, os autores cuja tendência em epistemologia foi realista sustentaram que a percepção tem um caráter imediato. Os autores de propensão idealista destacaram o caráter mediato da percepção. Segundo Colingwood, que representa um ponto de vista idealista, "a imediatidade da percepção não exclui a mediação, não é abstrata imediatidade (sensação), mas sim contém implicitamente um elemento de mediação (pensamento)" (*Speculum mentis*, VI, 1).

De um ponto de vista psicológico, assim como epistemológico, foram propostas várias teorias sobre a percepção e especialmente sobre o modo como, com as percepções, se "apreendem" realidades "externas". As teorias mais importantes a respeito foram a teoria realista da percepção, segundo a qual o conteúdo das percepções são as realidades mesmas; a teoria causal da percepção, segundo a qual há uma diferença entre percepção e realidade percebida, já que esta é causa daquela; e a teoria fenomenista, segundo a qual o que se percebe são fenômenos ou aspectos fenomênicos da realidade. Esta última teoria pode desembocar numa distinção entre fenômenos e realidades mediante a introdução de noções como as dos dados dos sentidos (ver SENTIDOS [DADOS DOS]) ou dos chamados "sensíveis" (ver SENSÍVEL, SENSÍVEIS), ou pode, pelo contrário, terminar por uma afirmação de que não há distinção de princípio entre "percepção" e "percebido". Uma diferença básica se acha entre os que sustentam que quando alguém vê um objeto, vê a aparência de um objeto (ou o objeto enquanto aparência), mas não o objeto; e os que sustentam que quando alguém vê um objeto, o objeto se lhe aparece sem distinção entre este e uma "aparência".

Discutiu-se também o problema da chamada "interioridade" ou "exterioridade" das percepções, ou dos atos de percepção (problema em alguns aspectos similar ao já apontado antes quando se examinou se, e até que ponto, as percepções não são apenas "sensíveis", mas se incluem também atos "internos"). Muitas teorias "interioristas" da percepção vinculam os atos de percepção à existência de alguma "força". Isso ocorre com Lachelier quando afirma que "o movimento desenvolvido na extensão não tem consciência de si mesmo, porque está, por assim dizer, todo inteiro fora de si mesmo", mas que "o movimento concentrado na força é precisamente a percepção tal como a definiu Leibniz, isto é, a expressão da multiplicidade na unidade" (*Du fondement de l'induction*, 1871, ed. 1924, p. 94). Isso supõe, segundo o autor, duas condições: *a*) que, em vez de dispersar-se no tempo e no espaço, a força e o movimento se juntem num certo número de sistemas; *b*) que o detalhe desses sistemas se concentre ainda mais, refletindo-se numa pequena quantidade de "focos" onde a consciência se exalta por uma espécie de acumulação e de condensação. Por isso a alma é definida aqui como a "unidade dinâmica do aparato perceptivo" pela mesma razão por que a vida é definida como a "unidade dinâmica do organismo".

Em sua análise da percepção contida em *Matière et Mémoire*, Bergson não entende a percepção como apreensão de uma realidade por um sujeito psíquico. A noção de percepção dá origem a duas diferentes concepções. Por um lado, a noção tradicional de percepção não pode explicar a "ordem da Natureza" para uma consciência "na qual todas as imagens dependem de uma imagem central, nosso corpo, cujas variações elas seguem" a menos que se adote uma hipótese arbitrária: a de consciência como um epifenômeno ou uma espécie de "fosforescência" da matéria. As doutrinas antagônicas do idealismo e do realismo postulam por igual a noção gratuita de que "perceber é conhecer". Bergson rejeita essas concepções não só em virtude dos argumentos apontados, mas também por razões empíricas. O que afirmam essas noções se revela como falso "com base num mero exame da estrutura do sistema nervoso na série animal".

Para Bergson, a percepção é, antes de tudo, ação e acarreta "uma relação variável entre o ser vivo e a influência mais ou menos distante dos objetos que influem sobre ele". O cérebro opera ao modo de uma central telefônica, indicando "certo número de ações possíveis ao mesmo tempo" ou organizando uma delas. O cérebro não produz imagens mentais; sua função consiste em "receber estímulos, proporcionar os aparatos motores e apresentar o maior número possível de tais aparatos a um estímulo dado. Quanto mais se desenvolve, mais distantes ficam os pontos do espaço que ele põe em relação com mecanismos motores cada vez mais complexos". A percepção, regulada pelo sistema nervoso, está encaminhada à ação e não ao conhecimento puro. Isso explica que a crescente riqueza desta percepção simbolize "o mais amplo raio de indeterminação deixado à escolha do ser vivo em sua conduta com respeito às coisas". Se houvesse uma pura percepção sem memória, ela se acharia absolutamente encerrada num presente. Seria uma "percepção impessoal" sobre a qual não se imporia a individualidade da memória. Transformar uma realidade objetiva numa "imagem representada" é isolá-la de todas as demais imagens, assim como de sua relação passada e futura com essas imagens. A representação é, portanto, uma diminuição; a representação de uma imagem é menos que sua presença. Os seres vivos enquanto "centros de indeterminação" eliminam essas partes dos objetos que não lhes interessam. Bergson compara a percepção a uma reflexão incompleta, isto é, a uma reflexão onde não fica refletido o objeto inteiro, mas somente seu contorno. O que fica descartado em nossa representação da matéria é o que não tem nenhum interesse para nossas necessidades. Assim, a representação consciente das coisas se torna possível pelo fato de se refletirem contra os centros de ação espontânea. Em outras palavras, enquanto a consciência elimina, a percepção absorve tudo (embora não o saiba). A percepção não é, pois, "uma fotografia das coisas".

Não há diferença só entre percepção e consciência, mas também entre percepção e afecção. Esta surge como resultado de um esforço para rejeitar excitações. A percepção mede o poder refletor. A percepção se acha fora do corpo. A afecção se acha no corpo. As coisas inanimadas não são percebidas num sujeito psíquico; até se poderia dizer que "se percebem" umas às outras e que são mutuamente "transparentes".

O problema da percepção foi examinado com detalhe por muitos dos chamados "neo-realistas" ingleses (ver Neo-realismo). Estes filósofos não são propriamente realistas, porquanto não admitem a tese antes resenhada da imediatez na percepção, tampouco são idealistas, porque não fazem intervir, como termo mediato, nem o pensamento nem a reflexão. Seu neo-realismo se parece em muitos casos com um fenomenismo, pelo menos na medida em que dão considerável importância aos chamados *sensa* como elementos entre o objeto e o ato de percepção do objeto. Esses *sensa* foram comparados com as *species*, e em particular as *species sensibiles* escolásticas, mas não se deve levar a comparação a extremos demasiados. Característico dos neo-realistas ingleses é a tendência a considerar os atos de percepção e as percepções como "acontecimentos" *(events)*, de tal sorte que, conforme antes apontados, pode-se falar inclusive de um *percipient event* ou "acontecimento percipiente" no caso do ato da percepção. Contudo, dentro de uma tendência comum há diferenças nos modos como os neo-realistas ingleses (filósofos como C. D. Broad, T. Percy Nunn, H. A. Prichard, Norman Kemp Smith, John Laird, H. H. Price) explicam a percepção. Uns, como T. Percy Nunn, se inclinam para o que poderíamos chamar "objetivismo realista" na medida em que atribuem os citados *sensa* aos objetos mesmos. Outros, como H. H. Price (ver), supõem que os *sensa*, ou, melhor, os *sense-data*, pertencem ao objeto constituindo "famílias" de *sense data*. Mas assinalam ao mesmo tempo que não se pode dizer grande coisa do "objeto mesmo" e que, só pelas dificuldades que levanta uma teoria "representacionista" da percepção, é melhor ater-se a um certo fenomenismo.

Alguns filósofos, como J. E. Turner (nascido em 1875: *A Theory of Direct Realism, and the Relation of Realism to Idealism*, 1925), chegam a sublinhar o que pode ser chamado de "elementos realistas" na percepção, que desembocam num claro representacionismo. Reagindo contra esta tendência, certos autores, como A. C. Ewing (nascido em 1900: *Idealism, a Critical Survey*, 1934), destacam a impossibilidade de perceber sem de algum modo categorizar o percebido.

O exame da percepção pelos neo-realistas ingleses é uma espécie de "fenomenologia da percepção", diferente das especulações metafísicas e também das teorias psicológicas e neurofisiológicas. O problema da percepção foi objeto de detalhado tratamento pelos fenomenólogos. Husserl falou de uma percepção interna enquanto "percepção imanente" e de uma percepção externa enquanto "percepção transcendente". A percepção imanente é a das vivências intencionais cujos objetos pertencem ao mesmo "fluxo vivencial". A percepção transcendente é a das vivências intencionais onde não ocorre semelhante "imediatez". A percepção é sensível quando apreende um objeto real, e categorial quando apreende um objeto ideal. Segundo Husserl, na percepção sensível "é apreendido diretamente ou está presente *in persona* um objeto que se constitui de modo simples no ato da percepção". Na categorial, em contrapartida, se constituem novas objetividades.

O problema da percepção é central no pensamento de Merleau-Ponty (ver). Segundo o resumo que esse autor ofereceu de sua doutrina (*Bulletin de la Société Française de Philosophie*, 1947), as bases ontológicas dela podem ser reduzidas a três pontos: 1) A percepção é uma modalidade original da consciência. O mundo percebido não é um mundo de objetos como o que concebe a ciência; no percebido há não só uma matéria, como também uma forma. O sujeito percipiente não é um "interpretador" ou "decifrador" de um mundo supostamente "caótico" e "desordenado". Toda percepção se apresenta num horizonte e no mundo. 2) Tal concepção da percepção não é só psicológica. Não se pode superpor ao mundo percebido um mundo de idéias. A certeza da idéia não se fundamenta na da percepção, mas sobre ela repousa. 3) O mundo percebido é o fundo sempre pressuposto por toda racionalidade, todo valor e toda existência.

As análises de Merleau-Ponty, embora não sejam, estritamente falando, psicológicas, apóiam-se em dados psicológicos, especialmente os oferecidos pela psicologia da estrutura (VER) ou *Gestaltpsychologie*, que dedicou grande atenção ao estudo das condições e formas das percepções. Um ponto de vista diferente é o adotado por vários filósofos analíticos, que, em lugar de atentar para resultados psicológicos, prestam especial atenção à análise de expressões. Um exemplo a respeito é o de Gilbert Ryle, ao manifestar que é errôneo examinar a percepção filosoficamente supondo que perceber é um processo ou estado corporal, ou que é um processo ou estado psicológico, ou um processo ao mesmo tempo corporal e psicológico. Ryle sustenta que embora a óptica, a acústica, a neurofisiologia etc. revelem importantes conexões acerca do ver, do ouvir etc., não é legítimo basear-se em tais crenças para resolver os dilemas da percepção. Estes podem ser resolvidos, em contrapartida, mediante uma análise que aclare os sentidos em que se usam expressões como 'Percebo', 'Me parece que' etc. Segundo Ryle, 'perceber' é basicamente diferente de, por exemplo, 'correr'. 'Correr' não quer dizer 'ter corrido', mas 'estar correndo'. Por outro lado, 'perceber' é um verbo do tipo de 'encontrar'. Não se pode estar encontrando algo, já que encontrar é de algum modo ter encontrado. Analogamente, não se pode estar percebendo algo. Não há um processo de perceber; há um levar a cabo o "executar" um ato de percepção. Mas embora a análise lingüística de Ryle não se apóie em considerações psicológicas ou neurofisiológicas, ela tem conseqüências psicológicas ou, quando menos, epistemológicas. Com efeito, ao não considerar o perceber como um processo, descarta-se tanto os possíveis "atos internos" quanto todo "intermediário" entre o ato de perceber e o objeto percebido. Descarta-se também toda idéia de que a percepção é "causada" por um objeto. Outro exemplo de análise da percepção é o de autores como C. J. Ducasse, R. M. Chisholm e Wilfrid Sellars, que defenderam o que se chama "teoria adverbial da percepção". Segundo ela, posto que toda percepção o é de uma pessoa percipiente, é mister analisar o modo como cabe dizer que alguém tem uma percepção mediante tradução de toda expressão do tipo 'A apresenta uma aparência redonda a S' a uma expressão na qual fique claro que o percipiente tem a percepção. O modo mais claro é, segundo tais autores, o adverbial, de sorte que a expressão citada 'A apresenta uma aparência redonda a S' se traduz mediante 'S percebe redondamente a A'. Fez-se notar que os autores que defendem a mencionada teoria aspiram a eliminar toda pretensa realidade "substantiva" e que a teoria adverbial da percepção pode ser um aspecto de uma teoria mais geral, segundo a qual é preciso descartar todo ato psíquico do qual se possa falar como se existisse por si mesmo. Assim, por exemplo, 'A vive em estado de tristeza' seria uma (ilegítima) substantivação de 'A vive tristemente'.

Em contraste com este tipo de análise se encontram os trabalhos onde os problemas da percepção, sem perder necessariamente interesse filosófico, são tratados em estreita relação com investigações psicológicas, fisiológicas, neurofisiológicas, ópticas etc. Isso ocorreu em várias orientações psicológicas de interesse ou alcance filosófico, entre as quais se distinguiram o comportamentalismo e o "gestaltismo". Tem-se trabalhado muito no problema das chamadas "bases físicas" — neurofisiológicas — da percepção (W. Grey Walter, W. Pitts, E. D. Adrian, W. Köhler e outros). Auxiliados pelas técnicas eletroencefalográficas, os neurofisiologistas alcançaram resultados já muito satisfatórios. Particularmente importante foi a descoberta do chamado "ritmo alfa" emitido pelo córtex cerebral. Este ritmo se registra quando um sujeito se acha em estado de repouso, e fica "perturbado" quando ocorrem percepções (especialmente visuais). O ritmo alfa opera ao modo de uma emissão contínua de ondas sobre a qual se "modulam" outras emissões. Por isso ele foi comparado com o tônus muscular permanente sobre o qual se modulam os diversos movimentos musculares; e até se falou de um "tônus cortical". Como a emissão contínua cortical oferece analogias com as emissões contínuas dos aparelhos emissores de radar e televisão, pensa-se que, sem necessidade de chegar a "reducionismos" precipitados entre os dois fenômenos, o estudo das segundas pode lançar considerável luz sobre a compreensão da primeira.

Relacionadas em parte com os trabalhos anteriores se acham as investigações da percepção que fizeram uso dos processos perceptivos ou supostamente perceptivos que ocorrem em certas máquinas construídas para tanto. A mais conhecida dessas máquinas é o chamado "Perceptron", que consiste num dispositivo que permite efetuar seleções de estímulos (por exemplo, cores) com base em "percepções" anteriores registradas e armazenadas pela máquina. As analogias entre as percepções humanas e as "percepções" da máquina foram reforçadas por meio de conexões relativamente "arbitrárias", similares às conexões existentes no sistema nervoso e, sobretudo, por meio de conexões nas quais se dão "repetições" e "redundâncias". É ainda assunto debatido se neste caso estamos às voltas com autênticas "percepções" ou se se trata unicamente de uma analogia entre dois sistemas, mas não uma igualdade de natureza entre eles. Uma teoria completamente "fisicalista" da percepção no sentido apontado, isto é, fundada na idéia de que quaisquer percepções sensíveis — e todas as formas da chamada "consciência" — que se acham no homem podem ser produzidas em princípio em máquinas ou robôs, foi proposta por James T. Culbertson (*op. cit.*, bibliografia).

Às vezes se fala também de "percepção extra-sensível" para designar as percepções ou supostas percepções que têm lugar independentemente dos marcos normais psicológicos e neurofisiológicos. Aos problemas levantados por tal tipo de percepção nos referimos em METAPSÍQUICA. Observemos que às vezes foram incluídos entre as chamadas "percepções extra-sensíveis" certos tipos de percepção especialmente aguda, induzida geralmente por drogas.

⊃ Natureza, análise e fenomenologia da percepção: W. Enoch, *Der Begriff der Wahrnehmung*, 1890. — H. Schwarz, *Das Wahrnehmungsproblem vom Standpunkt des Physikers, des Physiologen und des Philosophen. Beitrag zur Erkenntnistheorie und empiristischen Psychologie*, 1892. — K. Twardowski, *Idee und Perzeption*, 1892. — H. Bergson, *Matière et Mémoire*, 1896. — W. Schapp, *Beiträge zur Phänomenologie des Wahrnehmens*, 1910. — C. D. Broad, *Perception, Physics, and Reality*, 1913. — P. F. Linke, *Grundfragen der Wahrnehmungslehre. Untersuchungen über die Bedeutung der Gegenstandstheorie und Phänomenologie für die experimentelle Psychologie*, 1918; 2ª ed., 1929. — M. Palágyi, *Wahrnehmungslehre*, 1925. — E. Jaensch, *Über den Aufbau der Wahrnehmungswelt und die Grundlagen der menschlichen Erkenntnis*, 2 vols., 1927-1931. — H. H. Price, *Perception*, 1932. — C. Fabro, *La fenomenologia della percezione*, 1941. — Id., *Percezione e pensiero*, 1941. — M. Merleau-Ponty, *Phénoménologie de la perception*, 1945. — Y. Reenpää, *Über Wahrnehmen, Denken und messendes Versuchen*, 1947. — H. A. Prichard, *Knowledge and Perception: Essays and Lectures*, 1950. — J. Paliard, *La pensée et la vie, recherche sur la logique de la perception*, 1951. — J. Buchler, *Toward a General Theory of Judgment*, 1951 (cap. 1). — A. A. Luce, *Sense Without Matter*, 1954. — G. Ryle, *Dilemmas*, 1954, pp. 93-110 (cap. VII: "Perception"). — F. H. Allport, *Theories of Perception and the Concept of Structure*, 1955. — A. Michotte, J. Piaget, H. Piéron et al., *La perception*, 1955. — R. M. Chrisholm, *Perceiving: a Philosophical Study*, 1957. — D. W. Hamlyn, *The Psychology of Perception. A Philosophical Examination of Gestalt Theory and Derivative Theories of Perception*, 1957. — R. J. Hirst, *The Problems of Perception*, 1959. — P. Krausser, *Untersuchungen über den grundsätzlichen Anspruch der Wahrnehmung zu sein*, 1960. — J. Moreau, *L'horizon des esprits. Essai critique sur la phénoménologie de la perception*, 1960. — L. Paul, *Persons and Perception*, 1961. — J. Piaget, *Les mécanismes perceptifs*, 1961. — G. Mony, *La perception comme mode de réaction et instrument de progrès*, 1961. — R. Francès, *Le développement perceptif*, 1962. — J. L. Austin, *Sense and Sensibilia*, 1962 [reconstrução por G. J. Warnock com base em notas manuscritas]. — E. Maggioni, *Semantica della percezione*, 1962. — W. Sellars, *Science, Perception and Reality*, 1963. — J. Piaget, P. Fraisse et al., *La perception*, 1963. — G. M. Wyburn, R. W. Pickford e R. J. Hirst, *Human Senses and Perception*, 1964. — R. Grossmann, *The Structure of Mind*, 1965. — F. I. Dretske, *Seeing and Knowing*, 1969. — M. L. Minsky e S. Papert, *Perceptrons*, 1969. — G. Pitcher, *A Theory of Perception*, 1971. — G. J. Warnock, J. W. Roxbee Cox et al., *Perception: A Philosophical Symposium*, 1971, ed. F. N. Sibley. — E. C. Carterette e M. P. Friedman, eds., *Handbook of Perception*, 3 vols., 1973-1974. — J. Hochberg, M. Henle et al., *Perception: Essays in Honor of James J. Gibson*, 1974, ed. R. B. McLeod e H. L. Pick, Jr. — G. E. M. Anscombe, Føllesdal et al., *Aisthesis: Essays in the Philosophy of Perception*, 1976. — R. G. Turnbull, E. N. Lee et al., *Studies in Perception: Interrelations in the History of Philosophy and Science*, 1977, ed. P. K. Machamer e R. G. Turnbull. — F. Jackson, *Perception: A Representative Theory*, 1977. — D. W. Hamlyn, *The Psychology of Perception: A Philosophical Examination of Gestalt Theory and Derivative Theories of Perception*, 1979. — M. S. Gram, *Direct Realism: A Study of Perception*, 1983. — C. McGinn, *The Subjective View*, 1983. — D. Park, *Elements and Problems of Perception*, 1983. — U. Melle, *Das Wahrnehmungsproblem und seine Verwandlung in phänomenologischer Einstellung*, 1983 (Husserl, Gurwitsch e Merleau-Ponty). — I. Rock, *The Logic of Perception*, 1983. — J. W. Yolton, *Perceptual Acquaintance from Descartes to Reid*, 1984. — I. Persson, *The Primacy of Perception: Towards a Neutral Monism*, 1985. — R. A. Fummerton, *Metaphysical and Epistemological Problems of Perception*, 1985. — D. Kelley, *The Evidence of the Senses: A Realist Theory of Perception*, 1986. — E. Wolf-Gazo, *Das erfassende Subjekt*, 1986. — D. L. C. MacLachlan, *Philosophy of Perception*, 1989. — R. Schantz, *Der sinnliche Gehalt der Wahrnehmung*, 1990.

Bases físicas da percepção: E. D. Adrian, *The Physical Background of Perception*, 1947. — W. S. McCulloch e W. Pitts, "A Logical Calculus of the Ideas Immanent in Nervous Activity", *Bulletin of Mathematical Biophysics*, V (1953). — W. G. Walter, "Features of Electro-Physiology of Mental Mechanisms", *Perspectives in Neuro-Psychiatry*, ed. D. Richter, 1953. — J. C. Eccles, *The Neurophisiological Basis of Mind*, 1953. — J. R. Smythies, *Analysis of Perception*, 1956. — W. R. Brain, *The Nature of Experience*, 1959. — D. M. Armstrong, *Perception and the Physical World*, 1961. — J. G. Taylor, *The Behavioral Basis of Perception*, 1962. — J. T. Culbertson, *The Minds of Robots: Sense Data, Memory, Images, and Behavior in Conscious Automata*, 1963. — J. Galíndez, *El papel del cuerpo en la*

percepción, 1963. — E. Laszlo, *System, Structure, and Experience: Toward a Scientific Theory of Mind*, 1969. — P. L. Mckee, "Perception and Physiology", *Mind*, 80 (1971), 594-596. Percepção extra-sensível: H. Bender, *Psychische Automatismen. Zur Experimentalpsychologie des Unbewussten und der aussersinnlichen Wahrnehmung*, 1936. — J. B. Rhine, *Extrasensory Perception*, 1940 (ver também a bibliografia de METAPSÍQUICA). — A. Huxley, *The Doors of Perception*, 1954. — I. Grattan-Guinness, "Extra-Sensory Perception and its Methodological Pitfalls", *Method and Science*, 12 (1979), 17-32.
Para a história da idéia de percepção: D. W. Hamlyn, *Sensation and Perception. A History of the Philosophy of Perception*, 1961. — J. Hartnack, *Analysis of the Problem of Perception in British Empiricism*, 1950. — G. J. Stack, *Berkeley's Analysis of Perception*, 1972. — A. Sicker, *Die leibnizschen Begriffe der Perzeption und Apperzeption*, 1900. — L. Salomon, *Zu den Begriffen der Perzeption und Apperzeption von Leibniz bis Kant*, 1902. — J. W. Yolton, *Thinking and Perceiving*, 1962 [Piaget, Merleau-Ponty, Piéron, Ryle, H. H. Price, psicólogos de Würzburg etc.]. — N. Pastore, *Selective History of Theories of Visual Perception, 1650-1950*, 1971. — G. Dicker, *Perceptual Knowledge: An Analytical and Historical Study*, 1980. — W. Welsch, *Aisthesis: Grundzüge und Perspektiven der Aristotelischen Sinneslehre*, 1987. — D. K. W. Modrak, *Aristotle: The Power of Perception*, 1987. — T. C. Meyering, *Historical Roots of Cognitive Science: The Rise of a Cognitive Theory of Perception from Antiquity to the Nineteenth Century*, 1989. — G. Hatfield, *The Natural and the Normative: Theories of Spatial Perception from Kant to Helmholtz*, 1991. — C. Wolf-Devine, *Descartes on Seeing: Epistemology and Visual Perception*, 1993. C

PERCEPÇÃO (ANTECIPAÇÕES DA). Ver ANTECIPAÇÕES DA PERCEPÇÃO.

PERCEPÇÕES (PEQUENAS). Ver PEQUENAS PERCEPÇÕES.

PEREGRINO PROTEU (século II). Considerado um filósofo da escola cínica, mas sua simpatia pelas correntes místicas, sua favorável inclinação ao cristianismo, seu entusiasmo pela sabedoria oriental, e em particular pela dos brâmanes, fazem dele, por um lado, um ecléticoˑe, por outro, uma figura curiosa e até certo ponto romanesca (sobre a qual Wieland escreveu um romance em 1791). A morte de nosso filósofo foi apoteótica: lançou-se às chamas durante as festas olímpicas do ano 165. Correspondendo a esse temperamento houve em Peregrino Proteu uma acentuação dos traços extremistas do cinismo: desprezo das normas e convenções sociais, até limites incríveis (pelo menos segundo as descrições de Luciano de Samósata). Nesse sentido, Peregrino representou uma reação contra a tendência ao cinismo moderado de Demonax de Chipre.

⮕ Ver: E. Zeller, "Alexander (de Abonuteico) und Peregrinos, ein Betrüger und ein Schwärmer", *Deutsche Rundschau*, 1877, reimp. em *Vorträge und Abhandlungen*, II, 1877, pp. 154-158. — J. Bernays, *Lukian und die Kyniker*, 1879. — M. Croiset, "Un ascète païen au siècle des Antonins, P. Protée", *Académie des sciences et lettres de Montpellier*, section Lettres, 6 (1880), 455-491. — J. Vahlen, *Luciani de Cynicis iudicium. Lucianus de Peregrinis morte*, 1882. — F. Romero, "El enigma de Peregrino Proteo" (1955), no volume de F. Romero, *Ortega y Gasset y el problema de la jefatura espiritual, y otros ensayos*, 1960, pp. 43-56. C

PEREIRA BARRETO, LUÍS. Ver BARRETO, TOBIAS.

PEREIRA, BENITO, Benito Pereyra, Perera ou Pererio (Pererius) (1535-1610). Nascido em Ruzafa (Valencia), ingressou na Companhia de Jesus em 1552 e viveu grande parte de sua vida em Roma, como professor de Sagrada Escritura no Colégio Romano. Parte muito importante da obra de Pereira é de caráter exegético; destacam-se seus comentários ao Gênesis e ao livro de Daniel. Em filosofia, Pereira se distinguiu por seus comentários a Aristóteles. Neles analisou a fundo vários problemas metafísicos, entre eles o do princípio de individuação, que Pereira baseou na matéria e na forma ao referir-se à unidade *individual* e à distinção entre si dos seres, e principalmente na forma ao referir-se à unidade e distinção dos seres entre si.

⮕ Obras: *De communibus omnium rerum naturalium principiis et affectionibus libri quindecim*, 1562. — *Commentatorium in Danielem prophetam libri sexdecim*, 1587. — *Commentatorium et disputationum in Genesim*, 4 vols. (I, 1589; II, 1592; III, 1595; IV, 1598). — *Selectarum disputationum in Sacram Scripturam*, 5 vols., (I, 1601; II, 1603; III, 1606; IV, 1608; V, 1610).
Ver: M. Solana, *Historia de la filosofia española. Época del Renacimiento (Siglo XVI)*, t. III, 1951, pp. 373-400. C

PERELMAN, CHAÏM (1912-1984). Nascido em Varsóvia, mudou-se, ainda muito jovem, para a Bélgica. Estudou na Universidade de Bruxelas e foi nomeado em seguida professor na mesma Universidade. Perelman trabalhou no campo da lógica, especialmente nos problemas suscitados pelos paradoxos lógicos; na análise de conceitos fundamentais morais e políticos, sobretudo no conceito de justiça, e na questão da natureza dos pressupostos do pensamento filosófico. Referimo-nos brevemente a alguns desses pontos nos verbetes JUSTIÇA e PROTOFILOSOFIA. Mas a contribuição mais importante e influente de Perelman foi o estudo da argumentação filosófica e a revalorização da retórica como "teoria da argumentação". Abordamos esse ponto no verbete RETÓRICA, onde expusemos as principais intenções de Perelman a respeito. Indiquemos aqui apenas, como informação complementar, que com seus estudos sobre a argumentação filosófica, Perelman se propõe "romper com uma concepção da razão e do raciocínio procedente de Descartes" para pôr em relevo o amplo quadro no qual se inserem os múltiplos e variados "meios discursivos". Perelman não rejeita o que foi chamado de "raciocínio *more geometrico*"; indica somente que esse raciocínio é um entre outros possíveis modelos de argumentação. Os estudos de Perelman sobre a argumentação filosófica baseiam-se, ademais, numa idéia "antiabsolutista" da filosofia. Perelman manifestou que se opõe aos "absolutismos de toda classe" e que não crê em "revelações definitivas e imutáveis". Em outros termos, trata-se aqui também de propugnar uma "filosofia aberta" ou uma "filosofia regressiva" contra toda "filosofia primeira" pretensamente absoluta.

○ Obras principais: *De l'arbitraire dans la connaissance*, 1933. — *De la justice*, 1945 (em trad. inglesa, com muitos acréscimos e modificações: *The Idea of Justice and the Problem of Argument*, 1963). — *Rhétorique et philosophie: Pour une théorie de l'argumentation en philosophie*, 1952 [com L. Olbrechts-Tyteca]. — *Cours de logique*, 3 fascículos; 2ª ed., 1956; 3ª ed., 1976. — *Traité de l'argumentation: La nouvelle rhétorique*, 2 vols., 1958 [com L. Olbrechts-Tyteca]. — *Justice et raison*, 1963. — *Raisonnement et démarches de l'histoire*, 1964. — *Droit, morale et philosophie*, 1968. — *Les catégories en histoire*, 1969. — *Le champ de l'argumentation*, 1970. — *Logique juridique. Nouvelle rhétorique*, 1976. — *L'Empire rhétorique: Rhétorique et argumentation*, 1978. — *The New Rhetoric and the Humanities: Essays on Rhetoric and its Applications*, 1976. — *Justice, Law, and Argument: Essays on Moral and Legal Reasoning*, 1980. — *Introduction historique à la philosophie morale*, 1980. — *Le raisonnable et le déraisonnable en droit*, 1984. — *Rhétoriques*, 1989.

Em português: *Ética e direito*, 2000. — *Lógica jurídica*, 1998. — *Tratado da argumentação — a nova retórica*, 2000. — *Retóricas*, 1997.

Bibliografia: L. Olbrechts-Tyteca e E. Griffin-Collart, "Bibliographie de Ch. P.", *Revue Internationale de Philosophie*, 33, 127-128 (1979), 325ss.

Ver: N. Bosco, *P. e un rinnovamento della retorica*, 1955. — VV. AA., artigos em *Logique et analyse*, 6, 21-24 (1963), com o título *La théorie de l'argumentation: Perspectives et applications* (Homenagem a C. P., com bibliografia nas pp. 604-611). — G. L. Bastida, *Gli argomenti di P.: Dalla neutralità dello scienziato all'imparzialità del giudice*, 1973. — Ch. Perelman, H. Zyskind et al., "La nouvelle rhétorique. The New Rhetoric", arts. em homenagem a Ch. P. em *Revue Internationale de Philosophie*, 33, 127-128 (1979). — J. L. Golden, J. J. Pilotta, eds., *Practical Reasoning in Human Affairs: Studies in Honor of Ch. P.*, 1986. ◖

PÉREZ Y LÓPEZ, ANTONIO XAVIER. Ver Krausismo.

PERFEIÇÃO, PERFEITO. Diz-se que algo é perfeito quando está "acabado" e "completo", de tal sorte que não lhe falta nada, mas tampouco lhe sobra nada para ser o que é. Neste sentido se diz que algo é perfeito quando é justa e exatamente o que é. Esta idéia de perfeição inclui a idéia de "limitação", "acabamento" e "finalidade própria", e é uma das idéias que ressurgem constantemente no pensamento grego. Disse-se inclusive que "perfeito", "terminado", "clássico" e "helênico" são aspectos diversos de um mesmo e único modo de ser segundo o qual tudo o que não é limitado e, por assim dizer, "fechado em si mesmo" é imperfeito.

Se o perfeito é o que acabamos de dizer dele, será também o melhor em seu gênero, pois não haverá nada que possa superá-lo; toda mudança no perfeito introduzirá nele alguma imperfeição.

Estas duas significações de 'perfeito' foram postas em destaque por Aristóteles em sua análise dos sentidos de τέλειον (*Met.*, Δ 16, 1021 b 12-1022 a 2). A esses dois sentidos Aristóteles acrescentou outro: o que tem 'perfeito' quando se refere a algo que alcançou seu fim, enquanto fim louvável. Aristóteles também ressalta que 'perfeito' se usa às vezes *metaforicamente* para referir-se a algo que é mau, como quando se diz "um perfeito ladrão". O fato de Aristóteles considerar este último uso como simplesmente metafórico já indica que em sua idéia de perfeição, e em todas as significações da mesma, está latente a noção de algo que é, por si, bom. Com efeito, em princípio não deveria haver inconveniente em admitir que algo mau, ou supostamente mau, é perfeito embora seja "mau", pois ainda neste caso é perfeito em seu gênero, que é um gênero da "maldade". Mas excluir o mau do perfeito tem em Aristóteles, e no pensamento grego em geral, uma razão de ser, e é que se considera que o "mau" é de algum modo defeituoso e, portanto, não pode ser perfeito, como não o é nada que possua algum defeito, ou que careça de algo.

Se o perfeito é chamado "limitado", então tudo o que for ilimitado será imperfeito. Em virtude disso se disse que os gregos consideravam como imperfeito o infinito, já que só o que é "finito" pode estar "acabado". Referimo-nos em parte a este ponto no verbete Infinito; indiquemos aqui somente que, na medida em que o infinito seja concebido como "o inabarcável", parece que será preciso identificar o infinito com o imperfeito. Mas o infinito pode ser concebido de outros modos, e em um deles pelo menos pode manifestar-se a idéia de perfeição: é quando o infinito é algo absoluto. De todo modo, é certo que houve entre os gregos certa tendência a excluir da perfeição a idéia de infinitude, exceto quando se começou a ressaltar que o infinito não é negativo, mas, antes, positivo, isto é, que o infinito não é negação (de limites), mas afirmação (de ser).

A idéia de perfeição teve uma importância considerável em toda a história do pensamento ocidental, especialmente a partir do cristianismo, isto é, quando Deus foi concebido como o modelo da perfeição, senão a perfeição mesma. Um exemplo disso temos numa das formas da prova ontológica (ver ONTOLÓGICA [PROVA]), em que ser (ou existência) e perfeição são equiparados. A idéia de perfeição foi, ademais, estreitamente relacionada com os que foram chamados "princípio de ordem" (ver ORDEM) e "princípio de plenitude". Tudo isso não quer dizer que os termos 'perfeição' e 'perfeito' tenham sido sempre entendidos do mesmo modo. Os escolásticos, por exemplo, tiveram muito cuidado em distinguir entre várias formas de perfeição. Em princípio, a perfeição é equiparada à bondade *(bonitas)*, na medida em que se chama "perfeição" qualquer bem possuído por algo. Posto que se trata de um bem, trata-se também de uma realidade ou atualidade, de sorte que o contrário de *perfectus* é *defectus*; a *imperfectio* é, em suma, uma *privatio*. O *perfectus* é concebido também como *completus*. Mas nem toda *perfectio* é a mesma. Dois tipos de perfeição são claramente distintos entre si: a perfeição absoluta, segundo a qual o que é declarado perfeito o é de um modo completo, e a perfeição relativa, que é perfeição só com respeito a algo que é absolutamente perfeito ou perfeito em si. Só Deus pode ser considerado como perfeição absoluta; tudo o mais tem (se a tem) uma perfeição relativa. Além disso, distinguiu-se entre diversas formas de perfeição de acordo com aquilo com respeito ao qual se diz que algo é perfeito. A idéia de perfeição foi equiparada com a idéia de ato, de modo que a perfeição absoluta ou perfeição absolutamente pura é aquela que exclui qualquer potência, isto é, qualquer imperfeição. Em todo caso, a ordem do universo foi considerada amiúde como uma "ordem da perfeição", desde a perfeição absoluta e completa, que é a de Deus, até a Terra, que ocupa o lugar inferior na citada ordem.

Se se entender a perfeição como "perfeição humana", pode-se manter a distinção primária entre perfeição num determinado respeito e perfeição pura e simples. Em sua obra sobre a perfectibilidade do homem (cf. bibliografia *infra*, especialmente pp. 19, 27), John Passmore indica que, para começar, cabe falar de três diferentes "modos de perfeição": a perfeição "técnica", que "consiste em executar, com máxima eficácia, uma tarefa determinada"; a perfeição "obedienciária", que "consiste em obedecer aos mandamentos de uma autoridade superior, seja Deus ou um membro da elite", e a perfeição "teleológica", que "consiste em alcançar esse fim no qual a própria natureza encontra satisfação total". Uma série de distinções mais refinadas se encontra quando esse autor propõe oito modos de entender que o homem é perfectível, a saber: "1) há alguma tarefa na qual todos e cada um dos homens podem aperfeiçoar-se tecnicamente; 2) [o homem] é capaz de subordinar-se completamente à vontade de Deus; 3) pode alcançar seu fim natural; 4) pode achar-se inteiramente livre de defeito moral; 5) pode fazer de si mesmo um ser metafisicamente perfeito; 6) pode fazer de si mesmo um ser harmonioso e ordenado; 7) pode viver ao modo de um ser humano idealmente perfeito; 8) pode chegar a ser como Deus".

Alguns desses modos de entender que o homem é perfectível estão subordinados a algum outro; assim, por exemplo, certos autores diriam que 5) e 6) são equivalentes a 2), 3) ou 4). Consideremos agora a noção de perfeição com respeito ao que algo é e com respeito ao que algo vale. Por um lado, algo pode ser perfeito no que é. Por outro lado, algo pode ser perfeito no que vale. Finalmente, algo pode ser perfeito ao mesmo tempo no que é e no que vale.

Cada um dos três significados acima pode se dar em cada um dos seguintes tipos de perfeição: a perfeição absoluta *(absolute, per se)* e a perfeição relativa *(secundum quid)*. De acordo com isso haverá: 1) O perfeito absolutamente no que é. 2) O perfeito absolutamente no que vale. 3) O perfeito absolutamente no que é e no que vale. 4) O perfeito relativamente no que é. 5) O perfeito relativamente no que vale. 6) O perfeito relativamente no que é e no que vale.

Deve-se observar que o perfeito relativamente em qualquer dos três significados indicados (4, 5 e 6) pode ser entendido, por seu turno, de dois modos: como o perfeito em princípio ou *simpliciter*, e como o perfeito do que há (ou o melhor do que há), que pode ser chamado o perfeito "simplesmente". Essa distinção nos parece importante para entender a perfeição em relação com as possibilidades existentes para realizá-la. Como exemplo pode valer o seguinte. Aristóteles considerou que a melhor e mais alta atividade humana é a contemplação. A contemplação é, pois, algo perfeito, sendo um bem para todos os homens, independentemente das circunstâncias concretas sociais, históricas etc. Ora, essa perfeição o é, como indicamos, "simplesmente", isto é, dentro do quadro do Estado-cidade tal como o concebia Aristóteles. "Entre o que então havia", a contemplação é o perfeito. Mas se "há outras coisas", a perfeição pode ser outra entre elas. Assim, é possível que dentro do quadro do Estado moderno haja outra possível idéia do que é melhor, ou mais perfeito, para os homens; esta perfeição seria ao mesmo tempo relativa e "simples", mas não deixaria de ser perfeição.

⤷ Muitas obras de história da filosofia, especialmente de história da filosofia antiga e cristã, tratam da idéia de perfeição. Limitamo-nos aqui a mencionar alguns títulos particularmente interessantes a respeito: A. O. Lovejoy, *The Great Chain of Being; a Study of the History of an Idea*, 1936. — M. Foss, *The Idea of Perfection in the Western World*, 1946. — F. Sontag, *Divine Perfection: Possible Ideas of God*, 1962, especialmente Parte I. — C. Hartshorne, *The Logic of Perfection, and Other Essays in Neoclassical Metaphysics*, 1962 [para a idéia de perfeição segundo Hartshorne, ver ONTOLÓGICA (PROVA)]. — J. Passmore, *The Perfectibility of Man*, 1970.

— H. K. La Rondelle, *Perfection and Perfectionism: A Dogmatic-Ethical Study of Biblical Perfection and Phenomenal Perfectionism*, 1971. — G. Hornig, "Perfektabilität", *Archiv für Begriffsgeschichte*, XXIV, 2 (1980), 221-257. — D. Peterson, *Hebrews and Perfection: An Examination of the Concept of Perfection in the* Epistle to the Hebrews, 1982. — E. Hansot, *Perfection and Progress: Two Modes of Utopian Thought*, 1982. — W. Tatarkiewicz, *On Perfection*, 1992. — O. Blanchette, *The Perfection of the Universe According to Aquinas: A Teleological Cosmology*, 1992. ⊃

PERFECTIHABIA. Na *Monadologia*, Leibniz diz que se poderia dar a todas as substâncias simples ou mônadas criadas (ver Mônada ou Monadologia) o nome de "enteléquias" (ver Entelequia). A razão disso é que possuem certa perfeição, ἔχουσι τὸ ἐντελές, ou certa suficiência, αὐτάρκεια, "que faz delas fontes de suas atividades internas e, por assim dizer, autômatas incorpóreos" (§ 18). A expressão 'certa perfeição' se entende à luz do que o autor diz em outro parágrafo da mesma obra. Leibniz se refere aos atributos de Deus — a potência (ou o poder), o conhecimento e a vontade — e aos das mônadas criadas — o ser sujeito, a faculdade perceptiva e a faculdade apetitiva — e indica que há uma correspondência entre as duas séries de atributos. Contudo, enquanto em Deus os atributos em questão são infinitos ou perfeitos, nas mônadas criadas são "só imitações proporcionais à perfeição das mônadas" (§ 48). Por esse motivo as mônadas criadas ou enteléquias podem ser chamadas com o nome que Hermolau Bárbaro usou para traduzir o grego ἐντελέκιαι, isto é, *perfectihabia*. Com efeito, nas enteléquias há algo perfeito *(perfectum habere)*, mas não é uma perfeição absoluta — isto é, infinita —, mas somente relativa e ordenada sempre à perfeição "primeira". *In perfectihabiis*, em suma, a perfeição é um "ter", não um "ser" perfeição.

PERFORMATIVO. Ver Austin, J[ohn] L[angshaw]; Executivo; Ilocucionário; Locucionário; Perlocucionário.

PÉRGAMO (ESCOLA DE). Dentro do neoplatonismo (ver) recebe o nome de "Escola de Pérgamo" a formada por Edésio da Capadócia, Crisântio, Eunápio de Sardes, Máximo, Juliano Apóstata e Salústio (chamado Salústio Neoplatônico, para distingui-lo de Salústio Cínico e, é claro, de Salústio Historiador). A escola de Pérgamo é considerada como a vertente mais teúrgica (ver Teurgia) dentro do neoplatonismo e como a que mais acentuou os aspectos prático-religiosos. O iniciador de tal vertente, Edésio da Capadócia (ca. † 355), foi discípulo de Jâmblico e após um tempo de retiro se mudou para Pérgamo, onde teve vários discípulos, entre eles Eusébio, Crisântio e Máximo (chamado Máximo Neoplatônico, para distingui-lo de Máximo de Tiro, de Máximo Cínico e de Máximo Confessor), a quem se deve um comentário às *Categorias* aristotélicas ao estilo de Alexandre de Afrodísia. Eusébio e Crisântio ministraram ensinamentos neoplatônicos ao imperador Juliano Apóstata (332-363), que depois de ter sido educado no cristianismo se converteu ao paganismo, justamente sob a influência do neoplatonismo da escola de Pérgamo, e utilizou abundantemente os argumentos de Jâmblico, assim como as doutrinas (e a forma literária da diatribe) do antigo cinismo contra o cinismo novo. As doutrinas de Juliano se acham expostas em seus discursos e cartas, assim como em seus três livros *Contra os cristãos*, dos quais restam alguns fragmentos conservados na obra polêmica do bispo Cirilo. Salustiano, amigo de Juliano, escreveu um tratado *Sobre os deuses e o mundo*, uma espécie de compêndio neoplatônico. Quanto a Eunápio de Sardes (*fl.* 360), autor de biografias de filósofos e de uma obra histórica, seguiu fielmente o exemplo de Juliano.

⊃ Ver a bibliografia de Neoplatonismo. Das obras conservadas de Juliano há numerosas edições (F. K. Hertlein, 1875ss.; W. C. Wright, 1913-1923; J. Bidez e F. Cumont, 1922). Para Salústio, ver o verbete correspondente. Para Eunápio: *Vitae sophistarum*, ed. I. F. Boissonade, 1822. Fragmentos da obra histórica em Müller, *Fragmenta Historicorum Graecorum*, IV, I; ss. ⊃

PERGUNTA. O conceito de pergunta (ou interrogação) pode ser tratado de dois pontos de vista, que chamaremos "lógico" e "existencial".

Do ponto de vista lógico, as expressões em que se manifestam perguntas, ou expressões interrogativas, são objeto da chamada "lógica erotética" (de ἔρομαι = "perguntar"). Alguns autores, como A. N. Prior (ver), consideraram que tal lógica é impossível ou que, pelo menos, é sumamente difícil. Outros, em contrapartida, trataram de fundamentar e desenvolver semelhante lógica, propondo '?' como novo signo e uma série de novos axiomas. Entre esses autores mencionamos Gerold Stahl, que considera as perguntas como classes de certas expressões: as que ele chama de "respostas suficientes". As "respostas suficientes" são portanto elementos que pertencem à classe das perguntas. Stahl se baseia na lógica quantificacional superior (ou "lógica funcional superior" [ver Quantificação, quantificacional, quantificador]) e declara que "todas as respostas suficientes de todas as perguntas devem pertencer à classe das expressões bem formadas" de tal lógica. As expressões da lógica das perguntas são introduzidas por meio de uma metalinguagem, formalizada num metassistema. Stahl distingue entre três tipos de pergunta: as individuais (como '*Hx?* '), as funcionais (como '*F?a* ') e as veritativas (como '*A?B* ' ou '*f?A* '). Nas perguntas individuais "pergunta-se pelos indivíduos que satisfazem uma função proposicional dada, por exemplo '*H*' (se este indivíduo é *a* ou *b* etc.)"; expressões como '*Ha*', '*H b*', '*Hc*' podem ser consideradas como "respostas simples" a essas perguntas. Nas perguntas funcionais "pergunta-se pelas funções que são satisfeitas por um indivíduo dado, por exemplo, *a*"; expressões como *'Ha'*, *'H'a'*, *'H''a'* podem ser consideradas como "respostas simples" a essas perguntas. Nas perguntas veritativas "pergunta-se pelas funções veritativas biposicionais que há entre *A* e *B* (ou seja [*'Af?B'*]) ou pelas funções veritativas uniposicionais que se aplicam a 'A' (ou seja '[*f?A*]'); expressões como '$A \vee B$', '$A \rightarrow B$', etc., podem ser consideradas como "respostas simples" ao primeiro tipo de perguntas, e expressões como 'A' e '⌐A' podem ser consideradas como "respostas simples" ao segundo tipo de perguntas. Stahl menciona como resultados em geral (nos quais se usam expressões metalógicas como '[*P*]', '[*Q*]' etc.) os seguintes: "1) Uma pergunta pode ter respostas (suficientes) que são teoremas (não necessariamente), mas não pode ter negações de teoremas... 2) [A pergunta] inclui como subclasse as respostas perfeitas e diretas. 3) [A pergunta] tem, pelo menos, um elemento". Uma vez que, segundo Stahl, a lógica das perguntas opera com elementos (as perguntas) que são classes, podem-se estabelecer relações de identidade, união, intersecção e também inclusão (neste último caso temos "subperguntas"). As perguntas podem ser investigativas com relação a diversos sistemas ou com relação a diversas classes de premissas.

David Harrah também trabalhou na lógica das perguntas ou lógica erotética. Harrah considera que a lógica em questão se insere numa lógica proposicional. As perguntas ou, melhor dizendo, o processo de pergunta e resposta, é interpretado por Harrah como um jogo (VER) no sentido dos jogos nos quais se "emparelha" a informação dada com a repetida. À diferença de Stahl, Harrah não usa o signo '?' como signo especial da lógica erotética.

Do ponto de vista que chamamos "existencial", a pergunta ou, melhor dizendo, o perguntar pode ser considerado como um modo de *ser* da existência humana. Este modo de ser se distingue de um modo de agir no qual se interroga por algo diferente do próprio ser. Nem toda pergunta é, portanto, existencial, só o é aquela na qual existência se interroga sobre si mesma ao perguntar. A existência com isso se converte em "questionável". Que a pergunta pela própria existência envolva ou não a pergunta pelo ser (VER), isso depende do tipo de pensamento "existencialista" desenvolvido. Para Heidegger, a pergunta ou questão *(Fragen)* fundamental é a pergunta pelo ser, mas perguntar pelo ser pressupõe perguntar pelo que interroga ou pergunta pelo ser. Segundo Heidegger (*El ser y el tiempo*, p. 6): "Todo perguntar é um buscar. Todo buscar tem sua direção prévia que lhe vem do buscado. Perguntar é buscar conhecer 'que é' e 'como é' um ente. O buscar este conhecer pode transformar-se num 'investigar' ou pôr em liberdade e determinar aquilo por que se pergunta. O perguntar tem, enquanto 'perguntar por...', seu *aquilo de que se pergunta*. Todo 'perguntar por...' é de algum modo 'perguntar a...'. Ao perguntar é inerente, além daquilo de que se pergunta, um *aquilo a que se pergunta*. Na pergunta que investiga, isto é, especificamente teorética, trata-se de determinar e traduzir em conceitos aquilo de que se pergunta. Nisto reside, como aquilo a que propriamente se tende, *aquilo que se pergunta* e no qual o perguntar chega à meta. O próprio perguntar tem, enquanto conduta de um ente, daquele que pergunta, um peculiar 'caráter de ser'. O perguntar pode ser levado a cabo como um 'não mais que perguntar' ou como um verdadeiro perguntar. O peculiar deste reside em que o perguntar 'vê através' de si desde o primeiro momento em todas as direções dos mencionados caracteres constitutivos da pergunta mesma". Gaos (*op. cit.*, pp. xxiii-xxiv) propõe as seguintes traduções para uma série de expressões usadas por Heidegger e centradas em torno dos termos *Frage, fragen: anfragen bei = perguntar a; Befragtes = aquilo a que se pergunta; Gefragtes = aquilo de que se pergunta; Erfragtes = aquilo que se pergunta*.

O pensamento de Heidegger, tanto em seu conteúdo quanto em seu estilo, é "interrogativo". Algo similar ocorre para quem o perguntar não é estritamente "lógico". Assim, por exemplo, em Unamuno é freqüente a forma interrogativa (que transparece em seu poema *Aldebarán*). Mas a pergunta representa em Unamuno sobretudo a dúvida que acompanha a fé.

Dentro do sentido dado por Heidegger a 'perguntar', Günther Pöltner indica que todo perguntar pressupõe o que significa o perguntar. Isso leva, em seu entender, a perguntar pela pergunta mesma, de modo que o último é "o perguntar originário", que constitui o fundamento de todo "perguntar ôntico".

(Um filósofo analítico da linguagem corrente diria que "pressupor o que significa o perguntar" quer dizer simplesmente usar uma expressão lingüística com propósito interrogativo. Uma expressão é uma pergunta quando é usada como pergunta. Em princípio, certas expressões que não têm gramaticalmente a forma de perguntas podem servir de perguntas, mas as regras gramaticais codificam em modos relativamente bem determinados as chamadas "orações em forma interrogativa".)

O pensar interrogativo de caráter mais ou menos "existencial" foi desenvolvido sistematicamente por Jeanne Delhomme (*op. cit. infra*). Segundo ela, o tom fundamental da vida humana é o perguntar, o "ser interrogativo". Isso significa que a vida humana está inteiramente aberta ao que se apresenta, ao mesmo tempo em que é uma completa ausência de si mesma. De fato, a vida não é "nada". Nada, isto é, exceto perguntar-se acerca de si mesma. Esse perguntar radical pode assumir diversas formas, cada um dos sentimentos — o temor, o amor, a angústia — é, no fundo, de natureza "interrogativa". A pergunta ou interrogação à qual se refere Jeanne Delhomme não é, pois, simplesmente aquela que desencadeia uma resposta, mas aquela que remete a outra interrogação. Não há, assim, um termo último do interrogar, a menos que seja o completo silêncio. Isso leva Delhomme a sustentar que "o ser é seu próprio aniquilamento" e, portanto, a negar a existência de um ser pleno, perfeito e infinito que representaria o limite deste incessante "aniquilar-se a si mesmo". "Sem modelo e sem precedentes, contingente por necessidade, transcendente e precário, insondável e sendo incessantemente outro, original e imprevisível, o ser finito é o absoluto, e todos os demais são suas formas, mitos ou expressões. O pensamento se detém no umbral desse abismo; sua interrogação é sempre diligente, mas com a segurança de que não seria nada sem ela" (*op. cit.*, p. 114). Para expressar essa situação é necessária a linguagem filosófica, que não é uma "linguagem-sinal", mas uma "linguagem-sentido" em que a verdade, em vez de ser adequação com a coisa, é "desenvolvimento de si mesma" (*ibid.*, p. 211).

Em relação a algumas das idéias anteriores, e sempre dentro do conceito "existencial" do perguntar, pode-se considerar o pensamento filosófico não só (como às vezes se fez) como "pergunta fundamental" ("Que é o ser?"; "Por que há algo e não nada?" etc.), mas como *o perguntar* mesmo. Há razões em favor deste modo de considerar a filosofia, porquanto desde o momento em que se dá resposta a uma pergunta, ambas parecem deixar de ser filosóficas. No entanto, mesmo em tal caso não se deve considerar que o perguntar em questão é um "perguntar por perguntar", tampouco que não se faça outra coisa em tal perguntar exceto interrogar acerca de problemas insolúveis. A idéia da filosofia como "um perguntar" está unida à idéia de abrir um "horizonte" (VER) por meio da pergunta; portanto, perguntar é resultado da admiração (VER) filosófica, mas também uma tentativa de "regressar" a questões cada vez mais fundamentais.

Ver também QUAESTIO.

↻ Sobre a lógica das perguntas: A. N. Prior, "Erotetic Logic", *Philosophical Review*, 64 (1955), 43-54. — G. Stahl, "La lógica de las preguntas", em *Anales de la Universidad de Chile*, 102 (1956), 71-75. — Id., "Un développement de la logique des questions", *Revue philosophique de la France et de l'Étranger*, ano 88 (1963), 293-301. — C. L. Hamblin, "Questions", *Australasian Journal of Philosophy*, 36 (1958), 161-168. — H. S. Leonard, "Interrogatives, Imperatives, Truth, Falsity, and Lies", *Philosophy of Science*, 26 (1959), 172-186. — D. Harrah, "A Logic of Questions and Answers", *ibid.*, 28 (1961), 40-46. — N. D. Belnap, Jr., *An Analysis of Questions: Preliminary Report*, 3-VI-1963 (fotocopiado). — Lennart Åqvist, *A New Approach to the Logical Theory of Interrogatives*, I, 1965 (fotocópia). — F. Loeser, *Interrogativlogik. Zur wissenschaftlichen Lenkung des schöpferischen Denkens*, 1968. — N. D. Belnap, Jr., e T. B. Steel, Jr., *The Logic of Questions and Answers*, 1976. — J. Hintikka, *The Semantics of Questions and the Questions of Semantics*, 1976 [*Acta Philosophica Fennica*, XXIV, 4]. — J. Walter, *Logik der Fragen*, 1985. — D. N. Walton, *Begging the Question: Circular Reasoning as a Tactic of Argumentation*, 1991.

Sobre o sentido existencial da pergunta: J. Delhomme, *La pensée interrogative*, 1954. — Id., *L'impossible interrogation*, 1971. — G. Pöltner, *Zu einer Phänomenologie des Fragens. Ein fragendfraglicher Versuch*, 1971. — J. Derrida, *De l'esprit. Heidegger et la question*, 1987. ↻

PERIFILOSOFIA. Propomos este nome para designar o conjunto de estudos que foram levados a cabo, especialmente durante os últimos decênios, sobre as diferentes "formas", "tipos", "classes" ou "espécies" de filosofia havidas no curso da história ou que se supõe possíveis. Deste modo podemos unificar trabalhos tão diversos quanto os realizados em torno das concepções do mundo, das formas do pensar, das fases da filosofia, aos quais nos referimos em diversos outros verbetes (ver FILOSOFIA [HISTÓRIA DA]; MUNDO [CONCEPÇÃO DO]; PENSAR; TIPO). Um precedente da perifilosofia pode ser encontrado no modo de apresentar a "história" do pensamento filosófico em épocas nas quais não havia ainda, pelo menos no sentido e na proporção em que existiu a partir do século XVIII, e especialmente a partir de Hegel, consciência histórica. Tocamos rapidamente este ponto nos verbetes FILOSOFIA (HISTÓRIA DA) — incluindo a bibliografia — e SEITA. Ora, a classificação das filosofias em "seitas filosóficas", tão comum até o século XVIII e que ainda seguiu vigente, embora por motivos diferentes, em Cousin, não é senão uma forma rudimentar da perifilosofia. Portanto, nós a excluímos deste verbete. Excluiremos também dele a divisão das doutrinas em "fases", tal como foi propugnada por Comte e Brentano, ou em "teses", tal como foi desenvolvida por Renouvier. A classificação de filosofias à qual nos referimos é, antes, o resultado ou de uma indução histórica (como a efetuada por Teichmüller, Dilthey e Santayana) ou de um exame das formas de pensar resultante de uma análise da estrutura do pensamento filosófico (como o executado por H. Leisegang, S. P. Pepper e outros). Com base nisso procederemos a dar alguns exemplos deste tipo de investigação.

Vários deles foram oferecidos nos verbetes mencionados. Assim ocorre com Santayana e Tatarkiewicz (ver FILOSOFIA [HISTÓRIA DA]). Assim sucede também com Dilthey, Spranger, Wundt, L. Goldmann (ver MUNDO [CONCEPÇÃO DO]). Assim tem lugar, finalmente, com Teichmüller (VER) e com as várias classificações de caráter psicológico resumidas na primeira parte do verbete TIPO. Embora as bases em que se apóiam os autores citados sejam em muitos casos distintas, podemos unificá-las sem grande dificuldade sob nosso conceito. Com efeito, para o que entendemos por 'perifilosofia' não importa que o pressuposto do qual se parta seja psicológico ou fundado nas formas objetivas do pensamento. Não importa tampouco que o conteúdo ao qual se refere seja estritamente filosófico ou então se mescle a filosofia com a concepção do mundo. É suficiente que haja na perifilosofia a consciência de que as filosofias podem ser classificadas em espécies ou formas e ainda de que é possível edificar uma doutrina geral da classificação filosófica que examine desde que bases distintas são possíveis as diversas classificações apresentadas. De fato, a perifilosofia pode ter dois aspectos: *a*) Um aspecto formal, ou teoria geral das classificações de doutrinas filosóficas, e *b*) um aspecto material, ou exame das diversas classificações já existentes ou que se considere possíveis. O primeiro aspecto está relacionado com o que chamamos "protofilosofia" (VER), que pode servir de auxiliar à perifilosofia. O segundo está relacionado com todas as classificações que já estudamos, e às quais acrescentaremos outras à guisa de informação: as de Hans Leisegang, S. P. Pepper, Max Scheler e F. Heinemann e outros. Diga-se de passagem, as duas primeiras classificações representam (juntamente com as de Dilthey, Santayana e L. Goldmann) os exemplos mais iluminadores dados até agora da "perifilosofia material".

Hans Leisegang (VER) estudou o problema que aqui nos ocupa sob o nome de "formas do pensar". Num livro sobre este problema (*Denkformen*, 1928; 2ª ed., revista e aumentada, 1950), Leisegang indica que junto à atual psicologia das concepções do mundo (Jaspers) e à teoria das concepções do mundo (Trendelenburg, Dilthey e sua escola), pode haver "uma doutrina dos diferentes tipos de pensar lógico". A rigor, esta doutrina é para Leisegang mais fundamental que as anteriores psicologia e teoria, pois estas são redutíveis àquela. Com efeito, por forma do pensar Leisegang entende "a totalidade conexa da legalidade do pensar que resulta da análise de pensamentos de um indivíduo consignados por escrito e cujo complexo pode ser rastreado também em outros" (*op. cit.*, p. 15). As formas do pensar não equivalem, pois, exatamente às concepções do mundo (embora, segundo a terminologia por nós proposta, pertençam ambas à perifilosofia). Importante a este respeito é, segundo Leisegang, o exame das diferentes "lógicas" que se deram no curso da história da filosofia (lógica aristotélica, lógica transcendental de Kant, lógica metafísica ou especulativa de Hegel, logística), pois cada forma de pensar pode caracterizar-se mediante dois elementos: o fundo metafísico e a lógica. De acordo com isso, Leisegang estabelece as cinco formas seguintes.

1) A forma de pensar circular *(Gedankenkreis)*. Acha-se presente em Heráclito, no evangelho de João, em Paulo, em Agostinho, em Mestre Eckhart, em Böhme, Goethe e outros autores. Exemplo dela é a frase de Heráclito: "Do Todo procede o Uno, e do Uno o Todo", em que um conceito, *A*, se une a um conceito, *B*, e este de novo com *A* na série *ABBA*. Há formas mais complexas, mas todas seguem um modelo análogo. O fundo metafísico desta forma de pensar é orgânico-espiritual; o mundo do espírito segue o mesmo processo do da vida. A lógica desta forma consiste no uso de "conceitos vivos" (não abstratos ou genéricos), em sua união *ABBA, ABBCCDD...ZA*, e em provas de caráter circular.

2) A forma de pensar segundo o círculo dos círculos *(Kreis von Kreisen)*. O exemplo mais eminente desta forma é a filosofia de Hegel. Cada série de tríades dialéticas pode ser considerada como encerrada num círculo. Este círculo, com sua tríade dialética, se combina com outros dois círculos de outras tantas tríades dialéticas para fazer parte de outro círculo, o qual se combina com outros dois contendo outras tantas tríades dialéticas etc. Assim, no sistema circular da *Fenomenologia do Espírito*, objeto, experiência e sujeito formam um círculo (o da certeza sensível); conceito, percepção e entendimento formam um segundo círculo (o da percepção); o íntimo, a força e a intimidade formam um terceiro círculo (o da força e do entendimento). Os três (com suas tríades) se acham alojados no círculo de círculos de círculos da essência absoluta. Mais patente ainda é o sistema circular na *Enciclopédia*: qualidade, quantidade, medida, formam o círculo do ser; existência, aparência, realidade, formam o círculo da essência; sujeito, objeto e idéia, formam o círculo do conceito. Os três círculos (com suas tríades) formam o círculo da Lógica, que se combina com o da Natureza (com suas tríades e subtríades) e o do Espírito (com suas tríades e subtríades) para formar o círculo de círculos de círculos do Espírito absoluto. O fundo metafísico desta forma de pensar é o pressuposto sinótico e hololológico segundo o qual a realidade é um todo cujas partes só podem ser entendidas enquanto referidas ao todo. A lógica desta forma consiste numa dialética na qual os conceitos são como células de um organismo, o juízo é uma realização do conceito, e o raciocínio consiste na sucessão dialética dos juízos.

3) A forma de pensar segundo a pirâmide de conceitos *(Begriffspyramide)*. Exemplos dela são todas as formas de pensar classificatórias (a de Aristóteles, a de muitos escolásticos, a de Kant) e, em geral, as que se baseiam na divisão (VER) fundada ao mesmo tempo lógica e ontologicamente. A clássica distribuição dos entes em entes inorgânicos e orgânicos, destes em vegetais e animais, destes em irracionais e racionais etc., ou as classificações botânicas e zoológicas, baseiam-se nessa forma de pensar. O fundo metafísico dela é a afirmação da existência de um mundo ideal de conceitos e objetos. Sua lógica é a lógica da divisão, com os conceitos definidos segundo gênero próximo e diferença específica, com os juízos considerados como

indicadores da ordem ocupada pelo sujeito na classificação, e com o sistema de prova baseado principalmente no raciocínio silogístico.

4) A forma de pensar euclídeo-matemática. Exemplos entre os filósofos são Descartes e Spinoza. Trata-se da forma de pensar hipotético-dedutiva que encontrou sua clássica expressão nos *Elementos* de Euclides. Por estar apoiada na dedução, Leisegang inclui também nela certas cadeias silogísticas diferentes da dedução silogística aristotélica e orientadas para uma *construção* conceitual.

5) A forma de pensar antinômica. Nicolau de Cusa, a teoria leibniziana do infinito, a doutrina kantiana das antinomias, a filosofia de Schelling são alguns dos exemplos dela.

S. P. Pepper efetuou suas investigações perifilosóficas ao longo de um exame das diversas hipóteses cósmicas (*World Hypotheses*, 1942), cada uma das quais tem em sua base uma metáfora (VER) radical *(root metaphor)*. As hipóteses de que fala Pepper são somente "hipóteses estruturais", isto é, referem-se à estrutura geral do cosmo e somente podem ser comprovadas por "corroboração estrutural". As metáforas radicais até agora havidas são, segundo Pepper, as quatro seguintes:

(I) A metáfora da *similaridade*, que dá origem ao *formismo*, chamado também "realismo" ou "idealismo platônico". Exemplos são Platão, Aristóteles, os escolásticos e muitos neo-realistas. A correspondente teoria da verdade é a teoria da adequação (VER).

(II) A metáfora da *máquina*, que dá origem ao *mecanicismo*, chamado às vezes de "naturalismo", "materialismo" e até "realismo". Exemplos são o atomismo (Demócrito), a concepção mecânica da Natureza (Galileu, Descartes, Hobbes), o empirismo (Berkeley, Hume). As espécies de mecanicismo dependem das espécies de máquina considerada como modelo (um relógio, um dínamo etc.). A correspondente teoria da verdade se baseia num processo inferencial e simbólico. Uma manifestação clássica do mecanicismo é o *determinismo*.

(III) A metáfora expressa num *verbo* (fazer, experimentar etc.) representando uma sucessão, que dá origem ao *contextualismo*. Este é chamado às vezes de "pragmatismo". Exemplos são Peirce, James, Bergson, Dewey, Mead. Esta hipótese cósmica sublinha a mudança e a novidade. A correspondente teoria da verdade é a teoria operacional.

(IV) A metáfora do *organismo* ou, melhor, da integração, que dá origem ao *organicismo*, comumente chamado "idealismo absoluto" ou "objetivo". Exemplos são Schelling, Hegel, Bradley, Royce. A correspondente teoria da verdade é a teoria da coerência.

O formismo e o mecanicismo são hipóteses analíticas. O contextualismo e o organicismo, sintéticas. O formismo e o contextualismo são teorias dispersivas; o mecanicismo e o organicismo, integrativas (*op. cit.*, p. 142). Como ocorre com todas as formas do pensar, as hipóteses cósmicas se mesclam às vezes; é fácil descobrir exemplos de formações ecléticas.

Numa obra posterior, *Concept and Quality: A World Hypothesis* (1967), Pepper acrescentou às quatro mencionadas outra "metáfora radical": a "quinta hipótese cósmica" chamada "seletivismo", declarando que é a que ele pessoalmente abraça. Nós a definimos no verbete PEPPER S(TEPHEN) C(OBURN).

Max Scheler apresentou uma série de modos de pensar em suas investigações sobre a sociologia (VER) do saber. Tais modos estão, portanto, baseados no tipo de sociedade que as elabora ou propugna. Se distribuírmos a sociedade em duas classes — a classe baixa e a classe alta —, descobriremos, segundo Scheler, que certas formas são mais adequadas à primeira e outras mais próprias da segunda. Assim, a classe baixa propugna o prospectivismo dos valores na consciência do tempo, o ponto de vista da gênese, o mecanicismo, o realismo gnosiológico, o materialismo, o empirismo, o pragmatismo, o otimismo em relação ao futuro e o pessimismo em relação ao passado, o modo de pensar dialético e o modo de pensar inspirado pela teoria do meio; enquanto a classe alta propugna respectivamente o retrospectivismo, o ponto de vista do ser, o teleologismo, o idealismo gnosiológico, o espiritualismo, o racionalismo, o intelectualismo, o pessimismo em relação ao futuro e o otimismo em relação ao passado, o modo de pensar segundo a identidade e o modo de pensar inatista. Deve-se observar a respeito que tais teses não são — como já ressalta Scheler — teorias filosóficas, mas "modos de pensar e formas de intuir" e, por conseguinte, pode se dizer que pertencem à perifilosofia.

William Ernest Hocking (*Types of Philosophy* 1929; 3ª ed., 1959) falou de três tipos básicos de filosofia: 1) Tipos baseados na metafísica (como o naturalismo, do qual deriva o materialismo); 2) tipos baseados na epistemologia (como o pragmatismo e o intuicionismo); 3) tipos baseados na metafísica e na epistemologia (como o dualismo, o idealismo, o realismo e o misticismo). Ao todo são oito "tipos de filosofia". Pode-se observar que não está incluído o espiritualismo, mas isso porque Hocking o considera como um "tipo perifilosófico" metafísico.

Richard McKeon ("Philosophy and Method", *Journal of Philosophy*, 48 [1951], pp. 653-682; separata, 1951) se referiu a três métodos filosóficos (o dialético, o logístico e o da investigação), cada um dos quais dá origem a um tipo de filosofar peculiar. Expusemos as idéias de McKeon a este respeito no verbete MÉTODO.

Ernst Topitsch (*Vom Ursprung und Ende der Metaphysik. Eine Studie zur Weltanschauungskritik*, 1958) indicou que há quatro formas de pensamento básicas: 1) o pensamento biomorfo; 2) o pensamento sociomorfo; 3) o pensamento tecnomorfo, e 4) o pensamento místico. 2) e 3) são "intencionais", pois operam com a idéia de propósito. Segundo Topitsch, Aristóteles tem uma visão tecnomorfa da causalidade; Platão defende um tecnomorfismo das idéias e um sociomorfismo na moral. A visão "tradicional" do mundo é quase sempre "intencional", ou baseada na noção de propósito.

F. Heinemann (*Existentialism and the Modern Predicament*, 1953, p. 85) mostrou que, de acordo com o caráter polimórfico do pensar, há muitos modos de pensamento que, em nosso vocabulário, podemos converter em objetos da perifilosofia. Assim, Heinemann manifesta que há formas de pensar que dependem do tipo psicológico do pensador, da época na qual o pensador viver, do "campo" no qual se move (do predomínio de fatores impessoais ou pessoais). Exemplos de formas de pensar dependentes do tipo de pensador são: pensamento visual e intuitivo (Platão, Leonardo da Vinci, Descartes, Berkeley); pensamento tátil (atomistas antigos, materialistas); pensamento analítico (Descartes, Hume, B. Russell, G. E. Moore); pensamento dialético (Hegel, Marx); pensamento reflexivo (Kierkegaard, Jaspers, Marcel). Exemplos de formas de pensar dependentes da época na qual o pensador vive são: pensamento ousado (pré-socráticos, F. Bacon); pensamento sistemático ou enciclopédico (Aristóteles, Tomás de Aquino, Hegel, Comte). Exemplos de formas de pensar dependentes do "campo" no qual o pensador se move são: pensamento impessoal (filosofia científica); pensamento pessoal (existencialismo).

John Herman Randall, Jr. (*The Career of Philosophy*, I, 1962, e *How Philosophy Uses Its Past*, 1963) desenvolveu uma idéia de "tradição filosófica" — ou, melhor dizendo, de "tradições filosóficas" — que pode ser considerada também como "perifilosófica". Segundo Randall, um dos "modelos históricos" que permitem compreender a história — e as histórias — da filosofia é o que se chama "uma tradição filosófica". Esta é um conjunto orgânico, composto de elementos que continuamente mudam de posição de acordo com novas exigências e novas experiências, e relacionado com outros conjuntos orgânicos do mesmo tipo, isto é, com outras "tradições". Assim, "a tradição filosófica" é ao mesmo tempo uma concepção do mundo, uma atitude filosófica, um conjunto de métodos etc.; algo parecido ao que certos historiadores da filosofia, especialmente da filosofia medieval, chamaram de "um complexo doutrinal" (como "o agostinismo", "o tomismo" etc.). Randall compara uma tradição filosófica a uma série de instrumentos que o filósofo tem à sua disposição para trabalhar com certos problemas, ou a uma linguagem desenvolvida para expressar certos aspectos do mundo. Cada tradição filosófica tem certas vantagens sobre outras na medida em que destaca certos traços do mundo, da vida e do conhecimento aos quais as outras tradições não prestam suficiente atenção. Como exemplos de tradições filosóficas, Randall citou as seguintes: no final da Idade Média e começos da época moderna houve três tradições filosóficas bem perfiladas, das quais se valeram muitos autores modernos: o agostinismo, o aristotelismo e o occamismo. Junto a essas tradições filosóficas podem-se mencionar outras três: o platonismo, o ceticismo e o atomismo. Deve-se observar que os nomes aqui mencionados têm um alcance muito amplo. Assim, por exemplo, "o aristotelismo" não é apenas, nem sequer primariamente, "a filosofia de Aristóteles", mas um complicado organismo intelectual que tem, ademais, uma história e que é suscetível de mudança. Em todo caso, podemos estimar que as tradições filosóficas de que fala Randall são "formas de pensar" que se distinguem, além disso, de algumas das citadas no resto do verbete, por terem uma "história" ou, como diz Randall, "uma biografia" *(a Career)*.

As investigações perifilosóficas suscitam vários problemas. Limitar-nos-emos a mencionar os que consideramos mais fundamentais. Primeiro, o problema de se cada forma de pensar, hipótese cósmica, concepção do mundo, etc., se acha em princípio separada das restantes, de modo que as combinações entre elas não podem dar origem a nenhuma nova forma, mas unicamente a uma manifestação eclética. Segundo, o problema de se há tantas espécies de verdade irredutíveis entre si como formas de pensar. Terceiro, o problema da relação entre as formas de pensar e a história. Quarto, o problema de até que ponto as citadas formas são comprováveis. Quinto, o problema de se, por sua vez, as formas de pensar apresentadas por cada autor são ou não originadas em uma forma de pensar mais radical que aquelas. Como se pode perceber, este último problema entra naquilo que chamamos o aspecto formal da perifilosofia.

Terminemos indicando que há dois vocábulos que poderiam ser empregados em vez do proposto: 'epifilosofia' e 'metafilosofia'. Nós os descartamos porque 'epifilosofia' foi empregado por Schopenhauer (*Die Welt, etc.* Sup. L) para referir-se a uma reflexão sobre seu próprio pensamento, e porque 'metafilosofia' (VER) pode ser usado mais propriamente para designar toda reflexão sobre a filosofia como tal, isto é, o que às vezes se conhece com o nome de filosofia (VER) da filosofia.

⊃ Além das obras citadas no texto, ver: H. Stoffer, "Die modernen Ansätze zu einer Logik der Denkformen", I. *Zeitschrift für philosophische Forschung*, 10 (1956), 442-466 e 601-621 [propõe seis formas do pensar: a simplesmente lógica, a dialética, a existencial, a mágica, a mística e a hermenêutica]. — E. W. Hall, *Philosophical Systems. A Categorial Analysis*, 1960. — W. G. Waffenschmidt, *Denkformen und Denktechnik*, 1962. — H. Schülling, *Denkstil. Beschreibung und Deutung der Denkformen*, 1964; 2ª ed., 1967. — F. Grayeff, *Versuch über das Denken*, 1966. — A. Sohn-Rethel, *Warenform und Denkformen*, 1971. — W. Segeth, *Aufforderung als Denkform*, 1975. ⊂

PERIHERMENEIAS. Ver Hermenêutica; Organon.

PERIPATÉTICOS. O vocábulo 'peripatéticos' deriva do grego περίπατος (= "passeio coberto") e designa o lugar no qual foi instalado o Liceu (ver) por Aristóteles. Erroneamente se interpreta tal nome no sentido de que Aristóteles e seus discípulos davam aulas passeando. A base de tal interpretação é o fato de que 'περίπατος' significa também, por extensão, a conversação que se mantém durante um passeio. O termo 'peripatéticos' designa hoje o conjunto dos discípulos e partidários de Aristóteles. Neste *Dicionário* distinguimos entre os peripatéticos enquanto seguidores do Estagirita na Antiguidade e os aristotélicos em sentido amplo, especialmente durante as épocas medieval e moderna (ver Aristotelismo). Deve-se levar em conta, além disso, que nem todos os chamados *peripatéticos* são oficialmente membros da escola.

A escola peripatética foi muito impulsionada pelo discípulo de Aristóteles, Teofrasto (ver). Suspeitos de macedonismo, os peripatéticos foram perseguidos, de modo que alguns se mudaram para outras cidades. Contudo, não se deve supor, como às vezes se faz, que o peripatetismo tenha se transferido definitivamente de Atenas para outros lugares, principalmente Alexandria. Quando foram restaurados, na época imperial, os estudos filosóficos em Atenas, uma das quatro grandes cátedras (peripatética, platônica, estóica, epicurista) foi dedicada ao estudo do aristotelismo. Neste verbete nos limitamos a mencionar alguns dos mais significativos peripatéticos da época antiga; à maior parte deles dedicamos, além disso, verbetes especiais.

Entre os mais imediatos seguidores de Aristóteles figurou, além de Teofrasto, seu outro discípulo, Eudemo de Rodes (ver). Seguiram-nos Aristóxeno de Tarento (ver) (que combinou o aristotelismo com a doutrina pitagórica da harmonia), Dicearco de Messina (ver) (de tendências enciclopédicas), Demétrio de Faléria (ver) (político militante, além de filósofo e erudito). Na mesma época, Estratão de Lâmpsaco (ver) — chefe da escola depois de Teofrasto — se inclinou ao naturalismo e ao atomismo, com particular atenção para a pesquisa em ciências naturais. Vários filósofos seguiram tendências análogas às de Estratão: o astrônomo Aristarco de Samos (ver), Licão de Laodicéia (ver), Aríston de Céos (ver). É comum relacionar estes dois últimos nomes com um declínio do nível científico na escola. Vários peripatéticos se distinguiram por sua polêmica contra o estoicismo: Jerônimo de Rodes (inclinado ao epicurismo) e Critolau de Faselis (ver). Outros, pelo contrário, receberam influências estóicas; por exemplo, Diodoro de Tiro. Alguns se distinguiram por seus trabalhos em história da filosofia: o mais destacado é Socião (ver), mas podemos mencionar também a respeito Hermipo, Heráclides Lembo e Antístenes de Rodes. Ora, enquanto o aristotelismo se difundia em muitos lugares e penetrava em outras diversas correntes filosóficas (mesmo quando ainda não se conhecia de Aristóteles o que hoje chamamos o *Corpus Aristotelicum*, mas suas obras hoje perdidas e os trabalhos dos discípulos realizados segundo suas orientações), o peripatetismo no sentido mais estrito acusava um retrocesso. Somente no século I a.C., renasceu o peripatetismo. A sede do renascimento foi Alexandria, onde houve grande atividade erudita e de pesquisa. Esta atividade coincidiu com a compilação, ordenação e comentário das obras didáticas de Aristóteles. O primeiro que iniciou este trabalho foi Andrônico de Rodes. Seguiram-no neste caminho importantes filósofos e cientistas: Boeto de Sídon, Aríston de Alexandria (ver), Nicolau de Damasco (ver), Alexandre de Aigai, Ptolomeu Chenno de Alexandria, Adrasto de Afrodísia, Hermínio, Arístocles de Messina, Ptolomeu (Cláudio Ptolomeu) (ver), Galeno (ver) e o grande comentador Alexandre de Afrodísia (ver). Nem todos estes autores, ademais, foram fiéis peripatéticos. Alguns (como Cláudio Ptolomeu) mesclaram com o aristotelismo outras doutrinas; outros (como Galeno) foram mais filósofos empíricos do que aristotélicos em sentido estrito. O mesmo ocorreu com os chamados peripatéticos posteriores: Anatólio (que foi, de fato, um platônico-pitagórico do século III) e Temístio (ver), comentador de Aristóteles, mas acolhendo numerosos elementos não-peripatéticos.

A dificuldade de escrever uma história do peripatetismo é muito grande por causa das frequentes combinações das doutrinas de Aristóteles com as de outras escolas. Com o fim de solucionar alguns dos problemas que tal história suscita, decidimos precisamente seguir a distinção antes apontada entre peripatetismo e aristotelismo em sentido amplo. Assim, o fato de, desde a época de Alexandre de Afrodísia, não voltarem a surgir grandes peripatéticos não significa que o aristotelismo tivesse desaparecido. Muitos platônicos e neoplatônicos recolheram doutrinas fundamentais de Aristóteles para incorporá-las a seus sistemas, como se vê no caso exemplar de Plotino. Além disso, parte considerável dos comentários gregos a Aristóteles se deve a filósofos que usualmente são considerados como platônicos ou neoplatônicos (Simplício, Porfirio, Olimpiodoro, João Filopono, David, Elias etc.). Em muitas ocasiões, além disso, se perdeu a noção do que distinguia o aristotelismo do neoplatonismo: exemplos disso são as obras *Liber de causis* (ver) e *Theologia Aristotelis* (ver), de conteúdo neoplatônico, mas atribuídas ao Estagirita.

⊃ Edição de textos da "Escola de Aristóteles" em: *Die Schule von Aristoteles*, ed. F. Wehrli. I *(Dikiarchos)*, 1944; II *(Aristoxenos)*, 1945; III *(Klearchos)*, 1948; IV *(Demetrios von Phaleron)*, 1949; V *(Straton von Lampsakos)*, 1950; VI *(Lykon und Ariston von Keos)*, 1952; VII *(Herakleides Pontikos)*, 1953; VIII *(Eudemos von Rhodos)*, 1955; IX *(Hieronymos von Rhodos, Kritolaos und seine*

Schüler, Ariston de Jüngere, Diodoros von Tyros). Rückblick: Der Peripatos in vorchristlicher Zeit. Register, 1959. Ver: F. Grayeff, *Aristotle and his School: An Inquiry into the History of the Peripatos with a Commentary on* Metaphysics (Zeta, Eta, Lambda, and Theta), 1974. — F. Wehrli, "Der Peripatos bis zum Beginn der römischen Kaiserzeit", em H. Flashar, ed., *Grundriss der Geschichte der Philosophie*, Philosophie der Antike, 3 (1983), pp. 462-464. — W. W. Fortenbaugh, ed., *On Stoic and Peripatetic Ethics: The Work of Arius Didymus*, 1983. — Id., *Cicero's Knowledge of the Peripatos*, 1989.

Para os comentários de Aristóteles, ver bibliografia de ARISTOTELISMO. G

PERLOCUCIONÁRIO. A distinção proposta por J. L. Austin entre 'ilocucionário' e 'perlocucionário' é, como se indicou em ILOCUCIONÁRIO (ver também LOCUCIONÁRIO e EXECUTIVO), uma distinção entre duas classes de ações lingüísticas. Cada uma destas classes corresponde a certo sentido ou dimensão no uso de expressões da linguagem corrente. Segundo Austin (*How To Do Things With Words*, 1962, ed. J. O. Urmson, p. 102), há um sentido no qual executar um ato locucionário — e com isso um ilocucionário — pode ser também executar um ato de outro gênero. Às vezes, e até normalmente, ocorre, afirma Austin, que dizendo algo se produzem certos efeitos sobre os sentimentos, pensamentos ou ações dos que escutam, dos que falam e de outras pessoas, e isso, ademais, com a intenção ou propósito de produzir tais efeitos. Trata-se então da "execução de um ato perlocucionário, ou de uma perlocução".

Assim (usando exemplos de Austin), há locução quando alguém me diz 'Mate-a!' e quando por 'matar' quer dizer matar e com o acusativo do pronome pessoal 'a' quer dizer ela; há ilocução quando alguém me ordena matá-la, e há perlocução quando alguém me persuade a matá-la. Pode-se distinguir similarmente (outro exemplo do mesmo autor) entre o ato locucionário 'disse que...', o ato ilocucionário 'argumentou que...' e o ato perlocucionário 'me convenceu de que...'. Austin reconhece (*op. cit.*, p. 106 e pp. 108ss.) que podem surgir dificuldades nestas distinções; por exemplo, dificuldades procedentes de confusões originadas na noção de "ato" e muitas que se originam na noção de "conseqüência". Mas, sem pretender que possa esclarecer-se cabalmente o assunto, considera que um exame detalhado destas noções, e em particular um estudo dos diferentes modos de entender a idéia de "conseqüência", pode eliminar algumas das dificuldades mais óbvias. Em todo caso, deve-se ter em conta que não se trata de gêneros de atos ou ações unicamente, mas de ambos conjuntamente, isto é, de atos lingüísticos, ou atos que se executam lingüisticamente, ou "com palavras".

Nos estudos lingüísticos sobre o tema empreendidos no Brasil tem-se dado preferência às formas 'locutivo', 'ilocutivo' e 'perlocutivo' para os 'atos de fala' de Austin.]

PERRY, RALPH BARTON (1876-1957). Nascido em Poultney (Vermont, EUA), estudou nas Universidades de Princeton e Harvard. Em 1902 ingressou na Faculdade de Harvard e de 1913 a 1946, data de sua aposentadoria, foi professor titular de filosofia na mesma Universidade.

Perry se distinguiu por seus trabalhos em ética e em teoria dos valores. Sua "crença fundamental" ou "credo prático" induziu-o a rejeitar o idealismo e a acentuar o caráter sempre determinante do objeto do conhecimento. Mas do reconhecimento deste primado não se deduz para Perry que o realismo haja de negar a existência de atos mentais e de atos emocionais. Pelo contrário, Perry chegou neste ponto a tal extremo que acabou por sustentar uma teoria relativista do valor. Segundo ela, o bem e o mal se acham emocionalmente condicionados. Para compreender o sentido exato desta proposição convém referi-la a sua axiologia, na qual o valor de um objeto consiste em sua qualidade, por assim dizer, comovedora *(moving quality)*. Deste modo, o valor positivo, ou seja o bem, abarca os diversos modos da atração (o desejado, o amado, o agradável), enquanto o valor negativo, isto é, o mal, compreende os vários modos de repulsa (o repugnante, o odioso, o desagradável). Mas a atração e a repulsa consistem na noção mesma de atrair ou de repelir; não se acham, por conseguinte, no objeto, de sorte que evoquem o sentimento ou a vontade, mas são a própria evocação da vontade ou do sentimento e nada significam isoladas de uma reação afetiva. Certamente, esta relativização decidida do valor não significa que um valor seja tal porque um indivíduo e só ele o reconheça ou, melhor dizendo, porque só ele seja comovido. A consciência da atração ou repulsa produzidas por um objeto permite conhecer se este objeto é bom ou mau, mas tal evidência não é mais autêntica que a consciência que um sujeito possui de que outro sujeito está sendo comovido. Deste modo, Perry negou que o conhecimento do valor de um objeto fosse inseparável da resposta emotiva que o torna valioso. Com isso chegou a uma espécie de compensação da relativização precedente, pois já não contam para a valoração a vontade e sentimento do que julga, mas as vontades e sentimentos em geral. A superação do egoísmo moral se efetua, por outro lado, numa direção paralela: a consciência moral sabe que um bem maior priva sobre um bem menor, que a parte é inferior ao todo, e por isso tal consciência adquire na valoração uma superioridade sobre o mero apetite, e pode estabelecer uma autêntica hierarquia de valores. Um juízo verdadeiro sobre o melhor possui autoridade e é ao mesmo tempo verdadeiro por concordar com a natureza do que *é* melhor. A ética e a filosofia axiológica de Perry se completaram com uma parte aplicada, onde se sustentava a adesão a um ponto de vista simultaneamente democrático e cristão, e onde se defendia um individualismo que não suprimia a consecução de uma "felicidade da humanidade individual e coletivamente", mas incitava-a. O primado da felicidade universal dos indivíduos era para Perry uma evidência absoluta que podia ser omitida, mas jamais invalidada.

⊃ Obras: *The Approach to Philosophy*, 1905. — *The Moral Economy*, 1908. — *Present Philosophical Tendencies*, 1912. — *The Present Conflict of Ideals*, 1918. — *Philosophy of the Recent Past*, 1926. — *General Theory of Value*, 1926. — *The Thought and Character of William James*, 1935 (versão abrev., 1948). — *In the Spirit of William James*, 1938. — *Shall not Perish from the Earth*, 1940. — *Puritanism and Democracy*, 1944. — *Characteristically American*, 1949. — *Realms of Value. A Critique of Human Civilization*, 1954. — *The Humanity of Man*, 1956, ed. E. A. Masi.

Depoimento em *Contemporary American Philosophy. Personal Statements*, ed. G. P. Adams e W. P. Montague, t. II (1930), 133-159.

Ver: G. L. Concordia, *Value and Desire. A Study in the Axiology of R. B. P.*, 1965. ⊂

PER SE. Esta expressão latina traduz a expressão grega καθ'αὐτό: ambas podem ser traduzidas em português pela expressão 'por si' e também 'por si mesmo'. Aristóteles (*Met.*, Δ 18, 1022 a 24-35) indica que καθ'αὐτό [*per se*] pode ser entendido de vários modos: como o quê de cada ser, sua "qüididade" (Calias entendido καθ'αὐτό é Calias e o *quê* de Calias); como o que se acha na essência (Calias é animal καθ'αὐτό), como o modo de ser de um atributo recebido diretamente pelo sujeito ou por uma de suas partes (a superfície é branca καθ'αὐτό; a alma é um ser vivo καθ'αὐτό), como o que não tem outra causa afora si mesmo (o homem é homem por si, embora tenha várias causas formais, como o ser animal e o ser bípede); como todo atributo que pertence a um só sujeito enquanto este só sujeito (o separado é, assim, καθ'αὐτό).

O ser καθ'αὐτό, *per se*, se contrapõe com freqüência ao ser κατὰ συμβεβηκός, *per accidens*; com efeito, enquanto o acidente inere num sujeito, que é substância, a substância não inere em nenhum outro sujeito (a menos que se use, equivocadamente, 'inerir' no sentido de 'depender de', caso em que uma substância poderia "inerir" em outra). Por isso a substância (VER) é considerada às vezes como algo que é *per se*. Ora, enquanto no pensamento grego não parece haver dificuldade em conceber o caráter *per se* — ou *perseitas*, perseidade — da substância, no pensamento cristão isso não parece ser possível. Em princípio, nenhuma substância criada pode ser *per se* e tampouco a rigor *a se* (VER), já que é característico de todo o criado ter um ser dependente; por isso o criado é basicamente *ab alio* ("procedente de outro" num sentido radical de 'proceder de'). Contudo, como o ser *ab alio* (ou *in alio*) poderia ser entendido somente como um ser *per accidens*, e o fato de ser criado não autoriza a identificá-lo com o ser meramente acidental, é possível usar *per se* para referir-se a certos entes criados.

Per se não é o mesmo que *in se*, αὐτό, bondade "em si" ou "em si mesma". *Per se* se diz (no vocabulário escolástico) do que constitui (formalmente) uma substância; não é a causa da substância, mas sua razão formal. Em algum sentido a substância é *per se*, tem *perseitas*, porque tem uma capacidade para existir, o que quer dizer que se funda em sua própria capacidade para existir. Desde que se admita que em última análise procede de seu criador, a substância, uma vez dada, pode ser *per se*. Num sentido eminente, o ser *per se* compete somente a Deus, o qual é *per se ipsum* e *per se subsistens*. Mas em outro sentido o ser *per se* pode competir a uma substância criada. O que não pode competir a tal substância em nenhum caso é o ser *a se*, ou *aseitas*, aseidade (ver A SE). Com efeito, o ser *a se* é o que existe por si mesmo e, por assim dizer, "desde si mesmo": é a verdadeira *causa sui* (VER).

O modo como entendemos a aplicação de *per se* no parágrafo anterior não esgota todos os usos de *per se*. Tomás de Aquino enumera quatro usos (*I An.*, 10) e alguns deles têm um alcance mais estreito que o mencionado; todavia, em todos os casos se algo é *per se* é *prius* a algo que é *per aliud*.

Vários autores modernos falaram do *per se* de Deus, entendendo o *per se* como um ser ou um existir por si mesmo. Tal sucede com Descartes. Nas "Primeiras Objeções" (às *Meditações metafísicas*) Caterus indicava que a expressão *per se (pour soi)* é tomada em dois sentidos: uma, positivamente, por si mesmo como por uma causa; outra, negativamente, e é o mesmo que *a se (de soi-même)* e não *ab alio (par autrui)*. Descartes responde ("Primeiras respostas") que a significação negativa de *per se* só procede da imperfeição do espírito humano e não tem nenhum fundamento nas coisas. Mas Deus é *per se*, diz Descartes, não só negativamente, mas, "pelo contrário, muito positivamente". Também Arnauld ("Quartas Objeções") se refere a este ponto, e considera a opinião de Descartes "um tanto ousada": é contraditório que algo seja por si mesmo positivamente (como eu sou por mim mesmo) e "como por uma causa". É melhor, portanto, negar que eu seja por mim mesmo positivamente. A isso responde Descartes ("Quartas respostas") que se se entende *per se* somente negativamente, referindo-se a um ser que existe e do qual não se pode perguntar por que existe, não teríamos meio de demonstrar a existência de Deus por Seus efeitos. Um uso de *per se* idêntico ao de *a se* se encontra em Spinoza por motivo de sua idéia da existência só da Substância; com efeito, se não há senão *Deus sive Natura*, este será ao mesmo tempo *per se* e *a se*, ou se se quiser, seu *per se* será o mesmo que seu *a se*.

A expressão hegeliana *für sich sein* pode ser traduzida por "ser para si" (ou "ser para si mesmo"). Essa tradução tem sua justificação no fato de a expressão 'por si' (ou 'por si mesmo') poder em princípio ser usada para traduzir a expressão hegeliana *an-sich-sein*, já que, no sistema de Hegel, o ser que é em si é também "por si" (ao menos num dos sentidos tradicionais do *per se*). Além disso, na preposição 'para' percebe-se melhor o caráter de "regresso para si" que constitui o *für-sich sein*, especialmente na forma completa e já definitivamente fechada do *an und für sich sein* (o "em e para si mesmo"). Por razões análogas se traduz a expressão de Sartre *Pour-Soi* com a expressão 'Para-si' e não 'Por-si', já que também a preposição 'para' indica melhor que 'por' o ser da consciência.

Para a expressão *Per se nota*, ver o verbete abaixo.

PER SE NOTA. Em vários verbetes (Deus [III]; Ontológica [Prova]; Quoad nos), nos referimos à expressão *per se nota*, usada por muitos escolásticos e também por alguns autores modernos.

Notum (*notus, nota, notum* = "conhecido", "sabido") é usado em diversas expressões, tais como: *notum in se* ou *notum naturae* (conhecido em si mesmo ou em sua própria natureza), *notum per accidens* (conhecido por seu acidente ou acidentes), *notum per aliud* (conhecido por outra coisa), *notum rationi* ou *notum secundum rationem* (conhecido pela razão ou segundo a razão), *notum secundum sensum* (conhecido pelos sentidos ou segundo os sentidos) etc. Entre tais expressões nos interessam agora as duas seguintes: *notum quoad se* e *notum quoad nos*. A primeira significa "conhecido enquanto si mesmo", isto é, "cognoscível em si mesmo" enquanto "evidente por si mesmo" e sem necessitar de prova. A segunda significa "conhecido com respeito a nós", isto é, "conhecido por um sujeito" enquanto "cognoscível por um sujeito" mediante prova. A distinção em questão é paralela à que se estabelece entre *propositio per se nota* (abreviado: *per se nota*) e *propositio quoad nos* (abreviado: *quoad nos*). A proposição *per se nota* (chamada também *propositio immediata*) é uma proposição que não tem nenhuma outra anterior a si. Em princípio, poder-se-ia admitir que tal proposição tem a natureza de um postulado, mas tem sido mais comum afirmar que é uma proposição evidente por si mesma. Esta evidência pode ser puramente lógica. Tal ocorre quando se diz que toda proposição enquanto proposição é *per se nota*, já que se inclui a si mesma, ou quando se predica o mesmo do mesmo; a rigor, tais proposições não são *notae per se*, mas, como dizia Tomás de Aquino, *notissimae per se*. Mas pode-se tratar de uma proposição que funciona como um princípio indemonstrável e ao mesmo tempo evidente por si mesmo, isto é, como um axioma. Neste caso a proposição em questão é *per se nota in se* ou *quantum in se*. Ao mesmo tempo, este último tipo de proposição pode ser de dois tipos: ou uma proposição analítica (ver Analítico e sintético), na qual o predicado está incluído no sujeito, ou uma proposição cuja verdade não pode ser negada. A maior parte dos problemas levantados com respeito à índole das proposições *per se notae* se referia a este último tipo de proposição, e especialmente ao exemplo "Deus existe". Com efeito, para uns esta proposição é *per se nota* e é preciso assentir a ela por causa de sua plena evidência. Em tal caso a proposição em questão é *per se nota (quoad se nota)* e também *quoad nos*. Para outros, em contrapartida, a proposição referida é *per se nota* somente *in se*, mas não o é *quoad nos*, de modo que requer demonstração do ponto de vista de um sujeito (finito).

PERSEU (PARSAIO) DE CÍTIO. Ver Estóicos.

PÉRSIO FLACCO, ÁULIO. Ver Estóicos.

PERSONALISMO é toda doutrina que sustenta o valor superior da pessoa (ver) em face do indivíduo, da coisa, do impessoal. O personalismo se opõe, portanto, tanto ao individualismo quanto ao impessoalismo. Aplicado a Deus, o personalismo é a doutrina contrária ao panteísmo e ao pampsiquismo, que são, segundo Renouvier, as manifestações mais típicas do impessoalismo. Renouvier concebe, de fato, o personalismo como a concepção do universo que não reduz as coisas a simples manifestações de um ser universal e único, mas que considera a pessoa como verdadeiramente existente e autônoma, como um ser consciente e livre que não pode ser deduzido de nenhum princípio hipostasiado, substância ou coisa. O personalismo se corresponde então com o infinitismo, o condicionalismo e o "relativismo", constituindo inclusive seu fundamento. A rigor, personalismo e impessoalismo são duas correntes opostas de tão difícil síntese que, excetuando as composições de caráter vagamente eclético, pode-se dizer, com o mencionado autor, que formam um dilema metafísico diante do qual é forçoso tomar uma decisão. O impessoalismo constitui a tendência inevitável do "realismo" — entendido como a filosofia que pretende derivar os seres da realização das idéias abstratas e que concebe o sujeito sem relações —, enquanto o personalismo é a corrente adscrita a toda filosofia que parte da consciência e não de um princípio do mundo externo, seja este o que for.

A hostilidade entre o personalismo e o impessoalismo se manifesta no fato de que com grande freqüência cada uma destas doutrinas é definida em função de sua oposição à outra. B. P. Browne escreveu que o personalismo deve rejeitar *sempre* por princípio *todo* impessoalismo, *qualquer* que seja a forma e o disfarce sob o qual seja apresentado, "tanto na forma inferior do mecanicismo materialista, quanto na forma abstrata das noções idealistas" (*Personalism*, 1908, p. 263). Esta posição do filósofo personalista norte-americano convém a todos os sistemas personalistas. Pois eles costumam ser definidos como a recusa de toda filosofia da coisa, tanto se esta é entendida como uma realidade material como se se concebe sob o aspecto de uma entidade ideal ou espiritual. As discrepâncias entre os autores personalistas surgem, pois, quando tratam de definir suas doutrinas *positivamente*. Uns acentuam, com efeito, o caráter transcendente da pessoa, outros chamam a atenção para sua estrutura dinâmica; outros, finalmente, acentuam os aspectos éticos e práticos da noção de personalidade. Entre as doutrinas mais completas cabe destacar a de Emmanuel Mounier. Para este filósofo as "estruturas do universo pessoal" se caracterizam pelas seguintes notas: (I) Existência incorpórea, segundo a qual a pessoa, submersa na Natureza, transcende a Natureza, ascendendo ao personalizar-se e descendo ao despersonalizar-se; (II) comunicação, com a qual supera todo individualismo atomista; (III) conversão íntima, na qual se manifesta um duplo movimento de recolhimento e de exteriorização, igualmente necessários e igualmente susceptíveis de "desvios"; (IV) "enfrentamento" ou "exposição", com os quais a pessoa pode protestar, escolher e alcançar a liberdade; (V) liberdade condicionada, não redutível nem a uma "coisa" nem a um puro e contínuo "surgir"; (VI) dignidade eminente da pessoa; (VII) compromisso *(engagement)* que possibilita e torna fecunda a ação. Ora, ainda admitindo os traços anteriores, são muito diferentes as variedades do personalismo. Estas variedades se destacam tão logo se classificam as doutrinas personalistas. Consideremos, para tanto, uma das classificações propostas: a de A. C. Knudson, segundo quem há 1) um personalismo panteísta, psicofisicamente neutro, o de W. Stern, personalismo que, diz Knudson, equivale simplesmente a uma teleologia universal; 2) um personalismo pluralista ou finitista, representado de diferentes maneiras por *a)* o personalismo ateu de McTaggart, *b)* o personalismo relativista de Renouvier e *c)* o personalismo puramente finalista de Howison; 3) um personalismo absolutista, estritamente oposto ao anterior, personalismo representado sob a forma do idealismo absoluto e defendido sobretudo por alguns pensadores da escola neo-hegeliana, como Royce. Além disso, seria possível tomar o personalismo teísta como tipicamente oposto ao ateu e ao absolutista e considerá-lo sob vários aspectos: segundo uma tendência idealista (como a defendida por Browne, Howison, Brightman, o próprio Knudson); segundo uma tendência pampsiquista (como a de J. Ward, Charles Hartshorne, W. T. Stace), e segundo uma direção dualista (como a de Maritain). Ora, Knudson afirma que o personalismo realmente típico está mais além, ou mais aquém, das divisões citadas e "reconhece uma verdade permanente no pluralismo e no absolutismo". Daí a possibilidade de uma definição média do personalismo segundo a qual seria "essa forma de idealismo que reconhece por igual os aspectos pluralista e monista da experiência, e que considera a unidade consciente, a identidade e a livre atividade da personalidade como a

chave para a natureza da realidade e para a solução dos problemas últimos da filosofia" (*The Philosophy of Personalism,* 1927, p. 87). Só assim será o personalismo, como era o pragmatismo segundo James, "um novo nome para alguns velhos modos de pensar".

Vemos, portanto, que há muitas definições e muitas variedades do personalismo. Indiquemos agora vários de seus representantes.

Na França, o personalismo se manifestou, conforme indica Lalande, desde as origens da filosofia clássica. Montaigne e Descartes podem ser considerados personalistas. Este nome também se aplica a filósofos como Renouvier (que difundiu o vocábulo 'personalismo' a partir de 1901) e Paul Janet (que, segundo parece, usou pela primeira vez o termo, primeiro oralmente e depois na obra *Histoire de la philosophie, les problèmes et les écoles,* escrita com Gabriel Séailles). Num sentido mais restrito, porém, são chamados de personalistas somente certos filósofos contemporâneos: o Bergson de *As duas fontes da moral e da religião,* R. Le Senne, Gabriel Marcel, Jacques Maritain e Emmanuel Mounier. Alguns filósofos de outras nações que viveram longo tempo na França (como Berdiaev) são também considerados personalistas. O personalismo cristão é o predominante na França; às vezes inclusive se propôs o vocábulo 'personismo' para distinguir entre esta espécie de personalismo e outros não-cristãos, mas a proposta não teve sucesso. Na Alemanha são personalistas filósofos de tendências muito diversas, por exemplo W. Stern, R. Müller-Freienfels e Max Scheler. O personalismo de Stern é chamado "personalismo crítico"; segundo ele, deve-se admitir a totalidade enquanto pessoa, mas não num sentido pampsiquista, mas como expressão da tese da unidade orgânica do universo, sem sacrifício das personalidades singulares e, sobretudo, sem exclusão das coisas, isto é, das entidades regidas pela causalidade mecânica. O personalismo de Scheler é evidente na *Ética,* mas desaparece no *Lugar do homem no cosmo.* Tanto na França como na Alemanha o personalismo foi influenciado por correntes muito diversas — a fenomenologia, o existencialismo, o kierkegaardismo, a tradição escolástica etc. —; às vezes, além disso, os autores personalistas se apoiaram na tradição nacional (Maine de Biran na França; Franz Brentano nos países de língua alemã). Na Inglaterra e nos Estados Unidos — especialmente neste último país — o personalismo surgiu no começo do século XX com grande vigor, até o ponto de alguns pensadores considerarem o personalismo como um movimento especificamente norte-americano. Seus representantes são diversos: antes de tudo, Borden Parker Browne (VER); Mary Whiton Calkins (1863-1930: *The Persistent Problems of Philosophy,* 1907; 5ª ed., rev., 1925; *The Good Man and the Good,* 1918), que, influenciada por Royce, tendia a um personalismo dentro do idealismo e absolutismo clássicos; em parte G. H. Howison (VER), embora não se possa considerá-lo estritamente dentro de uma corrente personalista e sim dentro de um idealismo pessoal e um absolutismo da consciência; mais recentemente, Edgar Sheffield Brightman (VER); Albert Cornelius Knudson (1873-1954: *The Philosophy of Personalism*, 1927; *The Doctrine of God*, 1930; *The Validity of Religious Experience*, 1937), discípulo de Browne, que aplicou o personalismo aos problemas propriamente teológicos; assim como R. T. Flewelling (1871-1960), W. H. Werkmeister, J. W. Buckham (n. 1864) etc. Em certo sentido, pertencem à tradição personalista alguns dos representantes do "idealismo", tais como John Elof Boodin (VER) e, em parte, autores como W. E. Hocking (VER) e J. B. Pratt (1875-1944). Quanto à Inglaterra, destaca-se o grupo personalista encabeçado por J. B. Coates. Influente é também o personalismo na Itália (C. Ottaviano [VER], M. F. Sciacca [VER] e outros personalistas cristãos) e na América Latina, mas o fato de grande número de pensadores se verem conduzidos por sua meditação a uma afirmação da pessoa não significa, simplesmente, lá como em todos os demais países, que pertençam ao personalismo em sentido estrito. Em termos gerais, o personalismo pode-se manifestar inclusive em pensadores que o rejeitam formalmente, do mesmo modo como nas tendências personalistas se insinua muitas vezes, por exigências internas da razão, um fundamento impessoalista da personalidade mesma.

◌ Ver, além dos livros citados no texto do verbete e das obras mencionadas na bibliografia do verbete PESSOA: C. Renouvier, *Le Personnalisme*, 1903. — W. Stern, *Person und Sache. System der philosophischen Weltanschauungen*, I, 1906; II, 1908 (depois com o título: *Person und Sache. System des kritischen Personalismus*, III, 1924). — O. Diettrich, "Individualismus, Universalismus, Personalismus" (*Kantstudien*, Ergänzungshefte 14), 1917. — H. Adolph, *Personalistische Philosophie*, 1931. — H. E. Langan, *The Philosophy of Personalism and Its Educational Applications*, 1936. — E. Mounier, *Manifeste au service du personnalisme*, 1936. — Id., *Le personnalisme*, 1949. — F. H. Ross, *Personalism and the Problem of Evil*, 1940 (sobre os personalistas bostonianos: Browne, Knudson, Brightman). — L. Laberthonnière, *Esquisse d'une philosophie personnaliste* (*Oeuvres*, ed. L. Canet, t. IV), 1942. — Fr. Hertel, *Pour un ordre personnaliste*, 1942. — J. B. Coates, *The Crisis of the Human Person*, 1949 (estuda Berdiaev, L. Mumford, A. Koestler, J. Burnham, J. Middleton Murry, C. S. Lewis, M. Buber, H. Laski, H. Read, A. Huxley, K. Mannheim, G. Heard, W. Reich). — Emmanuel Mounier, *Le personnalisme*, 1949. — J. Lacroix, *Marxisme, existentialisme, personnaliste*, 1950. — Id., *Le personnalisme comme anti-idéologie*, 1972. — P. L. Landsberg, *Problèmes du personnalisme*, 1952. — M. Nédoncelle, "Essai de synthèse personnaliste", em *Vers une philosophie de l'amour et de la personne*, 1957; o "Essai" foi publicado anteriormente no tomo XIX da *Encyclopédie française*. — Id., *Conscience et logos: horizons et méthode d'une philosophie personnaliste*, 1961. — Id., *Explorations personnalistes*, 1970. — Id., *Intersubjectivité et ontologie: Le défi personnaliste*, 1974. — A. Rigobello, *Introduzione ad una logica del personalismo*, 1958. — M. A. Lahbabi, *Le personnalisme musulman*, 1963. — C. Díaz e M. Maceiras, *Introducción al personalismo actual*, 1975. — H. Leonardy, *Liebe und Person. Zu M. Schelers Personalismus*, 1976. — A. Wucherer-Hundenfeld, *Personales Sein und Wort*, 1985. — S. F. Schneck, *Person and Polis: Max Scheler's Personalism as Political Theory*, 1987.

Ver também a revista *Luminar* (México, IV, 2, 1940), dedicada ao personalismo, assim como as coleções das revistas *Esprit* (fundada por Mounier) e *The Personalist* (fundada por Ralph T. Flewelling). ℭ

PERSPECTIVISMO. O termo 'perspectivismo' foi cunhado por Gustav Teichmüller (cf. *Die wirkliche und die scheinbare Welt*, 1882) para significar a possibilidade de considerar uma coisa e, em geral, o mundo de diversos pontos de vista, todos eles justificados, de tal modo que cada ponto de vista ofereça uma perspectiva única e ao mesmo tempo indispensável acerca do universo. Neste sentido, a monadologia de Leibniz pode ser qualificada de perspectivismo. Ortega y Gasset que, como veremos a seguir, desenvolveu a idéia, referiu-se explicitamente a Leibniz ao estudar a questão da relação entre "verdade e perspectiva"; no tomo I de *El Espectador* (1916) ele citou, de fato, a seguinte frase do autor da *Monadologia*: "Assim como uma cidade contemplada de diferentes lados parece outra cidade completamente diferente e como se estivesse multiplicada *perspectivamente*, assim também a multidão infinita de substâncias simples dá lugar a outros tantos diferentes universos, que não são, contudo, mais do que as *perspectivas* de um só universo segundo os diferentes pontos de vista de cada mônada". Por sua vez, Nietzsche chamava de perspectivismo ou fenomenalismo o fato de que a natureza da consciência animal implica que o mundo de que ela adquire consciência seja só um mundo superficial e generalizado, pois "toda consciência se acha unida a uma corrupção, falseamento, superficialização e generalização". O conhecimento funciona, portanto, de acordo com as necessidades vitais do ente cognoscente sem que se possa pretender nunca uma "objetividade". Hans Vaihinger recolheu essas idéias de Nietzsche, especialmente as contidas na *Genealogia da moral*, e chegou a interpretar o perspectivismo nietzschiano como um modo de ficcionalismo (cf. *Die Philosophie des Als Ob*, 1911, Parte III, pp. 780ss.). Simmel chamava também de perspectivismo sua doutrina na medida em que tentava superar o relativismo individualista mediante a afirmação de que toda visão individual oferece somente uma perspectiva, um fragmento do objeto presente; com isso ficaria o conhecimento reduzido e limitado mas não falseado. Ortega y Gasset defendeu o perspectivismo, mas não (ou não só) em seu aspecto "biológico" ou psicobiológico, mas num sentido histórico; segundo ele, há uma série de perspectivas que só podem ser descobertas no curso da história. A reunião das perspectivas efetivas e possíveis daria a imagem verdadeira de cada coisa, e só ela teria propriamente a verdade absoluta. "Desta maneira", diz Ortega, "a peculiaridade de cada ser, sua diferença individual, longe de estorvá-lo para captar a verdade, é precisamente o órgão pelo qual pode ver a porção de realidade que lhe corresponde. Dessa maneira, aparece cada indivíduo, cada geração, cada época, como um aparato de conhecimento insubstituível. Só "justapondo as visões parciais de todos se conseguiria tecer a verdade onímoda e absoluta"; uma verdade e uma onisciência que só pertenceriam a Deus, que veria as coisas integralmente pela soma de todas as visões particulares, de tal sorte que, invertendo a tese de Malebranche sobre a visão em Deus, poder-se-ia dizer inclusive que "Deus vê as coisas através dos homens, que os homens são os órgãos visuais da divindade" (*Obras*, edição de 1932, p. 788).

Numerosas são as doutrinas perspectivistas no pensamento contemporâneo. Podemos encontrá-las, por exemplo, na fenomenologia, especialmente no conceito das "apresentações" *(Abschattungen)* dos fenômenos. Esse conceito foi recolhido por J.-P. Sartre (*L'Imaginaire*, 2ª ed., 1940, pp. 19ss.), que escreve que "a imagem se dá em perfis, em projeções", e por M. Merleau-Ponty, que o elaborou em suas análises psicológicas, especialmente em sua fenomenologia da percepção. Outros muitos exemplos poderiam ser citados de uso da noção de perspectiva na fenomenologia e na filosofia, mais ou menos relacionadas com o movimento fenomenológico. Mas há outros modos de conceber a idéia de perspectiva, como o proposto por C. F. Graumann em sua obra *Grundlagen einer Phänomenologie der Perspektivität* (1961). Ele estudou a conduta humana com base no que chama de "situações de perspectiva" (ou "perspectividades"). Para tanto usou dados procedentes da história da arte e diversas teorias perspectivistas a partir de Leibniz.

Numerosas doutrinas nas quais se elabora o conceito de perspectiva ou se propõem "métodos perspectivistas" se encontram em autores de língua inglesa. Assim sucede, por exemplo, com Samuel Alexander em sua análise das perspectivas e "seções" do espaço-tempo físico (*Space, Time, and Deity*, 1920, t. I, pp. 68ss.). O próprio Alexander assinala que o uso do termo 'perspectiva' lhe foi sugerido por Bertrand Russell, que chama de sistema de "perspectivas" (cf. *Our Knowledge of the External World*, Lect. III) o "sistema que consiste em todas as vistas do universo percebido e não percebido". Um "mundo privado" é, segundo Russell, uma perspectiva recebida. O espaço que consiste em relações entre perspectivas pode ser contínuo. Um aspecto de uma "coisa" é um membro do sistema de aspectos que é a "coisa" naquele momento. Todos os aspectos da coisa são reais, mas a coisa mesma é uma construção lógica (é algo neutro entre diferentes pontos de vista possíveis). Além disso, Russell reconhece que sua concepção tem pontos de contato com a leibniziana. Em outro lugar (*The Analysis of Matter*, Parte II, cap. XX), Russell diz que a perspectiva e suas leis não são assunto de percepções individuais e arbitrárias, pois uma fotografia do objeto revela também uma perspectiva; por isso é necessário adotar uma teoria causal da percepção. Ao nos confinarmos às percepções de vários observadores, podemos formar grupos de "perceptos" relacionados aproximadamente, embora não exatamente, por leis que podem ser chamadas "leis de perspectiva". Esta concepção pode ser relacionada também com outras análogas manifestadas nas vertentes não-solipsistas do fenomenalismo e com a teoria da percepção defendida por vários neo-realistas ingleses (Broad, Nunn, Price), não sendo alheia tampouco a algumas *interpretações* filosóficas da teoria *especial* da relatividade, onde aparece um perspectivismo "operativo". Whitehead defende o perspectivismo em várias obras. Em *Modes of Thought* (II vi) diz que "cada entidade, de qualquer tipo, implica essencialmente sua própria conexão com o universo das outras coisas. Esta conexão pode ser considerada como sendo o que o universo é para tal entidade, seja no modo de sua atualização ou no da potencialidade". Assim, "cada perspectiva... implica uma infinidade de potencialidades alternativas". Em *Science and the Modern World* (1925, cap. IV, pp. 98-99), Whitehead diz que usa a mesma noção da mônada leibniziana, embora convertendo as mônadas em "acontecimentos unificados em espaço e tempo". Por isso assinala que há uma analogia maior ainda entre sua teoria e a noção spinoziana dos modos, e por causa disso usa os termos 'modo' e 'modal'. Finalmente, o citado autor desenvolve o conceito de perspectiva em *Process and Reality* ao falar do "modo apresentativo" das entidades atuais definidas (Parte I, cap. ii), da percepção na forma de imediatidade apresentativa de um objeto, por exemplo uma pedra (*op. cit.*, cap. v e cap. viii), relacionada com o conceito de "preensão" (*op. cit.*, cap. vi) e com o conceito de "concreção" (id., cap. x) e de "sensibilidade" (Parte III, cap. i), definindo às vezes a perspectiva como "o dado objetivo sob o qual a entidade atual é percebida" (*op. cit.*, cap. iii). George H. Mead (*The Philosophy of the Act*, 1938, ed. C. W. Morris, Parte I, cap. xi: "Perspective Theory of Objects", e Parte V, cap. xxi: "Miscellaneous Fragments. G. 10: Perspectives") interpreta a perspectiva como reação de um organismo em seu mundo circundante. Mas isso implica, em seu entender, que não se pode conceber um mundo independente de qualquer organismo (isto é, um mundo sem perspectivas, onde não haveria "contornos"). Tal mundo possuiria só partículas físicas, mas não "objetos". Desse modo o perspectivismo representa uma mediação (tornada possível pelo progresso da biologia e suas conseqüências filosóficas) entre o "fisicalismo" e o idealismo transcendental. Como diz Mead, "o mundo tem sua realidade em relação com o organismo". Em A. P. Ushenko (*Power and Events*, 1946), o perspectivismo aparece (pp. 15ss.) sob a forma da "teoria perspectivista da verdade", à diferença das doutrinas da verdade baseadas na transformação, na conformação ou correspondência (isomórfica) e na coerência, assim como à diferença da concepção semântica da verdade e das várias formas do que chama de "teoria prescriptiva". A teoria das perspectivas assim formulada é mais radical que a mera idéia da existência de diferentes perspectivas "perceptuais" (pp. 206-207) e não se esgota com a compreensão literal da expressão "ponto de vista". Um "realismo perspectivo" (ou "doutrina da perspectividade") é defendido por Evander Bradley McGilvary (*Toward a Perspective Realism*, 1956, ed. Albert G. Ramsperber). Trata-se de uma doutrina epistemológica e metafísica fundada na idéia de que o real ("a Natureza") é dado sempre em certas perspectivas. No entanto, essas perspectivas não são individuais; trata-se, antes, da "perspectiva do senso comum", a perspectiva oferecida pela ciência "física" e outras perspectivas análogas, que formam uma "pluralidade de perspectivas". Segundo Arthur E. Murphy ("McGilvary's Perspective Realism", *Journal of Philosophy*, 56 [1959], 149-165), o realismo perspectivo ou perspectivista pode ser definido provisoriamente como "uma teoria filosófica que considera toda experiência, incluindo a experiência de uma teoria filosófica, como o *objetivo real* que aparece na perspectiva de um organismo capaz de experiência" (*Toward, etc.,* p. 6, apud Murphy, art. cit., pp. 149-150). Das "perspectivas cósmicas" como "modos de ver o mundo" falou Radoslav A. Tsanoff (em *World to Know: A Philosophy of Cosmic Perspectives*, 1962).

PERSUASÃO. Os sofistas gregos davam grande importância à persuasão, πειθώ (aliás, Πειθώ era personificada pelos gregos como uma deusa, à qual correspondia a latina *Suada*). Com o fim de persuadir (πείθω, na voz passiva πείθομαι = "obedecer"), isto é, de convencer o ouvinte ou o interlocutor de que o que se propunha ou dizia devia ser aceito, os sofistas desenvolveram as regras da discussão e da retórica. Ao praticar a arte da persuasão em detrimento da verdadeira demonstração (que conduz não à persuasão, ou não só à persuasão, mas à certeza), e ao sacrificar a verdade do dito à aceitação do dito, produzia-se uma situação contra a qual reagiu Platão em seus numerosos ataques à sofística. Contudo, o próprio Platão chegou oportunamente à convicção de que não se pode descartar a arte da persuasão como uma arte totalmente inútil, o que se deve fazer é, como indicou no *Fedro* (261 A), distinguir entre a falsa persuasão e a persuasão verdadeira e legítima. Esta última não é um mero brigar verbalmente com o ouvinte ou o interlocutor, mas uma tentativa de conduzir sua alma pela via da verdade (o que foi chamado de uma "psicagogia"). Nas *Leis*, Platão desenvolveu a idéia da persuasão legítima (por exemplo, 659 E; 670 C, 773 D), que se converte deste modo numa espécie de "técnica educativa". Mas, além disso, Platão empregou o conceito de persuasão em uma das mais freqüentemente citadas passagens do *Timeu*, a passagem em que escreve que "o universo foi engendrado por uma combinação da necessidade e da inteligência, ἐξ ἀνάγκης τε καὶ νοῦς συστάσεως. Dominando a necessidade, a inteligência a persuadiu a orientar para o melhor a maior parte das coisas que nascem. E deste modo o universo se formou desde o princípio pela submissão da necessidade à persuasão inteligente" (*op. cit.,* 48 A).

Essa passagem foi muito discutida. Muitos autores consideraram que é uma passagem puramente "mítica" ou "metafórica" (ignorando, aliás, a importante função que o mito e a metáfora desempenham na filosofia platônica); em todo caso, uma passagem que não se deve levar demasiado a sério, porque embora a inteligência pudesse persuadir, não seria a necessidade a ser persuadida. A necessidade é justamente a necessidade, e tem de seguir seus próprios caminhos, sem fazer caso de "persuasões". Essa interpretação, ou complexo de interpretações, descuida do que vários comentadores (A. E. Taylor, F. M. Cornford, G. R. Morrow [ver bibliografia], entre outros) destacaram: que Platão não entende "a necessidade" como um conjunto de leis segundo as quais as coisas têm lugar "ordenadamente". Se tal ocorresse, essa ordem teria uma finalidade, e não seria mister "persuadir" a necessidade. A "persuasão" intervém justamente porque "a necessidade" representa aqui o que o próprio Platão chamou de "a causa errática". Por isso a necessidade por si mesma não pode chegar a uma ordem; a inteligência deve intervir para que tudo transcorra "segundo o melhor". Pode-se dizer, pois, que a inteligência persuade a necessidade para que seja menos errática e (no sentido moderno, mas não necessariamente platônico) "mais necessária", isto é, para que se introduza nela a ordem, que é para Platão em grande parte o que se chamou "uma causa final". Além disso, deve-se ter em conta que com a idéia da "persuasão" Platão não se limita a introduzir um desígnio; faz com que semelhante desígnio possa operar tendo em conta aquilo sobre o qual opera. A "necessidade" é a "matéria" (os "movimentos" dos quatro elementos, com os quais se forma uma ordem, um "cosmo"). Mas a "necessidade" dos "movimentos" da "matéria" é cega, de modo que sua ordem é espúria. A verdadeira ordem se obtém ao combinar tais "movimentos" com o "desígnio", de modo semelhante a como o artista combina seu desígnio com a matéria sobre a qual trabalha. A persuasão não é, com efeito, um "mandato"; é o modo como se opera quando se quer obter um fim. A necessidade se "dobra" à "persuasão" como a matéria se dobra ao artista, sem deixar de ser matéria, mas adquirindo uma forma e uma ordem. Pode-se ver então que o uso de 'persuasão' na cosmologia platônica não é completamente diferente do uso de 'persuasão' a que nos referíamos no princípio; é como se a inteligência "educasse" os elementos e os "conduzisse" a bom termo.

Voltando agora ao plano humano, o problema da persuasão esteve presente em todas as ocasiões nas quais foram suscitadas as questões fundamentais da retórica (VER). Por terem sido descuidadas pelos filósofos durante várias décadas, as questões de referência ficaram ocultadas pelos problemas da demonstração e da prova, dando-se por assentado que provar e persuadir são — ou, mais exatamente, "têm de ser" — o mesmo. Ao desenvolver-se o que se chamou às vezes de "nova retórica", tais questões passaram de novo ao primeiro plano. Entre outros resultados obtidos a respeito mencionamos os apresentados por Ch. Perelman e L. Olbrechts-Tyteca (cf. *op. cit. infra*) ao distinguir entre "persuadir" e "convencer". Segundo esses autores, os que se preocupam com o resultado consideram a convicção como um primeiro estádio que leva à persuasão, enquanto os que se interessam pelo caráter racional da adesão estimam que convencer é prévio a persuadir. Tais autores propõem uma distinção entre "argumentação persuasiva" e "argumentação convincente", considerando que a primeira pretende valer só para um auditório particular, enquanto a segunda aspira a obter a adesão de todo ser racional. Como os auditórios são sempre particulares, é compreensível que haja diversos tipos de persuasão e, portanto, de argumentação persuasiva. O "auditório universal" pode ser um ideal e, portanto, o acordo deste auditório é uma questão de direito. No que toca aos fatos mesmos, não há mais remédio senão aceitar a existência de "auditórios particulares".

⊃ Os escritos referidos no texto, à parte as passagens platônicas, são: A. E. Taylor, *A Commentary on Plato's Timaeus*, 1928, especialmente pp. 303-305. — F. M. Cornford, *Plato's Cosmology*, 1937 [trad. e comentário ao *Timeu* de Platão], especialmente pp. 159-177. — G. R. Morrow, "Necessity and Persuasion in Plato's *Timaeus*", *Philosophical Review*, 59 (1950), 147-163. — Id., "Plato's Conception of Persuasion", *ibid.*, 62 (1953), 234-250. — Ch. Perelman e L. Olbrechts-Tyteca, *Traité de l'argumentation*, I, 1958, especialmente pp. 34-39. ⊂

PERTINÊNCIA. Em frases tais como "Cervantes é o autor do *Quixote*", "Cervantes é espanhol", "Os espanhóis são europeus", "O sol é brilhante", o verbo 'ser' é usado com diferentes sentidos lógicos: identidade, pertinência, inclusão e predicação, respectivamente. Usado para exprimir pertinência, o verbo ser é simbolizado pela letra grega '∈' (abreviatura proposta por Giuseppe Peano [VER] para ἐστι = "é"). No exemplo "Cervantes é espanhol", simbolizado parcialmente como "Cervantes ∈ espanhol", entende-se que Cervantes pertence a uma classe: a classe dos espanhóis. É óbvio que 'é espanhol' poderia ser entendido também como um predicado, caso em que não haveria logicamente falando pertinência e não se simbolizaria com '∈'. Por outro lado, "O sol é brilhante", que aqui apresentamos como exemplo de predicação, e onde "é brilhante" é entendido como um predicado, poderia também ser apresentado como exemplo de pertinência. Isso ocorreria se entendêssemos "O sol é brilhante" como equivalente a "O sol pertence à classe das coisas brilhantes". "Cervantes é o autor do *Quixote*" não pode ser usado, em contrapartida, como exemplo de pertinência lógica, já que a expressão em questão é exemplo só de identidade (VER). Quanto a "Os espanhóis são europeus" não pode ser tampouco exemplo de pertinência, já que se trata de inclusão de uma classe (a classe dos espanhóis) em outra classe (a classe dos europeus); para que haja pertinência é preciso que o termo à esquerda de '∈' seja o nome de uma entidade e não de uma classe; o termo à direita de '∈' é, em contrapartida, o nome de uma classe à qual pertence a referida entidade.

Além do sentido lógico de 'pertinência', este termo pode ter um sentido antropológico-filosófico. Neste caso, pode-se discutir, por exemplo, se os conteúdos de uma existência humana dada pertencem ou não autenticamente a esta existência. O vocábulo 'pertinência' tem então uma significação similar à do vocábulo 'propriedade', mas quase sempre menos "forte" que a deste último vocábulo. Com efeito, a "propriedade" é a ação e efeito de apropriar-se a si mesmo, mais aquém de todos os conteúdos efetivos e possíveis. O termo 'pertinência' pode ter também um sentido social; tal ocorre quando se fala de se determinada pessoa pertence ou não a determinada sociedade, a determinada classe, a determinada casta, etc., e, de modo mais geral, se determinada pessoa pertence ou não à sociedade, o que significa aproximadamente perguntar se está ou não incorporada à sociedade, ou "ajustada" à sociedade.

PERTINENTE. Ver RELEVÂNCIA.

PESSIMISMO. O pessimismo pode ser entendido em diversos sentidos. Pode-se falar, em primeiro lugar, de um "pessimismo natural", devido a um especial temperamento ou ânimo que leva a considerar o mundo e, em particular, a natureza humana como impossibilitados de toda reforma substancial. Esse pessimismo considera o homem como um ser essencialmente egoísta, que se rege por seus próprios interesses e que chega a uma harmonia com a sociedade só na medida em que os interesses individuais coincidam com os sociais. Semelhante tipo de pessimismo pode ser simplesmente uma atitude ou então o fundamento de uma doutrina ou de uma concepção do mundo. No primeiro caso, é freqüente que, paradoxalmente, produza um tipo humano "melhorado", pelo menos no sentido de uma maior tolerância e compreensão do próximo. No segundo caso, o pessimismo natural pode desembocar numa doutrina social autoritária (como ocorre no caso de Hobbes) ou numa concepção niilista de natureza. É sumamente difícil assinalar as conseqüências da atitude pessimista, que engloba dentro de sua aparente unidade motivos muito complexos e contraditórios. Na verdade, o problema do pessimismo, embora abundantemente estudado, ainda é um dos "problemas virgens", não obstante ser uma questão que afeta de modo muito fundamental a compreensão da existência humana. Em outro sentido, pode-se entender o pessimismo como uma doutrina filosófica, mesmo quando é totalmente impossível considerar o pessimismo filosófico como totalmente desligado do temperamento ou ânimo pessimista. Enquanto doutrina filosófica, o pessimismo sustenta que o mal existe no mundo de um modo primário, substancial, predominante, sendo ademais impossível, por princípio, arrancá-lo e suprimi-lo, já que — e este talvez seja um dos pressupostos últimos de tal concepção — a eliminação do mal representaria ao mesmo tempo a eliminação da existência. O pessimismo se opõe, por conseguinte, tanto ao otimismo (VER) quanto ao simples meliorismo (VER). Embora esse tipo de pessimismo tenha sido freqüente na história da filosofia, costuma-se aplicar o termo a um movimento que se desenvolveu no curso do século XIX e que encontrou freqüentes explanações teóricas e expressões poéticas. Já no século XVIII se haviam manifestado correntes pessimistas (a concepção da história como a manifestação da "estupidez humana" por parte de Voltaire e outros). Mas se tratava de um pessimismo dominado pelo meliorismo, pela confiança em que a luz racional terminaria por melhorar a condição humana. Concepção, por conseguinte, semelhante à do cristianismo, com a exceção, certamente importante e decisiva, de que para o cristianismo a natureza humana não é melhorada pela razão, mas redimida do pecado original pela vinda do Cristo. Em contrapartida, o pessimismo do século XIX, tanto em sua manifestação poética (Leopardi, Byron etc.), como filosófica (Schopenhauer, Eduard von Hartmann, J. Bahnsen, Paul Deussen, Philippe Mainlander etc.), considera vão todo esforço, toda luz e toda redenção que não seja a redenção da existência pelo processo da autodissolução da mesma. No pessimismo filosófico não se trata simplesmente de uma "dor cósmica": trata-se de que, como ocorre em Schopenhauer, a vontade de viver leva em si mesma, por princípio, a insatisfação radical de não poder satisfazer-se. Essa insatisfação aumenta com a consciência, mas, ao mesmo tempo, a consciência pode conduzir à aniquilação da vontade e, com isso, à supressão do pessimismo com a supressão da existência mesma que lhe dera origem. Analogamente, Eduard von Hartmann sustenta um pessimismo radical, mas de caráter ativista e eudemonista na medida em que exige, para poder ser superado, o desenvolvimento da consciência e da história, desenvolvimento que só pode ser levado a cabo a partir do instante em que o Inconsciente se descobre a si mesmo como necessitado de auto-redenção. Isso conduz, portanto, à consciência absoluta e, portanto, à dor absoluta, mas também a sua auto-aniquilação definitiva. Poderíamos dizer, portanto, que o pessimismo — como atitude total ante o mundo e a vida — se manifesta de múltiplas formas, desde o pessimismo radical metafísico até o pessimismo parcial com respeito a uma realidade determinada. Neste último caso, fala-se de pessimismo moral, cultural, religioso, científico, social etc. Também se pode falar, como fez Spengler, de um "pessimismo realista", que consiste no reconhecimento da impossibilidade de modificar ou melhorar a natureza humana, mas que exige justamente, tão logo se dá esta compreensão, a aceitação de tal inevitabilidade e o pôr em jogo todos os mecanismos que permitem ao homem flutuar desiludidamente em meio à dor universal.

As múltiplas formas de pessimismo esboçadas se devem não só, nem sequer principalmente, a diversas ideologias pessimistas, mas também aos matizes que a atitude pessimista adquire de acordo com épocas e temperamentos humanos. Como exemplo iluminador de uma grande quantidade de matizes, podemos mencionar o que ocorre no chamado "pessimismo francês na época do Iluminismo", e sobretudo nas concepções da história esboçadas durante esse período e dentro dessa "tendência". Henry Vyverberg (*op. cit. infra*, Parte V, §§ 18-24) sublinhou que podemos encontrar um "pessimismo moderado" em Montesquieu, que manifesta que toda cultura está submetida aos processos de crescimento, decadência e desaparecimento; um "pessimismo otimista" em Voltaire, conseqüência da combinação de uma atitude pessimista em face da história com um otimismo racionalista; um "pessimismo desiludido" — ou, melhor dizendo, gerado pela desilusão — em Diderot; um pessimismo social em Vauvenargues, surgido de uma análise implacável da conduta do homem na sociedade; um tipo (diferente do de Voltaire) de "pessimismo otimista" em Holbach, colorido por uma crença materialista; um pessimismo "indiferentista" em La Mettrie, que considera a história como "um fluxo eterno e sem sentido", etc.

↪ Sobre o pessimismo como atitude radical e como concepção do mundo: G. Borries, *Über den Pessimismus als Durchgangspunkt zur universalen Weltanschauung*, 1880. — J. Rehmke, *Der Pessimismus und die Sittenlehre*, 1882. — L. Jouvin, *Le pessimisme*, 1892. — M. Wentscher, *Über den Pessimismus und seine Wurzeln*, 1897. — A. Kowalewski, *Studien zur Psychologie des Pessimismus*, 1904. — G. Palante, *Pessimisme et individualisme*, 1913. — Ver também a bibliografia do verbete NIILISMO.

Sobre o pessimismo antigo: O. Plümacher, *Der Pessimismus in Vergangenheit und Gegenwart*, 1884. — M. Marquard, *Die pessimistische Lebensauffasung des Altertums*, 1905. (Cf. também as obras de Nietzsche, Rohde e Burckhardt sobre o "pessimismo trágico" dos gregos).

Sobre o pessimismo moderno, em particular o pessimismo do século XIX: J. Sully, *Pessimism. A History and a Criticism*, 1877. — L. von Golther, *Der moderne Pessimismus*, 1878. — E. Caro, *Le Pessimisme au XIXe siècle: Leopardi, Schopenhauer, Hartmann*, 1878. — E. von Hartmann, *Zur Geschichte und Begründung des Pessimismus*, 1880. — B. Alexander, *Der Pessimismus des 19. Jahrh.*, 1884. — F. Paulsen, *Schopenhauer, Hamlet, Mephistopheles. Aufsätze zur Naturgeschichte des Pessimismus*, 1900. — F. Sartorelli, *Il pessimismo di A. Schopenhauer, con particolare referimento alla dottrina del Diritto e dello Stato*, 1951. — H. J. Schoeps, *Vorläufer Spenglers. Studien zum Geschichtspessimismus im 19. Jahrhundert*, 2ª ed., 1955. — H. Vyverberg, *Historical Pessimism in the French Enlightenment*, 1958. — F. Sieburg, *Die Lust am Untergang*, 1955. — R. Hollinrake, *Nietzsche, Wagner, and the Philosophy of Pessimism*, 1982. — J. Bailey, *Pessimism*, 1988. — Ver também a bibliografia dos verbetes MAL; OTIMISMO e TEODICÉIA. ⊂

PESSOA. O termo latino *persona* tem, entre outros significados, o mesmo que o vocábulo grego πρόσωπον — do qual se considera às vezes que o primeiro deriva —, isto é, o significado de "máscara". Trata-se da máscara que cobria o rosto de um ator ao desempenhar seu papel no teatro, sobretudo na tragédia. *Persona* é "o personagem", e por isso os "personagens" da obra teatral são *dramatis personae*. Às vezes se faz derivar *persona* do verbo *persono* (infinitivo: *personare*), "soar através de algo" — de um orifício ou concavidade —, "fazer ressoar a voz", como a fazia ressoar o ator através da máscara. O ator "mascarado" é, assim, alguém "personado", *personatus*.

Esses sentidos originais não são todos os que cabe destacar. Por exemplo, o vocábulo *persona* foi usado também no sentido jurídico justamente como "sujeito legal". Alguns autores assinalam que o modo como *persona* foi usado depois no vocabulário teológico e filosófico procede mais do sentido legal que do indicado antes, mas este é assunto que temos de deixar aqui entre parênteses.

Os sentidos originais de πρόσωπον e de *persona* parecem estar de algum modo relacionados com a significação que se deu mais tarde ao conceito de pessoa. Tem-se discutido se os gregos tiveram ou não uma idéia da pessoa enquanto "personalidade humana". A posição que se adota a respeito costuma ser negativa, mas embora seja certo que os gregos — especialmente os gregos "clássicos" — não elaboraram a noção de pessoa no mesmo sentido que os autores cristãos, pode-se presumir que alguns tiveram uma espécie de intuição do fato do homem como personalidade que transcende seu "ser parte do cosmo" ou "membro da cidade-Estado". Tal poderia ser, por exemplo, o caso de Sócrates. Além disso, embora seja certo que o centro da meditação dos filósofos "helenísticos" — estóicos, neoplatônicos, epicuristas etc. — foi o "mundo", ou o "ser", em muitos casos, tal meditação se guiava, conscientemente ou não, por uma antropologia filosófica na qual o homem desfrutava de algum modo uma "personalidade". Ora, aqui nos interessam as elaborações mais explícitas da noção de pessoa, especialmente quando acompanhadas do correspondente vocabulário especial, e por isso nos referiremos, para começar, principalmente às idéias cristãs, mesmo sabendo que em muitos casos elas se baseiam no desenvolvimento de conceitos da tradição filosófica grega.

A noção de pessoa no pensamento cristão foi elaborada, pelo menos nos começos, em termos teológicos, freqüentemente por analogia com termos ou conceitos antropológicos. Nessa elaboração colaboraram os teólogos que definiram os dogmas tal como estabelecidos no Concílio de Nicéia, de 325. Neste caso, a língua usada foi o grego, e uma das questões principais debatidas foi a questão da relação entre "natureza" e "pessoa" em Cristo. Contra os que atribuíam a Cristo uma só "natureza" e também contra os que negavam a "natureza" humana de Cristo, estabeleceu-se que Cristo tem uma dupla natureza — a divina e a humana —, mas tem só uma pessoa, que é única e indivisível. A idéia de pessoa podia, assim, religar em Cristo o humano e o divino, ao mesmo tempo que distinguir entre eles. Ora, o termo grego usado para pessoa não foi em muitos casos πρόσωπον, mas ὑπόστασις (hipóstase), palavra que alguns haviam usado como sinônimo de οὐσία (Ousia [VER]), mas que em seguida se distinguiu de οὐσία. Uma das razões para adotar essa distinção foi indicada em OUSIA: foi a idéia de que a "hipóstase" tem uma propriedade que não pertence à "ousia" entendida como "comunidade". Em todo caso, o termo ὑπόστασις, com sua conotação de "substrato", "suposto" etc., parecia fazer ressaltar melhor a condição do que se entendia por "pessoa". Isto posto, em outros casos o termo usado foi o mais tradicional de "πρόσωπον ou máscara", porque de todo modo a idéia de "máscara" sugeria a de algo "sobreposto" à pura e simples individualidade. De certo modo, poder-se-ia dizer que a idéia de "sobrepor" é mais própria do que se queria dar a entender por "pessoa" do que a idéia de "sotopor" implicada em ὑπόστασις. Por exemplo, João Damasceno usou o termo πρόσωπον para definir o que os latinos chamaram *persona* como algo que ou, melhor dizendo, como "o que" se expressa a si mesmo por suas próprias operações, tornando presente uma propriedade que o distingue de outras de sua mesma natureza (a mesma "propriedade" distintiva que Atanásio atribuía à hipóstase).

Um dos primeiros autores — segundo alguns, o primeiro — a desenvolver plenamente a noção de pessoa no pensamento cristão, de tal sorte que podia ser usada para referir-se (embora sem confundi-los) à Trindade (as "três pessoas") e ao ser humano, foi Agostinho. Ele falou do assunto em várias obras, mas especialmente em *De Trinitate*. Referiu-se antes de tudo às Pessoas divinas (que não podiam ser consideradas como simples substâncias [impessoais] no sentido "clássico" do termo 'substância'). Para tanto Agostinho se baseou, não em Platão, Plotino ou Porfírio, mas em Aristóteles. A noção aristotélica que Agostinho elaborou a este respeito foi a de relação, πρὸς τί. Mas junto às *Categorias*, Agostinho levou em conta a *Ética a Nicômaco*, especialmente as passagens em que são descritas relações entre seres humanos (por exemplo, entre amigos). O assunto, contudo, não teria ido muito longe se Agostinho não tivesse enchido seus conceitos com a substância da experiência e, sobretudo, da experiência que desde então se chama justamente "pessoal" (não uma experiência como as outras, mas uma na qual entra a própria personalidade da pessoa). A idéia de pessoa em Agostinho perde a relativa "exterioridade" que ainda arrastava para focalizar-se decididamente na "intimidade". A idéia de relação serviu a Agostinho para sublinhar o ser relativo a si mesmo de cada Pessoa divina, razão por que há efetivamente três Pessoas e não uma só. A idéia de "intimidade" — ou, se se preferir, a experiência e a intuição da intimidade — lhe serviu para fazer desta relação consigo mesmo uma relação não abstrata, mas uma relação "concreta" e "real".

Um dos autores mais influentes na história da noção de pessoa é Boécio. Em *Cont. Eut.* (3), ele se referiu ao sentido de *pessoa* como "máscara", mas destacou que esse sentido é só um ponto de partida para entender o significado último de 'pessoa' na linguagem filosófica e teológica. E em seu *Liber de persona et duabus naturis* (cap. III), Boécio ofereceu a definição de *persona* que foi tomada como base por quase todos os pensadores medievais: *Persona est naturae rationalis individua substantia* ("a pessoa é uma substância individual de natureza racional"). A pessoa (sendo o vocábulo *persona* aqui uma versão de ὑπόστασις) é uma substância que existe por direito próprio, *sui juris*, e é perfeitamente "incomunicável". O ser da pessoa é um ser *seu*, de modo que, para falar em termos atuais, diríamos que a nota distintiva da pessoa é a propriedade.

Em muitos textos escolásticos, encontramos elaborações desta noção de pessoa, embora às vezes modificando os termos de Boécio. Anselmo (*Monologion*, § 78) aceita a definição de Boécio, mas assinala que há um contraste entre "pessoa" e "substância". Com efeito, diz Anselmo, "fala-se só de pessoa com respeito a uma natureza racional individual, e da substância com respeito aos indivíduos, a maior parte dos quais subsistem na pluralidade". Tomás de Aquino tratou da noção de pessoa em vários lugares de suas obras; assim; *1 sent.* 29 1 C, *Cont. Gent.*, III, 110 e 112 e, sobretudo, *S. theol.*, I, q. XXIX. Santo Tomás recorda também a definição de Boécio e manifesta que enquanto a individualidade se encontra, propriamente falando, na substância que se individualiza por si mesma, os acidentes não são individualizados por uma substância (como, por outro lado, dizia também Boécio: *aliae substantiae sunt, aliae accidentes, et videmus personas in accidentibus non posse constitui* [*op. cit.*]). Por isso as substâncias individuais recebem um nome especial: o de hipóstase ou substâncias primeiras. Ora, como os indivíduos se encontram de maneira ainda mais especial nas substâncias racionais que possuem o domínio de seus próprios atos e a faculdade de agir por si mesmas, os indivíduos de natureza racional possuem, entre as primeiras substâncias um nome que os distingue de todas: o nome "pessoa". Assim, pois, se diz que a pessoa é substância individual com o fim de designar o singular no gênero da substância, e se acrescenta que é de natureza racional para mostrar que se trata de uma substância individual da ordem das substâncias racionais. À diferença de 'hipóstase' — que designava também primeiramente a pessoa, mas que acabou por referir-se à substância como suporte de acidente —, da subsistência de um ser e da essência ou natureza de uma coisa expressa na definição, 'pessoa' designa o suporte individual racional. Por isso, *dentro* da categoria dos seres racionais, a pessoa é também hipóstase ou subsistência. Segundo Occam, a pessoa é uma substância intelectual completa que não depende de outro suposto *(suppositum)* (*Summa totius logicae*, 66): a pessoa é "suposto" não na medida em que se identifica com o "suposto", mas na medida em que é um gênero do que o "suposto" é a espécie. É, ademais, um suposto intelectual cuja natureza individual é completa.

Quase todas as idéias relativas à pessoa até agora expostas sublinham na pessoa o ser "em si" ou, melhor dizendo, o ser "por si" e, com isso, a independência da pessoa e sua "incomunicabilidade" *juris*. Mas há dentro do cristianismo outras idéias sobre a pessoa que destacam sua "relação" e seu "originar-se". Tal ocorre com alguns Padres gregos e, no Ocidente, com Ricardo de São Vítor que, como vimos em outros verbetes (ESSÊNCIA; EXISTÊNCIA), distingue entre o *sistere* em que consiste a natureza (VER) e o *ex-sistere*, o "vir de" ou "originar-se de", em que consiste o ser pessoa. A pessoa se caracteriza por seu modo próprio de *sistere* ou ter natureza. Isso não nega à pessoa sua "independência" ou, melhor, sua subsistência, pois a relação em questão é concebida como uma "relação subsistente" (relação primariamente a Deus, de quem a pessoa recebe sua natureza, e aos demais homens, enquanto pessoas). Ao mesmo tempo, os autores que destacaram a "independência" ou "subsistência" da pessoa não negaram tampouco por inteiro seu ser "relação" no sentido de 'relação' antes descrito.

A concepção que podemos chamar "tradicional" da pessoa se baseia primariamente em conceitos metafísicos (ou metafísicos e teológicos). Os autores modernos não eliminaram nem de longe os elementos metafísicos em sua concepção da pessoa (quando se interessaram pela definição de 'pessoa'). Assim, por exemplo, Leibniz diz que "a palavra 'pessoa' comporta a idéia de um ser pensante e inteligente, capaz de razão e de reflexão, que pode considerar-se a si mesmo como o mesmo, como a mesma coisa, que pensa em diferentes tempos e em diferentes lugares, o que faz unicamente por meio do sentimento que possui de suas próprias ações" (*Nouveaux Essais*, II, xxvii, 9). Contudo, muitos autores modernos empregaram, em seu tratamento da noção de pessoa, além de elementos metafísicos, outros psicológicos e com freqüência éticos. Crescentemente tendeu-se a estabelecer uma distinção, ressaltada por muitos pensadores contemporâneos, entre a noção de indivíduo e a de pessoa. As razões desta distinção são várias. O termo 'indivíduo' se aplica a uma entidade cuja unidade, embora complexa, é definível negativamente: algo, ou alguém, é indivíduo quando não é outro indivíduo. O termo 'pessoa' se aplica a uma entidade cuja unidade é definível positivamente e, além disso, com "elementos" procedentes de si mesma. O indivíduo (se se trata do ser humano) é uma entidade psicofísica; a pessoa é uma entidade fundada, desde logo, numa realidade psicofísica, mas não redutível, ou não redutível inteiramente, a ela. O indivíduo é determinado em seu ser; a pessoa é livre e ainda consiste em ser tal.

A contraposição entre o determinado e o livre como contraposição entre o indivíduo e a pessoa foi elaborada especialmente por filósofos que insistiram na importância do "ético" na constituição da pessoa. Assim ocorreu, por exemplo, em Kant, que definiu a pessoa — ou a personalidade — como "a liberdade e independência perante o mecanismo da Natureza inteira, consideradas ao mesmo tempo como a faculdade de um ser submetido a leis próprias, isto é, a leis puras práticas estabelecidas por sua própria razão" (*KrV*, 155). A pessoa — enquanto "personalidade moral" — é para Kant "a liberdade de um ser racional sob leis morais". Estas leis morais, o ser racional as dá a si mesmo, o que não significa que sejam arbitrárias; justamente, se o fossem, não emergiriam da pessoa, mas do que chamamos "o indivíduo". A pessoa é "um fim em si mesma"; não pode ser "substituída" por outra. O mundo moral é por isso um mundo de pessoas (uma vez mais, sob leis morais).

Em alguns casos, os elementos éticos que Kant enfatizou na noção de pessoa se tornaram de novo "metafísicos" ou, se se preferir, se tornaram "ético-metafísicos". Tal sucedeu em Fichte, para quem o Eu é pessoa não, ou não só, porque é um centro de atividades racionais, mas também, e sobretudo, por ser um "centro metafísico" que se constitui a si mesmo "pondo-se a si mesmo". É interessante destacar em Fichte, não tanto o caráter "central da pessoa" enquanto atividade moral, quanto seu caráter de ser "foco" ou "fonte" de atividades, em seu caso "volitivas". Em todo caso, o conceito de pessoa tem experimentado certas mudanças fundamentais, pelo menos em dois aspectos. Em primeiro lugar, no que toca à sua estrutura. Em segundo, no que se refere ao caráter de suas atividades. Com respeito à estrutura, tendeu-se a abandonar a concepção "substancialista" da pessoa para fazer dela um centro dinâmico de atos. Quanto a suas atividades, tendeu-se a contar entre elas as volitivas e as emocionais, tanto ou mais que as racionais. Somente assim, pensam muitos autores, é possível evitar realmente os perigos do impessoalismo, que surge tão logo se identifica demasiado a pessoa com a substância e esta com a coisa, ou a pessoa com a razão e esta com sua universalidade. A definição de Max Scheler é, a esse respeito, muito explícita. *"A pessoa"*, escreve ele, *"é a unidade de ser concreta e essencial de atos da essência mais diversa*, que em si — portanto não πρὸς ἡμᾶς — antecede a todas as diferenças essenciais de atos (e em particular à diferença de percepção exterior íntima, querer exterior e íntimo, sentir, amar, odiar, etc., exteriores e íntimos). *O ser da pessoa 'fundamenta' todos os atos essencialmente diversos"* (*Ética*, II, 1942, p. 175). A pessoa não é, pois, segundo essa concepção, um "ser natural". Mas tampouco é um membro de um "espírito cósmico". É a unidade dos atos espirituais ou dos atos intencionais superiores. Se se pode dizer que a pessoa é *também* indivíduo, deve-se acrescentar que é um indivíduo de caráter espiritual.

A concepção anterior da pessoa — difundida sobretudo pelas tendências atribuídas à filosofia do espírito e à chamada ética material dos valores — destaca na realidade da pessoa um motivo que considera fundamental: sua transcendência. Se a pessoa não se transcendesse, com efeito, continuamente a si mesma, ficaria sempre dentro dos limites da individualidade psicofísica e, em último termo, acabaria novamente imersa na realidade impessoal da coisa. Transcender-se a si mesma não significa, contudo, forçosamente uma operação de caráter incompreensível e misterioso; quer dizer o fato de que a pessoa não se rege, como o indivíduo, pelos limites de sua própria subjetividade. Assim, quando o indivíduo psicofísico realiza certos atos — tais como o reconhecimento de uma verdade objetiva, a obediência a uma lei moral, o sacrifício por amor a outra pessoa, etc. —, pode-se dizer que ele *é* uma pessoa. Aquilo rumo ao qual a pessoa "transcende" podem ser várias coisas (Deus, os valores, uma comunidade, a espécie humana inteira, um "Absoluto" etc.). Tem-se ressaltado a esse respeito que insistir na "transcendência" pode levar a descuidar das dimensões da "incomunicabilidade" (no sentido de ser uma realidade autenticamente "própria") e o que se havia chamado tradicionalmente o *sui juris*. Nas várias filosofias contemporâneas da pessoa, especialmente as que acentuaram os aspectos metafísicos e éticos da personalidade, pode-se perceber uma oscilação entre a insistência na "transcendência" e na "abertura", por um lado, e a insistência na "autenticidade" e o "ser si mesmo", por outro.

⊃ Sobre o termo 'pessoa': A. Trendelenburg, "Zur Geschichte des Wortes Person", *Kant-Studien*, 13 (1908). — M. Bergeron, "La structure du concept de personne: histoire de la définition de Boèce", *Études d'histoire littéraire et doctrinale du moyen âge*. Deuxième série [Institut d'Études Médiévales de Montréal].

Sobre a noção de pessoa: S. Schlossmann, *Persona und Prosopon im Recht und im christlichen Dogma*, 1906, reimp., 1968. — W. Temple, *The Nature of Personality,* 1911. — M. Scheler, "Der Formalismus in der Ethik und die materiale Wertethik. Neuer Versuch der Grundlegung eines ethischen Personalismus" (*Jahrbuch für Philosophie und Phänomenologische Forschung*; também em separata, I, 1913; II, 1916). — L. Klages, *Über den Begriff der Persönlichkeit*, 1916. — Von Hoerschelmann, *Person und Gemeinschaft*, 1919. — Nicolai Hartmann, *Ethik*, 1926. — F. Hlucka, *Das Problem der Persönlichkeit. Grundriss einer ganzheitlichen Weltanschauungslehre*, 1929. — R. Allers, *Das Werden der sittlichen Person*, 1933. — R. Müller, *Der seelische Aufbau der Persönlichkeit. Biologische Seelenbetrachtung*, 1934. — G. W. Allport, *Personality*, 1937 (com cinqüenta definições do conceito de personalidade). — E. Rothacker, *Die Schichten der Persönlichkeit*, 1938. — G. Zamboni, *La persona umana. Soggetto autocosciente nell'esperienza integrale*, 1940. — B. O. Clifton-Riley, *The Philosophy of Personality*, 1940. — Ismael Quiles, *La persona humana. Fundamentos psicológicos y metafísicos. Aplicaciones sociales*, 1942; 2ª ed., 1952. — M. Nédoncelle, *La Réciprocité des consciences. Essai sur la nature de la personne*, 1942. — F. Romero, *Filosofía de la persona*, 1944. — L. Dujovne, *Psicología y filosofía de la persona*, 1946. — E. Schneider, *Psychologie der Person. Grundzüge einer allgemeinen Psychologie*, 1947. — J. Maritain, *La personne et le Bien commun,* 1947. — F. P. Muñiz, *El constitutivo formal de la persona creada en la tradición tomista*, 1947. — Ch. Blondel, *La personnalité*, 1948. — J. Roura-Parella, *Tema y variaciones de la personalidad*, 1950. — O. N. Derisi, *La persona. Su esencia, su vida, su mundo*, 1950. — M. Thiel, *Versuch einer Ontologie der Persönlichkeit. I. Die Kategorie des Seinszusammenhanges und die Einheit des Seins*, 1950. — M. Febrer, *El concepto de persona y la unión hipostática, c.* 1951. — G. Bastide, *Méditations pour une éthique de la personne*, 1953. — Ph. Leersch, *Aufbau der Person*, 6ª ed., amp. e rev., 1954. — A. M. Alonso, *Persona humana y sociedad*, 1955. — A. Caracciolo, *La persona e il tempo*, I, 1955. — A. David, *Structure de la personne humaine. Limite actuelle entre la personne et la chose,* 1955. — G. Palumbo, *La fondazione critica del problema della persona*, 1956. — E. S. Brightman, *Person and Reality: An Introduction to Metaphysics*, 1958, ed. P. A. Bertocci, com J. Newhall e E. S. Brightman. — P. F. Strawson, *Individuals*, 1959. — P. A. Minkus, *Philosophy of the Person*, 1960. — I. Gobry, *La personne*, 1961. — J. MacMurray, *Persons in Relation*, 1961. — L. Jerphagnon, *Qu'est-ce que la personne humaine?*, 1962. — M. M. Mañero, *La personalidad humana. Aspecto filosófico, social y religioso*, 1962. — A. J. Ayer, *The Concept of a Person, and Other Essays,* 1963. — R. S. Downe e E. Telfer, *Respect for Persons*, 1969. — D. Park, *Persons: Theories and Perceptions*, 1973. — R. M. Chrisholm, *Person and Object*, 1976. — D. Dennet, R. de Souza *et al., The Identity of Persons*, 1976, ed. A. O. Rorty. — G. Vesey, *Personal Identity: A Philosophical Analysis,* 1977. — R. Abelson, *Persons: A Study in Philosophical Psychology,* 1977. — G. Ebglebretsen, *Speaking of Persons,* 1975. — R. M. Chrisholm, *Person and Object: A Metaphysical Study*, 1976. — D. Parfit, D. Lewis *et al., The Identities of Persons*, 1976, ed. A. Oksenberg Rorty. — J. Margolis, *Persons and Minds: The Prospects of Nonreductive Materialism,* 1977. — R. Abelson, *Persons: A Study in Philosophical Psychology*, 1977. — I. A. Medeln, *Rights and Persons*, 1977. — K. Wojtyla, *The Acting Person,* 1979. — R. Harré, *Personal Being,* 1983. — D. Parfit, *Reasons and Persons*, 1984. — J. L. Pollock, *How to Build a Person: A Prolegomenon*, 1989. — D. Braine, *The Human Person: Animal and Spirit,* 1992. — W. N. Clarke, *Person and Being,* 1993. — Ver também as bibliografias de Personalismo e Outro (o).

Laín Entralgo realizou, com uma equipe de colaboradores (Agustín, Albarracín Teulón, Ignacio Ellacuria Beascoechea, Diego Gracia Guillén, José María López Piñero, José María Maravall Herrero, José Peset Reig), uma obra em 11 vols., com o título: *Persona y comunidad. Filosofía-Sociología-Medicina.*

Sobre a concepção da pessoa em vários autores: Tomás Romera Sanz, *Die ontische Struktur der menschlichen Person nach der Lehre Thomas von Aquin,* 1962 [inclui também uma história do conceito de pessoa]. — O. Schweizer, *Person und hypostatische Union bei Thomas von Aquin,* 1958. — H. E. Jones, *Kant's Principle of Personality,* 1971. — E. J. Koehle, *Personality: A Study according to the Philosophies of Value and Spirit of M. Scheler and N. Hartmann,* 1941. — P. Morris, *Sartre's Concept of a Person: An Analytic Approach,*

1975. — Ch. Gill, ed., *The Person and the Human Mind: Issue in Ancient Modern Philosophy,* 1989. — R. Perrin, *Max Scheler's Concept of the Person: An Ethics of Humanism,* 1991. ◐

PESTALOZZI, JOHANN HEINRICH (1746-1827). Nascido em Zurique, estudou no Collegium Carolinum, onde na época imperavam os ideais do Iluminismo e onde exerciam grande influência as idéias sociais e educacionais de Rousseau. Interessado nos problemas da educação, Pestalozzi adquiriu grande experiência na educação de seu filho único. Em 1767 se mudou para Brugg, onde fundou uma escola para órfãos e começou a pôr em prática suas idéias pedagógicas. Fechada a escola, por dificuldades econômicas, em 1778, Pestalozzi se dedicou durante algum tempo a estudar problemas da educação e a escrever sobre eles. A partir de 1798 se intensificou a atividade educativa de Pestalozzi do ponto de vista prático; especialmente importante para o desenvolvimento de suas idéias pedagógicas foi sua experiência como diretor do orfanato de Stanz; depois, como diretor de seu instituto de educação no castelo de Burgdorfe, sobretudo, como diretor do Instituto de Yverdon, junto ao lago de Neuchatel, instituto que atraiu a atenção de muitas personalidades da época. Depois de muitas dificuldades, teve de fechar o Instituto, transferindo-se para Neuhof, onde concluiu seus últimos escritos.

Demos mais detalhes do que os habituais na presente obra sobre as atividades de Pestalozzi porque suas teorias educativas estão fundadas em sua atividade como educador, de sorte que a biografia de Pestalozzi não é independente de sua ideologia pedagógica. O que interessava especialmente a Pestalozzi era o conhecimento dos meios necessários para dirigir o processo educativo. Influenciado por Rousseau em muitos pontos, especialmente no da necessidade de desenvolver harmoniosamente as faculdades do indivíduo dentro do mundo natural e humano, enfatizou, contudo muito menos que Rousseau, a individualidade e prestou considerável atenção à função social da pessoa. Já que a formação da pessoa acontece nos primeiros anos de seu desenvolvimento, Pestalozzi considerou que os problemas fundamentais da educação se situam na chamada educação primária. Embora Pestalozzi não esquecesse o sentido geral e último do processo educativo harmônico das forças internas humanas, sua maior contribuição consistiu em propor métodos adequados para levá-lo a cabo. Neste trabalho, Pestalozzi influenciou consideravelmente a pedagogia moderna.

◐ Entre as obras mais destacadas de Pestalozzi figuram: *Abendstunde eines Einsiedlers,* 1780 *(Vésperas [Orações] de um eremita). — Lienhard und Gertrud,* Parte I (publicada anonimamente), 1781; o resto publicado em 1783-1787 [romance educativo]. — *Meine Nachforschungen über den Gang der natur in der Entwicklung des Menschengeschlechts,* 1797 *(Minhas investigações sobre o processo da Natureza na evolução do gênero humano). — Wie Gertrud ihre Kinder lehrt,* 1801 *(Como Gertrud ensina seus filhos).*

Edição de obras: 15 vols. (1819-1826); L. W. Seyffarth, 12 vols. (1899-1902); A. Buchenau, E. Spranger, H. Stettbacher [crítica], 24 vols. (1927-1945). — Edição de obras reunidas: 10 vols. (1947-1949) (também em 5 vols.). Seleção destas obras: A. Haller (4 vols., 1946).

Correspondência: *Sämtliche Briefe,* 13 vols., 1946-1971.

Depoimento: M. Liedtke, *J. H. P. in Selbstzeugnissen und Bilddokumenten,* 1976.

Bibliografia: A. Israel, ed., *Bibliographie,* 3 vols., 1903-1904, com suplementos, 1921-1923, reimp., 1967. — J.-G. Klink, *Bibliographie J. H. P.,* 1968.

Ver: P. Natorp, *Pestalozzi, sein Leben, und seine Ideen,* 1909. — H. Schönebaum, *Der junge Pestalozzi, 1746-1782,* 1927. — Id., *Pestalozzi,* 3 vols., 1927-1934. — *Pestalozzi-Studien,* ed. Buchenau, Spranger e Stettbacher, 4 vols., 1927-1932. — W. Bachmann, *Die anthropologische Grundlagen zu Pestalozzis Soziallehren,* 1947. — E. Spranger, *Pestalozzis Denkformen,* 1947. — E. Otto, *P. Werk und Wollen,* 1948. — H. Barth, *Pestalozzis Philosophie der Politik,* 1954. — F. J. Wehness, *Pestalozzis Elementarmethode,* 1955. — K. Silber, *P. the Man and His Work,* 1973. — B. Gerner, ed., *P. Interpretationen zu seiner Anthropologisches Denken und Handeln,* 1984. — H. Roth, *J. H. P. Die andere Politik,* 1987. — D. Trohler, *Philosophie und Pädagogik bei P.,* 1988. ◐

PETIÇÃO DE PRINCÍPIO. Ver SOFISMA.

PETITIO PRINCIPII. Ver SOFISMA.

PETRONIJEVIČ, BRANISLAV (1875-1954). Nascido em Sorljaća (Sérvia), ensinou em Belgrado. Influenciado ao mesmo tempo por Leibniz e Spinoza, tentou, num sistema chamado de monopluralismo, conciliar as teses de ambos os filósofos numa metafísica que tem por objeto a explicação da totalidade do real mediante um método simultaneamente indutivo e especulativo, com base na experiência e na síntese racional. Segundo Petronijevič, o mundo evolui desde um estado inseguro e desequilibrado rumo a um equilíbrio onde desapareça toda a instabilidade nas relações entre os elementos particulares ou mônadas e a substância universal e única que constitui seu fundamento. Mas se a metafísica é suficiente para a explicação da realidade, não o é para a elucidação de seu fundamento, isto é, do modo como a realidade surge de sua própria possibilidade. Essa indagação é, segundo Petronijevič, o tema da "hipermetafísica", que chega até os elementos últimos e básicos de todo o real. Seu método é uma "nova dialética" que supera, no entender do autor, as de Hegel e Hamelin, sendo ao mesmo tempo mais complicada e mais "natural" e "lógica" que elas. De acordo com a mesma há um processo dialético inicial (tese: o Uno; antítese: o múltiplo; síntese: a multiplicidade finita de pontos separadores intensivos), uma divisão do ser em partes (com um ato de negação real quantitativo, dividido em ato extensivo e ato intensivo, e um ato de negação real qualitativo, dividido em ato primário — percepção, vontade — e ato secundário — emoção, sensação), uma série de categorias simples (reais: intensidade contínua e qualidade; formais: quantidade discreta e ordem; modais: existência singular e existência múltipla) e uma série de categorias compostas (divididas nestes grupos: qualidade unificante e qualidade separadora; quantidade discreta extensiva e quantidade discreta intensiva; estado de mudança e estado de permanência; necessidade — interna e externa — e contingência; impossibilidade e possibilidade).

↪ Obras principais: *Der ontologische Beweis für das Dasein des Absoluten,* 1897 *(A prova ontológica para a existência do Absoluto). — Der Satz vom Grunde. Eine logische Untersuchung,* 1898 *(O princípio de razão. Uma investigação lógica). — Prinzipien der Erkenntnislehre. Prolegomena zur absoluten Metaphysik,* 1900 *(Princípios de teoria do conhecimento. Prolegômenos à metafísica absoluta). — Prinzipien der Metaphysik,* 2 vols., 1904-1912. *— Die typischen Geometrien und das Unendliche (As geometrias típicas e o infinito). — L'évolution universelle,* 1921. — Além dessas obras, várias em sérvio: uma sobre Schopenhauer, Nietzsche e Spencer (1922); uma sobre o espiritismo (1922), uma sobre Hegel e E. von Hartmann (1925).

Depoimento sumário sobre sua dialética no artigo "Les trois dialectiques", *Revue philosophique de la France et de l'Étranger,* 61 (1951), 530-542.

Ver: R. Anthony, "Résumé des travaux philosophiques et scientifiques de B. Petronievitch", *Revue générale des sciences pures et appliquées,* 50 (1939), 312 ss. — C. Miodrag, "Die Wissenschaft und Philosophie von B. P.", *Zeitschrift für philosophische Forschung,* 34 (1980), 656-661. ↩

PETRUS RAMUS. Ver RAMÉE, PIERRE DE LA.

PETRUZZELIS, NICOLA. Ver SISTEMA.

PETZÄLL, ÅKE (1901-1957). Nascido em Borås (Suécia), ensinou (1932-1957) na Universidade de Lund. Em 1935 fundou a revista *Theoria,* da qual foi diretor, em 1937 contribuiu, com Léon Robin, para a fundação do Institut International de Philosophie. A obra filosófica de Petzäll é principalmente crítica e analítica, e pode ser caracterizada tanto com o nome de "crítica da história das idéias" como com o nome de "história crítica das idéias". Petzäll se interessou especialmente em pesquisar o significado (ou significados) de certos conceitos capitais na teoria do conhecimento, na ética e nas ciências jurídicas e sociais, com o fim de mostrar em cada caso os pressupostos básicos, quase sempre, senão sempre, ignorados ou desprezados.

↪ Mencionamos os principais escritos de Petzäll, levando em conta que alguns foram escritos em sueco, outros em alemão ou em inglês, e outros traduzidos para estas línguas do original sueco: *Begreppet medfödda idéer i 1600-talets filosofi, med särskild hänsyn till John Lockes Kritik,* 1928 [Göteborgs Högskolas Årsskrift, 29, 3] *(O conceito das idéias inatas na filosofia desde o século XVII, com especial consideração da crítica de J. L.). — Logistischer Positivismus. Versuch einer Darstellung und Würdigung der philosophischen Grundanschauungen des sogenannten Wiener Kreises der wissenschaftlichen Weltauffassung,* 1931 [*ibid.,* 37,3] *(O positivismo lógico. Ensaio de uma exposição e avaliação das concepções filosóficas fundamentais do assim chamado Círculo de Viena da concepção científica do mundo). — Der Apriorismus Kants und die "philosophia pigrorum",* 1933 [*ibid.,* 39,3] *(O apriorismo de Kant e a "philosophia pigrorum"). — Zum Methodenproblem der Erkenntnisforschung,* 1935 [*ibid.,* 41,1] *(Para o problema do método da investigação do conhecimento). — Etikens sekularisering... med särskild hänsyn till Augustinus,* 1935 [*ibid.,* 41,2] *(A secularização da ética... com especial consideração de Agostinho). — Straussdebaten i Sverige,* 1936 *(Os debates na Suécia em torno de Strauss* [David Friedrich Strauss]*). — Ethics and Epistemology in J. Locke's Essay Concerning Understanding,* 1937 [Götteborgs Högskolas Årsskrift, 43,2]. *— Filosofiens uppgift i moral- och samhållsforskingen,* 1941 *(A tarefa da filosofia nas investigações morais e sociais). — Makt och rått,* 1942 *(Poder e direito). — Rått och individal,* 1943 *(Direito e indivíduo).* ↩

PETZOLDT, JOSEPH (1862-1929). Nascido em Altenburg (Saxônia), foi *Privatdozent* (1904-1922) e "professor extraordinário" (1922-1929) na Escola Técnica Superior, de Charlottenburg. Petzoldt seguiu Mach e Avenarius, em particular a "filosofia da experiência pura" de Avenarius. Segundo Petzoldt, não há diferença entre o "físico" e o "psíquico", o "externo" e o "interno", a "coisa em si" e o "fenômeno". 'Físico' e 'psíquico' são simplesmente nomes que se dá a dois diferentes modos de interpretar a experiência, que é o único que é pura e simplesmente "dado". Petzoldt rejeita como desnecessárias as noções de substância e de causa. A noção de substância procede da necessidade de estabilizar o pensamento. A de causa procede de obscuras concepções de caráter "animista". As duas noções podem ser substituídas por outras. Assim, a de substância pode ser substituída pela série de elementos que contribuem para produzir um "efeito"; a de causa pode ser substituída pela de função. Ao dissolver-se toda noção de substância parece desaparecer ao mesmo tempo toda idéia de estabilidade, mas não ocorre assim. Como se indicou antes, introduziram-se "substâncias" somente para dar conta de estabilidades. Mas estas se explicam pela tendência de todo processo, no curso da evolução, rumo a um estado permanente. O estado permanente não se alcança nunca totalmente, mas constitui uma espécie de "finalidade" rumo à qual tendem todos os processos, incluindo o conjunto de "processos" que chamamos "ser humano", com suas atividades intelectuais, sociais e morais.

Petzoldt chamou sua filosofia de "positivismo relativista". Em alguns aspectos ela se aproxima do "subjetivismo empírico" de Berkeley (sem a metafísica espiritualista berkeleyana); em outros, das doutrinas chamadas "monismo neutro" (ver NEUTRO, NEUTRALISMO). Para defender e propagar suas doutrinas, Petzoldt fundou em 1912 a "Gesellschaft für positivistische Philosophie".

◯ Obras: *Maxima, Minima und Ökonomie*, 1891. — *Einführung in die Philosophie der reinen Erfahrung*, 2 vols., 1894-1904 *(Introdução à filosofia da experiência pura)*. — *Das Weltproblem vom Standpunkt des relativistischen Positivismus*, 1906; 4ª ed., 1924 *(O problema do mundo do ponto de vista do positivismo relativista)*. — *Die Stellung der Relativitätstheorie in der geistigen Entwicklung der Menschheit*, 1920 *(A posição da teoria da relatividade na evolução espiritual da Humanidade)*. — *Das allgemeinste Entwicklungsgesetz*, 1923 *(A lei mais geral da evolução)*. — P. escreveu também vários trabalhos para os *Annalen der Philosophie*, em cuja direção colaborou a partir de 1921. ◯

PEURSEN, C. A. VAN. Ver DÊITICO.

PFÄNDER, ALEXANDER (1870-1941). Nascido em Iserlohn. Depois de seguir as orientações de Theodor Lipps (VER) e de interessar-se principalmente pela psicologia, rebelou-se contra o psicologismo da escola lippsiana e chegou a posições similares às alcançadas, no começo do século XX, por Husserl. O encontro pessoal de Pfänder com Husserl, em 1904, uniu os dois pensadores em interesses comuns. De certo modo, Pfänder pode ser considerado como um fenomenólogo husserliano. E ele realmente participou do movimento fenomenológico, colaborando no *Jahrbuch*, de Husserl, e dirigindo-o de 1920 a 1927. Contudo, há diferenças entre Pfänder e Husserl, que permitiram falar de uma "Escola (fenomenológica) de Munique" (VER), inspirada principalmente por Pfänder e nem sempre coincidente com a "escola" fenomenológica de Husserl. Além disso, embora os interesses de Pfänder fossem em muitos aspectos os mesmos que os de Husserl, e embora ele aproveitasse muito das pesquisas de Husserl, não o seguiu em seu caminho rumo ao "idealismo" e manteve-se aferrado a um "realismo" e ao que Husserl chamou de um "ontologismo".

Pfänder é muito conhecido por sua *Lógica*, que foi considerada às vezes como a mais completa exposição da "lógica em sentido fenomenológico". Mas embora haja na *Lógica* de Pfänder idéias — especialmente idéias acerca do "objeto da lógica", da natureza do "conceito", etc. — que caracterizam bastante precisamente o pensamento filosófico do autor, este pensamento se desenvolveu sobretudo ao longo de uma reflexão sobre certos "fenômenos" psíquicos, tais como o querer, a motivação, as disposições etc. Alguns dos resultados dessa reflexão são os seguintes.

Na reflexão sobre os processos volitivos, estes aparecem para Pfänder como atos que se dão dentro de um "campo", que se diversifica segundo as diferentes formas do "aspirar a". Na reflexão sobre a motivação, Pfänder distingue entre impulsos e motivos propriamente ditos. Na reflexão sobre a atenção, Pfänder descreve diversos modos de "atentar para" um objeto. Todas essas reflexões são aspectos diversos de uma "fenomenologia dos atos", na qual se presta particular atenção aos modos e formas dos atos como fundamento de uma psicologia e não como resultado de investigações psicológicas empíricas. Importante na fenomenologia de Pfänder foi, sobretudo, sua descrição das disposições *(Gesinnungen)*, que são "sentimentos" enquanto atos intencionais dirigidos para algo. As disposições oferecem diversas qualidades segundo os modos de sua intencionalidade (e de sua referência ao objeto). O modo como as disposições estão referidas ao objeto permite a Pfänder distinguir entre os diversos "sentimentos", mas o estarem dirigidas para o objeto é só um dos aspectos das disposições; além disso, elas constituem o sujeito e determinam seu "caráter". As disposições são o que outorga direção específica ao que se chama comumente de "sentimentos". A esse respeito, Pfänder pesquisou as relações entre a disposição e o pensamento racional, tratando de mostrar que a primeira dirige o segundo, mas ao mesmo tempo o segundo condiciona diversos modos de "disposição".

Com base nessas descrições fenomenológicas e em outras que preparava sobre os atos de percepção, de crença, de valoração, etc., Pfänder desenvolveu uma idéia da fenomenologia na qual desempenhava um papel importante a distinção entre essências básicas e essências empíricas. Comparou-se esta distinção à estabelecida por Kant entre o caráter inteligível e o caráter empírico da personalidade.

◯ Obras: *Phänomenologie des Wollens*, 1900 *(Fenomenologia da vontade)*. — *Einführung in die Psychologie*, 1904 *(Introdução à psicologia)*. — "Motive und Motivation", *Münchener Philosophische Abhandlungen* (1911). — "Zur Psychologie der Gesinnungen", *Jahrbuch für Philosophie und phänomenologische Forschung*, 1 (1913) e 3 (1916) ("Para a psicologia das disposições"). — "Logik", *Jahrbuch etc.*, 4 (1921). — "Grundprobleme der Charakterologie", em E. Utitz, ed., *Jahrbuch für Charakterologie*, I (1924), 289-335 ("Problemas fundamentais da caracterologia"). — *Die Seele des Menschen. Versuch einer verstehenden Psychologie.* 1933 *(A alma do homem. Ensaio de psicologia da compreensão).* — *Philosophie der Lebensziele,* 1948, ed. W. Trillhaas [póstuma] *(Filosofia dos fins da vida).* Edição de obras: *Gesammelte Schriften,* a partir de 1963. — *Schriften zur Phänomenologie und Ethik,* 2 vols., ed. H. Spiegelberg, 1972. — Pfänder deixou manuscritos ainda inéditos que se acham na Bayerische Staatsbibliothek, de Munique.

Ver: H. Büttner, "Die phänomenologische Psychologie A. Pfänders", *Archiv für die gesamte Psychologie,* 94 (1935), 317-346. — W. Trillhaas, *A. P. In Memoriam,* 1942 [com bibliografia]. — H. Spiegelberg, *The Phenomenological Movement,* t. I, 1960, pp. 173-192. — Id., *A. Pfänders Phänomenologie. Nebst einem Anhang: Texte zur phänomenologischen Philosophie aus dem Nachlass,* 1963. — K. Schumann, *Die Dialektik der Phänomenologie,* I *(Husserl über Pfänder),* 1973. — VV.AA., *P.-Studien,* 1982, ed. H. Spiegelberg, E. Avé-Lallemant. **C**

PFLEIDERER, EDMUND. Ver LOTZE, RUDOLF HERMANN.

PHALÉN, ADOLF KRISTER (1884-1931). Nascido em Tuna (Suécia), estudou na Universidade de Uppsala e foi *Privatdozent* (1912-1916) e professor titular (a partir de 1916) na mesma Universidade. Seguidor em parte de Axel Hägerström (VER) e das tendências da chamada "Escola de Uppsala", Phalén se distinguiu pela análise de conceitos básicos filosóficos, especialmente metafísicos e epistemológicos. Phalén examinou tais conceitos no curso da história da filosofia, mostrando que as dificuldades e contradições que se manifestam ao longo da história são análogas às que aparecem quando se desenvolvem estes conceitos na reflexão pré-filosófica. Embora haja muita coisa na obra de Phalén que possa ser considerada como estritamente "analítica" e, em certo modo, "dialética", isto é, sem pretender chegar a conclusões filosóficas definidas, observa-se um especial interesse em muitos casos em mostrar as aporias e contradições em que caem as tendências de caráter idealista ou puramente fenomenista, embora tenha reconhecido que os pressupostos idealistas são mais difíceis de derrubar do que se costuma imaginar. Phalén tentou mostrar sobretudo que toda pretensão de derivar características da realidade ou do conhecimento da realidade com base num só conceito está destinada ao fracasso.

⊃ Obras: Mencionamos os principais escritos de A. P., levando em conta que alguns foram escritos em sueco, outros em alemão e outros traduzidos para o alemão de um original sueco: "Kritik af sujektivismen i olika former med särskild hänsyn till transcendentalfilosofien", em *Festskrift tillägnad,* E. O. Burman, 1910 ("Crítica do subjetivismo em toda a filosofia anterior, com especial consideração da filosofia transcendental"). — *Om det kvatitativa betraktelsesättet i logiken,* 1911 *(Sobre a consideração quantitativa na lógica).* — *Das Erkenntnisproblem in Hegelsphilosophie. Die Erkenntniskritik als Metaphysik,* 1912 *(O problema do conhecimento na filosofia de H. A crítica do conhecimento como filosofia).* — *Beitrag zur Klärung des Begriffes der inneren Erfahrung,* 1913 *(Contribuição à elucidação do conceito de experiência interna).* — *Zur Bestimmung des Begriffs des Psychischen,* 1914 *(Para a determinação do conceito do psíquico).* — *Über die Relativität der Raum- und Zeitbestimmungen,* 1922 *(Sobre a relatividade das determinações do espaço e do tempo).*

Muitas obras de A. P. se acham recolhidas na série *Ur efterlämnade Manuskript.*

Depoimento em *Die Philosophie der Gegenwart in Selbstdarstellungen,* V (1924).

Ver: Homenagem a A. P. em: *A. P. In Memoriam. Philosophical Essays,* 1937, ed. I. Hedenius *et al.* [com bibliografia]. **C**

PHANTASMATA. Ver FANTASIA; PERCEPÇÃO.

PHILOSOPHIA PERENNIS. A expressão *philosophia perennis* procede da obra de Agostinho [Guido] Steuco (1497-1548), chamado às vezes — pelo lugar de seu nascimento: Gubbio — Eugubinus (Steuchus Eugubinus), intitulada *De perenni philosophia libri X,* publicada em 1540 e dedicada ao papa Paulo III (reimp., 1972). O autor entendia por *philosophia perennis* uma filosofia que aspirava a reconciliar a escolástica medieval com as doutrinas dos filósofos da Escola de Pádua (VER).

O nome *philosophia perennis* começou a ganhar celebridade entre os filósofos como resultado de uma carta de Leibniz a Nicolas Remond (Paris), datada de 26 de agosto de 1714. Leibniz escrevia nela: "A verdade se acha mais difundida do que se crê, mas freqüentemente se acha demasiado composta, e também amiúde muito encoberta e até debilitada, mutilada, corrompida por acréscimos que a põem a perder ou a tornam menos útil. Se puséssemos em relevo esses vestígios da verdade nos antigos ou (para falar de modo mais geral) nos [filósofos] anteriores [a nós], extrairíamos o ouro do barro, o diamante de sua mina, e a luz das trevas, e isso seria, com efeito, *perennis quaedam Philosophia*" (Gerhardt, III, 624-625), "algo assim como uma 'filosofia perene'". A seguir, Leibniz reitera o que dissera em ocasião anterior acerca do ouro escondido no esterco escolástico, *aurum latere in stercore illo scholastico barbariei,* e assinala quão desejável seria que "se encontrasse uma pessoa hábil, versada nessa filosofia hibernesa [= irlandesa] e espanhola". A "filosofia perene" é uma filosofia que trata de integrar o passado no presente e que representa uma espécie de "contínuo histórico"; uma filosofia, portanto, em cada uma de cujas etapas latejam as etapas posteriores e estão patentes as anteriores.

Os neo-escolásticos usaram freqüentemente a expressão *philosophia perennis* para designar a "filosofia da Escola" ou "filosofia das Escolas". Às vezes a expressão em questão foi restringida ao tomismo; às vezes se supôs que a *philosophia perennis* ficou interrompida — ou soterrada — durante a época moderna. Em algumas ocasiões, a expressão foi tomada como designando uma grande tradição na qual estão incluídos (segundo Gratry pensava) alguns dos grandes metafísicos do século XVII. A variedade de significações com que se usou a expressão *philosophia perennis* depende das diversas posições que foram adotadas dentro da neo-escolástica (VER) com respeito ao conteúdo da tradição e ao papel desempenhado dentro dela pelo pensamento moderno. Em seu sentido mais amplo, a *philosophia perennis* designa uma parte substancial da ontologia grega (Platão e Aristóteles especialmente), medieval e moderna. Este amplo sentido foi o adotado por Leibniz quando quis apresentar sua própria filosofia como uma continuação da *perennis philosophia*. Num sentido ainda mais amplo Aldous Huxley usou a expressão ao chamar de *perennial philosophy* (*The Perennial Philosophy*, 1958) um conjunto de tendências (muitas delas místicas) que incluem o pensamento oriental.

A expressão de referência em seu sentido mais propriamente filosófico não é usada exclusivamente por autores de tendência escolástica. Assim, por exemplo, Wilbur M. Urban chama *philosophia perennis* a "Grande Tradição" baseada na teoria da analogia do ser e, sobretudo, na tese da inseparabilidade última de valor e realidade. O lema fundamental desta filosofia, oposta a todo modernismo e a todo nominalismo, seria, portanto, a fórmula *ens est unum, verum, bonum* ou *unum, verum, bonum convertuntur* a que nos referiremos em Transcendentais (VER). Da mesma opinião são vários pensadores russos (Berdiaev, Lossky, Frank).

➲ Ver: E. Commer, *Die immerwährende Philosophie*, 1899. — J. Barion, *Philosophia perennis als Problem und als Aufgabe*, 1936. — E. Stein, *Endliches und ewiges Sein. Ein Durchblick durch die Philosophia perennis*, 1950. — P. Häberlin, *Philosophia perennis. Eine Zusammenfassung*, 1952.

A obra de Urban está citada em Linguagem (VER).
— Referências à filosofia perene em sentido neo-escolástico, em Maritain e outros autores da citada tendência. ¢

PHILOSOPHIA PRIMA (= "filosofia primeira") é a expressão que traduz os vocábulos aristotélicos πρώτη φιλοσοφία (*Met.*, E, 1 1026 a, 23-32). Referimo-nos a eles, e à distinção entre "filosofia primeira" e "filosofia segunda", no verbete METAFÍSICA — ao falar dos "livros meta-físicos", τὰ μετὰ τὰ φυσικά, *Metaphysica, Metaphysicorum libri*, os livros de Aristóteles que contêm a idéia e a realização da "filosofia primeira".

Acrescentaremos que a expressão *philosophia prima* foi usada por autores escolásticos com o fim de intitular a *scientia de ente* (a "ciência do ente enquanto ente" ou do "ser como ser"). Foi usada também por Francis Bacon para designar a ciência que trata de todos os primeiros princípios das ciências, e por Descartes no título de uma de suas obras capitais, as *Meditationes de prima philosophia (Méditations métaphysiques)*, para referir-se à reflexão sobre Deus, a alma e também os princípios das ciências. A *prima philosophia* (ou *philosophia prima*) é a filosofia realmente primeira, porque é como a raiz de todos os demais conhecimentos.

Philosophia prima foi expressão muito corrente entre os filósofos "acadêmicos" (a chamada *Schulphilosophie*, do final do século XVII e século XVIII) para designar a *philosophia de ente*. Rudolf Goclenius (VER) chamava *prima philosophia* a filosofia *per excellentiam*. Outros autores entenderam por *prima philosophia* algo assim como "a parte mais geral" da filosofia, e também "o fundamento de todas as disciplinas filosóficas". *Prima philosophia* era equivalente em muitos casos a *Metaphysica*, sempre que por esta última se entendesse a *Metaphysica generalis*, e não nenhuma classe de *Metaphysica specialis* (como a *cosmologia rationalis*). A insistência no caráter geral e fundamental (ou, melhor, "principal") da *philosophia prima* acabou por fazer desta expressão um equivalente da chamada "ontologia" (ver ONTOLOGIA), como aparece claramente no título de Wolff, *Philosophia prima sive ontologia*, e como se manifestara em obras ou autores algo anteriores. Por exemplo, Clauberg, que considerava a *ontosophia* [*ontologia*] como uma *scientia prima* [*philosophia prima*] e, além disso, *suprema, catholica* etc.

A expressão *philosophia prima* ou seus equivalentes em línguas modernas (filosofia primeira; *first philosophy; erste Philosophie* etc.) caiu em desuso durante grande parte do século XIX, exceto entre autores escolásticos (ou escolástico-wolffianos). Contudo, quando no século XX se fez notar a necessidade de uma "ontologia", diferente da "metafísica", reintroduziram-se, em vários idiomas, expressões equivalentes a *philosophia prima* (assim, por exemplo, *erste Philosophie* em Husserl [VER] e em outros autores contemporâneos não necessariamente ligados à tradição escolástica).

➲ Além da bibliografia de METAFÍSICA (especialmente as obras nas quais se estuda a concepção aristotélica da metafísica), ver: A. Abarra, *La filosofia prima di Aristotele*, 1937. — E. Oggioni, *La filosofia prima di Aristotele*, 1939. — S. Gómez Nogales, *Horizonte teológico de la metafísica aristotélica*, 1948. — A. Mansion, "L'objet de la science philosophique suprême d'après Aristote E 1", em *Mélanges A. Diès*, 1956, pp. 151-168. — G. Reale, *Il concetto di filosofia prima e l'unità della filosofia antica*, 1962; 3ª ed., 1967. — L. Routila, *Die Aristotelische idee der ersten Philosophie. Untersuchungen zur onto-theologischen Verfassung der Metaphysik des Aristoteles*, 1969. ¢

PHILOSOPHES. *Les philosophes* ou "os filósofos" é o nome que se deu freqüentemente na França durante o século XVIII aos pensadores e escritores impregnados pelas "luzes", defensores da razão e da tolerância e geralmente inimigos, em maior ou menor grau, das instituições religiosas. Entre esses pensadores estão Voltaire, Diderot, d'Alembert e Holbach, assim como numerosos redatores da Enciclopédia (VER), que foi algo assim como o órgão dos *philosophes*. Foram satirizados por Palissot na comédia *Les philosophes*, de 1760. O termo continua sendo usado hoje em história da filosofia para designar os "enciclopedistas franceses". Por outro lado, ao se falar dos *philosophes* pensa-se muito freqüentemente em Voltaire e Diderot e em sua luta contra o obscurantismo.

PHYSIS. O termo φύσις é fundamental no pensamento grego, por isso diremos umas palavras sobre ele, que servem como introdução ao verbete NATUREZA.

Costuma-se traduzir φύσις por 'natureza'. Assim, o título περὶ φύσεως — título que se atribui a várias obras, com freqüência em forma de poema, de filósofos pré-socráticos (VER) — costuma ser traduzido por *Sobre a natureza* ou *Da natureza (De natura)*. Em certo sentido esta tradução é aceitável se nos ativermos ao sentido etimológico de 'natureza', como termo derivado do latim *Natura*. Com efeito, φύσις é o nome que corresponde ao verbo φύω (infinitivo φύειν), que significa "produzir", "fazer crescer", "gerar", "crescer", "formar-se" etc., como em φύειν πτέρα, "crescer asas" ("lhe crescem asas") e φύειν ἄνδρας ἀγαθούς ("produzir homens bons [valentes]"); daí φύσας, "o gerador", "o engendrador", "o progenitor", isto é, "o pai". Analogamente, *natura* é o nome que corresponde ao verbo *nascor* (infinitivo, *nasci*), que significa "nascer", "formar-se", "começar", "ser produzido", como em *ex me natus est*, "nasceu de mim (é meu filho)". Daí que φύσις equivalha (pelo menos em grande parte) a *natura* e seja traduzido por 'natureza' enquanto "o que surge", "o que nasce", "o que é gerado (ou gera)", e por isso também certa qualidade inata, ou propriedade, que pertence à coisa de que se trata e que faz que esta coisa seja o que é em virtude de um princípio próprio seu.

Por conseguinte, se usamos 'natureza' para traduzir φύσις será preciso levar em conta estes diversos significados e certos modos como estes significados evoluíram. Tratamos deste ponto no mencionado verbete NATUREZA.

O termo φύσις aparece em contextos muito diversos na literatura (filosófica e não-filosófica) grega e pode ser traduzido de diversas maneiras com o fim de que o contexto ganhe sentido. V. W. Veazie mostrou que, de certo número de exemplos tomados da literatura grega, φύσις pôde ser traduzido por palavras como 'poder' (ou 'potência'), 'poder próprio', 'força', 'habilidade inata', 'temperamento', 'função', 'vida que outorga poder', 'natureza (de uma pessoa)' ou 'caráter' etc. etc. e que muitos dos exemplos se referem a seres humanos, mas outros se referem a plantas, pássaros, personificações etc. Em vista disso, pode-se concluir que φύσις chegou a significar praticamente qualquer coisa, mas resulta que entre a multiplicidade de significações de φύσις se destacam (ao menos filosoficamente) algumas que adquirem certa permanência. Mencionaremos duas dessas significações, especialmente pertinentes para a filosofia pré-socrática. Por um lado, φύσις — que transcreveremos *physis* — designa algo que tem em si mesmo a força do movimento pelo qual chega a ser o que é no curso de um "crescimento" ou "desenvolvimento". Nesse sentido, disse-se que a *physis* foi para os pré-socráticos a realidade mesma enquanto algo primário, fundamental e permanente. Por isso se propôs que *physis* equivale para os pré-socráticos à realidade básica, à substância fundamental de que está feito tudo quanto há (diríamos, "toda a *physis*" ou "toda a natureza"). Por isso também se disse que a *physis* equivale ao ἀρχή, ao princípio (VER). Por outro lado, a *physis* designa o processo mesmo do "emergir", do "nascer", sempre que tal processo surja do ser mesmo que "emerge" e "nasce". A *physis* pode seguir sendo então um "princípio", mas é "princípio de movimento" (que no caso presente é o mesmo que "princípio de ser"). Em tal caso a *physis* é uma atividade que inclui o fundo do qual procede a atividade: daí que se tenha dito que a *physis* é uma "fonte", um "manancial", etc., isto é, algo assim como "fonte do ser" (possivelmente enquanto "chegar a ser").

Os dois sentidos não são necessariamente incompatíveis. Além disso, em ambos os casos a *physis* pode referir-se a "tudo quanto há" no sentido de que "tudo quanto há" emerge dessa fonte de movimento que poderia ser simplesmente "o ser" ou "a realidade". Heidegger rejeitou que a *physis* fosse (para os pré-socráticos) simplesmente o emergir de tudo quanto há, pois, conforme assinala, "os gregos não experimentaram o que é a φύσις com base nos processos naturais, mas ao contrário: por meio de uma experiência poético-pensante fundamental se revelou a eles o que deviam chamar φύσις. Só com base nesta revelação puderam vislumbrar o que é a Natureza em sentido estrito. Φύσις significa, pois, originalmente, o céu e a terra, as pedras e as plantas, os animais e o homem e a história humana como obra dos homens e dos deuses; finalmente e antes de tudo, os próprios deuses sob o destino. Φύσις significa o poder que emerge e o permanecer que cai sob seu império. Neste poder que surge permanecendo têm raiz tanto o 'devir' quanto o 'ser' no sentido restrito do estar sendo fixo. Φύσις é o ori-ginar-se *(Ent-stehen)* do qual se ergue o oculto" *(op. cit. infra*, pp. 11-12). Depois Heidegger ligou o significado da *physis* original com o de "presença" (VER) que "aparece" e que, por conseguinte, está "oculta", até em seu aparecer, no sentido heraclitiano de que a "Natureza ama esconder-se". Neste sentido é certo que "natureza" *(Natura)* não traduz a "força" de φύσις, já que pressupõe certas distinções que não haviam surgido ainda: por exemplo, a distinção entre φύσις e τέχνη, entre φύσις e πόλις etc. (distinções, aliás, muito características de muitas das concepções modernas de "natureza"). Mas justamente isso equivale, em último termo, a reconhecer que a *physis* pôde significar a realidade enquanto, por assim dizer, emerge de si mesma, e também o que poderíamos chamar de "a realidade como fonte" ou "como manancial".

Seria um erro reduzir a idéia de *physis* à concepção ou "visão" que dela tiveram os pré-socráticos. Ao fim e ao cabo, nas referências ao termo φύσις em Aristóteles continuam pulsando alguns dos significados que podem ser considerados "mais originais". Mas a isso nos referimos no verbete NATUREZA.

➲ A maior parte dos escritos mencionados a seguir, em ordem cronológica, se refere à questão do significado ou significados de φύσις, mas alguns deles examinam o conceito de "Natureza" nos gregos em geral e até na época pós-aristotélica: E. Hardy, *Der Begriff der Physis in der griechischen Philosophie*, 1, 1884. — J. D. Logan, "The Aristotelian Concept of ΦΥΣΙΣ", *Philosophical Review*, 6 (1897), 18-42. — W. A. Heidel, "Peri Physeos: A Study of the Conception of Nature among the Pre-socratics", em *Proceedings of the American Academy of Arts and Sciences*, 45 (1910), 77-133; cf. "Peri ΦΥΣΕΩΣ", *Archiv für Geschichte der Philosophie*, 33 (1920), 3-22. — E. Grumach, "Physis und Agathon in der alten Stoa", *Problemata*, 6 (1932). — C. F. von Weiszäcker, *Die Geschichte der Natur,* 1948. — M. Heidegger, *Einführung in die Metaphysik*, 1953. — Id., "Vom Wesen und Begriff der Physis, Aristoteles Physik B I", *Il Pensiero*, 3 (1958), 131-156, reimp. em *Wegmarken*, 1967, pp. 309-371. — E. Schrödinger, *Nature and the Greeks*, 1954. — H. Simon, *Die alte Stoa und ihr Naturbegriff. Ein Beitrag zur Geschichte des Hellenismus*, 1956. — F. L. Beeretz, *Die Bedeutung des Wortes* φύσις, *in den Spätdialogen Platons*, 1963. — D. Mannsperger, *Physis bei Platon*, 1969. — F. Wiplinger, *Physis und Logos. Zum Körperphänomen in seiner Bedeutung für den Ursprung der Metaphysik bei Aristoteles*, 1971. — D. Manetta, "Valore semantico e risonanze culturali della parola φύσις (De genitur, de natura pueri, de morbis IV)", *La Parola del Passato*, 28 (1973), 426-444. — A. Escohotado, *De* physis *a* polis. *La evolución del pensamiento griego desde Tales a Sócrates*, 1972. — H.-Th. Johann, "Hippias von Elis und der Physis-Nomos-Gedanke", *Phronesis*, 18 (1973), 15-25. — C. L. Salgado, "La *physis* y lo divino", *Sapientia*, 31 (1976), 169-206. — A. Guy, "Les presocratiques et la *physis* selon Antonio Escohotado", *Revue de Philosophie Française*, 172 (1982), 149-158. — R. Queralto, "Mecanicismo y teleología en la *physis* de Aristóteles", *Espíritu,* 31 (1982), 131-145. — S. Waterlow, *Nature, Change and Agency in Aristotle's* Physics, 1982. — C.

G. Reda, "Physis", *Filosofia*, 37 (1986), 45-47. — H.-G. Schmitz, "*Physis* versus *Nomos*: Platons politik-theoretische Auseinandersetzung mit Kallikles, Thrasymachos und Protagoras", *Zeitschrift für philosophische Forschung*, 42 (1988), 570-596. — D. Bremer, "Von der Physis zur Natur", *ibid.*, 43 (1989), 241-264. ⊂

PI Y MARGALL, FRANCISCO. Ver KRAUSISMO.

PIAGET, JEAN (1896-1980). Nascido em Neuenburg (Suíça), sucedeu a E. Claparède na direção do Instituto J.-J. Rousseau, de Genebra. Piaget se distinguiu por seus estudos sobre psicologia infantil. Sem abandoná-los de todo foi-se consagrando, porém, cada vez mais a estudos de caráter lógico e, sobretudo, epistemológico. Sua principal contribuição neste último aspecto foi uma ampla teoria epistemológica genética (VER) que deve constituir, no seu entender, a base para as diferentes formas do pensamento científico. A epistemologia genética é, ao mesmo tempo, para Piaget, o fundamento de toda reflexão filosófica. Essa possibilidade é dada à epistemologia precisamente porque ela não se propõe resolver questões relativas à natureza última dos objetos ou dos processos (no caso presente, do conhecimento) e porque se propõe estudar a construção real dos conhecimentos. Não se trata só de um método histórico-crítico, mas da combinação deste método com o psicogenético. As soluções usualmente dadas às questões gerais epistemológicas (realismo, empirismo, apriorismo, pragmatismo ou convencionalismo, fenomenologia, relativismo) devem ser compreendidas em função do método genético, sobretudo quando a epistemologia genética se torna "generalizada". À luz desta epistemologia, Piaget estudou o pensamento matemático como construção operacional do número e do espaço; o pensamento físico e os conceitos fundamentais nele usados, tais como o tempo, a força, a velocidade, o azar, a irreversibilidade e a causalidade; o pensamento biológico e as diferentes teorias biológicas gerais; o pensamento psicológico e, em estreita relação com o mesmo, o pensamento sociológico. Cada uma destas formas de pensar científicas possui elementos próprios. Mas há ao mesmo tempo noções comuns que permitem integrar as diferentes ciências em um conjunto aberto que tende a completar-se, mas ao mesmo tempo a enriquecer-se. A epistemologia genética equivale deste modo a um estudo das estruturas concretas das ciências e dos métodos por elas usados para compreender suas integrações dentro de cada uma e de todas elas em conjunto.

Observemos que Piaget se opôs a que classificassem sua "epistemologia genética" (VER) de "psicologismo"; tal epistemologia é uma análise reflexiva que usa dados psicológicos, mas que não se fundamenta neles (cf. art. de Piaget cit. *infra* [1961]).

➲ Obras: Piaget escreveu numerosas obras (às vezes em colaboração com outros autores) sobre psicologia infantil; recordamos: *Le langage et la pensée chez l'enfant*, 1923. — *Le jugement et le raisonnement chez l'enfant*, 1925. — *La représentation du monde chez l'enfant*, 1925. — *La causalité psychique chez l'enfant*, 1927. — *Le jugement moral chez l'enfant*, 1932. — *La naissance de l'intelligence chez l'enfant*, 1936. — *La formation du symbole chez l'enfant*, 1945.– *La représentation de l'espace chez l'enfant*, 1948. — *La géométrie spontanée de l'enfant*, 1948. — *De la logique de l'enfant à la construction des structures formelles*, 1955. Colaboradores de Piaget nessas pesquisas foram, entre outros, B. Inhelder e A. Szemiska. — *La psychologie de l'enfant*, 1966 (com Barbel Inhelder). — *L'équilibration des structures cognitives, problème central du développement*, 1975.

Outras obras psicológicas de P. são: *La psychologie de l'intelligence*, 1947. — *Les mécanismes perceptifs*, 1961. — *Six études de psychologie*, 1964.

Obras lógicas: *Traité de logique; essai de logique opératoire*, 1949. — *Essai sur les transformations des opérations logiques. Les 256 opérations ternaires de la logique bivalente des propositions*, 1952.

Obras filosóficas: *Introduction à l'épistémologie génétique*, 3 vols., 1950. Em defesa da mesma publicou o artigo: "Défense de l'épistémologie génétique contre quelques objections 'philosophiques'", *Revue Philosophique de la France et de l'Étranger*, 86 (1961), 475-500, reimp. em *Études* (cf. *infra*), tomo 16. À mencionada *Introduction* se seguiram os *Études d'épistémologie génétique*, redigidos por Piaget e outros autores (ver EPISTEMOLOGIA GENÉTICA). — *Sagesse et illusions de la philosophie*, 1965. — *Biologie et connaissance*, 1967. — *Le structuralisme*, 1968. — *L'épistémologie génétique*, 1970 [síntese de sua obra maior com o mesmo título, citada *supra*]. — *Psychologie et épistémologie*, 1970 (trabalhos, 1947-1966). — *Les explications causales*, 1971 [em colaboração com R. García]. — *Où va l'éducation?*, 1972. — *La prise de conscience*, 1974.

Bibliografia completa das obras de J. P. nos *Catalogues des Archives Jean Piaget* da Universidade de Genebra, ed. por G. K. Hall.

Em português: *Abstração reflexionante: relações lógico-aritméticas e ordem das relações espaciais*, 1995. — *Biologia e conhecimento*, 2000. — *Cinco estudos de educação moral*, 1996. — *A construção do real na criança*, 1996. — *Da lógica da criança à lógica do adolescente: ensaio sobre a construção das estruturas operatórias formais,*1976. — *Desenvolvimento das quantidades físicas na criança: conservação e atomismo*, s.d. — *Ensaio de lógica operatória*, 1976. — *Epistemologia genética e pesquisa psicológica*, 1972. — *A equilibração das estruturas cognitivas: problema central do desenvolvimento*, 1976. — *O estruturalismo*, 1979. — *Estudos sociológicos*, 1973. — *Fazer e compreender*, 1978. — *A formação do símbolo na criança: imitação, jogo e sonho; imagem e representação*, 1978. — *As formas elementares da dialética*, 1996. — *Gênese das estruturas lógicas elementares,*1983. — *Gênese do número na criança*, 1971. — *O juízo moral na criança*, 1994. — *A linguagem e o pensamento da criança*, 1989. — *O nascimento da inteligência na criança*, s.d. — *Para onde vai a educação?*, 1973. — *Piaget*, Os Pensadores, 1983. — *O possível e o necessário*, 1985. — *Problemas de psicolingüística*, 1973. — *Psicogênese e história das ciências*, 1987. — *Psicologia*, 1981. — *Psicologia da criança*, 1990. — *Psicologia do desenvolvimento*, 1992. — *Psicologia da inteligência*, 1967. — *Psicologia e epistemologia: para uma teoria do conhecimento*, 1991. — *Psicologia e pedagogia: a resposta do grande psicólogo aos problemas do ensino*, 1982. — *Representação do espaço na criança*, 1993.

Seis estudos de psicologia, 1985. — *A situação da ciência do homem no sistema das ciências*, 1973. *Sobre a pedagogia*, 1997. — *Teorias da linguagem, teorias da aprendizagem*, 1997. —*A tomada da consciência*, 1977.

Ver: Peter H. Wolff, *The Developmental Psychologies of J. P. and Psychoanalysis*, 1960. — J. H. Flavell, *The Developmental Psychology of J. P.* (com prólogo de J. P.). — A. M. Battro, *Dictionnaire d'épistémologie génétique*, 1966 (com prefácio de J. P.). — VV. AA., *Psychologie et épistémologie génétique. Thèmes piagétiens: Hommage à J. P.*, 1966 (com bibliografia de obras de J. P.). — J.-P. Desbiens, *Introduction à un examen philosophique de la psychologie de l'intelligence chez J. P.*, 1968. — T. B. Seiler, *Die Reversibilität in der Entwicklung des Denkens. Ein Beitrag zur Deutung der Theorie Piagets*, 1968. — H. Ginsburg e S. Opper, *Piaget's Theory of Intellectual Development*, 1969. — J. L. Phillips, Jr., *The Origins of Intellect: Piaget's Theory*, 1969. — G. Cellerier, *P.*, 1973. — H. Gardner, *The Quest for Mind: P., Lévi-Strauss and the Structuralist Movement*, 1973. — J. L. González, *Origen biológico de los saberes lógico-matemáticos: Análisis de la teoría de J. P.*, 1975. — G. M. Tripp, *P. Philosophie oder Psychologie?*, 1977. — VV. AA., *J. P. et les sciences sociales*, 1966. — J. H. Flavell, *La psicología evolutiva de J. P.*, 1968. — E. M. Neufeld, *The Philosophy of J. P. and its Educational Implications*, 1976. — M. Piatelli-Palmarini, *Théories du langage. Théories de l'aprentissage. Le débat entre J. P. et Noam Chomsky*, 1979. — M. A. Boden, *P.: Outline and Critique of his Psychology, Biology and Philosophy*, 1979. — Th. Kesselring, *Entwicklung und Widerspruch. Ein Vergleich zwischen Piagets genetischer Erkenntnistheorie und Hegels Dialektik*, 1981. — R. Vuyk, *Overview and Critique of P.'s Genetic Epistemology 1965-1980*, 2 vols., 1981. — R. Luzius Fetz, E. Marbach *et al.*, arts. sobre P. em *Revue Internationale de Philosophie*, ano 36, 142-143 (1982), 407-652. — D. Cohen, *P.: Critique and Reassessment*, 1983. — J.-J. Ducret, *J. P., savant et philosophe*, 2 vols., 1984. —

M. e P. Seltman, *P.'s Logic: A Critique of Genetic Epistemology*, 1985. — R. F. Kitchener, *P.'s Theory of Knowledge: Genetic Epistemology and Scientific Reason*, 1986. — M. Chapman, *Constructive Evolution: Origins and Development of P.'s Thought*, 1988.

Há uma "Sociedade J. P.", na Temple University, Filadélfia, que promove simpósios anuais sobre as teorias piagetianas e publica uma *Newsletter*, e também um "Centro Internacional de Epistemologia Genética" e "Arquivos J. P.", na Universidade de Genebra. C

PICCOLOMINI, FRANCESCO (1520-1604). Nascido em Siena, ali estudou. Depois de passar um tempo em Perugia, mudou-se em 1551 para Pádua. Em 1564 disputou, com Federico Pendasio († 1603) — filósofo, físico e astrônomo nascido em Mântua, mestre de Cesare Cremonini e adversário de Pomponazzi —, a cátedra que hoje chamamos de "filosofia natural" em Pádua, cátedra que assumiu a partir de 1565. Piccolomini defendeu a interpretação averroísta de Aristóteles contra as interpretações alexandrinistas ou semi-alexandrinistas de Pendasio. Deve-se perceber que Piccolomini usou certas idéias platônicas em suas interpretações aristotélicas. Embora as concepções de Piccolomini sobre o método para o estudo da Natureza fossem em muitos aspectos semelhantes às de Zabarella, polemizou contra este último em torno da relação entre a ciência natural e a metafísica. Para Piccolomini, de fato, contrariamente a Zabarella, a ciência natural deve-se orientar pela idéia da realidade — e, sobretudo, pela idéia da ordem de perfeições da realidade — que a metafísica traçou.

➲ Obras: *Universa philosophia de moribus*, 1583 (contra Zabarella, que respondeu com uma *Apologia* [1584]). — *Comes politicus pro recta ordinis ratione propugnator*, 1596 [resposta à citada *Apologia* de Zabarella]. — *Librorum ad scientiam de natura attinentium pars quinta, in qua considerantur pertinentia ad animam*, 1596. — *De rerum definitionibus liber unus*, 1599. — *Expositio in tres libros Aristotelis de anima*, 1602.

Ver: P. Ragnisco, *Giacomo Zabarella il filosofo: la polemica tra Francesco Piccolomini e Giacomo Zabarella nella Università di Padova*, 1886. — G. Saitta, *Il pensiero italiano nell'Umanesimo e nei Rinascimento*, t. II, 1950, pp. 408-418. — B. Nardi, *Saggi sull'Aristotelismo padovano dal secolo XIV al XVI*, 1958, pp. 424-442. — J. H. Randall, Jr., *The School of Padua and the Emergence of Modern Science*, 1961, pp. 61-62. C

PICHLER, HANS (1882-1958). Nascido em Leipzig. De 1921 a 1948 foi professor na Universidade de Greifswald. Em 1946 colaborou na fundação do *Zeitschrift für philosophische Forschung*, a primeira nova revista filosófica alemã depois da II Guerra Mundial.

Pichler recebeu em parte a influência de Meinong, mas, sobretudo, a de Windelband. Entre os filósofos clássicos, Leibniz influenciou Pichler, que lhe dedicou várias de suas investigações. O tema capital tratado por Pichler é o da fundamentação de uma ontologia destinada a definir não só a significação dos objetos (ver OBJETO, OBJETIVO), mas também as relações entre vários conceitos clássicos: ser e essência, essência e existência, espécie e indivíduo. Já em um de seus primeiros trabalhos mostrou a conexão entre a ontologia contemporânea e a ontologia de Wolff. Mas enquanto a última era simplesmente uma ciência geral dos possíveis, Pichler pretende incluir na ontologia as existências mesmas. Para isso é necessário, a seu entender, elaborar, por um lado, uma lógica mais ampla que a tradicional e, por outro, uma doutrina completa das categorias. A primeira é uma "lógica da comunidade" destinada a converter-se na verdadeira "lógica universal". A segunda é a ciência geral que compreende todas as determinações do real, não só as ontológicas e as essenciais, como também as existenciais. Ora, quando se analisam a fundo essas relações descobre-se, segundo Pichler, uma espécie de inevitável mútua interdependência. Se, por uma parte, toda compreensão do individual requer uma prévia elucidação de seus caracteres essenciais, por outra parte toda intelecção do essencial e do específico exige uma "apresentação" de indivíduos. As espécies-essências e os indivíduos-existências não ficam, pois, separados em um dualismo sobre o qual seja necessário ulteriormente lançar uma ponte, mas que se oferecem desde o primeiro momento como efetivamente correlacionados. O que haja de "essencialismo" na ontologia de Pichler tem de ser buscado, portanto, numa intenção de ampliação do conceito do ser mais do que numa redução da noção de essência. Assim, o ser é o que manifesta a realidade total e completa, a tal ponto que pode voltar a ganhar sentido a identificação clássica do *esse* com a essência (VER). Em contrapartida, a essência como determinação específica manifesta apenas a realidade parcial, se bem que maximamente inteligível, dos entes, e por isso as existências não ficam comprimidas na determinação essencial, mas unicamente em sua inclusão em mais amplas categorias: as categorias da totalidade e da razão como momentos superiores de toda intuição e de toda apreensão intelectual.

➲ Obras principais: *Über die Arten des Seins*, 1906 (*Sobre as espécies do ser*). — *Über die Erkennbarkeit der Gegenstände*, 1909 (*Sobre a cognoscibilidade dos objetos*). — *Über Ch. Wolffs Ontologie*, 1910 (*Sobre a ontologia de Ch. Wolff*). — *Möglichkeit und Widerspruchlosigkeit*, 1912 (*Possibilidade e ausência de contradição*). — *Entwicklung des Rationalismus von Descartes bis Kant*, 1914 (*A evolução do racionalismo de D. a K.*). — *Zur Lehre von Gattung und Individuum*, 1917 (*Para a doutrina da espécie e do indivíduo*). — *Grundzüge einer Ethik*, 1919 (*Traços fundamentais de uma ética*). — *Leibniz. Ein harmonisches Gespräch*, 1919 (*L. Uma conversação harmônica*). — *Zur Philosophie der Geschichte,* 1922 *(Para uma filosofia da história).* — *Weisheit und Tat,* 1923 *(Sabedoria e ação).* — *Zur Logik der Gemeinschaft,* 1924 *(Para uma lógica da comunidade).* — *Vom Wesen der Erkenntnis,* 1926 *(Da natureza do conhecimento).* — *Trilogie der Weltanschauung,* 1927 *(Trilogia da concepção do mundo).* — *Die Logik der Seele,* 1927 *(A lógica da alma).* — *Leibniz' Metaphysik der Gemeinschaft,* 1929 *(A metafísica da comunidade, de L.).* — *Einführung in die Kategorienlehre,* 1937 [Kantstudien, N. F., 2] *(Introdução à teoria das categorías).* — *Das Geistvolle in der Natur,* 1939 *(A espiritualidade na Natureza).* — *Persönlichkeit, Glück, Schicksal,* 1947 *(Personalidade, sorte, destino).* — *Vom Sinn der Weisheit,* 1949 *(Do sentido da sabedoria).*

Edição de obras: *Gesammelte Schriften,* a partir de 1967. **C**

PICO DELLA MIRANDOLA, GIOVANNI (1463-1494). Nascido no Castelo della Mirandola, estudou em Bolonha, Ferrara e Pádua. Passou em 1484 a Florença, viveu depois em Paris e Roma, e se estabeleceu em 1488 nas cercanias de Florença. Mestre da Academia florentina (VER) e um dos mais famosos humanistas italianos do Renascimento (figura principal de *O Cortesão,* de Castiglione), Pico della Mirandola começou a chamar a atenção do mundo intelectual por seu anúncio de que defenderia, em Roma, 900 teses numa disputa pública. A disputa foi proibida pela Cúria Romana, mas a fama de Pico della Mirandola como humanista, filósofo e teólogo se espalhou.

Pico della Mirandola fez expressa profissão de "ecletismo", considerando, como diz na *Oratio de hominis dignitate,* que "é sinal de excessiva estreiteza de espírito encerrar-se num Pórtico ou numa Academia". Muitos são os autores que Pico della Mirandola menciona, seja para louvar suas qualidades, seja para apropriar-se de algumas de suas idéias. Entre os antigos, além de Platão e Aristóteles, assinala neoplatônicos e comentadores de Aristóteles: Plotino, Porfírio, Jâmblico, Proclo, Damáscio, Olimpiodoro, Simplício, Temístio etc. Entre os homens "de nossa própria fé", João Duns Scot, Tomás de Aquino, Alberto Magno, Egídio Romano, Henrique de Gante. Entre os árabes, Averróis, Avempace, Alfarabi, Avicena. Refere-se também aos "caldeus" e aos escritos herméticos. Assim, platonismo, neoplatonismo, aristotelismo, teologias cristãs, tendências místicas e até cabalísticas confluem em Pico della Mirandola. Ele quer mostrar sobretudo a unidade da filosofia platônica e da aristotélica, assim como a unidade dos fundamentos da filosofia grega e da teologia cristã. Inimigo da magia e da astrologia, contra a qual escreveu uma obra, ressaltou a importância das forças e dos princípios naturais, ainda que num sentido menos mecanicista que plástico (VER). Pico concebeu o homem como a suprema realidade da Natureza, como um microcosmo que reproduz os elementos e a harmonia entre os elementos — o material, o orgânico e o celeste — do macrocosmo. Cheio de dignidade e nobreza, o homem deve esforçar-se, segundo Pico, por responder à alta missão para a qual foi criado, que é a de compreender a unidade do cosmo e a unidade do princípio divino. Esta última unidade foi percebida por todas as grandes filosofias e todas as grandes religiões. Pico beira, em algumas ocasiões, o misticismo panteísta, especialmente na medida em que usa para sua explicação da origem do mundo o princípio neoplatônico da emanação (VER).

⊃ Obras principais: *Disputationes adversus astrologiam divinatricem libri XII.* — *Apologia.* — *Heptaplus, de septiformi sex dierum Geneseos enarratione.* — *Conclusiones philosophicae, cabalisticae et theologicae* [900 conclusões precedidas pela célebre *Oratio de hominis dignitate*]. — *De ente et uno.* — *De imaginatione.*

Edição de obras: *Opera,* Veneza, 1496, reimp., 1572, 1601. — *Opera omnia,* 2 vols., 1557-1573; reimp., 1969. — Ed. crítica por E. Garin, 5 vols., 1942-1956 (I, 1942; II, 1946; III, 1952; IV, V, 1956).

Ver: G. Dreydorff, *Das System des J. P. von M. und Concordia,* 1858. — V. di Giovanni, *P. della M., filosofo platonico,* 1882. — A. Levy, *Die Philosophie Picos della M.,* 1908. — A.-J. Festugière, "Studia Mirandolana", *Archives d'histoire doctrinale et littéraire du moyen âge,* 7 (1932), 143-250. — G. Semprini, *La filosofia di P. della M.,* 1936. — E. Garin, *P. della M. vita e dottrina,* 1937 [com abundante bibliografia]. — A. Dulles, *Princeps Concordiae: P. della M. and the Scholastic Tradition,* 1941. — E. Cassirer, "G. P. della M. Study in the History of Renaissance Ideas", *Journal of the History of Ideas,* 3 (1942), 123-144. — G. Barone, *L'umanesimo filosofico di G. P. della M.,* 1948. — Id., *G. P. della M.,* 1948. — P.-M. Cordier, *J. P. de la M. ou la plus pure figure de l'humanisme chrétien,* 1958 [com texto e trad. de *De hominis dignitate*]. — E. Monnerjahn, *G. P. della M. Ein Beitrag zur philosophischen Theologie des italianischen Humanismus,* 1960. — G. di Napoli, *G. P. della M. e la problematica dottrinale del suo tempo,* 1965. — Ch. B. Schmitt, *G. P. della M. (1469-1533) and His Critique of Aristotle,* 1967 [obras de P. della M. nas pp. 191-202]. — H. de Lubac, *P. de la M.: Études et discussions,* 1974. — W. G. Craven, *P. della M., Symbol of His Age: Modern Interpretation of a Renaissance Philosopher,* 1981. — H. Reinhardt, *Freiheit zu Gott. Der Grundgedanke des Systematikers G. P. della M.,* 1989. **C**

PIEPER, JOSEF (1904). Nascido em Elte, estudou em Berlim e em Münster. Exerceu cargos em vários institutos de pesquisa antes de ser *Privatdozent* em Münster (1946-1960) e professor titular na mesma Universidade (a partir de 1960). Pieper é conhecido por suas obras de interpretação e revalorização do pensamento medieval em relação com o pensamento moderno. A obra de Pieper fundamenta-se principalmente no tomismo, concebido como uma grande arquitetura ontológica. O que interessou a

Pieper foi sobretudo a antropologia filosófica, que tem, em seu entender, um fundamento teológico revelado no curso da experiência histórica. As "virtudes" não são para Pieper somente caracteres positivos da ação moral, mas também, e especialmente, hábitos para o bem. Têm um fundamento ontológico na constituição do homem, que se acha disposto na direção de um reino de valores que se manifestam na história, mas que transcendem a história. A virtude teologal fundamental é a esperança, em virtude da qual o homem compreende quais são seus "fins", tanto pessoais quanto históricos.

◻ Obras principais: *Die ontische Grundlage des Sittlichen nach Thomas von Aquin*, 1929 *(A fundamentação ôntica do moral segundo T. de A.).* — *Vom Sinn der Tapferkeit*, 1934 *(Do sentido da coragem).* — *Über die Hoffnung*, 1935 *(Sobre a esperança).* — *Traktat über die Klugheit*, 1937 *(Tratado sobre a prudência).* — *Die Wahrheit der Dinge. Eine Untersuchung zur Anthropologie des Hochmittelalters*, 1944 *(A verdade das coisas. Investigação para a antropologia da alta Idade Média).* — *Über das Ende der Zeit*, 1950 *(Sobre o fim do tempo).* — *Philosophia negativa. Zwei Versuche über Thomas von Aquin*, 1953 *(Filosofia negativa: dois experimentos sobre T. de A.).* — *Glück und Kontemplation*, 1957 *(Felicidade e contemplação).* — *Scholastik. Gestalten und Probleme der mittelalterlichen Philosophie*, 1960 *(Escolástica: Formas e problemas da filosofia medieval).* — *Über den Glauben. Ein philosophischer Traktat*, 1962 *(Sobre a fé: tratado filosófico).* — *Das Viergespann: Klugheit, Gerechtigkeit, Tapferkeit, Mass*, 1964 *(A quadriga: prudência, justiça, fortaleza e temperança).* — *Über die platonischen Mythen*, 1965 *(Sobre os mitos platônicos).* — *Verteidigungsrede für die Philosophie*, 1966 *(Discurso em defesa da filosofia).* — *Hoffnung und Geschichte. Fünf Salzburger Vorlesungen*, 1967 *(Esperança e história: cinco conferências em Salzburgo).* — *Überlieferung*, 1970 *(Tradição).* — *Über den Begriff der Sünde*, 1977 *(Sobre o conceito de pecado).* — *Christenfiebel*, 1979 *(Abecedário cristão).* — *Buchstabier-Übungen*, 1980 *(Exercícios de soletrar).* — *Lesebuch*, 1981 *(Livro de leitura)* (prólogo de H. U. v. Balthasar). — *Lieben, hoffen, glauben*, 1986 *(Amar, esperar, crer).* Autobiografia: *Autobiographische Aufzeichnungen;* vol. 1, *Noch wusste es niemand, 1904-1945*, 3ª ed., 1979; vol. 2, *Noch nicht aller Tage Abend, 1945-1964*, 1979; vol. 3, *Eine Geschichte wie ein Strahl* [a partir de 1964], 1988.

Bibliografia: P. Breitholz, *J. P. Schriftenverzeichnis*, 1974. — *J. P. Schriftenverzeichnis, 1929-1989*, 1989.

Quase todas as obras de P. foram reeditadas várias vezes, com mudanças e acréscimos.

Ver: C. Dominici, *La filosofia di J. P.,* 1980. ◗

PIÉRON, HENRI (1881-1964). Nascido em Paris, foi assistente de Alfred Binet (VER) e seu sucessor como diretor do laboratório de psicologia experimental na Sorbonne. Em 1923 foi nomeado professor no Collège de France, encarregando-se da cátedra de fisiologia das sensações, especialmente criada para ele.

Como Binet, Piéron levou a cabo numerosos estudos de psicologia fisiológica, que era, a seu entender, o único tipo de psicologia capaz de produzir resultados cientificamente aceitáveis. Como ele mesmo indica, decidiu desde bem cedo "renunciar ao estudo subjetivo dos fenômenos de consciência", desenvolvendo um tipo de psicologia objetiva e comportamento que se parecia em muitos aspectos com o comportamentalismo posterior de Watson, mas que evitava o que Piéron considerava exageros pueris. Piéron tratou de mostrar a estreita correlação entre processos cerebrais e fenômenos mentais contra qualquer forma de subjetivismo e "espiritualismo". Seus estudos mais influentes versaram sobre as sensações, às quais considerou como o fundamento da orientação e adaptação do organismo ao meio ambiente.

◻ Entre as numerosas obras de P. mencionamos: *La psychologie du rêve au point de vue médical*, 1902 (com N. Vaschide). — *Technique de psychologie expérimentale*, 1904; 2ª ed., 2 vols., 1911. — *Le problème physiologique du sommeil*, 1913. — *L'évolution de la mémoire*, 1920. — *Le cerveau et la pensée*, 1923. — *Éléments de psychologie expérimentale*, 1925. — *Psychologie expérimentale*, 1927. — *Les sensibilités cutanées*, 3 fascículos, 1928-1938. — *Le développement mental et l'intelligence*, 1929. — *La connaissance sensorielle et les problèmes de la vision*, 1936. — *Aux sources de la connaissance. La sensation, guide de vie*, 1944; 3ª ed., 1955. — *Les problèmes fondamentaux de la psychophysique dans la science actuelle*, 1951. — *La sensation*, 1952. — *De l'actinie à l'homme. Études de psychophysiologie comparée*, 2 vols., 1958-1959 *(I: Anticipation et mémoire. Bases de l'évolution psychique; II: De l'instinct animal au psychisme humain. Affectivité et conditionnement).* — *Examens et docimologie*, 1963. — Deixou, ao morrer, o manuscrito intitulado *L'homme, rien que l'homme.* — *Vocabulaire de Psychologie* (1979, ed. F. Bresson e G. Durup). — No *Nouveau Traité de Psychologie*, de Dumas (VER), P. colaborou com extensos verbetes sobre "l'Attention" (IV), "l'Habitude et la Mémoire" e "Psychologie zoologique" (VIII, 1). ◗

PIETISMO. Assim como no caso dos quacres (VER), nos referiremos brevemente ao pietismo e aos pietistas por causa da influência que suas doutrinas e atitude religiosa parecem ter exercido sobre alguns filósofos, dentre os quais se destaca Kant. Sem chegar ao extremo de considerar as obras éticas de Kant como conseqüência da chamada "atmosfera pietista" que Kant respirou no seio de sua família, especialmente pelo lado da mãe, e, por conseguinte, sem pretender estabelecer uma equação entre "pietismo" e "rigorismo" (VER) moral — sobretudo se se tem em conta que a ética kantiana é muito complexa e que não exclui certos aspectos não "rigoristas" na concepção, por exemplo, da felicidade (VER) —, é razoável pensar que certos elementos pietistas não são alheios à atitude ética de Kant.

O pietismo surgiu no final do século XVII e se estendeu por vários países — especialmente pela Alemanha, e sobretudo pela Alemanha central e setentrional — durante o século XVIII, como um movimento de renovação cristã hostil a todo dogma e a toda instituição eclesiástica, e centrado na "atitude" e no "sentimento" religiosos. O importante para os pietistas era "viver como cristãos". Johann Arndt (1555-1621) e Johann Valentin Andreae (1586-1654), luteranos, e Johannes Coccejus (1603-1669), calvinista, anteciparam alguns dos traços pietistas, mas considera-se Philipp Jakob Spener (1635-1705), durante certo tempo pastor na Igreja luterana de Frankfurt am Main, como o fundador do "movimento pietista". Spener congregou seus adeptos nos chamados *Collegia Pietatis* para estudar em comunidade, e fraternalmente, sem assistência eclesiástica, a Bíblia, e expôs suas idéias a respeito em seu livro *Pia Desideria* (1675). As idéias de Spenner foram propagadas por seu discípulo August Hermann Francke, em Halle, que fez de Halle o centro do pietismo. Os luteranos ortodoxos se opuseram ao movimento pietista, não só por ser um movimento antidogmático e antieclesiástico, mas também porque, ao destacar Spener que a crença e o fervor religiosos deviam manifestar-se na vida diária, parecia dar a entender que o homem se justificava pelas obras, o que era contrário à idéia luterana da justificação pela fé.

➪ Ver: A. Ritschl, *Geschichte des Pietismus,* 3 vols., 1880-1886. — W. Hübner, *Der Pietismus geschichtlich und dogmatisch beleuchtet,* 1901. — H. Stephan, *Der Pietismus als Träger des Fortschritts in der Kirche,* 1908. — K. Reinhart, *Mystik und Pietismus,* 1925. — F. Sammer, *A. H. Francke und seine Stiftungen,* 1927. — G. Necco, *Lo spirito filisteo. Storia del pietismo germanico fino al romanticismo,* 1929. — F. Wessely, *Die Bedeutung des Pietismus für die Romantik und im besondern für Schelling,* 1931. — A. Lange, *Der Wortschatz des deutschen Pietismus,* 1954. — M. Greschat, ed., *Zur neueren Pietismus-Forschung,* 1977. — E. Beyreuther, *Geschichte des Pietismus,* 1978.

Desde 1976 se publica *Pietismus und Neuzeit,* que contém bibliografia anual sobre o pietismo. ℂ

PILLON, FRANÇOIS. Ver RENOUVIER, CHARLES.

PINI, ERMENEGILDO. Ver PROTOLOGIA.

PINTURA. No *Tractatus logico-philosophicus,* Wittgenstein introduz o termo *Bild.* Em sua tradução para o espanhol dessa obra Enrique Tierno Galván usa o vocábulo 'figura', e escreve numa nota a 2.0212: "A palavra alemã *Bild* tem diferentes traduções. Em nosso caso, o texto inglês emprega *picture.* Em castellano nos pareceu que a palavra que melhor e com mais força traduz *Bild* é *figura".* A nova tradução espanhola do *Tractatus,* de J. Nuñez e I. Reguera, também propõe *figura.* Alfredo Deaño, em "La evolución de la filosofía de Wittgenstein", *Man and World,* 3 (1970), 83-101, propõe 'pintura'.

Ambos são perfeitamente adequados, como se vê nas seguintes passagens do *Tractatus*: "Seria então impossível traçar uma figura (pintura) do mundo (verdadeira ou falsa)" (2.0212); "Fazemos figuras (pinturas) dos fatos" (2.1); "A figura (pintura) é um modelo da realidade" (2.12), "A figura (pintura) é um fato" (2.141). 'Figura' tem a vantagem, que a versão de Tierno Galván aproveita, de permitir traduzir *Abbildung* por 'figuração' e conservar deste modo as conexões fonéticas e semânticas entre *Bild* e *Abbildung.* 'Pintura' tem a vantagem de ser um termo corrente não associado com uma multidão de significados técnicos, como ocorre com o termo 'figura' (VER). Escolhemos 'pintura' principalmente por essa última razão.

O importante na idéia wittgensteiniana de *Bild* é saber exatamente o que se entende com ela. Muitos intérpretes de Wittgenstein, mesmo analisando corretamente o uso do que aqui chamamos 'pintura', tendem a associar a pintura com uma representação. Isso dá por resultado uma concepção sub-repticiamente epistemológica e às vezes até um tanto "subjetiva" de 'pintura', como se a pintura fosse uma representação que tem o sujeito cognoscente de alguma realidade. Outros autores chamam a atenção para 2.12. A pintura é um modelo; como assinala Max Black em seu *Companion* (1964, p. 77), pode-se substituir 'pintura' por modelo em 4.01 e 4.463b. Em sua obra *Wittgenstein's Vienna* (1973, pp. 183ss.), Allan Janik e Stephen Toulmin chamam a atenção para a estreita relação entre o uso de *Bild* por Hertz na física e o uso de Wittgenstein. Em ambos os casos se trata de uma pintura no sentido de um modelo, isto é, no sentido de uma construção lógica que proporciona uma estrutura geral isomórfica com uma multiplicidade de realidades, ou de descrições de realidades. A pintura é, desse ponto de vista, um sistema que determina uma configuração de objetos. A introdução de nomes nesse sistema permite sua aplicação a específicas situações reais cuja estrutura corresponde à do sistema. A pintura lógica exibe a forma como a realidade é pintada, mas não é ela mesma um modelo desta forma. Similarmente a uma pintura no sentido corrente do termo, a pintura lógica não diz nada sobre si mesma. A despeito da adoção do termo 'pintura' para traduzir *Bild,* a expressão na última citada idéia de Wittgenstein fica mais idiomática com o termo 'figura' que propõe Tierno Galván, como mostra a passagem: "Mas a figura *(Bild)* não pode figurar *(abbilden)* sua forma de figuração *(Abbildung);* mostra-a *(es weist sie auf)*" (2.172).

PIQUER [Y ARRUFAT], ANDRÉS (1711-1772). Nascido em Fórnoles (Teruel), estudou medicina em Valencia e foi professor de medicina na mesma cidade a partir de 1742. Foi nomeado também médico de câmara de Fernando VI e depois de Carlos III. Menéndez y Pelayo (*Heterodoxos*, VI, cap. iii) considera Piquer como um "filósofo crítico" no espírito de Vives e um eclético. Em sua principal obra filosófica, *Lógica moderna o arte de hablar la verdad y perfeccionar la razón* (1751; 3ª ed., 1781), Piquer tratou de combinar os princípios da lógica aristotélica, ou, melhor, aristotélico-escolástica, com tendências procedentes da filosofia moderna, especialmente de autores que se haviam ocupado de "regras do método" para executar inferências corretas nas ciências. Mostra tendência eclética similar em sua *Física moderna, racional y experimental* (1745) e em seu *Discurso sobre el sistema del mecanismo* (1768). Piquer se ocupou também de questões morais e religiosas em *Filosofía moral para la juventud española* (1755; 3ª ed., 1787) e em *Discurso sobre la aplicación de la filosofía a los asuntos de la religión* (1757; 3ª ed., 1805), esforçando-se por conciliar as verdades dogmáticas com princípios morais do senso comum. Devemos também a Piquer diversas obras sobre medicina (como *Medicina vetus et nova secundus auris retracta et aucta*, 1735; 3ª ed., 1758; *Tratado de calenturas*, 1989, fac-símile da 3ª ed., de 1768). Uma versão de escritos de Piquer foi publicada num tomo de *Obras póstumas* (1785) a cargo de seu filho, Juan Crisóstomo Piquer.

⊃ Ver: Manuel Mindán, "La doctrina del conocimiento en A. P.", *Revista de Filosofía* [Madrid], II (1956), 543-567. ⊂

PIRRO de Élide (*ca.* 360-270 a. C.). Um dos grandes céticos (VER) antigos, parece ter recebido influências megáricas através de Brisão, filho e discípulo de Estilpão de Megara. É provável também que tenham tido influência sobre ele alguns partidários das doutrinas de Heráclito. É quase segura sua relação com alguns democritianos; segundo Diógenes Laércio, fez uma viagem à Índia com um seguidor de Demócrito e lá entrou em contato, além disso, com os gimnosofistas (VER). Todas essas influências, às quais cabe acrescentar as sofísticas e as cirenaicas, contribuíram, ao que parece, para a formação de sua própria doutrina cética. Seguindo a distinção sofística entre o que é por natureza e o que é por convenção, Pirro afirmava que nossos juízos sobre a realidade são convencionais. A sensação constitui a base deles. Mas sendo as sensações cambiantes, só se pode praticar uma abstenção ou epoché (VER) do juízo. Não cabe, portanto, decidir-se por nada; não cabe adotar nenhuma opinião ou crença. O verdadeiro sábio deve encerrar-se em si mesmo e optar pelo silêncio, pois só deste modo alcançará a imperturbabilidade, a ataraxia (VER) e, com ela, a autêntica (e única possível) felicidade. Pode-se dizer, por conseguinte, que a teoria do conhecimento de Pirro desemboca numa ética ou, se se quiser, num conjunto de recomendações de natureza ética. Mas pode-se dizer também que a atitude ética constitui a base da citada teoria do conhecimento. Pois, com efeito, o que mais ressalta nas doutrinas atribuídas a Pirro é a insistência nas indiferenças das coisas externas (e dos juízos sobre elas) e a necessidade de ater-se a si mesmo se se quiser alcançar uma estabilidade dentro da constante e imprevisível fluência dos fenômenos. Como a doutrina dos estóicos (VER), a de Pirro praticava a retirada. À diferença dos estóicos, porém, Pirro não achava necessário edificar nem uma lógica nem uma física; a consciência da tranqüilidade que dá a própria reclusão ao negar-se a dar qualquer juízo sobre "o mundo externo" lhe era suficiente para justificar a doutrina.

O mais destacado discípulo de Pirro foi Tímon. Entre outros seguidores de Pirro mencionamos Fílon de Atenas e Nausífanes de Téos, o mestre de Epicuro. Sobre outros partidários das doutrinas de Pirro, ver PIRRONISMO.

As doutrinas de Pirro são conhecidas sobretudo pela exposição de Sexto Empírico (VER). Ver a bibliografia do verbete CETICISMO, na parte dedicada às obras sobre os céticos gregos (incluindo o tomo I de Richter). Doxografia em Diels, *Dox. graeci, s. v.* Pyrrho, Pyrrhoni philosophi (cf. Diógenes Laércio, L, 9, 61).

⊃ Ver: D. Zimmermann, *Darstellung der pyrrhonischen Philosophie,* 1841. — Id., *Über Ursprung und Bedeutung der pyrrhonischen Philosophie,* 1843. — Ch. Waddington, *Pyrrhon et le pyrrhonisme,* 1876 (reimp. no livro do mesmo autor, *La philosophie ancienne et la critique historique,* 1904). — V. Brochard, *Les sceptiques grecs,* 1887, Livro I, capítulo iii. — S. Sepp, *Pyrrhonische Studien (I. Die philosophische Richtung des Cornelius Celsus; II. Untersuchungen auf dem Gebiete der Skepsis),* 1893. — G. Caldi, *Lo scetticismo critico della scuola Pirroniana,* 1896. — L. Robin, *Pyrrhon et le scepticisme grec,* 1944. — J. A. G.-Junceda, "Pirrón y el escepticismo griego: Semblanza del apático Pirrón", *Estudios filosóficos,* 42 e 43 (1967), 245-292 e 511-530, e 44 (1968), 93-123. — M. Conche, *P. ou l'apparence.* ⊂

PIRRONISMO. Num sentido estrito, chama-se "pirronismo" a doutrina cética de Pirro e de seus seguidores. Quando estes últimos são confinados aos pensadores da Antiguidade, o pirronismo aparece como uma das formas do ceticismo (VER) antigo. Quase sempre entre os seguidores — ou pelo menos continuadores — de Pirro são incluídos Enesídemo e Sexto Empírico (que resumiu as doutrinas pirrônicas). É freqüente também identificar o pirronismo com o ceticismo antigo. Tal identificação tem vários inconvenientes. Entre eles, um capital: deixar de fora da história do ceticismo antigo tendências tão importantes quanto as Academias média e nova. É certo que tais períodos da Academia não podem ser considerados céticos num sentido radical; melhor lhes cabe o qualificativo de semi-céticos, plausibilistas ou probabilistas. Mas tampouco os céticos propriamente ditos foram sempre radicais. O mais razoável, portanto, é agrupar todas essas correntes — como fizemos no verbete sobre o ceticismo — sob o nome comum de 'céticos', reservando o nome 'pirronismo' para uma parte delas; antes de tudo para Pirro e seus seguidores imediatos.

A tendência a estender o significado do vocábulo 'pirronismo' a quase todas as tendências céticas dá origem a uma concepção lata desta tendência. Tal concepção se estendeu sobretudo durante a época moderna. Por isso tratamos agora sob o conceito em questão de várias tendências muito difundidas no pensamento ocidental durante os séculos XVI, XVII e XVIII. Richard H. Popkin fez observar que nas histórias habituais da filosofia se trata o pirronismo renascentista e moderno de forma precipitada, sem levar em conta que para os filósofos de tais épocas a influência e propagação do que eles mesmos chamavam "pirronismo" — e os conseqüentes esforços para superá-lo — tiveram considerável importância. Três fatos o mostram. Primeiro, as edições e traduções de céticos antigos (edições e traduções de Sexto em 1562, 1569, 1621, 1718, 1725, 1735). Segundo, a influência capital de Montaigne — seja para admitir algumas de suas teses, seja para refutá-las — em muitos importantes filósofos modernos. Terceiro, o fato de que nas histórias e repertórios de finais do século XVII e início do século XVIII (a *Historia critica philosophiae,* de Brucker, o *Dictionnaire,* de Bayle, a *Encyclopédie* etc.) o tratamento do pirronismo renascentista e moderno e a exposição das disputas a que dera lugar foram detalhados e extensos. Deste ponto de vista, podemos considerar o pirronismo — no sentido amplo antes mencionado — como uma das tendências modernas capitais. Por um lado, achamos influências da mesma em autores como Montaigne, Charron, Gassendi, Pierre Bayle (e antes, é claro, em Pico della Mirandola, Francisco Sánchez, Agrippa). Por outro lado, vemos que autores como Pascal, Malebranche, Herbert de Cherbury e outros discutiram muito a sério as teses "pirrônicas". Finalmente, podemos inclusive estimar que parte do trabalho filosófico de autores como Descartes e Mersenne pode ser explicada não somente como uma tentativa de erigir uma nova filosofia correspondente ao novo conceito da Natureza, mas também como uma nova filosofia que pudesse opor um sólido bloqueio aos ataques pirrônicos. Dentro do século XVIII destacou-se Hume como "pirrônico", a quem Popkin considera inclusive como o único pirrônico "consistente".

⊃ Ver a bibliografia do verbete CETICISMO. Também: R. H. Popkin, "The Skeptical Crisis", *Review of Metaphysics,* 7 (1953), 132-151; 7 (1953), 307-322; 8 (1954), 498-510. — Id., "D. Hume: His Pyrrhonism and His Critique of Pyrrhonism", *Philosophical Quarterly,* 1 (1951), 385-407. — Id., *The History of Scepticism From Erasmus to Descartes,* 1960, ed. rev., 1964. — J.-P. Dumont, *Le scepticisme et le phénomène: Essai sur la signification et les origines du pyrrhonisme,* 1972. ⊂

PISARÉV, DMITRÍ IVANOVICH (1840-1868). Nascido em Znamenskoé, estudou na Universidade de São Petersburgo. Durante quatro anos (1862-1866) esteve preso por oposição ao czarismo. Morreu, afogado, aos 28 anos, sem que se saiba se foi acidente ou suicídio. Pisarév se opôs aos membros das gerações precedentes, que seguiram uns o voltairianismo, outros o romantismo e outros o hegelianismo. Contra tudo isso, ele pregou o que chamava de "realismo", que se resume em três palavras: "amor", "conhecimento" e "trabalho". Defendeu também o materialismo, assim como, e sobretudo, um individualismo extremo, que o levou com freqüência ao niilismo. No final do verbete NIILISMO citamos uma frase de Pisarév que parece, antes, uma *boutade,* mas deve-se levar em conta que nesta frase está expressa a atitude de quem pensa que só o que resiste à crítica implacável é digno de ser conservado. Em todo caso, Pisarév se opôs a toda "logomaquia", como ele mesmo a chamou, a toda "mera teoria", a tudo o que não correspondia a uma estrita economia de meios. Há em Pisarév uma espécie de dialética entre uma atitude individualista que admite como justificado só o que corresponde ao interesse de cada um, que difere dos interesses de outros, e uma atitude "coletivista", em favor das massas e do "proletariado".

⊃ •• Pisarév criticou asperamente a religião e o idealismo (*Idealism Platona,* 1861: *O idealismo de Platão*), aos quais opunha as idéias do materialismo naturalista de Vogt e Moleschott (*Prozess zizni,* 1861: *O processo da vida; Fiziologicheskie kartini,* 1862: *Estampas fisiológicas*) e a teoria de Darwin (*Progress v mire zivotnij i rastienii,* 1864: *O progresso no mundo dos animais e das plantas).* ••

Há edição de obras completas: *Polonoie sobraniie Sochinénii,* 6 vols., 1894-1897; 5ª ed., 1909-1913. — *Sochinenia (Obras),* 4 vols., 1955-1956. — *Izbrannie sochinenia (Obras escolhidas),* 1968. — Ver também: *Selected Philosophical, Social and Political Essays,* 1958 (vários fragmentos deles em *Russian Philosophy,* II, 1965, ed. James M. Edie, James P. Scanlan, M.-B. Zeldin, com a colaboração de G. L. Kline, pp. 66-108).

Ver: A. Coquart, *Dimitri Pisarev (1840-1868) et l'idéologie du nihilisme russe,* 1946. — A. N. Maslin, "D. I. P. v borbe za materialism i sozialnii progres", 1968 (trad. ingl., "D. I. P. in the Struggle for Materialism and Social Progress", *Soviet Studies in Philosophy,* 8 (1969),

311-325. — N. V. Demidova, *Pisarev*, 1969. — Y. R. Simkin, *Zisn D. I. Pisareva*, 1969 *(Vida de Pisarév)*. — I. K. Pantin, *Sozialisticheskaya misl v Rossii: perejod ot utopii k nauke*, 1973 *(O pensamento socialista na Rússia: a passagem da utopia à ciência)*. C

PISTIS SOPHIA. Ver GNOSTICISMO; VALENTIM.

PITÁGORAS de Samos *(fl.* 532 a. C.). Foi, segundo alguns, discípulo de Ferécides e de Anaximandro. Parece ter visitado o Egito e entrado em contato com as doutrinas dos sacerdotes deste país. Diz-se que fundou em Crotona, por volta de 530, uma comunidade de índole religiosa e político-religiosa e que, por ter despertado a hostilidade dos chefes do partido democrata, produziu-se uma rebelião contra Pitágoras que o obrigou a fugir de Crotona e a se estabelecer em Metaponto, onde é provável que tenha falecido.

Observe-se que o parágrafo acima está envolto em incertezas. Não por acaso. Tanto a vida de Pitágoras como as doutrinas pitagóricas, especialmente em seus começos, estão cobertas por um espesso véu lendário. Alguns autores inclusive duvidam que Pitágoras tenha existido. Embora essa dúvida seja considerada exagerada, o certo é que todo relato das doutrinas de Pitágoras e dos pitagóricos, assim como das práticas religiosas e ascéticas (as "purificações") que se lhes atribuem, tem de se basear em dados insuficientes ou discutíveis. Muito discutido é, por exemplo, o tipo de relação que os ensinamentos pitagóricos mantiveram com o orfismo (VER). Bom número de historiadores se inclinam pela opinião de que Pitágoras renovou e, sobretudo, purificou as idéias e os ritos orgiásticos dos órficos, mas outros consideram tal opinião como demasiado arriscada. Insistiremos especialmente nos aspectos filosóficos da doutrina de Pitágoras, embora tendo presente que no espírito dele e de seus discípulos tais aspectos estavam estreitamente ligados aos ensinamentos e práticas religiosas e ascéticas. Por outro lado, embora apresentemos os aspectos filosóficos em questão sob o nome de Pitágoras, podemos atribuí-los ao pitagorismo da primeira época. Para a história — principalmente externa — do pitagorismo, ver PITAGORISMO e NEOPITAGORISMO. A alguns dos pitagóricos e neopitagóricos dedicamos verbetes especiais.

Pitágoras parece ter deduzido várias conseqüências de algumas observações, em particular da observação das relações existentes entre a altura dos sons e os comprimentos das cordas da lira. Isso levava a supor a existência de uma harmonia (VER). Trata-se de um conceito fundamental. Pois embora primitivamente fosse aplicado só à oitava ou a uma escala musical, logo foi aplicado a todas as esferas da realidade. Por exemplo, ao corpo humano, de tal sorte que a função da medicina consiste em ajudar a restabelecer essa harmonia em todas as ocasiões em que tenha sido perturbada. A harmonia é, como diz o *Catecismo das perfeições*, o mais belo que existe. Sendo a música, ademais, uma manifestação eminente da harmonia, ela pode ser usada com o fim de purificar a alma: a harmonia é, por esse motivo, uma catarse. E como a alma é por sua vez a harmonia do corpo, a música é verdadeiramente uma medicina. Mas a harmonia é aplicada, além disso, e sobretudo, ao cosmo inteiro. A cosmologia de Pitágoras, baseada em parte na de Anaximandro, acentua fortemente a disposição harmoniosa dos corpos celestes. Estes estão distanciados de um chamado fogo central segundo intervalos que correspondem aos da oitava. Por esse motivo seus movimentos circulares produzem uma música: a música das esferas.

A harmonia é musical e é também, e de modo correspondente, numérica. Segundo Aristóteles (*Met.*, A 5, 985 b 23 — 986 b 8), os pitagóricos supunham "que os elementos dos números eram a essência de todas as coisas, e que os céus eram harmonia e número". As propriedades dos números, especialmente ao combiná-los, resultaram tão surpreendentes que os pitagóricos buscaram por toda parte analogias entre os números e as coisas, e chegaram a fundar uma espécie de mística numérica que teve enorme influência em todo o mundo antigo. Fórmulas como a seguinte: $1 + 3 + 5 + ... + (2n - 1) = n^2$, que mostra que os quadrados podem formar-se como somas dos números ímpares sucessivos, apareciam aos pitagóricos como maravilhosas. Mas muitas outras poderiam se acrescentar. O mais importante, do ponto de vista das analogias filosóficas, foram as divisões dos números: pares, ímpares perfeitos (iguais à soma de seus divisores), lineares e planos. Os números foram considerados, além disso, como princípios. Segundo diz Aristóteles na mesma passagem supracitada, havia dentro da escola pitagórica uma facção que afirmava a existência de 10 princípios ou oposições fundamentais, cada uma delas correspondente a cada um dos 10 primeiros números naturais. Essa correspondência é mostrada na tabela seguinte oferecida por Aristóteles:

1:	Limitado	— Ilimitado
2:	Ímpar	— Par
3:	Um	— Muitos
4:	Direito	— Esquerdo
5:	Masculino	— Feminino
6:	Em repouso	— Em movimento
7:	Reto	— Curvo
8:	Luz	— Treva
9:	Bom	— Mau
10:	Quadrado	— Oblongo (retângulo oblongo)

Trata-se de uma tabela na qual se pode ver uma significação moral: os termos primeiros representam, de fato, algo perfeito; os segundos, algo imperfeito. Ora, o dualismo pode ser superado quando se considera o perfeito como algo limitante de toda possível imperfeição. Desse modo se pode compreender como é possível estabelecer analogias entre conceitos cujas significações são muito diferentes, tais como, por exemplo, entre o limitado e a luz e o ilimitado e a treva. Em todo caso, a harmonia não existe somente no mundo físico, mas se faz presente também — e é uma das mais influentes tendências de Pitágoras — na relação entre a ordem cósmica e a ordem moral.

⊃ Obras: Diel-Kranz, 14 (4), *Testimonianze e frammenti*, 1958, ed. M. T. Cardini. — Para as "Vidas" de Pitágoras: *Die Pythagoras-Viten des Iamblichos und Porphyrios*, ed., trad. e comentários de W. Burkert, [Texte und Kommentare, Eine Altertumswissenschaftliche Reihe, ed. O. Gigon, F. Heinimann, O. Luschnat]. — Atribuía-se a Pitágoras um *Hino áureo* (ed. K. E. Günther, 1816, *Carmen aureum*) que atualmente se considera apócrifo.

Sobre Pitágoras e os pitagóricos ver: H. Ritter, *Geschichte des pythagoreischen Philosophie*, 1826. — Ch. A. Brandis, "Über die Zahlenlehre der Pythagoreer und Platoniker", *Rheinisches Museum*, II (1828), 208-241. — A. B. Krische, *De societatis a Pythagora in urbe Crotoniatarum conditae scopo politico commentario*, 1830. — G. Rathgeber, *Grossgriechenland und Pythagoras*, 1866. — A. Rothenbücher, *Das System der Pythagoreer nach den Angaben des Aristoteles*, 1867. — A. F. von Thimus, *Die harmonikale Symbolik des Altertums* (1. *Die esoterische Zahlenlehre und Harmonik der Pythagoreer in ihren Beziehungen zu älteren griechischen und orientalischen Quellen*, 1868; 2. *Der technischharmonikale und theosophischkosmographie Inhalt der kabbalistischen Buchstabensymbole des althebräischen Büchleins Jezirah, die pythagorisch-platonische Lehre vom Werden des Alls und von der Bildung der Weltseele in ihren Beziehungen zur semitisch-hebräischen wie chamitisch-altägyptischen Weisheitslehre und zur heiligen Überlieferung der Urzeit*, 1876). — A. Heinze, *Die metaphysischen Grundlehren der älteren Pythagoreer*, 1871. — A. E. Chaignet, *Pythagore et la philosophie pythagoricienne, contenant les fragments de Philolaus et d'Archytas*, 2 vols., 1873. — Sobezyk, *Das pythagoreische System in seinen Grundfragen entwickelt*, 1878. — L. von Schröder, *Pythagoras und die Inder. Eine Untersuchung über Abkunft und Abstammung der pythagoreischen Lehren*, 1884. — M. Bobber, *Pitagora i suoi tempi ed il suo istituto*, 1886. — W. Bauer, *Der ältere Pythagoreismus. Eine kritische Studie*, 1897. — C. Hölk, *De acusmatis sive symbolis Pythagoricis*, 1899. — A. Covotti, *La filosofia nella Magna Grecia e in Sicilia*, 1900. — H. A. Naber, *Das Theorem des Pythagoras widerhergestellt in seiner ursprünglicher Form und betrachtet als Grundlage der ganzen pythagoreischen Philosophie*, 1908. — A. Gianola, *Pitagora e le suoi dottrine negli scrittori latini del primo secolo a. Cristo*, 1911. — Id., *La fortuna di Pitagora presso i Romani dalle origini fino al tempo di Augusto*, 1921. — A. Caporali, *La natura secondo Pitagora*, 1914. — A. Delatte, *Études sur la littérature pythagoricienne*, 1915. — Id., *Essai sur la politique pythagoricienne*, 1922. — E. Frank, *Plato und die sogenannten Pythagoreer*, 1923. — I. Lévy, *Recherches sur les sources de la légende de Pythagore*, 1926. — W. W. Rathmann, *Quaestiones Pythagoreae Orphicae Empedocleae*, 1933. — F. Enriques e G. de Santillana, *Le problème de la matière: Pythagoriciens et Éléates*, 1936. — L. Brunschvicg, *Le rôle du pythagorisme dans l'évolution des idées*, 1937. — K. von Fritz, *Pythagorean Politics in Southern Italy*, 1940. — J. E. Raven, *Pythagoreans and Eleatics: An Account of the Interaction between the two Opposed Schools during the Fifht and Early Fourth Centuries B. C.*, 1948. — K. Kerényi, *Pythagoras und Orpheus*, 1950. — L. Ferrero, *Storia del pitagorismo nel mondo romano: Dalle origini alla fine della repubblica*, 1955. — H. Thesleff, *An Introduction to the Pythagorean Writings of the Hellenistic Period*, 1961 [sobre vários escritos pseudepígrafos, como o *Peri archon, Peri tou ontos, Peri antikeimon, Peri ton kathoulou logon, De anima mundi*, o *Anonymus Diodori*]. — W. Burkert, *Weisheit und Wissenschaft. Studien zu Pythagoras, Philolaos und Platon*, 1962. — E. Bindel, *Pythagoras. Leben und Lehre in Wirklichkeit und Legende*, 1962. — J. A. Philip, *Pythagoras and Early Pythagoreanism*, 1966. — C. J. de Vogel, *Pythagoras and Early Pythagoreanism: An Interpretation of Neglected Evidence on the Philosopher Pythagoras*, 1966. — I. Gobry, *Pythagore ou la naissance de la philosophie*, 1973. — B. L. van der Warden, *Die Pythagoreer*, 1979. — P. Gorman, *P.: A Life*, 1979. — D. J. O'Meara, *P. Revived. Mathematics and Philosophy in Late Antiquity*, 1989.

Bibliografia: L. E. Navia, *P.: An Annotated Bibliography*, 1990. ℭ

PITAGORISMO. A filosofia de Pitágoras é chamada também de "filosofia itálica", e sua escola de "escola itálica". Alguns autores antigos (como Hipólito nos *Philosophoumena*, 2) assinalaram que os pitagóricos se cindiram em duas seitas: a esotérica, dos chamados "pitagóricos", e a de outros chamados "pitagoristas" *(Pythagoristae)*. Não se pode decidir se essa divisão corresponde à realidade ou se é conseqüência da tendência antiga a enfatizar o esotérico (VER). Os primeiros partidários de Pitágoras são chamados "velhos" ou "antigos pitagóricos"; entre eles se destacam Filolau, Arquitas e Alcmeão, mas, além deles, podemos mencionar Kerkops, Petrão, Brontino, Hipaso, Califão, Demoquedes, Parmenisco, Oquelos, Timeu, Hiqueto, Ecfanto, Eurito, Símias, Cebes, Exécrates, Arião e Lísis. Característico de todos eles parece ser terem seguido *ao mesmo tempo* tendências místico-religiosas e tendências científico-racionais, à diferença do predomínio do místico-religioso no neopitagorismo (VER) posterior. Aristóteles usa várias vezes no Livro A de sua *Metafísica* a expressão 'os chamados pitagóricos', cujas doutrinas ele expõe e critica. Segundo Erich Frank, trata-se de filósofos pertencentes a uma época bastante posterior à de iniciação do pitagorismo, por isso não seria legítimo identificar seus ensinamentos com os de Pitágoras e da primeira geração dos pitagóricos. Contudo, como é forçoso valer-se em parte das descrições de Aristóteles para o pitagorismo primitivo em geral, fica muito difícil estabelecer uma distinção demasiado nítida entre os antigos pitagóricos e os pitagóricos posteriores. Alguns autores opinam que há inclusive diferenças consideráveis entre Pitágoras e os pitagóricos (incluindo os antigos), no sentido de que Pitágoras estaria exclusivamente interessado no aspecto místico-religioso e os pitagóricos preponderantemente voltados para a pesquisa matemática. A esta concepção se opõe outra segundo a qual a pesquisa matemática é o principal, inclusive dentro da intenção de Pitágoras e dos antigos pitagóricos.

O pitagorismo em sentido geral não deve ser restrito às doutrinas dos pitagóricos estritos; inclui também as influências exercidas por eles. Entre essas influências se destaca a recebida por Platão na fase de sua obra em que apresenta a chamada teoria das idéias-números.

◯ Fragmentos em Diels-Kranz: 15 (5) [Kerkops], 16 (6) [Petrão], 17 (7) [Brontino], 18 (8) [Hispaso], 19 (9) [Califão e Demoquedes], 20 (10) [Parmenisco], 24 (14) [Alcmeão], 44 (32) [Filolau], 47 (35) [Arquitas], 48 (35a) [Oquelo], 49 (36) [Timeu], 50 (37) [Hiquetas], 51 (38) [Ecfanto], 58 (45) [outros pitagóricos]. Em Diels-Kranz figura também a lista dos pitagóricos dada por Jâmblico em sua *Vida de Pitágoras;* a isso cabe acrescentar os dados oferecidos pela *Vida* de Porfírio.

Para o desenvolvimento da escola pitagórica ver a bibliografia no final do verbete sobre Pitágoras. ◯

PITKIN, WALTER B[OUGHTON]. Ver Neo-realismo.

PLANCK, MAX [KARL ERNST LUDWIG] (1858-1947). Nascido em Kiel, estudou em Munique e Berlim, sendo professor em Kiel e, a partir de 1899, em Berlim, como sucessor de Gustav Kirchhoff. Em 1918 recebeu o Prêmio Nobel. Em 1912 foi nomeado secretário perpétuo da Academia prussiana de ciências, e de 1930 a 1935 foi presidente do Kaiser Wilhelm Institut, depois chamado Max Planck Institut. Os estudos sobre o espectro de energia radiante emitida por um corpo negro haviam mostrado que há níveis máximos de energia em determinados comprimentos de onda, mas isso resultava inexplicável dentro do quadro da física clássica. Planck propôs em 1900 que a emissão de energia radiante é descontínua, isto é, que a energia se emite em quantidades discretas, os chamados "quanta". A hipótese de Planck, que é o fundamento da teoria dos quanta (ver), estabelece que a energia de um "quanto" é igual a hv, onde v expressa a freqüência da radiação e h equivale à chamada "constante de Planck". A idéia do quanto de ação e a determinação quantitativa de h constituem a base para o desenvolvimento de grande parte da física do século XX.

Tanto em seus estudos físicos como nas reflexões epistemológicas concomitantes a eles, Planck se manifestou como decidido partidário de uma concepção "realista" do mundo físico, opondo-se a todo positivismo, instrumentalismo e convencionalismo. A concepção "realista" se faz acompanhar em Planck de uma concepção objetivista e da idéia de que há uma ordem racional (e "determinista") no mundo.

◯ Obras: O trabalho no qual P. apresentou sua noção de quanto de ação é "Zur Theorie des Gesetzes der Energieverteilung in Normal-Spektrum", de 1900 ("Para a teoria da lei de distribuição de energia no espectro normal"). Devem-se a P. numerosas obras, entre as quais citamos: *Grundriss der allgemeinen Thermochemie,* 1893 *(Esboço de termoquímica geral); Vorlesungen über Thermodynamik,* 1897 *(Lições de termodinâmica); Vorlesungen uber Theorie der Wärmestrahlungen,* 1906; 5ª ed., 1923 *(Lições sobre a teoria das radiações térmicas); Acht Vorlesungen über theoretische Physik,* 1910 (conferências na Universidade de Columbia, Nova York, 1909; em trad. ingl.: *Eight Lectures on Theoretical Physics,* 1915); *Einführung in die allgemeine Mechanik,* 1916 *(Introdução à mecânica geral)* [com outros trabalhos]; *Einführung in die Theorie der Elektrizität und des Magnetismus,* 1922 *(Introdução à teoria da eletricidade e do magnetismo); Physikalische Rundblicke,* 1922 *(Panoramas físicos); Die Ableitung des Strahlungsgesetzes,* 1923 *(A derivação da lei de radiação); Wege zur physikalischen Erkenntnis,* 1933, 3 vols., 1943; 4ª ed., 1944, em 1 vol., 1949 *(Caminhos do conhecimento físico).*

Muitos trabalhos de P. estão incluídos nos 5 vols. de sua *Einführung in die theoretische Physik,* 1922-1930.

Nove monografias de interesse científico e filosófico foram publicadas em *Vorträge,* 9 vols., 1955. Incluem: *Sinn und Grenzen der exakten Wissenschaft,* originalmente publicada em 1914; 6ª ed., 1958 *(Sentido e limites da ciência exata); Das Weltbild der neuen Physik,* 1929 *(A concepção de mundo da nova física); Vom Wesen der Willensfreiheit,* 1936; 4ª ed., 1945 *(Da natureza da liberdade da vontade); Religion und Naturwissenschaft,* 1938; 14ª ed., 1958 *(Religião e ciência da natureza); Der Kausalbegriff in der Physik,* 1932; 8ª ed., 1958 *(O conceito de causa na física); Determinismus oder Indeterminismus?,* 1938; *Die Einheit des physikalischen Weltbildes,* 1939 *(A unidade da concepção física do mundo); Scheinprobleme der Wissenschaft,* 1947; 5ª ed., 1958 *(Pseudoproblemas na ciência).*

Autobiografia: *Wissenschaftliche Selbstbiographie,* 2ª ed., 1948. Ver também *Physikalische Abhandlungen und Vorträge. Aus Anlass seines 100. Geburtstages* (23 de abril de 1958), 3 vols., 1958.

Ver: H. Vogel, *Zum philosophischen Wirken M. Plancks*, 1961. — H. Kretzschmar, *M. P. als Philosoph*, 1967. — B. Schonland, *The Atomists (1805-1933)*, 1968. — S. E. Toulmin, ed., *Physical Reality: Philosophical Essays on 20ᵗʰ Century Physics*, 1970. ¢

PLANTINGA, ALVIN. Ver ESSENCIALISMO; INDÉXICO; NECESSIDADE.

PLÁSTICO. Entre os platônicos de Cambridge (VER) andou muito difundida a idéia da chamada "natureza plástica" da vida. Segundo Cudworth, o principal defensor de tal idéia, como não se pode afirmar que Deus age sobre a Natureza de um modo imediato e milagroso (de acordo com a suposição de muitos ocasionalistas), nem se pode sustentar que a Natureza se move mecanicamente e por si mesma (de acordo com a suposição de muitos mecanicistas, que correm o risco de desembocar no ateísmo), é necessário imaginar uma *Plastick Nature*, espécie de instrumento utilizado por Deus com o fim de reger com sua providência a natureza (cf. *The True Intellectual System, etc.* parte I, cap. iii). Cudworth admite que há precedentes da doutrina, entre os quais se acham certas afirmações de Aristóteles sobre as almas dos animais e sobre a forma total do universo, a teoria das razões seminais proposta pelos estóicos e outros pensadores, e várias concepções renascentistas, como as de Paracelso e dos van Helmont. Tanto é assim que Cudworth não combate esses autores por suas explicações da natureza plástica (e das naturezas plásticas), mas somente por sua inclinação a uma espécie de ateísmo cosmoplástico e de um hilozoísmo não menos negador de Deus que o mecanicismo. Esta inclinação se deve ao fato de identificarem demasiadamente a natureza plástica com o princípio divino e de esquecerem que a natureza plástica é uma arte, se bem que uma arte superior, capaz de ser praticada somente por Deus. A concepção de Cudworth e de outros platônicos de Cambridge está estreitamente relacionada com sua doutrina organológica da Natureza, oposta à doutrina mecânica e mais próxima da idéia dos seres naturais como manifestações de um "selo divino". A doutrina de Cudworth foi aceita também por Shaftesbury, mas impondo-lhe uma guinada mais estético-ética que propriamente teológica: a natureza plástica é para esse pensador um verdadeiro artista. Entre os filósofos importantes do continente, em contrapartida, somente Leibniz considerou com simpatia a doutrina de Cudworth, embora tampouco tenha aderido integralmente a ela. Em seu trabalho "Considérations sur les principes de vie et sur les natures plastiques" e no "Éclaircissement" ao mesmo (Gerhardt, VI, 539-555), Leibniz indica que admite efetivamente a existência de princípios de vida difundidos por toda a Natureza e de índole imortal, mas que não tem necessidade de recorrer às naturezas plásticas *imateriais*; esta doutrina, diz ele, *non mi bisogna e non mi basta*,

pois a preformação proporciona naturezas plásticas materiais capazes de constituir os princípios buscados.

PLATÃO (428/427-347 a.C.). Nascido em Atenas, de família aristocrática; seu pai, Aríston, era descendente do rei ático Codro, e sua mãe, Perictione, era descendente de Drópides, parente de Sólon. O nome 'Platão' é, a rigor, um apelido (que significa 'o de ombros largos'); seu nome original era Aristocles. Educado pelos melhores mestres da época em Atenas, Platão teve dois interesses: a poesia, que logo abandonou, e a política, que o preocupou sempre. Aos 18 anos, aproximou-se do círculo de Sócrates, que exerceu enorme influência sobre sua vida e suas doutrinas e de quem foi o mais original discípulo. Com Sócrates ocorreu o que se pode chamar a conversão de Platão à filosofia. Depois da morte de Sócrates, estabeleceu-se por um tempo em Megara, com Euclides, outro discípulo de Sócrates. De regresso a Atenas, começou seus ensinamentos filosóficos. Afirma-se — mas não se pode assegurar — que também empreendeu uma viagem ao Egito. Pouco depois foi convidado pelo tirano Dionísio Velho, de Siracusa (Sicília), onde entrou em contato com os pitagóricos (especialmente com Arquitas). Embora o sobrinho de Dionísio Velho, Díon, se tenha entusiasmado pelas doutrinas de Platão, o resultado da viagem foi desastroso; parece que por ordem de Dionísio o filósofo foi oferecido (por volta de 387) como escravo no mercado de Egina (que estava então em guerra com Atenas) e que teve de ser resgatado por um certo Aniceris. De regresso a Atenas, Platão fundou a Academia (VER), mas convidado de novo pelo sucessor do citado Dionísio, Dionísio Jovem, empreendeu uma segunda viagem a Siracusa, onde esperava pôr em prática suas idéias de reforma política. Tendo Díon caído em desgraça, Platão retornou a Atenas, mas em 361/360 empreendeu uma terceira viagem à Sicília (também por convite de Dionísio Jovem). Contudo, teve de fugir, protegido por Arquitas, em conseqüência de estar implicado nas lutas políticas do Estado, regressando a Atenas, onde permaneceu até o final da vida, consagrado à Academia e a seus escritos.

É difícil resumir a filosofia de Platão — uma das mais influentes na história da filosofia (ver PLATONISMO) — não só por causa de sua complexidade, mas também porque podemos considerar nela etapas distintas, marcadas especialmente pela evolução da teoria das idéias. Portanto, teremos de nos limitar a destacar alguns dos traços essenciais. Mesmo tendo em conta a citada evolução, nós a consideraremos como contínua e que, portanto, subjazem no pensamento do autor durante todas as fases de seu desenvolvimento preocupações e problemas sensivelmente invariáveis.

Em princípio, a obra filosófica de Platão pode ser considerada como uma continuação da socrática, a ponto de os chamados diálogos de juventude ou da primeira época (ver bibliografia) serem tanto elaborações do pensamento socrático como exposição das conversações mantidas entre Sócrates e seus amigos, discípulos e adversários. Muito freqüente em tais diálogos é um "ar inconcluso"; mais que expressão de certo número de opiniões bem fixadas, os "diálogos socráticos" parecem ser exercícios de "dialética", e até de retórica. No entanto, vê-se cada vez mais claramente que, através de Sócrates, Platão quer opor-se a uma tendência que considera funesta: o relativismo sofístico. Mais de uma vez os sofistas (VER) se tornam alvo de seus questionamentos. Mas opor-se ao relativismo quer dizer supor que há uma possibilidade de conhecimento que não depende de fatores circunstanciais. Pouco a pouco avança Platão rumo ao que vai constituir sua mais famosa — e discutida — doutrina filosófica: a teoria das idéias. Os motivos da formulação desta teoria são, contudo, mais complexos do que a mera oposição à sofística. Às razões epistemológicas se unem — e agem às vezes mais poderosamente ainda do que aquelas — razões éticas, metafísicas e de filosofia política. Por esta última entendemos sobretudo a atitude de Platão ante as circunstâncias sociais da época. Essa atitude pode ser rastreada em diversas passagens de sua obra, tal como, por exemplo, nos livros III e IV da *República* e na *Carta VII*. Do primeiro se depreende que o famoso "Estado ideal" é um Estado em vista de uma época de crise e não um Estado ideal "absoluto". Do segundo se deduz que a questão fundamental é a da concórdia social, que pode ser obtida somente quando há acordo acerca de quem deve reger o Estado e do lugar que corresponde a cada indivíduo — e a cada estrato social — dentro do mesmo, lugar determinado pela justiça (VER), que rege as relações entre as diversas classes, que são para o corpo social o que as faculdades são para a alma individual humana. Daí fica claro que o filósofo — ou o rei-filósofo, ou o chefe de Estado educado na filosofia — deve tomar as rédeas de uma sociedade que o estadista sem filosofia já não sabe manejar. Todos esses motivos concorrem para a formação da teoria das idéias, a cuja exposição consagraremos a maior parte do presente verbete.

É uma teoria que começa a manifestar-se em diálogos tais como *O Banquete* e o *Fédon*, e que é criticada, ou discutida — ou, segundo alguns autores, reafirmada —, nos chamados "últimos diálogos". Nesses estágios ulteriores da elaboração da teoria é preciso acrescentar à influência socrática outras influências, como a eleática, a pitagórica e a heraclitiana. Mas não cabe pensar que Platão tenha chegado facilmente à formulação clara da mencionada teoria. Antes de poder perceber-se sequer sua estrutura geral é necessário definir o que é preciso para julgar retamente *cada* realidade.

Antes de tudo, é preciso que haja familiaridade com a realidade pertinente. Semelhante familiaridade, não é qualquer um que a pode possuir: só o "técnico" conhece aquilo de que fala. Assim, para saber acerca do manejo dos navios é preciso consultar o piloto, para conhecer como se deve lutar com o inimigo é preciso recorrer ao estratega. Uma "tecnificação" do saber e a ereção de uma espécie de "tecnocracia" parecem, portanto, o resultado dessa tendência. Contudo, não devemos deixar-nos despistar pelas aparências; trata-se unicamente de exemplos. Esses exemplos estão destinados a mostrar duas coisas. Uma: que tudo o que ocorre nas profissões também ocorre, pelo menos analogicamente, nas questões gerais: a opinião "comum", a que julga meramente pelas aparências, deve ser descartada. Outra: que a reflexão é necessária para adquirir conhecimento. Ambas as coisas se resumem numa só: saber o mais importante — o que é o justo, o que é o injusto; o que é o bem, o que é o mal — não deve ser deixado em mãos de qualquer um: só o filósofo poderá responder adequadamente a perguntas tão fundamentais. Mas se o filósofo o faz é porque adquiriu previamente uma "técnica": a que consiste em dar as definições corretas. Estas definições (ver DEFINIÇÃO) são conseguidas, desde logo, mediante o emprego sistemático do processo da divisão (VER); a realidade é articulada de tal forma que se torna possível logo "cortá-la" por meio do conceito (VER) è colocar qualquer entidade no "lugar lógico" que lhe corresponde, isto é, situá-la dentro de um gênero (VER) próximo com o fim de defini-la a seguir mediante uma diferença específica. Deste modo acaba-se por ver as realidades do ponto de vista das idéias. E só assim é possível alcançar um dos propósitos capitais de Platão: dar conta da realidade e, portanto, em última instância, "salvar" as aparências que para o homem comum parecem constituir *toda* a realidade.

O "conhecimento" que os sofistas propugnam é, assim, um reflexo do falso saber da maioria. Esta se acha predisposta a reduzir o conhecimento das coisas ao "conhecimento" das aparências, sensações ou sombras das coisas. Daí sua insistência no conhecimento sensível. Mas por meio desse "conhecimento" só podemos saber acerca das entidades particulares e dos acidentes destas entidades. Tão logo, porém, tentamos saber que é o que é — e não só, como os pré-socráticos em geral, as coisas que são, ou, como os sofistas, as aparências dessas coisas —, é preciso proceder a aplicar um método sistemático que nos leve primeiro à definição de cada realidade e depois, mediante uma incessante dialética (VER), ao conhecimento das idéias. A percepção nos diz, por exemplo, que a alma (VER) é perecível. Mas a definição da alma, isto é, a apreensão de sua essência (VER), pode nos demonstrar sua imortalidade (VER). O mesmo ocorre com todas as demais realidades, em particular com essas "realidades" que têm uma estrutura análoga à dos números ou à das relações. Assim como o matemático não se ocupa das figuras triangulares, mas do triângulo, o filósofo não se deve ocupar —

a não ser como ponto de partida — das coisas justas, mas da justiça, no mesmo sentido em que já não o triângulo mas a triangularidade faz que sejam possíveis as coisas triangulares. O que importa, pois, é o "como tal" das realidades; em outros termos, suas essências ou formas. Estas surgem primariamente como modelos dos correspondentes objetos e, em grande medida, como estes objetos enquanto são vistos em seus momentos de máxima perfeição.

A definição filosófica das realidades nos conduz, portanto, a uma essência que pode abarcar todos os casos, possíveis e efetivos, da realidade considerada. Há, por exemplo, muitas possibilidades de "definir" o amor (VER): o amor é um instinto, uma tendência à beleza, um movimento de atração. Mas só uma definição é aceitável: a que corresponde à sua idéia. O amor é uma oscilação entre a não-posse e a posse, entre o não-ter e o ter, ou, como diz Platão, seguindo sua tendência ao uso metafórico (ver METÁFORA) e às vezes mítico (ver MITO), o filho de Poros (a Pobreza) e de Penia (a Riqueza). Ora, estes primeiros esclarecimentos sobre as idéias devem ser completados por outros em que as idéias aparecem claramente enquanto tais. À elaboração do saber (VER) deve-se sobrepor a teoria desse saber ou, se se quiser, a da verdadeira ciência.

Essa ciência — a do filósofo — se opõe à ignorância, que é o não-saber (às vezes, o crer que se sabe não sabendo). É a mais elevada de todas as sabedorias e por isso tem a seu serviço o mais alto de todos os instrumentos do pensar: a dialética. Ora, a importância outorgada por Platão à verdadeira ciência não deve fazer crer que ele conceba somente duas possibilidades: esta ciência e a pura ignorância. Assim como há um intermediário entre o ser e o não-ser — isto é, um mundo de objetos (os objetos sensíveis) que não são inteiramente reais, mas que tampouco são inteiramente inexistentes —, há um modo de saber intermediário entre a ignorância e o verdadeiro conhecimento: é a opinião (VER), que não é simples sensação, mas uma reflexão que alcança seu propósito pelo menos nos assuntos de caráter prático, em muitos dos quais se necessita unicamente de um conhecimento provável ou plausível. No mesmo sentido em que recusa aniquilar o mundo fenomênico em prol de um universo puramente inteligível, Platão nega-se a fazer desaparecer por completo modos de conhecimento que têm também por objeto *certa* realidade. Dessa maneira Platão reconhece uma hierarquia (VER) do saber, tal como reconhece uma hierarquia do ser. A "escada da beleza" a que se refere no *Banquete* é só uma das metáforas que ele usa para mostrar que existe verdadeiramente uma ascensão e, por conseguinte, uma multiplicidade de degraus. Mas cabe recorrer a outras metáforas. Por exemplo, a concepção do belo como algo que outorga às realidades uma espécie de halo e, por conseguinte, um reflexo já aqui visível do inteligível. Ou então a concepção da alma que é, como assinala no *Fédon*, afim às idéias e não às coisas sensíveis, mas por isso mesmo oscilante entre umas e outras. Mas se Platão insiste por toda parte na hierarquia, é porque pensa que, em último termo, há um pilar que sustém o edifício inteiro da realidade — e de seu conhecimento —: são as essências, as formas, ou as idéias. E por isso a teoria das idéias, primeiro de forma aproximada, depois de forma dogmática e, finalmente, de modo crítico, aparece como o eixo de toda a especulação do filósofo.

Essas idéias aparecem, de imediato, como a verdade das coisas. Trata-se de verdades que a alma possui de modo inato (ver INATISMO) e que podem se manifestar, segundo é provado no *Ménon*, tão logo, em vez de seguirmos apegados às coisas sensíveis, realizamos o esforço de nos desprender delas e de viver uma vida em contemplação (VER). Esta vida contemplativa ou teórica pode não ser possível neste mundo se nos ativermos à famosa imagem da caverna (*República*, VII), da qual parece depreender-se que estamos acorrentados e obrigados a contemplar *somente* as sombras das coisas que a luz exterior projeta sobre a imensa parede, única direção em que somos forçados a olhar. Mas com freqüência Platão dá a entender que pode-se levar nesta vida uma existência semelhante à dos deuses, e isso significa uma existência na qual as idéias podem ser contempladas, por assim dizer, face a face. Na verdade, esta última opinião é a que predomina, especialmente quando em vez de destacar, por meio da metáfora e do mito, a luz inteligível das idéias, Platão se enfrenta com o problema do conhecimento verdadeiro através dos conceitos. Foram dadas interpretações muito diversas da doutrina platônica das idéias. Para uns trata-se de entidades metafísicas, supremamente existentes e supremamente valiosas, objeto de contemplação intuitiva reservada somente aos que são capazes de realizar o esforço necessário ou aos que possuem desde o começo as condições necessárias. Para outros trata-se de estruturas de conhecimento da realidade, mais semelhantes às hipóteses matemáticas que às realidades metafísicas. Para outros trata-se de modelos das coisas que resultam visíveis unicamente quando, como diz Bergson, tomamos uma vista estável sobre a instabilidade da realidade; neste caso se conclui que as idéias são a expressão das imobilidades, alcançadas tão logo se detém o fluir incessante da realidade em certos momentos privilegiados. Todas estas interpretações descrevem algo que há efetivamente na teoria platônica. Isso quer dizer que a concepção do filósofo grego é fundamentalmente complexa. Esta complexidade aumenta, por outro lado, se pensamos que junto à questão da natureza das idéias há outra questão na qual Platão trabalhou incessantemente e que deixou inconclusa: a da forma de relação que semelhantes idéias têm com as coisas; questão que desencadeia imediatamente o problema da hierarquia entre as próprias idéias.

A questão da relação citada é resolvida, de imediato, mediante a noção de participação. É uma noção que, como vimos já no verbete correspondente, topa com graves dificuldades. Não menos difícil é qualquer solução dada à questão da relação que as idéias mantêm entre si. No *Sofista* Platão manifesta que uma idéia pode participar de outra idéia. Mas uma vez resolvido este problema, ainda resta outro: o de saber de que coisas há idéias. Nos primeiros diálogos e nos chamados diálogos intermediários, a questão não era demasiado grave. Com efeito, as idéias de que se falava eram idéias tais como a justiça, a virtude etc., isto é, idéias que podem ser compreendidas relativamente sem esforço tão logo consideramos que — a não ser que se postule a existência de uma justiça perfeita — todos os atos chamados justos serão incompreensíveis por força de serem relativos. 'Ser justo' é, portanto, neste caso, aproximar-se o mais possível da idéia perfeita de justiça; 'ser virtuoso', aproximar-se o mais possível da idéia perfeita de virtude etc. Mas não parece plausível que as idéias devam limitar-se a semelhantes entidades. Por que não admitir também, como se pergunta no *Parmênides*, que haja não só idéias de entidades tais como o homem, o fogo, etc., mas inclusive de coisas vulgares, tais como a sujeira e os cabelos? É óbvio que ao chegar a esse ponto Platão vacila consideravelmente. Pois se, de fato, uma coisa *é* enquanto participa de uma idéia, haverá tantas idéias quantas classes de coisas há, sendo então cada idéia o "modelo" de qualquer coisa de sua classe correspondente. Mas então as idéias se multiplicam vertiginosamente. Como se não bastasse, essa extensão da noção de idéia levanta outro problema: há em cada objeto múltiplas partes e características a cada uma das quais poderia corresponder uma idéia. À idéia do pássaro se acrescentaria então a idéia da asa; além disso, a idéia do volátil, da "plumidade" e outras análogas. Isso levou Platão a reduzir o reino das idéias e, sobretudo, a insistir em certas idéias que parecem constituir o eixo do mundo inteligível. Isso supõe, evidentemente, que não há somente idéias, mas também classes de idéias. As idéias de que se falará agora serão, pois, idéias tais como as de unidade, pluralidade e outras análogas. Cinco destas "idéias mais elevadas" alcançam, no final, preeminência. São os "grandes gêneros": o ser, a igualdade, a diferença, o movimento e o repouso. Com base neles já se pode compreender a estrutura inteligível da realidade. Mas isso suscita imediatamente alguns problemas. Um deles é o que surge quando se pergunta como uma forma tal como o ser pode predicar-se ao mesmo tempo de formas tais como o movimento e o repouso. A necessidade de resolver esse problema conduz Platão a uma nova redução: à de três grandes gêneros, o ser, a igualdade e a diferença, que podem predicar-se de todas as formas. Mas ao chegarmos a esse cume do mundo inteligível, deparamos com o fato de que se torna mais difícil não só a compreensão do mundo sensível — que já parece infinitamente afastado do inteligível —, mas também a do resto do mundo das idéias. Para resolver esse problema Platão afiou ao máximo o instrumento de que se valera em toda esta investigação, isto é, a dialética. Essa ciência — a que é ensinada ao final do longo processo educativo descrito na *República* — mostra como se unem e se separam as idéias, mostra que algumas idéias se misturam e outras não, e mostra a necessária hierarquia que se deve estabelecer no mundo inteligível com o fim de não ter de admitir uma ruptura completa entre os grandes gêneros e o resto das entidades. A essa tardia elaboração de sua teoria se deve, aliás, a sensível mudança que alguns autores observam na doutrina das idéias de Platão entendida como uma teoria dos universais (VER). Com efeito, a necessidade da hierarquia e, sobretudo, as dificuldades que o próprio autor acumula sobre sua teoria o fazem abandonar o extremo realismo (VER) que mantivera no princípio para aderir a um realismo que pode ser qualificado de moderado. De fato, algumas das objeções que Aristóteles levantou contra a teoria das idéias — e até alguns dos argumentos mais conhecidos, tal como o "terceiro homem" — foram formuladas pelo próprio criador da teoria. Também pode dever-se a essas objeções a reformulação da teoria das idéias numa teoria das idéias-números — como a unidade, a díade — à qual Platão parece ter se entregado nos últimos anos de vida. Contudo, como há ainda muita discussão sobre isso, preferimos nos limitar a fazer uma simples menção ao assunto.

Destacamos na exposição anterior não somente as afirmações positivas de Platão acerca das idéias, da relação entre elas e as coisas, e da relação das idéias entre si, mas também, e especialmente, as dificuldades suscitadas por tais afirmações, porque queríamos deixar bem claro que Platão, sobretudo o Platão da maturidade, é o exato oposto de um filósofo dogmático. Em algumas ocasiões inclusive parece deixar-se levar sem resistência rumo a todas as vias mortas a que conduz o exercício implacável da dialética. Isso explica por que o que alguns autores consideram como o ápice da filosofia de Platão — sua teologia e sua cosmologia — pode ser interpretado como "um conjunto de probabilidades". A teologia platônica fora já antecipada, mas de modo muito esquemático e, além disso, ambíguo. Com efeito, na *República* Platão insistira na idéia suprema do Bem, que é, em relação ao mundo, o que o Sol é para o mundo sensível, de tal modo que o Bem ilumina o mundo inteligível por inteiro e é de tal maneira elevado que, como diz Platão numa ocasião, se acha "mais além do ser", podendo com isso constituir o fundamento do ser e, com ele — em virtude da característica identificação platônica de ser e valor —, a beleza, a inteligência e a bondade. É possível considerar que esta idéia do Bem é equiparável a Deus. Mas é possível também negá-lo. Em contrapartida, as questões teológicas se manifestam de um modo decisivo no *Timeu*, o diálogo que exerceu tão constante influência no final da Antiguidade e durante toda a Idade Média. Trata-se, a rigor, como apontamos, de uma teologia e de uma cosmologia (e cosmogonia). Com efeito, no *Timeu*, Platão apresenta o cosmo como algo gerado por uma combinação de necessidade e inteligência. Esta combinação deve ser entendida do seguinte modo: a inteligência controla a necessidade e a persuade a levar sempre para o melhor resultado possível a maior parte das coisas que chegam a ser. Isso não seria entendido se concebêssemos a necessidade como uma ordem estrita. Mas a necessidade não é uma ordem no sentido em que Platão a entende, porque a ordem implica para o filósofo um plano determinado, isto é, uma finalidade determinada, enquanto se a necessidade produz a ordem gera uma ordem sem finalidade e sem plano. A inteligência é, portanto, que persuade a necessidade para a produção ordenada das coisas. Ora, esta inteligência é a norma sobre a qual se vai basear o demiurgo (VER). Não nos estenderemos aqui sobre o que dissemos no verbete sobre o demiurgo. Destacaremos só que o demiurgo é, certamente, um Deus, mas um Deus que trabalha, como indicou Victor Brochard, com os olhos fixos nos modelos das idéias. Sua atividade o leva a produzir a alma do mundo (VER) pela mistura (ordenada) do Mesmo e do Outro, o tempo (VER) como medida (ordenada) do universo e como imagem móvel da eternidade, a alma humana e a realidade física. Pode-se dizer, portanto, que o mundo foi feito pelo demiurgo de acordo com as idéias mediante uma combinação do determinado e do indeterminado a fim de tirar desta combinação o melhor partido possível. Mas como esta última afirmação implica uma teodicéia (VER) e não só uma teologia, nos limitamos a deixá-la como uma das possibilidades na interpretação platônica. No mesmo caso está a interpretação da exata função que tem o Outro ou o indeterminado na produção do mundo. Por um lado, parece tratar-se de uma pura possibilidade; pelo outro, de uma espécie de determinação. É muito provável que haja em Platão a tendência a usar simultaneamente os dois conceitos em sua teologia e em sua cosmogonia. Bergson disse que Platão, como todos os filósofos gregos, concebe que a posição de uma realidade implica a posição simultânea de todos os graus de realidade intermediários entre ela e o puro nada. Consideramos mais plausível que o nada tenha também de ser posto, junto com o puro ser, para que haja as realidades intermediárias. E assim a posição destas realidades, que se trata de explicar, justificar ou salvar, pode aparecer como uma espécie de interminável jogo dialético entre o puro ser e o puro não-ser, ou, talvez, como o próprio Platão escreve no *Timeu*, como a expressão de uma relação incessante entre o que é sempre e jamais devém (ver DEVIR) e o que devém sempre e jamais é.

Deixamos para o final a breve abordagem de vários problemas que têm ocupado a atenção de alguns expositores e críticos da filosofia platônica.

Um é o de se as formas que Platão propugna devem ser entendidas como estando supostas por nosso conhecimento nas coisas sensíveis, ou então como entidades completamente separadas das coisas. Em ambos os casos se reconhece a natureza "objetiva" das idéias. Mas enquanto na primeira interpretação — que pode ser qualificada de imanente — se lança uma ponte entre as idéias e as coisas, na segunda — que pode ser qualificada de transcendente — se acentua sua separação. Da solução que se dê a esta questão depende a interpretação total do platonismo. Ora, resulta que, como destacou W. D. Ross, encontramos nas obras de Platão vocábulos que nos incitam a aderir à primeira interpretação e termos que abonam a segunda. Assim, a concepção mais imanente das formas está apoiada no uso de vocábulos tais como ἔχειν, μετέχειν, κοινωνία; a concepção mais transcendente, no uso de vocábulos tais como παράδειγμα, αὐτό, καθ'αὐτό, μίμησις. O mais provável é que o próprio Platão vacilasse em decidir-se resolutamente por uma só dessas concepções; as necessidades da dialética e as sucessivas dificuldades que opunha a sua própria doutrina o levavam alternadamente de uma a outra.

Outro problema é o da autenticidade dos escritos platônicos. As opiniões a respeito se dividiram conforme se aumentasse ao máximo ou se reduzisse ao mínimo o número de diálogos considerados autênticos. Em data recente foi proposta uma teoria revolucionária sobre os escritos de Platão: a de que o *Corpus platonicum* (ou melhor, o estado no qual foi tradicionalmente conhecido este *Corpus*) se deve a Pólemon (VER). O autor dessa tese é Josef Zürcher, o mesmo que já propusera uma teoria revolucionária sobre a redação do *Corpus aristotelicum* (ver ARISTÓTELES).

Colocou-se o problema de haver ou não "doutrinas não-escritas" de Platão. K. Gaiser e, anteriormente, H. J. Kramer (cf. bibliografia) sustentaram a existência de tais doutrinas ou "testemunhos platônicos", que constituem uma "tradição indireta", que se apóia principalmente em vários textos de Aristóteles. Se não existissem tais doutrinas, argumentam os autores citados, não seria possível explicar certos desenvolvimentos do platonismo. As chamadas "doutrinas não-escritas" dizem respeito a noções relativas a derivações numéricas partindo da unidade e da díade originais.

O problema das "doutrinas não-escritas" de Platão foi abundantemente discutido por vários autores (o citado Gaiser, Hans-Georg Gadamer, J. N. Findlay e outros;

cf. bibliografia), colocando-se, ademais, a questão do alcance da hermenêutica dos textos platônicos "clássicos".

Findlay *(op. cit. infra)* destacou a atitude comum a todos os historiadores e filósofos que consideraram importantes as "doutrinas não-escritas". Aceitar que existem tais doutrinas, sustenta Findlay, representa admitir que os diálogos de Platão, embora contenham profundas intuições das doutrinas não-escritas, não as expõem propriamente. Os diálogos conhecidos "apontam para algo mais além deles". Findlay assinala, além disso, que, em boa parte, as doutrinas não escritas de Platão foram algumas das desenvolvidas por autores neoplatônicos. Em todo caso, se acham bastante afastadas da imagem usual de um "dualismo" entre o sensível e o inteligível. Especialmente importante é para Findlay a idéia de que as Formas Primeiras platônicas são ao mesmo tempo modelos de excelência auto-existente, modelos relativos de realidades defectivas e "quase-modelos" de uma "falta de Forma" oposta às Formas.

O problema da cronologia dos escritos platônicos tem importância sobretudo para fixar a evolução de seu pensamento desde sua dependência mais fiel de Sócrates até a última fase de sua filosofia. As pesquisas a respeito têm sido numerosas (ver a bibliografia citada abaixo). Em geral — e prescindindo aqui de complexas questões de detalhe — costuma-se distinguir entre os escritos da primeira época *(Apologia de Sócrates, Protágoras, Críton, Laques, Íon, Lísis, Cármides, Eutífron,* os dois *Hípias,* menor e maior), os escritos intermediários *(Górgias, Ménon, Eutidemo,* alguns livros da *República, O Banquete, Fédon, Menexeno),* os escritos de crítica da doutrina das idéias e renovação do pensamento platônico *(Teeteto, Parmênides, Crátilo, O Sofista, Filebo, O Político)* e os escritos últimos *(Timeu, As Leis, Crítias).* Esta ordem não é sempre aceita. Alguns distinguem entre os chamados escritos de maturidade (como *O Banquete, Fédon,* últimos livros da *República, Fedro)* e os escritos da velhice (que compreenderiam precisamente a maior parte das obras de crítica da doutrina das idéias). Aos *Diálogos* e à *Apologia* devemos acrescentar as *Cartas,* que durante muito tempo se acreditou serem apócrifas e que atualmente são consideradas autênticas em sua maior parte (especialmente importante é a chamada *Carta VII).* Em numerosas edições de Platão suas obras se apresentam ordenadas em trilogias ou tetralogias. Muito influente foi a ordenação em tetralogias devida a Trasilo. De acordo com ela, há nove tetralogias na forma seguinte: I *(Eutifron, Apologia de Sócrates, Críton, Fédon);* II *(Crátilo, Teeteto, Sofista, Político);* III *(Parmênides, Filebo, Banquete, Fedro);* IV *(Primeiro Alcibíades, Segundo Alcibíades, Hiparco, Anterestai);* V *(Teages, Cármides, Laques, Lísis);* VI *(Eutidemo, Protágoras, Górgias, Ménon);* VII *(Hípias maior, Hípias menor, Íon, Menexeno);* VIII *(Cleitofon, República, Timeu, Crítias);* IX *(Mino, Leis, Epinomis, Cartas).* É usual, ao citar Platão, mencionar as abreviaturas dos títulos latinos ou gregos das obras, assim: *Phai., Phaed., Theait., Soph., Pol., Symp., Prot., Gorg., Rep.* (ou *Pol. – Politeia), Tim,., Crit.* etc.

⊃ Sobre a questão da autenticidade e cronologia dos escritos platônicos, ver (além dos comentários de Schleiermacher a sua edição) as obras seguintes, quase todas elas mais pertinentes aos aspectos histórico-filológicos do que aos propriamente filosóficos do platonismo: E. Zeller, *Platonische Studien,* 1839 (cf. também a *História* de Zeller mencionada no verbete FILOSOFIA GREGA). — F. Susemihl, *Die genetische Entwicklung der platonische Philosophie, einleitend dargestellt,* Parte 1, 1855; Parte 2, 1860. — Id., *Neue platonische Forschungen,* 1898. — E. Munk, *Die natürliche Ordnung der platonischen Schriften,* 1856. — H. Bonitz, *Platonische Studien,* 2 vols., 1858-1860; 3ª ed., 1886, reimp., 1963 [com introdução por F. Dirlmeier]. — F. Überweg, *Untersuchungen über die Echtheit und Zeitfolge platonischer Schriften und über die Hauptmomente aus Platons Leben,* 1861 (reimp., 1969-1970). — E. Alberti, *Die Frage nach Geist und Ordnung der platonischen Schriften, beleuchtet aus Aristoteles,* 1864. — K. Schaarschmidt, *Die Sammlung der platonischen Schriften zur Schleidung der echten von den unechten untersucht,* 1866. — H. Schmidt, *Beiträge zur Erklärung platonischer Dialoge,* 1874. — F. Schultess, *Platonische Forschungen,* 1875. — F. Tocco, *Ricerche platoniche,* 1876. — G. Teichmüller, *Die platonische Frage, eine Streitschrift gegen Zeller,* 1876, reimp., 1972. — Id., *Über die Reihenfolge der platonischen Dialoge,* 1870. — Id., *Literarische Fehden im vierten Jahrhundert vor Chr.,* 2 vols., 1881-1884. — Ch. Waddington, "Mémoire sur l'authenticité des écrits de Platon", 1886 (em *La philosophie ancienne et la critique historique,* 1904). — K. Joël, *Zur Erkenntnis der geistigen Entwicklung und der schriftstellerischen Motive Platons,* 1887. — T. Gomperz, *Platonische Aufsätze. I. Zur Zeitfolge platonischer Schriften,* 1887. — E. Pfleiderer, *Zur Lösung der platonischen Frage,* 1888. — C. Ritter, *Untersuchungen über Platon,* 1888. — Id., *Neue Untersuchungen über Platon,* 1910. — F. Dümmler, *Chronologische Beiträge zu einigen platonischen Dialogen aus den Reden des Isokrates,* 1890. — F. Horn, *Platonstudien,* 1893. — C. Ritter, *Platons Dialoge,* 1, 1903; 2, 1909. — M. Hoffmann, "Zur Erklärung platonischer Dialoge", *Zeitschrift für das Gymnasialwesen* (1903), 525-537; (1904), 87-92, 279-288, 478-490, 609-614; (1905), 321-335. — H. Raeder, *Platons philosophische Entwicklung,* 1905. — G. L. Radice, *Studi Platonici,* 1906. — F. Th. Olzscha, *Platons Jugendlehre als Kriterium für die Chronologie seiner Dialoge,* 1910. — O. Apelt, *Platonische Aufsätze,* 1912. — H. von Arnim, "Sprachliche Forschungen zur Chronologie der platonischen Dialoge", *Sitzber. der Wiener Ak.,* 169 (1912). — Id., *Platos Jugenddialoge und die Entstehungszeit des Phai-*

dros, 1914. — J. I. Beare, *A New Clue to the Order of the Platonic Dialogues*, 1913. — M. Pohlenz, *Aus Platons Werdezeit*, 1913. — A. Dies, *Autour de Platon. Essais de critique et d'histoire*, 2 vols., 1927. — Id., *Platon*, 1930. — P. Friedländer, *Platon*, 2 vols. (I: *Eidos, Paideia, Dialogos*, 1928; II: *Die platonischen Schriften*, 1930); 3ª ed., rev. e aum., 3 vols., 1975. — P. Brommer, ΕΙΔΟΣ et ΙΔΕΑ. *Étude sémantique et chronologique des oeuvres de Platon*, 1940. — R. Simeterre, *Introduction à l'étude de Platon*, 1948. — H. Gauss, *Philosophischer Handkommentar zu den Dialogen Platons*, I, 1, 1952; II, 1, 1956; II, 2, 1958; III, 1, 1960. — J. Zürcher, *Das Corpus academicum*, 1954. — R. Bohme, *Von Sokrates zur Ideenlehre. Beobachtungen zur Chronologie des platonischen Frühwerks*, 1959. — M. Untersteiner, *Posidonio nei placita di Platone secondo Diogene Laerzio*, III, 1970. — Deve-se levar em conta, no entanto, que várias das obras citadas são também importantes para a compreensão da filosofia platônica, assim como o fato de que a bibliografia que virá a seguir contém igualmente, em muitos casos, amplas referências à questão histórico-filosófica (que, aliás, está tratada também nos comentários e notas às principais edições de Platão). Uma estrita separação entre a série de obras mencionadas e a que virá a seguir não é, portanto, recomendável.

Edição de obras: no tocante às edições de Platão, a primeira impressa é a que contém a versão latina de Marsilio Ficino (Florença, 1483-1484). O texto grego apareceu impresso pela primeira vez em Veneza (Aldus Manutius, 1513). A estas edições seguiram as que imprimiram Valderus (Basiléia, 1534) e Petrus (Basiléia, 1556), a edição de Henricus Stephanus ou Henri Étienne (Paris, 1578), em colaboração com Ioannes Serranus. Os números de colunas e as letras A, B, C, D, E em que está subdividida cada coluna nesta edição são as que figuram na maior parte das citações atuais de Platão e as que adotamos neste *Dicionário*. Para nos limitar às edições dos últimos dois séculos, citaremos a de Immanuel Bekker (Berolini, 10 vols., 1816-1823), a de C. F. Hermann (Lipsiae, 6 vols., 1851), a de M. Schanz (Lipsiae, 1875, embora incompleta, muito importante), a de Barthélémy Saint-Hilaire (Paris, 1896), a de John Burnet (Oxford, 5 vols., 1900-1906), a da Collection des Universités de France (As. Guillaume Budé: 13 vols., 1920 ss.). Para os comentários platônicos ver PLATONISMO.

Entre as traduções destacam-se a alemã de Schleiermacher (1804-1810, reed. por L. Schneider, 1942), a francesa de Victor Cousin (1822-1840), a italiana de Ferrari (1873-1888) e a inglesa de Jowet (1871). Estas traduções foram superadas filologicamente por versões mais recentes, geralmente feitas por vários autores (como a francesa da publicada sob os auspícios da Association Guillaume Budé ["Les Belles Lettres"] e a alemã de Otto Apelt, Gustav Schneider etc.). Citamos ainda: *Obras completas*, 6 vols., 1980-1982 (texto grego e espanhol; trad., prólogo e notas de J. D. García Bacca). — *Obras completas*, 1966, trad. de Araújo, García Yagüe, Gil e outros. — Encontram-se numerosos diálogos platônicos, com boas edições e traduções, em diversas editoras, algumas das quais prosseguem sua publicação. Mencionemos entre elas: Instituto de Estudios Políticos ("Clásicos Políticos"), Centro de Estudios Constitucionales, Gredos ("Biblioteca Clásica"), Espasa-Calpe.

Em português: *Alcibíades*, I e II, s.d. — *Apologia de Sócrates*, 1997. — *O banquete*, 1999. — *Crátilo*, 1963. — *Diálogos*, 1980. — *Diálogos*, Os Pensadores, 1983. *Fédon*, 2000. — *Fedro*, 1989. — *Górgias*, 1989. — *Hípias menor*, 1999. — *Laquis*, 1999. — *As leis*,1999. *O simpósio, ou do amor*, 1986. — *Lísis*, 1995. — *Menon*,s.d. — *Protágoras*, s.d. — *A república*, 1993. — *O simpósio, ou do amor*, 1986. — *Teeteto*, s.d. — *Timeu e Crítias*, s.d.

Para léxicos, ver: G. A. F. Ast, *Lexicon Platonicum sive vocum Platonicarum index*, 3 vols., 1835-1838; reimp., 1976. — *Index Graecitatis Platonicae; accedunt indices historici et geographici*, 2 vols., 1832. — *Plato Dictionary*, 1963, ed. M. Stockhammer. Há índice onomástico dos diálogos *(Onomasticum platonicum)* na ed. de C. F. Hermann. — J. Zürcher, *Lexicon platonicum*, 1954. — E. des Places, *Lexique de la langue philosophique et religieuse de Platon*, 2 partes, 1964 (tomo XIV da ed. de *Oeuvres complètes*, em "Les Belles Lettres") [reconstituído a partir do de Ast]. — H. Perls, *Lexikon der platonischen Begriffe*, 1973. — L. Brandwood, *A Word Index to Plato*, 1976. — O. Gigon, L. Zimmermann, *P. Lexicon der Namen und Begriffe*, 1975; reed., 1987.

Bibliografia sobre Platão e o platonismo, no tomo I do Überweg-Prachter (ver a bibliografia do verbete FILOSOFIA [HISTÓRIA DA]). — Uma breve introdução bibliográfica no opúsculo de O. Gigon, *Platon*, 1950. — Ver também E. M. Manasse, *Bücher über Platon*, 2 vols., 1960-1961. — R. D. McKirahan, *Plato and Socrates: A Comprehensive Bibliography*, 1978 [de 1958 a 1973; continuação da bibliografia de H. Cherniss em *Lustrum*, 1959-1960]. — J. A. Martínez, *A Bibliography of Writings on Plato, 1900-1967*, 1978. — M. Deschoux, *Comprendre P. — Bibliographie platonicienne de langue française, 1880-1980*, 1981.

Para lista de manuscritos: R. S. Brumbaugh e R. Wells, ed., *The Plato Manuscripts: A Catalogue of Microfilms in the Plato Microfilm Project*, I [na Bélgica, Dinamarca, Inglaterra, Alemanha, Itália], 2 vols., 1962; II [na Áustria, Tchecoslováquia, França, Holanda, Espanha, e manuscritos depois de 1600 na Bélgica, Dinamarca, Inglaterra, Alemanha, Itália. *Addenda* ao vol. I], 1968.

Das numerosas obras sobre Platão nos limitamos a assinalar (além das antes mencionadas): F. Ast, *Platons Leben und Schriften*, 1816. — G. Grote, *Plato and the Other Companions of Socrates*, 1865. — A. E.

Chaignet, *La vie et les écrits de Platon*, 1871. — D. Peipers, *Untersuchungen über des System Platons. I. Die Erkenntnistheorie Platons mit besonderer Rücksicht auf den Theaitet untersucht*, 1874. — Id., *Ontologia platonica ad notionum terminorumque historiam symbola*, 1883. — A. Fouillée, *La philosophie de Platon, exposition et critique de la théorie des idées*, 1879 (ampliada e reelaborada em sucessivas edições; cf. os tomos publicados de 1904 a 1912; I. *Théorie des idées et de l'amour*, 1904; II. *Esthétique, morale et religion platoniciennes*, 1906; III. *Histoire du platonisme et de ses rapports avec le christianisme;* IV. *Essais de philosophie platonicienne*, 1912). — W. Łutoslawski, *The Origin and Growth of Plato's Logic,* 1897. — W. Windelband, *Platon*, 1898. — D. G. Ritchie, *Plato,* 1902. — P. Shorey, *The Unity of Plato's Thought,* 1903. — Id., *What Plato Said. A Résumé of the Entire Body of the Platonic Writings,* 1933. — P. Natorp, *Platos Ideenlehre. Einführung in den Idealismus,* 1903. — A. Riehl, *Platon,* 1905. — C. Piat, *Platon,* 1906. — L. Robin, *La théorie platonicienne de l'amour,* 1908. — Id., *La théorie platonicienne des idées et des nombres d'après Aristote. Étude historique et critique,* 1908, reimp., 1962. — Id., *Platon,* 1935; 2ª ed., 1968 (Robin traduziu também as obras de Platão na coleção *La Pléiade,* 1950-1952). — N. Hartmann, *Platons Logik des Seins,* 1909. — C. Ritter, *Plato, sein Leben, seine Schriften, seine Lehre,* I, 1910; II, 1923. (Id., *Die Kerngedanken der platonischen Philosophie,* 1931, pode servir como resumo dos dois tomos antes mencionados). — V. Brochard, *Études de philosophie ancienne et de philosophie moderne,* ed. Delbos, 1912. — M. Wundt, *Platons Leben und Werk,* 1914. — U. von Wilamowitz-Moellendorff, *Platon. Sein Leben und seine Werke,* 2 vols., 1920; 3ª ed., 1929; 5ª ed., 1959 [com post-scriptum de B. Snell]. — A. M. Taylor, *Plato: The Man and His Work,* 1927 (Id., o importante *A Commentary on Plato's Timaeus,* 1928). — P. Friedländer, *Platon,* 2 vols., 1928-1930; 2ª ed., 3 vols. (I, 1954; II, 1957; III, 1960); 3ª ed., 1975. — J. Stenzel, *Platon, der Erzieher,* 1928 (do mesmo autor, as obras sobre conceitos platônicos mencionadas nos verbetes DIALÉTICA e NÚMERO). — H. Leisegang, *Die Platon-Deutung der Gegenwart,* 1929. — L. Stefanini, *Platone,* 2 vols., 1932-1935; 2ª ed., 2 vols., 1949. — E. Grassi, *Il problema della metafisica platonica,* 1932. — H. Gaus, *Plato's Conception of Philosophy,* 1937. — R. Schaerer, *La question platonicienne. Étude sur les rapports de la pensée et de l'expression dans les dialogues,* 1938 (que deve ser incluído também na série sobre a questão da cronologia). — M. F. Sciacca, *La metafisica di Platone: I. Il problema cosmologico,* 1938. — R. Demos, *The Philosophy of Plato,* 1939. — A. D. Winspear, *The Genesis of Plato's Thought,* 1940; 2ª ed., rev., 1956. — R. Robinson, *Plato's Earlier Dialectic,* 1941; 2ª ed., rev. e amp., 1953. — F. Solmsen, *Plato's Theology,* 1942. — R. Schaerer, *Dieu, l'homme et la vie d'après Platon,* 1944. — H. Perl, *Platon: sa conception du cosmos,* 2 vols., 1945. — J. Bidez, *Eos ou Platon et l'Orient,* 1945. — A. Koyré, *Introduction à la lecture de Platon,* 1945. — J. Wild, *Plato's Theory of Man,* 1946. — M. Heidegger, *Platons Lehre von der Wahrheit,* 1947. — K. Schelling, *Platon. Einführung in seine Philosophie,* 1948. — G. C. Field, *The Philosophy of Plato,* 1949. — Id., *Platon and His Contemporaries,* 1953. — P. Kucharski, *Les chemins du savoir dans les derniers dialogues de Platon,* 1949. — E. Hoffmann, *Platòn,* 1950. — G. Méautis, *Platon vivant,* 1950. — W. D. Ross, *Plato's Theory of Ideas,* 1951. — P. M. Schuhl, *L'oeuvre de Platon,* 1954; 3ª ed., 1962. — C. R. Lodge, *The Philosophy of Plato,* 1956. — A. Tovar, *Un libro sobre Platón,* 1956. — M. Vanhoutte, *La méthode ontologique de P.,* 1956. — L. Robin, *Les rapports de l'être et de la connaissance d'après P.,* 1957. — R. E. Cushman, *Therapeia: Plato's Conception of Philosophy,* 1958. — P.-M. Schuhl, *Études platoniciennes,* 1960. — G. R. Morrow, *Plato's Cretan City. A Historical Interpretation of the Laws,* 1960. — M. Stockhammer, *Platons Weltanschauung,* 1962. — W. G. Runcimann, *Plato's Later Epistemology,* 1962. — J. M. Crombie, *An Examination of Plato's Doctrines,* 2 vols., 1962-1963. — J. A. Nuño, *El pensamiento de Platón,* 1963. — G. E. Mueller, *Plato: The fonder of Philosophy as Dialectic,* 1965. — R. Marten, *Der Logos der Dialektik. Eine Theorie zu Platons Sophistes,* 1965. — J. E. Raven, *Plato's Thought in the Making: A Study in the Development of His Metaphysics,* 1965. — G. Ryle, *Plato's Progress,* 1966. — H. Gundert, *Der platonische Dialog,* 1968. — Id., *Dialog und Dialektik. Zur Struktur des platonischen Dialogs,* 1971. — J. H. Randall, Jr., *Plato: Dramatist of the Life of Reason,* 1969. — G. Martin, *Platons Ideenlehre,* 1973. — G. Vlastos, *Platonic Studies,* 1973; ed. aum., 1981. — Id., *Plato's Universe,* 1975. — L. Brisson, *Le même et l'autre dans la structure ontologique du Timée de Platon: Un commentaire systématique du Timée de Platon,* 1974. — A. G. Robledo, *Platón: Los seis grandes temas de sua filosofia,* 1974. — J. O. Esteban, *Platón: Eros, política y educación,* 1981. — K. M. Sayre, *Plato's Late Ontology,* 1983. — E. Lledó, *La memoria del Logos,* 1984. — J. C. B. Gosling, *P.,* 1984. — G. Müller, *Platonische Studien,* 1986. — P. Peñalver, *Márgenes de P. La estructura dialéctica del diálogo y la idea de exterioridad,* 1986. — E. Voegelin, *Ordine e storie. La filosofia politica di Platone,* 1986. — D. J. Melling, *Understanding Plato,* 1987. — J. M. Torrents, "Plato's Philosophy of Science and Trinitarian Theology", em VV. AA., *Studia Patristica,* 1989. — J. S. Coderch, *Estudis sobre l'ensenyament platònic. I, Figures i desplaçaments,* 1992. — A estas obras devem-se acrescentar algumas que, embora não dedicadas inteiramente a Platão, referem-se amplamente a sua vida e obra,

assim, a *Paideia*, de W. Jaeger (tomo II). — Ver também a bibliografia de PLATONISMO.
Sobre as chamadas "doutrinas não-escritas" de Platão: F. M. Cornford, *The Unwritten Philosophy and Other Essays*, 1950. — H. J. Kramer, *Arete bei Platon und Aristoteles. Zum Wesen und Geschichte der platonischen Ontologie*, 1959. — K. Gaiser, *Platons ungeschriebene Lehre. Studien zur systematischen und geschichtlichen Begründung der Wissenschaften in der platonischen Schule*, 1963. — K. Gaiser, H.-G. Gadamer et al., *Idee und Zahl. Studien zur platonischen Philosophie*, 1968. — J. N. Findlay, *Plato. The Written and Unwritten Doctrines*, 1973; versão abreviada em *Plato and Platonism: An Introduction*, 1978. — G. Reale, *Para uma nova interpretação de Platão*, 1997. ℃

PLATÔNICOS DE CAMBRIDGE. Ver CAMBRIDGE (PLATÔNICOS DE).

PLATONISMO. Tomado em sentido muito amplo, o platonismo abarca grande parte da história da filosofia. Whitehead escreveu que a história da filosofia é uma série de notas de rodapé a Platão. Se fundirmos, além disso, o platonismo com o neoplatonismo (VER), descobriremos seus vestígios em muitas manifestações da literatura. No presente verbete nos limitamos a destacar alguns vestígios do platonismo na filosofia ocidental, árabe, judaica, bizantina e renascentista, que não foram examinados — ou o foram só esquematicamente — em outras partes deste *Dicionário*. Assim, excluiremos o estudo do que se poderia chamar a tradição grega (não-bizantina). Tampouco nos referiremos ao platonismo de Aristóteles, dos estóicos, da Academia (VER) platônica, dos neoplatônicos *stricto sensu*, e outras manifestações platônicas. Eliminaremos igualmente o estudo da significação do termo 'platonismo' em expressões tais como 'o platonismo de Husserl', 'o platonismo de Frege' etc. Não faremos menção, finalmente, ao que poderia haver de platonismo em Spinoza, em Leibniz, em Kant, na última fase da filosofia de Fichte, em Schopenhauer, no idealismo objetivo da Escola de Marburgo e em outros filósofos e tendências modernos ou contemporâneos. Quanto às discussões dos lógicos contemporâneos em torno das concepções "platônicas" ou "nominalistas" dos chamados às vezes "objetos lógicos", elas foram debatidas no verbete sobre a noção dos universais (VER).

No sentido aqui proposto, o estudo do platonismo equivale ao exame do que Raymond Klibansky chamou "a continuidade da tradição platônica" (especialmente durante a Idade Média). Esta tradição pode ser subdividida nas tradições seguintes: a latina (patrística e escolástica), a bizantina, a árabe e a judaica. A elas acrescentaremos algumas das correntes que mais claramente mostraram a marca platônica na filosofia renascentista. Por outro lado, nos limitamos a mencionar uma série de nomes e de correntes; o presente verbete só pretende ser um índice de filósofos e questões, com alguns dados relativos aos textos de Platão transmitidos ao longo das tradições mencionadas. É preciso levar em conta, além disso, que na maior parte dos casos a tradição platônica é ao mesmo tempo neoplatônica, e que grande parte do que se diz sob o nome 'platonismo' poderia também convir ao nome 'neoplatonismo'. Só para a maior comodidade da exposição separamos os dois vocábulos, e tratamos em Neoplatonismo (VER) principalmente dos neoplatônicos *stricto sensu*, sem fazer mais do que aludir à tradição platônica aqui esboçada.

I. *A tradição latina*. Começou com vários autores do século IV. Mencionamos sobretudo Macróbio, Calcídio, Vitorino e Agostinho (VER). De Macróbio interessa o comentário sobre o *Sonho de Cipião* (VER) contido no livro VI de *De re publica*, de Cícero. O *In Somnium Scipionis* apresenta uma hierarquia de seres dominada pelo Bem; as idéias platônicas e plotinianas estão mescladas neste comentário com especulações astrais e em particular com especulações sobre a queda das almas nos corpos e sua regeneração mediante um processo de purificações ascéticas. De Calcídio interessa o comentário sobre o *Timeu* platônico (de fato, sobre uma parte — 17 A-53 C — do mesmo), onde se mesclam as especulações platônicas com os princípios e as vivências cristãos. De Vitorino interessam seus tratados *Contra Ário* e *Sobre a geração do Verbo divino*. Quanto a Agostinho, tratamos com mais detalhe no verbete correspondente da questão das influências platônicas e neoplatônicas que recebeu antes de sua conversão ao cristianismo. Os textos em questão não só são importantes para a transmissão à cultura latina medieval de idéias platônicas, mas também — como destacou Gilson — para a formação do vocabulário: Macróbio e Calcídio, sobretudo — diz Gilson —, são indispensáveis para compreender a linguagem dos platônicos de Chartres (VER). Desde então, a tradição platônico-neoplatônica não foi nunca abandonada (alguns historiadores, como Picavet, crêem inclusive que constituem o mais importante elemento grego no pensamento da Idade Média): seus marcos principais são as interpretações platonizantes de alguns textos aristotélicos por Boécio e o esforço realizado pelo mesmo autor para conciliar Platão com Aristóteles, o neoplatonismo de João Scot Erígena, as influências transmitidas pela Escola de Tradutores (VER) de Toledo, os pressupostos platônico-realistas da filosofia de Anselmo, a chamada Escola de Chartres, Roberto Grosseteste, muitos aspectos da teologia mística e da chamada mística especulativa, Alexandre de Hales e, em geral, o chamado platonismo agostiniano (ou agostinismo platônico). De nosso ponto de vista, porém, nos interessam mais especialmente os textos que podem ser considerados como a base do "Platão latino". Estes textos foram classificados por Klibansky em vários segmentos, dos quais extraímos os seguintes: 1) Traduções antigas e medievais latinas de escritos platônicos, tais como o *Timeu* (partes traduzidas por Cícero e Calcídio e passagens contidas em Macróbio), o *Ménon* e o *Fédon* na tradução de Henrique Aristipo (Henricus Aristippus), o *Parmênides* (a parte incluída na tradução por Guilherme de Moerbeke do comentário de Proclo ao fragmento 126 A-142 A do *Parmênides*), as citações de Platão em antigos autores latinos e em Padres da Igreja e, desde logo, as versões de obras de Proclo, de tão decisiva importância para a difusão do platonismo latino. 2) Comentários antigos e medievais dos escritos de Platão, tais como o mencionado Calcídio; os comentários relativos ao *Timeu*, de finais do século XI, século XII e começos do XIII (constituídos principalmente pelas glosas conservadas em manuscritos); o *Examinatorium in Phaedonem Platonis* de João Doggest, preboste do King's College de Cambridge; os comentários sobre o comentário de Macróbio (entre eles, um de Guilherme de Conches). 3) As traduções medievais latinas dos comentários gregos sobre Platão, tais como o comentário de Proclo ao *Parmênides* e ao *Timeu* (traduzidos em parte por Guilherme de Moerbeke); o fragmento da tradução da *Teologia platônica* de Proclo e as notas marginais de Nicolau de Cusa a seus manuscritos de Platão e Proclo. 4) As obras atribuídas a Platão, escritas ou traduzidas para o latim até o Renascimento como os chamados *Conflictus Platonis et Aristotelis de anima*, o *Plato Poeta* (ou versos atribuídos a Platão em manuscritos medievais antigos), o *Plato Alchymista*, o *Plato Magnus*. Como se percebe, trata-se de uma enumeração dos principais elementos que permitem entender (do ponto de vista "literal") a transmissão e difusão da tradição latina platônica e neoplatônica. Uma vez em posse desses elementos, falta ainda, contudo, averiguar como foram aproveitados e que sentido tinha em cada caso o "platonismo" dos filósofos.

II. *A tradição árabe*. É difícil demarcar seus limites, pois o platonismo e o neoplatonismo estão com freqüência mesclados nesta tradição com o muito influente aristotelismo. Até mesmo os tratados *Theologia Aristotelis* (VER) e *Liber de causis* (VER), que tamanha influência exerceram na filosofia árabe e, através dela, na filosofia medieval cristã, eram, embora atribuídos a Aristóteles, de conteúdo neoplatônico. Assim, em ocasiões se acreditava ser aristotélico quando, de fato, se defendia o platonismo. Isso posto, a influência platônica e neoplatônica não foi recolhida pelos filósofos diretamente da tradição grega. A Síria foi o lugar principal de irradiação da cultura helênica não só aos árabes, mas à Pérsia. Em 363, Efrém (*ca.* 308-373) fundou em Edessa (a antiga Arros e a moderna Uria), na Mesopotâmia, uma escola na qual se faziam estudos gregos, especialmente de Aristóteles e Hipócrates. Efrém lutou contra partidários de Mani, de Marcião e de Bardesão, todos eles ativos naquela região. Os cristãos, tanto ortodoxos quanto heterodoxos (principalmente nestorianos e monofisitas), davam grande importância à língua e cultura gregas, que lhes permitiam a leitura dos textos neotestamentários e dos Padres da Igreja. Quando a escola de Edessa foi fechada, em 489, os sábios nestorianos emigraram da Síria e se transferiram para a Pérsia (Nísibe e Gundi-Sapur), onde foram bem acolhidos pelo rei persa e onde difundiram a filosofia aristotélica e a medicina hipocrática. Quando os árabes se estenderam pelo Oriente Médio (Edessa foi conquistada em 639), os sírios foram os principais transmissores da cultura helênica (ver FILOSOFIA ÁRABE). Os abássidas protegeram os sábios sírios, que traduziram (do grego para o árabe, ou do grego para o siríaco e daí para o árabe) muitas obras gregas, principalmente aristotélicas, mas também de índole platônica (como os tratados pseudo-aristotélicos antes mencionados). As traduções de textos platônicos se intensificaram durante o reinado do califa Mamun, em Bagdá (813-833), quando o sírio Yahja ibn al-Bitriq traduziu para o árabe o *Timeu* platônico. Pouco depois, o nestoriano árabe Humain ibn Ishaq (junto com membros de sua escola) traduziu em árabe várias outras obras de Platão *(República, Leis, Sofista)*, o comentário de Olimpiodoro e outra vez o *Timeu* (que exerceu enorme influência tanto dentro da cultura árabe como dentro da cristã). Durante o século X, Yahya ibn 'Adi traduziu as *Leis* do siríaco para o árabe. Outras obras de Platão e comentários neoplatônicos foram traduzidos nos séculos subseqüentes, até que houve em árabe um bastante completo *Corpus platonicum*, que incluía comentários de neoplatônicos (muitos deles sobre o *Timeu*), tratados pseudo-neoplatônicos e os mencionados tratados pseudo-aristotélicos de conteúdo platônico. Plutarco, Porfírio e Proclo foram, entre os platônicos, os autores mais traduzidos e comentados. Assim se desenvolveu o platonismo entre os filósofos árabes — quase sempre junto ao aristotelismo — tal como destacamos em Filosofia árabe (VER). Entre os primeiros filósofos árabes importantes que cabe mencionar se encontram Alkindi e Alfarabi.

III. *A tradição judaica*. Por um lado é preciso incluir nela a filosofia judeu-alexandrina, especialmente a elaborada por Fílon. Por outro lado, o desenvolvimento do platonismo entre os filósofos judeus "medievais" por conseqüência da influência exercida pelos filósofos árabes. Aqui nos interessa este último aspecto, que é o que pertence propriamente à "continuidade da tradição platônica". Mencionamos para tanto a obra dos filósofos Isaac Israel, Abengabirol e Abensadik. Como na tradição árabe, também na judaica muitas vezes os elementos platônicos vão envolvidos em elaborações aristotélicas; o caso mais significativo é o de Maimônides.

IV. *A tradição bizantina*. Como diz B. Tatakis, a dissolução das escolas filosóficas atenienses por Justiniano em 529 não significou o desaparecimento da influência filosófica helênica e menos ainda o desaparecimento da influência platônica: não se tratava tanto de uma oposição ao helenismo quanto de um combate contra o paganismo. Assim, o platonismo seguiu muito vivo dentro da filosofia bizantina, grande parte da qual pode ser descrita como uma série de elaborações platonizantes ou de tentativas de conciliação entre Platão e Aristóteles. Esta tradição foi iniciada pelos próprios membros da Academia platônica dissolvida quando regressaram da Pérsia, onde os acolheu Cosroés I e onde fizeram para ele uma tradução persa dos diálogos platônicos. Mas o platonismo bizantino não consistiu somente em estudos platônicos de índole literal (nos quais se destacaram os membros da Academia, tais como Lido e Estêvão de Alexandria, que ensinou filosofia em Constantinopla). A parte mais considerável de tal platonismo foi constituída por comentários a escritos neoplatônicos — especialmente de Proclo — e pela enorme influência exercida pelo Pseudo-Dionísio (ver DIONÍSIO). Devemos mencionar a respeito os nomes dos três filósofos de Gaza — Enéias, Zacarias e Procópio —, assim como o de João Filopono (nos séculos VI e VII). No século IX, Fócio e Aretas de Cesaréia podem ser considerados continuadores da tradição, muito embora Fócio fosse mais aristotélico que platônico. A teologia especulativa do século X se apoiou fortemente no platonismo, especialmente o do Pseudo-Dionísio e o de Máximo Confessor. Mas um verdadeiro renascimento platônico ocorreu no século XI, com Miguel Psellos, que seguiu principalmente Porfírio e Proclo e impulsionou de todos os pontos de vista os estudos platônicos, contribuindo para a difusão do platonismo não só em Bizâncio, mas também no Ocidente latino, nos países árabes, no Oriente Médio, na Armênia e na Geórgia (ver FILOSOFIA BIZANTINA). Klibansky assinala a conexão que provavelmente houve entre esse renascimento platônico e os trabalhos de tradução efetuados na Sicília durante o século XII, mas advertindo que esse aspecto da difusão do platonismo não é ainda suficientemente conhecido. Os contatos entre Bizâncio e o Ocidente latino se tornaram, em todo caso, cada vez mais numerosos em virtude de circunstâncias muito diversas (perseguições iconoclastas, que levaram certo número de homens cultos ao Ocidente, embaixadas, contatos em conseqüência das cruzadas, relações comerciais etc.), e por isso deve-se presumir mais influência bizantina e, portanto, também platônica sobre a Europa ocidental cristã do que parece à primeira vista. Um dos melhores discípulos de Miguel Psellos, João Itálico, se refugiou na Itália; muitas obras bizantinas ou de neoplatônicos (como Proclo) foram traduzidas na época por Roberto Grosseteste e Guilherme de Moerbeke. Finalmente, os platônicos do século XV, e em particular Plethon, difundiram o platonismo diretamente no Ocidente; a Academia florentina é uma das conseqüências desta difusão.

V. *O platonismo renascentista.* Isso nos leva a fazer alusão ao amplo movimento platonizante no Renascimento, tão difuso que é difícil sequer enumerar seus principais representantes e escolas. Limitamo-nos a mencionar, além da já citada Academia florentina, Leão Hebreu e, sobretudo, Nicolau de Cusa (VER). Segundo Klibansky, fica evidente que muitos desses platônicos se consideravam seguidores de uma já muito antiga tradição de platonismo latino por causa de uma carta escrita pelo mais eminente platônico da época, Marsilio Ficino, ao dar várias normas a um discípulo que lhe pedira instruções sobre a filosofia platônica. Naturalmente, o platonismo do trânsito da Idade Média ao Renascimento não pode esquecer os poetas — em particular Petrarca —, mas isso nos levaria longe demais de nosso propósito.

Indicamos a seguir os comentários escritos por filósofos neoplatônicos sobre vários diálogos de Platão, segundo diversas edições, a maior parte delas críticas. O *Corpus platonicum* medieval se baseia em grande parte nos citados comentários.

➲ Proclo: *in Platonem Alcibiadem commentarii*, ed. V. Cousin, 2ª ed., 1864; *in Platonis Parmenidem commentarii*, ed. V. Cousin; 2ª ed., 1864; *in Platonis Rem Publicam commentarii*, ed. G. Kroll, 2 vols., 1899-1901; *in Platonis Timaeum commentarii,* ed. E. Diehl, 3 vols., 1903-1906; *in Platonis Cratylum commentarii*, ed. G. Pasquali, 1908. Além disso, os *in theologiam Platonis libri sex*, ed. Portus, 1618. — Damáscio: *Dubitationes et solutiones de primis principiis*, ed. C. Ruelle, 2 vols., 1899 (a obra de Damáscio baseia-se num comentário ao *Parmênides*). — Olimpiodoro: *in Platonis Alcibiadem commentarii*, ed. F. Creuzer, em *Initia philosophiae ac theologiae ex Platonicis fontibus ducta*, vol. II, 1821; *in Platonis Philebum Scholia*, na edição do *Filebo*, por G. Stallbaum, 1826; *in Platonis Phaedonem Scholia*, ed. W. Norvin, 1912; *in Platonis Gorgiam Scholia*, ed. W. Norvin, 1936. — Calcídio: *in Platonis Timaeum commentarius*, ed. J. Wrobel, 1876. — Hérmias de Alexandria: *in Platonis Phaedum Scholia*, ed. P. Couvreur, 1901. — Outros *Scholia*: em *Platonis Opera Omnia*, ed. C. Fr. Hermann, 1856 ss. (reed., 1921-1936), vol. VI, e os editados por F. D. Allen, J. Burnet, C. P. Parker, W. C. Green, publicados pela American Philosophical Association (Haverford, Pa., EUA), 1938.

O *Corpus platonicum,* dirigido por Klibansky, contém um *Plato Latinus* e um *Plato Arabus* — e, como apêndices, um *Plato Syrus* e um *Plato Hebraeus*. Mencionamos, do *Plato Latinus: I, Meno interprete Henrico Aristippo,* 1940; *II, Phaedo interprete Henrico Aristippo,* 1950; *III, Parmenides usque ad finem primae hypothesis nec non Procli Commentarium im Parmenides pars ultima adhuc inedita interprete Guillelmo de Moerbeke,* 1953 (contém o final da obra de Proclo, cujo original grego se perdeu e foi encontrado por Klibansky em tradução latina medieval). Do *Plato Arabus: I, Galeni*

Compendium Timaei Platonis, aliorumque dialogorum synopsis quae extant fragmenta, 1951; *II, Alfarabius. De Platonis Philosophia*, 1943; *III, Alfarabius Compendium Legum Platonis... latine vertit Fr. Gabrieli*, 1952. Como introdução ao *Corpus* se publicou o volume de R. Kilbansky, *The Continuity of the Platonic Tradition during the Middle Ages; Outlines of a Corpus Platonicum Medii Aevi*, 1939; 2ª ed., 1951; ampl. com novo prefácio e 4 capítulos suplementares, 1981.

Sobre as traduções de autores gregos para o siríaco, o árabe, o armênio e o persa, e seus comentários (inclui também a tradição aristotélica): J. G. Wenrich, *De auctorum graecorum versionibus et commentariis syriacis, arabicis, armenicis, persicisque commentario*, 1842. — M. Steinschneider, "Die arabischen Übersetzungen aus dem Griechischen", *Centralblatt für Bibliothekwesen*, 6 (1889), Beiheft 5; 10 (1893), Beiheft 12; *Virchows Archiv*, 124 (1891), 115-136, 268-296, 455-487; *ZDMG*, 50 (1897), 161-219; 337-417. — M. Bouyges, "Notes sur des traductions arabes d'auteurs grecs", *Aph.*, 2 (1924), 350-371. — M. Meyerhoff, "On the Transmission of Greek and Indian Science to the Arabs", *Isl. Cult.* 11 (1937), 17-29. — Outras informações históricas e bibliográficas nas obras de M. Horten, B. Tatakis, M. de Wulf, É. Gilson, M. Grabmann e outros autores mencionadas em FILOSOFIA ÁRABE; FILOSOFIA BIZANTINA; FILOSOFIA MEDIEVAL. Ver também TRADUTORES DE TOLEDO (ESCOLA DE).

Sobre o platonismo em geral e sobre a história geral do platonismo: H. von Stein, *Sieben Bücher zur Geschichte des Platonismus*, 3 partes, 1862-1875. — W. Pater, *Plato and Platonism*, 1895. — J. Burnet, *Platonism*, 1918. — A. E. Taylor, *Platonism and Its Influence*, 1924. — K. Gronau, *Platons Ideenlehre in Wandel der Zeiten*, 1930-1931. — H. Willms, *Eikon. Eine begriffsgeschichtliche Untersuchung zum Platonismus*, 1935. — J. Hessen, *Platonismus und Prophetismus*, 1939. — F. Novotny, *The Posthumous Life of Plato*, 1977 (trad. do tcheco). — J. N. Findlay, *Plato to Platonism*, 1978. — R. M. Berchman, *From Philo to Origen: Middle Platonism in Transition*, 1984. — C. J. de Vogel, *Rethinking Plato and Platonism*, 1986. — J. Moravcsik, *Plato and Platonism*, 1992.

Sobre o platonismo antigo: C. Biggs, *The Christian Platonists of Alexandria*, 1913. — C. Field, *Plato and His Contemporaries*, 1930. — W. Theiler, "Die Vorbereitung des Neuplatonismus", *Problemata*, ed. P. Friedländer, G. Jachmann, U. von Wilamowitz-Moellendorff, Heft 1, 1930. — E. Hoffmann, *Platonismus und Mystik im Altertum*, 1935. — P. Shorey, *Platonism Ancient and Modern*, 1938. — H. Cherniss, *Aristotle's Criticism of Plato and the Academy*, I, 1944. — Id., *The Riddle of the Early Academy*, 1945. — Ph. Merlan, *From Platonism to Neoplatonism*, 1953. — W. K. C. Guthrie, O. Gigon, H.-I. Marrou et al., *Recherches sur la tradition platonicienne*, 1958 [para o platonismo na época de Cícero, no pensamento cristão antigo, em Clemente de Alexandria, na filosofia islâmica etc.]. — J. C. M. van Winden, *Calcidius on Matter. His Doctrine and Sources. A Chapter in the History of Platonism*, 1959. — J. K. Feibleman, *Religious Platonism: The Influence of Religion on Plato and the Influence of Plato on Religion*, 1960. — E. Hoffmann, *Platonismus und christliche Philosophie*, 1960. — D. Pesce, *Idea, numero e anima. Primi contributi a una storia del platonismo nell' antichità*, 1961. — E. von Ivanka, *Plato christianus. Übernahme und Umgestaltung des Platonismus durch die Väter*, 1964. — J. Dillon, *The Middle Platonists, 80 B.C. to A.D. 220*, 1977 [Xenócrates, Pólemon, Antíoco de Ascalão, Eudoro, Fílon, Plutarco, Nicóstrato, Albino, Apuleio, Moderato de Gades, Nicômaco de Gerasa, Numênio de Apaméia]. — VV.AA., *Der Mittelplatonismus*, 1981, ed. C. Zintzen. — W. Deuse, *Untersuchungen zur mittelplatonischen und neuplatonischen Seelenlehre*, 1983. — H. Tarrant, *Scepticism or Platonism? The Philosophy of the Fourth Academy*, 1985. — H. Dörrie, *Der Platonismus in der Antike*, 1987. — F. P. Hager, *Gott und das Böse im antiken Platonismus*, 1988. — S. E. Gersh, Ch. Kannengiesser, eds., *Platonism in Late Antiquity*, 1992. — Ver também bibliografia de ACADEMIA PLATÔNICA; NEOPLATONISMO.

Sobre o platonismo medieval e renascentista: Ch. Huit, "Le platonisme à la fin du moyen âge", *Annales de philosophie chrétienne*, 60 (1890), 65-67 (1895-1897). — Id., "Le platonisme pendant la Renaissance", *ibid.*, 65-68 (1895-1898). — G. Tarozzi, *La tradizione platônica nel medioevo*, 1892. — C. Baeumker, *Der Platonismus im Mittelalter*, 1916. — E. Hoffmann, *Platonismus und Mittelalter*, 1926. — Id., *op. cit.* em parágrafo *supra*. — B. Kieszkowski, *Studi sul platonismo nel Rinascimento*, 1936. — R. Klibansky, *op. cit. supra*. — J. Santeler, *Der Platonismus in der Erkenntnislehre des hl. Th. von Aquin*, 1939. — J. Koch, *Platonismus im Mittelalter*, 1948. — E. Garin, "Per la storia della tradizione platônica medioevale", *Giornale critico della filosofia italiana*, 28 (1949), 125-150. — Id., *Studi sul platonismo medievale*, 1958 [especialmente para o platonismo no século XII]. — P. O. Kristeller, *The Classics and Renaissance Thought*, 1955, nova ed., rev., com o título: *Renaissance Thought: The Classic, Scholastic, and Humanistic Strains*, 1961, especialmente cap. II. — Id., *Studies in Renaissance Thought and Letters*, 1956. — H. J. Henle, *Saint Thomas and Platonism: A Study of the Plato and Platonici Texts in the Writings of Saint Thomas*, 1956. — F. Massai, *Pléthon et le platonisme de Mistra*, 1956. — T. Gregory, *Platonismo medievale. Studi e ricerche*, 1958 [especialmente para o século XI]. — K. Kremer, *Die neuplatonische Seinsphilosophie und ihre Wirkung auf Thomas von Aquin*, 1966. — E. N. Tigerstedt, *The Decline and Fall of the Neoplatonic Inter-*

pretation of Plato: An Outline and Some Observations, 1974. — H. Dörrie, *Von Platon zum Platonismus. Ein Bruch in der Überlieferung und seine Überwindung,* 1976. — S. E. Gersh, *From Iamblichus to Eriugena. An Investigation,* 1978. — M. J. B. Allen, *The Platonism of Marsilio Ficino: A Study of His* Phaedrus *Commentary, its Sources and Genesis,* 1984. — Ver bibliografia de CHARTRES (ESCOLA DE), ACADEMIA FLORENTINA.

Sobre o platonismo moderno e contemporâneo, P. Shorey, *op. cit. supra,* e também: E. Horneffer, *Der Platonismus und die Gegenwart,* 1920; 3ª ed., 1927. — J. H. Muirhead, *The Platonic Tradition in Anglo-Saxon Philosophy,* 1931. — E. Cassirer, *Die platonische Renaissance in England und die Schule von Cambridge,* 1932. — H. Gauss, *La tradition platonicienne dans la pensée anglaise,* 1948. — P. R. Anderson, *Platonism in the Midwest,* 1963. ℭ

PLAUSÍVEL. Ver PROBABILISMO.

PLEKHANOV, GEORGIY VALENTINOVITCH (1856-1918). Nascido em Gudalovka, província de Tambov (hoje província de Lipezk), na Rússia Central. Estudou na Academia Militar de Voronez e no Instituto de Minas de São Petersburgo. Utilizou vários pseudônimos, o mais conhecido foi N. Beltov. Interessado no movimento político revolucionário, aderiu primeiro ao populismo e depois ao anarquismo bakuniano. Emigrou em 1880 para a França e em 1882 para a Suíça. Em 1883 criou em Genebra o primeiro grupo marxista russo: "Ozvobozdenie truda" ("Libertação do trabalho"), participando na fundação da II Internacional e colaborando com Lênin no periódico publicado na Suíça, *Iskra (Centelha).* Na cisão que ocorreu entre bolcheviques e mencheviques no Congresso do Partido social-democrata russo, em Londres, Plekhanov abraçou primeiro a posição bolchevique, mas depois se separou de Lênin e se inclinou para a posição menchevique. Depois de colaborar de novo com Lênin, Plekhanov se separou dele. Voltou à Rússia em 1917 e criticou o golpe bolchevique, mas nem por isso aderiu à oposição.

Plekhanov é um dos mais destacados expositores e intérpretes do marxismo, que considerou como um sistema completo: o sistema do materialismo dialético (VER). Segundo Plekhanov, o materialismo anterior a Marx — por exemplo, o materialismo francês do século XVIII — contém verdades importantes, mas é insuficiente: o verdadeiro materialismo tem de ser dialético. Plekhanov defendeu vigorosamente o materialismo dialético tanto contra os materialistas mecanicistas quanto contra os idealistas, fenomenistas e dualistas. Para Plekhanov, o que se chama "mente", "psique" ou "espírito" é uma forma da matéria, isto é, um modo como a matéria se organiza. Contudo, é possível que haja propriedades "mentais" em todo estado material; em todo caso, parece que as há como um lado interno do movimento da matéria. Na teoria do conhecimento, Plekhanov defendeu o realismo, mas se opôs ao que chamou "realismo fotográfico" e defendeu a teoria "hieroglífica", segundo a qual as sensações não são reproduções da realidade, mas "representam" a realidade como se fossem hieroglifos, cifras ou símbolos.

Em seus trabalhos sobre a concepção materialista da história, Plekhanov se opôs a todo "economismo", isto é, à idéia segundo a qual as forças econômicas são as forças fundamentais, senão únicas, da história. A dificuldade que oferece o "economismo" é, para Plekhanov, só um reflexo das dificuldades que toda tentativa de explicação dos fenômenos históricos por meio de fatores bem definidos oferece. Plekhanov admitiu que se pode distinguir entre infra-estrutura e superestrutura (VER). Em primeiro lugar, porém, não se podem considerar simplesmente como infra-estrutura as forças de produção e como superestrutura simplesmente as ideologias. É necessário admitir uma série de "camadas" estruturais, que incluem relações econômicas, regimes político-sociais e condicionamentos psicológicos humanos. Em segundo lugar, as relações entre estas camadas se encontram em constante mudança, de modo que se podem produzir "superestruturas" relativamente independentes, ou que não correspondem univocamente a certas infra-estruturas, ou supostas como tais. A única estrutura que se deve levar em conta é, como já indicara Marx, a do homem como realidade social.

⊃ Obras principais: *K. voprosy o razvitii monistitchéskovo vzgláda na istoriú,* 1895 *(Sobre o problema do desenvolvimento da concepção monista da história).* — *Otchérki po istorii materializma,* 1896 *(Ensaios sobre a história do materialismo).* — *Osnobnié voprosí marksizma,* 1917. *(Problemas fundamentais do marxismo).*

Plekhanov realizou uma intensa atividade para traduzir em russo as obras clássicas do marxismo. Assim, traduziu *O manifesto do Partido Comunista, L. Feuerbach e o fim da filosofia clássica alemã, A Sagrada Família* e outros.

Edição de obras: *G. V. Plekhanov Sochinenia,* 24 vols., 1923-1927, ed. D. Riazanov *(G. V. P. Obras).* — *Literaturnoe naslediie G. V. P.,* 8 vols., 1934-1940 *(Herança literária de G. V. P.).* — *Izbrannie filosofskie proizvedenia,* 5 vols. *(Escritos filosóficos escolhidos).*

Ver: M. I. Sidorov, A. F. Okulov *et al.,* arts. sobre Plekhanov em *Voprosí Filosofii,* VI (1956), 11-113. — W. A. Fomina, *Die philosophischen Anschauungen G. W. Plechanows,* 1957. — M. T. Iovchuk, *G. V. P. i ego trudi po istorii filosofii,* 1960 *(G. V. P. e suas obras sobre a história da filosofia).* — B. A. Chagin, *G. V. P. i ego rol v razvitii marksistskoy filosofii,* 1963 *(G. V. P. e seu papel no desenvolvimento da filosofia marxista).* — S. H. Baron, *Plekhanov: The Father of Russian Marxism,* 1963. — M. T. Iovchuk, I. N. Kurbatova, *Plekhanov,* 1977. ℭ

PLESSNER, HELMUT (1892-1985). Nascido em Wiesbaden, estudou em Friburgo, Heidelberg, Berlim, Erlangen e Colônia; nos dois últimos lugares trabalhou sob a direção, e inspiração, de Max Scheler e Hans Driesch. Professor "extraordinário" em Colônia (1926-1933), emigrou para Groningen (Holanda) em 1934 por causa da chegada ao poder dos nacional-socialistas. Professor em Groningen de 1939 a 1942, foi destituído pelos nazistas que haviam invadido a Holanda, mas foi-lhe restituída a cátedra em 1946, e ensinou em Groningen até 1951 e em Göttingen a partir de 1962.

Crítico do método transcendental elaborado pelos neokantianos, conservou, porém, alguns elementos do método, combinando-os com uma abundante dose do método fenomenológico, no qual seguiu a Scheler tanto quanto a Husserl. Embora Plessner se tenha distinguido por trabalhos em esferas muito diferentes, seu principal campo de interesse foi a antropologia filosófica, baseada num exame filosófico das características dos organismos não-humanos em comparação com o organismo humano. A filosofia do orgânico pode, segundo Plessner, lançar uma ponte entre as ciências naturais e as ciências do espírito. Outra ponte entre a concepção mecanicista e a concepção teleológica na filosofia biológica é oferecida pela categoria básica e unificante de "forma". Plessner estabelece diferenças e continuidades, baseadas em diferentes "graus" de ser, entre os seres inorgânicos e os orgânicos. Estabelece também diferenças e continuidades numa gradação de seres orgânicos que chega até o homem. Os seres vivos se distinguem dos inorgânicos por possuir uma liberdade de forma dentro da forma e por uma plasticidade de forma. Por isso o ser orgânico, à diferença do inorgânico, não ocupa um lugar, mas adota ou toma seu próprio lugar, que não se confina ao mero contorno espacial.

Plessner não estabelece nenhuma ruptura completa entre os seres orgânicos e o homem, uma vez que admite que o homem é um ser orgânico e que sua realidade é uma estrutura corporal determinada, ligada a determinado contorno orgânico. Contudo, enquanto os seres orgânicos têm seu centro em seu próprio mundo (orgânico), o homem é excêntrico. A rigor, está dentro e fora de seu próprio mundo, já que está organicamente ligado e ao mesmo tempo se constitui a si mesmo social e historicamente. A "distância" que o homem interpõe entre si mesmo e o mundo lhe permite planejar sua própria existência numa espécie de liberdade condicionada.

Plessner estudou o riso e o pranto não como simples fenômenos psicofisiológicos, mas sim — ou também — como fenômenos históricos e culturais; riso e pranto são reações do homem a situações de ruptura do equilíbrio que conseguiu impor entre si mesmo e o mundo:

➲ Obras: *Die wissenschaftliche Idee*, 1913 *(A idéia científica).* — *Vom Anfang als Prinzip der Bildung transzendentaler Wahrheit (Begriff der kritischen Reflexion),* 1917 *(Do começo como princípio da formação da verdade transcendental [Conceito da reflexão crítica]).* — *Krisis der transzendentalen Wahrheit,* 1918 *(Crise da verdade transcendental).* — *Die Einheit der Sinne,* 1923 *(A unidade dos sentidos).* — *Grundlinien zu einer Aesthesiologie des Geistes,* 1923 *(Linhas fundamentais para uma estesiologia do espírito).* — *Grenzen der Gemeinschaft,* 1924 *(Limites da comunidade).* — *Die Stufen des Organischen und der Mensch,* 1928; 2ª ed., 1964 *(Os graus do orgânico e o homem).* — *Macht und menschliche Natur,* 1931 *(Poder e natureza humana).* — *Die geistigen Voraussetzungen der deutschen Gegenwart,* 1935 *(Os pressupostos espirituais da atualidade alemã).* — *Lachen und Weinen, eine Untersuchung nach den Grenzen menschlichen Verhaltens,* 1941; 2ª ed., 1950 *(O riso e o pranto, uma pesquisa sobre os limites da conduta humana).* — *Zwischen Philosophie und Gesellschaft. Ausgewählte Abhandlungen und Vorträge,* 1953 *(Entre a filosofia e a sociedade. Artigos e conferências escolhidos).* — *Conditio Humana,* 1964. — *Diesseits der Utopie. Ausgewählte Beiträge zur Kultursoziologie,* 1966 *(Para aquém da utopia: contribuições escolhidas para a sociologia da cultura).* — *Philosophische Anthropologie,* 1970.

Edição de obras: *Gesammelte Schriften,* 9 vols., 1980-1985.

Ver: M. Grene, "Positionality in the Philosophy of H. P.", *Review of Metaphysics,* 20 (1966), 250-277, reimp. com o título "The Character of Living Things III: H. Plessner's Theory of Organic Modals", em *Approaches to a Philosophical Biology,* 1969, pp. 320-345. — F. Hammer, *H. P.s Anthropologie. Die exzentrische Position des Denkens,* 1967. — VV. AA., *Sachlichkeit,* 1974 (no 80º aniversário de H. P.). — R. Kramme, *H. P. und Carl Schmitt,* 1989. ◓

PLETHON, GEORGIOS GEMISTHOS (1389-1464). Nascido em Constantinopla (ou, segundo alguns, em Mistra, perto de Esparta). Mudou-se para a Itália, no séquito imperial de João VII Paleólogo, por ocasião do Concílio de Ferrara. Transferido o concílio para Florença, Plethon começou, por volta de 1438, a dar nessa cidade aulas de filosofia platônica, que constituíram a base da Academia florentina (VER), fundada por Cosme de Médicis. Seu platonismo (mudou até mesmo o nome Gemisthos para Plethon, mais próximo do do filósofo) era, a rigor, uma mescla de doutrinas platônicas, neoplatônicas, neopitagóricas e inclusive — apesar de sua conhecida oposição ao Estagirita — aristotélicas. Tratava-se, em último termo, de um emanatismo neoplatonizante ao qual devia subordinar-se, pelo menos intelectualmente, o cristianismo. Os esforços para estabelecer uma distinção entre o platonismo e o aristotelismo se referiam, pois, antes ao aspecto "religioso" que ao aspecto "filosófico-técnico". Ora, o emanatismo não é para Plethon totalmente incompatível com certo "criacionismo", mas este último se refere só à matéria, na medida em que as almas surgiram por emanação das idéias que, por sua vez, são emanações do Uno ou de Deus.

⊃ Obras: O tratado sobre a diferença entre as doutrinas de Aristóteles e de Platão, Περὶ ὧν 'Αριστοτέλης πρὸς Πλάτωνα διαφέρεται, composto em Florença, foi impresso em grego (1541) e em latim (1574). Este tratado foi completado pelo autor, ao transferir-se de Florença para Mistra, com três livros Νόμων συγγραφή *(Código das leis)* nos quais dava os fundamentos de sua renovação religiosa do paganismo. O primeiro destes três livros era um Περὶ εἱμαρμένης *(Sobre o destino)* ou compêndio dos princípios de Zoroastro e Platão; foi publicado em grego (1722) e em latim (1824). Seu Περὶ ἀρετῶν *(Das virtudes)* foi publicado em tradução latina em 1552.

Edição de obras em Migne, *PG*, CLX.

Ver: W. Gass, *Gennadius und Pletho*, 1844. — F. Schultze, *G. G. Plethon*, 1871. — J. W. Taylor, *Plethon's Criticism of Plato and Aristotle*, 1921. — F. Massai, *Pléthon et le platonisme de Mistra*, 1956. — C. M. Woodhouse, *G. G. P.: The Last of the Hellenes*, 1986. ⊂

PLOTINO (205-270). Nascido em Licópolis (Egito). Segundo conta seu discípulo e biógrafo Porfírio, foi levado à filosofia por Amônio Saccas, que ensinava em Alexandria e que teve como discípulos não só Plotino, como também Herênio e Orígenes (o neoplatônico, não o cristão). Após onze anos de estudos na escola de Amônio, Plotino dirigiu-se à Síria e Pérsia com o exército do imperador Gordiano, mas quando este se retirou, Plotino se refugiou em Antioquia, de onde foi para Roma, por volta de 245. Na capital do Império fundou sua própria escola, na qual ensinou quase até o fim da vida, escrevendo só em data muito tardia os cinqüenta e quatro tratados, recolhidos por Porfírio em seis *Enéadas* ou *novenas*, por conter nove tratados cada uma. Os discípulos imediatos de Plotino, além de Porfírio, foram, entre outros, Amélio da Etrúria, o médico alexandrino Eustóquio, que cuidou do mestre no momento de sua morte solitária, o poeta Zotico, o médico Zeto, de origem árabe, e alguns senadores, chegando sua influência até os próprios membros da Casa imperial. Tal confluência de discípulos dos lugares mais diversos, embora todos eles das classes mais elevadas, era característica da filosofia deste período, no mesmo sentido em que o era o cosmopolitismo aristocrático do estoicismo imperial. Os ensinamentos de Plotino, por outro lado, não se desenvolveram sem as mais violentas controvérsias; à entusiasta aceitação por parte de seus discípulos se justapunham as críticas e as queixas procedentes sobretudo dos platônicos de Atenas, que acusavam Plotino de arbitrário e de plagiário e de imitar abertamente as doutrinas de Numênio de Apaméia, que alguns (por exemplo, K. S. Guthrie) consideram como o verdadeiro pai do neoplatonismo. Contra semelhantes acusações se defenderam seus discípulos, em particular Porfírio e não menos Amélio, que redigiu um tratado *Sobre a diferença entre o sistema de Plotino e o de Numênio*. De tais lutas não esteve isenta a escola na própria Roma, e disso dá fé, entre outros fatos, a discussão entre o citado Amélio e Longino, que teve durante um tempo Amélio e Porfírio como discípulos em sua própria escola. A filosofia de Plotino não fica, porém, esgotada com a indicação de que é o fundador do neoplatonismo (VER). A rigor, mais que a Plotino mesmo este nome convém a qualquer outra das tendências que floresceram contemporaneamente, não só porque a notória originalidade de Plotino torna insuficiente tal denominação, mas porque mais que uma síntese e renovação do platonismo há em Plotino uma síntese, uma renovação e uma recapitulação da história inteira da filosofia grega. Essa recapitulação foi levada a cabo, desde logo, em forma tripla: com a especulação sobre o Uno, com a meditação sobre a participação e sobre as naturezas inteligíveis e sua relação com as sensíveis, e com o exame da idéia de emanação. A unidade é para Plotino expressão da perfeição e da realidade: "todos os seres", diz ele, "tanto os primeiros como aqueles que recebem tal nome, são seres só em virtude de sua unidade". A unidade do ser é seu último fundamento, o que constitui sua realidade verdadeira e ao mesmo tempo o que pode fundar as realidades que a ela se sobrepõem. Daí que todo ser diverso tenha como princípio e fundamento, como modelo ao qual aspira, uma unidade superior, de modo análogo a como o corpo tem sua unidade superior na alma. A unidade é, antes de tudo, um princípio de perfeição e de realidade superior, senão a perfeição e a realidade mesma, pois o Uno não deve ser concebido exclusivamente como uma expressão numérica, mas como uma essência supremamente existente, como o divino princípio do ser. Ora, se o Uno é o princípio, não é a realidade única, muito embora seja o único que possa chamar-se com toda propriedade de real e absoluto. O Uno não é o único, porque funda justamente a diversidade, aquilo que dele emana como podem emanar do real a sombra e o reflexo, os seres cuja forma de existência não é a eterna permanência no alto, recolhendo em seu ser toda existência, mas a queda, a distensão da primitiva, perfeita e originária tensão da suma realidade; pois o Uno vive, por assim dizer, em absoluta e completa tensão, recolhido sobre si mesmo e recolhendo com ele a realidade restante. O duplo movimento de processão e conversão, de desdobramento e recolhimento, é a conseqüência dessa posição de toda realidade desde o momento em que se apresenta a Unidade suprema e, no pólo oposto, o nada: a perfeição gera por sua própria natureza o semelhante, a cópia e o reflexo, que subsistem graças a estarem voltados contemplativamente para seu modelo original. Só neste sentido pode-se dizer, portanto, que a suprema Unidade contém potencialmente o diverso, pois o Uno não é a unidade de todas as potências, mas a realidade que as contém a todas enquanto potências. O Uno é, pois, fundamento de todo ser, realidade absoluta e, ao mesmo tempo, absoluta perfeição. O diverso não está relacionado com o Uno do modo como a forma aristotélica insufla sua realidade à matéria, porque o Uno é substância enquanto entidade que de nada necessita para existir, exceto ela mesma. O diverso nasce, por conseguinte, por causa de uma superabundância do Uno, como a luz se derrama sem sacrifício de si mesma. Esta relação do Uno com o diverso é, propriamente falando, uma emanação (VER) na qual o emanado tende constantemente a manter-se igual a seu modelo, a identificar-se com ele, como o mundo sensível tende a realizar em si mesmo os modelos originais e perfeitos das idéias. Do Uno, dessa suma unidade, transbordante e indefinível, nasce por emanação a segunda hipóstase, o Inteligível. Este já não é a absoluta indiferenciação que caracteriza o Uno, a unicidade absoluta anterior a todo ser, mas o Ser mesmo ou, como diz Plotino, a Inteligência *(nous)*. A identificação do Ser inteligível com a Inteligência é a identificação do ser com o pensar, a racionalização completa do ente. O Uno contempla o Inteligível que, por sua vez, é produto desta mesma contemplação. Por emanação do Inteligível surge a terceira hipóstase, a Alma do Mundo (VER), divisão do Inteligível e princípio de formação do mundo sensível, que, portanto, é visão da alma, produto de sua contemplação e realização de sua potencial variedade. A Alma anima e unifica todo ser; torna-o partícipe, na medida de sua faculdade, da liberdade que somente o Uno possui de um modo absoluto, pois unicamente o Uno é liberdade real e completa autarquia. Num grau inferior desta série de emanações se encontra a matéria sensível que, à diferença da matéria (VER) inteligível, pode ser equiparada com o indeterminado por princípio, com o receptáculo vazio, com a sombra e o não-ser. A pura matéria sensível é, além disso, o mal (VER), o reverso metafísico da medalha em cujo anverso brilha eternamente o Uno perfeito e absolutamente bom. Perturbação da suma Ordem, o mal ou a matéria inteiramente sensível são ao mesmo tempo os princípios da absoluta multiplicidade e dispersão. Isso não significa que todo o sensível seja por si mesmo absolutamente mau, embora inspirado pelo desejo de unidade e de recolhimento em si mesmo; o universo descrito por Plotino não produz, como se compraz em dizer o próprio filósofo, um som único. É uma harmonia regida pela unidade e pela aspiração a converter tudo nela, isto é, pelo desejo que tem toda realidade de ver-se e contemplar-se em cada unidade superior e, em último termo, na Unidade suprema. Por isso Plotino chega a "justificar" os males efetivamente existentes neste mundo na medida em que compõem a harmônica totalidade do universo. Só o mal absoluto e pretensamente autônomo fica fora de seu quadro, precisamente porque semelhante mal é um puro não-ser.

A missão do filósofo não é, assim, tanto aniquilar o sensível quanto viver nele como se estivesse continuamente orientado para o inteligível. O norte da vida do sábio é o "mais além" onde o Uno reina e irradia sua realidade sobre o resto do universo. A realidade corporal e daqui debaixo não fica propriamente supressa, mas transfigurada. Para consegui-lo em toda sua plenitude, o sábio tem de fugir de toda dispersão e evitar confundir o que não é mais que semi-real com a plena realidade. Assim como o tempo deve ser concebido como recolhido na eternidade (VER), o corpo e o sensível devem ser contemplados como residindo no inteligível, atraídos por ele e modificados por ele. Deste modo, o sensível e o temporal, que por si mesmos são perturbações do bem e da ordem, podem manifestar-se como belos e ordenados. Mais ainda: o sensível poderá ser instrumento por meio do qual se alcance o inteligível e, com isso, essa felicidade completa que só é dada ao sábio que sabe como retirar-se e "onde" retirar-se. A própria razão discursiva não deve ser desdenhada: tem de ser habilmente utilizada, pois através dela pode-se chegar à intuição intelectual do que é (e é um), à contemplação pura e ao êxtase.

Emanação das hipóstases, processão (VER) das mesmas e conversão no Uno são, portanto, os conceitos capitais da filosofia plotiniana. Sem eles é impossível compreender por que o sábio deve transcender sempre suas próprias limitações e em vez de recolher-se egoistamente em si mesmo orientar-se para a ordem eterna do universo. Ora, a purificação (conseguida quase sempre pelo constante exercício da intuição intelectual) é para isso um elemento indispensável. Ao purificar-se, a alma ascende pela escada que conduz à unidade suprema: o ponto de vista do ser (do ser eterno e uno) acaba por predominar sobre todos os demais, sobre a desordem, a gênese, a dispersão e o tempo. Tudo o que não seja contemplação resulta, assim, uma debilitação dela, uma mera sombra. Imitadora dos deuses na terra, a alma do sábio (do sábio neoplatônico) consegue pela purificação e pela contemplação ser o que realmente é: o reflexo exato e fiel da razão universal.

➲ Edição de obras: A primeira edição de Plotino foi a tradução latina de Marsilio Ficino (Florença, 1492, reimpressa em 1540 e 1599). Em grego e latim apareceram as *Enéadas* em Basiléia (1580 e 1615). Edição grega com a tradução de Ficino por D. Wyttenbach, G. H. Moser e F. Creuzer (Oxford, 1835) e por Creuzer e Moser (Paris, 1855). Entre as edições mais recentes figuram a de Bréhier (7 vols., 1924-1938), considerada hoje como filologicamente pouco segura; as de V. Cilento (vol. I. *Enn.* i-ii; vol. II, Parte 1, *Enn.* i-iv, 1949; vol. III, Parte 2, *Enn.* v-vi e com uma bibliografia por B. Marien, 1949, e vol. III, Parte I, *Enn.* v-vi, 1949) e G. Faggin (*Enn.* I, 1947; II-III, 1948; reed., 1986), com texto e aparato crítico muito melhorados. A edição definitiva é a de P. Henry e H.-R. Schwyzer, *Opera*, I [*Porphyrii Vita Plotini; Enn.* I-III], 1951; II [*Enn.* IV-V], 1959; III [*Enn.*, VI, Addenda ad I-II, Índices], 1973.

Além da tradução de Bréhier, existem em francês traduções de M. N. Bouillet (1857-1861, reimp., 1968) e A. Alta (1924-1926). Traduções alemãs de H. F. Müller (1878-1880) e de R. Harder (1930-1937), esta última estimada como de consulta indispensável. Há tradução inglesa de Mackenna. Em espanhol começou a publicar-se uma tradução de D. García Bacca (I, 1949), antecedida por um tomo à parte: *Introducción general a las Eneadas*, 1948. Os comentários de García Bacca, acrescentados às notas de Bréhier a sua edição, às de Harder e aos comentários de Cilento e de G. Figgin (o qual, além disso, dedicou um tomo a Plotino, 1945), constituem, com os trabalhos de P. Henry, C. Carbonara e E. R. Dodds (cf. *infra*), a melhor introdução ao estado presente das investigações plotinianas.

Em português: *Tratados das Enéadas*, 2000.

Bibliografia: P. Henry, "Bulletin critique des études plotiniennes", *Nouvelle Revue de Théologie*, 59 (1932), 707-925. — A. Mansion, "Travaux sur l'oeuvre et la philosophie de Plotin", *Revue Néoscholastique de Philosophie*, 42 (1939), 229-251. — B. Marien, *Bibliografia critica degli studi Plotiniani con rassegna delle loro recensioni*, 1949. — J. H. Sleeman, G. Pollet, *Lexicon Plotinianum*, 1980.

Ver: C. H. Kirchner, *Die Philosophie des Plotin*, 1854. — M. N. Bouillet, *Les Ennéades de Plotin*, 3 vols., 1857. — E. Brenning, *Die Lehre von Schönen bei Plotin, in Zusammenhange seines Systems dargestellt. Ein Beitrag zur Geschichte der Aesthetik*, 1864. — A. Richter, *Neuplatonische Studien* (1. *Über Leben und Geistesentwicklung des Plotin;* 2. *Plotins Lehre vom Sein und die metaphysische Grundlage seiner Philosophie;* 3. *Die Theologie und Physik des Plotin;* 4. *Die Psychologie des Plotin;* 5. *Die Ethik des Plotin*), 1864-1867. — H. F. Müller, *Ethices Plotinis lineamenta,* 1867 (outros trabalhos do mesmo autor, especialmente em *Philosophische Monatshefte*). — A. Matinée, *Platon et Plotin*, 1879. — H. von Kleist, *Plotinische Studien. I. Studien zur 4 Enneade,* 1833 (não foram publicados mais volumes) (outros trabalhos do mesmo autor sobre Plotino em várias revistas). — M. Besobrasof, *Über Plotins Glückseligkeitslehre,* 1887. — L. Pisynos, *Die Tugendlehre des Plotins mit besonderer Berücksichtigung der Begriffe des Bösen und der Katharsis*, 1895 (tese). — F. Picavet, *Plotin et les mystères d'Éleusis*, 1903. — K. Horst, *Plotins Aesthetik. Vorstudien zu einer Neuuntersuchung*, I, 1905. — K. Alvermann, *Die Lehre Plotins von der Allgegenwart des Göttlichen,* 1905. — A. Drews, *Plotin und der Untergang der antiken Weltanschauung,* 1907. — H. A. Overstreet, *The Dialectics of Plotinus*, 1909. — K. S. Guthrie, *Plotinus: His Life, Times and Philosophy,* 1909. — F. Lettich, *Della sensazione al pensiero nella filosofia di Plotino*, 1911. — C. Dreas, *Die Usia bei Plotin,* 1912 (tese). — B. A. G. Fuller, *The Problem of Evil in Plotinus,* 1912. — H. F. Müller, "Plotinische Studien", *Hermes,* 48 (1913), 408-425; 49 (1914), 70-89; 51 (1916), 97-119. — W. R. Inge, *The Philosophy of Plotinus,* 2 vols., 1918; 3ª ed., 2 vols., 1948. — M. Wundt, *Plotin,* 1919. — F. Heinemann, *Plotin*, 1921. — Id., "Die Spiegeltheorie der Materie als Korrelat der Logos-Licht-Theorie bei Plotin", *Philologus,* 80 [1926], 1-17. — G. Mehlis, *Plotin,* 1924. — É. Bréhier, *La philosophie de Plotin*, 1928; nova ed., 1961. — G. Nevel, *Plotins Kategorien der intelligibilen Welt,* 1929. — E. Bens, *Der Willensbegriff von Plotin bis Augustin*, 1931. — J. Guitton, *Le temps et l'éternité chez Plotin et Saint Augustin*, 1933. — É. Krakowski, *Plotin et le paganisme religieux*, 1933. — K. Barion, *Plotin und Augustin*, 1935. — P. Henry, *Études Plotiniennes*, 3 vols.: I (1938; 2ª ed., 1961), *Les états du texte de Plotin;* II (1941; 2ª ed., 1948), *Les manuscrits des Énnéades;* III, *L'enseignement oral de Plotin sur les catégories d'Aristote d'après Dexippe et Simplicius.* — C. Carbonara, *La filosofia di Plotino* (I. *Il problema della materia e del mondo sensibile,* 1938; II. *Il mondo delle cose umane e delle ipostasi eterne,* 1939). — C. Becker, *Plotin und das Problem der geistigen Aneignung,* 1940. — A. H. Armstrong, *The Architecture of the Intelligible Universe in the Philosophy of Plotinus,* 1940. — Id., *The Real Meaning of Plotinus' Intelligible World,* 1949. — P. J. Jensen, *Plotin,* 1948. — J. Katz, *Plotinus' Search for the Good,* 1950. — M. de Gandillac, *La sagesse de Plotin,* 1952. — P. V. Pistorius, *Plotinus and Neoplatonism,* 1952. — J. Trouillard, *La procession plotinienne,* 1955. — Id., *La purification plotinienne,* 1955. — W. Himmerich, *Die Lehre des Plotins von der Selbstverwirklichung des Menschen,* 1959. — E. R. Dodds, W. Theiler, P. Henry et al., *Les sources de Plotin,* 1960. — C. Rutten, *Les catégories du monde sensible dans les Énnéades de Plotin,* 1961. — P. Hadot, *Plotin ou la simplicité du regard,* 1963; reed., 1989. — R. Fewerda, *La signification des images et des métaphores dans la pensée de Plotin,* 1965. — H. R. Schlette, *Das Eine und das Andere. Studien zur Problematik des Negativen in der Metaphysik Plotins,* 1966. — J. N. Deck, *Nature, Contemplation, and the One: A Study in the Philosophy of Plotinus,* 1967. — J. M. Rist, *Plotinus: The Road to Reality,* 1967. — B. Salmona, *La libertà in Plotino,* 1967. — N. Baladi, *La pensée de Plotin,* 1970. — H. J. Blumenthal, *Plotinus' Psychology: His Doctrines of the Embodied Soul,* 1970. — H. Buchner, *Plotins Möglichkeitslehre,* 1970. — J. Moreau, *Plotin ou La gloire de la philosophie antique*, 1970. — P.-J. About, *Plotin*, 1973. — G. J. P. O'Daly, *Plotinus' Philosophy of the Self*, 1973. — D. J. O'Meara, *Structures hiérarchiques dans la pensée de Plotin,* 1975. — J. Theodorakopoulos, *Plotins Metaphysik des Seins,*

1976. — F. Bousquet, *L'esprit de Plotin. L'itinéraire de l'âme vers Dieu*, 1976. — M.-I. S. C. de Prunes, *La genèse du monde sensible dans la philosophie de Plotin*, 1979. — F. Romano, *P. di T. Filosofia e cultura nel III secolo d. C.*, 1979. — E. Moutsopoulos, *Le problème de l'imaginaire chez Plotin*, 1980. — A. H. Armstrong, *L'architecture de l'univers intelligible dans la philosophie de Plotin. Une étude analytique et historique*, 1984. — J. C. Fraisse, *L'intériorité sans retrait. Lecutres de Plotin*, 1985. — W. Beierwaltes, *Denken des Einen*, 1985. — U. Bonanate, *Orme ed enigmi nella filosofia di P.*, 1985. — G. M. Gurtler, *P.: The Experience of Unity*, 1988. — E. K. Emilsson, *P. on Sense-Perception: A Philosophical Study*, 1988. — J. Alsina, *El neoplatonismo*, 1989. — A. Campillo, *La razón silenciosa: una lectura de las Enéadas de P.*, 1990. — F. Schroeder, *Form and Transformation: A Study in the Philosophy of Plotinus*, 1992. — N. J. Torchia, *Plotinus. Tolma', and the Descent of Being: An Exposition and Analysis*, 1993. ©

PLOUCQUET, GOTTFRIED (1716-1790). Nascido em Stuttgart. Professor (1750-1782) na Universidade de Tübingen, foi um dos discípulos de Wolff e um dos membros da chamada "escola de Leibniz-Wolff". Um dos problemas que mais o ocuparam foi o da composição das substâncias; depois de repelir a teoria monadológica, considerou mais plausível um dualismo de tipo cartesiano, mas, com o fim de resolver as questões que este coloca, aproximou-se de algumas das posições já mantidas pelo ocasionalismo, e depois da doutrina do chamado influxo físico. Suas idéias metafísicas culminaram numa espécie de fenomenalismo idealista. Ploucquet se distinguiu no trabalho lógico no sentido da *characteristica universalis* leibniziana e é considerado hoje como um dos precursores da lógica matemática, tentando construir um cálculo lógico baseado na intensão.

Obras: *Primaria monadologiae capita accesionibus quibusdam confirmata et ab obiectionibus fortioribus vindicata*, 1748. — *Principia de substantiis et phaenomenis*, 1752. — *Fundamenta philosophiae speculativae*, 1759; nova ed., 1778; id., 1782. — *Institutiones philosophiae theoreticae*, 1772 (ed. de 1782 com o título: *Expositiones philosophiae theoreticae*). — *Elementa philosophiae contemplativae*, 1778. — *Commentationes philosophiae selectiores antea seorsim editae, nunc ab ipso auctore recognitae et passim emendatae*, 1781. — Trabalhos lógicos em: *Sammlung der Schriften, welche den logischen Kalkül des Herrn Prof. Ploucquet betreffen, mit neuen Zusätzen*, ed. A. F. Böck, 1766 (incluindo: *Methodus tam demonstrandi directe omens syllogismorum species, quam vita formae detengendi ope unius regulae*, 1763, e *Methodus calculandi in logicis, praemissa commentatione de arte characteristica*, 1763).

Ver: P. Bornstein, *G. Ploucquets Erkenntnistheorie und Metaphysik*, 1898. — K. Aner, *G. Ploucquets Leben und Lehren*, 1909. — Rülf, *G. Ploucquet Urteilslehre*, 1922. — Para as contribuições de P. à lógica: C. I. Lewis, *A Survey of Symbolic Logic*, 1918, cap. 1. — A. Menne, ed., "Zur Logik von G. P.", em *Akten des XIV Kongresses für Philosophie in Wien*, III, 1968. ©

PLURALIDADE DE FORMAS. Ver Agostinismo; Forma.

PLURALISMO. A doutrina segundo a qual há só uma realidade, ou só um tipo de realidade, é chamada "monismo". Toda doutrina segundo a qual há mais de uma realidade, ou mais de um tipo de realidade, pode ser chamada "pluralismo". Contudo, como há um nome determinado para as doutrinas segundo as quais há dois tipos de realidade (ver Dualismo) e até um para as doutrinas segundo as quais há três tipos de realidade ("trialismo"), dá-se o nome de pluralismo a toda doutrina que afirma que há muitos, possivelmente infinitos, tipos de realidade. Assim como no caso do monismo e do dualismo, o que importa geralmente no pluralismo é mais o tipo de realidade que o número de realidades. No entanto, há casos em que se afirma que há um número considerável, ou talvez infinito, de realidades substancialmente do mesmo tipo, e se indica que se trata de doutrinas pluralistas. Tal ocorre com o atomismo e com as teorias monadológicas.

O pluralismo pode ser metafísico (ou ontológico) ou epistemológico. O pluralismo epistemológico é anti-reducionista, enquanto o monismo costuma ser reducionista (ver Redução). É possível manter um monismo ontológico junto com um pluralismo epistemológico. Para tanto é preciso reconhecer que os tipos de realidade, em todo caso, as linguagens mediante as quais se fala dos que se supõe ser tipos de realidade, não são redutíveis um ao outro, mas que, subjazendo à pluralidade de linguagens há um contínuo (ver) da realidade.

Do ponto de vista metafísico (ou ontológico), falou-se de diversas espécies de pluralismo: "monopluralismo" (há uma pluralidade de realidades, ou de tipos de realidade, independentes na medida em que cada uma não necessita de outras, mas inter-relacionadas na medida em que cada uma se acha em interação com outras); "pluralismo absoluto" (não há nenhum elo ou interação entre realidades); "pluralismo harmônico" (cada realidade, ou tipo de realidade, é metafisicamente independente, mas há um princípio de harmonia que conjuga todas as realidades e todos os tipos de realidade entre si). Falou-se também de "pluralismo atomista", de "pluralismo monadológico" etc., de acordo com o que se supõe ser os constituintes da realidade declarada "plural".

A mais conhecida série de doutrinas filosóficas pluralistas é a que se desenvolveu entre os pré-socráticos, especialmente na medida em que aspiraram a resolver as dificuldades que levantavam, por um lado, Parmênides e, pelo outro, Heráclito. Tratamos dessas doutrinas no verbete Pluralistas.

Na filosofia moderna e contemporânea se desenvolveram várias formas de pluralismo como reação contra as tendências monistas do idealismo alemão e do materialismo de meados do século XIX. Muitos filósofos que trataram de evitar as conseqüências "deterministas" das doutrinas monistas, e que não aderiam tampouco ao idealismo de tipo fichtiano, elaboraram doutrinas pluralistas. Exemplos de pluralismo são as doutrinas de Teichmüller, Lotze e Wundt (VER). Em alguns casos, o pluralismo se confinava ao reino psíquico; em outros, estendia-se a toda a realidade, considerando-se que a afirmação da liberdade dos indivíduos humanos tinha de fundar-se num reino de entidades não internamente relacionadas. Renouvier elaborou sistematicamente uma doutrina pluralista de caráter monadológico na qual admitia princípios diversos de séries "livres" de fenômenos. O pluralismo esteve freqüentemente ligado ao personalismo (VER), especialmente aos aspectos metafísicos do personalismo. Como toda tendência a negar que haja relações internas leva ao pluralismo, é possível considerar como pluralistas doutrinas do tipo do atomismo lógico (VER).

Um pluralismo explícito foi defendido por J. H. Boex-Borel *(Le pluralisme. Essai sur la discontinuité et l'hétérogénéité des phénomènes,* 1900; *Les sciences et le pluralisme,* 1922). Este autor rejeitou todo determinismo e todo monismo e afirmou que a realidade se compõe de elementos heterogêneos e irredutíveis entre si. A ciência deve reconhecer essa pluralidade de realidades e abster-se de praticar toda "assimilação" da realidade a um sistema conceitual determinado.

A mais conhecida das doutrinas filosóficas pluralistas contemporâneas é a de William James. O pluralismo de James se baseia na idéia de uma liberdade interna e constitui, por assim dizer, uma monadologia encaminhada à realização de uma síntese entre a continuidade e a descontinuidade. Por isso, mesmo admitindo "o caráter sublime do monismo noético", James acusa-o de engendrar insolúveis dificuldades: não dar conta da existência da consciência finita, originar o problema do mal, contradizer o caráter da realidade como algo experimentado perceptivamente, inclinar-se ao fatalismo. O pluralismo, em contrapartida, supera, segundo William James, estas dificuldades e oferece certo número de vantagens: seu caráter mais "científico", sua maior concordância com as possibilidades expressivas morais e dramáticas da vida, seu apoio no mais insignificante fato que mostre alguma pluralidade. A eleição entre o pluralismo e o monismo parece, apesar disso, ter de resolver-se num dilema, pois o monismo oferece, por outro lado, a vantagem de sua afinidade com certa fé religiosa e o valor emocional enraizado na concepção do mundo como um fato unitário; assim, decidir-se pelo pluralismo é para James, sobretudo, a conseqüência de sua vontade de salvar a possibilidade de que haja "novidade no mundo".

⊃ Além do livro de Boex-Borel citado no texto: P. Laner, *Pluralismus oder Monismus,* 1905. — W. James, *A Pluralistic Universe,* 1909. — J. Ward, *The Realm of Ends of Pluralism and Theism,* 1911. — J. Wahl, *Les philosophes pluralistes d'Angleterre et d'Amérique,* 1920. — B. P. Blood, *Pluriverse: An Essay in the Philosophy of Pluralism,* 1920. — B. Jakowenko, *Vom Wesen des Pluralismus,* 1928. — H. A. Myers, *Systematic Pluralism. A Study in Metaphysics,* 1961. — A. Naess, *The Pluralist and Possibilist Aspect of the Scientific Enterprise,* 1972. — H. F. Spinner, *Pluralismus als Erkenntnismodell,* 1974. — D. Nicholls, *Three Varieties of Pluralism,* 1974. — P. A. Roth, *Meaning and Method in the Social Sciences: A Case for Methodological Pluralism,* 1987. — E. Rooney, *Seductive Reasoning: Pluralism as the Problematic of Contemporary Literary Theory,* 1989. — W. Sadurski, *Moral Pluralism and Legal Neutrality,* 1990. — J. Kekes, *The Morality of Pluralism,* 1993. — N. Rescher, *Pluralism: Against the Demand for Consensus,* 1993. — Sobre o pluralismo na filosofia indiana, ver o t. IV (1949) da *History of Indian Philosophy,* de Surendranath Dasgupta. ᴄ

PLURALISTAS. Num sentido geral, dá-se o nome de "pluralistas" a todos os que defendem alguma forma de pluralismo (VER). Os pluralistas são sempre antimonistas (ver MONISMO) e com freqüência antidualistas (ver DUALISMO). Mais especificamente se dá o nome de "pluralistas" a uma série de filósofos pré-socráticos (VER), e em particular aos seguintes: Anaxágoras, Empédocles, Leucipo e Demócrito (VER). Cada um desses filósofos sustentou doutrinas que seria improcedente reduzir simplesmente ao pluralismo. No entanto, o pluralismo caracteriza também suas doutrinas na medida em que cada um deles afirma que há certo número de elementos ou substâncias que compõem a Natureza e que se combinam entre si de modos diversos: são as homeomerias (VER) de Anaxágoras, os quatro elementos (ou qualidades) de Empédocles, e os átomos de Leucipo e Demócrito.

O pluralismo pré-socrático pode ser entendido como um modo de fazer frente ao problema da explicação "do que há", levantado por Heráclito e Parmênides, especialmente por este último. Com efeito, dizer que "tudo se move" equivale a afirmar que o movimento (ou a mudança) é "o real", mas então não parece haver sujeito no qual a mudança seja inerente. Por outro lado, dizer que o ser é nada mais, e que o ser é uno, imutável, eterno, etc., é negar o movimento ou sustentar que é simplesmente questão de "opinião" e não de saber. Mas se se toma o "ser" de Parmênides e se admite a "mudança" de Heráclito, parece que o único que se pode fazer é o seguinte: dividir tal "ser" em certo número de "seres", substâncias ou elementos e sustentar que a mudança é mudança de uns elementos em outros, ou movimento de uns elementos com respeito a outros, ou combinações e recombinações de elementos. O caso mais claro é possivelmente o de Demócrito: cada átomo pode ser considerado como um "ser" (ou "esfera") parmenídeo, porquanto é sempre o que é e não outra coisa, mas os deslocamentos dos átomos sobre o fundo do espaço ("o vazio") tornam possível compreender o movimento local e as combinações com as quais se formam os diversos corpos.

Uma vez resolvido o problema de como explicar a diversidade com base em "unidades", os pluralistas présocráticos tiveram de explicar o que causa a diversidade. As soluções para tanto consistiram em indicar uma causa primária do movimento e da mudança: o Nous (VER) de Anaxágoras; a União e a Separação (Amor e Ódio) de Empédocles; a "Necessidade" (e "causalidade") de Leucipo e Demócrito.

PLURIVALENTE. Ver POLIVALENTE.

PLUTARCO de Queronéia (ca. 45-125). Ele uniu à sua atividade literária uma considerável atividade política e inclinou-se decididamente, do ponto de vista filosófico, para o platonismo, ao qual considerou num sentido religioso como a base racional das crenças mitológicas dos gregos. Tal coincidência Plutarco não encontrou nem nos estóicos nem nos epicuristas, contra os quais se voltou em várias ocasiões; as doutrinas de uns e outros eram para ele falsas interpretações da verdade religiosa e, o que é pior, uma confusão desta verdade com crenças que, embora pareçam muito próximas, se acham a uma distância infinita dela. A conversão dos deuses em forças naturais, em heróis ou em mitos era para Plutarco a conseqüência de uma desconfiança que destrói, junto com a velha religião, a velha pátria e a antiga moral. Contudo, o combate contra os estóicos e os epicuristas não significa que eles deixaram de influir na obra de Plutarco, que é, antes, um conjunto eclético formado, certamente, em sua base principal pelo platonismo, mas acolhendo igualmente numerosos elementos estóicos, dos diferentes períodos da Academia e ainda do ceticismo e, como não podia deixar de ser, do aristotelismo. Mas tudo isso se acha unido na raiz de uma crença renovada, de um restabelecimento das tradições que é ao mesmo tempo uma purificação, já que Plutarco se esforçava antes de tudo por excluir dos deuses, e especialmente do deus supremo, do Bem que é causa dos bens, todo o sensível, tudo o que pudesse converter-se em causa do mais insignificante mal.

⊃ As obras mais propriamente filosóficas de Plutarco (segundo a classificação de Überweg-Prächter, I) são: obras de exegese platônica como os Πλατωνικὰ ζητήματα, *Quaestiones platonicae*, e o tratado Περὶ τῆς ἐν Τιμαίῳ ψυχογονίας, *De animae procreatione in Timaeo*); obras polêmicas contra os estóicos e os epicuristas (como o Περὶ Στωικῶν ἐναντιωμάτων, *De repugnantiis Stoicis;* o Περὶ τῶν κοινῶν ἐννοιῶν πρὸς τοὺς Στωικούς, *De communibus notionibus adversus Stoicos;* o ῞Οτι οὐδὲ ζῆν ἔστιν ἡδέως κατ' Ἐπίκουρον, *Ne suaviter quidem vivi posse secundum Epicurum;* o Πρὸς Κωλώτην, *Adversus Colotes;* o Εἰ καλῶς εἴρηται τὸ λάθε βιώσας, *De latenter vivendo*); obras várias (como o escrito Περὶ τοῦ ἐμφαινομένου προσώπου τῷ κύκλῳ τῆς σελήνης, *De facie in orbe lunae;* o tratado Περὶ ψυχῆς, *De anima;* o Εἰ μέρος τὸ παθητικὸν τῆς ἀνθρώπου ψυχῆς ἢ δύναμις, *Quod in animo humano affectibus subiectum parsne sit eius an facultas;* o Πότερον ψυχῆς ἢ σώματος ἐπιτυμία καὶ λύπη, *Ultrum animae an corporis sit libido et aegritudo);* os tratados éticos (como o ῞Οτι διδακτὸν ἡ ἀρετή, *Virtutem doceri posse;* o Περὶ τῆς ἠθικῆς ἀρετῆς, *De virtute morali;* o Περὶ ἀρετῆς καὶ κακίας, *De virtute et vitio;* o Περὶ εὐθυμίας, *De tranquilitate animi;* o Εἰ αὐτάρκης ἡ κακία πρὸς κακοδαιμονίαν, *An vitiositas ad infelicitatem sufficit;* o Πότερον τὰ τῆς ψυκῆς ἢ τὰ τοῦ σώματος πάθη χείρονθα, *Animime an corporis affectiones sint peiores;* o Πῶς ἄν τις αἴσθοιτο ἑαυτοῦ προκόπτονθος ἐπ'ἀρετῇ, *De profectibus in virtute;* o Περὶ τύχης, *De fortuna;* o Περὶ ἀοργησίας, *De cohibendi ira;* o Περὶ ἀδολεσχίας, *De garrulitate;* o Περὶ πολυπραγμοσύνης, *De curiositate;* o Περὶ φιλοπλουτίας, *De cupiditate divitiarum;* o Περὶ δισωπίας, *De vitiose pudore;* o Περὶ φθόνου καὶ μίσους, *De invidia et odio;* o Περὶ τοῦ ἑαυτὸν ἐπαινεῖν ἀνεπιφθόνως, *De se ipso citra invidiam laudando;* o Περὶ πολυφιλίας, *De amicorum multitudine* etc.). A isso se acrescentam grupos de escritos sobre questões políticas, sobre a vida familiar, sobre temas pedagógicos, os chamados escritos de consolação (como o Περὶ φυγῆς, *De exilio*) e os tratados religiosos como o Περὶ τῶν ὑπὸ τοῦ θείου βραδέως τιμωρουμένων, *De sera numinis vindicta;* o Περὶ Σωκράτους δαιμονίου, *De genio Socrates;* o Περὶ ῎Ισιδος καὶ ᾽Οσίριδος, *De Iside et Osiris;* o Περὶ δεισιδαιμονίας, *De superstitione* etc.). Muitos dos escritos de Plutarco se conservam apenas fragmentariamente.

Léxico: D. A. Wyttenbach, *Lexicon Plutarcheum*, 2 vols., 1830, reimp., 1963.

Ver: J. Oakesmith, *The Religion of Plutarch*, 1902. — R. Hirzel, *Plutarch*, 1912. — B. Latzarus, *Les idées religieuses de Plutarque*, 1920. — P. Thévenaz, *L'âme du monde, le devenir et la matière chez Plutarque*, 1938. — G. Spury, *La démonologie de Plutarque*, 1942. — R. Westman, *Plutarch gegen Kolotes. Seine Schrift Adversus Colotem als philosophiegeschichtliche Quelle*, 1955. — R. Flacelière, *Sagesse de Plutarque*, 1964. — D. Babut, *Plutarque et le stoïcisme*, 1969. — H. Görgemanns, *Untersuchungen zu P.s Dialog* De facie in orbe lunae, 1970. — D. A. Russell, *Plutarch*, 1973. — H. Adam, *P.s Schrift* Non posse suaviter, 1973. — R. M. Aguilar Fernández, *La noción del alma personal en Plutarco*, 1981. ⊂

PNEUMA. O vocábulo πνεῦμα (de πνέω = "soprar") significou "sopro", "alento" e, mais propriamente, "ar deslocado pela ação de soprar". Por extensão lhe foram dados vários outros significados: "força vital", "alento que anima os organismos (ou a matéria)", "espírito", "atividade do espírito", etc., passando-se freqüentemente do corpóreo (mas sutil) ao impalpável. O que podemos chamar "o conceito de pneuma" desempenhou um papel importante desde as origens da filosofia grega. Alguns pré-socráticos haviam suposto que há uma substância (o ar) que rodeia e penetra o universo inteiro. Segundo Anaxímenes (Diels, 13, B 2), o ar rodeia o universo do mesmo modo como a alma (que é ar) mantém a coesão do organismo humano (e do animal). Empédocles considerava que a substância que preenche o universo, à maneira de uma alma, é um "pneuma" que, embora se traduza freqüentemente por "espírito", tem aqui um sentido ao mesmo tempo psíquico, orgânico e material. Os estóicos — que tomaram emprestado o conceito de pneuma de Anaxímenes — consideravam que o pneuma é composto de ar (substância fria) e fogo (substância quente); segundo os antigos estóicos, o pneuma enche o cosmo e torna possível a coesão da matéria por meio de sua propriedade fundamental: a tensão (VER). O pneuma é uma substância contínua, cujo movimento não consiste em deslocamento, mas em propagação de "estados" dentro de um "contínuo". Muitas outras escolas filosóficas gregas fizeram uso do conceito de pneuma, incluindo as escolas médicas hipocrática e a siciliana.

Segundo G. Verbeke, as diferentes doutrinas relativas ao pneuma podem ser reduzidas a quatro pontos capitais, combinados em diversas proporções segundo as várias escolas. Por um lado, o pneuma pode referir-se a algo divino, ou à divindade. Em seguida, pode referir-se ao princípio vital dos organismos, e mais especialmente do homem. Em terceiro lugar, pode denotar a inspiração dos profetas e adivinhos. Finalmente, pode designar uma força divina outorgada aos homens em vista da conduta da vida ou com vistas à realização de certos atos que vão mais além dos poderes naturais (*op. cit.* em bibliografia, p. 512).

A idéia de pneuma como algo divino foi, segundo Verbeke, elaborada sobretudo pelos estóicos (cf. *supra*). Deve-se levar em conta, porém, que, nos estóicos e especialmente em alguns dos velhos estóicos, "algo divino" era equiparado a "algo cósmico", isto é, a um "princípio cósmico vital". De todo modo, a idéia estóica do pneuma — o que se chama sua "pneumatologia" — exerceu influência sobre alguns autores cristãos, como Taciano e Atenágoras, embora eles tenham tratado de não confundir o pneuma como princípio de vida, realidade imanente, com o pneuma como princípio divino, realidade transcendente. A idéia de pneuma como princípio vital dos seres vivos foi desenvolvida sobretudo por várias escolas médicas, especialmente a chamada "Escola da Sicília". Segundo a mesma, o pneuma é um sopro localizado no corpo vivo e que penetra todo o corpo. Por isso o pneuma se parece mais com um "impulso" — ou "centro de impulso" — do que com uma "alma". Alguns estóicos seguiram idéias semelhantes, mas sem abandonar a noção do pneuma como princípio de coesão do cosmo; o que fizeram foi conceber os princípios vitais individuais como parcelas do "fogo cósmico divino". Muito se discutiu entre os antigos a questão de "onde" está o pneuma. Discutiu-se também a questão de se o pneuma é — num sentido mais "moderno" do termo — mais ou menos "espiritual".

Das análises e distinções que se estabeleceram entre os gregos surgiram várias das concepções de autores cristãos, os quais se interessaram particularmente pelo problema da relação entre pneuma, corpo e alma. Clemente de Alexandria e Orígenes — assim como Fílon de Alexandria — se esforçaram por distinguir entre diversas significações do pneuma, desde o pneuma inferior, o corpo pneumático e o pneuma corporal até o pneuma real e verdadeiramente espiritual e, portanto, imaterial. O pneuma divinatório e profético foi tratado pelos estóicos e por alguns autores neoplatônicos, que difundiram a doutrina do pneuma mântico, considerado por alguns autores cristãos, como Justino, como um ser pessoal. Quanto ao pneuma como força divina, foi sobretudo uma concepção defendida nos textos mágicos e na teoria filônica do dom pneumático. Ora, a evolução da pneumatologia antiga tem lugar, segundo Verbeke, entre os termos extremos da materialização e da espiritualização do pneuma, que só se realiza plenamente dentro do cristianismo, antecipado na essência por algumas vertentes neoplatônicas e especialmente pelas concepções de Fílon de Alexandria. Assim, somente a doutrina bíblica estaria em verdade na base mesma da espiritualização da doutrina do pneuma, já explícita na distinção paulina entre o ἄνθρωπος σαρκικός e o ἄνθρωπος πνευματικός, e nas freqüentes distinções entre os homens "materiais", "psíquicos" e "pneumáticos". O fator decisivo da mencionada espiritualização e da concepção transcendente do pneuma se acha, segundo Verbeke, na religião judeu-cristã e só acidentalmente no neoplatonismo ou nas vertentes mais espiritualistas do estoicismo, e por isso "a religião judeu-cristã deve ser considerada como o fator principal da evolução da pneumatologia antiga no sentido do espiritualismo, por ter aplicado o termo 'pneuma' à divindade transcendente e à alma imortal, o que devia conduzir logicamente à espiritualização desta noção", uma vez que "o platonismo contribuiu por sua parte para esta mesma evolução numa ordem secundária, na medida em que ajudou a destacar e a definir o espiritualismo latente da pneumatologia judeu-cristã" (*op. cit.,* p. 543).

Embora na época moderna o termo 'pneuma' tenha sido empregado no vocabulário teológico, especialmente com referência ao ῞Αγιον Πνεῦμα, ao Espírito Santo, falou-se também de "pneuma" como "espírito" e como "alma", especialmente enquanto objeto da "psicologia racional". Para tanto foram introduzidos termos como 'pneumática' e 'pneumatologia' (assim como 'pneumatismo'). Tratamos mais detalhadamente dos usos destes vocábulos no verbete PNEUMÁTICA, PNEUMATOLOGIA.

➲ Ver: H. Siebeck, "Die Entwicklung der Lehre vom Geist (Pneuma) in der Wissenschaft des Alterturms", *Zeitschrift für Völkerpsychologie und Sprachwissenschaft* (1880). — Id., "Neue Beiträge zur Entwicklungsgeschichte des Geistesbregriffs", *Archiv für Geschichte der Philosophie*, 27, N. F. 20 (1914), 1-16. — W. Jaeger, "Das Pneuma im Lykeion", *Hermes*, 48 (1913), 29-74. — H. Leisegang, *Der heilige Geist. Das Wesen und Werden der mystischintuitiven Erkenntnis in der Philosophie und Religion der Griechen.* I, Parte 1. *Die vorchristlichen Anschauungen und Lehren vom* πνεῦμα *und der mystisch-intuitiven Erkenntnis*, 1919. — Id., *Pneuma Hagion. Der Ursprung des Geistesbegriffs der synoptischen Evangelien aus der griechischen Mystik*, 1922. — F. Rüsche, *Blut, Leben und Seele. Ihr Verhältnis nach Auffassung der griechischen und hellenistischen Antike, der Bibel und der alten Alexandrinischen Theologen*, 1930. — Id., *Das Seelenpneuma. Seine Entwicklung von der Hauchseele zur Geistseele. Ein Beitrag zur Geschichte der antiken Pneumalehre*, 1933. — J. C. McKerrow, *An Introduction to Pneumatology*, 1932. — G. Verbeke, *L'Évolution de la doctrine du Pneuma du stoïcisme à Saint Augustin. Étude philosophique*, 1945. — A. Laurentin, *Le pneuma dans la doctrine de Philon*, 1952. — M. Putscher, *Pneuma, Spiritus, Geist, Vorstellungen vom Lebensantrieb in ihren geschichtlichen Wandlungen*, 1973. — A. Dill, ed., *Psyche und Pneuma*, 1987. ➲

PNEUMÁTICA, PNEUMATOLOGIA. Entre os autores que usaram o termo 'pneumática' figura Johannes Scharf, que publicou um tratado intitulado *Pneumatica, seu pneumatologia hoc est scientia spiritum naturalis* (Wittemberg, 1644, reimp., 1971). A pneumática ou "pneumatologia" era, como assinala o título, uma ciência ou saber "natural" acerca dos "espíritos". Em seu *Lexicon philosophicum terminorum philosophis usitatorum* (1643), s. v. "Philosophia", J. Micraelius apresenta a *Philosophia theoretica* dividida em város ramos. Um deles é a *Metaphysica*. Esta tem dois ramos: a *Ontologia* e a *Pneumatologia*. A *Pneumatologia* se ocupa dos "espíritos" *(pneumata)* e se subdivide em tantos outros ramos quantas classes de espíritos há. Segundo Micraelius, há três classes de espíritos: Deus, os anjos, os homens; por isso a *pneumatologia* se subdivide em *Theologia, Angelographia* e *Psychologia*. Vemos aqui que, diferentemente do que ocorreu a seguir (cf. *infra*), a pneumatologia não é equiparada simplesmente à psicologia (ou ao que antes se chamava assim), mas esta última é só uma parte da primeira, a qual ocupa um lugar muito elevado na hierarquia das ciências. Em seu *Lexicon rationale sive Thesaurus philosophicus ordine alphabetico digestus* (1692; nova ed., 1713), Stephanus Chauvinus (Étienne Chauvin) fala da *Pneumatica* — que também se chama *Pneumatologia* ou *Pneumatosophia* — e diz que ela é "a ciência que investiga a substância espiritual, ou mente, enquanto tal". Esta disciplina estuda "a essência, atributos e funções da mente" e trata em especial "da mente divina, angélica e humana", razão por que se divide também nos três ramos introduzidos por Micraelius. Outros autores dividiram a *Philosophia theoretica* em *Ontosophia seu Metaphysica* (sobre o entre como ente), *Somantica seu Physica* (sobre os corpos) e *Pneumatica* (sobre os espíritos). Às vezes se considerava a *Anthropologia* como uma "ciência mista" (de *Pneumatica* e *Somatica*).

Os exemplos anteriores pertencem ao século XVII (e começos do XVIII). Durante o século XVIII falou-se também de "Pneumatologia" e "Pneumática" (e, às vezes, de "Pneumatosofia"), mas nem sempre se definiu do mesmo modo ou se classificou da mesma maneira indicada acima. Assim, por exemplo, foi bastante corrente equiparar a *Pneumatologia* à *Metaphysica*. Assim vemos em Leibniz, ao dizer que nas Faculdades de Filosofia se ensina a introdução às ciências e profissões: "A história e as artes de dicção e alguns rudimentos da teologia e da jurisprudência natural, independentes das leis divinas e humanas, sob o nome de Metafísica ou Pneumática, de Moral e de Política, e, além disso, algo de Física em benefício dos jovens médicos" (*Nouveaux Essais*, IV, 21). Assim também em Wolff, ao falar de ciências *pneumaticae* como a "psicologia" e a "teologia" (*Philosophia rationalis*, § 79) em d'Alembert *(Discours préliminaires à l'Encyclopédie)*. Jacob Bruckner incluiu em sua *Historia critica philosophiae*, tomo IV (1744), um capítulo (III) intitulado "De metaphysicae et pnevmatologiae mvtationibvs recentioribvs", no qual falava de uma *pneumatologia specialis* cujo objeto era o estudo das substâncias espirituais imateriais existentes separadamente *(separatim)*. Francis Hutcheson escreveu uma *Synopsis Ontologiam et Pneumatologiam complectens* (1742; 6ª ed., 1774). Muitos autores chegaram a equiparar a pneumatologia com a psicologia enquanto *psychologia rationalis*. Kant se opôs a esse tipo de pneumatologia ou pneumática e ao que chamou "o pneumatismo". "Deve-se observar", escreveu, "que o paralogismo (VER) transcendental deu lugar a uma aparência meramente unilateral em sua relação com a idéia do sujeito em nosso pensamento, e que os conceitos de razão não oferecem a menor aparência em favor da afirmação oposta. A vantagem disso se encontra do lado do pneumatismo, mesmo quando este, não obstante toda a aparência favorável, não possa negar seu pecado original: o de dissolver-se em fumaça quando se submete à prova de fogo da crítica" (*KrV*, A 406/B 433). Por outro lado, "assim como a teologia não pode converter-se nunca em teosofia, tampouco a *psicologia* racional poderá nunca converter-se em *pneumatologia* como uma ciência que amplia nosso conhecimento..." (*KdU,* § 89). Neste último caso, a pneumatologia é considerada não como "pneumatismo", mas como uma espécie de "antropologia do sentido interno" *(loc. cit.).*

Entre autores mais recentes que falaram de uma pneumatologia destacamos Class (VER) e Spann (VER). O primeiro desenvolveu uma pneumatologia que, no dizer de Heimsoeth (*Metaphysik der Neuzeit,* 1928), "parte do fato da realidade histórico-espiritual; aqui inicia suas investigações e a estrutura ontológica do espírito". Por conseguinte, a pneumatologia de Class pressupõe uma descrição dos fenômenos espirituais prévia a toda concepção sistemática. Quanto a Spann, considera a pneumatologia como uma descrição e uma teoria metafísica do espírito.

O termo 'pneumatologia' e o adjetivo 'pneumático' caíram em desuso na literatura filosófica, mas, uma vez definida sua significação, poderiam ser empregados por autores que elaboraram a teoria do espírito (ver ESPÍRITO, ESPIRITUAL) com base numa distinção entre "espírito" (especialmente como "espírito objetivo") e atividade psíquica.

PODER. Ver POTÊNCIA.

POESIA, POÉTICA. No verbete OBRA LITERÁRIA, ocupamo-nos do problema da natureza da linguagem artística e da linguagem literária em relação com outros tipos de linguagem, especialmente a chamada "linguagem científica". Exemplo eminente de linguagem artística e linguagem literária é a linguagem poética (à qual nos referimos especificamente no verbete citado). Este pode ser considerado, portanto, também como um verbete sobre a noção de poesia e, em geral, sobre a poética.

No entanto, procederemos a complementar a análise da poesia e da poética (assim como do "poético") com algumas indicações relativas ao significado e uso do vocábulo 'poesia' (e, portanto, de alguns de seus derivados) em alguns filósofos e, como não poderia deixar de ser, em vários pensadores gregos.

O verbo ποιέω (infinitivo: ποιεῖν) significou originalmente "fazer", "fabricar", "produzir". Neste sentido, poder-se-ia usar o termo 'poética' para designar a doutrina relativa a todo fazer (à diferença, por exemplo, de 'noética', que pode designar a doutrina relativa a todo pensar, doutrina do pensamento ou da inteligência). Encontramos tal uso em Eugenio d'Ors, ao falar da diferença entre "poética", "patética" e "dialética". No entanto, ποιεῖν significou bem cedo, entre outras coisas (cf. sobre este ponto Emilio Lledó Íñigo, *op. cit.* na bibliografia, pp. 15ss.), "criar" e depois "representar algo ou representar alguém (artisticamente)". Mais especificamente, ποιεῖν significou "criar algo com a palavra": o assim criado é o ποίημα, "o poema". O ato ou processo de tal criação é a ποίησις, "a poesia" — que às vezes designou o conjunto de uma obra poética, à diferença do "poema", que designava parte de tal obra (*op. cit.,* p. 39).

Num sentido aproximado ao que tem hoje 'poesia', mas fundindo provavelmente suas raízes em mais rico terreno semântico, Platão e Aristóteles trataram do "poetizar", da poesia e do poético. As idéias de Platão sobre a poesia (e sobre os poetas) são variadas e complexas. Por um lado, Platão queria expulsar os poetas da "República" por serem "mentirosos". Por outro lado, ele reconhecia que a poesia é uma loucura (VER), mas loucura "divina", θεία μοῖρα; o poeta é, ou pode chegar a ser, um "ser com asas", inspirado pela divindade. Neste caso, a capacidade de poetizar é realmente uma "graça", um "dom". Platão fala também de "poesia" como de "uma atividade criadora em geral" (*op. cit.,* pp. 84 ss.). É difícil religar todos esses conceitos platônicos, mas podemos tentar, destacando que em todos, ou em quase todos os casos, a poesia é, ou deve ser, para Platão, uma imitação (VER), μίμησις, entendida como participação no "verdadeiramente real", no "mundo das idéias". A poesia pode ser com isso uma espécie de sabedoria, mas, à diferença da estrita sabedoria da doutrina das idéias, a poesia é uma sabedoria, por assim dizer, representativa; conforme disse Platão acerca do belo, a poesia, como o belo, é algo que está de algum modo carregado com o sensível, embora com o sensível enquanto possa "transparecer", "transluzir" ou "afastar" através dele o inteligível. Quando a poesia não é o que deve ser, é porque "os poetas não souberam eleger o objeto próprio para a imitação". Pode-se distinguir, portanto, entre os "bons poetas", os que sabem eleger tal objeto e exercem uma função adequada dentro da comunidade ou Cidade-Estado, e os "maus poetas", os "mentirosos", que são aqueles a quem Platão se propõe expulsar da "Cidade ideal".

Aristóteles tratou da poesia e de suas diversas formas na *Poética,* que não é propriamente uma filosofia da poesia, tampouco uma *ars poetica,* mas sim um "tratado da poesia". Segundo Aristóteles, todas as formas poéticas — épica, tragédia, comédia, ditirambo — são "modos de imitação" (*Poet.,* 1, 1447 a 15), mas diferem entre si em três aspectos: o meio, os objetos e a maneira de imitação. Os objetos de imitação são ações humanas, e os agentes destas ações devem ser representados ou melhores do que são na vida real, ou piores do que são na vida real, ou tais como são na vida real. A tragédia (VER) e a comédia podem ser definidas a esse respeito como formas de poesia que representam os homens e suas ações como respectivamente melhores e piores do que são. O "poeta" faz o mesmo que todo "imitador", isto é, representar os homens e suas ações em alguma das formas indicadas, mas, à diferença de outros "imitadores" (como o pintor ou o músico), usa como meio a linguagem (*op. cit.,* 25, 1460 b 5-10). Assim, a poesia pode ser definida, em geral, como "imitação" (representação) das ações humanas por meio da linguagem.

Estas e outras idéias aristotélicas sobre a poesia tiveram enorme influência no que se chama "a história da poética". Não é este o lugar de esboçá-la, por haver nela muito que não é propriamente filosófico. Do ponto de vista filosófico, contudo, é interessante fazer constar que o modo de conceber a poesia mudou grandemente segundo se tenha sublinhado, como Aristóteles, "o representativo", ou segundo se tenha sublinhado, como ocorreu posteriormente, "o expressivo", "o simbólico" etc. Grandes diferenças houve no que se chamou "concepção romântica" à diferença da "concepção clássica" da poesia, entre a insistência na beleza e a insistência na sublimidade, entre a importância dada à forma e ao "conteúdo", etc. Houve igualmente grandes diferenças nas idéias acerca da "posição" da poesia nas demais artes. A esse respeito, um importante questionamento, do ângulo filosófico, foi o que se fez à chamada "sabedoria poética", da qual Vico falou pela primeira vez amplamente e que ele considerou como a "sabedoria primitiva". O problema da "sabedoria poética" está estreitamente relacionado com a questão da "relação entre filosofia e poesia". O que dissemos a este respeito em Obra literária (VER) bastará para nosso propósito na presente obra. Aqui nos limitamos a indicar, bastante esquematicamente, que entre as posições adotadas a respeito há duas radicalmente opostas: uma segundo a qual poesia e filosofia não têm nenhuma relação, exceto por serem ambas aspectos da cultura; outra segundo a qual a poesia (ou, se se quiser, a linguagem poética) é a forma mais elevada e, ao mesmo tempo, mais fundamental do "falar". Esta última opinião foi defendida, entre outros, por Heidegger, que considera a poesia ou, se se preferir, o "poetizar", não como o manejo de uma linguagem, mas como o fundamento de toda linguagem, o que se dá, em seu entender, dentro do âmbito do "poetizar".

⊃ Ver: E. L. Íñigo, *El concepto "poíesis" en la filosofía griega: Heráclito, sofistas, Platón*, 1961. — M. Dufrenne, *Le poétique*, 1963. — M. Landmann, *Die absolute Dichtung. Essays zur philosophischen Poetik*, 1963. — É. Gilson, *Matières et formes: Poétiques particulières des arts majeurs*, 1964. — G. Wolandt, *Philosophie der Dichtung. Weltstellung und Gegenstandlichkeit des poetischen Gedankens*, 1965. — B. A. Kyrkos, *Die Dichtung als Wissensproblem bei Aristoteles*, 1972. — H. Rüdiger, ed., *Literatur und Dichtung. Versuch einer Begriffsbestimmung*, 1973. — M. Fuhrmann, *Einführung in die antike Dichtungstheorie*, 1973. — J. Dalfen, *Polis und Poiesis*, 1974. — H. Wiegmann, *Geschichte der Poetik*, 1977. — L. Couloubaritsis, "La signification philosophique de la Poiesis aristotélicienne", *Diotima*, 1 (1981), 94-100. — D. R. de Solís, *Poiesis. Sobre las relaciones entre filosofía y poesía desde el alma trágica*, 1982. — C. Esteban, *Critique de la raison poétique*, 1987. ⊂

POINCARÉ (JULES), HENRI (1854-1912). Nascido em Nancy, seguiu estudos na Escola Politécnica, na Escola Superior Nacional de Minas e na Sorbonne. Encarregado de curso em Caen (1879-1881), foi chamado a Paris em 1881 como "maître de conférences". Em 1886 foi nomeado professor de física matemática e de cálculo de probabilidades na Faculdade de Ciências da Universidade de Paris, dando também cursos na Escola Politécnica.

Devemos a Poincaré numerosos trabalhos matemáticos na teoria abeliana de funções, na *analysis situs*, na teoria dos grupos e teoria numérica, assim como contribuições à física teórica e à mecânica celeste.

A filosofia de Poincaré se insere no que se chamou na França durante certo tempo "a crítica da ciência". Costuma-se descrever esta filosofia como expressão do convencionalismo (VER), mas isso não faz totalmente justiça às complexidades do pensamento do autor. Em todo caso, devem-se levar em conta os distintos graus e matizes de semelhante convencionalismo na matemática, ou nas ciências formais em geral, e nas físicas, ou nas ciências naturais, especialmente a física.

Os axiomas matemáticos são, segundo Poincaré, convenções no sentido de que não são nem experimentalmente verificáveis nem necessariamente verdadeiros. Que os axiomas sejam convencionais não quer dizer que sejam arbitrários; sua eleição depende do uso que se faça deles na descrição do mundo físico. Não é arbitrária, em todo caso, a construção matemática, porquanto deve ser consistente com os axiomas adotados. A aplicação das proposições matemáticas ao mundo físico representa uma idealização deste mundo, mas isso não quer dizer que se faça do mundo algo ideal, mas simplesmente que para efeitos de descrição matemática é como se correspondesse a condições ideais.

O "convencionalismo" de Poincaré na ciência natural não equivale à opinião de que as proposições e as teorias físicas são eleitas arbitrariamente, e nem sequer à opinião de que são eleitas por razões puramente pragmáticas, mais ou menos alheias ao conhecimento. Embora os dados de que se vale o cientista sejam dados por meio de observações e estas apareçam sob a forma de sensações, os fatos naturais não são equiparáveis a grupos de sensações. O "convencionalismo" antes indicado não é nem um sensacionismo, do tipo do de Ernst Mach, nem um fenomenismo. Poincaré supõe que as sensações apreendem fatos que correspondem a realidades e processos naturais, mas é preciso proceder a uma seleção de acordo com certos princípios, e em particular de acordo com o grau máximo de simplicidade nas descrições e explicações. Dentro desta restrição aceitam-se graus de convencionalidade e também de provisoriedade. O grau máximo de convencionalidade é o dos princípios; o grau mínimo é o das leis de caráter empírico. Nem os princípios nem as leis são nunca, contudo, definitivos. Ademais, as proposições que são usadas numa fase da ciência como princípios podem ser consideradas em outra fase como leis.

Poincaré sublinhou fortemente a importância das hipóteses na ciência. As hipóteses são de várias classes segundo seu grau maior ou menor de universalidade e de estabilidade.

Embora a ciência não seja, de modo algum, subjetiva, deve-se levar em conta, segundo Poincaré, a *forma mentis* do cientista. As orientações seguidas por uma ciência, cultivada por uma mente com propensão analítica, não são as mesmas que (embora não sejam incompatíveis com) as seguidas por uma ciência, ou um ramo da ciência, cultivada por uma mente com propensão sintética.

Poincaré se opôs ao "logicismo" — e ao que em seu tempo se chamou "a logística" — e atacou especialmente Russell em nome de uma concepção próxima a (senão coincidente com) o intuicionismo matemático. Opôs-se também durante algum tempo ao "infinitismo" cantoriano, defendendo o chamado "finitismo".

◐ Obras filosóficas principais: *La Science et l'Hypothèse*, 1902. — *La Valeur de la Science*, 1905. — *Science et Méthode*, 1909. — *Dernières pensées*, 1013 [póstuma]. Edição de obras completas: *Oeuvres de Henri Poincaré*, 11 vols., 1916-1956.

Bibliografia: E. Lebon, *H. Poincaré. Biographie, bibliographie analytique des écrits*, 1909.

Ver: Dr. Toulouse, *H. P.*, 1910. — R. Berthelot, *Un Romantisme utilitaire: Étude sur le mouvement pragmatiste*, 3 vols., 1913 (tomo I: *Le pragmatisme chez Nietzsche et chez P.*, 1911). —V. R. Hemar, *H. P.*, 1914. — V. Volterra, J. Hadamard, P. Langevin, P. Boutroux, "H. P.: L'oeuvre scientifique et l'oeuvre philosophique", *Revue de Métaphysique et de Morale*, 21 (1913), 585-718 (os trabalhos de Hadamard e Langevin foram publicados, junto com outros de L. Brunschvicg e A. Lebeuf, no número especial da mesma *Revue*, 21 [1913], dedicado a P.). — L. Rougier, *La philosophie géométrique de H. P.*, 1920. — P. Appell, *H. P.*, 1925. — T. Dantzig, *H. P., Critic of Crisis: Reflections on His Universe of Discourse*, 1954. — A. Bellivier, *H. P. ou la vocation souveraine*, 1956. — J. J. A. Mooij, *La philosophie des mathématiques de H. P.*, 1966. — J. de Lorenzo, *La filosofía de la matemática de P.*, 1974. — A. Lubomirski, *H. P., go gilozofia geometrii*, 1974 (*A filosofia da geometria de H. P.*). — A.-F. Schmid, *Une philosophie de savant. H. P. et la logique mathématique*, 1978. — J. Gideymin, *Science and Convention: Essay on H. P.'s Philosophy of Science and the Conventionalist Tradition*, 1982. — G. Heinzmann, *Entre intuition et analyse. P. et le concept de la prédicativité*, 1985. ◐

POIRET, PIERRE (1646-1719). Nascido em Metz. Em suas *Cogitationes rationales* (ver bibliografia), Poiret apresentou e difundiu idéias cartesianas. A este aspecto do pensamento e da obra de Poiret se referiu Leibniz quando na *Monadologia*, § 46, escreveu que as verdades eternas *não* são arbitrárias e só dependentes da vontade de Deus, "como Descartes e depois Monsieur Poiret parecem ter crido", assim como quando numa carta a Louis Bourguet (1678-1742), de dezembro de 1714, se opunha às opiniões deste acerca das ações de Deus e das criaturas inteligentes e dizia que tais opiniões eram resultado "da leitura de Monsieur Poiret". No entanto, o cartesianismo de Poiret foi de escassa duração. Influenciado por Antoinette Bourignon, Poiret se inclinou para a mística, e especialmente para as doutrinas de Jakob Böhme, que Poiret resumiu, expôs e defendeu em sua *Idea theologiae christianae*. As opiniões místicas de Poiret foram expressas sobretudo em sua longa obra sobre "a economia divina", na qual aspirava a esclarecer por que o homem foi criado, por que sucumbiu ao pecado e por que, e como, foi salvo pela Encarnação.

◐ Obras: *Cogitationes rationales de Deo, anima ac malo*, 1677; outra ed., 1685, há reimp. desta última, com introdução de M. Schmidt, 1964. — *Idea theologiae christianae juxta principia Jacobi Bohemi philosophi teutonici brevis et methodica*, 1687. — *L'économie divine ou système universel et démontré des oeuvres et des desseins de Dieu envers les hommes*, 7 partes, 1687; reimp. em 3 vols., 1964. Os títulos destas partes são: I. *L'œconomie de la création de l'homme*, 1; II. *Idem*, 2; III. *L'œconomie du péché*; IV. *L'œconomie du rétablissement de l'homme avant l'incarnation de Jésus-Christ*; V. *L'œconomie du rétablissement de l'homme après l'incarnation de Jésus-Christ*; VI. *L'œconomie de la coopération de l'homme avec l'opération de Dieu*; VII. *L'œconomie de la providence universelle pour le salut de tous les hommes.* — *De eruditione triplici solida superficiaria et falsa libri tres*, 1707, reimp., 1964. — *Vera et cognita omnium prima sive natura idearum*, 1707, reimp., 1964. — *Opera posthuma*, 1721.

Ver: J. W. Fleischer, *P. P. als Philosoph*, 1894. — W. Jüngst, *Das Problem von Glauben und Wissen bei Malebranche und P.*, 1912 (tese). — M. Wieser, *P. P.*, 1932. — G. Mori, "Libertà e prescienza: una lettera inedita di P. P.", *Giornale Critico della Filosofia Italiana*, 65 (1986), 62-90. ◐

POLANYI, MICHAEL (1891-1976). Nascido em Budapeste, distinguiu-se na Hungria e depois na Alemanha por seus trabalhos científicos, entre os quais se destacam suas pesquisas sobre a plasticidade e a força de materiais sólidos e a teoria da deslocação que formulou por conseqüência delas. De 1925 a 1933 foi membro do Kaiser Wilhelm Institut, onde trabalhou na mecânica da dissociação molecular nas superfícies e outros problemas de físico-química. Exilado na Inglaterra em 1933 por razões políticas, foi professor de físico-química na Universidade de Manchester (1933-1948), trabalhando em vários problemas, como o dos mecanismos de polimerização. Crescentemente interessado em filosofia, em ciências sociais e nos aspectos sociais e humanos da produção científica, foi professor de estudos sociais, sem vínculos docentes, na Universidade de Manchester, de 1948 a 1958, data de sua aposentadoria. Polanyi é conhecido sobretudo por suas idéias filosóficas, que abarcam campos tais como a filosofia da ciência e a filosofia social e da pessoa humana. Opondo-se tanto ao positivismo pseudo-objetivista quanto ao subjetivismo cético e arbitrário, defende uma "verdadeira objetividade" no conhecimento que não consista em subestimar o significado do homem no universo. A história da ciência mostra, segundo Polanyi, a importância do fator pessoal tanto na descoberta como no estabelecimento da verdade. O fator pessoal não é "subjetivo". A pessoa leva a cabo tarefas segundo regras que não conhece por inteiro. Desde a própria matemática — com o uso de formalismos que se encaminham para a experiência — até as ciências naturais e sociais de toda classe, há uma constante participação do cientista no conhecimento do (e ação sobre o) mundo. Essa participação equivale a um "compromisso". De fato, "o ato do compromisso em sua estrutura plena é o que salva o conhecimento pessoal de ser meramente subjetivo" (*Personal Knowledge*, Parte I, iv, 10). Reconhecer algo como verdadeiro é comprometer-se a reconhecê-lo deste modo.

O conhecimento pode ser pessoal — sem por isso ser subjetivo — porque há um componente tácito — uma "dimensão tácita" — no mesmo. Polanyi indicou repetidamente que é preciso começar com o fato de que *"conhecemos mais do que podemos dizer"* (*The Tacit Dimension*, p. 4). O tipo de conhecimento tácito de que fala Polanyi tem como modelo as noções de forma e estrutura tal como desenvolvidas pela *Gestaltpsychologie* (ver ESTRUTURA). Mas a dimensão não se limita a atos de percepção, afeta o conhecimento inteiro. Assim, elementos que foram estimados como subjetivos, tais como as chamadas "paixões intelectuais", fazem parte do complexo do conhecimento, e isso não só porque contribuem para a descoberta, mas porque se integram no conhecimento ao fazer com que este inclua um "pré-conhecimento" sem o qual o que se conhece chegaria a ser trivial. Há, segundo Polanyi, não só um compromisso, mas também uma "lógica do compromisso", de acordo com o qual *"a verdade é algo que só pode ser pensado crendo nela"* (*Personal Knowledge*, Parte III, X, 3). Deste modo, Polanyi amplia a noção de conhecimento, integrando nele a ação. Ao mesmo tempo articula a estrutura do conhecimento de forma que este exibe várias camadas e níveis, um dos quais é o "conhecimento superior", dentro do qual está a ciência; "superior" por ser considerado como correto e excelente pelos membros de uma comunidade.

⊃ Obras filosóficas sociais e políticas: *USSR Economics*, 1935. — *The Contempt of Freedom: The Russian Experiment and After*, 1940. — *Full Employment and Free Trade*, 1945. — *Science, Faith, and Society*, 1946. — *The Logic of Liberty*, 1951. — *Personal Knowledge: Towards a Post-Critical*, 1958; ed. rev., 1962. — *The Study of Man*, 1959. — *Beyond Nihilism*, 1960. — *The Tacit Dimension*, 1966. — *Scientific Thought and Social Reality*, 1974, ed. F. Schwartz (ensaios, 1945-1961). — *Meaning*, 1975 (com H. Prosch). — *Knowing and Being: Essays by M. P.*, 1969, ed. M. Grene (ensaios 1956-1968).

Além disso, numerosos artigos (alguns recolhidos em *Scientific Thought and Social Reality*, 1974) e vários folhetos na série "Occasional Pamphlets" tais como: *Rights and Duties of Science* (1945), *The Planning of Science* (1946), *Pure and Applied Science and Their Appropriate Form of Organization* (1953). Deve-se também a P.: *Handbook to the Film: Unemployment and Money*, 1938 (suplemento a um filme de Polanyi, com ajuda de M. Field, R. Jeffreys e J. Jewkes).

Ver: P. Ignotus et al., *The Logic of Personal Knowledge: Essays Presented to M. P. on His Seventieth Birthday*, 1961 (artigos sobre seus trabalhos científicos além dos filosóficos; bibliografia de trabalhos científicos nas pp. 239-247). — T. A. Langford, W. H. Poteat, eds., *Intellect and Hope: Essays in the Thought of M. P.*, 1968 (com bibliografia de trabalhos filosóficos e sociais por R. L. Gelwiek nas pp. 432-446 e um texto de P., "Sense-Giving and Sense-Reading", pp. 402-431). — R. Gelwick, *The Way of Discovery: An Introduction to the Thought of M. P.*, 1977. — J. Kane, *Beyond Empiricism: M. P. Reconsidered*, 1984. — W. H. Poteat, *Polanyian Meditations: In Search of a Post-Critical Logic*, 1985. — H. Prosch, *M. P.: A Critical Exposition*, 1986. — E. Webb, *Philosophers of Consciousness, P., Longergan, Voegelin, Ricoeur, Girard, Kierkegaard*, 1988. ∁

POLARIDADE. Por analogia com os pólos (Norte e Sul), opostos entre si, mas relacionados — ou, se se quiser, relacionados na forma da oposição, ou da contraposição —, fala-se, ou pode-se falar, de polaridade para referir-se a realidades, ou a conceitos, ou a doutrinas polarmente relacionadas, isto é, contrapostas. A idéia de polaridade em vários sentidos desta palavra é muito velha em filosofia e, a rigor, é mais antiga que a filosofia mesma, como mostra o fato de estar incorporada em muitas línguas. Do ponto de vista da especulação, seja filosófica, seja religiosa, seja filosófico-religiosa, há muitos exemplos de polaridade no pensamento indiano, egípcio, grego etc. Em alguns casos, a idéia de polaridade aparece sob a forma de um dualismo (VER); então os "pólos" (reais, conceituais ou doutrinais) se apresentam como opostos e em conflito, mas, como diria Unamuno, "abraçando-se" na oposição e no conflito.

Seria longo resenhar, mesmo sumariamente, as diferentes noções de polaridade na história da filosofia, sobretudo se incluíssemos não só a noção de polaridade como noção central, mas também as diversas maneiras como se apresentaram conceitos como "pólos", com freqüência complementares. Neste último caso seria preciso resenhar grande parte dos conceitos filosóficos que, como Ato e Potência, Forma e Matéria, Realidade e Idealidade, Existência e Essência, etc., aparecem em formas "polares" ou "quase-polares". Que a noção em questão opera com freqüência em diversos sistemas filosóficos é algo que se pode ver facilmente nos verbetes sobre filósofos; que opera com freqüência em conceitos, ou também em doutrinas, pode-se ver em muitos dos conceitos tratados na presente obra. Além disso, é fácil ver que certas tendências filosóficas consistiram em descobrir uma harmonia entre "pólos" ou em buscar uma "síntese", uma "oposição dos contrários" — como em Nicolau de Cusa, Hegel e outros muitos —, etc. (ver CONTRADIÇÃO). Neste verbete nos limitamos a referir algumas doutrinas filosóficas mais recentes nas quais não somente a polaridade é manejada, mas também tratada como problema especial, com particular insistência em algumas doutrinas nas quais se fez uso especificamente não só do conceito de polaridade, como também do termo 'polaridade'.

Isso ocorre em Wilmon Henry Sheldon (VER), que desenvolveu uma "filosofia da polaridade" da qual falamos no verbete referido. Sheldon enfatiza que a simples observação cotidiana nos põe em presença de múltiplos exemplos nos quais há opostos que cooperam e suporte mútuo de movimentos alternados (como se percebe já no andar do homem, que não é possível sem dois "pólos": o pé direito e o esquerdo). Este e outros exemplos apontam para o que Sheldon chama "princípio de polaridade", que se manifesta, entre outros modos, por meio da tensão, na qual não parece haver movimento simplesmente porque dois movimentos opostos se neutralizaram. Este princípio é, contudo, insuficiente, e é preciso acrescentar a ele o "princípio do processo", que consiste no movimento pelo qual se contrapõem dois "pólos"; assim, no exemplo do andar humano, o pé direito e o esquerdo são "pólos" aos quais se acrescentam os "pólos" da perda de equilíbrio e restabelecimento do equilíbrio, e na contraposição destes dois pares de "pólos" se produz o "processo", isto é, o movimento que é o andar. Exemplos — mais filosóficos — de polaridade são para Sheldon os "pólos" "corpo-alma", "um-muitos", "estrutura-função". "Mas a polaridade não se limita a eles. Impregna por completo as regiões dentro de cada um; acha-se na estrutura e comportamento do átomo, da célula viva, da planta e do animal, do próprio intelecto humano, da linguagem etc.".

Morris Raphaël Cohen (VER) falou também de um "princípio de polaridade" como princípio de subordinação recíproca de determinações opostas (ação e reação; força e resistência; auto-sacrifício e auto-realização etc.). Segundo vimos no verbete sobre ele, não se trata nem de uma dialética dos conceitos ao modo hegeliano, nem tampouco de um ecletismo ou "harmonismo", mas, antes, de uma espécie de complementaridade.

Filosofias explicitamente fundadas na idéia da polaridade foram também defendidas por autores como J. W. Buckham, Archie J. Bahm, Heinrich Blendinger, Louis William Norris, Amadeo de Silva-Tarouca (ver alguns dos escritos desses autores na bibliografia). Nem todos eles entendem a noção de polaridade do mesmo modo, nem todos se referem ao mesmo tipo de polaridade. Assim, por exemplo, alguns destacam o conceito de polaridade como base de um método usualmente dialético (Buckham); outros se interessam pelas categorias gerais da polaridade — categorias como as de "oposição", "complementaridade" e "tensão", com várias subcategorias —, assim como pelo exame de diferentes formas de "polarismo" — monopolarismo; heteropolarismo; dualismo; "aspectismo" (Bahm) —; outros se interessam pela polaridade como lei universal (Blendinger) — um conceito da polaridade ou, melhor dizendo, da função que exerce a polaridade muito semelhante ao que defendera Gabriel Tarde (VER) —, outros destacam a polaridade nos valores (Norris), correspondendo a uma das características mais universalmente reconhecidas do valor (VER); outros se referem especialmente à polaridade da consciência com a realidade (Amadeo de Silva-Tarouca [ver ONTOFENOMENOLOGIA]). Há autores que não usaram, ou pelo menos não usaram como conceito central, o de polaridade, mas introduziram de algum modo a polaridade em seu pensamento. Um exemplo destacado é o de Unamuno; outro exemplo pode ser o de Whitehead ao proclamar que todos os "opostos" são "elementos na natureza das coisas"; outro é o de Erich Przywara (VER), especialmente em sua doutrina da analogia e em sua tese de que há uma máxima dessemelhança na semelhança.

Um pensamento filosófico fundamentado em grande parte na noção de polaridade de conceitos é o de August Ludowici (VER). Este autor parece supor que os conceitos polarmente opostos são, ou podem ser, contraditórios, mas mesmo nesse caso ele estima que não se pode descartar a polaridade, mas, ao contrário, é preciso admitir a polaridade com o fim de evitar descrições unilaterais. Segundo Ludowici, a polaridade se revela no processo lógico de comparação; a ela se sobreimpõe o processo de ordenamento por meio do qual se conjugam num todo os conceitos e os pontos de vista polarmente opostos.

Ainda confinando-se à filosofia contemporânea, são muito diversas as doutrinas que se apóiam no conceito de polaridade. A diversidade seria ainda maior se incluíssemos nos tipos de pensamento fundados na polaridade noções como a de complementaridade, à qual nos referimos em outro verbete (ver COMPLEMENTARIDADE [PRINCÍPIO DE]), ou idéias como a de "integração", de que tratamos também em outro verbete (ver INTEGRACIONISMO). Um exame adequado da noção de polaridade deveria levar em conta a maior quantidade possível de modos de usar esta noção. Mas uma vez efetuado um inventário suficientemente detalhado, seria preciso distinguir cuidadosamente entre a idéia de polaridade como idéia central e a mesma idéia como idéia subordinada; entre as doutrinas que acentuam na polaridade o conflito e a tensão e as que destacam nela a complementaridade ou a harmonia; entre "polaridade" e "oposição", "contraste" etc. Suspeitamos que um dos resultados deste exame seria revelar que o conceito de polaridade resulta simplesmente demasiado abstrato para caracterizar qualquer método ou qualquer doutrina, e que tal conceito adquire sentido somente quando se mostra de maneira concreta como se supõe que opera a polaridade.

⊃ Ver também BIPOLARIDADE; CONTRADIÇÃO; OPOSIÇÃO.

Mencionamos por ordem cronológica alguns escritos nos quais se trata do conceito de polaridade ou outros conceitos muito afins ao mesmo; na maior parte dos casos, trata-se de escritos de autores aos quais nos referimos no texto do verbete: G. Tarde, *L'opposition universelle; essai d'une théorie des contraires*, 1897. — A. N. Whitehead, *Process and Reality*, 1929, especialmente Parte IV, ii, seção vi. — M. R. Cohen, *Reason and Nature*, 1931; nova ed. por F. Cohen, 1953. — Id., *An Introduction to Logic and Scientific Method*, 1934 [com E. Nagel]. — E. Przywara, *Analogia entis*, 1932. — C. K. Ogden, *Opposition. A Linguistic and Psychological Analysis*, 1932. — R. Heiss, *Die Logik des Widerspruchs*, 1932. — W. H. Sheldon, *Process and Polarity*, 1944. — Id., *Strife of Systems and Productive Duality*, 1918. — J. W. Buckham, "Contrapletion: The Values of Synthetic Dialectic", *Personalist*, 26 (1945), 355-366. — E. A. Burtt, "The Problem of Philosophic Method", *Philosophical Review*, 55 (1946) 524-533. — H. Blendinger, *Polarität als Weltgesetz*, 1947. — A. J. Bahm, "Existence and Its Polarities", *Journal of Philosophy*, 46 (1949), 629-637. — Id., "Polarity: A Descriptive Hypothesis", *Philosophy and Phenomenological Research*, 21 (1960-1961), 347-360. — Id., "Theories of Polarity", *Darshana* [Morabad, Índia], 2 (1962), 1-23. — S. Lupasco, *Le principe d'antagonisme et la logique de l'énergie (Prolégomènes à une science de la contradiction)*, 1951. — Id., *L'énergie et la matière vivante, antagonisme constructeur et logique de l'hétérogène*, 1962. — R. McKeon, "Philosophy and Method", *Journal of Philosophy*, 48 (1951), 653-682. — L. Büchler, *L'armonia dei contrari*, 1955. — A. de Silva-Tarouca, *Philosophie der Polarität*, 1955. — L. W. Norris, *Polarity: A Philosophy of Tensions among Values*, 1956. — G. E. Müller, *The Interplay of Opposites: A Dialectical Ontology*, 1956. — G. Spies, *The Gospel of Contradiction: A Treatise on the Polarity of Experience*, 2ª ed., 1960. — P. Roubiczek, *Denken und Gegensätze*, 1961. — G. E. R. Lloyd, *Polarity and Analogy: Two Types of Argumentation in Early Greek Thought*, 1966. — A. J. Bahm, *Polarity, Dialectic, and Organicity*, 1970; reed., 1988. — W. Bloch, *Polarität. Ihre Bedeutung für die Philosophie der modernen Physik, Biologie und Psychologie*, 1972. — F. Cortada y Reus, *El principio de polaridad disimétrica: El idealismo dialéctico sobre bases científicas*, 1974. — S. Sugerman, ed., *Evolution of Consciousness: Studies in Polarity*, 1976. — O. Köhne, *Polarität*, 1981. — R. Steiner, *Polarities in the Evolution of Mankind*, 1987.

Ver também bibliografias dos verbetes COMPLEMENTARIDADE (PRINCÍPIO DE); CONTRADIÇÃO; INTEGRACIONISMO, em alguns dos quais voltam a figurar vários dos escritos antes mencionados. Algumas das obras mencionadas no verbete PERIFILOSOFIA se referem igualmente ao conceito de polaridade, especialmente como método ou "forma de pensar". ⊂

PÓLEMON. Nascido em Atenas, escolarca da Academia platônica de 314 a *ca.* 276 a.C., consagrou-se sobretudo a pesquisas éticas, buscando quais são os bens superiores. Estes foram encontrados por Pólemon no exercício das virtudes, de tal sorte que pudessem conduzir a uma vida conforme à Natureza. Por isso devem-se aceitar todos os prazeres — internos ou externos — que proporcionam a felicidade. Mas como os prazeres são diversos e diversas são também suas conseqüências, é necessário, segundo Pólemon, proceder a uma sábia combinação deles de acordo com as circunstâncias.

⊃ Segundo J. Zürcher, Pólemon é o autor do *Corpus platonicum* tal como hoje é conhecido (ver PLATÃO, *ad finem*; cf. J. Zürcher, *Das Corpus Academicum*, 1954).

Ver: Th. Gomperz, "Die herkulanische Biographie des Polemon", *Philosophische Aufsätze, É. Zeller gewidnet*, 1887. ⊂

POLIÁDICO. Na lógica quantificacional (ver QUANTIFICAÇÃO, QUANTIFICACIONAL, QUANTIFICADOR) elementar, ou lógica de predicados de primeira ordem — onde se quantificam apenas argumentos, mas não predicados —, temos casos nos quais só há um argumento, e casos em que há mais de um argumento. Os últimos podem ter dois, três, quatro, cinco, seis etc., argumentos e, em geral, n argumentos.

Assim:

$$F x$$

é um esquema lógico aberto (não quantificado). Se 'x' simboliza um indivíduo e 'F' simboliza um predicado, 'Fx' pode ser lido:

Celina é invejosa.

É óbvio que, havendo só um argumento, 'x', pode haver unicamente duas quantificações de 'Fx':

$$\wedge x \, (Fx)$$
$$\vee x \, (Fx)$$

ou seja, respectivamente:

> Para todos os x, x é F,
> Para alguns x, x é F,

que podem ter como exemplos:

> Todos os soldados são covardes.
> Alguns soldados jogam voltarete.

Em qualquer destes casos, temos um predicado chamado "monádico". A quantificação correspondente é chamada "monádica".

Por outro lado:

$$F\,x\,y$$

é um esquema lógico aberto no qual aparecem duas letras-argumentos. Se 'x' e 'y' são nomes de indivíduos, e lemos 'x' como 'Rosinha', 'y' como 'Teresa' e 'F' como 'ama', temos:

> Rosinha ama Teresa.

A quantificação de 'x' e 'y' em '$F\,x\,y$' tem mais possibilidades (quantificacionais) do que as oferecidas por 'x' em '$F\,x$'. Com efeito, podemos escrever:

$$\bigwedge x\,y\,(F\,x\,y)$$
$$\bigvee x\,y\,(F\,x\,y)$$
$$\bigwedge x \bigvee y\,(F\,x\,y)$$
$$\bigvee x \bigwedge y\,(F\,x\,y)$$

que cabe ler respectivamente como segue:

> Todos amam todos.
> Alguém ama alguém.
> Todos amam alguém.
> Alguém ama todos.

Obviamente, 'Rosinha ama Teresa' é um exemplo de 'Alguém ama alguém'. Outro exemplo de 'Alguém ama alguém' é 'Os albaneses amam os turcos'.

Em qualquer desses casos, temos um predicado diádico, isto é, um predicado que afeta dois argumentos. A quantificação correspondente é chamada "diádica".

Podem-se formar facilmente exemplos de predicados triádicos e das correspondentes quantificações triádicas partindo do esquema lógico aberto:

$$F\,x\,y\,z,$$

onde, se os argumentos são nomes de indivíduos, e lemos 'x' como 'um exemplar da *Odisséia*', 'y' como 'Ana', 'z' como 'Matilde' e 'F' como 'entrega a', temos:

> Ana entrega um exemplar da *Odisséia* a Matilde.

O número de quantificações possíveis vai crescendo ao aumentar-se o número de predicados. Na quantificação triádica há mais quantificações que na diádica, mas menos que na tetrádica.

Os nomes 'tetrádico', 'pentádico' e 'hexádico' podem ser aplicados aos correspondentes predicados, ou número de predicados — quatro, cinco, seis, respectivamente —, e quantificações. Para referir-se a um número maior que um podemos empregar já o termo 'poliádico' ou 'n-ádico' (onde $n > 1$), mas é usual falar de predicados monádicos e diádicos e empregar 'poliádicos' a partir de três.

POLIN, RAYMOND (1910). Nascido em Briançon, foi professor na Universidade de Lille (1945-1961) e na Sorbonne (a partir de 1961), onde foi reitor de 1976 a 1981. Em 1980 foi eleito membro da "Académie des Sciences Morales et Politiques". Influenciado pela fenomenologia, assim como pelos trabalhos éticos e axiológicos de Moore e Perry, Polin desenvolveu uma teoria dos valores fundada em detalhadas descrições de atos valorativos e nas primeiras conclusões que se podem extrair de atos de redução fenomenológica destinados a despojar as valorações de toda classe de concepções e preconcepções. Isso o levou, por uma parte, a uma atitude "neutra" diante de motivos e pressupostos de valorações e, por outra parte, a sustentar que não há valores completamente objetivos, independentes dos atos valorativos. A suposta objetividade dos valores equivaleria paradoxalmente à supressão das valorações como atos livres, já que não pode haver ato livre se consiste no reconhecimento de uma realidade prévia ao ato e talvez determinante do ato. Ora, a "irrealidade" ou "não-realidade" dos valores torna possível justamente atos valorativos consistentes em imaginações ou projeções. Os valores são criados. Isso permite considerá-los como "subjetivos"; mas não se trata, segundo Polin, de uma mera operação com dados "internos". Os dados "internos" são tão dados quanto as pretensas objetividades. Os valores são criados no curso da ação livre como possibilidades. O fundamento das valorações é a ação, a qual deve ser entendida não como perseguir um fim determinado de antemão, mas como um conjunto de projeções, decisões e opções que comportam riscos e "erros". Valorar não é, por isso, conhecer, mas criar. Do ponto de vista de uma axiologia "subjetivista", Polin se interessou pela teoria política, e em particular pelos pressupostos e implicações das doutrinas baseadas na idéia de contrato.

↪ Obras: *La création des valeurs*, 1944; 2ª ed., 1955. — *La compréhension des valeurs*, 1945. — *Du laid, du mal, du faux*, 1948. — *Philosophie et politique chez Thomas Hobbes*, 1953. — *La politique morale de John Locke*, 1960. — *Le bonheur considéré comme l'un des beaux-arts*, 1965. — *Éthique et politique*, 1968. — *L'obligation politique*, 1971. — *La politique de la solitude. Essai sur la philosophie politique de Jean-Jacques Rousseau*, 1971. — *La liberté de notre temps*, 1978. — *Pour et contre le libéralisme*, 1983 (a segunda parte é de seu filho C. Polin). — *La Création des cultures*, 1993. ↩

POLISSILOGISMO. Ver Silogismo.

POLÍSTRATO. Ver EPICURISTAS.

POLITÉTICO. Ver MONOTÉTICO.

POLÍTICA. Há uma série de obras importantes na história da filosofia que se ocupam de questões normalmente qualificadas de "políticas": *A República* e *As Leis*, de Platão; a *Política* e as duas *Éticas* (*a Eudêmio* e *a Nicômaco*), de Aristóteles; a *Cidade de Deus*, de Agostinho; *O Príncipe*, de Maquiavel; o *Leviatã*, de Hobbes; os *Dois tratados sobre o Governo*, de Locke; o *Espírito das Leis*, de Montesquieu; o *Contrato social*, de Rousseau; a *Filosofia do Direito*, de Hegel; *Sobre a liberdade*, de John Stuart Mill; o *Manifesto do Partido Comunista*, de Marx e Engels etc. Outras obras — pouco menos importantes do que as citadas —, tais como *A República*, *Sobre os deveres* e *Sobre as leis*, de Cícero; *Sobre o regime dos príncipes*, de Tomás de Aquino; o ensaio *Sobre a monarquia*, de Dante; o *Defensor da Paz*, de Marsílio de Inghen; o *Tratado sobre as leis e o Deus legislador*, de Suárez; várias das *Relecciones*, de Francisco de Vitoria; os seis livros *Sobre a República*, de Jean Bodin; os *Tratados* (*Tratado teológico* e *Tratado teológico-político*), de Spinoza, assim como outras obras dos autores citados no princípio e de outros muitos, desde os estóicos até Kant, e desde Fichte até Bakunin, se ocupam igualmente de questões políticas. Todas estas obras são consideradas textos que fazem parte do material para o estudo da história da filosofia política e são consideradas, portanto, textos de filosofia política.

É óbvio que a política não foi um assunto menor em muitos filósofos, e até cabe afirmar que a obra de vários deles não é completa sem sua filosofia política. Em alguns casos, como os de Platão ou Rousseau, é plausível conjeturar que questões de natureza política e, por conseguinte, político-moral foram o ponto de partida ou, em muitos casos, o propósito final das empresas filosóficas.

Há uma multidão de temas que podemos considerar legitimamente como de caráter político, mas que, ao mesmo tempo, se entrecruzam com outros tipos de questão: questões morais ou éticas, antes de tudo, questões de antropologia filosófica (ou de "concepção do homem"), questões legais, sociais, econômicas etc. Eis alguns desses temas: a estrutura e formas de governo, a legitimidade do governo, as fontes do poder, os direitos e deveres dos membros de uma comunidade ou de um Estado, as relações entre os indivíduos e o Estado, o caráter (positivo, natural, racional, "arbitrário" etc.) das leis, a natureza e alcance da liberdade, os diversos tipos de liberdade, a natureza e formas da justiça, a obrigação política. Parece evidente que esses temas não podem ser tratados adequadamente sem se levar em conta questões menos "estritamente" políticas e, especialmente, questões econômicas, sociais e legais. Além disso, alguns desses temas podem ser tratados, ou tratados também, dentro da filosofia do Direito, da filosofia do Estado, da filosofia social — cuja diferença com a política é tão tênue que às vezes desaparece totalmente a linha divisória — e o que se poderia chamar de filosofia da economia. Mas é possível circunscrever mais ou menos precisamente os citados temas sublinhando as questões levantadas pela organização dos seres humanos em sociedades, e em particular as questões suscitadas pelo mando — e as causas, razões e legitimidade do mando — de uns homens sobre outros para realizar certos fins comuns. Cabe então considerar o estudo desses temas como assunto da filosofia política.

Certos autores estimam que a filosofia política é só uma análise dos conceitos usados na ciência política, também chamada "politologia", sem pronunciar-se sobre o valor dos conceitos ou sem introduzir conceitos novos. Outros autores consideram que a filosofia política há de ter um caráter substantivo, e deve ocupar-se de fatos, e não só de análises de conceitos ou de métodos, assim como inclusive formular juízos de valor. Em todo caso, parece plausível distinguir entre os seguintes aspectos:

1) A política como uma atividade que comporta uma atitude reflexiva. Trata-se da atividade do político, e também a de todo membro de uma sociedade na medida em que intervém ou trata de intervir nos processos que permitem chegar a decisões com respeito à forma de governo, à estrutura de governo, aos planos governamentais, às condições dentro das quais se exerce a liberdade individual, o cumprimento da justiça etc.

2) A ciência política ou politologia, que estuda os fatos políticos; num sentido muito amplo de 'fatos', que inclui também planos, aspirações, fins etc.

3) A filosofia política, que se ocupa, desde sempre, dos métodos e conceitos usados na ciência política, mas pode fazer mais que isso. Por um lado, pode estudar as relações entre a atividade política e outras atividades. Por outro lado, pode estudar os fins propostos na atividade política e o papel que desempenham na constituição da ciência política. Isso significa que pode levar em conta o que se chamou de "ideologias" e, em geral, as valorações de idéias, atitudes e propósitos políticos, pronunciando-se, se for o caso, acerca do caráter aceitável ou inaceitável de tais valorações e proporcionando razões para tanto. Para este último fim ela tem de apelar a outras disciplinas filosóficas, e em particular à ética.

Uma vez que a antiga filosofia da Natureza cedeu lugar à filosofia da ciência natural, cabe perguntar se a filosofia política não deverá ceder o lugar a uma filosofia da ciência política. A resposta para isso é dupla.

Primeiro, o fato de a filosofia da Natureza ter cedido o lugar a uma filosofia da ciência natural se deve ao caráter meramente especulativo — e, sobretudo, arbitrariamente especulativo — de tal filosofia da Natureza, assim como à injustificada pretensão de que esta pudesse substituir a ciência natural, ou constituir um saber superior à ciência natural. Isso não quer dizer necessariamente que a filosofia da ciência natural tenha de se ocupar só de analisar conceitos e métodos da ciência natural; pode considerar os modos como na ciência natural se tratam os fatos, o que equivale a prestar atenção aos fatos mesmos. Pode considerar também o contexto dentro do qual opera a ciência natural, os ensinamentos que se depreendem de sua história, os problemas que suscitam as mudanças conceituais na ciência, etc. Se tal ocorre com a relação entre ciência natural e filosofia da ciência natural, ocorrerá ainda mais com a relação entre ciência política e filosofia da ciência política.

Segundo, há notórias diferenças entre ciência natural e ciência política, pois os fatos de que esta última se ocupa não só estão "carregados de teoria", mas também de "regras de ação humana". Mas, além disso, e sobretudo, a atividade política, que é em boa parte normativa, dá lugar para um estudo filosófico. Assim, há aspectos na ciência política e há uma dimensão importante na atividade política que tornam possível o desenvolvimento de uma filosofia política, que neste caso não tem por que ser a contrapartida no campo da política do que foi a filosofia da Natureza no campo da ciência natural. A eliminação da filosofia da Natureza, pelo menos no sentido tradicional da mesma, não implica a eliminação da filosofia política — como, por razões similares, não implica a eliminação de uma filosofia social.

POLIVALENTE. Tanto a lógica tradicional quanto a maior parte das lógicas contemporâneas são bivalentes; isso quer dizer que só se admitem dois valores de verdade: 'é verdadeiro' (V) e 'é falso' (F). Mas os valores de verdade admitidos num sistema lógico podem ser mais de dois. Quando são três, temos uma lógica trivalente; quando são quatro, uma lógica tetravalente etc. Em geral, toda lógica na qual os valores de verdade admitidos são mais de dois recebe o nome de "polivalente" (ou "plurivalente"). Se o número de valores de verdade admitidos é superior a dois, mas é finito, a lógica é finitamente polivalente; se o número de valores de verdade admitido é infinito, a lógica é infinitamente polivalente.

As lógicas polivalentes foram desenvolvidas sobretudo durante o século XX. Discutiu-se às vezes se há precedentes delas na Antiguidade e na Idade Média, e especialmente se há precedentes em tais épocas de uma lógica trivalente. As opiniões de Aristóteles acerca de certas proposições relativas ao futuro e ao problema dos chamados "futuros contingentes" (ver Futuro, futuros) levaram alguns autores a considerar que Aristóteles propusera uma lógica trivalente. Se certas proposições não são decididamente verdadeiras ou decididamente falsas (de modo que, dadas duas de tais proposições, 'p' e 'q', resulte sempre que 'ou p ou q' é verdadeiro), parece ser necessário concluir que são indeterminadas, ou que possuem um distinto (terceiro) valor de verdade entre o verdadeiro e o falso. Consideramos que com isso se leva demasiadamente longe as opiniões de Aristóteles.

C. Michalski sustentou a tese de que Guilherme de Occam propôs uma lógica trivalente quando comentou *De int.*, 9, 18 a 33-19 b-4, e no livro III, cap. 30, de *Summa logica*. Essa opinião de Michalski foi atentamente examinada por Ph. Boehner, segundo quem é certo que Occam (seguindo a Aristóteles) sustenta que não é verdade que para toda proposição sobre futuros contingentes, se a afirmação de tal proposição é verdadeira, a negação da mesma há de ser falsa, e vice-versa. Mas, diferentemente de Aristóteles, Occam parece inclinar-se à tese de que, dada uma proposição que não seja nem verdadeira nem falsa (uma proposição "indeterminada" ou, como a chama Boehner, "neutra"), resultam dela conseqüências que só são entendidas dentro do quadro de uma tabela de verdade para a lógica trivalente (cf. *infra* para tal tabela de verdade). Assim, se 'p' é N (neutro) e 'q' é N (neutro), o condicional 'p' → 'q' é verdadeiro. Ao mesmo tempo, se 'p' é N e 'q' é F (falso), o condicional 'p' → 'q' é N. Assim, portanto, Boehner sustenta que há em Occam "certos elementos" de uma lógica trivalente, mas que foram desenvolvidos de um modo "primitivo e cru" e não do modo claro que supõe Michalski, para o qual Occam considerou que a teoria de um terceiro valor que não fosse nem V (verdadeiro) nem F (falso) é "irrefutável". W. e M. Kneale estimam, por seu turno, que "é um erro dizer... que a idéia de uma lógica trivalente foi introduzida na época por Occam" (para os escritos dos autores aqui citados, ver bibliografia).

Nos anos de 1909, 1910 e 1912 e seguintes, o matemático russo N. N. Vassilev, da Universidade de Kazan, publicou vários artigos nos quais propôs e desenvolveu uma lógica trivalente. A idéia fundamental de Vassilev consistia numa transposição da lógica das normas seguidas por N. I. Lobatchevsky (ver), que fora professor na mesma Universidade, para a fundamentação de sua geometria não-euclidiana. Assim como Lobatchevsky desenvolveu sua geometria eliminando um postulado, o das paralelas, Vassilev desenvolveu sua lógica trivalente, que ele chamava "lógica não-aristotélica", com base na eliminação da lei do terceiro excluído. Trabalhos fundamentais em lógicas polivalentes são os de A. A. Zinoviev, Jan Łukasiewicz, Emil L. Post e Alfred Tarski. Em 1920, Łukasiewicz elaborou uma lógica trivalente; em 1921, Emil Post apresentou uma lógica finitamente polivalente, com um número qualquer, n, de valores de verdade superior a dois. Tarski e Łukasiewicz elaboraram lógicas infinitamente polivalentes. Trabalhos complementares e comentários sobre todas essas lógicas foram feitos por vários outros autores, entre eles H. Reichenbach, Z. Zawirski, F. Waismann, J. B. Rosser e A. R. Turquette. Às vezes se equiparam as lógicas polivalentes, em particular a lógica trivalente, com a lógica intuicionista (ver Intuicionismo); cabe observar a respeito, contudo, que, diferentemente da primeira, a segunda das citadas lógicas nega para certos enunciados qualquer dos dois valores de verdade da lógica bivalente, mas nem por isso introduz um terceiro valor de verdade. Os enunciados em questão carecem para a lógica intuicionista de valor de verdade.

Para compreender o mecanismo das lógicas finitamente polivalentes, nos referiremos, de imediato, à lógica trivalente. Esta lógica tem três valores de verdade. Cada um deles pode ser designado mediante um signo: '0', '½', '1'; '1', '2', '3', etc. Adotaremos os números '1', '2' e '3'. '1' pode ler-se: 'é verdadeiro'; '2' pode ler-se: 'não é verdadeiro nem falso'; '3' pode ler-se: 'é falso'. Dado um enunciado, 'p', não poderemos, pois, dizer (como ocorre na lógica bivalente) que se tal enunciado é verdadeiro, sua negação é falsa, e que se tal enunciado é falso, sua negação é verdadeira. As tabelas de verdade (VER) que apresentamos em outra parte não podem ser utilizadas para a lógica trivalente. Dados os valores de verdade '1', '2' e '3' para 'p', os valores de verdade para '$\neg p$' serão, respectivamente, '3', '2' e '1'. Formaremos assim a seguinte tabela:

p	$\neg p$
1	3
2	2
3	1

Quanto às outras cinco conectivas sentenciais (ver CONECTIVAS), aqui está a tabela de verdade geral:

$p\ q$	$p \wedge q$	$p \vee q$	$p \leftrightarrow q$	$p \rightarrow q$	$p \leftrightarrow q$
1 1	1	1	3	1	1
2 1	2	1	2	1	2
3 1	3	1	1	1	3
1 2	2	1	2	2	2
2 2	2	2	3	1	1
3 2	3	2	2	1	2
1 3	3	1	1	3	3
2 3	3	2	2	2	2
3 3	3	3	3	1	1

As colunas de referência à esquerda, que na lógica bivalente (ver TABELAS DE VERDADE) tinha 4 linhas (2 x 2) para as conectivas binárias, têm na lógica trivalente 9 linhas (3 x 3). Na lógica tetravalente teriam 16 linhas (4 x 4); na pentavalente, 25 linhas (5 x 5) etc. Adotando a série dos números naturais, de '1' em diante, para expressar os valores de verdade de lógicas de mais de três valores, teremos para a lógica tetravalente os números '1', '2', '3', '4'; para a lógica pentavalente, os números '1', '2', '3', '4', '5' etc. Quanto à leitura de tais números, podemos adotar, para a lógica tetravalente, os predicados 'é verdadeiro', 'é mais verdadeiro que falso', 'é mais falso que verdadeiro', 'é falso', correspondentes, respectivamente, a '1', '2', '3', '4'; para a lógica pentavalente, os predicados 'é verdadeiro', 'é mais verdadeiro que falso', 'não é verdadeiro nem falso', 'é mais falso que verdadeiro', 'é falso'.

Foram levadas a cabo tentativas de relacionar as lógicas polivalentes com as lógicas probabilitárias. H. Reichenbach em particular insistiu muito na formação de lógicas com escalas contínuas de valores; essas lógicas resultam, em seu entender, especialmente fecundas para certas partes da ciência. Cada valor de verdade é lido então como um certo grau de probabilidade. Condição para a formação de tais lógicas é, segundo o citado autor, o desenvolvimento de uma concepção de tipo extensional ou métrico, fundada na interpretação freqüencial (ver PROBABILIDADE), e o abandono da concepção intensional e topológica. Contra isso sustentou Z. Zawirski que, assim como na geometria o tratamento métrico do espaço supõe uma topologia do espaço, a interpretação métrica dessas lógicas não torna de modo algum supérfluo um prévio tratamento topológico.

Alguns autores sublinharam que as lógicas polivalentes (pelo menos as finitamente polivalentes) não são capazes de reproduzir muitos dos matizes de valores de verdade exprimíveis em linguagem corrente (como 'quase', 'aproximadamente', 'mais ou menos' etc.). Outros autores, em contrapartida, manifestam que justamente tais lógicas são adequadas para reproduzir os mencionados matizes. É o que assinala F. Waismann ao declarar que quando enunciamos expressões nas quais intervêm locuções como 'mais ou menos', 'não inteiramente assim', etc., realizamos a transição a uma lógica com uma escala de valores de verdade graduados. Com efeito, há então a possibilidade de expressar múltiplas "distâncias" entre duas proposições. As lógicas polivalentes serão então "lógicas alternativas", pois a linguagem ordinária não contém nenhum sistema fixo de lógica: o que chamamos *lógico* é sempre, para Waismann, "uma idealização das condições com as quais nos encontramos dentro de uma linguagem dada".

➲ Ver: J. Łukasiewicz, "O logice trójwartosciowej", *Ruch filosoficzny*, 5 (1920), 169-171. — Id., "Philosophische Bemerkungen zu mehrwertigen Systemen des Aussagenkalküls", *Comptes rendus des séances de la Société des Sciences et des Lettres de Varsovie*, Classe III, vol. 23 (1930), 51-77. — J. Łukasiewicz e A. Tarski, "Untersuchungen über den Aussagenkalkül", *ibid.*, Classe III, vol. 23 (1930), 1-21. — E. L. Post, "Introduction to a General Theory of Elementary Propositions", *Journal of Mathematics*, 63 (1921), 163-185. — Z. Zawirski, "Über das Verhältnis der mehrwertigen Logik zur Wahrscheinlichkeitsrechnung", *Studia philosophica*, I (1935), 407-442 (trad. alemã resumida de: "Stosunek logiki wielowartosciowej do rachunku prawdopodobienstwa", *Prace Komisji Filozoficznej Poznanskiego Towarzystwa Przyjaciol Nauk*, 4 [1934], 155-240). —

A. Tarski, "Wahrscheinlichkeitslehre und mehrwertige Logik", *Erkenntnis*, 5 (1935-1936), 174-175. — H. Reichenbach, *Wahrscheinlichkeitslehre*, 1935 (trad. inglesa, revista e ampliada: *The Theory of Probability*, 1949). — W. M. Malisoff, "Meanings in Multi-valued Logics", *Erkenntnis*, 6 (1936), 133-136. — C. G. Hempel, "A Purely Topological Form of Non-Aristotelian Logic", *Journal of Symbolic Logic*, 2 (1937), 97-112. — A. Dumitriu, *Logica polivalenta*, 1943 (em romeno). — F. Waismann, "Are There Alternative Logics?", *Proceedings of the Xth International Congress of Philosophy* (1948). — J. B. Rosser e A. R. Turquette, *Many-Valued Logics*, 1952. — G. C. Moisil, *Sur les idéaux des algèbres Łukasiewicziennes trivalentes*, 1960. — Id., *Sur la logique à trois valeurs de Łukasiewicz*, 1962. — A. R. Anderson, P. T. Geach, S. Halldén *et al.*, *Modal and Many-Valued Logics*, 1963 [do "Colóquio sobre lógicas modais e polivalentes" celebrado em Helsinki de 23 a 26 de agosto de 1962]. — C. C. Chang e H. J. Keisler, *Continuous Model Theory*, 1966 [estudo sistemático da teoria dos modelos na lógica polivalente]. — R. Ackermann, *An Introduction to Many-Valued Logics*, 1967. — N. Rescher, *Many-Valued Logics*, 1969 (com bibliografia até 1965, pp. 136-331). — A. Mostowski, *Logika matematyzcna*, 1948. — T. Czezowski, *Logikà*, 1949. — P. Rutz, *Zweiwertige und mehrwertige Logik. Ein Beitrag zur Geschichte und Einheit der Logik*, 1973. — D. C. Rine, *Computer Science and Multiple-Valued Logic: Theory and Applications*, 1976. — N. D. Belnap, Jr., M. Yoeli *et al.*, *Modern Uses of Multiple-Valued Logic*, 1977, ed. J. M. Dunn e G. Epstein. — G. C. Moisil, *Essais sur les logiques non-chrysippiennes*, 1972 [com bibliografia de lógica polivalente]. — L. Goddard, R. Routley, *The Logic of Significance and Context*, I, 1973. — U. Blau, *Die dreiwertige Logik der Sprache. Ihre Syntax, Semantik und Anwendung in der Sprachanalyse*, 1977. — B. Csakany, I. Rosenberg, eds., *Finite Algebra and Multiple-Valued Logic*, 1981. Desde 1971 são publicadas as Atas dos "International Symposia on Multiple-Valued Logic" anuais.

Sobre a chamada "antecipação" por N. V. Vassilev da lógica trivalente, ver G. L. Kline, "N. V. Vasiliev and the Development of Many-Valued Logics", em *Contributions to Logic and Methodology in Honor of I. M. Bochenski*, ed. A.-T. Tymieniecka e C. Parsons, 1965, pp. 314-325. — Entre os trabalhos de autores soviéticos sobre lógicas polivalentes destacamos os de A. A. Zinoviev, recolhidos em seu livro *Filosofskie Problemi mnogornaznoj logiki;* trad. para o inglês no volume *Philosophical Problems of Many-Valued Logic*, ed. rev., por G. Kung e D. D. Comey, 1963.

Sobre os "antecedentes" da lógica trivalente na Antiguidade e na Idade Média, ver a bibliografia do verbete FUTURO, FUTUROS. Além disso: C. Michalski, "Le problème de la volonté à Oxford et à Paris au XIVe siècle", *Studia Philosophica*, 2 (1937), 299. — P. Boehner, parte III, intitulada "Ockham and the Problem of a Three-Valued Logic", de seu comentário a *The Tractatus de praedestinatione et de praescientia Dei et de futuris contingentibus of William Ockham*, ed. Boehner, 1945, pp. 58-88. — W. e M. Kneale, *The Development of Logic*, 1962, pp. 238ss. C

PÖLTNER, GÜNTHER. Ver PERGUNTA.

POMPONAZZI, PIETRO (Petrus Pomponatius) (1462-1525). Nascido em Mântua, foi professor em Pádua (1488-1496 e 1499-1509), Ferrara (1496-1499 e 1509-1510) e Bolonha (1511-1525). Em disputa com os averroístas (ver AVERROÍSMO) da Escola de Pádua (ver PÁDUA [ESCOLA DE]), Pomponazzi defendeu a interpretação alexandrista (ver ALEXANDRISMO) do aristotelismo, isto é, o uso dos comentários de Alexandre de Afrodísia para a compreensão das doutrinas aristotélicas. O centro da controvérsia entre Pomponazzi e os averroístas foi o problema da natureza da alma (racional) e de seu destino depois da morte do indivíduo. Em oposição tanto ao averroísmo como ao tomismo, Pomponazzi sustentou em seu tratado *De immortalitate animae* que a alma intelectual, vinculada à alma sensitiva, é tão mortal quanto esta última, mas que isso não destrói o fundamento moral, que é autônomo, pois o exercício da virtude é um bem suficiente por si mesmo. Pomponazzi se defendeu contra as acusações de heresia sustentando a doutrina da dupla verdade, que o averroísmo já pusera em circulação em sua versão latina, e afirmando que, apesar de tudo, o vulgo necessita da crença na imortalidade para manter-se na obediência, ao contrário do sábio, que faz o bem pelo bem mesmo. As influências estóicas e naturalistas se manifestam em suas obras *De fato, libero arbitrio et de praedestinatione*, onde pretende resolver a oposição entre o livre-arbítrio e o destino, e *De naturalium effectuum admirandorum causis sive de incantationibus liber*, onde explica o milagre, como um fato puramente natural que se pode conhecer e dominar mediante um aprofundamento nas forças ocultas da Natureza.

⊃ Obras: O tratado *De immortalitate animae* foi editado pela primeira vez em 1516 [reimp. por W. H. Hay II, 1938] (outras edições: 1525, 1634; 1791, ed. Bardili; 1954, ed. C. Morra). Sobre um manuscrito de P. relativo à teoria da imortalidade, procedente do período de Pádua, ver P. O. Kristeller, "A New Manuscript Source for Pomponazzi's Theory of the Soul from his Paduan Period", *Revue Internationale de Philosophie*, vol. 5, n. 16 (1951), 144-157. — A *Apologia* [contra o cardeal Gaspar Contarion] foi editada em 1517. — O *Defensorium* [contra Niphus], em 1519. — O tratado *De fato, libero arbitrio, praedestinatione, providentia Dei libri quinque*, em 1520 (ed. R. Lemay, 1960). — O *De nutritione et augmentatione*, em 1521. — O *De naturalium effectuum admirandorum causis sive de incantationibus liber*, em 1556.

Edição de obras: *Opera*, Veneza, 1525, Basiléia, 1567.

Ver: F. Fiorentino, *P. P. Studi storici sulla scuola bolognese e padovana*, 1868. — G. Spicker, *P. P.*, 1868. — L. Muggenthaler, *P. P.*, 1868. — B. Podestà, *P. P.*, 1868. — L. Ferri, *La psicologia di P. P.*, 1877. — A. H. Douglas, *The Philosophy and Psychology of P. P.*, ed. Ch. Douglas e R. P. Hardie, 1910, reimp., 1962. — E. Betzendörfer, *Die Lehre von der zweifachen Wahrheit bei P. Pomponazzis*, 1919. — C. Oliva, "Note sull'insegnamento di P. P.", *Giornale critico della filosofia italiana*, VII (1926), 83-103, 179-190; 254-275. — E. Weil, *Des P. Pomponatii Lehre von dem Menschen und von der Welt*, 1928. — G. Bianca, *P. e il problema della personalità umana*, 1941. — J. H. Randall Jr., "The Place of P. in the Paduan Tradition", no cap. II do tomo do mesmo autor, *The School of Padua and the Emergence of Modern Science*, 1960. — B. Nardi, *Studi su P. P.*, 1965. — A. Poppi, *Saggi sul pensiero inedito di P. P.*, 1970. — G. Zanier, *Ricerche sulla diffusione e fortuna del* De incantationibus *di P.*, 1975. — M. L. Pine, *P. P.*, 1986. ℂ

PONS ASINORUM (ponte dos asnos). É o nome que recebe a figura ou diagrama mediante a qual são representadas as relações requeridas para o descobrimento do termo médio no silogismo, isto é, para a chamada *inventio medii*. Segundo Prantl (*Geschichte der Logik im Abendlande*, IV, 206), o primeiro a apresentar o *pons asinorum* foi Pedro Tartareto (VER) (cf. *Expositio super textum Aristotelis*, 1514; *Commentarium in Isagoges et libros logicorum Aristotelis*, 1494, 1514, 1517 et al.). Certos autores atribuíram a figura a João Buridan, e outros ao discípulo deste, João Dorp (autor de um *De arte inveniendi medium*, no *Perutile compendium totius logice... cum preclarissima solertissimi viri Johannis Dorp*, 1499, reimp., 1965). Atribuiu-se também a Sanderson (em seu *Compendium*, de 1680). Ivo Thomas, ("The Later History of the *Pons Asinorum*", em *Contributions to Logic and Methodology in Honor of I. M. Bochenski*, 1965, ed. A.-T. Tymieniecka, pp. 142-150) indica que Bochenski (*Formale Logik*, 1956; trad. ingl. com modificações: *A History of Formal Logic,* 1961) ofereceu os dados essenciais relativos ao diagrama silogístico conhecido com os nomes de *pons asinorum* e *pons umbelicus*, mas ressalta que é preciso acrescentar outros dados, como os oferecidos por L. Minio-Paluello em "Aristoteles Latinus, III, 1-4 (*Analytica Priora*, 284-286. A Latin Commentary... on the *Prior Analytica* and Its Greek Sources)", *Journal of Hellenic Studies*, 72 (parte I), p. 97, nota 1. Segundo Minio-Paluello, Alexandre de Afrodísia se refere a um diagrama no lugar pertinente de seu comentário a *An. Pr.* Além disso, há um tratado sobre esses diagramas por Joannes Albanus,

Apparatus syllogistici ad Aristotelis mentem synopsis (1620). Ivo Thomas indica que vários escritores do século XVI trataram o assunto em pormenor. Exemplos são: *Ratio inveniendi medium terminum in syllogismo categorico ab Aristotele tradita, et per Christoforum Cornerum ex Fagis diligenter explicata. Una cum tractatu ipso* περὶ εὐπορίας προτάσεων *ex Aristotele, ad finem adiecto. Addita etiam est praefatio, de usu huius doctrinae* (Basiléia, 1549), e *Paralipomena dialectices* (Basiléia, 1558).

Prantl *(loc. cit.)* indica que Tartareto se propôs fazer plana atque perspicua o *ars* de descobrir "todo termo médio". A figura que aparece em Tartareto (*apud* Prantl) é a seguinte:

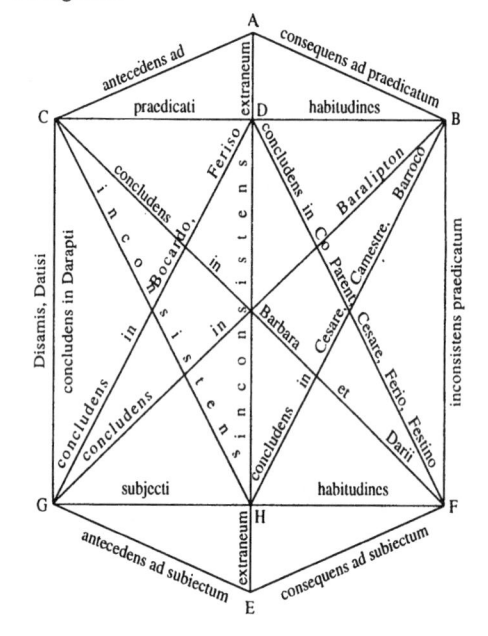

Uma excelente informação sobre o *pons asinorum* se acha no verbete de C. L. Hamblin, "An Improved *Pons Asinorum*?", *Journal of the History of Philosophy*, 14 (1976), 131-136. Hamblin começa por traçar a origem do diagrama chamado *pons asinorum*: são as regras de descoberta de argumentos em Aristóteles, *An. Pr.* 43.a 20-45 b 12. Estas regras, afirma Hamblin, foram elaboradas por Alexandre de Afrodísia em seu comentário a *An. Pr.* (*Commentaria*, ed. M. Wallies, vol. 2, pp. 290-322). Alexandre fala inclusive de um "diagrama". Hamblin segue W. e M. Kneale (*The Development of Logic*, 1962, p. 186) na tese de que Alexandre foi o inventor do diagrama. Em todo caso, este foi apresentado por João Filopono e discutido por Averróis. Hamblin se refere ao já mencionado autor João Dorp e a Pedro Tartareto, que parece ter sido o primeiro a usar a expressão *pons asinorum*.

A figura que Hamblin apresenta como o *pons* original é mais clara que a apresentada em Tartareto (*apud* Prantl):

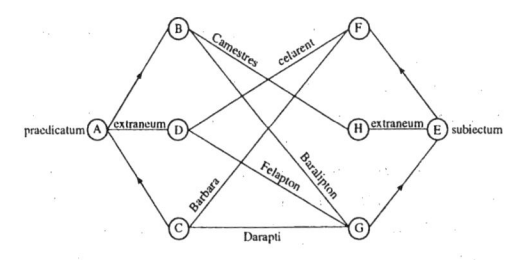

Nos dois diagramas tenta-se indicar em que relações se acham os termos (representados por letras maiúsculas 'A', 'B', 'C', etc., sendo 'E' e 'A', respectivamente, o sujeito e o predicado). Estas relações são do tipo de "antecede a", "conclui em", "é conseqüente a", "é alheio (estranho) a", assinalando-se quais modos de silogismos relacionam os termos e qual é a forma de relação (incluindo a relação "estranho a", que é falta de relação em sentido argumentativo). Dado um sujeito e um predicado, é preciso ver então que conclusão os conecta mediante argumento silogístico. Uma vez que é preciso encontrar premissas verdadeiras e, sobretudo, um termo médio, compreende-se que se tenha falado da *inventio medii*.

Hamblin propõe um *pons asinorum* "melhorado". O diagrama é:

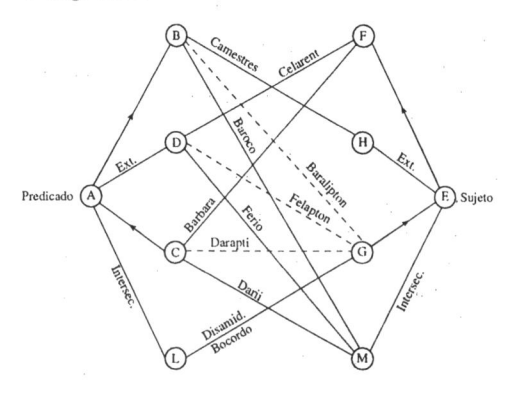

Neste diagrama se aumentou o número de modos do silogismo. 'L' e 'M' representam grupos de termos que se interseccionam respectivamente com o predicado e o sujeito, mas não são nem antecedentes nem conseqüentes aos mesmos. Os modos subalternos são representados por linhas pontilhadas. A base para esse *pons* aumentado é uma regra que reza: "Um silogismo no qual uma premissa é particular afirmativa é válido se, e somente se, o silogismo no qual a premissa particular afirmativa é substituída pela correspondente universal e o silogismo no qual esta premissa universal é substituída por sua conversa forem *ambos* válidos" (art. cit., p. 134). Hamblin conclui que, embora mais complexo que o *pons* original, o *pons* aumentado e melhorado "continua sendo mais simples que a teoria padrão do silogismo por figuras e modos".

O nome "ponte dos asnos" foi explicado de vários modos: é como um asno que cruza certo número de pontes entre um termo maior e um menor; o asno em questão é um principiante, que necessita de um método fácil; à semelhança do "asno de Buridan", há a "incerteza" acerca de que ponte cruzar.

PONTO DE VISTA MORAL. Ver BOAS RAZÕES; MORAL.

POPPER, KARL R[AIMUND] (1902-1994). Nascido em "um lugar chamado Himmelhof no distrito de Ober St. Veit de Viena" ("Autobiography", cf. *infra*). Estudou na Universidade e no Instituto Pedagógico de Viena. Doutorou-se em 1928 com uma tese (inédita) intitulada "Para a questão do método na psicologia do pensar" *(Zur Methodenfrage der Denkpsychologie).* Em 1935 emigrou para a Inglaterra e em 1937 para a Nova Zelândia, onde ensinou até 1945. Mudou-se, então, de novo, para a Inglaterra, ensinando, a partir de 1949, como "numerário" na London School of Economics. Tornou-se Sir Karl Popper em 1965. Recebeu, em todo o mundo, numerosas distinções acadêmicas e civis, entre elas a de ser "Fellow of the Royal Society" e "Fellow of the British Academy".

Os interesses intelectuais de Popper estavam já muito desenvolvidos quando soube do Círculo de Viena e teve contato com vários de seus membros. Isto lhe deu a oportunidade de definir sua oposição a várias teses fundamentais do Círculo. O primeiro livro de Popper, a *Lógica da investigação*, apareceu na série de publicações do Círculo de Viena. Este fato e o de Popper ter começado ocupando-se de temas tratados pelos positivistas lógicos levaram alguns a considerá-lo um positivista lógico ou, quando menos, um positivista lógico heterodoxo. Popper prefere ser considerado como um crítico do Círculo de Viena. O que o atraiu ao Círculo foi, como confessa, sua "atitude racional". Dentro desta "atitude comum", as diferenças entre os membros do Círculo de Viena, especialmente na fase mais "ortodoxa", são consideráveis. A principal diferença é a rejeição por Popper do critério positivista de verificação (VER) e da conexão estabelecida pelos neopositivistas entre verificação e significado. Popper propôs o critério de falseabilidade (VER), graças ao qual é possível estabelecer uma demarcação (VER) entre ciência e não-ciência. Uma teoria científica não é aceitável a menos que seja refutável. O fato de uma teoria ser compatível com todos os fatos conhecidos não mostra que a teoria é verdadeira, mostra, antes, que não é uma teoria científica. A probabilidade de que uma teoria, uma proposição, uma hipótese, etc., sejam verdadeiras é um critério insuficiente, pois há hipóteses sumamente prováveis que não explicam nada, ou quase nada; melhor dizendo, o fato de nada explicarem, ou quase nada, justamente é o que as torna muito prováveis. As proposições científicas, em suma, são aquelas para as quais pode-se conceber a possibilidade de serem falseáveis ou refutáveis. Por isso a ciência consiste não só em confirmação de hipóteses, mas em provas para ver se as hipóteses são refutáveis.

As idéias de Popper levaram-no a rejeitar o "indutivismo"; a ciência não consiste numa coleção de observações das quais inferimos leis ou hipóteses, mas num exame crítico de hipóteses destinado a eliminar as que conduzam a conclusões falsas. "A forma lógica de um sistema científico", escreve Popper, "deve ser tal que possa ser posta em destaque, mediante provas empíricas, num sentido negativo: *deve ser possível para um sistema científico ser refutado pela experiência*". Popper baseia sua idéia no que chama "assimetria entre verificabilidade e refutabilidade" — uma "assimetria que procede da forma lógica dos enunciados universais", os quais "não são nunca deriváveis de enunciados singulares, mas podem ser contraditos por enunciados singulares".

Popper elaborou a noção de probabilidade em sentido lógico e não estatístico, defendendo a noção tendencial de probabilidade (ou noção de probabilidade enquanto "propensão"). Deve-se distinguir, conforme indica Popper, entre observações estatísticas e leis estatísticas. De igual modo, deve-se distinguir entre vários graus de refutabilidade.

As idéias de Popper evoluíram; falou-se a respeito de diversas fases de seu pensamento, abreviadas em P_1, P_2 — ou P_0, P_1, P_2 —, a despeito dos protestos do próprio autor, que indicou que sempre foi um realista epistemológico e metafísico. Este realismo não é simplesmente o do senso comum. Enquanto semelhante realismo supõe que há um ponto de partida imovível, Popper insiste que não o há, e que todo ponto de partida pode ser sempre corrigido e criticado no curso da investigação. Além disso, todo conhecimento se acha impregnado de teoria e é de caráter conjectural. Isso vale inclusive para o realismo e sua correspondente teoria (biológica) do conhecimento.

O caráter "evolucionista" da teoria popperiana do conhecimento se manifesta pelo menos de duas maneiras. Por uma parte, todo conhecimento é sempre um processo que parte de um problema, ensaia soluções, elimina os erros encontrados e descobre uma solução. Esta é, por sua vez, a colocação de um novo problema, ou de uma nova série de problemas. Por outra parte, o conhecer, sendo reação a problemas, é uma atividade de todos os organismos, que incorporam esquemas em termos dos quais se enfrentam justamente com os problemas.

Uma das mais discutidas idéias de Popper é a chamada "teoria dos três mundos": o mundo das coisas materiais, o mundo subjetivo dos processos mentais e o mundo dos produtos da atividade de organismos. Este último mundo, em particular o dos produtos humanos (produtos culturais), embora resultante das atividades, intencionais ou não-intencionais, de sujeitos, tem sua própria estrutura e suas próprias leis, sendo, portanto, um mundo objetivo. Isso não significa que seja um mundo platônico, ou quase-platônico, destinado a representar o ideal já cumprido da atividade e da busca do conhecimento. Embora o estudo do "terceiro mundo" possa lançar luz sobre o segundo, e embora não ocorra o inverso — como supunha a epistemologia tradicional e toda concepção "subjetivista" do conhecimento —, o terceiro mundo é "um produto natural do animal humano". O "conhecimento objetivo" se desenvolve mediante a interação entre nós e o "terceiro mundo". Há uma indubitável analogia, presume Popper, entre "o crescimento do conhecimento e o crescimento biológico". Em todo caso, a busca e a investigação humanas — e, em geral, dos organismos — têm a condição de ser sempre inacabadas.

Popper submeteu à crítica as teorias sociais de vários autores, particularmente as de Platão, Hegel e Marx, aos quais acusou ao mesmo tempo de "historicismo" (VER) e de "fatalismo". Não há, segundo Popper, inevitabilidade na história. Embora haja na crítica mencionada de Popper pressupostos diversos não relacionados com as idéias anteriormente indicadas — por exemplo, o pressuposto de que a história é feita fundamentalmente pelo esforço dos indivíduos e não se acha submetida a nenhuma lei que transcenda os indivíduos —, a filosofia social e a filosofia da história de Popper se acham igualmente fundadas em suas noções epistemológicas. Por exemplo, a rejeição por Popper do marxismo se baseia em grande parte na alegação de que para o marxista tudo o que sucede deve confirmar a hipótese marxista, sem levar em conta que a "refutabilidade" deve ser uma condição indispensável do enunciado hipotético. Também se baseia em grande parte na crítica por Popper do que chama "essencialismo" ou tendência a crer que se pode conhecer "a verdadeira natureza" daquilo de que se fala.

A metodologia e a filosofia da ciência de Popper foram objeto de numerosos debates. Alguns autores criticaram Popper com base em posições próximas do neopositivismo, se bem que consideravelmente modificado e refinado (como ocorreu com Herbert Feigl). Outros o criticaram estimando que o conceito de razão de Popper é parcial, ou errôneo, e deve ser substituído por uma noção de razão de caráter mais dialético (membros da Escola de Frankfurt; entre os espanhóis, Miguel Ángel Quintanilla). Hans Albert (VER) defendeu Popper contra esses ataques e tratou de desenvolver um neo-racionalismo essencialmente popperiano. Vários autores criticaram Popper "de dentro", ou partindo de posições estabelecidas por Popper. Sublinharam insuficiências ou propuseram mudanças mais ou menos radicais. Boa parte da "nova filosofia da ciência" pode ser considerada como um desenvolvimento "pós-popperiano"; de todo modo, alguns dos principais propulsores de tal nova ciência da filosofia (I. Lakatos, Th. S. Kuhn, Paul K.

Feyerabend) elaboraram seu pensamento, ou trataram de defini-lo, em diálogo crítico com Popper.

☼ Obras: *Logik der Forschung*, 1935. Trad. ingl. pelo autor, com vários "Novos apêndices": *The Logic of Scientific Discovery*, 1959. — *The Open Society and Its Enemies*, 1945. — *The Poverty of Historicism*, 1957 [antes publicado em *Economica*, N. S., 11, n. 42 e 43 (1944) e 12, n. 46 (1945)]. — *On the Sources of Knowledge and of Ignorance*, 1961. — *Conjectures and Refutations: The Growth of Scientific Knowledge*, 1962. — *Of Clouds and Clocks: An Approach to the Problem of Rationality and the Freedom of Man*, 1966. — *Objective Knowledge: An Evolutionary Approach*, 1972 (inclui *Of Clouds and Clocks*). — *Unended Quest: An Intellectual Autobiography*, 1976. — *The Self and Its Brain*, 1977 (com J. C. Eccles). — *Die beiden Grundprobleme der Erkenntnistheorie*, 1979 *(Os dois problemas básicos da teoria do conhecimento)*. [Este texto, procedente dos anos 1930-1932, foi originalmente concebido em dois volumes; o segundo deles, em forma abreviada, apareceu em 1934 com o título *Logik der Forschung*. A obra aqui indicada contém o primeiro volume e preparação para o segundo]. — *The Postscript to the* Logic of Scientific Discovery, 3 vols., ed. W. W. Bartley III: I, *Realism and the Aim of Science*, 1983; II, *The Open Universe*, 1982; III, *Quantum Theory and the Schism in Physics*, 1982. — *Die Zukunft ist offen*, 1985 (com K. Lorenz) *(O futuro está aberto)*. — *A World of Propensities*, 1990. — *In Search of a Better World*, 1992. — Ver também a antologia *Pocket Popper*, 1983 (em ed. americana: *Popper Selections*, 1985), ed. D. Miller.

Entre os artigos e ensaios de P. citamos: "What is Dialectic?", *Mind*, N. S. 49 (1940), 403-426. — "New Foundations for Logic", *ibid.*, N. S., 56 (1947), 193-235. — "Three Views Concerning Human Knowledge", em *Contemporary British Philosophy*, t. III (1956). — "Philosophy of Science: A Personal Report", em *British Philosophy at Mid-Century*, 1957, ed. C. A. Mace. — "Why Probabilistic Support is Not Inductive", *Philosophical Transactions of the Royal Society of London* A 321, 30 de abril de 1987, pp. 569-591 (com David Miller). — "How the Moon might throw some of her Light upon the Two Ways of Parmenides", *The Classical Quarterly*, XLII, 1 (1992), 12-19.

Em português: *Autobiografia intelectual*, 1977. — *O cérebro e o pensamento*, 1992. — *O conhecimento e o problema do corpo-mente*, 1997. — *Conhecimento objetivo*, s.d. — *Em busca de um mundo melhor*, 1992. — *O eu e seu cérebro*, 1995. — *O futuro está aberto*, 1990. — *A lógica da pesquisa científica*, 2000. — *A lógica das ciências sociais*, 1978. — *A miséria do historicismo*, 1980. — *O mito do contexto*, s.d. — *O racionalismo crítico na política*, 1994. — *A sociedade aberta e seus inimigos*, 2 vols., 1987. — *Sociedade aberta, universo aberto*, 1991. — *Televisão: um perigo para a democracia*, 1995. — *A teoria dos quanta e o cisma na física*, 1992. *Um mundo de propensões*, 1991.- *O universo aberto: argumentos a favor do indeterminismo*, 1988.

Ver: P. Bernays, J. O. Wilson et al., *The Critical Approach to Science and Philosophy*, 1964, ed. M. Bunge (com bibliografia). — A. Wellmer, *Methodologie als Erkenntnislehre. Zur Wissenschaftslehre K. R. Poppers*, 1967. — M. Cornforth, *The Open Philosophy of Open Society: A Reply to Dr. K. Popper's Refutation of Marxism*, 1968. — I. Lakatos e Al. Musgrave, eds., *Problems in the Philosophy of Science*, 1968. — M. Albendea, J. Muguerza et al., *Ensayos de filosofía de la ciencia en torno a la obra de Sir K. R. P.*, 1970. — G. Witschel, *Wertvorstellung im Werk K. R. Poppers*, 1971. — R. Albrecht, *Poppers Kritik der ganzheitlichen Sozialphilosophie*, 1972. — M. Á. Quintanilla, *Idealismo y filosofía de la ciencia: Introducción a la epistemología de K. R. P.*, 1972. — B. Magee, *K. P.*, 1973. — VV. AA., *The Philosophy of K. P.*, 2 vols., 1973, ed. P. A. Schilpp. — H. Oetjens, *Sprache, Logik, Wirklichkeit. Theorie und Erfahrung in K. R. Poppers* Logik der Forschung, 1974. — F. Nuzzaci, *K. P.*, 1975. — R. J. Ackermann, *The Philosophy of K. P.*, 1976. — F. Schupp, *Poppers Methodologie der Geschichtswissenschaft, Historische Erklärung und Interpretation*, 1975. — I. Johansson, *A Critique of K. Popper's Methodology*, 1975. — E. Nordhofen, *Das Bereischsdenken im kritischen Tradition der Popperschule*, 1976. — G. Witschel, *Weltvorstellung im Werk K. Poppers*, 1977. — W. W. Bartley III, "Critical Study of the Philosophy of K. Popper", *Philosophia*, 6 (1976), 463-494; 7 (1977), 675-716; e 11 (1981), 121-221. — A. Boyer, *K. R. P.: Une épistémologie laïque?*, 1978. — R. Bouveresse, *K. P. ou le Rationalisme Critique*, 1978. — A. O'Hear, *K. P.*, 1980. — P. Levinson, ed., *In Pursuit of Truth* [Festschrift no 80° aniversário de P.], 1983. — D. Miller, J. Mosterín et al., número especial sobre P. de *Enrahonar*, 11 (1985). — N. de Marchi, *The Popperian Legacy in Economics*, 1988. — C. Simkin, *P.'s Views on Natural and Social Science*, 1993.

Foundations of Physics dedicou quatro números (21/22, de dezembro de 1991 a março de 1992) a Popper por motivo de seu 90° aniversário. — Existe uma *Popper Newsletter*, ed. Fred Eidlin (Universidade de Guelph), a partir de 1982. ☾

PÔR, POSIÇÃO. Em sentido primariamente lógico, "pôr" equivale a "apresentar" uma premissa, uma hipótese; e também, por extensão, uma doutrina. O que se põe no ato de pôr, τίθημι, é a tese, θέσις. Tratamos deste ponto no verbete TESE, que pode ser consultado para alguns dos sentidos básicos do conceito de "posição".

Naquele verbete nos referimos igualmente à noção de "tese" em autores como Kant e Hegel, mas reservamos o presente verbete para um dos sentidos fundamentais do "pôr" em tais autores, assim como em vários filósofos contemporâneos. Entre os últimos se usou também o vocábulo 'tético' como equivalente de 'posicional' (ou 'ponente').

O conceito de "pôr" e do "posto" em Kant está estreitamente relacionado com o conceito de "dar" e do "dado" (ver Dado). A rigor, são conceitos complementares, de tal sorte que, por exemplo, o posto tem sentido só na medida em que está relacionado — na forma da contraposição — com o dado, e vice-versa. De modo geral, Kant entende o "pôr" *(Setzen)* como a atividade por meio da qual se impõe ao dado *(Gegebene)* uma ordem — primeiro a ordem das puras intuições *a priori* do espaço e do tempo, e depois os conceitos *a priori* do entendimento ou categorias. Mais especificamente, o pôr é a função do entendimento (ver) ou, melhor dizendo, o entendimento consiste, por assim dizer, em uma função "ponente". Embora Kant use muito pouco o citado termo, a camada transcendental (ver) não poderia ser entendida sem o conceito de "posição" *(Setzung)*. Com efeito, a posição neste sentido equivale sobretudo à "síntese" — ou às diversas séries de "sínteses" — sem a qual o conhecimento não seria possível. Uma vez admitido isso, podem-se dar diversas interpretações ao ato de "pôr" e à "posição", dependendo do modo como se entenda em cada caso a atividade transcendental.

Kant entende também a posição *(Setzung)* como a característica da existência. Por isso diz ele que "ser" não é um predicado real, mas "a posição de uma coisa" ou de certas determinações da coisa *(KrV,* A 598/626). Isso quer dizer que a existência é algo afirmado ou reconhecido como existente não algo "deduzido".

O conceito de "pôr" é fundamental em Fichte. Em princípio, o sentido do "pôr" em Fichte é análogo ao anteriormente descrito em Kant. Com efeito, "pôr" quer dizer, para Fichte, primariamente, "reconhecer (como existente)". Ora, a tendência idealista de Fichte o faz considerar freqüentemente que o "pôr" é basicamente "pôr-se a si mesmo", isto é, "pôr-se a si mesmo como existente", e que nisso consiste o Eu. Em princípio, este pôr-se a si mesmo o Eu como existente não é diferente da afirmação de que o Eu não pode não existir. Portanto, não se trata, como às vezes se supõe, de postular um Eu que se põe a si mesmo e ao pôr-se a si mesmo põe o não-Eu e a limitação de si mesmo (ver Não-Eu) como se tudo isso fosse um ato arbitrário. Segundo Fichte, não há neste Eu que se põe a si mesmo e que "põe", além disso, o "mundo", nenhuma arbitrariedade, porque é uma necessidade. O Eu é necessariamente "autoponente" (o que não impede, aliás, que esta "necessidade" seja sua "liberdade"). Mas no curso de sua autoposição e do que poderíamos chamar a "heteroposição", o Eu fichtiano intensifica, e até exacerba, sua atividade, de sorte que é possível considerar o "pôr" como um "produzir" (entenda-se, "produzir existência"). Em todo caso, a dialética do pôr e do ser posto desempenha um papel capital em Fichte e, em geral, no idealismo (pois também há em Hegel as noções de *Setzen* e do *Gesetzen*).

Husserl, em contrapartida, trata do pôr como um ato "tético" (ver Tese); trata-se primeiramente de um "pôr a existência" em atos de crença e outros diversos "atos" (da consciência intencional). Este tipo de "posição" (de "pôr" ou "deixar assentado") é diferente da afirmação, porquanto a existência fica ainda entre parênteses. Em todo caso, a posição da essência não implica, segundo Husserl, a posição de nenhuma existência individual. Pode-se dizer que, em geral, o conceito de posição em Husserl é compreensível unicamente dentro do quadro da consciência intencional, de modo que a significação de 'posição' vai mudando neste autor à medida que muda sua própria "posição" perante a consciência intencional (ver Fenomenologia; Husserl [Edmund]). Os atos ponentes da consciência são "atos téticos", razão por que a "tese" aparece como uma qualidade da função ponente da consciência e não simplesmente como uma afirmação de algo; ou, se se quiser, *não ainda* como uma afirmação de algo.

Autores contemporâneos que, ao menos em parte, seguiram Husserl falam do caráter tético ou posicional (o que chamamos às vezes "ponente") da consciência. Assim, Sartre admite que, tal como disse Husserl, não há consciência que não seja "posição de um objeto transcendente" ("não há consciência sem conteúdo"). No entanto, ressalta que nem todo ato de consciência se converte em objeto de um ato "tético". O ser para o qual transcende "a consciência infeliz", por exemplo, não é relativo à consciência (ponente): "não há", escreve Sartre, "consciência *de* este ser, porquanto obseda a consciência não tética (de) si". Por outro lado, há "possíveis" que se acham "presentes-ausentes" *não teticamente* à consciência presente. Toda a questão é, por certo, muito mais complexa do que pode se depreender das anteriores referências, mas elas bastam para mostrar a importante função que os conceitos de "pôr" e "posição" têm em várias vertentes do pensamento contemporâneo. Acrescentemos somente que também Ortega y Gasset enfrentou este problema ao longo de uma crítica tanto do idealismo quanto da fenomenologia, a qual, ao corrigir o idealismo, o levou à perfeição. No que toca ao idealismo, Ortega escreveu que fica de pé sua exigência "de opor ao pensamento, grande construtor de ficções, incansável *ponente*, a instância do que venha *imposto a ele*, do *posto por si*. Isso será o verdadeiramente dado. Mas então não pode consistir o dado em nada que o pensamento encontre em seu caminho depois de começar a buscá-lo e *como resultado* de um processo intelectual *ad hoc* que aspira localmente a eliminar o pensamento mesmo". Quanto à fenomenologia, Ortega indicou que é ingênuo crer que *"suspendendo* a executividade de uma situação primária, de uma 'consciência ingênua', evitou-se a posição que esta faz", pois o que se faz é "*pôr* uma realidade nova e fabricada: a 'consciência suspensa', cloroformizada". "A fenomenologia", escreve ainda Ortega, "consiste em descrever esse fenômeno da consciência natural desde uma consciência reflexiva que contempla aquela sem 'levá-la a sério', sem acompanhá-la em *suas posições (Setzungen)*, suspendendo sua executividade *(epokhé)*. A isso oponho duas coisas: 1°., que suspender o que eu chamava de caráter executivo *(vollziehender Charakter)* da consciência, sua *ponencialidade*, é extirpar-lhe o mais constitutivo dela, e, portanto, *de toda consciência*; 2°., que suspendemos a executividade de uma consciência desde outra, a reflexiva, o que Husserl chama 'redução fenomenológica', sem que esta tenha título superior nenhum para invalidar a consciência primária e refletida; 3°, deixa-se, em contrapartida, à consciência reflexiva que seja executiva e que ponha com caráter de *ser absoluto* a consciência primária, chamando a esta *Erlebnis* ou vivência." Citamos *in extenso* essas passagens de Ortega para mostrar que a tomada de posição com relação ao idealismo e à fenomenologia se funda em grande parte numa crítica do que poderíamos chamar "o modo de pôr" ou "posição". (Essas passagens procedem de *Prólogo para alemanes* [1961], p. 74, e *La idea de principio en Leibniz y la evolución de la teoría deductiva* [1958], p. 333.)

PORFÍRIO de Tiro (232/233-*ca.* 304). Foi primeiro, em Atenas, discípulo de Longino e depois, em Roma — provavelmente a partir de 262 —, discípulo de Plotino. Biógrafo deste último — cujas *Enéadas* corrigiu e compilou —, Porfírio é autor, além disso, de numerosos tratados sobre matérias muito diversas, entre as quais figuram a matemática, a lógica, a astrologia, a religião, a história, a retórica e a moral, e de comentários a Platão e a Aristóteles. Particularmente conhecida e influente foi a chamada *Isagoge* ou *Introdução* ao tratado aristotélico sobre as categorias. Esta obra, comentada por Amônio, Elias e David, e traduzida em latim por Boécio, teve uma enorme repercussão na literatura filosófica da Idade Média. Seu objeto é o estudo dos chamados *predicáveis* (VER), ou cinco vozes, e foi considerada como a base da disputa medieval sobre os universais (VER). Influentes filosoficamente também foram suas *Sentenças acerca dos inteligíveis*, redigidas de forma aforística. Embora Porfírio tenha baseado principalmente suas idéias nas de seu mestre Plotino, acentuou consideravelmente as tendências ecléticas que já haviam aberto caminho no neoplatonismo; não é estranho, portanto, encontrar nos textos de Porfírio tentativas de unir as doutrinas platônicas, aristotélicas e plotinianas a outras de Possidônio e de Antíoco de Ascalon. Característica de Porfírio é, além disso, a acentuação das questões éticas e religiosas, a tal ponto que foi dito algumas vezes que a filosofia de Porfírio tem por objeto principal preparar a alma, mediante a purificação ascética, para a contemplação do mundo inteligível e, em último termo, da

Unidade suprema. Algumas das principais diferenças entre as opiniões de Plotino e as de Porfírio podem ser entendidas deste último ponto de vista. Entre tais diferenças destaca-se a concepção que Porfírio tem da natureza do mal. Segundo Porfírio, o mal não reside na matéria, mas na alma mesma na medida em que esta não se acha regida pelo espírito inteligível. Mas quando a alma pode, pela purificação ascética e pela contemplação, desprender-se do mal, ela pode efetuar sem outro obstáculo sua ascensão, isto é, cumprir seu destino. Assim, enquanto Plotino concebia a ascensão como uma dominação do mal da matéria, manifestada no corpo, Porfírio o concebe como um domínio da alma sobre si mesma. A classificação porfiriana das virtudes é semelhante à plotiniana, mas é mais completa e elaborada. Segundo Porfírio, há quatro tipos de virtude em sentido ascendente. As primeiras, e inferiores, são as virtudes da vida civil, ou virtudes políticas, as segundas são as virtudes catárticas ou purificadoras, cujo fim é a apatia (com respeito às paixões do corpo e às afecções da alma); as terceiras são as virtudes que encaminham a alma para o *nous*; as quartas, e supremas, são as virtudes paradigmáticas, que são virtudes do próprio *nous* e não, como as anteriores, somente da alma. É de observar que Porfírio não considerava a teurgia (VER) como uma atividade superior, embora tampouco a descartasse por completo. Do ponto de vista religioso, Porfírio defendeu zelosamente o que considerava como a religião tradicional helênica — e que, de fato, era uma mescla de certos elementos de tal religião com especulações filosóficas — contra seus detratores e, num tratado especialmente escrito para tanto, contra os cristãos. Para isso, dava interpretações alegóricas dos mitos religiosos populares. O escrito de Porfírio *Contra os cristãos*, em quinze livros, foi objeto de refutações por vários escritores eclesiásticos (entre eles Eusébio de Cesaréia). Graças a essas refutações se conservam alguns fragmentos, pois o tratado foi queimado em 435 por ordem de Teodósio II.

⊃ Obras: A *Vida de Plotino* foi editada pela primeira vez nas obras de Plotino (Basiléia, 1580 e 1615); é usual desde então incluí-la em todas as edições das *Enéadas* (cf. a bibliografia do verbete sobre Plotino com a referência às edições de Harder, Bréhier, Cilento e Faggin; uma edição separada é a de G. Pugliese Carratelli, *Porfirio, Vita di Plotino ed ordine dei suoi libri*, 1946). Edições da *Vida de Pitágoras*, trad. latina de Holstenius, Roma, 1630, ed. de Kiessling, Leipzig, 1815-1816; ed. Westermann como apêndice ao Diógenes Laércio de Gobet, Paris, 1950; ed. W. Burkert [Texte und Kommentare. Eine Altertumswissenschaftliche Reihe, ed. O. Gigon, F. Heinimann, O. Luschnat]. As sentenças sobre os inteligíveis ('Αφορμαὶ πρός τὰ νοητά) foram editadas também por Holstenius na citada edição da *Vida de Pitágoras* e depois por B. Mommert, Leipzig, 1907. Uma Epístola sobre os deuses demônios, em

Veneza, 1947. A *De quinque vocis sive in Categoriae Aristotelis introductio* ('Εἰσαγωγὴ εἰς τὰς κατηγορίας), em Paris, 1543 (é usual incluí-la em edições de Aristóteles, especialmente do *Organon*; ver, por exemplo, a edição de I. Bekker). Ver os comentários gregos da *Isagoge* na edição de *Commentaria in Aristotelem graeca* citados na bibliografia do verbete ARISTOTELISMO (especialmente IV 3; XVIII, 1, XVIII, 2; comentários respectivamente de Amônio, Elias e David). Quanto aos comentários latinos, são importantes, além dos que fez Boécio à sua tradução (cf. *Pat. Lat.* de Migne, LXIV, 71-158), os de Sylvester Maurus, no século XVII, incluídos na edição de seus comentários a Aristóteles (Roma, 1668; reed. por F. Ehrle, t. I, 1885). O *De abstinentia ab usu animalium* foi editado em 1548 (posterior edição de J. Rhoer, 1767). O *De antro nympharum* foi editado por R. M. van Goens em 1765. A *Espitola ad Marcellam*, por A. Maius, 1816 e 1831. O *De philosophia ex oraculis haurienda librorum reliquiae*, por G. Wolff, 1856, reimp., 1962. As *Quaestionae Homericarum*, por H. Schrader, 2 vols., 1880. A *Introdução* sobre Ptolomeu, por Hieron, 1559. Do escrito Κατὰ Χριστιανῶν foram conservados só alguns fragmentos em Macarius Magnes (edição e tradução dos mesmos por A. Harnack, 1916). Ver também a edição de *Opuscula*, de A. Nauck, 1886, e do *Comentário à teoria da harmonia de Ptolomeu*, por I. Dühring, 1930 (com trad. alemã e comentário pelo mesmo autor, 1934).

Além dos comentários dos citados autores de edições de Porfírio (especialmente das mais recentes), ver: J. Bidez, *Vie de Porphyre, le philosophe néoplatonicien*, 1913. — A. Berry, *Porphyry's Work Against Christians: an Interpretation*, 1933. — W. Theiler, "Porphyrios und Augustin", *Schriften der Königsberger Gelehr. Gesell.*, 10 Jahr. Geisteswiss. Kl. Heft 1, 1933. — H. Dörrie, *Porphyrios' Symikta Zetemata. Ihre Stellung in System und Geschichte des Neuplatonismus, nebst einem Kommentar zu den Fragmenten*, 1959. — P. Hadot, *Porphyre et Victorinus*, 2 vols., 1968 [o vol. 2 contém textos]. — A. Smith, *Porphyry's Place in the Neoplatonic Tradition: A Study in Post-Plotinian Neoplatonism*, 1974. — C. Evangelion, *Aristotle's Categories and Porphyry*, 1988. Ver também a bibliografia do verbete NEOPLATONISMO. Para os intérpretes da *Isagoge*, ver A. Rosse, *Die neuplatonischen Ausleger der Isagoge des Porfirios*, 1892. C

PORFÍRIO (ÁRVORE DE). Ver ÁRVORE DE PORFÍRIO.

PORT, KURT. Ver IMPESSOAL, IMPESSOALISMO.

PORT-ROYAL. Ver JANSENISMO; PORT-ROYAL (LÓGICA DE).

PORT-ROYAL (GRAMÁTICA DE). Estreitamente relacionada com a Lógica de Port-Royal (ver PORT-ROYAL [LÓGICA DE]) acha-se a chamada "Gramática de Port-Royal", escrita por Antoine Arnauld (VER) e Claude Lancelot. Em vida de seus autores foram publicadas quatro edições: 1660, 1664, 1676 (revista e aumentada) e 1679. O título completo, como aparece no frontispício da primeira edição, é: *Grammaire générale et raisonnée. Contentant les fondements de l'art de parler; expliqués d'une manière claire et naturelle. Les raisons de ce qui est commun à toutes les langues & des principales différences qui s'y rencontrent; et plusieurs remarques nouvelles sur la Langue Françoise*. Embora o propósito da gramática seja, como aponta o título, examinar o que há de comum em todas as línguas, no "Prefácio" se indica que se trata de estudar, ou estudar também, o que é "particular a algumas (línguas)". A gramática é "a arte de falar". Falar é "explicar seus pensamentos por signos que os homens inventaram para este propósito". Os signos mais cômodos para tal efeito são os sons e as vozes, mas, uma vez que os sons "passam", foram tornados duradouros e visíveis por meio dos caracteres da escrita. Trata-se de estudar duas coisas nestes signos. A primeira, "o que são por sua natureza, isto é, enquanto sons e caracteres"; a segunda é "sua significação, isto é, a maneira como os homens se servem deles para significar seus pensamentos". Cada um desses aspectos é estudado em cada uma das duas partes em que se divide a Gramática.

A Gramática de Port-Royal se inscreve dentro da tendência a instituir uma "gramática universal" do tipo de algumas a que nos referimos no verbete GRAMÁTICA ESPECULATIVA (entendida como "gramática filosófica" ou "gramática racional" [ou "lógica"]). Filosoficamente, a Gramática de Port-Royal se acha dentro da inspiração do cartesianismo.

O interesse atual pelas gramáticas não-taxonômicas contribuiu para a renovada atenção prestada à Gramática de Port-Royal e, em geral, à "gramática universal" e à idéia de universais lingüísticos (VER). É comum a esse respeito citar Chomsky (VER), que se referiu a vários trabalhos do século XVII como antecedentes de sua própria teoria lingüística: Sánchez de las Brozas (VER); o *Hermes* de James Harris; as pesquisas de Cordemoy (VER) e, é claro, ou sobretudo, a Gramática de Port-Royal. Chomsky destaca que os autores da Gramática consideraram o juízo, expresso lingüisticamente na proposição, como a unidade básica composta de sujeito e atributo. Aponta que os autores daquela Gramática tiveram clara consciência da estrutura profunda subjacente em certas proposições, como mostra o exemplo *Dieu invisible a créé le monde visible*, que consiste, escreve Chomsky, "em três proposições abstratas, cada uma das quais expressa certo juízo simples, embora sua forma superficial expresse só a estrutura sujeito-atributo" (*Cartesian Linguistics*, 1966, p. 34). O importante na Gramática de Port-Royal, indica Chomsky, é ter descoberto que "a estrutura profunda que expressa o significado é comum a todas as línguas", já que é uma "simples reflexão das formas de pensamento". O que pode mudar nas diferentes línguas são as regras de transformação que convertem uma estrutura profunda numa superficial (*op. cit.,* p. 35). Uma grande inovação da Gramática de Port-Royal é "o reconhecimento da importância da frase como unidade gramatical" (*Language and Mind,* 1968, p. 14).

Em sua "Introdução" a uma edição crítica da *Grammaire générale et raisonnée ou La Grammaire de Port-Royal* (baseada na terceira edição de 1676), 1976, H. E. Brekle faz eco a esses comentários de Chomsky, mas também dos geralmente menos conhecidos de E. Coseriu em seu trabalho "Logicismo y antilogicismo en la gramática", em *Teoría del lenguaje y lingüística general,* 1962, p. 256 (cit. por Brekle em sua edição, p. XI, nota 9), onde Coseriu destaca equívocos em que caíram vários autores (como H. Paul), tais como que "independentemente da forma, as palavras como *fome, sonho...* deveriam ser consideradas como verbos, porque designam 'processos'; ou que as palavras como *rapidez, beleza, grandeza* 'designam qualidades sem ser adjetivos'...", enquanto "não caíam no mesmo os campeões do logicismo gramatical, A. Arnauld e C. Lancelot, que distinguiam com muita agudeza, e num sentido ainda hoje aceitável, entre função verbal e função substantiva".

⊃ Além das obras mencionadas no texto, ver: R. Donzé, *La Grammaire générale et raisonnée de Port-Royal. Contribution à l'histoire des idées grammaticales en France,* 1967. — J.-L. Gardies, *Esquisse d'une grammaire pure,* 1975. — M. Dominicy, *Langage, logique et philosophie à Port-Royal,* 1984.

Edição brasileira: *Gramática de Port-Royal,* 1992. ᴄ

PORT-ROYAL (LÓGICA DE). No verbete JANSENISMO nos referimos à chamada "Lógica de Port-Royal", *La Logique, ou l'Art de Penser,* às vezes atribuída exclusivamente a Antoine Arnauld (VER) e publicada sob seu nome ou em coleções de suas obras, e às vezes atribuída a Pierre Nicole (VER), com revisões e aperfeiçoamentos introduzidos por Arnauld. Segundo parece, a Lógica de Port-Royal foi composta por Arnauld e Nicole, de acordo com duas notas citadas no catálogo manuscrito dos livros do Abade Goujet e reproduzidas por Barbier (*Dictionnaire des ouvrages anonymes et pseudonymes,* 1806, t. I, p. 496; *apud* C. Jourdain, *Oeuvres philosophiques d'Arnauld,* 1843, "Introdução", p. xi), "os discursos [preliminares] e os acréscimos são de Nicole, as primeiras partes são de Nicole com a colaboração de Arnauld; a quarta parte, que trata do método, deve-se só a Arnauld". O título original completo da obra é: *La Logique, ou L'Art de Penser, contenant, outre les règles communes, plusieurs observations nouvelles propres à former le jugement.* Foi composta *comme une espèce de divertissement* para a educação de um *jeune seigneur,* Honoré d'Albert, duque de Chevreuse. A primeira edição veio a lume em Paris em 1662; a segunda edição em 1664; a quinta, revisada, em 1683. Seguiram-se novas edições, com correções, acréscimos e melhoras, traduzindo-se em outras línguas (em latim, em inglês etc.). É comum considerar que a Lógica de Port-Royal baseia-se em princípios cartesianos, e alguns autores a apresentam como "a lógica [e, poderiam acrescentar, a metodologia] derivada de Descartes", mas embora os autores da Lógica usem princípios e idéias de Descartes, e algumas partes (como as que se referem à análise e à síntese) sejam muito cartesianas, há outros elementos na obra (por exemplo, a teoria das formas de raciocínio é fundamentalmente aristotélica). A Lógica de Port-Royal logo alcançou grande estima entre filósofos de escolas muito diversas, incluindo muitos hostis ao jansenismo e até ao cartesianismo.

Na forma mais freqüentemente publicada, a Lógica de Port-Royal contém dois "Discursos" (o segundo, acrescentado depois da primeira edição e contendo respostas a várias objeções) e quatro partes. No "Primeiro discurso" os autores tratam do "bom sentido e da justeza do espírito no discernimento entre o verdadeiro e o falso", e advertem que se introduzirão na Lógica certas "reflexões novas" que não se acham nas "Lógicas ordinárias". No preâmbulo, incluído na Primeira parte, os autores definem a lógica como "a arte de conduzir bem a razão no conhecimento das coisas, tanto para instruir-se a si mesmo quanto para instruir os demais". Esta arte, acrescentam eles, "consiste nas reflexões que os homens têm feito sobre as quatro principais operações de seu espírito: *conceber, julgar, raciocinar e ordenar*". Conceber é possuir uma visão simples das coisas que se apresentam a nosso espírito; a forma por meio da qual nos representamos as coisas é chamada "idéia". Julgar é unir várias idéias e afirmar de uma que é a outra, ou negar de uma que seja a outra. Raciocinar é formar um juízo com base em vários outros juízos. Ordenar é dispor diversas idéias, juízos e raciocínios sobre um mesmo sujeito, de modo que se possa conhecer este sujeito; o ordenar é "o método". De acordo com essa quádrupla classificação das operações do espírito, a "Lógica" contém as quatro seguintes partes: a primeira, "sobre as idéias ou sobre a primeira ação do espírito, que se chama *conceber*"; a segunda, sobre os juízos; a terceira, sobre o raciocínio; e a quarta e última, sobre o método. Na primeira parte se consideram a natureza e origem das idéias, diversas classes de idéias (de coisas e de signos; gerais, particulares, etc.), a clareza e a distinção nas idéias, a definição e a significação. Na segunda parte se consideram as palavras como elementos das proposições, as proposições e suas classes (simples, compostas etc.), a definição, a conversão. Na terceira parte, estudam-se os silogismos, os "lugares" ("tópicos") e os sofismas. Na última parte se estudam a natureza do saber, os métodos de demonstração, as regras principais do método das ciências (duas regras para cada uma das definições, axiomas, demonstrações e método), a crença em acontecimentos que dependem da fé, e o juízo sobre os "acidentes futuros". Embora os autores da Lógica de

Port-Royal considerem que todas as partes da Lógica são fundamentais, parecem dar uma importância especial à primeira e à quarta. Com efeito, a primeira parte estuda os elementos básicos de todo conhecimento (as "idéias") e a quarta estuda "uma das partes mais úteis e importantes da lógica", isto é, o que se poderia chamar "o esqueleto lógico" das ciências.

⊃ Edições da Lógica de P.-R.: P. Roubinet, 1964. — P. Clair e F. Girbal, 1965 (ambas baseadas na 5ª ed., rev., 1683).

Ver: C. Liebmann, *Die Logik von Port-Royal im Verhältnis zu Descartes,* 1902. — J. Kohler, *Jansenismus und Cartesianismus,* 1905. — R. G. Rembsberg, *Wisdom and Science at Port-Royal and the Oratory,* 1940. — D. de Gregorio, *La Logica di Porto-Reale,* 1956. — W. S. Howell, *Logic and Rhetoric in England, 1500-1700,* 1956. — L. Obertello, *John Locke e Port Royal: Il problema della probabilità,* 1964. — R. Donzé, *La Grammaire générale et raisonnée de Port-Royal: Contribution à l'histoire des idées grammaticales en France,* 1967. — V. Chappell, ed., *Essays on Early Modern Philosophers,* vol. 4: *Port-Royal to Bayle,* 1992.

Para outros estudos, especialmente estudos de autores franceses sobre a Lógica de Port-Royal, ver bibliografia de JANSENISMO. ⊂

PORTA, GIAMBATTISTA PORTA. Ver FISIOGNOMIA.

PORTA, SIMÃO. Ver ARISTOTELISMO.

POSADA, ADOLFO. Ver KRAUSISMO.

PÓS-ESTRUTURALISMO. Pode-se dar este nome — neutro, cômodo e vago — à "fase" da filosofia francesa que continua (e se enlaça com) o estruturalismo (VER). Uma parte do estruturalismo francês é uma polêmica com o historicismo e especificamente com o pensamento de Sartre. Outra parte de tal estruturalismo é um diálogo com (e uma tentativa de reinterpretação de) correntes marxistas. Uma vez que não há acordo acerca de quem é ou não é estruturalista, é difícil, senão impossível, dizer a quem cabe chamar, salvo de um modo vagamente cronológico, de "pós-estruturalistas".

Foucault tem sido considerado como estruturalista, embora ele mesmo tenha rejeitado essa designação. Ao mesmo tempo, uma parte de seu trabalho cai dentro de desenvolvimentos que tiveram lugar depois do florescimento do estruturalismo, pelo menos no sentido de Lévi-Strauss. Há mais razão para chamar de "pós-estruturalistas" autores como Jacques Derrida (VER) e Gilles Deleuze (VER), acerca do qual, aliás, Foucault disse que "este século será 'deleuziano' ou não será", ainda que seja só por razões "generacionais". Talvez se possa falar respectivamente de "desconstrucionismo" e de "esquizo-analitismo".

O peso das circunstâncias históricas, e especificamente políticas, ou político-sociais é importante no desenvolvimento do aludido "pós-estruturalismo", como foi (no caso de Althusser sobretudo) no do estruturalismo. Tal peso se manifesta às vezes paradoxalmente na rejeição de considerar explicitamente tais circunstâncias e de supor que há uma espécie de "racionalidade absoluta" — ou de "irracionalidade absoluta" —, que é a racionalidade, ou a irracionalidade, do que se chamou às vezes de "o Mestre", às vezes "o Saber", identificado com "o Poder", a trama dentro da qual, e só dentro da qual, sucede a história. Mas a citada rejeição também aponta, ao menos nas polêmicas entre filósofos franceses das novas gerações, para questões que não é fácil entender fora do contexto histórico e político.

Cronologicamente ao menos, podem-se considerar também como pós-estruturalistas, ou talvez pós-pós-estruturalistas, vários autores cujo pensamento não está desligado de vários aspectos do de Foucault e que deram origem a uma tendência qualificada de "antimarxista", embora os propulsores da mesma entendam que de modo nenhum ela é anti-revolucionária e menos ainda "direitista". Em todo caso, suas dimensões políticas se tornam patentes nas polêmicas que suscitaram. Deste ponto de vista, a obra dos autores de referência é um desenvolvimento a mais da polêmica em torno do marxismo. Assim, destacou-se com freqüência que os resultados que deu a aplicação — ou suposta aplicação — do marxismo em vários países, especialmente a União Soviética, não correspondem ao que se esperava dele, seja do ponto de vista da aspiração à liberdade, seja do ponto de vista da aspiração à igualdade, seja do ponto de vista do bom funcionamento da economia. Tantos os marxistas não-ortodoxos como os autores tradicionalmente opostos ao marxismo criticaram tais resultados, em particular as tendências totalitárias e "campo-concentracionistas". Os pressupostos em que esses autores se apoiaram são, contudo, distintos. Os marxistas não-ortodoxos examinaram criticamente os modelos marxistas sem abandonar o marxismo, tratando, antes, de reinterpretá-lo e em algumas ocasiões de radicalizá-lo. Alguns estimaram, contudo, que os defeitos procedem do próprio marxismo, que tem de levar necessariamente aos resultados criticados. Segundo os autores citados, nenhuma forma de marxismo leva em conta a realidade, e por isso escorrega sempre para o totalitarismo.

⊃ Os autores de referência são chamados "os novos filósofos": *les nouveaux philosophes*. Os mais citados são (em ordem alfabética): Jean-Marie Benoist (nascido em 1942: *Marx est mort,* 1970; *La révolution structurale,* 1975; *Tyrannie du logos,* 1975; *Pavane pour une Europe défunte,* 1976; *Un singulier programme,* 1978; *Chronique de décomposition du PCF,* 1979; *La génération sacrifiée,* 1980; *Le devoir d'opposition: chroniques 1981-1982,* 1982; *L'ère de la vérité,* 1983; *Figures du baroque,* 1983; *Âge d'homme,* 1983 [com J. Donne]; *Les Outils de la liberté,* 1985; *Après Gorbatchev,* 1990, eds. J. M. Benoist e P. Wajswan); Jean-Paul Dollé (nascido em 1939: *Le désir de révolution*, 1972; *Voies d'accès au plaisir: la métaphysique*, 1974; *Le Myope*, 1975; *Haine de la pensée*, 1976; *Danser maintenant*, 1981; *Monsieur le Président, il faut que je vous dise... lieu commun*, 1983; *Véra Sempère*, 1983; *Fureurs de ville*, 1990); André Glucksmann (nascido em 1937: *Le discours de la guerre*, 1967; *Stratégie de la révolution*, 1968; *Les Maîtres Penseurs*, 1977; *La cuisinière et le mangeur d'hommes: essai sur l'État, le marxisme et les camps de concentration*, 1975; *Cynisme et passion*, 1981; *La Force du vertige*, 1983; *La Bêtise*, 1985; *L'Esprit post-totalitaire*, 1986; *Silence, on tue*, 1986; *Descartes, c'est la France*, 1987; *Quelques mots sur la parole*, 1989; *Le XIe commandement*, 1991); Bernard Henri Lévy (nascido em 1949: *La barbarie à visage humain*, 1977; *Le testament de Dieu*, 1979; *L'idéologie française*, 1981; *Questions de principe*, 1983; *Le Diable en tête*, 1984; *Impression d'Asie*, 1985; *Les indes rouges*, 1985; *Éloge des intellectuels*, 1987; *Archives d'un procès: Klaus Barbie*, 1987; *Les derniers jours de Charles Baudelaire*, 1988; *La suite dans les idées*, 1990; *Frank Stella: les années 80. La différence*, 1990; *Les aventures de la liberté: une histoire subjective des intellectuels*, 1991; *César: les bronzes. La Différence*, 1991; *Idées fixes*, 1992; *Le jugement dernier*, 1992; *Mondrian. La Différence*, 1992; *Piero della Francesca. La Différence*, 1992; *Les hommes et les femmes*, 1993); Philippe Nemo (nascido em 1949: *L'homme structural*, 1975; *Job et l'excès du mal*, 1978; *Éthique et infini*, 1982 [com E. Levinas]; *La société du droit selon F. A. Hayek*, 1988; *Pourquoi ont-ils tué Jules Ferry?: la dérive de l'école sous la Ve République*, 1991).

Alguns deles foram ardentes defensores do "movimento de maio" (de 1968) e conservaram desse movimento certas tendências consideradas "anarquizantes", que podem servir de contrapeso ao "totalitarismo" e ao que consideram ser a linha inevitável que vai do marxismo ao leninismo e ao "Gulag" ou aos campos de concentração. Quase todos eles negam ser "direitistas", embora, por exemplo, Jean-Marie Benoist já apareça como um "dissidente" e se situe, ao que parece, claramente "à direita". Todos eles sustentam ser "realistas" no sentido de levar às últimas conseqüências um pessimismo fundamental acerca do advento de uma Cidade [ideal] que não chega nem chegará jamais. Junto ao realismo se manifesta nos "novos filósofos" uma tendência ao irracionalismo contra o que estimam ser "falso racionalismo" que vai de Hegel a Marx e tende a identificar a revolução com o Estado. Todo Estado é um mero instrumento de poder, seja de "direita", seja de "esquerda".

As idéias dos "novos filósofos" foram combatidas por autores marxistas, que os consideraram como uma "nova diversão" da direita e como os fabricantes de uma das "ideologias complementares" destinadas a servir de ajuda à "ideologia principal" (contra-revolucionária). Os "novos filósofos" responderam a essas críticas afirmando que se trata de uma má interpretação de suas intenções, já que não são nem subjetivamente tampouco objetivamente "contra-revolucionários" ou "anti-revolucionários". **G**

POSIÇÃO. Ver CATEGORIA; PÔR, POSIÇÃO.

POSITIVISMO. Num sentido muito amplo pode-se chamar de "positivismo" toda doutrina que se atém (ou que destaca) à importância do positivo, isto é, do que é certo, efetivo, verdadeiro etc. Como muitos filósofos sustentam que se ocupam, e se ocupam somente, do que é certo, efetivo, verdadeiro etc., caberia concluir que são positivistas (o que seria excessivo e, além disso, errado). Nem sequer é recomendável usar 'positivismo' para designar doutrinas que, como a de Descartes, insistem em que se atêm unicamente ao que é certo, efetivo, verdadeiro, etc., depois de haver posto em dúvida tudo o que não oferece esses traços. É ainda menos recomendável usar 'positivismo' para qualificar certos tipos de filosofia que usaram o termo 'positivo' (como a "filosofia positiva" de Schelling). Em Schelling, 'positivo' se opõe a 'negativo', de modo que seu "positivismo" é "oposição ao negativismo".

Propôs-se usar 'positivismo' para designar doutrinas filosóficas que se baseiam em fatos ou em realidades concretas ou em realidades acessíveis só aos órgãos dos sentidos. Mas mesmo então o sentido de 'positivismo' continua sendo vago, pois seria preciso concluir que os filósofos que aderem ao 'sensualismo' em teoria do conhecimento são positivistas. Alguns são, mas outros não.

Propôs-se igualmente usar 'positivismo' para designar várias doutrinas filosóficas, como o utilitarismo, o materialismo, o naturalismo, o biologismo, o pragmatismo, etc. Embora algumas tenham traços positivistas, outras podem ser pouco "positivistas"; em todo caso, podem ser bastante especulativas, o que não parece conformar-se com o positivismo.

O termo 'positivismo' tem sua origem em Auguste Comte (VER), que propôs, e desenvolveu, uma "filosofia positiva", que compreendia não só uma doutrina acerca da ciência, mas também, e sobretudo, uma doutrina sobre a sociedade e sobre as normas necessárias para reformar a sociedade, conduzindo-a a sua "etapa positiva". Os filósofos que seguiram Comte, seja de um modo "ortodoxo" ou "heterodoxo", foram chamados de "filósofos positivos" ou "positivistas". Também foram considerados positivistas filósofos como John Stuart Mill, Spencer, Mach, Avenarius, Vaihinger etc. Isso acarreta o perigo de estender além da conta o alcance do significado de 'positivismo'. Se todos os filósofos que manifestam ater-se ao "dado", especialmente ao dado aos sentidos, que manifestam hostilidade para com o idealismo, ou que estimam que se deve levar em conta os métodos e resultados das ciências, forem declarados "positivistas", será preciso incluir entre eles muitos que expressam simpatia pelo fenomenismo, pelo naturalismo, pelo cientificismo etc.

Há alguns usos de 'positivismo' que convém conservar porque, de fato, este termo foi empregado por vários filósofos (ou comentadores) muito distintos de quaisquer dos mencionados no parágrafo anterior. Exemplos desses usos são: 1) o chamado "positivismo total" de autores como Husserl e Bergson, que consideraram que se é preciso ser positivista, é preciso sê-lo "a fundo" e "radicalmente", não de um modo parcial, como o de Comte; em vez de negar certos aspectos da experiência, é preciso admiti-los todos, isto é, é preciso admitir o dado tal como se dá, sem preconceitos e conceituações prévias; 2) o chamado "positivismo espiritualista" de autores como Ravaisson, Lachelier e Boutroux; 3) o "positivismo absoluto" proposto por Louis Weber, segundo o qual deve-se proceder a uma crítica do conhecimento que mostre a intervenção real da atividade espiritual na constituição das ciências, de modo que se trata de um positivismo absoluto através do idealismo".

Contudo, esses três usos devem ser mantidos só por razões históricas, isto é, pelo efetivo emprego do termo 'positivismo' nos exemplos indicados. Por outro lado, é preciso sublinhar em cada caso que se trata de um "positivismo" diferente do "normal", por isso é recomendável usar sempre os adjetivos que o qualificam: 'total', 'espiritualista', 'absoluto' etc. Embora os autores indicados possam coincidir com os positivistas do tipo de Comte ao perguntarem antes de tudo "como" e não, ou só posteriormente, "quê", "por quê" e "para quê", e embora todos eles destaquem o "primado dos fatos", eles entendem 'fato' num sentido diferente do que é associado correntemente com as tendências positivistas a partir de Comte.

Propriamente, o positivismo tem duas manifestações na época moderna e contemporânea. Uma é a já citada de Comte e seus sucessores. A outra é o movimento que recebeu vários nomes: positivismo lógico (uma expressão já usada, embora em sentido diferente, por Vaihinger em *Die Philosophie des Als Ob*), empirismo lógico, neopositivismo (VER). O característico desta forma de positivismo, que inclui o Círculo de Viena (VER), e que está também relacionado com o convencionalismo (VER) e com o operacionalismo (VER), é o intento de unir o empirismo (especialmente na tradição de Hume) com os recursos da lógica formal simbólica; a tendência antimetafísica, mas não por considerar as proposições metafísicas como falsas, mas por estimá-las carentes de significação e ainda contrárias às regras da sintaxe lógica, e o desenvolvimento da tese da verificação (VER). Segundo Mortiz Schlick, este positivismo exibe os traços seguintes: 1) Submissão ao princípio de que a significação de qualquer enunciado está contida inteiramente em sua verificação por meio do dado, com o que se torna necessária uma depuração lógica que requer precisamente o instrumental lógico-matemático. 2) Reconhecimento de que o citado princípio não implica que só o dado seja real. 3) Não negação da existência de um mundo exterior, e atenção exclusiva à significação empírica da afirmação da existência. 4) Rejeição de toda doutrina do "como se" (Vaihinger). O objeto da física não são (contra o que pensava Mach) as sensações: são as leis. E os enunciados sobre os corpos podem ser traduzidos por proposições — que possuem a mesma significação — sobre regularidades observadas na intervenção das sensações. 5) Não oposição ao realismo, mas conformidade com o realismo empírico. 6) Oposição terminante à metafísica, tanto idealista quanto realista. Assim, unicamente o esclarecimento radical da natureza do *a priori* lógico-analítico oferece, segundo Schlick, a possibilidade de professar um integral empirismo lógico que possa ser qualificado de autêntico positivismo. Em suas primeiras formulações pelo menos, o positivismo lógico separa, pois, completamente a forma lógica do conteúdo material dos enunciados, e rejeita a correspondência ontológica entre proposição verdadeira e realidade, assim como a redução da verdade da proposição a sua simples coerência (o que não seria mais do que outra manifestação da atitude racionalista). No entanto, o positivismo lógico experimentou várias transformações, e alguns de seus representantes — os mais inclinados à análise das questões lógico-matemáticas e lógico-linguísticas — defenderam justamente uma teoria extrema da coerência formal das proposições. Daí múltiplas soluções dentro desse positivismo: o fisicalismo (VER) como meio de evitar o chamado solipsismo linguístico, o ultranominalismo, a reação contra o ultranominalismo para salvar a inteligibilidade das leis científicas, as diversas interpretações do princípio da verificação (VER) etc. O positivismo lógico não pode ser considerado, portanto, como um movimento *completamente* unitário. Mas há algo pelo menos que o distingue de outras formas de positivismo, dos tipos de empirismo, positivismo e pragmatismo anteriores, mais ocupados com os aspectos psicológicos: é, como assinalou Herbert Feigl, "a perseguição sistemática do problema da significação por meio de uma análise lógica da linguagem". O positivismo lógico — ou, melhor, o empirismo lógico — surgiu, por conseguinte, como segue dizendo Feigl, da influência exercida por três significativos desenvolvimentos na matemática recente e na ciência empírica: os estudos sobre a fundamentação da matemática (Russell, Hilbert, Brouwer), a revisão dos conceitos básicos da física (Einstein, Planck, Bohr, Heisenberg) e a reforma behaviorista da psicologia (Pavlov, Watson) (cf. H. Feigl, "Logic Empiricism", em *Twenty Century Philosophy*, 1943). A atenção aos citados desenvolvimentos é o que pode dar certa unidade — pelo menos metodológica — ao positivismo lógico.

Alguns autores consideram que uma das fases do positivismo contemporâneo é o chamado "positivismo terapêutico", em grande parte originado como uma interpretação de algumas idéias do "último Wittgenstein" (e rejeitado pelo próprio Wittgenstein). Tratamos dele no verbete PSICANÁLISE INTELECTUAL.

⊃ Sobre o positivismo em geral, mas especialmente em seu sentido "clássico": M. Brütt, *Der Positivismus nach seiner ursprünglichen Fassung dargestellt und beurteilt*, 1889. — A. Fouillée, *Le mouvement positiviste et la conception sociologique du monde*, 1896. — P. Ducasse, *Essai sur les origines intuitives du positivisme*, 1939. — R. Magnino, *Storia del positivismo*, 1956 [Comte, J. S. Mill, Spencer]. — D. G. Charlton, *Positivist Thought in France during the Second Empire, 1852-1870*, 1959. — J. C. Costa, *A. Comte e as origens do positivismo*, 1959. — W. M. Simon, *European Positivism in the Nineteenth Century: An Essay in Intellectual History*, 1963. — L. Kolakowski, *Die Philosophie des Positivismus*, 1971. — A. R. Caponigri, *Philosophy from the Age of Positivism to the Age of Analysis*, 1971. — A. Kremer-Marietti, *Le concept de science positive. Ses tenants et ses aboutissants dans les structures anthropologiques du positivisme*, 1983. — S. Fisher, *Revelatory Positivism: Barth's Earliest Theology and the Marburg School*, 1988. — G. E. McCarthy, *Marx' Critique of Science and Positivism: The Methodological Foundations of Political Economy*, 1988. — K. C. Kohnke, *The Rise of Neo-Kantianism: German Academic Philosophy between Idealism and Positivism*, 1992.

Além disso, sobre o positivismo de Comte, ver bibliografia de COMTE (AUGUSTE) e a série de obras de E. Littré: *La philosophie positive*, 1845; *Paroles de philosophie positive*, 1858; *A. Comte et la philosophie positive*, 1863; *L'école de philosophie positive*, 1876; *Fragments de philosophie positive et de sociologie contemporaine*, 1876.

Vocabulário positivista por E. Bourdet: *Vocabulaire des principaux termes de la philosophie positive avec notices biographiques appartenant au Calendrier Positiviste*, 1875.

Sobre a influência do positivismo na América, ver os livros de L. Zea na bibliografia de ZEA (LEOPOLDO) e algumas das obras na bibliografia de FILOSOFIA AMERICANA. Também: R. Soler, *El positivismo argentino*, 1959. — R. L. Hawkins, *Positivism in the United States (1853-1861)*, 1938. — R. E. Schneider, *Positivism in the United States. The Apostleship of Henry Edgar*, 1948. — R. L. Woodward, ed., *Positivism in Latin America, 1850-1900: Are Order and Progress Recocilable?*, 1971.

Para o positivismo lógico, remetemos à bibliografia dos verbetes EMPIRISMO e VIENA (CÍRCULO DE), onde mencionamos as obras mais importantes sobre este movimento (cf. em particular as de Neurath, Weinberg, von Mises, Morris, Feigl e von Wright); destacaremos, ou reiteraremos, aqui: E. Kaila, *Der logistische Neupositivismus. Eine kritische Studie*, 1930. — A. Petzäll, *Logistischer Positivismus. Versuch einer Darstellung und Würdigung der philosophischen Weltanschauungen des sogennanten Wiener Kreises der wissenschaftlichen Weltanschauung*, 1931. — J. R. Weinberg, *An Examination of Logical Positivism*, 1936. — J. A. Passmore, "Logical Positivism", *Australian Journal of Psychology and Philosophy*, 21, n°s 2 e 3 (1943). — VV.AA., *Symposium on Logical Positivism and Ethics (Proceedings of the Aristotelian Society*, Nova série, Suppl. 22 [1948]). — C. E. M. Joad, *A Critique of Logical Positivism*, 1950. — M. Cornforth, *In Defence of Philosophy Against Positivism and Pragmatism*, 1950. — W. H. F. Barnes, *The Philosophical Predicament*, 1950. — J. F. Feibleman, "The Metaphysics of Logical Positivism", *Review of Metaphysics*, 5 (1951), 55-82. — B. Siman, *Der logische Positivismus und das Existenz der höheren Ideen*, 1952. — F. Barone, *Il neopositivismo logico*, 1953; nova ed., 1977. — G. Bergmann, *The Metaphysics of Logical Positivism*, 1954, pp. 1-77. — H. Haeberli, *Der Begriff der Wissenschaft im logischen Positivismus*, 1955. — F. Copleston, *Contemporary Philosophy: Studies of Logical Positivism and Existentialism*, 1956. — A. J. Ayer, ed., *Logical Positivism*, 1959 [textos de B. Russell, M. Schlick, R. Carnap et al., e extensa bibliografia sobre o positivismo lógico, pp. 381-446]. — M. da Ponte Orvieto, *L'unità del sapere nel neopositivismo*, 1965. — D. Antiseri, *Dal neopositivismo alla filosofia analitica*, 1966. — S. Ganguly, *Logical Positivism as a Theory of Meaning*, 1967. — G. Statera, *Logica, linguaggio e sociologia: Studio su Otto Neurath e il neopositivismo*, 1967. — H. Feigl, S. E. Toulmin et al., *The Legacy of Logical Positivism: Studies in the Philosophy of Science*, 1969, ed. P. Achinstein e S. F. Barker. — P. Jacob, *De Vienne à Cambridge. L'héritage du positivisme logique de 1950 à nos jours*, 1980. — O. Hanfling, *Logical Positivism*, 1981. — N. Rescher, ed., *The Heritage of Logical Positivism*, 1984. — J. L. Blasco, *Significado y experiencia. La teoría del conocimiento y la metafísica en el positivismo lógico*, 1984. — R. Nieli, *Wittgenstein. From Mysticism to Ordinary Language: A Study of Viennese Positivism and the Thought of L. Wittgenstein*, 1987. — B. Gower, ed., *Logical Positivism in Perspective*, 1987. — T. E. Uebel, *Overcoming Logical Positivism from Within: The Emergence of Neurath's Naturalism in the Vienna Circle's Protocol Sentence Debate*, 1992.

Bibliografia sobre o positivismo lógico no opúsculo de K. Dürr, *Der logische Positivismus*, 1948.

Influência de Brentano sobre o neopositivismo: J. A. L. Taljaard, *Brentano as wysgeer, 'n Bydrae tot die kennis van die neopositiwisme*, 1955.

Para o chamado positivismo terapêutico de alguns neowittgensteinianos, ver a bibliografia de PSICANÁLISE

INTELECTUAL. — B. A. Farrell, "An Apprise of Therapeutic Positivism", *Mind*, 55 (1946), 25-48, 133-150. ⊂

POSITIVISMO LÓGICO. Ver EMPIRISMO LÓGICO; FISICALISMO; NEOPOSITIVISMO; POSITIVISMO; PROTOCOLARES (ENUNCIADOS); VERIFICAÇÃO; VIENA (CÍRCULO DE).

POSITIVISMO TERAPÊUTICO. Ver PSICANÁLISE INTELECTUAL.

PÓS-MEDIEVAL. Vem-se dando este nome ao período que se estende, na chamada "Europa ocidental", desde começos do século XIV até aproximadamente finais do século XV e inclusive até começos do século XVI. Tradicionalmente, parte deste período foi considerado como "medieval" (assim, o século XIV é apresentado usualmente nas histórias "gerais", e especificamente nas histórias da filosofia, como o período que precede imediatamente ou até constitui o fim da Idade Média). O século XV entra já no "Renascimento", que prossegue em parte com as primeiras décadas do século XVI, embora seja muito comum considerá-las como "modernas".

Contudo, as linhas divisórias entre Idade Média, Renascimento e Idade Moderna, por um lado, e entre Idade Média e Idade Moderna, por outro, nunca foram completamente claras, nem é provável que cheguem a ser nunca, porque as divisões de referência, embora de alguma maneira fundadas em realidades históricas — políticas, culturais, religiosas, filosóficas, etc. —, incluem correntes e contracorrentes, antecedentes e ressurgimentos de períodos passados. Assim como, no caso do Renascimento (VER), se falou de um "contra-Renascimento", caberia falar de "Idade Média" e "contra-Idade Média", de Idade Moderna e "contra-Idade Moderna".

Perante essa situação, cabem pelo menos duas soluções. Uma consiste em reconhecer que não há linhas divisórias, mas complexos entrecruzamentos, de tal modo que cada vez que se fala de algum de tais períodos — ou de quaisquer outros em que normalmente se divide a história da filosofia (ocidental) — é preciso qualificá-lo muito precisamente. Mas as qualificações correm o perigo de impedir toda ordenação, que pode ser pragmaticamente útil, mesmo que não seja completamente correta. A outra solução consiste em refinar as periodizações históricas, introduzindo subperiodizações, ou então chamando a atenção para aspectos de um período que nomes até então usados podem obscurecer. A expressão 'pós-medieval' desempenha esta última função. Foi empregada para designar trabalhos de filósofos, e especialmente de lógicos, que não são, estritamente falando, "medievais", embora se conectem decididamente com a tradição medieval especialmente a partir de Abelardo; que tampouco são "renascentistas" se caracterizarmos 'Renascimento' na forma proposta no verbete correspondente, e que não são também modernos, embora antecipem certos desenvolvimentos modernos (e, a rigor, desenvolvimentos lógicos e semânticos desde Boole, de Morgan e Frege). Alguns dos trabalhos destes lógicos, em particular os centrados em torno da corrente nominalista, tinham sido considerados antes como "decadentes", ou pertencentes à "escolástica decadente" (coisa contra a qual já protestou Bocheński ao destacar a grande sutileza [*Spitzfindigkeit*] de tais trabalhos). Para evitar o caráter pejorativo de termos como 'decadente', 'tardio' e outros semelhantes, propôs-se justamente o termo 'pós-medieval', que pode ser aplicado não somente à lógica, mas a outras pesquisas filosóficas. 'Pós-medieval' é um termo neutro, que localiza cronologicamente os trabalhos em questão e que, ao mesmo tempo, recorda que eles se acham em proximidade temporal e temática com a chamada "filosofia medieval".

Entre os lógicos pós-medievais figuram autores tão distintos quanto Pedro de Ailly, Alberto da Saxônia, João Buridan, Jorge de Bruxelas, Marsílio de Inghen, Gaspar Lax; podemos incluir também Domingo de Soto, Paulo de Veneza e Tartareto, bem como Zabarella (cf. E. J. Ashworth, *Language and Logic in the Post-Medieval Period*, 1974 *passim*). Importante é em todos eles a obra de Pedro Hispano. Também é possível considerar como "pós-medievais" os autores que se acham na origem da física moderna, como os mencionados nos verbetes MERTONIANOS e PARIS (ESCOLA DE).

PÓS-PREDICAMENTOS. Os capítulos 10 a 15 das *Categorias* de Aristóteles — capítulos cuja autenticidade às vezes tem sido posta em dúvida — tratam do que posteriormente se chamou de pós-predicamentos. Aristóteles se refere neles aos opostos, aos contrários, ao anterior, ao simultâneo, ao devir e ao "ter". Estudamos nos verbetes correspondentes os conceitos relativos aos opostos e contrários (ver OPOSIÇÃO), ao devir e ao ter (VER). No que toca ao "anterior", Aristóteles assinala que uma coisa é dita anterior de quatro maneiras: 1) Num sentido primeiro e fundamental, segundo o tempo pelo qual uma coisa é dita mais antiga ou velha que outra, 2) na medida em que corresponde ao que não admite reciprocidade com respeito à consecução de existência, como a anterioridade do um em relação ao dois; 3) com relação a certa ordem, como nas ciências e nas proposições; 4) como a anterioridade por natureza do melhor e mais estimável. Outra maneira final admite que: 5) o anterior pode ser entendido como a precedência por natureza da causa da existência de outra coisa. Quanto ao "simultâneo", Aristóteles o define como o que se diz das coisas cuja geração tem lugar ao mesmo tempo (simultaneidade temporal) e como o que se diz das coisas em relação mútua com respeito à consecução de existência sem ter numa delas o princípio da causa da existência da outra (como na relação entre o dobro e a metade). Seguindo esses princípios, os escolásticos chamavam de "pós-predicamentos" os termos nos quais convêm as idéias e as coisas comparadas entre si. Sua enumeração inclui a oposição (*oppositio*), a prioridade *(prioritas* ou *prius)*, a simultaneidade *(simul)*, o movimento *(motus)* e o ter *(modus habendi* ou *habere)*. A oposição é a exclusão mútua dos termos. A prioridade é definida como a precedência de um em relação a outro, e é entendida como prioridade de duração, de conseqüência, de ordem e de dignidade. A simultaneidade é a negação da precedência mencionada e se divide, como em Aristóteles, em simultaneidade de duração e de natureza. Quanto ao movimento e ao ter, correspondem-lhes as definições e divisões já explicadas nos verbetes sobre esses termos.

POSSESSÃO. Ver Privação.

POSSIBILIDADE. A possibilidade é uma das modalidades (ver Modalidade) do "ser". De uma coisa, de uma propriedade, de um fato, de um processo, etc., pode-se dizer que é possível, ou que é real, ou que é necessário. No verbete a que remetemos e no final do presente tratamos da possibilidade, e especificamente da cláusula modal 'é possível que', de um ponto de vista lógico. Conforme indicamos, nem sempre se distinguiu, nem foi fácil distinguir, entre o aspecto lógico e o aspecto ontológico da noção de possibilidade.

Este último aspecto foi importante em muitos autores, que trataram das relações entre o possível e o real (ver Real e Realidade) e que inclusive manifestaram opiniões mais ou menos definidas sobre o primado de um ou outro destes modos de "ser". Segundo alguns, com efeito, a realidade se encontra dentro do âmbito da possibilidade. Isso quer dizer minimamente que algo é real se e somente se é possível, e maximamente que a realidade é uma especificação e, por assim dizer, uma coagulação da possibilidade. Exemplos desta concepção se encontram em Leibniz e em Wolff. Segundo outros, só se pode falar com pleno sentido do real; em todo caso, o possível é visto do ponto de vista de algo real ou, se se quiser, só quando algo é real se pode falar de que foi possível. Exemplos dessa concepção se encontram, entre outros, e por motivos muito distintos, em Hobbes e em Bergson. Uma concepção radical, que elimina toda idéia de possibilidade e que identifica todo ser com ser "atual" — no sentido de ser efetivamente real —, encontra-se nos megáricos.

A noção de possibilidade foi examinada profundamente por Aristóteles. A expressão aristotélica τὸ δυνατόν é traduzida freqüentemente por "o possível". Mas pode-se também traduzi-la por "o potencial", de modo que há estreita relação entre possibilidade e potência (ver). A noção de possibilidade está ligada à de contingência (ver); em todo caso, o possível é uma das dimensões do contingente, τὸ ἐνδεχόμενον, na medida em que algo é contingente quando é possível que seja e é possível que não seja — na grande maioria dos casos é possível que vá a ser e é também possível que não vá a ser.

Aristóteles tratou estas questões em *Met.* Θ 3, 1046 b 28 ss. Opôs-se à tese megárica, segundo a qual só há ato, isto é, tudo o que é é em ato e não em potência. A relação entre a noção de possibilidade e a de potência se expressa na definição aristotélica: "Algo é possível se ao passar ao ato do qual se diz que este algo tem a potência, não resulta disso nenhuma impossibilidade". Embora se tenha observado com freqüência (Bonitz, Hamelin, Ross, Tricot) que esta definição constitui um círculo vicioso, ela nos aponta uma das concepções da possibilidade que depois foram detalhadamente analisadas: aquela segundo a qual 'possível' significa 'logicamente possível' (caso em que a possibilidade é equivalente à não-repugnância lógica). Junto deste significado encontramos outro, segundo o qual 'possível' significa 'realmente possível' (caso em que a possibilidade é equivalente à potência; ou, melhor dizendo, à potência subjetiva). Esta distinção foi aceita e elaborada pela maior parte dos escolásticos medievais. Embora o possível seja definido com freqüência como o que pode ser e não ser *(quod potest esse et non esse)*, tal "poder" (chamado em certas ocasiões de *aptitudo* e até de *aptitudo ad existendum)* é entendido em algumas ocasiões logicamente *(possibile logicum)*, e em outras ocasiões realmente *(possibile reale)*. Junto a essa distinção devem-se mencionar outras. Distingue-se, por exemplo, entre a possibilidade absoluta (ou, como diz Tomás de Aquino, o *possibile secundum se)* e a possibilidade relativa (ou o *possibile in ordine ad potentiam activam)*. A possibilidade absoluta é chamada também "intrínseca"; a possibilidade relativa, "extrínseca". Esses dois termos são fundamentais em relação com um problema: o da essência (ver) e o modo de estarem as essências na mente divina. Referimo-nos a esse ponto no verbete citado.

Uma essência é chamada "intrinsecamente possível" quando suas notas internas não são contraditórias, e "extrinsecamente possível" quando necessita de uma causa que a leve à existência. Quando se perguntou em que relação estão as essências possíveis com a divindade, duas respostas fundamentais foram dadas. Segundo uma — sustentada por Tomás de Aquino e alguns filósofos modernos de tendência intelectualista —, tais essências dependem fundamentalmente da essência divina e formalmente do entendimento divino; não se pode dizer, portanto, que os possíveis (no sentido anterior) dependam da vontade divina. As essências aqui são entendidas como essências intrinsecamente possíveis. Segundo a outra — sustentada por Duns Scot e Descartes —, as essências possíveis dependem da vontade divina, seu ser lhes é dado desde fora e por isso as essências são aqui entendidas como extrinsecamente possíveis. Observemos que o tomismo tende a rechaçar tanto que as essências possíveis sejam meramente extrínsecas quanto que não haja, em última instância, possíveis. Por isso no tomismo os possíveis não são nem criações arbitrárias da vontade divina nem algo derivado da constituição das coisas reais. Os possíveis estão *eminentemente* na essência divina; *virtualmente* na potência divina capaz de levá-los à existência, e *formalmente* no entendimento divino (de um modo primário) e nos entendimentos criados (de um modo secundário).

Essas questões foram reiteradas na época moderna, pelo menos durante o século XVII. Mas junto a elas se ressuscitou o antigo problema da relação entre o real e o possível. Alguns autores continuaram sustentando teses que consideravam próximas da "platônica": as "entidades possíveis" não existem do modo como existem as coisas físicas, mas pode-se dizer delas que *são* e que seu ser consiste em residir num "cosmo inteligível" do qual são extraídas com o fim de atualizar-se. Leibniz não se achava longe dessa posição, e ainda sustentava que todos os possíveis têm a tendência a chegar a ser reais. Mas reconhecia que nem todos os possíveis podem atualizar-se do mesmo modo e por isso introduziu a noção de compossibilidade (VER). Os possíveis, em suma, são essências que tendem à existência (VER). Hobbes, em contrapartida, nega toda inserção do possível no real e sustenta que o não real não é possível (*De corp.*, 10, 1). Como os megáricos, portanto, e como Bergson, afirma-se aqui que só transcorre o composto de atualidades. O pressuposto fundamental de tal opinião é a identificação do possível com o possível meramente lógico e seu esquecimento da vinculação que mantém a possibilidade com alguma forma de potência. Outros autores, como Spinoza, admitem que as coisas reais são reais na medida em que foram possíveis. Essa opinião, da qual partilhou boa parte do racionalismo moderno, chegou, em seu último extremo, a reduzir a possibilidade real à ideal e a fazer da possibilidade um *possibile logicum*. Como em Wolff, a ciência da possibilidade é então a ciência da realidade. Outros, como Kant, tentaram mediar entre a tese que negou a possibilidade e a que converteu em fundamento do real. O possível fica situado então no plano transcendental. Por isso a possibilidade é para Kant uma das categorias da modalidade correspondente aos juízos problemáticos, e anuncia que o possível é "o que concorda com as condições formais da experiência (quanto à intuição e aos conceitos)". Era natural que, ao ser rejeitada a coisa-em-si, Fichte e Schelling convertessem a possibilidade em princípio de todo ser. Mas esta possibilidade se liga então indissoluvelmente à noção de potência e significa, propriamente, a liberdade positiva do absoluto. Na mesma direção parece mover-se o idealismo inglês, e Bradley destacou muito energicamente os pressupostos últimos desta concepção do possível. "A possibilidade", escreve ele, "implica a separação entre o pensamento e a existência. Mas, por outro lado, como esses dois extremos são essencialmente a mesma coisa, cada um deles, enquanto cindido do outro, é internamente defeituoso. Daí que se o possível *pudesse* ser completado como tal, haveria passado ao real. Mas, ao alcançar este fim, haveria cessado completamente de ser mero pensamento e, em conseqüência, não seria já possibilidade" (*Appearance and Reality*, 1893, p. 338). O possível implica então a divisão parcial entre a idéia e a realidade. Em si mesmo, o possível não é real. Mas sua essência transcende parcialmente as idéias e só passa a ter significação quando é realmente possível. A negação da possibilidade incondicionada, isto é, da existência em si da possibilidade pura, constitui deste modo uma tentativa de recapitulação, por parte do idealismo, das posições clássicas. Mas ainda este esforço se chocou contra tentativas de ressurreição de posições que pareciam abandonadas.

Uma delas é a de Bergson. Este filósofo quer mostrar a falácia da interrogação que parece desencadear o problema do possível ao perguntar-se como se pode entender que haja um ser e não, antes, um nada. Ora, não só o real não pode ser entendido, segundo Bergson, como algo fundado no possível, mas o possível tem de ser explicado pelo real. Assim, em vez de se falar de um futuro como algo possível, deve-se falar de um futuro que "terá sido possível" pois "o possível não é senão o real ao qual se acrescenta um ato do espírito que rechaça sua imagem ao passado uma vez produzida" (*La pensée et le mouvement*, pp. 126-127). Por conseguinte, o real é o que se torna possível e não o possível o que se converte em real. A análise bergsoniana da idéia de possibilidade é deste modo o exato paralelo de sua análise da idéia do nada (VER) e, sobretudo, da afirmação de que "a idéia do nada, quando não é a de uma simples palavra, implica tanta matéria como a do tudo, agregando-lhe uma operação do pensamento" (*op. cit.*, p. 124). A última finalidade de tal negação da fundamentação da realidade partindo da possibilidade é a eliminação de todo racionalismo na consideração do real, racionalismo que se insinua sempre que se faz do real um dos muitos resultados em que pode desembocar o possível. Mas tal noção não exclui a idéia do possível como a mera indicação de uma ausência de obstáculo para que algo aconteça, precisamente nesta confusão do possível como simples não haver obstáculo, com a possibilidade como fundamento da realidade, radicam algumas das dificuldades na análise do real.

Algumas delas a teoria da possibilidade de A. von Meinong tentou resolver. A possibilidade é, na opinião desse filósofo, uma qualidade modal dos seres que ele chama de "objetivos". A atribuição da possibilidade aos objetivos e não aos objetos impede não só transpor as dificuldades que Bergson analisou independentemente como também entender univocamente o possível; pois a possibilidade é suscetível de aumento e de diminuição; é uma "propriedade quantitativa" que pode alcançar os limites da efetividade. A distinção entre a efetividade do possível e a realidade propriamente dita se deve ao fato de o possível corresponder aos "objetivos", de tal sorte que a existência de uma coisa equivale à indicação da efetividade de sua existência. A realidade como tal, em contrapartida, é própria somente dos objetos, que se distinguem dos objetivos por serem correlatos de percepções e não de suposições ou juízos. Da possibilidade mínima à possibilidade máxima ou efetividade há uma gradação que permite falar do efetivo como de uma possibilidade maior e do possível como de uma efetividade menor, unindo deste modo o que parecia irremediavelmente separado: a possibilidade e a efetividade ou factualidade.

Com isso parece-se eliminar um dos problemas levantados pelos "possíveis": eles não existem, mas, em contrapartida, pode-se dizer que subsistem. Opinião análoga mantiveram autores como Hans Pichler, Günther Jacoby e N. Hartmann. Este último considera, ademais, a possibilidade, a realidade e a necessidade como modos de ser, como formas opostas às categorias constitutivas, isto é, como modalidades ontológicas. Segundo Hartmann, que segue nisso as orientações tradicionais, a possibilidade não é o mesmo que a possibilidade real: "Aquela reclama com razão o vasto campo de uma multiplicidade de 'possibilidades', mas não pode cumprir a velha exigência de chegar a uma realidade: esta, em contrapartida, se mostra como uma rigorosa referência a uma série de condições reais, e com isso se converte em expressão de uma relação real. Ambas as classes de ser possível têm com isso o caráter tradicional de ser um 'estado do ente'" (*Möglichkeit und Wirklichkeit*, 1938, p. 9). Há também formas de possibilidade como formas de realidade.

Segundo Amato Masnovo (VER), o homem (uma mente finita) não pode conhecer os possíveis como fundamento das coisas reais. É preciso começar com o conhecimento do real e chegar ao possível. No entanto, à diferença de Bergson, Masnovo não crê que o possível seja ontologicamente (e não só gnosiologicamente) derivado do atual, pois uma mente infinita conhece diretamente os possíveis como fundamento das coisas atuais porquanto tal mente infinita cria efetivamente tais coisas.

Um modo de entender a noção de possibilidade diferente dos anteriores, mas em todo caso de índole declaradamente metafísica — ou "ontológica" —, é o que se acha em autores com maior ou menor justiça qualificados de "existencialistas" ou, pelo menos, "existenciais" (no sentido pelo menos de se haver ocupado da noção de possibilidade em estreita relação com o problema da existência [VER] humana). Nos referiremos brevemente a dois casos. Por um lado, Heidegger entendeu o ser possível não como algo que é em potência e pode atualizar-se, ou como um reino de possibilidades do qual se escolhe, ou se pode escolher, uma por sobre as demais, mas como um modo de ser do *Dasein* (VER) pelo qual o *Dasein* se projeta a si mesmo (ver PROJETO) em seu ser, enquanto em seu ser *lhe vai* seu ser. Que "a possibilidade seja mais alta que a realidade", como escreve Heidegger, não significa que o possível seja "mais amplo" que o real e que este último seja somente uma parte — a parte "atualizada" — do primeiro; significa que o ser possível é um "poder-ser" *(Sein-können)* enquanto um "fazer-se a si mesmo" em um *ser*. Em outros termos, a possibilidade não é para Heidegger primariamente possibilidade lógica ou sequer, no sentido dos "possíveis" dos escolásticos e de Leibniz, ontológica, mas "existenciária". Por outro lado, Abbagnano recolhe a noção de possibilidade de Heidegger (e de Kierkegaard) e se opõe a elas, mas mantém o caráter "existencial" da possibilidade. Segundo Abbagnano — que designa sua doutrina como "existencialismo positivo" —, Kierkegaard se ativera a uma noção de possibilidade como possibilidade negativa. Quanto a Heidegger, considerara todas as possibilidades como iguais, exceto a possibilidade da própria morte. Diante disso, Abbagnano afirma que a possibilidade é positiva; não consiste num vazio nem numa eleição entre diversos "possíveis" (por exemplo, "valores possíveis") tampouco num simples "escolher-se a si mesmo". Consiste numa eleição de valor de caráter "existencial". Em suma, Abbagnano aspira a unir o caráter existencial da possibilidade com seu caráter de eleição de algo "valioso".

Até agora nos referimos principalmente à noção geral filosófica — às vezes chamada "ontológica", às vezes "metafísica" — de possibilidade. Essa noção não é separável da noção lógica. A maioria dos autores mencionados, a partir de Aristóteles, entendeu, ou entendeu também, a possibilidade logicamente. Isso ocorreu sobretudo com os autores que se interessaram pelas modalidades, já que a possibilidade, do ponto de vista lógico, é expressa pela cláusula modal 'É possível que' e deve ser estudada em relação com outras cláusulas modais como 'É necessário que', 'É contingente que' etc.

Pode-se distinguir, contudo, entre uma noção ontológica e uma lógica do modo seguinte. Ontologicamente, a possibilidade diz respeito a entidades (às entidades julgadas "possíveis"). Logicamente, diz respeito a enunciados. Por isso, tende-se, na ontologia, a falar de possibilidade em termos de possível existência, em particular de possível existência de propriedades de entidades. Se digo 'É possível que haja cães que falam', posso entender isso, ontologicamente, como afirmando a possibilidade de cães falantes. Posso entendê-lo, logicamente, como precedendo a frase "Há cães que falam" mediante a cláusula modal 'É possível que'. Para alguns autores só tem sentido falar de possibilidade logicamente. Outros consideram que tão logo se analisem expressões modais com a cláusula 'É possível que' se levantam problemas ontológicos. Pode-se citar a respeito a disputa sobre o *status* dos termos disposicionais de que falamos no verbete DISPOSIÇÃO, DISPOSICIONAL.

A noção de possibilidade pode ficar clara, em todo caso, especificando-se o sentido, ou sentidos, em que se diz que algo é possível. Pode-se dizer, por exemplo, que algo é possível logicamente, mas com isso não fica claro ainda se se entende 'É possível' como uma cláusula modal, ou então se se concebe logicamente 'É possível' como "ausente de contradição". Pode-se dizer também que algo é fisicamente possível, mas então é preciso especificar as condições nas quais se diz que é possível (como, por exemplo, um conjunto de leis físicas). Fisicamente possível é um dos aspectos do que se chamou "nomicamente possível". Durante um tempo se viu com suspeita toda tentativa de examinar a noção de possibilidade na qual tenha havido ameaças de questões julgadas, e denunciadas, como "metafísicas". Assim ocorreu com alguns trabalhos de Quine e de Nelson Goodman. Em geral, os nominalistas ou paranominalistas se opuseram a todo exame da noção de possibilidade que não seja redutível a um exame semântico no qual se examinem as condições de verdade dos enunciados considerados. Houve também autores que, mesmo sem participar de escrúpulos metafísicos excessivos, não viram com simpatia o prestar atenção excessiva à noção de possibilidade, por considerar que toda referência ao possível deve partir do real, sejam entidades ou propriedades de entidades. No entanto, em tempos mais recentes, colocou-se de novo em foco o que se pode chamar de "noção metafísica" de possibilidade. Isso se deveu à defesa por alguns autores do essencialismo (seja radical, ou moderado) e ao interesse renovado pelo problema dos mundos possíveis (VER).

⮕ Além das obras dos autores referidos no texto aos quais dedicamos verbetes especiais, ver: J. von Kries, *Über den Begriff der objektiven Möglichkeit*, 1888. — J. M. Verweyen, *Philosophie des Möglichen. Grundzüge einer Erkenntniskritik*, 1913. — S. Buchanan, *Possibility*, 1927. — A. Faust, *Der Möglichkeitsgedanke. Systemgeschichtliche Untersuchungen*, 2 vols., 1931-1932 (I. *Antike Philosophie;* II. *Christliche Philosophie*). — V.V. AA., *Possibility*, 1934. — L. M. Bandeira de Mello, *O real e o possível. Ontologia da possibilidade*, 1954. — N. Abbagnano, "Problemi di una filosofia del possibile", cap. V de *Possibilità e libertà*, 1956. — J. B. Cerdán, *La posibilidad*, 1961. — I. Pape, *Tradition und Transformation der Modalität*, I: *Möglichkeit, Unmöglichkeit*, 1966. — N. Rescher, *A Theory of Possibility: A Constructivistic and Conceptualistic Account of Possible Individuals and Possible Worlds*, 1976. — G. Lesnoff-Caravaglia, *Education as Existencial Possibility*, 1972. — D. Weissman, *Eternal Possibilities: A Neutral Ground for Meaning and Existence*, 1977. — D. M. Armstrong, *A Combinatorial Theory of Possibility*, 1989. — G. Forbes, *Languages of Possibility*, 1989.

Sobre a noção de possibilidade em vários autores, épocas ou correntes: N. Hartmann, "Der Megarische und der Aristotelische Möglichkeitsbegriff", em *Sitzungsberichte der Wissenschaften*. Phil.-hist. Klasse, 1937, reimp. em *Kleinere Schriften*, vol. II, 1957, pp. 85-100. — H. Buchner, *Plotins Möglichkeitslehre*, 1970. — P. M. Schuhl, *Le dominateur et les possibles*, 1960. — J. Stallmach, *Dynamis und Energeia*, 1960. — G. Funke, *Der Möglichkeitsbegriff in Leibnizens System*, 1938. — C. Gademann, *Zur Theorie der Möglichkeit bei G. W. Leibniz*, 1930. — H. Beck, *Möglichkeit und Notwendigkeit. Eine Entfaltung der ontologischen Modalitätslehre im Ausgang von Nicolai Hartmann*, 1961. — W. Müller-Lauter, *Möglichkeit und Wirklichkeit bei Martin Heidegger*, 1960. — A. Dentone, *La "possibilità" in N. Abbagnano*, 1971. — U. Wolf, *Möglichkeit und Notwendigkeit bei Aristoteles und heute*, 1979. — S. Waterlow, *Passage and Possibility: A Study of Aristotle's Modal Concepts*, 1982. — R. T. Knowles, *Human Development and Human Possibility: Erikson in the Light of Heidegger*, 1986. ⊂

POSSIDÔNIO de Apaméia (Síria) (*ca.* 150-35 a.C.). Foi discípulo de Panécio e mestre, em Rodes (onde fundou o que se chamou às vezes de "Escola estóica de Rodes"), de Cícero e de Pompeu. Junto com Panécio, foi um dos grandes representantes do chamado estoicismo médio (ver ESTÓICOS). A característica principal do pensamento e da obra de Possidônio é, segundo K. Reinhardt, a universalidade. E isso em dois sentidos: primeiro, por sentir-se já um "cidadão do mundo", segundo, pelas tendências sincretistas e enciclopédicas que se manifestam continuamente em suas opiniões. As tendências sincretistas se revelam em sua mescla das doutrinas estóicas com as platônicas e as aristotélicas, a tal ponto que, a este respeito, Possidônio antecipou algumas das formas do sincretismo neoplatônico. Junto com isso, Possidônio aproveitou vários elementos capitais da doutrina de Heráclito, especialmente nas explicações cosmológicas. Com efeito, Possidônio concebeu a realidade como uma oposição harmônica de contrários que se acha em evolução contínua de acordo com o duplo caminho ascendente e descendente. Por isso, como Heráclito, Possidônio exemplificou no elemento do fogo o caráter ao mesmo tempo dinâmico e constante do processo cósmico. Isso não significa que Possidônio concebesse que todo o real é como um fogo imenso que se dilata e concentra; a realidade se acha organizada, segundo ele, numa série de graus que vão desde o material até o divino e que encontram no homem ao mesmo tempo o elemento intermediário entre os citados extremos graus e o compêndio de todos os mundos (o homem é, pois, para Possidônio, um microcosmo, isto é, um reflexo do macrocosmo [VER]). Esta tendência à integração do diverso e à harmonia dos contrários não se limitou, contudo, à cosmologia. Em sua doutrina das atividades psicológicas, Possidônio empregou conceitos platônicos e aristotélicos para mostrar que a alma se divide em partes e em faculdades. Isso não significa que a alma mesma possa ser realmente cindida, a alma é, para Possidônio, uma radical unidade. Tanto é que, ao contrastá-la com o corpo, o filósofo tendeu a um forte dualismo de estilo platônico, dualismo que o levou — se é que não constituiu seu fundamento — à afirmação da preexistência e imortalidade das almas separadas. Com isso se confirma, ademais, o espírito religioso — ou, se se preferir, cósmico-religioso — da especulação de Possidônio, espírito que explica não somente sua insistência na Providência divina que rege o universo, mas também a afirmação de que o homem, a realidade mais próxima de Deus, pode usar, ainda que com moderação, dos poderes divinatórios com o fim de conhecer e propiciar-se a vontade divina.

Devemos a Possidônio muitas pesquisas sobre diversas ciências, tanto naturais quanto morais. De fato, não parece haver esfera do saber — astronomia, geografia, matemática, retórica, história etc. — na qual ele não imprimisse sua marca. Contudo, de seus escritos hoje não nos restam mais do que fragmentos. A influência do filósofo foi considerável. Entre os escritores romanos em quem ela é mais perceptível figura Cícero, que discutiu extensamente as idéias de Possidônio em *De natura deorum* e em *De divinatione*. As opiniões religiosas e éticas de Possidônio influíram inclusive sobre o neoplatonismo e sobre a patrística.

➲ Ver: F. Schülen, *Studien zu Poseidonios*, 1886. — Id., *Untersuchungen über des Poseidonius Schrift* Περὶ 'Ωκεανοῦ, 1902. — E. Martini, *Quaestiones Posidonianae*, 1895. — M. Arnold, *Quaestiones Posidonianae*, 1903. — G. Altmann, *De Posidonio Rimae Platonis commentatore*, 1906. — W. Gerhäuser, *Der Protreptikos des Poseidonios*, 1912. — G. Rudberg, *Forschungen zu Poseidonios*, 1918. — K. Reinhardt, *Poseidonios*, 1921. — Id., *Kosmos und Sympathie. Neue Untersuchungen über Poseidonios*, 1926. — Id., *Poseidonios über Ursprung und Entartung*, 1928 (*Orient und Antike*, Heft 6). — Id., *Poseidonios von Apameia, der Rhodier genannt*, 1957. — J. Heinemann, *Poseidonios' metaphysische Schriften*, 2 vols., 1921-1928. — P. Schubert, *Die Eschatologie des Poseidonios*, 1927. — W. Theiler, "Die Vorbereitung des Neuplatonismus", *Problemata*, I (1930). — Georg Pfligersdorffer, *Studien zu Poseidonios*, 1959. — Marie Laffranque, *Poseidonios d'Apamée: Essai de mise au point*, 1964. — M. Untersteiner, *Poseidonio nei placita di Platone, secondo Diogene Laerzio*, III, 1970. — I. G. Kidd, "Posidonius on Emotions", em A. A. Long, ed., *Problems in Stoicism*, 1971, pp. 200-215. — M. Dragona-Manachou, "Posidonius' Hierarchy between God, Fate, and Nature and Cicero's *De Divinatione*", *Philosophia*, 4 (1974), 286-305. — K. Schmidt, *Kosmologische Aspekte im Geschichtwerk des Poseidonios*, 1980. — J. Malitz, *Die Historien des Poseidonios*, 1983. ➲

POST, EMIL L. (1897-1954). Nascido em Augustowom (Polônia), mudou-se muito jovem para os Estados Unidos, estudando nas universidades de Princeton e Columbia. Ensinou matemática no City College of New York. A Post se devem importantes contribuições na lógica e na fundamentação da matemática. Mencionamos a respeito: sua demonstração de que o cálculo de proposições, na versão do mesmo dada nos *Principia Mathematica*, de Whitehead-Russell, é consistente, completo e decidível; seu estudo das matrizes bivalentes (ver TABELAS DE VERDADE); sua elaboração da idéia de completude (ver COMPLETO), formulada com um rigor que permite sua aplicação somente ao cálculo proposicional bivalente; sua elaboração de uma lógica infinitamente polivalente (VER), seus estudos de sistemas relacionais (ou as "álgebras de Post") e, em geral, seus estudos sobre a solubilidade e a insolubilidade recursivas.

➲ Escritos principais: "The Generalized Gamma Functions", *Annals of Mathematics*, 20 (1919), 202-217. — "Introduction to a General Theory of Elementary Propositions", *American Journal of Mathematics*, 43 (1921), 165-185. — "Finite Combinatory Processes. Formulation 1", *Journal of Symbolic Logic*, 1 (1936), 103-105. — *The Two Valued Iterative Systems of Mathematical Logic*, 1941. — "Formal Reductions of the General Combinatorial Decision Problem", *Am. Journ. of Math.*, 65 (1943), 197-215. — "Recursively Enumerable Sets of Positive Integers and Their Decision Problems", *Bulletin of the American Mathematical Society*, 50 (1944), 284-316. — "A Variant of a Recursively Unsolvable Problem", *ibid.*, 52 (1946), 264-268. — "Note on a Conjecture of Skolem", *Journ. Symb. Log.*, 11 (1946), 73-74. — "Recursive Unsolvability of a Problem of True", *ibid.*, 12 (1947), 1-11. — "Degrees of Recursive Unsolvability. Preliminary Report", *Bull. Am. Math. Soc.*, 54 (1948), 641-642. — Póstumo: "The Modern Paradoxes", ed. H. Grattan-Guinness, *History and Philosophy of Logic*, 11 (1) (1990), 85-91. ➲

POST HOC, ERGO PROPTER HOC. Em Sofisma (VER) nos referimos a vários dos chamados "sofismas extralingüísticos", ou falácias que não se devem simplesmente à "dicção", tratados por Aristóteles em vários escritos, e especialmente no intitulado *Sobre as refutações sofísticas ou Sobre os argumentos sofísticos* (Περὶ σοφιστικῶν ἐλέγχων, *De sophistis elenchis*). Um desses sofismas é o chamado *post hoc, ergo propter hoc*. O sofisma chamado *non causa, pro causa* indica que se confunde algo que não é causa com uma causa e pode ser traduzido como "não é causa, mas é tratado como causa". O *post hoc, ergo propter hoc* é a forma mais comum da mencionada confusão, já que relaciona o *post* (depois de) com o *propter* (por causa de). Um exemplo dado por Aristóteles é: "A alma e a vida não são a mesma coisa. Pois se a geração é contrária à corrupção, uma forma particular de geração será contrária a uma forma particular de corrupção. Mas a morte é uma forma particular de corrupção, e a morte é contrária à vida. Por conseguinte, a vida é uma geração. E como isso é impossível, alma e vida não são a mesma coisa". Podemos tomar outros exemplos; o comum em todos eles será que se A é um antecedente temporal de B, então se considerará que A é a causa de B. Mas A pode preceder a B sem ser causa de B. Analogamente, se B segue temporalmente a A, se considerará A como causa de B. Mas B pode seguir temporalmente a A sem que seja causado por A.

Negar que *post hoc, ergo propter hoc* constitua um sofisma equivale a sustentar que toda relação temporal de antecedente a conseqüente é uma relação causal (de causa a efeito). Um racionalismo e determinismo conseqüentes poderiam negar que *post hoc, ergo propter hoc* seja um sofisma, mas deveriam ao mesmo tempo sustentar uma noção de causa (VER) na qual houvesse assimetria de A e B e em que não houvesse nenhuma causação simultânea e nenhuma causação retardada. Ver PROPTER HOC, ERGO POST HOC.

➲ Ver: J. Woods e D. Walton, "Post Hoc, Ergo Propter Hoc", *Review of Metaphysics*, 30 (1977), 569-593. ☾

POSTO. Ver DADO; PÔR, POSIÇÃO.

POSTULADO. Aristóteles considerava os postulados como proposições não universalmente admitidas, isto é, não evidentes por si mesmas. Com isso os postulados se distinguem dos axiomas, mas também de certas proposições que se tomam como base de uma demonstração, mas que não têm um alcance "universal". Nos *Elementos* de Euclides a noção do postulado recebeu uma formulação que vigorou durante muitos séculos: o postulado é considerado neles como uma proposição de caráter fundamental para um sistema dedutivo que não é (como o axioma) evidente por si mesma e não pode (como o teorema) ser demonstrada. Exemplo de postulado nessa obra é: "Postula-se que de qualquer ponto a qualquer ponto pode-se traçar uma linha reta". Outro exemplo é o famoso "postulado das paralelas" que durante muito tempo se tentou, sem êxito, demonstrar e cuja não-admissão deu lugar às diversas geometrias não-euclidianas. O significado original de 'postulado', αἴτημα, é 'petição' ou 'requerimento' (do verbo 'αἰτεῖν', "requerer"). 'Postula-se', em grego, se expressa por meio de 'ἠτήσθω, o que significa propriamente 'Que tenha sido requerido' (e não simplesmente 'Que seja requerido').

Muitas são as discussões havidas em torno da noção de postulado. A maior parte dos autores considera hoje que não se pode manter a diferença clássica entre axioma e postulado. O que se chama "axioma" pode também ser chamado "postulado". Basta descartar a dúbia expressão 'evidente por si mesmo' e ater-se à posição de uma proposição dentro de um sistema dedutivo: "postulados" ou "axiomas" são os nomes que recebem as proposições iniciais dentro do sistema.

Pode-se distinguir, contudo, entre "postulado" e "axioma" atendo-se ao grau de generalidade e aplicabilidade dos sistemas. Assim cabe chamar "postulados" às proposições iniciais em determinada ciência ou ramo da ciência — por exemplo, postulados da física óptica — e "axiomas" às proposições iniciais num sistema dedutivo não-interpretado aplicável a várias ciências.

O método de postulação — método postulativo ou método postulacional — é o usado quando se introduzem num sistema novas expressões que servem de termos primitivos. Distingue-se o método de postulação do método de construção — método construtivo —, no qual as novas expressões introduzidas no sistema são definidas mediante termos previamente introduzidos. Houve discussões sobre a chamada "técnica postulativa" ou "postulacional", por meio da qual se erigem os sistemas postulacionais (também chamados "axiomáticos"). Segundo K. Britton (*Mind*, N. S. 50 [1941], 169ss.), podem-se distinguir na lógica formal os elementos seguintes: *a*) Uma lógica fundamental ou fundacional, isto é, uma teoria da dedução que trata da decodificação dos princípios básicos de inferência dedutiva comuns a toda argumentação; *b*) uma técnica postulacional (postulativa), e *c*) uma série de intentos para mostrar que os princípios da lógica fundamental geram os das matemáticas puras, ou que os últimos podem ser gerados por meio de processos iguais ou similares aos necessários para a primeira. Por sua vez, *b*) pode ser: 1) Invenção de cálculos para gerar linguagens com o fim de determinar os ramos da matemática ou da ciência, 2) invenção e comparação de cálculos que não têm nenhuma relação particular com nenhuma linguagem em seu uso empírico ou matemático.

POSTULADOS DA RAZÃO PRÁTICA. Na *Crítica da razão pura*, Kant indicava que se há leis práticas absolutamente necessárias, então é preciso admitir que se tais leis pressupõem a existência de um ser que seja a condição da possibilidade de seu poder obrigatório, a existência desse ser deve ser *postulada* (*KrV.*, A 634/B 662). Assim, a existência de Deus resulta ser um postulado das leis práticas absolutamente necessárias, o que é diferente de — e também oposto a — sustentar que tais leis pressupõem a existência de Deus. Na *Crítica da razão prática*, Kant trata com detalhe do que chama "postulados da razão prática" ou "postulados da razão pura prática". Adverte, antes de tudo, que esses postulados diferem dos da matemática pura. Estes têm certeza apodítica, enquanto aqueles consistem em postular um objeto, como Deus e a imortalidade da alma, com base em leis práticas apodíticas, mas *só* para o uso de uma razão prática. Não se trata em nenhum caso de uma certeza teórica (*KpV.,* ed. da Academia, V, 12). Kant define 'postulado da razão pura prática' do modo seguinte:

"Uma proposição teórica, como tal, porém, não demonstrável, mas que depende inseparavelmente de uma lei *prática* incondicionalmente válida" (*ibid.*, V, 122).

A imortalidade da alma e de Deus são postulados da razão pura prática. Uma vontade determinável pela lei moral tem como objeto necessário "a realização *(Bewirkung)* do sumo bem". "Em semelhante vontade, a adaptabilidade completa das intenções à lei moral é a condição suprema *(oberste)* do sumo *(höchstes)* bem. Portanto, esta adaptabilidade deve ser possível como seu objeto, já que se acha contida no mandato que requer promovê-lo. Mas a complexa adaptabilidade da vontade é a santidade (uma perfeição da qual nenhum ser racional no mundo sensível é capaz em nenhum momento do tempo). Mas uma vez que é promovida como praticamente necessária, só pode achar sua completa adaptabilidade num progresso infinito. Segundo os princípios da razão prática, é necessário supor tal progresso prático como objeto real de nossa vontade" (*ibid.*, V, 122). O progresso em questão, afirma Kant, é possível só se se pressupõe uma existência e personalidade do mesmo ser racional que dure infinitamente (eternamente). Isso pressupõe a imortalidade da alma, e daí que esta seja um postulado da razão pura prática. Quanto a Deus, a lei moral nos leva a afirmar que o sumo bem requer uma felicidade (que é a "condição de um ser racional no mundo") ajustada a essa moralidade. Isso tem de suceder de um modo puramente desinteressado e em virtude de uma razão puramente imparcial. E "isso pode ser feito na suposição da existência de uma causa ajustada a este efeito, isto é, deve postular a existência de Deus como pertencendo necessariamente à possibilidade do sumo bem" (*op. cit.*, V, 124).

Os postulados da razão pura prática, escreve Kant, "procedem todos do princípio da moralidade, que não é um postulado, mas uma lei mediante a qual a razão imediatamente determina a vontade, vontade que ao mesmo tempo é determinada de tal modo que, enquanto vontade pura, exige essas condições necessárias para a obediência de seu preceito. Estes postulados não são dogmas teóricos, mas pressupostos de alcance necessariamente prático, os quais, embora, a rigor, não ampliem o conhecimento especulativo, proporcionam às idéias da razão especulativa em geral (por meio de sua relação com o prático) realidade objetiva, e a justificam de acordo com conceitos dos quais nem sequer se poderia de outro modo atrever-se a afirmar a possibilidade" (*op. cit.*, V, 133). Aos postulados já citados da imortalidade e da existência de Deus se acrescenta o da liberdade considerada positivamente, isto é, como a causalidade de um ser enquanto pertence ao mundo inteligível. O postulado de imortalidade deriva da exigência da duração adequada para o cumprimento perfeito da lei moral. O postulado da existência de Deus deriva da exigência de pressupor o sumo bem independente. O postulado da liberdade (positiva) deriva do pressuposto necessário de independência com respeito ao mundo sensível e da capacidade de determinar a vontade pela do mundo inteligível. Isso constitui, a rigor, a própria lei da liberdade.

Embora haja, como às vezes se afirmou, um "salto" da razão teórica para a prática em Kant, esse salto não é nunca grande o bastante para apagar a conclusão estabelecida pela crítica da razão pura (teórica). Nosso conhecimento, sustenta Kant, se estende, em virtude da razão pura prática, a uma realidade que era transcendente e inalcançável para a razão teórica. Mas essa extensão de nosso conhecimento não é nunca teórica; trata-se sempre só de um "ponto de vista prático". Não é por serem postulados da razão pura prática que a natureza da alma, o mundo inteligível e Deus são conhecidos como são "em si mesmos". Seus conceitos se uniram num conceito prático do bem mais alto como objeto de nossa vontade, e isso se fez de um modo inteiramente *a priori* por razão pura. Contudo, "se uniram só mediante a lei moral e só em relação com ela" (*op. cit.*, V, 133).

POSTULADOS DO PENSAMENTO EMPÍRICO. No verbete AXIOMAS DA INTUIÇÃO nos referimos à doutrina kantiana dos princípios do entendimento (ver também KANT [IMMANUEL]). Os postulados do pensamento empírico em geral correspondem às categorias agrupadas sob o nome de "modalidade" (VER), que em alguns casos se duvidou que sejam autenticamente categorias. De acordo com as categorias de possibilidade (impossibilidade), existência (não existência) e necessidade (contingência), os postulados de referência rezam como segue: "1) O que concorda com as condições formais da experiência (quanto à intuição e aos conceitos) é *possível*. 2) O que está ligado às condições materiais da experiência (quanto à sensação) é *real*. 3) O que em conexão com o atual se acha determinado pelas condições universais da experiência é *necessário*, isto é, existe como *necessário*" (*KrV*, A 218/B 265-266).

Esses postulados são simplesmente, afirma Kant, "explicações da possibilidade, da realidade e da necessidade em seu uso empírico", devendo aplicar-se unicamente à experiência e à sua unidade sintética.

A explicação dos postulados do pensamento empírico em geral abre o caminho para entender por que, como diz Kant, "no *mero conceito* de uma coisa não se acha nenhum caráter de sua existência". Os postulados não determinam o que é possível e o que é real, mas só como se deve entender algo como possível e como real. Abrem também o caminho para entender a oposição de Kant ao idealismo enquanto "idealismo *material*", seja problemático, como o de Descartes, seja dogmático, como o de Berkeley.

POSTURA. Ver CATEGORIA.

POTAMON de Alexandria. Viveu durante a época do imperador Augusto (63 a.C.- 14 d.C.); para o propósito de inserção no Quadro cronológico no final desta obra, fixaremos como data: *fl. ca.* 40 a.C. Diógenes Laércio (*Proêmio*, 21) apresenta Potamon como introdutor de uma "escola eclética" (ver ECLETISMO), por ter efetuado uma seleção de opiniões de várias escolas. Segundo Diógenes Laércio, Potamon escreveu um livro de *Elementos*, no qual oferecia dois critérios de verdade: o "princípio dominante" (hegemônico) da alma, τὸ ἡγεμονικόν, que forma o juízo, e o "instrumento" usado ou representação evidente. Pótamon admite, sempre segundo Diógenes Laércio, quatro princípios: a matéria, a ação ou causa, a qualidade e o lugar. O fim de todos os atos é a vida perfeita em virtudes, vantagens naturais do corpo e meio indispensável para chegar ao fim.

O *Dicionário de Suidas* contém um verbete sobre Potamon, com informação muito parecida à que oferece Diógenes Laércio. Às vezes se identificou o Potamon a que se refere Diógenes Laércio e Suidas com um suposto Potamon, mencionado por Porfírio em *Vita Plot.*, 9, 11. Essa identificação é errônea, não só por razões cronológicas, mas também porque o nome correto em Porfírio é "Pólemon" e não "Potamon".

POTÊNCIA. Parte do significado de 'potência' foi já analisado ao considerarmos a noção de ato (VER). Recapitularemos, e completaremos, algumas das idéias apresentadas.

A primeira apresentação detalhada da noção de potência, δύναμις, se deve a Aristóteles, que discutiu o problema em várias obras, mas especialmente no livro Θ da *Metafísica*, no mesmo lugar onde examinou o conceito de possibilidade (VER), em muitos aspectos relacionado com o de potência, a tal ponto que com freqüência 'possibilidade' e 'potência' são usados indistintamente para traduzir δύναμις. Como é freqüente em Aristóteles, acumulam-se os significados e os exemplos. Num sentido mais geral, as noções de potência e ato se aplicam não somente aos seres em movimento, mas também aos seres que não estão em movimento. Isso induziu alguns autores a supor que o conceito de potência é correlativo ao de matéria (VER), e o de ato ao de forma (VER). Contudo, Aristóteles tende a considerar que potência e ato são noções que se aplicam principalmente à compreensão da *passagem* de entidades menos formadas a entidades mais formadas, razão por que se sublinham em tais conceitos elementos "dinâmicos", à diferença do aspecto "estático" assumido pelas noções de matéria e forma. Mesmo assim, porém, são várias as significações de 'potência'. Sobretudo há duas. Segundo uma, a potência é o poder que tem uma coisa de produzir uma mudança em outra coisa. Segundo outra, a potência é a potencialidade residente numa coisa de passar a outro estado. Esta última significação é a que Aristóteles considera como a mais importante para sua metafísica. Para entendê-la claramente, as definições não bastam; é necessário recorrer aos exemplos e contentar-se com "perceber a analogia". Alguns dos exemplos mais destacados a respeito foram mencionados no verbete sobre a noção de ato. Deles se depreende que é perfeitamente legítimo usar (contrariamente ao que pensavam os megáricos) a noção de potência, pois do contrário não poderíamos dar conta do movimento enquanto passagem de uma coisa de um estado a outro estado (ver DEVIR). Por exemplo, a proposição '*x* cresce' é ininteligível se não aceitarmos que a proposição '*x* possui a potência de crescer' possui sentido. Em geral, não podemos dizer, segundo Aristóteles, que '*x* chega a ser *y*' se não admitirmos previamente que há em *x* algumas das condições que vão tornar *y* possível. Isso não significa que baste supor uma potência para poder explicar sua atualização, como Aristóteles disse com freqüência, o ato é logicamente anterior à potência.

As potências são de muitas espécies: umas residem nos seres animados; outras, nos inanimados; umas são racionais; outras, irracionais. O único que têm em comum é esse constituir uma capacidade que pode ser atuada. Deste ponto de vista, pode-se dizer que o ser que possui a vista está em potência para ver, e que a cera está em potência de receber determinada figura. Ora, a distinção entre diversos tipos de potência constituiu depois de Aristóteles um dos temas mais freqüentes de reflexão filosófica.

Os escolásticos distinguiam entre dois tipos de potência. O primeiro é a potência lógica, chamada também "potência objetiva"; é, a rigor, mera e simples possibilidade, pois pode ser definida como a mera não-repugnância de algo em face da existência. O segundo tipo de potência é a potência propriamente dita: a chamada "potência real", não baseada no mero quadro vazio da possibilidade ideal, mas na entidade real. Esta potência é chamada "subjetiva" (no sentido que tradicionalmente tinha este termo, diferente do que teve o vocábulo a partir de Kant [ver OBJETO E OBJETIVO]). Sobre essa potência pode-se dizer que ela caracteriza a possibilidade de que algo possua realidades ou perfeições determinadas. A potência subjetiva poderia ser chamada, pois, também, de uma possibilidade real e ser tratada dentro do problema da possibilidade se não fosse porque foi justamente a redução do potencial ao possível o que conduziu muitas vezes a tradição escolástica a acentuar excessivamente o momento estático, sobretudo quando, como sustentam alguns escolásticos, o possível lógico pode ser também possível real em Deus. Assim, pode-se anunciar que, mesmo quando a potência subjetiva seja equiparável à possibilidade real, ela o é no sentido de que representa um princípio e não simplesmente uma condição. Por outro lado, a potência real pode ser *ativa*, quando se refere à operação pela qual o ato se realiza, ou *passiva*, quando se refere ao complemento do ser pelo qual ele é atuado. Enquanto a volição, por exemplo, é uma potência real ativa, a disposição de receber uma figura ou determinação é uma potência real passiva. Em todos os casos, porém, continua permanecendo como caráter comum a toda a potência enquanto potência, dentro da direção central da escolástica, certa imperfeição. "Certa imperfeição" não deve conduzir a identificar a noção de potência com a de "receptáculo vazio", idêntico ao não-ser. A potência *é* sempre algo. Mas pode-se destacar nela ou o momento passivo ou o momento ativo e operativo. O primeiro é próprio dos filósofos influenciados pelo aristotelismo; o segundo é corrente nos pensadores influenciados pelo neoplatonismo. Com efeito, a tradição neoplatônica sustentou a concepção da plenitude operativa da δύναμις. Por isso as potências podem ser inclusive hipostasiadas. A noção da potência superativa se acentua sobretudo quando se refere a um ser subsistente por si mesmo; o ser que vive de si e por si é aquele que possui também eminentemente as potências (e, portanto, também as atividades) que lhe permitem ser o que é. A história da oscilação entre as diversas significações da noção de potência está ligada, portanto, à história da oscilação entre o sentido atual e o sentido operativo do ato (VER). O sentido operativo e ativo jamais foi inteiramente supresso, até nos instantes de maior aproximação da potência ao quadro vazio da possibilidade lógica, certo realismo da potência impediu a identificação racionalista. Mas o certo é que a oscilação existiu, e que num de seus extremos a noção de potência se afastou no grau máximo da noção de δύναμις como perfeição potente do ser, como o modo de manifestar a perfeição e a própria superabundância. Esta última concepção foi defendida por alguns dos Padres gregos. Deste ponto de vista, assinala Xavier Zubiri, as potências, pode-se dizer, mantinham inclusive uma metafísica ativista. Como são então "manifestações da essência porque são a plenitude ativa de seu ser, e os atos são manifestações da potência por idêntica razão; os atos não são senão a ratificação das potências, expansão ou efusão daquilo em que o ser consiste" ("El ser sobrenatural: Dios y la deificación en la teología paulina", em *Naturaleza, Historia, Dios,* 1944, p. 492).

Enquanto no pensamento inclinado à interpretação do ato como mera atualidade e da potência como simples possibilidade a mudança fica explicada pela existência do imperfeito, isto é, do que não chegou ainda a ser e tende a sua própria perfeição, no pensamento orientado para a interpretação do ato como atividade e da potência como manifestação do ser superabundante, o movimento é factível em virtude de surgir da própria perfeição formal. No primeiro caso, o ser se define pelo "é"; no segundo, é preciso supor que o "é" expressa só uma das formas possíveis, e não certamente a mais real e completa, do ser.

A discussão sobre o operativo e o não-operativo da potência foi reassumida ao longo de toda a filosofia moderna. Leibniz insistia continuamente, talvez por uma interpretação excessivamente unilateral da noção escolástica, em que esta tendia demasiado ao passivo.

Mais de uma vez, com efeito, ele assinalou que as *potentiae* da escolástica são ficções. "As verdadeiras potências", declara, "não são nunca simples possibilidades. Há sempre nelas tendência e ação". Mais ainda: "Podemos dizer", escreve nos *Nouveaux Essais* (II, xxi, 21), "que a potência *(puissance)* em geral é a possibilidade de mudança. Ora, como a mudança ou o ato desta possibilidade é ação num sujeito e paixão no outro, haverá duas potências: uma ativa e a outra passiva. A ativa pode ser chamada *faculdade*, e talvez a passiva possa ser chamada *capacidade* ou receptividade. É certo que a potência ativa é às vezes entendida num sentido superior quando, por sobre a simples faculdade, há também uma tendência, *nisus*, e é assim que a tenho utilizado em minhas comparações dinâmicas. Poderíamos dar-lhe também, quando tem esse significado, o nome de força". Deve-se reconhecer, contudo, que já dentro da própria escolástica surgiram diversas tendências voltadas a transformar a noção de potência na força propriamente dita em virtude de supor que "nenhuma substância é completamente passiva". Assim, para Duns Scot, tanto a forma quanto a matéria podem ser "potência". No primeiro caso, temos a potência objetiva; no segundo, a potência subjetiva.

Em muitos autores modernos a noção de "potência" foi tratada em estreita relação com noções freqüentemente afins, tais como as de "poder" e "capacidade". Não ficou sempre claro se com essas noções se entendeu algo "ativo" ou algo "passivo"; freqüentemente se passou de um sentido a outro. Jean-Luc Marion ("De la divinisation à la domination: Étude sur la sémantique de *capable/capax* chez Descartes", *Revue philosophique de Louvain,* 73 [1975], 263-293) destacou que a idéia de *capable* (*capable de* + infinitivo: "capaz de..."), que tinha em Rabelais ainda o sentido "clássico" de um continente ou recipiente, adquire em Descartes freqüentemente o sentido moderno de um "poder suficiente", de uma "potência disposta à ação". Vimos que este sentido já estava implícito nos termos δύναμις e *potentia*, e por isso se pode dizer que se estende agora ao termo 'capacidade'. Potência, poder e capacidade são entendidos cada vez mais em sentido "ativo". Isso ocorre tanto em autores racionalistas (como Leibniz, cf. *supra*) como empiristas. A noção de poder *(power)* de Locke a Hamilton envolve quase sempre a idéia de uma atividade. Os empiristas tenderam a descartar as implicações metafísicas das idéias de poder e potência para atender aos significados psicológicos e epistemológicos, mas essa tendência não foi constante. Locke e Hume reconheceram que a "força" ou a "potência" pode ser dita, ou entendida, de duas maneiras. Por um lado, é algo capaz de fazer (algo), isto é, capaz de levar a cabo uma ação. Por outro lado, algo capaz de receber uma mudança. No primeiro caso, é um poder ativo. No segundo, um poder passivo (cf. *Essay*, II, xxi). Até aqui nada muito diferente da crítica de Leibniz, exceto que este último tem mais presente o aspecto metafísico do problema. Mas Hume já termina por dissolver a noção de potência ao declarar que não possuímos nenhuma idéia própria dela. A força é uma relação que o espírito concebe entre uma coisa anterior e outra posterior. Mas nem a sensação nem a reflexão nos facilitam a idéia de poder no antecedente para produzir o conseqüente. Não há, pois, na metafísica, diz Hume, idéia mais obscura que as de poder, força ou energia. "Na realidade", diz ele, "não há nenhuma parte de matéria que nos descubra por suas qualidades sensíveis alguma força ou energia ou que nos dê fundamento para imaginar que poderia produzir algo ou ser seguida por algum outro objeto que nós mesmos poderíamos denominar efeito" (*Enquiry*, VII, 1). Hume se opõe, assim, não só ao racionalismo clássico, mas também a Locke, que, como vimos, supunha derivável do fato a idéia da força. Em contrapartida, esta não é para Hume dedutível nem de nenhum fato externo ou interno, nem de nenhum raciocínio: "A conexão que *sentimos* no espírito", continua ele, "esta costumeira transição da imaginação de um objeto a seu acompanhante usual, é o sentimento ou impressão da qual formamos a idéia de força ou de conexão necessária".

A crítica de Hume não podia ser aceita pelos que supunham que o espírito deve possuir alguma força. Berkeley já sustentara essa opinião. Mas também participaram dela os filósofos da escola escocesa. Neles apareceu também a questão da potência sob o aspecto da noção de faculdade (VER). Hamilton expressa claramente a distinção já mencionada: o poder ativo é faculdade, o poder passivo é capacidade, e esta distinção corresponde à mesma estabelecida antigamente entre a δύναμις ποιητική, *potentia activa*, isto é, aquilo que pode fazer algo, e a δύναμις παθητική, *potentia passiva*, ou seja, aquilo ao qual pode se fazer algo ou no qual pode ocorrer ou suceder algo (*Lect. Met.*, X). Em alguns casos, nega-se à potência passiva o caráter de um poder, é o caso de Reid (*Act. Pow.*, ess. 1, c. 3); em outros, por outro lado, se supõe que a passividade não elimina a potência, pelo menos enquanto possibilidade de ser atuada, seja extrínseca seja inclusive intrinsecamente. No primeiro caso, a potência não é *ainda* poder; no segundo é *já* um poder. Na medida, aliás, em que o espírito possua uma força, ele terá sempre uma potência, e esta potência se inclinará ou para o lado do possível ou para o lado do operativo. Por conseguinte, o mesmo problema clássico reaparece em todas estas elucubrações. Não é de surpreender, por outro lado, que na filosofia do idealismo, sobretudo na medida em que seguiu os antecedentes de Leibniz, se tendesse a sublinhar o aspecto metafísico-operativo da potência como verdadeira força em *todos os* entes. Já Descartes insistira em que o pensamento possui potência ativa, e ainda pode, em última instância, ser reduzido a ela. A extensão, em contrapartida, tem de ser o absolutamente passivo. Leibniz estendeu a potencialidade a toda realidade como tal. O mesmo fez Kant, sobretudo na última fase de sua filosofia, quando o dinâmico prevaleceu definitivamente sobre o matemático. Fichte seguiu este último caminho, explorando-o até o extremo. E a noção schellingiana da *Potenz* não fez senão desembaraçá-lo de alguns obstáculos. À primeira vista, parece que a "potência" de que fala Schelling nada tem a ver com a questão tradicional. No entanto, está em alguns aspectos vinculada à mesma. As *Potenzen*, define Schelling, são relacionais determinadas entre o Objetivo e o Subjetivo, entre o Real e o Ideal. Por isso, assinala ele na *Exposição de meu sistema de filosofia*, "cada determinada potência designa uma diferença quantitativa determinada de subjetividade e objetividade" (*WW*, 1, 4, 134). Ora, como o existente é sempre só a indiferença, e não existe nada fora dele, o Absoluto como identidade se acha só sob a forma das potências (*ibid.*, 135). Estas são absolutamente simultâneas, e sua diferenciação em primeira potência (Natureza), segunda potência (luz) e terceira potência (o organismo), assim como a subdivisão das potências, não desmente uma simultaneidade da potência no eterno. É certo que posteriormente Schelling pareceu insistir no "drama" das potências. Mas, em todo caso, estas são as verdadeiras forças metafísicas que, enquanto δύναμεις, constituem o ser no conjunto de suas operações. O idealismo volta, assim, continuamente ao operativismo da potência, e se afasta até um limite máximo de sua concepção como mera possibilidade. Esta será, por outro lado, a tendência que reinará na maior parte das vertentes contemporâneas que utilizaram formalmente esta noção. A potência poderá ser racional ou irracional, assumir um ou outro caráter concreto: em todos os casos ficará como que adscrita indissoluvelmente à noção de uma "força". É o caso da filosofia de Whitehead (VER). É o caso também de uma filosofia como a de Andrew Paul Ushenko, que assinala que a potência *(power)* é o verdadeiro invariante na contínua fluência do real. O "acontecimento" é a realização de possibilidades segundo um princípio unificante, que seria justamente a potência, mas esta não é, como na doutrina tradicional, um princípio complementar, mas é uma realidade intuitiva e, ademais, empiricamente demonstrável por meio de induções realizadas sobre o material oferecido à reflexão.

Xavier Zubiri desenvolveu uma teoria das "potências" partindo do problema da realidade do passado na história humana. Diante da tese de que a realidade passada, enquanto passado, não é real, e diante da tese de que é real e, portanto, não passou, Zubiri assinala que uma intelecção adequada do problema exige referir-se não só às realidades como também às possibilidades. Então o presente não será simplesmente "o que o homem faz, mas *o que pode fazer*" ("Grecia y la pervivencia del pasado filosófico", 1942, em *op. cit.*, p. 393). Mas, ao mesmo tempo, esta potência que é o poder fazer não será só o que o homem possui em sua natureza e desenvolvimento, mas será dada também pelo modo de oferecer-se as coisas, isto é, pela situação concreta em que se encontra o homem. Por isso, "o passado sobrevive sob forma de possibilidade" (p. 406), e por isso a história enquanto produção de atos e das próprias possibilidades que condicionam sua realidade é um "fazer um poder" (p. 408). Deste modo, a potência não será a simples possibilidade vazia de fazer, tampouco a realidade do que se faz, mas algo que incluirá os dois termos sem sacrificar nem o quadro das possibilidades nem a efetiva realização do que se dá como "poder fazer".

⊃ Além dos textos citados no verbete, ver as obras seguintes sobre a noção de potência na filosofia antiga e na escolástica: J. Souilhé, *Étude sur le terme* ΔΥΝΑΜΙΣ *dans les dialogues de Platon*, 1919. — J. Stallmach, *Dymamis und Energeia. Untersuchungen am Werk des Aristoteles zur Problemgeschichte von Möglichkeit und Wirklichkeit*, 1959. — H. Carteron, *La notion de force dans le système d'Aristote*, 1923. — E. Berti, *Genesi e sviluppo della dottrina della potenza e dell'atto in Aristotele*, 1958. — J. G. Torres, *El concepto de potencia y sus diversas acepciones en Suárez*, 1957. — H. P. Kainz, *"Active and Passive Potency" in Thomistic Angelology*, 1972. — Ver também obras de A. Farges, L. Fuetscher, J. R. San Miguel e A. Smets na bibliografia de A̲to e atualidade.

Para a noção de potência em Schelling: J. Cohn, "Potenz und Existenz: eine Studie über Schellings letzte Philosophie", em *Joëls Festschrift*, 1934, pp. 44-69. — V. Jankélévitch, *L'Odyssée de la conscience dans la dernière philosophie de Schelling*, 1933.

Para a teoria de Ushenko: A. P. Ushenko, *Power and Events: An Essay on Dynamics in Philosophy*, 1946.

Sobre potência e energia: E. O'Connor, *Potentiality and Energy*, 1939. ⊂

POTENCIAÇÃO (LÓGICA DA). Ver L̲ógica; P̲astore, A̲nnibale.

PRADINES, MAURICE (1874-1958). Nascido no Jura suíço, de pais franceses, foi professor na Universidade de Estrasburgo e na Sorbonne, ocupando-se principalmente de questões psicológicas e morais. Na psicologia, elaborou uma teoria das atividades mentais como funções dentro de um conjunto. Assim, a sensação não é para Pradines uma função particular independente, mas uma atividade entremesclada com as outras funções mentais.

Embora Pradines admita, com Bergson, que há uma dualidade entre a ação e o pensamento, ele se opõe a Bergson em dois pontos: em primeiro lugar, não considera que o intelecto deva ser subordinado à intuição; em segundo lugar, estima que a ação pode, em último termo, englobar o pensamento e o conhecimento. A ação de que trata Pradines é principalmente a ação moral. Não obstante, o lastro racional que tal ação traz consigo força a levar em conta o que, em princípio, difere dela: a crença religiosa. Assim, Pradines trata de lançar uma ponte entre moral e religião dentro de uma filosofia que segue uma tradição espiritualista.

⊃ Obras: *Critique des conditions de l'action*, 2 vols., 1909 (título comum de dois escritos: *L'erreur morale établie par l'histoire et l'évolution des systèmes* e *Principes de toute philosophie de l'action*). — *Philosophie de la sensation*, 3 vols., 1928-1934. — *L'Esprit de la religion*, 1941. — *Traité de psychologie générale*, 2 vols. em 3 tomos, 1943-1946. — *L'aventure de l'esprit dans les espèces*, 1955. — Póstumas: *La fonction perceptive*, 1981 [curso de 1941], introd. e notas por R. Guyot. — *Le beau voyage. Itinéraire de Paris aux frontières de Jérusalem*, 1982 [introdução de A. Grappe e comentários de R. Guyot].

Ver: A. Grappe e R. Guyot, *M. P. ou l'épopée de la raison*, 1976. ⊂

PRAEAMBULA FIDEI ou "preâmbulos da fé". Chamam-se assim as verdades que o homem pode conhecer naturalmente antes das verdades reveladas por Deus. 'Antes' pode ter um sentido "cronológico" ou então um sentido "lógico" ou "gnosiológico". Geralmente, tem o sentido do que é cognoscível previamente ao conteúdo de uma verdade revelada. Tomás de Aquino (*Contra Gent.*, I, 4) indica que a verdade concernente a Deus, ainda que alcançável pela razão natural, não é toda ela objeto dessa razão, por isso é próprio que seja proposta ao homem como objeto de crença. Os *praeambula* são, portanto, certas evidências que conduzem à fé (ou preparam para a fé), isto é, o que se conhece por razão natural que leva ao sobrenatural (cf. também *S. theol.*, II-IIa, q. I, a 5). Embora as verdades de fé ou verdades sobrenaturais se achem por cima da razão, não é insensato dar assentimento a elas (*Contra Gent.*, I, 6): as verdades de razão não se opõem às da fé (*ibid.*, I, 7).

Às vezes se entendeu a expressão *praeambula fidei* erroneamente, como uma série de verdades de fé ou de crença que logo a razão procede, ou pode proceder, a justificar. Falou-se então de que certos pressupostos fundamentais são, ou são como, *praeambula fidei*. Atendo-nos ao significado original da expressão de referência, se esta quer aplicar-se a outros conteúdos que aos da fé cristã de que falava Tomás de Aquino, será preciso entendê-la como designando certas evidências racionais que conduzam a proposições não derivadas de tais evidências, mas preparatórias para alcançá-las ou compreendê-las. Tanto no sentido original como em qualquer outro dos sentidos aplicáveis a outros conteúdos, os "preâmbulos" podem funcionar ou como "preparações" ou então como "justificações". Neste último caso se trata de uma espécie de "racionalização prévia".

PRAGMÁTICA. Vemos no verbete sobre semiótica que uma de suas dimensões é a chamada "pragmática". Esta consiste no estudo da relação existente entre os signos e os sujeitos que usam os signos. O que é um signo para o sujeito que o usa equivale à significação (VER) deste signo; a pragmática é definida, portanto, primordialmente, como o estudo das significações. A interpretação dada a essas significações é objeto de muitas discussões; quase todas elas se centram em torno da questão dos universais (VER).

Charles Morris (VER) definiu a pragmática como o estudo da "relação entre os signos e seus intérpretes" (*Foundations of the Theory of Signs* [1938], p. 6). Depois reconheceu que esta definição é insuficiente. Com a finalidade de eliminar certas ambigüidades inerentes a ela, propôs a seguinte: "Pragmática é a parte da semiótica que trata da origem, usos e efeitos produzidos pelos signos na conduta dentro da qual aparecem" (*Signs, Language and Behavior* [1946], p. 219). Fica claro com isso que Morris sustentou uma concepção behaviorista da pragmática (o mesmo, aliás, para a semiótica inteira). Segundo Carnap, os exemplos de pesquisas pragmáticas são: "Uma análise fisiológica dos processos que ocorrem nos órgãos da fala e nos centros nervosos relacionados com as atividades lingüísticas; uma análise psicológica das diversas conotações de uma e da mesma palavra para diferentes indivíduos; estudos etnológicos e sociológicos acerca dos hábitos lingüísticos e suas diferenças em diferentes tribos, diferentes grupos distribuídos por idades e estratos sociais; estudo dos procedimentos aplicados pelos cientistas ao registrar os resultados de experimentos, etc." (*Introduction to Semantics* [1942], p. 10). R. M. Martin coincide no essencial com Carnap. No entanto, se ocupa da linguagem natural, de modo que para ele só há uma "pragmática descritiva" e avalia que "os sistemas lingüísticos construídos com propósitos científicos dados são usados pelos cientistas como linguagens naturais e, portanto, se acham submetidos à análise pragmática" (*Towards a Systematic Pragmatics* [1959], p. 3). Além disso, enquanto a pragmática de Carnap é completamente intensional, a de Martin é inteiramente extensional. Segundo Martin, há diferentes níveis de pragmática: 1) o estudo de certas relações entre a expressão de uma linguagem e quem a usa (relações como aceitação, asserção, formulação e, inclusive, crença); 2) o estudo que leva em conta as ações e a conduta de quem usa os signos como resposta a estímulos lingüísticos; 3) o estudo que leva em conta também várias características sociais da linguagem (*op. cit.*, p. 9).

PRAGMÁTICO. O termo πραγματικός (*pragmatikós*) foi usado por Políbio para descrever seu próprio modo de escrever a história; a "história [historiografia] pragmática" se distingue nitidamente da "história [historiografia] lendária". Com efeito, esta última trata de "lendas", isto é, de "genealogias", enquanto a primeira trata de "fatos", πράγματα, o que quer dizer: "as coisas que os homens fizeram", "os assuntos humanos", "os negócios [e, sendo também 'assuntos', os ócios] humanos". Como o homem vive numa sociedade na qual "se faz coisas", e na qual há "assuntos", "negócios", "ócios", etc., Políbio estima que a consideração pragmática da história é a única que pode ensinar aos homens como comportar-se, isto é, como comportar-se enquanto membros da comunidade ou do Estado. Em latim o termo *pragmaticus* foi usado também para referir-se a "assuntos humanos", e especialmente a "assuntos políticos" (que abarcam, de fato, todos os "assuntos" do homem enquanto membro de uma comunidade). Uma vez que o "pragmático" se refere a "assuntos", a "fatos" — diríamos a "fatos contantes e sonantes" — e não a lendas, sonhos, desejos, imaginações, etc., o adjetivo 'pragmático' teve também o sentido de 'hábil', 'experimentado'. O homem pragmático é o que sabe como devem ser enfocados os assuntos e como se deve resolvê-los. Por isso se chamava também *pragmaticus* ao homem de leis, ao "advogado". O homem de leis não é um sonhador, é um homem "pragmático", isto é, "útil".

Na época moderna, 'pragmático' foi usado por vários filósofos como característica de uma filosofia ou de um modo de pensar em que se empregava um método apto para entender a realidade. Assim, Andreas Rüdiger intitulou uma de suas obras *Philosophia pragmatica methodo apodictica et quoad ejus licuit mathematica conscripta* (1723; editio altera, 1729). Kant usou várias vezes o termo 'pragmático'. Por exemplo, chamou "pragmático" o conhecimento que não era meramente para a escola *(bloss für die Schule)*, mas que era útil para a vida *(für das Leben brauchbar)*. Também chamou de "pragmático" tudo o que podia produzir "bem-estar" *(Wohlfahrt)*. Empregou também 'pragmático' para referir-se à história (historiografia) num sentido semelhante ao de Políbio. Falou de "sanções pragmáticas", que procedem de leis ditadas para promover o bem-estar da sociedade (a expressão 'sanção pragmática' tem um sentido jurídico, derivado do *pragmaticum rescriptum* ou *pragmaticum*, do Imperador; daí a "Pragmática", lei emanada de uma autoridade como especificação de um decreto geral. Mais tecnicamente, Kant usou 'pragmático' em vários sentidos, todos eles de algum modo relacionados entre si. Na *Crítica da razão pura* (A 823-24/B 851/52) indicou que uma vez aceito um fim, as condições para alcançá-lo são hipoteticamente necessárias. Tal necessidade pode ser subjetivamente suficiente (quando não se dá nenhuma outra condição dentro da qual se pode obter o fim proposto) ou absolutamente suficiente (se sei com certeza que ninguém pode ter conhecimento de nenhuma outra condição que possa levar ao fim proposto). No primeiro caso há crença contingente; no segundo, crença necessária. A crença contingente — que, de todo modo, constitui o fundamento para o emprego efetivo dos meios com o fim de levar a cabo certos atos — é chamada por Kant de "crença pragmática". Na *Fundamentação da Metafísica dos costumes*, Kant diz que os imperativos hipotéticos se subdividem em problemáticos e assertóricos (ver IMPERATIVO). Estes últimos são os imperativos de prudência ou "imperativos pragmáticos". Em *A paz perpétua*, manifesta que um princípio se chama "pragmático", e não propriamente "moral", quando destinado a regular o uso de um meio para alcançar certo fim. Em outra ocasião, Kant falou de dois modos de considerar Deus: "pragmático-moralmente" e "técnico-praticamente"; aqui 'pragmático' se contrapõe a 'prático' enquanto modo de considerar Deus por meio de ritos, orações, etc. A *Antropologia em sentido pragmático*, de Kant, não considera o homem em geral, mas em certas condições dadas (por seus temperamentos, nacionalidades, etc.). A "estrutura pragmática" do homem é análoga aqui ao que Julián Marías (VER) chamou de "estrutura empírica da vida".

Na filosofia atual, 'pragmático' costuma ser usado em dois sentidos predominantes: 1) para caracterizar ou qualificar uma idéia dentro de uma forma qualquer de pragmatismo (VER); 2) para caracterizar qualquer dos predicados — 'é plausível', 'é pouco plausível', 'sabe-se que é verdadeiro', 'sabe-se que é falso' etc. — na chamada "pragmática" (VER) como ramo da semiótica (VER).

PRAGMATISMO. A distinção kantiana entre "constitutivo" (ver CONSTITUIÇÃO E CONSTITUTIVO) e "regulativo" foi interpretada às vezes como uma possível origem da tendência chamada "pragmatismo". A influência de Kant sobre Peirce contribui para essa interpretação. Em todo caso, é possível destacar a função regulativa de certos conceitos — não só dos conceitos do entendimento, ou categorias (ver CATEGORIA) — e, com isso, acentuar os aspectos pragmáticos, ou pragmatistas, da epistemologia kantiana. Alguns autores falam a esse respeito não só de Kant e Peirce, mas também de Kant e F. C. S. Schiller. Assim ocorre com Josiah Royce, segundo o qual o humanismo e o pragmatismo de Schiller são formas do que chama de "idealismo empírico", representado, segundo Royce, por Kant. Se nosso conhecimento está limitado aos fenômenos e, ao mesmo tempo, "a consciência" desempenha um papel ativo e "fundamentante", seja nas "formas" do conhecer, seja no que diz respeito a seus "interesses", haverá uma estreita relação entre epistemologia kantiana e o que depois se chamou "pragmatismo" (cf. J. Royce, *Lectures on Modern Idealism*, 1919).

Independentemente de suas origens, dá-se o nome de "pragmatismo" a um movimento filosófico, ou grupo de correntes filosóficas, que se desenvolveram sobretudo nos Estados Unidos e na Inglaterra, mas que repercutiram em outros países, ou se manifestaram independentemente em outros países com outros nomes. Assim, por exemplo, certos movimentos antiintelectualistas no século XX (Bergson, Blondel, Spengler, etc.) foram considerados como pragmatistas ou pelo menos como parcialmente pragmatistas. Algumas opiniões de Simmel têm um ar "muito pragmatista". Foram consideradas também pragmatistas certas tendências dentro do pensamento de Nietzsche; por exemplo, suas idéias sobre "a utilidade e o dano da história para a vida" e sua concepção da verdade como equivalente do que é útil para a espécie e a conservação da espécie.

Contudo, convém reservar o nome 'pragmatismo' para caracterizar, ou identificar, as correntes filosóficas a que nos referimos no princípio, e sobretudo certas correntes filosóficas nos Estados Unidos e Inglaterra. Pode-se incluir, entre as tendências explicitamente pragmatistas, o chamado "pragmatismo italiano", defendido por autores como Mario Calderoni (1879-1914: *Il pragmatismo* [com Giovanni Vailati], 1920, ed. G. Papini. — *Scritti*, 2 vols., 1924 [incompletos]), Giovanni Vailati (VER) e, em sua primeira época, o escritor Giovanni Papini (1881-1956), todos eles colaboradores da revista *Leonardo* (1903 a 1907), na qual também colaboraram Peirce — a quem principalmente seguiam os pragmatistas italianos —, James e Schiller. Mas o pragmatismo italiano (do qual se ocupa Ugo Spirito na obra citada na bibliografia) não teve nem a amplitude nem a influência do pragmatismo saxão, ou "anglo-americano".

Segundo Edward H. Madden (*op. cit.* na bibliografia), o pragmatismo anglo-americano ou, mais especificamente, norte-americano, foi antecipado ou prenunciado por Chauncey Wright (VER), especialmente ao longo de sua crítica da filosofia de Spencer e com base numa epistemologia empirista e de uma ética utilitarista. Mas na época em que Wright desenvolvia doutrinas de caráter pragmatista, começavam a manifestar-se opiniões semelhantes. A rigor, e para não destacar uma só figura, pode-se dizer que o pragmatismo norte-americano surgiu no seio do Metaphysical Club, de Boston (1872-1874), ao qual pertenciam, entre outros, Chauncey Wright, F. E. Abbott (1836-1903), Peirce e James. Não se deve desdenhar nessas origens uma certa influência de A. Bain (VER), que definira já a crença como "aquilo sobre o qual o homem está preparado a agir"; definição da qual o pragmatismo, segundo Peirce, é um "corolário" (cf. Peirce, "The Fixation of Belief", publicado em novembro de 1877, antes do artigo no *Popular Science Monthly*, ao qual nos referimos *infra*). Aos citados pensadores convém acrescentar, também: John Fiske (1842-1891: *Outlines of Cosmic Philosophy*, 1874. — *Through Nature to God*, 1899) e Oliver Wendell Holmes (1809-1894). Os propósitos destes pensadores foram esclarecidos por Peirce, que formulou em seu artigo "How to Make Our Ideas Clear" (*Popular Science Monthly*, 12 [1878], 286-302; em *Collected Papers*, 5:

538-540), como resumo de que "toda a função do pensamento é produzir hábitos de ação" e de que "o que significa uma coisa é simplesmente os hábitos que ela envolve", a chamada "máxima pragmática" (*pragmatic maxim: C. P.* 5: 402), que reza: "Concebemos o objeto de nossas concepções considerando os efeitos que podem ser concebíveis como susceptíveis de alcance prático. Assim, pois, nossa concepção destes efeitos equivale ao conjunto de nossa concepção do objeto". Contudo, Peirce propôs posteriormente o nome de "pragmaticismo" (*Pragmaticism*) para sua doutrina com o fim de opô-la às deformações que, em seu entender, seguiram à mesma e em particular para diferenciá-la do pragmatismo de William James, que não é tanto uma deformação quanto uma transposição ao campo ético do que fora primitivamente pensado num sentido puramente científico-metodológico. Peirce distingue seu pragmatismo do pragmatismo defendido por James e por F. C. S. Schiller e, mais ainda, do pragmatismo que "começa a encontrar-se nos periódicos literários", indicando que há pelo menos certa vantagem na concepção original da doutrina que não se encontra nas acepções dos seguidores: a de que se relaciona mais facilmente com uma prova crítica de sua verdade. Pois o pragmatismo não é tanto uma doutrina que expressa conceitualmente o que o homem concreto deseja e postula — ao modo de F. C. S. Schiller —, quanto a expressão de uma teoria que permite outorgar significação às únicas proposições que podem ter sentido.

O chamado "pragmatismo anglo-americano" inclui não só F. C. S. Schiller, William James e Peirce, mas também John Dewey (VER) e George Herbert Mead (VER). Em certas ocasiões, não se usou, ou se usou moderadamente, o termo 'pragmatismo', falando-se de preferência de "instrumentalismo", "experimentalismo" e até "humanismo". Todas as tentativas de dar uma definição suficiente, ou ao menos adequada, de 'pragmatismo' fracassaram em virtude da multiplicidade de tendências amparadas sob este nome. Parece mais apropriado distinguir entre várias formas de pragmatismo ou, como fez Arthur O. Lovejoy, entre vários "pragmatismos". Segundo Lovejoy, embora a palavra 'pragmatismo' aludisse originalmente a uma teoria sobre o significado das proposições, sua ambiguidade logo se resolveu em duas tendências: a primeira afirma que "o significado de uma proposição consiste nas futuras consequências de experiências que (direta ou indiretamente) prediz que vão ocorrer, sem que importe que isso seja ou não crido"; a segunda sustenta que "o significado de uma proposição consiste nas futuras consequências de crer nela". A primeira destas acepções deu origem a uma forma de pragmatismo que dizia respeito à natureza da verdade e afirmava que "a verdade de uma proposição é idêntica à ocorrência das séries de experiências que prediz e só se pode dizer que é conhecida quando se completam tais séries". Dessas acepções derivam treze formas de pragmatismo que Lovejoy enumera logicamente do seguinte modo: "I. *Teorias pragmatistas da significação*. 1) O 'significado' de qualquer juízo consiste inteiramente nas futuras consequências por ele preditas, seja ou não crido. 2) O significado de qualquer juízo consiste nas futuras consequências de crê-lo. 13) O significado de qualquer idéia ou juízo consiste sempre, em parte, na apreensão da relação entre algum objeto e um propósito consciente. II. *Pragmatismo como teoria epistemologicamente não funcional referente à 'natureza' da verdade*. 3) A verdade de um juízo 'consiste na' completa realização da experiência (ou série de experiências) a que anteriormente apontara o juízo; as proposições não *são*, mas *chegam a ser* verdadeiras. III. *Teorias pragmatistas do critério da validade de um juízo*. 4) São verdadeiras as proposições gerais que viram realizadas na experiência passada as predições implicadas, não havendo outro critério da verdade de um juízo. 5) São verdadeiras as proposições que mostraram no passado ser biologicamente úteis a quem viveu por elas." 7) Toda apreensão da verdade é uma espécie de "satisfação", pois o verdadeiro juízo corresponde a alguma necessidade, sendo "toda transição da dúvida à convicção a passagem de um estado de pelo menos parcial insatisfação a um estado de satisfação relativa e de harmonia". 8) "O critério de verdade de um juízo é sua satisfatoriedade como tal, sendo a satisfação 'pluridimensional'". 9) "O critério da verdade de um juízo reside no grau em que corresponde às exigências 'teóricas' de nossa natureza." 10) "O único critério de verdade de um juízo é sua utilidade prática como postulado, não havendo mais verdade geral que a postulada resultante de alguma determinação motivada da vontade; não há, pois, verdades 'necessárias'. 11) Há algumas verdades necessárias, mas estas não são muitas nem praticamente adequadas, sendo necessário e legítimo mais além delas aludir aos postulados. 12) Entre os postulados que é legítimo tomar como equivalentes da verdade, os que ajudam às atividades e enriquecem o conteúdo da vida moral estética e religiosa ocupam um lugar coordenado com os que pressupõem o senso comum e a ciência física como base das atividades da vida física." IV. *Pragmatismo como teoria ontológica*. 6) Como o temporal é um caráter fundamental da realidade, os processos da consciência têm neste devir sua participação essencial e criadora. O futuro é estritamente não real e seu caráter é parcialmente indeterminado, dependendo de movimentos da consciência cuja natureza e direção somente podem ser conhecidos nos momentos em que se tornam reais na experiência" ("The Thirteen Pragmatisms", *The Journal of Philosophy, Psychology, and Scientific Method* [atualmente: *The Journal of Philosophy*], 5 [1908], 5-12, 29-39, reimp. na obra de Lovejoy: *The Thirteen Pragmatisms, and Other Essays*, 1963, pp. 1-29).

As diferentes formas de pragmatismo analisadas por Lovejoy cobrem uma quantidade muito considerável de tendências pragmatistas. Tomando o pragmatismo em sentido muito amplo, há formas do mesmo das quais Lovejoy não fala ou às quais meramente alude. Junto ao pragmatismo clássico — ou aos pragmatismos clássicos — de autores como C. S. Peirce, William James e G. H. Mead, podem-se mencionar as seguintes formas ou aspectos de uma inclinação pragmatista muito geral:

1) O já mencionado instrumentalismo de Dewey.

2) O "biologismo" enquanto "biologismo epistemológico" ou tentativa de interpretação dos processos cognoscitivos em termos de atividade e, sobretudo, "utilidade" biológica.

3) O postulado da economia do pensamento no sentido, entre outros, de Ernst Mach.

4) Alguns aspectos da chamada "filosofia da imanência" em autores como Schuppe e Schubert-Soldern.

5) O ficcionalismo de Hans Vaihinger.

6) O operacionalismo.

7) O pragmatismo conceitualista de C. I. Lewis.

8) Os trabalhos semióticos de Charles Morris.

9) O chamado "totalismo (ou holismo) pragmático" de Quine e os aspectos pragmatistas da "tese de Duhem-Quine".

⊃ Além dos autores e obras citados no texto do verbete, ver: M. Hébert, *Le Pragmatisme,* 1908; ed. rev., 1909. — G. Jacoby, *Der Pragmatismus. Neue Bahnen in die Wissenschaftslehre des Auslandes,* 1909. — A. W. Moore, *Pragmatism and Its Critics,* 1909. — J. B. Pratt, *What is Pragmatism?,* 1909. — C. Znamierowski, *Der Wahrheitsbegriff im Pragmatismus,* 1912 (tese). — R. Berthélot, *Un romantisme utilitaire. Étude sur le mouvement pragmatiste,* 3 vols., 1913. — C. Eijman, *De Kenisleer van het anglo-amerikaansch Pragmatisme,* 1913 (tese). — G. Vailati, *Il pragmatismo,* 1918. — Id., *Il metodo della filosofia,* 1957, ed. F. Rossi-Landi. — U. Spiritto, *Il pragmatismo nella filosofia contemporanea,* 1921. — E. Leroux, *Le pragmatisme américain et anglais,* 1923. — J. Dewey, "The Development of American Pragmatism" (*Studies in the History of Ideas.* Columbia University, II [1925]). — S. Hook, *The Metaphysics of Pragmatism,* 1927. — E. Baumgarten, *Geistige Grundlagen des amerikanischen Gemeinweses* (vol. II: *Der Pragmatismus: Emerson, James, Dewey*), 1938. — H. B. Parkes, *The Pragmatic Test: Essays in the History of Ideas,* 1941 [sobre Jefferson, Emerson, Nietzsche, Bergson, James, Dewey e T. S. Eliot]. — P. P. Wiener, *Evolution and the Founders of Pragmatism,* 1949. — E. Dupréel, *La pragmatologie,* 1955. — E. C. Moore, *American Pragmatism: Peirce, James and Dewey,* 1961. — E. H. Madden, *Chauncey Wright and the Foundations of Pragmatism,* 1963. — A. Santucci, *Il pragmatismo in Italia,* 1963. — H. S. Thayer, *Meaning and Action: A Critical History of American Pragmatism,* 1967; 2ª ed., 1980. — A. J. Ayer, *The Origins of Pragmatism: Studies in the Philosophy of C. S. Peirce and W. James,* 1968. — D. Rucker, *The Chicago Pragmatists,* 1969 [sobre J. Dewey, G. H. Mead, J. H. Tufts, A. W. Moore, E. S. Ames]. — C. Morris, *The Pragmatic Movement in American Philosophy,* 1970. — M. Whithe, *Pragmatism and the American Mind: Essays and Reviews in Philosophy and Intellectual History,* 1973. — I. Sheffler, *Four Pragmatists: A Critical Introduction to Peirce, James, Mead, and Dewey,* 1974. — N. Rescher, *Methodological Pragmatism,* 1976. — S. M. Eames, *Pragmatic Naturalism,* 1977. — J. E. Smith, *Purpose and Thought: The Meaning of Pragmatism,* 1978. — S. B. Rosenthal, P. L. Bourgeois, *Pragmatism and Phenomenology: A Philosophic Encounter,* 1980. — D. H. Mellor, ed., *Prospects for Pragmatism,* 1980. — R. Rorty, *Consequences of Pragmatism: Essays 1972-1980,* 1982. — R. W. Sleeper, *The Necessity of Pragmatism: John Dewey's Conception of Philosophy,* 1986. — S. B. Rosenthal, *Speculative Pragmatism,* 1986. — C. G. Prado, *The Limits of Pragmatism,* 1987. — C. West, *The American Evasion of Philosophy: A Genealogy of Pragmatism,* 1989. — J. P. Murphy, *Pragmatism: from Peirce to Davidson,* 1990. — H. S. Levinson, *Santayana, Pragmatism, and the Spiritual Life,* 1991. — R. Roth, *British Empiricism and American Pragmatism: New Directions and Neglected Arguments,* 1993.

Bibliografia: E. Leroux, *Bibliographie méthodique du pragmatisme américain, anglais et italien,* 1923. — H. W. Schneider, *A History of American Philosophy,* 1946; 2ª ed., 1962. — Também há bibliografia no livro de U. Spirito acima mencionado. ⊂

PRAKRITI E PURUṢA. No verbete sobre o sistema *Sāṅkhya* referimo-nos aos significados primários que têm nele os termos *prakriti (prakṛti) e puruṣa.* Observemos aqui que esses termos têm sido empregados também, já desde as *Upanishad,* por pensadores indianos que não aceitaram o mencionado sistema (ou a mais moderna e freqüente combinação do mesmo com o *Yoga*). Muito habitual é conceber *prakriti* como princípio do universo material — ou pelo menos perceptível — e *puruṣa* como princípio do universo anímico; muitas vezes, de fato, se qualifica a alma de *puruṣa.* Outras vezes se concebe *prakriti* como fundamento do não-vivente, e *puruṣa* como raiz do vivente, psíquico e espiritual (já que estas três noções nem sempre são distintas entre si). Outras vezes, por fim, *puruṣa* designa a alma na medida em que se a supõe "fechada" no corpo. Numa das escolas *Vedānta, prakriti* é comparado com a força gerada por *māyā* (VER), sendo ao mesmo tempo o produto do ímpeto criador e o que oculta este ímpeto. Em outra das escolas *Vedānta, prakriti* designa a Natureza onicompreensiva enquanto morada da alma, e de Deus.

PRANTL, KARL (1820-1888). Nascido em Landsberg am Lech, foi "professor extraordinário" (1847-1859) e professor titular (a partir de 1859) na Universidade de Munique. Seguindo o impulso dado à historiografia filosófica por Hegel, Prantl se distinguiu por seus estudos de história da lógica. Sua história da lógica no Ocidente contém uma grande compilação de materiais, muitos dos quais, especialmente os procedentes da Idade Média, eram inteiramente desconhecidos. Hoje em dia tem-se criticado a história da lógica de Prantl (Bocheński, Łukasiewicz) por ser considerada cheia de interpretações errôneas causadas por preconceitos filosóficos ou por incompreensão de alguns pontos fundamentais; contudo, o material histórico oferecido por Prantl continua sendo capital para a investigação da história da citada disciplina. Prantl trabalhou também no estudo da evolução do pensamento lógico de Pierre de la Ramée (Petrus Ramus).

⊃ Obras: *Die geschichtlichen Vorstufen der neueren Rechtsphilosophie,* 1848 *(Os estádios preliminares históricos da filosofia moderna do Direito).* — *Die Bedeutung der Logik für den jetztigen Standpunkt der Philosophie,* 1849, reimp., 1972 *(A significação da lógica para a perspectiva atual da filosofia). Die gegenwärtige Aufgabe der Philosophie,* 1852 *(A tarefa atual da filosofia).* — *Übersicht der griechischrömischen Philosophie,* 1854 *(Panorama da filosofia greco-romana).* — *Geschichte der Logik im Abendlande,* 4 vols., 1855-1870 (I. *Die Entwicklung der Logik im Altertum,* 1855. II-III-IV. *Die Logik im Mittelalter),* reimp., 1955 *(História da lógica no Ocidente* [I. *A evolução da lógica na Antiguidade;* II-III-IV. *A lógica na Idade Média]).* — *Die Philosophie in den Sprichwörtern,* 1858 *(A filosofia nos provérbios).* — *M. Psellus und P. Hispanus,* 1867. — *Galilei und Kepler als Logiker,* 1875. — *Verstehen und Beurteilen,* 1877 *(Entender e julgar).* — "Über P. Ramus", *Sitz. ber. der München. Ak. Phil.* (1878), 157-169. — *Über die Berechtigung des Optimismus,* 1880 *(Sobre a justificação do otimismo).* — *Kleine Schriften,* ed. Ignacio Angelelli, 1973 *(Escritos menores).* ⊂

PRAT, LOUIS. Ver RENOUVIER, CHARLES.

PRÁTICO. Os gregos chamavam πρακτικός, "prático", o que era adequado para uma transação ou negócio, o que era efetivo na πρᾶξις (ver PRÁXIS). O prático se referia às "coisas práticas", τὰ πρακτικά, e se ocupava dos "assuntos", πράγματα, enquanto "assuntos humanos" em geral. A prática se distingue da teoria (VER), mas isso não quer dizer que não haja possibilidade de um saber prático. A rigor, pode-se falar, segundo Aristóteles, de três tipos de saber: o saber teórico, ἐπιστήμη θεωρητική; o saber prático, ἐπιστήμη πρακτική; e o saber "poético", ἐπιστήμη ποιητική (ver POESIA, POÉTICA) *(Met.,* E, 1, 1025 b 20-22). O primeiro tem por objeto o conhecimento; o segundo tem por objeto a ação, especialmente a ação moral (que é também, para Aristóteles, "política"); o terceiro tem por objeto a produção. Em um sentido, porém, pode-se dizer que o saber prático não é uma ciência, mas uma "sabedoria prática", cujo fim é alcançar o bem comum e a felicidade (ou "bemestar") de cada um dos indivíduos da comunidade. Em outro sentido, pode-se dizer que há uma diferença entre sabedoria prática e sabedoria "política"; a primeira — que merece propriamente o nome de "sabedoria prática" — diz respeito ao indivíduo; a segunda — que merece o nome de "política" ou "sabedoria política" — diz respeito à comunidade *(Eth. Nic.,* VIII, 1141 b 23 ss.).

A diferença entre o "prático" e o "teórico" em Aristóteles não é radical. Muito menos significa tal diferença que o prático exclua o teórico e vice-versa. A rigor, no exercício teórico há muito de "prático", e embora o fim da existência seja a "vida contemplativa" (ou "teórica"), βίος θεωρητικός, ela não parece possível sem a "vida prática", βίος πρακτικός. Em todo caso, assim como há "princípios teóricos", também há "princípios práticos", isto é, há ἀρχαί nas πρακτικά. Os princípios práticos são formulados por meio da indução (cf. *Eth Nic.,* VI, 9, 1142 b, 22-26; VII, 3, 1146 b 35 e também *An. Post.,* II, 19, 99 b 15 ss.).

O termo 'prático' tem sido usado freqüentemente na "classificação das ciências" (ou dos "saberes"). Muito comum tem sido dividir os saberes em saberes especulativos (ver ESPECULAÇÃO, ESPECULATIVO) e saberes práticos, embora só os primeiros tenham sido considerados propriamente como "saberes", isto é, "ciências". Falou-se também freqüentemente da divisão da filosofia em dois grandes ramos: filosofia teórica e filosofia prática. Nesta última se inclui quase sempre a ética e, com freqüência, a "política" e a "economia". Falou-se às vezes da teologia como uma "ciência prática", dando-se a entender com isso que *não* é especulativa e, de certo modo, não é "ciência".

O termo 'prático' tem vários sentidos fundamentais na filosofia de Kant. Seguindo a distinção tradicional entre o especulativo e o prático, Kant fala de um uso prático da razão à diferença do uso especulativo. "O prático" não diz respeito propriamente ao conhecimento, mas "ao que é possível mediante a liberdade" *(KrV,* A 800/B 828). O prático —sensivelmente idêntico ao "moral"— permite, segundo Kant, ir mais além dos limites da experiência possível, à qual nos confina a crítica da razão (especulativa). "Prático" se diz, segundo Kant, de tudo o que diz respeito ao livre-arbítrio, como livre-arbítrio de uma vontade determinada independentemente de impulsos sensíveis. Como esta vontade está, em contrapartida, determinada pela razão, será preciso ver de que modo se pode dizer de uma razão que é — diferentemente da "razão teórica" — "razão prática". Referimo-nos a este ponto com mais detalhe no verbete RAZÃO (TIPOS DE).

Num sentido não só moral, mas também, por assim dizer, "moral-metafísico", o prático tem uma importância central na filosofia de Fichte, para quem a atividade incessante do Eu como ato de pôr-se a si mesmo equivale à "atividade prática" do Eu. Em geral, o conceito do prático é fundamental em toda filosofia para a qual a prática é parte integrante do pensamento filosófico e inclusive o fundamento de todo pensar.

Muito se discutiu a chamada "relação entre a teoria e a prática", com frases tais como "a prática segue à teoria", "a prática determina (orienta, condiciona, etc.) a teoria", "isso está bem na teoria, mas não na prática", etc. Nem sempre se esclareceu muito, porém, o que em cada caso se entende por 'prática' (ou por 'prático', 'o prático', etc.) e por 'teoria'. Às vezes se concebeu a teoria como algum sistema de idéias, noções, proposições etc., concernentes ao conhecimento da realidade, e a prática como aplicação de semelhante sistema "a situações concretas". Mas de que teoria se fala? É uma teoria científica ou filosófica? E de que prática se fala? É uma ciência aplicada, ou é a aplicação de um sistema moral ou político? Especialmente amplo, e vago, tem sido o que cabe entender por 'prática' quando se afirmou que esta determina, orienta, condiciona etc., a teoria. Alguns indicaram que é uma prática especificada (o que foi entendido por 'práxis' [VER]). Outros manifestaram que toda ação humana sobre o mundo é uma prática. Outros, que a prática equivale a um contexto político-social, ou a um cultural, ou à ideologia correspondente a tal contexto. A frase seguinte é de Fénelon: "Não se deve considerar nenhuma verdade salvo em relação com a prática". Evidentemente, essas palavras de Fénelon nada têm a ver com a prática no sentido da práxis nem com a ação no sentido dos pragmatistas, nem com contextos político-sociais. Referem-se provavelmente à vida religiosa à diferença de qualquer especulação teológica. Isso mostra que 'prático' e 'a prática' podem ser expressos de muitas maneiras.

⊃ Obras históricas: W. G. Gallie, *The Distinction between Theory and Practice from Plato to Wittgenstein*, 1970. — N. Lobkowicz, *Theory and Practice: History of a Concept from Aristotle to Marx*, 1967. — T. Ando, *Aristotle's Theory of Practical Cognition*, 1958; 3ª ed., rev., 1971. — E. M. Michelakis, *Aristotle's Theory of Practical Principles*, 1961. — H. Schweitzer, *Zur Logik der Praxis. Die geschichtlichen Implikationen und die hermeneutische Reichweite der praktischen Philosophie des Aristoteles*, 1971. — J. E. Naus, *The Nature of the Practical Intellect According to St. Thomas Aquinas*, 1959. — N. Rescher, *The Primacy of Practice: Essays Towards a Pragmatically Kantian Theory of Empirical Knowledge*, 1973. — S. Körner, ed., *Practical Reason*, 1974. — Id., *Experience and Conduct: A Philosophical Enquiry into Practical Thinking*, 1976. — D. Rubinstein, *Marx and Wittgenstein: Social Praxis and Social Explanation*, 1981. — L. Salamini, *The Sociology of Political Praxis: An Introduction to Gramsci's Theory*, 1981. — R. J. Bernstein, *Beyond Objectivism and Relativism: Science, Hermeneutics, and Praxis*, 1983. — J.-E. Pleines, *Praxis und Vernunft. Zum Begriff praktischer Urteilskraft*, 1983. — G. H. Von Wright, *Practical Reason*, 1983. — N. O. Dahl, *Practical Reason. Aristotle and Weakness of the Will*, 1984. — N. Rescher, *Pascal's Wafer: A Study of Practical Reasoning in Philosophical Theology*, 1985. — S. N. Thomas, *Practical Reasoning in Natural Language*, 1986. — G. Kitching, *Karl Marx and the Philosophy of Praxis*, 1988. — G. Köhler, *Handeln und Rechtfertigen: Untersuchungen zur Struktur der praktischen Rationalität*, 1988. — O. O'Neill, *Constructions of Reason: Explorations of Kant's Practical Philosophy*, 1989. — G. Allan, *The Realizations of the Future: An Inquiry into the Authority of Praxis*, 1990. — J. Freudiger, *Kants Begründung der praktischen Philosophie*, 1993. ⊂

PRÁTICO-INERTE. Segundo Sartre (*Critique de la raison dialectique*, 1960, p. 165), *"toda a dialética histórica se apóia na práxis individual na medida em que esta já é dialética"*. Parte-se, pois, da prática individual e não de uma noção abstrata e vazia da prática. Mas a prática individual não contém o processo dialético histórico de modo puramente mecânico, de modo que somente necessite desdobrar-se. Muito pelo contrário, a dialética e as totalizações dialéticas (ver TOTALIZAÇÃO, TOTALIZAR) são um constante movimento com o fim de superar as inércias que se vão produzindo. O "prático" não é, por si mesmo, dialético ou, se se quiser, não o é desde o princípio e sem o movimento de totalização. A rigor, o "prático" na prática individual é revelado pela dialética totalizadora como o prático-inerte. Os produtos dos homens são, desde sempre, totalidades que necessitam ser dialeticamente totalizadas. Os homens se unem em simples "séries". No reino do prático-inerte o homem fica prisioneiro de seu próprio ser social. As totalizações dialéticas que se vão efetuando desde a práxis individual ao prático inerte conduzem da série ao grupo, e do grupo ao coletivo e à história.

A função da totalização dialética é desfazer e dissolver o caráter amorfo das formações prático-inertes e da práxis individual. Por meio da dialética, a mera serialidade da multiplicidade se transcende rumo à agrupação. Contra o que se crê em geral, o amorfo não é, segundo Sartre, flexível, mas inerte.

PRATT, JAMES BISSETT. Ver NEO-REALISMO; PERSONALISMO.

PRAXIOLOGIA. Pode-se dar o nome de "praxiologia" à ciência que estuda sistematicamente as condições e normas da ação (VER) ou práxis (VER) humanas. Entre muitos autores antigos a ética como doutrina da ação desempenha a função citada. Mas só na época moderna se tentou fundar uma disciplina especial encarregada de estudar todas as formas da ação.

O autor mais conhecido por sua elaboração da praxiologia é o filósofo polonês Tadeusz Kotarbiński (VER). Segundo Henryk Skomilowski ("Praxiology: The Science of Accomplished Acting", *The Personalist* [46], 1965, p. 349), houve, antes de Kotarbiński, várias tentativas de construir um "sistema praxiológico". A primeira tentativa parece ter sido a de Charles B. Dunoyer em seu livro *De la liberté du travail, ou simple exposé des conditions dans lesquelles les forces humaines s'exercent avec le plus de puissance*, 3 vols., 1845. O título parece indicar, contudo, que se trata, antes, de um esforço para determinar as condições de otimização da ação. Outro autor a citar a respeito é Louis Bourdeau, em cujo livro *Théorie des sciences. Plan de science intégrale*, 2 vols., 1882, se introduz o termo *praxéologie* para designar "a ciência das funções, isto é, das ações". Mais próximo do conceito de praxiologia no sentido de Kotarbiński é, segundo Skolimowski, o conceito de "ponologia" proposto pelo engenheiro espanhol Melitón Martín no livro *Le travail humain, son analyse, ses lois, son évolution*, 1878. É interessante perceber que em cada um desses casos a idéia de uma praxiologia como ciência está relacionada com as questões do trabalho.

Skolimowski (art. cit.) e o próprio Kotarbiński (*Zasady sprawnego dzialania* [1960], *Os princípios da ação eficaz*; trad. ingl. em *Praxiology: An Introduction to the Sciences of Efficient Action*, 1965) indicam que o primeiro a formular um programa concreto praxiológico foi Alfred Espinas (VER) em *Les origines de la technologie*, 1897. Cabe mencionar também a respeito A. Bogdanov (VER) e sua "tectologia" (*Tektologiá*, 1913-1915), e a obra de Michel Petrovitch, *Mécanismes communs aux phénomènes disparates*, 1921, assim como G. H. Mead. Em geral, os autores para quem as questões suscitadas pelo trabalho e a ação são fundamentais podem ser considerados como interessados na praxiologia; assim ocorre, por exemplo, segundo Kotarbiński, com Marx; em *O Capital* há "palavras muito alentadoras para o praxiólogo interessado na teoria da ação eficaz em seu mais amplo alcance" (*op. cit.*, cap. I).

Num sentido muito geral, portanto, podem ser considerados como praxiólogos todos os autores que se ocuparam de problemas relativos à ação humana (ver AÇÃO) e ao trabalho (VER). Isso tem o perigo, no entanto, de dissolver a praxiologia numa miríade de tipos de análise, que incluem, entre outros, o marxismo, a filosofia analítica e partes do existencialismo, assim como, é claro, o pragmatismo. Numa acepção mais restrita, pode-se considerar como praxiólogos somente os que elaboraram a praxiologia como uma disciplina especial. O exemplo mais eminente é, como indicamos, Kotarbiński. Ele entende por 'praxiologia' "a ciência da ação eficaz", ou ciência que "investiga as condições das quais depende a máxima eficácia". Isso implica estudar a idéia de ato simples (que Kotarbiński trata de modo similar à noção de "ação básica" ou "ato básico" estudada por vários autores analíticos, já que considera possível examinar toda atividade em termos de atos simples). Implica estudar também as noções de agente e de resultado, de produto, instrumento e meio, de condições da ação, de ato complexo, ação coletiva, economização ou otimização de ações, valor das ações e cooperação. Kotarbiński chama de "proposições praxiológicas" as diretrizes simples, na medida em que são "recomendações que tendem a aumentar a eficácia das ações". No entanto, nem todas as diretrizes práticas são proposições praxiológicas; só as que estão incorporadas a um sistema podem receber legitimamente este nome. As ações humanas de que se ocupa a praxiologia incluem atividades mentais; estas não subsistem independentemente, nem menos ainda como causas de atos, mas "todo ato inclui elementos que são de natureza mental".

As idéias de Kotarbiński, elaboradas já desde 1910, culminaram no *Traktat o dobrej robocie*, de 1955 *(Tratado sobre o bom trabalho)*, do qual o livro mencionado sobre os princípios da ação eficaz (cf. *supra*) constitui, como confessa o próprio Kotarbiński, uma espécie de "instrumento de propaganda". Os fins e os problemas da praxiologia foram objeto de estudo especializado na revista *Materialy Praxeologiczne (Estudos praxiológicos)* publicada em Varsóvia desde 1962. Segundo Skolimowski, a praxiologia não é só uma ciência descritiva que estuda os atos básicos simples ou elementares e a composição das atividades compostas ou complexas em diferentes situações (de cooperação positiva, cooperação negativa e cooperação neutra), mas é também uma disciplina normativa. Com efeito, a praxiologia trata de estabelecer "normas para a ação eficaz" e faz uso de um sistema de valores que ela atribui a diversos atos e espécies de atos. Deve-se observar que os valores praxiológicos não se confundirão com outros tipos de valores, tais como, por exemplo, os valores éticos ou estéticos. Em princípio, uma atividade determinada pode receber um grau máximo de valor praxiologicamente e um grau mínimo eticamente, ou vice-versa. É óbvio que, a não ser que se decida considerar a praxiologia como uma disciplina primariamente instrumental — ainda que não, como se viu, axiologicamente neutra —, será preciso encarar o problema dos fins, e especificamente o problema da relação entre fins praxiológicos e outros.

Ludwig von Mises (1881-1973) considera a praxiologia como a teoria geral da ação humana; a economia é, com isso, uma parte da praxiologia (cf. *Human Action: A Treatise on Economics*, 1949; nova ed., revista, 1963). A concepção praxiológica de von Mises foi elaborada por seu discípulo Murray N. Rothbard no livro *Economy and State: A Treatise on Economic Principles*, 1962.

O vocábulo "praxiologia" foi empregado também por Raymond Aron (*Paix et guerre entre les nations*, 1962) para designar o estudo das normas que devem ser adotadas com vista a certos fins, e o exame da relação entre estas normas e os valores a cujo serviço se põem. O termo 'praxiologia' foi usado por Víctor Sánchez de Zavala na expressão 'praxiologia lingüística' (V. Sánchez de Zavala, "Perspectivas actuales de una praxiología lingüística", em Francisco Gracia, ed, *Presentación del lenguaje*, 1972, pp. 333-368; *Indagaciones praxiológicas. Sobre la actividad lingüística*, 1973). Sánchez de Zavala entende por 'praxiologia lingüística' uma série de estudos que culminam numa teoria que "tem por objeto representar num modelo explícito e contrastável com a experiência (muito embora, por enquanto, totalmente provisório) a atividade lingüística", isto é, "a quase-competência de produção do falante-ouvinte ideal de uma língua, o saber tácito que se requer para produzir locuções inseridas num discurso". Esta teoria se compõe de duas fases, ou subteorias. Na primeira se levam em conta os "fatores de situação de que dependem as características gerais do discurso, e se resumem tais características em certo número de 'parâmetros do discurso'"; na segunda, "se explicita o ato representando num modelo de fluxo sua originação teorética com base em tais parâmetros e em outros fatores... e se assinala em que lugares aparecem 'entradas' criadoras ou autônomas, isto é, em que opções e até que ponto o indivíduo falante tem autonomia para dirigir a originação do ato e, conseqüentemente, a locução que profira". A praxiologia lingüística trata de completar os resultados obtidos na sintaxe e na semântica pelas teorias sobre competência lingüística mediante uma investigação pragmática, que não nega os resultados mencionados, mas que nega sua pretensa autonomia. Segundo Sánchez de Zavala, contribuíram para a praxiologia lingüística, entre outros, Bar-Hillel, Montague e R. Lakoff, bem como os que criticaram a noção demasiado restrita, e quase exclusivamente sintática, de competência lingüística.

PRÁXIS. Os gregos chamavam πρᾶξις *(práxis)* uma tarefa, transação ou negócio, isto é, a ação de levar algo a cabo, πράσσω (infinitivo: πρασσεῖν). O termo πρᾶξις foi usado também para designar a ação moral. Em um dos sentidos de 'prática' (VER), a práxis designa a atividade prática, à diferença da teórica. A práxis pode ser "exterior", quando se encaminha à realização de algo que transcende o agente, e "interior", quando tem por finalidade o agente mesmo. O termo 'práxis' pode designar também o conjunto das ações levadas a cabo pelo homem. Neste sentido, Plotino fala de práxis que é, a seu entender, uma diminuição ou enfraquecimento da contemplação (*Enn.* III, viii, 5): a práxis se contrapõe deste modo à "teoria".

Para muitos dos sentidos de 'práxis' se usa o vocábulo 'prática' (ver PRÁTICO). É usual reservar hoje o nome 'práxis' para caracterizar um dos elementos fundamentais do marxismo (VER), especialmente em algumas de suas vertentes (como, por exemplo, em G. Lukács). O marxismo foi apresentado, aliás, como uma "filosofia da práxis" (A. Gramsci [VER]). Com efeito, no marxismo a chamada "práxis humana" constitui o fundamento de toda possível "teorização". Isso não equivale a subordinar o teórico ao prático, no sentido habitual, ou mais comum, desta última palavra; a rigor, a práxis é no marxismo a união da teoria com a prática.

Entre os filósofos atuais que fizeram uso do termo 'práxis' como termo fundamental figura, além de muitos marxistas, Jean-Paul Sartre. O primeiro tomo de sua *Crítica da razão dialética* contém uma "teoria dos conjuntos práticos". Sartre toma a práxis no sentido de Marx e trata de descobrir na práxis "a racionalidade dialética". A práxis não é, portanto, para Sartre, um conjunto de atividades (individuais) regidas pela razão dialética como uma razão "exterior" à práxis. Tampouco é a manifestação da razão dialética. A práxis contém, segundo Sartre, sua própria razão, e esta é justamente razão dialética (VER). A práxis manifesta, segundo Sartre, uma série de avatares, entre os quais conta o perder-se a si mesma para converter-se em mera "práxis-processo". De um modo que lembra o uso do conceito de "compreensão" *(Verstehen)* por Heidegger, embora com propósito muito diferente, Sartre chega a declarar que "a compreensão não é outra coisa senão a translucidez da práxis a si mesma, seja produzindo, ao constituir-se, suas próprias luzes, ou encontrando-se na práxis do outro" (*Critique de la raison dialectique*, I [1960], p. 160). Sartre considera o que chama "a práxis individual" como uma totalização "que transforma praticamente o ambiente numa totalidade" (*ibid.*, p. 170). O "prático-inerte" (VER) não é um fundamento da práxis, mas o contrário, o resultado da totalização da própria práxis.

⊃ Além das obras referidas no texto, ver: E. L. Burke, *Some Early Influences on the Thought of Karl Marx*, 1959 [sumário de uma tese de doutorado: *The Notion of Praxis in the Early Works of Karl Marx* (Louvain)]. — F. Chatelet, *Logos et praxis: Recherches sur la signification théorique du marxisme,* 1962. — E. Severino, *Studi di filosofia della prassi,* 1962. — J.-T. Desanti, *Phénoménologie et praxis,* 1963. — M. Sobotka, *Die idealistische Dialektik der Praxis bei Hegel,* 1965. — D. Benner, *Theorie und Praxis. Systemtheoretische Betrachtungen zu Hegel und Marx,* 1966. — A. S. Vázquez, *Filosofía de la praxis,* 1967; 2ª ed., 1980. — C. Astrada, *Fenomenología y praxis,* 1967. — A. Philonenko, *Théorie et praxis dans la philosophie morale et politique de Kant et de Fichte en 1793,* 1968. — G. Stiehler, *Dialektik und Praxis. Untersuchungen zur "tätigen Seite" in der vormaxistischen un marxistischen Philo-*

sophie, 1968. — R. J. Bernstein, *Praxis and Action: Contemporary Philosophies of Human Activity,* 1971. — O. Schwemmer, *Philosophie der Praxis*, 1971. — J. M. Bermudo, *El concepto de praxis en el joven Marx,* 1975 (tese). — V. Bozal, A. Corazón et al., *Teoría práctica, práctica teórica,* 1975. — G. Bueno, *Veinte cuestiones sobre teoría y praxis,* 1975. — F. Torres, ed., *Teoría y Praxis*, 1977. — E. Nicol, *La primera teoría de la praxis,* 1978. — D. Ihde, *Technics and Praxis,* 1978. — D. Dangelmayr, *Die philosophische Interpretation des Theorie-Praxis-Bezugs bei Karl Marx und ihre Vorgeschichte,* 1979. — VV. AA., *Praxis. Yugoslav Essays in the Philosophy and Methodology of the Social Sciences,* 1979, ed. M. Markovic e G. Petrovic. — A. Feenberg, *Lukács, Marx and the Sources of Critical Theory,* 1980. — J. Grenier, *Penser la praxis,* 1980. — W. Schmied-Kowarzik, *Die Dialektik der gesellschaftlichen Praxis. Zur Genesis und Kernstruktur der Marxschen Theorie,* 1981. — J.-E. Pleines, *Praxis und Vernunft,* 1983. — D. A. Crocker, *Praxis and Democratic Socialism: The Critical Social Theory of Markovic and Stojanovic,* 1983. — C. O. Schrag, *Communicative Praxis and the Space of Subjectivity,* 1986. — G. Kitching, *Karl Marx and the Philosophy of Praxis,* 1988.

Revistas: *Praxis,* desde 1964. — *Social Theory and Practice,* desde 1972. — *Praxis International,* desde 1981. C

PRAZER. Tem sido bastante comum entre os filósofos tomar o conceito de prazer num sentido muito geral que abarca, ou se supõe abarcar, todo tipo de prazeres e de sentimentos de prazer. Assim, considerou-se que certas coisas podem causar prazer porque causam sensações prazenteiras, como ocorre com o sabor de um bom vinho. Considerou-se também que outras coisas podem causar prazer, embora não seja uma sensação de prazer em sentido estrito, como ocorre com uma conversação com um bom amigo, com a satisfação do dever cumprido etc.

Concomitantemente, o conceito de dor foi tomado também num sentido muito geral, incluindo-se em tal conceito a sensação que se experimenta quando se sofre fisicamente, quando se perde uma pessoa amada etc.

Tomados nesses sentidos gerais, ocorreram muitos debates sobre os conceitos de prazer e de dor. Por exemplo, sustentou-se que o prazer é o contrário da dor, de modo que se se sente prazer não se pode sentir dor, e vice-versa. Afirmou-se também que é possível sentir ao mesmo tempo prazer e dor, como ocorre em certas situações supostamente anormais ou "mórbidas", nas quais se sente prazer ao sentir-se dor e das quais o exemplo mais citado é o masoquismo. Alguns disseram que sentir prazer e dor ao mesmo tempo quer dizer simplesmente sentir prazer por uma coisa e dor por outra diferente, de modo que o prazer é um certo sentir em determinado aspecto que exclui a dor no mesmo aspecto.

Por exemplo: se sinto prazer escrevendo um *Dicionário de filosofia* não posso sentir dor ao escrevê-lo, embora possa senti-la por outras razões, como a de que escrevê-lo dá, inclusive literalmente, muitas dores de cabeça.

Num nível semelhante de generalidade fizeram-se afirmações de caráter antropológico ou ético como as de que o homem por natureza persegue o prazer e evita a dor, ou que o objetivo do ser humano é aumentar ao máximo o prazer e reduzir ao mínimo a dor. Isso pode ser entendido de um modo principalmente subjetivo, caso em que temos uma das formas do hedonismo, ou pode ser entendido de um modo que inclua todos os indivíduos de uma comunidade, caso em que temos o utilitarismo.

O nível de generalidade até agora referido não foi quase nunca satisfatório. Em vista disso, foram oferecidas várias definições de 'prazer' que restringiram o significado do termo. Por exemplo, o prazer consiste na satisfação de necessidades; consiste na ausência de mal-estar, sendo a ausência de mal-estar bem-estar; consiste numa espécie de euforia, do corpo ou da mente, ou de ambos etc. Numerosas objeções foram apresentadas contra estas definições e outras similares: se podem satisfazer necessidades sem experimentar prazer; não é legítimo equiparar 'prazer' com 'bem-estar', com 'satisfação', com 'alegria', etc., porque cada um desses termos tem um conjunto de usos próprios não redutíveis estritamente aos outros. Indicou-se também que a noção de prazer se torna menos vaga quando se especificam os tipos de prazer. Dois desses tipos têm sido mencionados com freqüência: o prazer corporal e o prazer psíquico ou mental, isto é, o prazer físico e o prazer espiritual. A isso se respondeu afirmando que nem sempre é fácil distinguir entre esses dois tipos de prazer, que o prazer corporal, pelo menos nos organismos biológicos relativamente desenvolvidos, pressupõe um "sentimento" deste prazer e este sentimento é psíquico e não físico; que, por outro lado, não há prazer puramente psíquico ou mental no sentido de ser completamente independente dos estados do organismo. Alguns sustentaram que somente há prazer, ou dor, quando há consciência deles, mas não é claro o que se entende por 'consciência de'. Se se restringe demasiadamente o sentido desta expressão, chega-se à conclusão (errada) de que os animais não podem sentir prazer nem dor.

Certas doutrinas morais, e especificamente o hedonismo (VER) e o utilitarismo (VER), enfatizaram que o prazer de que falam freqüentemente é um prazer "moderado" ou que, em todo caso, é preciso "calcular" o alcance e as possíveis consequências do prazer, de modo que se possa saber se determinado prazer não vai produzir dor. Neste último caso, descarta-se semelhante prazer para buscar outro cujas consequências sejam minimamente dolorosas.

Num artigo sobre a noção de prazer (cf. *infra*), Gilbert Ryle alertou contra o que considera duas falsas concepções. Uma delas consiste em supor que, junto ao comprazer-se com (ou desfrutar de) algo, há um prazer que se sobrepõe a este comprazer-se (ou desfrutar). O prazer, diz Ryle, expressa sempre algum ato do tipo que outros filósofos chamam "intencional". 'Sentir prazer' ('desfrutar') é, de acordo com isso, um verbo transitivo. Ryle indica que houve três modos de entender o conceito de prazer e que em cada um deles se cometeu algum tipo de falácia categorial (VER). Um consistiu em colocar os conceitos de gostar, desfrutar (e, correlativamente, não gostar, não desfrutar) como se pertencessem à mesma categoria que ter uma dor. Mas é possível sentir uma dor e experimentar prazer em senti-lo. Outro consistiu numa concepção "mecânica" do prazer e da dor (ou dos verbos que expressam o experimentar prazer ou o sentir dor como 'gozar de', 'sofrer', etc.) como se se tratasse de acontecimentos que funcionam como causas e efeitos de outros acontecimentos. Mas desfrutar de algo (experimentar prazer) não é um processo, como se vê quando consideramos que enquanto um processo pode ser rápido ou lento, um prazer não pode sê-lo. O terceiro consistiu em equiparar prazer e dor a algum tipo de "paixões" análogas ao terror, ao nojo (e, poderíamos acrescentar, à euforia). Mas há coisas como "arrebatamentos", "exaltações", etc., que não são comparáveis aos "prazeres".

Não parece ser fácil saber a que "categoria" pertence o conceito de prazer. Por outro lado, isso não torna esse conceito totalmente desnecessário. Continua sendo útil para caracterizar certo tipo de experiências entre as quais se sobressaem as de agrado. É curioso, em todo caso, que enquanto alguns filósofos tentaram explicar, e até justificar, por que há dor — uma das espécies do mal (VER) — no mundo, não parece necessário justificar por que há, quando há, prazer. Seja o que for, o prazer parece dar-se por óbvio como algo digno de ser perseguido.

Para informações complementares sobre os significados de 'prazer' no pensamento grego, ver HEDONISMO.

➲ Sobre o conceito de prazer em Platão e em Aristóteles: J. Tenkku, *The Evaluation of Pleasure in Plato's Ethics*, 1956. — H.-D. Voigtländer, *Die Lust und das Gute bei Platon*, 1960. — G. Lieberg, *Die Lehre von der Lust in den Ethiken des Aristoteles*, 1958. — F. Ricken, *Der Lustbegriff in der Nikomachischen Ethik des Aristoteles*, 1976. — J. C. B. Gosling, C. C. W. Taylor, *The Greeks on Pleasure*, 1982. — C. Hampton, *Pleasure, Knowledge, and Being: An Analysis of Plato's* Philebus, 1990.

Análise da noção de prazer: G. Ryle, W. B. Gaillie, "Pleasure", em *Proceedings of the Aristotelian Society*, Supp., 38 (1954) pp. 54-67. — F. Heidsieck, *Plaisir et tempérance*, 1962. — D. L. Perry, *The Concept of Pleasure*, 1967. — J. L. Cowan, *Pleasure and Pain*, 1968. — J. C. B. Gosling, *Pleasure and Desire: The Case of Hedonism Reviewed*, 1969. — R. B. Edwards, *Pleasures and Pains: A Theory of Qualitative Hedonism*, 1979. — F. Schwanauer, *The Flesh of Thought is Pleasure or Pain*, 1982. ℭ

PRECISÃO, PRECISO. Em geral, a noção de precisão se contrapõe à de vaguidade (VER). Um símbolo vago, uma expressão vaga ou uma proposição vaga são respectivamente um símbolo, uma expressão ou uma proposição que não estão suficiente ou adequadamente "separados" de outros. Um símbolo, uma expressão ou uma proposição precisos são um símbolo, uma expressão ou uma proposição suficiente ou adequadamente "separados" de outros. A precisão é por isso similar à distinção (VER), na medida em que algo "preciso" é algo "distinto" (entende-se: distinto de outra coisa com a qual poderia se confundir). O que é preciso costuma ser claro (VER), mas, como vimos em CLARO, não se deve confundir a noção de distinção — e, portanto, também de precisão — com a clareza. O claro se contrapõe ao escuro; o preciso, ou distinto, se contrapõe ao confuso.

Os escolásticos usaram, e usam, o termo 'precisão' *(praecisio)* para designar uma forma de "separação" ou "distinção"; 'precisar' significa, em último termo, "cortar" e, por conseguinte, "separar". A precisão pode ser física ou intencional. A precisão intencional é uma separação ou distinção não reais. Dizemos "não real" e também não "mental", porque a precisão intencional pode ainda ser de dois tipos: precisão subjetiva e precisão objetiva (no sentido escolástico de 'subjetivo' e 'objetivo'). A precisão subjetiva é a que ocorre quando se tem um conhecimento de um objeto em todos os seus predicados, apreendendo-se de um modo só confuso *(confuse)* as diferenças. A precisão objetiva é a que ocorre quando se tem conhecimento de um predicado de um objeto e não se tem conhecimento (ou, se se quiser, se "prescinde") dos demais predicados. Os que rejeitam a possibilidade de uma precisão objetiva e admitem somente as precisões subjetivas são chamados *confundentes*.

A noção de precisão se acha relacionada com a de abstração (ver ABSTRAÇÃO, ABSTRATO), já que também na abstração se "prescinde" de certas notas de um objeto ou de um conceito. Toda abstração é, portanto, "precisiva", e o modo de precisão depende do tipo considerado de abstração.

PRECONCEITO. Num sentido corrente, um preconceito é, enquanto pré-conceito, um conceito prévio ao (ou antes do) conhecimento adequado ou cabal de uma coisa. Supõe-se que se trata de alguma idéia, algum sentimento ou alguma crença que formam um conceito antes do conceito, isto é, que determinam o conceito que se formula. Na maioria dos casos, os preconceitos não são percebidos pelos que julgam.

Tem sido muito comum na filosofia considerar que os preconceitos constituem um obstáculo para o reto entendimento do que se trata de julgar, seja para enunciar o que é, seja para declarar que valor ou falta de valor tem. Supôs-se, portanto, que é necessário descartar, eliminar ou dissolver os preconceitos, o que muitas vezes parece poder conseguir-se dando-se conta de sua existência.

Filósofos como Descartes ou Husserl trataram de erigir um saber sem pressupostos. De certo modo, portanto, trataram de eliminar os juízos prévios ou pré-juízos. Em alguns casos, como em Brentano, os preconceitos são certas teses da filosofia idealista especulativa.

Vários filósofos consideraram que é impossível livrar-se de preconceitos, razão pela qual o conhecimento, ou pelo menos, o conhecimento adequado é impossível. Os céticos formularam, em suas listas de tropos (VER), listas de outros tantos tipos de preconceitos. Considerava-se que ou eram insuperáveis ou que quando se percebia sua existência se podia superá-los pelo menos de uma forma: abstendo-se de formular juízos.

Outros filósofos consideraram que os preconceitos podem desempenhar uma função no conhecimento, mas com o fim de eliminar o sentido pejorativo que tem o termo 'preconceito' falaram de pressupostos básicos, princípios do senso comum e inclusive idéias inatas.

Somente em vários pensadores contemporâneos se levantou em toda a sua amplitude o problema da função dos preconceitos como tais preconceitos. Em Ortega y Gasset encontramos a noção de crença (VER) que não é exatamente a de preconceito em sentido corrente, mas que tampouco coincide com nenhuma noção de pressuposto intelectual. Segundo Ortega, a crença antecede a todo juízo no sentido de que este se formula justa e precisamente quando a crença se desvanece ou cambaleia. Em Hans-Georg Gadamer, sobretudo, a noção de preconceito *(Vorurteil)* ocupa um lugar central. Segundo Gadamer, os homens se acham instalados em preconceitos, o que quer dizer numa tradição histórica dentro da qual nasceram e se desenvolveram e dentro da qual é possível o diálogo e a comunicação. O próprio desacordo no diálogo e na comunicação se fundamenta num "acordo" constituído pela tradição, pela autoridade e pelo "preconceito". Longe de ocultar, como supunham os filósofos iluministas, o preconceito constitui a possibilidade de um desvelamento. O preconceito, tal como a tradição, não fecha, ou não fecha necessariamente, o campo da compreensão, mas abre-o. É certo que junto ao pertencimento à tradição existe, segundo Gadamer, um distanciamento ou estranheza dela, a tal ponto que no jogo entre pertencimento e distanciamento jaz a possibilidade da hermenêutica (VER). Mas o pertencimento é fundamental; em todo caso, é a condição para uma compreensão da realidade histórica do indivíduo. Por isso, Gadamer afirma que *"os preconceitos do indivíduo, muito mais que seus juízos, são a realidade histórica de seu ser"* (*Wahrheit und Methode*, 2ª ed., 1965, p. 261).

PREDESTINAÇÃO. No verbete sobre o conceito de livre-arbítrio (VER) nos referimos às discussões filosófico-teológicas suscitadas pelo chamado conflito entre a onipotência divina e a liberdade humana. Completaremos a informação ali oferecida centrando-a agora em torno do problema teológico da predestinação, tão debatido nas obras de muitos teólogos medievais e filósofos e teólogos modernos, particularmente no século XVII.

A predestinação é definida como a predeterminação por Deus do que Ele fará no tempo. Nisso se inclui a predeterminação dos que serão salvos e dos que estão condenados. Assim, Agostinho define a predestinação, em seu tratado *De dono perseverantiae* (XXXV), como "a presciência e pré-distribuição de dons pelos quais se torna completamente certa a salvação dos que são salvos". Deve-se observar que tal predeterminação comporta sempre uma presciência, mas que, como há dois elementos na predestinação dos seres humanos — a graça e a glória —, a predestinação é chamada *completa* ou *incompleta* segundo afete a graça e a glória, ou somente uma delas. Ora, essa doutrina da predestinação provocou muitos comentários e discussões. Ela mesma se apresentava como uma opinião intermediária entre os que acentuavam tanto a predestinação que chegavam inclusive a negar a liberdade humana (Orígenes, predestinarianismo), e os que acentuavam tanto a liberdade humana que chegavam a atenuar ou a negar a predestinação (ver PELAGIANISMO). Portanto, foi tomada como base para as discussões subseqüentes. Muitos teólogos a acolheram quase integralmente. Admitia-se, assim, que Deus sabe desde a eternidade quem será condenado, mas que a liberdade destas pessoas persiste, pois embora Deus siga oferecendo-lhes a graça para a salvação, elas a rejeitam livremente. Admitia-se também que nenhum indivíduo está seguro do que lhe está predestinado, mas que isso não deve eliminar em seu coração a esperança de sua salvação. A questão, porém, se foi complicando à medida que se apresentavam outras opiniões que defendiam, reforçavam, atenuavam ou negavam a citada doutrina. Essas opiniões se perfilaram sobretudo nos últimos decênios do século XVI e inícios do século XVII. Uma delas era a agostiniana estrita, que fazia proceder de Deus o poder de agir e não agir, mas que não se considerava como radicalmente predestinacionista no sentido em que Orígenes defendera a predestinação. Outra delas era a doutrina dos tomistas. Em certo sentido era mais radical que a agostiniana, pois não só sustentava a existência de uma influência extrínseca de Deus, mas também a existência de uma influência intrínseca (ver PREMOÇÃO FÍSICA) (uma doutrina relacionada com a sustentada, por razões distintas, pelo ocasionalismo [VER]). Outra era a dos naturalistas e humanistas, ansiosos por restaurar a liberdade humana e, portanto, próximos do pelagianismo. O luteranismo, ademais, se apresentou como um agostinismo radicalizado, com sua doutrina antierasmista do servo-arbítrio (*De servo arbitrio,* 1525, de Lutero, resposta à *Diatribe seu collatio de libero arbitrio*, 1524, de Erasmo). E o calvinismo levou essa posição a suas últimas conseqüências. Embora o Concílio de Trento estabelecesse a doutrina ortodoxa, condenando ao mesmo tempo o luteranismo e o naturalismo neopelagiano, ainda ficavam pontos a esclarecer. Intervieram então os molinistas (Luis de Molina) e depois os congruístas (Suárez). Suas posições se mantinham eqüidistantes dos extremos. De início, rejeitavam as teses agostinistas radicais e as tomistas. É certo que os tomistas haviam negado que o arbítrio fosse servo; mas (como esclareceu Domingo Báñez) declararam não poder abandonar a idéia da premoção física, do contrário se caía no neopelagianismo, formado pelo racionalismo sociniano. Os molinistas sustentaram que não era forçoso aderir à premoção física para evitar tais perigos. Estes eram deixados de lado, em seu entender, declarando que a intervenção divina não é uma determinação física, mas um concurso simultâneo pelo qual Deus coopera com o homem (ou causa segunda livre) proporcionando-lhe um movimento que o homem pode usar bem ou mal. Os argumentos de tomistas e de agostinistas contra os molinistas foram rebatidos por estes mediante a doutrina da ciência média (VER), para entender a qual convém examinar também a noção de futurível (VER). A liberdade, escreveu Molina na *Concordia* (quaestio XIV, a 13, disp. ii), "é uma faculdade que, se se pressupõe tudo o que requer a ação, pode ainda obrar ou não obrar".

Certo número de teólogos distinguiram entre os *praedestinati* — ou "previamente destinados" por Deus à salvação — e os *praesciti* — que Deus sabe serão condenados (cf. Leibniz, *Théodicée*, I, § 82; citado por E. Labrousse, *Pierre Bayle*, II, 1964, pp. 388-389, nota 5). Com isso aspiravam a atenuar o que os autores antipredestinacionistas consideravam que seria "responsabilidade de Deus": sublinha-se que Deus destina (predestina) a uns enquanto "só" sabe que os outros serão condenados, de modo que não os "predestina", propriamente falando, à condenação.

Não houve controvérsias somente entre os teólogos: o problema afetou também a filosofia e a literatura da época. No que toca à primeira, mencionaremos as teses de Pascal contra a posição dos jesuítas molinistas, tal como aparecem nas *Provinciales*, teses quase coincidentes com as do agostinismo. No que diz respeito à segunda, mencionaremos como obra destacada a comédia de Tirso de Molina, *El condenado por desconfiado*. Discutiu-se muito a posição de Tirso. O mais plausível é admitir que o dramaturgo queria fazer ressaltar o valor do livre-arbítrio sem para tanto manter opiniões neopelagianas. Com efeito, pode-se considerar que os dois protagonistas da obra, Paulo e Enrico, recebem a graça suficiente, de tal modo que o livre-arbítrio deixa liberdade a cada um para *usar* dessa graça.

PREDICADO. Na lógica qualificada de "clássica" ou "tradicional", o predicado (usualmente representado por 'P' no esquema 'S é P') é definido como o termo que a cópula (VER) aplica ao sujeito. O predicado constitui, junto com o sujeito, a matéria da proposição. O predicado também é definido como aquilo que se enuncia do sujeito. Na lógica de inspiração fenomenológica, o predicado costuma ser chamado de "conceito-predicado" e concebido como o conceito que visa à atribuição. Deste modo se distingue entre o predicado e o atributo (VER), concebido como o modo de ser do objeto (ou do objeto-sujeito). A noção de atributo é, por conseguinte, uma noção ontológica, a de predicado é lógica. A confusão da noção de predicado com a de atributo é corrente em várias tendências da lógica metafísica, em particular nas inspiradas por Hegel. Assim, por exemplo, o predicado não é para Bradley um conceito que designa a atribuição: é a indicação de parte da realidade, isto é, a propriedade de um ser real expressa no juízo. Segundo alguns autores, há também confusão entre o predicado e o atributo na lógica tradicional. Argumenta-se, com efeito, que a doutrina da proposição nesta lógica é derivada de determinada metafísica: a metafísica da substância-atributo. Contudo, os esforços realizados pelos lógicos de inspiração tradicional para definir o predicado como um termo fazem que a mencionada crítica não seja sempre justa. O único que se pode alegar é que em quase toda a citada lógica "clássica" se supõe — e às vezes se afirma — que a mencionada separação entre o lógico e o ontológico não significa que haja entre ambos uma completa falta de relação.

Na lógica tradicional, é comum considerar os diversos tipos de predicação de acordo com a extensão e abrangência do predicado. No que toca à extensão, o predicado pode ser tomado particularmente (nas proposições afirmativas) e universalmente (nas proposições negativas). Quanto à abrangência, o predicado pode ser tomado totalmente (nas proposições afirmativas) e parcialmente (nas proposições negativas). Por seu lado, baseando-se na classificação dada por Pfänder dos juízos segundo as classes de conteúdos objetivos postos, Francisco Romero assinala que a classificação deve ser chamada "divisão segundo o alcance e sentido da predicação", pois o determinante nela é a intenção predicativa. A divisão em questão compreende, segundo ele, as seguintes classes: (I) A predicação se refere a algo residente no objeto. Há então: *a)* juízos determinativos ou juízos que enunciam a essência do objeto-sujeito, respondendo à pergunta: "Que é isto?"; *b)* juízos atributivos, que respondem à pergunta: "Como é isto?"; *c)* juízos de ser, nos quais o predicado enuncia a categoria objetiva à qual pertence o objeto-sujeito. (II) A predicação afirma uma relação que vai mais além do objeto-sujeito. Há então: *p)* juízos de comparação, nos quais se compara o objeto-sujeito com outros; *q)* juízos de pertinência, nos quais se afirma ou nega uma relação de pertinência entre o objeto-sujeito e outros; *r*) juízos de dependência, nos quais se afirma que o objeto-sujeito depende em algum modo de outros; *s*) juízos intencionais, nos quais se enuncia que o objeto-sujeito recebe uma intenção de outro objeto.

Os modos em que é tomado o predicado de acordo com sua extensão e abrangência tornam desnecessário, e absurdo, segundo os autores de inspiração tradicional, recorrer a uma quantificação do predicado tal como a que foi proposta por W. Hamilton. Segundo este autor, em contrapartida, a suposição de universalidade nas proposições negativas e de particularidade nas afirmativas é insuficiente: os predicados devem quantificar-se expressamente. Chega-se deste modo a uma classificação de proposições que, segundo Hamilton, é mais completa que a representada no quadro clássico (proposições de tipos A, E, I, O às quais nos referimos nas letras citadas e no verbete sobre a noção de proposição). Esta classificação é a seguinte:

1) Proposições toto-totais: *a*) 'Todo S é todo P'; *b*) 'Nenhum S é nenhum P'.
2) Proposições toto-parciais: *a*1) 'Todo S é algum P'; *b*1) 'Nenhum S não é algum P'.
3) Proposições parti-totais: *a*2') 'Algum S é todo P'; *b*2) 'Algum S não é nenhum P'.
4) Proposições parti-parciais: *a*3) 'Algum S é algum P'; *b*3) 'Algum S não é algum P'.

A doutrina da quantificação do predicado, em forma às vezes parecida à de Hamilton e de forma às vezes semelhante à que mais adiante resenharemos, foi sustentada, segundo indicou E. W. Beth, por muitos autores já desde a Antiguidade. Entre eles podem-se citar os seguintes: Amônio Saccas, Guilherme de Shyreswood, J. Bentham, A. de Morgan e W. Thompson. A ela se opuseram Tomás de Aquino, João Gérson, J. Stuart Mill e A. Trendelenburg. Segundo Annibale Pastore, a teoria da quantificação do predicado foi também defendida por G. Caramuel de Lobkowitz.

Na lógica atual não se considera como nome de predicado o que se segue a 'é' no esquema tradicional 'S é P'. Neste esquema a lógica atual considera que 'S' é o nome do sujeito e 'é P' o do predicado. Em geral, considera-se como nomes de predicados todos os que são usados para enunciar algo de um sujeito, sejam propriedades ou relações. Consideremos os exemplos:

Cecília vai à missa uma vez a cada dez anos	(1)
Wamba XII foi Imperador da Tanzânia	(2)
A pipa está debaixo da mesa	(3)
Os chimpanzés são mais inteligentes que as centopéias	(4)
Lola é boa	(5)
O carteiro entregou ao vizinho um convite para o baile	(6)

As expressões 'vai à missa uma vez a cada dez anos', 'foi Imperador da Tanzânia', 'está debaixo da mesa', 'são mais inteligentes que as centopéias', 'é boa' e 'entregou ao vizinho um convite para o baile' são nomes de predicados correspondentes, respectivamente, a (1), (2), (3), (4), (5) e (6).

O esquema usado na lógica para o predicado é habitualmente 'Fx', onde 'F' simboliza o nome do predicado e é chamada "letra predicado". Outras letras usadas como letras predicados nos esquemas de enunciados predicativos são 'G', 'H', 'F'', 'G''', 'H''', 'F'''', 'G'''', 'H'''', etc.

Fala-se de predicados monádicos, diádicos, triádicos e, em geral, poliádicos, conforme afetem a um, dois, três ou mais argumentos. Ver POLIÁDICO.

Na lógica de predicados, procede-se à quantificação (ver QUANTIFICAÇÃO, QUANTIFICACIONAL, QUANTIFICADOR). A lógica na qual se quantifica "sujeitos" — os x, y, etc.; em Fx, Gx, Hx, Fxy, Gxy, Hxy, etc. — é a lógica quantificacional elementar ou lógica de predicados de primeira ordem. A lógica na qual se quantificam os predicados é a lógica de segunda ordem. Quando se fala de sistemas logísticos, isto é, de cálculos lógicos, empregam-se os nomes "cálculo funcional" de primeira ordem" e "cálculo funcional de segunda ordem", respectivamente.

Discutiu-se o problema do que designam (se se supõem que designam algo) as letras predicados, isto é, o problema dos *designata* de predicados. Este é o problema do *status* ontológico dos predicados. Abordar este problema equivale a enfrentar a questão dos universais (VER).

Às vezes se distinguiu entre predicado e atributo, considerando-se o primeiro como um traço que não pertence essencial e constitutivamente ao sujeito, enquanto o segundo é considerado como expressando um traço que pertence ao sujeito essencial e constitutivamente. Se se adota essa terminologia, o que os essencialistas (ver ESSENCIALISMO) chamam de "propriedades essenciais" equivale aos atributos. Às vezes se distingue entre predicado e atributo, estimando-se que o primeiro é um termo específico e o segundo é um termo genérico.

Enquanto 'predicado' é o termo que se usa normalmente em lógica, 'atributo' e 'propriedade' têm freqüentemente conotações não estritamente lógicas. É comum o uso gramatical de 'atributo' e o uso ontológico de 'propriedade'.

A relação entre o lógico e o ontológico no predicado foi tratada na lógica atual ao se discutir o problema de designação (VER) das letras predicados. O exame dos *designata* de letras predicados é equivalente, com efeito, ao exame de seu *status* ontológico e, portanto, encara as questões antigamente conhecidas com o nome de teoria dos universais (VER). Ora, enquanto nas antigas doutrinas não se dizia claramente dentro de que marco se leva a cabo tal análise, na lógica atual resulta claro que deve efetuar-se no quadro da interpretação semântica.

⊃ Ver: As referências de E. W. Beth, em "Hundred Years of Symbolic Logic", *Dialectica* I (1947), 553. — As de A. Pastore, em "G. Caramuel di Lobkowitz e la teoria della quantificazione del predicato", *Rivista Classici e Neolatini*, 1905. — Ver também: E. Adamson, *The Logical Copula and Quantification of the Predicate*, 1897. — H. Rickert, *Die Logik des Prädikats und das Problem der Ontologie*, 1930. — A. Grote, *Über die Funktion der Copula. Eine Untersuchungen der logischen und sprachlichen Grundlage des Urteils*, 1935. — H. Leblanc, "The Semiotic Function of Predicates", *Journal of Philosophy*, 46 (1949), 838-844. — M. Frede, *Prädikation und Existenzaussage. Platons Gebrauch von '... ist...' und '... ist nicht...' im Sophistes*, 1968. — P. F. Strawson, *Subject and Predicate in Logic and Grammar*, 1975. — W. Carl, *Existenz und Prädikation*, 1974. — I. Angelelli, "Traditional versus Modern Logic: Predication Theory", *Crítica* (Revista Hispanoamericana de Filosofia), 12 (1980), 103-106. — G. H. von Wright, "The Logic of Predication", em *Truth, Knowledge and Modality*, 1984, pp. 42-51. **C**

PREDIÇÃO. Muitos autores, já desde começos do século XVII, consideraram que a predição de fenômenos, ou, simplesmente, as predições, constituem um ingrediente essencial, senão o mais essencial, de uma teoria ou hipótese científica. O êxito de uma teoria ou hipótese se mede, de acordo com isso, pelo êxito que a teoria ou hipótese tenha em suas predições.

Como os empiristas ou positivistas lógicos defenderam a tese da simetria entre explicação e predição, em virtude da qual algo se explica na medida em que se predizem conseqüências dele derivadas e se prediz enquanto se explica, sustentou-se às vezes que estes filósofos levaram a um extremo o que caberia chamar "predições". Contudo, essa é uma interpretação errônea da metodologia lógico-empirista. Como o que importa aos empiristas lógicos é a relação lógica entre uma teoria ou hipótese e os enunciados que supostamente a provam, ou confirmam, o certo é que contam por igual a derivação lógica de enunciados a partir da teoria ou da hipótese e as predições confirmatórias derivadas delas. A chamada "simetria explicação-predição" não outorga à predição um *status* privilegiado, e por isso o empirismo lógico não é, estritamente falando, "predicionista".

A importância especial conferida à predição evita algumas das dificuldades suscitadas pela tese da simetria "explicação-predição" e, em particular, as que derivam da insistência no caráter primariamente lógico da relação entre teoria ou hipótese e enunciados supostamente confirmatórios delas. Por outro lado, a tendência ao predicionismo tropeça com dificuldades óbvias ao ter de dar conta da estrutura metodológica de teorias que, como o evolucionismo darwiniano, não são, propriamente falando, preditivas, ou não puderam até agora, a não ser dentro de esfera muito limitada, proceder a reforçar a teoria mediante predições.

PREDICÁVEIS. Em *Top.*, I, 4, 101 b 11 ss., Aristóteles apresentou uma classificação dos diversos modos de relação entre o sujeito e o predicado: trata-se dos chamados "predicáveis" (*praedicabilia*, κατηγορούμενα). A base da classificação é constituída pelas noções de convertibilidade e não-convertibilidade do sujeito com o predicado, e de essencialidade do predicado com respeito ao sujeito. A relação de sujeito com predicado que é convertível e essencial se chama "definição", ὅρος. A relação de sujeito com predicado que é convertível e não-essencial se chama "propriedade", ἴδιον. A relação de sujeito com predicado que é essencial e não-convertível se chama "gênero", γένος, ou "diferença", διαφορά. A relação de sujeito com predicado que é não-essencial e não-convertível se chama "acidente", συμβεβηκός.

Porfírio recolheu esta doutrina aristotélica em sua *Isagoge*, mas apresentou cinco predicáveis: o *gênero*, a *espécie*, εἶδος, a *diferença*, a *propriedade* ou o *próprio* e o *acidente* (são as chamadas *cinco vozes, quinque voces*, πέντε φωναί). Segundo Porfírio, o que há de comum em todas estas noções é o fato de serem atribuídas a uma pluralidade de sujeitos (embora, como já indicou David em seu comentário às *Categorias*, tais noções não sejam homólogas). Assim, diz Porfírio, "o gênero é afirmado das espécies e dos indivíduos, tal como a diferença; a espécie é afirmada dos indivíduos que contém; o próprio é afirmado da espécie da qual é o próprio e dos indivíduos colocados sob esta espécie; o acidente é afirmado ao mesmo tempo das espécies e dos indivíduos. Com efeito, o animal é atribuído aos cavalos e aos bois, que são indivíduos; a diferença é atribuída aos cavalos e também aos bois e aos indivíduos destas espécies. Mas a espécie, por exemplo o homem, não é atribuída mais que aos homens particulares. O próprio, por exemplo, a faculdade de rir, é atribuída ao mesmo tempo ao homem e aos homens particulares. O preto, que é um acidente separado, é atribuído ao mesmo tempo à espécie dos corvos e aos corvos particulares. E mover-se, que é um acidente separável, é atribuído ao homem e ao cavalo, mas é atribuído primordialmente aos indivíduos, e também, embora secundariamente, às espécies que contêm os indivíduos". Porfírio examina, além disso, certos caracteres comuns ao gênero e à diferença, a diferença entre o gênero e a diferença, os caracteres comuns ao gênero e à espécie, a diferença entre o gênero e a espécie, os caracteres comuns ao gênero e ao próprio, a diferença entre o gênero e o próprio, os caracteres comuns ao gênero e ao acidente, a diferença entre o gênero e o acidente, os caracteres comuns à diferença e à espécie, a diferença entre o gênero e o acidente, os caracteres comuns à diferença e ao próprio, a diferença entre o próprio e a diferença, os caracteres comuns à diferença e ao acidente, os caracteres próprios da diferença e do acidente, os caracteres comuns à espécie e ao próprio, a diferença entre a espécie e o próprio, os caracteres comuns à espécie e ao acidente, os caracteres comuns ao próprio e ao acidente inseparável e, finalmente, a diferença entre o próprio e o acidente. Alguns desses predicáveis têm vários sentidos. Assim, o próprio pode ser entendido ou como o que pertence acidentalmente a uma só espécie (embora não seja a espécie inteira) ou como o que pertence acidentalmente à espécie inteira, ou como o que pertence a toda uma só espécie somente num momento, ou como o conjunto de todas estas condições.

A investigação de Porfírio exerceu grande influência sobre a filosofia medieval e, em geral, sobre a escolástica de todas as épocas. Os predicáveis foram entendidos pela Escola não somente no sentido lógico, mas também ontológico. Entendidos logicamente, são definidos como os diversos modos de efetuar uma predicação e se dividem em *essenciais* (gênero, espécie, diferença) e *acidentais* (próprio, acidente). É usual, seguindo a Aristóteles, distinguir entre o predicável como forma de efetuar a predicação numa relação sujeito-predicado, e a categoria (VER) como determinação de um termo em si mesmo, ou termo independente e "absoluto". Note-se que a doutrina dos predicáveis foi exposta por alguns autores árabes medievais, entre os quais se destaca Avicena. Segundo ele (cf. *Metafísica*, 1950, p. 85), há cinco predicáveis ou "expressões universais que coincidem em poder ser predicados das coisas particulares que são inferiores a eles": são o gênero, a espécie, a diferença, o próprio e o acidente comum. Os predicáveis segundo Avicena podem, como indica Cruz Hernández (*op. cit.*, 209), ser classificados em dois grupos: predicáveis com caracteres constitutivos — como gênero, espécie, diferença — e predicáveis com caracteres derivativos — próprio e acidente comum — (a mesma divisão escolástica, portanto, entre predicáveis essenciais e acidentais). Por sua vez, Avicena indica (*op. cit.*, 86-87) que o predicado acidente comum pode ser de quatro classes: o concomitante que pertence à coisa completa e a outras; o concomitante que pertence a algumas coisas e às vezes a outras; o que é acidental para toda coisa e às vezes para outras, e o que é acidental para alguns e às vezes pertence a outros. Quanto ao próprio (*op. cit.*, p. 87), pode ser de três classes: o que é concomitante para todos e sempre; o que é concomitante para alguns e sempre; o que não é concomitante, mas não pertence senão à coisa só. Como essa classificação está baseada na noção de concomitante, convém dar a definição de Avicena: "*Concomitante* é o que qualifica necessariamente a coisa depois da verificação de sua essência, na medida em que a coisa segue sua essência, não na medida em que é intrínseca à verdade de sua essência" (*op. cit.*, p. 84).

⊃ Edição da *Isagoge* em A. Busse, *Commentaria in Aristotelem Graeca*, IV, 1, 1887, pp. 1-22. Trad. latina de Boécio em *id.*, pp. 25-51. Os três comentários gregos à *Isagoge* que possuímos são os de Amônio (*Commentaria*, IV, 3, 1891, ed. A. Busse); de Elias (*ibid.*, XVIII, 1, 1900, ed. A. Busse) e David (*ibid.*, XVIII, 2, 1904, ed. A. Busse). Entre os muitos comentários latinos figuram os de Boécio (Migne, *PL*, LXIV, 71-158), os de J. Pacius (1605) e os de Sylvester Maurus (1688). Esses comentários foram usados na versão francesa, com notas, por J. Tricot (Paris, 1947); neles nos baseamos para nosso verbete. — Ver a bibliografia do verbete CATEGORIA. ⊂

PREENSÃO. No verbete sobre Whitehead (VER) nos referimos ao termo *prehension* (que se pode traduzir por *preensão*, conforme fizemos para destacar o caráter peculiar do conceito e também por analogia com 'apreensão'). Esse termo foi empregado por Whitehead em várias obras, e especialmente em *Science and the Modern World* (cap. IV), *Process and Reality* (Parte III) e *Nature and Life*. Completaremos aqui a informação sobre o conceito oferecida no verbete citado.

As preensões são o que Whitehead também chama de "sensibilidades" *(feelings)*. Não são, contudo, ou não são exclusivamente, realidades ou acontecimentos de caráter "psíquico". Pode-se falar, em princípio, de "simples sensibilidades físicas"; a seguir, de "sensibilidades orgânicas" ou reações do organismo a seu meio; finalmente, das "sensibilidades" comumente descritas com os nomes de 'percepções' e até de 'juízos'. Por conseguinte, as preensões ou "sensibilidades" são modos de ser ou, melhor, de "agir" de elementos particulares; "cada processo de apropriação de um elemento particular", escreve Whitehead, "se chama uma preensão". A apropriação em questão é a que realiza o que Whitehead chama "célula" ou, mais exatamente, o "complexo celular", que é uma "unidade última de fato" ulteriormente indecomponível. Whitehead indica que os elementos últimos do universo "apropriados" na forma citada são as "entidades atuais" já constituídas e os "objetos eternos". Todas as entidades atuais são "preendidas positivamente", mas só parte dos "objetos eternos" o são.

As preensões "primárias" são as citadas "simples sensibilidades físicas", que são transmissões de uma forma de energia de um acontecimento *(event)* a outro no mundo físico. Tais simples sensibilidades físicas podem ser, por sua vez, simples e complexas. Whitehead fala a respeito de "pulsações de emoção primitiva" que caracterizam o mundo físico e que são equivalentes aos processos de "preensão". Chamar de "primárias" essas preensões não significa que elas sejam "componentes atômicos" de todos os elementos ou, se se quiser, acontecimentos do universo. Whitehead assinala que as preensões não são atômicas, que podem se dividir em outras preensões e combinar-se para formar outras preensões, e que em todo caso não são independentes entre si. Mas, embora as "simples sensibilidades físicas" não sejam preensões primárias neste sentido, são mais "simples" que outras preensões; por exemplo, que as preensões que constituem a experiência, e em particular as fases mais elevadas da experiência.

Uma das características da teoria das preensões, de Whitehead, é que é uma "teoria orgânica" (ou organicista) destinada a acabar com o dualismo do mundo natural e do mundo orgânico, assim como com todo dualismo do "material" e do "psíquico". Por isso as preensões não são propriamente nem físicas nem psíquicas: são "orgânicas" na medida em que as realidades podem ser comparadas a organismos e a complexos de organismos.

PREFERÊNCIA, PREFERIR. Estas noções estão estreitamente relacionadas com as de "escolha" e "escolher" e com as mencionadas no verbete ELEIÇÃO, ELEGER: decidir, decisão; deliberar, deliberação; agir ou atuar, ação, etc. Em muitos casos não se estabelece nenhuma distinção apreciável entre escolher e preferir: escolher uma coisa, ou uma pessoa, é preferi-la (a alguma outra coisa ou a alguma outra pessoa). Por outro lado, parece que a escolha segue a preferência: escolhe-se algo porque se prefere este algo a outra coisa.

O exame das noções de "preferência" e "preferir" caminhou paralelamente ao exame das noções de "escolha" e "escolher", sobretudo quando, como ocorre em Aristóteles, a escolha foi entendida como "deliberada". A deliberação não é suficiente para dar lugar a uma escolha, mas quando esta última tem lugar houve já uma preferência em virtude da qual se escolheu o que se escolheu.

A teoria dos valores, no rumo que lhe imprimiu Brentano, conferiu um lugar central às noções de "preferência" e "preferir", a tal ponto que, embora não se tenha admitido a tese — seja subjetivista, seja emotivista — de que algo tem valor porque é preferido, se ligou estreitamente o valor, e o chamado "desvalor", às noções de preferência e preterição. O que se faz com um valor, quando apreendido como tal, é preferi-lo, e o que se faz com um desvalor, nas mesmas condições, é preteri-lo. Max Scheler desenvolveu em detalhe as relações entre valores e desvalores e os atos de preferência ou preterição (ou, como se chamou também, "repugnância"). Preferir e preterir são atos básicos que acompanham as valorações positivas e negativas, respectivamente.

As questões que se levantaram acerca da escolha e do escolher, isto é, se se trata de atos mentais ou de ações, também se levantaram, e nos mesmos termos, acerca da preferência e do preferir.

A "lógica da preferência" está estreitamente relacionada com a lógica da decisão, a lógica da escolha e a lógica das normas (e, em geral, com a área de pesquisas chamadas "deônticas" [ver DEÔNTICO]). Termos primitivos na lógica da preferência são 'preferir', 'ser indiferente' (às vezes 'preterir', 'recusar'). Pode ser usada como aparato formal em questões que requeiram introduzir expressões de atos de preferência ou preterição, tais como questões econômicas, políticas, sociais e morais. Alguns autores consideram que se há um modelo de teoria lógica normativa, as preferências, tal como as escolhas e decisões, podem ser adotadas de acordo com o modelo. Deve-se ter em conta, no entanto, que um mesmo modelo pode servir para várias interpretações de atos de preferência e preterição (ou de indiferença), segundo se destaquem as dimensões subjetivas ou pessoais, comportamentais, institucionais, coletivas, etc.

↪ Muitos dos trabalhos na bibliografia do verbete DEÔNTICO tratam do problema e da lógica, da preferência. Além disso, ver: G. H. von Wright, *The Logic of Preference: An Essay*, 1963. — S. Danielsson, *Preference and Obligation: Studies in the Logic of Ethics*, 1968. — E. Schaper, ed., *Pleasure, Preference and Value: Studies in Philosophical Aesthetics*, 1983. ↩

PREFERIDOR RACIONAL. Em seu artigo "'É' y 'Debe'. En torno a la lógica de la falacia naturalista", no livro *Teoría y sociedad. Homenaje al profesor Aranguren*, 1970, ed. Francisco Gracia, Javier Muguerza, Víctor Sánchez de Zavala, pp. 141-175, Javier Muguerza apresenta, analisa e discute em pormenor a noção de "Preferidor racional". Assumindo-se que é possível encontrar razões para escolher um entre vários códigos morais e também razões para justificar a preferência, suscita-se o problema das condições da racionalidade que levam a encontrar as razões e a justificá-las (racionalmente); e isso não como um processo de descoberta subjetiva ou uma racionalização de atos subjetivos, mas dentro de um quadro "objetivo", ou o mais "objetivo" possível, isto é, com a intenção de descobrir e justificar normas universalmente válidas.

Seguindo P. W. Taylor (*Normative Discourse*, 1961, pp. 164ss.; *apud* Muguerza, *op. cit.*, p. 165), Muguerza menciona três condições para que a preferência por um código moral seja (extrinsecamente) racional: ser suficientemente livre, estar suficientemente informado e ser suficientemente imparcial. A questão é saber como se pode estar seguro de cumprir tais condições. Parece que isso só pode ser feito por um (hipotético) "Preferidor racional", P, cuja posição privilegiada ninguém em particular pode atribuir-se. É certo que cabe supor que há outro preferidor (racional), Q, que prefira de modo distinto que P, mesmo convencido da racionalidade da preferência de P. Mas um verdadeiro "Preferidor racional" deveria ser aquele que oferecesse as razões mais válidas para sua preferência; se este é P e não Q, então o Preferidor racional é P, e é preciso supor que as razões de Q são menos válidas que as de P.

Há muitos problemas acerca da idéia de semelhante Preferidor racional. No já citado artigo, Muguerza reconhece alguns deles ao indicar, entre outras coisas, que ainda não fica justificada com a idéia do Preferidor racional a preferência pela racionalidade, embora o que pergunta por que razões se estima que é preferível ser racional a ser irracional esteja perguntando razões e, portanto, está incluso no quadro da idéia de uma preferência racional da qual o hipotético Preferidor racional é como uma espécie de vértice. Mas há outros problemas, mais graves, que Muguerza trata em "A modo de Epílogo: Últimas aventuras del Preferidor racional", incluído em seu livro *La razón sin esperanza* (1977). Muguerza enfrenta o problema de com quem, ou com quê (Deus, uma "máquina capaz de automatizar o exercício de sua racionalidade", um "sujeito transcendental", etc.) se poderia identificar o Preferidor racional de que tratamos. Qualquer dessas identificações tem inconvenientes. Também os tem a identificação da hipótese do Preferidor racional com a noção de situação originária de John Rawls (VER), a quem Muguerza submete a crítica; a rigor, a crítica da idéia de Preferidor racional (e de quaisquer de suas possíveis identificações) se torna ainda mais aguda quando se somam às falhas que tem a mencionada idéia as que tem a idéia de Rawls de "situação originária". As "aventuras" pelas quais vai passando o Preferidor racional (ou, melhor, sua idéia) parecem não ter fim. Para subtrair-se a objeções, elas mesmas racionais, o Preferidor racional, ou seu inventor, tem de enfrentar várias possíveis posições — tais como um "neo-historicismo" ou um "neoperspectivismo" —, nenhuma das quais é completamente satisfatória. Dá a impressão de que o Preferidor racional vai ficando cada vez mais "comprometido" sem que se possa dizer se isso aumenta, diminui, ou deixa intacta sua racionalidade; mas seria um erro tentar qualificar este compromisso. Em todo caso, o Preferidor racional, com todos os seus inconvenientes, é menos perigoso que qualquer dogmatismo, seja qual for o disfarce com que se vista. É possível dizer que o Preferidor racional morreu. Mas se tal ocorre, morreram também todos os outros Preferidores, embora se fantasiem com outros nomes. No fundo, o que ocorria ao Preferidor racional era que tinha atributos demasiado estáticos, incompatíveis com uma verdadeira e autêntica racionalidade. Esta é a racionalidade, tanto teórica como prática, que se apresenta "como capacidade para fazer frente a situações inéditas, como são sempre as revoluções científicas ou sociais. A racionalidade assim entendida será ela mesma então *revolucionária*". Cabe dizer, assim, que se prefere racionalmente quando se faz uso de uma razão que seja "a maneira como o homem experimenta a novidade". Cabe dizer também, talvez, numa linha semelhante à de Ernst Bloch, que preferir (racionalmente) se baseia em "esperar". Ora, "a razão analítica", escreve Muguerza no final do mencionado 'Epílogo', "tem sido caracterizada por uma razão sem esperança. E caberia perguntar se tal traço não será um traço invariante do exercício humano da racionalidade, isto é, da razão sem mais [e com isso da preferência racional]". Mas "com esperança, sem esperança e ainda contra toda esperança, essa razão é, todavia, nosso único pretexto, motivo pelo qual a filosofia não pode renunciar, sem se trair, à meditação em torno da razão".

PRÉ-LÓGICO. Ver LÉVI-BRUHL, LUCIEN; LÉVI-STRAUSS, CLAUDE; PRIMITIVO.

PREMISSA. Aristóteles chama "premissa", πρότασις, a expressão que afirma ou nega algo de algo (*An. Prior.*, I, 24, a 16 ss.). Ela pode ser universal, particular ou indefinida. Universal é, diz Aristóteles, a atribuição ou não atribuição a um sujeito tomado universalmente; particular é a atribuição ou não-atribuição a um sujeito tomado particularmente ou não universalmente; indefinida, a atribuição ou não-atribuição feita sem indicação de universalidade ou particularidade. Aristóteles distingue entre três classes de premissas: a silogística, a demonstrativa e a dialética. A premissa demonstrativa se distingue da dialética porque na demonstrativa se toma uma das duas partes da contradição, na medida em que na dialética se pede ao adversário que escolha entre as duas partes. O que não significa que haja diferença na produção mesma do silogismo, pois o silogismo (VER) começa sempre assinalando que algo pertence ou não a outra coisa. Disso resulta uma mais clara noção das três classes de premissas. Uma premissa silogística em geral será a afirmação ou negação de algo acerca de algo. Uma premissa demonstrativa será aquela cuja verdade seja obtida por meio dos princípios estabelecidos primitivamente, dos axiomas. A premissa dialética será, como se explica nos *Tópicos*, aquela na qual o que interroga pede ao adversário que escolha uma das duas partes de uma contradição, mas na qual também desde o momento em que formula um silogismo estabelece uma asserção sobre o aparente e o provável. Na estrutura do silogismo se chama de premissas os dois juízos anteriores dos quais se deduz um terceiro. As premissas são os antecedentes do raciocínio que dão lugar ao conseqüente ou conclusão. As premissas são: 1) a maior, que contém o termo maior ou termo que serve de predicado à conclusão, e 2) a menor, que contém o termo menor ou termo que é sujeito da conclusão.

PREMOÇÃO. O clássico conflito entre as exigências da onipotência divina e do livre-arbítrio humano recebeu, entre outras soluções, uma que exerceu grande influência: trata-se da doutrina da *premotio physica* elaborada pelo tomismo em estreita relação com sua teoria causal. Segundo ela, Deus promove intrinsecamente e "fisicamente" as causas segundas para a ação sem que com isso se suprima o livre-arbítrio destas causas. Em outros termos, as causas segundas dependem da causalidade da primeira causa em toda a sua operação. O chamado influxo físico *prévio* de Deus é considerado então necessário, e o vocábulo 'premoção' expressa tal condição desse *influxus*. A *premotio physica* não admite, portanto, a teoria do influxo extrínseco e do concurso simultâneo e, por conseguinte, se opõe à solução dada por Luis de Molina, segundo o qual a causa primeira e as segundas são causas parciais coordenadas de acordo com a ciência média (VER). Também se opõe à solução ocasionalista, que acentua demasiadamente (como expressa especialmente Malebranche em seu escrito sobre a premoção física) a ação da causa primeira, inclusive com detrimento (e supressão em princípio) das causas segundas. Tentou-se resolver as dificuldades que a teoria da premoção suscitou, dificuldades que afetam especialmente a liberdade das causas segundas, por meio de uma série de distinções. Assim, Garrigou-Lagrange opina em seu verbete "Prémotion physique" (*Dictionnaire de théologie catholique*, de Vacant-Mangenot-Amann, t. XIII) que a *premotio physica* não é uma moção que necessita interiormente de nossa vontade para eleger isso em vez daquilo, que não é simples *concursus simultaneus*, que não é moção indiferente, que não é assistência puramente extrínseca de Deus. Positivamente, em contrapartida, se diz que a premoção física é uma moção e não uma *creatio ex nihilo*, que é física e não moral, que é premoção por prioridade (não de tempo, mas de natureza e causalidade) e que é predeterminação causal (e não formal). O molinismo, por sua vez, destaca as contradições da premoção física e ressalta continuamente que o conflito citado não fica destruído com ela, pois a predeterminação, desde que tomada intrinsecamente, move de um modo "determinado" e "irresistível" a vontade.

PREPOLOGIA. Ver BAUMGARTEN, ALEXANDER.

PRESCRIÇÃO. Numa prescrição, ordena-se, preceitua-se ou manda-se algo. Assim, 'Deve-se dizer sempre a verdade', 'É preciso pedir audiência em folhas assinadas de punho e letra do peticionário', 'Só se deve atravessar a rua nos lugares assinalados', 'Há que lutar para acelerar o processo de libertação das classes oprimidas', 'Deve-se desenroscar a porca com uma chave inglesa', 'Acrescente 10 miligramas de ácido pantotênico para cada 20 miligramas de niacinamida' são exemplos de expressões prescritivas, ou prescrições.

É óbvio que o que cabe entender por 'prescrição' é tão variado que convém em cada caso especificar o tipo de prescrição referido, a menos que se convencione dar o nome de 'prescrição' só a certo tipo de prescrições. 'Deve-se desenroscar a porca com uma chave inglesa' é, em sentido muito amplo, uma prescrição, mas não é nem uma ordem nem um mandado; poderia ser chamada de 'instrução' ou 'orientação'. 'Acrescente 10 miligramas de ácido pantotênico para cada 20 miligramas de niacinamida' é uma especificação para a fabricação de multivitamínicos. Muito do que se diz para mostrar como se faz algo, ou como se "deve" fazer algo para fazê-lo com toda propriedade, ou com o fim de obter resultados determinados, são especificações, orientações ou instruções.

Caberia perguntar se não são instruções todas as chamadas "prescrições", de modo que uma rotulada "prescrição" como 'Deve-se dizer sempre a verdade' não será mais do que uma instrução ou orientação de conduta que poderia ter a forma 'Deve-se dizer sempre a verdade caso não se queira ser pego desprevenido'.

Pode-se dar ao perguntado acima uma resposta afirmativa e interpretar tal resposta de duas maneiras: 1) Todas as prescrições são unicamente instruções. 2) Além de serem instruções, são descrições do modo como se levam a cabo as instruções se se quiser atingir um fim determinado, de modo que as prescrições são redutíveis a descrições.

Os que se inclinam para a afirmação 2) são partidários do chamado "descritivismo" (VER), pelo menos numa das acepções do termo. Os que se inclinam para a afirmação 1) não são necessariamente descritivistas em nenhum sentido do termo, mas poderiam ser chamados de "instrucionistas".

Os filósofos que não são nem descritivistas nem instrucionistas com respeito às prescrições tendem a acentuar mais o caráter moral das mesmas do que os descritivistas ou os instrucionistas. Entendem então as prescrições como expressões que incluem imperativos (morais, em sentido amplo) e juízos de valor (morais, em sentido amplo, mas também possivelmente estéticos). O uso de 'prescrição' em qualquer destas últimas acepções é próprio do chamado "prescritivismo" (VER); sobretudo se se estima que as prescrições são formuladas como guias para a ação ou como expressões destinadas a persuadir e a convencer.

As prescrições podem ser absolutas (como 'Fazei o bem', 'Cumpre teu dever', 'Alcança ser o que és', etc.) ou relativas (como 'Fazei caridade', 'Respeita os idosos', etc.). É questão muito debatida se as prescrições consideradas como absolutas têm um conteúdo determinado ou, no caso de não tê-lo, se exercem ao menos a função de um imperativo categórico em sentido kantiano (ver IMPERATIVO). Podem ser também singulares ou universais de acordo com seu alcance. Embora as prescrições absolutas sejam universais, as prescrições relativas (ou con-condicionais) podem ser universais ou singulares. Uma prescrição universal não absoluta é o que se entende freqüentemente por 'norma moral' e também 'máxima moral'.

PRESCRITIVISMO. Num sentido geral, pode-se dar o nome de "prescritivismo" a toda tendência segundo a qual certos grupos de expressões, que às vezes são consideradas como enunciados, e especificamente como enunciados declarativos ou informativos, não enunciam ou, em todo caso, não declaram ou descrevem nada, e não acarretam nenhuma informação; trata-se de prescrições, de normas ou de regras. Deste ponto de vista geral, o prescritivismo equivale ao que se chamou de "normativismo" (VER).

Mais especificamente, deu-se o nome de "prescritivismo" a uma tendência da ética (e metaética) contemporânea, principalmente desenvolvida por R. M. Hare, em oposição não só ao naturalismo ético, mas também ao intuicionismo ético e a qualquer doutrina na qual se admita que se podem aplicar predicados — embora sejam predicados "não naturais" — a sujeitos, ou a atos de sujeitos, com o propósito de descrever realidades ou comportamentos morais. De algum modo, o prescritivismo coincide com o emotivismo (VER) na oposição ao intuicionismo; mas enquanto os emotivistas, começando com C. L. Stevenson, pensavam que a linguagem moral está voltada a influenciar a conduta, Hare e os prescritivistas o negam. Se digo "Deves dizer sempre a verdade" não estou com isso necessariamente influindo sobre a pessoa a quem o digo, porque embora pudesse influir sobre ela ao dizê-lo, essa influência, ou o propósito de exercê-la, não é um traço fundamental de meu dizer. Poderia dizê-lo sem ter o propósito de influir sobre a conduta da pessoa em questão, ou poderia influir sobre a conduta da pessoa em questão dizendo outra coisa, ou não dizendo nada, ou forçando-a fisicamente a dizer sempre a verdade.

O prescritivismo sustenta que a linguagem moral é feita de prescrições (ver PRESCRIÇÃO), que não oferecem informação nem influem necessariamente sobre a conduta, mas que oferecem um guia para a mesma. Hare indica que a linguagem prescritiva pode ser formada por imperativos (que podem ser singulares ou universais) ou por juízos de valor (que podem ser não morais ou morais) (*The Language of Morals*, 1952, p. 3). Daí decorre que nem todas as prescrições são imperativos, e que nem todos os imperativos são universais. No entanto, os imperativos são especialmente importantes porque, embora um juízo moral não seja, estritamente falando, imperativo, todo juízo moral implica um imperativo. Sem isso não teria sentido o propósito de guiar a conduta, já que a aceitação de um imperativo equivale a aceitar fazer o que o imperativo diz que se "teria de" fazer. Ao mesmo tempo, não teria sentido que alguém proferisse um imperativo de caráter prescritivo se não tivesse a intenção de que a pessoa a quem se dirige o imperativo fizesse o que o imperativo indica (*op. cit.*, p. 13).

Hare sustenta que os juízos morais são universalizáveis, e que isso distingue tais juízos, expressos imperativamente em linguagem prescritiva, de juízos não morais que podem ser igualmente expressos imperativamente em linguagem prescritiva, mas que não são, ou não são necessariamente, universalizáveis. Isso se deve à consideração de que, dada uma situação que dá origem a um juízo moral, toda outra situação comparável deve dar origem ao mesmo juízo moral (uma tese que se pode considerar como ligada a um pressuposto por si mesmo não justificado ainda, isto é, o de "situação moral"). Em todo caso, Hare se manifesta decididamente a favor do que chama de "prescritivismo universal": "isto é, uma combinação de universalismo (a idéia de que os juízos morais são universalizáveis) e de prescritivismo (a idéia de que tais juízos são, ao menos tipicamente, prescritivos)" (*Freedom and Reason*, 1970, p. 16), e argumenta que não é fácil atacar consistentemente *ambos* os aspectos da mesma doutrina ao mesmo tempo. •• Em investigações posteriores, Hare tentou combinar o prescritivismo (de raiz kantiana) e o utilitarismo. Para chegar a isso é fundamental sua distinção entre dois níveis de pensamento moral: o intuitivo e o crítico (ver HARE, R. M.). ••

O prescritivismo é fundamentalmente uma teoria metaética e não ética, mas isso no sentido apenas de que não indica (e reconhece, aliás, que não tem por que indicar) que prescrições — e proscrições — devem ser propugnadas. Por outro lado, como ocorre com a maior parte das teorias metaéticas, oferece uma descrição e uma justificação da maneira como a linguagem moral se entrelaça com a conduta, de modo que não pode ser considerada como uma "mera investigação lingüística". Entre as objeções formuladas contra o prescritivismo está a de que ele se apóia quase exclusivamente num só tipo de linguagem moral, a que se expressa imperativamente, negligenciando outros aspectos dessa linguagem.

O termo 'prescritivismo' foi usado também em relação com a disputa acerca dos modos como são produzidas definições. Neste caso, o prescritivismo é uma das várias formas de convencionalismo, isto é, a forma segundo a qual as definições não oferecem informação, mas indicam unicamente os modos de usar os signos.

PRESENÇA. O termo grego παρουσία ("parousia" = "presença"; note-se neste termo o componente οὐσία [ver OUSIA]) aparece em vários autores. Assim em Platão, quando fala da "presença" das idéias às coisas que participam delas; a participação se efetua porque as idéias estão presentes às coisas (à diferença de estarem presentes nas coisas, o que não seria propriamente presença, mas existência ou, melhor, coexistência). Por outro lado, o conceito de presença, com ou sem o uso do termo 'presença', parece ser fundamental em todo o pensamento grego, ao menos na opinião de Heidegger, que destacou a idéia do estar presente *(Anwesen)*, das realidades presentes *(Anwesenden)* e da presença *(Anwesenheit)*. Heidegger chama os entes de ὄντα, "os presentes" (cf., entre outros textos, *Identität und Differenz*, pp. 62ss.). A idéia de presença e dos entes presentes ou dos "presentes" é especialmente básica, segundo Heidegger, na filosofia grega, a tal ponto que nela se pode falar do Ser como Presença. Ernst Tugendhat (ΤΙ ΚΑΤΑ ΤΙΝΟΣ: *Eine Untersuchung zu Struktur und Ursprung Aristotelischenr Grundbegriffen*, 1959, *passim*) elaborou a concepção de Heidegger e destacou de que modo em alguns filósofos gregos — por exemplo, em Parmênides — o Ser está "todo ele presente", por ser in-diferenciado e, por assim dizer, trans-parente. Isso suscita um problema que é o do sentido da presença dos fenômenos, à diferença da presença, ou o ser presença, do Ser, mas o autor assinala que enquanto a presença dos fenômenos é espúria, a do Ser é uma pura e autêntica presença. Isso desencadeia a questão da possível duplicidade do ser como presença e a necessidade de interpretar toda presença como o estar presente do ser.

O vocábulo 'presença' foi usado em sentido teológico por filósofos cristãos, sobretudo em relação com o debatido problema da presença ou não presença real de Cristo na Eucaristia. Os filósofos e teólogos escolásticos enfrentaram o problema distinguindo entre várias espécies de presença, entre as quais se distingue o estar presente *circumscriptive* (ou presença de algo em outra coisa em toda sua extensão) e o estar presente *definitive* (ou presença de algo em outra coisa não só em toda ela, mas também em cada uma de suas partes). Pode-se admitir um tipo de presença e negar o outro. Por outro lado, os que negam a presença real tentam afirmar outros tipos de "presença" que para muitos autores não são propriamente uma "presença"; por exemplo, a "presença simbólica", que é, antes, uma "relação simbólica".

Na medida em que designa um "estar diante de", 'pre-sente' *(praes-ens)* tem pelo menos dois sentidos: o sentido corporal *(praesentia corporalis)* e o sentido temporal *(praesentia temporalis)*. Esses dois sentidos se manifestam no uso, em português, de 'presente', que pode referir-se a algo estar diante de algo ou a algo existir "neste momento". O vocábulo 'presença', em contrapartida, costuma ter um sentido bem mais "corporal", à diferença da expressão 'o presente', que tem um sentido temporal. Mas os problemas que o conceito de presença levanta são ao mesmo tempo "corporais" e "temporais", desde que se entenda 'temporal' num sentido muito amplo, que inclui o ser "eterno". A rigor, não poucos autores manifestaram, explícita ou implicitamente, que a verdadeira presença é eternidade (VER), já que enquanto no temporal há sucessão de presenças, no eterno tudo é "presente". Por isso se falou inclusive do eterno como o "eterno presente", que é o "estar presente sempre".

O conceito de presença abriu caminho em várias direções filosóficas contemporâneas. Desempenha um papel central na fenomenologia de Husserl, especialmente — e alguns críticos acrescentariam: "exclusivamente" — em sua primeira fase, antes das inclinações idealistas. O ser pode ser considerado como um "modo de presença", seja metafísica e epistemologicamente, seja antes de toda consideração metafísica ou epistemológica (cf. Wolfgang Walter Fuchs, *Phenomenology and the Metaphysics of Presence: An Essay in the Philosophy of E. Husserl*, 1976).

É importante a idéia de presença no pensamento de Michel Henry. A presença aparece aqui sob a noção de "manifestação": *"O ser se manifesta à consciência natural* como o que lhe permite ser o que ela é, uma consciência focada no ente. A consciência vive, pois, em *presença* [grifo nosso] do ser que é esta própria presença. A presença do ser na qual vive a consciência natural não é uma presença suposta, uma condição desentranhada pela reflexão filosófica e pensada por ela como a pressuposição de toda relação possível ao ente. A presença do ser que torna possível esta relação, ou seja, a própria consciência, está, antes, presente em si mesma. Por estar presente a relação, por manifestar-se o ser, a consciência natural tem efetivamente uma relação com o ente. *A realidade da relação é sua manifestação"* (*L'essence de la manifestation*, tomo I, 1963, p. 167).

Referimo-nos antes a Heidegger. Ocupamo-nos também de um dos aspectos da noção de presença no verbete INSTANTE, ao falar da idéia de um "presente". Entre outros autores que trataram o conceito de presença na filosofia deste século cabe mencionar Gabriel Marcel (por exemplo, em *Présence et immortalité*, 1959, onde trata da presença como "modo de ser do outro") e Louis Lavelle. Para este autor, a "unidade do ser" se funda na perfeita simplicidade da "presença real". Todas as "presenças particulares" são para Lavelle formas da "presença pura", que é o estar presente como tal. Não há objeto possível sem presença, nem há consciência sem um estar-lhe presente o objeto. A presença é, portanto, o ser. Ora, a participação no ser é possível, segundo Lavelle, só por meio do tempo. A presença pode existir como "dispersa", mas pode "voltar-se a encontrar". O meio de achar de novo a presença pura é a partir do instante, pois "basta sair do instante para entrar no presente" (*La présence totale*, 1934, p. 229].

Num sentido diferente dos anteriores, Raymond Ruyer introduziu a expressão 'informações de presença' (ver "Les informations de présence", *Revue Philosophique de la France et de l'Étranger*, 87 [1962], 197-218) para referir-se a um tipo de informações que não podem reduzir-se à transmissão de sinais; a "presença" oferece uma informação por seu mero "estar presente"; como ocorre, por exemplo, na obra de arte; parte considerável, senão a parte fundamental, da "informação" que oferece a obra de arte é constituída por sua presença e pela apreensão da presença por aquele que a contempla.

Na chamada "nova retórica" (ver RETÓRICA) proposta por Chaïm Perelman e L. Olbrecht-Tyteca, considera-se que a presença do que fala constitui um elemento importante no argumento retórico que possa produzir. A presença de referência é de caráter físico ou, melhor dizendo, pessoal, já que a maior ou menor força do argumento depende em grande parte da personalidade de quem o apresenta. Essa personalidade se manifesta, no processo da argumentação retórica, por meio do estilo usado, dos gestos, das pausas, do tom de voz, etc. Na medida em que a retórica não é um mero agregado extrínseco à argumentação, mas um elemento epistemológico não desprezível, a própria epistemologia não pode prescindir da noção de presença no sentido apontado.

Considero que o que se chama de "presença" é um dos haveres (VER) da realidade (cf. *El ser y el sentido*, 1967, VIII, § 3). O estar presente de uma realidade não é incompatível com a possibilidade de que se ache oculta, ou não se ache presente e, por assim dizer, à vista. É incompatível, em contrapartida, com que uma realidade se ache constitutivamente (ou definitivamente) oculta. Toda realidade tem o traço estrutural ou o "haver" da presença no sentido de que é, em princípio, "apresentável". Do ponto de vista epistemológico, isso equivale a dizer que toda realidade é em princípio representável. O próprio conhecimento é também apresentável, isto é, é sujeito possível de representação.

O haver da presença corresponde à idéia de que todas as realidades são em princípio acessíveis ao conhecimento. O conhecimento, ou representabilidade, da realidade se funda em sua "apresentabilidade". Isso não quer dizer que haja uma só representação possível para cada realidade, ou grupo de realidades. Há mui diversas representações possíveis, mas sendo as representações objetos possíveis de conhecimento, elas fazem parte do traço estrutural "presença". "É essencial para essa noção que não haja 'realidades em si' que contrastem com 'realidades representadas'. Se isso ocorresse, elas se achariam em alguma parte; por exemplo, num sujeito que então 'conteria' o objeto. Mas o sujeito seria em tal caso uma espécie de objeto continente, e independentemente da forma em que se concebesse o 'conter', resultaria que o contido seria só a realidade representada à diferença da suposta 'realidade em si'".

PRESENTAÇÃO (ou APRESENTAÇÃO). Em vários escritos (cf. bibliografia), Meinong introduz e desenvolve a noção que chama de "presentação" *(Präsentation)*. Segundo ele, "a idéia de presentação procede do fato de que há vivências mediante as quais a apreensão de um objeto é dada inclusive em suas peculiaridades mais individuais sem que por isso esteja completa a apreensão" (*Über emotionale Präsentation*, § 1). Isso ocorre claramente, continua Meinong, quando se trata de representações *(Vorstellungen)* que, embora sendo de objetos, não nos permitem apreender tais objetos de um modo apropriado por não possuir um caráter ativo. Isso não quer dizer, porém, que a presentação de um objeto seja igual a sua representação, isto é, a seu ser representado; com efeito, há certos objetos, que Meinong chama "objetivos" (VER), que são apreendidos sem por isso poderem ser representados, isto é, sem que tenhamos deles uma representação ou "idéia". "As vivências que os apreendem [que apreendem tais "objetivos"], e que em sentido preciso podem ser chamadas 'pensamentos' [*Gedanken*], exibem um componente cuja constância ou variabilidade se acha estritamente coordenada com a constância ou variabilidade dos objetivos que se trata de apreender" *(loc. cit.)*. Pode-se falar, portanto, do "conteúdo dos pensamentos", como se pode falar de "componentes de representação".

Meinong infere disso que pode haver presentação sem representação ou, melhor dizendo, sem representar *(Vorstellen)*. A presentação é mais básica que a representação porquanto dentro da primeira se dá a segunda como a atividade de trazer algo à consciência. Não é, porém, mais básica na forma como se diria que as idéias de sensação são mais básicas que as de reflexão, entendendo-se que estas operam sobre aquelas. O caráter básico da presentação se efetua no nível do juízo ou, melhor, da "vivência judicativa". No representar, diz Meinong, há uma presentação sem apreensão completa. Isso distingue o representar do pensar, onde a presentação se efetua, mediante o conteúdo pensante *(Denkinhalt)*, junto com a vivência pensante *(Denkerlebnis)*, obtendo-se desse modo uma apreensão completa de um "objetivo".

Meinong se interessou de imediato pela noção da presentação enquanto presentação intelectual. A presentação pode ser autopresentação *(Selbstpräsentation)* ou heteropresentação *(Fremdpräsentation)* ou presentação de outra coisa. A autopresentação é de caráter introspectivo; na mencionada obra, Meinong rebate as objeções que seu discípulo Ernst Mally dirigira contra essa noção, alegando que sofria o vício lógico da auto-referência. A heteropresentação ocorre geralmente, embora não exclusivamente, mediante idéias. A presentação pode ser também "parcial" ou "total". Na vivência judicativa, por exemplo, se tem uma autopresentação total. As heteropresentações são no mais das vezes parciais, mas pode haver também heteropresentações totais. Por outro lado, há exemplos de autopresentações parciais em certos atos de abstração de conteúdos internos.

A obra citada antes desenvolve as idéias esboçadas nos escritos indicados na bibliografia e acrescenta a noção de presentação emotiva ou emocional (§ 3). Trata-se de sentimentos *(Gefühle)* e desejos *(Begehrungen)*, nos quais se reproduzem, convenientemente modificadas, as definições e classificações anteriores. Meinong destaca a possibilidade de vivências imaginativas em meio às quais é possível memorizar experiências emotivas passadas sem necessidade de que estejam "presentes". Correspondendo às suas tendências claramente realistas e "objetivistas", Meinong elaborou uma detalhada doutrina dos tipos de objetos dados às apresentações emotivas, e em particular às presentações de sentimentos — "objetos de presentação emotiva parcial" (*op. cit.*, § 11) —, que constituem o fundamento de uma teoria objetivista dos "valores": agradável-desagradável, bonito-feio, verdadeiro-duvidoso, valioso ou bom-mau. As classes de objetos resultantes são chamadas por Meinong "dignitativos" (VER).

➲ *Über emotionale Präsentation* foi publicado em 1917 como "Sitzungsberichte, 183" (de 18 de outubro de 1916), da Kaiserliche Akademie der Wissenschaften em Viena, na *Gesamtausgabe* de obras de Meinong, ed. por R. Haller e R. Kindiger, figura no vol. III [*Abhandlungen zur Werttheorie*], ed. R. Kindiger, 1968. — Os outros escritos a que aludimos no texto e a que se refere o autor na primeira nota de rodapé do citado escrito são (citamos segundo a nota): "Über die Erfahrungen unseres Wissens", Caderno VI de *Abhandlungen zur Didaktik und Philosophie der Naturwissenschaft*, 1906, pp. 72ss.; *Über Annahmen*, 2ª ed., p. 244 [primeira ed. de 1902]; *Über Möglichkeit und Wahrscheinlichkeit*, 1915, § 33; "Für die Psychologie und gegen den Psychologismus in der allgemeinen Werttheorie", *Logos*, 3, pp. 10 e segs. (1912). ⊂

PRESENTE. Ver ETERNIDADE; INSTANTE; MOMENTO; PRESENÇA; TEMPO.

PRÉ-SOCRÁTICOS. Geralmente se considera como primeiro período da filosofia grega o dos chamados "pré-socráticos". Compreende todos os pensadores e escolas filosóficas anteriores a Sócrates; portanto, Tales de Mileto, Anaximandro, Anaxímenes, Diógenes de Apolônia, Pitágoras e os primeiros pitagóricos (ver PITAGORISMO) (chamados também de velhos pitagóricos), Heráclito de Éfeso, Xenófanes de Cólofon, Parmênides de Eléia, Zenão de Eléia, Melisso de Samos, Empédocles, Anaxágoras, Leucipo, Demócrito, etc. Estes pensadores se agrupam, além disso, em diversas escolas abordadas nos verbetes sobre os jônicos, os milésios, os pitagóricos, os eleatas, os pluralistas, a Escola de Abdera ou atomismo (ver esses verbetes). Uma característica comum dos pré-socráticos é sua preocupação com o cosmo e com sua realidade última — a φύσις —, razão por que o período pré-socrático é chamado também com freqüência de "período cosmológico". No entanto, deve-se ter presente que, embora justa, tal característica representa uma certa simplificação, porquanto o problema do homem e de sua ação moral desempenha também um papel importante em vários dos citados pensadores (Pitágoras e Demócrito, por exemplo). Às vezes o período dos pré-socráticos é chamado também "período pré-ático", por preceder o florescimento da especulação filosófica na Ática, durante a época dos sofistas e Sócrates. Um traço comum dos pré-socráticos é o fato de que foi possível aplicar a eles vários nomes, e todos eles — como vimos no verbete FILOSOFIA — justificados: não só, portanto, o nome de filósofos, mas também o de sábios, o de físicos e o de fisiólogos. Outro traço comum dos pré-socráticos é terem suscitado, através de suas especulações cosmológicas e cosmogônicas, muitos dos problemas capitais da ulterior metafísica.

Entre os problemas que suscitam os pré-socráticos destacamos dois:

1) Perguntou-se se os sofistas (VER) devem ou não ser incluídos entre os pré-socráticos. Alguns autores (principalmente com fins pedagógicos) respondem afirmativamente. Outros, em contrapartida, sustentam que há grandes diferenças entre os pré-socráticos e os sofistas. As razões principais desta última resposta são: *a*) os pré-socráticos se inclinam para os problemas cosmológicos; os sofistas, para as questões antropológicas. Nisso se baseia a divisão, muito comum, da filosofia grega clássica num período cosmológico (pré-socráticos), antropológico (sofistas, Sócrates e socráticos) e sistemático (Platão e Aristóteles). *b*) Os pré-socráticos se acham distribuídos numa ampla zona geográfica; os sofistas se vão concentrando em Atenas. Seguimos a tese da separação entre pré-socráticos e sofistas, mas nem por isso ignoramos os estreitos laços que os unem e ainda consideramos que o aparecimento dos sofistas representa uma crise dentro da crise que se manifestou já com o advento da filosofia na vida grega.

2) Ventilou-se o problema de se os pré-socráticos são ou não os "primeiros filósofos" e em que sentido se pode entender 'primeiros'. Eis aqui várias respostas:

(A) Os pré-socráticos são, efetivamente, os primeiros filósofos: como tais, são antecipadores, ingênuos e inconscientes, do que só alcançou maturidade com Platão e Aristóteles.

(B) Os pré-socráticos foram os primeiros filósofos, mas não num sentido de antecipação ingênua e inconsciente, mas num sentido fundamental. Com efeito, as posições fundamentais da filosofia ocidental (pelo menos na metafísica) foram tomadas já pelos pré-socráticos, de modo que a história da filosofia posterior consiste substancialmente em repetir e refinar o que os pré-socráticos formularam.

(C) Os pré-socráticos foram os "primeiros filósofos" no sentido de serem os "filósofos originais". Segundo esta opinião, a história da filosofia não é um progresso, mas uma busca do Ser na qual não há aperfeiçoamento ao modo da ciência e da técnica. Portanto, todo regresso ao fundamento do Ser é um regresso aos pré-socráticos. Já Nietzsche sustentara (em *A filosofia na época trágica dos gregos*) que Sócrates destruiu a conexão necessária entre a filosofia e o mito que seguia viva entre os pré-socráticos; a "abertura do Ser" dos pré-socráticos foi, por conseguinte, "fechada" por Sócrates. Uma opinião análoga sustenta Heidegger ao indicar que a tarefa da filosofia consiste em "repossibilitar" a citada abertura mediante uma destruição da história da ontologia (segundo propunha em *Ser e tempo*) e mediante um salto à autenticidade que faça do homem "o pastor do Ser" (segundo escreveu em *Holzwege*). O regresso aos pré-socráticos é, portanto, segundo estas teses, algo muito diferente da adoção de uma filosofia anterior.

(D) Não se pode dar aos pré-socráticos o título de "primeiros filósofos". Por um lado, não se deve esquecer a contribuição do pensamento "oriental" (Egito, Ásia Menor, Fenícia, Mesopotâmia). Por outro lado, há outras manifestações filosóficas além da dos pré-socráticos que podem ser consideradas como origens da filosofia (China, Índia).

Além dos problemas mencionados, há as profusas interpretações do pensamento pré-socrático. Segundo E. Berti (*op. cit. infra*), há as seguintes: a interpretação "clássica", sob a forma científico-naturalista (P. Tannery, J. Burnet, L. Robin, G. S. Kirk e J. E. Raven, S. Samzursky) ou a forma místico-religiosa (Nietzsche, Rohde, K. Joël, P.-M. Schuhl, F. M. Cornford, E. R. Dodds); a interpretação "neo-humanista" e "neo-humanista-metafísica" (B. Snell, W. Jaeger, J. Stenzel, R. Mondolfo); certas interpretações próximas à neo-humanista-metafísica, mas não redutíveis a ela (G. Preti, L. Stefanini, E. Paci). Uma interpretação nova, e diferente de quaisquer das anteriores, é, segundo Berti, a de Heidegger (cf. *supra*).

⊃ Sobre as fontes para o estudo dos pré-socráticos ver a bibliografia do verbete FILOSOFIA GREGA e o começo do verbete FILOSOFIA. — A edição crítica hoje clássica dos pré-socráticos é a de H. Diels, *Die Fragmente der Vorsokratiker* (texto grego e trad. alemã), Berlim 1903; 2ª ed., 1910 (com índice por W. Kranz); 3ª ed., 1912; 4ª ed., 1922; 5ª ed., reelaborada por Kranz (é citada desde então como Diels-Kranz), 3 vols., I, 1934; II, 1935; III (Índice), 1937; 6ª ed., [*id.*] [reimpressão], I, 1951; II, III, 1952; 7ª ed., [*id.*], 3 vols., 1954; 8ª ed. [*id.*], 1957; 9ª ed., vol. I, 1960; vols. II, III, 1959; 16ª ed., 1972. — Na bibliografia dos diversos filósofos pré-socráticos indicamos os capítulos correspondentes da 5ª ed. (Diels-Kranz) e, entre parênteses, os da primeira edição (H. Diels). Diels-Kranz contém também textos dos antigos sofistas e fragmentos de poesia cosmológica, astrológica e gnômica. Há uma edição reduzida por W. Kranz, *Vorsokratische Denker*, 1939. — Há várias outras coleções de textos dos pré-socráticos; apontamos aqui somente Ritter-Preller (R. P.), C. J. de Vogel, R. Mondolfo, J. Burnet (todos eles mencionados em FILOSOFIA GREGA), aos quais se podem acrescentar: *Die Anfänge der abendländischen Philosophie. Fragmente und Lehrberichte der Vorsokratiker*, introdução por E. Howald, trad. por M. Grundwald, 1949, e W. Capelle, *Die Vorsokratiker. Die Fragmente und Quellenberichte* (trad. e introdução, 1953). — G. S. Kirk e J. E. Raven, *The Presocratic Philosophers*, 1957; 2ª ed., 1983, com a colaboração de M. Schofield. — Trad. esp. por J. D. García Bacca com base nos textos de Diels-Kranz e Mullach (Didot): *Fragmentos filosóficos de los presocráticos*, 1953. — *Los filósofos presocráticos*, 1978, 3ª ed., ed. 1980, introduções, traduções e notas por C. Eggers Lan e V. E. Juliá.

Bibliografia: O. Gigon, "Antike Philosophie: die Vorsokratiker", em *Bibliographische Einführungen in das Studium der Philosophie*, 1948. — R. Mondolfo, "Bibliografía Heraclítea", *Anales de Filología Clásica*, 2 (1960), 5-28. — E. L. Minar, "Pre-Socratic Studies 1953-1966", *Classical World*, 60 (1967), 143-163. — L. Sweeney, *Infinity in the Presocratics: A Bibliographical and Philosophical Study*, 1972. — L. Paquet *et al.*, "Selective Bibliography on the Pre-Socratics", em A. P. D. Mourelatos, ed., *The Pre-Socratics. A Collection of Critical Essays*, 1974, pp. 527-542. — C. J. Classenc, "Die griechische Sophistik in der Forschung der letzen dreizig Jahre", *Lampas*, 8 (1975), 344-363. — R. R. Martino, *Eraclito. Bibliografia 1970-1984*, 1986. — L. Paquet *et al.*, *Les Présocratiques: Bibliographie Analytique (1879-1980)*, 1988.

Sobre os pré-socráticos, além dos grandes repertórios de história da filosofia antiga (especialmente Zeller, Zeller-Mondolfo, Gomperz, Joël), dos livros sobre o espírito grego (especialmente Wilamowitz-Moellendorff, R. Mondolfo, W. Jaeger, M. Pohlens, E. Nicol) e de estudos vários sobre as origens do pensamento filosófico (J. Burnet, A. Dies, L. Robin, W. Nestle) — todos eles mencionados no citado verbete FILOSOFIA GREGA —, ver: E. Hoffmann, "Die Denkform der vorsokratischer Philosophie", *Der philosophische Unterricht. Zeitschrift der Gesellschaft für philosophischen Unterricht*, 1, 3 (1930). — G. Misch, *Der Weg in die Philosophie*, 1926 (trad. ingl., corrigida e aumentada pelo autor: *The Dawn of Philosophy*, 1951, não só na Grécia, mas também na Índia e na China). — F. Enriques e G. de Santillana, *Les Ioniens et la nature des choses*, 1935. — Id., *Le problème de la matière. Pythagoriciens et Éléates*, 1936. — Id., *Les derniers "Physiologues" de la Grèce*, 1936. — O. Gigon, *Der Ursprung der griechischen Philosophie von Hesiod bis Parmenides*, 1945. — K. Freeman, *The Pre-Socratic Philosophers*, 1946. — Id., *Ancilla to the Pre-Socratic Philosophers*, 1948. — W. Jaeger, *The Theology of the Early Greek Philosophers*, 1947. — E. Stenius, *Tankens gryning. En studie över den västerländska filosofins ursprungskede*, 1953. — G. di Napoli, *La concezione dell'Essere nella filosofia greca*, 1953. — H. Frankel, *Wege und Formen frühgriechischen Denkens*, 1955. — E. Paci, *Storia del pensiero presocratico*, 1957. — E. Berti, *L'interpretazione neoumanistica della filosofia presocratica*, 1959. — Id., *Interpretazioni contemporanee della filosofia presocratica*, 1960. — A. Bonetti, *Il concetto nella filosofia presocratica*, 1960. — O. Vuia, *Remontée aux sources de la pensée occidentale: Héra-*

clite, Parménide, Anaxagore, 1961. — J. Kerschensteiner, *Kosmos. Quellenkritische Untersuchungen zu den Vorsokratikern*, 1962. — S. Zeppi, *Studi sulla filosofia presocratica*, 1962. — H. Boeder, *Grund und Gegenwart als Frageziel der frühgrichischen Philosophie*, 1962. — G. J. Seidel, *Martin Heidegger and the Pre-Socratics: An Introduction to His Thought*, 1964. — F. Cleve, *The Giants of Pre-Sophistic Greek Philosophy: An Attempt to Reconstruct Their Thought*, 2 vols., 1965. — F. Cubells, *Los filósofos presocráticos*, I, 1965. — K. Hildebrandt, *Frühe griechische Denker. Eine Einführung in die vorsokratische Philosophie*, 1968. — A. Kojève, *Essai d'une histoire raisonnée de la philosophie païenne*, I: *Les présocratiques*, 1968. — G. de Cecchi Duso, *L'interpretazione heideggeriana dei presocratici*, 1970. — C. Ramnoux, *Études présocractiques*, 1970. — A. Escohotado, *De physis a polis. La evolución del pensamiento griego desde Tales a Sócrates*, 1972. — D. J. Furley e R. E. Allen, eds., *Studies in Presocratic Philosophy*, 2 vols., 1973-1974. — G. Bueno, *La metafísica presocrática*, 1974. — VV. AA., *La filosofía presocrática*, 1976, ed. F. M. Moliner (vol. I de uma *Historia general de la filosofía*). — R. A. Prier, *Archaic Logic: Symbol and Structure in Heraclitus, Parmenides, and Empedocles*, 1976. — M. Stokes, R. Bosley et al., *New Essays on Plato and the Pre-Socratics*, 1976, ed. Riger A. Shiner e J. King-Farlow. — J. Barnes, *The Presocratic Philosophers*, 2 vols., 1979 (I: *Thales to Zeno;* II: *Empedocles to Democritus*). — J. Schlüter, *Heidegger und Parmenides. Ein Beitrag zu Heideggers Parmenidesauslegung und zur Vorsokratiker-Forschung*, 1980. — A. G. Calvo, *Lecturas presocráticas*, 1981. — A. A. Gorri, *Estudios sobre los presocráticos*, 1985. — C. Osborne, *Rethinking Early Greek Philosophy: Hippolytus of Rome and the Presocratics*, 1987. ℭ

PRESSMANN, A. Ver Significa.

PRESSUPOSIÇÃO. Este termo pode ser empregado no mesmo sentido, ou nos mesmos sentidos, que o vocábulo 'suposto' (ver). É mais comum, em português, dizer "saber sem pressupostos", "filosofia sem pressupostos" etc., do que "saber sem pressuposições", "filosofia sem pressuposições" etc. No entanto, há exceções, como no caso de Collingwood, mencionado no verbete Suposto.

Tende-se a usar 'pressuposição' em vez de 'suposto' ao se examinarem certos problemas em filosofia da lógica e em epistemologia, mas deve-se levar em conta que não é inusitado encontrar a expressão 'lógica sem pressupostos existenciais', além da expressão 'lógica sem pressuposições existenciais'.

Em sua introdução à teoria lógica, P. F. Strawson se referiu à tese aceita por muitos lógicos e filósofos modernos segundo a qual um enunciado do tipo "Todos os A são B" não pressupõe a existência de nenhum A, de modo que se deve acrescentar a cláusula existencial "Há A" se se quiser que "Todos os A são B" tenha o que se chama (logicamente) "alcance existencial". A mencionada tese se opõe à doutrina dita "clássica", de acordo com a qual "Todos os A são B" pressupõe que há A.

A opinião de Strawson se fundamenta numa distinção entre o que se pode dizer acerca de uma expressão (uma "sentença") e o que se pode dizer acerca dos enunciados que cabe fazer em distintas oportunidades ao se *usar* a expressão (ou "sentença"). Consideremos a expressão 'Todos os filhos de João estão dormindo'. Quem usa essa expressão se compromete com (afirmar) a existência dos filhos de João, pois seria absurdo dizer que todos os filhos de João estão dormindo, mas que João não tem nenhum filho. Poderíamos crer que este absurdo é uma contradição como resultado de contradizer-se consigo mesmo. Mas o que ocorre é isto: "Se um enunciado S pressupõe um enunciado S' no sentido de que a verdade de S' é uma condição prévia da verdade-ou-falsidade de S, então, claro, haverá uma espécie de absurdo lógico em unir S com a negação de S'... Mas é preciso distinguir esta classe de absurdo lógico de uma autocontradição pura e simples. É autocontraditório unir S com a negação de S' se S' é uma condição necessária da verdade pura e simplesmente de S. É uma classe de absurdo lógico diferente unir S com a negação de S' se S' é uma condição necessária da *verdade ou falsidade* de S. A relação entre S e S' no primeiro caso é a de que S implica S'. Necessitamos de outro nome para a relação de S e S' no segundo caso; digamos, como antes, que S pressupõe S'" (*Introduction to Logical Theory*, 1952, p. 175).

Não se deve confundir o que se passa com o sujeito com o que ocorre com o predicado. "A expressão-sujeito que introduz um particular [uma entidade particular] acarreta uma pressuposição de fato empírico definido, enquanto a expressão-predicado, que introduz um universal, não acarreta tal pressuposição. Aqui tem lugar uma assimetria a respeito de afirmações de *pressuposição* de existência que podem ser o fundamento da preferência por um modo de enunciar a afirmação de *implicação* de existência sobre outro modo" (Strawson, *Individuals*, 1959, p. 238).

As idéias de Strawson sobre pressuposição constituem uma das linhas de pensamento sobre este problema. Outra, não desligada dela, mas tendendo à formação de uma lógica de pressuposições ou uma lógica pressuposicional, se deve a Bas C. van Fraassen. Ele parte ("Presuppositions, Supervaluations, and Free Logic", em Karel Lambert, ed., *The Logical Way of Doing Things*, 1969, pp. 67-91) das considerações de Strawson para mostrar que estas se caracterizam por uma noção de pressuposição tal que "S pressupõe S' [substituímos as letras 'A' e 'B' que van Fraassen usa pelas mesmas usadas por Strawson] se e somente se *S* não é nem verdadeira nem falsa a menos que *S'* seja verdadeira", o que equivale à conjunção de "Se *S* é verdadeira, então *S'* é verdadeira" e "Se *S* é falsa, então *S'* é verdadeira". Mas van Fraassen difere de Strawson em vários aspectos. Para começar, não tem que recorrer à distinção entre expressão, ou sentença, e enunciado. A seguir, rejeita a bivalência, mas não considera necessário desenvolver nenhuma lógica não padrão. Finalmente, e sobretudo, propõe um novo método, o método de "superavaliações", mediante o qual constrói uma linguagem artificial especial, chamada "linguagem pressuposicional", na qual várias sentenças podem conectar-se mediante uma pressuposição não trivial. Uma generalização das propostas de van Fraassen é a de que se admite que um conjunto de sentenças pode "necessitar" (onde 'necessitar' = o que se tem chamado "implicar sistematicamente", como em "Se *S* é falsa, então *S'* é verdadeira") uma sentença dada, *S'*, mesmo quando *S não* esteja implicada por este conjunto.

Tem-se dito que ao afirmar que um enunciado determinado, *S*, pressupõe outro enunciado, *S'*, que não faz parte de *S*, obtém-se uma pressuposição por parte de quem afirma *S*, mas não uma pressuposição de *S*. Se cabe enunciar *S*, sem que *S'* faça parte de *S*, então *S'* será, ao que parece, uma pressuposição (ilegítima). Portanto, para que *S* pressuponha *S'*, parecerá necessário que haja uma relação lógica tal que *S'* seja uma condição necessária para a verdade ou falsidade de *S*.

Alguns autores têm considerado que a condição indicada para a pressuposição é excessiva no sentido de ser demasiado restritiva. Pressupuseram-se então sentidos menos restritivos, isto é, mais amplos, de 'pressuposição'. Um desses sentidos poderia ser o de 'contexto'. Mas a noção de contexto resulta ao mesmo tempo demasiado ampla uma vez que, pelo menos dentro do mesmo contexto, poderia haver, em princípio, pressuposições alternativas. Para este último caso o termo 'suposto' (ou 'pressuposto') parece mais adequado — ou menos inadequado — que 'pressuposição'.

Todas as considerações acima não são alheias aos trabalhos levados a cabo para desenvolver as chamadas "lógicas sem pressuposições (pressupostos) existenciais", como ocorre com os iniciados por Henry S. Leonard ("The Logic of Existence", *Philosophical Studies*, 7 [1956], 49-64; cf. também Theodore Hailperin e H. Leblanc, "Nondesignating Singular Terms", *Philosophical Review*, 68 (1959), 239-243, e R. Thomason e H. Leblanc, "Completeness Theorems for Some Pressposition-Free Logics", *Fundamenta Mathematicae*, 62 [1968], 123-264). Esse tipo de lógicas oferece, na opinião de seus cultores, a vantagem de não ser necessário introduzir compromissos ontológicos dentro do aparato lógico; as constantes podem ser não designativas, ou podem designar valores de variáveis, e o fato de isso ocorrer é função de um domínio determinado, e oportunamente especificável. Ser valor de uma variável é, portanto, valer "existencialmente" dentro de um domínio, não fora dele.

Considero que um dos lucros assim obtidos é não fazer depender o critério de compromisso ontológico de um critério lógico. De fato, não há critério lógico de compromisso ontológico, mas só expressão lógica possível de tal compromisso.

Para alguns autores, a noção de pressuposição tem principalmente, senão exclusivamente, interesse semântico. Não opina assim Deirde Wilson, segundo o qual é melhor considerar "os fatos que, no enfoque pressuposicional, se encaixam bem dentro do domínio da semântica, como divididos em duas classes: uma, a dos que são propriamente semânticos, mas podem ser tratados dentro de uma teoria padrão veritativo-condicional; segunda, a dos que não são em absoluto semânticos e podem ser tratados corretamente no nível da pragmática ou execução [lingüística]. Concluo que não há necessidade de pressuposições lógicas em semântica (conclusão reconfortante em vista dos consideráveis problemas internos com que tal teoria tem de se enfrentar)" (*Presupposition and Non-Truth-Conditional Semantics*, 1975, p. 16). Wilson usa a expressão 'pressuposição lógica' para referir-se ao que se veio chamando, simplesmente, de "pressuposição" como nome que se refere a condições para verdade-ou-falsidade. As pressuposições lógicas são, em seu entender, diferentes das condições veritativas (*op. cit.*, p. 12). A análise lógico-pressuposicional deve ser distinguida do estudo das pressuposições psicológicas ou pressuposições do falante (pressuposições pragmáticas), embora se possam mostrar vários tipos de relações entre as duas classes de pressuposições (*op. cit.*, pp. 65ss.).

O entrecruzamento de várias linhas de pensamento relativas a pressuposições é uma indicação de que há certos problemas comuns a vários modos de entender 'pressuposição', aos quais cabe acrescentar vários modos de entender 'pressuposto' ['suposto']. Por outro lado, e para efeitos pedagógicos pelo menos, conviria distinguir por enquanto entre várias análises da noção de pressuposição como as seguintes: a pressuposição enquanto concerne ao chamado "alcance existencial" de certos enunciados; a pressuposição como noção básica numa lógica pressuposicional consistindo na formação de uma linguagem cuja semântica especifica o conjunto de "avaliações" admissíveis dentro da linguagem; a pressuposição de que se fala (ou, melhor, se descarta) em certas lógicas livres de pressuposições existenciais; a pressuposição não veritativo-condicional; a pressuposição pragmática; a pressuposição como ingrediente numa lógica da crença (VER) do tipo elaborado por Hintikka. Uma vez estabelecidas essas diferenças, caberá ver se, e até que ponto, há uma só noção de pressuposição especificável de vários modos, ou se se trata de diferentes noções; ou, pelo menos, de noções suficientemente distintas entre si para que mereçam ser tratadas oportunamente de um modo separado, e inclusive ser designadas mediante distintos nomes.

➲ Além dos trabalhos mencionados no texto, ver: W. Sellars, "Presupposing", *Philosophical Review,* 63 (1954), 197-215. — K. J. Hintikka, "Existential Presuppositions and Existential Commitments", *Journal of Philosophy*, 56 (1959), 127-137 (para pressuposições em lógica da crença, ver, do mesmo autor: *Knowledge and Belief,* 1962, especialmente pp. 96-97, 129-131). — K. Lambert, "Existential Import Revisited", *Notre Dame Journal of Formal Logic,* 4 (1964), 288-292. — B. C. van Fraassen, "Presupposition, Implication, and Self-Reference", *Journal of Philosophy*, 65 (1968). — R. Shock, *Logics Without Existence Assumptions,* 1968. — D. E. Cooper, *Presupposition,* 1974. — R. M. Kempson, *Presupposition and the Delimitation of Semantics*, 1975. — G. Gazdar, *Pragmatics: Implicature, Presupposition, and Logical Form*, 1979. — H. Palmer, *Presupposition and Transcendental Inference,* 1985. — J. F. Mora, *El ser y el sentido,* 1967, pp. 158-159. ➲

PRETERNATURAL. Ver SOBRENATURAL.

PRETI, GIULIO. Ver NEO-RACIONALISMO.

PRICE, H[ENRY] H[ABBERLEY] (1899-1985). Nascido em Neath (sul do País de Gales), foi *Wykeham Professor* de lógica e *Fellow* do New College, em Oxford, de 1935 a 1959. H. H. Price é considerado às vezes como um dos filósofos ingleses que apoiaram o movimento chamado "neo-racionalismo" (VER), mas embora haja algumas razões que abonem a inclusão de H. H. Price em tal movimento, isso diz pouco do trabalho filosófico do autor. É preferível destacar que H. H. Price, influenciado por J. Cook Wilson e em parte por Bertrand Russell, ocupou-se sobretudo da chamada (na Inglaterra) *philosophy of mind*, que inclui descrições chamadas pelo próprio Price de "fenomenológicas" da consciência, análises de caráter epistemológico e estudos de conceitos básicos que se poderia qualificar, com as devidas reservas, de "ontológicos".

Em seu estudo da percepção, H. H. Price aceita a tese de que conhecemos de maneira imediata os dados sensíveis *(sensedata)* e a tese de que tais dados pertencem ao objeto. Os dados sensíveis não são, porém, efeitos dos objetos materiais, razão pela qual deve-se rejeitar a chamada "teoria causal da percepção". Que haja coisas externas não é uma verdade que inferimos (ou possamos inferir) passando dos supostos efeitos (os dados sensíveis) às supostas causas (as coisas).

Ora, os dados sensíveis não estão isolados, mas se acham relacionados entre si, agrupando-se em "famílias". Uma família de dados sensíveis é uma série de dados convergentes sobre um objeto que, na percepção visual, podem ser chamados de "o padrão sólido" *(the Standard Solid)*, que é "padrão" justamente porque há "desvios" do mesmo nas percepções. Nem o "padrão sólido" nem este unido a suas séries convergentes (efetivas e possíveis) ou "família" é o objeto físico mesmo; se fosse, seria necessário aderir ao fenomenismo, que H. H. Price rejeita entre outras razões por estimar que há nos objetos físicos certas qualidades (por exemplo, e sobretudo, capacidade de resistência e poder de produzir efeitos causais) que não se encontram nem no "padrão" nem no "padrão com a família [de dados sensíveis]". No entanto, não parece que se possa dizer muito do objeto físico mesmo (o qual é, com a família de dados sensíveis, o que chamamos comumente de "coisa"), e por isso o fenomenismo é preferível ao representacionismo.

Em seu exame do processo do pensar — que é em grande parte uma "fenomenologia do pensar" —, H. H. Price defende, contra o que chama de "a filosofia dos universais" (a teoria de *universalia in rebus* ou "conceitualismo"), mas em algum sentido estando mais próximo desta filosofia que de outras sobre os universais (realismo, nominalismo), o que chama de "a filosofia das semelhanças últimas" ou, simplesmente, "a filosofia das semelhanças" *(Resemblances)*. *Grosso modo*, consiste em sustentar que as características (qualidades e relações) são reconhecíveis como tais em virtude de semelhanças, que podem oferecer maior ou menor intensidade, ou ter diversos graus (diferentemente da teoria dos universais, que não distingue intensidades e graus nas semelhanças). H. H. Price procede, para provar sua doutrina, a uma descrição dos processos de reconhecimento e dos processos por meio dos quais se apreendem significações. Deste modo desenvolve uma fenomenologia do pensar que é uma descrição do modo como efetivamente funcionam os conceitos. H. H. Price se opõe às teorias do pensar segundo as quais pensar é apreender ou manejar símbolos (ou signos), indicando que o conhecimento (em sentido original de 'conhecimento' como algo prévio a um 'reconhecimento') é "pré-simbólico, pré-verbal e pré-imaginal". O conhecimento dos signos pode ser descrito como "comportamento que responde a signos [apresentados]". Em suma, os conceitos que usamos podem ser considerados como "capacidades de reconhecimento de semelhanças".

➲ Obras: *Perception,* 1932. — *Hume's Theory of the External World,* 1940. — *Thinking and Experience,* 1953. — *Some Aspects of the Conflict between Science and Religion,* 1953. — *Belief,* 1969. — *Essays in the Philosophy of Religion,* 1972.

Depoimento em *Contemporary British Philosophy*, série 3 (1956). ➲

PRICE, RICHARD (1723-1791). Nascido em Tynton (Glamorganshire, Inglaterra), foi capelão pessoal e pastor em várias congregações em Londres. Produziu vários escritos econômicos e políticos, entre os quais um em defesa da revolução americana e outro em defesa da revolução francesa. A principal contribuição filosófica de Price foi na filosofia moral. Hutcheson admitira a existência de um "senso/sentido moral" especial. Price nega que haja tal "senso/sentido", mas mesmo que existisse não nos serviria de critério para julgar o que é bom e mau, já que poderia estar constituído de tal modo que não julgasse corretamente. O bom e o mau não podem ser objeto de um senso distinto da razão, mas têm de ser objeto da razão; não são matéria de intuição, mas de entendimento e argumento. Só assim se pode ter um critério para julgar retamente em questões morais.

A fim de mostrar que o entendimento é capaz de julgar moralmente e de proporcionar ou, melhor, conhecer os critérios para saber o que é bom e mau, Price se baseia no método de Locke do "novo caminho das idéias". Às idéias de que Locke falara Price acrescenta certas idéias simples que o entendimento obtém considerando outras idéias. As idéias do bom e do mau são idéias que têm sua própria natureza, diferente de idéias que representam qualidades das coisas. Bom e mau são deste modo caracteres reais que o entendimento percebe. As ações são para Price boas ou más não porque se julguem tais, mas por sua própria natureza. Deste modo, Price enfatiza o que em seguida se chamou de "objetividade" tanto das qualidades morais como das ações morais. A percepção do bom e a execução de boas ações não vão necessariamente unidas a sentimentos de prazer e satisfação, mas estes sentimentos as acompanham normalmente. O que se havia chamado de "sentido moral" é, antes, esse sentimento de prazer e satisfação que se experimenta ao julgar retamente e ao obrar corretamente.

Price polemizou contra o materialismo e o "necessitarismo" de Priestley, manifestando que ele havia confundido o ser forçado a fazer algo com o agir. Agir não significa que não haja uma causa, mas a causa é neste caso o próprio agente.

As idéias de Price em filosofia moral são próximas das desenvolvidas pelo intuicionismo (VER) ético. Por outro lado, suas idéias sobre a "agência" foram ressuscitadas por alguns filósofos analíticos contemporâneos que se ocuparam do problema da natureza da ação (VER) humana.

◖ Escritos principais: *A Review of the Principal Questions and Difficulties in Morals Particularly Those Relating to the Originals of Our Ideas of Virtue, Its Nature, Foundation, Reference to the Deity, Obligation, Subject-Matter, and Sanctions*, 1758; 2ª ed., 1769; 3ª ed., 1787, ed. por D. D. Raphael com base na 3ª, 1948, reimp. 1974. — *Appeal to the Public on the Subject of the National Debt*, 1771. — *Observations on the Nature of Civil Liberty and the Justice and Policy of the War with America*, 1776. — *Letters on Materialism and Philosophical Necessity*, 1778 [contra a *Doctrine of Philosophical Necessity*, de Priestley].

Correspondência: *The Correspondence of R. P.*, vol. 1, 1983, ed. D. O. Thomas e W. Bernard Peach [correspondência do período de julho de 1748 a março de 1778].

Ver: E. C. Lavers, *The Moral Philosophy of R. P.*, 1909. — R. Thomas, *R. P., Philosopher and Apostle of Liberty*, 1924. — C. B. Cone, *Torchbearer of Freedom: The Influence of R. P. on Eighteenth Century*, 1952. — L. Aqvist, *The Moral Philosophy of R. P.*, 1960. — A. S. Cua, *Reason and Virtue: A Study in the Ethics of R. P.*, 1966. — H. Laboucheix, *R. P., théoréticien de la révolution américaine: le philosophe et le sociologue, le pamphlétaire et l'orateur*, 1969. — W. D. Hudson, *Reason and Right: A Critical Examination of R. Price's Moral Philosophy*, 1970. — D. O. Thomas, *R. P., 1723-1791*, 1976. — Id., *The Honest Mind: The Thought and Work of R. P.*, 1977. — E. Burke, A. Ferguson, J. Wesley et al., *R. P. and the Ethical Foundations of the American Revolution*, 1979, ed. B. Peach.

Existe uma *Price-Priestley Newsletter*, no University College of Wales, desde 1979. ◖

PRICHARD, H[AROLD] A[RTHUR] (1871-1947). Nascido em Willesden (Londres), foi professor de filosofia moral em Oxford. Prichard foi um dos principais membros do grupo de pensadores realistas de Oxford aos quais pertenceu também J. Cook Wilson (VER), e um dos mais destacados defensores do chamado "intuicionismo" (VER) em ética, junto com W. D. Ross, H. W. Joseph e, antes, G. E. Moore. Suas idéias sobre teoria do conhecimento, contudo, nem sempre foram as mesmas. No princípio atacou o idealismo, tratando de mostrar que o conhecido não pode depender do fato de ser conhecido por um sujeito; ser conhecido é uma relação que desaparece quando se elimina o objeto conhecido. O idealismo subjetivo é, segundo Prichard, mais conseqüente que o idealismo objetivo, já que reduz a existência a estados mentais, mas não é necessário aceitar o idealismo subjetivo já que não é necessário justificar o conhecimento. A "questão do conhecimento" é para Prichard "uma questão ilegítima", pois o conhecimento é "imediato" e não requer justificação. Mais tarde, Prichard chegou à conclusão de que há uma diferença básica entre percepção e conhecimento; por exemplo, ver algo é tomar o que se vê por algo diferente do que se vê. O que se vê são "aparências" (cores, etc.). Mas embora a aparência seja *de* algo, este algo (o "objeto") não é propriamente conhecido. Portanto, não conhecemos o que percebemos, e a percepção não é uma forma de conhecimento.

Em ética, Prichard defendeu uma teoria análoga à desenvolvida no problema do conhecimento. Se se entende por 'filosofia moral' um conhecimento de por que devemos cumprir com nosso dever, então a filosofia moral "se baseia num mal-entendido". A questão moral, tal como foi entendida universalmente, é, proclama Prichard, "uma questão ilegítima". Não há razões pelas quais o que se declara obrigatório seja, com efeito, obrigatório. Assim, algo ser obrigatório é uma propriedade ou qualidade última que não pode ser conhecida, nem demonstrada, mas, no máximo, intuída, isto é, vista claramente "quando o pensamos". Nenhuma das respostas dadas à pergunta acerca de por que devemos cumprir nosso dever (porque promove nossa felicidade, ou porque produz algum bem) é satisfatória. Deve-se ter em conta, porém, que mesmo a idéia de que o que se pode chamar de "qualidade moral" é imediatamente acessível ou intuível foi posta em dúvida por Prichard. Ele se inclinou com isso consideravelmente para uma espécie de "subjetivismo moral".

⮕ Obras: *Kant's Theory of Knwoledge*, 1909. — *Duty and Interest*, 1928. — *Moral Obligation. Essays and Lectures*, 1949 [recolhe trabalhos publicados entre 1912 e 1947, incluindo o artigo "Does Moral Obligation Rest on a Mistake?", publicado antes em *Mind*, N. S., 21 (1912) e que iniciou as tendências "intuicionistas" de Prichard]. — *Knowledge and Perception*, 1950, ed. W. A. Ross.

Ver: H. H. Price, "H. A. P.", nos *Proceedings of the British Academy* (1947). — E. F. Carritt, "Professor H. A. Prichard: Personal Recollections", *Mind*, N. S., 57 (1948), 146-148. — D. J. B. Hawkins, "The Ethics of H. A. P.", *Philosophical Quarterly*, 1 (1951), 242-247. — N. O. Dahl, "Obligation and Moral Worth: Reflections on Prichard and Kant", *Philosophical Studies*, 50 (1986), 369-399. — J. O. Urmson, "P. and Knowledge", em J. Dancy, ed., *Human Agency: Language, Duty and Value*, 1988, pp. 11-24. — D. Gustafson, "P., Davidson and Action", *Philosophical Investigation* (1991), 205-230. ⬤

PRIESTLEY, JOSEPH (1733-1804). Nascido em Fledhead (Yorkshire, Inglaterra), foi ministro "não-conformista" em várias localidades (Weedham, Nantwick, Leeds, Birmingham), professor na Academia não-conformista de Warrington e bibliotecário de Sir William Petty, Conde de Shelburn. Muito interessado nas ciências naturais, especialmente na química, devemos a Priestley várias descobertas, entre elas a separação do oxigênio e a explicação do papel que ele desempenha na combustão. No entanto, seguidor da "teoria do flogisto", Priestley considerou que o oxigênio era "ar deflogisticado", opinião que Lavoisier contestou em seu encontro com Priestley em Paris. Priestley levou a cabo outros numerosos experimentos com gases e se ocupou também de questões relativas à eletricidade.

Do ponto de vista filosófico, a contribuição mais importante de Priestley é sua elaboração e desenvolvimento do associacionismo de Hartley (VER). Segundo Priestley, os fenômenos psíquicos ou "mentais" estão fundados em processos fisiológicos e estes se acham, além disso, completamente determinados. Priestley considerava seu monismo materialista mais de acordo com a Bíblia que outras doutrinas, especialmente o dualismo cartesiano. Na realidade, Priestley estimava que o monismo materialista e determinista podia constituir um melhor fundamento na crença na divindade, na qual via o fundamento último da determinação de todos os fenômenos. Priestley polemizou a este respeito com Richard Price (VER), que combateu o materialismo e o "necessitarismo".

⮕ Obras principais: *Hartley's Theory of the Human Mind on the Principles of the Association of Ideas*, 1775. — *Disquisitions relating to Matter and Spirit, to Which Is Added the History of the Philosophical Doctrine Concerning the Origin of the Soul, and the Nature of Matter; with Its Influence on Christianity, Especially with Respect to the Doctrine of the Preexistence of Christ*, 1777. — *The Doctrine of Philosophical Necessity*, 1777. — *Free Discussions on the Doctrine of Materialism*, 1778 [contra a obra de Price, *Letters on Materialism and Philosophical Necessity*, 1778, na qual Price se opunha à *Doctrine of Philosophical Necessity*, de Priestley]. — *Letters to a Philosophical Unbeliever*, 1780. — *Additional Letters*, 1781-1787. — *A Continuation of the Letters*, 1794. — Priestley escreveu também várias obras de caráter político e histórico: *An Essay on the First Principles of Government*, 1768. — *Lectures on History and General Policy*, 1788. — De seus escritos científicos mencionamos: *The History and Present State of Electricity*, 1767. — *Experiments and Observations on Different Kinds of Air*, 6 vols., 1774-1786. — Seus numerosos escritos teológicos (póstumos) foram publicados em: *Theological and Miscellaneous Works*, 26 vols., 1817-1832, ed. J. Towil Rutt.

Autobiografia: *Memoirs and Correspondence*, 2 vols., 1831-1832. — *A Scientific Autobiography of J. P. (1733-1804)*, ed. R. E. Schofield, 1967 [correspondência científica selecionada].

Edição de obras: *Works*, 26 vols., 1817-1832. — *Writings*, 1965, ed. J. H. Passmore.

Ver: T. E. Thorpe, *J. P.*, 1906. — W. R. Aykroyd, *Three Philosophers: Lavoisier, P. and Cavendish*, 1935. — F. W. Gibbs, *J. P.: Revolutions of the Eighteenth Century*, 1965. — J. W. Yolton, *Thinking Matter: Materialism in Eighteenth-Century Britain*, 1983.

Existe uma *Price-Priestley Newsletter*, no University College of Wales, desde 1979. ⬤

PRIGOGINE, ILYA. Ver IRREVERSIBILIDADE, IRREVERSÍVEL; TEMPO.

PRIMA PHILOSOPHIA. Ver PHILOSOPHIA PRIMA.

PRIMEIRIDADE. Ver CATEGORIA; PEIRCE, C[HARLES] S[ANDERS].

PRIMEIRO MOTOR. Segundo Aristóteles, todas as coisas estão em movimento. Este movimento, contudo, não é igual em todas as esferas da realidade (ver DEVIR). À medida que nos elevamos na hierarquia dos entes em movimento, aproximamo-nos cada vez mais da imobilidade. Assim, enquanto o movimento na esfera sublunar inclui a geração e a corrupção, o movimento dos céus das estrelas fixas é um movimento local e de caráter circular. Ora, tudo o que está em movimento é movido por algo. E como o primeiro motor que põe em movimento o resto da realidade não pode ser movido por nada (pois então haveria ainda alguma realidade superior a ele que o moveria), é preciso supor que ele é imóvel. Há, portanto, segundo Aristóteles, um motor imóvel, um primeiro motor, πρῶτον κινοῦν, *primum mobile*, que é Causa do movimento do universo. Aristóteles se refere a esta concepção em vários lugares de suas obras; mencionamos a respeito o Livro VIII da *Física*, o Livro V da *Metafísica* e o Livro II do tratado *Sobre o céu*.

É tradicional descrever esse primeiro motor imóvel por meio de certo número de características. Antes de tudo, é uma substância simples e eterna. A seguir, é pura forma (VER) e pura inteligência. Em terceiro lugar, move, como o objeto do desejo, mediante atração. Finalmente, é um pensar que, por causa de sua perfeição, não tem como conteúdo de seu pensamento mais do que si mesmo e é, por conseguinte, pensamento de pensamento, νόησις νοήσεως.

Uma vez estabelecidas estas características, levanta-se uma série de problemas.

1) Segundo alguns, o primeiro motor é imanente ao mundo; embora seja o mais externo dos céus, é, contudo, um céu: o primeiro deles. Segundo outros, é transcendente ao mundo, pois sendo imaterial não pode ser equiparado a nenhum dos céus. A primeira doutrina oferece a vantagem de tornar mais fácil a compreensão da impressão de movimento aos demais céus, mas tem o inconveniente de tornar difícil entender como uma realidade imaterial pode "estar" num ponto dado. A segunda doutrina está de acordo com a índole imaterial de tal realidade, mas choca-se com graves dificuldades quando se trata de explicar a transmissão efetiva do movimento.

2) Segundo alguns, o primeiro motor é causa final. Segundo outros, é causa eficiente. O primeiro tem o inconveniente de afirmar como realidade atual o que deveria aparecer somente como momento final no movimento da realidade. O segundo tem o inconveniente de fazer do modo de ação próprio do primeiro motor algo equiparável às demais causas. Indiciou-se, em vista disso, que o primeiro motor é ao mesmo tempo causa final e causa eficiente. É causa final na medida em que tudo se põe em movimento pela aspiração rumo a ela. É causa eficiente na medida em que tudo se põe em movimento em virtude dela. A rigor, o primeiro motor é o modelo que o céu supremo e mais extenso imita à sua maneira por meio do movimento circular. Este céu é imitado pelo céu inferior a ele e assim sucessivamente, até chegar ao tipo de movimento ínfimo. Trata-se de uma causa eficiente que opera de um modo análogo ao de um general quando põe em movimento seu exército dando ordens aos oficiais inferiores e assim sucessivamente, mas é preciso ter em conta que no caso do primeiro motor o conceito de comando deve ser substituído pelo de atração.

3) Discutiu-se se o primeiro motor tem somente conhecimento de si mesmo ou se o tem também do universo. Alguns comentadores se inclinaram em favor do primeiro. Outros (especialmente os aristotélicos cristãos) aderiram ao segundo, sobretudo ao declarar que o primeiro motor tem conhecimento do mundo *mediante o conhecimento* que possui de si mesmo. Esta questão está relacionada com outra: a de saber em que medida se pode dizer que o primeiro motor é uma Providência. As sentenças a este respeito foram respectivamente negativas ou afirmativas de acordo com as duas concepções antes mencionadas.

4) Alguns autores sustentam que o primeiro motor é uma entidade impessoal. Outros, que pode ser interpretado num sentido teísta. Importante a respeito foi a discussão entre Zeller (que se declarou em favor da primeira opinião) e Brentano (que advogou pela última). Esta foi defendida pela maior parte dos autores cristãos aristotélicos, se bem que reconhecendo em muitos casos que os próprios textos de Aristóteles não são sempre explícitos a respeito.

5) O usual é falar do primeiro motor supondo que há só *um*. No entanto, em várias passagens (*Phys.*, VIII 258 b 11; 259 a 6-28; *Met.*, Λ 8, 1074 a 31-38), Aristóteles se refere a uma pluralidade de primeiros motores. Esta última opinião se deve a que Aristóteles chegou a considerar que cada um dos céus necessita de um motor imóvel, havendo tantos motores imóveis quanto céus (ou, melhor dizendo, quantos tipos de movimento). Eudoxo propusera 26 esferas; Calipo, 33; Aristóteles fala de 47 ou 55. Argumentou-se que a teoria da pluralidade dos primeiros motores é física e astronômica e não metafísica. Jaeger destacou que especialmente o capítulo 8 do Livro Λ da *Metafísica* é um corpo estranho na obra, agregado posteriormente, sendo de estilo diferente do resto (com exceção de uma passagem na qual se volta a mencionar a existência de um motor imóvel). Como sublinha o citado autor, no livro VIII da *Física* se chegara já à mesma opinião, mas sem declará-la de modo resoluto.

⊃ A maior parte das obras sobre Aristóteles mencionadas na bibliografia do verbete sobre este filósofo se refere à teoria do primeiro motor. — Além disso, ver: E. Rolfes, *Die aristotelische Auffassung vom Verhältnis Gottes zur Welt*, 1892. — A. Boehm, *Die Gottesidee bei Aristoteles*, 1915. — R. Mugnier, *La théorie du premier moteur et l'évolution de la pensée aristotélicienne*, 1930. — M. De Corte, "La causalité du premier moteur dans la philosophie aristotélicienne", *Revue d'histoire de la philosophie*, 5 (1931), 105-146. — D. Composta, "Oggeto e aspetti della prova dell'esistenza del motor immobile nel libro XII della *Metafisica*", *Salesianum*, 19 (1957), 618-634. — G. Reale, *Il Motore immobile (Metafisica, libro XII)*, 1963. — K. Oehler, *Der unbewegte Beweger des Aristoteles*, 1984. — Para a polêmica entre Zeller e Brentano: K. Elser, *Die Lehre des Aristoteles über das Wirken Gottes*, 1893. — A tese de Jaeger em *Aristoteles*, 1923. C

PRIMITIVISMO. Ver Primitivo.

PRIMITIVO. Este termo é usado para qualificar o homem, povos ou culturas, falando-se de "homem primitivo", "povos primitivos" ou "culturas primitivas". Distinguiu-se entre "primitivo" e "civilizado" e foram defendidas várias posições gerais acerca da possível relação entre ambos. Uns consideraram que há diferenças muito importantes entre "primitivo" e "civilizado", e especificamente entre "povos primitivos" e "povos civilizados", e até se chegou a sustentar que enquanto os primeiros permanecem estáticos, os segundos se encontram em contínuo progresso. Outros julgaram que há diferenças entre povos primitivos e civilizados, mas que não se devem ao fato de aqueles não progredirem, enquanto estes progridem, mas ao de cada um deles formar um tipo diferente de "cultura". Outros sustentaram que há entre os chamados "primitivos" e os chamados "civilizados" muitos elementos comuns. As discussões sobre os caracteres dos povos primitivos e suas relações com os não primitivos foram ao mesmo tempo sociológicas e filosóficas. Lévy-Bruhl cunhou o conceito de "pré-lógico" para caracterizar os povos primitivos, e falou de uma "mentalidade primitiva" que se rege por um "pensamento" pré-lógico que só pode ser entendido por meio do conceito de participação (VER). Segundo Lévy-Bruhl, o homem primitivo não separa as coisas mentalmente, "logicamente"; imagina que uma coisa pode *ser* outra (que o tótem, por exemplo, pode *ser* a tribo), ou supõe que uma coisa pode agir fora de outra sem deixar de permanecer nela (como na magia praticada sobre uma figura com o fim de abater um inimigo). Olivier-Leroy se opôs às concepções de Lévy-Bruhl por razões sociológicas. Bergson pôs em dúvida as razões aduzidas por Lévy-Bruhl, declarando o seguinte: 1) O pensar pré-lógico e as práticas "mágicas" pertinentes subsistem na vida civilizada. 2) Se fosse certo que há uma diferença de essência entre o primitivo e o civilizado, seria preciso admitir a problemática herança dos caracteres adquiridos e também a herança dos caracteres espirituais adquiridos. Mas só se pode admitir a transmissão de costumes por meio de órgãos adequados (por exemplo, instituições etc.). Com isso se nega a existência de uma "alma primitiva" (Lévy-Bruhl) ou de uma "alma coletiva" (Durkheim), pois o coletivo existe só enquanto representação depositada numa instituição ou, como se diz tecnicamente, no espírito objetivo. 3) Segundo Lévy-Bruhl, tudo se apresenta para o primitivo envolvido numa espessa rede de participações e exclusões místicas dentro de um universo de "forças ocultas". Mas: *a*) estas influências se referem sempre à realidade humana ou ao animado, de tal modo que quando se pensa no inanimado se pensa nele enquanto relacionado com o animado; por outro lado, *b*) a referência antropomórfica não nega a causalidade mecânica: supõe simplesmente que tal causalidade está dirigida. Em outros termos, a diferença entre a causa principal e a causa imediata não anula jamais a presença desta. No máximo, assinala no pensamento primitivo o predomínio na causa de uma *intenção*. Mas essa intenção subsiste também na alma civilizada. Desse modo, pode-se declarar: 4) que há identidade entre o primitivo e o civilizado em seu pensar — e, por conseguinte, que há uma só forma de pensamento —, porque o pré-lógico não é mais do que a atribuição de intenção a tudo o que diz respeito ao homem e ao esforço do homem para conjurar essa intenção. Desse modo, a própria expressão 'pré-lógico' pode chegar a resultar confusa e desnecessária. Ora, conforme indicou Lévy-Bruhl, é excessivo esperar de uma descrição do pensamento primitivo como pensamento pré-lógico o que não está implicado nele. A expressão 'pré-lógico' — como, aliás, as expressões 'mentalidade' e 'primitivo' — está longe de ser ideal e é preciso admitir que foi mal escolhida ao dar lugar a tantas más interpretações. Mas a má interpretação se desvanece tão logo negamos que 'pré-lógico' signifique 'estranho aos princípios lógicos'. Já disse Lévy-Bruhl em sua *Hebert Spencer Lecture*, de 1931 (as objeções de Bergson foram publicadas em 1932): "*Pré-lógico* não quer dizer nem *alógico*, nem *antilógico*. Aplicado à mentalidade primitiva, *pré-lógico* significa simplesmente que tal mentalidade não se restringe, como a nossa, a evitar a contradição. Não tem sempre presentes as mesmas exigências lógicas. O que é para nós impossível ou absurdo, é admitido às vezes pela mentalidade primitiva sem perceber nisso a menor dificuldade".

O caráter estático (ou relativamente estático) do "pensamento primitivo" foi sublinhado por Toynbee, que indica que tal caráter se deve ao fato de que a mentalidade primitiva limitou seu repertório de atos a um núcleo reduzido que, além disso, tende continuamente a fechar-se sobre o qual, portanto, podem proliferar toda sorte de "complicações". Desse modo, a diferença entre o primitivo e o civilizado consistiria não numa diferença de mentalidade, mas de atividade e do sentido dado a ela. A unidade essencial do homem não ficaria cindida mais do que quando se chamasse a atenção exclusivamente para o momento estático ou para o momento dinâmico, mas não quando se considerasse os dois absolutamente indispensáveis para a constituição da humanidade.

Para Lévi-Strauss, há uma diferença entre o que chama "o pensamento selvagem" e o pensamento "não selvagem"; o primeiro não é simplesmente um momento na evolução do pensamento. Assim, a magia não é "uma forma tímida ou balbuciante da ciência", pois não haveria modo de compreender o pensamento mágico se se pretendesse reduzi-lo a um momento, ou a uma etapa, da evolução técnica e científica. "Antes uma sombra que antecipa um corpo, é, num sentido, completa como ele, tão terminada e coerente, em sua imaterialidade, quanto o ser sólido por ela somente antecipado. O pensamento mágico não é um início, um começo, a parte de um todo ainda não realizado; forma um sistema bem articulado; este é independente, sob este aspecto, desse outro sistema que constituirá a ciência, salvo a analogia formal que os aproxima e que faz da primeira uma espécie de expressão metafórica da segunda" (*op. cit.*, bibliografia, p. 21).

Há, segundo Lévi-Strauss, "dois modos distintos de pensamento científico. Um e outro não são função de certos estádios desiguais do desenvolvimento do espírito humano, mas de dois níveis estratégicos onde a natureza se deixa atacar pelo conhecimento científico" (*op. cit.*, p. 24). Ora, nada disso quer dizer que o "pensamento selvagem" não seja racional a seu modo: é uma ciência, mas uma "ciência do concreto", fundada numa "lógica das qualidades sensíveis".

Heidegger usa a noção de "primitivo" num sentido "existenciário". Em seu entender, a cotidianidade do *Dasein* não deve ser confundida com a "primitividade". A primeira é, antes, um modo de ser do *Dasein*, mesmo quando este se encontre numa cultura altamente desenvolvida e diferenciada. E, por outro lado, "o *Dasein* primitivo tem possibilidades de um ser não-cotidiano e uma específica cotidianidade" (*Ser e tempo*, § 11). Daí a impossibilidade de deduzir a cotidianidade ontológica de uma primitividade do *Dasein* tal como a que oferecem as investigações sobre os povos primitivos, embora não se deva desconhecer que em algumas ocasiões estas investigações oferecem alguma ajuda de um ponto de vista metódico-descritivo.

Dentro da chamada "história das idéias", a noção de "primitivo" ocupou a atenção de Arthur O. Lovejoy e George Boas. O chamado "primitivismo" diz respeito ao fato de que alguns grupos culturais, sobretudo em épocas de crise, consideram as formas primitivas da existência como melhores. A história e a civilização são consideradas então não como um progresso, mas antes como uma degeneração. As idades de ouro clássicas, no sentido de Hesíodo e de Píndaro, podem ser consideradas formas de primitivismo, especialmente do que Lovejoy chama de primitivismo cronológico. O mesmo se poderia dizer de algumas das concepções de Vico. O primitivismo cultural — no qual se acentua o mal essencial de toda civilização — parece achar-se, em contrapartida, em Rousseau, para quem a idéia do primitivo é de índole mais exemplar que propriamente histórica.

Em todo caso, o primitivismo parece referir-se à possibilidade de uma existência humana ainda não pervertida e, por conseguinte, menos a um começo que a um fundamento, menos a uma realidade histórica que a uma realidade existencial. Deste ângulo, a investigação do conceito do primitivo e do primitivismo poderia reenlaçar-se com as questões de índole filosófico-antropológica mencionadas no começo deste verbete.

⊃ Sobre psicologia e concepção do mundo do homem e dos povos primitivos, ver: E. B. Tylor, *Primitive Culture*, 2 vols., 1874. — L. Frobenius, "Die Völkerpsychologie der Naturvölker", *Beiträge zur Volks- und Völkerpsychologie*, 6 (1898). — W. Wundt, *Völkerpsychologie*, 1900-1917. — F. Boas, *The Mind of Primitive Man*, 1911. — R. H. Lowie, *Primitive Society*, 1920. — R. Thurnwald, *Psychologie des primitiven Menschen*, 1923. — F. Graebner, *Das Weltbild der Primitiven. Eine Untersuchung der Urformen weltanschaulichen Denkens bei Naturvölkern*, 1924. — P. Radin, *L'homme primitif comme philosophe*, 1927. — G. E. Harkness, *The Sources of Western Morality, from Primitive Society through the Beginnings of Christianity*, 1954.

As idéias de Lévy-Bruhl estão expostas nos livros mencionados na bibliografia deste filósofo; as opiniões contrárias de Bergson em *Les deux sources de la morale et de la religion*, 1932; as de Olivier-Leroy en *La raison primitive. Essai de réfutation de la théorie du prélogisme*, 1926. — As idéias de C. Lévi-Strauss, em *La pensée sauvage*, 1962. — As de Toynbee, em várias partes de seu *A Study of History* (ver bibliografia de TOYNBEE [A. J.]).

O livro de Lovejoy e George Boas com o desenvolvimento da idéia do primitivismo na Antiguidade é *Primitivism and Related Ideas in Antiquity*, 1935. — Sobre este último aspecto, ver também: G. Boas, *Essays on Primitivism and Related Ideas in the Middle Ages*, 1948. — L. Whitney, *Primitivism and the Idea of Progress in the English Popular Literature of the Eighteenth Century*, 1934. — E. A. Runge, *Primitivism and Related Ideas in Sturm und Drang Literature*, 1946.

Um ensaio de "derivar" uma filosofia de um tipo de "pensamento primitivo" é o de P. Tempels, *Bantu-Philosophie. Ontologie und Ethik*, 1961 [sobre a "filosofia" dos Baluba, do Congo]. ⊂

PRINCÍPIO. Na presente obra dedicamos verbetes, ou nos referimos a, certo número de expressões nas quais figura o vocábulo 'princípio'; assim, por exemplo: princípio da menor ação; princípio de contradição; princípio de identidade; princípio de individuação; princípio de razão suficiente etc. Neste verbete não falaremos de nenhum princípio em particular, mas unicamente do significado, ou significados, de 'princípio'.

Traduz-se freqüentemente o termo grego ἀρχή por "princípio". Ao mesmo tempo se diz que na suposição de que alguns pré-socráticos — especialmente Anaximandro — teriam usado esse termo para descrever o caráter do elemento ao qual se reduzem todos os demais, tal elemento seria, enquanto realidade fundamental, "o princípio de todas as coisas". Neste caso, ἀρχή ou "princípio" seria "aquilo de que derivam todas as demais coisas". "Princípio" seria, portanto, basicamente, "princípio de realidade".

Mas em vez de mostrar uma realidade e dizer que ela é o princípio de todas as coisas, pode-se propor uma razão pela qual todas as coisas são o que são. Então o princípio não é o nome de nenhuma realidade, mas descreve o caráter de certa proposição: a proposição que "dá razão de".

Com isso temos dois modos de entender o "princípio", e esses dois modos receberam posteriormente um nome. O princípio como realidade é *principium essendi* ou princípio do ser. O princípio como razão é *principium cognoscendi* ou princípio do conhecer. E muitos casos um pensamento filosófico determinado pode caracterizar-se pela importância que dê a um princípio sobre o outro; por estabelecer uma separação entre os dois princípios; ou então por considerar que os dois princípios se fundem num só. No primeiro caso, podem-se propor ainda duas doutrinas: se se dá o primado ao *principium essendi* sobre o *principium cognoscendi*, temos um pensamento filosófico fundamentalmente "realista", segundo o qual o princípio do conhecimento segue fielmente o princípio da realidade; se se dá o primado ao *principium cognoscendi* sobre o *principium essendi*, temos um pensamento filosófico que qualificaremos (entre aspas) de "idealista", segundo o qual os princípios do conhecimento da realidade determinam a realidade enquanto conhecida, ou cognoscível. No segundo caso, quando se mantêm os dois princípios separados, temos uma doutrina segundo a qual embora a "linguagem" (o "dizer", o "pensar", etc.) possa dar de algum modo razão da realidade, a "linguagem" não pertence de modo algum à realidade. No último caso, quando se fundem os dois princípios, temos uma doutrina segundo a qual há identidade entre a realidade e a razão da realidade.

As expressões antes introduzidas — *principium essendi* e *principium cognoscendi* — procedem dos escolásticos, mas estes falaram de outras diversas classes de princípios. Aristóteles já dera vários significados de 'princípio' (ἀρχή): ponto de partida do movimento de uma coisa; o melhor ponto de partida; o elemento primeiro e imanente da geração; a causa primitiva e não imanente da geração; premissa etc. (*Met.*, Δ 1, 1012 b 32-1013 a 20). Os escolásticos falaram de "princípio exemplar", "princípio consubstancial", "princípio formal" etc. Ao mesmo tempo, Aristóteles e os escolásticos trataram de ver se havia algo característico de todo princípio como princípio. Segundo Aristóteles, "o caráter comum de todos os princípios é ser a fonte de onde derivam o ser, ou a geração, ou o conhecimento" (*ibid.*, 1013 a 16-18).

Para muitos escolásticos, 'princípio é aquilo de onde algo procede', podendo esse "algo" pertencer à realidade, ao movimento, ou ao conhecimento. Ora, ainda que um princípio seja um "ponto de partida", não parece que todo "ponto de partida" possa ser um princípio. Por este motivo, tendeu-se a reservar o nome de "princípio" a um "ponto de partida" que não seja redutível a outros pontos de partida, pelo menos a outros pontos de partida da mesma espécie ou pertencentes à mesma ordem. Assim, se uma ciência determinada tem um ou vários princípios, estes serão tais só enquanto não houver outros aos quais possam ser reduzidos. Em contrapartida, pode-se admitir que os princípios de determinada ciência, ainda que "pontos de partida" de tal ciência, são por sua vez dependentes de certos princípios superiores e, em último termo, dos chamados "primeiros princípios", *prima principia*, isto é, "axiomas" ou *dignitates*. Se nos limitamos agora aos *principia cognoscendi*, poderemos dividi-los em duas classes: os "princípios comuns a todas as classes de saber" e os "princípios próprios" de cada classe de saber.

Vários problemas se colocam com respeito à natureza dos citados princípios e com respeito à relação entre os princípios primeiros e os princípios próprios. No que toca à natureza dos princípios, e supondo que estes continuam sendo *principia cognoscendi*, pode-se perguntar se se trata de "princípios lógicos" ou de "princípios ontológicos" (entendendo esses últimos não como realidades, mas como princípios relativos a realidades). Alguns autores manifestam que só os princípios lógicos (princípios como o de identidade, não contradição e talvez, se se admitir, o de terceiro excluído) merecem ser chamados verdadeiramente de "princípios", mas neste caso não parecem ser princípios da linguagem ou, se se quiser, de uma das linguagens — a mais geral delas, a linguagem lógica — mediante as quais se expressa o conhecimento. Outros autores indicam que os princípios lógicos são, no fundo, princípios ontológicos, já que os princípios lógicos não vigorariam se não estivessem de alguma maneira fundados na realidade. Quanto à relação entre princípios primeiros e os "princípios próprios" de uma ciência, pode-se tratar de uma relação primariamente lógica ou então de uma relação também fundada na natureza das realidades consideradas. Além disso, enquanto alguns autores consideram que os princípios de cada ciência são irredutíveis aos princípios de qualquer outra ciência — já que, segundo dizem, uma ciência se determina por seus princípios —, não havendo mais relação entre conjuntos de princípios que o estarem todos submetidos aos "princípios lógicos", outros autores indicam que podem ser irredutíveis de fato, mas que não necessitam sê-lo em princípio. Justamente, a diferença entre a tradição aristotélica e o cartesianismo a esse respeito consistiu em que enquanto a primeira defendia a doutrina da pluralidade dos princípios, Descartes tratou de encontrar primeiras causas, isto é, "princípios" que preenchessem as duas condições seguintes: serem tão claros e evidentes que o espírito humano não pudesse duvidar de sua verdade, e serem princípios dos quais pudesse depender o conhecimento das demais coisas, e dos quais se possa deduzir tal conhecimento (*Princ. Phil.*, "Carta do autor ao tradutor do livro, que pode servir de prefácio"). Tais princípios seriam as verdadeiras "proposições máximas" (ver MÁXIMA).

PRINCÍPIO DE ECONOMIA. Ver ECONOMIA; ENTIA NON SUNT MULTIPLICANDA PRAETER NECESSITATEM.

PRINCÍPIO DE EXTENSIONALIDADE. Ver EXTENSIONALIDADE.

PRINGLE-PATTISON, ANDREW SETH. Ver HEGELIANISMO.

PRIOR, A[RTHUR] N[ORMAN] (1915-1969). Nascido na Nova Zelândia, foi professor nas Universidades de Canterbury (Nova Zelândia) de 1952 a 1958 e Manchester (Inglaterra) de 1959 a 1966. A partir de 1966 foi *Fellow* e *Tutor* no Balliol College, de Oxford. Foi também professor visitante na Universidade de Oslo e em várias universidades norte-americanas.

Os trabalhos filosóficos de Prior se concentraram em ética e lógica. Em ética se ocupou da estrutura da linguagem moral. Contra o parecer de numerosos filósofos analíticos, considerou que é possível, ao menos em alguns casos, derivar logicamente um 'deve' de um 'é' (ver 'É'-'DEVE'). Em seu entender, há proposições éticas implicadas por certos enunciados descritivos. Em lógica, Prior trabalhou em enunciados com formas verbais temporais e foi um dos principais promotores, e cultivadores, da chamada "lógica temporal", ou lógica que inclui enunciados relativos a tempos (passado, presente e futuro). O estudo das modalidades temporais permite lançar luz, segundo Prior, sobre algumas das questões tradicionais relativas à noção de tempo.

➲ Obras: *Logic and the Basis of Ethics*, 1949. — *Formal Logic*, 1955; 2ª ed., 1962. — *Time and Modality*, 1957. — *Some Problems of Reference in John Buridan*, 1963. — *Past, Present, and Future*, 1967. — *Papers on Time and Tense*, 1968. — *Objects of Thought*, 1971, ed. P. T. Geach e A. J. P. Kenny. — *Papers in Logic and Ethics*, 1976, ed. P. T. Geach e A. J. P. Kenny. — *Worlds, Times and Selves*, 1977 [com reconstrução de material até então inédito por Kit Fine].

Ver: P. T. Geach *et al.*, artigos sobre, e em memória de, A. N. P. em *Theoria* (Suécia), 36 (1970). A parte 3 contém bibliografia de escritos de A. N. P. por O. Flo. — T. Baldwin, "P. and Davidson on Indirect Speech", *Philosophical Studies*, 42 (1982), 255-282. — J. J. C. Smart, "P. and the Basis of Ethics", *Synthese*, 53 (1982), 3-17. — J. Butterfield, "P.'s Conception of Time", *Proceedings*.

Aristotelian Society, 84 (1984), 193-209. — B. H. Slater, "P.'s Analytic", *Analysis*, 46 (1986), 76-81. — Ch. Sayward, "Prior's Theory of Truth", *Analysis*, 47 (1987), 83-87. — P. Ohrstrom, P. Hasle, "A. N. P.'s Rediscovery of Tense Logic", *Erkenntnis*, 39 (1) (1993), 23-50. ᴄ

PRISCIANO de Cesaréia (Mauritânia) [Priscianus Caesarianus] (*fl.* 500). Foi professor de gramática em Constantinopla, provavelmente na Corte Imperial. Embora gramático e não propriamente filósofo, a obra de Prisciano é filosoficamente importante pela influência que exerceu sobre muitos filósofos, por ter sido comentada por filósofos (como Remígio de Auxerre e Roberto Kilwardby) e, sobretudo, por ter constituído, junto com o *Ars grammatica* de Donato (Aelius Donatus [*fl.* 334]), professor de São Jerônimo, a base de muitos dos tratados escritos pelos *modisti* e, portanto, a base de grande parte dos trabalhos da chamada "gramática especulativa" (VER).

Prisciano escreveu vários tratados e manuais (como o *De figuris numerorum*, o *De metris fabularum Terentii* e os *Praeecercitamina*), mas sua obra principal e mais influente foram os 18 livros das *Institutiones Grammaticae* (ou *Institutio de arte grammatica*). Os primeiros 16 livros das *Institutiones*, chamados *Priscianus maior*, tratam das partes da oração; os dois últimos livros — mais extensos que quaisquer dos primeiros 16, já que ocupam sozinhos quase um terço da obra total —, chamados *Priscianus minor*, tratam da sintaxe. Entre os comentários a Prisciano destaca-se a influente *Summa super Priscianum* (chamada também *Commentum super Priscianum*) de Pedro de Elias [Petrus Heliae] (*fl.* 1150).

➲ Edições de obras: *Opera* (Roma, *ca.* 1475); Veneza, 1496-1497; Leipzig, 2 vols., 1819-1820; Leipzig, 7 vols., ed. H. Keili, 1855-1880 [as *Institutiones*, em vols. II e III]. ᴄ

PRIVAÇÃO. Segundo Aristóteles, a oposição compreende a contradição, a contrariedade, a relação e a privação (στέρησις). Esta última é entendida em vários sentidos: 1) "Quando um ser não tem um dos atributos que deve possuir naturalmente; por exemplo, diz-se que uma planta não tem olhos." 2) "Quando devendo encontrar-se naturalmente uma qualidade em um ser ou em seu gênero, ele não a possui; assim, é muito diferente o fato de que se achem desprovidos de vista o homem cego e a toupeira; para esta a privação é contrária ao gênero animal; para o homem, é contrária a sua própria natureza normal." 3) "Quando um ser que deve possuir naturalmente uma qualidade não a tem; assim, a cegueira é uma privação, mas não se diz que um ser é sempre cego; só o é quando, tendo alcançado a idade em que deveria possuir a vista, não a tem." 4) "Chama-se cego a um homem se ele não possuir a vista nas circunstâncias em que deveria tê-la". A privação se opõe, portanto, à posse, mas só é privação autêntica no último caso, isto é, quando não existe a qualidade de que se trata concorrendo todas as circunstâncias necessárias para que exista. É preciso distinguir a privação da mera ausência; esta é não existência de uma qualidade com independência de sua possibilidade ou impossibilidade, de sua adequação ou inadequação, de sua contradição ou conformidade. Só quando há possibilidade, adequação e conformidade com as circunstâncias dadas pode uma não existência ou não posse ser definida.

Para outros aspectos do problema da privação, ver o dito nos verbetes NADA e NEGAÇÃO. No verbete sobre a noção de OPOSIÇÃO nos referimos à oposição aristotélica da privação à posse e à chamada "oposição privativa" dos escolásticos.

PROAÍRESIS. Ver DELIBERAÇÃO, DELIBERAR; ELEIÇÃO, ELEGER.

PROBABILIDADE. Na Antiguidade se chamava com freqüência "provável", ἔνδοξον, εὔλογον, aquilo que, segundo todas (ou a maior parte das) aparências, pode ser declarado verdadeiro ou certo. A probabilidade tem vários graus, segundo sua maior ou menor aproximação da certeza. Esta doutrina do provável é de índole gnosiológica e é a que exerceu maior influência até época relativamente recente; dentro de seu quadro se origina o probabilismo (VER) defendido pelos céticos modernos. Junto da mesma pode-se formular uma doutrina ontológica, que consiste em considerar a probabilidade como um conceito aplicável às coisas mesmas. No primeiro caso, se diz que um juízo é provável; no segundo, se diz que um acontecimento é provável. A concepção gnosiológica é chamada também de *subjetiva*; a concepção ontológica, de *objetiva*. Embora a primeira tenha predominado a tal ponto que uma das definições mais habituais de 'probabilidade' na literatura filosófica de todos os tempos foi 'grau de certeza', a segunda não foi totalmente esquecida. Às vezes, aliás, a primeira se manteve porque a segunda era dada por suposta, consciente ou inconscientemente. Argumentou-se, contudo, que a noção de probabilidade não pode ser inteiramente subjetiva (ou interna) nem inteiramente objetiva (ou externa). Com efeito, se fosse só o primeiro, a probabilidade consistiria numa falha do conhecimento. Se, em contrapartida, fosse só o segundo, o juízo sobre o provável não poderia ser um juízo certo. Por tal motivo se propôs em algumas ocasiões uma concepção da noção de probabilidade que oscilava entre o conceito interno e o conceito externo: a probabilidade seria em tal caso um grau maior ou menor de certeza sobre um acontecimento ou um grupo de acontecimentos afetado por um índice de probabilidade.

O exame do conceito de probabilidade entrou num caminho mais seguro nas investigações empreendidas por matemáticos e filósofos durante os últimos duzentos e cinqüenta anos. Embora já no século XVI se começasse a estudar a questão da probabilidade em relação com a teoria do jogo, somente no século XVII (Fermat, Pascal e seus trabalhos sobre a roleta) e inícios do século XVIII, com a publicação do tratado de Jacob Bernoulli intitulado *Ars Conjectandi* (1713), atacou-se de forma rigorosa a questão aqui levantada. Tanto a citada obra como os escritos posteriores de Pierre-Simon Laplace (1749-1827: *Théorie analytique des probabilités*, 1812. — *Essai philosophique sur les probabilités*, 1814) tinham uma característica comum: a de considerar a doutrina da probabilidade como a arte de julgar sobre a maior ou menor admissibilidade de certas hipóteses com base nos dados possuídos.

Apresentaram-se várias classificações de teorias da probabilidade. Mencionamos quatro. A primeira — o tempo — se deve a Thomas Greenwood, segundo o qual há as seguintes teorias:

1) Teorias segundo as quais a probabilidade se define como uma medida ou grau relativo de crença em fatos ou enunciados. Trata-se de uma consideração análoga à que chamamos subjetiva ou interna, mas que, quando é tratada matematicamente, pode dar origem às investigações antes referidas sob o nome de probabilidade indutiva.

2) Teorias segundo as quais a probabilidade é definida como a relativa freqüência dos acontecimentos. Trata-se de uma consideração análoga à que chamamos objetiva ou externa.

3) Teorias segundo as quais a probabilidade é definida como a freqüência em valor de verdade de tipos de argumentos. Trata-se da probabilidade quando é referida às proposições.

4) Teorias segundo as quais a probabilidade se define como o enlace entre uma noção primitiva e sua evidência. Um exemplo destas teorias é a de J. M. Keynes, que defendeu uma nova versão da probabilidade indutiva.

5) Teorias segundo as quais a noção de probabilidade é uma noção operacional. Não são incompatíveis com várias das anteriormente mencionadas.

6) Teorias segundo as quais a probabilidade é definida como um limite de freqüências, de tal modo que a probabilidade de um acontecimento é igual a sua freqüência total.

7) Teorias segundo as quais a probabilidade é definida como uma magnitude física determinada por axiomas.

Segundo Maurice Fréchet, há três campos possíveis de investigação da probabilidade, que dão origem a outras tantas teorias:

1a) Problemas relativos a jogos. Ofereceram o material essencial para a escola às vezes chamada *a priori*, segundo a qual as condições aprióricas — baseadas na natureza da prova e não mediante indução e obtenção de resultados — conduzem a igual possibilidade de alguns acontecimentos. Uma vez classificados e distribuídos os resultados possíveis em casos mutuamente exclusivos e igualmente possíveis, temos que a probabilidade de um acontecimento fortuito, E, é definida como uma razão entre o número de casos favoráveis a E e o número de casos igualmente possíveis.

2a) Problemas demográficos, econômicos e de seguros. Constituem a inspiração da escola estatística. A fórmula geral que rege o cálculo enuncia que a freqüência de E em n provas é a razão

$$\frac{r}{n}$$

entre o número r de casos "favoráveis" a E e o número total de provas. Esta escola estatística se subdivide em duas:

(Ea) Escola que concebe a probabilidade como um limite de freqüências. Trata-se de uma interpretação análoga à [6] da classificação anterior. Foi elaborada e corrigida por Von Mises por meio de sua tese da "seqüência coletiva" dos resultados supostos nas provas, seqüência que ocorre ou quando a freqüência total do acontecimento, E, na seqüência S existe, sendo chamado seu valor, p, a probabilidade de E em S, ou quando a mesma propriedade se mantém com o mesmo limite p se a seqüência é substituída por qualquer seqüência extraída dela.

(Eb) Escola que concebe a probabilidade como magnitude física medida por freqüências. Trata-se de uma interpretação análoga à [7] da classificação anterior. Segundo Fréchet, é uma "definição axiomática modernizada" da probabilidade.

3a) Estudos de natureza lógica. Concebem a probabilidade como grau de crença adscrito a uma série de fenômenos, de tal sorte que a probabilidade de um acontecimento E é medida pelo grau de crença em sua ocorrência.

Uma classificação mais restrita — pois se refere somente aos trabalhos sobre a probabilidade realizados por positivistas lógicos ou pensadores afins a eles — é a de J. R. Weinberg. Segundo este autor, há três doutrinas probabilitárias:

1b) A concepção da probabilidade como limite de freqüências, proposta por Von Mises e revisada por Wald.

2b) A concepção da probabilidade segundo a qual as expressões 'é verdadeiro' e 'é falso' designam casos-limites de uma série contínua de valores de probabilidade, proposta por Reichenbach.

3b) A teoria segundo a qual o estudo da probabilidade constitui um ramo da lógica (Wittgenstein, Carnap, Waismann).

Mario Bunge apresentou uma ampla classificação de concepções sobre a probabilidade (aplicada), que inclui todas as idéias fundamentais até agora mantidas:

1c) A concepção subjetivista ("pessoal" ou "personalista", bayesiana) que, até as origens da teoria quântica, era compatível tanto com o "objetivismo" quanto com o "subjetivismo" já que "se podia argumentar que as leis básicas são deterministas, e que se exige a probabilidade só pela ignorância empírica dos detalhes". Com a mecânica e a termodinâmica quânticas, com suas leis estocásticas, mudou a situação do ponto de vista filosófico, pois a concepção subjetivista da probabilidade resultou compatível só com uma filosofia subjetivista.

2c) A concepção da probabilidade como freqüência, ou probabilidade freqüencial. Originalmente podia ser adotada tanto por realistas quanto por empiristas, mas desde a teoria quântica os realistas não podem sustentá-la, já que uma epistemologia realista se nega a admitir que leis atômicas e outras leis similares dependam de atos de observação.

3c) A concepção da probabilidade como propensão ou "proclividade" — o que se poderia chamar também de concepção "tendencial" —, segundo a qual, enunciada *grosso modo*, a medida da probabilidade de x equivale à "força da propensão ou tendência que tem uma coisa para permanecer no estado ou estados x" (onde "estado" inclui "fase"). Segundo Bunge, esta concepção permite eliminar as objeções que é possível formular contra as concepções subjetivista e freqüencial, e encaixa-se tanto com a teoria matemática da probabilidade quanto com as teorias estocásticas da ciência contemporânea. A análise lógica da noção de probabilidade foi proposta por Venn e defendida por Peirce. Em seu artigo "The Doctrine of Chances", originalmente publicado em *Popular Scientific Monthly* (março de 1878), Peirce escreveu: "Há duas certezas concebíveis acerca de qualquer hipótese: a certeza de sua verdade e a de sua falsidade. Os números 1 e 0 são apropriados, neste cálculo, para designar esses extremos de conhecimentos, enquanto as frações que possuem valores intermediários entre eles indicam, se se nos permite uma expressão vaga, os graus nos quais a evidência se inclina para um ou outro. O problema geral das probabilidades consiste em determinar, a partir de um estado de fatos dado, a probabilidade numérica de um fato possível. Isso equivale a investigar até que ponto os fatos dados podem ser considerados como uma prova para demonstrar o fato possível. E assim o problema das probabilidades é simplesmente o problema geral da lógica".

O estudo lógico da noção de probabilidade levou muitos autores a distinguir entre a chamada "probabilidade estatística" (que diz respeito a fenômenos) e a chamada "probabilidade indutiva" (que diz respeito a proposições sobre fenômenos). A primeira, elaborada entre outros por R. von Mises, H. Reichenbach e K. R. Popper, prediz freqüências. A segunda, estudada em detalhe por Carnap, analisa as certezas possíveis em relação com as hipóteses estabelecidas.

Deve-se a Carnap uma investigação detalhada da noção de probabilidade indutiva. Segundo Carnap, deve-se eliminar do conceito de probabilidade proposto a noção de freqüência relativa com o fim de ater-se à probabilidade como grau de confirmação (ou conceito semântico). O estudo da probabilidade indutiva coincide, portanto, com o estudo do conceito de grau de confirmação. Assim, todo raciocínio indutivo (no amplo sentido de raciocínio não dedutivo ou não demonstrativo) é um "raciocínio em termos de probabilidade". Mas como todos os princípios e teoremas da lógica indutiva são analíticos, "a validade do raciocínio indutivo não depende de pressuposições sintéticas, tais como o debatido princípio da uniformidade do mundo". O sistema de Carnap da lógica indutiva adota a forma de um sistema interpretado e pertence, portanto, à semântica. Entre as novidades importantes introduzidas por Carnap figura um método de distribuição estatística de probabilidades em grupos que permite atribuir probabilidades a acontecimentos futuros com base na freqüência com que tais acontecimentos ocorreram no passado. O princípio de indiferença (VER), que não pode ser usado na probabilidade estatística — e segundo o qual se a evidência obtida não contém nada que favoreça um acontecimento possível mais do que outro então os acontecimentos possuem probabilidades iguais relativas a esta evidência —, desempenha um papel fundamental, porque não somente é aplicado indiferentemente aos casos possíveis, mas é aplicável aos grupos de distribuição estatística. Outra importante contribuição de Carnap consiste em sua proposição de que para cada significado de 'provável' há três conceitos: o conceito classificatório (o usual na divisão lógica em sentido clássico); o conceito quantitativo (conceito numérico ou métrico) e o conceito comparativo (conceito topológico ou conceito de ordem, sem emprego de valores métricos). Esses três conceitos são de fundamental importância em *todos* os usos, tanto os pré-científicos quanto os científicos, da noção de probabilidade. Outra novidade, finalmente, é constituída pela análise e rejeição do psicologismo, não só em lógica dedutiva (o que é já geralmente aceito desde Frege e Husserl), *mas também em lógica indutiva*, onde pareceu dominar sempre o subjetivismo. Carnap reconhece que o sentido subjetivo psicológico em que pode ser usado o vocábulo 'probabilidade' como conceito do grau de crença efetiva — à diferença da crença racional — é importante para a teoria do comportamento humano em todas as ordens e para as ciências correspondentes, mas afirma que *não* pode servir de base para a lógica indutiva ou para o cálculo de probabilidades na medida em que este constitui um *instrumento* geral da ciência.

⮕ Sobre o termo 'provável' na filosofia medieval: M.-D. Chenu e Th. Deman, "Notes de lexicographie philosophique médiévale. *Sufficiens. Probabilis*", *Revue des Sciences philosophiques et théologiques*, 22 (1933), 251-290.

História: E. H. del Busto, *Los fundamentos de la probabilidad de Laplace a nuestros días*, 1955. — E. F. Byrne, *Probability and Opinion: A Study in the Medieval Presuppositions of Post-Medieval Theories of Probability*, 1968. — Na. L. Rabinovitch, *Probability and Statistical Inference in Ancient and Medieval Jewish Literature*, 1973. — I. Hacking, *The Emergence of Probability: A Philosophical Study of Early Ideas about Probability, Induction and Statistical Inference*, 1975. — Th. Hailperin, *Boole's Logic and Probability*, 1986. — P. Dessi, *L'ordine e il caso: Discussioni epistemologiche e logiche sulla probabilità da Laplace a Peirce*, 1989.

Obras com análises filosóficas, e especialmente análises lógicas, da noção de probabilidade: A. Aall, "On Sansynliget og dens bettydning logisk betraktet", *Tidskrift for Mathematik og Naturvidenskab* (1897) ("Sobre a probabilidade e suas condições do ponto de vista lógico"). — K. Marbe, *Naturphilosophische Untersuchungen zur Wahrscheinlichkeitsrechnung*, 1899. — S. Lourié, *Die Prinzipien der Wahrscheinlichkeitsrechnung. Eine logische Untersuchung des disjunktiven Urteils*, 1910. — O. Sterzinger, *Logik und Naturphilosophie der Wahrscheinlichkeitslehre. Ein umfassender Lösungsversuch*, 1911. — A. von Meinong, *Über Möglichkeit und Wahrscheinlichkeit*, 1915. — J. M. Keynes, *A Treatise on Probability*, 1921; nova ed., 1962 ["Introdução" de N. R. Hamson]. — O. Czuber, *Die philosophischen Grundlagen der Wahrscheinlichkeitsrechnung*, 1923. — E. Kaila, *Die Prinzipien der Wahrscheinlichkeitslogik. Über das System der Wahrscheinlichkeitslogik*, 1926. — R. von Mises, *Wahrscheinlichkeit, Statistik und Wahrheit*, 1928. — H. Reichenbach, R. von Mises, P. Hertz, F. Waismann, H. Feigl, "Wahrscheinlichkeit und Kausalität", *Erkenntnis*, 1 (1930-1931), 158-285. — Z. Zawirski, "Über das Verhältnis der mehrwertigen Logik zur Wahrscheinlichkeitsrechnung", *Studia philosophica*, 1 (1935), 407-442. — H. Reichenbach, *Wahrscheinlichkeitslehre*, 1935 (trad. ingl. com adendos e correções: *Theory of Probability*, 1949). — Id., *Experience and Prediction*, 1938. — E. Kaila, *Die Prinzipien der Wahrscheinlichkeitslogik. Über das System der Wahrscheinlichkeitsbegriffe*, 1926. — M. Fréchet, "The Diverse Definitions of Probability", *Erkenntnis-Journal of United Science*, 8 (1938-1940), 7-23. — E. Nagel, *Principles of the Theory of Probability*, 1939. — O. Helmer e P. Oppenheim, "A Syntactical Definition of Probability and of Degree of Confirmation", *Journal of Symbolic Logic*, 10 (1945), 25-60. — VV. AA., "Symposium on Probability", *Philosophy and Phenomenological Research*, 5 (1945-1946), 441-532; 6 (1946-1947), 11-86, 590-622. — H. E. Kyburg, Jr., *Probability and the Logic of Rational Belief*, 1971. — Id., *The Logical Foundations of Statistical Inference*, 1974. — I. Hacking, *Logic of Statistical Inference*, 1965. — W. Stegmüller, *Personelle und statistische Wahrscheinlichkeit* (cf. bibliografia de STEGMÜLLER, WOLFGANG para maior informação). — E. W. Adams, *The Logical of Condi-*

tionals: An Application of Probability to Deductive Logic, 1975. — M. Bunge, "Four Concepts of Probability", 1976. — L. J. Cohen, *The Probable and the Provable*, 1977. — P. Suppes, *Probabilistic Metaphysics*, 1974. — R. Weatherford, *Philosophical Foundations of Probability Theory*, 1982. — I. Pitowsky, *Quantum Probability-Quantum Logic*, 1989. — F. Bacchus, *Representing, and Reasoning with Probabilistic Knowledge: A Logical Approach to Probabilities*, 1990. — D. W. Baird, *Inductive Logic: Probability and Statistics*, 1990. — R. Chuaqui, L. Nachbin, eds., *Truth, Possibility and Probability: New Logical Foundations of Probability and Statistical Inference*, 1991. — E. Eells, *Probabilistic Causality*, 1991. — R. Jeffrey, *Probability and the Art of Judgment*, 1992.

Sobre probabilidade e indução (além de várias obras *supra*): R. M. Cohen e E. Nagel, *An Introduction to Logic and Scientific Method*, 1934, cap. XIV. — N. Goodman, "A Query on Confirmation", *Journal of Philosophy*, 43 (1946), 383-386. — Id., *Fact, Fiction and Forecast*, 1955. — W. C. Kneale, *Probability and Induction*, 1949. — P. Servien, *Hasard et probabilité*, 1949. — L. Hoghen, *Chance and Choice. An Introduction to Probability*, 1949. — R. Carnap, *Logical Foundations of Probability*, 1950; 2ª ed., rev., 1962. — I. J. Good, *Probability and the Weighting of Evidence*, 1950. — G. H. von Wright, *A Treatise on Induction and Probability*, 1951. — R. von Mises, M. Fréchet, G. Hirsch et al., *Théorie des Probabilités. Exposés sur ses fondements et ses applications*, 1953. — R. Carnap, R. C. Jeffrey et al., *Studies in Inductive Logic and Probability*, 1989. — J. L. Pollock, *Nomic Probability and the Foundations of Induction*, 1990.

Sobre juízo provável: J. G. Gendre, *Introduction à l'étude du jugement probable*, 1947.

Obras sobre o cálculo de probabilidades: L. Bachelier, *Calcul des probabilités*, I, 1912. — E. Borel, *Traité de calcul des probabilités*, 1924. — Id., *Éléments de la théorie des probabilités*, 1950. — R. von Mises, *Wahrscheinlichkeitsrechnung*, 1931; 2ª ed., 1951. — A. N. Kolmogoroff, *Grundbegriffe der Wahrscheinlichkeitsrechnung*, 1933. — M. Fréchet, *Recherches théoriques modernes sur le calcul des probabilités*, I, 1937. — G. Castelnuovo, *La probabilité dans les différentes branches de la science*, 1937. — J. H. Baptist, *Analyse des probabilités*, I, 1947. — J. Cohen e M. Hansel, *Risk and Gambling: the Study of Subjective Probability*, 1956. — S. Spencer Brown, *Probability and Scientific Inference*, 1957. — P. Nolfi, *Idee und Wahrscheinlichkeit*, 1957. — J. P. Day, *Inductive Probability*, 1961. — H. Kyburg, Jr., *op. cit. supra*. — H. Leblanc, *Statistical and Inductive Probabilities*, 1962. — W. Stegmüller, *op. cit. supra*. — T. A. F. Kuipers, *Studies in Inductive Probability and Rational Expectation*, 1978. — I. J. Good, *Good Thinking: The Foundations of Probability and Its Applications*, 1982. — Ver, além disso, a bibliografia dos verbetes ACASO, CONFIRMAÇÃO, CONTINGÊNCIA, ESTATÍSTICAS, INDUÇÃO e MODALIDADE. **C**

PROBABILISMO. Assim se chama a doutrina segundo a qual só é possível conhecer as coisas de um modo aproximado, excluindo por princípio toda pretensão a um saber absolutamente certo e seguro. Na esfera prática, o probabilismo é a norma que manda agir de acordo com o mais provável ou verossímil, o que equivale a reger-se pelo "conveniente", pelo "adequado (às circunstâncias)", pelo "plausível". Estas duas formas de probabilismo não permanecem forçosamente separadas; pelo contrário, é habitual a adesão a um duplo probabilismo prático e teórico e, sobretudo, como aconteceu na Antiguidade, a adesão a um probabilismo teórico em virtude precisamente de certas experiências que recomendavam um probabilismo moral ou prático.

São consideradas probabilistas as doutrinas das Academias média e nova (Arcesilau, Carnéades, Clitômaco), isto é, doutrinas que se opõem tanto ao dogmatismo como ao ceticismo radical e que acentuam a teoria da verossimilhança no domínio físico e moral. Segundo elas, nenhuma proposição pode ser admitida como absolutamente certa. Por outro lado, não existindo o critério do absolutamente certo, tampouco pode existir o critério do absolutamente falso. Com efeito, uma proposição absolutamente falsa é a negação de uma proposição absolutamente certa. Além disso, dizer que uma proposição é absolutamente falsa equivale a dizer que é absolutamente certo que é absolutamente falsa. Por conseguinte, todo critério de verdade (ou falsidade) é simplesmente "crível", πιθανόν. O fundamento dessa "mera probabilidade" de qualquer proposição não é, contudo, para a maior parte dos probabilistas antigos, um raciocínio lógico, mas, antes, a idéia de que toda representação de uma coisa a representa só parcialmente.

Em oposição a toda forma de dogmatismo surgiram durante o Renascimento várias teorias probabilistas (Montaigne, Sánchez etc.). Em algumas ocasiões, estas teorias foram modificações do ceticismo pirrônico.

Em outro sentido se fala de probabilismo para referir-se a certas doutrinas morais desenvolvidas durante o século XVII, especialmente por alguns autores jesuítas, que seguiram as sugestões do dominicano Bartolomé Medina (nascido em Medina de Rioseco [Valladolid]: 1528-1580). Em sua *Expositio in Primam Secundae Angelici Doctoris d. Thomae Aquinatis* (1577) e em sua *Expositio in Tertiam Partem* (1578), Medina indicou que quando há em questões morais uma opinião fundamentalmente provável, pode-se admiti-la inclusive no caso de a opinião oposta ser provável. O probabilismo moral do século XVII adotou diversas formas. Se chamamos simplesmente "probabilismo" à doutrina formulada por Bartolomé Medina, poderemos chamar "probabiliorismo" (de *probabilior* = "mais provável") a doutrina segundo a qual entre várias opiniões em questões morais é preciso aceitar e seguir "a mais provável", e "casuísmo" à doutrina segundo a qual em muitos dos problemas de natureza moral se apresentam não "princípios", mas "casos", aos quais é preciso adaptar os "princípios".

Na época atual, o probabilismo foi tratado sobretudo do ponto de vista das teorias da ciência. Deste ângulo, não se pode qualificar o probabilismo epistemológico nem de ceticismo moderado nem de simples convencionalismo. É, por exemplo, o que sucede com a epistemologia de Meyerson, que desemboca às vezes num "plausibilismo". É o que ocorre também com o "probabilismo" de Gaston Bachelard, que afirma, com efeito, ser sempre aproximado o conhecimento filosófico, e também o científico, do real. O "conhecimento aproximado" explicado no *Essai sur la connaissance approchée* (1927) pode, contudo, coincidir até o máximo com uma idéia absoluta do real tal como a postulam, sob diferentes pressupostos, o idealismo e o realismo naturalista quando, em vez de forjar para cada realidade determinada idéia, produzem um "grupo" de idéias; o perspectivismo (VER) poderia ser, por conseguinte, a tendência mais própria deste "aproximacionismo" que encontra na citada forma de conhecer não um defeito, mas a manifestação de sua vitalidade.

↪ Ver: A. Schmitt, *Zur Geschichte des Probabilismus*, 1904. — Além disso, o t. III da obra de E. Baudin citada na bibliografia do verbete PASCAL, BLAISE. ↩

PROBLEMA. Em *Top.*, I, 4, 101 b 29, Aristóteles escreve: "A diferença entre o problema e a proposição depende do modo como se aborda a questão. Se se diz, por exemplo: 'Não é verdade que *animal pedestre* e *bípede* é a definição do homem?', temos uma proposição. Se se diz, por outro lado: 'É ou não a definição do homem, *animal pedestre* e *bípede*?', temos um problema".

Aristóteles sustenta com isso que enquanto uma proposição (ou uma definição proposta) é algo "dado" — é uma "tese" —, que se trata de aceitar ou rejeitar, provar ou refutar etc., um problema não é propriamente uma proposição (ou uma definição), pelo menos no sentido usual desses termos (embora se possa chamar "proposição" na medida em que é algo que se "propõe"). No problema, admitem-se duas teses distintas e opostas e, por conseguinte, não se pode, a rigor, aceitar ou rejeitar, provar ou refutar o que se apresenta como um problema. Só se pode aceitar ou rejeitar o problema mesmo (por exemplo, declarando que carece de significação, ou que é insolúvel, ou que é absurdo ou que é insignificante etc.). Seguindo a Aristóteles, podemos distinguir entre o problema e o que o problema propõe.

Essa distinção não é mantida sempre no uso do termo 'problema'. É freqüente, com efeito, entender um problema como uma "questão" (modo de entender 'problema' que procede seguramente da idéia de *quaestio* medieval). No geral, um problema é uma questão que se trata de aclarar ou resolver (ou em alguns casos resolver aclarando). O problema pode ser comparado a um nó (no qual estão estreitamente ligadas duas ou mais teses possíveis); o que se trata de fazer com ele é "resolvê-lo" ou "dissolvê-lo"; em todo caso, "desfazê-lo" ou "desatá-lo".

O problema costumar ter explícita ou implicitamente a forma de uma pergunta (VER), mas nem toda pergunta é necessariamente um problema; a rigor, há muitas perguntas que não são problemas.

Vários são os modos de considerar os problemas. Pode-se falar, por exemplo, de "problemas subjetivos" (quando o que se trata de fazer é resolvê-los "para nós") e "problemas objetivos" (quando aquilo de que se trata é um problema em si mesmo). Essa distinção é análoga, senão idêntica, à que se estabelece quando são usadas respectivamente as expressões *quoad nos* e *per se*. Também se pode falar de problemas teóricos e práticos; dentro dos teóricos: filosóficos, científicos, etc. Essas classificações não são inúteis; a última delas pode ser importante, porque é muito provável que cada modo de saber tenha seus próprios problemas; o que se chama "uma problemática".

Reconheceu-se com freqüência que o levantamento dos problemas é uma das maiores tarefas da filosofia, a tal ponto que se disse para a filosofia (e também para a matemática, e talvez para algumas ciências) que o mais importante é levantar os problemas adequadamente. Bergson disse (*op. cit.* na bibliografia) que "em filosofia um problema bem colocado é um problema resolvido". Em todo caso, como indica Émile Bréhier (art. cit. em bibl.), "a atividade dos maiores pensadores, de Kant por exemplo, consistiu sobretudo em mudar a posição [a colocação] dos problemas". Bréhier fala de uma "metaproblemática", que seria similar à *Problematik* de que falaram alguns autores alemães mas que, em vez de limitar-se, como a última, a colecionar problemas, tem de consistir em traçar o quadro dentro do qual os problemas adquirem sentido e oferecem perspectivas de solução. De acordo com isso, os problemas filosóficos devem ser enfrentados somente quando há um conjunto de noções, idéias, intuições, etc., que lhes outorguem sentido.

Da diferença que estabelece Gabriel Marcel (e da qual falou também Unamuno) entre "problema" e "mistério" ocupamo-nos no verbete MISTÉRIO.

Ver também os verbetes PROBLEMÁTICO; PROBLEMATICISMO.

↪ Ver: H. Bergson, "De la position des problèmes", em *La pensée et le mouvant*, 1934. — H. Wein, *Untersuchungen über das Problembewusstsein*, 1937 [no sentido de N. Hartmann]. — É. Bréhier, "La notion de problème en philosophie", *Théorie*, 14 (1948), 1-7, reimp. em *Études de philosophie antique*, 1955, pp. 10-16. — M. Landmann, *Problematik. Nichtwissen und Wissensverlangen im philosophischen Bewusstsein,* 1949. —

VV. AA., *Nature des Problèmes et Philosophie*, 3 vols., 1949 [resenha dos "Debates de verão", celebrados em Lund, em 1937: um volume sobre os problemas em filosofia geral; outro, sobre os problemas na lógica e nas ciências da Natureza; um terceiro, sobre os problemas nas ciências do espírito]. — A. Cecchini, *Problematicità e problemi*, 1957. — W. Hartkopf, *Die Strukturformen der Probleme*, 1958. ⊃

PROBLEMATICISMO. A tendência da filosofia italiana chamada "problematicismo" corresponde, por um lado, a uma situação concreta do pensamento filosófico da Itália e, por outro, a certo estágio da filosofia contemporânea européia. Perante o idealismo atualista e o neo-escolasticismo se teriam manifestado na Itália correntes crítico-racionalistas do tipo das de Antonio Banfi; estas correntes, mescladas com certas tendências atualistas, foram desenvolvidas especialmente por Ugo Spirito numa filosofia qualificada de "problematicismo", isto é, num pensamento filosófico para o qual a única "salvação" e "justificação" da atividade filosófica consistia em renunciar a medi-la com o padrão dos demais saberes, e em particular com o padrão das ciências. Com efeito, enquanto estas, segundo o problematicismo, tendem a resolver problemas, a filosofia tem como missão principal, e talvez única, a problematização de tudo o que se lhe apresenta, da realidade tanto quanto das proposições sobre ela. Em outros termos, a única coisa que a filosofia pode fazer é ver os problemas como problemas, isto é, examinar a significação de todos os problemas e de todo o problemático. E como o mais problemático é a filosofia mesma, ela se converte em seu principal problema. Tal concepção da filosofia, opina o problematicismo, torna impossível por princípio sua dissolução nas demais ciências. De fato, só parecem poder dissolver-se os saberes que esgotam sua missão na resolução de questões, isto é, que possuem um conteúdo próprio. O problematicismo enlaça-se, assim, com o historicismo, e especialmente com os diversos intentos realizados para resolver a questão posta pelo ceticismo histórico. Mas ao mesmo tempo em que se vincula com este, o problematicismo se vincula, conscientemente ou não, com as diversas tentativas realizadas para reduzir a filosofia a uma atividade "esclarecedora". Pois a filosofia é, segundo o problematicismo, uma espécie de "consciência suprema de toda crise enquanto crise", uma atividade ela mesma crítica, perpetuamente "aberta" diante de qualquer ação ou de qualquer pensamento. Em outras palavras, a problematização equivale à vivificação e por isso a filosofia problematizante se mostra não só justificada, mas inteiramente "inevitável". Ora, é óbvio que o problematicismo tem pelo menos duas faces. Por um lado, pode ser uma atividade esclarecedora e analítica. Por outro lado, pode ser uma atitude diante da realidade. No primeiro caso, o problematicismo coincide com a análise (VER) e até com certos postulados do empirismo lógico. No segundo caso, aproxima-se do existencialismo. A redução de toda filosofia e também de toda vida (cf. Ugo Spirito, *La vita come ricerca*, 1937; *La vita come arte*, 1941) a "investigação" permite as duas interpretações, embora seja mais plausível que o maior acento pessoal do problematicismo haja empurrado constantemente para a segunda, com o que a filosofia tem sido para o problematicismo menos uma "análise de significações" do que uma "crise permanente", menos uma "atividade" no sentido de Wittgenstein do que um "compromisso" no sentido de Jaspers ou de Sartre.

⊃ M. M. Rossi elaborou uma concepção da filosofia como "problematicismo" em seu livro *Per una concezione attivistica della filosofia* (1927) (ver também HISTORICISMO).

Também, de U. Spirito, ver: *Il problematicismo*, 1948, e *Dall'attualismo al problematicismo*, 1976. Além disso, os livros de G. Bontadini, *Dall'attualismo al problematicismo*, 1947, e *Dal problematicismo alla metafisica*, 1953. ⊃

PROBLEMÁTICO. Em Sistema (VER) estudamos a atitude problemática em filosofia, à diferença da atitude sistemática. Referências à distinção entre problema e mistério no sentido de Marcel, em Mistério (VER). A radical tendência problemática em filosofia foi analisada em Problematicismo (VER). Aqui nos referimos somente ao termo 'problemático' como adjetivo do juízo.

Os juízos problemáticos são, segundo Kant, os que expressam uma das modalidades: a da contingência. Assim, os juízos problemáticos se referem à possibilidade dos *atos* de julgar. Kant foi criticado por causa de tal interpretação, e argumentou-se que nas modalidades aristotélicas se fala da relação (possível ou necessária) expressa nos juízos. Assim ocorre efetivamente. Ora, é plausível supor que o sentido que Kant dá ao juízo problemático (e a todos os juízos de sua tabela) é um sentido epistemológico e não lógico nem tampouco "subjetivo". Portanto, o termo 'problemático' *não* designa em Kant o mesmo que as modalidades aristotélicas; por isso pode-se sustentar o uso de tal termo precisamente em sentido kantiano à diferença dos outros antes aludidos. A aplicação de 'problemático' ao juízo foi admitida por muitos tratadistas lógicos dos séculos XIX e XX. Na lógica simbólica, não há referências aos juízos problemáticos no sentido tradicional, nem tampouco a proposições problemáticas. O que nela é examinado da questão é tratado na lógica modal (ver MODALISMO).

PROCEPÇÃO, PROCEPTO. Ver BUCHLER, JUSTUS.

PROCESSÃO. A relação entre o Uno e as realidades dele emanadas, assim como, em geral, entre as realidades de ordem superior e as de ordem inferior, é, segundo Plotino, como uma irradiação, περίλαμψις. O superior irradia, com efeito, sobre o inferior sem perder nada de sua própria substância, tal como a luz que se derrama sem se perder, ou do centro do círculo que aponta, sem se mover, para todos os pontos da periferia. Como diz Plotino nas *Enéadas* (V, i, 7), todos os seres produzem necessariamente a seu redor, por sua própria essência, uma realidade que tende para o exterior e depende de seu poder atual. Trata-se, pois, de uma projeção em forma de uma "imagem". Essa forma especial de comunicação e projeção é a processão, πρόοδος, segundo a qual se realiza a emanação das hipóstases. Essa processão é, de certo modo, um "desvio" (*En.*, I, viii, 7), ou, se se quiser, um "enfraquecimento por transmissão". No entanto, não se deve interpretar sempre como uma "queda" no sentido do gnosticismo (VER), mas, no máximo, como um descenso, isto é, como uma diminuição da tensão em que consiste a hipóstase superior. "O termo *processão*", escreve Bréhier, "indica o modo como as formas da realidade dependem umas de outras; a idéia que evoca é comparável, por sua generalidade e importância histórica, à idéia atual de evolução. Os homens do final da Antiguidade e da Idade Média pensam as coisas sob a categoria de processão, como os dos séculos XIX e XX as pensam sob a categoria de evolução" (*La philosophie de Plotin*, 1922, IV, p. 85). Assim, o contrário da processão é a conversão ou reversão, ἐπιστροφή, e é justamente a contraposição e o jogo da processão e da conversão ou reversão que pode explicar todo o movimento e geração do universo. Como escreveu Proclo, toda reversão se realiza mediante semelhança dos termos revertidos com o que constitui o final do processo de reversão (*Institutio theologica*, prop. 32), e toda processão se realiza mediante semelhança do secundário com o primário (*op. cit.*, prop. 29). Ora, embora desenvolvida especialmente no platonismo, a noção de processão não é exclusiva dele nem fica tampouco confinada aos sistemas emanatistas. A esse respeito pode-se admitir que a noção de processão foi durante muito tempo tão geral quanto Bréhier indicou. Por exemplo, a teologia cristã, especialmente a teologia católica de inspiração helênica, elaborou com particular detalhe e aprofundamento o conceito de processão. Na verdade, a noção de processão — não reduzida então a um só conceito nem relegada a sistemas como o de Escoto Erígena e, em geral, a sistemas de viés panteísta — é uma das que permitem ter acesso intelectual ao mistério da Trindade. Em todo caso, a processão é *uma* das maneiras possíveis de produção, juntamente com a transformação, a emanação (VER) e a criação (VER). Já se vê, portanto, com isso que emanação e processão não se acham forçosamente no mesmo plano. Mas processão não tem tampouco uma significação unívoca. Se nos referimos por enquanto só às coisas criadas, veremos que a processão pode ser entendida de dois modos ou, melhor dizendo, veremos que pode ser entendido de duas maneiras diferentes o *modo* de procedência de uma coisa de outra. Em primeiro lugar, a processão pode ser uma operação (chamada *processio operationis*), do tipo da volição com respeito ao sujeito que quer. Em segundo lugar, a processão pode ser o termo (chamado *processio operanti*) do tipo de uma obra "exterior" qualquer realizada. Pois bem, mediante uma consideração analógica poderemos ver de que maneira seria possível entender a processão dentro de Deus se partirmos do conceito da *processio operanti*. Esta pode ser, com efeito, de dois tipos: a processão *ad extra*, chamada também transitiva, que ocorre quando o termo ou a obra passam, por assim dizer, para fora do que o produz, e a processão *ad intra*, chamada também imanente, que ocorre quando o termo permanece em seu princípio. Neste último caso, temos um conceito da processão — a *processio operanti ad intra* — que se aproxima da definição tradicional de comunicação completa sem divisão de substância de uma natureza imutável a várias pessoas. Com efeito, a processão em questão é a que ocorre na relação do Espírito Santo e do Filho com o Pai; a que, por analogia, ocorre com a relação entre o Verbo mental e a inteligência (e talvez por isso o Logos [VER] possa ser interpretado num sentido muito parecido ao da Palavra com que os hebreus designavam a comunicação). Do ponto de vista filosófico, será preciso limitar-se aqui a enfatizar a necessidade de não confundir processão e emanação, e de distinguir não só entre diversas formas de processão, mas inclusive de distinguir cuidadosamente entre a operação e o princípio operante. Precisamente esta última distinção permite até certo ponto determinar que em Deus a processão não pode ser de operação. Por outro lado, dentro da operação não se pode confundir o ato operante com a potência pela qual ele se realiza. No caso da distinção entre Deus e suas faculdades (distinção, sem dúvida, não equivalente à que há simplesmente entre o sujeito e suas potências), as faculdades pelas quais se produzem as operações seriam, na teologia, o modo de relacionar processualmente — numa processão de termo *ad intra* — as Três Pessoas sem negar no Pai o Princípio e admitindo, por conseguinte, sua singular "não procedência".

PROCESSO. Equiparou-se às vezes 'processo' *(processus)* a 'processão' *(processio)*; assim, o que dissemos sobre processão poderia aplicar-se a processo. Ao mesmo tempo, muito do que se disse sobre 'processo' poderia aplicar-se a 'processão'. Assim, por exemplo, entendeu-se às vezes 'processão' *(processio)* como "derivação de algo 'principiado' de seu 'princípio'", e essa derivação *(eductio)* pode ser entendida tanto em sentido metafísico ou teológico quanto lógico. Em certas ocasiões, o conceito de "processo" foi equiparado ao conceito de "raciocínio"; tal ocorre quando se falou de um *processus ad impossibile* (ou prova indireta; prova pelo absurdo), ou de um *processus compositivus* (analítico) ou *resolutivus* (sintético) (ver ANALÍTICO E SINTÉTICO).

Embora a noção de processo seja, em princípio, axiologicamente neutra, tem sido comum nas filosofias do processo sustentar que o processo (ou a mudança, o devir etc.) é preferível a toda realidade de caráter "estático". Por essa razão, supôs-se que o processo equivale a um "progresso". No entanto, Manuel García Morente (*Ensayos sobre el progreso*, 1934) propôs distinguir entre "processo" e "progresso". Embora haja progresso quando se incorporam valores no curso de um processo, não é necessário que haja progresso sempre que há um processo.

Às vezes se entendeu por 'processo' não somente todo "progresso", mas também todo acontecimento e toda ação. Evidentemente, o termo 'processo' tem um sentido tão amplo que fica praticamente imanipulável. Embora os autores chamados "processualistas" não tenham estabelecido sempre distinções formais entre 'processo', 'acontecimento', 'ação' etc., dos contextos nos quais apresentam suas "filosofias do processo", depreende-se um uso relativamente bem circunscrito deste termo. Quando há dúvidas, é mister discernir entre 'processo' e 'acontecimento' (ainda que se considere que um processo se compõe de uma série de acontecimentos) e, em todo caso, é mister distinguir entre 'processo' e 'ação' (ainda que se suponha que toda ação é um processo ou tem um caráter "processual").

Na filosofia do século XX introduziu-se a noção de processo como equivalente aproximadamente das noções de devir (VER) e de mudança. Em conseqüência, as chamadas "filosofias do processo" foram entendidas como filosofias segundo as quais o que há não é redutível a entidades ou a coisas em princípio invariáveis; as coisas ou entidades são explicáveis, antes, em função de, ou dentro do contexto de, processos. O processo se contrapõe ao ser (estático) ou à substância (VER).

Tem se falado de "processualismo" (e também de "processalismo"). As filosofias do processo ou filosofias processualistas se orientaram para o concreto (VER), para o indeterminismo e para o contingentismo (ver CONTINGÊNCIA).

Com freqüência a idéia de processo exerceu um papel importante na psicologia filosófica; assim ocorreu com William James e com Henri Bergson. O processualismo psicológico fez uso das idéias de "fluxo de consciência", de "corrente de consciência", de "temporalidade", de "consciência como duração" etc.

Enquanto as filosofias não-processualistas tomaram como paradigma a noção de "coisa" — e também a de "agente" enquanto substrato de mudanças — e seguiram, implícita ou explicitamente, o ideal de alguns escolásticos, *Operari sequitur esse*, o operar segue ao ser, as filosofias processualistas tomaram como paradigma as noções de "mudança", "movimento" e "novidade", e delas se pode dizer que seguem o ideal *Esse sequitur operari*, o ser segue ao operar. Noções básicas nas filosofias não-processualistas são as de indivíduo, espaço (ou situação no espaço), atomicidade e descontinuidade. Noções básicas nas filosofias processualistas são as de totalidade, tempo (especialmente, duração), funcionalidade e continuidade.

Exemplo de uma filosofia que destaca, e aspira a abarcar, todas as formas de processo é a de W. H. Sheldon, segundo quem o processo é o "oposto polar" da própria polaridade, é o que torna possível para a polaridade "pôr-se em marcha". Sem o processo as polaridades permaneceriam "fixas", sem relacionar-se mutuamente. O processo é, escreve Sheldon, "o grande remédio da Natureza, a posição terapêutica que suplementa as imperfeições que atrapalham a ordem polar... A missão do princípio do processo é eliminar o choque e o conflito entre os opostos polares... O processo intervém para ajudar a polaridade, e com isso se ajuda a si mesmo" (*Process and Polarity*, 1944, p. 11 e 118).

Entre os autores que promoveram a idéia de processo destaca-se A. N. Whitehead. Sob sua égide se constituiu inclusive uma tendência filosófica chamada "processualismo" ou "filosofia do processo". Segundo Whitehead, há dois tipos de "fluência", já descobertos no século XVII: aquele que alude à constituição real interna de algo particular existente (concreção), e aquele que alude à passagem de algo particular existente a outro algo particular existente (transição). Esses dois significados aparecem unificados na teoria das "entidades atuais", que substituem as "coisas" hipostasiadas ou substancializadas da "antiga" metafísica, e designam simplesmente a radical individualidade e novidade de cada coisa em sua concreção "absoluta". Daí duas espécies de processo: o processo macroscópico, ou transição de uma "atualidade alcançada" à "atualidade no alcançar-se", e o processo microscópico, ou conversão das condições que são meramente reais numa atualidade determinada. O primeiro tipo é o processo que vai do atual ao meramente real; o segundo, o que vai do real ao atual. O primeiro é, portanto, de natureza eficiente; o segundo, de índole teleológica (*Process and Reality, an Essay in Cosmology*, 1929, cap. X, seção 5). A filosofia do processo é, portanto, uma "filosofia do organismo", mas este organismo deve ser entendido num sentido dinâmico e não estático, de tal sorte que então "cada entidade atual resulta por si mesma descritível só como um processo orgânico, descrevendo no microcosmo o que é o universo no macrocosmo" *(loc. cit.)*.

William A. Christian (*An Interpretation of Whitehead's Metaphysics* [1959], pp. 28ss.) distingue quatro sentidos do termo 'processo' *(process)* em Whitehead: 1) O mundo temporal ou o mundo das coisas finitas que transcorrem (*Process and Reality*, p. 33; *Science and the Modern World*, 102; *Modes of Thought*, 131); 2) a atividade ou "vida" (*Science and the Modern World*, 247; *Modes of Thought, passim*); 3) o crescimento ou mudança interna; 4) a mudança de estado em relação com outras coisas. Segundo Christian, os sentidos 1) e 2) são "pré-sistemáticos" e, em certo sentido, "verbais" e incidentais; em contrapartida, os sentidos 3) e 4) são "sistemáticos". No sentido 3) o processo é "a atividade que ocorre *dentro* de uma entidade atual [real, efetiva]; no sentido 4) é "a transição entre uma ocasião atual [real, efetiva] e o que segue a ela" (Christian, *op. cit.*, p. 29).

Uma série bastante longa de fatores — dificuldades com que se choca a idéia de continuidade desde a esfera matemática até a da experiência psicológica; a insistência nos aspectos dinâmicos e mutantes da realidade tanto física quanto histórica; a importância da idéia de novidade e descoberta de novidades — e a influência de vários autores — Bergson, William James, Samuel Alexander, C. Lloyd Morgan, John Dewey e, muito especialmente, Whitehead — decantaram uma ampla e variada tendência chamada "filosofia do processo", que se opõe a modelos continuístas e deterministas. A revista *Process Studies*, dirigida por Lewis S. Ford e John B. Cobb, Jr., que começou a ser publicada em 1974, aspira a dar voz a essas tendências "processualistas", com marcada preferência pelo desenvolvimento da noção de processo whiteheadiana. Muitos autores processualistas afirmam que foi um erro equiparar 'continuísmo', 'determinismo' e 'racionalismo'; em todo caso, uma filosofia processualista não tem por que ser irracional, e pode ser, antes, um esforço na ampliação da noção de racionalidade.

⇨ Sobre a noção de processo, além dos textos mencionados no texto do verbete, ver: L. S. Ford, W. L. Sessions et al., *Two Process Philosophers: Hartshorne's Encounter with Whitehead*, ed. L. S. Ford, 1973. — J. O. Bennett, J. Wayne et al., *Studies in Process Philosophy*, ed. Robert C. Whittemore, 1974, 1976. — F. B. Wallack, *The Epochal Nature of Process in Whitehead's Metaphysics*, 1980. — R. S. Brumbaugh, *Whitehead, Process Philosophy, and Education*, 1982. — J. R. Gray, *Modern Process Thought: A Brief Ideological History*, 1982 [Bradley, Bergson, Whitehead, etc.]. — Id., *Process Ethics*, 1983. — C. Riccati, *"Processio" et "explicatio". La doctrine de la création chez Jean Scot et Nicolas de Cuse*, 1983. — G. R. Lucas, *The Genesis of Modern Process Thought: A Historical Outline with Bibliography*, 1983. — V. Lowe, L. S. Ford et al., *Whitehead and the Idea of Process / W. und der Prozessbegriff*, 1984, ed. H. Holz e E. Wolf-Gazzo. — R. H. Nash, ed., *Process Theology*, 1987. — R. Kane, S. H. Phillips, eds., *Hartshorne, Process Philosophy, and Theology*, 1989. — G. R. Lucas, *The Rehabilitation of Whitehead: An Analytic and Historical Assessment of Process Philosophy*, 1989. — Ver também a revista *Process Studies*, desde 1971 (especialmente sobre A. N. Whitehead e Ch. Hartshorne).

Sobre a noção de progresso: G. Sorel, *Les illusions du progrès*, 1908. — J. Delvaille, *Essai sur l'histoire de l'idée de progrès jusqu'à la fin du XVIIIe siècle*, 1910. — A. Dellepiane, *Le progrès et sa formule*, 1912. — L. Weber, *Le rythme du progrès*, 1913. — J. B. Bury, *The Idea of Progress: An Inquiry into Its Origin and Growth*, 1920. — W. R. Inge, *The Idea of Progress*, 1920. — F. Tönnies, *Fortschritt und soziale Entwicklung*, 1926. — P. Mouy, *L'idée de progrès dans la philosophie de Renouvier*, 1927. — C. Lalo, *L'idée du progrès dans les sciences et dans les arts*, 1930. — G. Friedmann, *La crise du progrès. Esquisse d'histoire des idées (1895-1935)*, 1936. — VV. AA., *La notion de progrès devant la science actuelle*, 1938. — A. Dempf, *Die Krisis des Fortschrittsglaubens*, 1947. — C. Frankel, *The Faith of Reason: The Idea of Progress in the French Enlightenment*, 1948. — E. L. Tuveson, *Millenium and Utopia. A Study in the Background of the Idea of Progress*, 1949. — N. Berdiaev, E. Mounier, E. d'Ors et al., *Progrès technique, progrès morale*, 1948. — J. Baillie, *The Belief in Progress*, 1950. — M. Ginsberg, *The Idea of Progress*, 1953. — C. A. Emge, *Das Problem des Frotschritts. Was müssten Gedanken über Fortschritt, Weltkritik und Weltverbesserung voraussetzen, damit sie richtig sein können?*, 1958. — R. Franchini, *Il progresso. Storia di un'idea*, 1960. — M. Ghio, *L'idea di progresso nell'illuminismo francese e tedesco e Maine de Biran e la tradizione biraniana in Francia*, 1962. — J. A. Maravall, *Antiguos y modernos: La idea de progreso en el desarrollo inicial de una sociedad*, 1966. — L. Edelstein, *The Idea of Progress in Classical Antiquity*, 1967. — S. Pollard, *The Idea of Progress: History and Society*, 1968. — F. C. Green, *Rousseau and the Idea of Progress*, 1950. — D. W. Marcell, *Progress and Pragmatism: James, Dewey, Beard and the American Idea of Progress*, 1974. — L. Laudan, *Progress and Its Problems: Towards a Theory of Scientific Growth*, 1978. — R. Nisbet, *History of the Idea of Progress*, 1979. — Th. Olsen, *Millenialism, Utopianism, and Progress*, 1982. — E. Hansot, *Perfection and Progress: Two Modes of Utopian Thought*, 1982. — E. R. Dodds, *The Ancient Concept of Progress, and Other Essays on Greek Literature and Belief*, 1985. — W. Drost, ed., *Fortschrittsglaube und Dekadenzbewusstsein im Europa des 19. Jh.s*, 1986. — F. Rapp, *Fortschritt. Entwicklung und Sinngehalt einer philosophischen Idee*, 1992. ⊂

PROCLO de Constantinopla (410-485). Foi, em Alexandria, discípulo de Olimpiodoro e, em Atenas, de Siriano. Seguindo em parte seus predecessores da chamada escola ateniense do neoplatonismo — Plutarco de Atenas, Siriano e Domnino —, mas, na realidade, abarcando em sua especulação todas as influências aristotélicas, platônicas e neoplatônicas, especialmente tal como unificadas por Plotino e Jâmblico, caracteriza sua doutrina uma precisão lógica e uma sutileza que o fez ser considerado como o maior escolástico do neoplatonismo. Seu ponto de partida parecer ser o propósito de solucionar a oposição entre a transcendência da unidade suprema e as hipóstases subordinadas.

A oposição mencionada é resolvida por Proclo mediante um complexo aparato conceitual no qual se podem distinguir três aspectos. Por um lado, a articulação de realidades (ou tipos de realidade) numa forma hierárquica (ver Hierarquia). Por outra parte, a caracterização de cada realidade (ou tipo de realidade) e de sua relação com as outras. Finalmente, os momentos na produção emanante das realidades.

A articulação hierárquica é necessária porque, a menos que cada tipo de realidade forme uma camada ou nível, não poderia haver ao mesmo tempo uma estrutura ontológica própria de cada uma e uma estrutura ontológica que abarcasse a totalidade.

A caracterização de cada tipo de realidade se centra na idéia de que cada realidade tem um poder que lhe é inerente e em virtude do qual pode ser causa — no sentido de causa emanante — de outra realidade. Cada realidade é modelo para a realidade inferior e ao mesmo tempo reflete a realidade superior. Só a realidade suprema não reflete nenhuma realidade e só a realidade ínfima não é causa emanante de nenhuma realidade. Junto a tal idéia há a noção básica de que entre uma realidade e outra dentro da hierarquia existe uma atividade em virtude da qual se produz a emanação. Esta atividade tem seu próprio poder, sem o qual a emanação não chegaria a atualizar-se.

Os momentos na produção emanante consistem em: a identidade, isto é, o que subsiste por si mesmo e não participa; a diversidade, o que é diferente daquilo no qual participa, mas é ao mesmo tempo participante; e a volta ao idêntico.

Pode-se considerar assim a hierarquia dos seres (ou "hierarquia do ser") desde a unidade suprema, que se acha por sobre todo ser, e é propriamente sobre-ser (ver), até a realidade ínfima. Temos então uma relação de maior a menor generalidade, mas este é só um aspecto lógico de uma característica ontológica: a relação é, antes, de maior a menor "densidade" de ser, isto é, de maior a menor unidade. A unidade como tal é o termo supremo porque compreende em sua identidade toda diversidade. Ao mesmo tempo, o que participa da idéia adquire certa superioridade na medida em que contém em si mesmo todos os termos das espécies superiores. A série das emanações se efetua, a partir do Uno, não pelas três unidades de Jâmblico, mas por uma multiplicidade de unidades, de hénadas (ver Hénada), que são também deuses. O Uno, o Ser, a Vida, a Inteligência e a Alma constituem assim séries, cada uma das quais abarca a série inteira de seres que vão desde a suprema Unidade à Alma, pois se o Uno contém potencialmente as séries inferiores e abarca em si todas as hénadas, a Alma compreende também todos os caracteres dos gêneros superiores. Mas tal participação nos caracteres do superior tem lugar não só em cada uma das citadas séries, mas nas emanações delas, que chegam, em última instância, até a singularidade. A estrutura do universo assim concebida é, por outro lado, imutável; como em todo o neoplatonismo, não há nesta complicada hierarquia de seres nem temporalidade nem, desde logo, criação.

⊃ Obras: Os escritos filosóficos de Proclo podem ser agrupados do seguinte modo (segundo a classificação de E. R. Dodds em sua edição da *Institutio theologica*): 1) Comentários conservados, sobre *A República, Parmênides* [o final do original grego se perdeu; conserva-se trad. latina descoberta por R. Klibanksy e publicada em *Plato Latinus*, III], *Timeu* e *Alcibíades I;* comentário — só parcialmente conservado — sobre o *Crátilo*, provavelmente extraído de anotações de um aluno. Perderam-se comentários sobre o *Fédon*, sobre os *Oráculos Caldeus*, e possivelmente outros. 2) A *Teologia platônica*, em grande parte exegética; perderam-se, neste grupo, a *Teologia órfica* e a *Harmonia de Orfeu, Pitágoras* e *Platão* que, além disso, parecem ser compilações feitas por Proclo. 3) Várias obras perdidas sobre o simbolismo religioso, sobre a teurgia, contra os cristãos, sobre o mito de Cibele. 4) Vários ensaios *(Sobre o lugar, Sobre as três mônadas)*, três dos quais — o *De decem dubitationibus circa providentiam*, o *De providentia et fato* e o *De malorum subsistentia* — são conhecidos sobretudo pela versão latina medieval de Guilherme de Moerbeke. 5) Os dois manuais: *Elementos de Teologia* (Στοιχείωσσι Θεολογική) e *Elementos de física*, este último conhecido antigamente com o nome de Περὶ κινήσεως.

Edição de obras: As primeiras edições de Proclo são do século XVI (*Sobre o movimento* ou *Física*, 1531) e XVII (*Sobre a teologia platônica* e *Elementos de teologia*, 1618). V. Cousin editou: *Procli philosophici Platonici opera inedita*, 6 vols., 1820-1825; 2ª ed., em um vol., 1864, reimp., 1962 (incluindo *De decem dubitationibus circa providentiam, De providentia et fato, De malorum subsistentia, Commentarius in Platonis primum Alcibiadem, Commentarius in Platonis Parmenidem*). Entre as edições de obras separadas mencionamos a da *Institutio physica,* por A. Ritzenfeld; os *Comentários ao Crátilo*, por G. Pasquali, 1908; o *Comentário ao Parmênides*, junto com um comentário anônimo sobre as sete últimas hipóstases, trad. de A. E. Chaignet, 3 vols., 1900, reimp., 1962; *Comentário ao primeiro Alcibíades*, por L. G. Westerink, 1954; os tratados sobre o sacrifício e a magia, G. Kroll, 1901; os três tratados antes mencionados na trad. latina de G. de Moerbeke *(Procli Diadochi Tria Opuscula: De Providentia, libertate, malo)*, e com texto grego da coleção de escritos de I. Sebastocratos (1884), ed. H. Boese, 1864, nova ed. crítica 1960, e sobretudo a edição de E. R. Dodds antes mencionada da Στοιχείωσις Θεολογική (Oxford, 1933), que fora editada por A. Portus (1618) e por F. Creuzer (3 vols.,

1820-1822) junto com outras obras. — Trad. esp. dos *Elementos de teologia*, 1965.

Ver: A. Berger, *Proclus, exposition de sa doctrine*, 1840. — H. Kirchner, *De Procli neoplatonici metaphysica*, 1846. — M. Altenburg, *Die Methode der Hypothese bei Platon, Aristoteles und Proklos*, 1905 (tese). — N. Hartmann, *Des Proklus Diadochus philosophische Anfangsgründe der Mathematik nach den zwei ersten Büchern des Euklidkommentars dargestellt*, 1909, reimp., 1969. — H. F. Müller, *Dionysos, Proklos, Plotinos: Ein historischer Beitrag zur neuplatonischen Philosophie*, 1918; 2ª ed., 1926. — R. Nazzari, *La dialettica di Proclo e il sopravvento della filosofia cristiana*, 1921. — L. J. Rosan, *The Philosophy of Proclus: The Final Phase of Ancient Thought*, 1949. — G. Martano, *L'uomo e Dio in Proclo*, 1952. — E. Elorduy, "El problema del mal en Proclo e el Pseudo Aeropagita", *Pensamiento*, 9 (1953), 481-490. — W. Beierwaltes, *Proklos. Grundzüge seiner Metaphysik*, 1965; 2ª ed., rev., 1979. — P. Bastid, *Proclus et le crépuscule de la pensée grecque*, 1969. — S. E. Gersh, Κίνησις ἀκίνητος. *A Study of Spiritual Motion in the Philosophy of Proclus*, 1973. — J. Trouillard, *L'un et l'âme selo Proclos*, 1972. — J. Lowry, *The Logical Principles of Proclus' Stoicheiosis theologiké as Systematic Ground of the Cosmos*, 1980. — J. Trouillard, *La mystagogie de P.*, 1982. — A. Charles-Saget, *L'architecture du divin. Mathématiques et philosophie chez Plotin et P.*, 1982. — E. A. Moutsopoulos, *Les structures de l'imaginaire dans la philosophie de Proclus*, 1985. — G. Boss, ed., *Proclus et son influence*, 1987. ᴄ

PROCÓPIO de Gaza (Palestina) (465-529). Irmão de Zacarias (VER) de Mitilene, e como este da chamada "Escola de Gaza" (VER), escreveu comentários ao Antigo Testamento (ao *Gênesis, Êxodo, Números, Deuteronômio, Josué, Reis, Provérbios* etc.) com base no exame e crítica de comentários prévios; trata-se, assim, de uma interpretação ou hermenêutica, ἑρμηνεία. Durante um tempo se atribuiu a Procópio um escrito intitulado *Refutação dos Elementos* (os *Elementos de teologia*, de Proclo), mas ficou provado que este escrito procede de Nicolau de Meton (século XIII). Como Zacarias e Enéias (VER) de Gaza, Procópio defende a doutrina da criação do mundo por Deus contra a idéia da eternidade do mundo. Segundo Procópio, a inspiração, o dom de profecia, o êxtase e o pensamento racional são manifestações igualmente valiosas do estado de perfeição humana.

⊃ Edição dos citados *Comentários (in Genesin, Exodum, Numeros*, etc.) em Migne, *PG*, LXXXVII. Edição de *Cartas* em R. Hercher, *Epistolographi graeci*, 1873, páginas 533-598.

Ver: J. Dräkese, "Nicholaos von Metone als Beistreiter des Proklos", *Theologische Studien und Kritiken* [Hamburgo], 68 (1895), 589-616. — Id., "Prokop von Gaza Wiederlegung des Proklos", *Byzantinische Zeitschrift* [Leipzig], 6 (1897), 55-91. — J. Stiglmayr, "Die Streitschrift des Prokops von Gaza gegen den Neuplatoniker Proklos", *ibid.*, 8 (1899), 263-301. — G. Westerink, "Proclus, Procopius, Psellus", *Mnemosyne*. Tertia Series, 10 (1941-1942), 275-280.

Ver também bibliografia de GAZA (ESCOLA DE). ᴄ

PRÓDICO, de Céos. Era da mesma idade que Hípias de Élis e parece ter-se dedicado, como a maior parte dos sofistas, ao ensino da dialética, especialmente em seu aspecto gramatical. Suas próprias concepções eram pessimistas e céticas em matéria religiosa, a ponto de afirmar que os homens divinizam tudo o que necessitam. O mito de Hércules na encruzilhada, que às vezes se atribui a Antístenes pelos muitos traços cínicos que contém, apresenta Hércules vacilando entre a virtude e o vício; o escrito parece ter um fim estritamente moral, unido a certo eudemonismo ao considerar-se que a escolha da virtude representa a consecução dos bens desejados. De Pródico parece proceder também o argumento contra o temor à morte que foi posteriormente tão utilizado pelos epicuristas: a morte não deve ser temida, pois quem vive ainda não morreu, e quem morreu deixou de ter sensações.

⊃ Fragmentos em Diels-Kranz, 84 (77).

Ver: K. Joël, *Der echte und der xenophontische Sokrates*, t. II, 1901. — F. Riedl, *Der Sophist Prodikos und die Wanderung seines "Herakles am Scheidewege" durch die römische und deutsche Literatur*, 1908. — J. Alpers, *Hercules in bivio*, 1912. — H. Mayer, "Prodikos von Keos und die Anfänge der Synonymik bei den Griechen", *Rhetorische Studien*, ed. E. Drerup, Cad. 1, 1913. — A. Momigliano, "Prodico di Ceo e la dottrina sul linguaggio da Democrito ai Cinici", em *Atti della Accademia delle Scienza di Torino*, 65 (1930). — W. Nestle, "Die Horen des Prodikos", *Hermes*, 71 (1936), 151-170. — G. Cataudella, "Intorno a Prodico di Ceo", em *Studi di antichità classica*, 1940. — P. Rosati, "Intorno a Prodico di Ceo", *Logos* (Itália) (1972), 389-414. ᴄ

PRODUÇÃO. Num sentido muito amplo, a noção de produção foi tratada na filosofia como a ação e o efeito da operação de algum *ser*. Em *Eth. Nic*, VI, 4, 1140 a 1-24, Aristóteles estabelece uma influente distinção entre produzir, ou fazer, e agir. Por exemplo, na "arte" se produz ou se faz algo, pois a arte não diz respeito a coisas que são, ou que chegam a ser, por necessidade, nem a coisas que têm sua origem em si mesmas. Aristóteles usa o termo ποίησις, *poiesis* (literalmente, "poesia"), para o que chamamos aqui de "produção".

Na Antiguidade se discutiu se o fato de uma coisa ser o que é equivale a "produzir"; os neoplatônicos se inclinavam pela afirmativa, enquanto a maioria dos filósofos negava que ser e produzir pudessem identificar-se. Os escolásticos cunharam a expressão *operari sequitur esse*, que se traduz normalmente por "o operar segue ao ser" e que poderíamos também traduzir por "o produzir segue ao ser", isto é, "só quando há um ser se pode dizer que este ser produz algo" (o conjunto de suas "operações"). As tendências "dinamicistas" e "funcionalistas", assim como as pragmatistas, tenderam a sustentar o contrário, isto é, que o ser é o resultado de algum produzir, ou "produzir-se".

A noção de produção num sentido primordialmente, senão exclusivamente, econômico, e econômico-social, foi tratada por filósofos e economistas do século XVIII, tais como Ricardo e Adam Smith. Uma distinção fundamental a respeito foi a estabelecida entre produção e consumo; outra distinção básica foi a proposta entre o trabalho produtivo (que dá lugar a mercadorias) e o trabalho improdutivo (como o trabalho intelectual, e talvez muito do que hoje se chama "serviços"). Marx trouxe a noção de produção para o centro de seu pensamento filosófico, econômico e político-social. Simplificando ao máximo, as idéias de Marx a respeito são estas: enquanto os animais não produzem seus meios de subsistência, o homem os produz. Deste modo produz sua vida material. O desenvolvimento da espécie humana pode ser entendido em termos dessa produção dos meios de subsistência. É preciso distinguir entre os meios de produção (os recursos de que se dispõe para produzir), as forças de produção (o trabalho que realizam os indivíduos, os conhecimentos técnicos aplicáveis, ou aplicados, na produção; os sistemas de organização voltados à produção) e as relações de produção (os mecanismos institucionais dentro dos quais operam as forças de produção). O estudo das estruturas nas quais intervêm em distintas formas os meios, as forças e as relações de produção é o estudo dos aspectos básicos da espécie humana. As citadas estruturas se concretizam em diferentes modos de produção. Citam-se comumente os modos de produção feudal, capitalista e socialista em sucessão histórica, já que Marx se ocupou atentamente das diferenças entre o modo de produção feudal e o capitalista, e prestou especial atenção a este último como etapa histórica que precede o modo de produção socialista (ou, melhor, comunista), mas é preciso também levar em conta outros modos de produção de que Marx falou, tais como o modo de produção primitivo tribal, o modo de produção "antigo" baseado na escravidão e o modo de produção "asiático". Em todo caso, é característico de Marx e de boa parte dos marxistas considerar atentamente as estreitas relações de interdependência entre as forças de produção e as relações de produção.

A noção marxista de produção é uma noção social-econômica, mas também, por assim dizer, antropológico-filosófica enquanto serve para explicar tanto as estruturas das sociedades humanas quanto a natureza das mudanças históricas. Marx entende 'produção' num sentido ao mesmo tempo amplo e determinado. Nos *Grundrisse* (a parte deste extenso manuscrito já publi- cada por Karl Kautsky em 1904 e depois publicado na íntegra em 1957-1958), Marx considera o que chama "produção material" (que não é simplesmente "econômica" no sentido estrito dado a este termo pelos economistas do século XVIII). Marx sublinha freqüentemente o caráter não individual, mas social, da produção contra o individualismo de Adam Smith e Ricardo e o naturalismo de Rousseau.

A noção de "produção" é por si mesma uma noção abstrata, já que não há produção em geral, mas modos específicos de produção — determinados pelas condições estruturais apontadas antes —, mas é preciso valer-se, segundo Marx, de tal noção abstrata com o fim de entender o que há de comum em todos os modos de produção. À diferença dos autores que o precederam, Marx indica que o consumo faz parte da produção; as faculdades desenvolvidas na produção são consumidas, afirma Marx, no ato da produção. Mas, além disso, a produção é consumo de meios de produção. Assim, "o ato de produção é em todos os aspectos também um ato de consumo". Embora os "economistas" reconheçam isso sob o nome de "produção consumidora", eles dão ao consumo um aspecto "destrutivo" quando, a rigor, "o consumo é também diretamente produção". Isso não quer dizer, porém, que haja equivalência ou identidade entre produção e consumo, há entre eles uma relação que contribui para fazer parte da estrutura social-econômica.

As noções desenvolvidas por Marx acerca do conceito de produção são mais complexas que as esboçadas antes. Assim, por exemplo, cabe distinguir entre meios e condições de produção. Não obstante todas as distinções e refinamentos permanece incólume para Marx a idéia de que a noção de produção tem um caráter social; uma produção não social, indica Marx, é tão absurda quanto a idéia de um desenvolvimento da linguagem sem indivíduos que vivam juntos e se comuniquem entre si. Também permanece incólume para Marx a idéia do conflito entre as forças de produção e o modo de produção. Este conflito gera o mecanismo que leva à transformação de um modo de produção dado em outro modo de produção.

PRODUTO. O termo 'produto' é usado na lógica principalmente em três aspectos.

Na álgebra de classes se diz que uma classe C é o produto das classes A e B, quando C é a classe composta de todas as entidades que pertencem ao mesmo tempo a A e a B. O símbolo do produto lógico de classes é '$\cap$', de modo que '$A \cap B$' se lê: 'O produto lógico das classes A e B'. Exemplo de produto lógico de classes é a classe das sapatilhas vermelhas, que é o produto lógico da classe das sapatilhas e da classe das entidades vermelhas. O produto lógico de classes se define do seguinte modo:

$$A \cap B = \text{def. } \hat{x} \, (x \in A \wedge x \in B).$$

Na álgebra de relações se diz que uma relação Q é o produto lógico de duas relações, R e S, quando Q é a relação de todas as entidades x a todas as entidades, y tal que R relaciona x com y e S relaciona x com y. O símbolo do produto lógico de relações também é '∩'. Exemplo de produto lógico de relações é a relação *cidadão honorário de*, que é o produto das relações *cidadão de* e *honrado por*. O produto lógico de relações se define do seguinte modo:

$$R \cap S = \text{def.} \ \hat{x} \ \hat{y} \ (xRy \wedge xSy).$$

O produto anterior é chamado às vezes de *produto absoluto*. O adjetivo 'absoluto' se emprega com o fim de distinguir tal produto do chamado *produto relativo*. Chama-se, com efeito, *produto relativo* de uma relação S à relação de todos os x com todos os y, tais que $\vee z$ $(xRz \wedge zRy)$. O símbolo do produto relativo é '|'. O produto relativo de duas relações se define do seguinte modo:

$$R \mid S = \text{def.} \ \hat{x} \ \hat{y} \ \vee z \ (xRz \wedge zRy).$$

O produto '|' não é sempre comutativo, isto é:

$$(R \mid S) = (S \mid R)$$

não é sempre válido. Mas o produto '|' é associativo, isto é:

$$((R \mid S) \mid Q) = (R \mid (S \mid Q))$$

é válido.

PROFERIMENTO. Usa-se este termo como tradução da palavra inglesa *utterance*, de ampla circulação entre filósofos da linguagem que se interessaram especialmente pelo que foi chamado de "atos de fala" (J. L. Austin, John R. Searle, H. P. Grice e outros). 'Proferimento' se define então como "a ação de dizer", isto é, o que se faz ao proferir no sentido de dizer ou articular palavras. Pode-se usar também o termo 'dizer' como substantivação do verbo 'dizer': o dizer, um dizer e, no plural, dizeres, os dizeres. Propus estes últimos termos em meu livro *Indagaciones sobre el lenguaje*, 1970, p. 159.

Não fica sempre claro se o proferimento, o ato de fala, o ato de dizer, o dizer, etc., é efetivamente este ato ou é o resultado deste ato ou ambos. O mais comum é que seja as duas coisas. De qualquer modo, pode-se distinguir entre proferimento ou ato de fala como um acontecimento (seja o processo deste acontecimento ou o acontecimento mesmo em seu conjunto) e a classe de proferimentos ou atos de fala dos quais os proferimentos ou atos de fala únicos são exemplos. Assim, dizer 'falar é vão' é um proferimento, enquanto 'falar em vão' é um exemplo de uma classe de proferimentos que inclui todos os proferimentos em que se diz 'falar é vão'. A diferença entre proferimento ou ato de fala e classe de proferimentos ou de atos de fala é similar à que se estabelece entre os signos-acontecimentos e os signos-modelos.

A atenção dada aos proferimentos é resultado de um interesse predominante pela dimensão pragmática da linguagem. Os que fazem desse interesse predominante um interesse exclusivo negam que haja na linguagem algo além de proferimentos, ou supõem que as dimensões semântica e até sintática da linguagem são resultados, e até codificações, de proferimentos. Outros autores, em contrapartida, seguindo a direção oposta, estimam que um proferimento é tal somente por seguir regras (sintáticas, semânticas e sintático-semânticas) da linguagem. O mais provável é que haja relações entre as dimensões citadas sem que uma delas seja básica com respeito às outras.

O interesse pelo estudo de proferimentos se caracteriza por destacar os "jogos de linguagem" (VER) e, em todo caso, por recusar limitar os atos de fala a expressões declarativas.

Considerando a tradição dentro da qual se moveram autores como os mencionados no início (Austin, Searle, Grice), falou-se às vezes da "teoria analítica do proferimento" ou "teoria analítica dos atos de fala". Richard Lanigan se opôs a esta teoria (ou conjunto de teorias) em seu livro *Speech Act Phenomenology* (1976) — título destinado seguramente a evocar o de John R. Searle, *Speech Acts: An Essay in the Philosophy of Language*, 1969. Lanigan se opõe a Searle, Grice, Austin e outros autores, e às distinções entre ilocucionário (VER), locucionário (VER) e perlocucionário (VER) propostas por Austin, manifestando que tais teorias e tais distinções não proporcionam uma explicação suficiente das relações de "comunicação". À teoria dos proferimentos ou atos de fala Lanigan opõe uma "fenomenologia dos atos de fala", que inclui uma descrição, uma redução fenomenológica e uma interpretação. Na descrição se incluem aspectos como o pensamento e o silêncio; na redução se examinam as dimensões sincrônicas e diacrônicas da linguagem; na interpretação se propõe uma hermenêutica da fala humana.

⇨ Além dos trabalhos citados no texto do verbete, ver: D. W. Stampe, H. P. Grice *et al.*, *Syntax and Semantics*, vol. 3: *Speech Acts*, 1974, ed. P.r Cole e J. Morgan. — J. M. Sadock, *Toward a Linguistic Theory of Speech Acts*, 1975. — J. R. Searle, "A Taxonomy of Illocutionary Acts", em *Minnesota Studies in the Philosophy of Science*, vol. 7 *(Language, Mind, and Knowledge)*, 1975, ed. K. Gunderson, pp. 344-369. — J. J. Katz, *Propositional Structure and Illocutionary Force: A Study of the Contribution of Sentence Meaning to Speech Acts*, 1977. — T. Wetterström, *Intention and Communication: An Essay in the Phenomenology of Language*, 1977. — D. Holdcroft, *Words and Deeds. Problems in the Theory of Speech Acts*, 1978 [baseada em Austin]. — K. Bach, R. M. Harnish, *Linguistic Communication and Speech Acts*, 1979. — M. Bierwisch, S. Davis *et al.*, *Speech Act Theories and Pragmatics*, 1980, ed. J. R. Searle, F. Kiefer e M. Bierwisch. — J. T. Kearns, *Using Language: The Structure of Speech Acts*, 1984. — S. Petrey, *Speech Acts and Literary Theory*, 1990. — D. Vanderveken, *Meaning and Speech Acts*, 2 vols.: I, *Principles of Language Use*, 1990; II, *Formal Semantics of Success and Satisfaction*, 1991. ⊂

PROGRAMA DE INVESTIGAÇÃO. Ver Lakatos, Imre.

PROGRESSIVO-REGRESSIVO. Sartre considera que a compreensão de um ser humano, de uma obra de arte, de uma época requer pôr em marcha um método que ele chama de "progressivo-regressivo" (*Critique de la raison dialectique*, 1960, pp. 60-111). Um método puramente "progressivo" consistiria numa espécie de hipótese antecipadora *a priori* que, se fosse tomado como uma lei, daria por resultado a predição de fenômenos como se estivessem inteiramente determinados. Um método puramente "regressivo" consistiria numa análise do sujeito a estudar com a convicção de que já se conhece previamente, *a priori*, o resultado do estudo (por exemplo, de que Robespierre agiu em virtude dos fatores segundo os quais não podia ter agido de outra forma). O método progressivo-regressivo não admite esses "apriorismos" que, em último termo, são formas de positivismo e de mecanicismo, às quais, segundo Sartre, sucumbiram muitos marxistas. Segundo Sartre, o homem é definido "em seu projeto". Isso supõe que há um movimento de transcendência de si. Ao executar os atos para a realização do projeto, leva-se a cabo um movimento progressivo, mas este só tem sentido na medida em que se regressa às origens desde as quais se "lançou", por assim dizer, o projeto. Sem a atenção ao movimento progressivo, nenhuma ação humana teria sentido: na verdade, o homem dá sentido a suas próprias ações ao inseri-las no projeto. Por outro lado, sem a aplicação de um método regressivo não se entenderia a unidade dos atos por meio dos quais se realiza o projeto. Entender *Madame Bovary* é entender de que modo Flaubert se objetiva e se aliena na obra, mas é também "regressar" às fontes desde as quais o projeto se desdobra: "Precisamente porque somos pró-jeto, a compreensão pode ser inteiramente regressiva" (*op. cit.*, p. 87). Compreender um ser humano, uma obra humana, uma situação histórica, é regressar às origens do projeto, desvelar suas significações.

PROGRESSO. Ver Processo.

PROGRESSUS IN INFINITUM, progresso ao infinito. Os escolásticos usaram freqüentemente esta fórmula para indicar um processo que continua sem fim. Com isso se dá a entender que, dado um termo, t, há sempre outro termo, t_1, que se pode aduzir; por sua vez, dado t_1, pode-se aduzir t_2, e assim sucessivamente; em geral, dado t_n, pode-se aduzir sempre t_{n+1}. 't' representa freqüentemente uma proposição, mediante a qual se designa um fato. Na linguagem dos fatos, diz-se que, dado um fato qualquer, cabe aduzir sempre outro fato, e assim sucessivamente, ao infinito.

Fala-se às vezes de *regressus in infinitum*, especialmente quando se trata de alguma série de antecedentes. Assim, no *regressus in infinitum*, um antecedente tem sempre outro antecedente, e este outro, e assim sucessivamente, ou infinitamente, com o que se produz um regresso infinito de antecedentes.

Tanto o *progressus in infinitum* quanto o *regressus in infinitum* são modos de explicação que, por um lado, supõem uma série infinita de termos e, por outro lado, supõem que não há recursividade. Estas suposições podem não ser aceitas. Aristóteles, a quem se deve a atenção prestada ao processo (progresso ou regresso) *in infinitum*, indica que semelhante processo é inaceitável, pois em algum momento "é preciso deter-se". Tal sucede exemplarmente, segundo Aristóteles, na série de relações causais. Se há uma série infinita de causas não há modo de explicar causalmente nada de um modo completamente satisfatório, já que, dada uma causa qualquer, será efeito de outra causa, e assim, sucessivamente, ao infinito. Daí a idéia de que tem de haver na série de causas uma que não seja ela mesma efeito de outra causa.

Em vez de um *progressus in infinitum* pode-se falar de um *progressus* (e também de um *regressus*) *in indefinitum*. Alguns autores indicaram que este tipo de *progressus* (ou de *regressus*) difere do anterior porquanto não pressupõe um infinito atual, mas só um potencial. Não se trata, pois, de proceder "ao infinito", mas só "indefinidamente"; a rigor, só se pode proceder desta última maneira. Para os efeitos das argumentações nas quais se fez intervir, afirmando-o ou negando-o, um *progressus* (ou *regressus*) das espécies supraditas, contudo, não há diferença entre ambas. Kant tratou este assunto ao discutir as antinomias da razão pura. Por um lado reconheceu que a diferença em questão é mera sutileza. Por outro lado indicou que no que toca à questão de até onde se chega, ou se pode chegar, quando se trata de uma série que vai de algo dado como condicionado a suas condições, deve-se reconhecer que quando a totalidade (de condições) é dada de vez em vez na intuição empírica, temos um *regressus in infinitum*. Em contrapartida, quando só se dá um membro da série, e partindo do mesmo é preciso proceder a uma totalidade absoluta, o regresso é de caráter indeterminado e é, portanto, *ad infinitum* (*KrV*, A 512-B 540). Assim, na divisão de um corpo se procede *in infinitum*, no regresso aos antepassados de uma pessoa se procede *in indefinitum*, já que não se encontra nenhum limite empírico que mostre que um membro determinado é absolutamente incondicionado. Kant chama a atenção para o caráter da idéia cosmológica de totalidade — engendradora das antinomias —, onde não há experiência de nenhum limite absoluto, isto é, não há "experiência de nenhuma condição como condição tal que seja *empiricamente* absolutamente incondicionada" (*KrV*, A 517-B 545).

➔ Ver: H. Stekla, *Der regressus ad infinitum bei Aristoteles*, 1970. — D. H. Sanford, "Infinite Regress Arguments", em J. H. Fetzer, ed., *Principles of Philosophical Reasoning*, 1984, pp. 93-117. — R. Clark, "Vicious Infinite Regress Arguments", em J. E. Tomberlin, ed., *Philosophical Perspectives*, 1988, pp. 369-380. ➔

PROJEÇÃO SENTIMENTAL. Ver Endopatia; Simpatia.

PROJETO. A noção de projeto adquiriu importância em várias filosofias contemporâneas. Assim ocorre em Heidegger ao introduzir em *Ser e tempo* o termo *Entwurf*. O projeto não é aqui simplesmente um plano, pela simples razão de que não se trata de planejar, dispor ou projetar o que se vai fazer. Trata-se, antes, de projetar-se a si mesmo, ou, se se quiser, de "planejar-se a si mesmo". Por isso se pode falar, para referir-se ao *Dasein* (VER), de um "ser como projeto". Em outros termos, mais que de viver projetando trata-se de viver como projeto. O projeto é, portanto, uma antecipação de si mesmo. O *Dasein* não é *uma realidade projetante;* é, antes, *o* projetar-se. Por isso o *Dasein* projeta na medida em que existe (o que vem a ser o mesmo que dizer que existe na medida que projeta). A projeção de si mesmo, isto é, o projeto, não é, contudo, para Heidegger, um vago antecipar-se a si mesmo. O projeto aparece dentro do que Heidegger chama a "compreensão" (VER) *(Verstehen)*, que é o original ser dado como uma possibilidade ou, melhor dizendo, como um "poder ser" *(Seinkönnen)*. O projeto neste sentido é inclusive anterior à possibilidade (pelo menos enquanto "possibilidade vazia"). Com efeito, só porque há projeto há possibilidade. Em suma, o *Dasein* não escolhe em seu projeto entre o que é dado, mas escolhe a si mesmo em seu projetar-se.

A idéia do projeto em sentido não só existencial, mas também, e primariamente, "ontológico" se acha também em Ortega y Gasset, especialmente em suas abundantes referências à vida como "programa vital" e como "o problema de si mesma". Mas enquanto Heidegger entende o projeto dentro do quadro já indicado da "compreensão", Ortega o entende como manifestação da "autodecisão". É certo que para Ortega a vida tem de decidir em todo instante o que vai ser, o que faz da vida, como em Heidegger, um "projeto". Mas, diferentemente de Heidegger, Ortega entende este quefazer em que consiste a vida como algo mais concreto: o projeto como quefazer é "o que há que fazer", que está de algum modo condicionado por uma situação concreta. Não basta dizer que no projeto alguém se antecipa a si mesmo: é preciso acrescentar *qual* si mesmo concretamente tem de projetar-se. Além disso, Ortega indica repetidamente que "entre as *coisas* que se pode fazer *com algo*, há *uma* que é a *que se deve fazer*". Assim, o projeto não é, por assim dizer, "fazer qualquer coisa enquanto alguém se faça a si mesmo", porque alguém não se faz a si mesmo fazendo qualquer coisa, mas justamente a que deve fazer.

Muito mais similar à idéia heideggeriana de *Entwurf* é a idéia sartriana de *projet* (ou *pro-jet*). Para Sartre, há um "projeto inicial" constantemente aberto a toda modificação, de modo que se trata, a rigor, de um projeto que é sempre, por assim dizer, "pré-projeto". O projeto não está nunca constituído, porque se tal ocorresse deixaria de ser projetado; o projeto é tal só porque é consciência de liberdade absoluta.

Os vocábulos 'projetar' e 'projeção' foram empregados também em sentido lógico e epistemológico, especialmente ao serem analisados os chamados "termos disposicionais". Referimo-nos a estes sentidos nos verbetes Disposição, disposicional, e Indução.

O projeto enquanto projeção, do ponto de vista psicanalítico e psicopatológico, foi considerado como uma atividade básica de personalização. Eduard Grünewald *(Die personale Projektion. Eine Einführung in die Analyse projektiver seelischer Vorgänge,* 1962) indicou que a projeção é "uma realização existencial para a criação de modelos simbólicos em relação com uma personalização progressiva".

Para a projeção de si mesmo em outro, ou em outra coisa, ver Endopatia; Introjeção.

PROPENSÃO. Ver Probabilidade.

PROPRIEDADE, PRÓPRIO. No verbete Predicáveis (VER) vimos que a propriedade (ou o próprio) é um dos modos de relação entre o sujeito e o predicado: aquele no qual a relação é convertível e não essencial. Aristóteles esclarece a noção de propriedade ou do próprio, ἴδιον, em *Top.,* I 5, 102 a 18-30, em que escreve que "o próprio é o que sem expressar a essência da coisa pertence a esta coisa só e pode reciprocar-se com ela". Assim, é uma propriedade do homem ser capaz de aprender a gramática. A reciprocidade ou convertibilidade de sujeito e predicado no exemplo anterior pode-se mostrar, segundo Aristóteles, do seguinte modo: "Se A é um homem, é capaz de aprender a gramática; se é capaz de aprender a gramática, é um homem". A pertinência a esta coisa só se mostra mediante o exemplo do dormir, pois embora seja evidente que o homem dorme, que algo durma não significa necessariamente que seja um homem. O caráter não essencial da relação se mostra, finalmente, no fato de que, diferentemente do gênero ou da espécie, a propriedade não expressa a essência da coisa considerada.

Na mesma obra (V 1, 128b 15ss.), Aristóteles analisa com mais detalhe a propriedade e suas diferentes formas. Trata-se, em suma, de conhecer quais são os "lugares comuns" da propriedade com o fim de determinar se um predicado dado é ou não um próprio. Assim, a propriedade pode ser ou por si e sempre, ou relativamente a outra coisa e por um tempo. Por exemplo, é propriedade *em si* do homem ele ser um animal naturalmente suave, é propriedade *relativa* a da alma com respeito ao corpo, pois uma é capaz de mandar e o outro de obedecer; é propriedade *perpétua* ou de sempre a que possui Deus ao dizer-se que ele é um ser vivente imortal, e é uma propriedade *temporal* ou por um tempo a que tem um homem de passear pelas ruas.

Porfírio recolheu a doutrina de Aristóteles e a elaborou dentro de sua teoria das cinco vozes ou predicáveis.

Segundo Porfírio, há quatro sentidos do próprio. Em primeiro lugar, é o que pertence acidentalmente a uma só espécie, mesmo sem pertencer a toda a espécie (exercer a medicina para o homem). Em segundo lugar, é o que pertence acidentalmente à espécie inteira, sem pertencer só a ela (ser bípede para o homem). Em terceiro, é o que pertence a uma só espécie, a toda ela e só num momento determinado (branquearem os cabelos ao chegar a velhice). Em quarto lugar, é a concorrência de todas essas condições: pertencer a uma só espécie, a toda ela, e sempre (como o rir no homem). Segundo Porfírio, há na noção de propriedade algo que é comum às demais vozes: ser um termo atribuído a uma pluralidade de objetos. Há também caracteres comuns entre o gênero e o próprio: ser logicamente posteriores às espécies, ser atribuído o gênero por sinonímia às espécies próprias, assim como o próprio o é àquilo de que é próprio. Há diferenças entre o gênero e o próprio, como o fato de o gênero ser anterior e o próprio, posterior. Há caracteres comuns entre a diferença e o próprio: os seres que participam deles o fazem do mesmo modo; diferença e propriedade estão sempre presentes no sujeito inteiro. Há uma diferença fundamental entre o próprio e a diferença, e é que enquanto o primeiro somente se aplica a uma só espécie — aquela da qual é propriedade —, a segunda se aplica com freqüência a uma pluralidade de espécies. Há caracteres comuns entre a espécie e o próprio, como o de poderem se atribuir reciprocamente um ao outro. Há diferenças entre a espécie e o próprio, como, por exemplo, que a espécie pode ser gênero de outros termos, enquanto é impossível que o próprio seja propriedade de outros termos. Há caracteres comuns ao próprio e ao acidente (inseparável); por exemplo, sem eles os sujeitos nos quais se consideram não podem subsistir. Há diferenças entre o próprio e o acidente, pois o próprio está presente somente numa só espécie, enquanto o acidente (inseparável) não está presente somente numa só espécie.

Os escolásticos adotaram em geral a doutrina de Porfírio e trataram a noção de propriedade tanto lógica quanto ontologicamente. O próprio *(proprium* ou *proprietas)* é definido como o que tem a capacidade de estar em *(inesse)* vários sujeitos e pode predicar-se deles de um modo necessário. Se a expressão 'o que' designa um termo, a teoria do próprio faz parte da lógica; se designa um ente, faz parte da ontologia.

Leibniz distinguiu entre "propriedade" e "modificações". As propriedades são "perpétuas" *(proprietates sunt perpetuae),* enquanto as modificações são "transitórias" *(modificationes sunt transitoriae)* (Gerhardt, II, 258).

Uma distinção clássica é a distinção entre propriedades essenciais e propriedades contingentes, ou acidentais. Essa distinção foi ressuscitada por vários autores que seguem uma orientação essencialista (ver ESSENCIALISMO), como Saul A. Kripke. Segundo Kripke (cf. "Naming and Necessity", em *Semantics of Natural Language,* ed. D. Davidson, G. Harman, 2ª ed., 1972, p. 314), se falo de determinada pessoa, por exemplo, *esta mulher,* que calhou ser a rainha da Inglaterra, posso imaginar que poderiam ter-lhe acontecido na vida outras coisas que não as que lhe aconteceram, e que mesmo que tivesse nascido daqueles pais (seus pais) poderia não ter chegado a ser rainha da Inglaterra, mas não que poderia ter nascido de outros pais que não os de quem nasceu, já que então não seria *esta mesma* mulher de que falo. Ou se falo *desta mesa,* que é feita de madeira, posso imaginar que, contrariamente ao que suponho, não fosse feita de madeira, mas de alguma substância que parece ser madeira, mas se é feita de madeira o fato de que não fosse feita de madeira faria com que não fosse *esta mesma* mesa. Estes são exemplos de propriedades essenciais. É óbvio que em tal caso, para qualquer coisa, se é o que é, ser o que é é uma propriedade essencial sua, porque do contrário não seria o que é mas alguma outra coisa. E ter tal origem é uma propriedade essencial da coisa que tem tal origem. Assim, se a máquina na qual escrevo foi fabricada pela IBM, ainda que eu pudesse imaginar que foi fabricada pelo Soviete Supremo, acontece que foi fabricada pela IBM. Tem, assim, a propriedade essencial de ter sido fabricada pela IBM. Se não a tivesse fabricado a IBM, não a teria fabricado a IBM, mas, sim, o Soviete Supremo, caso em que ela teria a propriedade essencial de ter sido fabricada pelo Soviete Supremo e não a de ter sido fabricada pela IBM. Isso não quer dizer que tudo tem de ser do modo como é, e menos ainda que tudo tem de ter sido do modo como foi; há certas verdades necessárias *a posteriori* para as quais se deve levar em conta a possibilidade que certos enunciados qualitativos, numa situação qualitativamente idêntica à que se tem presente ao falar de uma propriedade essencial, se convertam em enunciados falsos (ver A PRIORI, *ad finem).* Por outro lado, ser x para x é em todos os casos uma propriedade essencial de x, na opinião de Kripke: ser uma mesa é uma propriedade essencial de uma mesa, e "não há um caso de essência mais óbvio que o fato de *ser uma dor* seja uma propriedade essencial de cada dor" *(op. cit.,* p. 335).

Chomsky *(Reflections on Language,* 1975, pp. 51-52) admite que se nos ativermos a argumentos intuitivos relativos a propriedades essenciais, eles devem ser suficientes para cobrir a área de nossas intuições, incluindo as expressas na propriedade de ser uma mesa para uma mesa. Contudo, ele adverte que "têm a ver com a estrutura dos sistemas da compreensão pelo senso comum e pela linguagem, não com propriedades essenciais de coisas consideradas com abstração de nossas caracterizações das mesmas em termos desses sistemas de categorização e representação". Pode ocorrer que algo tenha certa estrutura interna fixa — supondo que tenhamos notícia dela — segundo a qual é um tigre ou um gato, mas mesmo aceitando isso e supondo que algo é um tigre ou um gato, não decorre daí que possuir tal ou qual estrutura interna faça disso uma propriedade essencial dos animais considerados, à parte sua categorização como tigres ou gatos. Chomsky aponta que os "fatores geradores" de que Aristóteles faz uso para explicar a constituição interna de um objeto são semelhantes às propriedades essenciais de que fala Kripke, mas isso é porque o mundo está constituído, ou se supõe que está constituído, de tal ou qual modo. Assim, escreve Chomsky, "não formulo objeções à construção de teorias formais que impliquem linguagens com puros nomes que designam entidades com propriedades essenciais individuantes fora do modo como são designadas ou categorizadas. Contudo, cabe perguntar se o estudo de tais sistemas, qualquer que seja seu interesse, lança muita luz sobre o mecanismo da linguagem humana e do pensamento humano".

Para as diferenças e semelhanças entre a noção de propriedade e a de classe, ver CLASSE. Ver também o verbete PREDICADO.

PROPRIEDADES DOS TERMOS. Os escolásticos consideram que os termos podem funcionar de diversos modos dentro da proposição; e suas diversas funções são as propriedades dos termos. As principais propriedades que têm os termos são as seguintes: a suposição *(suppositio)*, a copulação *(copulatio)*, a apelação *(appelatio)*, a ampliação *(ampliatio)*, a restrição *(restrictio)*, a transferência *(alienatio)*, a diminuição *(diminutio)* e o relativo *(relativus)*.

Dedicamos um verbete especial à mais importante destas propriedades: a suposição (VER). Diremos agora umas palavras sobre as propriedades restantes.

A copulação é o modo como são entendidos os predicados ou verbos numa proposição. É corrente tratar a copulação na doutrina das suposições, porquanto esta se refere também à função significativa dos predicados.

A apelação (ver APELAÇÃO, APELATIVO) é considerada às vezes como uma classe das suposições.

A ampliação é uma propriedade pela qual se amplia a extensão de um termo ou, melhor dizendo, o número de indivíduos significados por um termo. Exemplo é a ampliação do número de indivíduos significados por 'plantas', na proposição 'Todas as plantas têm a função clorofílica' quando 'Todas as plantas' se refere a plantas efetivas ou possíveis, diante da mesma proposição quando 'Todas as plantas' se refere somente a plantas efetivas e atualmente existentes.

A restrição é a propriedade inversa à anterior. Um termo é usado com propriedade restritiva quando limita o número de indivíduos; assim, 'alto' ao restringir o alcance de 'edifícios' na expressão 'Edifícios altos'.

A transferência é uma propriedade pela qual se transfere um termo de seu uso próprio para um uso impróprio. Exemplo é 'Goethe' em 'Goethe está pintado a óleo'.

A diminuição é uma propriedade pela qual um termo funciona como possuindo menor extensão que o mesmo termo sem a propriedade. Exemplo: 'Todo homem' em 'Todo homem é malicioso'.

O relativo é uma propriedade de certos termos que se referem a outros. No caso de termos como 'este', 'seu', 'mim' etc.

PROPOSIÇÃO. Consideraremos: (I) as diferenças entre "proposição" e "juízo"; (II) a estrutura e divisão das proposições na lógica tradicional; (III) a estrutura das proposições na fenomenologia (incluindo os precedentes de Bolzano, Meinong e outros autores); (IV) a estrutura e divisão das proposições na lógica moderna ou atual; (V) a classificação epistemológica das proposições; (VI) o problema da interpretação existencial (e não existencial) de várias proposições, e (VII) a questão da distinção entre a lógica dos termos e a das proposições.

I. *Proposição e juízo*. A lógica chamada "clássica" ou "tradicional" (com o que entendemos, muito *grosso modo*, a de inspiração aristotélico-escolástica) distingue entre a proposição e o juízo (VER). Enquanto o juízo é o ato do espírito por meio do qual se afirma ou se nega algo de algo, a proposição é o produto lógico desse ato, isto é, o pensado nesse ato. Às vezes se usa, em vez do termo 'proposição', o vocábulo 'enunciado' (VER). Às vezes se empregam os dois indistintamente. Em alguns manuais escolásticos, a doutrina da proposição se apresenta assim: *De enuntiatione seu propositione*. Com freqüência, 'enunciado' designa a proposição *enquanto faz parte do silogismo*. Às vezes (como em Tomás de Aquino, *1 anal.*, 5 b) 'proposição' é tomado em sentido mais estrito que 'enunciado': este último constitui o aspecto objetivo (em sentido clássico de 'objetivo') da proposição. Contudo, o próprio Tomás de Aquino equipara às vezes 'proposição' com 'enunciado' (*S. theol.*, I, q. III, 4 a 2). Às vezes se usa 'enunciado' num sentido neutro, indicando-se que o juízo é seu aspecto subjetivo (no sentido moderno de 'subjetivo') e a proposição seu aspecto objetivo (no sentido moderno de 'objetivo'). Empregamos com freqüência o termo 'enunciado' com esta significação. Quanto à proposição, nós a distinguiremos sempre do juízo (VER), assim como da inscrição (VER) e da sentença (VER).

A distinção entre proposição e juízo, e entre proposição e enunciado, não aparece sempre claramente destacada entre os filósofos. O próprio Aristóteles se refere às vezes a enunciados no sentido de proposições, προτάσεις, em *Top.* e em *An. Pr.* Em contrapartida, em *An. Post.* há considerações de índole psicológico-epistemológica em que os enunciados são considerados como juízos, δοξαί, formulados por um sujeito. Em

De int., a definição dada da proposição, a que nos referimos em Apofântica (VER), e a divisão das proposições, podem ser interpretadas num e noutro sentido, embora o mais próximo à mente do autor seja provavelmente a interpretação "objetivista". Isso mostra que (como indicaram Maier e Ross) se houve confusão da proposição (objeto lógico) com o juízo (objeto psicológico), não se pode imputá-la sempre a Aristóteles. Tampouco cremos que se possa imputá-lo aos comentadores de Aristóteles e aos escolásticos, que recolheram e desenvolveram a interpretação objetivista (em sentido moderno de 'objetivo') da proposição, dando pé à distinção entre proposição e juízo tal como hoje em dia se admite. Em contrapartida, na época moderna houve vários exemplos de confusão entre os dois termos. Um é o da *Lógica de Port-Royal* (VER). Outro, o de Kant. Outro, o dos idealistas. Outro, o de alguns autores nominalistas (como Hobbes). Contudo, nem sempre cabe interpretar tal confusão como um desconhecimento completo da natureza de um e outro conceitos. No caso da *Lógica de Port-Royal*, deve-se observar que embora a proposição se *definisse* nela como um ato de julgar, *usava-se* quase sempre como o conteúdo significativo de tal ato. No caso de Kant, as objeções que lhe foram dirigidas a respeito perdem parte de seu valor quando se tem presente que o filósofo não empregava tais termos como lógico, mas como epistemólogo. No caso dos idealistas (como Bradley), devem-se levar em conta suas intenções; os argumentos por eles forjados contra a distinção supracitada, e a afirmação do "primado do juízo", devem-se ao fato de que a base de sua doutrina é metafísica e não lógica. No caso dos nominalistas, a falta de distinção obedece ao fato de que consideravam proposição e juízo como igualmente contrapostos à sentença. Assim, pode-se acusar de falta de distinção só os lógicos psicologistas do século XIX, que não dão — ao menos aparentemente — argumentos extralógicos para apoiá-la. Contra eles se dirigiram já no mesmo século várias críticas. Entre elas mencionamos as formuladas por Bolzano, pela escola de Meinong, pela fenomenologia, pela neo-escolástica e pela logística. Todas elas, ao criticar o psicologismo na lógica, sublinharam que o ato pelo qual se afirma ou nega algo de algo não é equivalente à afirmação ou à negação mesmas. A logística, além disso, não admite as idéias tradicionais acerca da estrutura das proposições e evita o uso do termo 'juízo'. Este termo se conserva, pois, com sentido lógico, só nos tratados das escolas neo-escolástica e fenomenológica, e no que resta da lógica em parte psicologista, em parte normativista e em parte epistemologista do século XIX.

II. *A estrutura e divisão das proposições na lógica clássica*. A proposição se define, seguindo Aristóteles, como um discurso (VER) enunciativo perfeito que expressa um juízo e significa o verdadeiro ou o falso. A proposição é enunciativa, enquanto o juízo é judicativo. A primeira expressa a verdade ou a falsidade *per modum repraesentationis*; o segundo as expressa *per modum assensus*. Um exemplo simples de proposição é:

Maximiliano é bom,

cujo esquema na lógica clássica é:

S é P.

Trata-se de uma proposição categórica atributiva pela qual se atribui um predicado (P) ao sujeito (S) por meio da cópula (VER) verbal 'é'. A proposição em sentido clássico tem, pois, sujeito, verbo (cópula) e atributo. Quando o verbo não é expresso mediante 'é', é reduzido a 'é'. Assim,

João fuma

é reduzido a:

João é fumante.

A proposição no sentido da lógica clássica tende a seguir o modelo anterior atributivo, mas o que se chama "divisão das proposições" mostra uma grande variedade destas. Nos autores escolásticos, observam-se dois tipos gerais de classificação. Um desses tipos parte da divisão em proposições simples e proposições compostas. As simples se dividem por razão da matéria, da forma, da quantidade e da qualidade. As compostas se dividem em evidentemente compostas e ocultamente compostas. O outro tipo inclui a divisão das proposições em simples e compostas dentro das proposições por razão da forma. Seguiremos o primeiro tipo. A classificação aqui apresentada baseia-se nos traços mais comumente aceitos pelos tratadistas escolásticos.

Proposições simples.

São as proposições em que um conceito (P) se une a um conceito (S) por obra da cópula verbal. São também chamadas *categóricas, predicativas* ou *atributivas*. Há quatro razões de divisão destas proposições.

1) *Por razão de sua matéria* ('matéria' = 'os termos em sua relação mútua, com anterioridade à enunciação efetiva formulada no juízo') se conhecem as razões diversas pelas quais P convém a S. Sendo a matéria tripla (necessária, contingente, remota), as proposições em questão se subdividem em:

a) necessárias, nas quais se enuncia algo que não pode ser de outro modo ('S é P' na proposição 'A planta é um ser vivo');

b) contingentes, nas quais se enuncia algo que pode ser de outro modo ('S é P' na proposição 'A planta é verde');

c) impossíveis, nas quais se enuncia algo que não pode ser de nenhum modo ('S é P' na proposição 'A planta é racional').

Como se percebe, o esquema 'S é P' não basta por si só para determinar de que classe de proposições se trata. É preciso acrescentar, se se conservar o esquema, os termos determinantes: 'S é necessariamente P', 'S é contingentemente [ou possivelmente] P', 'S não pode ser P'. Quando se usam exemplos, supõe-se que os termos indicam a natureza da proposição, mas é óbvio que isso pode dar origem a ambigüidades. Alguns autores dão exemplos nos quais não intervém a partícula 'é'. Para *a*): '2 + 3 = 5'; para *b*): 'A água ferve aos 100 graus centígrados'; para *c*): '2 + 3 = 4'. De outros ângulos, as proposições *a*) e *b*) podem ser chamadas respectivamente *analíticas* e *sintéticas*, muito embora essa condição não se cumpra em todos os exemplos que se pode dar. Como *a*), *b*) e *c*) atendem aos modos, são expressões da modalidade (VER).

2) *Por razão da forma* ('forma' = 'união do predicado e do sujeito por meio do enunciado do juízo'), ou então da cópula que manifesta a composição ou a divisão, pode-se conhecer o nexo entre P e S. As proposições resultantes desta consideração podem ser:

*a*1) *afirmativas* ('S é P');

*a*2) *negativas* ('S não é P').

Pode-se falar também de proposições:

*c*1) *infinitas* (chamadas também às vezes de "indefinidas"), nas quais se enuncia: 'S é não-P'. Estas proposições são, contudo, reduzíveis às afirmativas (como 'O homem não é falível' se reduz a 'O homem é infalível').

A razão da divisão pela forma é uma razão da *qualidade essencial*, distinta da *qualidade acidental*.

Alguns autores incluem como subdivisões de [2] as proposições categóricas (simples) e as proposições hipotéticas (compostas). Outros consideram que a modalidade pode ser considerada como um aspecto da forma. A estrutura e divisão das propriedades modais foi tratada em Modalidade (VER), onde nos referimos à divisão das proposições em proposições *in esse* ou absolutas e proposições modais *(de re ou de dicto)*.

3) *Por razão da qualidade*, as proposições se dividem em:

*a*2) *verdadeiras* ('S é P' em 'Os corpos são extensos');

*b*2) *falsas* ('S é P' em 'O homem é um número primo').

Afirmam muitos lógicos que os termos da proposição permitem ver se é verdadeira ou falsa, mas destacam também as ambigüidades a que pode dar origem o uso de um mesmo esquema para representar as duas proposições. A divisão por razão da qualidade se refere, de fato, aos predicados metalógicos agregados à proposição. Dever-se-iam usar, portanto, os esquemas: "S é P' é verdadeiro' e "S é P' é falso' respectivamente.

4) *Por razão da quantidade ou extensão*, as proposições se dividem em:

*a*3) *universais* ('Todos os S são P');

*b*3) *particulares* ('Alguns S são P');

*c*3) *singulares* ('Este S é P').

Alguns autores acrescentam a estas proposições as:

*d*3) *indefinidas ou indeterminadas* ('S é P' em 'O homem é risível').

As proposições por razão da quantidade se combinam com as proposições por razão da forma. *Há autores que chamam de qualidade a forma da proposição*. Esta terminologia, hoje muito difundida, faz que se fale quase sempre das proposições obtidas pela combinação da quantidade e da qualidade. Estas proposições são de quatro tipos:

(1) *Proposições universais afirmativas*, representadas por meio da letra 'A'. Exemplo: 'Todos os homens são mortais'.

(2) *Proposições universais negativas*, representadas pela letra 'E'. Exemplo: 'Nenhum homem é mortal'.

(3) *Proposições particulares afirmativas*, representadas pela letra 'I'. Exemplo: 'Alguns homens são mortais'.

(4) *Proposições particulares negativas*, representadas pela letra 'O'. Exemplo: 'Alguns homens não são mortais'.

Como esquemas dessas proposições se usa também respectivamente: 'SaP', 'SeP', 'SiP' e 'SoP'. Na secção IV do presente verbete indicamos a tradução simbólica empregada atualmente para os exemplos das proposições de tipos A, E, I, O. Maiores esclarecimentos sobre este ponto no verbete QUANTIFICAÇÃO, QUANTIFICACIONAL, QUANTIFICADOR. Para as relações entre as proposições em questão ver o verbete OPOSIÇÃO.

Proposições compostas.

São as que resultam de combinar proposições simples com outras proposições simples ou com outros termos. Alguns autores consideram-nas sob o nome de *proposições por matéria remota*, à diferença das *proposições por matéria próxima*. Outros autores incluem entre as proposições compostas as modais. Seguimos a classificação das proposições compostas mais universalmente aceita entre os escolásticos. Ela se baseia em dois grandes tipos.

1_1) *Proposições manifestamente* (ou evidentemente) *compostas* (chamadas também de *formalmente hipotéticas*). São as proposições cuja estrutura manifesta a presença de duas proposições. Subdividem-se em:

a_1) *copulativas ou conjuntivas*, nas quais intervém a conectiva 'e': 'P é S e Q';

b_1) *disjuntivas*, nas quais intervém a conectiva 'ou': 'P é S ou Q';

c_1) *condicionais*, nas quais intervém a conectiva 'se... então': 'Se P é S, então P é Q'.

Alguns autores acrescentam a elas as:

d_1) *causais*: 'S é P porque é Q';

e_1) *relativas*: 'Tal S, tal P'.

2_1) *Proposições ocultamente compostas*, chamadas também *virtualmente hipotéticas*. São as proposições cuja estrutura é aparentemente simples, mas na realidade é composta. Subdividem-se em:

a_2) *exclusivas*, nas quais intervém 'só': 'Só S é P';

b_2) *exceptivas*, nas quais intervém 'exceto'; 'Todo S, exceto S_0, é P';

c_2) *reduplicativas*, nas quais intervém 'na medida em que': 'S, na medida em que S é P';

d_2) *comparativas*, nas quais intervém 'mais que' ou 'menos que': 'S é mais cognoscível que P', 'S é menos cognoscível que P';

e_2) *exponíveis*, nas quais intervém 'nenhum que não': 'S é P; nenhum S que não seja S é P'.

Há autores que acrescentam à classificação acima uma divisão de *proposições por razão da origem*. As proposições são então *analíticas* ou *sintéticas*. Outros afirmam que esta divisão não é lógica, mas epistemológica. Do ponto de vista lógico, tais proposições são equiparadas por muitos lógicos de tendência clássica às descritas em 1 *a*) e 1 *b*).

Como muitas das adotadas na lógica tradicional, as classificações anteriores se baseiam primariamente na estrutura da linguagem ordinária.

III. *A proposição na fenomenologia* (e precedentes dela). Não obstante as diferenças que se podem estabelecer entre as doutrinas acerca da proposição formuladas pela fenomenologia e seus precedentes (especialmente Bolzano e Meinong), há algo comum nelas: é o fato de que se sublinhe o aspecto *objetivo* da proposição. É o sentido que tem a noção de proposição em si *(Satz an sich)* na *Wissenschaftslehre* de Bolzano. Bolzano define a proposição em si como a noção *(Rede)* na qual se expressa ou se afirma algo como sendo verdadeiro ou falso: 'Deus é onipotente', 'Um quadrado é redondo' etc. Não importa, pois, que a proposição seja verdadeira ou falsa para que seja proposição: basta que algo seja representado *(vorstellt)* nela. Assim, 'Um quadro é redondo' é uma proposição, mas 'Um quadrado redondo' não o é *(op. cit.,* § 19, ed. Höfler, 1914, Band 1, Teil 1, Erstes Hapstück). Vê-se em seguida que a noção de *proposição em si* não equivale *de imediato* a um realismo das proposições. Bolzano mantém sua idéia dentro da esfera estritamente lógica, desde que se entenda a mesma num sentido suficientemente amplo. Ora, a noção de *proposição em si* não era uma novidade completa. O próprio Bolzano indicava *(op. cit.,* § 21) que vários autores haviam empregado o termo 'proposição' num sentido semelhante ao seu. Alguns, como Aristóteles (nas noções de πρότασις, ἀπόφανσις, λόγος ἀποφαντικός), de um modo impreciso; outros, como Leibniz (na análise das conexões *inter verba et res* e na idéia de proposição como *cogitatio possibilis*), de um modo claro; outros, como Herbart (cf. *Lehrbuch zur Einleitung in die Philosophie* [1813], § 52), como conseqüência das polêmicas contra as "confusões" do idealismo de seu tempo. De fato, porém, esses precursores foram mais numerosos do que Bolzano pensava. A "purificação" do conceito de proposição se alcançara em outras ocasiões além das supostas por aquele autor e, às vezes, como ocorreu entre os estóicos e vários lógicos medievais, de forma muito precisa e madura.

Em direção semelhante à de Bolzano se realizaram algumas das pesquisas de Meinong sobre a proposição. Meinong recebeu as influências de Bolzano especialmente através do exame da doutrina bolzaniana realizado por Twardowski em sua obra *Zur Lehre vom Inhalt und Gegenstand der Vostrellungen* (1894). Foi decisiva a esse respeito a distinção estabelecida entre a idéia de um objeto e o objeto (com o corolário de que *pode-se* ter uma idéia à qual *não* corresponda nenhum objeto). Se um objeto não existente pode converter-se num objeto de pensamento, a noção de proposição que expressa tal "idéia" poderá ser definida de um modo rigoroso: 'proposição' significará 'o que se diz ou se pode dizer acerca de qualquer ser que seja (que seja existente ou subsistente)'. (Cf. "Über Gegenstandstheorie", nas *Untersuchungen zur Gegenstandstheorie und Psychologie,* 1904). Seria longo expor as análises de Meinong sobre este problema; muitas delas se acham complicadas com questões psicológicas e epistemológicas. O que dissemos em outros lugares (ver MEINONG; OBJEKTIV) é suficiente para nosso propósito. Observemos que a doutrina de Meinong foi aceita por Russell numa das primeiras fases de seu pensamento (cerca de 1903). Doutrina análoga foi sustentada por Höfler, por Marty (em "Über subjektlose Sätze", 1884) e por Stumpf, embora se deva levar em conta que o termo *Sachverhalt* usado por Stumpf não coincide com o vocábulo *Objektiv* no sentido de Meinong.

Seguindo a doutrina husserliana da possibilidade de expressões verbais diversas das "intenções significativas", Pfänder desenvolveu em sua *Lógica* a doutrina fenomenológica da proposição. Segundo Pfänder, "a proposição verbal *enunciativa* consta de palavras que, por sua vez, se compõem de letras. É um produto da linguagem, constituído por estes elementos". O juízo, em contrapartida, não consta de palavras, e seus elementos — os conceitos — não se compõem de letras. Assim, uma mesma proposição pode expressar juízos muito diferentes, e um mesmo juízo pode expressar-se mediante distintas proposições. A relação entre a proposição e o juízo é de tal índole que, enquanto a proposição expressa o juízo, este não expressa a proposição. Portanto, a proposição é "exterior", enquanto o juízo é "o interior". Só o juízo pode ser verdadeiro ou falso.

IV. *A proposição na lógica moderna ou atual*. Não se admite hoje que a proposição se compõe de sujeito, verbo e atributo, e menos ainda que o verbo é (ou se reduz a) a cópula 'é'. Durante muito tempo se combateu tal estrutura alegando-se que era uma conseqüência da "inadmissível metafísica da substância-acidente". Hoje em dia se abandonou este tipo de crítica. Indica-se simplesmente que o esquema 'S é P' representa só a tradução lingüística de *uma* das muitas formas possíveis de proposição. A logística afirma que na proposição não há três, mas *dois* elementos: o *argumento* (sujeito) e o *predicado* (verbo). O modelo da proposição é um esquema quantificacional atômico que se compõe de *letras predicados* — 'F', 'G', 'H' — e *letras argumentos* — 'w', 'x', 'y', 'z'. Em tal esquema se afirma um predicado de um argumento. Assim

$$F(x)$$

é um esquema quantificacional atômico. Pode-se ler 'Pedro corre' se 'x' substitui 'Pedro' e 'F' substitui 'corre', ou então 'Pedro é bom' se 'x' substitui 'Pedro' e 'F' substitui 'é bom'. As letras argumentos podem ser uma ou mais de uma. Assim,

$$F(x, y)$$

é um esquema quantificacional que pode ser lido 'Pedro ama Maria' se 'x' substitui 'Pedro', 'F' substitui 'ama' e 'y' substitui 'Maria'. Este exemplo pode também ser representado, porém, mediante o esquema quantificacional '*F (x)*' se '*F*' substitui 'ama Maria'. Estendemo-nos sobre esses esquemas no verbete Quantificação (VER).

No cálculo proposicional as proposições são simbolizadas pelas letras minúsculas cursivas 'p', 'q', 'r', 's', 'p''', 'q''', 'r''', 's''', etc., chamadas "letras proposicionais".

Contudo, na lógica contemporânea tem sido freqüente tomar os enunciados no nível lingüístico. Por este motivo tais letras funcionam como letras sentenciais e o cálculo estabelecido é um cálculo sentencial. As proposições são então o que se exprime por meio da série de símbolos que se chama "sentenças" (ver SENTENÇA).

Durante muito tempo não houve grande acordo no que diz respeito à interpretação do termo 'proposição'. Mencionamos a seguir algumas das definições dadas.

Para Russell, a proposição é "a classe de todas as sentenças que possuem a mesma significação que uma sentença dada". Segundo Wittgenstein, a proposição é uma descrição de um fato ou "a apresentação da existência de fatos atômicos". Também se definiu a proposição como uma sentença declarativa. Segundo Carnap, a proposição é uma classe de expressões. Estas podem ser proposicionais (não lingüísticas) ou não proposicionais (lingüísticas). As expressões proposicionais não-lingüísticas (ou proposições como tais) não estão, portanto, nem no nível da linguagem nem no dos fenômenos mentais; são algo objetivo que pode ser ou não ser exemplificado na Natureza. As proposições são, como as propriedades, de natureza conceitual (usando 'conceitual' em sentido objetivo).

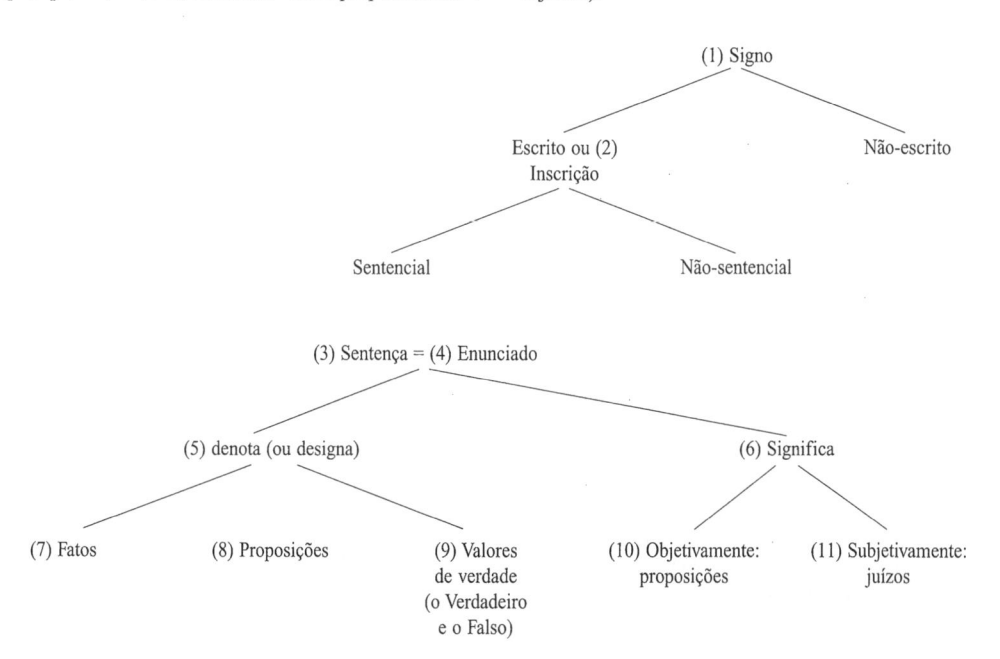

```
                              (1) Signo
                   ┌─────────────┴─────────────┐
          Escrito ou (2)                    Não-escrito
          Inscrição
      ┌────────┴────────┐
  Sentencial        Não-sentencial


              (3) Sentença = (4) Enunciado
        ┌─────────────────┴─────────────────┐
   (5) denota (ou designa)              (6) Significa
   ┌────────┬────────┐              ┌────────────┬────────────┐
(7) Fatos (8) Proposições (9) Valores  (10) Objetivamente:  (11) Subjetivamente:
                         de verdade      proposições            juízos
                         (o Verdadeiro
                         e o Falso)
```

As definições anteriores são somente algumas das muitas elaboradas nas últimas décadas. O quadro desta página dá uma idéia dos sentidos em que se emprega 'proposição' e outros termos relacionados com ela na maior parte dos textos contemporâneos.

Às vezes se emprega (10) como equivalente — ou como interpretação — de (3) ou de (4). (11) é pouco usado na lógica formal moderna, mas não excluído em princípio. (9) expressa a concepção de Frege e Church. A distinção entre (5) e (6) é análoga à estabelecida por

Frege entre *Sinn* e *Bedeutung* (ver REFERÊNCIA). Alguns autores excluem inteiramente (5) alegando que as sentenças somente significam. Outros admitem (5) e (6), mas de (5) elegem entre (7), (8) ou (9). (8) é usado em sentido bastante ambíguo, mas não se identifica sempre exatamente com (3). Para (1), (2) e (3) deve-se levar em conta o que se diz nos correspondentes verbetes (ver SIGNO; INSCRIÇÃO; SENTENÇA). Alguns autores (Russell) consideram que (10) tem uma propriedade chamada "forma lógica". Outros autores (Donal Kalish) estimam que a forma lógica é uma propriedade de (3).

Nos tratados atuais não se dedica capítulo especial à divisão das proposições, mas se admitem diversos tipos delas (que correspondem aos tipos admitidos de sentenças). Citaremos os mais habituais.

As proposições podem ser *atômicas* ou *moleculares*. As proposições atômicas não incluem conectivas (ver CONECTIVAS); as proposições moleculares as incluem. Exemplo de proposição atômica é 'Zacarias medita'. Exemplo de proposição molecular é: 'Se Zacarias medita, Helena treme'. A distinção das proposições em atômicas e moleculares se *aproxima* da divisão clássica das proposições em simples e compostas. As proposições podem ser também *quantificadas* e não *quantificadas*. As quantificadas podem ser *particulares* e *gerais*. Estendemo-nos sobre este ponto no verbete QUANTIFICAÇÃO, QUANTIFICACIONAL, QUANTIFICADOR.

V. *A classificação epistemológica das proposições*. Alguns dos tipos de proposições a que nos referimos em (II) são mais de índole epistemológica do que lógica. O primado do epistemológico sobre o lógico surge, aliás, em todos os casos em que o fundamento da divisão é a origem ou a validade das proposições. Convém, no entanto, distinguir entre a razão lógica e a razão epistemológica. Nesta seção nos referiremos à última.

A divisão epistemológica mais comum é a seguinte: proposições *a priori* (VER) e proposições *a posteriori*. Cada uma dessas proposições pode subdividir-se em outros vários tipos. Uma classificação muito completa é a estabelecida por C. D. Broad no artigo "Critical and Speculative Philosophy" (*Contemporary British Philosophy*, ed. J. H. Muirhead, Série I, 1924, pp. 85-86). Resumimos aqui suas principais características. Segundo Broad, há três tipos fundamentais de proposições: 1) Proposições *a priori*, subdivididas por sua vez em *inferidas* e em *não-inferidas* — e estas últimas em *premissas* e *princípios*; 2) proposições *empíricas*, subdivididas em *inferidas* — que podem ser *puramente indutivas* e *parcialmente dedutivas* — e em *não-inferidas* — que podem ser *inspectivas* e *perceptuais*; 3) proposições *postuladas*.

Eis aqui definições de vários tipos de proposições. Uma premissa *a priori* expressa uma conexão entre dois universais, conexão que se considera necessária por meio de uma reflexão sobre certos casos e que não necessita deduzir-se de nada mais (como, por exemplo, a proposição 'A cor não pode existir sem extensão'). Um princípio *a priori* é um princípio segundo o qual passamos de afirmar uma proposição a afirmar outras, como ocorre no princípio do silogismo. Uma proposição inferida *a priori* é uma proposição que pode ser deduzida de premissas *a priori* por meio de princípios *a priori* (como a proposição 'π não é um número racional'). Uma proposição inspectiva empírica é uma proposição que afirma de algo particular existente conhecido pelo sujeito alguma propriedade que o sujeito pode comprovar mediante inspeção (como na proposição 'Minha dor de cabeça é intermitente'). Uma proposição perceptual é a proposição baseada em existentes particulares sobre os quais podem-se formular juízos inspectivos, mas que abarcam asserções que vão além de tais existentes e de suas propriedades (como na proposição 'um homem me fala'). Uma proposição empírica inferida é uma proposição derivada de certo número de proposições perceptuais, seja diretamente (por meio de uma pura generalização indutiva), seja indiretamente (por meio da dedução de uma ou mais generalizações indutivas da primeira classe, tal como na proposição 'A molécula de benzeno tem seis grupos de CH dispostos nos ângulos de um hexágono regular').

Segundo S. Körner (*Conceptual Thinking* [1955], pp. 18ss.), as proposições podem ser classificadas em três tipos: regras (ou normas), proposições lógicas e proposições relativas a fatos. Não é esta a única classificação possível, indica o autor, mas é a que melhor permite empreender a análise do pensamento conceitual proposto.

VI. *O problema da interpretação existencial e não existencial de várias proposições*. No verbete Oposição (VER), indicamos que a relação subalterna entre as proposições deu origem a várias sentenças. Estendemo-nos a seguir sobre este ponto, mas antes procederemos a expressar na linguagem simbólica da lógica atual os esquemas das proposições de tipos A, E, I, O.

O esquema das proposições de tipo A é :
$$\wedge x \, (Fx \rightarrow Gx) \quad (1)$$

O esquema das proposições de tipo E é :
$$\wedge x \, (Fx \, \neg \, Gx) \quad (2)$$

O esquema das proposições de tipo I é :
$$\vee x \, (Fx \wedge Gx) \quad (3)$$

O esquema das proposições de tipo O é:
$$\vee x \, (Fx \wedge \neg \, Gx) \quad (4)$$

(1) e (2) podem ser interpretados de dois modos: existencial e não-existencialmente. A interpretação existencial é a própria da lógica clássica; a não-existencial, a própria de muitos lógicos modernos. Segundo a interpretação existencial os exemplos de (1) e de (2) não são verdadeiros se não há x que satisfaçam F. Esta interpretação oferece um inconveniente: o de ser válida para casos como:

Todos os suecos são homens,

mas não válida para casos como:

Todos os estudantes aplicados serão recompensados,

que deve ser considerado como verdadeiro sem necessidade de que haja estudantes aplicados. Por este motivo, muitos lógicos modernos propuseram a interpretação não existencial de A e de E, e restabeleceram a validade do quadro aristotélico de oposição acrescentando a (1) a cláusula existencial '∨ x (Fx)'.

Esta opinião foi criticada por vários filósofos e lógicos. Mencionaremos aqui duas críticas: uma procedente de autores escolásticos, e outra procedente de alguns pensadores do chamado "grupo de Oxford" (VER).

Para autores neo-escolásticos (como J. Maritain), a diferença apresentada entre a interpretação existencial e a interpretação não-existencial de A e de E não é correta. Antes de tudo — argumenta Maritain —, o assunto não pertence à *Logica Minor*, mas à *Logica Major* (ou lógica material), segundo a qual é preciso distinguir quanto à forma dois tipos de proposições: as proposições em *suppositio materialis*, onde o P é essencial ao S, e as proposições em *suppositio accidentalis*, onde o P é acidental ao S. As primeiras expressam uma verdade eterna e não necessitam da existência do S para serem verdadeiras (o S não tem necessariamente um alcance existencial). As segundas expressam uma verdade contingente e requerem a existência do S para serem verdadeiras. Ora, cada um de tais casos pode ser realizado tanto para A quanto para I. Assim, há proposições de tipo A nas quais o P é acidental ao S (e tem, portanto, alcance existencial) e também proposições de tipo A cujo predicado é essencial ao S (e *podem* ser também entendidas como possuindo alcance existencial). Ao mesmo tempo, há proposições de tipo I cujo P é essencial ao S (e não têm alcance existencial), e proposições de tipo I cujo P é acidental ao S (e *podem* não ter alcance existencial).

Para alguns dos filósofos do grupo de Oxford, o quadro aristotélico de oposição é válido sem que haja necessidade de introduzir a cláusula existencial antes mencionada. Especialmente Strawson e Hart argumentam a respeito que um enunciado tal como:

Todos os funcionários são pouco amáveis

pressupõe, mas não afirma, que haja funcionários. De fato, afirmam aqueles pensadores, *nenhum* dos enunciados de tipos A, E, I, O é corretamente expresso mediante a introdução de quantificadores. Trata-se, no vocabulário de Strawson, de enunciados que "referem" e que "caracterizam". Portanto, não é necessário nem sequer optar entre uma interpretação existencial e outra não-existencial. As discussões dos lógicos clássicos e dos lógicos modernos são possíveis só porque não prestam atenção ao uso (VER) dos enunciados.

VII. *Lógica dos termos e lógica das proposições.* Desde os primeiros trabalhos históricos de Łukasiewicz (1923; cf. especialmente o mais conhecido artigo, "Zur Geschichte der Aussagenlogik", *Erkenntnis*, 5 [1935], 111-131), observou-se que há na lógica antiga duas tendências: uma (a aristotélica), *orientada* para os termos, e outra (a megárico-estóica), *orientada* para as proposições. Estas últimas foram chamadas pelos estóicos, às vezes, de ἀξιώματα, e foram consideradas como formas completas dos λεκτά (ou "coisas ditas" enquanto "significadas", isto é, enquanto "expressando a compreensão"). Os trabalhos de Dürr, Bochenski, Bohner, Clark e outros autores destacaram que o mesmo ocorre na lógica medieval. Creu-se primeiro que a lógica dos termos se havia imposto completamente sobre a lógica das proposições, mas reconheceu-se logo que o assunto é mais complexo e que existem a rigor muitas mesclas das duas tendências. O próprio Łukasiewicz mostrou, por exemplo, que Aristóteles usou (ao menos intuitivamente) certas leis da lógica proposicional nas provas de silogismos imperfeitos dadas em *An. Pr.*, II, 4, 57 b 3). Do ponto de vista histórico, porém, a diferença entre as duas lógicas é muito iluminadora e pode ser mantida. Diremos, assim, que há uma *direção para* uma lógica dos termos em autores como Aristóteles e Tomás de Aquino, e uma *direção para* uma lógica das proposições nos megárico-estóicos, com *tendência* a mesclar as duas lógicas em autores como Boécio e Pedro Hispano. A diferença entre a lógica dos termos e a das proposições se manifesta com freqüência no vocabulário empregado. Aristóteles empregou para designar a proposição o termo πρότασις; os estóicos usaram o vocábulo λῆμμα e também a citada palavra ἀξιώματα.

↪ Obras históricas: G. Nuchelmans, *Theories of the Proposition: Ancient and Medieval Conceptions of the Bearers of Truth and Falsity*, 1973. — Id., *Late-Scholastic and Humanist Theories of the Proposition*, 1980. ↩

PROPOSIÇÕES MODAIS. Ver MODALIDADE.

PROPOSIÇÕES PRIMITIVAS. Ver SIGNOS PRIMITIVOS.

PROPTER HOC, ERGO POST HOC. A inversão da expressão *post hoc, ergo propter hoc* (VER), considerada a fórmula de um tipo específico de sofisma (VER) que se encaixa na falácia *non causa, pro causa* — ou confusão de algo que não é causa com uma causa —, dá lugar à expressão *propter hoc, ergo post hoc*.

Supõe-se usualmente que toda causa precede o efeito, ou que todo efeito segue à causa. Assim, se A causa B, supõe-se que B segue temporalmente A, isto é, *propter hoc, ergo post hoc*. No entanto, argumentou-se que semelhante relação temporal não é necessária ou que, em todo caso, não é necessariamente universal. Só o é nos seguintes casos: 1) quando há uma assimetria de A com B; 2) quando há uma conexão temporal imediata de A com B. Mas que A cause B não exclui a possibilidade de que B cause A ou, em todo caso, de que haja uma retroação de B sobre A. Em semelhante caso, desaparece a completa assimetria temporal de A com B. Por outro lado, se A causa B, sendo B simultâneo a A, então não cabe dizer que há uma relação de *propter* (por causa de) com *post* (depois de). Finalmente, se há causação retardada de B por A, a condição de conexão temporal imediata desaparece, de modo que a relação de *propter* com *post* deixa de ser imediata.

➯ Ver: A. Rosenberg, "Propter hoc, ergo post hoc", *American Philosophical Quarterly*, 12 (1975), 245-254. ℭ

PROSSILOGISMO. Ver SILOGISMO.

PROTÁGORAS de Abdera (*ca.* 480-410 a.C.). Amigo de Péricles e de Eurípides, foi acusado de impiedade por sua obra *Sobre os deuses,* que começava, segundo transcreve Diógenes Laércio, com as seguintes palavras: "Dos deuses não saberei dizer se existem ou não, pois são muitas as coisas que proíbem sabê-lo, seja a obscuridade do assunto, seja a brevidade da vida humana". Forçado a sair de Atenas, pereceu em fuga para a Sicília. Seus ensinamentos oratórios e dialéticos se desenvolveram em diversas cidades gregas dentro do espírito dos sofistas; influenciado, segundo diz Platão, por Heráclito, Protágoras se manifestava de completo acordo com a doutrina que sustenta a perpétua fluência das coisas, mas dela não derivava senão a impossibilidade de alcançar uma verdade universal e absoluta para todos os homens. Tal relativismo subjetivista se manifesta antes de tudo no que se considera como o princípio fundamental de Protágoras, expresso em sua obra *Sobre a verdade*: "O homem é a medida de todas as coisas (παντῶν χρημάτων), das que são enquanto são e das que não são enquanto não são". Ser a medida de todas as coisas, isto é, de todos os bens, não significa que haja um critério de verdade para cada homem; em cada homem varia, de fato, a medida segundo suas próprias circunstâncias, segundo o tempo e o espaço em que se acha situado. Daí que o bem e o verdadeiro comportamento do sábio consista, segundo Protágoras, em adequar-se sempre à circunstância presente, em julgá-lo todo segundo a medida proporcionada pela ocasião e o momento. Mas, ao mesmo tempo, tal relativismo não significa para ele a negação de toda verdade, mas, antes, de toda falsidade; o que é afirmado no momento tomando como medida o homem que o julga, é sempre verdadeiro. Assim, a crítica relativista e ao mesmo tempo absolutista de Protágoras se dirigia, de um ponto de vista sensualista, contra todos os que pretendiam verdades invariáveis e universais, especialmente contra os geômetras. Ver HOMO MENSURA.

➯ Obras: Diels-Kranz, 88 (74). — Ed. de textos com introd. e notas, um estudo sobre "La vita, le opere, il pensiero e la fortuna" (pp. 217-412) e bibliografia (pp. 415-430), por A. Capizzi, *Le testimonianze e i frammenti,* 1955. — *Fragmentos y testimonios*, 1968; 2ª ed., 1985.

Ver: H. Geist, *De Protagorae sophistae vita*, 1827. — L. F. Herbst, "Protagoras Leben und Sophistik aus den Quellen zusammengestellt", em *Philologische-historische Studien*, ed. Petersen, I, 1832. — J. Frei, *Quaestiones Protagorae*, 1845. — O. Weber, *Quaestiones Protagorae,* 1850. — A. J. Vitringa, *De Protagorae vita et philosophia*, 1852. — E. Wolff, *Num Plato, quae Protagoras de sensuum et sentiendi ratione tradit, recte exposuerit,* 1871. — F. Lange, *Über den Sensualismus des Sophisten Protagoras und die dagegen von Plato im I. Teile des Theätet gemachten Einwürfe*, 1873. — W. Halbfass, "Die Berichte des Platons und Aristoteles über Protagoras, mit besonderer Berücksichtigung seiner Erkenntnistheorie kritisch untersucht", *Jahrbuch für klassische Philologie,* 13 Supplbd. (1882). — O. Gratzy, *Über den Sensualismus des Philosophen Protagoras und dessen Darstellung bei Plato,* 1883. — A. Harpf, *Die Ethik des Protagoras und deren zweifache Moralbegründung kritisch untersucht,* 1884. — F. Sattig, "Der protagoreische Sensualismus und seine Fortbildung durch sokratische Begriffsphilosophie", *Zeitschrift für Philosophie* (1885), 275-320 (1886), 1-44, 230-259. — Th. Gomperz, "Die Apologie der Heilkunst, eine griechische Sophisterende des 5. vorchristlichen Jahrhunderts bearbeitet, übersetz und eingeleitet", *Sitzungsber. der Ak. der Wiss.*, vol. 120, 1890; 2ª ed., 1910. — J. J. Jagodinsky, *O sofista Protágoras* (em russo), 1906. — Illmann, *Die Philosophie des Protagoras nach der platonischen Darstellung,* 1903. — R. Engel, *Die "Wahrheit" des Protagoras,* 1910. — E. Brodero, *Protagora,* I, 1914. — H. Gomperz, *Sophistik und Rhetorik,* 1921. — P. Salzi, *La génèse de la sensation dans ses rapports avec la théorie de la connaissance chez Protagoras, Platon et Aristote,* 1934. — D. Loinen, *Protagoras and the Greek Community,* 1941. — G. M. Sciacca, *Gli dei in Protagora,* 1958. — S. Zeppi, *Protagora e la filosofia del suo tempo,* 1961. — M. Nill, *Morality and Self-Interest in Protagoras, Antiphon and Democritus,* 1985. — E. Schiappa, *Protagoras and Logos: A Study in Greek Philosophy and Rhetoric,* 1991. ℭ

PROTENSÃO, PROTENSIVO. Kant escreveu: "A felicidade é a satisfação de todos os nossos desejos, *extensivamente*, com respeito a sua multiplicidade; *intensivamente*, com respeito a seu grau; *protensivamente*, com respeito a sua duração" (*KrV*, A 806-B 834). De acordo com isso, 'protensivo' equivale a 'duradouro' no sentido de 'existindo temporalmente'; trata-se, contudo, não de um durar de uma coisa física, mas de uma persistência na consciência.

Ao falar da antecipação ou "expectação pre-visiva", própria do ponto de vista natural, Husserl disse que é preciso ter antes uma "protensão" imediata, que é a contrapartida da retenção imediata. Desse modo ocorre a antecipação reprodutiva, que é uma re-presentação num sentido diferente do apresentar-se uma coisa outra vez quando a mente tem "presente" a coisa. A representação tornada possível pela protensão é antecipadora. Ora, o que ocorre na atitude natural sucede também, com a devida mudança de "signo", na atitude fenomenológica. Nesta reflexão se dá uma protensão (*Ideen,* § 77). Husserl afirma que as proposições "Recordo A", "Percebi A", "Antecipo A" (ou "Espero [no sentido de estar em estado de expectativa de] A") e "Verei A" são proposições equivalentes *a priori* e imediatamente, embora o significado de cada uma seja distinto. Trata-se de diversos "passos" no processo da reflexão sobre a experiência (*Ideen,* § 78). Husserl destaca que o que se pode chamar "antecipação protensiva" está ligado à temporalidade da consciência (*Ideen,* § 81, onde se refere a suas *Vorlesungen zur Phänomenologie des inneren Zeitbewusstseins,* de 1928, ed. M. Heidegger, procedentes de um curso dado em 1905).

PROTESTANTISMO. Ver Calvino, João; Cristianismo (especialmente *ad finem*); Quacres; Lutero, Martinho; Pietismo; Zwinglio, Ulrico. Ver também verbetes sobre diversos conceitos de alcance filosófico-teológico: Arbítrio (Livre); Graça; Predestinação etc.

PROTOCOLARES (ENUNCIADOS). Dentro do Círculo de Viena (ver), do empirismo lógico e, sobretudo, do fisicalismo (ver), chama-se de "enunciados protocolares" *(Protokollsätze, protocol statements)* e também, segundo a expressão de K. Popper e A. J. Ayer, "proposições" ou "sentenças básicas", aqueles que formulam os resultados de observações, isto é, aqueles que são obtidos no "protocolo" do laboratório e, em geral, de todo "observatório" científico. Um enunciado protocolar é o que indica simplesmente a "presença observada" de um fenômeno em determinadas condições, especialmente as que se referem ao ponto do espaço e ao momento do tempo em que aparece. Tal enunciado deve ser ou não suscetível de verificação empírica, de confirmação ou de um certo grau de confirmabilidade. Ora, tendo que ser todos os enunciados com significação — que não pertençam à ordem lógico-tautológica — em princípio verificáveis empiricamente, coloca-se o problema de como é possível que tal verificação seja algo mais que a mera confirmação por um só observador de um fenômeno que a ele aparece. Como já assinalamos (ver Fisicalismo; Intersubjetivo), a objetividade das proposições científicas torna necessário que os enunciados protocolares sejam traduzíveis a uma linguagem intersubjetiva, pois do contrário um enunciado protocolar só poderia ser confirmado por outro enunciado protocolar, e ainda por outro enunciado formulado pelo mesmo observador. A solução dada ao solipsismo por meio do fisicalismo e da sintaxe lógica da linguagem permite, no entender de alguns empiristas lógicos, resolver a mencionada dificuldade, embora, como reconhece Carnap, as senteças básicas em nenhum momento possam incluir, dentro de sua traduzibilidade a uma linguagem intersubjetiva, nenhuma questão relativa à realidade mesma e nem sequer nenhuma questão relativa à estrutura dos *sensa* no sentido do neo-realismo (ver). Por isso os enunciados protocolares são pontos de partida para a confirmabilidade e a traduzibilidade intersubjetiva, mas não vias de acesso a uma suposta "realidade em si", desmascarada como pseudoproblema e como essencialmente não eqüipolente com uma sentença descritiva.

➭ Ver: O. Neurath, "Protokollsätze", *Erkenntnis,* 3 (1932-1933), 204-214. — R. Carnap, "Über Protokollsätze", *ibid.*, 215-228. — R. B. Braithwaite, E. Tranekjaer, Rasmussen, K. Grelling, "Énoncés protocolaires", em *Actes du Congrès International de Philosophie Scientifique,* 5 (1935). — C. G. Hempel, "On the Logical Positivists' Theory of Truth", *Analysis,* 2 (1934-1935), 49-59. — B. Schulzer, *Observation and Protocol Statement,* 1938. — B. Russell, *An Inquiry into Meaning and Truth,* 1940. — T. E. Uebel, *Overcoming Logical Positivism from Within: The Emergence of Neurath's Naturalism in the Vienna Circle's Protocol Sentence Debate,* 1992. ⊂

PROTOCRENÇA. Ver Doxa, doxal, doxástico, dóxico; Ur.

PROTODOXA. Ver Doxa, doxal, doxástico, dóxico; Ur.

PROTOFENÔMENO. Ver Ur.

PROTOFILOSOFIA. O termo 'protofilosofia' denota o estudo de todos os pressupostos dos quais o filósofo parte, explícita ou implicitamente, para sua reflexão filosófica. Esses pressupostos podem ser uma concepção do mundo, caso em que a teoria das concepções do mundo seria chamada "protofilosofia". Podem ser uma ideologia, e então a investigação da ideologia e das bases histórico-sociais das formas de pensamento coincide com a dilucidação protofilosófica. Podem ser um conjunto de esquemas lógicos, ou então o resultado de certas convenções lingüísticas, caso em que a protofilosofia será a sintaxe lógica da linguagem.

No entanto, o que se chama "protofilosofia" aspira a não reduzir-se a nenhuma das citadas bases, por constituir justamente o intento de reuni-las num conjunto que é tudo o que o filósofo "dá por entendido" ou "dá por sabido". Em vários escritos e especialmente em seu estudo "The Role of Protophilosophies in Intellectual History" (*The Journal of Philosophy,* 45 [1948], 673-684), George Boas insistiu na necessidade de um estudo minucioso da protofilosofia não reduzido a nenhum particular pressuposto filosófico. Boas assinala que uma protofilosofia não consiste só em premissas das quais se possam extrair deduções mediante processos lógicos, mas também nos seguintes elementos: 1) uma série de metáforas básicas do tipo do *élan vital* bergsoniano ou da Vontade schopenhaueriana; 2) um conjunto de regras sintáticas de acordo com as quais se realiza o pensamento de um homem, regras não redutíveis simplesmente à sintaxe lógica da linguagem, mas compreendendo pressupostos do tipo da máxima atribuída a Occam acerca da necessidade de não multiplicar os entes mais que o necessário; 3) um fator ou uma série de fatores pragmáticos; 4) o uso preponderante de certos instrumentos (incluindo os órgãos biológicos e psíquicos) e 5) as exigências da sistematização.

Cabe perguntar se a protofilosofia não pode ser, por seu turno, tema de estudo protofilosófico, isto é, se há pressupostos nos ensaios de elaborar uma protofilosofia. Esses pressupostos podem ser de duas classes: conceituais e históricos. Se são conceituais, então temos uma protofilosofia da protofilosofia da protofilosofia, e assim sucessivamente. Se são históricos, então se adota um ponto de vista "historicista". Tentou-se evitar esses dois "obstáculos" passando de contínuo do aspecto conceitual ao histórico, e vice-versa, em busca de um termo médio mais ou menos "eclético".

Dentro do conceito de protofilosofia cabe incluir os trabalhos que foram empreendidos com o fim de encontrar um fundamento das diversas disciplinas filosóficas, e especialmente os que foram realizados para constituir alguma disciplina "fundamental", prévia a todo ramo filosófico. Exemplos a respeito foram a "ideologia" (desde a época dos *idéologues*) e a ontologia. São também exemplos a fenomenologia (Husserl), as "ciências gignomenológicas" (Ziehen), a "doutrina fundamental" (Rehmke) e a "gnosiologia transcendental" de Rudolf Zocher (n. 1887), em sua obra *Die philosophische Grundlage*, 1939.

Entendeu-se também a protofilosofia em outros sentidos, alguns tradicionais e outros mais modernos. Um exemplo é o da "filosofia primeira" ou "metafísica". Outro é o da filosofia "regressiva", tal como formulado por Ch. Perelman (cf. "Philosophies premières et philosophie régressive", *Dialectica*, 3 [1949], 175-191; reimpresso no volume de Ch. Perelman e L. Obrechts-Tyteca, *Rhétorique et Philosophie*, 1952, pp. 85-109). Segundo Perelman, a maior parte das filosofias até agora têm sido, conscientemente ou não, filosofias primeiras, isto é, metafísicas que se propuseram determinar os primeiros princípios ou condições do ser, do conhecimento e do valor. Caráter comum a tais filosofias é o fato de todas se aterem a um "critério último" ou "instância legítima". Paradoxalmente se poderia dizer, portanto, que as "filosofias primeiras" não são realmente protofilosofias. Em contrapartida, uma "filosofia regressiva", ou uma "filosofia aberta", poderia ser protofilosófica, pois se se opõe à metafísica não é para contrapor uma "filosofia primeira" a outra "filosofia primeira", mas para achar uma metafísica que se oponha a toda "filosofia primeira". A "filosofia regressiva" é considerada como "anterior" a todo filosofar, constituindo o "princípio" do mesmo, embora num sentido diferente do que tem o vocábulo 'princípio' na filosofia primeira tradicional.

PROTOFORMA. Ver Ur.

PROTO-IMPRESSÃO. Ver Ur.

PROTOLOGIA. O matemático, físico e filósofo italiano Ermenegildo Pini (nascido em Milão: 1739-1825) usou o termo 'protologia' em sua obra *Protologia analysim scientiae sistens ratione prima exhibitam* (3 vols., 1803). Com este nome ele designava uma doutrina ou "ciência" fundamental que tinha de servir de fundamento a todas as ciências; a "protologia" era "a proto-razão" ou "a razão fundamental" de toda intelecção. Esta razão reside na Unidade suprema e se acha por sobre a realidade humana; a Unidade suprema, ou Deus, não é propriamente objeto de inteligência humana, mas é, antes, a causa desta inteligência. Propriamente não se compreende "a razão fundamental", mas esta se compreende a si mesma e projeta sua luz sobre toda inteligência.

Gioberti (ver) adotou o termo 'protologia' para designar "a ciência do Ente inteligível intuída por meio do pensamento imanente" (*Protologia*, 2 vols., 1857-1858, ed. G. Massari, ver também *Nuova protologia*, 1912, ed. G. Gentile). A protologia é dividida por Gioberti em três partes ou ramos: teologia primeira, lógica primeira e cosmologia primeira.

O termo em questão foi usado também por Pierre Thévenaz *(protologie)* em seu trabalho "La question du point de départ radical chez Descartes et Husserl", em *Problèmes actuels de la phénoménologie* (1951), ed. H. L. van Breda, pp. 11-30, para designar a fenomenologia como "ciência fundamental".

Também usou o termo 'protologia' Gustavo Bontadini (n. 1903: *Saggio di una metafisica dell'esperienza*, 1938; *Dall'attualismo al problematicismo*, 1946; *Indagini di struttura sul gnoseologismo moderno*, 1952; *Dal problematicismo alla metafisica*, 1952; *Studi di filosofia moderna*, 1966; *Conversazioni di metafisica*, 2 vols., 1971). Bontadini submeteu a crítica o "gnosiologismo" moderno, tratando de mostrar que ele não pode oferecer um fundamento para a experiência; a experiência mesma é o fundamento do conhecimento da realidade, mas só porque esta transcende a experiência. A protologia é a ciência dos princípios do conhecimento e da realidade ao mesmo tempo (cf. A. Gnemmi, *La protologia nel pensiero di G. B.*, 1976).

PROTON PSEUDOS. A expressão grega πρῶτον ψεῦδος é traduzida às vezes por "primeiro erro" ou "primeira falsidade", mas é comum usar simplesmente a transcrição *proton pseudos*. Para Aristóteles (*An. Pr.*,

II, 18, 66 a 17-24), o *proton pseudos* é uma premissa maior falsa num silogismo ou num prossilogismo, que dá como conseqüência uma conclusão falsa. "Estando constituído um silogismo de duas ou [um prossilogismo] mais premissas, se a conclusão falsa deriva de duas premissas, uma delas, ou inclusive ambas, são necessariamente falsas, já que, conforme dissemos [*op. cit.*, II, 2, 53 b, 11-25], não se pode formar um falso silogismo com base em premissas verdadeiras".

De modo mais geral, pode-se definir o *proton pseudos* como qualquer proposição inicial falsa num sistema dedutivo, e, de um modo ainda mais geral, como qualquer proposição ou tese básica falsa. Um *proton pseudos* vicia, pois, radicalmente, toda argumentação.

PROTOTÉTICA. S. Leśniewski (VER) deu o nome de "prototética" a uma lógica de proposições, conectivas de proposições, "functores" capazes de engendrar conectivas etc. A prototética de Leśniewski é uma das três partes em que se divide seu sistema de lógica. É a parte fundamental, na qual se apóia a ontologia (VER) e a mereologia (VER). A prototética inclui uma teoria da dedução. Leśniewski fundou a prototética num axioma que usa a coimplicação como única constante não definida do sistema. Do axioma fundamental da prototética de Leśniewski deriva a lógica de tautologias e contradições com as constantes da negação, condicional, conjunção e disjunção.

PROTÓTIPO. Ver PLATÃO; TIPO.

PROUDHON, JOSEPH (1809-1865). Nascido em Besançon, de família artesã caída na miséria, teve de abandonar seus estudos secundários para trabalhar numa gráfica. Educou-se sozinho no curso de leituras abundantes e desordenadas. Em 1838, aos 29 anos de idade, recebeu uma bolsa da Academia de Besançon para prosseguir seus estudos em Paris. Ali entrou em contato com intelectuais revolucionários, principalmente socialistas e comunistas, tanto franceses como alemães e russos exilados. Absorveu o pensamento de Hegel e da esquerda hegeliana, assim como o dos socialistas utópicos franceses, Comte, Kant e outros autores. Marx louvou sua obra sobre a propriedade, mas atacou depois seu *Sistema de contradições econômicas ou filosofia da miséria*, de 1846, em *A miséria da filosofia*, de 1847. A ruptura de Proudhon com Marx é considerada o ponto de partida (ou, em todo caso, o símbolo) da longa disputa entre as tradições anarquista e comunista. Proudhon, defensor do anarquismo, influenciou o movimento anarquista, e especialmente Bakunin. Eleito deputado na Assembléia Nacional, em 1848, expôs e defendeu suas idéias na imprensa, e especialmente no periódico por ele fundado, *Le Représentant du peuple* (que depois mudou seu nome para *Le Peuple* e, finalmente, *La Voix du peuple*). Foi preso em 1849, mas durante seus três anos de prisão continuou escrevendo e publicando. Depois de alguns anos de exílio na Bélgica, regressou à França, pouco antes de morrer.

Proudhon é conhecido sobretudo pela frase em sua primeira obra (ou "Memória") sobre a propriedade: "Propriedade é roubo". Contudo, Proudhon tratou de mostrar (em sua segunda "Memória") que, embora seja certo que tivesse combatido — "e continuaria combatendo" — a propriedade, tratava-se da propriedade que não deriva do trabalho próprio, isto é, dos meios de produção. Esses meios têm de ser comuns; é legítimo, em contrapartida, possuir os frutos do trabalho, já que do contrário ficaria ameaçada a independência do trabalhador. Justamente em nome dessa independência, Proudhon se opôs veementemente a todo sistema socialista e comunista, que denunciou como autoritários. A propriedade que não deriva do trabalho próprio introduz a desigualdade. Esta deve ser eliminada, e para tanto os socialistas e comunistas introduzem a autoridade. Mas com a autoridade se elimina a independência. Esta se consegue somente num estado de completa liberdade, o que requer um sistema de organização que jogue fora o Estado. Instaura-se desse modo o anarquismo, equivalente à sociedade livre.

Uma vez que se rejeita toda autoridade, é preciso eliminar não somente a humana, mas também a divina. O anarquismo traz consigo o ateísmo. Seria errôneo, porém, supor que Proudhon pregasse o anarquismo como se fosse uma espécie de niilismo. A eliminação da autoridade é uma condição necessária para a independência. A dependência é o mal. É preciso começar, portanto, por livrar os homens do peso da autoridade que o Estado se arroga. O Estado é artificial; não é, como a família, um desenvolvimento natural e espontâneo.

Proudhon traçou numerosos projetos para tornar possível a libertação da tutela a que se vêem submetidos os trabalhadores. Já que se descarta a autoridade do Estado e, na verdade, qualquer autoridade, é preciso ver como é possível uma organização comunitária verdadeiramente livre. A base dessa organização é a idéia mutualista, que não só substitui toda ordem autoritária, mas também todo individualismo caótico. A associação segundo a mutualidade é um sistema de forças livres onde há direitos iguais, obrigações iguais, vantagens iguais e serviços iguais, isto é, onde direitos, obrigações, vantagens e serviços se compensam um ao outro livremente. Isso é diferente da mera competição porque não procura a vantagem do mais favorecido ou do mais ousado, mas um sistema de vantagens mútuas. As comunidades organizadas mutuamente se organizam federativamente, de modo que o sistema econômico é completado por um sistema político. Tanto no sistema mutual quanto no federativo não há transferência de direitos a representantes num suposto regime democrático de tipo liberal; transferir os direitos equivale a cedê-los e, portanto, a perdê-los.

Proudhon não só esboçou um sistema de sociedade livre (anarquista ou liberada de toda autoridade), mas também traçou, especialmente em seu *Sistema das contradições econômicas,* o processo histórico que conduz a tal sistema, explicando a função que vão ocupando os processos de divisão de trabalho, introdução de técnicas ou máquinas, sistema de competição, sistema de monopólios, créditos, propriedade, comunidade. Há em Proudhon duas idéias importantes que dominam quase todos os seus pensamentos: a idéia de uma justiça universal em nome da qual é inadmissível o domínio de qualquer homem sobre outro e de qualquer sociedade sobre outra, e a idéia de um sistema de forças em permanente tensão e contradição, buscando um equilíbrio. Contra os utopistas, Proudhon indicou que não se chega jamais a um estado perfeito; a rigor, a suposta perfeição é a morte da sociedade, a qual necessita de contínuo movimento e de constante negação de toda fórmula. Se há um termo-chave para o pensamento de Proudhon é 'mudança': a mudança constante, a abertura constante a novos desenvolvimentos mas sempre sob a égide da independência e da liberdade.

⊃ Obras principais: *Qu'est-ce que la propriété?,* 1840 ("Primeira Memória"). A "Segunda Memória" *(Lettre à M. Blanqui sur la propriété)* é de 1841. — *De la création de l'ordre dans l'humanité, ou principes d'organisation politique,* 1843. — *Système des Contradictions économiques ou philosophie de la misère,* 1846 (ver a resposta de Marx na bibliografia de MARX [KARL]). — *La Révolution sociale,* 1852. — *Philosophie du Progrès,* 1853. — *De la justice dans la Révolution et dans l'Église,* 3 vols., 1852 (2ª ed., aum., 1860). Devem-se mencionar também as colaborações nos informativos por ele fundados: *Le Représentant du Peuple* (a partir de 1847), *Le Peuple* (a partir de 1848), *La Voix du Peuple* (a partir de 1848). Edição de correspondência em 14 vols., 1875. — *Carnets.* Texto integral, com notas e aparato crítico por P. Haubtmann. Volume I (1843-1845), 1961; vol. II (1847-1848), 1961.

Biografias: D. Halévy, *La vie de P.,* 1948. — G. Woodcock, *P.-J. P,* 1956.

Edição de obras: Paris, 26 vols., 1867-1870. Edição de *Oeuvres complètes,* com notas de C. Bouglé e H. Moysset, 20 vols., 1920ss. — *Oeuvres choisies,* Paris, 1967, com uma introd. de J. Bancal.

Ver: E. de Mirecourt, *P.,* 1856. — Sainte-Beuve, *P., sa vie et sa correspondance,* 1872. — Putlitz, *P., sein Leben und seine positive Ideen,* 1881. — K. Diehl, *P., seine Lehre und sein Leben,* 3 vols., 1888-1896. — A. Desjardins, *P., sa vie, ses oeuvres et sa doctrine,* 2 vols., 1896. — Von Stockhausen, *Die Wertlehre Proudhons in neuer Darstellung,* 1898. — A. Mülberger, *P. Leben und Werke,* 1899. — E. Droz, *P.,* 1909. — A. Berthod, *P. et la propriété, un socialisme pour les paysans,* 1910. — Célestin Bouglé, *La sociologie de P.,* 1911. — A. G. Boulon, *Les idées solidaristes de P.,* 1912. — VV.AA., *P. et notre temps* (Paris, 1920). — Chen-Kui-Si, *La dialectique dans l'oeuvre de P.,* 1936. — A. Cuvillier, *P.,* 1937. — L. Maury, *La pensée vivante de P.,* 2 vols., 1942. — H. de Lubac, *P. et le christianisme,* 1945. — A. Marc, *P.,* 1947. — P. Heintz, *Problemática de la autoridad en P.,* 1963. — G. Gurvitch, *P.: Sa vie, son oeuvre, avec un exposé de sa philosophie,* 1965. — H. Ritter, *The Political Thought of P.-J. P,* 1969. — P. Ansart, *Sociología de P.,* 1972. — B. Voyenne, *Le fédéralisme de P.-J. P,* 1973. — C. Díaz, *P. Propiedad y federación,* 1973. — J. Langlois, *Défense et actualité de P.,* 1976. — D. Guérin, *P. oui ou non,* 1978. — H. Pelger, *K. Marx und P.-J. P,* 1981. — P. Haubtmann, *P.-J. P. Sa vie et sa pensée (1809-1849),* 1982. ⊂

PROVA. No verbete sobre a demonstração (VER) ocupamo-nos de várias definições de 'prova' e de várias doutrinas relativas à noção de prova. No entanto, excluímos os problemas levantados em alguns trabalhos lógicos e matemáticos.

Os trabalhos em questão têm em comum a recusa de todo psicologismo no problema da prova. Já Husserl, em sua tentativa de purificar a lógica de toda implicação realista ou psicológica, assinalara que só se pode falar de demonstração (ou prova) quando há dedução intelectiva ou possivelmente intelectiva. A demonstração se distingue assim, em seu entender, da mostração, na qual se assinala ou aponta simplesmente, enquanto a demonstração vai sempre acompanhada de intelecção *(Einsicht)* ou "evidência apodítica". Não obstante, há ainda na tese de Husserl ambigüidades (por exemplo, as derivadas do uso do vocábulo 'intelecção') que é necessário evitar numa teoria rigorosa da prova. Referimo-nos a esta última teoria em dois sentidos: o lógico e o metalógico.

Na lógica, chama-se prova o processo mediante o qual se estabelece que a conclusão se segue das premissas. Alguns autores incluem no significado de 'prova' a derivação formal que se chama "dedução", outros restringem o significado à demonstração da correção da conclusão. Com o fim de efetuar uma prova em qualquer dos sentidos apontados é necessário utilizar certas regras de inferência. Em nenhum caso a prova se baseia numa "intuição" da verdade de uma proposição. É usual na lógica proceder à derivação de certas fórmulas a partir de outras mediante o uso de regras de inferência e/ou tautologias. O processo da prova é formalizado no cálculo lógico (ver CÁLCULO).

Na metalógica, a prova é uma noção introduzida com o fim de definir o conceito de teorema. Uma definição efetiva da locução 'x é uma prova em C' (onde 'C' designa um cálculo abstrato) é: 'x é uma seqüência de fórmulas bem formadas cada uma das quais é um axioma de C ou se segue de um ou mais membros prévios dessa seqüência mediante aplicação de uma regra de inferência de C'. Disso resulta que um teorema pode ser definido como a última fórmula bem formada de uma prova num cálculo dado. Um problema capital num cálculo é o de se uma fórmula dada pode ser ou não provada como um teorema. O problema da prova está, portanto, intimamente relacionado com os conceitos capitais da sintaxe de um cálculo (os conceitos segundo os quais se diz que um cálculo é ou não consistente [VER], completo [VER] e decidível [VER]). Na teoria da prova *(Beweistheorie)* de Hilbert, que equivale propriamente à metamatemática, são estudados todos os conceitos anteriores, mas o fundamental é o da prova de consistência dos sistemas logísticos.

Costuma-se distinguir na lógica — ou, melhor, na metalógica — entre a "teoria redutiva da prova" e a "teoria geral da prova". A teoria da prova de David Hilbert antes aludida consiste no estudo da série de passos que se deve dar para a redução das matemáticas a elementos finitistas. Segundo Hilbert, sem tais elementos não se pode dar uma prova aceitável de consistência. A teoria redutiva da prova foi elaborada por Gerhard Gentzen a respeito da aritmética de Peano, e também por Jacques Herbrand, que trabalhou sobretudo na prova de consistência de teorias formais. A teoria geral da prova recebeu grande impulso do citado Gentzen, que trabalhou no problema da prova mesma.

Empregamos o termo 'prova' nas expressões 'prova cosmológica', 'prova pelo desígnio', 'prova ontológica' e 'prova teleológica' (da existência de Deus) (ver COSMOLÓGICA [PROVA], DESÍGNIO [PROVA PELO], ONTOLÓGICA [PROVA] e TELEOLÓGICA [PROVA]). Usa-se também às vezes o termo 'argumento' ('argumento cosmológico' etc.). Preferimos 'prova' a 'argumento' porque se pode considerar cada uma das citadas provas como um conjunto de argumentos. É possível dizer então que tal ou qual autor trouxe argumentos a favor de ou contra uma ou várias de tais provas, evitando-se dizer que trouxe argumentos a favor de ou contra um argumento, ou provas a favor de ou contra uma prova.

↪ Ver: Ch. Perelman, P. Bernays, A. Tarski *et al.*, artigos sobre o problema da prova ("Théorie de la preuve") em *Revue Internationale de Philosophie*, vol. 8, n. 27-28 (1954). — S. Kanger, *Probability in Logic*, 1957. — B. Kasm, *L'idée de preuve en métaphysique*, 1959, especialmente caps. IV-VII. — L. J. Cohen, *The Probable and the Provable*, 1977. — H. Leblanc, *Existence, Truth, and Provability*, 1982. — M. Stein, *Beweisen*, 1986. — M. Detlefsen, ed., *Proof and Knowledge in Mathematics*, 1992. — R. H. Gaskins, *Burdens of Proof in Modern Discourse*, 1993. — Muitos textos de metalógica e metamatemática tratam da questão da prova em sentido formal. Ver G. Takeuti, *Proof Theory*, 1975 (em sentido de G. Gentzen).

Ver também bibliografia de RACIOCÍNIO; RETÓRICA. ↩

PROVA COSMOLÓGICA. Ver COSMOLÓGICA (PROVA).

PROVA ONTOLÓGICA. Ver ONTOLÓGICA (PROVA).

PROVA PELO DESÍGNIO. Ver DESÍGNIO (PROVA PELO).

PROVA TELEOLÓGICA. Ver TELEOLÓGICA (PROVA).

PROVAS DA EXISTÊNCIA DE DEUS. Ver COSMOLÓGICA (PROVA); DESÍGNIO (PROVA PELO); DEUS; FÍSICO-TEOLOGIA; ONTOLÓGICA (PROVA); TELEOLÓGICA (PROVA).

PROVIDÊNCIA. Ver DESTINO; DETERMINISMO; FATALISMO; OCASIONALISMO; PREDESTINAÇÃO.

PRÓXIMO. Ver COMUNICAÇÃO; CORPO; INTERSUBJETIVO; OUTRO (O).

PRUDÊNCIA. Na doutrina clássica, originariamente platônica, das quatro virtudes depois chamadas "cardeais" ou "principais" (ver VIRTUDE), a prudência é uma delas. O termo 'prudência' traduz o vocábulo grego φρόνησις, que às vezes é traduzido também por "sabedoria prática". Platão (*Rep.*, IV, 428 a ss.) afirma que a prudência é um juízo sadio que não afeta nenhuma atividade determinada, mas só porque se aplica a todas as matérias humanas. Por isso a prudência é a virtude própria do governante. A prudência é a virtude daquele que é moralmente judicioso ou sadio, σώφρων, e se opõe à loucura, ἀφροσύνη. Aristóteles (*Eth. Nic.* VI, 5, 1140 a 25 ss.) indica que a prudência não é nem um conhecimento (ou ciência) nem uma arte — já que é preciso distinguir entre a ação e o fazer —; é um estado (ou capacidade), isto é, um hábito (VER) verdadeiro e razoável "para agir segundo o que é bom ou mau para o homem". No ato de prudência se delibera sobre o bom e o apropriado para o homem, mas não num aspecto particular, mas na medida em que conduz à vida boa e feliz em geral.

Muitos autores, depois de Platão e Aristóteles, destacaram o caráter reflexivo, mas não necessariamente ou, em todo caso, não exclusivamente intelectual, da prudência. A prudência é uma sapiência ou uma sabedoria mas não, estritamente falando, como já indicava Aristóteles, uma ciência ou um conhecimento (em todo caso, tem sempre algo de "prático"). Tomás de Aquino se estendeu sobre a prudência ao falar das virtudes (ver VIRTUDES). Segundo ele, embora cada virtude possua sua matéria ou esfera particular, as virtudes da justiça, fortaleza e temperança são dirigidas pela prudência (*S. theol.* I-II, q. LXI, 4). Isto é, a prudência é absolutamente a principal de todas as virtudes, sendo as demais principais cada uma em seu gênero (*S. theol.*, I-II q. XLI, 3). José Luis L. Aranguren (*Ética*, 1958, pp. 330-331) escreve que "Santo Tomás, seguindo a Aristóteles, Cícero [por exemplo, *De nat. deorum*, II, 22, e *De div.*, I, 49] e Macróbio, distingue, como partes integrais da prudência, a memória no sentido de experiência, o intelecto no sentido de intelecção do singular (isto é, visão clara da situação), a docilidade para seguir o bom conselho, a *solertia* ou prontidão na execução e a razão que significa o que chamamos ser judicioso ou razoável, e também a *providentia* que inclui a 'previsão' e a 'provisão', a circunspecção que é atenta consideração de todas as circunstâncias e a caução, precaução ou cautela. Distingue também partes subjetivas, das quais a mais importante é a prudência política".

O sentido de 'prudência' muda conforme se acentue mais ou menos o caráter "moral" ou o caráter "mundano" da mesma. Durante grande parte da época moderna se notou, pelo menos em alguns autores, certa tendência para a "mundanidade" da prudência, unida a uma forte acentuação de seu caráter "prático". A prudência é entendida como um saber fazer as coisas de tal modo a atingir os fins propostos — geralmente, o bem-estar — pelas vias mais "razoáveis". A prudência é, por isso, uma "sabedoria mundana", uma *sagesse* (Charron) ou *Weltweisheit* (Hegel), uma "sabedoria da vida" ou *Lebensweisheit*. Schopenhauer usou este último termo, mas também *Weltklugheit*, para traduzir 'prudência' no *Oráculo manual e arte de prudência*, de Graciano. Este último autor não fala muito da prudência em seu tratado, salvo quando escreve: "*Da grande sindérese*: é o trono da razão base da prudência, que em fé dela custa pouco acertar" (Oráculo, XCVI), mas oferece a seguir normas, máximas e princípios de toda classe: "Tratar com quem se possa aprender", "Não entrar com exagerada expectativa", "Conhecer as coisas em seu ponto, em sua estação, e saber consegui-las", "Nunca se descompor", "Saber usar o deslize", "Não ser intratável", "Saber usar dos inimigos", "Não cansar", "Não mostrar sua satisfação de si", "Fazer e não parecer", "Saber usar dos amigos", "Saber se ajudar", etc. — todos eles títulos das trezentas máximas do *Oráculo manual*.

Na *Fundamentação da metafísica dos costumes*, Kant fala da prudência *(Klugheit)* como uma habilidade na escolha de meios para alcançar o máximo bem-estar, ou a própria felicidade. Como a ação não é ordenada absolutamente, mas como meio para outro propósito, o preceito da prudência é um preceito "hipotético", isto é, condicionado. Kant nota dois sentidos de 'prudência'. Por um lado, trata-se de um conhecimento mundano *(Weltweisheit)* ou habilidade para influir sobre outras pessoas a fim de empregá-las para os propósitos que se tenha em vista. Por outro lado, trata-se de uma sagacidade para combinar todos estes propósitos para o próprio benefício duradouro. Só este último sentido é aceitável "moralmente"; a rigor, no sentido primeiro não se é prudente, mas simplesmente hábil ou astuto, o que não é incompatível com ser imprudente.

Schopenhauer (*Welt*, I, 6) afirmava que o bom senso ou prudência "significa exclusivamente o atendimento às ordens da vontade". O que "constituti especificamente a prudência", escreve o mesmo autor (*Welt*, IV, 63), é "uma rápida compreensão das relações de acordo com as leis de causalidade e a motivação".

Aranguren (*Ética*, p. 328) fala de três concepções fundamentais da ética: "ética da prudência" (Sócrates), "ética da boa vontade" (Kant) e "ética da prudência e da boa vontade" (Aristóteles). De todo modo, mesmo uma ética da prudência pode oferecer aspectos muito diversos de acordo com os modos de entender 'prudência', e esses modos correspondem geralmente ao maior ou menor grau de "mundanidade" da prudência, o que em muitos casos depende de até que ponto se acentua o primeiro ou o segundo dos dois sentidos indicados por Kant.

Às vezes se equiparou o chamado "prudencialismo", como acentuação da importância da prudência nas decisões humanas, com uma ética da situação (VER), mas não parece legítimo reduzir o prudencialismo, e menos ainda o postulado de que é preciso recorrer à prudência enquanto sabedoria prática, a um "situacionismo" moral. Situacionismo e prudencialismo coincidem absolutamente em sua conjunta oposição a todo absolutismo moral, assim como a toda moral fundada só na boa vontade.

Criticou-se às vezes a prudência como virtude própria dos espíritos apoucados, ou dos que buscam acima de tudo segurança e não têm a valentia de correr riscos. O "Sê prudente" se opõe neste caso ao "Atreve-te" ou ao "Vive em perigo". Contra tal crítica se observou que a prudência pode ter seus riscos próprios, tanto vitais quanto intelectuais (cf. Aranguren, *op. cit.*, p. 335). Criticou-se também a prudência como um critério vago, mas os defensores da virtude da prudência, e especialmente da ética da prudência, indicaram que ou se podem encontrar razões para tanto ou que, se não são encontradas, é simplesmente porque não se aspira a proporcionar critérios fechados, perfeitamente racionais ou racionalizáveis.

⊃ Ver: P. Aubenque, *La prudence chez Aristote*, 1963. — L. R. Siches, "Contribuciones españolas al estudio de la prudencia", *Dianoia*, 17 (1971), 182-199 (estuda Vives, Francisco Sánchez, Llorens i Barba, Ortega, L. E. Palacios e outros). — E. Garver, *Macchiavelli and the History of Prudence*, 1987. ⊂

PRZYWARA, ERICH (1889-1972). Nascido em Kattowitz, ingressou na Companhia de Jesus. Professor de teologia na Universidade de Munique, elaborou sobretudo a filosofia da religião, tanto no sentido de uma análise do elemento religioso dentro do pensar filosófico quanto no de uma análise do filosófico na dogmática. A esse respeito, a filosofia e a teologia não constituem, segundo Przywara, dois campos inteiramente separados, mas, pelo contrário, estreitamente unidos e também contínuos. Ora, a religião oferece, por sua vez, o problema da dupla constituição, objetiva e subjetiva, de suas verdades. Embora essas verdades não sejam verdades separadas, a investigação delas tem de efetuar-se metodicamente com algo distinto. Assim, a filosofia da religião não pode eludir o material histórico que, ao mesmo tempo, está baseado numa consideração teórica e estreitamente vinculada com a constituição da consciência, mas de modo algum dependente da consciência e, portanto, relativa aos momentos históricos do desenvolvimento dela. A investigação de Przywara sobre o problema da analogia do ser contribui, ademais, para afiançar as concepções elaboradas. A analogia do ser equivale à afirmação dos graus da realidade, mas não só no sentido de que o ser se diga de muitos modos, mas também no sentido de que alguns destes modos saem do campo do meramente fático para ascender ao reino do significativo. Este último é precisamente aquele em que se verifica o ponto de união do conhecimento do simplesmente real com o do acesso ao supra-real, isto é, ao divino.

⊃ Obras principais: *Religionsbegründung: Max Scheler-J. H. Newman*, 1923 *(Fundamentação da religião: M. S.-J. H. N.)*. — *Gottgeheimnis der Welt*, 1923 *(Segredo divino do mundo)*. — *Das Geheimnis Kierkegaards*, 1929 *(O segredo de K.)*. — *Ringen der Gegenwart*, 2 vols., 1929 *(Lutas do presente)*. — *Kant heute*, 1930 *(Kant hoje)*. — *Newman Synthesis*, 1931. — *Analogia entis*, I, 1932. — *Christliche Existenz*, 1934 *(Existência cristã)*. — *Augustinus. Die Gestalt als Gefüge*, 1934. — *Deus semper maior. Theologie der Exerzitien*, I, 1938; II, 1939; III, 1940 *(Teologia dos Exercícios* [de S. Inácio de Loyola]*)*. — *Crucis mysterium*, 1939. — *Humanitas. Der Mensch gestern und morgen*, 1952 *(H. O homem ontem e amanhã)*. — *Summula. Was ist Gott?*, 1935 *(S. Que é Deus?)*. — *Christentum gemäss Johannes*, 1954 *(O cristianismo segundo João)*. — *Alter und neuer Bund. Theologie der Stunde*, 1956 *(Antiga e nova Aliança. Teologia atual)*. — *Mensch. Typologische Anthropologie*, 2 vols., 1959-1962 *(Pessoa. Antropologia tipológica)*. — *Logos*, 1964. — *Katholische Krise*, 1967 *(Crise católica)*.

Edição de escritos: *Schriften*, 3 vols., 1962 (I: *Frühe religiöse Schriften;* II: *Religionsphilosophische Schriften;* III: *Analogia entis*. 1. *Ur-Struktur.* 2. *All-Rhythmus*).

Bibliografia: L. Zimny, *E. P. Sein Schriftum, 1912-1962*, 1963.

Ver: G. Copers, *De analogieleer van E. P.*, 1952. — B. Gertz, *Glaubenswelt als Analogie. Die theologische Analogie-Lehre E. P.s und ihr Ort in der Auseinandersetzung um die* analogia fidei, 1969. ⊂

PSELLOS, MIGUEL (1018-1078) Nascido, segundo alguns, em Nicomédia, segundo outros, em Constantinopla. Psellos ensinou na Academia de Constantinopla, sendo o pensador "mais universal" no que chamamos de terceira época da filosofia bizantina (VER). Entusiasta da cultura helênica, tanto em seu aspecto filosófico como literário e científico, Psellos se esforçou por mostrar que esta cultura foi por toda parte a preparação para o cristianismo. Professor durante longo tempo na Universidade de Constantinopla, Psellos divulgou e sistematizou, verbalmente e por escrito, todas as ciências de seu tempo: filosofia, teologia, retórica, gramática, matemática. Seu helenismo e sua constante oposição ao "asiatismo" (às superstições, à taumaturgia, à demonologia, a tudo quanto considerava como uma manifestação de "caldeísmo") suscitaram em sua época grande oposição, mas ao mesmo tempo criaram em torno dele um amplo e intenso movimento cultural, de índole humanista, que em certo modo preparou o Renascimento italiano. No tocante à filosofia, Psellos foi, antes de tudo, um platônico ou, melhor dizendo, um neoplatônico. Via neste movimento, de fato, o resumo e a culminância de todo o pensamento helênico clássico. Mas o platonismo de Psellos era antes de tudo um ecletismo: idéias aristotélicas e estóicas se fundiam num vasto intento de síntese que procurava destacar a variedade e riqueza dos elementos componentes, mais do que reduzi-los a uma unidade esquemática. Seu interesse pela retórica contribuía muito para essas inclinações ecléticas, que incluíam, é claro, os Padres gregos e os temas capitais da teologia. A rigor, o ecletismo de Psellos pode explicar certas surpreendentes "contradições" em sua obra: crítico acerbo de Proclo, era ao mesmo tempo grande admirador e seguidor do filósofo; adversário da teurgia, não se opunha ao mistério revelado por certas interpretações alegóricas; racionalista quase implacável, via na razão o trampolim para uma expansão da inteligência de índole mais mística que racional; consagrado à ação social e política pregava a contemplação; admirador da impassibilidade, aspirava intensamente à agitação e ao movimento. Essa variedade pode ser explicada, contudo, por sua intenção de constituir uma filosofia teológica — uma filosofia primeira — que, ao mesmo tempo em que destacava a sistematização hierárquica de tipo pseudodionisiano, introduzia nela o dinamismo, em particular o dinamismo da alma, ansiosa ao mesmo tempo de diversidade e de unificação por meio do esforço intelectual.

⊃ Entre os escritos filosoficamente importantes de Miguel Psellos figuram: *Das propriedades das pedras preciosas* (ed. Χ. Α. Σιδερίδου, 1928). — *Da operação dos demônios* (há trad. francesa na *Revue des Études grecques*, 33 [1920], 56-95). — *Noções comuns.* — *Soluções breves de problemas físicos.* — *Epístola sobre Crisopéia* (ed. com outros textos por J. Bidez, 1928).

Edição de obras em Migne, *PG* CXXII, 477-1106. Edições de outros textos: *Michaelis Pselli scripta minora magnam partem ad hunc inedita*, 1936, por F. Furtz e E. Drexl. — Κ. Ν. Sathas, Μεσαιωνικὴ βιβλιοθήκη, IV (1874) e V (1875). — Correspondência, por A. Papadopulos-Kerameus, 1908.

Ver: Introdução de L. Allatius à ed. citada de Migne (490-536). — C. Prantl, *Michael Psellos und Petrus Hispanus, eine Rechtfertigung*, 1867 (e *Gesch. der Logik*, II 2). — J. Draseke, "Zu Michael Psellos", *Zeitschrift für wissenschaftliche Theologie*, 32 (1899), 303-330. — Ch.

Zervos, *Un philosophe néoplatonicien du XIe siècle. Michel Psellos*, 1920 [com bibliografia nas pp. 24-42]. — E. Rambaud, *Lexique choisi de Psellos*, 1920. — Id., *Étude de la langue et du style de Psellos*, 1920. — Id., *Introduction dans la Chronographie de Psellos*, 1926. — K. Svoboda, *La démonologie de M. Psellos*, 1927. — D. K. Karathanasis, *Sprichwörter des Altertums in den rhetorischen Schriften des M. P.*, 1936. — L. Benakis, "Ein unedierter Kommentar zur *Physik* des Aristoteles von Michael Psellos", *Archiv für Geschichte der Philosophie*, 43 (1961), 215-238. — Id., "Studien zu den Aristoteleskommentaren des Michael Psellos. II. Aristotelische Begriffe: Physis, Materie, Form nach Michael Psellos", *ibid.* 44 (1962), 33-66. — E. Moutsopoulos, "Les fonctions de l'imaginaire chez Psellos", *Diotima*, 8 (1980), 81-90. ⊂

PSEUDO-DIONÍSIO. Ver DIONÍSIO.

PSEUDO-GROSSETESTE. Nome que se costuma dar a uma *Summa philosophiae* procedente do século XIII e que durante algum tempo se acreditara escrita por Roberto Grosseteste. Trata-se de uma série de estudos nos quais se expõem os temas capitais da filosofia da época, com ampla referência ao passado filosófico e teológico e com um amplo espírito de síntese, no qual entram Platão, Aristóteles, os Padres da Igreja, doutores e escritores eclesiásticos, os filósofos árabes e alguns dos autores mais recentes, tais como Alexandre de Hales, Alberto Magno, João de Salisbury e outros. O primeiro dos estudos dessa série contém uma espécie de história do pensamento filosófico e teológico anterior; o segundo trata da verdade; o terceiro, da ciência; o quarto, da matéria e da forma; o quinto, da essência e da existência; o sexto, sétimo, oitavo, nono, décimo e undécimo, das idéias, inteligências, da alma e diferentes tipos de substâncias; o duodécimo e o décimo terceiro, das almas sensitiva e vegetativa, e o resto até o décimo nono, de diversos temas de cosmologia e filosofia natural. O espírito da *Summa* é, em grande medida, eclético, mas em todos os casos as verdades filosóficas são consideradas baseadas nas verdades reveladas e nas idéias dos teósofos (autores inspirados) e teólogos (que comentaram os teósofos e que se acham distribuídos numa hierarquia, começando por autores como Agostinho, Jerônimo, Atanásio, o Pseudo-Dionísio, prosseguindo com autores como João Damasceno, Anselmo, Bernardo, Ricardo de São Vítor, e terminando por outros como Pedro Lombardo, Gilberto de la Porrée, Guilherme de Auxerre e diversos sentenciários e sumistas). Entre as teses mais propriamente filosóficas da *Summa* se encontram a doutrina da composição universal hilemórfica de todas as entidades criadas, a distinção racional entre a existência e a essência ou aquilo por que há existência, a afirmação da existência das idéias no pensamento divino como modelos criadores das coisas naturais, e a afirmação de uma matéria-prima inteligível.

⊃ Edição da *Summa philosophiae* por L. Baur em sua edição das obras de R. Grosseteste, *Die philosophischen Werke des Robert Grosseteste*, 1912. Baur mostrou que a *Summa* não é obra de Grosseteste.

Ver: C. K. McKeon, *A Study of the* Summa Philosophiae *of the Pseudo-Grosseteste*, 1948. ⊂

PSEUDO-LONGINO. Durante muito tempo se atribuiu a Longino (VER) um tratado intitulado περὶ ὕψους, *Sobre o sublime*, a cujo conteúdo nos referimos no verbete SUBLIME. Demonstrou-se, contudo, que esse tratado não procede de Longino, razão pela qual é freqüentemente chamado de "o Pseudo-Longino", à semelhança do Pseudo-Grosseteste, do Pseudo-Macário e do Pseudo-Plutarco (VER). Às vezes se dá também ao tratado em questão o nome de "o anônimo *Sobre o sublime*". Seu autor, segundo se crê, foi um mestre de retórica de origem grega que parece ter tido como propósito principal tomar uma posição na disputa entre duas escolas de retórica: a dos discípulos de Apolodoro de Pérgamo, que consideravam a retórica como uma ciência, e a dos discípulos de Teodoro de Gadara, que consideravam a retórica como uma arte e, como tal, uma atividade em muitos aspectos criadora. O autor de *Sobre o sublime* parece ter tentado defender em seu tratado as opiniões da escola de Teodoro de Gadara.

⊃ Edições do Pseudo-Longino *(De sublimitate)*: A. O. Prickard, 1906; O. Jahn, rev. por Jahn-Valen; 4ª ed., 1910; W. Rhys Roberts, 1899; 2ª ed., 1935; T. G. Tucker, 1935; R. von Scheliha, 1938; H. Labègue, 1939.

Ver também a bibliografia de SUBLIME; além disso, H. Mutschmann, *Tendenz, Aufbau und Quellen der Schrift vom Erhaebenen*, 1913. ⊂

PSEUDO-MACÁRIO. Durante um tempo se atribuiu ao chamado Macário do Egito († 395) uma série de *Homilias espirituais*, Ὁμιλίαι πνευματικαί, que foram redigidas várias décadas depois de sua morte. O interesse que estas *Homilias* têm consiste no fato de que, embora escritas por um cristão, nelas são defendidas teses materialistas ou, melhor, corporalistas indubitavelmente procedentes da física estóica. Para o autor das *Homilias*, a alma é corporal, embora a matéria de que é feita seja uma matéria muito mais fina e sutil que a de outros corpos. Também os anjos são, em seu entender, corporais. Somente Deus é puro espírito (um espírito do qual, ademais, a alma é considerada a imagem). Embora aparentemente contraditória com a tese da corporalidade, a teoria da imagem é fundamental no autor das *Homilias*, pois a perda e a recuperação da imagem (ou semelhança divina) constitui o fundo de sua mística e de sua moral.

⊃ Segundo alguns comentadores, as *Homilias* do Pseudo-Macário têm origem messaliana; outros, em contrapartida (como W. Jaeger), negam isso. As *Homilias* foram publicadas primeiramente por Johannes Picus (1559);

depois, por H. J. Floss (reprodução em Migne, *PG* XXXIV, 449-822). Sete homilias a mais foram descobertas por G. L. Marriot e publicadas em 1918: *Macari anecdota. Seven Unpublished Homilies of Macarius.*

Ver: J. Stoffels, *Die mystische Theologie Makarius des Aegypters und die ältesten Ansätze christlicher Mystik*, 1908. — J. Stigmayr, vários artigos, dos quais destacamos: "Makarius der Grosse im Lichte der kirchlichen Tradition", *Theologie und Glaube*, 3 (1911), 274-288, e "Pseudo-Makarius und die Aftermystik der Messalianer", *Zeitschrift für katholische Theologie*, 49 (1925), 244-260. — G. L. Marriot, "The Homilies of Macarius", *Journal of Theological Studies*, 22 (1921), 259-262. — W. Strothman, *Die arabische Makariustradition*, 1934 (tese). — A. Kemmer, *Charisma Maximum*, 1938. — W. Jaeger, *Two Rediscovered Works of Ancient Christian Literature: Gregory of Nyssa and Macarius*, 1954, especialmente pp. 208-230. ⊂

PSEUDO-PLUTARCO. Várias obras antigamente atribuídas a Plutarco (VER) hoje são consideradas apócrifas. A expressão "Pseudo-Plutarco" designa o conjunto de tais obras. Mais especificamente se chama "Pseudo-Plutarco" ao *Epítome* doxográfico (ver DOXÓGRAFOS), cujo título completo é Περὶ τῶν ἀρεσκόντων φιλόσοφοις φυσικῶν δογμάτων, e que se costuma citar com o nome de *Placita philosophorum* do Pseudo-Plutarco. Esta coleção de "preceitos" baseia-se na compilação de Aécio (VER) ou *Aetii Placita*.

⊃ Ver o *Plutarchi Epitome* em Hermann Diels, *Doxographi graeci*, 1879; editio iterata, 1929. ⊂

PSICANÁLISE. Sigmund Freud (VER) elaborou a psicanálise — às vezes chamada "psicanálise clássica" para distingui-la de muitas de suas derivações e de outras formas de psicanálise — como um procedimento para o diagnóstico e tratamento de certas neuroses. A psicanálise é, logo de saída, um método, mas é também uma doutrina relativa à natureza do ser humano. Tanto no método como na doutrina se usa certo número de conceitos fundamentais que exporemos sumariamente, sem dar-lhes todavia uma interpretação determinada e sem levar em conta as diversas fases doutrinais no próprio Freud.

Freud considera que não há atos de nenhuma classe, incluindo atos verbais e sonhos, que não tenham uma causa. Supõe-se geralmente que os atos que o homem executa, as idéias que tem, as palavras que diz etc. são explicáveis em virtude de motivos relativamente bem determinados ou, em todo caso, determináveis. Sabe-se que muitas vezes não se diz o que se tinha querido dizer, ou se faz algo que não se tinha querido fazer, ou se tem sonhos "inexplicáveis" ou "estranhos". Sabe-se também que às vezes se produzem inibições, experimentam-se angústias, tem-se sentimentos de culpa etc. Freud tratou de dar conta e razão de todas essas manifestações humanas com base num mecanismo constituído por forças e atividades de tal índole que muito do que estava psiquicamente presente devia remeter a algo que estava ausente e que era, ademais, em princípio, inescrutável. A primeira e principal noção elaborada para tanto foi a do inconsciente (VER), que pode hipostasiar-se num tipo de realidade ou servir simplesmente de nome para uma série de entidades mentais chamadas "inconscientes". Estas entidades mentais devem ser distinguidas de atos mentais dos quais não somos conscientes, mas podemos ser conscientes à vontade. Com efeito, é característico do inconsciente freudiano servir como "fundo" no qual se prendem e ao qual remetem entidades mentais que o indivíduo (inconscientemente) recusa manifestar. Para nos limitarmos a um só caso, embora fundamental, o indivíduo vive numa sociedade na qual há pressões de todo tipo voltadas para moldá-lo segundo certos padrões. Para conformar-se a esses padrões, o indivíduo tem de reprimir seus próprios impulsos, que são "desalojados" da área da consciência e "censurados". Quando a censura e a repressão são muito fortes, podem irromper estados neuróticos. Normalmente, a censura opera de tal modo que o próprio indivíduo encontra maneira de desviar os impulsos, sem que se produzam transtornos excessivamente graves. Esses impulsos se manifestam nos sonhos — que devem ser interpretados —, numa multidão de inumeráveis ignomínias e equívocos, formas de *lapsus linguae* (e *lapsus calami*) que parecem meros tropeços mas que são símbolos de desviações, repressões e censuras. O paciente chega a crer que não é um paciente, que o que lhe ocorre é normal — e inclusive "deveria" ser normal —, até o momento em que se acentua a gravidade de suas inquietações. Quando isso ocorre, é preciso encontrar meios para descobrir as desviações, inibições, repressões, etc. e abrir-lhes o caminho para que se manifestem claramente. Em certas ocasiões, os impulsos flutuam num subconsciente, e então voltam uma vez e outra vez a produzir os estados de desassossego que podem culminar na neurose.

A "análise" consiste, assim, em fazer que o paciente ponha a nu fatos (ou atos) que, de um ponto de vista não psicanalítico, podem parecer perfeitamente normais, mas que, de acordo com a psicanálise, são sintomáticos. No curso da análise, produzem-se transferências, entre as quais se destaca a transferência ao próprio analista das atitudes do paciente acerca de outras pessoas. Desse modo, o analista "assume" as angústias e perplexidades do paciente, a ponto de também necessitar ser "analisado". Há certos mecanismos chamados "complexos" que mantêm o indivíduo ou num estado de paralisia mental ou num estado de transferência de atitudes e emoções. Os complexos têm de ser desalojados, ou dissolvidos, mas isso é levado a cabo por meios puramente mentais, isto é, fazendo que o próprio paciente chegue não só a conhecê-los, mas também a decidir enfrentá-los. O mero conhecimento de que há um complexo não constitui ainda um tratamento.

À hipótese de um inconsciente, ou conjunto de entidades mentais inconscientes, Freud acrescentou a hipótese de uma série de impulsos, comparáveis a (se não identificáveis com) instintos e que constituem a força motora dos atos psíquicos. Nem sempre é clara a relação entre impulsos e inconsciente, mas é provável que sem os primeiros o segundo permaneceria inativo. A energia dos impulsos é de várias classes e não só, como se supôs às vezes, sexual. É um erro atribuir a Freud a idéia de que a sexualidade é o motor único dos processos mentais. No entanto, Freud destacou a grande importância dos impulsos sexuais, isto é, da chamada "libido", que se manifesta muito cedo no ser humano.

Freud tratou de sistematizar os mecanismos de explicação do comportamento psíquico mediante várias hipóteses suplementares. A mais destacada é a que postula três grandes fatores ou sistemas constituintes da personalidade: o "Id", o "Ego" e o "Superego". O Id é o nome que recebem os impulsos, que aspiram a ser satisfeitos. O Ego é a parte (ou, se se quiser, sistema de funções) da pessoa que trata com o mundo e que representa uma espécie de ponte entre o mundo e o Id. No Ego se encontra o Superego; este trata de sobrepor-se ao Ego e, com isso, aos esforços do Ego para relacionar o "Id" com o mundo. O Superego aspira a exercer um controle sobre o Ego do mesmo modo como as normais morais aspiram a controlar o comportamento. De fato, o Superego é como o conjunto de normas que foram adquiridas desde a infância e que aparecem ao mesmo tempo como desejáveis e indesejáveis: desejáveis por sua "racionalidade", indesejáveis por se oporem à satisfação dos impulsos do Id.

A repressão de impulsos pode ser, e freqüentemente é, causa de neurose. Por outro lado, os impulsos, e especialmente a libido, podem ser "canalizados" e "sublimados", dando lugar a grandes criações culturais. Mas uma vez que os impulsos não se reduzem à libido, é preciso levar em conta outros fatores ou sistemas de impulsos para dar conta tanto das atividades psíquicas individuais quanto, e sobretudo, do processo da civilização humana (ou do que chamamos de "civilização"). O "princípio do prazer" fica compreendido num princípio mais vasto e poderoso: o princípio da Vida ou Eros. E este contrasta com um impulso de morte ou impulso de destruição. Boa parte da cultura humana se desenvolve ao longo do conflito entre esses dois impulsos.

Há muitas interpretações possíveis dos conceitos básicos propostos por Freud. Numa passagem de suas *Lições para a Introdução à Psicanálise (Vorlesungen zur Einführung in die Psychoanalyse)*, de 1916-1918, Freud diz que é preciso descartar todo pressuposto alheio às questões tratadas, de qualquer índole que seja, anatômica, química ou fisiológica, e é preciso usar conceitos "de caráter puramente psicológico". Isso fez pensar que a psicanálise de Freud se funda numa psicologia ou metapsicologia puramente "mentalista". Por volta de 1895, Freud redigiu o rascunho de um texto intitulado *Projeto de psicologia científica*, onde se propunha investigar as bases fisiológicas do comportamento psíquico, particularmente como estudo das interações de neurônios. Por não se ter publicado esse rascunho durante muito tempo, por não se ter redigido o texto definitivo prometido e, sobretudo, por Freud ter tratado de evitar sua publicação inclusive quarenta e dois anos depois, concluiu-se que ele abandonou todo "materialismo" e todo "fisiologismo". No entanto, ainda não está provado que a resistência de Freud a publicar o rascunho se devesse a estar em completo desacordo com o texto. Sugeriu-se que ela se deve ao fato de Freud considerá-lo prematuro, dado o estado dos conhecimentos de fisiologia do sistema nervoso na época. Se essa sugestão é correta, o "mentalismo" não-reducionista de Freud é conseqüência de uma série de hipóteses provisórias e não é, em princípio, incompatível com uma concepção "fisiologista" ou "materialista". Os que são a favor dessa última interpretação tentam mostrar que há continuidade entre o projeto científico de referência e o desenvolvimento da psicanálise freudiana. Alguns mostram, além disso, que a teoria freudiana da psique, embora apresentada em termos "puramente psicológicos", baseia-se em modelos conceituais equiparáveis a modelos físicos, ou químicos, ou neurofisiológicos.

Os dois mais destacados discípulos de Freud, Carl Gustav Jung (VER) e Alfred Adler (VER), se separaram do mestre, formando duas escolas muito influentes. Os psicanalistas de observância freudiana estimam que nem Jung nem Adler podem ser considerados como seguidores, sequer muito heterodoxos, da psicanálise. Alguns autores, contudo, destacam que há em suas doutrinas várias noções — como a de "complexo" e a de "inconsciente coletivo", em Jung; e a de "sentimento de inferioridade", ligado a menos-valias orgânicas, em Adler — que não teriam podido se desenvolver se não tivessem partido de pressupostos psicanalíticos freudianos.

Também se separou de Freud, quando ainda estudava em Viena, Jacob Levi Moreno (1890-1974: nasceu no Mar Negro, foi estudante e psiquiatra em Viena; a partir de 1935, nos Estados Unidos). Há também, acerca de Moreno, discussões sobre se ele deve pouco, muito ou nada à psicanálise freudiana, mas é muito comum referir-se a ele dentro de uma ampla história da psicanálise. Moreno foi um dos primeiros iniciadores, e promotores, da psicanálise de grupo ou psicoterapia coletiva. Em 1923 criou o chamado "psicodrama" (e sociodrama). *Grosso modo*, consiste em deixar que vários indivíduos, ou grupos de indivíduos, se reúnam num recinto comparável a um "cenário" e dêem rédea solta a seus impulsos espontâneos — que são, segundo Moreno, "o âmbito de si mesmo" —, não somente por meio de atos verbais, mas também, e especialmente, por meio de "atuações" (o chamado *acting out*). Moreno rejeitou quase todos os esquemas freudianos e afirmou que o teatro terapêutico e o psicodrama são uma representação consciente e planejada do "teatro do mundo", mas alguns indicaram que uma psicoterapia coletiva pode sempre alojar-se dentro dos marcos freudianos. Um resumo das idéias e métodos de Moreno se encontra nos três volumes de *Psychodrama* (1959-1969). Moreno propôs e desenvolveu também o "teste psicométrico" para o estudo de pequenos grupos e das relações entre eles. A teoria do mencionado teste se desenvolve na sociometria (revista *Sociometry: A Journal of Interpersonal Relations*, a partir de 1937, fundada por Moreno. Sobre Sociometria, cf. as obras de Moreno: *Sociometry: Experimental Method and the Science of Society*, 1951, e *Sociometry and the Science of Man*, 1956).

A psicanálise de Freud é chamada freqüentemente de "psicanálise clássica". Sofreu muitas mudanças dentro do chamado "neofreudismo". Este é um freudismo metodológico, desenvolvido por psiquiatras que adotaram a psicanálise. Suas manifestações mais "ortodoxas" se encontram nas colaborações do *International Journal of Psychoanalysis*. Contra esse metodologismo se dirigiram, entre outros, Jacques Lacan e Daniel Lagache. Em suas obras, e nos trabalhos publicados em *La Psychanalyse* (fundada por Lacan, a partir de 1965), se desenvolveu o que ficou conhecido com os nomes de "psicanálise estrutural" e "psicanálise estruturalista" (que alguns consideram um aspecto da psicanálise e outros do estruturalismo [VER]). Tal psicanálise presta grande atenção à informação proporcionada pelo paciente em forma lingüística (que é a forma como o paciente "se revela" ou "se oculta"). Lacan declarou que a estrutura do inconsciente é a estrutura da linguagem. O programa de psicanálise estrutural, ou estruturalista, figura no chamado "Rapport de Rome", em *La Psychanalyse*, I (1956), 81-116.

A flexibilidade conceitual da psicanálise se manifesta não só nas várias direções apontadas antes e nas formas não freudianas da psicanálise existencial (VER) e da psicanálise intelectual (VER), mas também na possibilidade de uma psicanálise fundamentalmente não diferente da clássica, mas da qual se eliminou praticamente toda a terminologia freudiana. Um exemplo é a obra de Roy Schafer, *A New Language for Psychoanalysis* (1975), onde o autor propõe o que chama de "uma linguagem de ação", isto é, uma linguagem da qual fiquem eliminados todos os termos associados à psicanálise freudiana: energia, impulso, sublimação etc. Esses termos têm o inconveniente, segundo Schafer, de fazer supor que existem as entidades nomeadas. A tradução das explicações e dos métodos psicanalíticos numa linguagem diferente da psicanálise clássica não põe de lado, afirma Schafer, tais explicações e métodos, mas os esvazia de pressupostos metapsicológicos, considerados desnecessários.

➲ As obras de Freud, Adler, Jung, Lacan e outros foram mencionadas nos correspondentes verbetes.

Muita informação sobre a psicanálise se encontra em revistas: *Imago. Zeitschrift für die Anwendung der Psychoanalyse auf die Geisteswissenschaften; Internationale Zeitschrift für Psychoanalyse;* o *International Journal of Psychoanalysis*; a *Revista de Psicoanálisis* (editada pela Associação Psicanalítica Argentina, a partir de 1946), e *La Psychanalyse, Recherche et enseignement freudiens* (da Société Française de Psychanalyse, a partir de 1956).

Sobre a psicanálise em geral e a doutrina de Freud em particular, ver: O. Pfister, *Die psychoanalytische Methode*, 1921. — Id., *El psicoanálisis y la educación*, 1932). — C. Häberlin, *Grundlinien der Psychoanalyse*, 1925; 2ª ed., 1927. — P. Federn e H. Meng, *Das psychoanalytische Volksbuch*, 2ª ed., 1928. — VV. AA., *Krisis der Psychoanalyse*, ed. H. Prinzhorn e K. Mittenzwey, I, 1928. — J. de la Vaissière, *La théorie psychoanalytique de Freud*, 1930 (com abundante bibliografia até 1930). — E. Schneider, *El psicoanálisis y la pedagogía*, 1932. — M. Dorer, *Historische Grundlagen der Psychoanalyse*, 1932. — E. Mira y López, *El psicoanálisis*, 2ª ed., 1936. — J. J. López Ibor, *Lo vivo y lo muerto del psicoanálisis*, 1936. — Id., *La agonía del psicoanálisis*, 1951. — A. Szalai, *Philosophische Grundprobleme der psychoanalytischen Psychologie. Eine dialektische Studie*, 1936. — J. Maritain, *Freudismo y psicoanálisis* (em *Metafísica de Bergson. Freudismo y psicoanálisis*, 1939). — C. Baudouin, *La psychanalyse*, 1939. — K. Horney, *New Ways in Psycho-Analysis*, 1939. — W. Hollitscher, *Sigmund Freud: An Introduction, a Presentation of His Theory, and a Discussion of the Relationship between Psychoanalysis and Sociology*, 1947. — R. Dalbiez, *La méthode psychanalytique et la doctrine freudienne*, 2 vols., reimp., 1948. — H. Benoit, *Métaphysique et Psychoanalyse. Essais sur le problème de la réalisation de l'homme*, 1949. — C. L. Musatti, *Trattato di psicoanalisi*, 2 vols., 1950. — M. Victoria, *¿Qué es el psicoanálisis?*, 1953. — R. L. Monroe, *Schools of Psychoanalytic Thought*, 1955 (principalmente sobre o freudismo, mas também sobre as escolas de A. Adler, Erich Fromm, Otto Rank, C. G. Jung, H. S. Sullivan e outros). — J. Nuttin, *Psychanalyse et conception spiritualiste de l'homme*, 1955; 3ª ed., 1962. — E. Glover, *Technique of Psychoanalysis*, 1955. — B. F. Skinner, "Critique of Psychoanalytic Concepts and Theories", e A. Ellis, "An Operational Reformulation of Some of the Basic Principles of Psychoanalysis", em *The Foundations of Science and the Concepts of Psychology and Psychoanalysis*,

1956, ed. H. Feigl e M. Scriven. — S. Nacht, ed., *Psychanalyse d'aujourd'hui*, 2 vols., 1956. — Sidney Hook, ed., *Psychoanalysis, Scientific Method, and Philosophy*, 1959; reed., 1990. — D. Rapaport, *Die Struktur der psychoanalytischen Theorie*, 1961. — O. Andersson, *Studies in the Prehistory of Psychoanalysis: The Etiology of Psychoneuroses and Some Related Themes in Sigmund Freud's Scientific Writings and Letters, 1886-1896*, 1962. — M. Scriven, "The Frontiers of Psychology, Psychoanalysis, and Parapsychology", em *Frontiers of Science and Philosophy*, 1963, ed. R. G. Colodny. — E. Mira y López, *Doctrinas psicoanalíticas: Exposición y valoración crítica*, 1963. — P. Ricoeur, *De l'interprétation: Essai sur Freud*, 1965. — F. Antonini, *Psicoanalisi e filosofia*, 1965. — C. C. del Pino, *Psicoanálisis y marxismo*, 1969. — R. Wollheim, *S. Freud*, 1971. — M. Gerhardt, "Die Funktion der Sprache in der Psychoanalyse", em Id., ed., *Linguistik und Sprachphilosophie*, 1974, pp. 223-239. — R. Lichtman, *The Production of Desire: The Integration of Psychoanalysis into Marxist Theory*, 1982. — A. Grünbaum, *The Foundations of Psychoanalysis: A Philosophical Critique*, 1984. — E. Gellner, *The Psychoanalytic Movement: The Cunning of Reason*, 1985. — S. Felman, *Jacques Lacan and the Adventure of Insight: Psychoanalysis in Contemporary Culture*, 1987. — D. P. Spence, *The Freudian Metaphor: Toward Paradigm Change in Psychoanalysis*, 1987. — M. Edelson, *Psychoanalysis: A Theory in Crisis*, 1988. — E. Wallwork, *Psychoanalysis and Ethics*, 1991. — C. Hanly, P. Gray, *The Problem of Truth in Applied Psychoanalysis*, 1992. — S. Gardner, *Irrationality and the Philosophy of Psychoanalysis*, 1993. — J. Flax, *Disputed Subjects: Essays on Psychoanalysis, Politics and Philosophy*, 1993.

Algumas das obras de J. L. Moreno são: *Das Testament des Vaters*, 1920. — *The Words of the Father*, 1941. — *Group Therapy. A Symposium*, 1946. — *The Theatre of Spontaneity*, 1947. — *The Psychodrama of God*, 1947. — *Foundations of Sociometry*, 1953.

Sobre a "psicanálise de grupo": B. B. Wassell, *Group Psychoanalysis*, 1959.

Ver também: L. Eidelberg, ed., *Encyclopaedia of Psychoanalysis*, 1968. — J. Laplanche, H. B. Pontalis, *Vocabulário de psicanálise*, 1999. **ᴄ**

PSICANÁLISE EXISTENCIAL. Tem-se falado de "psicanálise existencial" em dois sentidos.

1) Uma psicanálise existencial psiquiátrica, desenvolvida, entre outros, por Ludwig Binswanger (VER), Viktor von Gebsattel, Erwin W. Strauss, Eutene Minkowski e Rollo May. Binswanger definiu-a como segue: "Entendemos por 'psicanálise existencial' uma forma antropológica de investigação científica, isto é, uma forma destinada a apreender a essência do ser humano. Seu nome e fundamentação filosófica derivam da análise existencial [existenciária] de Heidegger. Embora não se tenha reconhecido isso devidamente, Heidegger tem o mérito de ter descoberto uma das estruturas fundamentais da existência e de tê-la descrito em suas partes essenciais, isto é, na estrutura do estar-no-mundo" (*op. cit.* na bibliografia, p. 191).

As idéias de Binswanger representam uma parte importante do que chamamos "psicanálise existencial psiquiátrica", mas nem todos os psicanalistas existenciais estão de acordo com elas. Alguns destacam, mais ainda que o próprio Binswanger, os aspectos "ontológicos" da psicanálise existencial. Outros prestam menor, ou nenhuma, atenção a tais aspectos. Vários se inclinam no rumo da chamada *Existenzphilosophie*, e alguns ligam a citada psicanálise, em seu aspecto teórico, a várias tendências em antropologia filosófica (ver ANTROPOLOGIA). No entanto, todos os psicanalistas existenciais a que nos referimos insistem em dizer que cultivam uma ciência empírica e que têm fins terapêuticos, diferentemente de qualquer mera especulação filosófica.

Os psicanalistas existenciais argumentam contra os psicanalistas "ortodoxos" ou "clássicos" que, embora estes últimos afirmem não apoiar-se em fundamentos filosóficos, o certo é que quase todas as suas teses e práticas se fundam numa concepção naturalista do ser humano e num uso de esquemas procedentes das ciências naturais (por exemplo, o esquema da explicação causal).

2) Em outro sentido, chama-se "psicanálise existencial" à psicanálise proposta por Jean-Paul Sartre *O ser e o nada* (parte IV, cap. II, sec. 1). Nem uma fenomenologia ontológica nem uma pura descrição empírica bastam para "decifrar", isto é, "saber interrogar" as condutas, tendências e inclinações humanas. É necessário um "método", que é a análise existencial. Sartre descreve como se segue seu princípio, finalidade, ponto de partida e método: "*O princípio*... é que o homem é uma totalidade e não uma coleção: por conseguinte, ele se expressa inteiro na mais insignificante e mais superficial de suas condutas". "*A finalidade* é *decifrar* os comportamentos empíricos do homem". "*O ponto de partida* é a *experiência; seu ponto de apoio* é a compreensão pré-ontológica e fundamental que o homem tem da pessoa humana." "Seu *método* é comparativo; já que, com efeito, cada conduta humana simboliza a seu modo a escolha (*choix*) fundamental que se deve pôr em destaque, e já que ao mesmo tempo cada conduta oculta tal escolha sob seus caracteres ocasionais e sua oportunidade histórica, pela comparação destas condutas faremos surgir a revelação única que elas expressam de modo diferente."

Notar-se-á que em vários aspectos a psicanálise existencial sartriana é parecida com a clássica; em todo caso, ambas coincidem no "princípio" adotado. Sartre reconhece que o esboço primeiro do método da psicanálise existencial foi oferecido pela psicanálise de Freud e seus discípulos, mas esta é uma razão a mais para estabelecer em que diferem ambos os tipos de psicanálise. Uma discrepância fundamental é esta: a psicanálise clássica "decidiu acerca de seu [elemento] irredutível em vez de deixá-lo manifestar-se por si mesmo numa intuição evidente. A *libido* ou a vontade de poder constituem, com efeito, um resíduo psicobiológico que não é por si mesmo claro, e que não nos parece que *deva ser* o fim irredutível da investigação". Esta discrepância se deve ao que se poderia chamar (paradoxalmente) de "a natureza" da escolha *(choix)* fundamental, que desempenha um papel decisivo na idéia sartriana da realidade humana, e que descarta todas as causações mecânicas e, a rigor, todas as causações. A psicanálise existencial interroga com o fim de trazer à luz essa escolha, à diferença de qualquer "estado". Uma importante diferença entre a psicanálise freudiana e a sartriana é que esta última rejeita a hipótese do inconsciente. "O fato psíquico", afirma Sartre, é coextensivo à consciência."

⊃ Sobre psicanálise existencial em sentido 1): M. Boss, *Psychoanalyse und Daseinanalytik*, 1957. — R. May, E. Nagel e H. F. Ellenberger, ed., *Existence: A New Dimension in Psychiatry and Psychology*, 1958. — H. M. Ruitenbeek, ed., *Psychoanalysis and Existential Philosophy*, 1962. — L. M. Santos, *Libertad, temporalidad y transferencia en el psicoanálisis existencial*, 1964. — A. D. Weisman, *The Existential Core of Psychoanalysis*, 1965.

Sobre psicanálise existencial no sentido 2): J.-P. Sartre, *L'Être et le Néant*, 1943. — A, Stern, *La filosofía de Sartre y el psicoanálisis existencialista*, 1950; 2ª ed., 1962. ⊂

PSICANÁLISE INTELECTUAL. Pode-se dar este nome a um tipo de análise que, por tentar buscar algum "complexo" oculto, trazê-lo à superfície e, com isso, mostrar àquele que o tinha (ou sofria) que carecia de sentido, é uma espécie de psicanálise. Contudo, como se usam os procedimentos da análise da linguagem corrente (ver FILOSOFIA ANALÍTICA), é uma análise conceitual ou intelectual (uma análise verbal). O "complexo" oculto é algum problema filosófico que o "paciente" crê de verdade ser um problema, razão por que está preocupado com ele, tratando de ver se tem alguma solução. A análise intelectual mostra que não é um verdadeiro problema, mas uma perplexidade, um quebra-cabeças. Em vez de tratar de resolvê-lo, é preciso dissolvê-lo.

Em seu artigo "An Appraisal of Therapeutic Positivism", *Mind*, N. S. 55 (1946), 25-48, 133-150, B. A. Farrell tentou mostrar que o que se chamou de "segunda fase" no pensamento de Wittgenstein — ou as maneiras como alguns praticavam as sugestões wittgensteinianas — era uma manifestação do que ele chamou "positivismo terapêutico". Chamou-o "positivismo" por várias razões — suas origens nas atitudes categóricas adotadas pelos membros do Círculo de Viena, sua posição antimetafísica —, e "terapêutico", porque seu ânimo era, ao que parece, eliminar as preocupações filosóficas (a rigor, pseudofilosóficas) do "paciente". O próprio Wittgenstein repudiou essa interpretação. É difícil encontrar positivistas terapêuticos do tipo descrito por Farrell, e praticamente impossível encontrar alguém que se chame a si mesmo "positivista terapêutico" (ou, em nosso vocabulário, "praticante da psicanálise intelectual"). Contudo, cabe chamar a atenção para certos aspectos da análise da linguagem corrente que, com intenção ou sem intenção de seus autores, parecem ter como um de seus objetivos eliminar (ou "curar") o "morbo filosófico" mostrando a inanidade dos problemas filosóficos.

Para começar, embora a segunda fase do pensamento de Wittgenstein não possa ser corretamente interpretada do modo acima dito, cabe usar algumas de suas observações como base para uma psicanálise intelectual ou filosofia (antifilosófica) terapêutica. O mais adequado a respeito é seguir literalmente suas frases: "Estamos sob a ilusão de que o especial, profundo, o que para nós é essencial de nossa investigação, reside em tratar de apreender a natureza incomparável da linguagem" (*Logische Untersuchungen*, 97), "... está claro que toda proposição em nossa linguagem 'está bem como está'" (*ibid.*, 98). "Os problemas que surgem de uma má interpretação de nossas formas de linguagem têm o caráter da *profundidade*. São inquietações profundas..." (*ibid.*, III). "Levamos as palavras de seu uso metafísico de volta a seu uso quotidiano" (*ibid.*, 116). "Os resultados da filosofia são a descoberta de quaisquer simples *non-senses*, e dos arranhões que recebe o entendimento em sua corrida contra os limites da linguagem" (*ibid.*, 119). "Um problema filosófico tem a forma: 'Não sei a que ater-me'" (*ibid.*, 123). "A filosofia não deve de nenhum modo violar o uso atual da linguagem; quando muito, só pode descobri-lo" (*ibid.*, 124), etc. (esquecendo que essas frases se encontram dentro de um contexto e que às vezes este se acha muito perto de alguma delas: por exemplo, os arranhões que o entendimento recebe "nos fazem ver o valor daquela descoberta"). Parece também adequado seguir as denúncias de Wittgenstein contra as generalizações, especialmente as generalizações filosóficas, resultado de falsas analogias; pois mostrada a falsidade, ou impertinência, da analogia, o suposto problema fica pulverizado. O aspecto "psicanalítico" desta demonstração se reforça quando se considera a atividade dissolvente de pretensos problemas filosóficos não como uma teoria sobre a linguagem, mas como uma atividade dirigida a tais ou quais pessoas. Desse modo se pode originar uma psicoterapia no curso da qual se tenta descarregar e liberar o "paciente" de suas preocupações manifestadas sob a forma de problemas gerais. Mediante análise lingüística se poderá mostrar ao "paciente" que seus problemas careciam de sentido e que, portanto, suas preocupações e inquietudes não tinham razão de ser. Ter-se-á devolvido o "paciente" à "vida";

terá sido arrancado de seu "confinamento" num mundo onde se havia deixado de usar as palavras em seus sentidos correntes.

Entre os nomes que às vezes são mencionados como praticantes de uma psicanálise intelectual no sentido acima esboçado figura o de John Wisdom (VER), discípulo de Wittgenstein, mas, de fato, Wisdom considera que embora os problemas filosóficos sejam paradoxos e quebra-cabeças, são ao mesmo tempo iluminadores. Menciona-se também seu quase homônimo John O(ulton) Wisdom, mas o que este faz é usar a técnica psicanalítica — junto com a análise lingüística — aplicando-a ao estudo da obra de vários filósofos. Um autor a quem conviria melhor o título de "positivista terapêutico" ou, pelo menos, o de "psicanalista intelectual", é Morris Lazerowitz (nascido em 1909), especialmente em suas obras *Studies in Metaphilosophy*, 1964 (e, dentro desta, os ensaios "The Hidden Structure of Philosophical Theories", "The Relevance of Psychoanalysis to Philosophy", as pp. 56-76 de "Methods of Philosophy") e *Philosophy and Illusion*, 1968 (e, dentro desta, os ensaios "Wittgenstein: the Nature of Philosophy", "Understanding Philosophy" e o ensaio que dá o nome ao volume, "Philosophy and Illusion"). Entre outras opiniões, Lazerowitz sustenta a de que "uma teoria filosófica não é uma teoria, e um argumento filosófico não é nem uma demonstração nem uma refutação. Para começar, uma teoria filosófica consiste em manifestar uma mudança não enunciada, e oculta, de terminologia... Consiste também numa enganosa aparência apresentada à nossa atenção consciente de que as palavras indicam uma teoria profunda acerca da existência ou natureza da realidade e, finalmente, consiste numa fantasia ou num feixe de fantasias inconscientes que têm importância para nosso bem-estar emotivo" (*Studies* etc., p. 217). Segundo a "geografia analítica", a mente se compõe de três principais regiões: "uma consciente, uma pré-consciente e uma inconsciente, de modo que podemos dizer que uma teoria filosófica é uma ponte com três pilastras; no nível consciente, isso cria a ilusão intelectual de que se formula uma teoria ou verdadeira ou falsa, acerca do mundo" (*loc. cit.*). O filósofo dá rédea solta a fantasias ocultas (*op. cit.*, p. 237). Há uma "ilusão de ciência"; na verdade, "há razões para crer que a filosofia tem a realidade de um espelhismo intelectual forjado verbalmente e que é um sujeito que só na aparência externa trata de descobrir verdades acerca das coisas" (*Philosophy and Illusion*, p. 97). Trata-se de fantasias, ilusões, confinamentos, etc. Lazerowitz recorre à psicanálise freudiana para ajudar a desmascarar ilusões, de modo que não há necessidade, em princípio, de uma psicanálise intelectual, mas esta é a que se depreende dos modos como o mencionado autor trata de desenterrar os problemas que se aninham no inconsciente; além disso, a própria psicanálise freudiana é interpretada ao modo de uma espécie de psicanálise "lingüística".

PSICOFÍSICA. Ver FECHNER, G. TH.; PSICOLOGIA; WEBER-FECHNER (LEI DE).

PSICOLOGIA. O termo 'psicologia' foi usado pela primeira vez como título de uma obra por R. Goclenius em sua ψυχολογία *hoc est de hominum, perfectione, anima, et in primis ortu hujus, commentationes et disputationes, quarundam Theologorum Philosophorum nostrae aetatis, quos proxime sequens praefationem pagina ostendit* (Marpuirgi [Marburgo], 1590). Literalmente, *psychologia* (psicologia) significa o estudo ou ciência da alma, ou da psique ou mente.

Este estudo começou a ser levado a cabo muito antes de se usar o mencionado nome. O Περὶ ψυχῆς, *De anima*, de Aristóteles, é um dos primeiros escritos sistemáticos de psicologia. A maior parte dos filósofos, pelo menos a partir de Platão, abrigou opiniões, mais ou menos sistemáticas, sobre a natureza da alma e sobre as atividades anímicas e mentais. Foram especialmente importantes as pesquisas e especulações sobre a relação entre alma e corpo (um dos "problemas permanentes" na tradição filosófica). O vocabulário dos filósofos esteve freqüentemente impregnado de termos com conotações psicológicas. Isso ocorreu em quase todas as disciplinas filosóficas, mas muito especialmente quando se tratou de questões que hoje é usual classificar de "epistemológicas". Não se pode estudar a história da ética, da teologia, da lógica, etc., sem estudar paralelamente a história do que veio a chamar-se "psicologia". Noções fundamentais na filosofia — como as de apercepção, apetite, atenção, consciência, desejo, entelequia, entendimento, eu, faculdade, hábito, idéia, imagem, imaginação, inteligência, intenção, intuição, memória, motivo, paixão, pensamento, percepção, prazer, razão, reflexão, representação, sensação, sentido, vontade e muitas outras — são noções que podem ser consideradas, amplamente falando, como psicológicas, ou que estão relacionadas com questões psicológicas mesmo quando tenham sido usadas primariamente para outros propósitos. O leitor pode fazer uma idéia da importância do vocabulário psicológico em sentido tradicional consultando a lista de termos agrupados (muitas vezes "anacronicamente") sob o título "Psicologia" no "Quadro cronológico" no tomo IV deste *Dicionário*.

Assim, a "história da psicologia" como história das doutrinas sobre a alma, as atividades anímicas e mentais, a relação entre alma e corpo, a natureza do pensamento e do sentimento, é parte integrante da história da filosofia.

Com o surgimento do termo 'psicologia', esta se foi constituindo como uma disciplina dentro do quadro de estudos filosóficos. Nos séculos XVII e XVIII se estabeleceu e se difundiu a psicologia como "psicologia racional" *(psychologia rationalis)*, especialmente dentro do sistema de disciplinas estabelecido na escola de Leibniz-Wolff. A psicologia racional era, com a cosmologia e a teologia racionais, uma parte da "metafísica especial". Esta psicologia racional era, portanto, um estudo *a priori*. Por outro lado, Wolff propôs e desenvolveu o que chamou de *psychologia empirica*. Esta se baseia na experiência e obtém dela os princípios ou leis segundo as quais se leva a cabo a atividade anímica. Em princípio, a psicologia empírica não era incompatível com a racional, tratava-se de duas partes distintas da pesquisa filosófica, ou, simplesmente, da "ciência" ou do "conhecimento".

No curso do século XIX e parte do XX o estudo (acadêmico) da psicologia esteve estreitamente ligado ao da filosofia em bom número de países. A psicologia foi considerada, oficialmente, como uma "disciplina filosófica". De fato, porém, e a partir pelo menos do século XVIII, a psicologia se tornou cada vez mais independente da filosofia. Os materialistas franceses, os empiristas britânicos e, em particular no curso do século XIX, os filósofos-psicólogos alemães contribuíram para a independência da psicologia da tutela filosófica. Como ocorreu com outras disciplinas, produziu-se a seguir uma guinada diferente: os filósofos se interessaram por questões psicológicas. Mas a "psicologia filosófica" de filósofos mais recentes tem já pouco a ver com a psicologia como ramo da filosofia — de um modo similar, embora não exatamente igual, ao modo como a filosofia da física é diferente da física filosófica ou da filosofia natural tradicional.

A mencionada independência da psicologia em relação à filosofia se desenvolveu quase sempre no curso da constituição da psicologia como ciência empírica e dos trabalhos de psicologia experimental, com os "Laboratórios de psicologia experimental" do tipo do de Wundt na Alemanha e do de Titchener nos Estados Unidos. As relações entre a psicologia e a fisiologia, em particular a fisiologia do sistema nervoso, se tornaram muito estreitas, com a óptica fisiológica de Helmholtz e a psicofísica de Weber e Fechner. Contudo, desenvolveram-se concomitantemente trabalhos psicológico-filosóficos que tiveram influência sobre alguns desenvolvimentos da psicologia, como ocorre com os estudos psicológicos de Brentano, William James e Bergson ou com a psicologia "científico-espiritual" de Dilthey e Spranger.

Na atualidade, e no curso de quase todo o século XX, na maior parte dos países, pode-se falar da psicologia como uma ciência, independentemente da filosofia no sentido de que não é estudada já como uma disciplina filosófica, embora esteja relacionada com a filosofia pelo menos na medida em que seus métodos, conceitos e pressupostos podem ser objeto de estudo filosófico. Pode-se falar de uma "filosofia da psicologia", embora, na verdade, esta não tenha prosperado na medida em que isso ocorreu com a filosofia da física, da biologia e até da lingüística.

Um dos problemas que se colocam acerca da psicologia, embora desgarrada do antigo "tronco comum filosófico", é que há tantas tendências e escolas que alguns duvidam que se possa falar de "a" psicologia. Para começar, enquanto alguns tendem a considerar a psicologia como uma ciência natural, vários destacam ramos como a chamada "psicologia social" e tendem a enquadrar a psicologia dentro das ciências sociais. Entre os pesquisadores em psicologia se notam estas diferenças quando se comparam os trabalhos dos que se ocupam de questões relativas à percepção ou à aprendizagem e os daqueles que se ocupam de averiguar a interação psicológica entre grupos humanos. No último caso, há estreitas conexões entre a psicologia e a sociologia.

Mas além da mencionada divisão de interesses, e às vezes correlacionada com ela, há grande diversidade de orientações. Uma história da psicologia dos séculos XIX e XX é em grande medida uma história de "escolas" psicológicas. Algumas destas "escolas" partilham alguns caracteres exibidos por outras. O traço "experimental" é comum à maior parte de escolas e orientações, mas isso sobretudo na medida em que contrastam com a tradicional psicologia como disciplina filosófica. Um traço comum à maior parte de escolas e orientações é a psicologia ser cultivada como ciência empírica, mas isso não opõe necessariamente "empírico" a "teórico"; como não o opõe nas ciências naturais, onde a teoria faz parte da "ciência empírica".

Oferecemos a seguir uma lista de orientações, escolas e tendências, várias das quais se entrecruzam. Em alguns casos, trata-se de orientações gerais, comuns a diversas escolas, em outros se trata de tendências em psicologia relativamente bem circunscritas pelos métodos usados ou pelo quadro teórico empregado ou ambas as coisas ao mesmo tempo.

1) Psicologia associacionista. Como indicamos em ASSOCIAÇÃO, ASSOCIACIONISMO, esta é uma orientação cujas origens são remotas, mas que alcançou grande estima dentro do empirismo inglês, de Hume a John Stuart Mill. Vestígios dessa orientação se encontram em várias tendências na psicologia. Às vezes se contrapôs a psicologia associacionista à "gestaltista" (cf. *infra*).

2) Psicologia experimental do tipo das escolas de Leipzig (Wundt), Würzburg (Külpe), Paris (Ribot), Freiburg e Harvard (Hugo Münsterberg, William James), Cornell (Titchener). Trata-se de tendências que se concentraram na investigação de tipos determinados de atividade mental: psicologia do pensar, das emoções, dos atos voluntários, da atenção etc. Como parte importante do trabalho psicológico na atualidade é experimental, este adjetivo não é suficiente para caracterizar as mencionadas escolas, salvo para indicar que estive-

ram durante um tempo à frente da renovação da psicologia como ciência.

3) Psicologia "intencional", cujas origens se acham em Brentano. Encontram-se desenvolvimentos da mesma em Husserl e vários fenomenólogos. Pode-se chamar também "psicologia fenomenológica" e "psicologia fenomenológico-existencial". Entre os representantes da última figuram autores como Aron Gurwitsch e M. Merleau-Ponty. Mais que de psicólogos estritos, trata-se de filósofos que apelam em parte a métodos e resultados de outras escolas psicológicas, principalmente do gestaltismo.

4) Psicologia científico-espiritual (Dilthey, Spranger), que considera a psicologia como uma das ciências do espírito (VER).

5) Psicologia funcional (ver FUNCIONALISMO).

6) Comportamentalismo (VER) e reflexologia (ver REFLEXO).

7) Psicologia da forma ou da estrutura ou psicologia gestaltista: *Gestaltpsychologie* (ver ESTRUTURA), principalmente desenvolvida por Max Wertheimer, Kurt Koffka e Wolfgang Köhler.

8) Psicanálise (VER) e suas variantes.

9) Psicologia filosófica ou "nova psicologia filosófica", praticada por certo número de autores de tendência analítica, com inclinação pelo esclarecimento do sentido e uso de termos-chave psicológicos.

10) Psicologia de base física, fisiológica e neurológica (psicofisiológica, psiconeurologia), que tem seus antecedentes na psicofísica, em Johannes Müller e em Hermann von Helmholtz, e que, entre outros trabalhos, levou a cabo pesquisas detalhadas sobre as bases físicas da percepção.

11) Psicologia evolutiva e psicologia genética, seja do tipo clássico da psicologia evolucionária de Darwin, ou do tipo das atuais investigações em etologia (VER) e em sociobiologia.

Além das citadas orientações, tendências e escolas, há determinadas inclinações metodológicas e pressupostos teóricos que alcançam várias das primeiras e que em ocasiões são objeto de debate. Assim, por exemplo, se discute se é preferível um método de caráter "atomista" (ou "analítico") ou um método de caráter "global"; se as explicações psicológicas têm de ser — ou simplesmente são ainda por razão do estágio relativamente pouco avançado da pesquisa psicológica — de caráter "molar" ou de caráter "molecular". Desse último ponto de vista, pode se falar de uma contraposição entre uma "macropsicologia" e uma "micropsicologia".

Afora a psicanálise e suas derivações, que se desenvolveram também (senão especialmente) no campo médico terapêutico e na psiquiatria, as correntes atualmente mais em voga são o comportamentalismo, a psicologia gestaltista, a psicologia evolutivo-genética e a que chamamos de "psicologia de base física". O progresso dos estudos em biologia, genética, neurofisiologia e bioquímica parecem oferecer grandes possibilidades ao último tipo de psicologia mencionado. Deve-se levar em conta, porém, que a intitulada "psicologia de base física" (ou, especificamente, neurofisiológica e bioquímica) é compatível com outras orientações — por exemplo, com a psicologia evolutiva e genética, a etologia e a sociobiologia —, às quais pode oferecer fundamentos científicos.

O termo 'psicologia' se emprega também em relação com etudos aplicados a vários campos da cultura; a esse respeito, fala-se de psicologia da religião, psicologia forense, do trabalho, pedagógica, social, criminal etc.

⊃ Exposições de doutrinas psicológicas pertencentes a diferentes tendências: W. Wundt, *Grundzüge der physiologischen Psychologie*, 1873. — Id., *Grundriss der Psychologie*, 1896. — F. Brentano, *Psychologie vom empirischen Standpunkt*, 1, 1874. — H. Höffding, *Psikologi i Omrids paa Grundlag of Erfaring*, 1882. — W. James, *The Principles of Psychology*, 1890. — Id., *A Textbook of Psychology. Briefer Course*, 1892. — T. Ziehen, *Physiologische Psychologie*, 1891. — Id., *Die Grundlagen der Psychologie*, 1915. — H. Münsterberg, *Grundzüge der Psychologie der Psychologie. 1. Die Prinzipien der Psychologie*, 1900. — W. Stern, *Die differentielle Psychologie*, 1911; 3ª ed., 1921. — D. Roustan, *Leçons de philosophie. I. Psychologie*, 1912. — K. Bühler, *Handbuch der Psychologie*, 1922. — L. Binswanger, *Einführung in die Probleme der allgemeinen Psychologie*, 1922. — J. Geyser, *Abriss der allgemeinen Psychologie*, 1922. — K. Koffka, *Die Grundlagen der psychischen Entwicklung*, 1921; 2ª ed., 1925. — Id., "Psychologie", em *Lehrbuch der Philosophie*, ed. M. Dessoir, II, 1925, pp. 497-603. — Id., *Principles of Gestalt Psychology*, 1935. — C. K. Ogden, *The Meaning of Psychology*, 1926. — A. Müller, *Psychologie*, 1927. — G. Dwelshauvers, *Traité de psychologie*, 1928; nova ed., 1934. — A. Pfänder, *Die Seele des Menschen. Versuch einer verstehenden Psychologie*, 1933. — K. Lewin, *Principles of Topological Psychology*, 1936. — D. Roustan, *Psicología*, 1938. — M. Beck, *Psychologie, Wesen und Wirklichkeit der Seele*, 1938. — R. Agramonte, *Psicología*, 3 vols., 1939. — L. J. Guerrero, *Psicología*, 1939; 18ª ed., 1963. — T. de S. Hernández, *Psicología*, 4ª ed., 1940. — P. Guillaume, *Introduction à la Psychologie*, 1942. — M. Pradines, *Traité de Psychologie générale*, 1943. — A. Gemelli e G. Zunini, *Introduzione alla Psicologia*, 1947. — O. Robles, *Introducción a la psicología científica*, 1948. — J. Larstsinin, *¿Qué es la psicología?*, 1953. — M. Victoria, *Introducción a la psicología*, 1955. — M. C. Hernández, *Lecciones de psicología*, 1960. — J. L. Pinillos, *Introducción a la psicología contemporánea*, 1962. — J. Piaget, P. Freisse, eds., *Traité de psychologie expérimentale*, 1963ss. — B. Wolman, E. Nagel, eds., *Scientific Psychology, Princi-*

ples and Approaches, 1965. — K. Holzkamp, *Grundlegung der Psychologie*, 1983. — D. J. Kalupahana, *The Principles of Buddhist Psychology*, 1987.

Manuais de psicologia: VV. AA., *Handbuch der vergleichenden Psychologie*, ed. K. Koffka, 3 vols., 1922. — VV. AA., *Nouveau Traité de Psychologie*, ed. G. Dumas, 10 vols., 1923-1924; nova ed., I (1930); II (1932); III (1933), etc. — P. H. Mussen, ed., *Carmichael's Manual of Child Psychology*, 2 vols., 1970. — M. H. Marx, W. A. Hillix, *Systems and Theories in Psychology*, 1979. — S. Moscovici, *Psicologie Sociale*, 2 vols., 1984.

A *Psychologia rationalis* em sentido tradicional está exposta nos manuais de filosofia escolástica ou tomista; uma adaptação à psicologia contemporânea no tomo I (psicologia) do *Curso de filosofía* de Mercier, 1942.

Para a psicologia experimental, ver especialmente: J. Froebes, *Lehrbuch der experimentellen Psychologie*, 2 vols., 1915-1920; 3ª ed., 1923-1929. — A. Gemelli, *Nuovi metodi e orizzonti della psicologia sperimentale*, 1926. — W. Blumenfeld, *Introducción a la psicología experimental*, 1946. — M. Barbado, *Estudios de psicología experimental*, 2 vols., 1946-1948. — J. C. Bouman, *The Figure-Ground Phenomenon in Experimental and Phenomenological Psychology*, 1968. — D. E. Berlyne, ed., *Studies in the New Experimental Aesthetics: Steps Toward an Objective Psychology of Aesthetic Appreciation*, 1974. — A. Clark, *Psychological Models and Neural Mechanisms: An Examination of Reductionism in Psychology*, 1980. — R. Cummins, *The Nature of Psychological Explanation*, 1983.

Sobre as correntes contemporâneas: A. Messer, *Psychologie*, 1914; 4ª ed., 1928. — H. Henning, *Psychologie der Gegenwart*, 1925; 2ª ed., 1932. — J. V. Viquiera, *La psicología contemporánea*, 1930. — W. Dörfin, *Die Hauptrichtungen in der neueren Psychologie*, 1932. — R. Müller-Freienfels, *Die Hauptrichtungen der gegenwärtigen Psychologie*, 1933. — E. Mira y López, *Problemas psicológicos actuales*, 1940. — B. B. Wolman, *Contemporary Theories and Systems in Psychology*, 1960. — M. R. Wescott, *Toward a Contemporary Psychology of Intuition: A Historical, Theoretical and Empirical Inquiry*, 1968. — M. W. Martin, ed., *Self-Deception and Self-Understanding: New Essays in Philosophy and Psychology*, 1985. — J. Marks, ed., *The Ways of Desire: New Essays in Philosophical Psychology on the Concept of Wanting*, 1986.

Sobre a crise da psicologia: K. Bühler, *Die Krise der Psychologie*, 1927; 2ª ed., 1929. — H. Driesch, *Grundprobleme der Psychologie. Ihre Krisis in der Gegenwart*, 1926. — E. R. Jaensch, *Die Lage und Aufgabe der Psychologie*, 1933. — E. H. Madden, *Philosophical Problems of Psychology*, 1962. — A. Vetter, *Kritik des Gefühls. Psychologie in der Kulturkrisis*, 1977. — N. Bolton, ed., *Philosophical Problems in Psychology*, 1979. — J. N. Eacker, *Problems of Metaphysics and Psychology*, 1983.

Sobre psicologia das situações vitais: E. Nicol, *Psicología de las situaciones vitales*, 1942; 2ª ed., 1963.

Sobre psicologia e lógica, e sobre lógica da psicologia: J. R. Kantor, *Psychology and Logic*, I, 1945. — C. C. Pratt, *The Logic of Modern Psychology*, 1939. — J. R. Kantor, *Psychology and Logic*, 1951. — S. Ross, *Logical Foundations of Psychological Measurement: A Study in the Philosophy of Science*, 1964. — M. Kroy, *Moral Competence: An Application of Modal Logic to Rationalistic Psychology*, 1975. — R. Fine, *The Logic of Psychology: A Dynamic Approach*, 1983. — J. MacNamara, *A Border Dispute: The Place of Logic in Psychology*, 1986. — A. Palmer, *Concept and Object: The Unity of the Proposition in Logic and Psychology*, 1988.

Sobre psicologia filosófica e problemas filosóficos da psicologia: H. Reith, *An Introduction to Philosophical Psychology*, 1956. — J. H. Woodger, *Physics, Psychology, and Medicine*, 1956. — J. Muñoz, *Psychologia philosophica*, 1961. — C. F. Wallraff, *Philosophical Theory and Psychological Fact: An Attempt at Synthesis*, 1961. — J. E. Royce, *Man and His Nature: a Philosophical Psychology*, 1961. — H. Misiak, *The Philosophical Roots of Scientific Psychology*, 1961. — E. H. Madden, *Philosophical Problems of Psychology*, 1962. — VV. AA., *Studies in Philosophical Psychology*, 1964. — A. van Kaam, *Existential Foundations of Psychology*, 1966. — J. A. Fodor, *Psychological Explanation: An Introduction to the Philosophy of Psychology*, 1968. — Z. Vendler, *Res Cogitans: An Essay in Rational Psychology*, 1972. — J. L. Pinillos, *Principios de psicología*, 1975. — J. Margolis, *Philosophy of Psychology*, 1983. — J. E. Faulconer, ed., *Reconsidering Psychology: Perspectives from Continental Philosophy*, 1990. — M. Carrier, J. Mittelstrass, *Mind, Brain, Behaviour: The Mind-Body Problem and the Philosophy of Psychology*, 1991. — P. Pettit, *The Common Mind: An Essay on Psychology, Society, and Politics*, 1992.

História da psicologia: F. H. Lapointe, "The Origin and Evolution of the Term 'Psychology'", *Rivista Critica di Storia della Filosofia*, 28 (1973), 138-160. — H. Siebeck, *Geschichte der Psychologie*, 1880-1884, reimp., 1961-1963. — O. Klemm, *Geschichte der Psychologie*, 1911. — G. S. Brett, *History of Psychology*, 3 vols., 1912-1921. — E. G. Boring, *A History of Experimental Psychology*, 1929; 2ª ed., 1950. — A. A. Roback, *History of Psychology and Psychiatry*, 1961. — D. B. Klein, *A History of Scientific Psychology: Its Origins and Philosophical Backgrounds*, 1970. — D. N. Robinson, *An Intellectual History of Psychology*, 1976.

Sobre psicologia medieval: K. Werner, *Der Entwicklungsgang der mittelalterlichen Psychologie von Alcuin bis Albertus Magnus*, 1876.

Dicionários: H. C. Warren, ed., *Dictionary of Psychology*, 1934. — VV. AA., *Vocabulaire de psychologie*, ed. H. Piéron, 1953; 2ª ed., 1957. — W. Hehlmann, *Wörterbuch der Psychologie*, 1959. ⊂

PSICOLOGISMO. Deu-se este nome a várias tendências: *a)* A tendência a considerar a psicologia como a disciplina central; se todo conhecimento é conhecimento humano e se o conhecimento humano é objeto da psicologia, então a psicologia é de algum modo "conhecimento do conhecimento"; *b)* A tendência a destacar a importância das explicações psicológicas na formação de conceitos; *c)* A tendência a "reduzir" a lógica e a teoria do conhecimento à psicologia, ou então a tratar as noções lógicas e epistemológicas principalmente por meio de conceitos de caráter psicológico.

a), *b)* e *c)* se acham com freqüência unidas. Em muitos casos, *b)* e *c)* são aspectos da mesma orientação. Historicamente, o chamado "psicologismo" adotou a forma *c)*. Vários autores têm sido considerados psicologistas, principalmente os do final do século XIX (cf. os citados no parágrafo sobre Husserl, *infra*), para os quais o estudo da relação entre o sujeito que conhece e o objeto conhecido se leva a cabo por meio de noções psicológicas. Esses autores se inclinavam a estudar a lógica como a ciência do "pensar" e dos "pensamentos", e isso podia ser feito de duas formas: ou numa forma descritiva, examinando como de fato "se pensa" (isto é, como se formam conceitos, se formulam juízos, se apresentam raciocínios, etc.), ou numa forma prescritiva e normativa, examinando como "se deve pensar". Por isso com freqüência as leis lógicas foram chamadas de "leis do pensar" ou "leis do pensamento".

Os autores que mais se destacaram na luta contra o psicologismo foram Frege (VER) e Husserl (VER). Embora Frege usasse o termo *Gedanke* (que costuma ser traduzido por 'pensamento'), o que ele entendia por esse termo é uma proposição (palavra com a qual às vezes se traduziu o citado termo alemão). Em todo caso, Frege não entendia por 'pensamento' um elemento ou processo psicológico ou mental, mas uma entidade "lógica". Entre as passagens de Frege nas quais se manifesta uma clara intenção "logicista" e antipsicologista, mencionamos a seguinte: "A denotação [*Bedeutung*] e o sentido [*Sinn*] de um signo devem ser distinguidas da imagem associada a este último. Se a denotação de um signo é um objeto perceptível por meio dos sentidos, minha imagem dele é algo interno que surge de recordações e de impressões sensoriais que eu tive, e de atos, internos e externos, que levei a cabo. Tal imagem está impregnada freqüentemente de sentimentos, e a clareza de suas partes componentes varia e oscila. O mesmo sentido não está sempre associado, ainda que na mesma pessoa, com a mesma imagem. A imagem é subjetiva: a imagem que uma pessoa possui não é a que outra possui. De tudo isso resulta uma variedade de diferenças entre as imagens associadas ao mesmo sentido. Um pintor, um ginete e um zoólogo provavelmente associarão imagens diferentes ao nome 'Bucéfalo'. Dessa maneira, a imagem se distingue essencialmente do sentido do signo, que pode ser propriedade comum de muitos e que, por conseguinte, não é parte ou modo da mente individual. É difícil negar que a humanidade possui um tesouro comum de pensamentos que são transmitidos de geração a geração" ("Sobre o sentido e a denotação", "Über Sinn und Bedeutung" [ver FREGE (GOTTLOB) para dados bibliográficos completos], em T. M. Simpson, ed., *Antología semántica*, 1973, p. 7).

Husserl considerava o psicologismo como uma forma de relativismo. Opunha-se com isso aos empiristas (Bain, J. Stuart Mill) e aos autores de obras lógicas baseadas em conceitos psicológicos (Wundt, Sigwart, Erdmann, Lipps), mas também ao apriorismo transcendental kantiano. Entre as muitas passagens antipsicologistas de Husserl, citamos esta: "Toda teoria que considera as leis lógicas puras como leis empírico-psicológicas à maneira dos empiristas, ou que (à maneira dos aprioristas) as reduz de modo mais ou menos místico a certas 'formas primordiais' ou 'funções' do entendimento (humano), à 'consciência em geral' (como 'razão genérica' humana), à 'constituição psicofísica' do homem, ao *intellectus ipse*, que como faculdade inata (no gênero humano) precede ao pensamento real e a toda experiência, etc., é *eo ipso* relativista; e mais o é na forma do relativismo específico" (*Inv. Log.*, I, § 38).

Boa parte da filosofia orientada pela lógica, a partir de Russell, e boa parte da fenomenologia (VER) — mas não toda ela por inteiro — se manifestaram como antipsicologistas. Em geral, foram consideradas como psicologistas as tendências que se negaram a reconhecer o caráter "autônomo" e "independente" de certas "entidades", como as significações, as proposições, as classes, etc. Por outro lado, como um antipsicologismo extremado leva em muitos casos a uma espécie de "platonismo" ou a um "realismo" dos universais (VER), houve reações contra tal antipsicologismo. Na filosofia da ciência prevaleceu durante muito tempo a idéia do caráter autônomo ou independente das estruturas teóricas e dos conceitos com respeito à produção concreta de teorias e conceitos por seres humanos no curso da história e em determinadas condições sociais. A distinção nítida entre contexto de descoberta (VER) e contexto de justificação é uma manifestação de antipsicologismo (assim como de anti-sociologismo). Ao denunciar-se semelhante nítida distinção, originaram-se tendências que exibiram características similares ao psicologismo denunciado por Frege e Husserl. Alguns autores (por exemplo, Stephen Toulmin) realizaram esforços para superar tanto o psicologismo (ou o sociologismo) como o "platonismo" antipsicologista. Análogos intentos se percebem nos autores que se ocuparam da racionalidade (VER) sem confundi-la com "*a* Razão".

↪ Ver: W. Schuppe, "Psychologismus und Normcharakter der Logik", *Archiv für systematische Philosophie*, 7 (1901), 1-22. — M. Palágyi, *Der Streit der Psychologisten und Formalisten in der nodernen Logik*, 1902. — K. Heim, *Psychologismus oder Antipsychologismus?*, 1902. — D. Michaltschew, *Philosophische Studien. Beitrag zur Kritik des modernen Psychologismus*, 1909 (prólogo de J. Rehmke). — M. Heidegger, *Die Lehre vom Urteil im Psychologismus*, 1914. — W. Moog, *Logik, Psychologie, Psychologismus*, 1920. — H. Pfeil, *Der Psychologismus im englischen Empirismus*, 1934; 2ª ed., 1973. — J. Gaos, *Introducción a la fenomenología, seguida de La crítica del psicologismo en Husserl*, 1960 [*La crítica del psicologismo en Husserl* é a tese de doutoramento de J. G. (1930)]. — A. Savignano, *Psicologismo e giudizio filosofico in M. Heidegger, X. Zubiri, J. Maréchal*, 1976. — M. A. Notturno, *Objectivity, Rationality and the Third Realm: Justification and the Grounds of Psychologism: A Study of Frege and Popper*, 1986. ◄

PSÍQUICO. Em vários verbetes (por exemplo: ALMA, CORPO, ESPÍRITO, MATÉRIA, PARALELISMO, PERCEPÇÃO) nos referimos ao debatidíssimo problema da relação entre o psíquico e o físico, o mental e o material, a alma e o corpo, etc. Trata-se de um problema complexo por várias razões: 1) Porque nem sempre se dá a mesma significação aos vários termos empregados: 'psíquico', 'anímico', 'mental', 'a alma', 'a mente' etc. 2) Porque nem sempre se dá a mesma significação à expressão 'está relacionado com'. 3) Porque nos modos de encarar o problema e nas soluções oferecidas intervêm muitas vezes decisivamente pressupostos antes não percebidos, tramas de crenças, formações lingüísticas e culturais etc.

No presente verbete nos limitamos a dar algumas indicações sobre a "questão do psíquico", especialmente tal como tem sido levantada de um século para cá, ainda que ocasionalmente nos refiramos a concepções anteriores.

A questão da natureza do psíquico não coincide sempre com a questão da natureza da alma. No verbete ALMA já vimos, com efeito, que o vocábulo 'alma' tem — ou, se se quiser, teve — muitas acepções. Em alguns casos, pode-se afirmar que a alma e a psique são o mesmo; em outros casos, em contrapartida, se concebe a alma como algo que transcende suas operações psíquicas, ainda que se reconheça que estas não são independentes da alma. Tampouco coincide a questão da natureza da alma com a questão da natureza do entendimento, da inteligência etc., que conforme vimos nos verbetes correspondentes, foram objeto de definições muito variadas. Na época moderna, tem sido comum identificar "psique" e "mente" (VER), de tal sorte que muitas vezes o adjetivo 'psíquico' é equiparado ao adjetivo 'mental'. Usamos aqui 'psíquico' por ser ainda o termo que mais circula na literatura filosófica de língua portuguesa, mas deve-se levar em conta que há um crescente emprego da palavra 'mental'. Isso se deve em parte à influência da língua inglesa, em parte a que pode servir de base para participar de vários debates contemporâneos (por exemplo, o debate "mentalismo-condutismo" na lingüística) e em parte porque 'mental' parece um termo mais "neutro" que 'psíquico' (o qual é, por sua vez, mais "neutro" que 'anímico'). Levamos em conta a crescente tendência a empregar 'mental' em vários verbetes da presente obra.

Usa-se aqui 'psíquico' (como se poderia usar 'mental') para qualificar certos atos ou processos chamados "pensar", "querer", "amar", "odiar", "tentar" etc., atos que executam certos seres que se supõem dotados para tanto, seja por possuírem certas "faculdades", seja por estarem organizados de certo modo. Ainda que essa caracterização do psíquico seja, por assim dizer, "mínima", surgem de imediato diversos problemas, que enumeraremos sumariamente, e para cada um dos quais assinalaremos algumas das principais opiniões sustentadas. Note-se que a enumeração anunciada não préjulga que haja uma ordem de problemas determinados, de sorte que os enumerados primeiro sejam mais básicos ou fundamentais que os que vêm depois. Tampouco pré-julga em que medida cada problema é independente dos demais.

Um de tais problemas é o da natureza do psíquico. Geralmente se relaciona este problema com o da natureza do físico, pelo menos na medida em que a elucidação do primeiro pode contribuir para melhor compreender o segundo, e vice-versa. Muitas são as opiniões acerca deste problema. Uns estimam que o psíquico possui propriedades tais como a temporalidade, mas como também o físico é temporal, esclarece-se que o psíquico, em contrapartida, não é espacial. De acordo com isso, o psíquico se caracterizaria por sua temporalidade e sua inespacialidade. Outros consideram que o traço capital do psíquico — ou dos "fenômenos psíquicos" — é a intencionalidade (ver INTENÇÃO, INTENCIONAL, INTENCIONALIDADE). Outros destacam a "interioridade" do psíquico, à diferença da "exterioridade" do físico. Outros destacam que o traço capital do psíquico é o ser consciente (ver CONSCIÊNCIA). Outros indicam que o psíquico se caracteriza por ser essencialmente um modo de comportar-se, modo que pode ser percebido por um observador.

Outro problema é o da relação que há entre o psíquico e o físico. Uns indicam que o físico se reduz ao psíquico, entendendo psíquico como algo "espiritual". Outros assinalam que o psíquico se reduz ao físico, manifestando que a cada fenômeno psíquico corresponde determinado fenômeno físico ou que a cada fenômeno psíquico corresponde determinado complexo de fenômenos físicos. Outros consideram que não cabe falar de "redução" do psíquico ao físico, porque o que sucede é que não há, propriamente falando, fenômenos psíquicos ou fenômenos físicos, mas um só tipo de fenômenos que aparecem como físicos ou psíquicos segundo o ponto de vista do qual sejam considerados, a linguagem na qual sejam descritos etc. Outros propõem alguma realidade "intermediária" entre o psíquico e o físico; uma realidade "somatopsíquica" ou "psicossomática", que seria algo assim como o conjunto ordenado de certos processos físicos ou, mais exatamente, neurofisiológicos.

Um terceiro problema é o de se o psíquico, seja o que for, é coextensivo ao orgânico, ou se se confina aos seres humanos. As respostas a este problema dependem em grande parte do modo como se tenha definido previamente a natureza do psíquico.

Os modos de enfrentar estes três problemas são diversos, mas podem resumir-se a três. Por um lado, pode-se usar o que chamaremos de "reflexão" (que pode ser, segundo os casos, "especulativa" ou "crítica"). Consiste tal "reflexão" numa análise filosófica do psíquico e seus problemas, usualmente auxiliada pelos resultados da investigação científica, ou pelas experiências próprias, ou ambas, mas sem que seja um simples sumário de tal pesquisa ou de tais experiências. Por outro lado, pode-se usar a informação que para tal efeito oferece, ou pode oferecer, a psicologia, embora seja preciso notar que, em virtude das diversas concepções psicológicas que se manifestaram (associacionismo, comportamentalismo, psicologia da estrutura, psicanálise etc.), a "informação psicológica" está muito longe de ser decisiva e, por outro lado, o que a psicologia disser a respeito estará condicionado em parte por uma estrutura teórica que em si mesma pode ser objeto de reflexão do tipo chamado 'crítico'. Finalmente, pode-se tratar a questão do psíquico de um ponto de vista "lingüístico", isto é, examinar sobretudo se as descrições de fatos psíquicos são ou não logicamente distintas das descrições de fenômenos físicos.

⮕ Ver as bibliografias de ALMA; CONSCIÊNCIA; CORPO; INTENÇÃO, INTENCIONAL, INTENCIONALIDADE, nas quais figuram várias obras que podem ser consultadas para os problemas antes enumerados. Indicaremos aqui simplesmente vários escritos recentes sobre "o psíquico" ou "o mental": G. Ryle, *The Concept of Mind,* 1949. — F. Grégoire, *La nature du psychique,* 1957. — P. Geach, *Mental Acts. Their Content and Their Objects,* 1957. — P. F. Strawson, "Persons"; H. Feigl, "The 'Mental' and the 'Physical'", e W. Sellars e R. H. Chisholm, "Intentionality and the Mental", em *Concepts, Theories and the Mind-Body Problem,* 1958, ed. H. Feigl, M. Scriven e G. Maxwell. [O ensaio de Herbert Feigl foi reimpresso em seu livro *The 'Mental' and the 'Physical': The Essay and a Postcript,* 1967.]. — W. Feindel, ed., *Memory, Learning, and Language, The Physical Basis of Mind,* 1961. — C. F. Wallraff, *Philosophical Theory and Psychological Fact: An Attempt at Synthesis,* 1961.
— J. H. Greidanus, *Fundamental Physical Theory and the Concept of Consciousness,* 1961. — F. Seifert, *Seele und Bewusstsein. Betrachtungen zum Problem der psychischen Realität,* 1962. — W. R. Ashby, G. Bergmann, H. B. Veatch, H. Feigl et al., *Theories of the Mind,* 1962 ed. J. M. Scher. — R. Grossman, *The Structure of Mind,* 1965. — D. M. Armstrong, *A Materialist Theory of the Mind,* 1968. — E. Grünthal, *Psyche und Nervensystem. Geschichte eines Problems,* 1968. — J. A. Schaeffer, *Philosophy of Mind,* 1968. — D. C. Dennett, *Content and Consciousness: An Analysis of Mental Phenomena,* 1970. — E. Wilson, *The Mental as Physical,* 1979. — D. M. Armstrong, ed., *The Nature of Mind and Other Essays,* 1980. — D. M. Armstrong, N. Malcom, *Consciousness and Causality: A Debate on the Nature of Mind,* 1984. — P. Smith, O. R. Jones, *The Philosophy of Mind: An Introduction,* 1986. — R. Marres, *In Defense of Mentalism: A Critical Review of the Philosophy of Mind,* 1989. — E. M. Hundert, *Philosophy, Psychiatry and Neuroscience: Three Approaches to the Mind. A Synthetic Analysis of the Varieties of Human Experience,* 1989. — C. McGinn, *Mental Content,* 1989. — C. A. Anderson, ed., *Propositional Attitudes: The Role of Content in Logic, Language, and Mind,* 1990. — A. O. Rorty, *Mind in Action: Essays in the Philosophy of Mind,* 1991. — B. Beakley, P. Ludlow, eds., *The Philosophy of Mind: Classical Problems/Contemporary Issues,* 1991. — A. Bilgrami, *Belief and Meaning: The Unity and Locality of Mental Content,* 1992. — G. Graham, *Philosophy of Mind: An Introduction,* 1993. ⊂

PTOLOMEU (CLAUDIUS PTOLEMÆUS) *(fl. ca.* 140). Fez suas observações e compilações em Alexandria. Entre suas observações destacam-se a dos movimentos dos planetas. Ptolomeu descobriu (ou observou) a irregularidade do movimento da lua. A importância de Ptolomeu reside em sua compilação e sistematização dos dados, resultados e doutrinas dos geógrafos e astrônomos gregos e alexandrinos — especialmente de Hiparco de Samos —, razão por que a astronomia antiga é conhecida com os nomes de "sistema de Ptolomeu" ou "sistema ptolomaico". Trata-se de um sistema segundo o qual a Terra, formando um globo, se acha estacionada no centro do universo, com o Sol, a lua e as estrelas girando ao redor da Terra em órbitas circulares e movimento uniforme. Os elementos se dispõem, desde o centro, na série "terra-ar-fogo-éter". Os planetas giram em pequenos círculos (epiciclos), cujos centros giram em torno da Terra nos amplos círculos (deferentes) das esferas. A explicação da precessão dos equinócios exigiu aumentar o número de epiciclos e fazê-los excêntricos, mas se considerou que deste modo seria possível "salvar as aparências" (VER), isto é, podiam-se explicar os movimentos e posições dos corpos celestes. Ptolomeu trabalhou também em trigonometria.

Filosoficamente, julga-se Ptolomeu um peripatético, mas embora se considere que o sistema ptolomaico se ajuste à cosmologia aristotélica, ele também se ajusta a outras concepções cosmológicas antigas. Em muitos casos as tendências aristotélicas se misturam em Ptolomeu com outras platônicas, estóicas e neopitagóricas, razão por que às vezes é tido como um eclético. Em seu tratamento do problema da "parte superior da alma", ou ἡγεμονικόν, tão estudado pelos estóicos, Ptolomeu se inclinou para estes, em particular para as doutrinas de Posidônio.

⊃ A principal e mais influente obra de Ptolomeu é a conhecida (através das versões árabes) com o nome de *Almagesto*. O título original é Μαθηματικὴ σύνταξις (literalmente: "Sintaxe [ordem] matemática", isto é, "Ordem do conhecimento"), chamado às vezes "grande", μεγάλη ou μεγίστη. Seus estudos matemáticos se acham no *Analema* e no *Planisphaerium*. Sua obra sobre o princípio superior da alma, ou princípio racional, se intitula Περὶ κροτερίου καὶ ἡγεμονικοῦ. Também lhe devemos 'Αρμονικά e Τετράβιβλος.

Ed. do Τετράβιβλος por J. Camerarius, 1535 (a ed. latina por Melanchton, Basiléia, 1553). Ed. de *Harmonica* (em latim por A. Gogavinus, Venetiae), e de Ἁρμονικά (em grego), por J. Wallis, Oxon., 1682, 1699. Ed. de Περὶ κριτερίου καὶ ἡγεμονικοῦ por F. Hanow, 1870. — *Claudii Ptolomaei Opera qua exstant omnia* (Teubner): I, 1 e 2 (1898-1907); II, 1907; III, 1 (1940); III, 2 (1952).

Ver: F. Boll, "Studien über C. Pt., ein Beitrag zur Geschichte der griechischen Philosophie und Astrologie", *Jahrbuch für klass. Phil.*, Suppl. 21 (1894), 51-224. — L. Schönberger, *Studien zur I Buch der Harmonik des C. P.*, 1914. — Artigos de F. Lammert (*Wien. Studien*, 39 [1917], 41 [1919], 42 [1920]; *Berl. Wochenschrift*, 1919; *Hermes*, 72 [1937]). — R. Cole, "Ptolemy and Copernicus", *Philosophical Review*, 71 (1962), 476-482. — L. Taub, *Ptolomy's Universe: The Natural, Philosophical and Ethical Foundations of Ptolemy's Astronomy*, 1993. ⊂

PTOLOMEU CHENNO DE ALEXANDRIA. Ver Peripatéticos.

PUFENDORF, SAMUEL FREIHERR VON (1632-1694), nasceu em Dorf-Chemnitz (Saxônia), foi professor a partir de 1661 em Heidelberg e de 1672 a 1677 em Lund (Suécia). Em 1677 foi nomeado historiador oficial em Estocolmo e a partir de 1688 exerceu o cargo de historiador da corte em Berlim. Pufendorf se distinguiu por seus estudos de filosofia do Direito, que empreendeu sob a dupla influência de Grotius e de Hobbes. No espírito deste último concebeu o Estado como nascido da necessidade de evitar o caos a que conduziria a entrega dos indivíduos a seus próprios impulsos, mas, à diferença de Hobbes, não considerou que os indivíduos abandonados a si mesmos dessem origem a uma guerra feroz de todos contra todos, mas a um estado insuportável de completa insegurança. Como outros autores modernos, Pufendorf explicou a origem do Estado mediante um pacto, mas, tal como nos outros casos, trata-se de uma explicação genética. Característico de Pufendorf era sua equiparação do Direito natural com a vontade divina; isso permitia, em sua opinião, entender as normas universais do Direito racionalmente, sem necessidade de recorrer à revelação. Nas disputas religiosas, Pufendorf se manifestou firme partidário da tolerância (VER).

⊃ Obras: *Elementorum iurisprudentia universalis libri duo*, 1660 [ed. crítica e trad. ingl. por W. A. Oldfather, 2 vols., Oxford, 1931]. — *De statu imperii Germanici ad Laelium fratrem Dominum Trezolani liber unus*, 1667 [publicado sob o pseudônimo de Severinus de Monzambano]. — *De iure naturae et gentium libri octo*, 1672 [resumida em *De officio hominis et civis iuxta legem naturalem libri duo*, 1673 (ed. crítica e trad. ingl. por F. G. Moore, 2 vols., 1927)]. — *Eris Scandica*, 1686. — *De habitu religionis christianae ad vitam civilem liber singularis*, 1687.

Ver: F. Lezius, *Der Toleranzbegriff Lockes und Pufendorfs*, 1900. — H. Welzel, *Die Naturrechtlehre S. Pufendorfs. Ein Beitrag zur Ideengeschichte des 17. und 18. Jahrhunderts*, 1930; nova ed., 1958. — L. Krieger, *The Politics of Discretion: P. and the Acceptance of Natural Law*, 1965. — H. Denzer, *Moralphilosophie und Naturrecht bei S. P. Eine Geistes- und wissenschaftsgeschichtliche Untersuchung zur Geburt des Naturrechts aus der praktischen Philosophie*, 1972. — F. Palladini, *Discussioni seicentesche su S. P. Scritti latini 1663-1700*, 1978. — P. Laurent, *P. et la loi naturelle*, 1982. — A. Randelzhofer, *Die Pflichtenlehre bei S. von Pufendorf*, 1983. ⊂

PUJASOL, ESTEBAN. Ver Huarte de San Juan, Juan.

PULCHRUM. Ver Belo; Transcendentais.

PURO. Rudolf Eucken (*Geistige Strömungen der Gegenwart*, B, 1. a) fez observar que o que se chamou de *a priori* (VER) corresponde ao que se chamou oportunamente "puro", conceito que "tem também uma longa história". Eucken dá vários exemplos de tal uso de 'puro': νοῦς καθαρός (inteligência pura ou *nous* puro) em Anaxágoras, no sentido de "inteligência sem mistura", isto é, o que depois será chamado "puramente espiritual" ou "puramente inteligível", sem nada de sensível; "conhecimento puro" ou conhecimento sem nenhum elemento sensível nos neoplatônicos, a *intellectio pura* de Descartes, ou intelecção que não se refere a nenhuma imagem corpórea, o *reiner Verstand*, a *reine Vernunft* e a *ratio pura* de Wolff, de Gottsched e outros autores; e, é claro, a *reine Vernunft*, de Kant.

Eucken tem razão em parte; na idéia de uma inteligência pura ou sem mistura, de um conhecimento puro e de uma razão ou entendimento puros se acha incluída (ao menos em parte) a noção do *a priori*. Contudo, consideramos que não se pode equiparar simplesmente "puro" e *a priori*. Por um lado, como vimos no verbete sobre *a priori*, há no mesmo várias notas que não se acham, ou não se acham sempre, nas diversas idéias de "puro" antes introduzidas. Por outro lado, há outros usos de 'puro', além dos mencionados por Eucken, nos quais a noção predominante é a de ausência de mistura e não prioridade na ordem do conhecimento. Tal ocorre quando 'puro' é usado para qualificar princípios da realidade, modos de ser etc.: assim, *actus purus, potentia pura, forma pura, materia pura, esse purum, privatio pura, quidditas pura* etc. Em todos esses casos o adjetivo 'puro' indica que aquilo que é dito ser puro se acha livre de algo que pode alterar (ou adulterar) sua natureza. Tal ocorre também em outros casos como em "verdade pura", "afirmação pura", "negação pura", "paixão pura" etc. 'Puro' foi usado também no sentido de 'simples'. De igual modo, foi usado em sentido de "ético" para indicar na maior parte dos casos um Valor positivo, pois embora haja Valores negativos que podem se qualificados de "puros" (pode haver um "puro mal" tanto quanto um "puro bem"), geralmente se avalia que o que tem um valor negativo o tem porque de algum modo está "misturado" ou "adulterado". Como substantivo — "pureza" —, o puro indica um estado ou de "inocência" ou de "ausência de pecado" (neste último caso, seja porque não tenha havido pecado, ou porque tenha sido "perdoado" ou "redimido"). O último sentido de 'puro' e de 'pureza' está relacionado com freqüência aos chamados "processos de purificação da alma", dos quais temos exemplos, dentro da filosofia, no "orfismo" e no "platonismo".

O vocábulo 'puro' desempenha um papel importante no pensamento de Kant, que usou freqüentemente 'puro' *(rein)* em várias expressões centrais: razão pura, *reine Vernunft;* razão pura prática, *reine praktische Vernunft*; intuição pura, *reine Anschauung* [do espaço e do tempo]; conceitos puros do entendimento, *reine Verstandesbegriffe* [categorias] etc. Em muitos casos, 'puro' equivale para Kant a *a priori*, como quando diz que o conhecimento *a priori* se chama *puro* quando não há nele nenhuma mistura de empírico; o conhecimento 'puro' é aquele no qual não há nenhuma mescla de experiência ou sensação. Com isso temos um sentido de 'puro' que, de fato, se equipara a *a priori*, de modo que o que dissemos antes acerca da possibilidade de diferenças de significação entre 'puro' e *a priori* parece carecer de fundamento. No entanto, deve-se ter presente que no caso de Kant o puro é puro porque é *a priori* (com toda a carga gnosiológica que tem aqui *a priori*) e não ao contrário.

Também usaram o termo 'puro' outros filósofos modernos depois de Kant; assim, por exemplo, Eu puro *(reines Ich)*, nos idealistas pós-kantianos; experiência pura *(reine Erfahrung)*, em Avenarius; o espírito como ato puro *(spirito come atto puro)*, em Gentile etc. Em todos esses, e outros, casos há algo de comum no sentido de 'puro', mas isso não quer dizer que o significado seja sempre exatamente o mesmo em todos. Assim, por exemplo, em Avenarius a experiência pura é a experiência enquanto experiência "neutra" (VER), prévia a toda divisão entre o físico e o psíquico.

Às vezes se usa 'puro' em contraposição com 'aplicado' (como "ciência pura" e "ciência aplicada"; "matemática pura" e "matemática aplicada"), mas este uso pertence à linguagem corrente e não à filosófica *stricto sensu*.

PURUSA. Ver PRAKRITI; SANICHYA.

PURVA-MIMÂMSÂ. Ver FILOSOFIA INDIANA; MIMÂMSÂ.

PUTNAM, HILARY (1926). Estudou nas Universidades da Pensilvânia, Harvard e Califórnia (Los Angeles), onde se doutorou em 1951. Desde 1965 é professor em Harvard. Numa primeira época, Putnam adota, dentro da tradição analítica em sentido muito amplo, posições que se opõem a atitudes extremas (nominalismo-realismo; convencionalismo-realismo; divisão estrita entre analítico e sintético e afirmação de uma espécie de "contínuo" entre analítico e sintético; indutivismo positivista; tese dos "paradigmas" científicos etc.). No entanto, isso não ocorre porque Putnam adote em cada caso posições ecléticas, moderadas ou "intermediárias". Putnam considera que é preciso submeter a análise cada uma das atitudes consideradas e ocorre que o resultado desta análise não abona nem posições extremas nem posições moderadas: abona pontos de vista livres de preconceitos, e resulta que esses pontos de vista não coincidem nem com as atitudes ortodoxas nem com as atitudes "neo-ortodoxas". Em geral, Putnam se inclina para atitudes que podem ser qualificadas de latamente "empiristas" e "materialistas" — em todo caso, não inatistas ou mentalistas —, mas estas atitudes estão apoiadas em cada caso num estudo de estruturas conceituais, que ele considera revisáveis.

•• No entanto, não se poderia qualificar assim sua posição a partir de 1976. Desde então, Putnam tem defendido uma posição que chamou de "realismo interno" (e mais recentemente, "realismo pragmático"), com a qual defende a possibilidade do conhecimento objetivo mas negando, em contrapartida, que se possa privilegiar qualquer uma das descrições do mundo, porque não há nenhuma que possa ser a descrição das coisas tal como são "em si mesmas". ••

⇨ Ver, para mais detalhes, ANALÍTICO E SINTÉTICO; INATISMO; REFERÊNCIA.

Obras: São fundamentais seus *Philosophical Papers*, 3 vols.: vol. 1, *Mathematics, Matter and Method*, 1975;

vol. 2, *Mind, Language and Reality,* 1975; vol. 3, *Realism and Reason*, 1983. — Também: *Philosophy of Logic*, 1972. — "Meaning of 'Meaning'", em K. Gunderson, ed., *Language, Mind and Knowledge*, 1975. — *Meaning and the Moral Sciences,* 1978. — "Philosophy of Mathematics: A Report", em P. D. Asquith, H. E. Kyburg, eds., *Current Research in Philosophy of Science*, 1979. — "What is Innate and Why: Comments on the Debate", em M. Piatelli-Palmarini, ed., *Language and Learning*, 1980. — *Reason, Truth and History,* 1981. — "Why isn't a Ready-Made World?", *Synthese,* 51 (1982), 141-167. — "Why Reason can't Be Naturalized", *ibid.,* 52 (1982), 3-23. — *The Many Faces of Realism,* 1987. — *Representation and Reality,* 1989. — *Realism with a Human Face*, 1990. — *Renewing Philosophy*, 1992.

Ver: W. Stegmüller, *Hauptströmungen der Gegenwartsphilosophie,* vol. 2, 1979, cap. III. 3, pp. 345-467. — W. Franzen, "Vernunft nach Menschenmass: H. P. neue Philosophie als mittlere Weg zwischen Absolutheitsdenken und Relativismus", *Philosphische Rundschau,* 32 (1985). — G. Boolos, ed., *Meaning and Method: Essays in Honour of H. P.,* 1990. — J. Conant, "Introduction", em *Realism with a Human Face*, 1990. — P. Clark, R. Hale, eds., *Reading Putnam,* 1994. C

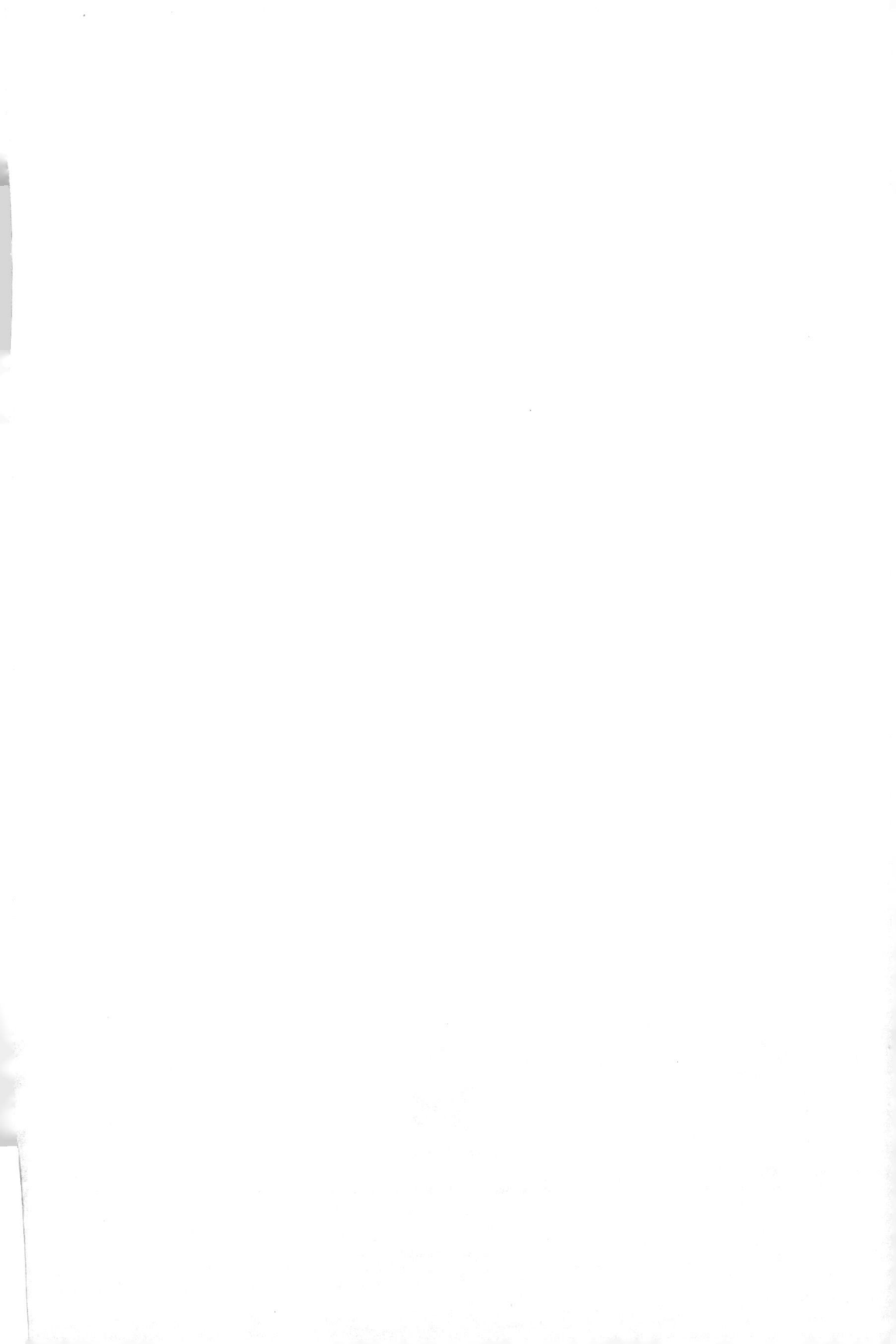

FSC MISTO
Papel | Apoiando o manejo florestal responsável
FSC® C008008

Edições Loyola

editoração impressão acabamento
rua 1822 nº 341
04216-000 são paulo sp
T 55 11 3385 8500/8501 • 2063 4275
www.loyola.com.br